主编 文 林

第一卷

# 中华野史

本书摒弃了传统史学为尊者讳、为贤者讳的观念，采古今野史的精髓，引导读者从细节处发掘历史真相，力图通过简明的体例、精练的文字、新颖的版式等多种要素的有机结合，将帝王将相的性格心理、逸闻趣事，统治阶级的钩心斗角、尔虞我诈，政治斗争的丑恶内幕，血腥手段，历朝历代的民间风情，数千年奇人异士的风流俊逸、酒脱风姿，三教九流、世相百态，立体、全面地呈现在读者面前，展示真实鲜活的历史。

中国华侨出版社

·北京·

**图书在版编目(CIP)数据**

中华野史/文林主编.—北京:中国华侨出版社,
2011.5(2023年9月重印)

ISBN 978-7-5113-1278-5

Ⅰ.①中… Ⅱ.①林… Ⅲ.①野史–中国 Ⅳ.
①K204.5

中国版本图书馆 CIP 数据核字(2011)第 036170 号

# 中华野史

主　编：文　林
责任编辑：黄振华
封面设计：法思特书装
经　销：全国新华书店
开　本：710mm×1040mm　1/16 开　印张：80　字数：2128 千字
印　刷：三河市众誉天成印务有限公司
版　次：2011 年 5 月第 1 版
印　次：2023 年 9 月第 3 次印刷
书　号：ISBN 978-7-5113-1278-5
定　价：696.00 元（全四卷）

———————————————————————————————

中国华侨出版社　北京市朝阳区西坝河东里 77 号楼底商 5 号　邮编：100028
发行部：(010) 58815874　　传真：(010) 58815857

———————————————————————————————

如果发现印装质量问题，影响阅读，请与印刷厂联系调换。

# 前 言

野史是中国史学遗产的一个重要方面，唐宋时期蓬勃发展，明清时期数量剧增，其数量不下二三千种，由此引发关于野史的汇编刊刻屡有所出，成为史学发展上的一种现象。中国史书自唐初成书的《隋书·经籍志》（656 年）分为 13 类，即正史、古史、杂史、霸史、起居注、旧事、职官、仪注、刑法、杂传、地理、谱系、簿录，至清乾隆时修成《四库全书总目提要》（1781 年）将史部书分为 15 类，即正史、编年、纪事本末、别史、杂史、诏令奏议、传记、史钞、载记、时令、地理、职官、政书、目录、史评。其间，相距 1100 余年，历代官府、私家所修录之书，于史书分类上虽有所损益，然大致不脱离上述基本框架。在一般的文献目录书中，尽管见不到以"野史"为名的分类，但野史作为一个有广泛含义的概念与撰述范围却是早已存在的。

野史之名，始见于唐。陆龟蒙有诗云："自爱垂名野史中。"（《奉酬袭美苦雨见寄》，见《全唐诗》卷六三○）史载："（唐昭宗）龙纪中，有处士沙仲穆纂野史十卷，起自大和，终于龙纪，目曰《大和野史》。"又有撰人不明的《野史甘露记》二卷（《新唐书·艺文志二》杂史类）。这或许是迄今我们所知道的最早的以"野史"为名的著作。两宋以下，以野史命名的著作逐渐增多。如北宋龙衮撰《江南野史》20 卷，今存 10 卷，记述南唐史事；孔毅甫撰《野史》1 卷，记述北宋官员、学人 40 事（洪迈疑非孔氏所作，见《容斋随笔》卷一五"孔氏野史"条）；《宋史·艺文志二》著录《新野史》10 卷，《明史·艺文志》"杂史"类著录《万历野获编》8 卷、《曚庵野钞》11 卷、《三朝野史》7 卷、《野记傝搜》12 卷、《南诏野史》1 卷；清代以来则有《南明野史》《清季野史》等。实际上，以"野"名史者只是野史中的极少部分，野史的真正数量要比这大得多。宋人左圭所编《百川学海》、元人陶宗仪所编《说郛》、清留云居士所辑《明季稗史》，以及近人编纂的《清朝野史大观》等书，都汇集了丰富的野史撰述。

从野史的渊源来看，它与杂史有密切的联系。唐沙仲穆所撰《大和野史》，《新唐书·艺文志》即著录于"杂史"类。明人所著《澹生堂藏书目》，于"杂史"类分列野史、稗史、杂录三目，亦可证明野史与杂史的联系。《隋书·经籍志》史部"杂史"类小序，概述了杂史的面貌及其在体例、作者、内容上的几个特点：从整体面貌上看，有些史书，"属辞比事，皆不与《春秋》《史记》《汉书》相似，盖率尔而作，非史策之正也"，"然其大抵皆帝王之事，通人君子，必博采广览，以酌其要，故备而存之，谓之杂史"，此其一；从作者身份来看，东汉末年，"天下大乱，史官失其常守。博达之士，愍其废绝，各记闻见，以备遗亡。是后群才景慕，作者甚众"，此其二；从体例来看，东汉以下，史学逐渐突破官府藩篱向民间发展，故"学者多钞撮旧史，自为一书，或起自人皇，或断之近代，亦各其志，而体制不经"，此其三；从所记内容来看，"又有委巷之说，迁怪妄诞，真虚莫测"，此其四。杂史的面貌及其所具有的这几个特点，使它和正史有着明显的界限和区别，也可以说是它"野"的表现。"杂"与"野"是有联系的。刘知几《史通·杂述》篇，胪列正史以外的"史氏流别"凡 10 种：偏记、小录、逸事、琐言、郡书、家史、别传、杂记、地理书、都邑簿。其中，即有不少属于野史之列，而其内容也远远超出了"帝王之事"的范围。

元明以来，野史发达。元初史家马端临指出："杂史、杂传，皆野史之流出于正史之外者。"这里包含着对"野史"的又一种界定，颇值得参考。明人高儒于嘉靖十九年（1540 年）撰成《百川书志》，其中《史志》篇分列史咏、子史、野史、外史、小史等类，将野史独立成目。值得注意的是，所谓"野史"的内涵亦愈来愈宽。宋人洪迈论说野史，曾举沈括《梦溪笔谈》为例，而元修《宋史》则将《梦溪笔谈》著录于《艺文志》之子部"小说"类，清修《四库全书》又把它列入子部"杂家"类。又如上文提到的《新野史》，在《宋史·艺文志》中居于"别史"类，而《野史甘露记》和《大和野史》则又著录于"传记"类。可见，宋元以来，"野史"所包揽的范围越来越广泛。至近代，梁启超把别史、杂史、杂传、杂记等统称为野史，这是史家第一次对"野史"内涵作出明确的界定。今人谢国桢则认为："凡不是官修的史籍，而是由在野的文人学士及贫士寒儒所写的历史纪闻，都可以说是野史笔记，也可以说是稗乘杂家。"梁氏据传统文献分类立论，谢氏依官、私区别及作者身份裁定，均不无道理。然二说都有可商榷之处。首先，"别史"立目，创于宋人陈振孙《直斋书录解题》，著录《南史》《北史》等。《宋史·艺文志》因之，除《南史》《北史》外，还著录元行冲《后魏国典》、孙甫《唐史记》、刘恕《十国纪年》、郑居中《崇宁圣政》及《圣政录》、郑樵《通志》、蔡幼学《宋编年政要》等各种体裁史书 123 种。《四库全书总目》史部"别史"类序称：别史者，"上不至于正史，下不至于杂史"，"包罗既广，六体兼存"。据此，笼统地把"别史"纳入"野史"范围，似有不妥。仅从《宋史·艺文志》史部"别史"类著录来看，就必须区别对待。其次，"野史笔记""稗乘杂家"固然"不是官修的史籍"，但也并非皆出于"在野的文人学士及贫士寒儒"之手；不少野史笔记的作者还是有官身的，只是多非史官罢了。要之，综合梁、谢二说并略加修正，于野史笔记之内涵，庶可得其大体。

本部野史，收录先秦至中华民国几千年来流传广泛的史记传说，语言通俗生动，事件情节逼真，是广大读者梦寐以求的史书大成。

# 目 录

目
录

## 第五编　五代十国野史

## 第六编　宋元野史

## 第七编　明清野史

## 第八编　洪宪野史

# 第一编　先秦野史

## 三皇五帝野史

### 天皇制干支

天皇是三皇之一,他有十二个头,兄弟共十二人。天皇最早制定天干地支,以表示时间顺序。干就是树干,其名称有十种,即甲、乙、丙、丁、戊、己、庚、辛、壬、癸,又叫十母。支就是枝叶,其名称有十二种,即子、丑、寅、卯、辰、巳、午、未、申、酉、戌、亥,又称为十二支。十天干和十二地支按顺序配合起来,可配成六十对,便可以纪年、月、日。

### 地皇面如女子蛇身兽足

三皇之一的地皇确定了日、月、星三辰,区分了白天和黑夜。他兄弟共十一人,都长得面如女子,相貌似蛇身兽足。另一种说法是地皇兄弟十一人都长着女人脸,额头隆起,足如马蹄。这实际上也是说地皇兄弟皆蛇身兽足。

### 人皇蛇身九首

人皇是三皇之一,他共有九个脑袋,身子如蛇。人皇兄弟九人,分沿九州,各立城邑,凡一百五十世,合四万五千六百年。

### 三皇之说有七

三皇是传说中的三位远古帝王,有七种说法,《史记》以天皇、地皇、泰皇为三皇;《三五历记》以天皇、地皇、人皇为三皇;《春秋纬·运斗枢》以伏羲、神农、女娲为三皇;《白虎通》以伏羲、神农、祝融为三皇;《通鉴外纪》以伏羲、神农、共工为三皇;《帝王世纪》以伏羲、神农、黄帝为三皇;《礼纬·含文嘉》以燧人、伏羲、神农为三皇。

### 燧人氏教民取火

燧人氏这一名字的由来是怎么回事儿呢?原来他发明了钻木取火的方法,教会人们把食物烧熟了吃。熟食可以去掉食物的异味和毒性,有利于人的身体,使人们脱离了茹毛饮血的时代,故称他为燧人氏。

### 一交而人情遂

燧人氏最早倡兴男女交往,使人的情感之需得以满足,所以又称为"遂皇"。

### 产子如马

庸成氏的小儿子淫荡,同马交合而生下一子,长着人的身子,马的尾巴和蹄子。另一种说法是庸成氏的小儿子外表如马,所以生的儿子也像马。

### 女国奇闻

扶桑国东边一千多里处有一个女儿国,这里的女子个个容貌端正,头发很长,都拖到了地上。每年二三月间,她们都争着进入水中洗浴,如此便可怀孕,到六七月间就分娩,孩子生下刚到一百天便能行走,三四岁时便长大成人了。

### 处女裙结杏子

有一株杏树开了很多花但不结果实,一个媒婆笑着说:"明年春天把你这棵杏树嫁了出去。"寒冬,媒婆忽然带着酒来到杏树下,并把一条处女穿的裙子系在树上,祈祷了一番,然后离去了。第二年春天,这株杏树结的杏子特别多。

## 妇生十子能鸟语

云南保山西十里处，有一个名叫沙壹的妇女在池中洗棉絮，感应于沉在水中的一块木头而生下了十个儿子。后来，木头变成了一条龙从水中跃出，惊跑了九个儿子，只有一个儿子不能跑，背着龙而坐。他的母亲说鸟的语言，把背说成九，把坐说成隆，于是这小孩便名叫九隆。后来，九隆娶妻生子，世世代代居住在山下，即是汉代的哀牢夷。

## 上古无妒妇

上古时期的人穴居野处，互相亲善，没有妒害之心。妒字是女字旁，可见最早的妒心是由女人产生的，而上古的妇女则无妒心。

## 遮前不遮后

上古时期没有三纲六纪之说，人们生活简陋，用树皮草叶遮身，往往遮前而不遮后，人们最初的羞耻之心于此可见。

有巢氏构木为巢，教人们居住在树上，以避免野兽的侵袭。当时，人们还不知道种植作物，只吃草木的果实。也没有学会使用火，只好连毛带血地生吃禽兽，所谓茹毛饮血者也。其时的人也不知道制作衣服，只取野兽皮遮羞，最初是只遮前面，后来才前后一起遮。

## 知有母不知有父

最初的人类与禽兽差别不大，只知道其母亲而不知其父亲，只知道相爱而不知礼节。饥了便觅食，吃饱了便把剩余的扔了，茹毛饮血，穿的则是野兽皮。

## 夫妇判合

所谓夫妇是什么意思呢？夫即扶，以道扶接；妇即服，以礼屈服。《昏礼》中说："夫亲脱妇之缨。"《传》说："夫妇判合，犹天地欣合也。"

## 男女之交

男女之交，人情之始，莫如夫妇。《易》说："天地氤氲，万物化淳，男女构精，万物化生。"人承天地，施阴阳。

## 殉葬种种

古代葬人，扎草为人，随死者一起埋葬，作为死人的陪伴，称为"刍灵"，其形状仅略似人形而已。到了中古，用俑取代了草人陪葬，这种俑人身上有一个机关，启动机关便能跳跃，所以叫"踊"。俑人的面孔如同真人，只要打开机关，与活人实在太相似了。到了秦穆公死时，以大夫的一个儿子殉葬，而辽代皇后则以自己的一只手臂为皇帝殉葬。历史上关于殉葬的记载很多，说不胜说，害在始作，所以孔子说："始作俑者，其无后乎。"

## 钻木取火

上古钻木取火，在不同季节里所用的木头不同，春季用榆、柳之木，夏季用枣、杏、桑、柘之木，秋季用柞、槽之木，冬季用槐、檀之木，既顺应了四季的变化，又符合上天的意愿，此后火的功用得到了很好的发挥。

## 虹娠

伏羲氏的母亲住在华胥之渚。一次，她在野外踩到一个巨人的脚印，受到感应，并且有一道彩虹绕在她的身上，因此便怀孕了，在成纪生下了伏羲氏。

## 制定嫁娶之礼

伏羲氏制定了嫁娶时以双数的兽皮为礼品的礼节，他还给人们规定了姓氏，建立了互相通婚，嫁娶生育的制度，以便使先民懂得和重视人伦道德，从而人们才脱离了蒙昧。

男子娶亲，女子出嫁，为什么要这样呢？这是因为女子属阴而卑下，不得自作主张，随心所欲，所以必须依靠属阳的男子，结成婚姻，然后生男育女。因此，《易传》说："阳唱阴和，男行女随。"男子不自作主张娶谁，女子不自作主张嫁谁，必须由父母来安排，须通过媒妁来进行，这是为什么呢？是为了防止男女间出现淫乱私奔的事情。因此，《诗经》中说：

"娶妻之事,必告父母。"又说:"娶妻之事,非媒不得。"男子三十岁时娶妻,女子二十岁时嫁人。阳数奇,阴数偶。男长女幼,阳舒阴促。男子到了三十岁,筋骨方才强壮,可以做父亲了;女子到了二十岁,肌肤已经丰满,可以做母亲了,男女的岁数合在一起是五十,正与衍生万物的大衍之数符合。所以,《礼·内则》说:"男子三十,身体强壮,可以娶妻生子;女子二十长大成人,可以嫁人了。"七岁是阳数,八岁是阴数,七加八是十五,阴阳之数皆备,有求取配偶的念头,因此《礼记》说:"女子十五到了许嫁年龄,举行成年之礼后便许嫁。礼规定女子许嫁,是以阴系阳,使女子专一其志,不生旁骛之心。三十数三终,奇数,属阳。二十数再终,偶数,属阴。阳小成于阴,大成于阳,所以男子二十岁行成人礼,结发戴冠,三十而娶。阴小成于阳,大成于阴,所以女子十五举行成人礼,二十而嫁。"

婚礼上用雁作为礼品,是取大雁根据季节变化而南迁北返,从不违时,以表明女子到年龄就该出嫁,不延误其时。又取大雁飞则成行,止则成列,表明嫁娶之理,长幼有序,不相逾越。《礼》说:"娶新妇之家,三天之内不能有音乐之声。"这是为了思虑如何延续祖宗血脉,有感于双亲年老体衰,将由子孙来代替。所以,《礼》又说:"婚礼不庆贺,因其意味着后代将取代前代,代代相传。"出嫁女儿的人家,三天之内不生火,这是因为思念女儿的分离。即使丈夫有恶行,但妻子也不能离去,这是因为地没有离开天的道理。《礼·效特性》说:"女子一旦嫁夫,便终身不改其志,只有丈夫悖逆人伦,杀害了妻子的父母,乱纲常,绝仁义,方才可以离去。同姓不结婚,这是为了遵守人伦,防止淫乱,耻于禽兽同伍。"《曲礼》说:"买来妾不知道她的姓,则通过占卜来决定是否娶之。外亲中属堂表关系的也不能婚配。"

女子在家时学习侍奉公婆,而不学习侍奉父母,是为了将来做到夫妇一体。《礼·内则》说:"小妾侍奉正室夫人,应如侍奉公婆那样,表示对其尊重,以免她产生妒忌之心。"

## 太昊制乐

太昊制作了荒乐,歌扶徕,咏纲罟,以统治天下之民,给其乐命名为《立基》。他又用桐木制琴,以绳丝为弦,共有二十七根弦,命名为"离徽",以此琴声来祝告神明,沟通天人。红桑是三十六弦的瑟,制造它的目的在于修身养性,返于天真。音乐就是从此而产生的。

太昊死后,共工氏作乱,女娲诛杀了他以治理天下,并命令臣子随制作笙簧,以沟通各地方的风俗;娥陵氏制造了乐器都良管,以统一天下之音;又把五十弦的瑟一分为二,制成二十五弦的瑟,音乐从此和变得谐动听。

## 女娲氏炼石补天

远古之时,天空坍塌,出现了一个大窟窿,地上也裂开了一道道的大裂缝。女娲在大江大河里拣了许多五色的石子,在火上把它们熔炼成胶糊状液体,然后用这些液体把天给补好了。她怕补好的天再塌下来,便杀了一只大乌龟,斩下它的四只脚,用来代替天柱,竖立在大地的四方,把天撑起来,因此天空便再也不会坍塌了。她又杀了在中原地区为害已久的一条黑龙,赶走了各种猛兽、凶鸟,使该地之民再也不惧怕恶兽猛禽的残害。最后,她又把芦草烧成灰,堆积起来,堵住了滔天的洪水,从而拯救了人类。

归美山上的石头都是赤红色的,色泽艳丽,如同用画笔描绘而成。山势巍峨,直插云霄,被称为"女娲石"。

女娲氏最早懂得冶炼金属的技术,用来修补天空的缺陷。

### 葛天氏作乐

葛天氏治理天下，不言而自信，不化而自行，自然无为，世风淳朴。他制作的音乐，三个人手持牛尾巴，边跳边歌唱，称为《广乐》。

### 男女安居

伏羲氏时期的人，每天填饱肚子后便游玩嬉戏。他们白天活动，晚上休息，渴了便喝，饿了便吃，自由自在，既不知道行善，也不知道作恶。无怀氏时期的人，吃得好，住得舒服。他们都留恋自己住的地方，重视自己的性命，哪儿也不去，虽然鸡犬之声相闻，但是人们之间老死不相往来。

### 有妃无后

远古之时，君王之妻只称为元妃，到后来才称王后。商代之前，天子的配偶都称妃，如黄帝有四个妃子，以元、二、三、四称呼。帝喾也有四个妃子，也是同样的称呼。

### 神龙生帝

神农帝的母亲名叫安登，她同神龙交合，怀孕后在烈山生下了神农。

厉乡县有一个石洞，从前神农就生在这里，所以人们称该洞为"神农穴"。神农在姜水边长大，因此以姜为姓。

### 父母草木

上古时期，山中长有一种椿树。这种树寿命特别长，以八千岁为春，以八千岁为秋。所以，人们便称父亲为"椿庭"。

吃了萱草，可以使人忘掉忧愁。所以，人们称萱草为"忘忧草"。女人怀孕了，如果佩戴萱草花，便生儿子，所以萱草又称"宜男草"，而人们又往往称母亲为"萱堂"。

### 羊身女面

钩吾山上有一种怪兽，长着羊的身子，女人的面孔，眼睛长在腋下，虎牙，爪子似人手，发出的叫声如婴儿啼哭，其名叫"狍鸮"。这种怪兽吃东西特别贪婪，吃人时一次吃不完，就把剩余的全毁坏，夏代铸的鼎上有它的形象，即是《左传》中说的饕餮。

### 电光有孕

黄帝有母亲叫附宝。一次，她看见天上有电光围绕着北斗星，受到感应，从此有了身孕，在轩辕之丘生下了黄帝。

# 唐虞氏野史

### 赤龙受娠

阴阳交和，就会发育出万勃；男女交媾，就能生出儿孙，这是世间的常理。单独一个阳不能生育，这也是世间的常理。可是，却有单独一个阴能够怀孕的事，帝尧的母亲就是这样。她的名字叫庆都。庆都原来是火帝的女儿，她生在斗维之野，经常在三河南面活动。有一次，天空中电闪雷鸣，下起了血雨。血雨浸透到大石头中，就这样，生下了庆都。庆都长大后，她的面貌就像火帝。她经常做被云龙覆盖的梦。她吃了饭之后，长时间不感到饥饿。当她二十岁时，就寄养在伊长孺家。她来往于三河之间，经常觉得有神灵跟随着她。这时，有一条赤龙背负着河图出现。庆都读河图上的文字："赤色将受到上天的保佑。"在图的下面有一个人，他穿着红色的衣服，满脸生辉，长着非常漂亮的胡须，身高七尺二寸，脚上穿着像鸟翅一样的鞋。在上面题写着一段文字："赤帝，是上天降下的神奇宝物，能够制止阴风恶雨。"不久，赤龙就和庆都结婚。庆都怀有身孕后,赤龙忽然不见了。庆都怀孕十四个月后,在丹陵生下帝尧。帝尧的名字叫放勋,他聪明过人,能够知道过去和未来的事情。当他长到二十岁时,就登上了帝位。

## 老人怪诞

帝尧即帝位以后,天下太平无事,百姓安居乐业。有一天,帝尧和帝后正在路上行走,他们看见路上有一位老人,身高九尺左右,胡须长得超过他的腹部,像雪一样白,精神焕发,在道路旁边敲击着土壤。看到他的人都感叹地说:"称得上伟大的,是上苍的美德呀!"老人笑着说:"我在太阳初升时就下地干活儿;直到太阳落山后才回家歇息。我靠凿井饮水,靠耕田吃饭。上帝哪有我勤劳呢!"帝尧听到老人说的这番话,暗暗称奇,打算同他讲几句话。可是,老人头也不回就扬长离去。有人说:"这就是古代的隐士。"

## 蛮女避婚

越裳氏重泽来朝见帝尧,进献一只大龟。这只大龟有一千岁,长宽有三尺左右。在大龟的背上有斗文的痕迹,依靠龟背的文字,能够事先占卜出天气的晴阴。跟随重泽来的还有一位女子,她身材苗条,神情活泼。帝后看到这位女子非常喜欢,就把她养在后宫中。帝后让这位女子同她住在一起,帝尧也把她看作自己的亲生女儿一样。可是,每当帝尧和帝后打算为她订婚时,她就用手掩面,啼哭不止。他们询问她其中的缘故,可是这位女子就是不肯回答。过了几天之后,她忽然消失,到处寻找都杳无音信,就像消逝的黄鹤一样。

## 家庭黑暗

做儿女最不幸的事,就是过早失去亲生母亲,而受到后母的虐待。大概男子的性情常常会随着女子而转移;不过,也有女子的性情随着男子转移的。因此,如果女子贤惠的话,那么,即使男子

性情不好,或许也可以受到女子的感化。可是,考察中国上下五千年的历史,就没有一位像舜的父母那样野蛮透顶的了。舜的父亲蛮横,后母刁顽,所以说,舜是生长在一个黑暗的家庭中。在这样的家庭中,只能整天以泪洗面!不仅如此,舜有一个弟弟叫作象,是他的后母所生。象的性格就同他的母亲一样,他每天都琢磨如何杀死舜。后来,舜因孝顺父母而闻名于世。帝尧知道舜是贤才,就打算把自己的两个女儿嫁给舜。可是,舜始终不敢娶亲,因为舜的二位蛮横、刁顽的父母不允许他这样做。舜无可奈何,只好不告诉他的父母,把帝尧的二位女儿娶过来。舜娶亲的事被他的弟弟象知道了。起初,他对舜这样做很是厌恶。但当他看见二位嫂嫂后,就高兴得不得了了。每次,他都对自己的母亲说:"二位嫂嫂太漂亮了,我对她们爱慕至极。如果杀死舜,让二位嫂嫂嫁给我,岂不是一件美事。"他的母亲听象这样说,竟鼓着掌大笑起来,她称赞象所说的都是合乎情理的。这样,他母子二人整天预谋,打算把舜逼死,可是,他们始终没有达到害死舜的目的。舜不仅不因此而厌恶象,还对象申明大义,但象始终没有觉悟。舜虽然屡屡遇到危险,如果他没有这样不讲道理的父母,恐怕他孝顺父母的美名也不能流传到后世。说是处境危险,实际也是舜的万幸。

## 得五彩图

舜以太尉的身份受封即位,做了天子。五年二月,东巡狩到达了中岳。舜与三公诸侯都来观望。这时,有一条黄龙背负五彩图出现在他们面前。黄龙飞到舜的身边,把五彩图放到他的面前。这幅五彩图是用黄玉做的匣子,形状像一个柜子,长三尺,宽八寸,厚一寸四分。如果把匣子合上,图和匣就连在一起。在匣子上有一个小门,用白色的玉封着。黄金作封闭的绳子,灵芝做封检的印泥。

两端都有封检。在封泥上盖着印章，在印章上有"天黄帝符玺"字样。印章长、宽各三寸，深四分，是用鸟文刻铸的。舜和大司空禹、临侯博等三十人一起打开了匣子，这幅图立刻呈现出本来的颜色，可以舒张、卷曲，大约长三十二尺，宽九寸。在图中，画着七十二位皇帝所占据地方的图形，以及这些图形和上天星象对应的情况。

### 凤凰来仪

舜登上帝位的第二年，就制作了五弦琴来歌唱《南风》。这首歌词中说："南风暖融融啊！可以解决我的臣民心中的不满；南风按时季吹来啊！可以使我的臣民日日生财。"百姓们听到舜唱的这首歌都非常高兴。三年之后，舜任命夔为乐正，使音乐的六律声调都正确，没有偏差；使音乐的五声都能和谐贯通。重黎要求再增加乐官，帝舜说："有一位夔就足够了。"这样，夔创作了箫韶乐九章，使山中的各种野兽都来随着音乐舞蹈。天上的凤凰也来伴随着音乐翱翔飞舞。

### 妃受秘诀

舜遵父命去打扫粮仓，临走之前，告诉了他的两个妃子，妃子对舜说："你进粮仓后，你父亲要把粮仓点燃烧死你。这时，你脱掉你的衣服，像鸟张开翅膀那样逃脱。"舜按妃子授给他的秘计行事，死里逃生，没有被烧死。舜的父亲没有达到目的，便又命令舜去挖井。舜又告诉了二妃，妃子再次授计于舜："到时脱掉你的衣服，从井下的旁洞中逃出。"此次，舜又大难不死。

# 夏代野史

### 胸坼而生禹

帝王禹本来是夏后氏的后代，姒姓，母亲叫修己，她在夜晚睡觉时梦到一颗流星从天而降，她在梦中，感觉到和这颗流星有了接触。她又吞食了神珠薏苡，在石纽，当她拆开自己的前胸，就生出了禹。禹长着虎鼻大嘴，两个耳朵都有大孔，头上戴着钩，胸前有玉斗，所以命名为文命，字称高密。他身高九尺二寸，在西羌夷人那里长大。起初，禹在没有被任命为官时，他的父亲已被降职。禹在百姓中显现出高尚的道德，因此，他开始受到上天的保佑。

### 得山海经

禹在《黄帝中经》中看到圣人所记载的话："在九嶷山的东南有天柱，号称'宛委'。天柱用文玉做基础，它的上面用磐石覆盖。在天柱上，有青玉写成的字，并用白银加在编织。"禹因此到东方巡狩，登上衡山寻找天柱。在他躺下歇息时，看到了一个穿着红绣衣的男子，他自称夷仓水使者，前来等候他。这位身穿红绣衣的男子让禹斋戒三个月，再去寻找天柱。这样，禹斋戒了三个月，登上了宛委山，他找到了一本书，按着书中的记载，禹走遍了天下。他把书中的话大略记诵下来，并把此书称为《山海经》。

### 夜明珠

大禹凿劈龙关之山也叫龙门，发现一处岩洞，有几十里深，洞中漆黑一片，无法行走。大禹举着火把进洞，发现洞中有一只模样像猪的怪兽，嘴里衔着夜明珠，发出的光亮就像烛光一样，大禹因此而发明了灯笼。

### 传　子

大禹本来把天下让给帮他治水有功的伯益，伯益死了，诸侯便把天下归还给大禹的儿子启，因此启便继承他的父亲而有了天下。帝王不传位于贤人而传于子就是从夏启开始的。

## 红绢抹额

大禹娶涂山氏之女为妻，娶亲当晚，天上雷鸣电闪，雷电中出现披甲的士兵千人，还有一些不披甲的，额头上都扎着红绢。

## 迎亲始于夏

从遂皇氏开始才有夫妻之道。五帝驾车娶妻，夏代开始到女方的庭院迎亲，此后殷商到堂上迎亲。周代规定了男女成婚的年龄，到了年龄才可以结婚，成亲时男子来到女子的屋中迎接，结婚时规定的六种礼仪开始完备。然而，成亲时男方亲自去迎接女子这一礼俗实开始于夏代。

## 不甘独宿

禹长着长长的脖子，有鸟喙一样的嘴，长相丑陋不堪。他已经三十岁了，可是，还没有娶妻，主要就是因为他太丑了。有一天，禹途经涂山，看到一位女子，他深深地爱上了这位女子，就把自己爱慕的心情向这位女子表达，打算和她订婚。这位女子对禹的求爱没有推辞，答应了禹的要求，禹如愿以偿。可是，由于禹整天要为天下的老百姓操劳，他白天顾不上吃饭，晚上也抽不出多余时间睡一个安稳的觉。禹的妻子非常不高兴，她创作了一首哀婉的歌曲，向禹倾诉内心的哀怨和对禹的思念。

## 黄龙负舟

大禹正在过江。这时，有一条黄龙托起禹乘坐的大船。船上的人都大惊失色，只有禹的神色不变。他说："我受到上天的保佑，竭尽自己的全部力量为百姓服务。我活着是由我的德行决定的，我死则由上天来裁决，一条小小的龙能把我怎样呢？"过了没多久，这条龙就俯首低尾消失了，而禹乘坐的船却安然无恙。

## 泣罪于途

禹外出，看到一个犯罪的人，就走下车来，哭泣着询问这位罪人。左右的人都说："罪人不顺从道义，君王为什么要悲怜他呢？"禹回答说："作为尧舜的人，都把尧舜的想法当作自己的想法。我作为一个国家的君主，百姓们却各自把自己的想法当作支配行动的思想，因此，我深感痛心。"

## 钟鼓之乐

大禹以五音听治，在悬挂钟磬架子的柱上刻字："凡来用道理开导我的请敲鼓，用义晓谕我的请打钟，告诉我事情的请摇铎，向我诉说忧愁的请击磬，向我告状的请摇鼗。"大禹还常常说："我不害怕四方之士留在路上，唯恐他们留在我门前。"

## 杀防风氏

大禹在会稽山大会诸神，防风氏迟到，很晚才来，大禹便杀了他，其骨头装了满满一车。防风，即今浙江德清县。

## 群鸟耕田

大禹死后葬在会稽，安葬时穿了三层皮衣，桐木棺材厚三寸。

山上有禹井禹祠，相传山下群鸟可以耕田。大禹病死之后，用苇席卷尸，挖地七尺而葬，墓穴虽深，但穴壁不塌，穴底无积水。墓上筑坛，高三尺，有土阶三级，一亩见方。

## 母　教

大禹的妻子涂山氏懂得训教儿子的方法，启受到了她的品德影响和感化，因而成就了美名。

## 帝女酿酒

大禹的女儿名叫仪狄，她酿造出了酒，大禹喝了后觉得甘美异常，便说："后世一定有因酒而亡其国的人。"于是，疏远了仪狄，并从此滴酒不沾，这时天上下了三天金子。

## 让位遗闻

禹的年事已高，就准备把天下让给

奇子。奇子说："您曾经说过，为了辅佐帝舜，而尽了自己全部的力量。您率领百姓开凿山川，疏通河道。您累得头发全都脱落了，小腿上的汗毛也都磨光了。因此，舜把天下让给您，作为对您的报答。我却与您不一样，生活得安闲自在，不能为您分担劳苦。"奇子说完这番话就离开了禹，再也寻找不到了。

## 五子作歌

夏后启死了，他的儿子太康继承了王位。太康整天花天酒地，灭绝做人的道德，百姓们对他非常不满，都怀有二心。太康十九岁时，他到洛水一带去打猎游玩，一百天过去了，他还不返回京城。有穷氏的首领后羿乘夏朝的百姓对太康的行为不能容忍时，出兵把太康拒之于洛水边上，太康不能返回自己的国家，就在阳夏修建了城墙，在那里居住下来。由于太康丧失了自己的国家，他们兄弟五人，在洛水边上住下来，一起回忆禹对他们的告诫，并把这些告诫编成歌。第一首歌中唱道："祖先留下教诲，人民只能亲近，不可欺压。人民是国家的根本，根本牢固了，国家才能安宁。我看天下的人，即使是愚笨的男人和女子，都能够胜过我。一个人再聪明，也会有过失。我治理亿万人民，小心谨慎，就像用腐朽的绳索驾驭六匹马一样。这样做，身为国家的君主，又怎能不受到人民的尊敬。"第二首歌中唱道："作为一国之主，在宫廷中为女色而荒废政务；在宫廷外，因为打猎游玩而废弃政事；整日喝酒，欣赏音乐；大兴土木，修建富丽堂皇的宫殿。如果有其中一项，国家就会灭亡！"第三首歌唱道："只有那位陶唐，才有了这块地方。现在失去了他的道义，混乱了他的治国大纲，最终只能灭亡。"第四首歌唱道："伟大光明的先祖是万国的君主，有治理国家的典章，也有行动的准则，这些都留给了他的子孙们。如果丢弃了这些，只能断绝对祖宗的祭祀了。"第五首歌唱道："啊！我们该归向哪里呢？我内心充满了悲哀。百姓们都仇恨我，我该依靠谁呢？郁闷充塞在我心中。我只有一张不怕羞耻的脸皮，我没有注意自己的道德修养，就是后悔也来不及了。"太康在位十九年，因失败而驾崩。

## 好闻裂缯

夏王桀残暴、荒淫，但是，他却很有才干，还很有力气。他伸出手来就可以钩住铁索，空着手就可以和老虎、黑熊这些猛兽搏斗。夏王桀派人到处搜寻美女，把她们都安置在后宫中，他还建造了琼室瑶台，修建的金柱有三千多个。从桀时开始，用瓦覆盖屋顶，以此来遮挡雨水。桀还选了很多个子矮小的倡优进宫，为他演奏靡靡之音，为他表演杂技。在宫殿中，每天都充满了嬉戏玩耍的淫荡声音。桀不分白天黑夜，都同妹喜以及其他的宫女在一起饮酒。他经常把妹喜放在自己的膝盖上。妹喜有一种癖好，喜欢听撕裂缯帛的声音。于是，桀就让人拿出缯帛，一块一块地撕扯，来满足妹喜的要求。桀用人驾车，用肉堆成山，用肉干建成树林，用酒充满水池。他敲一通鼓，就派出三千人到池边像牛饮水一样地来喝酒，这些人都喝得酩酊大醉，落入池中，被酒淹死。桀还把老虎放到市场中，他兴高采烈地观看市场中的人受惊吓而四散逃走的惊恐样子。伊尹举起酒杯，到桀面前进谏说："君王如果不听群臣的话，离灭亡的日子就不远了！"桀却满不在乎地说："你又来散布一些谣言了。天下有太阳，就像我有百姓一样。只有太阳死亡了，我才会灭亡。"

## 龙逢行歌

桀经常在瑶台观看对罪犯施加炮烙的刑罚。他对龙逢说："观看这种刑罚，快乐吗？"龙逢说："很快乐。"桀说："观看对犯人处刑，却说快乐，难道你就没有一点儿恻隐之心吗？"龙逢回答说："天下的人都感到痛苦，而君主却感到快乐。我们做臣的就像是君主的手脚一样，哪有君主内心感到快乐，而他的手脚不快乐的呢！"桀对龙逢说：

"我要听你进谏。如果你进的谏言，合我的心意，我为你记功晋爵。如果不能满足我的要求，我就用刑罚处置你。"龙逄说："臣下看君主的帽子不像是一顶帽子，这顶帽子是一块摇摇欲坠的石头。臣下看君主穿的鞋子不像一双鞋子，这双鞋子像是踩在春天将要融化的冰上。没有像摇摇欲坠的石头一样的帽子不会把人压垮的，也没有像踩在春天的冰上的鞋子不会陷入冰水中的。"桀叹息着说："你只知道我会灭亡，却不知道你自己也要灭亡。我马上就要处你炮烙的刑罚，看着你死亡。这样，你就会知道我不能灭亡了。"龙逄于是当场作歌，唱道："上天赐给我劳苦的命运，最后结束我的生命却用炮烙的刑罚。"他唱完歌，就跳入熊熊的大火中，被火烧死。

### 女喜男装

夏桀的妃子妹喜美艳无比，但是无德。她特别喜欢佩带宝剑，把自己装扮成男人的样子。

### 群臣作歌

夏桀凶残无道，他手下的臣子们一起作歌唱道："江水浩荡兮，舟楫损坏兮；我王荒淫兮，去归薄兮，薄才是我的乐土兮。"还唱道："乐兮，乐兮，四马飞奔兮，

六辔矫捷兮，离开不善而从善，何不乐兮。"

### 桀犬吠尧

夏桀的狗可以被指使来吠尧；而盗跖的门客可以被指使刺杀子由。这正是各为其主。

### 夜宫男女

夏桀凿池为夜宫，男女杂处，荒淫如禽兽，三旬不去上朝，政事荒废。臣子终古手执图法哭着劝谏夏桀，夏桀根本不听，于是终古便逃奔商部落。

### 桀杀豪杰

使夏朝灭亡的是夏桀。夏桀先后六次诛杀豪杰。伯益的后代叫费昌，为了逃脱桀的魔掌，他率领部落大迁移，归顺了成汤。

### 杀关龙逄

夏桀荒淫无道日甚一日，关龙逄进谏说："古时候的君主爱人民，节费用，所以在位的时间长。如今君王您穷奢极欲，日用无度，杀人如麻，离灭亡没有几天了，你怎么不稍加悔改呢？"夏桀根本听不进去，关龙逄站着不离开，夏桀怒从心来，便杀了关龙逄。

# 商代野史

### 成汤祈雨

夏桀王荒淫无道，老百姓们怨声载道，无法生存下去。他们都感慨地说："这个太阳啊，什么时候能够灭亡，我们宁愿与你一起灭亡。"汤向夏桀王哭诉民间的疾苦。夏桀王却把汤囚禁在夏台，后来又把他放了。这样，各地的诸侯都开始背叛夏桀王，而归顺了商汤王。在同一天，向汤进贡的诸侯就有五百多个国家。经过三年，天下的人民都服从了汤。汤自从征伐夏桀王后，全国大旱了七年，整个洛水都枯竭了，汤派人手持三

足鼎到山川附近祈祷说："是因为我的欲望节制得不够吗？是因为使人民蒙受疾苦了吗？是有进谗言的人在作祟吗？是营建宫室过分了吗？是由于迷恋了女色了吗？为什么上天这么长的时间不降下一滴雨水呢？"殷史占卜说："应该用人做祭物来祈祷。"汤说："我求雨是为了天下的百姓。如果一定要用人做祭物来祈祷，我甘愿做这个祭物。"汤于是斋戒，剪去指甲和头发，把自己作为祭物，在桑林的社前祈祷说："我向上天后土请求：各地方犯下的罪过，都是我一个人的罪过。

我自己犯下的罪过,不要牵连到各地的百姓。不要因为我一个人做了不好的事,就使上帝鬼神伤害百姓的生命。"汤的这些话还没有说完,上天就降下了倾盆大雨。下雨的范围,方圆有数千里。

### 扶都生汤

主癸的妃子扶都望见有一道白气贯穿月亮而生下了汤。尧封契于商,并赐姓子,主癸便是契的第十二代孙。汤的祖先是契。契的母亲名叫简狄,是有娀氏的女儿。简狄与三个同姓大夫的妻子在河中洗浴,玄鸟从天上掉下来一只蛋,简狄吞吃了蛋,便生下了契。由于契是他母亲吞吃了玄鸟蛋后生的,所以尧赐他姓子。

### 妲己丧邦

纣王生来身材高大,力气过人,空手能与猛虎格斗,拉回九头老牛,能像根柱子似的挺起房梁。有个姓苏的人背叛了纣王,于是纣王率兵追拿他。苏氏无奈,把一美女妲己献给纣王。纣王非常高兴。于是免除了对苏氏的刑罚,把妲己接纳为妃。纣王整日与妲己寻欢作乐,沉迷于酒色之中。他对拥护他的人大大加赏,高官厚禄,对憎恨他的人一律杀头,生活越来越放纵。他让人用象牙做筷子,他的儿子感叹地对父亲说:"有了象牙筷子,一定要有漂亮的筷笼,也一定要有犀玉做成的杯子,吃熊掌豹肉;也不穿粗布衣服,住在这样破旧的房屋也不合适,衣服要绫罗绸缎,要游山玩水,住豪华的宫殿呀。"过了五年,纣王果然修建了皇宫,用碧玉装饰得富丽堂皇,宫殿七年才修成,面积有三里地的范围,有千丈高,大宫百余个,小宫七十三处。宫中有九个集市,车能在里面行驶,马能在里面奔跑。纣王整日更加挥金如土。六月时节,他率领浩浩荡荡的队伍在西山狩猎。过了一年,天突然下起了大雨,狂风大作,电闪雷鸣,牛马都被漂浮在水里,

房屋倒塌,树木毁坏,大火烧毁了皇宫,一直烧了两天两夜,哭喊声响成一片。纣王对此均未感到恐惧,但他从此神情越来越恍惚,诛杀一切进谏者。他几天几夜不进茶米,越来越糊涂健忘,分不清身边的左右官员,也不知道过问什么。箕子私下对人说:"这个国家算完了,百姓将处于水深火热之中。作为一个国王不闻不问,我却心急如焚,我们的国家要衰败了。"一日,宰相派人送给纣王做好的熊掌吃,纣王说熊掌不熟并大怒,于是杀了宰相。纣王更加摧残文武官员,殃及百姓。他剖开孕妇的肚子观看胎儿蠕动,又把人杀掉来喂老虎。文武官员们叛的叛,逃的逃,都离他而去。妲己对此从不用重刑,纣王却想对这些叛官处以重重的刑罚。于是先用大烙铁烧红了烙,用火烤,被用刑的人所遭受的痛苦令人惨不忍睹。纣王越发暴虐,让用刑的人脚上涂些滑膏,让他站在火炭的边缘上,脚下一滑便跌落在火中,纣王与妲己大笑而不管其死活,并取名说这是炮烙的刑罚。待武王率诸侯兵马来攻打纣王时,纣王的官兵都不抵抗并溃逃。纣王自己感到大势已去,他登上鹿台,裹着绫罗绸缎,自己投入火中,结束了他罪恶的一生。

### 三十六怪

武王攻打纣王的时候,抓到两个男人,武王神秘地问他们:"殷朝的灭亡,仅仅是因为有怪事吗?"一个男人回答说:"殷朝经常有狂风暴雨,极其异常。有下几天几夜不停的石灰雨、带血的大雨、石头雨,小的石子像鸡蛋那么大,大的像簸箕那么大。曾经在春暖花开的三月份还下起来了漫天大雪,雪有一尺多厚。"武王说:"真是个大怪事啊!"另一个男人又对他说:"这还不算殷朝的大怪事呢。殷朝的大怪事有三十六种:殷朝的国王喜欢用箭射人,把人当靶子用;喜欢把人当食物给老虎吃;喜欢挖人的心;喜欢剖开

孕妇的肚子看婴胎的蠕动；对诚实的人不喜欢，对诬告别人的事当成真事；把忠实他的人当成不忠者，诚恳地向他进谏提意见的人一律杀掉，对奉承讨好他的人特别赏识；把君子当成小人，把小人当成君子；把巧言谄媚的人提升为宰相，让妇人当政；下令搜刮民财，全国的百姓过着凄凉困苦的生活，真是民不聊生；喜欢在野外用带着绳子的箭来射鸟，喜欢看赛狗赛马的游戏，整日沉浸在这些爱好当中，不管是刮风下雨，还是酷暑严寒；喜欢修城池楼台，民工日夜不停地工作；喜欢拿酒做成池水，池中的酒可够三千人畅饮；喜欢坐人拉的车子，所到之处，锣鼓喧天，好不热闹；对老的不孝，对幼的不教，不讲礼义道德；赞誉、听信小人的谗言，对没有功劳和贡献的大加赞赏，对没有才能公德的人大加俸禄；他独断专行，没有礼仪，没有有才能的功臣，没有衡量重量的器具，没有量米容器，没有量布匹的尺，没有一丝一毫的法规戒律。有罪的反而放掉，没罪的反而杀头。这才是殷朝的大怪事呢。还有很多不胜枚举，我是几天几夜也说不完啊。"

### 剐朝涉者之胫

"剐"的意思是斩。纣王在冬天看见一个人清早便在水中行走，认为这个人腿中的骨髓如此耐寒，一定与别人有所不同，便砍断这人的腿，来查看他的骨髓是否特别。

### 剖孕妇

纣王看见几个孕妇，想亲眼看一下怀孕到底是怎么回事儿，便把一个孕妇的肚子剖开观看。由于血四处喷溅，看不清楚，便又剖开一个孕妇之腹看，还是看不清，又剖开一个，先后一共剖了三个孕妇之腹，暴虐至此，令人发指。

### 纣王挖心

比干见微子走了，箕子发狂了，便叹息着说道："君王有过失而不劝谏，这是不忠；惧怕死而不言，这是没有勇气。君王有过失便直言劝谏，如果不被接受便以死相谏，这才是做臣子的忠心的最高体现。"因此，他便去当面谏说纣王，坚持不懈，三天过去了还不离开。纣王问比干为什么要这样自持，比干回答："修善行仁，我这是以义自持。"纣王大怒，说："我听说圣人的心有七窍，今天我倒要看看你的心是不是这样！"因此便杀了比干，剖开他的胸膛，挖出他的心脏。

### 箕子披发

箕子反复劝说纣王而不听，便叹息道："做臣子的劝谏君王而不被听从，便愤而离去，这是显扬君王的罪恶，而自己取悦于民众，这样的事情我是不忍心干的。"因此，他便披头散发，假装疯子，寄身为奴，隐沦民间，以弹琴来抒泄自己心头的悲伤。箕子所奏的琴曲流传后世，名为《箕子操》。

### 杀妲己

周武王斩下了纣的头，悬挂在白旗上，然后又杀了妲己。妲己笑起来有百般媚态，见者无不动心，相传杀她时，执刀者不忍下刀，只好把她的脑袋蒙上，然后才下刀的。

### 妲己面有雀斑

妲己又写作靼己。《说文》："靼，白上有黑之意。"《字统》："靼，黑而有艳之意。"把这两种意思综合起来看，大体上可以说妲己脸上有雀斑。

### 妲己好淫

纣王见大势已去，死到临头，便逃到鹿台上。妲己在大难临头之际仍不忘淫乐，请求纣王同她云雨，说："阴可补阳，我愿与君交合，博君欢心。"交合时，纣王甚疲惫，妲己笑着说："君王力不如前，是旷日太久的缘故吧。"

### 妲己求免刑

妲己即将被杀头之前，以宝物赠执

刀者,对他说:"你如果放了我,我一定厚报你。请你转告西伯侯姬昌,纣王暴虐无道,这是我的功劳,不然他能伐纣吗?"武王姬发听了之后想赦免妲己,姜太公不允,说:"妲己是一个女妖,怎么可以宽恕她呢?"

### 妲己坐膝

纣王一次拥着美女嬉戏作乐,妲己见了笑着说:"怎么安排我呢?"说着便坐到了纣王的膝上,把别的美女招到眼前,褒狎交至,丑态百出,不堪言说。

### 妲己打胎

纣王剖孕妇之腹,是妲己让他这么干的,原来妲己担心自己一旦怀孕了,不能随心所欲地淫乐,所以预备堕胎的办法。也有人说,纣王喜欢看女人的阴部,所以剖孕妇之腹。

### 女子从征

周武王阅兵,诸侯不约而前来会合的有八百国之多,军队行进于道,所过之处,民众纷纷加入,商人、工匠、农夫、渔夫赶来参加,妇女们不做饭,也跑来参战,连老年人都携着棍杖来了。牧野之战,纣王的兵越来越多,哪知道这些都是已经归附了武王的老百姓,谁能不临阵倒戈呢?

### 为女复仇

纣王放火自焚,火势渐旺,烧到他的肉了,痛得他喊道:"难道没有一个怜爱我的人吗?看着我这样都无动于衷吗?"一个周朝的兵士应声说道:"我的女儿爱你很久了。"原来,纣王释放西伯侯姬昌之后,姬昌便把这个士兵的女儿献给了纣王,供纣王作乐。这个士兵听说自己的女儿已经被纣王杀死了,所以说这种气话。

### 鳏寡动心

周朝的军队杀妲己时,百姓争着前去观看。他们看到妲己皮肤白嫩,柔润如珠玉,蝤首蛾眉,别具一种特殊的韵致,以致不知有多少人回到家之后心里还在想着妲己的美,因此废寝忘食。从此,民间就多了些男女私奔之事,周代风俗渐渐改变,这未尝不是妲己的坏影响在起作用。

### 西伯梦熊

西伯侯姬昌将要外出打猎,行前占卜吉凶,卜辞是:"非龙非罴,非熊非罴,非虎非貔,所获霸王之辅。"卜辞果然应验,姬昌在渭水北边遇上了姜太公。

### 白鱼入舟

周武王姬发去东边阅兵,行至孟津,乘船渡黄河,船至中流,有一条白色的鱼跃入武王的船中,武王便用这条鱼来祭祀。鱼属介鳞类,象征着兵战。白色是殷商所崇尚的颜色。所以,白鱼入舟乃是殷商的王运归于周的预兆。

### 王屋见火

周武王渡过黄河之后,天上有一团火红球降下来,落在武王所住的屋子顶上,变成了一只鸟,鸟的颜色赤红,叫声和悦。赤色是周族所崇尚的颜色,鸟代表孝,武王完成了父亲的大业,所以有赤鸟降临的吉祥之兆。

# 周代野史

### 文王四乳

文王的长相与众不同,他虎背熊腰,天庭饱满,地阁方圆,身材高大,并且胸前长有四个乳房。他每天早上不吃饭便会见全国各地来的有识之士。他联合六个州的诸侯,去朝见纣王。纣王因为听信了崇侯虎的谗言非常生气，诸侯要求送文王回去。十年后的正月，文王从商朝启程外游，太姒说夜里梦见商朝的院子里长满了多刺的灌木枯草。太子亲自到院子里把梓树砍倒，拿到楼前，不料梓树却变成松柏柞械。太子觉得很奇怪，于是把此事告诉了文王，文王不敢占卜。于是召见太子发准备行装，命令臣下准备好皮币，前往宗庙进行祈祷，然后在明堂中占卜。当他同太子发都做了吉利的梦，这才醒来启程。文王继承父业后称为西伯，首都建在雍州。当文王接受天命后，又兼管梁荆二州，以及江汉等区域，于是有六个州的诸侯归附了文王，可是，文王仍然保持臣的身份。在此之前，文王梦见太阳光亮耀眼地照在身上，后又听到像凤凰一样的水鸟在岐山鸣叫，于是制作了武象之乐，神农氏开始制造出五弦琴，因而有了宫、商、角、徵、羽五音。经历了九个时代，到了文王执政的时候，又增加了二根弦，叫少宫、少商，从这以后就把五弦改为七弦了。

## 隘巷弃儿

　　太史公记载，周朝的后稷小名叫弃。如何得此名的呢？原来这里面有一段奇特的故事。后稷的母亲是有邰氏的女儿，叫姜嫄，姜嫄是帝喾的妻子。有一天，姜嫄去郊外，看见一个巨人的脚印，她非常高兴并特别喜欢这只大脚印。她从这只大脚印走过，不久却发现自己怀孕了。十月怀胎后生下一男婴，姜嫄认为不吉利，便偷偷地把他扔在一个很小的巷弄里，牛羊从那经过，都躲开而不踩他。姜嫄又把他移放在树林里，当时正赶上山林中有很多人，姜嫄怕不方便，于是又把他转移，丢弃在水沟的冰上，天下的飞鸟纷纷用自己的翅膀和草遮盖着他。姜嫄几经周折都未能丢弃这个孩子，认为是神灵的保佑，这一定不是一个一般的孩子。于是便小心翼翼地把他抱回家，精心地喂养起来，因而取名叫弃。

弃在很小的时候就喜欢玩，并爱栽种花草树木，等到成人后，就特别喜欢参加农事耕作，他种的庄稼长得特别好，年年都丰收。尧帝得知此事后，便推荐他当了农师，全国在他的指导下，真是年年五谷丰收，人民终日饱食。于是尧赐他姓为邰，名字叫"后稷"。后稷死后，他的儿子不窋继承父业。不窋的最后一年，夏后氏政治衰败，不窋没把后稷的事业延续下来，因此失去了官职，去了西北部定居，不窋的儿子鞠继承了父业，不久鞠死了，他的儿子公刘又继承了父业。公刘虽然居住在戎狄的地方，却一直从事后稷的事业，指导大家耕种土地。他所指导的土地耕种都长出了好庄稼，百姓非常思念他，于是千方百计地把公刘接了回来。公刘精心指导全国的农业生产，周朝又兴盛起来，这全都是因为他重视农业的发展。公刘死后，他的儿子庆节继承了父业，国都在邠地。经历了九个时代，到古公亶父时，又继承了后稷公刘的事业，他爱护百姓，常指导他们农事劳动，深受人民的爱戴和拥护。等到獯鬻或狄来攻打想要霸占这里的土地和人民时，百姓全都愤怒地和他们作战。古公高兴地说："我的百姓这样拥护支持我，我将全力地依靠官兵和百姓战胜他们。现在戎狄所侵占的地盘，是我的土地和百姓，全国的老百姓都拥护和支持我，这和我在不在这个地方有什么两样？现在你们强占了我的土地，在我的国土上作战，杀我的百姓和官兵，我能容忍吗？"大丈夫能屈能伸，留得青山在，不怕没柴烧。于是，古公带着家眷和侍从离开邠地，渡过漆沮河，经过梁山，在岐山脚下居住下来，邠地的全国百姓全都投奔到岐山脚下。邻近的大小国家知道古公的仁义友善后，也都投奔了他。于是古公摒弃戎狄的风俗，重新修建城墙宫廷，人民都歌颂他的美德和为人，都称赞古公是可以依赖的君主。

古公有个大儿子叫太伯，二儿子叫虞仲，太姜又生个小儿子叫季历。季历成年后娶妻叫大任，是个非常贤惠的妇人，不久便生个儿子叫昌，人们都说这是个好兆头。古公说："我们这个时代将要出现一个伟大的人物，大概就是昌啊！"大儿子太伯、二儿子虞仲都知道父亲想要季历继承王位。古公死后，季历便继承王位，帝号叫公季。公季继续奉行古公的治国安民政策，全心全意为民行善积德，诸侯都尊重、爱戴他。公季死后，他的儿子昌继承了王位，帝号叫西伯，他叫文王。西伯继续遵照后稷公刘的治国之道，效法古公、公季的治国之法，把整个身心都倾注在尊老爱幼、仁德礼仪上，接待全国上下有才能、有见地的人，为了接待会见这些有识之士，有时都顾不上吃饭。他的仁德品行远扬天下，使伯夷、叔齐、太颠、闳夭、散宜生、鬻子、辛甲这些人都来投奔他。崇侯虎嫉能妒贤，他向纣王进谗言说："西伯这样积德行善，诸侯的心都被他征服了，这将对您不利呀！"纣王听了崇侯虎的话后，便把西伯拘禁在羑里。闳夭于是找来有辛氏、骊戎文马，通过纣王的亲信费仲，进献宝物给纣王，以搭救西伯，请纣王开恩。纣王于是放了西伯，并赏赐给西伯弓、箭、斧、钺兵器，让他去打仗，并对西伯说："说你坏话的人是崇侯虎。"西伯为了答谢纣王，把洛西献给了纣王，请求免除炮烙刑罚。西伯为诸侯虞国和芮国消除矛盾，于是人们有打官司不能解决的，都到周朝来。进入周朝地界，看到耕作的老百姓都自愿让出了自己土地。一些还没有看见西伯的人都惭愧地说："我们在争抢土地，而正是周朝人感到耻辱的啊！"于是他们都让出了自己的土地。第二年西伯又率兵征讨犬夷，过了一年征讨密须，又过了一年征讨崇侯虎，把都城迁移到丰地。诸侯百姓都投奔了西伯。

## 文王诫子

《周书》上记载，文王在镐执政的时候，把太子发叫到跟前，对他感叹地说："唉，我已经老了。我的话你可要记住啊，我要把我所推行的国策和所奉行的国法传给我的子孙后代。我的恩德和贤良谁都知道，爱护忠良，珍惜有识之士，从不骄傲自满；生活从不浪费和奢侈，从不因为天下太平，百姓过上了好日子而高枕无忧；从不为美色所动心；百姓的事就是我的事，我为他们的衣食住行操心；一年四季，护山护林，育树成材，从不乱砍滥伐树木，让这些树木都成为栋梁之材；湖泊水池不许行船垂钓，让那些鱼鳖自由自在地生活；不射不成熟的幼小动物，让鸟兽自由自在地生长；打猎时，不捕杀未长大的小牛，小牛见了不害怕，小马见了也不跑；不像鸭子那样去仿效别人；从不做害人的事。因此，土地都不失去它的肥沃，万物都不失去它的特性，天下的百姓才不能失去你，你可要记住这些话呀！"

## 褒姒出身

夏朝衰败之时，有两条神龙来到宫廷之中，并且发话说："我们是褒国的两个君主。"夏朝君王通过占卜来决定是杀掉它们呢？或者是把它们赶走呢？还是让它们留在此呢？但占卜的结果是这三种办法都不吉利。于是，又卜问可不可以得到龙的吐沫而收藏起来，这次得到的是吉利之卦。因此，便布置下玉帛，以简策之书向龙祈祷，请它们吐出涎沫来。龙飞走了，却留下了涎沫，夏王便把它装在柜子中收藏起来。自夏至周，三代之中谁也不敢把它打开。到了周厉王末期，厉王把它打开观看，结果龙涎沫流到庭中，怎么也清除不掉。厉王让妇人裸着身子，对着龙涎沫聒噪喧闹，龙沫马上变成一只玄鼋，进到后宫中去了。后宫中有一个才刚刚七岁的小女孩，恰巧遇见了这只玄鼋，到十五岁之时她便有了身孕。由于还没有嫁夫便生下了孩子，因此她害怕得不敢收养这孩子，只好抛弃掉。周宣王之时，小女孩们都唱这么两句歌谣："桑木弓，箕木箭匣，必定亡周。"这歌谣传到了周宣王那里，恰巧有一对夫妇卖桑木弓，周宣王便派人去把他们抓来杀掉，这夫妇赶忙逃跑，却正好遇上了前头说到的后宫中的小女孩抛弃在路上的那个婴儿，他们听见有婴儿在夜幕中哭得凄惨，动了恻隐之心，便收养了这婴儿。这对夫妇便带着捡到的婴儿逃亡到了褒国，后来褒国的人触犯周朝有罪，便请求把后宫女子所抛弃的那个女孩献给君王以便赎罪。因这个女子是从褒国来的，所以叫"褒姒"。

### 作铭自警

武王继承了王位，召见士大夫，问他们："我如果有条约收藏起来，不管走到哪里，不是任何事情、任何时代都可以为子孙后代所仿效的吗？"师尚武进献给武王一封丹书，信中这样对武王说："尊敬胜过怠慢你的人是友善的人，怠慢胜过尊敬你的人是歹毒的人。仁义胜过贪欲的人是顺从的人，可以信赖；贪欲胜过仁义的人是危险的人，不可信赖。"武王听后，整日提心吊胆，就好像有人马上要来加害他那样恐惧，更加戒备起来。于是让人书写条幅挂在座位的四端和镜子的四端，洗脸盆、柱子、手杖、腰带、鞋子、酒盅、盘子、窗户、弓、剑、长矛等生活、打仗用具，都刻印上警戒的文字。座位前左端的警句是在安稳的时候也一定更慎重警惕。右边的警句是没有什么行动可后悔的。后左端的警句是对于好事坏事，都不可以忘记。右边的警句是所应该借鉴的事情不要排斥，看作你所替代的。镜子上的警句是要小心处事，谨慎又谨慎，说话也要有分寸，不该说的不说，祸从口出，千万不能因说话而伤害别人和自己。刻在洗脸盆上的警句是如果像这样把人淹没在水盆里，不如把人淹没在深水里。淹没在深水里，还可以漂浮在上面；如果淹没在水盆里，是不可以救活的。柱子上的警句是母亲说胡人是凶残的，他的大祸将要来临；母亲说胡人是祸害，他的祸害将越来越大；母亲说胡人只顾损害别人利益，他损害别人是无法逃避的。手杖上的警句是愤怒最容易产生罪恶；追求贪欲也是产生罪恶的根源；富贵了不能忘记和切忌邪恶的产生。腰带上的警句是不要过分地修饰仪容，一定谦逊有礼，谦逊有礼才能长寿。

### 卫宣公娶媳为妻

卫宣公为儿子伋娶齐国的女子成婚，但他得知儿媳妇长得很美，便想据为己有，于是，他在黄河边上建了一座楼阁，取名为"新台"，把儿媳妇安置在其中，以供自己淫乐。国人十分疾恶这件事，特意作了"新台"这首诗来讽刺他。

卫宣公纳了儿子伋的老婆为妾，这便是宣姜。宣姜生下了寿和朔。朔和宣姜在宣公面前数落伋的罪过，宣公便命令伋到齐国去，并事先在一要塞安排下了刺客，等待伋经过此处时便杀掉他。寿知道了这一阴谋，就如实告诉了伋。伋听了之后，叹息着说道："这是命运的安排呀，不可以逃脱的。"寿见伋决心赴死，便偷了伋的符节先头前往，刺客以为他便是伋，就杀了他。伋赶到后，见寿已被杀，仰天长叹，说："君主命令杀掉我，寿有什么罪呢？"刺客又把伋也杀了。国人知道此事后，无不伤痛。

### 齐襄淫妹

鲁桓公将要出行，同文姜一起去齐国。申缥知情后说："女有家，男有室，不互相轻佻，这叫作有礼，改变这个，必定亡败。"鲁桓公在泺会见过齐襄公之后，便同文姜往齐国去了。文姜是齐襄公的妹妹，但是兄妹二个却私通，因此有诗人在诗中写道："尊为公侯，鸟兽行径，奸淫自己的亲妹妹。"鲁桓公知道文姜的奸情之后斥责了她。文姜将自己受到鲁桓公责斥之事告诉了齐襄公，齐襄公便请鲁桓公前来宴会，并让公子彭生陪桓公同车而来。彭生使劲拉桓公的肋骨，结果桓公死于车中。

### 骊姬乱晋

晋献公讨伐骊戎，虏获了骊姬返回。晋献公十分宠爱骊姬，骊姬便进谗言，想使献公杀掉太子申生。太子申生在曲沃祭祀，把祭祀时用过的肉送给献公享用，恰好献公外出打猎不在，骊姬便把肉在宫中放了六天。献公打猎回来了，骊姬把肉加上毒药献给献公。献公做熟肉来吃，吃之前他用肉片祭地，但肉片一扔到地上，地便裂开了；扔给狗吃，狗即刻毙命；又让一个小官吏吃，也马上一命呜呼。骊姬哭着说："这是太子想要毒死您啊！"申生逃亡到了新城，献公便把他的老师杀了。有人对申生说："您把事情向献公讲清楚，献公一定会辨识出骊姬的奸计。"申生却说："君父如果没有骊姬，便会居处不安，食不甘味。我如果讲明真情，骊姬必定被治罪。但是，君父年纪大了，我实在不忍心这样做。"这人又说："那么公子准备出逃吗？"申生回答道："君父确实没有觉察出骊姬的罪过，我顶着谋害父王的罪名出逃，有谁会收留我呢？"申生便在新城自缢了。申生死后，骊姬又在献公面前诬陷重耳和夷吾两位公子，说："他们二人都知道申生要毒害您。"在不得已的情况下，重耳逃到了蒲，夷吾逃到了屈。

### 晏婴三跃

崔杼杀死了齐侯，晏婴立在崔氏的门外。门打开后，晏婴进到院内，枕着齐侯的尸体痛哭不止。他又蹲着跳了三次，这才站了起来。有人对崔杼说，是你把齐侯杀死的。崔杼说："我不过是顺从人民的意志罢了。"这样，对崔杼杀齐侯

不满的人才不再责备他。崔杼立灵公的儿子杵臼为国君，由他辅佐杵臼，庆封任左相。他们同国人在太庙订立盟约，晏婴仰天叹息说："我晏婴难道不是忠于国君，有益于国家的人吗？上天对我是清楚的。"于是，他歃血，发誓。太史写道："崔杼杀了他的国君。"崔杼把太史杀掉。太史的弟弟又继续这样写，崔杼又把他弟弟杀掉。这样，崔杼连杀二人。太史的二弟又继续这样写，崔杼不敢再杀，只好放了他。南史氏听说太史都被杀死，他准备拿着简册前往都城，听说这一事实已经被记载下来，他这才返回家去。

### 廷墙痛哭

申包胥是楚国的大夫。他逃亡到山中，派人对伍子胥说："你为自己报仇，行动也太过分了。我听说，人是一定能胜过天的，天也一定能胜过人。"伍子胥说："替我向申包胥致以谢意。我现在是因天色已晚而路途太远，所以只好倒行逆施。"申包胥于是到秦国去请救兵。秦伯派人告诉申包胥说："你暂且到客馆中等待，我们商量一下，再通告你。"申包胥回答说："我们的国君已没有立足的地方，做臣下的怎么敢安枕而卧。"于是，申包胥立在宫廷的墙外痛哭，从早到晚，哭声不断。他一口水不喝一口饭不吃，就这样整整哭了七天七夜。秦伯被他的行动感动，给他作了一首《无衣》之歌，申包胥连连向秦伯致谢。这样，秦国派出军队去援救楚国。

### 湛卢入楚

吴王阖闾有一个女儿名叫滕玉。因为准备征伐楚国，吴王就同夫人及女儿坐在一起吃蒸鱼。吴王尝了鱼的一半，给他的女儿。女儿发怒说："王在吃鱼时，污辱了我，我不能再活下去。"于是，滕玉自杀身亡。吴王阖闾非常痛心，就把她安葬在西阊门外，开凿了水池，堆积起坟山，用大石做成棺椁，并用金鼎、玉

杯、银樽等宝器陪葬。吴王又让白鹤在吴国市中起舞，让万民随着起舞的白鹤观看。他让一些男人、女人与白鹤一起进入装有机关的墓道门中，当他们进去后，就启动机关。把人和鹤全部掩埋在墓中。吴王阖闾杀生人陪葬死人，遭到了国人的非议。就连湛卢宝剑也厌恶阖闾无道，于是它离开吴王，沿着水路上行到楚国。楚昭王正在睡觉，他在梦中看见他在床上得到吴王的湛卢宝剑。昭王不知道其中的缘故，就把风湖子召来，问他说："我在睡觉时，觉得得到了一把宝剑，不知道宝剑的名字，这是一把什么剑呢？"风湖子说："这是湛卢宝剑。"昭王说："你有什么根据呢？"风湖子说："臣下听说吴王得到越国进献的宝剑有三把。一把叫作鱼肠，二把叫作磐郢，三把叫作湛卢。鱼肠这把剑已用来刺杀吴王僚了，磐郢这把剑已陪葬她的女儿了，现在，只有湛卢这把剑到了楚国。"昭王说："湛卢剑离开吴王的原因是什么呢？"风湖子说："臣下听说越王元常让欧冶子造了五把剑，出示给薛烛。薛烛回答说：'鱼肠剑遇到不顺从常理的，它就不服，比如臣下杀国君，儿子杀父亲，因此阖闾用它来刺杀吴王僚。另一把剑叫磐郢，也叫豪曹，它是不遵守法度的东西，对人们没有益处，所以用来陪葬。另一把叫湛卢，它汲取五金的精华，太阳的精气，它可以使神灵降服，可以抗拒强敌。但是，当国君作出违背人之常理的事，这把剑就要离开他；它要离开不讲道义的国君，到讲道义的国君那里去。'现在，吴王不讲道义，杀自己的国君，图谋征伐楚国，所以湛卢到了楚国。"昭王说："这把剑值多少钱？"风湖子说："臣下听说这把剑在越国时，有客要付给它的价值是值市乡三十，骏马一千匹，万户的都城二座，这是其一。薛烛说：'赤堇山之高，已使它的山巅没有了云彩；苦邪溪之深，无法测量它的沟底。群臣献弓矢时，欧冶

子已经死了。尽管把全城的黄金都拿出来，把珠宝堆成小山，但还是不能比上这把剑的价值。更何况市之乡，骏马千匹，万户的都市，怎么能与它的价值相比呢。'"昭王听风湖子这么说，非常高兴，于是把湛卢剑作为国宝。阖闾听说楚国得到了湛卢剑，因此大发雷霆，他派孙武、伍子胥、白喜率军征伐楚国。伍子胥暗中派人向楚国宣扬说："如果楚国用子期做将领，我就等待他，非杀掉他不可。如果用子常率军，我就立即退兵。"楚国听到这句传言，就任用子常，不用子期。

## 入郢鞭尸

《吴越春秋》中说：吴王攻入郢都，就把伍子胥留在那里。因为没有抓住昭王，伍子胥于是掘开楚平王的坟墓，把他的尸体挖出来，用鞭击打。伍子胥用左脚踩着平王尸体的腹部，右手挖开他的眼睛，挖苦他说："谁让你任用讲谗言的人，杀害了我的父兄，他们被害，难道不冤枉吗？"伍子胥让阖闾把楚昭王的夫人作为他的妻子。伍子胥、孙武、白喜也把楚国子常、司马成的妻子作为他们的妻子，以此来污辱楚国的君臣。

## 持刀口谏

楚国与吴国在伯莒大战，吴国战胜楚国，攻入郢都，楚昭王逃亡。阖闾把楚国后宫妃妾全都作为自己的妻室。他住在伯嬴那里，伯嬴是秦穆公的女儿，楚昭王的母亲。伯嬴手持着刀说："我听说做天子的，是天下人的表率；做公侯的，是一国人的表率。因此圣明的先王定下制度，让男人女人不能直接传授东西，男人和女人不能同坐在一张席上，男人和女人不能同桌吃饭。如果诸侯与妇人通奸，就削去他的封国，如果大夫与妇人通奸，就要遭到放逐，如果士、庶人与妇人通奸，就要处以宫刑。所以要这样做，这是因为仁丧失了，可以以义来恢复；义丧失了，可以以礼来恢复。男女之间不遵

第
一
编
　
先
秦
野
史

守礼制,这只能使国家灭亡。诸侯要严格禁止这种情况发生;天子则要对违反礼制的男女处以刑罚。现在,你作为一国之君,却使自己失去了表率,放纵淫乱的行为,犯了要遭受到诛杀的刑罚,你以后用怎样的政令来训导自己的人民呢?我听说,活着受污辱,不如死了光荣,我现在只有一死,不敢接受你的命令。"吴王阖闾听了伯嬴这一番话感到很惭愧,于是,离开楚王后宫。他没有奸污伯嬴和她的侍女。三天后,秦国的救兵赶到,楚昭王重新恢复王位。

### 送君南浦

越王勾践五年五月,他同大夫文种、范蠡一起到吴国称臣。群臣都到浙江边,为他们送行。在水边祭祀路神,又把军队驻扎在固陵。大夫文种走向前,吟诵祝词。他说:"上天会保佑我们。如果船沉了,以后它还会浮起来。祸事实际是德的根本,忧虑的事是福隆临的殿堂。压迫别人的人一定会灭亡,服从别人的人一定会昌盛。现在我们的王虽然要忍辱负重,但是,以后肯定不会再遇到祸殃。我们君臣现在在这里离别,肯定会感动上天。大家内心都很哀伤,没有人不感到悲凉。臣下请献上干肉,饮酒三杯。"越王仰天长叹,举起酒杯痛哭流涕不止。他沉默着,说不出一句话。文种又上前诵祝词说:"大王的美德广大,是没有边际的。天地是有灵气的,神祇肯定会保佑我们。我们的大王祭祀它们很丰厚,它们肯定会把幸福降到我们身边。大王的美德会消去各种祸殃,能够受到天地的福佑。我们一定能够离开吴国,重新回到越国。现在我再举起酒杯,祝大王万岁,万万岁。"祝酒完毕,勾践与群臣在浙江边离别,群臣都泪流满面,非常伤感。越王仰天长叹说:"死,那是人们所畏惧的,但是,我听到要死,就会把这种念头藏在心中,没有什么心惊胆战的。"于是,越王勾践登上了船,一直向吴

国开去。勾践没有向后看一眼,可是,越王的夫人却用手扶住船,一边哭,一边歌唱。越王勾践听到夫人的歌声,内心很不安稳,他说:"夫人不要忧虑! 我能够应付一切。"于是,勾践前往吴国。

### 葛妇行歌

越王离开吴国后,他每天都操心费神,夜以继日。他困了,就用蓼草熏一熏,使自己清醒;他感到脚寒,就用清水泡一泡,使自己失去寒的感觉。冬天,他常常抱着冰,夏天,他要握着火。他就是这样来锻炼自己的意志。在他的门上悬挂着苦胆,他进进出出都要尝一尝。到了深夜,他要流泪哭泣,哭泣之后,他还要仰天长啸。他对群臣们说:"吴王喜欢穿爽身的衣服,我准备采集葛麻,让女工们织成细布献给吴王,以便使吴王欢心,你们看怎么样?"臣们都说:"好。"于是,勾践派国中的男人、女人进山,采集葛麻,纺织成黄丝布,准备献给吴王。还没有等越国的使者到吴国,吴王已听说越王全心全意忠于自己的职守,他吃的食物简单,他穿着的衣服朴素;尽管国内有五座楼台可以游玩,可是,他没有一天到那里去玩。因此吴王就给越王写信,增加他的封地。东边到达句甬,西边到达檇李,南面到达姑未,北面到达平原,全部封地有八百余里。越王就派大夫文种征集葛布十担,蜜橘九担,文笥七枚,狐皮五双,晋竹十庚,来报答吴王对他的加封。吴王得到这些贡品,说:"越国是处于偏僻地方的国家,珍宝很少。现在,拿来这么多珍奇的东西,来回报对他的增封,这说明越国小心谨慎,不忘为吴国效力。越国本来在建国时就有一千里的土地,我现在虽然增加了他的封地,可是,也没有恢复他们国家原来的规模。"伍子胥听说这件事后,就回到自己家中。他对自己的侍从说:"我们的国君放掉囚徒,让他又返南林之中。现在虎豹已到了郊野中,又进献荒野外的草,来迷惑大

王。但是对我来说，是不会使我丧失警惕的。"吴王得到越王进献的葛布，就又增加了越国的封地，赏赐给越王羽毛装饰、几杖和诸侯的服装。越国非常高兴。越国采集葛麻的妇女，感伤越王用心良苦，于是创作了《苦之诗》。越王听到这首诗歌后，在国内实行德治；在国外也实行这种策略。做国君的，不必强行教化人民，做大臣的，不必遵从国君命令，就会自动为国家谋划；做百姓的，不用国君召唤，就会自愿为国家服务；各级官吏，不必由国君具体安排，就会尽力为国君做事。这样，国中一切事情都有条有理，不必再颁行政令。越王勾践的志气不是一般人所能预料的！

## 吴王好色

越王勾践对大夫文种说："我听说吴王淫荡而好色，整日饮酒取乐，不处理国家大事。我们利用他这一点来消灭他的国家，难道不行吗？"文种说："当然可以。吴王淫荡、好色，宰嚭又投其所好，我们进献美女，他一定会接受，只是大王必须选择美女二人进献给他。"越王勾践说："好。"于是，勾践派相国到国中，找到了二位在苎萝山卖柴的女子，名叫西施、郑旦。勾践命令宫中的人把这二位女子用绫罗绸缎的衣服装饰起来，教她们缓缓而行，让她们习惯都市的生活。经过三年的学习，她们习惯了宫廷的生活，就把她们进献给吴国。勾践派相国范蠡前去完成此任务，范蠡对吴王说："越王勾践有二位美女，因为越国低洼，所以他不敢留在自己宫中，谨派我范蠡把她们进献给大王。大王不要嫌弃她们丑陋，只把她们作为扫地妇使用就行。"吴王看到这二位女子姿色端丽，非常高兴。他说："越国进献二位美女，是勾践尽忠于吴国的证据。"伍子胥进谏说："不行啊，大王万万不能接受。臣下听说五色会使人眼睛失明，五音会使人耳朵变聋。从前桀被汤取代，使国家灭亡；纣被文王取代，

而丧失了国家。大王如果接受了这二位女子，后果一定会有殃祸。臣下听说越王一早便起来读书，深夜还能够听到他读书的声音。况且，他还训练了敢死之士数万人，这个人不死的话，一定能实现他的愿望；越王又实行仁政，能够虚心听取臣下谏言，招纳贤士，这个人不死的话，一定能成就大名；越王夏穿着毛裘，冬天却穿薄薄单衣，这个人不死的话，一定会成为吴国的有力对手。臣下听说，贤士是国家的宝贵，美女是国家的祸害。夏朝灭亡是因为妹喜；殷朝灭亡是因为妲己；周朝灭亡是因为褒姒。"吴王不听伍子胥的谏言，最终还是接受了这二位美女。

## 没脸见人

吴王自从得到西施以后，就更加荒淫。早晨他不上朝，晚上也不听政；国家号令不发布，大臣的谏言也不听，整日都沉浸在酒色之中。后来，越国军队攻进吴国，吴王率领他的贤良大臣，带着众多的财宝，登上了姑苏台。吴王让公孙雄袒露身体，跪着行走，前往越国军营，请求讲和。公孙雄对勾践说："从前，上天给吴国降下大祸，在会稽得罪了大王。现在，大王如果为我们考虑，那么就请按照吴兵占会稽时的情况，使两国能够讲和。"勾践听公孙雄这样讲，不忍灭掉吴国，准备答应吴国的要求。范蠡对越王说："在会稽越国战败，这是上天把越国赐给吴国，可是吴国却不要。今天，上天把吴国赐给越国，越国能够违背上天的意志吗？况且，上天赐给的如果不要的话，反而会受到上天的责怪。君王难道忘记了你在会稽忍受的各种痛苦吗？"勾践说："我想按照你所说的去做，可是，又不忍心看到吴国使者的可怜样子。"范蠡立即擂起战鼓进军，他对勾践说："大王已经把政事交给我处理，让吴国使者赶快离开，不然的话，我就治他的罪。"吴国使者哭泣着离开吴国军营。勾践派人对

吴王夫差说："我把你安置在甬东,让你管理一百户人家。"夫差说："我已经老了,不能再侍奉君王。"于是,夫差拔剑自杀。夫差在临死前遮住自己的脸说："我没有脸去见伍子胥。"

## 吴紫玉传

吴王夫差的小女儿名叫紫玉,年龄十八岁,才貌双全。童子韩重年龄十九岁,会道术,紫玉非常喜欢他。他们私下里相互通信,紫玉答应做韩重的妻子。韩重要到齐鲁一带学艺,他在临走时,让他的父母去向吴王求婚。吴王知道后,非常恼怒,就是不同意。女儿紫玉闷闷不乐,她因为胸中气闷不畅,而患重病死去,埋葬在阊门外面。三年以后,韩重回到家乡,他责备自己的父母。父母说:"吴王知道我们前去求婚后,他就大发雷霆。紫玉因此郁郁寡欢,得病而死,早已安葬了。"韩重伤心地大哭。他准备了祭祀的牲畜和皮币,到紫玉墓前祭奠。这时,紫玉的魂魄从墓中出来,她看到韩重,哭泣着对他说:"你离开这里时,让双亲到父王那里求婚。我原来以为一定能实现自己的愿望,可是,谁想到竟落得这般下场,真是无可奈何。"紫玉于是唱起了哀婉的歌来,紫玉唱完歌,痛哭流涕。她要韩重陪她一起回到坟墓中,韩重说:"死人和活人是走在两条不同的路上,我既害怕,又唯恐出错,所以不敢接受你的这个要求。"紫玉说:"死人和活人所走的路不同,我也知道这些。可是,今天我们分别,以后就永远没有再会面的时候了。你是畏惧我变成了鬼而会祸害你吗?如果确实是这样的话,那你就不要相信我。"韩重被紫玉的话感动,就送她返回墓中。紫玉同他一起饮酒,把他留在墓中三天三夜,紫玉同韩重一起同床共欢。当韩重要离开坟墓时,紫玉拿出直径一寸长的明珠,送给韩重说:"既然毁了自己的名声,又断绝了自己的愿望,我还有什么可说的呢?请你时时注意自己的身

体。如果能到我家的话,就向大王致以问候。"韩重从坟墓中出来后,就前往吴王那里陈述这件事。吴王大怒说:"我女儿已经死了,你又编造谎言来玷污亡灵。你不过是发掘坟墓,窃取陪葬宝物而已,还要把这事托附到鬼神身上。"吴王立即命令手下的人逮捕了韩重。韩重想方设法逃了出来,就到紫玉墓前把这件事告诉了她。紫玉说:"你不必担忧,今天我就去告诉大王。"吴王在梳头时,忽然看到了紫玉,他既惊愕,又悲伤、欢喜。吴王向紫玉说:"你是怎样活过来的呢?"紫玉跪着对吴王说:"从前,韩重来求亲,要娶我,可是大王不答应,让我的名誉扫地,和韩重的情义也断绝了,致使我病死。韩重从远方回来,听说我已经死了,所以带着祭祀物品到我墓前祭奠。我被韩重的忠诚所感动,就同他相见,把明珠送给了他。他从来没有挖过我的坟墓,请大王不要治他的罪。"吴王的夫人听到紫玉说话,就出来想拥抱她。可是,紫玉已化作一缕烟雾,不见了。

## 楚王铸剑

楚国人干将莫邪为楚王造剑,三年才制成一把剑。楚王发怒,准备把干将莫邪杀死。他制成的剑有雌雄两把。这时,他的妻子快要临产,干将莫邪对妻子说:"我为楚王铸剑,三年才造成,楚王已经发怒。我去,他肯定要杀死我。如果你生下的孩子是男的,就要告诉他说:'出门向南山望去,松树就长在巨石上,剑就放在它的背后。'"于是,干将莫邪带着雌剑来见楚王。楚王非常恼怒,派人来看这把剑。干将莫邪说:"造出的剑有二把,一雄一雌,可是,雌的来,雄的不肯来。"楚王越发恼火,就把干将莫邪杀死。莫邪的儿子名叫赤。等到赤长大后,就问他的母亲说:"我的父亲还在不在?"母亲对他说:"你的父亲为楚王造剑,三年才制成。楚王发怒,便把他杀死。他离开时,让我告诉你:'你出门望南山,松树

生在大石上,剑就在它的背后。'"于是,莫邪的儿子走出门户,向南望不见有南山,可是,他看到了堂前松树下的石砧。他立即用斧子砍开石头背,得到了宝剑。赤不论是白天黑夜,都想为父亲报仇,杀死楚王。楚王梦见一个儿童,他的两眉之间宽一尺,说要报仇。楚王立即下了千金的悬赏来捉拿他。赤听说后,立刻逃走,他进入山中,以唱歌倾诉自己的悲哀。这时,有一个剑客遇到赤就对他说:"你小小的年纪,怎么哭得这样悲伤呢?"赤说:"我是干将莫邪的儿子。楚王杀死了我的父亲,我想要报仇。"剑客说:"我听说楚王用千金买你的头,你把你的头和宝剑给我,我替你报仇。"赤说:"那太好了。"说完,他就抽出宝剑自杀。他两手捧起自己的头和宝剑给剑客后,便僵硬了。剑客说:"我一定不辜负你的希望。"剑客说完后,赤的尸体才倒下去。剑客拿着赤的头前去见楚王,楚王看了大喜。剑客说:"这是勇士的头,应该在鼎中用开水煮。"楚王按照剑客所说的来煮赤的头,三天三夜也没有煮烂。而且,头浮在水面上,瞪起发怒的眼睛,剑客说:"这个小儿的头煮不烂,希望大王亲自去看一下,也许会煮烂。"楚王就到了大鼎旁边。剑客用剑砍下楚王的头,楚王的头掉进沸水中。剑客用剑也砍下自己的头,他的头也落入沸水中。不多久,三个人头全都煮烂,无法识别,楚人只好把三个人头一起埋葬,因此把这座墓称为三王墓。这座墓现在汝南宜春县内。

## 尚父姜子牙

　　姜尚是中国历史上一个家喻户晓的传奇人物:年轻时在朝歌当过屠户,做过生意,后来云游四方,浪迹江湖,晚年遇周文王于渭水,官拜大将军,协助文王、武王灭商兴周,受封齐国。因这些传奇的经历,也使姜尚成为中国历史上第一个军事战略家和军政谋略的始祖。

### 云游四方的流浪汉

　　姜尚,字子牙,别号飞熊,陕西崤山人,生卒年不详。根据史料推算,应当是生于公元前1089年左右,先祖曾是姜姓部落的酋长,后为成汤所灭,以后姜姓人就世代当奴隶、耕农。

　　相传姜尚出生在八月,其母在生他的前一天晚上,因阵痛休息,倚床假寐,忽觉一声响亮,四周光明普照,一头带双翅的巨熊向自己猛扑而来。产妇吓得大汗淋漓,高呼救命,醒后原是南柯一梦。产妇把此事告诉丈夫,丈夫道:"此吉兆,日后定有分晓。"

　　刚生下来的姜尚又瘦又小,整天啼哭不止,家人深忧。有一异人路过其家门口,见状,就在婴儿的小屁股上轻轻拍了三下,口中念念有词:"莫哭莫慌,六十开张,成在甲子,贵在齐姜。"念完,对姜尚父母说:"此子命大福晚,前途多舛,但最终会成大器。生于八月是好时候,大器晚成。俗话说,八月桂花飘,先苦后甜步步高,八月龙抬头,不是天子也是侯,可中途要出家。"说完,飘然而去。

　　姜尚长大后,家里替他成了家,娶了一马姓(一说是张姓)女子为妻。为了养家糊口,他去商朝首都朝歌(河南淇县)当过屠户,因他生性懒惰,被人解雇。后来见朝歌的猪肉能卖好价钱,就挑猪肉去卖,结果没一个人要。天气炎热,肉全臭了,只好全部扔到水沟里。后又听说羊肉好卖,他就去卖羊肉,结果人家不要羊肉要猪肉,天气热羊肉又臭了,只好扔掉。第三天,他既挑猪肉,又挑羊肉去卖,结果街上禁市,一个人也没有。

　　所以,至今还有这样的传谣:姜子牙做生意是卖猪肉,羊肉俏;卖羊肉,猪肉俏;猪羊肉齐到,街上全不要,倒霉背运到家了。

　　后来,他改做面粉生意,卖了几天,也没一个人光顾,最后有人要买面粉,但这人要的不多,只买一文钱的面粉。卖完一文钱面粉之后，一阵大风吹来，把面粉刮得无影无踪。

他妻子见他这么倒霉，就想和他分手。姜子牙哀求道："你不要走，我还年轻，以后还有作为，有走运的时候。"他妻子讥笑道："别做春秋大梦了，你能走运，公鸡都下蛋了。"见妻子执意要走，姜子牙无可奈何，恨骂道："世上只有女人不是好东西。真是青竹蛇儿口，黄蜂尾上针；世间何物毒，唯有妇人心。"

老婆没有了，姜尚顿感心灰意冷，志气消沉，就离开家乡出去流浪，当云游四方的穷光蛋。传说中他去了昆仑山，拜昆仑山的老道太乙真人为师，学阴阳妙理、奇门遁甲和领兵打仗、行军布阵的治国平天下之策。实际上，姜尚是在外面流浪结识了一些有学问的人，从中懂得了许多的道理，增长了见识，只因姜尚后来的成就大，人们口口相传，就说去了昆仑山，把他神化了。

这一去就是三十年，从离家时的山野小伙变成了一个神秘莫测、有满腹韬略的治军治国奇才的白发老翁，而历史的风云际会也正等待他去增光添彩，挥写新的篇章。

姜尚下山的具体时间已不可考，大概是在公元前1030年。这个时候的中国正处于奴隶社会向封建社会初期过渡的阶段，而完成这个过渡时期的历史人物是处于中国西北部的一个部落首领姬昌，因受封为"伯"爵，又住在中国的西北部（今陕西西北部一带），史称西伯昌，死后谥（shi）文王。

姬昌的祖先，有史可查的叫"弃"。弃是其母姜嫄踏了巨人的脚印生下的他，所以以为不祥，就把他丢在路上，让牛马踏死，可牛马避而不踏。丢在冰雪中，飞鸟以羽翼护之。所以姜嫄以为是神灵在保护孩子，就又抱回来，取名为"弃"。弃长大后，不教而能种庄稼，并教会周围的老百姓，后被夏朝封为管农业

的官"稷"，史称"后稷"。所以，弃又叫稷。稷本是一种粮食作物，以后和"社"结合演变成为国家的代名词：社稷。社是土神，稷是谷神。以后，稷的后代就受封住在西北，以农业为主。到了姬昌的曾祖太公这一代，周国已经成为当时中国西部一个较有势力的诸侯国。

太公临死时对家人说："我虽有三子，但真正能光大周国的只有后季。后季仁孝，骨格富贵，尽管不是长子，但我要立他为储君。"于是，姬昌的祖父后季当上了周国这个诸侯国的首领。

随后，太公又交代后季："周这个地方是古伏羲氏的地盘，禹曾对他儿子启说：'岐山有王气，后稷子孙必贵。'我这一代不行了，你也不行，只有你的孙子才有可能，到时候定有拨乱反正的奇才异能之士出世，辅佐周国完成翦商大业。"

相传，后季的孙子姬昌还在他母亲肚子里时，其母太任整日正襟危坐，目不视乱色，耳不听淫声，口不出傲言，端庄自省，大概这是中国古代最早的胎教了。

据《洛书·灵淮听》载：文王生有异相，龙颜虎眉，长脸、高鼻、双眉耸起，身长十尺，胸有四乳。出生那天，一只红色的鸟口衔朱笔文字降于屋顶，这篇文字就是后来的《洪范·九畴》。说明姬昌生下来时也许有些奇异之状，当然他是古代圣人，后人歌颂他，添油加醋的成分也较多。姬昌长大后，两目贯日，双手过膝，面慈声和，智慧过人，更重要的是姬昌的以仁服民，以德化民的治国政策和人格魅力，使他成为当时各个诸侯国的偶像。

而姬昌的对手是商朝最后一位君主帝辛，史称纣王。纣王是历史上有名的荒淫残暴的君主，他信任奸邪，杀戮忠良，剖孕妇，修炮烙台，建酒池肉林，使商朝到了众叛亲离的地步。因此，在客观上也为周朝的兴起创造了有利的条件，剩下的问题是如何翦商动武了。

姬昌有两个非常厉害的儿子，一个叫姬发，后继父业，灭商兴周，史称武王；另一个叫姬旦，西周有名的政治家、思想家，史称周公。周公制礼，开创孔子思想之先河，武王死后，辅佐成王姬诵，无私无偏，为了选拔人才，一日三次吐出刚咽下的饭，成为后世景仰的思想智慧和道德的化身。

两个儿子虽然厉害，也并非统兵的合适人选，而翦商必须动武。为此，姬昌忧心忡忡。

一天，姬昌对大臣说，他想出去打猎以散散心。在中国古代，凡国王有较大行动的时候，总想求个吉利，通过卜卦以测吉凶。于是，他命人用烧龟壳裂纹的方式表示结果。烧龟壳后，史官看着卦象，对姬昌说："恭喜大王！从卦象看，大王这次打猎，所获不是虎、豹之类的野兽，而是治国、统兵奇才，而这个人就在渭水上游一带，望大王好好寻找。"

姬昌一听乐了："我曾祖父曾说过，到我这一代，一定有异能奇士出来辅佐以兴周朝，我今年七十多岁了，头发胡子都白了，终于等到了这一天。"

于是，他率领大队人马以打猎为名去渭水河畔寻找自己梦寐以求的人才。

### 渭水遇圣主

再说姜尚回到自己的老家——崤山之后，父母早已过世，村中与自己同辈的人也没剩几个。于是，他又离开了老家去商朝的首都朝歌靠摆摊子、看相算命糊口。相传他以奇门遁甲为人看相算命，奇准无比。

此时，商纣王更加倒行逆施，残暴荒淫，宠信苏妲己，杀比干，囚箕子、微子，天下诸侯的心都向着西伯，商王朝覆灭的种种征兆都具备了。姜尚在朝歌待了一段时间之后，算定商王朝要灭亡了，自己也决定在这种即将到来的改朝换代的大变动中一显身手，拜将封侯。于是，就离开了朝歌，长途跋涉来到了渭水边，找了个地方，搭上个窝棚住下，过着悠哉自乐的隐者生活。

此时的姜尚已是一个身无分文的老头子，尽管胸怀韬略，然而社会地位很低微，如同匹夫，一般有钱有势的人都瞧不起他，更不要说像西伯姬昌这样的一国之君了。因此，对于他来说，要干大事，谈何容易！

于是，他想了个办法：垂钓渭水，以此产生轰动效应。他用一根线系上直针在水面上晃来晃去，针上也不挂诱饵之类的食物，而且离水面三尺高，一天到晚，头戴斗笠，坐在河边的石头上，手持竹竿在河面上舞动，说是钓鱼。

有人问："老头儿，你这是钓鱼吗？莫非你哪根神经有毛病？"姜尚道："我岂止能钓到鱼，还能钓到蛟龙！"人问："你钓了那么久，一条小鱼也未钓到。"姜尚笑道："春天不到花不开，洪水不到龙不来。"旁人一听，莫名其妙，只得不住地摇头叹息而去。

俗话说：物反常为妖，人反常为奇。对于姜尚这种反常的举动，周围百姓倍感稀奇，一传十、十传百，不久，连西伯姬昌也知道了。他问大夫散宜生："听说渭水边有个奇怪的老头儿，你知道吗？"大夫道："以直针为钩在水面上钓鱼，也许此老头儿有点儿来历。"

中国古代文化典籍里有个典故："终南捷径"。说的是唐代有些士大夫知识分子，在名山大川、深山古寺聚徒讲学，写诗赋文。时间一长，名气大了，朝廷就来征用他们，请他们出山当官，以后人们就把这种方法叫"终南捷径"。如唐代的司马承祯隐居衡山，顾况隐居茅山，王维隐居终南山，等等，都是采取这种方法入仕的。

严格地说，这种方法的开山祖师应该是姜尚。由于历史久远，我们现在当然无法知道和理解姜尚在渭水垂钓的具体心态和意图，以今人的思想揣之，走的大概是"终南捷径"之路,想以此来扩大自己的社会影响吧!

姜太公钓鱼,愿者上钩,这一天终于来了。

约公元前1030年秋天,西伯姬昌率领一班人马外出狩猎,又因听史官说这次狩猎大有所获,兴致更高了。一路上,旗帜飘扬,人喊、马嘶、犬吠于渭水河畔,好不气派。

相传,西伯姬昌是在渭水河畔的拜侯村见到姜尚的。姬昌道:"我等闲人,打扰老丈垂钓。"姜尚道:"大王不必过谦,我早知道你会来。你听:西北开门吉,甲子临丙奇,天生龙回首,贵人相似依。"姬昌一听,大喜,就与姜尚攀谈起来,史传姬昌听完后,大悦,对姜尚说:"你真有鸿鹄干霄之志,经天纬地之才。我们家太公盼望你好久了。"所以,姜尚又被人们称为"太公望"。

谈话之后,姬昌要姜尚弃垂钓之乐,到岐山协助自己干大事,姜尚慨然允诺。在离开渭水那草棚子的时候,姜尚突然对姬昌说:"老夫有点儿脚疾,能否可以坐大王的乘舆?"姬昌回答干脆:"有何不可?"姜尚又说:"有个条件,我坐上大王的乘舆之后,不用马拉,也不要你的侍从拉,而要大王你亲自为我拉车。"

此语一出,四座皆惊:姬昌是诸侯国君,姜尚乃一耕夫,现在居然要坐国王的车子,同时还提出更无礼的要求:要国王亲自为他拉车。姬昌身边的人愤愤不平,觉得这个糟老头子太过分了。

可姬昌不愧为圣人,为江山计,为子孙计,能访到大贤,这点小小的要求有何办不到?于是就脱掉衣服,把辕轭套在自己的身上,像牛拉犁一样,一步一步拉着车子往前走。

作为国君,何时干过这种下贱的粗活儿?姬昌拖了一会儿就气喘如牛,脸色发白,不得不停下来休息。一见姬昌停住了,姜尚马上从车上跳下来,对姬昌

说:"难得大王如此仁德爱贤,我刚才数了一下,你一共拉了八百步,根据上天的意旨,周朝享国八百年。"

姬昌一听,马上来劲了,说:"我再拉如何?"姜尚摆摆手:"再拉不灵了。"

从周武王于公元前1023年灭商兴周,到公元前221年秦始皇统一中国,这段历史总共是798年,尽管中间换了几个名称,如西周、东周、战国,但周天子是天下共主,谁也不能否认。此是传说,仅供人们闲聊之资。

姜尚见到周文王时到底是多大岁数,史无记载,传说有太公八十遇文王之说。应该说,这是夸大,年过八十已是目昏眼花,行将就木,更不要说上阵打仗了,但姜尚见文王不是青年和中年,而是老年却是事实。

从此,心怀韬略的姜尚碰上了改朝换代的大好时机,又遇上了周文王这样的千古圣主,终如良骥展奇足,驰骋千里了。

### 翦商奇略

姜尚到岐山之后,就被拜为军师(相当于总参谋长),并尊为"尚父",负责组织训练军队,并与姬昌共商灭殷的军政奇谋。这种奇谋概言之可以分为两大部分:政略和军谋。

一天,姬昌问姜尚:"尚父,现纣王无道,天下嗷嗷待哺,当此之时,该如何行动?"

姜尚道:"纣王无道,但神人共愤。常言道:'天要弃之,人莫能夺。'周国久居西方,已历数十世,大王仁义遍布诸侯。天下者,万人之天下,非一人之天下,与天下人共利者,天下尊之,夺天下人之利者,天下贼之。所以,大王勿忧,纣王必不能久。"

姬昌道:"具体以何策施之?"姜尚道:"攻其内者夺其外,攻其外者守其内。"姬昌道:"何谓其内其外?"

姜尚道:"纣王与大王,彼为外,此为

内,伤其树者砍其枝,伤其首者断其足。纣王虽然无道,在诸侯里爪牙甚多。因此,要灭纣王,先去其羽翼,此所谓攻其内者夺其外;要能去纣王之羽翼,大王你自己先须有号令天下诸侯之条件和能力,不能使诸侯畏惧、德服,何以服众?所以,大王你要有威仪,何谓威仪?有威可畏谓之威,有德可怀谓之仪,此所谓攻其外者守其内。”

姬昌道:“攻其外者,具体又如何?”姜尚道:“服以德怀,逆以兵临,近以德怀,远以绥服。先动其一,后观其十,纣王退一,我进其十。”

姬昌道:“尚父你看我当从何处开始第一步、第二步的工作?”姜尚道:“现大王治西岐,物阜民丰,百姓歌其德,但不能因此懈怠,以为差不多了,必须做到心与民同,民终归服之,此身不沐其德,子孙必沐,这叫域内以德化;现与大王接壤的几个如虞、芮的诸侯国,有事找你调解矛盾,你不要推辞,这叫域间以诉成;黄河以南、以北的几个诸侯如崇侯虎、苏鄂之类,大王可以对其中一个实施武力打击,以观纣王与其他诸侯之动静,打击面不要过宽,一次一个即可,在打击之后,就声明说这些诸侯无道,对纣王不忠,代天子行征伐之权。这样,大王既消灭了反对者,占领、扩大了地盘,同时又赢得了仁义之美名,这叫逆忤以兵临。观一打一挟一,岂不妙哉?”

姬昌听后,不住地点头称是:“尚父之言,真乃圣人之意也。”

君臣二人抵掌而谈,直至长河曙晓,白露横江。没过多久,姬昌又筑一拜将台,戒斋三日,以香熏身,择好吉日,郑重地拜姜尚为周国大将,统率三军,并把代表军权的斧钺授予姜尚、说:“阃(kǔn)内之事,寡人主之;阃外之事,将军主之。”

授完军权之后,姬昌命人摆上酒宴,与姜尚对饮,酒至半酣,姬昌道:“寡人要向尚父请教治国治军之事和夏、商成败之理,以为后世子孙法。”

姜尚道:“纵观夏商成败之理,臣认为:以仁义取之,以仁义守之,传其百世;以不义取之,以义守之,传其十世;以仁义取之,以不义守之,传其三世;以不义取之,以不义守之,不及其世。”

姬昌道:“妙哉,尚父之教也!治军有道乎?”

姜尚道:“有,大智不智,大谋不谋,大勇不勇,大利不利,然后如鸷鸟将击,卑飞敛翼,猛兽将搏,弭耳俯伏,圣人将动,必有愚色。杀一人而三军震者,杀之;赏一人而三军悦者,赏之。令出必严,杀人必慎,好战必亡,忘战必危。”“选将有道乎?”姜尚道:“有,忠、信、仁、勇、严也。”“行军有道乎?”姜尚道:“有,文、武、龙、虎、犬、豹六种阵式而已。”

姬昌听后,深为有理,就命姜尚统兵征伐,只用了短短两年,就灭掉黄河流域紧靠西岐的十多个诸侯国,周国的辖区和号召力扩展到嵋山、函谷关、洛水一带,史称三分天下有其二。

大约公元前1028年秋,姬昌病危,他把姬发、姬旦和姜尚叫到床前,说:“呜呼!老天将要抛弃我了,尚父有何至圣名言赐与寡人,以为后世法。”姜尚流泪拜道:“蒙大王擢臣于草莽之中,虽万死不能报答。有三句话可以说是万世不易之宝训:见善勿怠,时至勿疑,见非勿处!”姬昌道:“还有吗?”姜尚道:“敬胜怠者吉,怠胜敬者灭,义胜欲者昌,欲胜义者亡。凡事不强则枉,不敬则不正,枉者废灭,敬者万世。其他,臣亦不知道了。”

姬昌点头道:“诺!”他指着姬发、姬旦说:“汝遵之勿易,勿急祖宗之社稷!”

姬昌死。子姬发立,史称武王。武王即位后,在姜尚的建议下,搞了一次灭商的预演,以检验人心。

约公元前1025年,姬发与姜尚带着队伍向函谷关、嵋山进发,来到孟津(今陕西临晋县)这个地方就驻扎下来,停留

第
一
编
先
秦
野
史

不进，以观各诸侯国的动静。当时，商朝大大小小的诸侯听说是姬发带兵，都自动率军队云集于孟津，相传不约而集者八百，这就是史不绝书的"孟津观兵"。

姬发见诸侯云集，面露喜色，对姜尚说："尚父，诸侯不约而集，以此伐商，如何？"姜尚否定了，说："时机未到，纣王还有两年天下。"

公元前 1023 年夏，姜尚对姬发说："纣王今年死，现正是伐商的极好时机，如错过了这个机会，纣王一死，继承人拨乱反正，纳忠逐奸，励精图治，事情就不好办了。"姬发道："诺，谨遵明教。"

于是姜尚设观象台，自己戒斋三日，烧香祷天，以求出兵的黄道吉日，并认定七月七日这一天出兵最好。姬旦道："七月七日是甲子日，用兵在甲子，不死也要伤。可否请尚父另择佳日？"姜尚道："吉凶同一体，体用本一源，吉凶在人不在天，对纣王是凶，对我们就是吉，有何不可？"

七月七日这一天，周国集合好大军之后，突然天下大雨，电闪雷鸣，震得地动山摇，连大象都在雷雨中吓得发抖。姬旦闯进姬发的营帐，对姬发道："正要出征，然而天公不助，奈何？"姬发道："烧龟卜占，求祖宗上苍保佑。"卦成后，得到的是一个大凶卦。

姬发沉默不语，姬旦脸色惨白。正在这时，姜尚走了进来，捡起龟壳一瞧，知是凶卦，又看看姬发兄弟的表情，就把龟壳往地上一甩，还加踩一脚，吐了一口唾液，大怒："纣王背弃忠良，专用奸邪，囚微子、箕子、杀比干，兴炮烙，剖孕妇，神人共愤，天地不容。这正是最大的征兆，是上上之吉卦。这块破龟壳算什么东西？枯骨朽物，何足道哉？"说完，严肃地对姬发道："事不宜迟，出发！"

姬发、姬旦他们素知姜尚智慧高深，虑事深远，百不失一，顿时信心倍增。率军冒雨向朝歌进发，一路上，畅通无阻，

在牧野与纣王的军队相遇激战。因纣王的残暴无道，他的军队在阵上倒戈，投降了周国，周国军队大获全胜。

纣王见大势已去，就登上鹿台点火自焚，立国六百多年的商王朝正式覆灭，长达八百年的周王朝正式建立。

武王当了天下共主之后，大封功臣，史传他封了八百诸侯，其中第一个受封的是他的弟弟姬旦，封于鲁；第二个受封的是周王朝的首功之臣姜尚，封于齐，史称姜姓齐国。鲁和齐的封地均在今山东境内，所以，史称山东为齐鲁大地，即源于此。

据野史稗闻：姜尚欲向受封国出发之时，一个白发苍苍、衰老不堪的老太婆走了进来，姜尚定睛一看：此老妇人正是四十多年前离自己而去的妻子马氏。原来马氏离开姜尚之后又嫁了人，丈夫不久又死了，自己孤寂一人，倍感凄凉，听说姜尚当了大将军、齐国诸侯主，就想来讨点富贵，重归于好。

姜尚叹了口气，百感交集地说："我们离异已有几十年，情义早无。能同患难者，才能共安乐，今天再来又有何用？"就想给马氏一些钱，让她过日子，但马氏不干，怒道："你当我是叫花子，随便能打发走的？"

见马氏这样蛮横，姜尚停了一下，说："这样吧，你拿一盆水从马背上倒下去，然后能拿盆子把水一滴不漏地接住，我就和你一块过。"姜尚的意思很明白，过去的一切是不可能再重复了：覆水难收。但这个蠢婆娘真的拿一盆水从马背上倒下去，能否一滴不漏地接住这盆水可想而知。马氏受到了羞辱，哭哭啼啼地走了出去，走到一棵树下，找了根绳子，一了百了。

姜尚一见，不住地摇头叹息而去，传说姜子牙斩将封神，还照顾情面地把自己的前妻封为"猪婆神"。

## 烽火戏诸侯，贪色亡西周

周幽王自得褒姒，终日饮酒作乐。可是这位褒姒竟是位冷美人，难得一笑。越是这样，幽王越是想让她发笑。幽王想尽了一切办法，想使她发出笑声，都没有达到目的。有一天，周幽王心血来潮，别出心裁地想出了能逗得褒姒大笑不止的办法，一场"周幽王烽火戏诸侯"的闹剧就这样上演了。

原来，古代交通不便，通讯联络极为困难，而来自北方、西北的游牧民族的马队，常常以极为迅捷的速度入侵。我国古代发明了用狼烟报警的方法。《望长城》剧组，经过试验发现其报警速度大大超过了现代化的汽车、火车、飞机。其方法是在山顶上修筑起高大的烽火台，上面提前预备放好多狼粪、火把之类的点火工具，并派兵在台上驻守。一旦有敌情出现，看守烽火台的士兵白天就燃起狼粪，这时，一缕白烟便直冲云天，很远的地方都能看得见，凡是见到远处有白烟升起的烽火台，就立即点起狼烟，一个又一个烽火台便很快把敌人入侵的消息传入京城。若是在夜里，则点起火把，远处看见火光冲天，便知道发生了紧急军情。由于戎狄的入侵，抢掠烧杀，无恶不作，这种狼烟四起，火光冲天之后，便是浴血奋战，拼命厮杀。所以，狼烟四起，是说有敌人入侵，它不能不使人神经紧张。尤其是国都之内，王宫的烽火台上要是燃起狼烟、烽火，那意味着国难当头，不能不使人惊心动魄。

这天，周幽王陪伴褒姒来到烽火台上，点起了狼烟火把，把战鼓也擂得震天作响。于是各地烽火连天，各地诸侯如约前来藩屏王室，以为外敌已进入京师，个个连忙率领兵马赶到镐京。惊魂未定，前来勤王的诸侯们，来到烽火台边，只见周幽王陪伴着褒姒悠悠地饮酒作乐，根本不是什么紧急军情。心惊胆战的诸侯受到如此愚弄，怒不可遏，可又无处发泄。褒姒看到一个又一个诸侯先后赶来，得知被骗后的狼狈相，禁不住大笑不止，真是此起彼伏，高潮迭起。周幽王看到褒姒的大笑，内心的满足使他更是心花怒放。

周幽王一看这办法真的能使褒姒发笑，为了让她继续欢笑，于是如法炮制，结果前来勤王的诸侯一次比一次少。后来，当幽王再点起烽火时，根本没有人理睬了。这非常像一个被人熟知的寓言故事：《狼来了》。在人们编写的寓言中，主人公不过是个说谎的孩子。可是烽火戏诸侯的主人公竟是一国之君主。他点起的狼烟比那个高喊"狼来了"的孩子更使人震怒，结果自然比那个孩子更惨。

幽王、褒姒加上善谀好利的虢石父为卿，为政如此奸邪，真是周法不昭而妇言是用。朝外诸侯被愚弄，朝内的才德之士被排斥，内外离心离德。朝中司徒郑桓公很得人心，在宗周及东方诸侯国中很有威信，可他内心忧惧，竟向太史伯提出这样的问题："王室多变故，我很害怕；大难就要临头了，怎么样才能逃过一死呢？"太史伯分析了朝廷内及各个诸侯国的形势，最后指出，当今最强的诸侯国是申国、缯国和西戎。王室骚乱不已，纵欲不止，想改变是非常难的。幽王想要把太子宜臼杀掉使伯服继承王位，他首先要征得申侯的同意，如果申侯不答应，他一定会讨伐申侯，而缯侯与西戎一定会起来伐周王室。这样幽王守不住王都。缯侯与西戎会把申侯推上重要位置，而申侯和吕侯是最强大的，并且会一致拥立幽王的大儿子宜臼，这是可以断定的。这样一来会有一场恶战。周的存亡不出三年就见分晓，郑桓公要想避难，必须尽快地找到避难所，不然，大难临头再寻找恐怕来不及了。

周幽王废黜申后之后，申后的父亲申侯非常恼火。公元前771年，申侯联合了缯国对周王朝大兴问罪之师。申侯正像太史伯预料的那样，勾结了西戎以壮大自己的力量，一同向周王都进攻。周幽王吓慌了手脚，连忙燃起了烽火向各国诸侯报警。但是，各国诸侯已被周幽王欺侮愚弄了多次，这次的烽火狼烟又从王都升起，自然认为是幽王又一次戏弄他们，谁还会理睬呢？所以，这次没有诸侯前来勤王。镐京很容易地被申、缯和西戎的联军攻破。周幽王带着褒姒出逃，到骊山脚下（今陕西临潼）被戎人追上杀死，褒姒成为戎人的战利品，繁华的王都镐京被洗劫一空，乱兵在这里烧杀抢掠，周王朝聚敛的大批财宝、珠玉被席卷而去，经营了达二百五十年的都城被破坏殆尽，残破不堪。

人们提到西周的灭亡免不了提到女人祸水，提到烽火戏诸侯这样怪诞的史实。但是，杀了周幽王，除掉了褒姒，不但没有挽救西周灭亡的命运，我国历史反而进入了一个更加混乱的大动荡时期。所以，历史学家不得不从更加广阔的历史背景中寻找西周灭亡及随后的历史动荡的原因。这里让我们听听列子这位真正的寓言家讲的寓言故事：公仪伯因为力大无穷而在诸侯中闻名。堂谿谷把这件事告诉了周宣王。周宣王以最高礼仪把这位力大无穷的大力士请来。但一见面，看到他的形象，却是位懦夫。宣王迷惑不解而心生疑问，问道："都说你力大无比，究竟怎么样啊？"公仪伯说："我的力量能折断春螽的大腿和秋蝉的翅膀。"宣王变了颜色说："我的力能撕裂犀兕的皮，倒曳九头牛的尾巴，还恨力量不足，可你竟以折春螽的大腿和秋蝉的翅膀而力闻天下，这是为什么呢？"公仪伯长叹一声说："善哉，王之问也，请允许我把实情告诉您。我的老师商丘子，力无敌于天下。可是，他的六亲都不曾知道他的力量天下无敌。因为根本没让他用过他的力量。我死心塌地追随他，他才告诉我说：'人们想要看他不能看到的

东西，先视别人不去窥视的东西；想要得到他不能得到的东西，先修习别人不去做的东西。'所以学习提高看的能力，先注意看一车柴；学习提高听力，先去听撞钟的声音。有些事对自己容易，对别人也不难；对别人不难，所以名声不会传得很远。如今我在诸侯中有名气，是因为我违背了老师的教导，把自己的本事显示出来了。我有名声，不是因为我有力量，而是因为我能用我的力量，难道我不是超过了有力量而不用的人吗？"这则难以理解的哲理寓言，仁者见仁，智者见智。但是列子抓住了那个动乱的时代的基本观念，那就是对力的崇拜，把周朝原有思想观念体系、礼制、价值观念彻底冲垮，使社会陷入长期的混乱，只要新的思想文化观念体系未重新建立，社会就会混乱下去。这种时代正是忽略了思想文化、伦理道德、价值观念、美学理想等对于形成民族凝聚力的巨大力量，而只崇拜那些显示出来的外在力量。

所以，周幽王也实在是个不走运的帝王。当他登上君位的第一年，就发生了大旱灾。全国的河流、泉池都干得见了底，草木庄稼全都枯死了，赤地千里。民众背井离乡，到处流浪难以谋生，哀鸿遍野，路有饿殍。

这场大旱无疑给幽王带来了许多难题，使这位刚刚即位的君主束手无策，听任百姓呼天抢地。屋漏偏逢连雨天，幽王即位的第二年，首都镐京和泾水、渭水、洛水流域又发生了强烈的地震。

连续不断的天灾，使生活在动乱社会中人们的心灵蒙上巨大的阴影，周王朝的史官先是用阴阳学说分析地震爆发的原因，接着他认为灾异是上天对周幽王的警告。他认为连续的灾变，民乏财用，国家就要灭亡了。他说："过去，伊水、洛水干枯而夏朝灭亡；黄河干枯而商朝灭亡。如今周朝也像前二代末世那么衰落，又有山崩川竭的亡国征兆。河流

干枯，山岭一定会崩裂，国家灭亡不会超过十年。上天要抛弃周朝这一代了。"果然，他说这话当年，三川（泾水、渭水、洛水）枯竭，而周人祖宗肇启之地周原上的岐山也崩塌了。十一年后，周幽王被杀，西周灭亡。

如此说来，或许周幽王也无力回天，旱灾和地震使周王朝社会生产遭到严重破坏，社会秩序陷入了混乱与动荡之中。周幽王只顾享乐，终于酿成了国败身亡之祸。

### 兄妹乱伦，彭生替罪

公元前698年，齐僖公病故，世子姜诸儿主丧即位，是齐襄公。

僖公临终时，召来胞弟夷仲年的儿子无知，令他礼拜世子诸儿，然后嘱托诸儿道："我的亲弟弟，我平常拿他像你一样地疼爱。我死了之后，你要好好地对待他，服饰礼秩各方面的待遇，要和我在的时候一样啊！"诸儿恭敬地答应下来。诸儿即位后，相当长一段时间对无知很好，后来因一件不大的事，削减了他的供奉，感情上也疏远了他，种下了无知的怨恨和不满。

齐襄公掌权后，向周王室求婚，天子恩准将王姬下嫁他为君夫人。按周礼，天子的女儿下嫁某诸侯，得由另一诸侯国的国君主婚，所以天子的女儿除泛称"王姬"之外，也叫"公主"。鲁国是最为讲究"礼"的侯国，所以鲁国的国君经常干为公主主婚的差事。这次下嫁公主，周王令鲁桓公主婚。为此，他要先到齐国去和襄公当面商谈一些礼仪细节，再回报周王聆听指示。没想到这一去齐国，竟送了他的命。

原来鲁桓公夫人文姜是齐襄公的胞妹。这文姜生得神如秋水，面似芙蓉，又举止轻佻，有一股天然的风骚。诸儿大文姜两岁，自幼兄妹在一起玩耍，及至成长，竟也携手并肩，有时眉来眼去，打情骂俏，只差同枕共衾了。僖公夫妇溺爱子女，从来没想到教育防范。

后来郑世子姬忽率兵援齐，大败了戎国。僖公看他英雄，要把文姜嫁给他，他谢绝了。文姜知道这事，竟患上了单思病，最后竟致卧床不起了。这一下子有了诸儿献殷勤的机会，无日不去"视探"，只碍于耳目，不及于乱罢了。

过些日子，鲁公子翬来为鲁桓公求聘文姜，齐僖公欣然答应。鲁国送来了丰厚的聘礼，约定鲁桓公三年九月成婚。文姜听到这个喜讯，病就莫名地好了。

文姜貌美又有才学，齐是大国，所以鲁桓公很满意这桩婚姻，婚后夫妻非常恩爱。

鲁桓公要来议婚的消息，引起了齐襄公对妹妹文姜的思念，遂派遣使臣到鲁国回信，一并迎文姜归宁。

文姜一听哥哥派人来迎，恨不得一步到家。鲁桓公拿这事问大夫申繻，申繻谏道："女有室，男有家，这是古制。按礼，不相亲近，亲近了就会出乱子。女子出嫁后，如果父母健在，一年归省一次。君夫人的父母现在都去世了，没有妹妹归省哥哥的道理。我们鲁国一向以礼治国，不能做不合乎礼的事啊！"

鲁桓公心中愤豫，文姜却一味坚持，桓公不忍扫她的兴，便偕她一同去了。

到了齐国，先议婚事，后叙亲亲之情，齐襄公设了盛大宴会款待鲁桓公夫妇，礼数周全，殷勤热情，鲁桓公又高兴又感动，宾主频频干杯。将终席时，有宫车来接文姜，说是请进宫中与众妃嫔相会。鲁桓公说："正该如此！"文姜坐车走了。

这里两君又喝了一会儿，眼看鲁侯醉倒，齐侯吩咐一句"好生伺候"，命人服侍他睡下，便扬长而去了。

原来齐襄公早造下了一处密室，从人把文姜送到，那里早已摆下了精制的私宴。

不待终席，襄公一挥手，宫女退去，

两人遂置礼法于不顾。

再说鲁桓公，一觉醒来，天已全黑下来了，一看身边没有文姜，才想起文姜进宫、自己醉酒的事来。他连日坐车，酒量又浅，闷坐着等了一阵子，又迷迷糊糊地睡着了，直到第二天早上，才完全清醒过来。见文姜一夜未归，心生怀疑，便派了一个精明的心腹侍从，到宫门上去探访究竟。

不一会儿，那人便来汇报了：齐侯正妻订的周王公主，现在只有偏房连妃，是大夫连称的妹妹，久已失宠，齐侯平日只和其他妾媵以至宫女厮混；姜夫人进宫后，只在齐侯处叙兄妹之情，并没有去探望其他宫眷。

鲁桓公想立刻探个究竟。恰好外面报告："夫人出宫了。"鲁桓公盛怒以待。

姜氏做下了亏心事，不无惭怍，又不肯明确地承认，只剩下口头含糊的抵赖和呜呜咽咽的份儿。

鲁桓公心中愤懑，无奈身在齐国，心想姜诸儿这种禽兽行为都能做得出来，还有什么不敢干的呢？再说这种宫闱丑事一旦张扬出去，自己也没脸见人呀，只能回国后再作打算。主意打定，便派人去通知齐侯，事情办完要回国了。

齐襄公心中有鬼，姜氏出宫后，他便派力士石之纷如跟踪去打探鲁桓公的反应。石之纷如汇报了鲁君夫妇口角的情形，襄公大惊道："估计他时间长了可能怀疑，怎么马上就知道了呢？"

少顷，鲁使来辞行，襄公明知和他有关，只简单地应付了几句。鲁使去后，他越想越后怕，既怕鲁桓公挟恨成仇，又怕丑事张扬出去没有脸见列国诸侯。"一不做，二不休！"他狠心地咬了咬牙，"召公子彭生！"

彭生是齐军武将，有名的大力士，奉召来到后，襄公便把他引入密室，如此这般地计议了一番。然后襄公便派人去公馆，坚请鲁桓公到牛山一游，并为他

饯行。

鲁桓公没有心思去游山，可是又没有说得出口的理由拒绝，因为"饯行"也是对来访国君必不可少的"礼"，只好勉强应承。

牛山上盛陈乐舞，大摆筵席，齐襄公为鲁桓公饯行。齐襄公老着脸皮致了祝酒词，各大臣都轮番敬酒。鲁桓公表面上盛情难却，内心郁忿不平，所以酒到便饮，直至酩酊大醉，分别时竟不能成礼。

襄公叫公子彭生抱桓公上车，随车伺候。离国门约有二里地，彭生见桓公睡得正熟，挺臂用力撕扯他的左肋，桓公梦中疼得大叫一声，左肋被硬硬拉折，血流满车。彭生吩咐侍从："鲁君醉后中魔，快快入城报知主公！"

齐襄公听说鲁桓公暴薨，佯装悲伤地大哭了几声。文姜听说丈夫暴死，也亦真亦假地痛哭了一场。然后，命人将鲁桓公厚殓入棺，派使臣报告鲁国来迎丧。

鲁侯的从人回国后，详细汇报了车中情由及文姜在宫中过夜等情况。大夫申繻说："国不可一日无君，先扶世子同主持丧事，等丧车到了，再行即位礼。"

鲁桓公的庶长子公子庆父攘臂大呼道："姜诸儿乱伦无道，害了我君父！请派给我三百辆兵车，我去讨伐齐国，向诸儿问罪！"

申繻为他的豪情所感动，私下询问谋士施伯："伐齐怎么样呢？"

施伯沉吟道："这种暧昧之事不宜让邻国知道，况且鲁弱齐强，如果去讨伐打不了胜仗，白白在列国间显示自己的不体面。不如暂忍着大仇，先要齐国追究车中的事故——没有照顾好鲁君，叫诸儿杀掉彭生，砍去他一条臂膀，在列国间也有话可以解说。彭生作了这个孽，又不是个老实的，估计诸儿也忌讳他的存在，这样，诸儿就容易答应我们的要求。"

申繻认为施伯的意见既稳妥又能实

际上报一部分仇，很可取。先和公子庆父统一了认识，稳住了他的情绪，然后叫施伯草成"国书"。世子居丧不言政，由朝中大夫出名，派遣使臣送到齐国。

齐襄公把信打开，只见上面写道：

"外臣申缟等，拜上齐侯殿下：寡君奉天子之命，不敢宁席，来议大婚。今出而不入，道路纷纷，皆以车中之变为言。无怕归咎，耻辱播于诸侯，请以彭生正罪。"

襄公看罢，正中下怀，立即召彭生入朝。彭生自以为有功于襄公，大剌剌昂然而入。襄公当着鲁使臣的面骂道："寡人因鲁侯饮酒过量，命尔扶持上车，为何不小心伺候，致使暴薨？大罪难辞！"喝令卫士将其缚起，押赴市曹斩首。

卫士上前绑缚，彭生大呼道："奸淫自己的妹妹，又杀了她的丈夫，都是你这个无道昏君干的！现在竟把罪责推到我身上，我死后有灵，一定化为妖孽，来要你的命！"

齐襄公连忙用双手捂住耳朵，口中连连催促"快杀"。

杀了彭生，齐襄公又派人护送鲁桓公丧车回国。文姜仍留在齐国不回去。

鲁世子姬同迎丧即位，是鲁庄公。庄公按礼居丧，由大夫们主持国政。

到了公主下嫁的日子，鲁大夫颛孙生代国君送公主到齐国完婚。同时，奉国君之命迎文姜回国。文姜心中矛盾，但没有理由不回去。车走到齐鲁交界的齐地禚镇，落脚休息，文姜见这里行馆整洁，环境清静，心想，这个地方不齐不鲁，又齐又鲁，不正适合我这样的人居住吗？于是吩咐从人回报庄公："未亡人性贪闲适，不乐回宫。要吾回归，除非死后。"便硬住下不走了。

庄公听了回报，知道她无脸再见鲁国臣民，也不再勉强她。又命人在近处鲁地一侧的祝丘为她建了新馆，由她自由地在禚镇与祝丘之间往来居停，只一年四时派人馈赠问候。

## 楚相孙叔敖

对于春秋五霸之一的楚庄王，人们比较熟悉，殊不知楚庄王之所以声威赫赫，观兵问鼎，在很大程度上得力于他的丞相（令尹）孙叔敖。是孙叔敖的用心辅佐，出谋划策，使楚国实力大增，灭国数十，问鼎洛阳。

### 遗腹子的奇遇

孙叔敖，生年不详，卒于楚庄王十九年（公元前595年），楚之巴陵人（今湖南岳阳一带）。刚生下来就不见其父，是其母含辛茹苦地捕鱼、打柴、摘野果喂养他。因生活太苦，孙叔敖长到五六岁还是光屁股，或用几片粗麻布包裹身子，如打了野兽，就剥了皮披在身上。

春秋时的巴陵一带还是一片原始待开发的地域，不是滔滔的江水、湖水，就是莽莽森林，生产工具粗陋，文化十分落后，只有语言，没有文字，更没有书籍和学校，民风淳朴，巫术盛行。所以大诗人屈原被贬岳阳、沅湘一带时，说这一带多淫祠而好鬼，风俗特殊，都是事实。

史传孙叔敖性极聪慧，说一知十，悟性极高。尽管处于这种社会环境中，他还是好学不倦，靠听人讲故事以提高自己的文化知识，或随巫师跳大神以通晓人世间的万事物理。也许穷人天相助，即使生活艰苦，孙叔敖还是顽强地成长起来。到了十多岁，他长成一个面目秀润、骨骼清奇、心地善良、人品高贵的小伙子，人见人爱。他每天的活计就是上山砍柴，干农活儿，以减轻母亲的劳动强度。

相传在孙叔敖十岁那一年，有一天，他出门去打柴，一巫师对他说："你眼睛双瞳反光，阳气飘散，气色黑紫，必将大难临头。"孙叔敖道："何时？"巫师双眼一闭，口中念念有词："黑紫阳气尽，命归今日终。"接着，提高声音道："你命不过今日。"

孙叔敖一听吓坏了，就哭哭啼啼起来。巫师斥道："命该如此，何必啼哭？"孙叔敖不听，抽泣着上山打柴去了。在打柴的途中，一个情景使他吓呆了：他看见两条青花蛇在草丛里缠在一起交配，像几股绳索合成一股一样。按当时当地的风俗是看见蛇相交，不死也要夭。孙叔敖吓得手足无措，心想：看来自己是死定的，因为看见了不祥之物。他捡起一块石头，把蛇砸死，并埋在人不易看见的石缝里，一边埋一边说："我一人看见足矣，不能再让别人看见以遭祸。"

埋完蛇，孙叔敖挑柴回家去。刚放下柴担，就哭哭啼啼地把巫师的话，以及看见蛇交配并把蛇打死埋掉一事详告其母。他母亲一听，开始是惊，后是恐，最后大喜，摸着他的头说："吾儿不要怕，天道无亲，常与善人。你把蛇打死免别人看见，心很好，天会保佑你的。"

说完，母子俩就进屋里烧火做饭，刚吃到一半，只听见呼喇喇的一声巨响，一股强大的气浪把他母子俩推出门外。这时，一块巨大的石头从山上滚下来，把他们那破陋不堪的屋子砸成平地。他母亲心有余悸地对孙叔敖说："已应验了，不用怕了。"

几天后，孙叔敖喜气洋洋地去见巫师。巫师一见，大吃一惊："不可思议，你本来必死无疑，只因你有善行，躲过了厄运。你小子将来大有造化，大贵无疑。"说完，仔细端详孙叔敖："你阳气已聚，双瞳放红光，八年之后，必有大贵人相助。"说完，巫师咿咿呀呀地跳神弄鬼去了。

从此，母子俩相依为命。他母亲开了块荒地以种谷物，孙叔敖上山打柴或下湖捕鱼以养活母亲。这样的生活过了七八年，孙叔敖也长成了壮实的小伙子，还练就了一手捕鱼的绝活儿：捕鱼不用网，只用小石头，看见水面上哪条鱼冒头，他一石子砸去，准中。

人世间有许多事情的发展进程确是不可思议，带有很大的偶然性。像孙叔敖这种荒山野地的小伙子，何来的出息与造化？

十七岁那一年，孙叔敖的家乡附近来了一支军队，约两三千人马，为首者是一位四十多岁穿着华丽、气质不凡的中年人。时值中午，几个兵士找到孙叔敖，要他为其首领搞顿吃的，孙叔敖的家一贫如洗，哪有酒肉招待达官贵人？孙叔敖只好领着几个兵士去捕鱼。兵士道："你捕鱼不要网？"孙叔敖道："这个你不要管，只要你们的头儿有鱼吃就行。"兵士大为疑惑。走到河边，因出太阳，在冰冷的河底游弋的鱼群都冒出了水面，孙叔敖抓起一大把小石子，一个个朝河心砸去，一大把石头砸完了，河面上浮起一大片半死不活被砸得晕乎乎的鱼群。孙叔敖对兵士说："怎么样？够吗？"

兵士回去把情况一汇报，其首领大为惊讶，就把孙叔敖带走，要他专为自己抓鱼。走时，给孙叔敖的母亲留下许多黄金和粮食。从此，孙叔敖的命运就发生了戏剧性的变化。

这支军队的首领叫斗谷子文，又叫司马子文，是楚国的丞相（令尹），这一次他带军队出来是为了"圈地"。

何谓"圈地"？因为在春秋初时，汉水流域、沅湘一带还是一片不属于任何人统治的无主荒地。老百姓世世代代生活在这里，无拘无束，谁也不管他们。楚国的第一代君主熊勇被周天子封为诸侯后，就开始在南方建国，不断地开垦荒地，征服野蛮南人。所以，史书上说楚历代君主是"筚路蓝缕，开启山林"，走到一个新地方，便当众宣布，这个地方归楚王统治。当地人不服，楚就以武力镇压。通过这种方法，使楚国的版图不断扩大膨胀，到战国初期，楚已是横贯汉水，西到蜀国，南到五岭的大国了。

子文没想到出来"圈地"大有所获，

不仅占领了一大片土地，而且得到了有传奇经历的捕鱼高手，又见孙叔敖一表人才，更是大为欢喜。因为子文自己亦是一传奇人物，所以，他对有同样经历的人十分欣赏。

子文的祖父叫若敖，在郧这个地方娶妻成了家，并生下一儿名斗伯比。若敖死后，斗伯比就与其母生活在外祖母家。斗伯比的外祖母有一子名郧子，也是他的舅舅。郧子生有一女名叫郧若，也是伯比的表妹。因两人从小生活在一起，青梅竹马，长大后，两人就背着家里私通并使郧若有孕，不久就生下一男孩。

斗伯比的舅舅知道后，怒不可遏。认为是奇耻大辱，就把小孩子丢到云梦大泽的草堆上，让其被野兽吃掉。几天之后，其舅舅想去看看小孩被野兽吃了没有，一看就吓了一大跳：小孩不仅没死，还大声啼哭，旁边有两只老虎在喂奶。回去后，他就对妻子谈了此事，妻子大惊道："快去抱回来，否则，我们家就要遭灭门之祸。"于是，其舅舅就把孩子抱回来，并把女儿嫁给斗伯比，为小孩取名为斗谷于菟，于菟即虎也。长大后，改名子文。这个子文以后成为楚国的贤相，他忠心耿耿，大公无私，毁家以纾国难，在诸侯中传为美谈。

从此，子文与孙叔敖引为忘年之交，他对孙叔敖说："子命之奇实为罕有。"并教孙叔敖读书、习文，还把孙叔敖的母亲接来宫中居住。

经过十几年的宫廷生活，孙叔敖已成长为满腹韬略的英彦之士，而且忠心耿耿，大有子文之风，并当上了宫中的大夫之职。更重要的是他结识了楚太子熊绎，即后来的楚庄王。

### 辅佐明主，问鼎中原

公元前613年，楚穆王死，儿子熊绎即位，史称楚庄王。即位后的楚庄王面临许多国内问题：内部混乱，权臣嚣张，各附属国不断反叛。因此，楚庄王立志要有所作为，光大祖业，向中原发展。为达此目的，他想了个别出心裁的主意。

即位后，楚庄王就退入后宫，不问政事。每天只吃喝玩乐，或游山逛水，有大臣奏事，都被他派人斥退，这样过了一年。到了第二年，他仍然是这样，不关心政事，也不治理国家。朝中大臣摸不透国王的心思，有的腐败贵族就高兴，关心楚国前途的忠臣就叹气，有的甚至闯宫面斥国王，都被楚庄王全部关在大牢里，个别的甚至被处死刑。到了第三年，楚庄王仍以游山逛水为务，不理政事，不朝见大臣。特别关心楚国前途的大臣见了，就冒着被处死的危险闯宫见国王，要求国王出宫朝见大臣，处理国家大事，楚庄王大怒，马上把这些人都关起来。

这时，有个大夫叫伍举的人找到孙叔敖，要他去国王那里探明情况，请国王过问国事，朝见大臣。孙叔敖找到楚庄王后，先不谈国事，而是以譬喻示之："有一种鹰已三年不飞了，有一种鸟已三年不鸣了，不知何故？"

楚庄王一听，知道是譬喻自己，就笑了，说："三年不飞者，一飞冲天；三年不鸣者，一鸣惊人。"孙叔敖一听，大笑："现众大臣正等着你去一鸣惊人哩！"

第二天，楚庄王就朝见大臣，他做的第一件事就是把那些在这三年里一声不吭的人全部免职，把那些直谏而被自己关入大牢的人全部予以重用，个别被处死的，厚恤其家人。还把孙叔敖命为楚国令尹（丞相）。这样一来，楚国朝野震惊不已：这个国王非同小可，定有大作为。

孙叔敖一共当了十八年的丞相，在这十八年中，他办了几件对楚国国计民生意义重大的事，同时，对于楚庄王扩大国势、问鼎中原影响极大。

第一，兴修水利，发展农业。

楚国尽管幅员辽阔，但基本上都是松散的原始部落联合在一起的。汉水、洞庭湖一带水害泛滥，而一些高山之地，天不下雨就颗粒无收，因此，楚尽管面积很宽，国势却不强。楚庄王一上台，孙叔敖就向他建议："国以民为本，民以食为主，食以水为大。"要求把兴修水利，发展农业作为立国兴邦的一件大事来抓。

楚庄王同意并全权委托孙叔敖去办。为了抓出成效来，孙叔敖离开楚宫，深入汉水流域和洞庭湖一带，访察民情，了解情况，勘探水害的来龙去脉。规定在平原一带，应修建池塘、疏通沟渠，建立拦水堤坝，而且在堤坝之间新开一些水渠和沟道以便于灌溉。这样的措施实施了六年，汉水流域、洞庭湖的平原地方尽管没有消除水害，但较以前有很大的改观，粮食产量也增加不少。

对于那些山地，则修水坝、挖井、修沟。为了引水上山，相传孙叔敖还发明了一种水车：把两块长木板用钉子钉成长方形，中间以小木条隔成上下两层，每头以一带木齿的轮子带动长长的打水带，以人手摇之，打水上山。在当今湘北、湘中一带，这样的水车还偶有所见。

在这六年中，孙叔敖几乎不在宫里，而是在湖南、湖北、安徽北部一带体察民情，指挥老百姓兴修水利，因此，在湘北、湘中一带，有关孙叔敖的传说至今还在流传。

相传有一次，孙叔敖带着一班人来到沅浦一百姓家里。时值夜晚，这一家人忧心忡忡，似乎非常痛苦的样子。孙叔敖一打听，原来是这户人家生了一个小孩，可几个月来，小孩昼夜啼哭不止，父母心焦，却毫无办法。孙叔敖小时候与巫师在一块生活过，就说出几句话给户主听，要他每天念三次，七天之后，可保无虞。孙叔敖说了些什么，今天无从知晓，可这种风俗流传下来了。在今湘北、湘中一带，还有这样一种习俗：小孩啼哭不止，被认为是魂魄不稳，邪气未除，就贴一张红纸于醒目之处，上面有几句话：天皇皇，地皇皇，我家有个夜哭郎，过路君子念一遍，一觉睡到大天亮。这种红纸被称为"索送符"，索即索魂，送即送邪，而"索送"二字与"叔孙"二字之音很贴近，也许是为纪念孙叔敖吧！

第二，初建民间基层组织。

孙叔敖除了指挥人们兴修水利、发展生产之外，他还向楚庄王建议，建立乡间基层组织，以便有效地统治已取得的地方。这种组织叫"里"，里有里长，负责催派粮款和征服劳役。因巴陵以南地区民心不稳，蛮气未除，经常叛乱，要求脱离楚国。孙叔敖就组织人在临湘筑一城以镇之，史称临湘郡，即今长沙的前身。

经过孙叔敖的努力，楚国的经济实力大增，军队也扩大不少，为进军中原准备好了条件。

第三，镇压内乱，强化君权。

楚国的政治格局是由三大贵族集团组成：若敖氏、屈氏、熊氏，熊氏集团为国君之所出，令尹、大臣则若敖氏、屈氏所出。因楚先君开国时，这两姓的人辅佐治理开域有功，所以，楚国君与他们约定：世代共有楚国，并互为婚姻。

几百年之后，这种关系就逐渐淡化了。若敖氏、屈氏这两大贵族里觊觎王位的大有人在。楚庄王当上国王后，若敖氏贵族里就有人想作乱而为王，这个人就是令尹子文的侄子越椒。

相传，子文之兄子良娶妻美而艳，子文劝子良不要娶这种女人，子良不干，子文再劝，子良就发火了："尔何若如此？"意思是你这样做是什么意思？ 老与我过不去。子文道："彼，尤物也，不是不美，而是太美。太美之妇人如无德者当之，必殃及家。深山大泽，实生龙蛇，关我何事？ 我是怕生下祸根贻害若敖氏。"待子良之妻生下越椒后，哭声震耳，子文刚好经过，一听，喊道："必杀之，这个小子熊虎之状，豺狼之声，不杀，必灭若敖氏。"可子良不同意。以后，子文忧心忡忡，经常流泪对家人说："鬼犹有家人为它供食，若敖之人变鬼之后，可能要饿死了。"

越椒长大后，被命为司马，他觉得职务太小，要当令尹，楚庄王不同意，越椒就怨言四起，扬君之恶，誓与国王势不两立。

楚庄王一看这情况，忧心忡忡地对孙叔敖说："奈何？"孙叔敖道："彼所求的不只是令尹，而是王位，贪不可启，寇不可玩，司马嫌小，要当令尹，人之贪心岂有能满足的？因此，让他当令尹要反，不让他当也必反。大王其慎之。"楚庄王叹气道："没想到几百年之后，三家去一。"孙叔敖道："大王不必忧心，势所必然也。先发者制人，后发者制于人，取威定霸，强化君权，在此一举。"楚庄王说："诺，谨如令尹之教。"

公元前605年7月，楚庄王率军与越椒战于皋浒。越椒擂鼓向国王进攻，孙叔敖挥军与之激战，待越椒士气衰竭之际，孙叔敖挥旗，庄王擂鼓，向越椒进攻。越椒抵挡不住而后退，楚军猛追，并把越椒包围起来，然后把若敖氏一族除子文的孙子箴尹外，全部斩杀干净。从此，楚国的王公贵族再也没有人敢向君权挑战了。

第四，大战诸侯，问鼎洛阳。

楚庄王经过十几年的励精图治之后，国势大增，就想进军中原，称霸诸侯。问计于孙叔敖。孙叔敖说："现晋、郑联盟，郑又屡犯我境，我兴兵于郑，晋必救援，我与晋战，胜则称霸矣。"楚庄王道："善！"

公元前597年，楚庄王率兵攻郑，郑不胜而求救于晋。晋君闻讯，就大起三军救郑，以荀林父为中军，先谷佐之；士会为上军，郤克佐之；赵朔将下军，栾书佐之，浩浩荡荡向楚军杀来。

楚庄王见晋军出动，采纳孙叔敖之计：先为不可胜，以骄晋军，然后挥军而退，待晋军追时，集中力量击其一部，待胜再攻其他两军。

于是楚庄王假意向郑讲和，郑见晋军出动，腰杆子硬了，态度变得强硬起来；楚庄王又派使者去与晋军讲和，态度谦卑，晋军以为楚军力弱，不堪与战，就想立城下之盟，迫楚屈服。可楚庄王不允，向晋军挑战。晋军见楚态度强硬，同意立盟约。立约之后，楚军后退以诱敌。

见楚军后退，晋军不追就会无功而返，以赵括、先谷等人为首的主战派坚决要求向楚军进攻，结果两军在邲这个地方遭遇。楚庄王以小部队诱敌使之攻己，然后以大军包围晋之上军，神箭手养由基箭无虚发，晋兵纷纷倒地，主将受伤，阵势大乱。楚军加紧进攻，晋上军溃散。见上军已败，中军、下军争先过河逃命。因船小人多，有些兵士用手抓紧船边，想上船逃命，结果被斩断手指，船中断手指之多可以用手捧起来。

这就是历史上有名的楚、晋邲之战。经此一战，楚庄王的霸主地位在中原诸侯中得到了承认。在班师时，楚庄王又灭了陆浑之戎。此时的楚庄王已是不可一世了。路经洛阳时，就去朝见周天子，并向他报喜。在见天子时，看到在洛阳宫中停放着九个代表天下九州的鼎，楚庄王兴趣来了，就问王孙满鼎的大小和轻重。

实际上，楚庄王是随便问问，可王孙满紧张了，以为楚庄王有取周而代之的野心，就严肃地说："在德不在鼎，德如修明，虽小，重也；其奸乱昏聩，虽大，轻也；周德虽衰，天命未改，鼎之轻重，未可问也。"这就是典故"观兵问鼎"的由来。

楚、晋邲之战不久，孙叔敖就死了。其死后，家极清贫，妻儿以粗食、野果充饥，朝中大臣极为感动，并抱不平。有一次，楚庄王在宫中看人唱戏，唱到中途，突见孙叔敖出现在台上，楚庄王大惊："令尹尚未死耶！"命人把那人找来。其实，这不是真正的孙叔敖，而是一戏子优孟装扮的。楚庄王问他为什么要这样做，戏子道："令尹治楚近二十年，国势大增，民敬其德，王因之以称霸，其功大矣。现家人无隔夜之粮，大王难道不怜悯吗？"原来这个戏子是抱不平来了。楚庄王乃贤明之主，承认自己失误道："令尹贫困如此，寡人之过也。"就厚赐孙叔敖家人。典故"优孟衣冠"即出于此。

## 齐相晏婴

晏子是春秋时期齐国的宰相，在他辅佐齐王时，忠贞体国，匡君有方，智慧过人，见解新颖，使齐国屹立于春秋乱世中而不衰败，晏子本人也被时人与后世誉为"圣人""智者"。

### 匡君有方

晏子，名婴，字平仲，生于约公元前575年，死于约公元前500年，其父晏桓子，曾佐齐灵公姜环为卿。公元前556年其父死，晏子继承父爵，历仕三朝正卿（宰相），灵公、庄公在位较短，晏子的政绩主要是在齐景公时代。

齐国原是春秋大国，曾出现过像齐桓公这样的霸主，但经过几百年的风云变幻，齐国开始走下坡路，国君昏聩，大臣擅权，枭雄之辈如田成子在窥视国柄。因此，从齐桓公以后，齐国的国势因内乱不息而一天天走下坡路，晏子就是在这种背景下出任国家正卿的。

晏子个头很矮，但智慧过人，在各种非常事变中，他都能保身安国，屹立不倒。公元前548年，权臣崔杼、庆封联合同党发动政变，将齐庄公姜光杀害，并召集群卿歃血宣誓，要求支持他的篡权，效忠于他的统治。在宣誓时，晏子也在场。崔杼等人大呼："不忠于崔、庆氏者决无好下场。"晏子听后，知道直接反对庆、崔二人必招杀身之祸，但他又必须忠心于王室，于是他大呼："晏婴如不忠于社稷和国君，上帝临鉴，决无好下场。"这句话没有错，但明眼人一听就知道晏子反对

崔、庆，但又挑不出毛病。所以，晏子讲完后，有人劝崔杼杀了晏子，但崔杼说："此人有民望，其辞又顺，杀之不祥，舍之得民。"于是只好立齐庄公的异母弟姜杵臼为君，史称齐景公。

齐景公是一个才智中下又刚愎自用的昏聩之君，在杀了崔杼、赶走庆封之后，他用晏子为相。和这样的国君相处很不容易，既要救国难，同时又不能愚忠，导致杀身之祸，于国于己都不利。在这种环境中，晏子表现出了他特殊的智慧和才能，既要指出国君的过失，又要使其不失国王尊严。

有一次，齐景公一匹心爱的马突然死亡，景公大怒，迁怒于养马人，要将其肢解治罪，并把他绑在柱子上准备行刑。晏子知道后，来见齐景公，问道："上古时，唐尧虞舜在肢解人时先从哪部分下手？"尧舜是古代明君，哪有肢解人之事？只有暴君才会干出这种残暴的举动，齐景公听出了晏子的言外之意，就免了养马人的死罪，准备将其关进牢房。可关进牢房要有罪名，于是，晏子要景公宣布马夫的罪状以服民心，但景公不愿意，见此，晏子只好代替国王故作气愤地对马夫大声说："汝有三大死罪，知道吗？大王要你好好养马而马却死了，罪一；别人的马死了可以，却不能让大王的马死，罪二；你连累大王要杀人，使百姓怨恨大王重马不重人，罪三。"晏子在旁一说完，齐景公很不好意思，连忙说："先生休矣，寡人知过了。"就将马夫释放了。

还有一次，齐景公喝醉了酒，驾车偕美人出宫游逛，宫门守卫按照朝规不放景公外出，并当面批评景公此举不妥。齐景公很生气，堂堂国君挨守卫批评，就数日不上朝，还想惩罚那守卫。晏子知道后，向景公表示祝贺。景公疑惑地问道："贺我什么？"晏子说："你宽宏大量，没有以权惩办守卫，守卫做得对，大王应该奖赏他才是。"这么一说，齐景公不仅

消了气,还依晏子之说赏了那守卫。

齐景公当政,对百姓滥施酷刑,被砍掉双腿的犯人很多,晏子深以为忧,想制止滥刑,宽和百姓,但一直未有机会。有一次,齐景公见晏子勤政体国,就想赏晏子漂亮安静的住宅,让他搬出闹市区。景公说:“你的住宅离市近,很吵闹,我为你换个清静的地方怎么样?”晏子说:“我的先祖都住在这里,我居之还有愧,搬它干什么?而且我离闹市区近,知道市场行情,有利于国。”景公道:“你既然近市,你知道当今何贵何贱?”晏子道:“鞋子贱,假腿贵,而且供不应求。”齐景公一听,默然,于是下令省刑。国民大悦,皆赞晏子之德。

作为一国之相,晏子对国王不是亦步亦趋,而是个性鲜明,既有反对意见,又有赞同的观点,这样,国家的政治生活才正常,社会才会健康发展。这就是晏子著名的求和不求同的治国为政观点。

《左传》昭公十二年(公元前530年)十二月,齐景公从外面打猎回宫,晏子在旁侍候。这时,听说国王回宫了,其子犹据连忙骑马赶来。齐景公高兴地说:“只有犹据才与我相和。”晏子马上纠正:“据亦同也,哪里称得上和?”景公道:“和与同不一样吗?”晏子道:“当然不一样,和好比厨房炒菜,水火盐醋梅都加上去,经过烹调,食物才鲜美可口。君臣关系也是这样,君说正确而实际上并不正确,臣就要纠其不正确使之正确,君以为不正确而实际上正确,臣就要坚持正确而否定不正确,这样,国家才能政通人和。好比声律,有清浊、小大、短长、疾徐、哀乐、刚柔、迟速、高下之分,几种音合在一起,才有旋律。今犹据则不是这样,君说是,他也跟着说是,君说非,他也跟着说非。好比炒菜,以水济水,谁能食?若琴瑟奏音,首尾都是一个调,谁会听?所以和与同是不一样的。”在几千年以前的古代,晏子有这样的思想和治国为政观点,真是难能可贵。

因为晏子的巧智匡君,在当时齐国刑罚残酷的环境中,以他的智慧数次在景公的刀锯下救出许多无辜者,如谏诛骇鸟野人,谏诛犯槐树者等。他有时直问景公:“拘者满圈,怨者满朝,穷民财力,刑杀无辜,恐怕不可以立国安民吧!君得罪于民,谁将治之?敢问桀、纣,君诛乎?民诛乎?因失人心而失天下者前已有之。”有一次,当景公向晏子询问自己是否能像齐桓公那样称霸诸侯时,晏子说:“桓公之时,任贤使能,有鲍叔牙、管仲为左右相。而你呢?却左倡右优,还有谗言者居前,奉承者居后,怎么能有桓公之业呢?”晏子回答得很尖锐,但齐景公仍不能改过。所以晏子叹气道:“此季世也,何能为?为无愧于心而已。”

### 善识人才,敏对诸侯

晏子身为一国之相,不仅智慧深、品德好,深受齐人爱戴,而且利用一切机会为国家识别人才。当时有个叫越石父的人,尽管是个人才,但因生活无着,卖给人家做奴仆,晏子知其贤后,便留心接近。有一次外出,晏子要个赶车的,就把越石父从其主人家中赎出来,叫他帮晏子赶车回家。回家后,晏子久居内室而未出,越石父一看,很不高兴,就提出要与晏子绝交,晏子惊问何故。越石父说:“作为君子,在人不知时受点委屈不要紧,但在知己者面前得不到尊重可受不了。我在为奴时,别人不知,你却知人,将我赎出。哪知你却神色傲然,如此怠慢于我,好像有多大的恩典于我。我虽穷,却不愿别人对我无礼,要这样,还不如把我卖出去算了。”晏子听后,忙向越石父道了歉,承认了自己不对,把越石父待为上宾,后举为官。

晏子有个车夫,他以为替宰相赶车自己便身价很高,得意十足。他的妻子一见,就要求离开他,车夫感到奇怪,问妻何故如此。其妻说:“晏子身高不满六尺，却当上齐国宰相，名扬诸侯，而态度还是那么谦逊，可你呢？一个赶车夫，架子却比宰相还大，好像很了不起。常言道：傲人者必弃于人。与其被人弃，不如我先离开。"车夫一听，承认妻子说得对，发誓改正。此后，晏子发现自己车夫的态度谦逊了许多，问其故，方知原委。晏子十分高兴，认为这个车夫有错知改，是个贤人，就把他推荐给齐景公，做了大夫。

在国内的治国举措上，晏子处处忠贞体国，智谋深远。就是在国与国间的诸侯外交上，晏子也不辱使命。他才思敏捷，应对诸侯不亢不卑，为齐国争得了荣誉。

有一次，晏子出使楚国。楚是当时的大国，比齐国实力强大得多，而楚灵王又听说晏子很矮，想借此机会把晏子好好挖苦一番，以显楚威。待晏子快来楚都郢（今湖北江陵）时，楚灵王就命人在城门的旁边挖了一个小门专候晏子。晏子看见后，说道："我奉命出使到人国，应从大城门而进，这是狗洞不是城门。要是我来狗国，就得从狗洞进，请问你们大王，楚国究竟是人国还是狗国？"灵王见来者不善，只得开大门迎客。

灵王见晏子这么矮，很瞧不起他，不禁脱口说道："难道齐国没人？怎么派你来楚？"晏子一听，立即就知道对方是嫌自己矮，就应声而答："齐国人口之多，可谓呵气成云、挥汗如雨，怎么说没人？只是我们齐国有个规矩：访上等国派上等大人去，访下等国就派下等小人去。我是最没出息的，才被派到这里来了。"楚灵王一听，无言以对，尴尬不已，但还是不服气。

在宴会饮酒时，楚灵王见几个武士押一囚犯从晏子面前走过，便故意发问："何国人，犯何罪？"武士答："齐国人，犯盗窃罪。"灵王一听，对晏子说："你们齐人是不是喜欢做强盗？"晏子一听，从容离席而答："我听说橘树长在淮南，能结大而甜的果，移到江北，就只能结又小又酸的枳子，这是水土不同的缘故。同样的道理，齐人在齐国不偷东西，一到楚国就变成强盗，大概是你们楚国这个地方的水土适合做强盗吧！"楚灵王一听，觉得自讨没趣，自嘲道："晏子，圣人也，焉可辱？"

还有一次，晋国想伐齐国。伐之前，派大夫范昭到齐国探虚实。见晋国特使到来，齐景公就为他举行宴会。在宴会上，范昭突然提出要用景公用过的酒杯喝酒。在春秋时，这是最大的无礼行为，是对对方国家的轻蔑，范昭也是想借此探究齐国是否有人。他的内心世界早就被晏子看透，他见齐景公同意换杯子立即制止，并把只有臣子使用的酒杯觯给范昭斟酒，说："晋国虽强，你只是臣子；齐国虽弱，景公是君；君臣有别，古今之大礼也。"宴会后，范昭又提出要齐国宫中乐师为他演奏只有接待别国国君才演奏的周乐，又被晏子拒绝："周乐，天子之乐，臣子焉能享？"范昭回国后，对晋国君说："齐有晏子，不可犯也。"酒席上的一番斗智，化免了一场干戈，维护了齐国的尊严。

## 二桃杀三士，除秽荐良将

齐景公为了恢复齐桓公的霸业，就把齐国内号称"三杰"的田开疆、古冶子、公孙捷这三个大力士拢在身边，倚为干将，委以重任。而实际上这三个人有勇无谋，横行朝廷，作威作福，使齐国朝野的贤臣都怕他们而不能效忠国家，使齐国国势不但不强，反而被晋、燕所欺。于是，晏子就劝景公把这几个人赶走，但景公不听。有一次，景公问晏子："寡人有国有将，何以屡遭燕欺？"晏子就为他打了个比方："从前，有个卖米酒者，所做的米酒可谓佳酿，但他家的酒放酸了也无人光顾。原来是这家有条恶狗，酒客怕恶狗伤人而不敢上门，因此，酒放酸了也卖不出去。"

但齐景公还是不悟，见此，晏子只好自己亲自出马，利用武士爱名誉的心理，把这三个害群之马收拾了。

有一天，鲁昭公带大臣孙叔舍访问齐国。齐景公设宴招待，三个力士在堂下按剑而立。席间，晏子建议以园中金桃招待贵宾。景公说："此桃从海外度索山引来，一共只六个，寡人不敢独享，现应献给贵宾。"晏子把六个桃子摘来，桃香扑鼻，客人称奇。按礼节，昭公与景公是国王，各吃一个，孙叔舍和晏子各一个，还剩下两个桃子准备分给"三杰"吃。

怎么个分法呢？晏子建议论功赏，景公赞许。首先是公孙捷报功，说："我与国君去桐山打猎，打死了一只扑向国王的猛虎，救了国君，这功劳不算小吧？"晏子点头道："舍生忘死，保主救驾，功劳很大，应赏酒赐桃。"就把一个鲜桃给了公孙捷。这时，古冶子不服，说："打死一只虎算什么？我与国君过黄河时，一只老鼋把国君的坐驾拖下水，是我斩了老鼋，使国君转危为安，这功劳如何？"晏子道："对，若非你斩了老鼋，事情就大了，应赏酒赐桃。"于是就把最后一个桃子给了古冶子。

田开疆见桃分完了，气坏了："我奉命讨伐徐国，杀其将军，俘士卒五百，吓得徐国投降，这功劳难道不配吃桃？"晏子道："这是拓域之功，比打虎、斩鼋大十倍，可惜没桃了，就赐杯酒吧！"田开疆发怒道："打虎、斩鼋是小事，为国扩域的人反而吃不上桃，在国君面前丢了脸，也为世人耻笑，活着干什么？"说完，就拔剑自杀了。公孙捷羞愧地说："我抢了田君之桃，他为桃而死，我不死算什么朋友？"也拔剑自杀了，见二人已死，古冶子也说："我们三人都是共患难之兄弟，他俩都死了，我怎好苟生？"亦伏剑而死。

"三杰"死后，齐景公惋惜地说："三位将军都有万夫不当之勇，为一桃而死，岂不可惜？如此武士何处寻，以何人御敌？"晏子说："大王勿忧。他们都只是些勇夫，算不上真正的将军。现有大才田穰苴，才过'三杰'十倍，因出身微贱被人歧视，隐居海滨，虽有报国之志，但为'三杰'挡道。只要此人为将，何惧晋、燕呢？"

于是，齐景公只好任命田穰苴为将。这个田穰苴又名司马穰苴，是中国历史上有名的军事家。由他掌握齐军后，以法治军，纪律严明，训练有素，齐军声威大震，不仅使晋、燕诸国不敢轻举妄动，而且为齐国拓地千里。他死后，留下兵法于世，就是为后人称道的《司马法》。

由于晏子的聪明才智和对国君的忠诚、百姓的厚德，使齐国虽处季世，但国势不损，国君的威信不坠，像田成子这样的人也无可奈何，不敢对君位有非分之想。所以，齐景公虽然才智昏愚，但对晏子十分敬佩。他得知晏子的妻子年老貌丑时，想把自己年轻貌美的女儿嫁给晏子以示奖励，但晏子拒绝了："我妻虽老，但彼此恩爱，一个喜新厌旧的人，是做不出好事业来的。"

史传晏子很矮，身长六尺（古之一尺约今七寸）。但由于他的治世之才，在他死后，人们都很怀念他，还根据他的言行整理出了《晏子春秋》一书，共八卷二十五章，是晏子留给后世的宝贵遗产。

所以，晏子被誉为春秋末期的一代名相，毫不为过。

## 穆公巧得百里奚

俗语有言："褒贬是买主，喝彩是闲人。"其意是说，在市场商品交易中评说某种商品好坏的人才正是要买东西的主顾，而那些一味赞美喝彩的往往是旁观的闲人，绝非买主。这确是生活经验之谈，不但在商品交易中如此，在政治生活中也可看到这种现象，秦穆公贱赎百里奚用的即是这一策略。

百里奚是春秋时著名的贤臣之一。他本是虞国人，字井伯。三十多岁娶妻杜氏,生一子,起名叫百里孟明视。当时家中十分贫寒,简直要揭不开锅了。百里奚虽有大志,但想到家贫族单,妻弱子小,无依无靠,便恋家而不忍离去。杜氏倒是个深明大义的女性,就劝百里奚说:"妾闻'男子志在四方'。君壮年不外出求仕,却守着妻子甘受贫困吗?妾能想尽办法维持我们母子的生活,您可放心远游,不必挂念我们。"百里奚闻言,感动地点点头。当时,家中一贫如洗,什么也没有。为了给丈夫饯行,杜氏把家中仅有的一只正在孵小鸡的老母鸡杀了。炖鸡肉时柴火又不够,杜氏无奈,就把门闩拿来劈开填入灶膛,勉强算把饭菜都做熟了。百里奚饱餐一顿,简单整理一下行装,告别妻子。杜氏抱着正在吃奶的小孟明视拽着百里奚的衣袖流着眼泪说:"富贵了千万不要忘了我们母子。"

离家之后,百里奚到处游历,却始终未能如愿。先游齐,想求事齐襄公,可无人荐引。他非常贫困,结识个朋友叫蹇叔。二人相见成交,蹇叔就把百里奚留在自己家中。但蹇叔家境亦十分贫困,百里奚就在村里为人放牛挣些钱粮以糊口。其后他又为周王子颓牧过牛,不久知其无成,离周回归本国,由宫之奇推荐做了中大夫。晋国在鲁僖公五年十二月丙子日(公元前655年11月15日)灭掉虢国,归途中灭掉虞国,俘虏了虞公和百里奚。百里奚坚决不仕晋,以表示忠于虞君。正当此时,秦穆公派公子絷到晋国求婚。晋献公答应了亲事。

当秦国公子絷到晋迎亲之时,献公召集群臣商议用何人做陪嫁的人。舟之侨说:"百里奚不愿仕晋,其心不测,不如远远打发他,让他为陪嫁人。"献公同意。这样,百里奚就成了晋公主伯姬随嫁的奴仆。此时,百里奚已年近七十,辗转流离,半生辛苦却一事无成,不由得仰天长叹:"我百里奚怀抱经世济民安邦定国的才能,却不遇明主得以施展大志。如今

年岁已老却成为人媵,与仆妾相同,人格之受侮辱没有比这再大的了!我终不能蒙受如此奇耻大辱。"于是就在途中伺机逃跑,想要到宋国去投奔蹇叔,路途受阻,就改奔楚国。当时入楚国境内的宛城境内时,被当地出外打猎的百姓捉住,把他当成了奸细。百里奚忙解释说:"我是虞国人,因为国亡了才逃难至此的。"那些人问他:"你有什么才能?"百里奚说:"我善于饲养牛。"人们把他放开,就让他喂牛。数日后他所喂的牛日益肥壮,毛色润泽明亮。当地的小官一见大喜,就通过地方官吏把百里奚喂牛的高超技术奏报给楚王。

楚王闻报后,下令召见百里奚。楚王问:"喂牛有什么诀窍吗?"百里奚回答说:"按时喂养,适当使用其力,把整个身心都用在饲养牛的事业上。"楚王一听,赞叹道:"你的话,说得挺好啊!这不仅是养牛的诀窍,也可用于养马。"于是就任命百里奚为圉人,专门为朝廷饲养马匹,让他到南海去放马。

再说晋国送嫁、陪嫁一行人到秦国之后,秦穆公见到媵人名单中有百里奚的名字却无其人,很奇怪,就问去迎亲的公子絷,公子絷说:"这人是虞国故臣,在半路上逃跑了。"穆公又问从晋国来投奔的公孙枝说:"子桑在晋,必知百里奚的大略情况,他是怎样的一个人?"公孙枝回答说:"这是个贤人,知道虞公之不可谏而不谏,是其智;从虞公于晋而坚决不仕于晋,是其忠。而且此人又有雄才大略,只是没遇上好机会啊!"穆公又问:"我怎样才能得到百里奚而重用他呢?"公孙枝说:"我听说百里奚的妻子流亡到了楚国,百里奚逃跑也必往楚国,何不派人去楚国访查一下?"穆公立即派人去楚专访此事,不久还报:"百里奚果然在楚国,在海滨为楚君牧马。"穆公听说后,又去找公孙枝商量:"我用重金为代价向楚国请换回百里奚,楚君能答应我吗?"公

孙枝说:"若这样做,百里奚就无法到秦国来了。"穆公惊问:"为什么?"公孙枝说:"楚君让他牧马,正说明不知道百里奚是个贤良。您用重金求他,等于告诉楚王说百里奚是个人才。楚君如果知道百里奚的才能,一定会自己提拔重用的,怎么肯给我们呢?你不如以逃跑之媵人的罪名,用极低贱的与奴仆价格相等的货物去赎回他,说要赎回治罪,这样楚国一定会答应的。"穆公听罢,连称妙计,就派人选了五张黑色的公羊皮送给楚国国君,并献上穆公的信。

楚王见秦使交上五张羊皮,有些诧异。启封看信,才知来意。只见信上写道:"敝邑有贱臣百里奚者,逃在上国。寡人欲得而加罪,以警亡者,请以五羊皮赎归。"楚王见用五张羊皮赎一个罪人,自以为小事一桩,秦又是大国,立刻答复,派人去海滨囚禁百里奚以交给秦使。

百里奚本是穷苦人出身,与当地的百姓相处得很好。听说楚君派人囚禁他交给秦使回去就戮,人们都来为他送行。有的老人拉着他的手哭。百里奚却笑着安慰他们说:"我听说秦君有霸王之志,怎么会急于追捕一个无关紧要的媵人。他如此下力来赎,是要重用我,我此行就要富贵了。诸位又何必悲哀呢?"说罢上车而行。

将及秦境,秦穆公派人在郊外迎接,先释其囚,以礼迎入。秦穆公立刻召见,二人谈得非常投机,连语三日,言无不合。穆公大悦,即封百里奚为上卿之爵,委以国政,百里奚施展才志,秦国大治,穆公也成为著名的"春秋五霸"之一。

穆公之成就功业,关键在于知贤求贤重贤。他能知百里奚,更能采纳公孙枝的意见,用贬抑之法。以要治罪的名义贱赎百里奚于楚国,才瞒过楚君,轻易地得到了一名人才,确是明智之主。也正因为百里奚是以五张黑色公羊皮的代价被换回的,故又得了一个"五羖大夫"的美名。

## 晋灵公暴虐

晋灵公自幼为君,缺乏师教和约束,随着他年龄增长,日益昏庸暴虐。据《说苑》记载,晋灵公建造九层的高台,耗费了国家大量的资财。大臣们劝谏,他一概不听,下令说:"敢有再来劝谏者,斩首勿论!"有一个名叫孙息的小臣朝见灵公,叩拜说:"为臣有一小技,能在十三层棋子之上再累九层鸡蛋,不知陛下愿看否?"灵公听后大喜,说:"寡人少见无识,你赶紧摆给我看。"孙息随后开始逐层叠累,摆到最后,摇摇欲坠。灵公不觉屏住呼吸,说:"危险啊,危险!"孙息借机说道:"臣以为还有比这累卵更危险的。"灵公急忙问:"你说给我听听。"孙息答道:"陛下兴建九层高台,三年不能完工,百姓无法正常生产,国库空虚,户口锐减,人民叛逃,邻国企图侵略我们。一旦国家破灭,岂不更加危险?"灵公若有所悟,下令停止筑台。

晋灵公执政以后,向人民征收沉重的赋税,用于自己的奢侈和挥霍,建筑宫殿,在墙壁上绘上彩图,供自己观赏。文武百官上朝,他把百官引到高台上,手拉弹弓射击外边的行人,行人躲闪不及,奔跑呼叫,灵公却在台上大笑。文武百官面面相觑,无人敢言。

晋灵公十四年的一天,赵盾上朝,看到有人从后宫背着畚箕出来,觉得奇怪,便问那人畚箕中是何物。那人回答:"您自己看吧!"赵盾走到跟前一看吓了一跳,原来里面竟然装着死人!赵盾立即问:"死者是谁?为什么被杀?"那人才告诉说,被杀者是厨师,因为熊掌没有做熟,灵公发怒,将他砸死,然后将尸体肢解,命人弃之宫外。此事传开,文武百官都十分震惊。赵盾准备进谏,士会拦住他说:"您去劝他不听,就没人能接着劝了。还是让我先去,不听的话,您再去不迟。"

士会走进宫门，灵公从远处就看见了他，但不理睬。士会接着向里走，到了院中，灵公还是不理。直到走近，晋灵公才抬头，迎头便说："你不用讲了，我知道自己错了，打算改正。"士会叩头回答："哪一个人没有过失？有了错，改正了，这就好。《诗经》中说，事情都有个开始，但能坚持到最后的却不多。陛下能够弃过从正，这不仅是臣民的幸福，也是国家的保障。"

晋灵公尽管口头上说改正，但事实上非但不改，反而日甚一日。赵盾屡次劝谏，晋灵公很讨厌他，便派钮麑去刺杀赵盾。一天清晨，钮麑前去行刺，看到赵盾卧室的门大开着，赵盾正穿戴得整整齐齐准备上朝。由于时间很早，正盘腿坐在屋内等待。钮麑见此情景退了出来，感慨地说："不忘记恭敬，他真正是百姓的主人。刺杀百姓的主人，那是不仁；放弃国君的使命，那是不忠。这是两难选择，我只有一死解脱了。"于是他走到外面，撞在树上自杀了。

同年九月，晋灵公请赵盾入宫饮酒，埋伏下甲士，准备将赵盾杀死。此事被赵盾的车夫提弥明察觉。进宫之后，他快步登上殿堂，说："臣下侍奉国君饮酒，超过三杯就不合礼法了。"随即扶赵盾下殿。灵公见赵盾突然离开，便唆使恶狗猛扑赵盾，提弥明拔剑把恶狗杀死。赵盾气愤地说："不能用人而用狗，狗虽凶，能管什么用！"埋伏的甲士冲上来，赵盾边斗边退，提弥明战死在宫廷内。赵盾得以脱身，多亏了甲士中一人突然倒戈，护卫赵盾。

原来早年赵盾在首山打猎，来到翳桑，看见一人饿得厉害，便问他有什么病。那人说："我已经整整三天没吃饭了。"赵盾送给他食品，他只吃一半，留下一半。赵盾问他为什么不都吃掉，那人回答："我离家三年，不知母亲是否健在，现在快到家了，让我把一半留给她吧！"

赵盾让他都吃完，又让人给他拿来一篮饭和肉。后来，此人参加了晋灵公的卫队。看到要杀的人是赵盾，便倒戈保卫他。赵盾问他为什么这样做，那卫士回答："我就是翳桑那个挨饿的人！"多亏此人使赵盾幸免于死。

晋灵公为非作歹，引起人们的公愤。同年九月二十六日，赵穿在桃园杀死晋灵公。当时，赵盾正逃往国外。闻听灵公被杀，便返回重登卿位。晋国的史官记录说："赵盾弑其君。"拿到朝廷上给大夫们看。赵盾驳斥："不是我杀的！"太史回答："你身为国卿，逃亡还没出国境，回来后又不惩办凶手，杀国君的不是你还是谁？"赵盾后悔地说："太可悲了！《诗经》中说：'因为我的怀恋，给自己带来忧伤。'这恐怕说的就是我了。"

## 神医扁鹊

扁鹊姓秦名越人，齐地渤海郡邑人。他在各地行医诊病，声望很高，被人尊称为"扁鹊"。久而久之，反而很少有人知其真名实姓。后来他在赵地行医干脆使用扁鹊一名。扁鹊的名号也就叫响了。

传说扁鹊年少时期曾为人经营旅店，有个名叫长桑君的客人经常住店，来来往往一直住了十多年。扁鹊看他与众不同，总是对他恭恭敬敬，格外礼遇，长桑君也很看重扁鹊。这天长桑君见店内无人，招呼扁鹊坐下对他说："我有治病的秘方。我年纪老了，想传给你。你可不要泄露啊！"扁鹊说："遵命！"长桑君取出怀中的藏药给扁鹊说："用不落地的雨露将此药服下，三十天就有超常视力了。"随后又把全部秘方书籍都给扁鹊，嘱他照方治病，然后辞别而去，再没回来。扁鹊服药三十日后能隔墙见人，对人体五脏六腑透视得一清二楚，病症所在，尽收眼底。于是，扁鹊辞职于旅店，开始以诊脉为名行医治病。

一次，大夫赵鞅得了昏迷症，连续五天不省人事。扁鹊诊视后说："血脉正常，不必惊怪。从前秦穆公也曾有过这种病症，连续昏迷了七天。"扁鹊根据秦穆公七日苏醒，醒后说胡话的先例，断定赵鞅不出三日必醒，醒后会叙述昏迷状态中所意识到的情景。果然，两天半以后赵鞅醒了，并大发议论，说自己到天帝那里游玩了一圈，玩得很开心。有人告诉他扁鹊给他看过病，讲了扁鹊的诊断情况，赵鞅一听，给了扁鹊极为丰厚的赏赐。

赵地附近有个微小的虢国。扁鹊来到虢国，人们纷传太子刚死，国中正忙着祈祷神灵。扁鹊见状，便到虢宫门下打听，找到了喜欢医术的太子属官中庶子。扁鹊问他："太子究竟得了什么病，以致国中都在祈祷求神，别的事情全不顾了？"中庶子说："太子的病是血气不按常规，交错阻塞而不通泄，突然在体外发作，损害了内部。正气不能抵抗邪气，邪气聚积发散不了，以致阳气缓慢，阴气紧急，就突然昏厥死去了。"扁鹊问："死了多长时间了？"中庶子说："从鸡鸣时分到现在。"扁鹊又问入殓没有，中庶子说还不到半天，没有入殓。扁鹊说："我是齐国渤海的秦越人，家居郊邑，从未仰望过虢君尊容，也没能前来拜见侍奉。现在听说太子不幸而死，我能让他活过来。"

中庶子闻听，面带几分讥笑，说："先生恐怕是在吹牛吧，根据什么说能让太子活过来呢？我听说上古时有个叫俞跗的名医，治病从来不用汤药、酒剂，也不用针石、引导、按摩和药物熨帖等法，只要一诊视就能看到病因所在，于是顺五脏穴位切开肌肤，疏通阻塞的经络，连接中断的血管，抓起脑髓看看，翻开膈膜瞧瞧，冲刷肠胃，清洗五脏，修炼精神，改换形体。先生的医术能够达到这种境界，那么太子就可以活了；不能达到这种境界而能救活太子，就是刚会发笑的婴儿也不会相信。"扁鹊听了这话仰天长叹，说："您的高谈阔论，好像是从管子里观

天，从缝隙中看花纹，了解得也实在太少了。我秦越人的医道，根本用不着等待切脉、望气、听声或检查病态，就能说出病的所在，只要听说病在阳的反映能推论到阴，听说病在阴的反映能推论到阳，所有病因都可从外表上推测出来。如果您不相信我的话，请去诊视太子，定会发现他耳中有鸣声，鼻孔张大，顺两腿摸至阴部，应该尚有体温。"

中庶子听了扁鹊这番话，惊得目瞪口呆，急忙转告虢君。虢君闻听大惊，匆匆出宫接见扁鹊，说："久仰大名，未能拜见。先生光临小小敝国，施展神术相救，偏僻小国的我深感荣幸。有先生在此太子也就有救了，否则就只能把他扔进沟壑永远回不来啦。"话还没说完就悲切地抽噎起来，痛苦得连容貌都变了样。

扁鹊说："太子的病，也就是人们所说的尸厥症。由于阳气入阴，胃被经络缠绕牵动，而经络又被阻塞下到了三焦和膀胱，导致阳脉下坠，阴脉上升，阴阳二气交会处闭塞不通。阴气上升不降，阳气在下向内运动，郁积鼓动着升不起来，上下内外隔不听使唤。上有绝阳之络，下有破阴之纽，破阴绝阳，色废脉乱，因此形体静止不动，如同死人。其实太子并没有死。阳气入阴的这种情况还能活。如果阴气入阳可就没救了。凡是这几种情况，都在五脏厥逆时突然发作。高明的医生能看出来，拙劣庸医也就不知其然了。"

扁鹊让弟子子阳磨利针石，照外三阳、五会等穴位扎下去，不大一会儿太子就醒了。扁鹊又叫弟子子豹配备五分之熨，用八减之剂煎煮，拿来交替熨贴两肋下面，太子坐了起来。又服汤药进一步调和阴阳气血，二十余天太子完全康复。人们纷纷传说扁鹊有起死回生之术，扁鹊解释说："我秦越人不能起死回生，只是让那些病不致死的人恢复健康而已。"

扁鹊行医回到齐国时，齐威王的父

亲桓公田午在位。当时扁鹊已经很有名望，桓公把他作为客人招待。扁鹊对桓公说："您有点儿小病，在皮肤和肌肉之间，如不及时治疗，病情必会加深。"桓公自我感觉良好，说："我没有病。"扁鹊退出后，桓公对左右近臣说："医生竟如此贪图名利，想通过医治没病的人来显示自己的本领和功绩。"五天后，扁鹊又去见桓公，说："您的血脉里有病，不治疗会加深的。"桓公仍说："我没有病！"扁鹊退出，桓公很不愉快。又过了五天，扁鹊去见桓公，说："您的病到了肠胃间，再不治就更深了。"桓公板着面孔没有理睬，扁鹊退出，桓公显得很生气。转眼第三个五天又到了，扁鹊又来拜见桓公，远远望见桓公，没说一句话就转身跑了。桓公派人问他为何要跑，扁鹊说："病在肌肤之间，汤熨之药即可清除；病在血脉之中，可用针石之方医治；病在肠胃之内，酒药还能对付；病到骨髓深处，就是主管生死的神灵也束手无策。如今其病已入骨髓，我不能相救，所以不再请求给他治疗。"此后第五天，桓公突然发病，派人去找扁鹊，但扁鹊已经逃离齐国。桓公也就病死了。

扁鹊周游各地行医，积累了丰富的临床经验，擅长各门医术。随俗为变，竭尽才智为民治病。他是中华脉学的创始人，首创了切脉诊断法，奠定了中医望、闻、问、切四诊法的基础，在药物、针砭等方面也有许多发明创造，并著有《扁鹊内经》，可惜已经失传。

## 郑相子产

在春秋时期那种诸侯林立、弱肉强食和错综复杂的社会环境中，一个国家要生存、发展下去是很不容易的。除了要有一个好的国王之外，更重要的是要有一个好的丞相，在某种情况下，丞相就是一个国家的象征。春秋时郑国简公的丞相子产虽是一个小国的丞相，却是令大国畏服的人物。他学识渊博，治国有方，敏对诸侯，在他的领导下，郑国在诸侯混战的夹缝中生存而安然无恙。

## 以法治国，宽猛相济

子产，又名公孙侨，郑国人，生年不详，卒于郑定公七年（公元前522年），郑国宗室先祖乃周宣王之弟，封于郑。郑王室与东周王室是血缘很近的王族，很得周天子的信任，周天子要选卿士或朝廷要害位置的官员，都从郑国挑选，如郑武公、郑庄公都曾做过平王的卿士。

郑国曾显赫一时，出现过像郑庄公这样的枭雄人物。但郑终是小国，敌不过晋、秦、楚、齐这样的大国，同时，国内宗室之间彼此不睦，互相残杀，所以，到了春秋末年，郑国就走了下坡路，国势一天不如一天。而且郑国又地处河南洛阳、成皋、虎牢一带的四战之地，晋国要南下，齐国要西去，楚王要北进，秦国要东扩，都必须经过郑国。所以，郑国就成了各诸侯国鱼肉的对象，谁都想消灭它，但又因它是周天子的近亲宗室而有所忌惮。子产就出生在这样的国家和时代环境中。

子产天才早熟，十岁时，就对国事有独特的见解。有一次，郑国攻打楚国附属国蔡，擒获蔡国司马公子燮，大胜而归。郑举国皆喜，唯有子产不高兴，对当时的丞相子国说："国人都以获蔡司马为喜，吾独以为忧。小国无文德，却有武功，祸莫大焉。蔡是楚之附国，如楚人来讨伐，怎么对付？从楚则晋国有意见，从晋则楚问罪，如两国皆不从，则晋、楚一起加兵于郑，郑吃得消吗？以我看来，郑国在四五年之内，不得安宁了。"

丞相子国见一小孩敢于对国家大事发表意见，他这个丞相的脸面往哪儿摆？就大怒："你懂什么？国家有正卿处理大事，你一小孩也来饶舌，是想死吗？"子产不再复言。后晋国大夫叔宣听说后，对人说："郑国无人，唯有子产，子产不为相，郑国必亡。"

子国死后，子孔当相国。子孔想把郑国宗室争权夺利的事写在书上，传之于后。但郑宗室反对子孔这么做，认为是露丑，有损宗室形象，就想联合攻打子孔，子孔计无所出。这时，十五岁的子产对子孔说："这有什么难的？把书烧了就是。"子孔说："把宗室载入书中是国之常典，是大事，现因众怒而焚之，是政出多门，国家难道不危险吗？"子产说："众怒难犯，专欲难成，你想在这种情况下治国，真是太危险了，不如焚书以安众，你又可保相位，难道不好吗？同时，专欲无成，犯众兴祸，你考虑吧！"

子孔没有别的办法，只好听从子产的建议，众怒果然平息，子孔则安然当相国。后来，子孔对子产说："子之智能兴国，郑之福也。"

因为子孔当相国专制横蛮，众人不服，子孔就以武力压服之，这样，国人更愤怒。《左传》襄公十九年（公元前554年）八月，郑宗室联合率兵攻子孔，子孔死，郑国无正卿，就荐子产主政，以治郑国。此时子产才二十多岁。

子产当政后，针对郑国的情况，采取先德行、后威猛的方针。大夫子大叔想看看子产这个小伙子治国有何设想和主见，就问："为政如何？"子产说："为政如农功，日夜思之，既思其始又虑其终，朝夕而行之，行为不越轨，如农民之种地，如此，其过错就少了。"子大叔满意地点了点头："善！"

当政不久，子产为了能听到老百姓的意见，就在郑国首都新郑郊区置一议政场所乡校，让人们在那里聚会，以评论国政。果然，人们在乡校里大胆地评论子产当政的得失，有些话很不好听。他的部下然明要子产把乡校毁了，子产说："为什么要毁掉？他们议论得对，我就改正自己的不足；他们讲得不对，我引以为戒，亦是吾师。我听说过，唯有忠善可以止怨，不闻靠作威可以防怨。防百姓之

议论，犹如防川，大决所犯，伤人必多，吾不能救也，不如从现在起，让老百姓发表意见，对双方都有好处。"议政者听说后，喜曰："德哉，侨也。"

当时晋国的正卿（丞相）是范宣子，此人喜欢别人给他送礼，到郑国后也是这样。有一次，范宣子到郑国来，子产对他说："你为晋国丞相，没听说过你有什么德行，而喜人送礼，我感到奇怪。我听说过，为政者，不担心无钱财，只担心无令名。诸侯贿赂，则国家有二心，如今你喜欢送礼，你对晋国有二心了，晋国坏则你之家坏。夫令名，德之基也，国家之基也，有德则乐，乐则能久，如此则国安，国安则家安，家安则身久。为什么人喜杀大象，因它的牙齿是宝。无德，你聚财有什么用？那财是别人的。"

范宣子一听，再拜子产，以为至理名言，说："我真蠢，没有考虑长远，你的话我一定牢记在心。"于是，子产之大名闻于诸侯。

除了以德治国，子产又伴之以威猛。有一次，郑大夫徐吾犯之妹很美，公孙楚聘其为妻，其弟公孙黑听说此女貌美，就想从公孙楚那里夺走，二人为了一女人争吵起来。徐吾犯害怕了，告诉子产，子产说："是国家无法政，不是你的过错，随你妹的意思吧！"结果其妹喜欢公孙黑，公孙楚知道后，甚怒，就找公孙黑算账，结果被公孙黑以戈刺伤了脸。

事情闹大了，状告到子产那里。子产说："罪在公孙黑也。"就命人把公孙黑抓起来，子产骂道："国家有五种大法，你都犯了：畏君之威，听其政，尊其贵，事其长，养其亲。现国王在朝，你用兵器，是目无君上，不畏威也；奸国之法，是不听政令，不尊法律也；子皙上大夫，而你下大夫，以下犯上，不尊贵也；作为弟弟犯兄，不事长也；以兵器对其兄，不养亲也。"

被子产数落一顿后，公孙黑被赶出

了郑国，朝廷肃然。

公元前536年3月，子产在郑铸刑书，即用青铜铸成一大鼎，把国家的法律条文刻在上面，使老百姓知道国家有大法、行为有规矩，因在此前，当时的中原各诸侯国还没有先例，都是以周文王流传下来的以礼、仪治世治民，没听说过以法治世，还把法律刻在铜鼎上。于是，晋大臣叔向写信给子产说："昔先王议事以制，不用刑罚，是担心民有争心，在这种情况下，民之争心还未止，故劝之以义，纠之以政，行之以礼，守之以信，奉之以仁，制定禄位以劝其人。今天你作为郑国宰相，立谤政、制参辟、铸刑书，想以此治民，难道不困难吗？我听说过，国家要亡，必多制度，难道就是你所做的吗？"

子产复信说："你说得对。我不才，不能考虑那么远，只是为了救郑国而已。我不能听你之言，世道变了，须用法才能济世。尽管如此，你的这片好心我领了。"

这是中国历史上第一次用铜鼎的方式公布刑法，所以子产是古代法家之祖。

刑法公布后，百姓不习惯，多有怨言。大臣子宽对子产说："百姓忍受不了。"子产道："你说得不对。如对国家有好处，死生都可以。百姓只是看到结果对他们有好处就高兴，在开始时他们是考虑不到刑法的好处的。我听说为善者不改其度，故最终能成事。对于百姓的这些意见，不能迁就，法律制度不能改。"

所以，公布法律开始一段时间，百姓不习惯，对子产多有怨恨，说："谁杀子产，我也参加。"三年后，郑国大治，百姓皆歌其德："我有子弟，子产教之；我有田畴，子产殖之，子产死后，谁其嗣之。"

因子产以法治国，所以，他不信天命。《左传》昭公十八年（公元前524年）五月，当时的天文学家梓慎预言说："七月有大火，宋、卫、郑、陈皆有。"并要子产拿国宝镇禳之。子产说："天道远，人道近，不是一回事儿。梓慎哪知道什么天

道？只是蛊惑民众而已。"遂不信，并号召国人防火，做好准备，郑国果然不受火灾。

因治郑之功，国王封他六邑之地，子产坚辞，国王不许，最后只受三邑。国内和诸侯都盛赞子产之德。

公元前522年，子产将死，对子大叔说："我死后，你必执政。唯有德者能以宽服民，其次莫如猛。夫火烈，民望而畏之，故死者就少；水懦弱，民狎而玩之，则多死焉，故宽难。"对子产的这套治国理论，连孔子都很称赞："善哉！政宽则民慢，慢则纠之以猛……宽以济猛，猛以济宽，政是以和。"

从此，子产的宽猛相济理论成了历代统治者治国的不二法门。

## 学识渊博，敏对诸侯

一个国家的宰相除了把国家治好之外，还有一个重要任务是在国际事务中，应处理好各种关系。在国际政治舞台上，宰相的一举一动，一言一行，都与这个国家关系极大。像郑国这样的小国，外交政策的适当与否与国之安危息息相关。

有一次，子南、子孔、子国与子产在一起讨论郑国究竟应与哪个国家交好的问题。郑之东是齐、北是晋、西是秦、南是楚，举措稍微不当，就会给国家带来极大的麻烦。子孔说："晋乃礼仪之邦，楚乃蛮夷，郑应与晋好。"子国就说："晋虽是礼仪之邦，但楚与郑国近，朝发夕至，晋与郑国远，远水救不了近火，郑应与楚好。"

子产说："你们说得都不对，很片面，郑国这样的小国是哪个国家也得罪不起的。无论是偏向晋，还是偏向楚，危亡立至。所以，我们应是谁都不得罪，对双方都友好，晋来则晋善，楚临则楚盟。"

以后，子产主政后，就以此作为基本外交国策，从而使郑国十几年内不受兵灾，国内安宁。齐国丞相晏子听说子产

的为政方针后,对人言:"郑虽小,有子产主政,必不败。"

有一次,晋国君重病,郑国君派子产去问候。晋正卿叔向对子产说:"对于我们国君的病,卜人说是实沉、台骀为祟,大家都不知实沉和台骀是什么东西,你能说出这是何神吗?"

子产对曰:"昔高辛氏有二子,老大叫阏伯,老二名实沉。后帝迁实沉于大夏,是唐人的先祖,到周成王灭唐而封大叔于此,故参为晋星,由此观之,实沉,参神也。昔金天氏有子叫昧,昧又生台骀,台骀承父之官,以处太原,由此观之,则台骀,汾水之神。这两个神均是山川之神,与国君没关系。君子只要把握好四事就可以了:朝以听政,昼以访问,夕以修令,夜以安身。这样做是为了使身体各个部位畅通,不要壅闭停滞,做到这一点就可以了。"

叔向一听,说:"你说得对,我从没听说过。"晋侯就照子产说的去做,身体果然大愈,对人说:"子产,真博物君子也。"

一次,子产陪同郑国君去晋国,晋因郑是小国而不以礼相待,没有立即召见子产,使子产和国君的车子停在外面。子产一看就火了,命人把挡住车子的围墙、馆垣全部撤掉,然后大摇大摆走进去,并把车子停在里面。晋国大夫文伯对子产说:"我们修围墙、馆垣是为了接待宾客,你现在把它毁掉,让我们怎么接待外宾? 太过分了吧!"子产傲然而对:"晋既是盟主,就要以礼待人。国无大小,皆是天子下臣,晋是大国,要郑国纳贡,我们不敢违命,目的是求郑国的安宁。我们这次来后,晋国君既未相见,又不说明原因,我们不敢送上礼物,使我们进也不是,退也不是,作为一国之君住在露天中,合适吗? 既是盟主,有这样处事的吗?"

文伯听后,告诉了正卿赵文子。赵文子听完后,不住地点头称是,说:"子产

说得对,这是我的错,以对待奴隶的态度对待一诸侯,是我负子产。"于是盛服而见子产,揖而谢曰:"吾之罪也,还望见谅。"就对郑国君和子产加以厚礼,宴饮友善如故,并为子产筑一馆室住之。

消息传到郑国,国人大欢,认为子产长了郑国的志气,为国增了光。回国后,郑伯要给子产加封邑,子产坚辞五次,国君乃止。

公元前 548 年(《左传》襄公二十五年),子产带兵攻陈,大获而还。按当时的国际盟约,郑与晋友好,郑打了胜仗,就应向晋国报捷,并献上一些俘虏和礼物,但晋与陈的关系亦不坏,郑攻陈等于不把晋放在眼里,不给晋面子。因此,如何处理郑与晋的关系,使郑国国君很头痛,说:"奈何?"子产道:"无妨,如约。"意思是没关系,按约送俘虏和礼物去晋国。于是,子产身穿戎服去晋国献俘。

晋大夫庄伯一见子产,把脸一沉,说:"陈有何罪,你要讨伐它?"子产据理力争:"昔虞阏父当了周国的陶正这个官,服侍我先王。我先王怜悯其穷,就把他封于陈,还备了三恪这样的大礼,现陈忘周之大德,蔑视我周之大惠,背弃我姻亲,依仗楚国,反而侵我土地,气焰嚣张,难道讨伐它不应该吗?"

庄伯说:"你为什么不预先告诉我们晋国?"子产道:"关于伐陈,我在几年前就已经告诉过你们,所以这次事前未告,就发动了东门之役,使我大获,现献上战利品。"

此时,庄伯有点儿故意刁难了:"为什么要侵犯小国?"子产理直气壮地回答:"先王之命,唯罪就伐。昔日各诸侯之地只一圻(一千里),现在诸侯之地有数圻了,如果你们大国不侵小,哪会有今天这样宽阔的土地?"庄伯说:"你为什么要穿戎服? 戎服只有在战场才穿。出使他国穿戎服是什么意思?"子产应声而对:"我先君武公、庄公为平王卿士,皆着

戎服。昔城濮之役，文公以戎服勤王，所以周天子命我文公以戎服辅王。我今天穿戎服献战俘，目的是不废先王之命。难道错了吗？"

庄伯听后，无言以对，又不敢受礼，只好请教于赵文子。赵文子说："子产，圣人也。据理而言，使人不能对，同时其辞又顺，犯顺不祥，接受吧！"赵文子又对晋侯说："郑有子产，不能犯也。"终子产当政，其他大国不敢犯郑。这与子产这个丞相在国际舞台上的英敏明识、不亢不卑有很大的关系。

子产铸刑鼎两年后，郑宗室伯有犯法，被子产处斩，并夺封邑，使其子孙凋敝。不久，有人梦见伯有弯腰行走，对人说："壬子这个时间我杀了带，壬寅这个时间我要杀了段。"到了壬子、壬寅这两个时辰时，大臣驷带和公孙段果然暴死。国人恐惧，惶惶不安，谈鬼色变。

子大叔为此事又请教子产如何处理，子产说："我知道了，鬼很快就会消失。"于第二月，重新安置伯有的儿子公孙泄和公孙良，伯有鬼魂果然消失。子大叔说："这是什么原因？"子产说："鬼也要有家，要有人祭祀，才不作祟，现安置其子，使有所归，所以，鬼魂就消失了。"

子产到晋国后，赵文子对此事很感兴趣，就问子产："伯有能为鬼吗？"子产说："能。人未生就有魄，生下来后就有魂，阳曰魂，阴曰魄。用物精多，则魂魄强，是以有精爽以至于神明。匹夫匹妇强死，其魂魄尚能依附于人，以为淫鬼，何况执郑国三世政柄的宗室呢？其用物也弘，其取精也多，其族又大，强死后为鬼，也不为怪。"

子产借鬼魂之说，抚贫弱，恤孤寡，国中日安，政是以和。《左传》昭公二十年（公元前522年）子产死，子大叔为政，一改子产制度，废刑鼎，使民宽，结果郑国大乱，国势日衰，几十年后为晋所灭。

## 赵武灵王胡服骑射

赵雍为战国时赵国国君，即赵武灵王。他是赵国第六位国王，谋略过人，气质豪迈，在政治和军事领域都以自己的卓越贡献而享誉后世。

赵武灵王即位时，正值战国中期诸侯各国逐鹿中原，进行剧烈的兼并战争。与其他各国相比，赵国仍是属于弱国，屡遭强国欺凌，常败于齐、秦等强国，大片疆土被秦国侵占也无法夺回。武灵王年幼继承王位，无法听政。由阳文君赵豹任相国。身边还有三位博闻师，左右司过三人辅佐。不久以后，武灵王便宣布临朝听政。他首先向先王肃侯时期德高望重的大臣肥义请教，增加他的俸禄，并优抚年事高的老人，每月都送给礼物。即位第二年，重修要塞鄗城。第四年，与韩宣王相会于区鼠。为了对付秦国，韩王八年，魏、韩、赵、中山等国约定，相互尊推为王，只有武灵王推迟，他深知自己羽翼尚不丰满，还不到称王的时机，他说："无其实，敢处其名乎？"仍命国人称自己为君。赵国所处的地位，激发他奋发图强的意志。

从地理位置上分析，当时赵的北方、东方大部边界与胡人部族相邻。到了周赧王八年（公元前307年），赵武灵王已经继承君位十九年，在这近二十年间，他已经积累了相当丰富的经验，成了一个很有韬略很有胆识的国君。与赵国相邻的胡人还处于逐水草而居的游牧生活时代，他们身着短衣、长裤，腰束皮带，脚蹬皮鞋，善于骑马射箭，行动灵活，进退神速；他们经常纵骑南下，对中原地区进行骚扰掠夺，对赵国北部边境地区造成很大危害。而赵国军队虽然武器装备比胡人优越，军队中也有了少量骑兵，但其编成基本上仍与中原各国相似，步兵和兵车混合编制，动辄几万、几十万，甚至上百万，骑兵最多的也不过五六千。官兵服装仍是那种传统的宽领口、肥腰、大下摆，袖子长而宽的宽袍大袖。盔甲笨重，扎束烦琐。这种装束使行动很不方便，更不利于上下战马拼搏战场。赵武灵王经过多年战争实践和对战场实况的分析研究，决定改革传统装束，打破传统的车战编制，向胡人学习，行"胡服骑射"，变以车战为主为骑兵作战为主。

公元前307年，武灵王召见大臣楼缓，一起谋划国事。他回顾了赵国历史，说："如今中山国为我腹心之疾，北边有燕国，东有东胡（后为鲜卑），西有林胡、楼烦、秦国和韩国，我们却没有强大的兵力自救，这是要亡国的，怎么办呢？要成就高出世人之业，必定会有世俗传统来牵累，我想令国人着胡人那样的衣服。"楼缓知道武灵王的用意不仅在于让国人改变服装，因而很同意他的主张。

为了实现"胡服骑射"的改革，武灵王先把自己的想法告诉了大臣肥义。肥义是老臣，说服了老臣，其他人就好办了。他征询肥义的意见，"我将教国人以胡服骑射，如果有人反对怎么办？"大臣肥义极为赞同说："疑事无功，疑行无名。要改变旧习俗，就不要顾虑社会上的议论和一些人的反对。"肥义又列举了历史上的舜禹改变习俗的事例来佐证灵王改革，说："愚蠢的人不知道怎样成事，而聪明的人却能洞察成功的事情，您何必犹豫呢？"重臣的支持，增强了武灵王的决心。他说："我并不犹豫改穿胡服，我虑的是国人笑我。愚蠢的人所讥笑的事，贤明的人却能明察。国人如能听从于我，胡服之功将不可估量。"武灵王就率先穿起了胡服。

赢得了重臣支持，武灵王又想到了皇亲贵戚，他派大臣王绁去他的叔父公子成那里，向他陈述胡服骑射的道理，并且告诉公子成，灵王自己已经穿上胡服，在朝中议事了，希望得到他的支持。果然公子成和一些宗室贵戚表示反对，认为中原自古以来的礼教习俗不能更改。

王绁把公子成的态度报告给武灵王，武灵王于是亲自登门做工作，请求公子成着胡服，他说："衣服是为了便于穿着，礼制是为了便于行事。圣人根据地方习俗来适应自己的行为，根据实际需要制定礼制，使之有利于民众，有利于国家。"经过一天的辩论，武灵王用大量事实说明了胡服骑射的必要性，把公子成说得心服口服。公子成对武灵王两拜叩头说："臣愚蠢，不懂君王的深意，却讲了一通世俗之见，这是我的罪过。"说完又一次两拜叩头。武灵王当即赐给他胡服。第二天公子成就穿着胡服上朝了。公子成是贵戚中老臣，是朝中很有影响的举足轻重的人物。有了大臣楼缓、肥义和公子成的支持，武灵王立即向全国颁布了胡服令。

在改革服装的同时，武灵王又召集一大批骑射之士，亲自指挥训练，不到一年，就建成了一支数量可观，具有较强战斗力的骑兵部队，取代了传统的车战编制而成为赵军主力。几年之后，武灵王率领部队攻城略地，收服中山国和临近几个部族，在北方开拓疆域数百里，成为秦东进的最强劲对手。

实行"胡服骑射"后，传统的车战旧法被摈弃，步骑兵野战的崭新作战方法取而代之，这是一种新情况。因而，武灵王根据变化了的作战样式，提出了新的军事谋略，他改变了赵国长期消极防御的被动战略，代之以灵活机动，出敌不意，奇袭制胜的谋略。

武灵王实行胡服骑射，赵国实力迅速强大起来。周赧王十七年（公元前298年），武灵王为了让儿子尽早学会治国理政，主动退位，让太子何当国王，命老臣肥义为相并担任新君老师，武灵王自号"主父"。他亲自率领将士，向西北略地于胡，并制定了从云中、九原南袭秦国的军事计划。

为了实现这一宏伟的计划，灵王打

第一编　先秦野史

扮成赵国使者来到秦国,窥探秦国虚实,熟悉地形,亲自考察秦王为人。灵王假称赵国使者赵招,带着国书,向秦王报告赵国立新君之事。一路上,让随从人员把地形图绘制出来,进入咸阳拜谒秦昭襄王。秦王问:"你们国王多大年纪?"灵王回答:"仍在壮年。"秦王又问:"既然仍在壮年,为何就传位于儿子?"灵王说:"我们国君的继位太子不是很成器,想让他早点接替王位以便学习治理国家的本领。我们国王虽然退位而为主父,但对国事也不是不管了。"秦王问:"你们国家也害怕秦国吗?"灵王回答:"如果我们国君不害怕秦国,就不会实行胡服骑射了。如今,我国骑兵比过去多了十倍。这样,我们才有可能和秦国结为盟友。"秦昭襄王见这使者应对得体,不卑不亢,很敬重他。

假使者灵王从秦宫中出来,到了宾馆下榻。秦王睡到半夜,忽然醒来,想到那赵国使者相貌魁梧,气宇轩昂,不像人臣使者,事有可疑,遂辗转不寐。天明以后,传旨赵国使者赵招相见。赵国随从人员说:"赵国使者患病,不能入朝,请暂缓一点儿时间。"过了三天,赵国使者仍然不来见。秦昭襄王生气了,派人前往一定要使者前去。秦吏直入宾馆使者住所,却不见使者本人,只有随从人自称赵招。秦吏就把他押解到秦王面前。秦王问:"你既然是真赵招,那赵国使者是何人?"赵招回答:"那实际上就是我们国王主父啊。主父想亲眼看到大王您的威容,因而假扮使者而来。如今已出了咸阳城三天了。他特命令臣下留在这里给您赔罪。"秦昭襄王大惊,顿足说:"赵主父骗了我!"立即命泾阳君同白起领精兵三千,连夜追赶。到了函谷关,守关将士说:"赵国使者三天前已经出关了。"秦昭襄王得到回报,没有办法,索性把真赵招也放回去了。

## 楚国柱石伍子胥

伍子胥是春秋末年一个颇富传奇色彩的人物。他一生有三奇:见解奇、经历奇、结局奇,既坚忍暴戾,又心怀不忍;既洞彻玄奥,又贪恋权位;既知不见容于国王,又犯颜直谏以致被杀。他的一生确给后人留下了一份意味深长的答卷。

### 身遭大仇,浪迹江湖

伍子胥,名员,楚国人,生年不详,约卒于吴王夫差十八年(公元前478年)。其先祖伍举跟随楚庄王征伐有功,世代为楚重臣。父伍奢为太子太傅,兄伍尚为楚大夫。史传伍子胥好学深思,性坚忍刚强,年纪轻轻的见解就与众不同,深得其父伍奢的喜爱,认为他必将成为楚国的柱石。

然而天有不测风云,一场宫内丑闻粉碎了伍子胥的美梦,使之家破人亡,最后不得不浪迹江湖,立志报仇雪恨。

公元前524年,楚平王的太子建到了娶妻年龄,平王就到处为他物色对象。按春秋时代的风俗,国王及太子娶妇必须在诸侯之间选聘,通过联姻来加强国与国之间的关系。而当时紧邻楚国而国势又较强的是秦国,于是,平王就派太子少傅费无极携上重礼去秦国为太子建聘妇。

费无极在秦国为太子建物色了一色艺双全的秦公主。为讨好国王,费无极回国后对楚平王说:"秦女绝美,王可自取之。"

楚平王一听,摇摇头,本是为儿子娶妇,现见女子貌美就自取之,成何体统?中原诸侯就会谓楚平王是个好色的乱伦之徒而大损楚国声誉。费无极看出了楚平王的心思,说:"秦女又未过门,到底属谁尚未定论,归太子建就是你的儿媳妇,归你就是你妻子,有何不可?另为太子择一妇即可。王不自取必后悔之。"

楚平王是个昏聩之君,见费无极所

言甚是，就把秦女自娶过来，另为儿子择一女子。然而费无极做贼心虚，知道此事是自己搞的鬼，害怕太子建日后继位报复自己，就在楚平王面前煽风点火，说太子建自父娶秦女后，多有怨言，不满情绪日涨。在春秋时，臣弑君，子弑父之事屡见不鲜，为一女子而争风吃醋也属情理之中。楚平王怕祸起萧墙，就令太子建为将军，到舒这个边远地方去镇守。

不久，费无极又在楚平王面前说太子建想拥兵作乱，回宫夺位，并说太子的老师伍奢参与此事。平王一听，大怒，就把伍奢抓来审问。伍奢对平王说："大王不要听谗人之言，娶儿妇已属大错，现听人之言自毁骨肉，将天地不容。"费无极在旁道："伍奢想当楚国令尹（宰相），所以助太子建回宫作乱。"

楚平王一听，暴跳如雷，下令把伍奢关到大牢里。这时，费无极一不做、二不休，对平王说："伍奢有两个很厉害的儿子，仅抓伍奢一人，不抓他的两个儿子，终为楚患。"于是平王派人去伍奢家里，对伍员和伍尚诡称：只要他们兄弟进宫面君，把事情说清楚，就可救出其父。

伍子胥一听，大叫："这是阴谋，我们兄弟不去，父亲尚可活命，如去，父子三人皆死。"

其兄伍尚流泪道："我也知道是阴谋，但为了自己活命而看着父亲去死，我于心不忍。我死不足惜，伍家就全靠你了。"并要伍子胥快逃。见事情紧急，伍子胥也顾不上多言，就操起刀剑，翻墙而逃。见伍子胥已跑，朝廷使者就在后面追，伍子胥拿起弓箭，箭无虚发，几个使者倒地，其余的不敢再追，就把伍尚抓回去复命。伍奢见伍子胥已逃，拍掌笑道："楚国君臣从此要倒大霉了。"当天下午，伍奢和伍尚就被楚平王杀了头。

楚平王见伍子胥跑了，就到处散发文书，并画上伍子胥的像散发于各处关卡。谁抓到伍子胥，赏黄金五百斤。此时的伍子胥，惶惶如丧家之犬，慌不择路地逃命。

逃到一条江边时，见茫茫无边的汹涌江水上一个人影也没有，后面还隐隐约约传来人马的嘶喊声，伍子胥吓得汗毛倒竖。这时，从不远处的芦苇荡里划过来一条小船，老艄公向伍子胥招招手，要他快上船。船到对岸后，伍子胥把自己随身携带的祖传宝剑送给老艄公，说："值五十金。"艄公摆摆手："楚王悬赏五百金抓你，五十金何益？快逃命去吧！"

过了江，伍子胥来到楚与吴交界的昭关（今安徽的小砚山），关上已接到楚平王的命令：严查来往行人，不能让伍子胥逃出关去，并在墙上画了伍子胥的像。到昭关时，天已渐黑，关门已闭，须待第二天清晨才启关，而一旦启关，他就逃不出去了。伍子胥躲在关里的一间破屋子里，苦思冥想出关之计，鸡鸣三遍了，也没能想出一个混出关去的万全之策。此时的伍子胥忧心如焚，焦虑万分，长吁短叹不已。也许是他惶恐搅心，焦虑过度的缘故，奇迹出现了：第二天清晨他在河边洗脸时，清澈的河水映出的不是青年小伙子的身影，而是一个满头银丝的老翁。靠着天生的化装术，伍子胥混出了昭关。出昭关后，他跪在地上，对着楚国的方向，对天发誓：一定要手刃平王，报血海深仇。

出了昭关后，伍子胥听说太子建受楚平王所逼，流亡在郑周，于是就辗转千里到了郑国；刚到郑国，又听说太子建因想与晋国共同颠覆郑国而被杀，只好又到了晋国。晋国君很欣赏伍子胥之才能，要他留下来，可伍子胥觉得晋国远离楚国，不能实现自己的复仇目标，就离晋到了齐国。此时的齐国国势日衰，内乱日频，田成子主政，国王形同虚设，他觉得这样的国家也不是自己的栖息之所，于是又掉头南下，到了吴国。

伍子胥之所以选择吴国，基于以下

理由：首先，吴与楚接壤，又为舒、六、鸠、居巢等地盘而相互争斗不休，是敌对之国；其次，吴文化落后，吴王也盼望有才能的人来吴国协助自己强大吴国。如能以自己的才能帮助吴王，使之强大，然后掌握国柄，就可直接进攻楚国，为自己报仇。后来的事实证明：伍子胥的选择是正确的。

### 拜相吴国，鞭尸三百

伍子胥到吴国后，吴王僚并不用他，理由是怕伍子胥报了大仇之后，离吴去楚。伍子胥成了流浪汉，靠吹箫糊口。而吴王僚的儿子公子光却对伍子胥很感兴趣。

公子光是吴王僚的二儿子，按传统的继承制度，他是不能继承王位的，但他野心很大，觊觎王位已久，又不敢轻易对人袒露心迹。他得知伍子胥的情况后，认为此人可以利用，于是他经常屈尊纡贵来到伍子胥处，喝酒钓鱼，还慷慨地接济伍子胥。

而伍子胥一见公子光之所为，就马上察觉到，此人有求于他。但他亦不露声色，等待公子光向自己说出他的打算。一个要复仇，一个要夺位，彼此一拍即合。

接触交往时间一长，两人就成了好朋友。公子光便向伍子胥坦明心迹，请他帮忙，并许诺：如能使他登上王位，相国一职非伍子胥莫属。伍子胥听后，沉思良久，说："此事不能性急，我替公子了结此事。"他要公子光拿出黄金二百斤为费用，公子光慨然应允，并说由其所使，不问出入。

伍子胥受公子光之托，就专心察访有关这方面的人。经过多次明察暗访，发现有一个叫专诸的渔民甚为合适，此人为人仗义，力气很大，生活困难，却待母甚孝。于是伍子胥就从专诸之母下手，经常出入专诸家，待专诸之母如己母，认真服侍，礼貌有加，极为恭顺，对专诸也出手大方。时间一长，专诸母子甚为感动，专诸说："君有何难只管说，受人之财，必替人消忧。"

伍子胥说出了自己的打算，专诸说："母亲尚在，我不能答应你。"过了不久，专诸之母死了，专诸说："现母已死，我的这条命由你吩咐。"于是，伍子胥找到公子光，要他在国王面前进言，把自己推荐入宫。公子光就在吴王僚面前吹嘘伍子胥乃天下奇才，必能强大吴国。吴王僚说："此人身怀大恨，想找楚王报仇，不能重用，担心他志不在吴。"因是公子光所荐，吴王就把伍子胥安排在宫里当小差，负责国王的生活起居。

吴王僚有个嗜好，喜吃鲜烹鲤鱼，用今天的话来说是开口活鱼，此种手艺宫内厨子不会做，伍子胥就把专诸推荐入宫，专为国王做开口活鱼。吴王吃后，赞不绝口，夸伍子胥能干。

这样的日子过了两年，楚国入侵，吴王就派太子和三儿子统兵出征，楚军见吴军出击，就派兵抄了吴军的后路，使之不能归国。这时，国内空虚，只有公子光和吴王在宫内，于是伍子胥就叫专诸利用做开口活鱼的机会，把匕首藏在盘子底下，待送到吴王跟前时，以极快的速度从盘子底下抽出刀子把吴王杀了。时间约是公元前515年。

因吴太子在楚地，不能归国，吴王又死了，于是公子光即位，史称阖闾。在楚地的两个吴公子见国内有变，就投降了楚国。伍子胥顺理成章地当上了吴王的相国。

当上了相国，是伍子胥向报仇雪恨的目标迈出的极其重要的一步。然而要实现复仇的最终目标，还有许多的事要做，因为找国王报仇，就等于向一个国家宣战。所以，伍子胥当上相国后，向吴王阖闾上陈三条妙计。

一、整顿内部：扩大军队，发展生产，敬老扶幼，教化吏民，增加人口。只有三五年的时间，吴国的实力就很快强大起来。作为相国的伍子胥也不负吴王所托，事必躬亲，走访民情，训练军队，教其阵图，使吴国的面貌焕然一新。

二、广揽人才。其例之一是接纳楚大臣伯州犁的孙子伯嚭为大夫，此人后来成了伍子胥的政敌，伍子胥死于他的谗言之下；二是用重金聘请著名的军事学家孙武下山，与自己一起共同训练、指挥军队。相传孙武下山后，吴王为了检验孙武之才，问他能不能指挥妇女，孙武说能。于是国王就把宫女一百八十人集合起来由孙武指挥操练，结果吴王的两个妃子不听招呼，被孙武立斩于训练场，秩序立即为之肃然。

三、在军事上，变消极防御为主动进攻。伍子胥把吴军分为上、中、下三军，各军分别从不同的地点轮番袭扰楚国，彼进己退，彼退己进，以此诱敌、疲敌、扰敌，使楚军片刻不得安宁，疲于奔命，狼狈不堪，苦不堪言。国势因之大损，这应了伍奢临死时的话：楚国君臣要倒大霉了。

经过十几年的充分准备，约公元前499年，吴军在伍子胥和孙武的指挥下，采取大迂回的作战方针，渡过汉水，越义阳三关，直扑楚都郢（今湖北江陵），楚军统帅囊瓦不识兵，让出义阳三关于吴军，使楚军大败，囊瓦身死，吴军长驱直入。

楚国君臣见吴军逼近首都，都作鸟兽散，纷纷逃命。此时楚平王已死，继位的是秦女生的儿子，史称楚昭王。昭王见吴军攻来，连忙带上自己的妹妹，在几个大臣的陪同下向云梦一带逃命，衣服破了，鞋子也掉了，还不时遭到强盗的袭击，情景极为凄惨、狼狈。

伍子胥进入郢都以后，一把火把楚王的宫殿、宗庙烧成一片白地，然后找到楚平王的坟墓，把平王尸体挖出来。尽管平王已死很久，其尸却面目如生，伍子胥一见楚平王，两眼喷火，手持钢鞭，对着平王的尸体猛抽，一边打一边骂："你这个昏君死得太早了！"一直打了三百下，平王尸骨俱烂，成了一堆肉丸子，伍子胥命人把平王的碎肉骨头丢到江里喂鱼。之后，伍子胥准备长驻郢地，瓜分楚国，把楚国并入吴国的版图。

伍子胥鞭尸尽管泄了多年之恨，但作为政治家来说，此举并不明智，激怒了不少楚人，其中有一个曾是伍子胥的好朋友申包胥。他对伍子胥说："你能灭楚，我就能复楚。"

因楚昭王是秦王的外甥，申包胥就跑到秦国去搬救兵。可申包胥好说歹说，秦王就是不发兵，申包胥急了，又无计可施，就在大厅里号哭，一直哭了七天七夜，眼睛里流出了血。秦王见了，说道："作为臣子如此忠于国王，看来楚不会灭。"就发兵五万救楚。见秦军出发，吴军便后撤，昭王复位。这就是典故"秦庭哭师"的由来。

攻楚不久，阖闾就去世了，继位的是靠伍子胥帮了大忙才登位的夫差。见攻楚成功，孙武就辞官归隐，临走时，劝伍子胥也一块走，并以大仇已报乐极生悲、功高震主之类道理说服他，但伍子胥没有答应。他认为自己有大功于吴，两个国王因他才继位，吴国因他而强，他一辈子的荣华富贵是不成问题的。孙武鄙夷道："权重者智昏，轻利者心明，果然！"说完，自己就归隐江湖去了。

### 贪权恋位，裹尸弃江

继阖闾之位的是他的儿子夫差，也是吴国的最后一位君主，一个才智中下而又刚愎自用的人物。因他在处理对越国的关系上自作聪明，拒听忠言，不仅葬送了吴国的千里江山，而且连相国伍子胥也死在他的手里。

吴与越原是春秋时期处于东部海边的两个诸侯国，地处现今的江、浙、福建及沿海一带。相传他们都是周文王姬姓的后代，又说是夏后启的后代。两个国

第
一
编

先
秦
野
史

家地理接壤，语言相同，就连文身的风俗习惯也一致，吴国的首都在姑苏（今苏州一带），越国的首都在椒越（今浙江诸暨一带），相隔并不远。因此，与其说是两个国家，还不如说是一个国家的两个部分。

伍子胥看出了问题：吴之大患不在于楚，也不在于中原的齐、鲁、晋、郑诸国，而在于越国，这些国家的入侵乃癣疥之疾，而越乃是心腹大患。阖闾即位不久，伍子胥就提醒他，不是吴吞越，就是越并吴，两国势不两立，要他寻找机会灭越，并以天命警告吴王阖闾："岁星过吴落越，四十年后，越尽有吴地。"

阖闾也听从了伍子胥的劝告，攻楚不久就发动灭越之战，可惜身中毒箭，其志未遂，他以此作为遗命交代给儿子夫差。夫差也不辱父命，即位不久，励精图治，扩大军队，为灭越做准备。

约公元前488年，夫差攻破越国，俘虏了越王勾践和他的几个大臣及五千残兵。这个时候的勾践已是笼中鸟、釜中鱼，如要杀他，立可毙命。因此，伍子胥劝夫差把勾践立即杀掉以绝后患。

勾践见自己岌岌可危，就派大夫文种给吴太宰伯嚭送了许多礼物，要他在夫差面前替勾践求情。伯嚭原是楚大臣伯州犁的孙子，因得罪了楚平王，就逃到了吴国，因伍子胥的关系，才跻身吴国的政治权力中心，当了太宰。但伯嚭其人心险贪财，奸佞叵测，善揣人主之意。他收了勾践的礼物后，就劝夫差不要杀勾践，理由是勾践已投降，杀之不仁。

夫差听从了伯嚭的建议，赦了勾践的死罪，但他必须在会稽服三年苦役才准回国。伍子胥听说后，气愤已极，直闯宫中，以三朝老臣的身份质问夫差，说这是养虎遗患，将来会后悔的，态度异常强硬。碍于情面，夫差没说什么，但心里对伍子胥的这种态度很不满。

勾践在会稽服役期间，态度异常老实、诚恳，干活也卖劲。而且有一次夫差病了，他还亲尝夫差的粪便来检验夫差是否真病了，说："大王生命没危险，我已尝了你的粪便是臭的，必无忧，如是无臭无味就危险。"所以，夫差就认为勾践对自己很忠诚，不是危险的敌人，于是决定提前放勾践归国。

伍子胥坚决反对勾践回国，他在一旁对吴王说："你以为勾践是真为了你好吗？他是在吃你的心，喝你的血，他是想通过这种行动来讨你的欢心，懂吗？"但夫差态度坚决，又见伍子胥倚老卖老，很不高兴地说道："相国多虑了。"就把勾践放回了越国。

勾践回国后，卧薪尝胆，发愤图强，立志复仇。为了迷惑夫差，除了定期给夫差、伯嚭送去许多财宝外，还满足夫差大兴土木时所需要的木材、石料，以耗其民力，而且选一千古美人西施给夫差送去，以惑其心志，使之疏远大臣，不理政事。夫差果然非常欢喜，尤其对西施这个美女更是宠爱无比。他对人说："勾践真是仁义之人，忠心可嘉，谁说他靠不住？"

从此，夫差宠幸西施，不理政事，为了使西施高兴，大兴楼亭别馆，舞榭歌台，耗费了不少民力、财力，国势日衰。不可思议的是，夫差在国势日衰、勾践正虎视眈眈的形势下，还想北上与齐、晋、郑争霸，欲当中原盟主。

作为相国的伍子胥看在眼里，急在心上。他对夫差说："你这是捧着火在睡觉，拿着毒药当酒喝。自古以色亡国者还少吗？勾践送一尤物于你，用心极其险恶，就是要惑你心志，耗你财力，损你身体，你不爱惜自己则可，要拿吴国的江山开玩笑吗？你称霸中原，越过他国攻人之地，能守吗？越国才是心腹大患。"最后，伍子胥警告夫差，如不改的话，"越十年生聚，十年教训，吴国就会成为越国的马厩"。

夫差对伍子胥的良苦用心根本不理解，见伍子胥屡次顶撞他，与他作对，心里十分不满，认为伍子胥是一块卡在喉咙里的骨头，必去之而后快。

一次，伍子胥出使齐国，顺便把自己的儿子伍回也带上。齐国丞相田成子很欣赏伍子胥之才，要他留下，并告诫说夫差乃平庸之辈，难以共事。伍子胥谢绝了，认为自己一叛于楚，再背于吴，于义士不取，而且吴国是他亲手发展壮大起来的，不能看着它毁掉。他把儿子留在齐国，自己回了吴国。

吴太宰伯嚭早就想要伍子胥的相位了，见伍子胥留儿子于齐，认为是夺相位的大好时机，就对夫差说："伍相国留子于齐，恐于君不利，宜早为之计。"要夫差早点下手。于是，伍子胥刚回国，夫差就派人给他送去一把利剑，令其自杀。

伍子胥不服，就进宫面君，质问夫差他有何罪要被杀。夫差骂道："老不死的，出卖吴国，罪不大吗？快去死吧！"伍子胥冷笑道："我有罪，而且有四条大罪：我立先王，罪一；你也因我而立，罪二；我在吴几十年，壮大了吴国，罪三；为了吴国江山的前途考虑，犯颜直谏，罪四。有了这四条罪，应该死。我死后，把我的眼睛挖出来挂在城门上，我要亲眼看着越国是怎样灭亡吴国的。"说完，就拔剑自杀了。

伍子胥死后，夫差命人把他的尸体用草席包裹起来丢到江里，恨恨地说道："你想看着吴国灭亡，我偏不让你看。"

果然不出伍子胥所料，越王勾践十年生聚，十年教训，终于灭亡了吴国。夫差被擒后，也想要勾践像自己对越国的态度一样，保留宗庙和性命。但勾践派人对他说："上天把越国交给你，你不要；现上天把吴国交给我，我不能不要了。"

夫差绝望了。他对左右说："人死有知吗？"左右道："大概有吧！"夫差道："既然死后有知，我有何面目见先王与伍子胥于地下？"说完，以黑布裹头，拔剑自杀了。

夫差死不足惜，但作为相国的伍子胥的结局却足以让后人借鉴、揣摩和深思的了。

## 管仲相齐

管仲字夷吾，父亲管庄是齐国大夫，后来家道中落，至管仲时已相当贫困。他曾与鲍叔牙一同做生意，到分钱时，夷吾常多取一份。鲍叔牙的从人心怀不平，鲍叔牙说："管仲并非贪此区区之金，因家贫不济，我自愿让给他。"又曾领兵随征，每到战场上，管仲就居于后队，等到还兵之日，又居于前队。许多人讥笑他胆怯，鲍叔牙替他解释说："管仲有老母在堂，留身奉养，哪里是真的害怕战斗？"管仲又屡次与鲍叔牙谋事，总是挫折重重。鲍叔牙劝慰他说："人固有遇不遇，假使你遇其时，定当百不失一。"管仲不禁感叹道："生我者父母，知我者鲍叔牙也！"他十分感激鲍叔牙，因为鲍叔牙了解管仲看重大义，不拘小节，坚韧不屈的个性，两人结成了患难与共的挚友。

时齐釐公生有公子诸儿、纠和小白。齐釐公死后，太子诸儿即位，是为齐襄公。

公子纠是鲁女所生，管仲、召忽辅佐他。公子小白是卫女所生，齐釐公委派鲍叔牙辅佐。鲍叔牙称病不出，因为他认为"知子莫若父，知臣莫若君"。国君知道小白将来没有希望继承君位，又以为他没有才能，才让他辅佐小白。管仲了解内情后，劝导鲍叔牙说："全国人因厌恶公子纠的母亲，以至于不喜欢公子纠本人，反而同情小白没有母亲。公子诸儿虽然居长即位，但品质卑劣，前途犹未可知。将来统治齐国的，非纠即白。公子小白虽然没有公子纠聪明，且性急，但有远虑。不是我管仲，无人理解公子小白。公子纠即使得立为君，也将一事无成。到时不是你鲍叔牙来安定国家，还有谁呢？"鲍叔牙听从管仲的意见，出来接受任命，竭尽心力事奉小白。

后齐襄公与其妹文姜（鲁桓公的夫人）私通，醉杀鲁桓公，有政治远见的管仲和鲍叔牙都预感到国内将发生大乱，齐襄公的弟弟怕祸及己身，皆去国离乡，管仲、召忽奉公子纠出奔鲁国，鲍叔牙奉小白出奔莒国。齐釐公同母弟弟生有公孙无知，深得齐釐公宠爱，衣服、礼数和世子享有一样待遇。齐襄公登基后，废除了公孙无知的特殊权利，公孙无知心怀恼怒，公元前686年，勾结大夫反叛，闯入宫中，杀死齐襄公，自立为君。

公孙无知在位一月有余，由于虐待大臣雍廪，被雍廪设计刺死。雍廪一面派人到鲁国迎公子纠回国即位，一面准备重新殡殓齐襄公。鲁庄公得知消息大悦，起兵亲自护送公子纠入齐。管仲提醒鲁庄公，公子小白在莒国，距离齐国较近，倘若小白先入齐，则主客身份已分，形势将不利于公子纠。鲁侯觉得很对，管仲于是自请先行，率三十乘兵车去截击公子小白。

公子小白得知齐国内乱，无君在位，与鲍叔牙商议，向莒国借兵车百乘，护送还齐。管仲引兵昼夜奔驰，过即墨三十余里，正遇见莒兵停车造饭。管仲上前拜见小白，问："公子别来无恙，今将何往？"小白说："欲奔父丧耳。"管仲说："公子纠居长，理应主持葬礼，公子您最好就在这儿停下来，勿自劳苦。"小白自然不肯。管仲抬头见莒兵有争斗之意，诚恐众寡不敌，佯装退走。蓦地弯弓搭箭，瞄准小白射去，小白大喊一声，口吐鲜血，倒在车上。管夷吾亲见小白吐血倒下，于是放慢速度缓缓而行。

不料这一箭，只射中了小白的带钩，小白佯装中箭，咬破舌尖，喷血倒下，连鲍叔牙都瞒过了。公子小白恐管仲再来，于是改变装束，从小路疾驰，入齐先立为君，他就是历史上有名的齐桓公。

齐桓公在乾时大败鲁庄公，公子纠和管仲随鲁庄公败归鲁国。齐桓公为绝后患，遣书于鲁庄公，声称要统三军之众，压兵鲁境，请杀公子纠。鲍叔牙暗中嘱咐使臣，勿使管仲被鲁君杀死。鲁庄公新败，闻大兵压境，早已胆寒，遂斩了公子纠，擒住管仲和召忽。召忽对管仲说，他死了，公子纠可说有以死事之的忠臣了；你活着建功立业，使齐国称霸诸侯，公子纠可说有生臣了。死者完成德行，生者完成功名，于是自刎而死。

管仲怀抱富国家强社稷的理想被装入槛车之中，随使臣回国。他预料到鲁庄公必然反悔，将派兵追赶，而自己若为鲁国所擒必死无疑。他心生一计，编制了一悠扬激昂的黄鹄之词，教役人们学唱这首歌，役人边歌边走，乐而忘倦，车驰马奔，居然一日行得两日路程，一行人飞快离了鲁境。鲁庄公果然追悔，管仲乃当世奇才，若大用于齐，齐桓公无异于如虎添翼，不如先除掉此患，可惜鲁庄公此时已追赶不上了。管仲出境后仰天长叹："我今日乃再生也！"

鲍叔牙向齐桓公极力推荐管仲之才，齐桓公赦免了管仲射钩之罪，拜管仲为相。

管仲任相后，首先致力于经济的发展，提出治国"必先富民"的政策。他提倡"仓廪实而知礼节，衣食足而知荣辱"，认为国家财力充足，远方之人会自动归属齐国，开发荒地，种植庄稼，有所收成，本国之民自然会安心住下。

在对外交往中，他从大处着眼，强调齐国的长远利益。他对齐桓公说："君若想称霸于天下，不如尊崇周室，亲善邻国。审视我国的边境，归还侵占别国的土地，多拿出皮币不断地聘问各国诸侯。"

周平王东迁后，北狄肆意纵横，闻齐伐山戎，恐齐国生轻视之心，将要伐狄，于是北狄先发制人，领兵包围邢国。北狄闻齐国出兵救邢，就移兵攻打卫国。

攻破卫国城池，杀死卫君，将卫国府库劫掠一空。齐国遣兵来救，狄兵方才撤退，放火烧了城廓。

管仲派公子与无亏带着五百乘车马和三千名甲士去武装卫国，又提议给卫国择地筑城，帮助卫国在楚邱修建宫殿，又运去财物以帮助解除困境。

公元659年，邢国还未恢复元气，狄人第二次前来洗劫，邢国遣使告急。

管仲献策说："狄兵刚刚开战，邢国力量未竭。此时与北狄交战，功半劳多。不如等待时机，邢国势不能支，必然溃败，狄兵虽胜邢国，也必然疲弊。驱赶疲劳之师援助溃败的邢国，此所谓力省而功多啊。"桓公用其谋，托言等候鲁邾兵到，屯兵聂地，观望狄邢攻守。两月有余，邢国军溃围而出，投奔齐营，齐桓公拔寨起兵，狄兵抵敌不住，望北飞驰而去。

管仲更张国政，发展生产，数年后，国中兵精粮足，百姓皆知礼仪，齐桓公想立盟定伯。管仲为其制定了战略方针，"当今诸侯，强于齐者甚众，南有荆楚，西有秦晋，然而他们自逞其雄，不知尊奉周王，所以不能成霸。周王室虽已衰微，但仍是天下的主人。东迁以来，诸侯不去朝拜，不知君父。大王可遣使朝周，请天子旨意，大会诸侯，奉天子以会诸侯，内尊王室，外攘四夷。对于诸侯各国，扶持衰弱小国，压制强横之国，昏乱不听从号令者，统率诸侯讨伐它。海内诸侯，都知道我国的无私，必共同朝于齐国。这样不动兵车，霸业就成。"

公元前684年，桓公遂以周王之命布告诸国，约定三月一日，共会于北杏。管仲献策："此番赴会，君奉王命，以临诸侯，根本不必用兵车。"到期，宋、陈、邾、蔡四国国君到会，见齐国未用兵车，相顾叹道："齐桓公诚挚待人以至于此！"各自将本国兵车退驻二十里之外。五国诸侯相见礼毕，订立盟约，济弱扶贫，以匡周

王室，推齐侯为盟主。

管仲提出："鲁、卫、郑、曹，故意违背王命，不来赴会，不可不讨。请诸君共同出兵。"陈、蔡、邾三君齐声答应，独宋桓公不语，夜里率众而去。齐桓公大怒，欲使人追之。管仲劝阻道："只是齐国派兵马追赶不合道理，应该请天子王师共同伐之。而且现在有更迫切的事要办。宋远鲁近，如先征服鲁国，宋国自然服从。"

齐桓公依计亲率王师伐鲁。管仲献计道："鲁国的附庸遂国，国小而弱，若用重兵攻打，一朝可下。鲁国听说必然害怕，我们派一介之使至鲁，责备鲁君不来赴会。同时和鲁夫人通信，鲁夫人自然想使儿子与娘家关系亲密，定会极力怂恿。鲁侯内迫母命，外惧兵威，必求会盟。等他前来求和，我们就答应他。"齐桓公发兵至遂国，一鼓而下，然后驻兵汶水，鲁庄公畏惧，鲁夫人令其子约请会盟，鲁庄公只好向齐国修和请盟。齐桓公以汶水为界，把侵占的土地归还鲁国。诸侯听说两国会盟之事，都称赞桓公的信义。卫、曹两国也谢罪请盟。接着，齐桓公又兵临宋国，派宁戚说服宋君会盟。后来郑国内乱，齐桓公协助郑伯突复国，郑伯突感激齐侯之德，也朝拜于齐国。至此，齐桓公威望布于天下，德名远播诸侯之中。齐桓公听管仲之议，公元前679年春大合宋、鲁、陈、卫、郑、许诸国于鄄地（今山东鄄城北），歃血为盟，始定盟主之号，天下莫不归心于齐。

公元前693年，齐国吞并了纪国。然而种种原因，直到公元前664年，纪国的附庸彰国依然独立存在。齐桓公企图兼并彰国，向管仲询问并彰之策。管仲考虑到，齐桓公新得诸侯，霸权初建，为了巩固霸主地位，进一步赢得人心，不宜"以兵威得志"，而应积"存亡兴灭之德"。齐桓公依计派大军压向纪域，大有吞掉彰国之势，威慑对方，彰君果然畏惧求降，使齐国不战而达到预期目的。齐桓

公眼见一举成功，十分满意，称赞管仲说："仲父之谋，万无一失。"

齐桓公霸名传至荆襄，楚成王也有志争霸，屡屡派兵伐郑，欲图中原。管仲向齐桓公进言道："数年以来，国君救燕存鲁，成荆封卫，恩德加于百姓，大义布于诸侯，若欲用诸侯之兵，现在正是时候。伐楚必然要大合诸侯，楚必有备。昔日蔡国得罪国君，您早想讨伐它了。楚国、蔡国接壤，我们可以讨蔡为名，乘机袭楚。兵法所云：'出其不意，攻其不备。'"

公元前 656 年春，管仲率军讨蔡。将士竖刁接受蔡君贿赂，私将军事机密告诉蔡君，蔡侯大惊，逃奔楚国，向楚成王详述管仲之计。楚成王传令检阅兵车，准备战守，又急忙撤回伐郑之兵。齐桓公兵至上蔡，七国诸侯陆续俱到。八国之师，望南而进，直达楚界。

楚成王派大夫屈完恭候界上，管仲料定有人泄露了消息。对方既遣来使，管仲临机而决，遂放弃原来的计划，决定和楚使谈判。屈完开言道："齐楚各治其国，齐国居于北海，楚国君于南海，风马牛不相及。不知道齐君为什么侵入我国？"管仲义正词严地答道："昔日周成王分封诸侯，我先君姜太公封于齐，并赐先君之职。辞曰：'五侯九伯，汝世掌征伐，以夹辅周室。其地东至海，西至河，南至穆陵，北至无棣，凡有不共王职，汝勿赦宥。'自周室东迁，诸侯放恣，齐君奉命主盟，修复先业。楚国处于南荆，应当岁贡包茅，以助王祭。现在楚国不进贡，影响了王祭，这次征讨正是为此。且周昭王南征而不返，也是你们楚国的缘故。你如何能推卸责任？"屈完答道："周失其纲，朝贡废缺，天下都是这样，岂止是楚国？虽然如此，不贡包茅，我们也承认这样做不对了。但周昭王不返，是他所乘胶舟不牢固的缘故，我们国君不敢随便引咎请罪。这些我会回复楚君的。"说完

麾车而退。

管仲发现仅靠谈判不能解决问题，要使其屈服还必须依靠相应的军事手段，于是传令八军同发，直至陉山，屯兵不再前行。诸侯不解，皆问："兵已深入，何不渡过汉水，决一死战，反而逗留于此？"管仲说："楚国既然已派遣使臣，必然有所准备，兵锋一交，胜负难以预料。如今我们驻扎在此，遥观其势，楚国惧怕我们人多势众，定会遣使求和。此次征战，以讨蔡出，以服楚归，难道还不可以结束吗？"诸侯都未深信，议论纷纷。

楚国大臣对楚成王说："管仲通晓军事，没有万全之策不会发兵。今以八国之众，逗留不进，其中必有谋划。莫若遣使再往，休战请和。"楚君同意，又遣屈完至齐营，面见齐桓公，说明来意："我们国君已知不贡之罪。您若肯退避一舍，我们国君怎敢不唯命是听？"齐桓公答应讲和，屈完称谢而去。

管仲于是下令班师，途中鲍叔牙问管仲："楚君之罪，僭号为大。你却以包茅为辞谢罪，我不明白。"管仲笑了，"楚国僭号已三世之久，倘若责其僭越，楚岂肯俯首听命于我？如果楚国不服，势必交兵，一旦开战，彼此报复，后患数年不解，南北从此争斗不宁了"。

经过近 30 年的苦心经营，管仲辅佐齐桓公完成了使天下诸侯朝齐的大业。公元前 651 年，齐桓公大会诸侯于蔡丘（今河南兰考、民权县境）。周襄王命宰孔赐桓公文武胙、彤弓矢、大路，以表彰其功。宰孔传襄王之命，因齐桓公年老德高，不必下拜受赐。齐桓公想听从王命，管仲从旁进言说："周王虽然谦让，臣子却不可不敬。"齐桓公于是回答："天威不违颜咫尺，小白敢贪王命，而废臣职吗？"疾走下阶，再拜稽首，然后登堂受胙。诸侯皆服齐君之有礼。齐桓公又重申盟好，这就是有名的"蔡丘之盟"，是齐桓公霸业的顶峰。管仲为齐桓公创立霸

业立下了不朽的功勋。

## 改革家商鞅

中国历史上曾经有过多次变法，都以失败而告终，唯有一次成功了，那就是被历史学家和社会改革家称之为"魔术""奇迹"的商鞅变法。这次变法范围之广，内容之深，规模之宏，方法之奇，在历史上可说是前无古人。它彻底地改变了一个国家的思想、文化、道德和风俗习惯，使秦国由原始落后的诸侯小国一跃而成为在政治、经济、军事上都处于领先地位的大国，在战国七雄中名列榜首，为秦始皇统一中国打下了坚实的基础。主持这次变法的商鞅也因此被载入史册。

### 魏才秦用，主持变法

商鞅，生年不详，卒于秦惠文王元年（公元前337年），本姓公孙，是卫贵族的后代，所以又称为公孙鞅或卫鞅，后因变法成功，被秦孝公封于商，史称商鞅。

商鞅是贵族的后裔，也是一名有志之士，思想活跃，素喜刑名之学。刑名之学是春秋时期形成的一个思想学术流派，刑就是刑法，名就是名教规范，它反对周文王那种以德化民、以礼教治国的方法，主张等级森严，以严刑重法治国。第一个主张以刑法治国并付诸实施的是春秋郑国丞相子产，他铸了一个大刑鼎，把法律条文刻在鼎上，立于国门外，让百姓观看、熟悉、执行。

以后，以严刑治国的思想逐渐演变为一个思想学术流派，上升到了理论的高度，许多人为它著书立说，以正视听。最后到了韩国公子韩非那里，使刑名之学集为大成，定为势、术、诈三种，成为与王道对立的另一种政治理论即霸道的思想基础。

商鞅所处的时代正值战国中期，中原大地上的七个诸侯国齐、楚、燕、韩、赵、魏、秦，彼此之间斗得你死我活。为了能在诸侯的竞争之中生存和发展，各国都在变法图强，引进人才，发展壮大自己。如赵武灵王变法，魏国的西门豹变法，楚国的吴起变法，这些变法时间短、规模小，没有形成气候。处于这种历史大潮中的商鞅，也跃跃欲试，想以自己的才干去干一番轰轰烈烈的事业。

二十岁时，他来到魏国，投靠魏国丞相公孙座门下，给丞相当一门客。由于工作上的关系，商鞅经常在公孙座那里高谈阔论，讲述自己的见解，发表自己对治国的看法。他认为要使国家强大，唯有大规模变法一途，而且断言："中国当一统，一统于谁？唯变法彻底者当之。"

公孙座对自己这个门客的见解深以为然，他对商鞅说："子之见甚好，子之法太刻薄，魏国不可行。"并多次对人言曰："谁得到公孙鞅，谁就有希望。"

一天，公孙座病重将死，魏惠王去看望他，问道："丞相病重如此，万一不测，国家怎么办？"公孙座说："臣有一门客公孙鞅，盖世奇才，一旦我死后，请大王把国家交给他，他一定会强大魏国。"

魏惠王听后，久默不语。见国王不作声，公孙座知道国王不同意，就说："如果国王不用他，就把他杀掉，不要让他出境到别的国家去。"

国王走后，公孙座就把商鞅叫进来，对他说："我已病重无望，国王问我关于国家未来的事，我把你推荐给国王，要他重用你，他没有答应，我又劝他把你杀掉，不要让你出境。对国王知而不言，是不忠；不把情况告诉你，是不义，所以你快走。"

商鞅一听，哈哈大笑道："丞相多虑了，既然国王不因你之言而用我，哪会因你之言而杀我？尽管放心，我安然无恙。"果不出商鞅所料，国王回宫后对人说："丞相大概是病久了，脑子有点儿糊涂，他一会儿劝我重用公孙鞅，一会儿又劝我把他杀掉，真是不可思议。"

公孙痤死后，商鞅失去了靠山，想再找机会以求发展。这时，他听说秦国正在出榜招贤，就想自己何不到秦国试试，也许这是一个机会。于是，他离开魏国西去，到了地处关中的秦国。

说起来，在战国七雄中，秦国是最富传奇色彩和神秘特征的国家，秦之先祖名大费，为舜帝养鸟有功，赐姓嬴氏；周代商，大费的后代非子居犬丘，因为周孝王养马有功，赐姓秦嬴，封为诸侯，允其居于中国的西部雍地，与少数民族西戎杂居。

过了十一代，秦国出了个较有作为的国王穆公，为春秋五霸之一。穆公死后，秦又在中国的西部默默无闻地过了十三代，到了秦献公时，秦在当时的中原诸侯国中还说不上话，它与楚被归入戎狄、蛮夷之列，与中原诸侯不在一个档次上。

然而，谁也没想到，一百多年以后，统一中国的历史重任竟然是由这个原始落后，谁也瞧不起的秦国来完成。究其原因就是因秦变法彻底。

当了二十三年国王的秦献公死后，其子继位，史称孝公。秦孝公比他父亲有作为得多，即位伊始，就想光大乃祖之事业，使国家有兴旺气象。要使国家强大，必须有人才，于是他下令求贤，并张贴求贤令于秦都栎阳城门外，说若谁能使秦国强大，他愿意与之平分秦国。告示是这样写的：

昔我穆公自岐、雍之间，修德行武，东平晋乱，以河为界，西霸戎翟，广地千里，天子致伯，诸侯毕贺，为后世开业，甚光美。会往者厉、躁、简公、出子之不宁，国家内忧，未遑外事，三晋攻夺我先君河西之地，诸侯卑秦，丑莫大焉。献公即位，镇抚边境，徙治栎阳，且欲东伐，复穆公之故地，修穆公之政令。寡人思念先君之意，常痛于心，宾客群臣有能出奇计

强秦者，吾且尊官，与之分土。

秦孝公变法图强之决心是很大的。榜文贴出后，虽有一些人才应聘，但均未中意，孝公为此而焦虑不安。所以，商鞅此时来秦国，可说是兼得天时、地利、人和。

商鞅到秦国后，通过自己的好友景监的关系找到了与秦孝公见面的机会。秦孝公听说是自己信任的太监所荐，十分高兴，就约定与商鞅见面。初次见面，未知国王深浅，商鞅就投石问路，向秦孝公大谈帝道。讲着讲着，秦孝公睡着了，并打起呼噜来。商鞅只好退出，找景监约定与秦王第二次见面。

第二次见面时，商鞅就向秦孝公大谈王道，刚讲了几句，秦孝公就叫他退出去，派人找来景监斥道："你推荐的人妄人耳，根本不能用。"景监便找到商鞅，斥责道："吾以为你是奇才，才荐之于王，而王说你是个妄人，所言根本不能用。"商鞅一听，大笑道："王之心未明，我怎么能乱说，现在我已知王之心意了，请再见王一次，他一定会喜欢。"景监只好把商鞅的话告诉秦孝公。孝公喜曰："你这个客人很聪明，可以再谈一次。"

第三次见面时，商鞅尽平生之所学，向秦孝公大谈富国强兵的霸道，孝公一听，大喜。怕听不清，就把膝盖移近商鞅，认真聆听。两人从早上一直谈到深夜，还谈不够，第二天又继续谈。

从宫内回到景监处，商鞅喜气洋洋。景监问："你今天怎么这么高兴？"商鞅道："我谈三代的帝王之道，国王说：'太久远了，不现实。作为国王，只要本身名显天下，哪里还去管数十年数百年以后成帝王之事呢？'所以，我以强兵富国之术言之，国王大悦，谓秦国有希望了。但只不过是霸道而已，德行上可不能与三代相比。"

三天后，秦孝公召集群臣，讨论富国

强兵之道,并要商鞅坐在他的右边。他对商鞅说:"富国强兵之术不遵古制,朝廷中定有人反对,你要力排众议,以挫非见,否则,法不易行。"

于是,中国历史上第一场变法与保守的大论战在秦国展开了。

商鞅点了点头,首先发言:"必须变法,秦国才能强大,才能称霸诸侯,变法则存,不变法则亡。"这时,大臣甘龙插话道:"如变法则诸侯疑,百姓疑,社会就会动荡,不利。"商鞅反驳道:"疑行无名,疑事无功。有高人之行者,本来就被世人非议;有独知之虑者,必然会被百姓认为是狂傲的。愚者只看见事情的成功,而智者却见于事情之未萌,百姓不可与虑始而可与乐成。论至德者不和于俗,成大功者不谋于众。所以,圣人如可以强国,不法其故;如可以利民,不循其礼。"

秦孝公一听,点头称善:"说得对!"

这时,甘龙反驳道:"卫鞅之言乃邪说,怎么能说对呢?我听说圣人不变民俗而教,智者不变古法而治。因民而教者,不劳而成功;缘法而治者,吏习而民安之。"

商鞅道:"你这是世俗之言。常人安于故俗,学者溺于所闻;三代不同礼而王,五伯不同法而霸,智者作法,愚者行法;贤者更换礼制,不肖者拘泥不化。"

待商鞅讲完,大臣杜挚又站起来反驳:"利不百,不变法;功不十,不易器;法古无过,循礼无邪。"商鞅道:"治世不一道,使国不法古。所以汤、武不循古而王,夏殷不易礼而亡。反古者不可非,循礼者不足多。"

相比之下,商鞅的道理更充足、深刻一些,而甘龙等人的说法显得有点儿强词夺理,理由不足。所以,秦孝公非常高兴,说道:"卫鞅说得对,只要使秦国强大,寡人举国以听,并与之分土。"他立即任命商鞅为左庶长,制定变法的具体内

容,并授命其全权处理,国王不予干涉。此时为秦孝公二年(公元前 360 年)。

商鞅变法的具体内容,集中体现在《商君书》一书中,概言之,有以下几个方面的内容。

(一)变分封制为郡县制。废除西周以来实行的分封制,把全国划分为郡、县二级,郡守、县令由朝廷委托。

(二)建立县以下的基层组织制度。三里一亭,五里一保,十里一乡,使之能对老百姓实行严格有效的管理。

(三)实行连坐法。一家中有人犯罪不告发者,举家连坐;一族中有人犯罪不告发者,举族连坐。不告奸者腰斩,告奸者与斩敌同赏,窝藏罪犯者与降敌同罪,处腰斩。

(四)改革风俗。一家有二男而长大不分居者,加倍收赋税;儿女已大而与父母同处一室者,其父受罚,儿女充军;女子十五不嫁者,父母有罪。

(五)以耕战为功,以斩首为勇。百姓耕织有功者受上赏,杀敌以取其左耳朵多少为标志,以定军功。任何人,没有军功的不能当官,皇亲国戚也不例外。有功者显荣,无功者虽然富有也不荣耀。

(六)禁止民间的异端邪说,不许民间发生私斗。私斗者以临阵降敌者同罪,处腰斩。

一个令几千年来的历史震惊不已的"魔方"终于出笼了。

**严刑峻法,变法成功**

真正的变法实际上是一场很深刻的社会革命。它与既成的社会政治体制、历史形成的风俗习惯和人民既成的思维定式往往是背道而驰的,所以,变法之难就在于传统习惯势力的阻力太大。

商鞅深知此理,为了使变法顺利实施并取得成功,他举起了令人胆寒的利剑:严刑峻法。

起草好了变法命令之后,商鞅并不

急于公布,而是搞了一次令出如山的预演:把一根三丈长的木头立在首都的南门,并下令:有谁能把此木头搬到北门,赏十金。令发出后,老百姓围观看热闹,并议论纷纷,哪有这种美事?都不信,怕是圈套。

商鞅见没人响应,第二天又下令:有谁能把这根木头搬到北门,赏五十金。令一出,百姓更是疑惑不已,其中有一男子走到木头前,说:"我来搬,即使没有赏,也不可能有祸。"就把木头搬到了北门,商鞅一见,立即赏给他五十金,以表示自己令出如山,赏罚分明。

对于商鞅这种显示自己令出如山的举动,以今人思想揣之,应该是简单了一点儿,可宋代的王安石对此举极为赞赏,并写诗表扬商鞅:

自古驱民在信诚,一言为重百金轻;
今人未可非商鞅,商鞅能令政必行。

新的变法命令颁布后,老百姓惊讶不已。新法令的内容真是见所未见,闻所未闻。自古以来所形成的生活习惯和风俗都要改变,实在很别扭,很不容易做到。

不仅老百姓不适应、不习惯,王公大臣也适应不了,纷纷跑到秦孝公面前告状,但均被秦孝公斥退,或干脆不见。而太子及他的两个老师公孙虔和公孙贾则带头犯法。变法上明文规定:禁止私斗。而太子在两个老师的怂恿下,私自棍打宫人,还经常在宫里与人打架,并派人出宫到街上抢老百姓的财物。这是对新法令的公然挑衅。朝中大臣都在睁着眼睛看商鞅怎么处理此事,如果处理不好,他们就能够步其后尘,新法令将成为一纸空文。

商鞅闻讯,大怒道:"法令不行则法亡,自古以来法不行者,皆由上起,上有所违,民必随之。"考虑到太子乃王位继承人,不能随便加刑,只能对太子的两个老师动手。于是,商鞅派人把太子囚禁起来,限期改正;把太子的两个老师公孙虔和公孙贾,一个砍掉一只手,一个在脸上刺字。没过多久,公孙虔再度犯法,商鞅就下令把他的鼻子割掉。此举一出,宫内肃然,公孙贾和公孙虔吓得八年不敢出门。

杀鸡儆猴,一板斧砍下去,朝中大臣再也不敢议论新法和触犯新法了。秦孝公喜曰:"寡人今日才知法的厉害。"商鞅道:"吏已整治,民则未也。"

为了在全国顺利推行新法,商鞅派人到首都各处了解情况,发现一些百姓对新法议论纷纷,指责新法的不是,在行动上还抵制新法的实施。于是,商鞅就把在首都非议新法的七百多老百姓全部抓起来,押到渭水边行刑。

行刑那一天,栎阳百姓空巷而出。商鞅调动军队把行刑地包围起来,不准观看热闹的百姓靠近,自己亲率行刑队赴刑场处斩。为了产生恐怖效应,商鞅命人筑一高台,自己坐在上面,手执白旗,台下是被抓来的非议新法的百姓及刽子手。

时刻一到,商鞅大声说道:"这些人因非议新法而犯罪,法律不能容忍,必须处死他们!"说完,就挥动白旗,命刽子手把犯人拖到渭河边斩头,杀一个就把人头往渭河里丢。只见刀光闪闪,人头纷飞,哀号之声震动渭河两岸。待杀完这七百多人,渭河已变成一条血河。周围观看热闹的老百姓吓得屏声敛气,不敢出声。

这样一来,国内无一人敢非议新法,都认真遵守新法。几年过去了,新法产生了效果:道不拾遗,山无盗贼,家给户足,民勇于公战而怯于私斗,乡邑大治,秦民大悦。

见新法带来了好处,那些以前非议新法的人都转而赞扬新法。商鞅知道后，说："开始忤法，现在顺法，这些都是一些乱化之刁民。"命令把这些人全部迁到边界上去充军。从此，秦民畏新法如虎，国势大增。

因变法之功，秦孝公拜商鞅为大良造，成为秦国除国王以外的最高军政长官。见国势已强大，商鞅劝秦孝公迁都，把首都从栎阳迁到咸阳，便于出关争战，号令天下。

国内既已大治，商鞅就劝秦孝公主动出击，攻打他国，而与秦接壤对秦威胁最大者莫过于魏。商鞅说："秦之与魏，如人之有心腹之疾，非魏并秦，即秦并魏，势不两立。今以君之贤圣，国赖以盛，可因此时伐魏，魏必不支，必东迁，如此，秦据山河之固，退可自保，进可出关东向争天下，此帝王之业也。"秦孝公深以为然，就命商鞅统兵攻魏。闻秦来攻，魏惠王就命公子卬为将率军八万御敌。

听说是公子卬为将，商鞅大喜，对左右言："此人吾素知，此战可不战而屈魏之兵。"他派人送信给公子卬，说愿与公子相见，以叙自己以前在魏与公子之情，乐饮罢后主盟，使两国永远友好。公子卬不知是计，欣然前往，刚到秦营，就被商鞅的兵士俘获。主将被抓，魏军群龙无首，毫无斗志。商鞅就命秦军出击，八万魏军连同车马全部被秦军俘获。

消息传到魏国首都安邑（今安阳），举国大骇，担心秦军乘势进攻，只得割让河西之地以献秦，并迁都大梁（今开封）。魏惠王对左右说："寡人恨不能用公孙痤之言。"但为时已晚。

经此一战，秦威震天下。周天子派人给秦孝公送来干腊肉，中原诸侯都来祝贺，秦国从此一跃而成为中原强国。商鞅从前线回来后，秦孝公把于、商十五邑之地封给他，由是史称商君。相传，秦孝公还想把王位让给商鞅，但被商鞅拒绝了。作为人臣来说，其人生的事业已

达顶点。

## 变法者的悲惨结局

在权势和地位不断上升的同时，商鞅一步步地走向他的悲惨结局。

商鞅是靠严刑峻法来保证变法成功的，法令之严到了不近人情的地步，如禁闭太子，刑太子的老师，剥夺王公贵族的特权等等。这些人对商鞅恨入骨髓，不时地在暗中窥测方向，寻找机会，以报仇雪恨。只是因为有秦孝公的支持，这些王公贵族才不敢贸然行事。所以，商鞅尽管有大功于秦，权势赫赫，其实却是坐在火山口上。对于这一点，商鞅自己并不完全清楚，而旁人则一目了然。

一次，他的好友赵良从赵国来看望他。商鞅问他："最近你在干些什么？"赵良像打隐语似的说："以前有一座庙，庙内有菩萨，香火很旺，后来庙拆掉了，菩萨被雨水淋坏了，香火也断绝了。"

商鞅听后，觉得赵良的话似有所指，就问道："我治秦国，较之五羊大夫百里奚如何？"赵良说："百里奚为秦相六年，劳不坐车，暑不张盖，行于国中，不操干戈，功名藏于府库，德行施于后世。百里奚死后，秦国男女流涕。而你就不一样了，没有前呼后拥的卫士，你不敢出门，伤太子之师傅，刑百姓于渭水，现又南面而称寡人，对秦公子曰绳之以法。所以，你的积怨已经很深了。古人云：恃德者昌，恃力者亡。你危如累卵，应快思退路，采取补救办法，否则到时就悔之晚矣。"

商鞅道："救以何法？"赵良道："归还商、于十五邑之地，养老存孤，敬父兄，序有功，尊有德，这样可以延寿，可以少安。如果贪商、于之富，蓄百姓贵戚之怨，一旦国王驾崩，秦国上下找你报仇的岂在少数？危亡可翘足而待矣。"

商鞅听后，沉思良久，说："你说的固然有理，可事情的发展未必如你说的那

么坏。苟有利于国，死有何惧？"遂不听赵良之言。

五个月后，秦孝公死，太子即位，是为惠文王。秦惠文王刚即位，闭门不出达八年之久的公孙虔和公孙贾就向惠文王告发商鞅谋反，王公贵族群起而攻之。商鞅闻讯后，连忙离家潜逃。走到下关这个地方时，天色已晚，便想找一客栈，留宿一晚再走。因走时匆忙，未带证件，店主不知是商鞅，不敢收留他，说："商君之法，客店如收留没有证件之人必须连坐，所以不敢收留你。"商鞅一听，长叹不已："我由法而兴，亦由法而亡。"他去魏国，魏王因他用诈使魏国覆军杀将而拒绝收留他。他只好又转回秦国，想以商、于之地十五邑之兵抗拒，结果兵败被抓，最后被惠文王车裂（五马分尸）于咸阳，举家被屠。

商鞅变法为什么能成功？原因可归纳为以下三点：天时，当时中原诸国都在变法图强，变则存，不变则亡，此乃大势所趋；地利，秦地处西陲，文化落后，传统包袱较少，人们的思想处于待开发的状态，所以变起法来容易；人和，有国王秦孝公的充分信赖与支持，以及商鞅本人的决心、勇气和才干。所以商鞅变法进行得较为彻底，只用了二十年，就彻底改变了一个国家，这不能不说是一个奇迹。

商鞅本身的结局亦是变法者的必然归宿。变法者总是走在时代发展的前头，走在人们思想的前头，所以阻碍、反对之势不可避免。因此，中国历代的变法者只有这样两种结局：要么变法彻底失败，变法者无性命之忧，如王安石；要么变法彻底成功而变法者身死，像商鞅。

所以，商鞅的变法是辉煌的，商鞅的死是壮烈的。

## 孟尝君田文

### 名王之后　少负盛名

孟尝君，姓田名文，是齐国的宗室。

齐国为西周初年周武王分封诸侯时所建，开国君主是武王的"尚父"、大名鼎鼎的姜子牙（姜尚）。齐国建都营丘，后称临淄，故地在今山东淄博市东北。春秋末年，齐国君弱臣强，君权被实行开明统治的大臣田氏所夺。到周安王十六年（公元前386年），周安王承认齐国相国田和为齐侯，称齐太公，史称"田氏代齐"。田和传三代到齐威王。齐威王是战国时代的一代英主，在位期间（前356—前320），文治武功极为显赫。他任用邹忌为相国，田忌为将军，使齐国国势日强。经桂陵之战、马陵之战，大败魏军，使齐国开始称雄诸侯，取代魏国成为东方霸主。

孟尝君即为齐威王之孙。其父田婴，乃齐国名臣，齐宣王二年（公元前342年），他与田忌、孙膑一起指挥马陵之战，大败魏军，使魏将庞涓羞愧自杀。宣王九年，田婴开始任齐国相国，执掌朝政。潜王三年，封田婴于薛（在今山东枣庄市境内），号薛公。

田婴官高位显，妻妾成群，儿子多达四十余个。田文的母亲只是田婴的一个侍妾，在某一年的五月五日生下田文。当时齐国风俗认为，五月出生的孩子，男克父，女克母。于是，田婴发话："这个孩子不要养了！"说完扭头就走。对于他来说，多一个儿子少一个儿子实在无关紧要。但对于田文的母亲就不一样了。十月怀胎，苦熬至今，怎舍得一朝撒手抛弃。况且，母以子贵，她又怎肯放弃这样的机遇。于是，她便瞒着田婴偷偷地哺育田文。田婴政务很繁重，子女多得记都记不清，时间一长也就忘了这件事。

田文长大以后，在一次家族聚会时，田婴才知道自己那个五月五日出生早该扔掉的儿子并没有死。田婴大怒，命人把田文的母亲找来，喝问道："我让你不要养这个孩子，你竟敢私自哺育！简直岂有此理！"

田文的母亲为了儿子，大着胆子以攻为守道："请问大人为何不让养这个孩子？"

田婴忍着怒气道："五月里生的孩子，长到与门户一样高时，将对父母不利。"

这时，在一旁的田文并不惧怕父亲的震怒，却反问田婴道："请问父亲，人生是受命于上天？还是受命于门户？"

一句话问得田婴难置可否。

田文见父亲没有回答，便接着说道："若受命于上天，父亲何必担心儿子生于五月；若受命于门户，则可提高门户的地位，父亲又何必忧虑呢？"

田婴多年统领文臣武将，负责内政外交，很少被别人难住过。没想到自己这个儿子竟如此聪明，有胆有识，说得自己哑口无言，不觉转怒为喜，微微一笑道："小子言之有理！"反倒留田文母子与自己一同进餐。通过谈话，他发现田文兴趣广泛，好学深思，对国家政事十分留心，便暗暗决定日后要下力培养这个儿子。此后，一有闲暇，他便经常来看看田文母子。

有一天，田文见父亲兴致很好，便若无其事地问父亲："儿子的儿子怎么叫？"

田婴回答："叫孙子。"

田文又问："孙子的孙子怎么叫？"

"叫玄孙。"

"玄孙的孙子怎么叫？"

"那我就不知道了。"

田文接着说道："父亲自威王时为相，历宣王、湣王，至今已是第三代国王，齐国国土没有增加，而父亲私家富累万金，门下却又不见一个贤人。我听说将门必有将，相门必有相。现在父亲脚踏丝绸并不觉得可惜，可士人却连粗布衣服都穿不上；父亲的奴仆们肉山酒海吃喝不尽，而士人吃的却是糟糠。父亲一

心以聚敛财富为要务，不知是要将它们留给谁？现在，国家日渐贫弱，而父亲毫无所知，我实在感到困惑。"

田婴再次默然无语。回忆自己执政以来的所作所为，儿子所说固然尖锐刺耳，却句句说中自己的要害，虽然有点儿使自己下不来台，却让自己听到了别人想讲而讲不出也不敢讲的话。他觉得自己以前没有看重这个儿子实在是个大大的损失。于是，他郑重地说道："孩子，从今往后，我的家政就委托给你了，我的宾客也全都委托给你了。"

田文急忙拜谢道："小子定不负父亲重托！"

田文主持家政后，对家人谦和有礼，对奴仆恩威并用，使人们各司其职，各得其所，各展所长，府中上下都很尊敬他。对于府中的宾客，田文悉心安置、招待。为了使每一位宾客满意，他让仆人用心观察每位宾客的好恶，研究各国的风俗民情，再依此分别招待。靠着田府的雄厚财力，府中上下的共同努力，使每位到过田府的人都心情舒畅，留下了极为深刻的印象。一时间，田文声誉鹊起，"名声闻于诸侯"。于是各国诸侯都派出使者劝说田婴，希望田婴不要拘泥于嫡长子继承制的惯例，破例立孟尝君为世子，田婴也越来越喜欢这个孩子，便卖了个顺水人情给诸侯，正式立田文为世子。

后来，田婴病死，田文继位为薛公，是为孟尝君。

### 名扬天下 入秦为相

孟尝君袭封薛公之后，为了在当时兼并战争连绵不断的环境中使齐国立于不败之地，便开始用全部精力招贤纳士。父亲在世时，他虽然受父亲委托招待宾客，但家政大事都必须征求父亲的意见，顾虑诸多兄弟的议论。现在，正式袭封薛公，他成为田家的族长，名正言顺，做起事情便无须左顾右盼了。

此时,各国诸侯为了吸引人才,为己所用,以改革国政,富国强兵,纷纷以优厚的待遇吸引天下士人。燕昭王筑起黄金台,招贤纳士,使天下人耳目一新,各国豪杰归之如市,争赴燕国,引起列国一片震动。聪明的孟尝君知道,没有棋高一着的措施,是很难吸引天下英雄的。于是,他大兴土木,建筑豪华馆舍,下令对来薛的宾客,无论贵贱:不管是贵族大臣,还是贩夫走卒,其衣食起居一律享受与自己一样的待遇。此举前无古人,付诸实施后,人人称叹,天下轰传。天下士人争赴齐国,投奔孟尝君。几个月过去,孟尝君门下的食客竟多达三千余人,创下旷古未有的养士记录。即使对这样多的食客,孟尝君也仍坚持一律与自己同样的待遇,毫不动摇。

把各国士人吸引过来,这只是孟尝君养士的第一步。第二步,便是争取宾客的真心归附。为了争取他们的归附,他真诚地关心他们的疾苦。在他与宾客会面时,进行轻松、自然的漫谈,他委婉地询问每个人的家庭情况、亲戚居处、衣食居住、生老病死有何困难。孟尝君不经意地询问,宾客照实回答。但言者无心,听者有意,屏风后面早有人记录下来。谈过话后,孟尝君立即派专人去解决他们家人或亲戚的困难,缺钱者送钱,缺物者送物,有病者治病,堪称雪里送炭。往往过了一段时间,宾客才发现孟尝君不动声色地帮自己解决了以往难以解决的困难,自然是喜出望外,感激不尽,心悦诚服地忠于孟尝君,并到处传扬他的恩德。

但是,有一天出了意外。这天晚上,由于谈话谈到深夜,孟尝君与宾客共进夜餐。由于一个人挡住了灯光,另一个人看不清自己的饭菜是否与孟尝君一样,便怀疑孟尝君对客人的待遇不一样,大怒道:“听人说孟尝君礼贤下士,宾客

衣食皆与自己一样,今日才知徒有其名!在下就此告辞!”

孟尝君一听大惊,急道:“先生息怒,请当面验视!”说完立刻将自己的饭菜与客人的饭菜一同放到灯光明亮处,那个客人一看,果然与自己的饭菜一般无二,顿时满面羞惭,无地自容,突然间拔剑自刎,倒地气绝。等孟尝君与其他人反应过来,为时已晚。孟尝君为之隆重治丧,悲哀痛悼,众宾客莫不感动。此事传出,孟尝君好士之名更盛,有更多的士人纷纷投奔他,连不少逃亡的罪犯也前来投奔。对这些来投奔的士人,不管他们的才能大小,孟尝君全部给予细致的照顾,使这些人个个都觉得孟尝君器重自己。诸侯闻孟尝君之贤,宾客之众,相戒不敢轻犯齐境。当时天下大乱,兵荒马乱,而齐国却独享安然。

这时,秦昭襄王听到了赵国平原君斩美人谢宾客的故事,非常倾慕平原君的为人。一天,他便与大臣向寿谈起,不料向寿道:“他比齐国孟尝君差远了。”随即讲述了孟尝君礼贤下士的事例,然后说道:“平原君容忍美人笑躄而不诛,待宾客离心,才斩头以谢,不也是有点儿太晚了吗?”

秦王道:“寡人如何能一见孟尝君,与他同治国事啊?”

向寿道:“大王要见孟尝君,何不传命召之?”

秦王道:“孟尝君为齐国大臣,岂是轻易能召来的!”

向寿又道:“大王如能派子弟到齐国为质,请孟尝君西来,齐国见大王心诚,不敢不让孟尝君来。孟尝君入秦,大王任以为相,齐国也必会相大王之子弟的,秦齐互相,遥相呼应,然后共谋诸侯,必将无往而不利。”

于是,秦王派遣胞弟泾阳君嬴悝到齐国做人质,致书齐王,希望齐王能派孟

尝君到秦国来。信中写道：

现在寡人派泾阳君到齐国做人质，希望能让孟尝君到秦国来，使寡人一睹丰采，以慰久慕之饥渴。

齐湣王见秦王真的派泾阳君来到齐国做了人质，诚心无疑，便准备派孟尝君到秦国去。众宾客听说后，前来劝阻，说秦王历来言而无信。但孟尝君受齐王重托，实在难以推辞。为了国家的利益，他力排众议，决定冒险入秦。

这时，名辩士苏秦的弟弟苏代为燕国出使齐国，听说此事后，便主动来见孟尝君。寒暄之后，为了表示自己主意已定，孟尝君言道："先生光临，不知有何见教？关于人情世故的道理，我已经听得多了，不必再说；我没有听过的，就差神仙鬼怪的事了。"

不料苏代说："我这次来见大人，不敢再以人情世故打扰大人，乃是专门来谈鬼神之事的。"他接着说道："我这次到临淄来的时候，路经淄水，看见土偶人与木偶人争论。木偶人对土偶人说：'你不过是西岸的土做成。到了八月，天降大雨，淄水暴涨，必定坍坏。'土偶人回答说：'我本来由土地出生，坍坏时复归于土地。而你遇雨漂流，却不知道漂到什么地方才能停止！'那秦国，乃是虎狼之国，楚怀王入秦不返，丧身异国。大人却还要重蹈覆辙，就不怕受到土偶人的笑话吗？"

听到这里，孟尝君恍然大悟，连忙施礼拜谢道："田文多谢先生赐教！"立即打消了赴秦之图。

齐国大臣匡章听说孟尝君不再到秦国去，恐怕因此激怒秦国，连忙向齐王言道："秦王派泾阳君到齐国做了人质，希望孟尝君赴秦，是为了改善秦齐关系。孟尝君不去，必然导致秦齐关系恶化。大王不如礼送泾阳君归国，而派孟尝君入秦，以答谢秦国的礼节。这样，秦王一定会听信孟尝君而厚待齐国的。"

齐王也不愿因孟尝君得罪秦国，便采纳匡章的建议，命孟尝君不日赴秦。并召见泾阳君。说道："寡人行将派孟尝君行聘于上国，以侍秦王之左右，不敢劳贵人为人质。"随即备车驾送泾阳君归国。

不久，孟尝君与宾客千余人，车骑百余乘，离开临淄向咸阳进发。到了咸阳，谒见秦昭襄王。秦王降阶而迎，握手言欢，述平生相慕之意，当即封孟尝君为丞相。为了表示对秦王的敬仰，孟尝君向秦王献上一袭白狐裘。这袭狐裘毛长二寸，其白如雪，价值连城，天下无双。

见过孟尝君后，秦王穿上白狐裘回宫，得意扬扬，向自己宠幸的燕姬夸耀。见过不少稀世之宝的燕姬不以为然："白狐裘也常有，有何奇异之处？"秦王道："爱姬有所不知，狐非数千年不白，此裘乃取狐腋下之毛一点点连缀而成。此乃纯白之皮，无价之宝也。"燕姬这才服气。因此时天气尚暖，秦王命宦官小心收藏，等天冷时再穿。

## 鸡鸣狗盗　偷过函谷

孟尝君以异国公子，一入秦就被封为丞相，很快引起秦国大臣的嫉妒。他们虽然不敢公开反对，但内心却甚为不满。人称"智囊"的右丞相樗里疾见孟尝君深得秦王器重，怕长此以往，自己相权被夺，便指使门客公孙奭向秦王进言："孟尝君是齐国的宗室。他做丞相，考虑国事必定先齐后秦。孟尝君才能过人，又加众多宾客辅佐，借秦权而暗中为齐谋划，秦国就危险了！"

听了公孙奭的话，秦王甚觉有理，当晚思量再三，越想越觉得孟尝君相秦大不利于秦国。第二天，便召来樗里疾商议，樗里疾乘机进言："公孙奭之言极是。非我秦人，其心必异。孟尝君相秦，后患无穷。愿大王早作裁处。"

秦王道："解除相权，遣他归齐怎么样？"

樗里疾道："孟尝君来秦，已尽知我国虚实，若遣之归齐，日后必为秦害，不如杀掉他以绝后患。"秦王即命将孟尝君软禁于馆舍，伺机杀掉。

泾阳君在齐国时，孟尝君与他时相往还，饮宴、围猎，还送美女给他，减少了他不少寂寞。泾阳君归国时，孟尝君又以宝器相赠，泾阳君十分感激。孟尝君见自己突然被囚，便让宾客向泾阳君求救。泾阳君道："据我所知，大王尚未最后定夺。后宫有一燕姬，最为大王宠爱，言无不从。君携有珍宝，我可以替您进献给燕姬，求她进言，放君还国，则灾祸可免。"

孟尝君当即取白璧二双交给泾阳君。泾阳君将其献于燕姬，不料燕姬道："我特别喜爱白狐裘，听说孟尝君曾向大王进献过一袭。若有白狐裘送我，我保孟尝君能平安返齐。对白璧我没有兴趣。"

泾阳君回报孟尝君，孟尝君闻言大惊道："白狐裘只有一件，已献给大王，又到哪里去找白狐裘？"他于是问众宾客中有人能否得到白狐裘，大家都束手无策。这时，却见坐在末席的一位宾客挺身而出道："臣能得到。"

孟尝君半喜半疑地问道："君有什么办法可以得到狐裘？"宾客道："臣会偷。"孟尝君连忙拜谢道："田文的性命，就交给先生了！"

当天晚上，三更过后，万籁俱寂，星斗满天，秦宫中灯火皆息。那宾客装束如狗，从宫墙狗洞里爬进王宫，找到秦宫仓库。待四更过后，守库人鼾声如雷，宾客便从他身边盗出钥匙，打开藏狐裘的柜子，果然找到那裘银白如雪的狐裘。诸事完毕，他又从狗洞中爬出，将狐裘献给了孟尝君。孟尝君又交给泾阳君转献给燕姬。

燕姬见孟尝君果然献上了白狐裘，芳心大悦。当晚与秦王夜饮，酒酣耳热，本来就年轻貌美的燕姬，此时酒力涌上面庞，更显得艳若桃花，娇美可人，令秦王春心荡漾。见秦王已动情，燕姬乘机说道："贱妾听说齐国的孟尝君，门下宾客三千人，被称为天下大贤。孟尝君本是齐国重臣，不愿来秦，大王以泾阳君为质于齐，请孟尝君入秦，拜他为相。一夜之间，不用也就罢了，怎么可以再去加害于他啊！请他国大臣，却无故杀掉，出尔反尔，恐怕天下贤士将裹足而不敢来到秦国了。"秦王一听觉得有理，忙道："爱姬之言甚是。寡人明日就放孟尝君还齐。"随即携手入帷。

第二天，秦王上朝，下令备好车马，发给驿券，放孟尝君回齐。

听到秦王放归之命，孟尝君道："我侥幸以燕姬一言，得脱虎口，必须火速离秦。万一秦王反悔，我就没命了！"宾客中有善于仿造驿券的，为孟尝君更名换姓，一千人急驰逃离咸阳。不料，逃到秦国边境的函谷关时，正当夜半，关门早已上锁。说起函谷关，乃是古代军事要塞。故地在今河南灵宝市东北、宏农涧河西岸。此关因函谷而得名。函谷是一个狭长山谷，东西长数十里，两边均为断壁绝崖，崖上遍生柏林，浓荫遮盖谷中，终日不见阳光。函谷关城建于谷中，因"深险如函"，故名函谷关。函谷关为秦国东方门户，自古为兵家必争之地。秦国为了严守门户，规定鸡鸣开关，验券放人，日落闭关落锁。看见关门紧闭，孟尝君担忧追兵到来，与众宾客惶惶然不知所措，如热锅上的蚂蚁。忽闻宾客队中传出鸡鸣之声，孟尝君大感诧异，循声而望，原来是一位平素默默无闻的宾客所为。孟尝君连忙拜谢道："先生久居门下，田文不知先生高才，失礼之至，望先生不要怪罪!"宾客道:"我滥竽充数,蒙君赐给衣食,今日才得报效之机。"接着,又连学几声鸡鸣,声音高亢、嘹亮,竟与鸡啼之声一般无二,在夜空之中越传越远。

一鸡引来万鸡啼。这时,近处人家的公鸡以为天将破晓,也跟着叫起来,由近而远,远处的公鸡也跟着啼叫起来。一时间,鸡鸣之声响成一片,守关的官吏以为已到黎明,便开关、验券,放孟尝君一行出关而去。出得关门,孟尝君一行才放下心来,孟尝君笑对身边宾客道:"人们说秦为虎狼之国,函谷关便是虎口啊!"随即命宾客向东急驰。

再说樗里疾听说秦王放孟尝君归国,急忙入朝来见秦王道:"大王即使不杀孟尝君,也宜留以为质。孟尝君与宾客归齐,久后必为秦患。"秦王大悔,命速追孟尝君,一直追到函谷关,还是没有追到,便命关吏拿出出关登记簿查阅,并无田文之名。使者思忖,孟尝君可能怕被在大路上追上,正从小道而来,就在关城等候。等到中午,仍不见孟尝君一行踪影。便与守关官吏说起孟尝君相貌及宾客车马之数,守关官吏恍然大悟:"此人黎明已经出关。"使者问:"还能追上吗?"关吏道:"孟尝君一行急驰如飞,现在已去百里之远,不可能追上了。"使者归报秦王,秦王赞叹道:"孟尝君的宾客人才济济,无奇不有,孟尝君真不愧是天下大贤!"

孟尝君出了函谷关,向东急驰。途经赵国,赵王之弟、战国四公子之一的平原君赵胜出迎于邯郸三十里外。邯郸人久闻孟尝君之名,听说孟尝君来到,慕名围观。一看孟尝君身材矮小,其貌不扬,未免大失所望,有一人嬉笑道:"久闻孟尝君是天下大贤,以为是魁梧大丈夫,今日一见,不过一渺小男人罢了!"旁边数人跟着取乐。孟尝君因而大怒。当夜,凡嗤笑孟尝君的人都被杀死。平原君心

知为孟尝君宾客所为,佯装不知。

盘桓数日后,孟尝君一行辞别平原君回国。

### 长铗归来　尊礼寒士

再说齐湣王自派孟尝君赴秦后,如失左右手,后悔莫及。又恐孟尝君为秦王所用,更加寝食不安。见孟尝君逃回,喜出望外,当即拜为相国。

孟尝君归国后,宾客归者日众,超过三千,而且时有新来投奔者,衣食、车马之费不堪重负,原先一样待遇之法已难以为继。于是,孟尝君便命分客舍为三等:第一等为"代舍",上客居住,这种客人可以代孟尝君行事,食肉、乘车;第二等为"幸舍",中客居住,这种客人可以任用,食肉而不乘车;第三等为"传舍",下客居住,供给衣食,出入自便。在秦国鸡鸣、狗盗、伪造驿券的客人们,俱列为上客,入代舍居住。由于俸禄及封邑收入不足以供宾客久用,孟尝君命放债于自己的封地薛,岁收利息,以助日用。

一天,一位相貌魁伟,衣衫破旧的大汉求见孟尝君,自言齐国人,姓冯,名驩。孟尝君施礼请坐,问道:"先生光临,有何见教?"冯驩道:"闻君好士,家贫无衣食,故来投奔。"孟尝君安排冯驩入传舍居住。

十天后,孟尝君问馆舍长:"新来的客人每天做什么事?"馆舍长道:"冯先生非常穷,只有一把剑,还没有剑鞘,用草绳系在腰间。每天一吃完饭,便弹剑而歌道:'长剑归去吧,吃的没有鱼。'"孟尝君微微一笑道:"他嫌伙食不好,让他到幸舍去吧!"

过了五天,孟尝君又把馆舍长找来,问冯驩到幸舍后有什么变化,馆舍长说:"每天吃完饭,冯先生仍然弹剑而歌,不过歌词有了变化:'长剑归去吧,出门没有车!'"孟尝君听完,不由吃惊道:"看来他要做我的上客,那就让他到代舍去

吧!"这样,冯驩又迁入代舍,食鱼食肉,出入乘车。

孟尝君觉着冯驩做了上客,应该没有什么不满足了,又找来馆舍长问冯驩到代舍后的举动,馆舍长说:"冯先生乘车回来,又弹剑而歌说:'长剑归去吧,没法养家!'听到的人都说冯先生太贪得无厌了。"孟尝君问馆舍长:"冯先生家里有亲人吗?"馆舍长说:"听说有一个老母亲,他离家后无人奉养。"孟尝君立即派人给冯驩母亲送去衣食,使老人无所忧虑。

此后一年,冯驩不再作歌,也没有别的异常举动。

孟尝君优待冯驩的消息传开后,有更多的士人络绎不绝来投奔孟尝君,真正是门庭若市。一年后,管家来报告孟尝君:"府中钱谷只够供应一个月了,请大人速定良策。"孟尝君命拿来账簿查看,发现薛地的老百姓借的债很多人到期没有偿还。于是问众宾客:"哪位先生能代我到薛地去收债?"冯驩挺身而出道:"我愿意去。"孟尝君已忘记了他,便问馆舍长:"这是哪一位?"馆舍长道:"就是去年唱'长剑归来'的那位冯先生。"孟尝君传命为冯驩备车治装,载上债券准备启程。冯驩辞行时问孟尝君:"收债结束后,买些什么东西回来?"孟尝君道:"你看府中缺少什么就买什么吧!"

冯驩到了薛地,通知借债的百姓前来还债。薛地有百姓万户,多数借债于孟尝君。听说孟尝君派上客收利息,不少人前来缴纳,很快收到利息十万钱。接着,冯驩又贴出一个告示:

凡借孟尝君钱者,无论能否偿还,明日都到府中核对债券。

到核对债券这一天,府中人山人海。冯驩准备了大量的美酒和菜肴,凡来核对者都热情招待,他在一旁观察债民的贫富虚实。酒宴之后,一一核对债券。

对于有力偿还,但现时不便者,约定还债之期,记于债券之上。对于极贫而无力偿还者的债券,冯驩命放入筐中,最后竟有满满一筐,冯命人放大火烧毁。旁观者、借债者均大惑不解,冯驩高声宣布道:"孟尝君之所以借钱给诸位,并不是为了谋利,只是为了薛地百姓的生活。目前大人的食客数千人,衣食之费极多,只靠俸禄远远不够,不得已只好征收利息。现在,有力偿还者已约定还期,无力偿还者一概焚券免还。有这样的大人,我们难道要辜负吗?"众百姓叩头欢呼道:"孟尝君真是我们的再生父母啊!"对孟尝君感激不尽。

冯驩回到临淄,便去见孟尝君。孟尝君见冯驩很快回来,又惊又喜,问道:"债收完了吗?真是太快了!"

冯驩回答:"收完了。"

孟尝君问:"买了些什么东西回来?"

冯驩道:"我看府中珍宝成山,美女成群,狗马满圈。缺少的只有'仁义',所以买回了'仁义'。"

孟尝君大惑不解,忙问:"怎么算是买回了'仁义'?"

冯驩道:"大人拥有区区之薛地,不知爱民如子,却斤斤计较小利。我假传大人之命,焚烧薛地之民债券,让薛地之民感激大人,传布大人爱民之名。"

孟尝君正为宾客的费用担心,现在冯驩却焚烧了债券,心中甚是不悦,但事已至此,悔之已晚,便命冯驩先回代舍,自己另外设法解决宾客费用的问题。

却说秦王见孟尝君归齐为相,名重天下,深悔放孟尝君归齐,又想起樗里疾的话,便多派细作入齐,广布谣言于齐国道:"孟尝君名高天下,天下人知有孟尝君,不知有齐王,不日孟尝君将取而代之。"

又另外派人入楚,游说楚顷襄王道:"以前六国合纵伐秦,五国争先出兵,齐国迟迟不出兵，那是因为孟尝君对楚王当纵约长（合纵抗秦的领袖）心中不服。怀王在秦国时，秦王本来打算送怀王回国，孟尝君却派人说动秦王不要放怀王回国，还要楚国送太子到齐国做人质，企图让秦王杀掉怀王，好使齐国以太子之故让楚国割地给齐国。所以，太子几乎不能回国，而怀王最后死在了秦国。秦楚交恶，皆因孟尝君挑拨离间造成，故秦王欲得孟尝君而杀之，因其逃归而未成。现在孟尝君做了齐国相国，专断国政，不日将篡齐，秦、楚必受其害。秦王打算与楚结好，以女儿为楚王夫人，共同对抗孟尝君。请大王明鉴！"楚王见秦王诚心结好，便与秦交好，迎秦王之女为夫人，也派人到齐国散布流言。

齐湣王见孟尝君声名盖世，本来就心忌孟尝君，听到广为流传的谣言，竟深信不疑。孟尝君见事已至此，便称病交还相印，归薛养老。

宾客见孟尝君罢相，纷纷散去，唯独冯驩没有走，他为孟尝君驾车，相伴归薛。将入薛邑，薛地百姓扶老携幼，夹道欢迎孟尝君，争献酒食。此情此景，令孟尝君潸然泪下，拜冯驩而谢道："昔日先生为我购买的'义'，不想今日得以见到！"冯驩道："臣意不止于此。倘借臣以一乘之车，必令大人更加名重于国，邑俸更加丰厚。"孟尝君道："唯先生之命是从！"

几天后，孟尝君以车马、金币交付冯驩，对冯驩道："听凭先生处置。"

#### 狡兔三窟　东山再起

冯驩告别孟尝君后，长驱而西，夜以继日，到达咸阳。冯驩见秦昭襄王道："士人西入秦者，都想使秦强而齐弱；而东入齐者，想使齐强秦弱。今天下大势，秦齐势不两雄，其强者方能得天下。"

秦王忙问："先生有何计策可使秦强齐弱？"

冯驩道："大王听说齐王收孟尝君相印之事了吗？"

秦王道："倒是听说了，但将信将疑。"

冯驩道："齐国所以重于天下者，是因为有孟尝君。今齐王惑于流言，以功为罪，收其相印，孟尝君必怨齐王。乘其怀怨之时，大王聘以为秦用，则齐国之虚实，尽知于心，用以谋齐，何事不成？大王应该尽速派遣使者，以重金密迎孟尝君于薛。机不可失，万一齐王悔悟而起用他，则两国之雄雌未可知也。"

此时，樗里疾新死，秦王急欲找到贤相，闻言大喜，命以车十乘，黄金百镒（镒音 yì，古代重量单位，合古代的二十两），以丞相之礼赴薛地迎接孟尝君。冯驩道："臣请先行，为大王报告孟尝君。"

辞别秦王，冯驩急驰回齐，未见孟尝君，先见齐王道："齐秦互为雌雄，天下人尽知。得贤者为雄，失贤者为雌。臣闻人言，秦王得知孟尝君罢相，密遣良车十乘，黄金百镒，来迎孟尝君相秦。倘孟尝君入秦为相，齐国就危险了！"齐王一听大惊道："请先生为寡人谋划。"冯驩道："现在秦使未到，大王先复孟尝君相位，增其封邑，孟尝君必喜而受之。秦使至薛，岂敢不告大王而迎入相国！"齐王拜谢道："先生之计甚善！"

齐王虽然当着冯驩之面答应了，但心中狐疑，派人至国境探看虚实。不久，果见车骑连队而至，一问，果然是秦国使者。齐王使者驰报齐王，齐王即命冯驩持节速迎孟尝君，复其相位，增封千户。秦使至薛，闻孟尝君复为齐相，怏怏西返。

孟尝君恢复相位，宾客去者复归。孟尝君对冯驩长叹道："我好客，待客不敢失礼，门下食客三千余人，先生是知道的。可一旦罢相，宾客皆弃我而去。今赖先生得复相位，弃之而去者尚何面目与我相见？如遇其人，必唾其面而辱之！"

冯骤突然向孟尝君施礼，孟尝君大惑不解道："先生是为宾客们致歉吗？"

冯骤道："不是。公子的话错了。物有必至，事有固然，公子知道吗？"

孟尝君道："田文不知。"

冯骤道："生者必有死，物之必至也；富贵多士，贫贱寡友，事之固然也。君不见通都之市，早晨争门而入，傍晚则争去而不顾，他们并非喜好早晨而厌恶傍晚，而是因为求取的已经不在也。君失相位，宾客皆去，是意料中的事情。今君复位，不该怨士而绝宾客之路，愿君待客如初。"

孟尝君闻言茅塞顿开，连忙拜谢道："敬奉先生之教！"遂待客如初，于是，宾客复归孟尝君，门庭若市。孟尝君听从冯骤之言，照旧礼遇来归的宾客，不料却遇到了让他极为难堪的事情。有一门客少年英俊，能言善辩，风流倜傥，引起孟尝君夫人的好感。孟尝君夫人是个美貌佳人，门客受宠若惊。过了一段时间，二人跨越雷池，由相恋而相爱，竟背着孟尝君频频幽会。时间一长，多数门客都知道了。有个门客很气愤地报告了孟尝君，说道："为君门客却与夫人来往，不义之至，请速杀此无义之人！"不料孟尝君听完，若无其事地说道："爱美之心，人皆有之。睹貌而相悦，人之常情。其人失足，先生不必多言。"此后，孟尝君对此事竟如不知道一样。

直到一年以后，孟尝君召见了夫人的那位情人，和颜悦色地说道："先生处我门下很久，大官未做得，小官不屑做。卫王与田文为布衣之交，今备车马金币，送先生到卫国去。"

这个人到了卫国，卫王特重孟尝君之荐，那位门客受到重用。后来，齐卫关系恶化，卫王欲联合诸侯兵马攻齐。那位门客向卫王进言道："臣闻齐、卫先王曾杀马、羊而盟，盟曰：'齐、卫后世勿相攻伐。有相攻伐者，上天不容。'今大王约天下之兵马攻齐，是大王背先王之约而欺孟尝君也。愿大王不要以攻齐为事，大王听臣则可；不听臣，臣便以颈血溅大王之襟！"卫王见自己有性命之忧，只好打消攻齐之念。此事传出，人们都叹道："孟尝君能转祸为福，真不愧为天下大贤！"

周赧王二十九年，齐湣王十六年（前285年），宋康王暴虐荒淫，霸人妻女，一夜御数十女，还用乱箭射杀谏者。又南侵楚，西攻韩、赵、魏，意欲吞并二国，正位为天子。诸侯称为"桀宋"，意为像夏桀一样暴虐无道，引起臣民公愤。齐湣王见宋王已成众矢之的，便听从苏秦之弟苏代之计，遣使于楚、魏，相约联合攻宋，攻灭宋国，杀宋康王，与楚、魏三分其地。

湣王兼并宋地之后，心高气傲，派嬖臣夷维传命卫、鲁、邹三国之君，命他们称臣入朝。三国惧怕齐国，立即派使臣入朝称臣。湣王见三国称臣，更加不可一世，对左右言道："寡人残燕灭宋，拓地千里；败魏伐楚，威加诸侯。鲁、卫已称臣，诸侯无不恐惧。不日提一旅西上，兼并二周，降周王为臣子，迁九鼎于临淄，正号天子，一统天下，谁敢违抗！"孟尝君见湣王大胜之后，不知天高地厚，竟欲冒天下之大不韪，取周王而代之。他怕湣王蹈康王覆辙，令天下共击齐国，百姓受涂炭之苦，便出班进谏道："宋王骄狂，故大王乘机而灭之。愿大王以宋王为殷鉴。周虽衰微，仍为天下共主。故七雄攻伐，不敢及周，并非畏其国力，而是畏其名分！大王萌代周之志，恐非齐国之福！"

湣王一听，顿生怒火，斥责孟尝君道："商汤放桀，武王伐纣，桀、纣难道不是共主吗？寡人何处不如汤武？可惜你不是伊尹、太公啊！"孟尝君无言而退。

由此，君臣之情渐疏。此时，又有人乘机进谗说孟尝君心怀不满，想谋反，湣王更加疑忌。孟尝君见湣王疑忌日深，日久将有性命之忧，于是再次封还相印，与宾客逃往魏国。

### 叶落归根　终老于薛

孟尝君到了大梁，叩见魏昭王。魏昭王见大名鼎鼎的孟尝君来投，分外高兴，真是踏破铁鞋无觅处，得来全不费功夫，立即拜为相国。昭王小儿子公子无忌礼贤下士，久慕孟尝君的为人，一听说孟尝君到了大梁，立刻到驿馆拜访孟尝君，二人志趣相投，一见如故。

孟尝君去后，齐湣王更加骄狂，日夜图谋代周为天子。这时，齐国出现许多怪异现象：天上下血雨，方圆数百里，沾人衣襟，腥臭难闻；地裂数丈，泉水上涌；宫殿中时有哭声，却只闻其声，不见其人。因此人心惶惶，举国耸动。大夫狐咺、陈举先后进谏，并请召还孟尝君。湣王大怒，杀死二人，陈尸于通衢，以为进谏者鉴。见湣王昏暴不可理喻，大臣大蠋、太史敫等均谢病去职，归隐乡里。

此时，北方的燕昭王自即位之后，日夜谋划向齐国复仇雪耻。因为此前齐湣王曾乘燕王哙让位子之，燕国发生内乱之机，出兵燕国，杀燕王哙及子之，毁其宗庙，割燕地而返。燕昭王是燕王哙庶出的儿子。即位之后，设黄金台招天下贤士，吊死问孤，与士卒同甘苦，四方豪杰归之如市。经长期生聚，国势日强。周赧王三十一年（前284年），赵国名将乐羊之孙乐毅闻燕昭王筑黄金台招贤，北上见燕昭王，建议燕昭王联合魏、赵、秦、韩攻齐。

孟尝君因痛恨齐湣王骄恣暴虐，以功为罪，便劝说魏王伐齐。孟尝君又派宾客入韩，劝说韩王伐齐。赵国平原君为孟尝君好友，也劝说赵王伐齐。秦国忌齐国强盛，与秦争雄，更乐于与诸侯攻齐。

于是，燕昭王以乐毅为上将军，起倾国之兵，联同秦将白起、赵将廉颇、魏将晋鄙、韩将暴鸢率领诸侯联军，浩浩荡荡，杀奔齐国。齐湣王闻报，自率中军，与大将韩聂迎战于济水之西。乐毅身先士卒，诸侯之军如潮水般涌来，杀得齐兵尸横遍野。乐毅率燕军长驱直入，攻下临淄，连破齐国七十余城，只剩即墨、莒城未。昭王封乐毅为昌国君（昌国在今山东淄博东南）。湣王无奈，向楚顷襄王求救，许以淮北之地。楚王命大将淖齿率兵二十万救齐。湣王感激淖齿，立为相国，委以国政。淖齿密通乐毅，相约灭齐后平分齐国版图，立自己为齐王。淖齿借湣王阅兵之机，捆缚齐湣王，列数其罪状，生抽湣王之筋，吊于屋梁之上，三日之后齐湣王气绝而死，一代暴君呜呼哀哉。太史敫、王孙贾立太子法章为齐襄王。

此后，燕昭王病死，太子资继位，是为燕惠王。他中了齐国宗室田单离间之计，用骑劫代乐毅为将军。乐毅奔还赵国，赵王封乐毅为观津君。接着，田单以火牛之阵大破燕军，尽复齐国故土。襄王封田单为安平君，食邑万户。

此时，魏国公子无忌招贤纳士，门客已达三千余人，与孟尝君及赵之平原君、楚之春申君齐名。因自己年纪渐老，公子无忌贤德，且与自己感情甚笃，孟尝君让相印于公子无忌。新即位的安釐王封无忌为信陵君。因齐湣王已死，孟尝君归国，闲居于薛，中立于诸侯之间，与平原君、信陵君友善，时相往还，酒食为乐。

齐襄王新立，内心畏惧孟尝君，遣使迎孟尝君为相国。久历宦海，几经起落的孟尝君已无意于封侯拜相，辞而不就。齐襄王又遣使通好，孟尝君往来齐魏之间，安然度过了余年。

后来，孟尝君病死，诸子争立，齐魏

第一编　先秦野史

共灭薛,分割其地。孟尝君是战国四公子中成名最早去世也最早的一位。

孟尝君一生礼贤下士,发现不少人才,几度助他化险为夷,成就了他一生的功业。所以孟尝君之为人,极为后人推崇、怀念。明代诗人徐霖在《过南沙河孟尝君养士处》一诗中写道:

> 市廛车马客如云,
> 犹似当年具主宾。
> 狗盗鸡鸣人不少,
> 授餐谁似孟尝君?

### 信陵君无忌

魏公子无忌是魏昭王的幼子,安釐王的异母弟弟。昭王后,安釐王即位,无忌被封为信陵君。

无忌是个非常人物,从各国慕名而来投奔其门下的人很多,无忌不管来者是贤明或愚昧,是富贵或贫贱,都能屈身接待,拥食客达三千多人。

有一次,无忌和魏王玩升官图,玩到一半,有人来报从北方传来烟火信号,赵国即将来攻。魏王要立刻停止游戏,招来大臣商议。

这时,无忌说:"不要急,先搁着。"

魏王惊讶地问道:"为什么?"

"赵王只是在打猎,不是入侵。"公子从容不迫地继续玩着,然而魏王仍然定不下心来。

不久,果又来报:赵国不是入侵,只是赵王在打猎。

魏王吃了一惊,问:"无忌,你是怎么知道的?"

"我的食客中,有人非常了解赵王的秘密,因此能搞清楚赵王的行动。"

魏王听了,很佩服无忌的贤明,心中也感到不安。

无忌知道看守魏都大梁夷门的老人侯生是个隐士,于是带礼物前去拜访要请侯生为宾客。但是,侯生却拒绝了,说:"我洁身自爱数十年,虽然当个守门

人很辛苦,但也不能接受公子的要求。"

无忌却无论如何也要将他请来。一次,无忌特意为侯生举办宴会,邀请了很多客人。当全部客人包括魏国的将军、大臣、王族均已到齐入座后,上座仍然空着,大家都猜疑开来,翘首以待,不知无忌请的是哪位贵宾。

这时,无忌亲自驾车去接侯生。侯生穿着破旧的衣服,大略地整理一下仪容,粗鲁地坐上车,怡然自得地和无忌坐在上位。无忌手执马鞭,显得非常恭敬。

侯生说:"我的一个朋友朱亥住在镇上的肉店里,麻烦把车转过去好吗?"

无忌把车转入镇上,在肉店门前停车。侯生下车,叫出朱亥,无忌在旁等着他们,而他们却故意拖长时间站着说话,并观察无忌的表情。无忌表情仍然温和。侯生好不容易告别朋友,然后到达无忌的宅邸。

公子请侯生上座,然后向客人引见,满座十分惊讶。宴会中,公子还向侯生致了祝词。

宴会散后,侯生对无忌说:"今天我让公子受了很多耻辱。我只是个微不足道的夷门守门人,你亲自驾车来接我,又在那么多客人之前待我如上宾。为了试探你,让你一直站在车旁,我问朋友,你的表情如何,他告诉我你仍然恭敬地站在那里。对一个愚昧的奴才,公子这样有度量,这样谦逊,真是个了不起的人。"

侯生从此成为公子的上宾。

无忌的姐姐是赵惠王的弟弟平原君的夫人。赵受秦攻打,首都邯郸遭到包围,于是向魏求援。魏王派将军晋鄙率十万兵力往救,却畏于秦的攻势,驻扎在中途观望。平原君求援于公子:"难道你要眼睁睁地看着你姐姐被杀吗?"公子欲说服魏王,却不得其门而入,最终只好下决心,召集所有食客及车百辆,与秦军对阵决战,欲与赵国共存亡。

无忌出发到夷门时，遇见侯生，把真相告诉了他。侯生说："公子请保重，我已年老，无法与你一起去。"

公子前进数里后想道："我对侯生应该是十分礼遇的，而我将进行生死之战，他却没有给我任何计策，我一定有什么地方不对。"于是调转车头，再去找侯生询问。

侯生笑着迎接："我就知道公子一定会再回来。"然后告诉无忌："我听说晋鄙的军令符放在魏王的寝宫，而魏王非常宠爱妃子如姬，准许她随时出入寝宫。公子曾有恩于如姬，可让如姬去偷军令符。"

无忌听后大喜，立即去请如姬偷军令符，以便得到晋鄙的兵力而救赵逐秦。

如姬果真偷到军令符，交给公子，公子将出发时，侯生对他说："有了军令符，晋鄙将军也不一定肯让出兵权，若他再询问详情就危险了。带着我的朋友朱亥一起去吧！如果晋鄙不服从，就把他杀了。"

公子请求朱亥一同前往，朱亥一笑就答应了，说："我只不过是镇上的一个屠夫，承蒙公子屡次来探访，无以为报，这次公子有困难，我当效命。"

公子谢过侯生，侯生说："我虽然想和您一起去，但我已经老了。我会计算日程，等你们到达晋鄙军营时，我当向北自刎而死，以报公子之恩。"

公子到达晋鄙军营后，拿出军令符说："我奉魏王之命来替你指挥军队。"

公子旁站着威风凛凛的朱亥。果然，晋鄙一脸疑惑地说："我握有十万军的兵权，驻屯在边境，负有保卫国家的重任。现在你们突然来了一辆车，说要代替我，是怎么一回事儿？"

"你想违抗王命？"突然，一声怒吼，朱亥从袖中拿出四十公斤的铁锤打死了晋鄙。

公子率领十万兵力后，为使全军誓死效忠，下了一道命令："有父子一起从军的，父亲可以回去；有兄弟一起从军的，哥哥可以回去；独子无兄弟的，也回去孝顺父母。"

公子带领留下的八万精锐士兵，击退秦兵，解了邯郸之围，保住了赵国。他令其他将领率军回魏国，而自己和食客则留在赵国。

赵孝成王和平原君商量，要封赠城池给公子，公子听了消息后有点儿得意，准备接受，食客中有人劝谏公子不可以领取，公子立刻警醒。

赵王亲自打扫庭院，迎接公子，要公子由西边阶梯入殿，公子自以身份地位低而从东边阶梯入殿。赵王与公子饮酒到日暮。公子反复对赵王说："我偷取魏王的军令符，在魏我是有罪之身，而对赵也没有任何功劳。"由于公子一直说个不停，使赵王没有机会说出想送城池给公子的事。

不久，公子就和赵国的两个侠士毛公、薛公相处得很好。毛公是个赌徒，薛公是个厨师，公子偷偷溜出自己的住处去拜访他们。这件事被平原君知道了，就对妻子说："你弟弟和赌徒交往不太好吧？"

公子听到后，对平原君说："和平原君交往的人很多，但真正有贤能的却不多。我在大梁时就听说这两个人的才能，来到赵国后还唯恐不能与他们见面。如果觉得和真正的贤士交往是可耻的话，那我也不能再和您交往了。"

平原君马上脱冠致歉，请求无忌不要离开。

经过了这件事，平原君的食客有一半转到公子的门下，并且天下贤士也陆续投入公子门下。

不久，秦国知道无忌留在赵国，乘机起兵攻打魏国。魏王本来就不怨恨公子,于是屡次派遣使者去请公子回魏。公子本人认为有罪于魏,不敢回去,于是下令:如果食客之中有谁协助从魏国来的使者,立刻处死。

毛公和薛公立刻劝诫公子:"公子受到赵国的看重,名满天下,都是因为魏国的关系。现在秦要攻魏,魏有危机,公子不能不管。万一秦国攻下大梁,破坏祖先的宗庙,公子将有何颜面立足于天下呢?"

公子听了这样的分析,立刻驱车赶回救魏。魏王和公子相见,喜极而泣。

公子接受了上将军的帅印,统率军队。各国听说公子统军,都派遣将军和军队前往援助。公子率领魏国士兵在黄河之外击败秦军,乘胜追击,把秦军追到函谷关,秦军投降。

后来,秦设计陷害公子,公子失去将军职位,不久郁悒而死。公子死后,秦派兵攻打魏国,攻陷大梁。

## 燕太子丹

燕国太子丹在秦国做人质,秦王无礼地对待他。太子丹心中很不高兴,于是向秦王提出请求,想回到燕国。秦王不答应,荒谬地说,只有乌鸦的脑袋变成白色,马的头上长出角,才能准许太子丹回到燕国。太子丹仰天叹息,果然,乌鸦的脑袋变成白色了,马的头上长角了。秦王没有办法,只好打发太子丹回燕。秦王在桥上设置机关,想陷害太子丹。当太子丹过桥时,桥上的机关没有启动。夜里,太子丹抵达关门,关门紧闭,他学鸡叫,其他的鸡都跟着鸣叫。于是,守关人以为天亮了,打开关门,太子丹趁机逃离秦国。

回到燕国后,太子丹非常恨秦国,想寻找报复秦国的方法。供养了很多勇士,没有服务不到的地方。太子丹给他的老师鞠武写信谈道:"我没有才能,生在荒僻的国家里,长在贫瘠的土地上。未曾有机会领受能人的教导、有识之士的治国良策。然而,我想向您谈一下粗浅的看法,敬请老师览阅。我曾听说,男子汉感到耻辱的,是生在世上被人侮辱;贞洁女子感到羞愧的,是被劫持而贞操受到损害。所以才有不怕杀头,不惧鼎镬酷刑的人。这难道是他们愿意死而不想活吗?是他们心中的信仰才使他们这样做。现在,秦王违反了天理常情,行为如同虎狼一样,在诸侯之中,他是对待我最无礼的人。我每次想到这些,都恨入骨髓。我盘算燕国的兵力,比不上秦国,长期这样空对付,我国实力当然不足。我想罗致天下的勇士,国内的英雄,豁出我国所有的资藏,奉养他们。用重金密语收买秦国,秦国贪恋我们的贿赂,并且相信我们的话,那么,我们凭借一把剑的力量,就能抵得上秦国百万军队。顷刻之间,可以洗刷掉我万世的耻辱。如果不这样做,我就活着没有面目见天下人,死也含恨于九泉。能让诸侯消除遗恨的,在易水之北,不知道谁行?这个事也是你们大夫的耻辱吧。我给你写这封信,希望你仔细考虑这件事。"

鞠武回信说:"我听说,只图心情愉快的人,他的行为会不得当;只求心里高兴的人,他的品性会被破坏。现在太子您想洗刷掉郁怒的耻辱,消除长期的怨恨,这实在是为臣应当冒死去做的事。但我认为聪明人不凭侥幸取得成功;明白人不草率任性而求得心顺。事情一定会成功才能做,自身必然安全才能行动。所以,做起事来才没有举措失误的祸患,也不会有行动失败的羞愧。太子您重视匹夫之勇,相信一剑之托,而想获得成功,我认为欠妥。我希望与楚国采用合纵之计,联合赵国的势力,与韩魏施行连横之策,然后谋取秦国,秦国定会被攻破。况且韩魏和秦国的关系,表面上亲密,实际很疏远,如有人提议对秦国发兵，楚国就会响应，韩魏一定跟从，那么击败秦国的形势就会出现。现在太子听从我的计策，您的耻辱一定会被洗刷掉，我的负担也得以解脱。太子仔细考虑吧。"

太子丹读完鞠武的信，心里很不高兴，召见鞠武询问此事。鞠武说："我认为太子按我说的去做，那么，易水之北，永远不会有秦国侵扰的祸患，周围诸侯一定有求于我们。"太子丹说："这么做需要的时日漫长，我的心已不能等待。"鞠武说："我为太子定的计划很周密，对付秦国，快攻不如慢取，就像走不如坐一样。现在我们联合楚赵，与韩魏结盟，虽然时日漫长，但谋取秦国的事一定成功。我认为这样做为好。"太子丹坚决不听。鞠武说："我不能为太子献出好的策略了。我知道一个叫田光的人。沉着冷静，很有谋略。希望叫他来见见您。"太子说："好。"

田光觐见太子丹，为表示敬重，太子丹退到台阶的一侧欢迎田光。欢迎完又行拜礼，坐稳了以后，太子丹对田光说："我的老师（鞠武）不因此地荒蛮，我又没有才能，让您惠临这寒碜的城市。现在，燕国地处荒僻的北疆，和未开化的地域一样，先生并没有因来这儿而感到羞耻。使我有机会侍候在您的身旁，亲眼看到您英俊的相貌，这实在是天上神灵保佑燕国，叫先生辱身屈临此地。"田光说："从结发立身的成年到现在，只是仰慕太子高尚的品行，赞赏您美好的名声，太子有什么要赐教吗？"太子跪倒用膝盖行，涕泪横流，说："我曾在秦国做人质，秦王用粗暴无礼态度对待我，为此事我日夜心如火焚，想找办法报复秦国。论军队则秦国比我们多，论实力强否，则燕比敌人弱。想采用合纵之策，心里又不能等，常常吃不好饭，睡不好觉。假使让燕秦两国同时灭亡，那也是死灰重新燃

烧，白骨得以再生了。希望先生为我谋划这件事。"田光说："这是国家大事，请给我时间考虑。"

太子丹安排田光住在上等宾馆，一日三餐，太子亲自送去，慰问不断。这样的日子过了三个月，田光始终不谈论国事，太子感到奇怪，便到田光的住舍，屏退左右的侍从，向田光询问："既然先生对我深表同情，答应为我提出良策，我愿侧耳恭听。如今已经三个月了，先生有什么想法呢？"田光说："为了太子，我本来就应竭尽全力，我知道，好马在盛壮之时，身轻力强，一日可奔驰千里，等到衰老时，就不能走多少道了。太子知道我时，我已年老力衰，想为您献出良策，但您已不能用，想鼓起全身的筋力，而我又不能行。然而我暗地观察了太子手下的食客，没有可利用的人。夏扶是血气方刚之人，发怒时脸涨得通红；宋意是脉勇之人，怒气上来，面色铁青；武阳是骨勇之人，愤怒起来，面色泛白。我所知道的有一个叫荆轲的，是神勇之人，发怒时面不改色。他博闻强记，身体强壮，性情刚烈，不注意微小的礼节。想成就大的功名，经常住家在卫国，解脱贤明大夫的危急，有十多个人。其他人都平庸无能。太子要成大事，只有荆轲能胜任。"太子听后，离开自己的席位，再次跪拜，说："如果借先生的光，有机会结交荆轲，那么燕国社稷，能长久不灭，只希望先生成全这个功业。"

田光于是前往，太子丹亲自送行。临行前太子握住田光的手说："这是国家大事，希望您不要泄露机密。"田光笑着说："好。"

田光见到了荆轲，说："我没顾自己鄙陋无能，把您推荐给太子。燕太子真是世上的正人啊！一心希望结交于您，希望您不要迟疑。"荆轲说："我有下等志向，常认为只要情意相投，献出全部身心

也在所不惜;如果感情合不来,我一毛不拔,什么也不给予。现在先生想让我结交太子,我尊重您的意见。"田光对荆轲说:"士人不被人怀疑,太子送我来的时候,告诫我:'这是国家大事,不要泄露机密。'这是不相信我,生在世上,被人怀疑,我感到很羞愧。"于是当着荆轲的面,吞掉舌头自杀。荆轲前往燕国。

荆轲抵达燕国,太子丹亲自驾车,空出左边的座位,荆轲拉着车索也不推让就上去了。等太子到住所坐定以后,屋里的宾客已经满座。荆轲说道:"田光颂扬太子仁义友爱的品格,夸奖太子的旷世才能,品行高得顶天,美名灌满了人耳。我离开卫国首都,望着通向燕国的道路,历尽坎坷亦不觉劳累,旅途漫长也不觉遥远。现在,太子以老朋友的礼仪招待我,用对新朋友的敬意欢迎我,所以我不再推让,因为士人是信任知己的呀!"太子说:"田先生身体很好吧?"荆轲答道:"田光临走送我的时候,说太子曾告诫他不要泄露国事,他认为男子汉活在世上不被信任,是很可耻的。当着我的面,吞掉舌头死去了。"太子听后,大惊失色,眼里含泪,抽泣不止,说道:"我告诫田先生不要泄露国事,哪里是怀疑他啊?如今先生自杀身死,也叫我被世人唾弃啊!"太子丹怅惘茫然好久也不快活,昏昏沉沉地设宴请荆轲喝酒。

酒喝到兴头的时候,太子起身向荆轲祝酒。夏扶上前说:"听人说士在乡曲里不出名,不值得与他谈论作为,马没有驾车的本事,也不能称它是好马。现在您远道而来,将用什么帮助太子呢?我想略略知道一些。"荆轲说:"士人有超世的作为,不必强求乡曲的赞誉,马有日行千里的本事,何必要去驾车?过去吕尚在渭水河畔为屠或垂钓的时候,是天底下地位最低的人,遇到文王得以提拔,成了周朝的军师;好马驾上盐车,在劣马之

下,得到伯乐的识相,就有日行千里的功绩。像吕尚这样,在乡曲里没有声望,而后成就了大事;千里马服役于车舆之下不如劣马,而后却成了好马。"夏扶又问荆轲:"您将怎样辅教太子?"荆轲说:"将使燕国继承召公奭的遗迹,普施惠政之恩于民众。往远的说,要取得如同三王那样的成就,往近的说,也要建立与五霸并列那样的功业,这样做比您如何呢?"满座的宾客都称好,饮酒完毕,荆轲也没有醉倒。太子丹心里非常高兴,自认为得到荆轲,燕国会永不受秦侵扰的忧患了。

后来几日,太子同荆轲到东宫,站在池水边观赏景致。荆轲捡起瓦块打池里的乌龟,太子叫人捧来一盘黄金,荆轲就用黄金往水里投,用尽了,再送上来一盘。荆轲不投了说:"不是为太子爱惜黄金,而是胳膊甩得酸痛罢了。"后来,荆轲和太子丹同乘一匹千里马,荆轲说:"听说千里马的肝脏味道很美。"太子丹立刻杀死了马,取出马肝送给荆轲吃。过了不久,樊于期将军得罪了秦王,秦王追捕非常紧。于是樊于期投奔燕太子,太子在华阳之台为他摆酒设宴。喝酒的过程中,太子叫来一个擅长弹琴的美女。荆轲说:"这个弹琴的人手很漂亮。"太子即刻把这个美女赏给荆轲。荆轲说:"我只是喜欢她的手罢了。"太子马上砍断了那个美女的手,用玉盘盛上,捧给荆轲。太子经常和荆轲同桌吃饭,同床睡觉。后来,荆轲随便地问太子:"我在您的身边,到现在已经三年了,太子待我非常好。您送我的金击打池里的乌龟,取千里马的肝脏,并砍断美女的手,用玉盘盛上送给我。一般平庸的人,尚且乐意使出小小的本事,以效犬马之劳。如今我在您身旁陪伴,了解壮士的气节。人死有的重于泰山,有的轻于鸿毛。所以,我想问您,我能派上什么用场呢?敬请太子相

告。"太子用剑斩断了衣袖,严肃地说:"我曾住留秦国,秦王无礼地对待我,和他同在世上活着,我认为是个耻辱。如今您不认为我没有才能,屈身忍辱来到这个小国。现在,我以国家来求能人,不知有什么见解?"荆轲说:"现在天下的强国,没有强过秦国的。太子的力量不能威服诸侯,诸侯也不肯为您所用。太子率领燕国的军队抵挡秦兵,就像羊追狼,狼捕虎一样。"太子说:"我的忧虑这么长时间也定不出什么对策。"荆轲说:"樊于期得罪了秦国,秦王急于抓住他,另外,督亢这个地方,秦国已垂涎很久了。现在,我们能得到樊于期的脑袋和督亢的地图,那么破秦之事就会成功。"太子说:"如果对秦王进行报复的计划能成功,把整个燕国都献给他,我也甘心啊!只是樊将军因为身处困境才投奔了我,而我要是出卖了他,于心不忍哪。"荆轲默默不语。又过了五个月,太子丹害怕荆轲反悔,去见荆轲说:"现在秦国已攻破了赵国,军队逼近燕国的边境,形势紧迫。虽然想采用您的计策,但怎么施行呢?现在先打发武阳前往,怎么样?"荆轲怒斥太子说:"太子为什么派遣那去而不能返回的没有出息的家伙!我没有走的原因,只是等待我的客人而已。"

荆轲暗中求见樊于期,对他说:"听说将军得罪了秦国,父母妻子孩子都被烧死,秦王抢夺了您万户人家的封地、金千斤,对这件事,我为将军深感到痛心。现在我有一句话,能洗刷掉您的耻辱,也能消除燕国的耻辱,将军有这个想法没有?"樊于期说道:"我常常想这件事,日夜忧伤吞泪,只是想不出报仇的办法,敬请您相告,我愿听命于您。"荆轲说:"现在我希望用您的脑袋和燕国督亢地图进献秦国,秦王必然欢喜,他高兴了就一定见我,我乘机左手抓住他的衣袖,右手直刺他的胸膛。数落他背弃燕国的罪过,

以您的仇恨为据痛斥他。燕国受欺凌的耻辱得以昭雪,将军的深仇大恨也可消除了。"于期站起身,用另一只手握住手腕,说:"这是我日夜盼望的,现在听命了。"于是自刎而死,他的头坠到背后,两眼没有合上。

太子听说樊于期自杀,亲自驾车飞奔而来,趴在樊于期的尸体上痛哭,悲伤至极。很久也想不出挽回的办法,于是把樊于期的脑袋装在盒子里封好,和燕国的督亢地图放在一起,准备献给秦国。派武阳陪同荆轲一起入秦,没选日子他们就出发了。

太子和他手下的谋士都身穿丧服为他们送行。到达易水旁边。荆轲站起祷告,唱道:"风萧萧啊,易水冷寒,壮士一走啊,不再回还。"高渐离击筑,宋意唱和他。唱到音高声壮时,人们都怒发冲冠。唱到声音低沉时,人们都流泪饮泣。荆轲、武阳两人一齐上车走了,始终连头也不回。

二人经过夏扶时,夏扶在前面拦住车子,刎颈自杀为他们送行。途经阳翟,荆轲买肉争论轻重,屠夫侮辱了他,武阳想打屠夫,荆轲阻止了武阳。

向西行进入秦国境内,抵达咸阳。秦国掌管王族版籍的官员蒙白说:"燕国太子丹畏惧大王的威名,现在献出樊于期的脑袋,督亢地图,希望做北部蕃国臣民。"秦王很高兴,百官在旁边的座位陪驾,几百个执戟卫士护驾,秦王召见燕国的使节。荆轲捧着樊于期的脑袋,武阳捧着地图。钟鼓齐鸣,群臣都高呼万岁。武阳非常慌恐,两只脚不能挪动,面如死灰,秦王感到很奇怪。荆轲回头看武阳,上前谢罪说:"北方荒僻地区鄙陋无能之人,从来没见过陛下,希望大王略略宽容他一下,让他能够在您面前完成使命。"秦王说:"你起来,把督亢地图送上来。"秦王展开地图,地图翻完,短剑就露出

来。荆轲左手抓住秦王的衣袖，右手握剑直刺秦王的胸膛，数落秦王说："你背弃燕国已经很久了，你掠夺四海，贪得无厌。于期没有罪过，你却杀了他全家，我要为天下人报仇。现在，燕王的母亲病了，给我的时间紧迫，按我的计划办就让你活，不按我的计划办就让你死。"秦王说："今天的事，我按你的计划去办吧！我请求听听琴声再死。"叫来美人弹琴，奏出琴声："罗縠縠做的单衣，可以扯开扯裂；八尺高的屏风，可以跳起跨越；辘轳宝剑，可从背后拔出来。"荆轲不能领会琴音，秦王依琴声而做，把背在后面的剑拔了出来，并且割断袖子，越过屏风就跑，荆轲拔出短剑向秦王掷去，短剑穿下了秦王的耳朵，刺入铜柱迸出火花。然而秦王转身扑向荆轲，砍断了他的双手，荆轲于是背靠铜柱大笑，两腿张开，蹲坐在地上，痛骂秦王道："我犯了麻痹大意的错误，被你这家伙骗了，燕王的仇没报，我的任务没完成啊！"

## 平原君赵胜

### 武灵之子　招贤纳士

平原君赵胜是赵武灵王的儿子。

赵国从周考王三年（公元前 438 年）韩、赵、魏"三家分晋"建国，建都晋阳（今山西太原东南）。前 386 年迁都邯郸（今河北邯郸）。疆域有今山西中部、陕西东北角、河北西南部。赵武灵王赵雍是战国时期一位大有作为的国君。史载赵武灵王身长八尺八寸，广鬓虬髯，面黑有光，气雄万夫。从周显王四十四年（前 325 年）即位后，立志富国强兵。为了适应耕战需要，摈弃中原人的广袍大袖，带头穿窄袖的胡人服装，废车骑马，提倡骑射，一时赵国风俗大变，竟言骑射，军队战斗力大增。随后，武灵王亲率赵军南征北战，使赵国版图西极云中，北至雁门，拓地数百里，成为"战国七雄"之一，令天下诸侯为之侧目。即位第五年，武

灵王娶韩女为夫人，生一子，取名赵章，立为太子。一天晚上，他梦见一位绝色美人弹琴，醒来不胜爱慕。次日，向群臣言夜梦之事。大夫胡广言其女孟姚善于弹琴，武灵王于大陵之台（在今山西文水）召见孟姚，见其风华绝代，宛如梦中所见，便命孟姚弹琴。只见孟姚玉指一动，琴声美妙不可言，武灵王大悦，立即纳于宫中，宠冠后宫，呼为"吴娃"。次年吴娃生下一子，取名赵何。武灵王迷于吴娃美色，竟数年不出宫。后来，韩后病死，为讨吴娃欢心，立吴娃为王后。又废掉太子章，立赵何为太子。

周赧王十七年（公元前 298 年）五月，武灵王命群臣大朝于东宫，传位于太子何，是为赵惠文王。封长子赵章于代，号安阳君。武灵王自号"主父"，如同后世的太上皇，令惠文王掌国政，自己专心于开疆拓土，使赵国版图不断扩大。周赧王二十年（公元前 295 年），武灵王与齐、燕联合攻灭中山，三分其地。回到邯郸，论功行赏，赐百姓饮酒狂欢五日。这一日，群臣毕集朝贺，武灵王使惠文王坐于王位，自己坐于其旁，观群臣行礼。他见惠文王年纪轻轻，头戴主冠，身穿龙袍，端坐于王座之上。而长子赵章，凛凛一驱，魁然丈夫，已到盛年，反北面拜伏于地，不免有动于心。此前一年，吴娃已死，没有了吴娃的迷惑，武灵王深觉对不起长子，今天看到这个场面，他想应该给长子一些补偿。散朝后，他见公子赵胜在身边，便对赵胜说道："你注意安阳君的表情了吗？虽然随着众人一起行礼，却面有不甘之色。我打算把赵国的国土一分为二，使赵章为代王，与赵国并列，你以为如何？"赵胜道："父王昔日废掉赵章，改立赵何，已经错了一回；现在君臣之分已定，又要分割国土，再生事端，搞不好会有内乱，不可再错了。"武灵王认为赵胜之言在理，打消了这一念头。

此后不久，武灵王与惠文王同游沙丘（在今河北平乡东北），安阳君随行。沙丘有鹿台，为商纣王所筑，有离宫两所，相居五里，武灵王与惠文王各居其一，安阳君居于中间的驿馆。这时，安阳君的亲信田不礼向安阳君献计道："大王出游在外，兵马不多。如果假传主父的命令叫大王会面，大王一定会来。主公在中途设下埋伏杀掉大王，再奉主父安抚其部众，大事一定成功。"安阳君一听大喜："此计极妙！"便命一心腹太监伪装成武灵王的使者，夜间到惠文王的离宫告诉惠文王："晚饭之后，主父突然生病，要见大王，请大王快去！"惠文王的相国名叫肥义，以足智多谋著称，对惠文王忠心耿耿，听使者说完，内心便反复思量，对惠文王说道："主父身体素来健壮，此事极为可疑！肥义准备一人先去，如平安无事，大王随后再来。"又嘱咐禁军将领："诸位请坚守宫门，不得轻易开门，如有违犯，唯你们是问！"

肥义与数骑随使者出发，到中途，伏兵以为是惠文王，群起杀之。随后收兵攻惠文王离宫，因禁军早有准备，久攻不下。在邯郸的公子成、大臣李兑因担心惠文王出游中出意外，引兵前来护驾，恰遇安阳君围攻惠文王，一举将其杀败。安阳君走投无路，便去向武灵王请求庇护。公子成、李兑杀了田不礼，一直追到武灵王离宫，武灵王将安阳君藏到复壁中，佯装不知，令他们搜查，他们从复壁中搜出了安阳君，李兑一气之下拔剑杀掉了他。他们害怕武灵王加罪，担心将有灭族之祸，索性假传惠文王之命道："在宫人等，先出者免罪；后出者以贼党论，灭其全族！"从官、妃嫔、宫女争先恐后逃出，只剩下武灵王一人。武灵王叫人，空无一人，欲出宫，却见宫门紧闭。武灵王在宫中饿了数日，百般无奈，从宫中树上雀巢里取鸟蛋生吃，等鸟蛋吃完，

再没有可吃的东西了，最后终于被饿死，可怜一代英主竟落得如此下场。

武灵王死后，宫外人并不知，李兑等仍不敢入内。一直等过了三个月，方才开门入宫，只见武灵王尸身早已枯瘪。公子成奉惠文王到离宫视殓发丧，葬于代地。回到邯郸，惠文王封公子成为相国，李兑为司寇。不久，公子成病死，惠文王鉴于公子胜曾阻止武灵王封安阳君为代主，用为相国，封东武城（在今山东武城）给公子胜，号平原君。

平原君久慕齐国孟尝君之为人，礼贤下士，招待宾客。他出任相国后，更大力招贤纳士，来投者不问才能大小，一概收留，供给衣食。天下士人闻知，争先恐后来投，平原君门客多达数千人。

平原君性爱美人，府中筑画楼，供美人居住。画楼俯临民家。民家主人为跛子，每天早晨蹒跚汲水，美人于楼上见状，大笑不止，使跛子十分难堪。不久，跛子求见平原君，说道："闻公子好士，士人不远千里集于公子门下，臣不幸跛足，不便行走，君之美人见而笑臣。臣不甘受妇人之辱，愿得笑臣者之头！"平原君听罢道："先生之言极是！"跛子告辞。跛子一走，平原君大笑道："这个人真是太蠢了！美人不过笑了笑，竟然要我美人的头，岂有此理！"这件事就这样过去了。

平原君有个习惯，每年年底核定门客人数，预备钱谷供应。到这一年底核定时，发现门客减少大半。平原君大感诧异，传命鸣钟召门客聚会，问道："赵胜诚心待诸君，毕恭毕敬，不敢失礼，今纷纷不辞而别，此乃何故？"有一人出来说道："君不杀笑躄之美人，众人失望，以君重色而贱士，因此散去！"平原君闻言汗下，对众人道："这是我的过错！"立即拔佩剑授属下，杀楼上之美人，亲持其首级，上跛子家登门请罪，跛子大喜。众门客皆称颂平原君贤明，离去的门客去而

复归，又恢复了旧时的盛况。邯郸人有民谣道：

食我饱，衣我温，
息其馆，游其门。
齐孟尝，赵平原，
佳公子，贤主人。

于是，平原君之名盛传于列国间，与齐国的孟尝君、魏国的信陵君、楚国的春申君并称"四公子"。信陵君因仰慕平原君之为人，由孟尝君为媒，嫁胞姐为平原君夫人。三人同声相应，同气相求。

### 舍己为国　冒险入秦

平原君担任赵国相国以后，因其贤能之名满天下，很受赵惠文王倚重、臣民拥护。这时的赵国，除平原君外，文有蔺相如，武有廉颇，诸侯不敢对赵国轻启战端，国家强盛安定，平原君与门客投壶、饮酒，研讨天下大势，过着很快乐的生活。但到周赧王四十四年（公元前 271 年），发生了一件令平原君大失体面的事情，府中管家等九人因抗交租税被田部（田部，相当于后世的户部，负责收纳租税等项事务）官员赵奢杀死。平原君闻报大怒，以自己功在国家，因不交租税而府中九人被杀，怒火冲天，下令抓来赵奢，欲杀赵奢为管家等九人复仇，挽回面子。不料这赵奢乃一铮铮铁汉，闻言面不改色，侃侃而言道："赵奢死不足惜，不免为公子叹息！公子本为赵国贵公子，又是相国，竟然骄纵府中人等不守国法，必然导致法律削弱，法律削弱则导致国势衰弱，国势衰弱便会导致诸侯入侵，诸侯入侵赵国就会灭亡。如果赵国亡国，公子如何保此富贵？以公子的身份，如果带头奉公守法，一定会使赵国上下公平，上下公平则国力增强，国力增强则赵氏的地位更加巩固，公子身为贵戚，难道还愁没有富贵吗？公子为什么如此轻视国家而看重小家呢？"平原君听罢赵奢的一番话，真如茅塞顿开，连忙向赵奢施礼

道："赵胜感谢先生赐教！"

平原君因赵奢有胆有识，长于谋划，不畏权贵，荐于惠文王道："赵奢胆识过人，才堪大用。"惠文王命赵奢掌管全国田赋。赵奢铁面无私，令平原君折服，群臣莫不敬畏。一年之后，国库充实，百姓富足。后来，赵奢成为屡败秦军的赵国名将，被封为马服君，这是平原君对赵国的一大贡献。

到周赧王四十九年（公元前 266 年），惠文王病死，太子丹继位，是为赵孝成王，以虞卿为相国，平原君去职。这时，因魏国相国魏齐得罪秦国丞相范雎，秦国兴兵攻魏索要魏齐，魏齐到邯郸投靠平原君避难。秦国为索要魏齐，又兴兵伐赵，连下三城。原来，魏齐是范雎的仇人。范雎本是魏国人，足智多谋，长于口辩，曾为魏国中大夫须贾门客，随须贾出使齐国，因辩才受到齐襄王器重，想请其留在齐国，被范雎谢绝。齐王重其为人，而私赠他金银和牛肉、美酒，又被他辞掉金银，只留下牛肉、美酒。须贾怀疑范雎私通齐国，回国后报告给相国魏齐。魏齐疑心更重，严刑烤问，逼他坦白私通齐国之罪，打得范雎肋断齿折，昏死过去。魏齐让属下把他扔进厕所，让宾客往他身上小便。深夜，范雎苏醒过来，买通看守，背他回家。第二天，投奔好友郑安平养伤，而让家人举丧。养好伤后，经化装随来魏的秦国使者入秦，以"远交近攻"之计说动秦昭襄王，被拜为丞相，封为应侯，极受倚重。秦王为报答范雎，兴兵伐魏，要魏王礼送范雎家眷入秦，并杀魏齐之头献上。魏齐闻讯，逃离魏国，到邯郸投靠平原君寻求庇护。于是，秦王又下令攻赵。

秦王一面攻赵，一面派使者去见平原君，说道："秦国攻赵，只为索要魏齐，若能献出魏齐，当即退兵。"平原君佯装不知，答道："魏齐不在我家，大王不要误

听人言。"使者三次找平原君，平原君终不肯认。秦王无奈，致书赵王：

寡人与大王，亲如兄弟。寡人听人们说魏齐躲在平原君府中，因此兴兵索要。如果不是这样，秦兵岂敢进入赵国国界？现将攻下的三座城池奉还赵国，以解除误会。寡人希望修复旧好，往来不断。

秦王回至函谷关，又派使者致书与平原君：

寡人一向倾慕公子高风亮节，愿与公子结为布衣之交，请公子来秦，与寡人作十日畅饮。

平原君拿着秦王书信来见孝成王，相国虞卿怕平原君重蹈楚怀王、孟尝君覆辙，不愿平原君入秦。赵王及老将廉颇怕引起秦王疑心，赵王便命平原君随秦使赴秦。平原君明知入秦凶多吉少，但为了赵国的利益、赵王的重托，毅然率宾客西行。

到了咸阳，秦王一见，相待如老友，日日设宴相待。盘桓数日，一次酒酣耳热之后，秦王举杯道："寡人有请于君，君如答应，请饮此杯！"

平原君道："大王有令，赵胜怎敢不从？"于是一饮而尽。

秦王接着道："从前周文王得吕尚以为太公，齐桓公得管仲以为仲父。应侯便是寡人的太公、仲父啊！应侯的仇人魏齐藏于君家，君可命人归取其头，以泄应侯之恨，寡人也感谢公子的帮助！"

平原君道："臣听说'富贵时结交朋友是为了贫贱之时；富足时结交朋友是为了贫穷之时。'魏齐是臣的朋友，假如真在我府中，我也不忍把他献出来，何况他本来就不在我府中！"

这时，秦王不觉凶相毕露："公子若不献出魏齐，寡人便不放公子出关！"

平原君仍不为所动："放不放臣，全在大王。大王以饮酒为名召臣入秦，竟以暴力扣留，是非曲折，天下自有公论。"

见平原君不为所动，秦王下令软禁平原君于馆舍，再次派使者致书赵王：

大王之叔平原君在秦，应侯之仇人魏齐在平原君府中，魏齐首级早晨到秦，平原君晚上即可返赵。如若不然，寡人将举兵伐赵，亲讨魏齐，而不放平原君回国。惟请大王三思！

孝成王得书，对大臣道："寡人岂能以他国之亡臣，失镇国之公子？"下令包围平原君府，索取魏齐。平原君宾客怕败坏平原君声名，夜间放魏齐逃走，魏齐往投相国虞卿。虞卿为人特重义气，见赵王惧秦，极感失望，解相印，与魏齐变换衣服，投奔魏国信陵君公子无忌。

到了大梁信陵君府，虞卿以名刺命门人入报，这时信陵君正在沐浴，命门人问明来意。信陵君也担心为魏国招来战祸，一时犹豫不决。虞卿、魏齐久闻信陵君慷慨丈夫，又是平原君至亲，闻报必会立即出迎。可等了许久却仍不见信陵君踪影，大失所望。虞卿欲陪魏齐往投楚国。这时，魏齐言道："因为我的愚蠢鲁莽，得罪了范雎。一累平原君入秦不返，再累虞兄捐弃相位，而入楚安危也不可知，生有何趣？"竟拔剑自刎而死。等信陵君赶来，魏齐早已气绝，信陵君悔恨不已，将魏齐殡殓。虞卿感慨世情，决意不再为官。

赵王不得魏齐，又走了相国虞卿，派飞骑四出追捕。到大梁郊外，得知魏齐已死，便向信陵君索要魏齐人头，信陵君不忍，使者道："平原君与公子，本为一体，岂能以无知之骨，而使平原君长为秦国俘虏吗？"信陵君不得已，乃命赵使取魏齐首级，而葬魏齐尸身于大梁郊外。

赵王命将魏齐首级以匣盛之，星夜送至咸阳，秦王赐与范雎。范雎命漆魏齐之头为溺器，说道："你让宾客向我小便，我让你九泉之下，常含我尿。"

次日，秦王礼送平原君归赵，平原君转危为安。回到邯郸，孝成王以平原君为相国，代虞卿之位。一时间，平原君重义好贤之名，如日中天。

### 利令智昏　兵败长平

此后，秦国国力愈强。周赧王五十三年（公元前262年），秦昭襄王命大将王龁率军伐韩，从渭水运粮至河洛，供应军需。王龁率军攻克韩之野王城（今河南沁阳），使韩国上党（今山西长治、潞城）与本土隔绝，成为"孤岛"，失陷已不可避免。上党太守冯亭鉴于上党与赵国为邻，与部下商议道："秦国占据野王，上党已成孤岛。与其降秦，不如降赵。秦恨赵人坐收其利，必兴兵攻赵，赵国受攻，必亲韩，韩、赵同力，可以御秦。"部下均表赞成。于是，冯亭派人持书信及上党地图，求见赵王。

孝成王拆阅书信，见上面写道：

秦攻韩甚急，上党即将并入秦国版图。上党官民不愿受秦人统治，愿意归顺大王。臣不敢违反众人意志，谨将上党之地十五城再拜献于大王。衷心希望大王屈尊收下。

赵王阅书大喜，准备受降。大夫赵禹进谏道："臣听说无故之利，实是祸殃，大王千万不要接受。"平阳君赵豹道："秦蚕食韩地，攻克野王，绝上党之道，自以为掌中之物。一旦为赵所有，秦必不甘心，势必攻赵。"赵王犹豫，召平原君商议。平原君闻听不费吹灰之力得到十五座城池，喜出望外，对赵王言道："发百万之众攻人之国，逾年历岁，未得一城。今不费寸兵斗粮，一次得到十五城，利益莫大，机不可失！"赵王道："公子此言，正合寡人之意！"于是，命平原君率兵五万，前往上党受降。赵王封冯亭为华陵君，邑三万户，仍为上党太守。县令十五人，各封以三千户，世袭侯爵。临别，冯亭道："上党之所以归赵，以己力不能独抗秦

国。望公子奏闻大王，大发士卒，急遣名将，准备御秦之计。"

平原君回到邯郸，赵王大宴群臣，庆贺上党归附。

秦王闻上党降赵，大怒道："寡人耕耘，赵王收获，岂有此理！"命王龁进围上党。冯亭坚守两个月，赵国援兵不至。因寡不敌众，放弃上党，率军民逃往邯郸。这时，赵王拜廉颇为上将，率赵军二十万来援上党。至长平关（今山西高平西），恰遇冯亭，方知上党已失，秦兵日益逼近。廉颇下令列营筑垒，东西各数十，如列星之状。另分兵一万，使冯亭守光狼城（今山西高平南）。鉴于秦兵势强，廉颇下令坚守勿战，掘地数丈，注入上水，以利坚守。

王龁久攻不克，遣使报告秦王。秦王召范雎商议。范雎献离间之计，秦王派人到邯郸，散布流言道："廉颇年老怯懦，不久将投降秦人。秦人只怕马服君赵奢，听说其子勇过其父，若使为将，将战无不胜。"赵王听信流言，果然拜只会纸上谈兵的赵奢之子赵括为将军，增兵二十万，替代廉颇。

听说赵括做了将军，赵括的母亲急忙上书赵王说："赵括只知读诵兵书，却不知变通，不是大将之才，希望大王不要任他为将。"于是赵王召见赵括之母，听她细说意见。赵母说道："我丈夫做将军时受到的赏赐全部分给部众；受命之日，即宿于军中，与士卒同甘共苦，不问及家事；有了情况，事事向大家请教，丝毫不敢自专。现在赵括刚做了将军便趾高气扬，令士卒不敢仰视；他得到的赐物全部带回家中，这样做事岂能做好将军？此外，他父亲临终曾对我说：'赵括如做将军，必使赵军失败！'臣妾谨记此言，请大王另选良将，千万不可任用赵括！"不料赵王说："寡人之意已决，不必再劝！"赵母又道："倘若赵括兵败，请不要连坐臣

妾一家。"赵王应允。

赵括到了长平关，廉颇验过兵符，便将军队交给赵括，急急赶回邯郸去了。赵括全盘推翻廉颇的部署。为求速胜，急于求战。秦王知廉颇回国，秘密起用名将武安君白起为上将，王龁为副将，大力攻赵。白起到了长平，命将军王贲、王陵率部与赵括交战，只许败，不许胜。接战后，王贲、王陵佯装战败，赵括亲率大军追击，遭到伏击被秦军包围。秦王知赵军被围，发国中十五岁以上壮丁尽数从军，重重包围赵军，长达四十六日。赵军因军中无粮，士兵自相杀食，赵括无力禁止。于是命赵军分四路突围，又被秦军乱箭射回。百般无奈，赵括亲率赵军突围，中箭阵亡，赵军大乱。白起竖起招降旗，不少赵军弃甲投降。白起又命举赵括首级招降，赵军尽皆丧胆，全数投降，共有四十万人。白起怕四十万赵军降而复叛，下令于夜间将赵军尽数活埋，只留下二百四十人放归邯郸，让他们宣扬秦国之威，自率大军向邯郸进发。

闻赵括已死，赵军四十万被坑杀，赵王大惊，群臣莫不战栗。赵国国中父哭子，弟哭兄，妻哭夫，不胜凄凉。赵王向群臣求问阻止秦兵之计，群臣束手无策。平原君回府向宾客问计，宾客也都默然。这时著名辩士苏秦之弟苏代适在平原君门下，自告奋勇，入秦挑动丞相范雎，说白起功大，范雎势将失宠，范雎便劝说秦王召回白起，改任王陵为大将率十万大军围邯郸。赵国军民知秦兵凶恶残暴，同仇敌忾，坚守城池。王陵围攻五个月不下。秦王又以王龁代王陵，增兵五万助战。

赵王闻秦王增兵，大惧，遣使赴各诸侯国求救。平原君道："魏王乃我姻亲，感情素厚，其救必至。楚国虽强，但路途遥远，非以合纵说之不可，我必须亲自去。"赵王大喜，以金币车骑交付平原君。

平原君受赵王之命使楚，计划带文武全才的门客二十人出使，但反复挑选，只得十九人。这时，有一位门客自荐道："像臣这样的人，不知是否可以随行？"

平原君问："先生尊姓大名？到我门下已有几年了？"

那人答道："臣姓毛名遂，大梁人，客君门下已三年了。"

平原君笑道："贤士处世，如锥处囊中，锋芒早得显露。今先生处我门下三年，左右未曾称赞，我也未有所闻先生特长。先生还是不必去了吧。"

毛遂道："臣今日请处囊中！使遂早处囊中，必脱颖而出，岂止仅见锋芒！"

平原君见他尚有辩才，便让他一同使楚。其他十九人都鄙视毛遂，冷眼取笑。

到了陈都，平原君先见春申君、相国黄歇，春申君通报于楚考烈王。平原君黎明即入朝，与考烈王细说合纵抗秦之计。毛遂等二十人立于阶下。平原君百般陈说合纵之利，楚王内心畏秦，百般推辞，直到日午，仍迟疑不决。

这时，毛遂挺身而出，按剑上殿，质问平原君道："合纵之利害，两句话就可以说清楚了。今天日出入朝，日中未决，是何缘故？"

楚王怒道："这是何人？"平原君道："此臣宾客毛遂。"

楚王道："寡人与你主公议事，何得多言，还不快快下殿！"

毛遂不退而进，按剑而言道："大王比我强的，只是拥有楚国兵马之众而已。现在十步之内，大王依恃不了楚国之众，大王之命悬于我手。臣闻商汤以七十里之地称王天下，周文王以百里之壤让诸侯臣服，哪里是靠士卒众多哉？今楚国之地方圆五千里，士卒百万，此霸王之基也。以楚国之强，天下莫敢抵当。白起竖子，率数万之众，一战而下鄢郢，再战而烧夷陵，三战而辱大王之先人，此百世之仇也！连赵国都感到羞耻，而大王却不以为耻！合纵是为了楚国，岂止是为了赵国？"

一番话鞭辟入里，说得楚王满面羞惭，连道："是，是，先生之言极是，寡人将以楚国之力，与先生合纵。"

毛遂又问："合纵定下了吗？"

楚王道："定下了。"

毛遂道："取鸡、狗、马血来！"

于是，楚王、平原君、毛遂依次歃血（古人盟会时，以唇涂牲畜之血，表示诚意）为盟。楚王命春申君率兵十万救赵。

数日后，平原君率宾客回到赵国。平原君长叹道："我赵胜相士数百人，自以为不失天下之士，今天竟然疏漏了毛先生。毛先生一到楚国，使赵国重于九鼎。毛先生以三寸之舌，强于百万之师，我不敢再相士了。"于是以毛遂居上客之位，众宾客无不敬服。

### 散财救国　功成不居

平原君回到邯郸后，秦国加紧了对邯郸的进攻，形势日渐危急，邯郸城内人心惶惶。楚国救兵因路途遥远，一时不能到达。而作为近邻的魏国的救兵也迟迟不到。赵王请平原君速想良策。

平原君想赵魏素来亲善，又是姻亲，救赵当不会成问题，便派使者再去催请。其实魏王鉴于魏赵关系非同一般，早已派将军晋鄙率军十万救赵。秦王得知后，派使者见魏王道："赵国马上就要被攻下，诸侯敢于援救赵国的，一旦攻克赵国，将移兵先进攻它。"魏王怕为本国引来战祸，又派使者驰见晋鄙，命晋鄙驻军于邺（今河北临漳西南），名为救赵，实为观望。但魏王又怕伤了魏赵两国交情，感到进退两难。这时，客将军（外国宾客做本国将军称为客将军）新垣衍献策道："秦所以急攻邯郸，事出有因。前此，秦昭襄王与齐湣王争强为帝，后均去帝号复称王。现在齐湣王已死，齐国已衰弱，只有秦国称雄天下，因为没有帝号，于心不甘。如果能说服赵王派使者尊秦王为帝，秦王一定会心满意足而停止进攻，这是以虚名免实祸。"魏王便派新垣衍随赵国使者来到邯郸。

到了邯郸，新垣衍将尊秦为帝之策奏明赵王。赵王与群臣商议，议论纷纷，莫衷一是。平原君方寸已乱，也难以定夺。

这时，齐国的著名侠士鲁仲连正好在邯郸。鲁仲连又称鲁连，聪睿过人，以辩才闻名于天下，不屑仕宦，云游天下，以为人排难解纷为乐。风闻此事鲁连愤愤不平，便来见平原君道："路人都说君将尊秦为帝，有这事吗？"平原君说："这不过是魏国客将军新垣衍出的主意！"鲁连接着说："相国是天下闻名的贤公子，怎么能听信魏国的客人呢？您把我找来，我一定责备他让他回国。"

于是，平原君陪鲁连来见新垣衍。新垣衍一见鲁连神清气爽，飘飘乎有神仙之态，不觉肃然起敬，问道："观先生之气概，不是有求于平原君之人，为何居此围城中而不走呢？"鲁连道："鲁连确实无求于平原君，而有请于将军。"新垣衍问："先生有何请求？"鲁连道："请将军助赵而不要尊秦为帝。"新垣衍又问："先生如何帮助赵国呢？"鲁连道："我将说动燕、魏援助赵国，而齐国、楚国现在就已经在帮助赵国。"新垣衍禁不住笑道："燕国的事我不清楚，先生如何能使魏国帮助赵国呢？"鲁连道："贵国还没有看出秦王称帝的害处，如果看出来，一定会帮助赵国的。"新垣衍问："那害处是什么呢？"鲁连道："秦国一向不讲礼义，以杀敌人首级多少论军功，专靠国力强盛蚕食诸侯土地。他目前是个诸侯国还如此强横，如果被尊称帝，更不知如何欺负其他诸侯国了。我鲁连宁可跳东海而死，也不愿

第一编 先秦野史

做秦国的臣民！此外，秦国若公然称帝，必然会调换各诸侯的大臣，撤换他讨厌的，培植他的亲信，就是将军本人也未必可以保住现在的官职、俸禄。"听完鲁仲连的话，新垣衍如梦方醒，起身拜谢道："先生真不愧为天下闻名的高士！我马上回国，奏告魏王，今后再不敢提尊秦为帝之事。"

新垣衍走后，平原君又派使者至邺下告急于晋鄙，晋鄙仍以王命为辞。平原君于是一面派使者去请求魏王，一面给自己的内弟、信陵君公子无忌写了一封极有分量的书信：

赵胜之所以与公子结为姻亲，就是敬慕公子为人志行高洁，能急人之难。现在邯郸眼看就要被秦国攻破，而魏国的救兵迟迟不到。公子纵然轻视赵胜，赵胜只好投降秦国，难道这是我托付平生的本意吗？现在，令姐因担心邯郸被攻破，茶饭不思，日夜悲泣。公子就是不管赵胜，难道连胞姐也不顾了吗？

信陵君读信后十分惭愧，又去请求魏王分出少量兵力给他救赵，魏王因妒忌信陵君贤名，竟不给一兵一卒。信陵君见魏王不允，为了与平原君的友谊、亲情，准备率宾客救赵，与赵国同归于尽。后来他听从侯生之计，借重如姬，盗取虎符，劫夺晋鄙之兵，来救赵国。

再说秦国得知称帝之议不成，加紧了对邯郸的进攻。邯郸城中盼望救兵，望眼欲穿。这时，邯郸因长期坚守，粮食已尽，武器缺乏，兵、民精疲力竭，出现了易子而食、骸骨为柴的惨景，情形已经非常危险，不少人提出投降之议，赵王、平原君都忧心忡忡。这时，邯郸传舍长的儿子李谈来见平原君，问道："公子担心赵国灭亡吗？"

平原君道："赵国灭亡赵胜就得当俘虏，怎能不担心呢？"

李谈又道："现在，邯郸的老百姓为了守城易子而食，以骨为柴，可谓竭尽全力。可是公子的后宫美人上百，连奴婢都身穿绸缎，吃肉喝酒，而百姓们都衣衫不整，糟糠不厌。因为兵器折断，百姓们只好削树木为武器，而公子府中珍宝古董比比皆是。如果邯郸城被攻破，公子还能保住这些东西吗？如果能守住邯郸，公子还愁缺少这些东西吗？如果公子能令夫人以下编入守城队伍，与将士并肩守城，发散家财犒劳将士，当此危急之时，将士们一定会舍命杀敌守城。"

平原君连忙拜谢道："感谢先生指教！"

于是，平原君把府中粮食、衣服分配给守城的将士，府中男女全部编入守城队伍之中。邯郸将士、百姓见平原君破家救国，顿时士气倍增，全城兵民同仇敌忾，信心百倍，数千人报名参加敢死队，李谈也报名参加。经过挑选，组成三千人的敢死队，任李谈为敢死队队长。一人拼命，百人莫敌。长期攻城的秦军已成强弩之末，当李谈率领的三千赵军敢死队冲来时，秦军望风披靡，被杀死千余人，只好退兵三十里扎寨。李谈重伤而死，平原君亲临哭祭，命厚葬李谈，封其父为李侯。

不久，信陵君率领的魏军、春申君率领的楚军相继赶到，秦军大败，只好撤回。赵国终于避免了一场亡国的惨祸。

为感激信陵君救赵之功，赵王、平原君一同到国境迎接信陵君，平原君亲自为信陵君背负弓箭、引路。

回到邯郸，赵王设宴为信陵君庆功，并准备封五个城给信陵君。信陵君自始至终恭谨有加，备极谦逊，以致赵王难以开口。宴会结束后，赵王请平原君给舍再见信陵君，以鄗（今河北高邑东）为信陵君封地。

为感谢鲁连助赵之功，平原君建议赵王封给鲁连封地，鲁连婉言谢绝。使者回报，平原君命使者再去，鲁连再辞。往复三次，三次谢绝。迫不得已，平原君送千金给鲁连。鲁连道："天下之士，贵在为人排难解纷而无所取。如有所取，便成了商贾之事，鲁连不忍为此！"遂辞平原君，飘然而去。平原君赞叹再三，不胜钦慕。鲁连终生不再与平原君相见。

平原君请来信陵君打败秦军，使赵国由亡国的边缘转危为安，丰功伟绩，有口皆碑。虞卿请赵王增加平原君的封地，满朝文武都认为平原君当之无愧。平原君的好朋友、著名学者公孙龙听说后甚感不妥，连夜来见平原君，问道："我听说虞卿打算就信陵君解救邯郸之事为公子请封，是这样吗？"

平原君道："是的。"

公孙龙又道："这是大大不妥的。大王之所以让公子出任相国，并不是公子的智慧在赵国没人比得上；把东武城封给公子，也不是以公子有功、他人无功，而是因为公子是大王的宗亲。公子受相印不辞智能平庸、受封地不说自己无功，也是自以为身为宗亲。现在如果因信陵君解救邯郸而同意增加封地，那就成了以宗亲接受相印，以普通人要求赏功。所以这件事大大不妥。此外这件事使虞卿左右逢源：事情成功，虞卿可以在公子面前居功；事情不成，公子也要欠他的人情。希望公子千万不要听他的话！"

平原君细思公孙龙之言在理，便谢绝赵王增封之意。此事传开，赵国上下盛赞平原君虚怀若谷，功高不居，确为天下贤公子。

此后，平原君被赵王倚为长城，备受尊宠，在列国间也很受尊敬。他与客居邯郸的信陵君时相往还，以饮宴、围猎为乐。不久，他听说信陵君与隐为赌徒的毛公、隐为卖浆者的薛公关系密切，十分失望，便对夫人说道："从前我听说令弟是天下豪杰，列国公子中无人堪与比肩，

内心十分倾慕。现在令弟天天与赌徒、卖浆者流厮混，看来也是徒有其名！"

夫人很快将平原君的话告诉了信陵君，信陵君一直把平原君引为知己，闻听此事，大失所望，吩咐众宾客收拾行装，准备离开赵国到别的国家居住。平原君闻讯，大吃一惊，连忙向夫人询问原因，夫人道："无忌因为公子不是贤公子，不愿在邯郸再住下去。"接着说道："毛公、薛公是天下闻名的隐士，无忌在魏国时已久闻其名，只不过公子不知道罢了，可公子却把他们当成赌徒、卖浆者流！"

听夫人讲完，平原君满面羞惭，掩面长叹道："身为赵国相国，不知赵国有两大贤人，而信陵君却知道，我和信陵君差得太远了！"随即赶到信陵君府中，免冠顿首，谢失敬之罪。信陵君打消了离开赵国的打算，二人和好如初。

赵孝成王十五年，平原君因病逝世。赵国上下痛惜国失栋梁，赵王为平原君隆重治丧，亲自哭祭。平原君墓在今邯郸东肥乡区东南四十公里处的屯庄村，虽经数千年风雨，依然保存完好，墓碑巍然屹立，上书"平原君赵胜墓"，不时有游客来此凭吊。

平原君死后，子孙相继为平原君，一直到三十年后赵国为秦国灭亡。在战国四公子中，他是晚景最好的一位。

在战国四公子中，平原君才能、见识均属平平，他不杀笑躄之美人，致宾客离散；"利令智昏"，贪受上党之地，激怒秦国，致使赵军四十万士卒被坑杀，赵国几乎亡国。但平原君有两个长处，一是从善如流，乐于听谏；二是忠于国家，不谋私利。所以他知错能改，杀笑躄美人重用赵奢，带毛遂使楚，散家财激励将士，最后终于打退秦军，使赵国转危为安，对赵国的发展做出了一定贡献，不愧是战国时代有作为的"翩翩浊世之佳子"（司马迁语）。

## 春申君黄歇

### 身入虎穴　说动秦王

春申君黄歇是楚国贵族。生年不详，但与平原君、信陵君同时代。自幼好出游交友，以能言善辩、博闻强记驰名于楚国。成年后先做楚顷襄王的左徒，受到顷襄王的器重，做了太傅。顷襄王就是客死于秦国的楚怀王的儿子。

这时，秦国正在崛起。秦昭襄王用魏冉、范雎为相，司马错、白起为将军，以东进为战略，不断蚕食诸侯版图。

周赧王三十六年（公元前279年），秦王以白起为将军，率军向东进攻楚国，攻克鄢（今湖北宜城南）、邓（今河南邓州）等五城。第二年，白起长驱直入，攻破楚国都城郢（今湖北江陵北），秦王置为南郡，楚顷襄王只好东逃到陈（今河南淮阳），迁都于此。白起因战功赫赫被封为武安君。接着，白起又攻取了黔中，秦王置为黔中郡。楚国力不能支，顷襄王百般无奈，命春申君随太子熊完入秦为人质，于是，秦王许和，春申君随太子居于咸阳。

接着，秦王命白起进攻魏国，一直攻进魏都大梁，魏献三城求和。又命白起进攻韩国，韩国也割地求和。秦王对顷襄王十分轻视，见与楚国相邻的魏韩二国都惧怕秦国，决心一不做，二不休，与韩魏联合，彻底灭亡楚国。便命白起为上将军，命韩魏共同出兵，率领三国联军进攻楚国。

在咸阳的黄歇闻听此事，真如晴天霹雳，告知太子熊完，急忙求见秦王，向秦王上书道：

九州之内，没有哪个国家比秦国和楚国更强大，我听说大王准备讨伐楚国，这好比二虎相斗。二虎相斗，劣犬也知利用它们的疲惫。我奉劝大王不如与楚国亲善。请听听为臣的愚见。我听说物极必反，冬天、夏天的交替就是如此；走极端则危险，垒棋子即是如此。现在强大的秦国的地域遍及天下，控制西北两端，这是自古以来，拥有万乘车马的大国从未达到的。楚国三世先王都不忘与齐国接壤，以切断联合抗秦阵线的韩、魏中段。如今大王派盛桥在韩国掌权，盛桥迫使韩国割地给秦国，大王您不动甲兵，不施威势，就得到百里土地，大王可谓能干之极！大王又出兵攻魏，堵住魏国门户，攻下河内，夺取燕、酸枣、虚、桃等地，进入邢丘，魏兵云集而不敢前救，大王可谓战功累累！大王休息军队，两年后再举用兵，又吞并蒲、衍、首、垣等地，兵临仁、平兵、黄、济阳等困城，使魏王屈服。大王又占据濮磨之北，使土地互相联结于齐国和秦国的腰部，切断楚国、赵国的联系中枢，各国三番五次地联合、聚会，终于不敢来救，大王可谓威名无双！现在，大王如果能保守功业威势，收敛继续进攻的雄心，而在国内广施仁义，清除后患，那么，大王的功业绝不止是三代圣王之后的五位霸主之后的第六个！但是大王如果倚仗军队众多，武器精良，乘平毁魏国的兵威，想以武力使天下各国君主都向您俯首称臣，我担心您会引来后患。《诗经》说："常见善始，少见善终。"《易经》说："小狐渡水，尾部浸湿。"这都是指开始容易，结束困难。当年吴国听信越国，联合进攻赵家，围攻晋阳时，胜利已指日可待，韩家、魏家却突然反叛，智伯瑶终于在凿台之下被杀。如今大王嫉恨楚国尚未灭亡，而忘记了楚国灭亡只会使韩国、魏国强大，臣下我认为您的这种做法不可取而为您担忧。楚国是您的援手，其他邻国才是您的敌人。现在大王相信韩国、魏国亲善秦国，这正像当年吴国信任越国。我以为，恐怕韩国、魏国表面上谦语卑辞是为了免除灾祸，而实际上却是想欺骗秦国。为什么呢？因为秦王对于韩、魏两国并无再世的恩德,却有累世的仇怨。韩、魏两国人中,父子兄弟接连死于秦国刀兵之下的,已有十代了。所以,韩、魏只要不灭亡,终究是秦国的隐患。大王却要资助它们一起进攻楚国,这不是个大错误吗?况且,进攻楚国从何处出兵?大王是否准备向世仇韩、魏两国去借道?那样,自秦兵出发之日大王就会天天担忧他们回不来。大王如果不向韩、魏借道,势必只有进攻随水的右边,那里都是高山、大河、山林、深谷,不毛之地,大王徒有征服楚国的名义而没有得到土地的实际利益。而且大王进攻楚国时,四国必然全部起兵响应大王,当秦国、楚国的军队打得难舍难分时,魏王就会趁机出兵进攻留、方与、铚、湖陵、砀、萧、相等地,宋国的旧地将尽入其手。齐国人也会向南攻楚,必然夺取泗上,这些都是四通八达的平原,肥沃膏腴之地。那样的话,普天之下将是齐国、魏国最强大。为大王考虑,不如与楚国结好。秦、楚联合进攻韩国,韩国必然束手无策,屈服称臣,大王控制华山以东的险要,占有九曲黄河的利益,韩国在关内只能算是个小侯国。这时,大王再派十万大兵驻守韩国首都新郑,足使魏王胆战心惊。许、鄢陵两城被困后,上蔡、召陵也将与魏都大梁无法来往。那时,魏国也降到关内小侯国的地位上。大王一施行与楚国亲善的政策便能控制关内两个拥有万乘兵车的大国,土地伸展到与齐国接壤,齐国西部领土便唾手可得。大王的领土横贯东海、西海,扼制天下,燕国、赵国便不能与齐国、楚国联合,齐国、楚国也不能与燕国、赵国相援助。然后,大王再威逼燕国、赵国,直捣齐国、楚国,这四个国家不等到被痛击就会降伏了。

这封上书精辟分析了秦国进攻楚国即将带来的各种利弊,条分缕析,令人折服,特别是那句"大王徒有征服楚国的名义而没有得到土地的实际利益"深深地打动了秦王的心。看罢上书,秦王不由连连点头称赞道:"久闻太傅大名,今天才得会面,太傅高才,寡人今天才得见识。"于是下令停止攻楚并通知了魏、韩二国。

接着,秦王下令款待黄歇,并委托黄歇回国,转达秦王结好之意。

黄歇回到陈都,受到顷襄王及文武大臣的隆重迎接,顷襄王设宴为他庆功,还增加了他的封邑,感谢他为楚国避免了一场亡国之祸。一时间,春申君之名不胫而走,人人都想一睹他的风采。

### 金蝉脱壳　太子归国

完成秦王的使命之后,黄歇又回到了咸阳,陪伴太子熊完。

寒来暑往,光阴似箭。黄歇与太子熊完在咸阳一住就是十六年,二人从初来时的翩翩少年,而今已逾不惑之年。二人有家难归,有国难投,相依为命,每当长空月圆、佳节来临之时,不胜思乡、思亲之苦。其间,黄歇虽然多次设法想和太子回归故国,都没有成功。

到周赧王五十二年(公元前263年),楚国派使者朱英出使秦国,说顷襄王身染重病,渐呈不治之象。黄歇听说大惊,忙与太子商议道:"现在大王病重而太子不能归国,万一大王逝世,太子不在榻前,公子中必有代立者,那样楚国将不再属太子所有。"太子为此日夜焦虑。黄歇冥思苦想,想起太子与秦国相国、应侯范雎相善,而秦王对范雎十分倚重,言听计从。便向太子言道:"臣请为太子拜谒应侯而请求帮忙。"

黄歇到相府拜见了范雎,寒暄之后,从容问道:"相国是否与敝国太子友善?"

范雎道:"是的。"

春申君又道:"而今楚王病重,势将不起。秦国不如放太子归国。太子在秦十有余年,与秦国将相无不友善,倘楚王薨而太子得立，其事秦必亲。相君如此时送之归楚，太子必对相君感激不尽！若扣留不放，楚国必立其他公子，则太子在秦，不过咸阳一位布衣百姓，而楚国君臣必定仇视秦国。因扣留一个布衣而绝一国之好，我以为这样是不太妥当的。"

范雎不觉点头道："太傅之言甚是！"随即入朝，将黄歇之言转告秦王。秦王思索之后道："可令黄太傅先归国探问，果真楚王病重，然后可迎太子归国。"

黄歇听范雎说秦王不许与太子一同归国，与太子商议道："秦王扣留太子不让归国，是准备像扣留怀王那样，乘机逼楚国割地。楚国来迎太子，则中秦国之计；不迎，则太子便成秦国俘虏。"

太子忙向黄歇施礼道："请太傅教我！"

黄歇道："以臣愚见，不如微服出逃。而今楚使者报聘将归，这是天赐良机。臣请单独留下，担当罪责！"

太子听说黄歇将冒死留下，感激而泣道："事若成，楚国江山当与太傅共享！"

于是，春申君秘密约见朱英，将计策告诉朱英。当夜，太子熊完改容换装，扮成朱英的御者。

第二天，朱英辞别秦王，离咸阳回国，太子扮成御者，为朱英驾车，顺利地出了咸阳，过函谷关，扬鞭策马，长驱回国。

过了几天，黄歇还住在馆舍不走。秦王派人来催，春申君道："这几天太子生病，无人服侍，一旦太子病愈，我立即回国。"

一直等过了半个月，黄歇知太子已安全回国，便求见秦王，叩头请罪道："臣担心楚王一旦逝世，太子不得继位。所以擅自帮助太子易服回国，而今太子出关已久，臣有欺大王之罪，特来请大王赐死！"

秦王闻言大怒道："楚人如此奸诈！"命左右囚禁春申君，不日将杀掉。范雎谏道："大王息怒，听臣一言。杀死黄歇，并不能使太子返回，只能使秦楚失和。不如嘉奖其忠义而放他回国。楚王死后，太子必定继位；太子继位，黄歇必为相国。楚国君臣都感激秦国恩德，必定与秦友善。"秦王思量范雎之言有理，便厚赐黄歇，礼送黄歇归国。

黄歇回国仅过了三个月，楚顷襄王病死，太子熊完继位，是为考烈王，晋太傅黄歇为令尹（相国），封为春申君，以淮北十二县赐给黄歇。

黄歇做了相国之后，为吸引天下人才，大兴土木，建造馆舍，以美衣美食招揽天下士人。一时间，列国士人竞相入楚，投奔春申君，他门下的宾客超三千人。时齐国孟尝君新死，春申君与赵国平原君、魏国信陵君鼎足而三，同气相求，声望相近。

一次，平原君有事派使者拜访春申君，春申君十分喜悦，命平原君使者居住在规格最高的上舍。平原君使者为向楚国人夸耀，用玳瑁为簪，以珠玉装饰剑鞘。却见春申君的食客三千余人，上客皆以明珠为履，赵国使者十分惭愧，不敢自比于人。

### 救赵灭鲁　任用荀卿

楚考烈王与春申君为患难之交，考烈王用春申君之计方得回归故国，继承主位，所以考烈王即位后对春申君言听计从，把国政交给春申君掌握。这时的中原战乱频仍。但楚国君臣相知，连续数年楚国都平安无事。

这时，秦昭襄王接受范雎的"远交近攻"方略，破坏山东六国的合纵。周赧王五十三年（公元前262年），秦王以王龁为将军进攻韩国，攻下野王（今河南沁阳），韩国的上党（今山西上党）通往本土的通路被截断，成为"孤岛"。上党太守冯亭为了转移秦国对韩国的进攻，上书赵惠文王，愿将与赵接壤的上党献给赵国。赵王与相国平原君商议，平原君利令智昏，认为不费一兵一卒，得上党十五城，建议赵王接受，并亲往上党受地。结果激怒秦王，秦王命王龁进攻赵国。后来，赵王中秦国反间计，用惯于纸上谈兵的赵括取代名将廉颇，而秦王以名将白起替换王龁。长平一战，赵国四十三万大军全部投降，赵括兵败阵亡。当晚，白起将赵国俘虏四十万全都活埋，只将年轻的二百四十人放回赵国。随后，白起长驱直入，进围赵国都城邯郸。邯郸军民同仇敌忾，坚守一年有余。一年后，邯郸城内粮食吃光，武器缺乏，军民精疲力竭。邯郸岌岌可危。百般无奈，赵王命平原君向列国求救。

这时的楚国是列国中的强国、大国，平原君又与春申君素有交情，所以对楚国寄予厚望，亲自率毛遂等二十位宾客到楚国求救。

这一天，春申君正在府中与宾客谈论邯郸被围之事，忽报赵国平原君到门，春申君忙请平原君相见。看那平原君虽人到中年，但气宇轩昂，风度翩翩，不愧为闻名天下的佳公子，不过经长途跋涉，略显疲惫之色，眉宇间透出对国事的忧虑。平原君施礼道："久闻公子贤名，想一睹公子丰采，今日方得如愿。如今邯郸被围，赵国遇到大难，万望公子劝说大王，扶危济困。赵王与赵胜不胜感激。"

春申君一面还礼，一面说道："秦为虎狼之国，贪得无厌，是天下公害，黄歇一定劝说楚王救赵攻秦。"

次日凌晨一上朝，春申君便将平原君引见给楚王。平原君拜见过楚王，便说山东诸国欲合纵抗秦，愿推楚王为纵约长。楚王虽愿意当纵约长，但内心惧怕秦国，怕引火上身，为楚国招来战祸，便婉言推辞。平原君百般劝说，楚王百般推辞。从红日初升到烈日当头，仍然

没有结果。后经平原君门客毛遂一番唇枪舌剑的辩说，考烈王方才答允一同合纵。

于是，楚王、平原君、毛遂依次歃血为盟。楚王命春申君率兵十万救援赵国。平原君告别春申君，率宾客急弛回国。

经过几天准备，春申君率楚军十万离陈都向邯郸进发。一路上逢山开路，遇水造桥。

在春申君率楚军向邯郸进发的同时，平原君夫人之弟、魏国信陵君公子无忌用生赢之计，使如姬窃取兵符，朱亥椎杀晋鄙，夺兵救赵，先一步赶到邯郸城下，向秦军发起猛攻，平原君也从城内杀出，很快打败秦军。王龁率秦军撤走。赵王、平原君重谢了春申君，春申君班师回国。

此后不久，名扬天下的齐国"稷下学派"领袖荀卿到楚国游学。荀卿，名况，赵国人。十五岁就到齐国国都临淄稷下游学，刻苦钻研各家学说。后来，乐毅攻齐，齐国战败，学者们逃离齐国，荀卿离齐到楚游历，了解楚国的山川风物。齐襄王即位后，重开稷下学宫，他又重返临淄，被推为领袖。齐王建十年（公元前255年），荀卿遭受谗言，离开临淄。他曾到邯郸见赵孝成王，与赵国将军临武君辩论用兵之道，受到孝成王、临武君的敬重。

荀卿闻听春申君礼贤下士，便到陈都来见春申君。春申君见荀卿举止儒雅，飘飘乎有道者之风，不觉肃然起敬。接谈之后，才知荀卿博通百家，真正名不虚传，想到此时兰陵令空缺，便施礼道："黄歇请先生为兰陵令，一以教兰陵之民，二来便于先生著书立说。"荀卿欣然应诺。

兰陵在今山东苍山西南。荀卿到了兰陵后，以其盖世才华治理区区兰陵自

然游刃有余。他的生活安定下来后，便总结自己的思想、学说，写成《荀子》一书，成为孔子、孟子之后的儒学大师，中国历史上杰出的思想家。这和春申君的帮助是分不开的。公元前233年，荀卿死于兰陵。现在兰陵镇东南有封土高大的古墓，相传为荀卿墓。

秦庄襄王元年（公元前249年），秦庄襄王任吕不韦为相国，命吕不韦率军攻灭东周，列国群龙无首，唯兵强马壮者称雄天下。春申君奏禀考烈王，趁天下大乱之机，率军灭掉鲁国，为楚国扩大一块版图。鲁国从西周初年，姜太公之子伯禽受封建立鲁国，定都曲阜（今山东曲阜）。春秋时开始衰弱，春秋后期，孟孙、季孙、叔孙氏三分鲁国，鲁国成为小国，至此为楚国所灭。春申君在楚国的声望进一步提高。

### 临阵脱逃　贻笑天下

却说魏国公子信陵君魏无忌因功高震主，遭受魏安釐王猜忌，以纵情声色度日，于秦王政四年（公元前243年）抑郁而死。不久，安釐王也病死，太子增继位，是为景湣王。消息传到秦国，秦王大喜，决定乘魏国丧君，信陵君已死之机，报当年救赵之仇。秦王命大将蒙骜进攻魏国，攻克酸枣等十二城，设置东郡。接着，又连克朝歌、濮阳。景湣王忙派使者与赵国通好。新即位的赵悼襄王见秦势日大，攻伐不停，正想联合诸国，重修平原君、信陵君合纵之约，忽然北方边界传来警报："燕王拜剧辛为大将，领兵十万来犯北界。"

剧辛领兵南下，渡易水，过中山，直犯常山（今河北正定）地界。庞煖率赵军迎战。第一阵，庞煖用强弓硬弩射败燕军。

此时，燕国发生内哄，代州守李牧抄剧辛后路，剧辛慌忙退军，庞煖挥师追击，燕军大败。剧辛深以为耻，自刎而

亡。庞煖班师凯旋，赵悼襄王亲自到郊外迎接庞煖，为他设宴庆功。庞煖向赵王奏道："现在燕人已服，宜于此时合纵列国，合力攻秦，方保国家长治久安。"赵王道："将军之言甚合寡人之意。"于是派使者分赴楚、韩、魏、燕四国。齐国因秦王用范雎"远交近攻"之计，拉拢齐国，齐国与秦交好，所以没有通知齐国。

楚、韩、魏、燕均屡次受到秦国的侵伐，但又没有独立抗秦之力，对赵王合纵之议一致赞成。五国之中，以楚势最强，故推楚王为纵约长，以春申君为上将军，统率五国联军。春申君召集五国将领商议道："伐秦之师屡出，多劳而无功，都是因为函谷关易守难攻，而秦军守卫甚严。即使楚军也知仰攻之难，有畏缩之心。如改弦更张，取道蒲坂（今山西蒲县），由华州西进，直接袭击渭南，进窥潼关，即孙子所谓'出其不意'之计。"诸将一致赞同道："相国之计极妙！"随后，五国之军兵分五路，出蒲关向骊山进发，会攻渭南，一时未能攻下，将其包围。

此时，专断秦国朝政的丞相吕不韦闻报，命王翦、李信等五将各率军五万，分兵五路，应战五国之军。吕不韦自为大将，统率全军，出潼关五十里，分扎五营，状如列星。王翦向吕不韦进言道："以五国兵多将广，攻一城而不克，其无能可想而知。韩、赵、魏与我国相邻，熟悉秦国战法。而楚国偏处南方，行程甚远。而且自张仪死后，三十余年，秦楚不相攻伐。如能选五营之锐，合以攻楚，楚军必败。楚国兵败，其余四国群龙无首，必将不战自溃。"吕不韦十分赞成，便命五营依旧设垒建帜，暗地各抽精兵一万，下令四更之时，一齐袭击楚寨。

这时，秦国将军李信以粮草延迟，准备斩杀督粮牙将甘回，因众将告求免罪，但鞭背一百。甘回怀恨夜投楚军，把王翦之计报告给春申君。春申君闻言大

惊,此时夜已三更,欲通知其他各营已来来不及,便即时传令,拔寨后撤,夜驰五十里,方敢缓缓而行。

到了四更,秦兵准时攻寨,发现楚军已撤。王翦道:"楚兵先遁,一定是有人泄露我们的计谋。此计虽不成,但大军出动,不可空回。"挥兵往攻赵寨。赵寨壁垒坚固,久攻不入。赵国将军庞煖仗剑立于军门大呼:"有敢擅动者斩!"秦兵攻了一夜,劳而无功。到天明,燕、韩、魏联兵来救,王翦只好收兵而回。庞煖奇怪楚兵不到,派人打探,才知楚军已撤,仰天长叹道:"合纵之事,今后是无望了!"韩、魏之军各回本国。庞煖因痛恨齐国依附秦国,率赵、燕联军伐齐,攻取饶安(今河北沧县)一城而回。

春申君率楚军回到陈都不久,四国都派人责问楚王:"贵国为纵约长,不告而先撤,请问其原因?"考烈王只好善言赔罪。送走四国使者,考烈王大怒,召来春申君训斥,春申君低头无言以对,无地自容。数十年来,春申君声名盖世,为楚相二十余年,实为楚王,今日遇敌先遁,使楚国贻笑天下,春申君的声誉一落千丈,考烈王从此不再倚重他。

### 李代桃僵　春申败亡

伐秦事件之后,春申君受到国内外人士耻笑,声誉大降,整天闷闷不乐。

这一天,他的门客朱英进言道:"人们都说楚国本来强盛,因公子执政使楚国衰弱,依在下看来,并非如此。先大王在世时,秦楚亲善二十余年,秦国没有进攻楚国。那是因为当时秦国要进攻楚国必须越过黾隘的要塞,十分不便;或者必须向东周、西周借路,还要背对韩国、魏国,也不方便。这并非因为楚国强大。现在,东周、西周已被秦国兼并。信陵君死后,秦军日夜攻魏不停,魏国灭亡在迟早之间。魏国如灭亡,陈、许之地成了通道,秦国距离陈地仅一百六十里,秦楚之

争必不可免。公子不如建议大王早早防备,东迁寿春,距秦国较远,又有长江、淮水为屏障,楚国便可安然了。"

春申君认为朱英言之有理,便拜见考烈王上奏迁都之计。考烈王采纳建议,便选了一个黄道吉日,把都城迁到了寿春(今安徽寿县)。

却说考烈王在位多年,虽然后宫妃嫔如云,不知何故,不但没有生下一个儿子,连个女儿都没有。春申君十分忧虑,便相继献上十余个既美丽又健康的女子。奇怪的是,数年之后,仍没有一个怀孕的。这时,在寿春的赵国人李园的妹妹李嫣生得娇艳美丽,且心计过人。李园想把妹妹献给楚王,以图日后富贵荣华。但见楚王多年来耕云播雨,颗粒无收,怕其妹因无子而日久失宠,便决定先将其妹献给春申君。于是,李园谒见春申君,求为门客。不久,请假归家,过期数日才返回。春申君询问其故,李园道:"我有一妹名叫李嫣,颇有姿色,齐王听说后,派使者来求婚,我与齐国使者盘桓几天,因此失期。"

春申君思忖:此女名闻齐国,必为绝色。连忙问道:"已受聘了吗?"

李园道:"刚刚商议,聘礼尚未到。"

春申君又道:"能让黄歇一见吗?"

李园道:"我在公子门下,我的妹妹即公子婢妾,敢不从命。"

次日,李园把李嫣装扮得花枝招展,明艳照人。春申君一见,那李嫣正当妙龄,秀色可餐,满身风流,春申君虽然大半生出入美人队中,也不觉心旌摇荡,意乱情迷。当即赐李园白璧一双,黄金三百镒。当夜,即留李嫣侍寝。

此后,春申君夜夜离不了李嫣,不到三个月,李嫣便已暗结珠胎。春申君喜不自胜,欣喜地告诉了李园。

李园心喜,见其妹问道:"妾与夫人相比,哪一个尊贵?"

李嫣道:"妾怎么能与夫人相比。"

李园又问:"夫人与王后相比,哪一个尊贵?"

李嫣道:"夫人怎么能比得了王后。"

李园这才转入正题:"你在春申君府中,不过一个宠妾。现在楚王无子,幸好你已有孕,倘进于楚王,他日生子成为楚王,你即为太后,岂不胜于为春申君之妾吗?"遂将计策如此这般告诉李嫣,李嫣牢记于心。

当日夜晚,明月在天,月光如水,李嫣陪春申君赏月于高台之上。春申君月下观美人,兴致勃勃,却听见倚于怀中的李嫣一声长叹,春申君忙问其故。李嫣道:"明月长有,富贵不长有!公子为楚相二十余年,如今楚王无子,百年之后,将另立兄弟。大王的兄弟于公子无恩,公子怎得长为楚相呢?"

春申君沉思未答,李嫣又道:"贱妾所虑尚不止于此。君为楚相多年,多失礼于大王之兄弟,一旦大王仙逝,其兄弟即位,大祸就要降临,岂仅江东封邑不保而已?"

春申君愕然道:"卿言极是,我虑不及此,不知如何是好?"

李嫣道:"贱妾有一计,不但可以免祸,而且能带来更大的富贵,但难以自言。"

春申君急不可待:"卿快快讲来。"

李嫣这才说道:"贱妾自觉有孕,他人无人知晓。公子如将妾献给楚王,如上天保佑生下男孩,日后必为太子,则是公子之子成为楚王。楚国江山落入我们之手,岂止免祸而已!"

春申君点头称是,马上让李嫣到馆舍居住。

过了几天,春申君上朝禀奏楚王道:"臣听说李园之妹风华绝代,相者以为必生贵子,齐王正派人求娶,大王不可犹豫,应召其入宫!"

考烈王即命内侍宣李嫣入宫。李嫣轻车熟路,故技重演,很快受到楚王宠爱。十个月后,李嫣临盆,上苍作美,竟然生下两个男孩,长名熊捍,次名熊犹。熊捍被立为太子。李园因此受到楚王倚重,与春申君平起平坐,他表面上对春申君更加谦恭,但内心十分忌恨春申君。

考烈王二十五年(公元前238年),考烈王生病,久治不愈。李园想起"李代桃僵"之计,唯有春申君知悉。日后,太子为王,不便相处,不如杀之灭口,以免后患。便派人四处访求力士,收置门下,赐以金银、美女,以结其心。此事引起外界猜疑。

朱英向春申君进言道:"天下有意外之福,有意外之祸,又有意外之人,公子知道吗?"

春申君道:"何谓意外之福?"

朱英道:"君相楚二十余年,名为相国,实为楚王。今楚王病笃,一旦故去,公子将成为辅政大臣,这就是意外之福!"

春申君又问:"何谓意外之祸?"

朱英道:"李园是大王的内兄,而公子的名位却在李园之上,李园虽然外表柔顺,内心却不情愿。听说他暗地蓄养刺客,以备他日使用。楚王一死,他一定会抢先进入王宫,把持朝政,杀公子以灭之,这就是意外之祸。"

"何谓意外之人?"

"李园依靠李嫣,宫中大小事务,了如指掌,息息相通。可公子的府第远在城外,宫中事务了解迟缓。而我与郎中令交情深厚,大王逝世后,李园如企图谋害公子,我就将其杀掉,这就是意外之人。"

不料春申君听完,哈哈大笑道:"李园不过是一个文弱书生,我对他有恩,他对我素来尊敬,何至于此呢?"一点儿都没有往心里去。

朱英仰面长叹道："当断不断,反受其乱。公子今日不听我的计策,日后必定后悔不及!"

朱英看春申君以君子之心,度小人之腹,定会遭李园算计。李园如当政,肯定会报复自己,便不辞而别,云游天下去了。

这时,考烈王的病情日甚一日,渐呈不治之象,李园用重金收买宫中侍卫,对他们说:"如果大王逝世,请立即通知我。"

朱英走后的第十七天,考烈王病死,宫中侍卫立即通知了李园。李园进宫,下令秘不发丧,让刺客埋伏在棘门(寿春的一个城门)里准备好。等日落之后,才派人报告春申君。春申君闻报大惊,不与宾客商议,立即驾车奔王宫而来。不料刚进棘门,两旁刺客齐出,高呼:"奉王后密旨,黄歇图谋叛乱,理应处死!"春申君知大事不好,手下已被杀散,随即被乱剑杀死。李园取春申君之头,投于城外。

李园拥太子捍即位,是为楚幽王,年方六岁。李园自立为相国,李嫣为王太后,传令灭春申君全族,收其食邑。可怜一代贤公子,竟落得如此下场!

在战国四公子中,春申君的特点是虎头蛇尾,下场悲惨。他年少时,以一封上书阻止秦昭襄王伐楚,何等过人才华。他陪太子熊完为质于咸阳,楚顷襄王病重时,让太子易服归国,自己冒死留秦,何等大智大勇、视死如归。令人失望的是,在他身居高位之后,锐气尽失,本为五国联军上将军,却闻敌先遁,贻笑天下。最后,盲目自信,不纳朱英之言,落入李园圈套,身死族灭,悲惨之至。就养士比较,信陵君有侯生、朱亥、毛公、薛公,孟尝君有冯谖,平原君有毛遂、李谈(同),春申君只有一个朱英,不仅才能平平,且不能与主人荣辱与共,畏死逃离。借用信陵君批评平原君的话,春申君虽养士三千有余,却是"徒豪举耳"!

## 连横家张仪

自古以来,有矛就有盾。自从洛阳人苏秦创立合纵这种新的政治格局以后,秦国大骇,闭关自守不敢东出十五年。但是,十几年以后,合纵之约又被另一种新的政治学说所打破,那就是连横。而创立连横之说以打破合纵之约的就是苏秦的同学张仪。

### "我的舌头还在吗?"

张仪,生年不详,卒于周赧王六年(公元前 309 年),魏国人。出身极贫而慕富贵,又极聪颖好学,启一知三。他很早就离开魏都大梁去拜鬼谷子为师,学连横、合纵之术,与他同窗受业于鬼谷子的还有洛阳人苏秦。苏秦年长于张仪,受业较早,先于张仪下山去倡合纵之说。

出师之后,张仪也像他师兄苏秦一样去游说诸侯。但他首次出师不利,差点儿连命都搭上。张仪的第一个游说的对象是楚国,到楚之后,楚令尹(宰相)昭阳听闻是鬼谷子高足来楚,就热情款待。碰巧,令尹丢失了一块玉璧,相府中有人怀疑是张仪所为:"仪贫,一定是他偷璧了。"就把张仪绑起来一顿好打,但张仪至死不肯承认,只得释放了他。张仪无奈,只好回家去。

回到家后,见丈夫满身是伤,其状惨不忍睹,妻子又痛心又埋怨地说:"你不去读书游说,哪里能受这个苦?"张仪对妻子张开大嘴,说:"你瞧,我的舌头还在吗?"妻子不觉扑哧一声笑了:"在!"张仪大喜:"只要舌头在,我就能取富贵。"

老在家待着也不是办法。这时,有人对他说:"你的同学苏秦当了六国丞相,威震天下,你为什么不去找他,或许能一展你的才华。"张仪一听,顿开茅塞,认为这是一条出路,就别妻离子,只身往赵国而去。

此时的苏秦已当了纵约长,挂六国

相印,合纵山东六国抗秦。秦国对于此种现象极不满意,想方设法要打破它。周显王三十九年(公元前330年),秦派大将公孙衍破魏军于雕阴,擒魏将龙贾。这是一个信号,如不制止秦国的军事行动,苏秦的合纵就会散掉。苏秦想派人去游说秦惠文王,又不得其人。当他得知张仪来找他,大喜,对人说:"非张仪不能止秦军。此人才能在我之上,必执秦相位,可激怒使他入秦,游说秦主不使之出兵。"

因此,张仪到赵国后,苏秦对他态度非常冷淡,过了好几天才见他。在见张仪时,苏秦大坐高堂之上,吃的是大肉大鱼和上等美酒,而让张仪坐在堂下,吃的是仆人的食物。苏秦一边吃,一边说道:"大丈夫应像我这样,以自己的努力和才能去换富贵。以你之才,竟使自己困辱到如此地步,我并非不能推荐你,使你骤得富贵,而是你不足以大用。"说完,苏秦就转身离去。

张仪原想他乡遇故知,谋得一官半职,不料竟毫无所得,还受到老同学一顿奚落,心里气得很,决心要洗刷此次相见之辱。而要达此目的,唯有事秦。因秦国与合纵势不两立,而国势又很强大。中原诸国不是其对手。主意已定,张仪就稍作收拾赶往秦国。

与张仪同旅舍有一个客人,见张仪要去秦国,就说他也要去秦,愿与之同往。一路上,这个客人行则同车,宿则同舍,金钱器物恣其所使,大方得很。其实,这个客人是苏秦的门客,苏秦对他说:"张仪乃天下奇才,我自愧不如。日后掌握秦国权柄者必此人。可张仪十分贫寒,无由进身,我怕他贪恋小利而不能遂宏愿,所以才召他来羞辱他,借以激励他的志气。先生可为我追随张仪西行,暗中帮助他行事。"

张仪到了秦国,见到了秦惠文王,凭着他出类拔萃的才干,立时得到重用,被授为客卿,参与谋划军国大事。

与张仪同行的客人见达到了目的,就准备返回赵国。张仪说:"我赖先生,才得以身居显位,现正是报德之时,何故要走?"门客说:"此皆苏君所施。"说着就把事情的原委都告诉了张仪。张仪一听,又是感激,又是羞愧,叹道:"我在人之圈套之中而不知,我不如苏君远矣。请告诉苏君,只要他在用事,我决不会散纵。"

### 散纵连横,大打出手

所谓合纵与连横,是从地理位置上说的,东西为横,南北名纵,以秦国对六国是连横;六国合力攻秦叫合纵。到了秦惠文王时,苏秦倡导的合纵已近尾声,不待秦攻,六国彼此之间就开始为了自己的利益而争战不休了,所以,此时的合纵已名存实亡。

张仪来到秦国可说正是时候,合纵名存实亡,但未彻底解散,秦国也需要一个才智高超、有战略头脑的人才出来指挥全局,以彻底击破合纵这个政治、军事联盟。所以,张仪以鬼谷子高足的身份来秦国,马上就得到重用。

纵观他在秦任丞相的二十多年里,他在国际政治舞台上的出色表演一共有三次。

一、诡取魏相。周显王四十一年(公元前328年),秦军大败魏军于曲沃。当时的形势是与秦直接接壤的是韩、魏、赵、楚四国,在这四国之中,力量最弱又与秦经常发生军事冲突的是韩、魏。秦要瓦解合纵,必须实施军事打击与政治怀柔两项方针,使关东六国认识到不与秦友好是得不到好处的,相反,散纵连横,才能确保国家安全。

于是,张仪对秦惠文王说:"大王要散纵,当从魏始,归小地而得大利,此其时也。"惠文王听从了张仪的主张,派张仪去游说魏，称魏如与秦友好，就归还魏土地，还以秦公子为质。魏后元王正因遭秦的打击而无良策，见秦主动讲和，大喜过望。

这一打一拉，使魏国且喜且惧，只得与秦交好。这时，张仪对魏后元王说："秦王对待魏国很是宽厚，魏国不可无礼于秦。"魏王慑于秦国强大的军事力量，又感谢秦国归还土地，入使通好，就迷迷糊糊地钻入圈套，献出上郡，少梁十五县（今陕西东北部）于秦。张仪略施小计，便使秦国名利双收，多得了别国土地，又落了个睦邻友好的美名。其实秦归还给魏的仅仅是焦、曲沃两个小县而已。

周显王四十五年（公元前324年），魏用相国惠施谋，欲东联齐、南和楚，共抗强秦。不料事与愿违，遭齐、楚两国的攻击。到了周显王四十七年（公元前322年），魏王因联齐、楚失败，觉得受了欺骗，就驱逐相国惠施，想联合秦、韩，报复齐、楚，以出心中之怨气。他认为与秦友好还实惠一些。

对于秦国来说，这可是个散纵联横的大好机会，同时也可让中原诸侯国认识到抗秦是没有前途的，合纵是不可能成功的。张仪对秦惠文王说："魏受齐、楚攻，举棋观望，此正连横之机，望大王勿失。"惠文王道："诺！寡人请以听子。"就与张仪密谋一番，让张仪佯装得罪于秦而去魏，对魏实施向心打击，要魏在连横中带个头。

魏后元王正在内外交困之际，见张仪到来，大喜过望，就不假思索地把张仪视为使魏摆脱困境的人物，任之为相。说："寡人徒遭齐、楚所欺，先生何以教寡人，寡人举国以听。"而张仪根本不想在魏国任什么丞相，只是作为秦国的间谍打入魏国内部，以瓦解合纵。他对天下大势、魏国内政了如指掌，再借助于他那张翻云覆雨的利嘴，所以正说、反说都有道理。他对魏王说："大王何其所思不远？魏国地处四战之地，兵微将寡，既不可攻又不可守，想以合纵来抗秦，无异于画饼充饥。亲兄弟、同父母，为了钱尚且争得你死我活，何况国与国之间呢？所以，你与齐、楚合纵能成功吗？如果秦发兵攻魏，据卷、衍、燕、酸枣（四地皆属河外），则赵不能南下以救魏，魏亦不能北上以求援于合纵之国，即使这些国家想援助魏，也鞭长莫及，也不会为了别人的利益去舍命拼死。如此，则魏国危险了。"

"为大王计，莫如事秦。事秦则楚、韩不敢动，无楚、韩之患，则大王高枕而卧，国必无忧矣。如大王不听臣计，秦下甲士而东伐，大举攻魏，到那时，大王想要事秦也来不及了。"

张仪的分析从理论上说是对的，但实际情况并非这么简单，由于有秦国强大的军事力量做后盾，张仪在话中连吓带骗，其话又似是而非，所以魏王一听，连忙说："寡人事秦。先生可为寡人熟计之，无坠祖宗之业。"魏国事秦，则与秦直接接壤的国家只有赵、韩和楚了。于是，秦在加紧对韩、赵发动进攻，同时也在暗示这些国家：如不事秦，就要遭到打击，如事秦，像魏国一样，就可高枕无忧。秦国的外交努力取得了极大的成功。

周慎靓王二年（公元前319年），张仪的间谍面目暴露了，魏举国大怒，魏王更是怒不可遏，把张仪驱逐出去，任公孙衍为相。张仪不负所托，回秦国后复任为相。

次年，公孙衍一反事秦的连横政策，又联合齐、赵、韩、燕、楚五国合纵抗秦，推楚怀王为纵约长。这是一次大规模的合纵活动，由于各国利害不同，因之态度各异：楚、燕不热心此举，不肯出兵与秦作战，齐更是隔岸观火，坐收渔人之利，只有"三晋"（韩、魏、赵）由于历史上和地理上的关系，联合起来与秦军展开大战。

结果三晋联军大败,一败于函谷关,再败于修鱼(今河南原阳西南)。

魏国的合纵之举又宣告失败,只好与秦和亲,割地友好。张仪的连横游说取得了极大的成功。

二、玩楚王于股掌之中。秦国在慑服了东邻魏国之后,就加快了东进的步伐。但是,秦国想彻底破坏合纵,达到各个击破的目标,只有击败南方的楚国,并把它孤立起来才能达到。作为纵横家的张仪,在这方面充分发挥了他的纵横捭阖之才。

楚国当时与东方大国齐国结盟,共同抗秦,因此,要打击楚国,首先要拆散楚、齐联盟。

周赧王二年(公元前313年),张仪以秦丞相的身份来到楚国。楚怀王把他安排在高级宾馆里居住,并谦恭地问:"先生辱临敝邑,有何赐教?"张仪说:"秦王和我最喜爱的是楚国,最厌恶的是齐国,秦又与楚接壤,想与楚好又不敢,大王弃近秦而好远齐,恐怕失算吧!"楚怀王道:"依先生之高见呢?"张仪道:"大王若能闭关绝齐,我愿请秦王以商于之地六百里献给楚国,并使秦女做大王箕帚之妾。楚、秦娶妇嫁女,结为兄弟之国,这样,楚北弱齐国,西交强秦,可谓一举而得三利,大王可高枕无忧矣。"

楚怀王眉开眼笑,以为天上掉下个金元宝,举杯与群臣庆贺,不费一刀一枪而得地六百里,到哪里去捡这样的便宜事?但谋臣陈轸却独谏楚王,说:"秦国现今所以看重楚国,无非是有齐国作为外援,若闭关绝齐,楚必孤立。秦岂爱一孤国?无故予地六百里?一旦张仪骗楚而成,大王既结怨于齐,又结怨于秦,毫无所得。"楚怀王乃昏庸之君,一听,斥陈轸道:"先生过虑了,先生看寡人得秦地。"就派人去齐国,宣布与齐绝交。

见目的已达到,张仪就打道回秦国,楚怀王为取地,派将军逢丑父随张仪至秦,讨取土地。

张仪回到秦国,假装失足坠车,卧病不朝。逢丑父在秦国一等就是三个月,毫无动静,便投书秦王。秦王说:"如真有前言,须待齐、楚绝交之后,才可践约。"逢丑父转告楚王,楚王亦觉有理,唯恐绝齐不深,使秦国不满意,就派人去齐国,当众辱骂齐王。齐王大怒,就宣布主动结好秦国。

这时,张仪才上朝,一见逢丑父,故作惊讶地说:"将军为何在这里,还不去取土地?"逢丑父道:"地在哪里?"张仪道:"从某地至某地,一共六里,以献楚王。"逢丑父道:"丞相所说是六百里,为何只六里?"张仪道:"我说的是六里,你们听错了,三军血战才只有几座城池,焉能以六百里许人?"逢丑父惊讶得半天说不出话来。

楚怀王知道受骗后,气得火冒三丈,就命大将屈匄伐秦,以雪受骗之辱。结果在丹阳被秦军斩首八万,屈匄被俘,又被俘列侯七十多人,楚汉中郡失陷。楚怀王又羞又恼,再点起倾国之兵,与秦复战于兰田。自古以来,忿兵必败,楚军再次大败而归。这时,韩、魏见楚弱秦强,楚国又打了败仗,也来趁火打劫,以分一杯羹。楚国别无良策,只好向秦割地求和。

秦惠文王见目的达到,又遣使去楚,实施又打又拉的政策,愿意把已占领的楚汉中郡割一半与楚,以求重归于好。此时的楚怀王正因上了张仪的大当,气得脑袋都昏了,他宁愿不要地,只要张仪,将其千刀万剐,以雪受骗之恨。

见楚有此要求,秦惠文王知张仪去楚必死,不想放行。可张仪请命出使,毫无惧色,他说:"秦强楚弱,我有秦国做靠山,大王做后盾,楚国未必敢轻易加害于我。再说,我与楚王佞臣靳尚友好,靳尚又得幸于楚王宠姬郑袖。郑袖所言，楚王必听，有此二人在楚，谅必无大忧。”

张仪一到楚国，楚怀王立即把他打入死牢，择日受刑。

楚怀王的心思，张仪早就摸透，所以听说楚怀王要择日把他辱而杀之，根本不当回事儿。他求人找到靳尚，要他如此这般。靳尚依计而行，对楚怀王说："大王拘捕张仪，既得罪秦国，又失盟国之欢，天下必轻大王。愿大王三思。"楚怀王是个没主见的人，一听就犹豫起来。靳尚又找到怀王的宠妃郑袖，说："秦王甚爱张仪，愿以六县土地和绝色女子把他赎回，楚王看重土地和女子，到那时，夫人专宠的地位就没有了，哪有今日的好风光？为你之计，不如劝说大王，把张仪放了算了。"郑袖怕自己日后失宠，就对楚怀王说："人各为其主，如果大王杀死张仪，秦必怒而伐楚，所以，妾请求我们母子一同迁往江南，免做秦军砧板上的鱼肉。"楚怀王经不起妇人之纠缠，就赦免了张仪，复待如故。

在为张仪举行的宴会上，张仪乘机游说楚怀王，要他散纵连横，与秦友好，说："今大王不交欢于秦，秦国劫韩驱魏而攻楚，则楚必危。秦从巴蜀备船输粟，浮岷江而下，不需十日就可抵楚国西境扞关。扞关闻警，则楚国东部只得退保城池，黔中、巫郡即难为大王所有。秦举兵出武关，则楚国北境隔绝。秦攻楚，可在三个月以内告捷，而诸侯救楚，需要半年以上，此所谓远水不救近火。期待弱国的远援，而无视近秦的危害，我真替大王担心。大王诚能听臣愚计，我可使秦、楚久为兄弟之国，勿相攻伐。"

此时的楚怀王已没有别的办法好想，而且先前死伤近十万军队的噩耗仍让他心惊胆战，只好接受张仪的建议，与秦结盟友好。

三、策韩散纵。张仪离开楚国后，就北上韩国，去游说韩襄王。韩是小国，处于山西之南，河南之北，陕西之东，方圆才九百里，又与秦接壤。所以，张仪一到韩国，凭他三寸不烂之舌，运用威逼、利诱的手段，把韩襄王说得晕头转向，辨不清是非，且韩亦慑于秦国强大的军事力量，只好乖乖地连横散纵，与秦友好。

张仪说："大王不事秦，真是危如累卵。试想，韩地险山崎，方圆不过九百里，国无二岁之食，卒不过二十万。大王如不事秦，秦出兵据宜阳、成皋，则韩国就会被切割，鸿台之宫、桑林之苑就非王所有。所以，秦要攻韩，无异于垂千钧之重于鸟卵之上。臣为大王考虑，莫如永结秦韩之欢。秦国的愿望无非是削弱楚国，而能削弱楚国者无过于韩。并非韩强大于秦，实因其地与楚相接。倘若西面事秦，南面攻楚，秦王必喜。这样攻楚而取其地属于韩，攻楚而有祸则属于秦，这是难逢的好机会。"

至此，张仪的连横终于成功：中原六国有三国与秦友好，远在海边的齐、河北以北的燕因为地理位置的关系没有合纵的打算，而处在晋地的赵国见诸国均与秦友好，为免遭秦的打击，也与秦友善。而秦国下一步的任务就是凭借强大的国力逐个收拾中原六国。

因连横之功，秦惠文王封张仪为武信君。

### 连环二计保余生

张仪从韩返回秦国途中，恰值秦惠文王死，其子武王即位。时间是周赧王四年（公元前 311 年）。

秦武王还在当太子时，就非常厌恶张仪这种翻云覆雨的人。朝中大臣见张仪巧言令色以取富贵，亦很眼馋，就纷纷在武王面前攻击张仪，说张仪"为人最无信，左右卖国以取容，如仍用他，恐为天下笑"。所以，张仪一到秦国，就觉得气氛不对，杀机四伏。

此时的张仪也认为再待在秦国不明智，因为秦惠文王已死，朝中反对自己的人又多。为尽快逃出这个是非之地，张仪心生一计，对武王说："为秦考虑，倘若东方有变，大王才能多得土地。我听说齐王最恨我，我在何处，齐必兴兵伐之，因此，我愿以不肖之身前去魏国，齐必兴师伐魏。齐、魏兴兵，大王可乘机伐韩，入三川、临二周，周室祭器必出。然后挟天子、案图籍，则王霸之业可成。"

武王见张仪说得在理，又感其一片为秦国考虑的赤诚之心，就欣然应允，备车三十乘，送张仪抵魏。魏王见张仪到来，就命他为相，以救国难。

张仪到了魏后，齐国果然兴师来伐，魏襄王惊恐不安。张仪对他说："大王勿虑，我能让齐国罢兵。"魏襄王将信将疑：张仪有这种回天之力？张仪派舍人冯喜到楚国，又让楚国捎口信于齐王："大王这样做未免太把张仪当回事了。"齐王不解其意，楚使者就把秦王与张仪的合谋告诉了他，楚使者说："现张仪入魏，大王果兴兵伐魏，这是大王内耗国力而外伐盟邦，于张仪毫毛无损，更使秦王坚信张仪之谋而使其地位安然无恙。齐得不偿失。"齐王一听："善！"即罢兵。

一年后，张仪病死于魏。

作为纵横家，张仪在历史上的影响是深远的。他之所以连横成功，为秦相二十多年，主要是当时国际大气候使然：六国要生存，必须合纵，秦国要生存，要发展，就必须连横，所以张仪应运而起；同时，也要归结于他的学识、阅历以及对当时各国形势和风土人情的深刻洞察，使之言时有据，切中要害，入木三分，再加上他又善于鼓动，使人不能不相信他说的话。

所以，人之能建功立业者，岂非偶然乎？关于他的事迹，《史记·张仪列传》有载。

## 合纵家苏秦

春秋战国是中国历史上一个特殊的时代。其中一个最显著的特点就是那些平时被人瞧不起的泥腿子、庄稼汉及下等人，发出了前所未有的光和热，充分展示了他们的智慧和创造力，好像历史天生由他们创造，乾坤本该由他们翻转。朝为布衣暮为卿相者有之，一夜之间，由赤贫而变巨富者亦有之，眨眼之间，社会秩序翻了个个儿，一批批精英俊彦脱颖而出。东周人苏秦就是在这种时代潮流中产生的著名外交家和政治战略家。

### 悬梁刺股，愈挫愈奋

苏秦，生年不详，卒于秦惠文王六年（公元前332年），洛阳市郊人。世代以种田为业，祖辈无有显者。到了苏秦这一代，家中人多，上有兄姊，下有弟妹，算是人丁兴旺之族，日子过得虽不太殷富，但至少也不算贫穷。苏秦长大后，史称他性聪颖，慕富贵，鄙以种田终老一生，左邻右舍有做生意发财者，有的则当了官，使他大为羡慕，常自嗟叹。

他听说去洛阳好做事，挣钱多，就产生了去洛阳城的念头，与他同去的还有村里的几个后生。主人问苏秦："汝有何能？"苏秦摇摇头，然后马上举起双手，对主人说："我有力气，能扛大活。"主人鄙夷道："无学无识，何以自为？"当晚，苏秦和几个同村小伙子住在客栈里，睡到半夜，主人突然嚷嚷，说有人偷了他的一块黄金，并叫醒了所有在客栈里的旅客，指着苏秦说是他偷了他的黄金。苏秦矢口否认，店主就叫来几个汉子把他一顿好打。他腿上的肌肉几乎烂了，还伤了腰骨，痛苦地呻吟不已，最后还是同村人把他抬回去才免于送命。

待伤势痊愈之后，苏秦又萌发要出去闯世界的念头。但这一次比上一次目的明确，要混出个人样来，仅有一身蛮力气是不行的，还必须有智慧、知识。他听说处于山东与河南交界的深山密林中，有一老先生名鬼谷子，此人博学多才，洞彻玄奥，知天地之理，晓万物之情。苏秦打定主意，去拜鬼谷子为师，学了本事再说。

后来师从于鬼谷子的还有张仪、孙膑、庞涓，日后都出将入相，成为名垂诸侯的栋梁之材。

几年下来，苏秦在鬼谷子那里学到了不少知识，人也脱俗了不少，思想变得深刻敏锐。于是，他告别鬼谷子下山去了。临走时，他让鬼谷子预测一下自己的前途，鬼谷子想了一下，说："败在西，成在中，死在东。"苏秦听不明白，又不好多问，就离开了鬼谷子，来到了洛阳。

苏秦所处的时代正值战国中叶，春秋五霸被战国七雄所取代，为了各自的利益大打出手。那些有才能的知识分子也瞅准机会，游说人主以为富贵，于是学说众多，处士横议，如儒、墨、兵、阴阳、道、法家等等，都在当时中国的政治舞台上大显身手。而苏秦在鬼谷子那里学的既不是兵家，也不是阴阳家，而是一种新的学说：纵横之学。严格地说，纵横之学是一种国际政治学，是一门有关国际联盟组合而成新的政治格局的学问。

洛阳是东周的国都，自西周幽王亡国后，其子就迁都于洛阳，是为平王，史称东周。经过几百年的风云变幻，诸侯强大了，周天子式微了。苏秦到洛阳后，就以天下大儒鬼谷子门生的身份去游说周天子，要他振作起来，光大祖业。但此时的周天子能保证有口饭吃就不错了，哪还谈得上光大祖业之举？所以，苏秦的游说只能是对牛弹琴。

苏秦在洛阳碰了壁，就只身西去秦国。当时秦国王是秦惠王，他刚杀了商鞅不久。因商鞅是卫国人，所以，秦惠王十分讨厌那些游说的外国人，凡是听到

什么天下辩士来秦国，轻则不纳，重则赶出去。

见到秦惠王以后，苏秦想好好地与国王谈一谈，一展胸中之才学，但秦惠王一点儿兴趣也没有，说："羽毛未丰者，不可以高飞，国势不强大者，不可以图诸侯。"就把他打发走了。

此时的苏秦可狼狈了：不仅身无分文，衣衫褴褛，而且身体染疾，腿跛不能行。可秦国他不能久待，只好挂着一根棍子，一瘸一拐地从咸阳走到自己的老家洛阳。

一回到家，家里人几乎认不出眼前这个叫花子。妻子正坐在织布机上织布，也不下机相迎。嫂子正在做饭，见苏秦回来了，连忙把锅子拿开，退入屋里。父母坐在那里一言不发，板着脸不予理睬。最后还是其弟妹对他说："现在社会上流行的是做生意、种田、治产业，没听说靠磨嘴皮子能致富的。"

见一家人如此，苏秦心中大惭，就退入自己的屋子，久不见出。他心想：在鬼谷子那里学了这么几年，一点儿用没有，书读得再多又有什么用呢？无聊之极，拿出《太公阴符》这部书，见上有两句话：西强则纵，东强则横。苏秦眼睛一亮：千言万语，原来都在这两句话里。

于是，他把自己关在房子里，认真揣摩《太公阴符》，经月不出。古人不像现代人，头发长了可去理发，古人没这个习惯，认为人之肤发受之父母，不能随便毁伤。所以，在古代，男人的头发也很长。苏秦为了钻研，就把自己的头发吊在屋顶的梁上，使自己读书时不瞌睡；这还不行，就用锥子扎自己的大腿，血流如注，痛苦已极，这样一来，睡意全无。成语"悬梁刺股"即源于此。

当时中国的整个政治格局是国力最强者为秦，次是楚，再次则为齐。秦在关中，中原的河南、山西、河北南部则为韩、

魏、赵三国,齐在山东靠海,楚占汉水以南的广大地区。这些国家如单独与秦对抗,无一是秦的对手,如联合起来一致抗秦,则秦又吃不消。同时,从地缘政治的角度分析:东西为横,南北为纵。秦国要发展必须东进或南下,破坏六国联盟,各个击破才能达到目的,中原诸国要自保也必须彼此联合西进。于是就产生了著名的合纵和连横的战略之学,而当时的山东六国都畏秦强而割地求和以求一时之安。

苏秦看清楚了这一点,觉得这正是他大显身手的大好时机。因他在秦国碰了壁,所以对秦国特别痛恨,就决定自己实行合纵,说动诸侯王,联合反秦,以形成中国当时新的政治格局。

于是,他在家待了一段时间之后,又要出远门,家人都反对,但他坚持自己的主张和理想,并对其弟苏代、苏厉颇有预见似的说:"你们以后也许还要步我的后尘。"以后苏秦的两个弟弟见哥哥显贵,也学起纵横之学,名显诸侯,富贵而终,此是后话。

### 苍天不负有心人

苏秦离家远出的第一站就是燕国。燕地处今河北以北,都蓟(今北京),苏秦之所以要选燕国作为合纵的突破口,是由于燕国的地理环境所致:秦不能越过韩、魏而攻燕,所以国家安然无恙;同时,燕又与韩、魏、赵息息相关,韩、魏、赵存则燕存。所以,他决定以此作为切入点向燕君指出合纵的必要性。

当时,燕国君是燕文侯。他闻鬼谷子的门生苏秦千里迢迢来燕国,向他陈述治国安邦之策,大喜,就盛礼以迎,谦虚地对苏秦说:"先生不远千里而来,有何教谕寡人?"

苏秦第一句话是:"燕国地方数千里,带甲数十万,多年来不见覆军杀将,国家安然无恙,大王知道是什么原因吗?"

燕文侯道:"寡人不知,请先生明言。"苏秦道:"是赵国为燕国挡住了秦国的兵马。秦要攻燕,必须越过云中、九原,过上谷,逾地数千里,虽得之,亦不能守也。赵则不然,赵要攻燕,不十日则数十万大军已达燕都了,所以,秦攻燕是战于千里之外,赵攻燕是战于百里之内。在这种情况下,听说大王与赵不睦而与秦友好,没有比这更失策的了。所以,愿大王与赵合纵,盟为兄弟,天下为一,则燕国永无患矣。"

燕文侯道:"寡人虽恨秦之无信,又惧其势大,听先生之言,顿开茅塞,果如先生之言,能合纵安燕,寡人举国以听先生。"

于是,燕文侯出资助苏秦游说赵国。赵处于河北的南部和山西的西南部,直接与秦接壤。赵肃侯听说苏秦为合纵来游说,觉得甚为新鲜,于是开筵聆听。

苏秦说:"秦之所害于天下者莫如赵,然而秦不敢加兵于赵者,何也?畏韩、魏蹑其后。所以,韩、魏是赵国南部的屏障,但秦如攻韩、魏,两国又抵不住,必向秦称臣。而一旦秦取韩、魏之后,下一个目标就是赵国了。"

苏秦在桌子上以手指点点戳戳地分析:"天下诸侯之地五倍于秦,诸侯之兵十倍于秦。六国合一,并力西向而攻秦,哪里还用得着对秦俯首称臣呢?所以,为大王计,不如联合韩、魏、齐、楚、燕、赵以叛秦,刭白马而盟,则秦必不敢东出函谷关以害山东,则赵高枕无忧矣。"

赵肃侯一听,深叹道:"寡人年少,立国日浅,未尝得闻社稷之长计也。今天先生有意安天下,存赵国,寡人敬以国从。"就送给苏秦车百乘、黄金千镒、白璧百双、锦绣千匹,以为助资去游说诸侯。

此时的苏秦已不是以往那寒酸相了,出入有车仗,披锦裹绣,手中大把的金银，大为气派。他到韩国后，对韩宣惠王说："听说大王为求韩国安然而与秦国友善，有这么回事儿吗？"韩宣惠王点点头："然也。"苏秦惊讶不已，连连说："此计大谬！大王你想过没有，韩地方九百余里，带甲数十万，天下强弓劲弩皆从韩出，以韩卒之劲与大王之贤，而西面事秦以求一日之安，岂不羞哉，必贻笑后人。"

苏秦眉飞色舞，滔滔不绝地继续深入分析："大王事秦，必要割地，今年割一块，明年秦又复求。不给地嘛，与秦之友善则前功尽弃，而且大王之地有尽而秦之贪求无穷，以有尽之地而迎无厌之求，这是买怨结祸之举。俗话说'宁为鸡头，不为牛后'，大王你这是当牛后啊！因此，为大王计，不如与山东合纵抗秦，则秦必不敢加害于山东，韩国就稳如磐石了。"

韩王一听，瞠目而视，叹息不已："寡人虽不肖，也不能事秦。今先生遵赵王之命以合纵，寡人举国以听。"

苏秦以这样的理由说动诸侯王，确是抓住了当时各个国家的本质弱点：分则被秦吞，合则国存。所以，苏秦的游说合纵之事进展顺利。

离开韩国后，苏秦稍事歇息，驱车去了魏国。他对魏襄王说："大王因畏秦强而事之，这样做可以吗？"魏襄王叹气道："为求社稷之安，秦强魏弱，只能如此。"苏秦道："真是计之差者无过于此。魏地方千里，军队数十万，这种情况比当年的勾践、武王强多了，还要西面事秦，以苟安于一时，窃为大王不齿。"

魏襄王道："如之奈何？"苏秦道："合纵抗秦，歃血盟誓，则魏国磐石矣。"魏襄王点头道："寡人不肖，从未听见过如此深刻的道理，愿听明教。"

到齐国后，苏秦对齐宣王放言高论："韩、魏之所以畏秦，是因与秦接壤，今秦攻齐则不然，越韩、魏之地，过阳晋之地

与亢父之险，秦欲进，而恐韩、魏蹑其后，所以，韩、魏实为大王从西面挡秦也，无韩、魏则无齐国。因此，大王舍韩、魏而事秦是舍近友而交远仇，窃为智者不取。"

齐宣王一听，深以为然："对呀！先生你说得真对。寡人不敏，僻远守海，所思不远，愿举国以听先生。"

最后一国是楚国。苏秦到楚国后，楚威王道："先生为合纵而临幸敝邑？"苏秦摇摇头："大王差矣，非为山东之国，实为楚国也。"楚威王道："先生详言之。"苏秦道："秦与楚，皆为天下大国，不是秦帝，便是楚王。要以楚之一国抗秦则不支，而秦要以一国之力抗楚则有余，同时，秦乃虎狼之国，欲吞并天下久矣。所以，为楚国计，与山东之国联合抗秦乃楚国千秋永固之道。"楚威王一听，忙说："诺，谨如先生之教。"

至此，苏秦的合纵之举终于获得成功。山东五国与楚国在洹水之上歃血盟誓，以为合纵，并立下誓言：秦如攻六国中的任何一国，其余五国则绝秦之粮道，断秦之退路，或派兵以佐之，以五国之兵前后左右合击秦军；六国中如有毁约者，以五国之兵加之，并把这誓言派人送到秦国，秦惠文王见后，大恐，从此闭关不敢东出十五年。

这是当时的一个政治军事同盟条约，中原六国为自身的利益彼此联合起来以抗秦。从此，在中原大地上，一个新的政治格局形成了。历史地看，这是非常高明的有远见之举，也是中原六国要生存的必由之路，以后秦始皇灭六国就是在散纵以后才实现的。所以，合纵存则六国存，合纵散，则六国亡。

作为这个合纵条约的创始人苏秦，更成了显赫天下的人物，被称为纵约长。六国诸侯都把本国的相印交给苏秦，使他一下子就成了六国宰相，家财数亿，童

仆数千,出入车仗,形同国王。东周之一鄙民,经过多年的奋斗,终于实现自己的梦想。

常言道:富贵不归故乡,如衣锦夜行,谁知之者?苏秦当上六国丞相以后,也想衣锦还乡。当车仗到洛阳时,洛阳守官洒扫庭院,清道以迎。而他的父母兄弟妹嫂皆离家十里,欢天喜地迎接家中的这个"浪子"。

苏秦在车上,见他嫂嫂在很远的地方就俯伏于地,不敢仰视。苏秦走下车来,走到嫂嫂跟前,问道:"嫂嫂,何前倨而后恭也?"意思是:嫂子你为什么先前那么傲慢,而现在那么谦恭?他嫂子的回答也很坦率和现实:"因季子位尊而多金。"意思是你现在有钱有势。

苏秦听后,默不作声,久之,叹道:"贫穷则父母不子,富贵则亲戚畏权。人生世上,势位富贵,盖可忽乎哉?"

### 受人所谗,被刺身死

几千年来的历史都证明:国与国之间的任何政治、军事条约都不能持久。理由是双方是因利害关系才结盟,一旦有一方觉得结盟与否于自己无大碍时,这个联盟就会瓦解。俗话说:为了利害关系,兄弟尚不相容,而况国乎?连头的鸡不能双飞,这道理一目了然。

苏秦合纵的最后结局也是这样。

中原六国的合纵一产生,确实给秦国以极大的威胁,使之闭关不敢东出。但秦也绝不会允许这种情况持续太久,必要想办法打破或瓦解这个联盟。利用国与国彼此的利益关系和人性的弱点,就能将其各个击破。

十五年后,秦派辩士公孙衍去魏国和齐国,游说并责备其国王。公孙衍说:"穷人与富人比宝,最终谁输,妇孺皆知,此其一。秦乃天下大国,不事强大之秦而合弱小之国,能长久吗?兄弟尚不相容,何况国家?秦一旦攻之,后悔无及,

此其二。苏秦乃巧言令色之士,倾覆天下之人,他只为一己之私利,无有长远打算,把你们蒙在鼓里还不知。"并许诺如齐攻燕地,魏攻赵地,秦绝不助燕、赵。见有利可图,齐便向燕进攻,魏向赵进攻,同时,秦惠文王还嫁女给燕太子,使之亲秦,合纵之盟遂瓦解。

合纵一散,苏秦的日子很不好过。他到燕国后,燕易王对他说:"以前,先王初到燕国时,先王出资助先生到赵国,使之合纵,现纵散,齐又攻燕,取了十城,先生能为燕取得齐所侵之地吗?"苏秦道:"此事何难?当为大王成之。"

到齐国后,见到高高在上的齐王,苏秦先是拜了两拜以示臣子之礼,然而俯身庆贺,再而仰天大哭不止。齐王奇怪地问道:"你又哭又笑是什么意思?"

苏秦不做正面回答,说:"我听说饥人即使饿死也不吃鸟嘴里的食物,是因为对身体不仅无益还有害。今燕虽弱小,却是秦王的女婿,大王取燕十城,必与秦为仇,以招天下精兵,其祸不远了。大王的这种行动是饿人吃鸟嘴里的食物。"齐王愀然变色,道:"如之奈何?"苏秦说:"我听说古代那些善于处事的,往往能转祸为福,因败为功。大王如能听臣计,归还燕之十城,燕无故得十城必喜,而秦王则知是自己的原因使齐归燕之十城,亦必喜,此所谓弃仇人而得友善也,秦、燕必事齐,则大王之令号召天下诸侯,谁敢不听?此霸王之业也。"齐王一听:"善!"于是下令,归还燕之十城。

此时,合纵已全散,中原诸侯又彼此争斗不休。苏秦亦想功成归老,以终天年,齐归还燕之十城后,就想在燕养老。不久,燕国有人在燕王面前进谗言,说苏秦是个反复无常、不讲忠信之人,于是,燕王就免了苏秦的官职。为避祸,苏秦决定去齐国。他对燕王说:"臣感燕先王之德,无以为报,臣在燕不能使燕重,如

果在齐,则燕必重。"燕王道:"唯先生之所为。"于是,为报燕王的知遇之恩,苏秦佯作是因得罪燕王而逃到了齐国。

到齐国后,苏秦说服齐湣王,要他把先人厚葬以讲孝,建高大宫室苑园以显君王之气派,实际上是要耗尽齐国力使之不能攻燕。齐湣王不知是计,果然照办,齐国大耗而齐王不知,还把苏秦当知己,但民间有识之士看出了苏秦的用意,十分恼火,就派刺客把苏秦刺成重伤。

临死前,齐王去看他,并对苏秦致以歉意:"如能得刺先生之人,寡人必为先生报仇。"苏秦不愧为智者,说:"我死后,大王车裂臣以殉于市,并发出告示:'苏秦为燕而作乱于齐,刺者有赏。'如此,杀臣之凶手必得矣。"果然,凶手出来领赏,被齐王抓住杀了。燕王听说此事后,说道:"苏秦真了不起,死了还要齐王为他报仇。"这真是应了鬼谷子的话:"败于西,成于中,死于东。"

苏秦是中国古代的大纵横家,尽管他的合纵在主观上是为了自己的富贵,在客观上却为中国古代的政治学增添了新的内容,创立了国际联盟这一新的政治组织形式。虽然他巧言辩词,翻云覆雨,是为一己之私利,但我们也不必以今人的观点来苛求于前人。

## 军事家吴起

吴起是中国军事史上最知名的人物。他既是政治家,又是军事家和变法的先驱,历史上把他与军事学的始祖孙武相提并论,合称孙吴。他一生崇尚变法,东征西讨,战无不胜,攻无不克,成为战国初期最有名的军事大家,最后在楚国被人以乱箭射死,以极其悲剧的形式结束了自己的人生。

### 初试鲁国

吴起,生年不详,死于公元前381年,卫国人。自幼丧父,与母相依为命,苦度时光。功名心极强,崇尚法家,喜干惊天动地的事业,是一个不安于现状、立志变革的人物。

战国初期,中原大地出现七雄并立。各个国家为求生存,都励精图治,出榜招贤,各种思想学术流派也高扬旗幡,宣传自己的主张,并广收门徒,自树宗派,显得异常活跃。

吴起出身卑微,深知没有社会地位、没有功业,就会被人瞧不起。他决心发奋学习,使自己有一技之长,好为将来建功立业打下基础。于是就拜孔子的学生曾参为师学习儒术。

曾参一见吴起这个英气勃勃的青年投奔自己门下,心中甚喜,就想考考吴起的慧根如何。就问:"你不远千里来到我的门下,想做何事?"吴起答道:"学圣贤之学,立功当代,显名后世。"曾参道:"仲尼之徒,不道桓、文之事,你知道吗?"意思是,孔子的儒家学派只谈仁义、忠信和王道,不行霸道。吴起道:"管仲佐桓公,九合诸侯,一匡天下,这是大功业,可孔子还说他仁哩!说明王道与霸道,并不矛盾。"曾参一听,为之语塞,心想:此人心智颇高,可以栽培。

吴起在曾参处一学就是五年,对学业的发奋用功,很得曾参称赞,并把齐国大夫田居的女儿介绍给他。但吴起所追求的理想与曾参学派的目标差距太大,时间一长,曾参就认为吴起功名心太强,心太狠戾,于是,师生之间的关系开始发生变化,最后被曾参赶出师门。

别的学生在曾参处学习期间,每隔一段时间就回去看看父母,可吴起从未回过一次家。曾参问:"你的母亲还健在,怎么不回去看看?"吴起道:"我离家时发过誓,不拜将封侯,决不回家。"曾参听后很生气:"对别人可以赌咒发誓,难道对自己的母亲也可以这样吗?"

不久,吴起的母亲死了,别人给他捎

来口信。曾参又劝他回去，吴起说："母亲在世时我都不想回去，现母亲死了，我更不想回去了。"曾参一听，很生气："水无源涸流，树无根则死。你背亲弃祖，是大不义，仲尼学派没有你这样的学生。"说完，就把吴起赶走了，并宣布与吴起断绝师生关系。

被老师开除了，吴起心里难过了好一阵子，可同时又从中认识到一个道理：儒家的仁义道德在这种弱肉强食的社会中是没有用的，自己要建功立业，靠卖嘴皮子，宣传空洞的道理说教，是永远也不能达到目的的。于是，他抛弃儒家学说，转而攻法家理论和兵书战策，大有所获，他认为这才是实实在在的学问，才能救世。

几年后，他得知鲁国出榜招贤，取才拜将，就觉得机会来了，举家向鲁国走去，通过鲁国相国公仪休推荐给鲁穆公。

鲁原是中原大国，是西周大政治家周公旦的封地。经过几百年的沧桑变幻和诸侯之间的弱肉强食，鲁国已变得衰弱不堪。鲁国的二十五代国君穆公，面对中原七雄崛起的严峻形势，也想引进贤才，尤其是军事人才，以求自保。

因吴起是曾参的学生，又是相国公仪休介绍，鲁穆公就让吴起在鲁国做下大夫。不久，东方大国齐国发兵向鲁国进攻，因鲁国小兵弱，更重要的是没有出色的统帅来指挥御敌，所以鲁穆公急得团团转。见此，相国公仪休说："现有奇才在此，为何不用？"鲁穆公问是谁，公仪休道："曾参门徒吴起，乃当世之奇才也。"鲁穆公摇摇头："吴起有才，寡人所知，但他妻子是齐国人，现要他带兵与齐国作战，他会卖命吗？"

吴起听说齐国入侵，心中暗喜，认为是自己立功拜将的时候到了。但过了一段时间，没有一点儿动静，一经打听，才知道国君是因自己妻子，才不敢拜他为将。一时，吴起心中闷闷不乐，他妻子知道后，为了成全丈夫的前途，就拔剑自杀了。吴起一见，就抱着妻子大哭一场，然后，把妻子的头割下，用布包好，拿剑挑着去见鲁穆公。鲁穆公一见血淋淋的人头在地上滚动，吓得连忙用手掩面，说："将军休矣，寡人害怕。"并挥手让吴起退出去，从此，吴起杀妻求将的恶名在历史上流传了几千年。

鲁穆公连忙召来公仪休，说："吴起为求将，敢杀自己的患难之妻，其心不可测啊！奈何？"公仪休道："吴起残忍，但却是将才。现齐国入侵，不用吴起，则鲁国危矣！"鲁穆公见此，只好命吴起为将，统兵御敌。

吴起第一次挂帅，就显示出非同寻常的军事才华。受任后，他与士卒同甘共苦，严以律己而宽以待人，因而全军将士皆能效死从命。到达前线后，因鲁弱齐强，他没有立即同齐军开仗，而是使用诡计：以自己齐国女婿的身份向齐军提出谈判要求。在与齐军谈判的过程中，又向对方示之以弱，以老弱之卒驻守，给对方造成一种"弱""怯"的假象，用以麻痹齐军。待齐军认为鲁军不欲战、士卒弱从而放松警惕时，吴起却率精锐的上军向齐军的薄弱环节中军发起猛烈进攻。齐军仓促应战，手足无措，一触即溃，伤亡过半，残部只好仓皇逃回本国，鲁国大获全胜。

齐国大败之后，鲁国转危为安。齐国见吴起如此了得，就派人施反间计，中伤吴起。鲁穆公本来就对吴起没有好感，又听说吴起受齐国贿赂黄金甚多，就解除了吴起的兵权，并扬言要逮捕他。吴起得知后，吓得连忙离开了鲁国。

离开鲁国往哪里去呢？吴起猛然想起自己与魏国丞相李悝(kuī)有一面之交，而且又听说魏文侯知人善用，也正在求贤富国。自己去那里也许可以大展身手,主意已定,就策马往魏国飞驰而去。

### 发迹魏国

公元前 425 年(周威烈王元年),原来春秋时期的晋国被三家公卿所瓜分,一下子在中原大地上冒出了三个新兴国家:韩、魏、赵。三个国家诞生之后,都奋发自为,扩大国力,以称霸中原,其中魏国做得最为成功。魏国魏文侯上台之后,虚心求教,引进人才,因此国势大增,各种人才都争相投奔魏国,如李悝、申不害、西门豹等治国人才都为魏国的强大做出了贡献。

魏文侯听说吴起奔魏,就对相国李悝说:"吴起杀妻求将,贪财好色,魏国如用这样的人才,行吗?"李悝道:"国王你说的是品德,我推荐的是人才,魏国要强大,曾参、颜回、柳下惠这样的圣人又有什么用? 吴起品德有亏,但治国打仗可是第一流的高手,司马穰苴(ráng jū)也不一定能超过他。"

魏文侯一听,连忙点头:"诺!"就在宗庙里正式接见吴起。在战国时,国王在宗庙里接见臣子是最高的礼节,魏文侯夫人还亲自为吴起斟酒。

吴起见魏文侯如此礼贤下士,就倾平生之所学,向魏文侯陈述治国治军的主张。概言之,有以下几个方面:一、建议魏文侯虚心求士、纳士、用士,废仁义之说,求治国之实。只要是人才,既有人才之长,又有人才之短,为国君者要去其所短,用其所长。这样,国家才能兴旺。二、以猛治吏民。吴起认为,国家之败,风气之颓在于官贪民滑。官贪则心不在国,民滑则财不聚上,如此,国必败,主必危。三、以法治国。淘汰老弱病残者,减少编制,组成一支人数虽不多,但精锐的军队。建议魏文侯设立"常备军魏武卒"。后来这些措施被原诸国争相仿效。

魏文侯一听,大喜:"人言将军高才,果然!"就拜吴起为大将军兼西河留守,让他作为一方军政长官独当一面,为魏国出力。

西河之地与秦国交界,在黄河的西边,即今陕西东部、河南北部一带。黄河本是天然屏障,但魏国还跨过黄河,把领土扩展到了河西以北的地方,直接威胁秦国的安全。所以,秦国志在必得,而魏文侯也觉得西河这样的战略要地,没有得力的人去防守是不行的。

吴起到西河之后,发现这个地方比自己原来想象的要差得多:地贫民穷,军中老弱病残极多,武器也锈迹斑斑,毫无战斗力。更令人吃惊的是,官员贪赃枉法令人瞠目,民风颓废不堪入目。为了彻底整治这个地方,吴起猛砍了"三板斧"。

首先,他派心腹下属去各地调查官员贪污的情况,把那些受贿的官员分为上、中、下三等。然后,择一日子,吴起率军队把这些人全部抓起来,押入一个大草坪中,令贪污最严重的坐于右边,较为严重的坐中间,较轻的坐左边,让四方百姓在旁观看。

时值午时,吴起宣布了这些官员的罪状后,命卫士擂鼓,鼓过三下,那些早已准备就绪、手执钢刀的士兵对着右边的一百八十名上等贪官砍去。一时,血肉横飞,人头滚滚,哀号遍野。坐在中间和左边陪斩的官员吓得魂飞魄散,周围的百姓也屏声敛气。

从此,各级官员廉洁有序,不敢明目张胆地贪赃枉法。治完官后,吴起着手治民。当时,西河民风颓废,巫术横行。专门有一些人不生产也不经商,专装神弄鬼,骗人钱财,成为社会上腐朽的寄生虫和破坏力量。对付这些人,吴起还是老办法,把为首的巫士全都抓起来,集中于一处,全部斩杀,然后命令烧毁西河所有的神庙巫寺。一夜之间,社会环境和秩序一片肃然。

治完官民后，吴起下令：开荒种地，发展生产，广种粮食，并规定：荒地三年内不纳税，熟地只纳二十分之一的税，超额完成任务的有奖，可以当官，没有完成的要罚去边境充军做奴隶。同时还规定：官吏贪污黄金五斤的斩首；三年内没有政绩的撤职为民；百姓之间如有私人殴斗，全部罚入边境为奴；偷人一头牛者，斩首；偷人一只羊者，砍去两条腿；偷人一只鸡者，砍去一个手掌并在脸上刺字。

仅五年，西河大治，一时间，道不拾遗，夜不闭户。魏文侯一听大喜，对大臣说："我今天才懂得法的用处。"并命人给吴起送去黄金两百斤、宝剑两把、好酒十坛以示奖励。

治理官民告一段落后，吴起就着手治理、整顿军队。他淘汰老弱病残者，把原来的上、中、下三军合为一军，并加强训练，提高俸禄，同时又新增加两个军。作为主将的吴起，其治军是恩威并施、令出如山，身先士卒，同甘共苦。

相传有一次，一个士兵的伤口化脓，生命垂危。吴起就亲自用嘴把士兵伤口里的脓汁吸出来，使这个士兵深受感动。所以，当士卒的母亲知道此事后大哭。别人说："大将军为你儿吮疽，你应感到荣幸才是，何哭？"士卒母亲说："哪有大将军为士兵吮疽之理？我儿必感动而致死。前年，他父亲死于剑下，如今我的儿子必死无疑。"果然，这个士兵在与秦军作战时，受感于吴起的恩惠，奋勇杀敌，最后被秦军射死。

有恩惠还必须有严法，军队才有战斗力。在与秦国交界处有一个较高的山头，上面驻有秦军几十个士兵。因居高临下，魏军的动静一目了然。所以，吴起很想拔掉这个钉子。

一天，他命人把一根大木头立在营房的东头，然后下令：如有人把木头搬到南头，赏黄金五十镒（yi）。开始有人不信，因为报酬与劳动的差距太大，其中有个士兵就认为，搬动这根木头即使得不到赏赐，至少也没有罪，同时也可检验吴起的命令是否过硬。于是，就把木头搬到南面，吴起马上命人赏给这个士兵黄金五十镒。

不久，吴起又下令：有谁把一担柿子从河的这边挑到那边，赐爵大夫。这一次不比上次，有人争着挑了，结果如愿以偿。吴起见差不多了，又下令：明天早上，三更送饭，五更攻山头，如攻下山头，赏黄金五十斤，赐爵上大夫，后退者斩！命令一出，士兵踊跃，蜂拥而上，很快就拔掉了对魏军威胁很大的秦军据点。

相传还有一次，吴起率军即将与秦军大战，有一士兵想表功，不待令下就跃入敌阵。眨眼之间，就立斩两个敌人之头而还。吴起一见，大怒，下令把这个士兵斩首。左右求情，认为是人才，杀了可惜。吴起说："是人才不错，但他不尊我之令，治军无令，何以胜敌？"说完，命人把这个士兵斩首，厚恤其家人。三军将士一见吴起执法如山，肃然有秩，再也不敢马虎了。

经过几十年的励精图治，西河井然有序，百姓殷富，官员廉洁，士卒效命。于是，吴起就开始挥军出击，西向秦，东向齐，北伐燕、赵，南下韩、楚，因军队士气高昂，吴起本人指挥有方，打得中原诸国求饶不迭，吴起之名威震天下。史传他与诸侯大战七十三，全胜六十四，其余打成平手，为魏国拓地千里，成为战国初期强大的诸侯国。吴起也因此而成为中国古代的军事大家。

吴起见自己威名赫赫，就想入朝拜相，执掌朝中大权，在魏国全面实行变法，然后扫平中原。但是，他失败了，不仅没有实现自己的目标，而且连他的性命也被送上变法的祭坛，成为中国历史上第一个为变法而献身的人。

## 身死楚国

吴起作为朝中大将兼拜西河留守几十年，深受魏文侯的信任。魏文侯死，武侯即位，对吴起的信任依然如故。不久，相国李悝死，田文接替相位，吴起见田文乃一文吏，居然能拜相，自己有大功于国，反而落居人下，就愤愤不平。朝拜结束后，吴起在大门口碰到田文，就与之论理。

吴起说："我身居西河几十年，使民富官廉士勇，你如我吗？"田文道："不如。"吴起道："我为魏国拓地千里，使秦国在几十年内不敢犯边，你如我吗？"田文答："不如。"吴起道："率百万之军，战必胜，攻必取，威震天下，你如我吗？"田文道："不如。"吴起愤然道："既然你在几方面都不如我，为什么位在我之上？"田文道："先王死后，主小国危，我以老臣身份安定国家，使政权平稳过渡，不知是你功大，还是我愧位？"吴起一听，沉思半晌，说："我不如你，但我最终要拜相，你这个位置是我的。"

田文当相国没几天就死了，接位的是魏武侯的女婿公孙。公孙知道自己是靠驸马这特殊身份当上相国的，非常害怕吴起这样的大将入朝秉政，因此，他必要去之而后快。

于是，他经常在魏武侯耳边吹风，说魏国小，吴起自恃功大，离魏之心很重。起初，武侯不信，时间一长，听多了，心里就起疙瘩，就问公孙："你怎么知道他不想留在魏国？"公孙故作神秘地说："你把公主嫁给他，如他想留魏，就会同意，否则就会推辞。"

魏武侯一听，觉得有理，就召来吴起，提出要把公主嫁给他，以酬他为魏国立下的大功。吴起见国王如此好意，又不知公主是如何人，不好立即表态，就去问公孙。公孙说："你来我家就知道了。"

然后，公孙与公主定计，如此。吴起到公孙家后，见公主像母夜叉一样盛气凌人，对丈夫公孙像指使仆人一样吆喝不已。吴起心想：这哪是老婆？明明是只母老虎，就谢绝了国王家的婚事。

于是，公孙就在国王面前进言，说吴起坏话："公主乃千金之身，别人想高攀都不行，现在吴起居然不要，足见他早就心不在魏了。"武侯一听，大怒，就削掉吴起的一切职务，时间是公元前385年（魏武侯十一年）。

此时的吴起已是年过花甲的老人了，几十年来为魏国立下大功，还遭如此下场，心里愤愤不平，就诡称要去故乡闲居，然后撇下妻小，快马一鞭，往南方楚国而去。因为他曾出使楚国，楚悼王对吴起之才十分敬重。

楚是南方大国，立国已有几百年，中途还出现过像楚庄王这样赫赫有名的君主。但自从伍子胥攻入郢都之后，国势一落千丈，尽管地方五千里，带甲近百万，可国势并不强。所以，楚悼王上台后想励精图治，振兴楚国，像楚庄王那样问鼎中原，但他的这一理想因保守势力太大和缺乏这方面的人才而未能实现。

吴起到了楚国后，楚悼王大喜过望，亲自出宫迎接他，并向他询问治国大计。吴起向楚悼王分析了楚国的形势，认为楚国孱（chán）弱的根本原因是民不富、士不勇，而造成民不富、士不勇的原因又是冗员过多，贵族过厚而削弱了国家，功不出上，力必在下，意思是吃闲饭的人太多，儿干活的太少，赏罚不分明，要根治的话，只有大刀阔斧，实行根本的变法和改造。

对于吴起的分析，楚悼王深以为然，就拜吴起为相国，全权委托吴起变法，并授予他以先斩后奏之权。见楚悼王如此信任自己，吴起深受感动，决心施展自己的才干，辅佐楚悼王富国强兵。

拜相一个月后，吴起公布了变法的命令，概言之，有如下内容。

一、编定官员的等级和人数，制定惩罚贪官污吏和奖赏有功人员的章程，坚决淘汰无关紧要的冗员。二、实行按功论俸，坚决缩减和裁掉无功、疏远的公族贵戚的供养俸禄。三、厚待战斗之士，增加军士及其家属的物质待遇。四、主张以厉甲兵而争天下，注重军士的选拔，加强军事训练和战争物质的储备。五、坚持循名核实，选拔有真才实学的人并予以重用，而对那些空口游说的投机之徒避而远之。

这些措施只实行了两年，楚国就产生了一支强大的军队，吴起率领这支军队南平百越，北灭陈、蔡，西败强秦，东破三晋联军二十万，使楚国的实力到达了汉水以北地区。中原诸侯国惊呼：楚庄王又复活了，南蛮子又要问鼎中原了！有的历史学家认为：吴起如在楚变法成功，以后统一中国的不是秦，而是楚。

吴起这些变法主张强大了楚国，但也触及了一些人的利益，砸了一些人的饭碗，其中大部分是那些只吃饭不干活儿，只领俸禄不为国家着想的王公贵族，因此，他们对吴起的法令群起而攻之。吴起得知后，派兵把其中闹得最凶的三十个贵族全部抓起来处斩，一个不留。

如此一来，反对之声销声匿迹了，那些贵族只好暗暗叫苦。这些人原是巧取豪夺，养尊处优的寄生虫，他们一旦失去特权，就惶惶不可终日，有的只好屈尊纡（yū）贵，去干下等人的活；有的放不下脸面只有饿死；有的只好逃亡到国外去谋生路。因此，他们对吴起恨之入骨。

有个叫屈若宜的贵族，他见楚国不能待了，就想去魏国谋生。临行，吴起去看他，说："你转告魏武侯，就说我吴起还有口饭吃，要他善待我家人，否则，我将发兵攻入大梁。"说着，吴起得意扬扬地问道："你觉得我这个人怎么样？"

屈若宜仇恨地说："你是个灾星！杀妻求将，贪财好色，师事曾参，未终而逐，事鲁不成又去魏，事魏不成又来楚，你以为你是好人吗？楚悼王二十多年来一直未有灾难，看来你给他带灾难来了。我劝你取消变法，否则你不得好死。"

吴起道："我变法不是使楚国强大了吗？"屈若宜道："国家强大与否，与我无关，只要不取消我的特权就行。"

屈若宜的话不幸被言中。三年后，楚悼王死，尸体还停在宫内，那些被取消了特权的贵族见国王已死，认为复仇的机会来了，就手持刀枪弓箭气势汹汹地闯进宫殿，要找吴起算账。

那一天，正值吴起在宫内当班守灵，忽见一大群人手持武器闯宫，就喊："休得无礼！"话音未落，那些贵族就向他射箭，并喊："吴起砸了我们的饭碗，今天报仇的时候到了！"吴起见来者不善，就负箭而逃。此是在宫内，不是在野外，他在前面跑，那些贵族就在后面追，跑一会儿就无路可走了。吴起不愧是军事家，死了也要找人垫背，就急中生智，逃到停楚悼王尸体的房间里，抱着楚悼王的尸体大哭起来。

那些失去理智的贵族一看见吴起，就箭如雨下地向他射去，不仅把吴起射得像个刺猬，就连楚悼王的尸体也中箭不少。在生命的最后时刻，吴起用最后的力气对那些疯狂的贵族喊："你们这些垃圾，自毁国家精英，我要让你们也不得好死！"那些贵族听后，知道闯了大祸，吓得扔掉兵器，作鸟兽散。

楚肃王上台后，调查射杀吴起和楚悼王的人。按楚律：凡是以兵器触到国王身体的，一律处斩。因此，七十二家贵族都被杀尽。

吴起在楚的变法虽然像流星贯空一样，很快就消失了，但二十年后，由他的同乡商鞅继续变法实践,并在秦国开花结果,吴起也因此而永载史册。

## 名将孙膑

孙膑是中国军事史上的传奇人物。年轻时受教于鬼谷子,在学业有成要建功立业之时,却被同窗学友迫害致残。但他并未因此而坠志,而是咬紧牙关,矢志不移,最终以受残之身建功立业,报仇雪恨,成为中国古代的军事大家。他的曲折坎坷的人生经历和用兵艺术,确值今人认真玩味、深思和借鉴。

### 同窗相残害终身

孙膑,生卒年不详,齐国人,即今山东阳谷一带,是大军事学家孙武之后。司马迁《史记》里说:"孙武百世后有孙膑。"原名孙宾,因受刑,改名为"膑"。

孙膑所处的年代正值战国中叶,尚武成风。各诸侯国为了自强自立,都在悬榜招贤,其中军事人才尤为诸侯国王所青睐。致使那些出身孤寒的有志之士,都想通过战场上的厮杀建功立业,名垂青史。孙膑也受这种风气的影响,在成年之后,遍访名山大川,求教于硕儒显学以丰富自己的知识,为建功立业打下坚实的基础。

在当时,名气最大的学者莫过于隐居于河南一个深山大谷中的神秘人物鬼谷子。相传此人学问渊博,见解高超,兵书战策无不通晓,对星相象数极有研究。加上其人如野鹤穿云,来去无迹,一般人是不容易见到的,所以,越发显得神秘莫测和名重天下。

孙膑拜鬼谷子为师后,认真钻研兵法阵图和阴阳妙理。与他一同受业的还有河南洛阳人庞涓、周人苏秦、张仪。苏秦和张仪学的是纵横之学,意即国际关系学。孙膑与庞涓研究的是军事战略,两人交情甚好,只是孙膑在学业上优于庞涓,庞涓的功名心重于孙膑。

几年之后,中原诸侯魏惠王出榜招贤。庞涓知道后就按捺不住,要求下山去求取功名富贵,鬼谷子见他下山心切,也就同意了。临走时,庞涓要老师为自己预测一下前途,鬼谷子就要他去找一枝花来。

时值九月,万物正值凋零。庞涓在外转了一圈,只找到一枝山苑花,拿起来一看,觉得路边小花不足以成大器,就丢弃于此,再复寻找。可怎么也没有发现别的花,只好返回捡起那枝被自己丢弃的山苑花,交给鬼谷子预测。

鬼谷子一看,闭目沉思一会,说:"此花原名铜铃花,一开十二朵,你能走十二年好运。花已被晒萎,又在鬼谷这个地方,委鬼相连为魏,你的发迹地在魏国。"说着,鬼谷子停了一下,说:"做事不可太绝,太绝必报。"最后,鬼谷子送庞涓八个字:"遇羊而兴,遇马而卒。"

见庞涓要走,孙膑甚是难舍,送了一程又一程。要分手了,庞涓道:"贤弟静候佳音,只要我有发达的一天,定会来接你。"

庞涓到魏国后,魏惠王听说是鬼谷子的高足来了,十分高兴,就亲自接待。庞涓一见国王,就倾平生之所学,滔滔不绝,使魏惠王大喜。这时厨子送上一只蒸熟了的羊羔,放在国王面前。庞涓一看,猛然想起鬼谷子"遇羊而兴"的话,心想:可能运气就要来了。果然,此次谈话不久,魏惠王就拜庞涓为将军,统兵御敌,成为魏国军界的头面人物。

几年之后的一天,当时的大学者墨翟的学生滑禽厘来到魏国。魏惠王又见是一个人才,就要滑禽厘留下为魏国服务。滑禽厘说:"我算什么人才?孙武子之后、鬼谷子的高足孙膑才真是大将之才。"魏惠王一听,喜不自禁,连忙召来庞涓,责备他不向自己推荐人才,并令他立即写信给孙膑,要孙膑下山来魏国辅佐自己。

见庞涓来信了，孙膑十分高兴，对人说："庞涓果然仗义。"年轻人的那种建功立业之心怎么也按捺不住，也向鬼谷子提出要下山到魏国去。既然这样，鬼谷子也不留他，也要孙膑去摘一枝花来，为他预测一下前程。

时值十月，万物凋谢。孙膑转了一大圈也找不到一枝花，只好把鬼谷子室中铜盆里的山菊花摘一枝来交给鬼谷子。鬼谷子道："菊花是耐寒之物，须要十月才开，说明你大器晚成。此花开于自家铜盆，你的立功之处不在于魏，而是在你的故乡齐国。这种花如受摧残，最终也能抗过去，色泽不败。"然后在孙膑的"宾"上加上一个"月"旁，变为"膑"。

孙膑一看，大惊："先生，刑余之人才称为'膑'，为何用于我？"鬼谷子道："你先不要问，日后定会应验。"

孙膑到魏国后，魏惠王大喜，与之一谈，确实觉得孙膑之才远在庞涓之上，当即就要拜孙膑为副军师，当庞涓的副手，与庞涓同掌兵权。庞涓在旁一听，就说："孙膑年长于我，才能又在我之上，怎么能让他做我的副手呢？我看先让孙先生做客卿，等立了功，就做军师，我情愿当他的副手。"国王一听，觉得有理，就拜孙膑为客卿，参谋军政大事。

常言道：利令智昏。一个人如被功名利禄烧昏了头，或太看重功名利禄，那社会上的人伦情谊就会被抛之脑后，甚至做出许多伤天害理的事情来，庞涓就是一个这样卑劣小人。

他当上将军后，觉得权力这个东西太诱人了，就容不得别人掺进来分一杯羹。本来他就知道孙膑之才在他之上，就是不向国王推荐，当国王要他给孙膑写信时，他心里颇为踌躇，又听到国王要封孙膑为副军师时，心里更毛，只好以孙膑新来为由阻止。可他不能长期阻止下去，一旦孙膑立下大功，魏国的兵权就非孙膑莫属。到了这步田地，庞涓也顾不上同窗之谊，准备对孙膑下手。

首先，他找了一个自己的心腹假扮齐国商人，找到孙膑，说是有家信捎给他。信的大意是说家境困窘，叫孙膑早返齐国建功立业，使一家人早日团聚。孙膑不辨真假，见是家信，十分高兴，也给来人捎上一封信，表示自己做了魏国的客卿，不能回去，但心里十分思念故国。

庞涓一得到孙膑的亲笔家信，大喜，说："孙膑从此逃不出我的手心了。"就把信交给魏惠王。惠王一看，大怒："我如此重用他，他还要私通齐国。"就要把孙膑处死。这时，庞涓又出来当好人，反复向魏惠王求情，要求免除孙膑的死罪，否则他没法儿向天下诸侯交代，都会认为是他庞涓陷害孙膑。见庞涓声泪俱下地求情，魏惠王就免了孙膑的死罪。但为了不让孙膑回国，判了他一个"膑"刑，把孙膑的两个膝盖骨剜去，让他永远不能走路，只能老死魏国。

之后，庞涓又跑到孙膑那里，向孙膑表功：说他如何在国王面前替他求情云云，神情凄婉哀切动人。孙膑一听，大受感动，认为庞涓是个大好人，为报知遇不杀之恩，孙膑许诺：把他先祖孙武兵法十三篇回忆出来，写好交给庞涓。庞涓大喜，他之所以不杀孙膑的目的也在这里，想待兵法写好后就不再给孙膑进食，把他活活饿死。

庞涓的卑劣行径被一个给孙膑送饭的老仆人看穿了，觉得庞涓太过分，非常不平。他把庞涓如何设计陷害一事告诉了孙膑。孙膑一听，大吃一惊，心想：真是知人知面不知心。但自己此时是笼中鸟、俎上肉，要脱离险境，还须动番脑筋。于是，他深思熟虑地想出一个绝招儿：装疯。

从此，孙膑就变得喜怒无常，时而大哭，时而大笑，披头散发，满身污秽，一口胡言乱语，并烧掉了所写好的兵书。仆人告诉庞涓：孙膑疯了。庞涓起初不信，像孙膑这种智虑深远的高手，怎么会疯呢？就走近牢房，对孙膑说："贤兄，还认识我吗？我是庞涓。"孙膑两眼发呆，突然指着庞涓大喊："你是魔鬼，不是庞涓，庞涓是我的好兄弟。"说着，拍着自己的胸脯，对庞涓说："我是玉皇大帝，我有十万天兵天将，要杀你这个恶魔。"说完，就抓起地板上的泥坯子往嘴里塞。见此，庞涓仍将信将疑，就把孙膑关到猪圈里，孙膑顺手抓起干猪粪往嘴里塞。庞涓一看，认为孙膑真疯了。

既是疯子，庞涓对孙膑的管束也就没那么紧了，让他在地上、屋檐下到处乱爬，这就为孙膑逃跑提供了方便。

孙膑疯了的消息传到他的故乡齐国。齐国大将田忌说："孙膑乃齐国之宝，现在魏国受难，真是齐国的耻辱。"辩士淳于髡（kūn）说："我看事情没那么简单，其中定有文章。"于是，他受齐威王之命访问魏国，表面上是与魏通好，实际上是接孙膑脱险。孙膑见故国来人，就与淳于髡约好，神不知鬼不觉地藏入准备运入齐国的茶叶车中。为防庞涓起疑，走时把衣服脱在井边，摆出自己投井而死的假象。庞涓一见，认为孙膑投井死了，也不再追查，结果孙膑安然回到了故土齐国。

### 瓦釜雷鸣，建功青史

孙膑回到齐国后受到了隆重的礼遇：大将田忌亲自跑到京城临淄十里之外的地方来接他，因孙膑已是残疾之身，齐威王专门为他做了一部精制的车子，并为他盖了房子，娶妻成了家。之后，齐威王要封孙膑高官，但被孙膑谢绝了，他对威王说："刑余之人，受故国如此厚恩，其心有愧，如要再加显爵，诸侯会笑话齐

国无人。"见孙膑态度坚决，齐威王也不再坚持，就尊孙膑为国师，如有军国大事或疑难之处，都向他请教。

相传有一次，大将田忌与威王赛马，同是王室的好马，田忌却每次都输，于是就请教孙膑。孙膑要田忌再与国王赌，并且押上大赌注，还担保田忌会赢。田忌问其诀窍，孙膑就要田忌在比赛的场次上把好马与劣马的比例变动一下：以田忌的下等马对国王的上等马，以中等马对国王的下等马，以上等马对国王的中等马，这样一来，就有两胜一负的效果。田忌照计去做，果然连赢两场。

在军事领域，有一门学问叫运筹学，就是分析对比、综合敌我力量，选择最佳胜敌方案。这门学问在今天已经相当复杂了，如要追溯其起源，还是来源于孙膑的赛马法。

孙膑见故国对他如此厚遇，心有不安，决心立大功来报答故国对他的救命知遇之恩，几年之后，这种机会终于来了。

自从周威烈王元年（公元前425年）韩、魏、赵三家分晋以后，中国进入了战国时代，出现了齐、楚、燕、韩、赵、魏、秦七个大国。其中韩、魏、赵处于四战之地的中原地带，东是齐，南是楚，西是秦，北是燕，为了自身的生存和发展，彼此争斗十分激烈。

魏国自魏文侯起，就开始奋发图强，引进人才，壮大自己，国势日强。到了魏惠王时，就开始向外扩张，除把郑、卫等残存小国归为自己的附属国之外，开始与其他大国争夺中原的霸主地位。而位处东部海边的齐在当时也是一个大国，经过一系列的改革后，国势也日益增强，也正在考虑北进、西入或南下。因此，魏要扩张、发展，既不能与齐交手，也不能与西边的秦、南方的楚开战，只能从韩、赵入手。而韩、赵弱于魏，只有求救于

齐。齐也不会看着魏国坐大侵地而不管，所以，魏与齐之间的冲突在所难免，一场大战迫在眉睫。

国际形势的风云变幻，正好为孙膑施展才干提供了一个绝好良机。然而碰巧的是以后在中原战场上的对手竟是他的老同学，又是仇人的庞涓。也许是天道循环，报应不爽。

周显王十六年（公元前353年），魏派大将庞涓率兵十万，把赵的首都邯郸包围了起来。因赵国力弱，只有向东方大国齐国求救。

齐威王召集大臣商议对策，相国邹忌主张不救，理由是别人的闲事少管为妙。大将田忌主张救赵，认为魏灭赵后，魏更强大，于齐不利。齐威王问计于孙膑，孙膑说："现魏、齐不两立，魏表面上是攻赵，从长远看是攻齐，齐如要北进或西入，魏是假想敌，因此，魏的强大对齐很不利。因此，救赵是为了齐国自己，但同时又不能立刻发兵，否则是齐替赵当兵锋。最好是让魏赵互相削弱，然后再趁魏之弊击魏。"

齐威王采纳了孙膑的意见：一方面派人给赵国去信，要赵坚持下去，许诺齐国一定出兵；另一方面在魏的后方襄陵作牵制性的进攻，以坚定赵国抗魏的决心。同时又给庞涓以错觉，齐不会有大动作，让他放心攻赵。

这样过了一年，赵国顶不住了，求援使者一日三至于齐。齐威王要孙膑当大将，但被孙膑谢绝了："以刑余之人当大将，邻国会笑话的，同时，庞涓如知道我在齐国，必定不敢大胆进攻。"于是，齐威王就命田忌为大将，孙膑为军师，率兵八万救赵。

田忌问孙膑："这一仗怎么打？"孙膑笑着反问："依将军之见呢？"田忌道："救兵如救火，率兵直扑邯郸，赵攻之于内，我们攻之于外，破魏必矣。"孙膑笑道：

"此计虽好，但不算上上之策。试想：我们行军千里到邯郸，不用开仗，我们自己就成了疲劳之师。同时魏强赵弱，我们在邯郸与魏交手，是替赵当兵刃，吃亏的是我们自己。"田忌道："依军师之见呢？"

孙膑道："有两个人在打架，救援者如直接参进去打，不仅不会使二者解围，反而会增加械斗的激烈，救援者本身也会受损失。最好的办法是批亢捣虚，形格势禁。"他建议命一将率一部分兵力伪装成主力，直扑魏国首都大梁（开封），引得庞涓千里回师相救，而齐国主力埋伏在庞涓回师的中途。这样，齐军以逸待劳，敌千里回师，必疲劳不堪，定能大获全胜。

田忌依计而行，命将军田英率军一万直扑大梁，自己与孙膑在庞涓回救大梁的必经之地桂陵路上设下埋伏，张开口袋，等待庞涓钻进来。

庞涓正攻邯郸甚急，忽接到大梁遭齐军进攻的十万火急军情，只好撤围邯郸，马不停蹄地往回赶。走到桂陵时，钻入孙膑设下的口袋，被歼两万多人。当他看到齐军大旗上写有军师"孙"字时，大吃一惊："此瘸子没死，乃吾之劲敌也。"好不容易才冲出重围，狼狈而逃。

这就是流传了几千年的典型战法：围魏救赵。

几年后，魏惠王为了挽回桂陵战役的损失，争当中原盟主，又想挑起战争。而庞涓因失败于桂陵，威信大损。为挽回面子，他也想打一次大胜仗以巩固自己的地位。公元前343年，他主动向国王提出攻韩方案，并得到了批准。

韩也是小国，抵挡不住魏国的凌厉攻势，也只好向齐国求救。齐威王又派田忌为大将，孙膑为军师率兵九万救韩。出发前，齐威王问计于孙膑："军师以为必须救韩？"孙膑道："然也。"威王道："早救还是晚救？"孙膑道："早救是我们替人受战,不合算,晚救则韩亡,也失去救援的意义。还是老办法,派人去韩,许诺出兵,坚定其抗魏决心,时间一长,魏军也成了疲劳之师。而我们则可以深结韩之亲而晚承魏之弊。"意思是让两国打得精疲力竭,韩将亡时出兵,这样既收到了让韩国感激不尽又能轻易打败魏军的双重效果。

在作战指挥上也略有改变:桂陵之役是设伏于中途,等庞涓钻口袋,如这一次完全是上次的重复,庞涓必不会上钩,也起不到救韩的效果。于是,孙膑来了个假戏真做,率近十万大军全部直扑大梁,浩浩荡荡地把大梁包围起来攻打,而且打得十分激烈,以引庞涓回师,再牵牛鼻子,在运动中歼敌。

庞涓的攻韩行动又功亏一篑。在接到国内的紧急军情后,只好撤师回魏。他深恨孙膑不已,就气势汹汹地率军回救大梁,决心要把齐军全歼于大梁城下。

而孙膑与田忌则在大梁外的军营里,一边指挥部队攻梁,一边派人密切注视庞涓的动向。待探子报告说庞涓到大梁只有一天的路程时,孙膑就命齐军撤围向齐国方向退去。而庞涓到达大梁时,听人说孙膑只走了一天,就深悔不已。因为只有一天的路程,以魏军的骑兵速度,一天路程不算什么,就命魏军在齐军后面猛追。他决心这一次一定要消灭齐军,活捉孙膑,以解心头之恨。

兵法上云:贪兵必败。庞涓的结局正验证了这条作战原则:感情战胜理智,失去冷静、客观的判断和分析,而孙膑正是要采取这种方式激怒他,使他进入自己预设的战场。

当孙膑得知庞涓在后面尾追不舍时,大喜。为了进一步给庞涓造成错觉,使他放心大胆地追,就命人一天挖十万灶,二天挖五万灶,三天挖两万灶。庞涓追上来时,发现齐军所挖的灶一天天稀

少,以为是齐军怯战,多有逃亡,大喜过望:"我早知齐人怯战,果然!"就命部队加紧追赶,步兵走不快,他就要太子申生指挥步兵在后面慢慢走,自己率骑兵在前面猛追齐军。

又走了一天,到达一个叫马陵道的地方时,天色已晚。道路上都横着一些砍倒的树木,庞涓以为是齐军为阻止他追击而故意如此,就命士兵搬开树木,继续前进。这时,有士兵告诉他:前面有棵大树,被削了皮,孤零零地立在路中央,上面还有字。庞涓觉得奇怪,就命人打起火把,一瞧,上面写着:庞涓死此树下。庞涓忙问旁人:"这是什么地方?"有士兵答道:"马陵道。"庞涓一听,大惊:"鬼谷子说我遇羊而兴,遇马而卒。这个地方于我不利,速退!"但已经晚了,埋伏在两旁山上的齐军一见火把,就万弩齐发。庞涓挥军冲杀,怎么也冲不出去,最后见大势已去,只好拔剑自杀了。死前叹道:"我真后悔没有杀了这个瘸子,以致最终死在他的手里,成全了他的名声,命也!"在后面的魏步兵也全部投降了齐军,魏太子申生自杀。经此两次惨败,魏国从此一蹶不振。

桂陵、马陵之役后,孙膑名重天下,成了齐国军界的柱石。但他不居功自傲,功成之后就归隐在家,整理自己的用兵心得。我们今天见到的,1972 年出土于山东银雀山的《孙膑兵法》,就是他留给后世的遗产。兵法写完后,孙膑不知所终:一说他八十多岁老死于家中,一说他跟随鬼谷子成仙去了。

谚语曰:自古雄才多磨难。一个人只要有志、有才而又矢志不移,必会为人所理解、尊重,最终功成名就,孙膑就是最好的历史例证。他创造的"围魏救赵"的用兵原则,几千年来也为军事家们所服膺和运用,直到今天仍有很强的生命力。

## 燕将乐毅

战国时期燕国大将乐毅是中国军事史上的知名人物，历史上把他与齐桓公的丞相管仲合称"管乐"。乐毅不仅有较高的战略谋划和具体的军事指挥才能，而且机智果断、智虑深远，能在复杂的政治斗争中游刃有余，保全自己，不做愚忠的殉葬品和权力斗争祭坛上的牺牲品，因而使自己一生不仅功成名就，名垂千古，而且悠然地走完了人生的全过程。

### 为燕雪耻

乐毅，生卒年不详，赵国人（今河北省平山县人），属于战国中后期的人物。其先祖乐羊曾在魏国当大将，因伐中山国有功被封于灵寿（河北保定一带），后全家开始迁居赵地。因赵国武灵王为王位继承之事引发内乱，乐毅就跑到魏国首都大梁（河南开封）。魏主闻乐毅之贤，又是将门之后，就封乐毅为大夫。

此时的魏国早已没有魏文侯、魏武侯时的国势了，在中原诸侯争霸的严峻形势中，只能处于自守的境地。魏王又没有励精图治、恢复国力的雄心，因此，乐毅觉得在这种国家难以施展自己的才干和抱负，就想择木而栖，选贤君而事。

有一次，处于北方的燕国通好魏国，作为回报，魏国应派使臣到燕国去。魏王想到了乐毅，认为他最适合，就命乐毅作为魏国使臣出使燕国。当时就有人提醒魏襄王，说："燕昭王正在纳士，乐毅素有贤名，无使出境，恐为燕用。"但魏王不听，乐毅接命后，稍事收拾，即刻上道。

燕国处于中国的北方（今河北以北一带），建都蓟（jì）（今北京），是战国七雄中的北方强国。但到了燕王哙时，因误听辩士诡言，国势大弱。

苏秦当了六国丞相后，贵重天下，他弟弟苏代也步其兄之后尘，以纵横之说闻名于世。此时，燕易王死，燕王哙即

位，子之为宰相，权倾朝廷。为了攫取王位，子之送苏代千金，要他为自己说话。苏代到燕国后，燕王哙问他："齐王如何？"苏代说："必不霸。"燕王哙道："为何？"苏代道："不信任宰相的缘故。"于是燕王哙又加重子之的权力。过了不久，苏代对燕王哙说："大王不如以国让子之，人之谓尧贤，是因为以天下让许由，许由不受，所以尧有让天下之名而有天下之实。现大王以国让子之，子之必不敢受，于是王贤于尧，必霸天下。"于是燕王哙果以王位让宰相子之，而子之老实不客气地当起国王来。仅三年，国内大乱，太子率军攻子之，杀之。此时燕王哙已死，太子即位，是为燕昭王。就在燕国内大乱之际，东方的齐国乘虚而入，占城七十二座，燕因内乱，国势大耗，无力反击，眼睁睁地看着齐王侵占自己的土地。因此，燕昭王一上台，立志复仇，恢复故土。

燕昭王是一个贤明又有作为的君主，上台伊始就出榜招贤，引进人才，很有一番励精图治、振作有为的气象。他为了引进人才，别出心裁地筑了一黄金台。

可时间过了很久，也没见一个人才到燕国来。燕昭王忧心忡忡，就对他的大夫郭隗（wěi）说："我以如此贤心招揽天下英才，可一个人也不见来，何也？"郭隗道："你要招揽人才，仅靠筑黄金台是不够的，还要拿出实际行动来，使天下的人才都知道你是真心爱贤、尊贤、用贤。"

接着，郭隗就向燕昭王打了个比方：从前有个国王，对千里马爱之如命，就命他的大夫持五百金去寻找、购买。这位大夫在外转了很久，也没有找到千里马，就只好买了一具死马的骨架回国，并谎称是千里马。国王一见，大怒："我要你用五百金买千里马，你居然买了一具死马骨头回来，该当何罪？"这位大夫不慌

不忙地说："大王息怒，真正爱千里马的不要你自己亲自去找，而是要让千里马自己跑来，要让人知道你确实爱马。一具死马的骨架尚能值五百金，何况活马乎？你放心，不久千里马就会来。"果然不久，就连续有好几匹千里马闻讯而来。

郭隗最后说："引进人才与买千里马的性质是一样的。众所周知，我这个人没有才能，如果大王能买我这具死马骨头，重用我，那天下英才很快就会来。因为连我都会重用，何况奇才？"成语"请从隗始"即源于此。

燕昭王听后，很受启发，就照郭隗的话去做，封郭隗为高官。果然此举在诸侯国中产生了很大的影响，乐毅之所以急于离魏去燕，就是得到了燕昭王真心求贤的信息。

乐毅一到燕国，燕昭王大喜，对左右说："乐毅乃将门之后，素有贤名才学。尽管他是作为使节到燕国，我也要把他留住。燕国正需要这样的人才。"于是对乐毅三日一小宴，五日一大宴，送礼甚多，态度极为恭敬、谦逊。乐毅见此，就对燕昭王说："大王对使臣如此，实乃超出对国家使臣的礼节范围，不知大王有何要求。"燕昭王坦率诚恳地说："实不相瞒，寡人早闻先生之才，无缘相见，今日先生来燕，实乃寡人与宗庙之福。所以，先生如不弃寡人愚陋，就请留下来，寡人何惜高官厚禄？"

见此，乐毅大受感动，说："难得大王如此爱贤之心，臣愿效犬马之劳，以供驱使。"燕昭王见乐毅愿意留下，喜不自禁，立即拜乐毅为亚卿（相当于副丞相之职），负责军队的组织训练和指挥。

一天，燕昭王亲到乐毅府上，向乐毅请教军政大计。昭王说："寡人受国以来，深以先王丧国引乱为耻，寡人想祭宗庙之灵，以雪燕耻，复仇齐国，将军认为我应该怎么干呢？"

乐毅道："深感大王之问，为国者要强根固本，威震天下，唯有对内以信，对外以威。齐是大国，燕乃小国，要复齐仇，非一战所能下，大王当徐徐图之。"然后，乐毅向燕昭王提出：对内取信于民，引进人才，发展生产，扩大军队，训练士卒，在此基础上，待其隙虚，先扫藩篱，壮大自己，再攻中心的战略方针。

燕昭王听后，深以为然。经过十多年的励精图治，国势大增，军队也扩大了几倍。于是，燕昭王就命乐毅率军出击，先扫清燕周围的残存小国，开拓了从今内蒙古土默特以东，大青山以南，黄河南岸、长城以北和辽河流域的广大地区，使燕国实力进一步增强。

见燕国实力增大，燕昭王的复仇雪耻的心理就愈烈。此时的齐国尽管国王对内斩杀大臣，失信于民，对外侮辱、结怨于诸侯，昏聩残暴，但齐是大国，方圆两千多里，带甲几十万，而且铸山为铜，煮海为盐，国势不可小觑。燕虽然具备了伐齐的可能，然在具体实施上疏忽不得。

燕国王复仇心切，而大将乐毅的头脑却非常冷静、客观。他对燕昭王分析了敌我双方的形势，说："谚语曰：'瘦死的骆驼比马大。'齐原是霸业之国，地广人多，根基较深，尽管目前有危机，但其国势还是强的。大王不仅要雪耻，而且应占齐国而有之。所以，仅凭我们一个国家是不行的，必须联合楚、魏、赵、韩诸国，共同出兵，方能取胜。"燕昭王道："这些国家会出兵吗？"乐毅道："齐湣王的倒行逆施早已在诸国间十分孤立，大家都很讨厌他。只要派一能言善辩的使臣，携以重礼，定能成功。"

于是，燕昭王就命乐毅为燕国使臣，携上重礼，游说楚、魏、韩、赵。各国因怨齐已久，听说是联合伐齐，均表赞同。各国均愿出兵车八百乘与燕会合。从而，中国军事史第一个军事联盟产生了。

见各国均愿意出兵，燕昭王大喜，就命乐毅为上将军，统率赵、楚、韩、魏、燕五国的军队，浩浩荡荡地向齐国杀去，时间是公元前284年。

### 畏谗避祸

历史的经验往往是这样：人生旅途处在最春风得意之时，倒霉和不幸就开始悄悄地靠过来了，如果当事人能见微知著，超然远思，就能防患于未然，避免人生各种悲剧的发生。乐毅就是这样一个趋安避祸逢凶化吉的人物。

齐湣王得知燕军大将乐毅率诸侯联军攻齐时，自己也亲率齐军主力与联军相遇于济水（今山东济南西北）。见齐王亲率大军而来，乐毅就命联军在正面坚守，自己亲率燕国骑兵溯济水而上二十里，从翼侧横击齐军。遭此突击，齐军大败，齐湣王只好率残军向齐国首都临淄逃去。

济水大捷后，赵、韩、魏、楚四国军队就班师回国了。乐毅则率燕军猛追齐军残部，很快就收复了被齐国侵占的燕国领土。同时，乐毅见齐军已成惊弓之鸟，就紧追不舍，对齐国首都临淄发起攻击。齐湣王此时已被吓破了胆，见燕军势大攻城，以为临淄孤城难守，就放弃临淄的防务，率少数臣僚逃往莒城（今山东莒县），临淄被燕军攻破。

乐毅攻入临淄后，把虏获的珠玉珍宝，车甲祭器悉数运回燕国，就连齐国的定国之宝镇宫钟，也作为战利品展览于燕国宫廷之中，让天下诸侯羡慕不已。因功，燕昭王派使节拜乐毅为昌国君。

攻破了齐都临淄后，齐国只有聊城、莒城和即墨三城在顽强地抵抗燕军，其他地方均为燕军所占。

这对于乐毅来说是一个新课题：一方面要攻破剩余的三城，另一方面要巩固已取得的齐地。他认为单靠武力，即

使破其城也不能服其心，即使占其国也不能服其民，不能长久统治。于是，他开始改变策略：由单纯的军事打击，变为以军事打击为辅，政治上争取民心为主。他对即墨、莒城和聊城采取围而不攻的战略，对已攻下之地实行减赋税、废苛政的方针，并尊重当地的风俗习惯，保护齐国固有的文化，优待地方名流，对齐民实行攻心战，使之从根本上瓦解齐军的抵抗力，对剩余之三城也可收到不战而屈人之效果。

这是一个大胆的、全新的战略，在军事史上，把军事政治统一起来使用，以攻心战代替攻城战，以政治战代替军事战，乐毅是第一人，因此，齐民大悦。而在莒城的齐湣王则大恐，他的臣民纷纷怪罪于他，在一个月黑之夜，被他的丞相淖齿抽筋而死。

对乐毅而言，实施这种战略也是冒了很大的风险的：他率军攻齐，所向披靡，一战而下齐之七十二城，占领了齐国全境。而在齐国五年，居然连三座孤城也未攻下，就不能不使人对乐毅的目的和打算产生了怀疑，认为他是养寇自重，别有图谋。于是，有人向燕昭王进谗，可燕昭王对乐毅十分信任，就把进谗之人杀死，并派使者向乐毅作解释，以消除乐毅的疑虑，让他按自己的既定战略放手去干。

但过了不久，燕昭王死了，儿子继位，史称燕惠王。惠王还在当太子时，就与乐毅有较深的矛盾，很不喜欢这个大权在握的外国人。

国王与将军的这层关系被坚守于即墨的齐军主将田单知道了，大喜，就对部下说："燕军必退，齐必复国。"部下问其故，他说："自古以来，哪有国王疑之于内而大将能立功于外的？"

于是，他到处散布谣言，施反间计，说乐毅能在短时期内攻下齐国七十余

城，难道几年工夫还打不下莒城和即墨吗？其实他是想用恩德收服齐人之心，为他叛燕自立做准备。还说什么乐毅本欲自当齐王，过去因不愿承担辜负先王之名而未敢轻动，现新王即位，乐毅大概不会再有所顾忌了。还说："假如新王另派个将军来代替乐毅，恐怕莒城和即墨危在旦夕了。"

这些流言蜚语如空穴来风，说得有鼻子有眼，整个燕国的首都蓟城都传遍了，这就不容燕惠王不相信了，加上他本来就与乐毅有隙。于是，他就下令罢免乐毅的兵权，派骑劫为大将去齐国接替乐毅的职务，并要乐毅立即回国。

见燕惠王如此草率，他的丞相就劝他，要他慎重考虑，说："乐毅乃先王信任的大将，有大功于燕，现轻听人言，罢免他的兵权，天下诸侯闻之，就会谓燕国不能容人，以后还有谁会为燕国出力？"燕惠王道："你能保证乐毅不会有异心吗？"丞相不吱声了，因为这样的担保，谁也没有把握。

乐毅被罢免的消息传到齐国后，他的副将甘昧对乐毅说："功亏一篑，你又受不白之冤，奈何？"乐毅道："我以前对古人的有始无终十分不满，想不到现在轮到我自己了。"接着，仰天长叹道："我如回国，必死无疑。"于是，他就对甘昧说出了要去赵国的打算，说："时久水清，事久众明。我不能白白地回去送死，如这样，我真要背上不义之名了。同时，善作者不必善成，善始者不必善终，我为燕国收复大片领土，也无愧于先王了。"甘昧道："你走后，你家里人怎么办？"乐毅道："我如回国，不仅我有性命之忧，而且我的家人也很危险，我如去赵，燕王就不会把我的家人怎么样了，这叫内入则死，外出则生。"

于是，乐毅把帅印挂在军营的墙壁上，自己只身向赵国而去。赵惠王听说

乐毅归赵，十分高兴，隆重地接待了他，并封他为望诸君。

燕惠王听说乐毅归赵，十分恼火，命人把乐毅的家人抓起来，同时令乐毅的接任者骑劫全力攻齐。可骑劫是个寡思少谋的人物。他接任乐毅的职务后，一反乐毅原来的战略部署与争取齐国民心的正确举措，施之以残苛的政策，把抓到的齐军刮掉鼻子，挖掉眼睛，还挖齐人坟墓，暴尸于外。这激起了齐国军民的强烈反抗，齐将田单利用这一有利于己的形势，以火牛阵的战术，在即墨城下大破燕军，骑劫被杀。见燕军大败，田单也乘胜追击，把燕军全部逐出齐境，并全部收复齐国所失城邑，迎接齐襄王于临淄复位。结果乐毅与燕昭王十几年的辛勤全部付之东流。

燕惠王在严酷的现实面前清醒了，深为懊悔，同时又怨乐毅离燕去赵，担心赵国起用乐毅。他乘燕军新败之机，给乐毅去了一封信，检讨自己的过失，又委婉指责乐毅不忠，要求乐毅返燕。

但乐毅决心已下，不可再改。他给燕惠王回信说："免身立功，以明先王之迹，臣之上计也。伍子胥不早见主之不同量，是以沉于江而不化，所以离毁辱之诽谤，坠先王之名，臣之所大恐也；临不测之罪，以幸为利，义之所不敢出也。臣闻古之君子，绝交不出恶声，忠臣去国，不洁其名，臣虽不佞，数奉教于君子矣。"措辞温婉，语意诚挚，对他离燕去赵，做了有力的申辩，坦率地表明了自己的态度：自己不会当伍子胥！

燕惠王见乐毅态度坚决，又担心乐毅率赵军攻燕，只好释放乐毅家人，封乐毅之子乐闲为昌国君，以示笼络。此后乐毅就身居赵国为客卿，在燕、赵两国之间奔走，既不使自己负不忠之名，也使家人安然无恙，最后老死于赵。

历史地看，乐毅作为战国名将，不仅

有较高的军事战略才能，还善于把外交斗争与军事手段结合起来，把军事攻势与政治攻势结合起来，争取国际援助，笼络敌国民众，这都显示了乐毅有很高的军政水平。另外，他谋略深远，在谗言面前，沉着冷静。既不举兵抗上，又不口吐怨言，更不贸然回国以遭不测，而是超然于他国，最后让事实说话，以证明自己的正确与清白，比起伍子胥来，其智谋要更胜一筹。

## 秦将白起

秦昭王的大将白起是中国军事史上指挥大兵团作战，打歼灭战的高手。在他三十多年的军事生涯中，曾率领秦军斩首百万，拓地千里，把中原六国攻得支离破碎，使天下诸侯闻他之名无不股栗。但这么一个军事天才，最终在封建社会那种残酷的权力斗争中，不得不饮剑自亡。

### 星相学家的预言

白起，生年不详，死于秦昭王五十年（公元前 257 年），陕西眉县人，其先祖乃秦穆公的大将白乙术，十几代之后，家庭已成为地地道道的农户，世以耕种为业。

白起天性好动，性格直率，爱冲动不饶人，尤喜兵好斗，与村里的其他孩子都合不来，唯与邻居魏姓的孩子相处友好，几个人经常在一起玩耍，做打仗冲锋的游戏。白起经常对魏家孩子说："给我六万兵，横行天下无人可挡。"但一农夫之子，何来的拜将封侯？只好整天与魏家的孩子上山牧羊、割草。

一天，魏国星相学家石申有事去秦国。路经眉县，见到山坡上两男一女三个孩子在牧羊割草，他大吃一惊，问村里人："这是谁家的孩子？"旁人告诉他："魏、白两家的。"石申说："真是神了，秦献公十一年，天降黄金雨于栎（yuè）阳，十八年，栎阳的桃树冬天开花。周太史

就说，秦最终统一天下，五百年与周合，七十年后而霸主出。这两个男孩子就是上天的文武二曲星降世，为霸主定基之人，二十年后必应吾言。不过这两个男孩的富贵全在于这个女孩子。"

这三个孩子除白起外，另一个是魏家小子魏冉，女孩子是魏冉的姐姐魏枝，年方十五。三年后，秦惠文王因后宫少子，认为民间女子体格壮健，能多子，就来民间选美。魏枝也是被选之人，入宫一年后，就为秦惠文王生下一男孩，魏枝被立为王后。

八年后，秦惠文王死，长子继位，史称秦武王。秦武王是有名的大力士。有一次他战后途经洛阳，见洛阳宫里的周鼎重有千斤，好奇心大起。他提出要和秦国大力士乌获比赛举鼎，结果因鼎太重被扯断筋脉而死。

因武王无子，就由魏枝之子也是武王的庶母弟继位，史称秦昭王。儿子当了国王，母亲就成了王太后，史称宣太后。历史上的宣太后是个很有个性很厉害的女人。相传，宣太后因年轻守寡，寂寞难耐，就与朝中大臣魏丑夫相好。有一次，宣太后对人说："我死，魏丑夫殉葬。"魏丑夫吓得半死，他的朋友无庸对他说："没关系，我能让太后打消此主意。"无庸找到宣太后，问她："人死后有知吗？"宣太后说："大概有吧！"无庸说："既然死后有知，先王对你的行为早已狂怒不已，你谢罪还来不及，哪有时间与魏丑夫约会相好呢？"宣太后一听，笑道："你很会说话，就免了他吧！"

秦昭王即位时还是个十来岁的小孩子，所以就由母亲宣太后听政。宣太后为了政权的平稳、巩固，就把自己的弟弟魏冉拜为丞相，封穰（ráng）侯。魏冉当丞相后，就向秦昭王推荐了自己少年伙伴白起，由他统兵作战。秦昭王对魏冉说："白起会打仗吗？"魏冉道："百世难遇

的将才。"秦昭王道："我不喜欢这个人，他那样子好凶！"宣太后训斥道："你懂什么？难道你比我还了解他吗？"见母亲发了话，秦昭王不吱声了，就下诏命白起为左庶长，相当于诸侯国的卿大夫，也算是高官了。

白起果然身手不凡，秦军在他的率领下所向披靡，无人可挡。秦昭王十四年（公元前293年），白起率八万秦军，在洛阳市南面的伊阙大破韩、魏联军二十万，俘获了魏将公孙喜，夺城五座。秦昭王十五年（公元前292年），白起率军攻魏，斩首八万，并沉二万人于河，连下魏国城邑六十余座。秦昭王二十一年（公元前286年），白起率军进攻赵国，斩首十三万，夺取了赵国的光狼城。

一连串的胜利，使秦昭王高兴得手舞足蹈，连连称赞母亲和舅舅举荐得人，并封白起为太尉、大良造这样的最高军政长官。

秦昭王二十八年，白起在把韩、魏、赵攻得无法招架之后，又率兵南向，对南方大国楚国开始了军事进攻。在进攻前，白起伪装有病，由人代替自己的职务。秦昭王则对各诸侯国大放和谈空气，然后又派兵在西南的汉中一带向楚国发动进攻，吸引了楚军的主力。而白起则亲率二十万大军东出武关，直扑江汉平原。在攻下邓城（河南邓县）之后，秦军在鄢城受阻（河南鄢陵）。白起就命令决开江水灌城，鄢城全城十几万人顿成鱼鳖，秦军不战而下鄢城。之后，白起率大军对楚国首都郢（湖北江陵）发动了进攻，并攻克和烧毁了楚王的宗庙，迫使楚王东迁。秦国占领了楚国西部的大片土地，并改名为汉水郡。大诗人屈原的《哀郢》一诗就是这次历史事例的记录。因功，白起被封为武安君，达到仅次于王的位置了。

仗打到这个程度可说是登峰造极

了，因此，白起名重天下，威震诸侯。哪次战役，只要听说是白起指挥，对方往往先从心理上解除了武装，不是望风撤退，就是战败请降。

经过一连串的军事打击，韩、魏、赵、楚的势力大损。为了不给对方以喘息之机，秦昭王又要白起率军出击，过临晋，涉河东，占住晋地，从战略上包围"三晋"与燕四国。

秦昭王三十四年（公元前273年），白起率十万大军攻魏，斩首十三万，夺取了魏之华阳地区；昭王四十三年（公元前264年），白起率军攻韩，斩首五万，并夺取了韩国重镇陉城，进而夺取了晋南大片土地。剩下的问题就是借战胜之威，越太行，过井陉，席卷南下以灭赵国。

白起的政治与军事生涯也因之达到了顶点。正当他春风得意、大显身手时，他命中的克星开始向他扬起了亡幡，这个人就是历史上有名的政治战略家范雎。

### 将星殒落

范雎原是魏国人，因蒙冤逃到了秦国，向秦昭王进献"远交近攻"之策和巩固君权之术，甚得秦昭王的宠信，官拜丞相，封应侯。因个人利益的驱使，范雎与白起发生了激烈的矛盾冲突，最终至白起死于非命。

秦昭王四十五年（公元前262年），秦将王稽率军攻韩之野王城（今河南沁阳），从而隔断了韩国上党郡与韩国首都阳翟（河南新郑）之间的联系，使上党成为一块孤地。上党守将冯亭自知抵挡不住秦军的进攻，就派人手捧上党地图去赵国投降。赵孝成王大喜过望：不战而得韩之十几座城池，天底下竟有这种美事。就派平原君赵胜去受降，并封冯亭为万户侯。其实，这是冯亭嫁祸于人的计策。果然，见韩上党降赵，到了口的肥肉被别人抢去，秦昭王大怒，命王稽加紧进攻上党,不能让赵国白占便宜。

赵王听说秦攻上党甚急,就命老将廉颇率军二十万解救上党。走到半途,闻上党已失,就命部队就在长平一带固守待命,以御秦军南下。中国历史上有名的"长平大战"正式拉开了序幕。

廉颇是赵国有名的老将,久经沙场,极富作战经验。他见上党已失,无法挽回,就命部队在长平加修工事,深挖堑壕,固守御敌。因为他知道,秦远离后方,利速;赵在自己本土作战,利久。

秦昭王见赵国以廉颇为将,深以为忧,想去掉廉颇,为秦大军南下扫除障碍。就派人到赵国四处散布谣言:廉颇固守是怯敌,而且很快就要投降了,廉颇不足虑,秦军最怕的是马服君赵奢的儿子赵括。赵王是个软耳朵,真的上了当。他撤换了廉颇,换赵括为统帅,还加拨二十三万大军给赵括,这样,在长平的赵军就达四十三万之众。

秦昭王见赵王上当,就命白起为秦军统帅。因白起威名太甚,担心赵括不敢出去,就严令军中,有泄露武安君为将者,斩!

赵括是个有名的书呆子,只会啃兵书条文,不会审势,不懂变通。他一上任,就改变廉颇的战法,主动出击。见赵军主动出击,白起到前线观察地形之后,就对诸将说:"很快就可结束战争。"就命将军王龁率军三千去诱敌,只许败,不许胜。又命王稽率军一万,待赵军追击离开营垒之后,插入中间,以断赵军退路,然后再以大军围困赵军。

见秦军挑战,赵括披挂上马,挥军迎战。打不上几个回合,秦军抵挡不住往后败退。见秦军后退,赵括就率军猛追,一口气追了几十里,结果中了白起的诱敌深入之计,被秦军团团包围起来。

见赵军被围,秦昭王担心秦军兵力不够,就亲自到河东,命十六岁以上、六十以下的男子都上阵为兵,把四十三万赵军围了数层。一个月后,因后方运输线被秦军掐断,赵军无粮,饥饿极甚,军心大乱,甚至出现人相食。赵括见形势严峻,想组织部队突围,但均被秦军阻止,赵括本人也死于乱箭之中。最后,饥饿的赵军只好全部投降了秦军。

四十三万降兵,不要说是军队,就是老百姓,也是一个庞大的数字。白起担心赵军作乱,就用诈谋,一夜之间,把四十三万赵军全部杀得干干净净,只留两百四十人回邯郸报信。流血淙淙,河水尽赤。数千年后的今天,人们还经常从这里挖出一堆堆白骨和箭镞,可见当时战争的惨烈。相传,从那以后,每年的那个时候,长平一带阴风惨惨,号哭震天。唐玄宗到长平巡视时,听说了此事,就亲设水陆道场七天七夜,超度亡灵,冤号之声才停止。

长平大战对赵国是个致命的打击,全国的青壮年男子几乎死亡殆尽,举国一日数惊,生活在一片号哭、恐怖的气氛中。白起知道这是个极有利的时机,想乘胜南下消灭赵国,就命军队稍事休整,待命南下。

但范雎却从中作梗:他受赵国派来的说客苏代的蛊惑,怕白起功大超过自己,使自己不能久居相位。就以秦军疲劳为由劝秦昭王传令白起,停止进攻,派人去赵,命赵割地求和。

国王的诏令传到前线,白起气得用剑猛砍石头,大骂范雎是"奸相","吃里扒外"的魏国人,并对范雎留下了深深的芥蒂和怨愤。几个月后,白起回到咸阳,向秦昭王汇报战况,并十分惋惜地说失去了一个千载难逢的机会。

秦昭王认为白起说得有理,但他自己不懂军事,认为既然几个月以前可以攻赵,那么现在应该也可以。他要白起挂帅继续率军攻赵,但白起摇摇头:"机会已失，秦军不宜进攻。"秦昭王见白起不肯挂帅，就命王龁率军攻赵。

经过难得的几个月，赵军缓过神了。全国上下同仇敌忾，重新以老将廉颇为帅，抵御秦军，使王龁久攻不下。秦昭王无奈，只好又来请白起挂帅，但白起不肯应命，对昭王说："用兵贵在识机、审势，现没有机会怎么打？"秦昭王的脾气也犟，说："难道不可以寻找机会吗？"白起直冲冲地说："我用兵近四十年，难道还不知道何时可以出军，何时不能出击？"昭王见白起这么顶撞自己，惊讶得半天说不出话来，就一言不吭，打道回宫。

秦昭王回宫后，气得不行，心想：死了张屠户，难道吃浑毛猪？没有你白起就不行？就换王稽为将，并下了死命令：一定要攻下赵国。但三个月后，秦军损兵折将，毫无所获。白起得知后，捋须笑道："果然不出我所料。"

范雎听说白起幸灾乐祸，就告诉了秦昭王。昭王一听，气得牙齿咯咯响，但想要攻下赵国别的将领不行，只有白起。昭王无奈，只好又屈尊到白起府中，请他挂帅，白起听说国王来了，就索性闭门不见，装起病来。

这哪里把国王放在眼里？秦昭王气得暴跳如雷，就下诏：命白起率军攻赵，如不从命，削职为民，立即出宫。秦昭王以为自己的这一撒手锏，一定会使白起就范。哪知白起根本不买账，对左右说："自己的亲生母亲，兄弟、舅舅都要被贬被杀，我算什么？眉县一介农民，拜将封侯，人生之愿也足矣。"说完，就稍微收拾一下，只带了个仆人往自己老家而去。

听说白起走了，秦昭王更是气得不行，在大殿上来回走动，无计可施。这时，范雎来了。白起不从命攻赵，追其起因正是范雎。作为丞相，在白起与国王的矛盾冲突十分尖锐的时候，理应化解矛盾，调和关系，或者作自我批评，承担

责任。这样对整个国家都有好处，可他不是这样，而是嫁祸于人，推卸、逃避责任，挑拨是非，以求自己平安，不失相位。

范雎说："大王还在为白起生气吗？"秦昭王道："白起一代名将，就这么一走了之，天下可谓秦国不能容人，追回来如何？"范雎道："如追他回来，就等于承认你自己错了，那以后你的话他还会听吗？"秦昭王道："奈何？"范雎道："白起天下名将，百世之下，也少有人能比肩，所以各国诸侯欲得之久矣。如他离开秦国去了其他国家，乃秦国大患。"秦昭王道："以丞相之见呢？"范雎道："事至如今，只有一不做，二不休。"秦昭王一听，想了许久，恨恨地说："秦国不能得到他，别的国家也别想得到。"就命人给白起送去一把剑，令其自杀。

白起离开咸阳往自己家走去。走了一天，在傍晚时分到达村邮这个地方时，白起想：没有行李，我怎么生活？就停下来，命仆人回去取行李，这一等，就把他的命送掉了。仆人没到，国王的使者到了，带来的不是赦令，而是利剑。

白起拔剑在手，对天流泪道："我为秦国拓地千里，斩首百万，得到的结果难道是这样吗？我有何罪要被杀？"使者道："你说你无罪，那赵军四十万降卒如何？"白起一听，猛然醒悟道："对，我必须死！"说完，剑过脖子，砰然倒地，一代名将就这样走完了自己的人生。因白起死非其罪，秦人冤之，都立庙祭祀他。

历史地评价，白起作为一代将才，确是当之无愧，千载之下，无人可比。然杀戮过甚，罪孽太深，尤其是坑杀赵军的四十万降卒，更显示了他的残酷本性。常言道：祸莫大于杀已降。相传，在唐德宗建中年间，有一天，河北的一村子里一头水牛被雷劈死，人们割开牛肚，发现牛肚子里赫然有两个字：白起。人们就说白起杀伐太重，千载之下，还要遭雷劈

之报。

至于他死于范雎的谗言，表面上是他性格太直、抗上不悔的缘故，实际上反映的是政治斗争的残酷性、人性的自私性。

### 专 诸

专诸是春秋末期吴国堂邑（今江苏六合区北）人，精于技击，和伍子胥、吴国公子姬光先后结为知己，刺杀吴王僚，帮助公子光取得王位，使伍子胥实现了兴兵伐楚，以报楚平王杀父之仇的夙愿，从此吴国迅速强大，称霸一时，在中国历史上留下了多姿多彩的一页。

#### 初识伍子胥

专诸身长八尺（当时一尺合现在23厘米左右）有余，虎背熊腰，鼻直口阔，满脸胡须，发目内陷，颧骨外凸，双臂能开千石之弓，身有万夫不当之勇；不仅相貌奇伟，勇武异常，而且性格豪爽，坦诚待人，孝敬父母，慈爱儿女，晨昏省安，必至父母床前，从不有缺，对邻里亲，急公好义，排忧解难，公正不倚，遇有不平之事，则拔刀相助，事毕则隐迹埋名，从不炫耀自己，行侠仗义，远近闻名。

一日，专诸外出归来，于途中与一路人发生口角。专诸不善言辞，也不愿为些许小事动怒，谦让再三，对方以为专诸徒有虚名，软弱可欺，便得寸进尺，屡屡出口伤人。专诸忍无可忍，怒发冲冠，一声呵斥，如半空惊雷，对方呆若木鸡，半天动弹不得。正在这时，专诸妻子闻讯赶来，对专诸说："为一点儿小事，就和别人发生争执，不觉无趣吗？还不随我回家去！"专诸闻言，回嗔作喜，怒气余消，立即向对方抱拳致歉，随妻子而去。

专诸和路人发生口角时，正巧伍子胥在场。伍子胥为什么逃往吴国？原来伍子胥（名员，字子胥）是楚国人，他和父亲伍奢、兄长伍尚都是楚庄王良臣。楚

庄王死后，平王即位。平王亲小人，远君子，宠信奸佞之徒费无极。伍奢当时是太子太傅，费无极为太子少傅，二人都是太子的老师。太子名建，为人贤达，对费无极的拍马逢迎、损人利己的行为极为不满。费无极怕太子建将来即位后，自己无立足之地，就想方设法离间平王和太子建的关系。太子建娶妻于秦，其妻貌美，费无极鼓动平王于半路截之自娶，再为太子建另娶。这在当时，还没有后世的纲常伦理观念，男女婚姻比较随便，算不了什么，太子建也没说什么。费无极则大进谗言，说太子建对此怀恨在心，缺乏人臣之礼，鼓动平王把太子建赶出京城，率兵戍边，而后又诬告太子建手握重兵，图谋不轨，要平王杀死太子建，根绝后患，迫使太子建逃亡宋国。费无极知道伍奢是楚国重臣，威望在自己之上，又诬告伍奢是太子建的同谋，把伍奢投入死牢。由于他二子伍尚、伍子胥文武过人，都不在家中，没能同时逮捕住，怕他们兄弟将来报复，平王和费无极没敢立即杀死伍奢，想以伍奢为诱饵，就用伍奢的名义写信给伍尚和伍子胥，说自己被抓是平王一时误会，现已出狱，并受封赏，要他们兄弟一同进京受封。伍尚仁弱，以孝为先，接信后明知有诈，却认为死应父子同在，就随同送信使者进京，父子二人同时被害。伍子胥识破阴谋，拒绝进京，仗剑出走，冲破重重围追堵截，才逃到吴国。伍子胥逃到吴国的目的是想借吴兵伐楚，但初到吴地，人地生疏，无法接近权贵，当然谈不上借兵，所以终日四处游荡，结识吴地英豪，他听到专诸大名，特来拜访，不想于途中遇到专诸和别人吵架的场面。

伍子胥没见过专诸，从传言中判定这个大汉就是专诸，对他在盛怒之下能听命于一个妇人，并向对方致歉感到惊异，想来必有道理，见专诸要走，就急忙

上前答话说："先生大概就是专诸吧！不才子胥专程前来拜访，已经多时了。"专诸对于伍子胥的遭遇早有耳闻。于是急忙还礼，把伍子胥请到家中，分宾主坐定，各叙仰慕之情。伍子胥问道："先生勇武异常，不胜敬畏，但今天先生在盛怒之时，却能听命于一个妇人，这其中有什么原因吗？"专诸朗声大笑说："先生怎么也会以貌取人呢？我相貌虽然粗猛，不等于干什么都粗鲁，只要别人说得有理，我就听从，何况她是我的妻子呢，大丈夫能屈能伸，现在不能屈于一个妇人，将来怎能伸志于万人之上呢？"伍子胥闻言，知道专诸是个了不起的人物，遂倾心相待，大有相见恨晚之感。专诸极富同情心，更为伍子胥一家的遭遇而愤愤不平，英雄惜英雄，二人遂结为知己，共议复仇大计。

楚平王知道伍子胥才干超群，文能安邦，武能定国，他的出逃对自己是个极大威胁，因而处处加以防范，戒备森严。所以伍子胥要报仇，不能依靠行刺，只能借吴兵伐楚。要借兵，就要见到吴王，说动吴王。伍子胥在吴国朝中一个熟人也没有，根本没有机会游说吴王。当时吴王僚在位，常有扩张领土的野心，吴楚接壤，两国常有战争，互有胜负，边境百姓也常为边地桑蚕之利发生争执，双方边将甚至因此大动干戈。吴王僚正想寻找机会攻打楚国，专诸看准这一时机，就四处放风，说伍子胥文韬武略，如何超群，楚平王如何昏庸无道，杀害忠良，重用奸佞，现在伍子胥逃到吴国，正是上天有意帮助吴国，是吴了解楚国虚实、削弱楚国的大好时机。议论传到朝中，吴王僚极为高兴，派人于市肆之中把伍子胥请进宫里，向伍子胥请教伐楚之事。伍子胥把楚国内情如实告诉吴王，陈述伐楚的有利条件。吴王僚喜出望外，准备起兵。就在这时，公子光闻讯赶来，劝谏吴王

说："大王不要被伍子胥的花言巧语所迷惑。他父兄都被楚王所杀，他劝大王伐楚，是为了借吴军报私仇，哪里是为吴国着想。楚是大国，兵多将广，我们贸然起兵，有必胜的把握吗？胜了固然皆大欢喜，若败了，倒霉的是吴国，对伍子胥毫无损失。所以大王不能出兵伐楚。"专诸和伍子胥的计划因此而落空。

## 公子光的隐情

公子光为什么要劝阻伐楚呢？其实这并非其本意，他的目的是要把伍子胥网罗到自己门下。原来，公子光是前吴王诸樊之子。诸樊兄弟四人，自己是长兄，二弟余祭，三弟夷昧，四弟季札。季札最贤明聪慧，诸樊想把王位传给他，故意不立太子，采用兄终弟及的方式，依次传给余祭、夷昧、季札。夷昧死后，恰逢季札出使中原，不在国中，夷昧之子公子僚对王位垂涎已久，就趁机勾结部分朝臣，在其母亲支持下，以国不可一日无君为由，自立为王，说是季札回国即让位。实际上，季札回国之后，吴王僚绝口不提让位之事，反而处处限制季札，剥夺其实权，不让他参预朝政，只在表面上客客气气；对其他诸位公子也处处提防，只重用自己外家姻族，培养心腹亲信。对此，公子光极为不服，认为按兄终弟及制，应传位给季札；若按传子制，自己是嫡长子，应传给自己，怎能轮到姬僚呢？吴王僚也知道自己王位的取得并不光彩，宗室公子不服，因此对诸位公子保持极高的警惕，根本不予实权。这样，公子光只能暗养武士，结纳贤豪，相机而动。伍子胥来吴，公子光早有所闻，但一直没有见到，正在四处寻找，听说吴王僚接见伍子胥，并要兴兵伐楚，唯恐伍子胥受到重用，吴王僚多一个能臣，为自己谋取王位的计划增加新的困难，所以就出面阻止吴王僚起兵伐楚。

伍子胥早就听说公子光蓄养宾客，

颇有令名，又从朋友那里打听到公子光心怀异志，正在四处寻找自己，就去拜见他。公子光听说伍子胥求见，如获至宝，待以上宾之礼，备述前情，请伍子胥帮助自己谋取王位，然后兴兵伐楚，再报仇雪恨。伍子胥知道，只有帮助公子光才能借到吴兵，就把专诸推荐给公子光，说专诸英武豪侠，要杀吴王僚，只有这个人才能办到。

### 效力公子光

专诸情操高洁，不慕权势，认为练就一身本事，为的是成就一番大事，而不是为了功名利禄，必得明主，才肯出山。否则，有负侠士本色，还不如在家孝顺高堂，抚育子嗣，享受田园乐趣，逍遥自在。一日舞剑自娱，兴致所及，吼声如雷，剑光闪闪，人剑合一，不见首尾，正在得意之处，忽听赞叹之声，循声相问，原来是公子光。专诸从伍子胥口中听说过公子光其人，已有向往之意，见公子光亲自来访，急忙请进屋中。公子光笑容可掬，谦虚恭敬，先拜见专诸母亲，然后才落座叙谈，言谈中对专诸早有仰慕之心，直到伍子胥的引荐，才有缘相识，不胜荣幸。大凡侠义之士，最容易为情义所动，专诸见公子光虽身为显贵，却毫无骄矜之气，礼贤下士，实在难得，遂引为知己，一见如故。专诸说道："我一介莽夫，略晓武技，不能为公子干什么大事，有用得着我之处，尽管吩咐，万死不辞。"公子光工于心计，初来乍到，知道交往尚浅，不能说出来访目的，还要假以时日，因而推说没有什么事，纯粹是慕名来访，结识英豪。专诸闻言，对公子光越发敬重。

专诸见公子光时常忧心忡忡，唉声叹气，闷闷不乐，就寻根问底。公子光见时机成熟，就把王位继承过程历述一遍，指出吴王僚乃是国贼，自己虽有心杀贼，而无杀贼之力，于是就遍访英杰，为吴国除害，但一想到前途凶险，吴王僚狡诈，

如若不成，不仅自己祸灭满门，而且要连累朋友，因而寝食不安，觉得有愧于祖宗天地良心。专诸问道："吴王僚即位时，公子身为嫡长子，为何不争？朝臣为何不提出异议？"公子光解释说："当时公子僚对王位垂涎已久，夷昧在位时，他就拉拢朝臣，大造舆论，竟说兄终弟及终非长久之计，将来季札死后，叔伯兄弟众多，王位究竟传给谁？必然引起内乱，应早日改为传子制。夷昧是要传给季札的，故夷昧在位时，没予重视。而就在季札刚刚出使中原各国时，夷昧突然病死；据宫中传言，夷昧平时强健，其死可能另有隐情。这本来应等季札回国，再举行葬礼，并不为迟，以前及列国都有这种情况，但僚在其母亲支持下，串通部分朝臣，说夷昧尸体不宜久留，国家不可一日无君，而立僚为王。季札闻讯赶回，生米已做成熟饭，只好承认现实。"专诸又道："僚自立为王，有违先王遗制，其借口不过是权宜之计，季札既然回国，公子为何不晓以大义，劝他让位给季札呢？公子要明白，像现在这样私养刺客，谋杀国君，是犯上行为，要受诸侯谴责的啊！"公子光道："僚一向贪婪，又长于武功，骄横暴虐，劝说是没有用的。他怕季札在都城威胁自己，就派他去戍边；怕我反对他，就剥夺我的兵权，让我在家闲居。我见他不愿让位，就劝他行仁政，安民心，光大祖宗基业，使吴国走上富强之路，也不枉为一国之君。他说我假仁假义，沽名钓誉，实际上想称王是真。现在再劝说他回心转意已不可能，只有用行刺这个办法，来除掉这个国贼。为了吴国社稷，祖宗江山，我即使蒙受不义之名，也在所不惜。只有这样，才能兴兵伐楚，报伍子胥先生的深仇大恨。"专诸沉吟良久，认为公子光说得有理，吴王僚的确不是明君，伍子胥的冤仇，人神共知，理应昭雪，遂挺身而出说："既蒙公子厚爱，我

专诸愿为公子效力，为国除贼，义不容辞，这件事就由我来办。只是老母年事已高，儿女尚幼，容我先尽孝子之道，慈父之责，然后再谋此事。"公子光叩头谢道："谨遵此命。"然后派人暗中送钱到专诸家中，待专诸为上宾。

### 太湖学炙鱼

一晃三年，专诸母亲去世，儿女也稍长，专诸对公子光说："我现在已无牵挂，没有什么值得顾虑的了，一切听从公子安排。"公子光说："先生稍待，时机尚未成熟。"专诸就先了解宫中侍卫情况，知道吴王僚戒备森严，宫中卫士都换上自己亲信，任何外人都不得随便出入，想扮作卫士进宫行刺也不可能。专诸对公子光说："凡欲刺杀人君者，必须投其所好，吴王平时最喜欢什么？"公子光说："喜欢美味。"专诸又问："美味之中，又最喜欢什么？"公子光说："最喜欢吃炙鱼，也就是烤鱼。"专诸道："这就有办法了，我可以学做炙鱼。"

专诸先扮作渔夫，借给宫中送鱼之机，和厨师攀谈，了解做鱼之法；然后又到太湖之滨，水上人家，从渔夫渔妇专学炙鱼。"三月得其味"，先做出来请公子光品尝，确认味道优于宫中之后，才返回都城，就住在公子光家里，等待时机。

专诸原想凭其一手烹调绝技，让公子光举荐入宫，再相机行刺，但一来吴王僚对公子光不信任，未必会接受公子光的举荐；再者即使能进宫，厨师在宫中也不能随意走动，更没有机会面见吴王；其三，吴王饮食都由卫士尝过，确定无毒之后才用，想下毒也不可能。于是公子光就大造舆论，说他有一位朋友，最长于做炙鱼，时常请朝臣到家中饮酒品尝。消息不胫而走，传到宫中后，吴王僚问公子光有无此事，公子光说："确有其事，但此人不愿做佣人，高兴就做，不高兴就不做，全凭兴趣，因而不能侍候大王。不

过，如大王有兴趣，臣可以在方便时候让他把鱼做好，进献给大王。"不久，公子光果然送来了专诸做的炙鱼，色香味俱佳，较宫中炙鱼别有一番滋味。

公子光见吴王僚喜欢专诸做的炙鱼，几次想设计刺杀他都没敢下手。因为吴王僚的两个弟弟盖余、属庸掌握着全国的军队，季札等老臣对吴王僚虽然不满，但决不会同意刺杀吴王。如果贸然下手，不仅会遭到盖余、属庸举兵攻击，也会遭到季札等老臣的反对，自己难以取得王位，所以迟迟没有动手。

### 勇刺吴王僚

公元前518年，吴楚边地居民因争边界上的桑叶发生殴斗，楚国边将趁机出兵攻占吴国的边城，抢走居民财物。吴王僚闻讯大怒，遂命公子光率兵攻楚，打败楚国边将，攻下楚国两座边城而还，由此吴楚积怨日深。

公元前515年，楚平王死，吴王僚想利用楚国国丧之机进攻楚国。按当时传统，伐亡君之国是不道德的，会遭到各国的谴责，甚至遭到各国的联合讨伐。吴王僚一边派公子盖余、属庸率重兵攻楚，一面派季札出使晋国，观看诸侯国的动静，利用季札的贤名阻止各国支持楚国。楚国早有防备，避实击虚，"发兵绝吴将盖余、属庸路，吴兵不得还"。吴王僚为此而着急。

公子光见吴王僚的两个弟弟被围于楚，季札又出使中原，朝中无人，心中暗暗高兴，认为是刺杀吴王僚的有利时机。伍子胥看出公子光的心事，遂对公子光说："现在吴王伐楚，二弟将兵在外被围，吉凶未卜。派专诸行刺之事要抓紧进行，机不可失，时不再来，千万不要错过时机。"于是公子光去见专诸，说："现在是刺杀吴王僚的最佳时机，此时不动手，更待何时？况且我是真正的王位继承人，吴王僚早该让位了。"专诸说："英雄

所见略同,确实可以杀掉吴王,他的母亲已经老了,难以干预朝政;其子女尚幼,不足为患;两个弟弟被围于楚。现在的形势是外困于楚,内无骨鲠之臣,是不能把我们怎么样的。”

四月中旬,风和日丽,公子光在家中空屋内设下伏兵,又求得天下最锋利的鱼肠剑交给专诸。鱼肠剑是当时名剑之冠,只有一尺二寸(当时一尺约合今23厘米)长,剑身有鱼纹,每逢阴雨天气,剑身水波微动,鱼游可观,削铁断玉,如砍瓜切菜一般。一切布置妥当,摆下酒宴,公子光到宫中请吴王僚到他家中吃炙鱼,说:“近日见大王精神不爽,忧心国事,臣甚为不安。刚有人送来活鱼数尾,专诸正好也在舍下,特请大王到舍下品尝炙鱼,望大王不弃。”吴王僚将信将疑,害怕有诈,又受不住烤鱼的诱惑,就对公子光说:“你先回去,我等一会儿就到。”

吴王僚去请教太后,说公子光请去吃炙鱼,会不会有其他目的。太后道:“光平时对你不满,心怀怨恨,为做你的臣下而羞愧,你去赴会一定要小心才是。”吴王僚自幼尚武,武艺超人,寻常武士根本不是对手,正因如此,平时并不把诸位公子放在眼里。听了太后劝告,又加强戒备,于内衣外穿了三层铁甲,身佩利剑,头戴铁盔,从王宫至公子光之家,道路两旁,门户庭阶之上,都布满了王僚的卫士和亲戚死党,手持武器,刀枪剑戟交织;又把公子光家里所有仪仗鼓乐、歌伎奴婢一律换上自己的人;吴王僚座位之后,由卫士筑成人墙,防止从背后行刺;吴王僚的座席和公子光等人的座席远远拉开,防止有人从酒席前面行刺,斟酒上菜都由吴王侍卫进行;所有参加宴会的人都经过严格检查,不准携带兵器。酒过三巡,菜过五味,正值高兴之际,公子光佯称足疾复发,中途告退,来到厨房,让专诸把鱼肠剑藏在炙鱼肚里带入宴会行刺。

专诸做好炙鱼,藏好鱼肠剑,亲自送进宴会厅,卫士阻拦。公子光向吴王僚解释说:“这就是会做炙鱼的专诸。他的做法与众不同,做出的鱼也自有特点,明白这些特点,吃起来才更有味道,所以请大王允许他进来,好当面禀明。”吴王僚未加多想,挥手让专诸近前。专诸呈上炙鱼,一边介绍炙鱼特点,一边观察吴王动静。公子光、伍子胥紧张得直冒冷汗。吴王僚看到炙鱼,闻着扑鼻的鱼香,哪有什么心思听专诸介绍,举箸欲吃,前胸正好露出空当,说时迟,那时快,专诸左手把炙鱼向吴王僚面前送去,右手就势把鱼肠剑向吴王僚前胸猛刺,只见寒光一闪,鱼肠剑已刺入吴王僚胸前。吴王僚警惕性极高,见专诸动作有异,仰身便往后倒,同时拔剑相格,无奈鱼肠剑是天下无双的宝剑,两剑相碰,吴王僚佩剑被削为两截,而专诸前刺之势没有稍减,刺穿吴王僚的三重胸甲,立即将其刺死。也就在吴王僚后倒、专诸前刺的同时,站在吴王僚背后卫士的长戟也一齐前刺,迎面刺中专诸前胸,专诸身负重伤,大吼一声,从吴王僚胸膛中抽出鱼肠剑,还击卫士,所向无敌,卫士的刀枪剑戟被纷纷削断,挡者立死,剑光闪动,血肉横飞,但专诸终因流血过多而死。公子光等被专诸的神勇惊呆了,直到专诸倒下,众卫士向他攻来,才想起出动伏兵,以攻僚众。经过一番血战,吴王僚的侍卫全被消灭。

吴王僚既死,公子光自立,是为吴王阖闾。阖闾厚葬专诸,封专诸之子,拜为客卿。季札回到吴国,阖闾说明缘由,以王位相让,季札不受。内部稳定之后,即兴兵伐楚,以伍子胥为帅,孙武为将,一直攻入楚国都城。当时楚平王已死,伍子胥掘开平王坟墓,鞭尸三百。报杀死父兄之仇,痛雪前耻,然后退兵。吴国在阖闾和伍子胥的治理下,迅速走向强盛,威震诸侯,开始争霸中原。

专诸自认为出身贫贱,为了报答伍子胥和公子光的知遇之恩,用自己的生命换来了公子光的王位,也使伍子胥的冤仇得到昭雪,这对专诸个人来说是个悲剧,但他对朋友的忠诚好义,为人坦荡豪爽的胸怀和行侠仗义的勇武精神一直为后人所传颂。他本人虽然没有看到吴国的强盛,而被公子光作为夺取王位的工具,但吴国的历史是因为他刺杀了吴王僚之后才走向强盛的,因而对吴国的发展,专诸是直到积极作用的。

# 第二编 秦汉野史

## 秦代野史

### 宫禁逸闻

#### 妃女舐痔

秦王得了痔疮，召人医治，并悬出赏赐，谁能破痈溃痤，赏车一乘；谁能用嘴巴把脓血舐干净，赏车五乘。有一个妃子舐了，但是没有得到车，秦王夜里去同她交合，笑着对她说："这就是赏给你的乘呀。"

#### 穰侯通姊

秦昭王的母亲宣太后的弟弟姓魏名冉，被封侯于穰这个地方，所以称穰侯。穰侯举荐白起担任将军，为秦国打败了韩、魏、楚三国，攻取了魏国在黄河南边的属地，获得大大小小共六十余座城市。穰侯因此而专权独断，出入宫廷，有人怀疑他同自己的姐姐宣太后通奸，他权倾一时，飞扬跋扈，以致秦国人只知道有穰侯，而不知道有秦王。

#### 童女求仙

方术之士徐福等人向秦始皇上书，请求给他们一些童男童女，渡海去寻找三神山众仙人的长生不老之药。秦始皇便派遣徐福带领童男童女数千人乘船过海，去寻仙药。

#### 宫庭翁仲

始皇二十六年，临洮这个地方出现了十二个巨人，个个身高五丈，脚长六尺。秦始皇认为这是吉祥之兆，便命令工匠用铜铸人，所铸金人各重千石，高两丈，起名为"翁仲"，安放在宫庭之中。

#### 神女唾面

秦始皇同神女一起游玩，他违背了神女的意旨，神女便唾他，唾过之处立即生疮。秦始皇害怕了，向神女谢罪，神女便使地面出现温泉，秦始皇用此泉水一洗，所生之疮立即消除。

#### 山女持璧

有一个使者夜里经过华山平舒道，遇见一个女人手持玉璧挡住他说："明年祖龙就要死去。"说完，留下玉璧，便不见踪影了。这使者拿着玉璧去见秦始皇，并且把路遇女子所言如实转告。秦始皇听了之后，沉默了半天方才说道："这是一个山鬼，其不过只知道一年之中的事情罢了。""祖龙"指秦始皇，这是次年秦始皇死于沙邱的先兆。

#### 湘妃作祟

秦昭王获取周之九鼎，其中一鼎飞入泗水之中，另外八鼎皆在秦国。秦始皇想把沉没泗水中的这只周鼎打捞上来，便指使一千人入泗水中寻找，没有发现，于是朝西南方向渡过淮河，浮过长江，来到岳阳洞庭湖的湘山祠，恰逢大风，无法渡湖。秦始皇问左右："湘君是什么神仙？"回答说："过去舜帝南巡，死于苍梧之山。他的两个妃子追赶不上，便投湘水而死。人们为了纪念她们，就立了这座祠，历代称她们为湘君，也就是嫁给舜为妻的尧的两个女儿娥皇和女英。"秦始皇听了勃然大怒，以为是娥皇和女英在湖上兴风作浪，使自己不能渡湖，因此下令把湘山祠所在山上的树木全部砍伐光。

### 置酒焚书

秦始皇在咸阳宫中摆下酒宴。仆射周青臣走上前去，颂扬秦始皇说："陛下平定了海内，把原来的诸侯国改为郡县，这是上古的帝王远远赶不上的。"秦始皇听说后，非常高兴。博士淳于越说："殷朝、周朝立国长达五千年，都封自己的子弟、功臣来作为国家的枝叶、辅助。现在，陛下占有四海之地，可是子弟们都是普通平民，如果突然发生齐国田恒、晋国六卿篡夺国家权力的事情，陛下该怎样救助自己呢？做事情不效法古代而能够长久的，这是我没有听到过的。"秦始皇把淳于越的建议交给众臣讨论。丞相李斯说："五帝做过的事不能再重复，三王做过的事也不能再承袭。淳于越所说的是夏、商、周三代的事，又怎么能够效法呢？在过去，诸侯相互征伐，优待到处游说的士人。现在，天下已经安定下来，法令统一了，但是，这些学士不能注重现实事务，却要效法古代；听到国家颁布的法令，就要按着他们学过的东西加以非议；到朝廷上，他们心中不满，就在内心里加以非议；回到街巷里，就要说三道四。他们夸奖皇上只是名义上的，实际上，是要显示自己与众不同，率领自己的下属诽谤朝廷。像他们这样的，而不加以禁止，那么，势必使皇上的势力下降，使手下的群臣结党营私。臣下请求，凡不是秦国的历史，全都烧掉；不是博士官掌管，在全国私人中收藏的《诗》、《书》、诸子百家的书，都让各地的郡守、都尉，把它们收集起来烧掉；敢相互谈论《诗》《书》的，一

定要处死；拿古代的事来非议今天时政的，一定要处族刑，官吏们发现这样的人，有不举报的，就同犯罪的人同样处置。"秦始皇立即下达命令，让全国各地烧书。如果在三十天中有不烧书的，就处罚为城旦。所谓城旦，主要是一早起来修筑城墙的刑徒，刑期为四年。不烧的书，只有医药、卜筮、种树的书。准备学习法令的人，就以官吏为师。秦始皇下制说："可以。"

### 阿房筑宫

秦始皇认为咸阳的人口太多，而先王修建的宫殿太小，因此他就在渭水南岸修建朝宫。他在上林苑中，先修建前殿阿房宫。阿房宫东西长五百步，南北宽五十丈，上面可以坐万人，下面可以建五丈的旗。在阿房宫四周都修起阁道，从宫殿一直抵达南山，以山巅作为阙，道越过渭水，一直到达咸阳。秦始皇役使隐宫刑徒七十万余人，分别修建阿房宫和骊山墓。在关中修建了宫殿，有三百余所；关外有宫殿四百余所。秦始皇迁徙囚徒四万家到骊邑、五万家到云阳。庐生告诉秦始皇说，让他暗中行走，这样，可以躲避恶鬼；他居住的宫殿不要让人知道，这样，才能够得到长生不死的药物。秦始皇于是让咸阳附近三百里内，宫殿楼阁复道相连，设置帷帐钟鼓。每座宫殿中都住满宫女，这些宫女都不能随意迁移她们的住处，如果有说出她们自己住处的，立刻处死。这样，君臣没有一个人知道秦始皇的住处。要决定重要的事务，都在咸阳宫中。秦始皇曾经从梁山宫中看到丞相的车骑特别多，他对此很不满意。有人告诉了丞相，丞相立即减少了自己的车骑。秦始皇发怒说："这是宫中的宦官泄露了我的话。"他就把他身边的宦官全都杀掉。秦始皇就是这样的残暴，他的王朝二世灭亡，是不可

避免的。

## 改诏杀兄

秦始皇又一次抖起了威风，少壮的气息又回到了他的身上。这一天，他带人去行将竣工的阿房宫巡视了一圈。这座气势宏伟、世上罕有的皇宫，在他心中勾起了无限的畅想。当他看到泾渭二川溶溶流入宫墙，当他迈步在这廊回路转的曲折迷宫，不由得眼花缭乱。如果，将来住在这儿的嫔妃宫女一齐打开妆镜，那将是天上的繁星降落到了人间；要是她们洗却脂粉，那流出的胭脂水，将使渭河涨起腻潮；要是宫中燃起椒兰香气，那将烟斜雾横，弥漫整个天空。哦，这无疑是我大秦帝国强盛的体现，无疑是我秦始皇权力无边的象征。

回到咸阳宫，秦始皇犹处在极度的亢奋之中。可是，他的亢奋还未过去，就听说天上突然在东郡降下了一块巨大的陨石，刚降下，就有人在上面刻上了"秦始皇死而地分"七个大字，他怒不可遏，立即派御史去追查作案者，但与那次遇刺一样，作案者不知去向。气急了，他下令将陨石附近住的人统统处死，这还不够，又命人将这块陨石给焚毁了。可是，他的心头蒙上了阴影。这是公元前211年。他觉着这个年头对他不大吉利，他闷闷不乐，心里产生了一种不祥的预感。

到了秋天，他的使者从关东到咸阳来，夜过华阴平舒道的时候，突然被拿着玉璧的人截住，这挡路人大叫："今年祖龙死！"使者刚想发问，那人放下玉璧就不见了。使者拿了玉璧奔赴咸阳，将事情原原本本告诉秦始皇，并献上玉璧。秦始皇一看，这玉璧是他第二次出巡渡湘江突遇风浪时掉进江中的，默然良久，自我宽慰说："山鬼最多不过能晓得一年之内的事情，以后的事它哪料得到呢？这没什么！"可他内心真感到了恐慌。大

臣们得知此事纷纷猜测，说祖是人的祖先。龙是天子象征，祖龙看来指的就是秦始皇。

秦始皇觉得很晦气，这一连串的不祥之兆，弄得他坐卧不宁。他不得不召来了方士，给算了一卦，算卦的结果是："灾星不利，只有搬家或者出游，才能吉利！"

他是帝王，怎么能搬家呢？权宜之计，秦始皇只好下令，把咸阳的三万户老百姓搬到北方的北河、榆中郡去居住。可是，这能行吗？他还是不放心。到了第二年，也就是公元前210年，他又下令第五次出巡，因为只有巡游方能躲过灾星。

这一回，他更大动干戈，让右丞相去疾镇守咸阳，自己带了左丞相李斯、小儿子胡亥、中车府令赵高等许多文武大臣一起上路。

十月金秋，秦始皇的皇家仪仗威风凛凛地从咸阳起程，出武关，沿丹江、汉水，直达湖北云梦，又沿长江到了虎丘山，这儿是吴王阖闾的墓地。他听说，当年吴王死后，陪葬了三千把宝剑，他下令凿山求剑，但是剑池是凿成了，三千宝剑却没有到手。秦始皇非常失望，只得又率队往东，向会稽进发。

显赫豪华的仪仗队，吸引了大批人引颈观望，小项羽和叔父项梁，也在这观望的人群中，他羡慕得高叫起来："彼可取而代之！"项梁赶紧捂住了项羽的口。亏得马车喧哗，离得稍远，秦始皇没听见，此时，他正威风得不可一世呢！

到了会稽，秦始皇祭了大禹，又登山望海，心胸不由得为之一阔。然而，不知为什么，他突然忆起母后和吕不韦与嫪毐私通的事，哦，是因为此地民风淫乱才勾起对往事的回想的吗？他不能容忍这一切。在刻石记功的时刻，他刻上了自

己的丰功伟绩,也刻上了"宣传教化习俗,黔首要整齐庄重"的字句,将女人的贞操首次列入了国家的法令。

从会稽下山,他又沿江到了琅琊。久违了,琅琊,他在心里呼唤着,他又想起了徐福,九年过去,徐福回来了吗?徐福回来了,闻讯找他来了,徐福对他说:"九年之中,我好几次眼看可以上蓬莱仙岛了,但几次都被海上的鲸鱼兴风作浪给阻断了路途,要不,早把仙药给弄回来了。如果陛下能派出弓箭手跟我一起去,射杀了鲸鱼,弄回仙药是不成问题的。"秦始皇虽没下令杀了徐福,但仍将信将疑,说:"待朕考虑一下再说吧!"

当天晚上,秦始皇做了个梦,梦见自己与人形的海神交战。第二天,他找了个详梦博士为他详梦,博士说:"真正的水神是看不到的,是大鱼蛟龙在作怪,陛下务除恶神,真神方能来到!"这正应了徐福的话。秦始皇马上下令,让准备连驽手,一齐出海,在芝罘半岛,果然遇上了大鲸鱼。秦始皇一声令下,与卫士一齐发射。大鲸鱼挣扎着,血水染红了海面,不一会儿,鱼肚子漂上来了。秦始皇射杀了大鲸鱼,高兴至极,立即返航,找来了徐福,令他再度去蓬莱仙岛求仙药,得到后,速回咸阳复命。徐福怕一人独行,遂向秦始皇奏道:"神仙凡人虽然有别,但索物送礼同是一理,大王当为仙人带些礼物才是。"

秦始皇说:"这个自然,但不知仙人需用何物。今当地官府金玉珠宝,尽你挑选,愿带什么就带什么,只要能弄来长生不老之药就行。"

徐福说:"我见那蓬莱仙岛黄金白银如同粪土,珍珠美玉好似瓦砾,神仙们自不稀罕。只是仙岛上人迹罕至,神仙们大多是翁婆之辈,极少有少男少女。有一位神仙向我流露过这样的意思,说他

们是极喜欢小孩子的。如能挑些聪明灵巧的小孩子去当他们的弟子,那是再好不过的了。"

秦始皇说:"这不难办,我大秦地大物博,人口众多,少男少女多得是。送他们去当神仙的弟子,也是他们的福分。"于是,他即令各地官吏在民间挑选童男童女,各挑五百以送往蓬莱去做神仙弟子。

不消三两日,五百童男童女早已凑齐,秦始皇又让准备了特大帆船及大量的途中用物。一切准备就绪,令徐福率众乘船立即出发。

徐福一走,又是泥牛入海,永无消息。直到两千年以后人们才揭开了徐福及五百童男童女失踪之迷。原来,徐福率众出走后,因怕秦始皇发觉派兵追杀,驾大船直至蓬莱仙山。蓬莱山即现今的富士山。他们在那一带定居了下来,以后世代繁衍,便成了今日的日本国。

徐福率众东行远走蓬莱以后演变成日本国,这当然是后话了。且说当时,秦始皇打发徐福并众人走后,他决定率众取道临淄,西返咸阳。这时,已是公元前209年的夏天了。

可是,车驾刚到达平原津,秦始皇突然腹痛如搅,豆大的汗珠登时冒了出来,不一会儿,即昏了过去。侍从大臣们一见这架势都慌了。李斯叫来了御医,御医诊脉之后,已知凶多吉少,但又深知秦始皇一生宠信方士,求长生不老,最忌讳说"死"字,怕触了霉头,只好开了个药方了事,但连服了几服都不顶用。李斯见秦始皇龙体日益沉重,又无良方,急了,催促御官,快马加鞭,速速返回京师。好不容易赶到沙丘,秦始皇病情加剧,眼见不行,幸好沙丘有赵国原来的行宫,就在这沙丘宫暂时安顿了下来。

秦始皇一倒于病榻之上,伴驾重臣

和姬妾们都纷纷前来探视，你求神，他问卜，你送物，他问候，人人都有忧戚之色。秦始皇确实烦了，他有气无力地睁开眼睛，十分烦躁地说："你们都围着朕干什么？好像朕马上就要死了似的。朕怎么会死？朕是绝不会死的！朕是天帝派到人间代替上天行使权力的君主，自有神灵保佑，是永远也不会死的。再说，徐福也快回来了，他一定会寻来仙药的，朕服了仙药，是一定会长生不老的！你们走吧，走吧！……"众人见秦始皇发怒，全都嗫嚅着退下。但于暗中，他们一个比一个关心秦始皇的病情，各人有各人的目的。

不管秦始皇多么自信，不管大臣们怎么祝愿，也不管嫔妃们怎么祈祷，秦始皇的病情非但没任何好转，反而更沉重了。这一日，他竟然浑身乏力，卧床不起，水米难进，出气急促，眼见死神已经迫临。他仰面长叹道："今年是朕登基37年，朕才刚刚五十岁的年纪。而今，虽六国征服，天下统一，朕还有多少事情要做，怎么能在这个时候匆匆离开人世呢？数十年来，朕崇拜仙人，遍求仙药，最终仙未遇见，药未找到，寿不能增，反而猝减，至死而不得好报。难道，这果真是'自食其果'吗？""自食其果"本是扶苏所言，秦始皇临死才知扶苏言之有理，深悔不得相见，便大声疾呼："朕子何在？朕子何在？！"

胡亥见秦始皇病危，日夜伺于左右，一心想得那继位遗诏，今闻父皇疾呼，忙探身而出，笑吟吟地来至榻前，只指望听些吩咐，却并不肯行礼。

始皇因深悔自己将扶苏远遣，并不怪胡亥少礼，只是叹道："朕方才所呼，是你兄长扶苏。"

胡亥以为始皇至死仍记恨扶苏，遂道："父皇不必多虑，你只管安心去吧，贼徒扶苏，朕即位后即将他诛杀！"

"什么，什么，你说什么！"秦始皇一听得胡亥自称为朕，一听得他欲加害于其兄扶苏，气得胡须乱抖，脸色发紫，他拼力大骂道："逆子快快滚出！逆子快快滚出！早早死了你那狼子野心，朕还未死，怎能让你取而代之？！"

胡亥被斥，满面含羞并带有怒色，惶惶走出宫来。望着胡亥鬼鬼祟祟走出的背景，秦始皇猛然想起卢生所持的天书上所说的"亡秦者胡"……啊，亡秦者胡，亡秦者胡！难道说，亡秦之人，正是这不肖之子胡亥不成？胡亥，胡亥……亡秦者胡！我以前怎么没想到是他呢？他更加思念扶苏了，他含着泪，喃喃地呼唤着："扶苏，扶苏，我懂事的儿子呵，你怎么此刻不在父皇的身边呢？父皇对不起你，对不起你呵！"长叹一阵，他知道他们父子相见已是不可能的事，而只有下遗诏来进行弥补了。他喘息着，下令李斯、赵高、蒙毅晋见。

李斯来了，忧戚不安；赵高来了，心怀鬼胎。蒙毅未曾来到，他因奉赵高假传的秦始皇之命，去远地深山，为秦始皇寻找仙药去了。当秦始皇问蒙毅为什么不来时，赵高急忙说："蒙毅因看大王有病，亲自去寻找仙药，以求大王长生不老。

秦始皇长吁了一口气，悲声叹道："仙药仙药，仙药却在何方？长生长生，50岁就得寿终。不老不老，阎王殿上报到。真是天命不可违，寿命难强求呵！唉，看起来，阎王给我的时间太有限了，你们快取笔来，我要写遗诏，我要写遗诏，我得赶快安排后事呵！"

李斯赶快取过一支狼毫毛笔。秦始皇一见毛笔，触景生情，不禁又想起扶苏和蒙恬来。原来，这支毛笔正是由蒙恬亲手制作，扶苏派专人送来的。而今，他就是要用这支笔给他们写遗诏呢！

第二编　秦汉野史

这时，李斯早已于榻前案头铺好了一块白绸，摆好了新研的浓墨。

秦始皇执笔在手，颤颤抖抖地在白绸上写道："朕将已矣！立扶苏为太子，赐胡亥以死。以兵属蒙恬，与丧，会咸阳而葬。"写毕，叫赵高拿来玉玺，在绸帛上按了下去，那手竟再未抬起……一代雄主秦始皇，就在这出巡途中，在这沙丘宫里，找到了自己永久的归宿。但他至死也不曾想到，他铲除了那么多叛逆，却扶植了将使他的功业前功尽弃的赵高，他虽然防之又防，仍然使自己亲手创立的大秦王朝被自己的亲生儿子胡亥断送。果然是"亡秦者胡"，天意难违呵！

李斯见秦始皇已去，忙与赵高商议，说："陛下后事，该如何处置？是否该马上发丧？"

赵高说："沙丘距咸阳千里之遥，几天之内无法到达，万一圣上噩耗传出，诸公子或天下有变，那就坏事了，不如秘不发丧，暂将圣上棺殓，放置辒辌车里，赶回京师再说。"

李斯说："言之有理，就这么办。"说着就张罗去了。

赵高等李斯一走，马上紧张地思谋开了，他眉头一皱，计上心来。他拿了遗诏，匆匆去找胡亥，一见面就给胡亥说："陛下驾崩，却不分封各位公子，独独给扶苏下了遗诏，让他速回咸阳接位，主持丧事，扶苏一到，你就无立锥之地了。公子前途，十分堪忧呢！"

"是啊。"胡亥经这一说，也感问题严重，双眉紧锁着，思索了半晌，说："我听说：'知臣莫若君，知子莫若父'，父皇遗诏没分封诸子，当儿子的岂能不遵父命？我看不应乱加议论，妄加猜测。就这样了，还能怎样呢？"

赵高说："而今天下大权，全在公子与我以及李斯丞相的手里，机不可失，时

不再来，公子要是想即位，现在还来得及。"

"怎么来得及？"胡亥大瞪着两眼，迷惑不解地说："听说遗诏已经写好了。既然父皇留有遗诏，谁敢不遵从呢？"

"好，那你就遵从去吧！我倒要看看你是怎样遵从你伟大的父皇之命的！"他一边冷笑着说，一边出示了遗诏。

胡亥看后大惊，脸上无半点儿血色，一下瘫倒在地上，半天不得起来。稍稍思索一阵，他跪行到赵高面前，悲惨地说："老师在上，请快想一良策，搭救学生一命，以后纵为你当牛作马也心甘情愿！"

赵高则显得十分轻松，他不屑地说："区区小事，何必犯愁？不就是在遗诏上改动几个字吗？"

胡亥早已惊得没了半点主意，忙问："改哪几个字？"

赵高手指着遗诏说："如果将你的名字与扶苏调换一下，再将'兵属蒙恬'的属字改为诛字，不就行了吗？实际上，仅仅改一字，大事便可成。"

胡亥初时还反应不过来，等他依赵高所言，用毛笔将遗诏抄改了一遍之后，一看竟是："朕将已矣！立胡亥为太子，赐扶苏以死。以兵诛蒙恬，与丧，会咸阳而葬。"他就止不住喜形于色了。

赵高又说："还有一出好戏让你看呢！"随即取过毛笔白绸，伏案挥笔写成一道假遗诏，竟与秦始皇的笔迹不差丝毫。原来，赵高自为始皇近侍，日日偷仿始皇笔迹，以备日后所用，今日果然有了用场。他又加盖了始皇玉玺，一丝也看不出破绽。

胡亥又惊又喜，问道："真假遗诏各一；如何以假乱真呢？"

"这还不容易？"赵高将真遗诏拿到灯前，付之一炬，瞬间化为灰烬，又说：

"这真的一烧,那假的不就变成真的了?你只管等着当你的皇帝就是了。"

胡亥这才会意,他叩头向赵高拜谢:"你真是我再生父母,我以后一定会像儿子一样孝敬你。我现在只是担心,万一群臣不服怎么办呢?"

赵高说:"伴驾大臣,唯我和李斯、蒙毅三人。蒙毅在你父皇驾崩前被我打发出去,到深山里找仙药去了,至今不见归来。现在,只有说服李斯一件事了。"

胡亥一时心热了起来,仿佛他真的已当上了皇帝一般。但稍一思索,他又觉离当皇帝还有一段艰难的路程,便转而叹息说:"而今父王丧事未办,怎能在这节骨眼儿上,开口去求丞相呢?"

赵高说:"时间紧急,事关重大,只要公子愿意,丞相那边我自有办法,公子就不必操心了,专听好消息就是!"

胡亥放心了:"你们同意,我还有不愿意的?"

赵高出了胡亥营帐,直奔李斯住处而去。同行的还有两名力士。他准备万一说不服李斯,即将其诛杀。见了李斯,赵高犹豫了一下,吞吞吐吐地说:"丞相,陛下给扶苏的遗诏,而今尚在我手里,没有发出。"

李斯吓了一跳,惊讶地问:"这是为什么?"

"唉!"赵高叹一声说:"这事难呀!皇上噩耗,迄今为止,多数人尚不知晓,遗诏只有你我两人清楚,太子该谁当,当然也是你我说了算,不知丞相考虑谁最合适呢?"

李斯深感意外,他实在搞不清赵高想干什么?说:"你怎么说这话?遗诏上写得明明白白,我们当臣子的,岂能胡乱来呢?"

赵高说:"丞相先不必大惊小怪,我想先请教丞相几个问题,然后丞相再表态,好吗?"

李斯无奈地说:"好吧,你说。"

赵高说:"丞相的才能是否比得上蒙恬?丞相的功绩是否超得过蒙恬?丞相的谋略是否压得住蒙恬?丞相与扶苏的关系是否亲得过蒙恬?"

这连珠炮般的发问,倒把李斯问住了,李斯笑着说:"要说这几桩,我当然不如蒙恬。"

"这不对了?"赵高得意地一笑说。"我进秦宫已经20余年,我深知扶苏刚毅英武,让他接位,他必用蒙恬为丞相,到时候,你该何处容身呢?告老还乡吗?依我之见,咱们不如在始皇的20多个儿子当中另选一公子拥为皇上,那你我都有靠头了,强如丞相大权旁落呢,不知丞相意下如何?"

"不妥不妥。"李斯赶忙说:"我屡受皇恩,岂能背信弃义?个人事小,失节事大,此事万万行不得。"

赵高一笑说:"古人说:安乐就有危险,危险才能安乐,而今丞相安危不定,徒言信义,有什么意义?"

李斯说:"我原本是上蔡闾巷布衣,蒙始皇帝超擢提拔,位至丞相,声名显赫,子孙万代,不愁衣食俸禄。如皇帝临终,又将安危托付于我,而今圣上尸骨未寒,我怎能负心于他呢?你不要再说了,此事万万不可!"

赵高冷笑了,说:"丞相的车骑多了一点儿,被始皇帝得知,说了几句话,尚且吓得丞相胆战心惊,扶苏接了位,对你有那么多的成见,又是你出馊主意把他贬往上郡的,他能饶了你吗?你呀,还是趁早放明白一点儿吧!眼下,也只有我说的这条路了。"

李斯一听,只觉脊梁骨一阵发寒,脑袋马上耷拉了下来,呆若木鸡,老半天,才长叹一声说:"我生不逢时,偏遭世乱,

第二编　秦汉野史

既不能死,何以托命? 始皇帝不负我,我却要负始皇帝了。"

赵高说:"什么负不负的,始皇帝的二十几个儿子当中,难道果真挑不出一个比扶苏强的吗?"

李斯见事已至此,想着自己纵有回天之力,也难以挽回让扶苏即位之事,更何况,他还有赵高所言的诸多心事呢。为了摆脱窘境,他将话题一转,对赵高说:"这沙丘行宫距咸阳京城,少说也有千里之遥,车驾快行需五六日,慢行需七八日,始皇帝死讯,不可能一丝破绽不露。别人倒是无妨,只是那胡亥,一旦知道遗诏内容,必然会生出事来,不如先将他诛杀。至于扶苏,即使不让他即位,也该让他出面主办丧事,因为他是长公子。"

赵高佯装大惊地说:"丞相怎的说出这番话来? 什么先诛胡亥,让扶苏主丧,遗诏上哪有这些话呢?"

李斯更加吃惊,他"嚯"地站起来道:"莫非还另有一份遗诏不成?"

"有,有,确实有另一份遗诏!"赵高说着取出那假遗诏来,递给李斯道:"请丞相过目!"

李斯接过假遗诏一看,顿时浑身颤抖,满头冷汗,连声道:"不,不,这是假的,这是假的……"

赵高冷笑道:"是的,是假的,可是,只要你我说是真的,它就是真的。实话告诉你吧,那真遗诏早已用火烧了!"

李斯拍案而起,喊道:"这种事,难道是你当臣子的该做的吗?"

赵高只是轻轻拍了一下巴掌,门外隐藏的力士立刻闯进,手持利刃逼近李斯,只等赵高发话。赵高像是视而不见,他缓缓问李斯道:"方才我已问过丞相了,丞相地位至极但才能和功绩能比得上蒙恬吗?"

李斯仍壮着胆答道:"我自知不如蒙恬,但我绝不嫉贤妒能!"

"妙,妙呀! 妙极了!"赵高用凶狠的目光直逼李斯说:"既然你不嫉贤妒能,为什么要在狱中逼死韩非? 为什么要焚尽天下之书? 为什么要坑杀数百儒士? 其实,你干的这些事情,于我倒没什么,可我听说,公子扶苏是最不赞成的!"

这时听到"公子扶苏"四字,李斯不由得浑身一颤。因为他并非不知扶苏对于焚书坑儒深恶痛绝,日后必容不得自己……怎么办? 怎么办呢?

赵高看出了李斯已经心动,接着又说:"蒙恬亲于扶苏而地位在你之下,你疏于扶苏而地位在蒙恬之上,扶苏即位之后难道就不可以把你们的位置调换一下吗? 当然,调换位置是次要的,说不定还会掉脑袋呢! 可话又说回来,丞相若是不从,脑袋也许会掉得更快一些!"他的话刚一顿住,便示意了一下两位力士。

两力士会意,两把利刃一前一后,架在了李斯的脖子上。李斯脸带悲哀地说:"罢罢罢,我依你所言就是了!"

赵高这才喝令两力士退下,他又当着李斯的面写了一个假遗诏:"皇帝诏曰——扶苏为人子不孝,赐其剑自裁! 将军蒙恬与扶苏居外,不匡正,为人臣不忠,赐其死。"遂令曲官御史携假诏,持御剑,飞马赶往边关长城之地……

这时,正值夏末初秋,骄阳如炽,照彻车驾,不几天,尸体腐臭,气味赵高令索取鲍鱼,让侍从官在其他随从官员车中各放一担,官员们百思不得其解,但圣命不能违,只好忍气吞声。各车的臭味使得人人掩鼻,但始皇帝的死讯总算是遮掩了过去。

车驾日夜兼程,越井陉,过九原,直抵咸阳。胡亥宣布始皇帝噩耗,即日发丧。赵高宣诏,胡亥为秦二世皇帝。胡亥封赵高任郎中令,管理宫内大小诸事。

过了几天,使者已将扶苏自刎的消息带回,却同时带回了蒙恬怀疑诏书有假而写的上表。

胡亥看了蒙恬奏书,问赵高:"蒙将军已有所怀疑,该怎么处置呢?"

赵高唯恐胡亥起用蒙氏兄弟,便奏道:"很早的时候,先帝就想立陛下为太子,但蒙氏兄弟一再阻拦,说陛下愚昧无能,而扶苏才德兼备,让立扶苏而不立陛下。陛下已见得那真遗诏,虽出自先王之手,实为二蒙之意,蒙恬与扶苏关系甚密,今扶苏一死,他大为不满,极力为自己和扶苏分辩。而且,他既已看出遗诏有假,必然图谋不轨。蒙恬不轨,蒙毅岂能不随?今蒙恬重兵在握,蒙毅寻药在外,二人会没有密谋?他兄弟一旦举事,蒙恬有勇,蒙毅有谋,同党又极多,是一股强大的祸害,直接会威慑陛下的皇位和秦国的安危,不如趁早诛杀。"

功高日月的蒙氏兄弟最终被胡亥和赵高秘密处死。

除掉二蒙之后,赵高又恐怕改遗诏的隐私被李斯和曲官御史揭发,便以结伙谋反之罪,把二人打入死囚牢,先杀了御史,又准备再杀李斯。

处死李斯之前,赵高假惺惺地来到牢房,责问李斯道:"你罪已至死,难道还不招供吗?你如果招出自己谋反的事情,我可以奏明圣上,赦免你的死罪,否则,只怕你就死无葬身之地了。"

李斯愤怒至极,扑上前去对赵高吼道:"我有罪,我有罪,罪大恶极,罪孽深重!沙丘改诏,假传圣旨,杀扶苏而立胡亥!胡亥……胡亥,亡秦者胡也。我即使变成厉鬼,也要食汝之肉,喝汝之血,不除得奸贼赵高,不除掉昏君胡亥,我死不瞑目!"

狱卒们死命地拉住李斯。赵高惊恐万状,暴怒地挥着双手吼道:"他疯了!完完全全地疯了!给我割下他的舌头,剜下他的眼睛,剁下他的手脚!"

于是,李斯的舌头被割,双眼被剜,双腿被剁……但他仍像一头受了重伤的怪兽那样,朝着赵高蠕动,仿佛不咬得赵高一口,他将绝不罢休!

赵高退缩着高声怪叫:"把他碎尸万段!"

赵高的随从们一拥而上,把李斯砍成了肉泥……次日,李斯三族被灭。

世上哪有不透风的墙?胡亥、赵高杀了扶苏与蒙氏兄弟,自以为从此可以高枕无忧,为所欲为了,岂料沙丘政变真相却渐渐地露了出来,诸公子、公主已经开始怀疑,在背地里议论开了。

风声传到了胡亥的耳朵里,胡亥深感问题严重,生怕自己皇位不牢,急召赵高商议对策,说:"朕自即位以来,大臣不服,诸公子诽谤,如何是好呢?"

赵高说:"此事早在我预料之中。想这朝廷大臣多半是累世功臣,像我本为微贱,蒙先帝与陛下不断提拔,跃居高位,管理内政,众大臣未必心服,陛下刚刚即位,诸公子已生疑忌,又有被取而代之的危机。而今之计,为防祸起萧墙,须得果断处置,凡有叵测之心的宗室大臣统统剪除,再任用一批后起之秀为陛下尽忠,陛下自然就可以高枕无忧了。"

"对对对!"胡亥赶紧附和。"不过朕下诏之后,还要仰仗大力,予以审讯。"

赵高巴不得这句话,说:"那当然,除恶务尽!"

第二天,胡亥下诏,将自己怀疑的公子、公主20余人逮捕,打入天牢,并诏令赵高严加审讯,务将图谋不轨的阴谋查个水落石出,再行处理。

赵高逮住了这个疯狂报复的机会。他将这些平日养尊处优的公子和金枝玉

第二编　秦汉野史

叶般的公主一个个从天牢提出，严刑逼供，当场毙命他也在所不惜。这些公子、公主哪里熬得住这酷刑的摧残，一个个都按照赵高所教的招了供，画了押。赵高顺藤摸瓜，好一些皇亲国戚、有功之臣都被牵连了进去，统统定了死罪。

胡亥的圣旨下达了。12位公子和大批官员被押往咸阳市曹处斩。10位公主亦被押往杜县处决。

可是，这难道就够了吗？远远不够，赵高他不仅恨秦始皇，恨为秦始皇打天下的正直的臣子，恨秦始皇的子子孙孙，甚至恨每一个曾经得宠于秦始皇的人。他让胡亥下令，让将秦始皇的姬妾、嫔妃，没有儿子的一律殉葬，又令在骊山墓内干活儿的工匠一律殉葬，死者不计其数，怨气直冲牛斗。又因那赋敛愈重，戎役剧增，贪官污吏，强取豪夺，因而人与之为怨，家与之为仇，诸侯叛秦于四方，"盗贼"群聚于山林，刚刚建立不久的秦王朝就面临着重重的危机！

## 珍奇之墓

秦始皇死后，修筑坟墓，与平常完全不同，冶铜紧锢墓口，深至三重泉水。墓中藏满了各种奇器珍怪。又命令工匠制造弩机，靠近坟墓的人，弩机就会射死他，还在墓中注满水银，象征百川江河大海。在墓上，有象征日月星辰的；在墓下，有象征大地高山的，后宫中的宫女没有生子的，都命令她们为秦始皇殉葬。埋葬秦始皇完毕后，制造墓坟机关的工匠都被关在墓道中，没有一个人能够逃出来。

# 帝王野史

## 秦始皇

### 扫平长安君

公元前251年，秦昭王薨，太子安国君立为王，华阳夫人为王后，子楚（异人）为太子。

安国君为王一年而薨，谥为孝文王，太子楚（异人）代之，是为庄襄王。庄襄王元年，以吕不韦为丞相，封为文信侯，食河南雒阳十万户。

庄襄王即位三年，薨，太子政为王，尊吕不韦为相国，号称"仲父"（引自《史记》）。

这个时候，正是吕不韦的黄金时代。

时光一晃八年，秦王政已经20岁出头。他出落得一表人才，八尺的个头魁伟雄壮，蕴藏着无限的生机与活力。一双浓眉大眼之下，已经透露出君王应有的威严，处处流露出自己的思想与意志。他敏锐地感觉到，秦王朝一统天下的时机已经成熟，于是，欲出兵伐赵。吕不韦建议以长安君成峤为将，樊于期副之。秦王政准之，但先让蒙骜与张唐两人带领精兵五万攻打赵国，让成峤与樊于期带五万精兵接应。

秦国大军就这么出征了。秦王政不时派人去打探消息，亲自运筹帷幄。

前线的消息不断地传来：

探马报——蒙骜已出函谷关，取路上党，直取庆都，在都山安营扎寨了。

探马报——成峤已在屯留扎营，准备接应。

探马报——赵国已派出庞煖为大将，率领10万大军，在尧山与秦军激战。

探马报——张唐已被赵国击败。

探马报——蒙骜救应张唐，已同回都山大寨，等候援军。

一切都在预料之中,赵国也不好惹。秦王政庆幸自己想得周全,就看成峤如何策应了。

探马报——因不见救应,蒙骜已派张唐去屯留催促。

"该死!"秦王政的眉头皱起来了,"胆敢贻误军机!"

等到探马再报长安君成峤已起兵造反,秦王政怒不可遏,暴跳如雷。

原来,这樊于期虽只一介武夫,却早存有野心。这次天作合,秦王竟派他与王弟成峤一起出来,手中不仅有五万精兵,而且有了王弟成峤这张王牌,他岂肯轻易错过?所以大营在屯留扎下之后,他一直在寻找机会与借口,策动成峤兵变。

张唐失利,他以为时机已到,故等到成峤催促他商议接应之策时,他不仅按兵不动,而且借机向成峤挑唆说:"有件事我不能不对你说了。这事可涉及你父母的隐私。你的母亲赵姬原本是赵国的美女,吕不韦在赵国做生意的时候看中了她,取她做了妾。当时,你父亲庄襄王在赵国当人质,吕不韦为了自己的飞黄腾达,结识了你父亲,当时,赵姬已有身孕,后来这个孩子生下来了,那就是你现在的哥哥秦王政。你们虽为手足,却是同母异父,要说真正的王家骨血是你而不是秦王政。"

成峤被挑唆得脸一阵红、一阵白,这会儿早已铁青了,气不打一处来,原来是欺我年幼,如此算计于我!可他一时又不知该怎么办才好,只得请教樊于期说:"那按将军之意,我现在如何是好呢?"

樊于期说:"凭你的地位,难道还没有号召力?凭你手里现有的五万精兵,难道还不够有实力?你要想与秦王政抗衡,我一定支持你,恢复嬴氏江山,就在此一举了。"

"好,我干!"成峤逞勇道。他拔出宝剑,用力挥去,案桌登时飞走一角。他厉声说:"我若不杀吕氏父子,不恢复嬴氏江山,誓不为人!"

于是,由樊于期亲自执笔,迅速起草了一道讨伐吕氏父子的檄文——

长安君成峤布告中外臣民如悉:

传国的要义全在于正统的继承;复宗的罪恶莫过于阴谋的颠覆。文信侯吕不韦不过阳翟一商人,竟然窥伺秦国的王位。今秦王政实非先王嫡嗣,而是吕不韦的儿子。吕不韦以怀孕之妾赵姬巧惑先君,继而以他与赵姬的奸生子乱了帝王家的血统。

吕不韦以重金设奇策,以篡权谋位为目的。孝文王与庄襄王相继驾崩,死得不明不白,令人疑窦丛生。而连着三位君王执政,均由吕不韦一人大权在握,有谁能与他抗衡?当今秦王政哪是什么真命天子,偷梁换柱之中,嬴氏天下早成了吕氏天下。而今吕不韦被尊为仲父,有朝一日,他必然取而代之。社稷将危,人神共怒,我身为先王嫡嗣,毅然举义,大军所至,实为伸张正义,剪除国贼,望檄文到日,秦国臣民,同仇敌忾,为国效命!

这道淋漓酣畅的檄文很快四下里传布开去。秦国臣民对这段宫廷秘事早有风闻,又见王弟发布的这份说得头头是道的檄文,不信的也早都信了,只是慑于吕不韦之威不敢轻举妄动,只是静待观望而已。

樊于期又借机将屯留附近的精壮收编入伍,扩充兵力,开始了讨伐之举,一举攻克了长子,又一举占领了壶关,准备再浩浩荡荡地杀向咸阳。

秦王政闻变,正气得七窍生烟之际,张唐已带着檄文星夜赶回咸阳禀告。秦王政读了檄文,浑身乱抖,好一会儿方镇定下来。他略一沉思，即拜王翦为大将，桓齮、王贲为左右先锋，率十万大军，讨伐长安君成峤而去。

樊于期列阵城下。王翦兵马亦已摆下进攻之势。阵前，王翦大骂樊于期。

樊于期恼怒至极，大喝一声，挥动长刀，冲进王翦阵内，大砍大杀起来。秦军见樊于期勇猛，纷纷披靡，樊于期左冲右突，如入无人之境。王翦命令将士奋力围捕，几次都不能取胜，损兵折将，颇为狼狈，眼见天色已晚，只得鸣金收兵。

第二天，王翦一面同末将杨端和商定破敌妙计，另一面让桓齮、王贲各领一队人马，分别去攻打长子与壶关城，自己依然攻打屯留，兵分三路，让樊于期无法接应。

几天过去了，王翦获悉，桓齮与王贲已分别攻克长子与壶关，于是便率兵大肆攻城。

樊于期急急披挂迎战。几个回合，就将秦军杀了个落花流水。秦军溃退，樊于期穷追不舍，非要杀秦军个片甲不留……

城外，樊于期率军追杀；城里，早已潜入的杨端和正伺机用计。一见樊于期挥军而去，他即匆匆去见长安君。他以前曾是长安君的门客。

一见长安君，他便呈上王翦的密信。成峤赶紧拆阅，只见信上说——

你与大王本是亲兄弟，大王封你为长安君已经够显贵的了，你还有什么不满足的？却要轻信那些无稽之谈，做那些令亲者痛仇者快的事，自取灭亡，岂不可惜？如果你能将首犯樊于期亲手斩了，你自己悔过认罪，我可以求大王免你的罪。如果你迟疑不决，恐怕到时后悔就来不及了。

成峤读罢，泪流满面，说："樊将军是个勇敢正直的人，我怎忍心杀了他呢？"

此时，只见樊于期正拍马败回，欲进城来。原来，樊于期在拼命追杀之际，突然中了王翦的埋伏，被杀得大败而归。

成峤刚要吩咐军士去开门，不料杨端和已拔刀在手，逼住成峤，对城下的樊于期厉声喝道："长安君已率全城投降，樊将军何去何从，请自便吧！"

杨端和又从袖中扯出一面早已准备好的降旗，递给了成峤，逼令他让军士快快升起，成峤见大势已去，无可奈何，只好照办。守城将士见此情景，都纷纷缴械。

樊于期见城内降旗升起，成峤无动于衷，好一阵才稍稍清醒过来，直气得破口大骂："好个成峤小儿，你个没用的东西，你以为你投降了就有活路了？你等着吃好果子吧！秦王要是能饶了你，我倒着走给你看！"骂毕，气哄哄回身杀去。

王翦兵马层层围着樊于期，本可以轻而易举置樊于期于死地，只因秦王有令，务必活捉樊于期，他要亲自手刃。加之樊于期十分骁勇，他左冲右突，无人可挡，王翦的兵马又不敢轻易伤他，竟被他杀开一条血路，直奔燕国而去。

长安君归降了。城门大开，王翦的兵马入城。

长安君成峤被软禁在公馆里。王翦派辛胜前往咸阳告捷，并请定夺如何发落成峤。成峤的心里尚残存一线希望。

但秦王政龙颜震怒，他下令，以赏金千斤，食邑十万户的重赏捉拿樊于期！马上灭樊于期的九族！对于成峤，辛胜将军转达了王翦将军的求情之意，这不仅没有平息他心头的愤怒，反而促使他痛下杀心。这种兄弟，留之何益？他下令："迅速将成峤就地正法！"

然而，辛胜刚要起身，太后却闻讯而至。她还怕独力难挽这个狂澜，来之前，又差人去找吕不韦了。

秦王政一见太后，也不禁吓一跳，太后卸却了头面装饰，披头散发，完全是个囚人的样子！啊，母后是代弟弟长安君领罪来了，但是成蟜大错已经铸成，母后能够挽回吗？无论太后怎么说，秦王政就是不允。

僵局被吕不韦的到来打破了。吕不韦知道自己出面求情也是白搭，不过他倒有心试一试。果然，秦王政连听都不想听。他的话还没说完，秦王政就打断了他，而且说得很不客气："这个大王究竟是你当还是我当？我当，就得听我的！如果连这种反贼都不杀的话，恐怕所有的皇亲国戚都该造反了！"……

"好！"吕不韦表面尴尬，心里却赞叹着。

### 威镇大郑宫

成蟜虽然死了，但成蟜的阴魂并没有从吕不韦的心头散去。

秦王政果断地杀了成蟜，他一想起来不禁心惊胆战。他真留恋这几年的生活。可悲的是，而今是秦王政来左右他而不是他来左右秦王政了，尤其使他无法容忍的是，这种威胁将危及他地位的巩固和生命的安全。最使他担心的还是他和赵姬的关系，他的思绪凝到了这个焦点上。赵姬在成蟜和樊于期的檄文已经指名道姓说得那么清楚的情况下，她却没有一丝顾忌和防范，仍在做着那些生生死死、永不分离的美梦，仍抓住他不肯撒手。虽然每次入宫，俩人照常享鱼水之欢，但她欲壑难填，催他进宫的次数更为频繁。再往后，他与赵姬之间究竟该怎么相处呢？唉，难，难，真难呵！

他冷静了下来，理智告诉他：是该到了悬崖勒马的时候了。他不能不收敛。但当务之急，还是太后那边。他到底该如何应付呢？他左右为难。

一个偶然的原因，吕不韦想到了门客嫪毐，他是一个淫棍。嫪毐主动请命，愿为吕不韦效力。吕不韦十分高兴，便决定以嫪毐替代自己，入宫服侍太后。第二天，嫪毐突然被抓走了，由刑部官员亲自审讯，以强奸罪论处，判以腐刑。铠铠的锣声在前面开道，嫪毐被一队军士押着，在咸阳街头游街示众，到处都挤满了看热闹的人群，人人竞相观看，争传这个新闻。

等嫪毐再一次在街头露面，眉毛没了，胡子没了，在人们心目中，他成了阉人，看他往后还有什么能耐！

一出戏演得极其出色，相当成功，吕不韦暗笑。

不久，嫪毐出现在太后深宫，成了太后的贴身内侍。有谁知道，他的眉毛原是拔了的，胡子也是拔了的，所谓腐刑也是假的。吕不韦的瞒天过海之术，真是天衣无缝。

嫪毐还是以前的嫪毐，他是条精壮的汉子，他的淫火正在炽热地燃烧着。

他以内侍的身份自由地出入宫闱，其情夫的身份随时都可以与太后交欢。

就这么日日夜夜，朝朝暮暮，几月过去，太后的身子渐渐沉重。她怀孕了。

不几天，嫪毐放风，说赵姬太后病了，因太后宫中有鬼怪作祟。这件事一传十，十传百，宫中上下传遍，秦王政也得知了，退朝归来，急急去看望母后。

秦王政见母后的病好转不了，挺焦急，坐在床沿上问："母后的病不知因何而起？以何法疗之？"

太后呻吟着说："前些时的一天夜里，我梦见先王托梦。说如果我能西避200里之外，就能躲过灾祸，病也可以不治而愈。"

西避200里之外？秦王政沉吟了一下。巧了，那边不正是雍宫所在地吗？他说："母后，为了避灾却病，你得住在雍宫,但路途较远,不知母后是否愿意?"

赵姬太后点头说:"住远点总比吓得人心惊胆战的好,只要能安神养病,再远些我也愿意去。"

"那好吧!"秦王政说:"我遵从母后的意思。"

赵姬太后说:"难得王儿孝心,到那儿我就安心养病,如果称心如意,我就多住些日子。对了,还有件事我一直挂在心上,孩儿虽然登基,但正式加冕典礼还未举行,我想到时选定个日子,就在雍城为你加冕,也了却我的一桩心事。"

"谢母后。"秦统政十分感激地说。

第二天,秦王政与文武百官簇拥着太后出了咸阳城。太后的人马车队向西往雍城进发。

远远地望见前方好像天外飘来的一片绿云,点缀在莽莽的关中平原西部。近了细看,才见那奇花异卉,片片绿荫,掩映着红墙碧瓦,亭台楼阁。这里便是秦之古都雍城(今凤翔)。

其实,雍城风景精华之所在全在城东南的大郑宫。这里建筑宏伟,藤缠葛绕,雕梁画栋,金碧辉煌。更有那幽幽曲径,清清流水,艳艳红花,绿绿垂柳,实是一个世外桃源。怨不得,赵姬太后会看中这个地方前来休身养性呢!她其实是来寻欢作乐,每每同嫪毐逍遥自在,出双入对,相偕游山玩水,相伴饮酒赌博,作威作福。天高皇帝远,他们再也无所顾忌,两年之中,如鱼得水,如漆似胶,竟一连生了两个儿子。

为了防止泄密,他二人就在这大郑宫中找了一间密室,将两个儿子藏了起来,由奶妈与几个女仆抚养。

两个孩子就这么突然神秘地失踪了。大郑宫里知道些底细的人都感到奇怪而隐秘,便不免胡乱地猜测。日子就这么一天天地过去,大郑宫依旧那么清雅、幽静,仿佛这里除了那么多人之外,从来就没有发生过任何事情。

第三年的秋天,赵姬太后见事情遮掩得差不多了,心中的石头也就落了地,于是顺着嫪毐的想法,开始了积极的行动,为了他们能长久,也为了孩子的将来,她要借自己的手,将嫪毐一手提拔起来。她的手中操着一张王牌,那就是秦王政的加冕仪式,她临行时答应过,只要她康复,加冕仪式就在雍城举行。她知道秦王政早想加冕,只有加冕了,秦王政才可以再不受任何人的约束,随心所欲地行使他的权力。为了加冕,秦王政不会违拗她的意思,只要她说得有理就行了。于是,她起草了一份奏折,说自己到雍城养病,多亏了嫪毐的精心服侍,为了报恩,她恳请秦王政能加封嫪毐。加冕的仪式她已经想好了,搁到明年开春之后在雍城举行。这段日子,她可以在清雅幽远的大郑宫里静养一段日子,到那时候,母子就可以相见了。

秦王政收到母后的奏折,心里当然十分高兴。他丝毫没有犹豫,随即降旨,加封嫪毐为长信侯,把整个山阳的大片土地都封给了他。

时间过得真快,第二年的春天很快到了。秦王政着手准备雍城之行。

几天后,秦王政举行了盛大的阅兵式。

阅兵式上,秦王政仗剑而立,威风凛凛,检阅着旌旗蔽日、刀枪林立的队伍。王翦持枪率队,盔甲鲜明,他在马上向秦王致意,秦王政发出一个会心的微笑。

阅兵式结束后,数百随员和由桓齮将军率领的三万兵马,簇拥着秦王政起驾西行。大队人马来到岐山,秦王政怕母后受惊,随即令桓齮驻扎下来,随时待命,自己带着数百随员直奔雍城而去。

到了雍城,秦王政先去大郑宫看望

母后，回来后，与随员一起在祈年宫住下。

数天后，祭祀大典已经完毕，赵姬太后即在德公庙内为秦王政举行加冕仪式。在庄严肃穆的鼓乐声中，赵姬太后手捧一顶金光闪闪的王冠，戴到了秦王政的头上，又给他佩上了象征大秦最高权威的王剑。

众随员山呼万岁之声此起彼伏。

赵姬太后语重心长地对秦王政说："我儿今已年满26岁，母亲今在先王之庙为你加冕，望你从今往后继承发扬先王业绩，扬国威，创江山，建功勋，平天下！"

秦王政在德公面前庄严宣誓：他将为扫平六国驰骋疆场，为一统天下甘洒碧血。他感谢母亲的深恩大德，为母后的健康深深地祝福。赵姬太后眉飞色舞，当下赐恩，命雍城官兵将士、宫骑卫卒、内侍宫女及秦王随员舒心畅怀，放开吃喝，大庆五天。又在大郑宫中，与秦王政连日设筵，与百官同乐。一时之间，大郑宫内外炊烟四起，酒肉飘香，欢声笑语，直荡云天。不料，尽兴之日，嫪毐与中大夫颜泄发生口角，嫪毐欲杀颜泄。

颜泄心里害怕，走出屋来苦想对策，不料刚走到走廊上，刚好与从太后处饮酒出来的秦王政碰个正着。颜泄正慌不择路，一见大王，遇了救星，登时"扑通"一声跪了下来，磕头不止，声泪俱下说有万分机密之事相告。秦王政将颜泄领至祈年宫，颜泄双膝跪下，密告了嫪毐与太后私通的谋反之事。

秦王政听了，如雄狮震怒，咆哮起来。当即叫来随将熊飞，取出兵符一道，让熊飞火速传令桓齮，进兵雍城。熊飞领命，扬鞭策马，如飞而去。

熊飞一走，秦王政告诫左右人说："今天的事关系重大，谁敢泄密，定斩不

饶！"又转而对颜泄说："中大夫暂且就在祈年宫歇息吧！事成之后，再行封赏。"

秦王政吩咐是这般吩咐了，却有两名内奸混迹在秦王政左右，这两人便是内史李肆、佐弋严竭，他俩平时得了太后与嫪毐的许多好处，早与嫪毐结成死党。此时，大王虽有严令，他俩仍想去密告太后和嫪毐，只是难以脱身。稍等片刻，因秦王政忙于安排应变之事，出了祈年宫，他俩就偷偷溜了出去，直奔嫪毐府通风报信去了。

嫪毐一听，一骨碌从床上爬起来，草草穿上衣服，对李肆、严竭说："你们等着，我马上到大郑宫见太后去！"说罢，踏着月色直奔大郑宫而去。

叩开宫门，嫪毐"呼"地冲进了太后寝室，心急火燎地拉着太后说："你快穿衣服，了不得了，我们的事情败露了，而今秦王政已经派人到岐山调桓齮去了！"

赵姬太后一听差点儿晕了过去。嫪毐赶紧扶住她，帮她匆匆穿好衣服，说："太后不必惊慌，现在还有时间，赶快想办法要紧。"

赵姬太后忍不住流下了眼泪，说："怎么会弄成这样子呢？现在火烧眉毛，还有什么办法？"

嫪毐说："你不是太后吗！快将玉玺给我，只要抢得时间，争得主动，在桓齮大军到来之前，聚集所有宫骑卫卒、门客舍人，立即进攻祈年宫。只要擒住或杀了秦王政，就能化险为夷了。"

太后此时顾命要紧，赶紧从描金柜中取出玉玺，交给嫪毐说："你就从速行动吧！"

嫪毐赶回府中，一方面让李肆、严竭通知门客舍人迅速准备待命，另一方面叫人仿照秦王政笔迹，起草御书一份，盖上大印，马上下诏，说有人在祈年宫行刺大王，命令宫骑卫卒迅速赶去救驾。

天明时分，人马已经聚齐，嫪毐仗剑在手，李肆在左，严竭在右，率着众人杀气腾腾地直扑祈年宫。

祈年宫门中一队卫士挡住了去路，嫪毐不管三七二十一，举剑就砍，他手起剑落，一名卫士已身首异处，其余的人一拥而上。人多势众，已将那队卫士全部杀光。随后，又分成几路，向祈年宫杀去。

此时，早有人飞报秦王政，秦王政一听大惊，刚想突围出去，不料一队宫骑卫卒已经逼近他。秦王政慌忙之间向后退去，见后园有一假山，急匆匆登了上去，站在假山之巅。随从军卒将秦王政层层保护了起来。

嫪毐率领宾客舍人随后亦到。众人见秦王政立于假山之巅，怒目圆睁，威风凛凛，身边卫士手持利刃长矛，严阵以待，谁敢上前一步？

秦王政面对众人，大喝道："我有什么对不起你们的，你们要来谋害于我？"

随来的宫骑卫卒一见这个架势，搞不清怎么回事儿，早都愣住了。而今见秦王政发问，一名宫骑随即说："长信侯嫪毐拿了大王的亲笔御书，盖着太后玉玺，四处传信，说祈年宫有人要行刺大王，让我们前来护驾，我们才匆匆赶来了。"

秦王政说："我自到雍城以来，从未下过什么御书，嫪毐哪来的御书？你们都懂得宫廷的规矩，你们说，假传圣旨，该当何罪？"

"杀！"宫骑卫卒们齐声回答。

"好！"秦王政大声说："长信侯嫪毐所说的贼不是别人，正是他自己，像他这种企图刺杀君王，谋权篡位，卑鄙行骗的贼，你们不擒不杀，更待何时？大家听着，而今嫪毐反叛，有生擒嫪毐的，赏钱100万，有斩嫪毐献上首级的，赏钱50

万，谁能抓住一个逆党的，晋爵一级。"

秦王政此言一出，具有无限的号召力，宫骑卫卒随即反戈，与那些宾客舍人大战起来；宫廷官员也纷纷参战；雍城百姓听到嫪毐造反，亦纷纷操起刀枪棍棒，赶来救援秦王政。一时间刀光剑影，杀声动地惊天。嫪毐的门下舍人平日虽发誓效忠嫪毐，却不过是些乌合之众，不堪一击，死的死，逃的逃，七零八落。嫪毐见宾客已死数百，不能取胜，就率领残部杀向东城门，恰遇桓齮大军赶到，三万铁骑，横扫这些乌合之众，如探囊取物，砍瓜切菜似的，但见嫪毐手下，人头纷纷落地。余下嫪毐与李肆、严竭等20余人，统统被生擒活捉，当即拷问。嫪毐此时死到临头，嚣张气焰早已被打了下去，只好耷拉着脑袋，如实将前后经过招认、画押。

秦王政亲自率人直扑大郑宫，按颜泄所言，果然在两个密室中搜出那两个私生子来。人赃俱获，秦王政怒吼道："似此逆种，留之何用，来人，给我速速掼杀！"

一武士遵命，老鹰抓小鸡般地将两个稚嫩小儿塞进布袋，用绳子紧紧扎住袋口，举过头顶，拼命地往地下掼去，只听得两声惨叫，两个小儿顿时成了肉饼。

赵姬太后早知嫪毐已被生擒，正心急火燎，后听得两声惨叫，知孩子已遭残杀，只感到惊心动魄，天旋地转，一头栽倒在地。等她悠悠醒来时，四周是一片可怕的寂静，她的心一阵阵绞痛，头皮一阵阵发麻，脊背一阵阵发凉，浑身一阵阵寒战，欲哭已经无泪，一时痴痴呆呆，不知身在何处，眼前只有血淋淋的人头晃动，耳中但闻一声声惨烈的呼叫，阴风惨惨，直疑到了鬼魂世界。

秦王政早已怒气冲冲地走了。母后的行径引起了他极大的反感与愤慨，他不能饶恕她的罪孽。前几天，他还在祝福母后，聆听她的教诲，而今，他与母后反目成仇了。他拂袖而去，回到祈年宫，盛怒不息，狱吏呈上了嫪毐的供词，他见供词中，嫪毐承认借着受腐刑入宫是吕不韦出的主意，承认与太后私通多年，生了两个儿子，承认假借太后玉玺，图谋造反。他当即下令，将嫪毐押出东城门外，车裂处死，并诛灭九族。李肆、严竭等20余人，斩首示众，以儆效尤。其他门客舍人，凡参与了叛乱的，统统诛杀；没有参与叛乱的，统统发配四川充军。他还宣布：赵姬太后身为国母，不以国家为重，反而串通嫪毐，用玉玺助嫪毐谋逆造反，助纣为虐，废去国母称号及待遇，减除俸禄，迁居槭阳宫，派300军士日夜看守。

嫪毐的谋反平息了，秦王政心头的乌云也被吹散了。这乌云突如其来，又瞬息离去，秦王政的名声大震。但是，这宫闱秽事发生的地方，他是一刻也待不下去了。于是，他在大将桓齮与三万铁骑的保护下，回驾咸阳。

十里长亭，以镇守咸阳的大将王翦为首的文武百官纷纷出迎，秦王政头戴金冠，身佩宝剑，在齐刷刷列队的官员队伍中穿行，王翦、桓齮就紧紧跟在他的身后，他在人群中搜寻着，却不见吕不韦的影子。

第二天，秦王政设朝，让刑部官员向众臣宣读了嫪毐供词。之后，他问群臣："方才大家听清了，这嫪毐犯上作乱，全在太后撑腰，吕不韦出鬼点子促成。在雍城，我已车裂了嫪毐，发配了太后，单剩这吕不韦，我意欲斩草除根，不知众爱卿有何想法？"

吕不韦在秦执政年头已久，根深蒂固，盘根错节，不少大臣与他有交情，听大王要处决吕不韦，纷纷求情，都说吕不韦扶立先王，有大功于秦。嫪毐入宫之

说仅一面之词，虚实难辨。即使是事实，与吕不韦也无直接干系。大王处理，理应慎重，还是手下留情的好。

秦王政思索了半天说："吕不韦死罪可免，活罪难逃，没有吕不韦，怎会有今天嫪毐的叛逆？现罢免他的丞相之职，让其立刻离咸阳回河南雒阳封地。"

吕不韦跪接了圣旨，丝毫再不敢停留，星夜赶赴雒阳而去。

但没多久，秦王政听从齐人茅蕉之言，从槭阳宫接母后回宫。雒阳吕不韦闻讯，以为秦王政回心转意，便派门客欧阳善送信于茅蕉，让茅蕉向秦王政进言，亦让自己回咸阳。秦王政并不多言，只让人捎回亲笔信一封。来人不敢耽搁，飞马直回雒阳，急向吕不韦禀告。吕不韦跪接了秦王政书信，拆开读了起来，信上写着：

你对秦国有什么功劳，而被封为食邑十万户的文信侯？你对秦王有什么感情，而要秦王尊你仲父？长安君成峤之乱，全因你用人不当而造成；而太后的流短飞长，全因你乱人伦所导致；嫪毐的叛逆，亦因你的阴谋一手造就。如此罪逆，我仍不忍加诛，让你在雒阳封地安享快乐。可你仍不检点，又与列国使者往来，还使茅蕉来做说客，以图东山再起，这可不是我对你宽宏大量的本意。现在我请你带上你的家属到四川去，那儿的郫城就是你的终老之处。

……我甚至还怀疑，两位先王之死是不是与你也有关呢？如果真是那样的话，那么你的罪孽就比你所谓的功劳大得多哟！说这些话，你觉得不好听吗？你怕我公布于众吗？那么，最好的办法还是你远走的好。你到那遥远但却自由，偏僻但却清静的巴蜀郫城，去欢度你的晚年。据说，那里还有一种美丽的鸟儿叫鹧，它是再美丽不过的了，它可以供

你好好地欣赏呢!

吕不韦先是木然地在那里沉思了半天,才拿起那用帛布写成的信,缓缓走进内室,顺手把门插上,他拨亮了油灯,用颤抖的手将信搭上灯火,一点点地烧成了灰烬。立时,整个屋里,到处都弥漫着布臭味,到处都飘浮着淡淡的青烟。那烟一缕一缕地在他眼前飘忽,如幻如梦。在迷蒙中,出现一个仙山,他一步步攀向峰巅,得意地向前迈去,突然一脚踩空,向万壑深渊跌落。啊,迷梦,这罪孽深重的迷梦!这迷梦,曾使他飘飘然于渺渺的仙境之中;这迷梦,最终却使他粉身碎骨!他本是一个商人,他本来腰缠万贯,他可以过锦衣玉食的生活;他本拥有美艳绝伦的赵姬,他本已有现在是秦王政的儿子,他可以享尽天伦之乐。然而,神差鬼使,他遇见了异人,他萌动了积蓄已久的野心,这野心促使他不惜倾家荡产,不惜献出爱姬,不惜用卑鄙的手段弑君,他终于为儿子铺平了道路,他终于获得了谁也无法企及的殊荣,但他依然野心勃勃。而今,尊荣失去了,爱姬失去了,儿子失去了,野心烧毁了他的迷梦,一切都将失去。而让他失去一切的,恰恰是他的儿子。儿子成了他的掘墓人。而今,儿子向他索命来了,这是报应吗?抑或是自食其果?哦,地狱之火已经向他烧来了,他已感到了切肤之痛,可一切都太晚了,太晚了呀!

他从床上挺起身来,一步步走向了描龙画凤的黑漆柜前,颤抖着从柜中取出一瓶酒来,又取出一只金杯,将酒倒在了里面。然后,他又从柜角的一个古瓶内取出一根美丽的紫绿色的羽毛,这便是那神秘的含有剧毒的鸩鸟的羽毛。他用这根羽毛,在金杯内轻轻搅了一下,又搅了一下……再端起杯来看时,那酒依然如故,清澈见底,可他则不然,分明见酒杯内有无数条毒蛇在动,有无数把利刃在闪光。他将酒杯端起来,又放了下去;端起来,又放了下去……竟没勇气喝下它去。猛地,见酒杯中浮现出赵姬太后、秦王政,还有孝文主、庄襄王,似乎他们都在逼他喝下毒酒。他不能再犹豫了,一丝儿不能犹豫了!他一仰脖子,将这自酿的毒酒送进了自己口中。毒酒流淌着,灌进了喉咙,流进了肠胃,渗进了肌肤。他躺上床去,等待着。翻肠搅肚的疼发作了。他挣扎着,惨叫着,翻腾着,发狂着!

他身子一挺,终于告别了人世,去了。

四周响起了一片悲鸣,但他再也听不到了。

所有的人都闻讯涌来,如丧考妣般地号啕着……

## 咸阳逐客令

吕不韦虽死,但秦王政仍然怒气不平,他想到了樊于期,想到了嫪毐,又想到了吕不韦……这些出身异国的人,他们的骨子里充满了对秦国的仇恨,又怎能一心为大秦卖力呢!不行,必须驱逐他们。于是,他下了一道严厉的《逐客令》,命令搜遍秦国的角角落落,凡地方说客,一律不准在秦国逗留,有些宾客在秦国当了官的,马上削职为民,三天之内,务要驱逐干净;谁敢收留这些人,全家治罪。

逐客令一下,咸阳街头到处是手执大刀的士兵的搜索,人心惶惶,鸡飞狗跳。无数客卿被兵士簇拥着,驱赶着,往咸阳城外而去。

这毫不留情的逐客令也触动了李斯。李斯本是楚国上蔡人氏,出身布衣间巷,在楚国时曾当过郡县小吏,后来成了荀子的学生,满腹经纶,他一向就有宏图大志,正赶上吕不韦招徕天下宾客,便投到吕不韦的门下，为舍人。之后，吕不韦看他有才，就推荐给了秦王政，秦王政封他做了客卿。正当他要施展自己抱负的时候，没想到，一道逐客令，将他也牵连了进去。

不过李斯毕竟不是等闲之辈，他怎能甘心就这么平白无故地被驱逐？秦王政这么不分青红皂白地一刀切，也真是太没道理了，难道吕不韦与你作对，天下宾客都与你作对不成？难道对吕不韦兴师问罪，定要所有的人都当替罪羊不成？冤有头，债有主，冤及天下无辜冤及我李斯干什么？于是，在被逐的途中，他草就了一份奏章，说有重大机密要事，托人转递秦王。秦王政因李斯声称奏章内有重大机密，也便不得不拆阅了。拆开来，但见那工整隽秀的字写的是——

泰山不嫌土石，才能那么高峻；河海不择细流，方能那么深广；君王广开才路，方显堂堂气度。

早先，秦穆公为了网罗人才，不惜用离间西戎王与由余关系的手段，终于使由余从西戎投奔了秦国；又将只值五张羊皮的卑贱的百里奚从楚国赎来，任用为大夫；由于百里奚的推荐，秦穆公又聘用宋国人蹇叔当了大夫；晋国的大夫丕郑的儿子丕豹，因父亲被晋惠公所杀，逃到了秦国，也被秦穆公重用；又任用晋国人公孙支，为其出谋划策。秦惠王任用了魏国人张仪，破了苏秦六国合纵抗秦的计谋。秦昭王任用魏国人范雎做丞相，操持内政外交，立下了汗马功劳。

这四位秦国君王，都靠任用别国的宾客，取得了王业的大大小小的成功，宾客有什么对不起秦国的地方？而今大王下令逐客，各国宾客纷纷离秦为敌国所用，于秦国有何益处呢？

秦王政读到这里，不由心里一怔，站了起来，稍稍思忖了一会，接着又看了起来——

…………

我听说，土地广的粮食多，国家大的人口多，军队强的勇士多。泰山不弃泥土，所以才堆得那么高峻，大海容纳了小河流，所以能够变得那么深广；王者不拒众百姓，所以能够发扬他的德行。

如今大王轰走外来的人，天下的英雄豪杰只好跑到别国去了。大王轰走别国的人就是给敌国增加了力量，将来秦国的危险祸患那还用说吗？

…………

秦王政细细将这份奏章读完，连声自语地说："呀，好奏章，好奏章呵！若不是它的提醒，我因一时一事而发躁，险些铸成大错，好危险哟！"他赶忙唤来御史大夫，让马上行文咸阳及各州郡，立撤逐客令，已被驱逐的宾客，可以马上返回；已经削职的宾客，全部官复原职。他又派人快马追至骊山脚下追上了李斯，让他官复原职。

不久，秦王政又加封李斯为长史。秦王政的信任落到了李斯的头上。

这一天，秦王政正挑灯夜读。无意间翻开了韩非的《说难》，他被深深吸引住了。他又翻开《孤愤》《五蠹》《内外储》《说林》……一字一句看了起来。

等全部看完韩非的著作，已是天快要亮的时候。但是，秦王政仍无法入睡，来回在屋里踱着步子，不由自主地赞叹："人才，人才，难得的人才哟！"他怎么也想象不到，韩非的种种主张竟与自己的要求那么吻合，他从内心发出了由衷的感叹："唉，如若能见得韩非，并得到他辅佐完成统一大业，我死而无憾哟！"

秦王政为能得到韩非，竟派内史腾为大将，率领 10 万大军，浩浩荡荡向韩国杀去。

韩国本就弱不禁风，而且韩桓惠王

刚刚去世，新王刚刚即位不久，一听到秦国发兵攻韩的大军已经开出，就慌了神。这时，韩非挺身而出，主动找韩王，说他愿出使秦国，让秦国息兵。韩王准之，马上派遣韩非出使秦国，割地求和。

秦王政见韩非亲自前来说和，赶紧顺水推舟，马上息兵，又让人安顿韩非住下。

隔了几天，秦王政亲自请教韩非去了。秦王政问韩非："我想兼并六国，统一中原，该用什么办法？"韩非建议先伐兵力最强的赵国。

下朝后，秦王政单独召见李斯，问他对韩非建议先伐赵的看法。李斯主张先伐韩，并说韩非意在保韩。秦王政一听大怒，下令将韩非囚禁云阳狱中，等候发落。

韩非才为秦王政出谋献策，自以为这一回真是投了明主，很为自己庆幸，没料突然间枷锁上身，被押进了云阳的死囚牢中，心中很是莫名其妙，向狱卒打听："我到底犯了什么罪，要将我投进这死囚牢中呢？"

狱卒摇摇头，走开了。过了几天，韩非与狱卒混熟了，又恳求狱卒说："我有个同窗好友李斯，在秦任长史，烦你托人给李斯捎个话，就说韩非想见见他，无论如何请他来一趟，只要他能将我的心迹向大王表明，哪怕我死了，我也毫无怨言。"

狱卒见韩非死到临头尚不明白，便动了恻隐之心，长叹一声说："一山不容二虎，当今之世，有才能的人不得重用就得被杀。你被打成死囚，还不是你那同窗好友作怪，你还求他个什么呢？"

韩非这才明白，置他于死地的恰恰是他信赖的同窗好友，心头涌起无限的愤慨和悲哀。为何人心险恶，反不如禽兽呢？我早知他嫉贤妒能，却没料到如

此狠毒，我的前程，竟一旦毁于这"仓鼠"之手。于是夜里，他就饮毒自杀了。

韩王听得韩非已死，更加恐慌，跟秦国打招呼说情愿称臣，秦王随即叫内史腾撤兵，韩国不攻自灭了。

### 秦王扫六合

自下令囚禁韩非以后，秦王政心里总有些恍惚，传旨李斯让放韩非出狱，让他径来咸阳。李斯跪告韩非死讯，他怕秦王政怪罪自己嫉贤妒能，忙又推荐了客居咸阳的魏国大梁人尉缭。

秦王政一听，即和李斯一前一后到了尉缭公馆，将尉缭请进了宫。恭恭敬敬地请教统一天下的大计。

尉缭说："列国跟秦国相比，不过像秦国的郡县而已，如它们各自为战，就没有多少力量与秦国抗衡，可要是联合起来对付秦国，收拾起来就不大容易了。"

秦王政说："这正是我所忧虑的，可要让它们联合不起来，又该怎么办呢？"

"这也不难。"尉缭说："各国的重大决策权基本上都在那些达官显贵手里，这些人当中未必都是有能耐的，不少都是些中饱私囊，见钱眼开的角色。大王想叫各国合不起来，应该不惜重金去疏通这帮子人，只要将这些人买通了，你让他们联合，他们也不想干了，秦国最多破几十万金，而却可以将六国统统荡平扫尽！"

秦王政深深佩服尉缭，他给尉缭以最高礼遇，高到吃饭穿衣都与自己一模一样，高到自己常常亲自到尉缭的公馆去，长跪着请教。

秦王政对尉缭这般恭谨，可尉缭心里却大不以为然。他认定了秦王政鼻直口阔，声如豺狼，胸中存有虎狼之心，必残暴成性，刻薄寡恩，用着人的时候，屈就对方，用不着人的时候，马上翻脸不认人。尉缭想，而今天下尚未统一，秦王政

可以屈尊纡贵,可一旦天下统一,得志遂愿之后,不光自己,恐怕天下人都将是他的奴隶。这种人,共患难时尚且不易相处,同安乐恐怕根本就谈不上! 于是,他偷偷收拾起行装,在一个月黑风高的夜晚,不辞而别了。

尉缭出走不久,公馆的人就发觉了,赶忙将消息飞报给了秦王政。秦王政一听急了,派人四下里着力寻找,务要将尉缭追回。

天遂人愿,秦王政终于找回了尉缭。秦王政将尉缭紧紧攥在手中,再不松手。他当场拜尉缭为太尉,让尉缭执掌全国军事,尉缭的那班弟子统统加封了大夫之职。他甚至对天发誓,说一定与尉缭生死与共,情同手足,同享天下,有始有终。为证明自己的诚心,又马上从国库里拿出大量金钱,迅速派出使者,分赴各国,将尉缭所出的点子,付诸实施。

这么一来,尉缭没招儿了,只得暂时收回那份撒手而去的心。

秦王政见挽回了这位心目中的神明,丝毫不敢疏忽大意,事事必予请教。尉缭的计谋已经执行,但从哪国下手为上,秦王政依然举棋不定,心存犹疑,他又请教尉缭去了。尉缭说:“韩国这步棋好走,大王已经走过了。之后,不妨可以先攻赵国、魏国,因这三国在一条线上,灭掉之后,半壁江山到手,再打楚国。楚国一亡,燕国、齐国,就不在话下了。”秦王政从尉缭之计,先使尉缭弟子王敖进行游说,又派大将桓齮率领10万大军出函谷关,声言一定要拿下魏国。与此同时,尉缭弟子王敖来见魏王,让魏王向赵国求救。魏王连忙写了一封国书,交给王敖,请他出使赵国求救,并送王敖3000金,作为王敖资用。

到了赵国,王敖去找郭开,将3000金全数送给郭开,说了些魏赵联袂对付

秦国的好处,并递上魏王国书。郭开见了那么多的黄金,早心动了,当即一口应承,亲自去找赵王,说动赵王出兵。赵王当即派大将扈辄率领5万人马,去邺郡接手驻防。

王敖马上将这消息传回了秦宫,秦王政命令桓齮迅速攻打邺郡。兵到之日,扈辄出城迎战,两军在崗山拼杀,结果扈辄被杀得大败,桓齮占领了邺郡三城,并乘胜追击,一连攻克了赵国九座城池。扈辄兵马,一路退却,到宜安方才站稳脚跟,马上派人飞报赵王。

赵王见引火烧身,大呼上当,可是已经来不及了,秦国矛头已经对准了赵国,赵国名将死的死,亡的亡,已没有可以率兵抗秦的将领了。有人提到廉颇,可惜他已老了,然而要抵挡秦军,只有请这位老将军了。

可是郭开因廉颇瞧不起自己,老是耿耿于怀,今听得大家异口同声推荐廉颇,恐怕对自己不利,又谗言赵王不起用廉颇。赵王一听,最后的一点儿希望也破灭了,竟然忧惧成疾急病发作,没几天就死了。赵王一死,太子迁即位。这郭开本是太子迁的师傅,新王一即位,也就荣升当了丞相。

秦将桓齮乘着赵国办丧事之际,大举进攻赵国,攻克了宜安,大军直逼赵国国都邯郸。新赵王急了,马上加封李牧为大将军,调集15万大军,让李牧迎敌。

李牧领大军上了前线,挖壕设防,壁垒森严,按兵不动。乘桓齮分兵出击之际,李牧兵分三路,连夜去抄秦军的大营,桓齮没想到李牧会来这一手,猝不及防,大营已被打得七零八落,没办法,只得从甘泉折回。可是李牧早已设下伏兵,桓齮在回程中又突遭意外袭击,秦军猝不及防,被杀得大败。

秦王政见桓齮失利败归,气得暴跳

如雷,将桓齮削职为民,另派王翦、杨端和两人为将,分两路伐赵。然而李牧早有准备,秦王无法得逞。消息传到秦宫,秦王政又派王敖再次赴赵找郭开,让郭开向新赵王进言,说李牧与王翦私下有来往,背叛赵国。这边王翦配合,写信劝李牧讲和,两边有信使往来。

赵王中计,便以赵葱去替李牧。李牧见军情正处紧急关头,将在外,不由帅,不让赵葱接印。郭开又给赵王进言说李牧不听调动,图谋反叛。李牧见已经无法报效国家,就在半夜里挂印而去。赵葱生气李牧不让他接印,到处搜捕李牧,李牧终于没能走脱,被赵葱杀了。

秦军知李牧已死,王翦、杨端和两支兵马分头并进,邯郸危在旦夕。此时,秦王政又由李斯率领三万兵马护驾,御驾亲征,与那两支兵马一起,昼夜攻打邯郸城。

新赵王眼看大势已去,不知如何是好。郭开又乘机进言,让新赵王投降,但新赵王怕秦王杀他,犹豫不决。郭开说:"秦王最爱的就是和氏璧,大王将邯郸地图与和氏璧一并献给秦王,保证大王就没事了。"新赵王只得写了降书,邯郸随即陷落。

秦王政得意扬扬,长驱直入,占领了赵王宫。赵王称臣,拜见秦王,献上地图与和氏璧。

秦王政捧璧在手,细细观玩着。和氏璧放射的奇光异彩与他熠熠生辉的目光交相辉映。这就是卞和所献的和氏璧吗?这就是昭王想以15座城池换取的和氏璧吗?这就是我童年时代向往不已,发誓要弄到手的和氏璧吗?这就是人人提起都先赞不绝口的和氏璧吗?果真是它!而今,它就在我的手中!秦王政容光焕发。和氏璧到手了,这一统的江山,不久也将攥在我的手中!

赵王宫里,霎时响彻起秦王政快活的浪笑!

正当秦王政与李斯、尉缭他们忙着商议如何统一六国大业的时候,有一个人蓬头垢面,偷偷溜出了咸阳城。过不几天,有人向秦王政报告说,燕国的太子丹不见了。秦王政不免大吃一惊,但查来查去,谁也弄不清太子丹是怎么不见了的,秦王政知道派人追也来不及了,心想太子丹也逃脱不出他的手掌,也就作罢了。

回到燕国后,太子丹知道现在训练兵马,与秦王政抗衡已来不及,就想走捷径,派人行刺秦王政。于是,他用重金大肆招徕天下宾客。这一招儿很有效,一段时间后,许多宾客聚到了太子丹门下,其中就有秦舞阳。此人大白天在市区手刃仇人,太子丹看他勇武赦了他的罪,收在门下。连谋反失败逃到燕国山中藏身的秦将樊于期也得知消息来投奔太子丹。太子丹极为高兴,殷勤备至地接纳了他,并在易水东岸专门建了一座樊公馆。

有一次,太子丹向太傅鞠武打听本国有没有极有韬略的人,鞠武向他推荐田光老先生。太子丹用人心切,忙叫备了车,由鞠武引路,一起去见田光先生。田光见太子亲自登门请教,很是感动,但他跟太子丹说,自己已经老了,恐怕不堪重任。太子丹又问他结识的人当中,有没有能够足以刺杀秦王的勇武之人。田光沉思了一下,说荆轲堪当此重任,并愿意说服荆轲,为太子丹效命。太子丹极为高兴,当即将自己乘坐的车送给了田光。临别之时,吩咐田光要绝对保密。

过了好长时间,太子丹不见田光来,真有些急了,正要去找田光,不料荆轲乘了他送给田光的车来了。太子丹盛情接待了荆轲,问荆轲田光先生为什么不一起来？荆轲黯然说："田光先生为了给你保密，已经伏剑自杀了。"太子丹深感意外，不由得滴下泪来，说："田光先生何必如此。"吩咐人准备供品，他要前去祭奠。

之后，太子丹对荆轲体贴关怀，跟孝敬自己的父母差不多。荆轲见太子丹对朋友真是一片真诚，答应为太子丹卖命，去刺杀秦王政。

此时，秦王政已灭了赵国，正春风得意，又派了王翦率领大队人马，渐渐向燕国逼近，太子丹见军情紧急起来，就跟荆轲说："要不了几天，秦军就要攻来了，不知先生可有行刺秦王之计？"

荆轲说："我早就想好了，我此行如果没有真正能够取信于秦王政的凭信，恐怕连他的身都近不了，怎么能刺杀得了呢？我想而今樊于期将军在燕国，秦王政曾以黄金千金，封邑万户悬赏他的首级，而且秦王政一直垂涎燕国督亢这片丰腴的土地，如果能将樊于期将军的首级与督亢的地图拿着去送给秦王政，秦王政一定会亲自见我。到那时，我就可以报效太子了。"

太子丹为难了，说："督亢地图交你我在所不惜，可这樊于期将军的首级怕是有问题，人家走投无路了才来投奔我，我怎么忍心加害他？这太不仁义了。"

荆轲说："那你先将地图准备好，至于樊将军的首级，再从长计议吧！"

辞别太子丹，荆轲随即私下拜访樊于期去了。到了樊公馆，他以激将之法，竟说动樊于期拔剑自刎，便得了其首级。

这一天，荆轲整装，马上就要出发，太子丹派了秦舞阳当荆轲的助手，并率了大批朋友为荆轲壮行。荆轲抱定了必死的决心，在易水河岸，高唱着："风萧萧兮易水寒，壮士一去兮不复还"的悲壮词曲，毅然踏上了行刺秦王政的途程。

秦王政做梦也没想到，正当他扬扬得意，满以为天下将唾手可得之际，燕国却有两个行刺他的人，正在向他逼近。

荆轲与秦舞阳到了咸阳，在宾馆住下。他们打听到蒙骜的儿子蒙嘉很得秦王政宠信，于是以千金相赠，让蒙嘉上奏秦王，说："燕国惧怕大王之威，特遣使求和修好，现使者拿了燕国国书及督亢地图和樊于期的人头作见面礼，正等候大王的召见。"

秦王政听得燕使带来了督亢地图与樊于期首级，高兴得不得了，赶紧穿戴朝服，在咸阳宫接见燕国使者。

荆轲捧着樊于期首级，秦舞阳捧了地图盒，相随着晋见秦王政。这秦宫是何等地森严！穿过两行持着枪矛的卫队，沿着高高的台阶向上攀登的时候，秦舞阳只觉得自己腿肚子发软，心里发虚，手中轻轻的地图盒变得分外沉重，那把匕首就在盒中的地图内卷着，要是被发现，马上就没命了，所以登时脸色苍白起来。旁边的侍臣发现了，问："使者为什么脸色变了？"

荆轲回看了秦舞阳一眼，心里骂了一句："没用的东西！"脸上却反而更为平和，一笑说："这秦舞阳原是山野鄙夫，平生从未见过大王，而今见了如此威严的阵势，我想他是畏怯了，还望侍臣恕罪！"

马上要进殿了，秦王政传旨说："只准一人上殿！"

左右卫士将秦舞阳挡住了，秦舞阳只好在殿外石阶上跪了下来，等着秦王的吩咐。荆轲一人上了殿，秦王政让献上樊于期的人头，侍臣接过人头，送了上去。秦王政一看，果然是樊于期的头，问荆轲说："你们为什么不早早来献？"

荆轲说："樊于期得罪了大王，窜到了燕国北部的沙漠之中，哪里寻得着？亏得燕王用重金悬赏，最近才将他逮住，本想向大王献上个活的樊于期，听凭大王处置，又怕他中途跑了，为了保险，才杀了他，拿了首级，进献大王！"

秦王政见荆轲态度从容自如，侃侃而谈，十分真切，并不生疑，又让荆轲取地图来。荆轲出殿，从秦舞阳手里接过地图匣，取出地图，将卷着的地图慢慢展开，眼见图穷匕首现，荆轲一个箭步，上去一把揪住秦王政袖子，抢了匕首，举手就刺。秦王政一甩手，袖断裂，荆轲没能刺中。荆轲紧追不舍，秦王政又绕着庭柱躲避。一时之间，文武大臣个个呆若木鸡，一是因手里没兵器，二是秦王政不发令，谁也不敢上手，情势十分危急。只见荆轲越刺越凶，秦王政几次险遭不测。秦王政情急之中，一边跑一边想把宝剑抽出来，却因宝剑太长，几次没能抽出。这时候，内侍赵高喊起来："大王，快把剑推背上再拔！"一句话点醒了秦王政，他边跑边躲着将剑往背上推去，反手一抽，剑已在手。秦王政本就勇力过人，现手握利剑，马上挥剑向荆轲砍去，荆轲左腿被砍断，血涌如注，"扑通"倒了下去。秦王政刚要上去砍杀，荆轲奋力将右手的匕首向秦王政投了过去。秦王政一闪，匕首从耳边飞过，"当"的一声，在铜柱上飞迸出了火花，落地了。此时，尽管秦王政仍未发令，但不少大臣已一拥而上，擒住了荆轲。秦王政上去，手起剑落，将荆轲砍了。秦舞阳此时，也早被卫士给收拾了。

秦王政大汗淋漓，一屁股坐回到龙椅上，好半天才喘过气来。他命令将荆轲与秦舞阳的首级分悬国门示众，同时，吩咐将蒙嘉处死，对护驾大臣及卫士进行了封赏，并专门将内侍赵高叫到了跟前，夸奖说："方才多亏你教我背剑反拔，否则我真没命了。"一下将黄金百镒赐给了赵高。

荆轲险些要了秦王政的命，秦王政气得差点儿咬碎钢牙。第二天上朝，当即派王贲再率大军，去增援已出发攻打燕国的王翦，非将燕国即刻荡平，杀了太子丹不可！

在易水两边，秦军将燕军杀得大败。燕王闻讯，责怪太子丹说："这次国破家亡，全是你闯下的祸！"

太子丹说："韩赵相继灭亡，难道也怪我吗？我不派人去行刺他，他就不来了吗？现在城中有两万精兵，咱们干脆撤到辽东去，那边有山河相隔，容易防守，父王可速速动身。"燕王应允。于是，燕王前行，太子丹亲自断后，护送父王撤至辽东。

秦军穷追不舍。燕王急了，派人向代王求救。代王回说："秦王攻燕，都是因为太子丹闯祸。如能杀太子丹，向秦王献上首级，燕国或许还能保全。"

这时，太子丹也害怕了，带着众宾客逃到辽东去了。

秦军屯营首山，连日挑战，历数太子丹的罪状。燕王怕得发抖，只得捎信去辽东让太子丹速速前来议事。太子丹被骗了出来，燕王派人将他灌了个酩酊大醉，杀了后，派人将首级送到秦国大营。

当时，本是五月天气，风和日丽，可是气候突变，纷纷扬扬地降起鹅毛大雪。眼看军卒一个个地病倒，王翦十分忧虑，这还能打下去吗？于是，派人往咸阳送去太子丹的首级及燕王的谢罪书，顺便奏明秦王政，要求暂时班师回朝。

秦王政找来尉缭商议，尉缭说："燕国而今只剩下了区区辽东之地，就跟个游魂差不多了，一驱就散。而今之计，不如先发兵攻魏，之后伐楚，全部平定后，再顺便收拾一下辽东就可以了。"

秦王政欣然同意，马上命令王贲，引兵十万，出函谷关攻魏。

魏王早做了准备，在大梁城的四周

挖好了又宽又深的壕沟,预备坚守,同时马上派人向齐国求救。可是也活该他倒霉,齐国那边,秦王政早就采用了尉缭的建议,派人用重金买通了齐国国舅后胜,后胜跟齐王说秦国一直与齐修好,是不会来攻齐的,叫齐王不要插手救魏,以免引火烧身。齐王听信了后胜的话,魏王求援,齐王根本不睬。齐国那一头的希望落空了。这一头呢?秦国军队攻来的时候,老天又没完没了地下起霪雨来,黄河、汴河的水位骤涨。王贲亲自督令军士,在梁城的西北筑堤堵水,并将梁城的壕沟挖到了堤下。雨又接连下了10天。王贲看时机已到,马上命令决堤放水,大水一下从城头淹了过去,梁城终遭灭顶之灾,魏国就这么叫王贲给灭了。

秦王政二十二年,秦国派年轻将领李信攻打楚国,李信自愿领兵20万出战。

楚王派出大将项燕,率军20万迎战,项燕久经沙场,经验十分丰富,一面正面与李信交锋,一面设下重重埋伏。交战中,佯败诱李信深入。李信以为楚军不堪一击,乘胜追击,没料项燕设下的七路埋伏齐起,李信抵挡不住,大败而走。项燕追杀,李信一退再退,直退到了已被秦军占领的赵国国界,才站稳脚跟,火速告急。

秦王政又拜王翦为大将,蒙骜的儿子蒙武为副将,率军队60万伐楚。临行,秦王政亲赴灞桥,为王翦送行,预祝他马到成功。

王翦与蒙武不负秦王政重托,千方百计施展平生所能,前后苦战了三年,终于在秦王政二十四年灭了楚国。

王翦与蒙武班师没几天,秦王政又派王翦的儿子王贲再去攻打燕国的辽东。王贲兵渡鸭绿江,围住平壤,将燕王俘获,押往咸阳,燕国彻底灭亡。

最后只剩下齐国了。这齐王听了国舅后胜的话,一直讨好秦国,以为这么一来,秦国就会对他刮目相待、手下留情了,所以根本就没什么防备。一听到其他国家都完了才发觉有些不妙,可是准备已经来不及了,秦王政已经派了王贲与蒙恬率领大军打了过来。不消两个月,齐国就完了。

秦王政二十六年(公元前221年),六国统统并入了秦国版图,天下统一了。

秦王政终于遂了平生之愿!他为自己的功勋远在三皇五帝之上,所以将皇与帝合并,自己号称皇帝。将自己的父亲庄襄王追尊为太上皇。而且规定,皇帝世代相传,他是始皇帝,后世就用数往下数,二世、三世、四世,以至百世、千世、万世,永无穷尽。他是天子,自称为朕,大臣上奏的时候,要叫他陛下。又将天下分成36郡,封赏了群臣。李斯升任了丞相。赵高从内侍跃居为中车府令。

可是,当他想起尉缭的时候,尉缭却不辞而别了。秦王政心头不由得涌起了一阵怅惘,不过瞬息之间又释然了。因为天下一统,还要尉缭这种谋略高深之人又有何用呢?

### 帝王之雄风

公元前218年的春天,秦始皇下令再次东巡。几天后,秦始皇来到了阳武县的博浪沙。这儿一马平川,风景独好,杏白桃红,清流潺潺,行人早已回避,马车放慢了脚步,让秦始皇一饱眼福。秦始皇不禁陷入了如醉如痴的境界之中。

可是,晴天忽然响起了霹雳。天空中,一个黑沉沉的东西突然向秦始皇飞来……辕马吃惊,猛往起一跳,惊得几匹御马往前一阵猛跑,车已飞出去几丈,后面副车正好赶上,只听"卟嚓"一声,车辕已断为两截,整个队伍一时都被惊住。

秦始皇听到巨响,脸色骤变,知有人

行刺，忙叫："抓刺客！"卫队赶紧出动，四处飞奔搜索，但除从副车里找到那大铁椎外，哪有刺客踪影？纷纷回来禀报。

秦始皇厉声问："凶手呢？凶手抓到没有？"

侍从官垂头丧气地说："到处都搜遍了，没见人影。"

秦始皇大叫："传令郡县官吏，大搜10天，一定要将凶手捉拿归案。"

10天过去了，凶手依然没有抓到，秦始皇匆匆巡游了几个地方之后，在严密的保护下回到了咸阳。

同燕太子丹雇荆轲行刺秦始皇一样，这次是韩国的贵族公子张良为报秦灭韩之仇雇人干下的事，但凶手逃之夭夭，秦始皇搞不明白是何人所为。

回来后，他更卖力地埋头于政务之中。这一天半夜了，他照旧在看各郡的公文奏折，毫无睡意。临洮的一封奏折引起了他的注意。上写着："临洮地面，最近发现有12巨人出没，巨人长五丈，穿异服，蹬巨履，俨然是天神。"哦，天神！是上天派来的吗？派来干什么呢？他聚精会神地思索起来。

第二天，他召见了李斯，让通知临洮地方长官，将巨人的身影描下来，径送咸阳。再将收集的天下兵器及民间闲散铜铁熔炼，铸十二个金人，安置在咸阳宫中。

这一天，秦始皇由李斯、赵高陪同着，一起去看铸金人。来到工地上，但见炉火熊熊，万头攒动，工匠民夫奔前奔后，忙忙碌碌，甚是出力卖劲。秦始皇得意之情溢于言表，称赞说："这么多铸金人的工匠，倒是十分地难得，只知辛勤劳作，不惜出力流汗，真是些顺民呀！"

李斯分管骊山陵墓的建造，正发愁劳力太少，逮着这茬儿就插上了嘴："陛下初即位时，就征集了20万劳力到骊山，但这工程浩大无比，按陛下的设想，这地宫深到要穿越三层泉水方能开挖，广到要有巨大的山陵进行堆积，里面的天空要布满日月星辰，地面的山川河流、江湖大海要用水银使它川流不息，要用金银铸成百鸟，要用琉璃组成水族，要用沙棠沉檀做成舟楫，要用明珠镶嵌日月星辰，要用玉石雕成常青松柏。地下江山，无异人间，地宫的设施，文武百官，亭台楼阁，华灯四射，比咸阳宫还要巍峨壮丽。入口处有自动发射的防盗机弩，以永保地下陵墓的安全。光兵马俑万千神态各异的卫队，精致无比的铜马车，就得多少工匠为之日夜操劳不息。陛下，这20万劳力，只是区区小数，需要增加50万，恐怕才能勉强凑数呢！"

"嗯，这应该考虑。"秦始皇说："我还想起来了，前几天，边防的奏折建议修万里长城呢！"

"还有，"赵高说："咸阳宫虽然算得上巍峨壮丽，但陛下而今成了天下一统的皇帝，恐怕还需更大的宫殿才能相称。这宫殿，当然要大到可以包容六国，以示陛下气吞万里山河之势为好。"

这君臣三个，你拉我唱，越说越来劲，越谈越默契，好似谈笑之间，就把江山牢牢攥在手里了。

于是，诏令发布了。

天下男子，从年满16周岁开始，直到50岁为止，都必须做义务役，义务役按户出人，五户出一，十户出二，服劳役的，三年一换，凡判了刑的，永无限期。能工巧匠一律服劳役，或五年，或十年一换，适当计酬。违抗者，一律斩首，灭九族。

诏令一下，各地官吏如狼似虎，抽丁拉夫，横征暴敛，无所不为。老百姓叫苦连天，怨声载道。一月后，各地已增役160万人，秦始皇增派50万人去骊山地宫，40万人去五岭树壁垒、修驰道，40万人去修长城，余下30万人，包括能工巧匠，留在咸阳，修六国离宫与阿房宫。

天遂人愿，日子虽然过去了半年，但那金光闪闪的12个金人终于铸成。他为此举行了隆重的仪式，将金人迎进咸阳宫，他听到了一片赞叹声与恭维声，心花怒放。有了这神人般的12金人的护卫，他仿佛超乎神之上了。

秦始皇第三次出巡遇刺回来，在咸阳一耽搁就是两年。两年之中，他的铁腕已经施展得淋漓尽致，又想着出去转一圈，于是他第四次出巡了。此次出巡，东临碣石，刻石记功；北赴上郡，巡察边防；果真一路太平无事，等他回到咸阳，六国离宫已经统统建成。中车府令赵高陪着他将这六宫看了个遍，只见一座与一座不同，充满了与秦国迥异的特殊情调。这批建筑群，南临渭水，自咸阳的雍门往东的大片区域中，殿宇林立，复道纵横，极其壮观，与咸阳宫隔条渭水，恰好南北交相辉映。渭水之上，飞桥一架，横贯南北，又将咸阳与六国离宫连成一片，珠联璧合。设计独具匠心，构建巧夺天工，恰似天上人间。看得秦始皇大有飘飘欲仙之感，满意至极，不时称赞赵高主意妙不可言。

秦始皇又令将从六国掳掠来的侍人殊丽充入后宫，将天下各国宝玩，分别陈列于各国离宫的万宝室中。齐国的相印、宝盘、服剑、侧注冠、黄金带；楚国的王旌、相玺、玉镜、将军节、九龙鼎；赵国的貂服、贝带、鸥冠、令玺、相国印；魏国的令玺、虎符、七星旗、玉唾壶、将军印；韩国的玉玺、相印、彤弓、玉矢、翠被；燕国的玉盘、燕鼎、羽衣、印绶、丞相玺……真是五彩缤纷，应有尽有。

这一回，秦始皇真是要极奢尽欢，享享帝王之乐了。天下宝玩他已看够。这五六千的嫔妃宫娥，也真够他忙的。反正他是这天下人间的主宰，还不是想怎么样就怎么样。他开始穿梭于诸宫各室，尽欢作乐，极尽荒淫无度之能事。他让近千妙龄少女为他弹唱，为他歌舞，为他调要做戏，以此消遣解闷。他让宫女们每天改换服饰，让个个亭亭玉立的美人呈出千姿百态，供他欣赏。盛夏季节，他偏偏花样百出，有时让部分宫女戴上碧罗做成的芙蓉冠，上插五颜六色的花朵，披着杏黄的绫罗衫，蹬着高高的凤头鞋，手把云母扇，轮流在他身边扇凉，其余的则循环往复地在他面前轻歌曼舞；有时，他又让宫女们穿上坚甲重铠，挥戈弄戟，叮叮当当，作厮杀之状，胡闹嬉戏。有些宫女身子娇弱，天气炎热，怎禁得起如此折腾？往往中暑晕倒，秦始皇一怒之下，就下令诛杀；隆冬季节，他偏让宫女们穿上透明的羽衣，慢声轻歌，翩翩起舞。他笃信神仙，就让宫女们梳起仙人的发髻，穿上仙人的服饰，放起烟雾，让他们在云雾中缥缈。

时间长了，后宫粉黛在他眼里皆如粪土，竟无一个出色可心的人能供他欣赏把玩，心下颇为烦闷。赵高又出主意，让他诏令选美，说："每郡选百余人，天下36郡，即可选4000余名美女，何愁挑不出陛下倾心之人？"

圣旨一下，天摇地动，三月有余，选美方告结束。一批又一批，赵高亲自筛选，佼佼者人后宫为妃，其余的分别为后宫与诸宫宫女。

这一天，赵高兴冲冲地引来了燕国的女子胡姬，跟秦始皇说，这胡姬号称燕都才女，举世无双。其实，不用赵高介绍，当胡姬娉娉婷婷地出现在秦始皇眼前的时候，就跟当年他父亲异人初见赵姬一样，他的心早就一下摇荡起来，双眼直勾勾盯着胡姬，再也离不开丝毫了。

那姿容,那身段,后宫上万美女,他还没见过如此出众的,心里当然欣喜万分。当晚,他就令胡姬伴寝,床第之乐令他丢魂失魄,恨不能与胡姬两人合作一人。

从此后,秦始皇专房专宠,她简直成了他的掌上明珠。

### 苦苦求长生

秦始皇一阵头晕目眩,突然病倒了。经御医诊治,说是劳神伤脾所致,给开了不少健身滋补的药调治。秦始皇心里明白,这一度的荒淫使他的身子受了亏,不禁悚然而惊,在患病期间,不少大臣纷纷前来看视,祝龙体早日康复。

这一天,蒙恬来了,他探望了秦始皇,并建议立扶苏为太子,而赵高则力主立胡亥为太子,并说扶苏早有野心图谋篡位,让秦始皇千万小心。

秦始皇本来听了大家对扶苏的一片颂辞,心里已隐隐产生了危机感,赵高这一挑唆,正碰着了他的疑心病,脸立时沉了下来,不再发一言。

之后,秦始皇开始对胡亥关心起来,设朝的时候,常叫他跟在身边。

恰在这个时候,卢生登门找秦始皇来了。这卢生是继方士徐福去海上仙山寻找仙药渺无踪影之后,秦始皇在一年前派出找传说中的羡门、高誓两个神仙的燕国方士。卢生入见,从怀里掏出一块龟板,上面尽是人所不识的蝌蚪文字,他恭恭敬敬地呈给秦始皇,称是天书。并朗声念道:"皇帝英明,毫察四方,皇帝恩泽,遍于八卦,宇内一统,大业兴旺,亡秦者胡,防不胜防!"他念毕,又急忙磕头说:"臣泄天机,罪该万死!"

秦始皇听了,大吃一惊,"曜"地站起来,手握剑把,双眉倒竖,恨不得将亡秦之胡,立即铲灭。

当天夜间,秦始皇召胡姬前来陪寝,入寝后,他与胡姬亲热了一番,就呼呼入

睡了。到了半夜,却在梦魇中"亡秦者胡,亡秦者胡"地大呼小叫起来。

胡姬惊醒,见秦始皇汗水淋漓,捶胸顿足,忙摇着秦始皇身子说:"陛下醒醒,陛下醒醒!"

秦始皇从御榻上爬起,迷迷糊糊地半睁半闭着惺松的眼睛问:"你是什么人?"

胡姬说:"陛下醒醒。陛下怎么连臣妾也不认得了?我是胡姬呀!"

"啊,胡姬?!"秦始皇惊叫着一跃而起,赤足跳下了御榻,从墙上"噌"地拔出宝剑,以迅雷不及掩耳之势,疾速向胡姬当胸刺去。

胡姬"啊"地惊叫一声,便"扑通"一声倒了下去。

秦始皇手提宝剑,口里犹在喊:"亡秦者胡,亡秦者胡!"

卫卒们闻声拥进,见秦始皇满身血污,胡姬已倒在血泊之中,都以为胡姬要谋害秦始皇,被秦始皇诛杀,一齐跪倒称贺。一卫卒说:"陛下真是神人!今胡姬作乱,陛下梦中杀之。陛下神明无比,洪福齐天,谁敢与大王抗衡,定会自取灭亡!"

秦始皇听得"梦中杀之"四字,心想这正好可以掩饰,便说:"方才梦中,有神人指点,示朕除害,朕一跃而起,拔剑便刺,原来却是胡姬。"

第二天,秦始皇又派蒙恬率领30万大军,去北方征服胡人。

蒙恬北伐,捷报频传,河套南北的广大地区得以收复。秦始皇传命蒙恬开赴上郡,驻守边关,同时监修长城。

胡姬已死,胡人已平,秦始皇这才派人去召卢生。他吩咐赵高备万颗珍珠、千镒黄金交给卢生、侯生两人,让再赴仙山。临行前,亲自送两人上路,关照说:"卢生一次求仙,已得天书;这次去求仙

药，务得一月归来；求不到，就得处死！"

二人唯唯领命，去觅仙药，但竟然泥牛入海，再无消息。

转眼一月过去，秦始皇没等来卢生、侯生，又等一月，仍无消息，心急如焚，到处派人打听，还是不见，通令全国捕拿，哪有人影？有人上奏说，卢生、侯生早溜了，以往这两个人老跟儒生们在一起，而今儒生们到处讥诮陛下做梦都想当仙人，传得沸沸扬扬，很不好听。

秦始皇得知后，气不打一处来，迁怒到儒生们身上。

这一天，李斯传诏儒生，说秦始皇要接见他们。数百名儒生被召进了宫中，李斯指着托盘中一个鲜嫩的甜瓜对儒生们说："这瓜产在骊山马谷之中，陛下很想知道，这隆冬季节，哪来鲜瓜？请各位说说其中奥妙。"

众儒生纷纷猜测，有说是地动而瓜熟，有说是天降异物，有说是大吉大兆，莫衷一是，秦始皇让众儒生去马谷赏瓜。

就在儒生们去马谷赏瓜之际，扶苏策马飞奔，直扑骊山行宫。原来，扶苏刚刚听说父王要在马谷坑杀儒生，所以急急驰马跑来阻谏。秦始皇故意拖延了一会儿，约莫着儒生处理得差不多了，才转换口气说："皇儿，你可去马谷，传朕的令，饶儒生们一死！"扶苏赶紧飞马向马谷奔去。刚到那儿，但见马谷已经被封，山上滚木礌石纷纷如雨而下，谷中霎时悲声动地，不一时，即静了下来，唯见腾起的尘土到处飞扬……扶苏回天乏力，又受父皇愚弄，悲愤欲绝，差点儿晕厥过去。

扶苏踏上了去边塞上郡的途程。他被贬了。秦始皇叫他去协助监督蒙恬的军队。

秦始皇又一次抖起了威风，他带人去将竣工的阿房宫巡视了一圈。这座气势宏伟、世上罕有的皇宫，在他心中勾起了无限的畅想。当他看到泾渭二川溶溶流入宫墙，当他迈步在这廊回路转的曲折迷宫，不由得眼花缭乱。回到咸阳宫，秦始皇处在极度的亢奋之中。可是，他之亢奋还未过去，就听说在东郡一块巨大的陨石刚降下，就有人在上面刻了"秦始皇死而地分"七个大字。秦始皇觉着晦气，这不祥之兆，弄得他坐卧不宁。到了第二年，也就是公元前210年，他又下令第五次出巡，这一回，他更大动干戈，让右丞相冯去疾镇守咸阳，自己带了左丞相李斯、小儿子胡亥、中车府令赵高等许多文武大臣一起上路。

十月金秋，秦始皇的皇家仪仗威风凛凛地从咸阳起程，出武关，沿丹江、汉水，直达湖北云梦，又沿长江到了虎丘山，这儿是吴王阖闾的墓地。他听说，当年吴王死后，陪葬了三千把宝剑，于是下令凿山求剑，但是剑池是凿成了，三千宝剑却没有到手。秦始皇非常失望，只得又率队往东，向会稽进发。

到了会稽，秦始皇祭了大禹，又登山望海，心胸不由得为之一阔，即让刻碑纪念。在刻石记功的时候，他刻上了自己的丰功伟绩，也刻上了"宣传教化习俗，黔首要整齐庄重"的字句，将女人的贞操首次列入了国家的法令。

从会稽下山，他又沿江到了琅琊。当天晚上，秦始皇做了个梦，梦见自己与人形的海神交战。第二天，他下令，准备连弩手随他一齐出海，在芝罘半岛遇上了大鲸鱼。秦始皇一声令下，与卫士一齐发射。大鲸鱼挣扎着，血水染红了海面，不一会儿，鱼肚子漂上来了。秦始皇射杀了大鲸鱼，高兴至极，立即返航，找来了徐福，令他再度去蓬莱仙岛求仙药。徐福说："仙岛上人迹罕至，神仙们大多是翁婆之辈，极少有少男少女。如能挑选

第二编　秦汉野史

些聪明灵巧的小孩子当他们的弟子,那是再好不过的了。"

秦始皇:"这不难办,我大秦地大物博,人口众多,少男少女多的是。送他们去当神仙的弟子,也是他们的福分。"于是,他即令各地官吏在民间挑选童女,各挑五百以送往蓬莱去做神仙弟子。

不消三两日,五百童男童女就已凑齐,秦始皇又让给准备了特大帆船及大量的途中用物。一切准备就绪,令徐福率众乘船立即出发。

### 终为千古恨

苦苦追求长生的秦始皇终未能如愿,他被上天勾走了。秦始皇突然去世,丞相李斯最是惊慌。

他忙与赵高商议,说:"陛下后事,该如何处置?是否该马上发丧?"

赵高说:"沙丘距咸阳千里之遥,几天之内无法到达,万一圣上噩耗传出,诸公子或天下有变,那就坏事了,不如秘不发丧,暂将圣上棺殓,放置车架里,赶回京师再说。"

李斯说:"言之有理,就这么办。"说着就张罗去了。

赵高等李斯一走,马上紧张地思谋开了。他眉头一皱,计上心来。他拿了遗诏,匆匆去找胡亥,向他出示了遗诏。胡亥看后大惊,脸上无半点儿血色,一下瘫倒在地上,半天不得起来。稍稍思索一阵,他跪行到赵高面前,悲惨地说:"老师在上,请快想一良策,搭救学生一命,以后纵为你当牛作马也心甘情愿!"

赵高则显得十分轻松,手指着遗诏说:"如果将你的名字与扶苏调换一下,再将'兵属蒙恬'的'属'字改为'诛'字,不就行了吗?实际上,仅仅改一字,大事便可成。"

胡亥初时还反应不过来,等他依赵高所言,用毛笔将遗诏抄改了一遍之后,一看竟是"朕将已矣!立胡亥为太子,赐扶苏以死。以兵诛蒙恬,与丧,会咸阳而葬。"他就止不住喜形于色了。

赵高出了胡亥营帐,直奔李斯住处去来。同行的还有两名力士。他准备万一说不服李斯,即将其诛杀。

李斯起初不同意,赵高便目示了一下两位力士。

两力士会意,两把利刃一前一后,架在了李斯的脖子上。李斯满脸悲哀地说:"罢罢罢,我依你所言就是了!"

赵高这才喝令两力士退下,他又当着李斯的面写了一个假遗诏:"皇帝诏曰——扶苏为人子不孝,赐其剑自裁!将军蒙恬与扶苏居外,不匡正,为人臣不忠,赐其死。"遂令曲官御史携假诏,持御剑,飞马赶往边关长城之地……

这时,正值夏末初秋,骄阳如炽,照彻车驾,不几天,尸体腐臭,气味难掩。赵高令索取鲍鱼,让侍从官在其他随从官员车中各放一担,官员们百思不得其解,但圣命不能违,只好忍气吞声。各车的臭味使得人人掩鼻,但始皇帝的死讯总算是遮掩了过去。

车驾日夜兼程,越井陉,过九原,直抵咸阳。胡亥宣布始皇帝噩耗,即日发丧。赵高宣诏,胡亥为秦二世皇帝。胡亥封赵高任郎中令,管理宫内大小诸事。

过了几天,使者已将扶苏自刎的消息带回,同时带回了蒙恬怀疑诏书有假而写的上表。胡亥和赵高又施毒计,将蒙氏兄弟秘密处死。除掉二蒙,赵高又恐怕改遗诏的隐私被李斯和曲官御史揭发,便以结伙谋反之罪,把二人打入死囚牢,先杀了御史,又杀了李斯。

世上哪有不透风的墙?胡亥、赵高杀了扶苏与蒙氏兄弟,自以为从此可以高枕无忧,岂料沙丘政变真相却渐渐地露了出来,诸公子、公主已经开始怀疑,风声传到了胡亥的耳朵里，胡亥急召赵高商议对策。

第二天，胡亥下诏，将自己怀疑的公子、公主20余人逮捕，打入天牢，并诏令赵高严加审讯，务将图谋不轨的阴谋查个水落石出，再行处理。

赵高用阴谋手段杀了前丞相李斯之后，他自己取而代之，由郎中令晋升为中丞相。秦二世胡亥只知与嫔妃日夜取乐，恣意寻欢，对赵高听之任之，一切都由赵高裁决。秦国的军政大权，统统掌在了赵高手里。他指鹿为马，飞扬跋扈，横行霸道，无恶不做，真比太上皇还要太上皇了。可是良辰美景奈何天！

不久，刘邦、项羽两路兵马，尤其是刘邦一路，下南阳，陷武关，遣使咸阳，迫令赵高投降。

赵高思来想去，决定杀了胡亥以谢天下，让胡亥当替罪羊而保全自己。他迅速找来了胞弟赵成及女婿阎乐，说了自己的打算。三人一拍即合，开始动手。当时胡亥在望夷宫住着。赵成先回了望夷宫。阎乐暗中召集了近千吏卒，当天就直奔望夷宫，依计直冲宫门，浩浩荡荡往里杀去。赵成闻讯，也从里杀出，当下将宫中卫士统统杀了。

秦二世闻讯，从内殿直奔卧室，没等他站稳脚跟，阎乐引人已经冲了进来。二世惊恐万状，再三乞求饶命，但阎乐不肯饶他，二世绝望了，迟迟缓缓从身上抽出佩剑，哭哭笑笑着一抹脖子，便倒了下去。

第二编　秦汉野史

# 将相野史

## 李　斯

李斯是一个可怜的悲剧性人物。他当初辅佐始皇统一天下，位至丞相，一人之下，万人之上，声威赫赫，但一瞬之间，被腰斩、灭九族。作为丞相遭遇这种结局，在中国历史上实在为数不多。从李斯的人生轨迹看，他的结局同时又是他的人生价值观的必然结果。

### 名儒高足佐秦王

李斯，楚之上蔡人（今湖北与河南的交界处），生年不详，卒于秦二世二年（公元前208年）。年少时家贫，但好学不倦，人极聪颖。看见邻人有致富和升官的，他就羡慕不已，觉得人生如白驹过隙，所求无非功名与富贵。因他办事干练，人也机警，被人推荐为吏。

有一次，他看见一群老鼠躲在仓库的一个角落里吃东西，因是小角落，人与犬均不能到，所以老鼠悠然自得，旁若无人。李斯大发感慨，以他的天纵之才悟出了一条人生的道理："人不管是贤还是不肖，都是相对的。只要有个好的地方，不肖也会是贤，所处不好，贤也是不肖。老鼠为何物？居然能在仓库里悠哉享受，不就是因为选了个好地方吗？"

从此，他就以老鼠的活动规律作为他人生的参照物而走完了一生：只要有好地方，别的可以不在乎。

不久，他嫌吏太小，愤而离去，游荡江湖，以为再出之举。当时，正值战国末年，思想界异常活跃，其中有三家可谓是天下显学：儒、兵、法。儒家主仁政，兵家主杀伐，法家主严刑峻法治国。

李斯为了以后能更好地在政治舞台上发挥作用，决定选一家之学以为阶梯。儒家太迂，他不喜欢；兵家太残，他害怕；只有法家，以法治天下，与时代的潮流又合拍，是求功名的最佳途径。于是他拜当时法家的代表人物荀子为师，学法势术与帝王之学，与他同窗的还有韩国贵族的后代韩非。

因韩非人品很好，悟性又高，学习也努力，深得荀子喜爱，屡对人言："帝王之术非韩子不能大，法家之思非韩子不能广。"因此，李斯很嫉妒他。

几年以后，李斯学有所成，就跃跃欲试，想离师干事业去了。荀子问他是否在楚国显身手，李斯摇摇头，说："楚王不中用，六国皆屠弱，不足以成事。只有秦国才是当今豪杰用武之国。"荀子道："秦法苛峻，商鞅死之，你必小心。"李斯道："商鞅佐孝公变法，位至丞相，最后车裂而死，但也功成名就了。"荀子默然。

几天后，李斯正式向荀子辞行，说："我听说时至无怠乃能成功，如今各国纷争，游说者主事，秦王欲吞并天下，称帝而治，此布衣奋争之时也。如果一个人处卑微之位而有计不行者，就等于有肉在面前而不敢抓。耻莫大于卑微，悲莫甚于穷困。久处卑微之地，又不想出世而求利，以无为自享，这不是壮士所为。所以，我决计西入秦矣。"荀子道："你要走，我不留。处当今乱世，人情多伪，不可太看重富贵。你过于追求和看重功名利禄，将来必为所累。"

当时秦国的情况是庄襄王死后，十三岁的儿子嬴政即位，吕不韦为相。李斯早就听说过吕不韦的事迹，深为叹服，认为一个普通的商贾通过奋斗而位至丞相，封万户侯，实在不简单。于是他一入咸阳，就直奔相府而去。

吕不韦这时候正在学中原四公子之

举措，招贤纳士，扩大势力和影响，还组织人马编写《吕氏春秋》一书。听说是荀子的高足来了，大喜，连忙引为上宾，并封他为著作郎，与人共撰《吕氏春秋》。

三年后，吕不韦把李斯推荐给秦王政，说李斯才堪大用。李斯见这十六岁的秦王政英气勃勃，个头儿虽不高，但目光锐利如电，心想：真创业承世之主。当秦王问他富国强兵之策时，李斯道："敢当大王之问也。秦自孝公以来，周室卑微，诸侯相争，关东六国与秦相战，已有六世了。今诸侯畏秦，众之所知，诸侯名为其国，实则为秦的郡县。现以秦国之强，大王之贤，乘得胜之威以灭六国，如灶上燎跳虮矣，灭诸侯、成帝业，天下一统，此万世之一时也。如果现在怠而不动，待诸侯复强，相聚约纵，虽有黄帝之贤，不能并也。"

李斯之说，正中秦王政的思想要害，他听了高兴得跳起来，说："先生之言，正是寡人日夜所思念的，此时不灭六国，还待何时？望先生时常面教寡人，寡人将与先生共富贵耳。"当即封李斯为客卿，在秦王政身边参与军政大计。

李斯刚当客卿不久，秦国内发生了一件政治大事，他依靠自己的才智和勇气，才使自己的政治前途免于毁于一旦。

因秦攻韩甚急，韩王无计可施。这时韩国水利专家郑国向韩王献计：郑国假装投降秦国，鼓动秦王政派人修水利，用以消耗秦之国力，延缓秦向外进攻。

不久，郑国的阴谋被识破，秦国内大哗，宗室大臣都说从别的国家来的客卿都是间谍、特务，应全部驱逐出去。秦王政因受郑国所骗，气恼不已，就下令把所有在秦国的外国人全部赶出去。而李斯是楚人，也属驱逐之列。在他接到驱逐出境的命令后，就斗胆向秦王政上了一个奏章，毫不客气地指出秦王政这样做是愚蠢之举，是强大对手，削弱自己。并建议秦王政收回成命，重用客卿，为秦统一六国服务。这就是历史上有名的《谏逐客书》。

李斯说："自从秦穆公起一直到秦昭王、庄襄王，都有客卿，如百里奚、蹇叔、丕豹、公孙支、商鞅、张仪、范雎等人，都是外国人，可他们并不是间谍，恰恰相反，这些人对秦国的发展做出了很大的贡献。怎么能一概而论都说客卿不好，要驱逐出境呢？"

李斯又说："如果说外国的不好，那你秦王宫里用的包括宫里装饰的玉石奇珍，如昆山之玉，随和之宝，明月之珠，太阿之剑，纤离之马，翠凤之旗等，都是外国的，秦本国一样也没有，你为什么认为好呢？"

最后，李斯提醒秦王："泰山不辞土壤，故能成其大，河海不择细流，故能成其深，王者不却众庶，故能明其德。此是五帝三皇之所以无敌于天下的根本原因，你这样做只不过是削弱自己、壮大敌人，是把钱、粮和武器送给敌人的助桀为虐的愚蠢之举。"

秦王政天资聪明，下逐客令乃一时之气。李斯的《谏逐客书》语言非常激烈、措辞非常严厉，但秦王政认为他说得对，就停止逐客，宣李斯入宫，商讨统一天下的大计。秦王政此举被历史证明是对他统一中国非常关键的措施，如逐客，人才不为秦用，统一天下将遥遥无期。

秦王政见到李斯时，非常客气地道歉道："寡人一时不明，以致逐客，先生直言劝谏，足见对秦国之忠。依先生之计，统一天下当从何处下手？"

见秦王虚心求教，李斯就向他提出了内部瓦解和军事打击两大统一六国的战略方针。他说："木秀于林，风必摧之；虫蛀于内，斧必毁之。现六国名义上是国家,有的实际上只有秦的一个郡县那么大,但如果它们内部团结,彼此又联合起来,那事情就麻烦了。以臣之见,大王不如出重金,使善言之士游说诸侯,离间其君臣,杀戮其良将,使其内部崩溃,并继续远交而近攻的方针,然后大王选良将,率大军从外攻之,无不立毁。"

秦王一听,连连称赞:"真良策也。"于是拨重金交给李斯,让他去游说诸侯、大臣,使其内部瓦解,对重金的用法,秦王不问出入。

后来的实践证明,李斯为秦王出的这一计谋确实起到了釜底抽薪之效,胜百万雄兵。比如秦将王翦攻赵时,碰到的对手就是当时天下名将李牧。这个李牧曾一战而破匈奴二十万众,被国人誉为"赵国北方长城",极善用兵。李斯游说、贿赂赵王的宠臣郭开,一次就送黄金一万斤,让他在赵王面前谗毁李牧,许诺事成之后拜为赵地郡守,结果李牧被撤职,后被杀。李牧一死,秦军如入无人之境,迅速攻破赵国首都邯郸,赵亡。

这样一来,游说工作收到了奇效:关东六国的国王想合纵又不齐心,国内又不团结,互相诋毁、拆台,眼看着秦国来攻,却无能为力,有兵打不了仗,有将又不听指挥,人心惶惶,却不知问题出在何处。所以,秦王政只用了十年,就攻灭了山东六国。应该说,李斯的间谍工作在其中起到了重要作用,立下了汗马功劳。

### 六合一统拜宰相

随着军事攻势的深入,统一六国的步伐加快了,而建立大一统的王朝的任务就提上了议事日程。因功,李斯被拜为上卿,负责新王朝建立的一切准备工作。

李斯也因此而踌躇满志。正当他大显身手之时,人世间的一段悲剧插曲发生了,它使李斯的人格蒙上了厚厚的污点。

一天,秦王政命他进宫,指着桌子上的几篇文章说:"卿知道这是何人所做?"李斯一看,原来是韩非写的《孤愤》《说难》等文章。见国王相问,不知是什么用意,只好如实禀报:"此是臣之同学韩非所做,韩非本是韩国贵族的后代,深感韩国积弱,就把自己所学著述成篇,想以此打动韩王,壮大韩国。"

秦王政连声称道:"写得好啊!寡人若能与这个人见上一面,死也无憾。"说完,命李斯给韩王去信,要韩非来秦国,否则,发兵攻韩。

韩王无奈,只好把韩非送入秦国。秦王政一见,大喜,当即要封韩非显职。韩非说话有点儿口吃,见秦王如此,就结结巴巴地说:"大王,这……这,显然不妥,臣……新来。"这时,李斯在旁,对秦王政说:"韩非之才,胜臣十倍。但新来就任显职,于秦法不妥,待以后再说吧!"秦王亦觉有理,只好作罢,就要韩非把自己的理论、思想全部写出来,以为秦国之用。

李斯心里就犯嘀咕了:韩非之才远胜于我,秦王又如此信任他,时间一长,肯定位在我之上。于是,他不顾同窗之谊,在秦王面前进谗言道:"韩非很想念故国。"秦王一听,火了:"寡人如此信任他,他还在思韩,这种人才不能流落他国。"就命人把韩非关起来。过了不久,李斯又对秦王说:"韩非在牢里颇有怨恨,奈何?"秦王是个性情暴躁之人,一听,大怒:"立即赐死。"

韩非进牢后,狱卒就对他说:"你的同学李斯颇见信于秦王,你没事的。"韩非笑着摇头道:"李斯其人,我深知:才在他之下,能友善待之;才在他上,必嫉贤妒能,我必死无疑。"这时,李斯命人给韩非送毒药来了,韩非对狱卒说:"如何?"

就饮毒而死。

秦王政下了赐死韩非之命后，颇感后悔，连忙命人赦免韩非，但为时已晚。秦王政扼腕叹息不已，就命人把韩非的文章搜集整理成册，流传后世。韩非没想到的是死于同窗学友的手里，而对于李斯来说，韩非一死，除去了自己实现理想的政敌，再也没有人与自己竞争了。

公元前 223 年，随着秦将王翦率六十万大军灭楚战役的结束，秦统一中国的梦想终于成为现实。从西周分封诸侯时开始，经过八百年的纷争和厮杀，中国归于统一。

中国虽然统一了，但建立一个什么样的国家，它的称谓、法律、制度及各种政策如何，成了令秦王政头痛的大问题，于是，他请教上卿李斯。李斯说："中国虽有夏、商、周三朝，名义上统一，实则非也。大王统一中国，实乃开天辟地之举，功盖三皇，德比五帝。所以，统一后的国家及制度、名号必须有异于夏、商、周三朝，以为后世法。"秦王点头称是，并命李斯负责这项工作。

李斯乃荀卿高足，学的是帝王之学，学问功底也好，人又聪慧，因此，让他辅佐秦始皇这样好大喜功的开国皇帝是非常合适的。为了秦王朝的建立，他辅佐秦始皇做了如下几件对后世极有影响的工作。

一、定称谓，合皇帝威严于一尊。公元前 221 年（始皇帝元年），秦王朝正式宣告建立。因秦是在西周八百年之后再统一，所以，秦始皇采纳李斯的建议，除国号不改仍称"秦"外，一切均是新的。秦始皇自诩功盖三皇五帝，就废除春秋战国时有关国王的五花八门的称谓，改称"皇帝"，皇帝自己称为"朕"，不称"寡人"了，"命"称"制"，"令"称"诏"。而且这些名称只能由皇帝一人使用，用以突出皇帝至高无上的尊严和权威，任何人不能随便乱用，否则视为大逆不道，有谋反之嫌是要杀头的。此名称一定，两千多年尊之未废。

皇帝的地位一确定，李斯就制定朝廷三公九卿的称谓，三公为丞相、太尉、御史大夫，九卿即三公下属的九个行政部门，分别为奉常、郎中令、卫尉、太仆、廷尉、典客、治粟内史、宗正、少府。对于这些名称，中国历代王朝都相继沿用，虽有小改，但大同小异。

二、统一货币、文字和度量衡。春秋战国时，因国家分裂、诸侯混战，各个国家的语言、文字、货币都有很大的不同。秦王朝建立后，李斯向秦始皇建议，为求秦王朝的发展和巩固，除了制度是新的外，语言文字和货币、度量衡必须统一，这样人们才不会自行其是，才有利于秦王朝的发展和巩固。

实践证明，这是一项重大举措。没有此举，秦帝国只是空架子。始皇帝听后大为高兴，令李斯组织人马立即去办。首先是统一货币，废除六国的旧货币，改为以黄金和铜为两种基本货币，以黄金为上币，镒为单位，以铜为下币，半两为单位，径寸三分，外圆内方，重十二铢。在语言文字上，针对战国以来语言文字异形异读的现象，实行全国统一，加强语言文字的规范化管理，改大篆而为小篆文字，通行全国。在度量衡上，量制以二龠为一合，十合为一升，十升为一斗，十斗为一斛；度制以十寸为一尺，十尺为一丈，十丈为一行；衡制以二十四铢为一两，十六两为一斤，三十斤为一钧，四钧为一石。

三、建立新的政治体制，废分封为郡县。秦王朝建立后，确立何种体制来巩固新建立的秦王朝，是摆在秦始皇面前的大问题。作为丞相的李斯又表现出了

第二编　秦汉野史

他那特有的思维方式和政治远见，大得秦始皇赞赏。

秦始皇三十四年（公元前213年），始皇帝置酒咸阳宫，令群臣讨论建立何种政体，是分封制还是郡县制。博士淳于越说："周朝之所以延祚近千年，是因为封子弟为王。现陛下拥有海内，而子弟无尺土之封，实同匹夫，一旦王朝有难，何以相救？事不师古而能长久者，非所闻也。"

丞相李斯则反驳道："三皇不同制，五帝不法常。周封同姓子弟很多，时间一长，就互为仇敌，攻战不休，周天子弗能制止。今海内一统，实行郡县制，诸子功臣以公家赋税重赏赐之，甚足易制，置诸侯不便。"

始皇帝一听，当即表态："天下苦斗不休，是因为封王之故，今天下初定，又复立王，是树兵也，丞相之言甚是。"于是，划分天下为三十六郡县，由国家委任官吏管理，以俸薪作为酬劳，官吏可随时任免，而王公子弟则多给俸薪养起来。这样一来，就避免了因分封造成的尾大不掉的局面，两千多年遵之未废。

因皇帝不采纳自己的意见，那些读书人牢骚满腹，就聚在一起议论朝政，诽谤皇帝。见此，李斯上书秦始皇，建议有关文学之书、百家之语，皆烧之，不烧者，唯医药、卜筮、种树之书，人们想学知识，就以吏为师。这样一来，那些读书人的意见就更大了。李斯又建议惩治恶者，以为后世议朝政者戒。于是，四百六十个读书人被活埋于咸阳。

这就是"焚书坑儒"，秦始皇也因之被骂了两千多年，究其始因，正是李斯出的馊主意。

因创建、佐命新朝之功，秦始皇拜李斯为丞相，成了一人之下、万人之上的大富大贵之人，其长子李由娶秦公主，他的几个女儿皆嫁秦公子，通过联姻的形式巩固权位，权势炙手可热。有一次，长子李由从三川回咸阳告假，李斯办了点酒席为儿子接风。这本是非常普通的家常饭，不知怎的，百官都知道了，结果门前车水马龙，拥挤不堪，朝中大小官员皆来攀附。

但是，他没想到，灾祸就要降临到他的头上了。

### 沙丘政变　腰斩灭族

秦始皇三十八年（公元前209年），始皇帝游会稽，丞相李斯、宦官赵高和十七岁的秦公子胡亥同行。七月回至沙丘后，秦始皇卧病不起，就立下遗诏，要公子扶苏速回即位。信未发，秦始皇就去世了。于是，中国历史上最有名的夺权阴谋产生了。

首先，赵高找到胡亥，说："皇上死，长子扶苏回来立为皇帝，而你无尺寸之地，怎么办？"胡亥说："本来就是这样，父亲死，不封诸子，传位扶苏，还有什么说的。"赵高道："方今天下之权，在你、我及丞相三人而已，你仔细考虑一下，奴役人与被人所奴役有什么不同。"胡亥说："这样做恐怕不好吧！废兄立弟，是不义；不奉父母而畏死，不孝；能薄而才小，强因人之功，是不能。"赵高道："汤武杀主，天下称义；卫君杀父，天下称德。故大德不拘小谨，大行不辞小让。顾小而忘大，后必有害；狐疑犹豫，后必有悔；断而敢行，鬼神避之，后必成功。"

经赵高这么一说，胡亥同意了，要他去找李斯商量。于是，赵高又对李斯说："现皇上已死，遗书未发。赐长子书与符玺皆在胡亥所，定太子在你与我之口，你说怎么办？"李斯一听，骇道："安得亡国之言？此非人臣所当议也。"赵高道："你想想，你的功劳与蒙恬比，孰高？与长子扶苏的关系，你与蒙恬比，孰好？如扶苏立为太子，哪有你丞相之位？现胡亥在此，仁厚忠孝，他如即位，你的子孙世代都享富贵，何去何从，你考虑吧！"

此时李斯的决定对秦王朝、对他自己，可谓生死攸关，他也明知这是篡位，大逆不道，但为了富贵，为了权位，他竟然同意了。他流着泪说："独遭乱世，既然不能死，就活下去吧！"

胡亥即位后，赐死太子扶苏和大将蒙恬，杀秦公子、公主数十人，发数十万刑徒修阿房宫，生活骄奢淫逸无度。人世间的一切罪恶，被胡亥在几年内都办到了，而这一切，都是赵高教他的。

李斯见此，觉得不妥，就要中书令赵高多劝劝胡亥，不要荒淫无度，要好好治国。可赵高自从沙丘政变后，就觉得李斯是个障碍，想除掉他，自己当丞相，可一直未有机会。这回李斯劝他去谏胡亥，他就假惺惺地说："我是何人？敢与你丞相比？要谏，只有丞相你最合适。"

赵高是宦官，负责胡亥的生活起居。每次李斯要上书胡亥，赵高就推却说皇上正忙，待胡亥与宫女们鬼混时，就让李斯去向胡亥进言。胡亥正与宫女鬼混得热烈，见丞相入奏，就觉很扫兴，心里不舒服。以后李斯每次进谏，赵高都选择这样的时刻。胡亥火了，问赵高："丞相何以如此？"赵高乘机进谗言："丞相自恃沙丘政变有功，未能封王，所以有怨言，沙丘政变只有我们三人知道，一旦泄露出去，可不得了。"

此时已是秦二世二年（公元前208年），天下的农民起义风起云涌，紧急告急的文书雪片似的飞向咸阳，但都被赵高压住。胡亥也偶尔听说农民起义，赵高都说是小股盗贼，很快就会平息。当陈胜派将周市率军三十万攻咸阳时，胡亥才知道真相，就斥责赵高，而赵高却反诬是丞相李斯的儿子李通勾结义军所

致。胡亥大怒，逮李斯下狱，判腰斩，灭三族。

行刑那一天，李斯流着泪对儿子李通说："现在我们再想牵黄犬、游上蔡，当个普通百姓，也不可能了。"说着，对天长叹道："荀子曾说过，我太热衷于富贵，必为富贵所累。果然！荀卿，圣人也，我不如也。"

李斯终于成了秦王朝的殉葬品。作为一个历史人物，李斯对中国历史是有贡献的；作为一个普通的人，他又是卑劣的。也许这是他早期对老鼠活动的观察所致，是老鼠的生活哲学使他飞黄腾达，又是老鼠的生活哲学最终使他遭到了悲惨的下场。

## 王 翦

在中国封建社会的政治生活中，有一条不成规律的规律：一个将军一旦手握重兵、立功疆场时，皇帝就开始对他不放心了，如果这个将军的功劳越大，皇帝对他的疑心也就越重，这时如有人乘机进谗，那流血的悲剧就不可避免。因此，后世以"伴君如伴虎"这句话来形容古代政治斗争的残酷性、险恶性。如何避免这种悲剧的发生，中国历史上的功臣名将都在苦思脱祸之法，而秦始皇的大将王翦是在这方面做得比较成功的人。

### 受宠于王，平步青云

王翦，陕西富平县人（古称频阳），生卒年不详。根据他的人生活动来看，应当是出生于秦昭王二十年（公元前287年）左右，死于秦始皇十一年（公元前211年）左右。他出身贫苦，好舞刀弄拳，尤喜兵法，力大可以抱一头牛犊过河，但又谋虑深远。在家常对人挥动双拳说："凭我这双拳，何愁富贵哉？"二十岁时就投身军旅，从此，王翦的一生就在军队里度过。

年轻的王翦由于办事沉稳，机智聪

颖,作战勇敢和出色的武功,很快就在军队里崭露头角,尤得秦军统帅白起的青睐。白起把他调到自己身边作为亲兵,不久升为将军。在秦赵长平大战中,王翦作为青年将领独当一面,表现十分出色。白起常对人言:"吾没,秦欲统一海内,非王翦将兵则必败。"后他把王翦推荐给了秦昭王。

白起因与秦昭王的矛盾激化,结果被赐自杀,同时王翦也因此未受到秦王的重用。他一直是宫中的一个一般的头目,在默默无闻中打发时光。

公元前 251 年,秦昭王死,子安国君即位。不到一年,安国君死,子异人即位,史称庄襄王。三年后,庄襄王死,儿子嬴政即位,是为秦始皇。秦王政即位后不久,发生了一件关系到秦帝国命运的事,王翦的命运也发生了根本性的变化,成为秦王政一生的心腹大将而受宠不衰。

秦始皇的父亲异人子楚曾因其母失宠而被派往赵国做人质。因秦、赵两国交恶,子楚在赵国的处境很是凄凉。这时,赵国邯郸商人吕不韦见奇货可居,就在子楚身上下了一场政治赌博:出五百金资助异人在诸侯中活动以提高身价,同时又出五百金西入秦打通关系,让安国君立子楚为太子。当时见子楚在赵国孤身一人,吕不韦又把自己心爱的小妾赵姬送给子楚做妻子,不久就生下秦王政。

吕不韦的"财博"获得了成功:安国君当国王后,立子楚为太子,安国君死后,子楚就是国王,史称庄襄王。并封吕不韦为丞相,食邑万户,赐爵文信侯。三年后,子楚死,秦王政即位,尊吕不韦为"仲父",其母赵姬也就顺理成章地当上了王太后。

随着秦王地位的巩固,统一天下的大事就提到议事日程上来。作为秦王政的心腹大将,王翦理所当然地挑起了扫荡六国的历史使命。

### 受命出征,屡立奇功

当时整个中国的政治形势是名义上虽是七雄争霸,但真正有力量的只有两个国家,即秦与楚,其他国家名为一国,有的实际只有一个郡县那么大,比如韩国。而秦国经过商鞅变法,国势益强。到了秦昭王时,中原六国被秦将白起打得只有招架之功而没有还手之力。到了秦昭王晚年,中原六国已经被秦国攻得支离破碎。因此,秦统一中国已是大势所趋。

秦王政即位后,加快了统一中国的步伐。平叛、亲政大典一结束,就开始了统一中国的战略决策:在政治和外交上,采纳李斯和尉缭的建议,继续远交近攻,分化瓦解六国联盟,同时,又不惜重金收买六国内部的大臣为间谍,削弱其力量,破坏其行动。

在军事上,秦王政以王翦为柱石,带兵对中原诸国进行全线扫荡。王翦也不负君望,打得十分出色。他采取先北后南,先弱后强,先中原后楚国的方略,结果只用几年,秦国就占领了黄河以北的广大地区。

公元前 230 年,王翦率 10 万军队攻韩。韩是小国,又经过几十年的秦军攻击,已经脆弱不堪,所以,王翦很快就将韩都阳翟(河南新郑)包围起来。但阳翟城墙坚固,王翦久攻不下。最后,王翦采纳将军蒙骜的建议:以河水灌城,韩王安抵挡不住,只得投降。

秦王政十八年(公元前 229 年),王翦率 20 万大军攻赵。部队出发前,秦王政就对王翦说:"寡人受苦于赵,几死。秦、赵不并立,望将军为寡人雪耻。"但是,王翦在攻赵时,碰到了强硬的对手,那就是赵国名将李牧。两人可谓棋逢敌手，将遇良才。李牧的纵深防御使王翦几次进攻均未奏效。几十万大军暴露于荒野之上，如不能尽快突破对方防线，时间一长，就会师老秦军，后果很严重。

正当王翦无计可施之时，他的副将李信给他出了主意："现赵国宠臣郭开用事，此人贪财庸鄙，将军何不效武安君战长平之法？"王翦一听，觉得这个主意不错，在征得秦王政的同意下，决计用反间法除掉李牧，为秦军攻赵扫清障碍。

一方面，他派人前往赵营提出休战议和，李牧不知是计，见王翦要和，求之不得。彼此休战，并与王翦书信往来。另一方面，王翦派人到赵国，出黄金一万斤收买赵王宠臣郭开，让其暗中散布流言蜚语，离间赵王与李牧的关系，还把李牧与王翦的书信往来作为证据，说李牧与秦军议和是为投降做准备。赵王迁是个毫无头脑的庸人，听到流言和宠臣的挑拨，便怀疑李牧有通敌之嫌，就解除了李牧的兵权，起用毫无指挥才能的赵葱为将。李牧不服，赵王迁就授意赵葱把李牧杀了。

赵葱一到位，就改变李牧的防御作战态势，主动向秦军进攻，结果被王翦打得大败，赵葱被杀，赵军溃败，死伤八万。王翦乘势把赵都邯郸包围起来攻打。一个月后，邯郸破，赵王迁被俘，赵亡。

秦王政十九年（公元前228年），远在北方的燕王喜见秦军破韩，灭赵，大军到了燕国的家门口，大恐，就命太子丹想办法阻住秦军的攻势。此时的太子丹也无回天之力，只好命壮士荆轲携着燕国地图、樊于期人头和匕首去秦国假投降，想在趁秦王接见荆轲时，把秦王刺死。这就是历史悲剧：荆轲刺秦王。结果行刺失败，荆轲被杀。秦王政大怒，就命王翦率军北上攻燕。王翦在易水河畔大破燕国十万之众，燕举国大恐，要求割地求和。秦王道："必杀太子丹乃和。"结果燕王喜只好把太子丹杀了，但秦军并未停止进攻，一直追击燕军于蓟北（今北京），燕军损失惨重，几乎全军覆灭，燕王喜只好逃往辽东。至此，秦军已全部占领了燕蓟之地。

此时，整个中国除了东边的齐、南方的楚外，基本上为秦国所有，而作为秦国统帅的王翦与秦王政的关系也开始变得十分微妙起来。

王翦率二十万大军向北进发，一路上，斩将夺隘，所向无敌。他获韩王假于阳翟，亡赵王迁于邯郸，杀燕太子丹于易水，逐燕王喜于关外。消息传到秦都咸阳，秦王政的慰问使者络绎于道，各种奖励、赏赐源源不断，又是加官晋爵，又是奉诏持节慰问，别人皆以为喜，唯王翦独忧。

他儿子王贲不解，问："父亲有大功于国，国王对其甚是信任，别人皆以为喜，唯您独忧，何也？"

王翦道："犬子何知？秦王其人，胸隼、蜂头、豺声、长目，此种人寡恩，只能共患难，不能同富贵。囚母、杀弟，车裂假父，鸩杀宰相，令人寒心。我现在率几十万精兵强将，他能放心吗？明是慰问，实是对我不放心。"说完，长叹一声，"但愿我不要步白起的后尘。"

所以，攻燕一结束，王翦就主动交出兵权隐居，以消国王猜嫌。

### 率军伐楚，求田问舍

作为秦王政来说，尽管王翦是他的心腹大将，有大功于国，可随着王翦功劳越来越大，心里总有一种说不出来的感觉。于是，伐燕战争一结束，只要能不用王翦就不用，理由是大将军有大功于国，年事已高，要好好休息。

此时的秦王政已是十分天下有其六

了,就按抑不住那统一天下的雄心。见北方大体已平,就想挥军伐楚,举兵南向。秦王政二十二年(公元前225年)八月,秦王政置酒咸阳宫,大会群臣,商讨伐楚方略。

要不要伐楚,朝廷上下已没有太大的意见分歧了,而如何伐楚,需要多少兵力,意见就不统一了。当秦王政询问需要多少兵力时,将军李信恃仗年轻气盛,冲口而出:"楚乃垂死之国,二十万人足矣。"秦王转头问老将王翦:"将军以为如何?"王翦沉吟半晌,答道:"楚不比中原小国,地域辽阔,兵多将广,尽管衰朽不堪,但还是有力量的,据我估计:非六十万人不可。"秦王政一听,吃了一惊:"六十万?倾秦国之兵也不够这个数,将军何其畏楚如此?"于是秦王政认为李信年轻有为,勇敢果断,才堪大用。于是很高兴地表扬李信:"还是年轻人的勇气足,王将军老了,锐气没有了,被楚国吓坏了。"

听秦王这样说自己,王翦一声不吭。退朝后,他就隐居不出,自称有病,悠哉山水去了。

果不出王翦所料,李信率二十万大军伐楚,中了楚将项燕的诱敌深入之计,退路被切断,结果秦军大败。消息传到咸阳,秦举国震动。作为一国之君的秦王政更是寝食不安,这是他即位以来的最大的一次败仗。于是,他深恨楚国,决计灭楚。在将领的人选问题上,他想到了王翦,看来还是王翦的意见对,姜还是老的辣。

他知道王翦的病是心病,就亲临王翦府上探问,并承认自己失策,但王翦不答。秦王政道:"请老将军挂帅如何?"王翦道:"臣老了,也没有了锐气,身体又有病,不能替大王驱驰了。"秦王政知道他还在生自己的气,好说歹说,可王翦就是

不答应。最后,秦王政急了,就向王翦跪下:"请老将军看在先王分儿上,再替寡人辛苦一趟吧!"王翦一见,连忙把秦王政扶起,缓缓地说:"如大王真要用老臣,六十万人,一个也不能少。"见王翦答应了,秦王政喜曰:"定如将军所请。"

于是,秦王政下诏在全国招兵,替王翦凑足六十万大军。出发那天,秦王政亲率群臣送到灞上,拉着王翦的手笑道:"请老将军早奏凯歌。"但脸上乌云密布,笑得很不自然。待大军出发后很久,他还站在那里不肯回宫,因为他心里不踏实:倾全国之兵交给一个人,不怕一万,只怕万一。

王翦当然知道秦王的内心世界,为了保证对楚战争的胜利,又不致使自己功高震主,让秦王怀疑自己,在部队离开咸阳、过了灞上不远,他又连忙策马返回。此时,秦王还站在那里,见王翦一人返回,不解地问:"将军何故返回?"王翦道:"我老了,以后替大王出力的机会也不多了,趁我现在还能动,想为子孙谋点田产,反正为大王出力,功再大也不能封侯。"秦王政一听,大笑:"大将军平楚之后,功盖天下,何愁不富贵?"王翦道:"大王也不要认为我有功,我只求良田美宅足矣。"秦王政一听,爽快地答应:"咸阳西边一万亩良田就是你的。"

王翦一听,心里踏实了,连忙策马向前。过了不久,他又派他儿子王贲来见秦王政,要求国王把咸阳东头的五栋府第赐给他。秦王道:"寡人准你父亲所请,赐府第八处。"王贲连忙磕头谢恩而去。

大军还在行进途中,王翦又派人去见秦王,要求把国王所赐府第周围五十里作为他的猎场,好老了休息、打猎。秦王一听,哈哈大笑:"王将军也太多虑了,只要能灭楚,寡人何惜封赏?"就下诏:赐

王翦一百里的青山作为行猎休憩之所。

作为一个统帅，临阵前如此再三求田问舍，为子孙谋产业，实不多见。这好像不是在打仗，而是在生意上讨价还价。对此，王翦许多下属将领大为不解，都认为王翦太过分。指责的人中包括他的二儿子王苗。

但王翦不这么看，私下对王苗说："秦王把六十万大军交给我，不这样做，他能放心吗？这个仗还能打吗？我不是在为子孙谋田产，而是在替自己找活路。我请一次，秦王不会相信，请两次、三次，秦王就会相信了，把六十万大军交给我也不会怀疑了。"

其实，真正的大战略家往往有自己独到的见解：王翦对秦王有担心，秦王对王翦亦不放心。当王翦一而再、再而三地求田问舍，如商贾一般时，他的心里反而踏实多了：如王翦有异心，决不会这么做。所以，他回宫之后，对左右说："求田问舍，看来王翦也并非真英雄。"

见王翦率大军伐楚，楚王负刍命楚将项燕率军四十万御敌。项燕乃楚之名将，曾大败李信之二十万众。他见秦大军出动，说："上次李信败归，王翦何能为？"

当王翦得知与自己对垒的是项燕后，就一改李信长驱直入的战法。大军到达天中山（今河南汝阳）的秦楚交界处时，就命令部队停止前进。然后筑垒设防，不与楚战，即使楚军挑战，王翦也不应战，只有迫不得已才回击。每日令将领与士卒同吃同住，休养生息，整训军马，增强体力，进行一些跳高、跳远、投掷一类的活动，还把军中有一技之长的士兵组成特种部队，做好一切充分的准备。

见王翦如此抗敌，诸将大有不解。王翦道："楚国大兵多，如我引军深入，楚军分散各处，这个仗有得打，同时还有可能重蹈李信的覆辙。如我在此坚守，定能吸引楚军于秦之正面。时间一长，楚必松懈，可乘势一举灭之。"

楚将项燕见王翦按兵不动，大为迷惑，也只好率军坚持于秦军正面，与之顶牛角。这样坚持了一年后，项燕以为秦军没有攻取之意，加之劳师日久，士气松懈，遂决定引军而东。正在楚军放松戒备，准备拔营东归的时候，王翦率数十万大军猛扑过去，楚军仓皇应战，十分被动。经数日激战，楚军主力大部被歼，项燕只好率残部向江浙一带退去。

见项燕败退，王翦兵分两路：一路由李信率领过汉水、下长沙、平岭南；而自己率另一路大军顺长江而下，在项燕后面猛追不舍。于公元前223年，攻下项燕的最后据点椒越（今浙江诸暨、杭州一带）。楚亡，项燕被杀。

楚亡之后，秦王政统一了中国，并建立了秦王朝，史称秦始皇。而王翦在灭楚之后，马上交出兵权，不问世事，过着隐居的生活，最后不知所终。当然秦始皇也未食言，不仅兑现了对王翦的全部许诺，而且拜王翦之子王贲为大将，子孙五代世袭。

相传，项燕死时曾有遗言："我身死秦将，秦将必没于楚后。楚虽三户，亡秦必楚。"所以，王翦隐居后，坚决反对他的后代投军。他对孙子王离说："道家忌三代为将，杀戮过重之故。我家已有三人为大将，杀戮过多，现天下已平，投军已非上策。"

但世界上有许多事情确是说不清道不明，王翦坚决反对他的孙子当兵，可他的孙子王离最后还是成了秦国的将军。十多年后，始皇死，胡亥立。三年后，农民起义爆发了，第一个攻入咸阳，灭亡秦国的是沛公刘邦，而项羽入关时，在关外与他大战的正是王翦的孙子王离，因大势已去,结果王离被项羽所杀。项羽入关后,烧了阿房宫,又掘了秦始皇墓。

作为一代名将的王翦,在秦始皇统一中国的过程中立下了汗马功劳。由于他文武兼备、刚柔相济,在战争中,善于捕捉战机,时机不到,静如处女,时机一到,形如脱兔,知彼知己,稳操胜券。同时,又能机智地处理自己与秦王政的关系,才大主不疑,功大主不震,最后避免了受谗被杀的悲剧,安然地过完了自己的一生。

# 汉代野史

## 宫禁逸闻

### 汉宫梳奉圣髻

汉高祖刘邦即位当皇帝后,叔孙通负责制定朝廷的礼仪,刘邦这才体验到皇帝的尊贵,于是下令:宫女们梳的发髻样式也要像行供奉礼一样,取名为"奉圣髻"。

### 太上皇宫居不乐

汉高祖刘邦的父亲迁居长安后,终日深居宫中,闷闷不乐。汉高祖暗中通过手下人了解其中原委。原来,太上皇平生所喜欢交游的都是些年少的屠夫、商贩,大家终日在一起沽酒卖饼,斗鸡踢球,以此为乐趣,汉高祖了解以后,便在新丰建立村社,将太上皇昔日熟识的故旧迁移到那里居住,太上皇这才大为高兴;因为这样一来,便可与那些无赖子弟叙谈了,真可谓是"物以类聚"啊。

汉高祖年少时,经常在枌榆社祭祀;后来搬到新丰住时,也建了一个枌榆社。社区的大街小巷、房屋栋宇,均由旧社移移而来。他还下令让原来的男女老幼移居于此,大家相扶于街头,各自都知道自家的居住所在。将鸡、狗、羊、鸭等家禽、家畜放到大路上,它们也竟然能够认识各自的主人家。这些都是匠人吴宽所设计建造的,实际上就是将原来的模样、格局移过来罢了。居住于此的人们因其与旧居相似而感到快乐,对匠人吴宽格外敬重,都纷纷拿出赏钱赠予他,吴宽因此而致富。

### 献美人

汉军被围白登之时,陈平让画家画了一名美女,派人从小道将美女图送给了单于的后妃阏氏。告诉他:"汉朝有这样一位美女,现在皇帝被困于此,想把这位美女献给单于。"阏氏担心如此一来,自己便要失宠于单于,所以就对单于说:"汉朝天子也有神灵保佑,我们即使得到了他们的土地,也未必能够占有它。"于是,匈奴网开一面,汉军方得以突出重围。也有人说,陈平用数百个傀儡做成美女登城的样子,阏氏见了以后,怀疑是汉军献给单于的,怕夺了自己的宠幸,因此才为汉军解了围。

### 娄敬和亲

匈奴冒顿用响箭射杀了自己的父亲头曼,篡夺了君主之位,接着又娶了自己的母亲为妻。娄敬对汉高祖说:"冒顿崇尚武力,不能用仁义之辞劝说他罢兵。但如果将长公主嫁给他,冒顿肯定会将她尊为后妃的。这样,她将来生的儿子,一定会立为太子。冒顿在世时,当然就是汉朝皇帝的女婿;冒顿死后,那个外孙就成了单于。如此,可以不战而使匈奴永远称臣。"汉高祖认为娄敬说得很有道理,连忙回答:"好!"于是便选了一位奴仆家的女儿充当长公主,将她嫁给冒顿单于,并派遣娄敬出使匈奴,与单于订立了和亲之约。到汉元帝时，王昭君出塞，也是出于和亲的目的。

## 妾主不同坐

汉文帝所宠幸的慎夫人在皇宫中常与皇后同席而坐。汉文帝巡幸上林苑时，摆下宴席，袁盎将慎夫人从席中引开，慎夫人大怒，文帝也很恼怒。袁盎对文帝说道："尊卑有序，才能上下和谐，现在已经立了皇后，慎夫人只是妾而已，妾与主人怎能同坐一起呢！"

## 侍婢妖服

戚夫人的侍婢贾佩兰后来嫁给了扶风人段儒为妻。据她说，在皇宫时，宫女们常以弦、管伴歌伴舞相娱乐。竞相穿妖服以打发时光。每年七月七日，宫女们到百子池边演奏于阗的乐曲，乐曲演奏完后，又用五色的丝缕相互联系在一起，称之为"相连爱"。九月九日，大家又佩戴茱萸，吃莲蓬，饮菊花酒。十月十五日，宫女们到灵女庙参拜，用猪、黍等物祭祀灵女神。吹笛击筑，唱《上灵》曲，之后，大家互挽着手臂，踏着脚步作节拍，唱《赤凤来》之歌。

## 汉法选女

汉代选美女的方式是于每年八月间，派中大夫、掖庭丞和画家到洛阳城乡、察找良民家中有年纪在十三岁以上，二十岁以下，容貌端庄秀丽的女孩儿。凡是合乎规定标准的，就将其用车运到后宫，后宫再看是否合适，方能决定是否陪伴皇帝。

## 景帝误幸

汉景帝很喜爱程姬。有一次景帝召程姬陪驾，恰好程姬身体不适，程姬便让侍女唐姬夜里代她陪伴皇帝。皇帝当晚醉意蒙眬，全然不知，还一直以为睡在身边的就是程姬呢。后来唐姬怀了孕，景帝这才知道那天夜里陪伴自己的不是程姬。等到唐姬生下了儿子，便取名为刘发，后来被封为定王。

## 薄姬生子

薄太后的父亲在秦朝时与魏王宗家的女儿魏媪私通，生下了薄姬。等到诸侯纷纷反叛秦王朝之时，魏豹自立为魏王，魏媪便将女儿献给了他。据说，相士许负看了薄姬的面相后道："这位妃子将生天子。"这时项羽与汉王刘邦在荥阳正相持不下，天下尚未平定。魏豹开始时本来是与汉王联合一起攻击楚军的，听了许负的话之后，内心不禁窃喜，因此便背叛了汉王刘邦，保持中立，后来又与楚军联合起来。汉王刘邦派曹参等击败了魏豹的军队，并俘虏了他，将魏国变成了一个郡。同时把薄姬送进了织丝的作坊服役。

魏豹死后，有一次汉王刘邦来到织丝的作坊，看到了年轻貌美的薄姬，便下诏将其纳入后宫。薄姬进宫一年多也未能受到汉王的亲幸。

薄姬年少之时，曾与管夫人、赵子儿很要好，她们相互约定："若谁先得富贵，不要忘了大家。"后来，管夫人、赵子儿果然先受到了高祖刘邦的宠幸。一次，汉高祖在河南宫成皋台，这两位美人正谈论着薄姬年少时大家订的约誓。被皇帝听到了，便询问其中缘由，两位美人将实情告诉了他，汉高祖听后心情挺伤感，很怜悯薄姬。当天，汉高祖便召见薄姬并亲幸了她。薄姬告诉皇帝道："昨天夜里，妾梦见一条苍龙盘附在妾的腹中。"高祖道："这是富贵的征兆啊，我成全你。"

薄姬受到皇帝亲幸后，生了一个男孩，这就是代王。打那以后，薄姬便很少见到高祖。高祖驾崩后，他的嫔妃们包括戚夫人在内，都受到了吕后的妒恨，全被打入冷宫幽禁起来。只有薄姬因为很

第二编　秦汉野史

少见到皇帝，才得以被放出来。之后薄姬便随儿子来到封地代国，成为太后，薄姬的弟弟薄昭也跟随姐姐来到了代国。（《史记·外戚世家》）

### 苍鹰不恤贾姬

有一次，郅都跟从汉景帝到上林苑巡猎，景帝的妃子贾姬去厕所小便，一只野猪闯进了厕所，景帝以目示意郅都赶快去救贾姬，郅都却故意不救，景帝只好亲自救出了贾姬。郅都上前对景帝说道："死一个姬妾，再进奉给您一个就是了，天下难道还缺少像贾姬这样的美女吗？"

郅都一向勇猛强悍，做了中尉以后，执法异常酷烈，人们都称他为"苍鹰"。

### 慎夫人节俭

汉文帝打算建造露台，召来工匠们计算所需费用。工匠们告诉他需费钱百金。文帝道："百金相当于十个中等人家的全部财产了，我继承了先帝的宫室，应常常感到愧对先王，还建什么露台呀！"

文帝常穿黑色的衣服。他所宠幸的慎夫人，穿的衣裙也从不长得拖到地上，居室中帷帐也没有绣花之类的装饰，这样是为了显示自己敦厚俭朴，处处做天下人的表率。

### 拳夫人

汉武帝出巡打猎经过河间县时，一位会看气脉的人告诉武帝这一带有奇异的女子，武帝便马上派人将她召来。那女子被带来以后，却是一个两手指都是拳形的人。武帝亲自将她的手指分开，当时便能伸直。因此这位女子受到了皇帝的亲幸，称为"拳夫人"。"拳夫人"居于"钩弋宫"，所以又称为"钩弋夫人"。

"拳夫人"怀孕十四个月后，生下弗陵（汉昭帝）。因为古代尧母生尧时也是怀胎十四个月，所以武帝便将"拳夫人"所居宫门称为"尧母门"。等到"拳夫人"的儿子弗陵稍稍长大了一些后，皇帝却开始经常责辱钩弋夫人，夫人脱下头簪、耳环，叩头谢罪。皇帝命令左右："带下去，送到掖庭狱中。"夫人边走边回头看视，武帝道："快走，你休想再活命了。"最后"拳夫人"被皇帝赐死。

过了一些时间，有一天皇帝闲居无事，便问左右："外面的人对这件事是怎么议论的？"左右回答道："人们都说，既然已经立儿子为太子了，为什么又要将他的母亲杀掉呢？"武帝道："是啊，这不是你们这帮蠢人所能理解的。古代的时候，国家之所以动乱不止，就是因为国君年幼，其母年轻，太后便大权独揽，骄奢淫逸，没有人能够制止。难道你们不曾听说过吕后之事吗？所以不能不先杀掉太子的母亲。"

### 美女入室，恶人之仇

邢夫人名叫蛭娥，与尹夫人同时受宠于汉武帝。武帝有诏令，不准她们二人相见。一天尹夫人向武帝请求道："希望能见一见邢夫人。"武帝答应了她的要求。便让另外一位夫人装作邢夫人来到尹夫人面前，尹夫人一见，便说："这位不是邢夫人。"武帝问："你为什么说她不是呢？"尹夫人答道："我看这个人的身形相貌根本不像主人的样子。"于是皇帝便下诏让邢夫人穿旧衣，独自一人前来。尹夫人从远处一见，便说："这个人才是真正的邢夫人。"说完便低头流泪，深深觉得自己远不如邢夫人。俗谚说"美人入室，恶人之仇"，大概便是指此事吧。

### 宠而不宠，不宠而宠

汉武帝卫皇后字子夫，原来是平阳主的歌伎。武帝即位后，几年没有得子。平阳主便挑选了十几位良家女儿，装饰打扮起来，留在家里以待武帝选用。武帝攻下霸上后，回京途中，顺便拜访了平阳主。平阳主将美人献给武帝,武帝并不高兴。喝过酒之后,歌伎上来为武帝唱歌,武帝一见歌伎便喜欢上了她。那天,武帝起来换衣服,让子夫陪侍,在尚衣轩中,武帝亲幸了子夫。更衣之后,皇帝回到座位上,非常高兴,赏赐平阳主黄金千斤。

平阳主将子夫送到皇宫,子夫上车时,平阳主抚摸着她的后背说:"去吧,到宫中一定要吃饱吃好,尽好职责。如果富贵了,不要忘掉我啊。"

子夫进到皇宫几年也得不到皇帝的亲幸。皇帝将那些未曾生育的宫妃挑出来斥责一通,逐出皇宫让她们回家。子夫哭泣着请求留下,武帝很怜惜她。子夫这才重新受到宠幸,不久便有了身孕。

### 武帝想娶外国女

金日䃅的长子是汉武帝的宠儿,长大后,一次在宫殿下与宫女们戏耍,金日䃅看到后便将他杀掉了。

武帝赏赐金日䃅宫女,金日䃅不敢与之亲近。武帝想纳金日䃅的女儿为妃,金日䃅也不肯同意。

### 冒充太子

汉昭帝时,有一位男子名叫成方遂,夏阳人。一位曾在太子身边当差的人告诉他说:"您长得酷似卫太子。"成方遂听了以后,便想利用这一点,以取得荣华富贵。于是便骑一黄牛犊,自称是卫太子,到处招摇撞骗。京兆尹隽不疑责令吏卒将其收押了起来。

### 神女捧日授王夫人

汉武帝未出生时,景帝梦见一头红猪从云中下来,一直进到了崇芳阁中。景帝醒后坐在床上,果然见到一条赤龙雾一般遮蔽了门窗。皇宫内的嫔妃们望见崇芳阁上红霞缭绕。一会儿,红霞消散,只见一条赤龙盘踞在栋宇之间。景帝召来占卜之人姚翁,问他这是怎么回事儿。姚翁道:"这是吉祥的征兆啊,这个阁子肯定要出一位盖世之人。能祛除不祥,召来祥瑞,是刘氏宗族的强人。"于是景帝便让王夫人移居到崇芳阁,改崇芳阁为倚兰殿。过了十多天,景帝梦见一神女捧着太阳,将太阳授予王夫人吞下,王夫人怀孕十四个月后,便生下了汉武帝。

### 合 卺

李夫人初到宫中时,坐七宝床,乘流苏辇,以凤羽长生扇为屏障。汉武帝将李夫人迎入帐中一同坐下,共饮合卺酒。预先命宫女们远远地往帐内撒五色同心花果,皇帝和夫人用衣裙接盛,称为"得多",取其多得子之意。

### 千金买笑

有一次,汉武帝与丽娟看花,当时蔷薇刚开,那半开半闭的样子就好像是在微微含笑。武帝道:"此花比美人的笑容要可爱得多了。"丽娟开玩笑似地问:"笑可以用钱买吗?"武帝答:"当然可以。"于是丽娟便让侍从取来黄金一百斤,用作买笑钱,以此来博得皇帝的欢心。蔷薇又叫"卖笑花",便是从丽娟那时开始的。

### 百花舞

赵隽国献给汉朝皇帝一种吸花丝,不管什么花,一旦附在上面便不再掉落。汉武帝赐给丽娟二两,让她做舞衣。春夜月光之下,皇帝在花棚下设宴。丽娟穿着吸花丝做的舞衣为皇帝跳舞,跳舞时,用衣袖拂花,于是全身便都落满了花瓣,丽娟舞姿优美柔媚,被称之为"百花舞"。

### 骨节自鸣

汉武帝的妃子丽娟皮肤白嫩细腻,呼出的气息比兰花的香气还要浓郁。每当丽娟唱歌的时候,李延年便在芝生殿和她遥相酬和。当唱到《回风》这首歌曲时，庭院中的鲜花便都纷纷飘落。武帝将丽娟放在帷帐中，唯恐尘土会玷污了她的身体。武帝还常用衣带绑缚住丽娟的衣袖，将她关在重重帷幕之中，担心她会随风飘飞而去。丽娟用琥珀为佩饰之物，放在衣裙里面，不让别人知道。却对别人说是骨节发出的声响。大家对此都感到很神奇怪异。

## 玉燕钗

元鼎元年，汉武帝诏令建起了招仙阁，有位神女留下一枚玉钗赠给皇帝，皇帝又将这枚玉钗赐给了赵婕妤。到汉昭帝元凤年间，宫中妃嫔们还见过这枚玉钗。黄淋想见见它，赵婕妤第二天打开匣子给她看时，只见一只白燕从匣中飞出，直升空中，后来宫中仿造了一枚，取名"玉燕钗"。

## 见亡夫人

武帝时，有一位善于鬼神方术的人，名叫少翁，武帝所宠幸的王夫人去世后，少翁用方术复原了王夫人的容貌。使武帝从帷帐中望见已亡的王夫人。于是武帝便拜少翁为文成将军，赏给他许多银两。后世人们设立灵台以招亡魂，称为"望乡"，就起源于此。

## 梦中遗香

一天，汉武帝在延凉室中休息，睡梦中梦见李夫人将蘅芜香授予自己。武帝惊醒后，香气留在衣枕之上还未散去，长达一个多月香气不断。武帝苦思以求，始终再未梦见过。不觉泪落沾席，于是便改延凉室为"遗芳梦室"。

## 四宝宫三云殿

汉武帝做七宝床，挂宝帐，置宝案，设宝屏风，都用宝物制作，也用宝字取名。设在桂宫，因此人们称之为"四宝宫"。汉成帝时，在甘泉紫殿设云帐、云幄、云幕，所以世人也称甘泉紫殿为"三云殿"。

## 相思病

李夫人去世后，汉武帝思念不已。方士李少翁告诉武帝，说他能让武帝再见到李夫人。于是李少翁吩咐张灯结彩，摆设帷帐，桌案上陈放着酒肉等食物，让皇上在另一间帷帐中远远地观看。武帝果然看到一位美女，形象跟李夫人一模一样。武帝苦于不能近身观看，思念之情反而更加重，于是便作了一首诗，诗中写道："是她还是不是她？明明已望见她，为何她又姗姗来迟呀？"命乐府中的音乐家们谱成曲子传唱这首歌。

当初，武帝非常宠爱李夫人。李夫人死后，武帝常常在梦中见到她，日久天长，武帝日渐憔悴，妃嫔们深感不安。武帝将李少翁召来，对他说道："朕很思念李夫人，还能见到她吗？"李少翁答道："可以从远处看到，但不能在同一帷帐中相见。深海中有潜英石，青色，轻如羽毛，特别寒冷的时候，石头就会变温；暑热之时，石头则会变冷。若将这种石头刻成人像，神韵风姿跟真人没有什么两样。如果能得到这种石头，那么您就能见到李夫人。不但如此，这种石头还能翻译人所说的话，说话时，只听见声音，看不到它呼气，所以人们才觉得它的奇异。"武帝问："那么，这种石头能找到吗？"李少翁道："我愿驾楼船，带一千名擅长游泳爬树的大力士前往，这些人都要懂得道术，带上不死之药。"于是李少翁便带人驾船前往深海取潜英石，经历了十年才回到岸上。昔日一同前去的人，有的升仙了不能回返，有的假托形体已死，能够回来的仅四五个人把这种石头带李少翁让工匠依照李夫人生前的画像雕刻成李夫人的形状。雕刻成了以后，放在轻纱幕中，仿佛李夫人生前一般。武帝看了后非常高兴，问李少翁："能不能再近一些呢？"李少翁答道："如果半夜做梦，梦见是白昼，才可以靠近一些观看。这种石头毒性很大，只宜从远处看，不能近看。您是国之君不宜总是迷恋这种东西。"武帝听从了他的劝告。李少翁又请武帝将这块石头磨碎，做成药丸服用，说那样就不会在梦中思念李夫人了。武帝于是便营建了"灵梦台"，每年祭祀。

后来，李少翁又劝武帝建台宫，用来招天神。李少翁暗中写好帛书喂进一头牛的肚子中，并对皇帝说："这头牛的肚子里有怪物。"皇帝命人将牛杀掉后，看到了帛书，上面的话很奇怪。武帝认出是李少翁的笔迹，于是便把他杀了。

### 昭君出塞

汉元帝时，后宫中妃嫔很多，皇帝不能经常见到，便让画家画下每个妃子的形貌，元帝按画召幸美人。于是宫女们便送给画家财物，求他们将自己画得漂亮一些。只有王嫱不肯贿赂画家，画家便故意将她画得很丑，这样她就一直不能受到皇帝的召幸。

后来匈奴使者来朝廷朝拜，向汉朝皇帝求一美人做单于的后妃，元帝便按照画家所画的美人图形，派昭君出嫁匈奴。

昭君临离开汉朝时，元帝召见她，这才发现昭君是后宫最漂亮的女子。昭君善于应答，举止高雅，元帝很是后悔，但婚约已经定下，恐怕失信于匈奴，所以不再另外换人。元帝严厉追究这件事，画家毛延寿等人都被斩首弃市。

### 班婕妤

一次，汉成帝曾想与班婕妤同辇，班婕妤推辞道："我看古代的图画，圣贤之君都有贤臣陪伴左右，只有夏、商、周三朝末代君主才是由国君宠幸的美女陪伴。现在您打算让我跟您同辇而行，不是与此相似吗？"成帝认为她说得很对，便不再提这样的要求。太后听说了以后，高兴地说："真是古有樊姬，今有班婕妤啊。"

汉成帝鸿嘉三年，赵飞燕向许皇后诬告班婕妤，说她用巫蛊之道诅咒后宫，还辱骂皇上。许皇后亲自拷问班婕妤，班婕妤回答道："我听说死生有命，富贵在天，德操端正尚且未能得到赐福，做坏事还想有什么指望吗？假使鬼神有知，一定不会接受佞臣的诬告；假使鬼神无知，那么佞臣即使诬告了，又有什么用呢？我根本不曾诅咒过后宫及皇上。"皇帝觉得她回答得很好，便赐给她黄金一百斤。赵飞燕姐妹一向骄奢妒忌，班婕妤害怕时间一长，自己受到伤害。所以便向皇上请求到长信宫去服侍太后，皇上同意了她的请求。

### 宫中开店

汉灵帝光和四年，灵帝在后宫开了许多店铺，让宫女们在店铺中贩卖东西，互相盗窃争斗。灵帝身穿商人服装往来其中，歌舞升平，灵帝以此为乐。

### 裸　游

汉灵帝每到盛夏时节便到裸游馆避暑，经常通宵达旦饮酒作乐，灵帝感叹道："如果永远这样的话，那真是天上神仙般的日子啊。"宫女年纪在十二岁以上，十四岁以下的，都要打扮得漂漂亮亮的，解开上衣，只穿一件内衣，在池中游泳。有时灵帝也跟宫女们一起裸体游泳。

### 流香渠

汉灵帝时，西域献给汉朝茵犀香，宫女用它煮水，以这种浸过香气的水洗澡洗衣服。将剩下的水注入沟渠中，称之为"流香渠"。

第二编　秦汉野史

## 宫女复活

东汉末年，关中战乱频繁。有人发掘了西汉时的一座埋着宫女的坟墓，打开墓穴后发现这位宫女竟然还活着。从墓穴中出来后，宫女又恢复了从前的样子。郭皇后很喜欢她，将她安排在自己的身边，并时时问起当时宫中的一些事情。这位宫女讲述得清清楚楚。

## 悦服群臣

汉高祖刘邦平定了天下，他与群臣在南宫宴会。当刘邦喝得半醉的时候，对群臣说："各位列侯、将领不要隐瞒朕，都要对我讲实话。我为什么能够夺取天下呢？项羽丧失天下的原因是什么呢？"王陵站起来回答说："陛下派人攻城略地，就把这些地方封给各将领，与天下的人同享此利。可是项羽则不然，有功劳的人，他把这些人害死；有才能的人，他怀疑这些人；对打胜仗的人，他不给他们记功；对夺取土地的人，他不给他们好处。这正是项羽丧失天下的原因。"刘邦对王陵说："你只知道其一，不知其二。如果在帷幄中运筹，就能够在千里之外取得胜利，我比不上张良。镇守国家，安抚百姓，转运粮食，保证军队供给，我比不上萧何。指挥百万大军，作战必然获胜，攻城一定能攻克，我比不上韩信。这三个人都是杰出的人才，我能够任用他们，这正是我能夺取天下的原因。项羽有一个范增，却不能加以任用，这正是他被我擒获的原因。"群臣听了，都对刘邦的这番议论感到心悦诚服。

## 未央取乐

未央宫是由萧何监督修建的，它周围有三十八里，由东阙、北阙、前殿、武库、太仓构成。刘邦看到未央宫修建得十分壮丽，就显露出愤怒的面容。他对萧何说："现在，天下百姓已经劳苦了好多年，还不知道是胜利，还是失败，为什么要把宫殿修得这样富丽堂皇呢？"萧何说："天下虽然没有平定，但是，可以建立起像样的宫室。况且，天子是以四海为家的，不把宫室修壮丽，就无法体现出天子的威风。这样修建，也使后代不必再增加宫室了。"刘邦听萧何这么一说，就高兴起来了。于是，他把都城从栎阳迁到长安，在未央宫前殿设置酒宴，刘邦站起来，捧起酒杯为太上皇祝寿说："起初，大人常认为臣是一个无赖，不能治理产业，不如刘仲得力。如今臣的产业同刘仲比较起来，谁的多呢？"在殿上的君臣都高呼万岁，笑声充满了宫殿。

## 宠姬夜泣

戚姬受到刘邦的宠爱，她曾随从刘邦到关东。戚姬日夜在刘邦面前啼泣，要立她的儿子如意为太子。吕后年老色衰，所以很少能见到刘邦。刘邦认为太子太仁慈软弱，而如意却很像他。当时如意已被立为赵王，刘邦却把他留在长安，他打算废掉太子而立如意。大臣们都为太子说情，但是，刘邦拒不采纳。御史大夫周昌在朝廷中为太子争辩，刘邦让周昌谈一谈理由，可是周昌口吃，加上他又非常生气，他只能结结巴巴地对刘邦说："臣下口吃，可是臣下知道废太子的事是万万不能做的。如果陛下打算废掉太子，臣下是坚决不能尊奉诏令的。"刘邦听过后，欣然地笑了，他只好作出了不废太子的决定。吕后听说了这件事，就跪着答谢周昌说："如果没有您，太子就要被废掉了。"

## 宦者共寝

刘邦有病，他讨厌见人，不允许群臣去看他。舞阳侯樊哙闯入宫中，众大臣跟在他的后面。只见刘邦枕着一位宦官躺着睡觉，樊哙等人哭泣着说："当初，陛下与臣等一起在丰、沛起兵，平定天下，当时,身体是多么地强壮。现在,天下已经平定,陛下的身体怎么会糟成这样子?陛下病重,大臣们都感到震惊恐惧。陛下不见众臣,不同他们一起商议国事,只同一位宦者躺在一起,难道陛下就没有看到赵高亡国的事吗?"汉高祖刘邦听樊哙这样说,就笑着站起来,又入朝听政。

## 故乡行乐

刘邦称帝后,过了几年,途经沛县,他就留在沛宫设置酒宴,把原来的乡亲们都召来,陪他一起喝酒。他征召沛中的人,得到了一百二十人,教他们唱歌。他的酒意正浓时,便亲自击筑,亲自歌唱,歌词中唱道:"大风起兮云飞扬,威加海内兮归故乡,安得猛士兮守四方。"然后,他让众人都跟着他一起唱。刘邦跳起舞来,慷慨感怀,他止不住眼泪向下流,他对沛的父兄们说:"在外地的游子是思念故乡的。我虽然建都在关中,但是,在我死后,我的魂魄还是会思念沛县的。况且,我是以沛公的称号铲锄强暴者,才拥有了天下。我要把沛作为我的汤沐邑,让这里的百姓世世代代不服徭役。"沛县的父老乡亲们都非常高兴。他们放开酒量,尽情饮酒,与刘邦交谈他过去的事情。十天之后,刘邦才离开沛县。

## 脱簪求免

刘弗陵是钩弋夫人的儿子。他七岁时就身材高大,对世上的各种事都知道。武帝对他特别偏爱,打算立他为太子。可是,因为弗陵年龄幼小,而且,母亲又很年轻,所以武帝犹像了很长时间没有定下来。武帝打算找一个能辅佐刘弗陵的大臣,他仔细地考察了群臣,认为只有车都尉光禄大夫霍光忠厚,可以担负辅佐幼子的大事。于是,武帝就让黄门画一幅周公背着成王朝见诸侯的图,赐给了霍光。几天之后,武帝便谴责了钩弋夫人。夫人把簪珥脱掉,连连向武帝磕头。武帝说:"把她带下去!送到掖庭的监狱中。"夫人回过头来,对武帝说:"我走得快,你也别想活!"武帝立即赐钩弋夫人自杀。在武帝闲坐时,他问左右的侍从们说:"外面的人对钩弋夫人的死有什么言论?"左右的人回答说:"人们都说,将要立钩弋夫人的儿子为太子了,为什么要把钩弋夫人杀掉?"武帝说:"确实如此。但是,其中的道理就不是你们这些人所能了解的了。过去,国家出现动乱的原因,是国君年幼,而国君的母亲却年富力强。如果让国君的母亲来主持朝政,她就会蛮横无理,肆意妄为,淫乱不止。她这样做,是任何人也难以制止的。你们没有听说过吕后的事吗?所以我就不能不把她先除掉。"

## 王莽进女

平帝即位的时候,年纪很小,不懂事,王莽为了巩固自己的权势,便把自己的女儿嫁给了皇帝。在事前,先奏请参考五经,确定娶皇后的有关礼节和规定。世袭诸侯住在长安城里的,让他们的女儿参加皇后竞选,让下面有关部门报上各家女孩的姓名。这样一来,王氏家族中的女孩多列在人选的名单之中。王莽恐怕她们和自己的女孩竞争,便又假惺惺地给朝廷上书说自己的女儿不够条件,不宜中选。于是太后下诏说:"王氏是皇帝的外戚,可以不参选。"便又有那些庶民诸生郎吏给朝廷上书说:"在公卿大夫伏省庐下,大家都说愿意得到王莽大人的女儿做国母。"这样,太后又答允了他们这些人的上书请求。隔了一年,派遣大司徒马宫等把王莽的女儿迎入未央宫,当上了皇后。

## 鬼神惑莽

王莽的长子王宇反对自己父亲王莽的所作所为,便私自和卫宝通信,让他转请卫后上书,把他调到京城去。王莽不答应，王宇又和他的老师吴章，还有大舅哥吕宽商议对策，吴章提出因王莽信奉鬼神，可以借此来吓唬他。因而编造谎言说，朝廷要把政权全部归卫氏掌管。王宇又指使吕宽在黑夜里把血泼洒在王莽家的大门上，因被王莽手下的官吏发觉而暴露。王莽盛怒之下，把王宇抓起来投入狱中，并用毒药把他毒死，把卫氏的家族僚属全部处死。对卫皇后和吴章施行腰斩，同时把平日所有视为死对头的人也都杀了。此后，皇帝便因王莽杀了他的皇后而怨恨不满。王莽一不做二不休，在腊月里以给皇帝进献防寒酒为名，在酒中放进毒药，使皇帝得病。王莽作书请命，愿代为执政，事先写好了对他的任命状，众大臣看了，没有敢反对的。皇帝终于死了。王莽下令，各官吏都要服丧三年，把孺子婴立为继位之人。

## 饮酒不乐

王莽夺位改了国号，把原来的太后奉作新王朝的文母，使她和汉室断绝关系。等到把汉室的孝文庙废掉了，另为太后建起新庙。唯独把孝元庙原来的殿堂改作文母用膳的饭堂，建成后，取名长寿宫，摆上酒，请太后来，太后到来之后，看到原来的庙堂被毁改得一塌糊涂，面目全非，惊讶得哭了。说道："这乃是汉家的宗庙，供奉着神灵，为什么要把它毁坏了呢？假如鬼神没有灵验，又何必修庙？假如鬼神有灵验，我乃是他们的妃妾，怎么可以污辱皇帝的庙堂，来摆放吃的东西呢？"饮酒不乐而作罢。

## 父子同妻

当初，王莽的妻子由于王莽接连杀了自己几个儿子，哭得双目失明，王莽便吩咐太子王临为她终身养老。在王莽身边侍奉他的人名叫原碧，长得很美，被王莽占有，后来王莽的儿子王临也和她私通。父子同妻，真是天下少见。王临恐

怕事情暴露，便和原碧二人合谋要杀死王莽。等到王莽的妻子死了，事情被发觉，原碧被抓了起来，经过拷问，全部招认了。王莽想使他家这种丑闻不被宣扬出去，便把审案的官吏杀了灭口。给王临送去毒药，逼他服毒自杀，王临不肯喝下那毒药，自刺身亡。王临的妻子知道了，也自杀而死。

## 光武废后

光武帝中兴汉室，把已经要倒伏的高楼大厦硬是给支撑起来，他的功绩也算是伟大了。后来，他的皇后郭氏因为不再受到他的宠爱而心怀不满，抱怨发怒，惹得光武帝生气而把她废了，立贵人阴氏为新皇后。郅恽对光武帝说："我听说夫妇和好的事，连父亲都不能从儿子那里知道，何况君皇，能从臣子那里得到吗？这是我之所以不敢多嘴的原因，虽然如此，我也希望皇上要想到不可这样做，不要乱了人伦，使天下庶民百姓议论是非。"光武帝听了他的话，说道："郅恽能善于宽恕自己，衡量君主而知我，不使我左右摇摆，而轻视天下的大事啊！"便重新抬高郭氏的地位，把他的儿子右翊公辅晋升为中山王，郭氏升为中山太后。

## 置酒行乐

光武皇帝到了章陵，想修国庙和旧房宅，观察田园房舍，摆酒行乐。当时被请来参加饮宴的同家族母辈们因饮酒稍多而喜悦，聊天时说："文叔年轻时谨慎又讲信义，和外人很少来往，唯有正直温柔，现在能够这样，不容易啊！"皇帝听了，大笑着说道："我治天下，也要用温柔的办法呢！"他在家乡逗留一个多月，才返回皇宫。

## 姊妹连诛

汉朝时候，在国境边上，没有建立郡县等地方政府。当时边境区域，有不少

雒田,开垦它们的人叫作雒人,统治当地少数民族的首领,便是雒王,他下面的叫雒将。麊泠县(安南都护府峰州汉之边境)雒将之女名叫征侧,勇敢而有力气,交址太守苏定用汉朝的法律来统治约束她,征侧生气了,和她的妹妹征贰一同造反。这样一来,南蛮的各部落土民纷纷起来响应,竟攻下了六十五座城池,自立为王,就在麊泠建立都城,造成连年战乱。后来由伏波将军马援率军前往攻击,杀死了这姊妹二人,平定了边境地区的事端。

### 陈辞侍母

郭皇后被废去之后,太子刘强心里很不安定。郅恽对太子说:"你长久处在被人怀疑的位置上,对上面来说,违背了孝道,对下面来说,接近了危险的境地,我看不如辞去太子的位置,去奉养母亲,可明哲保身,转危为安。"太子听了他的劝告,就通过左右其他诸王向皇上说明他的诚意,愿意去做外地的藩王。皇帝不忍心这样做,延迟了几年,才下了决心。六月戊申日,下诏书说:"按《春秋》的意思,立皇太子应考虑到他所处的地位和背景。东海王刘阳是现皇后的儿子,按礼应由他继承皇位。太子刘强诚意谦逊让位,愿意去当藩王。我由于父子之情,违背他的请求已有很长时间了。现在宣布,刘强为东海王,立刘阳为皇太子,改名庄。"

### 昌邑王刘贺被废

公元前74年,年仅20岁的汉昭帝刘弗陵突然去世。昭帝没有儿子,谁来继承王位呢? 先从武帝的儿子考虑,武帝6个儿子,此时活着的只有广陵王刘胥,但是他品行不端,武帝不曾重用过他,当然不合适。于是考虑到汉武帝的孙子,即武帝小儿子刘髆的儿子昌邑王刘贺。经皇后同意后,由大将军霍光发出玺书,诏昌邑王刘贺前来主持昭帝的丧礼,并派人连夜带着诏书去迎接刘贺。刘贺身边的昌邑中尉王吉闻知此事,赶忙给刘贺呈上一封奏书,其大意是说:如今大王因丧事被征召入京,你应该日夜悲恸哭泣,表示您的哀悼之情,别的什么事都不要做,希望大王千万要谨慎从事,牢记在心。另外,他又提醒刘贺记住:"大将军霍光跟随武帝二十余年,没有犯过错误;武帝临终前把天下交给霍光,让他保佑幼主执政,大将军抱着在襁褓中的小皇帝安排政务,教化四方,保证了国家的安定。对国家的功劳是大得无可比拟的,如今昭帝驾崩,又是他尽职尽责地在为社稷寻找继承人,他的仁厚之心是难以度量的,我请求您要尊重他,侍奉他,大小政务都请他决断,您只管垂手向南而坐就行了。王就要上路去肩当重任了,臣希望您牢牢记住这些话。"王吉因为过去多次给刘贺提过意见,刘贺对他很敬重,所以临别之际说了这么一番语重心长的话。昌邑王当时正在惊喜之际,接过奏书看了一遍,当然并没往心里去,一心只惦记着进京去当皇帝。那时王府内上上下下也忙成一片,做着起程准备。第二天中午,昌邑王就乘坐七辆特快驿车向长安进发。晚饭时分已走了一百三十里路,到了山东西南部的定陶县,由于行走迅速,很多侍从人员的坐骑相继累死,沿路死马倒地,一个连一个仅视距之遥。郎中令龚遂看到这种情景对刘贺提出意见,才减少了五十名随从人员,让他们回昌邑去。

刘贺在路上,一方面快马加鞭地赶路,另一方面见好东西就要,买了长鸣鸡、积竹杖,特别是到了弘农地方,还让他的奴仆领班去给他买了个姑娘,偷偷地藏在衣车里供他玩乐。车队到了湖县歇息时,朝廷派来的使者责问昌邑王相安乐有没有这回事儿。安乐忙去告诉龚遂，龚遂进王寝室问刘贺，刘贺说没有，龚遂说："既然没这事，何必袒护那个奴仆领班呢，请王派人把他送去交官，以表明大王您的清白。"于是揪住领班的头发，交给卫士长去依法处理了。

刘贺一行终于来到了长安城东的灞河大桥边，朝廷典礼官大鸿胪已带人在此等候迎接，请王换乘了皇家专车，刘贺指定让自家的仆人寿成驾车，让郎中令龚遂陪乘，过了灞桥向长安皇宫进发。天亮时分，车队到了广明东都门，龚遂忙对刘贺说："按礼仪的规定，参加丧礼远远看见国都就应该痛哭了。这里已到长安城的东郭门了。"刘贺却说："我嗓子疼，不能哭。"到了城门，龚遂又说一遍，刘贺说："城门还不就跟郭门一样！"过了一会儿，车队已来到未央宫的东门外了。龚遂于是说："您的吊哭帐篷就在门外路北，没几步就到了，您应该下车去，脸朝西面伏在地上，用痛哭来表达您的哀恸。"刘贺听罢才说："好吧！"下车来按丧仪要求痛哭一场。

祭奠了昭帝之后，刘贺就接受了皇帝的印玺和绶带，沿袭了皇帝的尊号。住进了皇宫，刘贺坐上了天下至尊的宝座，对自己的行为从此丝毫不加约束，以为无人再敢干预，越发地放浪恣纵，极尽淫乱之能事。

因为是在国丧期间，大臣们都尽力忍耐着，一直观察了二十七天，眼看这刘贺的作为实在是天理所难容，大将军霍光才召集群臣在一起商议，决定向孝昭皇后如实报告情况，提出将刘贺废归故国昌邑的建议。

孝昭皇后听罢奏议后，立即叫了车驾，来到未央宫的承明殿，并指示不要放昌邑王的臣属们进来，说完皇后就回去了。昌邑王奉诏来到未央宫，一进门，身

后门就关上了，随行人员都被关在门外，刘贺问："这是干什么？"霍光立即跪下禀奏说："太后有指示，不让昌邑王的群臣入内。"刘贺听了说："悠着点嘛，干吗这么吓人。"昌邑王迈步向殿上走去，霍光站起来转身对身边的人说："把那些人都送到金马门外去！"等他们一到，车骑将军早已带领羽林骑兵在那里等候多时，不由分说，把二百多号人都一一捆绑，押送进了廷尉监狱。霍光又让原任侍中中臣看守着刘贺，并对左右的人说："你们提高点警惕性，别弄出个三长两短，叫被看守的人自杀了，我就成天下的罪人了，还得背个欺君杀主的臭名！"这时候，刘贺还没意识到自己将要被废除帝名，还对左右的人说："我的那些侍从属官有什么过，却被大将军都关押起来了？"

过了一阵，孝昭皇后下诏召见刘贺，刘贺听见召见的消息，心里开始有些紧张起来，只说："我有什么罪，召见我干什么？"边嘟囔着边走，步子也迈不利索了，好容易才移步到得殿下。抬头一看，只见孝昭皇后端坐在龙床之上，身上披着一件用珍珠串缀成的小袄，里面穿着锦绣的礼服，面容庄重威严。在武帐两侧站着数百名侍御，手中都拿着明光锃亮的武器。群臣们也依次进入大殿之中，按部就班站到自己的位置上。皇后于是叫昌邑王刘贺上前听诏，刘贺一看这架势，心知大事不好，大难临头了，于是应声向前，身不由己地两膝一软就跪伏在地上。

这时尚书令放声宣读大臣们的奏文，奏文开头罗列了丞相、大将军、车骑将军的职务姓名，然后就列举了昌邑王刘贺近日的行为，指出昌邑王奉诏进京主持昭帝的丧仪，但他毫无悲痛之心，也不吃素，沿路还玩女人，到了京城，成天和宫奴们戏要；前殿停着昭帝的灵枢，他

竟在后殿听奏乐看歌舞；将祭祀用过的肉食拿来和从官们大吃大喝；驾着皇家车辆满院子奔驰，又和皇后的宫女淫乱，并让人们给他保密，威胁人们谁敢泄露就杀谁。

昭后听到这里，气得浑身开始哆嗦，道："停下，你这个做人臣之子的人，应该这样胡作非为吗！"昌邑王吓得头更低地伏在地上。

尚书令接着又读奏文，揭发了昌邑王受皇帝玺绶后在政务上的胡作非为，大家认为昌邑王行为淫辟不轨，不可以承继天序、奉祖宗庙、教化百姓，当废。

皇后听完，说："同意。"

霍光让刘贺起身拜谢，接受诏旨。

刘贺想：听说天子有七个敢提意见的大臣，虽然自己无道，但也可以不失天下。这时候他好像忽然明白过来，为自己将失去的地位辩护起来。

霍光说："皇后已经下了废除你帝位的诏令，哪里来的天子啊！"于是过去拉起他的手来，解下了系印玺的带子，双手把印玺捧着交给了皇后，然后扶着刘贺走下大殿，出了金马门，群臣们也随后送行。

昌邑王转身看着群臣们，向西拱手一拜，表示感谢，并说："我太愚蠢，不能胜任汉家朝廷大事。"站起身上车走了。

霍光把他送到昌邑王的官邸，到了王府门口，与刘贺告别，说："王的行为自绝于天，我们宁肯对不起王，也不敢对不起国家，希望王自重自爱，我不能常来看你了。"霍光虽然了却一件大事，但想想昌邑王的立废，全出己意，也是一次重大失误，愧对先帝，愧对社稷，所以他一时忍不住哭了起来。

这边送走昌邑王之后，群臣又进得殿来，对皇后说："古时候把被废位的人都送到遥远的地方去，为的是不让他干预朝政，我们请求把刘贺迁到汉中房陵县去。"

太后略加思忖后，颁诏说："就让他回昌邑封地去吧！"

昌邑王被废，他的群臣们因辅导不力，陷王于恶而获罪，二百多人都被处死刑。执刑那天，路过街市，其中有人放声高呼反对霍光的口号。

## 窦宪谋杀汉和帝

提起窦宪谋杀和帝这桩大案，还得从窦宪的妹妹窦皇后后宫争宠开始。

窦皇后是大司空窦融的曾孙女，在家时就是个聪明女孩，年仅六岁就能读会写，亲戚都觉得她确有不同寻常之处。家里曾请过几个相面的，见了窦皇后，都说她今后会大富大贵，不是那种随便嫁个人就了事的女子。果然，公元77年她被选入宫中，汉章帝先是听说来了个才貌双全的美女，对她产生了很大的兴趣，曾多次向别人打听她的情况；等到见了面，更觉得确实是名不虚传，不仅人漂亮，而且举手投足都那么有韵味，因此格外喜欢她，第二年就立她做了皇后。

窦皇后很受章帝宠爱，可美中不足的是，她进宫数年都未生皇子，这对她的地位构成了很大的威胁，因此，不管妃子贵人们谁生了儿子，她都恨之入骨，必欲置之死地而后快。宋贵人生了皇太子刘庆，梁贵人生了和帝刘肇，窦皇后先是在章帝面前挑拨离间，使章帝逐渐疏远了她们，然后又用诬陷的手段害死了宋贵人和梁贵人，收养了和帝。

章帝死后，和帝即位。当时他只有十岁，窦皇后被尊为窦太后，临朝称朕，执掌了朝政。养子毕竟不是自己亲生的，要想巩固政权，还得靠娘家人。窦皇后的哥哥窦宪、弟弟窦笃、窦景、窦瑰都做了大官，他们的亲朋故旧被纷纷安插在朝廷和地方任职，满朝文武和刺史、郡守、县令大都是他们的人。这帮人无法无天，什么坏事都敢做，贪污勒索、强抢豪夺，杀个人像捏死只蚂蚁，根本不在话下。谁敢对他们说个"不"字，准得倒霉。尚书仆射郅寿、乐恢因上书告发他们，先后都被逼死了。四兄弟中最不像话的就是窦景，不仅自己作恶，还放纵奴仆胡作非为。他们大白天也敢拦路抢劫，欺侮妇女，洛阳城里的商贩们一见到窦景的卫队出来了，忙不迭地赶紧关店门，躲避他们就像躲避强盗。司法部门的官吏们对他们的恶行有目共睹，可谁也不敢举报，否则郅寿、乐恢就是先例。窦宪又仗着出击匈奴有战功，和几个弟弟大兴土木，各自修建豪华住宅，耗费的人力、物力、财力不计其数。

窦家的权势、欲望膨胀到了极点，就觉得和帝这个傀儡是多余的，况且他一天天长大，迟早会对窦氏家族构成威胁，不如先干掉他，从根本上清除这个隐患。窦宪找来他的女婿郭举、亲家公郭璜，部下邓叠和邓的母亲、弟弟，一起谋划起诛杀和帝的大事。

和帝年龄虽小，人却很聪明，窦宪等人的阴谋很快传到他耳朵里，他知道必须尽快制定对策，否则后果不堪设想。可朝廷里的官员大多是窦家的人，只有司徒丁鸿、司空任隗、尚书韩棱还可以信赖，只是此事非同小可，万一走漏了风声就不得了。想来想去，他决定先和内侍郑众商量一下，一则郑众服侍他多年，对

皇室一直忠心耿耿，比较可靠；二则此人谨慎机敏，很有心计，也许能帮他出出主意。于是，趁着郑众一个人在身边服侍他的时候，和帝悄悄对郑众说出了自己的忧虑。郑众倒很果决，他劝和帝不如先下手为强，杀掉窦宪和他的党羽，否则这个江山迟早坐不稳。听了郑众一席话，和帝下了决心。和帝趁着窦宪班师回朝，先派使臣到城外迎接他们，犒劳将士，给他们很高的礼遇，装得像没事儿人似的。等窦宪他们进了城，和帝下令关闭城门，派重兵驻守南、北宫，一举收捕了郭璜、郭举、邓叠和他的弟弟邓磊，把他们全杀了。窦宪还蒙在鼓里，在庆功宴上喝得酩酊大醉，跟跟跄跄地被侍卫们扶着回家睡觉去了。等到和帝派人去收取他的大将军印绶，他还迷迷糊糊地以为自己正做梦呢。

和帝感念窦太后的养育之恩，并没有公开处死窦氏兄弟，只是命令他们马上离开京城，返回各自的封地，派得力的官员跟随监督着他们的一举一动，等到了封地，就迫令他们自杀。四兄弟中只有窦瑰因平时表现较好，又没参与策划谋反，被免了死罪。窦家的亲朋故旧，凡是依仗窦家的关系做了官的，统统被罢免回家，外戚窦氏家族就这样被灭了。宦官郑众因献策有功，被加官晋爵，从此，东汉政权开始在宦官和外戚之间频繁更迭。

# 帝王野史

## 汉高祖

### 斩蛇起义

刘邦，字季，秦朝沛丰邑中阳里（今

江苏丰县）人，出生于前256年，卒于前195年。刘邦出身农民家庭，早年当过亭长，后投项羽，前206年称汉王，前202年称帝，是西汉的开国皇帝。

斩蛇起义是刘邦建汉称帝前近于神话的一个故事。

故事是这样的：

刘邦在江苏沛县泗水当亭长的时候，奉命押送一批劳工去骊山（埋葬秦始皇的地方）。途中，许多劳工不辞而别，逃之夭夭。刘邦怕到骊山交不了差受责，索性决定把没逃走的也放了。他对劳工们说："他们都走了，你们也都逃命去吧，我也不干了。"当时，有十多名劳工见他宽宏大度，很有才干，必成大业，便跟随他一块逃走。有一天晚上，刘邦喝了几杯酒，乘着酒兴继续赶路。夜色茫茫，径荒多棘。忽然，走在前面的人惊叫一声退了回来，向刘邦报告说："前面有一条大蛇挡住了去路！"刘邦醉眼蒙眬，朗声大笑说："英雄豪气，所向披靡，何畏区区之蛇！"说着刘邦猛地前行几步，刷地一剑，把蛇斩为两段。即刻，中间闪出一条道来。刘邦率众继续前行。又行了数里，刘邦酒劲上来，醉卧道旁而睡。后来，有人行至斩蛇之处，见一老妇痛哭流涕。

行人问道："你为什么哭？"

老妇说："我的儿子被人杀死了。"

行人又问："是谁杀死的？"

老妇人说："我儿本是白帝的儿子，化为蛇挡住赤帝之子的路，被赤帝的儿子杀死了（此处白帝被杀暗指秦朝当灭，赤帝斩蛇暗示汉朝当立）。"行人以为老妇人之言不实，欲笞之，但老妇人却转身不见了。行人来到刘邦面前，报告了他的所见所闻。刘邦听后大喜，随者对刘邦更加敬重。此后，刘邦参加了陈胜、吴广的起义，后又有刘、项之争，后又除去项羽，称霸中原，建立了一统汉基。

### 赴鸿门宴

公元前206年10月，刘邦带领十万大军攻入秦都咸阳，接受秦王子婴投降之后，在樊哙、张良的劝说下，封闭了秦宫室的金银财宝，然后还军咸阳东郊的灞上（今陕西西安以东地带），等待项羽的到来。因为在刘邦、项羽灭秦出发前，楚怀王有言在先："先入关者为王。"为此，项羽一听到刘邦的军队入关（指函谷关）已攻占咸阳的消息以后，心急如火，催军日夜兼程，攻入函谷关，进至戏地。戏地又叫鸿门，距刘邦住地灞上只有40余里。项羽在鸿门安营扎寨后，便商议如何对付刘邦。恰在这时，刘邦的部下左司马曹无伤背着刘邦派人来对项羽说："刘邦入关之后，欲谋称王，让秦王子婴做相，将宫府库中的一切金银财宝都据为己有了。"项羽闻言大怒："可恨刘邦，目无他人，我明天一早就要把他消灭掉！"项羽之言，被他的叔父项伯听见了。项伯不由得大吃一惊。因为他有一好友张良在刘邦军中也要受害。当下，他便乘夜出营，单骑加鞭，来至灞上，把消息告诉张良，并让张良一起逃走，张良说："沛公遇难，我一人私逃，这是不义。"说罢，便立即向刘邦报告。刘邦大惊失色，不知所措。张良说："这事只好去对项伯说明情况，求项伯相救了。"于是，刘邦去见项伯说："我入关后，秋毫无犯，封府库，安吏民，就是专等项将军到来。我之所以派将守关，也是为了防止意外，怎敢反对项将军呢？望您代我去给项将军说明原由，明天一早，我还要亲自登门谢罪接驾。"

第二天一早，刘邦带领张良、樊哙等百余人来到鸿门。守军通报后，项羽即请相见。刘邦走入营门，只见项羽高坐帐中，左立项伯，右立范增，武士持戈握戟，一片杀气腾腾。

刘邦上前拜道："不知将军驾到，有失远迎，望恕罪。"

项羽说："你派人守关，阻我入内，分

明是别有用心!"

刘邦说:"我与将军一同灭秦,你战河北,我战河南。虽然我先入关,但日夜盼将军到,怎敢有拒将军之心? 就连投降的秦王子婴,我也专等你来后再处理。望将军莫听小人谗言而与我刘邦生仇。"

项羽听后,朗声大笑说:"我原来并没有怀疑你,是你的手下曹无伤派人来向我告密的。"项羽言罢,便和刘邦握手言欢,让刘邦坐下喝酒。项羽的谋士范增深知刘邦志远谋深,胸有城府,颇有天子之气。如果这次不将其乘机除掉,将后患无穷。酒宴上,范增多次示意项羽下令动手杀刘邦,但项羽非但不理,反而和刘邦一团火热,范增心中甚为着急。他便托辞出去,找到项羽的弟弟项庄:"君王好不晓事。刘邦自来送死,我几次示意,他都不忍杀之,此机一失,便不复来。你必须马上过去,以舞剑为名,将其杀死。"项庄听后,即飞速走至宴席上,先为刘邦敬酒,然后说:"君王与沛公对饮,军中无以为乐,我愿以舞剑为你们助兴!"项羽说:"好!"项庄便舞起剑来,其剑锋每每靠近刘邦。张良知其不怀好意,便目视项伯。项伯知其意,便也拔剑与项庄对舞,趁机将刘邦保护起来。然后,张良走出宴厅,对等在帐外的樊哙说道:"项庄当席舞剑,看样子是想杀沛公。"樊哙道:"如此说来,情况已十万火急,请你让我进去救驾吧!"樊哙说着,立即左手持盾,右手持剑闯将进去。守兵出来阻挡,但樊哙力大无穷,他轻轻一推,便一个个仆倒地上,如入无人之境。项羽一看,此汉身高膀阔,怒发冲冠,横目立于大厅中央,便吃了一惊,问道:"你是什么人?"张良代答道:"这是沛公的参乘,姓樊名哙。"项羽哈哈大笑说:"好一个魁伟的壮士,快让他过来坐下喝酒!"左右闻命,便取过好酒一斗和一只生猪

蹄子,递与樊哙。樊哙接过,用剑把猪蹄切开,一口酒,一块猪蹄地大吃大喝,顷刻把酒肉一扫而光。

项羽说:"壮士还能再喝吗?"

樊哙说:"臣死且不避,还怕喝酒吗?"

项羽道:"你想为谁而死?"

樊哙道:"秦王毒如虎狼,杀人如麻,惹得天下群起而攻之。怀王原已说好了的:先破秦进入咸阳的就可以称王。今沛公先入咸阳,封闭宫室,毫毛不取,仍还军灞上,等待项将军。对这样的有功之人,你只听小人谗言,不但不赏,反要加害,这与暴秦还有什么区别? 为此,我特地冒死前来相救!"

一席话,说得项羽无言以对。乘此机会,张良目视刘邦,刘邦会意,过了一会儿,便以上厕所为由,带樊哙走出帐外,急速上马而去,逃离虎口。

## 暗度陈仓

刘邦是个善于用人的皇帝,这是他战胜项羽,统一天下的重要原因。

公元前202年2月刘邦即帝位。5月,他在洛阳宫内大开宴席,遍邀群臣,一同会饮。酒至三巡,刘邦对众人说道:"诸位将军,诸位爱卿,咱们今天会聚一堂,庆贺胜利,希望诸位直言不讳,有啥说啥。你们说说看,我今之所以得天下,项羽之所以失天下,其原因是什么?"首先站起来回答的是高起、王陵。他们说:"陛下平日待人有时傲慢,不及项羽宽仁。但陛下每战而胜,获一城池,便做封赏,与天下同享其利,所以人人效命;项羽则不然,嫉贤妒能,对有战功的人不赏,对有才能的人怀疑,有了利益自己独吞,使人心背向,乃失天下!"刘邦听后,微微一笑说:"爱卿只知其一,不知其二。论运筹帷幄,决胜千里,我不如张良;论镇服国家,安抚百姓,源源不断地运送粮草,我不如萧何;论统兵百万,战必胜,攻

必取，我不如韩信。这三人系当今豪杰，我能把他们争求过来，委以重任，这是我所以能取得天下的真正原因。至于项羽，只有一个范增，尚不能用，所以才为我所灭。"

"明修栈道，暗度陈仓"讲的就是刘邦用韩信，计出蜀地的故事。

那还是在刘邦做汉王的时候。

且说鸿门宴后，项羽仍担心刘邦以楚怀王前约称王，便在范增的策划下，以楚怀王的名义，分封诸侯，将刘邦封为汉王，发遣蜀地，并派将士三万，名为护送，实为督其进蜀。刘邦入蜀途中，听取张良的意见，走一路，烧一路，将所过栈道统统烧尽，以示不再回归之意，消除了项羽将士的疑虑。刘邦就是在做汉王期间得到韩信的。韩信为淮阴县人，少时曾被逼辱从人胯下爬过，从此为人耻笑，史称"胯下之辱"。长大后，曾投项羽麾下，多次献策，不为所用。随后，他又投到刘邦手下。韩信来到刘邦帐下，由于半月之内没有召见，以为不用，便不辞而别。萧何听说后，如失珍宝，跨马急追。这就是"萧何月下追韩信"的故事，不必细述。单说韩信被追回后，刘邦急忙召见，经过策略问答，拜其为大将。之后，韩信便为刘邦训练军队，排列阵势。经过数月训练，刘邦感到时机成熟，便欲出蜀东征。但来时栈道已烧，如何出去呢？刘邦问计于韩信。韩信说："明修栈道，暗度陈仓。"刘邦鼓掌大笑说："将军之言，正合我意。"于是，刘邦用韩信的计策，遂派了兵士数百人，假装去修栈道，尔后自与韩信率领三军将士，于公元前206年8月的一天，悄悄从小道出发东征，经故道（在今陕西县北）直达陈仓。

当时项羽部将章邯奉命堵住汉中，日夜派兵巡逻，生怕刘邦出蜀。他认为，刘邦出蜀必须经过栈道。如今栈道被烧，刘邦纵有千军万马也不能通行。当巡兵报告说刘邦已派数百人修栈道时，章邯微微一笑说："那么长的栈道，只派数百人，何年何月才能修完？刘邦真是笨得可笑！"又有人报说："刘邦用韩信做了大将军。"章邯更为大笑说："韩信是胯下之辈，也配做大将？可见刘邦手下已无将才。"到了8月中旬，当有人报告说刘邦军已达陈仓时，章邯才大吃一惊："栈道并没有修好，难道汉军是从空中飞出去的不成？"待进一步弄清汉军确已达陈仓时，章邯才不得不引军去陈仓与汉军交战。交战结果是章邯军被韩信杀得大败。

### 汉王与陈平

陈平，阳武县（在今河南原阳县东）人，是辅助汉高祖刘邦建汉立基过程中的三杰之一。在其为刘邦所用的时候，还有一段发人深思的故事。

刘邦率军出蜀东征的第二年，也就是公元前205年3月，有一年轻英俊的小伙子来到帐外，自称是沛公部将魏无知的好友，并自报家门楚都尉陈平。卫士进去报告魏无知，无知慌忙迎接，并为其设宴接风。席间，魏无知问道："你不是在项羽手下做事吗？今为何来此？"陈平说："我在项羽手下，虽然没有得宠为亲信，但也是过得去的。不料后来，当沛公攻打殷王司马卬（此为项羽分封诸侯时封的一王）的时候，项王命我带兵前去救应，但那时殷王已投降了沛公。项羽得知司马卬投汉，在我带兵返回时，却要加罪于我。为此，我只好封还金印，不辞而别，来投沛公。"无知道："沛公宽宏大度，爱才如命，知人善任，远近豪杰，相继来投。今你弃暗投明，实为心明志远，有我魏无知的推荐，保你学有所用，才有所展。"第二天一早，魏无知带陈平见刘邦，经过当面策略问答，刘邦很是高兴，当即任其为都尉,加参乘(古代官名,常在帝王左右)兼掌护军。陈平当即受命,再次拜谢而出。诸将听说陈平一来到就被封为这么大的官,心中很是不服,就连周勃、灌婴这些重臣也心生妒意,你一言,我一语,议论纷纷,埋怨刘邦对其心迹未明,便加重用,是不辨奸贤之举。这些话传到刘邦耳中,他置若罔闻,不予理睬。后来,一些人为了试验陈平,故意向其送金银行贿。陈平对此从不拒退,有送则收,满不在乎。这一来,又被众将抓住了把柄,便推周勃、灌婴为代表对刘邦说:"陈平虽美如冠玉,只怕是空有外表,内无真才。听说他在家时行为不轨,常有欺兄盗嫂行为;今掌护军,又收礼受贿。陈平如此淫黩,实为不法乱臣,务请大王明察,且不要为其辞令所惑!"刘邦为让群臣都知道他爱才惜能的用人观点,便把魏无知召入帐内,当众责问道:"陈平欺兄盗嫂,贪财受贿,如此行为不端的人,你荐来何用?"魏无知从容而对曰:"臣所推荐的,是陈平的才学;我王问的,是他的品行。今日楚汉相争,全仗计谋、才学。至于他有无欺兄盗嫂和贪金受贿之事,我认为不必详究;如果陈平确实无能,臣甘愿受责。"刘邦听罢,并不表态,只是微微一笑。随后,他又把陈平叫到面前,当众问道:"先生原在魏王手下,干了一段不干了;后投项羽手下,没多久又不干了;今你投到我的帐下,有人说你品行不端,贪金受贿,是不是想来捞一把一走了之?"陈平说:"魏王不用,所以我不干;项羽不信任我,所以我也不干。听说大王您爱才如宝,注重学识,我才甘心弃魏、楚,归服汉王。"接着,他对欺兄盗嫂的传闻不做辩解,任其所言;而对贪金受贿,却自认不讳,且慷慨陈词说:"我孑然一身,远道而来,若不受金,没有资金来源,纵有天大的本事,又怎么付诸实施

呢?我今天投你,是想把一生所学贡献出来,你看能行,便可采纳;如认为无用,所收原金俱在,尽可归公处理,并甘愿听凭处理!"刘邦听后,很是叹服,当众将其晋升为护军中尉,更加重用。这样以后,他人再也不敢说什么了。其后,陈平在刘邦白登山解围,计除韩信和后来除掉诸吕的过程中,发挥了重要作用,和周勃、灌婴齐名并传不朽。

为什么陈平对其欺兄盗嫂之说不予理会呢?他认为不值一辩,且也不易辩清,所以只好听之任之。其实,据史料记载,陈平和他嫂子的关系并不和睦,当时陈平家中贫困,只爱读书,不会干活儿。陈平的哥哥见陈平诚心好学,便遣使从师,情愿独自一人耕种持家。但陈平的嫂子却小肚鸡肠,常常讽言相讥。有一天,陈平回家,邻人见其面色丰腴,便说笑话逗陈平道:"你吃什么好的东西,长得这么丰满?"还未等陈平答话,他嫂子就说:"我家贫寒,他又啥都不干,有啥好吃的?无非吃些糠麸罢了。有这样的小叔子,还不如没有。"寥寥数语,尖酸刻薄,把个陈平说得面红耳赤,无地自容。恰在这时,他哥进来了,听后大怒,说这是诚心挑拨他兄弟之间的关系,非要把她休回娘家。陈平忙从中劝解,但他哥哥心坚意决,最后还是把他嫂子赶出了家门。从这一事实来看,所谓陈平的"欺兄盗嫂"之说,实属无中生有的不实之词。

笔者认为,刘邦用人的标准是否全面、正确姑且不论,但就其视才如宝,爱能如命而言,不也是可称道的吗?经济上的问题和生活作风上的问题最易毁掉一个人的声誉,殊不知一些嫉贤妒能之徒,又何尝不是常常以此为据,添枝加叶而有意把别人整垮呢。这倒是用人之君所应慎之又慎的。

## 赏季杀丁

季布和丁公原来都是项羽手下的得力战将，在楚汉战争中，他们对汉王刘邦的态度不同。楚汉战争后，项羽自刎乌江，刘邦得国建汉，这二人又先后投奔刘邦帐下。此时此刻，刘邦又是什么态度呢？结果是一杀一用，其下场截然不同，很是发人深思。

且说公元前202年5月的一天，腾公婴进见高祖说："今有楚将季布前来，愿事我皇。"高祖刘邦一听，便怒目圆睁，恨不得将其剁为肉泥。刘邦哪来的那么大的气呢？原来，高祖彭城之战败后，落荒而逃。当败至睢，看看追兵远去，刘邦正想要停下来稍作歇息，忽又见后边旗帜飘扬，夏侯婴大惊道："楚兵又追上来了！"刘邦便又急忙坐上车子，向前飞奔，经过了解，后面追来的楚兵首将叫季布。刘邦走一程，季布追一程。眼看就要追上，刘邦心中很是着急，为了使车减重快行，刘邦一咬牙，忍痛将子女推至车下。随将夏侯婴一见，没敢怠慢，急忙将两个孩子扶上车去，但又被刘邦推下来。这样一推一扶反复多次，汉王生气地说："我等万分危急，难道还要为了两个孩子，就不要基业了吗？"夏侯婴涕泪交加道："这是大王的亲生骨肉，怎能弃之不管！"刘邦更加生气，便拔剑欲杀夏侯婴。夏侯婴急忙闪开，见两个孩子又被刘邦踢下车来，便急催卫士用车推刘邦快走，自己则把两个孩子挟在腋下，一跃上马，随刘邦而去。季布见追不上，也只好领兵回去。抚今追昔，刘邦对季布怎能不恨？但腾王夏侯婴却不这样看，他对高祖说："人臣各为其主。季布前为楚将，难道不应为项羽效力吗？不效才是不忠。今项羽已灭，季布北不投胡，南不投粤，而偏偏主动投于你的帐下，实属弃暗投明。望我皇深思！"刘邦一想，以为腾王言之有理，便吩咐准予进见。季布入朝，屈膝殿前，顿首请罪，高祖笑着说道："过去的事，情有可原，朕不会计较的，我还要加封你为郎中（古时属于内充侍卫外从征战一类的高级官员）。"季布谢恩而退。

接着，是楚将丁公来投。对丁公，刘邦却是又一种态度。也是在彭城之战刘邦败走中，楚将追之不放。看看又要追上。刘邦回头一看，见楚军首将是丁公，便哀求放其逃生。丁公一想，听人说刘邦是个很有志向的人，说不定前程远大，我何不放他逃生，卖个人情呢？想毕便不追赶，遂收兵回营。项羽被消灭之后，丁公以为当初有放其逃生的人情，今投之帐下，说不定会有许多好处。谁想刘邦一见丁公的面，不及问话，便喝令左右卫士，将其推出斩首。丁公大声哭着喊道："陛下忘了彭城败后是我放你逃生的吗？"高祖刘邦拍案怒责道："你身为楚将，当时放走我，说明你对主不忠。正为此事，我才要将你斩首！"至此，丁公无话可说，只好闭目就死。刘邦杀丁公，是否以怨报德？笔者认为，刘邦赏季布，杀丁公，是他用人观点中的一个组成部分，究竟何对何错，此处不敢妄加评论。

## 猎人·猎狗

这里讲的是汉高祖成就大业之后，在论功封赏之时，用猎人和猎狗的关系来比喻对建有不同功绩的封赏中也应有所不同的故事。

汉高祖五年（公元前202年），刘邦消灭项羽，建立汉朝，大封功臣。刘邦认为丞相萧何功劳最大，特封为酂侯，食邑8000户，名列众将之首。对此，一些功臣很是不服。他们认为，楚、汉争夺天下五年，萧何安居关中，并没有什么特殊的功劳，为什么反将其封为酂侯，食邑最多？于是，他们联合起来，一起来到高祖面前

第二编 秦汉野史

质问道："我们都是身穿铠甲,手执兵器,在前线拼搏奋杀,不顾生死;大小战斗,多的经历百余次,少的也有几十次。而萧何呢,只凭舞文弄墨,安坐议论,并没参加过什么战斗。但我皇这次封赏,却以他独隆,地位在我们之上,这是为什么呢?臣等不解,还请陛下明示。"刘邦并不正面回答,只是微微一笑问道:"众卿可知道打猎的故事?猎人和猎狗在行猎中各起什么作用,你们知道吗?"众将一齐回答说知道。高祖道:"在行猎中,追杀野兽,靠的是猎狗的功劳(《史记》作"功狗");然而发现野兽行踪足迹,进而指挥猎狗行动,则是猎人的功劳(《史记》作"功人")。大家试想,如果没有猎人的发现,猎狗不是空追吗?"大家点头称是。高祖接着说道:"诸卿攻城克敌,拼命冲杀,其功劳只不过像猎狗一样,只能抓住和杀死几只野兽罢了;而萧何呢,却能及时发现敌人的踪迹,判定敌人的行动,设计挥军,其功劳不正像猎人一样吗?况且,在我起兵建立之中,萧何举旗相随,多至数十人。这一点,哪位将军又能办得到呢?我所以重封萧何,其原因就在于此,还望诸将勿疑。"大家听后,便不敢再言。后来,在排列所封诸将名次的时候,又有一些人来至高祖面前说:"平阳侯曹参攻城略地,功劳最大,应尊其首位。"高祖听后眉宇微蹙,设词欲答,忽有一官鄂千秋出班奏道:"平阳侯虽能攻城略地,但只不过是一时的功劳。试想我主与楚相争,先后历经五年,损兵折将,屡屡失败,如不是有赖萧何居守关中,及时运粮解困,调兵遣将,陛下能屡屡转危为安吗?这才是盖世功绩。我以为,陛下江山,少一百个曹参,可能无妨,失一萧何,则汉业无成。"一席话,真使高祖称心如意,顿时眉开眼笑地对左右说:"鄂卿之论,很是公平。"随后,即命萧何列第

一位,并让其可剑履上殿,入朝不趋。

从此,人们便常常用"功人功狗"比喻谋臣、武将,而用"发踪指示"比喻幕后操纵指挥。

## 武略文治

汉高祖刘邦出身于农村一个普通农民家庭,从小好吃懒做,游荡成性,从不读诗书文章。在楚汉战争中,虽经文武大臣们给他推荐了几个读书人,也是必须经过实践,亲眼看到确有才学方受重用。就刘邦本性而言,他是不喜欢读书人的。他常常用"我以布衣提三尺剑取得天下"为口头禅,轻视儒生。为此,当秦朝博士叔孙通投靠刘邦时,因他素知高祖不喜儒生,便改着短衣,装扮成武士,进见高祖,取得高祖欢心才被受封为博士。

楚人陆贾对刘邦轻视儒生很不以为然,便常常乘进见刘邦时谈诗论书,引经据典,津津有味。每到此时,刘邦听后心中十分讨厌,但又不便发作,便佯装熟睡,呼声充耳。有一次,正值高祖心中烦躁,陆贾来到面前,引经据典,滔滔不绝。高祖一听便恼,高声向陆贾怒骂:"我是在马上取得天下的,你整天谈诗论书有什么屁用?"陆贾并不惧怕,反而正色答道:"马上夺得天下,难道马上还能治天下吗?据臣所了解,商汤、周武都是用武力夺取天下的,后来治理国家,却是以加强文化思想教育,才达到长治久安的。相反,秦朝统一六国取得天下之后,仍然任性好杀,还有焚书坑儒,草菅人命,才引起民愤,被群起而攻之,最后导致灭亡。陛下不妨想想看,假如秦朝以武力夺取天下之后,施行仁义,效法周、汤,您又怎么能灭秦亡楚而取得皇帝的位子呢?"一席话,说得刘邦默言无语,慢慢低下头来,暗自生愧。他又想到,南粤赵佗自中原大乱以来,多年称王,至今未能平

服。前一段又听说赵佗想称皇帝,与刘邦抗衡。高祖心感不安,便派陆贾前去安抚。陆贾去南粤,一刀一枪未动,只凭三寸不烂之舌,陈述利害,晓之以理,使得一个蛮横猖獗的赵佗五体投地,倍受感动,自愿称臣,遵奉汉约,并取出越中珍宝,价值千金,作为贽仪。这是何等地能耐?看来,武略文治还是有一定道理的。刘邦想到这里,慢慢抬起头来,很是抱歉地说:"爱卿说得极是。请你为朕办一件事好吗?"陆贾道:"陛下请讲。"刘邦道:"你可将秦是如何失天下,我是如何得天下,分条解释,并用周汤以来治、乱、兴、衰的经验教训加以证明,找出真切的原因,著成一书,使子孙们代代相传,引为借鉴。"陆贾奉命出朝,认真写作,辑成十二篇,尔后呈高祖过目。高祖看后,篇篇叫妙,并把该书命名为《新语》。从此,高祖刘邦对文治的作用加深了认识,也不像以前那样轻视儒生了。

### 擒纵蒯彻

且说高祖刘邦出征叛军陈豨得胜回朝之后,听说吕后已杀韩信,又惊又喜,惊的是吕后一个妇道人家,能把能征善战、智略过人的韩信杀掉,实在胆略过人,也为吕后擅自专权诛杀大臣而感到后怕;喜的是吕后为他轻而易举地除掉了一个心腹之患。为此,刘邦并没责备吕后,只是问道:"韩信死时,可留下话?"吕后答道:"他说后悔当初没听蒯彻的话,才有今日杀身之祸。"刘邦听后,深知蒯彻既素有辩才,又智谋过人,是个人才,如不早除,必为后患。随后,便派人四处捉拿蒯彻。

蒯彻被拿,押解至京城洛阳,由高祖亲自审理。刘邦问道:"淮阴侯造反,可是你调唆的?"蒯彻从容答道:"是的。"

刘邦一听大怒:"不把你火烧油炸不解我心头之恨。来人,给我拉出去!"

蒯彻毫无惧色,昂首挺胸大叫:"冤枉!"

刘邦喝令武士:"慢!"又问蒯彻:"你调唆韩信造反,罪比韩信还重。今日杀你,罪有应得,还有什么冤枉可叫?"

蒯彻道:"秦皇无道,乃失天下,各地英雄,群起而逐。秦朝灭亡,众豪杰你争我斗,相互残杀,以谋帝位。在这种情况下,胜者为王,败者为寇;谁有才能,谁有力量,谁先下手,帝位便可先得。古人云:跖之狗吠尧。这是说,狗咬帝尧,并非狗尊跖轻尧,只是因它不认识尧罢了。我认为,这道理就是各为其主。因为当时,我只认识韩信,不认识陛下。我为韩信着想又有什么不对呢?"高祖听了默然。蒯彻接着说:"今日您已得天下,四海之内,看起来是稍有平静。但是您应该想到,暗中也并不是没有反对你的人。现在,我是被你拿住了,命人烹杀。试问陛下,您能把暗中反对您的人一个个都杀掉吗?同是反对您,单单杀我,不杀他们,我岂不是冤枉?"

高祖听后,自觉言之有理,不禁微微笑道:"往日别人都说你能言善辩,我还不信;今日看来,的确长于辞令,是个人才,也罢,朕今天便赦你无罪。"言毕,便令卫士将其松绑,其放回齐地去了。

### 周勃安刘

前已述过,汉高祖刘邦自幼不读诗书,投身戎马,一直到他当了皇帝仍不喜儒生,厌恶高谈阔论。但是,他聪明大度,广交人才,在实践中锻炼得能略善谋,纳谏从善,知人善任。故有以后的入秦都定三章之约(除秦苛法),命萧何修政令,命韩信申军法,命张苍定章程,命叔孙通制朝仪等。

且说刘邦在率兵亲征淮南王英布过程中,忽被一飞箭射中前胸。待回至京都,刘邦箭伤再次复发,逐日加重,一卧不起。至公元前 195 年 3 月中旬,高祖感到不支,自觉不久于人世,便不想再进行治疗。一日,他把吕后召至榻前,密嘱后事。吕后虽早已与辟阳侯审食其勾搭成奸,长久私通,对高祖之死不以为然,但此时也不得不流下几滴泪来。尔后,吕后问高祖:"萧相国现也已偌大年纪。陛下想过没有,待您百年之后,相国若死,何人能接替他呢?"高祖道:"平阳侯曹参可以接替。"吕后又问:"平阳侯曹参现亦暮年,若是他死了之后呢?"高祖道:"高祖道:"安国侯王陵即可",高祖停了一下,继续说道,"不过,王陵憨厚心直,方法简单,不宜单独为相,可以让曲逆侯陈平协助他。曲逆侯陈平虽然策多略广,很有智谋,但年轻少重,也难以独任。而绛侯周勃质朴敦厚,德高望重,虽然没有什么文化,但我想能安定刘氏天下的一定是周勃,可以让他担任太尉。"

这就是"周勃安刘"一语的来历。实践也正如高祖所说,周勃自秦末随刘邦起兵反秦,率军转战各地,汉朝建立后又在随刘邦平定韩信、陈豨等异姓诸王叛乱中,直至后来平定诸吕之乱,都发挥了关键性的作用,实无愧"周勃安刘"之誉。

## 汉文帝

### 撤封上林令

刘恒是高祖刘邦的第 3 个儿子,出生于前 202 年,卒于前 157 年。初封代王,前 180 年,陈平和周勃诛吕之后迎立为帝,是为文帝。

汉文帝即皇帝位之后,南服越王赵佗,北退匈奴右贤王,使得国内太平,民众安宁,文帝再不忧神焚心,便专心致志地治理起国家来。闲暇之际,也免不了出去游逛散心。

公元前 177 年 8 月的一天,风和日丽,气清人爽,文帝出宫游玩。当行至上苑林时,见苑内草青林郁,鸟鸣兽叫,一派生机勃勃,惹得文帝眉开眼笑,雅趣倍增,不忍离去。在谒者(秦汉时期掌管传达事务的官名)张释之的提醒下,继续前往观赏。当行至虎圈(故址在今陕西西安市西北)时,见内养狼、狮、虎、豹百余种,狮吼虎啸,争腾奔跃,好不令人心惊肉跳。汉文帝登上观兽楼,一边观赏,一边颇有兴致地命人把上林尉叫来问道:"这里共有多少种野兽? 总数是多少?"上林尉见问,一时慌张,张口结舌,急得满脸紫胀,竟不能答。文帝不由面生愠色,上林尉一见,更是冷汗如注。正在这时,分管虎圈的啬夫(秦汉时期官职名称,属小吏)见状,急忙走到汉文帝面前,就其所问代上林尉做了回答。文帝一听,立即转怒为喜,接问上林尉:"他是做什么的?"上林尉道:"是负责虎圈的一名专职小吏。"文帝顿生兴致,为了观察这个小头目的才能,接着又提出了一些有关野兽喂养、习性等方面的问题。这小吏倒很乖觉,对文帝所问对答如流。汉文帝赞许道:"好一个小吏目,这样才算尽职哩!"尔后对随从官张释之说要封其为上林令。张释之陷入沉思,没有立即表态。文帝接着问了一次。张释之进谏道:"陛下感到绛侯周勃、东阳侯张相人品如何?"文帝随口答道:"当然都是很忠厚又很能干的大臣。"张释之道:"陛下说得对,既然您很佩服绛侯、东阳侯一类忠厚能干的官员,为什么一出口要对啬夫一类人委以重任呢? 周张二人,平时谈论问题,可并不像这小啬一样,口捷舌利,喋喋不休。对啬夫之类能说会道之人如果动不动封官升迁,臣恐陛下今后会为表面言辞所迷惑,言听计从,这会坏大事的。说实在的,愈是这样会察言观色,以言辞取悦别人的人,愈不会有什么真才实学。为此臣下认为,陛下在用这种人的时候,不能不全面考察,慎之又慎啊!"汉文帝听后,感到很有道理,遂不封啬夫。

## 各尽其职

在我国古代帝王中,汉文帝是一个开明皇帝。他一即帝位,便勤于政务,善于纳谏,规定就是外出途中,如遇臣等进谏,也要停辇听取。对正确的,及时采纳;对不正确的,也不怪罪。为了及时了解各地官吏政绩,他每年都要选派要员到全国各地巡视。对政廉民安,成绩突出者及时给予升迁;对贪官污吏,视民众疾苦为儿戏者严惩不贷。但是,由于他刚即位,对官吏分工不甚明确,也难免在理政中闹出笑话。然一经别人提醒,他便立即纠正,这也正是他善于纳谏,不断积累治邦安国经验的可贵之处。

公元前179年8月的一天,汉文帝临朝听政。待处理完文武大臣所奏之事后,汉文帝又想了解一下国事。待各大臣退出,他特地把右丞相周勃和左丞相陈平留下。首先向右丞相周勃问道:"全国一年之间要审理和判决多少案子?"周勃说:"不知道。"文帝又问:"全国一年收入和支出多少钱粮?"周勃虽然诚实做了回答,心中却也感到很惭愧,急得冷汗直冒。汉文帝见周勃一个问题也没有回答出来,心中也有些不快。于是又问左丞相陈平。陈平也并不知道这些具体事宜,但从容地答道:"这两件事各有专人管理。陛下要了解全国一年要审理判决多少案子,可以把廷尉叫来询问;若要了解钱粮的收支情况,可以询问治粟内史。"汉文帝见陈平也是一推了事,更加不悦地问道:"照这样说来,既然各有所管,那你们又管什么事呢?"陈平见状并不惊慌,仍胸有成竹地答道:"陛下不知臣下才疏学浅,使臣得了一个因常怕失职而获罪的宰相,时时感到不安。不过我知道,作为宰相有宰相的责任。宰相

的主要责任是对上辅佐皇帝明是非,顺四时(朝以听政,昼以访问,夕以修令,夜以安身);对下安抚百姓,哺育万物苗壮生长;对外镇夷狄,服诸侯;对内则使公卿大夫,各尽其职。"文帝听后,深感陈平说得有理,也觉初之所问不妥,遂转怒为喜道:"你说得很对。"

## 躬耕籍田

中国自古是个农业大国。帝王的兴衰史表明,哪个朝代,哪个帝王重视农业生产,关心民众生活,使百姓食饱衣暖,哪个朝代便国泰民安。历数我国两千多年的封建社会,汉朝可谓是突出的一个,故史有"文景之治"时期汉文帝躬耕治国的故事。

公元前178年1月,博士贾谊曾上书说:"一男不耕,就要挨饿;一女不织,就要受冻。粮食对于一个国家来说是第一重要的。粮食贮存多了,就可以攻则取,以守则固,以战则胜,怀敌附远,何招而不至!""畜积足而人乐其所矣。"文帝看后,很受感动,他说:"夫农者,天下之本也。"然后下诏恢复籍田制。所谓籍田,就是天子、诸侯供支付祭祀祖先费用的土地,规定天子千亩,诸侯百亩。每年春耕开始前,由天子、诸侯亲自先耕其田,称作天下耕田之始,尔后靠征用民力耕之。其办法是天子、诸侯自执耒耜在籍田上,天子三推,三公五推,卿大夫九推,这叫作"籍礼",以表示天子对农业生产的重视。这种籍田制从西周开始以来已成惯例;但到战国时期,由于战争频繁,便自行废除。直到汉文帝即位后的第二年,才得以恢复。

这一天,春暖花开,风和日丽。文帝早朝诸大臣分列两班,准备奏事。不料,未等殿前官发话,文帝便满脸笑容地说道:"诸君今日不必奏事,朕今日也不准备理政。"诸大臣听了不由得一愣。尔

后，文帝又郑重地说道："农业是天下的根本，治理国家没有比抓农业生产更为重要的了。"他又道，现在正是耕田的大好时机，"开籍田，朕亲率耕，以给宗庙粢盛。"诸大臣一听天子要去耕田，心中觉得好笑，认为一朝天子，与民同耕，岂不有损皇威？但是，见天子说得那么严肃，那么认真，谁又敢笑得出来？有的心中虽不愿去，但见皇帝亲自率领，谁又敢道个"不"字？

当文帝带领诸大臣来到籍田，早已等在那里的耕民立即欢腾起来，高呼万岁。但文帝不管这些，首先执耒耜耕起来，诸大臣也随后跟之。皇帝虽没干过活儿，但由于年轻，还坚持了三推四拨；诸大臣就不同了，多是年老体弱，没推两下，便已汗流浃背，气喘吁吁，十分狼狈。通过籍田亲耕，文帝进一步了解到了收获谷物之不易，遂当场宣布：减天下田租之半；责令各地官吏尽量减少农民的徭役和赋税，并决定从当年开始，年年举行天子耕籍田。

文帝靠耕籍田鼓励农业生产的措施，起初的确取得了很好的效果，调动了农民耕种的积极性。后来，由于一些地方不认真贯彻执行，使之流于形式。公元前168年，文帝于一次早朝时，面对满朝文武大臣，很是生气地说："安邦治国，关键是要引导民众抓好谷物生产。所以我亲自率耕，现已十年有一。可是，到现在还有很多土地没有开垦出来，我们做官的又视而不见，这怎么能劝民务农呢？"

为了继续抓好农业生产，文帝在坚持籍田制度的同时，又下诏：对农业种地缺少种子的，由各县借给；没有口粮的，由各县贷给；出现了天灾，由各县赈济。公元前168年，文帝再次下诏，规定只收当年租税的一半；接着，于公元前167年下诏免除全年田地的租税。

## 节俭自安

宋人林逋在《省心录》中写道："饱肥甘，衣轻暖，不知节者损福；广积聚，骄富贵，不知止者杀身。"这意思是说，整天吃着甘美的食物，穿着轻暖的衣服，不知道节俭，看起来很是舒服，但享福的日子并不长久；广积钱财，一贯骄奢淫逸，不知道适可而止、有所收敛，就要遭到杀身之祸。纵观历代帝王兴衰，无不和节俭与骄奢有着密切的联系。"文景之治"的一个重要因素，就是皇帝注重节俭。在这方面，汉文帝有着一系列的故事，本文略述一二。

公元前179年4月，也就是文帝即位的第二年，有个封王为了讨好皇帝，送来一匹千里马，文帝说："鸾旗（指皇帝的仪仗队用的旗）在前，属车在后，吉行（巡行）日五十里，师行（征伐）三十里；朕乘千里马，独先安之？"随后文帝便下诏："朕不受献也，其令四方毋复来献。"

公元前157年，天下大旱，蝗虫成灾，民众生活苦不堪言。为了让民众安度灾年，文帝除下诏免租税、赈灾民之外，还下诏：一是各诸侯当年不要再向朝廷进贡，二是减少供皇帝享乐的服饰、用具和狗马。

还有一次，文帝曾经打算建造一个露台（凉台），便指使大臣去找工匠计算一下需要多少费用。这位大臣找到工匠一算，需黄金一百余斤。文帝听说后，不由得大吃一惊。随后他对这位大臣说："一百斤黄金，可相当于百姓中十余户中等人家的财产啊！我现在继承先帝的宫室，就常常感到不安，甚至觉得惭愧。我怎能还用这么多的钱财，去建什么露台呢？"

此外，文帝在生活中也是十分注意节俭的。他平时的穿着都是用粗糙和黑丝绸制做的衣服；就连对其所宠爱的慎夫人要求也很严格,规定衣服不准拖地,帏帐不得绣花,要以节俭纯朴为天下做出榜样。在为自己建造霸陵(文帝的陵墓)时,他规定:内部装饰都用瓦器,不准用金、银、铜、锡等贵重物品,以节省钱财,修造的坟墓不要过于高大,以减少人力,以免烦扰民生。临死前,他还在遗诏中说:"给我送葬用的车马不准陈列兵杖;送葬人戴的白布孝带,宽不得超过三寸。治丧期限要短;治丧期间,不要禁止百姓结婚、祭祀、饮酒和吃肉。"据历史记载,汉文帝在位 23 年,宫室、园林、狗马、服饰和御用器具都没有增加。从这个意义上说,他是中国历代帝王中,一生都注重俭朴的一个,是一个以节俭治国为世人称道的皇帝。

汉文帝对自己,对后、妃,对卿臣要求节俭,十分严格;在关心民众方面,他又十分尽心。比如,他一即位便下诏关心民众中的鳏寡孤独者,特别是对无儿无女的老人更是如此。他规定,对 80 岁以上的孤寡老人,要按月供给米、肉、酒;对 90 岁以上的老人,还要外加供给衣服、被子,使其暮年无忧。

### 前席之议

这里是记述汉文帝和贾谊之间的一段故事。河南洛阳人贾谊自幼熟读诗书,善写文章。8 岁的时候,便为乡里人所赞赏,并闻名县城。20 岁被廷尉吴公推荐给汉文帝,任博士,一年后升为太中大夫。后因上书改革,遭到周勃等大臣忌妒、毁谤,被文帝贬为长沙王太傅。

三年后,文帝忽然又记起了贾谊,便将其召到京中。贾谊到京,刚好文帝祭祀鬼神完毕,静坐于未央宫中的宣室殿。贾谊进殿行过君臣大礼之后,向文帝问道:"不知皇上召臣下来京有何示下?"文帝并不马上回答,而是亲热地拉住贾谊席地而坐,十分投机地闲谈起来。此时,

因为文帝正对鬼神的问题有所不解,便向贾谊问道:"世上真有鬼神吗?它们是怎样产生的?什么相貌?有多大本事?"贾谊针对文帝所问,原原本本地做了详细阐述,滔滔不绝,直到半夜三更,尚未讲完。而文帝见贾谊所述都是自己从来没有听到过的理论,倍觉新奇,越听越有味,越听越爱听,一夜没有睡觉,也不觉倦。后来,汉文帝为了把问题听得更清楚,竟忘了君臣大礼,不自觉地向贾谊身前移动了一下坐席(史书称这为前席),离贾谊越来越近。待贾谊讲完,已是天放微亮了。

贾谊讲罢退出之后,汉文帝十分感慨,不由得自言自语地说:"我好久没有见到贾谊了,自以为好学,还道他的学问不如我;现在一谈,我才知道自己比不上他了。"

由此看来,汉文帝不仅是一个很重才学的皇帝,而且富有礼贤下士和虚心好学的谦恭精神。

### 细柳之行

公元前 158 年(文帝后元六年)冬天,北方匈奴背约犯塞,兴兵三万,兵分两路,分别进犯上郡、云中(今陕西绥德县东南),沿途烧杀掠抢。边防将士忙以烽火为信号,由远至近,接连并递,传到甘泉、长安。汉朝廷闻警,急忙调兵遣将,分三路镇防三边。即以中大夫令勉为将屯兵飞狐口(今河北境内,古时关名),令前楚相苏意屯兵句注山(在今山西代县北),令前郎中令张武屯兵北地(今肃宁县西南)。三路人马派出,文帝仍不放心,便又令宗正刘礼驻兵灞上(今西安市东),令祝兹侯徐厉驻兵棘门(今陕西咸阳市东北),令河内太守周亚夫驻兵细柳(渭水北岸,今陕西咸阳市西南)。

过了几天,汉文帝为了鼓舞前沿官兵士气,也为了视察一下御胡备战情况,

便以慰劳将士为名,带领部分文武大臣,亲临前沿阵地。当文帝来到灞上和棘门将士驻地时,见守备松懈,便不让通报驱车驰马直入营内,无人问津,心中很是不快。驻军将领深居军帐,正饮酒作乐,猛地听说皇帝驾到,匆忙整军出来迎接。谁知刚一出帐,见皇帝已至帐前,面带愠色,心知对其部署不严生气,十分惊惧,生怕治罪。文帝见他们已知过失,也就没再治罪,只是鼓励士兵数句,便奔细柳营而来。汉文帝来到细柳远远地就见军营驻地旗帜招展,来至近前,只见军士威严而立,排列齐整,人人挟刀执戟,弓弩持满,如临大敌一般。此时,文帝心中已乐了十分。殿前官先到,喝令门卫官兵:"天子驾到,快忙进去通报!"军门都尉不仅未动,而且上前挡住去路,并正色说道:"请站住!我等只听将军令示,不知皇帝有诏!"两方正在争执不下,文帝已来到至营前。刚要入内,门卫都尉照样上前拦住。好一个汉文帝,见状并不恼怒,而且规规矩矩地掏出符节(古代出入门关所持的凭证),交与殿前官,令其入内禀报:"告诉周将军,朕是来慰劳前沿将士的。"直至此时,亚夫才出来接见殿前官,并下令开门。营门兵将接到亚夫令示,一面放驾入内,一面对驾驶御车的侍卫下令:"将军预先有令规定,任何人不得在营内驱车急驰!"文帝见状,也只得下了御车,步行而进。到了营房里面,才看见河内太守周亚夫全副武装,一手按剑,从容走上前来,并不下跪,只是做了一个长揖。周亚夫道:"臣甲盔在身,只能行以军礼,望陛下勿责!"文帝一听,心中十分激动,不由得以身向前略俯,对其示以敬意。随后,文帝对随员道:"传旨下去,皇帝今天要亲自敬劳我军将士!"亚夫听说,随带军尉兵士,肃列两旁,以谢圣恩。文帝慰劳完将士,便起驾

回京,周亚夫仍以军礼示之,并不相送。

在回京途中,汉文帝对众臣道:"像周亚夫这样,才是一个真正的将军啊!而灞上、棘门的将士,军营不整,松松垮垮,视战备为儿戏,若遇敌人偷袭,恐怕连主将也会束手就擒的;只有周将军营地,那敌人才无隙可乘啊!"文帝回京不久,匈奴退军北返,周亚夫遂被提升为中尉。

## 汉景帝

### 短墙之祸

刘启是汉文帝刘恒长子,出生于公元前188年,卒于前141年。公元前157年,文帝死后,刘启继位,是为景帝。

且说汉景帝刘启登上皇位之后,拜晁错为内史,引起了以丞相申屠嘉为首一批老臣的不满。这是为什么呢?因为晁错是西汉时期一个很有才华的政治家。汉文帝时被封为博士,兼太子家令。后来,他以《论贵粟疏》和《请立边民什伍法奏》而深受文帝嘉许,故于公元前165年9月,被提升为中大夫。景帝亦惜其才,故其不仅晋官受赏,且屡参谋议,景帝无不听从,甚为得宠。这样一来,朝中文武便眼红,就连丞相申屠嘉也不免产生嫉妒之意,恨不得一下将其置于死地。然而晁错却不听这一套,照样屡屡力排众议,独持我见,使得一些相嫉之臣更对其恨之入骨。可巧有一次,晁错因内史院门东出不便,便想开一南门。但南门出去之路要绕过太上皇庙外的一道秃墙断壁才能通至大道,很是不便。晁错未经请示,便将短墙推倒,修成直道。这一下,可让相嫉之臣抓住了把柄,申屠嘉便让人起草奏章,说其不把太上皇放在眼里,应以大逆不道严加治罪。谁知这消息很快传到晁错耳中,不由得大惊失色,便在半夜三更赶紧去进见景帝,述说了开门事件,并主动要求皇帝治罪。然景

帝却笑着说："这有什么大惊小怪的！那本来就是一道秃墙断壁嘛！"

第二天，景帝早朝，申屠嘉等人便把早拟好的本章奏上。景帝展开看了看，便已明白，不但不怒，反而淡淡一笑说："晁错所拆短墙在太上皇的庙外，与庙无损，而且事先经过我允许才办的，没有什么可治罪的。"

申屠嘉偷鸡不成舍把米，丢人现眼，好不气恼。结果回至府中，吐血而死。

### 清君侧

汉景帝和汉文帝一样，也是一个善于纳谏、爱惜人才的皇帝。但是，他因听信谗言，杀了晁错，却是一个重大失误。其过程也是发人深思的。

刘邦和文帝都分封了一些诸侯。文帝时期，中央和各地诸侯之间的矛盾已经很深，一些诸侯不时起来谋反。由于文帝时期国力强盛，用人得当，结果，随反随平，没有造成大的叛乱。到了景帝时期，中央和诸侯王的矛盾更加尖锐，有的"不用汉法，自作法令"，有的"招致天下亡命"，阴谋叛乱。文帝时期，晁错曾多次提出吴王有谋反迹象，建议削弱其势力，而文帝因其是自家兄弟，于心不忍，吴王更是变本加厉。公元前154年，晁错再次上书建议削藩。晁错指出："高帝封三庶孽，分天下半。今吴王不朝，于古法当诛。文帝不忍，德至厚，王当改过自新，反益骄，诱天下亡人作乱。今削之亦反，不削亦反。削之，其反亟祸小；不削，其反迟祸大。"就是说，那些诸侯王迟早都会反叛中央的，晚削不如早削，斗争是不可避免的，并建议景帝御驾亲征。

由于晁错建议削藩，遭到一些人的反对。他的父亲听说后，专门从颖川（今河南禹）赶到京城，见面的第一句话就说："你莫非找死不成？"尔后又说："你打击诸侯王，使皇亲和他的兄弟亲属的关系都疏远了，你自己也要遭到怨恨，为什么要这样傻干？"晁错说："不这样做，他们就会不服从皇帝，中央政权就不能巩固。"他父亲又说："你这样做，刘家江山是安全了，咱们可就危险了，我不忍看到咱们全家遭到杀害！"尽管父亲反复陈其利害，而晁错却毫不动摇。他的父亲见劝说无效，遂饮药而死。临死前痛哭流涕地说："我实不愿亲眼看到晁家惨遭被杀之祸。"

景帝接受了晁错的建议，正要准备全面削减诸侯王的封地，却又遭到了袁盎的离间。袁盎原是吴王刘濞的丞相，以后混进汉廷。袁盎本人没啥真才实学，但在嫉贤妒能上却很会玩弄权术。为此，晁错的平步青云当然使他恨之入骨，一贯和晁错像有不共戴天之仇。当他听说景帝准备接受晁错的建议削藩时，认为诛晁错的时机已到，便以吴王的"清君侧"为借口，暗中挑拨景帝说："臣闻吴楚连谋，彼此书信来往，无非是高帝子弟，各有分土。偏偏出来个晁错，要搞什么削藩，这是有意削弱刘氏天下，而且来势汹汹，急于求成，心境很是不善。七国叛乱，就是由此而起。臣下还听七国使臣密告说，只要陛下杀掉晁错，恢复他们原来的封地，便不用一兵一卒，一刀一枪，七国就会自然退兵。"景帝听后低头不语。袁盎知其有所动摇，复又加火激道："晁错不是还要陛下亲征吗？其心不善，更是暴露无遗了！"原来，晁错建议景帝亲征时，自告留守，景帝已有疑心；现在听了袁盎一席鬼话，更觉晁错实有歹心，很是不悦。于是对袁盎说："如果七国实因晁错一人起兵，我宁可杀掉晁错，以谢天下！"就这样，景帝设计杀了晁错。可惜晁错一片忠心，就这样为小人谗言所害。

然而景帝杀掉晁错之后，七国不仅没有退兵，反而加紧进攻。正好这时，谒者仆射邓公从前线回来汇报军情。景帝立即接见，第一句话便问："我已经把晁错处死，吴楚可曾退兵？"邓公一听，大吃一惊，十分气愤地说："吴王刘濞想反叛已有几十年了，因为对削去封地不满，便提出了清君侧，只不过是以杀晁错为借口；而他起兵谋反的本意并不在晁错啊！"接着，他又指出晁错削藩的实质，进一步提醒景帝说："晁错提出减削诸侯封地，实是怕诸侯势力愈来愈大，陛下难以控制，这是强本弱末的重要措施，也是为陛下万世江山计，而今建议刚行，晁错便遭杀身之祸。您这样做，实际上是对内堵了忠臣直谏之口，对外倒使想谋反的诸侯高兴，像这样使亲者痛仇者快的事，陛下真不该办啊！"至此，景帝才如梦方醒，很是痛心地说："爱卿说得很对，朕悔恨极了！"遂后，景帝便下了决心，调兵遣将，结果，只用了三个月便平定了七国之乱。

## 平定七国之乱

汉景帝平定七国之乱，对安定社会秩序，发展农业生产，保护西汉经济的繁荣是有积极意义的。但就七国之乱的本质而言，则是刘氏家族内部权力之争，故笔者将这个故事归为皇帝生活篇可能牵强附会些，但也是不无道理的。

汉高祖刘邦为强固刘氏天下诛杀功臣，消灭了异姓王，又封了一批同姓王。这些同姓王多是他的本家兄弟和侄孙。如七国祸乱之首吴王刘濞是刘邦的亲侄子；楚元王刘交则是刘邦的同父弟；刘戊是汉景帝的从兄；等等。他们从血缘关系上都是一统，但在权力之争上却各怀野心，互不相让，都想推翻朝廷，自己当皇帝。汉景帝正是为了巩固自己的皇位，才同意采纳晁错的意见，同意削藩的。后来，由于吴王刘濞所派奸细袁盎的离间，汉景帝对诸侯王刘濞等人姑息退让，答应了"清君侧"的条件，把晁错处死。就这样，西汉一个杰出的思想家、政治家竟不明不白地做了刘氏家族权力之争的牺牲品。

且说汉景帝杀了晁错之后，下了一道诏书，叫七国诸侯退兵。七国诸侯不仅没有退兵，反而气焰更加嚣张，特别是叛乱头子刘濞，开始以诛晁错为由起兵，现在亦公然撕下了伪装，拒绝接受朝廷的诏书，宣布自立为皇帝，致使景帝十分悔恨。景帝实在没有办法了。忽然，他想起汉文帝临终时的嘱托："将来如果发生叛乱，可以让周亚夫掌握兵权，乱即可平。"随后，他立即拜周亚夫为大将，率兵东征。吴军刘濞和周亚夫所率兵将相遇在下邑（今安徽砀山西部）。吴军人数众多，攻势激烈，大有锐不可当之势。而周亚夫很会用兵，坚守不战，避其锐气，另派骑兵插入敌后，神不知鬼不觉地断绝了吴军的粮道。吴军粮草断绝，士卒多饿死，军心大乱。吴军兵败后，刘濞只带了几千人，连夜溃逃。周亚夫乘胜追击，一举消灭了吴军的残余部队。剩下贼首刘濞，伺机逃过长江，企图走保江东，又为东越人所杀。楚王刘戊等人也先后兵败自杀。当时二十二个诸侯国中，只有七国叛乱。由于周亚夫胸有城府，先用计稳住不参加叛乱的十五国，集中精力对付七国，先灭其精锐部，后灭其余，故先后只用了三个月就把七国叛乱给平定了。从此，各诸侯国只能在自己的封地内征收租税，不敢再干预地方行政，使诸侯的势力大大削弱，汉朝的政权得到了进一步的巩固。

## 文景之治

这篇虽不属故事，但属帝王历史上的重要一页，所以不能不述。

文景就是指汉文帝刘恒和汉景帝刘启。"文景之治"，是指汉文帝和汉景帝统治年间，即公元前179年至公元前141年，先后共40年。这个时期是西汉社会发展较快的时期，也是汉王朝的鼎盛时期。

在这个时期，文帝和景帝采取的措施很多，归纳起来有六个方面：一是奖励耕田。文、景帝告诫百官都要劝课农桑；文帝还亲耕籍田；生产有成绩的赐田地，称为"力田"，免除徭役。二是轻徭薄赋。文帝于公元前167年曾规定全免田租；公元前156年，即景帝元年仅收田租之半；徭役原规定15岁至56岁者，每年服役一月，文帝时期减为"三年一事"，即三年一个月；算赋也由每年120钱减为每年40钱。三是改"抑商"为"宽商""惠商"，以促进手工业、商业的发展。四是鼓励养马，其主要目的是加强武备，以迎击匈奴入侵之用。五是"入粟拜爵"，即人民可用粮食买爵位，也可以用粮食赎罪。通过这种措施，使国家粮食大增。六是减轻笞刑（鞭打），后被史学家誉为"刑法大省"。

通过上述措施，使当时的社会经济获得了大发展，百姓生活有了改善。这正如史书所说："非遇水旱之灾，民则家给人足"；国家也富强了，史载当时"都鄙廪庾皆满，而府库余货财，京师之钱累巨万，贯朽而不可校；太仓之粟，陈陈相因，充溢露积于外，至腐败而不可食"。社会和国家都出现了前所未有的富庶景象。

## 汉武帝

### 秘得太子位

刘彻是景帝刘启的儿子，出生于前156年，卒于公元前87年。汉景帝刘启归天后，由太子刘彻即位，是为汉武帝。然而汉武帝当初是怎样当上太子的？这里有一段秘事。

原来，刘彻本为景帝爱妾王美人（后称王夫人）王姝所生。景帝还有一个爱妃栗姬，生得也是娉娉婷婷，这两人在景帝面前互相争宠，成为情敌。栗姬年轻漂亮，性格温柔，又善情绵，惹得景帝形影不离。因此，就景帝而言，对栗姬更为爱恋情重。当栗姬生第一个儿子荣时，景帝便秘许立为太子。当王夫人生刘彻时，史书记载因有许多吉祥征兆，景帝便又想立刘彻为太子。后因栗姬好事多磨，景帝又不好自食前言，便于公元前153年4月。立荣为太子，封刘彻为胶东王。

景帝立荣为太子后，王美人却不甘心。正好这时长公主嫖（景帝的胞姐）有一个女儿，芳名阿娇，欲婚配太子荣。长公主托人向栗姬说合，本料一说便成，但栗姬却坚决不允。这一来，长公主感到大失面子，恼羞成怒，对栗姬十分不满，结下不解冤仇，王美人知道后，认为时机已到，便趁此格外与长公主亲近。当长公主说及女儿婚事被栗姬拒绝时，王美人也为其抱不平，而后转了一个弯又说："可惜我没福气，没能讨得一个这样的好儿媳。"长公主当时正在气头上，只是顺便说了一句："干脆我们两个结亲，将阿娇许配给彻儿，也气她栗姬一气！"王美人说："哟，这可使不得，阿娇是您的亲生爱女，可惜我彻儿子又不是太子，实在是无法高攀啊！"长公主冷笑道："太子废立乃是常情。她栗姬别高兴得太早，只要有我在，说让她那太子当不成就当不成！"王美人乘机又用话激道："立太子，既关国家大事，也是很不容易的，栗姬为此费了好大的劲呢，请你千万别为这点小事把太子给废了！"长公主愈发气愤地说："她不给我面子，我还顾得了她吗！"王美人心中十分高兴，又进步说道："既是这样，你如不嫌弃，彻儿和阿娇的婚事就算定了。今后，彻儿的事，全靠公主了。"第二天，王美人见到景帝，将长公主求婚的事给景帝说了一遍，景帝表示同意。

过了些时日，景帝准备将栗姬立为皇后。长公主听说后心中十分着急，便找到景帝说："栗姬这人胸怀十分狭窄，可容不得人呢。她和其他嫔妃没有一个能搞好关系的，常常说别人的坏话，而且这人崇信邪术，暗中咒人死地，如果你要让她做了皇后，恐怕将来要看到'人彘'的惨祸了。"所谓"人彘"，是指吕后残害戚夫人一事。戚夫人原是高祖刘邦的爱妃，吕后对她十分嫉妒。刘邦死后，吕后便令人断其手足，挖其双眼，以药熏耳致聋，并灌以哑药，致其无法说话，尔后丢在厕所里，取名"人彘"，意思是骂她好像一只仅是人形的猪。其手段狠毒至极，此后一提"人彘"，便使人毛骨悚然。时隔多年，经长公主一提，景帝也不免激凌凌打了一个寒战。当时，景帝虽未说什么，但心也有所动。随后，他漫步进入栗姬宫内，用话探道："待我百年之后，后宫诸妃，你要看重她们；对她们所生儿女也要好好照顾！"栗姬听了十分反感，很久没有表态，脸也不是个颜色。景帝看见，心中十分不悦，拂袖而出。谁知景帝刚一出门，便听见栗姬在里面又哭又骂："不知又是哪个该死的说了我的坏话，让老狗来教训我一番！"景帝听到"老狗"二字，知道是咒骂自己，心中何等恼怒，自是不可待言，至于立其为后的事，当然也就置之脑后了。尔后，长公主又多次在景帝面前称道王美人如何贤惠谦和，知书达理；其子胶东王如何聪明伶俐，孝敬父母等，景帝听了很是顺心。而王美人这时也知景帝对栗姬已生反感，故对景帝格外温柔体贴，如此一唱一和，天长日久，景帝便生废立太子之心。

看一年过去，景帝对栗姬十分冷落。王美人见时机已到，便故意遣礼官奏请景帝立栗姬为后。景帝一听大怒道："这事是用得着你来多嘴的吗？"礼官仅因此言便被下狱；后又经王美人周旋，礼官才免受皮肉之苦，得以获释。公元前151年11月，景帝正式下诏废太子荣为临江王。其母栗姬得知后，忧愤交加，一病不

起，没过几天，便呜呼哀哉。接着，景帝又于公元前150年4月下诏立刘彻为太子；母从子贵，随后，王美人便被立为皇后。

可惜栗姬直到临死，对在这一段太子废立中的计谋，竟还不知道为王美人所设呢！

### 金屋藏娇

且说王美人和长公主联姻之约定下后，便去告知景帝。谁料景帝开始并不同意。景帝认为，刘彻当时只有五六岁，尚且年幼；而陈阿娇已是豆蔻年华，和刘彻年龄相差悬殊，似不相配，故未立时应允。王美人见计将落空，未免从喜转忧，便去和长公主重新计议。长公主却不管这一套，当即表示："有我在，不怕不应。"有一天，她带着女儿阿娇进宫，正好见刘彻立在王美人身旁，便过去顺手抱在膝上，半开玩笑地问道："我给你娶个媳妇好吗？"刘彻年龄虽小，倒十分灵透，听公主言及，见又有许多宫女在场，感到害羞，笑而不答。公主会意说："那你是同意喽。"公主顺手指着一个宫女道："让她给你做媳妇好吗？"刘彻看了看，笑了笑摇头不语，公主指另一个问："那就是同意她了？"刘彻仍然笑一笑，摇摇头。就这样，公主连指数人，刘彻皆付之一笑，摇头不答。最后，长公主把女阿娇拉到身边，又笑着问道："让阿娇给你做媳妇怎么样？"此时，阿娇面红耳赤，黑眸如水，侧视刘彻。刘彻一见，便连连拍手笑道："金屋藏娇，很好很好！"众人皆为称奇，长公主则哈哈大笑道："好一个'金屋藏娇'，这不是命中注定吗！"随即，长公主便抱起刘彻，另一只手拉着女儿，和王美人一块去见景帝，将刘彻刚才的情景向其述说一遍。景帝不信道："哪有这等之事？"尔后当面问刘彻，刘彻仍如前回答。景帝心想彻儿小小年纪，不喜他人，独喜阿娇，岂不是天意？我何必硬行将

其拆开？不如就此应允，也了却一桩心事。于是对长公主和王美人说道："既然天意做合，那就任其自然吧！"自此以后，"金屋藏娇"遂成一语，泛指新娶娇妻，极为称心如意。

### 敬迎申公

查中国历代皇帝，珍惜人才者不少，而汉武帝刘彻则是较突出的一个。公元前140年10月，汉武帝即位的头一天便下了一道诏书，叫作"举贤良方正直言极谏之士"。所谓"举贤良方正"者，就是让各郡县推举品行端正的人；所谓"直言极谏之士"，就是能够说实话，并敢于用直言规劝上司直至皇帝改正错误的人。根据这道诏书，各地推荐到京的能人志士100多名；这些人又经汉武帝亲自考试、对策，录用了十余人。

安车蒲轮迎申公，就是汉武帝爱惜人才、重视人才的一个故事。

公元前140年6月，御史大夫赵绾和郎中令王臧一块给汉武帝上书说，他们的师傅申公在治理国家上很有本事，应录用在朝。但此人由于深藏若虚，深居简出，不易请得动，故而非要重诏才得入朝。申公原是楚国（汉封诸侯国）名士，曾和当时名士穆生、白生在楚国做官，任中大夫，一直受到元王刘交的尊敬。到楚刘戊时，由于刘戊耽于酒色，无意礼贤，穆生急流勇退，谢病不干。七国叛乱时，楚王刘戊也要参加，申公、白生由于极力劝阻，触怒楚王而被治罪。及至叛乱平定，楚王兵败自焚，申公、白生才被释免。回归故里。汉武帝早就知道申公很有名气，又经赵绾、王臧推荐，更加深信不疑。第二天，武帝便立即派遣使臣，用安车蒲轮（为防车子振动颠簸，用蒲草包住车轮子，以示对乘者的敬重），束锦加璧，前去迎聘。

申公此时已80余岁，多年杜门不出。这次听汉武帝下旨派臣前来，知道圣旨难违，便不得不出门迎进。当使臣向申公宣读圣旨之后，申公感到，武帝如此敬重自己，可见一片诚心，便应诏入朝。

不一日，申公来到长安，晋见武帝。武帝见申公虽年已高龄，但道骨仙风，目光如炬，便格外敬重，传谕赐座。武帝道："久闻申君饱学，今使臣请来，请闻治国之道。"申公从容答道："为治不在多言，但视力行如何。"两句说完，便即不语。申公原想，先用两语，试其智力，尔后再有问必答。武帝何等聪明，仅闻此两句，便知就里，已是心满意足，不复再问。当即下旨，任命申公为中大夫。

### 相见恨晚

这是讲汉武帝求贤若渴的一段故事。

齐国临淄有个学者，姓主父，名偃，初时，曾学长短纵横术；晚年，好学《易》、《春秋》、百家之言，主父偃虽然满腹才学，但在武帝之前，曾上书齐王，没被重用；后来，他又到燕、赵、中山等诸侯国，也未能征诏录用。武帝元光元年，他听说汉武帝令各地推荐人才，便伺机结交了大将军卫青，请他向武帝推荐。本来，卫青因战功卓著，深受武帝信任，但由于卫青是一勇将，在推荐主父偃时，没有将其才学说清楚，故也未得到录用。就这样主父偃在长安一等数日，未得信息。时间慢慢过去了，钱也渐渐花光了，京城又无其他熟人，故也无处借贷。主父偃真是到了穷困潦倒的地步。正在这时，他又想到了上书之事。于是，他针对当前时势，运用所学详加分析，写成数千言，分成九个问题陈述，其中有八个问题是论述律令的，一个是论述北伐匈奴的。主父偃在论述北伐匈奴一事中说："夫匈奴难得而制，非一世也，行盗侵驱，天性固然。虞、夏、殷、周，固弗程督。今上不观虞、夏、殷、周之统，而下循近世之失。

此臣之所忧,百姓之所疾苦也。"大意是说,北方匈奴烧杀抢掠是其本性,很难制服也不是一世了。今天皇上不认真吸取虞、夏、殷、周等对匈奴只有用武力征服,才能从根本上解除后顾之忧的经验,仍遵循近世的做法,一贯和亲求安,致使匈奴愈来愈狂,这正是臣所担心的,也是边民老百姓受其害的根本原因。

此书武帝看后,认为讲得很有道理,便传旨立即接见。在接见时,武帝又提出一些问题,主父偃照样对答如流,很合武帝心意,遂拜其为郎中。前丞相史严国和主父偃是老乡,颇具才能;无终(今河北蓟县)人徐东也是有才之士。他们见主父偃受到武帝重用,遂也上书,同样受到武帝称赞。有一天,武帝诏见他们说:"公等皆安在,何相见之晚也!"其意思是:你们以前都在哪里?怎么今天才来上书?朕实在是相见恨晚啊!

## 敬重老臣

汲黯,西汉老臣。景帝时,封为荥阳县令。汲黯嫌景帝看不起自己,便托病还乡为民。武帝即位后,知道此人很有才学,召之入朝,拜为中大夫,后任东海太守。在任太守期间,由于他轻刑简政,经过几年,使东海达到大治。后又被武帝召入朝廷,拜为主爵都尉,列于九卿。汲黯有个天不怕地不怕的性格,好直谏廷争,常面说武帝"内多欲而外施仁义",别人说他性情傲慢,而武帝却说其为"庄稷之臣,"对他十分尊重。本文就是要讲汉武帝尊重汲黯的故事。

汉武帝平时不拘小节,接见臣卿常不整衣冠,很是随意。有一天,汉武帝在宫中正与近侍闲说话,忽有殿前官上前禀报:汲黯有本奏上。武帝抬头一看,见汲黯将入内,便慌忙退入内室,派人出去接过本章。武帝接过后不待看完,便命人传旨:"请汲君回去,此本朕已准奏。"众臣见后,深感莫名其妙。事后才知道

当汲黯入奏时,武帝衣冠未整,生怕其怪,才慌忙避入内室的。当下大臣们纷纷议论。有的说,平时丞相进谒,皇帝亦往往未整衣冠。就是像卫青这第一等的贵戚,第一等的勋臣,皇帝亦往往踞床相对,衣冠更不暇顾及。为什么一听汲黯来了就慌作一团呢?有的说:"汲黯理正、事正、人正,皇帝此举便是敬人尊己之为。"

又有一次,匈奴属部浑邪王入塞请降,由大行(官名)入京奏报。武帝听说后十分欢喜,便命长安令发车两千辆,即日迎接。长安令连忙备办,但马匹不够,便准备向民众买马。但民众生怕要马不给钱,便纷纷把马藏了起来。由于马备不齐,便耽误了出迎时间。武帝以为长安令故意误期不出,便传令将其斩首。此时已为右内史的汲黯知道后十分气愤,当即入朝,见到武帝大声说道:"长安令无罪。要杀就先杀臣下!"武帝一见汲黯,先是吃惊,后又低头不语,汲黯见皇帝低头不语,也就消了气,才慢慢解释说:"浑邪王本为胡人,是由于兵败怕回去受诛才来投降的。对这样一个降将,我们各县依次将其相送就够热情的了。陛下为何迎一降将而兴师动众,闹得民不安宁呢?"武帝听后,觉得汲黯言之有理,也感到自己做事太草率了,便下令赦免了长安令。

## 颁行"推恩令"

"推恩令"是汉武帝为进一步削弱诸侯势力而采取的一项重要策略,也是史称汉武帝"雄才大略"的重要方面。

却说汉高祖刘邦为了防止其他人夺取天下,用计诛杀了一大批功臣,继而将他的叔、伯、兄、弟、远亲、近邻分封为王,他以为这样便可以使刘氏天下万世相传。然而他刚刚归天。这些由他所封的"同姓王"便蠢蠢欲动,直接威胁到中央政权的安全。文景二帝明察时局,为削

弱"同姓王"势力采取了一系列措施。晁错之死惊醒了景帝,才有后来的调兵遣将,平定七国之乱。从此之后,时局稍有稳定。然而到了武帝时,这些"同姓王"经过二十多年的养精蓄锐,力又雄厚,势又抬头。这怎能不使武帝感到心忧呢?

公元前127年,主父偃向汉武帝建议:"古者诸侯不过百里,疆弱之形易制。今诸侯或连城数十,地方千里;缓则骄奢,易为淫乱,急则阻其疆,而合纵以逆京师。以法割削之,则逆节萌起。然诸侯子弟或数十,而嫡嗣代立,余无尺寸之封,则仁孝之道不宣。愿陛下令诸侯得推恩分子弟,以地侯之,彼人人喜得所愿;上以德施,实分其国,不消而弱矣。"其大意是说,古时候诸侯范围很小,地不过百里,好管理;现在势力范围太大,连城数十,地方千里,时间长了,不管则会变得骄奢淫逸;管得急了,他们就会联合造反,对抗京师。且过去所奉行的诸侯王爵位仅由嫡子一人继承,不利于播扬仁孝之道。针对这些情况,皇上应该下令诸侯推私恩分封子弟为列侯。他们人人都得到了分封,就会感谢陛下。这样,名义上是皇上施德惠,实际上是把大诸侯的范围分割成小块,也就达到了削弱诸侯王势力的目的。汉武帝一听,正合心意,当即便下达推恩令。推恩令下达后,每一个诸侯国,多则被分封几个或十几个侯国,凡得到分封的诸侯子弟都很高兴。汉武帝又规定这些侯国只能在其范围内征收衣食租税,不得跨界,不得参与政事,实际上也就达到了削弱其权势的目的。公元前112年,汉武帝又下令规定,每年8月皇帝要在高祖庙中摆酒会见诸侯王,到时各诸侯王必须出酬金助祭。对所出酬金,武帝派专人检查验收,对成色不纯、数量不足者,就要削爵。据记载,汉武帝这一招儿,仅在当年举行助祭时,因酬金不合要求而被削爵的就

有106人。通过上述办法,自汉初以来,同姓王对中央集权所造成的威胁基本上被消除了。

## 老郎官机遇

汉武帝刘彻在注重人才方面,不仅通过亲自测问、考核发现和选拔了一批人才,如卜式、董仲舒、汲黯、主父偃和朱买臣等,还注意从平时留心观察,实地考查中发现和选拔人才。这里讲的"老郎官机遇汉武帝",就是平时留心观察选拔人才的故事。

一天,汉武帝微服私出,来到郎署,偶遇一郎官。这里需要解释一下郎官。"郎",是"廊"字引申出来的,指古代帝王宫殿的廊。所谓郎官,在战国时期是负责皇宫勤杂事务的一种地位很低的小官。到秦汉时期,则设有郎署,是郎官办公的地方,职责有所扩大,主要负责帝王的卫护、陪从工作,并有建议、备顾问及差遣责任。武帝所遇到的,就是这样的一个郎官。这郎官已经须发皆白,且衣服破旧不堪。武帝问道:"你叫什么名字?是从什么时候开始做郎官的?"只见这人从容不迫地答道:"小人姓颜名驷,江都人氏,在文帝的时候就开始做郎官了。"武帝听后很是惊讶,心想,这官不大,可已经是三朝元老了,不由肃然起敬。武帝又问:"这么多年,为什么一直做郎官呢?"颜驷听后,不由得淡然一笑,而又无所谓地答道:"我是生不逢时,又有什么办法呢?文帝是个好皇帝,礼贤下士,很惜人才。但他喜欢文,我却爱武;景帝也不错,也很珍惜人才。但他所喜欢用的是老年持重,深有城府的人,我当时正年轻力壮,血气方刚;到了陛下即位后,又喜欢年轻有为,勇于进取的人,而我呢,却又年纪太大了。就这样,我虽然历经三朝,却每一次都赶不上机遇,也就只好甘做郎官了。"武帝听后,既觉得老郎官的回答有趣,也觉得所言很有道

理,不由得产生一种同情之感。武帝回宫之后,经过了解,知道颜驷不仅人品好,而且思路清楚,很有才学,遂下旨将颜驷召上殿来,经过测问,又因他一直好武,便把他提升为会稽的都尉,主管会稽的军事工作。

### 求仙拜神

汉武帝在文治武功方面堪称雄才大略,但在求仙通神方面,却愚蠢得可怜。他从16岁一即位,便相信鬼神,以致闹出了许多令人啼笑皆非的笑话。

元光二年,方士李少君银须白发,最能以云海言天骗人。他听说新即位的小皇帝迷信鬼神,便设法骗其信任。一次他在武安侯家喝酒。席间,他见有一耳聋眼花的高龄老头在座,便凑了上去说:"我曾与你大父(祖父)一起游猎过。"这老头糊糊涂涂,本来就没啥记性了,却也故作清醒地说:"我还和祖父一块去过你们游猎的地方呢!"武安侯一听,很是惊讶,心想这老头少说也有八九十岁了,李少君能和他祖父游猎过,如今少说也得有一百四五十岁了。武安侯便领他去见武帝。武帝一听,十分欢喜,心想:世上果真有这样长生不老的活神仙!便把李少君召了进来。正好,当时武帝身边有一古铜器,便请李少君鉴别。这李少君一会儿右瞧左看,一会儿又手数嘴念,似是能掐会算,引得武帝把眼瞪得铃铛一样。过了好大一会儿,李少君突然大惊失色地说:"唉呀陛下,这可是一神器呀!春秋时期,齐桓公十年曾将它陈于柏寝台,当时我还见过呢?"武帝细看铜器上的刻文,果系齐桓公时期的东西。这一算,李少君就又长了几百岁的年纪,武帝对李少君是"神"那是更加深信不疑了。于是,武帝便将他留在宫中,不惜挥金如土,兴师动众,让其炼制丹药。谁知丹药还没炼成,李少君便一命呜呼了。这一下,武帝傻眼了,但又不好意思承认上

当,只好自欺欺人地说他羽化去了。

后来,汉武帝又相信了一个自称少翁的方士。这"少翁"的意思是说,别看他表面上年青实际上已经200多岁了。正在这时,武帝的宠妃死了,很是思念。少翁乘机说自己会"招鬼术",便招鬼多日。又有一天,少翁对武帝说:"陛下要想见见神仙也不难,但必须把你住的、用的都装饰得像神仙用的一样才行。"武帝听了信以为真,便下令把宫殿里的顶上、墙上、床上、衣服和被子上,都画上或绣上云头、仙梯之类的图案。一切照办了,可武帝仍没见到神仙。少翁又指着一头牛对武帝说:"此牛腹有天书。"武帝命人把牛剖腹一看,果然发现一卷布帛,并写有文字;但细细一看,尽管字写得古怪,句子也令人费解,但字仍是少翁的笔迹,又经重刑审问,才知是这个少翁预先写好让牛吃下的。事情大白,武帝才知上当,不觉恼羞成怒,便将少翁杀掉了。

少翁被诛后,他的徒弟们不甘心失败,设计继续欺骗武帝。他们一方面派人秘密挖出少翁的尸体毁掉,另一方面派人向武帝报告在关东碰到少翁。武帝半信半疑,令人打开坟墓一看,果然没有尸体,只剩下一个空棺材。这一来,武帝不仅相信少翁没死,并觉得误杀了"神仙",很是后悔,便又相信起方士来。后来,他又听从方士的建议,用柏木做梁,造了一座20米高的"柏梁台"。在台上架起一根30多丈高的铜柱子;铜柱顶上铸一仙人。在仙人手上放一个用玉石做的盘子,叫作盛露盘。这位方士告诉武帝,将玉盘里接的露水拌上玉石粉末,常拌常喝,就可以长生不老。武帝听后信以为真,便照此办理。不料,武帝喝这种"仙露"不久,便得了一场大病。

公元前112年,又有一个少翁的师兄,胶东王的宫人名叫栾大的方士,对武帝说:"臣常往来海上,见安期、羡门之

属,曰:'黄金可成,而河决可塞,不死之药可得,仙人可致也。'然臣师非有求人,人者求之。陛下必欲致之,则贵其使者,令为亲属,以客礼待之,则可使通言也。"这意思是说,我常往来于海上,见到了仙人安期、羡门,便拜他们为师。他们对我说:"只要功夫深,黄土能成金,河决了口子可以堵住,不死之药也是不难炼的。"但是,因为我的老师是仙人,万事不求凡人,只有凡人求他。为此,陛下要诚心求仙,一是要派您最宠信的重臣,二是这宠臣还必须是皇上的亲属,只有这样,神仙才会接见你所派的使臣。武帝听栾大一派云天雾罩的胡言乱语,十分高兴,马上封他为王利将军,接着又封他为天上将军、地上将军、大通将军、乐通侯,食邑二千户,赐上等府第,拨给童仆数百名,又把卫皇后生的大公主嫁给他,赔送黄金10万两。为了表示不把栾大视为普通的臣僚,武帝还专门为其刻制了玉印。栾大的要求满足之后,便被派去海上迎接神仙。武帝为防万一,在栾大出发之后,暗中派了几个心腹密探跟随、监视。这栾大来到海边的一座山上,上去转了转,下山后又在海边玩了几天,便回长安交差。因为密探早已提前把栾大在外"求仙"的所做所为早已报告了武帝,故栾大见到武帝后,又想胡编乱造,企图蒙混过关的时候,武帝没等其开口,便让人把栾大拉出去杀掉了。

汉武帝因为贪生怕死,迷信鬼神,虽然一次又一次上当,却仍照信不误,终在归天之前,酿成了重臣受诛、爱子受害、妃妾被迫自杀的大祸。这就是后来的"巫蛊之祸"。

## 汉成帝

### 史丹强劝谏　刘骜承大统

公元前33年五月壬辰日,古都长安未央宫传出阵阵哀声,汉元帝驾崩。六月己未日,19岁的太子刘骜即位,他就是汉孝成皇帝,在位27年,以腐败无能、昏庸荒淫而名闻后世。

刘骜是汉宣帝的嫡孙,很受祖父喜爱,3岁被立为太子。可是他在登上皇帝宝座以前,也曾经历了几度风险波折。刘骜有两个异母兄弟,一个是傅昭仪生的定陶王刘康,另一个是冯昭仪生的中山孝王刘兴。刘骜在东宫做太子时,就嗜酒好色,猎艳寻欢,元帝不大喜欢他。元帝最钟爱的是定陶王刘康,刘康多才多艺,尤娴音律,与元帝才艺相若。元帝能自制乐谱,常在殿下摆着鼙鼓,亲手用铜丸连续不断地掷到鼓上,声响都能符合音节;甚至比坐在鼓旁,用槌击鼓还要好听。有些侍臣希望得到元帝宠爱,暗中练习此技,却不能娴熟,唯有定陶王刘康用铜丸击鼓的技艺和自己的父亲不相上下。元帝赞不绝口,而且时常向左右侍臣谈及此事。

刘康的母亲傅昭仪也深受元帝宠爱。傅昭仪是河南温县人,早年丧父,母亲改嫁。傅昭仪当时年幼,流离入都,得侍上官太后,善于察言观色,仰承意旨,晋为才人,后来辗转赐与元帝。凭着她的柔颜丽质,趋承左右,很得元帝欢心。一般后宫宫女,因为傅昭仪待下人恩多,也无不交口称颂,常常饮酒酹地,祝她康健。几年之后,生下一男一女:女孩为平都公主,男孩就是刘康。元帝对她母子二人万分怜爱,甚至超过皇后、太子。

驸马都尉(陪奉皇帝乘车的近臣)史丹是前大司马史高之子,随驾出入,日侍左右。他见元帝经常称赞定陶王刘康,很是为太子刘骜担心,就对元帝说:"臣以为音律不过是小事,即使有这种技能,无非一乐官而已,哪里及得上聪明好学的皇太子骜呢?"元帝听了,不禁失笑,未置可否。

不久,元帝的小儿子中山王刘竟忽然患暴病夭亡。当初刘竟受封后,因年幼暂时不能到封国去,留在京城长安和太子刘骜一起学习,两人朝夕相处,十分要好。得知中山王刘竟的死讯,元帝带着太子刘骜前去吊丧。元帝抚摸着棺材,泪如雨下,悲痛不已。太子刘骜站在灵柩前木然发呆,一点儿也不悲伤。元帝见了不禁大怒,说:"临丧不哀,是无人心!没有心肝的人怎么能仰承社稷宗庙,为民父母!"说着,旁顾左右大臣,看见陪护太子的驸马都尉史丹在身边,就责问他:"你说太子多才,现在果真怎样!"史丹急中生智,立即上前免冠谢罪说:"臣见陛下悲哀过甚,就请太子不要再涕泣,免得增加陛下的感伤,使陛下龙体受损。这都是臣的罪过,该死!该死!"元帝听了,不知是谎,被史丹瞒过,怒气渐消。

竟宁元年(公元前33年),元帝患了重病,病情逐日加剧。定陶王刘康与傅昭仪母子二人朝夕入未央宫服侍,衣不解带,元帝为她们母子所感,又生废立之心。每见尚书入宫省视,就询问景帝立少子胶东王刘彻(汉武帝)为太子的故事,流露出自己想废掉太子刘骜,改立定陶王刘康的心思。史丹听说这一消息,心中十分焦急,探得傅昭仪母子偶离元帝寝宫的时候,自恃为元帝近臣,大胆闯入元帝寝宫,跪在御榻前的青蒲上面,一个劲地磕头。青蒲是用青色画地,靠近御榻,向来只有皇后才能登上青蒲。史丹急不暇择,担心耽搁时间稍长,傅昭仪母子进来,就没机会和元帝说话了。元帝听到磕头声,睁开眼一瞧,见是史丹跪在青蒲上面,不禁大怒,正要责备史丹无礼,史丹早已涕泣陈词说:"太子位居嫡长,册立有年,天下业已归心,今闻道路传言,宫中似有易储之举。陛下若无此意,天下幸甚,汉室幸甚!陛下若有此心,满朝宫廷大臣必然以死相争。臣今日斗胆跪此青蒲之上,已存死节之心。

独有废储大事,幸陛下三思!臣到九泉,方才瞑目。"元帝一向信任史丹忠正耿直,听他侃侃而谈,也知道太子不能轻易废立,于是起了怒容,无可奈何地长叹一声说:"朕因太子不及康贤,废立之事,本在踌躇,你既拼死力保太子,这也是太子为人或有几分可取。太子原为先帝钟爱,皇后(太子生母王政君)品行贤淑,只要他不负祖宗付托,朕也不是一定要废他的。如今朕已病入膏肓,恐将不起,但愿汝等善辅太子,使朕放心。"史丹听罢,叩头谢恩,心怀暗喜出宫去了。元帝两眼直呆呆地望着史丹的身影,绝了废太子之心。不料元帝就在当天夜晚,瞑目而逝。太子刘骜安然即位,是为汉成帝。

### 拒狼又迎虎　权柄入王门

成帝即位后,尊皇太后王氏为太皇太后,母后王政君为皇太后,封太后同母弟阳平侯王凤为大司马大将军,领尚书事。奉葬先帝梓宫于渭陵,成帝居丧读礼,不问朝政,一切大小事情全都委托给王凤处理。成帝认为,宦官朝臣都是外人,不可信赖,而母党亲舅是自家近亲,贴心可靠。

元帝时,有一宦官石显,奸钻刁滑,善搞阴谋,权倾朝野,作恶多端,民怨沸腾。建始元年(公元前32年),王凤奏请成帝,徙石显为长信太仆(管理皇太后宫舆马),夺去重权。丞相匡衡、御史大夫张谭以前都阿附石显,这时见石显失势,为撇清关系,二人联衔上书,弹劾石显的种种罪恶,以及石显党羽五鹿充宗等人。成帝下令免去石显的官职,勒令离京,放归原籍。石显愤懑上路,病死在途中。少府(掌管山海池泽之税)五鹿充宗,降为玄菟郡(治所在今辽宁新宾西南)太守;御史中丞伊嘉也被贬为雁门都尉;石显的其他党羽也一概免职。这一举动大快人心。当时民间流传一首歌谣:"伊徙雁,鹿徙菟,去牢与陈实无价。"匡衡、张谭二人，以为主动弹劾石显就可以遮盖自己以前的过失，谁知却惹恼了一位正直的大臣王尊。王尊飞章入奏，直言丞相匡衡、御史张谭以前和石显结为党羽，应该立即问罪。成帝看了奏折，也认为匡衡、张谭有失大臣体统，只因刚刚即位，不便斥逐三公，就将此奏搁置不理。匡衡、张谭听说此事，慌忙上书谢罪，乞赐骸骨返乡，同时缴还印绶。成帝下诏抚慰挽留，仍把印绶赐还，并且把王尊贬为高陵令，以此顾全匡衡、张谭的面子。匡衡、张谭自然欢喜，叩谢皇恩浩荡，但是朝廷大臣却替王尊抱屈，不敢非议皇上，背后指责匡衡、张谭无耻。

成帝前门拒狼，后门迎虎。因为感念太后抚养之恩，对待母党王氏格外从优，除已封王凤为大司马大将军外，又封太后同母弟王崇为安成侯，同日又封太后异母弟王谭、王商、王立、王根、王逢时为关内侯，世人称之"五侯"。这几人并无功勋，仅仅因为是皇太后王政君的兄弟，都受侯封，爵赏实在太滥。朝中大臣明知此举不合祖宗遗训，但都贪恋功名利禄，个个噤若寒蝉。

哪知人不敢言，天却示警。建始元年夏四月，天降黄雾，咫尺不辨，市民喧扰。宫中怀疑发生了变故，派人查问以后，才知道是黄雾引起的。成帝也觉得奇怪，诏问公卿大夫各谈己见，无论吉凶休咎，都不准隐讳。谏大夫杨兴、博士驷胜等人异口同声地奏称，说是由于"阴盛侵阳，故有此变。从前高祖临终前杀白马与大臣相约，非功臣不准封侯；如今太后的兄弟们无功受禄封侯，是历朝外戚所没有的，应该加以裁减抑损"。大将军王凤看了这些奏章，立即上书提出辞职。成帝不肯照准，犹诏慰留。

这一年六月，忽然有许多青蝇飞到未央宫殿，群臣的座位上集满了青蝇。八月的一天，又看见两个月亮早晨同时出现在东方。九月的一个夜晚，有一流星长四五丈，形状像一条蛇，贯入紫宫。种种奇特的灾异，朝廷内外臣民，都归咎于王氏。成帝因母宠舅，倚仗如故。在成帝的庇护下，王氏势力急剧膨胀。王氏子弟除七侯外，无论长幼，悉授官禄。太后王政君的母亲李氏早已与太后的父亲王禁离婚，改嫁苟姓，生下一子，取名为参。太后显贵以后，就令王凤迎还生母，想让成帝封苟参为列侯，成帝感到不妥，没有应允。太后无奈，可还是封苟参为侍中水衡都尉（管理都水及皇家园林上林苑）。

王凤为独揽朝纲，视正直大臣为异己，凡是不顺从他的，想方设法加以排斥、陷害。右将军王商（与王凤庶弟同姓同名）是宣帝的母舅乐昌侯王武的儿子。王武殁后，王商袭爵为侯，尽丧尽礼，兄弟间相处和睦，他把家中财产全部分给异母弟兄。朝廷大臣见他孝义可风，交相上书举荐，由侍中升为中郎将（掌宿卫诸殿门，出充车骑）。元帝时代，已任右将军之职。成帝也敬他老成持重，本来打算提升他为左将军。王商说史丹的忠心胜他十倍，情愿相让，成帝就把左将军之职授给了史丹。史丹、王商虽然为成帝信任，终究不及王凤得宠。王商对王凤专权营私颇有微词，因此两人结下了私怨。

建始三年（公元前30年）秋天，淫雨连绵，一连下了40多天。一天，长安城中忽然哄传大水将至，顿时全城一片慌乱，人们争先恐后奔走逃避，老幼妇女自相践踏，伤亡多人。消息传入宫中，成帝慌忙升殿，召集群臣商议避水的办法。

王凤说："如果水势泛滥，陛下可以侍奉两宫太后乘船暂避，所有宫中后妃都乘船随驾同行，当可无忧。京城中的官吏和百姓，令他们登城避水就是。"

话还没有说完，右将军王商急忙上

前奏道："古时国家无道，洪水尚且不淹没京师城郭，如今政治和平，不闻兵革，上下相安，大水为何暴至？这必定是民间讹言，断不可信。如果再令百姓登城避水，岂不是更会滋生扰乱吗？"

原来王商知道长安地势很高，不会遭受水淹，故意说"政治和平"，不过是让成帝听着顺耳罢了。成帝这才稍稍放心，令王商安抚民众。王商饬令吏卒巡视城内，令百姓不得妄动。过了半日，民众的情绪渐渐平静下来，等到傍晚，并没有大水到来，才知道全城惊扰，实际上是听信讹言所引起的。这件事增加了成帝对王商的好感，他多次赞赏王商遇事镇定，沉稳有智。王凤是既惭愧又气愤，对王商更添了一分忌妒。

第二年，王商升为丞相。河平四年（公元前25年），匈奴单于来朝。成帝召见，安慰一番，就派人送匈奴单于到宫邸歇息。匈奴单于刚走出朝门，正好和丞相王商相遇，随行人员告诉他这就是汉朝丞相，两人相互见礼。王商身高8尺有余，状貌魁梧，仪容端庄，威风凛凛，单于仰视其貌，为王商威仪所慑，吓得不由自主地倒退数步，立即辞别出朝。左右告诉成帝，成帝不禁叹道："这才不愧是汉室丞相！"成帝这句话本来是随口说的，毫无成见。谁知王凤闻知此语，更加忌恨王商。

适逢琅琊郡（治所在今山东诸城）中连着出了十几桩灾异事件，王商就派属吏前往查办。琅琊太守杨肜是王凤的儿女亲家，王凤恐怕杨肜因疏于职守，被弹劾免职，急忙向王商说情："灾异本是天降，并不是人力可以挽救。杨肜为官很有才能，希望不要追究！"王商没有答应，奏劾杨肜玩忽职守，招致天谴，请求立即撤职。成帝见了奏章，虽然没有批准，但王凤却恨王商不给他留情面，于是派人暗中查找王商的过失，以便借机陷害报复。

无奈一时无隙可乘，王凤就指使佞巧之徒耿定，以"闺门不谨"上书诬告王商。成帝阅奏，暗思事关暧昧，又无佐证，又一向器重王商，知道他品行端庄，认为耿定之言不确，便将此事搁置不提。王凤入宫力争，坚持要彻底查究。成帝竟然屈从王凤，令司隶校尉（监察百官及三辅、三河、弘农）查办。王商得知消息也着急起来，急切中想起从前王太后曾打算选自己的女儿入宫，充备嫔妃，当时因为女儿患有痼疾，不敢进献，现在女儿的病已经痊愈，不如送入宫中，也可以做个内援。后宫有位侍女李平新近被封为婕妤，正得成帝宠爱。李平与王商有亲戚关系，托她向皇上进言，或许会有希望。想到这里，王商的精神又振作起来，秘密嘱托一位内亲进入宫中，拜托那位新封婕妤李平，保奏他的女儿入宫。李平对来人说，这件事不能着急，要等待机会设法处理。王商得报，只得耐心等候。

岂知王商的打算已经来不及了，王凤已抢先一步向他下手。原来第二天忽然日蚀，大中大夫（掌管议论）张匡受了王凤指使，上书力言灾祸在近臣，请求召见对答。成帝就命左将军史丹去当面询问张匡。张匡说，丞相王商曾奸污父亲的婢女，并且和妹妹有奸情，前不久耿定上书告发，都是实情。现在司隶校尉奉诏查办，王商做贼心虚，夤缘后宫，意图纳女，以做内援。堂堂相国如此行径，恐怕吕不韦的故事，复现今日。上天变异，或者示警，也未可知。只有速将王商免官，依法惩办，庶可上回天意，下绝人谋，务乞将军代奏。史丹听完，即将张匡之言转奏成帝。成帝素重王商，并不相信张匡之言。王凤又入宫力争，成帝无奈，派遣侍臣，去收丞相印绶。王商交出印绶以后，悔恨交加，肝脉偾张，当即就口吐狂血，不到三天，一命归阴。所有在朝中为官的王商子弟，全部降职。

河平二年（公元前 27 年）正月，成帝将诸舅全部封为列侯，王谭为平阿侯，王商为成都侯，王立为红阳侯，王根为曲阳侯，王逢时为高平侯。王禁八子除王曼早死不封外，其余七子全都封为列侯。汉朝外戚的势力，以此为盛。当年吕后临朝秉政，也不过封了吕产、吕禄二人，比较王氏，自然是望尘莫及。这时前宗正（管理宗室名籍）刘向，已经起用为光禄大夫（管理顾问应对，奉诏出使）。成帝诏求遗书，令刘向校勘。刘向见王氏威权太盛，意图借书规谏，就趁着校勘《尚书·洪范》，推演古今符瑞灾异，历详占验，号为《洪范五行论》，呈入宫中。成帝一见，便知刘向书中寓有深意，但是对于王氏，依然信用不疑。

阳朔元年（公元前 24 年），刘向之子刘歆被举荐给朝廷。刘歆是当时的名士，才华横溢，学识广博。成帝一见，十分赏识，决定任命他为中常侍，派人取来朝衣朝冠，就要加官。左右大臣却纷纷进言："大将军王凤还不知道这件事，还是等大将军来了，再做定夺吧！"

成帝说："区区小事，何必打扰大将军？"可是左右臣下一再叩头请求，怕担责任。成帝虽然心中不快，也只好去和王凤商量。王凤听了不同意，成帝也只得作罢。

这一年，定陶王刘康入朝谒驾。成帝与定陶王关系很好，留令伴驾，朝夕在侧，十分亲重，兄欢弟爱。王凤担心定陶王刘康干预政权，影响他独擅朝政，就援引汉朝故例，请成帝遣送定陶王返回封国。成帝暗思先帝在的时候，常想立定陶王为太子，事虽不果，定陶王却并不在意，居藩供职，极尽臣礼，如此看来，定陶王倒是一位贤王。现在后妃都未生育，立储无人，将来兄终弟及，亦无不可。因此就把定陶王留在京中不放，虽然王凤

屡屡援例奏请，成帝总是不理睬，但王凤并不甘心。未满两月，又遇日蚀，王凤乘机上书，说日蚀是由于阴盛所致，定陶王久留京师，有违正道，故遭天诫，宜亟令归国。成帝已被王凤所蛊惑，凡有所言，无不听从，为了定陶王留京的事，已觉拂了王凤之意。现在既然上天又来示诫，只得令定陶王归国，刘康与成帝洒泪而别。而王凤却乐在心头。

满朝文武大臣惧于王凤的淫威，或阿谀逢迎，或箴口不言。只有京兆尹（治理京师的行政长官）王章刚正直言，见王凤跋扈，直上封事，指斥王凤专权欺君，把日食之事归罪于王凤。成帝看罢，颇有些醒悟，于是召王章入宫面询。王章侃侃而谈，大意是说：

臣闻天道聪明，佑善而灾恶，以瑞异为符效。如今陛下因为没有继嗣，引近定陶王，以此仰承宗庙，重视社稷，上顺天心，下安百姓。这是真正的善事，应当有祯祥出现；而灾异频繁出现，是大臣专政的缘故。今闻大将军王凤，猥归日食之咎于定陶王，遣令归国，欲使天子孤立于上，专擅朝事，以便其私，怎能为忠臣！况且王凤诬罔不忠，非一事也。前丞相王商守正不阿，为王凤所害，忧愤而死，众庶怜悯；还听说王凤有位妻妹张美人，已经嫁人，假托宜于生子，纳之后宫。这三件事都是大事，陛下亲眼所见，由此完全可知王凤的其他行为。不能让王凤久掌朝政，应让他退职归家休养，选忠贤以代之，如此则灾异除，吉祥至。

成帝听王章讲得很有道理，高兴地对王章说："不是京兆尹直言，朕尚未闻国家大计。现有何人忠正贤良，可以做朕的辅佐？"王章回答说："当世忠良，莫如琅琊太守冯野王。"成帝再三点头。

不想，这一切都被王凤安插在成帝身边的耳目探知，飞报王凤。王凤听了顿时大怒，痛骂王章，要乘王章入朝时与

他拼命。王凤有一个人称"盲杜"的幕僚杜钦足智多谋，劝王凤暂且容忍。说着，又与王凤耳语几句，王凤方才消了怒气，照计行事。

王凤听了盲杜之计，一面上书称病辞职，一面入宫向太后诉苦乞怜。王章因为奏对甚合成帝意旨，成帝接连几次召他入宫，王章正感激成帝的知遇之恩，不料大祸临头。太后王政君胸无大志，只知娘家兄弟为重；至于国家大政，她并不放在心上。自从王凤入宫要求以后，太后终日不食，以泪洗面。还不时叫着先帝的名字，怪他为何不来引她同死。成帝见了，自然大惊失色。开始并不知道是为了何事，后来暗中打听，才知道是因为王凤辞职的事情，赶紧下诏抚慰挽留王凤，劝他尽快上朝处理政事。太后仍然不依不饶，非要惩治王章诬告之罪，暗中指使尚书出头，弹劾王章与冯野王结党营私，诽谤大臣；张美人已受御幸，地位至尊，王章所言不适。弹章早晨奏入宫中，当晚即将王章逮捕下狱。廷尉仰承皇上旨意，将王章定为大逆罪。王章情知难逃一死，不到数日，乘人不备，服药自尽。妻女被流放岭南合浦（今广西合浦东北），所有家产抄没充公。

当时冯野王在琅琊任上，听说王章为推荐自己而获罪自杀，恐怕受牵连，立即上书告假，成帝允准。王凤官复原职，恩宠更胜昔日，但他仍不肯善罢甘休，唆使御史中丞诬告冯野王擅自离职归家，罪坐不敬，应当立即处以弃市死刑。成帝心里虽然明白王章和冯野王无辜，因为不肯违忤太后，只好眼看这两人寻死的寻死，告假的告假，既然有御史中丞奏参冯野王，遂将他革职了事。

不久，御史大夫张忠病逝，王凤又保举叔伯兄弟王音为御史大夫。王氏一门，均登显职。那时王凤之弟王崇已经去世，此外王谭、王商、王立、王根、王逢时五位侯爷，门第显赫，争竞奢华，四方贿赂，络绎不绝。郡国守相刺史皆出其门，门下食客数百人，互相播扬名誉。他们忠心为主子效劳，处处为王氏开脱讲情，每当有人上书告发王家，就有人对皇帝说："不可归咎诸舅。"

王氏权倾朝野，朝中公卿大臣无不侧目而视。唯有光禄大夫刘向，实在看不过去。上书成帝说："臣闻人君莫不欲安，然而常危；莫不欲存，然而常亡；这是由于驾御臣下的方法不恰当。大臣操权柄，持国政，很少有不成为祸害的。今王氏一姓，乘朱轮华毂者23人，佩戴青紫貂蝉的达官贵人，充盈幄内。大将军秉事用权，五侯骄奢僭盛，依仗太后之尊，凭借甥舅之亲，以为威重。尚书九卿，州牧郡守，皆出其门。称誉者登进，忤恨者诛伤；排挤宗室，孤弱公族，没有像王氏这样的。事势不两大，王氏与刘氏不并立，如下有泰山之安，则上有累卵之危。陛下为人子孙，守持宗庙，而令国祚移于外亲，纵不为身，奈宗庙何！宜援近宗室，疏远外戚；则刘氏得以长安，王氏亦能永保。希望陛下留意鉴察！"

成帝见了奏折，也知道刘向忠心，就把刘向召入私殿，对他长叹说："君言甚是，容朕思之！"刘向听了，叩谢退出。谁知成帝依然踌躇不决。

过了一年多，王凤病重身亡。成帝依照王凤遗言，命王音接替王凤之职，并加封为安阳侯。此后，王商、王根相继任大司马大将军，领尚书事。王根临死，极力推荐侄儿王莽接替自己做大司马大将军。王莽善于伪装，生活俭朴，待人和蔼，谦虚恭敬，俨然是一位孝悌忠信的人杰，实则包藏祸心。成帝信之不疑，王莽便掌握了朝中大权。

在成帝朝，王氏家族一门十侯，五大司马，姻亲爪牙遍布朝野，成为两汉历史上时间最久、势力最大的外戚官僚集团。

由于汉成帝的昏庸无能，王氏逐渐形成了取刘氏而代之的力量。后来事情的发展果如刘向所言，王莽掌权以后，积极进行代汉的准备，17年之后，刘氏王朝变成了王莽的新朝。

### 猎艳求娇娥　逸游嬖男宠

成帝即位时，年方弱冠，正是戒色之时，偏偏成帝生性嗜酒好色，大有祖上遗风。在东宫做太子时，刘骜就喜欢猎艳寻欢。太子妃是车骑将军（掌征伐背叛）平恩侯许嘉的女儿，单名一个□字，秀外慧中，博通史事，并且擅长书法，与太子年貌相当，惹得太子意动神驰，好像得了仙女一般，整日里相爱相亲，相偎相倚，说不尽千般恩爱，万种温存。

当时，元帝曾经暗中派黄门郎（掌侍从皇帝，传达诏命）许沇前往东宫，窥探儿媳是否和谐，看看他们在干什么。许沇想，既是奉旨暗中窥探，当然不便直入东宫，于是私下找来一位东宫内监，一同走到僻静地方，仔细一问，禁不住捂着肚子笑了起来。原来太子刘骜正在扮作嫖客模样，又令太子妃许□以及诸良娣，统统扮作勾栏妓女，学那倚门卖笑的行径，陪他取乐。许沇不便把此事奏告元帝，只得改口回报，说是太子正和妃姬等人埋头诵读，满堂书声，东宫好像变成了一所学校。

元帝和后妃还没听完，早已高兴得心花怒放，当时就打算赏赐太子黄金千斤，用来作夜里点灯的费用。后妃等人看见元帝高兴，都凑趣说："陛下闲着无事，为什么不一起去看看儿媳呢？"

元帝听了又笑道："我们大队人马同至东宫，岂不冲散他们读书的好事么？"冯昭仪兴致极好，不待元帝许可，急忙去拿了许多书籍，拖着元帝就走。

元帝和冯昭仪打趣说："你也想去上学不成！"冯昭仪笑着回答："臣妾满腹诗书，不必再读，只因为陛下为人俭约，常

常舍不得发给我等脂粉之费，臣妾要去毛遂自荐，做个乡村教读，用来糊口啊。"元帝听了，不禁失笑说："如此说来，朕的宫里，倒成了读书之邦了。"说完以后，就和后妃等人一边说笑，一边缓步向东宫走去。

这时，却把黄门郎许沇吓得要死，急急忙忙溜到太子东宫，把万岁如何令他窥探，他自己如何谎说东宫变成了学校，万岁如何高兴，又与冯昭仪如何说笑，现在将要求到东宫的事，一口气对太子说完。许妃在旁边听完，赶紧命大家改换装束，假装坐下诵读。

许沇刚刚溜走，元帝等人就已走到东宫廊外。还没进门，就听见里面传出琅琅的读书声，走进殿内，只见满桌上都摆着书本。元帝这天格外高兴，就在东宫摆下酒筵，做了一个团圆家宴，并赏赐太子、许妃、良娣等人10万钱，方才回宫。

不久，太子妃生下一个男孩。元帝正在庆贺抱孙之喜，谁知未曾满月，就夭折了。后来太子即位，做了皇帝，这位许妃自然被立为皇后，专宠后宫。皇太后王政君，因许皇后生儿不育，皇帝身边的其她妃妾也无一男半女，于是特传诏旨，采选天下良家女子，入备后宫。

前御史大夫杜延年之子杜钦，时任大将军武库令（主管兵器），向大将军王凤进言说："古礼一娶九女，无非是为了广有后嗣。如今皇上春秋正富，未有嫡嗣，将军何不上效古人，选取淑女，使皇上一次娶上几位皇后。从来后妃贤淑的，绝不至于没有好后嗣。"王凤听了，觉得很有道理，就入宫禀告太后。谁知太后拘守汉制，不愿效法古代，王凤只得作罢。

建始二年（公元前31年）三月，长安大旱，直到次年春季方才下雨。一年多没有点滴雨水，这也是亘古罕见的奇灾。

成帝却只顾在宫内寻欢作乐，不问民间疾苦。

有一天，成帝听了一个余婕好的进言，命令能工巧匠建造了一座飞行殿，长、宽、高各一丈，形状像凤辇。选取健壮有力的宫女百名，抬着飞行殿奔走。成帝和后妃坐在殿内，行动起来既快又稳，两耳还隐约听到好似风雷的声音，就改名为云雷宫。

成帝又采纳卞贵人的建议，在皇宫太液池畔，建造了一座宵游宫。用漆树做柱子，四面全用黑色丝织品做帷幕，器皿和乘舆也都用黑颜色的。后妃以下，全部身穿玄色宫衣。宵游宫中，上面悬挂一颗硕大的夜明珠，照得如同白昼，玄色宫衣上绣的花，朵纹毕现。成帝高兴至极，大声说："古人秉烛夜游，真正寒酸已极！朕承先人余荫，享此繁华之福。曾记得先帝在时，说朕不知有无福命，现在如何？"后妃们一起为成帝祝福。

建始三年（公元前30年）十二月初一，月食如钩，夜里发生了地震，未央宫的房屋也被震得晃动起来。成帝心慌了，暗想："有大臣说，许后专宠后宫，有违天和。难道许后真的为老天所忌不成！我姑且再在民间选几个女子，弄到身边，稍稍分她一点爱情，就算被老天所征服吧。"成帝主意一定，次日上朝示意群臣。

群臣一听皇上要选美女，非但无人表示异议，反而个个都想巴结，于是分头觅宝。可是闹得满城风雨，沸沸扬扬，找到的无非是些俗艳凡葩，不仅没有比许后艳丽的娇娃，就是稍逊一筹的也没找到。每逢上朝之日，你问我可有佳人，我问你可有美女，大家都是横点其头，脸上带着失望的神色。

就在一班朝廷大臣一筹莫展的时候，一个小小的周县吏却抢到了一位现世观音。这个姓周的县吏那天正在家中闲坐，有位乡亲来看望他。闲聊中，周县吏偶然谈起皇帝要选几个美女的事，那位乡亲连连说道："不难！不难！我有一位亲戚，他娶了一房妻子，名叫班姬，这女人真是生得天上少有，地下难寻。现在刚刚守寡，明天中午，她就要到南苑去上坟。南苑地处郊外，非常僻静，我和你只要带几个人，等她一到，上去抢来，岂不是很容易的事吗？"

周县吏听了，开始并不太相信，认为平常女子哪里有什么出众的才貌。那位乡亲急了，赌咒发誓说："她有'赛西施'的绰号，如果不是有二十四万分的标致，怎能会有这种绰号？"周县吏这才有些相信起来，两人又商量了一会儿具体的行动计划，然后欣欣然各自休息去了。

到了次日，周县吏请那位乡亲做眼线带路，自己带着几个当差的，到南苑坟地附近隐藏起来。将近中午时分，果然看见一位手持祭品，全身素服的少妇，单身款款走来。周县吏偷眼观瞧，只见那少妇身材婀娜，虽然面含悲戚，却更现出一种冷艳之美，不由得心花怒放，一声吆喝，率先拥了上去，把那位少妇拦腰一抱，随行几人上来帮忙，把少妇拥进预备好的马车中，加上几鞭，顷刻之间，就来到周县吏的府居。那位少妇大哭大喊，寻死觅活地责问道："青天白日，强抢良家寡妇，该当何罪！"周县吏却不慌不忙地命人把那少妇揿在一张太师椅上，自己纳头便拜，口称娘娘息怒。

班姬被弄得莫名其妙，暂时停止了哭骂，听那位抢她来家的为首之人说话，这时只听他接着说道："当今皇帝因为没有子嗣，后宫妃嫔虽众，容貌都不美丽，一定要找一位天下第一号的绝色女子，进宫就封为娘娘。大小臣下四处寻访，迄今尚未找到，小人周县吏久闻娘娘是位天上神仙，赛过西施之美，所以斗胆强行把娘娘请到寒舍，等一会儿就伴送娘娘进宫。娘娘后福无穷,将来尚求娘娘栽培一二。"

班姬听罢,含娇带羞似地回答:"这话是真的吗?我是寡妇,已是败柳残花了,皇帝是何等眼光,假如选不上,如何是好?"

"娘娘尽管放心,小人包娘娘做成娘娘就是!"周县吏手拍着胸膛说。他知道班姬已经同意,不会再变卦了,急忙驱散众人,让班姬换下孝服,用一辆马车把班姬直接送到皇宫门口。

这时皇宫门口,成帝已派了10名内监守候,随时接待民间自愿入宫的女子。一见有人送来一位绝妙的美人,立即据实奏闻。成帝传旨召见。

班姬见了成帝,俯首叩头,没有说话。成帝命她抬起头来,不看犹可,这一看直把成帝乐得心旌摇荡,两眼直勾勾地盯着班姬,好一会儿才收回心神,询问班姬的家世姓名。班姬微启朱唇,报上家世姓名,真如同是燕语莺声。成帝令人即刻送班姬入宫,改换装束。

皇上龙颜大悦,当即封周县吏为益州什邡(今四川什邡)令。周县吏大喜过望,叩头谢恩,出宫上任去了。

周县吏一走,成帝随即进入后宫,见班姬装束已毕,显得更加楚楚动人,马上携了班姬来见许皇后。

许皇后内心虽然不太情愿,因见木已成舟,事情无法挽回,只得勉强招呼。成帝一见许后并不吃醋,更加欢喜,便封班姬为婕妤。班婕妤也还知趣,除了在枕边献媚外,对于许后倒是恭顺有礼。

这时成帝对于天降灾异还不放心,翌日下诏,命令举荐直言敢谏之士。杜钦和太常丞(掌凡行礼及祭祀之事主官的副手)谷永,同时奏称,说后宫妇女宠爱太专,有碍继嗣。成帝听了,知道他们是指斥许皇后,心中觉着有些不快,对他们说:"朕已封了班婕妤了,后宫并没有什么专宠之事,汝等不思虑治理政事,每每以后宫为议论话题,岂不觉得不合伦理吗!"杜钦、谷永二人急忙谢罪,不敢再言。丞相匡衡也上疏规讽成帝,请戒妃匹,慎容仪,崇经术,远技能。成帝也不采纳。

当初后宫虽有婕妤数人,成帝最宠爱的还是许皇后。又过了几年,许皇后没有再生男孩,只生了一个女儿,也因病夭逝。太后与王凤等人时常忧虑成帝无子。成帝却不把这事放在心上,每日退朝,只在中宫食宿,与许后恩好情浓。许皇后乐得朝朝献媚,夜夜承欢,不愿成帝移情其她嫔妃。

朝中大臣总怪许皇后恃宠而骄,霸占宫闱,不准成帝分爱于人,害得成帝没有子息,以致触动天怒。其实许后当时色艺俱佳,成帝又是风流君王,许后献媚,不过十之二三,成帝爱她美丽,倒有十之七八,怎么能怪许后呢?

许皇后之外,成帝所喜欢的就数班婕妤了。班婕妤承宠有年,生男不育。适有侍女李平,年已及笄,丰姿绰约,也得成帝宠爱,封为婕妤,赐姓为卫。此外还有一位王凤进献的张美人,她本是王凤小老婆的妹妹,已经嫁人,王凤借口她适宜生男孩,把她送进后宫。后来日复一日,年复一年,许皇后花容渐损,云鬓渐落,成帝素性好色,见她面目已非,怜爱她的心也随那青春而逝。就是班婕妤那班嫔妃也不及从前。成帝普施雨露,始终未获一麟儿,看见后妃只觉索然无味。

有一位侍中(宫内近侍官,在皇帝左右伺应杂事)张放,是故富平侯张安世的玄孙,世袭侯爵,许皇后的妹妹是他的妻子。张放貌似美女,媚态动人。成帝将张放传入宫中伴寝,宠爱胜过嫔妃,日夜形影不离。以前成帝上有许皇后,下有班、张二美,加上受王凤干涉,所以对于

第二编　秦汉野史

张放，不过偶一为之。现在王凤已死，王音虽然大权在握，却与王凤大不相同，每逢大小事情，必定先奏明成帝，然后实行。成帝也因此得以自由行动，竟然以张放作为姬妾了。成帝擢升张放为中郎将（掌宿卫诸殿门，统率皇帝侍卫，随从左右），监管长乐宫屯兵，威仪可比将军。

张放明明是个男子，既肯失身事人，品行可想而知。他知道成帝爱好逸游，乘势怂恿，导引成帝微服外出。有一天夜里，张放与成帝好事已毕，向成帝献策说："长安北里美妓最多，陛下何不改换衣衫，臣陪陛下私出游玩，一定会有很多妙趣，可惜大将军会加以干涉，似乎有些不便。"

成帝用手指弹着张放的面庞说："爱卿勿忧，现在的大将军，不比从前的那个大将军了。他和太后比较疏远，不敢入宫多嘴，我们尽管畅游就是。"

张放听了，自然放大胆子，天天引导成帝去作狎邪之游。有一天夜晚，游到一家名叫樱桃馆的妓院，见着一位名叫春灯的舞女，妖淫怪荡，狐媚手段的确胜过宫中后妃许多。

这个春灯昔年曾做一个怪梦，梦见自己无端象服加身，居然做了正宫娘娘，正在喜庆之时，忽然笑醒过来。她就认为这个怪梦一定不寻常，必然会有应验，因此常常把这个怪梦讲给同院的姊妹们听。起初，大家听了也觉得奇怪。于是全院的妓女都传说议论比事，春灯也以此为豪，弄得那位鸨母，竟然以娘娘称呼她。后来有一位常来樱桃馆的嫖客听说此事，劝她们不要这样冒昧，如果被官府知道，就会以造反的罪名遭到惩办。大家听了，有些害怕，又见没有什么效验，就都闭口不提了。春灯也知道是被梦所骗，只好偃旗息鼓，不再谈娘娘梦了。

没想到这天夜晚忽然光降二位嫖客：一个是龙行虎步，相貌堂堂；另一个是粉妆玉琢，丰神奕奕。出手阔绰，言谈不俗。那位相貌堂堂的嫖客，夜间与春灯同床共枕，春灯施展浑身解数，曲意逢迎，两人说不尽的男欢女爱。次日一早，嫖客自行离去。

一连数日，这两位嫖客都来光临樱桃馆。春灯虽然和这位相貌堂堂的客人有了交情。可是不知道他的真实姓名。春灯总觉得这两位嫖客有些神秘，与其他嫖客不同。有一天夜里欢情过后，客人很快就睡着了，春灯轻轻把压在她身上的胳膊移开，小心翼翼地披衣起床，去偷查那位客人的衣袋。突然看见一颗小小的印章，直把春灯吓得魂不附体，原来她看见的正是皇帝的私章。这时春灯又喜又怕：喜的是如果真正遇着皇帝，从前的梦就有了应验，将来说不定真能象服加身，如何不喜？怕的是此人如果是假扮皇帝，自己就有窝藏叛逆之罪，不仅娘娘做不成，还会掉脑袋，如何不怕？春灯却也乖巧，仍旧把那颗印章放进衣袋里，然后屏息凝神钻进被窝里。

事有凑巧，第二天大早，春灯正在后房有事，卧房中的那位怪客人仍在酣睡。忽然，春灯听见有人急急忙忙奔进房来，她心中有事，悄悄走到门边偷眼观瞧。只见那位标致客人走到床前，轻轻地叫了一声："万岁，快快醒来！太后宣召，已经多时了。"床上客人惊醒了，现出惊慌之状说道："不得了！了不得！朕私自出宫夜游，如果被太后知道，岂不大受谴责？"一边说，一边匆匆穿衣下床，急着要走。春灯这时已知这位皇帝并非赝品，而是货真价实的天子，急忙奔出后房，扑地向床前跪下道："臣妾罪该万死，不知陛下驾临。"只见那位客人含笑说道："你既已识破朕的行藏，务必代朕保密，稍缓时日，朕当派人前来迎你入宫。"春灯听了，喜出望外，不住地叩头谢恩，恭送圣驾出门。

自成帝走后，春灯日夜盼望成帝派人来接她入宫，谁知一直等了几个月，毫无音信，竟然因急生病，一病不起，到阴间等候成帝去了。

成帝为何言而无信呢？成帝原想把春灯纳入后宫，可是张放从中作梗，说春灯虽然娇美，毕竟是娼家妓女，如果纳入后宫，日子一久，总要露出马脚来；陛下倒不要紧，可是臣的吃饭东西，就要搬家了。成帝仔细一想，也认为张放说得有理，他当然不情愿张放脑袋搬家。可叹春灯的一条小命就这样被张放的一番话给断送了。

成帝虽然不再去樱桃馆妓院，却玩兴不敛。每逢空闲日子，就安排期门郎在宫外等候，自己青衣小帽，和张放悄悄出宫，乘小车，骑快马，带着期门郎等侍卫，往来于长安大街小巷。近游都市，远历郊野，斗鸡走狗，随意寻欢，在甘泉、长杨、五柞诸宫东闯西撞，全都玩了个遍。遇上查问，张放不必避忌，成帝就诡称是富平侯张放的家人。好好一位皇帝，情愿冒充侯门家奴，岂不是桩笑话！

为了满足逸游之乐，成帝还广开苑囿，大肆田猎。每次田猎都大张旗鼓，仪仗整齐，前呼后拥。西汉著名辞赋家扬雄，写过一篇《校猎赋》，描写成帝田猎的壮阔场面：

千万匹铁骑摆开阵势，千万名将士挥戈跃马。只见尘埃四起，旌旗飘扬；只听人喊马嘶，野兽哀吼，号角嘹亮，声震千里，地动山摇。烟火、铁骑、喊声、铃声布满了千里山野。

成帝在这声势浩大的天子仪仗簇拥下，在这铁骑滚滚、喊声阵阵之中，享受到了人间帝王的欢乐。

每当围猎山泽、广开猎场时，农民都被赶去张网围捕，田地耕作因此荒芜。

成帝还有一个嗜好，就是观看人兽搏斗。他派人驱使百姓入终南山，西自褒斜，东至弘农，南驱汉中，捕来熊罴豪猪虎豹麋鹿，用槛车送到长杨宫射熊馆，放开禽兽，让胡人和它们搏斗，自己在一旁观看取乐。

生时享尽荣华，死后也要极尽富贵。成帝即位的第二年就开始大兴土木，营建陵墓。10年之内，三迁陵址，耗费金银无数。起初，先建初陵，后来成帝嫌初陵规模小，不气派，看中了昌陵一带的风水，于是下令罢初陵，建昌陵。调集了成千上万的民夫，点燃膏火日夜赶修。昌陵地势坎坷，需"因下为高，积土为山"，以致运送一担土就要花费一担粟的价钱。为修昌陵，挖掉了不少人家的坟墓，使骸骨尸枢暴扬野外，百姓怒声四起。种种原因，昌陵没有建成，不得不再建初陵。几番折腾，弄得国库空虚，吏民疲惫。

### 天子幸二美　后妃蓄男妾

鸿嘉二年(公元前19年)三月，博士行大射礼，忽然有飞雉群集庭中，登堂鸣叫，接着又飞绕未央宫承明殿，以及将军、丞相、御史等府第。车骑将军王音乘机上书，谏阻成帝微服出游。这时成帝游兴正浓，又有张放导游助趣，哪肯中止。

有一天，成帝游至阳阿公主府中。阳阿公主是成帝的异母妹妹，长得异常美貌，家中富可敌国。单是歌女一项，上等的100名，中等的200名，下等的300名。就是成帝宫里的乐工，也没有如此之多，仅此一端，就可以想见阳阿公主府中的奢华了。

阳阿公主一见圣驾到来，慌忙出迎。安排酒宴招待，恭请成帝上坐，自己在下相陪。酒宴之中，召来上等歌女数十人，临席起舞助兴。成帝开始并不在意，以为是普通人物，不值得御眼一看。不一会儿，忽然看见其中有一个绛衣女郎，不但歌声娇润，舞态轻盈，而且相貌绝佳，真称得上是人间第一，天上无双。就是许皇后、班张两婕好在妙龄时代，也难以与之相比。

成帝笑着问阳阿公主：“这位女子叫什么名字？御妹能够割爱相赐吗？”

阳阿公主听了，含笑回答：“这位女子姓赵，小字宜主，原姓冯，她的母亲就是江都王的孙女姑苏郡主。姑苏郡主曾嫁给中尉（掌缴循京师）赵曼，与舍人冯大力之子冯万金私通，孪生二女，分娩时不便留养，扔到郊外。据说老虎来哺乳，一连喂了3天。姑苏郡主认为太奇异，又去把她们抱回家中。长女就是这位女子，她的妹妹名合德。过了几年，赵曼病逝，二女复归冯家抚养。又过了几年，冯万金也死了，家境中落，二女没有依靠，流寓长安。臣妾听到她们姊妹的历史，十分同情，将她们带回家中收养。平日教她们唱歌跳舞，一学就会。她妹妹现在病了，不在这班歌女中间。宜主这女孩子身材婀娜，舞态蹁跹，大家见她身轻似燕，一时都叫她飞燕，现在充任臣妾歌女的总管。臣妾万分喜欢她，与手足无异。今蒙陛下垂青，臣妾岂敢不遵！陛下请暂且宽心饮酒，等一会儿起驾回宫，命她随圣驾入宫就是了。”

成帝一边听阳阿公主说话，一边用双目频频注视此女，只见她面带无限娇羞，表露出一种若即若离的情态，令人不觉骨软筋酥。成帝看得心花怒放，不禁呵呵大笑。谁知一个不留神，身子朝后一仰，只听得“扑通”一声，好一位风流天子已仰面跌倒在地上了。

阳阿公主一见圣驾乐得跌倒在地上，慌忙亲手去扶成帝。成帝一面笑着起来，一面有意捏了阳阿公主的玉臂一把，感觉又柔软，又滑腻，不由得淫心大动。他暗想，我们刘氏祖上有好几代都与姊妹有暧昧关系，我此生有幸投胎做

了天子，这也是我的福命，到口的鲜鱼，何必要客气呢！想到这里，他急忙向阳阿公主扮了一个鬼脸说：“朕虽然跌了一跤，身上倒不觉得痛，御妹扶我起来，被我用力一拉，你那细嫩的皮肤恐怕有些痛吧？”

阳阿公主本是一位聪明人物，历代风流典故，早已烂熟胸中。这时一见成帝和她调情，如何不懂？如何不悦？于是赧颜一笑说：“陛下请庄重些！难道得陇还要望蜀不成？”

成帝听了，一把将公主拉到怀里说：“媒人怎么能冷淡呢！”说着，忙把面前的酒盏满满斟了一杯，自己先呷了一口，咂了咂嘴，自言自语说：“这酒温凉合口，御妹请用一杯！”边说边把酒杯送到公主的口边。

阳阿公主不敢推辞，就在成帝手中把酒喝干，然后又把酒盏斟上了酒，回敬成帝说：“陛下请喝下这杯喜酒，今晚好和宜主成双配对。”

成帝并不用手去接，也在阳阿公主手中把酒一口喝干说：“朕已经醉了，今晚要在御妹的府上借住一宿。”公主一听，慌忙推辞说：“寒寓肮脏，哪好亵渎！皇兄还是带着宜主一同回宫中方便些。”

成帝并不答腔，用手指着宜主说：“你过来，朕有话问你。”

阳阿公主这时还坐在成帝的膝上，正想下去，腾出地方让成帝去和宜主厮混。成帝一把将阳阿公主抱住说：“御妹何必避开！宜主是御妹一手教导出来的人物，难道敢和她的主人争风吃醋不成？”

阳阿公主听了，只好仍旧坐在成帝身上。宜主走近御座，花枝招展地倒身下拜。成帝这时双手抱着公主，一时腾不出手去扶宜主起来，急忙掀动嘴唇向阳阿公主示意，要她把宜主扶起来。公主倒也知趣，一边俯身扶起宜主，一边笑

着对她说:"圣上对你如此垂爱。你进宫以后,得承雨露,可不要忘了我这媒人啊。"

宜主起身站立,红着脸轻声回答说:"奴婢若有寸进,如果忘了主人举荐之恩,天地不容!"

成帝笑着接口说:"朕从前对待皇后稍微亲密一些,遇上天降灾异,朝中大臣就说皇后专宠嫉妒。到了后来,才知道上天示戒,是因为那个王凤专权太甚。这样说来,老天倒也难做,专在管理人间之事。宜主刚才所说天地不容一语,却有道理。"

说完,便和阳阿公主、赵宜主二人一边喝酒,一边调笑,其乐融融。这一席酒,直吃到月上花梢,方才罢宴。

当天夜里,成帝就和宜主宿在公主家中。帝泽如春,妾情似水,芙蓉帐里,款摆柔腰;翡翠衾中,腾挪玉体,妙在回旋应节,纵送任情,直令成帝喜极欲狂,惊为奇遇。欢娱夜短,不觉曙色映帷,好梦回春,二人披衣并起。赵宜主露出美人本色,弱不胜娇,溜动传语秋水。成帝越看越爱,越爱越怜。

洗漱已毕,用过早膳,成帝命人取来黄金千斤,明珠十斛,赠给阳阿公主,作为对媒人的酬报。阳阿公主也准备了无数妆奁,赠予赵宜主。

成帝带着赵宜主回到宫中,亲书圣旨,封宜主为婕妤。又因为"飞燕"二字较为有趣,赐名飞燕。"宜主"二字,从此就没人称呼了。

成帝自得飞燕之后,不但和她形影不离,就是平日最心爱的那位男宠张放,也受到冷落。许皇后当然就更不在话下了。许皇后有一位胞姐,名叫许偈,已经守寡。她和许皇后既为姊妹,自然经常入宫。这天她又进宫来看望许皇后,只见皇后一个人坐在那儿流泪,许偈就问她为什么伤心。

许皇后擦了擦眼泪,长叹一声说:"从前皇上与我何等恩爱!就是满朝大臣不断参奏我专宠嫉妒,皇上也不为所动,甚至比平时待我更加亲昵,这是姐姐亲眼看见的。姐姐那时还和我开玩笑,问我几生修来的这个福分,这句话我一直记得清清楚楚。曾几何时,皇上竟将我冷落到如此地步,数日难得一见,独寝孤枕,我实在不甘心啊!我因为未曾生育,为子息计,为宗庙计,皇上另立妃嫔,也是正事。你看从前的班婕妤、张美人,我可曾吃过什么醋吗?不料近日从阳阿公主家中来了一个什么赵飞燕,日夜迷惑皇上,不准皇上进我的宫,还是小事;连皇上临朝理政,她也要加以干涉。也只有这位昏君,居然赔着小心唯言是从,从此以后,恐怕要糟到极点了!姐姐呀,你想想看,叫我怎么不伤心呢?"

许偈听完皇后的哭诉,沉思了一会儿,说:"皇后不必伤感,皇上亲近赵飞燕,不过是为子嗣着想;皇后只要能够有喜,不怕皇上不来和你恩爱如初。"

许皇后听了,把脸一红说:"人老珠黄了,我哪里还能生育?"

许偈说:"皇后不要这样说,皇后如今不过是30来岁的人,四五十岁了还生育,也是常事。"

许皇后凑到许偈耳朵上,悄悄跟她说了几句。

许偈说:"这是皇上色欲过度,无关紧要,我有一法,一定能使皇后有喜。"

许皇后急忙询问是什么法子,许偈说:"此地三圣庵中有一位老尼,求她设坛祈禳,就能得子。"许皇后立即拿出10斤黄金,交给许偈,让她赶紧去找那位老尼祈禳。

不料事情被内侍探知,马上报告了赵飞燕。赵飞燕正想挤去许皇后,以便自己扶正,因为无隙可乘,只得暂时忍耐。一听内侍所言,就去奏明太后,说许皇后诅咒宫廷。太后大怒，要将许皇后处死，飞燕假意求情，太后才同意交付成帝处理。

成帝自然相信赵飞燕所言，下令将许皇后印绶收回，废处昭台宫中，又将许偈和三圣庵老尼拿获，定为死罪，立即处斩。这件事还牵连到了班婕妤。成帝下令传讯班婕妤，班姨好很从容地回答说："妾闻死生有命，富贵在天。修正尚且不能得福，为邪还有何望？若使鬼神有知，岂肯听信谗言祈祷？万一神明无知，诅咒又有何益！臣妾幸而大略识得此理，这种事情不但不敢做，而且也不屑做呢！"

成帝听她说得十分坦白，很受感动，于是命班婕妤退处后宫，免予追究。

班婕妤虽然得以免罪不究，自思现在后宫已是赵飞燕的天下，如果不早谋自全之法，将来难免成为许皇后第二。她左思右想了一夜，赶写了一本奏章，次日一早递呈成帝。成帝见她自请到长信宫供奉太后，立即照准。班婕妤即日移居长信宫中，太后那里，不过每月初一和十五朝见两次而已，闲暇之时吟诗作画，借以熬度光阴。虽然凄清孤寂，但总算保全了性命。许皇后被废，主持中宫的妃嫔之权自然落到了赵飞燕身上。依成帝之意，就想立刻册立赵飞燕为皇后。可是太后嫌赵飞燕出身微贱，不太同意。成帝不便擅自作主，只好请出一位能言善辩的说客，去向太后说情。这位说客就是太后的外甥、长信宫卫尉（掌宫门警卫）淳于长。经他多次劝说，终于获得太后允准。

于是成帝改鸿嘉五年为永始元年（公元前 16 年），先封赵飞燕的义父赵临为成阳侯，然后册立赵飞燕为皇后。赵临是阳阿公主的家令（主管仓狱），赵飞燕到阳阿公主家中时，见赵临和她同姓，就拜为义父，以便有个照应。偏有一位不识时务的谏大夫刘辅上书反对，奏书

中说："日夜反省自己的言行，改正错误，认真考查有德行的家庭，精心挑选窈窕淑女，以此继承宗庙，顺应神灵，还担心子孙的富贵难以长保；如今贪情纵欲，倾心于出身卑贱的女子，要让她做天下之母，真是太糊涂了！俗话说：'朽木不可以做柱子，人婢不能当主人。'如果天下人都感到不平，这种事一定有祸没有福，这是市俗百姓都懂得的道理。满朝大臣竟然没有一个人敢说话，臣实在为此伤心，不敢不冒死上闻。"

奏书大忤上意。成帝这时对新皇后赵飞燕比从前待许皇后还要爱怜百倍，见了此奏，怎能不大发雷霆呢？立刻下令御史收捕刘辅，关入掖庭秘狱，定为死罪。幸亏大将军辛庆忌、右将军廉褒、光禄勋（掌宿卫宫殿门户等）师丹、大中大夫（负责议论朝中之事）宣商等大臣联名保救，才把刘辅死罪免去，减死一等，罚为鬼薪。从此以后，无人再敢进谏。

赵飞燕已经得宠，她的妹妹赵合德还在阳阿公主家中。当时后宫有一位女官，名叫樊嬺，是赵飞燕的中表姊妹。成帝看在赵飞燕面上，对她自然另眼相看。樊嬺受宠若惊，就向成帝献殷勤说："陛下可知皇后有一位名叫合德的妹妹？"

成帝说："朕知合德从前有病，近况如何却不知道。"

樊嬺说："合德的病早已痊愈了。皇后之美固然是世间罕有；至于合德吗，肌肤莹白润泽，出水不濡，也是个绝世娇娃，和她姐姐丰腴不同，却有异曲同工之妙。陛下正好一箭双雕，似乎不能使合德向隅。"

成帝听了，不禁大喜，马上派舍人吕延福，用百宝凤辇去接合德入宫。

吕延福来到阳阿公主家，见了合德，大吃一惊。暗想这位女子丰若有余，柔若无骨，为何赵家专出美人？叩拜之后，合德问延福来此何事？延福禀明来意，

合德沉吟了一会儿，问道："可有皇后娘娘的手诏？"

延福回答："臣奉皇上面谕，前来恭迎贵人，皇后肯定同意，故无手诏。"

合德说："你先回宫，代我复奏皇上，不是我矫情，辜负圣恩而是如果没有我姐姐的手诏，不敢应命！"延福只好回宫复命。

成帝一听，虽然嘉许合德知礼，可是皇后跟前自己不便启齿，也是一个难题。就唤来樊嫕暂议，命她再去劝说合德。樊嫕说："合德既有此言，是担心遭到皇后嫉妒，这是她的苦衷。陛下不要着急，容臣去求皇后娘娘，或许不辱君命，也未可知。"

成帝认为不妨一试，赏给樊嫕黄金百斤，又交给许多奇珍异宝，让她转赐皇后。樊嫕去了好一会儿，才满面春风地前来复命说："娘娘开始担心陛下得新忘旧，后经臣极力劝说，方才应允，现有娘娘手诏在此。"成帝说："很好！你就拿此诏去接合德，越快越好！"

樊嫕走后，成帝命人特地腾出一座别宫，铺设得华丽异常，命名为"远条馆"，作为合德的新房。刚刚收拾停当，合德已经盛妆进宫。樊嫕带着她先去谒见飞燕。姊妹相见，悲喜交集。合德奏告说："皇上派人召妹妹入宫，妹妹不敢应命；直到奉了娘娘手诏，才敢来这里。"

飞燕说："皇上新近立我为后，如果是另选妃子，你姐姐当然不愿意，我和妹妹是一娘同胞，共事一主，妹妹也可以稍微替我分担一点辛劳。"说罢，命人伴送合德去见成帝。

成帝睁开龙目，注视合德，只见她鬓若层云，眉似远山，脸若朝霞，肌若晚雪，几疑是天仙下凡。合德裣衽下拜，微启朱唇，口呼万岁，自陈姓氏，一片莺声燕语，早把成帝的神魂勾引去了，根本没听见合德说了些什么。左右侍御也不禁目

荡神迷，失声赞美。只有站在成帝背后的一位披香博士淖方成轻轻唾地说："这是祸水，将来肯定要灭火的。"方成虽然独具慧眼，却是腹诽，幸亏成帝没有听见。否则，不仅于事无补，这位淖方成恐怕也要做鬼薪呢。成帝勉强定下心神，低声唤合德平身，随即命宫人将合德送入新房，自己也跟了进去。

好容易等到天黑，成帝立即替合德卸装，轻轻地携入绣帷，着体便酥。和与她姐姐飞燕欢会相比，更别有一种滋味，便赐号为"温柔乡"。成帝曾经感叹地说："我当终老是乡，不愿仿效武帝求白云乡（仙境）了！"

次日，成帝大摆筵席，自己与飞燕坐在上面，合德含羞旁坐。酒过三巡，成帝笑着看了看合德，扭头对飞燕说："从前出塞的那个王嫱，天下称为美人。皇后之美，固然是不必说了，合德呢，也是人间尤物。"

飞燕咯咯一笑，回答成帝说："陛下既然赞许吾妹，应该封她为昭仪。"成帝点头许可。合德离座向成帝谢恩之后，又拜谢飞燕。飞燕含笑令她免谢，仍去坐下。

酒宴之中，飞燕、合德谈起死去的母亲，神色悲戚，成帝下令追封姑苏郡主为咸和君，又令有司速建园邑，春秋祭祀。飞燕、合德二人，一同谢恩，转悲为喜。

自合德入宫以后，赵氏两姊妹花同时并宠，轮流侍寝，连夕承欢。花朝拥，月夜偎，风流天子尝尽温柔滋味。其他后宫粉黛，都不值成帝一顾，只好自叹命薄，暗地伤心。

成帝对饮酒看花久而生腻，特命巧匠在太液池中造了一只大船，供游乐乘坐。有一天，成帝携带赵飞燕登舟游玩歌咏。聆听两岸树上的鸟鸣，歌咏应和，觉得另有一种情趣。成帝让飞燕临风歌舞，又令侍郎冯无方吹笙，自己亲执文犀

簪轻击玉盏，作为节奏。船到中流，忽然刮起了大风，吹得飞燕裙带飘扬，飞燕身轻，险些儿被风向上刮走。成帝大惊失色，急令冯无方救护飞燕，无方扔下手中的笙，抢步上前，慌忙紧紧握住飞燕的双履。飞燕本就性情淫荡，早已喜欢上了冯无方，只因成帝与她寸步不离，一直没有机会接近无方。这时被心爱的情人捏住双足，顿时觉得全身发麻，心旌荡漾起来。索性让他紧紧握住双足，凌风狂舞，且舞且歌。当时成帝在一旁见了这般有趣的事情，反而希望大风不要马上停止，好让飞燕多舞一会儿。后人说飞燕能作掌上舞，便是由此而出。不然，天下哪有这么大的掌，天下哪有这样轻的人？

回宫以后，成帝夸奖冯无方奋不顾身，尽力救护皇后之命，的确是忠臣，赏赐了许多金帛，并准许他自由出入宫中，以便能卫护后妃。

飞燕听到这个消息，非常高兴。没过几天，她就和冯无方成了连理枝。飞燕买通了身边的宦官、宫女，成帝就像是盲聋一般，任飞燕胡搞乱行。飞燕得陇望蜀，见侍郎庆安世年轻貌美，雅善弹琴，又让冯无方引来庆安世，借口让庆安世弹琴伴歌，请成帝允许他出入中宫，成帝也毫不犹豫地批准了。只要成帝一去合德宫中住宿，飞燕就命冯无方、庆安世二人黑夜入宫卫护，肆无忌惮，无所不为。

飞燕急于怀孕，妄想借种，见着年轻美貌的侍从，就眉挑目逗，引诱与之交合。今日迎新，明天送旧，一座昭阳宫仿佛变成了妓院。又害怕被成帝知道，另辟密室一间，借口供神求子，下令无论任何人，不得擅自入内。其实是密藏少年，恣意宣淫，好好一朵娇花，勾引狂蜂浪蝶，听令摧残，哪里还能够怀孕生子呢！

赵合德的生性，和她姐姐大略相似，知道了姐姐的所作所为，自然照方抓药。

飞燕只重人才，不尚装饰。合德是既要情人姣好，居室也要考究。她住的翡翠宫，中庭纯用彤朱涂抹，殿上遍刷髹漆，黄金为槛，白玉为阶。壁间横木，嵌入蓝田璧玉，饰以明珠翠羽。此外一切构造，无不玲珑巧妙，光怪陆离。几案帷幔等陈设，都是世间罕有的珍奇，最奢丽的是百宝床、九龙帐、象牙箪、绿熊席。成帝进入这座迷魂阵中，早已醉生梦死，再加上合德芳体丰若有余，柔若无骨，熏染异香，沾身不散，也难怪成帝神迷意乱，恋恋不舍这温柔乡。

合德虽然淫乱，因为新承帝宠，不敢放纵。只想把成帝笼络住，叫他夜夜到来，就算达到了目的。飞燕入宫时间较长，自以为根深蒂固，日思借种，秘室之中藏着无数男姿，恣意寻乐，巴不得成帝不来缠扰，即使成帝偶尔光临，也不过虚与周旋，勉强应付而已。因此，成帝觉得飞燕的柔情不如合德，所以，翡翠宫中，御驾常临；昭阳宫里反而疏远了。

一天夜晚，成帝与合德锦帐鏖兵过后，偶然谈起她姐姐飞燕近日的举止，流露出不满之意。合德明知姐姐迷着情郎，宣淫借种，对于成帝自然较为冷落。想到姐姐如果因此失宠，自己也将连带遭殃、狐兔之悲，不能不防，连忙替姐姐辩解道："臣妾的姐姐性情刚强，容易遭人忌恨；况且许皇后被废，难免没有许皇后的党羽从中造谣诬陷。如果陛下轻信人言，恐怕赵氏将无遗种了！"

成帝摇了摇头说："不是，朕倒不信谗言！不过你姐姐近来对朕很冷淡，不如当初情意缠绵，所以朕才说这种话。"

合德挤出几滴眼泪说："陛下不要这样说，臣妾去请求我姐姐不要专心供神求子了，以免因此分心，冷淡了圣驾。"

成帝见她落泪，慌忙取出罗巾替她拭去眼泪，软语安慰说："休要忧愁！朕决不听信谗言，不薄待你姐姐就是了！"

合德这才转悲为喜，谢过成帝，再叙欢情。

有几个莽撞人物，以为飞燕将要失宠，赶紧出头告发飞燕的奸情。成帝因为听信了合德先人之言，反而把这班人一个个斩首。飞燕遂得公然宣淫，更加放纵。

后来，合德把成帝与她的谈话告诉了飞燕。飞燕十分感激合德的回护，特地推荐了一位叫燕赤凤的宫奴给合德，作为自己的报答。

燕赤凤是辽东人，身高貌美，孔武有力。身怀绝技，能在黑夜里射断杨树枝，身轻似燕，穿房跃脊，如履平地。飞燕引诱他与自己交欢，非常舒畅，因此把燕赤凤推荐给合德，让她分尝一脔。合德领会姐姐的好意，就趁成帝到她姐姐宫中的时候，命人引来赤凤，一宵欢娱，果然满身舒畅，与众不同。

从此，燕赤凤往来于昭阳、翡翠二宫，一点儿也不叫累，尽心替成帝效劳。只是飞燕与合德隔得太远，合德觉得燕赤凤往来不便，就请求成帝另建一室，与昭阳宫相连。成帝自然听从，饬工赶造，数月告成，名为少嫔馆，合德随即迁往居住。于是两处互通消息，燕赤凤的踪迹随着成帝转移，成帝幸姊，他便淫妹；成帝幸妹，他便淫姊。成帝戴上绿头巾，反而把赵氏二美宠得胡天胡地。

赵氏二美过分贪色，宠幸有年，却连一男半女也没有生出来。为求子嗣，成帝不能不另有所属，随意召幸宫人，希望能够得子。飞燕、合德两宫，都不见成帝的踪迹了。她们姊妹二人，只要有了奸夫，成帝来也好，不来更好。只是燕赤凤虽然有气力，可惜分身乏术，惹得两姊妹含酸吃醋。有一天，二人为了燕赤凤，几乎翻脸。后来还是樊嬺从中调和，劝合德向姐姐道歉，二人才又和好如初。中菁丑事也得以暂免张扬。

当时光禄大夫刘向实在忍无可忍，就采选诗书所载贤妃淑女，淫妇嬖妾，编成《列女传》8篇；并且上书屡言得失，请成帝轻色重德，修身齐家。成帝看了，口中称善，却是知善不用，可怜刘向依然白费心机！

大司马卫将军王商见成帝耽恋酒色，荒淫无度，也感到忧愁。每次入宫朝见太后，就极力请求太后当面劝诫成帝。太后对此也有所耳闻，多次训诫成帝，王商也从旁微谏。谁知成帝乐而忘返，依旧我行我素，始终不改。

永始二年（公元前15年）二月，星陨如雨，又遭日食。适逢谷永出任凉州刺史，入朝奏事。成帝无暇召见，只派尚书面询谷永，有没有封事（密封的章奏）上奏。王商暗中嘱托谷永具疏规谏，谷永害怕受到责罚，不敢触犯龙颜。王商给他壮胆，愿以身家性命担保谷永无事，谷永有恃无恐，于是把成帝的过失，和盘揭出，力请除旧更新。成帝果然大怒，急令侍御史收捕谷永下狱。王商已预先获报，马上让谷永出京赴任。谷永匆匆上路，侍御史派人追赶，已经望尘莫及，遂返京复命。这时成帝怒气渐消，王商又尽力为谷永说情，成帝不再追究，可是仍然每日在宫中淫佚酒色。

### 班伯智进谏　飞燕啄皇孙

侍中班伯是班婕妤的胞弟，连续请病假不理职事，病假续了又续。成帝催他销假，方才入宫报到。恰巧碰上成帝又与张放重修旧好，正在并肩叠股，一同饮酒，纵情笑谑。班伯朝拜完了以后，站在一旁，并不开口，双眼注视着座位右边的一幅画屏，目不转睛。成帝招呼班伯入席共饮，班伯口中唯唯应命，却站着不动，依然盯着屏风上的画图。成帝笑着问："你在痴呆呆地看什么？"边说边向班伯所视之处望去，只见那幅屏风上并没有什么特别的景致，画着一幅古代故事。

成帝又笑着对班伯说:"这幅屏风是王商进献的,你既然爱不忍释,朕可以赏给你。"班伯听了,不觉眉毛直竖,怒气冲冲地说:"臣见这画中之事,实非人类所为,臣恨不得一把火烧了它!"

这时,成帝已经喝糊涂了,双眼蒙眬,醉意熏熏,听班伯说要烧掉它,还以为屏风上有什么怪象,就把张放推到一旁,走到屏风跟前仔细观看,看见屏风上面画着纣王正在和妲己淫乱,妲己身无寸缕,仰面承恩,栩栩如生,惟妙惟肖。成帝忽然看得兴起,忙把手向张放乱招道:"你快来看!你快来看!"张放连忙走近屏风,正想向成帝说话,陡然又听班伯奏言:"纣王无道,沉湎酒色,所以忠臣微子离他而去。这幅图如此秽亵,深含王商借画规谏的用意。谁知陛下竟被无耻的龙阳君(男色)诱惑得昏昏沉沉,即使不为国家着想,难道也不为子嗣考虑吗?"

成帝这时因为看见妲己的形态,忽然想起了班婕妤,现在她虽然面目已非,不堪重令侍寝,但念及以前的风月,觉得似乎有些对不起她。所以听见班伯当面直谏并没有动怒,反而嘉许他忠诚,授予秘狱廷尉之职。班伯慌忙谢恩,面现喜色。成帝问:"你平时不喜欢做官,经朕催逼才肯销假;为什么今日一听到授予廷尉的诏命,就喜形于色呢?"班伯说:"臣因为以前所授的官职有位无权,实在辜负朝廷;现在既然得任法官,就可以严格执法,惩罚乱法犯上之徒。"

成帝听了,非常后悔授给班伯秘狱廷尉之职,这对璧人将十分不利。一时又不便收回成命,想到这里,酒兴顿消,起身拉着张放回宫。路上告诫张放说:"班伯耿直无私,执法如山,你千万不要惹他!"张放冷笑说:"臣任中郎将,权位比他大得多,看他敢怎么着我!"成帝连连摇头,劝张放还是小心为好。

班伯到任以后,亲自审查狱中的囚犯,有罪的就惩罚,无罪的就释放。不到三天,监牢中的囚犯就全部审理完了。一些朝廷大臣,也敬服他正直无私。

有一天,班伯正在朝房里与大臣们商议公事,忽然看见张放衣冠不整,喝得醉熏熏地从宫内出来。班伯有意想整治整治他,因为逮不着他的错处,无从下手。没想到张放得意忘形,竟然走到班伯的对面站下,半真半假地戏弄他。班伯眉头一皱,计上心来,急忙在怀中摸出一卷纸,握在手里,直向张放身上撞去。张放哪里肯让,不知怎么一来,二人已经扭作一团。各位大臣都来劝解,班伯就用手中的那卷纸向张放头上打去。张放不知班伯的用意,趁势夺下,撕得粉碎。班伯见他已经上当,急忙回头对左右差役说:"快把这个犯了欺君之罪的张放拿下!"那班差役素知班伯铁面无私,一听令下,立即就把张放拿下。张放被拿,还破口大骂:"反了,反了! 你这小子,敢拿天子的侍臣吗?"班伯把脸一沉说:"你把圣旨撕碎了,已经犯下大不敬之罪,依法应当处以弃市死刑!"说着,吩咐左右,速将张放斩首报来。这时张放一见自己所撕碎的纸果真是圣旨,也吓得发抖,急忙乞求各位大臣替他说情。各位大臣都知他是成帝的男妾,怕真的杀了他,皇帝面前不好交代,于是都向班伯说情。班伯说:"既然各位大臣都替他说情,死罪可免,活罪难饶!"说罢,喝令拖下去重打80大板。

话音刚落,立即就有一班执刑的差役奔上前来,一把将张放掀翻在地。可怜张放自从打娘胎里出来,哪曾受过这种刑罚? 只把他打得鲜血直流,哀号不止。打完以后,张放一瘸一拐慢腾腾地去向成帝哭诉去了。

过了一会儿,成帝上朝,责问班伯:"张放误撕圣旨,罪有应得;不过你应看朕之面,从轻发落。既然责打,他身上什么地方不可以打，为什么偏偏打他的屁股呢?"班伯应声奏答:"臣正因为他的臀部犯法，所以才打他的屁股。陛下是尊重国家的法律呢? 还是怜爱他的皮肉呢?"成帝听了，好一会儿没说话。当时群臣都说张放犯法，班廷尉处罚得对。成帝只好罢休。

次日，太后下了一道手诏给成帝说:"皇帝近日颜色瘦黑，应自知保养，不宜沉湎酒色。班侍中秉性忠直，须从优待遇，使辅成德。富平侯张放可遣令归国，不得再留在宫中。"成帝虽然扫兴，但仍不肯遣走张放。丞相薛宣、御史大夫翟方进，俱由王商授意，联名奏劾张放。成帝不得已，才将张放贬为北地(治所在今甘肃庆阳西北)都尉。过了几个月，又把张放召为侍中。

王商很不满意成帝的做法，入宫禀告太后。太后大怒，把成帝叫来斥责了一通。成帝俯首无言以答，只好再把张放遣为天水属国都尉(分县治民，与郡同)。张放临行时，与成帝握手泣别。张放到天水以后，成帝经常颁赐玺书慰劳问候。后来张放的母亲病了，请假回京城家中侍奉母亲。等到张放的母亲病愈，成帝又任命他为江东都尉，不久又召为侍中。那时丞相薛宣已经因事免官，翟方进升任丞相，再次弹劾张放，不应当召用。成帝上惮太后，下怕公论，只好赐给张放 500 万钱，遣令回归封国。张放感念成帝恩幸，休去妻子，情愿终身独宿，来报答成帝的情义。后来成帝宴驾，张放听到以后，连续几天不吃饭，哀毁而死。东晋人王羲之嘲笑张放说:"不是含羞甘失节，君王膝下尚无男。"挖苦张放要替成帝生养儿子，大有赵飞燕借种的风味。一语之贬，遗臭万年。张放死而有知，也该红潮上脸吧。

丞相薛宣被免官，罪名是太皇太后王氏得病驾崩，丧事办得不周。成帝记恨薛宣逼走张放，借机将薛宣定罪，贬为庶人，翟方进也被牵连受到降职处分。朝廷大臣纷纷为翟方进说情，奏称翟方进公正不阿，不受私请，于是成帝复擢翟方进为相。

成帝得翟方进尚能秉公理事，自己乐得安心度日，燕乐如常。只是年已 40，尚无子嗣，有时也不免忧愁。赵家两姊妹又都十分嫉妒，只许自己秘藏男妾，却不许成帝私幸宫人。她们担心成帝去幸其他宫人，万一生下一男半女，就会威胁她们的后妃之位。为了巩固自己的地位，情愿皇帝绝嗣，未免不知轻重。

谁知赵氏二美越是防范其他宫人替成帝生出儿子，那些鬼鬼祟祟、暗度陈仓的人越是会生养子女。成帝暗中召幸宫婢曹晓的女儿曹宫，交欢了两三次，就珠胎暗结，生下一男。成帝闻知，心中暗喜，特地选派了 6 名宫女去服侍曹宫。不料被赵合德察知，大发淫威，矫称成帝之命，把曹宫关进掖庭狱中，迫令自尽;所生婴儿，也当即设法害死，诡称是痘症夭折;连那 6 位宫女也不肯放过，命宫奴用绳索勒毙。成帝惧怕合德，不敢救护，眼睁睁看着曹宫母子等人命丧黄泉。

还有一位许美人，住在上林涿沐馆中，每月由成帝召到复室，临幸一次，不久，也怀孕生下一个男孩。成帝派中黄门(宦官)靳严，找来医生和乳母，送到涿沐馆内，让许美人静心调养。成帝又害怕这件事被赵合德知道，踌躇多日，考虑不如自己如实告诉合德，求她留些情面，使许美人母子免遭毒手。计议已定，就来到合德宫中，先和她温存了一会儿，哄得合德高兴，才把许美人生子一事说了出来。话还没说完，就见合德柳眉倒竖，变喜为怒，起身离座手指成帝，哭闹起来说:"你不在我这儿时，常骗我说是到中宫去了;如果在中宫，许美人怎么会生出男孩儿? 好，好! 你去立许美人为皇后吧!"

一面说，一面哭，还用手捶胸，跳着要去拿头撞柱子，寻死觅活，闹得一塌糊涂。侍婢把她扶到床上躺下，她又从床上滚下来，口口声声说要回去。

成帝呆若木鸡，好一会儿才开口说："好意告诉你，你怎么这样难说话，实在令我不解。"

合德只是哭闹，也不答话。这时天色已暮，宫人搬进夜膳，合德不肯吃饭，成帝也只好对坐相陪，说好话劝解。

合德带着哭腔说："陛下为什么不吃饭，陛下曾发誓不负我，现在你怎么解释？"

成帝说："我的本意是依照咱们从前的誓言，不立许氏为皇后，使天下人无出赵氏之上，你尽管放心就是了。"

合德这才停止哭泣，又经侍婢在一旁好言劝慰，勉强就座，稍微吃了几颗饭粒。成帝也胡乱吃了点饭，让人把晚膳撤去。当天夜晚，成帝留宿在合德宫中，枕席之上，不知如何调停。

从这天起，成帝每夜都与合德同寝。过了几天，合德才同意把许美人生的孩子交给她抚养，不准许美人和孩子相见。成帝无奈，只得依她，诏令中黄门靳严，向许美人索来男孩，把婴儿装在芦苇编的小箱子里，送到合德住的少嫔馆中。成帝认为，合德不曾生育，想把此子据为己有，日后就有了做皇太后的希望，这种想法也在情理之中。谁知合德是奉了她姐姐之命，仿佛有意要让成帝绝嗣似的，要害死这个小孩。

没过几天，忽然有一位少嫔馆的宫人携着一只上有封条的苇箱，交给掖庭狱丞籍武，让他埋到僻静地方，不准告知别人。籍武是合德保荐的，当然唯命是从，就在狱楼下面，挖了个坑儿把苇箱埋了。不用问，这个苇箱中装的就是许美人所养的骨血。

赵氏姊妹未曾入宫以前，京城中就流传着一首童谣，叫作"燕飞来，啄皇孙"，这时果然应验。合德一连害死两个男孩，终于导致成帝绝嗣。

## 钱能通神嗣君继立
## 色可蚀骨圣驾归阴

成帝无子，不得不择人继嗣，反倒便宜刘欣做了现成的皇帝。

刘欣就是定陶王刘康的儿子。刘康自从被王凤逼令回国，郁郁不乐，不久就病死了。王妃丁氏所生之子刘欣，由祖母傅昭仪抚养成人，得袭王爵。傅昭仪早年就做了皇太后。随子就国，向有智略，臣民无不称许她的为人。她听说成帝无嗣，早就盘算着把孙子过继给成帝，以便将来入统江山。元延四年（公元前9年）正月，成帝的少弟中山王刘兴和母亲冯昭仪，因为惦记京城中的皇太后和皇上，母子二人乘暇入京朝拜。傅昭仪知道了这件事，急忙带着孙子刘欣和许多臣众追踪入都。

傅、冯两昭仪，以及中山王刘兴、定陶王刘欣，分途到达长安。中山王刘兴和定陶王刘欣入谒成帝，成帝见侄儿刘欣少年英俊，十分高兴，就笑着问他："你这次入朝，为何带着许多官吏？"刘欣从容回答："诸侯王入朝，照例得使二千石随行，臣因为太傅和国相（治民，如郡太守）、中尉（如郡都尉，掌王国都城治安与军事），官秩都是二千石，所以令他们一同前来，预备遇事顾问，免得失礼有罪。"成帝又问："你平时学的是哪一种经书？"刘欣回答："学的是《诗经》。"成帝有意考考他，就随便指出几章，让他背诵。刘欣朗朗背出，一字不差，还能讲解经义，阐发微旨。成帝听了，连声称赞。

接着，成帝又问刘兴："御弟为何只带太傅（引导诸王向善，如同老师）一人入京？"刘兴瞠目结舌答不上来。成帝又问他学什么经书，刘兴回答学的是《尚书》。成帝也令他背诵几篇，他竟面红耳赤，结结巴巴背诵了几句。成帝暗想，

"我弟弟已经 30 多岁了,为什么这么呆笨,反不如一位十六七岁的少年?"成帝因此更加喜欢刘欣了。成帝回到宫中,适逢傅昭仪已经拜见过太后,又来朝见成帝。成帝慰问路途辛苦,并称赞她的孙子聪明英俊。傅昭仪听了,心里十分高兴,嘴里却非常谦虚,说:"老身这次随同孙儿刘欣入朝,一是专程恭请圣安;二是恐怕孙儿年幼不懂礼节,随时教导。"成帝谢过她的好意,留刘欣住在宫中。

傅昭仪告别成帝,又到赵飞燕皇后、赵合德昭仪两处,殷勤问候。还命刘欣先谒见后妃,其次拜访大司马王根,上下打点,四处周旋,面面俱到。来京时带了很多金帛珍宝,一半送给赵氏姊妹,一半贿赂王根以及朝中大臣。赵氏姊妹虽然贵为后妃,锦衣玉食,但是见了奇珍异宝,也是笑逐颜开;至于王根等大臣贪财如命,高兴劲儿就别提了。傅昭仪这样一活动,不到几天,上至后妃,下至大臣,无不交口称赞刘欣多才多艺,完全能够承当皇位继承人。成帝也有此意,但仍希望赵氏姊妹生下男儿,就仅为刘欣行了冠礼,让他暂且回国。赵氏姊妹殷勤地设宴为傅昭仪饯行,酒宴中,傅昭仪婉言请托刘欣继嗣之事,赵家姊妹满口应允从旁进言。

又过了一两年,赵氏姊妹仍然没有生育,经常在成帝面前劝立定陶王刘欣为储君。王根也上书请求,于是成帝决定立刘欣为太子。

不久,大司马王根因病免职,一时无人接替大司马一职。侍中王莽想接任这一职位,又怕被淳于长夺去,就向王根撒谎说:"淳于长恃仗自己是太后的外甥,见叔父生病辞职,常流露出高兴的样子,和朝廷大臣私下商谈,说自己一定会接替叔父之位;而且做了许多不法之事,人民恨之入骨,如果成为事实,似乎对国家不利。"王根听了大怒,就命王莽据实入奏太后。当初赵飞燕册立为皇后,全仗淳于长向太后疏通之力,赵飞燕感激淳于长之情,多次请成帝封他侯爵。成帝准奏,就封淳于长为定陵侯。淳于长有太后和皇后当靠山,势倾朝野,成帝时有赏赐,再加上诸侯王岁时馈送,积资亿万,他便饱暖思淫欲,广蓄妻妾,竟达百人之多。

适有龙颔侯韩宝之妻许孊,是已废许皇后的胞姐,丧夫寡居,徐娘虽老,风韵犹存。淳于长一天偶然看见许孊标致,就借吊丧为名,百般勾引。许孊正在思春,干柴烈火,一碰就燃。不久,许孊就做了淳于长的小妾。许孊还不知羞耻,探视胞妹废后许氏时,竟把她和淳于长的事坦陈。

那时废后已徙居长定宫,寂寞无聊,还想再承雨露,求为婕好。于是取出从前的积蓄,让许孊转送给淳于长,托淳于长到成帝面前说情。淳于长明知这件事不好说,可是见财起意,不忍割舍,就想出一个歪主意,谎称等机会去请求成帝,立许氏为左皇后,让许孊就照这话转告。废后许氏总以为淳于长不会骗她,日夜盼望,有时召许孊入宫询问,让她催促。惹得淳于长厌烦,接连写信给许孊,挖苦许后,说她太急于求欢,为什么不降尊就卑,与你姐姐同事一夫!许后有求于人,只好含羞忍气。不料这事被王莽知道,马上告诉了王根。王根正在恨淳于长,一听说这件事,就叫王莽去奏告太后。

王莽添油加醋,甚至说废后已经和淳于长通奸。太后大怒,立即命王莽转告成帝。成帝还想袒护淳于长,不想治他的罪,只令淳于长速去封国。淳于长临行前,送了许多珍宝给王融,请他转求其父王立,代为斡旋。王立见财得意忘形,急忙入宫去见成帝,为淳于长诉冤。成帝不禁生疑,默然不答。等王立走了以后,竟命有司彻底查究。

有司明查暗访,察出王融私受淳于长贿赂,就要派差吏捉拿王融。王立一面入宫求情,一面逼儿子王融服毒自尽。吏役见王融已死,回报有司。有司复奏,成帝越想越生疑,索性把淳于长逮捕入狱。碰巧廷尉(主管刑狱)宋亚正是淳于长的冤家,一再严刑逼供。淳于长受刑不过,把所有奸淫贪诈的事情统统供出,罪坐大逆,病死在狱中。成帝又派副廷尉孔光拿鸩酒到长定宫,赐废后许氏自尽。可怜许后居后位14年,当初何等风光,后来误听两位姐姐的邪言,既失后位,又丧性命。虽然是自招其祸,但也令人悲怜。

成帝末年,西汉王朝已是哀歌四起,"山雨欲来风满楼",而成帝仍然沉浸在"温柔乡"中,贪情纵欲,终至不起。绥和二年(公元前7年)的一天夜里,成帝睡在少嫔馆里。不知夜间与合德怎样欢娱,次日天色大亮,赵合德先起身,成帝也随即起床,袜带还没系好,忽然扑倒在床上,一句话也没来得及说就咽气了。合德还和他开玩笑说:"陛下起来又睡,难道是还有余兴吗?"边说边去拥抱成帝,用手一摸,已经没有气息了,不由得神色慌张,急令内侍宣召御医诊脉。御医来到一看,成帝已经脉硬身僵,回天乏术。太后以下诸人闻讯赶来,见了成帝尸体,大哭一场,然后安排办理丧事。

次日,太后下诏,令王莽等人会同掖庭令(宦官,掌后宫贵人妃嫔事宜)查明皇帝起居,以及暴亡的原因。王莽奉旨从严究治,接连派属吏到少嫔馆诘问合德。合德虽然没有谋害成帝,但想到自己从前所做的亏心事太多,如果一旦被下狱审问,断难隐讳,而且恐怕要牵连到姐姐,沉思许久,觉得只有一死,别无良策。于是召集贴身侍婢,把身边的珍宝分赐给她们,叮嘱隐瞒自己以前的过错,当晚服药自尽。一缕芳魂,到鬼门关寻找成帝去了。

成帝本来体质健壮,相貌魁梧,俨然一位尊严天子,只因为酒色过度,终于导致乐极亡阳,45岁丧生于"温柔乡"中。

## 汉桓帝

### 外戚专权　刘志得位

阳嘉元年(132年),汉顺帝18岁,立贵人梁氏为皇后,皇后的父亲梁商做了大将军,掌握朝中大权。几年后,梁商病死了,他的儿子梁冀又继任大将军,另一个儿子梁不疑做河南尹。从此,东汉历史上时间最久、危害最烈的一支外戚势力形成了,并支配了三个皇帝的遴选,成为汉桓帝刘志荣登皇帝宝座的最直接的因素。

梁冀本是一个无德无才的纨绔子弟,长得鸢肩豺耳,两眼直视,说话口吃,从小就架鹰斗鸡,无恶不作。不过依仗显赫的外戚家世,世袭了执政大臣,不但根本不懂如何治理朝政,就连大字也认得不多。他内恃妹妹梁皇后驾驭汉顺帝,外与宦官曹腾等人勾结,仗势欺人,横行枉法。

建康元年(144年),汉顺帝驾崩,其子冲帝年仅两岁,梁太后临朝听政。时隔半年,冲帝病死。顺帝别无子嗣,只得另求旁支,继承大统。于是征清河王刘蒜和渤海王之子刘缵,同入京师。太尉李固等大臣劝梁冀立年长贤明而又有威望的刘蒜,梁冀不同意,与梁太后秘密商定,立8岁的刘缵为帝,即汉质帝。仍由梁太后临朝。

梁冀专权骄横,根本没把小皇帝放在眼里。质帝虽然年幼,却十分聪明。有一天朝会,他当着文武百官的面,翻看着梁冀说:"此跋扈将军也!"梁冀听了又恨又怕,暗想这样小小年龄的皇帝已经如此厉害,如果等到他长大了,如何了得!不如除掉他,另立一人。于是暗指使内侍,在饼中下毒,送给质帝吃。质帝吃了几块，一会儿就疼痛难忍，烦闷不堪，把太尉李固召来问："吃了饼以后，肚中闷痛，喝点水还可以活吗？"梁冀在旁边赶快插嘴说："不能喝水，不然会呕吐。"话还没说完，质帝已捧住胸腹大声直叫，霎时间晕倒在地上，手足青黑，9岁的质帝就这样一命呜呼了。

两年中接连死了三个皇帝，李固怕梁冀又立幼主，从稳定政局考虑，与司徒（丞相，管理民事）胡广、司空（管理水利工程）赵戒联名写信给梁冀，主张立清河王刘蒜为帝。梁冀没有立即表态。恰巧这时被梁太后和梁冀选为妹夫的蠡吾侯刘志从河间（今河北献县东南）来到京城。刘志长得面貌清秀，前年顺帝驾崩时，曾入都会葬，被梁太后看到，想把妹妹嫁给他，因为国有大丧，不能议婚。过了两年多，刘志已经15岁了，梁太后召他入京商议婚事。正碰上质帝暴亡，议立新主。梁冀就想拥立刘志，自己好做双料国舅，久掌大权，使梁家长保富贵。可是在三公会议时，多数人主张立清河王刘蒜，与梁冀的意见相反，梁冀一时没想出更好的办法，只得闷闷不言。

梁冀吃过夜膳，正在踌躇，突然中常侍曹腾等人求见，劝梁冀拥立蠡吾侯。曹腾说："将军累代为椒房姻戚，掌理万机，宾客众多，难免会有微小的过失。素闻清河王施政严明，如果立为皇帝，恐怕将军会受到祸害！不如立蠡吾侯，可以长保富贵啊！"梁冀皱着眉头说："我也有此意，可是公卿大臣不一定赞成，怎么办？"曹腾又劝梁冀说："将军握有重权，令出必行，什么人敢违抗？"梁冀不等曹腾说完，奋然离座说："我……我意决了！"曹腾等人高高兴兴地回去了。

第二天早晨，梁冀重新召集公卿大臣，倡议拥立蠡吾侯刘志为帝。他张眉怒目，声严厉色，司徒胡广、司空赵戒以下的官员，都被梁冀的淫威吓住了，齐声回答："一切听大将军的！"

只有太尉（管理全国军事）李固和大鸿胪（掌诸侯及民族使者入朝礼仪）杜乔坚持拥立清河王。梁冀不让他们多说话，竟厉声喝道："散会！散会！"说完就进宫去了。李固还希望梁冀能舍刘志立刘蒜，再次写信给梁冀，说明立刘蒜的理由。梁冀收到信，只粗略看了几眼，就顺手扔到地上了。

梁冀先向梁太后请下诏书，免去李固的官职，然后到洛阳西北的城门迎接蠡吾侯刘志，当天晚上即皇帝位，是为桓帝。梁太后仍然临朝听政。

### 政出梁门　豺狼当道

桓帝即位的第二年，改年号为建和元年（147年）。桓帝追论梁冀拥立他为帝的功勋，增封食邑13000户，又封梁冀的弟弟梁不疑为颍阳侯，梁不疑的弟弟梁蒙为西平侯，梁冀的儿子梁清为襄邑侯。还封中常侍刘广等人为列侯。太尉杜乔刚正不阿，独自上书谏阻。奏书中说："臣闻古代的明君，奖罚必以功过；末世的昏暗君主，诛赏则依据私情。如今梁氏一门，无功而裂土分封，未免恩赏太滥。如果有功不赏，为善者失其望；奸邪不惩，为恶者肆其凶。长此以往，不仅伤政为乱，甚至丧身亡国，不能不慎重啊！"

奏书上呈却没有回音。从前杜乔做大司农（管理钱谷金帛货币）时，永昌（治所在今云南保山东北）太守刘君世用黄金铸了一条纹饰美丽的蛇，打算献给梁冀，益州刺史种暠弹劾举报，金蛇被没收，上缴国库，归大司农收管。梁冀还想索取，向杜乔借金蛇观赏，杜乔知道梁冀不怀好意，婉言拒绝，梁冀因此对杜乔怀恨在心。梁冀的小女儿病死了，公卿大臣都前往吊丧，只有杜乔没有去，又增加了梁冀对杜乔的不满。到迎立桓帝时，杜乔又与李固等反对梁冀的意见，梁冀更加痛恨杜乔。不过梁太后知道杜乔一向忠正,就提升他为太尉。杜乔依旧抗邪执正,又谏阻桓帝加封梁冀等人,桓帝不听,梁冀对杜乔恨之入骨。

桓帝由梁氏拥立,为巩固帝位,允从两年前梁太后提出的婚议,纳梁冀的妹妹为皇后。梁冀想借此机会大出风头,打算让桓帝用特殊而隆厚的仪礼,迎娶妹妹。杜乔执拗地依据汉家旧典,只准按照西汉时惠帝纳后的制度去办,聘礼一点儿也不增加。梁冀因为杜乔是首辅大臣,不便硬和他争论此事,但心中对他的仇恨却更深了。梁冀的妹妹被纳为皇后,他的势力更加嚣张。

恰逢这时京城又发生了大地震,于是梁冀归咎于杜乔,把他免职。提升司徒赵戒为太尉,封厨亭侯;司空袁汤为司徒,封安国侯;起用前太尉胡广为司空,封安乐侯。三公都得到侯封,全都党同梁氏,唯命是从。

只有李固和杜乔不肯依附梁冀,自然成为梁冀的眼中钉、肉中刺。李固和杜乔虽然被相继免职,但还住在京城。外戚和宦官都因为他们平素太正直、疾恶如仇,便将他们视为心腹大患,必欲除之而后快。

桓帝即位以后,宦官唐衡、左悺向桓帝进谗言说:"在拥立陛下即位时,李固和杜乔首先反对,说陛下不应奉汉宗祀,实在可恨!"桓帝听了,便开始对李、杜二人心怀怨愤。

就在这时,甘陵(治所在今山东临清东北)人刘文和南郡(治所在今湖北江陵)人刘鲔勾结,讹言清河王刘蒜应当统率天下,想拥立刘蒜邀功受赏,就劫持了清河国的国相谢暠,持刀胁迫他说:"我们要拥立清河王为天子,你做三公,否则将对你不利!"谢暠不肯听从,怒目叱责,被刘文等杀死。

清河王刘蒜一向严明庄重,治理部属法纪谨严,听说国相谢暠被劫持,急令王宫卫兵前去救护。卫士们见谢暠被杀死,奋力与刘文、刘鲔拼杀。刘文、刘鲔部众不多,抵挡不住,被王宫卫士擒获,绑送到清河王刘蒜面前。清河王下令将二人处死,然后把此事奏报朝廷。

桓帝不体谅清河王的苦衷,反而对他产生猜疑,听信奸人的流言蜚语,弹劾刘蒜治葺无能,难辞其咎,将他贬为尉氏侯。刘蒜本无反意,竟遭到这样的冤诬,愤不欲生,遂服药自尽。

梁冀趁此机会,诬陷李固、杜乔和刘文、刘鲔通谋,请求逮捕治罪。梁太后素知杜乔忠诚,不同意逮捕他。梁冀就把李固逮捕下狱,严刑拷打,逼其自诬参与谋反。李固坚决不承认。他的门生王调自己戴上刑具上书,替李固诉冤;还有赵承等几十人也自伏斧锧,到宫阙为李固辩诉。梁太后诏令赦免李固。李固被释放出狱,走到闹市时,百姓一齐欢呼"万岁"!梁冀闻报大惊,又入宫禀告太后,说李固收买人心,必为后患,不如趁早将他治罪伏法。梁太后还没有批准,梁冀竟然擅传太后诏命,又把李固抓进狱中。李固知道自己难免一死,就在狱中写了一封信,托狱吏转交给太尉赵戒和司空胡广。信中说:"固受国厚恩,所以竭尽股肱,不顾死亡,立志扶持王室。不料梁氏专横迷谬,公等曲附依从,以吉为凶,以成事为祸败!汉家衰微,从此始矣!公等受皇上厚禄,国家颠危而不救扶,社稷倾覆大事,后世之良史,难道会隐瞒吗?我已不求幸存,于义无亏,还有何话可说!"

赵戒和胡广收到李固的信,明知李固是当代忠臣,被梁冀陷害,可是想到如果出面援救李固,将要触怒权奸,不仅富贵不存,连身家性命也难以保全,不敢代李固诉冤,只是在内心悲愁愧咎,长叹流泪而已。其余公卿大臣名位较低,乐得袖手旁观,免遭横祸。可怜一位为国尽忠的李固，就这样死于非命，时年54岁。

梁冀杀害李固以后，又派人去胁迫杜乔说："请早些自裁，还可以保全妻子儿女！"杜乔没接到皇帝明诏，怎么会因为梁冀的私下恐吓，就去死呢？到了第二天，梁冀派骑士到杜乔家中探视，并没有听到哭声。梁冀就入宫奏告太后，极力诋毁杜乔怨望朝廷，犯下大逆不道罪，也不等太后下令，就把杜乔抓进监狱。当天夜晚，杜乔暴亡。梁冀还把李固、杜乔二人的尸体陈放在洛阳城北示众，说他们串通叛逆，处以死刑，如果有人哭丧，一并治罪。李固弟子郭亮、南阳人董班、杜乔故掾杨匡三人，冒死为李、杜二人守卫尸丧，驱逐蝇虫。过了12天，梁太后闻奏，才下令允许收葬二人的尸体。

和平元年（150年），梁太后病重，才归政桓帝。不久，梁太后就病死了。桓帝名为亲政，实际大权仍旧掌握在梁冀手中。梁冀作威作福，嫉害忠良，桓帝却增封他食邑万户，连以前的封赐，合计食邑3万户。弘农（治所在今河南灵宝东北）人宰宣佞巧逢迎，上书说大将军梁冀功比周公，应加封妻孥，现在已封其诸子，妻子也应该加号邑君。桓帝诏封梁冀的妻子孙寿为襄城君，兼食阳翟租，岁入5000万，加赐赤绂，仪比长公主。

梁冀夫妇骄横淫逸，生活奢侈。二人对街筑宅，穷极精工，左为大将军府，右为襄城君第，连房洞户，曲折通幽，四面窗壁，全是雕金为镂，绘彩成图；此外还有崇台高阁，上触云霄，飞梁石磴，下跨水道，几乎与秦朝阿房宫相似。又广开园囿，采土筑山，十里九坂，取象崤函，山上罗列草木，驯放鸟兽，葱茏在望，飞舞自如。梁冀与孙寿共乘辇车，在府中游览，前有歌僮，后有乐妓，鸣钟吹管，铿锵盈路，有时连日继夜，恣意欢娱。

不久，感觉在府第冶游不过瘾，梁冀又在洛阳近郊广开林囿，在河南城西增

设兔苑，绵延数十里，令各地交纳活兔，在毛上标刻记号，人误伤兔，罪至死刑。有一个西域商人不知禁忌，误杀一兔，梁冀因此处死十几人。他还在洛阳城西建造别墅，收藏奸邪亡命之徒，或者掠夺良家子女作为奴婢，名为自卖人。

孙寿恃宠要梁冀任用孙氏宗亲为官。孙氏宗亲都是些贪婪不法之徒，一旦得势，便派人暗中调查富家资产，然后诬其有罪，抓进狱中拷打，令其拿出金钱自赎，稍不满意，就处以死刑或者流放外地。扶风有位富豪士孙奋，梁冀送给他4匹马，向他借5000万钱，士孙奋借了3000万钱给梁冀。梁冀大怒，移文扶风太守，诬称士孙奋的母亲原是梁家管府库的婢女，偷了梁家白珠10斛，紫金千斤，逃亡出走。太守奉命拘捕了士孙奋兄弟，逼令缴出原赃，竟将他们活活打死，家产全部被抄没，合计一亿七千余万，一大半被梁冀鲸吞。梁冀还派使者四出，远至塞外，广求异物。这些使者大都狐假虎威，劫夺妇女，殴击吏卒，弄得吏民痛心疾首，饮恨吞声。

梁冀是当道的豺狼，桓帝还把他视为国宝，要再加以褒扬尊崇，特命公卿大臣进行讨论。太尉胡广比较圆滑，见风使舵，见梁氏气焰熏天，就称颂梁冀功德过人，应当比照周公，赐给山川土田。只有司空黄琼建议说："可以比照邓禹，食封4县。"于是有关大臣折衷申议，商定加给梁冀的殊礼，奏报桓帝批准。此后，梁冀入朝不趋，履剑上殿，谒赞不称名讳，礼仪比照西汉第一功臣萧何；扩大封邑为4县，与东汉第一功臣邓禹相等；赏赐的金钱奴婢衣帛车马府第等，规格比照西汉中兴大臣霍光；朝会时不与三公同席，单独设座，位在三公之上。梁冀得到这样显赫的尊崇，还觉得寒碜微薄，心中不满，就差没有当皇帝了。

梁氏一门，前后7人封侯，3人做皇

后，6 人为贵人，两个大将军，娶公主 3 人，妇女 7 人封君食邑，其余卿将尹校等高官 57 人。掌权 20 多年，拥立 3 个皇帝，威行内外，备极尊荣。

### 以虐易暴　宦官横行

俗话说，物极必反，盛极必衰。桓帝成年以后，梁太后归政于他，可是梁冀专权，桓帝事事还得看他的脸色，心中难免有几分不快。桓帝皇后梁氏专宠后宫，仗着姐姐梁太后和哥哥梁冀的荫庇追求奢华，所用的帷帐服饰全都光怪陆离，超过以前各代的皇后。梁太后驾崩以后，桓帝对梁皇后的眷爱渐渐衰减。梁皇后没有孩子，妒忌心又特别强，每当听到宫人怀孕，就想方设法陷害，以至于怀孕的宫人很少有能保全的。桓帝心中恼恨，但因为畏惧梁冀，不敢发作，就疏远梁皇后，很少到中宫，致使梁皇后郁闷成疾，到延熹二年（159 年）七月，一命归阴。梁冀的靠山又倒了一个。

梁冀专擅朝政，独断专行，无论大小政事，全都由他一人裁决。宫卫近侍都是梁家的走狗，无不仰其鼻息，趋炎附势。百官升迁，都必须先到梁冀府上谢恩，然后才敢去报到上任，否则就会受到陷害、杀戮。辽东太守侯猛赴任时，没有去向梁冀谢恩，梁冀就以莫须有的罪名，把他腰斩于市。

下邳（今江苏睢宁西北）人吴树被任命为宛县（今河南南阳）县令，赴任时向梁冀辞行。梁冀的宾客亲戚有很多在宛县，就嘱托吴树给予照顾，遭到拒绝。梁冀怒容满面。吴树到宛县后，依法处置了好几个贻害民间的梁氏宾戚，老百姓无不拍手称快，而梁冀却对吴树仇恨更深。后来吴树迁补荆州刺史，又去梁冀府上谒见辞别，梁冀假意为他设宴饯行，暗地在酒中下毒，吴树喝罢酒出了梁府，不一会儿，就毒发倒毙在车中。

郎中袁著才 19 岁，看到梁冀日益凶横，实在忍不住心中的愤懑，上书谴责梁冀专权跋扈，要求他退位；又劝桓帝废除诽谤之罪，以开天下人之口。梁冀得知这个奏书的内容，气得几乎要吐血，立刻派属吏去抓袁著。袁著装病诈死，用蒲草编成人的形状，装进棺材里埋葬。梁冀开棺验尸，识破袁著的诈谋，派出爪牙四处侦缉，捉住袁著，用棍棒活活打死。太原人胡武和郝洁是袁著的好朋友。梁冀打死了袁著还不罢休，竟然屠杀胡武和他的家人，致使 60 多人含冤而死；郝洁知道自己也难逃出梁冀的毒手，服药含恨而亡。

安帝的嫡母耿贵人死后，侄儿耿承袭封为林虑侯。梁冀向耿承索要耿贵人留下的珍宝，耿承没有给，梁冀就杀了耿承家族中的十几个人。涿郡人崔琦，因为写了一篇《外戚箴》规讽梁冀，在回家途中被梁冀派遣的骑士捕杀。

桓帝听说梁冀大肆滥杀无辜，也有些惋惜不平，再加上梁冀气焰嚣张，每次朝会时，只有梁冀可以胡言乱语，桓帝也不能反对他的意见，桓帝的不满逐渐增加，由害怕转为愤怒。

和熹邓皇后的侄儿邓香有个女儿叫邓猛，长得秀丽动人。邓香中年病逝，妻子宣改嫁给梁纪。梁纪是梁冀妻子孙寿的舅舅，孙寿见邓猛长得漂亮，就把她送给桓帝，被封为贵人。梁冀想把邓猛认作自己的女儿，让她改姓为梁，怕邓猛的姐夫邴尊泄露这件事的内情，就派门客刺死邴尊，还想把邓猛的母亲宣也一起刺死，以便灭口。

宣的家和中常侍袁赦相邻，梁冀派遣的刺客夜晚去行刺，想翻越袁赦的房子进入宣家。袁赦听见屋子上面有响声，怀疑是来了盗贼，立即鸣鼓召集众人，经过一番打斗，捉住一名刺客。袁赦一问，才知道是梁冀派来刺杀宣的。袁赦急忙告诉宣家，宣进宫向女儿邓贵人哭诉。贵人随即转告桓帝，求他救命，桓帝听了，怒不可遏，决心要除掉梁冀。

桓帝知道身边的侍从多是梁冀的心腹，不敢轻举妄动。有一天，桓帝下厕所，只有小黄门（宦官，掌侍左右，受尚书事）唐衡相随服侍，看看左右无人，就小声问他："宫里边有哪些与梁氏不和？"唐衡说："中常侍（宦官，侍奉皇帝左右及顾问应对）单超和小黄门左悺，以前到河南尹（主管京都受特殊优待的大臣朝见皇帝事宜）梁不疑处稍稍失礼，梁不疑就把他们二人的兄弟抓进洛阳狱中，单超和左悺登门谢罪，两人的兄弟才被释放。中常侍徐璜、黄门令（宦官，管理宦官事务）具瑗，也和梁氏有嫌隙，不过口不敢言，忍在心里。"桓帝不等他说完，就摇摇手说："我知道了！"

桓帝由厕所回到宫中，立即召见单超、左悺，低声对他们说："梁将军兄弟专权多年，胁迫朝廷内外，公卿以下大臣无人敢和他们抗争，朕想把他们除掉，常侍等意下如何？"单超和左悺齐声回答："祸国殃民的奸贼，早就应当诛除，臣等才谋庸劣，还请皇上圣裁！"桓帝又说："常侍等以为梁氏可诛，与朕意相同，可是要秘密商定计划，才不会发生意外的祸患！"单超和左悺回答："如果真想除掉奸贼，也不是太大的难事，只希望陛下不要狐疑！"

桓帝坚定地说："奸臣威胁国家，理应伏法治罪，还有什么疑虑？"

桓帝又把徐璜和具瑗召入内室，在一起商定密议。最后由桓帝亲自用嘴咬破单超的胳膊，歃血为盟。单超又再次叮嘱说："陛下既已定下大计，请不要再跟别人讲，梁家耳目众多，一旦败露，祸将不测！"说罢，5位宦官就走了。

桓帝和宦官的这次密议，果然有人报告了梁冀，但是不知道谋划了什么事。梁冀心中对单超等人已有了怀疑，急令中黄门（宦官，侍奉皇帝左右）张恽进入皇宫宿卫，防备不测。具瑗令侍卫把张恽抓了起来，说他无故进入皇宫大门，图谋不轨；又立即拥护桓帝上殿，召集宫中的尚书进殿拜见桓帝，告诉他们桓帝的密谋。桓帝派尚书令（主管宫中文书）尹勋持节管束宫中丞郎以下的侍卫，让他们全副武装守住省阁，把调兵的符节全部收缴到禁中。同时派黄门令具瑗召集了1000多名虎贲、羽林卫士，会同司隶校尉（负责纠察检举郡以上的官员并领京城及附近各郡事务）张彪，前去包围梁冀的府第。光禄勋（掌管宿卫宫殿门户等）袁盱奉旨收缴了梁冀的大将军印绶，把梁冀降为都乡侯。梁冀仓皇失措，自知大势已去，服毒自杀，老婆孙寿也服鸩酒毙命。梁氏宗族姻亲，无论老幼全被处死，弃尸市曹。其余的亲信党徒，有几十人被处死，300多人被免官，朝廷为之一空。梁冀的家产被变卖充公，合计达30多亿。

除掉了外戚梁家，百姓无不拍手称快，欢呼雀跃，还有人把单超等五位宦官的功劳比作西汉诛灭外戚吕氏的周勃、陈平。没想到，桓帝前门拒虎，后门迎狼，"一将军死，五将军出"，大权从外戚手中转入宦官之手，东汉政治更加黑暗腐败。

桓帝下诏酬赏宦官，封单超为新丰侯，食邑2万户；徐璜为武原侯，具瑗为东武阳侯，各食邑15000户；左悺为上蔡侯，唐衡为汝阳侯，各食邑13000户，这就是所谓"宦官五侯"。单超又奏称小黄门刘普、赵忠等人也出力诛灭奸孽，应该加以封赏，桓帝又封刘普、赵忠等8位宦官为乡侯。中常侍侯览并没有参与诛灭梁冀，仅因为献出了5000匹绢，桓帝就封他为关内侯，又把他列进诛灭梁冀的功臣之中，进封高乡侯。桓帝对于故旧私恩不吝爵赏，单超等5侯更是格外贵显，恃宠生娇，势倾朝野。对桓帝的这种做法，很多人都不满意，白马令李云上书说："梁冀擅权被杀，是他恶贯满盈，罪有应得，这些宦官并没有什么了不起的功劳，轻而易举被封为万户侯，怎能让西北边境上浴血奋战的将士服气呢？皇上乱赏爵位，贿赂公行，宠信小人，不理朝政，这还像是皇帝的作为吗？"

桓帝最忌讳别人说他不配当皇帝，见了奏章十分震怒，立刻命人把李云逮捕下狱，派中常侍管霸和御史廷尉共同审讯，准备处以极刑。弘农掾杜众，听说李云因为忠谏获罪，不禁激起满腔侠气，上书声援李云，表示愿和李云同死。桓帝更加愤怒，把杜众也关入监狱。陈蕃、杨秉、沐茂、上官资等几位正直的大臣，联名上书替李云和杜众求情。中常侍管霸见人心向着李云、杜众，也跪着向桓帝求情说："李云是草泽中愚蠢的儒生，杜众是郡中的小吏，言辞狂放无礼，不值得给他们加罪。"桓帝恼恨李、杜二人说他不配当皇帝，不准众人的请求，令小黄门传旨给狱吏，将李云、杜众处死。就这样，桓帝还觉得不解气，又下诏免去陈蕃和杨秉的官职，将沐茂和上官资的官秩降去二等；还封单超为车骑将军。如此一来，宦官的势力更加嚣张。

不久，单超病死，丧事极其显赫隆重。其余四侯越来越骄横，全都盖起了豪华的宅第、高耸的楼观；还娶来良人家的美女充作姬妾，衣必绮罗，饰必金玉，几乎和皇宫里的妃嫔相似，家中所有的奴仆婢女也都乘坐马车出入，狐假虎威。京城里的老百姓给他们四人作了一首短歌说："左回天（权可回天），具独坐（骄贵无双），徐卧虎（无人敢惹），唐两堕（随意所为）。"

四侯权焰熏天，吃喝玩乐，随心所欲，只苦于不能生育，就收养螟蛉义子，希望承袭封爵，兄弟姻戚都攀权附势，出任州郡主宰。单超的弟弟单安任河东太守，侄子单匡任济阴太守，左悺的弟弟左敏任陈留太守，具瑗的哥哥具恭任沛相，徐璜的弟弟徐盛为河内太守，侄子徐宣为下邳令。这些权阉的家属全都是无德无能的家伙，只知道作威作福，欺压无辜百姓。其中下邳令徐宣最为暴虐。

徐宣到任以后，想要什么，就千方百计地设法弄到手，全不顾天理国法。前汝南太守李暠，老家在下邳，离任后回乡定居，有个女儿长得十分漂亮。徐宣早就听说她才貌双全，要娶她做妾，李暠虽已去世，他妻子也不愿把女儿嫁给宦官的子弟为妾，婉言谢绝。徐宣怀恨在心，暗地派吏卒闯进李暠家中，把李暠的女儿抢回去，强逼成亲，李暠的女儿宁死不从，破口大骂。徐宣兽性大发，指挥奴仆剥去李暠女儿的衣服，赤条条地绑在柱子上，逼她俯首受辱；暠女依然不从。徐宣变怒为笑，取出一张软弓，把暠女当作箭靶，接连射了好几箭，一位名媛的性命就这样断送在恶贼的手中。徐宣毫无人性，射死了人，反而大笑不止。

东海相黄浮刚正廉直，不畏强暴，逮捕徐宣，定为死罪。属官争相劝阻，黄浮慷慨激昂地说："徐宣国贼，淫凶无道，今天杀了他，就是明天要我死，我也瞑目了！"亲自监斩，将徐宣弃尸市曹，百姓无不称快。徐璜得到徐宣的死讯，非常痛恨黄浮，就捏造谎言，向桓帝诬告黄浮，说黄浮私下受人贿赂，害死了自己的侄儿。桓帝也不核查，就信以为真，将黄浮革职问罪。

不久，桓帝又任命左悺的哥哥左胜为河东太守。皮氏县（今山西河津西）县长赵岐耻于做左胜的下属，左胜到任的当天，赵岐弃官回乡。赵岐是京兆（治今陕西长安）人，以为当个老百姓种田谋生，总不会有什么事了。没想到京兆尹换了一个新官，是唐衡的哥哥唐玹，和赵岐有些过节,诬陷赵岐偷窃官府钱币逃回家乡,令差吏收捕。赵岐事先听到风声,逃往外地隐藏,差吏就把赵岐的家属全都抓进监狱,逼他们交出赵岐。赵岐听说全家人被抓,逃得更远,哪里还敢投案?唐晑竟把赵岐的几十名家属全都杀了。

宦官侯览霸占百姓住宅达381所,良田万亩,仿照皇宫修建了16座府第,平时收受贿赂以万万计。他的哥哥侯参任益州刺史,贪暴横行,专门诬陷富人,下狱处死,诛灭全家,侵吞财物,累积亿万,全州百姓怨声载道。

这时,杨秉已官至太尉,得知侯参的暴行按实情弹劾。桓帝不得已,下诏把侯参逮捕,押送京城问罪。侯参知道自己作恶多端,难脱法网,在途中自杀。京兆尹袁逢到驿舍检查侯参的行李,共有300多车,装的全是金银财宝,古玩奇珍,光华耀眼,立即上书奏报,请示如何处理。杨秉见到袁逢送来的报告,又上书弹劾侯览,请求将他免官送归本郡。

桓帝看罢杨秉的弹劾本章,不忍心罢免侯览。杨秉据理力争,由于证据确凿,桓帝不得已免去侯览的官职。司隶校尉韩绩也上书奏劾左悺和他哥哥太仆(掌管车马)左称的罪恶,二人胆怯心虚,自知不能逃脱惩罚,一起服毒自杀。韩绩又弹劾具瑗的哥哥具恭,历任沛相,接受巨额贿赂,也应治罪,桓帝诏令将具恭关入监狱。具瑗入宫告罪,缴还东乡侯印绶,桓帝免去具瑗官职,贬为都乡侯。单超、唐衡、徐璜已经病死,这就是五侯的结局。五虐虽去,阉祸犹存,一场因反对宦官专权而酿发的政治事件又拉开了帷幕。

### 宠奸抑贤 党祸初炽

桓帝期间,前期是梁冀专制,后期则五侯横暴,外戚宦官的腐朽黑暗统治,使东汉王朝面临崩溃的边缘。一部分官僚和太学生为了维护地主阶级的长治久安,忧国忧民,奋起与残暴贪婪的外戚宦官抗争。他们反对外戚宦官的直接原因之一是政治出路被堵塞,外戚的党羽,宦官的爪牙,控制了从中央到地方的政权机构,广树党羽,安插亲信,正常的选官和升迁制度被破坏了,选举不实的情况更加严重。权门请托,贿赂公行,这不能不引起社会舆论的抨击。时谚说:"举秀才,不知书。察孝廉,父别居。寒素清白浊如泥,高策良将怯如鸡。"选举制度混乱,太学生和郡国生徒不能按正常途径进入政治舞台,引起了他们的强烈不满。他们议论政治,褒贬人物,抨击外戚宦官,当时称这种行为是"清议"。在他们眼中,专横的外戚、宦官及其爪牙都是小人,反对他们的官僚和儒生则是君子;而外戚宦官则攻击他们是"党人"。双方互相攻讦,壁垒分明,斗争激烈。桓帝偏袒外戚宦官,压制进步官僚和太学生与郡国生徒,直至逮捕"党人",制造了东汉历史上的第一次"党锢之祸"。

在梁冀被诛之前,有位执法严明的侍御史(负责察举公卿百官违法事件)朱穆被任命为冀州刺史。朱穆还没有到任,那些平时为非作歹的冀州地方官害怕受到朱穆的惩治,有40多人解印去官。朱穆到任后,纠查弹劾贪官污吏,铁面无私,有几个畏罪自杀,有几个锢死狱中。有人告发宦官赵忠,说他埋葬父亲时,使用了只有皇室才能用的玉衣等葬具。朱穆令人挖墓开棺,取出尸体检查,果然身穿玉衣,当时就陈尸示众,还把赵忠的家属逮捕入狱。赵忠不但不认罪,反而向桓帝哭诉,说朱穆擅自开挖父亲的墓棺,私自逮捕他的家眷。梁冀在一旁也添油加醋,说了朱穆许多坏话。偏听偏信的桓帝不但不治赵忠的罪,反而立即派使者把朱穆抓进京城监狱,罚作苦役。消息传出,舆论哗然,以刘陶为首的几千名太学生愤愤不平，一起来到宫门前上书，要求释放朱穆；否则，他们情愿代朱穆受刑。桓帝一看事情闹大了，怕激起众怒，只得下令赦免朱穆。

大将皇甫规平定羌人的反抗，论功当封。宦官徐璜、左悺趁机勒索贿赂，遭到拒绝，再加上皇甫规又惩处了几位为害羌人的宦官党羽，他们竟然在桓帝面前诬蔑皇甫规拿钱贿赂羌人，让他们假投降，应当下狱论罪。昏庸的桓帝立刻下诏书谴责皇甫规。皇甫规忧愤交加，上书辩解："说我拿钱诱骗羌人投降，如果是用我个人的钱，我家中没有这么多；如果是用公款，有账可查。请查证核实！"

桓帝看了皇甫规的辩解，仍将他召还京城，降为议郎（备皇帝咨询的人员，也奉诏出使）。中常侍徐璜、左悺还想向皇甫规索求贿赂，皇甫规始终不理，徐璜等宦官恼羞成怒，又将前案提起，逼皇甫规接受审查，罗织罪名，罚作苦役。一些正直的大臣和太学生张凤等300余人，到宫门前上书，替皇甫规鸣冤。恰巧碰上大赦，皇甫规才被释放，免官归家。

前冀州刺史朱穆又被起用为尚书，目睹宦官专横，不忍坐视，上书桓帝，极力规谏，桓帝不予理睬。朱穆入朝进见，面谏桓帝，请求免去宦官担任的重要官职，整顿朝纲。桓帝听了，沉默不语，怒容满面。朱穆跪在地上不肯起来，桓帝下旨强令他退去。宦官痛恨朱穆正直无私，不断在桓帝面前诋毁他，朱穆有志难伸，最终忧愤而死。

桓帝后期，宦官集团独霸政权。在这种背景下，涌现出一批以清高自守、敢于抨击宦官势力的反对派人物，最敢于和宦官碰硬的李膺成为著名领袖。李膺出身于衣冠望族，延熹二年（159年），调任河南尹。这时有一个叫羊元群的北海郡守罢官回到家乡。李膺发现他带回了大量金银财宝，甚至连郡府厕所的花窗也被他卸下带回了，经过调查，大部分是贪赃枉法得来的。李膺上书桓帝，要求严厉惩治这位贪官。羊元群向宫中宦官行了贿，他安然无事，李膺反被加上挟嫌中伤的罪名，罢官下狱，罚作苦役。

这时，廷尉冯绲审讯作恶多端的山阳（治所在今山东金乡）太守单迁，单迁百般狡辩，咆哮公堂，被打死在杖下。单迁是前车骑将军单超的亲弟弟，和宦官关系密切。宦官向桓帝告状，说冯绲滥用刑法，桓帝也将冯绲免官，和李膺一起服苦役。

中常侍苏康和管霸霸占良田美产，州郡官吏不敢过问，大司农刘佑下公文给州郡，把两个宦官侵占的产业全部没收。苏康、管霸向桓帝哭诉，桓帝大怒，也把刘佑下狱问罪，罚作苦役。

由于陈蕃等大臣一再上书营救，桓帝才将三人免刑。李膺遇赦后，被任命为司隶校尉，他生性刚直，不肯随波逐流，虽然几经挫折，仍然严峻刚毅，执法不阿。这时，宦官张让的弟弟张朔在野王县（治所在今河南沁阳）做县令，一贯贪污勒索，残害人命，甚至杀死孕妇，剖开孕妇的肚子，无恶不作。他深知李膺厉害，一听说李膺担任司隶校尉，就弃官逃往京城，躲在他哥哥家中的一间暗室里。李膺风闻此事，亲自率领吏卒到张让家中搜捕，四处搜寻，不见人影，后来发现房子有复壁，就命令吏卒破壁而入，将张朔搜出，押赴洛阳狱中审讯，得到供词以后，立即把他处死。张让派人去说情，已经来不及了，就去向桓帝哭诉，说李膺专擅不法。桓帝召李膺上殿，责问他为什么不先奏请就杀人。李膺从容回答："孔子在鲁国做司寇，上任7天就诛杀了少正卯，如今臣到任已经超过10天，担心因办事拖拉而获罪，没想到因欲速而受责，即使臣犯了死罪，也希望陛下宽限 5 天,使臣能够剪除元凶,然后死也甘心了!"桓帝听他讲得理直气壮,再加上张朔已把罪行交代得一清二楚,也不好再责备李膺。

这时朝政日乱,纲纪废驰,只有李膺不屈不挠,好似中流砥柱,士人能和他交往,就身价倍增,号为"登龙门"。太尉陈蕃引荐议郎王畅,提升为尚书,出任河南太守,清正廉直,不畏强暴,与李膺齐名。太学生 3 万多人,特别推崇陈蕃、李膺、王畅三人,编出三句话称赞他们:"天下楷模李元礼,不畏强御陈仲举,天下俊秀王叔茂。"元礼、仲举、叔茂,分别是李膺、陈蕃、王畅的字。

延熹九年(166 年),河内郡(治所在今河南武陟西南)有个叫张成的术士,常吹嘘自己通晓天文星辰,善于占卜吉凶,平素与宦官往来密切,桓帝也曾问过他占卜方面的事。在与桓帝和宦官的交往中,张成得知皇上将要颁布大赦令,就唆使他儿子趁机报怨杀人。司隶校尉李膺拍案大怒,将张成的儿子抓进监狱。第二天皇上下诏大赦,张成之子在被赦之列。张成十分得意,私下对人说:"瞧你李膺也不敢违抗诏令,还得乖乖地把人放出来!"李膺气愤极了,援引杀人抵命的旧例,不顾一切地将张成之子处死。宦官早就想除掉李膺,得到机会,当然不肯罢休,侯览唆使张成的弟子牢修上书,诬告李膺等人收买太学生,串联各郡国的学生,结成朋党,诽谤朝廷,扰乱社会风气。

桓帝平时对党人就没有好感,尤其看不惯他们的傲气十足,动不动就指手画脚教训他。现在一听宦官添油加醋地罗列党人的罪行,心底潜藏的怒火腾地一下就窜起来了,于是诏令全国各地,同时逮捕党人,并且把党人的罪行布告天下。

太尉陈蕃一看逮捕党人的名册,都是反对宦官的知名人士,就皱着眉头,捻着胡须说:"现在要逮捕的这些党人,全是忧国的忠臣,驰誉四海的名士,本身并没有什么明显的罪过,为什么平白无故就逮捕呢?"说着,就把党人的名册退还,不肯在上面签名。

桓帝闻报,更加愤怒索性把司隶校尉李膺罢官,送进大牢;太仆杜密、御史中丞(御史台长官。负责察举公卿百官违法事件)陈翔,以及陈实、范滂等 200 余人陆续被捕入狱。

杜密是颍川郡(治所在今河南禹县)人,任北海相时,对宦官子弟有恶必惩,后调任太仆,与李膺齐名,时人号为李杜,李膺被捕,杜密连坐下狱。陈翔是扬州刺史,曾经检举揭发豫章太守王守贿赂宦官,吴郡太守徐参倚仗他哥哥徐璜的权势,贪污受贿,勒索民财。王永和徐参因此被免官,宦官归罪于陈翔,就把他列入党人案中,逮捕入狱。陈实本来和宦官没什么仇怨,因为名气太大,遭人妒忌,也被罗织罪名逮捕。

桓帝大兴党狱,惹恼了太尉陈蕃,毅然上书极谏。桓帝决意除去党人,信任宵小,看了陈蕃的奏疏,怀疑他也是党人的首领,心中十分不快。宦官又趁机进献谗言,诋毁陈蕃,桓帝一怒之下,免去陈蕃太尉之职。这样一来,其他大臣都不敢再进谏了。

过了一年多,城门校尉(掌管警卫洛阳城门的军队,隶属南军)窦武上书请求赦免党人,又自请罢官,上缴城门校尉和侯爵印绶。因为他是桓帝的老丈人,桓帝没有同意他辞职的请求,将印绶送还。尚书霍请也奏请释放党人,桓帝这才派中常侍王甫到监狱审问党人。李膺等人一面据理力争,一面故意把许多宦官子弟列为同党。宦官也害怕牵连到自己,不敢过分迫害党人,就对桓帝说:"现在天时不正,应当大赦天下。"桓帝乐得给老丈人一个面子，顺水推舟，在永康元年（167年）宣布将狱中的200多名党人全部释放，不再治罪，但禁锢终身，永远不能做官。这就是桓帝时期的"党锢意思祸"。

### 主荒政谬　淫欲丧身

有一次，桓帝问侍中（宫内的近侍官，在皇帝左右伺应）爰延："你看我是一位什么样的君主？"爰延回答："陛下是汉室的一位中材之主。""是什么意思呢？"桓帝又问。爰延进一步说："陛下如果专心任用陈蕃等人，天下就会大治；让那些宦官参政，天下就会大乱。所以臣知道陛下是可以为善，也可以为非的中主。"桓帝虽然随口称赞爰延说得好，提升他为五官中郎将（一等侍卫），但始终未重用陈蕃。

爰延因为有顾虑，对桓帝的评论比较客气含蓄。后人的评论更为直率中肯，诸葛亮就直接劝后主刘禅不要向桓、灵那样亲近小人，使国政倾颓。

桓帝即位以后，政治腐败混乱，社会动荡不安。灾荒频繁，农民破产流亡，饥寒交迫，无以为生；再加上从汉安帝时就已开始的镇压羌族起义的战争，断断续续进行了几十年，为了支付数百亿的庞大军费，榨尽了农民和国库的积蓄。荒淫奢侈的汉桓帝从不以社稷为重。陈蕃曾上书劝谏他说："陛下从列侯之位，一跃而登上皇帝宝座。平常人积蓄了百万钱的家产，子孙后代还以不能守业为耻辱，丧失了祖业还感到愧对先人。陛下继承的祖业是整个天下，能掉以轻心不精心守护吗？"桓帝听了，虽然觉得刺耳，却不思悔改，不考虑如何振作，依然是花天酒地，醉生梦死。

东汉皇室在洛阳郊外设置西苑、上林苑、平乐苑等游猎场，侵占了大量的肥田沃土。桓帝还不满足，又兴建了鸿德苑、广成苑、显阳苑、鸿池等园林，供他游乐。鸿池修好以后，桓帝嫌它太狭窄，又重新扩建。有一次，桓帝去河南广成苑游猎，陈蕃上书谏阻，说当时面临"三空"，不适宜游猎，三空是田野空、朝廷空、仓库空。正因为"三空"，所以出现了停发百官的俸禄，向诸侯王借贷钱粮的现象。然而，桓帝游兴正浓，不肯中止，于是车驾南行，沿途征调索要不可胜数。罢猎回宫，桓帝兴高采烈，百姓怨声载道。

桓帝外出游玩的兴致特别高，从广成苑游猎回来才过一年，游兴又起，借口到章陵（今湖北枣阳境内）祭祖，启驾南巡。随从有一万多人，比上次去广成苑游猎更加热闹，沿途的征求费用也更加繁重。到章陵祭祖以后，又南行到云梦泽，观赏汉水，再折回新野（今河南新野），祭祀光武祠，然后返驾回京。一场逸游，骚扰百姓，耗费了无数钱财。

桓帝除了带领大队人马，声势浩大地出游，还喜欢私自出外游玩。梁冀的儿子梁胤小名胡狗，长相丑陋，京城的人见了他就暗中发笑，而桓帝却特别喜欢他，经常穿便服去找他玩，有时通宵畅饮，就住在梁胤家里。后来宦官取代了梁冀，桓帝外出游玩，就住在宦官的私宅中。

会稽（今浙江绍兴）人杨乔，由城门校尉窦武引荐，到京城做郎官。杨乔长得很英俊，容仪伟丽，拜见桓帝时，对答如流，谈吐不俗。桓帝见他才貌双全，就要把公主许配给他。杨乔见宦官当道，知道将来不会有什么好下场，就上书坚决推辞这门亲事。桓帝不准，一定要把爱女嫁给杨乔做妻子，并且令太史选择吉日，让他们成亲。杨乔以死抗婚，绝食七日而死。

梁冀伏诛后，皇后邓猛专宠后宫，兄弟皆获恩宠，被封为侯。约莫过了六七年，邓皇后容貌渐衰，桓帝移情别爱，另选美女入官，先后不下五六千人，其中总有几个容貌超过邓皇后的，桓帝得新忘旧，对邓皇后逐渐冷淡。邓皇后不免心怀怨恨，有时发发牢骚，由于桓帝最宠爱的是郭贵人，邓皇后就把不满发泄在她身上，两人互相搬弄是非，成了冤家对头。郭贵人正受宠，不断在枕头边说邓皇后的坏话，说她如何骄恣，如何妒忌，桓帝一向昏庸，早把昔日对邓皇后的宠爱扔到脑后，听信郭贵人的谗言，一时怒起，在延熹八年（165 年）正月，废掉皇后邓猛，关进暴室狱，活活幽禁而死。邓皇后的兄弟侄子，有的连坐下狱，有的被削夺封爵，财产全部被没收。

郭贵人之后，桓帝最宠爱的是采女田圣。田圣是洛阳人，年才及笄，是宦官徐璜、唐衡选进的。桓帝一见这位绝色美人，不禁龙颜大喜，立即就封为贵人。整日里和田圣等寻欢取乐，不理朝政。田圣为巩固自己的地位，又托人到外地买了 10 个绝色的女子进宫。桓帝得了这 10 个绝世的玉人，更加纵淫无度，不到 3 个月，脾肾两亏，骨瘦如柴，精髓日涸，终到无药可救的地步。好端端的一个 36 岁的皇帝，竟然在德阳前殿奄卧不起，瞑目归天。桓帝在位 21 年，三立皇后，无一嫡嗣，此外贵人数十，宫女几千，也不曾生一男儿。窦皇后情急失措，选立 12 岁的刘宏为帝，东汉政治更加昏暗。

# 将相野史

## 军事天才韩信

西汉初年的大将韩信是中国军事史上屈指可数的军事天才，其人生经历也充满着传奇和悲剧色彩。因为他的才能，使他从一逃兵一跃而成率领百万之军的汉军统帅。他战必胜、攻必克，西汉王朝是他一手造就；同时也因为他的成功和才能，使他落了个血溅未央宫、屠灭三族的悲惨下场。

### 流浪汉传奇

韩信，生年不详，死于公元前 196 年，江苏淮阴人。在他还很小的时候，父母就死了，从此他成了一个流浪儿。他平时住人屋檐下，吃人的残羹剩汁，饱一餐饿一餐地熬煎时光。

韩信天性好游荡，不治产业，所以，到了二十岁时，还是一个流浪汉。有一次，因连续两天没吃饭了，韩信饿得晕倒在河边。眼看快要饿死了，这时，一群洗衣服的妇女来到了河边。她们见一年轻小伙子倒在河边，就笑嘻嘻地指指戳戳

地说："瞧，那里躺了个人。"

其中一个老太太的走了过去，用脚踢了踢躺在地上的韩信，喝道："大白天的躺在这里干什么？"韩信挪了挪身子，有气无力地说："我太饿了，走不动了。"老太太就把自己的午餐送给韩信吃。也许那时洗衣服就是一整天，有带饭的习惯。

从此，老太太洗衣服时，总是多带一个人的饭。十多天过去了，韩信十分感激这个洗衣妇女，说："我如有作为，定当报答你。"老太太一听，十分生气，说："我是看你快饿死了，可怜你，才给你饭吃，要你报答干什么？一个活男人，自己都养不活，还谈什么报答别人？"说完，扭头就走，以后再也不来河边了。

韩信虽然没有饭吃，到处流浪，却有一特点，喜读书，尤爱好兵法战策，常与人辩论不休，非胜不止。因此有识之士叹曰："以子之才，提百万之军，拜将封侯，何足道哉！"他身材高大，又不知从什

么地方弄来一把剑佩在身上,一天到晚像英雄一样在村里村外到处闲荡,因此,村里人都很讨厌他。

一天,本乡十几个富家子弟一看见韩信,就彼此商量:"我们今天要好好侮辱奚落这个家伙一番。"说毕,其中有一个站在路中央,又开两腿,指着从前面走来的韩信说:"你经常以英雄自许,如果你今天把我刺死,你就是英雄,否则,你就从我的裤裆底下钻过去。"

韩信四面瞧瞧,二话没说,就从那人的裤裆底下钻了过去。一见韩信钻裤裆,在场的人都拍手大笑。"好一个钻裤裆的英雄。"韩信一听,把头扭过来,对他们喝道:"我本来完全可以杀了你,但大丈夫不以小忿而丧远志,所以,留你一条命。"说完,傲然而去。

相传有一段时间,韩信所在的村子里出了一件骇人的怪事:村前的河里不知何时出现了一头像牛一样的怪物。每当这怪物出现时,天上就浓云密布、大雨倾盆,河中黑雾冲天,煞是吓人。

韩信也听说了此事,觉得挺新奇。一天下午,韩信在从外地回家的路上,遇到了一髯须飘飘的老叟。老叟交给他一个黄包袱,要他在第二天中午把这包裹交给河中的牛吃。老叟一再叮嘱:不准打开包裹,否则大祸临头,如事成之后,定有好处。

对于这样一个素昧平生的老头的话,韩信惊讶不已,心想:是祸躲不过,躲过不是祸,就接过老者的黄包袱走回家去。快到村口时,平时在路边卖卦占卜的夏侯先生见是韩信,手里又拿了个黄包袱,就嘲笑他:"又到哪里游荡去了?"

因为是卖卜者,韩信想问个吉凶以求心安,就把刚才的事告诉了夏侯先生。老先生一听,闭目一想,然后又卜了一卦。他对韩信说:"你小子还有大造化,到时可不要忘了我这个大恩人。"说完,

就在韩信的耳边嘀咕一阵。

当晚,韩信独自一人,扛着镐头来到野外,把他父母的遗骸挖出来,烧成灰,用一块青布包好。第二天中午他准时来到河边。这时,只见浓云密布,河水滔滔,一头像牛又不全像牛的怪物脑袋冒出水面。此怪一见韩信,就"嗖"地一下冲了过来,咬吃韩信手里的黄包袱。韩信一见,大怒:"畜生!青草不吃反吃黄草?"怪物一听,把黄包袱吐了出来,把青包袱咬住吞下肚去,游入河心不见了。

这时,大雨倾盆而下。须臾工夫,雨过天晴。就在水怪吃包裹的地方,长出了一个大土包,传说这是韩信天葬父母。以后有相者路过此地,前后左右一瞧,说:"这个坟如往前看,官不过侯,往后看,贵不可言。"野史稗闻,聊供谈资。

公元前207年,陈胜、吴广在大泽乡举行起义。很快,起义的烽火燃遍大江南北,不仅被秦王朝消灭了的六国贵族纷纷复辟,连像刘邦这样的泗水亭长也揭竿而起了。

韩信在当地口碑不好,所以,拉不起一支队伍,只好去投靠别人。开始,他去投靠项羽,得到了一个执戟郎中的小官,整天为项羽背武器,管管粮草,干一些琐碎事。为了往上爬,韩信也给项羽出过一些好主意,均未被项羽采纳。所以,韩信就觉得项羽这个人成不了气候,自己跟着这种人没出息,于是,就来了个溜之大吉。

他听说被项羽封为汉王的刘邦有忠厚长者之称,就千里迢迢去了汉中的南郑,投靠了刘邦。半年过去了,也不见刘邦找他谈话,更不见提拔自己,于是,他又纠集十二个伙伴准备开溜,去投靠长沙王吴芮。

但他很不走运,十三个人全被抓回。按军律,逃兵当斩。一声令下,随着刽子手钢刀的咔嚓声,人头一个个地往下掉,

十二个人一溜会工夫就杀完了。

杀完十二个人后，轮到韩信了。就在生与死的一刹那，只见他突然大喝一声："汉王难道不要天下了吗？为何杀壮士？"这一喝不打紧，沛公一听，连忙止刑，走到韩信面前，盯住他说："逃兵必斩，你为何不服？"韩信道："项羽不能用人，我才来投汉王，难道汉王也和项羽一样吗？"沛公一听，连忙命人松绑，并送一杯酒压惊，与之交谈一会儿后，大惊道："你果真是个人才，好险！同行十三人，只有你活下来，将来定会造化不小。"

沛公把韩信的事告诉了丞相萧何。萧何是刘邦的老搭档，见刘邦被困汉中，就到处为他笼络人才。听了沛公的汇报后，就找韩信谈话，谈完后，萧何长叹不止："你是和氏之璧，随侯之珠，汉王正需要你这样的人才。"就劝刘邦重用韩信。刘邦是个无可无不可的人，说："他在项羽那里官居何职？"萧何说是郎中，刘邦就马上封韩信为郎中。萧何说："郎中算什么官？韩信是留不住的。"刘邦道："一个逃兵，有什么本事？不杀他就算高抬他了。"

果然，见刘邦只封自己为郎中，韩信大为不快，又开始逃跑。见韩信逃跑，萧何就把他追回来。过不久，韩信又跑，萧何又去追。一直到第三次，萧何答应一定在刘邦面前推荐他为大将，韩信才跟转回来。这就是萧何月下追韩信的历史掌故。

把韩信追回来后，萧何又去找刘邦，要他拜韩信为大将，并告诫刘邦："如果你仅仅当个汉王，用不着韩信；如要打败项羽，非韩信不可，你的那些兄弟都是三流角色。"见萧何反复推荐韩信，刘邦就说："好吧！叫他进来，我封他为大将。"萧何连忙制止："拜大将是件严肃的事，要筑一拜将台，你还要沐浴熏香，备上祭祀之礼，当着三军将领的面，把帅印交给

韩信，以示隆重。哪有像唤小孩子一样的？"刘邦一听，笑道："难怪韩信想当大将，原来当大将那么隆重。"

于是，刘邦命人筑一拜将台，在拜将那天，刘邦自己又遵照萧何的劝告，淋浴熏香，身佩宝剑，把指挥三军的帅印郑重地交给韩信。那些随刘邦出生入死的老哥们听说刘邦要拜大将，都睁着眼睛看，希望帅印落到自己手里，结果大失所望：指挥全军的帅印竟交给一个钻过裤裆的流浪汉、逃兵。

### 讨来的假齐王

作为天生的军事统帅，韩信当之无愧。他出任汉军大将以后，刘邦的被动和受困局面立即改观。

拜将仪式结束后，刘邦敬韩信一杯酒，说："萧丞相屡言将军之才，以将军之见，要平定天下，当如何行动？"韩信道："大王的对手是不是项羽？"刘邦点了点头。韩信又问："大王估计一下，你的力量比项羽如何？"刘邦坦然而答："不如。"韩信道："这就对了，这叫知彼知己。项羽勇冠三军，但他分配不均，诸侯不服。他所用之人都是项氏兄弟，不用贤将。有功当封人，他又舍不得把印交给功臣。见士兵负伤，他也会掉眼泪，这是妇人之仁。这种人成不了大事。大王你虽喜骂人，但你入关中秋毫无犯，与民约法三章，大得人心。你又赏罚分明，举贤任能。虽暂时弱小，终必强大，定能取项羽而代之。"

接着，韩信又要刘邦以王侯之官封赏有功之臣。在军政大计上，他定下关中以为基地，再出燕代以为羽翼。这样先从战略上包围项羽，然后再合围而歼之。

刘邦一听，大喜："将军果然大才。"就传令三军：必须服从大将军的命令，否则严惩不贷，并授予韩信先斩后奏之权，要他放手去干。

当时的形势是,项羽从咸阳退回彭城时,大封诸侯王。他封刘邦为汉王,以南郑为都。为了堵死刘邦东出之路,还封三个秦军降将章邯、董翳、司马欣为关中王,想把刘邦死死地封闭在关中。因此,刘邦要东出,第一目标就是首先消灭关中的三个对手。

纵观韩信在楚、汉战争中的用兵指挥艺术,主要有以下一些方略。

### 明修栈道,暗度陈仓

刘邦退回汉中后,张良建议,把长安到汉中的五百里栈道烧掉,以此迷惑项羽,表示自己无复东出之意。韩信一上任,又命将军周勃率五百人去修栈道。周勃埋怨人太少,韩信告诉他,只管修,别的不要问。章邯见汉军就派那么几百个人修子午谷五百里的栈道,不知要修到何年何月,就大笑韩信不会用兵,只会钻裤裆,也就放松了警惕。

正当章邯得意之时,公元前204年,韩信率大军出陈仓道,绕过子午谷,突然出现在章邯的儿子章平坚守的郿城下。韩信采取攻一观一挟一的战术:先派兵封闭司马欣的东出之路;又派人威胁董翳,警告他不要与汉军作对;然后全力攻章邯父子。章邯一灭,司马欣和董翳就只好投降,只用了三个月,关中就为刘邦所有。

### 智渡黄河,巧擒魏豹

占领关中之后,刘邦命韩信率兵出临晋,擒魏豹。魏豹乃六国魏国的后代,项羽大封诸侯王时,封他为魏王。起初,魏豹拥汉反楚,后见刘邦东征项羽失败又背汉向楚。为了完成对项羽的战略包围,出关第一个目标就是魏豹。他占据着今陕西东部、山西西北部一带的地方。

当韩信率军到达陕西与山西交界的临晋渡口时,见黄河对岸的魏军刀枪林立,军营整齐,连绵十几里,一副严阵以待的样子。韩信知道如果强渡,会造成

很大伤亡。于是他派灌婴率军在临晋渡口多扎营帐,夜间多置火把并大声喧哗,以吸引对方的注意力,然后,自己率主力偃旗息鼓、溯流而上三百里,到达夏阳后,从侧后向魏国腹地挺进。

此举无异神兵天降,在临晋渡口守卫的魏军见后方有敌,就撤军救援。而这时坚守在渡口对岸的灌婴见魏军后退,就挥军渡河,与韩信内外夹击魏军。魏军大溃,魏豹见大势已去,只好投降。

### 背水一战,歼赵卒二十万

此时,刘邦正在荥阳、成皋一线抵御项羽的进攻,兵力十分吃紧。待攻魏战争一结束刘邦就从韩信那里把所有的精锐部队抽去守成皋,只让韩信带三万临时招募的新兵去山西代地歼敌。

赵王歇也是项羽封的诸侯王,属六国之后。他见韩信来攻,就找主将陈余商量对策,陈余说:"我有二十万大军,韩信只有三万新兵,怕他干什么?"并大言不惭地说:"这一次要好好杀一杀韩信这个钻裤裆的威风,堂堂正正打一仗。"但军师李左车并不乐观:"韩信拜将之后,定三秦,擒魏豹,足见此人极能用兵,不可小视。"并建议赵王:坚壁清野,不与韩信正面交锋,派兵袭击韩信的运输线,使之进不能,退不得,不出半个月,就可取韩信的人头。陈余一听,嘲笑李左车的意见是腐儒之论。李左车一听,愤怒而起,并拂袖而去。临走时说:"我等着韩信取你们的人头。"

韩信听说李左车的意见被否定之后,大喜过望,就率军越过太行山的八大关隘之一的井陉口,直抵赵军所在地,与赵军隔泜水而阵。

察看地形之后,韩信就开始调兵遣将,部署方略:派将军傅苍率两千人距赵营十里埋伏;见赵军出营后,拔掉赵旗,换上汉旗。派将军灌婴、周勃各率两千人在距赵军前进之路的十里之处左右两

翼埋伏；侍汉军吃紧时，从侧翼攻击赵军。韩信本人则率大军大张旗鼓地背靠泜水向赵军进攻，并告诉诸将："晚上出发，消灭赵军后再吃早饭。"

第二天天刚微亮，韩信就率军擂鼓呐喊向赵军进攻。赵王歇和陈余见汉军背水列阵，想把汉军打下水去，就倾巢而出与汉军激战。待赵军一出，汉将傅苍就占领了赵军营地并换上汉旗。而周勃与灌婴就在汉军快要支持不住时，从两翼杀来。经此一击，赵军大乱后退。又见自己营地尽是汉军旗帜更是心惊不已。韩信见此，挥军反击，与周勃、灌婴、傅苍夹击赵军。赵军大溃，赵王被擒，陈余被斩，李左车失踪。

借得胜之威，

不战而下燕之七十二城

平定赵地之后，韩信派人找到李左车，说："陈余如听你之言，我的人头早没了。现赵地已定，我下一步该怎么办，请先生教我。"李左车就建议韩信借得胜之威，传檄幽燕，这样就可不战而胜。韩信听后，觉得有理，就派人给燕王臧荼去信，陈说利害，要他投降。燕王见大势已去，只好率军投降了韩信。这样，汉军就不费一刀一箭就得到了燕国七十二座城池。

真可谓风卷残云，北中国基本上归入汉军范围。然后，韩信又率军下齐地，在潍水以半渡而去之的战术大破楚将龙且的二十万大军。韩信的军事生涯也因之达到顶点。

项羽见韩信如此了得，就派韩信的老熟人武涉去做韩信的工作，要他独立，与项羽、刘邦三分天下。但韩信不听，说项羽只给他个郎中，而汉王却让他当大将，"解衣衣我，推食食我"。他不能背叛刘邦。

这时，齐地辩士蒯彻也劝韩信，要他鼎足而立。蒯彻反复给他分析形势，陈说利害，说他戴震主之威，挟不赏之功。并以历史上白起、文种的事例提醒他，还以看相算命来打动他。蒯彻说："从你的前面看，位不过封侯，而且危而不久，如从你的后面看，贵不可言。"同时还告诫韩信：机不可失，时不再来，当断不断，以后会后悔的。可韩信亦不听，气得蒯彻大骂："竖子不足与谋！"

按理，韩信有如此大的功劳，刘邦应赐他高官显爵。可恰恰相反，与韩信在一起的张耳身无寸功，在平定赵地后，被封为赵王，而韩信只是左丞相。所以，在平定齐地后，韩信以齐人反复、不设王不足以震慑为由要刘邦封他为假齐王。此时，刘邦正在成皋、荥阳一线被项羽打得焦头烂额，盼韩信来救，谁知他要当齐王，气得刘邦破口大骂。后经张良、陈平暗示，刘邦只好违心地封韩信为齐王。

公元前202年，韩信带兵与英布、彭越合围项羽于垓下，使项羽兵败乌江，自杀身亡。四年的楚汉战争终于以汉胜楚败而告终。随着项羽的灭亡，韩信的生命也很快就要结束了。

血溅未央宫

公元前206年，刘邦在长安称帝，史称汉高祖。随着夺取政权的工作告一段落，巩固政权的问题就提上了议事日程。在刘邦看来，对于他的新兴政权尤其是他死后的刘姓王朝最具威胁的、莫过于被他称为汉初"三杰"之一的、有十大功劳的韩信。

称帝刚结束，刘邦为防韩信当齐王时间长了，根基扎稳了，对他不利，就把韩信由齐王改封楚王。因为韩信太能用兵了，所以封楚王不久，刘邦还觉得不放心，就想削掉韩信的楚王封号。

罢人家的官，总得要有个罪名。于是刘邦就暗中指使人上告韩信谋反，以伪游云梦之计，把韩信抓入长安，贬为淮阴侯，放在自己眼皮子底下看管起来。

可时间一长,刘邦觉得韩信这样的人即使在京城也是个隐患,就开始对韩信下手了。

汉高帝十一年,在代地的陈豨谋反,刘邦亲率大军平叛。临行时,他妻子吕后哭哭泣泣地说:"你远离京城,一旦祸起萧墙,怎么办?"刘邦想了一下说:"天下刚平定,谁会造反?如要出问题,定是韩信。此人功大才大,被削职闲居,牢骚很多。"他交代吕后,有事找萧何,因韩信是萧何请回来的,两人感情较好。

吕后是个心狠手毒的妇人,就在刘邦率军离京不久,她以汉军平叛大胜为借口,要朝臣入宫庆祝胜利,并要萧何去把韩信请来。萧何不敢不从,就去韩信家中请他入宫庆祝胜利。

见是萧何相请,闲居在家的韩信坦然不疑。就随萧何入宫。结果走入未央宫时,被早已埋伏的刀斧手抓了起来,并被押入未央宫的长乐钟室。在一个四周布满帷幔的暗室中,吕后命武士剥掉韩信的衣服,用削得锋利的竹签将其杀死。因据迷信说法,杀韩信这样的功臣,上不能见天,下不能见地,不能用刀,否则要遭天怒。随后,吕后又命人屠灭韩信三族。

刘邦为什么要杀韩信呢?除了维护家天下的需要外,没有别的理由。作为韩信来说,一生有三得,使他功盖天下:一得于秦末农民起义为他施展军事才能提供大舞台,二得于刘邦宽容的用人政策,三得于朋友的鼎力推荐与相助。所以,后人有一副对联,总结了韩信的一生:生死一知己,存亡两妇人。

丞相萧何是韩信拜将的恩人,最后请韩信入宫的亦是萧何。当初若没有河边的洗衣漂妇,韩信会饿死,但最终又死于吕后之手。

所以,作为韩信来说,除了三得之外,还有三失:一失于在拜将时要刘邦以王侯之印封赏有功之臣。此种话,作为人主可以说,应该做,但作为臣子却不能说,这使刘邦对韩信的信任程度大大减弱。二失于讨封齐王。当时韩信手握百万大军,雄踞北方,刘邦正在成皋吃紧。在这种时候要刘邦封他为齐王,明显是要挟,使刘邦证实了自己对韩信的想法,即韩信有野心。三失于被贬后恃功凌人。韩信被贬为淮阴侯后,没有吸取教训,而是恃功自傲,盛气凌人,使刘邦觉得这个韩信留不得。

有一次,刘邦与韩信在宫中闲聊品评朝中诸将的优劣,韩信都认为这些将军算不上一流水平。刘邦突问韩信:"你以为我能带多少兵?"韩信说:"陛下只能带十万兵而已。"刘邦反问:"那你能带多少兵?"韩信十分自负地回答:"多多益善。"意即越多越好。刘邦一听,笑道:"你认为自己如何厉害,怎么被我抓起来了呢?"韩信道:"陛下不能将兵,但能将将。所以,我为你所擒。"

此次谈话之后,刘邦的心病更重了:此人如此狂傲,一旦自己归天,孱弱的儿子刘盈是制不住他的。因此,韩信就死定了。

樊哙是韩信的老部下,每次上朝见到韩信,总是说:"臣拜见大王。"跪拜接送不止,而韩信总是不屑一顾,对人说:"大丈夫怎能与樊哙这种屠户为伍。"樊哙听后,恨得咬牙切齿。因此朝中大臣对韩信是既怕又恨。

因此,像韩信这种军事奇才,既有震主之威和不赏之功,又不想背汉独立,与项羽、刘邦三分天下,唯一的全身保官之计就在于八个字:功成谦让,自善终身。

所以,历史学家司马迁在看过韩信父母的坟后,说:"韩信应该是有前途的,如不恃才傲物,而自损谦让,那他一定是汉朝的周公、吕尚。"但韩信没有这样做,应验了蒯彻的话:望前看,位不过侯,危而不久;望后看,贵不可言。

## 帝师张良

秦始皇二十九年(公元前218年)的一天,一队秦军护卫着秦皇车辇,戒备森严地行进在阳武博浪沙(今河南省原阳县)官道上。突然,从道旁闪出两名刺客,如虎入羊群,直逼黄罗伞盖的车辇,随着一声大喝,只见其中一人手持120斤重的铁锥用力向车辇砸去,随后两人便逃之夭夭。铁锥误中副车,秦始皇大惊失色,立即下令捉拿刺客。但是,刺客借着道旁草木的掩护,早已跑得无影无踪了。

秦始皇遇刺已是第3次了。第1次是荆轲借献燕国地图的机会将匕首藏于图中,赶着"秦皇环柱而走"。第2次是荆轲的朋友高渐离,他用药熏瞎自己的双眼,乔装成说书人,趁给秦皇说书的时机来行刺。这第3次暗杀的主谋,就是后来被人们誉为运筹帷幄的"帝王之师"——张良。

公元前202年,楚汉战争落下帷幕,刘邦即帝位,是为西汉高祖。五月,高祖在洛阳南宫大宴群臣。席间,刘邦问大臣们:"我能夺取天下,而项羽却失去天下,是什么原因呢?"群臣议论纷纷,或赞刘邦胆略过人,或称刘邦能与天下同利。刘邦不以为然地说:"你们只知其一,不知其二。要说运筹帷幄之中,决胜千里之外,我不如子房(张良)……而项羽连一个谋臣范增都留不住,所以他才败在我的手下。"

司马迁曾以为张良是位魁梧奇伟、英气非凡的大丈夫,当他见到张良的画像时大为惊奇——原来张良竟是个貌似漂亮女子的文弱书生。司马迁为什么会有如此臆想呢?这恐怕和张良身居乱世,却不甘雌伏,投身于戎马倥偬的生涯有关。

## 下邳受书

张良(?——公元前189年),字子房。祖父开地,连任战国时韩国三朝宰相。父亲张平,亦继任韩国二朝宰相。张平卒后二十年,即公元前230年,韩亡于秦,张良失去了继承父业的机会,丧失了唾手可得的显赫地位。他胸怀亡国亡家之恨,并把这种仇恨集中于一点——反秦复韩。

其实,韩亡后(韩成为秦的颍川郡),张良家境依然富绰,仅奴仆就有300多人。但年轻气盛的张良却不满足于过眼烟云般的荣华富贵,独对秦始皇灭亡韩国怀恨在心。即使胞弟夭亡,他也无心厚葬,而是悉散家财,四处访求刺客,因此才发生了在博浪沙袭击秦始皇的事件。

行刺未遂,张良被悬榜通缉,不得不逃往下邳(今江苏邳州)躲藏起来。张良这个名字,就是为逃避追捕才改的。

下邳城北有一条沂水,沂水上有一座小桥。张良常常凭栏远眺,借此打发时光。

一日,一位身着布衣,须发皆白,腰系绒绳的老者来到张良跟前,并故意将鞋子扔到桥下,毫不客气地对张良说:"小子,下去给我捡来!"张良十分诧异,犹豫了一下,见他步履蹒跚,老态龙钟,便忍气下桥取来鞋子。老人把脚一伸,说:"给我穿上!"张良跪在地上,恭恭敬敬地照办了。事毕,老人也不道谢,大笑一声,悄然离去。弹指之间,老人又出现在张良面前,赞许道:"孺子可教也。"并相约5天后在此会面。张良觉得这位老人不同寻常,连连应允。

5天后,天刚刚亮,张良前往赴约,想不到老人已在桥上等候多时了。他严厉责备张良说:"同老人约会,为什么迟到呢?!"

再过了5天,张良在鸡叫头遍时就

动身。走近桥头，张良大吃一惊：老人又比他早到了。

又一个5天后，寻找出路的迫切心情，促使张良不到半夜就去桥上等候老人。这次，张良总算赶在老人前面。老人高兴地取出一编竹简书，说："读了这书就可以做帝王的老师了。10年后，你可以干出一番事业来。13年后你会在济北（今山东西部）谷城山下看到一块黄石，那就是我。"老人说完，悠然自得地走了。

张良迫不及待地打开书，一看，吃了一惊。原来，这是一部十分名贵的《太公兵法》。自此，张良如获至宝，手不释卷，把它作为学习的经典。

10年后，陈胜、吴广首揭反秦的义旗，张良果然踏上了建功立业的道路。13年后，张良去谷城，山下确有黄石一尊。老人的预言神奇般地得到应验。

唐代诗人李白在《经下邳圯桥怀张子房》一诗中写道：

子房未虎啸，破产不为家。
沧海得壮士，椎秦博浪沙。
报韩虽不成，天地皆振动。
潜匿游下邳，岂曰非智勇。
我来圯桥上，怀古钦英风。
惟见碧水流，曾无黄石公。
叹息此人去，萧条徐泗空。

从这个故事看，有人授张良兵书是可能的，但授书者成了人格化的神，则未免荒谬。很显然，这一故事纯属后人虚构，经民间传说而成神话。它试图说明，张良聪慧过人，是因为有"神授"。这从某种程度上，又反映出后人对张良的顶礼膜拜。

张良在下邳一住就是10年。他仗义行侠，结交广泛。楚国的项伯（项羽叔父）因为杀了人也逃到下邳，靠着张良的帮助，藏匿起来，他们遂成为莫逆之交。

公元前209年，陈胜、吴广起兵反秦。张良闻鸡起舞，聚集了100多名少年前往呼应。第2年，陈胜被杀，景驹自立为代理楚王，张良又投袂而起，归顺在途中偶然遇到的刘邦，两人心照神交，相见恨晚。在伐秦路上，风餐露宿，张良向刘邦谈论《太公兵法》，把六韬三略和盘托出，深受刘邦赞赏。但张良向别人讲起这些兵法来，却没有一个人能够领悟的。张良因此对刘邦有知遇之感。他喟然兴叹："沛公（刘邦）的智慧大概是上天授的！"

### 西进运筹

这时，另一支反秦义军由楚国项梁率领，义军兵骁将勇，所向披靡。为了统一灭秦步伐，项梁召集各路将领，商议推翻秦朝的大事，刘邦带着张良也应召前往。项梁听从谋臣范增的主张，把在民间牧羊的楚怀王的孙子熊心找来，立为楚怀王，建都盱眙（今江苏盱眙县东北）；项梁自封为武信君。

张良早就立志恢复韩国，于是乘机向项梁建议立韩国之后为王。他对项梁说："您已经立了楚国的后代为王。韩国的后代横阳君韩成很贤德，应该立他为韩王。这样，就可以多树党羽，互相支援，共同起兵反秦。"于是，项梁封韩成为韩王，封张良为韩国司徒（位似丞相），并让张良与韩王成一起带领千余人向西攻打韩国故地。

项梁接连打了几次胜仗，便骄傲起来。秦将章邯乘其不备，大破楚军，项梁被杀。于是，楚怀王从盱眙撤至彭城（今江苏徐州），并命项羽攻打章邯，由北路入关，同时命刘邦西进，直捣秦都咸阳。

刘邦从砀县出发，经成武（今山东曹州）、高阳（今河南杞县西）、白马（今河南滑县东北）等地，攻占了颍川。张良随韩王成一起，赶来相会。刘邦在张良的协助下，连下10余城，迅速平定了韩国地盘。刘邦请韩王成留守阳翟（今河南禹县），自己与张良继续向西进军。

公元前 206 年 6 月，刘邦进军南阳郡。南阳郡守下令死保宛城。刘邦求胜心切，恐宛城久攻不下，延误时日，便想从宛城西边绕道而行，直扑关中。张良深谋远虑，看出了丢掉宛城的弊端。他对刘邦说："如不把宛城攻下，就会陷入后有宛城，前有强兵，腹背受敌、被动挨打的局面，这是兵家之大忌。"刘邦彻悟，遂依张良之计，偃旗息鼓，调兵回师，又在天亮前把宛城团团围住，使南阳郡守不战而降。

南阳本是一个大郡，士民众，积蓄多。刘邦在此招兵买马，储草备粮，兵力很快壮大到两万余人。

9 月，刘邦麾兵趋至蛲关。蛲关（今陕西商州区西北）是南阳通往关中的咽喉要道，也是拱卫咸阳的最后一道关隘。刘邦兵临城下，便欲驱动 2 万兵卒强行仰攻。张良认为，秦有重兵扼守，不可轻敌，与其强攻，不如智取。于是，他建议刘邦一方面派出部分兵卒在附近山头大张旗帜，作为疑兵，迷惑敌人；另一方面准备对把守蛲关的秦将韩荣等人施以重赂，假装议和，趁其懈怠，奇袭蛲关。

刘邦同意了张良的计策。第二天，便派遣谋士郦食其入城，拜见秦将韩荣。依张良嘱托，郦食其一开始即投石问路："天下伐齐，并非沛公一人。若将军肯惜百姓生灵的痛苦，就开关向沛公投降，沛公亦将感激将军，保持禄位。"郦食其故意将"禄位"二字说得有板有眼。

韩荣听出了弦外之音，但仍装出一副正人君子的模样说："本人食秦禄很久，这样做未免太不义了。可否给我 3 天，与诸将共议，或战或降，取决于大家。"

三天后，张良遣郦食其再见韩荣，说："将军忠心耿耿，值得钦佩。今特奉上沛公亲拨黄金千两，表示对将军的崇

敬。沛公已下令退兵，与将军议和。"

韩荣乃屠户子弟，贪图钱财，见利忘义，他对郦食其说："既然如此，权且收下此礼。但我仍然希望大家讲和罢兵，免得生灵涂炭。"

郦食其回见沛公，备道详情。张良建议刘邦派 10 余兵装成百姓模样，各挑一担柴火，中间藏着火炮，从小道绕至关后，放火烧山；再令大将樊哙高举旗帜，鼓噪前进，攻打蛲关。

韩荣自受金以后，认为战事将歇，终日饮酒作乐，毫无戒备。忽见刘邦大军冲至关前，又见关后遍山起火，炮声不绝，遂夺路而逃。关内秦兵群龙无首，乱成一团，降的降，死的死。

拿下蛲关，刘邦兵叩咸阳。

公元前 206 年 10 月，刘邦到达霸上（今陕西西安东），只做了 46 天皇帝的秦王子婴便手捧传国玉玺，向刘邦投降，至此，秦王朝统治彻底瓦解。

## 鸿门无恙

刘邦年轻时，曾在咸阳服过徭役，看到秦始皇车驾出巡，不无羡慕地说："大丈夫应当这样！"

刘邦攻入咸阳，被浩浩荡荡的队伍簇拥着，面对箪食壶浆的百姓，怎能不飘飘欲仙！赶到关中一看，兰台椒房，琼楼玉宇，金碧辉煌，令人眼花缭乱；后宫数千嫔妃，倾国倾城，仪态万方，更令他流连忘返，乐不可支。他跟众将说："当初，楚怀王有约，先入关者为王。如今我先进关了，我就居此以安人心，你们看如何？"卖狗肉出身的大将樊哙虽是个粗人，但此时却粗中有细，劝谏刘邦说："您是想得到天下，还是想当富翁呢？这些奢侈之物正是秦朝灭亡的原因，你要它何用？还是赶快回军霸上，不要留在宫中吧。"但是刘邦不听。张良复谏："因为秦做了暴虐无道的事，您才来到这里。为天下铲除凶残的昏君，就应以朴素为

号召。现在刚刚进入秦宫,就安于和秦王一样享乐,这就叫作'以暴易暴'。况且,'忠言逆耳利于行,良药苦口利于病',樊哙的意见是对的。"刘邦一向倚重张良,听了这番话后,立即还军霸上。

一心称霸天下的项羽,在平定了黄河以北广大地区后,正准备率军入关,听说刘邦队伍已攻破咸阳,气得暴跳如雷。他统率40万大军(号称百万)进入函谷关,威风凛凛地屯驻鸿门(今临潼以东),与霸上(今长安以东)刘邦的军队遥遥相对。

恰在此时,刘邦手下有个名叫曹无伤的将领,为讨好项羽,派人告密说:"刘邦想做关中王,把天下占为己有。"项羽一听,有如火上浇油,准备袭击刘邦。项羽的谋士范增亦顺水推舟进言道:"以前刘邦是个贪财好色之徒。这次入关后,他却不贪财宝,不近女色,可见他志向不小。应该尽快消灭他,千万不可坐失良机!"

谁知项羽剑拔弩张要消灭刘邦的计划却惊动了左尹项伯。为报张良昔日救命之恩,项伯连夜骑上快马,直奔刘邦驻地。他找到了张良,把项羽的计划和范增的主张告诉了他,劝他赶快离开刘邦,免得成为刘邦的陪葬品。

张良闻讯,心急如焚。但他头脑冷静,足智多谋,灵机一动,便对项伯说:"我奉怀王之命,送刘邦入关,现刘邦有危,我却偷偷走掉,这样做太不讲义气了,请容我向刘邦辞个行吧。"项伯只好应允。

张良把项伯透露的情况赶紧禀告刘邦。刘邦听后大吃一惊。张良问刘邦:"您估计,您的士卒能够挡住项羽的士兵吗?"刘邦默想了一会,说:"当然不能,但是有什么办法呢?"于是,张良力劝刘邦拜会项伯。

项伯碍于情面,只好接受刘邦的求

见。刘邦像款待久别的故友一样招待项伯。张良频频为项伯斟酒,并说刘邦有个女儿仍待字闺中,愿许配给项伯的侄子项东。项伯来不及细想,张良伸开双手把项伯的袍角与刘邦的袍角提起来系在一起,然后用剑一割,两人的袍子各落下一个角。按风俗,刘邦与项伯就这样成了亲家。在张良的暗示下,刘邦又对项伯说:"我入关以后,清查了人口,封存了府库,一丝一毫不敢自取,只等项羽到来。我之所以派兵守关,是防止其他盗贼的出入,日日夜夜盼望项羽的到来,哪敢谋反呢?还是请您把这些情况告诉项羽吧。"项伯信以为真,满口答应,并对刘邦说:"明天早晨,您务必去向项羽说明,表示歉意。"

项伯离营被范增发现了。考虑到天机已被泄露,范增不得不放弃偷袭的计划。项伯回营后,把刘邦的话如实报告给项羽,并说:"刘邦先攻入关中,你不但不赏,反而要进攻人家,这是多么不义啊!你应该好好招待他。"

第二天清晨,刘邦依项伯之约率张良等人来到鸿门,向项羽赔罪说:"我和将军合力攻秦,您纵横黄河以北,我转战黄河以南。没有想到我能首先攻入关中推翻秦朝,在这里与您重逢。现在竟有小人从中挑拨,使我们兄弟之间发生误会。"项羽脱口答道:"这都是你的麾下曹无伤说的,要不然,我哪能如此呢?"言毕,请刘邦赴宴。席间,老谋深算的范增频频向项羽示意,要他下决心杀掉刘邦。可是项羽毫无反应,依旧饮酒。

范增见项羽无意杀刘邦,又生一计。把大将项庄叫来,让他向刘邦敬酒,然后借舞剑助兴之机,杀死刘邦。张良看穿了范增的用意,并向项伯示意。项伯拔剑与项庄对舞,并用身体时时掩护"亲家"刘邦,使项庄无法下手。

由于张良遇事机警,鸿门宴仅仅成

为一场虚惊。它使刘邦及其军队避免了一场残酷的血战，也为刘邦统一天下提供了重要的契机。对此，范增倒是一针见血、十分气愤地对项羽说："将来和你争夺天下的必定是刘邦，我们就等着做他的俘虏吧！"

### 明烧栈道

鸿门宴后，项羽率人屠了咸阳城，杀了子婴，又放火烧了阿房宫。"项羽一炬火，骊山三月红"，咸阳腥风阵阵，满目荒凉，变成一片废墟。

与此同时，项羽又派人去见楚怀王，要求更改以前的盟约，被怀王拒绝。桀骜不驯的项羽恼羞成怒，一气之下把怀王迁往江南，建都郴县（今湖南郴州）。表面上仍尊称他为"义帝"，实际上却剥夺了他的权力。

公元前206年2月，项羽自立为西楚霸王，定都彭城，并擅自分封18个诸侯王。为限制刘邦发展，借口巴、蜀也是汉中之地，封刘邦为汉王，统领遥远的巴、蜀地区，建都南郑（今陕西汉中）。范增为彻底牵制刘邦，堵塞他东进的道路，又建议项羽三分关中，把秦朝降将章邯封为雍王，统领咸阳以西地区，建都废丘（今陕西兴平东南）；封司马欣为塞王，统领咸阳以东，黄河以西地区，建都栎阳（今陕西临潼以北）；封董翳为翟王，统领上郡（今陕西北部），建都高奴（今陕西延安）。

刘邦见项羽背信弃义，忍无可忍，想发兵攻打项羽。张良认为：在敌众我寡的形势进攻，等于自投罗网，不如暂作退让，先巩固巴、蜀，养精蓄锐，再伺机起事。刘邦别无选择，长叹一声，答应了张良的请求。

张良把所受赏赐的黄金百镒、珍珠二斗全部转赠给项伯。刘邦洞悉张良的意图，给张良许多财宝。张良请项伯在项羽面前为刘邦求取汉中之地。项羽居然应允。这样，汉中地区名义上划归了刘邦。

4月，各诸侯王分别回到各自的封地。张良原本是韩王成的臣下，且一心惦念韩王成，不能跟随刘邦到南郑，但又依依不舍。张良护送刘邦，一路上经杜县（今陕西西安东南），入蚀中（今安南，即子午谷），很快到达褒谷（在陕西褒城）。

褒谷又叫褒斜道，位于崇山峻岭之中，山高谷深，悬崖陡峭，蜿蜒数百里，中间有褒水流过，历来是从陕入川的南北通道和兵家必争之地。因悬崖绝壁，无路可行，人们就在半山腰的石壁上凌空驾设栈道，真可谓一夫当关，万夫莫开。张良望着栈道，突发奇想，奏请汉王："您走后可以把栈道烧掉。"汉王不解其意，张良不厌其烦解释道：

"留着它对汉家有三害，烧了它有三利。第一，烧了栈道对汉家来说，易聚不易散。汉王到南郑去是为发展力量，但我们带去的这10万人中关东人多，到了南郑以后，万一水土不服，谁愿在那儿受罪呀？要是留着这个栈道，用不了多久，这10万人就变成了一盘流沙；把它烧掉，大家知道回不去了，也就安心待在南郑了。这就是烧了它的第一利，反之就是一害。"

"第二，烧了栈道，奸细不能往来，您在南郑收录巴、蜀两郡之民，养兵练将，聚草屯粮，爱怎么做就怎么做，项羽不会知道。不然，您在南郑的作为都不能逃过项羽的耳目，这样，只要您力量有所壮大，项羽就会先发制人，进兵南郑或派兵把住要塞，您怎么可能卷土重来呢？这是烧了栈道对汉家的又一利，反之，不是又一害吗?！"

刘邦认为，张良的分析切中要害，连连称是。张良接着说："烧了栈道，项羽无西顾之忧了，您不再是项羽的眼中钉、肉中刺,这就在客观上麻痹了项羽,他自会放松对您的戒备。将来汉军养足了锐气,可以出其不意,攻其不备。这不是烧了栈道对汉家的又一利,不烧栈道的又一害吗?"

刘邦依照张良的意愿,果断放火烧掉了栈道。

张良回到了韩国。由于他辅佐了刘邦,引起了项羽的忌恨,所以项羽不让韩王成到封国去,而是把他带到彭城。项羽到达彭城后,又把韩王成降为穰侯,不久就把他杀了。

8月,刘邦接受韩信的建议,避开雍王章邯的正面防御,暗度陈仓(今陕西宝鸡)故道,从侧面出兵关中,打败了雍王章邯,塞王欣、翟王翳也先后归降,扫除了东进道路上的拦路虎。项羽听到三秦平定的消息,封郑昌为韩王,准备对付刘邦。张良唯恐项羽攻打刘邦,就给项羽写信说:"汉王名不符实,所以他想得到关中。只要按当初的约定得到了关中,他绝不敢再向东发展了。"

此时,由于项羽分封不公,田荣首先在齐国举兵反抗项羽;陈余没有被封为王,也对项羽不满,便跟田荣联合起来对付项羽。张良又把田荣、陈余联合反抗的事告诉了项羽,试图转移项羽对刘邦的注意力。项羽果然掉戈北上攻打田荣。

张良扶韩不成,乘乱西逃,复归刘邦,被封为成信侯。

刘邦恢复关中后,建都栎阳;田荣战败被杀,但田荣的儿子田广自立为齐王,继续对抗项羽。

项羽知道汉王刘邦已经向东推进,但一时又无可奈何,便决定先击败田广,平定齐地,然后再去攻打刘邦。这就给刘邦造成可乘之机。

### 下邑之谋

汉王二年(公元前205年),刘邦率领56万大军经过洛阳到达外黄(在今河南兰考东南)。原来跟田荣联合,反对项羽的彭越,这时也率领3万人归属刘邦。刘邦封他为魏相国,转战梁地,自己亲率大军直扑彭城。

项羽闻讯,急领3万精兵回师彭城。刘邦孤军深入,遭到项羽勇猛的反击,汉军伤亡20余万人,刘邦率数十名骑兵逃至下邑(今江苏砀山)。

彭城之战不仅使刘邦的主力受到意想不到的惨重损失,而且连先前投降刘邦的诸侯也纷纷倒戈,又投靠了项羽。刘邦顿感前途黯淡,统一天下的希望似乎要破灭了,他单枪匹马困在下邑,牵挂原已攻获的关东地区,恐因时变亦被项羽夺去,遂对左右说,愿把关东地区让给能与他共建大业的人统领。

张良深谋远虑,向刘邦举荐了3人:一位是楚国的猛将九江王英布。他因受项羽指使坑杀秦降卒20万而声名狼藉,并由此对项羽心生怀疑和忌恨。项羽与田荣作战时,曾征调他支援,他谎称有病,只派数千人前往敷衍。彭城之战,项羽令他前来相助,他又按兵不动,可见,可以策动他反楚。另一位是在梁地反抗楚军的彭越。他独掌万余兵马,但没有安身立命的地盘,对项羽心怀不满,亦可以派人联合。还有一位是韩信,在汉军中只有他能独当一面,可以委之重任。张良对这三人的力量、处境洞若观火,遂建议刘邦把关东地区许给这三人。刘邦转忧为喜,即派人分路游说九江王英布,联合彭越,调遣韩信。不久,一个内外联合、共同打击项羽的军事联盟结成。后来,刘邦就是借助这三股力量,最终打败了项羽,夺回了天下。

### 借箸画策

公元前205年5月,刘邦收集余部,移军荥阳(今河南荥阳县东北)。萧何也从关中送来了补充的兵员、物资,汉军军威复振,把项羽阻拦在荥阳以东。

敖仓是秦代建立的天下著名的粮仓，它位于荥阳西北的敖山上。刘邦下令在荥阳和敖仓之间修筑甬道，以便安全取用敖仓的粮食。

为了削弱项羽，刘邦派韩信渡过黄河，进攻安邑（今山西省夏县）。9月，韩信活捉了魏王豹，从侧翼声援刘邦，孤立项羽。

12月，项羽调兵遣将进攻刘邦，把荥阳团团围住，又趁机堵塞了甬道。汉军粮草匮乏，渐渐难以撑持局面。刘邦寝食不安，便把谋士郦食其找来商量对策。

郦食其此时年逾花甲，已没有了随刘邦下陈留、攻蛲关时的机智。面对项羽围困孤城，便提出"分封六国后裔以削楚"的权宜之计："从前商汤讨伐夏桀，在杞国封亡国国君的后代；周武王讨伐商纣王，在宋国封亡国国君的后代；秦始皇失德弃义，侵占诸侯国家，灭了六国，使六国的后代没有立锥之地。陛下果真能再立六国的后代，全都授给他们国王的大印，这样各国国君和臣子百姓一定都对陛下感恩戴德，无不向往您的声望，仰慕您的仁义，甘作陛下的下属臣妾。德义一施行，陛下就可以南面称霸了，项羽也必将整肃衣裳前来朝谒汉王。"

刘邦听了，连声称善，下令赶制大印。

郦食其正准备到各地行封，恰好张良外出归来。汉王正在吃饭，他高兴地对张良说："有人为我谋划了削弱楚军的计策。"汉王就把郦食其的计划一五一十地告诉了张良。张良脱口而出："如果陛下按郦食其的主意行事，陛下的大事就完了！"汉王大惑不解，如坠五里雾中。张良随手执箸（筷子），比比画画地讲出一番道理来。

张良说："从前商汤讨伐夏桀，封亡君后代在杞国，是因为他能置桀于死地；如今陛下能置项羽于死地吗？"汉王说："不能。"张良说："这是不能分封六国后代的第一个原因。

"周武王讨伐商纣王，封亡君后代在宋，是因为他有实力取下商纣王的首级，如今陛下能取项羽的头吗？这是不能分封的第二个原因。"

"周武王进入殷的都城，表彰殷时贤人商容，释放被拘禁的箕子，加高比干的坟墓；如今陛下能修建圣人的坟茔，表彰贤人，尊重智者的门第吗？"汉王说："不能。"张良说："这是不能分封六国后代的第三个原因。"

张良进一步反问道："先人发放钜桥的粮食，散发鹿台的钱财，用来赐给贫穷的老百姓，陛下如今能散发府库的粮食和财钱给老百姓吗？武王灭商以后，收起战车而用坐车。把武器搁置起来，并用虎皮覆盖，向天下表示不再用兵，现在陛下能停止武备，施行文治，不再用兵吗？武王把马放在华山的南坡，表示不再打仗，如今陛下能放牧战马不再打仗吗？周武王曾经把牛放养在桃林的北面，表示不再运输和储积粮草，如今陛下能不再运输和储积粮草吗？这些是不能分封六国的另外四个原因。"

张良最后指出："天下的游士离开他们的亲属，抛弃祖先的坟墓，远离他们的故人旧友，跟随陛下走南闯北，日夜盼望的只是能得到一小块封地。如今，陛下想再分封六国，拥立韩、魏、燕、赵、齐、楚的后代为王，天下的游士就会各回其国，各事其主，和自己的亲友团聚，回到故里扫祭坟墓，陛下和谁一起夺取天下呢？这是不能分封六国的第八个原因。况且，如今楚强汉弱，六国即使勉强重建，也会受到压力而屈从楚国，反抗陛下，这难道不是惹火烧身吗？"

汉王听得目瞪口呆，辍食吐哺，痛骂郦生："这个书呆子，差点坏了老子的大事！"便下令销毁所有的印章。

张良的分析确实鞭辟入里。当初，陈胜起兵时，六国也都想推翻秦朝，反秦的目标是一致的。陈胜分封六国的后代，暂时还可以起到联络余党、孤立秦朝的作用，况且当时天下的土地并不归陈胜所有，所以陈胜把秦朝的土地分封给六国的后代，既有美名又有实惠。但是，对刘邦来说就不同了。楚汉相争，胜负未卜，且呈楚强汉弱之势，六国诸侯并非全都反对项羽；如果刘邦把自己的土地分封给六国的后代，就等于削弱了自己，帮助了敌人。这是一种"饮鸩止渴"的办法。况且，秦朝灭亡后，项羽在并未站稳阵脚时，也曾分封诸侯，结果众叛亲离，兵戈迭起，搬起石头砸了自己的脚。此乃前车之鉴。张良力拒分封表现了他对当时形势有清醒的了解，显现出一个古代谋略家的远见卓识和雄才大略。

### 抚绥齐王

韩信为将，豁然大度，善谋略，知己知彼，攻则必破，守则必固，每战皆胜，是楚、汉战争中不可或缺的中枢。

公元前203年11月，韩信奇计破齐后，派人送信给刘邦。信中说："齐国伪诈多变，反复无常，又紧靠楚国，请封我为假齐王，以便镇服齐国。"刘邦读罢，火冒三丈，大骂道："我被楚军围困，日夜盼望你来协助我，你倒要自立为王！"张良深知韩信的重要：如果他归顺刘邦，刘邦就会胜利；如果他投靠项羽，项羽就会打败刘邦。于是，张良用脚尖踢踢刘邦，暗示他不要再说下去，并且俯在他耳边说："现在形势对我们不利，哪能阻止韩信自立为王呢？不如顺水推舟封他为齐王，让他安心驻守齐国。否则，后果不堪设想。"刘邦幡然彻悟，改口骂道："大丈夫能平定诸侯，就可以立为真王，何必做假王呢？"于是，他立即派张良前往授印。张良不顾路途危险，穿越犬牙交错的战场，从荥阳直达齐都临淄（今山东中部），

授印册封。韩信抚摸着朝思暮想的金印，不禁眉开眼笑。张良趁机劝说他发兵攻楚，韩信也满口允诺。

在荥阳战场上进退两难的项羽，自思无法抽调部队对付侧翼韩信大军，于是，利用与韩信"有故"的关系，派说客武涉诱劝韩信"反汉，与楚连和"。韩信义无反顾地回答："我跟从项羽，官不过郎中，位不过执戟，言不听，计不用，而汉王对我则言听计从，解衣推食，并封我为王，我不能辜负汉王！"武涉后脚出门，项羽谋士蒯彻前脚跨进韩府，唆使拥有重兵的韩信说："三分天下，鼎足而居"，也被韩信婉言拒绝了。

张良抚绥韩信，虽为权宜之计，但小小一个封印却为刘邦赢得了楚汉天平上最为关键的一个筹码。由此可见，他的远见卓识确实高人一筹。

### 投桃报李

经过长期相持，楚汉战争的格局已经发生了根本性的改变，实力对比越来越有利于刘邦。韩信在黄河中下游稳住了阵脚，从东北方威胁项羽；彭越等人又不断从南方骚扰楚军，使项羽四面受敌。

色厉内荏的项羽顿生一计，要求与刘邦单独比武，刘邦单骑出阵与项羽对话。明枪易挡，暗箭难防，项羽趁其不备，放箭射中刘邦的胸部。刘邦怕影响军心，便摸着自己的脚趾说："虏中吾趾"，然后从容退入军营，因伤重卧床。张良入帐请安，好言加以宽慰。

项羽见刘邦中箭，兴高采烈。试图乘刘邦病危，军心浮动之际铲平汉营。

张良看出了项羽的用心，力劝刘邦忍痛巡视军营。汉军将士见刘邦安然无恙，愁容顿释。项羽探听到刘邦仍在军中巡行，惆怅不已，终不敢贸然轻举妄动。

项羽一计不成，又生一计。以送回被扣押的刘邦父亲和妻子为条件，谋求

停战议和,企图获得喘息之机,以便东山再起。

公元前 202 年 9 月,刘、项签订了楚汉并存的和约,这就是历史上著名的"鸿沟议和"。

鸿沟是战国时修凿的水利工程。它沟通了中原地区的黄、济、汝、淮、泗诸河,是当时重要的水利交通干线。鸿沟议和,是以鸿沟为界,东归楚,西归汉。它在客观上标志着项羽已彻底失去了军事上的优势。

项羽率军佯装东归。

刘邦自反秦以来,转战数年,出生入死,鞍马劳累,几次幸免于难。楚汉议和后,他也向西撤兵。

当局者迷,旁观者清。张良听到刘邦与项羽签订"鸿沟和约"之后,力阻刘邦西撤。他认为,此时正是消灭项羽,夺取天下的大好时机。如果中途休战,就会前功尽弃。他对刘邦说:"现在,您已经占据了大半个江山,各路诸侯皆已归附,不如毕其功于一役,穷追猛打。否则,给项羽以喘息之机,就会养虎遗患。"刘邦觉得张良言之有理,又念项羽多次背信弃义,急令汉军跨越鸿沟,挥戈东向。

10 月,刘邦追击项羽来到固陵(今河南太康南)。此前,刘邦已和韩信、彭越约定,在固陵会师,共剿项羽。可是,韩信、彭越迟迟不到。楚军趁刘邦孤军深入,又把汉军杀得大败。刘邦只得退守要塞,掘堑坚守。

韩、彭罢兵,急得刘邦六神无主,七窍生烟。张良分析道:"韩信的老家在楚地,他还想扩大封地。至于彭越,魏王豹已死,且无后代,任魏相国的彭越也想称王。总之,在楚兵将破而韩信、彭越未有分地的情况下,他们不来固陵是可想而知的。"接着,张良提出了具体的分封方案:把陈州以东直到海边的土地(今安徽、江苏两省的淮北地区)都加封给韩信;而把睢阳以北直到谷城地区(今河南东部及山东西部)划给彭越。张良断言:如是而行,韩、彭二人必来会师,楚军定将被打败,否则,鹿死谁手,不得而知。

张良所言,可谓入木三分。刘邦欣然接受,遂传令册封。韩、彭受封后果然麾军直扑固陵。12 月,汉军各路队伍把项羽围在垓下(今安徽省灵璧南)。金鼓齐鸣,战马奔驰,在汉兵十面包围下,项羽已成瓮中之鳖。

### 风筝破楚

常言道:"饿死的骆驼比马大。"项羽尽管被困垓下,但仍有 8000 楚兵保护他。他在山沟里扎下 20 里连营,仗着粮草殷实,一时间刘邦也真奈何不了他。

张良对刘邦说:"8000 楚兵不消灭,项羽就完不了。但这些楚兵个个英勇善战,本事高强,又盘踞险要地形。硬打强攻必然伤亡很大,应当用计退敌,才能保全有生力量。"刘邦按捺不住心里的高兴道:"用什么妙计呢?"张良说:"楚兵跟随项羽征杀,离乡日久。作战顺利时不易思念家乡,但身陷重围则容易思念亲人。现在他们连连失败,被困深山,前途未卜,已是走投无路。如能勾起他们思乡之情,定会军心涣散,不战而降。"

于是,便有了张良吹箫,汉军以楚声相和,一夜之间"唱"退了 8000 楚兵的传说。其实,张良破楚不仅仅只靠吹箫,有人说,还使用了别的"秘密武器"。

张良回到营中,本想用箫吹出楚调,让楚兵听到家乡的声音,勾起思乡的感情。可是转念一想:霸王军营 20 里,兵士们分散驻扎,自己这一支箫吹得再响,也传不到半里远。近处的听了,但远处却无法听到,项羽的军队照样垮不了。张良又苦思冥想,终于有了主意。

他派士兵上山砍来茅竹,选取粗竹子劈成竹篾,再把竹篾弯弯捆捆,扎成鸟形,上面糊了薄纸,做成纸鹞。又派人选取细竹子截成小段,做成哨子,绑在纸鹞上。

晚上,月明星稀,空中刮着微风,张良开始用计了。他命令士兵们拿着线绳、纸鹞分散到四面山岗上去等候,自己则登上了山坡的风口,在一块石头上坐下来,用箫吹起了哀怨、低沉、凄凉的楚地小调。附近的士兵听了,好不伤心,先是叹息,后来忍不住落下眼泪,发出悲声。这个时候,四面山岗上的汉军一齐放起了纸鹞。纸鹞飘荡在项羽军营的上空,黑压压的一片。微风吹来,纸鹞上的哨子呜呜作响,鹤唳鸿哀,凄凄惨惨,如泣如诉,所有的士兵都不禁受到感染,哭声惊天动地。有的楚兵议论道:"整天打仗,有家难归,弄不好连个尸首也留不下。眼下大势已去,这仗还为谁打呀?死保霸王还有何用呢?干脆散了罢!"楚兵便把盔甲一甩,兵器一扔,做了刘邦的俘虏。

项羽还在帐中和虞姬喝着闷酒。虞姬到底是女人,心细,听到楚调、哭声,知道末日已到,把剑一举抹了脖子。霸王成了孤家寡人,翌日,在乌江边上自刎而死。

后来,人们喜欢放风筝,据说就是从汉朝张良那儿兴起的。

### 劝都关中

公元前 202 年,刘邦即帝位,史称汉高祖,建立了汉朝。

汉王朝已立,但都城地址未定。有人建议都洛阳,言都洛阳者皆山东故人。可是,娄敬却劝高祖都关中,高祖觉得娄敬所言有理,却又拿不定主意,便问张良。

张良想到,夺取天下后,高祖在采用秦的郡县制的同时,部分地实行了周的分封制,各路异姓诸侯王割据一方,蠢蠢欲动,构成对汉王朝的严重威胁。因此,尚在襁褓中的汉王朝还存在着潜在的不安定因素。建都应首先考虑到怎样有利于控制异姓诸侯王。张良权衡一番后,向高祖力陈都洛阳之弊,都关中之利。他分析道:"首先,从军事上讲,洛阳虽然四周有山河险阻,但地处中原,容易四面受敌。而关中东有崤山、函谷关作为屏障,西有陇水、蜀水作为依靠,屏山带水,比洛阳地势更为险要。如扼守关中三方,独以一面控制诸侯,其势亦如高屋建瓴。因此,无论诸侯安定或变乱,关中都是能攻善守的战略要地。其次,从经济上讲,洛阳方圆数百里,地少田薄,而关中沃野千里,再加上南有富饶的巴蜀,北有丰茂的牧地。当诸侯有变时,可以凭借黄河、渭河两条交通大动脉,从关中顺流而下,输送军需到东方。更重要的是,从政治基础上讲,关中比洛阳优越。汉军兵入咸阳,秋毫无犯,深受关中之民的拥护。楚汉相争中,关中又成为汉军的可靠后方。总之,关中对西汉王朝来说,是所谓'金城千里,天府之国'。"

刘邦采纳张良、娄敬的建议,毅然迁都关中。时已入夏,和风吹拂,垂柳摇曳。洛阳城内,人声鼎沸,车水马龙。高祖率文武百官浩浩荡荡开往关中。

### 秦封雍齿

汉王朝初定,刘邦大封功臣。张良虽无疆场格斗之功,但有运筹帷幄之劳。因此,高祖让张良"自择齐 3 万户"为封邑。"大城名都"的人口只有秦时的五分之一,且齐地位于黄河下游,经济发展较早,素以富饶著称。因此,在凋敝、萧条的汉初,齐地 3 万户是极厚的食禄。与一些大臣争功的态度相反,张良却婉言谢绝了高祖的赏赐。他说:"当初我在下邳起事时,跟陛下在留城(今江苏沛县西南)相遇,这是天意成全,把我交给陛下。所以把留地封给我,我就心满意足了,哪里还敢要 3 万户?"高祖接受了他的请求,封张良为留侯。

当时,刘邦分封了20余名大臣。其他人日夜争功,使刘邦左右为难,无法再封。一天高祖看见将领们三三两两坐在沙地上交头接耳,就问张良他们在议论什么。张良故作惊讶地说:"难道陛下还不知道吗?他们在密谋造反呢!"高祖大吃一惊:"现在天下刚刚安定,他们为什么又反叛呢?"张良告诉高祖:"自从您当了皇帝后,封的都是像萧何、曹参等亲近的人,惩罚的都是你平时仇恨的人。这些聚在一起的将军怕轮不到受封,当然,天下哪来那么多的土地封赏每一个有功的将士?——又怕皇帝计较他们以前的过失而被收拾,自然就聚集在一起谋反。"高祖发愁了,不知如何是好。

张良给高祖出了个主意,要他马上封一个大家都知道是皇上最痛恨的人,来安定人心。于是,高祖大摆酒宴,当场封雍齿为什方侯。原来,雍齿与高祖曾是旧交,但雍齿多次侮辱高祖,也曾背叛过高祖,但高祖念他功劳大而不忍心杀他。那些功臣在宴会上见雍齿被封了侯,都高高兴兴地说:"雍齿尚且封侯,我们就更无所顾虑了。"

北宋史学家司马光评论这件事说,张良这样做,使高祖避免了"阿私之交",使群臣消除了"猜惧之谋","国家无虞,利及后世。若良者,可谓善谏矣。"北宋政治家王安石亦赋诗赞道:

汉业存亡俯仰中,
留侯当此每从容。
固陵始议韩彭地,
复道方图雍齿封。

## 功成身退

汉朝建立后,由于统治阶级内部的矛盾和斗争日益尖锐和激发,举止如妇人的张良又体弱多病,更加上张良目睹彭越、韩信等有功之臣的悲惨结局,又联想范蠡、文种兴越后的或逃或死,深悟"狡兔死,走狗烹;飞鸟尽,良弓藏;敌国破,谋臣亡"的哲理,他索性"等功名于物外,置荣利于不顾",杜门谢客,深居简出,采取明哲保身,功成身退的态度,专心修心养性,崇信黄老之学,静居行气,欲轻身成仙。但吕后感谢张良建议起用"商山四皓",巩固了太子的地位,劝他毋自苦,张良最后还是听了劝告,仍就食了人间烟火。

以往史家,多对张良晚年消极引退加以非议,殊不知,张良至死仍倾向国事,参与朝政。况且张良引退不仅确有权宜利弊的深算,还有让权于后人的远虑。

事情是这样的:公元前197年,皇室内部发生了戚夫人争宠夺嫡的事件。高祖本来立了吕后的儿子刘盈为太子,但以后吕后常留长安,而戚夫人则与高祖形影不离,深受宠爱。一方面戚夫人经常向高祖哭诉,请求废掉刘盈,改立自己生的如意为太子。另一方面,高祖对太子刘盈也不大喜欢,经常说"如意类我";太子刘盈"仁弱","不类我"。于是,高祖便想废掉刘盈,改立如意为太子。当时,许多大臣竭力谏争,高祖始终不肯改变主意。

吕后一筹莫展,只得让她哥哥、建成侯吕释之去找张良。

吕释之对张良说:"您是陛下的谋臣。现在陛下要废掉太子,您哪能放手不管呢?"张良推辞道:"以前陛下打天下的时候,经常处在困厄之中,所以才肯用我的计谋;现在天下安定,陛下从恩爱出发,想另立太子,这是骨肉之间的事,就是有一百个张良也没有用处。"吕释之赖着不走,一定要张良出主意。张良实在推脱不过,就献计说:"这件事用口舌是争不成的。天下有四个老人,很受皇上尊重。但是,因为皇上对人傲慢无礼,所以他们宁愿藏匿深山,也不愿意当朝廷的臣子。皇上很器重这四个人,如果太子刘盈能不惜金玉财宝,用谦恭的言辞、用舒适的车子设法带领他们出入朝廷,有意让皇上看到,让他知道这四个人在辅佐太子,这样,对巩固太子的地位是很有帮助的。"

吕后依照张良的吩咐,派人把这四个老人迎来了。

公元前195年,高祖平定黥布叛乱后,病得更厉害了,愈发想更换太子。但在一次酒宴上,高祖却改变了主意。

酒宴刚开始,太子刘盈给高祖斟酒,四个老人跟在太子左右。这四人年龄都在80以上,须眉皓齿,衣冠甚伟。高祖见了,觉得奇怪,一问才知道他们是东园公、甪里先生、绮里季和夏黄公。高祖不解地问道:"我请你们,你们不来,总是躲着我。现在你们为什么愿意跟我儿子来往呢?"四人齐声说:"皇上一向看不起儒生,经常骂不绝口,我们不愿受人污辱,所以才远远地躲起来。现在听说太子仁者,尊敬贤者,善待儒生,天下谁都想为太子效力,所以我们自愿前来!"高祖说:"麻烦你们始终如一地辅佐太子吧。"

四人言毕离去。高祖目送他们,说:"太子羽翼已成。"在旁的戚夫人哭泣流涕。高祖随口唱道:"大鹏高高飞起,展翅飞跃千里。羽翼业已长成,四海飞来飞去。四海飞来飞去,尚能使用何计!虽有好箭利器,又能射向哪里?"……

这场皇室内部的争斗尽管轰动朝野,几反几复,但是,由于张良的运筹帷幄,终于使吕后太子刘盈获胜,从而避免了一场可能发生的政治动乱,从稳定西汉王朝统治的层面来说,是有积极意义的,因为久经战乱的汉初人民需要的是休养生息的太平盛世。

公元前189年,张良去世,埋葬在谷城山下的黄石岗。

公元731年,唐玄宗为崇尚武功,特给吕尚立庙("武成王庙"),选"十哲"(历代十位著名军事家)配享,其中便以张良居首。

## 周勃安刘

西汉初期的著名将领周勃是一个普通而又值得令人琢磨的人。他智不及张良、陈平,功不及韩信,与刘邦的关系交情不及萧何。然而刘邦在临终时,却把保卫汉王朝安危的重任交给他,最后拜将封侯,官至丞相、太尉,成为西汉初期政坛上举足轻重的人物。

### 吹鼓手位列三公

周勃,生年不详,死于汉文帝十一年(公元前169年),江苏沛县人。先祖曾居河南原阳县,后移居沛地,以编织蚕箔为生。

因家境贫困,周勃没有上过学。他身材高大,会吹箫,骑射更是他的绝活儿。因此,别人家有红白喜事,总少不了请他来吹几回,以混顿饭吃。后又在材官手下当过拉硬弓的役卒。所以,周勃的出身是十分卑微的。但人以群分,沛县屠户樊哙却喜与他往来,两人经常在一起聊天、喝酒。

有一次,六国相学大师许员的弟子公孙漫游沛地。见是相学大师,喝得醉醺醺的樊哙与周勃请公孙为他们两人相命。公孙对樊哙说:"你终身只是一将而已。"指着周勃说:"他可以官至丞相,但面纹入嘴,甚好不明显,可以不至死,但最终要坐牢。"樊哙性情粗鲁,哈哈大笑:"你这是胡扯,我一个屠户,周勃是役卒,哪辈子能当将军、丞相?"公孙道:"命中如此,信否由人。"说完,飘然离去。

秦二世二年春(公元前208年),沛县泗水亭长刘邦护送民工去咸阳修筑阿房宫。不少民工在中途逃亡,刘邦见交不了差,索性把这些人都打发回家。按秦律,私释民工要处斩,刘邦见犯了法,吓得不敢回家,逃入芒砀山上躲了起来。

屠户樊哙听说刘邦私释民工这一事

后，觉得刘邦讲义气，就暗中把刘邦从芒砀山中接回来，藏在家中。为谢樊哙的相救之情，刘邦就把自己的小姨子吕嬃（xū）嫁给他。因周勃是樊哙之友，也因此认识了刘邦。一见周勃，刘邦笑骂道："你小子好个大块头，敢上阵厮杀吗？"周勃憨笑道："上阵厮杀乃男人本分，何惧之有？"

秦二世三年（公元前207年），陈胜、吴广在安徽宿县大泽乡揭竿起义。随即天下群起响应，秦帝国顷刻瓦解。

在沛县躲躲藏藏的刘邦见天下豪杰纷纷起事，就召集他的心腹哥们儿商议起义。听说是反秦，樊哙挥拳大呼："天下苦秦久矣，不反活不下去了。"周勃言语不多，但态度非常积极。刘邦攻沛县时，周勃武艺出众，奋勇当先。攻下沛县后，刘邦以沛县令的身份封周勃为中涓，即舍人之类的小吏。

刘邦当了沛县令之后，扩大军队两千多人，就命周勃为五大夫之职。以后在刘邦攻打胡陵（山东鱼台）、方与（鱼县北）、丰邑（江苏丰县）、砀山的诸战役中，周勃总是身先士卒，每战必先，勇敢为他人所不及，因此深得刘邦赏识。

公元前206年三月，刘邦率军与秦将章邯的车骑部队作战时，遭到章邯的横击而大败。四五千人的部队所剩不过千余人，将士多有受伤者。刘邦为逃脱章邯的追击，就命周勃殿后。这是极危险、艰苦的任务，可周勃二话没说，领命奋然前行。章邯一见周勃魁梧的个头儿和威猛的气势，就不敢把刘邦往死里追，引军退走。

周勃殿后阻击任务完成后带部队后撤，沿途收集了不少的刀剑、粮草，然后向刘邦复命，并如数上交所得的粮草。刘邦一见，大为感动，就用自己的头盔装上酒献给周勃。在古时，主将以头盔装酒是最大的敬意。周勃一见，端着头盔一饮而尽。

公元前206年，楚怀王封刘邦为安武侯，刘邦就封周勃为自己部队的统帅，即虎贲令。其后，周勃跟随刘邦平定魏地，击败秦将王离的部队。接着又回师西进，攻取颍阳（今河南登封县西南）。继而挥师南下，攻取南阳。然后又掉转兵锋，取阵留、破武关，并在兰田大败秦军。最后进据咸阳，消灭了秦王朝。刘邦当汉王后，封周勃为威武侯。

公元前204年，汉军大将韩信派周勃率兵去修子午谷的五百里栈道，而且只拨给他五百人。其实这是韩信的明修栈道、暗度陈仓之计，要周勃去修栈道，只是做样子给章邯看，是佯动。周勃不知主将意图，面有难色，要求增加兵力，但韩信不同意，又去找刘邦。刘邦不能讲出韩信的意图，就斥道："让你修，你就用心去修，至于修得怎么样，难道我没长眼睛？"周勃二话没说，嘴里咕咕嘟嘟地退出营帐修栈道去了。

以后，周勃跟着韩信，出陈仓、定三秦、过临晋、擒魏豹，在赵地破陈余的二十万众，在山东潍水击败楚将龙且的二十万大军。在一系列重大战役中，周勃总是奋勇当先，勇冠三军。

公元前201年，周勃随刘邦在河北易水一带击败了举兵反叛的燕王臧荼。

公元前200年，韩王信在代地勾结匈奴反叛，刘邦亲率大军征讨。周勃作为先锋率部直趋武泉城、大败匈奴骑兵。后又转战铜鞮（dī）（山西沁县），大破韩王信的主力，打下晋阳。随后又在硰（shā）石（山西宁武县）战败韩王信的余部，追击八十里，并在回师途中收复了楼烦县诸城镇。

公元前196年，代相豨（xī）勾结匈奴，率赵、代之兵，发动反叛。刘邦病重，就命周勃率军出击大原，进行平叛。周勃以迅疾的速度直趋代地，斩陈豨部将。接着又转入云中、雁门二郡，斩陈豨于当城，平定代郡、云中、雁门三郡，收复县城三十座。

公元前195年，燕王卢绾反，周勃以相国身份统军进剿。首先攻下蓟县，在上兰、沮阳（均在河北怀来县境内）大破卢绾，然后转战长城内外，全部平定上谷、右北平、辽西、辽东、渔阳等郡，计79县。

周勃不仅是刘邦起义的得力助手，而且在楚汉战争、平叛战争中立有大功。所以，平定辽东班师回朝后，刘邦赐周勃爵绛侯，官拜太尉，食邑8180户，只略少于开国丞相萧何的10000户。

然而，最终使刘邦对周勃更加敬重，倚为心腹、顾命大臣，还是由于开国时封官拜爵这件事情。

刘邦起义前只是秦帝国的一个泗水亭长，相当于现在的副乡级干部。他手下的大将基本上都是他起义时的弟兄。这些人社会地位极其卑微，又没有多少文化和修养。刘邦当皇帝后，如何封赏这些人成了一件头痛的事。这些将领自恃功大，都想高官显爵。他们说起话来粗俗不堪，满口秽言。他们对刘邦也没什么上下级之分，喝醉了仍把他当老哥们儿看待，用剑猛砍桌子，说刘邦分赏不均，闹得一片乌烟瘴气。最后，刘邦还是用张良之计，封刘邦的仇人雍齿为侯，才使这些人觉得刘邦办事公道而平息了怨愤和牢骚。

可周勃在这个问题上的态度很超脱，别人闹他不参与，每天要么喝点酒，兴致来了吹吹箫。刘邦觉得很奇怪，就问周勃："你怎么不闹？"周勃道："闹什么呢？我周勃乃沛县一鼓手，能有今天就已经很满足了。这些人不知半斤八两，都是一些杀猪屠狗之辈，有什么本事？他们是靠了陛下的天分而攀龙附凤，才有了今天的，所以我不闹。"

刘邦一听，内心十分感动，觉得此人的心乃古道热肠，就笑骂道："你小子还不算太蠢。"

汉高祖十二年（公元前195年），刘邦因箭伤复发将死，他妻子吕后问后事。吕后道："陛下百年后，若萧丞相死了，谁可为相？"刘邦道："曹参可。"吕后又问："曹参以后谁可？"刘邦道："王陵可，但王陵太憨，不可独用，陈平可辅之。陈平智有余而厚道不足，最好是兼用周勃。周勃厚重少文，但人可靠，可任太尉，掌兵权。"说着，刘邦停了一下，提高声音道："安刘氏者，必勃也！"吕后还想问以后的事，刘邦道："以后的事你也不知道了。"意即到那时你吕后也死了。说完，刘邦不再吱声，吕后俯身一瞧，皇帝已经归天了。

以后的事实证明：刘邦的这段临终遗嘱像预言一般准确。

### 诛吕兴刘，老年遭灾

刘邦死后，西汉王朝的政治权力斗争由楚汉对立、汉朝与反汉势力的对立变成了保汉势力与兴吕势力的斗争。具体说来，就是刘邦的妻子吕后与王陵、陈平及周勃等大臣之间的斗争。

吕皇后名雉，是原沛县吏萧何之友吕公的女儿。嫁与刘邦后，生下一男一女，男为汉惠帝，女为鲁元公主。在刘、项的斗争中，吕雉几经磨难，吃尽苦头，刘邦称帝后，是为吕皇后。

吕雉为人多权诈、性刚毅。有一件事可见此人心狠手辣：大将彭越被人告谋反而被刘邦抓起来，流放蜀地。在离开京城去蜀的途中，彭越正好碰上从外地回京的吕后。彭越一见吕后，就痛哭流涕，要求吕后在刘邦面前替自己说情，赦免他。吕后一听，满口答应，连忙把彭越带回长安。回长安后，吕雉对刘邦说："你怎么能放虎归山呢？万一彭越去蜀地谋反怎么办？"刘邦一听，觉得有理，连连说："彭越已走了，奈何？"吕雉道："我已经把他带回来了。"于是由吕雉出面，把彭越剁成肉酱，典故"彭越俎醢（zǔhǎi）"即源于此。至于吕后迫害戚夫人更是今人熟悉的历史冤案。

刘邦死后，继位的汉惠帝刘盈孱弱，吕雉就大权在握，临朝称制。她做的第一件事就是违反刘邦生前制定的"非刘氏不得为王"的政治方针，大封吕家人高官显爵。为了巩固自己的权力，她封兄子吕禄、吕产、吕台及吕台之子吕通为王，同时还封吕禄、吕产为将军，分领护卫京师和皇宫的南北禁军，满朝上下的要害部门基本上是吕家的人。

吕后的所作所为理所当然要遭到大臣的反对，因天下是刘姓之天下。而且刘邦有生前与大臣的誓言：非刘氏而王者，天下共击之。有一次，太尉王陵与丞相陈平同入朝议事。在封诸吕的问题上，吕后首先问王陵，王陵性憨直廷争面折，脸红脖子粗地反对以诸吕为王。王陵有点口吃，说话结结巴巴："诸……吕，不能……不能封……封为王。"吕后大怒，转而问陈平，陈平回答说："可。"

议完事后，王陵在门口埋怨陈平："先帝杀白马盟誓时，你难道不在吗？"陈平不作正面回答，微笑道："廷争面折，我不如你；要扶汉兴刘，你不如我。"王陵不懂，恨恨而退。

自那次后，吕后罢免了王陵的太尉职务，也不安排任何职务与工作，闲挂起来，一闲就是八年，最后王陵忧死。而陈平同意封诸吕为王，保住了丞相职务，同时又为以后诛吕埋下了重要的伏笔。

自王陵免职后，因刘邦有遗言，要周勃当太尉，所以，吕后不敢违命，但内心却很妒忌周勃。有一次，吕后在封诸吕为王的问题上征求周勃的意见。而周勃呢？既不像王陵那样憨直，又没有陈平那样诡智，说了句模棱两可的话："此陛下家事，臣下不知。"吕后知道周勃在有

意回避这个问题，内心还是不同意，但又抓不到什么把柄和毛病，就只好让周勃在名义上仍是太尉，但又封诸吕为京城的南北禁军将军，把周勃架空起来。

见吕后架空自己，周勃索性也学陈平，什么事都让诸吕兄弟去干，自己平时在家不是喝酒，就是吹箫，这样吕后又不好免他的职。

有一次，谋臣陆贾来周勃家串门，谈起了朝政。陆贾道："现诸吕猖狂，刘氏危急，你作为先帝大将，就这样无动于衷？"周勃道："你有何高见？"陆贾道："陈平智谋深远，你周勃勇冠三军，又是手握兵权的太尉。一智一勇，诛灭诸吕如反掌耳。"周勃点头道："你要丞相拿主意。"事后陈平说："要诛吕，周勃必须掌握禁军，可现在禁军在吕产、吕禄手中，吕后不死，事情不好办。"

公元前180年秋，吕太后病危。遗命吕产为相国，吕禄为上将军，吕家全部控制了朝廷的大权。诸吕的权力进一步扩大和膨胀，引起了朝中兴刘大臣的极度不满。而诸吕也知道自己的分量，想利用自己手握禁军的有利条件，阴谋作乱，杀尽元老大臣。

周勃、陈平知道这个消息后，就命朱虚侯刘章派人密告其兄齐王刘襄，要他在齐地发兵开往长安，而周勃与陈平则为内应，从两面夹击诸吕。

齐王刘襄领命之后，就在齐地起兵举起讨伐诸吕的大旗，率数万大军向长安进发。消息传入长安后，吕产、吕禄大惊，只好派老将灌婴率兵击齐。但是，周勃在暗中命令灌婴大军到荥阳后停止前进，在外联络齐王，静观长安动静，再行定止。如此一来，元老们掌握了汉朝的作战部队，剩下的事情就是如何夺取南北禁军，把京城兵权控制在自己手里。

周勃一面授意灌婴留驻荥阳，按兵不动，一面又利用郦商父子与吕禄的友

善关系,假劫郦商为人质,令其子郦寄劝吕禄交出兵权,并离开北军而就封国,这样好使周勃进入北军。开始,吕禄信以为真,可吕后之妹、樊哙之妻吕嬃一听,强烈反对。她指斥吕禄道:"太后临死时说何来?不能交出权力,否则我们就没命了。"吕禄见吕嬃反对,就不愿意交出兵权。

不交出兵符,事情就不好办。周勃见此,就找陈平商量。两人决定令符节令纪通持节随周勃急驰北军,诈传诏令:说由太尉周勃统率北军。同时,又急派郦寄、刘揭以与吕禄的友善关系入宫,崔促吕禄交出兵权,说:"足下须急宜交出兵权将印,辞别出都就国,将兵权授予周勃,否则,祸不远矣。"吕禄道:"周勃掌兵权后会杀我吗?"郦寄道:"不会,只要你交出兵权就可以了。天下者,刘氏之天下,诸吕怎么能为王掌兵权呢?你交出兵权,安稳如山,不交兵权,危如累卵。"吕禄一听,决计交权,把将印交给了郦寄。吕嬃听说吕禄交出了将印,吓得脸无血色。半响,入内拿出自己的金银珠宝,到处乱扔,一边撒一边疯疯癫癫地说:"命都保不住了,要这些东西有什么用?"

周勃接将印后,在北军对将士说:"为吕氏右袒,为刘氏左袒。"北军将士都左袒并举起左手,表示助刘。见人心向刘,周勃一面命刘章率军千人监守军门,入宫保卫汉少帝,击杀吕产;同时派出军队把诸吕住宅全部包围起来,不分老幼,尽皆处斩。

诛灭诸吕后,周勃又与陈平等大臣商量,废除来路不明的假刘家子汉少帝,去代地迎汉高帝的中子代王刘桓为帝,史称汉文帝。从此,中国历史开始进入文景之治的大治时期。因功,周勃任右丞相,陈平任左丞相,赐金五千斤,食邑万户,威震天下。

不久,周勃自感能力不及陈平,就把右丞相之职让与陈平,自己任左相。一个月后,怕自己功大尊贵让人嫉妒而招祸,就请求辞去左丞相之职。十个月后,又辞去所有职务。因周勃是绛侯,就去了自己的封国绛县。

周勃是军人出身,在绛县怕遭诸吕余党的暗杀,就常常披着铠甲,还令家丁手持兵器与郡守、郡尉相见。有人见此,就上书汉文帝,说周勃谋反。汉文帝就令廷尉查办此事。廷尉一到绛县,就狐假虎威地把周勃抓起来丢入大牢,严刑拷打,逼他招供谋反一事。

周勃受不了,就叫家人送狱吏黄金千斤,才免受皮肉之苦。不久又送千斤,狱吏才帮周勃说话,要他派人去找公主。因汉文帝之女乃周勃之子周亚夫的未婚妻。公主一听未来的公公有难,连忙入宫找到自己的母亲,同时又找到祖母薄太后及薄太后之弟、将军薄昭,向他们求情。

薄太后听闻周勃被抓,立即找到汉文帝,问:"你抓周勃为何事?"汉文帝道:"有人奏他谋反。"薄太后道:"你何其愚也!当时诸吕擅权,周勃为复汉室,手握重兵诛灭诸吕,并立你为天子,他怎么会反呢?"汉文帝乃开明之君,就赦免了周勃。

周勃出狱后,心有余悸地对人说:"我率百万大军出生入死,一辈子没怕过。可是一个狱卒就使我吃尽了苦头,令人可怕。这些人真尊贵啊!"不久,就病逝于家中被朝廷谥(shì)为武侯。

一个吹鼓手,借历史的风云际会,出将入相,立有大功,人主信之而不疑,同僚尊之而不骄,在中国历史上,这样的例子委实不多。为什么如此?这正应了古代的谚语:巧智不如拙诚。

## 陈　平

汉高祖刘邦在与臣下讨论他之所以

能战胜项羽而得天下时,言及谋士张良、宰相萧何、大将韩信时,奖掖之辞溢于言表:"此三人皆人杰也,吾能用之,此吾所以取天下也。"(《史记·高祖本纪》)。

不知是高祖的偏爱,还是司马迁的疏忽,与张良形影相随于高祖帐中的谋士陈平被遗漏了。也许正因为如此,后代虽有"世称良(张良)、平(陈平)"的说法,但陈平的名声总赶不上"三杰"。

历史上的陈平不仅在张良恪守"无为"而隐退之后的灭诸吕安刘氏的宫廷政变中起了举足轻重的作用,就是在灭楚兴汉的大业中也立下了震古烁今的殊勋。

司马迁在《史记·陈丞相世家》中夸赞陈平"用其奇计谋,卒灭楚",并闪烁其词,说:"凡六出奇计,奇计或颇秘,世莫能闻也。"在楚、汉逐鹿之中,陈平所献奇计之多,远远不止六件,但仅此六件,每件都关联着刘邦和汉军的生死存亡。

陈平曾自我评价说:"我多用阴谋,为道家所禁忌。"有趣的是,他又曾:"在我活着的时候即使被废,也就算了。如果我的后代终至不能再被起用,也是因为我多用阴谋。"陈平死后,儿子陈恢、孙子陈向相继承袭侯爵。遗憾的是,孙子承袭侯爵23年后,不知被什么鬼神差使,因夺人之妻而坐法处斩,丧失了光宗耀祖的机会。

陈平"活着的时候"并未"被废"——他不仅终生被用,而且青云直上。汉文帝时,擢升为右丞相,蟒袍玉带,八面威风,成了一人之下、万人之上的权贵(汉以右为尊)。这使他的一生平添闪耀的传奇色彩。与历史上诸多只会谋国不会谋身、大名鼎鼎的谋臣如伍子胥、李斯、范增相比,他的确不仅胸存绝世谋国才华,而且又有审时度势的谋身策略。

### 智娶富家孤"孀"

陈平(? ——178年)是河南阳武县(今河南原阳)人,祖居护佑乡。少时家贫,与兄嫂共同生活。哥哥陈百给富家当佣工养家糊口,嫂子在家纺纱织布。陈平不事产业,却醉心于黄老学说、治世之术。他长得奇伟壮美,"眉似刷漆,目若朗星",富家小姐以书为媒,趋之若鹜。陈平读书,从早到晚,手不释卷,把割草拾柴全都置之脑后。久而久之,嫂子便在哥哥面前埋怨起来:"你给人家干活儿,汗珠子掉在地上摔成八瓣,你老弟什么都不干,就知道读书!"

"咱父母没留下什么产业,就留下这么一个懂事的兄弟,他知道用功读书是咱家的造化。你这牢骚就许发这一回,以后再说丧气话,可别怨我跟你过不去。"哥哥支持陈平读书,一点儿也不含糊。

有了哥哥的支持,陈平读书无牵无挂。日子一天天过去了,陈平读的书多了,人也长得更英俊了:大耳垂轮,鼻直口方,一个十足的美男子。邻里议论道:"他家里穷,不知吃什么长得这么肥泽?"

"他也是吃糠粑粑而已。不过有这样一位只吃不做的小叔,倒不如没有的好。"嫂子因为嫉恨陈平只管读书,不事生产,但又不敢在丈夫面前明说,就向邻里表示自己的委屈。

陈百听了这话,就把妻子赶出了家门。

陈平到了可以娶妻的年龄,有钱人都不敢把女儿许配给他,陈平也耻于和她们攀龙附凤。

护佑乡有一户显富人家,主人叫张负。他的孙女18岁,年轻貌美又知书达理,偏偏嫁不出去,为什么呢? 没人敢要,都说张负的孙女"妨"人,——"嫁"了三次,都没"嫁"出去,次次都在洞房花烛时男人莫名其妙地死了。没有人再敢娶她。而陈平自有其打算,且又不信阴阳先生的妄说,独对张家之女神驰已久。

第
二
编

秦
汉
野
史

有一次地方上办丧事,陈平知道可以见到张负。于是,早早来到丧家,装出一副能干的样子,里里外外,事无巨细,忙个不停,果然引起了张负的注意。陈平心中暗喜。丧事办完已至深夜,陈平借故最后一个离开丧家。张负尾随陈平,追至陈家,见陈家破席当门,而门前又有很多显贵尊长的车轨痕迹。张负是有心之人,沉思良久,遂决定将孙女许给陈平。他对儿子张仲说:"像陈平这样一个有才貌的人,怎么会永远贫贱?"

张负偷偷给了陈平一大笔钱,让他添置聘礼,操办酒席。娶亲那天,没有花轿接新娘,陈平用牛车做轿,张负也不嫌弃。张负训诫孙女说:"不要因为他家里穷,而待人不恭敬,侍奉长兄陈百要像侍奉父亲一样,侍奉嫂嫂要像侍奉母亲一样。"

陈平娶了富家女儿,没有被这个女人所"妨",反倒愈发精神,邻里认为陈平命大有福,于是推举他做社庙里的社宰,想以此来"刮"点福气。陈平每次分配肉食非常恰当公平,地方上的父老都说:"好极了!陈孺子当社宰真不错。"

陈平感慨地说:"假使我陈平能有机会治理天下,也能像宰割这些肉食一样恰当称职!"

陈平娶了张负孙女,资用富饶,读书更方便,交游范围也更广泛。

等到陈平把乡里富家的书看完了,天下也大乱了,陈平的心也从张负孙女身边飞到九霄云外去了。

公元前209年,陈涉起义而称王于河南陈州,并立魏咎为魏王,在河南临济与秦军会战。陈平辞别兄长陈百,抛下新婚妻子,前往临济投奔魏王。魏王任命他当太仆。陈平用书中获取的计谋劝说魏王,但与魏王相左,陈平只得偷偷离开,另谋高就。

过了一段时间,项羽攻城略地到了黄河之滨,陈平前去投奔他,并且追随项羽入关灭秦,而获得一些爵赏。入关之后,项羽妄自尊大,谋士的意见也很难被采用,陈平顿感英雄无用武之地,但项羽一身霸气,威风凛凛,陈平只得委曲求全。

## 声东击西救刘邦

当初,刘邦和项羽接受楚怀王的命令,分路进攻咸阳,并当众约定"先入关者为王"。刘邦最先入关,但项羽依仗50万大军,自封为"西楚霸王",并改封刘邦为汉王,统管巴、蜀两地。巴蜀乃秦国罪乡,秦国把犯了罪的人都发配到那里去,那儿山川险阻,地方艰苦。为进一步控制刘邦,项羽封章邯、董翳、司马欣为三秦王,欲使刘邦南无所进,东无所归,老死汉中了事。

项羽谋臣范增深忌刘邦,屡谋把他杀掉,于是干脆劝谏项羽,不使刘邦到巴蜀上任,留在咸阳,名曰辅助,其实是将刘邦软禁起来。

刘邦暗自叫苦,问计于张良,张良身陷敌营,此时也是一筹莫展。但他想,解铃还须系铃人,只有项羽或项羽身边的人才能有回天之力。

张良想到了一个人。求助于他,定能逃离虎口。

此人正是陈平。鸿门宴上,张良与陈平有一面之交。张良察觉,陈平坐在项羽身边愁眉不展,却屡屡向刘邦投来钦羡的目光。张良认定,才华横溢的陈平正处于"身在楚营心在汉"的矛盾之中,决定孤注一掷,暗访陈平。

不速之客张良的到来,使陈平激动而不安。他们一见如故,抵掌而谈,相见恨晚。临别,张良直言夜访意图,陈平思考片刻,附身说了几句,喜得张良拊掌大笑,连称妙计。

项羽封臣时,封范增为丞相,称亚父。范增16岁时曾拜人为师,读书30

年，已是满腹经纶。后随项羽，久经沙场，更是老谋深算，深得项羽信任。陈平认为，从项羽身边救出刘邦，首要的是"调虎离山"，让范增离开项羽几天，不然，有范增在，一切都不好办。

张良拜会陈平的第 2 天，陈平依计启奏项羽："天无二日，民无二王。今陛下已为西楚霸王，彭城那儿还有个楚怀王。俗话说，名不正，则言不顺，臣以为当给楚怀王上个尊号，称他为义帝，给他往上提一层，让他到郴州去养老，您就可以号召天下了。"

陈平的话正中项羽的下怀。

不日，范增上朝见项羽，项羽说："亚父，寡人想起一件事儿。天无二日，民无二王……"项羽把陈平的话原原本本复述出来，但没说是陈平的意见，而说是自己想起来的一件事，范增一点儿也不怀疑，为什么呢？因为这是霸王应该想到的事。

"大王，这事儿还真得解决，而且宜快不宜迟。"范增附和道。

"那好，我看给楚怀王上尊号这事儿，就劳你辛苦一趟，如何？"

"大王，这事儿还就得我去。"

范增毕竟是范增，他临行时，向项羽提出三点：一是不可离开咸阳；二是重用韩信，若不用则杀之，免得被他人所用；三是不可使刘邦归汉中。项羽应允后，范增方起程。

陈平估计范增可能走出千八百里地了，趁霸王早朝，便奉上一本道："国家以理财为先，圣人以俭用为本。财不理，则出入无度，费用无径，财力尽而民心去矣；用不俭，则奢侈日靡，仓库日虚，民不聊生，而国必亡。陛下初登大宝，若不节用，何以为治？现今诸侯聚集咸阳，每路诸侯人马不下 4 万，要以 20 路诸侯算，总数几近 100 万，杂豆 1 万担，草料 200 万束……臣实寒心，若不急令诸侯还国，恐百姓力难支持矣。"

霸王一听，着实大吃一惊。遂传旨：天下众诸侯，远路的给 10 天期限，近路的给 5 天期限，在期限内做好还国准备；唯有刘邦留在咸阳，陪王伴驾。

霸王扣住刘邦，乃在陈平预料之中。陈平趁各路诸侯返国之际，授意张良行声东击西之计。于是，刘邦依张良之意上表，向项羽请假回故沛县省亲。

项羽看过了刘邦的表章，沉思了好一会儿，对刘邦说："你要回乡省亲，怕不是出自本心，是不是我要你留在咸阳，才有这个打算呢？"

刘邦装出感激而悲戚的样子回答："圣王以孝治天下，而天下莫不归于孝。我刘邦乃丰沛小民，跟着您西灭强秦，仰托您的洪猷，才受封为王。我虽荣耀了，父母妻子却还在故土，未能享受您给的天禄。要派人去接吧，又不得亲扫坟墓。且如今，我受封汉王，想回去叫乡亲们看看，我刘邦也有今天。"

刘邦话音刚落，张良故意装出一副奴才相，巴结项羽道："陛下，不可放他回乡取家眷！你想啊，沛县离彭城还不到 200 里，他是借着回家，好上彭城向楚怀王诉苦。楚怀王心软，他准会对刘邦说，'既然项羽在关中为西楚霸王了，我也要上郴州去了，这彭城就给你吧，你当东楚霸王吧。'这一来，你的老家不叫刘邦得了吗？你怎么中他的计呢？我看，宁可遣他带着残兵败将回汉中去，使人去沛县取他的家眷做人质，好教他规规矩矩做人，休存妄想！"

张良言未落音，陈平又乘机启奏说："陛下既封刘邦为汉王，已布告天下，臣民共知，不使他上任，恐不足取信天下；人家会说，陛下一登位便说假话，那对以后的法令，也会阳奉阴违了。不如听张良的话，以刘邦的眷属为人质，留在咸阳，遣他回汉中去，既可以不失信用，又可以约束刘邦,这不是两全其美吗?"

项羽想了很久,对刘邦说:"良、平二人的意见合情合理。只准你去汉中上任,不能回沛县,明天就起程吧!"

刘邦心里欢喜无限,却装出一副可怜相,拜伏不起,良久,才勉强站起来,感谢项羽大恩大德,然后离去。

刘邦回营,立即下令大小将士,拔寨起程。10万人马如猛虎归山,浩浩荡荡朝汉中开去。

刘邦被软禁咸阳,如虎落平阳,龙游浅水,一筹莫展。陈平出计救出刘邦,不仅保住了刘邦的性命,更为刘邦日后东山再起赢得了良机。

### 择主而仕

项羽定都彭城后,让刘邦在汉中休整了4个月,便回师平定关中,然后再向东进军。这时,殷王司马卬反叛楚国,项羽封陈平为信武君,前往讨伐。陈平用计,打败降服了殷王凯旋,项羽拜陈平为都尉,并赏赐黄金加镒。

陈平回师不久,刘邦便攻下了殷地,俘虏了司马卬。项羽大怒,恼恨司马卬反复无常,以致迁怒于陈平。陈平料想大难临头,又知项羽失道寡助,终难辅其共建大业,于是,携着一柄短剑走小路逃亡,准备归顺刘邦。

陈平两次出逃,三次择主而仕,是其大智使然。与范增相较,便可看出他的高明。范增情知项羽不可为,却疏于变通,结果落得身死名裂。陈平见可仕则仕,不可仕则去,终于能显身扬名。

且说陈平逃至黄河边上,恰巧一只船划了过来。

陈平上了船。船夫把陈平上下打量一番,但见陈平衣冠楚楚,一副富家子弟模样,居心叵测地嘀咕着什么,而后,一个站在船头,一个站在船尾,把陈平夹于船中央。

陈平心想:"糟了,原来他们是黄河上的水盗。见我这模样,一定以为我身上带有什么珠宝玉器。谋财害命怕是难免的了。但我不习武事,远不是他人对手呀!"陈平灵机一动,三下五除二剥掉衣服,扔至船夫脚边,光着身子站着说:"老大,我也会摇船,助你一臂之力帮你俩快点过河吧。"两个水盗见陈平毫不介意地脱下了衣服,料想遇上了个穷光蛋,只好自认晦气。

陈平终于逃到了河南修武。在旧友魏无知部将的引荐下拜谒汉王刘邦。陈平昔日救过刘邦一命,今日前来归顺,刘邦自然高兴,即赏赐陈平酒食。刘邦说:"你一路风尘,吃过饭后,就去休息吧!"陈平说:"我是专为一事而来的,要说的话很紧急,不能超过今天。"

刘邦邀了陈平入房,问:"你有什么急事呢?"陈平恭恭敬敬地说:"汉王要打败霸王,大王可以赶快发兵去攻彭城。彭城是霸王的老窝,抄了他的老窝,堵住他的后路,楚军一定着慌。军心一乱,霸王就容易打败了。"

汉王觉得陈平的见解的确不错,与张良的主意不谋而合。便问:"你在楚营里做什么官?"陈平说:"做过都尉。"汉王说:"我也拜你为都尉,好不好?"陈平磕头谢恩。汉王一高兴,又加了一句:"我还要你监护军队,当个参乘。"古人乘车,御车人居中,尊者居左,另一人居右以备倾侧,谓之参乘,只有最亲信的人方能获此美差。陈平刚归汉即受此重任,足见刘邦对陈平的信任。

那些平时最接近刘邦的将军见陈平一下子得到了这样的重任,都纷纷议论起来。说他光身来到这儿,来历不明,谁知道他是好人坏人?于是,故意试探陈平,向他送礼、送钱,陈平来者不拒。这下,他们便抓住了陈平受贿的小辫,共同推荐绛侯周勃和灌婴去向刘邦告发。

周勃和灌婴对刘邦说:"陈平外表英

俊，可是品格很差。听说，他在家里与嫂子关系暧昧，一到这儿就仗着管理军队的职权，贪污了不少金钱。大伙认为这种品行不端、贪图贿赂的人不配受到大王的信任。"

刘邦把魏无知叫进来，责问道："你推荐陈平，说他有才，可是他在家里与嫂子私通，在这里又收受贿赂。为什么把这种品行不端的人引荐给我？"

魏无知说："我推荐的是陈平的才能，大王责备的是他的品行。现在，楚、汉相争，要想胜过敌人，就得有人为您献出奇妙的计策来。品行端正当然也很重要，可是就算找到一个讲信义的君子，或者讲道德的孝子，这对我们又有什么用呢？君子和孝子能辅佐您把霸王打败吗？大王只要看陈平的计策好不好，不必去管他是否偷过嫂子。如果陈平没有才能，不能辅佐您夺取江山，那我便甘心受罚。"

刘邦觉得魏无知的话也有道理，但心里仍不踏实，便把陈平叫进来："你原来帮助魏王，后来离开魏王去帮助霸王，现在你又跟随我，这是什么原因呢？"

陈平不紧不慢地回答道："同样一件有用的东西，在不同的人手里就不同了。我侍奉魏王，魏王不能用我，我离开他去帮助霸王；霸王也不信任我，我才来归附大王。我虽然还是我，但用我的人可不一样。我久慕大王善于用人，招揽天下豪杰于麾下，所以不远千里而来。我光身来到这儿，因为什么都没有，才接受了人家的礼物。没有钱，我就生活不了，也就办不了事。要是大王听信谗言，不起用我，那么，我收下的礼物还没动用，我可以全部交出来；请大王给我一条生路，让我带着一把骨头回去，这就是大王对我的恩典了。"

陈平坦然对答，话中有话。刘邦疑虑顿消，对陈平好感倍增，遂安慰陈平一

番，又给了他重重的赏赐，拜官为中尉，监护所有的将军。诸将默然，无话可说。

有了刘邦的信任，陈平从此百无禁忌。他在治理军队时大刀阔斧，游刃有余，渐渐获得将士的好感；在运筹战事时，深谋远虑，奇计叠出，成为刘邦不可或缺的谋臣。

### 六出奇计　世莫能闻

司马迁《史记·陈丞相世家》中，说刘邦"用其奇计谋，卒反楚"。但又说"凡六出奇计，奇计或颇秘，世莫能闻也"。

那么，所谓"六出奇计"究竟是指哪六件奇计呢？

捐金行反间，废功臣钟离眛，一也；嫁祸于人，逼死谋臣范增，二也；瞒天过海，解荥阳之围，三也；封韩信，借刀杀人，四也；请君入瓮，韩信云梦就擒，五也；献美女图像，解白登之围，六也。

**捐金行反间，废功臣钟离眛**

楚汉彭城战后，刘邦败逃荥阳。项羽乘胜追击，紧逼城下，并断了汉军的外援和粮道。刘邦十分忧虑，郦食其献计分封六国，以求天下拥戴，被张良否定了，刘邦将郦食其大骂了一顿。

汉王销毁了分封六国的王印虽然是明智之举，可是无法使霸王退兵。且随着时日的推移，项羽围城愈急，刘邦忧心如焚。便召集张良、陈平诸谋士商议说："项羽乘我兵力分散，城内空虚，率兵围攻，有何办法退敌？"

陈平说："项羽的骨干部下不外范增、钟离眛、龙且、周殷这几个人。如果能够离间他们，就可以瓦解项羽的核心组织，削弱他的进攻力量了。"

"何以离间诸将？"刘邦急问。

陈平答："霸王为人猜忌，易信谣言，只要大王肯捐弃大量黄金，我就有办法去收拾他们。"

"黄金有什么稀罕的，你就拿4万斤去吧。"刘邦知道陈平喜欢黄金，又加了

第
二
编

秦
汉
野
史

一句："你爱怎么花，就怎么花。"

陈平受金4万，提出数成，交与心腹小校，使他扮成楚兵模样，怀金出城，混入楚营，贿赂霸王左右，散布谣言。

钱能通神，不过两三日工夫，楚军内已是传说纷纷，无非是说钟离眛等功多赏少，不得分封，将要联汉灭楚云云。项羽有勇无谋，素好猜疑，一闻讹传，便信以为真，竟把钟离眛等视作贰臣，不加信任，只对范增信任如故。

霸王疏远了钟离眛，却对荥阳的攻势一点儿也没有放松，仍然挥军把荥阳围得水泄不通。但汉军坚壁固垒，楚兵终不能越雷池一步，因此项羽心下十分急躁。

陈平抓住时机，又向刘邦献计道："项羽攻城不下，正好派人去向他诈降。他必然应允，遣人来谈条件，到时我们便以恶作剧戏弄来使，借此来离间范增，等到项羽军心浮动时再行突围。"

"他要是不接受和谈呢？"

张良插话道："项羽断然不会亲临汉营和谈，但我们只要能吸引他的臣下来到这里，事情就好办了。我们可先差使数人去楚营求和，项羽刚而无韧，连日攻城不下，正在焦急，见有汉使前来求和，一定会派人前来汉营协商。"

刘邦心领神会，遂命陈平、张良依计而行。

*嫁祸于人，逼死谋臣范增*

却说良、平派使者往楚营游说，无非是厚礼甘言，说刘邦不敢与楚王分庭抗礼，愿各守封疆，共保富贵，划荥阳以东为楚界，荥阳以西为汉界。

项羽想到刘邦势力日大，韩信又善于用兵，继续打下去，亦不知鹿死谁手，不如趁早讲和，休养生息，等候机会，东山再起，便招范增前来商量。范增分析道："这是刘邦的缓兵之计。和谈不是本意。把战局拖住，坐等韩信的救兵。今

日正可猛攻快打，把刘邦消灭在这里，再去对付韩信。"

项羽犹豫起来。汉使料定是范增从中作梗，乃对项羽说："陛下自应圣裁。左右的话，怕有私弊。因为战胜也好，战败也好，别人一样可以不当楚官当汉官，但陛下将怎样自己？况且汉王尚未势穷力尽，韩信的几十万大兵很快就会到来，内外夹攻，陛下师疲粮尽，那时欲退不得，欲进不能，不是后悔莫及吗？依臣鄙见，倒不如及时讲和，化干戈为玉帛，这样，不独汉王感恩戴德，老百姓也会讴歌陛下的仁义呢！臣虽身在汉营，仍是天下一介贱民，望陛下三思，为天下着想，不要被左右暗中出卖了！"

汉使的话掷地有声。项羽一时难以回复，便道："你先回营，我即派人入城讲和。"

陈平心花怒放：暗想，贼亚父，你也死到临头了！

项羽不听范增的劝谏，派虞子期等人为和谈大使进入荥阳城。刘邦谎称夜饮大醉，命陈平前来接待。陈平把楚使引到客房，楚使见客房布置得非常阔气，招待的人又都那么殷勤、周到，心里已有几分得意。陈平设了丰盛筵席，请虞子期上坐，顺便问起范增的起居近况，大赞范增，并附耳问："亚父范增有什么吩咐？"虞子期道："我们是楚王差使，不是亚父差来的。"陈平一听，故作吃惊，说："我以为你是亚父差来的！"便叫几名小卒撤去上等酒席，随后把楚使领至另一间简陋客房，改用粗茶淡饭，残羹冷炙招待。陈平满脸愠色，拂袖而去。

众楚使如坠五里雾中，乃整衣求见刘邦。刘邦传话说还未梳妆。侍从领着楚使在密室休息，奉陪一会儿便托词起身，说："虞大使请稍候，小臣去帮汉王梳洗。"遂离开密室而去。

虞子期受此怠慢，大为不快，在密室

里走来走去，见桌上有几份秘密文件，随即走过去翻阅，找出一纸首尾不写名的信。内云："霸王提兵远来，人心不附，天下离叛，兵不过20万，势渐孤弱。大王切不可出降，急唤韩信回荥阳。老臣与钟离昧等为内应，指日破楚必矣。黄金不敢拜领，破楚后愿裂土封于故国，子孙绵延百世，臣之愿也……"

虞子期大惊，暗思这信必是范增的了。近闻亚父与刘邦私通，尚不相信，今见此信，相信真的假不了，假的也真不了；于是，将信揣入怀中，准备回去向楚王邀功。

虞子期回营后，不胜其愤，把自己所受的冷遇在项王前渲染了一通，然后将从密室里偷来的匿名信呈给项羽。

项羽看罢密信，怒发冲冠，招来范增大骂："老匹夫居然起心要出卖我，今天决不饶你！"

范增丈二和尚摸不着头脑。他深知霸王一向尊敬他，但今天却这么待他，分明早已不信任自己了，便对项羽说："天下大局已经定了，愿大王好自为之。"

项羽一向薄情寡恩，一气之下，炒了范增的"鱿鱼"。

范增解甲归田，一路上怨愤不已，叹气道："刘邦是个假仁假义、刁钻刻薄的小人，一个亭长怎么能做君王？霸王可是个又能干又豪爽的英雄，将门之子，确实有君王气魄，只可惜……"

范增边走边想，边想边叹气。一路上，吃不下，睡不好，犹如风前残烛，气息奄奄。将至彭城，忽然背上生了一个毒瘤，凄凄惨惨、冷冷清清地合上了眼。这一年，范增七十又五。

范增死后，项羽醒悟过来，大喊上当，但悔之晚矣。他一面派人到彭城，用厚礼安葬范增，一面命各部将拼死进攻荥阳。

韩信援兵迟迟不到，荥阳朝不保夕。

张良、陈平决定：先救刘邦出城，入关收集散兵，留御史大夫周苛、魏豹、枞公死守荥阳，再会同韩信部队三路围攻项羽。

瞒天过海，解荥阳之围

陈平与张良密谋后，对汉王说："请大王速写一封投降信给霸王，约霸王在东门相见。霸王定会把他的大军布置在东门，我再想办法把西、北、南各门卫士引到东门口来，大王就可以从西门冲出去了。"

汉王说："请你安排吧！"

不一会儿，陈平领着一位貌似汉王的将军来见汉王。这就是不惜性命来保汉王的纪信。纪将军说："现在敌人四面围城，大王无法坚持下去了，我愿打扮成大王的样子出去投降，吸引敌人把兵力集中围住东门，大王就可趁机从西门突围。"

汉王说："不可，不可！纵令我逃出去了，将军岂不是要遭毒手？"

纪信说："父亲有难，做儿子的应当替父亲死；大王有难，做臣下的应当替大王死！"

汉王道："我刘邦大业未成，将军还没有得过什么好处，你替我慷慨而死，我倒偷偷地溜了，怎么对得起你呢？还是请陈平再想办法吧！"

陈平说："这是没有办法的办法了！"

纪信抢着说："现在火已烧到眉毛上了，要是大王不让我去，荥阳城攻破后，大家也是同归于尽；还不如舍了我一个人，既保全了大王，将士们也有了生路。"

汉王皱起了眉头，下不了决心。纪信忽地拔出宝剑，说："大王如果不同意，就让我先死在您的面前！"说着就要自刎。

汉王急忙拦住，说："将军的心可以感天地、泣鬼神。我知道将军还有母亲和夫人、儿女。将军的母亲就是我刘邦的母亲，将军的夫人就是我刘邦的嫂子，将军的儿女就是我刘邦的儿女，请将军放心吧。"纪信磕头谢恩，刘邦泪流满面……

翌日，天还没亮，汉军便开了东门。陈平差遣 2000 妇女，一批一批地从东门出去。楚军闻讯围了上来，可是一见这些手无寸铁的女人，谁也不好意思刁难，只好闪开一条道来。南、西、北门的楚兵听说东门外全是美人儿，争先恐后地涌向东门。忽然，有人大喊："汉王来了！"果然"汉王"坐着车，由仪仗队开道，慢慢地走出东门。"汉王"走近楚营，霸王才发现坐车出来的不是汉王，气得暴跳如雷，吩咐将士们把这个假汉王连车一块烧了。

汉王乘着东门乱，冲出西门，带着陈平、张良、樊哙杀出一条血路，逃之夭夭……

**分封韩信，借刀杀人——**

汉王四年（公元前 203 年），刘邦被项羽暗箭射中胸部，困守广武。这时，韩信在齐地却节节胜利，俘虏了齐王田广，击杀了楚大将龙且，军威大振，遣使向汉王刘邦请封他为假（代理）齐王。刘邦听了脱口大骂："吾困于此，日夜盼你来相助，你却想在齐地为王！"陈平见状，立即踩了踩刘邦的脚趾，附耳低语说："汉方不利，怎能阻止韩信自立为王？不如顺水推舟，使他感恩报德，否则恐有后患。"刘邦彻悟，便改口佯骂道："大丈夫能平定诸侯，即为真王，何以假为？"随即遣张良操印赴齐，立韩信为齐王。张良办了封王仪式，项羽亦接连派使者来劝韩信背汉归楚，或者三分天下，鼎足而居。当时韩信确有举足轻重之势，佐汉则汉胜，归楚则楚胜，如果背汉自立，汉势孤单，也会为楚所灭。亏得当时有陈平临机蹑足，示意刘邦封韩信为王，使韩信感恩，无论谁来劝说，也不忍背汉，并最终引大军击楚，与刘邦合力围困项羽于垓下，使

叱咤风云的西楚霸王演出"霸王别姬"之后自刎于乌江。

**请君入瓮，韩信云梦就擒**

项羽死后，刘邦为帝，史称汉高祖，封韩信为楚王。

大将钟离眛当初与韩信一起在霸王帐下共事。霸王曾想杀掉韩信，经过钟离眛的营救，保了韩信一命。项羽死后，钟离眛有家难归，只得投奔韩信（韩信背楚后即归汉），此事被高祖听说了，颇感不快。

汉高祖六年，又有人上书，言韩信为母亲迁坟，大兴土木，实际是向高祖示威。高祖征求诸将的意见。诸将都说："赶紧发兵，活埋这个忘恩负义的小子！"

汉帝默默无语。便问陈平，陈平一再推辞。

高祖说："韩信自觉功劳大，早就盘据齐地，自立为王；我加封他为楚王，他仍然不知满足；现在，竟然敢窝藏钟离眛，这不是要造反吗？我打算前去讨伐他，你看怎样？"

陈平说："不可。韩信不比别的将军。一旦激成兵变，恐怕很难平定。"

高祖一听气急败坏，却又无计可施。

陈平问高祖："有人上书告韩信造反，别人知道这件事吗？"

"不知道。"

"韩信自己知道吗？"

"也不知道。"

"那就好办了，"陈平说："古时有天子巡行天下，会合诸侯的事。南方有云梦泽，陛下装作出游云梦泽，要在陈州会合诸侯。陈州在楚地西界，韩信听到天子正常出游，肯定会来谒见。当他进谒时，陛下便可把他拘留起来，这样，只需要一个力士就行了。"

韩信果然郊迎于道中，高帝命使埋伏下来的武士将韩信捆得严严实实，投入囚车。韩信贬之为淮阴侯，留居京都，

不使外任，韩信再也不能有所作为了。

献美女图像，解白登之围

长城北面的匈奴曾被秦将蒙恬驱走，远徙朔方。秦朝覆灭之后，楚汉相争，海内大乱，无暇顾及塞外，匈奴乘势南下。

汉七年冬，警报雪片似的飞入关中，高祖遂下诏亲征，冒寒出师。军至平城（今大同市），匈奴单于冒顿集精兵 40 万围高祖于白登（今大同市东），且派大兵分扎要路，截住汉兵的援应。高祖登山瞭望，只见四面八方都有胡骑驻扎。

时值天气严寒，雨雪连宵。高祖和将士们冻得瑟瑟缩缩，手脚俱僵。

被围 3 日后，粮食几尽。饥寒交迫，汉军危在旦夕。

到第七日，陈平忽生妙计，高祖忙令照办。

司马迁在《史记·陈丞相世家》里写到此处，只说："帝用陈平奇计，使单于阏氏，围以得开。"到底是什么奇计？司马迁只只道："其计秘，世莫能闻。"桓谭在《新论》中透露了下面的信息。

原来，冒顿新得阏氏（单于王后），十分宠爱，朝夕不离。此次驻营山下，屡与阏氏并马出入，浅笑低语，情意甚笃。陈平想到冒顿虽能出奇制胜，也不免被妇人女子所愚，百炼钢化作绕指柔，不妨从阏氏身上做文章。于是派遣使臣乘雾下山。

阏氏见有汉使来，悄悄走出帐外，挥退左右，召见汉使。汉使献上汉地金珠，并说是汉帝送给阏氏的，并取出图画一幅，说是汉帝请阏氏转给单于。阏氏毕竟为女流之辈，见到光闪闪的黄金、亮晃晃的珍珠，目眩心迷，便收下了。展开图画，只见绘着一个美人儿，不禁起了妒意，便问："这幅美人图有何用处？"

汉使装出一副虔诚的样子，答道："汉帝被单于所围，极愿罢兵言好。故把金珠奉送阏氏，求阏氏代为乞情。又恐单于不允，愿将国中第一美人，献给单于。因美人不在军中，故先把画像呈上。"

阏氏微怒道："这却不必，拿回去吧。"

汉使道："汉帝也觉得把美人献给单于，怕夺了阏氏之爱，但事出无奈，只好如此了。若阏氏能解白登之围，当然不用献美人，情愿给阏氏多送金珠。"

阏氏道："请返报汉帝，敬请放心好了。"说毕，将图画交还汉使。汉使称谢而去。

阏氏暗想，若汉帝不能突围，就要献上美人，我就要受到冷落。便对单于道："军中得到消息，汉军几十万大兵前来救援，明日便可赶到。"单于问："有这等事吗？"

阏氏道："两主不应相困。今汉帝被困于山上，汉人怎肯甘休？自然会拼命相救的。纵使你杀败汉人，取得汉地，也恐水土不服，不能久居。倘若灭不了汉帝，救兵一到，内外夹攻，我们便不能共享安乐了。"说到这里，阏氏便泪如雨下，呜咽不能成声。

单于道："那该怎么办呢？"

阏氏道："汉帝被困 7 日，军中并不惊扰，想是神灵相助，虽危亦安。你何必违天行事？不如放他出围，免生后祸。"

单于将信将疑，但恐惹得阏氏不高兴，只好作罢，便于次日，传令把围兵撤走。

也许因为陈平此计，使阏氏害怕汉朝美女夺己之宠，力劝冒顿单于解围。放走高帝用的是美人计，不太光彩，有失中国的体面，故而司马迁作《史记》时才秘而不传。

审时度势巧谋身

汉初三杰都曾不安于位：韩信受谤，被擒于云梦；萧何遭谗，被械于狱中；张良惧祸，托言辟谷从赤松子（传说中仙人）游。然而陈平一生始终受到信任，并且平步青云,位居丞相,令后人钦羡不已。

陈平出计擒韩信后,被封为护佑乡侯。但他居安思危,推辞说:"这不是我的功劳。"高祖说:"我用你的计谋,才能克敌制胜,这不是你的功劳是谁的?"陈平说:"若不是魏无知的引荐,我哪里能为陛下所用呢?"高祖说:"像你这样的人,可说是不忘本啊!"于是,厚赏魏无知。

白登解围后,高祖回师,路过曲逆(今河北省顺平县东南)。登上城楼,四面一望,见城里有许多高大的房屋,赞叹道:"这个县真不错。我走遍天下,要数这儿和洛阳最好。"他回头问当地长官:"曲逆县有多少户口?"长官答道:"秦朝时有3万多户,以后连年打仗,死的死,逃的逃,现只剩下5000户了。"高帝念陈平白登救命之恩,就把5000户的曲逆县封给陈平,改护佑侯为曲逆侯。汉初被封县侯的功臣,所食户数多少不同,但多到食户一县的,只有陈平一人,可见刘邦对陈平宠爱之至。

后来陈平周旋于吕后当政的时期,最后又联络丞相周勃族灭诸吕,安定天下,位极人臣,独相(做丞相)朝庭,从未因功高而遭到皇帝及左右的猜忌。究其原因,当系陈平不仅善于为国出谋,也很善于审时度势,保护自己。

我们可以从下面叙述的四个故事中,悟出陈平的谋身之道。

处置樊哙

公元前195年,高祖击败叛军英布归来,创伤发作,缓步走到长安,又闻燕王卢绾叛变,遂派樊哙以相国的身份率军讨伐。樊哙走后,又有人对高祖说:"樊哙跟吕后串通一气,想等皇上百年之后,杀害戚夫人和赵王如意,皇上不能不早加提防!"

高祖早已察觉吕后自作主张,干预朝政,心里有些不高兴,可又想,一个妇

道人家能干出什么来呢?但现在听说跟他妹夫大将军樊哙串通起来,情况就严重了,他立即在床上下诏说:"陈平急速以驿传马车,载着绛侯周勃代替樊哙将兵,到了军中立即砍下樊哙的头!"高祖怕陈平不敢去杀樊哙,又吩咐陈平尽快把樊哙的头取来,让他亲自检验,并催促陈平:"快去快回,不得有误!"

陈平、周勃立刻动身。路上,陈平对周勃说:"樊哙功劳大,又是吕后妹妹吕媭的丈夫,我们可不能自己动手处斩皇亲国戚。眼下,皇上正在气头上,万一他后悔了,怎么办?再说皇上病得这么厉害,咱们斩了吕后妹夫,将来吕后当权能放过咱们吗?"周勃一时没有了主张,便问:"难道把樊哙放了不成?"陈平说:"放是不能放的,咱们不如把他绑上囚车,送到长安,让皇上自己去斩。"周勃认为这是个好主意。

陈平还没回来,高祖的病却加重了。高祖想,光杀樊哙不能削弱吕后的势力,因此,他吩咐手下的人宰了一匹白马,叫大臣们歃血为盟:"非刘氏不得封王,非功臣不得封侯,违背盟约,天下共伐之!"

且说陈平来到军中,建造高坛,以符节召见樊哙,将樊哙两手反缚载入囚车,送往长安。

陈平在路上听到高祖崩逝,立太子刘盈为皇帝(汉惠帝),尊吕后为皇太后的消息,更加恐惧,又怕吕媭进谗,于是坐驿传马车急速回朝。路上遇到使者传命,令陈平屯驻荥阳;陈平接受诏命,旋即改变主意,回到关中,来到长乐宫。

吕太后见陈平回来,马上问及樊哙。陈平讨好地说:"我奉先帝之命处斩樊将军,可我始终认为樊将军功大于过,怎忍下手?再说那时先帝病重,昏迷中所说的话不一定对,因此,我只派人把樊将军送回来,听候太后的发落。"

吕太后松了口气,宽慰陈平。陈平

畏惧谗言，唯恐地位不稳，就流着泪说："我受了先帝的大恩，应该赤胆忠心地报答一番。现在太子刚即位，宫里正需要人，请让我在宫里做个卫士，伺候皇上，一来可以报答先帝大恩，二来可以替太后和皇上效力。"吕太后听了这些话，心里挺舒坦，夸奖陈平一番，拜他为郎中令，又叫他在宫里辅助皇帝。

汉惠帝六年，相国曹参逝世，任命安国侯王陵为右丞相，陈平为丞相，周勃为太尉。第二年，惠帝崩逝。

**违心地拥诸吕为王**

汉惠帝死后，其子刘恭被立为皇帝，称为"少帝"。因为少帝还是个婴儿，不能统治天下，吕太后名正言顺地替少帝临朝，主持朝政。

吕太后为了巩固自己的政权，欲封娘家的兄弟子侄为王，故意问大臣们可不可以。右丞相王陵是个直性子，愣头愣脑地说："高祖宰了白马，大臣们都宣过誓，非刘氏不得封王。"问陈平，陈平违心地说："可以。高祖平定天下，分封自己的子弟为王，是对的；现在太后临朝，分封自家子弟为王，也是对的。"

散朝后，王陵批评陈平背弃高祖的盟约。陈平意味深长地说："现在在朝廷上抵制吕太后，我比不上你；将来除吕保刘，您可比不上我啊。"

王陵只是冷笑。可冷笑有什么用？吕太后不再让王陵做丞相，而表面上升迁王陵为汉少帝太傅，实际上是架空他。王陵肚里没有撑船的海量，索性谢病辞职，闭门不出，7年后病逝，非刘氏不王的盟约并没有成为现实。

王陵免相后，升陈平为右丞相，命辟阳侯审食其为左丞相，吕太后的内侄和内侄孙先后被封为王，出现了诸吕当权，一统天下的格局。

审食其是沛县人。当初汉王刘邦在彭城战败向西转进时，楚霸王到沛县虏取汉王父亲和妻子为人质，审食其则以舍人身份侍候刘妻，相处日久，两人关系暧昧。现在审食其得幸于刘妻（吕太后），才当了左丞相。陈平深知审食其底细，亦深知太后欲让审食其掌权，就故意不管朝事，国家大事全由审食其决定。

吕媭因为以前陈平替高祖出谋拘捕樊哙，曾多次向太后进谗，说："陈平当了右丞相，却天天酗酒、玩女人。"陈平知道后，更加纵情于酒色之中，这正中太后下怀。太后曾当着吕媭的面对陈平说："常言道，'小孩和女人的话不能听'。你不用畏惧吕媭进谗。"

**联合周勃灭诸吕安刘氏**

陈平为了保全禄位，凡事都秉承吕后的意旨，不敢专擅，照样吃喝玩乐。看样子，有些麻木不仁；其实，他心如刀绞。无奈诸吕专权，日盛一日，不敢轻举妄动。

陈平的忧思独被大中大夫陆贾看出。并对他说："天下安，注意相；天下危，注意将。将相和睦，众情归附。"又说："今日社稷大计，在两个人的掌握之中，一是足下，二是太尉周勃……"

陈平本来与周勃不和。当年他归汉时，周勃曾说过他受金盗嫂，当然心存芥蒂。但诸吕日盛，势必危及国家和自身安全，陈平决定"捐弃前嫌"，以五百金厚礼向周勃上寿，博取将相交好。周勃亦隐恨诸吕，自然与陈平一折即合，两人常在一起议事，决计合力对付诸吕。

公元前180年，吕太后病重，临终前立吕产为相国，吕禄为上将军，分别统管南军、北军。吕太后死后，诸吕果然谋乱，弄得天下乌烟瘴气。

诸吕认为时机已到，遂密谋反叛。

陈平得知曲周侯郦商之子郦寄与吕产、吕禄有交情，遂托称议事，把郦商邀了过来。软禁郦商后，再召郦商之子郦寄，胁迫他诱劝吕禄，交出将印，回朝就职。吕禄本来没有什么才识，又因与郦寄是好友，乃信以为真取出将印，匆匆出营，直奔长安。

郦寄把将印交给太尉周勃。周勃手持将印，召集北军，下令道："为吕氏右袒，为刘氏左袒！"北军纷纷袒露左臂，表示要忠于刘氏。

这时，陈平已与朱虚侯刘章（刘邦次孙）取得联系，与周勃联手，以势不可当之势冲进未央宫。刘章杀了吕产，周勃杀了吕禄，然后鞭杀吕嬃，斩绝诸吕的男女老幼。

### 对答如流，巧除周勃

陈平、周勃为安定社稷，挽救刘氏，拥代王刘恒为帝，史称汉孝文帝。

文帝即位，大夸太尉周勃亲自率兵诛杀吕氏，劳苦功高。陈平虽与周勃联手杀了诸吕，但内心深处仍忌恨周勃，于是托病引退，让出高位，等候时机再来排挤周勃。汉文帝刚刚即位，对陈平称病感到奇怪。陈平谦虚地说："在高祖时周勃的功劳不如我，到了灭杀诸吕，我的功劳不如周勃。"一席话，使文帝对陈平顿生好感，但一时又难改变初衷，于是，封周勃为右丞相，陈平为左丞相。

有一次，大臣们上朝。文帝问右丞相："天下一年判决的讼案有多少？"周勃谢罪说："不知道。"文帝又问："天下一年的金钱和谷物的收支有多少？"周勃急得汗流浃背，谢罪说不知道。

皇上又问左丞相陈平。陈平虽心中无数，但比周勃机灵。他说："这些事都有主管的人。皇上要知道监狱的情况，可以问廷尉；要知道钱粮收支的情况，可以问治粟内史。"

皇上又问："既然一切事情都有主管的人，那么，丞相管什么呢？"

陈平感到排挤周勃的时机到了，便讨好道："丞相主要的职责：上帮助天子调理阴阳，顺从四时；下妥善地化育万物；外安抚四方；内爱护百姓，使文武百官各司其职。"

文帝听了点头称赞。周勃则满脸羞愧，无地自容。不久，周勃托病请求免去右丞相职位，告老还乡。文帝趁机废除了左右丞相制度，让陈平一人做了丞相。

从陈平处置樊哙和违心地拥护诸吕为王，以及联合周勃诛诸吕、安刘氏和对答如流、巧除周勃四事，可以看出陈平确实有些滑头，这也可能就是刘邦临终时交代"陈平智有余，然难独任"的原因。刘邦认为，陈平机智聪明过人，这在争夺天下时是少不了的，但在治理国家时，却需要厚道些为好。然而在刘姓天下被吕家夺去，生杀予夺大权全在吕后一人之手时，像王陵那样硬顶是无济于事的。相反，陈平采用的"谋身"之术虽有些滑头，但目的是为保全实力以图后计，未尝不是一种明智之举。

司马迁在《史记·陈丞相世家》中情不自禁地赞叹道："吕太后时，国事多故，然而陈平竟能够使自己脱身于其中，并能安定宗庙，以荣名终其一身，被称为贤相，岂不是一个能善始善终的人！假使不是智谋过人，谁能做到这样呢？"

## 大将军卫青

西汉中期，雄才大略的汉武帝为了雪国耻，振汉威，拓疆土，对北部匈奴发动了长达十几年的战争。其中有三次更是震烁中国军事史，使匈奴远遁塞漠深处，再也不敢成为中国北部的主要边患，同时也使汉王朝拓疆上万里。作为对匈奴作战的实际指挥者卫青，也成为中国军事史上的一个杰出人物。

### 从私生子到汉军统帅

卫青，字仲卿，原姓郑，后改姓卫，河东平阳（今山西临汾）人。生年不详，死于汉武帝元封五年（公元前106年）。

据《汉书》载：卫青的父亲郑季原是平阳侯曹寿家的小差役。在当差役期间，平阳侯的女仆卫媪因死了丈夫，就与郑季私通，不久生下卫青，所以卫青小时候又叫郑青。刚生下来时，郑季怕人耻笑，就想把新生儿扔掉。但接生的老媪对他说："我接生的孩子很多，从未见过像这个孩子那样，面目红润，声音圆爽，胞衣绿紫，也许将来有出息呢？"郑季一听，就把孩子留了下来。

几年以后，郑季离开了平阳侯家，回到河东老家。他走时，还把卫青带走了。因郑季在家已有妻室，并生了几个子女，所以，妻子一见丈夫领回一个小男孩，在感情上就异常厌恶。她又气又恨，除了平时对郑季白眼相向外，还把气出在卫青身上。

常言道：六月的日头，后娘的拳头，毒着哩！郑妻白天要卫青上山去放猪，晚上就把他关在猪圈旁边的小屋子里。卫青衣不蔽体，食不果腹，即使这样，还经常要挨后娘的咒骂和苛待。郑妻的几个孩子更是把卫青当作外人、出气筒，动不动就拳脚相向，把他揍在地上半天也爬不起来。所以，卫青少年时代的处境是十分凄凉的。

这样的艰难时光过了七八年，卫青已是十几岁的小伙子了。他每天的活计就是放猪，或是下地帮父亲干点活儿。一天，当他在山上放猪时，一个挑着功夫担子的老铁匠从他面前走过。一看见卫青，他注视良久，说："你这小伙子不简单哩！将来还要封侯，大富大贵哩！"卫青一听，苦笑道："一个私生子，有顿饭吃，不挨打骂就已经满足了，还指望封什么侯？老人家不要取笑我了。"老铁匠坚持说："如果你十年内封不到侯，那就算我这一辈子白相命了。"说完，就挑着功夫担子走了。走了一段，还回过头来对卫青喊道："十年，小伙子，只要十年。"

按常规的生活逻辑，一个放猪的下等人、私生子，不要说封侯，能指望有口饭吃，娶上妻就已经不错了。但不可思议的是，十年后，卫青不仅封了侯，还当了大将军，究其原因，还终因为他是个私生子哩！

卫青的母亲卫媪在与郑季私通前，已生了三个女儿：长女君孺，次女少儿，三女子夫。其中三女儿卫子夫长大后体态多姿，色貌倾城，是出色的美人儿。因卫媪一直在平阳侯家当女仆，所以，卫子夫长大后，也留在平阳侯家，侍候平阳侯之妻平阳公主，并很得公主喜欢。

平阳公主有个胞弟，那就是雄才大略的汉武帝刘彻。此时的刘彻已是风度翩翩的青年天子，又生性好色。有一次，汉武帝到姐姐平阳公主家玩，一眼就瞧见了卫子夫，十分中意。平阳公主知道自己弟弟的五脏六腑，就让卫子夫陪伴汉武帝，自己知趣地走开。一见卫子夫秀色可餐，汉武帝急不可耐，就在平阳公主家的屏风后与卫子夫云雨起来。从此，汉武帝就经常来姐姐家与卫子夫约会，并封卫子夫为妃子、夫人。

得到了皇帝的宠爱，卫子夫一下身价百倍。当她得知自己的同母异父弟在民间受苦时，就派人把卫青从河东老家接来，并改姓名为卫青。卫青来长安后，就被安排在平阳公主家里当跟班。每当公主外出，卫青就骑马相随，相当于警卫人员的性质。由于卫青胆大心细，办事沉稳，为人忠厚，很得平阳公主的欢心。她就向汉武帝推荐了卫青，武帝就封卫青为侍中，出入宫廷，保卫皇帝。

汉武帝建元二年（公元前139年），卫子夫生了个儿子。在此前，汉武帝一直未有子嗣。他正为皇储问题而烦心时，卫子夫为他了却了心事，就选卫子夫入宫。汉武帝的这一举动引起了一个人的极大不满，那就是他的原配陈皇后。

陈阿娇是汉武帝的亲表姐，后封为皇后。但陈阿娇身体肥胖，一直没有生

第二编　秦汉野史

育。她非常嫉妒其他受武帝宠幸的女人,当她得知卫子夫受皇帝宠爱,醋意大发。她不仅采用益虫诅咒的办法咒骂汉武帝,还把气出在卫子夫的弟弟卫青身上,暗中派人把卫青抓起来准备处死。

卫青的好友公孙敖知道此事后,惊恐不已。一面连忙组织营救,一面火速上报汉武帝,这样卫青才捡回了一条命。当汉武帝得知是陈阿娇所为后大怒,立即下诏废除陈阿娇的皇后身份,并把她软禁起来。然后册封卫子夫为皇后,同时还把卫青提拔为太中大夫,不久又提为将军。

一个养猪的农家子弟,仅靠人生的某种关系,终于当上了朝中命官。但他没有想到的是,他人生最辉煌的时刻还在后头,偌大的汉帝国的万里江山还要靠他去拓展、去巩固。如果说以前的幸运是靠了后宫的关系,那以后的事业则是靠了他本人的努力和命中的造化。

汉武帝是中国历史上一个雄才大略、好大喜功、标新立异的皇帝。据20世纪初的历史学家夏曾佑统计:他一生在中国历史上创造了十一个“第一”,其中的一个“第一”就是大规模反击匈奴,消除了中国北部的边患。

匈奴是中国北部一个善骑射、喜掠夺又飘忽不定的游牧民族,从春秋末年以来,一直是中原政权的最大边患。西汉初,汉高祖刘邦率军四十万,想一战而灭匈奴。结果中了匈奴诱敌深入之计,被包围在平城达七天七夜。最后还是用谋士陈平之计才得以解围,从此,汉王朝再也不敢与匈奴作战。

既然打不过别人,国家又穷,就只好和谈。汉朝采取和亲的妥协政策,每年向匈奴纳绢帛几十万匹,并送上一美丽的汉室公主。所以,终文、景之世,汉王朝一直都是采取这种带有耻辱的妥协政策。

经过文、景两个皇帝近七十年的休养生息,汉朝的生产力得到了恢复和发展,社会上的财富也大量增加了。据《汉书·食货志》载:到了景帝末年,朝廷积钱数百万亿。时间长了,贯穿钱币的皮绳都朽烂了。同时,朝廷养马达数十万匹。所藏的粮食,新旧堆积在一起,以致腐烂不能再食。随着国力的增强,军事力量也逐渐壮大。这时,解除匈奴对西汉王朝的侵扰和威胁,不仅十分必要,而且完全可能了。汉武帝自己也说:“每当朕念及平城之围,吕后之辱,就寝食不安,现在正是雪耻的时候了。”

汉武帝元光五年(公元前130年),匈奴入侵上谷(今河北怀来),杀戮吏民,抢掠牲口,气焰嚣张。开始汉武帝想用诈降之计诱匈奴进入伏击圈,进而一举灭之,但因计泄未果。从此,一场长达近二十年的大规模军事反击匈奴的战争终于拉开了序幕。

在这场战争中,也许是冥冥之中的安排,卫青作为汉武帝的小舅子临危受命,深入漠北,屡获奇功。他则从一个普通的将军脱颖而出,一跃而成为汉军统帅,指挥和领导了反击匈奴的战争,并取得了彻底胜利。

元光六年(公元前129年),汉武帝命公孙贺为轻骑将军,出云中(今内蒙托克托东北);太中大夫公孙敖为骑将军,出代郡(今河北蔚县);卫尉李广为骁骑将军,出雁门(山西右玉南);卫青为车骑将军,出上谷(河北怀来县)。每路各率精骑万人,分路出击匈奴。

从军事学的角度分析,汉武帝这样部署是失策的:几路大军同时进发,不相连属,又不置战场总指挥,结果只能是你打你的,我打我的,像聋子、瞎子一样到处乱撞。但从另一角度来说,这对于卫青单独指挥方面军作战却是一次难得的锻炼机会。

在这次对匈奴的出征作战中,其他几路都是无功而返:李广恃勇轻进,全军尽失;公孙敖阵前失利,损兵七千余人;公孙贺未斩一敌;唯有卫青出上谷,斩敌数百而返。因功,汉武帝封他为关内侯,其他几个将军都受到了贬为庶人的处分。

元朔元年秋(公元前128年),匈奴乘草肥马壮之时,驱兵犯边。匈奴杀了辽西太守,又掠吏民众二千余人。汉武帝命卫青出击。领命后,卫青出兵神速,斩虏数千,得胜而回。

元朔二年(公元前127年),匈奴再次犯上谷、渔阳(北京密云西南),卫青奉命率精锐骑兵四万出击。他利用骑兵集团高度的机动性和冲击力,作向心突击。卫青甩掉后方,以迅雷不及掩耳之势直扑大漠深处,与匈奴主力决战。从云中出塞后,卫青与匈奴右贤王主力大战于高阙(今内蒙杭锦旗阴山西南长城口一带)。然后急转西进,直抵陇西进击匈奴。最后俘获白羊、楼烦二王,以及匈奴兵五千人,并夺得牛羊一百多万头,收复了秦代开拓的河套地区。

捷报送到长安,汉武帝兴高采烈,诏封卫青为长平侯,食邑三千八百户,随军将校苏建为平陵侯,张次公为岸陵侯。

元朔五年(公元前124年),卫青率骑兵三万从朔方、高阙出关反击匈奴。匈奴右贤王探得汉军大举出击的消息,自知实力不敌,遂退出塞外。右贤王以为汉军不敢深入匈奴腹地,乃放松戒备,拥娇娃夜饮。而卫青利用匈奴的这种心理,率精骑数万,深入塞外七百里,以神速的动作,乘夜突袭匈奴右贤王。右贤王闻警大惊,慌乱中只率数百人逃跑。这一仗,汉军俘获匈奴裨王十余人,男女一万五千余人,牛羊数百万头。

得知前方大捷,汉武帝立即派使臣前去慰劳,拜卫青为大将军,节制诸将,加食邑八千户。这次不仅随军其他将士多有封赏,卫青三个尚在襁褓中的儿子也被封为列侯,后因卫青坚辞才未封。

为彻底解除边患,消灭匈奴主力,汉武帝准备给匈奴致命的一击。元狩四年(公元前119年),汉武帝下了征兵总动员令,征集了十万精锐骑兵和数十万后勤部队,由大将军卫青和卫青的外甥、骠骑将军霍去病率领,对匈奴实施大规模反击。

卫青和霍去病各率五万精锐骑兵,采取分进合击的战略,越过浩瀚大沙漠深入匈奴腹地。卫青率军从定襄出塞后,深入漠北一千多里,穿过大沙漠,与匈奴主力对阵。

两军恶战一整天,至黄昏时,风大沙起。卫青乘双方正疲劳之际,就把自己的两万预备部队投入战场,分两路从翼侧夹击匈奴。匈奴不敌,全线崩溃,卫青乘势率军紧追不舍二百余里,追至寘(tián)颜山(今蒙古)而还。

这一仗,卫青大破匈奴主力,捕斩匈奴兵将一万九千人。霍去病北上行军两千里,大败匈奴左贤王,斩获七万人,取得了空前辉煌的胜利,从而为汉王朝的北部边疆创建了和平安定的环境。匈奴在几次大战中的损失,匈奴民歌是这样描述:"夺我祁连山,使我六畜不得息;夺我胭脂山,使我妇女无颜色。"

因取得了汉王朝建国以来从未有过的大胜利,卫青和外甥霍去病同拜大司马,共同管理全国的军队。舅舅和外甥同为大司马的例子,在中国军事史上,唯有卫青和霍去病两人。

### 受宠不骄,富贵终身

在中国封建社会的政治生活中,武将擅权和后戚秉政是造成王朝动摇甚至解体的两个基本因素。皇后主持六宫,是与皇帝一样君临天下的至尊至贵之人。皇后的家人也因她而飞黄腾达,有的甚至掌握朝政,主宰天下。如果后戚心术不正,那王朝就有改姓的危险。如汉高祖的皇后吕雉就差一点儿把刘姓王朝变成了吕姓王朝。

对卫青来说,姐姐是当今皇后,自己又是屡立大功、威震天下的大将军,在这种情况下,很容易使人飘飘然,忘乎所以,飞扬跋扈,不可一世,最后落得个身败名裂的悲惨下场。

但卫青不是这样,时刻保持清醒的头脑、谦恭待人的品质和护国尊主的臣节。因此,汉武帝对他既尊敬又佩服,宠信不衰。所以,古人说的德深者必福厚这句话并非虚言。有三件事可看出卫青的性格和人品。

元朔五年(公元前 124 年),卫青率军反击匈奴,大胜而还。汉武帝不仅封卫青为大将军、加食邑八千户,同时,还要封卫青三个尚在襁褓的儿子为侯。见此,卫青上表坚辞,诚恳地对汉武帝说:"汉军大捷,是上赖陛下武威,下赖全军将士力战的结果,臣何力之有? 即使有微功,陛下已经赏赐了,臣之三子尚是幼儿,无功无德,现封列侯于理不妥,以后臣在军中何以鼓励将士效命力战呢? 臣不敢奉诏。"

汉武帝一听,大为感动,说:"难得你如此仁贤,朕安敢忘记其他将士而怜惜爵位呢?"于是就停止封卫青之三子,改封护军都尉公孙敖为合骑侯,都尉韩说为龙额(é)侯,骑将军公孙贺为南窌(jiào)侯,轻车将军李蔡为乐安侯,校尉李朔为涉轵侯,校尉赵不虞为随成侯,校尉公孙戎为从平侯,将军李沮、李息和校尉豆如意为关内侯。此举一出,全军大悦,皆颂卫青之德。

元朔六年(公元前 123 年),卫青率军出定襄,将军苏建与赵信引军三千,为匈奴主力所围,激战一日,死伤过半。赵信原本是胡人,见事危,乃引残军投降,苏建被俘,最后只身逃出匈奴,归汉营请罪。

如何处理苏建,卫青召集长史、军法官和议郎一起商量。按卫青的职权,可以处斩苏建,所以,长史、军法官和议郎均主张立斩苏建,以树大将军之威。可卫青不以为然,说:"按军律,苏建当斩,但斩杀逃将之权,作为人臣不能擅使,应归之于皇上,由皇上定决。我身为大将军,以诚待人,又有后宫之助,不患无威。"

于是,卫青派人把苏建枷入京城,交由汉武帝处置。武帝听说卫青之所为后,对卫子夫说:"汝弟乃忠厚之人,令朕叹服。"就赦免了苏建死罪,贬为庶人。

元狩五年(公元前 118 年),平阳公主的丈夫平阳侯曹寿因恶疾病故。汉武帝见年轻的姐姐媚居,就劝她再找一个,并允许平阳公主在朝廷文武百官里挑选,选中谁,汉武帝就亲自当媒人。平阳公主道:"当今朝廷中谁最贵者,我就嫁给谁。"汉武帝排列了一下,当今朝廷最贵者,唯卫青一人:姐姐是皇后,自己是大将军,又被封为列侯。但卫青曾当过平阳公主的家奴,现女主人要下嫁以前的奴仆,人们都觉得有点儿不妥。平阳公主得知后,理直气壮地说:"他当奴仆是他的过去,现在是英雄、大将军,有何不可?"

如此一来,"姐夫当媒人找姐夫",不仅成了当时汉王朝的头号新闻,而且也成为中国历史上的一段佳话。唐朝诗人王昌龄为此曾写过一首七绝:

　　昨夜风开露井桃,未央前殿月轮高;
　　平阳歌舞新承宠,帘外春寒赐锦袍。

从此,卫青更加贵宠无比。但是,卫青并没有盛气凌人,而是谦恭有臣节,不违法,不犯上,对同僚和以前跟随自己转战千里的将校都能平等对待。有一次,他的一个家奴仗势犯法,卫青二话没说,就把家奴绑上送给廷尉处斩。太子刘据是卫青亲外甥,屡有过失,卫青知道后,就对太子痛加训斥，并对汉武帝说："太子喜与群小为伍，愿陛下能严加管束。"汉武帝笑道："他既是我的儿子，也是你的外甥，你也有责任。"

正因为有卫青如此榜样，他的儿子以后都官至列侯、将军。他的外甥霍去病二十四岁就成为赫赫有名的战将，远征匈奴立有大功，官拜大司马。因霍去病早死，其弟霍光辅佐汉昭帝、汉宣帝，忠心耿耿，无有二心，成为中国历史上可与成汤时的伊尹、西周的周公比美的贤相。

元封五年（公元前106年），卫青病死于家中，汉武帝得知后，伤心痛哭不已，诏令罢朝五天，以示哀悼，同时命把卫青葬在武帝的茂陵旁边，让卫青永远陪伴自己。

一个牧猪之奴终于走到了人生最辉煌的顶点，此归于天意抑或人为？还待后人深思之！

## 飞将军李广

西汉中期的著名战将李广是中国军事史上有名的飞将军。他一生从军四十余年，经历大小战争上百次。匈奴畏之如虎，望名而靡，称他为"战神"。但是，他一生的运气很不佳，职不过将军、太守，禄不过两千石。是汉武帝有功不赏？不是。是李广打仗不行？亦不是。他年过六十，还要被后起之秀唤去受审，李广愤懑已极，只好拔剑自杀，为中国军事史上增添了一段悲壮史话，连历史学家司马迁都替他惋惜："李广如此，岂非命也哉！"

### "飞将军"的由来

李广，陇西成纪人（今甘肃秦安县），生于高后（吕雉）二年（公元前186年），死于武帝元狩四年（公元前119年）。李广一生经历了文、景、武三朝，他在文帝后期投军，景帝时仕途正旺，武帝时则是他军事生涯的高峰和悲壮期。

李广的曾祖父是秦始皇著名的大将李信，曾随王翦大破燕国，并追燕太子丹于易水，斩其人头而还，威名赫赫。所以，作为将门之后的李广，从小就以习武、骑马、射箭为职业，并练就了一身惊人的武功和骑马、射箭的技术，为他以后在战场上领军杀敌打下了坚实的基础。

青少年时代的李广，英气勃勃，意气昂扬，志在边塞。二十岁时，他以将门之后和武功入选为吏。后进入边塞抵御匈奴。从此，他一辈子就在与匈奴的厮杀中度过。他对前景充满了希望和憧憬，想真刀真枪地干出拜将封侯的不世之功。

有一次，他在长安遇到一个相者。李广来了兴趣，就向相者询问自己的前途。相者看了半天，说："你是个好人，心地善良。"李广连忙打断他的话："我不想听这个，我想知道我以后能不能拜将封侯，光耀门庭。"相者道："你呀！禄不过两千石，官不过太守、将军，而且一生郁郁不得志。因为你山根不高且瘦，面槽乱而中断，这叫相上不有终，功业一场空。"李广一听，哈哈大笑，对相者说："人生如有命，命在何处？我到时封个侯给你看看。"说完，扬长而去。

李广为人敦厚，话语不多，更不会弄虚作假，投机钻营。他忠于职守，爱兵如子。每次率兵与匈奴作战时，他总是一马当先，身先士卒，屡有斩获。受赏时，又忘不了那些与自己出生入死的士兵，先人后己。士兵没有吃的，他总不独食，士卒没有扎好营帐，他总不独寝。中国古代有句成语：冬不当裘，夏不当盖，与众同也。在这方面，李广大概是做得比较好的一个。

有一次，李广率兵与匈奴作战，回撤时，发现少了一个兵。李广立命副将率队等候，自己骑马回返，寻找那失踪的士兵。最后发现这个士兵受了伤躺在一条水沟边呻吟，李广连忙把这个士兵扶上马,而自己则持刀、当弓步行,最后终于跟上了大部队。此事在士卒中影响极大,大家都乐意与李广一起作战,从不畏难、后退,即使战死也无怨言。

还有一次,李广与几十个士兵去山中打猎。时值傍晚,天色朦胧,李广兴致未减,还想再猎一阵再回营房。这时,突然发现前方不远处有只老虎蹲在那里。李广一见,连忙招呼士兵后退,自己搭箭开弓,“嗖”的一声一箭向那虎射去。过了一会儿,还不见动静,大伙连忙围成一圈,上前看虎是否已死。不看不知道,一看吓一跳:原来李广错把石头当老虎了,而且那箭已射入石头里面,深达数寸。李广自己一看也惊且疑,觉得自己的箭不可能射进石头。于是又向石头射了一箭,但再也射不进去了。箭头碰到石头,只能溅出一点儿火星。

此事在军队中很快就传开了,而且越说越神,说李广是“神将”,连石头都可以射穿。而李广本人也觉得此事十分费解蹊跷,也许自己确非平庸之辈?从此他更加勤奋谨慎,杀敌更加勇敢。所以,汉景帝四年(公元前 151 年),三十多岁的李广就担任陇西(今甘肃东部)太守,以抵御从河套地区南下的匈奴骑兵。以后,又相继担任上谷(河北怀来)、上郡(陕西北部)、代郡(河北蔚县)、云中(内蒙托克托)几个地方的太守,为阻止匈奴的进一步南侵做出了突出贡献。李广自己也认为,此生拜将封侯应是稳操胜券了。

在李广当上郡太守时,汉景帝刘启久闻其勇武和精湛的骑射技术,就派自己身边的宦官来实地检验。有一次,宦官率几十个汉军骑兵出去巡视,在途中碰上了三个匈奴骑兵。宦官何时见过真刀真枪的流血场面?顿时两腿发软,回马便逃。这三个匈奴兵的箭术实在高超,一下子就射伤了十几个汉兵。

宦官在其他人的保护下好不容易回到营帐,并对李广诉说匈奴人如何厉害。李广沉思一下,说:“有这样的身手,定是匈奴的射雕人。”他命随从备马,自己率一百名骑兵去追赶这三个匈奴人。因匈奴兵放马慢行,很快就被李广追上。于是,李广连忙命自己的部队左右散开,自己一马当先,朝匈奴兵大吼一声:“匈奴慢走,瞧本将军的箭法!”说完,一箭把一个匈奴兵射倒,另两个见李广威风凛凛,心有三分惧怕,就撒腿而逃。李广一见,喝道:“哪里跑!”又射倒一个,最后一个匈奴兵见不是对手,只好投降。

经审问,他们真是匈奴的射雕能手,而且是负有侦探任务,大部队还在后头。果然过了不久,数千匈奴骑兵蜂拥而来。敌众我寡,李广所率之兵见了都非常害怕,想往回跑。李广道:“敌有数千,我只一百,而且双方相隔不过几里,能跑得掉吗?如果我们镇定自如,也许还能转危为安,顺利回到营寨。”说完,就命令部队继续向前走,到离匈奴军队只有二里远的地方才停下来。接着他又命令士兵下马解开鞍子,把马放开,让其吃草,而人则随便躺在地上,一副漫不经心的悠然样子。

匈奴兵一见非常疑惑,以为李广等人是诱敌部队,就停留不进,并立即登上山头布置阵地。李广见自己虚虚实实的办法见效,就一马当先,在阵前驰骋,并对匈奴大喊:“瞧本将军的神箭!”这时,天空中碰巧有一只大雁飞过,李广在马上一边跑,一边搭箭开弓,把大雁射落。匈奴兵一见,更为疑惧。李广捡起大雁,对匈奴喊:“有本事的出来与本将军比试一下!”

这时,一个匈奴将领想靠前去看个究竟。李广一见,朝匈奴兵疾驰而去。匈奴兵一见李广飞驰而来,就搭箭备刀,准备一战。但李广马快箭准,待匈奴兵欲射时，早已一箭飞到。匈奴将领应声落马，李广又上前砍下其人头，朝匈奴部队扬了扬，又立即飞奔回到自己的阵地上。

双方就这样僵持着，一直到晚上，匈奴也不敢出击。到了半夜，匈奴害怕中了汉军伏击，就引兵退去。从此，他们就为李广取了个非常响亮的绰号："飞将军"。每次与汉军交锋，只要闻李广之名，就自动引兵退去。几千年来，"飞将军"就成了李广的代名词而流传于中国军事史。

景帝的宦官回去后向皇帝汇报，极赞李广之勇。说："如遇大敌，李广可挡之。"于是景帝遣使慰劳，并赐御酒一坛以示奖励。

从李广投军到汉武帝大规模反击匈奴，几十年来，李广都是在边界上与匈奴进行着这样小规模的战斗。李广名气虽大，而且威猛，但最终战绩总是不大。所以，一直到汉武帝大规模用兵，李广还是个将军兼俸禄二千石的太守。

所以，李广也决心在未来反击匈奴的战场上好好厮杀一番，立下大功，拜将封侯，显名后世。

### 忧愤自刎

作为一个将军，奋勇杀敌，忠于国家、忠于职守、爱护部属，李广当之无愧。但是，做一个大将、帅才，使其独当一面，不知是李广才智不及还是命运不济，总是很不理想，有时甚至大败而归。

元光五年（公元前130年），汉匈之间大规模的战争正式拉开了序幕。

如此规模宏大的战争需要大批的军事指挥人才。理所当然，身经百战、素令匈奴闻风丧胆的李广更是应选之列。这一年，李广已有五十七岁了，当他得到皇帝的诏令后，欣然从命，决心要在自己的晚年为国家打几次出色的战役，以实现自己拜将封侯的人生夙愿。

元光六年（公元前129年），匈奴兴兵大举入侵，大肆抢掠吏民和牛羊。匈奴前锋已达上谷（今河北怀来县），边境告急，狼烟四起。由于有了较长时间的准备，汉武帝决定大规模反击匈奴，以消边患。于是就令卫青为车骑将军，出上谷；公孙贺为轻骑将军，出云中；太中大夫公孙敖为骑将军，出代郡；卫尉李广为骁骑将军，出雁门。各将各率精骑万人，分路出击匈奴。

如单从军事指挥上加以检讨，汉武帝这样部署是严重失策的：数路大军出击，没有战场的统一指挥；自己坐镇长安遥控，如果一旦其中一路失利，其他各路则不能相救。各行其是的打法是不符合军事规律的。

如从另一方面看，也许是汉武帝想通过不任命战场总负责人的做法，以检验各将军之才，然后从中挑选大将。因此，对于李广来说，这是一次难得的机会：如自己的部队取得了胜利，他以后的前途将会无限美好。

可李广没把握好这次机遇。当他率军出雁门之后，正碰上匈奴左贤王的部队。左贤王听说是汉军飞将军率领的部队，就引兵后退。李广以为匈奴后退是胆怯，就率部猛追，结果陷入了左贤王的重围。李广知道上当，只好率军血战。但终因寡不敌众，全军尽失。李广本人也受伤为匈奴所擒，只因他在途中诈死，不为匈奴兵注意，才夺马逃归汉营。

几路大军出击，唯卫青获胜而还，其他几路均大败而归。论功行赏，卫青被封为关内侯，以后历任对匈奴作战的总指挥、大将军，而其他将军皆受处罚。李广因丧师之罪，法当必斩，后经人出钱说情，被贬为庶人。

作为一个将军，一下子削职为民，让其闲居，其心情可想而知。有一次，李广与能望气以知祸福的相士王朔一起饮

第二编　秦汉野史

宴。李广说："我年轻时,相者谓我不能封侯,禄不过两千石,难道果真如此吗?"王朔说："你面相是不好,但你的气好,头顶上福禄茂气缭绕,应该是能封侯的。不过将军你想一下,你平生最后悔的事是什么?"李广想了一下说："我当陇西太守时,曾一次诱杀降羌八百人,至今悔之。"王朔道："祸莫大于杀已降,此乃将军为什么不能封侯之所在。"

更使李广心绪不平的是自己厮杀几十年,还是个太守之职。那些比他小十几岁、甚至几十岁的后生,位都在其上。如公孙敖,自己当将军时,他还是个兵,现在居然封了侯;他的堂弟李蔡,也已位至诸侯国丞相,封为列侯。

元朔六年(公元前123年),汉武帝又以卫青为车骑将军,率骑兵三万从朔方击匈奴,结果大胜而返,斩首上万。因功,卫青被封为大将军,跟随卫青出征的其他将校如公孙贺、李朔、赵不虞等人都沾光封了侯。

元狩四年(公元前119年),汉武帝为了彻底击败匈奴,下了大规模征兵的诏令。汉武帝征集了全国精锐骑兵十万,另加数十万的后勤运输部队。他把部队分两路向匈奴出击。一路由大将军卫青率领从定襄出塞,另一路由骠骑将军霍去病率领从代郡出塞。然后采取分进合击的战略,深入匈奴腹地,准备对匈奴进行一次一劳永逸的打击,以彻底解除边境之患。

李广在家闲居几年之后,觉得自己已老,再不立功就没有机会了,于是就向汉武帝请缨,要求上阵杀敌。汉武帝敬其威、服其壮,就命他率军属于卫青麾下,参加大军远征,并担任前将军。

但这一次,李广也没有否极泰来。出征前,卫青召集各路将领,交代事宜和具体任务。会上他强调:各将军必须分路引进,在规定的时间内到达指定位置,

然后再向匈奴腹地挺进。但由于没有向导,李广迷了路,落在卫青的后面,没有按规定的时间与卫青会合。

卫青得知后很是恼火,派人去李广军营询问后到缘由。按汉军律,后到误战者必斩。但卫青慎重,没有贸然行事,只令李广指挥部的幕僚去大将军处听审,视其情况再向汉武帝汇报。李广知道后很气愤,说:"迷路迟到的事罪责在我,我的部下没罪。要听审我去好了。"说完,亲自骑马去大将军驻地听审。

在途中,李广百感交集:卫青乃牧猪之奴,虽有战功,但在很大程度上是靠了她姐姐卫子夫的关系,才爬到这么高的位置。自己从军几十年,身经百战,威震敌胆,最后还要受卫青这种后生的侮辱。李广越想越难受,在到达卫青驻地后,对人说:"我与匈奴进行了几十次的战斗,不想迷了一次路,就有了罪。我六十多岁了,还要去听审,受幕府那些刀笔吏的侮辱。这真是命也。"说完,拔出剑来,往自己脖子上一抹,一代飞将军就这样了却了自己的一生。

李广自杀的消息传到他率领的部队,将士们无一人不落泪。而友邻的部队听到了这消息也号啕大哭。大家都为李广抱不平,鸣冤叫屈。后来军中不时有人定时祭祀他,以纪念他为国家忠勇奋斗的一生和爱兵如子的品德。

古人云:谋事在人,成事在天。天者,时也,势也,运也。李广最终没有封侯,时乎? 命乎?

## 张骞通西域

汉朝所说的西域,是指现今新疆和中亚细亚一带。这一地区和现今甘肃省的大部分以及宁夏等地,当时都在匈奴的控制下。汉朝与西域,当时是分居在匈奴的东西两边,不能直接来往。匈奴一直是汉朝严重的边患。汉武帝即位后,一心想彻底解除匈奴的威胁。从投

降的匈奴人那里获悉，西域有个叫大月氏的国家，同匈奴有灭国杀君之仇。大月氏本在敦煌、祁连间（今甘肃河西走廊），后来被匈奴冒顿单于攻破。冒顿单于的儿子老上单于把大月氏王杀了，拿他的头颅做成酒器（有说尿器），作为胜利的纪念。大月氏被迫迁移到大夏（今中亚细亚布哈尔之南）。汉武帝想联合大月氏，由双方出兵夹击匈奴，施行"以夷制夷"的策略。但大月氏远在西域，与中国一向无来往，彼此相距万余里，如何去联系呢？非派遣一个有大勇、大略的人前往不可。

一个非凡勇敢、健壮的人被选中了。这人就是张骞。张骞是汉中城固（今陕西城固县）人，在朝中任"郎"的官职（汉制，郎是殿廷侍卫的意思，不在正规编制之内）。汉武帝见他长得仪表非凡，心中甚是喜欢，便委以专使，前往大月氏。当时张骞不足 30 岁（张骞约生于公元前166 年，卒于公元前 114 年）。

汉武帝建元二年（公元前 139 年），张骞带领了一百人的队伍，从长安出发远征。他的主要助手是一名谙熟匈奴情况、名叫甘父的奴隶。张骞持"节"（一根七尺长的竹竿，挂着三把牦牛毛，表示皇帝使臣的身份）。他们渡过黄河，悄悄进入河西，想通过河西匈奴地区，去西域寻找月氏国。不料，在河西西部沙漠里迷路，遭遇到大队匈奴骑兵，被俘。

张骞被带到单于处受审。因张骞所持汉节和致大月氏的玺书均已被匈奴兵卒搜去了，他无法隐瞒，便直言自己是汉朝派赴大月氏国的使者。张骞和他的部众全部被匈奴扣留。

单于对张骞说："月氏在吾北（其实是在匈奴之西），汉何以得使？吾欲使越（指广东而言），汉肯听我乎？"为羁縻和软化张骞，单于选了一名胡女嫁给张骞为妻，目的不仅要留下他，而且要他投降，进而为匈奴筹划南下，以犯中国。

张骞手持汉节，忠心耿耿，被软禁了十年。随行的壮士几乎死伤殆尽，只剩下二三十人。但张骞心如铁石，对国家所赋予的使命未曾忘记一日。日久年深，匈奴对他的监视也宽懈了。一日，乘匈奴不备，他率部分属员向西逃去。他们在茫茫沙漠中走了几十天，又迷了路。张骞以日月星辰判明了方位。饮食发生困难，幸赖甘父善射，猎得飞禽走兽来充饥。历经百般艰辛，他们走了十几天，终于到达西域大国之一的大宛（今吉尔吉斯共和国一带）。

大宛国王早就听说东方有一地大物博、富庶繁荣的中国，见到中国人来访，非常高兴，殷切款待，敬如上宾。张骞表明来意后说道："如果国王肯助我到月氏国，将来回汉朝后必重礼相谢。"大宛王很羡慕汉朝的稀珍财物，于是派人护送他们到康居国（今土库曼斯坦），由康居转至大月氏。

这时，大月氏太子即位，而且因大月氏已征服了大夏，有肥沃的土地，生活富裕，四境安宁，已无意再向匈奴轻起干戈，报复旧仇。张骞虽一再游说，费尽口舌，终不得要领。大月氏王对汉使千万里迢迢来访很是感激，但的确感到两国相距遥远，夹击匈奴之策万难实现。远隔万水千山，同汉朝结盟，只能是愿望而已。

张骞在大月氏住了一年多，终于怀着失望的心情，颓然而返。

回程时，为免遭匈奴留难，也为探寻新的路线，张骞取道南山，想经羌中东来，避开匈奴。不幸，过羌中后，又为匈奴游骑所俘。张骞原以为此次必死无疑，但在匈奴一年多后（公元前 126 年），老单于病故，太子和他的弟弟为争王位发生内讧。张骞乘机携胡妻得以逃出。张骞出使时，同去壮工一百人，归来时只剩下甘父一人。

汉武帝得到张骞生还的消息大喜过

第二编　秦汉野史

望，立即召见。

张骞于建元二年（公元前139年）出使，元朔三年（公元前126年）回朝。前后历时13年。不管遇到何等艰难险阻，那代表他神圣使命的"节"始终握在手中。汉武帝在长乐宫接见张骞时，张骞把那几乎脱光了毛的"节"双手捧献给武帝。武帝很受感动，拜张骞为太中大夫。甘父被封为奉使君，尊称为堂邑父，以酬其多年的辛劳。

张骞虽未完成同大月氏国结盟、以夷制夷的战略使命，但他把在西域的所见所闻启奏汉武帝后，使武帝对西域产生了极大的兴趣。

张骞向汉武帝详细陈述了西域的情形："西域的范围很大，有三十多个国家，都在匈奴之西、乌孙之南（今伊犁河上游），南北有大山，中央有大河，那河东西长六千多里（今新疆之塔里木河），有东西两源。西源出葱岭，东源出于阗。于阗（今新疆于阗、和田间）是西域一个小国，在南山之下。南山之上终年积雪，又叫作雪山。雪山地势很高，好像一座房顶。于阗以西的河水都向西流，于阗以东的河水都向东流，流入一个大湖。湖水都是咸的，叫作盐泽（今之罗布泊）。这盐泽中的水春夏不增、秋冬不减。原来盐泽之东有一条伏流，从地底下潜行。东南由积石山流出，那就是黄河的源泉。这儿是胡马羌人活动的地方。从陇西往西域，必须经过这胡羌之地。到西域的路有两条，沿大河南岸，南北山麓，可通莎车（今新疆莎车），这是南道。沿大河北岸，经北方之麓，一直通到疏勒（今新疆疏勒），再越过几层大山，就是大宛、康居，这是北道。

"臣从匈奴逃出，绕道至大宛。大宛距长安一万两千余里，人口三十多万，地方富庶，人民多以耕种为生。那里的人好饮酒，富者往往藏酒万石，几十年也饮不完。那里有一种果实，累累如珍珠一般，甜蜜可口，叫作葡萄；又有一种草，青翠芬香，名叫苜蓿。平时，人食葡萄，马喂苜蓿。大宛的马更是可爱，有一丈多高，二丈多长，浑身棕赤，如火练一般，一日可行千里。还有一个特点，那马每到日中出汗，汗下如血，故叫作汗血马……"

汉武帝听张骞所讲，不禁叹息道：这般好的地方，可惜路途遥远，又为匈奴、羌人所阻，不能交通。

张骞道："臣此行发现一条新路，可不穿过匈奴、羌中而直达西域。骞身履其境的有大宛、大月氏、大夏、康古。听说附近还有五六个大国。臣在大夏时，见到邛（今四川）的竹杖和蜀布（细麻布）。据大夏人讲，这些东西都是从身毒国（今印度）买得的。可见，身毒国距我蜀地一定不是很远。如自蜀、经身毒国、大夏而到达西域，或许是通大宛的一条捷径哩！"

武帝听张骞讲西域、通西域的途径，大喜，拜张骞为博望侯。

张骞被封为博望侯不到两年，被降为庶民。那是元狩三年（公元前120年），霍去病由陇出击匈奴，派张骞和李广由右北平（今北京）分道出击。李广所部被匈奴右贤王所率四万骑兵包围。李广虽杀匈奴兵三千，但汉兵伤亡四千人之多。幸赖张骞率兵及时赶到，使李广脱身，但张骞因行军迟缓而被判处死刑。幸亏他以前对国家有功，免了死罪，但被削去"博望侯"封号，降为庶民。

张骞失去了博望侯的功名，心中难免怏怏不乐，很想有机会再出国一次，以求立功报国。恰在此时，武帝又召他入宫，垂问西域情形。张骞便向武帝讲述了西域的一个故事：

"匈奴之西，大宛东北，有个国家叫乌孙。乌孙王名叫昆莫。昆莫的父亲难兜靡原住在祁连山和敦煌之间，与大月氏毗邻。昆莫刚出世时，大月氏攻击乌孙,将难兜靡杀死,昆莫被弃在旷野里。后来被乌孙翎侯(乌孙官名)抱起,辗转逃到匈奴。匈奴王以昆莫被弃不死,是为神人,便收养了他。昆莫长大成人后,英武非凡,屡立战功。匈奴便拨给他一支军马,助他复国。昆莫号召国人为父复仇,一战将大月氏击败。大月氏因此才被赶到西方。由于乌孙故土已为匈奴占领,昆莫便在现在的地方重建国家,但每每眷念故土。

"自匈奴老王死后,乌孙和匈奴的感情日疏,常常发生冲突。这些西域小国无不贪恋中国的玉帛和汉室女子。如果我们能遣使,赐以金帛,约为婚姻,那乌孙必来归附。这样,联乌孙以制匈奴,才是断匈奴右臂、一劳永逸之计。"

张骞的一席话打动了武帝,他起用张骞为中郎将。元狩四年(公元前119年),张骞带了三百随从、六百匹马、万头牛羊、千万金银,浩浩荡荡出使乌孙(今巴尔喀什湖、伊犁一带),打通西域,以断匈奴右臂。

因霍去病已开辟了河西走廊,汉朝同西域间已有直接通途。张骞此次出使,一路上未遇什么风险,顺利地到达乌孙国。

乌孙地处葱岭以北,是西域诸国中一个较强大的国家,习俗与匈奴相似。张骞去不逢时,他到达乌孙时,乌孙王昆莫已年老,国内诸子争王位,全国已分裂为三,自顾不暇,哪里还有心思来接待远途而来的汉使。

张骞联乌孙以制匈奴的策略经交涉无果,但他利用在乌孙停留的机会,派遣许多副使分别到大宛、康居、大月氏、大夏、安息、身毒等国去访问。

张骞此行,财力雄厚、人才众多。他安排的这番大规模外交行动很有成效。各国都派使答聘,一时间齐集乌孙。随后,乌孙也派了使者数十人,携带骏马数十匹,随张骞来中国观光。

各国使者,久闻汉朝国势鼎盛,到长安城后,宫殿之宏伟、帝王之尊严、兵马之雄壮、民众之富强,无不令他们惊心触目。他们回朝报告时,把汉朝说得如天堂一般。从此,乌孙同汉朝的关系更前进了一步。

张骞是在武帝元鼎二年(公元前115年)回到长安的,被拜为大行令(大行,即如今之大使),位列九卿,专门管理对外联络。不幸的是,张骞未能亲眼目睹他同西域各国联络的成果。因劳累过度,他回国后一年多就与世长辞了。

## 王莽篡汉

在几千年的中国历史上,被冠以"汉奸"骂名的卑鄙小人数不胜数,但其中首屈一指并且当之无愧的,却非王莽莫属。自古的忠臣,有的一味扶持昏庸暴君,被称为愚忠;有的踢开昏君而自立为王,使国家安定、人民幸福,也赢得了很多的赞誉。但王莽此人,当大臣时处心积虑地谋取篡位,当皇帝时国家不得安宁,人民仍处于水深火热之中,无论从哪一方面讲,都与忠孝相去甚远,加之他最终篡夺了汉代的江山,所以真算得上是一个实实在在彻头彻尾的"汉奸"。就这样一个大奸大恶之人,在他原形毕露以前,却博取了举国上下一片赞美之声,让人不得不佩服其阴谋家的政治手段。纵观王莽的一生,活生生地展现了一个阴谋家发迹与败亡的过程。

### 显赫外戚

现在我们漫步街头,仍然时常见到相面算卦的人在招摇撞骗,稍有理智的人对此从来都是不屑一顾,只是那些愚昧无知的人才会趋之若鹜。既然是胡蒙乱说,算卦的人也许有时会碰巧说对了,想来古代的情况也无非这样。西汉中晚期住在魏郡元城(今河北大名东)的王禁就特别相信算卦,当然这一卦又是碰巧说对了的,因为那大多数不灵验的卦根本就流传不到后代。

王禁一家本来随父亲王贺住在济南郡东平陵（今山东省章丘西），后来王贺与当地人发生纠纷，才举家搬到了河北。王禁没有太多的功业，唯一值得一提的是妻妾众多，繁衍了一个王氏大家庭，包括四个女儿：王君侠、王政君、王君力、王君弟，八个儿子：王凤、王曼、王谭、王崇、王商、王立、王根、王逢时。虽然有这四女八儿的巨大"成绩"，但若没有二女儿王政君，王禁恐怕也是永无出头之日，至多当个农村里的土财主罢了。

王政君生于本始三年（公元前71年），是王禁嫡妻李氏所生。李氏生了政君和王凤、王崇后，因为嫉妒丈夫娶妾太多，一气之下改嫁了别人。王政君小时候跟随爷爷王贺住在山东时，曾许配过人家，但没等结婚，未婚夫就死了。后来东平王见她清秀聪慧，又聘她当姬妾，仍是没等过门，东平王又死掉了。这两次都没把女儿嫁出去，王禁觉得很晦气，找了一个算命先生来为政君相面，这个算卦先生一见政君，不由惊诧不已，说："这个女孩富贵无比，我不敢乱说。"对这类话，一般人只当耳旁风，可王禁却深信不疑，找人专门教王政君读书、弹琴，等待着有朝一日能出人头地。

这一天终于到来了。在王政君18岁的时候，被选进了汉宣帝的后宫当宫女。又过了一年，当时皇太子刘奭的爱妃司马良娣病逝。难得刘奭是个忠于爱情的人，妃子死了，就再不理会其他的姬妾。这一招急坏了等着抱孙子的汉宣帝和皇后。无奈，皇后从后宫里的良家女子中挑出了五位美女，逼着儿子刘奭选一位，王政君就在其中。选者无心，应者有意，刘奭仍深深地怀念着司马良娣，漫不经心地扫了一眼这五位精心打扮的美女，没有发现哪一位能比得上死去的爱妃，但为了不负母后的一片心意，只好随意地抬了抬手，说："就那个吧！"皇后派

来的侍从并不明白太子指的是谁（其实太子自己也不明白是谁，因为他对谁都无所谓），见王政君站得最靠近太子，又穿着与众不同的大红衣服，便以为是王政君了。皇后派人把王政君打扮起来，送去太子宫中陪伴。

俗话说，运气来了挡都挡不住。除司马良娣外，陪伴太子的姬妾不下几十人，时间长的都有七八年了，可谁都没有生育，王政君陪了太子一夜，竟然就有了身孕。十月怀胎，一朝分娩，甘露三年（公元前51年）王政君生下了一个大胖小子。因为这是太子的长子，汉宣帝非常高兴，经常抱着这个孙子在膝上玩，并亲自起名为刘骜。宣帝去世后，刘奭继位，就是汉元帝，刘骜以长子身份名正言顺地成了太子，王政君自然母以子贵，被册封为婕妤（地位次于皇后的妃嫔），三天后又被册立为皇后。王禁这时才尝到了女儿带来的好处——被封为阳平侯。

虽则如此，汉元帝时，王氏一家并没有太显赫的地位。在忘记了司马良娣之后，元帝又喜欢上了傅昭仪（昭仪也是一种地位在皇后之下的妃嫔），虽然给了王政君皇后的地位，却没付出格外的宠爱。竟宁元年（公元前33年），元帝一命呜呼，太子刘骜继位，就是汉成帝。这时王氏家族真正实现时来运转：王政君被尊为皇太后；兄弟中王凤任大司马领尚书事，总理朝政，集国家军政大权于一身；王崇被封为安成侯；异母兄弟王谭、王商、王立、王根、王逢时被授与关内侯爵位，因属一天之内同时受封，被人们称为"五侯"。

从此开始，以皇太后王政君为首的王氏家族把持了大汉帝国的权柄，把西汉晚期的历史，演变成了王氏一家的兴衰史。

### 崭露头角

读者也许会问：王政君不是有八个兄弟吗，怎么只有七位升官发财显赫一

时呢？原来老二王曼早就死了，无福享受其姊妹带给家族的富贵。不过没必要为他惋惜，王曼虽没福气，可他生下了一个更加厉害的儿子，就是王莽。

王莽生于汉元帝初元四年（公元前45年），是王曼的第二个儿子。他的哥哥与父亲一样早早地就死了，所以王莽年纪轻轻就成了家庭的顶梁柱。不知是本性厚道后来才变得野心勃勃呢，还是少年老成居心叵测？反正年轻时的王莽与他那些飞扬跋扈的堂兄弟截然不同：他在比较贫苦的家庭中，对内孝敬寡居的母亲，照顾兄长的遗孀，耐心教育顽皮的侄子；对外拜当时著名的学者陈参为师，攻读经书孜孜不倦，待人接物恭敬有礼，尤其是侍奉执掌大权的伯父、叔父们，更是小心翼翼。大凡暴发户，总爱炫耀财富；卑贱者一旦平步青云，总爱滥用其权力，其中若有例外，那么这个人如果不是特别好，就肯定是非比寻常地坏。王莽一家虽没升官发财，可毕竟有个当皇太后的姑母，日子过得想必也不至于太差，但王莽从不跟堂兄弟们去寻欢作乐，而是洁身自好，表现得恭谨勤俭、温文尔雅，由此得到了人们的广泛赞誉，为日后的政治生涯打下了良好的基础。

汉成帝阳朔三年（公元前22年），执掌朝廷大权的伯父王凤病重，王莽一生的转机到来了。他日夜伺候在王凤身旁，亲自尝过后才喂伯父服药，照顾得无微不至，比王凤的亲儿子更孝顺。几个月如一日，王莽衣不解带，最后累得蓬头垢面、面黄肌瘦。王凤终于被感动了，又想到几个弟弟全发达了，只有二弟王曼没有享福的命，因此要在侄子身上做点弥补，临死时拜托皇太后王政君和外甥汉成帝，让他们关照一下王莽。随后，王莽第一次有了职务——黄门郎，不久又升任主管弓弩兵的射声校尉，这已经是个有两千石俸禄的高级官员了。在年仅24岁的时候，王莽开始了他的政治生涯。

进入官场后，王莽的阴谋手段才有了用武之地。他决不是那种得志便猖狂的等闲之辈，而是想以此为跳板，向着更高的权力攀登，因此更加谦逊恭谨，沽名钓誉：王莽的哥哥早死，只留了一个儿子王光，王莽给他请了一位博士当老师，每次从朝廷回来，总是沐浴净身、衣冠整齐后才去博士府拜谢，对博士恭恭敬敬，奉上好酒好肉。虽然侄子年龄比自己儿子王宇还小，但王莽给他们一块办婚礼，钱财花费一视同仁。在觥筹交错的筵席上，奴仆来耳语："太夫人不舒服"，王莽就会三番五次地离席，到后堂去服侍母亲，并亲自给母亲喂药。在"百善孝为先"的古代，王莽善待侄子、孝敬母亲，就成了人们口中"孝悌"的楷模。同时，王莽还刻意结交公卿贵族，礼贤下士，散放财物给穷人，使得上下左右齐声称赞。当时接替哥哥王凤执掌大权的大司马王商也感到这个侄子不同凡响，向成帝上书愿将自己的封地分一部分给王莽，其实就是要求皇帝给王莽封侯。另外一些朝廷大臣也都看好王莽是一颗冉冉升起的新星，纷纷向皇帝称赞王莽。盛誉之下，成帝封王莽为新都侯，封地在南阳郡新野（今河南新野），食邑一千伍百户，同时晋官骑都尉光禄大夫侍中。骑都尉与原先的射声校尉官职相当；但加上光禄大夫一职后，就可参与朝政，讨论国家大事；再加上侍中一职，就可以经常出入皇帝左右，进入了朝廷政权的核心。年仅30岁的王莽，这时已跃居几个叔叔之上，成了很有权力地位的朝廷重臣了。

## 羽翼渐丰

王莽并不满足于已有的权力，在叔父大司马大将军王根病重的时候，他又瞄上了这个一人之下万人之上的重要职务，可这时，他遇到了一个强有力的竞争对手——淳于长。

说来都不是外人，淳于长的母亲王君侠是王禁的长女、皇太后王政君的同父异母姐姐，靠着姨妈的关系，淳于长也担任黄门郎一职。在王凤病重时，淳于长与表兄弟王莽一样尽心地侍奉，因此也被推荐给皇太后和成帝。王凤死后，淳于长先是担任校尉诸曹，不久就升任水衡都尉侍中，随即再升卫尉。连升三级之后，成为九卿之一，统率守卫皇宫的南军，相当于现今的国务委员兼京畿卫戍司令，职务地位远比担当射声校尉的王莽高出许多。古往今来，耍阴谋起家的人，无非两种情况：一种人靠投机钻营讨取别人的欢心，但升得快败得也快，往往成不了什么大气候；另一种人内存奸诈外示敦厚，以一副道貌岸然的样子赢得别人的赞誉，最终达到其险恶的目的，这种人最可怕。淳于长属于前者，王莽则属于后者，但同时也具有前者的机智。因此，在攫取最高权力的比赛中，淳于长虽然起步早、速度快，但最后鹿死谁手还未可知。

虽然同是靠着皇太后王政君的裙带关系才得以发迹，但出于急功近利的想法，淳于长又投靠了汉成帝及其宠妃赵飞燕。成帝本来很宠爱皇后，可惜许皇后生的一男一女都夭折了。抱孙心切的皇太后千方百计地离散这对恩爱夫妻，想让皇帝宠爱其他妃嫔以诞生皇子。谁知事与愿违。许皇后失宠后，皇帝偏偏选中了阳阿公主的侍婢赵飞燕，为汉朝江山埋下了更深的灾祸。赵飞燕是中国历史上有名的美人，成语"燕瘦环肥"中的燕瘦就是赵飞燕，她不仅姿色出众，更是能歌善舞，体轻如燕，据传能在手掌上跳舞，所以有"飞燕"一名。成帝在阳阿公主的筵席上，见到了赵飞燕那令人眼花缭乱的舞姿，更垂涎她那清秀超俗的容貌，当即带回皇宫大加宠幸，后又将其妹赵合德一起收入宫中，这姊妹二人都被册封为婕好。在许皇后失宠的情况下，赵氏姊妹进一步对其陷害，终于让皇帝废掉了皇后。可是成帝册立赵飞燕为

后的想法，遭到了皇太后王政君的阻碍，认为赵氏出身卑微，不足以母仪天下。淳于长瞅准这是一个博取皇帝欢心的大好机会，利用血亲关系在太后面前说项，太后经受不住淳于长巧舌如簧的鼓动，终于答应了立赵飞燕为皇后。皇帝对淳于长的斡旋之功很是感激，赐他以关内侯爵位，不久又封为定陵侯，成了皇帝的宠臣，大有代替舅父担当大司马大将军之势。

然而淳于长毕竟没有王莽那般沉稳，一旦得势便扬扬得意，骄奢淫逸起来。他先是与一个寡妇额思夫人许嬷私通，后来干脆娶她当了小妾。许嬷的妹妹恰好是被废黜在长安宫中的许皇后。许后不甘心自己的失败，想利用姐姐的关系，求皇帝眼前的红人淳于长说情，力图恢复一个婕好地位。淳于长对来自许后的贿赂照收不拒，骗说可以立许后为"左皇后"，许嬷每次去长安宫看妹妹，淳于长都要写一封信给许后，言辞刻薄，极尽百般戏弄之能事。得意之余，他又怎会想到，还有一个急红了眼的表兄弟王莽在时刻盯着他的一举一动呢？

王莽不露声色地搜集了有关证据后，利用殷勤侍奉的机会，对病床上的大司马大将军王根说："淳于长见您病了这么长时间，很是高兴，只盼着早一天当上大司马把持大权呢！我听说他连上台后谁做什么官、谁干什么事都已经安排好了。"接着，又把淳于长私通许嬷、戏弄许后等等一切恶行，添油加醋地渲染了一番。王根顿时大怒，埋怨侄子为何不早汇报，王莽反而假惺惺地说："我不知您对他是个什么态度，再说他毕竟是我们的血缘亲属，只希望他能收敛改正，现在见他不思悔改并且变本加厉，才敢向您禀报。"王根听了，非常喜欢侄子的忠厚诚实，也就更加痛恨外甥淳于长，责令王莽马上报告太后。太后听完自然是更加愤怒，立即奏请成帝，革除淳于长一切官

职,勒令回封地反省。

淳于长不仅丢了马上就要到手的大司马,甚至连卫尉一职也没保住,心中的懊恼可想而知。但他并不死心,以大量金银财宝贿赂另外一个舅舅红阳侯王立。王立这次在成帝面前的说情极不成功,被皇帝看出了他们的私情,令有关部门立案审查。王立怕事情败露而忍痛割爱,逼着与淳于长交接财物的儿子王融自杀,但这一招并未奏效,淳于长在严刑拷问之下,对贿赂王立以及戏弄许后等事供认不讳。王立在白白死了一个儿子后,又被赶出京城回到封地。淳于长更惨,被定为大逆不道罪,枭首示众,妻子儿女流放边疆。王莽与淳于长的竞争,最后以淳于长的彻底失败而告终。

在王氏一家执掌大权的汉成帝时代,斗倒了强有力的对手淳于长,其余的叔叔、堂兄弟们又没有什么大的作为,前进路上便没有什么障碍了。王根在病床上推荐了王莽,绥和元年(公元前8年),成帝提拔王莽担任大司马一职,顶替王根辅佐朝政。这样,王莽在38岁的时候,爬到了一人之下万人之上的高位。

王莽自然不是目光短浅之人,为了巩固已经攫取的权力,就更加克己修行,延聘德才兼备名声远扬的学者政客当幕僚,收到的赏赐总是全部分给手下官吏侍从,家中余财也经常分发给穷人,而对自己的要求却更严格了:有一次他母亲生病,各公卿大臣们为了讨好而纷纷派夫人前来探视,负责招待客人的王莽夫人身穿短衣布裙,以至于贵妇人们把她当成了奴婢。这事传开之后,王莽的恭谨俭约美名更加响亮了。

### 仕途受挫

天有不测风云。王莽荣升大司马主持朝政,刚过了一年,上下左右的权力网还没有构筑完善,汉成帝就死了。更为严重的是,成帝生前只宠爱赵飞燕姐妹,这姐妹二人自己不能生育,就特别痛恨怀上成帝骨肉的妃妾,每见有妃嫔怀孕就及早将之处置,导致成帝没有自己的儿子。不得已,成帝过继其异母兄弟定陶恭王的儿子刘欣为太子。刘欣继承皇位,就是汉哀帝。哀帝与王氏没有血缘关系,所以王莽的官运也面临着极大的危机。

俗话说,一朝天子一朝臣。哀帝早就忌恨王氏一家的权势,再加上他的奶奶从中挑唆,心中就有了排斥王莽的打算。前面说过,汉元帝确立王政君为皇后时,其实最宠爱的是傅昭仪,也就是定陶恭王的母亲、哀帝的祖母。现在孙子当了皇帝,傅昭仪自然就卷土重来了。太皇太后王政君很识时务,面对着傅昭仪咄咄逼人的气势,不得不忍让三分,在自己蛰伏不动潜待时机的同时,下诏让王莽等人辞职避让。但哀帝知道,王氏一家长期掌权,各种关系盘根错节,还不是轻举妄动的时候,因此假惺惺地对王莽说:“您本是父皇选定的执政大臣,今日父皇归天,我真诚地希望与您通力合作管理国家。您要求辞职,是觉着我不能继承父皇的遗志吗?我很伤心。我已传令让各部官员向您请示朝廷政务了。”同时加赏王莽350户食邑。

但这只是暂时的宽容,一旦政局稳定下来,哀帝就实施其打击王氏势力计划。一个月之后,司隶校尉解光上书弹劾原大司马王根,指责他当政期间贪赃枉法、欺压百姓、排斥异己、淫于声色;同时弹劾王莽的另一个叔叔王商之子成都侯王况,说他娶掖宫廷中贵人为妻,犯了大不敬罪。哀帝马上下诏,褫夺王况爵位,贬为平民百姓;罢免王根、王商、王况等人推荐的一切官员;因王根从前支持刘欣(哀帝)做太子,所以保留爵位,赶出京城回封地养病。王氏的羽翼被剪除后,王莽深切地感到形单影只、朝不保夕,但他仍在强撑着。时隔不久,哀帝在未央宫设宴,主管礼仪事务的内者令为了迎合皇帝，在太皇太后王政君旁边给傅昭仪（这时称定陶恭皇太后）设了一个座位。王莽敏感地觉察到这是对王氏势力的侵犯，当即拍案斥责："定陶太后只是孝元皇帝的昭仪，一个藩王的母亲，怎能与至尊无上的太皇太后并肩齐坐！"命令撤掉座位。傅昭仪听说后勃然大怒，拒不出席宴会，弄得哀帝也很尴尬。第二天，王莽再次以辞职要挟，向哀帝及傅昭仪示威。但这次他失算了，哀帝认为这是可以撤掉王莽的好时机，很愉快地批准了他的申请，并赏下一些黄金作为安慰。又过了两年，干脆把王莽赶回了南阳郡新野县的封地。

赶走了王莽，但王氏复苏的根基还在，哀帝没有办法动摇王政君太皇太后的正统地位。傅昭仪自然也很着急，在哀帝继位后，她取得了"定陶恭皇太后"的尊号，后来又去掉了"定陶"二字，但她仍不满意，觉得还是比不上"太皇太后"称号尊贵，可又不能同时有两个太皇太后，竟然别出心裁地想出一个"皇太太后"名号，这倒是中国历史上的独此一家。但傅昭仪与王政君的斗争注定是要失败的，虽然在当前不利的形势下王政君采取了避而不战的策略，可她的优势是长寿。这一优势虽然简单，但效果不错，傅昭仪既然活不过她，也就自然不能取得最后的胜利，现在闹得越欢，死后的结果也就越悲惨，甚至连尸体都不得安宁。一时间，哀帝的祖母称皇太太后，生母丁姬称帝太后，成帝皇后赵飞燕称皇太后，加太皇太后王政君，四个太后并立，成为中国历史上一大奇闻，太皇太后退避长信宫，不再过问朝廷大事。

王莽坚信，只要姑姑王政君还在，王氏家族总会有重见天日的机会，为了促使这一天早日到来，他更加假仁假义起来，企图博取更多的赞美，为以后的上台打下坚实的基础。南阳太守也认定王莽还会东山再起，特地派当时最有名望的大学者孔休管理王莽的封地。王莽对孔休也是毕恭毕敬，竟然以一把镶有宝玉的剑相赠，孔休见状诚惶诚恐，坚决不收，王莽解释说："我见您脸上有块伤疤，听说宝玉可以消除疤痕，所以想把剑柄送您。"孔休还是推辞，王莽想了一想，问："您是嫌它太贵重了吗？我敬重您的学识，觉得没有什么可比品德学问更珍贵的！"说完，用木棒把剑柄打碎，亲自包好送给孔休。王莽礼贤下士之名也由此传开了。更有甚者，王莽为了名声，不惜以自己的儿子为代价：王莽的二儿子王获因故杀死了一个家奴，这在当时的达官贵族中本是件区区小事，可王莽担心有损自己的名声，竟然逼着儿子自杀偿命。普通的百姓听说后，无不为王莽的高风亮节而歌功颂德。

从公卿大臣到王公贵族，从平民百姓到官婢家奴，举国上下对王莽一片赞美之声，同时为王莽被撤职而鸣冤叫屈的人也比比皆是数不胜数。恰巧，元寿元年（公元前 2 年）发生日食，这本是一种自然现象，但拥护王莽的人却借机大做文章，说这是上天对皇帝不用贤臣的警告，所谓的贤臣，自然就是王莽。可哀帝费了极大精力才赶走的人，又怎愿起用呢？迫于舆论压力，哀帝以侍奉姑母太皇太后的名义，让王莽回京城长安居位，但仍不恢复官职。不过，既然回到了长安，就是靠近了权力中心，以王莽的阴谋家手腕，总会有机会重新投入政治斗争的旋涡中去的。

## 卷土重来

王莽等待的时间并不算长，元寿二年（公元前 1 年），年仅 26 岁的哀帝刘欣一命呜呼。哀帝是中国历史上少数几个不贪女色的皇帝之一，但他的爱好更是邪乎——专宠男色，也就是大搞同性恋。哀帝的恋人名叫董贤，其为人恰与他的名字相反，一点儿贤德也没有，靠姿色爬上高位。传说有一次哀帝起床时，发现衣服袖子被沉睡的董贤压在身下，可又实在不忍心惊扰董贤的美梦，只好用刀将袖子割断，才得以起身穿上衣服，所以后来人们常以"断袖之癖"来指同性恋。以哀帝的这种特殊癖好，没有生下儿子似乎是天经地义的事。

这时，哀帝的祖母皇太太后和生母帝太后已经去世了，皇太后赵飞燕还处于恍惚之中，只有太皇太后王政君再一次显示了其过人的胆略：这位年过71岁、平日不理政事的老太太，一听说哀帝驾崩，立即乘车赶往未央宫，在别人还没回过神来的当口儿，抢先一步把象征权力的玺印收在怀中，然后召见执掌朝政的大司马领尚书事董贤，责问哀帝的丧事该怎么办？董大司马陪皇帝玩乐还能花样翻新，对天子丧葬大典又何曾想过，只好摘了帽子磕头谢罪，承认失职。太皇太后却是胸有成竹，不慌不忙地说："这样办吧，新都侯王莽办理过成帝的丧事，让他来帮你！"董贤只好乖乖地服从。于是王莽顺理成章地进入皇宫，按太皇太后的诏令掌管兵符、节制军队，同时管理各部大臣。

王莽掌权后，迫不及待地授意官吏弹劾董贤，说他担任大司马以来，天灾人祸连年不断，是大汉帝国的灾星，请求即刻予以罢免。董贤也知末日来临，当天就自杀了。太皇太后让各大臣推举大司马人选，其实王莽已经在行使大司马权力了，这只是走走过场的形式罢了。明眼人早就看出了这一点，大司徒孔光、大司空彭宣提名王莽，只有两个不识时务的前将军何武和后将军公孙禄互相提名，结果自然是王莽当选，兼领尚书事，重新攫取了总理朝政的大权。

合该汉朝气数当尽，成帝没有儿子，哀帝也没有儿子，王莽与姑母太皇太后选定与汉成帝血缘最近的一个侄子中山王刘衍继承皇帝位，就是汉平帝。一个体弱多病、年仅9岁的小孩子又怎能当得好皇帝，政权自然就落到了大司马领尚书事王莽及太皇太后王政君手里，一切事务由王莽提出方案，太皇太后发布施行。

一朝掌大权，便把令来行。王莽自己是靠姑母的裙带关系上台的，深知外戚集团的可怕，也出于对哀帝时被赶出京城的报复，因此打击的矛头首先对准了各类外戚。第一个是成帝皇后赵飞燕，王莽指责她姐妹二人挟持成帝、残害其他妃嫔及皇子，使得成帝断子绝孙；再则有失皇后礼仪，对太皇太后不敬。结果是由太皇太后下诏贬为庶人，逼她自杀。第二个是哀帝皇后，也被贬为庶人，逼其自杀。至于已经死去的皇太太后傅昭仪和帝太后丁姬，王莽先是废去她们的尊号，改称"定陶恭王母"和"丁姬"，但他觉得一口恶气仍没出尽，向太皇太后建议："定陶恭王母和丁姬死时按太后礼仪，陪葬有皇太太后和帝太后印玺，并且坟头堆土比皇帝还高，这种规格太高，应该改葬。"太皇太后执拗不过，只好答应，迁坟时丁姬墓中起火，用火浇灭才取出了棺材。王莽再次上书："以前定陶恭王母活着时，居住在与太皇太后相似的宫殿里，后来火灾烧了她的正殿；丁姬墓中起火，烧毁了棺椁。这说明她们规格不合道理，引得上天给予惩罚。我请求剥去她们尸体上的金缕玉衣，用普通棺木收殓，削减坟头堆土埋葬。"随后，打开了傅昭仪的棺椁，尸体臭气熏天，传到几十里之外。那些巴结王莽的达官贵人纷纷出钱雇人，或者派遣子弟来挖这两位太后的坟墓，用了二十天才掘平，这就是她们与王氏争权夺势的下场。收拾了她们几个，那些由此升官发财的几十位亲戚，自然也难再享富贵，老实点的被革去爵位、罢免职务，凶恶点的便难逃一死，庞大的外戚势力就只剩下王氏一家了。

构筑权力网的方式古今一致，无非是顺我者昌，逆我者亡，培植亲信，排斥异己。王莽的做法只是更高明一些：打击敌对势力干净彻底，把先前觊觎大司马职位的前将军何武与后将军公孙禄撤职查办，哀帝外戚及董贤引进的同党悉数罢免，并流放边疆，使他们失去了兴风作浪的可能。即使自己的叔叔红阳侯王立也不放过，王莽一来敬畏他辈分高贵，二来担心他向太皇太后说些不利的闲话，因此授意别人上书："王立以前勾结罪犯淳于长，后来又伪称官婢所生孩子为皇子，想扰乱汉朝皇室的血统，简直就是吕后一类的人物，请立即将之赶出京城。"太后现今只有这么一个弟弟还活着了，当然不愿采纳，王莽马上就说："现今皇室衰落人丁不旺，连续几代没有继承人，太后代替幼小的平帝行使皇帝职权，即使事事公正严明，仍须担心天下人的非议，又怎能为了私人关系，拒绝大臣们的正确主张，把一个犯有罪过的弟弟勉强留在京城呢？还是让他回到封地，等以后形势好转，再慢慢地想办法召他回城。"太后迫于王莽大公无私的谎言，只好让王立离京。至于培植亲信，王莽也有自己的标准：其一是听话，事事处处以王莽的意愿为原则；其二是要有才能，办事精明干练；其三是要有好名声，要得到大臣及百姓的信任；其四是要被太皇太后喜欢。按这些标准，王莽推举品德学问高深的孔光辅佐自己，并罗致了王舜、王邑、甄丰、甄邯、平晏、刘歆等人，结成一个利益一致的权力集团。至此，再也没有哪种势力可以动摇王莽牢固的根基了。

唐人有诗："周公恐惧流言日，王莽谦恭下士时，但使一朝身先死，一生功过有谁知。"意思是说：周代独揽大权的周公也曾惧怕那些沸沸扬扬的流言蜚语，王莽原形毕露前也曾有礼贤下士的美名，要是他们早早地死掉了，那么他们是忠是奸谁能知道呢？有趣的是，王莽自己也想效法周公，当然他不是学习周公的忠心耿耿，而是想与周公一样得到至高无上的权力。为此，王莽授意四川的地方官员让西南少数民族首领贡献白雉（白野鸡，恐怕就是今日云南仍有的白孔雀），让大臣们劝太皇太后："王莽的功德可以比拟周公辅佐成王，所以才会有吉祥的白雉出现。贤明君主的做法是臣子立有大功就应赐予相应的尊号，就像周公一样。现在王莽立下了平定国家、安宁汉朝皇室的巨大功勋，应该赐给'安汉公'美称，并增加爵位和食邑，只有这样才是上天的意愿。"太后立即答应，倒是王莽反而虚伪地一让再让，表现出了极大的谦逊，太后只好颁下诏令："大司马新都侯王莽，历经成帝、哀帝、平帝三代，担任与周公同样的重要职务，制定了万世不变的策略，品德高尚是所有忠臣的楷模，并影响到所有的人民百姓，即使偏僻荒凉的边境民族，也仰慕他的高风亮节，献来吉祥的白雉。现在，增添新息、召陵二县的两万八千户为王莽食邑，封为太傅，总理国政，尊号为'安汉公'，将开国功臣萧何的房产赏给王莽。此令形同法律，不得违抗，万世不变。"现今的人当然已经知道，王莽此人与他的尊号"安汉公"中的"安汉"二字是那么的不相称。

日子久了，王莽对上头还有一位太皇太后指手画脚很感不耐烦，可又不能轻易动摇姑母的地位，为了获得更大的职权，他支使爪牙上书："以前，官吏升到二千石俸禄这一等级，地方上推荐秀才考核成绩等事，往往有些不切实际，应该由安汉公重新清理。况且太皇太后年事已高，精力有限，为了更好地培养教导皇帝，同时也为了更好地保重身体，一些小事就不必亲自处理了。"太皇太后自己也感到年迈力衰，王莽又是自己的亲侄子，想来也不会有什么差错，就采纳了这一建议，发布命令说："自今以后，除了册封侯爵外，其余事情均由王莽处理。地方官员可以直接向王莽汇报工作。考核过去职责，提拔任用新的官吏，一并由王莽负责。"这样，王莽的权力与皇帝也差不多了。

对于"得民心者得天下"这一道理，王莽是知道的；自身的经历也告诉他，有个好名声在政治上是多么重要。为了结交贵族官僚，他奏请太后册封了一大批开国功臣及前代勋爵的子孙，相当于二千石以上级别的官吏，退休后可以领取原收入三分之一的养老津贴。为了收买民心，他派官员巡察全国，督促、指导农民种好庄稼，帮助农民捕杀蝗虫，减免灾区赋税；他还带头捐献田宅，赈济流民，在长安城新建了二百多区房舍安置无家可归者，赏赐财物安葬死者。他的所作所为，再一次赢得了全国上下的衷心拥护。但是，职位越高，权力欲越强，他阴谋家的丑恶嘴脸，又能掩盖多久呢？

### 毒死平帝

民间传说，汉朝开国皇帝汉高祖刘邦最初反抗秦朝时，曾在山谷中流窜躲藏。有次，在山上被一巨大的白色蟒蛇挡住去路，刘邦奋起一剑将蛇斩为两段，可这条成精的大蛇口中仍能大叫"还我命来！"刘邦惊恐万分，心中暗想，这种山间毒物到了平地上便没了本事，因此一边向山下跑，一边向蛇喊："到平地上还你性命。"大蛇听后，抽搐几下就死了。但一股戾气纠结不散，一百多年后附在王莽身上，再次向刘邦的子孙索命。刘邦一句"平地还命"的戏言，被蟒蛇误信为"平帝还命"，演变成王莽与平帝的权力斗争。

平帝本是汉成帝异母弟弟中山王的儿子，在成帝、哀帝都没儿子的情况下，被太皇太后和王莽迎立为皇帝，当时年仅9岁。王莽吸取哀帝时被赶出京城的教训，为了避免傅昭仪、丁姬两家势力兴起这类事情的再次发生，勒令平帝生母卫姬、舅舅卫宝、卫玄等人不得一同进京，只赏给爵位，不安排职务。扶风功曹

申屠刚觉着这种做法太无情无义了，就向太皇太后要求允许卫氏一家入京。王莽听后勃然大怒，当即将申屠刚撤职查办。王莽的长子王宇也认为父亲太过分了，担心平帝长大后怨恨王莽、危及王氏全家，因此背着父亲派人联络卫宝，让卫宝请求入京。卫氏的请求又被王莽拒绝。王宇私下里与老师吴章、妻兄吕宽商量，吴章认为王莽刚愎自用、不可劝谏，但他迷信鬼神，可以伪造怪异吓唬他，然后以上天意愿来劝解，也许能达到卫氏外戚进京的目的。方法确定后，吕宽趁一个漆黑的夜晚，弄一些鲜血洒在王莽家门上，谁知一不小心弄出了响声，被守门人发现。王莽得知了事情的来龙去脉后，处置起来毫不留情，立刻将王宇送入死牢。王宇自知父亲不会赦免，又想起二弟王获因杀一个奴隶而早死，不禁潸然泪下，只好服毒自杀。王宇妻子正怀有身孕，也未能免罪，在狱中生下孩子后就被杀死。接着，王莽借此机会，把一切与自己有矛盾的，甚至一些虽无矛盾但不服从自己的人，统统诬蔑为吕宽的同党，大加屠杀，连汉元帝的妹妹敬武公主、汉室宗族梁王刘立、王莽叔父红阳侯王立、堂兄弟平阿侯王仁，都被迫自杀。二千石以上级别的官员如前司隶校尉鲍宣、护羌校尉辛通、函谷都尉辛遵、水衡都尉辛茂、南阳郡太守辛伯等人，都被下狱致死，连累被杀的人不下几百。至于平帝母亲卫姬一家，多数被杀，少数被流放，只留下卫姬一人孤零零地待在中山国。王莽与平帝争斗的第一回合，付出了长子及儿媳等亲属的代价，但也清除了所有的异己分子，算是取得了初步胜利。

哀帝时的教训给王莽留下的印象太深刻了，再说太皇太后年纪也大了，他担心姑母死后会发生意外，就想把女儿嫁给平帝，自己给皇帝当老丈人，在宫中安排上姑母、女儿双保险。因此上书太皇

太后："皇帝即位三年了，还未娶皇后，以前国家危机，都在于皇后缺乏品德和威仪，皇帝没有生下太子。请按经典上的礼仪制度，选定十二名后妃，以使皇帝子孙昌盛。选择的范围应限定在名门望族之中。"遵从太皇太后的旨意，有关部门列取了各世家女儿不下两千人。王莽担心自己女儿落选，更痛恨有那么多人敢来竞争，便又想出了个新花招，假惺惺地向太皇太后上书："我本人品德修养不够，女儿气质容貌也差，不配当皇后。请不要选我女儿了。"太后猜不透王莽的真正意图，对他的"至诚"之心大加赞赏，下诏不选王莽之女。果然不出王莽之所料，诏令一下，普通百姓及贵族官僚不下千余人，纷纷为王莽和他女儿大唱赞歌："安汉公品德高尚如巍巍泰山让人仰望，功勋累累无人可比。现在选定皇后，为何唯独排除安汉公的女儿呢？我们衷心盼望安汉公之女作为天下母后。"王莽越是派人劝解，请愿的人反而越多，太皇太后只得答应可以选王莽的女儿。王莽假意坚持在众多女子中择优选取，有关人员更加争辩不宜广泛选择。事情完全按王莽的设想进行，把好端端一个选皇后的过程，演化成了王莽之女是否可以当皇后的争论。迫不得已，太皇太后派有关人员去王莽家实地考察，结论是："安汉公的女儿贤惠仁义、窈窕端庄，是当皇后的最佳人选。"再派人占卜算卦，结果是"金水相生、阴阳谐调、大吉大利"。这样，王莽取得了又一次胜利，自己当上了皇帝的老岳父，女儿成了年轻的皇后。随之而来的是大量的赏赐和封地的增加，安汉公爵位再加"宰衡"一职，地位高于刘姓诸侯王。这时的王莽可谓春风得意，刻一枚"宰衡太傅大司马"印章挂在腰间，暂时没有什么更高的要求了。

随着平帝的逐渐长大，他对王莽的飞扬跋扈日益不满，尤其是对王莽阻止平帝母子相见、陷害舅舅一家更为愤恨。

一个未成熟的孩子，心里想的往往写在脸上，王莽对此深感不安。遂即下了除掉平帝的决心。元始五年（公元 5 年）冬，平帝旧病复发，王莽装出一副痛心疾首的样子，还亲自到郊外祭天的场所请命，指天画地发誓，愿以自己代替平帝得病，其实心里却盼着平帝早死，恨不能代替平帝的职位。过了一段时间，平帝渐有康复迹象，王莽着急了，他不能容许平帝长大成人对自己报复，因此借着腊八节进贡椒酒的机会，在酒中下了毒药。平帝饮了岳父送来的美酒后命赴黄泉，年仅 13 岁。这是王莽对平帝的最后一次胜利，也是最干净彻底的胜利，使民间传说中"平地还命"一说有了事实根据。

### 逼近皇位

毒死平帝后，王莽感到自己当皇帝的条件还不具备成熟，就决定再立一个傀儡。选谁好呢？王莽很是费了一番心思：平帝没有儿子，而汉元帝的直系子孙也都死绝了，只好在汉宣帝的后裔中选择，最后确定拥立广戚侯刘显的儿子刘婴。原因倒也简单，刘婴是比平帝低一辈的皇室子孙中最小的一个，只有两岁。把一个连生活都难自理的小孩放到至高无上的位置上，对王莽来说是极为有利的，老谋深算的王莽完全可以把皇帝像手中的玩具一样任意摆布。

上有所好，下必甚焉，中国历史上从来就不缺乏投机取巧的卑鄙小人。武功县县长孟遇见平帝一死，认为这是一个投靠王莽的好机会，向朝廷奏报：有人挖井时发现一块上圆下方的大白石头，写有"告安汉公莽为皇帝"八个血红大字。精于阴谋诡计的王莽对这种骗人的小把戏自然是一目了然，但既然对自己有利，又何必揭穿它呢！在不便于急急忙忙地登上皇位的情况下，王莽就按自己的计划来解释："符命上说的'为皇帝'，就是摄行皇帝职权的意思"，马上授意亲信爪牙向太皇太后禀报。年逾古稀的太皇太后自从让王莽掌权以来，已经越来越觉着这个侄子不好控制，但万万没有料到，一向忠厚的侄子竟然有篡夺皇位的野心，不禁气愤至极，大声斥责："什么白石符命？完全是欺君罔上的鬼蜮伎俩！摄行皇帝之事不可施行！"但王莽的堂兄弟，当时已担任太保一职的王舜，却不屑一顾地瞅了瞅老太太，软中带硬地说："不过是当个执行皇帝罢了，又不是要当真皇帝，何必大动肝火呢？再说事情已到了这一地步，谁还能阻止得了？"太皇太后此时也无能为力了，只好答应。王莽的党羽马上草拟了一套居摄的礼仪：安汉公居于执行皇帝之位，应戴皇冠、穿皇服、背后有斧钺仪仗，稳坐龙椅之上朝见大臣，听取行政事务；车马服饰及出入的警备，一律等同于皇帝，尊号称为"假皇帝"，行施皇帝职权，自称为"予"，发布命令等于圣旨，群臣朝见时自称"臣妾"；唯有觐见太皇太后时才按大臣拜君主的礼节。太皇太后对此也不得不批准。自古以来，礼仪就是身份、地位的象征，王莽既然可以享用皇帝礼仪，也就标志着取得了至高无上的权力。

公元6年正月，王莽以"假皇帝"（代理皇帝）身份代替皇帝祭祀天地。三月，立刘婴为皇太子，称号是"孺子"，改年号为"居摄"，尊年仅17岁的平帝皇后也就是王莽的女儿为皇太后。而"假皇帝"与皇太子不仅不是同一家族，甚至不是同姓，也实在是中国历史上的一大奇闻。

官当到执行皇帝的份儿上，王莽奉行已久的假仁假义再也掩盖不住其狼子野心了，各地的叛乱也就接踵而至。先是汉朝的皇室子孙安众侯刘崇起兵反抗，他与管理自己封地事务的国相张绍商量："安汉公独揽大权，必然要危害我们刘家的江山，这道理天下的人都心知肚明，可谁也不挺身反抗，实在是刘氏宗族的耻辱。现在我想率先起兵，追随的人肯定不会少。"张绍完全赞同，纠集了几百人进攻宛城，结果失败了。张绍的堂兄张辣却是识时务，立刻与刘嘉向王莽上书，除对刘崇、张绍大骂一通外，还把王莽的功德吹得天花乱坠，因此不仅没受牵连，反而合家升官发财成了侯爵，难怪当时人说："冒着生命危险去打仗，还不如坐在家里拍王莽的马屁。"另一些亲信们则向太皇太后请愿，说刘崇等人之所以敢起兵造反，是因为王莽的地位还太低，权力还不够，应该增加附设的官吏和警卫人员，改王莽住处为"摄省"，家为"摄宫"，办公室为"摄殿"，拜见太皇太后时，不再称臣，改称"假皇帝"。可见，刘崇的造反不仅没有触动王莽，反而帮他向皇帝地位又迈进了一大步。

事情并不像王莽亲信们所说的那样，提高了王莽的地位，并没能止住各地的反抗。居摄二年（公元7年）九月，东郡太守翟义起兵，拥立汉代皇室后裔严乡侯刘信为天子，向全国各地发出通告："王莽毒死平帝，执行天子特权，妄想断绝汉代的江山，我们要遵从上天的旨意，诛灭王莽。"各郡国纷纷响应，队伍迅速发展到十几万人。摄皇帝王莽吓得丧魂失魄，寝食不安，昼夜抱着年幼的孺子刘婴哭泣，并祷告列祖列宗，祈求神灵保佑，宣布等孺子长大成人后，就主动辞职回家休养。同时派遣谏议大夫桓谭率领王邑、孙建等八位将军统兵东进，围剿翟义。谁想大军刚走，长安城附近的赵明、霍鸿等人，又乘京城空虚之机，纠集十多万人进攻长安，与翟义遥相呼应。王莽慌忙调王奇、王级率兵抵挡；任命甄邯为大将军在城外驻扎；王舜、甄丰则领着卫士们在皇宫中昼夜巡逻。费了九牛二虎之力，这两起规模浩大的叛乱总算是被镇压下去了，王莽至此才长舒一口冷气，把一直提着的心放回肚里。

平息叛乱后的王莽，越发地觉着自己的威望如日中天，完全有力量驾驭全国。况且当个"假皇帝"都有人造反，索

第二编　秦汉野史

性当个真皇帝算了！从此开始了篡汉自立的步骤。

## 弄假成真

武功人孟通伪造了白石丹书，把王莽送上了"摄皇帝"高位，自己也捞足了好处，由此揭开了虚构符命的序幕。汉代宗亲广饶侯刘京上书说："齐郡临淄县昌兴亭的亭长辛当，一个晚上接连做了几个相同内容的怪梦，梦见有人向他转达天公的意思：'摄皇帝应做真皇帝，不相信的话，你的亭楼里会有一新井。'亭长早上起来一看，亭中果然有新井，深有百尺左右。"车骑将军手下的扈云上奏巴郡发现石牛，太保属下的臧鸿上奏扶风郡雍城发现石文。这些命符王莽自然知道是怎么回事儿，可他以此为借口，向太皇太后提要求："我遵从你的旨意，兢兢业业地为国操劳，受孺子托付当个摄皇帝。但是刘氏宗族及一些官员纷纷上奏命符，巴郡石牛和雍城石文运到了未央宫前殿，我同王舜一起去看时，一阵黄风刮得遮云蔽日，风停后出现了铜符帛书，上面写着：'这是上天转告皇帝的命符，献符的人可以封侯。皇帝应该顺从上天旨意，服从神灵的命令。'这是事实，骑都尉崔发等大臣都验证过了。从前哀帝曾用'天将'纪元，就是'大将居摄改元'的意思。《尚书·康诰》中周公自称为王，不称摄政。孔子说：'要敬畏天命、敬畏贵人、敬畏圣人。'现在命符代表天命，哀帝自然是贵人，周公是圣人，对此我怎敢不遵从呢？因此请求：见太皇太后和孝平皇后时，我自称'假皇帝'；统治天下，处理政务时，不再使用'摄'字；居摄三年改为初始元年。"太皇太后当即同意，王莽的弄假成真走出了第一步。

见命符是升官的捷径，梓潼人哀章随后将之发扬光大开来。哀章本是个说人话不干人事的无赖，见王莽当上了"摄皇帝"，就制作了一个铜匮（铜匣子），装了两条书简，其一写着"天帝行玺金匮图"，另一写着"赤帝行玺某传予黄帝金策书"，其中的"某"指汉高祖刘邦。图书巾都写了"王莽应做真天子"，同时列出了八个大臣的名字，又虚构了王兴、王盛二人，再写上自己的名字，共11人，分别有职务和爵位，是真天子王莽的辅政大臣。做好之后，哀章摸不透王莽的内心企图，没敢贸然行事。等到刘京、扈云、臧鸿等人的符命被王莽接受后，觉着时机到了，在一个黄昏的时候，哀章身穿黄衣，双手捧着铜匮，叩开了汉高祖刘邦的庙门，神秘兮兮地把铜匮交给仆射。主管宗庙事务的官员仆射打开一看，顿感此事非同小可，马上奉献给王莽。王莽思前想后，一夜没能合眼，权衡利弊得失的结论是：代汉自立。

次日凌晨，王莽穿戴皇服皇冠，郑重其事地前往汉高祖庙堂拜受哀章所献铜匮，然后又谒见太皇太后，随即来到未央宫前殿，在皇帝宝座上就位，发表其堂堂皇皇的就职演说："我们王家本是人文初祖轩辕黄帝的嫡系后裔，追踪溯源可上达先古时贤明的舜帝，即使近期也出了个历经四朝的太皇太后，因此可谓是地地道道的名门望族。自我辅政以来，也一直以圣人周公为楷模，只想等孺子长大后就交还政权，退休回家安度晚年。谁知上天屡屡降下符命，高祖刘邦的圣灵也传下铜匮策书，一再嘱我荣登皇帝之位。我若仍再谦让，就是违抗天意，辜负汉高祖的信任，必然使自身受到上天的惩罚，国家也会陷入一片混乱之中。迫不得已，我只好改变初衷，自己代替汉室当个真皇帝。自今以后，改国号'汉'为'新'，以今年12月为始建国元年正月。按哀章所献铜匮降书，封王舜为安新公，任太师；封平晏为就新公，任太傅；封刘歆为嘉新公，任国师；封哀章为美新公，任国将；这四人为一等公爵，辅佐朝政。封甄邯为承新公，任大司马；封王寻为章新公，任大司徒；封王邑为隆新公，任大司空；这三人为执政三公。封甄丰为广新公，任更始将军；封王兴为奉新公，任卫将军；封孙建为成新公，任立国将军；封王盛为崇新公，任前将军；这四人是四大将军。"哀章的政治投机取得了极大的成功，把王莽送上了真天子宝位，自己也如愿以偿做了开国功臣，只是白白地便宜了王兴、王盛二人。哀章为了把自己这一名不见经传的小人物抬高起来，填写王莽的大臣时随意杜撰了王兴、王盛两个名字，老奸巨猾的王莽为了显示对神灵的敬畏，竟派人四处搜寻，同名同姓者找了几十个，经算卦相面的巫师鉴定，选择出了上应天命的两位：王兴仅是个看门的小军官，而王盛则是个卖大饼的，一夜之间成了朝廷重臣、封为公爵，对这突然来临的大富大贵，恐怕他们自己也莫名其妙。

当了皇帝，原先携带的"宰衡太傅大司马"之类的印章显然不合用了，王莽派王舜去取"汉传国玺"。这块玉玺是很有一番来历的：东周末年楚国人卞和发现一块宝玉，几经争夺转到了秦始皇手中，被刻成大印，汉高祖到咸阳时从秦朝君主子婴手里缴获过来，确定为汉朝传国之玺，是最高权力的象征。因为孺子没有即位，所以玉玺暂时由太皇太后收存。王舜来求玉玺，遭到了太皇太后的一顿臭骂："你们父子兄弟，屡受汉家恩惠，荣任辅政职位，不是尽心尽力地回报汉室，反而乘人之危篡夺皇位，真正是猪狗不如的东西！天下哪有你们兄弟这样的无耻之徒？既然改朝换代自己当了皇帝，又要这亡国象征的玉玺何用？我是汉朝的一个老寡妇，年迈体弱，也活不了几天了，难道用这玉玺随葬都不行吗？"王舜被骂得狗血喷头，仍坚持说："王莽非要得到玉玺不可，你最后还不是得交出来吗？"太皇太后没有办法，气呼呼地说："我反正是离死不远了，你们兄弟也绝不会有好下场！"随即将玉玺摔在地上。王莽得到玉玺，万分高兴，在未央宫大摆庆功宴，喝酒奏乐通宵达旦。但这玉玺从此被摔去了一个角，只好修补一下勉强用着。东汉末年，曹操、袁绍、孙坚、公孙瓒等各路人马又为争夺此玺而打得不可开交，传来传去最后不见了。王莽当了皇帝后，并不敢亏待老太太，给了一个"新室文母太皇太后"的尊号，但太皇太后对自己一手提拔起来的侄子愤恨不已，始终不给他好脸色，终日郁郁寡欢，死于新莽始建国五年（公元14年），享年84岁。这位长寿的老太太引入王莽，导致了汉家江山的丧失，但自己却是忠于汉朝扶持幼主的，这一生的功过又该怎么评说呢？

历次改朝换代，最可悲的是那末代皇帝，孺子刘婴两岁时被立为皇太子，饱受"假皇帝"王莽的百般戏弄，五岁时就成了亡国之君。王莽当皇帝时，逼着刘婴跪下称臣，册封他为"安定公"以平原、安德、漯阴、鬲、重丘五县的百里地盘、万户人家为安定公封邑，在那里重立汉室刘家的祖庙。但不准刘婴回到他的封国，把京城的大鸿胪府改建为"安定公第"，将刘婴关在里面，又通令禁止任何人与他讲话。这样，刘婴实际上过着囚犯一样的生活，以至于长大后，连猪、狗、牛、羊都不认识，话也说不清楚，等于白养了一个傻子。

以假仁假义靠着姑母势力起家的王莽，从小小的侍从官黄门郎做起，历经射声校尉、骑都尉侍中光禄大夫、大司马领尚书事、摄皇帝，步步高升，最终代汉自立，当了真皇帝，建立了新朝，阴谋家的嘴脸彻底暴露无遗。

### 新朝新政

既然把国号改为"新"，自己当了新朝皇帝，总得拿出点新东西来吧！精于诡计的王莽，对变换花样是相当在行的，他依照《周礼》设计了一幅庞大的社会蓝图，在经济、政治、文化、外交等各个方面进行改革,是一个极不成功的改革家。

相比起来,汉代的土地税是很轻的,每年只收取收获量的十五分之一,最少时是三十分之一。但自西汉中期以来,达官贵人们借着权势,大量地兼并土地,很多平民失去了土地后,或者向地主租地,或者卖给地主成了奴隶。在一个以农业为主的东方大国中,农民是最主要的国家支柱,是赋税和劳役的主要承担者,现在农民少了,财富集中到了贵族官僚手中,国家也就不可能有富国强兵的希望了。再说,奴隶自身生活及生命都得不到保证,租地种的农民要交一半以上的收入给地主,自己的温饱自然成了问题,他们能不起来反抗吗?因此土地和奴隶问题是社会危机的最主要根源。这一点王莽是非常清楚的,因此一上台就颁布了"王田令"和"私属令"两项改革措施:全国的土地称"王田",属新朝国家所有,任何人禁止买卖;一个家庭中成年男人不足八名的,占田不得超过九百亩,多余的要无偿交出来,分给亲属或邻里;过去没有土地的,一对夫妇接受一百亩耕地;胆敢违犯者,流放边疆。改各家的奴婢称"私属",一律禁止买卖,对不服从者,也流放边疆。这两项改革的确是考虑了百姓的利益,然而却是行不通的:试想,那些拥田数万的豪强,以及掳掠人口买卖奴隶的恶棍,哪个不是位高权重?让有权有势的人白白交出自己的财产,停止其罪恶勾当,这不是白日做梦吗?

对工商业的改革,表现在始建国二年(公元10年)颁布的"五均""六莞""赊贷"三项法令。"五均"就是由政府来管理工商业经营:在当时全国最大的五个集市洛阳、邯郸、临淄、宛(今河南南阳)、成都,设立专管市场的部门,在每一季度的中间月份,评定出各种商品的标准价格,对一些生活必需品的售价由官方平抑。这似乎是为人民谋福利,但实际上官府却贱收卖贵,从中取利。"赊贷"是由官府借钱给百姓,限制商人们放高利贷,但到期还不出来也是要罚为刑徒的。"六莞"就是在"五均"和"赊贷"之外再加上国家专卖盐、铁、酒,国家统一铸钱,国家统一收取山泽使用税。这些措施看起来都不错,可执行起来就变了味,因为执行人员没有工资,他们能不互相勾结坑害百姓吗?

"六莞"中最坑人的要数铸钱。对货币的改革,早在篡权前就有过一次:居摄二年(公元7年)王莽下令,在五铢钱外,增铸错刀、契刀、大泉三种,与五铢钱一同流通。上台后,王莽认为汉朝皇帝的刘字,繁体写法是"卯、金、刀",而五铢钱、契刀、错刀三种货币的名称都与刘(劉)字有关,为了表现改朝换代,这三种钱都应废除,只保留"大泉"一种,另增发两种"小泉"。第二年,又发行"宝货",共计"五物"(金、银、铜、龟、贝)、"六名"(钱货、黄金、银货、龟货、贝货、布货)28个品种。这些钱币种类繁多,面值也不统一,换算起来非常困难,人们都不愿接受,私下里仍旧使用汉代的五铢钱,但一经发现就判重罪。至于敢私下铸钱的人,自己判罪之外,邻近的五家也一同受罚,闹得人心惶惶,安分守己地过日子,还说不定什么时候,因为邻居铸钱而被杀头。据说王莽一再改变货币,是想让那些富裕户所存钱币变成废物,间接地破坏富人的财产,达到消除贫富不均现象的目的,但这样一来,富人还可用不动产维持生活,贫苦的人却连日常吃喝都难以解决了。因此,穷人为了生存而造反,富人也开始为了保护自己的财产而反对王莽了。受益的倒是两千年之后的现代人,这些种类繁多、造型别致的王莽钱,成了文物爱好者重金搜集的对象,谁要是收藏到一套完整的莽钱,就是拥有了一笔价值不菲的财富。这真是一种时人不爱今人爱的怪事。

在政治制度方面,王莽的改革更是

花样翻新，让人眼花缭乱。一方面，他把中央和地方的官制、官名，以及地名、行政区划，都大大地改变，并且一改再改。例如，把大鸿胪改称"典乐"；把大司农改称"羲和"，再改为"纳言"；把大理卿改称"作士"；把水衡都尉改称"虞予"，等等不一而足。王莽的改名瘾一犯，又把长安改为"常安"，把长乐宫改为"常乐室"，把未央宫改为"寿成室"，未央宫前殿称"王路堂"。这些改革劳神费力，毫无意义。另一方面，王莽又滥加封赏，使得公、侯、伯、子、男各级爵位人员众多，随便什么人一旦取得王莽的欢心，就马上脱胎换骨成了贵族，像哀章献匮时随便乱写的王兴、王盛二人，只因合了"王氏兴盛"的意思，就可以从卖大饼、看城门的低贱地位，平步青云成了将军，做了公爵贵族。

在对外关系上，王莽也不肯放过。他认为天无二日、人无二主，境外附庸也敢称"王"，违背古制，应改称"侯"，收回汉朝发给的玉玺，重新赏给侯爵印章。这些境外民族，名义上尊汉朝为宗主，实际上自己管理自己的事情，进贡给中央的东西还不如收到汉朝赏赐的东西多，可王莽偏偏要在一个"王"还是"侯"这样毫无意义的名称上做文章，嫌国内乱子还不够多，竟要乱到国外去。一些弱小的民族虽不满，但也忍了，可一向强悍的匈奴不愿忍受，囊牙单于索要旧玺不成，就起兵犯境，掳掠百姓，在北部边境燃起战火。西域、东方的高句丽、西南方的句町国也因王莽的无端挑衅而反抗，或者断绝关系，或者战争四起。宁静了百年的边境再也不能宁静了。

实行新政的结果，从平民百姓到官僚贵族，都认为王莽的新朝还不如过去的汉朝，王莽的种种改革算是彻底失败了。

### 祸起萧墙

我们常说做个好人很难，其实当个坏人也很不容易。就像王莽，因为自己是靠阴谋诡计上台的，所以就总是防范同类事情的出现，整日里提心吊胆，唯恐别人抢班夺权。但他万万没有想到，首先向他发难的竟是自己的心腹和儿孙。

在王莽的政治生涯中，有三个倚为心腹爪牙的得力干将：王舜、甄丰、刘歆。这三个人直接参与并导演了一幕幕丑剧，帮着王莽取得了"安汉公""宰衡"等尊号，为王莽的步步高升独揽大权立下了汗马功劳，也为自己加官晋爵捞足了好处。但这三个还不算贪心，觉得地位已经够高了，因此在王莽谋划着当"摄皇帝"时并未像以往那样积极配合，直到事情已接近水到渠成了，才有气无力地呐喊几声。等王莽篡权自立后，他们虽然也是开国元勋、地位显赫，但也因当了汉朝的叛臣而内心恐惧，渐渐地疏远了新朝皇帝。尤其是甄丰性格刚强、桀骜不驯，引起了生性多疑的王莽的猜疑，被降职为更始将军，与卖大饼的王盛不相上下。担任京兆大尹（京城及周围地区的地方长官）的甄寻认为这是莫大的耻辱，决心为父亲报这一箭之仇：既然王莽相信符命，甄寻就也伪造了一个符命，说关中地区应分为左右两部分，任父亲甄丰为右伯、太傅晏平为左伯，像周代的周公和召公一样共同管理关中。这套把戏王莽见得多了，岂能不晓得其中的用意？但老奸巨猾的王莽认准甄寻还会有进一步行动，就决定暂且不去挑明，看甄寻还会干些什么，于是宣布按符命执行，果然不出所料，没等甄丰上任新职，甄寻又异想天开地送上了第二个符命，说汉平帝皇后现今新封的黄皇室主，也就是王莽的女儿，应该嫁给甄寻当妻子。这下王莽实在是忍无可忍，咬牙切齿地说："黄皇室主是天下之母，怎能容许一个无耻之徒的玷污？伪造这种符命就是欺骗上天、目无君主，罪大恶极，死都难以抵消其罪过！"当即下令逮捕。甄寻弄巧成拙，只好潜逃在外，但跑得了和尚跑不了庙，他父亲甄丰没有逃脱，落下了一个被迫自杀的可耻下场。一年之后，甄寻在华山被捕，终于难逃一死。死前他一再声张，他的手相极为尊贵，纹路中有"天子"二字，应该有当皇帝的命。王莽派人割来他的手掌查看，冷笑一声说："哪是什么'天子'，倒是像'一大子'三字，说他不过是个身高体壮的傻瓜罢了"。沉思一会儿，又说："这是'一六子'三字，六和戮共音，说明他们父子全是该杀的货！看来杀了他们才是替天行道啊！"牵涉到此案中去的还有国师刘歆和儿子刘棻、刘泳，大司空王邑的弟弟王奇，刘歆的门客丁隆，总数不下几百人，全都命赴黄泉。王莽还不解气，又宣布将他们统统流放到四方边疆处死，当然只是把尸体运到远方再杀一遍罢了。

甄寻事件对王莽震动很大，他开始感到手下的爪牙也不太可靠，更加疑神疑鬼，处处防范。每次外出，都要先派卫士在京城及所经过地区反复搜查以防不测，称为"横搜"。始建国四年（公元12年），为了一次外出，竟在京城搜索了5天，搞得鸡犬不宁，怨声载道。不仅如此，王莽还限定大臣入宫时随从人员的数目，有次官居太傅的平晏入宫，因随从超过了规定人数，就被在宫门值班的仆射严加斥责，平晏手下的属官看他对太傅口出不逊，一怒之下把这位仆射绑了起来。王莽听说此事后，气得火冒三丈，立刻派兵包围了太傅府，勒令交出属员，并当场处死。但是，这些做法并没能巩固王莽的龙位，反而加深了皇帝与大臣之间的隔阂：王莽整天猜忌哪位大臣想篡权，大臣总是担心王莽要拿自己开刀，新朝的统治阶层开始分崩离析了。就在满腹狐疑的王莽盯着大臣们一言一行的时候，却没料到自己的亲孙子王宗也在觊觎祖父的那张龙椅。

当初，王莽刚当皇帝的时候，四个儿子中老大王宇、老二王获早就死了，三儿子王安懵懵懂懂不干正事，就立四儿子王临为太子。封王安为"新嘉辟"（辟就是君的意思，王莽专爱用些乱七八糟的怪名称），长子王宇的六个儿子都被封为公爵，老四王宗为功崇公。也许考虑自己的父亲是王莽长子吧，王宗总想取代祖父当皇帝，私下里请画师画了一幅自己身穿天子衣服的标准像；然后又刻了三枚印章，分别写着"维祉冠存已夏处南山臧薄冰""肃圣宝继""德封昌图"，充分体现了他想当皇帝的愿望；同时，又与舅舅吕宽的家属暗中勾结，想利用他们与王莽的旧仇来拉拢他们帮自己达到目的。也许是王宗太粗心大意，还没等有什么实际行动，事情就败露了，王宗被迫自杀。王莽对孙子的背叛极为恼火，愤怒之余也不免有些寒心，从此对儿孙们也倍加小心，想找机会把他们从身边赶走，以便减少可能发生的危险。地皇元年（公元20年），一场飓风把王莽视为神圣宝殿的王路堂给毁掉了，王莽借题发挥，杜撰了一篇洋洋洒洒的诏书，大谈他那得心应手的灾变命符、上天警告等理论，废掉皇太子王临，贬为统义阳王，赶出京城；贬"新嘉辟"王安为新迁王，也驱逐离京；连与婆婆不合的女儿王妨也被迫自杀。看来，对自己的儿孙，王莽倒是一直毫不留情。

王莽废掉太子的真正原因何在呢？话还得从头说起。被逐出京师回到南阳时，王莽逼死了杀害奴隶的二儿子王获；平帝继位，王莽当大司马时又逼死了长子王宇。王莽的妻子因接连痛失了两个儿子，悲愤不已，整日以泪洗面，终于哭瞎了双眼。王莽有时也会良心发现，当皇帝后派太子王临陪伴瞎眼的皇后。但既然已贵为天子，对老态龙钟的皇后就有点儿看不上眼了，又因顾全好名声而没娶妃嫔，所以与皇后侍婢中一个姿色出众、名叫原碧的有了苟且之事。王临侍奉母亲，时间久了，竟然也与原碧勾搭成奸,只可怜一个瞎眼老太太,看不见这父子二人的龌龊事。毕竟是侵犯了父亲的地盘,王临总怕丑事泄露惹来杀身之祸,就与妻子刘愔(国师刘歆的女儿)密谋策划,寻机杀父夺权。刘愔受父亲刘歆的熏陶,耳濡目染中也学了点占星术,对于星相算卦略知一二,推测不久之后在王临宫中会有"白衣会"(仙人聚会,意指神圣相助)。王临非常兴奋,自以为既有天神照应,自己的计划就一定能够成功。谁知王莽吸取了孙子王宗事件的教训,派了许多暗探监视儿孙,及早地侦查到了太子王临的阴谋,来了个先下手为强,借大风吹垮王路堂一事,把王临赶出了京城,自然也撤掉了太子职位。

地皇二年(公元 21 年),王莽那可怜的瞎眼皇后病危,王临正苦于没有回京的借口,便趁此机会给母后写了一封信,非常悲伤地说:"父皇对儿孙太无情无义了!前些年大哥和二哥都是 30 岁左右被迫自杀身亡的,如今儿子也到 30 岁了,安分守己地待在家里,还怕保全不了性命,以后死在哪里也不可预测啊!看来,儿子是再也见不上慈母一面了。"老太太听侍女读完后,更加悲伤,更加怨恨王莽。王莽偶尔来探视病中的老伴儿,竟发现了王临的来信,更疑心儿子会有不轨行为,但一时碍于皇后的情面,没有马上下手。过了不久,皇后在悲哀中病逝。王莽办完丧事,立即跟王临算账,下令逮捕侍婢原碧。原碧经不住酷刑拷问,只好如实招供。王莽听完事情的原委,惊悸之余,也觉得家丑不可外扬,派人给王临送去毒酒和葬服,勒令王临服毒自杀。王临自知难逃一死,索性再次违抗圣旨,拒不接受毒药,仰天长叹之后拔剑自刎,偏不遵照父皇安排的死法,即使死了也不愿让王莽称心如意。为了灭口,王莽下令把参与审问原碧的官吏全部处死,尸体就地掩埋在监狱中,可怜这一班人平白无故地成了王莽父子争斗的牺牲品。刘愔占星术推出的"白衣会"还算准确,不过不是飘飘降临的神仙聚会,而是身穿白色丧服的家属聚会罢了。王莽又送信给国师刘歆:"王临根本就不懂星相算命,都是你女儿刘愔搞的鬼,害得我失去了一个亲爱的儿子。"刘愔顿感不妙,干脆也自杀了之。

宫廷内部的危机暂时过去了,但王莽的心腹爪牙和嫡系儿孙也所剩无几了。正当王莽认为高枕无忧的时候,农民起义的大火又熊熊燃烧起来,这才是他无法平息的真正危机。

### 风雨飘摇

一个王朝的衰亡总有其必然原因,至于亡在谁的手里,则会有些偶然性。西汉中期以来,当官的贪赃枉法腐败堕落,贵族豪强大肆掠夺聚敛财富,老百姓则是连日常生活都难以维持了,这就埋下了汉朝灭亡的祸根。而王莽靠着一个少有的长寿老人太皇太后,大耍其阴谋诡计,终于篡夺了汉朝的江山。但这时的社会已像是个病入膏肓的老人,如果能对症下药多加保养,也许还能苟延残喘一阵子,否则只有死路一条。王莽上台后,虽然也做了些修修补补的事情,毕竟只是头痛治头,脚痛治脚,没能从根本上解决问题。或者干脆是头痛治脚,脚痛治头,非把病人折腾死不可。

对待边境各国,王莽的做法就像俗话所所说的"狗不咬,用棍捣",惹起战争之后,只能穷于应付。就在王莽上台的第二年,屯集在边陲的士兵因供给不足而开始骚乱。同时,边境的百姓因不堪兵将的掳掠,纷纷聚众造反,从此拉开了农民起义的序幕。

天凤四年(公元 17 年),琅琊海曲(今山东日照)妇女吕母起义。吕母一家有几百万资产,这样富裕的人本来是不会造反的,原因在于她那在县里当差的儿子,只因芝麻大一点儿的小错误,就被判成死罪,尸体扔在街上示众。吕母是个很有胆略的妇女,她决心为儿子报仇,于是在城里开了个小酒馆。与别的酒馆不同,吕母对没饭吃的人免费招待,并且给很多贫民送衣送粮,从来不计数目。当地的贫民太多了,没过几年,吕母的家产施舍殆尽,同时也得到了广大贫民的衷心拥护。这时,她才哭着说出了自己的心愿:"我之所以这样对待大家,并不想嫌取额外的好处,只因为县官太不道德,不单屈杀了我的儿子,也逼得你们没有活路啊!现在我要为儿子报仇,你们愿意助我一臂之力吗?"话音刚落,就有一百多人响应。不几天,就聚集成了一支数千人的队伍,攻进海曲县城,杀掉了贪官污吏。随后退入海岛,以防遭到王莽军队的围剿。

更多的起义并不像吕母一样有预谋、有组织,只是实在过不下去了,才不得不造反。在吕母起义那年,湖北一带发生灾荒,饥饿不堪的贫民只好以草根、树皮填充肚子,并且时常为了争夺草根而斗殴打架。新市(今湖北京山)人王匡、王凤兄弟俩因经常为饥民调解纠纷,而被拥为领袖,几个月间发展起一支七八千人的队伍,出没于绿林山(湖北大洪山)中,攻击乡间的地主,抢点东西吃,名声渐渐传播出去,来投靠的饥民更多了,被称为"绿林军"。地方长官派兵五万人镇压,大败而归,起义军队伍壮大到五万多人。第二年,琅琊(山东诸城)人樊崇起义,率领数百人进入泰山,迅速汇集成一支几万人的军队。王莽派大将军景尚前来镇压,反而赔上了景尚的性命。王莽再派更大的将军王匡、廉丹率精兵十万前来讨伐。樊崇准备大战,命令士兵全部用染料把眉毛涂成红色,作为起义军的记号,从此有了"赤眉军"称号。大战的结果,廉丹一命归天,精兵全军覆没,只有太师王匡落荒而逃。除此之外,黄河两岸的大平原上也活跃着几十支起义军,人数多的达十几万人,少的也有几万人,总数不下百万。农民起义的烈火燃遍了祖国大地,甚至中央政府的中心地带——关中地区,也是乱民四起,烽烟不断。

起初,四方百姓只因饥寒交迫而聚众起义,只盼着情况好转后再回家种地,所以义军领袖们也只是自称为"三老、从事、祭酒"等乡间小官名号,打起仗来连旌旗、战鼓等都没有。此事传到京城,王莽还觉得奇怪,大臣解释说:"他们只是些过不下去的人聚集起来抢点吃的,哪里知道什么旗帜、名号?"王莽听了还很高兴,以为这些乌合之众没有什么作为。谁知有作为的人很快就出来了,他们就是刘秀兄弟。

地皇三年(公元22年),刘绩、刘秀兄弟在南阳郡起兵。他们本是汉皇宗室后裔、地方豪强首领,鉴于王莽废除汉宗亲爵位,又禁止姓刘的人做官,加上各地义军威胁着他们的财产安全,因此趁机率兵起义。这些有文化、懂策略的地主豪强一旦起兵,便与各地的贫民造反大不相同,他们不是横行乡村抢劫财物,而是纪律严明、攻占城池,政治目标极为明确,就是要夺取统治权。他们把斗争的矛头直接对准了王莽,向全国发出通告,历数王莽杀害汉平帝以及祸国殃民的众多罪行,赢得了广大贵族和平民的拥护。不久,由绿林军分化出来的一些部队前来投靠,使其壮大成为一支有组织、有纪律、有政治目的的强大军队,是一股令王莽胆战心惊的可怕力量。随后,中原几支义军会集起来,拥立一个汉朝没落贵族子弟刘玄当皇帝,称为更始帝,设立一些文武大臣,俨然是一个小朝廷。

王莽当然不能允许另有一朝廷与他分庭抗礼,马上派兵镇压。他也知道这是一次生死存亡的大决战,因此让朝廷重臣王邑、王寻率领所有的精兵强将出关中迎敌,近百万人的大军向着更始帝临时首都宛城进发。合该王莽气数尽,大军赴宛途中路过昆阳（今河南叶县北），一些将军说："僭称尊号的更始帝在宛城，我们还是擒贼先擒王，攻下宛城后，其他小城自然也指日可待。"但王邑认为："我有百万大军，应是所向披靡，路过哪里就占领哪里，岂有放过昆阳的道理？"随即派四十二万精兵包围昆阳。当时昆阳城里仅有王凤、王常、刘秀率领的八九千人，力量实在是太单薄了，因此刘秀让王凤二人坚守，自己突围出去搬取救兵。可惜当时义军各地风声鹤唳，形势吃紧，抽不出太多的兵力，刘秀只求到了三千士兵。但刘秀这时充分体现了他一往无前的大无畏精神，竟然身先士卒冲入敌阵，三千将士也随之猛冲猛杀。王寻对刘秀以卵击石的冲击显得毫不在意，只率一万人进行阻击，谁料在刘秀的拼死搏斗中迅速瓦解，王寻自己也身首异处。昆阳城里的守军也乘势出战，内外合攻，杀声震天，官军随即崩溃，王邑率所剩的几千人退守洛阳。昆阳一战，王莽的主力被完全消灭，再也难以组织有效的反击，只能数着日子等死了！

王莽的心腹走卒们见大势已去，厄运马上就要降临，便考虑着如何保全自己的性命，对其主子王莽也顾不了许多了。一场新的宫廷政变在加紧酝酿。卫将军王涉家中养了个叫西门惠君的老道士，这老道不读经修行，只知道搞些算命、相面等迷信，他对王涉说："我夜观天象，见扫帚星尾巴遮盖宫殿，这是刘氏复兴迹象。国师嘉新公姓刘，就是应在刘歆身上。"王涉与大司马董忠一拍即合，动员刘歆反叛王莽。但刘歆历经风雨坎坷，又搭进了三个儿子一个女儿的性命，对王莽的诡计处处防备，他怕王涉是受王莽指使前来试探自己，一不小心就会落入王莽的陷阱，所以坚决拒绝。王涉亲自前来劝说："王莽的母亲嗜酒如命，喝醉了就跟一些不三不四的男人鬼混。王莽的父亲从小就有病，恐怕没有生育

能力。所以我想，王莽也许根本就不是我们王家的子弟，还不知是哪里的野种呢！这样来历不明的人窃取高位，我们应该群起而攻之。现在，董忠是军队高级统帅，我领导宫廷卫士，您的长子又负责宫殿警卫，如果我们同心协力，一起劫持王莽交给东方的更始帝，不单可以免遭他们的处分，说不定还能更加兴旺发达呢！"其实刘歆早就对王莽怀有深仇大恨，见王涉是真心诚意反抗王莽，哪有不合作的道理？只可惜刘歆太相信他的占星术了，非要坚持等到太白星出现在东方时，才可发难，事情暂时搁浅了。这期间，大司马董忠为了更加保险起见，又去拉拢另外一个军官孙伋，胆小怕事的孙伋又请妻兄陈邯拿主意。陈邯可是王莽的忠实走狗，他动员孙伋告发，导致了董忠被杀，王涉、刘歆自杀。一起本来可能成功的事变，由于刘歆的优柔寡断而坐失良机，导致计划胎死腹中。

起义的烈火越烧越旺，各地的官吏纷纷倒戈，朝廷中也是危机四伏，王莽的末日就要来临了。

### 命赴黄泉

王莽的长相奇特：嘴巴大、嘴唇向外翻；腮又短又宽；眼珠子向外鼓，布满了道道血丝；身高只有七尺五寸（合今日之1.7米上下）；说话声音嘶哑而惨厉。按现代医学的说法，他大概与秦始皇差不多，都有"甲状腺功能亢进症"。因为身材瘦小，所以爱戴高帽子，爱穿高跟鞋，爱在衣服里填充些鸟羽牛毛之类的东西（原来他才是羽绒服的发明者），好让自己看起来高大粗壮一些。他走路姿势也与众不同：手放背后，仰脸冲天，只用眼睛余光扫视左右人群，一副清高孤傲不屑一顾的样子（恐怕当皇帝之前并不这样）。有个相面先生见过王莽后说："他就是相面书上所说的鹰眼、虎嘴、豺狼嗓叫，这种人是吃人的人，但最后也必定被人吃掉。"王莽派人杀了这位算命先生，

但从此经常用扇子遮住脸，一般人难以再见他的尊容，可他被人吃的命运终于难以逃脱。

对于不断爆发的农民起义，王莽最初试图以招安的方式，兵不血刃地予以平息。他派使者去山东招抚吕母，宣布只要她们放下武器回家安居乐业，朝廷可以既往不咎，赦免杀官造反的罪过，遭到了严词拒绝："王莽对待百姓残酷暴虐，横征暴敛让人们无法生活；法律禁令又多于牛毛让人防不胜防。百姓辛苦劳动都不够交税的，闩起门在家待着还说不定因邻居有罪而被牵连。我们放下武器回家不也是死路一条吗？"使者回京后据实汇报。王莽听后气得火冒三丈，只好拿使者消火，把他撤职查办。到别处义军去的使者一见这个阵势便学聪明了，信口雌黄地欺骗王莽，说什么"起义军只是秋后的蚂蚱，蹦跶不了几天了"，"在您的圣威下，不费一兵一卒，他们也要完蛋……"王莽喜欢听这些，因此重赏各位使者。其实招降成功的只有一例：大臣储夏去会稽郡长州县（今江苏苏州吴中区、相城区），劝说起义军领袖瓜田仪投降，取得了成功。可惜瓜田仪的降书送了长安，人还没有动身，就患病死掉了。王莽在这件事上大做文章，诏令厚葬瓜田仪，赐给"瓜宁殇男"爵号，期望别的义军也效法瓜田仪。然而，竟没有一家义军被他的这一招假仁假义所迷惑。

招抚失灵，只好武装镇压。王莽在全国推行军事一体化政策，中央各大臣兼任前后左中右五大司马，地方上州级官吏兼大将军，郡级长官兼偏将军，县级长官兼校尉，把全国变成一座大兵营，加强对起义军的讨伐。但起义军仍是在战斗中壮大成长，队伍一天天在扩大，王莽的统治更加风雨飘摇。

其实地方官中也不乏有勇有谋的将才，如青州（今山东）的田况就是一位。田况在义军四起的时候，征发辖区内18岁以上的男人四万多个组成一支大军，加紧操练严阵以待。结果当地的农民因缺少兵员而无法造反，外地的起义军也不敢轻易地前来，维持了一个地区的稳定。田况自以为有功，没想到招来了王莽的训斥："没有中央的命令而擅自组建军队，是严重的违法乱纪行为，应该受到严厉处罚。鉴于目前形势，准你戴罪立功，暂且代理青州、徐州（今山东、江苏）地方长官。"表面上责备，实际上提拔是王莽用人的一种手段。田况感激王莽任命的高官，为表忠心又献上了自己的治国方略："针对起义军力量分散、各自为战的特点，应该给地方官更多的自主权，让他们依靠地方豪强，实行坚壁清野的堡垒战略，让起义军陷入在乡间抢不到东西、攻打城池又力量不足的不利境地，不失时机地采用剿灭与招抚并重的方式，不愁义军不被消灭。"王莽历来狐性多疑，最怕形成尾大不掉的局面，听了田况的建议后暗自思忖：田况果真有一套办法，但他也是个危险人物，必须严加控制。于是派使者调田况入京另行安排职务，但山东一带也随之被义军占领。就这样，少有的几个头脑清醒、能力超常的人，都因遭受王莽的猜忌而免职，剩下的大臣要么专会拍马屁，要么一声不吭装糊涂，整个形势自然就江河日下而不可收拾了。怪不得有人发牢骚说："把狗拴得紧紧的，又想让他抓到更多的野物，怎么可能呢！"

放着好的建议不采用，却又一而再，再而三地责令大臣想办法，大臣们只有出些歪主意了。奇怪的是，越是那些荒唐的建议，王莽越是高高兴兴地完全接受。天凤四年（公元17年）王莽下令铸造"威斗"。为了表现对天命的恭敬，王莽亲自主持铸斗典礼。工匠们按照王莽的设计，用不同合金比例的青铜，造了一个长有二尺五寸、形状像北斗七星的"威斗"。王莽把这件东西看作可以战胜起义军的神物，出行时让专人保护着走在车队前面；在宫里，由一专门人员侍立一旁，"威斗"随着时辰转动，王莽的龙椅也相应地转动，以保证他始终坐在北斗七星的斗柄上，认为这样就可以天下太平。但斗转星移的同时，起义的烈火也越燃越旺。

一招儿不灵，再想一招儿。有个自称会看风水、望地气的骗子向王莽上奏，说京城长安有"土功"象，需要大兴土木、多搞一些建筑物，由此天下太平，王莽的江山稳固，万寿无疆。病笃乱投医的王莽立即下诏修建宗庙，任命大司马王邑、大司徒王寻主管，另派十几名官员监工，动用十几万名工匠，在百顷面积的土地上，修建了九座宏伟华丽的宗庙，来祭祀从黄帝到他父亲王曼九位祖先。搞这样庞大的建筑需要一笔数目巨大的开支，可连年的战争、持续的干旱、黄河两次泛滥，天灾人祸导致国库空虚，钱从何来呢？王莽只好出卖官爵：六百斛米可买一个郎官，交的越多，官职越大。当官没有好处的话，谁还买官呢？这些买了官的人，所花费钱财自然要在百姓身上捞回来，并且要捞得更多才划算，因此就变本加厉地坑害百姓。王莽修庙，本想借此压制起义军，结果却事与愿违，进一步激发了百姓的怒火，甚至连京城长安附近都出现了起义者的踪迹。

王莽最乐于接受的一招儿是侍从郎官成修提出来的，他说黄帝就是因为有一百二十个妃嫔才成了神仙，所以继立"民母"（皇后）才是天下太平的最佳选择。王莽认为这实在是个好主意，马上派人在全国广泛挑选美女，最后确立一位皇后、三位贵妃（分别称和嫔、美御、和人）、九位嫔人、二十七位美人、八十一位御人，总数一百二十一人，比黄帝还多了一名妃子。举行婚礼时，王莽为了掩盖自己的老态龙钟，别出心裁地把花白胡子染成黑色，真像是在演一出闹剧。最

让王莽伤心的一招儿是大臣崔发想到的，他见王莽急得像热锅上的蚂蚁，就说："《周礼》《春秋左传》上都记着，国家危亡时，应该通过痛哭来消灾。《周易》上也写着'先哭后笑'，看来现在只有哭才能解决问题了。"王莽对着一堆烂摊子，也正想哭呢！随即带领群臣来到祭天的地方，对天祷告："上天既然让我当天子，为什么又让叛乱者猖狂呢？若是我有过错，就请打雷劈死我算了！"说完，号啕大哭起来。想到皇帝宝位还没坐够，内心真是无比地悲伤，竟一下哭得昏死过去。为了壮大声势，王莽又命太学生和附近百姓，每天早晚两次集中一起哭天，免费招待吃饭。凡是哭得伤心，并且能够背诵王莽告原文的，授给郎官职务，结果几天之内，就有五千多人当了郎官。

哭声并没有感动天地，建宗庙、娶后妃更激起了民众的愤怒，"威斗"也压制不住义军。刘秀等起义军与王莽军队的昆阳一战，决定了新莽政权的垮台。地皇四年（公元23年），起义军包围长安，不单烧毁了新建不久的宗庙，甚至挖掘了王莽父亲和妻子的坟墓并烧棺焚尸。10月1日，义军攻破长安城，3日黄昏又攻破皇宫。一个城里的商人——杜吴，冲进王莽藏身的房间，只一刀便结束了他的老命。杜吴并不知道他杀死的人是王莽，可有一个名叫公孙宾的校尉，认出杜吴手中拿的是皇帝绶带，问明来源后，跑到屋子里割下了王莽的头颅，其余士兵一拥而上，把王莽的尸身斫了肉酱。68岁的王莽，至此结束了他罪恶的一生。

王莽的头颅被送到义军总部宛城（河南南阳），更始皇帝刘玄下令将之悬挂在城门上示众。士兵和百姓提起王莽的头颅抛来抛去当球玩，更有几个人为了发泄胸中的怒火，竟然割下王莽的舌头，剁碎吃了，终于应了相面先生"终被人食"的预言。为什么单单吃他的舌头

呢？可能是因为这条长舌头骗了太多的人吧！

## 马 援

"穷当益坚，老当益壮""男儿要当死于边野，以马革裹尸还葬"，这是东汉光武帝刘秀的大将马援发出的豪言壮语。千百年来，它一直在激励着人们奋发努力。而马援的一生也实践了自己的格言。他饮誉陇西，腾声三辅，建勋朔北，树功岭南，最后战死在疆场，为后世想要建功立业的男儿们竖起了一块丰碑。

### 大器晚成，归汉建功

马援，字文渊，扶风茂陵（今陕西兴平县）人，生于汉成帝永始三年（公元前14年），死于光武帝建武二十五年（公元49年）。马援先祖乃战国时期赵国著名战将赵奢。因赵奢有功受封马服君，所以，他的后代就以马氏为姓。到汉武帝时，由邯郸迁关中，居于茂陵。马援的曾祖父马通因功被封为重合侯。祖父马宾在汉宣帝时任持节郎官，号"使君"。父马仲官至玄武司马。马援的长兄马况任河南太守，二兄马余为中垒校尉，三兄马员为增山太守。整个马氏家族应该说是有将门之风的官宦世族。

马援少年丧父，依长兄马况为生。因他素有大志，人又聪颖，几个哥哥都很喜欢他，就教他诗书。当时，与马援同时授学的还有同乡朱勃。朱勃的聪明在马援之上，举止大方，言辞娴雅，十二岁时便能背诵《诗经》《尚书》。相比之下，马援稍逊，他就焦躁不安，有点儿气馁。他大哥马况安慰他："朱勃小器早熟而速成，智尽于此，终当向你求教，不要怕他。你是大器晚成。"后果然言中：朱勃终身只是一县令而已。

因家庭条件和各种关系，马援二十五岁入仕，在扶风郡任督邮，专门负责送递信件和纠察社会中官员的贪廉。在任仕时，马援目睹王莽新朝政治的黑暗和官僚的腐败，很是气愤，觉得在这样的社会里是无法实现自己抱负的。有一次，他奉命押送囚徒到司命府（纠察罪犯的机构），因对罪犯生哀怜之心和不平之念，马援把他们通通放了。可回去又交不了差，就只好亡命北地。后遇大赦，才归茂陵，以畜牧业为生。

马援的志向岂止是做个富家翁呢？他常对来他家的宾客说："大丈夫之志，穷当益坚，老当益壮。凡能积聚财产，贵在赈济世人，否则只能算个守财奴。"因他养牛马羊有方，竟然富豪无比，至有马牛羊数千头，谷物数千斛。但他把这些全部赠送给亲朋故旧。自己身穿羊裘皮裤，漫游陇、汉两地。

王莽末年，四方兵起，天下大乱。马援与其兄马员一同弃职，避居凉州。更始元年（公元23年），西州豪强隗（wěi）嚣起兵反王莽，先后据有陇西、武都、金城、武威、张掖、酒泉、敦煌一带。隗嚣素有名气，又好经书，能礼贤下士，三辅士大夫避乱者多倾心归附。马援仰慕其名，便寄身隗嚣，被任命为绥德将军，参与军机谋划，日见信任。但时间一长，马援觉得隗嚣好名誉而少断才，非成事之人。

更始三年（公元25年）四月，公孙述称帝于成都。两年后，刘秀在鄗（hào）（河北柏乡）南即帝位，是为东汉光武帝。建武元年（公元25年）十二月，赤眉军攻入长安，杀了更始帝。于是隗嚣在天水自称西州上将军。这样就形成了四大割据政权在关中、蜀地和陇西一带对峙的局面。隗嚣为了生存，必须找同盟者，而且何去何从，亟待抉择。于是他于建武四年（公元28年）十月，派遣马援前往蜀地和洛阳，去观察公孙述和刘秀之所为，然后再作出选择。

马援与公孙述是同乡，从小两人交情甚厚。此次到成都，马援满以为能与公孙述握手倾谈，欢如微时。哪知公孙述摆出盛气凌人的帝王架势，盛设仪仗，护卫森严，相见之后，说不上几句话，就把马援送回客馆。过了好几天，会百官于朝庙，行繁缛礼节，拟封马援为侯，官拜大将军。马援的随从一见，兴高采烈，都愿意留在蜀地为官。可马援反对，说："天下久乱，雌雄未定，正是用人之际，公孙述不吐哺以迎国士，与图成败，反而修饰边幅，犹如木偶之形状。此种人如井底之蛙，妄自尊大，成不了什么气候。不如专注东方。"于是就辞别公孙述到了洛阳。

建武四年（公元 28 年）冬，马援到了洛阳，刘秀听说马援来了，就素装简从，在宣德殿接见马援，笑着说："卿遨游二帝之间，今日相见，令人大惭。"就把马援安顿在客舍里。刘秀头裹白毛巾，身边无仆人，俭朴简约，与马援倾心交谈。马援说："当今之世，非独君择臣，臣亦择君。臣与公孙述本为同乡，少相友善，这次前往蜀中，他却盛列护卫相见。今日臣从远方而来，陛下安知不是刺客奸细？为何如此简易？"刘秀爽朗大笑，说："卿非刺客，只是个说客。"

马援在洛阳待了一个多月，对各方面进行了细致的观察，而刘秀对马援亦是谦逊恭谨，俭简坦诚，盛情款待。走时，马援对刘秀说："天下反复未定，盗名窃字者不可胜数。今见陛下恢廓大度，酷似高祖，今日才知帝王自有真伪。"归汉之心遂定。

到天水后，隗嚣问马援这次收获如何。马援说："公孙述如同朽木。到洛阳时，曾被引见十余次，每与汉帝倾谈，自朝至暮，不知倦怠。汉帝才明谋深，决非常人可比。他开心见诚，无所隐蔽，豁达多大节，如与汉高祖相同。又博览经书，文字口辩，处理政事，前世无比。"马援劝隗嚣倾心事汉。隗嚣大喜，就派使者去洛阳为官，专意事汉，而马援趁机把家眷搬入洛阳，自己长驻洛阳不归天水。

此时的刘秀正要出兵东征关东的刘永，但担心蜀川的公孙述和天水的隗嚣蹑其后。现见隗嚣归附自己，就无后顾之忧地专注东方。

待刘秀平定东方之后，隗嚣又反悔归汉，想与西蜀联手，鼎足而立，当第二个西伯。但此时的刘秀当然不会允许隗嚣独立，结果两人翻脸。于是隗嚣派大将王元闭关守险，与东汉决裂。刘秀也于建武六年（公元 30 年）四月，派耿弇（yǎn）、盖延等将领出兵陇西。

此时的马援在洛阳闲居，见状，向刘秀毛遂自荐，愿立功自效。刘秀大喜，就授马援精兵五千。马援往来结交隗嚣的部将高峻、任禹等人和陇西羌族豪酋，陈说祸福利害，离间隗嚣部众。同时，马援对刘秀陈述行军路径，说得具体详明。他在刘秀面前用大米堆成移盘，象征河谷山川，然后逐一讲解、指明，分析曲折，昭然可晓。刘秀听后，高兴地说："虏已在吾目中矣。"

后来形势的发展一如马援所料：汉军乘势深入，势如破竹，隗嚣部队一触即溃，十三员大将，十六县投降，降众达十万人。不久，隗嚣忧死，其子隗纯被部属挟持逃入西蜀，陇西即平。因功，马援被拜太中大夫。

### 威抚陇西，转战南北

建武十一年（公元 35 年），在陇西的先零羌反汉，兵端大起。光武帝刘秀考虑到马援久在西陲熟悉情况，就拜马援为陇西太守，专治西陲。临行，刘秀对马援说："西域一事，专以委卿，无负朕望。"

作为汉朝大臣的马援重返故地后，得心应手地运用"剿"与"抚"两种策略，他对属下说："赵充国屯西域，剿抚并用，得以久安；先羌性悍强，只抚不足立威，只剿不足立德。"

面对明火执仗的先零羌人，马援先发步骑三千前去迎战。羌人兵败临洮，汉军斩首数百级，俘获牛羊万余头，还收

第二编　秦汉野史

降据守要塞的羌众八千余人。

初战告捷之后，马援又与扬武将军马成合兵进击浩亹(mén)隘口，逐走依险屯聚掳掠的诸羌人。羌人退守允吾谷(甘肃皋兰)。马援熟知此处地理，便引军潜行小路，掩袭其营。羌人大惊，只得远走唐翼谷中。马援尾随其后，一边在正面山安营，做出战斗姿态，一边遣数百骑绕出敌后，乘夜放火，鼓噪而进。羌人不知虚实，闻风溃散。马援乘势纵兵掩杀，斩首一千余级，收缴粮谷畜产而还。这一仗，为安定陇西地区打下了初步基础。

占据陇西容易，治理陇西困难。为此，马援上书刘秀，认为金城以西，羌人城郭完好、坚牢，可倚为据点守备。加之此处土地肥美，灌溉方便，可资农耕。假如不专心经营，使羌人占据湟水两岸，则为害不浅。马援还奏请分别设置长吏，为其修缮城郭，开垦水田，劝勉耕牧。对于马援所奏，刘秀一律钦准，从此羌人安居乐业。另外，马援还遣已归降的羌人首领杨封到塞外招抚氐、羌等族，使之返回此地谋生。凡是从外地回来的，马援都免除徭役、赋税。

建武十二年(公元36年)，居住在武都的参狼羌作乱，杀死了汉置长官。马援闻变，亲自率兵四千前往镇压。汉军进至氐道县(甘肃武山县)时，羌众登山据守，马援采取久困断援之法，屯兵平地，仅夺羌众山前水草，却不与之战。日久，羌众穷困，投降者万余人。羌豪则率数十万户逃出塞外，从此，陇右安定。

马援从政，有大将风度，宽以待下，知人善任，临危不惧，自己总大体而已。有一次，郡治狄道县(甘肃临洮)附近有人因仇械斗，致使吏民惊恐，误以为是羌人反叛，争相奔入城郭。狄道县长慌忙求见马援，请求关闭城门，发兵拒寇。当时，马援正与宾客饮酒。闻得此报，他悠然笑道："羌人哪敢再来犯？各官吏归守

官舍，照常理事。如有实在胆小之人，可趴到床下躲一躲。"很快，风波平息，众人皆服马援之胆略气度。

马援治陇多年，恩威并用。修缮城郭，选官治民，招徕流亡，辟田劝农，使陇西全郡对他心悦诚服，声誉远播三辅。马援死后，陇西民众还修庙祭祀他。

因功，马援于建武十六年(公元40年)应调入京，拜官虎贲中郎将(相当于首都卫戍司令)。由于他擅于兵书战策，常参与军机政谋，与刘秀谋划军事。刘秀很欣赏马援的谋略水平，说："马援论兵，与朕暗合，真大将之才也。"

建武十七年(公元41年)，卷县(河南原阳)人李广假托神道，聚集党徒，攻没皖城(安徽潜山)，杀皖侯刘闵，自称"南岳大师"。刘秀先是遣张宗率兵数千前去讨伐，结果全军皆没。于是，刘秀命马援率军征讨。马援迅速击斩李广，皖地即平。

皖城战事一结束，远在南方的交趾(在今越南北部，郡治所在今河内)又起狼烟。那是建武十七年(公元41年)十二月的事。交趾女子征侧与其妹征贰举兵反汉，征侧自立为王。九真、日南(均在今越南东部)等部落起而响应，攻取岭外(五岭以南)六十余城。

刘秀见南方战乱未平，就派马援为伏波将军，率扶乐侯刘隆、楼船将军段志等将领，领兵数万南下。大军行至合浦(广西合浦)时，舍骑就船，沿海西进，穿山开路一千余里。建武十八年春(公元42年)，马援抵达浪泊，与征侧接战，大破其军，斩首数千，收降兵万余人。马援复乘胜追击至禁谿，数败越军。建武十九年正月，马援于阵上斩杀征侧、征贰，并传首洛阳。为了扫平匪患，马援率大小楼船二千余艘，战卒两万多人，征剿散逃于九真郡(今越南清化、河静两省)的征侧余众。结果斩获五千余人，交趾悉平。因为交趾多高山险峻，树木参天，瘴气弥

漫,所以汉军有十分之五死于战斗,可见战事之惨烈。

因功,刘秀封马援为新息侯,食邑三千户。这是东汉王朝立国后第一个获此殊荣的大将军。

## 武陵战死,马革裹尸

建武二十三年(公元 47 年),居住于武陵山区(今湘西北一带)的五溪蛮人,在酋长单程等人的策动下反汉。刘秀命武威将军刘尚征讨,结果全军覆灭,主将战死。建武二十四年,刘秀又命中山太守马成率军进讨,亦难克敌,只好退保临沅(今湖南常德),以待增援。

是时,正值马援北征初返,当他得知五溪蛮人反叛时,就向光武帝刘秀主动请缨,要去平叛。此时的马援已有六十二岁高龄,而且数度征战,体力未复,所以刘秀不允。马援见皇帝不同意他出征,就说:"陛下以为我老了吗?我还能披甲上马。"刘秀命他当场演试,马援据鞍登马,挥手一鞭,骏马腾空而起,绕场三周,而马援气不喘,脸不惊,顾盼神飞。刘秀一见,很佩服,说:"矍(jué)铄哉,是翁也。"意思是这个老头还可用,精神挺好。于是就命马援统率中郎将马武、耿舒、刘匡、刘永诸人,率十郡之兵四万多人,进军五陵。

临行,马援与亲友同僚诀别。他对故友杜倍说:"我受国厚恩,可惜年岁大了,担心不能死于国事。今获准出征,甘心瞑目。大丈夫当战死疆场,马革裹尸,哪能如小儿女子在家做忸怩之态?"说完,长啸一声,驰马而去。

孰知马援的临别诀言竟成了谶(chèn)语。他这一去,再也没有回来。

大军行至下隽(juàn)(湖南沅陵)时,有两条道路可以进兵:一条是经壶头山到武陵,此路近而险;另一条经充县(湖南大庸)达五溪,此路远而平。中郎将耿舒主张走充县平道,马援认为走充县旷日持久。不如从壶头山插入,扼其咽喉,而且可出其不意,同时又能使充县之敌不攻自破。将帅各抒己见,只好上书朝廷,请皇上裁决,不久,刘秀复旨:依马援决策。

建武二十五年(公元 49 年)二月,马援从下隽越险到达临乡(湖南常德西)。这时,正遇五溪蛮众攻打县城,马援挥军迎战,初战获胜,斩首二千多,迫使余众逃入林中。三月,马援军至壶头山。此山坡高路险,山下水流湍急。蛮众登高守隘,官军无法攻入,两军处于相持状态。两个月后,天气炎热,林中瘴疠交侵,士卒多染疾病。马援已过花甲,怎能抵得住如此险恶环境?因此亦病倒军中。见此,马援急令军士穿洞为屋,把营帐扎在阴凉处以避暑气。但他自己则时常带病巡逻,有时还以绳葛牵足悬体,凭险观察敌情。不久,马援病死军中。

常使敌人闻风而逃的一代名将终于倒在自然这个大敌的手上,而令人更为心寒的是马援死后的遭遇。

梁松之父梁统乃马援之旧交。梁松长大后,娶了光武帝的女儿舞阳公主为妻,成了朝中权势炙手可热的新贵。有一次,马援病了,时任虎贲中郎将的梁松前来问候,拜伏床下行礼。可马援不屑一顾,竟不作答,梁松大惭,伺机报复。马援诸子深感不安,对其父说:"梁松系帝婿,贵重朝廷,公卿以下莫不敬惮,父亲为何竟不以礼相待?"马援道:"我本梁松之父的老友,他虽贵,岂能失长幼之序?我可答亦可不答。"但他没有想到的是,自己死后遭受诋毁正是因为这个小人梁松。

马援刚死,尸体还停留在五溪的山洞中。当时,作为朝廷特使的梁松正好到达了壶头,见马援病死军中。人死口灭,无法对证,就飞表弹劾马援贻误战机,并把马援在征交趾时装载回来的可以治病的一车薏苡种子诬说是一车黄金,并胁中郎将马武、于陵侯侯昱(yù)等人做伪证。光武帝大怒,立命削夺马援的新息侯爵位。

马援的灵柩运回来后,妻子儿女心怀恐惧,只好在郊外草草埋葬。下葬时,一个宾客也没有。下葬后,马援妻子就以草索自缚,入朝请罪,想向光武帝讨个说法。刘秀把梁松的奏章给她看,马夫人才知致罪情由。于是就上表申辩,马援之友朱勃也上奏章替马援申冤。刘秀看后,方知马援冤枉,同意归葬祖茔,但未收回夺爵成命。

一直到汉明帝永平十七年(公元74年),朝廷才为马援更行封树,起建祠堂。汉章帝建初三年(公元78年),才最终为马援平反,遣使持节追策马援为"忠武侯"。几十年的冤案终于平白于天下,晚是晚了一点儿,可总算能告慰马援那在地下不瞑的英灵。

此事同时也说明,自古以来,只要功在国家,以勇烈仁德立名于世,最终都会在历史的长卷上熠熠(yì)发光,得到时代的认可和褒扬。

## 权奸董卓

### 发迹临洮

陇西临洮(今甘肃岷县)山高水险,巍巍的岷山横亘境内,滚滚的洮河从这儿穿过,奇险的山水激荡着这一方儿女的情怀。临洮从西汉起就与羌地相接,在这块汉人和羌人杂居的地方,除了有良田沃野外,还有水草丰茂的牧场。太平年代,这块远离京师的地方似乎早已被身居深宫的皇帝忘记,但是大约在东汉顺帝永建七年(公元132年)却诞生了一个足以让东汉皇帝见了心惊肉跳的人物,他就是一代暴虐的枭雄董卓。

董卓的父亲叫董君雅,是颍川轮氏县尉,负责维持地方上的治安。县尉的官职虽小,但维持一家人的生活还是绰绰有余的。董卓兄弟三人,他排行第二,兄长董擢早死,弟弟名叫董旻。因为不

必为生计担忧,董卓从小就养成了游手好闲的习惯,年龄稍大一些,在家乡干惯了恶作剧的董卓感到有些无聊和乏味,站立在长城上,望着塞外无限的草原风光,那蓝天、白云,绿茵茵的草地,遍地的牛羊,引起了董卓一阵激动,他决定悄悄地越过长城,去羌人游牧的地方去看一看。

羌人是马背上的民族,文化较为落后,一直残存着原始部落好勇斗狠的遗风,在那里董卓结识了许多羌民,与他们成了朋友。羌人最大的优点是粗犷爽直,不善于搞阴谋诡计,常常为了一点儿小事不惜以性命相拼。董卓是有心人,他特别留意羌人的风土人情,他甚至梦想有朝一日能带领着一支剽悍的队伍,厮杀拼搏一通,把天下的财富攫为己有。因此他也装出一副豪爽热情的样子。

大概是离家日久,思乡情绪越来越浓烈,董卓告别了羌地的朋友回到了家乡临洮。因为到了成家立业的年龄,董卓不能再游手好闲了,他开始过起了耕种的生活。但是,那无边无际的大草原留下的美好回忆却始终抹不去,他向往着大草原自由自在的生活,希望有一天能重游羌地,重温往日的欢乐。一天,正当他在田里扶犁耕地的时候,几个曾与董卓有过交往的羌人首领来看望他,董卓见了故人,忘乎所以地丢下了田里的活儿,拉着羌人首领的手说:"我与各位仁兄久日不见,今天一定要痛饮几杯,来个一醉方休。"说完董卓大笑起来,羌人受董卓的感染也跟着笑起来。回到家里,董卓拿出家中所有的美味佳肴来招待客人。

粗犷豪放的羌人很快就把桌上的美味一扫而光。再看看家中,已经没有什么好吃的了,董卓十分着急,不知如何应付这一场面。就在这时,他听到了一声牛叫。这声音像是提醒了他,为了让朋友们尽兴,也为了表示自己的豪爽好客,

董卓亲手宰杀了朝夕相处的耕牛。他的举动得到羌人们的一致赞许，都说董卓够朋友，纷纷地向他竖起了大拇指。董卓实际上很心疼自己的耕牛，却故意装出一副满不在乎的样子说："有你们这些好朋友，我董卓就是再杀头牛也在所不惜。"羌人们听了很感动，因为一向受汉族歧视的羌人在与汉人交往中很难得到平等的待遇，更不要说像董卓这样热情地欢迎和款待他们了。他们知道，耕牛对于从事农耕生活的民族来说是命根子，现在董卓为了欢迎他们把耕牛都宰了，因此，他们觉得董卓够朋友。

羌人首领从董卓那里回去后，聚在一起商量如何报答董卓，最后，他们决定挑1000多头膘肥体壮的牛羊赶到临洮，送给董卓，以酬谢董卓，来表达他们对董卓的情谊。从此，董卓声名大振，当地人都知道董卓仗义疏财。他们哪里知道，董卓宰杀耕牛是故意做给羌人首领看的，因为他知道羌人有施恩图报的习性，便有意要用较小的代价换取更大的利益。

临洮自古有尚武的习俗。董卓的父亲董君雅是管军事的县尉，受世风的影响，以及父亲的传授，董卓很小便开始练武。由于他身高体壮，臂力过人，马上骑射可以左右开弓，而且是百发百中，又由于他曾有游羌地的经历和有一批羌人朋友，那些擅长于骑射的羌人都十分钦佩他，称他为"健侠"。

临洮一直是汉、羌两个民族杂居的地方，本来民族间相处得十分和睦，由于官府对羌人采取歧视态度，残暴地压榨羌人，因此，羌人常常与官府发生冲突。管辖临洮的凉州刺史对此感到头疼，他始终找不到制服骠悍的羌人的办法。这时有人告诉他："董卓和羌人首领私交很好，而且在羌人中间很有威望。大人，不妨把董卓召来，询问一下良策。"凉州刺史听了不禁大喜，便把董卓找来了。

董卓身材魁梧，虽说是第一次见刺史，但丝毫不怯场，见面时颇能应付自如，娓娓而谈。凉州刺史听了不禁心生爱惜之心，他觉得董卓是个不可多得的人才，当即任命董卓为凉州的兵马掾。董卓根本没想到这么快就会涉足官场，心头不禁一阵激动。但理智告诉他不能喜形于色，因此表面上仍装出一副平静的样子，做出推辞的姿态。凉州刺史见此更是高兴，认为他不仅有才干，而且很谦虚。既然是人才就不能埋没，所以，凉州刺史连忙作出承诺。董卓本来不过是故作姿态，当然没有想到求贤心切的凉州刺史会这么看重他。初次领略到官场的奥妙，董卓心里不禁乐滋滋的。

兵马掾虽说只是个下级军官，但对从没涉足官场的董卓来讲已经是很了不起的事了。一时间，他趾高气扬起来。上任以后为了赢得上司的赏识，他显得非常卖力，常常主动地到塞外巡逻。

桓帝延熹四年（公元161年），朝廷在汉阳、陇西、安定、北地、上郡、西河等六郡选拔良家子弟充任羽林军。董卓在边地的杰出表现传到了并州刺史段炯的耳朵里。出于选拔人才的目的，段炯竭力推荐董卓。在段炯的提携下，董卓入卫京师当了一名下级军官即羽林郎。

京师的繁华让董卓大开眼界，王侯宅第高耸入云，宝马香车川流不息，董卓漫步在街头，只觉得形同瘪三，他有心去博得那些娇艳女子一笑，却没有人搭理他。然而那些达官贵人偎香怜玉的景象却不断地撞入他的眼帘。董卓发誓一定要攫取更大的权力来享受荣华富贵。

不久，汉阳发生了羌人反抗朝廷的暴动事件。朝廷派中郎将张奂率兵讨伐。有人告诉张奂，自幼生活在临洮的董卓十分熟悉羌人的情况。张奂正为没有熟悉羌人情况的将领而发愁，为此，他把董卓调到了军中任行军司马。张奂是位久经沙场的老将，行军打仗中善于听取各方面的建议。董卓熟悉羌地的情况，又了解羌人的生活习性和特点，因而张奂时常征询董卓的意见。董卓见张奂不耻下问，不禁受宠若惊，为了出人头地，他格外地尽心尽力，很快就赢得了张奂的信任。在他的参与和谋划下，张奂很快打败了侵扰关中地区的东羌和先零羌部落。

胜利归来，在向朝廷汇报战功时，张奂没有忘记董卓。朝堂上，张奂大大地赞赏了董卓一番，董卓因此被提升为郎中。为表彰董卓立下的战功，朝廷赐给他九千匹缣。一次拿到这么多的财物，董卓不禁眉开眼笑，他很想全部留下自己享用，但略一犹豫，随即把这些财产全部分给了自己的下属。他提高了嗓门儿说："功劳虽算在我身上，但实际上是大家浴血奋战共同取得的，因此，这些财物应该共同享有。"一席话说得士兵们心里热乎乎的，个个流露出对董卓的感激之情。他们当场向董卓表示，愿意以后死心踏地地跟随董卓，董卓听了此话，脸上现出一丝不易察觉的笑容，心里说："我要的就是这些。"

自跟随张奂以后，董卓平步青云，先是担任了广武令，以后又当了蜀郡北部都尉，随后又升任西域戊己校尉。校尉在东汉是仅次于将军的官职，西域戊己校尉是东汉王朝在西域的权力代表，此职表面上看低于将军，但权力很大，地位的显赫程度绝不亚于将军。董卓得此职后好不得意，只觉得前途似锦，一片光明。就在这时，张奂坐党狱遭禁锢。由于董卓是张奂一手提拔起来的，因此受到牵连被免官。眼看到手的权力被迫拱手相让，董卓心里好不懊恼。尽管如此，他也无可奈何，只得灰溜溜地卸职还乡。

党锢是东汉后期震动朝野的一大政治事件。当时，朝纲不振，宦官专政，为了挽救朝廷的政治危机，朝廷的一些正直大臣联合太学生同胡作非为的宦官进

行了坚决的斗争。宦官眼见大事不妙，便采取了恶人先告状的手段，诬蔑这些人为"党人"。结党营私是封建朝廷最忌讳的事，昏庸的皇帝听说以后，不禁龙颜大怒，便不分青红皂白地下令把这些正直的官员逮捕下狱，他们的亲友和门生、故吏也都牵连到里面。后来，在宦官的挑动下，皇帝又下诏把这些"党人"押解回乡、禁锢起来，宣布永远不许他们做官。本来，董卓与党锢事件毫无关系，只因他曾是张奂的部下，所以受到牵连。经此打击，董卓亲自感受和体验到政治的险恶。他几乎绝望了。就在这时，农民大起义的风暴骤起，为了解除封建王朝的危机，统治阶级内部的斗争暂时得到了一些缓和，一些被禁锢的士大夫先后得到起用。趁此机会，赏识董卓才能的段炯再次向朝廷推荐董卓，董卓得到段炯的帮助，很快东山再起，升任了河东太守。不久，他又由河东太守转任并州刺史，成为上马管军，下马管民，雄踞一方的地方实力派。宦海沉浮，几经挣扎，董卓开始由一个默默无闻的小卒成为东汉政坛上一个崭露头角的新贵。政治上的再度得意，几乎使他忘记了受牵连而无辜罢官的伤痛，接到圣旨后，他立即带兵投入镇压黄巾大起义的战斗中。

黄巾大起义是东汉末年一场声势浩大的农民起义，当时，土地兼并日益严重，赋税徭役名目繁多，再加上天灾，百姓们在痛苦中呻吟。为了推翻东汉王朝的腐朽统治，张角以传布五斗米道为掩护，于中平元年（公元184年）发起了声势浩大的起义。起义军头戴黄巾，在"苍天已死，黄天当立。岁在甲子，天下大吉"的口号指引下，以摧枯拉朽之势向东汉王朝发动了最猛烈的攻击，惊慌失措的东汉王朝连忙调动军队进行镇压。

为了迅速扑灭农民起义的烈火，朝廷拜董卓为东中郎将，代替镇压黄巾大起义不力的卢植。董卓第一次领这么多

的兵，一时间神气十足。他急于要向朝廷表现自己的才能，一反卢植稳扎稳打的做法，摆开了一副决战的架势，向张角发起了全面的进攻。不料因贪功冒进，很快在下曲阳被起义军打败。黄巾起义军乘胜追击，董卓被迫落荒而逃，险些丢了性命。对此，朝廷十分震怒，撤掉了他的职，还要治他的罪。董卓遭到了第二次沉重的打击。

天无绝人之路，董卓很快又时来运转了。在黄巾起义的鼓舞下，深受民族压迫的先零羌联合袍罕、河关的穷苦百姓在北地发动了暴动，领头的伯玉、李文侯自立为将军，他们杀了护羌校尉泠徵，推举地方官员韩遂为首领。韩遂本不愿答应，一是怕遭先零羌的报复，二是他看到天下已经大乱，趁此机会正好割据一方。经过一番犹豫，他答应了先零羌的要求。很快，韩遂攻下了金城（今甘肃兰州），杀掉了郡太守陈懿。

中平二年（公元185年）的春天，韩遂率领数万骑兵，打着诛杀宦官阉党的旗号，浩浩荡荡地向关中地区进发，侵逼关中的园陵。所谓园陵，是指西汉历代皇帝在关中地区的陵墓，他们是东汉的列祖列宗，祖坟给人刨了，这还得了。此外，关中地区的心脏——长安是高祖刘邦建都的地方，东汉虽迁都洛阳，但一向重视长安的经营，因为长安是洛阳的天然屏障，万一长安失陷，洛阳也就岌岌可危了。朝廷得到韩遂进军关中的消息后，惊恐万分，忙调兵遣将，命令车骑将军皇甫嵩统兵迎敌。由于良将太少，需要用兵的地方太多，经过一番朝议，决定起用董卓为中郎将，让他接受皇甫嵩的节制。

韩遂兵强马壮，声势浩大。老将皇甫嵩小心翼翼，步步为营，寻找着战机。但是，朝廷误认为皇甫嵩作战不力，便把他给免职了，命令司空张温接替皇甫嵩的职务，又升任董卓为破虏将军，从征于

车骑将军张温麾下。

张温集合各郡州步兵、骑兵十多万人马，在今陕西武功一带摆开阵势，迎击羌兵，保护皇陵。经过几次交锋，官兵始终没有占到上风，战场上出现了相持的状态。

转眼间，已经是十一月份了，凉风袭人，身穿单衣的士兵们厌战情绪非常严重，然而，韩遂的羌兵却毫无退意。对此，张温一筹莫展，一时找不到破敌的良策。好像上天有意要关照董卓似的，要给他创造立功的机会。一天晚上，董卓出营侦察敌情，这时天空中划过一颗巨大的流星，光亮长达10余丈，照得黑夜如同白昼一般，惊得韩遂军营里的马一起长鸣。羌人相信天命，认为出现流星是上天要惩罚他们，一时间人心浮动，不待命令便匆匆忙忙收拾行装，准备向金城回撤。董卓侦知后立即向张温报告，张温听了不禁大喜，连夜部署调兵遣将。

第二天，张温率领军队向韩遂发起了猛烈的攻击，羌兵军心涣散，在韩遂的带领下仓皇逃窜到榆中。久攻不下以后，终于打了胜仗，大大激发了将士们的斗志。车骑将军张温立即派遣周慎领兵三万人从正面进攻榆中，又连发五支大军，让董卓率领其中一支从侧面迂回，讨伐支持韩遂的羌人，以此截断韩遂的归路，试图一举平乱。

在张温的调遣下，担任正面进攻任务的周慎很快把韩遂围在榆中城中。连攻几日没有得手后，周慎变得十分焦躁，参赞军事的孙坚见此对周慎说："榆中城内没有贮存多少粮食，韩遂要坚守榆中一定会从外面向城里运粮食，我愿领一万兵马去截断他们的粮道。将军您在正面以重兵相持。羌人兵困马乏之后，自然不敢恋战。如果他们向羌中地带逃窜的话，那么我们就合力夹击。这样，凉州的叛乱就可以平定了。"这本来是一个很好的建议，可惜周慎刚愎自用，不听劝

第二编 秦汉野史

第二编　秦汉野史

告，只是将榆中城团团包围。善于用兵的韩遂自知无力同周慎长期相持下去，便悄悄地派出一队人马截断周慎的粮道。周慎失去粮草以后，一下子慌了，丢下许多辎重物资就匆匆退兵了。韩遂趁机反攻，周慎损兵折将，大败而归。由于周慎的失利，其他四路兵马纷纷不支，也都溃败了。

就在周慎围困榆中城的时候，董卓这一路已进入了天水。由于周慎的失败，董卓陷入了羌人的重围。粮食缺乏，军心浮动，董卓万分焦急，他知道如果这一次再损兵折将，今后将很难有出人头地的机会。因此，他故作镇静，命令士兵严守营垒伺机寻找突围的机会。董卓的营垒依水而建，羌兵见河深水急，有意不在河边设防，企图趁董卓渡河时发动攻击。董卓老谋深算，自然明白羌人的意图，他故意让士兵在水上筑堤捕鱼，传出快要断粮，军力不支的信息。羌人见状，自以为胜券在握，便麻痹起来，这时董卓趁机派人测量水情，全力准备渡水器材。待准备完毕后，董卓命令士兵们渡水撤退。当韩遂发觉派兵来追击的时候，董卓的部队已安全转移到河对岸。面对追兵，董卓仰天大笑："兵来水挡，羌兵可奈我何！"董卓一声令下，决开口子的河水如同脱缰的野马，一下子卷走了半渡的羌兵。这次征讨，其他各路人马均损失惨重，唯独董卓不损一兵一卒，他得到了朝廷的赏赐，被封为邰乡侯，食邑1000户。几经沉浮，这时，董卓终于羽毛丰满，成了一个拥兵数万的将军。

### 拥兵自重

韩遂反败为胜，退守河套地区以后，杀掉了不服从命令的伯玉、李文侯等人，一人独揽十余万兵马。经过一番休养，兵强马壮之后，他怀着复仇的心理于中平三年（公元186年）率兵攻打陇西。

在韩遂的凌厉攻势下，边地州郡人心浮动，为了保住自己的性命、财产和权力，陇西太守李相如暗中与韩遂联手杀了凉州刺史耿鄙。随后掌管凉州兵马的马腾亦拥兵反叛，汉阳的王国也起兵响应。几路兵马合在一处，共推王国为盟主，一口气打到关中。一封封紧急军文飞报到朝廷，朝廷陷入了一片惊恐，为了应付这危急的情况，皇帝连忙命令董卓会同左将军皇甫嵩一起出征。

在与朝廷打交道的过程中，董卓早已认识到了朝廷的虚弱。这一次他一反以往雷厉风行的做法，故意迟迟不上路。他知道朝廷要倚重于他手下的数万兵马，他还知道朝廷既要对付内忧——黄巾起义军，又要对付外患——羌人的造反，一时没有办法治他，因此，他决心要挟朝廷。

董卓本是不通文墨的一介武夫，但这一次却绞尽脑汁给朝廷上了一本奏折。在给朝廷的奏折中，他明明是嫌破虏将军的官职小，却故意说："卑臣不才，不敢忝居破虏将军之职。"朝廷接到奏折之后自然明白董卓的心思，但为了大局，只得忍气吞声。因为朝廷知道，救兵如救火。此时如果董卓不领兵前往，万一韩遂攻破关中，那么后果将不堪设想。因此，明知董卓有野心，但还是把董卓提升为前将军了。董卓要挟朝廷成功后，掩饰住内心的喜悦，慢吞吞地率兵前往关中参加征讨王国的战斗。破虏将军与前将军有什么区别呢？原来，在东汉的官职中，破虏将军虽与前、后、左右将军同为将军的称号，但破虏将军的行政级别和权力要比其他将军低一等。野心勃勃的董卓自认为是雄韬武略，当然不甘心接受皇甫嵩的节制。经此一举，董卓第一次尝到了要挟朝廷的甜头。灵帝及朝廷百官虽然看出了董卓的狼子野心，可一时又要倚重于他，故只好打碎了牙齿往肚子里咽，想着以后再收拾他。

这次出征，由于韩遂的叛军各怀异志，军心不齐，很快就被董卓和皇甫嵩击破。踌躇满志的董卓早已看透了东汉朝廷的腐败无能，天下大乱的形势使他认识到，只要拥有重兵，就会有地盘，就能要挟朝廷做更大的官，甚至可以拥兵自立。一想到这些，董卓就有些飘飘然了，他甚至梦见自己穿上了龙袍。但他也很清楚，现在朝廷之所以答应他的要求是因为他的手中有几万兵马，因此，他把这几万兵马视为自己的财物。既然是自己的，怎么能轻易地掏出去给别人呢？更何况，这是做生意的本钱，用它可以生更大的利呀！

平定羌人之乱以后，朝廷决定把董卓调到中央，升任他为少府。少府为九卿之一，是比前将军更大的官，但一想到这是朝廷要削夺他的兵权，让他一步步就范的圈套，老奸巨猾的董卓不禁发出一阵冷笑："皇帝老儿，你太小看我董卓了，老夫才不会上你的当呢！"董卓根本不理会朝廷的诏书，心想："我不理睬你，看你能把我怎样！"一连几天过去了，董卓认为这样拖下去不是个事，必须让朝廷彻底打消调动他的企图。为此，他给朝廷上了一本奏折，他写道："凉州一带还在骚乱，那些有反叛之心的人还没有清剿干净，这正是我做臣子报效国家的时候，因此，请圣上恩准臣率兵守边。臣本想现在立即赴京上任，可是，我手下的将士们听说我要进京，都拉着我的车，要求我不要走，以免他们的妻儿饥冻。我感激他们的情谊，很犯踌躇。现在羌人表面上虽平静下来，但他们贼心不死，一有适当的机会，又会蠢蠢欲动。如果我在这里代理着前将军的职位，他们定不敢轻举妄动。"写完这些，董卓尤嫌不足，又赤裸裸地威胁朝廷，"我的部下大都是羌兵，如果我不在的话，就没有人能约束他们，万一出现反叛，后果将不堪设想。现在，臣留下来节制他们，他们一定会忠心耿耿，效力于国家。"司马昭之心，路人皆知。董卓明明是不想把兵权交出去，

却找出一大堆的理由，明目张胆地威胁朝廷。

灵帝明明知道董卓的野心，但因董卓重兵在手，故一时也不敢把他怎样。然而，这口气毕竟咽不下去。过了一段时间，灵帝下诏任命董卓为并州刺史，要他把部队交给皇甫嵩，董卓心想："这个皇帝老儿，始终对我不放心，我要是把兵权交出去，岂不成了你砧板上的鱼肉。"于是董卓又上书说："臣既无老谋，又无壮事，无思误加，有幸掌戎十年，士卒大小相狎弥久，感情深厚。他们恋臣蓄养之恩，愿意为臣奋斗，不惜抛弃性命，因此，臣请求将这些部队带往北地效力于边陲。"随后，董卓不再理会朝廷，竟擅自带兵进驻河东郡，坐看局势变化，等待时机的到来。

对此，灵帝怕激起兵变，只得再一次姑息董卓，就地委任他为河东太守。

### 喋血宫廷

中平六年（公元 189 年）四月，久病不起的汉灵帝在内忧外患中一命呜呼，魂归西天。顷刻之间，朝野浮动。灵帝死了，他留下了两大水火不容的政治集团，即宦官集团和外戚集团。此刻，掌握朝廷权柄的家伙们既不忙于安葬灵帝，也不同心协力地对付波澜起伏的农民起义，而是考虑如何拥立新帝，以便控制朝政。在这当中，最引人注意的就是大将军何进。

何进字遂高，祖籍南阳人（今属河南省），原来是个宰猪的屠夫，只因有一个如花似玉的妹妹在后宫做贵人，从此平步青云。何贵人深受灵帝宠幸，生了皇子刘辩以后，被立为皇后。靠此裙带关系，何进一家飞黄腾达。后来，拥有后宫三千佳丽七十二嫔妃的灵帝又有新宠，迷上了艳丽多姿的王美人。王美人生了小皇子刘协。本来太子之位是传于刘辩的，可是偏偏灵帝及董太后喜欢聪明伶俐的刘协，表现出要传位给刘协、立刘协

为太子的意图。现在皇帝死了,谁来继承汉家的江山呢?何进自然是希望自己的外甥刘辩成为皇帝。不料,灵帝临死前曾悄悄地把宦官蹇硕叫到跟前,留下了立刘协为皇帝的遗嘱。

宦官本来就对何进专权不满,趁此机会便制定了诛杀何进的计划。他们一面在宫中设下埋伏,一面以何太后的诏书为掩护请大将军何进火速进宫议事。宦官本想以迅雷不及掩耳之势首先除掉何进,让刘协即位,再一一铲除何家势力,即外戚集团,以便独霸朝政。

可惜这如意算盘被一个同何进有私交的宦官泄露了。何进接到宦官的报讯后,大摇大摆地向宫中走去。刚进宫门,何进看见一个宦官一个劲地向他使眼色。何进情知有诈,慌忙从偏门逃回自己的军营。他立刻召集大臣议事,点起五千御林军抢入宫中,杀了十常侍之一的蹇硕宣布太子刘辩为少帝。

参与谋杀何进的宦官张让一见势头不妙,便向何进的妹妹何太后求救。灵帝活着的时候,何太后为了争宠毒死了王美人,为此,灵帝大怒要废掉何太后,将她治罪,幸亏张让为首的宦官竭力相救,事情才算过去。现在张让向何太后求救,何太后想起了往日的恩情,便不准何进诛杀宦官。何进本来就是优柔寡断的家伙,是靠妹妹的裙带关系爬上来的,他见妹妹求情,原来的腾腾杀气顿时飘得无踪无影。

众大臣见状知道万一让宦官缓过气,反扑过来,他们将死无葬身之地。因此,都竭力劝说何进诛杀宦官,斩草除根,以绝后患。其中,司隶校尉袁绍对何进说,"大将军如果觉得有碍于太子的面子,不便立即诛杀宦官,属下可召集四方英雄豪杰,让他们率领兵马前往京师,以此来剿除宦官势力。到那时,不怕太后不答应。"主簿陈琳听了,一个劲地摇头,他对何进说道:"这样做不太稳妥。俗话说:'掩目而捕燕雀,是自己欺骗自己。'这样小的事情都不能自己解决,那么,以后如何处理国家大事呢?大将军您有皇上做依靠,手中又掌握着兵权,要杀宦官不过是小事一桩,何必从外地招来兵马呢?那些拥兵自重的外军谁知道他们安的是什么心?搞不好会弄巧成拙,引狼入室啊。"

典军校尉曹操也对何进说:"宦官作乱,很早就开始了,如果皇上不宠幸他们,绝不会形成今天这种专横跋扈的局面。如果要治他们的罪,以大将军现在的实力,只消宣布他们的罪状,将他们逮捕入狱就行了,何必一定要召外兵入京呢?召外兵入京,只会打草惊蛇,让宦官有提防。如果这样做,大将军您将会死无葬身之地。"忠言逆耳,何进根本听不进去。曹操自知劝说无用,非常失望地走出了大将军府,他长叹一口气道:"从此,天下不会太平了。这个罪魁祸首就是碌碌无为、不识时务的何进啊!"

众大臣走后,何进左思右想,以为袁绍的计策可行,便连夜拟写了密诏,派骑兵分送各地军镇,号召各地兵马入京诛杀宦官。

此时,董卓坐兵河东,静观天下局势,心里一直想着如何能进兵中原,实现他独揽朝政的野心。接到何进密书如获至宝,只觉得喜从天降,他对心腹说:"此乃天赐良机,我董卓问鼎中原,大展宏图的时候到了。"他立即把部队分为两支,一支由三千精兵组成,由他自己率领星夜兼程向洛阳进发;另一支大部队由女婿牛辅率领作为后援驻守陕西,以观事变。出发前他手下有个叫李儒的谋士说:"今天,我们虽接到大将军的密书,但毕竟师出无名,不如上书朝廷,名正言顺地出师,这样主公就可大功告成。"董卓一想也是,对李儒大加赞赏,遂上书:"我听说天下之所以乱逆不止,都是黄门常侍张让这一伙宦官侮慢天常的缘故。臣认为与其扬汤止沸,不如釜底抽薪,溃痈虽痛,胜于养毒。现在臣愿意鸣钟鼓入京都洛阳,以捕张让这一批宦官,以清除朝廷的奸邪。"表面上看董卓大有忧国之心,对宦官专权可谓是义愤填膺,实际上他的目的在于染指朝政,因为他早已对朝廷的大权垂涎三尺了。

听到董卓起兵入京的消息,侍御史郑泰对何进说:"董卓是豺狼之辈,引入京城以后,必定会吃人。"卢植也劝阻道:"我素知董卓为人,一向面善心狠,一旦让他进驻京师,必生祸患。不如让他退还待命,免生祸乱。"何进不听二人劝告。二人见状,只是摇头,他们知道一场大祸就要临头了。

探听何进动静的宦官知道何进密召董卓进京诛杀他们的消息后,个个恨得咬牙切齿。张让对众宦官说:"这个何进要借董卓之手杀掉我们。俗话说,先下手为强,后下手遭殃。与其让他杀了我们,不如我们先杀了他。"于是众宦官聚在一起商量了诛杀何进的计划。他们决定先从何太后那儿入手,让何太后下旨召何进入宫。趁何进入宫之际把何进杀了。

何进一向唯妹妹何太后旨意是从,接到何太后的诏书,急忙整理衣冠要进宫去,他的属下纷纷劝阻道:"宦官早就对你恨之入骨了,怎么能再入虎狼之穴呢?"何进听了只当耳边风。又有人劝他带些兵马进宫,何进大笑道:"我掌天下之权,十常侍敢奈我何?"结果,何进刚跨进宫门,手持利刃的宦官便一哄而上,把他拖倒在地砍成了肉泥。

张让等宦官以为杀了何进以后,朝中群龙无首,他们便可以为非作歹了。不料,他们的行为激起了何进的部将以及袁绍等人的义愤,袁绍等人打着为何进复仇的旗号,立即起兵攻打南宫。其中,袁绍的弟弟虎贲中郎将袁术首先在南宫的青锁门放起大火。出于对宦官的

痛恨,袁术的士兵见到没胡子的便杀,一口气杀了二千多人。这一切都是宦官始料不及的,张让等宦官见势不妙,趁乱挟持何太后、少帝及陈留王刘协逃出京城,连夜向黄河岸边的小平津渡(在今河南省孟津东北黄河边)奔去。得知这一消息后,尚书卢植、河南中掾闵贡紧紧跟随其后拼命地追赶。天蒙蒙亮时,在黄河岸边卢植、闵贡等终于追上挟持少帝的宦官。卢植跃马向前,拔刀一连砍倒几个宦官,闵贡趁势厉声喝道:"今不速死,吾当杀汝。"张让等宦官见前有黄河,后有追兵,自知无路可逃,于是跳河自尽。

就在宦官向北逃窜之时,董卓率部离洛阳已经不远了。坐在高头大马上,董卓心中好不得意,心说:"久违了,京师。"自随张奂离开洛阳以后,董卓无时不在想着洛阳的繁华,无时不在想着要重入洛阳,今天,这一愿望总算要实现了。猛然间他看到了洛阳城内火光冲天,浓烟滚滚,烧红了半边天,董卓情知京师已发生了变故,忙命令军士加快步伐全速向洛阳进军。此时骑在马上的董卓想的根本不是前来救驾,而是暗地里筹划如何对付洛阳城中出现的复杂场面,他想:"兵进洛阳以后,我首先应当把皇帝控制在手。"因为他知道控制了皇帝,就可以挟天子以令诸侯,控制了皇帝就等于控制了朝廷百官,控制了百官就可控制洛阳,进而是控制整个华夏。一想到这些,他有些得意忘形,只觉得马蹄也轻快起来。天刚亮,董卓率军已赶到了洛阳城西。派出的探马回报说,少帝不在城中,已被宦官劫持到平津。得此消息后,董卓立即回马赶往平津,行至北邙山,终于见到了少帝和一班大臣。此时此刻,面色沉重的董卓舒了口气。

再说早已成了惊弓之鸟的少帝刘辩,忽然看见一路兵马飞奔而来,一时间魂飞胆散,吓得哭泣起来。董卓是阴险之辈,此刻他装作十分恭敬的模样,远远

地下马行起君臣大礼，朗声说道："臣董卓叩见皇上，臣救驾来迟，罪该万死。"少帝刘辩自幼生在宫中，从来都是一呼百应，根本没受过被人挟持之苦，见到董卓之后如同见了亲人，不禁放声大哭起来，乃至于董卓同他说话都不知如何回答。董卓是虎狼之辈，一向专横惯了，见了这种情形，心中非常不快，心想："这个皇帝怎么是这般草包。"幸好陈留王刘协胆大，将祸乱的经过向董卓说了。董卓见陈留王眉清目秀，口齿伶俐，心中顿时生出怜爱之意，他想："我千里迢迢赶到京师，目的是要控制朝政。陈留王年幼，正是好控制的对象。"此外，他过去听说过陈留王是董太后抚养大的，董卓认为，"我与董太后同姓，又是同族，如果能立陈留王为帝，以后朝廷上定会多一内援。"因此，便萌发了要废少帝刘辩立陈留王刘协为帝的心意。久经沙场的董卓自然不会立即把这一切都表露出来。为了骗取信任，他当场向皇帝及众大臣慷慨陈词了一通，说了一番国家有难，匹夫有责一类的话，然后，假惺惺地把少帝刘辩扶上了车，向洛阳返回。少帝惊魂初定，他万万没想到刚脱离了宦官的魔掌，又掉入了董卓的虎口。

因救驾有功，董卓的兵马获准驻守洛阳。董卓入洛阳时，所带步骑不过三千。当时卫戍京师的部队十倍于董卓，司隶校尉袁绍拥有西园八校尉禁军的指挥权；曹操是八校尉之一，任典军校尉；大将军何进被宦官杀了以后，其部属为袁术控制；济北相鲍信掌握着骁勇善战的山东兵；执金吾丁原有勇将吕布。如果这些力量联合起来，董卓根本不是对手。董卓感到自己势单力弱，不足以实现他独揽朝政大权的野心，他一方面竭力表现出对朝廷的忠诚，另一方面故意在城里圈了一个很大的军营。每隔四五天就将部分军队在夜间悄悄地拉出军营，天亮时，再大张旗鼓地开入洛阳。这样，就给造成援军不断入京的假象。董卓这一手竟镇住了看破董卓野心的袁绍、袁术、曹操等人，使他们不敢对他轻易动手。与此同时，董卓忙着扩充实力，他首先把何进及其弟何苗的部属拉拢过来，置于自己的指挥之下。然后，他又收买吕布，除掉了拥有重兵的执金吾丁原。经过收买拉拢和吞并，董卓的兵势强大了。有了兵，董卓的心里踏实多了，他一反初入洛阳时的小心谨慎，开始把矛头对准那些反对他的朝臣，并琢磨如何一人独揽朝政大权。

主编 文 林

第二卷

# 中华野史

本书摒弃了传统史学为尊者讳、为贤者讳的观念，采古今野史的精髓，引导读者从细节处发掘历史真相，力图通过简明的体例，精练的文字、新颖的版式等多种要素的有机结合，将帝王将相的性格心理、逸闻趣事，统治阶级的钩心斗角，尔虞我诈，政治斗争的丑恶内幕，血腥手段，历朝历代的民间风情，数千年奇人异土的风流俊逸、洒脱风姿，三教九流、世相百态，立体、全面地呈现在读者面前，展示真实鲜活的历史。

中国华侨出版社
·北京·

# 第三编　三国两晋南北朝野史

## 三国两晋南北朝野史

### 宫禁逸闻

#### 梦见龙头

吴主孙权的夫人潘氏是会稽勾章人，她父亲是一名官吏，因犯了法被处死。潘氏和妹妹被一起送进了官府的织布作坊。

一次，孙权看到了潘氏，喜欢上了她，便将她召入后宫。潘夫人受到孙权的亲幸后，有了身孕。一天，潘夫人梦见有人将一龙头交给了自己，她把龙头接了过来，不久便生下了孙亮。

#### 吴宫四香

吴主孙亮做了一个琉璃屏风，非常薄且非常晶莹透亮。孙亮经常在深夜月色之下打开屏风，与所宠爱的四位妃子朝姝、丽居、洛珍、洁华坐在里面，并赐给她们一种奇异的香料。凡是经过的地方都会留有这种香料的气味，时间越长，香味越浓。即使濯洗上百遍，香味也不会消失。因此称这种香料为"百濯香"。

孙亮又用这四位妃子的名字为香料取名为"朝姝香""丽居香""洛珍香""洁华香"。孙亮每次戏耍玩乐，四人陪侍，都要按香名的前后顺序为序，不能混乱。孙亮所住的屋子也取名为"思香媚寝"。

#### 木美人置座侧

孙皓将张布的女儿封为后宫美人，备加宠爱。一次孙皓问她道："你父亲在哪儿？"张美人答道："被贼人杀掉了。"孙皓听后大怒，当即就用棍棒将她打死。

后来孙皓思念张美人的容颜，便让能工巧匠用木头雕刻了一尊张美人的像，经常放在座位旁边，并且向左右询问道："张布还有女儿吗？"左右答道："张布还有一个女儿，嫁给了原来的卫尉冯朝的儿子冯纯。"孙皓便将冯纯的妻子抢夺过来充入后宫。孙皓对她大加宠爱，封为左夫人，昼夜跟夫人寻欢作乐，不再听理朝政。

左夫人死后，孙皓思念不已，将她葬在花园中，建了一个很大的坟冢。让工匠用柏木刻成木人装入坟墓中作为卫士，还陪葬了许多金银财宝。

#### 魏宫四姝

魏文帝后宫中最漂亮的宫女有四位。第一位叫莫琼树，她所发明的蝉鬓，从远处望去，缥缥缈缈如同蝉翼一般；第二位叫段巧笑，善于用锦衣丝履作紫粉拂面；第三位叫陈尚衣，能歌善舞；第四位叫薛夜来，擅长做衣服。这四位美人终日陪伴在文帝身边，供他淫乐。

#### 俱用胭脂

文帝的宠妃薛夜来刚到后宫不久，一天夜里文帝正在灯下读书，用七尺水晶屏风遮挡外人。这时薛夜来来到文帝处，不小心脸部碰在了屏风上，受伤的部位看上去如同早霞将散时一般，别有一种风韵。从此宫女们都开始用胭脂，依照薛夜来画"晓霞妆"。

#### 辟寒金

嗽金鸟产于南国，形状像麻雀，黄色，经常在大海上翱翔。魏明帝时，南国遣使者进献这种鸟。明帝用真珠和龟脑喂养它。嗽金鸟经常吐出米粒大小的金屑,熔炼后可以做成装饰品。宫女们争着用嗽金鸟吐出的金屑做成发钗、耳环,称之为"辟寒金",这是因为这种鸟不怕严寒。宫女们还互相取笑道:"不戴辟寒金,哪得帝王心?不戴辟寒钿,哪得帝王怜?"

### 髻之名目

妇女梳发髻最早可追溯到远古燧人氏时期,当时妇女们只是将头发互相缠绕在一起,而没有什么复杂的样式。

到了秦代,开始有"望仙髻""参鸾髻""凌云髻"等名目。

汉代初期出现了"迎春髻""垂云髻""王母头上太华髻"等名称。到汉武帝时,宫中流行"飞仙髻""九环髻"等。汉元帝时,后宫中则盛行梳"百合分霄髻""同心髻"。上元夫人喜欢将头发梳成"三角髻"。

到了三国时期,魏国后宫中又出现了"反绾髻""惊鹤髻""百花髻"等。隋文帝时,宫中有"九贞髻"。

唐代贞元年间又有"归顺髻""闹扫妆髻"等发髻样式。

### 奉倩情痴

荀粲,字奉倩,娶了曹洪的女儿为妻。妻子很有姿色,可惜年纪很轻便去世了。妻子死时,奉倩没有放声大哭,只是神情黯然,捶胸叹道:"佳人难再得。"不久,荀粲也因思念妻子过度去世了。

### 合欢草

魏明帝的花园中有一种草名叫合欢草,形状像蓍草一样,一棵有上百个支茎。这种草白天枝条舒展,到了夜晚便合为一体。魏明帝笑着对宫女说:"为什么人就不能像合欢草一样呢?"从此以后明帝更加淫乱无度。

### 大虎、小虎

吴主孙权的夫人步氏是淮阴人,与丞相步隲是同一宗族,因容貌美丽而受到孙权的宠幸。

步夫人生了两个女儿,大女儿名叫鲁班,字大虎,先嫁周瑜的儿子周循,后又嫁给了全琮;小女儿名叫鲁育,字小虎,先嫁给朱据,后又嫁给了刘纂。

### 何姬

孙和的宠姬何氏是丹阳勾容人。何氏的父亲何遂原来是一名骑兵。一次,孙权巡游各兵营,何氏在路旁观看,孙权看到了她,觉得她与众不同,便命宦官将她带入宫中,把她赐给了儿子孙和。

何氏嫁给孙和后,生了一个男孩,名叫彭祖,也就是孙皓。

### 广收美女

孙皓命黄门官到各州郡巡行,登记将领、官吏家的女儿。那些年俸禄在二千石以上的大臣家的女儿,每年都要向朝廷汇报。年龄十五六岁的,一年一挑选,挑选不上的,才允许出嫁。后宫美女已有几千人,但仍收选不止。

### 吴夫人

孙权的母亲吴夫人原来是吴郡人,后来移居钱塘,从小便失去了父母,与弟弟吴景一起生活。孙坚听说她才貌双全,便想娶她为妻。吴氏的亲戚们都嫌孙坚轻浮、狡诈,打算拒绝这门婚事,孙坚感到又羞惭又恼恨。吴氏对亲戚们说:"你们何必因为喜爱我这样一个女子而招致灾祸呢?如果嫁给他不能幸福,只能怪我自己命运不好。"于是便答应嫁给了孙坚。婚后,吴夫人生了四男一女,四男即孙策、孙权、孙翊、孙匡,一女即后来嫁给刘备的孙夫人。

### 日月入怀

吴夫人怀孕时,梦见月亮进入怀中,不久便生了孙策。等到怀孙权的时候,又梦见太阳进入怀中。吴夫人将这件事告知孙坚说:"过去我怀孙策时,曾梦见月亮进入我怀中,现在又梦见太阳进入我怀中,这是为什么呢?"孙坚说道:"太阳、月亮是阴阳之精,梦见日、月入怀,这是大贵的征兆,我的子孙怕是要兴盛富贵呀。"

### 怀孕梦肠

孙坚家世代在吴郡做官,老家在富春,孙家的人死后便葬在富春城东。孙家的坟冢上多次出现奇光,有五色彩云,上达天空,漫延数里。人们纷纷前去观看。等到孙坚母亲怀孙坚时,又梦见肠子流了出来,环绕着吴昌门。孙坚母亲惊醒后,感到非常恐惧,就将这事告诉了邻居家的老太太。邻家的老太太对她说道:"说不定这是吉祥的征兆呢。"不久她便生下了孙坚。孙坚出生后,容貌不凡,性格豪爽、仗义。

### 不拘一格用人才

曹操陈留起兵后,之所以发展迅速,力败群雄,统一北方,一个重要的原因就是识才、爱才、不拘一格。曹操用郭嘉的故事,就是其识才、爱才的典型例子。

那是在建安四年春季的一个夜间,谋士荀彧领着一个20来岁的青年进见曹操说:"此人便是郭嘉,很有才学,今前来投于曹公,望收入。"郭嘉,字奉孝,颍川阳翟(今河南禹州)人,初投袁绍,见其好谋无决,难成大业,自己无展才之机。后经荀彧从中周旋,郭嘉离袁投曹。曹操对郭嘉的才学早有耳闻,至此一见,观其年轻稳重,两目有神,更觉不是等闲之辈,为免错用,故出言试问道:"听说最近袁绍纳了不少有才之士,你为啥要离开他呢?"郭嘉从容答道:"袁绍用人,一是讲亲疏,二是看门第,三是论资历。像我这种出身卑贱的人,他根本不放在眼里。"接着,曹操问他对北方统一有何见解,郭嘉对答如流。曹操听了十分高兴,随破格任其为司空军祭酒。

一个20多岁的小青年,只凭一次谈吐,便被任命为这么大的官,立即遭到了一些人的反对。其中有一个人叫陈群,家中世代为官,自恃第高位重,当场便气冲冲地质问曹操:"你一开始就封他这么大的官,可知道他的身世?"曹操道:"我知道他是个精通兵法的谋士。你说他是个什么人?"陈群道:"据说他的品质很坏。"曹操道:"你有什么证据吗?"陈群支支吾吾,无言以对,急得满脸是汗。曹操冷笑道:"你说他品质坏,又说不出证据,那就是有意诬陷!"陈群急忙说:"证据我一时拿不出来,可是他年纪很轻,出身贫贱,既不是秀才,也不是孝廉,无论如何您是不该重用的。"曹操见陈群无理狡辩,当时就把脸一沉,怒斥道:"不用说了,我知道你是什么用意,回去告诉那些和你有同样心病的人,就说我就是要唯才是举,不讲门第。我用郭嘉,是用定了。"陈群碰了一鼻子灰,也没什么办法,只好灰溜溜地走了。

事后,曹操和郭嘉闲聊时谈起了这件事,问郭嘉对此有何看法。郭嘉没作正面回答,而是侧面答道:"我听说家乡流传着这样一首民谣,说:'举秀才,不知书,举孝廉,父别居,寒素清白浊如泥,高第良将怯如鸡。'不知曹公听了此谣有何感想?"曹操哈哈笑道:"骂得好,骂得好!举为'秀才'的人,不懂诗书;标榜'孝廉'的人,却把亲生父母赶出家门;自命'清白'的,实际上污浊如泥;号称'良将'的,又胆小如鸡。真是切中时弊啊!"从此以后,曹操对郭嘉更加敬重,也更加信任,食同席,行并马,每遇重大决策,他都虚心听取郭嘉的意见。在以后曹操统一北方的事业中,郭嘉发挥了极其重要的作用。直到郭嘉去世后,曹操在赤壁之战败走时,望着剩下的残兵败将,痛哭失声地说:"要是有郭嘉在,哪会惨败到这种地步啊!"

### 文姬归汉

文姬归汉是魏武帝曹操的一大功

劳,既是为光耀汉族文化做的一个重大贡献,也是曹操惜才爱贤的又一个重要体现。

曹操为聚拢人才,曾于公元 210 年(建安十五年)春天,下了一道《求贤令》,提出用人要"唯才是举",反对以"德行""门第"取人;公元 214 年(建安十九年)12 月,下了一道《敕有司取士毋废偏短令》,指出某些人虽然在一些方面有缺点,只要有才,同样予以任用。公元 217 年(建安二十二年),又下了《举贤勿拘品行令》。三道求贤令下了之后,曹操身边出现了"猛将如云"的可喜局面。曹操不仅注重聚拢武将,而且也十分珍爱文才。"文姬归汉"即为一例。

那是在公元 206 年的一天,曹操在灯下翻开《史记》,不禁心有所悟地叹息道:"要是蔡邕还在,不又要出个司马迁了吗?"这里交代一下,蔡邕是东汉末期的大文学家,和曹操同乡,这二人幼年是好朋友。汉灵帝时,蔡邕做过议郎,曾写有《汉史》多卷。董卓进京后,蔡邕曾受到重用;王允掌权后,以"同情国贼"董卓的罪名杀死蔡邕,其《汉史》随之失传。为此,曹操每读《史记》,便为蔡邕之死叹息。曹操的夫人卞氏见状后问道:"主公为何长吁短叹?"曹操说明原因,卞氏道:"蔡邕虽死,他的女儿文姬很有才学,现为匈奴左贤王的夫人。如今汉、匈又已和好,想办法让文姬回来,说不定蔡邕失传的东西还可以捡回来。"曹操听罢,一拍脑门:"对呀,我怎么没想到这一点呢?好,夫人说得好,一定设法让文姬回来。"第二天,曹操便派使臣携带重金去了匈奴。

再说文姬,她是蔡邕的独生女儿,绝顶聪明,记忆力尤强,自幼受父宠爱、影响,诗书琴画无所不精。有一次,蔡邕在书房弹琴时,断了一根弦,蔡文姬听到后,马上跑过来说:"父亲,我知道你断的

哪根弦!"蔡邕道:"噢?先不要到跟前来,你说是哪根断了?"文姬道:"是第二根。"蔡邕听后很是惊讶,但以为女儿是碰巧猜到的,就随手又弄断了一根让女儿猜。文姬道:"这次是第四根。"蔡邕惊喜万分,从此更有意在文学、史学、音乐等多方面培养文姬。蔡邕被王允杀死后,全家剩下文姬一个人,孤苦伶仃;公元 194 年,李催、郭汜在长沙混战,匈奴入侵抢掠,文姬和许多妇女被掳走送到塞外,嫁给了匈奴首领左贤王。到曹操派使臣带重金赎她回汉的时候,文姬已在匈奴度过了十二个春秋,为匈奴左贤王生下两个儿子。对于文姬归汉,左贤王开始是不同意的,后经汉使反复陈述丞相曹操关于"希望文姬归汉,意在整理文化典籍"的意图,又见送来了那么多金银财宝,才同意文姬回汉,但不能带走他的两个儿子。此时的文姬心情也很复杂,自到匈奴十二年来,她无时无刻不思念着家乡。每当有汉人来到塞外,她都要打听一下家乡的消息。现在,听到汉相曹操派人来重金赎她回汉,文姬真是高兴极了:她终于有机会能回到自己日夜思念的父母之邦了。但左贤王有令:只准文姬归汉,不准二子同行,骨肉分离的情景就要出现,她悲痛欲绝但曹丞相的一片苦心又使她不能不归。经过一番激烈的思想斗争,文姬决定忍痛割爱,回归汉朝。

文姬回到汉朝后,曹操以长辈的身份接待,并做主将她再嫁给屯田都尉董祀为妻。没隔多久,董祀犯法定了死罪,文姬十分难过,便找曹操求情。此时,曹操正在接待宾客,听报后,便让文姬进来和大家见面。文姬跪求曹操,泪如雨下,言辞凄楚,宾客无不同情。曹操故作为难地说:"事情是值得同情的,可是文书已经批下去了。"文姬哀求道:"曹公只需派一匹快马,一名将士,就可以把一个没

命的人立刻救活了。"曹操说:"好,就这么办吧!"曹操救了董祀,文姬很是感谢。

等文姬生活安定下来之后,曹操再次召见文姬道:"听说夫人家有不少书籍、文稿,现在还保存着吗?"文姬道:"亡父生前赐给我四千多卷古书和文稿,但都已几经战乱,一无所存。不过,我还记得一些,能从头到尾背下来的,大概有四百多篇。"曹操道:"太好了,我派十个书吏帮助夫人记录整理。"文姬道:"不用了,我可以自己默写。"就这样,文姬凭着自己惊人的记忆力,把四百多篇业已失传的古代珍贵典籍一一默写完毕,又几经整理送给曹操。曹操篇篇阅读,又和手头保存下来的几篇蔡邕遗稿互相对照,竟然只字不差,曹操很是叹服。

### 追查生母

曹叡,魏文帝曹丕长子,母甄氏,出生于公元206年,卒于公元239年。公元221年,封为齐公,后封平原王。226年,文帝病死,曹叡即位,是为明帝。

且说曹丕娶得甄氏为妻,遂心所愿,且不说甄氏貌美招得曹丕昼不移目,夜不离身,单是她那万缕青丝,尤为其美,再挽成云鬟,号灵蛇髻,光泽可鉴,更是动人心扉。谁知后来,曹丕又看中安平人郭永之女。这郭氏到手之后,曹丕喜新厌旧。郭氏不仅貌美,且善献媚,更得曹丕喜欢。曹丕篡汉即位后,本想立郭氏为后,但因甄氏在前,便没定下来。郭氏为夺后位,多次在曹丕面前诽谤甄氏,惹得曹丕竟将甄氏赐死。郭氏心狠手辣,据传甄氏死后,她竟令人对其尸不盛殓,披发覆面。甚至用糠塞口;尔后又死封消息,不为人知。这甄氏原有一子名叡,嫁曹丕后,被视为己生,这就是后来的明帝。郭氏没有生子,曹叡生性聪颖,为曹丕所爱;甄氏死后,曹丕立郭氏为后,并让其抚养曹叡。曹丕为防郭氏加害曹叡,便令李贵人暗中保护。曹叡虽

知生母为郭氏所害,但究竟是怎样所害,由于年幼,并不知晓,故对郭后不得不强装亲近,谨问起居。曹叡15岁那年的一天,随父曹丕出猎,见有大小二鹿,曹丕一箭射去,大鹿即毙。曹丕让儿子曹叡接射小鹿,曹叡凄然道:"陛下已射死其母,怎忍再杀其子?"曹丕听后不禁心动,联想到叡母已被赐死,此言似有影射之意,很是不悦。为此,曹丕后来封曹叡为平原王,不封其为太子。直到公元226年1月,魏文帝死前,才嘱中军大将军曹真、镇军曹群、抚军司马懿等,立平原王曹叡为太子,这就是魏明帝,时年22岁。

明帝曹叡登基后,追谥生母甄氏为文昭皇后,尊卞氏为太皇太后,郭氏为太后。太和四年,即公元230年,太皇太后死时,曹植前来奔丧,将其生母被害之事详告了明帝。明帝虽对此早有所闻,但由于郭后封锁消息,使他并不知道生母死得如此冤惨,直到叔父曹植详告之后,明帝虽大为吃惊,但仍半信半疑。他决心查个水落石出。有一天,他暗中把当初保护曹叡的李贵人召来询问。李贵人开始不讲,后在明帝的苦苦哀求之下,李贵人不得已,才将当初郭后如何追害甄氏及甄氏死时目不忍睹的惨状一一告之。明帝听罢,不胜悲愤,便去责问郭太后生母死时的情况。郭后听后十分惊怒,惊的是明帝知道了自己暗害其生母的事,这对自己是很不利的;怒的是她将明帝抚养成人,不知报恩,反而这样怒气冲冲地责问自己。郭后忿然道:"你生母是先帝赐死的,与我何干? 何况你现在已继父位做了皇帝,难道还想为生母的事向先帝和太后寻仇吗?"一下子问得明帝张口结舌,心中更为恼怒。事后,明帝对太后郭氏的饮食服用有意减少,平时也很少去问安,气得郭太后有口难言,忧忿交加,不久便死去了。郭太后死后,明帝暗嘱内侍也按生母死的状况棺殓,而

外表上仍按太后的礼仪治丧。

### 崔琰惨案始末

汉建安二十一年，大名士崔琰以"腹诽心谤"罪赐死。朝野上下为其冤死而叹惋，更为其罪名而感到莫其名妙。

崔琰少时好舞刀弄枪，直到二十九岁时才顿悟读书的重要，于是出门游学，并逐渐名震中原。当时，正值东汉末年军阀割据，连年混战，百姓流离失所。一度十分繁华的中原地区到处是"百里无人烟"的荒凉景象。面对满目疮痍的国土，崔琰痛心疾首，立志要建功立业，救民于水火。

袁绍当时与曹操对峙，正广招人才，听说崔琰乃中原名儒，便把他请来，并拜为骑都尉。崔琰只想发挥自己的才智，以统一国家，结束战乱，他劝袁绍厚树恩德，收买人心，并且在军事上给袁绍提过许多建议，但袁绍轻视他书生之见，未予采纳。

官渡之战失利后的第二年，袁绍病亡，他的两个儿子袁谭、袁尚争相夺权，双方剑拔弩张，势不两立，也都想得到崔琰的辅助。崔琰见他们鼠目寸光，难成大器，便称病辞官。这下惹恼了袁氏兄弟，他们把崔琰关进了大牢。后来崔琰经朋友相救才得以逃出虎口。

不久，曹操攻下冀州，袁谭被杀，袁尚仓皇逃走。

一心向往"周公吐哺，天下归心"的曹操求贤若渴，他早听说袁绍手下有位谋士崔琰，一攻下冀州，他便四处寻访，并亲自去请崔琰。

在几年的对垒中，崔琰也意识到曹操才是他可以依赖成就大志的一代枭雄。于是便爽快地答应"出山"，被曹操拜为别驾从事。

一天，曹操喜形于色，对崔琰说："昨天我查看了一下户籍，我们可得三十万兵丁。冀州真是个大州啊！"说完，便察

言观色静候崔琰的反应。

崔琰静默半晌，才慢腾腾地答道："如今天下战火频仍，生灵涂炭，你自己不是还写过'白骨露于野，千里无鸡鸣'的诗句吗？冀州百姓连年为战争所累，已苦不堪言，没见广施恩惠，使其安居乐业，反而先要招募兵丁，这难道是冀州百姓所希望看到的吗？"

崔琰的一席话，使曹操茅塞顿开，他急忙离坐，向崔琰大礼拜谢道："蒙先生教诲，三生有幸！先生高瞻远嘱，真是可敬、可佩！"左右的谋臣武将见崔琰竟受曹将军如此大礼，无不又羡又妒。

从此以后，曹操便对崔琰另眼相看，恩赏有加。

后来曹操做了丞相，对崔琰更加倚重，一次，他抚着崔琰的肩，无限感慨地说："你有伯夷的遗风、史鱼的正直，贪夫会因仰慕你而清正廉洁，壮士会因学习你而更加严格自励。你真可谓时人的楷模啊！"

崔琰听了这番赞誉之词，也只是谦逊地摇摇头，没有丝毫骄矜之色。

曹操被封为魏公后，拜崔琰为尚书，当时曹操正为立后嗣的事举棋不定。

按封建惯例，当立长子曹丕，但因其次子曹植颇有文才，为人也谦逊朴实，所以曹操钟爱他。曹操为此心中犹豫，便暗中派人考察两个儿子的言行。崔琰了解到这个情况后，立即出班奏道："从古至今，都是立长子继承大统，况且曹丕也仁孝聪明，为什么要破坏祖制呢？祖制一破，难免争权夺利，弄不好会导致自相残杀。所以废长立次显然利少弊多。"

曹植是崔琰哥哥的女婿，崔琰的一席话慷慨激昂，用心正直公允，不因与自己沾亲而有所庇护，朝中人无不叹服，曹操更是感慨不已。

就这样，崔琰以他高尚的品德、卓越的政绩，在朝为官十余年，树立了很高的

威望。崔琰身材魁悟、眉目疏朗、声音洪亮、言谈刚直，风度翩翩，加上他为人正直，朝中大臣无不敬仰，都把他当作师表。

可是，"木秀于林，风必摧之"，崔琰受到曹操如此倚重，必然就影响到另一些人的前程。再说，曹操本来就是个疑忌心很重的人。崔琰受宠，安知非祸？

汉建安十二年，曹操晋封为魏王，大臣杨训上表称颂曹操功高德盛。有人笑杨训欺世盗名，因杨训为崔琰所举，所以又讥崔琰举荐失当。崔琰听说此等议论，便向杨训要了表奏的草稿来看。看后他觉得杨训表颂并无过誉之词，就给杨训回信说："你的表奏我已看过，我看其中用典用喻并无不妥。"在信的结尾，崔琰感叹说："时光啊，时光，它终究是会变化的。"

崔琰的本意是希望时光能够证明杨训的无辜和他自己的无过。然而，他想错了。这封信不知怎么被崔琰的一个政敌见了，认为除掉崔琰，这正是千载难逢的好机会，便加上自己的"变天"之意，禀告曹操。

曹操听了，勃然大怒，骂崔琰"语意不逊"，当即下令将崔琰逮捕下狱，处以髡刑。古人以为头发是父母所赐，所以把它看得如生命一样宝贵。髡刑就是剪短头发，以示惩罚。不久，崔琰又被罚作官奴。

崔琰心底坦荡，光明磊落，自认为无愧于心，他虽为官奴，仍声威不减。许多大臣儒士仍频频登门，所以他家中仍旧宾客如云，门庭若市。

诬告崔琰的人是非要把崔琰置之死地而后快的。他见崔琰并未受到多大冲击便又在曹操面前添油加醋地说："崔琰虽为犯人，却照旧接待宾客"，还说崔琰对宾客们大发牢骚，无疑他并不认罪，而且十分不满。

曹操深知崔琰的声望已远远超过了自己，这是他万万不能容忍的。但眼下要治其罪又找不到更合适的罪名，只好以"腹诽心谤"定罪。曹操口授请公大吏赐崔琰死，他对大吏说："三天后你再来见我。"

大吏第一次见到崔琰，不忍把曹操的意思告诉这位无辜的"罪人"。崔琰因一句话被罢官为奴已经够冤枉了，哪里会想到曹操要置他于死地呢。

三天后，大吏回禀曹操说崔琰仍活着。

曹操一听，拍案而起，怒气冲冲地说道："难道崔琰一定要等我用刀锯行刑吗？"

大吏这才又回去把曹操的话告诉崔琰。

崔琰听了大吏的话，先是大吃一惊，然后便从容拜谢道："我真不应该啊，竟不知道曹操的意思是要让我死。"

说完，便悬梁自尽了。

"腹诽心谤"，就是在心里诽谤。"腹诽心谤"竟然可以成为罪名，汉魏之际刑政失措，由此可见一斑。

### 孔融弃市

提起孔融，人们并不陌生，"孔融让梨"的故事至今已是家喻户晓，妇孺皆知。但孔融因言论获罪，最终死于非命的史实，恐怕就不为大家所熟知了。

孔融是孔子的二十世孙，自小就是个绝顶聪明的孩子。十岁那年他随父亲去京城，听说河南尹李膺很有名望，就想去见见他。可当时去李膺家造访的人实在太多了。就像现在的明星，总让人围追堵截，无法过正常人的生活。李膺实在招架不住，就对看门的说，除非是当代名人和通家世交，其余的一概不见，让人别来禀报。可这拦不住孔融，他大摇大摆走到李膺家门口，对看门人说："我是李公的通家子弟，特来拜见他，请你进去通报一声。"李膺听到看门人的报告，寻思了半天，不认识这么个小孩子，出于好奇，还是同意见见他。

两人施礼就坐后，李膺问他："祖上哪一位和我有亲友关系呢？"孔融说："我的先祖孔子与您的先祖李老君（老子）很有交情，所以我们也算得上是世交了。"在座的客人听了，都夸赞说这孩子真聪明。过了一会儿，太中大夫陈韪也来了，大家把刚才的事讲给他听，陈韪不以为然地说："小时候聪明，大了未必有出息。"孔融立即回敬他说："这么说来，您小时候一定是挺聪明的了？"李膺听了不禁哈哈大笑，对孔融说："您长大了必定是个能成大器的人才。"

正如李膺所预言的那样，孔融长大后不仅在政治上有所建树，官至北海相、太中大夫等，曾给朝廷提过不少中肯的建议；而且在文学方面也很有成就，是建安文学的代表作家之一。尤其值得称道的是他的人品，待人宽厚真诚，做人光明磊落。看到别人有缺点，总是当面指出来，背地里却充分肯定人家的长处。他乐于奖掖后进，推荐贤良之士，所以，各地的志士都很信服他，家里也总是宾客盈门，高朋满座。

孔融纵有千般好，但有一个特点却为世人所不容，那就是才高气盛，做事从不考虑后果，心里想什么嘴上就说什么，对高官显贵也从不避讳，因此，每每做出一些骇世惊俗的事来。

十六岁那年，得罪了宦官的张俭为逃避追捕逃到鲁郡，去投奔孔融的哥哥孔褒。那天恰巧孔褒不在家，孔融就代哥哥接待了他。张俭看孔融还是个孩子，感到有些事不便对他说，犹犹豫豫不知如何是好。孔融看出他有难处，大度地说："我哥哥虽然不在家，可我也能帮你呀。"他就把张俭收留了。事情泄露后，官府派人来抓张俭，张俭逃走了，孔融兄弟俩被捕入狱。到该定罪的时候，孔融说："是我收留的他，应办我的罪。"孔褒说："张俭是来找我的，不是弟弟的错，该办我的罪。"办案的官吏征求孔母的意见，母亲说："我是家里主事的，要办罪就办我吧。"一家子争相就死，郡县迟迟做不出决定，就上书请示皇上，诏书下来定了孔褒的罪，孔融因此事也出了名。

孔融到丞相杨赐那里任职，他又不顾死活地举奏宦官和他们的亲属的不法行为。尚书接到举报吓得要死，召来杨赐的部下质问，孔融毫不妥协，义正词严地逐条陈述宦官们及其亲属的罪恶，弄得尚书也没有话说。

又有一次，河南尹何进升迁为大将军，杨赐派孔融拿了名帖去贺喜，可把门的没有及时通报，孔融一怒之下，夺过名帖就回去了，还就此事说了些不中听的话。何进的部下都觉得这是奇耻大辱，想派剑客追杀孔融，但有人劝何进说："孔融很有名望，您要是杀了他，天下的有识之士都会离您远去。不如给他应有的礼遇，可以昭示天下。"何进觉得这话很有道理，就征召孔融去他那里做官。

当时袁绍、曹操的势力逐渐扩大，但孔融不依附于任何人。有人劝他应审时度势，有意识地与他人结交。孔融知道袁、曹的最终目的都是夺取汉家的天下，不愿与他们同流合污，一怒之下，把劝他的人也杀了。

曹操攻下邺城后，袁绍的亲属都成了俘虏，曹操的儿子曹丕看上了袁绍的儿媳甄氏，曹操就做主让曹丕娶了她。孔融知道了此事，就给曹操写了封信，讽刺他说："武王伐纣，以妲妃赐周公。"曹操不明白是什么意思，问孔融这句话出自什么经典。孔融回答："是依据现在的事想当然说的。"

后来，曹操发布禁酒令，孔融又多次投书反对此事，信中有不少侮慢之词，曹操看了当然很不高兴。孔融又曾上书请求遵循古制，千里之内不封侯。曹操怀疑他这些话都是有所指的，因此更加忌恨他，只因孔融名望太大，不好贸然动手杀他。

后来，有个与孔融有私怨的人郗虑指使军谋祭酒粹路诬告孔融，说他任北海相时看到王室动荡不宁，因此招聚徒众，图谋不轨，毁谤朝廷。身为朝官，不遵守朝廷的礼仪，上朝时衣冠不整，唐突宫掖。以前还曾和白衣处士祢衡放荡狂言，说什么"父亲与儿子有什么亲情？从本意上说，不过是情欲的产物。母子关系又是怎样的呢？就像物体寄放在缶中，倒出物体，双方也就分离了。"接着两人又互相吹捧，祢衡说孔融是"仲尼不死"；孔融说祢衡是"颜回复生"。大逆不道，应该杀头。孔融因此被杀，横尸街头。那年他五十六岁，妻子也没有幸免。

孔融的两个孩子更叫人感叹。父亲出事后他们被寄养在了别人家里，女孩七岁，男孩九岁，因年龄太小未被株连。凶信传来时两人正在下棋，听后也没什么反应。别人问他们："你们的父亲都被捕了怎么还无动于衷呢？"他俩平静地说："哪有巢穴毁了卵还不破的！"主人很怜惜地给他们端来了肉汤，男孩渴了，端起碗就喝，女孩却说："今天出了这样的祸事，我们也活不长了，有什么必要再尝肉味呢？"当哥哥的听了大哭着放下了碗。

有人把此事告诉了曹操，曹操感到留下这样两个孩子终成后患，就下令把他们都处死。捕吏到时，女孩镇静地对哥哥说："死后能见到父母，这是我最大的愿望了。"说完自己伸出脖颈就刑，面无惧色，看到的人没有不掉泪的。

### 用人不疑

历代能成就大业的帝王有诸多因素，而用人不疑，也在其中，使得所有臣子更加为其拼命尽忠效力。

孙吴诸葛瑾，字子瑜，琅邪阳都人，是诸葛亮的哥哥。东汉末年，军阀混战，诸葛亮于隆中躬耕陇亩，后经"三顾茅庐"出山为刘备所用；其兄诸葛瑾，避乱江东，经孙权姊婿弘咨荐于孙权，受到礼遇。初为长史，后为南郡太守，再后为大将军，领豫州牧。

诸葛瑾受重用，引起一些人的嫉妒，暗谗中伤其明保孙吴，暗通刘备，为其弟诸葛亮所用。一时间，谣言四起，满城风雨。善明是非的孙吴将领陆逊听说后很是震惊，当即上表保奏，声明诸葛瑾心胸坦荡，忠心事吴，决无此不忠不孝之事，恳请孙权不要听信谗言，应该消除对他的顾虑。孙权道："子瑜与朕共事多年，恩如骨肉，彼此了解得十分透彻。对于他的为人，朕是知道的，不合道义的事不做，不合道义的话不说。刘备从前派诸葛亮来东吴的时候，朕曾对子瑜说过：'你跟孔明是亲兄弟，而且弟弟应随兄长，在道理上也是顺理成章的，你为什么不把他留下呢？如果你要孔明留下来，他不敢违其兄意，朕也会写信劝说刘备，刘备也不会不答应。'当时子瑜回答我说：'我的弟弟诸葛亮已投靠刘备，应该效忠刘备；我在你手下做事，应该效忠于你。这种归属决定了君臣之分，从道义上说，都不能三心二意。我兄弟不会留在东吴，如同我不会到蜀汉去是一个道理。'这些话，足以显示出他的高贵品格，哪能做出像所流传的那种事呢？子瑜是不会负朕的，朕也决不会负子瑜。前不久，朕曾看到那些文辞虚妄的奏章，当场便封起来派人交给子瑜，朕还写了一封亲笔信给子瑜，很快就得到了他的回信，他在信中论述了天下君臣大节自有一定名分的道理，使朕很受感动。可以说，朕和子瑜已是情投意合，而又是相知有素的朋友，决不是外面那些流言蜚语所能挑拨得了的。我知道你和他是好朋友，也是对我的一片真情实意。这样,我就把你的奏表封好,像过去一样,也交给子瑜去看,也好让他知道你的一片良苦用心。"

### 孙权劝学

这是讲孙权劝学有绩的一个故事。

有一天,孙权对东吴吕蒙、蒋钦二位将军道:"二卿如今都已身居要职,助朕掌管朝政大事,应该多读些书,以增加知识和学问,不断提高自己的思想水平和办事能力。"吕蒙闻言,皱着眉头,很为难地说:"朕在军营中光日常事务已经忙得焦头烂额,恐怕没时间再去读书了。"孙权一听,微有不悦道:"难道你们以为朕让你们读书,就是要你们去钻经书做博士吗?朕让你们多读点书,只不过是想让你们多了解些历史罢了。"孙权缓和了一下口气又道:"要说事务多,你们说谁能有我的事多呢?朕少时历读《诗》《书》《礼记》《左传》《国语》,只有《周易》未曾读。自朕执政主持国家大事以来,时间是紧得多了,但朕仍要挤时间仔细研究了'三史'(指《史记》《汉书》《东观汉记》)、诸家兵法,自以为大有神益。像二卿这样虽是年纪不算小了,但精力都很充沛,且又气质聪慧,开朗颖悟,如果用心学习,定能得到更大的收益,怎么可以说不读书呢?你们应该先读《孙子》《六韬》《左传》《国语》,以备急用;尔后再读《史记》《汉书》《东观汉记》这三部史书。孔子曾说过:'终日不食,终夜不寝,一味空想,什么也得不到,不如坐下来扎扎实实地去学点东西。'当年东汉光武帝指挥着千军万马,仍然手不释卷;曹操亦常常说愈老愈是喜欢学习。"吕蒙听后,很受教育,从此便开始读书,专心勤奋。后来,鲁肃在一次和吕蒙商议政事的时候,对吕蒙的见解不时发出由衷地赞叹。事后,鲁肃轻轻地拍着吕蒙的背笑道:"我原以为老弟身为将军,不过只有武略罢了,直到今天,才知道你学识渊博,文武全才,再不是从前在吴郡时的那个吕蒙了!"吕蒙也笑答道:"士(指读书人)别三日,即当刮目相待。老兄今天所论,怎么和被人称作反应迟钝的穰侯(战国秦昭之舅魏冉,封于穰,号穰侯,范睢曾说他"反应迟")一样呢?老兄现在替代周瑜,要完全继承他已经很不容易,况且又与关羽对阵,关羽这个人年纪虽然大了,却十分好学,他读《左传》简直可以全部背下来,为人刚直忠诚,而又有雄气,但也有弱点,那就是自负好胜,盛气凌人。为此,今日你和他做对手,应当用明、暗两手来对付。"随后,又向鲁肃陈述了三条对策,鲁肃听了,对吕蒙更是佩服敬重,完全接受。

孙权见吕蒙智谋大进,不禁常常叹道:"人年纪大了还如此力求进取,就像吕蒙、蒋钦那样,是没有人能比得上的。他们虽然已富贵荣显,但有毅力更改过去的志趣而付之求学,变得如此酷爱读书,轻财重义,这是很值得效法的。我把你们作为国家的模范加以宣扬,这不是很令人高兴的事吗?"

从这则故事可以看出,孙权不仅善于举贤任能,任而不疑,且十分关心他们的成长进步,使他们通过学习不断提高思想素质和办事能力。就此而言,孙权在中国封建帝王中,还是一个胸怀大志,具有远见卓识的皇帝。

### 宫闱内乱

东吴大帝孙权在称帝前后,胸有大志,知人善任,静察时局变化,稳操取胜之机,最终成就了鼎立之业,立国称帝,不愧为一个有才干的开国之主。然在其晚年,不仅刚愎自用,且为女色所迷,使得后、妃之间钩心斗角,诸子之间争夺王位,闹得后宫乱成一团,孙吴政权,也从此走向衰落。

孙权原有妻谢氏,没生儿子,便纳妾

生了两个儿子，由原妻抚养，长子孙登，次子孙虑（未长大就死去了），孙权立孙登为太子。孙权的姑表弟徐琨有个女儿，其夫早丧，孙权见其貌美质丽，甚是爱慕，又纳为妃。原妻谢氏失宠，忧恨而死，孙权随令徐氏抚养太子孙登。母以子贵，群臣上书请立孙登养母徐氏为皇后，但孙权心在后宫步氏，并不立徐氏为后，徐氏心生怨恨，不久死去。然步氏没生儿子，只有两个女儿，一名鲁班，一名鲁育。步氏为此也未立后，不久也死去。孙权后又有两个王夫人，一个南阳人，史书未载姓氏，生子孙休；另一个为琅邪人，也未载姓氏，生有两个儿子，长为孙和，次为孙霸。孙权又得到一个姓潘的罪犯之女为妻，生子名亮。公元241年（赤乌四年），太子孙登患病死去，孙权立琅邪王夫人所生孙和为太子，封其弟孙霸为鲁王。群臣又上书立孙和的母亲王夫人为皇后，孙权表示同意，但孙权的女儿鲁班和这王夫人不和，诽谤王夫人曾在孙权重病期间很有喜色，孙权信女之言，怒责王夫人。这王夫人深感冤屈，又申辩无效，忧郁而病死。孙和也因此失宠，其弟孙霸又受孙权宠爱。孙霸为夺太子位，不顾手足之情，勾结朝臣杨竺、全寄、吴安、孙奇等人，在孙权面前进谗诽谤孙和。孙权为谗言所惑，对太子孙和渐生反感。大将陆逊知道后，连上三道奏章，劝孙权不要废长立幼。他说："太子为长是正统，鲁王为次，是藩臣，陛下爱的应该先长后幼，先太子，后鲁王，这样朝廷才会安宁，天下才会太平。"孙权不听，陆逊连续上书。太子的老师吾粲面奏孙权，指出应该遣鲁王出京，镇夏口，让杨竺离京戍边，且言辞激烈。杨竺听后甚为害怕，赶紧报告鲁王孙霸。孙霸立即到孙权那里诬告陆逊、吾粲互相勾结，图谋不轨。孙权信以为真，将吾粲下狱处死，责怪陆逊不应过问朝廷内部

事务。陆逊见孙权如此不明是非，十分气愤，且为国家前途担忧，加之年纪已大，不久死去。至此，孙权头脑渐渐清醒，知道上了孙霸和杨竺的当，害死了两位忠臣，又疏远了孙霸。恰在这时，孙权在后宫又开始宠爱起一个潘夫人。这潘夫人不但年轻貌美，且善柔情蜜语，讨得孙权欢心。她见孙和、孙霸二人俱已失宠，便添油加醋，谗毁孙和、孙霸，劝立她所生的儿子孙亮为太子，她又不顾乱伦，竟让孙亮纳全公主的侄孙女为妻，使得全公主（孙权长女鲁班）在父皇面前也竭力推立孙亮为太子。孙权内宠潘妃，外信爱女，也有心立孙亮为太子，便秘密征求侍中孙峻（孙权叔父孙静的曾孙）的意见。全公主的侄孙女恰又是孙峻的外甥女，如今嫁给孙亮为妻，当然也十分同意立亮为太子，虽如此，孙权为免群臣反对，又拖了下来。公元249年（赤乌十二年），全公主的丈夫全琮去世，公主年近四十守寡难熬，而孙峻年轻力壮，两人便相互勾搭成奸。两人情深日密，为长远计，便密谋计策，决计废掉太子，改立孙亮。孙峻随后便在孙权面前给太子捏造罪名，惹得孙权动怒，于公元250年（赤乌十三年），废太子孙和，令鲁王孙霸自杀，立小儿子孙亮为皇太子，其母潘夫人堂而皇之地登上了皇后的宝座。然而潘皇后恃宠生骄，待下人残暴，结果也命不长久，不到两年，便在一个晚上被下人乘其熟睡之机掐死了。对此，孙权气愤已极，立命查清凶犯，处死宫人数十名。至此，孙权自己也觉得宫中甚乱，担忧社稷，心神不宁，病情加重，结果于公元252年4月，气绝身亡，终年71岁。

### 晋武帝娶良家女

晋武帝极端荒淫放纵，曾下诏国内暂时禁止婚姻嫁娶，选良家女子五千余人送到皇宫接受挑选。京城内外到处都是号哭之声。

## 取竹叶引车

晋武帝平定吴国后,接收了孙皓的宫女五千多人,掖庭的宫女差不多达到一万名。武帝所宠幸的宫女很多,他自己都不知先到哪处好。常常乘着一辆羊拉的车子,任其拉到哪里,便在哪儿欢宴住宿。宫女们于是便将竹叶插在门上,用盐汁洒地引来皇帝的羊车,以便能得到皇帝的亲幸。众多妃嫔中,但晋武帝还是最喜欢胡贵嫔,常常在她那里住宿。

## 晋宫假髻

晋太元年间,上至公主,下至一般妇女,她们的发髻样式都蓬蓬松松,侧向一边,以此为美。因为这种装束需要头发多才行,很难长久保持。于是妇女们便先在木或竹制的罩上做好发髻,然后再戴在头上。人们称这种发髻为"假髻"。

## 状如天师

淮陵内史虞挑的儿媳妇裴氏经常穿着一身黄衣服,打扮得就像天师一样。虞挑的儿子很喜欢她这样打扮,经常让她出来见客人,当时的人都对她肃然起敬。

## 巾帼

孙亮屡次向晋宣帝挑战,宣帝闭营不出。于是,孙亮便派人送给宣帝一只妇人装饰用的头罩,以此来羞辱宣帝。

## 撷子玢纷

晋惠帝元康年间,流行这样一种习俗:妇女们梳好头发后,要用丝绸将头环紧紧束起来,称之为"玢纷"。

## 女骑兵

石季龙出巡时,常以千骑女兵作为扈从的仪仗队。这些女骑兵均头戴紫纶巾,身穿锦纶,佩金银镂带,脚蹬五彩靴。石季龙还另外增置女官二十四等,东宫有十二等。七十余个侯国也都设置了九等女官。

在这之前,石季龙大肆征发各地年龄在二十岁以下十三岁以上的民女三万多人,将她们分为三等,分别住在相应的府第中。仅此一次,便掠夺了九千多名有夫之妇。

## 石崇之死

石崇有一名爱妾名叫绿珠,美丽娇艳。孙秀向石崇索要绿珠,石崇没有给他。等到淮南王司马允反叛后,孙秀向朝廷报告说石崇支持司马允反叛,石崇因此被关押了起来。石崇感叹道:"孙秀之辈只是想夺我的钱财、美女罢了。"看押的人说道:"你既然知道财多是祸,为什么不把钱财早点散出去呢?"石崇什么也说不出来了。

石崇又对绿珠说道:"我今天就是由于你而得罪了孙秀,才落到这个地步啊。"绿珠流着眼泪说道:"既然是这样,我应当以死来报答您。"说完便跳楼自杀了。

## 青衣女子

前秦皇帝符坚打算实行大赦,便与王猛、符融等人在甘露堂秘密商议此事,并亲自撰写大赦令。这时有一只大苍蝇飞进屋中,声音很响,停在笔尖上,赶走后又飞过来。过了没多久,全京城的人都知道皇帝要实行大赦了。朝廷于是派人审问他们是从哪里得到的消息,大家都说,有一位青衣女子在集市上大声呼喊说:"朝廷现在要实行大赦了。"马上却又不见了。符坚说道:"这位青衣女子就是在笔头前飞来飞去的那只苍蝇啊。"

张贵人在后宫中是最受宠爱的,已年近三十,皇帝跟她开玩笑说:"照你现在的年纪,也该废黜了。"张贵人听后,便让婢女用被子蒙住皇帝的脸,将他闷死了。

## 怂舅斗富

晋武帝生活上的糜烂,带来了西晋

吏治上的腐败。"怂舅斗富"便是西晋诸多奇闻怪事中与皇帝直接相关的一个故事。

晋武帝有个舅舅叫王恺，靠巧取豪夺，一下成了京城富翁，并经常在文武大臣中夸耀自己如何富有。后来，王恺听大臣们议论荆州刺史石崇比他还富，很不服气，便暗中和石崇斗起富来。这石崇也不甘落后，不照而宣，积极响应。听说王恺用麦芽糖水洗锅，石崇便用蜡烛代柴烧；王恺用石脂涂墙，石崇便用香料涂墙；王恺出游时，用紫丝布做成40里的步障，石崇听说后，就用五彩锦缎做步障，长50里。王恺斗富连连升格，但却连连败北。王恺心急如火，无计可施，便去请求晋武帝帮助斗富。武帝听了王恺斗富的经过，不但没有发怒，反而同情他的舅舅，遂对王恺道："国舅斗富失败，朕也脸上无光，今赐你一珍奇贵重之物，准保你斗富取胜！"武帝说罢，随命两名内侍抬出一株二尺多高的珊瑚树来。武帝指着珊瑚树对王恺道："此为珊瑚树，乃外国进贡之宝，世为罕见。朕今送你，保石崇一见便甘拜下风。"王恺见后，很是高兴，忙命随从抬了珊瑚树，谢过隆恩，连府也没顾得上回，便找石崇斗富去了。石崇一见，不但没有吃惊，反而微微一笑，顺手拿了一把铁如意，将珊瑚树打碎了。王恺一见大惊，又不敢说是皇帝送的，只是硬要石崇赔偿。石崇不慌不忙，竟让人立即抬出六七株高达三四尺的珊瑚树来，让王恺随意挑选。

### 官养和私养

别看傻惠帝司马衷在治理朝政上毫无兴致，什么也不懂，但在吃喝玩乐上却很热衷，且事事爱发表议论，闹出了许多笑话。有一天，雨过天晴，百花争艳，喜鹊弹翅。傻皇帝一时心血来潮，让三宫六妃陪同到华林园。这华林园原名为芳林园，始建于曹魏正始元年。因芳林园的芳字和齐王曹芳重了一个字，便改为华林园。这园内会集有天下奇花名卉，珍禽异兽；中凿陂池，碧波荡漾，偏列画舫，分居佳丽。这傻皇帝这儿爱瞧，那儿爱看；特别是一入佳丽居所，亲这个，抱那个，也不管有没有大臣跟随，玩至兴起，拉过一个便入室作乐。众大臣见了，哭笑不得，只得在外等候。看看日落西山，星光满天，忽地池边蛤蟆齐鸣，惠帝惊醒。他来不及穿好衣服，急忙提着裤子跑出来问道："什么地方又要开战了？'咕呱''咕呱'的竟然打到京城来了？成何体统？"众大臣见皇帝被蛤蟆叫声吓成这个样子，无不掩面偷笑。一位侍从急忙上奏道："陛下不要害怕，这是蛤蟆在叫。"惠帝听了，这才安下神来，又问道："这蛤蟆是官家养的还是私人养的？"侍从一时难以回答，低头不语。惠帝怒道："怎么不说话了，难道连官家养的还是私人养的都搞不清楚了吗？要你们何用？白吃饭！"侍从见皇帝发怒，生怕其说一个"斩"字来，那可是金口玉言，不等惠帝再说，急忙胡乱答道："在官家池里的就是官家养的，在私人池里的就是私养的。"司马衷听了，点点头，虽然不明白什么意思，也表示满意地说："这就对了，既然知道，就应该早说，何必惹朕生气。"

### 何不食肉粥

傻惠帝司马衷刚即位的时候，由于武帝生活极尽奢侈淫乐，诸大臣公开行贿捞钱，致使朝政腐败，天下混乱；再加上惠帝即位后，又连遇灾年，天下百姓更是苦不堪言，不少人饿死、冻死在荒山野岭。有一天，一位大臣上书奏道："天下大饥，民无饱食，饿死者无以胜计，望陛下开仓济民，以保社稷安定。"傻惠帝即位，对朝政本就一窍不通，还懂什么体察民情？当然也就更不知道什么开仓济民之事了。但是，他却知道饿了必须吃饭，且皇宫中有吃不尽的鸡鸭鱼肉，故一听到有人饿死，便感到奇怪，遂开口问道："天下竟有这样的傻人，既然饿了，为什么不吃肉粥呢？偏偏要等到饿死！"众大臣听到傻皇帝说出这样的傻话来，无不窃笑。

### 撕诏改诏

司马曜是简文帝司马昱的儿子，生于公元362年，372年得位，396年为宠妃张贵妃害死，时年35岁。

简文帝先娶妻王氏，生子道生。后来，王氏失宠，忧郁成疾死去，接着道生也死去。其后诸姬都没有生育，直到简文帝40多岁，再没有儿子。后继无人，简文帝心中十分焦急，便找了一个相面的术士看其后宫还有没有能为他生男孩的宫女。他令后宫姬妾、宫女统统出来，让术士一一过目。谁知这术士见一个摇头，见一个摇头，后宫姬妾宫女都要相完了，术士仍没有相出一个能生育的，简文帝心灰意冷，差点儿就要瘫倒在地。恰在这时，后宫走出一个干粗活儿的宫女，术士急用手指道："此女福相，必生贵男！"简文帝一听，马上转忧为喜，来了精神，顺着术士的手望去，瞧见一女，膀宽腰圆，面黑肤粗，虽然五官倒也端正，但和那些姬、妾、宫女比起来，真有天渊之别。简文帝心想，这是从哪里选来的一个粗陋的女子？简文帝虽心中有些厌恶这女子，但求子心切，也只好将就了。经了解，这女子原来是一个纺织女工，名叫李陵容。当晚，简文帝便闭着眼睛令其侍寝。说来也巧，一夜春风，这女子竟然怀胎，十月分娩，生出一个胖胖呼呼的男儿，简文帝闻讯，当然喜之不禁，遂为其取名为司马曜。从此，简文帝就视李氏不同一般，遂后，竟又生出一男一女，男取名司马道子，其女便是后来的鄱阳公主。

公元372年7月，简文帝司马昱忽患重病，弥留之际，急立司马曜为太子，且封司马道子为琅琊王，接着，一日四诏，命大司马桓温入朝。然桓温却以为简文帝儿子幼小，自己又一直大权在握，说不定会把帝位禅让给自己，至少也会让自己做个代理皇帝。这事皇帝不说，自己也不便直接开口，于是故意拿出架子，迟迟没有入朝。简文帝司马昱无法，命草拟遗诏。诏中意思是说：如太子可辅，大司马可像周公那样辅佐周成王，如太子不可辅，大司马可取而代之。遗诏将要送出，被郎中王坦之截住，打开一看，大吃一惊，急到司马昱榻前道："天下乃宣帝、元帝建立的，陛下怎能私自授受呢？"遂后将遗诏撕毁。司马昱一见，已知其意，乃修改诏书，大意是让大司马像诸葛亮那样辅佐幼主。诏书刚刚拟完毕，司马昱便一命归西，终年53岁。

简文帝死后，对谁继位的问题，朝堂诸臣私下议论纷纷。有的说，这事须先和大司马商量，由他定夺；有的说，先帝归天，太子继位，顺理成章，还等大司马干什么；还有的说，如果先和大司马商量，说不定还要出现其他变故呢！尚书仆射王彪之见诸臣私下议论不一，正色大声说道："先皇升天，太子继位，这是古今通例，大司马还会有什么不同的意见！如果我们连这点规矩都不懂，还要等他去定，恐怕反为所责了。"大家一听，觉得很有道理，遂经报请褚太后同意，奏太子司马曜即帝位，是为孝武帝，此时年只十岁。桓温听说后，很是后悔，如果当时入朝，怎么会让自己只像诸葛亮和王导丞相那样辅政呢？

### 一句戏言丧命

孝武帝在位期间，尽心国事，委任贤臣。他任用谢安为相，招募北府兵，击败前秦的进攻，保卫了东晋王朝，这是他的成绩。然而，孝武帝迷于女色，竟因一句戏言被张贵人活活地闷死，也落得后世笑谈。当时后宫有一宫女陈氏，能歌善

第三编　三国两晋南北朝野史

舞，且貌如仙女，被孝武帝看中，日夜相偎，生下两个儿子，长子司马德宗，次子司马德文。然这陈氏命不长久，于公元390年一命告终，孝武帝悲痛欲绝。后孝武帝又得一女张氏，甚为宠爱。这张贵人也色艺俱佳，与孝武帝日日歌舞，夜夜饮宴，迷得武帝连日不理朝政。这张贵人对终日陪皇帝饮酒取乐并不满足，对那些年轻美貌总想接近皇上的嫔妃，心怀醋意，冷言冷语地拒之门外，生怕皇帝另有他欢，使她们不能终生独陪皇帝。

公元396年（太元二十一年）9月20日的晚上，张贵人在后宫陪同司马曜饮宴作乐。司马曜本就乐近酒色，见几个服侍宫女容貌竟若仙女一般，便已筋骨松软，意乱情迷，遂开怀畅饮。几个宫女见皇帝如此高兴，更是争献殷勤，一个劲地劝饮，对这一切，张贵人看在眼里，恼在心里，然皇帝在场，又不便发作，只能闷闷不乐。孝武帝见张妃闷闷不乐，便笑道："爱卿为何愁眉不展？常言说得好，一酒解万愁，快陪朕饮几杯。"随后，便令侍候宫女为其斟酒。张贵人无法，只好耐着性子饮了两杯。孝武帝令人再斟，张贵人便不再喝；孝武帝亲自把盏，张贵人也只喝了半杯。孝武帝道："爱卿若再不陪朕痛饮几杯，朕就要生气了。"张贵人本心中有气，又加上皇帝令宫女劝她饮酒，更气上加气，现自己不饮，皇帝又当着宫女的面责怪，这还是自入宫受宠以来第一次受辱，她哪里能受得住？仗着几杯酒下肚，也有了一些胆量，反责孝武帝道："陛下也应少饮才是。今妾不饮，也是为了让陛下少喝几杯，不应再像过去那样常醉不醒，陛下怎么反倒责怪起妾来了？"孝武帝见张贵人顶撞，便故意嗔目责道："卿今日拒不陪饮，朕焉有不责之理？你要真把朕惹火了，我责怪是小事，还要治你的罪呢！"张贵人平时在皇帝面前撒娇惯了，以为皇帝见自己

生气，故意用话激自己，平时玩笑也开惯了，决不会真的治罪，便又大着胆子顶撞道："妾今日偏不陪饮，看陛下如何治罪！"孝武帝以为张贵人故意撒娇，也不示弱地冷笑道："哼！你也不用嘴硬，现宫中年轻美貌宫女多的是，哪个不比你强？况你年已三十了吧，也到废黜你的时候了。实话对你说了吧，朕还真有这意思呢！并非朕离了你就不能活了！"

说者无心，听者有意。张贵人心想，宫中确有不少年轻美貌女子，且自己也已如败花残柳，皇帝又是个多情种子，看样子是想真的要被废黜了。想到这里，不由得心中恼怒，便打定主意一不做二不休：你堵死了我的活路，我也让你活不成。想毕，她买通了两个心腹，趁孝武帝入睡后，便和心腹宫女用被子捂住其头。孝武帝闷醒挣扎。张贵人和心腹硬是死死将其按住。过了一会，孝武帝不动了，待揭开被子一看，孝武帝已无气息。可怜孝武帝因为一句戏言，竟被活活地闷死了。孝武帝死后，张贵人为掩人耳目，又用重金贿赂左右侍从，让他们宣称皇帝是在"睡梦中惊悸窒息突然死去"的。当时太子司马德宗是个白痴，会稽王司马道子昏庸荒淫，便都不追究查问，事情也就此不了了之。

孝武帝在位24年，死时35岁。

### 何有万岁天子

前已述过，晋孝武帝司马曜溺于酒色，常醉不醒，整日留恋深宫，致使朝政日益荒废。一些正直大臣为晋室社稷着想，每每劝孝武帝节饮理政，爱惜龙体，而孝武帝对此回之一笑，置之不理。这是为什么呢？

公元395年7月的一天，孝武帝正在华林园夜宴饮乐，忽见长星出现在南天。众人见后，认为这是不祥之兆，惊慌不已。孝武帝望见长星光芒，开始也为之一惊；后见众人惊慌反而感到自己心

中镇静了许多。接着,他长叹一声,缓缓举起酒杯向空祝道:"长星啊长星,朕今晚倒要敬你杯酒。自古以来,何有万岁天子呀?既如此,又何劳你长星今晚出现呢?"这就是孝武帝的生死观。在他看来,人生在世就是吃喝玩乐,所谓万岁天子,只不过是骗人的鬼话而已。正是从这一天开始,孝武帝更加尽情争分夺秒地沉溺酒色之中,后又为张贵人所迷,颠倒糊涂,直到最后因为一句戏言,招来杀身之祸。

### 白痴之死

司马德宗是孝武帝长子,生于公元382年,卒于419年,在位23年。

晋武帝公元396年9月20日死后,21日由他的长子司马德宗即位,是为安帝。

安帝司马德宗从小就是个白痴,有嘴不会说话,有脑不会思考,甚至连冷热饥饱都不知道。他吃饭、喝水、睡觉、起床都要人侍候。像这样的一个白痴,又怎能当得了皇帝呢?他的同母兄弟琅琊王司马德文很是聪慧,也谦恭谨慎,由于他的帮助调度,才使国事得以处理。但是,司马德文性格软弱,实权握在其叔父会稽王司马道子的手中。司马道子专权后,与前司徒谢安的女婿王国宝结成死党。这王国宝品行不端早已有名,又与镇守京口(今江苏镇江市)的平北将军王恭有矛盾。公元397年4月,王恭便与荆州刺史殷仲堪、广州刺史桓立(桓温之子)联合,以声讨王国宝为名起兵。司马道子派司马元显率兵征讨。由于王恭部将刘牢之被司马元显收买,王恭兵败被杀。公元399年12月,桓立攻江陵,杀死殷仲堪,封镇长江,对东晋的财政供应造成困难。公元402年1月,司马道子又派司马元显前往征讨,结果兵败被杀。桓立逼着司马道子杀死了王国宝;后来,桓立攻入建康,鸩死司马道子,自封为丞

相。公元403年2月,桓立被授为大将军。

桓立本为桓温之子。桓温在世时,就有当皇帝的野心,但由于谢安的计谋,至死也没有当成。其子桓立野心也很大,早有篡位之心。在设计除掉司马道子和王国宝之后,以为篡权的障碍已经扫除,便在公元403年2月被封为大将军后,于9月又自称相国、封楚王、加九锡、领十郡;12月,他逼安帝禅位,自己做了皇帝,国号由晋改为楚,废安帝司马德宗为平固王,安帝的弟弟司马德文由琅琊王降为石阳王。

桓立篡晋称楚,自为皇帝,却好景不长。次年(公元404年)2月,各路勤王将士共推北府将领刘裕为首,进军建康,决心恢复晋室。桓立抵挡不住,便挟持安帝和琅琊王西逃荆州。刘裕追击荆州,桓立大败,舍下安帝,继续西逃。途中,被益州刺史毛璩的部下俘获后杀死。桓立的皇帝梦至此便告结束。

桓立死后,刘裕迎安帝重新回到建康,继续做他的白痴皇帝。

刘裕,字德兴,祖籍彭城(今江苏徐州),出身寒门,东晋初年靠耕地、采樵、捕鱼、贩履为业。后来,他投靠北府兵,在东晋将领、同乡刘牢之部下任下级军官,参与镇压孙恩、卢循起义,以后地位逐渐上升。刘牢之死后,他讨伐桓立,迎回安帝,立下战功。先任侍中、车骑将军、都督中外诸军事,后任杨州刺史、录尚书事,从而掌握了东晋大权。刘裕掌权之后,便产生了篡位的野心。公元410年至417年,刘裕北伐,消灭了南燕、割据四川的谯纵和后秦。他累次功迁,被封为宋王,这就是后来的刘宋王朝。此时,刘裕年逾六十,自感已经晚年,再不篡位,恐怕这一生当不成皇帝了。正在这时,刘裕突然又想到一件事,即简文帝在位时抽签曾抽到这样一支签:"昌明之

后尚有二帝。"昌明是孝武帝的字,按照签数,在孝武帝之后还有两任皇帝,安帝是一任,在安帝之后还有一任,晋室才能结束。为争取时间当上皇帝,他便想伺机将安帝害死。然安帝的弟弟司马德文却很机灵,他看到刘裕举止反常,心怀鬼胎,担心安帝被害,便日夜守在安帝的身边,安帝的饮食,也是自己尝了之后再给安帝。刘裕无机可乘,急得抓耳挠腮。谁知就在公元 418 年 12 月 17 日,琅琊王司马德文突然患病,不得不回府医治。琅琊王刚一离开,刘裕便指使心腹中书侍郎王韶之迅速入宫行动。王韶之急忙入宫,指挥内侍,用布条做结,套在安帝的颈上,将其生生勒死。安帝死时,年 37 岁,在位 23 年。

### 诬杀大臣

正值盛夏,晋惠帝之妻贾后一改往日习惯,没有避暑纳凉,却独坐软榻之上,双眼似闭非闭,她的面前有三个人躬身而立,正在窃窃私语。这三个人就是长史公孙宏、舍人岐盛及积弩将军李肇。他们正在谈论关于太宰汝南王司马亮、太保卫傲串通一气,将谋废立的事。公孙宏和岐盛声称,他二人正是受司马玮之命来与皇后共商大事的。

贾后听着,脸上始终不动声色,心中却窃喜,一丝阴笑浮上了嘴角。只见她把手中的香扇一挥,显得很不耐烦的样子,面前的三个人见了,只得悻悻退下。而皇后却仍安闲地坐在软榻上,眼睛似睁似闭。

在皇后的脑子里打转的自然是久令她头痛的太宰汝南王司马亮和太保卫傲。

司马亮、卫傲是武帝的托孤大臣,二人扶持惠帝即位后自然身居辅政要职,并有携带剑履上殿、入朝不趋等特权。由于有二臣的辅助,惠帝倒也省心,但这却使权势欲极强的皇后贾氏很不舒服。

几个月前,贾后为了能够专政,绞尽脑汁除掉了武帝的国丈杨骏,如今又出了司马亮和卫傲挡道,这让贾后怎么能够不烦心。特别是卫傲此人,他平素为人耿直,对谁都不留情面。更可气的是当初他还曾奉劝武帝另立太子,自己的皇后尊位险些因他而告吹。一想到这些,贾后对卫傲更加痛恨了。

卫将军楚王司马玮是惠帝之弟,掌管部分禁军。他年少气盛、刚愎好杀,司马亮与卫傲都很畏忌他。曾拟剥夺他的兵权,以裴楷代之。谁知裴楷怕得罪皇帝没敢就任。司马玮得知此事后非常气恼。而司马亮等与司马玮从此产生了嫌怨。

后来,司马亮仍不甘心,又与卫傲商量夺取司马玮的兵权,他们向惠帝启奏,将司马玮与诸王侯都遣到封国。此举使司马玮越发怨愤。这时司马玮党羽长史公孙宏、舍人岐盛都劝司马玮与贾后交结。司马玮听从其计,结果,贾后以司马玮领太子少傅,终将其留在京师。

这些情况,贾后心里自有一本细账,这天晚上,贾后迫使惠帝下诏,言太宰司马亮、太保卫傲有要行伊尹、霍光废立之事,令楚王司马玮领兵屯于宫城诸门。然后,贾后派人出宫连夜将诏书交给司马玮。

司马玮接诏后,因怕事情泄露,没有当众宣诏,为了万无一失,他一方面召集本部兵马,另一方面矫诏征调京师内外三十六军,并手谕诸官:晋室招天祸,凶乱将发,太宰司马亮、太保卫傲等潜谋不轨,欲废陛下,今特奉诏罢免二公的官职云云。还说,他本人受诏都督中外诸军,凡在宫内值勤者都应严加警备,在外驻守的也应遵照皇帝旨意,共伐逆贼。

司马玮手下兵士听说行将讨伐司马亮、卫傲二公,都将信将疑,军中议论纷纷。司马玮见状,又矫诏说:"亮、傲二人潜谋,欲危社稷,今罢官还第。将士们当服从命令,若不奉诏行事,将以军法处置,而讨逆有功者将封侯受赏。"这下才使军心稍定。当夜,公孙宏、李肇奉司马玮之命率军包围司马亮府第,清河王司马遐则受命收捕卫瓘。

午夜时分,司马亮帐下督李龙突然惊慌来报,说似乎发生了兵变,请求率兵抵抗,并护卫司马亮出逃。司马亮不知情由,哪里相信这样的事,待禁军登上亮府墙头大呼他的名字时,司马亮才大吃一惊,他简直怀疑是在做梦。

当司马亮确信眼前的一切都是千真万确时,才委屈地说:"我无二心,何至如此!如果真有诏书,能让我看看吗?"

公孙宏等自恃兵多势众,哪还理他这一套,当即催促禁军向司马亮府发起进攻。

司马亮长史刘准对司马亮说:"这件事肯定是阴谋。府中不乏豪杰,尚可抗拒一阵。"

司马亮叹息道:"我可以把心掏出来让天下人鉴定,你们有什么权力枉罪无辜!"

说完,司马亮束手就擒,没做任何反抗。

司马亮在朝中素有威望,禁军惧其凛然之气,不敢慢待了他。当时天气炎热,禁军们甚至让他坐在囚车下阴影处,并为他扇风驱热。

司马玮看到士兵们待司马亮如此周到,心中妒意大发,他恶狠狠地下令:"能斩司马亮者,赏布千匹。"听了司马玮的话,只见几个禁兵一哄而上,将司马亮乱刀砍死,并割下他的首级扔在北门城墙上。司马亮的儿子司马矩也惨遭杀害。

这天晚上,在权臣卫瓘的府外,还有一场更为血腥的屠杀。当司马遐率兵来时,军中有个叫荣晦的,他曾在卫瓘任司空时,担任过卫瓘的帐下督,后来因罪被卫瓘斥退,才投到司马遐门下,此次荣晦正好可以报昔日之仇了。

荣晦曾长期在卫瓘手下任职,清楚卫家的情况,他站在门外高呼卫瓘家人及其子孙姓名,这些人不知内情,应声而出,结果卫瓘及其子孙九人,一个接一个地死在荣晦刀下。

司马亮、卫瓘被害一事,使朝野上下十分震惊,惠帝下诏,拘押凶犯并将其交法司审理。

经审讯,司马玮以矫诏杀害司马亮父子被处以斩刑。擅杀卫瓘及其子孙的荣晦则被灭族。

刑场上,司马玮从怀中拿出贾氏给他的诏书,眼泪汪汪地说:"我奉诏而行,只为社稷除奸,如今自己反为罪人,我是先帝之子,受枉如此,恐怕可与春秋时的公子申同列了。"唯独皇后贾氏心情格外畅快。为什么不呢?司马亮、卫瓘、司马玮三大权臣均已被除掉,自己专权擅政再也不会有什么障碍了。

这一天,长安城内,电闪雷鸣,风雨如晦,臣民百姓都无不为司马亮、卫瓘的惨遭杀害而哀愤,也有人为司马玮的代人受过而悲哀。只有后宫不断传来贾氏刺耳的狞笑。

### 太子蒙冤

京都洛阳出了一桩怪事:将近正午时分,在洛阳城最繁华的闹市区,有一群小孩手舞足蹈地跟在一个老者后面,一路喧哗而过,他不知从何而来,衣裳不整,须髯飘动,一副仙风道骨的模样。老者旁若无人,击掌而歌曰:

南风起兮吹黄沙,遥望鲁国郁嵯峨。

千岁骷髅生齿牙,前至三月灭汝家。

孩童们虽不知所云,却竞相追随学唱,街上行人初不经意,稍一琢磨,不由得停足观望。有人猜想必是遇到了高人,便追上前去,请教所歌何意。老者手捻长须,微微一笑,道:"三月后自知。"说完飘然而去。时人议论纷纷，一时间闹得沸沸扬扬，人心不安。

这一幕发生在晋惠帝元康九年的九月。

一天，东宫像往常一样宁静，太子与他的母亲谢才人正坐在房中饮茶闲聊，忽有人报："侍中贾谧来访。"太子听了脸一沉，说："他又来干什么？他来我就走。"说完，拂袖而去，自顾到后庭游戏。

再说贾谧不等侍者回话，已自行走进厅堂，见堂中只有下人来往穿梭，看到他也不理不睬，心中自是明白，他咬着牙冷笑一声，愤愤而去，似乎在心里说："走着瞧吧！"

贾谧何许人也？为何遭到太子如此冷落？这要从太子的身世讲起。

太子司马遹是晋惠帝的长子。其母谢才人出身微贱。太子小时就聪慧过人，因此祖父晋武帝非常宠爱他，常把他带在身边解闷。一天深夜，宫中失火，武帝正要登楼察看火情，却被人拉着硬是躲到了暗处。一看是司马遹，司马遹悄声解释说："夜深失火，不能让别人看见人君在哪里，以防万一。"那年，太子只有五岁。又有一次，武帝领着遹去察看猪圈，遹对武帝说："猪长得那么肥，为什么不杀了给大臣们吃？留着不是浪费五谷吗？"武帝十分赞赏，抚摸着太子的肩对大臣们说："此儿当兴我朝！"于是让人把猪杀了分给大臣。从此，遹的聪颖名闻天下。

武帝死后，惠帝继位，司马遹被立为太子。太子幼而有誉，成长过程中又一帆风顺，未经世事，因而不免任性。他不爱读书，只每天与左右嬉戏、玩闹。

此时的晋室，惠帝无能，朝廷大权实际上操在皇后贾氏手中，太子并非贾后所生，所以不得贾后疼爱。而侍中贾谧是贾后的侄儿，他倚仗贾后的势力，骄横跋扈，常出入东宫，在东宫像在他自己家一样随便，与太子平起平坐，丝毫不把太子放在眼里，久而久之，年轻的太子对他自然很不满意。

后来又发生了一件事，使太子与贾谧的关系更加恶化

当初，贾后的母亲想把韩寿的女儿嫁给太子，太子也同意成婚，可贾后不同意，转而为太子聘订了王衍的小女儿惠风，太子本已因此有些不快，但又听说王衍的大女儿生得美艳绝伦，而贾后又把她聘给了贾谧，心中更不自在，常常为此事大发牢骚，这次给贾谧坐冷板凳也就在情理之中了。

贾谧难道是一个好惹的人？此次进东宫碰了太子的软钉子，心中愤愤不平。骑驴看唱本，咱们走着瞧！贾谧想到这儿，便改道往中宫，去见贾后。

贾后，名南风，生得个头儿矮小，脸色青黑，眉后有一黑痣，当初武帝就不愿意娶这个儿媳妇，只因皇后和几位大臣都说贾家的女儿贤良，武帝才勉强同意了。贾后比惠帝大两岁，生性嫉妒，多权诈，惠帝很怕她。宫中传闻，贾后为人残忍，阴险毒辣，曾亲手杀过数人。一次，她用戟掷向一孕妇，胎儿随刃掉在地上，孕妇惨叫而亡。后来武帝听说了这些事，不禁大为震怒，要把她打入冷宫，多亏荀勖等极力说情，辩解说："贾妃年少，嫉妒是妇人之常情！"贾后这才没有被废。

武帝死后，惠帝懦弱，贾后因此更加暴戾，为所欲为，政治野心也越来越大。她不满于大权落入大臣杨骏之手，便密诏荆州的楚王司马玮入京杀掉杨骏，因杨骏案株连而死的达几千人。后来贾后又让司马玮杀了继杨骏后辅政的司马亮和卫瓘，然后再给司马玮加上擅杀大臣的罪名，将他处死了。从此，朝中人人恐慌。而贾后一人独揽朝政，惠帝不过是一个任其摆布的玩偶罢了。

此刻，贾后正在宫中盘算下一步棋该怎么走，贾谧悄悄地进来了，他一进门便跪拜于地，向贾后哭诉太子对他的冷落及种种不恭，并说："太子如此对我其实是对您的不敬。他敢这么做定是背后有人支持，您可要小心才是！"贾后听说眉头一扬，目不转睛地盯着贾谧，似乎对此很感兴趣。贾谧见时机成熟，便起身附耳道："太子广买田业，多蓄私财，勾结小人，这不都是为图谋我们贾氏吗？听说他说过这样的话，他说'皇后万岁以后，我当把贾氏当鱼肉来宰割。'如果真是这样，皇上晏驾，他一临朝，诛杀臣等而废黜皇后，就易如反掌了！与其留为后患，不如早点把他废了，立一个听话的人当太子，岂不高枕无忧？"

贾谧的几句话正刺中贾后的痛处，贾后本来就对太子存有戒心，加上自己没有儿子，更不愿看到将来有一天皇位轻易落到太子手上。只是前一阵子，贾后一直忙于对付杨骏等人，还没有余力顾及太子，一听贾谧所言，贾后不由得连连点头，说："有理，有理！"于是一个阴谋开始酝酿了。

也就是从那时候起，文武大臣常听贾后、贾谧等人到处宣杨太子的过失，大家都不敢多言，可心里明白，贾后这是要拿太子开刀了。

对这一切，太子却一无所知。从厅堂出来后，他便来到后花园赏菊。这时詹事裴权匆匆来到园中，急问太子说："听说今天贾谧来访，殿下拂袖而去，可有此事？"

太子漫不经心地说："是啊，我就是要杀一杀他的威风。"

裴权一听，急步上前说："殿下可曾想过，贾谧深得中宫宠信，而您却给他脸色看，万一他在贾后面前搬弄是非，您岂能免祸？如今贾后专权，殿下更应该谦恭和顺，同时广纳贤才，培植自己的力量，这才是您作为太子的当务之急！"

太子拜道："感谢长辈教诲，可我对皇后向来尊敬，没有越轨之处，想来贾后不至于此吧？"说完便挽着裴权一同赏菊，不让他再说下去。

转眼三个月过去了，十二月的天气，狂风肆虐，真吹得飞沙走石，天昏地暗，一天，贾后差人给东宫送去一封短信，说惠帝身体不适，召太子入宫。太子见信，急忙更衣入宫。

到了中宫并不见贾后，只有中宫的下人陈舞把太子领到一间空屋坐下，他说皇后一会儿就来。果然，等了一会儿，传来贾后的声音："陈舞，还不赶快拿酒和枣给太子吃！"

陈舞应声端来三杯酒，一大盘枣放到太子的几案上，说："皇帝让你尽饮三杯。"

太子向来不擅饮酒，他婉言推辞，陈舞不允，正在推让中，传来贾后盛怒的声音："不孝之子，君父赐你酒你敢不喝，莫非酒里有毒！"太子无奈，只好遵命。刚喝了两杯，觉得头一阵眩晕，便想剩下一杯，陈舞又不允。太子想到刚才贾后的威势，只好豁出去了，仰头把剩下的一杯也一饮而尽。三杯酒下肚，太子直觉得神思恍惚，不知身在何处，踉踉跄跄地要走，哪里还走得动？他一头栽在几案上，恍惚中觉得有人在摇晃自己，摇得很猛，好像还在说什么。太子想抬头看个究竟，怎奈头似乎不受自己支配，又猛听得那人好像说到"皇上"二字，心里一惊，使劲睁开两眼，蒙眬中见是一小婢，小婢边摇晃他边说："皇上让你抄写这份文书，快点，皇上等着呢！"小婢见他醒来，便使劲扶他坐到椅子上，把笔塞到他手中，在几案上铺展开纸，摧促道："快点抄，皇上等着呢！"

太子在恍惚迷离中，看不懂纸上写的东西，只好照着抄下了这样一段文字：

"陛下应自了结生命,不自了结,吾当人了结之;皇后也应速自了结生命,不自了结,吾当亲手结之。已与谢妃约好,定期两头发动。皇天保佑扫除患害,吾当三牲祭祀,大赦天下。"太子写到一半,已不能自持,醉倒在地上。贾后从门外进来,拿起太子所抄看了看,命人模仿太子笔迹把剩下的补齐。而后便差人把太子送回东宫。

贾后一计得逞,得意万分,她拿着太子所抄给惠帝看,惠帝一见,大惊失色,也不辨真伪,在贾后的挑唆下,当即写下诏书:"通书如此,令赐死。"

第二天,惠帝在式乾殿召见公卿大臣,审理太子一案。群臣见诏书已下,知是贾后玩弄的诡计,大家面面相觑,无人敢言。只有司徒张华跪奏道:"此事关系重大。自古以来,常因废黜正嫡而引起国家丧乱。况且国家新立不久,邦本未固,恳请陛下三思。"

尚书左仆射裴颜也跟着挺身而出,道:"臣请求核对太子平时的奏折,让群臣核查。"大家比较来比较去,也无人敢说不是。贾后见群臣吞吞吐吐,并不按她的意思表态,心里怀恨。便暗中派黄门令董猛以惠帝姐长广公主的名义启奏道:"此事理应速做决断。有不从诏者,应以军法从事。"

惠帝左右为难,举棋不定,直磨到日落西山,还无结果。

贾后见张华等人意不可夺,怕事情发生变化,便退而求其次,奏道:"此事关系社稷,应免太子为庶人,待日后详查,再行处置。"

惠帝点头应允。文武大臣无话可说。

太子正游玄圃园,听说圣旨到,急忙出崇贤门接旨。尚书和郁宣读了诏书后,太子知道自己已大祸临头,他欲辩不能,只得再拜起身,走出承华门,坐上早

已等在那里的粗犊车,被送至金墉城。此后太子母亲谢才人也受牵连被杀。

一个多月后,贾后又指使某黄门侍郎向朝廷自首,供称他曾与太子共商谋反之事,惠帝认为证据确凿,他把那位侍郎的供词遍示群臣,并下诏派一千兵卒将太子押往许昌宫软禁起来。

太子二度蒙冤,人心怨愤,赵王司马伦的谋臣孙秀对赵王说:"如今国家危急了,那'南风起兮吹黄沙'的童谣,实是谶语。'南风'是贾后的名字;太子小名'沙门','黄沙'不就是指太子。从那老头儿出现到事发正好是三个月。如今,贾后已是众矢之的,而您奉侍中宫,街谈巷议都以为您是贾后的死党。一旦事情有变,您就大难临头了。"

赵王惊问:"你有何良策?"

答曰:"不如及早抽身自救。"

赵王点头说:"举兵废掉贾后,救出太子,如何?"

孙秀摇头:"不可。太子为人刚猛,您虽有功于他,但他仍会对您存有戒心,以为您是迫于众望才如此行事。一旦太子羽翼丰满,定不能容您。"

"这可如何是好?"

"此事不难。只要拖延一段时间,贾后必定加害于太子。等太子死后,您再废掉贾后,为太子报仇,这才足以称功,您以后也可以得志了。"

赵王茅塞顿开,连声称妙。

此后,孙秀故意放风说:"众亲王要废贾后,立太子。"贾后听说,果然十分恐惧,为绝后患,指使太医令程据到许昌将太子秘密毒害。

太子哪里知道,等待他的只有死路一条。

太子死于非命的消息很快传回京都。赵王司马伦趁势举兵包围中宫,废黜了贾后。之后赵王又把太子墓迁回京都,为他举行了盛大的发表仪式。这些

对死去的太子虽毫无益处，却为赵王赢得了仁德之名，使之获益匪浅。

可怜太子啊，何其有幸生生于皇家，又何其不幸于皇家。然而皇皇史册中，落得像司马遹这样的下场或者比之更为悲惨的太子何止他一人呢。

### 靠偷情即位

慕容熙，字道文，生于公元 385 年，死于 407 年，在位 6 年。他是后燕的末代皇帝。

慕容熙本为慕容垂的小儿子，慕容盛的叔父，为何抢在太子慕容定之先当上了皇帝呢？

原来，慕容熙初封河间王，及兰汗篡位后被封为辽东公；慕容盛复兴燕室后，被拜为都督中外诸军事、骠骑大将军、尚书左仆射，领中领军。公元 398 年 10 月，慕容盛即帝位后，尊自己的生母、太妃丁氏为皇太后，这就是丁太后。丁太后和慕容熙为叔嫂关系，二人很早就偷情私通。当慕容盛于公元 400 年 12 月立自己的儿子慕容定为太子的时候，丁太后便心有不满。她想立自己的情人、慕容盛的叔父慕容熙为皇位继承人。故在慕容国等人谋反时，丁太后和慕容熙就预先知道，但并未告发，他们希望在慕容国刺杀慕容盛成功之后，再让慕容熙出来平乱登基。秦舆、段泰为父报仇，进宫行刺，慕容熙也故不出兵救驾。直到慕容盛死后，丁太后才急忙召来中垒将军慕容拔、仆谢郭仲商议继位之事。在商议中，太后认为现在国家多灾多难，而太子年幼，应择一位年龄较大的来继承皇位。但这两位大臣不知道太后的真正用意是在河间王慕容熙身上，而提出立慕容盛的弟弟司徒、尚书令、平原公慕容元为皇帝继承人。丁太后一听，脸就拉了下来，没有表态，事情也就不了了之。当日夜间，丁太后就秘密召慕容熙进宫，策定废掉太子慕容定，让慕容熙继位。

第二天早晨诸大臣一上朝，便宣布太后旨意。慕容熙故作姿态，推让慕容元继位，但慕容元早知此皆太后所为，哪敢接受？于是就在 8 月 21 日这天，慕容熙便堂而皇之地登上天王的位子；24 日，慕容熙又以平原公有参与叛乱的嫌疑为由，令慕容元自杀，除掉了祸患。9 月 19 日，中领军慕容提、步兵校尉张佛等趁宫中慕容盛发丧送葬之机，企图拥立原太子慕容定为王，结果事情败露，全部被杀，原太子慕容定也被逼自杀。24 日，改年号光始。

以后，丁太后还想继续和慕容熙保持偷情关系。然慕容熙于公元 402 年 11 月 3 日收纳了原中山尹苻谟的两个女儿为妃。其中，大的叫苻娀娥，做了贵人；小的叫苻训英，做了贵嫔。苻家二女貌美肌嫩，媚态动人，使得慕容熙心满意足，尤其老二苻训英更受宠爱。他哪里还把个老皱无味的太后放在心上？为此，丁太后愤怒，便跟自己的侄儿尚书丁信谋划废黜慕容熙，改立章武公慕容渊为帝。结果事不机密，慕容熙捕捉了慕容渊和丁信，将其杀死，尔后逼丁太后自杀。可叹丁太后不遗余力帮助情夫当上了皇帝，自己却也死在了情夫的手中。

### 淫虐亡燕

自从慕容熙得到了苻家姐妹之后，便埋头于淫乐之中。为了满足苻家姐妹奢侈生活的需要，慕容熙不惜一切地大兴土木，草菅人命，最后为后燕挖掘了亡国的坟墓。

公元 403 年 5 月，慕容熙兴筑龙腾苑，方圆十几里，役使民夫二万人。在这个花园中，堆筑了一座景云山，地基的面积 500 步，山峰高达 17 丈；公元 404 年 4 月，慕容熙在龙腾苑中兴建逍遥宫，房屋连绵不断达几百间之多，又开凿曲光海，时至盛夏，士兵得不到休息，中暑而死的甚多。这年 7 月，苻昭仪（苻老大）得病。

龙城人王荣自称能治昭仪之病，然病不仅未治好，反而很快死了。慕容熙以为王荣将昭仪致死，将其站着绑在皇宫公车门外，用肢解的酷刑将其慢慢处死之后，又焚烧了他的尸体。11月，慕容熙与皇后苻训英一起外出游猎，向北登上白鹿山，向东越过青岭，向南到了沧海之后才回首都龙城。公元407年3月（闰二月），慕容熙又为他的皇后苻训英兴建承华殿，从北门外把土运来，使土的价格涨到了与粮食的价格一样。宿军典军杜静带着棺材来到皇宫门外拜见燕王极力劝阻。慕容熙恼羞成怒，立即令人将其杀死。也许是苻皇后乐极生悲，于当年4月突然去世。慕容熙悲哀痛哭之极，昏死过去，很长时间才苏醒过来。他为了表示对苻皇后的深情，其丧礼办得比死了父母还重，披麻戴孝，只喝稀粥；在宫内设立牌位，令文武百官一起痛哭，并派人挨个检查，凡哭不落泪的就要治罪。群臣没有办法，都只好在眼中抹上辛辣的东西，以刺激落泪。高阳王慕容隆的妃子张氏是慕容熙的嫂子，因其美貌机敏，慕容熙准备让其为皇后殉葬。当拆开张氏特地缝制的丧鞋，发现里面有质量不好的毡子，便令其自杀。右仆射韦璆等人都害怕指定自己去殉葬，每天都洗澡换衣服，恭恭敬敬地等候皇帝的圣旨。从公卿以下的官员到士卒百姓，每户都必须参加营建皇后陵墓，致使国库的历年积蓄几乎付之殆尽。为皇后送葬这天，因为送葬的车驾高大，过不去城门，燕王慕容熙就立即下令拆毁；慕容熙还披头散发，光着双脚，跟着灵枢步行了20多里。

慕容熙的奢侈淫纵激起了天怒人怨。就在他送葬出城之后，城内便发生了暴乱。中卫将军冯跋和他的弟弟侍御郎冯素弗因事得罪燕主。燕主慕容熙要杀他们，吓得这二人逃到了梁上僻水之

间。苻皇后死后，他二人见燕王逼得民众再无生路，便决意乘机起兵造反。在燕王送葬的这一天，他二人混入城去，联通左卫将军张兴起兵，推举以前和他们关系密切的慕容云为盟主，攻打弘光门，禁卫军全部逃散。冯跋等率军闯进宫中，分发武器，尔后关闭城门坚守。慕容熙闻变，率军飞马赶回平乱。然燕军此时也是上下怨恨，谁还为主子出力，结果不战而散。慕容熙这才慌了手脚，急忙换上平民百姓的衣服，藏在树林之中，最后被抓获，押送回城。慕容云历数其罪之后，将其杀死。至此，后燕灭亡，先后立国23年。

慕容熙死后，慕容云即天王位，改年号正始，国号仍然称燕。不过，慕容云这个燕，已经不是后燕，因为他已决定恢复原来的高姓，故这时的燕已成为北燕。

### 亡于声色

张天锡，字纯嘏，前凉文公张骏少子。公元363年入宫杀死侄儿张玄靓，自称使持节、大都督、大将军、凉州牧、西平公，时年18岁。这张天锡杀侄自立之后，沉湎酒色，不恤国事。公元376年3月，张天锡的长子大怀本已立世子，偏偏这时又得了一个焦氏女，有羞月闭花之貌，张天锡为其所迷，使焦氏宠冠后庭。焦氏生子名大豫，尚在襁褓，焦氏因宠生娇，在凉王天锡面前求让自己的儿子为世子。于是，凉王竟遣世子大怀为征西将军，封高昌郡公，改立大豫为世子，焦氏遂成为左夫人。后来，张天锡又选了闫、薛两个美人为姬，并为其所迷。张天锡经常患病，有一天他对闫、薛二姬开玩笑道："我对你二人如此宠幸，你们将怎样报答我呢？将来我若遭不测，你二人还改嫁为他人妻室吗？"闫、薛二姬泣道："陛下万不可有此不吉之言，假若真的有那么一天，妾当死随地下，供给洒扫，决不敢再生异心！"不久，张天锡病重，二姬

以为其不得活命，便一齐自杀，以实现死随地下的诺言。哪知二姬死后，没过几天，张天锡又选了新的娇娃入宫。

凉王张天锡如此擅行废立，淫乐无度，朝野上下无不愤恨。他的堂弟张宪用车子拉着棺材上殿以死劝谏，凉王仍我行我素，不予理睬。公元376年8月，前秦以前凉为臣不轨，擅行天子礼节为由，起兵讨伐，前凉军连连败北。及至前秦兵临城下，张天锡不得已亲出迎战。因上下对他早有怨恨，所以当他率兵刚一出城，城内便发生了叛乱。张天锡败后，与数千骑逃回姑臧。8月27日，前秦军抵达姑臧，张天锡素马白车拉着棺材，双手反绑于身后，出城投降。至此，前凉灭亡，前后历经5主，总计60年。

### 亡国之女为皇后

宋武帝刘裕亲手写下诏令道："后世如有幼主，朝廷大事全部委托给宰相，母后不得临朝当政。"

刘裕的儿子义符即位时，年仅十七岁，立晋恭帝女儿司马氏为皇后。这一天，皇后梦见高祖对她说道："容徐图之。"皇后不解其义。高祖死后不久，徐羡之等人就杀掉了义符。皇后将梦境告诉了徐羡之，因此得以免除一死。

### 宫人裸逐

宋废帝游华林园竹林堂时，让宫女们赤身裸体相互追逐戏耍，如有人不愿意，就命人杀掉。

宋废帝夜间梦见自己在竹林堂，有一女子骂他道："放纵享乐，违背人情，明年麦子不熟你就会死掉。"废帝请来巫师解释此梦，巫师说竹林堂有鬼。于是废帝出了华林园，不带任何侍卫，与群臣一起来竹林堂捉鬼。寿寂之等人趁机抽出刀剑杀死了宋废帝。

### 宋明帝借种

宋明帝自己没有儿子，曾将宫女陬氏赐给嬖人李道儿，过了一段时间又将陬氏接回后宫，生下了刘昱。明帝还暗中将那些已怀有身孕的诸主的妃姬纳入皇宫中，如果生了男孩，就将母亲杀掉，而让自己的宠姬来抚养孩子。

### 宋明帝奢靡

宋明帝建湘宫寺，特别豪华壮丽。明帝对巢上之说："爱卿可曾到过湘宫？这可是我做的一件功德无量的大事啊。"侍郎卢愿讽刺道："这都是老百姓卖儿卖女的钱盖起来的，佛祖如果有知的话，也会感到愤怒悲哀的，你的罪恶比浮图还要高，哪里有什么功德？"明帝听了恼羞成怒，让人将卢愿赶下了大殿。

### 刘骏奢俭

宋孝武帝刘骏喜欢跟群臣开玩笑，拿他们开心取乐。他称王玄谟为"老伧"、呼刘秀之为"老悭"、叫颜师伯为"老龊"，其余大臣，根据他们的高矮胖瘦，也都各有绰号。

刘骏有一备受宠幸的昆仑奴，刘骏经常让这位昆仑奴用棍子击打群臣，以此取乐。

刘骏还大修宫殿，连土、木等建筑材料也都披上锦缎丝绸。他赏赐群臣，不惜倾尽府库所藏。

为修建玉烛殿，刘骏竟毁坏了宋陵墓。他的床头没有土障，居室的墙壁上挂着用葛藤做的灯笼，门帘也用麻绳做成，以此来假装自己生活很俭朴。

### 屠家女入宫

明帝的陈贵妃名叫陈妙登，是一位屠户的女儿。

宋孝武帝经常派官吏到民间察访那些有姿色的美女。陈妙登家住在建康县的边上，家里很贫穷，只有两三间破草屋。一次，武帝出巡，路过这里，问周围的人："我经过的路边哪能有这样寒酸的草屋，肯定是由于那家太穷，赏赐给那家三万钱,让他们盖上瓦房。"手下的官吏将钱送到了陈家,当时只有陈妙登一个人在家,才十二三岁。那位送钱的官吏见她长得非常美丽,便告知了武帝。于是武帝便将她迎入后宫,做了太子的妃子。

### 郁林王何妃淫乱

何妃名叫何婧英,是何戢的女儿。何妃生性淫乱,做皇妃时便与外人私通。等到做了皇后以后,又跟皇帝的侍从杨珉之私通,二人住在一处,如同夫妻一般。因为皇帝很宠幸杨珉之,所以任他为所欲为。杨珉之还将何氏的亲戚迎入皇宫,赏赐上百万钱,并让他们住在宋孝武帝的耀灵殿中,等到皇帝被废黜后,何氏也被贬为皇妃。

### 步步生莲花

潘妃字玉儿。皇帝大举修建芳乐、玉寿等殿时,用麝香涂墙壁,宫殿内外雕梁画栋,装饰得极其华丽。皇宫中所吃的东西都是经过精心挑选的珍奇食物。将金块凿成莲花的形状铺在地上,让潘妃在上面行走,称之为"步步生莲花"。

### 潘妃酤酒

东昏侯在苑囿中仿照集市上的式样设立了各种店铺,每天在这里面游逛,采购东西。命宫女、太监们扮成小贩,在街上叫卖,让潘妃扮成管理市场的官员,自己做官员的随从。还开挖了一些沟渠,设立了码头,东昏侯自己亲自撑船。在码头上又开设了店铺,亲自在店铺中杀猪卖肉,还在阅武堂边的路旁种上了杨柳。

老百姓有一首歌谣讽刺道:"阅武堂边种杨柳,皇帝杀猪兼卖肉,潘妃开店酤美酒。"

这年冬天十二月,萧衍率兵进入阅武堂,诛杀了东昏侯。

### 殷淑仪

殷淑仪是王义宣的女儿,美貌出众。

王义宣被诛杀后,皇帝秘密地将她娶了过来,改姓殷。有人泄露她真实姓名的,多被处死,所以当时没人知道殷氏的真实出身。

殷氏死后,皇帝常常思念她,渴望能再见到她。于是便让人做了一个潜望筒,一头通到殷氏的棺材中。皇帝想见她时,便通过这个潜望筒观看殷氏的尸体。这样过了很长时间,殷淑仪的尸体也没有腐烂,神色仍和生前一样。

### 郗后酷妒

郗后生性特别妒嫉,她死了以后化成了一条龙又回到了后宫,经常进入梁武帝的睡梦中。有时候现出原形,光彩照人,每当这时,皇帝的身体就会感到不适。这条龙总是从井中喷出一股股激流,武帝曾用银鹿炉、金瓶等灌入各种异味菜肴此来祭祀她。出于这个缘故,武帝一直不敢再封皇后。

### 皇帝吃素念经

梁武帝信奉佛教,常吃素食,祭祀宗庙也只用面食作为供物。每当判一死刑囚犯时,也总是为死者流泪。武帝还曾数次剃发为僧来到同泰寺,终日诵读佛经。

### 半面妆

梁元帝的妃子徐昭佩是东海郡郯县人氏,没有什么姿容,元帝不喜欢她,二三年才跟她见一面。因元帝只有一只眼,所以徐妃每当知道皇帝要来时,总是要画半面妆等待皇帝的到来。皇帝看到徐妃这样,便大怒而出。

### 徐妃淫行

元帝的妃子徐昭佩生性放荡、风流,曾与瑶光寺的智远道人私通。徐妃天生又特别爱妒嫉别人,若见到与自己一样不受皇帝宠爱的妃嫔,徐妃就会与之热情交往,关系密切;若是发现有妃嫔受到皇帝宠幸并且已怀有身孕的话,徐妃则必定要亲手杀掉，方以为快。

元帝的手下有位宠幸的臣子，名叫暨季江，容貌清秀，举止萧洒，素有美男子之称。徐妃便想方设法跟暨季江勾搭上，二人经常在一起鬼混。季江常感叹地说："柏直狗虽老犹能猎，溧阳马虽老犹骏，徐娘虽老犹尚多情。"

当时有位美男子名叫贺徽。徐妃慕其美色，将他邀到普圣尼庵，二人勾搭成奸。两人还在白角枕上写诗互赠，情意缠绵。

大清三年，元帝逼令徐妃自杀，徐妃知道自己难免一死，便投井自尽了。元帝命人将徐妃的尸体送还给徐妃娘家，称之为"出妻"。元帝还写了一首《金镂子》诗，详细描述了徐妃种种淫行。

### 柳絮点衣

一次，陈后主与张丽华在后花园游玩，这时，有柳絮飘落在后主的衣服上。丽华笑着对后主问道："柳絮怎么竟能飘落在人的衣服上呢？"陈后主笑着答道："这种轻薄的柳絮，正如你一样啊。"张丽华笑了笑，没有说什么。

### 胭脂井

景阳井在陈宫庭内，隋军灭陈时，陈后主与张丽华、孔贵嫔曾一同跳进去以躲避隋军。过去传说井边围栏上有石脉，用丝帛一拭，就会出现胭脂的痕迹，因此也称此井为"胭脂井"，又叫"辱井"。

### 龟成皇后

陈高祖宣皇后章氏名叫要儿，是吴兴乌程人。章氏本姓钮，父亲名叫钮景明。后来要儿被一章姓人家所收养，因此改姓章。

要儿的母亲苏氏曾遇道士，道士送给苏氏一只小龟，五彩斑斓，道士还告诉她说："三年后就会显灵了。"到了第三年，果然生下了要儿，当时紫光照室，再也找不见小龟的踪影。

章皇后容貌美丽，从小就非常聪明，她的手指长达五寸，红白相间。每当有大事将要来临，她就会预先断一手指。

### 妇幼知"萧"字可避火

梁武帝造了一座寺庙，命萧子云用飞白书写了一个很大的"萧"字。后来这个寺庙被烧毁了，只有这个"萧"字仍然保存着。妇女、小孩们由此知道"萧"字可以避火，因此都纷纷烧香参拜它。李约见到后，便买下了这个"萧"字，带回到洛阳，并专门建造了一间屋子，终日把玩此字，称这间屋子为"萧斋"。

后来诗、词中经常出现"萧斋""萧寺"，就源于此。

### 宫体诗

简文帝非常聪明，头脑敏锐。读书常常一目十行，诸子百家，经史典籍过目不忘。他一生写了许多文章，所作诗词，自己也认为太过于轻浮艳丽。因为所写内容多是宫闱中事，所以当时人称简文帝的诗为"宫体诗"。

### 宋帝刘昱嗜杀成性

宋后废帝刘昱骄奢淫逸，嗜杀成性，每日铁椎、凿锯等物不离左右，不管是男是女，杀之为快。一天不杀人，就觉得心里不舒服。因此朝廷内外，终日惶惶不安。

### 符坚夫人知兵

前秦皇帝符坚的夫人张氏，不知其为谁家之女，聪慧有才识。符坚将要大举入侵东晋时，张氏对他说："妾听说天地生万物，王者治天下，都是因为顺应自然的趋势，所以没有不成功的。现在朝野上下都说不能讨伐东晋，但陛下您却执意而行，不知出于什么原因？"符坚斥责道："军旅之事，不是妇人所应参与的。"于是仍大举南侵，张氏请求随他前往。

这天夜里，符坚梦见葵花生在城中。

第二天将此梦说与张夫人听，张氏说道："军队远道征战，主将难当啊。"苻坚又梦见大地向东南方向倾斜，又问张氏该如何解释，张氏说道："东边为左，地向东南倾斜，意思是说江左不能平复，您不要再南下讨伐了，这是失败的征兆啊。"苻坚还是不听。后来苻坚果然在寿春被打得大败，只他一人单骑逃回北方。

### 苻登后毛氏

苻登的皇后毛氏是毛兴的女儿，勇武强壮，擅长骑马射箭。

太初二年，毛氏被立为皇后。四年，苻登将毛氏及辎重留在大界营。姚苌率兵袭击大界营，营房被占领。毛氏弯弓上马，率领壮士几百人与姚苌死战，杀姚苌兵七百余人。但终于寡不敌众，被姚苌捉住。毛氏很有姿色，姚苌想将她占为己有。毛氏高声骂道："天子皇后，怎能为你这个仇敌所污辱，还不赶快杀了我？"说着仰天大哭道："姚苌无道，你先杀害了天子，现在又想污辱皇后，皇天后土，岂能饶恕你。"姚苌大怒，杀了毛氏。

### 发现墓中宝并侍姬

后凉时，有盗墓贼掘开了前凉王张骏的坟墓。盗贼们发现张骏的面容和生前一样，没有什么变化。这些盗墓贼从墓穴中发掘出了大量的真珠箧、琉璃盒、白玉樽、赤玉箫、紫玉笛、珊瑚鞭、玛瑙钟等物，其他水陆珍奇宝物不计其数。（《后凉录·吕纂载记》）

张骏的墓中还随葬了一名张骏生前的宠姬。这位宠姬的容貌也和活着的时候一样。墓穴刚打开时，这位女子的身上还微微有些温热之气，经风一吹，才渐渐凉了下来。

### 杨氏义烈

吕纂的妻子杨氏是尚书右仆射杨桓的女儿，在咸宁元年被立为皇后。杨氏不仅容貌美艳，而且很有气节。

吕纂被慕容超刺杀后，魏益多接着进来斩吕纂的人头。杨氏哭泣道："人已死，如土石，什么也不知道了，怎还忍心残害他的形骸啊？"魏益多不听，还是砍下了吕纂的首级并且对杨氏还大骂了一通。

杨氏带十几名婢女在城西埋葬了吕纂，正要离开皇宫的时候，慕容超担心她会携带珍宝，便派人搜查她。杨氏气愤地高声斥责道："你们兄弟之间不能和睦相处，互相残杀，还要连累于我。我早晚是要死的，珍宝对我又有什么用？"慕容超惭愧地没敢再搜查。他又问杨氏玉玺藏在什么地方，杨氏怒道："已经毁掉了。"

慕容超见杨氏美貌出众，便想将她娶过来。于是慕容超对杨氏父亲杨桓威胁道："杨皇后如果自杀的话，你的家族就要受到灾祸的牵连。"杨桓将慕容超的话告诉了女儿，杨氏冷笑道："您当初将女儿卖与氐族人以图富贵，给一个氐人就已经使女儿受够了侮辱，难道您还想让女儿嫁给第二个氐人，受第二次侮辱吗？"杨桓不敢强迫女儿嫁给慕容超，便自杀了。

### 驸马善医

庐江公主下嫁给了褚澄，褚澄医术高明。建元中褚澄为吴郡太守时，百姓李道念因公事到郡府。褚澄见到后对他说道："你有重病在身。"李道念回答说："过去患过伤寒病，至今已有五年了，许多医生都未能治好。"褚澄为他诊脉后，让他服用苏子。李道念才吃下去一服药，就往外吐东西，一看竟是鸡雏，羽毛、翅膀、鸡爪等一应俱全。褚澄又让他继续服药，共吐了这种像鸡雏似的东西13头，之后病就完全好了。人们对褚澄的医术大加称赞。

### 启棺交合

后燕皇帝慕容熙的皇后苻氏是苻尹

谟的小女儿。苻氏名叫苻训英，最初被封为贵嫔，备受宠爱，其他妃嫔无人能比。不久，苻氏便被立为皇后。

苻皇后喜欢游猎，慕容熙常陪她一起去野外打猎。在一次野外狩猎中，士兵被豺狼野兽伤害或被冻死的就达五千多人。

苻后去世时，慕容熙悲痛欲绝，如丧考妣，抱着苻后的尸首号啕大哭，边哭边说道："身体已经凉了，想不到皇后果真命归黄泉了啊！"刚收敛完尸首，慕容熙又打开棺材，跳进去与苻皇后的尸体交合。

苻后的葬礼办得极其隆重，皇帝慕容熙亲自穿着用粗麻布制成的丧服，治丧期间只吃简单的米粥。在宫内设苻后的灵位，命文武百官前往吊唁哀悼。慕容熙又令所有的和尚穿素服，以示哀悼。慕容熙还专门派人观察那些前来吊唁的人，看他们是不是真的悲伤。如果吊唁时痛哭流涕、泪流满面，就认为是忠孝之人；相反，如果吊唁时，没有流泪痛哭，就被认为是不忠不孝，按有罪论处。

### 苻后之虐

后燕皇帝慕容熙的皇后苻氏生性残虐。她盛夏之时想吃冻鱼脍，隆冬季节又想吃生地黄，每逢有这种念头，都要马上严令有关部门想办法去办到。如果不能满足她的要求，就会将有关办事人员处以极刑，真可说是残虐至极。

有一位大臣名叫杜静，因为慕容熙要为苻皇后建一座新的宫殿，结果竟导致土的价格与谷物的价格相同。杜静命人抬着棺材来到皇宫，抱着必死的决心向慕容熙极言劝谏。慕容熙不仅不听劝谏，反而恼羞成怒，竟真的将杜静杀掉了。

### 不做凡人妻

段氏字元妃，是段仪的女儿，从小温婉聪慧。一次，元妃对妹妹季妃说："我

将来决不做凡夫俗子的妻子。"季妃也说："妹妹我也决不做平庸之人的老婆。"周围的人听了只是笑笑而已，并不以为然。

内黄人张豺善于看相，见到段氏姐妹后，惊讶地对段仪说："您家的兴盛将取决于这两个女儿呀。"段仪听后非常高兴。因此便不急于为女儿找婆家，以至于两个女儿都20多岁了还没有嫁人。段仪的儿子段伦沉不住气了，对段仪说："张定怎么能知道她们姐妹会富贵，您怎能相信他，而拒绝别人求婚呢？"段仪说道："我等志向高远，所以才不急于让她们出嫁，为的是要给她们选择好的夫婿。"

不久，慕容垂娶了元妃为继室，备受宠爱。等到慕容垂夺取帝位后，元妃便被册封为皇后。范阳王也娶了委妃。这样姐妹二人都成了皇后，果然应了她们小时发的誓，也应了张定的预言。

### 石虎立太子

刘曜的小女儿年方十二，容貌出众。张豺得到她后，又将她献给了后赵皇帝石虎。石虎很宠幸她。

刘氏嫁给石虎后，生了一个儿子名叫石世，被封为齐公。张豺看到石虎年纪大了又体弱多病，就千方百计想让石虎立石世为太子，希望将来石世即位，刘氏成为太后，自己便能辅佐朝政，巩固地位。于是便去游说石虎道："陛下过去所立的王储，他们的母亲都出生于娼妓或贫贱之家，所以祸乱不断。现在您应挑选母亲出身高贵，儿子又孝顺的人立为太子才是啊。"石虎说道："爱卿暂且不要再说，我知道该如何去做了。"

石虎想让大臣们议论一下立太子这件事，石虎对大臣们说："我真想用三斛纯灰洗涤一下自己的肠子，为什么我专生不孝之子呢？儿子到了二十几岁，总是想着要杀掉他的老子，夺取皇位。现

在石世刚十岁,等到他二十岁的时候,恐怕那时我已经死了。"于是立石世为太子。

## 发美女三万人并石虎称帝

赵王石虎在邺郡兴建台观,又营建了长安、洛阳两个宫殿。发民工数十万人,搜罗了三万名美女充入后宫。各地郡县大多强夺人妻,为此而杀死那些美女的丈夫共三千多人。

石虎又命儿子石宣外出游猎,打着天子的旗帜,随行的士卒有18万人之众。石虎从远处望见,笑着对左右说:"我家父子如此强大,除非天崩地陷,否则还有什么可忧愁的呢?"

石宣沿途所过十五郡,郡郡府库都被搜刮一空。石虎又命石宣的弟弟秦公石韬接着。出巡,石韬也和他哥哥一样,大肆勒索民财,满载而归。

石宣忌恨石韬,便杀掉了他。石虎又杀害了石宣,情形极为残酷。

晋永和五年石虎称帝,篡夺了后赵政权。

## 楼上戏笑

后赵皇帝石虎令人在太极正殿建起了一座高40丈的楼阁,将珍珠串起来做成帘子,上挂五色玉佩,每当微风吹过之时,锵锵鸣响,清脆悦耳。盛夏之时,石虎登上高楼眺望四面八方,演奏金石丝竹之乐,日夜不断。

当时天气干旱,石虎又令人将杂宝异香舂成碎屑,让几百人在楼上吹散它们,称其为"芳尘台"。

楼上有铜龙,肚子里面可容几百斛酒,石虎令胡人在楼上用口喷酒,风吹过来时,从远处望去,如同雾气一般,称其为"黏雨台",用来洒尘土。楼上戏笑之声,响入空中。

## 石虎御床御座并扇

后赵皇帝石虎的御床方三丈,冬季设熟锦流苏斗帐。帐的四角各置一纯金龙头,龙口衔五色流苏,有的用青绨光锦制成,有的用绯绨登高文锦制成,还有的用紫绨大小锦制成。在熟锦流苏斗帐之外还有一层帏帐,用120斤纯白色锦丝织成,名叫"复帐"。"复帐"的四角各置一纯金银凿镂香炉,香炉中用石墨烧集和名香。"复帐"的顶上又有一金莲花,花中悬金箔织成的缥囊;缥囊的容积约为三升,用来盛香。帐的四面各垂十二只香囊,色彩都相同。

御座全都雕漆图画,上绘五色花朵。宫殿前设铁灯120盏。

石虎所用障尘蔽日的长柄扇,名叫"云母五明金箔莫难扇"。每当石虎出巡时,便有人在他所乘之车周围掌起此扇。石虎有时也用"牙桃枝扇",这种扇的扇面有的是竹色,有的是绿沉色,有的是木兰色,还有的是紫绀色或郁金色。

## 陈逵妹长发

后赵皇帝石虎的宠姬陈氏是别驾陈逵的妹妹,才华容貌都很出众,头发长七尺。石虎很宠爱她,封她为夫人。

## 郑樱桃谗妒

后赵皇帝石虎的宠姬郑氏名叫郑樱桃,原来是东晋兄从仆射郑世达家的歌伎。石虎常在太妃面前赞叹郑樱桃的美貌,太妃便答应将她送给石虎。

樱桃嫁给石虎后,生下太子石邃及东海王石宣、彭城王石遵。石虎为魏王时,称郑氏为魏王后。等到登上天王的宝座后,石虎又立郑氏为天王皇后。太子石邃因残暴被诛杀后,郑氏也被废黜了。

郑氏生性善妒,当初石虎攻下中山后,娶了征北将军郭荣的妹妹为妻,二人相敬如宾。郑氏很是嫉妒,竟向石虎进谗言杀了郭氏。

## 崔氏女惨死

后赵皇帝石虎娶清河崔氏的时候,

郑樱桃刚生下一个男孩儿。崔氏请求将孩子交给她抚养,希望以此博得郑氏的欢心,但郑氏没有同意。

一天,孩子突然得暴病死了,郑氏又向石虎进谗言,说崔氏在外养别人的孩子。石虎当时正坐在庭院中的大床上,听了郑氏的谗言后不禁大怒,于是取来了弓箭。崔氏听说石虎要杀掉自己,赶忙光着脚来石虎面前,向他哭诉哀求道:"您千万不能枉杀了妾啊,乞请您听我把话说清。"石虎根本不愿听她解释,只是说:"快回到座位上,这事与你无关。"崔氏听了以后以为没事了,便转身离开,还没走到座位上,石虎便从后面向她射了一箭,正好射中崔氏的腰部,崔氏当时便死了。

不久,石虎去世,石氏宗族大乱。石遵废掉了太子石世,自立为帝,尊奉郑氏为皇太后。没过多长时间,石遵又被冉闵诛杀了。

### 刘氏辅石勒

后赵皇帝石勒的皇后刘氏是侍中刘闺中的妹妹,石勒将其娶为妻子。刘氏不仅容貌美丽出众,而且颇有德行。

张裈在襄城发动叛乱时,刘氏拔剑将张裈斩杀,石勒靠刘氏的保护才得以脱身。

刘氏天姿聪明,富有才干,在处理国家大事,辅佐石勒建立功业方面,起了很大作用,很有汉初吕后辅汉之风。而且她又温柔和善,毫无妒嫉之性,在这方面又远胜过吕后。

建平元年,刘氏被石勒立为皇后。石勒死后,石弘即位,刘氏又被尊为皇太后。

不久,石虎大权独揽,把持朝政,将刘氏迁到崇训宫居住。刘氏内心深为国家担忧,便与彭城王石堪谋划,打算征发士卒讨伐石虎。但计划被泄露,石虎抢先下手,将皇太后刘氏废黜并杀害了。

### 石虎治皇后浴室

建武二年,后赵皇帝石虎为皇后修建了三间浴室,整个建筑雕梁画栋,刻金镂银,极其华丽。

室中临池,设有石床,谓之"浴台"。按春、夏、秋、冬四季,设四时浴室,均用玉石、玉藻等名贵石材砌成堤岸,或用琥珀、车渠等物制成瓶勺。

夏季时引外沟之水,注入池中。用沙縠做成小香囊,里面装上百杂香,浸入水底;有时也用葛布做香囊,放在水底。

隆冬之季,则制铜屈龙数千枚,各重数十斤,将它们烧红后,投入水中。这样一来,池水就总能保持恒温。然后再将池中温水引入浴室中,称之为"燋龙温池"。

又用文锦障遮蔽浴室,石虎与宫女、宠姬脱光衣服,赤身裸体在其中淫乐戏耍,常常通宵达旦,夜以继日。还美其名曰:"清嬉浴室"。

洗浴后的脏水被引出宫外,其引水之渠称为"温香渠"。渠外之人,争相前来汲取渠水带回家中,家人莫不欢欣鼓舞,乐不可支。

### 临轩简女

后赵皇帝石虎增置女官,大肆征发民女三万余人。各地郡县为了极力奉承,更是变本加厉地掳掠美女,抢夺的有夫之妇竟达九千多人。平民百姓的妻子如果容貌出众,当地豪绅权贵就趁机威胁霸占。很多妇女遭受污辱之后,含恨自杀。石虎的儿子石宣和一些王公大臣又私自下令采选了一万多名美女。

从各地征发来的美女全都被集中到邺宫,石虎登楼临轩,挑选美女。得到如此多的美女,石虎不禁心中大喜,下令加封负责征发美女的使者12人为列侯。

从开始征发至押解美女回到邺城,在这段时间内,负责征发的将领们杀害美女的丈夫,以及霸主抢夺后又缢死的美女就有三千多人。荆楚地区，杨徐间率民发动起义，当地郡守因不能招降义军，竟大肆抓捕平民百姓，将他们投入监狱，最后被处死者超达五千人。

光禄大夫逯明直言劝谏，石虎竟勃然大怒，命部下将逯明拖出宫外杀害。从此，朝中大臣个个三缄其口，无人再敢多言，只为保官保命。

### 道武帝谴责贺夫人

北魏道武帝拓拔珪迷信方术之士的鬼话，服用了寒食散。结果药力发作，异常暴躁，喜怒无常，经常亲手用刀杀人。

一天，道武帝因一件小事便大加谴责贺夫人，以致要将她杀死。贺夫人把这事告诉了儿子拓拔绍。拓拔绍平时为人凶狠，听了母亲的话后，连夜进入皇帝卧室杀掉了拓拔珪。

拓拔珪的长子拓拔嗣又诛杀了拓拔绍，自立为帝，这便是明元帝。

### 胡太后逼淫

杨华本名叫杨白花，投奔梁朝后才改叫杨华，是北魏名将杨大眼的儿子。

杨华年轻勇武，容貌英俊。北魏胡太后强迫他与自己私通，杨华害怕灾祸临头，便率领家族逃离了京城洛阳。胡太后很是思念他，作了一首《杨白花歌》，让宫女们昼夜学唱。

### 胡太后用事

北魏孝明帝的贵嫔潘氏名叫潘充华。潘氏生了一个女儿，胡太后却对外人诈称说生了个皇太子。

胡太后派人给自己的亲生儿子孝明帝元诩送去毒酒，将他杀害。之后，又立临洮王元宝晖的长子元钊为帝。元钊当时仅三岁，胡太后之所以立他为帝，是为了更进一步把持朝政，独揽大权。

由于孝明帝元诩渐渐长大成人，胡太后越来越担心自己不能再独揽大权，因此，凡是孝明帝所宠爱信任的大臣，她都以种种事由将他们除掉。竭力使孝明帝耳目壅蔽，不能了解外面的事情。这样一来，母子二人互相猜疑，隔阂积怨越来越深。为了保住自己的地位，所以胡太后才不惜进献毒酒将自己的亲生儿子孝明帝杀掉。

### 窟室妇女

北魏太武帝拓拔焘到长安后，一天来到了一座佛寺。寺里的和尚给太武帝的随从喝酒，引起了太武帝的怀疑。于是领人进入和尚的住室，发现了许多兵器。太武帝大怒，命令有关部门按法令诛杀全寺和尚。抄检寺院财产时，发现了许多酿酒的器具，还在地下室搜出了很多妇女。太子拓拔晃平素喜好佛法，便利用职权延缓宣布诏书，使该寺和尚大多逃亡，幸免于难。该寺查抄后，塔庙也一并烧毁了。

### 无愁天子

北齐皇帝高恒不善言谈，说话结结巴巴，如果不是特别宠幸的亲信，根本不与之交谈。他喜欢弹琵琶，弹些无忧无愁的曲子，周围奉和者上百人，民间称他为"无愁天子"。

这位"无愁天子"还在华林园内设立一贫儿村，自己穿着破烂的衣裳，在村中行乞，以此为乐。在他统治期间，那些既无才能，又无道德，完全靠投机得到富贵的人数以万计，甚至连狗、马或鹰等也有"仪同""郡君"等官职。

### 拳不可开

乐陵王高百年是北齐孝昭帝的次子。一天，太阳周围有两圈白虹围绕，这两圈白虹又横贯天空，久久不散，而且大白天天空中还有赤星出现。武成帝用一盆水映着星星盖上盖儿后，一夜之间盛水的盆子自己就破了。武成帝想让高百年来驱散邪气。当时正赶上博陵人贾德胄教高百年写字。高百年曾写过几个

"敕"字,贾德胄将百年写的"敕"字拿去给皇帝看。武成帝见了大怒,派人传百年召见。高百年知道自己难逃一死,便割掉了一块衣袖留给妃子斛律氏保存作为纪念。

高百年见到皇帝后,皇帝让他写"敕"字。经验证,确实跟贾德胄上奏给皇帝的"敕"字相符。于是皇帝便命人用棍棒狠狠地痛打高百年,又让人拖着高百年绕殿堂边走边打,所过之处,鲜血淋漓。高百年被打得奄奄一息,对武成帝哀求道:"请皇帝饶命,就让我为叔叔您做奴隶吧。"武成帝还是将高百年杀掉了。尸首抛在池塘中,池中的水全染红了,最后才将尸体埋在后花园内。

高百年的妃子斛律氏手握高百年留下的那块袖头哀号不已,一个多月不吃东西,最后也死了。死时那块袖头仍握在手中,由于攥得很紧,拳头掰都掰不开。最后,只有斛律氏的父亲斛律光才将女儿的手掰开。

### 高后梦日

孝文昭皇后高氏是司徒公高肇的妹妹,父亲名叫高扬,母亲盖氏。文明太后亲临北部曹时,见到高氏姿貌美丽,便将她纳入掖庭,当时她年纪只有 13 岁。

高氏年幼时曾梦见自己站在堂口,日光从窗中射进来照在自己身上。连着好几个晚上都做这样的梦,高氏感到很奇怪,便告诉了父亲高扬。高扬以此事问闵宗,闵宗说道:"太阳是统治人的象征,是帝王之象,阳光照在您女儿的身上,看来您女儿将来必定会受到皇帝的恩宠。"后来高氏果然被选入宫中,立为皇后,生下了世宗和广平王元怀。

### 库中受娠

文成元皇后李氏,她的母亲是顿丘王元峻的妹妹。李皇后天姿颖慧,容貌美丽。世祖南征永昌时,王仁率军从寿春出发,大军行至李氏的家时,王仁发现李氏长得很美,便将她留在自己身边。后来王仁镇守长安,因事被诛杀,李氏与其家人一起被送到了平成宫。

### 淫妇不肯死

孝文帝去世后,北海王元详奉孝文帝遗旨派长秋卿白整等人前往后宫给幽皇后送去毒药让她自尽。幽皇后边逃边喊,不肯服从并说道:"皇帝怎么会有这样的遗旨呢?一定是那些诸侯王想杀我罢。"白整等人抓住她,强迫她喝下毒药。她这才含药而死。

咸阳王元禧等人验视之后说道:"如果没有孝文帝的遗诏,我等兄弟也当设法除掉她。怎能让这样无德行的妇人控制天下,宰杀我们这些人呢?"冯氏死后,谥为幽皇后。

### 兔在后宫

一天,后宫出现了一只小兔子,宫人检查了所有的地方,也不知从哪里进到后宫的。皇帝便让崔浩占卜一下此事,崔浩认为将有邻国向中国进贡嫔嫱。第二年,姚兴果然前来进献美女。

### 高丽婢奸通

北魏北海王元详曾与安定王元燮的妃子高氏私通。高氏是茹皓妻子的姐姐。元详严令左右,不得泄密。元详既平素依附于茹皓,又与其姊私通,两人关系十分密切。

后来,元详被高肇所劾,说他与茹皓等勾结阴谋叛乱。世宗于是命中尉崔亮负责调查元详与茹皓等人谋反之事,不久便将元详软禁起来。

元详刚被软禁时,就将自己与元燮的妃子高丽私通之事告诉了母亲。母亲听后大怒,严厉痛骂道:"你自己有妻妾侍婢,个个都貌美如花,为什么竟然还跟高丽那骚女人勾搭成奸,以致酿成现在这样的大罪!我若得到高丽,定要扒她的皮,吃她的肉!"说完杖打元详后背及两腿百余下，以解心头之气。

## 夹领小袖

北魏孝文帝召见王公太臣，责怪留守京城的官吏道："我昨天看到妇女们的服装仍是夹领小袖，我到东山虽然还不到三年，但已经超脱于寒暑冷热了，你们这些人为什么违背我以前的诏令呀？"

## 妇人着小襦袄

孝文帝元宏回到洛阳后，召见公卿大臣。孝文帝对他们说道："建设国家、治理国家的根本是在于要礼教为先。我离开京城以来，礼孝是不是每日都有所提高啊？"元澄回答道："我认为每日都有所提高。"孝文帝说："朕昨天进城后看到车上的妇人头戴帽子，身穿小襦袄，这种情况，尚书为什么不考察一下呢？"元澄说道："穿小补襦袄的妇人毕竟比不穿小襦袄的妇人少。"孝文帝说道："真是岂有此理！难道你任城王还想让所有的女人都穿小襦袄吗？孔子说过：'一言可以丧邦。'大概就是指你这种情况吧。可以让官吏记下你这些言行了。"

## 后主宠淑妃

冯淑妃名叫小伶，原来是穆皇后的婢女。穆后失宠后，于五月五日将小伶进献给了后主高纬，称之为"续命"。

淑妃聪明伶俐，能弹琵琶，擅长唱歌跳舞。后主很迷恋她，坐则与之同席，出则与之并驾，恨不得死也埋在一起。

## 弦断赋诗

北齐后主高纬将淑妃赐给代王高达后，淑妃深得高达宠幸。

一次，淑妃正弹着琵琶，忽然弦断了，便赋诗一首。诗中写道："虽蒙今日宠，犹惜昔时怜。欲知心断绝，应看胶上弦。"

## 小字黄花

北齐后主高纬的皇后穆氏名叫耶利，小字黄花，后来改名叫舍利。原是耶律皇后韵侍婢。她的母亲名叫轻霄，原来是穆子伦的婢女，跟宋钦道私通后生下了穆皇后。所以关于穆皇后家族的情况，没有什么人知道。

## 珍珠裙袴

北齐之时，武成帝给胡皇后做了一件真珠裙袴。所花费的珍珠不可胜计，后来被火烧掉了。后主高纬即位后，穆皇后又给胡太后做了一件。

## 七宝车

周武帝母亲去世后，北齐后主诏令侍中薛孤、康贤等为前往北周吊唁的使者。又派遣商明带着锦彩三万匹随从吊唁使者同往，目的是想从北周买到珍珠，为皇帝造七宝车。北周不愿与北齐做交易，但北齐竟也造成了七宝车。

## 胡后与沙门私通

北齐武成帝时，胡皇后还没有被尊为太后。胡皇后经常与宫中的太监们勾勾搭搭，眉来眼去。武成帝很宠幸和士开，经常跟他在一起商议事情。和士开因此有机会与胡皇后勾搭成奸。

武成帝死后，胡后多次到佛寺进香，又跟和尚昙献勾搭在一起。胡后在昙献的褥席下放满了金钱，又在昙献的屋中放置了一张用宝物装饰的胡床。

## 尼是男子

北齐时，武成胡皇后常在内殿安排上百名僧人，表面是听讲佛经，实际上却是日夜跟昙献和尚私通。

后主听人说太后不自重，开始还不相信，后来在朝见太后时，见到两个小尼姑，很是喜爱，便将她们召来，验视后，发现她们原来竟是男子。于是胡太后与昙献私通之事终于被发现了，昙献等人都被诛杀。胡太后还曾与元山王三郡君私通，这次把元山王三郡君也一起杀了。

## 使婢通意

神武明皇后娄氏名叫娄昭君，从小

便聪颖慧悟,许多豪门大族向她求婚,她都不肯答应。

一次,娄氏看到神武帝在城上干活儿,惊喜地说道:"这个人才是我的丈夫啊。"于是让婢女为她向神武帝传递爱的信息。

### 产帐鹊鸣

北齐武成皇后胡氏是安定人胡延之的女儿。她的母亲卢氏怀她时,有一位胡僧对她母亲说:"这座宅院里葫芦中有月亮。"卢氏不久便生下了胡氏。胡氏生下后三天,有鹗鸟在产床的帷帐上鸣叫不已。

### 有孕必梦

神武明皇后共生有六男二女,每次怀孕时总会梦有所见。怀文襄帝时梦见一条断龙;怀文宣帝时梦见一条龙首尾与天地相连,张着大口,转动着双眼,样子非常吓人;怀武成帝时梦见一条大龙在大海中遨游;怀孝昭帝时梦见一条小龙在地上蠕动;怀襄城、博陵二王时,梦见老鼠钻入衣服中;怀两个女儿时,梦见月亮进入怀中。

### 击破公主车

北魏孝庄帝的姐姐寿阳公主有一次在路上行车违反了路规,被正在巡逻的中尉道穆打坏了车子。公主哭泣着将这件事告诉了孝庄帝,孝庄帝说道:"道穆很正直,我怎么能因私情而责怪于他呢?"

### 宠佞杀重臣

宣武帝元恪即位时只有16岁。他即位后,一反孝文帝信忠惩佞之大计,专宠奸佞,排斥忠臣,先后罢黜了孝文帝死前安排的六位辅政大臣,而让茹皓、王仲兴、寇猛、赵修、赵邕及外戚高肇等开始专政。在宠臣中,元详、茹皓、高肇三人尤为受宠。北海王元详骄奢淫逸,喜好声色,贪图财利,永不满足。他到处营建宅地,夺占别人房屋,朝廷内外怨声载道,因他是元恪的叔父,故元恪对他的奏请无不答应。冠军侯茹皓,因为心眼灵巧受到宠爱,宣武帝元恪宣布他有事可以直接来奏,因此,他肆无忌惮地弄权作弊,收受贿赂,朝野上下无不怕他。高肇是宣武帝元恪的老丈人,结党营私,拉拢亲信,凡是投靠他的人,十天半月就可破格升官。茹皓的妻子是高肇的堂妹,元详的堂姊是茹皓妻子的姐姐,且元详又和他的堂姊私通。于是,元详、茹皓、高肇三人关系更加密切,串通一气,相为表里,一起弄权,使得其他王公大臣都很少有进见皇帝的机会。

宣武帝对奸佞如此宠信,对于辅国重臣却说杀就杀。其中突出的例子要算彭城武宣王元勰了。

武宣王元勰是孝文帝时期的重臣。孝文帝临死前,曾亲对司徒元勰道:"冯皇后长久以来不守妇道,乖违后德,我死之后,可以赐她死,以皇后的礼仪安葬,庶可免去冯氏家门之丑。"并亲手给太子元恪写下诏令:"你的叔父元勰,以自己的言行树立一个很好的榜样,所以被授官以资鼓励,其节操如白云一样纯洁;他不贪富贵,以官爵视为身外之物,其索心如松柏翠竹。朕从小和他一起相处,从不忍分离。朕离开人世之后,你要准许元勰辞去官职,脱身俗务,以顺从他谦虚自抑的性格。"孝文帝死后,元勰遵遗嘱赐冯皇后死,为元恪铲除了再次太后临朝专政的障碍;又和任城王元澄一起把元恪扶上了皇位。就是这样一个辅国功臣,于公元508年皇帝立高妃为皇后时,曾再三劝谏不可,但元恪不听。外戚高肇因此对元勰恨之入骨。于是,高肇便多次在宣武帝元恪面前进谗言诋毁元勰,诬告元勰和元愉勾结谋反,并收买元勰手下的魏偃、高祖珍到皇帝那里为其诬告做证。9月18日。宣武帝元恪召元勰赴宴。夜深,元勰酒醉后,宣武帝令其就地休息。不一会,便有人带武士送来药酒。元勰道:"我没有罪,希望能见皇帝一面,死而无恨!"来人道:"圣上是不会再见你的了。"元勰道:"皇上圣明,不应该无缘无故地把我杀死,我乞求与诬告我的人当面对质!"武士闻言,当即用刀环向元勰脸上打去。元勰大声哭道:"皇天,我冤枉啊!我这个两代忠臣,今天竟要如此不明不白地被杀害了!"武士上前又打,元勰见申辩无用,只好将药喝下,当场毙命。为此,朝廷之内,无不为武宣王之死唉声叹气,连行路男女皆流泪哭泣道:"是高肇杀害了辅佐两朝的贤王啊!"宣武帝如此宠信奸佞,杀害忠良,朝政随之更加腐败不堪。

公元 515 年 1 月,宣武帝元恪病死,时年 33 岁,在位 17 年。元恪死后,由他的次子元诩即位,是为孝明帝。

## 死于母后

孝明帝出生于公元 510 年,515 年即位,时年 6 岁,528 年被杀,时年 19 岁。

孝明帝元诩即位时年仅 6 岁,由其生母胡太后临朝听政。这胡太后名胡充华,崇信佛教,大兴寺塔,以在皇宫侧造永宁寺更为宏伟,并在龙门开凿佛龛,耗费不计其数。上行下效,皇亲、权贵亦竞相淫逸,加之连年旱、水灾不断,地方官吏贪污苛剥,使得百姓饥寒交迫,命不保夕,于是盗贼四起,天下皆叛。这太后虽颇信佛教,但耐不得年轻守寡,又有大权在握,便觉得没有办不到的事情。她见清河文献王元怿年轻俊美,仪表堂堂,便逼其与己私通,淫乱后宫。公元 520 年 2 月,太后与元怿淫乱的风声传到了孝明帝元诩的耳中,他虽年仅 10 余岁,也已懂世故,觉得面子上很是难堪,便心恨太后,更恨元怿,便与侍中、领军将军元义、卫将军刘腾设计诛杀元怿,撤去母后临朝听政的权力,自己亲政。元义和刘腾

合谋,让主食中皇门胡定自己供认:"元怿贿赂我,让我毒死皇上,许诺他当了皇上,使我永享富贵。"孝明帝一听当然相信,便于 7 月 4 日行动,突然袭击,将元怿抓住杀掉,将胡太后囚禁在宣光殿。从此,元义、刘腾乘机辅政擅权。523 年 3 月,刘腾因病去世,朝中由刘义一人专权。525 年 2 月,胡太后以要削发为尼为借口,让明帝放自己出去。明帝以为母亲真的要削发为尼,哭诉阻止,又想到元怿反正早已被杀,便解除了对胡太后的囚禁。胡太后解禁之后,又设计除掉元义,自己重新临朝。随后,她又开始宠幸郑俨、徐纥、李神轨等人,把孝明帝身边的亲信一个一个逐出,对皇帝严加控制,孝明帝的亲政权又落了空。这样一来,孝明帝和母后又产生了新的矛盾。

孝明帝很讨厌郑俨、徐纥等人,逼胡太后将他们除掉,但胡太后不答应。公元 528 年 2 月,孝明帝便秘密下诏命驻镇晋阳(山西太原市)的讨虏大都督尔朱荣发兵洛阳,以此胁迫胡太后交权。当尔朱荣兵至上党(今山西长治市)附近时,孝明帝又密令其原地待命。然而正在这时,徐纥、郑俨听说尔朱荣发兵洛阳,知其是奉旨针对自己和胡太后而来,十分害怕,急忙找胡太后密谋杀害孝明帝元诩。元诩死时年仅 19 岁,谥孝明皇帝。

## 投河被杀

元钊是孝文帝拓跋宏嫡孙,临洮王元晖世子,出生于公元 525 年。

前已有述,公元 528 年 2 月,胡太后与他的情夫郑俨、徐纥合谋,杀死了她的亲生儿子孝明帝元诩。为了把持朝政,胡太后立后宫明帝妃潘氏刚刚生下的女儿为帝,没过一天,胡太后见朝中议论纷纷,她自己也觉得说不过去,便又急忙下诏道:"潘妃所生本是女孩,不宜为帝,临洮王元晖世子元钊系高祖嫡孙,理当为

帝。"27日，胡太后让年仅3岁的元钊即位，史称幼主。幼主不懂事理，胡太后临朝听政，当然也就顺理成章了。

胡太后立3岁的小皇帝即位，目的是长期把持朝政。然事情却不像她想得那么顺当。消息传到上党(今山西长治市)，尔朱荣乘机以讨伐太后为由，于3月起兵进军洛阳。四月，尔朱荣到达河阴后，又和并州刺史元天穆商议，立彭城武宣王的儿子元子攸为帝。4月12日，尔朱荣攻入洛阳，胡太后知已山穷水尽，为保活命，急忙落发为尼，遁入空门。然尔朱荣却不管这一套，4月13日，派骑兵抓获了胡太后和幼主元钊，将他们送到河阴，沉入黄河之中淹死。当时，幼主在位只两个月。

### 河阴之变

孝庄帝元子攸，生于公元507年，卒于531年，是北魏彭城王元勰的第三子，526年8月袭封长乐王。他的即位完全是一种巧合，是尔朱荣乘北魏宫廷之乱，企图篡夺帝位，在进军洛阳途中临时被推上帝位的。

且说胡太后杀死孝明帝，立只有3岁的元钊为帝后，遂派尔朱荣的堂弟尔朱世隆北上，命令尔朱荣的军队还镇。

再说尔朱荣听说孝明帝已死，对元天穆道："皇上去世了，是奸佞之人杀害的。现在又立了一个还不会说话的幼儿为帝，国家怎会安宁？我决心率军进京，哀悼皇帝，除掉奸佞小人，重立一个年龄较大的皇帝。"元天穆道："这真是伊尹、霍光今日再生啊！"接着，尔朱荣又上书朝廷，声称："皇帝离开人世，天下人都知道是被毒酒害死的；接着又立刚生下的女婴为帝，反又改立孩童为帝，实际上这都是为让奸佞臣子把持了朝政。希望朝廷允许我进京，参与商讨国家大事，访查皇帝死亡的真正原因，除去奸佞，以雪天下之耻，尔后重立新帝。"正好这时，尔朱

世隆来到。尔朱荣的野心已很明显，看了诏书，当然不依，并决定将尔朱世隆留下。尔朱世隆道："朝廷现在就怀疑你有野心，所以才派我来试探，现在你让我留下，京城就会做好准备，您进京就费事了，这不是好计策。"于是，尔朱荣假装同意回军，又让其回去了。接着，尔朱荣继续进军。于528年4月9日，尔朱荣到达河内(今河南沁阳)，迎来长乐王元子攸；4月11日，尔朱荣渡黄河至河阴(今河南孟津东北)，立元子攸为皇帝，尔朱荣自封为侍中，都督中外诸军事。4月12日，尔朱荣兵进洛阳之后，一方面召集大臣迎接新皇帝元子攸，一方面派人入宫拘捕胡太后及幼主元钊，随后，又命人将他二人沉入黄河淹死。4月13日，尔朱荣以迎接新皇帝为名，将满朝文武召集在护城河上，又以祭天为名，斥百官不能匡扶社稷，致使天下大乱，明帝被害。随后，派军将其包围起来，将十多位有名望的元氏诸王及2000余名大臣将士全部杀害。这就是历史上的"河阴之变"。

4月14日，尔朱荣拥元子攸登上太极殿即皇帝位，下诏宣布大赦，改元为建义，是为孝庄帝。

### 疯疯癫癫

北齐文宣帝高洋刚刚立国的时候还能励精图治。一切政务简便稳定，尊贤敬能，坦诚待人，故文武百官都能自觉地尽其能为国效力。然没过几年，这文宣帝高洋渐渐以为功成业就，遂嗜酒淫逸肆行狂暴，达到了癫狂程度。他有时亲身歌舞，尽日通宵；有时披散头发，肩红挎绿；有时身体裸露，涂脂抹粉；有时又骑牛跨驴，纵驰奔跑，洋相百出。一旦想开心取乐，他便广召娼妓，令其脱去衣服，当场让侍从官任意戏弄；诱得自己淫性勃发，便不分场合，让娼妓卧于榻上，任意奸淫；遇有稍微不从者，便拔刀杀死。有一天，他忽然想起他的哥哥高澄

曾调戏过他的妻子，便愤然道："我兄昔日戏我妇，我今必报。"随入嫂子元氏卧室，以刀相逼，让其脱去衣服，强行奸淫。提起他的肆意杀人，更是令人发指。他曾在大庭广众之下召见都督韩哲，什么罪也没有，便让人拉出去杀掉。他派人制造大铁锅、长锯子、大锉刀，摆入宫庭，一旦喝醉了酒，便动手杀人，以此作为游戏取乐。愔情怕他滥杀无辜，只好选一些死罪囚犯，关在宫殿左右的木帐内，供其酒后杀戮。北齐有一术士曾对他说："亡高者黑衣。"他问左右："何物最黑？"左右对曰："黑无过于漆。"他想起兄弟高涣排行为七，"七"与"漆"同音，便将其抓到邺城杀掉。

### 皇帝戏母

文宣帝变得如此癫狂残暴，他的母亲娄太后十分生气。有一次，文宣帝高洋又发酒疯，娄太后举起拐杖打他，并骂道："你的父亲英雄一生，没想到竟生了这么个混账的儿子！"文宣帝边逃边指着母后大声说道："看来我早晚得把这老母狗嫁给胡人！"把他的母亲气得死去活来。高洋见母亲生气不再理他，也有些后悔，便进宫向其谢罪，但娄太后怒气未消始终不予理睬，高洋自觉没趣，便饮酒解闷，刚有醉意，忽地想起一招儿对左右道："我今定要母亲发笑！"说着便进入母后宫内，爬到母后床下，用身体把床顶了起来。母后未加防备，一下子便从床上掉了下来，跌倒在地。待宫女将其扶起，娄太后已摔了个鼻青脸肿，受了重伤。娄太后怒上加怒，立即让宫女扶着，拿起拐杖，一拐一拐地追打高洋，将他轰出宫外。

公元 559 年 10 月 10 日，文宣帝高洋终因荒淫残虐无度，酒后中毒而卒，时年 31 岁，在位 10 年。

### 叩头求饶

高演生于公元 535 年，高欢第 6 子。

公元 560 年 8 月，孝昭帝高演设计将他的侄子高殷赶下了帝位，又将其掐死，自己夺位做了皇帝。忽然有一日，他似乎良心发现，后悔莫及。他记起，文宣帝高洋弥留之际似乎已经看透了他定要夺位的野心，为此曾明确跟他说："要夺位也随你去，只是不要杀死我的儿子。"他杀杨愔等辅佐大臣时，侄子高殷哀求道："杨愔等人，随叔父处置，只要给侄儿留下一条命，我自己下殿走开便是。"他的母亲娄太后同意他夺权称帝，但也求他给孙子高殷留下一条性命。然而，他最终还是把高殷杀死了，特别当他听说送去药酒，高殷不喝，便被活活掐死的情景后，不仅感到后悔，而且感到肉跳了。561 年 9 月，李昭帝派人弑侄子高殷，10 月在一次出去打猎时，摔下马来，跌断了肋骨，他自以为和杀侄儿有关。娄太后听说儿子摔伤，前去探望，顺便问他济南王高殷现在哪里，孝昭帝心中有鬼，不敢回答。娄太后一看，心便明白了，不由得勃然大怒道："难道你真忍心把他杀了？你要夺位称帝，我同意，但让你留他一条活命。谁知你不听我的话，还是把他杀死了！你现在摔断了肋骨，说不定就是他们父子向你索命来了，死了活该！"一句"索命"，说到了孝昭帝高演的心病，待娄太后走后，他便觉心神不宁，神情恍惚，神志不清。他一会儿似看到一名夜叉，披头散发，手执利戟，向他刺来，吓得他大声呼叫；一会儿似见他的哥哥文宣帝走来："还我儿命来！"一会儿似见废帝高殷走来："叔叔，你杀我的手段好毒呀！"一会儿，被他杀死的辅佐废帝的几位大臣杨愔、燕子献走来向他索命……孝昭帝吓得冷汗淋漓，面色灰白，不住向这些冤鬼叩头求饶；侍从刚刚将他扶起上床休息，但刚一合眼，便似见这些冤鬼又来了，遂又叩首求饶。

11 月 2 日，孝昭帝忽觉伤处痛极难

忍,自知不保,便下诏让他的弟弟高湛即皇帝位,并在诏书中说:"高百年(他的儿子、太子)没有罪过,你要好好安置他,不要再学前人的样子。"他知道太子幼小难保帝位,故立其弟,以保住儿子性命,其条件是高湛不要像他杀侄子高殷那样再杀他的儿子。嘱毕,便大叫一声,绝气而亡,年27岁,在位仅14个月。

### 盗嫂丢后

高湛,高欢第九子,生于公元537后,公元569年病死。他是孝昭帝高演的同母弟。文宣帝高洋在位时,高湛被封为长广王,拜尚书令;废帝高殷时,封太尉、大司马、并省禄尚书事。孝昭帝高演夺位时,曾答应即位后立高湛为皇太弟,将来接替他的皇位,可是高演即皇位后,却立自己的儿子高百年为太子,没立高湛为皇太弟。对此,高湛心中愤愤不平。高演死时在晋阳,高湛守邺城,接到让他当皇帝的诏书,不肯相信,因为高演的儿子早已被立为太子,故自己做梦也没想到这辈子能当上皇帝。他派人去晋阳以证虚实。证实后,他当然心中狂喜不已,立即急驰晋阳,于561年11月11日在南宫即位,是为武成帝。他即位后,降封前太子高百年为乐陵王,册立胡妃为皇后,立儿子高纬为太子。

武成帝高湛即位后,残暴淫乱,他辱嫂丢妻的故事便是其人这方面的一个写照。

且说高湛561年11月11日于晋阳即皇帝位后,次年(562年)1月回到京都邺城,举宴招待群臣。他喝得东倒西歪,被人扶着去后宫。众嫔妃听说皇帝驾临,争先恐后出来迎接。高湛也是个酒色之徒,见到这些浓艳粉黛,花红柳绿,早已魂魄飞荡,便狞笑道:"此处勿讲家常人礼,尽可脱略形迹,休得迂拘。"说着,便左拥右抱,丑态毕露。他醉眼蒙眬中,忽见上座有一佳人,甚为稳重;虽看

第三编 三国两晋南北朝野史

上去年龄稍大一些,但其雪肌桃面,绰约丰姿;再细一看,却是皇嫂李皇后(文宣帝高洋之妻,又称文宣皇后,居昭信宫),虽然为其美貌魄荡魂驰,但毕竟是皇嫂,又当着众面,只好按捺住情欲。过了一日,高湛按捺不住对皇嫂的垂涎,便在这日黄昏,不带随从,悄悄来到昭信宫。文宣皇后一见,知其来意,甚为害怕,道:"陛下身为天子,难道就不顾欺兄盗嫂之名吗?"高湛道:"你若不从,我便杀了你儿子!"说着,竟着仗年轻力壮,上前将李皇后抱入寝帐。到此时,李皇后也只好屈从。

高湛这边威逼皇嫂成奸,那边却丢了胡皇后。

胡皇后原为安定人胡延之女,被选为长广王妃。胡妃虽然容貌一般,但床上功夫淫技盖世,极得高湛欢心,故高湛即位后,将其立为皇后。武成帝那边由于对皇嫂分心,便冷落了胡皇后,这胡皇后耐不住寂寞,也只好猎取新欢。给事和士开生得俊俏,平时为高湛所宠,常侍左右,与胡后也很亲密,但由于过去高湛与胡后甚为相爱,和士开无机可乘。今高湛常去盗嫂,胡后乘机将和士开引入宫内,贿通宫女,只瞒住高湛一人。二人一见,便似故旧,无须寒暄,便入轨道。和士开弄得胡后心花怒放,遂海誓山盟,决心永做露水夫妻。日久,高湛对胡后所为也有所闻,但怕胡后责他盗嫂,故也只装作不知,胡后乘机在高湛面前常美言和士开,高湛竟又升和士开为黄门侍郎。

日久,胡后生子纬,被立为太子。

同时,李皇后也生一女。生前,太原王高绍求见。这高绍系高洋次子,李皇后是其生母。李皇后怀孕将产,没脸和儿子见面,只好拒绝。高绍生气道:"孩儿我难道不知道吗?娘是肚子大了,所以才不敢出来相见!"李皇后闻言羞愧难

当，故生下女儿后，便令人弄死扔掉了。武成帝听说后，怒气冲冲地提刀走来大骂："你杀了我的女儿，我为何不能杀死你的儿子？"随后，令人将高绍捉住，押到李皇后面前，用刀环猛击高绍，将其活活打死。李皇后见儿子惨死在血泊中，抚尸大哭。高湛更加恼怒，迫令宫女剥光李皇后的衣服，尔后取鞭抽打，直到皮开肉绽，以为死了，才令人将其装入绢袋，投入宫沟浸泡。众宫女心生怜悯，见皇帝离去，便将李皇后捞出，见还有气息，便偷烧姜汤抢救，李皇后方得回生。又过了两夜，宫女们用牛车将其送往妙胜寺，削发为尼去了。

武成帝淫乱残暴，民众怨苦，朝内文武渐生怨恨。对此，高湛也有所察。忽一日，和士开进言道："自古以来没有不死的天子。陛下正值少壮，应恣意行乐，快乐一天，比得上千军，应将大事交诸大臣去管。"高湛一听有理，便退入后宫，尽情恣乐，三四天才上一次朝。后来，他担心再发生高氏门中叔侄相残、兄弟相戮的事件，一保太子不被篡位，二保自己不被别人杀掉，便于564年6月派人将前太子、乐陵王高百年杀死，以除后患；565年4月24日提前将皇位禅让给太子高纬，自己做起太上皇来。公元569年，太上皇病死，年33岁。

### 诛后弑帝

宇文泰见孝武帝难以控制，便想弑之。先杀后弑帝，便是他预谋已久的安排。

公元534年12月的一天，魏孝武帝元修刚刚早朝完毕，宇文泰便将他引进一间密室，命人取来一盒点心，取出一块扔给狗吃。狗吃后，没过一会儿，嗥叫了几声，倒地而死。元修大惊，问是何故。宇文泰道："这盒点心是高皇后昨晚派人送进我府，说是皇帝赏给臣下的。"元修说不知此事。宇文泰又道："我得知东魏高欢最近派人给高皇后（高欢的女儿）送来一封密信。这盒点心可能就是高后受高欢的指使背着皇帝干的。"元修道："皇后贤慧，决不会有此事。"宇文泰主张到皇后住处搜查，元修表示同意。当元修和宇文泰来到皇后住处时，见高皇后已死，嘴角流血，宇文泰便抢先定论，说是高皇后畏罪自杀，遂又命人搜查，果然在御床下找到一块用白绢写的密信，信中命高皇后设计毒死宇文赞。元修见后低头不语。宇文泰临走时，对元修道："为效忠陛下，臣愿将爱妹立为皇后。"元修听罢不由得一震，又想皇后突然死亡，其中必有蹊跷。宇文泰走后，元修慌忙找出高欢以前给高皇后的信加以对照，见字迹尽其费心模仿，仍露出不少破绽，便知皇后定为宇文泰所害。

当天夜里（12月15日），元修躺在床上难以入眠，他感到高皇后死得太悲惨了，更加感到宇文泰的手段太卑鄙了。元修处于愤恨和怨苦之中。正在此时，忽见一个浓艳盛装的年轻女子走来笑嘻嘻地道："奴家是大行台（宇文泰）的妹妹，知陛下失后怨苦，特奉兄长之命前来侍寝。"元修一听火冒三丈，怒斥道："似你这般风骚女人也配做皇后吗？给我滚！"那女子被一把推出，也恼羞成怒道："你不让我做皇后，你也一定会像高皇后那样死在这寝殿之中。"元修一听，更加明白，原来宇文泰害死高皇后，是为了让他的妹妹当皇后，不由得火上浇油，元修便像疯子一般又向那女子扑去，双手掐住那女子的脖子。看看那女子将被掐死，宇文泰一步跨入，命人速用一条白绫勒住了元修的脖子，生生将其勒死。第二天，宇文泰声称孝武帝元修暴病而死，另立南阳王元宝炬为帝。

### 淫乱致死

周宣帝宇文赟，字乾伯，周武帝长子，出生于公元559年，572年4月被立为太子，578 年 6 月 1 日即位，时年 19 岁。

宣帝宇文赟做太子时就好饮酒淫乐，多次受到武帝的杖责。因此，武帝死去的当天，即 6 月 1 日，他不仅毫不悲伤，反而用手抚摸着以前被棍棒所打留下的伤痕大骂："死得太晚了！"武帝灵柩在皇宫里只停放三天，宣帝便下令抬了出去，遂后就一头扎到后宫查看所有宫妃，见到稍有些姿色的，便强迫她们满足自己的淫欲。6 月 23 日，北周为武帝发丧后刚回到宫中，宣帝便下令朝廷内外全部脱去丧服，毫无顾忌地淫乐起来。他令人在宫中大演鱼龙戏，连日连夜不断；他下令广选天下美女充实后宫，并规定仪同以上官员的女儿不准出嫁，都要让他先行过目，供他赐封淫乐。为了淫乐，他往往一连十天不出宫门，群臣奏事，都由太监转奏。公元 579 年 2 月，他觉得天天淫乐，不理朝政也不是个事，便灵机一动索性把帝位让给了只有 7 岁的皇太子宇文阐，自己当起太上皇来，称为天元皇帝。公元 580 年 3 月，天元皇帝在原册立 4 个皇后的基础上，又册立了第 5 个皇后。这五个皇后即天元皇后杨氏、天元帝后朱氏、正阳宫皇后司马氏、天右皇后元氏、天左皇后陈氏。尔后天元皇帝下令速造五座宫殿，五位皇后各居一座。5 月的一天，他下令五位皇后同时来到他的寝宫，都脱得赤条条的，自己也一丝不挂地轮淫取乐。其他 4 个皇后都顺从了，独有杨皇后不肯。宣帝光着身子怒道："这事 4 个皇后肯干，你为什么不肯？"只有 18 岁的杨皇后凛然正色道："陛下为一国之君，不可做出此等失天尊的事，臣妾不肯，是为陛下着想。为此，我宁可受杖刑之苦。"天元皇帝大怒，立即命人将杨皇后拉了出去要处死，后经杨后的母亲叩头触地出血，天元皇帝才答应免其一死。天元皇帝如此淫乐无度，不久便骨瘦如柴，却仍无一日间断，终在 5 月 11 日，天元皇帝驾车临幸天兴宫，事后连衣服没来得及穿，便赤条条地瘫死在寝帐内，时年 22 岁。

### 政变被杀

静帝宇文阐，又名宇文衍，生于公元 573 年，579 年即位，时年 7 岁，为天元皇后朱氏所生。静帝即位后，因年仅 7 岁，宣帝还在，重大问题仍归他处理，且其又淫暴，动辄诛杀，故逮时还无人敢于专权。宣帝死后，对外秘而不宣，由小御正刘防和内史郑译策划，假传诏命。让隋公杨坚辅政。这一来，静帝又完全成了傀儡，一朝军政要务全由杨坚负责。故对于静帝，这里无事可述，只作此简介。直到公元 581 年 2 月 14 日，隋公杨坚用和平的方法发动政变，接受禅位，称帝建隋，同年 5 月，又将静帝宇文衍杀害。静帝在位 2 年。至此，北周灭亡，历经 4 帝，立国 24 年。

### 死于残暴

前废帝刘子业是孝武帝刘骏的长子，小字法师，生于公元 449 年，卒于 466 年。464 年 5 月，孝武帝刘骏死后，由太子刘子业继位，是年 15 岁。刘子业年纪虽小，却凶恶残暴。他一即位，便大肆残杀宗室骨肉。公元 465 年 7 月，有个叫华愿儿的太监道："现在路道皆传，说宫中有两个天子，戴法兴为真天子，陛下为假天子，况戴法兴与太宰刘义恭、颜师伯、柳元景串通一气，内外无不惧服，恐怕您这帝位很快就不属于您的了。"刘子业一听，不分此话真假，便下旨将戴法兴赐死。

戴法兴原是孝武帝宠臣，又身居极位，竟被前废帝一句话便杀掉了，其他人谁还能准保无事？一时间，朝野震动，人心惶惶，个个自危。柳元景、颜师伯与戴法兴关系密切，心中更是害怕，便密谋废掉刘子业，推立刘义恭为帝。不料这消息被沈庆之得了去,因刘义恭平时和沈庆之关系不好,便将柳元景等人的预谋报告了前废帝。7月13日,前废帝刘子业便亲率羽林军讨伐刘义恭,杀了刘义恭及他的4个儿子,尔后又将刘义恭尸体大卸八块,剖腹挖心,挑出肠、胃,还将眼睛挖出,用蜜糖浸渍,称之为“鬼目粽”。前废帝以如此残毒手段杀害了他的祖父刘义恭之后,疑心更重。他每想起一个皇亲,便认为其是要密谋夺位,便千方百计地加以杀害。他先后杀害了叔父刘敬献、刘敬先。废帝做东宫太子时,经常做出过失行为,孝武帝曾想废掉他,另立新安王刘鸾为太子,多亏侍中袁觊从中周旋,才得以保住太子位,故废帝一即位,便将刘鸾赐死,并杀死了刘鸾的同母弟弟刘子师和妹妹。同时,还因株连杀害了许多大臣。刘子业特别忌恨他的另外三个叔父,即文帝第11子刘彧、第12子刘休仁、13子刘休祐。刘子业将他们三人装在笼子里,捶打他们。因刘彧体胖,刘子业称其号为猪王,称刘休仁号为杀王,称刘休祐为贼王。为了侮辱他这三个叔父,他竟令人用木槽盛食,叫他的三个叔父裸伏在地上,像猪狗一样地以口就槽而食,不许用手。公元465年11月29日的夜间,前废帝刘子业带巫人、宫女前往竹林堂射鬼。湘东王刘彧屡遭刘子业侮辱,获得主衣(负责皇帝服装的官名)阮佃夫的同情,便与其商议谋杀前废帝刘子业。另一主衣寿寂之因侍奉刘子业屡次无端受责,心中怨恨,便主动与阮佃夫配合,伺机谋杀刘子业。他们听到刘子业夜间到竹林堂射鬼的消息后,认为时机已到,便迅速前往行刺。当他们来到竹林堂时,刚好刘子业指挥射杀完毕,以为射中,要演奏鼓乐庆贺,寿寂之冷不防一个箭步跳到废帝面前,举刀便砍。废帝立即下令射箭,但未射中,宫女们见事不妙,急速逃散,废帝着忙,

也跟着逃走。寿寂之追上前去,一刀将前废帝砍死。废帝刘子业死时年仅18岁,在位18个月。

### 乱伦后宫

前废帝刘子业不仅生性残暴,还是个色鬼,他即位的第二天,不想着如何治理朝政,如何安葬刚刚去世的父亲,而是向往父皇过去的淫乱生活。他让掌班宦官把后宫嫔妃的名单拿来,一一查阅。正在此时,他的姐姐山阴公主走了进来道:“我后宫有一宫女,长得像姐姐一样,你喜欢不喜欢?”废帝道当然喜欢。姐姐道:“那你晚上去就是了,我让她在西厢房等你。”晚上,刘子业来到姐姐住处,到西厢房一看,竟是他的姐姐山阴公主赤着身子等他。他见姐姐玉体如仙,便神魂颠倒,还管什么“人伦”二字?文帝第10女新蔡公主年已30岁,但仍杏眼桃腮,十分怡人。废帝见后,便设计骗来。一见面,他上前就将新蔡公主抱到床上,准备胡来。新蔡公主挣扎喊道:“我是你姑姑,怎么如此乱伦?”刘子业气喘吁吁地道:“亲姐姐尚可侍寝,何况姑姑!”新蔡公主仍不就范,刘子业一下抽出宝剑,剑尖指着其胸道:“你再不同意,我就杀死你!”新蔡公主害怕,只好受辱。此后,刘子业便让新蔡公主住在后宫;接着,为长期霸占新蔡公主又设计杀死了她的丈夫,将其改姓为谢,封为贵妃;随后,又索性将其立为皇后。

前废帝刘子业有了新欢,便冷落了他姐姐山阴公主。山阴公主不干,便对弟弟刘子业道:“咱俩都是先帝所生,你有三宫六院,美人上万,而我却只有驸马一人,太不公平。你必须为我选几个面首(指美貌强壮男子)。否则,我就把咱们的事张扬出去!”刘子业无奈,只好选了30个面首,侍奉在山阴公主身边。

### 赤脚登基

刘彧是文帝刘义隆第11子,出生于

公元 439 年,公元 448 年封淮阳王,后改封湘东王。

公元 465 年 11 月 29 日夜间,主衣寿寂之杀死前废帝时,湘东王刘彧还被禁囚在秘书省,故对此一字不知。因为刘彧和主衣阮佃夫、寿寂之虽然密谋伺机杀死前废帝刘子业,但做梦也没想到事情干得这么早,这么快,这么突然。故当刘休仁跑到秘书省,一见刘彧就叩拜称臣的时候,弄得他目瞪口呆。刘休仁没等他弄明白是怎么回事儿,便拉着他去西堂登极。路上,因走得匆忙,又是三更半夜,刘彧连鞋跑丢了都没来得及找,光着脚来到西堂。当刘休仁把他按到皇帝座位上的时候,头上仍戴着一顶犯人戴的黑帽子。于是,刘休仁一把给它摘下扔掉,又急忙让主衣找来一顶白帽子给他戴上。这天夜里,虽不是正式登基,但刘休仁仍然准备好羽林仪仗队,召集文武百官前来拜见,并宣称奉太皇太后的旨意宣布诏令,列举废帝刘子业的罪状,让湘东王刘彧继承帝位。12 月 7 日,湘东王刘彧正式登上皇帝宝座,改年号泰始,宣布大赦,是为明帝。明帝刘彧任命建安王刘休仁为司徒、尚书令和杨州刺史,山阳王刘休祐为荆州刺史,桂阳王刘休范为南徐州刺史,改封安陵王刘子绥为江夏王。主衣阮佃夫、寿寂之弑废帝,拥明帝有功,也各被晋升官职。

### 借种得瓜

这还是刘彧即位前发生的故事。公元 462 年,明帝刘彧当时为湘王,23 岁。王府中虽然妃妾成群,但由于刘彧那时就好色过度,渐致不能生育;皇后王氏虽已有二女,但没有儿子。刘彧为后继无人担忧。忽一日,他想出一个绝招儿借种。他把自己心爱的一个名叫陈妙登的宫女叫来,说明借种意图。陈妙登当时虽然心有不愿,但不敢违抗。于是,刘彧便将陈妙登赐给了一个名叫李道儿的嬖臣。陈妙登来到李道儿府中,见其生得年轻美貌,且身强力壮,心中不由得十分欢喜,便连夜与李道儿交欢。不消一月,陈妙登怀孕,侍从报告湘东王刘彧。刘彧闻讯大喜,便又悄悄将陈妙登迎回府中。一月夫妻,陈妙登与李道儿感情至深,不愿离去。怎奈王爷旨意,谁敢违抗?二人只好洒泪而别。

且说陈妙登回至王府,一晃 10 个月过去。于公元 463 年生得一子,取名慧震。刘彧得知后,为掩人耳目,先后用毒酒将陈妙登和李道儿毒死,将慧震交给王皇后抚养,声称为王皇后所生。公元 466 年 10 月 24 日,明帝正式册立慧震为太子,改名为昱,这就是后废帝刘昱,时年 3 岁。刘彧对于借种生子的事自以为做得隐密,谁知仍走漏了消息,以至史有所记。但据《资治通鉴》所记,陈妙登并未被杀,太子刘昱即位后,被尊为皇太妃。

公元 472 年 2 月 17 日,明帝终因淫乐无度去世,年 34 岁,在位 8 年。18 日,由他的儿子刘昱即位,时年 10 岁。

### 箭射肚脐

刘昱是明帝长子,出生于公元 463 年,466 年立为皇太子。472 年,明帝死,刘昱即位,是为后废帝。

后废帝刘昱从小顽皮好动,惹是生非。他当太子时,曾亲自动手,缘油漆篷帐高竿,能从地面爬到一丈多的高处。他平时喜怒无常,侍从官员劝阻不住。为此,明帝经常让其母亲陈妙登痛打于他,皇太后也对他严加管教。他即位后,内怕太妃、太后,外惧各位辅臣,且年仅 10 岁,还不敢放纵胡来,但自加冕之后,便放纵起来,无心理政,好出游逛。起初出宫还带仪仗卫队,太妃跟随监督;及至后来,便免去车马随从,只带身边几人,随处游逛,或至野处,或至闹市,或至大街小巷,或独入平民之家,无处不去。走累了,常常就地而寝,或夜宿客店,或夜卧道旁。对于自己的身世,他后来也有所闻,不以为耻,反以为荣,有时外出,竟自称李将军。刘昱不仅生性顽皮,且性情凶狠。他外出游,常令随从手持短刀、长矛,路上碰上行人,不管男女老幼,也不管牛马狗驴,只要让他碰着,定要杀之后快。百姓对他无不恐惧万分,故他一出游,闹市商贩停业关门,民众白天闭户,路上行人绝迹。由于王太后对他管束严格,故怀恨在心,便下令御医配制毒药,打算毒死太后。左右劝道:"如果太后真被毒死,陛下就要守灵充当孝子,就没机会出去游玩了。"他一想有理,才就此作罢。

公元 477 年 6 月的一天,后废帝又带人出游,闯入中领军府中。时至酷夏,中领军萧道成正裸着上身睡觉。刘昱见他身体肥大,肚脐尤其突出,觉得好玩。于是,他便将其叫醒,让其站在室内,随便拿来一支毛笔在其肚脐周围画了个圆圈,以脐为靶拉弓要射。萧道成一见,吓得汗流浃背,连忙抓起上朝用的手板护住肚脐,连声喊道:"陛下饶命,老臣无罪!"刘昱不听,坚持要射。萧道成的左右侍卫王天恩急中生智,连忙跪在刘昱面前奏道:"陛下且慢。萧领军的肚大脐突出,的确是一个绝妙的靶,假如一箭射死,今后再也找不到这么好的靶子了。依臣愚见,陛下不如改用圆骨箭,一来不致受伤,二来日后还可再射。"刘昱一听,觉得有理,便换了箭头,拉弓射去,一箭正中萧道成的肚脐。射罢他扔下弓箭,哈哈大笑道:"朕的射法如何?"众人皆面面相觑,王天恩却抢先赞道:"陛下神箭,一射即中,勿需再射!"刘昱听到赞扬,才得意离去。从此,刘昱"射脐"的故事不胫而走,世代留传下来。

## 暴君分首

后废帝刘昱死时虽只有 15 岁,却是

南北朝时期有名的一个暴君。他在后宫制备了一套特殊的刑具,即钳、锥、凿、锯,不离左右。不论平常宫里人,还是侍臣妃妾,只要稍有不顺眼的,便顺手抓过凶器,当场杀死。一次,他带领随从在市井游逛,忽然听到一所民宅中有妇女痛苦呻吟的声音,觉得好奇,便推门进去。闯进屋一看,见一位产婆正在给一名产妇接生。他感到好玩,便走向前去观看,见婴儿的头颅已出产门,便将接生婆一把推开,挽起衣袖,双手抓住婴儿的头,一下拔了出来。产妇一声惨叫,当场死去,刘昱则把血淋淋的婴儿一下摔在地上,踩上一脚,将头颅踩碎,尔后哈哈大笑道:"有趣,有趣!从此我也会接生了,我要给天下所有的产妇接生!"语毕,便带着随从扬长而去。

后来,有人将这事报告给中领军萧道成,萧道成听后不寒而栗,再加上"射腹"之恨,便咬牙切齿地对左右恨道:"如此禽兽,怎配为君?若不早除,日后必酿大患!"于是,萧道成决心杀死刘昱。当天,他便秘密派人将在宫中供职的心腹,越骑校尉王敬则找来密谋。王敬则用重金收买刘昱身边的卫士杨玉夫、杨万年。由于刘昱的凶狠残暴,人人都对他恨之入骨。杨玉夫、杨万年二人整天侍在他左右,更是日夜心惊肉跳,巴不得早日将刘昱杀掉。他二人听说是受中领军萧道成所遣,又有重金,当然同意。

公元 477 年 7 月 7 日这天,后废帝刘昱乘坐露天无篷车去台冈,跟左右比赌跳墙;尔后,前往青园尼姑庵;再后,至新安寺休息。当时刘昱饿了,便命人捉来几只狗,找到寺里道人,让其剥皮后煮了吃。道人昙度不敢违抗,只得照办。刘昱吃肉喝酒,尔后腹饱酒醉,去寺中仁寿殿休息。临睡前,对杨玉夫道:"今晚 7 月 7 日,织女渡河。我现在睡觉,你去看着。待织女渡河时,马上叫我;我若看不到,明天就杀了你。"杨玉夫连连答应。待刘昱呼呼睡去之后,杨玉夫叫来杨万年,悄悄解下刘昱的防身佩刀,砍下了刘昱的人头。接着,神色自若地宣称受皇帝派遣,打开寺门,将刘昱的人头交给早已等在外面的王敬则。王敬则飞马来到中领军府,敲门大喊。此时,萧道成怕是刘昱之计,不敢开门。王敬则便将人头扔过墙去。萧道成令人洗去血迹,认出确是刘昱的人头,立即率人进宫。当他宣布刘昱已被杀死时,宫内人无不欢呼万岁。在位五年的后废帝刘昱,恶贯满盈,就这样结束了罪恶的一生。

刘昱死后,萧道成拥立刘准为帝,这就是刘宋王朝的最后一个皇帝,即宋顺帝。

### 灵堂逗乐

东昏侯萧宝卷是明帝萧鸾的第二子,字智藏,本名明贤,生于公元483年,498年即位,时年17岁,卒于501年,在位3年,卒年19岁。

东昏侯萧宝卷对治国安邦一窍不通,但就其生活上的荒唐奢侈而言,却堪称一绝。其中灵堂逗乐便可见一斑。

且说萧明帝萧鸾死后,按当时常例,皇帝死后,其灵枢应在太极殿至少停放一个月才能安葬。而东昏侯本来就是个纨绔子弟,即便当了皇帝,也想整日游玩,不理想朝政。明帝死后,灵枢在太极殿没放几天,东昏侯就嫌时间长了,影响了自己游乐,便一再催促尽快下葬。后经尚书令徐孝嗣一再固争,才延迟到一月后下葬。明帝停枢期间,东昏侯没有一丝一毫的悲痛,每当哭灵时,他就以手指喉,声称喉咙痛,早早溜之大吉。有一次,在诸大臣的苦谏下,他才不得不去。但去了之后,他强挤硬压,也始终没流出一滴泪水,只是干号,很是难堪。恰在这时,太中大夫羊阐也来哭灵。羊阐是秃子,平时用头巾包着,谁也看不见。当天,他由于号啕大哭,前仰后合,不慎将头巾掉在了地上。萧宝卷听其人哭得甚为悲痛,不由得悄悄回头一看,见是个秃子,头上发无一根,闪闪发亮,便索性借机大笑道:"快看,快看,都来快看,秃鹫来啼叫了!"其他来哭灵的大臣本来就没有什么悲痛,见萧宝卷哈哈大笑,又看了看羊阐那秃而亮的脑袋,也都哄然大笑起来,灵枢前的悲痛气氛随之一扫而光。

### 步步生莲

东昏侯令人选美,得一潘氏女,腰肢柔细,妖冶绝伦,甚为宠爱。他们一夜欢娱,次日潘氏便被封为妃,一月后又册封为贵妃。为了令潘贵妃欢欣,他不惜一切。据史载,仅潘妃一个琥珀钏就价值170万,宫中器皿尽用金银;皇帝出游则让潘妃乘舆先行,自己跨马随后,像个家奴。公元500年8月的一天,南齐后宫忽然失火,烧毁宫殿30余间。东昏侯对他的宠幸之徒常以鬼赐名。其中一个叫李鬼的,能读《西京赋》,见宫殿被烧,便使用《西京赋》中的"柏梁即灾,建章是营"的词句,怂恿再造宫室。萧宝卷立即大兴土木,命人重新修建芳乐、玉寿等殿,并且用麝香涂在墙壁上。为了进一步讨好皇帝,李鬼又卖弄文墨献媚道:"新宫美虽美,但地面平平,尚未达到令人叹为观止的地步。"萧宝卷道:"依你说该怎么办?"李鬼道:"若在潘妃来居留之处铺以莲花图案,且以金饰之,请潘妃走在上面,黄金地,美人足,足足踏金,步步生莲,岂不更美!"宝卷听后欣然同意,急命人把金子凿制成莲花,铺在地上,让潘妃走在上面,不由得拍手叫绝道:"真是步步生莲花啊!"此外,东昏侯还令人分别到各州强迫民众上贡锦鸡头、白鹤翎、白鹭羽毛;而征购之人则又乘机大肆捞取,加倍收取财物,弄得百姓倾家荡产,没有活路,无不哭泣啼号。

## 要财不要国

东昏侯萧宝卷的穷奢极欲激起了诸大臣的不满。公元500年11月，雍州刺史萧衍听说萧宝卷要谋害于他，便起兵反抗朝廷。501年3月，萧衍于江陵拥推南康王萧宝融为帝。同年10月，便打到京都，包围了建康。东昏侯派军抵御，便屡派屡败。兵将毫无士气，诸大臣心急火燎，而东昏侯却依旧放纵取乐。时有宠臣浽法珍见此情景十分害怕，磕头苦求皇帝发库银犒赏兵将，以振士气。皇帝萧宝卷竟然说出一句历代皇帝没有说过的一句要钱不要国的话来："贼来独取我耶？何为就我取物？"其意思是说：贼来只是为了收拾我一个人吗？为什么要拿我的钱赏赐？后堂储放着几百块木料，将士们启奏要拿去做城防之用，他不想给。东昏侯在叛军围城的情况下别看不急国难，可他却有心思去督促御府制作了几百人使用的精制兵器，准备在萧衍之围解除后，外出游玩时使用。

东昏侯如此要财不要国，城中民众谁愿意为他卖命呢？就连守城将士也都盼望东昏侯早点败亡。恰在这时，宠臣浽法珍和梅虫儿又给东昏侯出主意道："围城不能解除，主要是守城大臣蓄意谋反，应该将他们全部杀掉。"守将王珍国、张稷听到这个消息很是害怕，立即决定造反，并速派心腹给萧衍一块明镜，以表示弃暗投明的心意。萧衍一见大喜，当即断金回报，表示心领神会，兖州中兵参军张齐是张稷的心腹，王珍国就通过张齐与张稷来回密谋，联合起来杀掉东昏侯。此后，他们又将密谋告诉了后阁舍人钱强。

公元501年12月6日夜间，钱强秘密令人打开云龙门，王国珍、张稷带兵冲进殿中，又有御刀丰勇之做内应。这天晚上，东昏侯在含德殿笙歌弹唱，刚刚休息，还没入睡，听到兵将进来，急忙从北门逃出，想跑回后宫去，可后宫门已关闭。东昏侯走投无路，被宦官黄泰平一刀砍伤膝盖，倒在地上，尔后张齐上前将其杀死并割下脑袋，给萧衍送去报功。东昏侯就这样结束了他罪恶的一生。

## 错斩名将

南北朝刘宋文帝元嘉十三年春，一个风雨交加的黑夜，在建康城内一条宽阔的大街上，一乘大轿正匆匆向执政大臣彭城王义康的王府赶去。轿内坐着的是领军将军刘湛。刘湛是应义康的密约，为了一件机密大事急于商定而匆忙出行的。

很久以来，文帝一直沉疴在身，久治不愈。最近病情又继续恶化，医治无效。义康和刘湛断定皇上将不久于人世，于是急于为文帝以后的权力控制作打算。

义康是宋文帝的四弟，为当朝的执政大臣。由于文帝体弱多病，疏于朝政，诸事都委托给他。这样，久而久之，义康不仅擅政专权，而且朋结私党，扩充势力，私置僮仆六千余。文帝不进君臣之礼，四方献馈，总是先以上品奉义康，次品献皇上，其权势之盛可想而知。刘湛对掌握朝廷权力的欲望极大，梦想凭借宰辅义康之力飞黄腾达。他们二人因各怀叵测，彼此便互相利用，密切勾结。眼下，文帝病笃，正是他们实现宿愿的好时机，而要在文帝死后顺利控制朝政，最使他们担心的是现在京城的征南大将军、江州刺史檀道济，只有乘文帝病危未死之时，先除掉檀道济，扫除障碍，才能继续下一步的计划。

轿子里的刘湛急不可耐地赶往义康府，正是为了商定此计。

刘湛一进入王府，义康得到通报，立即斥退左右。二人密谋半晌，决定假传圣旨，诏令檀道济入朝，为他返回江州钱行。待他入朝后，以谋反罪立即逮捕，然后交付廷尉，将其置于死地。

这时的檀道济不会想到朝廷会对他下此毒手。在此前一年，文帝病情加剧，又逢魏军南侵，曾召令道济入朝，其妻提醒他说：功德过高，是道家所忌讳的，今皇上无事相召，一定会有大祸。但檀道济不以为意。近两天，当他将返江州时，船尚未发，有一大群鹡鸰飞集船篷之上，手下的人对他说：这是不吉祥的征兆，而他也未多想，接到诏书以后，便立即起程进宫。一跨进宫门，迎接他的不是钱行盛宴，而是兵戈林立，虎视眈眈的阴森场面。他还未曾落座，便被宣布为谋反而遭逮捕，送往廷尉狱中，当晚在狱中被刺死。跟他一起被杀的，还有他的两个儿子和他的部属共八人。接着义康又将司空参军薛彤、高进之杀害，檀道济的心腹，一批忠于朝廷的精英人物被一网打尽。

这一大冤案传出以后，朝廷内外，大江南北大为震惊。南阳百姓尤为悲痛，他们唱道："可怜白浮鹜，枉杀檀江州。"

檀道济在被捕时，面对义康给他加上的莫须有罪名，怒气冲天，目光如炬。他把头上的帻巾摘下，往义康面前一扔，大骂道："你们自毁长城！"

檀道济乃宋王朝的万里长城，这不是他本人自封，而是客观事实，是刘宋王朝的共同赞喻。还在宋武帝时，檀道济就已战功显赫。武帝当年北伐北魏，就是以檀道济为先锋的，檀道济的队伍所到之处，魏军望风而逃。辛弃疾在他的词《永遇乐·京口北固亭怀古》中有"想当年，金戈铁马，气吞万里如虎"，就是指这次征战。元嘉八年，文帝又举兵征魏，以彦云为统帅，开始还顺利，已经平定了河南，但很快又被魏军夺回去了。文帝任命檀道济都督征讨诸军事，向北挺进，转战到河南济水（今范县一带）。当时魏军很强盛，道济与之进行了三十余次战斗，每战皆捷，并推进到了历城。后因军

饷供应不足才退兵。

檀道济深谙用兵韬略，足智多谋。当时降魏的宋兵对魏将供认：宋军粮草已快吃光了，士兵都很恐慌，军心不稳。魏军将官大喜，决定乘机追击，全歼宋军。消息很快传到檀道济耳中，道济沉思片刻，心生一计。当天晚上他在军营里掌起灯火，给各部发放粮饷，把剩余的少量的米粮撒在沙子上，量沙为米，高唱筹码，运粮兵士，川流不息。第二天天亮后，魏军探得宋营发放粮草的事，以为宋营降兵谎报军情，便杀了降兵，停止追击。宋军转危为安。当时檀道济兵少势弱，为了麻痹魏军，他让兵士脱去盔甲，穿上白衣，坐上车子，徐徐开出外围。魏军看见，怕有埋伏，不敢逼近而退走。这次北伐，虽未占领河南，但全军在危急的情况下安全撤回，檀道济也因此威名大振。

魏军从此非常害怕檀道济，甚至还把他视为神灵，将他的肖像画成年画，用以驱赶妖魔鬼怪。

道济既是刘宋王朝的开国元勋，而且在宋文帝时也战功卓著，所以威名远扬。他的左右心腹也都身经百战，有功于朝。他的几个儿子也个个英武有才，能对朝廷尽忠。但他并不居功自傲，也不揽权，更无反叛宋室王朝之意。文帝也很信赖他。然而他却遭到义康、刘湛等人的忌恨，被诬以叛逆罪行而斩首，这是一个极大的悲剧。

檀道济被诛以后，消息传到了北魏，北魏武帝乐得兴高采烈，说道："道济已死，其他人都没什么可怕的了。"于是年年南侵，大有饮马长江之意。

元嘉二十七年，文帝派主玄谟领军北伐，由于准备不充分而失败。北魏军乘胜大举南下，一直打到长江边的瓜步地方。魏军在瓜步山上开凿盘山大道，设立毡篷，安置岗哨，隔江威胁建康，使

得刘宋王朝十分恐慌。

一天，文帝登上石头城，向北边瞭望，看见北魏大军压境，登时忧形于色，他感叹道："假如檀道济还在，怎么会这样呢？"文帝问身边的大臣殷景仁："谁能接替檀道济？"殷景仁答道："道济因多次建立战功，威名显赫，道济死，谁也不能接替他了。"文帝说道："是的，过去李广在朝，匈奴不敢南望，李广死，后继者又有几个人呢？"辛弃疾在《永遇乐·京口北固亭怀古》词中又写道："元嘉草草，封狼居胥，赢得仓皇北顾。"文帝"北顾涕交流"，不仅是为草率出兵失败而痛心，更是为错斩名将自毁长城而悲泣。

### 范晔案

刘宋建康古城中，广莫门外宣武场的武帐冈是皇帝的行宫。所谓武帐并非什么军用营帐，而是一座宫殿。宫内正厅是皇帝议事和接见大臣的地方，大厅的正面墙壁上挂着绣有武士图像的织锦，大厅中还摆列着刀枪剑戟各类兵器，绣像与兵器两相照映，用以显示这位宋室帝王的威武豪强气概。不过，文帝只是间或来这里小住，或处理一些政务，或接见某些大臣。

南北朝刘宋文帝元嘉二十二年九月的一天，是征北将军衡阳王义季、右将军南平王烁离朝赴任的日子，文帝将亲临武帐冈，为二位将军设宴饯行。

就在这一天，一场刺杀文帝的阴谋业已安排妥当了。

卫将军范晔、散骑侍郎孔熙先、丹阳尹徐湛之同车而行，他们也是前往武帐冈赴宴的。车上，三人无心观赏风景，只见他们不时地附耳低语，似乎在谋划着什么重大的事情。

武帐冈内，百官齐集，排列两厢。大厅门前，范晔、孔熙先等站列在台阶上，准备迎候文帝。

少倾，文帝在许耀带领的禁卫兵护卫下步入厅院，范晔等趋前恭迎，文帝就座，群臣山呼万岁，许耀侍立文帝身后。

礼毕，御宴开始。

在宫廷乐队吹奏的乐曲声中，文帝面带微笑首先持玉盏。他向衡阳王、南平王频频颔首致词道："二位爱卿即将离京赴任，朕特备薄酒为卿饯行。请尽饮此杯。"

衡阳王、南平王高举酒杯谢恩，然后各自一饮而尽。

文帝当天兴致很高，他环视全厅，邀文武百官共尽此杯。

此时，几乎没人注意到，站在文帝身旁帐围后的许耀轻轻扣击了几下佩刀的刀鞘，并向文帝后侧的范晔递了个眼色。范晔与许耀对视后，突然神情紧张地低下了头，他似乎不敢仰视文帝，所以借助饮酒掩盖惊慌的神色。

在文帝另一侧的孔熙先、徐湛之见了，又惊慌又着急，面面相觑，不知所措。眼看宴毕席散，范晔仍无行动之意，文帝起驾回朝，文武百官也三五成群地离开了武帐冈。

范晔、孔熙先、徐湛之停足空荡荡的议事厅，良久无语。

一场弑君政变就这样无声无息地谋划，又无声无息地流产了。

也许，孔熙先、许湛之等有理由把这次失败归罪于范晔这个书生。但事情的败露却与范晔无关。

对武帐冈的阴谋，文帝并无所察觉，外界也无从知晓。刘宋王朝上上下下仍一如往日平静、祥和。照理，这种局面对于未遂政变的谋划者来说，当是值得庆幸的了。凑巧，这几个人却个个都是有贼心没贼胆的。事后两个月中，他们彼此都不敢相见，深居简出，度日如年，倍受煎熬，似乎事情的结果只有一个，等待最后的审判。

这一天终于到来了，两个月后，徐湛之

再也无法忍受神经的高度紧张，为了保全自己的性命，他终于向文帝上表告发，并交出了所有的檄文及种种谋事的信函和约定成事后拟处死之人的名单。这一下，一直蒙在鼓里的文帝和文武大臣着实吃惊不小，文帝立即下令，将范晔、孔熙先、谢综及许耀等全部收捕下狱。谢综、孔熙先在大理寺、御史台和刑部共同审理下很快招供认罪。唯范晔拒不招认。

说到范晔，至少我们对这个名字应该是不陌生的。他正是著名的历史学家、散文家。范晔年少时就争强好胜，他不仅勤苦好学，博涉经史，而且才思敏捷，文字功底深，能写一手漂亮的隶书，还通晓音律。年不满十七就进入仕途，并以出众的才华深受文帝的赏识，被任命为尚书吏部郎。范晔曾长时间做彭城王义康的府佐。十年前义康母卒，治丧期间，范晔与同僚夜间酣饮达旦，并开窗听挽歌为乐，违反了朝廷禁令，得罪了义康，被贬为宣城太守。这人生道路的第一次挫折使得一向心性很高的范晔对仕途心灰意冷，便寄情于读书、写作。他博采魏晋以来各家关于后汉史的著作，删繁补遗，撰写成著名的《后汉书》。不久，被文帝起用，提升为长沙王义欣镇军长史。其间又因奔嫡母丧不及时，既往又随身携带伎妾，再次违反朝廷禁令，被人告发。因文帝深爱其才而未加追究。后来又升他为左卫将军，太子詹事。

范晔才气过人，但他恃才自傲，行为放荡，加上名利心重，常常自认为怀才不遇而有怨言。但文帝喜欢他的才气，所以包容了他的一些小毛病。

不过，尽管范晔嘴上怒气冲天，但他毕竟受到了文帝的赏识，所以还不至于首倡谋叛之事。

这就要说到员外散骑侍郎孔熙先了，孔父默之因贪赃枉法被下狱，经彭城王义康说情担保才得以赦免。孔熙先非常感激义康，常怀报效之心，后来义康因牵涉一桩谋反案被罢黜，孔便萌生了发动政变，拥义康为帝的念头，于是开始暗中物色同谋。孔熙先早已注意到范晔贪图利禄，对文帝心怀不满，便有意拉拢。他先在范晔的外甥太子中舍人谢综身上搞感情投资，然后指使谢综为他牵线与范晔结交。孔熙先家原来很富有，他让谢综将范晔引到家里后，便与范晔玩牌赌钱，孔熙先佯装牌技太拙，一输再输。范晔在孔家大把大把地赢钱，心里很高兴，一来二去，来往便越来越密切，孔熙先本来就擅长辞令，他百般讨好范晔，二人遂成了莫逆之交。

孔熙先很注意窥探范晔与文帝、范晔与义康在感情上的微妙变化，那时范晔与沈演之均为文帝所知遇，常相与长谈。每次召见时，晔若先到，文帝必等沈演之，而若沈演之先到，文帝则与之独谈。范晔因此颇怨怪文帝。范晔为义康府佐时，义康待他甚厚，及范晔被贬为宣城太守，才产生了嫌隙。孔熙先对这些了如指掌，这也正是他可利用之处。孔熙先利用谢综随义康出镇豫章之机，让谢综从中斡旋，说服义康。义康出于谋取帝位的需要，显得格外大度，他让谢综回京向范晔转达他消除前嫌，恢复往日情谊的心意。

义康屈尊求好，范晔自然不能不领情。这样，孔熙先网罗范晔的计划算是成功了。但谋权篡位，是灭门之罪，范晔身居高位，他能舍此而冒天大的危险吗？孔熙先便拿谋弑文帝、拥立义康的想法试探范晔，他们一个想报恩，一个想爵位，一拍即合。于是一场弑君篡位的阴谋便紧锣密鼓地筹划开了。

范晔首先利用接近文帝的机会，试探形势。范晔见到文帝说："我遍览两汉史书所载故事，那时诸王中有以妖言诅咒朝廷的，便要按大逆不道罪论处。而况义康奸心早已显露，远近皆知，他至今还安然无恙，这事让为臣很难理解。这样大的梗阻长期存在，必然会构成灾祸。兄弟骨肉之间的关系，外人是不好多嘴的。我受皇上恩德深重，所以才冒昧向你披露。"文帝对此不以为意。

与此同时，孔熙先则大造舆论，蛊惑人心。他素来以通晓天文、星算著称。他莫名其妙地推算一番预言说："文帝必定会死于非命，而以兄弟骨肉间互相残杀告终。江州地方当会出天子。"无疑，江州天子便是义康。

孔熙先以拥立义康为号召，大力网罗党羽，培植心腹。他暗中联络义康过去所宠信的朝臣。比如大将军府吏仲承祖、抚军将军徐湛之都曾为义康所宠爱、信任，他便设法拉拢，结为心腹。义康所豢养的道人法略、尼姑法静，皆感激义康旧恩，图谋报效，被熙先拉拢过来。孔熙先让法略停止布道，改名景玄，作藏质宁远参军去组织政变兵力。

同时孔熙先还设法争取到了文帝御林军的支持。孔熙先会治病。尼姑法静的妹夫许耀为禁卫军领队，一度得了难治之症，法静便带引妹夫找孔熙先诊治。许耀服了孔熙先一剂汤药后，病竟就好了。许耀对熙先感激万分，他亲自登门酬谢熙先，二人从此有了交往。孔熙先见许耀有胆量魄力，便告以谋逆之事，请许耀相助，许耀当即表示愿做内应。

政变人员准备就绪后，孔熙先命其弟休先起事前写好拥戴义康的檄文，并交由范晔修改定稿。孔熙先还认为既举事夺位，就必须有义康的旨意，他便授意范晔写一封义康给徐湛之的信，以表明决心，勉励同党。

同时他们还对事成后的封赏惩治预先作了安排。

徐湛之为抚军将军、扬州刺史，范晔为军中将军、南徐州刺史，孔熙先为左军将军，其余的人也一一做了安排。对一贯不归顺义康的都人另册，列入处死名单。

万事俱备，只待时机。获知文帝将去武帐冈为二王赴外任钱行后，孔熙先等人便把举事时间定在宴席上。

范晔在宴席上的表现令孔熙先大为失望。不过，时至今日，这一切也都已无关紧要了。

范晔在受审时的表现却令人对他刮目相看。其他人都招认了，只有范晔守口如瓶。文帝见三司多日审范晔没有结果，只好亲自出面。

文帝说："你跟谢综、徐湛之、孔熙先等共谋政变，他们都已招认了。这些人还未死，证据俱在，你何必顽固到底呢？"

范晔答道："宋室江山坚如磐石，藩镇林立，即使臣侥幸成功，官兵马上就会来讨伐，又能坚持得了几天呢？况且臣位任已经过重。再慢慢进取，自然能不断得到升迁，何必去冒灭族的危险呢？再说，凭心而论，臣也不敢如此大胆妄为。"

文帝见范晔仍在耍花招，生气地说："孔熙先就在华林门外，你难道要跟他当面对质吗？"

范晔说："假如熙先诬陷我，那我也没办法。"

文帝不愿再费口舌，便出示了孔熙先交出的经范晔修改完稿的举事檄文以及一些决定、书信等，范晔无言以对，只好供认了。范晔最后强辩说："臣早就想向上启奏，但因逆谋没有泄露，并希望它能自行消失，所以拖延至今。臣罪孽深重，甘愿受诛戮。"

次日，范晔被送往廷尉狱中。

在狱中，范晔见同谋数人都被下狱，独不见徐湛之，便问："徐丹阳何在？"这才知道是徐湛之告的密，心里又是沮丧，又是恼恨。

文帝有一把十分精美的白团扇，他

派人拿给狱中的范晔，令他题写诗词佳句。范晔拿着团扇，心潮翻滚，感慨万千，最后他提笔写道：

> 去白日之炤炤，
> 袭长夜之悠悠。

文帝看了范晔手书的佳句，心里也油然而生凄楚之情。

范晔本以为文帝既然派人来探监，定有赦免他之意，谁知二十几天过去了，范晔盼来的却是一纸处死的判决。

临行刑前，范晔一反自己所持的无鬼论，给害他丧命的徐湛之留下了"当相讼地下"的遗言。

元嘉二十二年十一月末，文帝下诏将范晔及其三子，孔熙先及其三弟一子一孙，谢综及其弟，仲承祖、许耀等判处死刑。

## 谢朓案

谢朓，南朝齐著名诗人、文士。谢朓少年时代就已小有名气，后来尤擅五言诗，还写得一手好草隶。关于对他的诗，当时就有"二百年来无此诗"的评价。唐代诗仙李白对其诗颇为推崇。齐敬皇后迁葬时，就是谢朓写的哀册，其文采是齐朝无人能比的。如果谢朓专心致力于诗文，也许会有更大的成就。但是，在那"学成文武艺，货与帝王家"的封建时代，谢朓终是耐不住寒窗，误入了仕途，并且削尖了脑袋想向上爬。谁知"尘网"恢恢，哪是他谢朓对付得了的。于是，恶梦醒来时，此生劫数已尽。

谢朓二十七岁出仕，并由于他的文名处处受到赏识，所以这一段仕途虽说偶有小的波折，但还算畅达，但向往"大鹏一日同风起"的诗人，总不太容易满足于这种爬行式的升迁。

当然，这需要机会；而机会需要等待。

齐大司马会稽太守王敬则是高帝、武帝时的老将，他恃功自傲，皇上表面上对他礼遇甚厚，实际上却对他暗怀戒备之心。为此，王敬则心里老感到惴惴不安。

永泰元年，齐明帝病重期间，突然无端诏令光禄大夫张瑰为平东将军，特许其设置军队，其暗中提防王敬则之意不言而明。敬则知道了这个情况，愤愤不平地说："东边现在有谁，不就是想削平我王敬则吗？要对付我，我王敬则也不是好惹的。我决不会坐等皇帝来赐我毒酒！"

谢朓是王敬则的女婿，当时为徐州行事。王敬则的儿子、太子洗马幼隆，派遣正员将军徐岳把王敬则的想法告诉谢朓，以拉他一起举事。

女婿与岳丈同气相求，同仇敌忾，这是天经地义的。所以徐岳讲了事情经过后，毫无遮掩地对谢朓说："如果你同意我们的计谋，我这就回去报告太守了。"

听了徐岳的话，谢朓半天没有出声。后来，他终于声音阴沉地说："来人，把反臣徐岳给我拿下！"

谢朓不顾徐岳的大声谩骂，把徐岳绑在座骑上，亲自飞马将王敬则谋反的情况报告朝廷。

当时皇帝病情正日益恶化，但听到王敬则谋反的汇报，还是强打精神，立刻部署兵马，铲平了王敬则的"大本营"。事后，皇帝特别奖赏谢朓，破格提拔他为尚书吏部郎。

谢朓苦苦经营那么多年才只是一个太守，这告发一次岳丈，却忽然扶摇直上，自是千恩万谢，并连上三表表示谦让。皇上自然不会准奏。

谢朓自越级晋升后，心情格外舒畅，却不知他的妻子因其杀父之仇，早已对他恨之入骨。直到其妻怀揣砍刀要杀谢朓，谢朓才猛然觉察，到底是父女情深啊。从此，谢朓再也不敢与妻子相见了。

不久，明帝病亡，太子东昏侯萧宝卷

即位。东昏侯在东宫时就不爱学习，整天由着性子，尽情嬉戏。当了皇帝后，仍秉性难移，非但不与朝中大臣接触，反而专信宦官和左右侍卫。

东昏侯越来越丧失了帝王的德行，渐渐引起朝中大臣的强烈不满。于是，辅政大臣江祐、江祀兄弟就密议废黜东昏侯，另立东昏侯的堂兄始安王萧遥光为帝。

这天，二江与始安王三人亲自来拜访谢朓。他们声称为了国家永固，当废东昏侯，立遥光为帝。遥光也向谢朓表示，如果此举成功，他将引朓为心腹。

任凭三人如何山盟海誓地许诺，谢朓都只是沉默不语。

一连几日，萧遥光等不断以高官厚禄引诱拉拢谢朓，搞得谢朓十分紧张。他不敢铤而走险，怕重蹈岳丈覆辙，又不敢得罪大权在握的萧遥光和二江。因此，谢朓终日魂不守舍。脑海里忽而闪现出岳丈被杀头时的样子，忽而又见妻子拿着刀恶狠狠地向他砍来。没几天，谢朓就病倒了。

躺在病榻上的谢朓，反而显得清醒多了，他想起先帝因他告发王敬则有功嘉赏他时的情景，当时，他真的像做梦一样，又似乎是驾了祥云，一下子便登上了他想也不敢想的天子堂。如今，这样的机会又来了，他为什么不再次抓住它呢？想到自己又将飞黄腾达，谢朓不禁感到神清气爽，病痛也全然消失了。

可是，又想到东昏侯整日游宴嬉戏，不接见大臣，谢朓不免又急又恨。自己既非辅政大臣，又非东昏侯亲信，想见东昏侯是十分困难的。无奈此事不宜拖延，谢朓只得将江祐等人的密谋透露给太子右卫率左兴盛。哪知左兴盛知道其中的风险，不想把自己卷进这不祥的旋涡。

谢朓从左兴盛家出来，忧心如焚，慌不择路，忙乱之中，又去找卫尉刘暄。他想刘暄是建安王宝寅的亲信，即使要废立，他也一定不能同意立始安王。谢朓反复向刘暄申明：始安王一旦称帝，将对刘暄如何不利，想刺激他告发始安王与二江密谋废黜之事。

刘暄听了谢朓的话以后，果然露出很吃惊的样子："唉呀，这还了得……"刘暄情绪激愤地表示，一定要告发此事，决不让始安王得逞。谢朓见总算找到了知音，心里的石头也落了地。于是志得意满地回家静候佳音去了。

谢朓万万没有想到，刘暄也是立始安王密议的主谋之一。谢朓一走，刘暄便飞身上马，来到始安王府，将谢朓欲告发他们的事报告了始安王和江祐。

始安王萧遥光得知谢朓竟敢要告发他，气愤之下要把谢朓赶出京城。江祐则坚决要求除掉谢朓。原来，谢朓新贵时，江祐常到他府上去，谢朓自恃才高，很看不起江氏兄弟，曾经多次公开嘲弄江祐和江祀。江祐一直耿耿于怀。如今谢朓落入自己手中，此仇不报更待何时！

由于江祐的再三请求，始安王也乐得卖个人情，就以皇帝名义诱诏谢朓。谢朓以为大功告成，又要加官晋爵了，便马不停蹄地跑来，谁知迎接他的却是冷冰冰的枷铐。

始安王将谢朓交付廷尉，并指使江氏兄弟和刘暄等人联名上奏，弹劾说谢朓秉性奸险，从告发王敬则叛逆越级迁升以后，便越来越显得欲壑难填，竟然在宫廷内外处处散布流言蜚语，贬低圣上，诽谤亲贤，轻蔑大臣，言论之恶毒，计谋之阴险，令举朝惊骇。奏书最后一致请求诛杀谢朓。

东昏侯哪管什么青红皂白，金口一张，下诏将谢朓交付御史台审问。

始安王等得到诏书，便连夜将谢朓处死在狱中。

谢朓在临刑前悔恨交加，仰天长叹道："天道恢恢，不可欺瞒。我虽未杀敬则公，敬则公却是因我而死的啊！"

谢朓死时年仅三十六岁，只可惜了他那满腹的诗才。

### 侯景策反案

南北朝梁侯景之乱中，主犯侯景兵败逃亡，后被部下杀死，并在其尸体内装入五斤咸盐（侯景食肉最忌味咸），送往建康（今南京，当时的都城），在市曹展出。据说百姓争先割其肉。剁成末，煮成羹，恨而食之。其首级则被运往江陵。梁元帝下令将侯贼首级在市区悬挂三天。当时城中百姓争先恐后前往围观，人心大快。还有些老百姓边看边不无遗憾地嚷道：

"怎么不见王伟首级？"

"王伟擒到没有？"

"可不能让王贼逃掉，决不能饶恕王伟！"

王伟何许人也？老百姓为何对他如此痛恨呢？

我们不妨先揭揭王伟的老底。

王伟出身于仕宦之家。从小承父庭训，博览经史，精通周易，熟谙韬略，能言善辩，文章又写得好，笔锋犀利，辞藻优美，尤工诗词，作品多被称道。

早年王伟在北魏为官，官至行台郎。侯景为河南大行台时，王伟为行台左丞。以后王伟一直跟随侯景，并成为侯景的谋士。侯景叛乱之所以能得以进展，险些得逞，盖因有王伟处处筹谋。当时只要有人对某一事的决定有疑问时，侯景总会说"王伟劝我"如何如何。

侯景反魏投梁是王伟的主意。后来侯景叛梁也是王伟的主意。王伟说："今坐听亦死，举大事亦死，王其图之。"促使其下定了决心。梁武帝发兵讨景，起初侯景顾虑重重，应战迟缓，王伟便劝他说："兵闻拙速，不闻工迟。"力促其迅速决断。王伟协助侯景从寿阳发兵，假借游猎之名，瞒过了梁武帝的讨伐军，很快就攻入梁都建康城，取得了初步的胜利。之后，侯景立萧简文为帝，自封相国，后来又废简文，另立萧栋，旋又废黜萧栋，自立为帝。这一系列行为，无不是王伟一手谋划的。

侯景生性好猜忌，又极残忍，酷嗜杀人，常以亲手杀人为乐。他可以在吃饭时随手斩杀一人，口中还不停地嚼食，且谈笑依旧。他杀人时，常常先斩断其手足，割去其耳鼻舌头，过一天半日再将其杀死。每次出兵，侯景都要告诉他的将士们："你们攻下一座城邑，就把城里的人统统杀掉，让天下都知道我的威名。"侯景叛梁，攻入建康后，大肆烧杀，几乎使建康成为一片废墟。长江下游一带均惨遭劫难。

百姓对侯景又恨又怕，对其谋士、帮凶王伟也可想而知。因为他们知道，没有王伟就没有侯景之乱的得逞。没有王伟就没有这场平叛战争，也就不会有这次劫难。侯景被诛以后，王伟成了百姓心中的元凶。

王伟被押到江陵狱中，其间，还曾跟梁臣进行了一番唇枪舌剑的论辩。当被带去见梁元帝的尚书令、征东大将军王僧辩时，面对朝廷命官的王伟轻描淡写地作了一个揖，而不肯行跪拜之礼。狱吏为此责备王伟，王伟却傲慢地说："你是别人的臣子，我也是别人的臣子，我凭什么对你跪拜。"

僧辩驳斥道："你做了叛贼的臣子，不为他尽忠而死，而求苟活于草芥之中，伏在地上连站都不敢站起来，现在又何必做出这种丑相。"

王伟说："成事在天，谋事在人，当初侯景如果听从我的谏言，你老兄就不会有今天这么威风了。"僧辩听了大笑，觉得王伟着实有些狂妄。

有个叫虞骘的梁臣，过去曾受过王伟的侮辱，此时正好在场，便在他脸上啐了一口唾沫，骂道："该死的叛贼，看你还能不能再干坏事！"王伟也不相让地说道："你大字不识几个，又不懂礼貌，没资格和我讲话。"虞骘听他揭自己的底，感到羞愧难当，赶忙躲开了。

后来侯景的帮凶吕季略、周石珍等相继被押解到江陵。王伟忖度形势，以为有保全性命的希望。便在狱中写了一首诗赠送给元帝，诗曰：

> 赵壹能作赋，邹阳解献书。
>
> 何惜西江水，不救辙中鱼。

赵壹是东汉时的一位辞赋家，以工辞赋被朝廷所赏识。邹阳是西汉文学家，是梁孝王的客卿，曾因被谗入狱，写了《狱中上梁王书》，自申冤屈，遂被释放。王伟以此二人自比，并暗示元帝：何必为珍惜西江之水，而不救车辙中快要干死的鱼呢。

王伟同时还写了另外一些诗共五百多字，一并送交给元帝。元帝看后，果然很欣赏他的才华，打算赦免他。但因当时许多朝臣过去曾受王伟的侮辱，对他十分忌恨，他们对元帝说："以前王伟为侯景作檄文，也有不少绝妙好辞。"元帝便派人找来看。檄文中有这样的几句话："项羽重瞳，尚有乌江之败；湘东一目，宁为赤县所归。"

就是说项羽有两个瞳仁，最终还是失败于乌江；湘东只有一只眼，怎能使神州归顺。湘东指的是元帝，元帝曾为湘东王，因病，一只眼睛失明。元帝见此，顿时觉得戳到了他的痛处，想到王伟竟敢如此讽刺、藐视自己，禁不住怒火中烧，当即下令将王伟处以死刑。

然而，同样是死，如何死法，于死者、于生者，其感受却是不大一样的。在元帝看来，将王伟斩首、剜心都不足以解心头之恨。元帝心想，王伟嘴太厉害，太恶毒，当先治其舌，使之不能再骂人。于是下令将他的舌头用钉子钉在一根木柱上；其次，王伟的肚子里坏水太多，为侯景出了许多坏主意，应先放一放他的坏水，于是下令用利刃破其腹，剜其肠。这样，让王伟长时间经受痛苦，将他慢慢折磨至死。元帝坐在旁边的龙椅上，看着王伟痛苦地呻吟，倍感赏心悦目。

王伟被处死的消息传出后，昔日的仇家纷纷起来发泄心头之恨，以图报复。他们这个一刀，那个一刀，直到割到完全剩下副骨架。然后，文帝才下令将其斩首。这位助纣为虐、威震江南的狗头军师就这样结束了他罪恶的一生。

王伟的党羽吕季略、周石珍等也被绑赴刑场，斩首示众，并诛三族。

## 少年天子之死

几个月前，这里还是西魏恭帝太师的府第。一座座红墙绿瓦，翘角飞檐的宫廷式建筑，掩映在古柏的浓荫中。一道道朱漆重门的深处有一座不大的院落，院中房舍玲珑，环境幽雅。如今它已是孝闵帝宇文觉的居所。半年前，宇文觉从这里走进皇宫，走向了权力的巅峰。现在他又回到这里。但此刻的宇文觉与半年前不大相同，那时他是权门之后，贵宠一时，而今，他只是被幽禁于此的废帝略阳公。

快一个月了，孝闵帝除了被押进宫跟李植对质一次外，再也没走出过这个小院。他不能跟任何大臣、官吏接触，他的一切行动都在宇文护派来护卫他的禁卫军的监视之下。这个十六岁的少年，一下子从权力顶峰坠落下来，当他爬起来时，却发现他连做人的起码权力都失去了：自由、尊严，甚至生存的权力。他不甘心放弃本该属于他的生存的权力。所以前不久被押去与李植对质时，他拼命讨好握着他生杀大权的堂兄宇文护，希望能讨得宇文护的欢心，借而改变自己的处境。没想到，尽管他已将与李植的密谋和盘托出，也丝毫没有打动宇文护，反而更加深了宇文护对他的忌恨，从而对他的限制也更严了。

已是初冬时节，北方的天气说冷就冷，何况这几天长安阴雨连绵，刺骨的西北风更增添了几许寒意。幽静的小屋终日无人进出，显得格外凄凉。这样的夜晚使宇文觉很自然地想起了酒。他几乎控制不住这种强烈的愿望，所以第一次向护卫，或者说监视他的禁军提出了请求。

禁军头目听完宇文觉的请求，驰马入朝请命去了。

宇文护听了禁军的汇报，先是怒形于色，继而又转怒为笑。他说："本不该给他喝酒的，但念他心中郁闷，又值天寒，就让他尽兴一次，消消愁，祛祛寒吧。"说完便命令左右，取一坛宫廷玉液，送往宇文觉住地。

夜已经很深了。长安城内，风雨交加，似乎所有的灯火都已燃尽，只剩下往日太师府院内这一盏孤灯还在风雨中飘摆着、挣扎着。几个卫兵站在一间小屋门外，正在扭头朝屋内张望。屋里，昏黄的灯光照着桌上的几碟小菜，孝闵帝就坐在桌旁，他一杯接一杯地自斟自酌，嘴里还念念有词地嘀咕着什么。

约莫过了半个时辰，忽听屋里哐当一声，酒杯落地声和座椅倾倒声响成一片，卫兵们应声推门进去一看，孝闵帝已烂醉如泥瘫倒在地了。卫兵们七手八脚地将孝闵帝抬到他的床上，给他盖好被子，然后拎起差不多已被孝闵帝倒空了的酒坛，出了房门，扬长而去。

谯楼打罢三更鼓，玉漏声报午夜时。密雨拍打着房顶，北风摇动着门窗。小院越来越黑，越来越静。孝闵帝卧室外间桌上的那盏孤灯还未熄灭，昏黄的光焰随风摇曳，在四壁照映出迷离的幻影。

突然从窗外古柏后闪出两个黑衣蒙面大汉。他们手持朴刀，轻捷地跳到孝闵帝卧室门前，轻轻推开房门，闪身而入……

第二天，雨过天晴，雨后的长空骤然显得寒冷多了。清晨，已到了用膳时间，仍不见孝闵帝起床，一个卫兵进屋探看。卫兵在床前连呼几声，床上仍无动静，掀起被子一看，不禁大惊失色，见床上的孝闵帝脖颈上有多处刀痕，床上一摊摊血迹已经乌黑了。

宇文护得到宇文觉被杀身亡的消息，立刻乘车赶来，并煞有介事地询问了些情况，还在屋内屋外巡查一番，之后他猛然对卫兵头目怒吼道："尔等身为禁军，玩忽职守，致使略阳公被暗杀，该当何罪！"禁军头目还没弄明白是怎么回事儿，就送进了大牢。

孝闵帝的尸体当场入殓，被送往南郊草草埋葬。

孝闵帝宇文觉虽只活了短短十六年，却曾经历了不少故事呢。

宇文觉是北魏末期的执政大臣宇文泰之子。宇文泰当时总揽北魏内外军政大权，挟天子以令天下，权倾朝野。由于他的几个儿子都还年幼，宇文家的一切家务就都委托给他的侄儿宇文护掌管。宇文护办事，里里外外，严谨、认真，可谓滴水不漏，深得其叔宇文泰的喜爱和信任。宇文泰病重期间，将宇文护召至身边，对他说："我现在这样子，看来是不行了。我的几个儿子都还年幼，天下大事就委托给你了。"

宇文泰死后，宇文护的卓越才能才真正得以充分施展，他整顿内外纲纪，安抚文武百官，稳住了北魏局势。办理完宇文泰的丧事后，宇文护便不失时机地向魏恭帝暗示要他将帝位禅让给宇文家。魏恭帝迫于宇文家的势力，又经太保赵贵和大司马独孤信等人的劝说，便将皇权禅让于宇文氏。于是不久，在宇文护的主持下,举行隆重的禅让仪式,由宇文泰之子宇文觉代魏,临朝执政,改国号为周,帝号天王。十六岁的宇文觉就这样登上了帝位。

禅让活动刚刚过了两个多月,便发生了楚国公太傅赵贵,卫国公太保独孤信反对宇文护擅政专权的政变,二人因被告密伏诛。这次政变只不过是北周复杂的政治斗争的一个序曲。

近半年过去了,北周朝廷内部的政治斗争也更趋复杂。一方面,性子刚烈的孝闵帝虽然初涉世事,却很自负,他希望能治理朝政,不受别人摆布。而对宇文护的名为监护、实为专政的行为极为厌恶;另一方面,宇文泰的几位佐命功臣司会李植、军司马孙恒这时又当了孝闵帝的侍从官,他们都担心宇文护专政对自己不利,便跟宫伯乙弗凤、贺拔提密谋,在孝闵帝面前大讲宇文护的过错,并请求除掉他。这当然正投合了孝闵帝的心意,于是君臣同恶相济,开始共定计谋,并由乙弗凤带领一批武士在后园内练习武艺,操练擒拿技术。

在密谋中,乙弗凤将另一个宫伯张光洛也引入了密谋圈内。却不料这张光洛本是宇文护的同党。宇文护得到张光洛送来的情报,为拆散孝闵帝的阴谋集团,他将李植外放为梁州刺史、孙恒外放为潼州刺史,以遏制其阴谋的实施。

李、孙二人被外调后,孝闵帝内心非常着急,便时常把他们召回朝中密谈。宇文护得知这一情况后,便有意暗示孝闵帝说:"天下最亲莫过兄弟,兄弟间都钩心斗角,又怎能指望外人跟你一条心呢?如果你把我除掉了,奸人将得以顺利地施展其阴谋,那样一来,不但对你不利,也将危及周室江山啊!"说完,宇文护伤心地痛哭起来。

孝闵帝丝毫没为宇文护所动。此后,乙弗凤等人却更加恐惧,加紧了阴谋

活动。他们力谏孝闵帝尽快除掉宇文护,并约定趁召集公卿大臣入宫议事之机,杀掉宇文护。这一计谋又被张光洛密报给了宇文护。宇文护对孝闵帝的冥顽不化大为恼火,他立即召请柱国贺兰祥、小司马尉迟纲等入府,并把乙弗凤等人的阴谋告诉他们。贺兰祥劝宇文护废掉皇帝。当时尉迟纲总领禁兵,宇文护就派尉迟纲入宫,召乙弗凤等来商议国事,出宫后将他们一一逮捕,送到宇文护府第。又将皇宫卫兵撤掉,派贺兰祥逼迫皇帝出宫,把他囚禁于旧府邸。

一切办妥之后,宇文护在自己的府第召集全体公卿大臣,对他们说:"为了周室江山,我决不能让谋逆得逞。我宁可有负略阳公,决不负大周社稷。宁都公年好德盛,仁孝圣慈,现在要废昏立明,公等认为怎么样?"群臣纷纷附和。于是,宇文护在门外立斩乙弗凤等人,并把司会李植、军司马孙恒一并杀死。

宇文护挫败了乙弗凤等人的阴谋,废黜了孝闵帝,又迎接宁都公、岐州刺史、宇文泰长子宇文毓回朝即皇帝位,是为明帝。其后他才着手处理参予这孝闵帝密谋的其他成员。他将所有参与、涉嫌的人都抓了起来,交法司审理。

在处理孝闵帝同党过程中,最棘手的要算李植了。李植虽已被关入下牢,但连法司也不敢轻举妄动。因为李植的父亲李远当时为柱国大将军,封为阳平公,镇守弘农。他功高望重,手中又握有重兵。因此,宇文护不得不对李远父子的处理持谨慎态度。他假传明帝圣旨,将李远召回长安。李远突然接到新主圣旨,也担心其中有诈,经反复思虑,终于下定决心说:"大丈夫宁为忠鬼,决不做叛臣!"

李远到京城,宇文护亲自与李远相见,告诉他:"您儿李植参与阴谋活动,不仅要杀我,而且给你宗族造成危害。叛

臣贼子,理应同憎,您应当早为他做好安排。"暗示李远应大义灭亲。见面后,宇文护将李植交给了李远。

李远平素钟爱李植,加上李植本来就能言善辩,他为自己辩解说,自己并未参与阴谋活动,并使李远很快相信了他。第二天,李远又带着儿子去见宇文护。宇文护还以为李植早已被李远处死了,听到左右报告说,李植也在门外,宇文护大怒道:"阳平公竟然不晓大义!"于是令李远父子进府,又命把幽禁的废帝押来对质。孝闵帝为了讨好宇文护,争取宽大,将他们的阴谋活动如实交代了出来。

李植听了宇文觉的陈述,顿时悔恨交加,他痛苦地说:"当初我们那些筹划都是为了安定社稷,巩固你的皇位,今天,你为了苟全性命,却把我们都给卖了。"

在一旁的李远听了李植的话,颓丧地瘫倒在地,无力地说:"果真如此。孽子,孽子啊!"

不久,李植被处以死刑,李远也被赐死,李植的三个弟弟同时被杀。

### 陈朝冤案

在我国古代历史上,各代王朝宫廷内部常常发生皇室成员之间争夺皇位的斗争。这种斗争往往牵涉到一些大臣。他们或者为夺权者出谋划策,或者直接参与行事,因而他们的命运自然跟夺权胜败紧密相连,要么成为新皇位获取者的功臣而晋爵封侯,要么被加上"谋反""叛逆"罪名而下狱斩首。其间的是非功过,千古以来,任人评说,莫衷一是。这里说的是陈朝时期刘师知、王暹、殷不佞"阴谋祸乱"被赐死的故事。

南北朝陈废帝光大元年正月,陈朝的都城建邺,已是深夜时分,虽然时属初春,但乍暖还寒。加之钟山方向飘来纷纷细雨,秦淮河上刮来阵阵冷风,使这座古城更增添了几分幽寒、凄凉、静寂。

这时有一支队伍,举着标有"廷尉"字样的灯笼,抬着一乘大轿,大轿前后跟着十余名护卫,急匆匆向城北监狱而去。

城北监狱墙高院深,狱卒林立,禁卫森严。靠南的一间较之其他牢房显得宽敞得多,清洁得多,一盏幽暗的孤灯,把昏黄的光线投射在中午刚刚押解来的三个囚犯脸上。奇怪的是囚犯身上还穿着朝服,只是摘去了官帽。三个人脸上露出惊疑的神情,彼此沉默着面面相觑。

牢门突然打开,廷尉府的宫灯将牢房内照得一片通明。掌管刑狱的尚书右仆射沈钦昂首挺胸,跨进牢门。十余名狱吏佩剑提刀,侍立两旁。沈钦以威严的目光扫过三个囚犯,他高声喊道:"刘师知、殷不佞、王暹接旨。"狱吏便将三个囚犯提起,躬身而立。沈钦接着念道:"奉天承运,皇帝诏曰,查刘师知、殷不佞、王暹朋党比奸,阴谋祸乱,危我社稷………为正法典,永固国祚,敕令将刘师知、王暹赐死。念殷不佞孝行昭彰,特予宽赦,削职为民。此诏。"宣诏一毕,就有四名行刑衙役将两块黑布蒙在刘师知、王暹的眼睛上,然后衙役两人一组各用两条白绫绕在囚犯脖颈上,各执一端,两头用力,二名囚犯顷刻毙命。

刘师知、王暹赐死事传出,朝野上下无不震怒,建邺城内窃窃私语,街谈巷议,沸沸扬扬。刘师知、殷不佞等均系两朝功臣,位高权重,深得皇上恩宠,黎明尚赴早朝,白天还去相府议事,为何午夜却被处死?其中缘由,道不明,猜不透,成了当时一大奇闻。

欲知刘师知等大臣为什么在一天之内被处死,还得从陈王朝宫廷内皇位争夺说起。

陈王朝的开国皇帝高祖陈霸先有六个儿子,五个死于战乱中,唯一尚存的第六子叫陈昌,为衡阳献王,高祖的哥哥始兴昭烈王有两个儿子,长子陈蒨,为临川王；次子陈顼，为安成王，后为宣帝。此二人在高祖打天下时立过大功，高祖甚爱之，称为"吾宗之英秀"。

高祖在位三年，没来得及立后嗣就去世了。其时天下未定，战乱不休，外有强寇，内无重辅，当此内外交困之时，皇位的确立成了一大紧迫问题。宣皇后与大臣蔡景历定计，秘不发丧，急召陈蒨回朝，陈蒨带着侍臣侯安都返回京城后，在谁继承皇位问题上有异议。侯安都与诸臣商议，力主陈蒨继位，认为陈蒨有功于天下，威望甚高，朝野所归，可以安定民心，威慑四野。而宣后只想着她的儿子衡阳献王昌，陈蒨也有谦让之意。但昌受命在外，为乱军所隔，归途受阻，音信不通，显然远水救不了近火。这样，为王业大计着想，宣后也只好同意陈蒨继位了，何况她跟这位侄儿曾同陷侯景囹圄，共过患难，自有一番亲情。但姊侄之间毕竟不同母子，陈蒨表面上有谦让之德，而内心却想长据皇位。宣后在陈蒨继位之后，仍降旨迎陈昌还朝。而陈昌在起程返朝时曾致信世祖陈蒨，书中有些不逊言辞，世祖心生忌恨，便与侯安都密谋，并派他前往迎接陈昌。在渡汉水时，船到中游突然沉没，陈昌溺死于滔滔江水之中。这样世祖轻而易举又不露痕迹地除掉了自己的政敌。这是陈王朝内争夺皇位的第一个回合。其中奥妙，宣后一直被蒙在鼓里。从此，她一心扶植两个侄儿。七年以后，争夺皇位的斗争又在皇宫重演。世祖不曾料到，他的所作所为会在他的儿子陈伯宗身上得到"回报"。

世祖死，传位于其长子伯宗，伯宗即位时仅十五岁，年幼懦弱，不谙政事，只有依靠大臣辅佐。宣后召令她的另一个侄儿，世祖的弟弟安成王陈顼入辅，委任甚高，拜为司徒，进号骠骑大将军，录尚书事，都督中外诸军事，权重位高。同时受命辅助的，还有中书通事舍人刘师知、尚书仆射到仲举等。刘师知博学多谋，文笔甚工，熟悉朝廷礼仪典章，有济世之才。梁朝末年已受重任，曾为中书舍人，掌管诏诰。后为陈高祖、世祖两世所倚重。而到仲举则尤为所知遇。此人立身耿正，重于节义。世祖嗣位前，常委以重任，嗣位后，官至尚书右仆射，世祖病，不能亲理朝政，尚书省的事情都委托仲举决断。陈顼、到仲举二人之宠遇可见。

这样，在陈王朝中出现了两股政治势力，两个权力中心，而陈顼由于是皇亲，得到宣后支持，常以周公、伊尹自诩，声望权势甚高，为朝野所瞩目。刘师知、殷不佞见此情景，担心陈顼危及幼帝皇位，为报知遇之恩，决心誓死保卫幼帝，便与仆射到仲举、尚书右丞王暹密谋，假托皇太后令，把陈顼排挤出宫。谋议虽定，却无人敢出头发难，在这生死攸关之际，大家难免顾虑重重。殷不佞便自告奋勇，骑马到了陈顼府第，当面宣读敕令："今四方无事，顼宜回东府（扬州刺史衙门）处理州务。"陈顼开始信以为真，很是惶恐，这时，他的参军咨议毛喜提醒他说："今日之言，一定不是太后的意思。这事关系到社稷宗庙的安危，望大王三思而行。如果外出，必将受制于人，比如曹爽，想当个富家翁也不可得。以我愚见，应再向太皇奏闻，不要让奸贼的阴谋得逞。"陈顼深以毛喜之言为然，便照着去办。他假称有病，一面派人把刘师知请来，说是有事商议，将他留在府中；一面派毛喜入宫去见太后。太后说："现在伯宗年幼，不懂事，政事全委托给二郎处理，我不想让他回扬州去。"毛喜又去见幼帝。幼帝说："这是刘师知等人干的，我没这个想法。"毛喜回去向陈顼报告后，陈顼便把刘师知囚禁起来，并亲自去见太后和幼帝，大讲师知的不是，并自主起草了一道敕书，要幼帝圈定同意。紧接着又把师知、王暹、殷不佞交付廷尉治罪。于是三位世祖的重臣一夜之间沦为国贼，成了陈顼的阶下囚，刘师知、王暹二人还被两条白绫绞死。

### 废帝要案

陈废帝光大元年八月，西风萧瑟，草木凋零，正值深秋时节，在陈都古城建邺又爆出了一特大新闻：掌握兵权、镇守军府的散骑常侍、右卫将军韩子高，展起尚书省议立皇太子事，入衙被捕，送往廷尉，当晚与贞毅将军、紫金光禄大夫到仲举，南康内史到郁被赐死狱中。这是继七个月前刘师知、王暹被赐死后的又一要案。

见惯了这类案件的建邺居民仍被惊得目瞪口呆。皇帝今天赐死这个，明天赐死那个，一个比一个权高位重，而且都被前朝委以重任，有的还是皇亲国戚，这怎么不叫他们惊诧呢。

案件的首犯韩子高是陈世祖文帝的旧臣，十六岁时即跟随文帝做侍卫。他性情恭顺，侍奉勤勉，文帝十分喜欢他，经常带在身边，不离左右。待年岁稍长，便学习武功骑射。他很有胆略，常怀将帅之志。在文帝征讨张彪的战争中，韩子高英勇善战，初露出将帅才能。此后文帝对他倍加宠爱和信任，并把自己的军队交给他统领。文帝当皇帝后，任命他为右卫将军。在几次平叛中，他功勋卓著，归之者甚众，所统兵将日增，在当时诸将帅中，他的兵马最为精壮。以后，文帝把他调至京都镇守军府。文帝病重，韩子高亲自入宫侍奉医药。

废帝初即位，韩子高迁散骑常侍，仍保留右卫将军头衔，与刘师知、到仲举等遵文帝遗诏辅政。这时候皇宫内已开始酝酿皇位之争。韩子高由于是文帝宠臣，又拥有兵权，所以威望显赫。但也因此而为当时雄踞相位、擅权专政的陈顼所忌。在刘师知等因"阴谋祸乱"的罪名

被赐死以后，韩子高便成了陈顼争权的主要对手和攻击的目标。韩子高本人因兵权过重，担心树大招风而自危，便常去拜访到仲举，倾吐胸中郁闷，商讨对策。而陈顼则早已派人窥探他们的动向，寻找制服他们的时机。

当陈顼得知韩子高与到仲举过从甚密时，认定他们必是串通反对自己，决定先下手为强。他找咨议参军毛喜问计。

毛喜说："你应挑选一些人马配给韩子高，再赐给他铁和木炭，让他修造兵器。"

陈顼问："我正打算收拾他，怎么能给他创造条件呢？"

毛喜说："韩子高这样的人，受前朝的委托，辅佐当今皇上，又拥有兵权，只宜表示对他信任以诱惑他，稳住他，使他不生疑心。这样除掉他就容易得多了。"

于是陈顼便按照毛喜的计策行事，到了这年八月初，韩子高的部将告他谋反。陈顼便乘机将韩子高抓捕，下狱赐死。

这个案子的另一名主犯到仲举也是高祖、世祖两朝旧臣。他为人耿直，很重义气，一生追随文帝。深受文帝信任和重用。早年，文帝居留乡野时，常去到仲举帐中饮酒，夜宿。其亲密、信任程度可想而知。文帝嗣位，到仲举官至尚书右仆射。有几年文帝生病，不能亲理朝政，凡尚书省的事都委托给到仲举决断。文帝病重，他与韩子高等人入宫侍奉医药，并受托辅佐皇太子即位执政。以后他一直心存节义，护佑幼帝陈伯宗。

幼帝即位，陈顼奉诏入朝辅政不久，发生了刘师知案件，牵连了到仲举。由于他不是主犯和发难者，因而得到宽宥，削职为民，令回私宅闲居，但是他报效文帝之心未泯，仍旧思谋逐陈，保住幼帝皇位。此时皇太后沈妙容也正有此意，这使他受到鼓舞。

到仲举有个儿子叫到郁，是文帝的妹夫，曾被任命为南康内使，因文帝丧事未去上任，住在家里。他看到父亲被定罪罢官，心中不平，也深感不安，父子俩都曾受文帝的恩宠，所以有共同的心愿，于是便商量去找韩子高，以共同计议大举。为了避开陈顼的耳目，到郁经常装扮成妇人，乘一小轿到韩子高府上去。后来韩子高的部将向陈顼报告了这个情况，陈顼便把到仲举、到郁抓起来跟韩子高一起送交廷尉狱中，并以幼帝名义下了诏书，诏书说韩子高、到仲举"受任前朝荣宠显赫，肆此骄阔凌傲百司，擅行国政，排黜懿亲欺蔑台衮"。他还说："到仲举、韩子高共为表里，阴构奸谋，密为异计，安成王朕之叔父，禀承顾托，受斧导扬，伊尹、周公之责，人无异议。而韩子高、到仲举率聚凶徒，欲相掩袭，并克今月七日，纵其凶谋。赖祖宗有灵，奸谋显露。大奸克歼。罪人斯得，可收付廷尉肃正刑书。"

陈顼接二连三赐死朝中重臣，给他们加上"阴谋祸乱""密为异计"的罪名。表面上看，这些人是罪有应得，而他自己是真心实意辅佐幼帝建立功业的人。其实正好相反，陈顼早就有觊觎帝位之心，妄图取幼帝而代之。然而，一方面他的擅权代政一开始就引起其他皇室成员的警觉；另一方面他排黜文帝旧臣的用心也处处暴露无遗。

文帝有个二儿子叫陈伯茂。幼帝即位后，伯茂住在皇宫里。他亲眼看见陈顼擅权，蔑视幼帝，很是担忧，便劝说刘师知等假托太后诏令，要陈顼回扬州刺史衙门去，管理州务。刘师知被诛后，陈顼擅权更盛，四海之望全归他一人。伯茂更感不平，日夜怨愤，且骂不绝口，找韩子高、到仲举商议，促其驱赶陈顼出朝。此事暴露后，惹得太皇太后大动肝火，她一怒之下把陈伯茂赶出了皇宫，囚禁在东郊一个"别馆"。

刘师知、韩子高等的被诛过程，充分暴露出陈顼清除废帝身边旧臣，以便夺取皇位的蓄谋。

陈顼决计除掉韩子高，是在韩子高事尚未暴露之前。而且又是以幼帝名义自草诏书，其实却连送幼帝圈定都免了。

至此，文帝忠义之臣，被陈顼一一从幼帝身边清除。他终于完成了扫清通往金銮宝座道路上的障碍，从而不久便顺利地登上皇位。这样，他一生的真伪也就昭然若揭了。

### 长江漂尸

陈宣帝太建十四年初春的一天，宽阔寂寥的长江上漂来一艘官船，船至江心，一班狱卒模样的人将一些东西扔进江心后，调转船头顺来路回去了。只见被抛入水中的四件东西，有两件入水便径直沉入江底，这是两颗人头，另外两件在江面上浮沉良久，也缓缓下沉，这是两具无头的尸体。

封建王朝中，宫廷内争夺皇位的斗争久演不衰，每一次帝位的更换都要经历一场生死搏斗。陈朝时，先是文帝和其堂弟衡阳献王陈昌之争，继而是陈宣帝和其侄子幼帝陈伯宗之争，而到陈宣帝病危时又发生了皇帝次子陈叔陵和皇太子陈叔宝之争。前两次争夺，谋篡都进行得奸巧隐蔽，都取得了成功，而这第三次谋篡则显得极其拙劣，难怪遭到了惨痛的失败。其主犯落得个漂尸长江的可悲下场。那被抛入江流中血淋淋的头和尸体，便是这第三次谋篡陈朝帝位的窃国者、皇太子之弟陈叔陵和他的儿子。

这年正月初一刚过，陈宣帝病情突然加重，危在旦夕。皇宫内顿时一片惊慌，皇太子陈叔宝与其弟始兴王陈叔陵、长沙王陈叔坚入宫侍奉医药。此间，陈叔陵暗怀歹念，图谋弑逆，夺取皇位，他吩咐典药官说："切药刀太钝，拿去打磨锋利。"过了一会儿,他又命令左右给他拿剑,左右不明白他的意图,便把他经常上朝时佩带的一把木剑递给他。叔陵对手下的冥顽不灵大光其火,一怒之下,扬长而去。就在这一天宣帝驾崩于宣福殿。

第二天早晨,皇太子陈叔宝进殿凭吊。陈叔宝匍伏在地悲痛欲绝,陈叔陵、陈叔坚紧随其后。陈叔陵趁太子悲伤之际,从衣袖中抽出早已命手下磨过的切药刀,向太子脖领拼命砍去。太子猝不及防,跌倒在地。皇太后见状,赶忙跑来救助,也被陈叔陵砍了数刀。太子乳母当时正在皇太后身旁,就从后面拉住陈叔陵的胳膊,太子才得爬起来仓皇逃出。陈叔陵从后面拉住太子的衣后襟,太子用力挣脱。在一旁的陈叔坚早就疑心陈叔陵并暗中窥其行动,此刻,说时迟,那时快,他冲上前去一把抓住陈叔陵的手臂,夺去他手中的刀,把他拖到宫柱旁,用长袖把他绑在宫柱上,急忙又去寻找已被乳姆扶走的太子,准备请命对陈叔陵如何处置。陈叔陵趁陈叔坚离去之机,挣脱了袖结,夺路逃出云龙门,乘车慌忙跑回东府。

一起轰动京城建康的弑兄夺位案就这样发生了。陈叔陵此次弑兄夺位,事前几乎没有任何谋划,更谈不上周密计划。他何以如此胆大妄为无所顾忌呢?

陈叔陵是陈宣帝的次子,跟陈叔宝是同父异母的兄弟。陈叔宝为柳皇后生,故立为皇太子;陈叔陵是彭贵人生,被封为始兴王。陈叔陵在他的几十个同父异母兄弟中品德最为人不齿。他从小比较聪慧机敏,能言善辩,但刁钻狡猾,性格强横执拗,从不对任何人低头屈服。十六岁时为江州刺史,一切政务全是他自作主张,不让僚佐插手。他待人严酷苛刻,部下十分怕他。无论什么人,凡与他有关联的他都强令其来服侍。一些朝廷大臣和中下级官吏凡有对他不恭顺的,动辄拟造罪名,上奏朝廷,陷以重刑。当他被任命为相州刺史以后,更加骄横暴虐。潇湘以南地方的百姓不少被征集去做他的侍从,各村无一幸免。谁要抗拒逃避,就杀戮其妻儿老小。他辖区内的民间处女、少妇,凡有点儿姿色的,必强招入府,纳为侍妾。陈叔陵经常整夜不睡,秉烛游乐,通宵达旦,召集宾客,谈古说今,戏谑笑闹,无所不为。他不喜欢喝酒,便备办很丰盛的美味佳肴,昼夜咽食,到第二天中午才上床睡觉。他的生母彭贵人死后,他戴孝服丧,头几天还装得哀伤虔诚,但不到十天,就耐不住清苦,忍不住淫欲,下令御厨房杀猪宰羊,大吃大喝,还暗中召令侍从的妻女,供他淫乐。陈叔陵虽品性恶劣,却好追虚名,伪装高雅,每次入朝,或坐车,或骑马,手里总要拿着一本书,摇头晃脑,高声吟诵。回到东府便又放荡不羁,玩乐嬉戏,原形毕露。他还有一个癖好,喜欢去荒郊墓地游玩,穿行于坟墓之间,一旦发现墓碑主人是有名望的,便命令侍从发掘,把墓葬中获得的石刻石器、肘胫骸骨拿回宫里赏玩,收藏于他的府库之中。

陈叔陵有个皇叔叫陈伯固,是陈文帝的第六子,为兴安王,深受宣帝和后主的宠幸。此人也善于嘲笑戏谑,行为轻佻。后主陈叔宝在东宫时,曾与陈伯固关系亲密。那时陈叔陵在江州外任,心里很忌恨陈伯固得宠,暗中搜寻他的过失,企图抓住他的把柄进行中伤。后来陈叔陵回朝任事,陈伯固本来就心术不正,见陈叔陵与自己过不去,很是害怕,就主动向他献媚讨好。二人臭味相投,一拍即合。此后两人经常一同诋毁朝廷贤良忠直,贬斥文武百官,即使是位高年长者,他们都敢当面使其难堪,毫无顾忌。

陈伯固原有狩猎野鸡的癖好,陈叔

陵又有挖掘坟墓的习性，所以凡去野外游玩，二人必定同行。于是二人感情日笃，无话不说，终至共谋不轨。那时陈伯固在禁中为侍，凡有机密要事必先报告陈叔陵，使陈叔陵得以窥知朝内动静。

陈叔陵在江州的这一切恶行，州县的官吏都不敢向朝廷禀奏，后来宣帝知此情况以后，不仅不训诫陈叔陵，反而谴责御史中丞王政，怨他没有及时上奏，罢了他的官。宣帝历来喜欢陈叔陵，对他的过错从不过多追究，只是口头上轻描淡写责备几句而已。这使得陈叔陵愈加有恃无恐，终于酿成了今日之祸。

陈叔陵从宣福殿挣脱逃回东府后，立即召集兵士，命令切断青溪桥。又释放东城狱中囚犯，扩充其队伍，并亲自披挂战袍，戴上白帽，登上城西门，在百姓中召募兵丁，凡应征者都发给白银若干两。与此同时，还召集诸王将帅前来助战，但没有几个人响应，只有新安侯陈伯固闻讯赶来帮助他指挥。陈叔陵费了九牛二虎之力，才聚集起一千人马，准备踞城固守。

此时皇家军队正驻守江防，朝内空虚，人心忧虑不安。陈叔坚见此情景便向皇太后建议派人急召萧摩诃率兵前来勤王。萧摩诃接诏后立即率领数百马步兵丁，赶往东府城西门弹压。陈叔陵见状，内心十分惶恐，便派记室官韦谅将他的鼓吹曲送给萧摩诃，并对他说："如果事情成功，一定让你当宰相。"萧摩诃将计就计，欺哄他说："只有你派心腹持节前来，才敢从命。"陈叔陵便派戴温、谭骐骥二人（叔陵主要谋士）到萧摩诃住地。萧摩诃将他们逮捕送往朝廷，在阁道下斩首，萧叔陵自知大势已去，便将其妃子及宠妾七人沉入井中，跟陈伯固一起率人马数百，逃往其部下的屯兵地新林。在途中均被萧摩诃的追杀斩杀。萧叔陵的首级送往朝廷，其党羽也全部被擒获。

尚书八座向皇太后呈上奏章，列陈陈叔陵罪状，建议严加惩处。其奏章说："皇帝病重，久治不愈，陈叔陵参侍医药，外无悲伤之意，内怀弑逆之心，亲手砍杀皇上和皇太后，穷凶极恶，从古未有，现又逃回东府，招集奸恶之徒，据城固守，图谋不轨。请依照宋代的先例，严惩凶逆之党。"皇太后很快准奏。

陈叔陵弑兄篡位案结案了。逆党党羽记室官郑信、韦谅、典签俞公喜等被判死刑，陈叔陵籍没其家，陈叔陵父子则被流尸长江。滚滚不息的江水之中从此永远洗刷着这一对不忠、不信、不仁、不义的父子的灵魂。

### 假认尸案

此案发生在北魏鼎盛时期的扬州相国城内。

解庆宾和弟弟解思安是北魏中部地区的定州人，因为犯罪被判流刑，发配到当时的南方边远地区扬州充军服苦役。那时允许犯人带家属服刑，解庆宾就携带妻子徐氏和弟弟解思安来到扬州相国城充军服役。解思安受不了罪犯的苦役，就和哥哥商量，想逃回老家去。哥哥想到带着妻子和弟弟一起出逃，千里跋涉逃亡很难成功，如果被官府抓回，罪上加罪，刑罚更重，更加难以忍受，劝弟弟还是不要逃跑，忍耐等待，再想良策。解思安嘴上没说什么，心里却一直在想如何逃走，哥哥不逃，自己就一个人找机会逃跑。决心一下，他不再和哥哥商议，没过几天，就不顾一切地一个人偷偷逃走了。

解思安失踪之后，解庆宾被盘问，但他真不知弟弟的去向，只被警告一下也就过去了。解庆宾估计弟弟多半是逃走了，但又拿不准，焦虑不安，既怕弟弟逃不出去被抓回来，又怕弟弟真的遇到什么不幸。一天，到城外干活儿，他去远处草丛小便，突然发现草丛深处有具尸体，很像弟弟，急切地奔过去辨认，幸好不是弟弟，他摸摸咚咚乱跳的心口，长长出了一口气。又看一眼死尸，真是太像弟弟了，忽然心里一动，想到弟弟很可能是逃出去的，如果假认这是弟弟的尸体，官府不再抓他，弟弟不就平安了吗。看看四周无人，解庆宾在尸体脸上不像弟弟的地方抹上点泥，不熟悉的人还真分辨不清。于是解庆宾就哭着跑回，说发现了弟弟被杀害的尸体。他来扬州的时间不长，官差对他们兄弟不太熟悉，带犯人干活儿的差役又常换班，还经常临时差遣犯人干这干那，没人特别注意犯人长相，只注意查对来去人数不错就完了，所以带队干活儿的差官认不出尸体是不是解思安。同来干活儿的人和解家兄弟也无深交，一看尸体很像解思安，都说就是解思安，谁也不愿多看尸体，何况是已经死了几天有点发臭的尸体。差役回去禀报了这件事，官府本来就不把充军犯人当人看，死了也不当回事儿，何况是兄认弟尸，多人当场认证，便让解庆宾抬回尸体，装棺埋葬了。

相国城里有个女巫杨氏，常常装神弄鬼诈骗钱财。当时的人们迷信鬼神，常常请她驱邪治病，有不少人还传说她如何灵验。解思安被埋葬后没几天，杨氏就对徐氏说，她前两天看见鬼了，其中还有解思安的鬼魂。解思安的鬼魂跟她说，是和他一起充军服役的人害死了他，死得很凄惨，现在成了孤魂野鬼，饥寒交迫，凄苦难耐，非常想念亲人又不得相会，要你们给他烧点纸钱，他要回老家去看看。徐氏听了很害怕也很难过，还送给女巫一点儿钱，又把女巫的话告诉了丈夫。解庆宾听后又惊又怕，他也听人说过女巫说话很灵，心想弟弟可能真的被杀害了，很悲痛，又疑心起和弟弟关系不好的人。想起埋葬假尸那天，同是充军犯的苏显甫和李盖说，弟弟该死，他们

也想杀死他。心想，一定是他俩杀了弟弟，于是就向州府控告了苏显甫和李盖。官府本来就憎恶充军犯的恶迹，被判充军后仍然恶习不改的人犯罪或杀人的事也不少见，审问他们往往都是严刑拷问。苏显甫和李盖受审时，开始不承认杀人，但是重刑难熬，就都违心地承认了杀人。

扬州刺史李崇复审此案时，觉得有疑，便暂停惩处，再次查探。掌握了基本情况后，李崇就秘密地找了两个本州没人认识的甲乙二人，假扮成从外州来的，去找解庆宾。二人对解庆宾说："我们是从外地来的，暂住在扬州。我们的家在距扬州三百里以北一个村里。有一天，一个人路过本村，在我们家借宿过夜。晚上，我们兄弟几个和他闲聊，觉得这个人很可疑，我们就立即追查他的情况，问他做过哪些坏事，他见我们个个身强力壮，还有两个人站在他的两旁，随时可以对他采取行动，不说实话是躲不过去了，这才说他是犯流罪充军服役的，受不了苦役折磨逃出来的，姓解字思安。当时，我们要把他送给官府，他苦苦哀求我们，还说他有个哥哥叫解庆宾，住在扬州相国城内，嫂子姓徐。让我们可怜可怜他，到扬州来找你们报个信，说明他流落在外的悲惨凄凉，你们听到这一切，一定会不惜所有钱财，重重酬谢我们。他让我们把他扣留在我们家做人质，到扬州找不到你们得不到钱财，再把他送官府也不迟。我们估计他也不敢骗我们，所以家里人一商量，让我们兄弟二人来扬州找你，说明这个意思。你如果真能给我们一笔钱财，我们就会放了你弟弟，如果你不相信我们的话，现在就可以随我们回去看看你弟弟。"解庆宾听后大惊失色，悲苦难言，但弟弟毕竟还活着，总算得到一些安慰，就急忙对甲乙二人说些好话，恳求他们不要难为弟弟，只要能放人，自己一定奉送家里所有的钱财，请他

们稍稍等待,自己马上去准备财物。

甲乙二人如愿完成了刺史派给的秘密任务,赶回府中禀报复命,上交解庆宾交付的财物,刺史很满意,夸奖了甲乙二人。

刺史升堂提审解庆宾,解庆宾只得认罪,如实招出了假认弟尸的原因,诬告苏显甫和李盖的目的。没过几天,解思安也被绑缚送来归案了。刺史又拘捕女巫到案,让她看看活人解思安,女巫无话可说,只能认罪,被鞭打一百。解庆宾、解思安被依法加判新罪。苏显甫、李盖被解除杀人嫌疑,放回原处服役。

### 计骗黄金案

古代南北朝西魏时,有一天,来到京城长安做生意的贾仁闷闷不乐地坐在酒馆,自斟自酌借酒烧愁。他已经来到京都二月有余,可生意尚未有一点儿进展,这对第一次远道做买卖的年轻人来说,的确是十分焦虑的事。

望着窗外丝丝细雨,真有点江南黄梅季节的风光。贾仁想起了远在家乡的妻小,眼下又无计可施,不禁有些凄凉。他下意识地伸手摸了摸怀中衣袋,那里面有他住房的钥匙,房中存放着带来的二十锭黄金的资本,这是万万不能大意的。他明白,这二十斤重的金锭就是他一家老小的身家性命,依仗这些资金,他要做生意,虽不能大发家业,但也要挣出一年又一年的生活用度。他的心思游动,一会想到眼前生意艰难,一会儿又想到妻儿老小……

望着窗外的雨丝,贾仁正出神,不知什么时候,同桌已经坐下一位与自己年岁相仿的小和尚。只听道:"心神不宁,必有忧患,施主是遇到什么难处了?"贾仁听到问话回过头来,只是一名清秀和尚,也不在意,只是随口应道:"些许小事,并无大碍。"那和尚嘻嘻一笑,说:"施主可瞒酒肉之徒,怎可瞒我出家之人

呢?"贾仁听了一愣,心生疑窦,就问道:"师父可知在下有什么忧患?"只见和尚一副庄重神态,口中念出二句偈诗:"营运场上常失意,举棋难决自焦心。"贾仁听得目瞪口呆,好似和尚已经窥破自己心中的难为事。于是又问:"师父可以指点迷津吗?"和尚又是诡秘一笑答道:"旬日冰即化,三日防金流。"贾仁听了,先是一喜,后是一忧,心想:"旬日冰即化"不是说再过十天半月我的生意就有望了吗?可"三日防金流"是不是这三天里会有什么差错,他不由得惦记起房中存的金子和怀中揣的房门钥匙,手又不自觉地去摸那衣袋。忽然他又自觉失态,就缩回手,想再问个清楚,可刚要开口,却听到和尚呼唤茶房。贾仁为了问清自己的前途,就说:"师父可要酒肉?"和尚说:"出家人只用素斋。"贾仁说:"小可敬奉斋饭,略谢师父指点。"和尚也不推让,只是双手合十说道:"如此小僧谢过。"不一会贾仁为和尚点的酒菜上来了,二人就边吃边饮。贾仁一味想让和尚揭开偈语迷津,和尚总是笑而不答,东西南北,海阔天空,时而高谈阔论,时而又神神秘秘,把个贾仁弄得神魂颠倒。和尚不一会儿酒足饭饱,起身道声:"阿弥陀佛。"飘然而去。此时天已傍黑,饭馆客人多散,这贾仁怀着喜忧参半的心绪回到自己的住房,然而心绪不宁,怎么也不能安息,直到天明,困乏已极,才昏昏睡去。等他醒来时已经太阳偏西了,懒懒起床,洗漱未罢就觉得饥肠辘辘,又想起那和尚的一番指点,心中总有不明的事儿想再讨教,所以又朝每天吃饭的饭馆走去,一则是为填饱肚皮,二则是为能再遇和尚。

一进店堂,只见昨日坐过的餐桌,和尚已在自酌自饮了。贾仁自然也到这桌落座,和尚却似未知。等饭菜上好,和尚仍在低头闷饮,毫不理会贾仁的到来。

贾仁忍不住开口说:"师父,昨日……"话没说完就听和尚似自言自语般说:"善缘已尽,何必搅我清静。"贾仁说:"小可愚钝,还请师父指点。"和尚听罢略略思索,说:"只要施主防得三日金流,旬日就定会有好运。昨天吃了施主的酒,今天小僧就还请了罢,既有一面之交,也可借酒消磨半日时光。"贾仁忙说:"使不得,还是小可为师父添些酒菜,咱们共饮吧!"于是招呼店家添酒加菜,二人共饮起来。也是因为许久没与人说话,与这一面之交的和尚,虽谈不上知心,但也因为他的四句偈诗而拉近了关系。他们吃吃聊聊,不知不觉,贾仁开怀畅饮已酩酊大醉,趴在桌上呼呼睡去。和尚关心地走过来,拍着贾仁的肩叫道:"施主怎么就喝多了,小心着凉。"这时他眉心紧促,叫来店家说:"这位施主喝多了,我方便一下,你就稍稍关照一下,我去少时便来!"店家忙说:"师父请便,这位多日来都在小店用饭,小的们都认得的。"

和尚出了饭馆,不一会又回到了座位上,一直陪着贾仁。店家来说:"师父既是客官朋友,何不送他回去?"和尚说:"我们也是这两天才认识,并不知他住何处。"店家说:"原来如此,师父如此认真,可真是仁慈佛心了。"过了许久,贾仁慢慢醒来,见和尚还在陪伴自己,十分过意不去,起身相谢,就回家去了,因为头脑昏昏沉沉,倒床就睡去了。第二天下午他又到饭馆,想再遇和尚,好表示对自己关切的感谢。可是一晚上和尚都没有到来。回家的路上,他忽然想起了"三日防金流"的偈诗,十分不放心店中的存金。

他匆匆赶回,开了房门就去察看存放的金子,可万万没想到那二十斤金锭竟不翼而飞了。贾仁好像跌入了无底深渊,心想这和尚的话居然这样灵验,早知如此,就一步不出门了。他慌忙跑到县衙,报告县太爷自己失财的经过。县太

爷问他:"你存如此重金,有人知道吗?"贾仁摇摇头,县太爷又问:"你房门钥匙常在哪里呢?"贾仁说:"在自己身上。"县太爷又问:"既如此,你的房东可知你是来做生意的?"贾仁想了想,就说:"那日中人介绍,即告知来京做生意,租得此屋。"于是县太爷吩咐捕快捉拿房东来见。

公堂之上房东不知所措,县太爷发问说:"你知道贾仁的二十个金锭哪里去了?"房东听得莫名其妙说:"老爷,小人实是不知,青天大老爷明鉴。""胡说,贾仁经商,租住你家肩屋,而他住屋钥匙时时带在身上,如不是你做手脚,为何门窗不破而单单地金子会失去?分明是你行窃,还敢抵赖?"县太爷越说越气,大呼:"刑杖侍候!"于是四名差人把房东按倒在地,一阵刑杖打在他的屁股上。房主先还大叫着:"老爷冤枉、冤枉!"等着实打了二十杖以后,房主吃杖不过,哭喊着说:"老爷别打了,小人招了!"县太爷仍然气愤地说:"你早早招了,何必大堂动刑!"于是吩咐书办录供画押,移送公文。

说来也是这房东祸中有福。时值任雍州(西魏州名,治所长安)别驾的柳庆是一位精明的官员。他夜阅县官送来的窃金案卷,越看越觉得有问题,房东虽已招供,可没有作案的工具为证,又没供述作案过程。其中势必有疑,于是决定明日再审。

第二天,柳庆传来贾仁,细问案由。柳庆听了贾仁的答话,与案卷所录没有什么区别,就又问:"你来此地与人同住过吗?"贾仁说:"不曾与人同住。"柳庆又问:"与人一起吃过酒吗?"贾仁说:"只是与个年轻和尚一起吃过两次酒,那天下午吃醉伏在桌上睡着了,可是醒时和尚还在陪伴。"柳庆就断定必是和尚所为,于是派人追捕。

过了几天,和尚被缉拿到案,并起获

了全部所窃的金锭,房东也因之释放。

原来这和尚是乘贾仁饮酒时,摸了他的钥匙并自己开门取金的。那天贾仁摸衣袋,和尚认为必有财可图。谁知摸出来的竟是门钥匙,心想屋中必有大财,于是开门取之。为防怀疑,故等其酒醒方才离去。

# 帝王野史

## 一代奸雄曹孟德

曹操是中国历史上的文武全才。在军事上,他在东汉末年天下大乱的背景下,以一名典军校尉的低微身份,拔地而起,斩黄巾、攻董卓、战吕布、败袁绍、灭袁术,挟天子以令诸侯,只用了十几年的就统一了中国的北方;在文学上,他是中国文学史上的大家,其四言诗气韵沉雄、吞吐宇宙,千载之下,令人叹为观止。但是,就是这么一个盖世奇才,竟然没有统一中国,只有三分天下有其二的版图,再也没有能越雷池一步。带着这个终身的遗憾,曹操在洛阳宫里撒手西去,留下许多疑点是非供后人评说。

曹操,字孟德,小名阿瞒,又名吉利,安徽亳州人。生于汉桓帝永寿元年(公元 155 年),死于汉献帝建安二十五年(公元 220 年)。祖父曹腾是宦官首脑,官至中常侍大长秋,桓帝时封为费亭侯。父亲曹嵩本姓夏侯,因为继给曹腾做养子,才改姓曹,灵帝时官至太尉。

虽说曹操也算是侯门之后,可他并没有沾到多少光,反而受了不少的耻辱。他祖父是宦官,皇帝的家奴,而父亲曹嵩的太尉又是花钱买的。所以,有身份的家族是瞧不起他这种出身的,如袁绍曾骂他是"积阉遗丑,本无令德"。

据史传,曹操从小好机谋,喜权诈,爱游玩胡闹。既有贵族子弟的豪奢作风,又有机变无方的谋略头脑,喜惊人之举。如他诈中风以骗他父亲已屡见于史。有一次,京城一人家娶媳妇,他和贵族子弟袁绍躲在新房内装鬼叫。后遭人围攻,曹操情急之下,就把新娘子挟持做人质才脱离了包围。所以,当时品评人物的专家、河南人许劭说他将是"治国之能臣,乱世之奸雄"。

一般说来,英雄人物给人的印象往往是身材魁梧,威风凛凛,一表人才,但曹操远远没有达到这个标准。史传他身长七尺,古之一尺相当于今天七寸。如此说来,曹操是个小个子,今人又有考证,说曹操身高只有一米五九。所以,他以后当了丞相,外国使节要见他,他怕自己貌不惊人,就推大臣崔琰出来冒名顶替。

汉灵帝熹平三年(公元 174 年),十九岁的曹操受到京兆尹司马防赏识,被荐为洛阳北部尉。这是个维持治安的官员。他一到任,就在尉衙门左右各悬十根五色大棒,违规者一律用乱棒打死。大宦官蹇硕的叔叔根本没把曹操这个毛小子放在眼里,照样违规夜行。曹操老实不客气地令人把蹇硕的叔叔用乱棒打死。消息传开,京城肃然,都对这个小伙子投以敬畏的目光。

因得罪了蹇硕,曹操的北部尉没当几天就被免职了。曹操一气之下,就回了安徽老家,终日游山逛水,读书狩猎。同时,还娶了歌伎卞氏为妻,不久就生下两个儿子:曹丕和曹植。

尽管曹操在老家过着优哉游哉的生活,但历史的风云际会最终还是把他推上了创造历史的大舞台。公元 184 年 3

月，黄巾起义爆发。正在安徽老家的曹操得知此消息后，立即别妻辞子，杀向镇压黄巾起义的战场。一年后，因斩黄巾有功，曹操被授为济南相。他一到任，就拿出把以前大刀阔斧的作风，抱着"好作政建以立名誉"的志向，把各县劣迹斑斑的官员统统免职，并把一切淫祀寺庙一把火烧个精光。曹操是想以此来建立自己的政绩和威信，好在仕途上一步步爬上去。

可此时的东汉王朝已经腐烂透顶。大官大贪、小官小贪，而且彼此沆瀣（xiè）一气，互相利用勾结。因此，曹操的惩贪之举触犯了当权者的利益，济南相没当两年，又被人撵走了。曹操气坏了，觉得这个世界太混浊，想洗手再也不干了。

因镇压黄巾有功，又因独特的个性和雷厉风行的工作作风，曹操在朝中上下名气很大。不久，他又被汉灵帝任为典军校尉。汉灵帝中平五年（公元188年），西凉军阀董卓借入京杀宦官之诏，发兵进攻洛阳，废汉少帝，改立汉献帝刘协，又改元初平。

董卓的倒行逆施引起了朝中大臣的强烈不满，曹操见天下人恨董卓，又想干惊人之举。他利用自己能接近董卓的职务之便，想行刺董卓，结果未获成功，只好逃离洛阳。一路上风餐露宿，只顾逃命，惶惶如丧家之犬。在中牟县还被人识破抓住，送入大牢，几乎送了性命，幸好县役陈宫喜慕英雄，才救了他一命。

好不容易回到了安徽老家，在家人的支持下，以夏侯氏、曹氏两姓人为骨干，召集了一支五千人的队伍，并传檄天下，讨伐董卓。关东各诸侯因与董卓的矛盾很深，也都纷纷起兵并推袁绍为盟主，组成了一支近三十万人的联合大军。曹操在联军里当奋武将军，时间是汉献帝初平二年（公元191年）。

因联军是由各派力量组合起来的，彼此猜忌甚多。联军统帅袁绍又私心重重，畏缩不前，结果使讨董卓的联合军事行动失败。曹操的五千人马也只剩下两千多人，无法自立，只好依附于袁绍。但是，尽管联合军事行动失败，曹操又损失惨重，但他并未因此而气馁。他看到这些靠镇压黄巾起义起家的各路军阀都只是一些只会打小鼻盘的平庸之辈，成不了什么气候。他决心想办法自立，脱离他们。

汉献帝初平三年（公元192年），兖（yǎn）州的黄巾余部造反。曹操得此消息大喜，认为是自己脱离袁绍自立的天赐良机，于是向袁绍请缨。袁绍也担心兖州落入别人之手，见曹操自告奋勇，亦大喜："此事非孟德不能办！"就任命曹操为东郡太守，率军去镇压黄巾余部。到兖州后，曹操发挥了自己的军事天才，以诱敌深入的示弱之计，大破黄巾军，收得降兵三十万，并挑选其中的精锐五万以充实自己的部队，不久，曹操又被陈宫等人推举为兖州牧。

此时，曹操才算终于有了一块自己的地盘，正儿八经地有了支像样的军队，成为一方军政首脑。从此可与天下诸侯平起平坐，并且有了角逐中原的本钱。

曹操当上兖州牧后，又击败了徐州的陶谦，打退了袁术和公孙瓒的联合进攻，巩固了他的兖州牧地位。可是，尽管打了许多胜仗，但局面总打不开，只是在河南东部、山东西部之间转来转去。

这时，他的部将毛玠向他建议：仅在徐州、兖州一带与各路军阀打来打去是没有多大出息的，如要成大器，唯一之法就是勤王。而春秋时晋文、齐桓都是因勤王而霸。要他实行"挟天子以令诸侯，修耕植以畜军资"。这样，既能在政治上立足主动，同时又有雄厚的经济实力做后盾。曹操一听，深以为然，并立即实施。

公元 196 年，曹操派将军曹洪到洛阳把汉献帝接出来安置在许昌，并改元建安。因勤王有功，汉献帝命曹操主持朝政，封为大将军。曹操担心自己的根基不稳，人微言卑，就把大将军一职让给了袁绍，自己只当太尉、尚书令。

如此一来，曹操就从一般的军阀跃升而为天子重臣。从此，他手握汉献帝这把尚方宝剑到处砍杀，名正言顺地去讨伐各路军阀。以前他与别人作战是军阀内部的互相残杀，现在是以朝廷名义征讨，性质不一样。因此，他先后消灭了吕布、陈宫、张邈、袁术等人，占有河南、山东、淮河流域的广大地盘，威名赫赫，势不可当。

见曹操崛起，有人不高兴了，那就是袁绍。

袁绍出身于名门望族，在东汉，仅他一家人里面就有三人官至宰相。所以史书上说他的家世是"四世三公，门吏故生遍天下"，是个根基很深的官僚家庭。加上袁绍为人宽和得众，能礼贤下士，因此许多士大夫都愿归附于他。曹操挟天子以令诸侯时，袁绍已有河北的冀、幽、青、并四州，兵强将广地宽，是雄踞北方的大军阀。

对于曹操，袁绍的内心是十分矛盾的：既瞧不起曹操卑微的出身，又畏服曹操的才能。当曹操抢先一步，把皇帝控制在自己手里号令天下时，袁绍深为自己在此问题上的犹豫不决而懊悔不已。当曹操以天子之命封袁绍为太尉时，袁绍勃然大怒："曹操算什么东西？竟敢命令我！没有我的庇护，他早死定了！"见状，曹操只好把大将军一职让给了袁绍。从此，袁绍每次给曹操去信，字句中总带着侮辱、傲慢的口气，说曹操名为汉相，实为汉贼，怨恨之言溢于字里行间，心态严重失衡。

曹操也心知肚明：他要统一北方，与袁绍的冲突在所难免。于是，他趁袁绍在北方与别人争斗时，自己乘机消灭了淮河流域和河南、山东一带的军阀，为自己以后与袁绍决战做好物质上的充分准备。

建安五年（公元 200 年），中国军事史上以少胜多的有名战例——袁、曹官渡之战正式拉开序幕。

当时，袁绍有大军十万，曹操只有三万。为了打败袁绍，曹操与自己的谋士荀彧（yù）、荀攸、郭嘉等人进行反复商量。他们采取的步骤是，先在战略格局上造成有利于曹操的态势：派钟繇去关中安抚马腾、韩遂，使之不要在袁、曹决战时从后面捅屁股；同时又派人去西蜀与荆州，对刘章和刘表进行说服工作，在袁、曹决战时，即使不助曹，也不要助袁，可以作壁上观。

在具体的军事指挥上，曹操将主力屯于官渡（今河南中牟县），以吸引敌人主力于正面坚守之，然后从两翼抄袭雄袁军后路。

建安五年（公元 200 年）三月，袁、曹先对抗于白马、延津。袁绍中了曹操的声东击西之计，损失了大将颜良、文丑。初战获胜，曹军士气大增。袁绍命部队从正面进攻曹营，不成，就采取挖地道的办法，结果被曹军识破，未果。然后袁绍筑高岗楼，以箭射曹军，曹操命人制成霹雳车发射石块，袁军的算计又未得逞。这样两军相持半年有余。

此时，曹军粮食将尽，曹操心焦，写信给留守许昌的荀彧要求退兵。荀彧复信：要他坚持下去，谁坚持到最后，谁就会胜利，并提醒曹操，要出奇计。曹操得信后，咬着牙关坚持下去，并带五千精锐骑兵烧毁了袁绍的粮食基地乌巢。

袁军此时是进不能、退不得，加上粮食被烧，军心动摇，部队战斗力明显下降。曹操一见，命令自己的部队全线反击,袁军大败。袁绍只带八百名亲兵逃回黄河以北,主力全部被歼,曹操大获全胜。

因战败的刺激,袁绍回河北后抑郁不振,不久吐血身亡。死前,交代几个儿子:"定要重整旗鼓,与操贼决一胜负。"但他的几个儿子不争气,父亲一死,就为争冀州主帅的宝座而斗得你死我活,最后以长子袁谭失败而结束。袁谭失败后,为了打败自己的弟弟袁尚,不惜向曹操借兵。曹操得此消息,大喜过望,立即出兵河北,对袁氏兄弟软硬兼施,分化瓦解,逐一消灭了袁谭和袁尚,又把袁熙逐入辽东。从此,河北四州全部归入曹操之手。

至此,曹操终于统一了中国的北方。建安十二年(公元 207 年),曹操在北征关外后返回许昌的途中,经过河北昌黎县。面对波涛汹涌的大海,他诗兴大发,写下了《观沧海》这首著名的诗篇,可见他当时的喜悦心情。诗中有"秋风萧瑟,洪波涌起"之句,更道出了曹操要统一中国的吞吐宇宙的雄心。

所以,曹操一平定北方,就开始做各项准备工作,只等时机一到,就挥师南下,统一中国。

建安十三年(公元 208 年)正月,荆州牧刘表病危,想托孤于刘备以保荆州。曹操得知此消息后大惊,担心刘备乘机夺取荆州。他采用军师贾诩之计,以曹洪、夏侯惇为前锋,率五千铁骑从宛、叶小道,直扑屯兵河南新野的刘备,自己则率二十万大军随后跟进。赤壁之战正式拉开了序幕。

刘备抵挡不住曹操的凌厉攻势,与军师诸葛亮及将军张飞、赵云匆忙向江陵退去。败退途中,刘备的女儿也当了俘虏。听说刘备逃往江陵,曹操命夏侯惇率骑兵以一日三百里的速度在当阳长坂追上刘备。这时,荆州牧刘表已死,他

的儿子刘琮继位。因抵挡不住曹操的进攻,在谋士的劝说下,刘琮投降了曹操。于是,曹操轻而易举地夺取了荆州。然后,他一方面传檄岭南,令其投降;另一方面向武昌进攻,准备夺取武昌后,乘势而下江东。

刘备见荆州已失,就率诸葛亮、张飞、赵云等将领及残兵败将去江夏依附关羽。此时,正值刘备及江东孙权的生死存亡之际。为求自保,孙权与刘备结成了军事同盟,共同在武昌一带阻止曹操的进攻。

曹操见孙、刘联后,进攻难以迅速奏效,就在武昌大练水军,以为长久之计。然后,周瑜与诸葛亮用反间计,使曹操错杀了两个水军将领。同时,又要庞统去施连环计,黄盖去诈降,最后利用气候因素,一把火把曹军烧得溃不成军,曹操狼狈地逃回北方。从此,三国鼎立的局面正式形成,而曹操再也没有能越过长江一步。

为什么曹操在北方取胜那么迅速,而在赤壁败得那么惨呢?

历史学家认为曹操在北方的胜利归结于他的两大战略方针的实施,而在赤壁则由于胜利太快,使曹操踌躇满志,傲气凌人,听不进谋士的正确意见,一念之错而失去江南。

军事学家认为曹操在北方的胜利归结于他灵活机动的战术,以及政治与军事的紧密结合。而在赤壁,战术呆板,把战船用铁链连成一片,给孙、刘联军的火攻创造了条件。诗人们更是以丰富的想象说曹操的失败在于没有东风相助。唐代诗人杜牧在《赤壁》一诗中说:"折戟沉沙铁未销,自将磨洗认前朝;东风不与周郎便,铜雀春深锁二乔。"

其实,这些都是似是而非之论。曹操挥军南下时,其政治战略并没有变,仍是挟天子以令诸侯。而其他条件较之统

一北方时反而有利得多。在战术上他也无可挑剔：先以小部队咬住刘备，然后以大军继之。顺利夺取荆州后，恩威并施，传檄江南，使其不战而降。驻扎武昌之后，为顺利下江南，大造战船。因北方兵不识水性，用铁链把船锁在一起，这在战术手段上也说得通。

实际上，曹操在北方之得，在于对手太差；而赤壁之失，在于南方的对手之才智不在他之下，可谓棋逢敌手，将遇良才，加上战术上的一些疏忽，终于铸成大错。

曹操在北方的对手是袁绍。袁绍其人，宽和得众，能礼贤下士是其长。但他外宽而内忌，喜故作矜持，所以外表虽然威严，内心其实没有多少才学。他之所以能得北方四州，在很大程度上是因为袁绍那"四世三公，门吏故生遍天下"的显赫家世不堪一击。

有几件事可以看出袁绍在政治上其实很低能。

初平二年（公元 191 年），关东诸侯征讨董卓，袁绍是联军统帅。这时其实也是对袁绍领导才能的检验。但袁绍的表现实在令人失望。他竟然畏惧董卓，并让几十万大军滞留酸枣。孙坚打洛阳有功并需要救援，负责粮草的袁术怕孙坚抢了头功，居然断绝粮草供应使孙坚失败。最后，身为统帅的袁绍对此却不作任何补救。

为了得到河北四州，袁绍又不惜牺牲盟友利益。他唆使公孙瓒打冀州，许诺事成之后平分冀州。暗中却又派人去冀州，对冀州牧韩馥软硬兼施，使韩馥畏惧公孙瓒之势而投降自己。事后，公孙瓒派自己的弟弟去袁绍那里商谈瓜分冀州一事，袁绍居然派兵装扮成强盗把公孙瓒的弟弟杀了。公孙瓒知道后大骂："原以为你是英雄，才推你为盟主，原来猪狗不如！"袁绍虽得了冀州，但尽失人心于天下。

袁绍明知曹操是自己的主要敌人，但在如何打败曹操的问题上没有明确的具体步骤。开始，他的军师沮授劝他把汉献帝接到邺城，以争取政治上的主动，他怕把皇帝接来后自己受约束而拒绝。待曹操抢先一步后，他又后悔不迭。后沮授又建议他不要把打败曹操寄托在一两次战役上，要他采取伍子胥的灭楚之计，多方误敌、疲敌，几年之后，不待进攻，曹操自己都坚持不住。对此，袁绍又拒绝了。

建安元年（196 年），曹操东征徐州吕布，许昌空虚。军师田丰劝袁绍趁机袭击许昌，但袁绍以自己小儿有病为由拒绝了。气得田丰以杖击地，仰天长叹："如此天赐良机，为婴儿之病而弃之，惜哉！"

官渡之战前夕，田丰劝袁绍不要发动进攻，并预言，如果进攻必败无疑。袁绍大怒，以扰乱军心罪把田丰关了起来。在狱中的田丰听说袁绍兵败，就对人言："我必死无疑。"人问其故，田丰说："袁绍为人，外宽而内忌，如果他赢了，我能活；如今他输了，我必死。"果不出所料，袁绍听说田丰在狱中鼓掌笑话自己的失败，大怒，就命人送给田丰一把剑，令其自杀。作为一个领导者，失败之后，不引咎自责，还委过于人，斩杀直谏之士，这样的领导，又有谁会不寒心，谁愿为之卖命呢？

在军事指挥上，袁绍更是拙劣：置十万大军于官渡正面与曹操顶牛角，大拼消耗。同时，他得知曹操袭击乌巢时，不听将军张郃全力救乌巢的建议，只派少部分人去救乌巢，自己继续率主力进攻曹军大营。结果偷鸡不成蚀把米，乌巢被烧，袁绍也就完了。

所以对袁绍，曹操的谋士郭嘉早就分析得入木三分："外宽而内忌，薄刻而少威，兵多而分划不明，将骄而政令不一。此种人又哪里是曹操的对手呢？"

但是，曹操在赤壁之战中碰到的两个对手，孙权和刘备，则与袁绍大不一样。

孙权虽是承继父兄之业，却是一位出色的领导者。他哥哥孙策临死时对孙权说："率百万之军，决机于两阵之间，与天下争衡，你不如我；举贤任能，能使手下人效命致死，我不如你。"孙权掌权后，虚心求教，礼贤下士，赏罚分明，为蒋干牵马，为黄盖加袍，令手下人感恩戴德。所以，江东虽小，但领导有方，内部团结，是不可轻视的力量。

至于刘备，更是一个令曹操畏惧的对手。如果说袁绍怕曹操，那曹操则怕刘备。刘备是个卖草鞋的农民，没有文化，不像曹操那样文武双全，但刘备有个特点：宽厚仁义，能容人，得人心。不像曹操那样猜忌诡诈。为了求贤，刘备不惜三顾茅庐，请青年知识分子诸葛亮出山相助，受命全权，坦然不疑。在河南新野，他被曹操追得如丧家之犬。为了跟随他的十万百姓的安全，他不惜每天只走十里路。有人劝他丢下百姓，自己快跑，但他摇摇头："成大事者以人为本，百姓既然追随我，我怎么能舍下他们独自逃命呢？要死，死在一块。"

因此，刘备尽管被曹操撵得东奔西跑几十年，但他广得人心，最后终成帝业。而政治学的最高境界就是得人心，能容人，善用人。所以，刘备的政治水平绝不比曹操差，曹操自己也承认刘备是人中之龙。在一次煮酒论英雄时，他称刘备为英雄。为什么关羽千里走单骑，坚决离曹就刘，为什么诸葛亮一生鞠躬尽瘁，死而后已，如果刘备没有一定的政治宽容，是不可能产生这种客观效果的。

所以，同样是借得胜之威，曹操官渡大捷之后，可以乘势而平定北方。可荆州大胜后，则不能乘胜而席卷江东。至于战术问题、东风问题更是无碍大局的枝节小事。

明代军事地理学家顾祖禹在《读史方舆纪要》一书中有一个比较精辟的论断：从战国到两汉，中国的分裂是东西对立。魏晋六朝以后，中国的分裂由东西对立变为南北分裂。如果南方内部团结，则北方不能南入，中国就维持分裂现状。如果南方政治黑暗，内部分裂，则北方可南下统一中国。所以，以曹操的文武之才、雄才大略和政治抱负，最终没有统一中国，也就不足为怪了。

民间有这样的传说：西汉初期的三大猛将韩信、彭越、英布被刘邦冤杀之后，三人之魂就把状告到阎王爷那里。阎王爷一听，觉得三人死得太惨，就命人牵出刘邦之魂进行拷问："大胆刘邦，为何要斩杀功臣？"刘邦惶恐地答道："出于对江山安危的考虑。"最后，阎王爷判决：刘邦转世为汉献帝、韩信转世为曹操，彭越转世为刘备，英布转世为孙权，三分刘汉江山，以报前冤。

野史稗闻，仅供聊资。尽管曹操没有统一中国，但仍不失为中国军事史上杰出的军事大家。

### 挟天子以令诸侯

且说东汉末年，汉献帝刘协虽然名义上仍是汉朝皇帝，但从登基的第一天起，便在豪强军阀的争夺和挟持下，东奔西荡，颠沛流离；后在杨奉、董承的挟持下，历经千辛万苦，回到洛阳。此时的洛阳经过董卓的一把火，早已变得萧条冷落，田园荒芜，满目蒿草，颓墙破壁。汉献帝无处居住，只好搬进原中常侍赵忠的家中，会晤百官的朝堂是一间大草棚。官吏进见，都让在荆棘丛生的草丛堆里，伏皇后的"宫室"是一间连门都没有的破屋子，靠一道篱笆做"宫门"，洛阳残存的老百姓靠剥树皮、挖草根度日。献帝没有吃的，也只好令尚书以下的大臣们砍柴伐薪，挖野菜充饥。

汉献帝返回洛阳的消息传出后，在群雄中引起了强烈反响。一些有谋之士认为，在当前群雄混战的情况下，谁抓住了皇帝，"挟天子以令诸侯"，谁就可以号令天下，把持汉室朝政。袁绍为当时一雄，手下一个叫沮授的谋士劝他说："这是一个大好时机，把皇帝请来，挟天子以令诸侯，然后用皇帝的名义去征讨异己，名正言顺，大事便可告成。望将军切不可失去良机。"但有人却对袁绍说："如今汉室气数已尽，迎来皇帝也没什么威力了，况事事又须向皇帝请示。你听他的显得你权轻；不听，人家又说你抗命天子。实为麻烦得很。"袁绍当时虽然手握重兵，势力雄厚，但缺乏远见卓识，没迎献帝。

几乎是同时，在另一枭雄曹操的军营中，也为是否迎接汉帝的问题展开了激烈的争论。曹操一听到献帝到了洛阳，处境苦不堪言，便主张立即前去迎驾。曹操对众将、谋士讲了想法，多数不同意，理由是山东地面混乱，兖州（曹操的根据地）地位还不巩固，当务之急是多占地盘；唯有谋士荀彧坚决主张迎接献帝，他说："春秋时期，晋文公发兵把周襄王护送到京师，赢得了诸侯们的响应，尊他为霸王；秦朝末年，汉高祖为义帝戴孝发丧，争得了天下人心。近年由于董卓作乱，皇上蒙难，是将军您首先起兵，带头讨伐董卓，使天下人都知道您对皇帝是一片忠心。现在皇帝历尽颠沛流离之苦回到洛阳，忠义之士思念汉朝，平民百姓怀念过去安宁的日子。在这种情况下，将军若能前去迎帝保驾，上可安服四方豪雄，下可顺从天下民心，何乐而不为？然若犹豫不决，皇帝被别人抢先迎去，后悔就晚了！"曹操听罢，抚掌笑道："此真子房（张良，这里将荀彧比张良）

也，正合我意！"随后，曹操便亲自带领一支人马，冲破各种阻挠，去洛阳迎接献帝。曹操为避免献帝和众大臣疑心，先把军队驻扎城外，而后先去拜见国舅董承，竭诚赞扬董承在献帝返洛阳途中的护驾之功，取得董承的欢心，才去拜见献帝。曹操对献帝道："洛阳已成废墟，不是陛下立足之处，许城（今河南许昌）粮食充足，风景秀丽，又比洛阳安定，应该迁去为都。"外戚董承、伏良（其女为献帝皇后），朝臣钟繇、董昭早为曹操买通，此时也劝献帝迁都；献帝饱经动乱之苦，又难熬洛阳残破食不饱腹之罪，又见国戚、王亲、重臣同意，当然求之不得，便在回洛阳的当月随曹操去了许城。献帝到许城之后，曹操大兴土木，为其建造宫室殿宇，立宗庙社稷，祭祀诸位先皇。对此，献帝十分满意，当即拜曹操为大将军、武平侯，以出谋划策的荀彧为侍中。至此，曹操便统揽了朝政。

曹操把献帝抓到手中之后，便开始了"挟天子以令诸侯"的工作。他首先让献帝下一道诏书，责备袁绍，说他地广兵多，不来勤王，反倒结党营私，攻打别的州郡。袁绍接到诏书很是惊慌，赶紧上个奏章为自己辩护。曹操见袁绍不敢抗拒诏命，达到了"挟天子以令诸侯"的目的，很是高兴。为了进一步拉拢袁绍，便建议献帝封袁绍为太尉。袁绍见自己受封职务在曹操之下，很不满意。他说："曹操几次绝路逢生，都是我救了他；今天曹操竟忘恩负义，挟天子命令起我来了，真是岂有此理！"

曹操知道后，立即建议献帝下第三道诏书，封袁绍为大将军，自己担任了司空。袁绍见曹操把大将军的头衔让给了他，有了面子，也就不再说什么了。其他州郡的豪强军阀见连袁绍都听天子的号令，谁还敢不服从呢？从而实现了曹操"挟天子以令诸侯"的目的，使其势力迅速扩大，为后来的大统一奠定了基础。

## 割发代首

建安三年，曹操在第二次西征张绣的时候，发生了一个"割发代首"的故事，后被传为历史佳话。但这故事的来龙去脉，却必须追寻到第一次西征。

却说曹操于公元196年（建安元年）挟皇帝迁都之后，为解决粮食问题，接着便下令在许下（许都附近）屯田。屯田当年，光许城就收得一百万斛公粮（当时一斛合十斗）。曹操见粮食问题已经基本解决，便开始讨伐不服从他的一些豪强。其中张绣（董卓的旧部将领）离许都最近，威胁也最大。张绣与荆州刘表结成联军，不仅对曹操"挟天子以令诸侯"的行为不满，还扬言要打进许都，劫走汉献帝。曹操闻报大怒，便把开始征讨的第一个目标指向张绣。公元197年1月，两军会战于洧水（今河南白河，汉水分支）。张绣先是投降，后又因曹操霸占他的婶母怒而反叛，偷袭曹营，曹操大败。曹操总结这次失败的原因时认识到，除了自身之外，其中还有个最主要的原因，就是军纪松弛，不堪一击。由此，他开始整顿军纪，先后颁布了各种军令、战令、对行军、作战、扎营等都做了具体规定，且宣布全军上下，不论什么人，只要违反了纪律，都要受到惩罚。

公元198年（建安三年），曹操开始对张绣进行第二次征伐。时正值割麦季节，为严明军纪，曹操一开始就下令军队将士："凡践踏麦田者一律斩首！"当他看到在经过一片麦地时，将士们个个都小心谨慎，生怕踏倒一棵麦苗，心中十分高兴。不料正在高兴之时，一只受惊的斑鸠从麦中飞出，扑撞在曹操的战马身上，战马受惊，噌地蹿入麦田，蹭倒了一片麦子。曹操飞步上前，勒住马缰，下令全军停止前进。然后，他把主管军法条例的官叫来问道："按照规定应该给我定什么

罪呢？"这位官员说："您是一军之首，还要统率全军，知道错就行了，不能定罪。"曹操说："法律是我制定的，我怎么能破坏呢？"他略沉思了一下又说："我犯了法，本应同等治罪，但念我是主帅，还要统兵征战，又不能处死，怎么办呢？"说着，他便拔出剑来，割下了自己的一把头发，传令全军："我犯了罪，理应斩首；但还要统兵，现在就以割发代首吧！"

曹操割发代首的事传开后，全军上下无不震惊，谁还敢再违犯反令呢！

## 失误小寡妇

封建帝王中，失江山、丧性命于美色者不少，就连魏武帝曹操这样一个有头脑的政治家、军事家，也因偶然失误于小寡妇，险些丢了性命，衔恨千秋，这也是曹操第一次征讨张绣大败而归的一个重要原因。

且说公元197年（建安二年）元月，曹操军至洧水，张绣见其兵力雄厚，战将整齐，便不战而归降了曹操。曹操高兴之余，便带了大儿子曹昂、侄子曹安民及几个随从出去闲逛。当逛至大街时，忽见对面来了一辆马车，车上坐着一个女子，生得很是俏丽，曹操不由得心有所动。然那女子见一生得十分威风的男子两眼直勾勾地看她，便嫣然一笑，故装羞状，掩面而去，引得曹操久久回不过神来，侄儿曹安民见此情景，已知叔叔心意，就暗中查明那女子的来路，向曹操报告说："叔叔所见之妇，乃降将张绣的婶婶。"曹操闻言暗思道："张绣刚刚来降，现如纳其婶母为妾，岂不与其反目？"遂大失所望地对曹安民道："知道了。"曹安民则献计道："张济在攻穰城时已为流矢射中而死，其妻邹氏已为寡妇。现你就是公开把她娶来，张绣也没有什么可反对的。"曹操一想，也有道理，就命曹安民妥善安排，悄悄把邹氏接到营中，与曹操相见。这邹氏自丈夫张济去世之后，渐

受冷落，也早想找一靠山，见曹操派人来邀，自然求之不得；故在临行前，略施薄粉，银装素裹，更加貌美姿丽。曹操一见，当然喜欢，随携其入帐，留在营中住了下来。邹氏怕日久事泄，侄子张绣干预，便劝曹操尽早回到许城。曹操却不以为然，他说："张绣乃一降将，我有大将典韦守营，怕他怎的。"

再说张绣，对曹操纳其婶为妾已有风闻，心中十分不满。后来听到曹操有伺机除己之意，一是感到震惊，二是更加恼怒，便决定偷袭曹营，杀死曹操。张绣经过一番准备，便于一个风雨交加的夜晚，带领兵将突然杀入曹营。此时曹操毫无防备，正与邹氏饮酒作乐，猛听得外面杀声四起，知道有变，便让大将典韦前去阻挡，自己匆忙携了邹氏与其长子曹昂、侄子曹安民从后营骑马逃走。然没走多远，便被张绣兵追上。由于两军厮杀混战，邹氏被杀，曹操右臂中箭，受伤摔于马下。儿子曹昂见状急忙赶上，将曹操扶到自己的马上，催其快速逃走，自己反身阻敌。结果，侄子被杀，校尉典韦终因寡不敌众被缚，嗔目大骂而死，儿子曹昂命丧乱箭，只有曹操落荒逃得性命，后收集了一些残兵败将还住午阴县（属南阳郡）。

事后，曹操每想到此事，总是悔恨不已。

## 曹丕废汉建魏

曹操在世时，废掉献帝，自己称帝，本来是轻而易举的事，可他并没有那样做。因为他明白，汉室虽然衰落，可还有个正统的名义，献帝在众军阀豪强中，仍然是一个名正言顺的汉朝皇帝；他如废汉称帝，必然要遭到天下人群雄起而攻之。因此，当心腹继孙权之后再次劝他称帝时，曹操依然说道："不行，如果天命要我称帝，那我就做个周文王吧！"言下之意是说，周文王曾三分天下有其二，但

仍旧做殷朝的臣子，是他的儿子灭殷称王的，即周武王；曹操要做周文王，是要向大家表明他这一生做魏王就可以了，至于称帝的事，是要留给他的儿子去做。

果然，曹操去世不到一年，他的儿子曹丕便废掉献帝，自己做了皇帝。下面说的就是曹丕废汉建魏的故事。

曹丕，三国时期魏国的开国皇帝，曹操长子，出生于公元187年，卒于226年。

公元220年1月，曹操因病去世，长子曹丕继父位做了魏王、丞相，领冀州牧。曹丕一登魏王位，便伺机废汉献帝称帝，以魏代汉。为了取得世家大族的支持，他于220年2月，以征召人才为由，推行"九品中正"制，选拔提升官吏，笼络了一批亲信。6月，曹丕仿照汉高祖称王后回乡的故事，率将士数十万南巡谯城（今安徽亳州，曹操的故乡），以示王威，光宗耀祖，大飨六军及家乡父老于邑东，设歌舞百戏，吏民上寿，欢宴通宵，甚是威风排场。7月，孙权遣使奉献，蜀将孟达降魏，更使曹丕感到威重势大，篡位之机已到，便抓紧部署。为了大造称帝舆论，曹丕一面亲笔下令，自陈德威，让心腹之臣到处宣传时有黄龙出现，汉朝气数已尽，魏氏天子将要登基；一面又授意左中郎将李伏、太史丞许芝到许都引经据典，胁迫献帝让位。再说汉献帝，自董卓废少帝立自己，30多年来，一直充当别人的玩物，没当过一天真正的皇帝，现在见曹操死了，以为自己从此便可亲政了，不由得十分欢喜。然而正在高兴之际，左中郎将李伏、太史丞许芝却上得殿来，要其让位于魏。李伏引用孔子的《玉板》对献帝道："孔子玉板中，已有预言，说'定天下必魏公子桓'（曹丕字子桓）。今魏王表字贴合谶文。陛下宜应天顺人，仿行圣朝禅让故事"未等献帝回答，许芝又接着引用《春秋》中的《汉含孳》《玉板谶》，说明"魏当代汉，这是天命"，

劝献帝尽快让位，不可违天。献帝听后，先是大惊失色后不禁泪下，明知这是曹丕篡位之计，但又手中无权，无可奈何。使他更可恨者，是尚书令华歆不顾君臣大礼，竟率士兵持械上殿，声色俱厉地对献帝道："魏当代汉，天之所命，众之所望，陛下为何还迟迟不决？"这一来，吓得献帝汗流不止，便慌忙起座返奔后宫，华歆竟也率兵追入后宫。曹皇后（曹丕的妹妹）闻声急出，拉住华歆等人骂道："你们这帮狗才，如何对陛下这等无礼？"华歆知道皇后毕竟是曹丕的妹妹，虽然挨骂，也不敢无礼，只是用"魏当代汉，此为天命"的理由加以解释。皇后怒道："胡说！想我父功盖寰宇，尚且始终事汉；我兄嗣位未几，怎敢生出这种想法来？都是你等希图富贵，编了这些套话撺掇出来的！"华歆等被骂得狗血喷头，但也无可奈何，只得暂且退去。过了些时日，李伏、许芝等人又联合群臣，再次上殿陈请献帝让位，并由华歆把事先拟好的禅诏拿了出来，硬逼献帝颁行。献帝见满朝尽是曹丕心腹，大势已去，不同意也不行，只好含糊答应，并由御史大夫张音赍诏送给曹丕。此时，曹丕南巡返京至曲蠡接诏读道："朕在位三十有二载，遭天下荡覆，幸赖祖宗之灵，危而复存；然仰瞻天文，俯察民心，炎精之数既终，行运在乎曹氏，是以前王既树神武之绩，今王又光曜明德，以应其期，历数昭明，信可知矣。夫大道之行，天下为公，选贤与能，故唐尧不私于厥子，而名播于无穷，朕羡而慕焉。今其追踵《尧典》，禅位于魏王，王其勿辞！"

曹丕看后，内心窃喜，但表面上不便马上接受，为不露篡权痕迹，又达到篡权的目的，便一面假装谦虚，上表推辞，一面暗使华歆等人再次逼献帝交玺禅位。汉献帝知道这是曹丕的两面派手法，只是流涕对华歆道："玉玺由皇后收藏，不

在朕身边。"华歆等又去找曹皇后。曹皇后这时也知道其兄篡位之心已决，料也不能坚持，便将玺绶掷抵轩下，且泣且怒地斥道："上天是不会保佑你们的！"华歆得玺之后，并不甘心，还硬要献帝二女充作魏嫔，和玉玺一起献给曹丕。曹丕拿到玉玺，又有献帝的两个丽质女子，心中十分欢乐。但太尉贾诩又上前奏道："王此仍不宜接玺，需再推辞，方使天下见王实不愿夺汉称帝之意。"曹丕细一想，觉得很有道理，便先将二女留下受用，将玉玺派人还给献帝，尔后又派人再次逼献帝禅位。献帝在其摆布下，只好第三次下诏禅位，并在诏内违心地加上了"天不可违，众不可拒，重华不逆尧命，大禹不辞舜位"等语，仍由张音赍将玺奉丕。此时，曹丕便不再推辞，命人在繁阳亭筑授禅坛，择于十月二十九日堂而皇之地做了皇帝，改汉建康元年为魏黄初元年，国号魏，建都许昌。

曹丕建魏当了皇帝，遂废汉献帝为山阳公，曹后为山阳公夫人，并勒令出宫就封。

曹丕篡汉建魏后，鉴于东汉宦官、外戚专权的教训，明令规定宦官不得为高官，外戚不得干政；设置护鲜卑校尉和护乌桓校尉，从而加强了汉族与西域少数民族之间的联系。他还通过剿抚并举的方法，于高昌（今新疆吐鲁番东南）一带屯田，稳定了边疆，巩固了魏王朝的统治；另外，他在文学上也有重大建树。

公元226年5月，曹丕在洛阳嘉福殿病逝，终年40岁。庙号世祖，谥文皇帝。

### 七步诗

这是曹丕篡汉称帝前的一个故事，看了这个故事，就了解了曹丕为何在曹操去世的当年就逼汉献帝退位，自己做了皇帝。

曹操一共生有25个儿子。他的原

配夫人丁氏没生儿子，刘夫人的儿子在曹操征讨张绣时为救曹操而死。后来的卞夫人生了四个儿子，老大曹丕，老二曹彰，老三曹植，老四曹熊。在这四个人中，老三曹植性柔聪敏，富有文才，最得曹操和卞夫人的欢心，故言谈中曾流露出让其继位。曹丕亦勤学好问，胸怀大略，长于时事，富有心计，听其父有让三弟继位之意，曹丕心中十分恐慌，便指使心腹贾诩、华歆、陈君、陆逯等人为之谋策。有一次，曹操有意策试群臣对立嗣之事的看法。尚书仆射毛玢道："前不久，袁绍因嫡亲、旁支不分，宗室和封国都遭覆灭。"邢颙道："以旁支代替正统的继承人，为历来大忌。"曹操又问贾诩在想什么。贾诩见时机已到，便进言道："我在想袁绍、刘景升两对父子呢！"曹操大笑，也不再问，决定立长子曹丕为王太子。曹植身边的杨修、丁仪等人知道后，便反复陈述曹植如何聪明有才，使得曹操又犯犹豫。为慎重起见，曹操便密书问及百官，曹丕占绝对优势；更有尚书崔炎进言曹操道："春秋大义，立子以上。五官将（指曹丕）仁孝聪明，宜承正统。"就这样，曹操于公元 217 年 10 月，正式立曹丕为王太子。在这过程中，曹丕为争继位，十分妒嫉曹植的才能，更恨其与他竞争王位，遂与其结下了过节。

公元 220 年 1 月，曹操死后，曹丕继了魏王之位，执掌大权。他见二十几位兄弟都来为父奔丧，只有老三曹植未到，心中恼怒；又想到过去立王太子时的过节，便想趁此机会把老三好好整治一下。于是，他立即派许褚带兵赶往临淄，将曹植、丁仪等人捉到邺城。曹丕一见面，便先把丁仪杀掉了。卞太后知道后，立即找来曹丕哭着道："我不愿看到你们兄弟自相残杀，请你体念手足的情分，饶他一命，我死也瞑目了。"曹丕道："我爱三弟的才华，怎么会杀他呢？这次把他叫来，

只不过是要他改一改过去的傲气，请母后放心就是了。"

再说曹植，知道兄一继位，便要对付自己，这次被强行抓来，性命必定难保，心中很是害怕。为此，一进门便趴在地上，苦苦哀求道："小弟奔丧来迟，自知罪该万死，请大哥发落。"曹丕道："先王在世的时候，你常拿着文章在父王面前夸耀，我很怀疑是不是别人替写的。现在，我要你在七步之内诵出一首诗来。你如真能七步出诗，就免你一死；如诵不出，可见过去都是哗众取宠之举，我将从重治罪，决不轻饶。"曹植道："请大王出题便是。"曹丕道："就以兄弟为题，但诗中决不能出现'兄弟'字样！"曹植听罢，一边流着泪水，一边低头沉思。结果，还没走出七步，其诗便脱口而出：

　　"煮豆燃豆萁，豆在釜中泣；
　　本是同根生，相煎何太急！"

曹丕听罢，不但为三弟的才能所感，更为诗中所含之情所动，泪水也断线珠似的流了出来。这时，一直躲在内室中的卞太后听到了曹植诗中的悲苦之情，再也忍耐不住，痛不欲生地奔了出来哭诉道："这下你三弟的心你知道了吧？当哥哥的为什么非要那么狠心地逼弟弟呢？"曹丕慌忙离座劝道："母后误会了。他是我的亲兄弟，我能容得了天下，怎么会容不下弟弟呢？"于是，曹丕当着母后的面免了曹植的死罪，但仍贬其为安乡侯。

### 乱世奸雄

魏武帝曹操死后追尊为帝。他的一生是战斗的一生，从陈留起兵到死于洛阳，奋战 30 余年，参与大、小战役 50 余次。他在我国历史上，不仅是一位杰出的政治家和军事家，也是一位著名的文学家。鲁迅先生说他"是一个很有本事的人，至少是一个英雄"。他的一生，也有不少罪过和错误，故史书又称他是一

第三编　三国两晋南北朝野史

位"乱世奸雄"。说曹操是历史上的一位"奸雄",其中一个重要原因就是他妄杀了不少无辜。

那是在董卓废少帝、立献帝之后,曹操被任命为骁骑校尉,掌握一部分权力。他看到董卓野蛮残忍,最终一定失败,便拒绝与董卓合作,但又怕遭其毒害,便在一天夜里,改装换名,带着几个亲兵逃走。董卓知道后,立即派兵追捕。曹操挑到成皋,打算暂时寄宿在他父亲的好友吕伯奢家中,怎奈这时吕伯奢外出未归,曹操便想另宿他乡,但吕伯奢的五个儿子见是父亲之友,接待十分亲热,硬要留曹操住下来。此时的曹操,由于后有追兵,府有通缉令,一直小心谨慎,生怕遭人暗算。他见吕家儿子过分亲热,便心中生疑:"恐怕是有意先把我稳住,而后去报官领赏吧!"正在他胡乱猜想之时,又听到后院传来"沙沙"的磨刀声,又见人窃窃私语,更疑心吕家有意害他,便屏息偷听,果然一听有人小声问道:"捆住了吗?"另一个人答道:"放心吧,跑不了。"他更加坚信了自己的猜测,便一不做二不休,刷地拔出剑来,冲出房门,见人就杀。他看到吕家大儿子还在磨刀,便不由分说,上去一剑刺死。但仔细一看,吕家大儿子磨的是一把杀猪刀,且院子里还有一头捆住的猪。这时他才明白过来,杀杀错了;但他又一想:"宁可我负天下人,决不让天下人负我!"索性将其全家杀了个一干二净,才纵身上马,迅速离去。

又有一次,魏武帝曹操带兵出征路上,军粮不够了,他私下里召见主管军粮的官员说:"现在军粮不够了,你有什么办法解决吗?"主管官员说:"如果用缩小了的量器给军队发饷,就可以少发不少粮食。"曹操高兴地说:"好,就照你说的去办吧。"谁知,这样一来,遭到了全体官兵的反对。有的直接找到曹操质问道:

"这是谁出的馊主意?将士们吃不饱怎么打仗?"有的发牢骚:"你这样糊弄将士的肚子,将士也会在打仗时糊弄你!"甚至有的煽动说:"曹操这样欺骗我们,我们不跟他干了!"曹操一见大事不好,便当着将士的面把主管粮草的官员叫来说:"我要借你一样东西来满足大家的心愿!"还没等这位官员明白过来,曹操便一剑割下了他的人头,并提着说:"就是他用不足分量的容器发放军饷,盗窃了公家的粮食。"这样一来,军队的思想才稳定了。

曹操为了防止别人暗中加害于他,有一次曾对他身边的人说:"在我睡觉时,你们万万不可随便靠近我,靠近我会梦中杀人,不管我睡得如何香。且杀人之后,连我自己也不知道。我手下的人应该时刻注意这一点。"有一天,他假装睡觉,一个他很宠信的人悄悄上前给他盖被子,曹操拔剑就把这人杀了,尔后又躺下睡觉。醒来之后故装吃惊地问道:"是谁把侍候我的人杀了?"从此以后,每当他睡觉时,再没有人敢靠近他了。

## 白门楼计杀吕布

白门楼即下邳城的南门楼。此门楼并无名气,但是由于曹操在这里擒杀了反复无常的历史名将吕布,这门楼与其故事便也一并出了名。

却说曹操自清一战败后,饮悔思痛,认真总结经验教训,从自己做起整顿军纪,故有第二次征张绣过程中的割发代首。然而这次曹军虽然军纪严明,士气高涨,但忽地又来了个全线撤退。这是为什么呢?这是因为曹操对张绣刚刚摆开两面夹攻,一举击破的阵势,突然收到许都方面的来信,说袁绍要趁曹军外线作战的机会偷袭许都。当曹操回到许都后袁绍又撤回了偷袭许都的计划。恰在曹操决定再次讨伐张绣的时候,刘备派人送来火急文书,说吕布已经叛变,正在进攻沛城,请求派军支援。曹操当即召集群臣议论。谋士荀彧说道:"当今能与曹公争天下的只有袁绍。但袁绍遇事优柔寡断,十分骄横,根本无法与曹公用兵策略相比,故不必以其为虑。我认为当前最主要应该是先把吕布干掉!"曹操采纳了荀彧和郭嘉的意见,于建安三年九月率军东征伐布;十月会同刘备,攻陷彭城,然后直抵下邳,日夜围城攻打。连攻两月不下,曹操又采纳郭嘉和荀彧之计,把沂水、泗水的河堤掘开。顷刻间,迅猛的河水灌向下邳城。吕布将士见满城一片汪洋,粮食又无补充,士气渐为低落。时有部将侯成、宋宪对吕布打杀部下早已不满,现见吕布败局已定,便趁吕布登城楼巡视之机,径自开城投降曹操,曹军乘机攻入城内。吕布在白门楼上见大势已去,只得下城投降。

曹操入城后,一面传令引退城内河水,出榜安民,一面与刘备同坐在白门楼上,审问吕布。曹操问道:"吕将军此时有何感想?"

吕布道:"我被绑得太紧了,请曹公松松吧!"

曹操笑道:"缚虎安敢不紧?"

吕布道:"曹公所患,吕布而已。今已被擒,何忧之有?假如再让我当你的助手,天下即可太平,不知曹公意下如何?"

曹操闻言,转视刘备道:"玄德公意下如何?"刘备道:"我想明公不会忘记丁原、董卓的事吧?"

吕布一听,气得大骂道:"你这个可恶的大耳朵家伙才最不可信!"

吕布为何如此气急败坏?因为他知道曹操乃一代奸雄,最恨部下不忠其主,这是吕布最忌讳的。吕布最初乃是丁原最信任的部将,董卓进京之后,吕布杀了丁原去投降董卓,并做了董卓的干儿子。

王允知其反复无常的弱点,用美人计使吕布杀了董卓。后来王允失败后,吕布不辞而别,去投奔袁术,之后,吕布又投靠刘备,与刘备联兵对付袁术。袁术得悉后,采纳纪灵的建议,以结成儿女亲家为条件,又把吕布拉了过来,共同去对付刘备。对于吕布如此的反复无常,毫无信义,曹操是很清楚的。此时曹操要听取刘备对吕布的处理意见,就是因刘备深受其害,故刘备一提丁原、董卓之事,曹操哈哈大笑道:"英雄所见略同,请问吕将军可还有话说?"至此,吕布才低头不语,被曹操处以绞刑。

### 煮酒论英雄

曹操白门楼杀掉吕布之后,把刘备、关羽、张飞一同带回许都。曹操让刘备进见献帝,一排辈数,刘备还是汉献帝的叔叔。这便是刘备被后人称为"刘皇叔"的来历。煮酒论英雄的故事,实际是讲曹操和刘备斗心智的事,刘备以伪装迷惑了曹操,使其放虎归山,之后形成了三国鼎立的局面。

却说曹操之所以把刘备带回许都,是由于他对刘备不放心。为观其言行,到许都后,曹操建议献帝封刘备为左将军。事后,曹操试问刘备道:"玄德公对此可称心乎?"刘备道:"承蒙曹公抬举,备受如此重任,心中实感坐卧不安。"

再说献帝自到许都,处处受到曹操挟制,心中很是不满,也想培植亲信,除掉曹操以保皇位。他见刘备才华出众,胸有大志又是中山靖王第十四代孙,论辈数还是自己的皇叔,便视为成事亲信。一天夜里,献帝咬破手指,在一件衣服的暗处写好一封伺机除操的诏书(又叫衣带诏),让国舅董承给刘备送去。刘备见是皇帝的亲笔诏书,当即跪下接诏道:"既是奉诏讨曹,臣当竭力效犬马之劳。"从此,他便暗中联络心腹,积极准备除曹的行动方案。他怕曹操看出自己的心事，便主动要求到后院种起菜来，不再问政事。就连关羽、张飞也感到迷惑不解："大哥怎么变得如此不成器了？"

曹操却不然。他虽不知道刘备有衣带诏的事，但对刘备一个当世豪雄竟安心去种菜，也觉反常，便决定亲自试探一下。

有一天，刘备正在后院浇水种菜，曹操部将未经通报便闯进后院对刘备说："曹公有请，让您马上就去。"

刘备去了之后，曹操第一句话便笑着说："将军在后院干的好事！"刘备大吃一惊，以为有人泄露了机密，脸都吓白了。接着，曹操又长叹了一口气道："咳，实际种菜也很不容易啊！"刘备这才明白曹操并不知道他暗中谋反的事，也就放下心来。接着，曹操拉着刘备的手，来到后花园凉亭，指着一桌早已准备好的酒菜道："有一次在征战途中，将士们口干难忍，我就用马鞭向前一指说：前面不远便有一片梅林，梅果青青，可以止渴。将士们一听，信以为真，以为前面真是一片梅果青青，口中流涎，嗓子一下便不觉渴了，勇往直前，今天，我突然想到这个'望梅止渴'的故事，特意煮上一壶梅酒，请玄德品尝。"两人对坐，开怀畅饮。正饮间，天上忽然乌云密布，雷鸣电闪。乘着酒兴，曹操兴致勃勃地对刘备说道："当今之世风云变幻，正是英雄辈出之机。玄德公，您久历四方，必知当今英雄，请为指点指点。"刘备道："备才疏学浅，孤陋寡闻，何以配论英雄？"曹操道："玄德不必自谦，说说看！"刘见推辞不过，为免引起曹操更大的疑心，只好含混应付道："淮南袁术自称皇帝，可谓有志之雄。"曹操一笑道："此不过是坟墓中的一把枯骨，不值一提。"刘备道："袁绍兵多将广，独占一方，可称一雄。"曹操道："此乃外强中干之辈，关键之时举棋不定，优柔寡断，也不值一顾。"刘备又道："刘表坐镇荆州，世称'八俊'之首，可算为英雄了吧？"曹操不屑道："徒有虚名而已。"刘备道："孙策为江东一霸，能征善战，可称一雄！"曹操道："孙策是靠他老子的名望而起的，也算不上英雄。"刘备道："益州的刘璋怎么样？"曹操摇了摇头。刘备道："汉中的张鲁、西凉的马腾呢？"曹操哈哈笑道："尽是些无名之辈，不足挂齿！"刘备见曹操如此目中无人，便装出一副无可奈何的样子说："除此之外，备实在举不出人来了。"曹操笑道："所谓英雄，应该是胸有大志，腹有良谋。所谓志者，就是能吞天吐地；所谓良谋，即为心藏整个宇宙。"刘备道："如此说来，究竟谁能配得上呢？"曹操用手指了指刘备，又指自己道："当今天下称得上英雄的，唯有你、我二人罢了。"刘备一听，吓了一跳，手中的筷子掉在地上。恰在这时，一道闪电划破长空，一声响雷震耳欲聋。刘备灵机一动，弯腰拾起筷子，故作镇静地掩饰道："这一声雷鸣，竟有如此威力！"曹操见状，真以为刘备是个胆小鬼，禁不住一阵哈哈大笑。

曹操经过"煮酒论英雄"的试探，没有发现什么破绽，也就消除了对刘备的怀疑。而刘备事后却长时间惊魂未定，心想如果再在这里继续待下去，必遭曹操毒手。于是，他便暗中与关羽、张飞商量，争取尽早设法离开此地。事也凑巧，正当刘备心急火燎地设法离开许都的时候，曹操听说袁术北上青州，路过徐州，便派刘备南下徐州，截击袁术。刘备闻言，心中大喜，立即带领关羽、张飞受命起程。曹操的谋士郭嘉、程昱听说刘备走了，急忙去见曹操："刘备智深谋远，早就不愿屈就此地，曹公怎么能把他放走了呢？"曹操一想，顿时醒悟，急忙派人去追，可是刘备已走得无影无踪了。

### 曹操大宴铜雀台

公元 210 年（建安十五年）冬，曹操

在邺城（今河北临漳西南）建了一座高15丈的台子，取名为铜雀台。铜雀右有金凤台，左有玉龙台，各高10丈，以桥相连，宏伟壮观。曹操一生俭仆，为什么会大兴土木，建造铜雀台呢？这就是本文要讲的一段故事。

那是在铜雀台刚刚修好后的一天，曹操登台设宴，大会群臣。为了增加宴会的欢快气氛，他让武官当场比武，让文官即席赋诗，各显其才。特别是那些文臣谋士对曹操的文武韬略很是敬佩，即席赋诗，无不称颂曹操的功德；更有那些势利之辈，竟在赋诗中建议曹操称王称帝。对这些文官写的诗文，曹操一一审阅，不住点头，只称赞其遣词立意如何恰当深妙，而对其称赞曹操功德之词，非但丝毫不动声色，且在阅完之后，还发表了一段自我表白的言辞。

他说："诸公对我的称誉实在太过分了，曹某实不敢当。我开始做官时年纪很轻，自知不是知名之士，最多想当个郡守，好好从政，为民造福。为此，在济南做官时，除弊去秽，不怕得罪宦官。后来朝廷任命我为典军校尉，当时也只是为国家讨贼立功，当上一名征西将军，死后能在墓碑上写上一句'汉故征西将军曹侯之墓'，也就心满意足了。接着，讨董卓，剿黄巾，除袁术，破吕布，取袁绍，击刘表，直至身为丞相，人臣之贵已极，我还有什么不满足的呢？可是，现在竟有人怀疑我有不臣称帝野心，真是妄加猜度。过去，周文王得到三分之二的天下，还服从商朝，齐桓公、晋文公那么大的势力，仍尊奉周天子。我的祖父、父亲到我们兄弟，三代受到汉室的厚恩，我要像前人一样忠于汉室，这才是我心里的话。我可以说，国家如果没有我这个人，真不知道有多少人要称王称帝呢。"

听了曹操的一番自我表白，文武百官无不感动备至，纷纷称颂："即使是周公，又怎能比得上丞相呢？至于一些人的妄加猜疑，丞相万不可放在心上！"

其实，这正是当天曹操大宴群臣的目的所在。因为当时社会上传言很多，都说他很快就要篡位称帝，自己当皇帝。他修铜雀台，是要人们以为他好像已经厌倦东征西讨，对现在的地位很是满足，开始追求晚年的享乐了，根本无心去篡位称帝。也正是由于这一点，使他获得了更多人的支持和同情，为后来统一北方打下了基础。

建安二十四年，孙权杀了关羽，夺了荆州，怕刘备报复，更怕刘备与曹操联合，便把关羽的头装在木匣子里，派人送到曹操那里，同时还写了一封信，表示愿意归顺曹操，并劝曹操顺应天命，趁早即位称帝。曹操见信后，随手递给诸大臣传阅，尔后却笑着说："是儿欲踞吾著炉火上邪！"意思是说，孙权这小子要把我放在炉上烤呀！

由此表明，曹操对时局、对自己的处境始终头脑十分清醒。他认为，自己称帝十分容易，但必然会成为众矢之的；孙权劝他称帝，是存心要害他。

## 明帝乐极生悲

明帝曹叡22岁即位，35岁而亡，只做了13年皇帝。明帝年轻而逝，原因何在？一言以蔽之，追求淫乐，乐极生悲。

且说魏明帝曹叡即位以后，在位13年中，文治武功虽不如魏文帝曹丕，更不如魏武帝曹操，但在追求生活的奢侈淫乐上，却有过之而无不及。为了恣意淫乐，他下令天下广选美女，上封贵人，次封夫人；对知书识字的，还特封为女尚书，出纳章奏；至于歌姬舞妓，彩女宫娥，更是成千上万，不可胜计。为了安置这些美女娇娃，他既作许昌宫，又建洛阳宫，起昭阳太极殿，修筑总章观。仅总章观就高十余丈，需数万民工建筑，使得徭役不休，农桑失业。青龙三年秋，洛阳的崇华殿不慎起了大火，整个殿宇毁于一旦。明帝拒绝诸大臣的劝阻，下令征发数万民工，昼夜督造，在崇华殿原址上重修一座更加豪华的大殿，这就是九龙殿。这九龙殿也真穷极技巧，殿前有九龙环绕，又引谷水通过殿前，旁设玉井绮栏，便得神龙吐出，蟾蜍合受。他还在殿北设立八坊，在殿外造芳林园，搜罗奇花名卉，珍禽异兽，以供明帝随意游玩。明帝游乐中，遇有中意的美人，便当即召来纵淫。按说明帝当时30余岁，正值年轻力壮，可又怎禁得起连宵跨凤、未有虚夕呢？结果把好端端的一个身体，弄得骨瘦如柴，面如蜡纸，气息奄奄。结果，于公元239年1月，遗言未道，便一命呜呼了，时35岁。庙号烈祖，谥明帝。

### 埋祸根

　　曹魏亡于司马氏，是明帝曹叡死前埋下的祸根。

　　明帝原有妻毛氏，即位后立其为皇后，夫妻间相亲相爱，甚为和谐。后听说河西大族郭氏女生得美貌无双，遂拜为夫人，这就是郭夫人。明帝淫乐无度，毛氏常常劝告，使帝心生怨恨。郭氏想夺后位，乘机对明帝更加多情，且忿恚明帝招花惹柳，当然要受专宠。有一天，郭夫人又拉明帝游芳林园，明帝很是高兴。游乐中，趁帝兴致大发，郭后故意激帝："陛下为何不请皇后一起游乐？"明帝道："她一来，我的兴致就全给冲掉了！"他嘱左右，此行千万不要让皇后知道，然恰恰有人将明帝此行报告给了毛氏，毛后听后益发怏怏不快，一夜未合眼。第二天一早，毛后便至芳林园等候，直到日上三竿，方见明帝在花红柳绿的笑声中走出。毛后上前迎接，并强作笑颜道："陛下昨游此园，很是痛快吧？"明帝恼羞成怒，未答即去，随后便派人下旨赐毛氏自尽。毛氏死后，明帝立郭氏为皇后。从此，郭皇后更加忿恚明帝恣意淫乐。

　　由于明帝天天搂红抱绿，未有虚夕，累岁绝麟，结果一生无子。为防日后无继，便于宗室中抱来两个儿子，一名曹芳，封为齐王，一名曹询，封为秦王。公元238年12月，明帝病危，急立养子齐王曹芳为太子，芳时年8岁。当天，明帝拜曹操的庶子曹宇为大将军，与领军将军夏侯献、武卫将军曹爽、屯骑将军曹肇、骁骑将军秦朗等共同辅佐朝政。当时，司马懿出征辽东攻孔渊，并不在朝，他的心腹刘放、孙资知道后，忙入宫对明帝道："先帝有诏，藩王不得辅政，且曹肇、秦朗托词进宫后，行为不轨，燕王曹宇对此不仅视而不见，反拥兵宫外，不令臣等进奏，这与秦朝的赵高专权还有什么两样？现太子幼弱，未能亲政，靠他们怎能安邦治国？"明帝道："依二卿之见谁可当此大任？"刘放、孙资道："大尉司马懿才略过人，文武双全，可参大政。"明帝点头称善。接着，这二人又请明帝下诏免去曹宇、夏侯献、曹肇、秦朗的职务，只留下一个软弱无能的曹爽为大将军；同时发出诏书，让司马懿火速回京。司马懿接到诏书后，料知宫中有变，便星夜赶回洛阳，入宫求见。明帝紧握着司马懿的手道："朕在临死前，总算把你盼来了。今日相见，能给你托付后事，我死无遗恨了。"司马懿闻言，立即诚惶诚恐地赶紧叩头谢命。明帝立即召入齐、秦二王，让其谢过司马懿，尔后用手指着齐王曹芳道："这就是皇太子，请卿审视清楚，勿误勿忘！"明帝又让曹芳抱住司马懿的脖子，以示相依为命。司马懿被感动得涕泪交流道："陛下放心，难道您不记得先帝临崩前，曾将陛下也是这样托付给臣下的吗？"明帝这才感到宽慰地说道："如此甚好。愿卿与曹爽大将军共同辅佐此子吧！"

　　明帝嘱完后事，第二天便去世了。从此，司马懿便掌握了朝中军政大权，魏氏皇帝则成了司马懿父子任意摆布的傀儡，遂有后来的司马氏随意立废和篡魏建晋之故事。

## 曹芳帝被废

曹芳是明帝养子,生于公元232年,卒于274年。由于明帝生前恣意追求淫乐,精虚籽秕,未生一个儿子,便在后宫抱养了两个儿子,一名曹芳,一名曹询,因当时保密,故不知来由。公元235年,曹芳封齐王,239年立为太子。同年同月,明帝死,曹芳即位,时年8岁。

魏明帝曹叡让齐王曹芳继位后,用曹爽、司马懿辅政。司马懿字仲达,河内温县(今河南温县以西)人,出身士族家庭。此人多谋善变,心计不露形色。他受诏辅政后,瞄准朝中大权,逐步铲除魏帝心腹,培植司马势力。公元249年,他控制中央禁军,发动政变,杀死曹爽、诛其三族,独掌了朝政。然司马懿并未来得及篡权,便于公元251年一命呜呼了,剩下的任务,就只好靠他的子孙去完成了。

司马懿死后,由他的儿子司马师继承父位,为抚军大将军、录尚书事。这时,魏帝曹芳年已20岁,在帝位亦已12年,正值年壮气刚之期。他历经司马懿任意诛杀曹爽、王凌、令狐愚等家族近臣,已有不悦;及司马师继父辅政后,权过其父,更是不把这个魏氏皇帝放在眼里。曹芳无权自主,更加心中怨恨,便伺机除掉司马师,把大权夺回来。恰至这年,皇后甄氏去世,魏帝便立光禄大夫张缉的女儿为后;再有太仆李恢之子李丰、太常夏侯玄对司马氏不满,也被魏帝曹芳视为心腹,常向其诉司马氏专权之苦。这几人决心共同辅佐皇帝除去司马氏。嘉平六年(公元254年)二月,曹芳召中书令李丰、黄门监苏铄、永宁署令乐敦、冗从仆射刘贤私下密谋,拟封后宫王氏为贵人,到时暗派兵守住各门,待诸大臣到后,由皇帝立即下诏,一举诛掉司马师。谁知此事没保住密,泄露到司马师耳中。司马师大怒,立即派兵把李丰捉来审讯。李丰知道事不能瞒,大骂司马

师道:"长期以来,你父子包藏祸心,伺机篡位,我现在活着无力诛你,死后做鬼也不能饶了你们这些狗党!"司马师恼羞成怒,当场令士兵将李丰杀死;尔后,又诛杀了夏侯玄、张缉、苏铄、刘贤等人,并诛其三族。接着,司马师怒气冲冲地提剑入宫,责问魏帝曹芳道:"请陛下赶快把张缉的女儿交出来!"魏帝心中害怕,乞求道:"张缉有罪,其女并不知情,请大将军宽恕了她吧!"司马师道:"逆犯之女,就是不知其反,也不能再当天下之母,应该立即废掉。"司马师未待魏帝答应,就派人到内宫把张后抓了出来,幽禁别室。第二天,便逼魏帝下诏废了张氏的皇后之位。没过几天,张氏不明不白地死去。司马师杀了李丰、张缉、皇后并未解恨,感到根子还在魏帝曹芳身上,便与弟司马昭商议废掉曹芳,司马昭当然同意。公元254年9月的一天,司马师突然入朝,大会群臣道:"当今皇上荒淫无道,亵近娼优,听信谗言,闭塞贤路,若长此下去,必负社稷,敢问诸公应该怎么办?"一些大臣早为司马师的淫威慑服,此时何敢他言,便随声附和道:"伊尹放太甲(太甲,为商朝成汤长孙,被伊尹立为王。太甲暴虐昏乱,不按成汤之法行事,伊尹将其囚于桐宫,自行摄政。太甲被囚三年,悔过自新,伊尹又将其迎回还政),霍光废昌邑王,这都是为社稷着想,今日之事,全由大将军定夺就是了。"司马师道:"既然大家都让我定夺,我就开诚布公了。"说着,他便拿出早已拟好的奏章,历数魏帝如何昏庸、淫乱,不应继续为帝。诸大臣尽管知道这都是司马师强加给皇帝的罪名,十有九虚,但谁也不敢提出异议。就这样,司马师又派人入宫强迫太后同意,一举废掉了魏帝曹芳的皇位。

## 曹髦登基

曹髦,魏文帝孙,东海定王曹霖的儿子,出生于公元241年,公元254年即

位,公元 260 年为成济所杀,时年 19 岁,在位 6 年。

却说司马师召会群臣,假造罪名,逼太后废掉曹芳之后,本想立曹操庶子曹据为帝,但太后不同意。她说:"彭成王曹据为武帝庶子,先皇之叔,与我是何辈数?"意思是若立其为帝,那把我放在什么位置呢? 司马师一想,曹据和曹丕是父辈兄弟,郭太后乃曹丕之子明帝曹叡之妻,若立曹据为帝,郭太后的确不好办,便低头不语。郭太后继续道:"按我的意思,还是立高贵乡公曹髦为宜,因曹髦为文帝长孙,明帝从子,小宗继大宗,也合古礼,不知大将军意下如何?"司马师无言可对,只好同意,随后又向太后索取玺绶。太后道:"曹髦小时候曾在我跟前待过,现既入嗣,由我当面给他便是了。"司马师也只好依从。接着,司马师派人持节往迎曹髦。曹髦这年虽只有 14 岁,但十分聪敏,知书达理。他到洛阳时,群臣都赶紧出来迎拜,曹髦也赶紧下车答礼。礼官看见,悄声对曹髦说:"不用还礼。"曹髦立时正色道:"都是魏朝之臣,我今奉太后之诏来京,又不知是什么事,怎能见了君僚不以礼相还!"随后,入殿拜见太后。待太后说明原因后,曹髦道:"侄儿何能,敢为天下之主?"太后道:"此事已定,不必再推辞了。"至此,曹髦才受玺更衣,御殿坐定,接受百官朝贺。高贵乡公曹髦登基后,改嘉平六年为正元元年,大赦天下,封赏文武百官,嘉大将军司马师黄钺(一种高贵礼仪赠封之物)。

### 怒成《潜龙诗》

且说司马师逼郭太后废齐王曹芳,立高贵乡公曹髦即位后,消息传到南方,镇东督都毌丘俭与扬州刺史文钦对此十分愤怒,假传郭太后诏书,决定起兵渡淮,北上讨伐司马师。这时,司马师因眼中长瘤,割治未愈,闻悉很是恼怒,决定亲自率军出征。当平定淮南回至许昌,眼疾突然发作,司马师料命难保,急召其弟司马昭嘱咐后事,结果话未说完,眼瘤空破,血流如注,顿时毙命。司马师死后,由司马昭继任大将军,总揽朝政大权。司马昭掌权后,更是独断专行,根本不把魏帝曹髦放在眼里。公元 257 年 5 月,扬州都督诸葛诞再次起兵讨伐司马氏集团。司马昭闻报,本应自率人马出征,但他疑心太重,生怕出征后朝中有变,便逼魏帝曹髦亲征,并要郭太后同行。对司马昭这种凌驾于皇帝之上的行为,曹髦早就不满,此时更是心生愤恨,怎奈郭太后鉴于曹芳的教训,生怕得罪司马昭,力劝曹髦御驾亲征。曹髦和曹芳比起来,虽然不懂得谋略和打仗,但此时年已 20 岁,胆量、魄力都比曹芳大得多,也不甘任人摆布。这次出征虽然平定了诸葛诞,但魏帝曹髦对司马昭仍是耿耿于怀。有一天,一位大臣报告说,在宁陵的一口井中发现了黄龙。这大臣的意思,也是对司马昭的专横跋扈表示不满,借黄龙出现在井中暗示皇帝由于受到司马昭的控制,也像黄龙被困在井中一样被困在宫中。曹髦何等聪明,立即明白了这位大臣的提醒,回想自己的处境,愈感十分伤心。悲愤之际,他便提笔写了一首《潜龙诗》,诗中大意是说:

> 可怜的黄龙被困于井中,
> 上不能飞天,
> 下不能临地,
> 更不能够到大海中自由翻腾;
> 泥鳅鳝鱼也敢来欺负;
> 虽有尖齿利爪也是无用;
> 试看我今天的处境,
> 与黄龙是何等地相同!

司马昭听到这消息后,心中非常恼火,遂提剑上殿,不无讥讽地对皇帝曹髦说:"听说你写的潜龙诗不错,请念给我听听!"曹髦不语。司马昭又道:"你在诗中说的泥鳅和黄鳝是指的谁？恐怕就是我吧！"曹髦气得脸色发白，仍是不语。司马昭见皇帝不说话，便冷笑一声走了。

司马昭步步紧逼，年轻好胜的高贵乡公怎么能受得了呢？特别是作《潜龙诗》后，被司马昭奚落了一顿，这哪里还有一点儿君臣礼节？而且事后又逼着自己封他为晋王，这不是明显要篡权夺位吗？曹髦忍无可忍，决心拼着一死，也要把这个乱国臣子除掉。然事不机密，曹髦不仅没把司马昭除掉，自己反招来了杀身之祸。

## 司马昭之心

魏帝曹髦眼见司马昭气焰日甚一日，知其早有取而代之之意，心中很是忧愤难平。为不束手待毙，便把侍中王沈、尚书王经、散骑常侍王业私下召来。魏帝道："司马昭之心，路人皆知，我不能坐受废辱。今召诸卿来，就是要决心带兵和他拼死一斗，不知诸卿能否助我？"尚书王经劝道："昔日鲁昭公不能忍受季孙氏欺辱，联合郈氏、郕氏攻打，结果兵败出逃，失掉了国家，为天下笑谈；今朝政大权已久归司马氏所握，内外公卿，都是他的爪牙，而陛下宿卫空虚，甲兵单弱，怎么是他的对手？望皇上还是三思而后行为佳。"曹髦愤起道："我决心已下，虽死不惧，何况现在还未必会败！"说着，便从袖中取出诏书，扔到地上，让三位去看，随后往永宁宫报告太后去了。

侍中王沈是个贪生怕死之徒，待皇帝走后，便对散骑常侍王业悄声道："我看此事快去报告司马公吧；否则，我们难免受累，同归于尽！"王业表示同意，唯有尚书王经不从，说道："我们不同意讨伐就是了，又何必去报告？"这样做可实在对不起陛下对我们的信任。"王沈、王业此时怕都来不及，哪里还管得了皇帝？二人不待王经说完，便报告司马昭去了。司马昭闻报，立即通知中护军贾充，叫他整兵防备。魏帝曹髦从永宁宫出来，便亲率宫中 300 余名将士及官奴、僮仆，怒气冲冲地向大将军府杀去。刚到止车门，恰遇司马昭的弟弟司马仙引兵拦住去路。曹髦提剑上前喝道："有朕在此，谁敢阻拦？上！"司马仙见是皇帝亲自率兵，只好后退。然刚到南门外，就碰上中护军贾充带兵前来迎战。两军相遇，便厮杀起来。时有太子舍人名叫成济，虽十分骁勇，但见天子，心亦有惧，向贾充道："皇帝亲战，该怎么办好？"贾充大声道："司马公养军千日，用兵一时，此正是你立功之机，还问什么！"成济又问道："对皇帝怎么办？"贾充恶狠狠地说："杀！"成济闻言，便挺矛向前，直奔曹髦。曹髦大声喝道："我是天子，贼臣怎么如此无礼？"成济并不答言，挺矛便刺。曹髦哪里招架得住？立时胸部便被刺中，跌下辇来，成济又复一矛，便结束了曹髦性命。

成济杀了皇帝，便去司马昭面前请功领赏。司马昭闻言，当众故作惊讶道："是谁这样大胆，敢杀皇帝？"后见朝中众心难服，便把一切罪名统统归到成济一人身上，派兵搜捕。成济当然不干，便脱光了膀子，爬到房顶，大声喊道："是司马昭派我杀死皇帝的！"司马昭恼羞成怒，命人立即放箭，成济中箭被俘，后被杀死灭口。成济临刑前，仍大骂司马昭不止。成济虽死了，皇帝也被杀了，但"司马昭之心，路人皆知"这句话，却演变成一句成语流传下来。

### 曹奂改名称帝

曹奂，曹操孙，燕王曹宇子，生于公元 246 年，260 年即位，266 年被废，302 年卒。

且说凶手成济乃一勇夫，也是个直性子，奉命杀了魏帝，本想司马昭一定会给他记上一大功，赐个一官半职干干，没想到司马昭翻脸不认人，且要杀人灭口，便一下子把司马昭的阴谋全抖了出来，使其十分难堪。司马昭本想杀了魏帝之后自己称帝，经成济一闹，惹得朝野上下议论纷纷，也就不再贸然称帝。在强大的舆论压力下，司马昭不得不仍立曹氏另一子孙为帝。但立谁合适呢？为了牢固控制曹氏政权，他感到还须立一个小皇帝。他选来选去，便选中了曹璜。曹璜，乃燕王曹宇之子，年方15岁，无能无智，性格懦弱，完全不像曹髦那样性情暴躁，好胜心强，不甘人下。公元260年6月，也就是曹髦被杀不到一个月，司马昭便报太后同意，迎曹璜到洛阳，改名曹奂，登殿嗣位，改年号建元，这就是魏元帝曹奂。曹奂登基后，完全服从司马昭的意思，晋司马昭为相国，并封其为晋王，加九锡礼。司马昭当时还推辞了一番。曹奂在别人的介绍下知道，司马昭之所以决定杀曹髦，《潜龙诗》是其中一个原因，还有一个原因，就是司马昭逼曹髦封其为晋王，曹髦坚决不干。元帝即位一年后，主动要封司马昭为晋王，但司马昭假装推辞。元帝以为司马昭真的推辞，也就算了。司马昭见元帝不了解自己的意思，心中很不痛快。公元264年3月，司马昭灭蜀之后，为称晋王，便指使一批大臣进奏元帝，劝其禅位。元帝慌了手脚，不知所措。司马昭见景，急忙上殿，假意怒斥诸臣不得对陛下无礼，并表明他要像魏武帝曹操一样，对汉室永远称臣。元帝这时才知道了司马昭的心意，就像汉献帝晋曹操为魏王一样，硬是封司马昭为晋王，封其子司马炎为副相国。但是元帝还是没有弄清司马昭自比曹操的另一层用意，那就是他已年大体弱，不久人世，称帝的任务，要靠他的儿子去完成了。

## 孙权占据江东称雄一方

孙权，字仲谋，出生于公元182年，卒于252年，汉朝长沙太守孙坚次子。其兄孙策，于东汉兴平二年（公元195年）率军渡江，削平江东割据势力，据有吴、会稽、庐江、丹阳、豫章、户陵六郡，依靠南北士族，建立了孙氏政权，被曹操封为吴侯。这就是东吴的来历。公元200年，孙策死后，孙权继任吴侯。孙策临死前，对弟孙权说："举江东之众，与天下争霸，在战阵之间决机取胜，你不如我；但在举贤任能，使其尽心尽力，以保江东方面，我不如你。我死之后，希望你能好好干一番事业，要知道父兄创业的艰难，毋自贻误。"尔后，孙策又召长史张昭嘱道："现在中原大乱，一时半刻很难平定下来。但是，我得据吴越，地控长江天堑为屏，谁一下也无法奈何我们。我本想和大家一道坐观天下成败，伺机共图大业，怎奈现在我不行了。我死后，你们要好好辅佐我的弟弟，继往开来，以成未酬之业。"言毕，瞑目而逝。

孙策死后，其部下见其弟孙权年仅18岁，难成大业，有的便不辞而别，另投其主。只有张昭和其兄的生前好友周瑜等人全力辅佐。孙权继承兄业后，不仅内信张昭、周瑜，且广揽人才，招贤纳士，不论是江东本土或北方来投的士大夫，只要前来投靠，孙权一概热情接待，委以重任，显现了用人重才的大度。因此，不仅使那些想另投新主而又未离的文官、武将安下心来，且很快召收了鲁肃、诸葛瑾等一批有才有谋之士。建安七年（公元202年），曹操致函孙权，要其送子做人质。孙权知道，一旦送去人质，自主权就抓在了人家手中，处处受制，听命于人，便接受了周瑜的建议，拒送人质，决心割据江东，自成霸业。

公元208年7月，曹操率军南击荆州，刘琮（刘表子）自知不敌，投降曹操。消息传到东吴，鲁肃对孙权说："荆州和我们唇齿相依，曹操占据荆州，对我们是个很大威胁，必须设法夺回荆州。"于是，在鲁肃、诸葛亮的具体策划下,孙权决定联合刘备,共同对付曹操。结果,在公元208年11月,吴、蜀联兵,向曹操发动了我国历史上有名的赤壁之战。

孙权在与鲁肃、周瑜反复定夺之后,正式任周瑜为主帅左都督,程普为副帅右都督,鲁肃为参谋,统兵三万,逆江而上,与诸葛亮会合,共同破曹。当周瑜三万兵马抵达赤壁(今湖北嘉鱼县东北)的时候,曹操所率号称八十万的水军已驻扎在长江北岸的乌林(在今湖北省洪湖市东北)。曹操针对北方士兵不服水土的弱点,想出一个自以为得计的主意,那就是用铁链把战船一一连起,铺上木板,即"连环船",使士兵在船上行走和在陆路上一样平稳。吴将黄盖探得这个消息,灵机一动,计上心来,便对周瑜道:"敌众我寡,难与久持。如今曹军战船用铁链相连,首尾相结,看似妙招,实为兵家大忌,我如用火一烧,彼将如何逃脱?实未敢想,曹操奸雄一世,竟然如此失策!"周瑜笑道:"黄将军和我想到一处去了。但不知如何放火?"黄盖道:"可用诈降计!"于是,黄盖派人入曹营诈降,曹操信以为真,单等黄盖率军来降,失去对东吴的警惕。再说周瑜一切安排妥当之后,又请诸葛亮商定动手日期。诸葛亮深知天文,测得10月15日这天夜间为东南风,便令黄盖急速备船十只装满枯柴,灌以火油,上覆赤幔;每条大船后边系一轻便小舟,一旦大船点起火来,将士们速上小舟,寻机和敌人厮杀。一切就绪,诸葛亮自回蜀军调兵遣将,以配合周瑜作战。15日这天夜里。曹操站立在主帅船头,兴高采烈地期盼迎黄盖来降。不一会儿,果有一队兵船顺风驶来,船头一面大旗迎风招展,上书"先锋黄盖"四个大字,曹操拈须哈哈大笑道:"黄盖果来降也!"然而笑音未落,就见黄盖船在距曹船约二里之处,十条大船忽地全部

着起火来,火烈风猛,船行如箭,直向曹营冲去。一时间,曹军千只木船一个个接连着起火来,烟焰冲天,人喊马嘶,鬼哭狼嚎;接着,周瑜亲自轻舟锐军,擂鼓大震,斩杀曹军,使得曹军八十万大军,淹死、烧死、杀死者十有七八。曹操急忙跳上一条小船,由张辽护送飞速逃命。好不容易登上岸来,在混乱中抓过一匹战马,扳鞍上镫,向北急逃,经过华容道,听说追兵赶来,便不顾暴雨浇身,道路泥泞,又急拼命打马北奔。当曹操逃至江陵时,八十万曹军只剩下几千人。直到这时,曹操才捶胸大哭道:"今天如果郭嘉(曹操的得力谋士,在征乌桓时死去)还在,我决不会有如此惨败的下场!"

经过赤壁大战,曹操大伤元气,败归北方,一时无力南下;刘备从此也在荆州有了立足之地;孙权从此稳定了江东局势,从而形成了曹魏、孙吴、蜀汉三国鼎立的局面。之后,孙权以江东为根据地。公元219年,由于东吴联魏,与蜀反目,孙权在荆州之争中擒杀了关羽,犹亭之战中打败了刘备,稳坐江东。公元229年4月,孙权立国称帝,成就了霸权之业。

### 生子当如孙仲谋

"生子当如孙仲谋"是曹操称赞东吴孙权的一句话,几千年来,已脍炙人口,然就其来历却还有段故事。

那是在建安十八年(公元213年)正月,曹操率军南下,攻打孙权,以报赤壁之仇。孙权自赤壁大战后,一直防备着曹操的复仇。公元211年,孙权把自己的都城从京口(今江苏镇江市)迁到秣陵(今江苏南京市)。次年9月,筑石头城,改名建业。迁都后,孙权大兴水军,在通往巢湖的濡须水口(今安徽无为市东北)夹水作坞,以控制从巢湖到长江的通道,既可防曹渡江,又有利于争夺淮南地区。当曹操于公元213年1月,亲自率军南

下攻濡须口时，孙权亲自率军迎战，用水军围攻，俘获 3000 余人，曹军掉下水被淹死的也有数千人。曹操初战失利，不敢再战，任孙权一再挑战，曹操坚守不出。

吴军初胜，士气大振。孙权见曹军始终不出，便乘着快艇，从濡须口驶入曹军水面，以扬军威。曹军众将十分气愤，便纷纷要求出战。曹操则说："这一定是孙权想以亲自来观察我军阵营为名，诱我出击，我决上当。"当即命令军中士兵不能胡乱射箭，只许严阵以待。孙权的船就这样畅通无阻地来回行驶了两圈，不见动静，便奏着军乐回去了。曹操见孙权的舟船齐齐整整，水军的编排进退有条不紊，深有感触地说："生子当如孙仲谋（孙权），刘景升（刘表）儿子若豚犬耳！"其意思是说，孙权真不愧为一代英杰，生儿子就应该像他那样；刘表虽为汉室皇族，但在当时军阀混战中，采取观望态度。刘表死后，其子刘琮更是软弱无能，曹军南下，不战而降，所以曹操骂刘表父子如猪狗一样。孙权回营后，写信给曹操说："春水方生，公宜速去。"又在另一张纸上写道："足下不死，孤不得安。"意思是说，春天江水正在泛涨，您应当迅速离去；您不死，我不得安宁。曹操看后，对众将道："孙权不欺孤。"他的意思是说，孙权的这些话更说明了我对其的看法没错，与其作战必然不利，遂撤军北返。

### 钓台罢酒宴

孙权的前半生知人善任，也能谦虚谨慎，有过则改，钓台罢酒的故事就很能说明问题。

张昭是东吴孙策、孙权的两代重臣。孙策临终时，亲自把张昭叫到跟前说："我本想和诸位一起建立东吴大业的，可是我的寿命到头了，希望你们好好辅佐我的弟弟！"张昭不负重托，对孙权始终

忠心耿耿，见孙权有了过失，亦能以国家利益为重，直言规劝。在武昌时，有一次孙权带领文武百官登临钓台，开怀畅饮。这孙权饮酒至极，忘乎所以，很快便酩酊大醉。众大臣见主子高兴，也便无从计较，失礼处甚多。张昭见状，已是心中不快，有心规劝孙权，但当着这么多大臣的面，怕其不好下台，也没有说什么。过了一会儿，孙权竟让随臣用水酒在群臣身上，使得一个个变成了落汤鸡，样子十分狼狈。而这时孙权见后，竟还哈哈大笑道："今日畅饮，只有到了醉倒在台上时，方可以不喝！"张昭一听，心中很是生气：这哪还像一代帝王说的话？他一赌气，便一声不吭，气呼呼走了出去坐在车中。孙权见后，吃了一惊。这一惊，醉意便醒了几分，急忙派人把张昭叫了回来。孙权悄声对张昭说："今日饮宴，我不过为了让大家高兴高兴罢了，你为什么要发怒呢？"张昭回答说："从前商纣王把酒糟堆成山，在池里灌满了酒，通宵达旦地宴饮，当时也是认为很快乐，而不认为是坏事啊！"

孙权听罢，默默无言，露出了惭愧的神色，随后撤去了酒宴。

### 废帝被废由来

废帝孙亮 252 年即位时只有 10 岁。由于年幼，孙权临死前嘱诸葛恪、孙峻辅佐。孙峻为独霸朝政，利用请诸葛恪赴御宴的机会，在席间一举将其杀掉。孙峻因与全公主私通，昼夜淫乐，不久便血枯精竭，忽患心病死去。孙峻死后，由他的堂弟孙綝任侍中，拜武卫将军，领中外诸军事，以后又晋封为大将军。公元 257 年，孙亮已 15 岁，始亲政事，见孙綝专擅朝政，完全不把自己放在眼里，便心中不满，遂产生诛孙綝之意。为了对付孙綝，他从兵户子弟中选拔 15 岁至 18 岁的 3000 余人为士卒，以大将子弟中年少有

力者为将帅,他说:"我建此军,就是要和它共同成长。"尔后天天率军在西苑练兵习武,伺机像孙峻杀诸葛恪时那样一下把孙綝除掉。次年八月,孙亮暗中与将军刘承、全尚的儿子全纪(皇帝的小舅子)密谋诛杀孙綝的计划。孙亮对他二人说:"孙綝遇事专擅,全不把我放在眼里,且杀人成性,无人敢问。若不先下手将其除掉,必将祸及我身。"他又对全纪说:"你父为中军都督,请你秘密地告诉他,叫他严整军马,我当亲率各营,围取孙綝。但是,此事千万别让你的母亲知道,妇人不晓大事的利害关系,而且她又是孙綝的堂姐,万一走漏风声,你我都要没命了。"全纪回家将此事报告父亲全尚。全尚胆小,听后大吃一惊,便告诉他的妻子说:"三天以内,皇帝要杀你的哥哥!"妻子满不在乎地说:"杀就杀吧,与我何干?"她表面上虽然装得若无其事,但暗中却立即派人告诉了孙綝。孙綝听后大怒,当夜便邀了兄弟四人,带领精兵,先围内苑,将全尚、刘承及其全家老小(他的姐姐当然除外)全部杀掉;然后又召集文武百官,当众列出孙亮罪状,宣布道:"昏君无道,不可以处大位,奉宗庙,本当杀戮,但念在先帝面上,免其一死,废为会稽王;诸君若有不同意见者,可以提出异议。"尚书桓彝不同意在废主文告上签名,当场就被孙綝一刀杀死,其他人谁还敢提出异议呢?接着,就让中书郎李崇夺其玉玺,迎接孙休为帝;废帝孙亮遂被逼出宫,带着全皇后,由将军孙耽押送就国。东吴废帝从公元252年4月靠孙峻谋称帝,到被孙峻的堂弟孙綝于公元258年9月赶下台,只当了六年傀儡皇帝。公元260年12月,被景帝孙休又贬黜为侯官侯,遣送至国途中自杀身亡。也有说是被景帝送药酒毒死的。

## 孙休登基始末

孙休,字子烈,孙权第6子,出生于公元234年,自幼笃志好学。他做皇帝也有一番故事。

且说孙休为孙权南阳王夫人(前已述过,还有一王夫人为琅邪人)所生。这王夫人在吴宫妃妾互争后位、诸子互争帝位期间,很是安分守己,从严教子,免生是非,是以母子安全度日,未受其害。孙权立孙亮为太子后,其母潘氏被立为皇后,潘夫人争后取胜后,一扫过去柔媚之态,变得恃宠生骄。到这时,孙权方才清醒,方知原太子孙和被废实在冤枉,但为时已晚。临死前,为使孙和、孙休二子再不受其害,便封孙和为南阳王,使居长沙,孙休为琅邪王,使居虎林。孙亮称帝后,生怕孙休对帝位产生威胁,不愿让其住在滨江兵马之地,又让孙休迁徙于丹阳郡。后来,丹阳君太守见孙休在丹阳对己不利,不但常找其麻烦,而且以其对孙亮帝位有威胁为由,上书孙亮,将孙休赶往会稽。孙休素有心计,也为安全计,只好忍气吞声,任其摆布。公元258年9月,孙綝将孙亮帝位废去之后,原想自己称帝,但他看到在废孙亮时,许多大臣已经对他不满,如果再自为吴主,必将遭到群臣的反对,故不敢贸然为之。但立谁为帝呢?孙綝选来选去,在典军施正的推荐下,认为孙休性情温和,且在后宫诸子之乱中安分守己,不涉其事,易于控制。选定之后,孙綝遂派宗正(官名,是王室亲族事务机关的官)孙楷与中书郎董朝,去会稽迎接孙休进京。孙休听说孙綝立己为帝,开始不信,后经孙楷、董朝反复陈述孙綝迎其为帝的一片诚心,又仔细地考虑了几天,方才同意进京。对孙休为帝的事,史书还有一番描述说休常"梦乘龙上天,顾不见尾"(隐喻死后其子不能继承其位之意);又说孙休起程赴京行至曲阿时,有一老者于休前叩头曰:"事久变生,天下喁喁,愿陛下速行。"意思是说:现在天下大乱,你是帝王之相,老百姓还等着你去拯救,快快进京去吧,以免日久生变。"于是,孙休便加速进京。当孙休来到永昌亭的时候,早有孙綝的弟弟、丞相孙恩率领百官前来迎驾,并以帐篷为便殿,设御坐,由孙恩奉上玉玺。孙休仍不肯受,君臣跪倒在地,再三请求孙休受玺,孙休才接过玉玺;然后,又由百官陪同进京。孙綝闻孙休已到,忙带兵千人出京相迎,拜于道路两侧,孙休下车答拜。即日,孙休入都,登殿即位,做了皇帝。

### 景帝不计前隙

那是吴主孙休还在丹阳的时候,丹阳太守李衡是吴大皇帝孙权一手提拔起来的,在诸葛恪手下做事,事事效忠诸葛恪。

废帝孙亮即位后,诸葛恪、孙峻受孙权遗嘱辅佐。孙权在位时,诸葛恪已为后宫诸王争夺太子位的钩心斗角而震惊,认为新主即位,原太子孙和与诸王留在京都不利,便上书将诸王分遣外地。孙权死前,已将原太子孙和封南阳王,去长沙;孙休封为琅邪王,居虎林;孙权封他的小儿子孙奋为齐王,居武昌。诸葛恪认为,琅邪王孙休居虎林,齐王孙奋居武昌,都封地濒江,位置重要,恐二王据境有变,又将齐王孙奋现居豫章,琅邪王孙休改居丹阳。丹阳太守李衡见琅邪王孙休来丹阳,心中十分害怕。他知道,诸葛恪是为防孙休有变,才将孙休由虎林改居丹阳的,如果有朝一日孙休在丹阳生变,事必牵连自己,便一方面自以有诸葛恪为后台,对孙休屡加侵侮,使之在丹阳无法居住下去;另一方面则上书皇帝,诽谤孙休不甘王位,恐怕仍要威胁京都的安全,建议将其迁居到会稽,其妻习氏倒很有远见,也很贤慧,劝道:"琅邪王本为先皇骨肉,先皇对我们有恩,还是不要做得过分,且三十年河东,三十年河西,如果将来琅邪王得势,还有何面目相

见?"习氏虽然多次劝阻,但李衡仍是不听。孙亮见了李衡奏章,当即准奏,即将孙休改居会稽。及至孙休即位称帝后,李衡想起过去对孙休做的事,心中悔之莫及,认为孙休决不会与自己善罢甘休,必将进行报复,便与妻商议,为安全计,不如弃吴投魏。妻子习氏又劝阻道:"不能这样干。君原来为平民百姓,之所以能有今日富贵,全是先帝的恩典。你对当今皇帝过去有许多无礼之处,已经对不住先帝了。今如弃吴降魏,叛逃求活,更是一误再误,如此不仁不义,不忠不孝,将来还有何面目再见江东父老乡亲?"李衡走,怕遗臭江东;留,又怕孙休报复,进退两难,急得抓着头皮问道:"那我们该怎么办呢?"妻子习氏道:"琅邪王原来在丹阳的时候就心地善良,爱慕将才,今日刚刚称帝,大赦天下,我看决不会因计较过去的恩怨而加罪于你。以为妻之见,只要你主动地自缚上殿,向皇帝请罪,不但不会有杀身之祸,说不定还能完全免罪,官复原职哩!"李衡一想,事到如今,也只好照妻子的话去办。他怀着生死未卜的不安心理自缚入狱,等待皇帝的治罪。孙休知道后,果然像他妻子预料的那样,下诏赦免,仍令其还郡任职,并加封其为威远将军,授以棨戟(古时官吏出行时用作前导的一种仪仗)。

从以上可以看出,景帝孙休是一个胸怀大度的皇帝,这也是他深得众望,得以智除权臣的思想基础。

### 巧计除孙綝

吴景帝孙休是个很有心计的皇帝。他知道,孙綝决不是一个善良之辈,之所以立他为帝,是有其不可告人的目的,说不定哪一天,不顺其意,也会像废掉孙亮那样把自己一脚踢开。为此,他一方面对孙綝处处尊重,不断地加官晋爵,另一方面暗中准备,时刻提防,伺机将孙綝除掉。有一天,孙綝带酒菜入宫,为景帝孙

休祝寿，被孙休婉言谢绝。孙綝碰了个软钉子，心中十分不快，又不便发作，只好退出。尔后，他带着酒菜来到辅义大将军、永康侯张布府中，与其共饮。孙綝心中不快，借酒消愁，不一会儿便喝醉了。张布道："丞相平时海量，为什么今天酒量有减？莫非心中有不快之事？"张布一句话触动了孙綝心思，乘着几分酒意，气愤地答道："我从前废掉孙亮的时候，许多朝臣劝我自立为帝，被我当即拒绝，还是立先帝子孙名正言顺，这是我的大度。当时，我见孙休比较贤明，才迎他为帝。今天，我带着酒菜为他祝寿，没想到他竟敢把我拒之门外，莫非他对我还有什么怀疑不成？他孙休也不设身处地地想想，如果不是我孙綝，他能当上这个皇帝吗？"说到这里，孙綝稍顿了一下，又狠狠地来了一句："哼！我把他扶上了皇位，他竟将我像一般大臣那样对待，看来我立帝立错了，需要重新考虑一下谁当皇帝合适的问题了。"张布一听，吓了一跳，险些失态，急忙镇静掩过。待孙綝一走，张布急忙入宫，将孙綝酒后之言对景帝孙休复述了一遍。景帝一惊道："我早就看出孙綝有谋反之心，但没想到来得这么快，看来必须先下手为强。"张布道："左将军丁奉计略过人，能断大事，何不召来一议？"景帝立召丁奉告之。丁奉道："孙綝兄弟权大势重，党徒又多，不可仓促行事，可借腊月大会群臣之机，埋伏宿卫为军，突而诛之。"景帝道："此计甚妙，就这么定了。"

腊月大会这天夜里，突然狂风大作，飞沙走石，孙綝很信天命，为今日赴会，必然凶多吉少，于是上书景帝，称病不至。然景帝多次派人来请，孙綝无奈，只得赴会。不过，在赴会之前，为防万一，他安排家人道："皇帝屡派人来召，不能不去。但我去后，你们立即放火，我就可以此为由马上回来。"孙綝刚至会址，家

人便去报说："家中失火，请丞相速速回府。"孙綝立即向景帝告退。景帝不以为然道："府中那么多军士，区区之火，何须丞相亲往？"孙綝见景帝不允，更是心神不宁，便立即起身，要强行离去。就在这时，丁奉、张布突然带兵而入，不由分说，便将孙綝绑了起来。孙綝知道难保活命，便跪倒在景帝面前哀求道："我愿流放到交州。"景帝道："想当年你怎么不把滕胤、吕据（这二人于废帝孙亮时期，因反对孙綝，滕胤被杀，吕据自杀，都诛三族）流放到交州去呢？"孙綝又哀求将他充为官奴，景帝仍不允，没让其再说下去，便传命将其斩首；随后，孙綝弟弟孙恩、孙干、孙闿也相继被丁奉拿获，一一处死。

公元264年7月，景帝孙休突发重病，口不能言，知不久于人世，急手写诏书，命丞相濮阳兴入宫，令太子孙𩅦出来拜见，不久闭目而逝。在位7年，享年30岁，谥号景皇帝。

## 孙皓亡国

景帝孙休死前，立他的儿子孙𩅦为太子。孙皓原为孙权所废太子孙和的儿子，孙休即位后，封其为乌程侯。孙休死后，为什么太子孙𩅦没有即位而让孙皓当了皇帝呢？这其中有一段缘故。

孙皓，字元宗，出生于公元242年，孙权的孙子，原太子孙和的儿子。太子孙和被废后，封为南阳王，使居长沙。于是，孙和一家也被遣送长沙。孙权死后，孙亮即位，由大将军诸葛恪辅佐。由于诸葛恪是孙和张妃的娘舅，对孙和多有照顾，并曾有意扶孙和重新出山做皇帝。但后来孙峻诱杀了诸葛恪，南阳王孙和与张妃被逼自杀，其子孙皓、孙德、孙谦、孙俊4人由孙和妾何氏抚育长大成人。直到孙休做了皇帝，封孙和的儿子孙皓为乌程侯，封孙皓的弟弟孙德为钱塘侯，孙谦为永安侯。公元264年，景帝孙休

听说蜀汉刘禅已经降魏，心中忧虑，积愁成疾。这年7月，孙休病倒在床，自知不起，遂将丞相濮阳兴召至入宫，安排后事。此时，孙休已不能讲话，紧紧握住丞相的手，指着太子孙𩅦，并让孙𩅦跪拜，意在将太子托付给濮阳兴辅佐，随后瞑目而逝。

孙休死后，丞相濮阳兴与左将军张布商议道："蜀汉已经降魏，太子孙𩅦尚且年幼，不堪重任，将军之意由谁继位为妥？"没等张布答言，时有左典军万彧插言道："现有大皇帝之孙，识才明断，聪明好学，且奉尊法度，堪立为帝！"濮阳兴问道："此系何名？"万彧道："此乃乌程侯孙皓。"万彧原为乌程县令，曾与孙皓十分友善，如果推其为帝，对己必然十分有利，故乘机推荐。丞相濮阳兴听后，征求张布的意见，张布同意。尔后，丞相濮阳兴、左将军张布同时去报朱太后。朱太后道："我一寡妇，安知社稷之虑，只要能使国家兴旺，祖业有人继承，不管谁当皇帝，都是可以的。"此后，孙皓遂被迎接入京，登基称帝，时年23岁。

孙皓称帝后，为了巩固帝位，曾开仓济贫，释放宫女，并拆除豢养禽兽以供皇帝游乐的园子，装出一副贤明的样子，一时也果然得到了些赞誉，都说有这样一个英武明断的皇帝坐镇东吴，不愁东吴大业不振。然而没过多久，孙皓的本性便暴露出来了，骄淫无道，沉湎酒色，妄杀大臣，剥皮挖目，惨不忍睹。据不完全统计，他先后诛杀大臣40余人，选天下美女万余人。朝中大臣凡有姑娘的，到了十五六岁，都必须在孙皓面前亮相，孙皓看中者入选，看不中的才可以出嫁。像这样一个残毒恣淫的皇帝，最后能不落个众叛亲离的下场？公元280年3月15日，晋军从舟师进入石头城（建业，今南京）的时候，吴军四散奔逃，孙皓只好自缚双手于背后，拉一辆拉着棺材的车，

到晋军营中投降。至此，东吴灭亡。

当晋武帝司马炎问到散骑常侍薛莹孙皓亡国的原因时，薛莹答道："孙皓昵近小人，刑罚放滥，大臣诸将，人不自保，此所以之也。"

孙皓投降后，被降封为归命侯。公元283年11月，病死洛阳，时年42岁。至此，东吴灭亡。

## 汉室皇叔刘备

### 玄德小出

刘备，字玄德，涿郡涿县（今河北涿州）人，出生于公元161年，汉景帝子中山靖王刘胜之后。其父刘弘，为孝廉，官至东郡范县县吏，早死，剩下妻儿二人，孤儿寡母，家境贫寒，形影相吊，无以为生，只好以贩卖草鞋、织席为生。在其住宅的东南角上有一棵大桑树，十分茂盛，高五丈余，浓荫满地。远远望去，树冠好似皇帝龙车的车盖一般。来往行人都道此树奇罕，更有自称会相面识风水者，曰此家必出贵人。一言传出，便有多人相敬。刘备同宗中诸小儿于树下游戏，曾指树言道："我长大后，定乘此羽葆盖车。"恰被叔父刘子敬听见，大惊失色，怒斥道："你不得胡说，让官府听到，要有灭门之罪的。"刘备伸舌挤眼，也不再言。刘备15岁时，奉母命外出求学，与同宗刘德然、辽西公孙瓒往拜九江太守同郡卢植为师。刘德然的父亲刘元起见刘备是器，常常从钱财上资助他，其妻知道后怨道："我们和他毕竟各为一家，为什么不惜钱财，常常资助？"刘元起道："我们刘氏家族有这样一个好苗子，将来定为非凡人才，为什么就不能拉他一把呢？"其妻听后无言以对。过了几年，刘备长大成人，身长七尺五寸，耳大垂肩，手垂过膝，双目能自见其耳。刘备虽然不爱读书，但喜狗马、爱音乐，少言寡语，喜怒不露形色，且与人交往宽厚平和，尤好交结豪侠。当时，有两个壮士慕名而至，一

个是河北涿郡人氏，姓张名飞，字翼德。此人生得豹头环眼，燕颔虎须，粗豪洒脱，直来直去；另一位姓关名羽，字云长。此人家住河东解县（今山西临猗西南），生得朱颜赭面，凤眼蚕眉，一把美须飘撒胸前。三人相见一叙，甚觉投机，便结为知己兄弟。《三国演义》中说的桃园三结义便是这段故事。刘备为大哥，关羽年次之为老二，张飞年最小，为老三。自此相见，三人食同席，寝同床，出入同行，不离左右。后来，又有中山商人张世平、苏双到涿县贩马，见刘、关、张三人仪表非凡，与其相交，知三人胸有大志，但资费紧缺，缚住手脚，便当即取白金数百两，良马数十匹相赠，三人感激不尽。随后，三人便招集乡勇，铸造兵械，刘备自制双股剑，关羽制青龙偃月刀，张飞制丈八蛇矛，拉起了一支队伍。公元184年（汉灵帝中平元年），刘备兄弟三人随从校尉邹靖镇压黄巾军，因屡立战功，被皇帝封安喜县尉。没过几个月，刘备又丢官投中郎将公孙瓒部下。因刘备和公孙瓒曾为同学，被视为知己，先为平原（今山东省平原县西南）令，公元191年10月为平原相，公元194年领徐州牧，从此初露头角。公元196年，刘备与袁术发生战争，吕布乘虚攻占徐州。刘备败走，投奔曹操，为豫州牧。公元200年1月，曹操破刘备于下邳，刘备投奔袁绍。201年9月，曹操破刘备于汝南，刘备走荆州投刘表。

刘备经过这十多年的胜、败、奔、逃，始终没有一个安身之地，直到到了荆州，才稍安定下来。他在荆州认真总结了以前的失败教训，认识到要实现自己得天下的宏图大志，除了拥有精兵强将壮大军事力量之外，还必须有一个稳固的地盘，尤其是要有一批智谋高明之士。于是，他便招贤纳士，招致了徐庶、庞统、诸葛亮、马良、陈震、向朗、蒋琬等人。这些人在刘备建功立业、开国称帝的过程中，都发挥了重大作用。

## 甘、糜、孙三夫人

在刘备的战争生涯中，值得提及的是甘、糜、孙三夫人。

首先是甘夫人。公元193年秋，曹操攻徐州。徐州牧陶谦急向平原相刘备求救。曹军退去后，陶谦见刘备仪表出众，十分爱慕，便恳切挽留同居，并表示上奏朝廷，保其为豫州牧。刘备虽然一再推辞，但经不住陶谦诚笃屡劝，便同意在与徐州相邻的小沛城屯兵。在这期间，由陶谦做主，给刘备说了一家姓甘的女儿作为姬妾。这甘氏不仅举止端庄，毫不轻荡，且生得妩媚清秀，肌肤莹彻。为此，甚得刘备欢心，尊如正室。甘夫人生子刘禅，后来刘备为曹军败于当阳，弃妻、子南奔，赵云大战长坂坡，三进三出曹营，背幼主，救夫人，讲的就是保护甘夫人和救刘禅的故事。

其次是糜夫人。徐州牧陶谦临死前，对自己的亲信糜竺和陈登说："我死以后，非刘备不能安徐州，你们要迎他为主，毋忘我言。"刘备从此据徐州，糜竺也就成了刘备的亲信。公元196年6月，吕布联合袁术进攻刘备，张飞仓促迎敌，败走盱眙，把刘备的家眷丢弃在徐州城内。刘备听后，很为叹息，无心军事。时有糜竺见状，对刘备深表同情，遂自作主张，将自己的妹妹许给刘备为妻，这就是糜夫人。糜竺还将随身所带的金银一并取出，充作军费。刘备新得美妇，又得资助，心情大振，乃寄书吕布，协商让其归还家眷之事。此时，吕布和袁术又有矛盾。吕布本来就是个反复无常之徒，此时又同意和刘备和解，归还其家眷。糜夫人虽说年轻，但也很重情义，见甘夫人品貌端庄，举止有规，十分敬重。于是，这两个夫人虽头次见面，言谈却十分投机，情同姊妹，后来，在赵云大战长坂坡时，甘、糜二夫人相依为命。二位夫人被冲散后，糜夫人抱着甘夫人生的刘禅失散在逃难的人群之中，及至赵云救走甘夫人。赵云又一次冲进曹营寻找幼主刘禅时，在一堵土墙下找到了糜夫人。此时，糜夫人大腿受伤，行走不动，正抱着刘禅在墙下的一口枯井旁哭泣。她见赵云前来，立即把刘禅交给赵云说："赵将军，主公就这么一个儿子，见了你，就有活命了，请你把他交还主公，我死也瞑目了。"赵云道："请夫人抱幼主一块迅速上马，我保护你们一块冲出去。"糜夫人说："我已受伤，出不去了；将军没马，怎救幼主？请将军快救幼主走吧，不要管我了。"说着，立即将幼主刘禅放在地上，趁赵云不防，她一头扎入枯井自尽了。赵云为糜夫人的行为悲痛万分，便推倒土墙，掩住枯井，拜了三拜，才背幼主上马而去。

最后是孙夫人。孙夫人是东吴孙权的妹妹，她和刘备结婚，完全是鲁肃和诸葛亮共同从孙、刘联盟抗曹的大局出发而想出来的绝妙办法。

且说刘备自糜夫人投井自尽后，和甘夫人整天闷闷不乐，特别是甘夫人，每想起糜夫人的深明大义便流泪，思念不止，日久成疾，在赤壁战后不久也去世了。时正值曹操虎视眈眈。东吴孙权主要部将鲁肃和蜀汉刘备军师诸葛亮，虽各事其主，但互慕其才，十分友善。他们审时度势，意识到吴蜀要想生存下去，必须结成牢固的联盟，共同抵抗曹魏。有一次他们在闲聊的时候，见刘备丧妻后精神萎靡不振，对联盟抗曹十分不利。鲁肃忽然想起孙权有个妹妹，还没有婚配，于是提出将孙权的妹妹嫁给刘备的建议。诸葛亮拍手叫好："好主意！如果孙刘联姻，孙刘联盟就十分牢固了。"经过鲁肃、诸葛亮各自回营说合，两家也很赞成。又由诸葛亮出谋，定好日子，立即

让赵云保刘备前往东吴迎亲，并嘱咐早去早回，以免生变。公元 209 年 12 月的一天，刘备和孙权的妹妹举行了盛大婚礼，时刘备五十有三。洞房之中，老夫少妻，但也属郎才女貌，自有一番并蒂谐欢，柳絮拂风之乐，这当不用细述。一个月后，刘备便向孙权告别，携夫人返回蜀地。随后，便有刘备借荆州的故事。

### 三顾茅庐

且说公元 201 年 9 月，刘备自汝南被曹操击败后，投奔荆州刘表，屯兵新野。光阴似箭，一晃五年已过。一天，忽有一个叫徐庶的人前来相见，刘备急忙迎接，通过交谈，知道徐庶很有韬略，便请其担任军师。时恰值曹将夏侯惇、于禁引军来攻，徐庶出计，让刘备自烧屯粮，出城南走。夏侯惇、于禁为其所迷，以为刘备望风逃走，便挥军追赶，谁想没追多远，便见伏兵四起，把夏侯惇、于禁打得大败，逃回郏中。自此，刘备对徐庶越发敬重。徐庶则乘机荐道："南阳诸葛孔明，号称卧龙，那才是当今奇才哩。不知将军亦想见否？"刘备道："卧龙和您相比如何？"徐庶道："孔明常自比管仲、乐毅，徐庶和孔明怎敢相提并论！"刘备道："既如此，就请先生去邀其一块前来！"徐庶道："此人只能请见，不可屈至，还望将军亲自去枉驾顾之。"刘备闻言，当即留徐庶、赵云守城，自带关、张二人轻车简从，于公元 207 年 10 月 10 日，去南阳隆中请诸葛亮出山。到隆中一问，一个小书童从茅庐中出来道："先生一早就出去了。"刘备道："何时返回？"书童道："兴许三日五日，也许十天半月，说不准。"刘、关、张三人扫兴而归。过了几天，刘备派人去探听孔明的信息，听说其已回来，虽正下雪，仍立即带领关、张二人去隆中，结果又未见上面。就在刘备等返回途中，探子前来报告说："卧龙先生回来了！"刘备立即就要回马隆中，可张飞不

干，怒冲冲地说："一个村夫野老，何须大哥如此兴师动众，冒雪亲去迎接？待我带人回去叫他，来就来，不来把他抓来得了！"刘备斥道："三弟说话不得如此无理！卧龙先生乃世外高人，是你抓来抓去的吗？我之所以三次前来，不计茹辛，就是以表我请他出山的诚心！"张飞方不敢再言。三人又重新来到隆中茅庐前，刘备轻叩柴门，书童出来道："先生正在睡觉。"刘备道："既如此，我们在外等候，待先生醒来，请你告诉他刘备曾三次前来，万望先生赐见！"书童进去不久，便出来道："先生请诸位进去。"刘备三人进去，见一位二十七八岁的青年出来迎接，知是诸葛亮，便急忙躬身施礼道："久仰先生大名，谢其赐见。"诸葛亮赶忙上前还礼道："亮素性愚野，不过耕地家夫而已，何劳将军如此用心？况我无志功名，将军如忧国忧民，还是另请高明之士吧。"刘备道："德操（司马德操）、元直（指徐庶）俱荐先生，望先生念天下之生灵别再推辞。"诸葛亮笑道："将军你想怎么办呢？"刘备道："如今汉室倾颓，奸臣当道，皇帝受挟。刘备不度德量力，也愿为天下伸张正义，然我智浅术少，一无所成，又不肯就此作罢，故请先生出山，助我一臂之力。"至此，诸葛亮才屏退左右，为刘备出计："汉自董卓以来，豪杰并起，霸州占郡，争夺天下。当时曹操和袁绍相比，名微众寡，然而曹操之所以打败袁绍，不仅为天时，更为人谋。今曹操已拥百万之众，挟天子而令诸侯，因此对曹操靠硬拼硬打是不行的；再就是孙权，据有江东，已历三世，地势险要，民心归附，贤能之才云集其间。因此，对东吴，只能与其结盟，互相支持援助，而不能老想着吃掉它。另外是荆州，北达汉水、沔水、南到南海，东连吴郡、会稽，西通巴郡、蜀郡，实在是英雄展才之地。可是荆州刘表无能，守不住，这可能是天意要留给您前往

据守的，不知将军可有此意？

"还有益州险阻，沃野千里，号称天府之国，当年汉高祖就是利用它建立起皇帝基业的。可占据益州的刘璋昏聩软弱，北面又有张鲁相威胁，故这里虽然民殷国富，可没有人爱惜民力，救济百姓，都希望有一个明君。将军既为汉室后代，信义闻名四海，且又思贤若渴，广集君贤，若能同时占据荆州、益州，加强防守，安抚夷越，再外结孙权，内修政治，这样，只要天下一有变动，您立命一员大将率领荆州的将士进军宛城和洛阳，您自率益州人马，出向秦川，百姓们必箪食壶浆，分外欢迎。这样一来，岂不霸业可成，汉室当兴吗？"诸葛亮说到这里，又指着自己绘制的一幅地图道："将军，您建立霸业，应该以荆州为根据地，再占益州，和北方的曹操、东方的孙权并存，形成三国鼎立之势，尔后伺机出兵，夺取中原，就可以统一天下了。"刘备听了诸葛对时局的精辟分析和对自己今后成业之路的指点，很是欢欣，对其越发敬重，当即高兴地把关、张二位叫进来拜见，二人很不以为然。刘备则道："二弟、三弟，为兄今日能得孔明，仿佛如鱼得水，快过来拜见先生。"二人不敢违命，只得上前见过。随后诸葛亮告别了妻子、家人，跟刘备下山，辅佐刘备父子建功立业，天下三分之局，从此开始。

## 汉中称帝

诸葛亮出山之后，首先设计让刘备占领荆州。两年之后，即公元209年12月，吴、蜀联姻一个多月后，孙权便让刘备领荆州牧，使刘备有了一个比较固定的地盘。接着，诸葛亮又帮助刘备于公元214年5月进入成都，领益州牧。刘备取益州之后，诸葛亮等人便决定让刘备尽快夺取汉中，这是关系到刘备能否站稳脚跟，建业称帝关键的一步。汉中是益州（包括今四川省及云南、贵州、湖

北、陕西、甘肃各一部分，巴郡、蜀郡即属益州）咽喉，进可以攻关中，退可以守益州。如果迟一步让曹操控制了汉中，那就成了刘备家门之祸，威胁极大。公元218年（建业二十三年），刘备亲率诸将进兵汉中，另派将军吴兰、雷铜等进入武都（今甘肃成县西），但这一支队伍却被曹操的军队消灭了。刘备就把军队驻扎在阳平关（今陕西勉县西北），与曹将夏侯渊、张郃对阵。诸葛亮听说刘备挥军没有取胜，急派老将黄忠统率两万人马，驰至阳平关往助刘备。公元219年春天，刘备率军从阳平渡过沔水向南，择得定军山要隘处安营下寨。夏侯渊闻报，当即引军来争。刘备遂命黄忠居高临下，擂鼓呐喊而进。此时，夏侯渊多次欲夺定军山，都被击退，曹军锐气已衰。黄忠乘机跃下山来，一鼓作气，冲入曹军阵中，使敌军闻风丧胆，不战而溃。夏侯渊亲出迎敌。恰与黄忠相遇，还没明白黄忠是怎么进来的，便被一刀劈于马下。赵颙急来援助夏侯渊，也被黄忠斩首。刘备见黄忠已经得手，便策军继进，杀得曹军东奔西逃。曹操闻报后，决定从长安率军南征。刘备听说后，笑着对诸将预言道："事到如今，曹操虽然亲自前来，却也无能为力了。汉中，我必能占定了。"果然，曹军到后，刘备只是据险坚守，始终不与曹军交战。曹军连攻数月没有取胜，开小差的士兵越来越多，就在这年的夏天，曹操只好率军北还，刘备占据了汉中。

刘备据有汉中，群臣便劝刘备称王。公元219年7月（建安二十四年），刘备立为汉中王。公元220年10月，曹丕废汉献帝，自立为皇帝。消息传至汉中，诸臣也劝刘备称帝。刘备推辞不从；诸将又绥引谶讳，再三请求，刘备仍然不从。诸葛亮见刘备迟迟不愿称帝，便尽陈兴灭继绝的大义，联名上书，请其正位。至

此，刘备才同意称帝，于今成都武担山南，筑坛登位，受皇帝玺绶，改元章武，国号蜀汉，所以称蜀汉，是表示和后汉有别。

## 精明专横司马昭

司马昭出身于一个官僚世族家庭，父亲司马懿在魏文帝曹丕时代官运通达，位至太尉。曹丕死后，太子魏明帝即位。魏明帝是个酒色之徒，朝政尽委与大将军曹爽。不久，魏明帝病重，自知不久于人世，便将正在辽东与公孙渊苦战的司马懿召回，临终前嘱托他同曹爽一起辅政。

司马懿此时虽然掌有朝中兵权，但朝政大权尚在大将军曹爽手中，他暗中准备，要利用合适的时机，将这个大将军除掉，独掌朝政。此时他的两个儿子——司马师和司马昭都已经长大成人，而且都具有相当的才略，能在他的夺权斗争中充当主力。司马师官拜散骑常侍，中护军；司马昭则封为新城乡侯，都已经崭露头角。

大将军曹爽本是个平庸无能之辈，却利用其权力，骄奢无度，荒淫享乐。司马懿对此大为反感，也深信要削弱曹魏政权，就得从消灭曹爽开始。于是他故意对曹爽的放荡行为不问不管，让他的丑行充分暴露，为自己诛杀他寻找合适的理由。所以他表面干脆辞职，养病在家，暗地里与两个儿子加紧准备，制定杀曹夺权方案。

再说曹爽的心腹邓飏、李胜等人见曹爽不思振作，威信日减，便想借伐蜀以提高他的威望。于是便劝说曹爽发兵伐蜀。曹爽听从他们的意见，于正始五年（公元245年），以司马昭为伐蜀将军，夏侯玄为副将，发兵七万，大兴攻蜀。这年刚好有日蚀，朝臣多认为此年出兵不吉利。司马懿本来也反对出兵，但他觉得如果此次出兵被劝阻的话，将会成全曹

爽,所以他对儿子司马昭说:"此战凶多吉少,不可贪功,能进则进,不能进则退。"

司马昭随曹爽出骆谷(今陕西周至县),驻军兴势(今陕西洋县)。这时蜀军费神占据了山谷中的险要位置,司马昭他们入谷数百里,处处被动。数次出击也不能奏效,所以他决定以静待动,伺机反攻。蜀将王林见魏军连连失败,斗志更旺,亲率大军攻魏军大营,司马昭按兵不动,紧守不出。王林无功而还。

司马昭对夏侯玄说:"蜀军占据险要位置,我军进不能战,攻之难胜,不能再这样下去了,应立即撤军,再作打算。"但邓飏、李胜等人却不同意,他们在曹爽面前极力劝说,一定要继续打下去,不消灭蜀军,决不收兵。司马昭没有办法,只得困守谷中。这时,魏军的给养发生了严重的困难,送给养的马和驴大都累死了,百姓们拉不动,扛不起,只得看着给养在路上哭号。面对这种情形,司马昭再次向曹爽请求,撤兵回关中。曹爽虽然满腹不悦,但也只能同意了。

魏军刚撤兵,蜀军便占领了三岭等险关,断绝了魏军的退路。司马昭一马当先,率军苦战,才突破蜀军的防线,冲出重围。

这次伐蜀,魏国所发的运送给养的牛马几乎全部累死,而关西的财物也消耗一空,百姓无以为生,怨声四起。曹爽本想以这一仗来提高自己的威信,没想到此仗更显出了他的无能。而司马昭则在这次战斗中尽显其军事天才,为魏军突围立下了汗马之功,所以还朝后被拜为议郎。

曹爽还朝之后,与何晏、邓飏、丁谧等人相勾结,将听政的郭太后迁往永宁宫,何、邓等人都官为尚书,曹爽的兄弟曹羲、曹训等人也都掌管禁军,势倾朝野。所以当时有这样的谣传:"何、邓、丁,乱京城。"

司马懿此时虽然养病在家,但他对朝中的一切都了如指掌,他看到曹爽的名声越来越坏,愈来愈不得人心,所以便决定瞅准时机,除掉曹爽及其爪牙。

公元294年正月,曹爽及其兄弟和何晏、邓飏等心腹带领御林军,跟随魏帝曹芳,以拜谒明帝陵为名,出外畋猎。

司马懿闻讯大喜,立即下令关闭四面城门,派司徒高柔带兵去看守曹爽的军营,太仆王观去看守曹羲的军营,控制都城的局势。然后命司马昭带兵把守宫门,司马师率军占领都城的险要位置。

一切准备妥当之后,司马懿奏请郭太后,下旨免去曹爽宰相之职。郭太后本来就与曹爽有仇,当然听从司马懿的建议。于是,司马懿让蒋济等人草拟表章,由黄门官出城送给皇帝,自己与司马昭一道,率禁军前往都城各险要处。

当表章送到皇帝那里时,曹爽正与15岁的小皇帝一起飞鹰走犬,高兴至极。当他看到司马懿的表章之后,吓得面如尘土。正当他打算逃到许昌时,司马懿又派人送信,说请曹爽赶快回京,尚可全身家性命,而且他司马懿指着洛水发誓,只要将曹爽免职,别无他意。曹爽信以为真,便与众人都如期回到京中。

曹爽等人回京之后,各自回到自己的府中,立即就被司马父子派兵看管起来,一步也不许离开。

这时,司马懿父子正在通夜密谋,怎样处置曹爽及其党羽。司马师主张将他们全部杀掉算了,司马懿说:"杀是肯定要杀的,只是我当初已经向人家许下愿,说无意杀他们,现在若食言的话,恐怕会失信于天下。"司马昭说:"想除掉他们也不难,只要我们能够网罗到他们的罪状,杀掉他们何愁无辞。"司马懿深表赞同。

于是司马昭便让人上奏:"太监张当与曹爽往来密切,曾挑选宫中才人供曹爽玩乐,他们一定有奸谋。"当即收捕张当,送交廷尉拷问,大刑之下,何求不得?张当果然供称:"曹爽兄弟与尚书何晏、邓飏、丁谧等人密谋反叛朝廷,准备在三月间举事。"司马懿得到这个供词,便奏请朝廷,审问何晏等人,在拷打之下,他们都招认"三月间谋反"之事。

罪证确凿,曹爽、曹羲、何晏、邓飏等人都因谋逆之罪诛灭三族,一千多人同日被杀。

曹爽及其党羽被诛,使司马氏集团声威大震。司马懿任宰相、大将军,司马师和司马昭也官至要职,成为父亲的得力助手。

司马昭配合父亲杀掉曹爽及其党羽之后,完全控制了魏国政权,曹氏天下开始向司马氏天下倾斜。正当他们全力以赴,朝着建立司马氏王朝发展的时候,老谋深算的司马懿病逝了,终年73岁。好在他的两个儿子司马师和司马昭都从秉性上和才能上继承了他的作风,所以他的去世并不影响司马氏集团的发展和扩展。

司马师继父亲之位,担任宰相、大将军,继续专断朝政,他杀掉了与曹爽亲近的太常夏侯玄、中书令李丰,接着又杀掉张皇后及其父张缉,气势极盛。司马师和司马昭兄弟目中没有魏氏政权,他们专横跋扈,带剑上朝,乘车入内,不仅朝臣不敢言,就连魏帝曹芳每次见了都要战栗不已,如芒刺背。后来,司马兄弟还是不满意曹芳,以郭太后之名,将他废了,另立高贵乡公曹髦为帝。在这一系列活动中,司马昭都是其兄最得力的助手。

就在司马兄弟在朝中为所欲为,不可一世之际,镇东大将军毌丘俭和扬州刺史文钦合兵造反。原来毌丘俭本来与夏侯玄、李丰交往密切,对司马父子的行为大为不满,他利用对吴作战,远离朝廷

的时机,时时盘算着举兵造反。而此时的扬州刺史文钦本也是曹爽的同乡好友,他骁勇果敢,在对东吴的作战中数有战功,他还喜欢增加俘虏的人数,以邀功请赏,但多不能如愿,所以他心里对司马师也很不满。毌丘俭利用他这一点,有意与他亲近,劝慰他,俨然是个知己。文钦对此非常感激,与他结为一心。有了文钦的帮助,毌丘俭觉得时机已经成熟了。

正元二年(公元244年)正月,吴、楚之间有彗星出现,消失于西北方向。毌丘俭觉得这是天意,正是他起兵吴楚灭掉西北的司马氏之时,于是便假传郭太后之旨,将他的部队移到其郡国寿春,并胁迫镇守淮南其他地方的守将及当地的百姓,全都迁到自己的封地中去,再在寿春城西筑坛歃血,一同起誓,一定要诛杀乱贼司马师兄弟。他们还各自将自己的四个儿子送到东吴当人质,以请他们前来增援。起誓之后,毌丘俭和文钦各率五六万人大军渡过淮河,向西打到项(今河南项城县)。毌丘俭坚守县城,文钦在外围,四处出击。

消息传到洛阳,司马师立即与朝臣商议对策,多数朝臣都说:"那是小股叛贼,不足为虑,只需派几员将军前去,便可以平息。"而尚书傅嘏、中书侍郎钟会等人却力劝司马师亲自前往。司马昭也认为应该让司马师亲自去,因为这是一场针对司马氏的大行动,决不是小股叛贼,应该多加重视,亲自出征,才能振声威,破强敌。司马师接受了他们的意见,决定由司马昭镇守都城洛阳,自己率领步骑十余万众,日夜兼程,前往镇压。

司马师虽然年仅四十七八岁,但他患有一种毒瘤,在与毌丘俭和文钦的作战中,他为了割掉毒瘤,痛得将牙帮都咬断了。经过苦战,司马师终于平定了叛乱,文钦逃到东吴,毌丘俭被杀。

司马师班师回朝，到许昌时，病情严重。他自知不久于人世，急召司马昭速赶往许昌。

司马昭来后，当即就被任命为卫将军。不久，司马师病逝。

料理完司马师的葬事后，有些朝臣觉得这是削弱司马氏权力的好机会，便奏请皇上，以许昌地位险要，需要重兵看守为理由，令司马昭留守许昌，由尚书傅嘏率六军返回京城洛阳。

精明的司马昭马上就明白了他们的意图，他的谋臣们也劝他不要留守许昌。于是他没有服从皇上的旨意，而是亲自率领大军返回洛阳。还没有进城，傅嘏和钟会等人就奏请皇上，任司马昭为大将军、都督中外诸军、辅政。司马昭故意推辞一番，最终还是接受了。

司马昭执政后，继承他父亲和兄长之志，继续加紧建立司马氏王朝。他不仅带剑上朝，奏书不通报姓名，而且晋封为高都公，拥有封地方圆七百里。

长史贾充建议说："应该派遣使者到四方去安抚那些为朝廷出力的将士。"司马昭采纳他的意见，并派贾充出使寿春。

贾充来到寿春后，与镇东将军诸葛诞共谈时事，说："洛阳的众贤人都想让司马公禅代，这也是你知道的，你认为那样好吗？"诸葛诞面色严厉地说："你世世受魏主之恩，怎么能辜负朝廷而将天下让给他人呢？你的这话是我不愿意听的。如果洛阳有难，我当为国而死。"贾充默然无语。

原来这诸葛诞在镇压毌丘俭叛乱时是一员得力的战将，他任镇南将军，率领豫州（治所在今江西南昌）军马，渡过安风津（在今安徽霍丘县），直取毌丘俭的老窝寿春。寿春守军见毌丘俭和文钦都战败，也纷纷逃出城，因此他十分容易就占领了寿春。司马昭见他平敌有功，且长年在淮南，所以仍然令他以镇东大将军的身份，都督扬州。

诸葛诞当初与夏侯玄、郑飙等人都是最好的朋友，又亲眼看到毌丘俭被诛灭的下场，内心也处于一种朝夕不保的恐惧中。他为了加强自我保护，将府中所有的钱币都拿出来，赈济百姓，以收买人心，并厚养心腹以及扬州轻狂游侠数千人，作为敢死之士。

贾充回到洛阳之后，将诸葛诞的态度转告给司马昭，司马昭虽然觉得此人不可靠，但念他是跟随司马父子多年的旧臣，还是想将他召进朝廷，给他一个善终。便下诏征诸葛诞为司空。

可是诸葛诞收到诏书之后，反而更加恐惧，心想，此时入朝廷是死，不入朝廷也是死，不如发兵与司马昭争个高低。于是他会合诸将，宣布起兵造反。他亲自率军攻打扬州，并杀死扬州刺史乐綝，然后召集淮南及淮北郡县屯田的人口十余万官兵，以及在扬州新收附的兵马四五万人，并储足了一年多的粮草，闭城自守。为了有充足的把握，他还将儿子诸葛靓送到吴国作为人质，请求吴国发兵援助。吴国大为欢喜，当即派全怿、全端、唐咨等人率军三万，与去年逃到吴国的文钦一起，前来增援。吴国还封诸葛诞为左都护、大司徒、寿春侯等官爵。一时淮南声威大震。

消息传到洛阳，众大臣都非常惊慌，催促大将军司马昭速出兵平乱。司马昭倒十分沉着，说："诸葛诞看到毌丘俭轻易地兵败被杀，这次起兵，必定做好了充分准备。他内有粮草，外有东吴，来势凶猛，不可低估。我们现在也应该四方齐心协力，才能彻底打败他。"于是便上奏皇上："昔日黥布造反，高祖亲征，隗嚣发难，光武西征，烈祖明帝也曾乘舆出征，这都是想振奋军威，威慑敌人。此次淮南叛乱，陛下也应该亲临前方，使将士们都感受到天威。有陛下亲征，再发兵五十万,以众克寡,定会无坚不克。"

于是,司马昭以皇上及皇太后的名义,征调青、徐、荆、豫等州兵马,又将关中游击军分调一部分,大举东进,来到淮北,驻扎于项。未战之前,派廷尉何桢前往淮南,宣慰将士,申明逆顺,以示诛赏。大军来到丘头(今河南沈丘县东),司马昭命大将王基、安东将军陈骞率军将寿春四面包围,里外两层,深挖战壕,高垒城堡,围而不战。文钦多次出城,想冲出重围,结果一无所获。

司马昭又派石苞、州泰等人,率领轻装的精兵,在外围巡视,以防外来的援敌。不久,果有东吴将领朱异率一万余众前来增援。他将辎重留在都陆,率轻兵直抵黎浆。还没等他站稳脚跟,石苞、州泰便发动进攻,大败朱异。朱异仓皇逃往都陆。此时司马昭早又派胡烈率奇兵偷袭都陆,烧掉了他的粮草。接着石苞和胡烈又前后夹击,朱异无力招架,只得带着又累又饿的残兵,吃着树叶和野草,逃回吴国。吴将孙綝大怒,将朱异斩首。

司马昭得知,思考片刻,说:"朱异不能到寿春,这不是他的过错,但吴人杀他,正想以此来向寿春中的诸葛诞和文钦谢罪,并让他们坚信救兵还是有指望的;如果他们得知不会有救兵,必定会突围出来,拼个死活;或者他们相信我们大军行动,不能持久,所以他们省食减人,希望我们自己不攻自破。我料定敌人的想法,不外就是这三种,我们应从各个方面去迷惑他们,防止他们突围出来,这才是上策。"

众将士听后,无不拍手称妙。于是司马昭便命令围城的士兵抽调一部分出来,前往淮北去求粮。文钦听说后,果然大喜。司马昭又故意让合围的士兵装成饥饿疲乏的样子给文钦和诸葛诞看,同时他又故意放人进城,散发消息,说吴国救兵马上就到。

诸葛诞和文钦信以为真,便放心大胆地、毫无顾忌地吃粮食,没几天不仅没能突围,城中的粮食却吃得差不多了,可城外的援兵却没有一点儿影子。

司马昭以逸待劳,士气更旺。负责打援的石苞和负责围城的王基请求合兵攻城,早成大功。司马昭胸有成竹地说:"诸葛诞想叛乱非一朝一夕之事,他聚集粮草,加固城池,与吴人相勾结,自以为足以据淮南;而文钦也与他一样,不服于朝廷,只想在淮南站稳脚,也是不想轻易离开的。现在我们如果急于进攻,他们拼死抵抗,这样反而会给我们造成损失,到时候,若外敌入侵,我们里外受敌,将不可收拾。这是危险之举。现在诸葛诞、文钦叛魏,而全怿、全端等人从吴而来,战不得胜,守而无望,他们三个将领相聚在一座孤城中,上天或许会让他们自相杀戮。我们应该从长计议,照现在看来,我们只需要坚过三面,如果敌人从陆路而来,所带军粮一定不多,我们以精锐骑兵断绝他们的运输,可以不战而破外敌;外来的敌人被攻破之后,文钦等人必定会成瓮中之鳖。"

事实果然又被司马昭言中了。

寿春城内无粮食,外无援兵,人心不稳。诸葛诞的心腹蒋班、焦彝劝道:"朱异带大军而不能到寿春,吴将孙綝又已经回到江东,我们不能再指望东吴的援兵了。现在城中将士还有为主公效死力之心,应趁此时机,率众拼死一战,从城的一面冲出去,这样的话,即使不能全胜,但还是可以保全性命;若再待在城中,必死无疑。"文钦听后,大为不满:"东吴现在军威正盛,何曾将中原之军放在眼中。而且中原没有一年不生战事,民疲兵弱,在这里与我们相持一年,其民必生异心,我们只要继续坚持下去,他们必定会自生变乱,不攻自破的。你们不要在此无端生事，扰乱军心。"蒋、焦二将还是苦苦相劝，文钦大怒，诸葛诞也怒不可遏，拔剑想杀掉他们。二人料定诸葛诞必败，便趁着夜色越墙而出，投奔司马昭。

司马昭得此二将，心里更加踏实。这时全怿的母亲——孙权之女因得罪吴主，由全端的侄儿全辉和全仪护送着投奔大将军司马昭。司马昭又生一计，以全辉和全仪的名义，给寿春的全怿和全端各写一封信，说吴主已经将他们视为叛将。全怿、全端见归吴无望，便各自率领数千人，打开城门，归降司马昭。城中众人大惊，都不知该如何是好。

就在这众叛亲离的时候，文钦为壮军威，劝诸葛诞说："蒋班等人以为我们不能冲出重围而叛，全端兄弟又率众投敌，魏军一定以为我们已经不堪一击，防备甚松，这正是我们出战的时机。"诸葛诞也同意他的分析，便准备攻城车，倾城而出。一连五六天，昼夜不停地向城南冲击，企图从这里打开缺口。

可是他们的行动早在司马昭的料算之中，司马昭命围城军队做好了充分的准备。当叛军冲过来时，他们居高临下，用火石车和火箭等烧毁文钦等的攻城车，同时，利箭如雨点似的落在敌阵中，叛军尸体遍地，血流成河，却不能向外冲出半步，只得退回城中。城里没有粮食，回来之后，也只有等着被饿死，所以当天就有数万人跑出城外，前来归降。

文钦和诸葛诞本来就不合，面对这种局面，他们的冲突变得激烈起来。为了保全性命，文钦对诸葛诞说："如今粮食紧张，若就此下去，只有都被饿死，依我看，不如让北方的士兵先出去，或冲击，或投降，省下些粮食给我们吴兵，在此坚守，以待外援。""不行！"诸葛诞坚决反对，"如果北人都出去了，还要我干什么？我去指望谁？"文钦轻蔑地说："你们

北方军本来就是些乌合之众，留下也无益。""放屁！"诸葛诞怒火中烧，一下子拔出佩剑，将文钦杀死。

这时文钦的儿子文鸯和文虎正率兵驻守在小城中，听到父亲被杀的消息，率军想到大城中向诸葛诞问罪，但将领们却不听他们的调派。二人无奈，只得越过城墙，投降司马昭。二人归降后，众军吏请求将他们杀掉，司马昭不同意，说："文钦固然罪不当赦，他的儿子也应该杀，但文鸯和文虎在走投无路的时候来此求生，我们不能趁人之危。况且寿春城还没有攻克，杀掉他们只会断绝其他人的归降之心，而逼他们死守，于我不利。"于是便赦免他们二人之罪，让他们带着数百名骑兵在城边来回巡视，对城内高喊："文钦的儿子尚且不被杀，你们这些人还有什么惧怕的呢？"接着又任文鸯、文虎为将军，赐爵关内侯。城内之士大喜，归降之心更切。

诸葛诞智尽力穷，再也无心去想突围之事。此时，司马昭来到城边，见城上的守军都拿着弓弩，但无一人放箭，才放心地说："现在可以攻城了。"于是魏军从四面发动进攻，战鼓如雷，将士们一个个敏捷地爬上城墙，而城上的守军竟没有一个人动刀放箭，魏军轻而易举地攻进城中。诸葛诞狼狈不堪，乘上战马，带着几员随从从小城门突出重围。司马昭命部将胡奋率军追击，没追多远，便将诸葛诞杀死，割下首级，夷灭三族。

司马昭进城之后，将那些与诸葛诞一起叛乱的部将几百人押到一个大广场上，劝他们归降。可是他们都忠实于诸葛诞，没有一个肯投降，都说："为诸葛公而死，毫无遗憾。"司马昭不甘心，一个一个杀，杀一个人问一声"降不降"，但直到最后都没有一个人屈服。

战斗结束后，诸多吴军成了魏军的俘虏，众将觉得他们是促成淮南叛乱的

祸根，建议将他们全部活埋，以震慑敌人。司马昭说："自古用兵，以保全国家为上策，对叛乱之士，也只需杀其元凶就行了。如今我们将这些吴军全部放还，还可显示我们的宽宏，而增加他们的归附之心。"

平定诸葛诞之乱历时一年，司马昭内围外打，不费兵卒，显示了他卓越的军事才能，也使他更加威震天下。为了纪念他的战功，司马昭还特意将头丘改名为武丘。

司马昭还京之后，为表彰他的战功，高贵乡公曹髦又将并州（今山西太原市）以及河东的八郡，方圆七百里地封给司马昭，封他为晋公，进位相国，在晋国中设置官府，形成一套完整的官制。司马昭加九锡，增邑万户，诸子无爵位者全都封为列侯。司马昭觉得接受这些分封的时机还不成熟，便假意推让，不肯接受。但实际上他却是魏国的主宰，曹氏天下已经成了司马氏之天下了。司马昭的心腹贾充等人见司马昭的权势越大，地位越来越牢固，也加快了协助司马昭篡权的步伐，想让司马昭早日实现"禅代"。

高贵乡公曹髦此时虽然身不由己，但他内心对司马氏政权的日益强盛是非常忧愤的，而且他对自己这种儿皇帝的地位也越来越不满了。一天夜晚，他将侍中王沈、尚书王经、散骑常侍王业召进宫中，对他们说："司马昭之心，路人皆知，我不能坐等遭废，蒙受羞辱。今日我正要与你们一起商量征讨之事。"

可是王经不同意，说："昔日鲁昭公不忍受季氏的支配，起兵与他相对抗，结果兵败而逃，失去了王位，被天下人笑话。如今权归司马氏之门已很长时间了，朝廷和四方军士都乐为司马昭效死力，不顾顺逆之理，也不是一二天的事，而且陛下的宿卫空虚，兵甲寡弱，凭什么与他司马昭相对抗呢？陛下若仓促行

事，最终可能会落下个病没除掉反而更加严重的后果。陛下此举，灾祸莫测，恐怕还要三思而行。"

曹髦根本没理睬王经的话，他从怀中取出用黄素写的诏书，说："是可忍，孰不可忍？这件事今天就算决定了，就是死了，有什么可怕的呢？更何况我们不一定会失败！"于是他便入宫向太后告知此事。而就是这时，王沈、王经二人溜出宫，来到宰相府，向司马昭告密。司马昭立即调来护军贾充，做好了迎击准备。

这天，天阴沉沉的，一会儿便下起小雨。高贵乡公曹髦拔出宝剑，坐上车辇，亲率卫士数百人，敲击战鼓，呼喊着冲出宫门，直扑相府。来到相府门前，曹髦以天子的身份，高喊："寡人前来征讨逆贼，众人不得阻拦，违命者斩！"守门的卫兵果然不敢动弹，听任曹髦带众冲进相府。曹髦刚进去，就遇到司马昭之弟司马伷，他正要率众阻拦，曹髦左右的人高呼："你们在多大胆，敢挡天子！"众人吓得四处奔散，司马伷也只得仓皇逃命。

曹髦等人继续往里闯，又遇上了护军贾充和太子舍人成济，曹髦挥动宝剑，站在辇中，高喊着："看谁敢做叛逆者！"众人不敢上前，想往后退。

看着那一个个挥舞着刀剑，怒气冲冲往前涌的皇帝卫士，太子舍人成济着急地问贾充："事情越来越危险了，我们该怎么办？"贾充大声说："相公平时养你们，就是为了今天，现在还用问吗？况且司马家的事若败了，你们还能留下种吗？为何不赶快出击？"成济又问："是杀了他还是抓活的？"贾充厉声说："要活的干什么？杀掉他！"

于是成济率众冲上前去，迎击曹髦。曹髦的那一帮人马本来也就是些奴仆之辈，并非什么真正训练有素的卫兵，所以他们也不是成济等人的对手，当即败溃。曹髦还站在车辇上喊着："不要怕，我是

皇上，我是皇上！"他的话音刚落，成济就冲到他的车辇前，当胸一刀，猛刺过去，刀刃从他的背后透出，曹髦当即倒在血泊之中。这时天空雷声大作，暴雨如注，天色昏暗得像要塌下来一样。

待到屋外的杀喊声平静下来之后，司马昭才走出来，见皇上倒在车辇中，故作大惊，哭着说："事情怎么会这样？天下将要怎样说我呢？"于是火速召集百官前来商量安排善后事宜，仆射陈泰说："此事全由贾充所致，只有腰斩他才能向天下人谢罪！"司马昭脸色一沉，许久没有说话。大家知道，司马昭是不会将贾充腰斩的。

果然，过了一会儿，司马昭才激愤地说："高贵乡公率众拔刀击鼓冲向我府，我担心会兵刃相接，便命令士卒们不要伤害他。没想到太子舍人成济违反命令，横入军中，将高贵乡公杀死。高贵乡公之死令我哀痛悲伤，五腑摧裂。成济大逆不道，应夷三族，才能安天下人之心。"

成济不服罪，没等人来抓，就自己爬到屋顶上，光着膀子，大骂司马昭。司马昭无奈，只得命弓箭手将他射死在屋顶上。

杀死成济之后，司马昭马上去拜见皇太后，太后当然明白司马昭的意图，立即下旨，编造了一通高贵乡公想杀掉皇太后的话，然后说这个家伙不忠不孝，死有余辜。还说："高贵乡公不配为人主，成济杀之也不是什么大逆之罪，但大将军司马昭杀成济以谢天下之心恳切，我也只好准他所奏。"太后的这一道旨不仅将司马昭的罪责推脱得一干二净，而且使人觉得司马昭是个忠君重义之臣。

几天后，司马昭为高贵乡公举行了一个极为简单的葬礼，只有几辆下等车，送葬队伍不举旗幡，一路上相当冷清。百姓们聚在路旁，看到这个情形，低声议论道："这就是前些日子被杀死的皇上啊！"有些人还掩面哭泣。

除掉曹髦之后，司马昭"禅代"之事不得不暂缓实施。他与谋臣商议，立15岁的陈留王曹奂为帝，世称魏元帝。魏元帝即位后，对司马昭又是大加封赏。晋封司马昭为相国，增封地九郡，加九锡，司马昭依然没有接受。第二年，曹奂又派太尉高柔去给司马昭送相国的印绶，让司空郑冲给司马昭送象征天下的茅土和九锡，他还是不肯接受。

司马昭不肯受魏的封赏，固然是故作谦让，同时当时的形势还不容他做得太露骨。因为他才杀死曹髦，魏帝新立，他如果接受那些封赏的话，会让人觉得他是个夺权的野心家。司马昭还想在天下人面前树立一个忠信者的形象。所以尽管他代魏之心未减，却不贪一时之急，勉励自己像周文王那样，为子孙后代创业。他将自己的心腹谋臣召聚起来，商议是应先伐吴还是先伐蜀。众人没有多言，因为他们知道司马昭不经过深思，是不会轻易来同他们说这事情的，所以都等着听他的意见。

司马昭也不谦虚，说出了自己的想法："自从我们平定淮南叛乱以来，已经将近六年没有大的战争了。我们训兵备战的目的是想对付吴、蜀二敌。我想如果我们攻打吴国的话，必须造战船，通水道，当花费千余万功夫，这也许要用去我们十余万人百数日的精力。即使如此，还有我们意想不到的问题，比如南方土地低湿，容易生病，这对我们北方兵都是相当不利的。据此，我以为我们应该先攻蜀国，取蜀国之后，再从巴蜀顺江而下。水陆并进，东吴也就不在话下了。"

谋臣们听了这番话都不以为然，有人说中原近些年虽然没有打仗，但是年成并不很好，况且都几十年持续不断的战争给中原带来的创伤在这几年中根本就没有得到恢复，所以建议先不要对蜀用兵。倒是钟会站出来，果断地说："如今的天下，除了相国谁还能匹？相国审度天下之势，了如指掌，有这种智谋，何事不成？伐蜀之事势在必行，行必能成！"他的话音刚落，将军邓敦站起，坚决反对伐蜀。这个人也太没有眼见力儿了，没等他把话说完，司马昭便拍案而起："我伐蜀之心已决，今天就杀掉你来祭天！"众人再不敢多言，都同意早日伐蜀。

其实，就在司马昭率军征讨诸葛诞的一年多里，蜀将姜维就率军乘虚而入，先打到秦川，再率数万人从骆谷（在今陕西周至县）一直打到关中。这年长城县（今陕西鄠邑区）的粮食丰收，积谷如山，但关中守兵很少，魏兵听说蜀军到来，吓得仓皇逃跑。魏大将军司马望前来迎击，大将邓艾也从陇右领兵而来，都在长城县附近驻守。为防止姜维东进，司马望和邓艾又在渭河边扎营坚守，姜维数次出击，他们也不应战。双方相持数月，司马昭平定淮南，姜维担心司马昭率军来援，便领兵回蜀。

就在司马昭决定对蜀用兵的时候，姜维又一次率蜀军从汉中出发，进攻关中，在侯和（今陕西泾阳县境）与魏征西将军邓艾相遇，大败，姜维退往沓中（今甘肃临潭县西）。此时的姜维因受朝中宦官黄皓的排挤，长年征战，建功甚少，所以心情抑郁，很不得志。他带着几万兵士退到沓中之后，既不敢回成都，也不能进攻关中，所以处境十分被动。

姜维的这一处境正好被司马昭利用了，他征调十八万兵马，派邓艾率兵从狄道（今甘肃临洮县西南）正面进攻姜维。再派诸葛绪从祁连山来到武街（今甘肃临洮县东），断绝姜维的退路。司马昭又派征西将军钟会率李辅、胡烈等将从骆谷直取汉中。

姜维意识到司马昭的这一军事部署对自己有着致命的威胁，所以火速派人给后主刘禅送信，陈明魏军伐吴的形势，建议朝廷速派张翼和廖化率军北上，分别保护阳安关口（今陕西宁强县西北）和阴平桥头（今甘肃文县西南门）以防不测。可是刘后主是个昏聩无能之辈，他此时完全听从于宦官黄皓。黄皓说他去问了鬼神，鬼神告诉他魏军不会入侵汉中，所以建议后主将此事放下不议。这样就给司马昭的行动赢得了时间。

司马昭在洛阳点齐兵马，列队宣誓。然后从洛阳一路西行，进入关中，坐镇长安。各路兵马按原定部署，分头进军。邓艾派王颀等从正面攻打姜维的大营，牵弘等从侧面接应，再派杨欣等人到甘松堵截。姜维初战失利，听说钟会已率诸军进入汉中，大惊，率军退往蜀中，杨欣等紧追不舍，又大败姜维。这时刘后主才大梦初醒，忙派张翼和廖化率军前往增援汉中。

司马昭命钟会尽快攻取汉中之汉、乐二县，再派将速占领阳平关口。钟会一路进军，过关斩将，非常顺利，率军直赴阴平桥头。

姜维在败退之中，听说雍州已经过不去了，便屯兵阴平桥头，再从孔函谷入北道，做出从背后袭雍州的样子。负责断姜维退路的诸葛绪听到这个消息，后退三十里，想去雍州堵截姜维。没想到姜维却出其不意，从北道回到桥头，与增援汉中的张翼、廖化等部会合，奔往剑门。诸葛绪迟一天没有追上，等钟会率大军来到时，留给他们的是一道难以攻克的剑门天险。

钟会派人给姜维送去一封信，劝他归降，姜维没有理睬。钟会数次进攻，也没有奏效，便向司马昭建议撤军回汉中。司马昭没有同意，说："此时蜀国已兵残将寡，剑阁天险尽管攻不克，但总还有别

第三编　三国两晋南北朝野史

的路可以入川。况且蜀军以为有一剑阁就可以高枕无忧,他处防御必定较弱,若攻其弱处,出其不意,定会获胜。"

邓艾也完全赞成司马昭的意见,他补充说:"从阴平走小路可以到涪关(今四川江油市),那里离剑门只有一百多里,离成都也只有三百余里,我可领兵奇袭涪关。涪关已得,剑门的守军必定前去增援,那么钟会就可以驾着战车穿过剑门;如果剑门之军不撤退,那涪关之军少,我可以从此长驱直入,杀向成都。"

"太妙了!"司马昭听了邓艾之计连声称好。

邓艾在崇山峻岭中苦行七百余里,如神兵一般出现在涪关守军面前,蜀军猝不及防。惊慌失措下,蜀将马邈投降,另一位将领诸葛瞻从涪关退守绵竹(今四川德阳市),列阵迎击邓艾。邓艾派他的儿子邓忠从右出击,师纂等人从左出击。邓忠和师纂初战失利,败下阵来,说:"敌人太强大了,我们不宜与他们拼。"邓艾大怒,说:"成败就在此一战,哪有可战不可战之理?"盛怒之下,要将他们两人拉下去斩首。众将苦求,才同意让他们戴罪立功,再去拼杀。这一次终于突破了蜀军的防线,大败蜀军,将诸葛瞻斩首,大军行进到雒县。蜀后主刘禅吓破了胆,立即下表投降。

消息传来,朝野欢腾。司马昭更是欢喜不已,不过此时他头脑却非常清醒,他还得要提防一场新的叛乱。

原来征西将军钟会本是个极有野心的人,自从跟随司马昭平淮南之乱后,他见自己出谋划策都与司马昭相合,自以为才智不在司马昭之下,渐生取而代之之心。与蜀交战之前,他对姜维的才华极为欣赏,取蜀之后,姜维归降,他与姜维更有一种相见恨晚之感,同他相处得非常友好,出则同车,坐则同席,他觉得有姜维相助,有蜀中的粮食和财物,有自

己手中的强兵,再居人下太屈辱了。但他觉得眼下阻碍自己当皇帝的最大障碍就是邓艾,便想办法谗害他,借司马昭之手将邓艾除掉。钟会很会摹仿他人的手迹,利用这一特长,他数次篡改邓艾的奏书,让司马昭觉得邓艾狂妄自大,然后再让他的部将上奏,说邓艾有反叛之心。司马昭亲自下令,让他派人将邓艾父子抓起来,用囚车送往关中。

钟会除掉了邓艾,以为司马昭已经上当,别提有多得意了,于是他迫不及待地与谋臣们商量入关夺天下的部署。他想先让姜维等人率蜀军从斜谷(今陕西武功县西南)入关中,自己率大军紧随其后,攻入长安。到长安后,可令骑兵走陆路,步兵从水道顺渭河而下,不出五日就可到黄河,与骑兵相会于洛阳,不出一日,就可得天下了。

想到这里,钟会不禁狂笑起来。可是司马昭的一封信却使他冷汗直冒。那天他刚将押送邓艾的囚车送走,就收到了司马昭的信,信中说:"我担心邓艾不服,特遣中护军贾充率步兵万余人从斜谷入汉中,我将亲自率十万余人驻长安,我们不久就要相见了。"钟会见到信后,惊叫起来,对他的亲信们说:"不就是取一个邓艾吗,我一个人就足以办妥,何必如此兴师动众?明明是相国察觉我有异心,前来防我。现在情况紧急,我们应赶快行动,事成,可以得天下,事不成,还可以退保蜀汉,不失做一个刘备。"于是在成都誓师,要讨伐司马昭,夺取天下。

可是钟会还没有来得及行动,部将胡烈发动变乱,将他和姜维一同杀死。一场预谋已久的叛乱,就这样平息了。

其实司马昭部署是相当精明的,早在伐蜀前,谋臣邵悌就对他说:"钟会这个人不可信,不能让他率大军前往蜀川,还是换个将领吧。"司马昭不以为然地笑道:"取蜀之事为大。而且众人都说不能

伐蜀，只有他钟会支持我，他不去，让谁去？况且灭蜀之后，中原的将士人人思归，蜀中的士卒才被中原之士攻破，哪还有勇气与中原为敌，所以纵使他钟会到那时有异心，也不会有多大的作为的。你不要太担忧这事，也不要将这话再对外人讲。"

钟会平蜀之后，多次密告邓艾不轨，司马昭在下令让他囚禁邓艾的同时，又决定亲自西去长安，声称要去对付邓艾，邵悌又大惑不解："钟会所统的兵马比邓艾多了五六倍，相国只需要给钟会下令让他将邓艾抓起来就行了，为这点事亲自西去，岂不是小题大做？"

司马昭说："你忘记自己从前所说的话了吗？还能说我没有必要亲自去吗？尽管我此去是为钟会，但也不能明言。我应该以信义待人，只要他人不负我，我决不先负人之心。我已派贾充领兵入斜谷，临行前，贾充问我：'相国当初就怀疑钟会吗？'我反问道：'如今我派你入汉中，难道你觉得我在怀疑你吗？'贾充无言以对。我待人向来是忠诚的，钟会之事你不要着急，我只需要到长安，事情会有个了断的。"

果然司马昭才到长安，钟会就被杀死了。

司马昭平蜀之后，篡位之心更切。魏主曹奂只是个被他玩弄于股掌的小皇帝，司马昭高兴的时候，向他奏请，不高兴的时候根本不理睬他。所以此时魏帝除了一个劲地给司马昭封官晋爵之外，再也没有别的作为了，到最后，曹奂自己也觉得帝位坐不稳了。

早在平蜀胜利的消息一次次传到京都洛阳时，魏主曹奂就给司马昭送来贺信，并再次表示了要请求他接受晋王封号，以相国之位辅政的愿望。信中说，近些年曹氏天下多难，全赖司马相国之功才得安宁。相国德耀之下，镇靖宇宙，海外怀服，天下归心，宜置晋国府，并在相府设百官。司马昭本来还是要推让的，但司空郑冲率朝官坚请，说："开国光宅，显于太原，若再辞让是违反天意。"司马昭这才接受晋王的封号，以相国之位统理天下之事。

灭蜀和平定钟会叛乱之后，司马昭从长安回到洛阳，魏帝曹奂又给他增封了二十郡。还追封司马懿为晋宣王，司马师为晋景王，接着又封司马昭的长子司马炎为晋世子。

不过在立世子一事上，司马昭似乎又表现出了他的"忠义"之心。司马昭之子司马炎在晋国刚立时，官拜抚军大将军，副贰相国，位仅在其父之次，司马昭之心已经很明确了。可是在正式立世子的事情上，司马昭却坚决反对让司马炎当世子，而执意将世子之位让给他那个过继给司马师的小儿子司马攸。众人大为不解。司马昭说："我兄景王本是长子，他英年早逝，没有后嗣，我现在的一切都是景王的，我虽然位居王位，但百年之后，晋国的天下到底应归谁呢？当然不应归我司马昭，所以我不想让司马炎为世子，而让司马攸当此位，只有他才配享有景王的事业。"

众官员听罢，齐声反对，说："抚军大将军聪明神武，有超世之才。头发能拖到地上，双手垂到膝下，这决非人臣之相。大王切不可将世子易人！"司马昭听了故意沉思一会儿才点头答应。

司马昭终于不再是魏国的大将军，而是晋国之王。实际上，这个晋国也不是历史上的那个晋国，而是一个可以支配天下，并可以随时拥有天下的强大政治集团。面对这个集团，曹魏氏再也没有一点儿办法，能封的官爵都封尽了，唯一剩下的也就是那个形同虚设的帝位。对此魏帝曹奂也十分清楚，在司马昭面前他毕恭毕敬，唯恐什么地方得罪了他。

有时东吴和外县送来的贡品他也不敢接受，——送给交晋王府。

公元654年，司马昭派相国府参军徐勋等出使吴国，向吴主孙皓通告灭蜀之事，并送去宝马锦绣等，既向他示威，又表示关怀。吴主孙皓吓破了胆，连忙派使者前来向晋王恭致敬意，并敬献宝物。

没多久，魏帝又下诏，命晋王戴十二旒之冕，出警入跸，乘金银车，驾六马，乐舞八佾。又晋王妃为王后，世子为太子，王女王孙爵号都与帝王之子女相同。在晋国府中置御史大夫、侍中、常侍、尚书、中领军、卫将军等官。晋王府中，一派帝王之气。

公元265年，精明专横的司马昭终于走完了他人生的历程。

## 晋武帝

### 宫中号泣

晋朝泰始九年，晋武帝下诏书，挑选公卿以下的女儿配置六宫，凡是把女子藏起来的，便以对君王不敬的重罪论处。在没挑选完毕之前，禁止天下人嫁女娶妇，君王的荒唐暴行竟达到了这般地步。第二年，又命良家女子和下级军官和小官吏的女儿五千多人进宫挑选。出现了母女们在宫中号啕大哭的惨景，她们的哭声在宫外都能听到。晋朝的暴君，竟然干下了这样伤天害理的事情，让后人唾骂。

### 胡奋斥杨骏

晋朝君王刚刚聘娶皇后，皇后的叔父名杨珧上表说："自古以来，一家门户两个皇后，不会有好结果。"并请求把他所上的表藏在宗庙里，日后得以免祸。晋君答应了他的请求，还是立了皇后，而把皇后的父亲杨骏作为将军封了侯位。杨骏为此骄傲自满，不可一世。镇军胡奋对他说："你倚仗自己的女儿当了皇后便自以为了不起了吗？你没看见从前凡是和君王家结亲的，最后没有不遭灭门之罪的，只是早一天晚一天的事罢了。"杨骏听了这话，吓得脸色都变了。

### 富贵共之

起初，晋帝因为太子不够聪明，怕他难以继承皇位，背地里去和皇后商量。皇后对他说："立太子本应该立长子，不应该单以是否贤能为依据，怎能变动呢？"后来晋帝患重病，又想再立一个皇后，期望能再生个小儿子，以代替现在的太子。皇后边哭边诉说："我的叔父杨珧的女儿芷得有贤德，长得又漂亮，但愿皇上能把她娶进宫来。"晋王答应了她的请求。从此无论是在朝廷还是百姓中间，都知道了现在的太子低能糊涂，难以继承帝位。卫瓘也很想对此给晋王提出建议，但又不敢。后来有一次他随晋王在陵云台宴会，他装着喝醉了酒，跪在晋帝的面前，三次想说话又停下来不说了。用手去摸着床沿说："这个座位可惜呀！"晋帝似有所领悟，将计就计地说："你真的大醉啦！"便在东宫设宴，密封考题，让太子解答。贾妃听到这一消息很害怕，请一些人帮助代答解题，但大都引用一些生涩难懂的古代典故。那太子本来就很蠢，很容易被人识破。给事官张泓便替他们出主意说："太子没有学问，陛下是知道的，我看也不必咬文嚼字，倒不如直接用白话按意思去答卷。"贾妃听了这话很是高兴，对张泓说："那么就请你帮助我们解答，如能成功，将来和你同享富贵好了。"于是，张泓便替他们先写出了草稿，然后再让太子自己抄一遍。晋帝看了，果然很满意，先送给卫瓘看，卫瓘看后很是犹豫，有口难言。从此，大家也都理会到卫瓘从前所说的话了。贾充背地里派人对他妹妹贾妃说："卫瓘这个老奴才，他险些破坏了你们的家庭。"后人评论此事说："晋朝皇帝自己不了解自己的儿子,听了别人的建议,又不能亲自去考考他,竟用密封答卷让人裁决,像他这样,就是想不让张泓出卖,能办得到吗?"

## 羞煞贾充

孙皓主持吴国国政的时候,荒唐淫乱而又凶残且大逆不道。每逢摆宴和他的臣子们饮酒,命令大家都得一醉方休。同时又设置黄门郎十人,专门执掌过失。宴罢之后,便令按照上奏臣子们的缺点过失而处罚之,把有的人脸皮剥下来,也有的人眼睛被挖出来。他后来被晋国军队打败,当了俘虏,狼狈不堪,满脸泥污被捆绑着押往东阳门。晋王先是遣责了来进谒的人,说是不要这样对待当了俘虏的亡国之君,解去他的绑绳,赐给他衣服和车子,并把他的子弟也封了官。对吴国的旧僚属们,晋帝也根据每个人的才干,安排了相应的工作职务。晋帝到会堂引见了大家,对孙皓说:"我设下这个座位,用来等待你已经很久了。"孙皓答道:"我在南方也设置了这样的座位,用来等待着陛下您呢。"贾充对孙皓说:"听说你在南方挖人眼,剥人皮,这算是什么刑罚啊。"孙皓说:"对于那些弑杀他君主的大臣,或是不忠的奸臣,就使用这种刑罚。"贾充听了此话,默默不语,甚感惭愧。

## 逃于厕中

当晋朝大将王浚带兵东征时,吴国各城的守将早都闻讯投降,唯独建平的太守不肯投降。直到后来听到吴国已经灭亡,才不得已而降于晋,晋帝又任命他当了金城太守。诸葛靓在吴国灭亡之后,也到处逃避,不肯出山,晋朝帝王和他向来是旧相识,知道躲在姐姐琅琊王妃的家里,便前去看他。那诸葛靓却逃到厕所里不肯出来,皇帝硬是逼着非要见他不可。诸葛靓流着眼泪说:"我不能漆身皮面,来看您,实感惭愧。"晋帝下令任命他为侍中官职,他坚决辞退不肯接受,回到自己的家乡隐居,终身不面对朝廷的方向坐着。

## 骏怀恶意

晋武帝因贪色过度,遂得了病,后来他的病越来越重。杨骏独自一人在皇帝身边照料,别的大臣都不能在皇帝的近旁。杨骏借此机会,出于个人打算,便想改变主意,要把自己的心腹之人安插到重要职位上。当皇帝稍稍清醒的时候,便板着脸问他:"你怎么能这么办呢?"那时候,汝南王司马亮的事件还未暴露出来,皇帝便下令写诏书,让司马亮和杨骏共同掌握朝政,还想选择在朝廷中有威信名望的人辅佐他们执政。等到皇帝病情又加重,精神迷乱的时候,皇后乘机建议让杨骏一人辅佐朝政,皇帝点头答应。后来还没等到司马亮赶到京城,皇帝便死了,由太子继承了王位。杨骏便进入太极殿居住,安置了一百名士兵保卫他。司马亮来到后,不敢近前,只在大司马门外哭悼一场,并书面请求等葬礼过后便走。有人向杨骏告密说司马亮打算要讨伐他。杨骏先发制人,秘密派兵前往司马亮处围困,司马亮连夜逃到许昌,才避免了这场灾祸。

## 太子之谜

司马炎成就了帝业,踌躇满志。文学家左思写了篇《三都赋》,花了十年。大学问家中书令张华拍案叫绝。《三都赋》名声鹊起,人们争相传阅,大量抢购,一时间洛阳纸贵。司马炎很爱惜人才,十分敬仰左思的才气。司马炎听说左思有个妹妹,也是文章盖世,才华横溢,司马炎便下旨将左思的妹妹左棻纳入后宫,封为修仪,旋进贵嫔,但左棻相貌平平,仅以才气如何能使好色的司马炎动心?左棻入宫以后备受冷落,一直居于陋室,吟诗作赋,聊以自慰。司马炎的荒唐真是糟践了一代才女。

司马炎感情上的荒唐害了才女左棻的一生,使她冷落终日,无所谓幸福。而司马炎在皇位继承人上选错了人,却使他费尽心血创下的西晋江山折损了寿命，王朝危在旦夕。纵马沙场的司马炎果敢英武，可在感情上却柔若女子，较妇人之仁还有过之。立继承人犯了致命的错误，在太子立妃问题上虽然见识透彻，可在决断时却一错再错。晋王朝短寿的命运由此埋下祸根。

司马炎宠爱的女人很多，这些美艳的女人先后替他生下了二十六个儿子，不幸的是，二十六个儿子中虽然不乏英伟聪慧之辈，但长子司马轨不幸夭折，次子司马衷成了事实上的长子，按中国立嫡立长的继承人法则，要把司马衷立为太子，而司马衷却是个白痴，不谙世事，糊涂虫一个。

司马衷生于魏甘露四年，就是公元259年，是武帝司马炎的第二个儿子，也是嫡长子，母亲是杨艳皇后。按照立嫡制度，司马衷无可辩驳地当立为太子。泰始三年正月，就是公元267年，司马衷年方8岁，武帝司马炎便将司马衷立为皇太子。

司马炎如何能将江山大业托付给这样一个儿子，这实在令人困惑，是不敢有违宗法制度？作为开国皇帝，理当是不大遵循法纪的。司马衷的痴愚早就被侍从陈奏，朝臣们也都时有耳闻。最生动有趣的一件事是，有一天司马衷听太子师傅李熹讲课。李熹讲读《孟子·公孙丑》。武帝司马炎派去东宫太子府观察太子的大臣荀勖、和峤正在窗下静听。

李熹细细讲解没有恻隐之心，没有羞恶之心，没有辞让之心，没有是非之心都是不可取的；强调作为人君，一定要重视这四事，尤其是要有恻隐之心；只有有了恻隐之心，才能爱民，而只有有了是非之心，才能分辨善恶；人君如果不能分清是非，政治无法清明，公私不分，无由赏罚；人君的根本便是大公无私、秉公而断，使政治清明。

当时，室外正在下雨。屋檐下雨声淅沥，屋外蛙声四起，悠扬动听。司马衷听了好半天师傅的讲解，只是听懂了为公为私，其他的一概不知所云。师傅问他有什么问题，司马衷乐滋滋地听见悠扬蛙声脱口问道："园子中蛙鸣，是为公还是为私？"师傅李熹见问，心头一凉，只有哀声叹息，知道是一块朽木，不可雕也！

窗外奉旨观察太子读书的大臣荀勖、和峤也都听在耳里，明白了太子的痴愚，不是可造之才。和峤是位学者，只是在廊下摇头，而荀勖则别有用心，默然无语。下课以后，荀勖、和峤陪太子用午膳，师傅李熹也在坐。太子司马衷生性好吃，美味佳肴，吃得又白又胖。司马衷生长在深宫，一直过着锦衣玉食的生活，他哪里经历过饥饿？哪里知道一粒粮食一滴汗？哪里明白稼穑维艰？

太子司马衷大吃大喝，根本不把这美味佳肴当一回事儿。师傅李熹看不过去，就婉转地对司马衷说："殿下，碗中的米饭，一粒粒都是农民辛勤耕作得来的，殿下可知道稼穑艰难？如今旱荒严重，老百姓都没有粮食吃，在忍饥挨饿。"司马衷听了这话，觉得十分奇怪，脱口说道："没有饭吃，干吗不吃肉粥？"师傅李熹哭笑不得。这样的学生还能教出个人样来？

奉命观察太子的和峤、荀勖要回宫复命。和峤忧心国事，认为太子如此愚钝，将来难以肩负国家重任，应当如实奏报。荀勖有自己的想法，说这件事十分复杂，不那么简单，要知道，杨皇后始终不主张更易太子，皇上都敬畏几分，我们又能如何？如果我们据实进奏，势必会得罪皇后，将来命运如何实在难以逆料，但可以肯定的是，不会有好结果，弄不好有杀身之祸。

荀勖这是不考虑国家的前途，只顾

虑自身的安危,而他所说的这些都是很现实,极有可能的。荀勖的这一自私铸成了大错,加速了晋王朝的衰亡。荀勖坚持,和峤只好表示沉默。荀勖进奏武帝,说太子心性仁厚,对是非之心、公私之别,能反复和师傅讨论,德业、学问上是大有进步。武帝心中虽然高兴,但还是不大放心,转而问和峤,和峤含糊地说,太子还是和从前一样。

太子司马衷的低能,武帝是十分清楚的,他知道这个儿子难以肩负国家重任。但是杨皇后反对更易太子。杨皇后名杨艳,字琼芝,是陕西华阳人,父亲杨文宗是魏贵族,以功封蓲亭侯。杨皇后十分美丽,出自豪门大族,替武帝生下了三男三女,长子早逝,次子便是这司马衷,是嫡又是长。武帝数次担心地说太子不长进,天性愚钝,难以胜任大事。杨皇后每次都和颜反驳:"儿子虽不聪明,但却忠厚纯良,好生教导,会有长进的。武帝试探说,现在更易太子已来得及。杨皇后摇头,说太子的名分已定,决不能轻易改动,按立嫡立长,都应是太子,破坏了这项法制,日后岂不乱了套?我坚决反对。"

果敢刚毅的武帝司马炎在美人面前优柔寡断,下不了决心。到荀勖进奏,说太子有了进步,武帝信任荀勖,尤其佩服荀勖的高深学问和不世之才。武帝相信了荀勖,放下心来,不再考虑更易太子。一转眼太子就十三岁了,按照当时的惯例,要为太子选婚。太子选婚无论是对皇家还是全体国民都是一件大事,因为这选上的是未来的国母,母仪天下,坐镇后宫。皇亲贵戚、王公大臣便纷纷物色自己家族的女子,积极活动,准备促成一段美好姻缘,从而使家族荣显。这个时候,谁都不会考虑太子是痴愚呆傻还是缺胳膊少腿,只要是太子,木偶人都行,女子的个人幸福在这时处于被忽视的地位,而是身负家族的荣显,代表着一种新的势力的崛起。

武帝在长年的征战中,很赏识征东大将军卫瓘,了解卫瓘的家族,对卫瓘的女儿十分满意——据说他的女儿白皙、漂亮,很有风采。和卫瓘竞争的是晋开国元勋贾充。贾充生有四个女儿,前妻李氏生两个女儿,后妻郭氏也生两个女儿。长女贾荃已嫁司马师的儿子齐王司马攸。贾充官高位显,拜车骑将军,出任朝廷首辅。最为关键的是,当初司马攸被立为太子,全得力于贾充。所以,司马炎对贾充一直十分信任。

贾充依恃着身分特殊和武帝司马炎的宠爱信用,一方面刻意献媚,取悦于武帝和皇后,另一方面结党营私,排挤正直大臣,培植私党。西北氐羌反叛朝廷,烽烟连绵,战火不绝,陕甘一带陷入动乱之中,生灵涂炭。晋王朝急需派一个大将军领兵平叛,镇守陕甘一带。侍中王恂、任恺推荐贾充前去。武帝觉得武将中也只有贾充最能胜任,便下道圣旨,命贾充镇守关中。饯别宴席上,和贾充私交很深、很了解贾充的荀勖知道贾充心里不痛快,不愿意远镇关中,足智多谋的荀勖便为贾充谋划,想个既不抗旨,又可以留在京师的万全之策。

荀勖是武帝的心腹,和贾充这位工于心计的人臭味相投,交谊甚厚。贾充是平阳襄陵人,就是今天的山西临汾西南。贾家是这一带的世家大族。贾充曾和司马昭合谋,杀死了魏帝曹髦,为司马昭夺得帝位。贾充进而奏立司马炎为晋王太子。西晋初年于是有这样的歌谣流传:贾、裴、王,乱纲纪;王、裴、贾,济天下。这是指贾充、裴秀、王沈效力司马氏,灭亡曹魏,是西晋的开国功臣,尤以贾充资格最老,恃宠而骄,势倾朝野。

贾充阴险狡诈,长于媚术权术。贾充功高位重,和朝中重臣太尉太子太傅荀颤、侍中中书监荀勖、越骑校尉冯统结成死党，反对侍中裴楷、任恺和河南俨庚绝一派，两派明争暗斗，势同水火，反复较量。这一次推出贾充镇守关中，实际上是被任恺、王恂暗算，是贾充集团较量的一次失败，荀勖之辈岂能俯首认输，坐视不管？

荀勖对贾充说："你是朝廷宰辅，岂能受制于任恺这流猪狗！我有一个办法，可以让皇上收回成命。"贾充问计。荀勖说，如今太子正在议婚，如果能和太子结亲，这留守京师就不言而喻了。贾充恍然大悟，更庆幸自己有好几个女儿。可是，谁可以信任，前去说合此事？荀勖自告奋勇，说自己可以试试。有荀勖出面，这事就已成功了一半。

荀勖马上着手这件大事。他先请贾充的妻子郭槐用重金贿赂杨皇后的心腹左右，让她们赞誉贾充的女儿品貌端庄，聪慧文静，有贤德，有美貌，可以选为太子妃。杨皇后信任左右，天长日久，自然心动，对贾氏的女儿颇有好感，认为名声这样好的女子一定是十分不错。荀勖双管齐下，在朝中联络心腹重臣荀颤、冯统等一班人员，在各种场合盛赞贾充的女儿德才兼备，不可多得。荀勖随后干脆上书武帝，称贾充女儿姿德淑茂，可以列入候选。

武帝司马炎一直不曾表态。司马炎有自己的看法，但既然朝野闹得沸沸扬扬，都说贾充的女儿十分出色，这事得和皇后商量。武帝问杨皇后对太子的婚事，有什么想法？杨皇后说，贾充的女儿据说才色都不错，大概真的十分出色。武帝问卫傲的女儿如何？杨皇后说，称赞卫傲女儿的人极少，想必才色平平。

武帝司马炎摇头，说贾家的女儿不行，有五不可。杨皇后很奇怪，问有哪五不可？武帝说：贾氏的家族悍妒，不大生儿子，身材矮小，皮肤微黑，貌不秀美，这

就是贾氏子女的五不可，其中一不可都不可取，何况兼有？而和贾氏相反，卫傲家族天性仁贤，子女白皙，身材修长，相貌秀气，尤其人丁兴旺，贾氏和卫氏的女儿完全不同。

杨皇后对贾氏女已有好感，被武帝这一驳斥，有些不好意思，但嘴上还是说："我们都没有见过贾氏、卫氏的女儿，都是听别人说的，一个说好当然比不上十分说好，大伙儿说好总不会有错，我还觉得贾家的女儿合适。"杨皇后性格很倔，认准的事谁也不能改变。武帝把话说得这么清楚，杨皇后还是坚持己见，武帝也不想为此争执，便不再说什么。

贾氏所谓的悍嫉是说家传的悍妒，是因为贾充的妻子郭槐是以妒嫉成性而扬名天下的。贾充原有妻子李氏，相貌十分漂亮，为人贤慧。李氏的父亲李丰在魏时犯有大罪，依法被杀，李氏家属连坐，远流边荒偏僻之地，贾充只好和李氏离婚，随后便娶了郭槐为妻。

司马氏建晋以后，大赦天下，远流在外的李氏回到洛阳。李氏和贾充所生的女儿贾荃已经长大成人，此时已做了齐王司马攸的王妃。武帝司马炎知道李氏的贤娴淑静，便让贾充破镜重圆，允许他置左右二夫人，没有妻妾之分，地位平等。可是，领教了郭槐厉害的贾充知道郭槐又悍又妒，有些害怕。果不其然，郭槐知道以后，大闹一场，坚决反对让李氏跨进贾府大门。贾充没有办法，只好谦辞，说不敢遵旨收左右夫人之命。

贾荃很爱自己母亲，极力促成贾充和母亲团圆。贾充惧怕郭槐，便偷偷地将李氏安顿在洛阳永年里，却很长时间不敢来往。此事以后，郭槐不敢放松，随时注视着贾充的动向，只要贾充出门，就立即派人跟随，防止他和李氏幽会。贾充一提到郭槐便惊惶失色，同僚们都以此笑谈取乐，武帝也自然知道。贾充怕

妻,郭槐悍妒便朝野尽知。

鲜卑部落酋长秃发树机侵扰秦州、雍州的消息飞快不断地送达京师,司马炎十分忧虑,任命贾充为特使,都督秦、凉二州军事,安抚镇压。贾充迟迟不动身前往。太子选妃一事沸沸扬扬,贾充女般配太子的说法甚嚣尘上,武帝也不好再催这位可能成亲家的大臣离京。杨皇后坚持选贾氏的女儿为太子妃。武帝表示沉默,不再说什么。

贾充的悍妒之妻郭槐先后替贾充生下了两个女儿,没有儿子。郭槐的长女贾南风15岁,小女贾午12岁,都到了婚嫁的年龄。小女贾午聪明灵秀,而且相貌很美,但年龄还小,身体没有发育起来,很瘦小,衣服撑不起来,年龄上比太子要小一岁。两个刚刚长大的孩子,都不知人生是怎么回事儿,男人和女人是怎么回事,如何在一起?长女大太子两岁,丰满、成熟,有几分姿色。

但是,贾南风身材较为矮小,皮肤有些黑,就像她的母亲郭槐一样,而关键是难以察觉的是继承了郭槐的很多个性,悍妒、高傲、奸诈、暴躁,长于媚术和权术。贾府是高门大族,贾南风是大家族中女主人的长女,被郭槐视为酷似自己的掌上明珠,从小娇生惯养,胆大妄为,无所顾忌,狂纵使性。这样的女人被立为太子妃,日后母仪天下,晋王朝的未来可想而知,宫中自然再也无法宁静。

晋武帝泰始八年二月,就是公元272年,14岁的太子司马衷结婚,贾南风被册立为太子妃,进住太子宫。司马衷愚顽无知,哪里是贾南风的对手?司马衷很快俯首听命,贾南风控制了东宫。贾南风在感情上的妒嫉就像她的母亲一样,到了神经质的程度,而且一旦发作,便失去控制,闹得天翻地覆。

郭槐其实和贾充生下过两个儿子,但因为郭槐神经质过敏的妒嫉,两个儿子都早早夭折。头一个儿子到3岁时一直聪明活泼,十分可爱。孩子自出世以后,都是由乳母带养,从没离开过乳母,两人的关系如漆似胶。有一天,乳母抱着小孩在窗外游玩,贾充来了。孩子看见父亲,便伸出手,要父亲贾充来抱。贾充很喜欢这儿子,自然走过去,从乳母怀中抱过儿子。不料,这一瞬间,郭槐出现了,看见了贾充从乳母身边离开,马上怀疑两人关系暧昧,顿时勃然大怒。

盛怒的郭槐嘴唇发抖,脸色发白,眼中充血。郭槐操起一件硬物,气势汹汹地扑向乳母。乳母不知所措,吓得战战兢兢,魂不附体,不停地抖。孩子从没见过这样的情势,吓得待在贾充的怀中,瞪着一双惊恐的眼睛。贾充也愣在那里,不知道是怎么回事儿,脸上青一阵白一阵。郭槐将乳母狠狠地拉到屋外,没头没脑地一阵痛打。乳母开始痛苦地叫唤,随之声音渐弱,变为呻吟,最后便没有了声息。乳母就这样被悍妒而盛怒之下的郭槐活活打死。

乳母的凄惨哭声、叫声撕扯着孩子那颗幼嫩的心,孩子受此惊吓,便一病不起,乳母死去了,孩子看不见乳母,日夜啼哭,病势加重。过不多久,孩子便病死。郭槐出了一口恶气,孩子死了,并不当回事儿。同样的悲剧依旧重演。第二个儿子出生后不到一年,同样是乳母带养。有一天乳母抱着孩子,贾充走过去,摸了摸儿子的脑袋,又被郭槐看见,再次以为乳母勾引贾充,又一次将乳母活活打死。孩子失去了乳母,不进饮食,昼夜啼哭,不久这个不到一岁的孩子便也离开了人世。

贾南风在东宫的妒嫉成性并不亚于她的母亲,而且有过之而无不及。贾南风在太子宫中唯我独尊,为所欲为。如果看谁不顺眼,心中有点儿不痛快,贾南风便动辄杀宫人。贾南风听说一个宫女怀上了太子的孩子,肚子很大了,快要临产,贾南风勃然大怒,立即传令心腹侍女将那个快要临产的宫女带到跟前。贾南风愤恨地在殿中走来走去,想不到这个痴愚的太子在女色方面不痴不愚,还毫不含糊三下两下就把宫女弄大了肚子!这贱妇也不是个东西,她不勾引这个傻太子,傻太子会无缘无故地扑上去?

贾南风正愤恨不已,忽见殿中站着一个女子,抬头一看,正是怀孕的宫女,肚子很大,想拜见太子妃,又俯不下身去,正在那里不知所措。但是,怀孕宫女的眼中没有惧色,脸上是怀孕的自得和幸福,一丝微笑也挂在嘴角。贾南风火冒三丈,随手抄起一支短戟,闪电般地向怀孕宫女高高凸起的肚子刺去。只听得宫女凄厉地惨叫一声,昏死过去,向后仰倒。血花飞溅,血腥味在大殿中弥漫,一团血呼呼的东西在血水中蠕动着,那是还没有出世的孩子,还没降生便离开了人世。场面惨不忍睹,侍从宫女们目瞪口呆。贾南风根本不当一回事儿,扔掉短戟,没事似的吩咐侍女好生收拾。

这场骇人听闻的东宫变故很快传遍皇室深宫。武帝司马炎闻讯简直不敢相信是真的。侍从探听属实以后,武帝这才有些后悔,悔恨自己不该听信杨皇后的话,为太子娶了这么一个不管不顾、胡作非为的泼妇。可已经册为太子妃了,如何是好?废了她?这时,金墉城刚刚修好,专门用以收容被废的后妃,把她们打入这与世隔绝的荒僻冷宫。司马炎打算将贾南风太子妃废掉,将她送入金墉城,再另行替太子选一位贤淑慧静的女子做太子妃。

可是,贾南风身后有一个势力很大的家族,宫中和朝中有一帮为她撑腰说话,举足轻重的人物。贾南风有了强大的势力做后盾,有实力雄厚的家族撑腰,有杨皇后替她说话,她当然有恃无恐!

这一次有些过分。武帝司马炎动怒。废太子妃之意一出,朝廷便又热闹起来。贾充的私党荀勖、冯纨、杨珧之流和充华赵粲等积极出面,为贾南风说话,营救将被废送金墉城的太子妃。

营救的人无非是说太子妃年纪还小,容易意气用事,动怒过火;不过,嫉妒历来是古今女人的天性,这很正常,等年纪大一点儿,自然会好些。出面说话的人一多,加上都是些信服倚重的重臣、侍仆,武帝的怒气稍稍平复。武帝便转而寻问皇后意见如何?这个时候,皇后杨艳已经离世。杨皇后的去世是武帝好色所致的。武帝不满足于后宫女子,便下令将一应名门大族的适龄女子选送入宫,以备选用。

这一选女令是在杨艳立为皇后的第九年即泰始九年八月颁布的,凡公卿大员的女子,都一律应选,隐匿不送者依不敬法处以死罪。美女们送入皇宫。司马炎出于对杨皇后的尊重,让她主持挑选。杨皇后心存妒嫉,哪能容忍美艳的女子进入皇宫侍候皇帝,夺爱夺宠?杨皇后专挑人高马大、身材魁梧的女子,而将有姿色的女人全部遣送回家。

卞藩的女儿长得沉鱼落雁,司马炎看呆了。杨皇后照旧发话送她回家。司马炎急了,讨好对杨皇后说:皇后,这女子不错,不错呀!杨皇后立即反驳,说卞家三代都做皇后,不能委屈了这女子只做妃子!这卞家三代皇后是指曹操妻子、曹髦妻子、曹奂妻子。司马炎一听,勃然大怒。后来,司马炎干脆自个儿挑选美女,不再搭理杨皇后。

杨皇后和司马炎毕竟有感情,生了三男三女。三男即司马轨、司马衷、司马柬。三女即平阳公主、新丰公主、阳平公主。司马炎将选中的美女用红纱在女子玉臂上打个结,送入后宫,再从中选出数十名绝色女子一一册封,其中最得宠的

第三编　三国两晋南北朝野史

是贵嫔胡芳、夫人诸葛婉,地位仅次于皇后。杨皇后忧郁痛苦,卧病不起。临终时,司马炎坐在病榻上,杨皇后把头枕在司马炎腿上,恳求他,在她死后,立叔父杨珧的女儿杨芷为皇后。司马炎含泪答应了她。这便是杨芷皇后。

司马炎问杨芷皇后太子妃的废立如何?杨芷皇后说:"贾充是朝中第一功臣,不能因为贾南风,忽略了贾氏对王朝的功德;贾南风年纪还小,嫉妒是正常的,等再大一点儿,自然会好;我再好好管教她。"司马炎听心腹大臣和皇后这么一说,又犹豫了。废掉太子妃这一风波便再次平息。杨芷皇后严厉训诫了贾南风几次,贾南风为此并不感恩杨皇后,反而认为司马炎要废她是杨皇后的主意,就恨上了杨皇后。

太子的问题一直是司马炎的一块心病。册立太子并保留了下来是司马炎在皇后的坚持下共同对付忧心国事的朝廷才办到的。如果这时再承认太子是个白痴,岂不承认豪雄一世的自己办了天下第一荒唐事?可是,朝臣还一直认为太子是愚笨的,如何才能堵住朝臣的嘴?司马炎想出了一个更为荒唐的主意,设宴大会群臣,当众测试太子。

宴席自然是十分丰盛的,太子宫中的大小官员都应邀欢宴。酒酣耳热时,司马炎的几个心腹送上奏折,有几件大事奏请处理。司马炎吩咐将奏折密封送东宫交太子处理。太子妃贾南风得知此事,明白了皇上的意思,便命心腹代为批答。这位心腹很有学问,人也精明,精通政务,批语自然无懈可击。贾南风的另一个亲信给事张泓浏览后,赞叹批文精妙之后,认为不妥,说朝臣们和皇上都知道太子不好读书,看到这样的文字,反会生疑,对太子自然不好,不如就事论事,写个简洁明了的处事意见。太子妃认为有道理,便命张泓重拟,再由太子抄写送

去。司马炎当众拆看,自然万分高兴,随手拿给主张更换太子的太子少傅卫傲看。这当然是假的,一看就知道,可卫傲能说什么?从此以后,大臣们再也不提更换太子一事。

太子的地位在众大臣传阅奏章批语时便已稳固下来,东宫自然一片祥和。太子妃贾南风鼓足了劲怀孕生子,一连四次生育,都是女儿,没有儿子。太子妃十分恼怒,便对其他怀孕的宫女发泄怨恨,亲手杀死了两位怀孕宫女,并不许其她宫女接近太子。而事实上,这个时候,太子已经有了一个儿子,只是太子不知道而已。怎么回事儿?

原来是在太子娶妻之前,武帝司马炎考虑太子太小,不懂得男女房中秘事,特地在他的后宫中选了一位丰满成熟,懂得宫规的才人谢玖,前往东宫教导太子。谢玖出身贫寒,父亲是屠夫,以宰羊为职业。谢玖天生丽质,美丽出众,便被选入皇宫。谢玖到东宫后,侍候太子的饮食起居,教导太子男女做爱之事,到太子妃贾南风进入太子府时,谢玖已经怀孕。太子妃的厉害谢玖是早就知道的,相处了一段时间谢玖更加清楚,如果再待下去,不仅孩子难保,恐怕性命都不可预料。

谢玖知道太子妃不会容纳她,便进奏武帝,请求回到西宫。足月以后。谢玖便生下了一个儿子,取名司马遹,养在武帝后宫。司马遹长到三岁时,有一天,太子到后宫给父母请安,在园子中见到了司马遹,和他一起玩,司马炎这才告诉他,这就是他和谢玖生下的儿子。太子大为奇怪。

太子痴愚,可太子生下的这个儿子却是十分了得,武帝司马炎对这个孙子非常疼爱。司马遹五岁时,有一天夜晚,宫中失火,浓烟腾腾,火光冲天。武帝站在火光下看这大火。这时,小皇孙拉着

武帝的衣服走到暗处。武帝很奇怪，问为什么？小皇孙郑重地说：夜晚失火，太混乱了，不能不防意外，皇上不宜在火光之下，暴露面目。武帝惊奇地看着这个五岁的孩子，怎么也不敢相信这会是傻太子生的！

司马炎没有废太子司马衷，在一定程度上将王朝复兴的希望寄托于这个聪明过人的皇孙。司马炎觉得，太子天资不足，皇孙可以弥补，有这样的孙子，还担心什么王朝基业？因此，司马炎常对群臣、侍从们由衷夸赞：这个孩子当兴我司马家业。司马炎的夸赞使皇孙的美誉传遍天下，朝野群臣都知道皇上有一个聪明不凡的好孙子，是太子的儿子，未来不可限量。

善观天象的人进奏武帝，说广陵紫气氤氲，是天子之气。武帝疼爱皇孙，便将皇孙司马遹封为广陵王，食邑五万户，并选硕学大儒刘宴为师，以孟珩为友，由杨准、冯荪负责教导文学。到太子司马衷即皇帝位，司马遹便理所当然地立为太子，慎选天下德高望重的大臣出任太子师傅：以何劭为太师，王戎为太傅，杨济为太保，裴楷为少师，张华为少傅，和峤为少保。可是，武帝父子和天下群臣对司马遹期望太高了。司马遹长大以后，令天下人大失所望。史称他及长，不好学习，喜爱屠宰牛羊，并贪色好色。司马遹毕竟是屠夫和好色的武帝的后裔。

司马炎贪欢好色，纵情享乐，夜夜驾羊车游乐后宫，渐渐身体亏损，染病不起。太熙元年四月，就是公元290年，司马炎在洛阳含章殿去世，在位26年，终年55岁。太子司马衷在灵前即皇帝位，为晋惠帝。杨芷皇后被尊为皇太后，太子妃贾南风被册为皇后。杨芷的父亲杨珧任职太尉、太傅、大都督，统领军政，总理朝廷政务。实际上，军政和宫中大权掌握在太后杨芷父女手里。皇后贾南风

自然不会就此罢休，晋后宫一场血雨腥风就在所难免了。

## 晋惠帝

### 太子谆古

武帝死了以后，立广陵王司马遹为太子，由何邵、裴楷、王戎、张华、杨浚作为太子的老师。太子的生母谢氏为淑媛，但是，贾皇后常把谢氏打发到别的居室，加以隔离，不许她和太子见面。当初和峤曾经对武帝说过："太子为人太憨厚，不了解世上的虚伪狡诈，恐怕解决不了陛下的家事。"有一次，贾后和荀勖等都在武帝身边的时候，武帝对他们说："太子近来有进步，你们都可去接近他，加以考核一番。"等他们回来，荀勖等便极力夸奖太子，说他明事理，有见识，文雅风度好等等。和峤却说道："太子和以前没什么两样。"武帝听了这话，很不高兴，起身走了。等到后来和峤伴随司马遹入朝主政，贾后挟嫌让皇帝责问他说："你当初说我解决不了家事，现在你看到了吧，怎么样？"和峤说："我早年侍奉先帝的时候，曾经说过这样的话，我说的话没能奏效是国家的福分。"

### 贾后杀人

当初，贾皇后还是太子王妃的时候，就由于妒嫉，亲手杀了好几个和她争宠的人，还用小兵器打一个怀了孕的小妾，使她流了产。武帝对此很气恼，准备撤掉她王妃的封号。杨皇后对武帝说："她的父亲为国家立过汗马功劳，哪能因为她妒忌别人而忘了她父亲的功勋呢？"这样才保住了她王妃的地位。杨皇后还曾多次劝诫过贾妃不要乱来。她不但不听，反而怨恨她这位好心的皇后婆婆，并从此不尽妇道，不再尊重杨皇后，她还打算干涉朝廷中的政事，由于被杨骏所限制而未能得逞。朝廷中的中郎官孟观、李肇等人，也都是杨骏一向看不起的人。

贾后利用了这种矛盾,让自己的心腹董猛和孟、李二人合谋去杀杨骏,然后再设法废太后。她又差人通报楚王玮配合他们共同行动。楚王玮答应了,要求发兵入朝。等到楚王玮赶到,孟观、李肇便奏明皇帝连夜书写诏书,诬陷说杨骏谋反,命令安东公繇率领宫中四百名士兵讨伐之。楚王玮屯兵在司马门一带,皇太后用白绫布写了一封信,命人绑在箭上射出城外,信中说:"能救太傅杨骏的人,必有重赏。"贾后便以此为由宣布太后和杨骏一同造反,接着宫中的军队出动,纵火焚烧了杨骏的住宅,杨骏逃跑躲在马圈里被捉住杀死。

### 侍御绝食

当惠帝在位时,被贾后杀害的宫中嫔妃不计其数,所以王宫里无论大小宫女,都把贾后看成可怕的虎狼般。二年春二月,贾后又在金墉城杀害了杨氏皇太后。当时太后身边还有侍奉她的宫女十多人,贾后把她们全部逮捕,八天不给饭吃,可怜的宫女们就这样被贾后给活活饿死。这个残忍暴虐的贾后,做贼心虚,她又迷信,怕太后显灵,不得不去履行殡葬的礼法,殡葬了太后。贾后可算是残忍到极点的凶狠女人。

### 廉耻沦亡

惠帝生性傻乎乎的,当了皇帝,不知道怎样治国。有一次到华林园去游逛,听到蛤蟆的叫声,便去问跟随在他身边的人说:"它这叫声,是为公呢？还是为母呢？"当时正赶上遭受自然灾害,田亩荒芜。庄稼歉收,百姓饿死的很多。惠帝听到这些汇报之后,竟发问道:"他们没粮食吃,为什么不吃肉粥呢？"他竟然傻到这种地步。由于皇上呆傻无能,难以掌权,实权全操纵在下面的大臣手里,他们各自为政,发号施令,为所欲为。有权势有地位的人更是互相利用,在用人上,互相举荐依托,如同做买卖一样,互相交换条件,你利用我的地位,我利用你的地位,相互勾结,为非作歹。贾郭等人任意横行,公然进行贿赂,无恶不作。南阳鲁褒为此作了一篇"钱神论"来讽刺他们的丑行。不仅如此,那贾后一天比一天荒淫暴虐,还和宫里的医生私通,乱搞两性关系,干些不顾廉耻的事,关内侯索靖,看到这些情状,估计到长此下去,天下必将大乱,指着洛阳宫门的铜驼叹息道:"国家灭亡,将会看到你陷在荒烟蔓草荆棘丛生的境地。"

### 不了了之

晋朝到了惠帝的年代,宫廷之中一团乱,上上颠倒,暗无天日,比昔日列国时代更加严重。那贾后本来没有儿子,广城君郭槐劝皇后要仁慈和疼爱太子,并打算让韩寿的女儿做太子妃。那太子也愿意和韩府结亲以巩固自己的地位。可是,韩寿的妻子贾午和贾后都不同意,竟然为太子聘下王衍的小女儿。太子原来听说王衍的大女儿长得美貌,而贾后竟让把她聘嫁给贾谧了,心中很不满意,发了不少牢骚。后来广城君病重,临终前拉着贾后的手,嘱咐她要尽心关怀保护太子。又说:"赵粲、贾午,必然要搞乱了你们家。"贾后不听劝告,反倒和赵粲、贾午勾结在一起谋害太子。然而他们之所以要谋害太子,主要是因为那太子少时小有虚名,长大后又不好好学习,只是贪玩不务正事。贾后又让宫里的人引诱他走向奢华暴虐的道路上去,由此名声很不好。他还不顾朝廷礼仪和尊严,竟让一些不三不四的人在宫中游逛,做买卖,差人去买酒砍肉,用手一掂量斤两,竟然轻重不差。他的母亲本是屠户家的女儿,所以太子很喜欢这些事。迷信那些阴阳巫术,多有所忌讳。对此,洗马江统曾上书劝阻,他也听不进去。太子性情刚强,他知道贾谧倚仗中宫骄贵,不能倚靠他。贾谧背地对贾后说:"那太子自已积攒许多私财,结交小人,就是贾氏的缘故啊,倒不如早做防备把他处理掉。"于是贾后便宣扬太子的短处,又装作怀孕了,置备药物器具临产,实际把妹夫韩寿的儿子拿来顶替,掩人耳目。当时,无论朝廷内部还是民间百姓,大家都知道皇后有谋害太子之心。十二月,贾后撒谎说皇帝有病,召太子入朝。等太子到来之后,让太子在另一房子等候,让宫女们跳舞给太子看,又以皇帝的命令赐酒三升,逼太子把酒全喝了,喝得大醉。贾后又让宫中侍郎官潘岳起草书信,内容是:"陛下应当自杀,若不肯自杀,我就要进去杀了你。中宫也要快自杀,若不自杀,我就亲手杀了你,并且连谢妃也都要立即处死,以除后患。"让太子抄写。这时,太子醉得迷迷糊糊的,就按着他们的吩咐抄写了,但只写了一半,因为醉得像一摊泥似的,昏迷不醒。后一半由贾后补抄完毕呈给皇帝。皇帝来到式乾殿,召集大臣们入见,把太子写的信让大家看,并且说:"遹竟然敢写这样的信,应该下令让他死。"各位王公大臣没有一个表态发言的。唯有张华说:"这乃是国家的大祸呀。自古以来,往往由于随意把应该按正统继承王位的太子废掉了,以致造成祸乱,请陛下详察深思才好。"裴颜又提出应当先检查一下那传书的人,又请详细看一看太子的手书,看是否有诈骗不实之处。这样议论来、议论去,一直议论到日落西山,快到掌灯的时候了,还未议论出一个结果来。贾后恐怕事情有变化,就急忙给皇帝上表,建议把太子贬为普通老百姓,皇帝下诏批准了,又把他的儿子霗、臧、尚都幽禁关押在金墉城。王衍自己上表提出离婚,也被允许了。还杀了谢媛,不久霗也死了。

### 逼杀太子

皇帝把太子废了,惹得群情激愤。卫督司马雅常到东宫办事,他和中郎士猗等合谋废太后,为太子复位。张华、裴颜、安常等为保个人地位定会从中阴挠,不宜和他们共同举事。考虑到右军将军赵王司马伦掌握着兵权,性情贪婪冒失,可以利用他这些特点,或许可以成事。于是司马雅便对孙秀说:"现在国家已没有适当的继承王位的人了,江山社稷危在旦夕,大臣们也将会起大事,说不定会发动政变什么的也未可知。你是随驾主持中宫的大官员,又和贾郭他们亲善友好,关于废太子的事,大家都说你事先一定知道。一旦起事,你也难免被人兴师问罪而遭祸,你为什么不能事先想想办法,以防不测呢?"孙秀把他这话讲给赵王伦。司马伦认为他们的考虑有道理,便通知同伙张林,让他作为内应,加以配合。但当要开始行动的时候,孙秀又对赵王伦说:"那太子为人聪明刚猛,一时让他得手,回到东宫,一定不会再受别人的摆布。你素来和贾后结为同党,虽然下了大功劳,太子无非因为你在国中威望较高,无法治你的罪,但是他却一定不会对你怀有深厚感情而重用您。倒不如延缓行动,缓期举事,借刀杀人,在此期间,贾后必定谋害太子,我们可以以此为借口,废了太后,表现出为太子报仇的姿态,不但可以自身免祸,还可以得志,一举两得。"赵王伦同意他的看法。于是孙秀便指使心腹之人去行反间计策,扬言殿中有人打算废了皇后,迎回太子。贾后听了这谣言特别害怕。在三月里,贾后命令太医配了一种毒药,派遣黄门孙虑专程赶到许昌,逼着太子喝下毒药,把太子害死了。

### 狗尾续貂

赵王司马伦和孙秀合谋,让司马雅去对张华说:"赵王想和你共同保卫国家江山,为天下除害。"张华拒绝了。司马雅生气地说:"刀都快架到你的脖子上了,你还敢说这些话吗?"司马雅不再搭理他而走了。赵王伦给三部司马下达命令说："中宫和贾谧等杀了太子，现在派车骑执行废除中宫的任务，你们要服从命令，封给你们关中侯的爵位。不服从命令的诛灭三族。"大家都服从了命令，等到入夜时分，把门打开，派齐王司马冏率领一百多人，迎护着皇帝，来到东堂，先把贾谧斩了。齐王同接着又去逮捕贾后，贾后见此情景，惊讶地问道："你来干什么？"冏回答道："我有诏书，奉命前来抓你。"贾后说："诏书都是从我这里发出的，你这是什么诏书呢？"她又询问发动这次事变的是何人？这时在场的梁王彤因自己已参与这次行动，便回答说："是梁赵。"贾后悔悟，颇有遗憾地叹息说："拴狗本当拴住它的脖子，我却去拴了那狗的尾巴，怎能不落到今天这地步呢。"贾后不得不走出来，听凭处置，遂被废为普通老百姓。后来司马冏又派人带着金屑酒到贾后的住地金墉城，强令贾后自杀。到这时，赵王伦便自己当了皇帝，入宫即位，把原来的皇帝迁到金墉城去住，尊他为太上皇，把皇太孙也废了之后又杀了。任命孙秀为侍中书监，执掌大权。他们的同伙余党大都封为大臣，有些原来地位卑下的奴卒，也封官加了爵位。每逢在朝廷议事，这些杂七杂八的人滥竽充数，坐满了席位。所以当时流传一句顺口溜："貂皮不够了，用狗尾巴续上。"流传至今，"狗尾续貂"已经变成了成语。

## 晋愍帝

### 三后并立

起初，汉后刘氏贤明，对于汉王刘聪的不轨行为常加劝阻。等到刘后死了，后宫受宠信的女子越来越多，后宫再没有什么顺序排列谁大谁小了。后来，汉王刘聪纳中护军靳准的两个女儿月光、月华，立月光为上皇后，刘贵妃和月华为左右皇后。陈元达极力劝阻说并立三个

皇后不合礼法，刘聪为此很不高兴。陈元达又上奏说月光与人私通，使汉王刘聪不得不撤掉她皇后的封位，月光又因惭愧而自杀了，汉王刘聪因为这桩事很恨陈元达。以后又立了已故张后的侍婢樊氏为上皇后，三后之外，佩戴皇后印章绶带的还有七个人。刘聪后来又立常侍王沈的养女为左皇后，宣怀养女为中皇后。大将军敫多次恳切劝阻，刘聪全然不听。尚书令王鉴等又去劝谏，刘聪非但不听，还把他们杀了。

### 陵中金吊

皇帝让人去挖掘盗取汉朝霸、杜两处陵墓，挖薄太后陵的时候，得到很多金银绸缎。朝廷因开支不足，下令再去挖尚未挖掘的古坟，以充实宫内的积蓄。皇帝向索绻问道："汉朝皇家坟墓里面的东西怎么这么多呀？"索绻回答说："汉朝皇帝才即位一年就大兴土木为他建造皇陵坟墓，把国家的进贡和纳税的收入分成三份：一是贡献给宗庙，二是替皇帝开山建坟，三是大吃大喝招待宾客。等汉武帝死后，皇坟无人保护，再也存不住东西，赤眉造反的时候，从皇坟中取出用不完的物件，直到现在坟墓中还残留着一些已快腐烂的绸缎布匹。现在挖掘的两座坟墓，还算是最节省俭朴的呢。

### 太弟失宠

汉王本来对自己的弟弟太弟义（因与皇帝是同辈人，所以不称太子而称"太弟"）很重用，后来就不那么重用了，这里面的原因是复杂的但是大半是太后的原因。那单氏年少，长得又漂亮，汉王把她纳为妃子，刘义常说这事。单氏因为感到惭愧死了。汉王因为这事不再对刘义好了。汉王又起用儿子晋王刘粲当了相国，刘粲少年有才，自从当了相国高官之后，专横拔扈起来，疏远了好人，却去亲近坏人，拒绝别人给他提的建议，大家对他都很反感。太子太傅崔玮、少保

许遐等人劝刘义去夺刘粲的权,刘义不肯,汉王得知大怒,把崔玮杀了,又让将军卜崇抽调军队监视守护东宫。中常侍王沈、郭猗等人很受汉王的宠信。那汉王刘聪常在后宫吃喝玩乐,有时喝醉了三天不醒酒,甚至上百天不处理国事,凡一切政治事务全委托相国刘粲去处理,唯生杀大权等,让中常侍王沈等人内禀告他。王沈等又极不正派,大都以个人的恩怨来决定公事。郭猗早就对刘义不满,便对刘粲挑拨说:"听说太弟和大将军合谋,将要造反,祸期不远了,你应当早下手为强啊。"勒准也一向讨好郭猗,便也乘机劝刘粲应该自己住进东宫独揽大权,行使相国的权威,才能使天下人都归附。刘粲听了他的话,认为很有道理。这样,由于王沈等人的挑拨离间,促使汉王刘聪下令将少府陈林、将军卜崇,还有特进綦母达等七个人全给杀掉。

### 肉袒牵羊

当汉刘曜攻下长安的时候,晋国皇帝哭着对司马允说:"现在处境已经到了这样的危险地步,外面又没有救援的,我只有忍辱出去投降,才能使老百姓免受刀兵之苦。"接着又长叹一声说:"误我军国大事的人,是那曲索二人啊!"于是派使者给汉刘曜送去降书降表。晋帝自己光着膀子坐上羊车出城投降,众大臣号啕大哭,攀着车辕,晋帝看着这种情状也感到特别悲哀。御史中丞吉郎叹息着说:"我的智慧不足,不能给皇上献出退兵之良策,勇敢不足,未能战死疆场,有何面目忍心与君一道投降敌人,低头尊奉贼虏呢?"说罢自杀了。刘曜把晋帝他们押送到平阳,汉王刘聪登上光极殿,晋帝在前面叩头,司马允伏在地上痛哭,刘聪见状很生气,让人把允囚禁起来,司马允自杀了。皇帝让晋帝当光禄大夫,封他为怀安侯。

## 孝宗穆皇帝

### 瞎儿一泪

秦王苻健,生长子取名长生,从小瞎了一只眼睛,性情粗暴。他的祖父苻洪尝戏弄他说:"我听说瞎孩子只能流一行眼泪,是这样吗?"苻长生听了此话很生气,拔出佩刀扎自己直至出血,说:"这也是一泪呢。"苻洪见状大惊,用鞭子去抽打苻长生。苻长生说:"忍得了刀槊兵器,却不堪忍受用鞭子打我。"苻洪对苻健说:"这小子狂妄悖逆,应该早日除掉他,不然的话必然要破坏人家。"苻健要杀苻长生,苻健的弟弟苻权说:"孩子长大了自然会改变性情,怎么能这么做呢?"后来那苻长生长大,力大无穷,力举千钧,能飞身跨上正在奔跑中的战马,舞刀击剑,骑马射箭,武艺超人,在当时没有人能比得上他的。

### 杀心太重

秦王苻健死了,他的儿子长生继位,自称帝号,不到一年,就想改元。大臣们劝他说:"您即位不过一年就改元,这是不合乎礼法的。"苻长生听了很生气,追查是谁出的主意,谁是主谋。终于查出了仆射段纯,并把他杀了。中书监胡文说:"现在星象很不好。这是凶险的征兆,不会出三年,国家必有很大的不幸,大臣会被杀害,愿您能积德,多做好事,防止出事。"苻长生说:"现在皇后和我共同管理天下,可算是应验了国家不幸的预兆啦。太傅毛梁、车骑梁仆射,接受先王遗嘱,要他们辅佐我执掌朝政,可以应验到大臣身上啦。"便用这些荒唐的"根据",下令杀了皇后和毛贵、梁楞、梁安,紧接着又杀了丞相雷弱儿、司空王堕,还同时杀了丞相雷弱儿的九个儿子和二十七个孙子。苻长生虽然处在守孝的时期,他自己却若无其事,吃喝玩乐,常常是弓上弦,刀出鞘,在朝廷会见大臣,把

第三编　三国两晋南北朝野史

锤子、钳子、刀锯、凿子等刑具放在左右。即位不久，就把从皇后、皇妃、公卿大臣，到下面的奴仆小隶等共五百多人杀死了。

### 天助人杀

秦王苻长生即位后，荒暴无度，搞得国将不国，民不聊生。夏四月，长安城刮起大风，吹倒房屋，刮断大树，有的树木被大风袭击，连根拔起，秦宫里惊惧不安。有的人说是贼到了宫门口，白天关闭了宫门，延续了五天之久。那秦王苻长生查出说过有贼来犯的人，下令把那人的心挖了出来。强太后的弟弟平出面劝阻，苻长生生气了，竟命人凿开他的头顶把他也杀害了。太后由于自己的弟弟遭此残暴，忧虑怨恨而死去。不久，那残暴成性的昏王苻长生又下诏昭告天下说："我是受天命，主宰万邦的皇帝，有什么不善良之处呢，而竟然会出现那些诽谤我的流言，到处散布。我所杀的人数不过千人，就说我残忍暴虐。现在路上的行人熙熙攘攘，擦肩碰臂，密密麻麻，有那么多人来人往的。我正想设置一些更严厉的刑罚和更重的极刑，看你们能把我怎样！"当时，从潼关以西直到长安一带，自从上年春季以来出现虎狼危害，十分严重，那虎狼不吃六畜，专门吃人。众大臣请求采取措施，消除虎狼之害。那个没有心肝的暴君苻长生却说："野兽饿了才吃人呢，吃饱了自然停止，何必要采取什么措施呢？况且老天爷哪有不爱民众百姓呢？现在正是因为犯罪的人太多了，老天爷才帮助我去杀他们。"荒谬绝伦，竟有像这样的人，国家哪有不灭亡的道理呢？

### 人亦杀之

秦王苻长生梦见大鱼吃蒲草，在长安城又流传着谣言说："东海大鱼变成龙了，他家男子都要当王，女的也都要成为公主。"苻长生为此就把太师鱼遵和他的子孙全杀掉了。苻长生由于瞎了一只眼睛，很忌讳别人言说类似的话，凡有人提到什么残缺与此沾上一点儿边的，因误犯了他的忌讳而被杀的人不可胜数，还剥下人的面皮，并让他唱歌跳舞以取乐。众大臣人人自危，度日如年，经受着痛苦的煎熬，能保全性命多活一天的，好像是经历了十年之久的漫长岁月。东海王苻坚当时很有名望，他和故姚襄参军薛赞、苻翼二人很要好，薛赞、苻翼二人秘密去劝说苻坚，让他早做打算，不要等着别人先下了手，使王位被外姓人夺去。苻坚便去向尚书吕婆楼讨教。吕婆楼说："我已是刀压到脖子上的人，不足以成大事。我的家乡有个叫王猛的人，他的谋略和心计举世无双，应当向他去请教和咨询。"苻坚就去找王猛，两人见面后就像老朋友那样亲热，王猛谈到对时事的见解，更使苻坚特别高兴，说："我这是不亚于当年刘备遇到诸葛亮啊！"太史令康权向秦王苻长生奏说："昨天夜里，有三个月亮同时出现，那晦星又隐入太微连着东井，自从上个月的上旬以来，一直是阴天却不下雨，直到今天，莫不是什么底下的人要犯上作乱？"苻长生听了他的话很生气，认为他这是妖言惑众，便把他抓起来杀了。先是特进梁平老劝说苻坚要及早举事，苻坚未敢轻举妄动，仍在等待时机。有一天夜里，苻长生对陪伴他的侍婢说道："那苻法兄弟也不可信赖，明天应当把他们除掉。"那侍婢把这个消息透露给苻坚和苻坚的哥哥清河王苻法，促使了他们提前举事。苻法和梁平老率领兵士偷偷开进云龙门，苻坚和吕婆楼也率领部下士兵继续进兵，为苻长生当警卫的将士们便都放下武器投降了。这时那昏王暴君长生还处在没有醒酒的醉卧之中，被苻坚的士兵杀死了。苻坚要把王位让给苻法，苻法说："你本是最适当的继承人，况且你又很贤德，就不要推辞了,应当立你为王。"至此苻坚免去帝号,称为大秦天王。

## 弑君立像

秦王苻登把辎重战车留在大界,亲自率领骑兵去攻打安定城。早在此之前,后秦王姚苌由于秦屡战屡胜,说是因为得到了秦王苻坚的帮助,也在自己统率的军队中立了秦主苻坚的像而拜。现在秦王登从远处的楼上望见了说:"作为臣子的把自己的君王杀了,还想立像求福,这能有什么益处呢?"因而大声喝道:"杀害君王的贼子姚苌,你为什么不敢自己出来交战,我要和你一决胜负!"姚苌听了之后并不答腔。至此姚苌又以不利于行军为由,把秦先王苻坚的人头像砍掉送给秦国。姚苌的部下诸将劝姚苌与之决战,姚苌说:"和穷寇争胜负是兵家所忌讳的,我要用计策去取胜他。"于是留下军队固守安定城。夜间率领三万骑兵去偷袭大界城,终于获胜攻下这座城池。那秦王苻登的王后毛氏貌美而又勇敢,善于骑马射箭,当敌兵攻入她的营寨,她弯弓跨马,奋力抗敌,率领壮士拼杀不已,杀敌七百多人,终因寡不敌众,当了后秦的俘虏。姚苌很喜欢她,想把她纳为后妃,毛氏边骂边哭道:"姚苌,你已经杀了天子,又要污辱皇后,皇天后土,能宽容得了你吗?"遂自杀了。

## 溺酒荒淫

晋孝武帝自从亲理朝政以来,他的威望和权势初步得到显示,有帝王的气量,人们以为终于可以重新振兴晋朝了。可是,没过多久,他便陷入酒色的泥沼中去,不再亲理朝政,而是把朝政委托给琅琊王司马道子。那司马道子也好喝酒,早早晚晚陪伴着孝武帝饮酒作乐,又迷信宗教浮屠,挥霍浪费。他所亲近的人都是一些和尚尼姑。又学会玩弄权术,互相勾结,毫不忌讳地接受贿赂,使官府爵位滥杂,司法监狱衙门胡作非为。尚书令陆纳对着宫殿叹道:"好端端的国家,想把它破坏而不顾吗?"陆纳曾多次上书劝阻,孝武帝都不听,从此以后皇室被搞得愈加不可收拾了。

## 举酒祝星

有长星从须女星处得见,直到哭星(晋书天文志上说:"须女四星天少府,二星主哭泣。")晋帝对此很心烦,便在华林园举酒祷告说:"长星劝你一杯酒,自古哪有万寿天子啊!"

## 燕王杀母

燕国君主慕容宝刚当上太子的时候名声很好,后来渐渐荒唐懈怠起来,使里里外外的人大失所望。当年段王后曾对老燕王慕容垂说过:"您看,太子没有治理国家的才干,担当不了大任,应当另选一个人交付给他掌管国家的大业。那赵王麟奸诈强硬,刚愎自用,也应早日处置。"慕容垂不听她的劝告。有了这一段嫌怨,段后埋下了不祥的种子,造成可悲的后果。等到那宝太子登上了王位,立即开始报复。他唆使赵王麟去逼段后自杀。段后长叹一声说道:"你们兄弟俩合谋逼杀自己的母亲并不难,我担心的是只怕你们守不住先祖的帝王基业啊!我倒不是把死看得很重,只怕国家灭亡不会太久了啊!"说罢便自杀了。

## 太子昏庸

晋帝因爱喝酒,逗留在内殿,外人难得能见到他。张贵人是后宫里最得宠的人,当时张贵人的年龄已近三十,晋帝有一次和她开玩笑说:"你年纪大了,该废了,我将要宠爱更年轻的人。"说罢带醉睡在消暑殿。那张贵人把晋帝说的话当真了,竟叫侍奉她的婢女用大被蒙住晋帝的脸,硬是把晋帝闷死了。同时对左右的人重加贿赂,说晋帝是得暴病猝死的。当时太子年纪小又软弱无能,会稽王司马道子也不是个精明的人,疏忽大意，没有人去追问这事。王国宝夜叩禁门，要做遗嘱诏书，侍中王爽拒绝说："皇上死了，皇太子未到，谁敢进入当斩！"王国宝停步，未敢入内。太子继承了王位，他既年幼，又不聪明，连说话都说不明白；冷热饥饱，饮食起居，均不能自理，需要人扶持照料才行。为此，由他的舅舅琅琊王德文常在他的身边陪伴和替他主事。起初，王国宝原是依附于司马道子的，而那司马道子骄傲自满，横行霸道，无法无天，任意胡来，因此，武帝很讨厌他。王国宝害怕株连，便向武帝亲近献媚而疏远了司马道子。等到武帝死了，那王国宝便又转过来依附司马道子，并和王绪勾结。他俩干了不少坏事，司马道子又把他们倚为心腹之人，让他俩参与管理朝政的大事，使他们的权威震动海内。

## 司马懿

### 不战而胜

司马懿，字仲达，公元179年生于河内温县（今河南温县西南），史称其少年为"非常之气"，"聪亮明允，刚断英特"。东汉末年，为曹操辟为文学掾，迁黄门侍郎，后为丞相东曹属、主簿。魏国建立后，深为文帝曹丕信赖，明帝时任大将军。司马懿谋略过人，城府莫测。故曹操临终时，就对曹丕说过："司马懿鹰视狼顾，不可付以兵权，否则，日后必为国家大祸。"然曹丕死时，却忘记了这至关重要的遗嘱，竟让其为辅政大臣，为子孙埋下了篡权亡国的祸根。

司马懿作为曹魏大臣，机智多谋，曾多次率军与蜀汉诸葛亮抗衡，使之不得志于中原，但也奈何诸葛亮不得。他的一生留下许多生动有趣的故事，如斩孟达，祁山之战等。这里的不战而胜，便是一例。

且说诸葛亮于公元234年2月，第6次出兵祁山，与司马懿相持在五丈原。

司马懿审时度势，以为"蜀中道路崎岖，蜀军终将乏粮"。为此，他一直坚守，不与蜀军对战。诸葛亮心中着急，决定用激将法使其出战，便亲笔写了一封信，并弄了一套妇女使用的头巾、发饰和衣服，派人给司马懿送去。信中写道："仲达统领中原之众，正应该披坚执锐，一决雌雄。可你却甘屈服，这和女人有何区别？今派人送给你一套女人使用的头巾、发饰和衣服，可拜受之。否则，你感到耻辱，就按时决战。"然司马懿看后，无事一般，只向来使询问诸葛亮饮食和睡眠情况，对信中内容一字不提。当时使者见问，不知其意，以实相告道："诸葛亮夙兴夜寐，对受罚20杖以上的事都要亲自过问，日食无几。"司马懿听了十分高兴。待使者走后，他对部下道："诸葛亮日食无几，又事无巨细，都亲自过问。如此入不敷出，他还能活得久吗？"可是，他的部将贾诩、魏平对司马懿甘心受辱很不理解，请求出战，誓决胜负，司马懿仍然不准。其后，又有数位将士指责道："公如此畏蜀如虎，岂不怕天下耻笑？"司马懿见众怒难平，一时又无法明说，只好给明帝写信道："臣才能浅陋而担当如此重任，又蒙圣上明旨，坚守不战，以待蜀军不战自退。可诸葛亮竟将我侮辱成女人一般，实令难忍，故只好上报陛下；我准备随时为陛下与蜀军决一死战，以报圣恩，以削三军之辱。"明帝看后，不知其意，便将信交给辛毗。辛毗看后笑道："司马公本无心出战，又怕众怒难平，故向陛下请求出战，而实际上是想得到陛下的支持，以平众怒。"明帝随令辛毗亲持符节去前线，传令诸军勿战。结果，又过了不长时间，蜀军无法支持，又兼丞相病故，只好自动退军。

事后，司马懿私下曾对辛毗道："知我者，辛公也！"

### 重疑失机

上个故事是说司马懿以其智深善断

不战而退蜀军的故事。然本故事,则是说司马懿由于疑心过重,贻误了战机。

且说司马懿用坚决不出战的办法,使蜀军无可奈何。此时,诸葛亮由于长期呕心沥血,操劳过度,不久病重军营,又见司马懿识破了自己的激将法,心中更为烦恼,终在公元234年8月的一天死去。临死前,诸葛亮以他多年与司马懿交战的经验,嘱咐杨义、姜维等保密死讯,以疑司马懿。

诸葛亮死后,杨义、姜维依照诸葛亮生前之言,秘不发丧,整军而退。时有人将诸葛亮去世的消息报告司马懿。司马懿挥师追赶。姜维、杨义并不惊慌,随调转战旗方向,擂响战鼓,猛击魏军。司马懿在蜀军退去时,见其军容整齐,全不像诸葛亮死去的样子,疑其有诈;今见蜀军突然回军,更加坚信自己判断有据,急令收军后退,并扬扬得意地对部下道:"我早就疑诸葛亮诈死,如今看来果不出所料!"

杨义、姜维见魏军退去,复整军缓缓离去,等过了箕谷,才公布诸葛亮死讯。为此,当时就由民众传出一句笑谈:"死诸葛惊走生仲达。"司马懿听后叹道:"这是我料到他还活着,没能料到他已经死去之故。"他又道:"诸葛亮真天下奇才啊!到死我也猜不透他!"

### 兵变专权

公元239年1月,魏明帝曹叡病死,令其子曹芳即位。明帝死前,由于曹芳年仅8岁,不能理政,故下诏大将军司马懿和曹爽辅政。曹爽本无军事才能,因其为曹魏宗室,才封为大将军。曹爽见司马懿权势日重,且握兵权,很是妒忌,伺机夺其兵权,控制朝政。2月21日,曹芳按照曹爽的意思任司马懿为太傅,明升暗降,令他将军权交给曹爽、曹真兄弟。司马懿知道此乃曹爽从中捣鬼,虽有不愿,然圣命难违,便从此称病不朝。

曹爽知司马懿诡计多端,心中怀疑,便派荆州刺史李胜到司马懿府中探听虚实,司马懿知李胜来意,故意装作大病在身,神智不清,语言错乱。不一会,他又以手指口,侍婢会意,端上一碗粥来。司马懿又假装喝不进口,边喝边流,十分狼狈。李胜见状,信以为真,报告曹爽。曹爽听后高兴,遂放松了对司马懿的戒备。

司马懿决定除掉曹爽,他白日装病,夜间设谋准备,伺机而动。

公元249年1月6日,魏帝曹芳祭扫高平陵,大将曹爽和他的兄弟们同行。司马懿闻报,认为时机已到,决定发动政变。他首先以皇太后的名义下令,关闭各个城门,尔后率军占据武库,又派军占领曹爽营地,解除其武装;接着,派人上书魏帝,指责曹爽等人背弃先帝之命,败乱法纪,排斥旧臣,安插亲信,且纵恣日甚,实有"不臣之心"。为此,司马懿才不得不采取兵谏办法,为国除害。但这封信落在曹爽手中,并未报告魏帝。司马懿又派人告诉曹爽,指出如其主动放弃军权,归降认罪,可保身家性命。曹爽兄弟见之惶急窘迫,不知所措。在走投无路之下,曹爽兄弟只好决定出降,上书魏帝,主动要求免除自己的官职,尔后侍帝回宫。此后不久,司马懿又以曹爽图谋叛乱,下令将曹爽兄弟及其心腹全部逮捕处死,诛灭三族。

司马懿除掉曹爽之后,独掌了朝政,为以后司马氏篡权奠定了基础。

公元251年8月5日,司马懿因病去世,时73岁。公元265年12月,司马炎废魏元帝曹奂称帝建晋后,追尊其为宣帝。

### 司马师擅行废立

司马师,司马懿长子,生于公元208年,卒于公元255年,生前没有称帝,晋代魏后被追尊为景帝。

史称司马师自幼风采沉毅,多有大

略。司马懿诛曹爽之前，曾将其谋告诉了司马师，没告诉司马昭；直到将要动手前，才又将此谋告诉司马昭。司马懿为检验两个儿子的素质优劣，便暗中派人查探两个儿子动静。结果发现，司马师密中有3000名武士，现突然集中，布阵整齐，人们却弄不清他们是从哪里来的；司马师本人却仍像往常一样，照常睡觉，不露形色。然而，司马昭却不同，自从知道了父亲的计谋，始终心事重重，不能安卧。对比之下，司马懿叹道：司马师"此子竟可也"。意思是说，这孩子城府颇深，确实不错啊！

公元251年司马懿死后，魏帝曹芳任命司马师为抚军大将军，承尚书事，继续专擅朝政。随着年龄的增长，魏帝曹芳对司马氏专权心中不满，时而生怨，暗中与张皇后的父亲张缉、夏侯玄、李丰等密谋，企图伺机诛杀司马师。然事不机密，风声传到了司马师耳中，于公元254年2月，下令捕杀了李丰、张缉、夏侯玄；3月，逼魏帝废张皇后。不久，司马师与他的弟弟司马昭商定，决心废掉魏帝曹芳。9月19日，司马师假传皇太后命令，召集群臣，以魏帝荒淫无度、亲近小人为由，宣布其不能承担帝王重任；尔后，司马师入宫，逼太后令人取来御玺，废曹芳为齐王；10月，立高贵乡侯曹髦为帝。

司马师擅行废立，引起了曹氏集团的极大愤恨。镇东将军毌丘俭、扬州刺史文钦等假传太后诏书，举兵讨伐司马师。司马师闻悉大怒，于公元255年1月统兵10万，亲统征讨，叛乱遂被平定。然而，就在回军的路上，司马师眼瘤暴裂，死于许昌，时年47岁。

## 司马昭谋位杀帝

司马昭，司马懿次子，生于公元211年，卒于公元265年。其生前谋位代魏，并未称帝；司马炎篡魏建晋后，追尊为文帝。

且说司马师兴兵平定毌丘俭之乱，因眼瘤暴裂死于许昌之后，由他的弟弟司马昭接任大将军。

司马昭独掌朝政后，根本不把皇帝曹髦放在眼内，事事独断专行。公元257年，魏扬州都督诸葛诞起兵讨伐司马昭。司马昭闻悉，本想独去平叛，但他做贼心虚，生怕走后朝中生变，便逼魏帝亲自出征，且让太后同行。魏帝及太后无奈，只好随司马昭一同出征。公元258年2月，叛乱平定，诸葛诞被杀。5月，司马昭以平乱有功，逼魏帝升己为相。魏帝此时18岁，对处处受制于司马昭心中很是不满。公元259年1月，有人报说黄龙两次出现于宁陵的井中。魏帝听后，想到自己的处境，感到自己处处受制于司马昭，不正像困于井中的黄龙吗？便作《潜龙诗》（其内容详见本书魏元帝故事）一首，抒发心中的忧愤。司马昭见到《潜龙诗》后，以为这是魏帝影射自己专权，非常恼火，便持剑上殿相责，并硬逼魏帝封自己为晋公。事后，司马昭仍不解恨，便生废帝之心。

消息传到魏帝耳中，魏帝曹髦更加气愤。为不束手待毙，立即密召尚书王经、侍中王沈和散骑常侍王业入宫道："司马昭之心，路人皆知，我不能坐受废辱。今日召众卿来，就是为了共同对付他！"之后，魏帝从怀中拿出早已写好的诏书掷于地上道："事情就这么定了，就是死了也没有什么可怕的。"然而王沈、王业胆小怕事，为了活命，私下去报告司马昭，司马昭闻报，顿生弑君之心，并立即布置防范。当魏帝亲率将士前来厮杀时，司马昭派心腹成济乘混战之机，一举将魏帝杀死。

司马昭弑帝之后，生怕落个弑君之名，又将成济杀死灭口。之后，司马昭本想自立为帝，但又觉时机尚未成熟，众臣反对，只好改立燕王之子曹奂为帝，作为过渡。

公元 264 年 3 月，司马昭自称晋王。

正当司马昭一切准备就绪，准备灭魏建晋称帝的时候，却于 265 年 8 月身患中风，未几死去，时年 54 岁。

## 司马炎篡魏建晋

司马炎，司马昭长子，生于公元 236 年，卒于公元 290 年。他是晋朝的开国皇帝。

公元 265 年 8 月，晋王司马昭去世，由他的长子司马炎继承做了魏朝丞相，袭封晋王。司马昭一生一心想篡位称帝，但始终未能如愿，成为终生憾事。为此，在他临死前，因患中风病，口不能言，但又有许多话要说，急得满脸大汗，最后，目视众大臣，手指司马炎而逝。

司马炎随父专擅朝廷，东征西战，对其父用心更是了若指掌。当司马昭杀死魏帝曹髦，司马炎就劝父亲机不可失，干脆代魏称帝；然司马昭一怕落得弑君篡位的恶名，二怕众臣不服，故未敢轻举妄动。司马炎掌权后，可不像他的先辈那样前怕狼，后怕虎，顾及面子；他一上台，便逼曹奂让位。为了名正言顺，他指使心腹制造舆论，伪造天意。有人向魏帝报告，在襄武县出现了一个高达 3 丈的白发老头拄杖大呼道："我乃民民王，传语兆民，国运将改，天下开始太平！"言毕突然不见。随后，司马炎便派人入宫，劝魏帝让位，胁迫魏帝让禅。对此，魏帝曹奂也看得一清二楚。他想到，先帝们有的被废，有的被杀，都是司马氏所为，其原因何在？还不都是为了篡位？现在轮到了自己头上，他还能说什么呢？只好同意退位让国。

公元 265 年 12 月，正值隆冬季节，不用说北方已是冰天雪地，南方也是寒气逼人。17 日这天，雨雪霏霏，但文武大臣仍然一大早便来到南郊设有禅坛的广场上。巳时，人们欢腾，乐队奏起了音乐，即将登位的司马炎和即将禅位的魏帝曹奂在一些大臣的陪同下来到了禅位台。曹奂无精打采地登坛去宣布诏书，司马炎则容光焕发地拜坛接玺。交接完毕，曹奂走下坛来，换上臣民的衣服，站到群臣的行列。而司马炎拜过上苍，下坛坐着天子龙辇，由众文武步行陪同回宫登殿，接受朝贺。朝贺已毕，司马炎宣布改号为晋。从此开始，曹魏结束，晋朝开国，司马炎则是晋朝的第一个开国皇帝，是为武帝。

司马炎和他的先辈们比，是个低能儿，他能顺利篡位，完全是靠先辈们为他创下的根基。这一点他也十分明白，这正像他的父亲司马昭立世子时曾经说过的："天下乃我兄（司马师）之天下，不过因兄成事，百年以后，帝位应归我兄子继之，我才安心。"后来，司马炎之所以仍被立为世子，是由于诸大臣进言司马昭不应"废长立少"的结果。

## 司马衷白痴登基

司马衷，武帝次子，生于公元 259 年，公元 307 年被毒杀身死，时年 48 岁，在位 17 年，他是西晋时期的著名昏君。

惠帝司马衷先天不足，从小蠢笨，呆痴如猪；从师几年，竟也没学会几个字。像这样的一个白痴，又是怎样当上皇帝的呢？这里边有段故事。

按说，晋武帝司马炎登基，大封宗室，晋升有功之臣之后，由于长子两岁时夭亡，便想册封次子司马衷为太子。但他看到他的傻儿子也实在太不成器，就把封太子之事放在了一边。这一来，可把皇后杨艳急坏了。她想，儿子当不了太子，她这个皇后位子便坐不牢，于是多次枕边吹风，陈述利害，劝武帝早立太子。恰巧这时，杨皇后的表妹赵粲，长得如花似玉，常与武帝眉来眼去。杨后为找一个帮手，索性成人之美，劝武帝册封赵粲为夫人。武帝一听，欣然同意，还认为皇后胸宽大度。这赵夫人随后便和杨艳一起，屡屡劝其立司马衷为太子。武帝本来就是个情种，哪经得起一后一妾的软泡硬磨，遂于公元 267 年（泰始三年）一月，立司马衷为太子。公元 272 年（泰始八年）2 月，晋武帝为他的傻太子司马衷娶了个媳妇叫贾南风（贾充之女）。晋武帝想，太子是有些呆痴，随着年龄的增长，也可能会逐渐变得聪明一些。公元 278 年 10 月，司马衷年已 19 岁。为了测验一下太子这几年是否有进步，便拿了一叠秘密奏折，令人送给太子批复。司马衷的妻子贾南风听说后，非常害怕。她知道她那个傻丈夫如果当不了皇帝，她就当不了皇后，武帝此举，决定着太子和她的命运，她能不害怕吗？贾南风忽地想到："何不找人代批？"于是秘密找了几个人代批。批文写好后，贾南风送给心腹内侍张泓看。张泓道："太子不爱学习，陛下是知道的，而批文又多引经据典，陛下一看便知道是假的。依我之言，不如用平常的白话把意思讲清楚就行了。"贾南风一听大喜，嘱张泓代办，并许诺事成之后，将来太子当了皇帝，与张泓共享富贵。张泓写毕，令太子又抄了一遍，这才送给武帝审阅。武帝看后很满意，又交给大将军卫瓘。这卫瓘一看，见字迹是傻子的，但批文思路清晰，便心中起疑。但他又一想，他过去多次请武帝以社稷为重，废太子，立齐王，但其终没有听，看来这是皇帝玩弄的一种手法，以堵众臣之口，一时便觉心灰意冷，也就不再说什么。武帝又让其他大臣看，其他大臣也知有假，但生怕说实话触怒武帝，也就都违心地大加称赞。武帝见众臣都很满意，就决定将来让司马衷继承帝位。公元 290 年 4 月加日，晋武帝死于含章殿，年 55 岁。即日，傻太子司马衷即皇帝位，封贾南风为皇后。

## 死于八王之乱

历史上西晋的"八王之乱"是从晋惠帝时期的宫廷政变开始的，然而祸根却是晋武帝司马炎埋下的。

且说晋武帝靠士族豪强的支持爬上了皇帝宝座。为此，他一登基，便大封功臣，凡是为他篡位立过功的，都被加官晋级。司马炎知道，曹魏之所以垮台，是由于士族权势过大、皇室孤立而造成的恶果。为吸取这个教训，司马炎在为士族豪强加官晋级的同时，大封宗室，这又出来了 27 个同姓王，即他的 1 个叔祖父、6 个叔叔、3 个弟弟和 17 个同族的叔、伯及堂兄、党弟，为以后的"八王之乱"埋下了祸根。

说"八王之乱"是从宫廷政变开始，实际上是从"贾后乱朝"引起的。前已述过，皇后贾南风是一个野心勃勃的女人。从晋惠帝即位一开始，她便诛杀大臣，为夺权霸朝扫清障碍。公元 291 年 3 月，她先指使楚王司马玮杀死了辅政大臣杨骏，让汝南王司马亮辅政。不久，她又指使司马玮杀死司马亮；接着，贾南风看到楚王司马玮权势越来越大，顿生忌心，又矫诏把楚王司马玮杀死。公元 300 年，贾后对非己所生的太子司马遹产生妒忌，又设计害死了太子司马遹。太子一死，便给诸王叛乱制造了借口。首先，在 300 年 4 月，赵王司马伦与齐王司马冏联合起兵入宫，逮捕贾后，逼晋惠帝将贾南风废去皇后之位，贬为平民，之后又赐其死。贾南风无奈，只好饮鸩而终。赵王司马伦除去贾后，自封为都督中诸军兼相国侍中，后又加九锡，威震朝廷。第二年（公元 301 年）正月，赵王司马伦见时机成熟，便篡位称帝。此时，齐王司马冏已为平东将军，使镇许昌，心中不满，听到司马伦废惠帝自立为帝的消息后，便于 3 月联合成都王司马颖、长沙王司马乂、河间王司马颙共同起兵讨伐司马伦。司马伦听说后，十分惊慌，令孙秀的儿子孙会率兵抵抗，结果全军覆没，顿时，朝中乱成一团。时有左将军王舆和尚书司马雍，见大势已去，决定先下手为强，率兵内起，先杀死孙秀，后逼司马伦退位，亲迎惠帝复位。之后，齐王司马冏辅政。公元302年，河间王司马颙和长沙王司马乂联兵，攻杀了齐王司马冏，控制了洛阳。公元303年，河间王司马颙和成都王司马颖联兵杀了长沙王司马颙，由成都王司马颖独揽朝政。公元304年，东海王司马越乘其不备，挟持惠帝进攻成都王司马颖。司马越失利后，河间王司马颙乘机攻占洛阳，独揽朝政；公元306年，东海王司马越东山再起，先后杀死了成都王司马颖和河间王司马颙，独揽了朝政。东海王司马越掌权后，因在皇帝的继承问题上和羊皇后发生了矛盾。一气之下，东海王便指使心腹让惠帝服用了事先下了毒的甜饼，将其毒死，硬立其皇太弟司马炽为帝。这就是历史上的晋怀帝。

至此，历史上的"八王之乱"，历经十六年宣告结束。在这场混战中，共有八王参与，他们是汝南王司马亮、楚王司马玮、赵王司马伦、齐王司马冏、长沙王司马乂、成都王司马颖、河间王司马颙、东海王司马越，所以历史上称之为八王之乱。

## 司马炽得位于后、王之争

晋怀帝司马炽原是晋武帝司马炎的第25子，生于公元284年，公元290年，被封为豫章郡王。在惠帝皇室内乱期间，司马炽闭门自守，专攻史书，不问政事，幸免于难；公元304年，授镇北大将军，被立为皇太弟。公元306年，惠帝死前，东海王欲立皇太弟司马炽为皇位继承人，但惠帝皇后羊氏却坚决不同意。她想，司马炽为司马衷的弟弟，如果将来立其为帝，自己只做一个皇嫂，不得封太后，荣华富贵不就丢掉了吗？为此，她便秘密地将被废掉的太子清河王司马覃悄

悄接入宫内，奏报惠帝欲立其为皇位继承人。东海王司马越听说后，坚决不干，奏请惠帝，坚持立皇太弟司马炽为皇位继承人。羊皇后和东海王相争不让，而惠帝这个呆子不置可否，不管是皇后所奏，还是东海王所奏，他都满口答应，弄得一后一王急得团团转，但惠帝却像个没事人似的，照旧过他的吃喝玩乐生活，不问政事。东海王司马越一见，很是恼怒，便心生一计，要将这个呆皇帝除掉，硬立司马炽为帝。结果，在一天晚上，惠帝司马衷大叫腹痛不止，待医生赶到，这个呆皇帝已七窍流血而亡。当宫人问大夫惠帝得的是什么病时，大夫吞吞吐吐，不敢说，待内侍穷诘底细时，他才轻轻说出"中毒"二字，随后，便一溜烟似地出宫去了。一些大臣知道，惠帝当晚是因为吃了东海王司马越派人送去的甜饼而亡的，但谁又敢哼声呢？羊皇后和清河王司马覃虽然也知道是东海王所为，但自知不是其对手，也只好听之任之了。惠帝死去的第二天，东海王司马越便立司马炽为帝，是为怀帝。

司马炽即位后，尊谥呆皇帝司马衷为孝惠皇帝，羊后为惠皇后，移居弘训宫，尊生母王氏为皇太后，立妃梁氏为皇后，命东海王司马越为太傅，统掌朝政。

## 永嘉之乱

西晋经过"八王之乱"，元气大伤，国力衰弱。怀帝司马炽即位之后，虽然"八王之乱"已告结束，但余波未平，朝廷内部矛盾依然存在。晋怀帝此时年已22岁，虽无大才，但和司马衷那个呆子相比，却是强多了。他不甘心当傀儡，即位后便要亲政，对东海王司马越的专横朝政当然十分不满。而司马越见到自己扶持起来的怀帝竟不甘心受自己的控制，也很恼火。结果，皇帝和辅政大臣之间的矛盾越来越深。怀帝为了向司马越夺回皇权，在东海王出镇许昌期间，开始扶

植自己的心腹大臣。东海王闻讯，急速回朝，带剑入宫，诬告怀帝心腹大臣中书令缪播、散骑常侍王延（怀帝的舅舅）、尚书何绥、太史令高堂冲、太仆卿缪胤等十多位大臣阴谋作乱，要怀帝将其一一处死。怀帝知道是矛头指向自己，迟迟不下诏。司马越便直接对平东将军王景道："我不惯久伺颜色，你可取得帝旨，将此等乱臣交付廷尉。"司马越走后，王景逼怀帝下旨。怀帝无奈，只得下诏。随后，王景将何绥等十多位大臣牵出，交付廷尉，将其一一杀死。永嘉五年，司马越令其死党何伦监朝。这何伦更是倚势作威，形同盗贼，纵兵劫掠国戚府第，奸淫烧杀，无所不为，甚至连广平、武安两个公主也不放过，把晋朝宫廷闹得鸡犬不宁。正值晋朝宫廷内乱之际，北方汉主刘渊于永嘉二年十月称帝。刘渊得知晋廷滥杀大臣、何伦乱宫的消息之后，知道晋朝"气数已尽"，遂拜刘景为灭晋大将军，率军沿黄河向洛阳挺进；派石勒攻巨鹿、常山。公元310年6月，汉主刘渊病死，太子刘和继位，然三天之后，刘和被杀，刘渊子刘聪即位，公元311年2月，刘聪派石勒率军攻击晋廷。再说晋廷由于皇帝和辅政大臣之间矛盾尖锐，司马越对汉国的进攻不积极抵抗，只求维持局面，并想以此要挟怀帝听从他制约。公元311年3月，东海王司马越患急病而死。石勒听说后，以为有机可乘，急率汉军追杀，使司马越的十万人马顷刻间全军覆没，晋主将王衍被杀。接着，汉将石勒、刘曜、王弥率军杀入洛阳。汉军进城后，烧杀奸淫，无所不为。在此之际，怀帝想乘乱之隙，带上太子及数名内侍，急入华林园，伺机混出城去，西奔长安。然汉将决心活捉晋朝皇帝，早已派军士将领把各出口死死封住，怀帝哪里还能逃得出去？最后，怀帝终被汉军捉住，成了石勒的俘虏。从怀帝即位到被俘，恰恰事情都发生在怀帝年号永嘉年间，故史称"永嘉之乱"。

## 受命危难之中

晋愍帝司马邺是西晋王朝的末代皇帝，出生于300年，死于318年，313年至316年在位，共4年。

司马邺字彦旗，晋武帝司马炎之孙，吴孝王司马晏之子，怀帝司马炽的侄子。公元311年6月，晋怀帝司马炽被俘后，晋朝随后便出现了许多个临时政权。首先司徒傅祗以执政大臣的名义，在河南洛阳东北部的河阴建立了临时政权；大臣葡藩兄弟和豫州刺史阎鼎拥立司马邺在河南密县建立了临时政权，后迁入许昌，时司马邺年11岁。同年7月，晋安太守贾匹与冯翊太守索綝、安夷护军麴允联合，推贾匹为征西将军，率兵攻复长安。随后，贾匹等人迎司马邺至长安，尊其为皇太子。在这期间，其他临时政权因互不服气，甚至互相残杀，结果被汉主将石勒钻了空子，被各个击破。这时，只剩下琅琊王司马睿守建业（南京）。公元312年2月，汉将石勒筑垒于葛陂（今河南新蔡北），赶造船只，准备渡江攻取建业。司马睿闻悉，急调军马屯于寿春。然时正值霖雨浸淫，接连三月不绝。石勒军本就水土不服，又遇阴湿，粮食又尽，瘟疫蔓延，死亡过半，只好不战而退，故琅琊司马睿暂时得以安定。公元313年2月，汉主刘聪将晋怀帝司马炽杀死。消息传到长安，此时已为皇太子的司马邺大哭一场；接着在索綝、麴允两位大臣的扶持下，即皇帝位，是为愍帝，愍帝即位后，封麴允为尚书左仆射；封索綝为尚书右仆射，不久又加封索綝为卫将军，兼官太尉；命琅琊王司马睿为左丞相，都督陕东诸军事，令南阳王司马保为右丞相，都督陕西诸军事。

## 司马睿

### 开国东晋

东晋开国皇帝为司马睿。司马睿原为司马懿曾孙，琅琊王司马觐之子，公元276年生于洛阳。司马睿15岁的时候，琅琊王司马觐死，司马睿嗣琅琊王位。公元307年，受东海王司马越之命，为安东将军，都督扬州诸军事，由下邳移镇建康（今南京市），加镇东大将军，开府仪同三司。东晋怀帝被俘后，被司空荀藩等推为盟主，建立临时政权；愍帝即位后，为取得他的支持，加封其为左丞相；一年后，进位丞相，都督中外诸军事。那么他是如何登上皇位的呢？

原来，西晋愍帝司马邺被俘的前一天，见自己皇位已无望，便草草拟了诏书，诏书中说："朕今幽塞穷城，忧虑万端，恐一旦奔溃，现令平东将军宋哲，诣丞相府，且宣帝意，使摄万面，恢复旧都，修缮陵庙，以雪大耻而报深仇，是所至望，丞相其毋辞！"宋哲藏了诏书，伺机混出城去，星夜赶到建康。宋哲一路风尘，来到建康，衣不完整，气也来不及缓，便急忙让人通报，令司马睿速来接旨。司马睿闻报，急出迎接，跪地听诏。宋哲宣读诏书完毕，司马睿便立即召文武百官商议继立之事。众文武齐声进劝："愿大王即日即皇帝位。"司马睿道："皇帝现在被困，而我没有保住晋朝宗室，已然有罪，怎可立即帝位？我若蹈节死义，誓雪国耻，得能济事，尚可自赎其罪。且孤本受封琅琊，若诸卿再三进逼，孤只有仍归原国了。"大家见司马睿决心不愿称帝，也不敢再逼，便建议其先称晋王，司马睿表示同意。公元317年3月，司马睿即王位，立都建康，改元建武。按说，不即帝位是不能改元的；司马睿改元说明他有即位之意，此时拒称帝号，也不过是做个样子罢了，生怕群臣不服。公元317年12月，愍帝司马邺被刘聪杀死。第二年3月，消息传到建康，群臣再次劝司马睿即皇帝位。时有内史纪瞻首先上书劝进道："愍帝被害，国家无主，大王理应继承帝位，使臣民有所归依。"他一面上书，一面安排御座。司马睿闻言，本想将而就之，但仍恐众心不服，故依旧推辞，并令殿中将军韩绩撤去御座。纪瞻一见，大声喝道："帝座应列星，谁敢妄撤？妄撤者斩！"司马睿见状，便想应允。偏巧此时，大臣周嵩进来高声说道："大王不可！"众人回头一看，见是周嵩，全都愣住了。只听周嵩继续说道："现长安、洛阳失守，臣民受辱。大王应训卒励兵，先雪大耻，待至功德具隆，再称帝也不为晚！"司马睿一听，心中虽是不悦，但表面上也只好再做谦让。其他大臣也觉得无所是从。正在此时，忽见右将军王导站起道："诸公不必以此为难，殿下也不必再度过谦；您的功德世人皆知，如今天降大任，千万推辞不得。请殿下立即更衣登座，君临万民，这样，四海有主，才好征讨夷虏。"王导说毕，便带头匍伏在地，众大臣一见，呼啦一下全都跪倒在地，恳求司马睿即位。直到这时，司马睿才入内更衣，衮冕出效，祭告完天地，坐上御床，接受百官朝贺。因建康处江东，司马睿又是江东开国的第一个皇帝，历史上便称之为东晋，司马睿为元皇帝又称元帝。

### 王与马，共天下

这是讲东晋元帝司马睿拉王导同坐御床的一个故事。

且说元帝司马睿登基这天，他感到真是天遂人愿，且不由得想起了许多往事。

那是在公元307年，琅琊王司马睿刚到建业（建康，现南京市）的时候，南方的世家豪族都看不起他，故到任一个多月，当地头面人物没有一个来拜见他的。就在这时，跟随司马睿一道来建业的琅琊郡大族出身的王导献了一计。三月初三这天是禊水节，当地的群众都要到江边求福消灾，王导以请司马睿临江观看民众欢度禊水节为名，让其坐上华丽的轿车，派士兵排成威严的队列，前呼后拥；王导和他的从兄、当时任扬州刺史的王敦，还有北方南渡的一些名士、世家，则骑着高头大马，紧紧跟随，以炫耀司马睿的天威，抬高其身价。江东绅士大族看司马睿仪表雍容，纷纷称颂。可巧，这天江南名门望族顾荣、纪瞻也来临江修禊，得睹风采，也觉倾心，不由得望尘下拜，王导见后，忙耳语司马睿，司马睿慌忙下舆答礼，显得很是谦虚大度。司马睿回王府后，王导又对司马睿道："江东望族，唯推顾荣、贺循二人，如能将他二人请来任用，其他人就没有什么可顾虑的了。"司马睿同意，并令王导往聘二人。顾荣、贺循欣然应命，随王导去见司马睿。司马睿起座相迎，立授顾荣为军司，贺扑为内史，兼散骑常侍。接着，由顾荣、贺循引荐，江南名流纷纷投靠司马睿，司马睿声望随之大振，吴地百姓归心，为东晋政权的建立奠定了基础。司马睿想到这些，感到他能有今天的荣耀，完全是王导辅佐的结果。故在他举行登基大典的这天，情不自禁地将身子向左边移了移，对王导说："爱卿，请到御床上坐吧，朕要与你共享富贵。"王导听了诚惶诚恐地跪在地上道："陛下如同太阳，臣民如同万物，若万物与太阳相同，众人还怎么仰照啊！臣实在不敢，望陛下收回王命。"王导虽然推辞了与皇帝同坐御床，但由此而震惊了满朝文武。从此，王导在东晋政权中有着特殊的地位，他位至宰辅，掌握着中央的行政大权，从兄王敦手握重兵，镇守荆州、居长江上游。这样，就形成了司马氏有其位，王氏家族有其权的局面，王家和司马氏几乎达到了"平起平坐"的地步。"王与马，共天下"便由此作为一个故事流传了下来。

## 倡导节俭

元帝司马睿公元 276 年生，317 年即位，323 年死，在位 6 年。元帝在位期间苟安江南，无什建树，唯倡导节俭流传后世。

有一天，元帝升殿理政，与群臣商议治国大略。元帝道："朕听说民以食为天，百姓安居乐业，国家才能长治久安。今江东无事，朕打算兴办农桑，不知众卿以为如何？"宰辅王导道："还有一件，自曹魏以来，公卿豪族竞相挥霍，奢侈之风盛行，搞得国空民饥，百业调敝。臣以为若倡导勤俭风气，国库才能充实，百姓才能安乐。"元帝称善，并决定从自身做起。如有司奏请太极殿广室，应施绛帐，元帝不准，下诏冬施青布，夏施青练；宫中册封贵人，侍从请购金雀钗，元帝下诏不许；元帝所宠幸的郑夫人也不穿有华丽的衣服，只能着练裳；元帝从母弟司马廙筑屋超过规定，元帝常流涕谕禁，终于被其改作。由于元帝带头节俭，众大臣也相继响应。宰辅王导常着粗布单衣，以几碟小菜，两壶浊酒为宴，使众大臣深受感动。在他的带动下，一些王公士族也开始穿起粗布衣裳，过起节俭生活来。由此国库充实，轻赋薄税，民无怨言。

## 苟安江东

东晋开国皇帝司马睿原本就是一个胸无大志的人。愍帝没死时，他无心称帝，尽管别人以愍帝被俘、国内无主为由劝进，也不愿贸然称帝。这时他不称帝，是出于他的真实。愍帝被杀后，他称了帝，也就心满意足了。故在他称帝的时候，周嵩上书建议他应先修军讲武，收复失地，尔后称帝也不晚，他听了很是不悦。如今，当了皇帝，江南又如此风景如画，国泰民安，他也就根本不想去收复什么失地了。

一次新亭饮宴，吏部尚书和尚书吏部郎望月思乡，勾动了收复中原的心弦，两人便商议着拟了一个北伐中原的计划上书皇帝。但上书送上去一个多月,毫无音信。有一次上朝,有的大臣又上书给皇帝提及北伐的事,谁料皇帝毫不在意地说道:"现在江南刚刚稳定,还谈不上什么北伐不北伐的事;至于何时北伐,等以后有了条件再说吧!"群臣一听,皇帝根本没有北伐的意思。既然皇帝如此,谁还愿意再提及北伐呢?直到这时,周嵩和桓彝才知道了上书毫无音信的原因,对北伐之事也就心灰意冷了。

## 晋成帝司马衍

### 寻找白头翁

司马衍,明帝长子,出生于公元321年,病死于公元342年。

公元325年闰7月,明帝突然病死,时年仅27岁。明帝死后,由他的长子司马衍即位,这就是晋成帝,时年仅5岁。成帝即位后,年幼不能理政,由母后庾氏垂帘听政;根据明帝遗嘱,命王导录尚书事,与中书令庾亮共同辅政。庾亮是太后的亲兄,太后当然信任;王导见情退让,故军国大事全由庾亮一人决定。时有历阳内史苏峻,因明帝时讨贼有功,威望一向很高,且部下甲杖精锐,对庾亮专横朝政很是不满,故往往轻视朝廷。庾亮听说后心生怨恨,便以其违法营私为名上书成帝,建议将其免官。由于尚书王导的反对,事没办成。南顿王司马宗对庾亮专横朝政也有不满,被庾亮改任为骠骑将军。司马宗失了要职,更是怨恨庾亮,便和苏峻来往密切,互通书信,意欲将庾亮除去。庾亮知道后,已生除掉司马宗之心。偏巧这时中丞钟雅告司马宗谋反,庾亮乘机下令右卫将军赵胤率军逮捕司马宗杀掉。因司马宗为王室近支,经常上朝,且满头白发,故成帝称他为白头翁。过了些时日,司马宗未曾上朝,成帝便问庾亮道:"前日的白头翁怎么许久不见了?"庾亮道:"因他有意谋

反,我把他杀了。"成帝听了,气得流着泪说:"舅舅说谁反,谁就被杀;假如有人说你谋反又如何处置呢?"庾亮平时总以为幼主易欺,遇异己便自行排斥,哪想到这么一个小皇帝今天敢对自己说出这样的话来呢?他不由得心生惧意。

### 挟持石头城

这是发生在晋成帝8岁时的一个故事。

前已述过,庾亮独霸朝政后,排斥异己,妄杀大臣,弄得许多大臣对其不满。他感到历阳内史苏峻自恃功高,手握重兵,又常不满朝廷,更恨自己掌权,便想设计夺其兵权,征其入朝为大司农。苏峻听说后很是恼火,又听说白头翁司马宗因和自己有来往而被杀死,更是火冒万丈,遂于公元327年11月决定以讨伐庾亮为名,联合豫州刺史祖约发兵都城。第二年春,即公元328年2月,苏峻兵攻建康。晋廷将军卞壶率六军与苏峻交锋,晋兵屡败,不堪一击,死者数千,卞壶战死。此时,庾亮正在宣阳门内部署兵力,叛军一来,官兵四散逃奔。庾亮一见不妙,便丢下年仅8岁的小皇帝不管,急忙带着郭默、赵胤等心腹将士逃奔寻阳去了。公元328年5月,征西大将军陶侃得知建康被围,便和徐州刺史郗鉴、会稽内史王舒、吴兴太守虞潭、吴国内史蔡谟等联合发兵四万余人,杀奔建康,征讨苏峻。苏峻围定建康,听说四万兵至,倒也害怕起来,便与幕僚商议对策。时有参军贾宁认为敌众我寡,难以取胜,不如收兵屯驻石头城(在建康城的西边,历来为东晋的重要军事基地)。苏峻从其议,当即入宫,准备劫持幼主同往,以达"挟天子令诸侯"之目的。当时王导护卫幼主,对苏峻道:"你们威逼天子,强行移迁,这是不符合天意的!"此时的苏峻哪里还顾得上这些,随令人强行把幼主司马衍抱到车上,连同王导等人一同送往

石头城。成帝司马衍年龄虽小，但为一国之君，哪里受过这等耻辱，故哭泣不止。到了石头城后，苏峻让皇帝住在一个又矮又小的小仓库里，皇帝身不由己，也只好将就。同年9月，陶侃所率兵将攻入石头城，苏峻被陶侃部将杀死，成帝始得解救，又回到京师建康。

## 司马岳皇弟即位

司马岳本为晋明帝司马绍之子，成帝司马衍同母弟，出生于公元322年。公元326年被封为吴王，次年徙封琅琊王，历任散骑常侍、侍中、司徒。成帝本有二子，为什么让他的弟弟司马岳当了皇帝？

公元342年6月，成帝病垂危，便召中书何充、中书监庾冰入内商议立嗣即帝位之事。中书何充道："父子相传，乃先王旧制，若立皇弟，如何处置两个皇子？"庾冰道："如今强寇逼伺，国家未安，倘若再立幼主，如何支持社稷？"成帝感到二子都在襁褓之中，不能成其大业，也有意立皇太弟司马岳为继承人，又恐其他大臣提出异议，故先找何充、庾冰商议。听了庾冰之论，便决意立司马岳为帝。随后，成帝便传诏大臣，除有何充、庾冰外，当时还有武陵王司马晞、会稽王司马昱、尚书令诸葛恢，令庾冰代拟遗诏，正式立皇太弟为帝位继承人。又过了三天，成帝死去，年仅22岁；司马岳即位，年21岁，是为康帝。

司马岳即位后，封成帝长子司马丕为琅琊王，封成帝次子司马奕为东海王，尊何充、庾冰二人辅政。何充虽不同意立司马岳，但见成帝为晋室江山着想，舍子立弟，很是敬佩，故也全心全意和庾冰同意辅政。然康帝司马岳却有些小心眼儿，故在他登上帝位大会群臣的第一天，便当众问何充道："朕今天能承继大业，为谁之议？"何充则从容答道："陛下龙飞，是庾冰之功，非臣之力。当时若用微

臣之议，今天就看不到盛明之世了。"这一来，倒让康帝无话可对，面有惭色。

## 司马聃两岁登基

司马聃，康帝司马岳之子，出生于公元343年，卒于公元361年，在位17年。

晋康帝司马岳即位后，一切朝政大事皆外由庾冰、内由何充做主。司马聃两岁登基，就是何充一手策划的。

且说公元344年9月，晋康帝突然一病不起，日甚一日。看看将不久于人世，一方面，康帝急诏诸大臣商承统帝位之事；另一方面，因这时康帝的两个舅舅庾冰、庾翼出征在外，遂火速派人去征求意见。庾冰、庾翼仍和成帝死时的意见一样，提出应为社稷着想，立长不立幼，应立元帝少子、会稽王司马昱为帝。而何充呢？则和以前的意见一样，建议立康帝长子司马聃为帝。晋康帝也有意立自己的儿子为帝，又不好说，故听了何充的意见不由得点了点头。他又问其他大臣的意见如何，其他大臣见皇帝愿立自己的儿子为帝，谁还提不同意见去得罪皇帝？且康帝早已明确规定，内事由何充做主，推立司马聃的事就这样定了下来。庾冰、庾翼知道后，虽然一肚子不痛快，但远水救不了近火，也只好暗恨何充罢了。没过几天，康帝一命呜呼，年仅23岁，在位两年。康帝死后，何充等即推司马聃即位，时年两岁，是为晋穆帝。因为司马聃只有两岁，是由母亲褚氏抱着即位的，又怎能料理国家大事？于是，何充等人又上书褚太后，由其临朝称制。直到公元352年，太后下诏归政皇帝，穆帝开始亲理朝政。公元361年5月，穆帝死，年仅19岁，在位17年。

## 哀帝即位

司马丕，成帝司马衍长子，出生于公元340年，卒于365年，在位4年。

司马丕本是晋成帝司马衍的长子，为什么成帝死时没当上皇帝，直到晋穆

帝死后才做了皇帝呢？

原来，晋成帝在东晋还算是一个比较开明的皇帝。他开始理政后，不仅勤于政务，且在节俭方面以身作则。有人建议在后园修建一座射堂，须用40万金，成帝认为太浪费，便及时制止，故受后人赞誉。他死前，认为自己的两个儿子都在襁褓之中，便想让他的弟弟司马岳继位，但又担心别人提出不合古制的异议，便召集群臣商议。何充坚持立他的儿子为帝，庾冰则认为立其弟司马岳为帝才是社稷之计。成帝司马衍当场拍板，随后拟诏，让他的弟弟司马岳继承了帝位，将他的长子司马丕封为琅琊王，次子司马奕封为东海王。司马岳死前，采纳了何充的意见，立他两岁的儿子司马聃做了皇帝。两相比较，司马衍要比他的弟弟司马岳明智多了。司马聃死时只有19岁，还没有儿子，立谁为帝的问题又成了一个难题。这时，会稽王司马昱向太后建议道："成帝长子司马丕已长大成人，应立为帝。"褚太后心想，当初她的丈夫司马岳没有采纳庾冰立长不立幼的建议，让两岁的儿子当了皇帝，已经受到一些大臣的非议，如果现在让成帝的儿子即位，一来可以打消群臣从前对司马岳的成见，二来帝位又不致落到远支手中，对自己也有好处，何乐而不为呢？于是她便下诏道："帝奄不救疾，胤嗣未建，琅琊王丕，中兴正统，明德懋亲。昔在咸康（成帝年号），属当储贰，以年幼冲，未堪国难，故显宗（成帝）高让。今义望情地，莫与为此，其以王奉大统，毋坠厥命！"诏令下后，百官迎司马丕入宫即位，是为哀帝，时年22岁。

### 死于长生药

晋哀帝即位时22岁，乃风华正茂之期。然他却胸无大志，安于现状，对桓温北伐，他虽然不敢公开反对，但也不予支持。公元363年，桓温上书，建议哀帝迁都洛阳，让自永嘉之乱以来流亡江南的士族一起北返故土。桓温的本意是，哀帝北迁洛阳，这本身就是对北伐的支持。然哀帝却不这样想，江南富足，国泰民安，而洛阳经过多年战乱，劫灰满目，景物萧条，怎能与江南相比？但桓温权高位尊，手握兵权，不敢马上拒绝他，只好低头不语。诸位大臣也都不愿北迁，但见皇帝不说话，其他人谁还敢吭声呢？正在这时，散骑常侍兼著作郎孙绰却站了出来上疏道："现在洛阳一片萧条，而迁居江南的北方人民已经子孙繁衍，连死在江南的人也已经是丘垅成行了。一旦要这些人都离开南方，他们的田宅卖不出去，舟车也没有人给他们准备好。在这种情况下，让他们舍弃江南安乐之所，回到北方动乱的故乡去，他们能同意吗？朝廷对此必须慎重从事。"诸大臣见孙绰先开腔，句句说出了他们心里的话，使纷纷表示同意。哀帝见众臣都反对北迁，便来了个顺水推舟，下诏道："众卿说得有理。现洛阳已成废墟，缺粮少草，要重新整修，谈何容易？像这等劳民伤财之事，暂时还是不办为好。"桓温见皇帝和诸大臣一齐反对，也就放下了北迁的念头。

此外，哀帝怕死，为长生不老，迷信方士，让其炼金石之药。那金石之药多为汞类之物，吃下肚焉不中毒？侍中高崧进谏道："这些都是方士骗人的，陛下不要信以为真。否则，万一出了事，可就悔之晚矣了。"但哀帝根本听不进去。结果，没过多久，哀帝腹内毒性发作，病倒在床，不理政事。公元365年3月，哀帝一命归天，时年25岁，在位只4年。

### 受诬被废

司马奕，成帝子，哀帝同母弟，出生于公元342年，365年即位，371年被废，386年死于吴县（今江苏苏州）。

东晋立国几十年，连遭王敦、苏峻叛

乱，元气大伤。自明帝、成帝之后，又传位康帝、穆帝、哀帝，五任皇帝四十年中，虽无大的建树，但朝政总算清静了许多。但到了公元371年，又出现了桓温之乱，导致了一起废帝被废的事件。

且说公元365年3月哀帝司马丕死后，由会稽王司马昱与褚太后商议嗣位之事，因哀帝无子，只好令其弟司马奕即位，这就是东晋第六任皇帝，即晋废帝。废帝司马奕即位后，内有会稽王司马昱处理政事，外有大司马桓温统领军务，废帝便成了一个有其位无其权的傀儡皇帝。

对于桓温，东晋皇帝早有戒心。桓温平蜀后声威大振，穆帝便开始有些后怕，感到桓温存有谋反之心，故对其北伐，虽然不敢竭力反对，但也不加支持，甚至从中多方阻挠，使得三次北伐都归失败。哀帝时期，桓温为进一步控制朝廷，建议迁都洛阳，但在哀帝和众大臣的竭力反对下没迁成。这一系列事件，使桓温感到晋室皇帝对他已不信任，不由得心中恼怒起来，便伺机发动宫廷政变。公元371年，他在讨平寿春叛将袁瑾、朱辅之后，便觉得不可一世，常对心腹们发牢骚道："虽不能流芳百世，亦当遗臭万年！"有一次，他听说远方来了一位女尼，认为其是仙人，请来相见，留居别室。女尼在室中洗澡，他从门缝中向内偷看，见那女尼裸身入水，先自用刀破腹，继而自断两足，桓温吓得冷汗淋淋；及到女尼出来，见又完好如初，更加感到震惊。女尼问桓温道："公刚才是否偷看我了？"桓温不敢否认，便问主何吉凶。女尼道："公若为天子，亦将如是。"桓温听后不禁脸色大变。后来，他又找术士杜灵算卦。杜灵笑道："明公勋格宇宙，位极人臣。"桓温默默不语。虽如此，桓温仍乱心不死，便向郗超问计。郗超道："明公不为伊、霍盛举，恐终不能宣威四海，镇服兆民。"桓温听后，以为是肺腑之言，示意自像伊尹、霍光擅行废立之事。桓温早有废立之意，但见晋废帝司马奕虽没什么建树，但言行素来谨慎，又没什么过错，怎么好拿他下手呢？郗超又附耳向桓温献计道："这般如此，还怕无辞吗？"桓温听后大喜。没过几天，宫内传流出一种谣言，说当今皇帝患有痿病，本来是不能生育的，但有三个嬖人和皇帝的两个妃子却私生了三个男孩，且其中一个不久将立为太子，这是皇帝有意暗中将皇位让给他人。一时间，朝野上下，谣言纷纷。桓温见这诬陷之辞已经奏效，便自广陵诣建康，上书褚太后，请求废掉司马奕，改立会稽王司马昱为帝。褚太后看过奏折，知道了废帝的暧昧丑事，心中很是生气，当即准奏。公元371年11月15日，桓温便召集百官于朝堂，宣布太后诏旨，废司马奕为东海王，后降为海西公。就这样，皇帝司马奕被赶下台，撵出皇宫，徙居吴县。尔后，桓温迎司马昱为帝，是为简文帝。

### 日近长安远

明帝司马绍，元帝长子，出生于公元299年，病卒于325年。

"日近长安远"是关于明帝幼时的一个故事，表现了他自幼聪敏，甚得其父司马睿的喜爱。

那是司马绍刚刚3岁的一天，司马睿令他的长子司马绍坐膝前闲聊。恰在这时，长安派来一个使者报事，司马睿当着臣的面问司马绍："你说日和长安哪个离儿近？"司马绍回答说："长安近。有人从长安来我看到了，却没说过有人从日边来。由此方知长安近。"司马睿听了觉得有道理，心中很高兴。第二天，司马睿宴请群臣，又让人把司马绍叫来，一是想再次测验一下儿子的智力，二则也有意表现一下他的儿子聪明，便当着司马绍的面问道："你今天再想想看，日与长安究竟哪个近?"司马绍回答道:"日近。"司马睿听了,不禁大惊失色,心想:这孩子昨天还说长安近,今日怎么又出尔反尔说日近了呢? 便有点儿不高兴地问道:"你为何和昨天回答的不一样了呢?"司马绍虽然见父亲生气了却一点儿也不害怕,笑着答道:"昨见有人从长安来,不见有人从日边来,故谓长安近;今举目可见日,不见长安,所以又说日近,这难道不对吗?"司马睿一寻思,确实也是这个道理,愈发为儿子的智慧超群感到惊奇;众大臣听了,无不称司马绍是个奇童。后来司马绍长大后,不仅颇知仁孝,有文武才略,亲贤爱客,雅文好辞,而且擅长画山水、佛像,并有鉴识书画之长。公元318年,司马绍被立为皇太子;公元323年,司马睿死后,司马绍即帝位,是为明帝。

### 发丧平乱

公元324年6月,有人告发手握重兵镇守荆州的王敦图谋叛乱,大有举兵进攻京城之势。明帝司马绍为弄清事实真相,决定乘巴滇地区所产的骏马,微服私出,深入王敦营垒,暗察王敦军情。当王敦发觉后,立即派了五名骑兵追杀。明帝知道后并不惊慌,迅速离营。为给王敦造成错觉,聪明的晋明帝一边走,一边让人用冷水浇湿了马排的粪便。追兵见马粪已冷,误认为明帝已经走远,停止了追赶,使司马绍顺利地回到了京师。

7月,王敦发兵京师,明帝已有准备。他在命王导为大都督、扬州刺史,让温峤、卡郭、应詹、郗情分督诸军事,又令临淮太守、衮州刺史刘遐入京宿卫的同时,与王导定计,造舆论说王敦已病死军营,并令王导率领自己的兄弟、儿子为王敦发丧。因王导是王敦的从兄,他一发丧,大家便信以为真,上下奋起,斗志倍增,节节胜利。接着,明帝又下诏到王敦营中。诏书称:"王敦不由天命,顽凶相契。

然天不助奸人,故致王敦死。朕现派王导等人前往讨伐余叛,王敦属下能反戈一击者,都无罪。"王敦见明帝不仅让王导为己发丧,还下诏书,致使部下军心涣散,心中火冒千丈,即派王含、钱凤、周扶等率军攻打京师,直到江陵。明帝司马绍则亲率六军,出次南皇堂,派将军段秀领甲卒千人渡水,趁王敦军扎营未稳,连夜攻击其军。次日天亮在越城交战,斩王敦前锋将何康,将王含、钱凤军打败。王敦得知王含兵败,如被浇了一盆冷水,浑身冰凉,颓然道:"我兄如此不堪一击,看来大势已去!"后来,他又决定亲自出马,作垂死挣扎,怎知身体有病,刚坐起下床,便觉头晕,一下栽倒,不省人事。当被人救醒后,有气无力地道了两句"完了,完了",便忧悲而死。王敦之乱终被平定。

### 成都建国

成国是"十六国"时期建立最早的一个政权,其奠基人是李特。

李特,字玄休,生年不详,巴西宕渠(今四川渠县东)巴氏族人,公元303年被杀。

李特少时曾为州郡官吏。晋惠元康年间,秦雍地区连年饥荒,他随流民徙至巴蜀,被推为首领。永宁元年(公元301年),他听说弟弟李庠为益州刺史赵廞杀害,便聚众进攻成都报仇。赵廞兵败,与妻子乘小船逃走,到广都时,被随从杀死。李特进入成都,派遣使臣到洛阳陈述赵廞的罪状。为表彰其功绩,晋朝廷任命李特为宣成将军,其弟李流为奋武将军,都被封为侯。晋朝廷任罗尚为益州刺史,罗尚勒令流民限期返回奉雍。当时流民分布在梁州、益州地区,为人当佣工,听说罗尚限期将他们遣返,人人忧愁怨恨。李特知道后,则多次请求留下流民,流民十分感激,纷纷前来投靠,一个月之内,李特竟聚集两万余人,李流也聚集了几千人。罗尚知道后大怒，派军攻打李特。李特知道后，率领六郡流民在绵（今四川绵阳市）起义。次年，李特自称持节大都督、镇北大将军，领益州牧；李特又任命他的哥哥李辅为骠骑将军，弟弟李骧为骁骑将军，封李流为镇东大将军。两年后，正式建年号为建初，这就是历史上的成国。这年九月（公元303年），李特因放松警惕，为罗尚袭杀。李特死后，由他的儿子李雄继为首领。后来李雄称帝后，追尊李特为景帝。

### 众推称帝

且说李特建立成国之后，于公元303年2月遭到罗尚兵的偷袭。结果，由于李特缺乏准备，遭惨败，李特、李辅、李远被杀。李荡、李雄收容残余部队退保赤祖。李雄，字仲浚，是李特的第三个儿子，身高八尺，英姿潇洒，性直有志。李特死后，先由他的叔叔李流自称大将军、大都督、益州牧，守护东营；李雄和他的哥哥李荡守护北营。3月，李荡战死；5月，李雄击败晋军的攻击，显示出军事才能，李流对他甚为器重，便把全部军务交由李雄处理。9月，李流病死，李雄被推为大都督、大将军、益州牧。10月，李雄率军猛攻罗尚，因得到大地主、天师道首领范长生的资助，将罗尚逐出成都。此时的成都由于罗尚军士的抢掠，已一贫如洗，故李雄进入成都后没有粮食，军队兵士很是饥饿，李雄就率兵士挖野山芋当粮吃。范长生知道后，又给李雄资助粮食，以解李雄燃眉之急，从而使其在成都站稳了脚根。李雄很受感动，于公元304年10月建立政权时，感到范长生屡次援助他们父子，在蜀地百姓中又很有威望，便想自己做臣下，推范长生为国君，但各位部将都坚持请求李雄为国君。李雄感到再行推辞，也是无用，遂即位为成都王，废除晋朝法律，改年号为建兴，自建法律七章。李雄封他的叔叔李骧为太

傅，兄李始为太保，尊其母罗氏为太后，追尊其父亲李特为成都景王。公元306年3月，范长生来到成都。成都王李雄亲自到城门口迎接，拿着表示礼节的手板，任范长生为丞相。这年4月，成都王李雄宣布即皇帝位，改年号为晏平，正式立国号为大成，也称成汉。他追尊父亲李特为景皇帝，尊太后为皇太后，封范长生为天地太师；并按照汉朝、晋朝旧制，建立了百官制度。公元334年6月25日，李雄因头部脓疮并发死去，享年60岁，在位30年。李雄在位期间，轻徭薄赋，刑宽政和；但李雄去世后，成汉国开始走下坡路。

### 迂腐被杀

李班，成武帝李雄兄李荡的儿子，出生于公元288年，卒于公元334年，在位不足1年。

公元334年，成汉皇帝李雄死后，由太子李班继位。

李班是李雄的侄子。李雄有儿子，他为什么立侄不立子呢？

原来，李雄原配皇后任氏虽没有生育，但其妃嫔却为他生了十来个儿子。他为了怀念在大成国初期战死的哥哥李荡，于公元324年，决定立李荡的儿子李班为太子。当时，李雄的叔叔李骧一再劝谏，李雄道：“起兵之初，我就不愿做皇帝，但见天下涂炭，又有诸位步步紧逼，推我即位，使我继先帝之业。我的兄长是先帝的嫡亲后裔，且有奇才和大功，当帝业即将成时，英年早逝，朕时常想念他。况且侄儿李班仁孝好学，一定会继承祖先的功业。”公元344年6月，成汉皇帝李雄头部生疮。李雄身体经过多年征战，原有许多创伤，等到这病发时，旧伤痕并发，全部化脓溃烂。他的十多个儿子都嫌腥臭难闻，躲得远远的，只有侄子、太子李班昼夜在身边侍候，不脱衣帽，亲自为他吮吸脓肿，使李雄更看清了

李班的仁孝。于是，在弥留之际，李雄征召大将、建宁王李寿接受遗诏辅佐朝政，正式确定李班为皇帝继承人。当月25日，李雄去世，太子李班即位，李班即位后并没急于理政，他任命建宁王李寿录尚书事，一切朝政大事全委决于李寿和司徒何点、尚书王环；李班则居住深宫，毫不干预。

对李班即位，李雄的十多个儿子都十分不满，伺机作乱。同年9月，李雄的儿子、车骑将军李越驻屯江阳回都奔丧，秘密和他的弟弟、安东将军李期设谋杀害李班。李班的弟弟李玝听到风声，便劝李班遣送李越回江阳，封李期为梁州刺史，让他出戍葭萌关。但李班宽仁尽悌，觉得先帝没安葬，就将他们遣返，于道义上说不过去。于是，李班对李越和李期推心置腹地对待，没有任何的猜忌和疏远。李玝再三苦谏，李班不但不听，反认为他挑拨兄弟之间的关系，将李玝调出成都，驻屯于涪陵，自己日夜守着李雄的棺椁。十月的一天夜里，李越乘李班哭吊，突然入宫，手起刀落，将李班杀死，同时杀死了李班的哥哥、领将军李都。尔后，李越、李期矫称太后任氏的诏令，罗列李班罪状，废黜其位。

至此，尽孝尽仁到愚蠢地步的李班，即位刚刚三个月，还没有正式理政，便结束了他的一生，时年47岁，谥号戾太子。

## 废位自缢

李期，李雄第4子，出生于公元314年，公元338年卒，在位4年，享年24岁。李期自幼聪明好学，轻财好施，虚心交纳，初被封为建威将军。

公元334年10月初，李越杀死李班后，和李期推让了一番，结果于公元334年10月24日，李期即位做了大成皇帝，李越被封为建宁王、相王，李寿改封为汉王，录尚书事；又任兄长李霸为中领军、镇南大将军，任弟弟李保任镇西大将军、

汉山太守；任堂兄李始为征东大将军。李始对李越、李期弑君篡位不满，见李寿不被重用，认为其心中也有不满情绪，便主动找李寿商量，联合除掉李期、李越。李寿不敢发难，李始心中恼怒，来了个恶人先告状，说李寿图谋作乱，请李期杀掉李寿。此时李期想依靠李寿征讨李玝，故不同意李始的意见。李寿是李班的旧臣，对李期兄弟弑君篡位本就不满，李玝又是李班的弟弟，李寿怎忍心去杀？为此，李寿透息李玝，劝其逃出成国投晋。李期闻讯，便与建宁王李越、尚书令景骞、尚书田褒、姚华商议除掉李寿。李寿知道李期不会放过自己，亦事事留心，免为其所害，并与长史、洛阳人罗恒、巴西人解思明密谋进攻成都。公元338年4月，李期设计毒死了李寿的养弟、安北将军李攸。李寿便伪造妹夫任调来信，说李期要进攻李寿。李寿的部将信以为真，决定先发制人，李寿率骑兵一万多人由涪陵出发，偷袭成都，并许愿用城中财物奖赏部众，兵士听了十分高兴，奋力前进。此时，李寿的儿子、翊军校尉李势正在成都，听说李寿兵到，大开城门迎接。李寿入城后，先奏称李越、景骞、田褒、姚华等人谋反乱政，将其一一杀掉；尔后又矫称任太后的命令，废李期为邛都县公，将其禁在宫中。李期叹息道："堂堂一国之主，现在却成为小小的县公，不如死去。"5月，自缢而死，谥号幽公。

## 改国称汉

李寿，字武考，李班弟李骧的儿子，出生于公元300年，卒于公元343年。

李寿自幼敏而好学，雅量豁然。在废掉李期之后，其妹夫任调、司马蔡兴、侍中李艳劝李寿自立为大成皇帝。李寿信命，令人卜卦，卜人说："可以当几年天子。"任调高兴地说："能当一天天子便可满足，何况几年呢！"解思明道："几年天子，怎么比得上百世诸侯？"李寿道："早

晨当了皇帝，就是晚上死了也甘心。"随后，于公元338年4月，李寿即帝位，并将国号成改为汉，改年号为汉兴。李寿称帝后，追李班为哀皇帝，立世子李势为太子。5月，李期死后，被追为幽公。公元343年8月，李寿病死，太子李势即位。公元344年4月，汉国太史令韩浩上书说："应该修缮宗庙。"李势令群臣议论此事。相国董皎、侍中王嘏认为："景皇帝李特、武皇帝李雄创定国家大业，献皇帝李骧、文皇帝李寿禀承国家政权，至亲的关系并不疏远，不应当疏远绝祀。"李势于是下令祭祀成汉的始祖李特和太宗李雄，都用汉的称谓。

### 亡国之君

李势，昭文帝李寿长子，生年不详，公元361年卒。史称其身长7尺8寸，腰粗14围，脖颈极为灵活，善于俯仰，被时人视为异物。

然李势自即位后，骄奢淫逸，不恤国事，滥杀大臣，疏远旧臣，信任奸佞，终使内外离心；再加上恰逢荒年，民不聊生，使得国内一片萧条。公元346年11月，东晋桓温大举伐汉，使汉军节节败退。次年3月，桓温包围成都。李势大惊，趁夜打开东门逃走。李势逃到葭萌（今四川广元南），再无逃处，只好让散骑常侍王幼给晋军送去降书，尔后拉着棺材，双手反绑于身后，来到晋军营前。东晋安西将军桓温为其松绑，烧了棺材，将李势及其亲族10余人送往建康。至此，成国灭亡，前后共45年。

李势后被封归义侯，公元361年死于建康。

### 建汉称帝

五胡十六国中的汉国由匈奴贵族刘渊建立。

刘渊出生年月不详，新兴（今山西忻州）人，字元海。祖父名于扶罗，是南匈奴的单于；父亲名豹，封左贤王。晋武帝司马炎时期，刘渊被封为北部都尉。因汉高祖刘邦以宗室女为公主，与匈奴王冒顿联姻，刘渊等便自认为是西汉皇室的外孙，故冒姓刘氏。

东汉末，刘渊的祖父因帮助汉朝讨伐黄巾军而进入黄河流域的太原地区；刘渊的父亲刘豹被汉丞相曹操封为左贤王，居于汾水、涧水之宾，与汉族杂居，促进了民族融合。为此，刘渊从小便接受了汉族的文化教育，尤爱读《春秋左氏传》《孙吴兵法》。晋武帝当政时期，曾诏见刘渊，听其说论治国安民之策，认为其很有远见卓识，便要重用。但由于近臣孔恂、杨珧的坚决反对，说刘渊"非我族类，其心必异"，不但没被重用，还差一点被杀，使得刘渊心中很是苦恼。直到公元289年，晋武帝才任命刘渊为北部都尉；公元290年8月，又由晋惠帝任其为五部大都督。公元304年8月，刘渊的堂祖父、右贤王刘宣看到晋廷大乱，互相残杀，认为反叛时机已到，便对族人说："自从汉朝灭亡以来，我们的单于都是徒有虚名，没有一寸土地；虽然是富贵的王侯，但地位都降到与百姓一样。现在，我们虽然衰落，但也有两万人以上，怎能俯首帖耳地充当役夫，现已匆匆地过了一百年！左贤王（指刘渊）英俊威武，超凡绝伦，上天如果不想使匈奴兴盛，也就一定不会白白地生出这样一个人来，现在司马氏骨肉相残，四海动乱，光复呼韩邪的事业，这正是时候。"通过互相谋划，同推刘渊为大单于。刘渊知道后，十分高兴，当时他正在邺城，便以会葬为借口北归。但晋皇太弟司马颖不允，刘渊只好密令呼延攸先回去，通知刘宣等人，让他们召集五部匈奴以及各小民族积蓄力量，加紧准备，伺机反晋。公元304年8月初，刘渊找了个理由瞒过司马颖，回到左国城（今山西离石），刘宣等人立即给他上封大单于称号，二十多天之间，有了

5万人马,建都离石县。10月,刘渊又将都城迁到左国城。刘渊对臣下们说:"过去汉朝能长久地拥有天下,是因为用恩德维系百姓。我们为汉朝刘氏的外甥,相约为兄弟。现在哥哥亡故(指汉朝灭亡)而弟弟继承,不也可以吗?"大家觉得很有道理,于是称国号为汉。接着,刘宣等人请求刘渊上一个尊号,刘渊说:"现在四方都没有平定,暂且按照汉高祖那样称汉王吧。"于是,刘渊祭天于南郊,登上汉王王位,宣布大赦,改年号为元熙,追尊安乐公刘禅为孝怀皇帝,制作汉高祖、世祖、昭烈皇帝和汉太宗、世宗、中宗、显宗、肃宗五宗的神位,来祭祀他们。从此,正式扛起了立汉灭晋的大旗。公元308年7月2日,汉王刘渊迁都平阳(今山西临汾);10月3日,汉王刘渊即皇帝位,改年号永凤,11月,任命他的儿子刘和为大将军,刘聪为车骑大将军,同族侄刘曜为龙骧大将军。尔后,刘渊连续三次组织大军南下灭晋,但都失败了。公元310年6月9日,刘渊突然卧床不起;16日,眼看不久于人世,刘渊便安排后事,将太宰刘欢乐等人召到皇宫,让他们接受遗诏辅佐朝政;18日,刘渊去世,在位6年。刘渊死后,太子刘和继承皇位。

在中国少数民族首领中,刘渊是一个很有才干的人物;在中国封建帝王中之所以能占一席之地,是因为他有独到之处。首先,他力戒民族偏见,竭力促进汉、匈两族的团结,这是他力量迅速壮大的主要因素;其次,他十分重视军纪和民心。他的军队所到之处,"老少安居如故","军无私掠,百姓怀之",他对虽然立了大功,但残害三万百姓的刘景照严厉惩处,对霸占和杀死敌将妻子的冠军将军乔晞大骂不止,降职四级;再次,他建汉后的第二年遇上天灾,离石地区粮食所收无几,刘渊带头躬行节俭,舆马不喂粮谷;最后,他称帝后,仍然身着布衣,后妃不衣锦绮,故深得民众的拥护。

## 即位七天被杀

刘和,字立泰,生年不详,刘渊之子,身长八尺,貌美好学,很受其父刘渊喜爱。刘渊死后,刘和继位。但刘和继位后,性格变得多疑,又听信谗言,结果于公元310年6月18日即位后,只做了7天皇帝,当月24日就被刘聪杀死了。

且说刘渊在临死之前,让人把他从病榻上搀起来,急着安排后事,传谕太子梁王刘和继位,加封另外四个儿子,楚王刘聪为大司马、大单于、录尚书事,齐王刘裕为大司徒,鲁王刘隆为尚书令,北海王刘乂为抚军大将军,叮嘱他们要尽心辅佐太子刘和。说完,刘渊便死去了。刘和即位后,身边聚集了三个人,一个是刘和的舅舅呼延攸。此人无才无识,还常常搬弄是非,被刘渊下令终身不得迁官,因此心中不满;另一个是西昌王刘锐,刘渊死前没让他辅政,心中有气;再一个就是侍中刘乘,过去和刘聪闹翻过,对其在刘渊死前受封很是嫉妒。故刘渊死后的第三天,这三人便串通一气,蛊惑刘和说:"先帝过分重用四个王子,把实权都分给了他们;仅大司马刘聪就拥兵十方,驻扎近郊,天天车水马龙,事出反常,说不定哪一天就要取代陛下。依我们看,陛下应早考虑对付这种情势,将他们除掉。"刘和是呼延攸的外甥,对其一向言听计从。20日夜间,刘和召来安昌王刘盛,安邑王刘钦秘密谋划。刘和刚说完自己的意图,安昌王刘盛便反对说:"先帝的棺椁还没有安葬,四王也没有作乱的迹象,现一旦兄弟间自相残杀,天下会怎么议论陛下?再说大业还没有成功,劝陛下不要听信挑拨离间小人的谗言来疑忌兄弟。试想陛下连自己的兄弟都不能相信,那别人还有值得相信的吗?"呼延攸、刘锐见刘盛一下戳穿了他们的阴谋，生怕刘和变卦，便对其大怒道："大胆！今日之事乃陛下圣裁，与尔等共图大事，岂能容你胡说！"说毕，不容刘盛分辩，当场命左右将刘盛杀死。刘钦见状，面灰如土，再不敢违抗，只得勉强道："唯陛下命！"天明后，由刘和安排，令刘锐带着将军马景在单于台攻打楚王刘聪，令呼延攸带领永安王刘安国到司徒府攻打齐王刘裕，令刘乘带领刘钦攻打鲁王刘隆，令尚书田密、武卫将国刘王璿攻打北海王刘乂。田密、刘王璿不但没有攻打北海王，反而保护他归附楚王刘聪。刘聪知道后，加紧准备，等待刘锐来攻，刘锐、马景闻讯，不敢攻刘聪，返回和攻打刘裕的呼延攸、攻打刘隆的刘乘联合，集中力量攻杀刘裕、刘隆。呼延攸、刘乘见刘安国、刘钦有异心，便于21日先杀了他们，尔后攻杀了刘裕；22日，攻杀了刘隆。四王被杀掉两个，刘聪岂能善罢干休？23日，刘聪率军攻克都城西明门，尔后怒冲冲地闯入宫中，在光极殿杀死刘和，接着又捕杀了刘锐、呼延攸、刘乘。

刘聪杀死刘和后，登上皇位。这就是汉国的第三任皇帝。

## 灭　晋

刘聪，生年不详，刘渊第4子。刘渊在位时，任大司马、大单于、录尚书事。

且说刘和被杀后，大臣们请楚王刘聪即位。刘聪因北海王是单太后的儿子，便建议把皇位传给他。刘乂流着泪说："我的命就是哥哥保护下来的，让我即位万万不可。"他坚决让刘聪继承皇位。刘聪想了好久后才说："他和诸公是因为现在祸乱困扰还多，看重我的年龄大几岁罢了。这是出于对国家大业的考虑，我就不敢再推辞了。等长大后，我将把大业交还于他。"随后即位，改年号兴光，仍尊刘乂的母亲单氏为太后，尊自己的母亲为帝太后，刘乂为皇太弟，兼大单

于、大司徒，立自己的妻子呼延氏为皇后，封儿子刘粲为河内王、抚军大将军、都督中外诸军事，以石勒为并州刺史、汲郡公。分封完后，刘聪便决心南下灭晋，完成先帝刘渊的未竟事业。

当年10月，刘聪令河内王刘粲、治安王刘曜率军四万进犯洛阳，石勒率骑兵二万在大阳与刘粲会合，挥军前进。第二年2月，石勒攻克许昌。5月，刘聪又增兵二万七千，由前军大将军呼延晏率领进犯洛阳。27日，呼延晏先刘粲、王弥、石勒等人到达洛阳，30日，攻克昌平门。6月1日，晋怀帝看到洛阳难保，便准备了一些船只，准备向东南逃难，呼延晏发现后把它们都烧掉了，绝了怀帝逃跑的后路。6日，安始王刘曜到达西明门；11月，王弥、呼延晏攻克宣阳门，进入南宫，登上太极殿前殿，大肆抢掠。怀帝偷偷溜出华林园，企图逃往长安，后被汉兵追上，囚禁在端门。12日，刘曜杀死晋太子司马诠等，纳娶惠帝羊皇后，尔后把怀帝送往平阳。21日，刘聪为庆祝胜利，宣布大赦，改年号嘉平，安排晋怀帝为特进左光禄大夫，封为平阳公，后封为稽郡公。五年后，又派刘曜攻破长安，虏获晋愍帝，灭掉西晋。

## 乱　汉

且说刘聪杀兄即位后，不仅为政暴虐，且在生活上淫乱不堪。单太后本为刘聪的庶母，但刘聪见其年轻美貌，便强行与其私通。皇太弟感到这是乱伦之举，多次劝说，单氏感到羞愧难当，无地自容，忧愤而死。刘聪灭晋之后，自以为天下稳定，变得更加骄奢淫逸。公元312年1月22日，他下令从一些大臣家中选了一批如花似玉的少女入宫，一气封了一大群昭仪、夫人、贵妃。没过一个月，他听说大臣刘殷家的女孩个个美貌绝伦，便令其将两个女儿和四个孙女一起送进宫中，册封刘殷的两个女儿刘娥、刘

英为左右贵嫔，封刘殷的四个孙女为贵人。从此，刘聪左搂右抱，忙得不可开交，便再不上朝理政，把一切国家大事全交给一批宦官去管。这年3月，他听说舅舅的儿子张寔有两个女儿，一名张微光，一名张丽光，美丽动人，也娶来封为贵人，任他享用。公元315年3月，刘聪听说中护军靳准的两个女儿美貌动人，又设法娶了过来，把其一女靳月光立为皇后，另一女靳月华立为右皇后，将刘贵妃立为左皇后。左司录陈元达极力劝谏道："并立三个皇后，不符合礼规。"刘聪不理。后陈元达奏报靳月光品行不端，刘聪不得已才废了她。靳月光羞愧愤然自杀而死，刘聪对陈元达恨之入骨。陈元达后来也因刘聪拒不听谏，于公元316年3月自杀身死。这年7月，刘聪又将已故张皇后的侍从婢女樊氏立为皇后，此外又让7个年轻美貌的少女虽不封后，但也佩戴上了皇后玺印绶带。公元318年4月，刘聪见中常侍王沈的养女容颜美丽，又立其为左皇后，没过几天又立宣怀的养女为中皇后。有这样一堆皇后天天陪着刘聪寻欢作乐，通宵饮宴，刘聪感到真是比天上神仙还要乐三分呢！故有时三日不醒，百天连宫门也不出。结果，时间一久，便乐极生悲。公元318年7月，刘聪终因纵淫无度，一病不起，当月19日便一命呜呼，在位8年。

## 杀人也杀己

刘粲是汉国的第四任皇帝，生年不详，刘聪之子。刘聪即位后，没封他的儿子刘粲为皇太子，而封刘义为皇太弟，是想将位传弟不传子。对此，刘粲一直不满，一直没法除掉刘义。于是，他多次让中护军靳准等人在刘聪面前诬告刘义谋反，但刘聪始终不信，弄得刘粲很尴尬。

为了使刘聪相信刘义谋反而达到杀害他的目的，刘粲又想出了一条十分狠毒的诡计。公元317年3月的一天，刘粲让党羽王平到皇太弟那里假传密旨说："刚刚奉受国主密诏，说京师将有变乱发生，应内穿甲衣以备之。"皇太弟信以为真，令东宫臣属在外衣内穿上甲衣，命令他的军队戒严待命。与此同时，刘粲又让与他有仇的靳准、王沈去向刘聪报告说："太弟已准备作乱，令他的臣属已内着甲衣，军队戒严待命。"刘聪大惊道："怎么可能会发生这样的事情？"王沈等人又说："我们早已听说皇太弟有犯上作乱之心，曾多次报告，只是陛下不信我们的话。"刘聪便令刘粲率军包围东宫。刘粲军到，刘粲让靳准、王沈首先拘捕了听命于东宫的氐、羌酋长十多人，严刑拷打，把他们的头颅都枷锢于高木格之上，然后用烧红的铁器炙灼双目，逼着他们主动在刘聪面前承认和刘义共同谋反。刘聪见有供词，果然信以为真，便对王沈等人道："我现在才知道了你们的忠心！"你们应当追念知无不言的训诫，不要怨恨过去上言而不信用。"于是，派人抓住刘义，将其废为北海王，诛杀其东宫亲属、大臣等数十人，坑杀士族15000人。刘义没被杀死，刘粲便不甘心，生怕其东山再起，便于4月下旬，索性自作主张，让靳准用药酒将其杀死。刘粲设计除掉他，如愿以偿。同年7月，刘聪便立刘粲为太子，兼领相国职务，总揽朝政。

公元318年7月，刘聪病死，刘粲即位，靳准是个野心家，乘机将堂弟靳明任为车骑将军，靳康为卫将军。这样，三靳便共掌了京都的兵权。再说刘粲即位后，在朝政上虽没有什么建树，但在生活上比刘聪还要淫乱，竟与刘聪嬬居的四个皇后依次通奸，迷恋后宫，不理朝政。8月，三靳便以刘粲淫乱无道为由，率军入宫，在光极殿抓住刘粲，先数他的罪名，尔后杀掉；接着，将宫中刘氏男女一一杀于东市，焚烧刘氏宗庙。靳准杀绝刘氏家族后，自任大将军，汉天王，行使皇帝权力，设置百官。

## 改汉为赵

刘曜，刘渊的侄子，幼年丧失父母，由刘渊养大成人，生年不详。刘渊即位称帝后，被封为相国，镇守长安。刘聪即位后，封车骑大将军、中山王；刘粲即位后，刘曜仍镇守长安。

且说靳准杀死隐帝后，消息传出，刘曜由西南长安发兵，石勒由东南发兵，两路会攻平阳，讨伐靳准。10月，刘曜到达赤壁，因平阳已无刘氏国主，众将便怂恿刘曜道："国家不可一日无主，请相国上皇帝号。"刘曜早有此心，闻言当然高兴，便于进军途中即帝位，宣布大赦天下，只有靳准一族不在赦免之列；任石勒为大司马、大将军，加九锡，增封十郡为私邑，进爵为赵公。不久，石勒到达平阳，收降10万兵民，迁入自己所辖县内。这时刘曜也兵屯平阳，与石勒共同讨伐靳准。靳准见兵临城下，不能支持，便派侍中卜泰赠送车驾、御服给石勒，求和。石勒立即将卜泰押送到刘曜营中，交其处理。但刘曜却立即召见卜泰说："先帝刘粲晚年，行为实在违背人伦，死不足惜。大司马靳准如行使伊尹、霍光那样的权力，使朕登上皇位，其功劳可就大了。若早迎大驾，我会把全部政事交给他管，何况免其死罪呢？你快入城去，将朕这一番诚意原原本本地告诉靳准，不要错过良机。"卜泰回去后，向靳准陈述了刘曜的意思。靳准觉得自己过去杀害了刘曜的母亲兄弟，谅刘曜决不会饶恕自己，故对刘曜的话不敢相信，犹豫不决。靳明、靳康见靳准犹豫不决，生怕对自己不利，便派人伺机将靳准杀死，尔后派卜泰带着六颗传国信印到刘曜营中投降。刘曜准降，石勒听说刘曜、靳明背着自己互相勾结，大为恼怒，便抢在靳明投降刘曜之前，攻击靳明。靳明抵抗不住，急派使者向刘曜求救。刘曜派刘雅、刘策迎战，靳

明便率平阳士民15000人逃奔汉国。然靳明一到，刘曜不容分说，便拘捕靳氏家人，不分老幼，全部杀掉。石勒攻陷平阳后，以平乱有功，被刘曜进为太宰，领大将军，进爵赵王。然石勒割据野心已久，攻下平阳后，收葬了刘粲的尸体，将宫中一切用物全部运回自己的封地襄国（今河北邢台）。公元318年11月，石勒与刘曜公开分裂。公元319年6月，刘曜在长安改国号汉为赵，史称前赵。同年11月，石勒于襄国即赵王位，史称后赵。到公元328年12月，刘曜和石勒决战于洛阳，刘曜失败被石勒杀死。刘曜死后，太子刘熙又支撑了8个月，到329年9月，刘熙被石虎抓获杀死，前赵灭亡。先由刘渊建国，至刘曜共5帝，至329年灭亡，立国27年。

## 建立后赵

石勒是十六国时期后赵的开国皇帝，也是十六国割据政权中一个有作为、有才能的皇帝。

石勒，字世龙，上党武乡（今山西榆社县境）羯族人。出生于公元274年，卒于公元333年，在位15年。石勒出身少数民族的小贵族家庭，后家境破落，石勒外出谋生。20岁的时候，曾被卖给山东茌平县一个叫师欢的家中做耕奴。公元305年，石勒起义反晋，后投奔到汉国刘渊部下，成为一员大将。石勒虽不认字，但常让儒生读史书给他听，学到了不少历史知识和社会知识。公元319年11月与前赵刘曜公开分裂，自称赵王，为和前赵相区别，史称后赵。公元328年12月，石勒与刘曜决战洛阳，汉军溃败，刘曜被杀；公元329年9月，石勒又击败前赵太子刘熙，将其杀死，彻底灭掉前赵。公元330年2月，后赵群臣请求赵王石勒即帝位，石勒便号称大赵天王，行使皇帝的权力，立妃子刘氏为王后，世子石弘为王太子、儿子石弘为骠骑大将军，都督

中外军事、大单于,封为泰王;石斌为左卫将军,封太原王;石恢为辅国将军,封南阳王。任石虎为太尉、尚书令等。这时在中原地区,除辽东慕容氏、河西张氏外,皆为石勒所统一,是后赵的全盛时期;后赵之地,南逾淮河,东滨于海,西至河西,北达辽东;后赵与东晋以淮水为界,初次形成南北对峙的局面;尤其是在北方,只知有后赵,不知有东晋,其影响大大超过了偏安于江南的东晋王朝。公元330年9月,后赵群臣再次请石勒上皇帝尊号,石勒不再推辞,遂即帝位,大赦天下,改年号为建平,册立王后为皇后,王太子为皇太子,以洛阳为南都,设置行台。公元333年7月,石勒病重,颁布遗命说:"石弘兄弟,应当好好互相扶持,司马氏就是你们的前车之鉴;中山王石虎应当深深追思周公、霍光,不要为后世留下口实。"21日,石勒去世,终年60岁。

### 学史用史

石勒幼年家境贫寒,没有文化,但他知道,要成大业,不能有勇无谋。为此,他特别喜欢学史,力求从历代帝王的兴衰史中吸取经验教训。自己不识字,就定时让儒生念给他听,并在听的过程中发表个人见解。有一次,他让人给他读《汉书》,当听到郦食其(秦汉之际策士,后归刘邦,曾献计克陈留,又说齐王田广归汉,不战而得齐地70余城。后韩信袭齐,齐王疑他与韩信通谋,将其烹死)劝汉高祖册立战国时六国诸侯的后裔时,石勒吃惊地说:"这是个失策的馊主意。如果是这样,他又为什么最终得了天下呢?"等听到陈留侯张良及时劝谏后,又高兴地说:"幸亏有这么回事儿。"

由于石勒努力学习,博闻强志,所以他对历史上的人物、事件都比较熟悉。公元332年1月,石勒举行盛大宴会,犒赏群臣。宴席上,石勒问徐光:"你看朕可以和古代哪一个君主相比?"徐光回答道:"陛下的神武谋略超过汉高祖,其他的就没有资格和您相提并论了。"石勒笑道:"你的话确有点儿言过其实了,人哪有不知道自己的?朕如果遇到汉高祖,应当向他北面称臣。在这个时期,我最多可以和韩信、彭越同列比肩。如果遇上汉光武帝,我将会和他共同逐鹿中原,还不知道鹿死谁手呢?我认为,大丈夫行事,就应该光明磊落,如日月皎然;终究不能像曹孟德、司马仲达那样欺凌孤儿寡母,靠不正当的手段夺取天下。"诸大臣听了,无不顿首欢呼万岁。

### 敬贤集才

石勒多年征战,认为要成大业,没有人才不行,为此思贤若渴。公元314年3月,石勒攻打王浚。王浚兵败后,其部参佐争着到石勒营中请罪,为了减轻处罚,提礼物托人情的交错不断,然只有尚书裴宪、从事中郎荀卓不来。石勒恼怒,将其召来责道:"王浚暴虐无德,我来讨伐除掉,其部皆来谢罪,唯独二位当初给他出谋划策,罪恶更重,你们将怎样才能逃脱我的诛杀呢?"裴宪、荀卓从容答道:"我等世代在晋为官,受到优厚的荣禄。王浚虽然凶暴粗俗,仍为晋朝藩镇大臣。人各为其主,我们跟着他干事,不敢有二心。您如果不修德义,专靠权势刑罚,则宪等死自其分,又何逃乎!请您马上处死我们吧。"石勒早就听说此二人是人才。忽又想起在抄查王浚部下之家时,他人都是巨额产业,唯独此二人家中只有几百套书和几斗米,便已对二人心中有数。今听其言,观其行,果然都是有骨气的硬汉子,不由得更加心生敬意,立即转怒为喜,以礼待之。道:"我今攻王浚,并没有因取得幽州而高兴,我所最感到高兴的,是得到了你们二位啊!"裴宪、荀卓对石勒爱才之说也早有所闻,见石勒今日之说,更加深信不疑,便表示愿为其效劳。石勒高兴之余，当即任裴宪为从事中郎，荀卓为参军。

由于石勒敬才爱才，主动来投靠石勒的人才学士络绎不断，石勒将这些人一一重用，并集中在一起，号曰"君子营"。这些人后来为石勒建基立业，"机无虚发，策无遗策"，发挥了重大作用。

### 不计旧怨

石勒建赵称王后，于公元 321 年 11 月，把老家武乡（山西榆社县境内）的耆旧故老们召到襄国一起欢乐饮宴。宴席上，他见他当时熟悉的父老乡亲都到齐了，唯独当年的邻居李阳未到。石勒想到，当年在家期间，李阳是邻居，两人曾多次因争夺沤麻的池子发生争吵，有时还动手厮打。现在，石勒成了一国之王，想李阳定是怕石勒计较过去，不好意思前来。想到这些，石勒便对家乡父老说："我小时候就知道李阳是个血气方刚的勇士，当初因沤麻发生了一点儿小小的争执，乃都是平民时的恩怨。现在，我正准备兼平天下，怎么会去斤斤计较那点事情呢？"说毕，便立即派人前去家乡请李阳速来赴宴。李阳来到之后，石勒急忙站起身来，上前挽住李阳的胳臂开玩笑地说道："过去小时候我饱受了您的拳脚，您也遭到了我的毒打，咱们本来就是两平交，谁也不吃亏，谁也不受屈，你说是吗？"李阳见石勒心胸这么宽阔，激动得紧紧握住石勒的手，好长时间说不出话来。家乡父老见此情景，都哈哈大笑起来。其中一个比石勒大几岁的人道："亲不亲故乡人嘛，不打不成交。"石勒忙随和道："对，对，对，不打不成交，不打不成交！"接着，便封李阳为参军都尉，并仿当年汉高祖刘邦对家乡丰县和沛县一样的做法，免除武乡三代人的赋税和徭役。

### 食诺毙命

石遵，生年不详，石虎的儿子，公元 349 年被杀。

石遵即位称帝后，立原燕王石斌的儿子石衍为皇太子。这一来，仅因食一诺言，便埋下了毙命的祸根。

原来，石遵在起兵攻邺城时，曾经对支持他的征虏将军石闵许下诺言："努力干吧，事成之后立你为太子。"然石遵即位后，竟立石衍为太子，任石闵为都督中外诸军事、辅国大将军。石闵没当上太子，心中当然不满。他总揽兵权后，便许诺将手下将士都封为殿中员外将军，封爵员外侯，并写成奏章报了上去，但石遵不准。公元 349 年 10 月，中书令孟准、左卫将军王鸾劝石遵应该逐渐剥夺石闵的兵权，石闵知道后越发不满。对石闵的不满行动，石遵早有觉察，担心其蓄谋叛乱。11 月，石遵秘密召来义阳王石鉴、乐平王石苞、汝阴王石琨、淮南王石昭等人商议除掉石闵。义阳王石鉴早有即位称帝的野心，他见这次是个机会，便想借石闵的手除掉石遵。当时石遵对几个王说："石闵不忠的迹象已很明显，如今我想将他杀掉，你们意下如何？"石鉴带头表态道："应该如此。"然会议还没结束，石鉴便找了个理由溜了出来，派心腹宦官杨环火速将这一消息告诉石闵。石闵闻讯也不怠慢，急忙将司空李浓，右将军王基找到，密谋废掉石遵，拥立石鉴；尔后立即派将军苏彦、周成率领甲士 3000 余人，于 11 月 18 日去捉拿石遵。苏彦入宫来到石遵住处，见石遵正和一帮宫女玩弹棋。石遵见来者杀气腾腾，心中害怕，但还是壮着胆责问苏彦："想造反不成？谁让你们来的？"周成大声说道："义阳王石鉴当立为帝！"石遵又道："我尚且如此，石鉴又能支持几天？"周成未等石遵说完，便指挥士兵上去一刀，将石遵杀死于琨华殿；同时被杀的还有郑太后、张后、太子石衍等人。

石遵从 5 月 15 日篡位称帝，到 11 月 18 日被弑，在位仅 188 天。

## 石鉴之死

石鉴，石虎之子，生年不详。石虎在位时，封义阳公，拥兵镇守关中；石世即位后，封右丞相；石遵在位时，为侍中。

且说石鉴和石闵合谋弑石遵后，被拥立为帝。他即位后，任命兴武侯石闵为大将军，封为武德王，封司空李浓为大司马，同时录尚书事。石鉴虽被立为皇帝，但他心里明白，自己这个皇帝位子是靠石闵得来的，生怕石闵再像弑石遵那样把他杀死。为此，在即位后的当天夜间，便将平乐王石苞、中书令李松、殿中将军张才找来商议，决定想趁石闵立足未稳，连夜去攻打，一举将其除掉。然而石闵、李浓早知石鉴不是良善之辈，早有准备。故使石鉴计未成功。事情败露之后，石鉴害怕，却装作一副不知道此事的样子，重处石苞、李松、张才，将其杀死，表面是是为石闵伸张正义，实为杀人灭口，石闵明知石鉴故意玩弄手段，但见石、李、张已被处死，也就没有再说什么。不过从此，石闵对石鉴进一步提高了警惕。

亲兴王石祗是石虎的儿子，也想替石鉴分忧。此时，他镇守襄国，便与姚弋仲、蒲洪等人联合行动，四处传递檄文，共讨石闵、李浓。石闵知道后，派汝南王石琨为太都督，率骑军7万征讨石祗。然而刚出邺城石琨就反戈一击，回攻石闵，结果大败逃回襄国。此时，中领事石成，侍中石启，前汉东太守石晖又密谋除掉石闵，也因事败露被杀。

石氏兄弟为什么都助石鉴而攻石闵？这里有个原因，就是因为石闵本姓冉，是石虎收养的孙子。他见石氏兄弟都把自己当作外人，屡次作对，便恼怒起来，决定杀光羯族，绝其石氏，自己称帝。12月，石闵令尚书王简、少府王郁率领数千兵士闯进宫去，捉住石鉴，暂关押在御龙关，尔后捕杀石虎所有子孙共28名。

石虎的儿子石琨、石祗因时在襄而幸免于难。接着，石闵下令"凡是斩掉一个羯族人的脑袋并送往凤阳门的赵国人，文官晋三级，武官全部升为牙门将"。命令下达之后，一天之中，就杀死羯族人多达数万；前后共杀羯族男女老幼20余万。公元350年2月，石闵杀死石鉴，恢复冉姓，自立为帝，改国号为魏，历史上又称冉魏。

## 后赵灭亡

且说石祗听说石鉴被石闵杀死，自立为帝，将国号由赵改魏，并恢复他原来的冉姓，杀尽石氏子孙，十分恼怒，也于2月在襄国即皇帝位，改年号永宁，打起后赵旗号，重建后赵帝室。他任命汝阴王石琨为相国，任姚弋仲为右丞相，任姚弋仲的儿子姚襄为骠骑将军、豫州刺史、任符健为都督河南诸将军、镇南大将军，开府仪同三司、兖州牧、洛阳郡公。当年夏四月，石祗便派汝南王石琨南下邯郸，与镇南将军刘国联合，共击冉闵。然冉闵十分狡猾，趁石琨南下，襄国空虚之际，乘机率军偷袭石祗，包围襄国。汝南王闻讯，火急回军，为襄国解围，冉闵兵败，暂退邺都。然石祗不知利害，见冉闵退军，立即下令全线出击，被冉闵打了个落花流水，败回襄国。11月，魏国皇帝冉闵率军10万再次攻打襄国，包围石祗。100天后，石祗招架不住，弹尽粮绝，便于公元351年2月去掉皇帝称号，改称赵王，派太尉张举偷溜出城，向燕国求援，并承诺送去传国印玺；派中军将军张春向右丞相姚弋仲求救。姚弋28000仲立即派儿子、骠骑将军姚襄率军人救赵，时前燕也派军3万与姚襄会师，共解襄国之围。冉闵大败，只带10余骑逃回邺城。石祗取胜，想一举彻底消灭冉闵，便派他的将领刘显领军7万攻打邺城。冉闵恼怒，亲率全部兵士出战，大败刘显，斩杀其3万多人。刘显害怕，秘密派人向冉闵请降，并以回去杀掉石祗为誓，以表降之诚心。冉闵许降。这年4月，赵将刘显不忘对冉闵的许诺，伺机杀死后赵最后的一个皇帝，同时被杀掉的还有丞相乐安王石炳、太宰等10多人，并将首级送到邺城。至此，石祗在位1年，后赵灭亡，立国共31年。

第二年，即公元352年4月，冉闵与前燕战于龙也城（今辽宁朝阳市），最后兵败被俘身亡。至此，冉闵篡赵改魏，前后不到三年就亡国了。

### 建基立业

慕容廆字奕洛瓌，昌黎棘城（今辽宁义县西北）人，鲜卑族，生于公元269年。他虽生前没有称帝，却是十六国时期前燕的奠基者。

鲜卑族是我国北方的一个部落，原归属于匈奴，公元前58年归东汉王朝，被封为王。魏末晋初，鲜卑族分裂为许多部分：东部主要有宇文部、段部和慕容部；西部主要有拓跋部、秃发部和乞伏部。因慕容部的首领为慕容，故其部落称为慕容部。曹魏初年，慕容首领慕容廆的曾祖父莫护跋入居辽西，被曹魏封为率义王，始建都于棘城。莫护跋二传至慕容廆的父亲涉归时，又迁居辽东之北。公元284年，涉归死，慕容廆继位为王，割据辽东。公元289年，慕容廆遣使归附于晋，拜为鲜卑都督。从公元295年开始，慕容廆仿照晋制修明刑政，安辑流亡，重视农桑，使经济得到了迅速发展。在北方少数民族的互相征战中，慕容廆得到一条教训，这就是必须网罗人才，严格治国治军。辽东孟晖，见慕容廆治军有方，国家强盛，遂带几千户前来投靠，慕容廆热情接待，封其为建威将军，大臣慕舆呴勤俭恭敬清廉，慕容廆就让其掌管仓库。慕舆呴不用账簿，只靠心算默记，始终没有出现过差错；慕舆河头脑清楚敏捷，精明缜密，慕容廆就让他

掌管判案工作，使复察、审讯处理得精当公正。公元302年12月，鲜卑人宇文单于莫圭部人马强盛，想吞并慕容廆部，便派弟弟屈云率军攻打慕容廆。慕容廆闻讯并不正面迎击，而去攻击莫圭的偏师素怒廷。素怒廷毫无准备，被慕容廆打了个落花流水。此后，素怒廷感到羞耻，急速整顿军队，又集10余万人，在棘城包围了慕容廆。慕容廆部下见素军来势凶猛，都感到恐惧不安。慕容廆对大家说："素怒廷兵虽多而无章法，军纪松弛，其败已在我算计之中。只要诸君团结齐心，努力奋战，绝对一举即胜。"随后，慕容部奋力出击，使莫军大败；慕容军追击百余里，杀掉和俘虏莫军万余人。公元319年12月，高句丽、段氏、宇文氏三国合兵进攻慕容部。慕容廆采用离间计谋，使三国之间互相猜疑，结果大败宇文部，宇文氏道领只身逃走，余众尽被俘获，慕容廆声威大振。公元320年12月，晋元帝封慕容廆为都督幽州、平州、东夷诸军事和辽东公，仍保留单于称号。慕容廆在辽东从此站稳了脚跟，为前燕奠定了雄厚的立国基业。公元333年5月6日，辽东武宣公慕容廆因病死去，后被追为武宣皇帝。6月，其世子慕容皝继承父位。

### 称王平乱

慕容皝，字元真，生于公元297年，慕容廆的第三个儿子。史书说：此人"龙颜版齿，身长七尺八寸，雄毅多谋，略尚经学，善天文"。慕容皝深得慕容廆喜爱，被立为世子。慕容皝继父位后，妒忌庶母兄长慕容翰武略才能，使其惧而出走，投奔段氏。同母弟慕容仁、小弟慕容昭，也受慕容皝所妒忌，心生怨恨，二人密谋作乱，企图将慕容皝除掉。慕容皝先发制人，赐死慕容昭，讨伐慕容仁。然慕容皝兵败，慕容仁随后尽占辽东地区。公元336年1月19日，慕容皝率军讨伐

慕容仁。慕容仁粗心无备，兵败被擒赐死，叛乱遂被平息。此后，慕容皝多次击败段辽的侵扰。公元337年9月，镇军左长史封奕等人劝慕容皝称燕王。10月14日，慕容皝即燕王位，实行大赦；11月，追尊武宣公慕容廆为武宣王，立世子慕容儁为王太子。公元341年2月，晋朝廷同意任命慕容皝为燕王，并派人特符节到棘城册封。公元342年10月，燕王慕容皝迁都至龙城（今辽宁朝阳）；345年，燕王慕容皝认为古代诸侯即位，都各自称元年，便也自作主张，不再沿用晋朝年号，自称十二年。公元348年9月17日，前燕王慕容皝去世，在位11年，终年52岁。慕容皝死后，由他的第二个儿子慕容儁继位称王。

### 即位称帝

慕容儁，出生于公元319年，慕容皝次子。

公元348年9月17日，燕王慕容皝死后，于当年11月，由其次子慕容儁继为燕王。慕容儁继位后，于公元350年2月，兵分三路南下伐赵。3月5日，慕容儁攻下了蓟城（今北京西南）。公元352年4月5日，前燕王慕容儁派慕容恪等人率兵攻击冉魏，派慕容霸等率兵攻打段勤。没有几天，冉闵兵败俘，冉魏灭亡。4月20日，冉闵被押送到蓟城，尔后又转送龙城，于5月3日被杀。不久，鲜卑段勤投降，举城让燕。燕王慕容儁随着征战的节节胜利，疆域的不断扩大，国力的迅速增强，便产生了脱离晋朝统治自己独立称帝的思想。对此，他的属下臣僚哪能看不出呢？于是公元352年10月的一天，前燕国的全体官员共同给慕容儁上书，劝其上皇帝尊号。慕容儁欣然同意，便择定吉日，于11月12日开始设置百官，任命相国封奕为太尉，左长史阳鹜为尚书令，右司马皇甫真为尚书左仆射，典书令张稀为右仆射。13日，慕容儁仿照晋朝礼节，南郊设坛，即位登基，自称获得了传国印玺，改年号为元玺。尔后，前燕皇帝追尊武宣王慕容廆为高祖武宣皇帝，文明王慕容皝为太祖文明皇帝。登基大典刚刚举行完毕，恰好东晋的使者这时来到前燕，见后很是震惊。慕容儁哈哈大笑，对其说道："你回去报告你的天子，就说我趁着天下人才缺乏之机，为中原臣民所推，已改元登基当皇帝了。"公元353年2月17日，前燕皇帝慕容儁立后妃可足浑氏为皇后，立长子慕容晔为皇太子，将都城由龙城迁到蓟城。公元357年，前燕皇帝因太子慕容晔死，改立他的儿子、中山王慕容暐为太子，改年号为元寿。公元360年1月21日，慕容儁因病去世，在位12年，终年42岁；由他的儿子、太子慕容暐即皇帝位。

### 智断乱首

慕容暐字景茂，慕容儁第三子，前燕第四位皇帝，也是末代皇帝。生于公元350年，死于384年，终年35岁，在位11年。改年号建熙。

慕容暐即位时年仅11岁，尊可足浑后为太后，任命太原王慕容恪为太宰，总揽朝政；任命上庸王慕容评为太傅，阳鹜为太保，慕舆根为太师，参与辅佐朝政。慕容暐虽然是个只有11岁的小皇帝，但天资聪慧，颇有心计。

太师慕舆根历来争强好胜，他自恃为先帝有功旧臣，对慕容恪的地位高于自己心中不服，居功自傲，目中无人，并伺机陷害慕容恪。当时，因皇帝年幼，太后便经常过问朝政，慕舆根对此也很不满，就对慕容恪道："今主上年幼，母后干政，你又大智大勇，难免母后对你不虑。为此，殿下应时时留心，宜防意外之乱，以自保安全。"他见慕容恪低头不语，以为动心，便进一步怂恿道："平定天下，都是靠殿下南征北战，出生入死而得，兄亡弟及，古之成规，等到先帝的陵墓竣工之后,你就应将幼主废掉,自立为帝。这样,就可以给大燕带来无穷之福。"慕容恪听到这里,大惊道:"你今天喝醉了吗?怎么说出这种逆上作乱的话来?我和你同受先帝重托,辅佐幼主,缘何生出这种动机?"一席义正词严,责问得慕舆根面红耳赤,愧恨而退。事后,慕容恪将此事告诉了吴王慕容垂,慕容垂劝其将慕舆根杀掉,以绝后患。慕容恪道:"今正值先帝大丧,秦、晋两个邻国正坐视寻隙,如果我们自相残杀,乱子就可能真的要来了,不如先将此事暂时放下。"后来,秘书监皇甫真也劝慕容恪将慕舆根杀掉,慕容恪仍没有答应。再说慕舆根本想作乱,又想嫁祸于慕容恪,不料阴谋没有得逞,反受了一顿指责,更加心中怨恨。便来了个恶人先告状,抢先向太后和皇帝慕容暐进言道:"太宰慕容恪,太傅慕容评将要图谋不轨,犯上作乱,我请求率宫中卫兵去消灭他们。"可足浑太后听后大惊失色,正要表示同意,幼主慕容暐急忙暗止太后表态,抢先对慕舆根从容道:"太宰、太傅乃国亲贤臣,先帝选之,将我孤儿寡母相托,他们一定不会干出那种伤天害理的事来。不知太师从哪里得到他们要犯上作乱的消息?"于是,没有同意慕舆根的请求。事后,慕容暐对可足浑太后说:"我已从其言行中断定,这是慕舆根自己想作乱,又嫁祸于太宰太傅的。"随后派人监视慕舆根,发现果有谋乱之举,便下旨将其捕捉归案,连其妻、子、同党一起杀掉。国人闻之,无不称赞其心明眼亮。太宰慕容恪见幼主如此信赖自己,明断是非,虽独揽朝政,但他事事小心谨慎,严守礼法,从不独断专行。国家从此安定。

### 给人穿小鞋

古往今来,利用职权给属下小鞋穿的不乏其人。前燕皇帝慕容暐虽然聪慧识体,但给人小鞋穿的一个故事,却也十分典型。

公元 359 年 2 月的一天,燕主慕容儁在蒲池宴请群臣。席间,当谈到周朝太子姬晋的时候,慕容儁潸然泪下道:"真是才子难得啊!自从太子慕容晔死去后,我一直心痛如绞。如今朕已鬓发半白,你们说慕容晔怎样?"司徒李绩称赞了一番。慕容儁道:"你的赞誉虽然有点儿过头,但如此儿健在,我死也无忧了。"接着又问:"今太子慕容暐如何?"李绩直言道:"太子虽然天资聪慧,八德已闻,但尚有两个缺点,即喜欢游玩打猎和丝竹乐器,这也是他不如前太子的地方。"这时,太子慕容暐也在旁边,听了心中当然不高兴。但慕容儁听了感到贤臣直言,很是满意,对慕容暐语重心长地说道:"伯阳(李绩)的话你听到了吗?这是苦口良言,你宜戒之!"慕容暐口中应道:"是。"然心中却愤恨不已。及慕容暐即位后,便寻报复。公元 360 年 11 月,太宰慕容恪见李绩才略过人,且正直忠孝,便上书皇帝任其为右仆射。慕容暐听了当然不同意。慕容恪又多次上书,请求诏封,慕容暐道:"其他各种国家军政要务,我都可以委托给叔父自主,唯独伯阳之事,请叔父让我独裁吧!"随后,慕容暐对慕容恪的建议不但没有采纳,反而将其调出朝廷,任章武太守。李绩从此忧郁不乐,不久而卒。

### 前燕灭亡

前燕皇帝虽幼,但有太宰慕容恪、太傅慕容评、太保阳鹜的忠心辅佐,边疆安定,国内太平,多年无事。公元 367 年 5 月,太宰慕容恪因病去世。前秦以前所惧便是慕容恪,现听说慕容恪死去,便伺机图燕。本来,慕容恪死前,曾建议其死后任命智谋过人的吴王慕容垂出任大司马,可镇宁四海。然慕容恪死后,慕容暐没有听从慕容恪的建议,却于 368 年 2 月让自己的弟弟慕容冲为大司马。尤其可足浑太后历来妒忌慕容垂的才能，不但不重用慕容垂，反于于公元369年10月与慕容评合谋除掉慕容垂，逼得慕容垂走投无路，便于当年11月投靠前秦苻坚。公元369年12月，前秦苻坚派辅国将军王猛、建威将军梁成等人率步、骑兵3万人伐燕。370年10月，前秦军队长驱东进，26日包围了邺城。前燕皇帝听说后十分惊慌，急派太傅慕容评领兵拒敌。但慕容评为人贪婪鄙俗，不但不备战拒敌，反而命令部下封山禁泉，自己却令士兵贩柴卖水，从中渔利，不长时间，钱帛堆积如山。像这样的人的兵士，哪里还有什么斗志呢？前燕皇帝慕容暐派人去指责慕容评道："你是高祖慕容廆的儿子，应以宗庙社稷为忧，为何不养军备战而卖水积钱呢？府库里的珍宝，朕与你共享，何忧于贫？若贼兵遂进，国家丧亡，你有再多钱，却又有何用呢？"尔后，命令他立即将钱帛全部发给军中士兵，且督他出战。然其一遇前秦军队，燕军大败，被俘、斩首者5万余人，慕容评只身匹马逃回邺城。随后，前秦王猛率军攻克邺城；前燕皇帝慕容暐与上庸王慕容评等逃奔龙城。前燕主刚出城时，尚有一千多骑侍，待出城之后，侍卫全都逃走，只有10余骑跟随。前秦王苻坚派游击将军郭庆追击他们。前燕主途遇强盗，人马被劫，只好步行。行至荥阳，被郭庆追上，慕容暐被俘，押至长安，被封为新兴侯。至此，前燕灭亡。

## 复国建燕

　　后燕开国皇帝慕容垂，原名霸，字道明，前燕开国皇帝慕容皝第五子，生于公元326年。

　　此人从小勇谋双全，智略过人，很受慕容皝的宠爱，故给他起名为霸，并准备立其为太子；后因群臣劝阻，虽没立为太子，但对其宠爱却超过了太子。因此，太子慕容儁对慕容霸的才能和受宠很是嫉妒。待慕容儁即位称帝后，便处处想压制慕容霸，以其曾从马上掉下来摔坏了牙齿为由，将他的名字由霸改为䴏；不久，又以声称他应验了谶文中的谶语为由，去掉名字右半边的央，改其名为"垂"。故这第五子在慕容皝在位时期，东征西战，所向披靡，名为慕容霸；而到了慕容儁时期，于公元354年4月之后，就更名为慕容垂了。到了慕容暐在位期间，太宰慕容恪临死前曾建议委慕容垂以重任。由于皇帝年幼，他对皇帝的哥哥、安乐王慕容臧道："吴王慕容垂天资出众，智谋过人，你们如果能推举他任大司马，一定能统一四海。千万要以国家为重，不要为贪图权力而忘了祸患。"然慕容恪死后，慕容评不但不同意重用慕容垂，反而与太后合谋伺机将其除掉。慕容垂走投无路，便于公元369年11月以请求到大陆打猎为名，轻装出城，投奔了前秦苻坚，被封为冠将军、宾徒侯，封其子慕容楷为积弩将军。后来，慕容垂帮助前秦消灭了前燕。公元383年11月淝水之战，前秦的各路军队全部溃散，唯独慕容垂所统领的3万人马完整保全。这时，苻坚带残兵千余骑也来了。随同慕容垂一起投靠前秦的慕容兄弟和儿子们都想趁前秦兵败，杀掉苻坚，光复燕国。对光复燕室基业，慕容垂早有所愿，但他决不想乘人之危，落井下石。他说："我过去被太傅慕容评所不容，无处安身，逃难到了秦国。苻坚对我恩义礼遇备至，这种恩情我怎么能忘记呢？"可如果不杀苻坚，又怎么离开呢？当他行进到渑池时，找了个借口对苻坚说："北方边远地方的百姓，听说您的军队出师不利，互相鼓动作乱，我请求奉诏书去镇抚招纳他们，顺便拜谒先帝的陵庙。"苻坚同意。公元384年1月初，当慕容垂抵达荥阳时，其属下执意劝他上尊号，慕容垂表示同意，自称大将军、燕王；任命他的弟弟慕容德为车骑大将军,封范阳王;任命哥哥的儿子慕容楷为征西大将军,封太原王。1月26日,慕容垂抵达邺城,改前秦建元二十年为后燕元年,立长子慕容宝为太子。公元385年12月23日,慕容垂定都中山(今河北定县);386年1月,慕容垂即皇帝位,2月,改年号为建兴,设置公卿尚书百官。公元396年4月10日,慕容垂去世,终年71岁,在位13年。

### 逼杀继母

后燕皇帝慕容垂死后,由他的第二个儿子、太子慕容宝于4月29日即位。太子慕容宝,字道祐,生于355年,被杀于398年4月26日,终年43岁,在位2年。

原来后燕皇帝慕容垂共有9个儿子,前妻段皇后生有慕容令、慕容宝;后来,继室小段皇后又生了慕容朗、慕容鉴两个儿子;其他姬妾还为他生了慕容麟、慕容农、慕容隆、慕容柔、慕容熙。在前后9个儿子中,慕容垂偏爱姬妾所生的后5个儿子。慕容宝刚立为太子的时候,有比较好的声誉,但后来变得荒唐,令人失望。为此,小段皇后曾向慕容垂进言道:"太子如承太平之世,足可以做一个守业的皇帝;但今国家正处于动乱之中,太子恐怕就没是济世之才。辽西、高阳二王都是陛下之贤子,宜择一人,以继大业,赵王慕容麟奸诈强愎,异日必为国家之患,宜早图之。"平时,由于慕容宝和慕容垂左右近臣关系很好,听说后多次称赞太子的才能仁孝。故慕容垂听了段小皇后的话后,斥责道:"你打算让我像晋献公那样,听信姬妾言,去杀太子吗?"后来,这件事传到太子慕容宝和慕容麟的耳中,便对继母小皇后恨之入骨。

慕容宝在公元396年4月29日即位之后,于5月23日,便决定处置段小皇后。他派慕容麟找到小段皇后道:"你过去经常对先帝说太子不能守住国家大业,你看现在能不能守得住呢?你自己现在怎么办,早早裁定吧!"小段皇后一听这是有意报复,便大怒道:"你们兄弟一上台就官报私仇,逼杀继母,还有什么资格谈得上守住先帝的基业呢?我岂是怕死之人?我所担心的,只是先帝的基业不久就要亡在你们的手中了!"说罢,便当场自杀身死。小段皇后自杀后,慕容宝认为她曾谋划过废黜太子的事,已失去了母亲皇后的道义,连丧也不想发。中书令眭邃在朝上当着群臣义正词严地大声说道:"从来没有作为儿子废母亲的道理。东汉王朝安思皇后阎氏曾亲手将顺帝废掉,但阎皇后死了之后仍能进入太庙,何况先后并没亲行废立,只不过对先帝说了几句含糊不清的话罢了,况且就连这事也是言传,究竟是实是虚还没有证实呢!"慕容宝无言以对,只好仍按皇后的规格为小段皇后举行了葬礼。

### 养虎为患

高云,字子雨,生年不详。他本为高句丽族,故以高为姓。后燕慕容宝为太子时,其武艺受到赏识,拜侍御郎。慕容宝即位后,将其收为子,赐高云姓慕容氏,故又叫慕容云,封夕阳公。公元407年7月27日,冯跋、冯素弗兄弟借慕容熙为政暴虐,民心怨恨之势,乘慕容熙为苻皇后送葬之机,举兵占据龙城,推高云为燕王。28日,慕容云即天王位,改年号为正始;29日,杀死慕容熙,恢复高姓,改号大燕,史称北燕。8月,封冯跋为都督中外诸军事、开府仪同三司、录尚书事,任命冯跋的堂弟冯万尼为尚书令,弟弟冯素弗为昌黎尹,弟弟冯弘为征东大将军。

高云虽给了冯氏兄弟高官厚禄,但总觉得自己这个北京天王之位是冯氏兄弟给的,心中不踏实;且实权又都握在冯氏兄弟手中,生怕有朝一日冯跋再推翻自己。为防备冯氏兄弟兵变，高云便蓄养了一批精壮的武士作为自己的心腹、爪牙；其中最受宠爱的是两个头目，一个叫离班，另一个叫桃仁。高云让他的两个宠臣专门掌管帝室、宫廷的警卫工作；他对这两个宠臣待遇特别优厚，所给的赏赐不计其数，甚至连衣食住行都跟高云一样。对高云的用心，冯氏兄弟都看在眼里，心中明白。他们深知这两个人不是成器之辈，故不放在心上。

再说离班、桃仁这两个家伙，本属贪得无厌之徒，高云越是宠爱，他们越发得寸进尺，稍有一点儿不满足，便满腹怨恨。公元409年10月，高云不知又在什么地方得罪了他们，这二人便产生了弑主之心。13日这天，高云出临东堂。离班、桃仁二人怀揣利剑，手里拿着一张文纸走了进来，声称有事禀报，并递上公文。高云毫不怀疑，接过来展开细看。离班乘其不备，抽出宝剑直向高云刺去。高云急忙掀起一张桌子挡住离班的剑锋；桃仁见离班一剑没有得逞，急忙从侧面用剑刺向高云。高云还未来得及躲闪，桃仁的剑便已从他肋下刺入胸膛，血流如注，倒地即亡。

这瞬间的一场血腥杀戮，被早已登上洪光门观察事态变化的冯跋看得一清二楚。冯跋认为这一切是高云自作自受。待高云死后，冯跋才派手下张泰、李桑挺剑跳下洪光门去收拾这两个家伙。结果，李桑在西门杀死离班，张泰在院内杀死桃仁。一场叛乱终于平息。高云先后在位2年。

## 美政之君

冯跋，字文起，生年不详，长乐信都（今河北易县）人，后迁居和龙（今辽宁朝阳）。后燕慕容宝在位期间，任中卫将军，东徙龙城，与慕容宝养子高云关系密切。慕容熙在位期间，为政暴虐，民心怨恨，冯跋因事得罪慕容熙，几乎被杀。公元407年7月，他们乘慕容熙忙于丧事，起兵龙城，杀死慕容熙，拥立高云为燕王。高云被离班、桃仁两人杀死后，冯跋要让位给弟弟冯素弗，冯素弗坚辞不肯，冯跋才在昌黎登上天王宝座，追谥高云为惠懿皇帝，立儿子冯永为太子。

冯跋继天王位后，认真吸取后燕末主慕容熙暴政亡国的教训，废除苛政，惩罚贪污，省御薄赋，劝课农桑，为此很受北燕平民百姓的欢迎。为使官吏真正做到知人善任，他每次任命、下派守宰一类的地方官，总要亲自召见他们，详细询问他们施政的基本打算，观察他们的任职能力。

公元411年7月，柔然（国名）可汗（首领）郁久闾斛律（人名）派遣使节向冯跋献上3000匹好马，请求迎娶冯跋的女儿乐浪公主。冯跋让大臣们讨论这件事如何办理。辽西公冯素弗道："前代的君主把皇家女儿嫁给那些少数民族为妻，主要是把嫔妃所生的女儿许配给他们；至于乐浪公主，不应该下嫁给和我们不一样的人。"冯跋说："我正要在蛮荒地区树立威信，怎么能欺骗他们呢？"于是，冯跋仍坚持把乐浪公主嫁给郁久闾斛律为妻。通过这件事，群臣更加佩服冯跋的远见卓识。

由于冯跋勤于政务，修治国策，使得北燕统治下的辽宁、河北东北部一带地方着实太平了二十多年，这在当时战乱纷争的年代是少有的美政。公元430年9月，身患重病的冯跋在宫庭一片政变声中受惊而死；他的弟弟冯弘抢先登位，追谥冯跋为文成皇帝。

## 抢机登位

冯弘，生卒年不详。

公元430年8月，北燕王冯跋病重，召中书监申秀、侍中阳哲入寝殿嘱托后事。9月，冯跋病情加重，为防意外，他仍乘车临轩，命太子冯翼主持国事，并让其勤兵听政。但冯跋的妃子宋夫人却打算让自己生的儿子冯受居继帝位。他对太子冯翼道："陛下的病就快好了，你何必急于代替父亲君临天下呢？"由于冯翼性情文弱仁厚，听了宋夫人的话，便退回东宫，不再代父临朝。为了封锁消息，宋夫人又假传圣旨，不许朝庭内外的官员进宫探病；如有事相禀，只能由宦官传达。从此，太子冯翼及其他皇子、朝中文武重臣全都见不到皇帝。宋夫人自知在朝中力量单薄，便拉拢中给事胡福，让其专门掌管宫中禁卫，也只许他一人在宫内宫外自由出入。胡福虽然受宠，但不愿替宋夫人卖命。他担忧宋夫人的篡位阴谋成功，便将其异常举动报告给司徒、冯跋的弟弟冯弘。冯弘闻知立即亲率兵士闯入后宫找宋夫人算账。宋夫人知道后，十分紧张，急令关闭东阁。冯弘偏巧有一个勇而敏捷的家僮，便翻墙入内，杀死指挥守御的一名女官，开门迎冯弘率军入宫。躺在病榻上的冯跋看到眼前发生的一切，不胜惊骇，霎时气绝而死。冯弘乘机即了天王之位。他怕内外不服，便派人到城里街巷中宣告："上天降下实福，使得皇上驾崩。然而太子不在病榻前侍侯，朝中文武大臣不赶来奔丧，中山公冯弘见社稷将倾，才以弟弟的身份暂摄大位，安定国家。百官中凡入宫朝见者，进阶二等。"听了冯弘的这些宣传，不少胆小而又官迷心窍的人，纷纷入宫拜驾，以求保个平安无事。

太子冯翼眼睁睁地看着本来属于自己的帝位被别人夺去，哪能甘心？遂率东宫兵士与冯弘决战，以夺回他失去的皇位。但冯弘兵精将勇，冯翼大败，士兵溃散，最后被逼自杀。冯弘即位后，追谥冯跋为文成皇帝。

## 北燕亡国

冯弘即位前，原配妻子王氏生子冯崇，冯崇在他的兄弟中年龄最大。冯弘即位后，不立原配夫人为皇后，却立小姜慕容氏为皇后；不立嫡子冯崇为太子，反立庶子冯王仁为太子。公元432年11月，冯崇的同胞冯朗和冯邈私下商量说："如今国家危在旦夕。这一点，不论是聪明人还是愚蠢人，都看得十分明白。现在父王又多次听信慕容后的谗言，看来我们兄弟的死期不远了！"当时，他们的哥哥冯崇被派出镇守肥如。于是兄弟俩一块征求冯崇的意见。正在这时间，北魏国主拓跋焘派给事郎王德向冯崇劝降。兄弟三人一合计，便一致同意投降北魏。12月19日，冯崇派冯邈先去北魏，以献出全郡为条件投降北魏。冯弘听到这个消息十分恼怒，当即派将领封羽前往讨伐冯崇。公元433年1月15日，北魏派骠永昌王拓跋健督率各路兵马，赴辽西救援；2月1日，北魏军击败北燕军，魏主封冯崇为都督幽州、平州、东夷等诸军事、车骑大将军、辽西王等职。公元335年6月22日，北魏派骑大将军、乐平王拓跋丕、镇东大将军屈垣率骑兵4000攻打北燕。7月24日，北魏军抵达北燕都城和龙城（今辽宁朝阳，和龙城为一个地方）。北魏主冯弘心中害怕，急忙用牛肉和美酒犒赏北魏军，献出铠甲3千副。然魏军却不买账，怂恿士兵掠夺了男女6千口回国。公元436年3月20日，北魏又派平东将军娥清、西安将军古弼率精锐骑军1万人再伐北燕，平州刺史拓跋婴率辽西各路军队与其会师。4月，北路军攻克白狼城，北燕主冯弘慌了手脚，便放火焚烧宫殿，投奔高丽，龙城大火10天未熄。至此，北燕灭亡，立国共27年。公元438年3月，高丽王高琏派将领孙瀷、高仇等人，在北丰杀死冯弘及其子孙10余人，追谥其为昭成皇帝。

## 滑台立国

慕容德，字立明，生于公元336年，死于405年，十六国时期南燕的开国皇帝。

慕容德本为前燕文明皇帝慕容皝之子,后燕成武皇帝慕容垂的弟弟。前燕时,他曾协助慕容垂大败东晋桓温军;后燕时,被封范阳王、司徒,镇守邺城(今河北临漳西南)。公元397年10月,北魏攻克后燕都城中山,后燕便被分割为南北两个部分:后燕主慕容宝占龙城,以后成为北燕;范阳王慕容德占邺城。12月,慕容德在慕容麟的劝导下,南迁滑台(今河南滑县)。公元398年1月,后燕赵王慕容麟领头向范阳王慕容德奉上尊号,拥其成帝。但慕容德坚持采用他哥哥慕容垂过去建立后燕的做法,先不称帝,而称燕王,但建制却把范阳王府建制改为帝王制,设文武百官,史称其为南燕。公元399年8月,慕容德又迁都广固(今山东益都西北);第二年12月,慕容德在广固称帝,改年号建平。公元405年10月1日,慕容德身患重病,卧床不起,便在东阳殿召见群臣,商议册立太子之事。然而就在此时,广固突然发生地震,文武百官十分惊慌,慕容德也觉心中不安,便急忙起驾回宫。当天夜间,慕容德病情恶化,紧闭双目,不能说话。段后感到太子未立,如皇帝突然死去就一切不好办了,便大声对慕容德喊道:“现在就把中书令叫来写诏,立慕容超为太子可以吗?”慕容德这才勉强睁开双眼,用力点了点头。于是,即日册立慕容超为皇太子。事毕,慕容德也就断气了,在位8年,终年69岁。

## 国亡身死

慕容超,字祖明,生年不详,是慕容德的哥哥北海王慕容纳之子,母段氏。因慕容德无子,故立其侄慕容超为太子。

慕容超即位后,不恤政事,耽于游乐,忌忠言而信佞臣,故政治腐败,人民生活痛苦。

慕容超一即位,便让他的心腹公孙武楼任武卫将军,领屯骑校尉,辅政朝政,而让开国元勋、皇族重臣慕容仲、段宏分别去青州、徐州任刺史。尚书封孚劝阻慕容超道:“慕容仲是国之忠臣,社稷所赖;段宏负盛名于外戚,受景仰于百姓,陛下应让他们辅佐朝政,带领百官,不应让他们去镇守边远。公孙武楼乃为外人,且内心奸诈,让其辅佐朝政,臣下内心实为不安。”慕容超对此忠言不听,公孙武楼闻言则对封孚、慕容仲、段宏等甚为恨之。公元406年9月,公孙武楼想独揽朝政,便进谗言于慕容超,诬告北地王慕容仲和段宏参加谋反,建议将他们杀掉。慕容超信之,召其二人进京。这二人知道是公孙武楼的阴谋,便以有病为由未去。慕容超便派兵攻打青州和徐州。段宏兵败,投北魏;慕容仲坚守不住,杀死妻子儿女,从地道逃走投了后秦。一时间,国内上下大乱。慕容超以稳定内乱为借口,打算恢复残酷的肉刑,并增加烹刑和锻刑,因百官一致反对而作罢。公元409年4月,东晋派刘裕率军讨伐南燕。南燕由于上下皆离,民怨沸腾,坚持不住。慕容超急忙派人向后秦求救,后秦没有出兵。公元410年2月,刘裕拔广固,擒住慕容超,将他斩于建康。至此,南燕灭亡。立国仅13年。

## 独立称王

段业,京兆(今西安市西北)人,生年不详。他原为后凉国王吕光部下,任建康太守。公元397年4月,后凉国王吕光因尚书沮渠罗仇讨伐西秦失败被杀,他的侄子沮渠蒙逊拉起队伍造反,攻占了后凉的临松郡,然后据守金山。5月,后凉国王吕光出兵讨伐沮渠蒙逊,沮渠蒙逊兵败,逃进深山之中。沮渠蒙逊的堂兄弟沮渠男成为后凉将军,闻讯后也起兵反对后凉,便派人去建康动员太守段业造反。段业开始不干,后经多人相劝,便同意沮渠男成的请求,被推为大都督,龙骧大将军、凉州牧、建康公,脱离后凉,割据张夜(今甘肃省张夜),建立北凉政权,改年号为神玺;封沮渠男成为辅国将军,把国家军政大权全部交给他管。沮渠蒙逊听到这个消息,也带着队伍前来归附,被段业任命为镇西将军。公元399年2月,段业即北凉王位,改年号为天玺,任命沮渠蒙逊为尚书左丞,梁中庸为尚书右丞。公元401年4月,北凉王段业为沮渠蒙逊所杀害,在位4年。

## 弑君篡位

沮渠蒙逊,临松(今甘肃张夜)卢水胡人,生于公元368年,401年即位,433年病死,谥号武宣王。沮渠原为匈奴官名,因其先世为匈奴左沮渠,年长日久,官名变成姓。沮渠蒙逊是沮渠罗仇的侄子。沮渠罗仇原为居住在张夜卢水匈奴部落的首领,是匈奴沮渠王的后代,他的家人世世代代都是部落首领。后凉吕光建国后,任沮渠罗仇为尚书。公元397年4月,沮渠罗仇跟着吕光一起讨伐西秦。兵败后,沮渠罗仇被吕光杀害,由侄儿沮渠蒙逊护送尸体回乡安葬。由于沿途部落和他们的关系很好,故参加葬礼的人多达万余。沮渠蒙逊意在聚众造反,便对众人哭诉吕光的罪行道:“吕光昏聩荒淫,毫无做君王的道义,杀死了许多清白无辜的人。我们的祖先雄威震慑河西,难道就眼睁睁地看着我的叔父惨遭冤杀而无动于衷吗?我决心为他们报仇,进而恢复我们祖先的大业,你们意下如何?”众人听罢,一致欢呼万岁。沮渠蒙逊乘机结盟起兵,立即拉起队伍造反,并一举攻克临松郡,屯据金山。吕光派兵讨伐,沮渠蒙逊兵败后逃入深山。后听说堂兄沮渠男成拥建康太守段业建立北凉政权,便前去投靠。

段业虽缺智少才,但对沮渠蒙逊的勇武韬略很是嫉妒,也很害怕,便有意疏远。沮渠蒙逊早已看出段业是个无能之

辈,不堪成其大业,也生篡权夺位之心,故对段业有意疏远自己的用意当然十分清楚,便将计就计,伺机将其除掉。

公元401年4月的一天,沮渠蒙逊主动提出离开京都,去做西安太守。段业当然十分同意,临走之前,沮渠蒙逊和堂兄沮渠男成商量道:“段业不是一个平定乱世之君,我想将他除掉,拥立兄长为王,你看如何?”沮渠男成道:“段公本来就是一个孤身而来的外乡人,是你我把他拥立上王位的,对我们也很信任;但现在我们反过来把他搞掉,我们良心上也过意不去。”沮渠蒙逊见堂兄不同意,又生怕其坏了自己的大事,便决定先将他除掉。有一天,他主动邀请沮渠男成一起去兰门山祭祀,而暗中在临行前又派人对段业道:“沮渠男成企图谋反,并想在去兰门山祭祀时动员沮渠蒙逊一起干。如果他向您提出去兰门山设祭的请求,就可以证实了。”段业见沮渠男成果然提出要和沮渠蒙逊一起去兰门山设祭,便深信不疑,当即就将其抓了起来,指出罪过,令其自杀。沮渠男成立即明白这是沮渠蒙逊搞鬼,便向段业申辩道:“段公可不能上沮渠蒙逊的当呀!事前,他就要和我一块谋反,我不干;由于我们又是兄弟关系,也没敢向你报告。今天,是他设下这条毒计,先约臣去兰门山设祭,反过来又诬陷我造反,让你把我杀掉。你如不信,先假说臣下已死,并将我谋反的罪名公之于众,他也就可以放心地造反了。到那时,您再下令让我去讨伐,我一定能把他除掉。”段业对此根本不听,仍稀里糊涂地将其杀掉了。沮渠蒙逊见沮渠男成已经被杀,便哭着对部下说:“男成对段王忠心耿耿,却无缘无故地被杀掉了。对于这样一个是非不分的昏君,我们立他何用?将来还不是和男成一样死在他的手中吗?我决心为兄长报仇,诸位能说不应该吗?”部下一听,

一致悲愤流涕地高呼："杀死段业，为沮渠男成报仇！"一时间，主动要求叛乱的达万余人。五月，沮渠蒙逊率军到达北凉都城张夜，闯进皇宫，去抓段业。段业见自己的军队不战而散，又无处逃脱，便对沮渠蒙逊请求道："我现在孤身只影，当初是被你们沮渠推上王位的。现在我把王位让给你，请让我活下来回到东土，去和我的妻子儿子一块生活行吗？"沮渠蒙逊没有答应，仍旧将他杀掉了。随后，沮渠蒙逊在北凉武卫将军梁中庸等人的推举下，担任了大都督、大将军、凉州牧、张夜公，改年号永安。公元411年2月，北凉击败南凉，攻克姑臧；公元412年10月，北凉把都城迁到姑臧；11月，沮渠蒙逊登上河西王的位子，改年号立始；公元418年12月，北凉河西王向东晋呈上奏章，自称藩属，东晋王朝命他为凉州刺史。公元420年6月，刘裕废司马德文。东晋亡后，北凉向刘宋称藩属。公元433年4月，北凉王沮渠蒙逊病重，急召大臣商议，认为世子沮渠菩提年纪太小，身体不好，决定菩提的哥哥敦煌太守沮渠牧犍为世子。当日，沮渠蒙逊去世，在位32年。随后，世子沮渠牧犍即北凉王位，改年号为永和。

## 北凉灭亡

　　沮渠牧犍，又名沮渠茂虔，是北凉王沮渠蒙逊的第三个儿子。公元433年4月，沮渠蒙逊病逝后，由他的第三个儿子沮渠牧犍即位。由于沮渠牧犍自幼聪明好学，文雅和气，宽厚而有度量，故诸臣和贵族们都拥护他继承王位。然而沮渠牧犍即位后却贪恋酒色，不问政事。他的嫂子李氏花容月貌，翩翩若仙。沮渠牧犍虽有贵人不计其数，但一见嫂子，仍然神魂颠倒，筋酥骨软。那李氏也不是个善良之辈，性素好淫，虽是有夫之妇，但总不满足，便和两个兄弟眉来眼去，进而勾搭成奸。待沮渠牧犍三弟继位，更

是对其献媚；那沮渠牧犍也把一切心思用在李氏身上，而冷落了王后、北魏王拓跋焘的妹妹武成公主。公主对沮渠兄弟淫乱行为看不过去，常常怨恨。那李氏便与沮渠牧犍商议，一不做二不休，下毒于食物之中，欲将其毒死。幸而魏主得息迅速，急派解毒大夫前往救治，使其脱险。由是，魏主大怒，决心发兵讨伐北凉。史书还有这样一段描绘：说当时北凉有位须发皆白的老叟把一封信投放到敦煌的东城之内。信中写道："凉王三十年若七年。"守吏视为奇事，急派人找，踪影皆无。于是这守吏便把信呈献沮渠牧犍。沮渠牧犍弄不懂什么意思，便召问奉堂张慎，张慎答道："臣闻当年虢国将要灭亡的时候，也有神仙降临投信。这次又是神灵警告。意思是说，如陛下推广恩德，励精图治，还可能在国王的宝座上统治30年。如像现在这样沉溺游猎，贪图酒色，不用七年，必有大变。"沮渠牧犍听了不以为然，仍然我行我素，使得上下离心。公元439年5月，北魏决定讨伐北凉，整军练兵；6月11日率大军从平城出发，7月7日，抵达上郡属国城，留下辎重，兵分两路，轻装前进，攻伐北凉。8月4日，北魏军兵临姑臧城下。沮渠牧犍令将士绕城固守，其侄儿沮渠祖对叔王品行不满，很是愤恨，越墙出城，投降北魏，向魏提供了北凉的兵力布署情况，使魏主拓跋焘攻灭北凉信心大增。9月20日，沮渠牧犍的侄儿沮渠万年率军投降北魏。这一来，北凉城内军心大散，民心大乱。北凉国王此时才知大势已去，无法再守，只好亲率朝中文武官员5000余人，双手反绑，出城投降，后被赐死。自此，北凉灭亡，先后立国43年。

## 初建南凉

　　秃发是我国北方少数民族鲜卑族的一个部落。随着历史的延续，秃发便成为这个部落的姓氏；乌孤则是十六国时

秃发部落的首领,故又叫秃发乌孤。他的父亲叫秃发思复鞬,他父亲死后,秃发乌孤继承首领位。秃发乌孤继位后,胸有大志,十分友勇,为后凉三河王吕光所欣赏。公元394年1月,吕光派使节任命秃发乌孤为冠军大将、河西鲜卑大都统。当时,由于部落还不稳固,力量也很薄弱,不是吕光的对手,如和吕光对敌,必然失败,倒不如先归顺他们,然后再伺机而动。于是,秃发乌孤接受加封,秃发部便成了后凉的属下。之后,他便着手兴师征讨小部落,以扩展疆土,增加实力,公元395年7月,他攻击乙佛、折掘等部,将其收降。公元396年6月,吕光登上天王宝座之后,派使者授秃发乌孤为征南大将军、益州牧,封左贤王,秃发乌孤对来使道:"吕天王的几个儿子贪淫、暴虐,远近怨恨。在这种情况下,我也该做帝王应做的事情了。"公元397年1月,秃发乌孤便宣布脱离后凉,自称大都督、大将军、大单于、西平王,建立南凉政权,定都西平(今青海西宁),改年号为太初。后凉主吕光听说后,派窦苟前去征讨,在街亭与南凉开战,结果后凉兵败,南凉得胜。公元398年12月,南凉平西王秃发乌孤改称武威王;399年1月末,把都城迁到乐都。秃发乌孤征战节节胜利,疆土不断扩大,势力不断增加,结果乐极生悲。就在公元399年8月的一天,秃发乌孤酒醉之后骑马奔驰,不能自控,摔下马来,伤了筋骨,不久而死,在位3年。他死前仍思社稷,遗嘱立年龄大的为国君。国人便推他的弟弟秃发利鹿孤继位,追谥秃发乌孤为武王,庙号烈祖。

## 迁都安国

秃发利鹿孤继位后,当月把都城迁到安国。公元400年1月,秃发利鹿孤实行大赦,改年号为大和。秃发利鹿孤上台后,继承兄王遗志,精心理政,重才安邦,故国内上下齐心,团结一致,很是兴盛。当年4月,后凉出兵攻击南凉。南凉主秃发利鹿孤派他的弟弟秃发傉檀出战迎敌,一举将后凉击败,杀死兵众2000余人。5月30日,杨轨、田立明等人阴谋陷害秃发利鹿孤,当即被人发现,报告秃发利鹿孤,秃发利鹿孤将其处死,除了后患,安定了内部。

公元401年6月的一天,秃发利鹿孤下诏,让群臣畅所欲言,指出他为政的得失。西曹从事史暠道:"陛下命将士出征,往无不捷。但是,我们每攻占一地,却没有以民众的安宁为先,而把迁移人口为要务,使民众往往刚刚想安定下来,便又要重新迁到另外的地方去,故多发生叛离的情况,这就是之所以我们斩将拔城而地域不扩的根本原因。"秃发利鹿孤听了深以为然,并对其意见大加称赞。

公元402年3月,南凉王秃发利鹿孤患病不起,立遗嘱把国家政事交给弟弟秃发傉檀管理。当月,利鹿孤死去,由其弟弟秃发傉檀继承王位。利鹿孤在位3年,死后被追谥为康王。

## 穷兵黩武

南凉王位为何每次都是传弟不传子?这是因秃发思复鞬在世的时候,在秃发乌孤、秃发利鹿孤、秃发傉檀等几个儿子中,傉檀年少机警,富有才略,很讨其父喜爱。故秃发思复鞬曾对几个儿子说:"你们几个都很不错,兄弟之间要相互谦让,共保祖业;但也须明,秃发傉檀的才智谋略,却是你们其他几个所比不上的。"由是思复鞬去世后,其世子秃发乌孤继位;秃发乌孤去世前,立遗嘱让弟弟秃发利鹿孤即位;秃发利鹿孤去世前,又立遗嘱让弟弟秃发傉檀继位。特别秃发利鹿孤继位后,秃发傉檀已长大成人,才华初露,故秃发利鹿孤把军国大事全交其处理。然待秃发傉檀继承王位后,却不审时度势,自以为才勇双全,目空一切，仍然穷兵黩武，连年征战，结果弄巧成拙，国势大衰，以至最后落了国亡身死的下场。

公元 403 年，南凉王秃发傉檀及北凉王沮渠蒙逊分别出兵攻击后凉，没有捞到什么好处；公元 406 年 11 月，傉檀把秃发都城迁到姑臧；407 年 9 月，秃发傉檀率兵 5 万讨伐北凉，被沮渠蒙逊打得大败。公元 408 年，又为北凉和夏所败，只好迁都乐都。公元 411 年 2 月，秃发傉檀兵分五路讨伐北凉，大败而归，后被沮渠蒙逊进军围困乐都。秃发傉檀无奈，最后用儿子秃发染干作为人质向对方求和，沮渠蒙逊才收兵回去，南凉国势从此大衰。公元 411 年 7 月，西秦河南王乞伏炽磐统兵突袭南凉乐都。南凉最后惨败，归降西秦，至此南凉灭亡。这年 7 月，秃发傉檀被乞伏炽磐所派的人用药酒毒死，其在位共 12 年。

南凉先后立国三主，历经 18 年。

### 兴建谦光殿

张骏，字公庭，出生于公元 307 年，张寔之子，张茂立为世子。张茂死后，称假凉王，一面继续效忠晋室，一面称藩于后赵。开始，张骏遵从先君遗训，勤修政事，总领文武官员，让他们各得其所，各适所用，从而经济发展，疆域开拓，民富兵强，为前凉全盛时期，远近之人都称他为贤君。公元 331 年 6 月，张骏感到做后赵的臣子耻辱，不再接受封号。随着国势的强盛，张骏在生活上也奢侈起来。公元 335 年 12 月，张骏在姑臧城南大兴土木，筑建谦光殿。这谦光殿共五座宫殿，中为谦光殿，画以五色，饰以金玉，穷尽机巧。谦光殿四周，各起一座宫殿，东称宜阳春殿，春季三个月居住，南称朱阳赤殿，夏季三个月居住；西称政刑白殿，秋季三个月居住，北称玄五黑殿，冬季三个月居住。各殿旁皆有省内官寺署。公元 345 年 12 月，张骏攻伐焉耆，使其投降。同月，张骏自称大都督、太尉、大将军、假凉王，设置诸官，官号仿效晋廷；车服旌旗都仿效诸侯王。

公元 346 年 5 月 23 日，张骏因疾去世，在位 22 年，终年 39 岁，死后追谥为文公。文公张骏去世后，前凉官员属吏表请世予张重华为使持节、大都督、太尉、护羌校尉、凉州牧、假凉王。

### 以谢艾为将

张重华，字泰临，出生于公元 326 年，文公张骏第二子。张骏死后，继为使持节、大都督、护羌校尉、凉州牧、西平公、假凉王。

张重华继父位之后，发扬历代先君遗风，谦虚谨慎，勤于政务。特别是在用人方面，对所荐之人，他都要亲自考察，如确有其才，他便放心重用。他在位期间，以谢艾为将便是一例。

公元 346 年 5 月，赵将王擢攻打前凉，袭击武街，抓获了护军曹权、胡宣，太守张冲请求投降。张重华闻讯，出动全部军队前去抵抗。但凉军到达广武之后，坚壁固守，久不交战。国家危在旦夕，凉王张重华急召文武臣下，选拔将才。凉州司马张耽向凉王进言道："国家存亡在于兵，兵之胜败在于将。如今我们评议推荐将领，大多推举故旧，过去汉朝韩信被推荐，并非因为汉室旧臣。所以，对于一个贤明君主用人而言，并没有固定不变的人选，只要才能胜任，就可以授以重任。如今强敌已经入境，众将领都不敢前进，城内人心惶恐。我以为主簿谢艾，兼资文武，可用以御赵。"于是，凉王张重华亲召谢艾，问以方略，谢艾对答如流，并请求给他七千兵众，保证能击败赵军。凉王听罢十分高兴，当即任命谢艾为中坚将军，给兵五千，助其击赵。谢艾兵出振武，恰遇两只猫头鹰在军营鸣叫，便立刻计上心来，对兵将动员道："过去玩六博棋时，凡得到饰有猫头鹰头图案棋子的必然获胜。如今猫头鹰在军营中鸣叫，这便是克敌之兆。"众将士闻言信心倍增，士气大振；待与赵军接战，个个争先恐后，拼命杀敌，结果斩敌五千，大破赵军。

### 纳谏谢罪

前凉张重华继位后，勤谨治国，精心御敌，节节胜利，渐渐产生了骄傲情绪，懈怠政事，与群小游戏，滥赏亲信，使得一些忠直之臣为之担心。公元349年9月的一天，征事索振上书，谏道："过去先王日夜勤于政务，生活俭朴，才使得国家府库充实，正是仇恨未报，耻辱未雪，立志要平定海内的缘故。现今殿下刚刚继位没过几年，强敌常来侵逼，只有依赖重赏，才能使兵士忠心效力，拼死杀敌。即使这样，也才仅仅能保住社稷。但由于殿下滥赏宠臣，贪图游戏，既耽误了政事，又使国库空虚，然寇仇依然存在，您怎能轻易地耗费钱财，去赏那些无用之辈呢？过去汉光武帝躬亲万机，奏章送到朝廷，不出当天就可以批复下来，故能成中兴大业。然而今天呢？奏章积压如山，往返传递须经数月，结果下情不能上通，上情不能下达，沉冤固在牢狱，这大概不是一个英明君主所干的事情吧？"索振陈词激昂，句句像重锤一样砸在凉王张重华的心上，凉王听着有些刺耳，但感到句句在理，便公开向索振表示谢罪。

公元353年10月，谢艾因才智卓著而受重用，遭到一些人的妒忌。这些人常在凉王面前对谢艾加以诽谤陷害，凉王便把他调出朝廷，去任酒泉太守。谢艾上疏谏道："让权臣和宠臣当权，公室将危，请您接受我入宫侍奉。"且又在上疏中说："长宁侯张祚及赵长等人将要作乱，应当把他们全部赶出朝廷。"此时，凉王张重华已经重病，见到奏疏，恍然大悟，便于11月10日这天，手令谢艾为卫将军，监中外诸军事，入宫辅政；然此为

时已晚，直臣不能近前，手令便被张祚、赵长扣压下来。

18日，凉王张重华去世，在位8年，年24岁；即日，太子张耀灵即位，称为大司马、凉州刺史、西平公。赵长等人则乘机假传凉王张重华的遗令，让长宁侯张祚出任都督中外诸军事、辅将大将军，辅佐朝政。

### 为爷所弑

张耀灵，字元舒，前凉桓公张重华之子，生于公元343年，355年被害，死时年12岁。他在位不到一年就死了。他是怎么死的呢？

公元355年11月10日，前凉桓公张重华去世前，已觉察到身边权臣张祚和赵长有不轨之举，便急忙亲传手令，任谢艾为卫将军，监察中外诸军事，入朝辅佐朝政。张祚、赵长心中有鬼，便将给张重华的手令私自扣压不发，11月18日，张重华死，张耀灵继位，便又假传桓公遗令，让张祚任都督中外诸军事、抚军大将军，辅佐朝政。当时，新主耀灵只有10岁，同年12月，也就是新主继位半个月之后，右长史赵长等人便急不可待地提出建议，认为"时难未夷，宜立长君，耀灵年幼，请立长宁侯祚"。可巧，这张祚原先就受张重华的母亲马氏的宠爱，见群臣议定张祚为主，当然同意。于是，马氏便下令将新主张耀灵废黜为凉宁侯，立张祚为大都督、大将军、凉州牧、凉公。这张祚继位之后，便一不做二不休，一上台便首先杀掉了自己以前又恨又怕的先朝重臣谢艾。两年之后，张祚认为留下凉宁侯张耀灵终为祸根，便于公元355年7月的一天，张祚派心腹杨秋胡用计把12岁的张耀灵骗到东苑，惨无人道地扳断其腰肢，尔后杀掉，尸体埋在沙坑当中，定谥号为哀公。

### 暴尸道左

张祚，字太伯，生年不详，前凉文公

张骏之弟,和前凉哀公张耀灵为祖孙关系。公元353年,张祚和赵长设计废孙篡位自立,称大都督、大将军、凉州牧、凉王。这张祚,不但心地险诈,且品德恶劣,淫行如兽。桓公张重华在位期间,有生母马氏,年虽40,但仍丰容盛剪,蝤首蛾眉,她和张祚为叔嫂关系,互相勾搭成奸。故右长史赵长建议废黜孙儿张耀灵,立张祚为王时,马氏当然欣然同意。张祚继位后,大权在握,则更加大肆淫虐。他的侄儿张重华有一妃裴氏,生得妖媚动人,被召入宫中,逼其伴寝,桓公张重华有女,刚刚10岁,玲珑娇小,未解风情,竟也被爷爷张祚骗入室内,强行剥下衣服,任情摧残。公元354年1月,张祚自称凉王,设置百官,祭祀天地,使用天子礼乐。尚书马官恳切加以劝谏,被加罪免官;郎中丁琪又劝其应守历代祖制,谨守臣下的节义,不应自尊为帝,张祚听后大怒,在宫殿前就将其杀死。

前凉王张祚的淫虐无道激起上下怨愤。公元355年7月,河州刺史张瓘起兵讨伐张祚,并将讨伐檄文送到各州郡,宣布废掉张祚,重立已被废黜的凉宁侯张耀灵为王。张祚听说后,索性派人把刚刚12岁的张耀灵骗入东苑杀死。同月,又有骠骑将军宋混聚集数千人讨伐张祚,抵达姑臧。此时,张祚正在拘捕张瓘的弟弟张琚及儿子张嵩,准备杀掉。张琚、张嵩听说后,招募了城中数百人,公开宣称:"张祚无道,我哥哥张瓘的大军已抵达城东,谁敢动手杀我们,就要诛灭三族!"随后,又打开城门,让宋混军进城。此时,领军将军赵长等因有请立张祚的罪行,十分害怕,急忙入宫请张重华的母亲马氏登堂升殿,立凉武侯张玄靓为国主,企图以此讨好宋军,免遭杀身之祸。此时,张祚十分害怕,自知不能活命,在殿常上声嘶力竭地大喊大叫,命令左右人等拼命战斗。但因张祚平时的所

作所为,早已失掉了民心,谁还肯为他卖力?这些人不仅没去抵抗宋军,反而回过头来攻击张祚。从前极力讨好张祚的赵长手执长槊赶来,恶狠狠地向张祚刺去。张祚仗剑招架,但短剑敌不过长槊,竟被刺中面颊,鲜血直流,慌忙逃走,又有平时为他做饭的厨子执刀迎头截住,一刀劈来,张祚倒地,宋混等人赶到割下了张祚的首级,先告宫廷内外,尔后将其暴尸道旁。城里人知道后,都高呼万岁。最后宋混等人以普通百姓的规格埋葬了张祚,并且杀死了他的两个儿子及赵长。接着,宋混、张琚等人上书东晋朝廷,请立张重华的少子张耀灵的弟弟张玄靓为大将军、凉州牧、西平公。此时,张玄靓年仅7岁。张瓘进入姑臧城后,又推张玄靓为凉王,自己为使持节、都督中外诸军事、尚书令、凉州牧、张掖郡公、任命宋混为尚书仆射。

张祚从篡位到被杀只有18个月。

## 即位五天自杀

后凉开国皇帝吕光临死前对儿子们谆谆告诫了一番,可谓用心良苦。然而吕光尸骨未寒,儿子们之间的一场互相争斗残杀便开始了。

吕绍,字永业,生年不详,吕光嫡子。吕光死前,将其立为天王;吕光死后,当日即位。他担心父死后兄弟有变,故秘不发丧。吕纂知道后,对吕绍所为心中有气,便推开东侧小门,进去扶棺痛哭不止。吕绍见后,感到对不住哥哥,其又握有兵权,心中很是害怕,连忙表示把王位让给他。吕绍道:"兄弟功高年长,宜承大统。"吕纂道:"陛下是先帝的嫡子,我怎敢相抢?"吕绍一再劝立,吕纂就是不肯。之后,吕绍的堂兄弟、骠骑将军吕超对吕绍道:"吕纂为将多年,威震内外。从发丧时的情景看,他临丧不哀,步高视远,必心有异志,宜早图之。"吕绍道:"先帝言犹在耳,我怎能背弃长兄呢?且我

年小而担了重任，全靠两个兄长治理国家，纵然他们有心计算我，我视死如归，决不会再去算计他们。"后来，吕纂多次来见吕绍，吕超伺候一侧，又多次劝吕绍收捕吕纂，都被吕绍制止了。

吕绍遵守父嘱，希望兄长和睦，但吕弘、吕纂却另有图谋。吕弘曾多次派人劝说吕纂造反。一场弑君篡位的争斗不可避免地发生了。公元399年12月，吕光死后的第五天，吕弘秘密派尚书姜纪对吕纂道："主上昏庸懦弱，承受不住灾难。大将军威望恩德向来称著，应以社稷为重，万不可拘泥于小节！"吕纂听后，已明其意，便当天夜间率兵翻过北城，进入皇城的广夏门；此时，吕弘也带着东苑的兵将，用斧头砍开皇城的洪范门。宫中兵士一向很害怕吕纂，故与其一交锋，便不战自散。吕纂从青角门进入禁城，登上谦光殿。吕绍见大势已去，逃到紫阁自杀。在位5天，死后谥号隐王。

## 杀吕弘

吕纂，字永绪，吕光庶子，生卒年月不详。少年习弓马，好鹰犬，不爱读书。吕光死后的第五天，与弟吕弘合谋杀死吕超，即天王位，任命吕弘为大都督、督中外诸军事、大司马、车骑大将军、司隶校尉、录尚书事，并改封其为番乐郡公；恢复了吕超的爵位。吕纂虽然给吕弘以高官厚禄，但对其兵盛将众，心中颇为忌惮，时刻暗中提防。对吕纂的疑心，吕弘心中也很明白，为避免日后遭其不测，便决意叛乱。就在吕纂即天王位后3个月，即公元400年3月的一天，吕弘带东苑兵进攻吕纂。吕纂早有准备，即派部将焦辨回击。吕弘兵败，途经广武，被他的叔叔吕方抓住关进狱中。吕纂见吕弘逃走，便纵容士兵在吕弘驻地大肆抢掠，并把东苑中妇女全部赏给士兵，其中包括吕弘的妻子女儿，任其被奸污。对此，吕纂还自以为全胜，抚掌大笑。时有侍

中房晷道："吕氏兄弟互相残杀，已令人目不忍睹；况吕弘的妻子乃陛下的弟媳妇，吕弘的女儿乃陛下的亲侄女，怎么可以让士兵当作婢女侍妾加以侮辱呢？天地若有神明，岂会忍心目睹这样的惨事！"至此，吕纂方有动容之意，下令把吕弘的妻子女儿召回，安置在东宫居住。但也听说吕弘已被叔父捉住，遂又派人去广武将其杀死。

## 为部属所杀

吕纂政变前，他的堂兄吕超曾多次规劝吕绍除掉吕纂。但吕绍不忍兄弟之间互相残杀，故未予采纳。吕纂篡位后，吕超自知吕纂必记前隙，遂逃往广武，后经吕纂多次规劝，并恢复爵位，吕超才又回到朝中。

吕超回到朝中后，自觉吕纂与他不会就此善罢干休，故时刻提防。公元401年2月，吕超擅自攻打鲜卑族头领思盘。思盘派弟弟乞珍向吕纂告状。吕纂大怒，将吕超、思盘一起召回。吕纂要将吕超斩首，后经吕超一再谢罪求饶才得以幸免。吕纂要杀吕超，只是想吓一下他，并非真心要杀。然吕超免了死罪，心中更觉得吕纂是伺机报复，也产生了除掉吕纂之心。有一天，吕纂为调解吕超和思盘的矛盾，将其都召到内殿一起饮酒，吕超的哥哥中领军吕隆在宴会上有意不断向吕纂劝酒，致使吕纂一会儿便酩酊大醉。吕纂乘辇回宫，吕隆、吕超借口护送天王一起进宫。当走到昆华堂东阁时，吕超突然持剑刺杀吕纂，吕纂受惊酒醒，下车捉拿吕超，被吕超刺伤，伺机匆忙逃走。吕纂的皇后杨氏闻讯急令殿中尚书率禁卫军攻击吕超。然殿中尚书早为吕超所收买，不仅不救吕纂，反而阻止禁卫攻击吕超，并帮助吕超入宫找到吕纂，将其一刀杀死，割下人头出去对众宣告："吕纂违背先帝的遗嘱，杀害了太子，自己夺占皇位，并且荒淫、残暴。番和太

守吕超顺应人心，将他除掉了，使国家社稷得以和平安宁，对此，凡是我们后凉国的官民人等，都应一起表示祝贺。"

吕纂死后，谥号灵皇帝，在位 2 年。

## 亡国杀身

吕隆，吕光弟吕宝之子，生年不详。

且说吕超、吕隆兄弟杀死庶兄吕纂，夺取王位后，巴西公吕佗、陇西公吕纬想联合攻吕超。吕佗被妻子劝住了，吕纬还蠢蠢欲动。吕超骗他道："我们杀掉吕纂，就准备立你为天王。"吕纬当真，放松警惕，兴冲冲地赶进城去，准备即天王位。谁知刚一进城，便被吕超抓住处死了。此后，再没有人敢出头对现实提出异议。于是，吕超主动提出让哥哥即天王位，吕隆推辞。吕超道："今天正是你骑龙飞天的大好时机，怎么又想半途而废呢？"吕隆不再推辞，于公元 401 年 2 月即天王位，改年号神鼎，尊母亲卫氏为皇太后，立妻杨氏为皇后，任命弟弟吕超为都督中外诸军事、辅国大将军、录尚书事，封安定公；追吕纂为灵帝。吕纂的母亲杨氏年轻美貌，吕超打算娶之为妻，杨氏不从，自杀身死。谥号穆后。

吕隆登上天王位后，为保住自己的王位，采取大肆杀戮有声望的豪门大族的办法，用以提高自己的威信和名望。因此，朝廷上下议论纷纷，一片哗然，人人不自保。公元 402 年 5 月，后秦见攻击后凉有机可乘，遂派步骑兵 6 万，对后凉发动了大举进攻，7 月，秦军抵姑臧，吕隆派吕超、吕邈出城抵抗，落得大败，后凉军死伤数以万计。后秦包围姑臧。一年后，后凉库空物缺，都城饥荒，一斗米价值 5000 钱，出现了人吃人的现象，被饿死的达 10 多万口，尸体堆满街头。城门白天紧闭，人们出城砍柴的路断绝，百姓生无活路，要求出城情愿为胡人做奴隶、婢女的每天都有几百人，吕隆认为这是扰乱人心，就把他们全部活埋，公元

403 年 7 月，秦兵未退，南凉、北凉又发兵进攻后凉。大兵压境，后凉吕隆见内饥外困，大势已去，便被迫素车白马，出城向后秦投降，后秦军回头阻击北凉沮渠蒙逊，但被北凉军击败。于是，后秦与北凉讲和，缔结联盟，由后秦尚书仆射齐难代理凉州刺史，镇守姑臧；把吕隆的宗族亲属、属下官员和当地居民一万户迁移到长安。姚兴任命吕隆为散骑常侍，吕超为安定太守。同年 8 月，吕隆被杀。至此，后凉灭亡，历经 4 主，计 18 年。

## 推为凉公

十六国时期，西凉国的建立者李暠，出生于公元 351 年，卒于 417 年。字玄盛，小字长生，陇西（今甘肃临洮南）人，汉族，西汉名将李广第十六世孙，出生于凉州大族。北凉段业时曾任敦煌太守。公元 400 年 4 月，北凉右卫将军、敦煌人索嗣对段业道："李暠这个人胸有大志，野心勃勃，不可让他在敦煌久留。"段业信以为真，便派索嗣为敦煌太守，并令其带 500 兵将即去上任。李暠知道后，忧心忡忡，不知如何是好。效谷令张邈和宋繇献计道："段业昏庸，将军你有勇有谋，具备兴国立业的条件，怎么能把敦煌拱手让给别人呢？索嗣骄傲轻慢，一战便可取胜。"李暠依言，派张邈、宗繇及两个儿子李歆、李让攻击索嗣。索嗣大败，逃回张掖。段业处死索嗣，并派使者向李暠道歉，并提他为都督凉、兴以西诸军事，镇西将军。虽如此，李暠对段业昏庸无能的本质已经看清，便产生独立建国之心。同年 11 月，北凉晋昌太守唐瑶叛变，并向其他六郡送去檄文，推举镇西将军李暠为冠军大将军、沙州刺史、凉公。李暠见时机已到，也不推辞，干脆来了个顺水推舟，索性自称凉王，割据敦煌；在他管辖的范围内实行大赦，改年号为庚子；任命唐瑶为征东将军，郭谦为军咨祭酒，索仙为左长史，张邈为右长史，尹建

兴为左司马，张体顺为右司马。接着，李暠派从事中郎宋繇向东征讨凉兴，并向玉门以西地区的那些城池发动进攻，将其全部攻克，稳定了西凉地盘。公元404年9月，凉公李暠册立儿子李歆为世子。

## 斥责高谈阔论

西凉公是个能审时度势，实事求是的人，反对夸夸其谈。公元416年6月，西凉司马索承明呈上奏疏，劝说凉公李暠讨伐北凉河西王沮渠蒙逊。李暠看了之后，召索承明进宫，当着全体臣下的面对其说道："沮渠蒙逊已成为百姓的祸患，我怎么也不会忘记。但是，就我目前的力量而言，还无法将他除掉。你如果有什么计策，一定能够将他捉住，就应当面直截了当地告诉我；否则，言之无物，光说大话，高谈阔论，让我无计划地东征，这和说'石虎这小子真坏，应该抓起来绑到市井上去杀掉'的人有什么差别呢？"一席话，说得索承明羞愧恐惧，面红耳赤，无言以对，只好灰溜溜地退下。从此，再没敢有人上疏时只讲空话而不谈实际了。此外，他在位期间，注意从实际出发，维持河西交通，设置学校，培养治国人才；在玉门、阳关屯田，以恢复生产，发展经济文化，使西凉在短时期出现过经济繁荣，人心安宁的局面。

公元417年2月，李暠患病卧床。临终前，他嘱咐长史宋繇道："我死以后，世子李歆就像你的儿子，你要好好训导他。"嘱毕即逝，在位17年。李暠去世后，朝廷文武百官拥立世子李歆为大都督、大将军、凉公，兼任凉州牧。李歆即位后，改年号嘉兴，尊母亲天水人尹氏为太后，任命宋繇为录三府事，追加李暠谥号武昭王，庙号太祖。

## 亡都杀身

李歆，字士业，小字桐椎，生年不详，西凉武昭公李暠之子。公元417年2月，李暠病死，李歆继位，称大都督、大将军、凉公，领凉州牧、护羌校尉。

李歆继位后，一扫李暠精心安邦治国之风，与北凉互相攻伐，用刑严苛，缮筑不止，劳民伤财，大失民心。公元419年5月，从事中郎张显上疏道："凉州疆土，被一分为三，这种局面是不会长久维持下去的，军事兼并的根本，在于发展农耕，减轻刑罚。今年新年伊始，阴阳失序，风雨失调，正应该减少膳食，撤除音乐，侧身修道；而今却更加繁刑竣法，缮筑不止，大兴土木，这样不会使国家强盛。"接着，上疏还从历代帝王兴衰的经验教训中规劝李歆。李歆看了很不高兴。主簿氾称也上疏劝李歆赶快停止兴建宫室，停止出游狩猎娱乐，延请礼遇英才，爱护体恤百姓，李歆仍不听从。

公元420年7月，李歆听说沮渠蒙逊进攻浩亹的消息，以为北凉西部防务空虚，便想乘机进攻张掖，右长史宋繇、左长史张休顺劝阻，李歆不听，李歆的母亲劝告道："你新建之国，地狭民稀，自守犹惧不足，哪还有力量去讨伐别人？先王临终，一再诫你，深慎用兵，保境安民，以俟天时，言犹在耳，怎么忘了呢？沮渠蒙逊善于用兵，非你所能敌；数年以来，他常有兼并之志。你国虽小，足为善政，修德养民，静以待之。他若昏暴，民将归你；若其修明，你应该事奉于他，岂可轻举妄动，只图侥幸？依我看来，你此番行动，不仅会全军覆没，说不定还会亡国。"李歆仍不听。于是，李歆率步、骑三万东出。沮渠蒙逊听说后，抚掌笑道："李歆已钻进我圈套了。"为了继续迷惑李歆，沮渠蒙逊一面下令西部边境，大造浩亹已经攻克的舆论，并扬言还要进攻黄谷，一面密布伏兵。李歆听沮渠蒙逊还要攻黄谷，大喜，立即率大军开进都渎涧。沮渠蒙逊突然回军反击，伏兵大起，两军在怀城决战。结果，李歆全军溃败。有人劝李歆速退保卫都城酒泉。李歆道："我违背母亲的教训才遭到如此挫败,不杀掉这个胡蛮,有何面目再见老母?"于是又重整军队,强逼手下将士在蓼泉与蒙逊军队展开第二次决战。结果,西凉军败得更惨,西凉主李歆被沮渠蒙逊杀掉,在位3年。其他西凉残军败将,只好放弃都城酒泉,向西逃往敦煌。于是,蒙逊军进驻酒泉,严申军纪,安定民众,任命他的儿子沮渠牧犍为酒泉太守。

## 出降自杀

李恂,字士业,生年不详,李嵩之子,李歆的弟弟。李歆在位期间,任敦煌太守。公元420年7月,李歆在蒙逊军决战被杀后,李恂弃敦煌逃往北山。李恂在敦煌任太守期间,对百姓施以仁德,深得民心。敦煌失守后,北凉新派索嗣韵儿子索元绪为敦煌太宁。这索无绪性情粗暴凶狠,阴险嗜杀,民众无不怨恨。敦煌人宋承、张弘对这一切记在心中,秘密写信给北山李恂,反映敦煌的现状,说民众怀念西凉太守,请他回来重新主政,李恂见信大喜。就在这年冬天,李恂率骑兵数十人进入敦煌,由于民众起而迎接,索元绪无法阻止,仓皇向东逃回凉兴。于是,宋承等人重推李恂为冠军将军、凉州刺使。李恂遂改年号为永建,重整西凉王室。

北凉河西王沮渠蒙逊闻讯,即派世子沮渠政德进攻敦煌,李恂等紧闭城门,不迎战。北凉军攻城不下,无可奈何。公元421年1月,沮渠蒙逊亲自率军2万余人攻打敦煌,也攻不下。3月,沮渠蒙逊修筑长堤,采用水攻的方法,把敦煌城围起来。李恂感到无望,便向其请求投降,但遭到拒绝。曾写信请李恂回敦煌主政的宋承,见北凉军兵临城下,西凉无望,为保性命,又背叛李恂,开城投降北凉;李恂见投降不成又不愿受辱,只好自杀身死,西凉至此灭亡,先后历经3主,共21年。

## 拥兵自立

大夏国,十六国之一。它的建立者叫赫连勃勃,出生于公元381年。

赫连勃勃原为匈奴人,因匈奴首领单于曾娶汉室女子为妻,其子孙遂称刘姓,也起字号,他的字号为屈子,所以又叫刘勃勃。到西晋时,其祖父刘虎改为铁弗部(由匈奴分出的一部);他的父亲刘卫辰住在塞外,被前秦苻坚封为西单于,督摄河西诸部族,屯于代来城(今内内蒙东胜区),后被北魏拓跋珪所杀。随后,刘勃勃投降后秦姚兴。

刘勃勃身材魁梧伟岸,容貌英俊,风度潇洒,能言善辩,机智聪明,很受后秦高平公没弈干喜爱,便将女儿嫁其为妻。后秦王姚兴见到他,发现是个奇异男子,便与他讨论军国大事,句句投机,不由得心中十分宠爱,其程度超过了所有功勋重臣。姚兴的弟弟姚邕心中妒忌,对秦王姚兴道:"刘勃勃城府过深,不可与其过于亲密。"秦王道:"勃勃有济世之才,我正要和他一起平定天下,你怎么这样疑心猜忌?"于是,他不顾近臣反对,仍任命刘勃勃为安远将军,并打算让他协助没弈干镇守高平,把三城、朔方等地的各夷族部落交他管辖,监视北魏的行动。姚邕坚决反对。姚兴道:"你怎么知道他的为人?"姚邕道:"他平时对上傲慢无礼,对下手段残忍,贪婪狡猾,不仁不义,说变就变,反复无常,对这样的人,你如果过分宠爱,终究会成为边患!"姚兴觉得有些道理,便放弃了进一步重用刘勃勃的想法。但过了一段时间,仍任命刘勃勃为安北将军、五原公,配以三交地区的五个鲜卑部落以及其他杂族二万余,让他镇守朔方。

公元407年6月,北魏国主拓跋珪把所俘虏的后秦将领唐小方归还后秦,后秦姚兴送给北魏一千匹上等好马,拓跋珪高兴,又将耿百支、贺秋千归还后秦。这样一来一往,两国由仇家变成了好友。刘勃勃因北魏有杀父之仇,十分痛恨,后秦又和其友好,便怒而反秦,抢走柔然可汗向后秦献来的八千匹好马,带上自卫的三万部众,以去高平行猎为名,离去自立,称大夏天王、大单于,设置文武百官,建立了大夏政权。公元413年3月,定都统万(今陕西靖边东北白城子),改年号凤翔。刘勃勃认为自己的祖先沿用母姓刘不合理法,便改姓"赫连",意思是说帝王是天的儿子,他的伟大光耀与天相连。从此,便更名赫连勃勃。

赫连勃勃的都城统万是用血筑成的。那是在他改姓之后,任命叱干阿利兼任将作大臣,征发岭北胡人、汉人共10万,在朔水以北、黑水以南的地方建筑都城。赫连勃勃说:"我正要统一天下,以君王的地位统辖所有地区,因此,新城的名字应该叫'统万'。"在筑城墙,叱干阿利性情乖巧伶俐,但凶暴残忍。他用蒸过的土修筑城中,验收时铁锥如果能插入一寸深,他就要把泥工杀掉,并把其尸体筑进城中。赫连勃勃认为他非常忠诚,便把筑城的事全部交给了他。城有四门:南门叫朝宋门,东门叫招魏门,西门叫服凉门,北门叫平朔门;又采集四方良石佳木,招收能工巧匠,建造宫殿、庙宇、社稷,数年始成。他令人制作兵器,当呈送给验收的时候,必有人被杀。因为制作的弓箭射不透铠甲,就杀掉制作弓箭的人;如果射透了,就杀死制作铠甲的工匠。他又用铜铸成一面大鼓,把"飞廉""翁仲""铜柱""龙"等塑像面上装饰上黄金,排列在宫殿之前。仅为此,前后就大约杀掉了几千名工匠。工匠为求活命,不敢不尽技尽力,使都城和宫殿及武器什物等都打磨得非常锋利精致良美。

公元415年12月,夏王赫连勃勃立夫人梁氏为王后,册立儿子赫连璝为太子,册封儿子赫连延为阳平公,赫连昌为太原公,赫连伦为酒泉公,赫连定为平原公,赫连满为河南公,赫连安为中山公。

## 灞上称帝

公元417年9月,东晋刘裕灭掉后秦姚兴,派人出使夏国,致信赫连勃勃,相约结为兄弟之国。赫连勃勃知道刘裕征战多年,早有东归之意,便复信答应。于是,刘裕派次子刘义真镇守长安,尔后引兵东返。赫连勃勃见时机已到,便想乘其空虚进攻长安。他向王买德问计:"我打算夺取关中,你有什么高见?"王买德道:"关中的地理位置十分重要,刘裕却让他12岁的儿子镇守,而他自己匆忙东归,是想去篡夺帝位,没精力再把关中放在心上。这是上天以关中赐我,机不可失。青泥、上路是南北的险要重镇,应该先派出游击军切断其补给和退路;然后在东部阻住潼关,切断他们与本国的水陆通道。接着向三辅地区发出檄文,恩威并施。这样,刘义真就等于掉进了网篓之中,不费劲就可以活捉。"赫连勃勃听后大喜,任命儿子赫连璝为都督前锋诸军事,率骑兵两万直奔长安;命赫连昌屯驻潼关;命王买德为抚军右长史,屯驻青泥;赫连勃勃本人则亲率大军尾随在后。公元418年9月,赫连璝突袭长安,未能取胜,赫连勃勃这时已占据咸阳,从而切断了长安的对外联系。刘裕闻讯,于418年10月,急派相国右司马朱龄石去代替刘义真镇守长安。11月,朱龄石到达长安,刘义真派军大肆掠夺,载珠宝东归。而长安民众驱逐朱龄石,朱龄石害怕,便纵火烧毁了长安宫殿,逃回潼关。于是,赫连勃勃进入长安,在灞上建筑高台,正式登上皇帝宝座,改年号昌武。尔后,赫连勃勃在长安置南尚书台,这时,朝中百官请求把都城迁入长安。赫连勃勃说:"长安是历代帝王之都,土沃地险,这我十分清楚。但你们可曾想,晋与我们相隔很远,不会与我们为敌，而魏军和我们疆土相连，从统万到魏国边境只有百余里，我在长安，统万一定危险，我在统万，魏军决不敢渡河西上。"众臣听后无不佩服。于是，赫连勃勃任命赫连瑰为领军大将军，雍州牧、录南台尚书事。赫连勃勃又回统万。公元425年8月，大夏武烈帝赫连勃勃去世，庙号称世祖，在位18年。武烈帝死后，由太子赫连昌即皇帝位。

### 兄弟相残

赫连昌是大夏第二任皇帝，字还国，又名折，生年不详，武烈皇帝赫连勃勃的第三个儿子。前面故事中已经提到，赫连勃勃早在公元415年12月，就已册立大儿子赫连瑰为太子、二儿子赫连延为阳平公、三儿子赫连昌为平原公。公元419年2月，赫连勃勃攻破长安东归统万时，将太子赫连瑰录南台尚书事，留在长安。公元424年12月，赫连勃勃又废掉太子赫连瑰，立酒泉公、幼子赫连伦为太子。消息传出，引起了赫连氏兄弟之间的一场相互残杀。首先，太子赫连瑰听说被废太子位，心中不满，立即率军7万北上进攻赫连伦；赫连伦率兵3万迎敌，兄弟二人大战于高平。结果，赫连伦兵败自杀。赫连伦的胞兄赫连昌听说自己兄弟被赫连瑰杀死，遂率军1万袭击赫连瑰军，杀死了太子赫连瑰，收服其部众85000千人，尔后回军统万。赫连勃勃听了赫连昌的汇报大喜，即立赫连昌为太子。第二年，即公元425年8月，赫连勃勃去世，太子赫连昌即皇帝位，改年号承光。

### 生擒被杀

公元426年9月，北魏主拓跋焘听说夏主赫连勃勃去世，诸子相攻，民心不安，决定起兵讨伐夏国。11月，拓跋焘亲率轻骑兵2万，踏冰过黄河，袭击夏国都统万。冬至这天，夏主赫连昌正与文武群臣欢歌宴饮，北魏大军突然出现，夏国上下一片恐惧。赫连昌急忙率兵迎战，大败而回，没来得及关闭城门，魏军已攻进西宫，纵火焚烧了西宫城门。因其他城门紧闭，魏军攻克不下，只好暂时回军。此时，长安已为北魏另一支军队攻陷，薄阪也已失守，驻守长安的赫连助兴（赫连昌的弟弟）和驻守蒲阪的赫连乙斗逃往安定。公元427年4月，北魏拓跋焘率军第二次攻讨夏国。6月，魏军抵达统万，夏军拼死抵抗。结果，夏军兵败，夏主赫连昌逃奔上都，统万失守。北魏派兵追击到上都，赫连昌又退到平凉据守；魏军又围攻平凉，赫连昌打马逃走，魏军紧追不舍。不幸赫连昌的坐骑突然栽倒，赫连昌坠马倒地，为魏军所俘，于第二年，即公元428年2月被杀，在位3年。

### 大夏灭亡

赫连定是大夏国的末代皇帝。他字直猇鬒，赫连勃勃第五子，生年不详。赫连勃勃在位时，封平原公。公元426年11月长安失守，次年1月，赫连昌派平原公赫连定率军2万收复长安。当统万失守，赫连昌逃往上邦时，赫连定也放弃长安，率众奔上邦。公元428年2月，赫连昌坠马被俘后，赫连定收集夏军残部数万人，逃回平凉即皇帝位，改年号胜光。4月，夏主赫连定派使臣到北魏求和，而拓跋焘则下诏命令赫连定投降；被赫连定拒绝。430年11月3日，北魏拓跋焘讨伐夏国而挥军抵达平凉。夏国守将因主攻击北魏鄜城未归，只能率军绕城固守。夏主赫连定听说平凉吃紧，派步、骑兵两万增援平凉，途中与北魏军接战，夏军大败，被斩首士卒达几千人。赫连定仓皇逃回，退过到鹑觚原，布阵自保。12月15日，夏国都城守将投降，平凉失守。接着，夏国长安、临晋、武功等城守将都弃城逃走，关中大片土地纳入北魏版图。公元431年1月，夏主赫连定突袭西秦，大败西秦大将姚献的军队,攻克西秦国王乞伏暮末占据的南安城,乞伏暮末拉着空棺材出城投降,被押送上邽。

公元431年6月,夏主赫连定惧怕北魏的逼迫,劫持西秦百姓10余万,从治城渡过黄河,打算袭击北凉河西王沮渠蒙逊,夺取北凉国土。吐谷浑部闻讯,可汗慕容慕瓖派益州刺史慕容刺延、宁州刺使慕容拾虔,统率3万骑兵,乘夏军渡河过了一半时,突然袭击敌人,夏军死亡不计其数,夏主赫连定被活捉,送往吐谷浑的首都平城(今山西大同),尔后献给北魏,不久被杀。至此,大夏灭亡,先后历经3主,计24年。

## 为军师毒杀

十六国之一的前秦建立于公元350年。始祖苻洪本姓蒲,为应"草付为王"之签,才改蒲为苻。苻洪字广世,略阳临渭(今甘肃秦安县东南)人,氐族,生于公元285年。父亲为氐族首领,父死之后,部众推为豪帅。由于他骁勇多权略,故投前赵时,被刘曜封为氐王;后归后赵石虎时,被封龙骧将军、流人都督,居守枋头(今河南浚县东南)。公元439年,进位车骑大将军、略阳公。这时,他的兵力已达10余万。5月,武兴公石闵对新主石遵进言道:"蒲洪是个杰出的人才,如今让他镇守关中,我恐秦川、雍州之地就不会归赵国所有了。让蒲洪镇守关中虽是先帝临终前的指令,然如今陛下登基,最好改变这种部署。"石遵觉得有道理,便免去了蒲洪的都督官职。蒲洪对此感到愤怒,回到枋头后,便派使者降晋。350年1月,晋廷任蒲洪为氐王、使持节、征北大将军、都督黄河以北诸军事、冀州刺史、广川公;任命其子蒲健为假节、右将军、临黄河以北征讨前锋诸军事、襄国公。此后,蒲洪割据枋头,自称大都督、大将军、大单于、三秦王,改姓苻。苻洪有个军师叫麻秋,原在后赵乐平王石苞

麾下任职,后投石遵,以后又投石闵。石闵杀羯人时,麻秋为讨好石闵,竟杀死自己部中羯人数千人,又怕石闵不相信,便弃赵投奔苻洪。对这样一个反复无常的小人,苻洪却引为心腹,任命他为军师。麻秋投靠苻洪有他自己的野心,他想以取得信任为阶梯,逐步把苻洪的势力转到自己手中,进而自立为王。350年3月的一天夜间,麻秋与苻洪高谈阔论,把苻洪哄得晕头昏脑。苻洪为感谢麻秋的"一片忠心",设宴招待麻秋。麻秋以为夺权时机已到,便让苻洪喝下了自己预先准备的毒酒。不一会,苻洪腹痛大叫,太子苻健闻讯赶到,当场捉住麻秋,一刀杀死。苻洪自知毒发不久于人世,忍痛对苻健嘱道:"我以前之所以没有入关,是因为中州可以安定。现今不幸为麻秋算计所害。我将不久于人世,平定中州不是你们兄弟所能办得到的事情,待我死后,你们可急速入关。"苻洪嘱完即逝,终年65岁,在位不足一年。苻健继位,谥父苻洪为惠武帝,庙号太祖。

## 改王称帝

苻洪被军师麻秋毒死之后,由太子苻健即位。苻健,字健业,初名罴,字世健,生于公元317年,苻洪第三子。他自幼好武,到成人时骁勇果敢,弓马娴熟。即位之后,为求晋室宽容,除去了大都督、大将军、三秦王的称号,改称晋朝的官职爵位。

公元351年1月,苻健的左长史贾玄硕等人准备上表晋廷,建议封苻健为都督关中诸军事、大将军、大单于、秦王。苻健当着晋廷使的面大怒道:"我怎么能称秦王?且晋使未返,我的官职并不是你等所能知道的。"而暗中,苻健又指使梁安让贾玄硕等人再为其进表上尊号,苻健则又经过再三推辞,才接受。1月20日,苻健即天王位、大单于,立国号大秦,史称前秦,改年号为皇始,追尊生父

符洪为武惠皇帝,庙号为太祖。立妻强氏为天王后,立子符苌为太子,封子符靓为平原公,符生为淮南公等,定都长安。

符健即天王位后,勤于理政,重视人才。他称天王后的第四个月,便分别派遣使者到民间访问百姓的疾苦,而后根据百姓的要求,减少了横征暴敛的赋税,开放了为修建离宫的禁区,为节省开支,撤掉了没有用处的事务和器具,更换了华丽奢侈的服装;凡是以前后赵制定的一切不利于百姓的烦琐苛刻的政令,全部予以废除。通过这些做法,前秦国中的矛盾缓和了,国势逐步强盛起来。公元352年1月,前秦丞相符雄等人请求上皇帝尊号。他们说:"我国现今是拓疆盛国,应以汉朝、晋朝的旧制,而不必再效法石氏最初先称天王的做法。"符健早有此意,一听便不肯错过时机,立即表示同意,改王称帝,上皇帝尊号。符雄还说:"过去单于用来统治百蛮的种种措施、办法,也不应由天子亲自掌管。"符健表示同意,便把这方面的权力授予了太子符苌。

### 平定内乱

公元355年6月,前秦宫廷发生了一次叛乱,这次叛乱是平昌王对符生继立为太子不服所致。

公元354年9月,前秦太子符苌在追击桓温的时候,为流箭射中,10月去世。太子符苌死后,前秦朝廷在立谁为太子的问题上意见不一致。淮南王符生是符健的第三子,小时丧失了一只眼睛,性情暴烈。他的祖父符洪在世时曾和其开玩笑道:"我听说瞎儿只会一只眼睛流泪,这是真的吗?"符生一听内心生气,当即以刀刺伤另一只眼睛,鲜血直流,并说:"这只眼睛不也在流泪吗?"符洪一见大为吃惊,感到此子过分任性,就拿鞭子打他,符生不服,顶撞道:"我生性便不怕刀砍矛刺,但不怕鞭打!"因此符洪对符生很不满意,对其生父符健道:"此儿狂悖,宜早除之;不然的话,必会导致家破人亡。"于是,符健准备杀掉符生,符健的弟弟符雄劝阻道:"儿子现在还小,任性,长大了就会改正的,何必这样操之过急呢?"后来,这符生真的长大了,出落得力举千钧,手格猛兽,跑起路来能跟得上骏马,击刺骑射,冠绝一时。及太子符苌死后,强太后主张立小儿子晋王符柳,而符雄则主张立三子符生,后符健经抽签算命,见谶文中有"三羊五眼"字样,认为是指"三子无眼"应为太子,便立符生。平昌王符菁听说后很不高兴,认为符生根本不配当太子。公元355年6月6日,他听说父亲符健突然身患重病,卧床不起,生怕其万一去世,符生即位就会变成现实,到那时啥都不好办了。于是,他便在6月10日这天夜间,带兵入宫,企图一举杀掉符生,自立为大秦皇帝。当入宫之后,不见符生,便觉行为鲁莽;然事已至此,又难以收场,便一不做二不休,索性移兵攻打皇宫东掖门,并欺骗将士道:"主上已经归天,太子符生生性残暴,不堪为君,应该将他废掉。"符健听说符菁造反,大为震怒,便强支弱体,亲自带兵出来平叛。众兵士见符健未死,便知上了符菁的当,都不战而散。符健兵到,符菁被抓住,符健当即下令将其杀掉。

叛乱平息之后,于6月14日,符健召来丞相雷弱儿、太师鱼遵、司空王堕、左仆射梁安、右仆射段纯、吏部尚书辛牢、太傅毛贵、尚书令梁楞八位大臣入宫嘱托后事,辅佐符生;为防以后再有变故发生,符健临死前私下对符生道:"六夷酋长将帅以及大臣中握有实权的人,如果发现不听你的指挥,就要先发制人,将其除掉。"15日,符健去世,谥号景明皇帝,在位4年。符健死后,符生即皇帝位。

### 喜得王猛

符坚,生于公元338年,死于公元

第三编　三国两晋南北朝野史

385 年,19 岁即位,在位 28 年,终年 47 岁。他字永固,又名文玉,苻雄之子,苻健的侄子,博学多才,胸有大志,好结英豪。其父苻雄死后,继父职,为东海王,公元 357 年 6 月杀苻生后即位,改称大秦天王。他在位期间,重用有才之士,压制豪强,劝课农桑,兴修水利,整饬军政,使关陇地区的文化经济得到恢复和发展,是十六国时期很有作为的一个皇帝。

这里讲的是苻坚称帝之前爱才的一个故事。

那是在公元 357 年 5 月的一天,羌族首领姚襄过去的参军薛讚、权翼对苻坚道:"主上(指苻生)猜忌残忍,行为暴虐,宫庭内外和他已经离心,如今能主持秦国大政的只有殿下您了。希望您及早决策,不要让大权旁落。"苻坚听后心有所动,又去听取尚书吕婆楼的意见。吕婆楼道:"我没啥能耐,也不足以成大事。但是,我的私宅中有一位叫王猛的人,谋略过人,世间少见,殿下应该把他请来求教。"对王猛,苻坚早有所闻。其少时家中贫穷,以贩卖粪箕为生,往往省吃俭用,省出一点儿钱去买书学习,尤爱兵书,后博学成才,隐居华阳山,有佐世之志。晋廷桓温入关,曾被召进见,扪虱而谈,旁若无人。此时,苻坚一听王猛就在吕婆楼家中,当然求之不得,急忙让其请来相见。两人一见如故,当谈及兴废大事,更是十分投机。苻坚高兴,常对人言:"我得王猛,犹如刘备得了诸葛亮一样。"王猛遂被重用。苻坚称帝后,封其为中书侍郎,后又历任京兆君、尚书令,官至丞相。他从政期间,协助苻坚在刷新吏治、打击豪强、兴复儒学、选拔人才、劝课农桑、整军经武等方面,发挥了重要作用,为统一北方奠定了经济基础和政治基础。公元 370 年,率军攻灭前燕。

## 称王不称帝

苻坚杀苻生后,民心大快,将士欢腾,群臣一致推立苻坚为帝。苻坚推辞,让哥哥苻法即位。苻法道:"你是嫡嗣,而且贤明,群臣拥护,应该为帝。"苻坚道:"哥哥年长,宜应即位,有兄在,弟决不越阶即位,望兄勿推。"兄弟二人互相谦让,久久未能定夺。群臣知道后,再次上书,拥立苻坚即位。苻坚的母亲苟氏哭着对群臣道:"社稷事关重大,我儿苻坚自知力不胜任。如果硬要他即位,将来有了过失,大家有了悔恨,责任可就要由诸君承担。"文武百官听后,立即叩头应允,并一致再次请求立苻坚为帝。但提出必须去掉皇帝尊号,改称大秦天王。众臣表示同意,苻坚才同意在太极殿即位,改年号为永兴,追尊父亲苻雄为文桓皇帝,尊母亲苟氏为皇太后,立妃苟氏为皇后,立长子苻宏为太子,任命清河王苻法为都督中外诸军事、丞相、录尚书事、东海公。其他诸王都降为公,儿子苻丕为长乐公,苻晖为平原公,苻熙为广平公,苻睿为钜鹿公。

## 石虎父子逸闻

东晋太兴二年,就是公元 319 年,匈奴后裔羯人石勒自称为赵王,建立了政权。十年后,即公元 329 年,石勒灭亡前赵,建都襄国。第二年,石勒称帝。石虎是石勒的侄子,骁勇善战,废石勒的儿子石弘自立,迁都邺城。赵国势强盛。

石勒的祖先是匈奴人,他是羌渠的后裔。石勒字世龙。石虎字秀龙,父亲叫寇觅。石勒的父亲叫石朱,抚养幼年的石虎,所以有的史书称石虎是石勒的弟弟。石勒初名□匀,小字匐勒,上党武乡即今山西榆社人氏,父亲、祖父都是部落小首领。石勒很小就随族人贩货洛阳,在家时从事耕作,家境贫困。

石勒长到 20 岁,被晋并州刺史司马腾掠获,卖到山东茌平师欢家为家奴。后来,石勒和牧马师汲桑起兵造反,随即投奔刘渊,任安东大将军,转战冀、并、幽各州，以汉人张宾为谋士，扩展势力，形成割据，称霸一方，称赵王，史称后赵。

石虎6岁时，石勒召相士入宫给孩子们看相。相士见到石虎，十分惊异，吃惊地说：此儿相貌奇伟，而有壮骨，贵不可言。石虎8岁时不幸走失，流浪了好几年。永嘉五年，即公元311年，晋并州刺史刘琨送石虎给石勒，石虎已长大成人，身强体壮，已经是17岁。

石虎健壮勇武，天性残忍，喜好游荡骑猎，尤好用弹弓射人。石虎横行军中，动不动就伤人，军士对他十分怨恨，都视他为毒患，纷纷上诉石勒。石勒忍无可忍，便对母亲王氏诉苦，说这样下去，军队非乱不可，一定得把这孽种杀死。王氏坚决反对，说好牛在犊子时，都任性破车，日后能成大事，先忍着点吧。

石虎就这样活了下来，并继续为非作歹。一年以后，石虎勇武有余，在军中干坏事有所收敛。这个时候，石虎虎背熊腰，身长七尺有余，矫健敏捷，精习弓马，通冠当世，军中无人能敌。

石虎英勇善战，所向无敌，且长于治军。石勒对石虎十分满意，拜石虎为征虏将军，并聘娶将军郭荣的妹妹郭氏为石虎之妻。石虎不大喜欢妻子郭氏，却移情于优僮郑樱桃。石虎宠爱郑樱桃，为了取乐于郑樱桃，竟将妻子郭氏杀死。不久，石虎又爱上了清河崔氏美女，娶了过来，纵情淫乐。郑樱桃心怀妒恨，从中挑拨，石虎不久就杀了崔氏。

咸和五年，即公元330年，石勒称帝。石勒封石虎为中山王，任尚书令。石勒在襄国时，石虎便以功高而为魏郡太守，镇邺三台，封繁阳侯。石勒由大单于而即赵王位，石虎为单于元辅、都督禁卫诸军事，进迁侍中、开府，封中山公。石勒称帝，只授石虎太尉、守尚书令，进封为王，食邑万户。石虎大为失望。

石虎认为自己为创建石勒的江山立下了首屈一指的大功，以为石勒即皇帝位后，会将大单于之位授给自己，没想到，石勒竟授给了石弘。石弘是石勒的亲儿子，但各方面如才能、勇武、智力都不如石虎，石虎自然大为愤怒。大单于之位相当于太子，是赵国储君。石虎因此狠狠地对自己的儿子石邃说："主上从襄国以来，我为主上南征北战，创立大好江山。20余年，南擒刘击，北走索头，东平齐鲁，四定秦雍，克复13州。成大赵功业的是我，大单于位应授给我，却授给了黄吻小儿！一想这个我就气恨，不安寝食。主上死后，我一定要杀尽他的全家！"

石虎杀了崔氏美女后，又娶名门千金郑氏、杜氏。郑氏生石邃、石遵两个儿子。杜氏生石宣、石韬两个儿子。这个时候，石虎的四个儿子都已长大。石勒在称帝后三年便病死了，终年60岁。石弘在灵前即皇帝位。可是石虎已控制了皇宫，石弘胆战心惊。

石虎强夺帝位的野心早就显露。在石勒病死前一个月，即建平四年六月，公元333年，石勒突然患病，石虎以为石勒不行了，便假传圣旨，召太子石弘和太臣看望石勒，将石弘、石堪召到襄国。石勒几天后病情好转，在宫中见到了石弘，大为奇怪：问谁人召你回宫？应当将这人杀了！石虎赶紧说：是太子想念父亲，远道来探望，马上就回封地。

石勒一死，控制皇宫的石虎便开始行动。石勒临终时嘱咐：死后三天就下葬；全国停止婚宴、祭祀、酒宴、音乐；各牧守不许奔丧；坟内不许埋金银宝玩。石勒咽气的当夜，石虎便命人将他埋入深谷，精心策划，调兵遣将，12天以后才向全国发表。

灵堂布置得庄严肃穆。中山王石虎将太子石弘扣押在宫中。和石虎作对的光禄大夫程遐、中书令徐光被逮捕入狱。

石虎扶太子石弘即皇帝位。软弱无能的石弘恳求石虎，要求将皇帝位让给石虎。石虎竟堂而皇之地说："你先做着皇帝吧，过些日子有人来换你，你别啰唆了！"

这哪里是即皇帝位！石弘无奈，只好称帝，封石虎为魏王、大单于。朝廷一应权力自然掌握在石虎手中。延熙二年11月，即公元334年，石虎废石弘为海阳王，石虎自封为大赵天王，并立儿子石邃为天王皇太子，石邃母郑氏为天王皇后。接着，石虎将石弘、石弘母亲程氏、秦王石宏、南阳王石恢和他们的家人统统杀掉，真是斩尽杀绝。

石勒的妻子刘氏不满石虎的所作所为，秘谋杀死石虎。石虎得知后，立即杀尽刘氏家族。镇守关中的石生和镇守洛阳的石朗同时起兵，讨伐石虎。石虎留太子石邃守护襄国，自己统兵7万，围攻洛阳金墉城，很快城溃，斩杀石朗。接着，石虎以石挺为前锋大都督，进军关中。

石生自知力不能拒，便派将军郭权领鲜卑兵2万为前锋，迎战石虎。潼关摆开战场，两军厮杀，石虎大败，逃奔渑池，石挺战死。鲜卑兵叛石生，反戈相击。石生惊惶失措，单骑逃回长安。石虎进军关中。石生望风而逃，潜奔鸡头山。石虎攻克长安，徙关中10万户于关东，回到襄国。石生被部下杀死。

建武二年，即公元336年，石虎下旨营建襄阳太武殿，并大规模营建邺城。邺城是石勒的根据地，石勒本打算以邺为都，后用谋士张宾的献计，居襄国，而在邺城建造宫殿，以少府任汪、都水使者张渐监造。石虎即皇帝位后，迁都邺城。

石虎派牙门将张弥徙洛阳钟□、九龙、翁仲、铜驼、飞廉到邺；在邺城正南投石填河，架设飞桥，费上千万而未果。石虎下令建东西二宫，起造四十余所台观。石虎派尚书张群征16万男女、车10万

辆，运土石筑华林苑和城墙于邺城城北。石虎穷奢极欲，大兴土木，劳民伤财。

太武殿基高就是二丈八尺，东西凡75步。殿室雕梁画栋，饰以金银珠玉。显阳殿后营造的灵风台九殿更是富丽堂皇，无与伦比。石虎搜罗天下美女，一万余人，分居各殿，供他随时取乐。石虎纵酒纵欲，醉生梦死，而将朝廷一应政务全部交给太子石邃。

太子石邃比他的父亲也好不了许多，也是个酒色之徒。石邃饮酒没有节制，对于女人也是没个够。石邃经常在夜间闯入大臣或富户家中，见到有几分姿色的女子不论是人家的妻子，还是女儿，一律不问青红皂白，奸淫取乐。石邃行为荒唐怪癖，大臣们十分惶恐，谁都怕这位太子看自己一眼。

石邃喜好美色，宫中充实着许多的美人。石邃宣淫尽兴以后，有时赏识着美人的美色时，不经意中便割下了美人的人头，笑哈哈地让大臣们传看。大臣们无不胆战心惊，生怕自己哪天不合这位太子的意，也被一刀割下脑袋。大臣们惶惶不可终日。

石邃还有一个喜好，就是好尼姑。他将长得美貌的尼姑召入宫中，寻欢作乐。然后，他从容不迫地把尼姑杀死，将尸体一一肢解，和牛羊肉一锅煮食，还赐赏给大臣，让他们也尝尝尼姑肉是什么滋味。石邃的这种行为实在令大臣们作呕，可是谁敢言语？只能吃下女尼的肉。

石邃好酒嗜杀，对亲兄弟也不放过。石虎宠爱河间公石宣、乐安公石韬，他们都是石邃的弟弟，石邃受不了，恼恨怨怒，一直想把这两个弟弟杀掉。石邃想过石虎欢心，石虎对他爱搭不理，石邃觉得无趣。石邃总理一应政务，将大小事一律上奏石虎，石虎怒喝：这等小事，也要进呈？石邃不进奏小事，石虎又喝斥：朝中小事，为何不进奏？石虎动不动就

杖责石邃，一个月起码有两三次。

石邃受尽了石虎的虐待，自然对这个残暴的父亲痛恨入骨。石邃狠狠地对待从无穷、长生、中庶子李颜说：皇上实在难侍候，我要杀了他，你们跟我造反吗？太子这是要杀父自立，随从、侍臣除了赶紧跪拜，谁敢言语？众人吓得浑身直抖。

石邃想杀父造反，便装病不理朝政。石邃召集文武群臣约五百余人，一同骑马飞驰中庶子李颜别舍聚会欢宴。太子石邃在马上突然宣布：我想去冀州，杀了石宣，有不跟随我的立斩！说罢，石邃跃马驰奔。众人同行，奔行了几里，石邃一看，身后没剩几人。李颜只好叩头进谏。石邃无奈，大醉而归。

石邃想杀父、杀弟的消息不胫而走，他的母亲郑氏得知以后极为不安，知道祸事将临头。郑氏派心腹侍女去见石邃，让石邃检点一点儿，别太没有顾忌。石邃听后大怒，抽出刀来，一刀将侍女杀死。

石虎听到了种种传闻，心里也是不安，却不大相信，这么个儿子会想杀自己的父亲？石虎听说太子石邃染病，不上朝理政，便派亲信女尚书到太子府探视，查看虚实。石邃知道石虎的用意，很客气地召女尚书上前说话，微笑着，一刀将女尚书杀死。

石虎得报，怒火攻心，立即收捕太子石邃的心腹中庶子李颜，问太子近况。李颜如实禀报。石虎万分震怒，下令逮捕太子石邃的心腹李颜等三十余人，统统杀死！太子石邃也被囚禁东宫。几天以后，石虎的气消了，赦石邃无罪，吩咐在太武殿东堂召见。石邃怒气冲天，见到石虎并不谢恩，也不认罪，打个照面便扬长而去。

石虎不希望和太子的关系弄得太僵，想改善一下，缓和缓和。见石邃扬长而去，石虎派人追上石邃，提醒他，说太子应入后宫，见见皇后，怎么这样就走了？实际上这是和解的表示，是告诉他他还是太子，石虎很关心他。可是，石邃并不买账，像没听见一样，自个儿走了。

石虎怒不可遏，气得面如死灰。石虎当即下旨，废太子石邃为庶人。石虎觉得还不解恨。当天夜里，石虎派心腹捉拿石邃和其妻子张氏以及宫中男女计26人，统统杀死，装入一个大棺材中，一起埋掉。石虎杀兴大起，接着杀石邃私党二百余人。石邃的母亲即皇后郑氏被废为东海王妃。

石虎处理了太子石邃母子，便立儿子石宣为天王皇太子，石宣的母亲杜昭仪旋即被立为天王皇后。太子石宣比他的哥哥石邃也好不了多少，也是好酒好色，暴虐无道，滥杀无辜。发展到后来，石宣杀自己的弟弟，惹怒了石虎，又被石虎杀死。石宣的残忍比石邃有过之而无不及。

建武四年一月，公元338年，石虎统兵3万，进军辽西，进攻鲜卑段辽。三月，进据金台，长驱直入直抵蓟城。段辽渔阳太守马鲍、代相张牧、北平相阳裕弃城投降。段辽的妻儿逃奔密云。石虎派大将军郭太、麻秋追至密云山，活捉段辽的母亲、妻子。段辽父子投降。石虎将段辽二万余户百姓迁到司、雍、兖、豫四州。

石虎征战屡胜，踌躇满志。石虎宠太子石宣，又宠儿子石韬，委石韬为太尉，和太子共理朝政。石宣、石韬是亲兄弟，照说一个是太子，一个是太尉，共理朝政，应该很好。可是，石宣不容石韬受宠，想方设法排挤石韬，想除掉他。石韬自然心中不服，兄弟俩势同水火。

右仆射张离总掌兵权，求媚、讨好石宣。张离对石宣进言：如今王公兵卫超过限定，应加削弱，以分威权，也好树太子储威！削弱太子兄弟们的兵权，太子当然求之不得。东宫强盛，不正可以为所欲为，压服石韬？于是，尽削王公府吏侍卫，秦、燕、义阳、乐平四公置吏仅197人、兵士200人，各王公兵吏削三分之二，余兵士五万，选精壮的入卫东宫。

太子石宣在宫中争权，石虎统兵扬威前燕。石虎先派人招抚燕民。燕成周内史崔焘、武原令常霸、东夷校尉封抽、居就令游泓等积极呼应，投奔石虎。石虎统兵猛攻退棘城，即今辽宁义县，十余日攻克不下。石虎撤兵，前燕出兵追击，石虎大败。两年，石虎再攻前燕，搜罗兵丁，凡50万人，船一万余艘，运谷一万斛到乐安城。石虎兵威正盛，正想一举拿下前燕，不断传来消息，说慕容皝袭取了后赵蓟城。前燕乘势出兵，攻克武遂津，进入高阳，尽得如山的器械、物资。

石虎搜罗天下美女，下令凡13～20岁的女子都应送报皇宫，供挑选以充实宫廷。石虎又设女官，专意于搜罗美女。地方官为讨好石虎，将一应美色女子，不论婚否，抢掠而送往皇宫。更有甚者，趁机抢掠美女，纵其私欲。金紫光禄大夫逯明痛心疾首，上书劝谏。石虎无动于衷，反而觉得逯明多事，竟杀了逯明。

石虎享乐美色的同时醉心征伐，不断地统兵征东晋、征前凉、征前燕，劳民伤财，人民流离失所。战事一歇下，石虎又沉迷于游猎。到了晚年，石虎太过肥胖，无法上鞍，便特制一辆辕长三丈、高一丈八的猎车供他游猎时使用，石虎的猎场极大，西起灵昌津，东到阳都，以御史看守猎场，不许吏民入内。

太子石宣效法石虎，统兵征讨鲜卑斛毂提，大捷而归，杀鲜卑3万余众。石宣骄傲自负，纵酒纵欲，不可一世。石韬也不在石宣之下，比着玩乐，沉湎于酒色。石虎、石宣宠爱的中书谒者令申扁专综机要，权倾内外。刺史二千石封疆大吏大多出自申扁门下。侍中郑系、王谟、卢常侍等不服申扁，分庭抗礼。朝廷一片混乱。

石宣日益残暴，没有人敢上奏石虎。领军王朗对石虎说："隆冬苦寒，太子派人砍伐宫材，役数万之众，人人叫苦，陛下是不是去看看？"石虎前往看视，下令停工。石宣得知这是王朗捣鬼，便想杀了王朗。恰遇天星有变，善看天象的人说将有大灾。石虎问谁可以挡灾？进奏的赵揽得石宣授意，说王朗王领军。石虎有些可惜王朗的才能，问谁可替代？回答是中书监王波。于是王波被腰斩，他的四个儿子也被投入漳水。

石宣、石韬受命迭日省决政务。司徒申钟认为这样不好，上书力谏。石虎不听。太子詹事孙珍问侍中崔约，说眼睛有病，有什么法子治？崔约调侃说：尿一泡尿就可治愈。孙珍很奇怪，问尿能治眼病？崔约说，眼窝深，正好装尿。崔约这是笑话孙珍眼窝太深。孙珍将这事告知石宣，石宣也是深眼窝，石宣大怒，下令将崔约父子杀死。

石宣也好游猎，猎场方圆百里，不下石虎。石宣围猎时，令百官或立或跪守着猎区四周，如有禽兽逃脱，所在官员罚步行一天，无爵位的罚鞭一百下。每次行猎，石宣总爱带宠姬显德美人同行，一同坐辇观看。晚上行猎，往往火把闪闪，亮如白昼。如遇阴雨霜雪，士卒饥寒而死的不计其数。

石宣建造太子府，极为豪华。石韬不甘落后，起造太尉府，号宣光殿，梁长9丈。这不是明目张胆地蔑视太子，和太子过不去吗？太子石宣闻讯大怒，下令杀死建堂工匠，并派人将大梁截去一节。石韬听说以后也大怒，下令又换一根梁，而且梁长10丈。石宣咬牙切齿，对近侍杨柸、牟成说："石韬凶狠，公然和我作对。你们要是能杀了他，我做了太子，将石韬国邑分封给你们，石韬一死，皇上必定临丧，我再杀了皇上，入主大位。"杨柸、牟成怦然心动。

这天夜晚，石韬在东明观设宴，大宴宾客。石韬酒酣耳热，感叹人生无常，何不大家开怀畅饮，一醉为快？众人痛饮大醉。石韬醉卧佛精舍。杨柸、牟成、牟皮、赵生等爬猕猴梯入室，杀死石韬，将眼睛、鼻子、嘴巴、头颅刺得面目全非，血肉模糊。

石韬懂得天象。死的那天晚上，石韬见东南天上有团黄黑云，有几亩大，中分为三，像一块布，日没以后分成七道，每道相去数十丈，中间有如鳞白云。石韬心中大惊，对侍从说：看天象变故不小，恐怕京师今夜有刺客，不知道谁会被杀死？

石韬被杀死了。石宣在第二天去临丧，不仅不痛哭，反而大声狂笑，揭开被子看看尸体，扬长而去。石虎听说爱子石韬被人杀死了，气恨得昏死过去。石虎下令追查。建兴人史科密奏石虎，说是杨柸、牟成、赵生所为。石虎捉拿凶犯，严刑拷打。赵生抗不住，只好招供。

石虎派人捉拿太子石宣，将他剥光了衣服，关进席库，用铁环血淋淋地穿透他的下巴，将他像狗一样地锁在库中。库里又做了一个大木槽，槽里放残汤剩菜，让石宣像猪狗一样在槽中进食。石虎取来杀死石韬的刀子，用嘴慢慢地舐净上面的血迹，放声大哭，哀恸悲切，声震殿宇。然后，石虎用辘轳柱残酷地杀死了太子石宣，为儿子石韬报仇。

石宣一家妻儿都未能幸免，统统被杀。石宣最小的儿子很招人疼爱，年方九岁，也要被杀。石虎于心不忍，抱着小儿哭泣。小孩子还天真地说：不是我的罪！石虎想放了他，可执行命令的大臣不干，小儿也被杀死。石宣的私党三百余人、侍从宦官五十余人也统统被车裂，

抛进漳水。东宫变成了猪圈。东宫卫士10余万人远戍凉州。石勒13个儿子，8个在自相残杀中死去，另5个被石虎的养孙冉闵杀尽。

## 独眼皇帝苻生

西晋建兴四年，即公元316年，一天夜里，氏族首领苻洪正在熟睡，突然被妻子姜氏推醒。只见姜氏满脸虚汗，神色十分惊恐。苻洪问出了什么事？姜氏说，做了一场恶梦，梦见一个身材高大、肩部隆起一个大疙瘩、一身棕褐色皮毛的怪物走到了身边！苻洪赶紧安慰妻子，说不过是场梦而已不必大惊小怪。

过了一段日子，姜氏告诉丈夫苻洪，说自己怀了孕。这当然是好消息，苻洪很高兴。苻洪突然记起了妻子姜氏前段日子做的那场恶梦，想起了这孩子正是那天夜里种上的，苻洪兴奋起来：女人梦见野兽走到自己身边可是吉兆；这怀上的一定是个儿子，而且虎背熊腰，力大如牛，日后一定能成就大事！

十个月后，姜氏真的生下了一个儿子，取名苻健。苻健自小就喜好骑马，爱张弓射箭。长大以后，苻健喜爱各种武艺，青年时便已经通习武艺，成为一个膂力过人、骑射无人能比的高手。苻健极为聪明，善于察言观色，很能见人说话。苻洪夫妻很喜欢这个身高体壮、武艺超群的儿子，后赵主石勒、石虎也很喜欢他。

晋永和六年，即公元350年，贵族苻洪觉得有了足够的力量称霸一方，便称秦王。将军麻秋毒死苻洪。苻健见父亲中毒，并不管正疼痛难忍的父亲，而是一举杀死了麻秋，然后才来到父亲身边。苻洪临死时对苻健说：你们兄弟，占据关中。

苻健记住了父亲的遗言，但当时的局势不利于称王。苻健便放弃秦王称号，称臣东晋。苻健积蓄力量，开始夺取

关中。符健先打败了守在潼关的杜洪手下将军张先，占据潼关，然后进军长安，大败杜洪，占领长安。将军贾玄硕上表符健，请符健称大单于、秦王。晋永和七年，即公元 351 年，符健自称大王、大单于。第二年，符健在太极前殿即皇帝位，正式称帝，建都长安。

符健健壮威猛，后宫美人充栋。符健的妻子强氏受符健宠爱，生下了符健的第三个儿子，取名符生。奇怪的是，符健身体强健，强氏天生丽质，两人都没什么毛病，生下的这个符生却只有一只眼睛，另一只是天生瞎眼。这个独眼符生一生下来就揪着父母的心，长大以后，更是任性放荡，胡作非为，完全是个无赖。宫人人人都迷惑不解。

符生天性刁顽，符洪、符健都不大喜欢他。符生 7 岁那年，有一天，符洪奇怪地问近侍：听说符生这孩儿只有一只眼睛流眼泪，真是这样吗？近侍不敢说话，只是点头。小小符生站在一边，听这问话勃然大怒，当即抽出佩刀，刺进自己的瞎眼，瞎眼立即血流如注。符洪和众近侍大惊，符生却冷笑着说：这只眼睛也能流泪！

符洪是在战场上厮杀惯了的，出生入死，经历了无数的残酷场面。可是，像这样才几岁的小孩这般残忍，符洪实在是头一次碰到，感到十分吃惊。小孩这等野性，符洪觉得应当管教，不能由着他这般撒野。符洪一脸怒容，拿过一条皮鞭，狠抽符生一顿，符生连吭都不吭一声。

符洪气喘吁吁，抽过以后，盯着小孙儿符生。符生像没事一样，一只眼睛还淌着血，一只眼睛冷冷地看着符洪，不紧不慢地说：刀枪我都不怕，还怕鞭子吗？符洪这一次实在是吃惊不小。气急败坏的符洪大声喝叱符生：你要是再嘴硬，我就罚你做奴隶！符生毫不退让，依旧冷冷地说：做奴隶算什么，不过是做石勒第二！

符洪真的震惊了。石勒确实曾经做过奴隶，但后来称霸一方，性情残忍，对自己的家人也是随兴就杀。石勒有 13 个儿子，8 个残杀死去，终致石氏家族破败国亡。石勒的败家和残忍各国都引以为戒，避免家族重演这一悲剧，想不到这小小孙儿却口出狂言，要做石勒第二，这可是符氏家族的凶兆！

符洪气昏了头，上前立即捂住符生的嘴，怕他再说出不中听的话。符洪气恨恨地对符健说：这孩子太可怕了，应该早些把他杀了，不然的话，日后必惹大祸。符生的父亲符健当然知道这小孩残忍，一直不知道该怎么办。如果不杀掉他，日后肯定是祸害。符健便抽出刀来，走过去，想杀了符生。

符健的弟弟符雄赶忙跑过来拦住符健，说小孩不懂事，年纪太小，长大了就会好的，何必说杀就真的杀呢！符雄拦住了符健，吩咐侍儿把符生带下去，将血止住，敷上药。这场无端的变故就这样结束。这场变故虽然没有处置符生，但谁都知道这小孩天性凶残，日后一定是十分厉害的。小小的符生就令近侍奴仆们害怕。

符生一天天长大了，长得身高体壮，膀大腰圆。健壮如牛的符生不仅像他父亲符健一样，长于骑马射猎，百发百中，武艺非凡，而且能生擒野兽，和猛兽相斗。健步如飞的符生步伐奇特，喜爱长跑，奔行神速，能追上一匹飞驰的烈马。符生的骑射功夫令人刮目相看，飞跑速度令军士们目瞪口呆，刀枪剑戟百般武艺，也无不精熟，令人眼花缭乱。军中上下竟无人能胜过符生。

前秦皇始四年，即公元 354 年，太子符苌中流矢身亡。怒火中烧的符生手执战旗，紧握长枪，单枪匹马地闯入敌阵，亲手杀死了十几个东晋将领，兵卒死伤无数。前秦兵威并没有因太子死去而有所削弱，反而士气更盛。这场前秦和东晋大战，太子死去了，苻生因骁勇善战被立为太子。

苻生立太子前还有一段奇闻。太子苻苌死了，按理应立第二个儿子，怎么把三子苻生立了太子？苻生在大战中出入敌阵如入无人之境，谁都敬服他的勇敢、剽悍，连东晋首领桓温都佩服——因为他杀得几进几出，敌手死了很多，而自己毫发未损。苻生以勇敢赢得了人们的敬畏。

但朝廷有朝廷的规矩，太子死了，次子当立。这时，京师盛传一则谶言：三羊五眼应符，独眼人宜做皇帝。谶言传入皇宫。苻健十分奇怪。好谶信谶的苻健便鬼使神差，立这位三子为太子。

苻健天性放荡，随意妄为，经常出口伤人，因而危机四伏。后赵豫州刺史张遇被苻雄俘获，张遇被送到长安，张遇家人也一同解送京师。苻健礼遇张遇，并未杀他，还对他很客气，给他一个高官，任为司空。张遇的继母韩氏风韵诱人，被苻健看上，送入后宫，封为昭仪。感激苻健不杀之恩的张遇很想给他卖力，但苻健没当回事儿，还时常当着大臣侮辱张遇，说：你是我的儿子！

张遇不堪羞辱，便联络中黄门刘晃，想杀了苻健。但密谋不周全，前秦皇始三年，即公元353年，阴谋败露，苻健杀了张遇、刘晃。苻健躲过了暗杀，却躲不过病魔缠身。皇始五年，即公元355年，苻健身染重病，卧床不起。苻健的侄子苻菁见苻健躺在病床上奄奄一息的样子，以为苻健日子不多了，便决意政变夺权。

苻菁精心策划，密谋先带兵直奔东宫，杀死太子苻生，然后直扑苻健。苻菁知道最难对付的是苻生；而且即便苻健死了，即位的应是太子，所以应先把苻生干掉。苻菁带兵赶到东宫，没有苻生的人影，苻菁立即带人直扑东掖门。躺在病床上的苻健听到杂乱的脚步声，知道宫中有变，便使出全身的力气，来到端门，召集禁兵。叛兵见到苻健，纷纷放下武器。苻菁被擒，立即处死。

过了几天，苻健真的不行了，奄奄一息，急召太子苻生。苻健知道苻生好色好酒，更担心日后将帅、大臣会夺走苻氏江山。临终的苻健给太子苻生留下了杀气腾腾的遗言：将帅、大臣如果有不听话的，可逐渐杀掉。苻健嘱咐了这句话后，便离开了人世，时年39岁。而他这一句话，又夺走了许多将帅大臣的生命。苻健死了，太子苻生即皇帝位，为历史上有名的厉王，改年号为寿光。苻生时年22岁，正是多事好动、精力旺盛的年龄。苻生尊母亲强氏为皇太后，册妻子梁氏为皇后。委任吕婆楼为侍中、左大将军。委任苻安领太尉。以苻柳为征东大将军，苻谟为镇东大将军。

苻生政权巩固了，便开始胡作非为。苻生是有生理缺陷的人，天生瞎了一只眼睛，自小就被人嘲弄和笑谈的苻生对人们充满仇视。苻健临终遗言，更刺激了天性凶残的苻生，使他把朝廷变成为畜牧场，把朝堂变成为屠宰场，大开杀戒，行为荒谬，令人发指。

苻生自己有残疾，因而有许多的忌讳，不许人们说残、毁、伤、缺、偏、少、无、双、不足、不具等有关残缺伤瞎的字眼，违者立即处死。奉章、诗文中也禁用这些字。有一次，太医令程延调制药剂，苻生在一旁观看。苻生好生奇怪，问程延用了多少人参？程延忙着调药，忘了忌讳，随口说了药量不固定，少一点儿也没有关系，可以用别的补配。这一下犯了苻生的忌讳。苻生就拿出随身带的凿子，活生生地挖出了程延的眼睛，血水流淌如注。玩乐够了，苻生便将程延杀死。

苻生仇视文武大臣。苻生上朝时，总要带着弓箭，佩带利刀锋刃。理政的大殿御桌上，苻生还放好了随时用刑的钳子、锯条、锤子、凿子。苻生看哪一位大臣不顺眼，便拿起一样凶器，痛快淋漓地将那位大臣杀掉，根本就不眨眼。

苻生喜怒无常。有时高兴了，让大臣们就朝政得失发表意见。大臣婉转地进谏几句，说在有些地方需要改进。苻生立时就变了脸，从容不迫地拿起家伙，像杀一只鸡一样杀了进谏的大臣，并振振有词，说："这是诽谤我！"诽谤了皇上，自然是杀身之祸，被杀死了理所当然。有的大臣吓破了胆，乘机想巴结奉承，尽说好话。苻生又不干，说："这是献媚！"痛痛快快地又便把献媚的大臣杀了！

中书监胡文、中书令王鱼仗着官位很高，想劝导苻生，对苻生说："最近有客星犯大角，荧惑进入东井，这是不祥之兆，国家将有大丧，大臣赴死。望陛下效法周文王，修德禳灾，仁爱天下，再现成康之治。"苻生听说国有大丧，大臣赴死，不但不惊慌，反而十分高兴。苻生说出了一席话，足以把大臣吓死。

苻生没事似地对大臣和近侍说："不是国有大丧吗？皇后和我共有天下，杀了皇后就足以禳灾；至于大臣赴死，这更好办，太傅毛贵、尚书令梁楞、左仆射梁安，都是受遗命辅政的，可以称为大臣，让他们赴死不就消了灾？"皇后梁氏、太傅毛贵、车骑将军、尚书令梁楞、左仆射梁安就这样不明不白地死去。

毛贵、梁楞、梁安死去了，大臣位尊权重的要数丞相、侍中雷弱儿。苻生也不用什么借口，就想把雷弱儿杀掉。雷弱儿是南安羌人酋长，豪爽耿直，喜好直言，不畏强暴，不怕死。苻生宠爱的赵韶、董荣乘机乱政，胡作非为，丞相雷弱儿多加裁抑，赵韶恨透了雷弱儿。这时，赵韶进谗，说雷弱儿的坏话，苻生更来了精神，下令杀了雷弱儿，还下旨杀尽雷弱儿的全家。雷弱儿的9个儿子、27个孙子无一幸免！

苻生有父皇的遗嘱做后盾，杀大臣上瘾。苻生经常大宴群臣，转眼之间便把宴会变成屠杀场。有一次，苻生在太极前殿宴请文武百官。佳肴美酒，音乐歌舞，大伙儿看着兴高采烈的苻生，都十分高兴，以为今天能够平安。没想到，宴会快结束时，苻生想出了一个新花样，令大臣们苦不堪言。

苻生见大臣们一个个红光满面，便生出一计，吩咐人人畅饮，一醉方休，并使尚书令辛牢负责劝酒。大伙儿这时便有些紧张。辛牢身负重任，一个劲儿地给大家劝酒，酒量不济的大臣一个个醉倒了。苻生不声不响地张弓搭箭，冷笑着质问忙得满头大汗的辛牢："你怎么不好好劝酒？还有人坐着没有醉。"话音刚落，辛牢来不及说出一句话，一箭飞出，正中脑袋，辛牢当即倒地惨死。大臣们吓得魂飞天外，没醉的赶紧举杯猛灌，朝服湿了，朝冠滚满一地，一个个篷头垢面，东倒西歪。苻生坐在那里，手握弓箭，哈哈大笑。

寿光二年一月，就是公元356年，天空出现日蚀。苻生想起了司空王堕，说这是王堕的过失，造成了日蚀。苻生召来王堕，在大堂上，活生生地把王堕残忍杀死。朝廷多年来集聚的大臣、将帅，以及宗室、功臣、亲戚、豪门大族，被苻生不明不白地几乎杀尽。幸存下来的朝官贵戚，纷纷辞官回乡，远离这个恶魔。截肢、断胫、控胎、刴手的依旧天天不断，京师假肢买卖一时十分兴隆。

苻生游幸渭桥，觉得这桥太破旧。于是，苻生下令：发三辅人营缮渭桥。这正是农忙时节，征发这么多人修桥，农事怎么办？误了农时，颗粒无收，国家还能平安？金紫光禄大夫程肱忧心忡忡，斗胆上奏，希望苻生收回成命，以免妨碍农时，危害国家。苻生冷笑一声，吩咐：斩！金紫光禄大夫程肱人头落地。

民生凋蔽，田地荒芜，田土一片破败。京师长安风沙漫天，狂风呼呼。大风肆虐，房屋被摧毁了，树木连根拔起，行人颠仆于道路。风暴侵袭之下，京师也破败不堪，十分混乱。宫中奔跑叫嚷，乱成一团。风暴过后，有人对苻生说：宫中有贼。苻生立即吩咐紧闭宫门，全面搜查！禁卫军搜寻了五天五夜，把宫室、苑囿搜遍，没有一个贼人的踪影。奏报者本想取巧讨个好，没想到没搜出一个可疑的人。苻生没事似的叫来奏报人，让他脱光了衣服，苻生剖开了他的肚子，当时就挖出了一颗扑扑直跳的心！

国家破败不堪，百官朝不保夕。百姓生活在水深火热中，生灵涂炭。左光禄大夫强平忧心如焚。直言敢谏的大臣几乎都被杀光了，强平明知苻生残暴，但还是打算站出来说话，不能听任局势就这样恶化下去。强平在行动之前也是颇费思量的，他知道他将冒的风险，不过强平身份特殊，想再昏暴的皇帝也不至于真的六亲不认。

强平的姐姐是苻生的母亲强氏，强平是苻生的亲舅舅。强平上奏说：天灾绵延，日蚀、暴风、水旱、兽灾，这一切都是陛下不理政事、上天震怒所致，伏望陛下休养生息，仁爱百姓，礼敬公卿，精勤政务，以保社稷江山。苻生大为奇怪，在这个时候，竟还有人敢出来说话？苻生便定强平妖言惑众罪，囚禁起来。

皇帝囚禁了自己的舅舅，文武百官无不震惊，后宫也一片慌乱。卫将军苻黄眉给苻生叩头，请求放了强平。苻生冷哼一声。前将军苻飞、建节邓羌，侍宴时跪请苻生赦强平无罪，苻生不予理睬。强太后派心腹转告苻生，让马上放了强平，苻生置之不理。苻生冷笑着拿着凿子，亲手凿开了强平的天灵盖，强平受尽折磨，最后才被玩腻了的苻生杀死。强太后听说自己的儿子残杀了自己的弟弟，一病不起，不久便含恨离开了人世。

朝政昏暗，民不聊生，土地荒芜。不知道从什么时候开始，豺狼野兽出没于城镇村落，白天拦截道路，夜晚闯入民居，一只只都红着眼睛，只是吃人、伤人，而不伤害牲畜。这是野兽吃死人吃红了眼睛，专伤人、吃人。百姓苦不堪言。面对凶狠成群的野兽，村民们只好离乡背井，相聚而居。远近村落稀疏，人烟断绝，野兽公然群聚为害，农桑庄稼尽毁。

大臣们急如热锅上的蚂蚁，不知道从何下手，纷纷上奏苻生，请求立即采取措施，捕杀凶兽，救民于水火。苻生见奏以后，却笑呵呵地说："野兽饿了当然要吃人，吃饱了就不会再吃了，总不会一年到头没完没了地吃。天子哪里会不爱惜百姓？百姓都是天子的子民！只是百姓太坏，犯了不少罪，上天震怒，年年降灾，让百姓受点苦，这是上天帮我教化百姓！只要好生待着，不犯过失，怎么会有灾？又何必怨天尤人！"就这样，七百余百姓被野兽吃掉！

苻生真是个强词夺理、又不讲道理的暴君。大臣和近侍听了他这番高论，除了战战兢兢，谁还能说什么？还有谁敢去争辩？苻生得意扬扬，便带着随从，去阿房城游玩。马蹄声声，黄尘滚滚，路上树木光秃，没有人烟。骑在骏马上的苻生十分自得，信马驰向阿房城。

骑在马上的苻生忽然看见前面的路上有两个人，正慢慢地从对面走来。苻生骑马过去，拦住了两人的去路。苻生细细打量，忽然来了兴致，想玩弄一番，一时又想不出好的法子。两人一男一女，问过以后，才知道是亲兄妹，是哥哥送妹妹回婆婆家。

第三编　三国两晋南北朝野史

符生听说是亲兄妹，马上来了兴致。符生怪模怪样地围着兄妹俩转了一圈，不怀好意地盯着有几分模样的女子，一脸恶毒的坏笑。兄妹站在那里，就像被猫逮着的耗子一样，惊慌失措，不知道该怎么办是好，更不知道眼前这个流氓成性的东西正是当今皇上！

符生继续恶作剧，令人发毛地看着任人摆布的兄妹俩。兄妹俩虚汗淋漓，胆战心惊。玩够了猫玩耗子的把戏以后，符生让两人脱光了衣服，就在这黄尘翻滚的大道上，结为夫妻，当场表演。这不是逼人乱伦吗？做哥哥的自然坚决不同意，并愤怒地瞪着这个衣冠禽兽的东西。符生从容不迫，慢慢地抽出宝剑，眼都不眨地杀死了这对兄妹。

符生尽兴以后，回到咸阳宫城，吩咐大开盛宴，宴请文武群臣。第一道圣旨下达以后，符生又下达了第二道圣旨：大臣后来的，立即杀死。大臣们本来就怕这位皇帝，奉旨以后虽然不敢不参加，但都想晚些去，怕去早了碰到这个恶魔，说不定在什么地方不如他的意，就会脑袋搬家。结果，后来的大臣都被杀死。

符生觉得大臣已没什么好玩的了，就到后宫取乐。到了大殿，符生召集数十名宫女，让她们站在那里，脱光衣服。然后，符生叫来侍从，也让这些侍从光天化日之下脱光衣服，在殿前和这群宫女交欢。侍从们知道主上的脾气，只能执行，一个个嘻嘻哈哈，纵情玩乐。殿前的景象不堪入目，符生却看得津津有味，连声叫好。

符生游幸后宫，楼阁、苑囿、花亭、绣阁，随意逛荡，没有定所。所到之处，符生吃喝玩乐，和后妃美女做出许多花样。后妃美女稍有一点儿不如意处，符生便笑吟吟地拥过这女子，盯着色迷迷地看一会儿，然后一刀下去，或割下脑袋，或掏出心脏，然后吩咐随从将尸体扔入渭水。

大臣和女子的刺激过足了瘾后，符生便想生剥人皮，剥谁呢？大臣们只好让囚徒充当替罪羊。虐待成狂的符生把囚徒召进大殿，慢慢地剥下囚徒的脸皮，揭下头皮，再剥身上的皮，剥得囚徒痛苦地喊叫，全身抽搐，符生则乐滋滋的，扬扬得意。符生常常让剥了脸皮的囚徒血流满面，在大殿上唱歌、跳舞，符生从中得到无穷的乐趣。

符生对身边的大臣、宫女、后妃、囚徒大施淫威，还觉得不过瘾，便正式发布诏书，吓唬天下的百姓，也让天下的百姓恐慌畏惧，别过得太舒心。符生在寿光二年六月即公元 356 年颁布的诏书中这样说："我上承天命，继承祖宗大业，治理这个国家，管理这方百姓；可是从我继位以来，也没干什么不合适的事，怎么到处怨声载道？我杀了不过千儿八百人，就说我暴虐？如今街上到处是人，摩肩接踵的，看来活人还是不少！以后我还要严刑峻法，看你们能把我怎么办！"

符生如此胡作非为，自然给觊觎神器的人以可乘之机。符雄的儿子符坚雄姿英发，有统一天下的大志。符坚一直想杀死符生，夺得帝位，然后统一天下。符生失尽民心，政治昏暗，这无异于将江山社稷拱手让人。符坚正利用这一有利条件，杀死了符生，夺得帝位，从而使前秦崛起，成为雄视天下的一个强盛之国。

符生在临死以前也有一些预兆，他感觉不大好，并因此杀了不少人。符生有一天做了一个梦，梦中见一条大鱼食蒲。接着，符生听到一首歌谣，在京师长安广为传唱：东海大鱼化为龙，男便为王女为公，问在何所洛门东。符生觉得有些不妙。东海大鱼化为龙，这不是由鱼化为天子，将得帝位？东海大鱼是谁？怎么和梦中的大鱼这么吻合？

符生疑虑重重，虽然昏聩残暴，糟踏

江山，但还是怕失去江山。苻生胡乱猜想，竟认为这鱼是指朝中姓鱼的大臣，于是，侍中、太师、录尚书事的鱼遵被糊里糊涂地给杀了，还杀了鱼遵的七个儿子、十个孙子。这是让鱼氏一族不得翻身，也就不会再觊觎神器，威胁到苻生的统治。实际上，这东海大鱼不是别人，正是龙骧将军苻坚。苻坚的封地在东海，住在洛门东。

京师长安不久又传唱着一首歌谣：百里望空城，郁郁何青青；瞎儿不知法，仰不见天星。这首歌谣是骂瞎儿苻生胡作非为，目无法纪，弄得天下昏暗，百里空城。苻生听了这首歌谣自然十分生气，下令将几座城市变成空城，以此禳灾。金紫光禄大夫牛夷惶惶终日，怕这样待下去终会有大祸，便诚惶诚恐地上奏苻生，请求出镇上洛。苻生阴冷地说：你忠诚爱国，勤劳政务，正是我的好帮手，哪有外镇之理？牛夷被苻生的冷笑吓坏了，日夜惊恐不安，终于自杀。

苻生觉得杀人不够刺激，就虐待动物。他吩咐侍从，将牛、马、猪、狗、驴、马牵进殿中，用大火烧，用利刃杀，有的干脆就活剥。大的动物如牛、羊、猪、马、驴、狗活剥时很刺激，苻生高兴得尽乎颠狂。苻生爱看这些动物痛苦地扭动、抽搐、凄凄地哀嚎、呻吟，鲜血淋漓，血肉模糊。苻生还爱看这些动物血泪交流，眼中一种恐惧、畏缩、疑惑不解的神情。苻生折磨这些大动物，有说不尽的开心。大动物折腾够了，苻生就踩蹭小动物。苻生让侍从把鸡、鸭、兔、鹅等弄进大殿，三五一群，用火活烧，看它们哀鸣、折腾。

寿光三年六月，即公元 357 年，一天深夜，喜怒无常的苻生尽兴玩乐以后，突然对身边的侍女说：阿法兄弟不大可靠，明天就杀了他们。这真有点儿鬼使差，想杀阿法兄弟，能说出来吗？还能让别人听见？苻生真是气数尽了，似乎有什么冥冥之神在控制着他，让他非说出来不可。

苻生很快就沉沉入睡了。侍女轻轻地走出卧室。侍女很怕苻生，也有些恨苻生，而对苻坚、苻法兄弟印象极好，也极有感情。关键的时候，侍女便直奔苻坚住所，将听到的话原原本本地告知苻坚和他的哥哥苻法。苻坚是个果断刚毅的人，当机立断，马上统兵，准备杀了苻生，入主大位。

苻法带几百甲士潜入云门，梁平老、强汪助威，苻坚和吕婆楼率勇士三百余人直奔皇宫。宿卫将士听说是苻坚兄弟，纷纷倒戈，投奔苻坚。苻生还在沉沉入睡，糊里糊涂就成为阶下囚。苻坚活捉了苻生，把他囚禁在一间小屋内，废为越王。不久，苻坚决定杀死苻生。苻生知道末日到了，嗜酒好色的苻生临死也要做一个醉死鬼。苻生请求喝酒，结果，一连喝了几斗，终于烂醉如泥，就这样死去，终年 23 岁，在位仅两年，谥号厉王。

## 荒淫天子刘骏

刘骏是南朝宋世祖孝武皇帝，字休龙，小字道民，文帝刘义隆的第三个儿子，母亲是路惠男。6 岁时封陆陵王，食邑二千户。10 岁即都督湘州诸军事、征虏将军、湘州刺史、领石头戍事。次年迁使持节、南豫州刺史。18 岁为安北将军、徐州刺史。24 岁时，太子刘劭杀文帝刘义隆自立，密令太子步兵校尉沈庆之杀死刘骏。沈庆之附刘骏反刘劭。荆州刺史南谯王刘义宣、雍州刺史臧质、司州刺史鲁爽也起兵响应。刘骏在新亭大败刘劭，即皇帝位。随之攻克建康。刘骏杀大哥太子刘劭和二哥始兴王刘浚，将他们暴尸于市。

刘骏年少就机颖，神明爽发，读书七行俱下，才藻很美，又雄决爱武，长于骑射。经过一场兄弟的残杀即位以后，刘骏便越来越放荡，行为怪异。

诛杀了刘劭、刘浚、刘义宣、南谯王刘义宣、雍州刺史臧质等有功。刘骏以大将军、江夏王刘义恭为太尉、录尚书事、南徐州刺史。以荆州刺史、南谯王刘义宣为中书监、丞相、录尚书六条事、扬州刺史。雍州刺史臧质为车骑将军、开府仪同三司、江州刺史。刘义宣、臧质自恃功大，骄横行事，对沉湎酒色的刘骏根本不当一回事儿。刘骏也不讲什么礼义廉耻，只是满足自己的淫欲，无所不为，竟将其六叔刘义宣的几个女儿逼淫。刘义宣大为愤恨。

孝建元年（公元 454 年）二月，刘义宣联合臧质举兵反骏。但响应起事的很少，加之所谋不周，很快被击溃。臧质逃奔武昌，被人斩首，头颅传示京师。刘义宣被活捉，在江陵被赐死。寻进托军将军柳元景为抚军大将军，镇北大将军沈庆之并开府仪同三司。

同室操戈，互相残杀，刘骏深感诸王、宗室、朝中重臣、封疆大吏等不能权重，重则尾大不掉，于是，借机分割封疆，削弱权势。他分割扬州，设东扬州。又分割荆、湘、江、豫四州，设郢州，罢南蛮校尉，省录尚书事，吏部尚书之职被一分为二。

南徐州刺史竟陵王刘诞天性仁厚，人心向往，豪士云集，势力强大。刘诞是文帝的第 6 个儿子，是排行第三的刘骏的六弟，刘骏对他又忌又畏。

大明三年（公元 459 年）四月，刘骏不宣而战，突然派兵攻袭刘诞，试图一举击溃刘诞，借机将刘诞杀死。不料，刘诞所部训练有素，遇袭并不慌乱，反而将前来攻袭的刘骏兵将一举击溃。刘骏大怒，下令搜捕刘诞在建康的亲属、故旧、心腹、同籍、私党，全部斩首，死者数以千计。

刘骏随后调集重兵，围攻广陵城。大明三年七月，广陵城攻破，刘诞被斩首。城中男子不论大小老幼，统统杀死。

先被剖肠剔眼，笞面鞭腹，烈酒灌创，然后斩首的达三千之众。刘骏还将首级集中建康，称为京观。城中所有女子都赏赐给军士，供他们淫乐。

刘骏喜酒好色，终日沉湎其中。他在宫中但见所好的女人即淫，而从不问尊卑亲疏，宫禁混乱。他好游猎，玩乐通宵达旦，不分昼夜。他喜奴媚谄佞之徒。刘骏还爱聚赌，他的赌友是侍中颜师伯，动辄一输百万，开心玩乐。

刘骏临幸了六叔刘义宣的女儿之后，将其纳为妃子。大明六年（公元 462 年）四月，其殷太妃死，刘骏大哭，厚葬殷太妃。然后，刘骏率领群臣，浩浩荡荡前往殷太妃的墓地，向死者致哀。刘骏对群臣说，要看看谁最哀痛，他指着秦郡太守刘德厚说：你们哭贵妃，谁哭得悲痛，就重赏谁！

刘德厚知道只能遵命，便应声恸哭起来，哀号凄切，捶胸顿足，涕泗横流。刘骏满面喜色，不禁大笑起来，当即赏给刘德厚豫州刺史之职。

刘骏淫乱后宫，已骚扰京郊，朝野尽知。丹阳尹颜竣痛感国危时艰，心中万分悲痛，便对其淫乱奢侈数次上书劝谏。刘骏大为恼火，诬指颜竣与叛臣刘诞通谋，先砍断颜竣的双脚，然后慢慢把他弄死。前卢陵内史周朗也对朝政昏暗不满，国事艰危，上书直言劝谏。刘骏只以“居母丧不如礼”为说词，将周朗杀死。

刘骏奢侈淫逸，大兴土木，广造宫室，一应土木都极尽华丽，加之赏赐幸臣无度，府尽空。葬殷太妃仅凿通山道就达数十里，又为殷太妃立庙祭祀，所葬宛如一座后宫。刘骏一面奢侈淫逸，一面又勒索刺史、二千石等封疆大吏，让他们奉献，然后又不计多寡地豪赌。这样的结果便是民不聊生，生灵涂炭。

刘骏嗜酒如命，饮必大醉。每次宴会亲友、群臣、来使，总是令在坐者痛饮至醉。而且在宴饮中，刘骏还爱让群臣相互嘲讽、叫骂，丑态毕出，以此取乐。侍中沈怀文仅因不爱酒、不与嬉戏，就激怒了刘骏。刘骏说他心怀诡计，为异己分子，迫令他自杀，又杀死了沈怀文的三个儿子。

黄门侍郎宗灵秀长得并不灵秀，一身横肉，肥肥胖胖，拜见起坐极不灵便。刘骏就爱以他取乐，动辄赐宗灵秀一点儿东西，看他笨拙地拜谢，开怀大笑。他还根据群臣的高、矮、胖、瘦、圆脸、长脸、漂亮、丑陋，一一赐给绰号，然后不论朝堂殿下，尽呼绰号取乐，从不称其官称名姓。更令人难以忍受的是，他还让奴仆侍婢手拿木杖，随意指示他们敲打朝臣，即便是国戚、重臣，上至尚书令也不能幸免。

刘骏如此昏暴，为何在乱离的当时没有重臣将他杀掉？原来他还有些绝招儿。《南史》记载说：刘骏晚年时爱作长夜之饮，通宵达旦。早起后漱完口，又接着痛饮，一会儿能喝数斗，然后倚几昏睡，像大醉一样。但一旦有人奏事，刘骏便肃然端坐，像没喝过酒一样。内外侍臣谁也不敢造次。刘骏何时清醒，何时昏醉，只有他自己清楚地知道，谁也摸不准，所以，谁也不敢轻举妄动。

刘骏 35 岁时死于玉烛殿，在位 12 年。他虽然发布过一些贤明的诏书，恤爱黎民，但他的一生基本上是荒唐的，既糊涂瞎闹，又违礼变态。

## 前废帝刘子业

南北朝时期，南朝宋孝武帝刘骏是昏庸残暴的皇帝。前废帝刘子业正是荒唐皇帝孝武帝刘骏的儿子。比起刘骏来，前废帝刘子业的荒淫无耻则有过之而无不及。刘子业生于元嘉二十六年正月，公元 449 年，小字法师，是孝武帝刘骏的长子，母亲是王宪嫄。刘子业 4 岁那年，太子刘劭发动宫廷政变，杀死了皇帝刘义隆，自己即皇帝位，刘子业被夺得政权的刘劭囚禁在侍中下省，几次差点

儿被杀。刘劭杀死了背叛自己的姐夫——同母姐东阳公主的丈夫王僧绰后，诬陷长沙王刘瑾、桂阳侯刘觊、新渝侯刘玠、临川王刘烨共同谋反，也一一斩杀。

刘劭的三弟武陵王刘骏统兵在外，刘劭一时杀不了他，便命心腹送一道密诏给沈庆之，命他持诏杀死刘骏。刘骏不久便起兵，讨伐刘劭，协助刘骏起兵的正是大将沈庆之。刘劭根本不把刘骏放在眼里，自信自己的统兵才能和治国天赋。南谯王刘义宣、雍州刺史臧质、司州刺史鲁爽举兵响应刘骏。四方兵起，共同讨伐刘劭。在这种情况下，刘劭下令，将扣留在京师的刘骏的长子刘子业关入侍中下省，南谯王刘义宣的儿子也关押在太仓空仓。随着战事的起伏、紧张，刘劭几次想下令杀死刘子业。

刘劭连连惨败。刘劭大势已去，他的心腹爱将鲁秀、褚湛之、檀和之也纷纷投奔刘骏。刘劭走投无路，闭守台城六门。城中百官纷纷出城投降，连他最信赖的萧斌也率部出降。刘劭知道末日到了。刘骏攻破台城，大军蜂拥而入。被刘劭拘禁的七王号啕大哭。刘劭逃往武库的一口井中，被活捉。刘劭和他的太子、三个儿子被杀，时年 28 岁，刘骏即皇帝位。刘氏自相残杀，京师便流传这样一首歌谣：遥望建康城，小江逆流萦；前见子杀父，后见弟杀兄。

刘劭是刘义隆的长子。刘骏是他的第三个儿子。刘骏的母亲很美，但中年以后，这位淑媛不再受宠，刘义隆也不喜欢刘骏，而喜欢四子刘铄、七子刘宏。刘骏对此耿耿于怀，既恨上父亲刘义隆，也恨四弟刘铄、七弟刘宏。刘骏即皇帝位后，就毒死了四弟刘铄。接着，刘骏杀死了手握重权的叔叔刘义宣和他的 16 个儿子。从此以后，刘骏大施淫威，滥杀宗亲和朝臣，人人自危，连太子刘子业也提心吊胆。

刘子业极好读书，小的时候聪明伶俐，很得武帝刘骏的喜爱。刘骏即皇帝位后，很快便立这个长子刘子业为太子，居永福宫，10岁时入居东宫。刘子业性情急躁，随着年岁长大，越来越引起刘骏的不满，其母王皇后也越来越不喜欢他。殷淑仪的儿子刘子鸾出世后，武帝刘骏异常喜爱他，同时更厌恶刘子业。

有一次，刘骏西逃，刘子业写信问候，字迹有些潦草，刘骏狠狠责骂了一顿刘子业。刘子业十分惶恐，伏地请罪，刘骏还是不依不饶，狠狠训斥他：你不大长进，这实在让人失望；听说你平常懒散懈怠，脾气暴躁无常，你怎么这样顽固不化！刘子业吓得浑身哆嗦，心里却恨死了父亲。孝武帝刘骏想废了刘子业，立小儿刘子鸾为太子，侍中袁觊坚决反对，说轻易易储，于江山社稷十分不利。刘骏想想也是，便暂时搁下此事。

大明八年闰五月，即公元464年，孝武帝刘骏病死于建康玉烛殿，太子刘子业即皇帝位。太宰江夏王刘义恭、骠骑将军柳远景、始兴公沈庆之、仆射颜师伯、领军将军王玄谟辅政，而朝政大权掌握在中书舍人戴法兴手中。武帝刘骏在位时狂悖凶暴，以侮辱群臣为乐——黄门侍郎宗灵秀身体肥胖，拜起不方便，刘骏故意随时赏赐，看他拜起费力的样子，开怀大笑；根据群臣的高、矮、胖、瘦，刘骏一一给他们起绰号，公然在朝堂上喊叫，而不呼其官称、姓名；时常令奴才用棍杖痛击群臣，连尚书令都不能幸免。刘骏去世，群臣庆幸相贺，太子刘子业并不因父亲去世而悲痛，反而高兴地说：这下好了，不会死于非命！

刘子业即皇帝位时正好15岁，已经长大成人。刘子业是在刘氏血肉同胞的互相残杀和父皇的暴虐凶横的环境中长大的。刘子业天性顽劣，血液中流淌着刘氏家族的狂躁凶暴，所以，年轻的刘子业登上了君临天下的宝座，便开始无恶

不作，为所欲为，将人世间的法制规章、伦理纲常视如粪土，任意践踏。刘宋后宫乌烟瘴气，朝廷血雨腥风，王朝进入了多事之秋。

刘骏尸骨未寒，灵柩还停放在宫中，性嬉渔色的刘子业便迫不急待，奔进武帝的后宫，任意临幸武帝后宫中的妃嫔美人。刘子业从服丧的第一天起就泡在美人充栋的后宫，终日饮酒嬉乐，和美人和年轻美貌的侍从玩闹、鬼混，全然忘记了父皇刚死，也让丧礼所规定的禁酒肉、禁房事、禁娱乐等统统见鬼去！

刘骏的皇后王宪嫄在儿子刘子业即皇帝位的同时被尊为皇太后。王太后对武帝刘骏很有感情。刘骏去世，对王氏打击很大。王太后终日神思恍惚，终因忧伤过度，卧病不起。几天后，王太后病势趋重，奄奄一息。虚弱不堪的王太后想起了儿子刘子业，有些放心不下，让心腹侍从立即传召刘子业。

刘子业正和一群少年宦官玩得高兴，根本无暇顾及别的事情，更不把病重的太后当一回事儿。太后的侍从进言刘子业，说太后病重了，请皇上快去。刘子业乜斜着，冷哼一声，不再理会。太后近侍有些急了，跪请皇上立即前去。刘子业见近侍那猴急的样子，反而轻松地笑了起来，然后微笑着说：病人的房间里有很多鬼，太可怕了，哪能说去就去！

刘子业让人轰走了太后的侍从。侍从垂头丧气，立即奔回太后的寝宫，侍从提心吊胆，不知道该如何回奏。太后睁着一双忧伤而虚弱的眼睛，看看侍从。侍从先是吞吞吐吐，后来挺不住了，只好如实告知太后。太后只觉得气血上涌，大声喊道："快拿刀子来，把这肚子剖开，看看怎么生了这样一个混账儿子！"太后昏迷不醒。几天后，王太后含恨离开了人世。

刘子业即位时，武帝刘骏遗诏江夏王刘义恭、骠骑将军柳元景、始兴公沈庆

之、仆射颜师伯、领军将军王玄谟一同辅政，以刘义恭为太宰。可是，身为首辅的刘义恭懦弱无能，极为胆小怕事，见问题就躲，朝政大权自然就落入中书舍人武帝当年的心腹亲信戴法兴手中。戴法兴长于权术，侍候武帝，极得武帝的宠爱。戴氏手握朝政大权，一应皇帝诏敕都出自戴法兴之手，尚书省所有大小事务都由戴法兴决定。录尚书事刘义恭、尚书仆射颜师伯徒具虚名。

蔡兴宗是吏部尚书，主管朝廷官员的任免。蔡兴宗认为自己责任重大，应当为朝廷广荐人才。每次上朝，蔡兴宗总是向首辅刘义恭陈述选拔人才、广进贤士，并高谈阔论，品评时政。蔡兴宗实际上表达了对中书舍人擅权宠政的不满。蔡兴宗慷慨陈词，想不到首辅刘义恭吓破了胆，刘义恭坐在那里，浑身发抖，不敢说一句话。刘义恭惧怕戴法兴，一直曲意巴结。唯命是听，还敢评其过失？

戴法兴自然恨上了蔡兴宗。每次蔡兴宗畅言广选人才，可上报的却没几个人，其中主要的便是戴法兴的亲信，录用并委以重任的理所当然总是戴法兴的人。事过以后，吏部尚书蔡兴宗异常生气，便对刘义恭抱怨：选用官吏这等大事多被随意删改，委以他人，这是什么天子旨意！刘义恭觉得蔡兴宗招人厌烦，戴法兴也觉着蔡兴宗像个眼中钉，没过多久，蔡兴宗调贬新昌太守。

刘子业即皇帝位时年纪还轻，政务生疏，经验不足，大权掌握在戴法兴手中，刘子业在朝廷有些怕戴法兴和文武大臣，在后宫有些怕太后，因而有些收敛，不敢为所欲为。王太后被刘子业气得病势加重，含恨死去，刘子业也渐渐知道了皇权的威力和厉害，胆子就大了起来。刘子业和权臣戴法兴的矛盾因此加剧。

戴法兴看着刘子业长大，刘子业不过是个顽童而已，没有什么可以敬畏的。戴法兴轻视刘子业，以首辅和长者身份管教刘子业，假以词色，毫不客气，时常训斥。戴法兴竟像喝斥孩子一样地喝斥已成年的皇帝刘子业：你这样胡来，是想做第二个营阳王吗？刘子业听得气血上涌，恨不得吃了眼前这个不可一世的权臣戴法兴。

刘子业有一个心腹太监，名叫华愿儿。刘子业宠爱华愿儿，时常大加赏赐，抬高华愿儿在宫中的地位。戴法兴每次都裁抑压制，让华愿儿难堪，因此华愿儿痛恨戴法兴。刘子业密令华愿儿出宫，探听宫外有什么消息。华愿儿回宫以后进奏，说宫外有一传言，谁都知道，实在难以开口。刘子业让他快说。华愿儿这才告诉刘子业京师广为传开的歌谣：宫中二天子，法兴真天子，官为赝天子。这真是岂有此理，中书舍人成了真天子，而真天子倒成了假天子！

刘子业气得七窍生烟。华愿儿乘机进言，说皇上深居宫中，和朝官不接触，谁会知道皇上？皇威又如何树立？戴法兴把持朝政，和太宰刘子恭、仆射颜师伯、骠骑将军柳元景狼狈为奸，结党营私，走狗遍及朝野，门客日有数百，内外官员莫不敬服趋奉，自然形成这种局面；何况戴法兴是先皇宠臣，久居深居，根深蒂固，长此下去，恐怕这皇帝宝座就真的不是陛下的了！

刘子业咬牙切齿，气得在殿中来回地走，不知道从何下手。华愿儿深知皇权至重，告诉刘子业如何对付戴法兴。刘子业召集百官，下诏免去戴法兴一应官职，赶出皇宫，遣送回家。随后，下旨将戴法兴徙远边郡。不久，戴法兴被赐死。戴法兴的心腹中书通事舍人巢尚之也被解职，其他私党被一一惩处。刘子业初战告捷，十分得意。从此以后，刘子业更加宠信华愿儿。

戴法兴除掉了，另有一个先皇武帝

刘骏的宠臣员外散骑侍郎奚显度擅权威福。奚显度为人残暴，尤其对臣民凶狠苛刻，动辄殴打服役百姓，人人对他咬牙切齿，恨不得活生生地煮了他。刘子业对这位目空一切的权臣深为不满，倒不是不满他对百姓的残暴，而是不满他手握权力，想将他除掉。刘子业在一天玩得高兴时随意对侍从们开玩笑：奚显度是百姓的祸害，应该把他除掉！侍从兴高采烈，立即执行，宣布圣旨，将奚显度当即斩首。刘子业也觉得大为奇怪，一句话的威力这么巨大？刘子业十分高兴。

先皇的几位掌权的亲信除掉以后，手握皇权的刘子业扬扬得意，开始为所欲为。刘子业下一步是制服辅政大臣，让他们俯首听命，自己便可以无所顾忌。刘子恭、颜师伯、柳元景常好相聚宴饮，恣意享乐，刘子业对他们有些厌恶。颜师伯、刘子恭、柳元景都是武帝信用的旧臣，尤其是颜师伯，工于心术，执掌大权，戴法兴除掉以后就数他骄横无忌，目空一切，大臣们对他极为不满。

刘子业决定先制服颜师伯。颜师伯时任卫尉卿、丹阳尹，手握重权。刘子业颁下圣旨，迁颜师伯为尚书左仆射，免去卫尉卿、丹阳尹职。实际上，这是明升暗降，有职无权。吏部尚书王彧同时受命为尚书右仆射，分颜师伯之权。颜师伯事到临头，才知道皇上不是等闲之辈，自己的祸事为期不远。

颜师伯被夺权，柳元景自然心惊。颜、柳知道前途暗淡，密谋废掉刘子业，另立胆小怕事的江夏王刘义恭为帝。两人不是成就大事的果敢人物，日夜聚议，迟疑不定，没有行动。柳元景心中烦躁，没有主意，便找另一个密友始兴公沈庆之商量。沈庆之得知颜、柳二人想举大事，废刘子业立刘义恭，便默不作声。柳元景一无所获，只好闷闷不乐地打道回府。

这件大事对于沈庆之来说实在太重要了，他不得不反复衡量。沈庆之和柳元景关系一直不错，很合得来。但是，沈庆之和颜师伯、刘义恭却貌合神离，同床异梦。先皇武帝刘骏在遗诏中让始兴公、沈庆之共同辅政，可颜师伯独断专行，根本不把沈庆之当一回事儿。沈庆之当然有看法。颜师伯却公然对尚书令史说：沈公只是一个爪牙而已，怎么能参与政事？沈庆之得知此事，自然气炸了肺，能不恨死颜师伯？至于刘义恭，沈庆之与他始终不大和谐，一旦他登帝位，他沈庆之自然不会比现在更好。

沈庆之反复权衡，终于觉得告发此事更为可取。这样做虽然出卖了最好的朋友，但对自己的前途最有利，而且，自己能从反臣中脱离出来，有救护圣驾之功，焉能不受信任？不委以要职？沈庆之从利弊两方面反复思量，细细考虑，终于决定拜见刘子业，告发颜、柳二人谋反。沈庆之毫不迟疑，立即入宫，叩见皇上刘子业，告知此事。

刘子业自然大惊，一刻也不耽误，立即亲率羽林军，包围颜府、柳府，将他们全家老小一同抓获。颜师伯、柳元景极惨，脑袋砍了，肢体削去，掏出内脏、肠胃，挖出眼睛，挑取眼球用蜜浸泡，称为鬼目粽。刘子业捕获和杀死了刘义恭和他的四个儿子后，再收拾柳元景。刘子业下旨召见柳元景，并派禁卫军前往柳府。柳府将士看出一片杀气，奔走相告，说朝廷局势异常。柳元景知道末日到了，入内向母亲告别，然后穿戴整齐，乘车入宫。柳元景弟弟想率将士对抗，柳元景苦苦拦住。柳元景从容下车，很平静地面对死亡，至死都面不改色。柳元景的6个弟弟、8个儿子先后被杀。颜师伯和他的6个儿子也同被处死。

仅仅一年，年轻的刘子业便气死了母亲王太后，收拾了权臣戴法兴、制服了辅政大臣，收回皇权，亲理政务。刘子业蹰躇满志。刘义恭、柳元景、颜师伯和他们的弟、子都解决了，只有刘义恭世子刘伯禽还在，授湘州刺史，年仅9岁，不杀恐怕是后患！刘子业粗中有细，最后还是派人杀了刘伯禽。从这以后，刘子业便无法无天，无所顾忌了。

刘子业做太子时受尽喝斥，因而切齿痛恨备受武帝刘骏宠爱的殷妃的儿子刘子鸾。这个时候，刘子鸾封新安王，活得自由自在。刘子业自然不能容忍这个当年差点儿夺嫡的小弟。刘子业派人到宫中宣旨，赐刘子鸾自尽。刘子鸾只有7岁，听到圣旨，悲愤地对左右侍从说：愿来世别再生在帝王家！

刘子鸾悲惨地死去了。刘子鸾年仅6岁的胞弟和更小的胞妹也同时被赐死。殷妃这时已经过世。犹不解恨的刘子业下令掘开殷妃墓，让侍从戮尸。刘子业气愤之下，又命人掘父皇刘骏的景宁陵。太史立即谏阻，说掘了景宁陵对皇上不利，刘子业这才作罢。刘子业猛然间记起了谢庄为殷妃死去后写的一篇诔文，诔文盛赞殷妃，将殷妃比作汉武帝的钩弋夫人。刘子业想杀了谢庄。侍从对刘子业说：这样杀了他太便宜他了，何不把他关在尚方狱中，受尽苦痛，再让他死，岂不过瘾？这主意正中刘子业的下怀，刘子业高兴得手舞足蹈。谢庄被关入狱中，受尽人间磨难，被折磨得人形全无，死去活来。

无人约束、无法无天的刘子业纵乐宫中，无人敢谏阻。深宫纵酒、纵欲没有刺激了，刘子业便带着侍从出宫寻乐，见有姿色的女人就占有，见高门大户就闯入，闹得京师和近郊乌烟瘴气。许多美女被刘子业看上后，虏入宫中，还有一些油滑无赖也成了无良皇上刘子业的心腹。

刘子业天性淫毒，生活淫乱，公然和姐姐山阴公主私通，还明目张胆地占有姑母新蔡长公主。山阴公主名刘楚玉，是刘子业的胞姐，长得眉清目秀，美貌绝伦。沉鱼落雁、楚楚动人的刘楚玉公主生性淫荡，想占尽天下男人。山阴公主没有出嫁时，就和弟弟刘子业关系暧昧。山阴公主嫁后驸马都尉何戢后，姐弟俩一直十分密切。王太后去世以后，身为皇上的刘子业立即召山阴公主入宫，姐弟重叙恩爱，同吃同睡，俨然是一对夫妇，形影不离，出双入对。

宫里纵欲够了，姐弟俩又招摇过市，出宫同辇玩乐，同车出游。刘子业姐弟每次出宫游乐，总令朝廷元老沈庆之为骖乘，以徐爱为后随。刘子业和刘楚玉就这样纵情享乐，花天酒地，日以继夜。刘楚玉毕竟是出嫁的公主，不可能长年住在宫中和刘子业寻欢，而刘楚玉欲望强烈，仅仅丈夫何戢如何能满足？

刘楚玉愁眉不展。生性放荡的刘子业大惑不解，问姐姐有什么难事？山阴公主刘楚玉这才委屈地说："我和陛下，虽然有男妇的区别，但都是先帝生的，陛下有后宫美女上万，供陛下享受，而我只有驸马一人，这样不公平，真有天壤之别！"刘子业听了姐姐这番委屈的话，不禁开怀大笑，说这好办。刘子业立即吩咐选30名美貌魁伟的少年送给刘楚玉，随侍左右，称为面首。随后，山阴公主刘楚玉进爵会稽长公主，秩如同郡王，汤沐邑二千户，给鼓吹一部，加班剑20人。

刘楚玉享受着30个美貌少年，将这为自己所有的面首细细品味，纵情欢爱。时间久了，刘楚玉又不满足。一次偶然的机会，刘楚玉见到了吏部侍郎储渊，只见他伟岸英俊，风仪高雅，令刘楚玉着迷。刘楚玉有缘见到了这么个伟男子，自然不肯放过，可是，总不能太唐突。刘楚玉自然又想到了皇上弟弟。刘楚玉去找刘子业，求刘子业把储渊赐给她，随侍左右，再多个面首。

刘子业和刘楚玉再叙恩爱，重温旧梦。刘子业当然同意姐姐刘楚玉的要求。刘子业下道圣旨,吏部侍郎褚渊就离开朝廷,属于公主刘楚玉。褚渊当然不敢违抗圣旨,只能服从。褚渊随刘楚玉到了驸马府,来到刘楚玉的闺房中。刘楚玉迫不急待,就想占有这个迷人醉人的美男子。可是,任凭刘楚玉使尽招数,百般挑逗,褚渊依旧无动于衷。褚渊被逼得没有法子时,就以自杀来威胁,决不满足刘楚玉。刘楚玉又急又恼,一脸香泪,拿褚渊毫无办法。

公主纵情享乐,刘子业更不在话下,而且越发地不讲伦理道德,淫乱深宫。刘子业享受玩乐的开心时日,有一天,猛然记起了自己有位姑母,是新蔡长公主,名叫刘英媚!这位长公主刘英媚当时在宫中所有公主中,是最美最迷人,一直是少年刘子业心中的女神。刘子业很小的时候就垂涎刘英媚,即位以后竟忙于这宫中的美人,而把这个美貌绝伦的姑母给忘了!

新蔡长公主早已嫁给宁朔将军何迈。刘子业立即派近侍前往何迈府中宣旨,急召长公主。圣旨下达,何迈和长公主自然恭敬接旨,长公主立时随近侍入宫。进入皇宫,转进后庭,引入一处幽静雅致的寝宫,刘子业正兴致勃勃地等在那里,笑着迎接姑母。刘英媚从刘子业色迷迷的眼神中知道事情不妙,可是,这是皇宫,如何跑得了?刘子业果然如一头色狼,逼淫姑母刘英媚,将姑母占为己有。

刘英媚确实沉鱼落雁,倾国倾城。美如仙子的刘英媚顾盼生情,风采照人。刘子业被刘英媚迷人的身子和成熟的风韵所迷醉,哪能就此放过?刘子业想把这位姑母据为己有,长年享受。刘子业就吩咐将一位宫女赐死,把宫女的尸体装入棺材,收殓好后抬到将军何迈家中,说长公主已经暴死,在宫装殓好了,立即下葬。将军何迈既不敢说一个不字,更不敢开棺验尸。

姑母刘英媚就这样被刘子业强行留在宫中,终日纵情纵欲。刘子业对刘英媚着迷,恨不能吃了刘英媚。刘子业欢快无比,便封姑母刘英媚为夫人,改她姓氏,赐姓谢,不久册为贵妃。刘子业对这位风韵迷人的姑母确实痴情,册她为贵妃后,犹嫌不够,还要册立她为皇后。刘子业强留姑母在宫中寻欢本来就是乱伦,册为夫人、贵妃已有点儿纸包不住火,再要册封为皇后,岂不是把皇家乱伦的家丑公布于众?

这显然是绝对不行的!这样偷情刘英媚都脸红,如果册为皇后,该如何面对众后宫女人?后宫女人本来就个个尖酸刻薄,有了这层乱伦关系,不仅不能光耀家族,而且无法立足宫中。刘英媚坚决不同意。刘英媚只希望就这么不明不白地活下去,别张扬得人人皆知,活一天算一天。朝廷重臣沈庆之也进谏刘子业,说册立刘英媚为皇后实在不合适,请皇上三思。刘子业没有办法,只好册立美丽的路妃为皇后。

玩乐成性的刘子业闲游宫中,又想出了一个新花样,刘子业为自己的这个新花样激动得发抖。这一定十分刺激、十分过瘾!刘子业下旨,召一应王妃、公主入宫,大摆宴席。王妃、公主自然欢天喜地,一个个花枝招展,穿上最漂亮的衣服入宫。美酒飘香,佳肴可口。酒酣耳热之时,刘子业突然吩咐关上宫门。所有宫门都应声关上了。刘子业的侍从们一个个精神抖擞,十分兴奋。

刘子业下旨,命左右侍从选一个自己中意的王妃、公主,就地淫乐,结成夫妻!侍从们欢呼雀跃,扑向自己垂涎的美人。可怜金枝玉叶的一大群王妃、公主,哪里见过这等阵势?哭喊声、呻吟声、撕打声此起彼伏。腥骚味在大殿中弥漫,场面惨不忍睹。有些虚弱不堪的王妃、公主昏死过去。这实在是皇家的屈辱和不幸。

兴奋得如醉如狂的刘子业早就看上了美艳绝伦的南平王刘铄的王妃江氏。江氏丰满美丽,迷人的程度不亚于刘英媚。刘子业垂涎三尺,扑过去要逼淫江氏,但江氏拒不从命。刘子业软硬兼施,江氏就是不从。恼羞成怒的刘子业气恨恨地说:"如果再不从命,就杀死你的三个儿子!"江氏确实已生了三个十分可爱的儿子,江氏视如掌上明珠。但是,贞洁大于一切,烈女江氏依然不从。刘子业怒火中烧,吩咐将江氏捆起来,鞭打百下,随即杀死了江氏和她的三个儿子。

意犹未尽的刘子业花样百出,又想出了一个刺激的主意。刘子业命侍从选出宫中婢妾几十人,编成一队,带入后宫华林园中。刘子业又将自己的亲信编为一队,把他们带进华林园,让他们在华林园竹林堂和宫女追逐寻乐,凡是有宫女不堪这种公然被辱,至死不从,就会被杀死。

刘子业荒淫行乐,并没有忘记控制朝廷。沈庆之告发颜、柳谋反,保卫天子有功,深得刘子业的赏识,倚为朝廷支柱的股肱大臣。沈庆之是三朝元老,功高任重,辅佐天子,刘子业自然也很高兴。刘子业将朝政大权交付沈庆之,刘子业继续寻欢作乐,滥杀大臣。身为首辅的沈庆之自然有些看不过去,往往进谏刘子业,婉言希望刘子业收敛一点儿。

这一下刘子业就不高兴了,见到沈庆之便面露厌烦之色。沈庆之有些惊慌,怕有杀身之祸,便闭门谢客,很少出门。沈庆之最敬重蔡兴宗。蔡兴宗被请到了沈府。蔡兴宗直截了当地指出,刘子业失尽人心,唯一忌惮的便是沈庆之,国民所仰瞻的也只有沈庆之,与其终日惶惶,不如挺身而出,废了刘子业。沈庆之喟然长叹:"今日忧危困局,我也知道,可叹已经老了,无兵无权,于事不济。"

蔡兴宗说:"实则不然,人人自危,人心思变,边殿中将士都打探外面消息,一

呼百应,定能成就大事;沈公自文帝以来,三朝掌兵,部下旧属遍布天下,一旦起事,我率百官相应,选贤明君主,共安社稷,天下可定!"稍停一会儿,蔡兴宗见沈庆之沉思不语,继续说,"据说车驾常光顾贵宅,与你痛饮;每次皇上饮酒时,总是屏退左右,只身入内,这可是难得的好机会,千万不能错过。"

蔡兴宗这是让刘子业到沈府喝酒时,乘机杀了刘子业,另立贤主。沈庆之知道不好再说什么,便向蔡兴宗深深鞠一躬,诚恳真切地说:"谢谢你如此看重我,实是至言,只是这等大事,不是我能做到的,我只有愚忠至死了。"沈庆之痛苦地摇头,神情十分凄然。蔡兴宗见沈庆之如此神情,知道大事不可为,一切无济于事,便起身告辞,绝望地离去。

沈文秀出任青州刺史。沈文秀是沈庆之的儿子。沈文秀赴任以前,特到沈府向沈庆之辞行。沈文秀深知时局艰危,诚恳地对沈庆之说:主上凶狠残暴,祸乱是不会太远了;如果用我现有的力量,另立圣主是易如反掌,机不可失,请早作决断。沈文秀说得十分动情,以至满脸是泪。可是,沈庆之依旧不动声色,并不动心。沈文秀毫无办法,只好垂头丧气,率部下出沈府前往青州赴任。沈庆之看着侄子离去的身影,自言自语:主上昏庸无道,正需要老臣辅佐,怎么能废君另立呢?!

刘子业占有了自己的姑母、宁朔将军何迈的妻子、文帝刘义隆的第十个女儿刘英媚,作为丈夫的何迈怎肯甘休?何迈生性豪侠,任何事受不得委屈。何迈身为宁朔将军,武艺很高,府中养着许多身怀绝技的门客、死士。刘子业以为自己的偷梁换柱计使得巧妙,无人知晓刘英媚就在宫中,其实,何迈很快就知道了真相,而且积极密谋、布置,准备起事。

何迈经过和谋士策划,打算在刘子业出巡游乐时一举起兵,废了刘子业,另

立武帝刘骏的第三个儿子、晋安王刘子勋为皇帝。不幸的是，刘子业密探极多，何迈谋反的事泄露，刘子业得报，立即亲率禁卫军，包围何府，将将军何迈和全府上下捕杀干净。刘子业在镇压反叛、粉碎阴谋方面雷厉风行，十分果断，因而遇事主动。

杀了将军何迈，刘子业估计倚老卖老的大臣沈庆之会来进谏，便命近侍在沈庆之必经的道上封了几座青溪桥，让沈庆之进不了宫。沈庆之得知何迈被杀，果真整装入宫，求见刘子业。刘子业看来十分精明，有谋在先。沈庆之一路上尽是碰壁，千辛万苦，终进不了皇宫。疲惫不堪，一身尘土的沈庆之垂头丧气，只好驱车回府。

刘子业有些心烦沈庆之，觉得这个老家伙老这么赖在朝廷，碍手碍脚。刘子业想，干脆杀了他完事，免得费尽心思堵他的嘴。对于杀人，刘子业如同儿戏，岂会在乎杀谁？至亲血肉、将军、父母都不在话下，还会在乎一个老臣沈庆之？刘子业召来沈庆之的堂侄沈攸之，赐一份毒药，让沈攸之前往沈府宣旨，赐沈庆之自尽。

沈庆之呆愣了好一会儿，没想到自己如此尽忠报国、爱护圣上，竟这么快就召来了杀身之祸。沈庆之悲愤、怨恨，狠狠地把毒药推向一边，拒绝自尽。侄子沈攸之是见利忘义之徒，这时竟不顾一切地狠心地将八十岁高龄的三世功臣沈庆之杀死。场面惨不忍睹。沈庆之的儿子侍中沈文叔对弟弟中书郎文秀说："我死，你报仇！"这是让文秀设法脱身，好报仇雪恨。

沈文叔说完，真切地看了一眼文秀，便拿起赐赏的毒酒，一饮而尽，转眼抽搐咽气。沈庆之另一个儿子秘书郎沈昭明也自杀身亡。沈文秀目睹着父兄转瞬之间撒手人世，两眼都气红了，怒发冲冠，眼中充血，一声大喝，挥刀骑马冲出重围。追兵紧追不舍，但兵士们见沈文秀武艺很高，而且真敢拼命，便不敢逼近沈文秀，眼看着沈文秀逃走。

沈庆之和他一家惨遭覆灭之灾。沈庆之是三朝重臣，如何向世人交代？刘子业自有办法，对外诈称沈庆之因病去世，说朝廷为失去了这样一位重臣而万分悲痛，特赠侍中、太尉，谥忠武公。诏书颁行天下。朝廷隆重地为老臣沈庆之举行葬礼。沈庆之死于非命，而杀死沈庆之的凶手却声泪俱下为沈庆之的死悲痛欲绝，举行王公一级的葬礼，实在十分滑稽。

武帝刘骏临终遗诏还有一位重臣：领军将军王玄谟。王玄谟也是元老，是三世重臣，遗诏委王玄谟统领外监。刘子业残杀无辜，滥杀朝臣，胡作非为，王玄谟自然不满，多次以顾命大臣的身份流泪进谏。刘子业日益厌恶王玄谟，时不时呵叱和侮辱他，王玄谟知道大事不可为，一切天数有定，能保全性命就算万幸。王玄谟便终日低头哈腰，大气都不敢哼。

何迈被杀了。沈庆之一家被抄斩。王玄谟胆战心惊，想着自己的末日也到了，终日神思恍惚。天长日久，魂不守舍的王玄谟太过紧张，老出现幻觉，时或大喊：抓我的人到了大门了！王玄谟如此惶恐，渐渐讹传，说王玄谟已经被杀死了，蔡兴宗忧心忡忡，直到见到王玄谟派来的典鉴包法容，一颗悬着的心这才落了地。蔡兴宗告诉包法容，让劝劝王玄谟，不要坐以待毙，立即起事。王玄谟更为惊恐，让包法容告诉蔡兴宗，说起兵大事不大可行，不过，请君放心，这事不会泄露。大臣真是人人自危。

朝廷大臣惶惶终日，刘子业的几个叔父日子更不好过。刘子业知道，自己的弟弟们年纪还小，对皇位不构成威胁，而最容易夺权或取自己而代之的便是几个叔父，他们最危险，年富力强，手握大权，随时危及皇帝宝座。有一天，刘子业梦见了母亲王太后，王太后怒气冲冲，恶狠狠地对他说：你不仁不孝，没有人君的样子。代弟弟子尚愚昧狂悖，也无由承继大位；你父皇孝武帝凶暴无道，人神怨怒，所以儿子虽然多，并没有一个能成大业，这是天命，皇位应还文帝的子孙。

刘子业梦醒以后十分不快，便决定收拾文帝的几个儿子，即自己的叔父们。刘子业下旨，召几个叔父入宫。圣旨一到，谁也不敢不遵，几个叔父相继进京入宫，一一关入内殿，被百般凌辱和殴打。叔父们的哭喊、号叫和呻吟声每天在殿堂萦回。刘子业还不解恨，还特地吩咐折磨他们，像对待猪狗一样，决不留情。

关押叔父们的大殿中做了一个大木槽，槽里放些残汤剩饭，刘子业的几个叔父就在这木槽中像猪一样进食。刘子业最恨刘彧，特地让侍中在殿中掘一个土坑，坑里放进水，让刘彧爬进坑里，像猪一样待在里面。刘子业看看折磨得死去活来的叔父们，心里很痛快，有说不出的兴奋和惬意。

刘彧是文帝刘义隆的第八个儿子，母亲沈容姬很早就去世，刘彧由路太后抚养。8岁时，刘彧封淮阳王，15岁封湘东王。武帝刘骏即皇帝位，刘彧迁镇军将军、雍州刺史。刘彧丰神秀伟，仪态端庄，喜好读书，爱好围棋，天性仁和，声誉极好。他才华横溢，文章写得极好，还有一手好书法。孝武帝刘骏在世时就极喜欢刘彧，刘子业能不恨之入骨？

刘彧一到京师建康，立即被关押后宫。刘子业让侍从做了一个竹笼，装湘东王刘彧，并改封刘彧为猪王，让他在木槽进食，在水坑打滚。刘彧过惯了优裕的生活，哪里受得了这些？刘彧拒绝进食。刘子业冷笑一声，让侍从剥光了他的衣服，捆上手足，一顿痛打，扔进泥坑中。刘彧血泪交流，只好学猪在泥水中翻滚，进食木槽中的馊食，供刘子业一班

人取乐，以此求得活命。刘子业制服了刘彧，自然万分开心。

湘东王刘彧、建安王刘休仁、山阴王刘休佑都较肥胖，刘子业把他们像对猪一样，让他们过秤，侮辱他们。刘彧最肥胖，刘子业封他为猪王。刘休仁封杀王。刘休佑封贼王。东海王刘祎有些呆傻，封驴王。刘彧、刘休仁、刘休佑三王最具威胁，刘子业让他们三人随从左右。刘子业不下十次想杀了他们，但每次都被聪明过人的建安王刘休仁机智的笑谑搪塞过去。

有一次，刘子业动怒，吩咐将刘彧剥光衣服，像抬猪一样抬到太宫处。刘子业乐不可支地对近侍说今天杀猪！建安王刘休仁知道事情不好，但刘子业正在气头上，不敢贸然求情，宽恕刘彧。刘休仁急中生智，记起了刘子业将少府卿刘矇的美妾藏在深宫，临幸以后怀了孕，准备等她生个儿子，立为皇子，刘休仁生出一计，便上前笑呵呵地对刘子业说：启奏陛下，猪不能死。

刘子业阴阳怪气地望着刘休仁，冷笑着问他，为什么？刘休仁笑嘻嘻地说：皇子快出生了，等皇子出生了，再杀猪取猪肝肺滋补！刘子业听后，觉得有道理，也觉得有趣，便笑一笑，吩咐放了刘彧，暂且交付廷尉看管。刘彧这才保住了性命。到第二天，刘彧才被从廷尉狱中放出来。

把刘彧折磨够了，刘子业便转向孝武帝刘骏的第三个儿子、刘子业的三弟刘子勋。刘子业很聪明，他分析，从武帝刘裕以来，太子没一个坐稳皇帝大位。武帝的太子刘义符被大臣废掉杀死。文帝刘义隆的太子是刘劭，被孝武帝刘骏起兵杀死。而几个继承皇帝宝座的，都是第三个儿子：刘裕的第三个儿子刘义隆为文帝；刘义隆的第三个儿子刘骏为孝武帝。这未来威胁自己皇位的看来是三弟刘子勋！刘子业这么一转心思，刘

子勋就在劫难逃了！

刘子勋封晋安王，出任江州刺史，镇守浔阳，即今江西九江。刘子业听谋士的建议，派心腹近侍前往浔阳，送毒药给刘子勋，令他自尽。刘子勋不知道该怎么办。刘子勋的属下长史邓琬闻讯，立即起兵，拥立刘子勋，传檄天下，讨伐昏暴无道的刘子业。江南震动，各地纷纷响应。

刘子业依旧胡作非为，醉生梦死。在竹林堂尽兴玩乐一天以后，当天夜晚，刘子业做了一个恶梦，梦见一个女子披头散发，血迹淋漓，怒气冲冲地对刘子业说："你悖虐天道，明年就会完蛋！"刘子业吓得惊醒，回忆梦中所见的女子，立即召进和梦中相似的宫女，吩咐拖出去斩首。第二天夜里，刘子业又梦见了刚刚被杀的宫女，恶狠狠地骂他：你等着吧，我已向上天告发了你！

京师流传一则歌谣：湘中出天子。这是不祥之兆，是说刘子业的气数已尽。刘子业决定巡游湘中的荆、湘一带，压服湘中的王气，并准备在出巡之前杀了湘东王刘彧。做了这个宫女恶梦，刘子业觉得有些惊慌，便请来巫师，让巫师察看竹林堂。巫师看过以后，对刘子业说：堂中有鬼。这样，刘子业吩咐先在后堂驱鬼，然后杀死猪王，再出巡湘中。

景和元年，即公元465年，11月19日夜，刘子业率近侍和数百名的绿女来到竹林堂，一直紧随左右的近侍被刘子业屏退，刘子业只带几百绿女随着巫师在竹林堂捉鬼。机会来了，寿寂之等挺身而出。湘东王刘彧多次险遭不测，自知朝不保夕，他的亲信阮佃夫、王道隆、李道儿受他的委托，密结刘子业身边的亲信寿寂之、姜产之，密谋杀了刘子业，拥立刘彧。这下机会到了，寿寂之、姜产之怀刀直奔竹林堂，扑向刘子业。刘子业大呼奔逃，被杀于华光殿。终年17岁。

## 萧衍舍身佛寺

南朝梁武帝萧衍，字叔达，小字练儿，南兰陵中都里人，是汉相国萧何的25世孙。萧衍生于南朝宋大明八年（公元464年），据史书记载，他生于秣陵县同夏里三桥宅，他生而奇异，两胯骈骨，顶上隆起，有纹在右手曰武。

萧衍聪颖而早熟。6岁时，母亲张尚柔死，他三日三夜水浆不入口，哭泣哀痛，较成人有过之，内外亲友无不惊异。他在荆镇任齐随王谘议时，听说父亲萧顺之死了，便星夜奔驰，不复寝食。至京都时，已是销毁骨立。亲表士友，不复认识。哭丧时气绝良久，每哭就呕血数升。每次祭扫山陵，总是涕泪纵横。即位以后，于钟山造大爱敬寺，青溪边造智度寺，又在台内立至敬殿，另设七庙堂，置净馔。

萧衍聪颖过人，史称他文思钦明，能事毕究，少而笃学，洞达儒玄。他即便登临大位，万机多务，依旧手不离卷。燃烛侧光，常至戍夜。他还勤于笔耕，留下许多文墨，可谓著作等身。

萧衍天性至孝，文武全才，又不好声色犬马，不求富丽奢华，还克勤克俭，约束后宫，应该说，他是一位不可多得的勤政贤明的开国圣主。然而，就是这样一位古今罕有的开国圣主，却在48年的执政生涯和86年的生命岁月中干了许多荒诞不经的事情，而这些荒诞不经、行为怪异的事情足以使萧衍的一生暗淡失色，归入愚慵昏聩、变态的统治者的行列。

萧衍艺能博学，主要是在30岁以前造就而成的。竟陵王萧子良开西邸时，他常与文士沈约、谢朓等七人来往，时称竟陵八友，31岁时，任黄门侍郎，请兵解义阳之围，升司州别驾。永寿元年，北魏数万骑攻邓城，统帅崔慧景望而失色，临阵逃窜，全军死伤殆尽，唯萧衍顽强抵抗，全师保全。随即萧衍升辅国将军、雍州刺史。

东昏侯萧宝卷即位，扬州刺史始安王萧遥光等六人辅政，称为六贵。萧衍知道大乱难免，便暗造兵器，砍伐竹木沉于江底，备作造船之材。永元二年（公元500年）冬，东昏侯杀尚书令萧懿，又派人杀萧衍，并遣军突袭襄阳。萧衍拥南康王萧宝融于江陵即位，一年后便兵围建康。建康守将张稷、王珍国杀东昏侯，开城投降。

萧衍下令封存府库和图籍，杀死东昏侯亲信近臣41人，将后宫宫女二千人分赐将士，自任中书监、大司马、录尚书事、骠骑大将军、扬州刺史、建安郡公，总揽朝政。中兴二年（公元502年）正月进位相国，封梁公，旋为梁王，三月逼和帝禅位，建立梁。即位后，派亲信在姑孰杀死和帝萧宝融，并派人杀尽明帝萧鸾的所有后代，只有谢沐公萧宝义因幼有废疾，不能言语而得以幸免。

宋、齐两朝的皇帝往往在夺得帝位以后，对宗亲骨肉大肆屠杀，有的甚至一个也不剩，而萧衍在杀尽了明帝的后裔以后，对自己的宗亲骨肉则是偏爱有加，即便试图弑君夺位以至叛国投敌，也不予究问，放任自流。结果他的宗亲越发狂纵不法，一个个贪婪成性，贪赃枉法，凶残荒悖。

萧衍的六弟名叫萧宏，封临川王，贪暴侈靡成性，以搜刮民脂民膏为乐。萧宏家有库房一百余间，藏钱达三亿余万，金银财宝、布帛丝绵等不计其数。萧衍得报以后，一一观看，大加赞赏，说：阿六，你生财有道啊！兄弟俩便开怀痛饮，直至深夜。萧宏自此就更加无忌，疯狂地掠夺，其他宗亲王侯也纷纷仿效，于是怨声载道，生民涂炭，百姓处于水深火热。

萧宏不仅贪暴残恶，还昏庸无能。萧衍曾委萧宏为都督统领诸军进讨北魏，一战而溃，萧宏只带数骑落荒而逃。

魏军笑称萧宏为萧娘。萧衍不但不治罪这败军之将，反而将其晋为司徒，旋又拜司空，拜太尉。萧宏慵碌无能，却又不甘心只是封王，还想杀萧衍而代之。谋杀证据确凿，萧衍声泪俱下地教训他，不予治罪。不久，萧宏勾搭上了萧衍的女儿，自己的侄女永兴公主，两个淫通，相谋杀死萧衍，由萧宏即帝位，公主为皇后。谋杀没有成功，萧衍只杀死了两名刺客，用漆车将永兴公主送出宫，对萧宏不予追问。

萧宏的第三子萧正德，自小就阴狠刁钻，爱刨坟挖墓，打家劫舍，无恶不作。萧衍中年无子，收萧正德为养子，拟日后继承大位。萧衍近40岁时，生儿子萧统，萧正德还本。接着是萧衍正式即皇帝位，立萧统为太子，萧正德大为不满，说了许多激愤之言。普通三年（公元522年），萧正德干脆叛逃北魏。已经出降北魏的齐宗室萧宝寅正在北魏洛阳任职，得讯以后上表魏主，说世间岂有伯伯做天子、父亲做扬州刺史的人叛逃敌国？这种人无国无君、无家无父，应该杀掉。魏主没有杀正德，但待他很冷淡。正德觉得无味，便又逃回了梁国。萧衍没有惩治他，教训一通，又官复原位。

萧正德越发放纵，无所顾忌，连叛国都不追究那还会追究什么呢？于是，萧正德公然杀戮、抢劫，夺人妻室，抢人子女，还公开将自己的亲妹接到家中，两人淫通，做了夫妻。萧正德居官无道、临阵脱逃，终于被免去官职，他便阴养死士，屯聚粮食、武器。侯景之乱时，萧正德引侯景进入建康，要亲手杀死萧衍。

与萧正德情形相同的，是萧衍和吴淑媛生的次子萧综。吴氏本是东昏侯的妃子，萧衍平建康后收吴氏归己有，封淑媛，至为宠爱。七个月后，萧综出生。宫人都怀疑萧综是东昏侯的遗腹子，而萧衍却毫不怀疑，认为是己子无疑。吴氏色衰失宠，心中无限怨愤。萧综15岁时，梦见一位肥胖的人拿着人头找他，他告诉了吴氏。吴氏知道那是东昏侯。萧综便认定自己是东昏侯的儿子，以重整齐国为己任，每天披发睡地，在后房踩沙，想学越王勾践再得天下。诸王、公主都知道了此事，萧衍也知道，但根本不当一回事儿。

萧综出镇徐州，旋要求出守边镇西州。到西州后，萧综便投奔魏国。萧衍得报后削了萧综的爵籍，几天后又复旧，并封萧综的儿子萧直为永新侯。萧综后来要求回国，萧衍答应了，并说不追究。萧综没回国即已死去，棺材运回江南，萧衍大哭，按照皇子礼葬在自己的寿陵旁。

萧衍对宗亲骄纵宽容，对朝廷则滥设官职。他分九品为18级，置官职125个；不入品的将军又设八级，置官职14个；施外国将军十品24级，官职109个。另外，广增州郡，分置文武，计境内23州、350郡、一千余县。30年后仅增州就一百多个。

萧衍最为异常的是沉迷佛教，到了舍身忘我以至忘国忘家的地步。他著佛书数百卷，创三教同源说，认为儒、道皆源于佛教，应依附于佛教。萧衍三次封同泰寺，入法座，阐讲《涅槃经》《般若经》《金刚般若经》，然后，又三次舍身佛寺。

第一次舍身同泰寺是中大通元年三月，萧衍还郑重地召开四部无遮大会。萧衍讲解《金字三慧经》，随之身披法衣，宣布舍身佛寺，循入空门。皇太子、群臣纷纷跪进谏阻，最后以钱一亿万的巨资才将萧衍赎身，舆驾迎回皇宫。同年九月，萧衍第二次舍身同泰寺，"上释御服，披法衣，行清净大舍，以便省为房，素床瓦器，乘小车，私人执役。甲午，升讲堂法座，为四部大众开《涅槃经》题。癸卯，群臣以钱一亿万奉赎皇帝菩萨大舍。僧众默许。乙巳，百辟诣寺东门奉表，请还临宸极。三请乃许。帝三答书，前后并称顿首。"

中大通元年十月，萧衍又设四部无遮大会，集道俗五万余人，会后才御金辂还宫，临太极殿大赦天下。三年十月，萧衍再幸同泰寺，升法座，为四部众说《涅槃经》。次月再临同泰寺，升法座，为四部众说《般若经》，直至十二月辛丑。五年二月，萧衍又幸同泰寺，设四部大会，升法座，发《金刚般若经》题。大同元年三月临同泰寺设无遮大会。四月幸同泰寺铸十方银像，并设无碍会。二年九月、十月，三年五月又再幸同泰寺，铸十方金铜像。六年五月，求释迦像并经论14条，敕付像并《制旨涅槃》《般若》《金光明讲疏》一百三卷。

中大同元年三月，萧衍临幸同泰寺，讲《金字三慧经》，再次舍身，但影响不大。太清元年三月，萧衍第三次舍身，朝野惶惶，百官震惊。史载萧衍释御服，服法衣，行清净大舍，名曰羯磨。以五明殿为房，设素木床、葛帐、土瓦器，乘小舆，私人执役。乘舆法服，一皆屏除。萧衍升光严殿讲堂，坐师子座，讲《金字三慧经》，舍身。群臣以钱一亿万赎皇帝菩萨，僧众默许。而后萧衍这才御辇回宫。

同泰寺被烧后，萧衍耗巨资重建，并役大量民力造12层高塔。萧衍沉溺空门，不能自拔，从早到晚入寺庙礼拜，讲演佛法，每日吃素食，禁绝鱼肉，不饮酒，不听音乐，50开外便断绝房事，不与后宫美女来往。由于萧衍推崇佛教，佛教再度进入鼎盛时期，寺庙庄田遍及全国，寺庙达二千八百余所。

萧衍一味崇佛信佛，朝臣们自然忧心忡忡，纷纷进谏，天监十三年（公元514年），萧衍拟筑浮山堰，想以此淹没北魏的寿阳城。群臣谏阻，指出：淮内沙土，漂轻不坚实，很难成功。萧衍不听，动用二十万人筑堰。结果，堰成又溃，命令沉数千万斤铁器阻遏，没有成功，又吩咐伐树凿木，做成方框，中间填以巨石，上面加土，筑成二条大坝，长九里，上宽45

丈，下宽一百四十丈，高二十丈。百里境内，木石罄尽，死者相枕于道。两年后淮水猛涨，冲毁大坝，如雷的涛声远播三百里，沿淮十余万人葬入滚滚洪涛。

大同十一年，贺琛迁员外散骑常侍，带貂又迁御史中丞。贺琛感于萧衍沉迷佛事，朝政混乱，江山堪忧，便上书进谏，分四件大事一一陈述。萧衍见奏以后，勃然大怒，立召主书，当面口授敕书，对所奏一一批驳，洋洋数千言。驳敕中理直气壮，大言不惭，说尧为圣主，却四凶在朝，何况我呢？能无恶人？我不用公宴，不食国家之食，已经多年了，包括宫人，也不食国家之食，敕书真可谓强词夺理。公宴不是国家之食又是什么呢？因此北宋的胡三省进士质问道：不由佛营，不由神造，又不由西天竺国来，有不出于东南民力吗？宋学者司马光也点批萧衍，指其护其所短，矜其所长。

东魏将领侯景与高洋不和，叛降梁，萧衍封其为河南王，授大将军。东魏大败侯景，萧衍不顾群臣反对，纳侯景，授南豫州牧。高澄想离间侯景与萧衍，便致书和好。萧衍同意。侯景阻止未遂，假东魏书请求以被俘获至东魏的梁将领贞阳侯夏渊明换侯景，以探萧衍虚实。萧衍竟信以为真，复书：贞阳旦至，侯景夕返。

侯景大怒，领轻骑直指建康，萧正德迎侯景入城。侯景扶萧正德即帝位，自为丞相。太清三年（公元549年）三月，侯景攻下宫城。萧衍饮食断绝，口中苦涩，连呼：蜜！蜜！最后饿死于净居殿，时年86岁。

### 癫痴天子高洋

高洋字子进，渤海蓨县人，东魏大丞相高欢的次子。母亲娄氏，怀孕时据史载每夜赤光照室，娄氏奇怪，生下以后便叫侯尼子。因生于晋阳，又叫晋阳乐。当时，高欢家徒四壁，高欢、娄氏共忧寒馁。高洋生下数月一直不能说话，突然有一天说了一句：得活。娄氏大惊失色，吓得一句话也说不出来。

长大以后，高洋皮肤较黑，大颊兑下，鳞身重踝，深沉有大度。晋阳有一位沙门很神秘，乍愚乍智，时人对之不测，呼为阿秃师。娄氏请阿秃师给诸子看相，问日后禄位如何？阿秃师一一指说，到高洋时，再三举手指天而已，什么也不说。娄氏和众人大为奇怪。

高洋资质聪颖，沉默寡言，相貌平平。其同母兄高澄很轻视他，总嗤之以鼻；这人也得富贵，想法真是可笑！高欢对近乎丑陋的高洋也有些怀疑，常问些时事，可每次高洋总是答得恰如其分，得其要旨。高欢又拿出一堆乱丝，令诸子理出头绪，只有高洋拔出刀斩断乱丝，说：乱者须斩！高欢很欣慰。高欢又给诸子配兵四出，然后命彭乐领甲骑佯攻。高澄胆战心惊，恐惧而屈服，唯独高洋领兵督战，活捉了彭乐，高欢于是大为称异，对长史薛淑说：此儿胜过我！薛淑也很奇怪和敬服。

高洋小时师从于范阳的卢景裕，聪颖强识，过目成诵。16岁时，封太原郡公。18岁授尚书令、中书监、京畿大都督。武定七年（公元549年）八月，高澄将被俘的徐州刺史兰钦的儿子充当膳奴的兰京杀死，内外震动。高洋镇定自若，指挥人马平定了内乱，然后入晋阳总理政务。晋阳高澄的旧臣宿将不买高洋的账，对内虽明察、外若不了的高洋很看轻。高洋推诚以待，政务宽厚，蠲省不便之务。群臣始服。武定八年正月进位丞相、大行台。三月封齐王。五月迫孝静禅位，建齐，都邺城。

高洋即位以后，外柔内刚，励精图治。用汉儒杨愔等匡赞朝政，政治清明。又以法驭天下，不避权贵，内外肃然。派兵北击柔然、突厥、契丹，一一告捷，周边无不臣服。即位六七年以后，高洋踌躇满志，唯我独尊。

连市肆的妇人都知道高洋颠颠痴痴，慨叹何成天子，可见高洋的恶行劣迹一开始便朝野皆知。而且此后是日甚一日，有增无减，以至颠狂变态，无恶不作，形同禽兽。高洋癫狂起来，连太后也不认。有一次太后在北宫，坐在小榻上，高洋酒喝醉了，突然把小榻举起来，太后滚落在地上，满脸是血。高洋酒醒以后，又惭恨后悔，命人堆积柴火，想纵火自焚。太后惊惧，亲自持挽劝阻。高洋脱光上衣，命平素王高归彦持杖施罚，说：杖不出血，当即斩汝！太后涕泪纵横，上前抱住高洋，让他不要这样。高洋坚持要施罚，同意舍去背杖，笞脚五十，哪里都要打到。高洋甘愿受罚，悲不自胜，指天发誓，从此一定戒酒。然而十天以后，高洋忘得一干二净，照旧纵酒行乐。

高洋连太后都不认，当然对皇后、岳母更不当一回事儿。有一次他到李皇后家饮酒，喝醉了，看见胖墩墩的岳母崔氏不顺眼，便取出弓矢，开弓就是一箭，正中崔氏的面颊。崔氏血流如注，痛得大叫。高洋恶狠狠地骂道：我醉时都不识太后，你算什么东西。随即拿出马鞭，抽打了崔氏一百多下，崔氏不省人事，昏死过去。

李皇后的姐姐颇有姿色，已出嫁为魏乐安王元昂的妻子，高洋见过以后，多次去元昂家，公然临幸李氏，元昂只好躲出去。高洋不知足，想独占李氏，纳入后宫为昭仪。高洋便召元昂入宫，让他伏在地上，高洋亲自用鸣镝箭，射一百余发，当场将元昂射死。元昂被射死以后，高洋又率领文武百官前往元昂家吊丧，并在灵前痛哭一场，然后又在灵前逼淫李氏。随后，高洋命一应随从脱下衣服，留下所有的钱物佩饰，作为信物，交给李氏，所有将逾巨万。

高洋宠爱李氏，李皇后大为不满，气得不吃不喝，几天几夜绝食，请求把皇后位让给姐姐。姜太后劝说高洋，高洋很宠皇后，见弄成这样，就没有纳李氏入宫。高洋有一位宠妃薛氏，甚被爱幸。有一天，高洋突然记起薛氏曾与清河王高岳私通，心里很不高兴，便手起刀落，薛氏眨眼间人头落地。高洋将薛氏的人头藏在怀里，没事似地赴宴会群臣的东山宴。酒酣耳热，高洋突然从怀中掏出薛妃的人头，扔在案上，群臣无不大惊失色。高洋又吩咐把薛氏尸体抬上来，他亲自举刀肢解，取出髀骨做琵琶。众人惊怖颤悚，莫不丧胆。

高洋肢解完毕，突然抱着薛妃的人头，放声大哭，号道：佳人难再得，真可惜啊。说罢，吩咐收棺厚葬。高洋亲自参加葬礼，披头散发，悲痛欲绝，大哭着步行随着灵柩，直到墓地。

高洋建造三台，构木高二十七丈，两栋相距二百多尺。工匠们施工时都胆战心惊，非常害怕，一个个都系绳以防不测。高洋在三台设宴，大会后宫。雅舞翩翩，折旋中节，高洋竟在众目睽睽之下跳上三台，奔走如飞，然后又跳舞施转！众人无不心惊胆寒。高洋又召死囚前来，命令他们以席为翅膀，从三台上向下飞，能飞下去的便免死罪。有的死囚很果敢，当即获免，有的怯疑畏缩，结果跳下三台非死即残。

高洋对大臣辅宰也是随心所欲，想杀就杀。大司农穆子容触怒了高洋，高洋命他脱去衣服，伏在地上。高洋张弓搭箭，向穆子容射去，不中，便用橛贯其下窍入肠。高洋嗜酒，每次必醉，每醉必杀人取乐。杀人时不问亲疏贵贱，杀后一律肢解，或者投于水、焚于火。宰辅杨愔为了应付高洋，便选死囚置于殿庭，以供高洋杀人取乐。

杨愔谨慎侍君，虽身为朝廷重臣，高洋却不把他当回事儿。高洋见杨愔身体肥胖，就叫他杨大肚，用马鞭抽他的背，道道血沟，血水洇红了夹袍。又抽刀劐杨愔腹，想剖开看看里面有什么东西。

崔季舒托俳言说：老小公子游戏，顺手拿开刀子离去。高洋又把杨愔放在棺材中，载上辒车，四周钉上钉子。

高洋到彭城王高浟家中，看见高浟的母亲尒朱，对她说：你当年侮辱我家，还留你何用！手起刀落，杀了尒朱。尚书左仆射崔暹死，高洋前去吊丧。高洋见了崔暹的妻子李氏，问她道：想他吗？李氏回答：结发义深，真是想他！高洋笑着说道：你想他，就去看他吧！话音刚落，李氏已是身首异处！高洋轻松地将李氏的人头扔到墙外。

高洋还命壮丁打死曾经反对自己做皇帝的平原王高隆之，捕高隆之的儿子高慧登等二十人，带到宫中，用鞭抽打，抽到气绝，然后投入漳水。后来又挖开高隆之的坟墓，令人抛出他的尸体，斩成几段，架火烧毁。高洋还杀尽元氏家族，前后杀死七百二十一人，全部弃尸漳水，漳水的鱼腹中因而有人的指甲，邺人因此而久不吃鱼！

高洋如此胡作非为，又外筑长城，内建殿阁，赏费无度，天下骚然，内外愔愔，各怀怨毒。然而，高洋凶暴成性，又默识强记，朝廷百僚战栗自危，避祸尚恐不及，谁还敢上书进谏？典御丞李集视死如归，面谏高洋，称高洋有过于夏桀商纣。高洋命人剥光李集，把他捆起来，投入水中，沉没良久，然后救出来弄醒，再问李集：我比桀纣如何？李集回答：更甚过之！高洋再令将他抛入水中，又弄出来询问，反复四次，回答如故。高洋不禁大笑说道：天下有如此痴汉！于是，高洋破天荒地竟将他放了。后来又入见，李集依旧进谏，高洋就吩咐将他推出去腹斩。

天保八年（公元557年）河南大蝗灾。高洋问：什么原因闹起了蝗灾？魏郡丞崔叔瓒说：今外筑长城，内兴三台，怎不闹蝗灾？高洋大怒，吩咐左右痛打，拔光崔叔瓒的头发，用脏水浇头，然后抓

着脚倒拖出去。同年，青州刺史永安王高浚上书切谏，高洋召高浚入宫，用铁笼将他关起来，放入牢，每天饮食溲水秽物。

后来，高洋在数月后视察地牢，见高浚还活着，而且精神很好。高洋忌高浚有才有略，恐怕日后为祸害，便用剑乱刺，高浚呼天痛哭，最后被刺死，高洋又堆上柴火，把高浚火化，然后再在上面填上土石。后来挖出高浚的尸骨时，皮发烧尽，尸体成为黑炭，见者无不悲愤。管记高德政数次强谏，下场也如高浚一样悲惨。高洋召高德政入宫，说道：听说你病了，我来给你针灸！随用刀刺高德政，血流满地，又断其脚。

高洋后来因饮酒过量，身体越来越不行了，每天不能吃饭，只是饮酒而已，故史载"末年遂不能进食，唯数饮酒，麹蘖成灾，因而致毙"。高洋确实是因嗜酒而死的，死于晋阳宫德阳堂，在位十年，死时31岁。高洋死后，群臣只是干号，没有一个人流泪。

## 武成帝高湛

齐武成帝高湛是东魏大丞相高欢的第九个儿子，母亲是娄氏。他长得仪表堂堂，魁梧英俊，高欢极为钟爱。三岁时，封长广公，次年封长广王。八岁时，高欢为他聘蠕蠕太子菴罗辰女邻和公主，而他却冠服端严，神情闲逸，华戎无不叹异。十一岁时即录尚书事，后历为司徒太尉、大司马，领并州刺史。

文宣帝高洋死后，其长子高殷即位，高殷旋被其六叔高演扼杀，高演即帝位，为孝昭帝。两年后，高演死，遗诏高湛：百年（太子）无罪，汝可以乐处置之，勿效前人。黄门侍郎王松年至邺宣高演遗诏，征高湛即帝位。高湛怀疑有诈，派亲信到晋阳核查，得知高演果然已死，于是大喜，遣河南王高孝瑜入宫，撤换宫中禁卫，入主晋阳南宫。

高湛在即位前一年的乾明元年（公

元 560 年）二月，由于争权即凶性毕露，他指挥家僮数十人毒打尚书令杨愔，竟打出了杨愔的一颗眼珠。中书侍郎郑颐曾有不誉之言，高湛吩咐随从割郑颐的舌头，然后断其双手，最后才将他杀死。

高湛即位以后，委司徒、平秦王高归彦为太傅；尚书右仆射、赵郡王高叡为尚书令；太尉尉粲为太保；尚书令段韶为大司马；太傅、平阳王高淹为太宰；太保、彭城王高浟为太师、录尚书事；冀州刺史、博陵王高济为太尉；中书监、任城王高湝为尚书右仆射；并州刺史解律光为左仆射。诏大使巡行天下，求政善恶，问民间疾苦，擢进贤良。很有点儿升平治政的气象。

可是，几个月后，高湛大权在握，江山稳固，便开始凶残毕露，日益为所欲为，无所顾忌。即位后半年的河清元年（公元 562 年）四月，皇太后娄氏死，高湛毫无痛苦之色，照旧嬉游纵酒，盛宴玩乐，衣饰红袍艳服如故。高湛登临三台，大宴宾客，饮酒作乐。宫女诚惶诚恐地据礼进呈白袍，高湛不屑地接过白袍，扔往台下。有朝臣出班跪奏，大丧日宜停止奏乐，高湛大怒，挝杀大臣，乐音如故。

河清元年十二月，高湛见二兄、已故的文宣帝高洋的皇后李氏很美，便要与这位寡居的二嫂私通。李氏不同意，高湛便威胁她："你不从我，我就杀死你的儿子！"李皇后很恐惧，没有办法，只好顺从高湛，任他玩乐。不久，李氏怀孕了，肚子越来越大。

寡居的李氏身怀六甲，此消息不胫而走。这时，李氏的儿子、太原王高绍德闻讯后不相信这是真的，前来宫中看望，求见李氏。李氏称病不出。高绍德恼羞成怒，大声说：儿子哪不知道，母亲肚子大了，所以不见我！李氏愧疚得无地自容。几个月后，李氏生下了一个女儿。因是与高湛私通所生，李氏不愿意养育把她杀了。

高湛听说以后，勃然大怒，辱骂李氏道：你杀我女儿，我何得不杀你儿子！说罢横刀杀死高绍德。李皇后听说儿子被杀，悲痛欲绝，大哭不止。高湛越发大怒，命人剥光李氏的衣服，一阵乱棍猛打，打得李氏皮开肉绽，呼天号地。李氏挨打以后，高湛还不解气，吩咐将她装进绢囊，血水淋漓，扔进渠中，就这样将昏死的李氏泡在水里。过了很久，李氏才醒过来，可已经是奄奄一息。李氏受尽虐待以后，被宫车送往妙胜寺，出家为尼。

太宰、冀州刺史、平秦王高归彦以高湛凶暴无道，据冀州而反。大司马段韶领兵讨平高归彦，并将他活捉。高湛酷杀高归彦，其三个儿子及党羽二十人一并在市中斩首。

侍中和士开为人阴诈，很得高湛的宠爱。他常对高湛说：自古帝王，都成灰土，尧、舜、桀、纣又怎么样？陛下应及时行乐，一日痛快，可敌千年。高湛大为赞赏，认为这真是胜过了千百年来所有的圣贤之言。此后，高湛根本就不理政务，终日只是纵酒淫乐，纵横行之。

河南王高孝瑜实在看不过去，便温和委婉地劝阻高湛，让他不要这样纵酒，应节欲固体，临殿理政。高湛很不高兴，吩咐高孝瑜饮酒 37 杯。高孝瑜被迫痛饮，心中烦躁郁闷。饮过以后，高孝瑜悲愤欲绝，最后不能自理，终于踉踉跄跄，跳河自尽。自此以后，宫中的王侯等无一敢谏，一个个噤若寒蝉。

高湛即位后，遵守遗诏，封孝昭皇帝高演的儿子高百年为乐陵郡王，以自己的儿子高纬为皇太子。高百年不知深浅，有点儿觊觎神器的意思。高湛得到奏报以后大怒，令左右乱棍痛打，并握着脚倒拖，绕堂边拖边打，打得血肉模糊，血迹遍地，奄奄一息。最后，一刀将他杀掉，把尸体抛入池中，池水瞬息尽赤。

河清四年（公元 565 年）四月，太史

进奏天象有变，占当易王。高湛便使太宰段韶兼太尉，持节奉皇帝玺绶，传位于皇太子，自己退而为太上皇，以应天变。实际上高湛仍大权在握，纵酒游乐依然如故。

天统三年，高湛的心腹亲信秘书监祖珽密奏，说和士开等人朋结私党，受贿弄权，卖官鬻爵，无恶不作，列数许多罪状。高湛不仅不予治罪，反而质问祖珽：“你诽谤我！”祖珽豁了出去，干脆说：“臣不敢诽谤陛下取人之女。”高湛一愣，忙自我开脱：“我以其饥馑予以收养！”祖珽知道内幕，进一步问道：“何不开仓赈给，而要买入后宫？”高湛激怒了，当即以刀环筑其口，吩咐随从鞭杖齐下，打得半死。然后，用土塞满祖珽的口，将他拖到地牢，夜晚又用芜菁将祖珽的眼睛熏瞎。

一年以后，即天统四年（公元568年）十二月，高湛病危，躺在邺宫乾寿堂，奄奄一息。临终前，高湛仍离不开心腹和士开，竟拉着和士开的手，嘱咐后事：“不要负我！”随即气绝。高湛在位五年，死时三十二岁。

### 奢侈无度　宠美误国

河清四年（公元565年）三月初三夜晚，北齐国都邺城（今河北临漳西）上空，月色蒙眬，繁星闪烁，突然，一个状似扫帚的物体出现在夜空，长长的尾巴扫过紫微星座，很久才慢慢隐没于无边无际的苍穹中。

自然界的这一正常天文现象给人间带来了极大的慌乱。状似扫帚的物体本是彗星，俗称扫帚星。民间传说此星体是主刀兵之物，历来被视为不祥之兆。按照封建星相学的解释，紫微星座乃玉帝所居之处，是人间君王的象征。“天见扫帚星，地上动刀兵，”迷信此说的北齐武成帝高湛为化解这场灾难，在臣属的劝说下，忙将帝位传给太子高纬而自称太上皇。于是就因为这种近似荒唐的理由，年仅10岁的高纬登上了皇帝宝座，是为北齐后主。

处于水深火热的平民百姓，忠诚正直的朝廷官员对新主寄予厚望，满心期待高纬能够重振纲纪，富民强国。然而，事与愿违，历史的发展竟为迷信的星相学做出了最好的诠释，高纬的所作所为完全辜负了他们的殷殷之情。他在位几年，不仅毫无建树，反而使北齐国力日渐羸弱，人民生活愈加穷苦困窘，并最终葬送了北齐王朝的生命。

高纬是武成帝高湛的长子。高湛其人，乃是历史上有名的不忠不孝、荒淫愚笨的昏君。

高湛为长广王时，属下有个叫和士开的人，工于弹琵琶，又善于使槊，有几分英勇，还是阿谀献媚的高手，很会揣摩迎合别人的心思，因而深得高湛的赏识，被征辟为开府参军，常入侍左右。高湛继位后，又提升和士开为给事，掌朝廷机密。

高纬生母胡皇后（高湛皇后）是一位不守妇道的淫妇。和士开生得容貌俊雅，悦耳的琵琶曲使胡皇后心旌摇荡，呼呼生风的大槊更使她淫意难屈，就在高湛逼淫其嫂之际，胡皇后见有机可乘，便贿通宫女，将和士开引入内房，赏与禁脔。和士开本是阿谀奸诈的小人，得此奇遇，更加竭力奉承，尽量满足胡后的要求，引得胡后心花怒放。胡后竟厚颜无耻地与和士开海誓山盟，愿做一对长久夫妻。

俗话说得好，纸包不住火。胡皇后尽管做得很隐秘，但他与和士开私通的丑事还是被泄露了出来。一时间，朝廷上下沸沸扬扬，一些正直的大臣上奏高湛，要求处死和士开，废掉胡皇后。但是，昏庸的高湛害怕胡后揭穿他与皇嫂李氏淫乱的行径，竟佯装不知，还极力掩饰，心甘情愿地在本该至尊无上的皇冠上涂上耻辱的绿色。

高湛不仅不予惩治，反而更加信赖

和士开，胡皇后又屡进美言，和士开官升黄门侍郎，旋又擢任侍中、开府仪同三司，权倾朝野，并有自由出入宫廷禁中的特权。高湛无论上朝议政，还是在宫廷里宴请宾客，每时每刻都离不开和士开，有时干脆就和他在一起吃睡。偶尔和士开离宫往家走，还没有几分钟，高湛心中便怅然若失，马上命令侍卫将和士开追回。得宠的和士开趁机开导高湛说："自古以来，帝王死后都要化为灰土，圣贤尧、舜和暴虐桀、纣，死后又有何区别呢？世上的事都是虚无的，陛下应该趁青春壮年时纵情享受，无所顾虑。一旦快乐可胜百年长寿，至于朝政，完全可以交给大臣办理，您不必耗费精力。"高湛听了这番祸国殃民、荒诞不经的理论，竟大喜过望，于是干脆不理政事，让和士开总揽一切，自己整日沉湎于酒色之中。每三四天才临朝一次，心不在焉地听听汇报，象征性地在奏折上画个圆圈，然后就全权交与和士开处理。

高湛退位做了太上皇之后，依然袒护宠信和士开，朝中正直的大臣一直苦于无法打击这个奸人。天统四年（公元568年），年仅32岁的高湛终因纵欲过度而一命呜呼。临死前，仍执迷不悟，握着和士开的手说："不要辜负我的期望，好好扶助幼主。"高湛死后，和士开、胡皇后居然封锁消息，秘不发丧，在宫内纵情淫乐了三天。后经黄门侍郎冯子琮追问缘故，才不得不正式公布高湛驾崩的消息。

"有其父必有其子"，中国的这句古话在高氏父子身上算是应验了。高纬完全继承了高湛昏庸暗弱的秉性，甚至在某些方面有过之而无不及。高纬从上台之日起，就视和士开为心腹，对这个淫母辱父的佞臣十分依赖信任。

高纬的暗弱，和士开、胡太后的胡作非为，更加激起朝内正直大臣的强烈愤懑，太尉、赵郡王高睿便是其中的代表人物。

高睿是齐神武帝高欢的侄子，以忠勇孝道闻名于北齐皇族。高欢曾感叹说："此儿至性过人，我儿中没有一个赶得上他的。"文宣帝高洋时，高睿为定州刺史，领兵监筑长城。当时天气炎热难耐，高睿虽贵为亲王，却和士兵们一起在烈日下挥汗苦干，亲兵为高睿献上盖障、冰块，他坚拒不用，说："三军皆热，我怎能独享特权。"士兵们都被他的言行所感动，甘愿受其节制，为其卖力，使工程进度加快。

后主高纬继位，高睿已是五朝元老，德高望重。他联合尚书仆射元文遥、娄定远、高延宗等人，决心铲除和士开，整顿朝政，净化宫廷生活。

对和士开、胡太后秘不发丧的行径，高睿极为愤怒。他几次面见高纬，痛陈和士开"城狐社鼠、受纳贿赂、秽乱宫掖"等罪行，要求将和士开调离出宫，担任外职。高纬对此置之不理。

胡太后唯恐失去心爱的面首，百般阻挠朝臣对和士开的弹劾。和士开也借口处理高湛后事，赖在京城不走。

高睿不肯善罢甘休，仍利用一切机会弹劾和士开。一次，朝中文武大臣在皇宫举行宴会。席间，高睿等人向高纬列举和士开的种种罪行和劣迹，要求皇上把和士开赶出朝廷，充任外官。

听到高睿等人对和士开言辞激烈的攻击，并当众揭穿他们之间的龌龊行为，胡太后不禁恼羞成怒。她再也不顾及作为太后应有的矜持，不待高睿把话说完，就扯着嗓子喊骂道："先帝健在的时候，你们为什么不这样说呢？你是想欺负我们孤儿寡母吧！想喝酒你就喝，不喝酒你就快滚吧！"高睿、元文遥等人见胡太后如此蛮横无理，当即站起，摘下乌纱帽一把掼在酒桌上，拂衣愤愤离去。

看着太后和大臣之间的争吵，作为一国之主的高纬竟一时不知所措，只是瞪着一双眼睛呆呆地坐着，嘴唇翕动了几下，但最终未讲出一句话来。

宴席不欢而散。胡太后、和士开看到高睿等人来势凶猛，态度坚决，不得不认真考虑应付对策。二人嘀咕了半天，想出一条缓兵之计：元文遥、和士开两人都离京到地方任官，暂时稳住高睿等人，缓和一下矛盾。同时也把他们分离开来，便于各个击破。

主意已定，胡太后就做出一副为高纬皇位着想的虚假姿态，向高纬进言："和士开对先帝和皇上忠心耿耿，极尽辅弼之心力。现在高睿等人信口雌黄，杜撰罪行，赶和士开离京，其用意是想在朝中架空我们母子，以便他们独揽大权。元文遥、和士开都是先帝大臣，哪能一个留在朝廷，一个流落外地呢？应该把两人都调离朝廷才公平，皇位也才能稳固。"

对这样的国政大事，高纬不加任何思索，立即应允，然后下诏，出任元文遥为西兖州刺史，和士开为兖州刺史。

诏令下达后，高睿步步紧逼，催促和士开尽快上路。和士开以各种借口拖延，太后想留和士开过百日葬期后再走。有个别知道胡太后、和士开密谋的太监，私下暗示高睿说："太后的主意已定，您又何必冒犯她呢！"

高睿义正词严地说："我受先帝遗命辅佐幼主，责任重大，如今皇上年纪尚小，怎能容忍和士开这样的奸臣在君主身边？如不铲除这种小人奸臣，将来我有何面目去见列祖列宗呢？"于是就再次面见太后，苦苦相劝。

胡太后摆出一桌酒席，想拉拢高睿，不料耿介的高睿根本不领这个情，一见面就直言相告："我今天是来讨论国家大事的，不是来喝酒的。"一席话把胡太后窘得面红耳赤，无言以对。高睿出宫后，就让司空娄定远派兵监守宫门，严防和士开窜入宫内。

和士开如坐针毡，情急之下又生一计。他装出一副马上要去兖州赴任，特

来辞行的模样，带着大批珍宝，美女来拜访娄定远。见面后，假惺惺地说："我在朝廷一直内心不安，去外地做刺史，也是我多年的心愿。希望今后能得到您的庇护，老死东夷，一生足矣。"说罢，鼻唇抽动，落下几滴眼泪。

娄定远信以为真，将和士开送出门外，和士开又装出一副满不在乎的样子，大大方方地说："我今天就要远离朝廷了，临走之前，我想去和皇上、太后当面辞别，不知可否？"娄定远收了他的礼物，又见他可怜兮兮的模样，就动了恻隐之心，答应了他的请求。

和士开一进皇宫，马上换了一副面孔，向太后及高纬跪陈道："先帝晏驾的时候，我真想陪他一块儿去死！先帝遗旨令臣辅佐陛下，臣虽不才，却愿竭尽心力，为陛下分忧。现在，高睿等人赶我出京，恐怕他们心怀不轨啊！我出京之后，一定会发生大变，若是那样，我有什么脸面见先帝于地下呢！"说到这里，竟伏地痛哭起来。

心上人伤心的哭声触动了胡太后的痛处。她也泪水涟涟、抽抽嗒嗒起来，懦弱的高纬也不知是被哭声所感染，还是真为自己的皇位担忧，也禁不住潸然泪下，带着哭腔问和士开："你看该怎么办才好呢？"他把权力就交给了这位奸佞小人。

和士开止住哭声，说道："我设法逃进了皇宫，已在陛下和太后的保护之下，现在陛下只要下一道诏令，他们就不敢造次。"胡太后也乘隙在一边帮腔，并让和士开马上草拟诏令。

高纬立即下诏，将娄定远出为青州刺史，并指责高睿没有尽到为臣之责。言外之意，若高睿仍不收敛，一意孤行，就对他不客气了。

高睿听到诏令，不由得满腔愤怒，整整一夜在床上辗转反侧，难以入睡。次日清晨，他决定再次进宫，冒死相谏。妻

子儿女都劝他不要冒此风险，高睿回答："社稷事重，我宁可死去，也不忍心看到北齐朝廷颠沛。"行至宫门，又有人悄悄对他说："殿下别再进去了，恐怕会大难临头的。"

高睿回答："我上不负天，下不负地，死而无憾！"说罢，便径直入宫，对胡太后慷慨陈词，坚请将和士开驱逐出宫。胡太后越为和士开辩护，他则争执得越厉害。

后来，胡太后对他冷笑一声，甩手走了。高纬则傻乎乎地坐在那里，一声不吭。

高睿看到高纬是如此愚顽，一股悲凉的情绪袭上心头，顿时感到心灰意冷，他眼泪纵横，踉跄着退出宫外。走到永巷，几个侍卫一拥而上，突然抓住高睿，把他押送至华林园雀离书院。高纬竟下令将他活活勒死。可叹高睿一生耿直清廉，年仅36岁就含冤而死。也许是上苍有眼，高睿死后，邺城天色沉沉，阴雾弥漫，三日不散，仿佛在为这位忠臣叫屈鸣冤。

高睿死后，和士开官复原职，依然出入宫禁，与胡太后长叙悲欢，宫闱生活更加荒淫靡乱。一些寡廉鲜耻的朝臣纷纷投靠、巴结和士开，有的朝臣甚至恬不知耻地拜和士开为"干爹"。一次，和士开偶患伤寒，御医诊断后，对和士开说："大人您伤寒严重，必须喝黄龙汤才能治愈。"黄龙汤是一味中药的文明称呼，其实就是存放多年的人粪便汁。和士开一听感到非常恶心，不愿喝饮。一位来探望干爹的官员趁机讨好，说道："这药不难喝，您不必忧愁，不信，我替您先喝吧！"说完，一碗大便汁咕咚咕咚一饮而进。和士开大为感动，勉强喝下黄龙汤。病愈后，立即将这位官员提拔重用。

和士开结党营私，淫乱宫闱，使北齐皇室蒙尘，高纬竟熟视无睹，置若罔闻，仍然委以重任。这时，皇族内又一位亲王挺身而出，要为国除奸，洗刷皇家耻辱。

琅玡王高俨是高湛与胡后的幼子，齐后主高纬的胞弟。高俨聪明机智，忠孝有礼。高湛在位时比较宠爱高俨，封他为中丞。按照北齐定规，中丞出行，千步之外要清道，王公大臣要停车驻马回避。最奇特的是，高俨生得目光如炬，炯炯射人，与他面对而立，多数人都要惊出一身冷汗。

高纬继位，倚小信奸，高俨对此非常不满，尤其对秽乱宫廷的和士开更为痛恨。一批厌恶和士开的大臣聚于高俨身旁，寻机捕杀了罪该万死的和士开。

儿子杀死了情郎，胡太后悲怒交加，怂恿高纬斩杀了参与其事的几个大臣。但对高俨，胡太后仍有几分母子之情，不忍心加害于他。高俨得以暂时保全了性命。

失去了面首，胡太后精神萎靡，郁郁寡欢。她生性淫逸，哪能奈得住春宫寂寞，竟把猎取的目标盯在了出家僧人身上。于是开始游历寺观，寻求欢乐。

定国寺住持昙显长得体态轩昂，仪度雄伟，表面好似虔诚的佛教徒，实际上是一个贪色的淫僧。他在寺内后院隐蔽处筑建了一处庭院，专供宣淫之用。定国寺蓄积丰厚，昙显常用财物广结权贵，以求得庇护，因此，虽然许多人知道定国寺的秘密，但一直不敢查禁。

胡太后对昙显早有耳闻，几次游历见面，更觉得十分满意，便决心要临幸沙门。一日，天色阴沉，胡太后来到定国寺，敬完香火后，假称身体有些疲倦，要找一处隐秘的地方休息，昙显便将她领到后院秘宅。胡太后坐定后，微笑着对昙显说："听说高僧善念神咒，不知能否为我念诵一段？"昙显察言观色，明白她的意思，回答说："能为太后念诵神咒，实在是贫僧的荣幸。可是此咒不传六耳，只能念与一人，乞请太后摒去左右，才好念诵。"胡后立即命令宫女都退出室外。

昙显将门窗关严，跪地淫笑着对胡后说：“臣愿尽力为太后尽欢。”说完，二人携手揽腕，上床淫欢。一个是出家僧人，一个是当朝太后，就在佛门圣地演出了一场荒淫可耻的丑剧。

昙显精于房中之术，又刻意奉迎，胡太后已久渴难耐，得到这种佳遇，自然十分欢娱，回到宫中，当即在宫中修建了护国道场，召昙显入内，名为讲经，实则昼夜淫乐。胡太后还赏赐定国寺大量财物，甚至将国库中的一些金银也存入寺院，寺内和尚个个都变成阔富。他们不称昙显为住持师傅，而以太上皇呼之。这桩丑事广为传播，成为舆论热点。

这些事虽都在高纬的眼皮底下发生，但高纬却全然不知，偶尔风闻，也不加追查，后人以“木偶”“活死人”等名词评述高纬，的确十分妥帖。

不是一次偶然的事件，胡太后与僧人的丑行还将继续下去。昙显有两位小徒，长得粉面桃花，明眸皓齿，身材婷婷，和少女无甚差别，如不脱衣体察，很难辨明真伪。胡太后遂将这两个小僧召入内房，涂脂抹粉，扮作女尼，昼夜服侍左右，片刻不离。

高纬谒见太后，开始并未留意，后来“二尼”妆点愈工，姿态愈妍，惹得高纬大起淫心。一天，高纬召“二尼”入房，迫令侍寝。“二尼”反抗不从，高纬命令官人强行剥去衣服，才发现“二尼”真身，不觉大惊失色，方知外界传闻确非谣言戏语。盛怒之下，高纬下令斩杀了昙显及两个小僧，将胡太后迁往北宫，暂时幽禁起来。不久，胡太后将自己的侄女送与儿子，供他淫乐享用，高纬即把耻辱置于脑后，重新将胡太后迎还奉养。

封建社会的中国非常重视礼仪伦理，君臣、父子、男女之间都有一整套严格的行为规范。和士开、昙显等人不讲君臣之礼，罪该当诛，胡氏贵为太后，却不守妇道，主动勾引臣下淫乱，做出伤风败俗、玷污国体的丑事，固然是其本性淫逸使然，但更与高湛、高纬父子的放纵庇护有极大关系。中国封建社会漫漫几千年，宫廷生活靡乱者不胜枚举，但像高纬父子这样姑息养奸的事例却并不多见。蔡东藩先生曾作诗评述此事：

宫闱干政尚遭讥，况复淫昏不识非。
才信古人严礼教，要端闺范在防微。

高纬自幼患有严重的口吃病。因虚荣心作祟，他从不喜欢长篇大论地讲话，尤其反感与朝中大臣谈论，每当有人与他正面谈话，他便怏怏不乐。即位之后，虽有改进，但谈话仅限于亲近的熟人。即便如此，近臣奏事也不能与他正面相向，而往往一件事情还没有说完，他便慌忙离座而去。因此，高纬被一批奸佞之臣包围，而国政大事也全由这批人处置。

高纬亲政初期，任命陆令萱、和士开、高阿那肱、穆提婆、韩长鸾等宰制天下。朝廷大权都操纵在这批奸人的手中。这些人毫无顾忌地各植党羽，弄权谋利，既互相勾结，又互相倾轧，致使北齐的政治生活愈加污浊混乱，人民更陷于水深火热之中。

陆令萱最初不是特选的宫女，高湛在位时，陆氏的丈夫骆超因谋反罪被杀，她受株连被没入掖廷，沦为皇宫女仆。她的儿子提婆也同时被没为宫奴，随他入宫。陆令萱生性巧黠，极善于阿谀媚上，不久便博得了胡后的欢心，居然以一个奴隶的卑微出身在后宫内占取了一席之地。

高纬出世后，陆令萱做了高纬的奶妈。她有政治眼光，知道作为太子的高纬在将来会黄袍加身，因此便挖空心思讨好胡后。她施展手腕，搬弄是非，在宫内拉帮结党，培植个人势力，时人称她为“饶舌老母”。

“一人得道，鸡犬升天。”高纬登基坐殿，君临天下，陆令萱的地位也随之提高，被封为郡君。儿子提婆无才无德，因自幼入宫与高纬朝夕相伴，嬉戏打闹，这时也拜官受禄。

高纬为一国之君，陆令萱也见风使舵，由巴结胡后转而竭力讨好高纬。陆令萱工于心计，歪术不穷。高纬良莠不辨，对陆令萱言听计从，在许多大事上竟成为陆令萱的掌中玩物，陆令萱也由此而成为北齐炙手可热、权倾宫内宫外的实权人物。

正宫皇后斛律氏有一个婢女叫穆黄花。此女生得轻盈妖艳，荡逸飘扬，经常在高纬面前卖弄风骚。高纬原本淫荡，二人一见钟情，备极绸缪。高纬改赐穆黄花一个佳名叫舍利，以后又收为嫔御，倍加宠爱。

见穆黄花得宠，陆令萱便千方百计巴结她。穆氏为了进一步巩固地位，也努力讨好陆令萱，拜陆令萱为养母，二人狼狈为奸，常在高纬面前互相吹捧。陆令萱由此被高纬封为女侍中丞，穆舍利也被封为弘德夫人。陆令萱的儿子提婆也与穆舍利称兄道妹，并从此改姓为穆。由于穆夫人从中美言，穆提婆很快被提升为开府仪同三司。陆令萱的弟弟悉达也逢缘进身，一夕三迁，官居开府。

胡后被贬往北宫后，为取悦高纬，开脱罪责，准备将侄女胡氏献给高纬。胡后担心陆令萱从中作梗，竟以堂堂太后身份与陆令萱约为姐妹。陆令萱不便阻拦，胡氏被册封为昭仪，不久又被立为皇后。胡太后也被高纬迎回宫来。

弘德夫人穆舍利此时已为高纬生下一子，取名为恒，立为太子。穆夫人想自己本该为皇后，不料却被胡氏夺去，心中忿忿不已。陆令萱也自觉后悔，便玩弄妖术，使胡氏患上疯病，高纬不知其中奥妙，开始冷落胡氏。陆令萱乘隙向高纬进言："天下哪有儿子贵为太子，母亲贱为奴婢的事，请皇上立穆夫人为皇后。"高纬沉默不语，陆令萱见时机不到，便告退出门。

陆令萱知道高纬贪恋美色，只要开心，事事允准。于是，她想出一条妙计，将穆氏的卧房重新布置一番，屋内陈设特别是宝帐及枕席器玩俱为世所罕见。让穆氏身穿皇后之服，珠光宝气，雍容华贵，静坐帐中。然后，陆令萱亲往高纬处禀告，故作神秘地说："陛下，有一位圣女出世，您何不前去观看。"高纬欣然前往，揭开宝帐，一种兰麝散发着清芬，沁人心脾。再一看，见一丽姝端坐床上，仿佛天仙一般。高纬不觉喝采。等丽姝起身相迎，才认出是穆夫人。高纬喜不自禁，笑着对陆令萱说："陆太姬真会弄乖!"陆令萱见火候已到，便向高纬反问："如此丽质，不配做皇后，试问皇上欲选择何人?"高纬回答："天子只有一后。"陆令萱接着说道："舜曾纳尧之二女为妃，便是二后，舜为圣主，难道不可效法吗?"高纬听得有理，当夜便在穆夫人处留宿，竭尽欢娱。次日即加封穆氏为右皇后，胡氏为左皇后。

册封皇后的大事就在这场短暂的游戏中决定了。陆令萱诡计多端，其人可恶;高纬以貌取人，甘受愚弄，其人可笑。

陆令萱和穆氏意犹未足，决计设法除去胡氏。陆令萱巧施小计，胡太后便上当受骗了。一次，陆令萱在胡太后处，佯装生气地说："什么亲侄女，说那种不负责任的话。"胡太后惊问何故。陆令萱摇头不答。经再三追问，陆令萱才低声说："胡皇后跟大家说，太后不守妇道，不足为训。"胡太后虽然无德，但也害怕被揭穿，她听后大怒，当即把皇后召来，命左右剪去她的头发，遣回家中。几天后，废为庶人。

陆令萱在宫中独擅威福，权势日炽，就连和士开、高阿那肱、祖珽都要厚着老脸讨好巴结她，甘心做她的义子。

祖珽字孝狂，性情机警，才华赡美，同时又是一个寡颜鲜耻的无德小人。祖珽有一次在朋友家中饮酒，偷了三只酒具，被查出后竟泰然自若。邻居的妇人有几分姿色，祖珽与之私通，还大言不惭地到处宣讲。他还曾盗官粟三千石，据为己有。

武成帝高湛在位时，祖珽与和士开同为他的奸佞近臣。祖珽自恃才高位重，与和士开争宠。结果失败，被关进监狱，眼睛也瞎了。不想"柳暗花明又一村"，高纬登基后，在朋党之争中失势的祖珽找到了重新振作的机会。高纬不思贤才，竟怀念起奸小来。他一道圣旨，祖珽便由阶下囚摇身一变，成为封疆大吏，官拜海州刺史。

祖珽受到下狱失明的打击，因此变得十分乖巧。其时，和士开权高位重，陆令萱母子如日中天，祖珽便竭力讨好巴结他们。和士开虽与祖珽积怨颇深，但时过境迁，为了培植党羽也转而拉拢祖珽。有了靠山，祖珽权势日重，地位日固，人称"盲老公"。

和士开积恶太多，罪孽深重，被琅琊王高俨杀死。祖珽正好补此肥缺，官升左仆射。为了巩固既得的权势，"盲老公"祖珽又与"饶舌老母"陆令萱勾结起来，互相吹捧。祖珽称赞陆令萱是女中豪杰，"自女娲以来，未有其二"。陆氏吹嘘祖珽是"旷世奇才""国家栋梁"。高纬便不假思索，让他们主持宫内外事务。

和士开的被杀使祖珽和陆令萱深深感到来自高俨的威胁。高纬失去宠臣，胡太后失去面首，对高俨也十分忌恨，但念及骨肉亲情，起初并不愿意杀死高俨。然而，高俨不除，却是陆令萱和祖珽的一块心病。于是他们挑唆说："琅琊王聪明雄勇，世人皆知，绝非久居人下之臣，不早除掉他，将来必有后患。"

高纬的耳根子很软，陆氏的话又说到了他的隐痛之处。"可毕竟是我的亲弟弟呀！"高纬犹豫难决。

祖珽则引经据典说："周公诛灭管叔、蔡叔，才使西周无恙；季友鸩毒庆父，才使叛乱平灭。自古无毒不丈夫，只有斩草除根方能高枕无忧！"

两位奸臣的不断挑唆坚定了高纬诛除高俨的决心。一次，高纬谎称要携弟出去狩猎。骗得了胡太后同意，天没亮，高纬就派人去召请高俨。高俨有些疑惑，不肯前往。这时，陆令萱亲自上阵，把高俨诱出。高俨行至永巷，被打手刘桃枝等人抓住。高俨口被破布堵塞，头被棉袍盖住，惨遭杀害。这一年，高俨刚满14岁，北齐又失去了一位忠勇的亲王。高俨的惨死并不意味着高纬滥杀的结束，北齐历史上一起最大的冤假错案又在酝酿之中了。

北齐王朝中顶天立地的忠臣当数右丞相斛律光。

斛律光，字明月，朔州（今山西朔城区）敕勒部人。少工骑射，以武艺知名。青年时起，就随其父东征西讨，在几十年的戎马生涯中，战功赫赫，尤其是在抗击北齐宿敌北周方面，更是功名卓著。北周将兵听到斛律光的名字，便闻风丧胆，许久不敢进犯。斛律光治军有方，营舍未定，终不入幕。在营不脱甲胄，临阵身先士卒。他爱兵如子，从不滥杀。深得部下拥戴，堪称北齐的栋梁柱石。

斛律光一门，累世勋贵，其弟、其子也都是北齐名将。女儿也被选入宫中封为皇后。但斛律光从不恃功自傲，始终保持着忠正清廉的本色。他生活节俭，不好声色，不贪权势，朝廷议论政事，从不强词夺理，常常最后发表意见，一针见血，言必合理。如有疏奏，自己口授，别人执笔，文风非常朴实。

忠与奸必难相容，斛律光嫉恶如仇，对祖珽、陆令萱等奸人的倒行逆施深表不满，对北齐王朝的前途命运忧心忡忡。斛律光每次看到祖珽都要狠狠地骂上几句："多事小人，欲行何计！"他常常彻夜难眠，自叹："盲人入朝，国必危亡。"祖珽通过收买斛律光的奴仆闻知此语，知道与斛律光已水火难容,心中便泛起要除掉这位对手的恶念。

陆令萱之子,开府穆提婆欲娶斛律光的女儿为妻,借攀亲交结宰相,遭到斛律光的严辞拒绝。于是,斛律光与陆氏母子的冲突也表面化了。后来,高纬想把晋阳(今山西太原)的耕田山林赐与穆提婆,斛律光又以国事、军事为重,上奏高纬说:"晋阳历来是专供军需的重地,决不能贻误军务而赐田给提婆。"此举更加激怒了陆氏母子。

于是,祖珽和陆氏母子便勾结在一起,千方百计寻找机会诋毁斛律光。但斛律光英名盖世,祖、陆等人的妄言一时很难奏效。

机会终于来了。

北周勋州刺史韦孝宽也是一员杰出的将领,他与斛律光对阵曾吃过败仗,对斛律光十分忌恨,便使出反间计,编造谣言,让间谍在邺城广泛传播:

百升飞上天,明月照长安。

高山不推自崩,槲木不扶自举。

祖珽深知其中寓意,心头一阵狂喜。为了进一步把陆氏母子拉为同盟,他借风纵火,就势又续下两句,暗令手下在城中传唱:

"盲老公背受大斧,饶舌老母不得语。"

穆提婆听到后,急忙告知了母亲。陆令萱不解其意,请祖珽前来询问。祖珽摇头晃脑地假装思索了一会儿,故作惊恐地说:"解开了,解开了,'百升'是一个'斛'字,明月,正是斛律丞相的表字。'盲老公'是指我瞎眼祖珽,'饶舌老母'便是您呀!歌谣的整个含义是斛律光要君临天下,登基坐殿,你我等人要遭受大罪呀!"

陆令萱一听便急了,"如此说来斛律光有为君之缘,要危及你我的性命,我们该怎么办?"

祖珽阴笑着说:"斛律光手握兵权,根基深厚,如今之计,只有靠皇上之手将他治服。"

陆令萱立即去见高纬,把谣言背诵了一遍,又把其中的深奥含义添油加醋地解释了一番。

高纬有些迟疑。祖珽入见,又运用他过人才学胡诌起害人的理论:"斛律家族累世掌兵,斛律光声震关西,斛律羡(光之弟)威行突厥,自古尾大难掉,功高镇主,今有此传闻,陛下不可不防。"高纬默不作声,但他内心深处却在激烈地冲突着,一时难以决断。

为了使高纬早下决心,祖珽使出了更为狠毒的一招。他用重金收买斛律光府上的一个家奴上书皇帝,诬告斛律光家中藏纳兵器,蓄养家丁,有谋反之心。高纬看到此书,深信不疑,立即向祖珽询问捕杀斛律光之计。

祖珽早已考虑周全。献计说:"陛下可赐斛律光骏马一匹,就说明日君臣同游东山,那时斛律光必来称谢,那便是动手的最好机会。"

斛律光果然不存戒备,单骑入谢。行至凉风堂,下马前行,埋伏在此的刘桃枝等几个打手一齐扑上,用弓弦将斛律光扼死。斛律光的鲜血溅地,历久犹存,可谓碧血千秋。

为斩草除根,北齐后主随后下诏,以谋反罪将斛律光一家满门斩绝,财产没官,皇后斛律氏亦同时被废。

消息传到北周,韦孝宽喜不自胜,周武帝宇文邕也大喜过望,当下便在朝堂大排酒宴,举杯庆贺,同时颁诏天下,实行大赦,声言:"斛律光受诛,北齐在我手中指日可待。"

一位贤明的宰相和军事天才就这样被陷害杀死了,韦孝宽气度狭窄,阴使反间计,但作为敌将,本也无可厚非。大加鞭挞的应是祖珽、陆令萱等奸臣以及那位昏庸的北齐后主高纬。

祖珽翦灭了斛律光,北齐朝中便再无与他抗衡的力量了。高纬对他倍加信赖,每入朝,高纬即令人服侍入坐御榻,政事无论大小,全部交给祖处理,甚至立下"终身免刑"的誓约,真是天下奇闻。

北齐建于天保元年(公元550年),几朝皇帝中,除孝昭帝高演清廉勤政之外,其余几位都是昏庸残暴之徒。用台湾柏杨先生的话说,"北齐是由疯子集团建立的国家"。然而集高家劣根性之大成的,却是北齐后主高纬,列祖列宗的昏暴、奢靡的恶习在他身上全部得到发扬光大。

高纬的出生颇有来历。《北齐书》这样记载:胡皇后曾经做过一个梦,梦中,她坐在一只玉盆中漂荡在碧波粼粼的海面上,突然,一束强烈的阳光照射在她身上,腹中也同时有一种异样的感觉。胡后惊醒,从此便有了身孕,生下高纬。

高湛对此说深信不疑,对天叩拜,感谢上天赐此良胎。高纬出生后,高湛对他格外爱宠,从未对他进行应有的教育和磨炼。高纬自幼生活在脂粉气息浓厚的皇宫中,在后宫嫔妃的裙围下长大,性格极其懦弱,胸中毫无志向,只会与宫女戏狎逗欢,继位后仍然如此。国家兴衰、百姓甘苦他全然不顾,朝政全交与权臣处置,而自己则安坐宫中,整日设斋求巫,歌舞弹唱,声色犬马,极尽奢侈残暴之能事,穷竭戏嬉玩耍之伎俩。

高纬生活荒淫,且注意力转移极快,每见姿色女郎,肢体俱酥,必要招来淫欢。高纬初始疏忽斛律后,宠幸穆黄花、胡昭仪;接着又得李、裴二女,号为左右娥英,整夜厮混。后来又纳入乐人曹僧奴二女。过后,又纳得董氏。再后来,又广选杂户少女,纳入毛氏、彭氏、王氏、小王氏、二李氏等等,不一而足。这些人都一并被封为夫人,恣情淫欲,通宵达旦。

穆皇后有一奴婢冯小怜,冰肌玉骨,美貌可人,高纬偶然发现后便神魂颠倒,共枕一宿后,更是爱不胜言,破格将她封为淑妃。从此,高纬便与冯小怜形影难离,坐必同席,出必并马,并发誓要生死与共,将国事全抛置脑后。有诗讥叹说:

> 天生尤物最遭殃,桀纣都因美色亡。
> 况似晚齐淫暴甚,怎能长此保金汤。

俗话说:"秃子爱浪,结巴爱唱",此话不假,口吃的高纬就特别爱唱。他常常不分场合,兴致所至,总要咿咿呀呀唱个不停。

高纬不但爱唱,而且喜爱乐器,能自弹琵琶。尤其喜爱坐在马上,边弹边唱。他嫌别人谱的曲不合口味,便自作无愁曲,谱入琵琶曲中,整天与冯小怜对坐弹唱,还命宫中侍者伴和,嘈嘈切切,歌声袅袅,声达宫外,一片太平盛世景色。歌词唱道:

> 人生苦短兮欢娱少,千金肯爱兮买一笑?
> 且弹琵琶兮对斜阳,无愁无忧兮乐陶陶!

全曲充满了及时行乐的绵绵情调,唱者、听者无不别有一番滋味在心头。

若是横弹琵琶于马上,引吭高歌于旷野,这的确是名士风度,但这种名士风度注定只能属于那些"闲云野鹤"式的在野之人。若是以一国之君的身份,在战乱频仍,民不聊生,外有强敌虎视眈眈,内有百姓饿尸遍野的情况下,弹唱出如此悠闲浪漫的曲调,扮演"无愁"的角色,简直荒谬绝顶。难怪民间百姓称高纬是"无愁天子"呢!

更令人可笑可气的是,高纬颇有一套作假的本领。每逢朝廷奏报民间发生灾变,或边境烽烟燃起的时候,他就退朝设斋,并且美其名曰:"修德。"郭沫若先生在《甲申三百年祭》中曾嘲笑过明朝的崇祯皇帝,说他在民不聊生的时代,常设斋减膳。若与高纬相比,崇祯皇帝不过是一个"后起之秀"而已。

高纬号称"修德",实则根本无德。在高纬的性格成分中,虽懦弱可欺占据了大部分,但其中也有十分凶残暴虐的一面。

高纬是鲜卑族人,囿于民族私见,十

分憎恨汉人。武平四年(公元 573 年),高纬对上书谏诤的汉官一律杀死,被杀者的家属全被发往北部边境,妇女罚作官奴,小男孩一律阉割,其财产一律没收、充公。处罚汉人如此,惩治宫女也极为阴毒。高纬所纳乐人曹僧奴之大女不善淫媚,激怒高纬,竟被高纬剥碎面皮,逐出宫庭。手段之残忍,令人掩目。

为了体味打仗杀人的快乐,高纬在华林园里建造了一座假城。让兵士穿上黑衣,伪装成冲锋进攻的羌人,自己则带领一批宫中宦官,据城防守。攻者呼号呐喊,携带假刀假枪来攻,守者却用真刀真枪还击。一次游戏下来,就死伤数百名无辜的士兵,高纬深以为快,乐此不疲。

高纬的弟弟、定州刺史南阳王高绰,性情残暴,专以杀人为乐。他酷爱波斯狗,经常命人赤身裸体,画成兽状,纵犬噬咬。百姓听到高绰之名,皆惊恐变色。高绰还喜欢站在高墙之上用弹弓弹人取乐。一次,一妇女抱着婴孩在街上行走,高绰拉开弹弓,正要弹射,妇女发现后,急忙避开,高绰极为扫兴,命令手下将婴孩从妇女手中抢来喂狗。妇女悲痛欲绝,哭声震天。高绰兽性大发,又纵狗向妇女扑去。妇女躺倒在地,狗不欲食,残忍的高绰又将婴孩的血涂抹在妇女身上,引诱凶狗扑食。恶狗见血,果然凶性大发,猛扑上去,转眼之间母子二人的身躯全被恶犬撕咬吞吃。

高绰这种惨绝人寰的行为,远近闻名,令人发指。高纬听说后,为了平息民愤,也不得不过问一番,令人将高绰押送入宫。而高绰却丝毫没有认罪表现,仍然谈笑风生,神态自若,好像无事一样。果然,很快就被释放了。高纬知道其弟是游戏玩闹的行家高手,便问高绰在定州时何事最为快乐。高绰毫不隐瞒,回答说:"将蝎子放在器皿中,再把猴子放进去,猴子被蝎螫,蠕动不已的疼痛情形

最为精彩,也是极令人赏心悦目的快事。"高纬听后,非但不斥责他荒唐,反而拊掌称妙,当时即欲效法,一睹为快。他连夜命令侍卫四处捉蝎,要求一夜间要捉蝎一斗;侍卫们翻墙破土,忙碌了整整一夜,到天明才捉得二三升。高纬这时又突发奇想,决定改进玩法。他把蝎子放入一个又大又深的浴盆中,然后,以人代猴,命一奴婢赤身裸体躺进去。霎时间蝎子爬满人身,上下乱螫,那人痛得全身蠕动,号啕之声碎人肝胆。高纬兄弟却在浴盆上面观看,乐得手舞足蹈。高纬边看边带着埋怨的口吻对高绰说:"如此快乐之事,为何不早奏报。"因高绰推荐"玩技"有功,高纬封他为大将军,让他日夜陪自己在宫中寻欢作乐。

高纬视民生如草芥,但对宫廷犬马鸡鹰却十分珍爱。这些禽兽的地位和大臣们一样,有官名、有俸禄,待遇优厚。他的爱马被封为赤彪仪同、逍遥郡君、凌霄郡君。斗鸡的爵号有开府斗鸡、郡君斗鸡等。宫中的马厩内全用华丽的毡毯铺地,每天供应的食物不下 10 余种。每当马匹交配临产之时,就另设青庐,准备丰盛的食物而亲往观视,真可谓"关怀备至"。"兽比人贵",这是高纬统治时期出现的一大怪象,也是中国历史上罕见的奇特现象。

高纬大兴土木,精益求精。在晋阳建起 12 个宫院,座座造型各异,丹青雕刻,巧夺天工,壮丽美观的程度毫不逊于邺城皇宫。宫院建筑陈设式样还随时变换,稍不如意,便令拆毁重建。而宫内的珍宝往往早上还爱不释手,晚上便视如敝履,随意扔弃。高纬曾在晋阳的西山上凿了两座大佛像,夜则以火照明,寒则以汤为泥,强令工匠日夜赶修。一夜之间就要燃尽数万盆油脂,照得周围山谷如同白昼,许多人都累死在工地上。高纬又为胡昭仪建造规模庞大的大慈寺,未等全部完工,胡氏被逐出宫,又加款为

穆皇后改建为大宝林寺,仅此一项建筑就耗资数以亿计。参加这项工程的劳工牲畜死伤不可胜计。高纬又为穆氏造七宝车,珍珠不足,命人四处采买,不惜重金。高纬宠幸冯小怜后,冯小怜住进隆基堂。隆基堂华丽无比,但因先前有一位昭仪曾在此小住,冯小怜不悦,高纬特令拆梁改建,重新装点雕饰,一如冯小怜之要求。虽耗资巨额,而高纬却毫不吝啬,只为得到美人的赞赏。

高纬宫内生活十分奢侈,在他看来,这才是最重要的。皇宫中有 500 个美女,个个都封为郡君,人人都宝衣玉食。她们穿的裙子,一条价值万匹绸缎,使用的梳妆台,一件价值千金。嫔妃宫女一个个珠光宝气,花枝招展,争奇斗艳,往往一件衣服早晨穿上,晚上便弃之不要,第二天,又要换上新的衣服。

赏赐大臣亦是毫无节制,往往一言出口,动辄巨万。高纬即位之初,国家财力本已衰弱,哪里经得住如此挥霍浪费,于是国库更见空竭。为了扭转财政危机,高纬便让他的大臣去分头卖官,如哪几个郡归某个人出卖,哪几个县归某个人出卖。甚至连州、郡的属官和乡官,也都被列入分卖的计划。高纬胡乱封官、卖官,致使北齐官员多如牛毛,政出多门。当时,诸宫奴婢、宦官、商人、胡户、杂户、歌舞人、见鬼人、滥得富贵者将近万人,庶姓封王者超过百人。开府一职的官员达 1000 多人,仅同一职多得难以数计。领军将军增加到 20 人,这些人职责不明,结果,中央下达的诏令、文书,都只在文书上写个“依”字了事,不写姓名,就不知道是谁。许多富商大贾花钱买到官职,上任后就竟为贪纵,将花去的钱连本带利加倍捞回。民众苦不堪言,反抗此起彼伏。

高纬穷奢极欲,花天酒地,尽情地享受。但时间长了,却渐渐对这种养尊处优的生活感到腻烦了。于是,他又绞尽脑汁,异想天开地演出一场令人啼笑皆非的闹剧。

武平六年(公元 575 年)的某月某天,北齐皇家宫苑——华林园内显得异常热闹,热闹之中透着几分蹊跷。这一天,华林园东部入口处赫然竖起一道牌匾,上刻有三个隶体大字“贫儿村”。出出入入都是衣衫褴褛的乞丐。

许多人不明其中缘由,议论纷纷。有人说这是后主高纬体恤百姓疾苦,特意开设的赈民场所;有人说这是侍卫失职,把守园门不严,让乞丐乘隙混入。一位大臣还就此事上奏弹劾宫殿侍卫长官,但奏书如泥牛入海,杳无回音。

原来这并不是赈民场所,也不是侍卫失职,而是后主高纬又一别出心裁的举措——模拟行乞,乞丐也并非来自民间,全由太监、宫女装扮,高纬也在其中,充当“丐帮帮主”。

平素穿惯了绫罗绸段的太监、宫女们,第一次换上破破烂烂的衣衫,又得向平日的同事、好友行乞,心中极为别扭。高纬却为自己的“杰作”倍感得意:“听说晋惠帝司马衷听见蛙鸣都要问一声臣子:‘蛤蟆叫声是代表公家,还是代表私人?’真是愚蠢至极! 也许他未见过真正的青蛙吧? 可怜的家伙! 像孤家这样既能做皇帝,又能当乞儿,试问古今能有几人?!”

想到这里,高纬愈加飘然忘形。他抖起精神,拿出乞丐的神态,溜到一个身材修长、光彩照人的宫女面前,连连施礼,凄声叫道:“行行好! 行行好! 给我一件破棉袄!”

那宫女闻声一愣,见是皇帝,出于本能,双膝跪地:“万岁爷,折杀奴婢了!”

“起来! 起来! 我这是向你乞讨呢!”

任凭高纬怎么启发诱导,那位宫女就是不敢站起身来。她深知这位皇帝喜怒无常,白天他当乞丐,你做施主,说不定晚上他就会翻转脸皮,对你大加羞辱,甚至杀头。

就在二人纠缠不休之际，那位双手沾满鲜血的打手刘桃枝溜了过来，他一把扯起那个宫女，转身掏出一把银子，交给高纬，以一种既非施主，也非奴仆，而像一位朋友的口吻说："英雄落拓，令人感伤！这点银子拿去，聊补一时之需吧！"言毕，深施一礼。

这几句话，不卑不亢，应对有方，这是长期以来第一次有人不称他为"主上""万岁"。高纬听了十分可心，也不管自己身上还穿着乞丐服装，高声说道："刘爱卿反应敏捷，口齿伶俐，朕封你为开府之职。"

"臣谢主隆恩"，一条皇家走狗就这样轻意地攀上了高位。

正当高纬终日沉浸在婉转悠扬的"无愁曲"中的时候，北齐边境上正人扬马嘶，刀光剑影，杀声震天。

说起北齐的国力，原本是中国境内三个鼎立政权（北齐、北周、南朝）中最强大富有的一个国家。其疆域"西包汾、晋，南极江、淮，东尽海隅，北渐沙漠"，占据了中原除关中之外的最富庶地区。军队也骁勇善战，训练有素。北周曾对北齐望而生畏，常常居于守势，以防止北齐西渡黄河，南朝更是轻易不敢冒犯北齐。然而，好景不长，到武成帝高湛时，由于政治腐败，奸臣当道，社会矛盾不断激化，统治阶级内部互相残杀，致使国力大衰。此时，北周由于实行均田制和府兵制，国力逐渐强盛，最终超过了北齐。表现在战场上，则是北齐由攻势转为守势，害怕周军进逼，处处被动挨打。在南方一线，北齐也处于守势，时刻防备陈朝北伐。

武平四年（公元 573 年），陈朝乘北齐国力衰退之机，派镇前将军吴明彻统帅率 10 万大军进攻北齐。北齐军心浮动，士无斗志。陈军所到之处势如破竹。连克瓦梁（今江苏南京六合西）、阳平（今

安徽灵璧县南）、庐江（今安徽庐江县）诸城，并乘势包围了北齐南方重镇寿阳（今安徽寿县）。而北齐救援寿阳的数十万军队在右仆射皮景和的率领下消极惧战，距城 30 里，屯兵不进。陈军一鼓作气攻下寿阳。皮景和不战而逃，抛戈弃甲，返回邺中。

初听到寿阳失陷的消息时，高纬还颇以为忧，可穆提婆、韩长鸾等却不知廉耻地对他说："寿阳本南人土地，由他取去。假使国家把黄河以南的土地全部丢失了，我们还可以作一龟兹国（西域一小国名）。可怜人生如寄，唯当行乐，何必忧愁呢？"丧失了大量国土和军队，可婪臣区区几句话，高纬便马上转忧为喜，继续与冯小怜对坐弹唱起来。临阵脱逃的皮景和本该斩首，高纬却予以表彰，晋升为尚书令。

陈军攻城占地，取得极大胜利后暂告罢兵，而北齐在北方的主要敌国北周，经过几年的励精图治，在国力上已经大大超过北齐。北周武帝宇文邕整军练武，蓄锐养精，伺机进攻消灭北齐。

武平六年（公元 575 年），北周武帝亲率 10 万大军进攻北齐，先后攻占北齐河阴（今河南孟津东）大城和洛口东西二城（今河南巩县东北）。

次年十月，北周武帝再率大军攻齐，目标直指北齐军事要地晋州平阳城（今山西临汾西南）。北齐守将、行台仆射尉相贵据城死守，并不断派人向朝廷告急。而晋州刺史崔景嵩见到敌军压境，胆战心惊，暗中投降，致使平阳陷落，尉相贵和 8000 甲士被俘。

当时，高纬正带着宠妃冯淑妃在晋阳附近天池打猎。时值秋高气爽，景色宜人，他们纵马奔驰，弯弓射兽，好不开心。而晋州前线的告急文书从早上到中午一连来了三次，右丞相高阿那肱却扬手把文书扔到一边，若无其事地说道："皇上正玩到兴头上，边境上的小小交兵

乃是常事,何必大惊小怪、急着上奏呢?"
到了黄昏,驿使送来消息:平阳失陷。高
纬见报,心中有些着急,打算返回晋阳,
驰援前线。冯淑妃这时兴致正浓,不肯
回去,娇嗔地请求高纬陪她再杀一围。
高纬对心上人从来有求必应,自然立即
应允。于是,二人又纵马围猎了多时,直
到捕获了几只野兽,方才心满意足,返回
晋阳,高纬为讨宠妃欢心,竟置国土沦丧
于不顾,可谓昏庸之极。唐朝诗人李商
隐曾作诗对此进行辛辣的讽刺:

　　巧笑知堪敌万机,倾城最在著戎衣。
　　平阳已陷休回顾,更请君王猎一围。

平阳是通向晋阳的门户,历来为兵
家必争之地。北周攻取平阳后,迅速扩
大战果,接连攻陷洪洞(今山西洪洞)、永
安(今山西霍州)等地,前锋直抵鸡栖原
(今山西霍州北),构成了对晋阳的军事
威胁。

为了扭转战局,北齐集中了十几万
军队,分兵三路,南下拒敌。高纬自率10
万大军直奔平阳。这10万大军是北齐
鲜卑军的主力,骁勇善战,战斗力很强。
北周武帝见齐军主力杀来,声势盛大,便
避开锋芒,只留大将梁士彦统领一万精
兵镇守平阳,自率大军向西退守玉壁(今
山西稷山西南),以逸待劳,寻找战机。

十一月初,齐军包围了平阳城,昼夜
不停地轮番进攻。周军拼死固守,齐军
久攻不下。这时,指挥攻城的大将安吐
根想出了一个好主意,就是挖地道攻城。
不几日,地道便直通城下,使城墙塌陷了
长10余步的缺口。这是一个绝好的攻
城机会。正当北齐将士斗志昂扬,欲乘
势攻入城内的时候,突然传来了皇帝"暂
停进攻"的命令。

原来,高纬见平阳城墙塌陷了10余
步宽,心想:"我军从这里攻城,敌军必定
拚命阻挡,那该是多么壮观的场面呀!
一定要让淑妃看看这个场景,她可是个
爱看热闹的人。"想到此,就叫军队暂停

进攻,自己飞马回营邀请淑妃前来观战。

冯淑妃听完高纬的提议,喜不自禁,
立即表示赞同。然后就更换衣裳,梳妆
打扮,画眉描鬓,折腾了好一阵子。

此时,前线的将士个个摩拳擦掌,恨
不得马上杀进城去,可圣命难违,只好眼
巴巴地等着皇帝携妃子前来观战。周军
乘此机会搬运来了大批木料,将塌陷的
豁口堵得严严实实。

高纬携冯淑妃兴冲冲地来到阵前,
传令攻城。可宝贵的战机已经失去了,
塌陷的城墙已经被堵住了,任凭齐军怎
么冲击,也攻不进去,白白死了很多士
兵。将士们眼看到手的胜利就这样失去
了,个个义愤填膺,暗中咒骂高纬和冯淑
妃贻误军机。而这对男女却只是为没能
亲眼目睹攻进城内的壮观场面而深感惋
惜,而对因他们之故而造成的结果却毫
无忏悔之意。

回到营房后,冯淑妃仍然噘着嘴,脸
上没有一丝儿笑容。她饭也不想吃,觉
也不想睡,只是呆坐着生闷气。高纬知
道她的心思,便想新点子逗她开心。高
纬左思右想,终于琢磨出了一个妙主意。

平阳城西有块巨石,传说上面有圣
人遗迹,人们只要到那里看一看,就可以
禳祸免灾。高纬早就听说过,但还从未
去过,如果在两军决战前夕,能去观赏一
下,该多有意思! 这就是高纬冥思苦想
出来的好主意。

冯淑妃听后,果然高兴起来,脸色迅
速由阴转晴,吵着马上要去。

为了满足冯淑妃的要求,高纬竟下
令抽调攻城的木料,在远离城墙处临时
造了一座高桥,以便登高远望。高纬与
冯淑妃登上高桥,谁知仓促间临时建造
的桥很不牢固,人一多就塌了下来,二人
险些摔死,一直折腾到半夜才回来。

由于高纬的胡乱指挥,北齐10万大
军围攻平阳城长达一个多月,竟没能收
复,士气因之逐渐衰落,后勤供应也发生

了困难。

北周武帝看到时机已到，便集结 8 万大军赶赴前线，在平阳城外摆开东西 20 里的阵势，欲与齐军决战。

在此之前，齐军为防止周军突然袭击，在平阳城南挖了一道堑壕，东起乔山（今山西襄汾北），西到汾水。见周军来到，齐军便在堑壕北面摆开阵势，周军则列于堑壕之南，双方相持不下。

按当时两军形势，齐军已围攻平阳城一个多月，兵士疲劳，利于坚守；而周军刚到，士气正盛，利于速战。而昏庸的高纬却不知如何是好，便问臣下："是战好呢，还是不战好呢？"

佞臣高阿那肱平日阿谀奉承，专权乱政，这时却能正确认清形势，说道："我军虽多，堪战者不过 10 万，其中病伤及围城打柴做饭者又占去三分之一。过去神武帝高欢攻打玉壁，敌援军来了即撤退。今天的将士，哪里比得上过去呀！不如不战，退守高梁桥。"高梁桥在平阳城北 10 里，横跨汾水，是南北通道的咽喉，固守此地，足以挡住周军北进。高阿那肱从小随高欢征战，多少有些军事经验，所见颇合兵法要旨。

大将安吐根凭着一时的勇气，厉声说道："一小撮入境贼军，我马上攻取他们，将他们全扔进汾水中去！"他早就对攻不下平阳城憋了一肚子火，此时恨不得把周军一口吃掉。

听完这两种不同的意见，高纬不知所措。这时，几位内参幸臣进言说："彼亦天子，我亦天子。他们尚敢远道而来交战，我们为什么要守着堑壕示弱呢？"

这几位幸臣平时只会溜须拍马，根本没有打过仗，更谈不上指挥作战。可在此关头，他们偏偏出了这么个填堑出战的馊主意。一向懦弱怯战的高纬却偏偏采纳了他们的意见，命令填上堑壕，出击决战。

北周武帝见状大喜，立即命令各军全线出击。一时间，战鼓声、喊杀声震天动地，两军顿时扭作一团，只见旌旗晃动，兵器飞舞，令人目不暇接。

高纬与冯淑妃并骑在后面高地观战，心中无限惬意，因为总算看到威武雄壮的拼杀场面了。忽然，冯淑妃看到东面的齐军稍稍向后退却，吓得浑身发抖，尖声喊道："败了！我军败了！"

奸臣穆提婆也骑马站在旁边观战，听到冯淑妃的惊叫声，就拍马过来，对高纬二人说："皇上快走！皇上快走！"

高纬立时慌了手脚，急忙拉住冯淑妃坐骑的缰绳，拨转马头，准备逃跑。

大将奚长发现不妙，就纵马过来拦住高纬的马头，劝谏说："半进半退，是战争中常出现的事情。现在我军完整，没有损伤，陛下丢下大军要到什么地方去呢？再说您马足一动，势必造成人心惊乱，不可收拾。望陛下三思，速回去安定军心。"

武卫将军张常山也从后面赶了上来，苦苦劝道："军队一会儿就会收回，十分完整。围城的兵士也没有动。您应该回去。如果不相信我的话，请派内参先去看看。"

高纬见二人说得十分诚恳，准备接受他们的劝告。可在这时，穆提婆却拉住高纬的手肘，悄声说："这些话很难相信，陛下还是快走为好。"站在一旁的冯淑妃也在一个劲地催促快走。

于是，高纬便将 10 万大军、江山社稷完全抛至脑后，一挥马鞭，携带冯淑妃向北逃去。

北齐大军见皇帝先行逃去，顿时军心涣散，纷纷向后败逃。周军乘胜追击，杀死一万余人。齐军丢弃的军资器械，堆满了几百里的山谷。

高纬、冯淑妃在逃跑途中，仍忘不了梳妆打扮，追求虚荣。只要小憩，冯淑妃必施粉涂眉，照着镜子自我欣赏，高纬则目不转睛地看着，一直到兴味索然时，才动身前行。路上碰到从晋阳返回的幸臣,带来了将立冯淑妃为左皇后而特制的皇后服装。高纬就让冯淑妃换上风风光光地走,丝毫不以兵败为耻。

武平七年(公元 576 年)十二月,高纬逃到晋阳,宣布大赦,以稳定人心。但他已成了惊弓之鸟,终日忧惧,不知所措。他向朝臣征求意见,大家都说:"宜省赋息役,以慰民心;收遗兵,背城死战,以安社稷。"

群臣的意见不无道理。第一,北齐末年,赋敛日重,徭役日繁,民不聊生,阶级矛盾十分尖锐,"省赋息役",就可以缓和阶级矛盾,动员全国军民抗击北周入侵。第二,齐军平阳之败,是因高纬率先逃跑引起的,是全军溃散,不是周军围歼,因而死伤的是一万余人,其余十几万军队分散逃到各地。如果能将他们收集在一起,仍是一支数量可观的军队,加上晋阳粮储丰富,背城死战,不一定就挡不住周军的进攻。再说北齐尚有河北、河南、山东大片领土,完全有力量与北周继续抗衡下去。

然而此时的高纬却被平阳之败吓昏了头,失去了抗战的信心和勇气,根本听不进群臣的意见。他计划留安德王高延宗、广宁王高孝珩镇守晋阳,自己奔向北朔州(今山西朔县);若晋阳失守,就投奔突厥。这个逃跑计划遭到群臣的反对,可他一点儿也听不进去。

许多大臣对高纬失去了信心,开府仪同三司贺拔伏恩等宿卫近臣 30 余人西奔周军,周武帝都加以封赏。以后,凡有来降者,都封官加赏,以瓦解齐国。这一着很灵验,降周者络绎不绝。

高纬主意已定,便命安德王高延宗、广宁王高孝珩募兵守城。高延宗入宫晋见,高纬便把自己想去北朔州的计划和盘托出。高延宗听了大惊,声泪俱下地劝谏不可。但高纬仍一意孤行,暗地里派人将胡太后、太子高恒等人先行送往

北朔州,自己则和冯淑妃整装待发,时刻准备逃跑。一天夜晚,高纬准备北逃,而诸将不从,未能成行。

几天后,周军攻至晋阳。高纬再次大赦天下,改元隆化,做出了一付想抵抗的样子,暗地里却打定了逃跑的主意。

一天,他把安德王高延宗叫来,任命他为相国、并州(治今山西太原)刺史,总掌山西兵马,并对他说:"并州之地你自取之,我现在就走啦!"

高延宗深知皇帝逃跑将意味着什么,就再次劝谏说:"为了江山社稷着想,陛下千万不要轻易行动。我为陛下出力死战,一定能击破敌军。"说的时候,他态度十分诚恳,信心也很足,可是,站在一旁的穆提婆却说:"皇上主意已定,你不要随便阻挡!"高纬则不置一词。高延宗见劝阻无效,只好含泪退出。

当夜,高纬一行悄悄动身,打开晋阳北门——五龙门,向北疾驰,准备投奔突厥。随从官员知道此去凶多吉少,便纷纷逃散。领军将军梅胜郎见势不妙,就拍马上前苦谏,终于说服高纬,转身东向邺城。跟随高纬行动的,只剩下高阿那肱等 10 余人了。高阿那肱紧跟高纬并不是为了保护他,而是想把他作为见面礼献给北周。所以,高纬实际上是在与魔鬼同行,而他还自认为高阿那肱是多么忠心呢!

不久,广宁王高孝珩、襄城王高彦道从后面赶来。双方合起来有数十人,一道向邺城飞驰而去。

在此紧要关头,穆提婆却掉头向西,投降周军。其母陆令萱听说后自杀,家属被诛灭,落得个身败名裂的下场。穆提婆本是高纬最信任的心腹,关键时刻却离他而去,这本身就是对高纬杀贤宠奸的莫大嘲讽。有人作诗叹道:

城狐社鼠最堪忧,搅碎江山便远投。

假使当年能幸免,人生何苦不快求。

北周武帝为了瓦解北齐,任命穆提

婆为柱国大将军、宜州刺史。同时下诏告谕北齐群臣说："即使是我方将卒逃逸彼朝，如若来降，也既往不咎。"北齐臣僚见到穆提婆这样的人降周后都能得到任用，更何况他人呢？于是，背齐投周者相继于道。

高延宗为人坦诚，坚持抗战，反对逃跑，颇得人心。并州将帅见高纬出逃，就转而拥戴他登基称帝。消息传出，人心振奋，各地散兵纷纷不召而至。高延宗又拿出府藏财物和后宫美女赏赐将士，见了士卒则握手称名，于是大家争着为他去死守死战，连儿童妇女也登上房顶，用砖石抵御敌人。这说明民心可用，只要处置得当，完全可以形成一支强大的力量。而高纬在邺城听说高延宗动用府库财物和后宫美女，竟心疼得咬牙切齿，对左右近臣说道："我宁可让周军得了并州，也不想安德王得之。"

高延宗得众人之力，在晋阳城重创周军，差点儿将北周武帝打死。但齐军胜利后骄傲麻痹，入坊饮酒，醉卧如泥，结果失去了战斗力。北周乘机重整队伍，再次强攻，终将晋阳攻陷，俘获了高延宗。

北周武帝拿下晋阳后，立即挥军向邺城杀来。接当时的形势，如果北齐组织有方，还是可以抵挡一阵子的，不致迅速亡国。因为北齐只失去了山西南部和中部，河北、山东、河南的广大地区以及山西北部尚未失陷，还剩有相当数量的军队。

然而，高纬逃到邺城后，并没有吸取过去失败的教训，仍然不爱江山爱美人，不把江山社稷放在头等重要的地位。北周武帝在擒获安德王高延宗后，以礼相待，并向他询问攻取邺城的方略，高延宗一针见血地指出："若任城王高湝据守邺城，我不能断定。若今主高纬自己守卫，陛下将兵不血刃。"这一判断，可谓知己知彼，入木三分。

为了抵御周军，高纬在邺城下令以重赏招募战士，可是当士兵应募之后，他又舍不得拿出财物赏赐。士兵们感到受了欺骗，个个心怀不满，谁还愿意替他卖命呢？

广宁王高孝珩见形势危急，向高纬献策说："宜使任城王高湝率幽州道（治今天津蓟州区）兵入土门（在今河北井陉），扬言进攻并州；独孤永业率洛州道（治今河南洛阳）兵入潼关，扬言进攻长安；我请率京畿（指邺城）兵出滏口（在今河北磁县西北石鼓山），大张旗鼓地迎击敌军。敌军听说我们南北都有军队行动，自然会逃回去的。"又请求将后宫美女及府库珍宝赏赐将士，以鼓舞士气，扭转败局。高孝珩的意见是可行的，但高纬一听要动用宫中美女和财宝就很不高兴，当然不会采纳他的建议了。

在此危难关头，不少朝臣都忧心忡忡，寻求解救危机的良策。黄门侍郎颜之推和大将军斛律孝卿经常聚在一起促膝长谈，通宵达旦。二人认为当务之急是军心涣散，于是想到了大将斛律金与神武帝高欢用《敕勒歌》激励士气的故事：

当年，北齐神武帝高欢率兵讨伐西魏，进攻玉壁，遇到西魏大将韦孝宽的顽强抵抗。齐军屡攻不克，死伤累累，士气低落。在此关键时刻，大将斛律金将《敕勒歌》呈交高欢，请他引吭高歌，激励人心。高欢即在军前大声吟唱：

敕勒川，阴山下。天似穹庐，笼盖四野。天苍苍，野茫茫，风吹草低见牛羊。

歌声雄浑嘹亮，有如擂响的战鼓，催人奋进。齐军听后士气大振，果然恢复了往日善战的元气。

颜之推劝斛律孝卿也作歌一首送交高纬，让他学祖父高欢，引吭高歌，以激励军队士气，挽回败局。

斛律孝卿立即写好一首歌词，前去晋见高纬。高纬开始以为他又是来索物劳军的，很不耐烦。解律孝卿解释道："陛下，臣之所谓慰劳，并非以物犒赏，实在是想请陛下以言辞振奋军心。我军将士性喜粗犷豪放之曲，为此，臣仿效《敕勒歌》作新歌一首，陛下倘能熟吟高唱，加之以慷慨流涕，定会使军心大振，那周军就不用惧怕了。

高纬接过歌词一看，只见上面写道：

坚城下，敌攻急！危急板荡，赖尔扶持！云低低，雾迷迷，驱虏破敌共休戚！

高纬向来对自己的演唱才能颇为自负，加之又不需要动用府库财宝，便很痛快地答应下来。可一回到后宫，又陶醉于与冯淑妃的卿卿我我之中，什么军政大事，强敌压境全都不放在心上。等到大臣将军队集合好，请他去演讲时，他竟将解律孝卿的嘱托及那首新歌忘得一干二净。

阅军场上旌旗招展，数万全副武装的将士排成军阵，翘首以待皇帝检阅，只等一声令下，便要奔赴战场。可高纬站在台上，却不知道说什么好，什么豪迈粗犷，什么慷慨流涕，在他脑海里早已荡然无存。他傻傻地呆站在那里，望着台下戎装待发的将士，竟不由得痴笑起来。左右人看着他那副窘态，也禁不住跟着哈哈大笑。

这一笑，把那些本来对皇帝还抱有一线希望、怀有几分忠诚的将士从幻境中笑醒了。他们根本没有想到，自己抛妻别子、舍生忘死、浴血奋战所要保护的，竟是这样一个不懂情理的昏君！他们感到受了莫大愚弄，个个怨气冲天，愤怒地说道："皇帝尚且如此，我们又何必着急呢？"于是，士气涣散到了极点，再也没有办法凝聚起来保卫都城了。

高纬不想办法提高士气，加强军队的战斗力，却一个劲地滥封官爵，自大丞相以下，太宰、三师（太师、太傅、太保）、大司马、大将军、三公（太尉、司徒、司空）等高级官员，都增置名额，有的设三人，有的设四人，不可胜数。至于中下级官员，则设置的更多了。在国难当头、强敌兵临城下之际，高纬不深入基层、激励军民来抗击敌军，反而把希望寄托在官吏身上，只能是竹篮打水一场空，根本无济于事。

为了扭转败局，高纬又邀请各位贵臣入宫，美酒佳肴招待，询问抵御周军的方略，而人人各抒己见，争执不下，高纬竟不知听谁的是好。那些刚被加官晋爵的朝廷官员见势不妙，纷纷溜出城外投降北周，昼夜不断。高纬想通过晋升官爵的方式来抵御周军的希望完全落空了。

这时，朔州行台仆射高劢满怀一片忠心，率兵侍卫太后、太子辗转回到了邺城。他对达官贵人在和平时浊乱朝政、在危急时弃官叛逃的行径早已深恶痛绝，于是，一针见血地指出："如今叛逃的人，多是贵族官僚；至于普通士兵，还没有完全离心，还是可以利用的。"同时建议："将五品以上官员的家属软禁在三台之内，以此胁迫那些官员拼死奋战，如果不能取胜，就焚烧三台。那些人顾惜妻子，一定会死战到底的。况且我军屡败，敌军必然轻视我们，如今背城决战，一定会击破敌军的。"

在当时的险恶形势下，面对大批朝官相率投敌的严酷事实，高劢的建议尽管非常残忍，但仍不失为一可行之策。因为北齐的人心动荡首先来自官吏的大批叛逃，如果稳住了他们，就可以稳定人心；人心稳定了，就可以固守邺城；邺城保住了，北齐就不至于迅速败亡。可惜的是，昏庸的高纬连这一建议也不能采用，从而失去了最后可能据守邺城的机会。

尤为可笑的是，高纬竟把挽救颓势的希望寄托在易主改元之上，将皇位禅让给年仅 8 岁的太子高恒，史称幼主。他自称太上皇，仍掌国政。

承光元年（公元 577 年）正月，高纬派大将尉世辩率领千余骑西行打听周军的动向。走出滏口（今河北磁县西石鼓山口），尉世辩登上山顶向西眺望，远远看见群鸟飞起，误认为是北周的旗帜在飘动，吓得仓皇逃回，一路上连头也不敢回。高纬听信了他的汇报，以为北周大军杀来，惶乱得不知如何是好。

此时，大臣颜之推、薛道衡、陈德信等人见邺城内人心浮动，担心守不住，便劝高纬到河南募兵，再图复兴；如果不行，就南投陈朝避难。高纬已无斗志，只想逃命，便采纳了他们的建议，连忙安排太皇太后、太上皇后、冯淑妃、幼主高恒等人分头南逃。他则在周军围攻邺城前夕逃跑，只留下大将慕容三藏守卫邺宫。

高纬逃走后没几天，周军即攻克邺城，慕容三藏被俘，其余王、公以下百官全部投降。

高纬父子听到邺城陷落，吓得魂不附体。高恒也不敢当皇帝了，匆匆宣布禅位于大丞相高湝，自称守国天王，高纬称无上皇。高纬派斛律孝卿把禅文和玺绂送交远在瀛州（今河北河间）的高湝。斛律孝卿早已对昏聩的高氏政权失去信心，他不但没有把这些珍贵的东西送给高湝，反而作为见面礼，送给周武帝邀功请赏去了。

北周占据邺城后，立即向东追捕高纬父子。高纬命高阿那肱据守济州关，窥探周军动静，自己与穆太后、冯小怜及幼主数十骑继续向南逃到了青州（今山东益都）。高纬正欲入陈投降，一直被高纬父子当作心腹的高阿那肱却正在策划如何把高纬父子当作政治投机的资本。他秘密派人和北周联系，约定内应外合，生擒高纬父子。当高纬到达青州时，高阿那肱屡次向高纬谎报军情，说："周军距离尚远，已派人烧桥截路，他们来不了那么快。"高纬父子信以为真，放心在青州逗留。

几天后，北周军队驰达济州关，高阿那肱即公开投降，并引导周军追捕高纬。高纬闻讯，急忙南逃，但为时已晚，没走出多远，被追兵擒获。

不久，北齐据守河北沧州、信都一带的任城王高湝、广宁王高孝珩的部队 4 万余人为周军宇文宪、杨坚击败，二人被俘；据守北朔州的范阳王高绍义为周将宇文神举击败，北奔突厥。此前，北齐洛州刺史独孤永业听说晋州陷落，曾请求出兵攻打北周，但无人理会，后愤而率 3 万甲士降周。至此，北齐灭亡。

高纬每到关键时刻，总有他最信任的幸臣背叛他，最后还是他的幸臣勾结敌军出卖了他，真是可怜、可悲又可叹呀！

承光元年（公元 577 年）二月，高纬等人被押解回到邺城，北周武帝宇文邕以礼相待，安排他与太后及高恒等人暂住皇宫。后来，北齐各地军队渐渐平息，北周武帝便带高纬等人及大批珍宝财物返回长安。四月，北周武帝在太庙前举行了隆重的荐献仪式，他把高纬父子连同掠来的物质一并荐献给了列祖列宗。周主命高纬排在前列，齐王公大臣等随其后，三军齐呼，鼓乐齐鸣。然后还朝御殿，封高纬为温国公，其余北齐诸王 30 余人也各有封爵。

高纬庆幸保全了性命，对北周武帝感激不尽。只是因失去冯小怜心中十分遗憾，便上前乞请周武帝归还冯小怜。国亡尚不足惜，一个爱妃竟如此让他牵肠挂肚，真是昏馈透顶。有诗讥讽他说：

无愁天子本风流，家国危亡两不忧。

只有情人难割舍，哀鸣阙下愿低头。

## 荒唐天子刘彧

南朝宋明帝刘彧，字休景，小字荣期，是文帝的第十一子、武帝刘骏的异母兄弟。刘彧封湘东王，是前废帝刘子业的叔父。刘子业将他召回建康囚禁，封为猪王，受尽折磨和污辱。他与心腹阮佃夫、李道儿等密谋，结交刘子业的左右寿寂之等，趁刘子业的侍从直阁将军宗越、谭金、童太一捉鬼之夜外宿，一举将刘子业杀死，刘彧即皇帝位。

刘彧宣布即位以后，建安王刘休仁当即称臣，奉行升西堂，登御坐。但刘彧即位仓促，以至鞋子跑掉了，赤着脚，还戴着一顶乌纱帽，刘休仁呼刘彧换上白纱，于是刘彧正式即位。司徒豫章王刘子尚、山阴公主刘楚玉一同赐死，刘子业的心腹宗越、谭金、童太一被斩首。

刘彧授东海王刘祎为中书监、太尉。以晋安王刘子勋为车骑将军、开府仪同三司。以建安王刘休仁为司徒、尚书令。追尊先母沈婕妤为宣皇太后，改太皇太后为崇宪皇太后，立皇后王氏。

与刘彧即位的同时，长史邓琬等人奉年仅10岁的晋安王刘子勋在浔阳即帝位，派兵进攻建康。刘子勋是武帝刘骏的第三个儿子，名分较正，一时间四方响应，纷纷倒向浔阳，拥护刘子勋。全国274个郡中，只有丹阳郡拥护朝廷。

吏部尚书蔡兴宗面对危局，急忙地进奏刘彧，要他迅速地废除前废帝的暴政，与民休息，至信待人，并厚抚一应反叛者在建康的家属。刘彧接纳了蔡兴宗的建议，立即实施，并启用德才并重的司徒刘休仁、辅国将军沈攸之、御史吴喜公为领导将领，迎击叛军。九个月后，叛军被击溃，杀刘子勋于浔阳。安陆王刘绥、临海王刘子顼、邵陵王刘子元被赐死。为了消除后患，永嘉王刘子仁、始字王刘子真、淮南王刘子孟、南平王刘子产、庐陵王刘子舆、松滋侯刘子房等也一并赐死。至此，与前废帝刘子业同支的孝武帝刘骏的28个儿子全部被斩尽杀绝。

刘彧兵威强盛。徐州刺史薛安都、益都刺史肖惠开、梁州刺史柳元怙、兖州刺史毕众敬、豫章太守殷孚、汝南太守常珍奇均遣使乞降。各方平定，刘彧踌躇满志，不听臣僚的劝告，遣五万强兵直指淮北。结果，薛安都、常珍奇、青州刺史沈文秀、冀州刺史崔道固先后投降北魏，大片江山丧失，徐、青、冀等尽为北魏所有。

刘彧面对半壁江山，日渐消沉。疆土越来越小，威权一天天下降，国势江河日下，朝风尽坏，宋宫中又一次阴云四布、血雨腥风。被刘彧分封为王的诸兄弟残杀殆尽，甚至连一直拥护刘彧即帝位，领兵南征北战的建安王刘休仁也被鸩杀。只有桂阳王刘休范因庸愚无能，却免于杀身之祸，平步青云：刘休范由征南大将军、江州刺史而开府仪同三司而进位司空，其次子刘德嗣也得以封为庐陵王。刘宋宗室至此势力削弱，无法与统兵的将帅抗衡，实际上此时宋朝已名存实亡。

刘彧不仅残杀兄弟，还大杀功臣，连功勋卓著的吴喜公也见疑被杀，朝中正臣尽失。刘彧在前朝以诛杀为乐，到后宫就荒淫奢侈。他常常在宫中大开宴席，豪吃畅饮，并让宫女赤身裸体，在席前走动或歌舞，以此助兴，让所宴侍从、亲信观看。战事、挥霍之下，国库空虚，百官的俸禄也告断绝。可刘彧依旧穷奢极欲，将刚刚搜括的巨款用于兴建故第，改成湘宫寺。又吩咐随从将一袋袋的钱埋在殿内，称为私藏。朝臣、黎民百姓真是苦不堪言。

刘彧没有子嗣。他吩咐诸王的姬妾，凡是有孕的都召入皇宫，生下女孩的可以留下，生下男孩的杀死其母。刘彧本来好读书、爱文义、风姿秀雅，即位时任用了一大批文臣才士。可是后来，由于没有什么制衡的约束，渐渐变得很放纵，日益为所欲为。到了末年，他又沉于信奉鬼神，忌讳甚多。

刘彧忌讳行文、言语中有关祸、败、凶、丧一类的词句，犯讳者立斩。因为骡字像祸，他下令改骡为骐，他把南苑借给张永，说：且借给你三百年，用后再借。又因宣阳门又谓白门，认为白门不吉祥，禁用。尚书右丞江谧不谨慎，常常误犯忌讳，刘彧怫然变色道：杀你全家！就是满门抄斩。路太后死，停尸漆床，移出东宫，刘彧临幸乐宫见到了，勃然大怒，免中庶子官，杀中庶子等数十人。

刘彧的心腹借刘彧荒于政事，乘机弄权。阮佃夫、杨运长、王道隆皆擅威权，言为诏数，郡守令长一缺十除，内外混然，官以贿命，王、阮家富于公室，中书舍人胡母颢也专权官私，收受贿赂，安插亲信，门徒遍及朝野。因此时人传唱道：禾绢闭眼诺，胡母大张橐。禾绢就是指刘彧。

秦豫元年（公元 472 年）四月，刘彧死于景福殿，时年 33 岁，谥明帝，葬高宁陵（今山东临沂县莫府山）

## 郁林王萧昭业

南朝齐郁林王萧昭业，字元尚，小名法身，齐武帝萧赜的嫡长孙，父亲是文惠太子萧长懋，母亲是王宝明。萧昭业小时就养于竟陵王萧子良之妃袁氏处。5 岁时，齐高帝萧道成还是相王，坐镇东府。一次，萧昭业到萧道成床前嬉戏，萧道成正命左右侍从替他拔去白发，见到 5 岁的太孙，便问道：小儿，你说我是谁？萧昭业答说：太翁。萧道成大笑。对左右说：哪有人做了曾祖还拔白发！于是尽掷面镜和镊子。

10 岁时，武帝萧赜即位，萧昭业被封为南郡王，食邑二千户。14 岁时冠于东宫崇政殿，赐扶二人。两年后有司奏给班剑 20 人，鼓吹一部，高选高朋学友。20 岁时，父亲文惠太子死，立为皇太孙，居于东宫。三个月后，武帝萧赜即位，12 年后已 54 岁，病逝，中书郎王融欲矫诏立竟陵王萧子良。武陵王萧烨反对，对朝臣说：如果立长，则应是我；如果立嫡，则应是太孙。当时武帝的各位弟弟尚在，的的确是萧烨为长，他这样说了，辅

政的群臣没什么可说的，萧昭业遂即皇帝位。

萧昭业即位以后，委护军将军武陵王萧烨为卫将军，征南大将军陈显达开府仪同三司，尚书左仆射西昌侯萧鸾为尚书令，太孙詹事沈文季为护军将军，司徒竟陵王萧子良为太傅。诏书颁行天下。

萧昭业真的如诏书上所写育德振民，光昭睿范？这不过是辅臣儒士的衷心希翼而已。事实上是恰恰相反，萧昭业败德丧民，恶行昭昭，遗臭千万世，足以为后世臣民选立君主之戒。

萧昭业风度翩翩，仪表堂堂。从小就好诗书，喜书法，擅长隶书。他的书迹流传宫外，士人竞相收藏，竟至武帝萧赜下道敕书，不许他的书迹妄出宫外，以示贵重。萧昭业除了雅好书法以外，还善于谈吐，接人待物，礼数周到，彬彬有礼，史称其进对音吐，甚有令誉。武帝极喜爱他，以至于王侯五日问讯时，武帝独独招呼萧昭业至幄座，特别抚问，呼为法身，很是钟爱。

其父文惠太子萧长懋死前，知其有些刁顽，常将他锁起来，限制他的起居。他每每另配钥匙，夜晚开后门，带着随从外出胡闹，宫中无一知晓。萧长懋死后，萧昭业动辄在大庭广众痛哭不已，号啕悲泣，不能自胜，转身一回到后宫，他又完全变了一个人，像没事一样，嬉笑自如，快乐无比。武帝萧赜死时，也是如此，当堂哭天抹泪，一转身回后宫寻欢作乐，列胡妓二部夹阁迎奏。

萧昭业做南郡王时，其父文惠太子萧长懋禁其起居，节其用度。昭业愤然地对豫章王妃庾氏说：阿婆，佛法说，有福德的人生帝王之家。今日见做天王便是大罪。左右主帅，动不动被拘执，还不如做市边屠酤富儿。做了皇太孙，昭业请杨氏女巫诅咒武帝，让他早死。武帝萧赜病危，他给何妃一书，书纸中间一个

大喜字,周围绕 36 个小喜字。到武帝病榻前,萧昭业忧容满面,泪水横流,泣不成声,武帝深为感动,觉得如此仪容、如此仁厚、如此贤达的太孙一定能担当重任,肩负王业,临终便执着昭业的手说:听我的,做个好天子! 可是,萧赜刚刚入棺,昭业便列胡妓奏乐。丧车刚出端门,他便奔回后宫,寻美女、近侍玩乐,金鼓声震动京师。

即位后恣意挥霍,随意赏赐,动辄数十上百万。萧昭业每每见到钱,便笑着说:我以前想你却一文不得,今天得好好地用你! 一年之间,武帝萧赜库藏的数亿钱币为之一空。他还擅开主衣库,让皇后、宠姬观赏,还给皇后、宠姬阉人竖子各数人,随其所欲,恣意攫取,取出诸宝器以相剖击破碎,以为笑乐。

萧昭业喜好袒裸,或爱穿红縠褌杂采相袒服。他爱斗鸡、走马,买一只鸡常至数千价。武帝的御物甘草杖,宫人寸断用之,昭业一夜全毁,又毁武帝招婉殿,将之改为跑马道,乞阉人徐龙驹特为斋戒。徐龙驹尤得亲幸,为后阁舍人,日夜在六宫房内。

萧昭业又淫乱后宫,将其父、祖的宠姬逼淫或淫通。史载说,萧昭业与文帝幸姬霍氏淫通,龙驹劝长留宫内,声称度霍氏为尼,以余人代之。为霍氏改姓徐氏,昭业公开与之淫乱。

萧昭业这样干,皇后何氏也不甘寂寞。于是史书有这样的记载:何皇后也淫乱,后宫通夜洞开,内外混杂,没有分别。中书舍人綦母珍之、朱隆之,直阁阊将军曹道刚、周奉叔并为羽翼。萧昭业还宠幸邪谄媚妄之辈,他还大言不惭地说,古时也有监作三公。

西昌侯萧鸾数谏不听。萧昭业反而还怀疑萧鸾有异志,对朝廷有反叛之心。卫尉萧谌、征南将军谘议萧坦之见昭业骄淫狂纵日甚一日,恐怕祸及己身,劝萧鸾废掉昭业。萧鸾惶悚自危,遂于隆昌六年(公元 494 年)七月,引兵进入皇宫。萧昭业当时正在寿昌殿,听说乱兵入宫,奔向爱姬徐氏的房间,拔剑自杀不遂,又用帛将头缠住。出西弄,遇弑,年方二十二。

萧昭业死后,舆尸出徐龙驹邸宅,按照王礼殡葬。霍氏和广昌君宋也一并赐死,余党也一一见诛。

## 屠夫萧宝卷

南朝齐明帝萧鸾,废荒淫无道的郁林王自立,在位仅五年,永泰元年七月即公元 498 年死于皇宫正福殿,终年 47岁,皇太子萧宝卷灵前即皇帝位。皇帝去世,举国哀痛,朝廷大臣痛哭流涕,不胜悲哀。萧宝卷东瞧西看,根本不把父皇的去世当一回事儿。大丧时萧宝卷应当悲哭,萧宝卷也毫无悲色,只是指指喉咙,说喉咙痛,这场大哭又是躲过。

灵堂一片肃穆。后妃群臣哭成一片,哀声传出宫外。萧宝卷像看戏一样看着这些身穿素衣孝服的人群,觉得十分有趣。太中大夫羊阐哭丧,想起明帝的知遇之恩,不胜悲痛,便俯下身,伏在地上,号啕大哭。哭到伤心处,羊阐哭天抢地,竟把戴在头上的帻弄得掉在了地上,露出了一个秃头。

东张西望的萧宝卷发觉羊阐很有趣,正津津有味地看着他,猛地看到头帻滚落地上,一个光秃秃的脑袋在那里摇晃,萧宝卷不禁放声大笑。大殿顿时鸦雀无声。哭泣声戛然而止,萧宝卷放肆而响亮的笑声,阵阵地在肃穆的灵堂回荡。众人目瞪口呆,大眼瞪着小眼。萧宝卷笑够以后,对近侍宦官王宝孙说:秃鹫也到这儿来啼哭!

大臣们心情沉痛,觉得这样一位太子继承皇位,宫中还能安宁? 朝政还会清明? 百姓还能安居乐业? 可是,他是皇上的太子,是早已册立的皇太子,谁都无能为力,只好听天由命。连尸骨未寒的先皇明帝萧鸾也只有听任摆布。萧宝卷很厌恶父亲，对父皇的灵柩停放太极殿影响他的玩乐十分不满，认为这不大吉利，会给王朝带来晦气，下旨尽快将明帝埋掉！大臣们苦苦相劝，朝廷重臣徐孝嗣据理力争，认为这样有违古礼，是不孝行为，千万不可。这样，明帝的灵柩才勉强放了一个月，便匆匆葬入兴安陵。

萧宝卷是明帝萧鸾的第二个儿子，生于永明元年，即公元 483 年。原名叫萧明贤，字智藏。萧宝卷的哥哥萧宝义自幼残疾，行动不便，江山大事指望不上，明帝便将厚望寄托于次子。萧昭业继武帝萧赜后即皇位，西昌侯萧鸾辅政。萧鸾手握军政大权，将寄予厚望的宠儿萧明贤改名为萧宝卷。萧鸾废皇帝自立，册 11 岁的萧宝卷为皇太子。

太子萧宝卷说话结巴，语言迟钝，平常沉默寡言。萧宝卷在东宫时，言语虽然不多，却嬉戏游乐，无所节制。萧宝卷有一个爱好，就是好捉老鼠，半夜三更时常喊捉耗子，近侍便睡眼惺忪地翻箱掘洞，去抓老鼠，有的昏昏沉沉被老鼠咬破了手才惊醒。乐此不疲的萧宝卷捉起老鼠日以继夜，通宵达旦，他厌倦读书，一见书本就觉得头疼。

明帝萧鸾知道太子嬉游好动，没太引起注意。明帝也耳闻太子好抓老鼠，觉得这是孩子脾气，闹腾一阵也就会过去，根本没当一回事儿。明帝咽气前，感到自己不久于人世，便将太子萧宝卷召到床前，谆谆告诫他，要好学、勤政，应以隆昌为鉴戒！隆昌是郁林王萧昭业的年号，萧昭业昏庸无道，不到两年失了江山，明帝希望太子不要学他。

萧宝卷觉得好笑，不紧不慢的回答真要把明帝气死。萧宝卷说：做事哪能落在人后！明帝让他不要学萧昭业昏狂淫乱，他却声称不能落在人后！明帝萧鸾在无限惋惜和伤痛中离开人世，南朝齐的江山就这样顺理成章地交到太子萧宝卷手中，萧宝卷君临天下，一切就听任萧宝卷的摆布。

萧宝卷正式即皇帝位是在明帝去世后的半年，即次年正月，公元 499 年。萧宝卷 16 岁即皇帝位，改年号为永元，以明帝遗诏顾命大臣辅政。顾命大臣扬州刺史始安王萧遥光、尚书令徐孝嗣、右仆射江祏、右将军萧坦之、侍中江祀、卫尉刘暄轮流在内省值日，分日贴敕，时称六贵。

军政大权掌握在六贵手中，生性放荡不羁的萧宝卷感到有约束，不能痛快行事，玩乐起来更不能尽兴。六贵中尤其是江祏、江祀兄弟令萧宝卷不快，萧宝卷决定从他俩下手。萧宝卷年纪虽小，但鬼心眼极多，冷眼静观时局，伺机而动，而六贵不知道祸事即将临头。

江祏、江祀是皇亲国戚，他俩的姑姑是明帝萧鸾的母亲。萧鸾在世时，很看重江氏兄弟，倚为心腹，共理朝政。萧鸾临终前最信任江氏兄弟，对他们寄予厚望。江氏兄弟看着太子萧宝卷长大，对萧宝卷一直十分严厉，萧宝卷有些怕江氏兄弟。

萧宝卷做了皇帝，花样极多，纵情游玩。顾命大臣尚书令徐孝嗣不敢言语，只是埋头政务；右将军萧坦之实在看不过去时才进谏几句；而江祏却不同，每次一觉得不合适，马上反驳，阻止萧宝卷去做荒唐事，萧宝卷自然十分扫兴，心中愤恨，发誓要收拾江祏。

萧宝卷有几个得意心腹，其中最受宠爱的是茹法珍、梅虫儿。萧宝卷宠爱心腹，多委以重任，大加赏赐，可每次都遇到了江祏的反对，江祏对茹法珍、梅虫儿也多加裁抑，不让他们掌权任职，获取赏赐。茹法珍、梅虫儿一干心术小人自然对江祏恨之入骨，恨不能生吃了江祏。

尚书令徐孝嗣看出了局势险恶，知道江祏这么顶下去肯定会出事，便婉转提醒江祏：主上有些特别，何必和他过不去？江祏心胸坦荡，根本没有当回事，毫不在乎地说:我就得把住关,没有什么了不起的!江祏显然没有意识到危险临近。江祏没有引起警觉,自然在言语、行为上照旧我行我素。

萧宝卷虽然有些畏服江氏兄弟,但权力日重也日益任性放纵,不受约束,为所欲为。萧宝卷宠用小人,伶幸充斥后宫,戏游无度。多次劝谏的江祏终于忍无可忍,决意要废了萧宝卷,另立贤主。江祏属意于明帝萧鸾的第三个儿子萧宝玄。萧宝玄是萧宝卷的同母弟,时封江夏王,立亲弟弟萧宝玄而废哥哥萧宝卷必定在朝廷引起轩然大波,萧齐后宫也无法平静。

江祏提出了自己的建议。此议一出,立即遭到了萧宝卷、萧宝玄、萧宝寅的亲舅舅刘暄的反对。刘暄倒不是拥护萧宝卷,而是和萧宝玄一直不痛快。萧宝玄受命郢州刺史,年纪还小,刘暄任郢州行事,辅佐萧宝玄。刘暄对萧宝玄要求严格。刘暄有点儿不喜欢萧宝玄,因而在严格管教宝玄时,显得有些苛刻,萧宝玄自然对这个舅舅怨恨多于喜爱。

有一次,有人献良马。萧宝玄年轻好动,想去看看,看这骏马究竟有多强健。刘暄当即沉下脸来,喝斥萧宝玄:看什么?马有什么好看的!萧宝玄的妻子江夏王妃很娇美,娇生惯养,有一次突然想吃煮肫,就是吃煮熟的鸡胃,侍从转告刘暄,刘暄不屑地顶了回去:鹅已经煮好了,不必再煮这个。王妃怏怏不快。萧宝玄回府后,王妃哭诉,萧宝玄心情能痛快?萧宝玄气恨地说:舅舅也太无情了!

萧宝玄恨刘暄,刘暄大萧宝玄那么多,能不清楚?刘暄自然时时提防萧宝玄,不能让萧宝玄得势。在这种情形下,刘暄自然坚决反对废了萧宝卷,另立萧宝玄。刘暄的理由很充足,不同意立萧宝玄,但宝卷也确实不适宜做皇帝,该立谁呢?刘暄建议立建安王萧宝寅。萧宝寅是明帝的第六个儿子,是萧宝卷的亲弟,萧宝寅即大位,身为母舅又和皇帝没有过节的刘暄可以控制朝政。

永元元年七月,公元 499 年,淮水突然变红,犹如一江鲜血。善于观象的人推测,朝廷将有一场血灾。萧宝卷的废立在朝廷相持不下:右仆射江祏、侍中江祀想废萧宝卷立江夏王萧宝玄;卫尉刘暄想废萧宝卷立建安王萧宝寅;扬州刺吏始安王萧遥光想废了萧宝卷自立为帝。顾命六贵,有四个公然表示想废了萧宝卷,而在立新帝上各执己见,分歧很大,朝廷自然动荡不安。一场流血冲突就在所难免。

江祏在这场变故中最卖力,结局也最惨。江祏先同萧遥光商量,没想到萧遥光提出废了萧宝卷立自己,因为他自己在诸王中年纪最大。江祏没有思想准备,一时不知道该如何回答,只好先行告辞。江祏找弟弟江祀商量,江祀倒觉得不如拥立萧遥光。石祏找萧坦之商议,萧坦之正居母丧,听了江祏的想法,担心地说道:明帝称帝已经有违常制,天下至今都还不服;如果再这样办事,恐怕国家要乱了!萧坦之估计大祸将至,赶忙以居母丧为由辞官回家。

江祏兄弟手握大权,想立萧遥光为帝,而不是立萧宝寅,刘暄自然不痛快。刘暄元舅之尊统理朝政的梦想破灭,便坚决反对江氏兄弟立萧遥光。江祏犹豫不决。萧遥光得讯后大怒,派心腹黄昊庆隐藏在青溪桥刺杀刘暄,因刘暄卫士太多,才不敢动手。刘暄得知萧遥光要杀他,觉得事情不妙,干脆跑进宫中,告发江氏兄弟想立萧遥光。密谋事发。

萧宝卷得到告发后,立即宣旨:收捕江祏兄弟!大殿立即紧张起来,侍从们急促的脚步声引起了正在内殿值班的江祀的警觉,江祀毕竟精于此道,感到事情不妙,马上派亲信飞报江祏:刘暄有异谋,如何应付?江祏老谋深算,从容地说:正要以静制动。过了一会儿,特使宣旨,皇上召见江祏。江祏依旧从容不迫,持旨随特使前往内宫,在中书省候命。

派谁收拾江祏兄弟?萧宝卷成竹在胸,早已物色好了一个人:袁文旷。袁文旷当年杀了王敬则,立了头功,应当受封;崔恭祖同袁文旷争功,说是自己先刺倒了王敬则。两人的请功表上报,由掌权的江祏决断。江祏和崔恭祖有交情,认为不能封赏袁文旷。袁文旷有功不受封,自然对江祏恨之入骨。袁文旷一直寻找报仇的机会,这一次终于盼到了。见到江祏,袁文旷杀气腾腾,他阴冷地说:你还能再夺我的封吗?举刀以刀环击江祏的心脏,江祏惨死。接着,江祀也被杀。

江祏兄弟被杀,萧宝卷吩咐召萧遥光入宫。萧宝卷将江祏兄弟被杀的原因、经过告诉萧遥光,然后冷冷地盯着他。萧遥光当然知道这江氏兄弟废立密谋的内幕,此时自然心惊胆战,魂飞天外。萧遥光被萧宝卷看得头皮发麻。萧宝卷看着惊恐惶悚的萧遥光,十分快意,决定先不杀他。萧遥光回到中书省,突然哭天抢地,放声大哭。接着,萧遥光疯疯颠颠,离开了中书省。萧遥光从此装疯,不再入台城。

刘暄告发了江氏兄弟谋反,但刘暄也参与了这场密谋。江氏兄弟惨死的消息不胫而走,刘暄得讯后十分惊恐,想不到年纪轻轻的宝卷竟如此狠辣。刘暄惶惶不可终日,总怕自己参与密谋的事被人告发。刘暄食不知味,夜不能寐。刘暄夜夜做恶梦,一会儿就从恶梦中醒来,梦中被人追杀,梦醒以后披头散发、衣衫不整地跑到门外,惊问侍从:抓我的人来了吗?好一阵后才惊魂稍定,悲从中来,满脸是泪地自语:我这是何苦啊!

萧宝卷收拾了江氏兄弟,朝野震惊,人人自危,谁还敢再上书萧宝卷,进谏政务,多管闲事?萧宝卷自此就越发无所顾忌,随心所欲。萧宝卷宠着近侍左右,对少年近侍随兴赏赐,近侍们善解人意,体贴入微,陪着萧宝卷玩乐,每次都让萧宝卷十分开心。萧宝卷和近侍最爱玩的一种游戏是在后堂击鼓戏马,鼓声传出宫外,一直闹到五更,高兴的时候连着十天二十天夜夜如此,五更以后才入睡,到次日午后四时左右才起床。遇大臣朝见的日子,天刚亮便整衣入朝的大臣眼巴巴地等了一天,到傍晚时才能见到皇上一面。萧宝卷懒洋洋地看了一眼天色,说天已暗了,次日上朝。说完转身就入内宫。大臣们呆愣愣地干瞪眼,只好回家。

等待皇帝御批的奏章堆积如山。台阁送批的事件常常一个月后才有回音,有的甚至还不知去向。宫中鱼肉极多,萧宝卷时常赐赏给近侍。近侍用台阁急件包鱼肉回家,然后扔掉。沾着血水的急件被当作垃圾废纸流落宫外,被人捡到送呈大臣,宰辅们目瞪口呆。朝政江河日下,朝廷陷入混乱。

萧宝卷依旧纵情游乐。有一次,萧宝卷纵马奔飞皇宫,心情十分痛快,便得意非凡地对侍从们说:江祏这混帐东西常禁止我骑马,如果这混账还在,我能这么快活吗?左右放声大哭,随声附和,赞颂主上果断英明。意犹未尽的萧宝卷随即又问左右:江祏家族中还剩下什么人?近侍回答:还有一个江祥,圣旨免他死,发配东冶。萧宝卷吩咐立即宣赦,赐江祥死。

萧宝卷胡作非为,装疯卖傻的萧遥光自知处境危险,加紧兴兵举事,杀了萧宝卷,自立为帝。萧遥光联络弟弟荆州刺史萧遥欣,共同起事。萧遥光兄弟议定:萧遥欣起事荆州,从江陵急流而下,攻下建康;萧遥光在建康做内应。兄弟俩计议已定,便各自积极准备。

准备工作十分顺利。即将起事前夕,事情突变:主事萧遥欣身染怪病,不几天便病死。计划无法实行。荆州兵将护送萧遥欣的灵柩回到京师，萧遥光见到了灵柩，计上心来；弟弟豫州刺史萧遥昌去世，其兵士都归了萧遥光；这次弟弟萧遥欣去世，如此众多的兵将护送灵柩而来，何不合二州兵力一举起事？

萧遥光积极准备，细心筹划。这个时候，皇宫宦官到了，传宣圣旨，召萧遥光入宫。萧遥光惊魂未定，以为密谋泄露，吓得浑身发抖，哪敢进宫？其实，萧宝卷根本就不知起事密谋。萧宝卷杀了江祏兄弟，把萧遥光吓得疯颠，萧宝卷不大放心，怕萧遥光待在家里，有什么密谋。萧宝卷假意任萧遥光为司徒，召他入宫，看看他究竟有什么异样？没想到这下吓住了萧遥光，刺激了他，使他立即起兵。

萧遥光拖延着不接圣旨，假称有病。到下午四时许，萧遥光在东府东门集中二州兵将，以讨伐刘暄为名，起兵攻击皇宫。东冶攻下了，东冶在押的囚犯全部释放，并将刚刚缴获的武器发给犯人，让他们一同参与作战。皇宫巡逻队在大街上见到一个行色匆忙、袒胸露背的人，抓住一看，原来是萧坦之。

面色苍白的萧坦之上气不接下气地告知巡逻队：萧遥光造反了！萧遥光派兵包围了右将军萧坦之的住宅，想抓住萧坦之，萧坦之听到动静，从密室中逃走，正想赶往台城，通报朝廷萧遥光谋反！巡逻队长不相信萧坦之的话，觉得他被朝廷追捕，正在逃窜。证实以后，方知萧遥光真的反了，这才给他备马，飞奔台城。不想一同造反的沈文季等人也纷纷逃奔台城。萧宝卷急宣尚书令徐孝嗣入台城，人心略微安定。

朝廷军与叛军激战，叛军大败。萧遥光回到小斋帐中，心如死灰。军士活捉了萧遥光，当即斩首。萧宝卷踌躇满志，大加封赏平叛功臣。升萧坦之为尚书右仆射、丹阳尹。萧宝卷的近侍们不喜欢萧坦之，觉得他令人畏惧，便常攻击

他。萧遥光死后二十余天，萧宝卷领一队卫士包围萧府，杀死了萧坦之和他的儿子。

六贵中只有刘暄、徐孝嗣还在世。有人密奏，说卫尉刘暄素有异谋。萧宝卷不大相信，疑惑地对左右近侍说：刘暄是我舅舅，他会反我？直阁将军徐世标摇头，说明帝是武帝的堂兄弟，灭了武帝后代，舅舅还能信任？萧宝卷想想也是，便下道圣旨，杀了刘暄。这样，顾命六贵只剩一个司空徐孝嗣了。

徐孝嗣德高望重，许多人力劝他废了萧宝卷。徐孝嗣有此想法，却迟迟不动手。有一天，萧宝卷召徐孝嗣、尚书左仆射沈文季、侍中沈昭略入华林省。沈文季是明帝宠信的旧臣，知道此行凶多吉少，临行前留恋地看着家园，深情地说：这一去恐怕不会再回来了！三人到了华林省，萧宝卷的近侍茹法珍受命送上药酒。

三人明白末日已到。徐孝嗣、沈文季不发一语，沈文季的侄子沈昭略勃然大怒，指着徐孝嗣骂道：废掉昏君另立贤明是古今以来的大善事，你这宰相无才，才有今日！说完以后，沈昭略抢过盛酒的酒瓶，扔在徐孝嗣的老脸上，恶狠狠地说：你就做了破面鬼吧！徐孝嗣不声不响，从容赴死。徐孝嗣的两个儿子徐演、徐况分别娶武帝女武康公主、明帝女山阴公主，萧宝卷也将徐演、徐况杀死。

六贵全部收拾了，朝野谁敢放肆？人人自危，百官侧目。永元元年11月，公元499年，太尉陈显达在江州起兵，特致信朝廷重臣，数萧宝卷罪状，想立建安王萧宝寅为皇帝。萧宝卷命护军将军崔慧景为平南将军，镇压陈显达。陈显达兵败被杀。

萧宝卷杀戮重臣，大臣惶惶终日。边镇重臣豫州刺史斐叔业一次登上寿阳城，北望淝水，感慨地对部下说：你们想富贵吗？我可办到！众人大惊，这不是

降北魏吗？永元二年（公元 500 年）正月，裴叔业投降北魏。朝野震惊。萧宝卷命平西将军崔慧景讨伐。出发前，萧宝卷设长围，为崔慧景送行。出城以后，大军急行，到了广陵以外数十里，崔慧景急召心腹大将，声言起事，废了萧宝卷。众人欢呼。司马崔恭祖开广陵城迎接，挥师建康。

崔慧景奉江夏王萧宝玄为皇帝。萧宝玄杀了使者。崔慧景大惑不解。萧宝玄娶徐孝嗣的女儿为王妃，两个感情极好。萧宝卷杀了徐孝嗣，命萧宝玄离婚，萧宝玄很不满意。萧宝卷听说萧宝玄杀了崔慧景的使者，拒绝造反，大为高兴，立即派人助京口。萧宝玄秘密派人杀了朝廷人员，迎崔慧景入城、渡江，直指建康，包围台城。

大军兵临城下。在建康宫中的巴陵王萧昭胄和其弟永新侯萧昭颖化装成和尚，藏在民间，这时投奔崔慧景。崔见到武帝萧赜的孙子萧昭胄，觉得立他比立明帝之子萧宝玄更好。但究竟该立谁，又一时拿不定主意。崔慧景觉得台城指日可下，不急着攻城，终日只是谈佛、游乐。

萧宝卷有了喘息之机，急宣豫州刺史萧懿救援建康。萧懿率三千人驰救，先击败崔慧景的儿子崔觉，后收降崔恭祖。崔兵大败，崔慧景溃逃，被渔人杀死。崔围台城达 12 天，朝臣都以为必胜，纷纷去萧宝玄府恭贺，崔一败北，搜出大量大臣名刺。萧宝卷大度地吩咐：统统烧毁不再追究。萧宝玄投降。萧宝卷折腾了这位亲弟 9 天，将他杀死。

萧宝卷不断地残杀大臣，也更加地随心所欲，为所欲为。萧宝卷在宫里待腻了，便开始出宫巡游。萧宝卷一个月要出游近 30 次，每次都驱尽沿途百姓，一路上处处空宅，不闻人畜之声。萧宝卷所到之处总要击鼓。百姓远远的一听到鼓声，立即顾不上穿衣趿鞋，拉着儿女就外逃，逃奔不及的往往被卫士抓着就杀。

萧宝卷游乐没有规律，也没有目的地，东西南北，随兴而至。往往半夜时，百姓正在梦乡，突然鼓响四乡，火光通明，军士喧哗，百姓如受惊之马四处奔逃。萧宝卷命人在巷陌中高悬布幔，派人防守，称为屏除、长围，领人攻杀。百姓不胜其苦。从万春门到东宫，数十上百里，往往处处空宅，田地荒芜。

萧宝卷的坐骑用具都用极上等的锦绣，为了出宫巡游，防止雨水，用具上还杂织彩珠覆蒙，极为精巧。黄门阉宦 60 人为随驾骑客，还大量招随京师无赖好动之徒数百人，随侍左右。

萧宝卷游乐无度，京畿百姓受尽荼毒。许多乳妇和亲子分离，新婚夫妻死别，尸体盈野，田地荒废，十室十空。有的老弱病残来不及躲避的，往往不是被杀就是扔入水中。前魏兴太守王敬宾死后来不及入殓，家人逃走；几天后回家，发现太守两眼空空，眼珠竟被老鼠吃了！

萧宝卷带着随侍游玩沈公城。一身华贵衣服的萧宝卷看着空荡荡的房屋十分高兴。这时，随从奏报，百姓尽皆逃去，只有一个孕妇，正要临产，留在家中。萧宝卷很高兴地让随从带路，来到孕妇家中。萧宝卷见果真是个要临产的孕妇，肚子很大，便问道：为什么不走？孕妇说：要临产了，走不了。萧宝卷很阴毒地笑笑，抽出刀来，一刀划破孕妇的肚子，孩子立即随着血水滚落下来，孕妇和孩子惨死。萧宝卷没事似的笑笑说：看看是男是女！

长秋卿王儇染病在家，不敢停放家中，被家人逃奔时弃在路上，结果死于路旁。丹阳尹王志居家时，被驱逐得急，狼狈而逃。家人只好藏在酒垆中，深夜以后才敢逃出。百姓苦不堪言，大臣也受尽苦难。许多富室大户造数处住宅，以为避难之所。萧宝卷玩够以后，半夜回宫,百姓这才从山野各处回到住处,见满屋狼藉,只有泪如雨下,谁还能睡?时人称萧宝卷的围处叫长围,长围之内没有人迹。

有一次,萧宝卷带着近侍游玩定林寺。寺僧闻讯奔逃,只有一位僧人病重,无法逃得太远,只好就近藏在山野草丛中。草丛中的僧人搜出被杀,寺内有一位老僧又被搜出,问萧宝卷如何处理。萧宝卷近侍韩晖光见老僧道行极高,不忍伤害,说:老僧怪不容易。萧宝卷笑呵呵地说:你见了獐鹿难道不想射吗?张弓搭箭,将老僧射死。

永元二年(公元500年)八月,宫内一场大火,烧死了许多宫人。萧宝卷当时在外游玩,宫中门户紧闭,宫内人无法逃出,宫外人等也无处救助,尸体相枕,30余间华丽的屋子化为灰烬。萧宝卷得报宫中失火,第二天回宫,怕宫中有人叛乱,先派人探听虚实,没有危险以后这才进宫,根本不当一回事儿。此后接连宫中失火,璇仪、曜灵等十余座华丽的宫室被烧。北到华林,西至秘阁的三千间殿舍焚毁。

萧宝卷喜好骑射,专门让东冶营兵俞韵教他骑术。萧宝卷好穿丝织袴褶,头戴金薄帽,手执七宝硝,驰奔射猎,威风凛凛。萧宝卷设射雉场296处,各处都设帷帐、步障,都以红绿锦丝装饰,用金银镂弩牙,以玳瑁贴箭。萧宝卷最宠爱的有两位近侍,一个是徐令孙,委为鹰犬防主;一个是俞灵韵,委以媒嬖队主,三人常并马而走。

萧宝卷武力非凡,挽弓能达三斛五斗。萧宝卷膂力过人,能担幢,初学时往往倒在幢杪上,身上弄伤,但他毫不在乎。后来,他能用齿担七丈五尺的白虎幢,折齿都不倦,近侍左右都瞠目结舌,难以置信。随侍担幢的校尉近侍都衣着自制华服,上缀金华玉镜,玩得十分高兴。舍人、主书、左右主帅都讨好萧宝卷,为担幢助威。

太子生母黄贵嫔很早就去世,太子由萧宝卷宠爱的潘妃抚养。潘氏册为贵妃,乘坐彩舆,游乐后苑,萧宝卷时常骑马随从,如同近侍。潘妃恃宠而骄,衣食穷奢极欲,珍宝遍于宫室。衣库的衣物潘妃一律不要,全用新做的。市间只要有宝物,潘妃必命人以数倍的价格购买,一只琥珀竟花170万钱。

潘妃的父亲潘宝庆和萧宝卷近侍狼狈为奸,大肆搜刮。富人往往被诬告治罪,家资没收,田宅尽为己有。萧宝卷在阅武堂建芳乐苑,穷极奢丽。炎热的暑日,萧宝卷命人移种草木,种了即死,死了又种,许多花草、良木就这样被毁。京师人家,有好树好木的,一声令下,拆屋毁墙,移树入宫,市民家破人亡,树木也无法成活。

萧宝卷在后苑设店肆,让近侍在店肆做买卖,如同一个大集市。潘妃被委为市令,而萧宝卷只当个市吏录事。市肆一应事由潘市令处置。萧宝卷有时犯小过失,潘妃施以惩罚,萧宝卷乐于接受。萧宝卷在市肆中最好的一行便是杀猪卖肉,而潘妃则好当街卖酒。所以人称萧宝卷为屠夫皇帝。京师百姓为此传唱一首歌谣:阅武堂,种杨柳,至尊屠肉,潘妃酤酒。

蒋侯好弄鬼神,萧宝卷十分信服他,称他为神,迎入宫中。随侍朱光尚说见到神仙,萧宝卷忙问蒋侯,蒋侯说这是上天降福,是好兆。萧宝卷信以为真。从此以后,朱光尚常托言神仙附体,传答神言。有一次,萧宝卷东游乐游苑,人马骤然受惊。萧宝卷问朱光尚,这是为何?朱光尚假托神言,说是先帝生气,不许出宫。萧宝卷大怒,抽出刀来,让朱光尚带路,寻找父亲明帝萧鸾的坟墓,想开坟掘墓,挖出明帝的尸体。怎么也找不到,萧宝卷又吩咐做一个明帝尸体,北向将它斩首,将头悬于苑门。

永元二年十月,萧宝卷毒杀尚书令萧懿,又派人杀萧懿弟雍州刺史萧衍。萧衍起兵襄阳,拥南康王萧宝融为皇帝。十个月后,萧衍挥兵围困京师建康。萧宝卷派辅国将军刘山阳领三千人镇压萧衍。萧衍联合西中郎长吏萧颖胄计划杀刘山阳,荆、雍二州兵长驱直入,直捣京师。萧宝卷闻讯不敢相信,疑惑地自语:萧颖胄也这样负我?

萧颖胄是明帝宠信的人,萧宝卷一直视其为心腹,任萧颖胄为荆州刺吏南康王萧宝融的长史、行府、州事,掌握荆州军政大权。荆、雍二州富足兵强,二州一反,声势浩荡。永元三年(公元501年)三月,南康王萧宝融在江陵即皇帝位,逼废萧宝卷为涪陵王。萧宝卷不以为意,蔑视萧宝融。

萧衍统兵围攻建康。萧宝卷依旧游乐,不在乎地对侍从说:等他们到了白门,再决一死战!阅武堂芳乐苑奇山秀石上涂绘五彩,池水上建造紫阁楼观,楼阁上画满了淫荡的故事图画,萧宝卷拥着美女,昼夜在此寻乐。近侍发现将军桑偃谋立巴陵王萧昭胄,萧宝卷吩咐将桑偃和萧昭胄、萧昭颖兄弟杀死。

受命为雍州刺史的张欣泰密谋杀害萧宝卷。萧宝卷的近侍宠儿茹法珍、梅虫儿领李居士、杨明泰在中兴堂为监军的中书舍人冯元嗣送行。张欣泰派刺客杀死冯元嗣,刺伤了杨明泰。梅虫儿掉了几个手指,茹法珍和李居士仓皇逃回台城。

茹法珍一回城,立即指挥将士关闭城门。王灵秀按计划到石头城迎接建安王萧宝寅即皇帝位,正浩浩荡荡,准备入台城,没想到茹法珍生还,张欣泰的起事计划落空。萧宝寅无奈,戎服到草市尉处自首,被召入宫中。萧宝寅涕泪交流,萧宝卷宽赦了他,张欣泰等人被杀。

萧宝卷命征虏将军王珍国、军主胡虎牙率精兵十万列阵迎战萧衍,以宦官王宝孙持白虎幡督战。萧衍大胜,长驱直入宣阳门。东府城、新亭、琅琊纷纷归降。石头城弃守。萧宝卷人头落地,追封为东昏侯,时年19岁。

## 梁武帝萧衍

西汉末年,佛教开始传入中原地区。佛教宣传人的肉体死亡,灵魂永在,可以转生来世。如果今生能忍受重苦,虔诚信佛,把财产尽量施舍给佛寺,死后就会上天堂,来世可以得幸福。这种教义非常适合统治阶级的胃口,所以它得到了统治阶级的支持;同时,那些贫困无告的劳动人民也能从中得到慰藉,因此,佛教逐渐流传开来。

魏晋南北朝时期,统治阶级的压迫、剥削,加之长期的战乱使广大人民陷入无穷的灾难,这种状况成了宗教泛滥的肥沃土壤。各族统治者为了巩固自己的统治和获得精神安慰,都大力提倡佛教,佛寺遍布各地,僧尼多到惊人的地步。更有甚者,为了麻痹人民,巩固自己的统治,梁武帝萧衍曾一度定佛教为“国教”,堪称我国历史上崇佛的第一皇帝。

自古道:一将功成万骨枯。梁武帝萧衍从起兵到建立萧梁政权,烽火不断,兵燹连年,许多将士为他戮死沙场。对这些人,执政的梁武帝不是好好地抚恤亲属,发展生产,安乐百姓,而是将大量财物耗在建水陆道场上,借以宣扬其好生之德。

天监十八年(公元519年),梁武帝以吊唁阵亡将士为名,准备在南京长干寺大兴佛事,启建百日道场。一日早朝,大臣们奏事结束,梁武帝对百官说道:“人的生死自有天数,有的因病而死,有的犯罪被杀,都有其一定道理。如果为君主而战死于沙场,肝脑涂地,我实在不忍心。现在想启建百日道场,好请高僧追荐阵亡将士早早脱生,不知众卿认为如何?”尚书袁昂立即奏道:“陛下念及枯骨,是效法尧舜、博施济众的仁政,有何不可!"梁武帝见有人支持,喜形于色,立即传旨晓谕建康(今江苏南京)臣民,凡有德行高僧,随时向朝廷举荐,量才选用。

旨意下来,不到一天工夫,各衙门都大张皇榜,遍贴大街小巷,并轰动了地方各州。各地郡县中的庵观寺院内的僧人都纷纷而来,报名求选。这些和尚之中,不乏借名出家,终日背地里喝酒吃肉的酒肉和尚;或是借参神、访道的名义,以求得高名者;或是学些诗词字画,装扮文人之辈。今见皇帝征召,要做水陆道场,超济孤魂,便认为好运到来,想借此扬名,以使将来半生荣耀。他们或是求门告路;或是典卖袈裟,倾囊倒囊,拼凑银钱,行贿公门。州官县令为讨得皇帝欢心,也统统放弃军政要事,专意选僧。不多时日,全国各地即选了千余僧人,一一登记造册报告朝廷,呈交皇帝御览。然后,各州官县令又率领众僧,在朝门候旨。梁武帝见到众僧名簿,即命建康僧纲司(京都主管僧人的衙门)检选了500名僧人,带到朱雀门外长干寺安顿。又命有关官员设置坛场,在寺中做佛事。旨意一下,谁敢不尊! 没过几天,长干寺中早摆设得庄严肃穆,法相十足。又听说皇帝要亲自来拜瞻佛像,和尚们便将寺院内外洒扫得干干净净,一尘不染。这些和尚一个个都削得光头青顶,刮面去须,备了鲜明异锦的袈裟,准备在梁武帝到来时,各献殷勤以求赏赐。

梁武帝见长干寺坛场已备,便决定在三月初八亲出南郊,临幸长干寺。梁武帝为显示自己至诚至信,在出发的前三天便除荤戒酒。到了初八这一天,便身穿素衮龙袍出朝,率领文武百官,直奔长干寺而来。那500名和尚以及本寺众僧,都带着毗罗大冠,穿着五色锦襕袈裟,举着香花幡盖,齐声念着阿弥陀佛,在两旁跪接。梁武帝到了大雄宝殿,众僧立即在右边击起法鼓,左边撞起金钟,

梁武帝离座拜瞻过去、现在、未来三尊大佛。拜完,即在殿中就坐。500名新选的僧人连同本寺大众,一齐叩头说道:"愿吾皇万寿无疆!"这一声落地,众和尚马上照着经卷诵读起来,一字一句清清朗朗,都和着腔板,节奏鲜明。梁武帝觉得相当好听满心欢喜。这时,僧纲司法圆与住持朗照二人上前奏道:"臣等按照皇上谕旨,今日启建无遮大会,拜诵《无始真经》。早晨诵拜,中午须法,晚上超济孤魂,不知是否附合您的旨意?"梁武帝听了非常高兴,说道:"我体谅上天的好生之德,所以起了超度的念头,想用佛力来慰济幽魂。如今你们的安排,正合我意。"此刻,阇黎班首将一个小磬儿打了一下,众僧便一齐拜佛;又敲一下,众僧各归原位;又敲一下,众僧立即长跪佛前,开卷念诵。一字一句清晰的念经声伴随着"笃笃"的木鱼声,只觉得梵音幽静,与众不同,听了令人尘念俱消。跪诵的众僧,不一会儿立起身来拜念。这边一起,那边一拜,念不一会儿,便齐动法器,一时间铙钹铃杵,云锣法鼓,笙笛头管,齐声演奏,非常好听。梁武帝见了听了,真是龙心大悦。

梁武帝兴致勃勃地一直看到深夜,不觉有些阴风惨惨,灯火凄凄,直逼得人身上的汗毛一根根竖起来。百官见状,忙对梁武帝说道:"陛下的至诚、法师的神通精妙,感动了幽魂,所以他们来受此施济,这是陛下的恩德无穷呀!"

梁武帝对这荒诞的赞颂,满心欢喜,说道:"我今天才知道佛法通幽,人生怎么能不敬奉佛法并依赖它呢!"从此,梁武帝竟在长干寺住下来,天天看那些和尚拜佛诵经,日日与法师们谈经说法。对这样的生活,梁武帝是津津有味,乐此不疲,直到百日道场结束,才恋恋不舍地登辇还朝。

梁武帝的崇佛怠政,连皇后郗徽也非常担忧,总想找机会劝劝他。今见梁

武帝还朝，便在宫中接驾时乘机说道："陛下连日修斋辛苦，卑妾我心中不安。但不知这些僧众说法对百姓有什么好处？"梁武帝振振有词，说道："我身为天子，掌生杀之权，况且国家多事，屡屡用兵，肯定有枉死的人、受冤的鬼，这成了我的心疾。所以，我要依仗缁流、道场、功德三宝，使我有过而可消，有罪而可释，并以此打开新局面，岂不是美事！"于是将寺中如何讲经，如何说法，一一讲来，直说得眉飞色舞，津津有味，但郗后听了只是掩口而笑。梁武帝忙问郗后何故而笑。郗后正色说道："我怎么敢笑陛下，只是笑陛下不明察，反而被奸僧哄瞒了。我听说天作孽，犹可违，自作孽，不可活，这是圣经之言。既然圣经都这样说，怎么能相信借数卷佛经，几个愚僧念念诵诵，而消灭自己罪过的道理？只不过是自己迷惑自己，有什么实际意义？况且帝王应运而兴，代天理物，即使确实有杀戮之过，也是为了治世安民，这是功劳，不是罪过。怎么谈得上忏悔！"此番归劝多么入情入理，多么诚挚！可惜梁武帝根本听不进去。这一年四月，他又在无碍殿摩顶受戒，在佛事上愈陷愈深。

天监五年（公元506年），梁朝军队攻克了寿阳城（今安徽寿春）。寿阳是北魏南疆的屏障，历来为兵家必争之地。为夺取寿阳，梁武帝三筑淮堰，数举强兵，耗资巨大，将士折损无数。为了所谓的安抚随军将士，梁武帝又要建水陆道场超荐孤魂。一天，梁武帝对群臣说："自寿阳战事以来，我们天天打仗，双方交锋，顺我者生，逆我者死。虽然说人之生死，是上天的安排，但确也不是没有人为的原因。如果追溯其源，我也有过错，所以想建一道场，召聚高僧广修善事，以慰我好生之念。"这场计划用资浩繁的荒唐闹剧，最后因为难以寻到满足梁武帝要求的道行高僧而不了了之。

北魏丢了寿阳后，又接连被梁兵乘胜夺去了52座城镇。当时正值北魏胡太后秉政，其昏庸专制使有志老臣都告老退休。朝中一些大臣见兵连祸结，百姓不得安生，都上表奏请向梁割地求和。胡太后也想求得苟安，于是欣然答应。北魏议定割让北海、临淮、汝南三大郡，遣使向梁求和。梁朝连年征战，也是国虚兵疲，正想休战养兵，今见魏朝来求和，也就顺水推舟，准其和议。自此，两国暂休兵戎，周边无事。

战事刚刚停歇，梁武帝不是急于发展生产，富国强兵，却又立即想起超度寿阳亡魂之事。一天早朝结束，他对左右群臣说道："我在宫中常常想起往事，虽说是代天行道，也未免死伤太多。想减轻罪过，我认为最好的办法是皈依佛教。如今天下太平，百姓安居乐业，值此时机，我要广泛弘扬佛法，多做善事。虽然不求果报，于来生也可消除过失。只是现在我想召集的高僧，一时无从去找，这该怎么办？"群臣听了，有怂恿说好的，也有规谏不可的，纷乱不一。忽然班中闪出一人，执简当胸，跪伏着奏道："臣闻佛法无边，真心事佛的人今生转祸为祥，死后一定进入极乐世界；谤毁佛法的人今生增祸增灾，死后定入阿鼻地狱。过去有一人在城中乞讨，得到别人施舍的一碗饭和一卷佛经，现在其家三代兴盛，日子越过越红火。如今陛下能念得杀戮过多，实在是仁德的君主啊！如果怕一时无高僧前来，陛下只须留心察访，人有善念，上天也会顺从的；千金买骏骨，良马一定会自动找上门来。但人们又常说仗人修善，终属皮毛，恐无实效。俗话说：公修公得，婆修婆得，自修自得。依臣愚见，陛下既然有这样的善缘，为何不乘万机的闲暇涉猎经典？一可消除自己有过错的忧虑，二可以增添福禄，三可以求得江山永固，四可以超度幽魂。这确是万全之举，不知圣上以为如何？"梁武帝听了半响，对这些怪异荒诞之言却十分欣赏,激动地赶忙定睛向下看,原来是左光禄大夫(负责议论政事的官员)朱异,于是说道:"贤卿之言,使我茅塞顿开,实在是救生度世的良言。我怎能不从?"群臣见朱异用异端佛教迎合梁武帝都愤愤不平,齐声指责他。怎奈梁武帝决心已定,无法动摇.反怪群臣不能尽忠于梁朝,气愤地拂袖而去。从此,梁武帝在宫中不宰牲畜,不动音乐,以至于郊庙牺牲都以面代之。朝野听说此事,大为惊骇。时人讥讽梁武帝:"宗庙去牲,是不复其血食也。"此话传到朝廷后,梁武帝下诏令宗庙祭牲用脯肴。过不多时又下诏,以饼代脯肴,其余都用蔬菜。不仅如此,梁武帝还兴工盖至敬殿、景阳台,设立七庙,又在至敬殿中塑一尊无量寿佛,长一丈八尺。每月十五,梁武帝斋戒沐浴更衣,在殿中设坛,学习理佛事。因为秣陵同夏里是他出生之地,想扩大其影响,于是又下诏把同夏里改为同夏县。同时舍弃旧宅,造了小庄严寺,选高僧在寺内焚修。

梁武帝自从听了朱异劝勉自修之言,开始广行善事,到处启建寺院经堂。在蒋山造了一座本业寺,又造慧日寺、法苑寺、头陀寺、万福尼寺、本领尼寺、慈恩寺、普化寺、化成寺、福罢寺、万业寺、塞林寺、来西观。在梁武帝倡导下,民间子女,出家的纷纷不绝。梁武帝自己则是天天不理朝政,倾注大量精力研究佛学,先后写成《涅槃槃大品净名》《三慧诸经义》等百余卷佛学著作。并且把儒家的"礼",道家的"无"和佛教的"因果报应"糅合在一起,创立了三教同源说。他把孔子和老子说成佛的学生,曾经作《会三教诗》,把佛比作太阳,把儒、道比作众星,佛是至高无上的,儒、道是佛的辅助。梁武帝每天和大臣讲论佛家大意,说:"人的生命,如同东去的流水,西垂的残阳,击石的火星,飞驰的快马,风里的微尘,草头的悬露,临室的杨柳,灼目的电

光。一失足则成千古恨,再回头是百年身,如果不精心修善,向三室中忏悔过错,会坠入阿鼻地狱受苦受难的,如果是那样,再想使这五官的欲望全部得到满足,享受荣化富贵,恐怕是不可能的了。所以我如今要爱惜福缘,广做善事。爱惜今日之福是为了留给来生享福,今日多做善事是为了日后多享荣华富贵。今日与你们是君臣关系,谁知多做善事后,他日还是不是君臣呢?其他父子、夫妇、朋友、兄弟之间的关系也是这样。所以,结缘的事,其妙无穷。你们敬信佛典就好了。"群臣听了,愕然相向,见梁武帝崇佛至此,预感到梁朝的气数将尽了。

梁武帝天天吃素,日日诵经,不知不觉已是大通元年(公元527年)。

一天,梁武帝在净居殿中,焚香拜佛,盥手开经,诵了一遍《大乘经》。因为其中有差别字义,于是凝神定志,开始反复琢磨,一时不能确解,不觉有些困倦。蒙眬中,忽见殿梁间一条似龙非龙、似蛇非蛇的巨蟒,向他摇头叹息,并口吐人言,诉说自己就是那昔日的郗后,因生前不敬佛,堕入阿鼻地狱,乞请梁武帝广做善事,以解除她的劫难。梁武帝骤然惊醒,方知是南柯一梦。据此,梁武帝认为郗后正在地狱受苦,于是决心为她超度亡灵。

第二天,梁武帝上朝与众文武大臣说道:"要知前后因果,只在今生作受,唯有行善才能消除过错,依仗佛的慈悲而灭罪。我昨日午间在净居殿中,忽见我妻郗后空中现形,求我代她忏悔罪过,嘱咐我一定选择德行高僧,真诚布施,方能感动佛主。但僧众浩繁,不知如何分别高下?如果下旨征召,往往得不到高人,而若派人各地访求,又听说高僧都潜匿名山,与水云为伴,这该怎么办呢?"这番荒谬无稽之谈,却得到朱异等别有用心的人的支持,朱异奏道:"陛下之见确实圣明,不过我倒有一个切实可行的办法,

陛下不必忧虑。"梁武帝急忙请朱异明说。朱异说："德行高僧虽然很少，但不是没有。但是竭尽一人的真诚，确实不如竭尽万人的真诚。现在天下百姓无一不是陛下的子民。出家人虽然超然界外，但其衣食住行无一不出自子民。既然衣食出自子民，那么僧尼也是子民的子民。僧尼既然同样是子民，那么谁敢不为陛下竭尽忠诚？如今陛下丧后，犹如民间丧母。为今之计，陛下只需下诏给远近郡守，凡是有寺观的郡县，令僧人设场追荐皇后升天。如果担心无人主持法事，郡有郡守，县有县令，让他们尽诚至敬料理佛事，这样用众人的善事开脱一个人的罪责，可以说对天、对佛都是至诚至敬。我的愚见就是如此，不知对陛下有用吗？"梁武帝听了朱异这劳民伤财的建议，细细想了一番，欢天喜地地说道："贤卿的妙论太合我的心意了！"于是下令施行。

旨意一下，谁敢违抗！诏书所到之处，庵观寺院都大设坛场，追荐郗后。且不说远处寺院，单建康城里城外成百上千的寺庵，僧尼道士就忙得日夜奔走，不敢有丝毫懈怠。起初，僧尼们还有兴致，指望得些银两。但到了后来只有用去的银钱，却没有进来的布施，渐渐地都感到索然无味。这些和尚白日拜佛，夜里收拾，辛辛苦苦且不说，还有官员侍从不时地到寺中来拈香拜佛，润斋请供。若有些不周到或迟慢的地方，总要被随从人员秃长秃短地乱骂。说："你们吃了各方施主的钱粮，受了朝廷的恩惠，就应该这样！"请他们吃喝，还讨得许多辱骂，弄得这些和尚背地里叫苦连天，愤恨不已。梁武帝不仅降旨令各地寺院举行千日道场，而且自己也在宫中斋戒沐浴，召了几十名有戒律的高僧设立坛场。梁武帝同众僧一道昼夜捧诵经典，闹得皇宫内香烟不绝，烧化的纸钱到处随风漫舞。

做完百日之后，梁武帝忽然上朝，说道："我做此道场可谓尽心致敬，加之僧众作此因果，佛天自能鉴知，保佑我郗后。只是不知各寺中僧道是否也像我一样虔诚，为此我很忧虑。"朱异又马上说道："这有什么值得忧虑的！陛下如果巡视建康各寺观，一可以瞻仰黄金法相，二可以证明陛下的至诚，三可以警戒不虔诚的僧众，这样就公私兼顾了。"梁武帝听了大喜，于是传旨备马，先从城内寺观看起。梁武帝要巡视各寺的消息传开，惊得僧尼道众个个乱了阵脚，恐怕梁武帝到寺中发现差错吃罪不起，但又要迎留款待。梁武帝每到一寺，寺僧们都要远迎跪接，小心侍奉，诚惶诚恐。梁武帝在巡幸道林寺时，遇到了说法大师宝志公。这位父母早亡，8岁出家的志公和尚性情乖巧，很会迎合人的心意。他和梁武帝谈经论法，博古通今，很受梁武帝赏识，梁武帝竟然有文王逢姜尚、久旱逢甘霖的感觉，于是携带志公入朝。正是这位志公和尚使梁武帝在崇佛的道路上越走越远，越陷越深。

从此，梁武帝与志公天天商量如何消除郗后罪孽之事。梁武帝按志公的建议从长干寺取回大藏真经，与志公天天苦苦构思，斟酌经义，半年之内著成10卷真经，名为《宝忏》，传于后世。梁武帝曾得意地说："这本《宝忏》吸收了大地的精华、阴阳的妙用，灭罪消愆，引证西方，没有胜过它的。只是不知道吾师如何拜礼？"志公说："佛家原以清净至诚，顶礼哀求尽心，礼拜也不是独立而成。请选有戒行僧49人，熟悉《宝忏》。然后共同来作百日道场。"梁武帝对此言听计从。自此，梁武帝与志公同众僧白天拜忏，夜里施舍，各自虔心洁净；文武百官、后宫妃子，全部茹素，共听《宝忏》。

梁武帝做此功德时，因念朱异有劝善之功，每每赐给恩典都极其隆重。大通元年（公元527年），执政（主掌军政大事）周舍因故被免官，于是散骑常侍（参议朝政的文官）朱异理所当然地代掌了军机政事。从此，朱异荣宠于朝，权倾朝野，更加速了梁朝的灭亡。

梁武帝日勤佛教，梦想早日成道。一天召志公入内，问道："我现今极力修持，为什么疑惑还不消除？不知怎样才能消除？"志公说："十二。"梁武帝不明白，又问道："我如今怎么才能静心养习？"志公说："安乐禁。"梁武帝还不明白。经过反复考虑，忽然领悟道："'十二'，是要我十二个时辰都修持，'安乐禁'，是要我远离繁华之地。"由此梁武帝在宫中屏色绝欲，朝夕敬礼三宝。宫中犹恐不洁，便在台城中启建一寺。不几日寺成，题名为同泰寺。梁武帝大集沙门，设无遮大会，天天在寺中拜仰佛像。又见佛经上有剪碎绫罗的罪孽，便下诏，令织锦官不得织造仙人鸟兽图形，恐怕裁碎剪破，有乖佛典。同时梁武帝又下诏启建许多大寺。

见梁武帝日佞佛法，沦于佛教，政事废弛，萧梁朝野忧国忧民者都上书劝谏，但群臣的上疏，都被朱异扣押，朝臣只好私相叹息："可惜汗马江山，一旦败于异端之手！"

大同三年（公元537年）八月，梁武帝下诏大修长干寺阿育王塔。梁武帝亲自入寺设无碍大会。一天，起工凿到4尺深浅，忽见一大深窟，窟内贮满金宝。众工人一见大惊，忙报知梁武帝。梁武帝亲自走来细细观看，见旁边有一石碑，才知是昔人所施舍的金银以及簪钗环钏各种宝物，约有9尺余深。再挖下去，到了石磉。石磉下又有一石函。函内有铁壶盛着银坩，内有金镂罂，不知盛着何物。梁武帝就命僧人打开看。只见罂中盛着三颗舍利，如粟粒大，圆正光洁。石函内还有玻璃碗，碗内盛有4颗舍利及发爪，其中四杖爪如沉香色模样。梁武帝见了大惊大喜，决定迎舍利还京城。

到了九月五日，梁武帝又到同泰寺设无碍大会，命皇太子、王子、公侯朝贵都来奉迎舍利。这天风和日丽，建康百姓得知梁武帝要迎请舍利，一时前来观看者达数十万人。大家各自带着金银镯钏，投入新修塔下，约有1000余万。到了十五日塔修成，梁武帝又大设无碍会，先以金罂，又以玉罂重盛舍利及发爪，放到七宝塔下。这天王侯妃嫔以及百姓富贵之家都将金银环钏珍宝藏在塔下，他们以为今世施舍金财，来生必获厚报。一时间人们争相施舍，唯恐不及，不久即贮满塔成，其余的人见无处藏贮，只有浩叹而归。十二月八日，梁武帝入寺讲《般若经》，诏令不论军民，都得听讲。海外佞佛修行的诸王，见梁武帝得佛家至宝，纷纷派使臣头顶表章，手捧贡礼，前来表示祝贺。梁武帝看了各国表章上都称扬他好佛之诚，不觉大喜。从此，梁武帝万缘俱尽，专心求佛。每日里只是"释御服，披法衣"，早晚到同泰寺那里礼拜。并多次设苦斋，四部（僧、尼、善男、善女）无遮大会，还亲自升堂讲法。醉心佛教的结果，使梁武帝变得愚蠢而可笑，曾演出了三舍同泰寺的闹剧。

大通元年（公元527年）三月的一天，梁武帝对文武百官说道："我听说释迦牟尼舍身喂虎，最终得以成佛。今人不能成佛的原因，是因贪恋皮囊而为情所染，不能洒脱，所以难得菩提。我今已皈依三宝，所以应该视自身为物外之身，应当舍此身于三宝中皈依佛教，我从今以后要与你们文武诸卿告别，要在同泰寺中把此身舍给佛主。"群臣听了大惊失色，都极力谏阻道："修行随处可修，何必择地！难道只有入寺修行才叫修吗？"梁武帝说："心不清，身不净，怎么能自修？如若不入清净法门，最终也不叫修行。我意已决，你们不要强迫我。"于是梁武帝择吉日舍身于同泰寺。一时宫中妃嫔、王子、王孙，以及朝中大小官员、文臣武将都送梁武帝入寺。梁武帝到了寺中，即与众人告别。又传旨，如果朝中有大事不能裁决，可以上疏定夺，不可随便入寺搅乱佛法清规。梁武帝在寺中召聚众僧设立法坛，在佛前五体投地，大发弘誓，要舍身于佛，并亲自登座说法，讲《大般涅槃经》。又在寺外山前筑建一座施食台，每到夜间，梁武帝在这施食台上超济孤魂。他自披锦襕袈裟，头戴毗罗大帽，振铃摇杆，高声念诵，与僧人一般无二，自号为三宝奴。远近百姓听说梁武帝施食，都扶老携幼前往观瞻。梁武帝传旨不许阻拦，以至于宫门日夜不闭。

梁武帝在寺中时间久了，朝政不再问津，朝野都纷纷议论：梁武帝既然年老且要修行，何不传位给太子，这样才无牵挂。如果只是如此修行，有何益处？又有人说：梁武帝既要舍身，就应该屏富贵弃妻子，今舍身而身还在，则此身原本没有舍，而勉强称之为舍身，那就是自昧其心而不虔诚。既然不虔诚，佛能保佑他吗？又有人说道：人生天地间，有生命就得有身体，生命存在，身体无法舍弃。今将身体舍给佛当奴仆，做佛的应当取其身体而用，愚民惑众，丧亡的事，不多日就要开始了。自此，章疏不绝。太子见了，踌躇犯难。纷纷扬扬的议论早有内侍传入梁武帝耳中，梁武帝非常不高兴。又过了多日，朝中事堆积如山，太子不能裁决，只得统领群臣到同泰寺中，劝梁武帝回朝理政。梁武帝听了太子的苦诉，又想起江山社稷，一时忘情，竟从蒲团上起身直出大殿。不想梁武帝一脚踏出门槛外，却又想起佛来，忙又止住不走。百官早已看见梁武帝，忙一齐俯伏山呼奏道："国不可一日无君，今天下荒芜，强邻窥视，江南子民日夜不宁。陛下若不回朝是舍弃社稷、抛弃百姓，这对修行有何好处？我们迎请陛下还朝，乞求您答应回宫吧！"梁武帝见百官奏请，就说道："我既然舍身于佛，我这身已为佛所有，不可以轻易走出佛门，否则会受佛的惩罚。你们先起来，不要轻易说'请'字。"众臣见梁武帝执迷沉溺于佛教，不肯回宫，于是又齐声高奏："我们听说佛教中设布施的目的是作功德，使人希求灭罪消灾。今陛下既然舍身于佛，而且说此身是佛所有，我们都愿意出俸金，布施在三宝中以求得佛广开方便之门，为陛下赎身。"梁武帝听了犹豫不决，又问太子和朱异，二人异口同声奏道："佛以慈悲为本，今见国事多艰，百姓处于水深火热之中，也应当怜悯。如果能使陛下体佛之心解救万民，佛必高兴。希望陛下尽早赎身。"梁武帝听了大喜，赞扬群臣赎身之举是天下少有的功德，并令他们马上署名交纳赎钱。百官见梁武帝答应了，也顾不了许多，争相执笔署名，或多或少凑齐交出来，不一会儿，黄金白银足足凑了一亿钱。梁武帝便派僧人收好，供在佛前。然后率众僧及百官各执宝香，僧人撞钟击鼓，梁武帝长跪佛前至诚地做了一日道场。道场完毕，梁武帝派僧人把那些金银收贮在宝藏库中，留作佛门善事，又将寺中料理一番，才与众僧道别，乘辇回宫。史官有诗讥讽道：

天子以修身为本，如何舍作佛家奴？

舍身既可黄金赎，我佛原来是利徒。

大同十二年（公元 546 年）的一天，同泰寺忽然失火，四处延烧。梁武帝虽然派人救护，不料火势猛烈，一时难救，一直烧到天明，同泰寺化为了灰烬。第二天，梁武帝亲自去观看，认为是佛魔作怪。所以他要做更大的法事来镇压魔鬼，于是传旨兴工重新建造。旨意下来，各级官吏马上招集民夫分头取料，各行各业承命，纷纷交纳。梁武帝急于成功，督促民工，连夜建造，不两日即告成。新建的同泰寺比以前壮丽 10 倍。寺成后，梁武帝大赦天下，将大同十二年改为中大同元年。

发生火烧同泰寺之事。梁武帝认为是自己心不够虔诚所致，于是他又二次舍身同泰寺中。他在寺中亲设四部无遮大会,脱去御服,换上法衣,大行清净,大舍素床瓦器,乘小车,役私人,登法座,给众僧讲金字《三慧经》和《涅槃经》。不知不觉中,梁武帝在寺中已有年余,但他仍不肯回宫,群臣多次苦劝也不听。直到发生侯景反于东魏,因恐东西两魏夹击,向萧梁求救的大事时,梁武帝方才允许百官向同泰寺交纳赎金亿钱,启驾还宫临朝。

梁武帝两次舍身入同泰寺,只觉得在寺中清净,灵光透彻。而到了宫中这繁华色界却有时昏昏沉沉,因此常常心怀不悦。他想:"我如今在宫中,这哪是修行之地,还必须入寺舍身于佛。现在不修,将来就没时间了。"主意已定,就又照前例舍身入同泰寺,建无量道场。梁武帝每天长跪于佛前,志心顶礼,大发弘愿,发誓舍身,望佛主广大慈悲。拜完,与众僧传论功课,他不许众僧行君臣之礼。诸僧就都称他志佛。梁武帝身穿百纳袈裟,头顶毗罗大帽,天天讲《摩诃般若波罗蜜经》和《涅槃经》。

就在梁武帝于同泰寺大发宏论时,梁朝却出了大事。侯景举兵反东魏后,受到东魏军队的围追堵截,为图生存,便向梁纳表称臣,乞求援兵。梁武帝见利起意,收纳了侯景,并以懦而无谋的侄子萧渊明为帅,率精兵5万前往救助。不料梁兵刚刚和东魏军队接触,便被东魏名将慕容绍宗用计打败,萧渊明也被东魏兵擒获,侯景败逃涡阳(今安徽蒙城)。消息传到建康,臣民大惊。百官商量以后,一齐去见朱异,纷纷说道:"萧渊明丧师辱国,侯景败逃,何等大事,而尚书仍然优游府第置之不闻,是要将梁国送给别人吗?"朱异急忙申辩说自己正在准备起草奏章报知皇上。百官齐声嚷着说:"这等大事只能面陈,哪有时间字斟句酌?"朱异一时无言以对,只得同百官来到同泰寺。百官都在寺外等候,朱异一

人入大殿去见梁武帝。此时梁武帝正在七宝阁的禅床上默默观空,朱异不敢走近,于是将来意详细说给内侍张僧胤。张僧胤大吃一惊,赶忙到梁武帝床前禀报。梁武帝听后一跤摔下禅床。张僧胤连忙扶起。梁武帝长叹一声,捶胸顿足地说:"我不要做第二个晋家!"于是急召朱异进见,梁武帝又问了一番,朱异不敢隐瞒,只得一一奏知。奏完又说道:"朝臣齐集寺前,迎接陛下还朝,以定社稷之计。"梁武帝见情势危急,就决定还朝,但前提条件必须是群臣捐钱万亿以赎其身,群臣无奈,只得答应。

到了晚年,梁武帝完全沉溺于佛教,放弃了皇帝的所有威仪和权力。太清二年(公元548年),侯景的军队渡过了长江,一路势如破竹,建康指日可到,情势十分危急。消息传到建康,臣民惊骇。太子萧纲急忙去见梁武帝。此时的梁武帝正在佛堂中手敲木鱼,口诵佛经,一派虔诚之像。太子已顾不得许多,一步跨进佛堂向梁武帝说道:"逆贼侯景领兵渡江,不几日即到达建康,朝野震骇。乞请父皇赐授御敌的方略。"梁武帝听后默然了半晌才说道:"这是你的事情,为何还要问我?现在,中央、地方各军都已交付给你。"太子沮丧地退出去了。人未出门,梁武帝的木鱼又已敲响了。"笃笃"的木鱼声恰似敲响了萧梁灭亡的丧钟。

太清三年(公元549年)三月,侯景的军队攻破了建康的台城,梁武帝成了侯景的阶下囚,他惊恐忧惧,郁积成疾,在台城被围的第二个月便忧饿而死。

梁武帝萧衍身为一个封建帝王,不乘两魏相争,四境安然之际,修明政治,发展经济,安乐百姓,富国强兵,以渐图统一,却专心事佛。在他的倡导和支持下,整个国家寺院林立,僧尼数额惊人,仅京城建康就"佛寺500多所,穷极宏丽,僧尼10余万,资产丰沃,所在郡县不可胜言。道人又有白徒,尼则皆弃养女,

第三编 三国两晋南北朝野史

皆不贯人籍，天下户口几亡其半"。"南朝四百八十寺，多少楼台烟雨中！"唐朝诗人杜牧的这句慨叹，形象地道出了建康佛寺泛滥的状况！非但如此，梁武帝还多次大兴道场，舍身同泰寺，为寺庙诈取钱财。这样大规模地建寺、养僧、趋佛、崇佛，耗尽了国家和民众的资产，最终使梁朝矛盾重重，一片黑暗！

不仅如此，梁武帝完全醉心佛教，置国家大政于不顾，致使政务废弛，奸佞当政。梁武帝放任朱异等小人擅权，导致朝纪紊乱，君臣离心，许多国家军机要务都被贻误，使本来穷困迷信的梁朝更是国弱兵疲。尚书左丞范缜在给梁武帝的上书中曾一针见血地详陈佞佛之危害："浮屠害政，桑门蠹俗，风惊雾起，迷荡不休。臣哀其弊，思拯其弱。夫竭财以赴僧，破产以趋佛，而不恤亲戚，不怜穷匮者，是惑以茫昧之言，惧以阿鼻之苦；诱以虚诞之词，欣以兜率之荣。故舍逢掖，袭横衣，废俎豆，列饼钵。家家弃其亲爱，人人绝其嗣续。致使兵挫于行间，吏空于官府，粟馨于堕游，货殚于泥木。奸佞沸腾，其害无穷。天监年间未闻好佛而兵强民富，远近皆服，上天屡见祯祥。今求佛之后，水旱并至，兵疲民灾。有佛乎？无佛乎？"可惜梁武帝置若罔闻，终于导致了侯景乱国。

梁武帝为创建萧梁政权，历尽了千辛万苦，不料夺取天下后却误入歧途，委身佛教，欲借佛教以忏其疚，实在是愚甚！实在是谬甚！"佛"不但没有帮助梁武帝修成"正果"，反而使他因溺佛息政而失去了天下，最终饿死台城，成了千古笑柄！

梁武帝即位之初，看到东晋王朝首尾104年，宋王朝首尾60年，齐王朝首尾24年，统治的年代，一个王朝比一个王朝短促；同时他也对宋齐两朝骨肉相残、兵戎相向的祸端深深地感到畏惧。为避免这种现象的发生，建立一个长治久安的萧梁王朝，梁武帝采用骨肉恩爱的办法，优待宽容皇族子弟和官吏，纵使他们横征暴敛，触犯国法，也统统不予追究。梁武帝这种姑息养奸的政策，不但未能调和统治阶级内部的矛盾，反而助长了无尽的贪欲和野心，为萧梁的灭亡埋下了祸根。

天监年间，北魏朝政日益衰败，咸阳王元禧、北海王元洋等顾命大臣相继被杀，外戚高肇，宠臣茹皓，内外弄权，谗害功勋旧臣。梁武帝看到有机可乘，于是决心北伐，以定天下。天监四年（公元505年），梁武帝任命扬州刺史、临川王萧宏为主帅，负责掌管北伐各项事宜；尚书右仆射柳惔为副帅，调兵北进。

萧宏是梁武帝六弟，地位虽高，才识却极其平庸，骤然间手握兵符，执掌三军，身为统帅，实在是无能为力。以此辈为帅，虽然当时梁朝军队"器械精新，军容甚盛，北人认为百数十年之所未有"。但梁朝军队的命运是可想而知的。

萧宏大军行至洛口便拥兵不进。此时，魏将中山王元英和镇西将军邢峦统军20万前来迎击，进逼梁城。萧宏得报，非常恐惧，急忙召开诸将会议，想班师回朝。部将吕僧珍首先开口说道："知难而退，也是行军要诀。"

萧宏立即回答："我也是这么想的。"

柳惔反驳道："我军自出境以来连克数城，怎么能说难呢？为什么要突然退却？"

裴邃也说道："这次出师，是为杀敌而来，明知不是易事，为何畏难？"

马仙琕朗声说："王爷为何灭自己的志气，长别人的威风，甘取败亡！试想天子把全国将士全部托付于您，只有前死一尺，而无却生一寸！"

昌义之更是怒气冲冲，须发尽张，当面唾弃吕僧珍说："吕僧珍实在应该斩首，岂有百万大兵，出未遇敌，便望风而逃之理！这种庸奴，还有何面目回去见圣主呢?"

朱僧勇、胡辛生拔剑站出来说:"谁要退自己退,下官自当勇往直前,甘愿战死!"

诸将也含怒而起,吕僧珍急忙向诸将官谢罪:"殿下昨天见有怪风,恐怕对军队不利,会招致失败,所以才想率领全军迅速撤退。"

裴邃见状还要发言,见吕僧珍用眼光示意便没再吭气。等诸将都退去了,萧宏才问吕僧珍:"你是佐命元勋,今天为什么如此怯阵?"

吕僧珍就附耳低语道:"王爷不但全无谋略,而且很是胆怯,我与王爷屡次谈起军事,他都格格不入,看此情势,怎能成功!所以不如见机退兵,还能保全三军。"说罢,就叹息着出去了。

萧宏因众怒难犯,不好立即退兵,当然也不敢立即进兵。魏人知道他平庸无能,便把妇女穿的衣服赠送给他,以取笑他懦弱。萧宏虽然不免惭愧,但始终畏缩不前。当时魏人有歌谣说:"不畏萧娘与吕姥,但畏合肥有韦虎!"韦虎指韦睿,萧娘指萧宏,吕姥指吕僧珍。

吕僧珍听到这歌谣,长时间地摇头叹息,后来他请萧宏派裴邃分军攻取寿阳,萧宏始终不从。

不久已到深秋季节,一天夜晚,突然暴风骤起,狂风呼叫,萧宏以为是北魏军队前来偷袭,竟偷偷地率领几个骑兵深夜逃跑了。天亮以后,将士找不到主帅,相继惊哗,顿时四散逃命,弃甲抛戈,填满水陆,兵民死伤 5 万余人。

萧宏乘小船渡过江,赶到白石垒,天还未明,便叩叫城门。临汝侯萧渊猷是衡阳王萧懿之子,据守垒城,听到有人叩城门求入,便登城问询,萧宏以实相告。萧渊猷气愤地说:"百万雄师,一朝鸟散,国家前途,危在旦夕,倘若奸人乘此机会作乱,如何对付? 此城地处要冲,不便夜里开门,请等到天明罢。"萧宏无法,只好

向萧渊猷求食。萧渊猷绹食给他。等到天亮,方才让他入城。萧宏一路狂奔,逃回建康。北魏乘机集中大军进攻梁朝的淮南地区,幸亏钟离(今安徽凤阳)的百姓在守将昌义之的率领下死守拒敌,大将韦睿等率军援救,才扭转大败的局面。对此临阵脱逃的败军之将,梁武帝不但不用军法处治,反而用好言相慰,仍令萧宏为扬州刺史,过了 10 几天,又给他升官进爵。

梁朝诸将中,韦睿有勇有谋,且爱惜士卒,无人能比;裴邃胆略过人,为当世名将。如果以韦睿为帅,裴邃为将,那么在北魏势衰之际,要创就一番事业,是有可能的。可是,梁武帝不用良将,却独用无才无勇的临川王萧宏。萧宏身为皇族贵戚,却无统军之才,他不战而逃,本应在预料之中。假如当日没有韦睿、裴邃二将在军中效命,令敌军畏惧,恐怕萧军会遭全军覆没之灾。对萧宏这样的败军之将,梁武帝却念手足之情,不予严惩,致使其他将领争相效尤,视军国大事为儿戏。

萧宏在政治军事上软弱无能,然而在生活上却很会享受。他贪财谋利,强夺民宅邸店,家资万贯。单在建康城内,他占有的客店就有几十处。萧宏好财爱酒,沉湎声色,侍女数百人,都衣着华丽,其妾吴氏更是美艳绝伦,在妻妾之中最得宠。吴氏之弟吴法寿剽悍狠毒,倚仗萧宏之势随意杀人。受难之家不饶,指名申诉。怎奈吴法寿藏匿在萧宏府中,有关衙门竟不敢搜捕。最后,梁武帝听说了这件事,才令萧宏交出吴法寿,即日处决。南台御史请求对萧宏数罪并罚,罢免官爵,梁武帝挥泪批答道:"爱萧宏是兄弟私情,免萧宏是朝廷王法,准许所议!"于是罢免了萧宏的官职。但不久,梁武帝又以萧宏为司徒。于是萧宏更加肆无忌惮,淫侈如故。

天监十七年(公元 518 年),梁武帝

想临幸光宅寺,忽然听说城内有谋变之事,于是派人暗中搜捕,抓住了一名刺客。审讯得知刺客竟为萧宏所使。梁武帝召萧宏入见,哭着对萧宏说道:"我人才胜过你百倍,幸居天子之位,还时恐颠坠,你为什么还做夺位的妄想?我不是不能成为周公、汉文,只是因为你愚昧,特加怜悯,你反而不知感激,真太无人心了!"萧宏只是频频磕头求饶:"没有这回事儿,没有这回事儿!"梁武帝于是再次罢免萧宏官职,勒令他回家反省,却不予深究。

不久,又有人向梁武帝密报,说萧宏住宅的后院盖有数百间库房,把守极严,里面藏的都是武器,预谋造反,梁武帝听后极为惊慌,连忙带着亲信邱佗以叙兄弟之情为名,亲自到萧宏家喝酒。酒到半酣,梁武帝对萧宏说:"我想看一看你的库房。"不等萧宏答应,便起身向库房走去。只见萧宏的后院一排有 30 多间屋子,每间房子都用各种色标做了记号,贴着封条。梁武帝回头问跟在后边的萧宏:"库房里装的都是什么?"萧宏神色紧张,支支吾吾回答不出。梁武帝越发认为所报非虚,里面定有武器无疑。于是,梁武帝命令随从校尉(下级军官)邱佗将库房一一打开。梁武帝逐间查看,只见库房里装的全是银两,百万为一聚,标用黄签;千万为一库,标用紫签。梁武帝与邱佗屈指计算,如此 30 余间屋内,大约有现钱 3 亿多。在旁边的屋子里,还贮存着布、绢、丝、棉、漆、蜜、纻、蜡、朱纱、黄屑和杂货等物,满室堆砌,不知道有多少。看到梁武帝来势不善,萧宏非常害怕,禁不住两股战战,心想一定要遭到梁武帝的惩罚。谁知,梁武帝查看过所有库房后,见里面藏的不是兵器,知道萧宏没有夺取皇位之心,心中非常高兴。便对萧宏说:"阿六,你可真会赚钱啊!"于是,又重新回到堂前饮酒,直到深夜才回宫。

从此,梁武帝见萧宏只知私积,胸无大志,便愈加信任。而那萧宏本来怕查出赃物治罪,经过这一检查,不但没有治罪,反而使贪财聚敛成为合法的行为,还能得到梁武帝的信任,所以,就更加肆无忌惮地进行搜刮。其他诸王、公、侯自然也要学萧宏的行为。

梁武帝次子豫章王萧综仿晋人鲁褒《钱神论》,戏作《钱愚论》讥讽萧宏,梁武帝却命萧综速毁其文,但文章已流传都中。萧宏得知此事,愧恨交加,行为稍有收敛,但不久便故态重萌。

在梁武帝统治下的梁朝,贪污和盘剥成为公开和合法的行为。王伟为侯景草拟的檄文中说道:"梁朝自近年以来,奸佞掌权,他们疯狂地剥夺百姓,以满足自己的私欲。如果不是那样,你们想想:今日国家的池苑、王公的第宅、僧尼的寺塔,以及在位庶僚、姬妾百官、仆从数千,都不耕不织,却锦衣玉食,不夺百姓,从何而来?"可见当时官僚奢侈腐化,肆意搜刮已经到了何种程度!

梁武帝的姑息养奸,为私忘公,使萧宏更加有恃无恐,胆大妄为,以至于闯出一桩逆伦伤化的重案。

梁武帝有很多女儿,其中临安、安吉、长城三公主知书答礼,颇有文才。唯独永兴公主刁顽而且淫邪,竟与叔父临川王萧宏通奸。萧宏与永兴公主怕事情被梁武帝知道,招致杀身之祸,竟暗中商量,预谋杀死梁武帝,夺权篡位。萧宏答应事成后,封永兴公主做皇后。

一次梁武帝设三月斋,与诸公主一块进入斋室。萧宏与永兴公主认为谋刺的机会已到,便暗中指使两个家僮,乔扮女装,身带利器,随入室中。不料家僮阁阈因为过分紧张,在过门槛时,不小心碰掉了一只鞋,露出了大脚。此事被直阁将军看到,起了疑心,偷偷地告诉了丁贵嫔。

丁贵嫔想要告诉梁武帝,又怕梁武

帝不信，于是便特别嘱咐直阁将军严加防范。直阁将军命令舆卫8人，整装藏于幕后。

到斋座将散的时候，永兴公主果然走到梁武帝面前，说有机密禀报。梁武帝屏退左右，让永兴公主详谈。此时，室内只剩下梁武帝、永兴公主和两个家僮。永兴公主向两个家僮暗使眼色，自己则假装说事，吸引梁武帝的注意力。那两个家僮悄悄绕到梁武帝背后，正在从怀中取刀之时，8名舆卫突然从幕后闯出，抓住了两个家僮。梁武帝惊得一下从座上摔到地下，幸亏身旁卫士手疾眼快才未受重创。

梁武帝大怒，立即审讯两个家僮。二人开始时还百般抵赖，不想招认。梁武帝命令搜查其身，取出利刃两柄，而且是男扮女装。至此，一切水落石出，再也无法隐瞒，两个家僮只好供明实情，不过只说是萧宏所指使，指望永兴公主能援手相助。

梁武帝得知此情，便知永兴公主也一定参与其中。对此谋君篡位的十恶不赦之徒，梁武帝又是慈悲心大发，不忍下手，而只是将两个家僮斩首，用漆车载着永兴公主，撵逐出宫了事，对萧宏则不予追究。

永兴公主被逐出宫后，自觉无颜见世人，羞愧成疾，不久即暴卒身亡。梁武帝得知后，还盛殓其尸，抚棺痛哭。临川王萧宏虽未受到责罚，却也忧惧成疾，梁武帝还亲自到他家7次看望，让御医精心治疗。不久萧宏病逝，梁武帝又不念前衍，追赠他为侍中大将军、扬州牧，并为他大办丧事。梁武帝对如此不法之谋君篡位的逆女、淫弟都能如此掩饰，不忍严罚，真是昏庸到了极点。

梁武帝早年无子，将萧宏的儿子萧正德过继给自己做嗣子。后来梁武帝又娶了丁贵嫔，生了萧统。到了梁武帝登基之时，萧正德满心指望立他为太子，因此十分得意，骄横凌人，目空一切。过了多年，不料梁武帝立了自己的儿子萧统，将萧正德还归本家，封为西丰侯，食邑500户。

萧正德失掉了皇位继承权，心中极为不满，愤恨地说："我父皇好没道理，当初既收我为子，今日就该立我为太子。现在却立了自己的亲生儿子，他年纪小，晓得什么，他这太子能做好吗？"

萧正德向郗皇后诉说了自己心中的委屈，求她帮忙。郗皇后见萧正德在自己身边多年，并没有太大的过错，就想替他求情，只是没找到向梁武帝进谏此事的合适机会。不久，郗皇后染病身亡，萧正德感到自己当太子无望，又见诸皇弟都食邑2000户，唯独自己食邑500户，分明是欺负自己不是亲生，于是说道："他既然无情，休怪我无义！"于是便偷偷地蓄养死士，图谋不轨。又与内侍结好，以便等内宫有变时好乘机而起。

萧正德见梁武帝好佛，常亲自光临同泰寺，知道朝中无防备，于是就操训士马，积草屯粮，伺机发难。

朝中大臣见势不好，忙报入朝中，说西丰侯有不轨行为，已露出反意。梁武帝对此昭然若揭之事，却以未见事实为由，对群臣说："父子之间怎么可以随便猜疑，如果骤然加罪，就会失去天性，被后世所笑。不如派一人去镇抚他，那样他就安稳了。"于是派黄门侍郎蔡景加轻骑将军之职，做萧正德的佐史。

蔡景奉旨带领虎贲甲士（皇家卫队的士兵）来见萧正德，说道："臣蒙皇上派遣，来侍奉贤侯，做您的佐史。以后有事必须斟酌而行，不可草率。"萧正德正要举事，忽见朝中遣官带领甲士来到跟前，心中不免有些恐惧。等把蔡景等人安顿好以后，萧正德立即召集谋士商量。

谋士范阳说道："计谋泄露了，事情就不会成功；不能果断决策，就无法树立威名。如今大王计不决而事先泄谋，实在是死无葬身之地了。还有什么时间考虑别的事呢！"

萧正德听了大惊失色道："他们怎么会知道我的计谋呢？"

范阳说道："今蔡景率兵来做佐史，必有人诬陷大王。皇上见无形迹，不便骤然加罪，所以派人来压制我们。这是朝廷念亲亲之意。现在如果有踪迹可疑，便会立即遭到杀戮。"

萧正德急忙又问："即使如此，我听说先下手为强，不如乘蔡景初到擒住杀掉他，然后率兵杀入台城，那么大事可成了。你们认为如何？"

范阳说："羽毛未丰，岂可高飞！现在大王兵不满千，储无余粮，弓箭未张，怎么能轻率地谋人家国！"

萧正德听了，一时无计可施，便说道："依你说来，这样不可，那样不行，那么就只有束手就擒等死啦！"

范阳说道："为今之计，趁朝廷杀机还未萌发，不如远逃避害，以图后策。"

萧正德说道："天地之间莫非王土，逃走再被抓回来，处罚更重。"

范阳说道："今皇上年岁已高，且溺于佛事，已经没有过去的英雄之志，却好行妇女慈悲，总是宽容别人，而且事头一过就再不追究人的短处。现在萧宝寅（原南齐鄱阳王，南齐灭亡之后，逃往北魏，为魏帝收留，封为丹阳公）正在魏国，大王若去投靠他，与他共同图梁，才是上策。"

萧正德听了，一时犹豫不决。范阳又说道："大王若再迟疑，祸到临头后悔也来不及了。"萧正德于是下了决心，连夜带领亲信左右，逃向魏地。这一年是普通四年（公元 523 年）。

第二天，有人报告蔡景，蔡景不敢自己决定，便上表请梁武帝定夺，并请求他下敕令取消萧正德家籍。梁武帝见奏大惊，可过了一会儿却对廷臣说："无知的小子，认为我循私立了嫡子为太子，而未循常规立他。而他又有何英才！他逃奔魏国，不思量梁、魏久和，又怎么能因收纳他而挑起衅端呢？小子不久一定会回来，由他自己去罢。"并不派人追赶。所以，萧正德一路疾行，无阻碍，直达魏都洛阳。

北魏孝明帝得知萧正德投魏，问群臣："梁世子远来，应当用什么礼节接待？"群臣奏道："梁与魏久睦，待其子是敬其父。应当用上宾之礼款待，好让他们和我国是礼仪之邦。梁武帝知道后必然喜悦，从而也就不必为边境忧虑，这是施小恩而除大患呀！"孝明帝听了非常高兴，便要派遣朝臣迎接。

这时，大臣拓跋源阻止道："不可以，千万不可以！我听说萧正德不是梁武帝亲生，然而养蓄多年，名分已定，梁武帝立嫡子是古今常情，但萧正德却怨恨不立自己；投入我朝，是子弃父、臣背君，留下他们会讥讽我朝藏匿绝伦悖礼之人。倘若梁武帝知道我们收留了他。一定以为我朝要助萧正德在江东立朝，过不多时，我朝必受侵害。乞请陛下疏远他，然后劝他回本国，以双方和睦友好为首要。"魏孝明帝听了深以为然，于是不遣官相迎，也不接见。

萧正德入魏满心指望北魏孝明帝会接见录用，不料只留在馆中款待，孝明帝又常遣官劝他早日回故国。萧正德于是怏怏不快，一时进退两难。左右亲信劝他去投奔萧宝寅，不料萧宝寅在遥远的朔地镇守，但无奈之中也只好如此。忽然一人站出来说："不可以，萧宝寅与我们虽是同室，却有不共戴天之仇，投他如驱羊入虎口。不如原路回建康，虎不食儿，况且当今皇上仁慈，不会过责，请大王以子礼向皇上请罪，决不致获罪。"萧正德无奈，只好辞别北魏，回到建康。

到了建康，萧正德立即朝见梁武帝，伏地免冠请死。梁武帝对这个叛臣逆子不但不绳之以法，反而含泪教诲他："我念及与你父亲是手足之情,而且你父亲又把你过继给我,因而对你封爵拜侯,待你也不算薄了。你为何轻信小人立长之说逃奔到北魏?我今若依法处治你,必使你父在地下号泣,又使我有杀子之名。姑且念你大明大义,饶了你这一次,将来一定要悔过自新,与兄弟们同享富贵就。"说罢坠泪不止。

萧正德听了,知道乌云已散,也感动地哭了。梁武帝又赐还了他原来的爵位。萧正德辞谢而去。朝臣见状都固争不可复其爵位,请求按罪处治,勿使后人效尤。梁武帝却摇头不听。后人讥讽梁武帝恩泽滥施,酿成大祸,作诗道:

虽云父子不无伤,背国欺君法要张。

有罪不诛留后患,自然祸发在萧墙。

梁武帝为感化萧正德,于大通四年(公元 530 年)又晋封他为临贺郡王。但梁武帝的宽厚仁慈并未感化萧正德,他表面上显得恭顺了,背地里却在积极寻找篡政的机会。

中大通三年(公元 531 年),太子萧统染病身亡,萧正德不禁大喜,以为这回必定立他为太子无疑。不料梁武帝又立了太子之弟萧晋安王萧纲为皇太子。萧正德越发怨恨,又阴聚死士,潜谋不轨。不久,事情败露,他害怕被治罪,竟又逃到魏国。只因为魏国不容,过了些时日,便又悄悄回到建康,向梁武帝请罪。对如此反复叛国的罪人,梁武帝不但不加惩处,反而怕他再次逃奔,竟恢复他被削夺的爵位。以后又接连升官,封临贺郡王,食邑 2000 户。

萧正德位重权高,凶暴日甚。对所辖百姓横征暴敛,公开劫掠,致使沃野千里的江南水乡变成人烟稀少的荒芜之地。百姓饥寒交迫,以至于出现了人吃人的现象。梁武帝对萧正德可谓恩宠备至,可萧正德并不以此为满足,而是暗中招集亡命之徒,屯粮集草,蓄谋造反。

北魏将领侯景投降萧梁后,不甘寄人篱下,图谋造反,但担心萧梁朝内无策应之人,不便骤然行动。他见萧正德心怀不轨,便想与他拉关系以便做自己的内应。萧正德当初逃亡北魏时,与侯景有过一面之交,而且与其司马徐思玉素有交谊。因此侯景命徐思玉携书带厚礼前往结交萧正德。萧正德见到徐思玉,急忙问来意,徐思玉说:"我久闻殿下英武异常,足可以君临天下,而现在却抑郁不得志,久居人下,哪里像个男子汉大丈夫。今天是特来送天子之位给大王啊。"萧正德听了大惊大喜,马上说:"知我者,唯有大夫您啊!只不过这天子之位从何而来?"徐思玉忙从袖中取出侯景书信,对萧正德说道:"天子之位,就在其中。"萧正德急忙打开看,只见上面写道:"臣侯景顿首拜奉书于殿下,今天子年老,奸臣乱国,宪章错谬,政令颠倒。依我看,亡国之日,屈指可数。而大王本应做太子,却久被废辱,天下义士,为您痛心疾首,我侯景愚忠,能不愤慨?今四海之内,归心大王,大王岂能顾及私情,弃百姓于不顾?我虽无能,却愿替天行道,愿大王莫负苍生,答应为盼。……"萧正德看完信,不禁大喜说:"侯公之意,正合我心,这是天助我也。他日若能成功,必以侯公为大丞相司马郡公。"于是给侯景回信,大略是:"朝廷之事,正像您所说。我有此心已经很久了。现在我做内应,您为外援,还有什么不成功的?谋事从速,时机已到了……"

侯景有了内应,便积极部署兵马,于太清三年(公元 549 年)春天,在寿阳城举兵造反。萧梁的守军已 30 多年不见兵火,且多为羸弱之卒,所以侯景的军队攻城掠地,势若破竹,很快就到了长江北岸的重要港口——采石。因无船渡江,只得暂时停止攻击,另谋渡江之策。

萧正德见侯景无船渡江,就急忙入朝见梁武帝,假惺惺地奏道:"侯景忘恩反叛,臣切齿痛恨。然而长江天堑不能飞渡,乞请陛下赐臣重任,随机行事,以报陛下。"梁武帝听后毫不警觉,反而认为他说的是忠君报国之言,于是大喜,立即授给兵符印信,命他总摄京师外围的防卫事宜,兵马屯于丹阳郡(治今江苏南京)。萧正德掌握了外卫兵马大权,便想乘此机会直接杀入台城,但又怕一时不能攻破,于是便与众谋士商量,决定等侯景兵来,力量充足了,再攻打台城。萧正德看到侯景兵屯采石,便遣水军头领朱角暗集船只,诈称说过江装载荻苇,以补充军中之用。于是朱角带着 100 余艘大船,扬帆过江,藏入芦苇之中。过了没几天,侯景兵到,沿江寻觅船只,朱角见了,忙调小船上岸与侯景联系:"我奉临贺王之命,备船迎请将军渡江,早定建康。"侯景得船大喜,让军将藏在芦苇中偷偷上船。等到夜间,恰遇顺风,于是将船一齐开出,顷刻而至。守江军士在黑夜中忽然发现江面有船行走,便一齐架起炮石,向着江中打来。朱角派人高声叫道:"我们是奉临贺殿下旨意,过江装载军资的,这里有令牌,命令地方官不得拦阻,如违令,军法处置。"守兵听说是临贺王军令,又见是建康人声音,便停了箭炮说道:"既有军令,可派一人上来照验放行。"朱角与侯景见岸上有炮弩,等了一会儿,便一齐拢岸,一面口中叫嚷着:"快来照验。"一面让侯景与诸将奋身上岸。侯景兵一上岸,连砍数人,大声叫道:"河南王全军过江了!"随即一齐砍杀。守兵忽然听见是侯景的军队,早吓得魂飞魄散,都趁着黑暗逃生去了。采石守将正在指挥士兵盘诘,忽听见喊杀连天,不一会儿兵将就来报告实情,守将惊慌失措,弃了采石逃跑了。侯景就这样占据了采石,挥军直指建康。

萧正德引贼渡江,梁武帝竟不知晓,还令他屯守朱雀门。朱雀门是建康门户,现在却让叛党把守,建康哪有不破之理!侯景军到达建康以后,列阵于朱雀桥南。东宫学士(太子手下的官吏)庾信率宫中文武 3000 多人,建营桥北,打算开桥冲击,以挫败贼军的锐气。庾信见侯景军队全戴着铁面具,不禁吓得退了几步。站了半晌,一时喉内发渴,就派军士取甘蔗来解渴,他正拿着要吃,侯景的士兵见桥内的门半开着,隐隐约约似乎有人。就命善射之将取弓箭射击,箭正中在门柱上。庾信正要吃甘蔗,忽见箭到,不觉手中甘蔗应弦而落,只吓得他肝胆俱裂,掉转身便弃军而逃。

萧正德看见庾信开朱雀桥与侯景对敌,急派游军沈子睦,砍杀守桥军士,大声叫道:"侯景兵到,城中已有内应了!"守桥军卒听了,一哄而散。萧正德打开桥门,引侯景兵杀入。萧正德将军马列在一旁,不一时,侯景中军来到,萧正德与侯景在马上作揖说道:"将军神速,功成盖世。"侯景答道:"这是殿下的福分。"侯景士兵都穿青袍,旗帜都是青色,萧正德穿红袍,打红旗,两军会合后一同进发。于是闯过秦淮河,二人乘胜进攻阙下。直到此时,梁武帝才知道萧正德是叛贼的内应,懊悔不迭,但悔之晚矣!

太清三年(公元 549 年)十一月,萧正德自立为帝。侯景率众朝谒,齐呼万岁。萧正德下伪诏书,改元正平,立世子萧见理为皇太子,授侯景为丞相。

叛王萧正德长期蓄谋造反,而且动辄向北魏叛逃,已足见他心术不正,天理昭昭,不问便可知。如果及时将他废黜不用,就可以断绝侯景的内应,侯景也不至于轻易作乱,更不至于火速捣毁建康。梁武帝一误再误,既不迅速派兵迎击叛贼侯景,反而还委以叛党萧正德重任,那么国破身亡,是再顺理成章不过的事了。

梁武帝次子豫章王萧综,母亲是吴淑媛,她本来是齐东昏侯的宠妃。梁武帝入建康时,据为己有,因而得孕。不料刚 7 个月就生下了萧综,一时宫中之人怀疑不是梁武帝的儿子,而是东昏侯遗胎。梁武帝也很怀疑这件事。过了不久，吴氏年暮色衰，渐渐失宠。到萧综长至10多岁时，梦见一名肥壮少年抚摩其肩，萧综私自惊讶，密密告诉生母吴淑媛，吴淑媛问那少年的模样，萧综详细地进行了描述，其所述之人的模样正与东昏侯相似，吴淑媛不禁器泣道："我本是齐宫嫔妃，被当今皇上所迫，7个月生了你，你怎能和诸皇子相比？但你是太子次弟，要小心保得高贵，千万不要泄露出去。"萧综听了这些话，抱住母亲大哭。

之后，萧综总是将信将疑，当时民间传说：用生人血滴死人骨，渗入者为父子。他想试验一下真伪，便悄悄地率领心腹数人，偷偷来到东昏侯墓前，私下发掘，剖棺出骨，咬破手指，沥血试验，果然顷刻而入。又怕不确切，他回到家中，将刚出生一个多月的次子一把掐死，草草地埋葬。过了几天，他派人在夜间发掘出儿骨，再次滴血，竟像第一次那样顷刻渗入。于是，他坚信自己是东昏侯遗子，每天躲在密室里，私祭齐氏祖宗，同时伺机叛梁。

萧综多次请求经略边境，梁武帝始终不允。后来恰逢北魏徐州刺史元法僧降梁，梁武帝派元略、陈应之率兵接应，被魏安乐王元鉴击败，情势紧急，就又命萧综出督诸军，镇守彭城，并管理徐州府事。萧综到任之后，喜不自胜，仿佛鸟出樊笼，鱼入沧海。即刻暗暗地与萧宝寅勾结，称萧宝寅为叔父。萧宝寅念及他有志气，于是互相往来。许多人都知道他的行径，只是不敢奏闻梁武帝，使他一直被蒙在鼓里。萧综见梁武帝好佛，朝政日非，又徇私立了自己的兄弟为太子，越发不满，便将朝中事情详细告诉了萧宝寅。萧宝寅将情况奏知北魏皇帝，魏帝见有机可乘，便派临淮王拓跋琛增领大军10万直逼彭城。两军相持，胜负未决。守将奏到朝廷，梁武帝见魏背盟，不禁大怒，立即传旨派兵遣将协助守卫彭

城一带地方。梁武帝因考虑到萧综年少，不谙兵法，就命令他回朝。萧综见到梁武帝命他回朝的诏书，心里很是忧虑，恐怕离开此地再也不能到徐州了，就瞒着诸将，密派心腹之人给拓跋琛送降款。拓跋琛一时不敢深信，就派鹿愈先入城验其虚实而后受降。鹿愈单骑直奔彭城而来，才到半路，就被萧综军截获。军士见是魏人，举刀要杀。鹿愈说道："临淮王派我与你王有机密事商量，你们怎敢擅自杀我！"军士不敢动手，解入大帐见豫章王萧综。鹿愈见到萧综，将手一拱说道："我们早就得到了您的消息，特来验查情况，正好被你部下所获。"萧综听了忙走下帐来，亲自为他松绑，而后扶入内室促膝而谈，竟连夜率亲信和鹿愈一起投入魏军，梁朝兵将并无一人知晓。第二天，梁军诸将一早便陈兵列阵准备交战，忽见魏军中派人过来，一到阵前就高叫："豫章王昨夜已投我军，你们还要交战吗？"梁将听了大惊，忙派人入城寻找豫章王，果然府室一空。一时三军无主，各自慌张，诸将都禁约不住，魏军乘势掩杀，占据了彭城。魏将又率兵追击，连夺数城。梁朝将士大部分死亡，长史江革、司马祖暅也同时被魏兵掳去。

对于萧综的叛变，梁武帝在一阵惊骇之后，只是在萧氏家谱上将其除名，削其官爵。而萧综的儿子萧直仍被封为永新侯。不久，北魏遣还了江革、祖暅。梁武帝召见他们，询问萧综奔魏的情形，江革、祖暅据实奏陈。梁武帝竟认为萧综奔萧宝寅是顾本支，而且颇有孝思，于是赐复了萧综的爵位，仍让他入族谱。但梁武帝的恩德并未能感化萧综。萧综到北魏后，北魏朝廷以厚礼待他，萧综请求为东昏侯服丧3年。后来在北魏官拜司空（三公之一，级别最高的朝官），封丹阳王，萧综竟改名萧赞。之后因为跟随萧宝寅谋反，被魏人所杀。萧综死后，有人将他的尸骨悄悄送到江南。梁武帝知道

后，下令厚葬，并恢复了他的祖籍，还把他埋葬在萧氏祖坟旁。

梁武帝对萧综这样的叛臣逆子，不仅不予严惩，反而如此体谅关照，由此可知，梁朝多乱臣逆子便不足为奇了。

邵陵王萧纶是梁武帝的第六个儿子，幼时聪颖博学，长大后却日益骄横自负，以至于到了疯狂的地步。最初出使做宁远将军、琅琊、彭城太守（州、郡一级地方长官）；不久迁任轻车将军、会稽太守。普通元年（公元520年）领石头戍军事，不久又做了江州刺史。普通五年（公元524年），以西中郎将（五中郎将之一，军权较重的武官）之职总摄南兖州事务。到任之后，萧纶自以王位之尊，暴戾无常，恣行不法。常常带领一班家将，到市井之中强取货物，或到乡村郊外跑马射箭，践踏五谷。见民间女子有聪俊秀美的，便强抢入府。郡县官都不敢吱声，以至于百姓人人惊恐，有冤难申。有女子之家都设法藏匿，不敢在门前露面。如果听说刺史出来了，家家户户都紧闭窗门。不到一年，直弄得兖州百姓户户不宁，商旅不敢白天交易。

一天，萧纶微服出游，路遇一个卖鳝鱼的人，于是问道："卖鱼的，我问你，你这本州刺史做官如何？"那人见他商贾打扮，才小声说道："客官再不要说起他，刺史我也见了许多，从不曾见到过这个天杀的！他仗着自己是梁武帝之子、太子之弟，没人管得了他，到我们这南兖州来只是掳掠民财，奸淫民女。你看街上好货都不敢卖，标致女子都不敢在窗前楼下轻露半面。如果他再在这里半年，真弄得这里百姓要路绝人稀，逃亡奔窜了。如今这里的百姓恨不得食他的肉，剥他的皮哩！"邵陵王听了，气得两眼火星直冒，指使随后的军士将卖鳝鱼的拖翻在地，将一条活鳝鱼塞进他的嘴里。那人大叫一声，肝肠迸断，登时死了。邵陵王却拍手大笑道："这才能消我这口恶气！"

自此以后，萧纶更肆无忌惮，直逼得百姓道路以目，惊骇至极。有人将这些事奏报朝廷，梁武帝下旨指责他，令他改悔。邵陵王大怒，竟撕毁文书，怨恨梁武帝不绝。

一日，邵陵王又出来私走，见一队出殡之人抬着一具棺材，孝子披麻拄杖，低头在前哭泣。邵陵王觉得很是好看，触动了淫心，便走上去夺下孝子孝服穿戴起来，学他匍伏的样子，口里嚎哼着闹着玩，旁观者笑得前仰后合，都对他的举动觉得奇怪。签师（前文的典签）将邵陵王的恶行写成奏章偷偷地启奏梁武帝。对此荒唐暴戾的不肖之孙，梁武帝却只是呵责一番，将他由兖州调回京师，令他归第反省。

邵陵王在家里，心怀怨恨，认为梁武帝糊涂，因此气闷不过，日夜徜徉于市。一天，他遇见一个面貌酷似梁武帝的老人，便将他带到府中，命令他换上皇帝的服装，坐在高堂之上。然后以君臣之礼拜见，自陈无罪。随后竟将老人剥光衣服，拖到庭前痛打20大板。老人苦苦哀求，方才得免。言官将此事密奏梁武帝，梁武帝大怒，立刻派台城内3000禁兵，将邵陵王府第前后围住，捉拿萧纶。邵陵王被捉到宫中后，梁武帝不容分辩，命宫人交给他三种法物，立即赐死。太子听说这件事后，急忙奔入宫中，哭奏道："父叫子亡，子不敢不亡，今天弟弟萧纶获罪，实在是因为无知才造成的。但是事关休戚，枝叶受伤，根本也就削弱了，手足有损，最后会受人欺侮，况且佛门有戒，请父皇饶怒一人的罪过，功德会超过七级浮屠，让他悔过迁善，也好不给后世留下杀子之名。"梁武帝本来就只是想吓一吓邵陵王，今见太子求情，正好有了台阶可下，于是长叹几声，说："有子不肖，实在是我的罪过。"于是让宫女们收回法物，削去邵陵王的爵土。邵陵王得免，来拜谢梁武帝不杀之恩。梁武帝拭泪而

去。大通元年(公元527年),梁武帝又赐还了萧纶的爵土,后来有诗道:

> 既生上智到唐虞,定有丹朱做不愚。
>
> 非实严亲不能数,教而不善又何诛。

据《南史》记载,梁朝诸王之恶为历朝罕见。在梁武帝的纵容下,贵族子弟在京城胡作非为,甚至公开杀人越货,劫人财物,也无人敢过问。梁武帝不仅对皇族成员如此纵容,对地方官吏也同样纵容。梁朝官吏可以公开贪污,三任郡守的鱼弘说他做官要做到四尽:"水中鱼鳖尽,山中獐鹿尽,田中米谷尽,村里民庶尽。"寒门邓之起做益州刺史时,把聚敛来的金银珍宝和绫罗锦缎分别储存在两间房里,称为内府和外府。官吏搜刮来的财物,都得向梁武帝贡献,献物多的,便是称职,所贡微少,便说弱惰。所以州郡长官,都争着聚敛,劫剥百姓。加上梁朝繁重的租调、力役的重压,广大劳动人民的生活处境就更加恶劣。许多人不得不背井离乡,四处逃亡。他们或者假慕沙门,做了僧尼;或者依靠大姓,做了部曲;或者聚于山海,与朝廷对抗。到了梁武帝晚年,农民逃亡的现象更加严重,又由于刑法对于老百姓极其严酷,劳动人民"人人厌苦,家家思乱"。

大同十一年(公元545年),散骑常侍贺琛上疏说,天下守宰,竟相剥削,剥削到手就尽情挥霍,刮得亿万财富,不到几年就挥霍殆尽,于是又后悔当初搜刮得太少。由于官吏贪残,造成农民破产,户口流失,国库空虚,国家衰弱。在上疏中,他痛陈当今朝廷纵容官员强取豪夺,生活奢侈,而百姓苦不堪言的弊政。他建议禁止贪污奢侈。对此,梁武帝不但不接受,反而大发雷霆,指责贺琛说这些话是沽名钓誉,欺凌朝廷,诋毁百官;并说勇怯贪残各有它们的用处。这就是他的"治道",实在是昏庸至极啊!

梁武帝因佞信佛教,所以事事以善为先,为政一味仁慈,动辄大赦民间,每次处决死罪时总是"哀矜涕泣",整日闷闷不乐。士族和亲属犯法时,他总是哭着教育一番就了事,从不用法,真可以说是"慈爱"之至了!然而正是梁武帝的"宽容"和对罪犯的姑息,造成了纲纪混乱。一些刁顽之徒见朝廷一味施行仁政,越发猖狂,视法律为等闲,全无畏惧。许多人任意横行,不守法度,屡次劫掠金银做犯罪时赎身之用。一时山林草野、湖荡之中盗寇日渐增多。这些情况梁武帝完全知道,可是他"溺于慈爱",致使王侯子弟、地痞流氓逍遥法外,劳动人民却有着受不尽的灾难。

梁武帝的滥施恩惠,姑息迁就,致使萧梁政治极其腐败,及至侯景乱国时,文无出谋划策之良士,武无斩将夺旗之勇将,终致亡国。

梁武帝在位前期,北魏朝政日趋衰败,奸佞当朝,勋旧残遭杀戮。而奸佞小人为争权夺利,又不断挑起战火;加上农民起义风起云涌,北魏只落得兵连祸结,战乱不止。而当时的梁朝却是兵精粮足,器械精湛,军威壮观,出现了南朝百十年来所没有的盛况。如果此时的梁朝为一雄才大略的皇帝执政,肯定会抓住这千载难逢的机会,北定中原,统一中国,成就盖世的功业。但梁武帝偏偏不是这样,他整日忙于做善事,与佛沟通,根本看不到什么机会,唯一一次认识了,却不派良将,专用昏庸无能,只会享受,无勇无谋的萧宏为帅,不仅贻误了战机,还差点儿落得全军覆灭的结局!

那还是在天监初年,北魏日趋没落,外戚高肇、宠臣茹皓,内外弄权,忠贞遇害,全国一片昏暗。梁武帝见有机可乘,于是想北进中原,统一中国。当时梁朝文武百官中,韦睿有勇有谋,是帅才;裴邃胆略过人,是将才;二人都是当世名将。但梁武帝却忌恨他们,弃之不用,专用自己的六弟——只知劫夺、淫乐,而极端昏庸无能的临川王萧宏统帅三军全权

第三编　三国两晋南北朝野史

负责掌管北伐各事。

萧宏骤然间手握重兵，手足无措。大军到达洛口，魏将元英、邢峦统率20万大军前来迎击，萧宏得报，非常恐惧，便与诸将商量要撤军。柳恢、裴邃、昌义之等将领坚决反对，有的将官竟含怒而起，萧宏见众怒难犯，不敢撤军，当然一直也没有进军。

到了深秋季节，一天夜里，突然狂风呼啸，四处迷漫，萧宏以为北魏大军前来偷袭，竟率领几个骑兵连夜逃跑了。天亮以后，将士找不到主帅，顿时惊哗，四散奔逃。北魏乘机集中兵力进攻，幸亏钟离百姓在昌义之率领下死守拒敌，大将韦睿及时援救，才免遭全军覆灭之灾。

当时梁朝军队正值装备精良、兵强马壮之时，如果指挥有方，完全可以大胜腐败、赢弱的魏军，可惜，由于梁武帝用亲不用才，致使梁朝贻误良机！

之后，北魏朝政更趋衰败。天监十四年(公元515年)，北魏宣武帝病故，年幼的孝明帝即位，胡太后临朝称制。她专制、昏庸，不辨忠奸；她宠信的宗族争着比奢侈豪华；受宠掌权的奸臣疯狂地诬害忠良；全国上下一片混乱。胡太后又崇信佛教，没完没了地修建各种寺庙、佛塔，还多次设立斋戒大会，给僧人布施动辄数以万计，又常常没有节度地赏赐身边的人，耗费的财物不可计量。以至于百姓财力匮乏，疲惫不堪。奸臣元义掌权后，随心所欲地处置一切事情，破坏纲常法纪，各级官吏贪污索贿成风，因此百姓贫困窘迫，人人都想造反。不久，沃野镇的平民破六韩拔陵聚众起义，民众纷纷响应，破六韩拔陵挥军南指，所向披靡。接着北方六镇全部起兵反魏，高车二部、柔然国也乘机进攻北魏。北魏国内战火蜂起。

魏国大乱，给南朝梁武帝北进提供了有利时机，如果梁武帝倾注全力攻打北魏，北魏腹背受敌，这样，梁军攻城略地，平定北方是完全有可能的。但是，此时的梁武帝却正热衷于佛事，天天吃斋，日日诵经讲法，几乎不理朝政，更谈不上集中精力去与北魏对垒。他只派几支部队在边境上与北魏小战。北魏因国内疲于应付，向梁求和，梁武帝便满口答应了。又一次统一全国的机会让昏庸的梁武帝丧失了。

北魏越来越混乱了，"河阴之变"后，北魏群雄为"挟天子以令诸侯"，你争我夺，烽火一直连绵不断。北魏分裂为东、西魏后，东魏高欢与西魏宇文泰各自统率大军，互相征伐，北方连年不得安宁。

其间，如果梁武帝有志统一北方，机会实在是太多了。群雄争夺之时，梁武帝随时可以伺机坐收渔人之利；可惜，此时的梁武帝却一直在佛前五体投地，梦想早日成佛。根本就不再想发展生产、安乐百姓、富国强兵的事，哪里还谈得上去统一中国？

但是，当侯景反于东魏，因恐东西两魏夹击，而向梁求降时，梁武帝却突然想起统一中国的事来了。

侯景是北魏怀朔镇中已同化于鲜卑的羯族人，骁勇有力，善骑射，曾做过怀朔镇的武官，后来结识了高欢，于是成了生死之交。因为侯景智谋兼备，帮助高欢削平六镇，而且又说话乖巧，善于迎合人意，所以深得高欢器重，在东魏历任尚书左仆射(相当于左丞相)、吏部尚书(中央人事部门的最高官员)、司空、司徒(三公之一，朝廷中级别最高的官员)等职。侯景常对高欢说："如能得3万甲兵，定当横行天下，渡江活捉萧衍老公，做天下太平寺的主人。"高欢欣赏他的雄壮，自立之后，果然给侯景甲兵10万，任命他河南道大行台，使他专制河南。侯景见高欢对他如此器重，于是便纵横得意，目中无人。当看到高欢儿子高澄、高洋不及其父时，心中就瞧不起他们，曾经对司马子如说："高欢在，我不敢有异谋；如果高欢没了,我不能与他儿子们共事!"

高欢死后,侯景掀髯大笑:"大丈夫终有扬眉吐气的一天了,如不能流芳百世,也应该遗臭万年!"于是举兵反叛。

高澄听说后大吃一惊,急派司空韩轨督军讨伐侯景,并传令各州将士准备御敌。

侯景见东魏大军来讨伐,知道难以拒敌,就和众谋士商议说:"现在我介于两魏之间,两魏都是我的仇敌,如果它们合力进攻我,那我将首尾难顾,即使想自保,恐怕也不可能了。不如暂行权宜之计,向梁称臣。我听说萧衍好利,若动之以利,他肯定会帮助我。他若肯帮助我,到时候再审时度势以观动静,事情是否可图,到时候再说。你们认为怎么样?"众将听了,都说这谋略好。于是侯景让人写文书,派行台(中央派出机构,后又指派出官员)郎丁和出使建康,答应说若梁出兵相助,侯景将以河南 13 州之地归附梁朝。

梁武帝将表章让群臣一一观看,征求意见。尚书仆射谢举说道:"我们与魏和好已久,今收降其叛臣,我认为不妥。"梁武帝说:"从前魏君失德,曾收纳我叛子,而且久据我数郡,已背叛了两国和好之约,今强臣发动叛乱,魏国又分为东西两国,是上天要灭亡北魏。而且我久怀统一中国之志,屡屡不能如愿,所以曾经令边将乘机窃取魏地,却又未能成功。如今若得一侯景,塞北可清,中原可靖,我的宿愿也可以实现了。机会难得,望众臣三思。"群臣听了,争辩不已。梁武帝罢朝回宫,反复斟酌,总是踌躇不决,于是派内侍(宫内侍者)召朱异入宫。朱异揣测到梁武帝利动于心,便逢迎奏道:"陛下圣明御宇,南北归仰,因无机会,一直未酬统一中国之志。今侯景分一半土地给我朝,是天诱其衷、人赞其谋的结果。如果拒绝而不纳,怕会断绝其他归附者的希望。陛下还犹豫什么?"于是,

梁武帝下定决心,要纳降侯景。任命侯景为大将军,封河南王,都督河南南北诸军事,大行台(中央派出机构)。又下诏派司州(一州的行政长官)羊鸦仁督兖州,桓和之、湛海珍等率兵 10 万到悬瓠(在今河南汝南县)接应侯景,共图灭亡北魏。又下诏周围州郡解运粮草,以充侯景大军之饷。圣旨一下,满朝大惊,群臣交章上疏,提出异议。当时,山中处士陶弘景听说后,连夜入朝面见梁武帝,奏道:"我听说侯景为高欢效力,是出于乡党之情,后来君臣有契约,侯景才位居上将,位列台司。今高欢刚死,侯景马上就拥兵外叛,估计此人所图甚大,不会甘心居于人下。况且,侯景既然能背德于高氏,又怎么肯尽节于我朝?今益之以势、援之以兵,而侯景虎性难训,我朝终会遭到反噬。我怕我辈贻笑将来,为社稷担忧啊!乞请陛下念及创业艰难,三思而后行。"梁武帝听了,说道:"今侯景为高澄所不容,四面受敌,实在是进退两难。投降我,就像孤鸟依人,婴孩思母,若不援救,是会致其死地的。况且朕以仁心待天下,天下之人不负我,难道独有侯景一人负我吗?我意已决,诏令已下,毋劳贤卿多虑。"陶弘景固谏不听,叹息而归。

梁武帝见利而动,不分析当时的形势和侯景投降的意图,而想借此时机占有河南之地,统一中国,正如当时咨议(备顾问官员)周弘正所说:"祸乱都出在这里。"

侯景见梁武帝收纳了自己,还派遣兵将来助,不出自己所料,心中大喜。一时军心大振,天天盼望梁将来接济。高澄得知梁已出兵,就又派武卫将军元桂等领大队人马即日起行,倍道而进,与韩轨兵会合,共同诛灭侯景。双方在颍川(今河南许昌)以北展开激战。侯景兵弱,又见梁兵未到,只好退往颍川固守。元桂见侯景入城,于是引兵四面围攻,颍川危在旦夕。侯景见形势危急,只得派

人杀出重围向西魏求救,答应若西魏击退高澄兵将,侯景将割荆州、北兖州、鲁阳、长社四城给西魏。西魏丞相宇文泰答应了他的请求,并加封侯景为大将军兼尚书令,同时派遣都督贺兰率大军援助,直奔颍川杀来。侯景与西魏援军内外夹击,才将元桂杀退。解围之后,侯景与诸将商议说:"今解此危,实在是凭借西魏的力量。东魏失败,高澄不会放过我。如今我刚归附大梁不久,而又割地给别人,倘若梁武帝知道了,必定撕毁前约,况且西魏也不是可久居之朝。我若得罪了梁朝,是断绝自己的去路。为今之计,乘梁朝未发觉,谗言未入,得先把苦情告诉梁武帝,才是上策。"诸将听了都说好。于是侯景便叫人写信,瞒着西魏兵将,连夜遣中军参将(中军参议官)柳昕直奔建康(今江苏南京),禀告梁武帝:

> 我在王师未到、生死危急的关头,曾向西魏求救。目前臣既然不安于高氏,又岂能被宇文泰所容!但因螫手解腕,实不得已。希望圣主不咎我过错,臣得人帮助,不能马上抛弃别人,现以四州之地为引故饵料,已让宇文泰遣人把守。豫州以东、齐海以西的土地,还由我把守,现有之地全归圣朝。悬瓠、项城、徐州、南充之地必须得圣朝派兵迎纳。愿陛下速敕境土,各置重兵,为臣响应……

梁武帝见信,不但不对侯景的反复无常予以警觉,反而认为侯景是在危急之时,迫不得已。于是,亲修一书,令柳昕带回。

不久,梁将羊鸦仁兵到,进入悬瓠城与侯景兵会合。侯景将所辖州郡交给羊鸦仁管理,自己竟去休养兵马。羊鸦仁派人镇守,连夜报告给梁武帝。梁武帝大喜,认为侯景诚心归服,于是让侯景录行台尚书事。又下诏改悬瓠为豫州,寿春为南豫州,合肥为合州。同时派他的侄子萧渊明率领南朝的主力军队5万人进攻彭城(今江苏徐州),牵制东魏,支援侯景。由于南朝兵农地位的继续下降,而且兵役成为小自耕农破产的主要因素,因此,萧衍征召兵士,都要靠锁械押运,不这样的话,就都逃散了。叫这些用锁颈械手的方式抓来的士兵去援救侯景,而且很多人对这次行动持有异议,因此,这些士兵战斗意志的低落可想而知。用这些人去对付劲敌,不打败仗才是怪事。

高澄得知梁朝发兵,急命慕容绍宗领兵援救。两军交锋,慕容绍宗见梁兵人多,急忙暗暗挥动令旗,引军诈败,自己将兵马分为两翼。魏兵见了旗号各自退走。梁兵不知是计,便乘胜追赶。侯景正酣战之时,忽见魏兵将纷纷退走,梁兵在后追杀,忙在马上派人大叫道:"魏兵诈退,不可远追。"梁兵正在得胜之际,哪个肯听,只顾低头追赶。追了不到五里,慕容绍宗率领精兵从橐驼岘左侧一齐杀出,如扇子一样将梁兵裹在中间,紧紧围住。梁兵这才清醒过来,吓得到处乱窜。慕容绍宗派人高叫:"快下马投降,免遭一死!"梁兵听见后,都抛弃兵甲,伏地乞降。萧渊明等将领和大批梁兵都被生擒活捉。

东魏在击败梁军后,接着回师向侯景扑来,侯景势孤力薄,只好率领4万人马退守涡阳。魏军紧逼上来,双方相持长达数月之久,最后侯景军队粮尽援绝,被魏击败,只剩下800步骑。侯景在无奈之际,只好率领残部投奔梁朝。其实侯景并非真心归顺梁朝,他早有吞并江南的野心,扬言说:"我取河北之地不成,取江南却有把握。"对这样一个反复无常、居心叵测之人,梁武帝不仅收留了他,而且让他担任豫州刺史的要职,驻扎在军事重镇寿春。不久又赐给他青布万缎、武器若干,以后还赏赐锦彩钱布,信使来往不绝,真是昏庸之极!

侯景降后,光禄大夫(参议朝政的官

员)萧介上表梁武帝说:"我听说侯景因为涡阳大败,单骑而还。陛下不以先前的祸患为鉴,再次赦免并容纳他。我听说凶人秉性难移,天下的恶人都是一样的。狼子野心,终无驯服的可能,养虎的结果是招致饥噬之祸。侯景以凶狡之才,曾经与高欢是莫逆之交,职列台司,位高权重;然而高欢坟土未干,侯景就反叛东魏,被东魏击败后,又逃到西魏。只是因为宇文泰不容,所以才投靠我朝。陛下先前收容他,是想利用他平定北方,现在既亡师又失地,应该知道侯景不过是一无用的匹夫。陛下爱惜无用的匹夫而放弃国家,我认为是不可取的。侯景恶迹昭彰,千万不要指望他报效国家。我年迈多病,本不应干预朝政,但臣既为宗室遗老,又怎敢袖手旁观呢?希望圣上能听我的话。"

梁武帝见了这奏章,反复读了几回,为其忠诚所感动,但最终没有采纳他的建议。

东魏打败了侯景之后,又以被俘的萧渊明为诱饵,企图离间梁武帝与侯景的关系。他们向梁朝提出:梁朝如果消灭侯景,东魏就释放萧渊明。梁武帝得信,泪流满面地和朝臣商议。右卫将军朱异与御史中丞(首席监察官)张绾一同奏道:"要停熄战火,使百姓安乐,讲和实在是再好不过了。"梁武帝也认为应该如此。就在这时忽见班中走出一人,连声高叫道:"不可以,千万不可以,谁主和,请陛下杀谁。"定睛一看,原来是司农卿(中央负责农业的官员)傅岐。梁武帝问道:"你认为不可以,原因何在?不妨讲来听听。"傅岐于是奏道:"凡是先主张求和的,一定是在形势上不利,现在东魏连得梁地,并未被梁击败,而高澄忽然说要求和,其中必然有诈。现在逼萧渊明派信使回来,是想使侯景生疑不安啊,侯景不安,必生祸乱。若答应通好,必然中计。陛下千万不可轻信。"梁武帝沉吟了半晌,却说道:"贤卿所见,的确是有一片忠君爱国之心,确实有道理。但你不知朕也有苦衷,先皇兄一生忠孝,只留下萧渊明这一个儿子,我不能使他荣贵,却让他流落外国,做一个亡臣,又怎么对得起已长眠地下的先皇兄呢?我得到萧渊明的信后,至今心中不安,说起来就令人伤心,所以不得不答应他的请求。"傅岐固谏,但梁武帝为了能使他的侄子早日回到梁朝,听不进任何谏言,于是答应了东魏的条件,一脚踢开了侯景。

不料信使回魏路过寿阳时,却被侯景听说了,侯景疑心大起,就设宴款待信使,将信使灌得酩酊大醉,侯景搜查信使,见信后大惊失色:"梁魏如果和好,我岂不无容身之地了吗?"因此怒骂道:"吴老龙钟,宁可不想在用人之际同甘苦,我一定夺你家园,食你食,穿你衣,方快我心。"于是在寿阳休整兵马,暗积粮草,等待时机。为了进一步搞清梁武帝的心迹,不久以后,侯景伪造了高澄假书信,书信中说要送还萧渊明,来换取侯景,派人扮成魏人上书给梁武帝。这时梁魏之间时时有人来往,梁武帝竟不起疑心。梁武帝见到信时,高兴地要答应此事。名将羊侃坚持认为不行,说道:"侯景因为穷途末路才归附我朝,现在抛弃他实在不利,况且侯景身经百战,岂肯束手就缚?"梁武帝踌躇不决,于是问张绾、朱异二人。这二人说道:"侯景是一败军之将,擒获他只要派一使者就可以了,有何不利?"梁武帝听从了他们的意见,于是给高澄回信说:"如果萧渊明早晨送到,那么晚上就绑缚侯景送还。"

侯景拿到回信,勃然大怒,骂道:"我原来就知道吴老是负心人啊。"自此侯景已走投无路,于是在太清二年(公元548年)于寿阳举兵反叛。

侯景兴兵后,利用梁武帝与萧正德叔侄之间的矛盾,派人去和萧正德联络,答应事成之后,尊萧正德为梁国皇帝。

萧正德早就对失去太子地位而心怀不满，便很快与侯景勾结，欲里外配合，推翻梁武帝。

侯景叛乱的消息传到建康，梁武帝不以为然，反而大笑道："侯景有何本事，我要折揍鞭打他！"他认为有长江天堑，侯景是渡不过江的，而此时梁朝的精兵强将都在江淮护守，内地守兵都是些柔弱脆卒，不过守城而已。况且 30 多年不见兵火，何堪接战！现在侯景又在内地，一时发作起来，正是家贼难防，吓得远近郡守抱头鼠窜，纷纷奔逃。

侯景到了江北重镇谯州城下，摆开阵势，准备攻城，城中守将自知难以拒敌，竟开城投降，侯景乘机又进攻丰城，城破，抓住了丰城侯萧泰。侯景又进攻历阳，太守庄铁举城投降，并向侯景说道："国家承平日久，人们已不习惯征战。如今听说大王举兵，内外震骇，应该乘此机会，迅速进击建康，可以兵不血刃地成就大事。如果让朝廷都做好了准备，内外呼应，即使只派赢兵千人，据守采石，大王虽有精甲百万，也不能渡江啊。"侯景听了非常高兴，于是留下田英、郭骆镇守所得之地，以庄铁为向导，日夜兼行，直逼江口。

沿江守兵听说侯景兵来了，都抛弃兵甲，逃的逃，降的降。早已有人飞报入朝，梁武帝闻报，急忙召聚文武商议征讨侯景之策。文武百官都面面相觑，不知如何是好，只有都官尚书羊侃奏道："请陛下给我 3000 人，好迅速占据采石，再诏命邵陵王等人攻取寿阳，就会使侯景前进不能，退却又丢了巢穴，那些乌合之众，自然就瓦解了。"

梁武帝听了点点头，于是又问朱异、张绾，二人奏道："我们看侯景肯定没有渡江之志，如果如此抵御他，只能显示我们的懦弱，而丧失朝廷的大体。"羊侃固争，梁武帝不听，羊侃长叹道："陛下不听我的计策，大事已去，后悔也来不及啊！"

此时，梁武帝对萧正德和侯景的勾结还丝毫没有察觉，反而派萧正德防守长江。萧正德上任以后，连忙派数十艘大船将侯景所部全部接过了江南。侯景不费吹灰之力就顺利地渡过长江，然后长驱直入，向建康挺进。萧正德见侯景来到，便打开建康城门，引叛军入城，并与侯景合为一军，包围了台城。

这时，梁武帝已 80 多岁，城中防务全由太子萧纲主持，防军在名将羊侃指挥下奋力抵抗，但一切都已经无济于事了。

侯景攻下台城后，对全城进行了大屠杀，数月之间，建康内外尸骨满地，幸存者只有百分之一二，连梁武帝也成了侯景的阶下囚。

此时的梁武帝因惊吓忧愤而郁积成疾，加之侯景常常不给他饭吃，不久便死去了。临死之际，他感到口中苦涩想要吃一口蜜，可始终没能如愿，最后还是在"饿！饿！"的喊声中结束了他的一生。

梁朝经"侯景之乱"走到了他的末日。首都建康据《太平寰宇记》载："梁都之时，城中二十八万余户，西至石头城，东至倪塘，南至石子岗，北过蒋山，东西南北各四十里。"经过这次战乱，建康已是荒圮不堪，宫城民房全成废墟，文物典籍皆成灰烬。

在南北朝相峙的复杂局面下，梁武帝始终认不清形势。佞佛、养奸使他一再贻误战机，丧失了北定中原、建立功勋的良机。后来，他又听不进忠言相劝，对侯景这样一个奸诈、伪善、心怀叵测之人，不能审时度势地认真详察，而贪一时之利，盲目收纳。收纳之后，又不能谨慎防备，并因为私情而轻易抛弃，终于导致侯景乱国，自己丧国亡身。这实在是引火烧身，咎由自取！

孟子说："在国家闲暇之时，如果能明政典刑，即使是大国，也一定对它有所畏惧。如果此时只是荒淫急政，则是自求祸患。"此语在梁武帝身上得到了最好的体现。梁武帝立国时北魏朝政日益衰败,接着发生内乱,直至东西分裂,达30多年。而到高欢死,侯景叛魏,共46年。这数十年间,确实是南方发展的大好机会,如果梁武帝能乘此时机修明政治,整军经武,那么恢复国土,攘除奸凶,就完全可以做到,可梁武帝不但不能整饬纲纪,富国强兵,反而佞信佛教,废弛政刑,纵容权贵,姑息养奸。贪图小利,引狼入室,以致错失良机,招来杀身之祸,实在令人叹息!正如史家在论及梁朝的兴衰时指出的:自古拨乱建国之君甚多,但多数是其后代失国,自己而得,自己而丧者,唯有梁武帝而已。梁武帝因昏庸而使梁朝一世而亡,实在可悲!

### 复国称魏

拓跋珪,字涉圭,公元371年7月7日出生于参合陂(今山西阳高县附近),卒于409年,在位23年,终年39岁。

拓跋珪是拓跋什翼犍的孙子,拓跋寔的儿子。公元376年,拓跋寔弑死父亲什翼犍及众兄弟之后,被前秦主符坚车裂,拓跋珪的妻子贺氏带着6岁的拓跋珪投奔贺讷,当时,符坚想把拓跋寔迁移长安,代国长史南风道:"代王什翼犍刚死,群臣、部属叛离,留下孙子年幼,无人统领代国。代国别部大人刘库仁,勇猛而有智谋,刘卫辰狡猾多变,他们都不宜独担重任,您应该将其一分为二,让他二人分别统领。他二人历有深仇,势必不敢首先发难;待拓跋珪长大后,再立其为王,这样,陛下对代国有存亡继绝的功德,其子孙万代都会感恩于您。"符坚依言,便把代国分成了两个部分,二刘各自统领部众就国。这时,代国实际已经灭亡,贺氏带拓跋珪依附刘库仁。刘库仁对拓跋珪很为敬重,常对儿子们说:"这孩子有高于天下人的志向,一定能够宏扬祖业,你们应当谨慎小心地对待他。"

公元383年,淝水战后,前秦灭亡,

拓跋珪年已12岁,随母贺氏乘机返北,召集拓跋族部众,借助母家贺兰部的力量和前燕势力的支持,准备重新建国。由于前燕慕容族和拓跋族世代联姻,论辈数,后燕主慕容垂和拓跋珪是舅甥关系,因此,慕容垂支持拓跋珪重新建国。公元386年1月,拓跋珪一切准备就绪,遂于牛川(今内蒙古西拉木论河)即代王位,2月,建都盛乐;4月,改国号为魏,史称北魏。此时,拓跋珪年已16岁,公元396年6月,众大臣一致劝拓跋珪自称尊号;于是拓跋珪开始打起天子用的旌旗,改年号为皇始。到了公元398年12月2日,拓跋珪正式登上皇帝位,改年号为天兴。从这天起,追尊力微为神元皇帝、什翼犍为昭成皇帝,追谥生父拓跋珪为献明皇帝;并将自己以前的所有祖先共27人都追谥为皇帝。他还采纳崔宏的建议,自称是黄帝的后代,以土为德。

### 昭阳殿选官

拓跋珪是我国北方少数民族鲜卑拓跋族的杰出领袖。他在效仿汉人治国中,不分胡汉,唯才是举,是他成就大业重要的原因。

公元404年9月的一天,拓跋珪来到昭阳殿,下诏让文武大臣到殿,他要亲自选拔文武百官。当众臣到殿后,分列两旁,然后由拓跋珪一个一个地叫到近前,亲自考核,规定不分胡汉,一律按才能的优劣授给官职。他当场列出爵位四等;王爵封地一个大郡,公爵封地一个小郡,侯爵封地一个大县,伯爵封一个小县。在品位上,又分一、二、三、四品;普通官员列五等,从五品到九品。汉人崔宏曾就职于后燕,当时很有名气。北魏攻后燕时,崔宏逃到涨滨。拓跋珪知道后,立即派骑兵将他找了回来,拜为尚书,协助他治理朝政。汉族士大夫张衮,在灭燕之前就成了拓跋珪的重要谋士;立国之后,拓跋珪让他随朝佐政,不离左右。由于的唯才是举,如邓渊、董谧、王德待许多有才有识之士，都来到了他的身边。帮助他出谋划策，讲述汉族典章，使他仿照汉族制度初步建立了一套与中原地区相适应，又与拓跋族自身社会发展方向相一致的统治体制，为北魏后世各项制度的建立奠定了基础。

### 祸起萧墙

祸起萧墙是从《论语·季氏》一文中引伸出来的，原文道："吾恐季孙之忧，不在颛臾，而在萧墙之内。"当时，颛臾是鲁国的附庸国，季孙是鲁国大夫，孔子的学生冉求要让季孙做他的家臣，去攻打颛臾，孔子反对说："季孙的忧患不在颛臾这个小国，而在鲁国之内。"萧墙指门屏。现在，我们以祸起萧墙为题，来叙述拓跋珪一生叱咤风云，无畏无惧，然而却死于晚年的内乱之中，是恰如其分的。

拓跋珪16岁被推为部落联盟首领，复代王位，26岁定国称魏，27岁即皇帝位，真可谓所向披靡，一帆风顺。然而正是这些赫赫功业，使他在晚年变得骄奢淫逸，猜忌暴戾。拓跋珪曾钟情于刘氏夫人，后又宠爱慕容氏的一个女子，并将其立为皇后。他的母亲贺氏去世时，贺氏的妹妹前来奔丧。拓跋珪见姨母长得漂亮，便派人杀掉了姨母的丈夫，硬将其收留宫中，封为妃。这小贺氏后来为他生了个儿子，便是拓跋绍，后被他封为清河王。公元398年，他把京都迁至内地平城（今山西大同附近）。他到邺城巡视，遍游宫城，十分羡慕，回平城后，便大兴土木，仿照长安、洛阳、邺城建造宫殿，先后建筑了紫极殿、云母殿、金华殿、鹿苑台等；406年，又征发平城五百里内的青壮年男子，营建南宫和新平城，仅门高达10余丈，城有广阔的范围和池溏。

晚年，他十分担心别人夺他的王位，就连当年和他一道创基立业的将帅功臣，一旦被他怀疑为图谋不轨，也要加上种种罪名，轻者流放，重则赐死。北部大人贺秋干被后秦囚禁多年，回平城后，拓跋珪见他穿秦人衣，说秦人话，以为其仰慕后秦，瞧不起自己，便一怒将他杀死；卫王拓跋仪随他征战多年，战功赫赫，无论在汉人还是胡人中都享有崇高的威望，他却以为是在笼络人心，图谋不轨。拓跋仪见拓跋珪对自己情绪反常，心中害怕，单骑逃走，后被追回杀死。朝廷议事时，他如果突然记起某个大臣往时的过失，便随时推出去杀掉；他甚至见人脸色不顺，气息不调，或听人说话声音高一点儿，也以为是对他不满，怀有恶意，下令处死。由于他喜怒无常，动辄杀人，闹得朝廷上下人人不自保，百官均不理事。他越是杀人，也越发担心别人暗算自己，就连自己夜间寝处也随时变换，不让别人知道。即使如此，内乱已经形成，他也在劫难逃，终于在公元409年11月13日夜间，被他的儿子拓跋绍杀死。谥宣武皇帝，后改谥道武皇帝。

### 平乱登基

拓跋嗣是北魏的第二个正式皇帝，他是拓跋珪的长子。拓跋珪在位期间，封其为齐王，拜相国，加车骑大将军。

魏道武帝原打算立拓跋嗣为太子的。他听说汉高祖刘邦死后吕后干政的故事，又以汉武帝立太子，为防母后干政而杀死太子亲生母亲的例子为借鉴，杀死了拓跋嗣的生母刘氏。拓跋嗣很孝顺，母亲被杀后，日夜痛哭不止，拓跋珪发怒，将其赶出宫去。后来，拓跋珪后悔，又召其回宫。其左右道："皇帝喜怒无常，召你进宫，恐有不测，不如暂避一下，等将来皇帝怒消之后再回宫为好。"拓跋嗣觉得有理，便带了两个贴身侍从逃出了平城。

再说拓跋珪纳母亲贺氏的妹妹小贺氏为妃后，生下一个儿子拓跋绍。这拓跋绍长到10多岁便是个无赖，喜欢在大街小巷游逛，动辄抢劫行人，还常常剥光行人的衣服取乐。拓跋珪非常气愤，经常把他倒悬在井中惩罚他，到奄奄一息时才把他拉上来。为此,拓跋绍对父皇也记恨在心。公元409年11月13日,贺夫人因事不顺拓跋珪的心思,便对贺夫人责骂,并把她囚禁起来,还扬言要杀死她。贺夫人心中害怕,急忙秘密使人报告他的儿子拓跋绍,让儿子来救她。拓跋绍此时年已16岁,听到母亲将要被杀的消息后,当夜便与帐下武士、宦官、宫女们商议营救措施,尔后决定跳墙入宫行刺。当他带人持器来到天安殿时,拓跋珪的左右侍卫高喊:"有贼!"拓跋珪惊醒坐起,急摸弓箭,腰刀,都已不在,遂被拓跋绍扑上去,一刀杀死。14日天亮,拓跋绍谎称奉诏书,把文武百官集合在端门之前,从门缝中对百官道:"我有叔父,也有哥哥,你们打算听谁的?"一时间,大家不明就里,全愣了,无人表态。待了很长时间,南平公长孙嵩有所领悟,急忙答道:"拥立大王!"直到这时,众臣才意识到皇帝已死,但死因不明。一时间,从朝廷到民间,议论纷纷,人心大乱。

拓跋嗣听说朝中发生政变,另一方面积极准备进城平乱,一方面派贴身侍卫王洛儿和城内各位重要大臣取得联系,作为内应。文武百官听说太子拓跋嗣入城平乱的消息,都争先恐后地出城迎接。当拓跋嗣来到城西的时候,皇宫卫士已抓住了拓跋绍,押送到拓跋嗣行营。拓跋嗣遂下令将拓跋绍和他的母亲贺夫人处死。17日,拓跋嗣在文武百官的推拥下即位,宣布大赦,改年号永兴,追尊他的母亲刘贵人为宣穆皇后。

## 君臣共济

明元帝拓跋嗣是北魏的一个明君,善于听取臣下的意见,同舟共济治理国家。他一即位,就把魏道武帝晚年由于猜忌生疑而罢官回家的一些公卿全部召回,重新按才能加以任命,让他们参与政务。他下令长孙嵩与北新侯安同、山阳侯奚斤、白马侯崔宏、元城侯拓跋屈等八人坐在止车门后,共听朝政,时人称之为八公。

公元415年9月,北魏经过连续几年的霜旱,云中、代郡一带闹饥荒,老百姓多有冻饿而死。有人建议迁都邺城,明元帝拓跋嗣征求诸大臣对迁都一事的看法。博士祭酒崔浩、特进京兆周澹道:"迁都于邺,可以救今年之饥,并非长久之计。崤山以东的人民,本来以为国家居住在广阔的大漠之上,民畜无数;现在一旦迁都,这些人没地方安排,只好与汉人杂居,我们人少的情势就会显露,四方邻国也会由此看不起我们。况且,我们的百姓到了那里不服水土,死亡一定很多。在这种情况下,假如邻国再来图谋我们,云中、平城发生危机,我们也很难回救,国家的名声和实际利益都要受到损失。现在,我们居住在北方,即使崤山之东有变,我军轻骑南下,把兵力分布在村野中间,谁能知道我们的人有多少?百姓也会望尘慑服。待明年春草生,家畜吃饱,牛奶乳酪就会出现,现兼以苹果,便可以维持到秋天粮食成熟的时候,我们面临的一些困难就可以克服了。"拓跋嗣道:"眼前国库已空,已经没有办法维持到来秋;如果明年秋天再不收成,我们该怎么办呢?"崔浩等人又道:"我们现在就把最贫穷饥馑的人挑出来,让他们去太行山以东的地区谋生;如果明年再发生饥荒,到时候再想办法,只是眼前却不宜迁都。"拓跋嗣听了十分高兴地说:"咱们君臣算是想到一块了!"于是,拓跋嗣下令百姓中最困苦者迁往太行山以东谋生,并派左部尚书、代君人周几统率军队镇守鲁口,安抚召集他们。拓跋嗣本人则亲自带领文武百官躬耕籍田,且命有司劝课农桑。结果,到了第二年,庄稼丰收,民众富足,社会安定。

公元423年11月6日,明元帝拓跋嗣因病去世,在位14年,卒年32岁。明元帝死后,由他的长子拓跋焘继位,是为太武帝。

## 重用崔浩

魏太武帝拓跋焘，出生于公元408年，卒于公元452年，在位29年，卒年45岁。

拓跋焘是个很有作为的皇帝。他在位期间，聪明大度，性情俭率，不好珍丽，把主要精力用于整顿内政，屯田练兵，以增强国力。他之所以能平服四夷，统一北方中国，其中一个重要原因就是他重用智谋全才的汉人崔浩。公元429年的一天，拓跋焘把崔浩领到他的寝殿，语重心长地说："你富有才智，学识渊博，侍奉过我的祖父和父亲，忠心耿耿地辅佐了三代君王，故我一向把你当作心腹之臣。今后，你更应该竭尽忠心，直言规谏，不要有什么隐瞒。我虽有时盛怒，不听劝告，但我最终会明白过来的。"后来，拓跋焘还曾当着新近投降北魏的高车部落酋长的面，介绍崔浩道："你别看此人身体瘦小文弱，既不能弯弓，又拿不动铁矛，可他胸中所怀的智谋却远胜于百万大军。我虽有征伐的志向，却不能决断，前后建立的功业，无一不是他指教的结果。"正是太武帝如此尊敬重用崔浩，才使他在征战中所向披靡，连打胜仗，大败柔然国，迫其逃往漠北；攻灭夏国，占据长安和关中；灭掉北燕，取得辽河流域；消灭北凉，占领凉州，从而结束了近百年的五胡大乱的局面，统一了北部中国。

## 率先垂范

通观中国古代帝王，太武帝拓跋焘的率先垂范是很值得称道的。

在战场上，他沉着稳重，无论是登城防御，还是两军对阵，他都是亲自冒着乱箭飞石，身先士卒。左右士卒相继倒下，或死或伤，他依然神色自若，毫不畏惧。为此，将士们对他无不敬服，拼死效力。

在平时，他生性节俭，衣服饮食够用就很满足了，不再他求。有一次，文武百官建议加固京师的城墙，修缮宫殿，并引

经据典道："《易经》说：'王公设险，以守其国'；萧何也曾说过：'天子富有四海，不壮不丽，无以威重'。"拓跋焘听了微微一笑道："你们还曾听到古人说过'只在恩德，不在险要'的话吗？赫连屈丐用蒸过的土修筑的城墙也被我攻破了。这难道是因为城墙不坚固吗？我觉得，现在天下还不太平，正需要人力物力治国，至于在其他方面大兴土木，我不想去做，从这点而言，萧何的话并不对。"

他把财物看作军事胜利的基础，绝不轻易浪费。至于赏赐，拓跋焘也很分明。对为国死难将士的遗属或有功之家，他从不吝惜；对皇亲国戚，只要无功，他一分不给。他赏赐不分贵贱，惩罚不避权贵，即使是他平时最宠爱的人，有了过失，也从不包庇手软。这正如他平时所说的："国家的法律，是我与天下臣民应当共同遵守的，怎么敢轻易地改变呢！"

## 12岁登基

拓跋濬生于公元440年，卒于公元465年。

公元452年10月1日，大司马宗爱杀死南安隐王拓跋余后，北魏对立谁为帝的事又发生了争执。羽林郎中刘尼主张立太武帝拓跋焘之孙，景穆皇帝之子拓跋濬为帝。他去劝宗爱。宗爱大吃一惊道："你真是个呆瓜，如果要让拓跋濬当了皇帝，他能忘记景穆太子被害死的事吗？"因为刘尼曾参与宗爱害死景穆太子一事，一听也给吓了回来。刘尼回到府上一想，觉得不对劲，生怕宗爱又搞鬼，便又悄悄找到殿中尚书源贺商量。源贺早就想除掉宗爱，听刘尼述说之后，急忙又带刘尼去向南部尚书陆丽报告说："宗爱杀了太武帝，立了南安王，现在南安王又被杀死了，他仍不愿意皇孙登位，正暴露了他的野心。如不赶快将他除掉，定会危害社稷，后果就严重了。"正在睡梦中的陆丽听了后，腾地坐起来，瞪大眼睛道："新皇帝又被杀了吗？宗爱一

再作恶,这还了得,我和你们立即去诛杀此贼!"三人商量妥当,决定诛杀宗爱,迎立皇孙拓跋濬。10月3日这天一早,源贺同尚书长孙渴率兵严密把守皇宫,刘尼、陆丽则先将皇孙拓跋濬抢到后,抱在马上,进入平城。源贺、长孙渴打开宫门,迎接皇孙一行。尔后,刘尼率军到东庙除奸。刘尼一到东庙,就高声喊道:"宗爱谋杀了南安王,大逆不道,罪当灭族,现在嫡皇孙已登上帝位,颁下诏令,命令卫士们赶快回宫,各守原职。"因众卫士也早对宗爱行为不满,听到皇孙登上大位,高兴异常,一齐高呼万岁,并逮捕了宗爱、贾周等乱朝贼子,去见皇孙拓跋濬。

听说宗爱被捉住后,陆丽这边才安下心来,正式拥立拓跋濬即了帝位,是为文成帝,时12岁。宗爱、贾周被诛三族,几位有功大臣受封。至此,北魏国内局势才算又安定了下来。

### 担保贤臣

文成帝拓跋濬也是北魏比较开明的皇帝。他出生于440年,452年即位,年仅12岁。他年龄虽小但聪明过人,慧视忠良,和一些忠将贤臣建立了亲密无间的关系,为恢复北魏经济,安定社会秩序创造了十分有利的条件。原殿中尚书源贺除奸拥立有功,被文成帝封为征北将军,赐王爵。为进一步赏赐,文成帝对源贺道:"宫内、国库所有的一切,你喜欢什么就可以拿什么。"源贺辞谢道:"我们南面和北面的敌人还没有平定,我们的国库不能空了。"但文成帝仍坚持要给他点什么,源贺推辞不掉,只选取了一匹好马,以表示决心驰聘战场,忠心报国杀敌。文成帝对其更加敬重亲近。公元456年11月,文成帝改任源贺为冀州刺史、陇西王,并对众大臣道:"我采纳源贺的建议,一年之内救活了不少人,边防的守卫兵力也有增强。如果你们能都像他那样,朕就没有什么可以担忧的了。"

源贺的受宠遭到了不少人的妒忌,就在源贺被封为陇西王的当月,上武邑人石华控告源贺阴谋叛乱,有关部门把这一消息告诉了文成帝。文成帝说:"源贺竭心尽力为国家做事,朕敢向你们担保,绝对不会有这样的事发生,这是很明显的。"尔后,文成帝郑重命令详细查访验证。经过严肃查证,石华躲避不过,只好承认是自己诬告源贺。于是,文成帝诛杀了石华,然后又对左右道:"像源贺这样忠心耿耿的人还免不了被别人诬蔑诽谤,而那些赶不上源贺的人,又怎么能不小心谨慎呢?"从此,文成帝为臣下挺身担保,打击诬告被作为历史佳话流传下来。

### 定法安民

北魏从太武帝拓跋焘以来,由于对外经常用兵,再加上宗爱之乱,国库空虚,民不安宁。文成帝拓跋濬即位后,便针对国情多次下诏,斥责地方官吏串通富商大贾重利盘剥百姓。他规定官商犯赃10匹布以上处以死刑;他派官巡行天下,检查各地官员是否忠于职守,农民垦田情况,察看民间疾苦,规定凡良家子女因饥饿卖为奴婢的,可以赎身;对不让赎身的豪门官家,均以掠人罪论处。文成帝为进一步整顿吏治,还增派内外侯,让其换上平民百姓的服装,混杂于府衙、寺庙等地,以此来寻找文武百官是否有什么过失,一旦发现,就令有司严加追究;文武百官接受贿赂赃物,布匹达到两丈的,即予斩首。公元456年12月,定州刺史、高阳人许宗之贪赃没有节制,深泽平民马超对其不满,许宗之便派人将其抓来活活打死。许宗之怕马超家人告状,便抢先上书皇帝,诬告马超攻击诋毁朝廷。文成帝看了奏折,便对众大臣道:"这个奏折一定有假,朕为一国之主,怎么会惹恼了马超,使他说出那么多难听的话来?这肯定是许宗之有鬼,怕马超揭发出来,便先诬陷马超。"随后,文成帝派人详察真情，结果查出了许宗之贪赃枉法、草菅人命的罪行，遂将其逮捕，当众历数罪行，斩首正法。

由于文成帝在位期间定法安民，发展农桑，使北魏又安定下来。公元465年，文成帝拓跋濬因病去世，年只26岁，在位13年。

### 厌世禅位

拓跋弘，字万民，文成帝拓跋濬的长子，生于公元454年，卒于公元476年，终年23岁。公元456年立为皇太子，公元465年5月，文成帝去世，拓跋弘即位，是为献文帝，年只12岁。

拓跋弘从小聪明睿智，刚毅有断，但好黄老政治和佛教，对世间荣华富贵看得十分淡薄，常有离家从佛的念头。公元471年8月，他见叔父拓跋子推文雅仁厚，素有威望，便想把皇帝的宝座让给叔父去坐。当时，太尉源贺都督诸军事于漠南，献文帝便迅速召其回都，共商禅位之事。源贺回都之后，献文帝立即举行公卿会议。当他在会上提出自己的想法时，谁也不敢表态。任城王拓跋子云是拓跋子推的弟弟，见大家都不表态，知群臣不同意，便率先对献文帝道："陛下正至太平盛世，临覆四海，岂能上违祖庙，下弃百姓？且自古以来，都是父子相传，才名正言顺。如果陛下坚决放弃尘世事务，定要让位，也应由太子继承正统。现在的天下是祖先创建的天下，若陛下改变祖训，让位旁支，既违背祖先的意愿，也容易给奸诈之人以叛乱之机，历史上这样的教训还少吗？故望陛下要格外地谨慎从事。"太尉源贺接着道："陛下今欲禅位皇叔，臣也认为是打乱了祖庙祭祀的顺序，后世也会讥笑我们犯礼。任成王的意见很有道理，望陛下三思！"东阳公拓跋丕也说："皇太子虽然聪慧过人，但年龄也实在太小；陛下正风华春秋，始览万机，怎么能只顾修善其身，而不顾天下大局？"尚书陆蕃更是心灰意

冷，泣声阻道："如果陛下真要舍弃太子，传位皇叔，我宁可殿廷自刎，也不敢奉诏。"献文帝见众不仅不同意自己的建议，还以死相胁，很不高兴，当时脸色就变，但又不便发作，遂回头又征求尚书赵里的意见。赵里更不示弱，道："臣只知以死奉戴皇帝，不知其他！"中书令高允接道："臣不敢多言，只希望陛下思宗庙托付之重，下追周公辅佐幼主成王之事。"到这个时候，献文帝也为重臣一片忠心所动，不便再硬要叔父接位，但他这个皇帝是决心不坐了，于是顺水推舟道："既然大家都要太子即位，又有诸位忠心辅佐，也是可以的。"于是，他令陆蕃为太保，与源贺一同持节，把皇帝的大印呈献给了太子拓跋宏。太子拓跋宏知道后，哭着对父亲道："我接替父亲的位置，实在不能胜任。"献文帝不管这一切，于8月21日下诏道："朕向往太古生活，志向恬淡，不图名利，特命太子升为皇帝，朕只求修闲自得，修身养性。"8月22日，拓跋宏正式即位，是为孝文帝，尊献文帝拓跋宏为太上皇，一切安排就绪，拓跋弘便一头扎到后宫，与一些和尚专门研究佛教去了。时年太上皇年仅18岁。

### 献文帝之死

献文帝拓跋弘禅位之后，他的母亲冯氏被尊为太皇太后，她是孝文帝拓跋宏的祖母。这冯氏出生于442年，文成帝拓跋濬死时，冯皇后才23岁。这么年轻就守寡，怎能耐得住？他的儿子献文帝即位时只有12岁，尊其为太后，临朝称制。太后大权在握，改革吏制，实行均田，推行三长制，治理朝政倒也精明；但在称制过程中，她结识了一个叫李奕的人，一来二去，便有了私情。后来被献文帝察觉，很为震怒，但对母后又无办法，便于470年10月找了个借口，将李奕杀掉了。对此，冯太后一直怀恨在心，伺机加害献文帝；献文帝知母后怨恨，也一直警惕，使冯太后无空可钻。直到献文帝

做太上皇之后，才放松了对太后的警惕。于是，在公元476年6月的一天，冯太后密令左右在给太上皇进献饭食的时候加上了毒药，将献文帝拓跋弘毒死，时年仅23岁。

## 金水木火土

孝文帝拓跋宏（亦称元宏）是南北朝时期一个颇有作为的政治家，也是我国封建王朝中一个杰出的皇帝。他是献文帝拓跋弘长子，出生于公元467年，471年即位，时年只5岁。由冯太后垂帘听政，公元490年，冯太后死去，孝文帝开始亲政，时年23岁；499年病卒，时年33岁，在位28年，亲政9年。

孝文帝亲政一开始，便显现了宏大胸怀和远见卓识，他领导讨论金、木、水、火、土的故事便是一例。

公元492年1月5日，孝文帝突然召集文武百官，讨论"金、木、水、火、土"五行的顺序问题。开始，一些人感到莫名其妙，但皇帝让议，谁也不敢不说。首先发言的是中书监高闾。他以为："历代帝王，无不把立国中原视为正统的，既不以传世多少代作为争夺对象，也不把是非善恶作为标准。因此，夏桀和商纣虽然暴虐无道，也没被排除夏商王朝之外，周厉王、晋惠帝虽然昏庸，也没妨碍他们为周、晋王朝的帝王之一。按照自汉以来规定金、水、木、火、土的顺序，晋承曹魏为金，赵继晋为水，燕继赵为木，秦继燕为火，秦亡之后，魏才正式建立，其姓出于轩辕，故臣以为魏应为土。"秘书丞李彪、著作郎崔光等道："我们神元帝与晋帝向来通好，至于到了桓、穆二帝，更是一心辅佐晋朝。刘渊、石勒、苻氏所建的王朝地域狭小，世代短促，是魏结束混战时代，故晋即为金，魏当为水。"孝文帝听了微微一笑，众臣这时方才明白，孝文帝之所以召集大家讨论五行顺序，是要表明魏要代晋，占领中原，纷纷表示同意李彪等人的建议。这一次讨论，为孝文帝

后来迁都中原洛阳做了舆论准备，也显露了孝文帝胸图中原的宏大志向和聪明才智。

## 计迁中原

孝文帝的远见卓识，集中体现在他迁都洛阳这一重大决策上。

北魏自建国以来，定都平城。孝武帝认为，平城地处边塞，气候寒冷，变化无常，对发展农业生产十分不利，且又交通不便。每遇天灾，百姓便四处逃荒，严重影响着国家的安全，一有风吹草动，便自身不保。而洛阳就不同了，地处中原，交通便利，一直是汉族政治、经济和文化中心，东汉、魏晋都以此为京都，对统一中国十分有利。故孝文帝在未亲政之前，眼睛便早盯住了洛阳；怎奈祖母临朝，安居旧窝，谁还敢说一个迁字？太后死去，孝文帝亲政，第一件事就是想迁都洛阳。

他知道，要迁都洛阳，虽然太后死了，但贵族旧臣仍在，他们也决不会同意。怎么办呢？他便想了两条计策，一是于492年1月讨论五行问题，向群臣灌输魏是正统王朝，晋朝已亡，魏应取代晋，把眼光放在中原上；接着，于493年7月，他以南伐为名，谋迁洛阳。于是，一场假戏真做的故事便拉开了序幕。

那是在公元493年6月的一天，孝文帝召集文武百官，假意商议大举南攻伐齐之事，一些王亲国戚虽然反对，但谁也不愿先第一个提出反对。任成王拓跋澄却不管这一套，他见别人心中不愿意，但不敢说话，便首先起来反对。他说："陛下继承几代先王累积下来的大业，并且拥有了中原大地，如使之发扬光大，这就很不错了，为什么今天非要去讨伐还没有臣服的对象呢？"孝文帝听了勃然大怒道："社稷是我的社稷，我刚刚提出征战方案，以成光宗耀祖之业，你任成王便出来反对，这难道不是要扫大家的兴吗？"任成王拓跋澄也不甘示弱道："社稷

虽是陛下的社稷，但臣是社稷之臣，现在明明知道您要去冒险，又怎能不直言相谏呢？"这一来便炸了锅，国戚、王亲及一些重臣一齐出来反对。孝文帝见情，知道再发火也是枉然，便缓和气氛道："对于这个问题，我是要提出让大家讨论，每个人都可以发表个人的见解。"事后，他便单独把任成王拓跋澄召进后宫，令左右侍从退下，才对其道："你知道我今天提出大举南伐的真正用意吗？"拓跋澄仍气呼呼地道："谁知道你打的什么主意！"孝文帝道："我所要办的这件事，恐怕比大举南伐还要令人难以接受。你知道，我国是在北方疆土上建立起来的，后迁都平城。但是，平城只是用武开疆的地方，而不能治理教化，和中原洛阳的条件根本不能相提并论。要巩固我们的政权，加强对中原地区的统治，提高我们的正统威望，就必须南迁洛阳，故我名为南征，实为迁都。"拓跋澄听了一拍脑袋道："陛下打算迁都中原，用以扩大疆土、征服四海，这是绝顶的好主意，为何不早说？以前周王朝、汉王朝，之所以兴盛不衰，正是这个原因啊！"孝文帝道："北方人已经过惯了北方的生活，留恋故旧，如要迁都，他们定会惊慌失措，极力反对，甚至会起来作乱，到那时可又怎么办呢？"拓跋澄道："非常之事，只有非常之人才能做到。陛下下决心干就是了，他们又能怎么样呢？我坚决支持陛下这样的'南伐'！"孝文帝高兴地说："任成王真是我的张子房啊！"

6月7日，孝文帝不顾群臣反对，调兵遣将，率大军30万向南进发。7月，大军开到洛阳。这时，洛阳正秋雨连绵，道路泥泞，已经长途跋涉的士卒此时哪里还走得动？至于那些文臣武将，更是叫苦不迭。而孝文帝呢，见部下如此狼狈不堪，内心不由得发笑，但表面上又一脸严肃，全副武装，骑马挥鞭，下令三军，继续向南进军，群臣一见皇帝还要南进，骨头全软了，便一齐跪在孝文帝马前，苦苦哀求不要再南伐了。孝文帝怒道："我讨伐南齐大计早已确定，你们不身先士卒，反要来带头打退堂鼓吗？"群臣任凭孝文帝发怒也不起来，仍要求不要南伐。孝文帝装出更加生气的样子说："我要统一天下，你们这帮人却一再阻挠，扰乱军事，败我士气，再这样下去，我就要军法处置！"群臣仍不起来，甚至有的哭泣道："陛下就是杀我的头，我也走不动了。"这时，就连安定王拓跋休等也来到孝文帝面前，泪流不止地劝其不要再南伐了。孝文帝见时机成熟，也就不再过分做戏，便装作无可奈何的样子对文武大臣道："这一次，我们出动军队30万，规模很大，如果不继续南伐，半途而废，劳民伤财，又一点儿成就没有，回去怎么交代？后人又怎么看我们？朕世世代代居住在幽朔，一直想迁都到中原。如果大家都不愿南伐，就把都城迁到这里，也算办了一件大事，你们以为如何？愿与不愿，咱们现在就表态，同意迁都的站在左边，同意南伐的站在右边。"时有南安王拓跋桢道："自古道：'成大功者不谋于众。'陛下今天如放弃南伐，迁都洛阳，正是我们所希望的，也是百姓的幸运。"其他大臣虽不愿迁都，更不愿南伐，但两相比较，南伐还不如迁都，于是便呼啦一下全站到了左边。接着，孝文帝命令大臣李冲、穆亮等人去营建洛阳，派拓跋澄回平城向贵族传达迁都决定。这年11月，孝文帝便派人接皇家眷属去洛阳；494年11月，正式迁都洛阳，并发布命令，禁穿胡服，开始了改革旧俗的第一步。

## 大义灭亲

孝文帝设计迁都洛阳，展露了他大智大勇的才能；在推行改革中，则进一步表现了他的远见卓识。一则为推进改革而大义灭亲的故事，更为后世所传颂。

且说孝文帝迁都洛阳之后，便决心改变鲜卑族的风俗习惯，学习汉族的生活方式和典章制度。他在公元494年11月迁都洛阳后,12月2日便发布诏令,禁止士大夫和民众穿胡服;495年6月2日,孝文帝下令:"在朝廷中不得讲鲜卑语,违背者免去所任官职。"公元496年1月,孝文帝下诏把鲜卑族的复姓拓跋改成单姓。诏书道:"北方人称'土'为'拓',称'后'为'跋'。故姓拓跋。土为黄中之色,万物之元,故宜改姓为元氏。诸功臣旧族中凡从代国京城迁来的,其姓有重复的,皆改之。"从此,"拓跋"姓统改为"元"姓,如孝文帝拓跋宏就从此改为元宏。孝文帝元宏还规定,凡从平城迁来的鲜卑人,就算洛阳人,死后也不准运往塞北。此外,孝文帝元宏还下令依照南方制度,拟定北魏的礼仪,修订法令,改革官职名称。

孝文帝的这些改革引起了北魏贵族的不满,首先起来反对的便是他的儿子、太子元恂。孝文帝禁穿胡服,他常常偷偷照穿;孝文帝禁讲鲜卑语,他照讲不改。除此之外,他还借口洛阳天气炎热,散布洛阳不如平城好的论调。公元496年8月7日,孝文帝出巡嵩山,太子元恂乘机与心腹密谋策划,准备带一批人马不辞而别,直奔平城。此事被发觉后,孝文帝立即返回洛阳,把太子元恂召进宫中,并亲自与咸阳王元禧轮番把元恂打了一百多棒,然后令人将他拽出去,囚禁在城西。10月,孝文帝召集文武百官,商议废去元恂太子位之事。太子太傅穆亮、少保李冲跪地为太子求情。孝文帝道:"你们为太子谢罪,请求宽恕,是出于私情;而今天我在这里要和大家商议的,却是国家大事。'大义灭亲'古人为贵。太子元恂违抗父命私自逃叛,天底下还有比这更大的罪恶吗?如果不将其废掉,将来也是国家的祸害。"12月8日,孝文帝正式下诏废元恂为庶人,安置在河阳无鼻城,并派兵看守。公元497年1月8日,孝文帝立皇子元恪为太子,这就

是后来的宣武帝。同年3月,御史中尉李彪秘密上书孝文帝,说太子元恂被废之后,又与手下密谋叛逆,孝文帝便派中书侍郎邢峦和咸阳王捧着诏书,带着药酒,去河阳赐死元恂。元恂死后,孝文帝又命人用粗劣的棺材和平常的衣服装殓,埋在河阳。

## 吊比干

孝文帝元宏的远见卓识还体现在他重视人才上。

他认为,只要是出类拔萃的人都应重用,不应受门第等级的限制。为了发现人才,他多次要求各级官吏推荐人才,并规定凡能推荐出有才之士的官吏奖赏,没有推荐的被视为有罪。为了尽快提拔使用有才能的官吏,他还改变了过去传统的考核制度。过去规定3年1考,9年3考之后才决定官员的升降;现在改为3年1考就可升降。对五品以上的官员,他亲自考核。尤其迁都中原之后,他还特别重用汉人中的有才之士参与治理朝政,汉族地主刘芳、崔元、高间、高允,贫人李彪等都受到重用。汉人王肃是江南著名才子,熟悉南朝各种礼仪,他"相见恨晚"。他征召王肃入朝,亲给王肃写诏书道:"不见君子,心中如醉。一日三岁,我劳如何! 饰馆华林,佛席相待,卿欲何日发汝坟?"

孝文帝的这种思贤若渴还突出地体现在"吊比干"的故事上。

公元494年1月17日,孝文帝元宏南下巡视,路过朝歌(今河南淇县),准备拜祭比干墓。比干是商纣王的叔叔,因力谏纣王修善,被剖腹验心。周灭商之后,在朝歌修建了比干墓,以表彰比干忠直之德。22日,孝文帝率文武大臣来到比干墓前,一齐下马,献上牛、羊、猪三牲,举行了隆重的祭祀。在祭祀中,孝文帝思绪万千,深为比干对纣王忠贞不二的精神所感动,又为他遭到昏君纣王的惨不忍睹的杀害感动悲愤之极,便号啕

大哭起来,群臣也为之流泪不止。哭罢,激情不已,便挥笔写下了《吊比干文》。文中道:"脱非武发,封墓谁因?呜呼介士,胡不我臣!"意思是说:"若不是周武王姬发这位有道君王,谁来给比干封墓呢?忠贞耿直之士啊,你为什么不生活在我的朝中!"尽情地抒发了孝文帝对比干的敬仰和思念,也集中披露了他思贤若渴的心情。

公元499年4月,元宏终因多年征战,操劳过度,病死于南征北归的途中谷塘原,时年仅33岁,谥号孝文皇帝,庙号高祖。

### 来去匆匆

长广王元晔出生于公元508年,530年10月偶然即位,531年2月30日又突然被废,故说他这个皇帝来得快,去得也快。这是怎么回事儿呢?

北魏河阴之变后,尔朱荣把太后和幼主沉入河中淹死,推立长乐王元子攸为帝,作为自己篡夺北魏政权的一个过渡。但由于尔朱荣掌权后锋芒毕露,又被孝庄帝元子攸设计杀死。尔朱荣被杀后,他的堂弟尔朱世隆闻之慌忙逃走。当他逃到晋阳后,正好汾州刺史,尔朱荣的长子尔朱兆带兵也来到了晋阳,为了和洛阳相对抗,叔侄二人决定再立一个皇帝。就是在这种情况下,他们想起了魏宗室贵族元英的侄子、太原太守、长广王元晔。他们认为,元晔虽然不是魏宗室近支皇族,但毕竟和皇室贴近,拉出来和孝庄帝抗衡一下还是有点儿号召力的。就这样,尔朱世隆于公元530年10月25日逃到晋阳,尔朱兆28日前来会合,30日便将元晔迎来即皇帝位。其行动之快,推立之急,连元晔自己也没想到;他感到自己就像做梦一样,一夜之间便成为至高无上的皇帝。

尔朱世隆10月30日立元晔为帝,12月1日便由尔朱兆率军攻洛阳,讨伐孝庄帝元子攸。12月3日攻入皇宫,抓住了孝庄帝元子攸,23日将其杀害于晋阳的三级佛寺中。杀了孝庄帝,尔朱世隆和他的弟弟尔朱光天控制了魏朝廷的军政大权。次年2月的一天,尔朱世隆和尔朱光天私下议论,觉得长广王元晔毕竟是魏宗室远支皇族,且又无声望,当皇帝有点儿名不正言不顺,便暗中商量,欲重新立一个皇族的近支为帝。他们俩暗中选来选去,感到广陵王元恭是孝文帝元宏的侄子,前广陵王元羽的嗣子,且好学有志,决定立其为帝。

再说长广王元晔,虽说已被立为皇帝,因当时洛阳未克,并未进宫,今见尔朱氏叔侄已杀死孝庄帝,占据洛阳,便堂而皇之地去洛阳定位。但他万万没想到,2月29日这天,自己刚刚来到邙山南侧,尔朱氏兄弟却早已派泰山太守窦瑗在邙山逼他禅位。他一到,窦瑗便持鞭入帐,拿出已替他拟好的禅位文告,向他说道:"天意人心,尽归于广陵,希望您行尧、舜之事。"长广王一听大惊失色,没等问明是怎么回事儿,窦瑗便逼着他在禅位文书上签了字。可怜长广王这个皇帝被尔朱氏叔侄推立为帝后才4个月,连京都未进,金銮殿也没来得及坐,就被尔朱氏兄弟稀里糊涂废去了帝位,又可谓去也匆匆。

公元532年11月,元晔被赐死于府第,年仅24岁,在位4个月。

### 哑巴称帝

元恭出生于公元498年,532年被杀,在位一年。在即位之前,满朝文武都知道元恭是一个哑巴。这是怎么回事呢儿?

元恭是孝文帝元宏的侄子,广陵王元羽的嗣子。公元521年,元恭官拜正常侍。当元义勾结宦官刘腾专擅朝政时,元恭十分气愤,称病不起,拒绝上朝;后又担心元义、刘腾、元胡寻隙,祸临其身,便索性以嗓子有病为由,装聋作哑,避居龙华寺,再不和外界交往言谈。这一来七八年中，外人真的都以为元恭成了哑巴。公元 530 年，有人上书孝庄帝元子攸说："现天下都在谣传，说龙华寺内有天子气，看来元恭定是装聋作哑，暗中必另有图谋。"元恭闻息，甚为害怕，便从龙华寺逃出上了洛山，后又被地方官员抓住送到了洛阳。孝庄帝将其囚禁，派人监视，没有发现什么谋反的证据，仍似真聋哑一般，便将其释放。当尔朱世隆废元晔立元恭为帝之前，有人报告说元恭聋哑。尔朱世隆为探其真伪，便令人将元恭请来，并加以胁迫，令其说话。至此，元恭竟脱口说出："天何言哉！"尔朱世隆一见，大喜，众人皆惊呆了。公元 531 年 2 月，尔朱世隆和他弟弟尔朱光天召集文武百官，拥推装聋作哑八年方开口说话的元恭为帝，是为节闵帝。

### 被废身死

节闵帝元恭被尔朱世隆、尔朱光天兄弟两人扶上帝位，一切大权落在尔朱氏兄弟手中，自己完全是一个傀儡。尔朱氏兄弟废元晔立元恭，没有和他的侄子尔朱兆商议，且独掌大权，尔朱兆十分恼火，便要率军进攻洛阳。尔朱氏兄弟害怕，急忙派尔朱彦伯前往尔朱兆处调停，并请节闵帝纳尔朱兆的女儿为皇后，矛盾才有所缓和。尔朱氏兄弟和尔朱兆之间的矛盾虽有缓和，但并没有消除，后被高欢所利用。

高欢又名贺元辉，北魏冀州刺史，曾经镇压葛荣起义。公元 531 年 1 月，当他听说尔朱兆攻陷洛阳杀死孝庄帝元子攸之后，公然举兵讨伐尔朱兆。11 月 6 日，为与尔朱氏立元恭相对抗，高欢又拥元安定王元朗为帝；接着，高欢利用离间计，逐个消灭了尔朱氏势力。532 年 4 月，高欢率军入洛阳，以为元朗是魏宗室远族，将其废掉，仍拥立洛阳城中的节闵帝元恭为帝。后来，当他了解到元恭并非一般，年轻有为，富有远见，怕今后难以控制，便又将其废掉关押在崇训佛寺

中，改立元修为帝。352 年 5 月 3 日，元修用药酒杀了节闵帝。节闵帝在位前后实际 14 个月，死时年 34 岁。

### 死于一旦

元朗，元融的儿子，生于公元 513 年，532 年被害死。元朗是魏室远支皇族，他的废立只在一朝一夕之间，说来也很有趣。

且说冀州刺史高欢，因尔朱氏独掌朝政大权而早有诛灭尔朱氏之心。当他听说尔朱兆杀掉孝庄帝元子攸之后，便以其弑君之罪为借口，起兵讨伐尔朱氏。公元 531 年 10 月的一天晚上，长史孙腾给高欢献计道："现在我们离朝廷很远，信息不通，起兵讨伐理由不充分，也无人听从。如果我们暂时立一位皇帝，像曹操当年那样挟天子以令诸侯，敌军就会望风而降。"高欢一听有道理，决定立渤海太守元朗为皇帝。就这样，11 月 6 日，元朗在信都城西登上了皇帝位。

高欢打着立帝讨逆的旗号，又设离间计，诛灭尔朱氏，挟元朗进入洛阳后，一念之间，又觉得元朗与魏室皇族关系较远，立元朗还不如立恭帝，便在 532 年 4 月 18 日这天，一句话，又把元朗从帝位上拉下来，将其赶回了渤海。就这样，安定王元朗一朝被立为皇帝，又在一夕之间被赶下台来，在位 6 个月。同年 7 月 14 日，元朗又被孝武帝元修从渤海押回洛阳杀死，年只 19 岁，谥号安定王，史称后废帝。

### 被迫称帝

在中国封建帝王史上，帝王多为称帝而拼杀，魏孝武帝却不然，他视称帝为洪水猛兽，经过一番讨价还价才被迫即位称帝的。这说来很像一个笑话。

经过河阴之变，北魏王公卿士 2000 余人被尔朱荣尸横河阴，血染黄河；幸存诸王非逃即藏，皆不敢公开露面。正是在这期间，当时的尚书左仆射平阳王元

修躲在了乡间田舍中。公元 352 年 4 月,高欢入洛阳,废掉元朗,打算立元恭;听说元恭有谋难以控制,便又想立高祖、孝文帝元宏的儿子元悦为帝。高欢听说元悦暴戾无常也不理想,便想起了广平武穆王元怀的第三子元修。于是,高欢派都督斛斯椿去寻找元修。斛斯椿找到元修所亲近的员外散骑侍郎王思政,打听元修下落。王思政道:"您必须告诉我为何找他,我才能说出其下落。"斛斯椿道:"想立他为天子。"王思政这才引斛斯椿去见元修。元修见王思政引来了高欢的部下,十分害怕,吓得脸色都变了,哆哆嗦嗦地对王思政道:"得无卖我邪?"(意思是:你不是把我给出卖了吧)

王思政道:"非也。"

元修道:"敢保之乎?"

王思政道:"变态百端,何敢保也!"

斛斯椿听了这番有趣的对话,见他们都有怀疑,便飞马去向高欢报告。高欢立即亲带骑兵将士 400 余名,将元修迎入洛阳,反复向他表白了自己的一片诚意,并且激动得泪落沾襟,始得元修相信。接着,元修又以少才无德推让,高欢复又拜求,元修这才答应。接着,高欢出帐,让人为皇帝赶做龙袍、御车,请元修沐浴更衣;第二天一早,高欢带文武百官对元修朝拜进表。元修接表看后,方才无可奈何地放松了一身紧张,自言自语地对众说道:"看来我也只好称朕即位了。"4 月 25 日,元修在高欢等文武百官地推拥下,于洛阳东郭外即位,是为孝武帝,时年 22 岁。元修即位后,改年号为太昌,任命高欢为大丞相,天柱大将军、太师、世袭定州刺史。

## 北魏分裂

孝武帝元修被高欢推上了帝位,大权却落在高氏手中。高欢为控制皇帝,在朝中广布亲信,让皇帝封他的儿子高澄为侍中,立自己的女儿为皇后。一切布置妥当,高欢仍回晋阳,遥控朝廷。元修外控于高澄监视之下,内制于皇后手中,内心十分不快,便暗中培植亲信,壮大势力,企图消灭高欢。他见关中大行台贺拔岳手握重兵,且与自己关系密切,便与其秘密取得联系。533 年 8 月,加封贺拔岳为都督雍、华等 20 州军事,又割破自己心口前的皮肉,取出一些血液,派使者赐给贺拔岳,以表示自己讨伐高欢的决心,并且封贺拔岳部将宇文泰为武卫将军。接着,孝武帝又封贺拔岳的哥哥贺拔胜为荆州刺史,准备共同讨伐高欢。高欢见孝武帝如此重用贺氏兄弟,知道是有意让其与自己抗衡,也时刻暗中提防。他担心贺拔岳与侯莫陈悦联合进攻自己,便向右丞翟高问计。翟高道:"我有办法离间他们,使其互相屠杀,直至灭亡。"结果,侯莫陈悦设计引诱贺拔岳入营,密令他的女婿乘其不备,一刀杀死了贺拔岳。贺拔岳死后,其部下推举宇文泰为主。随后,宇文泰又杀死了侯莫陈悦,关西遂为宇文泰据有。孝文帝明知贺拔岳之死与高欢有关,也便将计就计,于公元 534 年 8 月,调集军队,以防止宇文泰叛乱为名,实想攻击晋阳,消灭高欢,并给高欢下诏,以打消其顾虑。高欢何等精明?一眼便看出了孝武帝的用意,也将计就计,以协助讨伐宇文泰叛乱为名,进军洛阳。这一来,孝武帝也知道了高欢出兵是针对自己而来,料难抵御,只好接受中将军王思政的建议,逃出洛阳,投奔长安宇文泰。高欢进入洛阳,知孝文帝投奔宇文泰,深为后悔,因为元修一走,使他失去了一块"挟天子以令诸侯"的招牌。为此,他连发四十封奏章,"请"孝武帝再回洛阳,并以拥立新皇帝相要挟,然孝武帝始终置之不理。高欢一怒之下,便于 534 年 10 月 17 日拥立清河王的嫡长子元善见为新皇帝,是为孝静帝,时年 11 岁。从此,北魏一分为二,高欢拥立的孝静帝元善见为东魏,都城不久迁至邺城;宇文泰控制的孝武帝元修为西魏，都城在长安。

## 孝武帝之死

孝武帝元修被宇文泰迎入长安后，对宇文泰道："你的忠心与气节，远近闻名。朕以德之不足，招致贼寇横行。今与你相见，深感惭愧。我现在就以社稷相委，你可要努力去干啊！"从此，孝武帝元修便不理政事，一头扎入后宫的淫乐之中。孝武帝元修本就淫色成性。他原有三个堂妹，都被封为妃妾。他最宠爱的是叔伯妹，名叫明月，与南阳王元宝炬是同母兄妹，随他来到关中，更加相爱，朝夕相处，夜夜狂欢。宇文泰见孝武帝如此乱伦，确实有伤大雅，便叫元氏的各位亲王将明月抓住杀掉。这一来，孝武帝十分不满，经常对宇文泰大发脾气。宇文泰无法，便在孝武帝一次饮酒时，暗中下毒，将其毒死，时年25岁。至此，北魏灭亡；从拓跋珪称帝算起，历经15帝，计149年。如果从拓跋力微算起，则历经29帝，计360年。

## 口吃皇帝演讲

公元576年10月，北周经过充分准备，由武帝亲自统率14万步骑兵攻伐北齐。12月，晋阳失守，北齐皇帝高纬退守邺城。为固守邺城，高纬下令重赏招募兵士，可兵士应招后，一无所有，兵士们知道了上当受骗，无不怨声载道，痛骂后主高纬无信。为此，诸大臣都劝后主：事到如今，身家性命都将保不住了，要钱还有何用？后主听了很不高兴。广宁王高珩见兵士情绪低落，建议将宫中美女珍宝赏赐战士。后主听了更不同意。大臣们无法，只好提出让皇帝亲自给兵士们做战前动员，亦可以慰劳将士。这次，后主倒很痛快地答应了，解律孝卿并为后主高纬写了现成的讲话稿，让他背熟，并一再请皇帝在动员时语言要富有感情，声音要慷慨激昂，表情要涕泪交流，才能感动士兵之心，斗志也一定能鼓起来。

遂后解律孝卿把部队集合起来，请后主高纬检阅动员。当后主来到战士面前时，原来早已背得滚瓜烂熟的讲演稿，此时竟忘得一干二净，一个字也记不起来了。他本来就有口吃症，又想不起来词，嘴巴张了又张，大家等来的却是几声干咳，仍没说出话来，诸臣心中替他着急，却无法帮忙。下边将士以为皇帝有口吃症，此时可能心情过于激动，才讲不出话来。谁知就在这时，皇帝竟忽地狂笑起来。笑得前仰后合，东倒西歪，这一来，逗得随从百官也忍不住笑了起来。结果，一场本来很严肃的战前动员大会，竟变成了一场闹剧。台下众将士一见，非常气愤地说："现在兵临城下，连皇帝自己都还如此儿戏，我们何必再为他卖命呢？"接着，将士们纷纷散去。后主见北齐国家大势已去，又急忙将皇位让给了当时只有8岁的儿子高恒，自己称太上皇。公元577年1月，北周克邺城，北齐后主和幼主一起逃往青州；3月，被他们的宠臣高阿那肱抓住，送去北周，做了投降的见面礼。同年10月，北齐后主高纬及幼主高恒一并被杀。高纬死时，年21岁，在位12年。

## 亲除宇文护

周武帝宇文邕是继孝文帝元宏之后鲜卑族中出现的又一个杰出的政治家和军事家，在北周后期也是一个很有作为的皇帝。他出生于543年，560年即位，时年18岁，卒于578年，终年36岁，在位18年。

武帝宇文邕是宇文泰的第四个儿子，自幼胸怀大志，气度不凡，遇事深谋远虑，从不莽撞从事。他的哥哥明帝在位时常慨叹其才道："这个人要么不说话，一说就必定有切中事理的精辟见解。"故在临死前下诏立其为帝。周武帝即位后，对宇文护的专横跋扈早有所闻。特别在他即位时，宇文护自持功高权大，威仪超过了皇宫，武帝佯作不知，对朝中

第三编　三国两晋南北朝野史

大事,在一般情况下,他任宇文护独断专行,从不主动表示自己的意见,即使有时过分,他也不动声色,也不干预,致使一些忠直大臣都感到莫名其妙,摸不透宇文邕的心思。而宇文护呢,则错误地以为宇文邕平庸无能,不会对自己造成什么威胁,从而放松了对武帝的警惕。其实,他哪里知道武帝宇文邕的想法。因为宇文邕知道,宇文护连废二帝,在朝中的势力已盘根错节,要将其除掉,绝不是轻而易举所能办得到的,因而行动十分审慎。正是当宇文护以为武帝平庸无能的时候,宇文邕暗中加紧了寻机除掉宇文护的步伐。这个机会,终于等到了。即在公元572年3月14日这天,宇文护自同州(州治武乡,今陕西大荔)回长安,武帝驾临文安殿召见,尔后又特地邀他一块到含仁殿参见太后。途中,宇文邕对宇文护道:“母后年事已高,很喜欢饮酒,我虽然屡次劝她,但没有得到采纳。兄长今日参见时,愿您能劝说。”随后,从怀中拿出《酒诰》给宇文护,又道:“请以此谏太后。”宇文护见皇帝办不到的事情让自己去办,也有意想露一手,故一进殿后,便对太后朗朗读起《酒诰》。当宇文护正越说越有劲的时候,武帝突然用笏猛击其头部,将宇文护打昏在地,尔后急令太监何泉用御刀砍宇文护。何泉心情紧张,不敢用劲,故没砍到致命之处,这时,早已奉命躲在门内的卫公宇文直猛地跳了出来,才将宇文护杀死。宇文护这个连续废杀宇文觉、宇文毓二帝的权臣,终于被武帝宇文邕亲手杀死。

## 重建皇威

北周从开国皇帝宇文觉,到明帝宇文毓,都是宇文护掌权,对皇帝说杀就杀,说废就废,皇帝都是傀儡,废立如同儿戏。公元560年4月,宇文邕即位后,认真总结先帝教训,决心提高皇权皇威,天子独掌大权,让天下只服从皇帝一人。他首先削弱相权。宇文护死前,府

兵有12军将,总属于相府,没有大冢宰(官名,西魏时的中央机构,统于六官,大冢宰为六官之长,相当于宰相)的命令,谁也无权调动,相权实际上已凌驾于皇权之上。武帝计杀宇文护后,立即废除都督中外诸军事的机构,大冢宰不再统令六府,实际上就取消了其统摄百官的权力。接着,武帝全力改革府兵制度。府兵制原是宇文泰创立的。府兵系统由6柱国分别统领,下设12大将军,24开府,每个大将军督2个开府,每个开府领一军,共24军。6个柱国大将军对部下都可“自相督率”,各府兵系统归相府管理。武帝亲政后,下令改诸军军士为侍官,所有府兵都直属于皇帝,把府兵变成名副其实的中央禁卫军。为了加强中央对地方的控制,武帝颁布了《刑书要制》,禁止大族豪强兼并土地,给“无立锥之地”的贫民分配土地,并有制裁骄横贪纵的大豪强条文。

通过这些,使皇帝全面树立了皇权皇威,成了名符其实的“天下之主”。

## 统一北方

武帝宇文邕在提高皇权皇威的基础上,又下令灭佛、道二教。他在禁令中规定,和尚道士一律还俗,没收寺院土地、财产;他还下令释放北齐境内的杂户和奴婢,把私奴转化为依附农民等。所有这些改革,不仅解放了生产力推动了农业的发展,而且加强了国力,为消灭北齐,统一北方创造了有利的条件。

周武帝为一举消灭北齐,进行周密的军事部署和巧妙的外交活动。他联络南面的陈朝,答应灭齐后和陈朝平分中原。陈朝认为有利可图,攻击北齐彭城,牵扯住了北齐的一部分兵力。武帝主动和突厥实行和亲政策,与其联合讨伐北齐。在联系陈朝和突厥的同时,表面又和北齐保持友好关系,麻痹对方,以进行突然袭击。一切准备就绪,便于公元575年召集百官会议,制定通过了“数道出

兵，水陆兼进，北拒太行之路，东扼黎阳之险"的作战策略。公元 575 年 7 月 25 日，武帝正式下诏征讨北齐。他任柱国陈王宇文纯、荥阳公司马消难、郑公达奚震为前三军总管，越王宇文盛、周昌公侯莫陈崇、赵王宇文招为后三军总管；令齐王宇文宪率领 2 万人进军黎阳，隋公杨坚、广宁公薛迥率领水军 3 万从渭水进入黄河，申公李穆率军 3 万在河阳道防守，常山公于翼率军 2 万进军陈州、汝州。30 日，武帝亲统军 6 万直指河阳。8 月，北周军进入北齐境内，正在此时，武帝突然患疾，9 月周军撤退。576 年 10 月 4 日，刚刚痊愈的周武帝再度调集大军伐齐。12 月，两军主力交战，齐军东翼顶不住周军的攻击，齐主后退，结果引起全线溃退。齐国主从邺城逃回晋阳。周军攻击晋阳，齐主又奔邺城。公元 577 年 1 月 20 日，北周军克邺城，齐主又慌忙逃走。25 日，北齐王被其部下高阿那肱出卖，在逃到面邓村时，被周军追上抓获。至此，北周灭北齐，统一北方，从而结束了我国北方长期分裂的局面，为推动我国历史的发展做出了积极的贡献。周武帝原定灭齐统一北方后，进一步"平突厥，定江南"，完成统一全国的大业；但在公元 578 年 4 月 27 日生疾，6 月 1 日回到长安，当天晚上去世，享年 36 岁。武帝死后，由他的儿子、太子宇文赟即位，是为宣帝。

## 篡晋建宋

刘裕是南北朝时期的一个颇有作为，卓有建树的皇帝，也是这一历史时期杰出的政治家、军事家。他字德舆，小字寄奴。生于公元 363 年，卒于 422 年，终年 60 岁，在位 22 年。

刘裕是彭城（今江苏徐州）人。《宋书》上说他是汉高祖刘邦的弟弟楚元王刘充的后代。到刘裕曾祖父刘混的时候，正逢永嘉之乱，迁居京口里（今江苏镇江）。曾祖父刘混、祖父刘靖做过县令，他的父亲做过郡公曹。到刘裕降生的时候，家道贫寒，养不起他，送给了又一家姓刘的收养，长大后砍柴、打鱼、卖草鞋之类的活全部干过，后参加北府兵，成为刘牢之部的下级军官。后因作战有功，被提拔为建武将军、下坯太守，成为北府兵的著名将领。桓温篡晋，他在京口被推为盟主，出兵击败桓温，迎东晋安帝司马德宗复位，宫至侍中、车骑将军、都督中外诸军事、扬州刺史、录尚书事、把持了东晋大权。公元 419 年，他被封为宋王，接着便开始了篡权建宋的秘密策划。

那是在公元 420 年 1 月的一天，刘裕想以禅让的形式让恭帝司马德文将帝位传给自己，却难以启齿。于是，他便在宋王府设宴，招待文武百官。酒过三巡，刘裕乘几分酒意，捋须言道："诸位爱卿，可知我今日设宴之意？我自京口起兵，转战南北，权倾朝野，忠心无二。元兴元年，桓玄篡国，晋室将亡，是我首倡大义，匡复晋室，平定了天下，大功告成，业绩卓著，蒙皇上加九锡之尊。如今，我年事已高，位达极品、无以复加。常言道：物忌成满，非可久安。故我想奉还爵位，归老京师，不知诸卿以为如何？"众臣不理解刘裕真正含意，便一个劲地对他歌功颂德，苦苦挽留。刘裕听了这些却无动于衷，反而呆若木鸡似的坐在那里，面无表情，他的内心，此时愤怒得将要爆炸了，因为这么多的大臣，没有一个理解他，没有一个能替他说出他想说的话来。此时，天色已晚，宋王又不说话，诸大臣也知无趣，便一个个借口散去了。最后，剩下宋王一个人，仍木然地坐在那里。正在这时，中书令傅亮去而复回道："千岁今日赐宴之心，臣已心领神会，我明日便去建康。"宋王听罢，呆痴的两眼突然放出两道亮光，惊喜地站起身来，亲切而又十分信赖地说道："你需要多少人护送？"傅亮道："数十人就够了。"随后，刘裕紧握住傅亮的手："祝君成功！"傅亮也以手劲暗示道："宋王放心！"

傅亮到建康后，便派人四出活动，制造舆论，说晋室气数已尽，马上就要改朝换代了；他还用宋王刘裕许诺高官厚禄收买文武百官。诸大臣一见傅亮系宋王所遣，谁敢不听？接着，傅亮又直接进宫，向晋帝陈说利害，劝晋帝要识时务，禅位给刘裕。正当晋帝还在犹豫不决的时候，忽又有人前来报告道："启禀陛下，刘裕已经派兵将皇宫包围了。"晋帝又向傅亮道："刘裕真想逼朕吗？"傅亮威胁道："宋王已有言在先，只要陛下禅位，他可保全陛下与皇室亲族的性命；否则，他要血洗深宫！"司马德文道："你可先让其退兵，待朕令人拟诏书，尔后举行禅让仪式便是。"傅亮立即从袖内拿出早已拟好的诏书："诏书已经写好，仅请陛下立即抄一遍签上姓名就行了。"司马德文见木已成舟，无可奈何，只好提笔抄写。之后，他还对左右侍臣道："早在桓玄之乱的时候，晋王朝就已经灭亡了；后来是刘公复还晋室，才得以延续近20年。这帝位本来就是他给我的，今日禅位，也是应该的。"6月11日，恭帝司马德文宣布退位，拜辞百官，又回到了他原来的琅琊旧邸；6月14日，宋王刘裕在南郊设坛，即皇帝位，代晋建宋，史称刘宋。

## 唯才是举

魏晋以来，统治阶级评选人才的标准是门第。"上品无寒门，下品无士族"，便是对当时官吏制度的高度概括，其意思说，当大官的没有寒门出身的，当小官的没有高门第出身的。由于刘裕出身寒门，饱尝清贫艰苦之后，一跃而成了皇帝，从而使他深信，真正有才、有勇、有谋之士，往往都处于最下层之中。故他执政后，决心打破传统的选人用人制度的桎梏，坚持唯才是举。小吏出身的刘穆之平时有"一日百函"的美称，刘裕发现后，任命为主要辅臣，把一切要务都给他

去办。刘毅对其忌妒，曾在刘裕面前谗诋刘穆之，刘裕不但不听，反而对刘穆之更加重用。刘穆之死后，刘裕常常想念，叹息道："刘穆之如要不死，一定能帮助我治理天下。真可谓好人散去，国家遭殃！"又道："刘穆之一死，人们将轻视我了。"公元405年，谯纵乱蜀，刘裕出兵，要找一个人当元帅，看上了西阳太守朱龄石，认为他史才卓异，但有人却说他"资名尚轻，难当重任"，而刘裕仍然任其为帅。徐羡之出身贫民，也没有上过学，但有很大的志向和气度。刘裕发现他智谋内藏，乃任命其为司空，兼理尚书职务。实践证明，刘裕很有眼光；徐羡之居高位之后，朝野推服，咸谓有宰相之望；郑鲜之曾为叹息道："看看徐羡之，傅亮的言论，我再也不自以为自己是个有学问的人了。"与此相反，刘裕的中弟刘道邻"愚鄙而贪纵"，其生母萧太妃为他向刘裕说情，要扬州刺史的职位，被刘裕严词加以拒绝了。

由于刘裕唯才是举，破格启用人才，故一些有才之士都来投奔他，并为其冲锋陷阵，精心治国，这对他成就帝业，发挥了重大的作用。

## 宫无私藏

历代帝王都有私蓄，甚至有的将国库财产据为私有。公元422年5月，宋武帝刘裕病死时，大臣们发现"财帛皆在外府（国库），内无私藏"，无不为之心动，对刘裕平时的清简寡欲，更加感到名副其实。

刘裕称帝前，由于经历过贫困生活，虽然身居高位，生活仍很简朴，起居有节，对珠玉车马很有节制，游览欢宴不多，后宫嫔妃也少。平关中时，他曾获得后秦文桓帝姚兴的侄女，对她倍加宠爱，并曾因此误了政事。右卫将军谢晦发现后，对他稍一提醒，刘裕便立即把她遣送出宫。他称帝后，仍坚持俭朴，住处用土屏风、布灯笼。平时穿着随意，常常是连

齿木屐，普通裙帽。他还把补缀多层的破袄交给长女，并嘱咐道，后世如有骄奢不知节俭的，就拿给他们看看；他还长期保存着自己少年时期捕鱼时用过的渔具，用以教育后代，使其知道稼穑艰难。岭南曾经进贡过一种筒装细布，一筒竟能容纳8丈。刘裕嫌它过于精美华丽，耗费人力，于是命令有关部门弹劾岭南太守，把进贡的细布还给当地，并亲自下令禁止岭南织做这种细布。

由于宋武帝厉行节俭，率先垂范，宫内宫外都严奉节俭，再没人敢奢侈浪费。他这种节俭之风，对刘宗后世也有很大影响。到了他的儿子文帝时期，便出现了兵车不用，民无外劳，粮食遍野，夜不闭户，家给人足，处处繁荣富裕的太平景象，历史上称其为"元嘉之治"。公元422年5月21日。宋武帝刘裕去世，在位2年，终年60岁。

### 景平政变

公元422年5月21日宋武帝刘裕死后，由他的儿子、太子刘义符即位，是为少帝。

刘义符是刘裕的长子，小名车兵，生于公元406年，卒于公元424年。他在当太子的时候，就常和一些奸佞小人厮混；他即位后仍顽心不减。在他给刘裕服丧期间，仍举止轻浮，左右侍从亲昵轻佻，嬉戏游乐，不能节制，少帝刘义符还在华立园开了一排商店，亲自买卖，讨价还价，并常跟左右一帮佞臣划船取乐。对此大臣范泰实在看不过去，便上书劝谏道："我听说陛下常常在后花园习武练功，打闹砍杀，喧哗嘶叫，这不仅有损帝威，使四方夷族不能威服，且使天下人都觉得陛下怪诞不经。您自即位以来，不理政务，把政务都交给大臣去处理，这既不是治国的良策，也不是维持社稷世风的做法。"少帝看后不予理睬；辅臣徐羡之、谢晦等也多次指教、引导，少帝仍装聋不纳。徐羡之、谢晦、傅亮等辅臣见少

帝如此不成器，心中很是忧虑，便有废立之意。正是此时，少帝的兄弟庐陵王刘义真任南豫州刺史，他看到朝中大臣对少帝都有些不满，便想取而代之。他曾对太子左率卫谢灵运、员外常侍颜延之、慧林道人等许诺："我当了皇帝，就封谢灵运、延之为宰相，慧林为豫州都督。"刘义真的这些言论传入京城，徐羡之等以为有不轨之意，便调谢灵运为永嘉太守，颜延之为始安太守。刘义真见朝廷调走了自己的两位心腹之臣，心想定是徐羡之等人与自己作对，便上表入都，且内隐清君侧之意。徐羡之等人知道后，心中更加气恼。他们心想，如先废少帝，迎立新帝，按顺序应迎少帝的弟弟刘义真，将来刘义真称帝后，肯定不会和自己善罢干休。为此他们决定：索性一不做二不休，先废刘义真，后废少帝。于是，徐羡之、傅亮、谢晦联合上书，申述庐陵王刘义真企图谋反的罪行，请求将他废为庶人。少帝刘义符本来就对刘义真有些不满，当然准奏，遂将刘义真贬为平民，放逐到新安郡（今浙江淳安县）。不久，徐羡之等人为斩草除根，又派人将刘义真勒死。

除掉刘义真后，徐羡之等人便着手废少帝。公元424年5月的一天，徐羡之等人将南兖州刺史檀道济、江州刺史王弘召入京城议事，提出废主，檀、王二人很是同意，并商定举事日期。5月24日这天，少帝刘义符又率左右游逛天渊池。玩了一天之后，晚上又划龙舟。玩得实在累了，便睡在龙舟中。5月25日晨，檀道济引兵入宫前，徐羡之等人已安排中书舍人邢安泰做内应，中书舍人在檀道济入宫之前，便先行按住禁兵不动。故檀道济入宫后，只杀死了少帝的两个侍从，便将少帝刘义符拖出了龙舟。接着，徐羡之夺去少帝的玺绶，然后以太后的名义宣布，将其废为营阳王。6月24日徐羡之又指使邢安泰将少帝刘义符杀

死。至此,刘义符在位2年,死时19岁。因这次政变发生在景平二年,故又称景平政变。

## 元嘉之治

宋司空徐羡之、尚书仆射傅亮、领军将军谢晦于公元424年5月废少帝刘义符后,迎宜都王刘义隆为帝,这就是宋文帝。

宋文帝刘义隆,刘裕第3子,小字车儿,生于公元407年,卒于453年。刘裕在位时封为宜都王。

文帝刘义隆即位后,在其父刘裕原来改革的基础上,又陆续进行了一些改革。为进一步整顿吏治,他派使者巡行诸郡,考察官吏的好坏。如公元426年5月,文帝派遣散骑常侍16人,分别巡察各州郡县,考察官吏操守;访求民间无处申诉的疾苦,并下令各郡县定期上疏奏报当地的行政得失,就在这个月的28日,文帝还亲自到延贤堂听取诉讼;且从这天起,文帝给自己规定,每年要到延贤堂三次。左仆射王敬弘性恬淡,有盛名,可在核定文稿时,从不事先审阅。有一次,他随同文帝听取民间诉讼,文帝问到一件有疑问的案件,王敬弘回答不出,文帝很是吃惊,当即责问左右侍臣:"你们为什么不把案卷的副本送左仆射?"王敬弘赶紧接道:"案卷副本臣下早已看过,但没有看懂。"文帝听后有些不悦,此后对王敬弘虽也礼敬,却不再和他讨论国家大事。为了使官吏熟悉地方情况,根据具体实际采取相应的治理措施,他很重视官员的稳定性,不轻易免职,也不频繁调动,他规定,连郡守、县宰一级的官员也必须任期在6年以上。

文帝注意发展农桑,关心民众疾苦。公元427年5月25日,文帝祭拜京陵,看到他父亲早年用过的一些耕具,深感惭愧。因为他知道,父亲留下这些耕具,就是要子孙后代不要忘耕种的艰难。公元430年12月,他听说寿阳土地荒芜,人民流散,城垣坍塌,盗贼公开抢劫,心中十分不安,立即选能臣刘义欣前往治理。刘义欣到达寿阳之后,根据文帝指示,结合寿阳的实际情况,采取相应的治理措施,使寿阳很快变了面貌,出现了人民安居乐业,路不拾遗,仓廪充实的局面。文帝为了使他的儿子们不忘民众之苦,总是见机进行教育。公元445年9月17日这天,文帝说要在武帐冈为衡阳王刘义季饯行。当他离开皇宫时,告诉儿子们暂时不要吃东西,等到会见刘义季的地方再设宴进餐。谁知这天直到太阳西斜,刘义季还没有来,儿子们饿得脸都变了颜色。文帝见时机已到,便对儿子们说:"你们从小生活在富裕安适的环境中,看不到老百姓的生活艰难。今天我就是想让你们知道还有饥饿困苦,让你们以后注意节俭。不要侈奢,时时要把民众放在心上,这样国家才会安宁。"

正是由于文帝在位期间勤于朝政,对民众宽厚仁慈,自身注意恭俭,不增加租赋差役,关心民众疾苦,才使得民众能白天安心耕种,晚间安宁休息,国家在30年间平安无事,人口繁盛,风俗成为江左最好的时期,故受到后世的称赞。又因文帝年号为元嘉,故这一时期被史称道为"元嘉之治"。

## 遇杀含章殿

宋文帝刘义隆是一个很有心计且善于治国的皇帝。为了不使大权旁落,他一上台就先后设计除掉徐羡之、傅亮、谢晦等专权朝政的大臣,尔后励精图治,整顿吏治,体恤百姓,发展生产,增强国力,出现了长久安定的"元嘉之治"局面,成为南北朝时期很有作为的一个开明皇帝。文帝治国十分精明,然而到晚年,却被他的亲生儿子杀死于含章殿。细细想来,亦颇发人深省。

且说宋文帝刘义隆于公元434年封长子刘劭为太子。刘劭本为皇后袁氏所生;文帝还有个儿子叫刘浚,为潘淑妃所生。由于文帝宠爱潘淑妃，袁后心生嫉妒，忧郁而死，为此，刘劭对潘淑妃心生怨恨。刘浚怕为刘劭所害，便极力讨好太子，于是两个关系由敌对反倒变得密切起来。当时有个女巫名叫严道育，自谓不食人间烟火，能驱使鬼神作事。严道育通过刘劭的姐姐东阳公主刘英娥的侍女王鹦鹉认识了太子。太子刘劭由于性情粗野、行为不端，常常受到文帝的训斥，心生怨恨，也很惧怕，便求严道育以神术掩父皇之耳，不让其知道自己的过失。严道育便用玉器雕成文帝的样子，埋在含章殿地下，日夜祈祷。参与此事的还有东阳公主的家奴陈天与、陈庆国二人。东阳公主死后，王鹦鹉应该出嫁，但刘劭、刘浚担心王鹦鹉将他们用巫术之事传了出去，便将其嫁给一直受到刘浚厚爱的吴兴人王怀远为妻。王鹦鹉出嫁前，曾与陈天与私通，嫁给王怀远后，担心奸情败露，便秘陷陈天与有谋反行为，想让刘劭杀死陈天与。与陈天与关系密切的另一家奴陈庆国担心自己也受其害，便向宋文帝报告了刘劭、刘浚的秘密。文帝听了大怒，逮捕了王鹦鹉，审出实情，并派人在含章殿挖出了玉人。人证、物证俱在，刘劭、刘浚心中也害怕，便向文帝承认了自己的罪行，受到文帝的严加斥责。因他们毕竟都是自己的儿子，文帝不忍惩处，便轻易地放过了。此时，严道育因畅快被刘劭、刘浚隐藏起来，故未被捉住。一年之后，文帝听说女巫严道育不仅并未逃走，而且被刘劭、刘浚一直匿居在京中，不由得心中大怒，决心废掉刘劭，将刘浚赐死。但废掉刘劭之后，立谁为太子呢？文帝又一时也定不下来。文帝想立他的第七个儿子刘弘，但吏部尚书想立自己的妹婿、南平王刘铄，尚书仆射想立自己的女婿刘诞。这事本来都是在秘密中进行的，但时间一久，这事被潘淑妃知道了，便立即派人告诉了儿子刘浚，刘浚又急忙去报告给

刘劭。刘劭知道后感到反正太子是做不成了，便决定一不做，二不休，谋反弑父。于是，在公元453年2月的一天夜里，刘劭亲率军队，由张超之为前驱，骗开宫门，直闯含章殿。军士进殿时，宋文帝正与徐湛之策划废立之事。文帝见刘劭率军入宫，知事不妙，立即举起桌几遮蔽抵挡，被张超之一刀砍掉五个手指，尔后张超之复一刀将文帝砍死，时年47岁，在位30年。

## 杀弟反被杀

刘劭，文帝刘义隆长子，生于公元426年，卒于453年。434年封太子。

且说太子刘劭杀死父皇刘义隆后，又杀死潘淑妃，为母后袁氏雪恨。此时，他见刘浚赶来，便指着潘淑妃道："因为来迟一步，你母已为部下所杀。"刘浚见刘劭的剑上满是鲜血，知道母亲为他所杀，但由于惧怕，便笑着说道："她是死得其所！"刘劭见刘浚没怒，便有意和他亲近，说："这才是知己兄弟。"接着，刘劭登基称帝，尔后假传太祖诏令说："徐湛之、江湛二人图谋反叛，逆弑皇帝。我率将士入宫，已来不及保驾，现在凶手俱已被除，可大赦天下。"随后，改元太初。

刘劭即位后，封刘浚为骠骑将军，女巫严道育被拜为神师，王鹦鹉也被释放。刘劭见她妖冶善媚，引室作乐，列作姜滕；命萧斌为尚书仆射，何尚之为司空。

刘劭分封已毕，忽地想起他的弟弟、驻镇江州（今江西九江市）的武陵王刘骏，认为其手握兵权，足智多谋，且善征战，在诸王中实力最雄，如果他要起兵为父皇报仇，那可是不得了的事情。想到此处，不寒而栗。他又想起刘骏部将沈庆之，过去曾与己善。于是，刘劭便表面下诏封刘骏为征南将军，暗中却写密信给沈庆之，许以封爵，令其杀刘骏。此时，沈庆之已从典签董元嗣处得到刘劭弑父即位的真实情况，决定说服刘骏起兵讨伐。刘骏也知沈庆之过去与刘劭关

系密切,怕有不测,以生病为借口拒绝见面。谁知沈庆之却不管这此,径直闯入宫内,展出刘劭的信给刘骏看。刘骏看后,面如灰土,料难免死,便流着泪请求沈庆之允许他到内室跟母亲诀别。沈庆之道:"请殿下不必惊慌,我沈庆之乃有血男儿,承受先帝的厚恩。今天之事,就看你和刘劭谁的力量大了,庆之决不会做出对不起先帝的事来。"刘骏听后,转忧为喜道:"如此说来,国家安危,就全靠将军您了。"随后,刘骏决定起兵,并将一切军务交沈庆之全权处理。公元453年3月17日,刘骏从寻阳出发,直奔建康。刘劭闻讯后,派军抵抗,被刘骏一一击败。4月26日,刘骏率军抵达新亭(南京市南),大将军刘义恭上表,劝刘骏即位称帝。27日,刘骏即位,是为孝武帝。5月4日,刘骏率军攻克建康,刘劭没来得及逃走,便和严道育、王鹦鹉一起被杀。至此,刘劭从弑父即位到自己被杀,在位只3个月,死时年27岁。

### 滥杀宗室

刘骏,文帝刘义隆第3子,生于公元430年,卒于464年。

公元453年5月,孝武帝刘骏即位后,由于疑心重重,便大开杀戒,使宋室陷入一片混乱的骨肉相残之中。刘骏的叔父刘义宣是宋武帝刘裕的第6子,为荆州刺史10年,兵强马壮,威名大盛。刘骏起兵时,刘义宣积极响应,刘骏即位后,改封南谯王刘义宣为南郡王,封其次子刘恺为南谯王。454年6月,刘骏怀疑刘义宣谋反,便派人征讨,杀死了刘义宣及他的所有儿子。第二年6月,刘骏逼他的弟弟、武昌王刘浑自杀,死时仅17岁。459年,孝武帝猜忌文帝刘隆的第6子,他的弟弟、竟陵王刘诞谋反,派军讨伐。刘诞抵御不住,城破后,他的母亲、妻子全被杀害;这还不算,刘骏又下令将广陵中5尺以上的男子全部杀死,达3000余人,还将城中妇女分别赏给攻城

有功的将领充当奴婢。大明5年,刘骏又将他的弟弟、文帝刘隆第14子,海陵王刘休茂杀死。对刘骏这种大杀宗室的残暴行为,当时有民谣讽刺道:"遥望建康城,小江逆流萦,前见子杀父(刘劭杀文帝刘隆),后见弟杀兄。"

公元464年5月23日,孝武帝病死在玉烛殿,时年35岁。刘骏死后,由太子刘子业即位。是为前废帝。

### 节俭稳政

历代帝王中,凡提倡节俭,率先垂范者,政权大多稳固如"文景之治""元嘉之治",都与皇帝节俭大有关系。南朝萧齐初期政权的稳定也是如此。

齐高帝萧道成,字绍伯,小字斗将,出生于公元427年。原籍东海兰陵(今山东兰陵)人,东晋初年移居江南的南兰陵(今江苏常州市),出身于"布衣庶族",家乏余资,母陈氏亲操井臼。萧道成初为雍州刺史萧思话的部下。466年,以功封为西阳县开国侯,宋明帝时镇守淮安,后废帝刘昱时升为中领军。477年,他杀死刘昱,拥立刘准为帝,479年,废刘准自立为帝。从此,他揭开了南朝齐国历史,成为南齐的开国皇帝。他即位后,注意减免逋租宿债,整顿户籍,大胆改革刘宋孝武帝以来的弊政,使齐朝政权步步得以稳定。特别是他的节俭自俸,对齐朝政权的稳定发挥了重要的作用。他曾经说过:"假如让我治理国家,不超过10年,定使黄金与土同价。"他认真吸取刘宋后期皇帝奢侈淫逸,官吏竟相受贿谋私,平民哀鸣不止的教训,一上台便下令提倡节俭,反对奢侈。他公元479年4月23日即位称帝建齐,28日便颁诏道:"皇子、皇孙两宫和诸王,一律不许营屯邸(庄园别墅),霸占山林湖泊。"他看到主衣库中有一个玉导,便下令打碎,并说:"留看此物,正是滋长一切弊病的祸根。"接着,他又亲自检查库中的一切奇巧物品,下令一概以"玉导"为例进行处

理。随后，他又规定，凡宫中上下，都要衣服无华；宫廷里用的器具，凡是用铜或金、银制做的，都要改用铁的。太子萧颐生活奢侈，萧道成知道后，亲临东宫，怒责严教，并想将他废掉，后经王敬则多方周旋，萧颐的太子位才得以保住。南齐有个人叫作张融，从少年时期就过着粗衣布履、箪食瓢饮的清苦生活。做官之后，仍保持着节俭的作风，穿的衣服既破旧又肥大。萧道成未当皇帝前，就将他视为知己；当皇帝后，见他上朝时仍穿着那件又破又肥的衣服，内心既感动，又觉得过于寒酸，有失齐国体统，便对张融道："我送你件衣服吧，是我穿过的，虽然也是穿旧的，但总比你这件强些；并且已按照你的身体裁剪过了，你穿上看看是否合体。"这便是"量体裁衣"典故的来历。作为一个皇帝，对自己的一个爱臣，连件新衣服都送不起吗？不是，他之所以裁剪旧衣送给宠臣，其本意就是要向文武百官表明：他是提倡节俭的。

公元482年3月8日，齐高帝萧道成在临光殿去世，在位4年，时年56岁。

## 用人不计门户

萧颐，齐高帝萧道成长子，字宣远，小名龙儿，出生于公元440年。公元482年3月8日，齐高帝萧道成病死，由太子萧颐继位，是为齐武帝。

武帝萧颐在帮助父亲萧道成夺取帝位后，又历任州郡，积累了一些治国经验；其中重要的一条就是唯才是举，不计门第高低。中书舍人纪僧真出身微寒，智谋过人。武帝萧颐发现后，封其为中书舍人，受到宠信。纪僧真向武帝请求道："臣不过是出身于本县的一名武官，幸运地赶上了清时盛世，官阶和荣耀才如此之高，我的儿子又娶了荀昭光的女儿为妻，实在担当不起。我一切满足，别无他求，只求陛下允许我做士大夫。"武帝没有允许。事后，武帝常对人道："人生何必计较门户？纪僧真出身寒微，但

人才出众，智谋过人，士族豪强都比不上他。"

旧制规定，亲王们在京只可带40名侍卫，但长沙王萧晃却违犯规定，喜欢威仪，进京却私下带了几百名武士。武帝闻知大怒，要将他绳之以法。豫章王萧嶷叩头哭泣求情道："先帝临终时嘱咐我们：刘宋如果不是骨肉之间互相残杀，外姓人怎么会有可乘之机？你们应该引以为戒。现在萧晃的罪过诚然不可以宽恕，但请陛下不要杀他。"听了萧嶷的话，武帝也低下头哭了，虽然没有杀死萧晃，但从此却不再信任他。

就这两个故事而言，武帝萧颐在位期间，为政还是清明的。

公元493年7月30日，武帝萧颐病死，在位11年，终年54岁。武帝死后，皇太孙萧昭业即位，死时谥号郁林王。

## 伪装取信

齐武帝萧颐曾于公元482年6月立南郡王萧长懋为太子。493年1月，太子萧长懋病死，时年36岁；4月，立太子孙萧昭业为皇太孙；武帝因太子之死哀伤过度，于7月30日也去世。即日，萧昭业即位，时年21岁。

萧昭业系原太子萧长懋的长子，字元尚，小名法身，出生于公元473年。萧昭业从小聪明过人，反应迅速。由于自幼生长深宫，一无办事经验，二无统治能力，但善于伪装矫饰，喜、怒、哀、乐变化甚快，且不露声色。他表面善良仁慈，心底却阴狠卑鄙。他父亲做太子时，他就急于登上皇位，曾买通女巫杨氏祷告，咒其早死；父亲死时，他装作极其悲痛的样子，号啕大哭，看见他的人都被他的孝子之情感动得流泪不止；但一回到东宫，他立即又和嫔妃嬉笑打闹，饮酒作乐，毫无悲伤之色。太子之死，他以为是女巫杨氏祷告的结果，便更加敬重杨氏。及武帝有病，他又让杨氏向上天祷告。他去侍奉武帝时，每说一句话，泪水就止不住

地往下流，使武帝认为他至诚至孝，必能担负起社稷大业，就对他说："我死之后，五年之内，朝政大事可全交给宰相，你不必过问；五年之后，你再亲自处理，不要再交给别人。"弥留之际，武帝又拉着他的手道："如果还想念你祖父的话，你就应该好好干。"嘱完，武帝便去世了。然而武帝的遗体刚刚放入棺内，还没有安葬，萧昭业就将武帝所有的歌伎舞伎全部叫来，让她们一个接一个地又唱又跳。武帝的棺木要在东府前秦淮河上船，去景安陵安葬，萧昭业在皇城端门恭奉送别。但丧车还没有走出端门，他就立即声称自己有病，回宫去了。然一进后宫，他便让人演奏起胡人音乐，皮鼓、铜铃之声响彻皇宫内外。

### 死于非命

萧昭业以伪装手段取得了武帝萧赜的信赖，但一登上皇帝大位，就将伪装面具撕得一干二净，便把朝政大事置于脑后，过起了腐朽糜烂的生活。他父亲文惠太子萧长懋宫有嫔妃霍氏，年龄尚稚，体态风骚，文惠太子在时因其柔情善媚而格外宠爱。太子死后，霍氏甚为寂寞。有一天，霍氏被萧昭业遇上，虽为庶母，也要上前引逗。这霍氏更是求之不得，遂云房月窟，鸾颠凤倒。为掩人耳目，达到将霍氏长期据为己有的目的，便令人上报太后，以废霍氏为幌子，骗过太后，改名徐氏，导引西宫。此外，他还选入众多的丽姝充为姜媵；就连两宫中的侍女都难避免，不管白天晚上，随见随幸。

萧昭业即位后挥金如土。他祖父萧赜在位时，继承父风，力尚节俭，故国富民安，库中积钱5亿万，斋库也积钱3亿万，其他金银布帛更是不可胜数。萧昭业登基后，一见到钱就气愤地说："过去我想得到你十个都不行，现在可以任我所用了。"随后，他对侍从人员随意赏赐，动辄成千上万。结果，在库中所存，被他上台不满一年就挥霍将尽。他经常进入

后宫衣库，让何皇后和他宠幸的嫔妃用各种贵重玉器相击，使其打碎，以听响取乐。他又酷好走马斗鸡，即位不到10天，便把武帝修建的招婉宫毁掉，其地辟为跑马场，任意驰逐。为了斗鸡取乐，他不惜重金购买斗鸡。

对于萧昭业的乱伦腐败，西昌侯萧鸾多次上书劝戒，然萧昭业却一概不予理睬。萧鸾十分恼怒，便心生废立之念。他首先设计先后杀掉了皇帝身边宠臣杨珉、徐龙驹、周奉权等人，把大权集中在自己手中，第二步便行废立。对萧鸾的举动，萧昭业也已有所闻，便决定先下手为强，与值阁将军曹连刚、朱隆之等人商议欲杀掉萧鸾。萧鸾得到消息，更加恼怒，便于公元494年7月20日早晨，派萧坦之先行入宫，先将曹连刚、朱隆之杀死；尔后，率人进入后宫寻杀萧昭业。当萧坦之进入后宫时，萧昭业正和他的庶母霍氏裸体相坐戏笑。萧坦之走上前去，令人将其拖入西斋，在其颈上缠上帛绸，将其活活勒死，时年22岁，在位一年。

萧昭业死后，以王礼葬之，谥号郁林王。

### 无令不能吃鱼

萧昭文，萧昭业的弟弟，文惠太子第2子，出生于公元479年，494年11月被杀，在位3个月，时年15岁。

公元494年7月20日，萧鸾杀死萧昭业后，本想自立为帝，但见萧昭业一支宗族在外镇还有不小势力，担心难制，便决定先找一个傀儡作为过渡，于是奉太后诏令，迎立新安王萧昭文为新皇帝。

萧昭文被推上帝位之后，一切朝政要务完全握在萧鸾手中，就连其衣食起居都必须经过萧鸾批准。有一天，皇帝萧昭文想吃点蒸鱼。太令官道："宣城王（指萧鸾）没有说过让你吃蒸鱼，臣下不敢令人去做。"皇帝道："朕为皇帝，难道连吃一顿蒸鱼的自由都没有吗？"太令官

道:"陛下不要说吃鱼,您所有的一饮一食,没有宣城王的批准,臣下概无能为力。"皇帝道:"那就请你去请示一下宣城王吧,就说我想吃一顿蒸鱼,他定会同意的。"太令官道:"启禀陛下,您的衣行起居都是宣城王预先定好了的,我们照办就是了。您的食谱中没有,更不能去请示,否则,我会自讨受责的,请陛下谅解。"皇帝萧昭文听到此处,长叹一声,无可奈何,也只好作罢。

萧鸾掌权后,为尽早篡位称帝,便抓紧诛杀高帝萧道成宗室。从7月25日推立萧昭文为帝,到10月10日废帝自立,在不到三个月内,先后设计诛高帝儿子12人。萧鸾见高帝宗室的势力被消除得差不多了,便于10月10日传出太后诏令,废萧昭文为海陵王。22日,萧鸾登上皇帝宝座,是为明帝。11月30日,又用毒将海陵王萧昭文杀死,时年15岁。

## 先下手为强

萧鸾,齐高帝萧道成的侄子,字景栖,小名玄度。早年丧失父母,由萧道成扶养成人。生于公元452年,498年病死,终年47岁。

公元494年10月25日,萧鸾废掉萧昭文自立为帝后,对高帝一支尚存子孙仍不放心。从公元495年,明帝萧鸾又大开杀戒,先后杀死萧颐子子明、子罕、子贞和萧谌;永泰元年,又杀死高帝子萧铉,武帝子子兵、子文、子峻、子琳、子珉、子建、子夏和郁林王萧昭业的弟弟萧昭粲、萧昭秀。至此,齐高帝19子、武帝23子,除萧嶷一支有后人外,其余全部杀死。明帝利用杀戮篡夺了别人的帝位,也更加担心别人利用杀戮篡自己的位。他越是杀戮,愈是害怕。他每次外出,明明向东,则告诉人说去西,如果去北,则告诉人说去南,不让人预先知道他的行迹。时间一久,心忧成疾。刚患病时,特别保密,生怕别人知道后趁机谋反;直到

病重需要求药医治时,外界才知道他真的病了。弥留之际,他对儿子萧宝卷道:"你要牢记隆昌(昭业在位年号)年间的教训(指他废掉萧昭业),做事必须先下手为强,不可落在人后!"嘱毕而逝,时公元498年7月30日。

## 傀儡惨页

萧纲,梁武帝萧衍第3子,出生于公元503年。531年4月,太子萧统病死后,萧纲被立为太子。549年5月2日,梁武帝饿死于台城内文殿,太子萧纲被侯景拥立为帝,是为简文帝。

简文帝萧纲虽为梁朝的皇帝,但完全被控制在侯景手中,侯景根本不把他这个皇帝放在眼里。公元550年4月27日,侯景请简文帝巡视西州。侯景让简文帝乘坐的是不加雕漆的素辇,侍卫人员只有400余名,而侯景则率领几千名武士,翼卫在左右;简文帝命侯景起舞,侯景也让简文帝起舞。简文帝有一个14岁的女儿漂阳公主,长得娇小玲珑,十分逗人喜爱。侯景已对其垂涎三尺。有一天,他乘着酒兴对简文帝道:"陛下,听说令爱漂阳公主长得十分美貌,我想娶之为妻,不知意下如何?"简文帝闻言大惊。他虽不敢说不给,但真不忍心把自己的爱女送给这只色狼的手中,于是推辞道:"小女尚在年幼,且容貌丑陋,与将军实为不配。朕有心为将军另选貌美丽质娇娃,不知将军同意否?"侯景把醉眼一瞪道:"难道陛下不想做皇帝了?"简文帝连忙谢罪道:"如将军不嫌,情愿以小女相许便是!"侯景道:"既然如此,现在就请你把她叫来与我成亲吧!"侯景逼着娶了简文帝的女儿之后,竟然当着简文帝的面,坐在皇帝的龙床上搂着漂阳公主饮酒,饮之兴起,还逼迫简文帝和他一起跳舞。

侯景的胡作非为,激起全国各地起兵讨伐。侯景派出军队镇压,但都大败而归。侯景早有当皇帝的野心,他拥立

萧纲，只不过想作为一个过渡，目的是"挟天子以令诸侯"，待全国稳定后再取而代之。他万万没有想到讨伐他的烈火来得这么猛烈。他心中慌了，决定不管如何，得先尝尝做皇帝的滋味。于是在551年8月，侯景便一举废掉简文帝，准备自立为帝。但他的心腹谋士王伟不同意，认为这样只能是火上浇油，弄不好连一天的皇帝也做不成。侯景问道："那该怎么办呢？"王伟道："可再来个过渡加以试探！"侯景虽不愿，但也的确害怕全国的讨伐烈火，只好表示同意。于是，在8月17日，侯景派卫尉彭隽率兵入宫，把简文帝废为晋安王，迎立萧栋为新皇帝。10月，侯景又听王伟的建议，派人将简文帝灌醉，用装满土的一个大口袋压在简文帝脸上，尔后王伟令左卫将军王修坐在口袋上，硬生生地把简文帝萧纲给压死了。简文帝死时年49岁。

## 我不去做皇帝

　　萧栋，生年不详，昭明太子萧统的孙子。公元551年8月19日，当侯景下诏书迎立豫章王登基的时候，萧栋和他的母亲正被关在暗室中。萧栋有病，卧床咳血，听说侯景要迎他去做皇帝，很是吃惊。因为萧栋知道，侯景反复无常，且心狠手辣，已经杀了两个皇帝，自己若再落在他的手中，哪还有好？于是，他吓得一边哭，一边叫："我不去！我不去！我不去做皇帝！"虽然如此，萧栋仍被硬行拉走了。21日，萧栋被逼着登上皇帝位，改年号天正。然而到11月19日，侯景便让萧栋禅位，自己做了皇帝，改年号大始。萧栋被降为淮阴王，在位三个月。

　　公元552年3月，梁元帝萧绎派王僧辩攻克台城，侯景逃走，萧栋及其弟弟萧桥、萧楔三人被王僧辩沉入水中淹死。

## 侯景之死

　　侯景，出生于公元503年，卒于552年，字万景，鲜卑化羯人。他初为戍兵，

参加六镇起义，不久叛降北魏尔朱荣，反过头来又去镇压葛荣起义，因功升迁定州刺史。高欢灭尔朱荣后，侯景又转附高欢。高欢死后，投靠西魏，后又投靠萧梁。584年，侯景反梁，勾结梁武帝的侄子萧正德攻打建康。11月，推立萧正德为皇帝，自为丞相。攻破台城后，废掉萧正德，饿死梁武帝，又推萧纲即位；551年8月，侯景废掉萧纲，继而将其残害而死，迎立萧栋为帝。同年11月，废掉萧栋，自立为帝，改年号太始，改国号为汉。侯景在称帝之前，不但生活淫乱，且残暴成性。他曾在石头城设立大碓，犯法的人只要被抓住，就用大碓捣杀，令人目不忍睹。平时他常常对诸将咬牙切齿地说："一旦攻破栅栏，就要踏平城市，杀他个干干净净，使天下人都知道我的厉害！"为此，他手下诸将每次打了胜仗，拿下一城，便专门以烧杀抢掠为能事，杀人如草芥，以此作为游戏取乐。故百姓即使死，也决不归服于他。公元550年4月，湘东王萧绎便以高祖被害，新皇帝被制为由，下令大举讨伐侯景，引起梁朝诸王响应。侯景废主称帝后，更激诸王的群起而攻之。公元552年2月初，湘东王萧绎命令各路大军攻击侯景，王僧辩率军从浔阳出发，兵船从头到尾达几百里；陈霸先率兵3万，舟舰2000只，从南江出溢口，和王僧辩会师于白茅湾。3月9日王僧辩军抵达姑熟，大败侯景军；14日，陈霸先和王僧辩合围石头城；19日侯景军彻底崩溃，侯景带兵百余骑逃走。4月12日，当侯景逃到吴郡时，侯景身边只剩下几十个人，侯景绝望，便想下海逃蒙山。但只有一只船，且船小人多，侯景便把两个儿推下海淹死，自率亲信羊鹍、王元礼、谢葳蕤上船下海。羊鹍是侯景的大舅哥，当他看到侯景为了自己逃命，连儿子都推下海淹死，便知此人没有一点儿人性？他便与王元礼、谢葳蕤密谋杀死侯景。4月19日，羊鹍突然提刀威胁

船家开往京口。侯景大惊道:"我们不是去蒙山吗?"羊鹍道:"我们为大王出过不少力,现在到了这个地步,终于一事无成,想借你的首级去换点富贵。"言毕,羊鹍、王元礼、谢葳蕤拿着刀争相砍来。侯景伺机跳海,未竟,便被羊鹍又用长矛刺死,将尸体运往建康。王僧辩割下侯景的头送往江陵,将其尸体抛于集市,士兵、民众争着去挖他的肉吃,连骨头都被抢走了。就连受侯景宠爱过的漂阳公主也参加了吃侯景肉的行列。侯景从551年11月称帝改汉,至次年3月19日逃出建康,在位4个月。

### 称帝于蜀

萧纪,梁武帝萧衍第8子,生年不详,公元514年,被封为武陵王;537年被任命为安西将军、益州刺史。他聪明有略,治蜀17年,向南开发了宁州、越巂,向西打通了资陵、吐谷浑;"内修农桑盐铁之业,外通商贾之利",故境内物资充足,兵势强盛。公元552年4月,他听到侯景攻陷台城,湘东主萧绎出兵讨伐的消息后,曾对身边的说:"萧绎是个文人,哪能匡扶社稷,救济黎民!"恰巧,这个月初,萧纪宫殿里一根柏木做的殿柱子在树节的地方突然发出芽来,并开了花,萧纪认为是祥瑞征兆,便在这个月的8日登基做了皇帝,改年号为天正,仍用建康已废皇帝萧栋的年号,以示自己为正统。萧纪即位后,性情变得残暴,对凡不同意他称帝的一些大臣统统杀掉,结果闹得众叛亲离。8月,萧纪以讨伐侯景为名率军东下,实际是与萧绎争夺帝位。公元553年5月,萧纪的军队到达巴东时,听说侯景之乱已早被平定,便感到自己出兵晚了,将功劳让萧绎捞了去,萧绎于去年11月在江陵也已称帝即位,他心中很是后悔。但萧纪又一想,反正自己已经称帝,决不能臣服于萧绎,便决定继续东进,攻击江陵。江陵梁元帝萧绎听说后,又见萧纪兵力强盛,心中有些害怕,便写

信给萧纪,派使者前去求和。但萧纪不干。不久,萧纪听说西魏的军队深入自己的后方,成都告急,自己出兵也久,士气下降,便派使者向萧绎求和。此时萧绎见萧纪军中缺粮,士兵因水土不服又死亡众多,便乘机向萧纪发起反击。7月11日,元帝军队连着攻下蜀军修建的3座城堡,切断其后路。结果,蜀军兵乱,四处奔逃。元帝将领樊猛带兵攻入萧纪住处,萧纪大惊失色,忙把一袋金子推向樊猛道:"我送这一袋金子给你,送我去见元帝一面如何?"樊猛道:"起先皇帝向你求和,允许你回蜀专治一方,你不干;现在,天子还会见你吗?你不给我金子,我杀了你,金子还能跑掉吗?"于是,樊猛上去捉住萧纪,手起刀落,将其杀死。就这样,武陵王称帝,先后在位16个月便被消灭了。

### 城破被杀

萧绎,梁武帝萧衍第7子,出生于公元508年,于554年兵败被西魏杀死。他小名七符,514年被封为湘东王。551年3月,侯景率军西上,被萧绎击败;552年,兵进建康,杀侯景;同年11月12日,萧绎在江陵即位称帝,是为梁元帝。

梁元帝萧绎生性残忍,野心勃勃。当他的部将王僧辩率军进建康时,曾向他请示:"平定侯景后,如果简文帝萧纲未死,不知用什么礼节对待他?"萧绎道:"六门之内(指进入建康台城的六门),自可放手杀戮!"此时,萧纲已被侯景杀害,王僧辩便又根据萧绎的秘旨,将豫章王萧栋(此时已被废去帝位)及两个兄弟,一并沉入水中淹死。553年7月,击败并捉住他的哥哥萧纪,将其杀死,接着,又杀了他的堂孙萧誉。

梁元帝大杀宗室,致使众多亲王反叛。公元554年11月,他的另一个堂孙萧誉的弟弟萧詧勾引西魏军围攻江陵,元帝城破被俘,12月被西魏军杀死,时年47岁。

## 由俘虏到皇帝

建安公萧渊明,梁武帝萧衍的侄子,出生年月不详,公元556年疽发而卒。少时为武帝萧衍所宠爱,封为贞阳侯。公元543年11月,侯景弃魏归梁,武帝派贞阳侯萧渊明前去接应,为北齐高洋所败,萧渊明被俘。公元555年3月,北齐又送萧渊明去南梁即位称帝,由俘虏一下变成了皇帝。这是怎么回事儿呢?

公元554年11月,西魏兵围江陵,梁元帝城破被俘,12月被杀。太尉王僧辩和司空陈霸先听说江陵失守,元帝被俘,当月迎立元帝的第9子萧方智到建康临王称制,时年只13岁。

再说西魏554年11月攻破江陵,萧绎被俘,被杀后,于551年1月1日立萧衍的孙子萧詧为主,在江陵即位,史称后梁。

西魏立萧詧为帝,使西魏日后进攻南梁有根据地,这对齐无疑也是一个极大的威胁。北齐高洋为了与西魏抗衡,也想在南梁立一个皇帝。他想来想去,便想到俘虏萧渊明。1月20日,高洋立萧渊明为帝。2月2日,当高洋听说王僧辩和陈霸先将晋安王萧方智迎入建康登上梁王位的时候,心中很是着急,急忙派使者到建康,劝说王僧辩废掉萧方智,迎立萧渊明为南梁皇帝。但王僧辩不干,因为他认为萧方智年只有13岁,自己容易控制,而萧渊明不仅年长难以控制,且有谋略;如果让萧渊明称帝,自己日后再篡梁称帝可就难了。当使者回到北齐汇报之后,高洋很是不悦,立即第二次派使者去南梁,直接对王僧辩说,如同意迎萧渊明回梁称帝,将让王僧辩继续独掌南梁大权,否则,北齐将派兵过江,杀死王僧辩和萧方智,强行让萧渊明做南梁皇帝。这一来,王僧辩害怕了,表示同意废掉萧方智,迎立萧渊明。5月21日,王僧辩派龙船去迎萧渊明。22日,萧渊明到达建康,27日,即皇帝位;将被废掉的小

皇帝萧方智立为皇太子,任命王僧辩为大司马,陈霸先为侍中。这一次,萧方智称梁王前后只4个月。

当王僧辩废掉萧方智,迎立萧渊明的时候,陈霸先正屯驻京口,当他听到建康有变的消息之后大怒,立即派人去告诉王僧辩,坚决反对萧渊明即位,王僧辩不予理睬。公元555年9月27日,陈霸先以兴师勤王为借口,率兵将秘密进军建康,捉住王僧辩及他的儿子颎杀掉。29日,宣布贞阳侯退位,10月2日,又推晋安王萧方智即位。

萧渊明从俘虏到皇帝,只在位5个月,就被赶下台来;次年5月,因背上疽发而死。

## 小聪明难成大事

宣帝陈顼,陈霸先的哥哥始兴昭烈王陈道谭的第2子、文帝陈茜的弟弟。字绍世,小名师利。生于公元530年,卒于582年,在位14年,是陈朝在位比较久的一个皇帝。文帝生前,他痛哭流涕,以表白自己决无称帝之意,定要像西周周公旦一样,尽心辅佐皇侄伯宗。文帝得到二弟的许诺,方闭目而去,然伯宗即位的第二年,他便一举废伯宗为临海王,自己做了皇帝,是为宣帝。

宣帝陈顼靠耍小聪明骗过了文帝,夺取了帝位,但有一事表明他是"小聪明难成大事"。

公元572年8月,北周派使者出使陈朝,以与其共平分天下为名,约陈伐北齐,而真正的目的,则是利用陈朝出兵淮南,牵制北齐的一部分精力,以达一举消灭北齐的目的。陈顼也想利用这个机会扩大地盘,当即表示同意,并于573年3月命大将吴明彻统率10万大军北伐。结果,不到一年,淮南之地尽为陈朝收复。这时,北齐后主高纬荒淫奢侈,不理朝政,其国势衰败,如果陈顼继续北伐,足可一举灭齐。但陈顼根本无此大志,他与北周共伐北齐的目的,只是划地而

治,苟安江表,因此坐失良机。而北周宇文邕却乘胜前进,于576年12月攻破晋阳,于577年1月一举灭掉北齐,尽占齐地。陈顼此时方觉吃亏,又想与北周争夺徐、兖二州,于578年2月派吴明彻率领大军猛攻彭城。北周早有准备,派大将吴轨截断陈军后路,封锁淮阴,使陈军前进无望,后退无门。结果吴明彻其所率30万人全部被俘。接着,北周军乘势南下,复取寿阳,尽占江北、淮南之地。恰在这时,北周宇文邕病死,周军没有继续进军,才使陈朝没被灭掉。经此一战,陈朝元气大伤,陈顼愤愧交加,也于582年1月病死,时年53岁。

### 陈朝内讧

后主陈叔宝是南陈的末代皇帝。他出生于553年,卒于604年;字元秀,小字黄奴,是宣帝陈顼的长子。他于566年被封为宁远将军,569年被立为皇太子,是在陈朝内讧之中即位的。

宣帝陈顼生有42个儿子,除嫡长子陈叔宝被立为太子外,次子陈叔陵受封为始兴王,第4子陈叔坚受封为长沙王,这两个人都有野心,另外还有个侄儿陈伯固受封为新安王。公元582年1月,宣帝陈顼一死,他们弟兄几个便围绕继承帝位的问题展开了一场殊死斗争。

次子陈叔陵性情淫暴。他当时掌管江州(今江西九江市)、郢州(今武汉市)、晋州(今安徽潜山市)三州军事,总想把自己辖区搞成一个独立王国。手下人稍有过失,就会遭到毒打,甚至被逼得无处容身,上吊而死。陈叔宝被立为太子,他心中不服,见新安王陈伯固与太子关系密切,便嫉恨万分,总想设计将陈伯固害死。陈伯固害怕,只好投靠到陈叔陵身边。长沙王陈叔坚,生母原是酒店女子,出身微贱,陈叔陵瞧不起他,陈叔坚只好与太子陈叔宝走得近些。

宣帝陈顼病重期间,太子陈叔宝天天守候在病榻旁边。叔陵、叔坚为了争

夺皇位,自然也都装出一副孝顺的样子,天天前来侍候。582年1月10日,陈顼病危,兄弟三人都守候榻前。陈叔陵心怀不轨,突然对药典吏道:"这切药的刀太钝了,应该拿去磨得锋利一些才好使用!"第二天,宣帝一断气,陈叔陵便想动手,吩咐左右快取剑来。他手下的人不明白他的真正意图,以为他要按当时的礼仪,要给皇帝举行送终的仪式,就赶快送来一柄平时上朝时做样子用的木剑。陈叔陵一见大怒,一巴掌把送剑的人打了出去。因为木剑杀不了人,故他没敢当时动手。对陈叔陵的这些反常行动,陈叔坚看在眼里,恐其有变,便从中提防。第3天(1月12日),宣帝尸体入殓后,太子陈叔宝正扶在棺上大哭,陈叔陵突然操起那把已经磨快了的药刀,乘人不备,猛从背后向太子刺去。太子陈叔宝的脖颈受伤,血流如注,当场昏倒在地。柳皇后见叔陵行凶,赶快过来救应,也被陈叔陵连刺几刀。陈叔坚早有提防,急促过来,仗着自己力大,一下夺下刀来,又一下将陈叔陵按倒在地,卡住其喉咙,尔后将其绑在柱上,才去向太子陈叔宝请功。在这空当,陈叔陵用力挣断绳逃走。

陈叔陵逃走到东府城,立即发动政变,拼凑了千余名士兵,寻机进攻台城。陈叔坚闻讯,立即命右卫将军肖摩诃率骑兵、步兵数百人攻打东府城。陈叔陵见状害怕,派人给萧摩诃送上重礼,并许愿说:"如果你帮助我举事成功,我一定任命你为辅政大臣。"萧摩诃道:"必须派始兴王的心腹大将亲自前来订约,我才能从命。"陈叔陵信以为真,急忙派了心腹大将戴温、谭骐骁来见萧摩诃。萧摩诃立即将其拿下,斩其首级,尔后派人去警告那些跟着陈叔陵的人,以示其下场。一时间,东府城中人心大乱,纷纷叛逃。陈叔陵见大势已去,回到府中,便将自己的妻妾全部沉入井中淹死,自己与陈伯

固带了几百名步骑兵，企图潜逃出走，渡过秦淮河，投靠北朝（杨坚已篡周建隋）。然而刚刚出城没走多远，就被萧摩诃的追兵赶上，将其杀死。至此，一场争夺皇位的斗争至此才告平息。

公元582年1月13日，南陈皇太子陈叔宝即皇帝位，即陈后主，时年29岁。

### 酷好声色

后主陈叔宝是南朝最荒唐的皇帝之一，又是一个被称为"全无心肝"的亡国皇帝。

陈后主叔宝之所以亡国，其中一个重要的原因就是不理朝政，酷好声色。

后主陈叔宝原有皇后沈氏，因多愁善感得不到宠爱，而后宫里的张贵妃、孔贵嫔却以声色迷住了后主，此外还有王美人、李美人、张淑媛、薛淑媛、袁昭仪、何婕妤、江修容等，皆受后主宠爱。特别是张贵妃，名丽华，神采动人，仪态万方，发长七尺，乌黑发亮更得后主宠爱，形影不离。就是上朝时，后主也往往要把张丽华抱在怀里听政。而张丽华不但其貌压倒六宫，且聪明过人。后主每抱她听政时，宦官蔡脱儿、李普度往往记不住，而张丽华却点滴不漏，故后主常常和她一起裁决国家大事。陈后主为讨嫔妃欢喜，于584年在皇宫光昭殿前修建临春、结绮、望仙三栋楼阁。楼阁各高数10丈，连延数10间，三栋楼阁的窗户、壁带、悬楣、栏杆等都是用沉木和檀木制成，并用黄金、玉石或珍珠、翡翠加以装饰；门窗外挂珠帘、内设宝床宝帐，珍奇玩物数不胜计，古今未见。每有微风吹来，则香飘数里，晨日初照而又光映后庭，阁前积石如山，引水为池，其间植以奇树，杂以花草。三阁建好以后，陈后主自住临春阁，张贵妃住结绮阁，龚、孔二贵妃住望仙阁；楼阁之间，又有复道相通。从此，陈后主再不亲理朝政，天天与嫔妃在三阁中轮流取乐。别看陈后主别看不通政务，却颇精通音律，善作艳词。

每次花天酒地，必要诵诗赋辞；然后从中选出特别精彩的诗作，谱以曲子，再选宫女千余人练习歌唱，日后分部演出。其中最有名的是《玉树后庭花》《临春乐》《黄丽留》《春江花月夜》等。这些曲子的内容都是形容张贵妃、孔贵嫔的美丽容颜的，其词句多格调低下，淫秽轻薄。

### 亡国之音——《玉树后庭花》

《玉树后庭花》是一歌曲的名称，其曲为陈后主所谱，其词为后主与俸臣所共制。其歌词的内容为："丽宇芳林树高阁，新妆艳质本倾城。映户凝娇乍不进，出帷含态笑相迎。妖姬脸似花含露，玉树流光照后庭。"陈后主为什么将此曲命名为《玉树后庭花》？这是后主爱张、孔二贵妃情以至极，以花喻人，以内心赞美张、孔二妃像"后庭花"一样婷婷玉立，光彩照人。公元588年12月，正当陈后主带着他的文臣、宠妃浅斟低唱，细讴《玉树后庭花》之时，隋文帝杨坚派遣的大军已向江南进军。消息传入南陈，陈后主自恃长江天险，仍对他的侍卫近臣道："王气在此，何以为忧？陈自立国以来，齐曾经三次大举进犯，周军也曾两次大军压境，但都以失败告终。现在隋军到来，又能把我怎么样呢？"言毕，根本不加防备，每日仍奏乐歌舞，纵情饮宴，赋诗取乐不止。当隋军攻入宫门，文武大臣都跑光了，这位迷于歌舞的皇帝才急忙带着张、孔二妃躲入后庭景阳殿前的井中（一口枯井），陈后主被俘虏。陈朝遂亡。后来，人们就把他们创作的《玉树后庭花》等称为亡国之音。

这曲后来被作为亡国的隐喻广为流传。到了唐朝后期，以皇帝为首的官僚集团不顾国家步步衰败的局势，竟然而将这种亡国之音列入教坊，诗人杜牧异常愤慨，写出一首辛辣讽刺的诗来，这就是千古流传的绝唱《泊秦淮》：

烟笼寒水月笼沙，
夜泊秦淮近酒家。
商女不知亡国恨，
隔江犹唱《后庭花》。

## 辱井

公元 589 年，隋朝杨坚派军南下过江灭陈，攻占台城，陈后主叔宝方才惊慌失措，急忙拉着还没听完《玉树后庭花》的张贵妃和孔贵妃躲藏。尚书仆射袁空劝道："隋军如进入后宫，我想决不会对陛下有所侵侮。事已至此，陛下就算躲，还能躲到哪里去呢？我求陛下衣冠整齐，端坐正殿，依照当年梁武帝见侯景时的做法，必无大碍。"陈后主却自作聪明道："兵刀之下，我不能像梁衍那个老糊涂一样拿着性命前去贸然拦驾！"说毕，便拉着两个爱妃出了后堂，来到景阳殿前一座枯井边，一下跳了进去。不久，隋军搜查也来到枯井旁边，向井内窥视，并大声向里喊道："井下有人吗？快快讲话！"一小头目见无人回答，遂指挥道："再无人讲话，就往下扔石头将井填死！"这一下，把陈后主吓坏了，急忙大声道："千万别扔石头！千万别扔石头！"隋军听罢，用绳子把陈后主和他的两个爱妃拉了上来，张、孔二妃被杀。3月6日，隋军将陈后主及其公侯大臣一块押送长安。至此，陈后主在位 6 年，南陈灭亡，前后共 5 帝，历经 32 年。

从此，人们便把景阳井称之为辱井，其故址在今进南京市玄武湖侧。

# 将相野史

## 汉丞相诸葛忠武侯传

诸葛亮，表字孔明，琅邪阳都人。小时候父亲去世，跟着叔父诸葛玄过活。叔父依附刘表，诸葛亮也就随着来到荆州。诸葛玄去世后，他便在南阳隆中定居下来。

诸葛亮少年时代与颖川徐庶（字元直）、石广元、孟公威一同游学。那三人读书总是处处都要精深熟透，而诸葛亮却只看一看大意。他每天早晚悠悠闲闲，抱着膝头高声吟唱，对那三个人说："你们可做个郡守、刺史之类的官。"三人问他想做什么？他只是笑而不言。孟公威思念家乡，想回老家去。诸葛亮说："中原大地多的是士大夫，遨游何必一定要回到故乡去呢？"诸葛亮渐渐成大了，亲自在地里耕作，最喜欢朗诵《梁父吟》，当时的人都莫测他志向的高深。他只与徐庶和博陵崔州平友好，同时也很敬重庞德公，只对这个人表示折服。而庞德公也同样佩服他，称他为"卧龙"。一天，当时的沔南名士黄承彦对诸葛亮说："听说你要挑选媳妇，我有丑女，她的文才可能配得上你。"诸葛亮同意了，黄承彦就送女儿过来与诸葛亮成了亲。当时的人们编了句顺口溜道："别学孔明挑新娘，娶了个老承头的丑姑娘。"

建安十二年，左将军豫州牧刘玄德来到荆州。一天，他向襄阳司马德操请教天下大事。司马德操说："一般腐儒俗士哪能识什么时务！识时务的只有俊杰。这里本来就有卧龙和凤雏嘛。"一问是谁？司马德操回答说："这就是诸葛孔明和庞士元啊。"

徐庶到新序去见左将军刘备。刘备很器重他。徐庶说："诸葛孔明是一条'卧龙'啊，将军难道不想见见他吗？"左将军说："你去把他约来吧。"徐庶说："这个人只可以去求见他，而不可以随随便便地叫他来。将军还是亲自去拜望他为好。"左将军于是亲自前往。一共去了三次才见到。谈话时，刘备让其他的人都退出去,然后说:"汉室快要崩溃了,奸臣攫取了国家权力,汉皇帝在外流落遭难,我不衡量自己的德行和实力,要为天下伸张正义。但由于聪明才智都很缺乏,因而打了败仗,到了如今这个地步。但我的意志却并未消沉。您认为应该怎么办才好?"诸葛亮说:"自从董卓以来,天下的英雄豪杰都起来了。跨州连郡的,数都数不过来。曹操和袁绍相比,就显得名气既小而且人手又少。但是曹操最终能打败袁绍,转弱为强的原因,不仅仅是碰巧,也是人的谋略。现在曹操拥有百万之众,挟持着天子来指挥地方。这一方面,确实不能跟他争锋夺势。孙权占据长江下游,已经历了三代,国家的地理形势险要,百姓也很团结,贤才能士又都愿为他效力。这一方面,是只可以与他搞联合,而不能去算计他。荆州北靠汉水、沔水,南至南海,东边连结吴郡、会稽郡,西边通达巴郡、蜀郡,这是一个能作战的地方。但它的主人却守不住,这恐怕是上天以它来资助将军您的了。将军,您难道没有意吗?益州形势险要,交通阻塞,肥沃的土地十分辽阔,真是天府之国啊。汉高祖就是靠了它才成就了帝王大业的。现在刘璋昏庸软弱,张鲁在北边,老百姓很殷实,国家也很富裕,但却不知道好好珍惜。那里的人都渴望有一个英明的君主。将军既然是帝王的后裔,您的信义已闻名天下四海,统领着天下的英雄,如饥似渴地想得到贤士。假定您能占有荆州、益州,凭借它的险阻,西边团结好戎人、狄人;南边安抚好夷人和越人;对外和孙权结为友好;对内修明政治,一旦局面有变化,就派一名上将,带领荆州的军队直向宛、洛开去。将军您亲自带领益州的大军从秦川打出来,老百姓还有不担茶送饭来欢迎您的吗?真能这样,那您的霸业也就可以成就,汉家的天下也就有望兴盛起来了。"左将军说:"太好了!"从此和诸葛亮感情融洽,

一天比一天密切。

关羽、张飞等对此很不高兴。左将军说:"孤王我得到孔明,正如同鱼儿得到水一样,希望你们不要再多说了。"

当时,诸葛亮二十七岁。

刘表爱小儿子刘琮,大儿子刘琦感到不安,向诸葛亮请问对付的办法,诸葛亮总是不回答。一天,刘琦请诸葛亮去他的高楼上饮酒。喝到一半,命人把梯子撤去,只剩下宾主二人时又再次问诸葛亮他该怎么办?诸葛亮说:"您不见,历史上的申生因为在朝内因此遭到危害,而重耳在外却得到平安吗?"刘琦一下子明白了,过两天就向父亲要求出去镇守江夏。第二年刘表死了,刘琮立为国君。正赶上曹操大军南侵,刘琮派使臣去迎降却不通知刘备。曹兵已到宛城,左将军才听说。诸葛亮建议刘备道:"进攻刘琮,荆州就可以得到了。"刘备不忍心,于是就撤走,荆州的百姓们都要跟着刘备走,人数达十几万。曹操率精锐轻骑兵在后面急追。到了长坂,刘备扔下妻儿家眷,只和诸葛亮等十几个人骑马逃跑到了夏口,诸葛亮说:"情况紧急啦,请让我代表您去向孙将军求救吧。"

当时孙权正率领大军在柴桑观望曹、刘两家争战的成败。诸葛亮劝说孙权道:"现在中国大乱,将军您起兵占领了长江下游,刘豫州也在汉南聚集了一批人马,想同曹操共争天下。现在曹操已经铲除了内部的敌对势力,又接着攻破荆州,四海都被他威力震惊了。英雄无处可以施展自己的本领,所以刘豫州才逃到这里。将军您要量力来对待这个情况才好啊。若是敢以你吴越的力量来和中原对抗的话,不如趁早和他们断绝关系。若是您不敢抵抗,那何不放下武器,卷上甲衣,朝北方叩头去奉事他呢?将军您现在表面挂着服从的名义,但内心却怀着犹豫不安的想法。情况紧急却不决断,大祸临头无须多久了!"孙权道:

"假定像你所说的那么简单,刘豫州何必不就去奉事他呢?"诸葛亮道:"田横不过是齐国的一个壮士罢了,尚且坚持原则,不受折辱。何况刘豫州是王室的子孙,他英明能干,盖世少有。众多有识之士尊敬他,热爱他,如同水流向大海一样。事情没能成功,这是天意,他哪能去当曹操的手下呢!"孙权勃然大怒,说:"我不能捧上我整个吴国十万人马去听人家摆布。我的主意定了!除了刘豫州,没人可以跟我一同抵挡曹操。然而刘豫州刚刚打了败仗之后,又怎能抵挡得住曹操的攻势呢!"诸葛亮又说:"刘豫州的军队虽然在长坂打了败仗,如今,战士逃回来的加上关羽的精锐水军还有一万多人,再加上刘琦在江夏的战士也不下万人。曹操的大军远道而来江南,已很疲劳了,听说追击刘豫州一天一夜走三百里路,这就叫最强硬的弓箭,到最后一点儿射程时,就连洞穿最薄最软的鲁缟也做不到了。因此,兵法很忌讳这种情况,说:'一会损失大将'。而且北方人不熟悉水上作战,加上荆州的百姓归附曹操只是迫于兵势罢了,并不是心服。将军若要真是能派一名猛将,统领数万军队,同刘豫州统一谋划,共同用兵,打垮曹操的军队肯定没问题。曹操的军队被打败,一定会撤回北方。这样一来,荆吴的势力就会强大,而鼎足的局面也就形成。成败的关键就看今天的决定了。"

孙权十分喜悦,马上就派周瑜、程普、鲁肃等率三万水军随诸葛亮到左将军处,联合起来迎战曹操。于是,在赤壁大败曹操。

左将军也就向南推进占领了江南。以诸葛亮为军师中郎将。派他督理零陵、桂阳、长沙三郡,征调赋税来充实军饷。大家又拥戴左将军当荆州牧,建置公安县。

孙权来请进一步密切关系,左将军就要去见他。诸葛亮认为不行,但左将军坚持去了。一到那儿,果然差一点儿被周瑜扣留,只是由于孙权没答应,才得以回来。左将军回来之后叹息道:"天下有智谋的人,他们的看法竟这么相同。"

建安十六年,益州牧刘璋派法正去迎请左将军,左将军去了益州。诸葛亮、关羽等留守荆州。刘璋命左将军去打北边的张鲁。

建安十七年,左将军回兵攻击刘璋。

建安十八年围攻广汉雒县。诸葛亮与张飞、赵云等溯江而上平定白帝城、江州、江阳。

建安十九年,与左将军会师围攻成都,成都平定了。左将军当上了益州牧。任诸葛亮为军师将军,管理左将军府事务。诸葛亮于是起用许多有才能之士,对凡是刘璋过去所委任的,以及他的亲戚们,还有被他排斥打击的,都一律分别按他们的能力大小而安排恰当的职务。这样一来,有志之士没有不竞相鼓励,力图上进的。诸葛亮辅佐益州政务时,崇尚严格。法正对诸葛亮说:"汉高祖入关时,仅仅约法三章,而秦国百姓十分感念他的好处。所以您应该放松一点儿刑禁,以安抚那些新归附的人。"诸葛亮说:"秦的政令又苛刻,又急迫,所以他的天下崩溃。高祖接替了他的统治,当然要用宽大来调济。但刘璋很昏庸软弱。自始以来,他的法律在条文规定上和具体执行上,就是互相牵制、对立,而又互相迁就、依赖的。在他那里,正确的事办不起来,威严的处分行不下去。蜀地本土人士专权,十分放肆,君臣的作风一天不如一天。因为,大凡用地位来表示宠幸,地位高到顶点,也就不稀奇了。用恩惠来换取顺从,恩惠没有了,傲慢就会产生。刘璋的政务之所以造成弊端,就是这个原因。我今天用刑法来警惕他们,刑法一旦执行,大家就会懂得什么叫作恩惠。另外,我用等级来划分界限,等级一晋升,大家就会懂得什么叫作荣耀。

荣耀和恩惠同时起作用,上下都有个章法节奏,治国的关键是什么,在这里就是十分清楚的。"

左将军领兵向汉中挺进。诸葛亮镇守成都,做到了足食足兵。左将军在汉中曾经需要紧急调兵。诸葛亮以这件事咨询蜀郡的旧部杨洪。杨洪说:"汉中是益州的咽喉。今天的情况,男子应当去作战,女子应当去搬运,调兵的事还有什么可犹豫的?"诸葛亮于是上表推荐杨洪做蜀郡太守。杨洪上任后,调度事宜都办得很好。诸葛亮用人,只凭他的才能不论他的资历先后。拿杨洪来说,最初在李平手下做功曹,后来李平调去做犍为的郡守,杨洪已被提拔做了巴蜀的郡守。杨洪门下有一个管抄写的文书何祗,因为很有才智,后来被提名为郡吏。几年以后又提拔为广汉太守。而那时杨洪还在蜀郡太守位上呢。所以,西土一带的人都佩服诸葛亮能使当时人各尽其才。这样的例子有很多。

建安二十一年,曹操做了魏王。

建安二十二年,曹操进一步动用了天子的仪仗,外出时要按皇上规格戒严放哨。

建安二十四年,左将军在汉中击败曹操的军队。诸葛亮率各级官员拥戴左将军为汉中王。同时上表报告给汉献帝。当时孙权已经做了曹操的藩臣,而袭取荆州,杀害了关羽。

建安二十五年,诸葛亮建议汉中王杀了刘封。

刘封原是姓寇人家的儿子。汉中王在汉中时,由于当时还没有继承人,收养他做义子。刘封后来和孟达驻守上庸。关羽遭孙吴攻击时,曾要求他俩出兵救援。但他们不肯去。后来刘封又同孟达因事争执,孟达于是叛变西蜀,投降了曹魏。刘封被他击败回到成都。诸葛亮认为刘封为人太凶猛,不听指挥。担心将来刘备死后没人制驭。因而劝汉中王将

他明正典刑。

这年冬天,曹丕正式篡夺皇位。自立为皇帝,改年号为"黄初"。

第二年,传说汉献帝被杀。汉中王在成都为汉献帝戴孝发丧。这时文武大臣都要求汉中王改称皇帝尊号。汉中王没有同意。诸葛亮说:"曹氏已篡夺了汉朝的正统。如今,天下已经无主了。大王您是刘氏的后代,接续祖先而崛起,这才是最恰当的。"汉中王才听从了。

这年夏四月丙午日,汉中王即皇帝位,改年号为"章武"。以诸葛亮为丞相兼录尚书事。给他以符节,独立指挥。在策书中写道:"我遭逢到刘氏的不幸,继承了皇位大统,兢兢业业,不敢休息。一心想要让百姓安宁,就怕的是天下不能平定。唉,丞相呀,你要理解我的意图,不要疏忽怠慢。辅佐我补上遗漏疏忽,帮助我实现汉室重新光大,来使天下人重见光明。先生你要努力啊!"于是,皇上设置了各部官吏,建立宗庙,举行了一次高帝以下的历代祖宗的集体祭祀。这些实际上都是由诸葛亮一手经办。

这年秋天,昭烈帝念念不忘关羽的败亡,亲自统领诸路军队讨伐吴国,为关羽报仇。诸葛亮留守成都。

第二年春天,诸葛亮听到皇帝兵败退回永安的消息,叹息道:"若是法孝直还活着,他一定能谏止皇上不去东边打这一仗。"

皇上病了。章武三年春,召诸葛亮到永安去见面。诸葛亮赶到永安。

四月间,皇上病重。对诸葛亮说:"先生的才能高出曹丕十倍,一定能安定国家,最终统一中原。我的儿子,可以辅助就辅助他。若是他不行,你就取代他算了。"诸葛亮流着泪说:"我怎能不尽力辅佐,贡献我的忠心,一直到死呢!"皇帝又写了诏书告诫太子,甚至于说了这样的话:"你跟丞相在一起处理事情,你要像对待父亲一样对待他。"皇上去世了。

诸葛亮奉遗诏扶太子在成都即位，改年号"建兴"。诸葛亮被封为武乡侯，又当了益州牧。所有大大小小的事情，都取决于他。

诸葛亮教导他的下级群僚说："参署这个机构是集中了众人的思路，推广有益的经验。如果因为关系远，或影响小，或有仇怨，或有困难，而互相排斥、倾轧，那就会名不符实，不起作用了。要是在排斥、倾轧之间，还能看到它正确的一面，这就等于丢弃了破鞋而得到珠玉宝贝一样。但是人心苦于不能都办到，只有徐元直能很果断地处理这样的问题。还有董幼宰也是这样认真，他在参署七年，对于一件没办成的事，甚至十次来提醒告诉。若是有人能学到徐元直的十分之一，或者董幼宰的热情周到，效忠国事，那我也就可以少犯一点儿错误了。"又说："我最初与崔州平相交，屡次听见他评论我的得失。后来交上徐元直，常常受到启发和指教。从前和董幼宰探讨问题时，他每次讲话都言无不尽。后来和胡伟度共事，他曾多次对我的行为进行过劝谏和阻止。我虽然生性愚昧，又很浅陋，不能完全接受他们的意见，但由于和这四位先生始终融洽和好，所以也是以使自己明白起来而不对直率的话有所怀疑。"

幼宰，名和。曾与诸葛亮共同在左将军府办事。伟度是诸葛亮的主簿胡济。

自昭烈帝进驻永安，吴国害怕他还会再来进攻，因此又来请和。正好昭烈帝逝世，诸葛亮也正担心着孙权该不会有别的打算。这时，尚书邓芝来见诸葛亮道："主上还很幼弱，又刚刚登位。最好派一位大使到东吴去表示一下友好的愿望。"诸葛亮说："我考虑这件事很久了，就是找不到这样一个合适的人，今天才刚刚发现。"邓芝问是谁，诸葛亮说："就是长官你呀。"

于是，派遣邓芝前往东吴。孙权也十分高兴，蜀、吴恢复往来，和好如初。

当初，诸葛亮引进当时的名士如蒋琬、张裔等人，都进入丞相幕府。又慎重挑选了一些一贯道德高尚的人，让他们去帮助益州的工作。于是，用秦宓为别驾；五梁为功曹；杜微为主簿；谯周为劝学从事。这些人都是作风正派，平时就很有名望，被乡里所敬慕的。杜微，品节尤其高尚。过去先主刚平定蜀地时，他常自称耳聋得厉害，闭门不出。等到诸葛亮征召贤才时，专门备车将他接去。他勉强到了之后，落座不久，又坚持要走。诸葛亮在座上给他写了封信道："曹丕篡杀了汉帝而自立，这就好像是土龟、草狗而有一个名号。现在我们打算和诸位贤人一齐努力，用正道来压倒他的奸邪。曹丕目前正在大规模调动人马进攻吴楚。趁着他事情多顾不过来，我们暂且关起门来发展农业，以生产出民需物资，同时治理甲兵，等待他的失败，然后讨伐他。可以做到兵不打仗，民不受累而天下平定。先生只要你用你的品德来帮助我们就可以，不要求你去搞军事。为什么你非得那么急匆匆地要走呢？"杜微这才留了下来。诸葛亮于是格外推存他当了谏议大夫。

从前，由于益州守军统帅雍闿杀了郡太守而投降了东吴。东吴任用雍闿为永昌太守。但是永昌的功曹吕凯、府丞王伉带领官吏士兵紧闭城门，拒绝新任太守。雍闿进不了城，就派他的同乡孟获去煽动各个少数民族起来作乱。牂牁太守朱褒、越嶲王高定都响应了雍闿。诸葛亮认为国家刚才遭了先主的大丧，所以只是安抚他们，而没有去征讨。闭关自守，让百姓生息，鼓励农事，生产粮食。

曹魏派司徒华歆等人到诸葛亮处，暗示他向曹丕投降，当个藩臣。诸葛亮连信也不回，只是写了一篇《正议》传示大家。其中有这样的话："从前，我后汉开国祖宗光武皇帝恢复汉业时，只有几千名老弱残兵，结果在昆阳城外摧毁了王莽劲旅四十万。这是因为只要站在正义的立场，讨伐邪恶，其胜负并不取决于双方人数的多少。《军诫》上说：'横行天下的，万人也一定会死。'从前轩辕黄帝只集合了几万士兵，就制服了四方，平定了海内。何况我们现在有了数十万人众，以正义来对付罪人，还有什么阻碍呢？"

建兴三年春，诸葛亮开始领兵南征四郡。后主下诏赐给他仪仗，有金铁钺一具、前后羽葆彭吹乐器各一部、虎贲卫士六十人。诸葛亮到了南方，首先表奖吕凯、王伉坚持忠义。封吕凯为云南太守，王伉为永昌太守，还加封为亭侯。接着进兵越巂。所到之处，每战皆捷，于是杀了雍闿、高定。只有孟获收集了雍闿的部分残兵还在抵抗。孟获这个人素来被当地的夷、汉人所佩服。诸葛亮招募夷人生擒了他。抓获他以后，让他参观蜀军的营阵，问他："这样的军队怎么样？"孟获说："我过去不知你们的虚实，所以失败，要是就这点东西，那是很容易取胜的。"诸葛亮笑了，放了他，让他再战。放了他七次又擒获他七次之后，诸葛亮仍然要放他回去。孟获这次不走了，说："先生有天神的威力，我这个南方的夷人不再造反了。"诸葛亮就让他回到滇池，于是四郡平定下来。诸葛亮让他们的头领仍任原职。有人劝谏他，认为这样做不行。诸葛亮说："如果留外人做头领，那就还应留下士兵做护卫。士兵留下来，却又没有粮食吃。加上夷人刚刚打了败仗，国破人伤，有的父兄还死了，要是留下外人做头领，却没有自己的兵，就一定会出事。现在我既不留兵，也就不供粮。但秩序能大体上维持，夷人和汉人也大体能相安，不也行吗？"于是，夷人中的英雄豪杰孟获等人，全都被收容安置。给他们官职，让他们拿出一些金银、红漆、耕牛、战马来供给军需。直到诸葛亮去世，夷人也未再造反。

十二月，诸葛亮回到成都，整顿军队，研究战术，准备大规模对曹魏用兵。到这时，国家的田地开发了，仓库充实了，法制完善了，军队整顿了，机械技术也非常先进，官吏不奸邪，人人求上进；强不欺弱小，朝会不喧哗；路上不拾遗，也没有醉汉；国家事务大的方面都整顿好了，还顺便整顿了一些小的方面，如官府衙门、宾馆房屋，桥梁道路等等，全都修缮一新。

建兴五年三日，诸葛亮带领各路军队将向北开赴汉中。皇上下诏书说："我听说天地的正道是保佑仁义而惩罚邪恶，行善则昌，作恶则亡，这是从古到今不变的规律。所以汤武一心修德而成功，桀纣任意行凶而覆灭。过去，汉运中衰，奸人得逞，董卓作乱，震动京城。曹操更加乱国，偷用天子仪仗，所以如此嚣张，心中实无皇上。曹丕小人公然叛逆，窃取王位，变更一切。当此之时，希望暗淡，天下无主，人心散乱。王命传统，毁于一旦。昭烈皇帝智慧聪明，才兼文武，应运而生，挺身而出，拨乱反正，四方筹划，上下同心。百姓拥戴，万民欢欣。皇位建立，年号改易，接续正统，承奉天意，振兴衰弱，补救积弊，保全祖业皇纲复继。而地方未宁，先期归天。朕年幼小，接续大业，尚未实践保育师傅教导，乃承担列祖列宗之重任。现在天下不平，社稷不立。我要深思原因，一心匡救时弊。很想光大祖业，一时不能得济。我真恐惧啊！所以早起晚睡，不敢放松自己。总在提倡节约，以求增加国用，鼓励尽职尽责，搞好农业耕种，提拔正直能人，来增加我的见闻，抑制杂念私心。资养将帅士兵，就是要高举利剑，讨贼长征。但红旗未举，曹丕丧命。那是所谓没燃柴火却自焚了。现在残渣余孽又在制造天祸,横行河洛之间,战争并未停息。诸葛丞相度量宏大,意志坚定。忠心为国,壮志凌云。忧国忧民,舍己忘身。先帝托以天下,助我完成重任。现在特授给以贵重的旌旗铁钺,交给他以发号施令的权柄,统领步兵骑兵一共二十万人。监管指挥军队,谨慎执行天惩,除患平乱,克复旧京,在此一行。过去,项羽统率强大队伍,占领大片州县国土,追求目标极大,终于败于垓下。本人身死东城,家族受难如焚,遗笑千载之后,历史定为罪人。都因不遵正义,上下任意欺凌。现在贼人学样,已遭天人怨恨,所以把握时机要快,也许可凭祖宗神灵。大军指向哪里,哪里就能平定。东吴之主孙权,与我同受灾难,可暗派军联合,以便构成犄角。凉州诸国头领,来了二十余人,愿意听从调度,参加此次北征,率领官兵马匹,争当伐贼先行。天命既然降临,人事又已完备,军队行为正义,力量必定加倍。一定会没有能抵挡得住的了!自来王者之兵,只摆样子出征,并无作战实际,因为既义又尊,行动合乎正义,所以所向无敌。鸣讨桀一战,兵器血迹未染,牧野伐纣之役,殷人反而倒戈。张明旗鼓上路,注意所到之处,不要好战不止,避免穷兵黩武。只要弃邪归正,担茶送饭来迎,国家本有制度,奖赏可按规定。还有曹魏宗族,亲门近枝,如能辨别利害,分清逆顺,让他照旧生活,委以原来官任。辅果曾和智氏绝亲,于是保全家人,这就是前世明证,教育他们学习执行。要是沉迷不返,而且协助叛乱,不听王命指挥,妻儿也要遭难。令下坚决执行,没有宽大赦免。宽大严厉两个标准,广泛宣传执行,也就是说杀他们的元帅,抚慰百姓。照我的诏书和律令去做吧。希望丞相把它公布于天下,让人们办事都能符合我心。”

诸葛亮命令长史张裔、参军蒋琬留下代管府中事务,任命尹默、来敏为军祭酒,霍弋、姚仙等人都进入幕府,同时他们还引进了一批文武才士。诸葛亮称赞他们道:“忠心做好事没有比引进人才更大的了。进入的人,大多按各人的喜好取舍。现在姚助理对于刚柔两种人才同时并举,来拓宽文治武功的作用,可以称得上是很博雅的了。希望诸位助理都能做到这样。”长水县校尉廖立看诸葛亮要率大军开拔了,认为蒋琬等人不行,而且诽谤先帝,又诋毁群臣。诸葛亮奏明后主,认为他搅乱政务,废他为庶民,而且遣送他到边远的汶山地方去。

诸葛亮认为皇上太年轻,忠和奸难以辨别清楚,他反复考虑国家的根本大计。上疏道:“先帝开创统一大业,还未完成一半,就半道去世。现在天下分为三国,我们益州人民疲劳、国力凋弊。这确实是到了十分危急,不是生存就是灭亡的关键时候了。但是,侍卫大臣们在朝廷里不敢松懈怠慢,忠诚正直的将士们在疆场上舍生忘死。这都是大家追念先帝厚待他们的恩德,想要在陛下身上来回报啊。陛下实在应该扩大圣明的听闻,发扬先帝遗留下来的美德,鼓舞志士们的士气,而不应该没有根据地轻视自己,言谈不合道义,从而堵塞了大家忠心进谏的言路。

皇宫中的侍臣和丞相府官员是一个整体。对他们的提升、惩罚、表扬、批评不应该有所不同。如果有人营私舞弊,触犯法律,或有人忠诚善良,有所建树,都应该交给专门部门,评定对他的赏罚,让大家知道陛下治理国家的公平清明。不应该偏袒有私心。使宫中、府中有两样标准。侍中、侍郎郭攸之、费祎、董允等人,都是贤良可靠的人,心性忠贞,品格纯正。所以先帝把他们选拔出来留给陛下。我以为宫廷中的事务,无论大小,都要先同他们商量,然后再施行,就一定能防止过失,弥补缺漏,得到一些益处。将军向宠,性格和善,处事公道,通晓军事。从前试用时，先帝就曾称赞过他，说他能干。所以大家一致公论推荐他担任中都督。我认为军营里边的事情，不分大小，全都要同他商量，那就一定能使军中上下和睦，才智、能力不同的人都各得其所。亲近贤臣，疏远小人，这是前汉兴旺发达的原因；亲近小人，疏远贤臣，这是后汉覆亡衰败的根由。先帝在世时，每当与我谈论起这些事情，没有一次不对桓帝、灵帝的这些地方深感痛心并为之叹息的。侍中郭攸之，尚书陈震、长史张裔、参军蒋琬，他们都是忠贞贤良，能以死报国的大臣。若陛下能亲近他们，信任他们，那么汉室的兴隆就在眼前了。

臣本来是一个平民百姓，在南阳耕田种地。只想在乱世中勉强保全性命，不想在诸侯中求得显赫的地位和名声。先帝不因为我见识浅陋，出身低微，反而降低自己的身份，三次到我的茅屋来看我，征询我对当时天下大事的看法。我由此很受感动和鼓舞，这才答应为先帝奔走效力。紧接着就碰上兵败。回忆当初，接受重任正当大军溃败之后，承奉差遣一直在危急困难之中。从那时到现在已经历二十一个年头了。先帝深知我处事谨慎，因此在临终时将国家大事托付给我。自从接受遗命以来，早晚都在担心，唯恐托付的事情办不好，而辜负先帝的英灵。所以五月份渡过泸水，深入草木不生的荒凉地区。现在南方已经平定，武器和甲衣也都已经准备充足，应该宣传并领导三军向北挺进，平定中原。或许能够贡献我低下愚笨的才能，铲除邪恶，兴复汉家天下，回到原来的国都。这就是我用来报答先帝而忠于陛下您的分内职责。至于对政务上某些削减或增加要斟酌研究，提出忠诚的建议，则是郭攸之、费祎、董允等人的责任了。

希望陛下能把讨伐曹贼，兴复汉室的大事交付给我。如办不到，则治我的罪来上告先帝在天之灵。如果郭攸之、费祎、董允懈怠了，就要责备他们，公开他们的错误。陛下自己也要多多考虑国家大事，征询好办法，采纳好意见，深切地追念先帝遗诏。我受恩深重，不胜感激之情。现在当我要远离陛下时，写着奏表，忍不住眼泪流落下来，不知道说什么好了。"

诸葛亮出发了。大军驻扎在沔阳。由于运输路线太绕远，诸葛亮派了儿子诸葛乔亲自领着一帮将帅的子弟在山谷中担任转运。

孟达投奔北魏之后，那边又有个李鸿来投降西蜀。他对诸葛亮说："有一个西蜀的叛徒王冲在那边见到孟达时，说先生您非常恨孟达，打算要逮捕他的妻子儿女。但是孟达不信，说：'诸葛先生能考虑到问题的本来一定不能那样。'"诸葛亮于是写信给孟达，叫他要自己拔出泥腿，不要陷进曹魏深潭。孟达感动，回信来表示要带新城郡归附西蜀。诸葛亮到汉中之后，孟达更是常常派人来表达他的心意。不巧的是被司马懿发现了，司马懿带军队控制了新城，杀了孟达。

建兴六年正月，诸葛亮在汉中就要出兵攻魏。他和属僚们一起研究进攻策略，丞相府司马魏延说："夏侯楙是魏少主的女婿，胆小怕事，没有什么谋略，希望给我五千能打仗的精兵，再给我五千搞运输的后勤队伍，直接从褒中开出去，顺着秦岭向东走，沿子午道往北行进，这样用不了十天，就可以到达长安。比起走东路还提前二十多天。您从斜谷那条路出来，也完全能够到达。这样，一下子就能平定整个咸阳以西的地带了。"诸葛亮认为不如从平道走，稳稳当当地打仗为正确。因此不用魏延的计谋。故意大张旗鼓地由斜谷出兵夺取郿县。又派将军赵云布置疑兵把守箕谷。曹魏方面派曹真镇守关右（潼关以西），驻在郿县。而诸葛亮亲自带领大军却直攻祁山。蜀军兵陈整齐，号令严明，南安、天水、安定三郡都响应了诸葛亮。魏朝恐惧，关中也震惊了，臣子们不知该怎么办才好。魏王跑到长安，命将军张郃带领五万人马来抵挡诸葛亮。

起初，越嶲太守马谡才干超群出众，平时好谈用兵理论。诸葛亮很器重他，认为他不同一般。在平定南方的战争中，马谡曾对诸葛亮贡献过"攻心为上"的意见。最终，正像他所说的那样，获得成功。昭烈帝临终时对诸葛亮说："马谡是一个好说大话言过其实的人，不可放手使用。"诸葛亮对刘备当年的话不以为然，让马谡做了参军，常常接见他，和他谈论，从白天直谈到夜晚。在这次出兵祁山时，马谡率领诸路军马打头阵。他同张郃部队相遇，在街亭大打了一仗。由于他违背诸葛亮的安排，行动烦扰百姓，离开水，上了山，又不占据城池，他的副将王平连连规劝，他也不听，于是被张郃彻底打败了。他手下的官兵都跑散了，只有王平领的一千人还保持下来，只好收集残余人马回到汉中。诸葛亮的驻地距离马谡只有几里，前锋失利，诸葛亮只得节节后退。在撤退的归途中，顺便攻取了有千多家的西县，然后回到汉中。逮捕马谡下了大狱，斩了他的首级以公开向大家谢罪。临刑时，诸葛亮流泪了。行刑之后，又亲自到他灵前祭奠，优待他的遗孤。蒋琬后来到汉中时，曾经向诸葛亮说："天下还没平定，就杀了有智谋的人。岂不是很可惜吗！"诸葛亮流着眼泪说："孙武之所以能赢得胜利于天下，就是因为贯彻法律很明确。现在四海分裂，战争才刚刚开始，要是废法不用，凭什么去进讨贼寇呢？"诸葛亮又杀了将军张休、李盛，解除了将军黄袭等人的军权。

这时赵云等也从箕谷败了下来，但损失还不太严重。

诸葛亮于是表奖了王平，给他加封

了参军，统领五部，并提拔到讨寇将军的地位上，封为亭侯。

这时诸葛亮上表给皇上，自列罪检讨说："我以自己很微弱的才能，承蒙皇上让我窃居我不应该占据的位置。我亲自手拿着御赐的仪仗——节旄、铁钺——来激励三军，我没做到讲清制度，阐明法律。面临大事，战战兢兢。以致有街亭违背指挥的错误发生，箕谷疏于戒备的过失，罪责都在我用人没有原则。臣子我不能明察知人，考虑事情又很愚昧。《春秋》大义认为军队失败应该责备统帅。臣下根据这个理由，应当请求自贬三等，以责罚我的这次罪过。"皇帝下诏让诸葛亮当右将军，代理执行丞相的任务，他所统领的全部军务，仍然如从前那样不动。

当诸葛亮出师的时候，他才五万人。有人劝他再从成都征调一些。诸葛亮说："我们在祁山箕谷的军队，都比贼人多。但不能破贼，反而被贼所破。问题并不在兵少，而是在一个人身上而已。现在我还想减少兵将呢，只要明确处分，反思过失，从今以后，凡是要对国家尽忠心的，只须好好批评我的缺点，那就大局可以平定，贼人可以消灭，成功也就可以很快盼来。"所以他辛勤工作，对于官兵，不论微小的辛劳，或者壮烈功勋，他都严肃认真，亲自过问考察。一面又引咎自责，把自己所犯的错误亲自公布于天下。一面磨利兵器，加紧操练，准备着以后的进攻。兵士经过精选，个个武艺熟练，老百姓简直忘掉这次失败了。

诸葛亮从祁山出兵时，天水的功曹姜维来投降，诸葛亮认为他在作战时行动敏捷，而且思想上倾向汉室，所以任他为仓掾，让他掌管军事，后来平三郡有功，又加封了亭侯。

这年十一月，诸葛亮以曹休被孙权打垮，魏兵往东开拔增援，上疏道："先帝总是想着汉、贼势不两立，帝王的事业不能偏处一方的问题。因此交付我以讨贼的重任。以先帝的英明，衡量了我的才能，早就知道我伐贼的才能很弱，而敌人却很强大。然而不讨伐逆贼，帝王的统一大业也就没有了。与其坐等灭亡，不如出师伐贼。因此先帝便毫不犹豫地把伐贼的重任托付给我了。我自从接受任命那天起，睡不安枕，食无好味。一心考虑北征，应该先平定南方。所以五月间渡过泸水，深入草木不生的荒凉地医，两天才吃上一顿饭。我并不是不顾惜自己，只是想到帝王的事业不能总是保全在偏远的蜀都。所以冒着危险、艰难也要执行先帝的遗愿。可是有人议论说伐贼不是正确的办法。现在曹贼在西边正被打得疲惫不堪，又要忙于应付东边的孙权。兵法上说，作战要乘敌人疲劳的机会，这正是进攻讨贼的好时机，现在我把讨贼的事，恭敬地陈述如下：

汉高帝的英明，可以说与日月同辉，谋臣一个个又渊博，又高深，但是仍然不免经历艰险，受到创伤，历经了重重危难，然后才得以安定天下。现在陛下比不上高帝，谋臣不如张良、陈平，却想以好计策取得胜利，坐着就平定了天下，这是我不能理解的第一点。刘繇、王朗各自占据着一个州郡，在那里讲安定谈计策，动不动就引用古代圣人怎么怎么样，满腹怀疑，满心忧愁，今年不出战，明年也不征讨，致使孙策自然地强大，于是并吞了江东。这是我不能理解的第二点。曹操的智谋计策超群出众，他用起兵来，好像孙膑、吴起，但是他也曾在南阳被困，在乌巢遇险，在祁连遭难，在黎阳受逼，几乎败于北山，差点儿在潼关丧命。然后才取得了虚假的安定，何况我才能很弱，却想不经历危难而平定天下，这是我不能理解的第三点。曹操五次攻打昌霸而没有攻下，四次渡巢湖而没有成功，任用李服而李服却反而算计他，委任夏

侯渊而夏侯渊却又败亡。先帝常常称赞曹操是个能人，但还有这些失误，何况我才能低下，哪能一定胜利呢？这是我不能理解的第四点。自从我到达汉中，到现在一周年了，可是丧失了赵云、阳群、马玉、阎芝、丁立、白寿、刘郃、邓铜等大将，以及曲长屯将七十多人，还有冲锋在前的勇士和賨叟、青羌的骑兵一千多人，这都是几十年间从四方集合来的精锐，不是一州所能有的。如果再过几年，将要减少三分之二了，到那时又凭什么对付敌人呢？这是我不能理解的第五点。如今百姓穷困，兵士疲乏。然而战事却不能停息。战事不能停息，那么坐着等待敌人的进攻与主动出击敌人，两者所消耗的人力和物力是相等的。不及早图谋攻敌，而想凭借一州的地方，与贼长久相持。这是我不能理解的第六点。

要说，难以平定的，是风云变幻的天下大事。从前先帝在楚地被曹操打败。当时，曹操得意地拍手欢呼，认为天下大局已定。可是后来先帝东面联合孙吴，西面得到巴蜀，举兵北征，夏侯渊被杀，这是曹操的失算，而复兴汉室的事业将要成功。然而后来吴国违背了盟约，关羽败亡，先帝在秭归摔跤，曹丕自称皇帝，大凡事情都是这样难以预料，我只有小心谨慎，竭尽全力，直到死了然后才能停止。至于成功还是失败，顺利还是挫折，那就不是我的眼光所能预先见到的了。"

于是从散关开出，魏遣曹真救援陈仓，张郃也随之而来。但粮食没有了，诸葛亮只好撤退，魏将王双领着骑马追赶，诸葛亮与他交战，打败了他，杀掉王双。

建兴七年春，诸葛亮派将军陈式进攻武都、阴平二郡。魏方雍州刺史郭淮引兵来救。诸葛亮率兵驻扎建武，郭淮撤退逃走，于是收取了两个郡。蜀人都来贺喜，诸葛亮难过地说："普天之下，全都是汉家的人民嘛，由于国家的威力还

没有完全发挥，因而使百姓困在豺狼的口里，即使死了一个人，也是我诸葛亮的罪过，现在你们以这点胜利来相庆贺，能不叫我惭愧吗！"

这时皇上又下来一道诏书，勉励诸葛亮说："街亭那一战役，错误在马稷。但是先生您把罪过承揽过去，深深地责怨自己。难以违背您的意见，只好尊重听从你所持观点。前年，您威武地出兵，斩了王双首级，今年出征，郭淮又已逃跑，使氐人、羌人都来投降归顺，收复了两郡，威震凶暴的敌人，先生的功勋十分显赫。当今天下骚扰不安，元凶还没有消灭，先生您肩负着伟大的任务，捍卫国家。但是您长久地压抑克制自己，这就不是使轰轰烈烈的事业发扬光大的办法了。所以今天要恢复先生的丞相职务，您还是别推辞了吧。"

夏天，吴国孙权偷偷地自称了皇帝尊号。他那些臣子来通知表示同时尊奉吴蜀两国都称皇帝。议论时，有人认为和孙吴交好没什么好处。名不正，言不顺。应该鲜明地坚持原则立场，和他断绝友好关系。只有诸葛亮说："孙权有僭居王位的心很久了。但是国家之所以把这种敌情放在一边未予理睬的原因，是想在对付曹魏时，求得一个掎角之势。现在如果和他公开绝交，他和我们的敌对情绪必然加甚。这样一来，我们就得把军队调到东边去戍守，和他拼搏。如果这样，就得等我军把他们吞守以后，才能谈得上对付中原曹魏的事。而如今，他们国内贤才还很多，将相团结和睦，不是一个早上就能平定的。那么这种屯兵相持的局面，会把人都等老了的。吴蜀交战，北魏却得到好处。所以这不是上策。过去考文帝对待匈奴也曾经用过温和的词语。我们先主在世，也曾和东吴结盟，都是适应形势需要，权宜变通的办法。考虑长久、远大的利益，不是匹夫所能做到的。现在人们认为孙权贪图的仅是鼎足三分的局面，根本不可能和我们联合起来去打垮曹操。可是现在他的愿望已经满足了，因而再也没有进取的想法了。这些都是似是而非的议论。为什么呢？他的力量不够，所以划江为治，以图自保。孙权不能越过长江北上，就好像魏贼不能渡过汉水南下，完全是一个道理，并不是力量有余而有利不取。一旦我们同他绝交，当我们大军进行征讨时，他们就会上者分割土地，作日后的打算；下者趁火打劫，抢掠我人民，拓宽其边土，在他的国内显示威风。他才不是那种会端端正正、老老实实坐着，一动不动的人呢！反过来说，如果趁他中立不动，而且和我们友好，那么我们的北伐，就没有东顾之忧。河南那些曹魏人马也就不敢放手侵犯位于其西北的我军了。这件事的好处是够大的了。所以说，孙权的偷称尊号问题，是不宜分开反对的。"于是派卫尉陈震到东吴去祝贺孙权。孙权也表示将来和西蜀联合一致共同对付曹魏，平分天下。

冬天，诸葛亮把官署、军营移到南山下平原上。在沔水北边修筑汉城，在成固修筑乐城。

建兴八年夏天，魏派遣大司马曹真由斜谷带领各部大将分几路同时并进。大将军司马懿经汉水上行经过西城和曹真会合。

这年秋天，诸葛亮大军驻扎在成固、赤坂一带等候敌军来临。派前将军李平领兵两万开赴汉中；又表荐李平的儿子李丰做江州都督，承办李平后勤事务。赶上天下了一个多月的大雨，栈道都断了，路不通。魏王睿叫曹真等人带着人马撤退。诸葛亮派司马魏延，往西进入羌人地界，在阳谿打垮魏国大将费瑶、郭淮的队伍。

这一年，诸葛亮提升蒋琬做长史。诸葛亮频频出外用兵，蒋琬留守成都，总是做到足食足兵，保证军事供给。诸葛亮常说:"蒋公琰忠诚、正派,是和我共同协理王业的人。"

建兴九年二月,诸葛亮又从祁山开出。制作了运输工具木牛流马,及可以接连发射的弓弩。诸葛亮包围了祁山,招附了鲜卑轲比能,比能到了北地,石城也就响应了。魏曹真病了,魏主曹睿同司马懿商量说:"西方的事相当重要,除了先生没人可以托付了。"派他向西屯驻长安,统领张郃、费曜、戴陵、郭淮等人抵御蜀军。

建兴九年三月,司马懿让费曜、戴陵留下精兵四千守上邽,其余人马全开出去救援祁山。诸葛亮分一部分兵马留下来进攻,而亲自带领大军在上邽迎战司马懿。郭淮等拦截诸葛亮,被诸葛亮打垮,诸葛亮于是收割了对方地里的麦子,和司马懿在上邽东边地带进行相持。司马懿很谨慎,他不出兵进击而聚拢队伍凭险据守。战争打不起来,诸葛亮只得退回。蜀军一退,司马懿又尾随着诸葛亮一直到卤城,却又上山挖工事筑营地,还是不肯交战。司马懿的部下不耐烦了,对司马懿说:"明公你怎么怕蜀人就像怕老虎一样,天下人知道了笑话你怎么办呢?"司马懿也愁得很,五月间,派张郃进攻何平,他自己顺着中路向诸葛亮推进。

当时蜀兵换防下来的兵员占军队总数的十分之二。魏军开始布下阵势,准备要打仗,蜀军中的番兵正好派来协助,他们一看情况,心中害怕,都说敌人又多又强,应该从缓处理换防人员的去留问题,把那些该换的人员暂时留下来不走,也好扩张军队的声势,增添军队的实力。诸葛亮说:"我统领作战,指挥军队,建立崇高的信誉是根本的事情,满足了自己的愿望,却失了自己的信用。这是古人所惋惜而不取的。何况换防的人员现在都收拾好了行装,就只等时间到了可以回家,人家家中的妻子儿女像鹤一样伸

长颈项,在那里盼望着,一天一天算着团聚的时间。我们现在虽然面临着战争的困难,但是信用、人情这些大原则是不能废的。"督促下边打发该走的都走。这样一来,那些该走的人都不走了,愿意留下来打完这一仗再说,不该走的也激动了,跃跃欲试,摩拳擦掌,决心和敌人拼命大干一场。

于是诸葛亮派魏延、高翔、吴班与司马懿交战,大败司马懿,缴获了兵甲首级三千,司马懿逃跑回去坚守营地。

六月,诸葛亮因为粮尽只得撤退军队。司马懿派张郃来木门偷袭,诸葛亮和他交战,又打败了司马懿,而且射死了张郃。

八月,诸葛亮撤消了中都护李平的职务,调他去梓潼郡。事情的原由是这样的:当时诸葛亮还在祁山,李平掌管运输事务时,赶上下雨,粮食运输接不上来,李平派了参军来报告诸葛亮回去,诸葛亮接到报告后就撤退了。李平见军队撤退回来,假装吃惊说:"军粮不是供应很充足吗,怎么就回来了?"又上表给刘禅说"大军是假装撤退的,目的是诱敌深入"。诸葛亮拿出他前后亲自写来的信件公文,然后上书说明情况,李平才叩头认罪。于是诸葛亮公布李平的罪恶道:"今天曹魏篡贼还没消灭,朝廷还有很多困难,国家的事情只要团结齐心,才可能打败敌人,不可以包含私心,使统一大业受到危害。"于是就把他撤职,另行安排任用。李平的儿子李丰,当时是诸葛亮的幕府参军,诸葛亮给他写信道:"我和您们父子同心合力来扶助汉室,我以为诚心可以感动他,永远可以共处,谁料到半道分手。要是都护您还想着要一心一意诚心地干一番事业,那么闭塞了的可以重新开通,失掉了的还可以再回来。"起初,李平曾给诸葛亮写信劝他接受皇上的封赠,进袭爵位。诸葛亮回信道:"我本来是东方的一个普通人,被先帝错

爱而任用，现在我的地位已超过了所有的臣子，俸禄也赏赐了百亿之多，讨贼还没有贡献，知己的大恩也还没报答，而就和齐晋一样去比待遇高低，无缘无故地就妄自尊大起来，这样合乎道义吗？要是灭了北魏，斩了曹睿，我们的皇帝回到了故都，等到那时，能和大家一道升级就行了。"

这年冬天，由于连年出兵，诸葛亮决定让老百姓和战士们休养生息，使农民得益，讲求武术，运集粮食在斜谷、邸门，三年后才用。诸葛亮用兵来回经过地方上，像客人一样。就是占领了敌人地区，那里放牧、打草的人也照旧作业。军队驻扎就像山一样不动，进退行动又像风一样轻快利索。出征的时候，天下都震动了，但人心却不慌乱，虽然只得几万人众，但却做出了几十万人才完成得了的业绩。他所到的地方，诸凡营垒工事、水井灶台、厕所垃圾、篱笆屏障，都按照尺寸，规规矩矩。一个月的行军，离开时像刚到来时一样。发表军事文告，没有艳丽的修辞，反复叮咛，详细完备；而分析问题，综合客观，公正诚恳的思想体现在字里行间。诸葛亮起早睡晚地工作，惩罚凡二十杖以上都要亲自过问。诸葛亮曾自己校对原始档案，主簿杨颙进谏，认为这种琐碎小事太消耗精力。诸葛亮婉谢了。后来杨颙死了，诸葛亮为他流了三天泪。

建兴十二年二月，诸葛亮率众十万由斜谷开出，开始用流马运输，派人约会吴国同时出兵大干。

四月，到了郿县，驻扎在渭水之南，占据武功、五丈原。司马懿渡过渭水，背水修筑工事来抵挡诸葛亮。诸葛亮总是苦于粮食运输跟不上而使自己的意图达不到。于是就分了一些兵力开垦田地作长久驻扎的打算。耕地的战士混杂在渭滨的居民之间一同作业，而老百姓竟相安无事，不受干扰，战士也没有谋私利的。

诸葛亮累次挑战，司马懿都不敢出来。诸葛亮送去了妇女用的头巾、衣服，羞辱他胆小、怯弱。司马懿也很恼火，就上表魏王请战。魏王曹睿派辛毗为军师，拿着天子的节杖，来制止他不要轻举妄动。这件事传到诸葛亮耳里，诸葛亮对他的部下说："司马懿本来就没有作战的意图，之所以一再向皇上请战的原因，是想在众人面前表示他是勇敢的，显一显威风而已。要知道，'将在外，君命有所不受'，假定他真能战胜我们，还用千里迢迢到皇上那儿去请战吗？"双方就这样相持了一百多天。

秋天，诸葛亮病了，病情一天比一天加重。他秘密上表给皇上说："我要是不幸死去，身后的事最好交给蒋琬。"那时，后主也派了尚书仆射李福来探望问安，就便咨询国家大事的处理。李福走了以后没几天又回来了。诸葛亮说："我知道您回来的意思。我虽然说了一整天的话，但还是有没说完的。您再一次来是要一个决断吧。如果您是要问蒋公琰是否可以托付以国家大事，那他是一个合适的人选。"李福又请问蒋琬之后谁合适。诸葛亮说："文伟可以接替他。"又问下面一个，诸葛亮不回答了。文伟就是费祎。

当初，蒋琬做广都县长时，昭烈帝一天突然来到广都。蒋琬什么事都不管，而且醉得迷迷沉沉。昭烈帝大怒，就要杀他。诸葛亮说："蒋琬是治国安邦的大才，不是管理百里小县的人。你看他为政，以安民为本，不做表面文章。希望您考察吧。"事情才放下了。

费祎为黄门侍郎，诸葛亮南征回来时，群臣都到几十里外去迎接。那些人的年资地位多半都比费祎高，但诸葛亮只叫费祎和他同车进城。大家顿时对费祎改变了看法。到这时诸葛亮又同样称举他们，以后他们相继总管政务，为此事，大家都称道贤能。

八月间，诸葛亮病重，安排长史杨仪做了司马，费祎作护军，姜维等作退师的节度。那晚上，有一颗大星从天上坠到蜀军营中，诸葛亮去世了，年五十四岁。

长史杨仪等整整齐齐把军队开走了。有人去报告司马懿。司马懿派兵来追赶。姜维派杨仪倒转大旗、擂响战鼓、北向迎敌。司马懿怀疑诸葛亮未死，且有伏兵，因此又赶忙撤退，不敢再向前追。杨仪才得排成阵势，继续向汉中开拔。大军进入谷中以后才发丧致哀。当时秦地人民为这件事编了民谣说："死了的诸葛亮，撵跑了活着的司马懿。"

司马懿在诸葛亮大军撤走之后巡视诸葛亮军事营垒，叹道："真是天下的奇才啊！"

诸葛亮遗嘱把自己埋葬在定军山，靠着山势修坟。坟堆大小只要放得下棺材就行。装殓用平时穿的衣服，不要用任何器物陪葬。

皇上下了一道诏策，说："先生您身兼文武，智慧英明，忠诚厚道。接受遗命托孤，尽心匡扶寡人，使中断王纲继续，衰微汉室复兴。你一心想平息战乱，彻底整顿六军。年年在外视察，岁岁都要出征。神异武功煊赫，八荒四野威震。将建大功炎汉，可比伊周功勋。皇天如其有灵，怎不给人怜悯！事情接近完成，得病撒手归天。我因悲哀悼念，好像撕裂心肝。应该推崇恩德，列举功劳，记叙品行，赐以谥号。为的是光辉永照将来，历史不朽刊载。现在赠您丞相武乡侯印，谥君忠武侯。"

开初，诸葛亮自己上表给皇上道："成都有桑八百株，薄田十五顷。子弟靠了这点家产，穿衣吃饭还有富余。至于我在外边，别无财产，随身的衣食都是公家给的。我没有另外什么经营来增加收入。到了死的时候，我不让我家内有余粮，外有余钱，不然的话，我就对不起陛

下了。"最后果然如他说的一样。

诸葛亮做丞相十四年，昭烈和后主两世在位才大赦两次。有人说未免太惜赦了。诸葛亮说："治理国家要用大恩大德，不用小恩小惠。刘景升、刘季玉父子倒是年年都在大赦，但对于搞好国家有什么益处呢！"

被诸葛亮所罢黜的李平，撤职以后认为他还会被起用。后来听说诸葛亮去世了，他就说："后人再不能起用我了。"烦恼忧郁而死。被他撤职的廖立也哭着说："我终于要成为野蛮的人了。"意思是说他被贬在边远的汶山，诸葛亮一死，再也不会得到起复回到中原上国来了。

诸葛亮死了之后，无论官吏还是百姓都歌颂他，思念他，总不忘记。许多人请求为他修筑庙宇，以便长年奉祀。但朝廷认为于礼法不合，不批准下面的这个请求。于是百姓们就按着季节，自己在道上或田间祭祀。也有的言官认为，可以听从百姓的主张为诸葛亮在成都建立宗庙，但后主不答应。步兵校尉习隆等上表道："诸葛亮的功德，是远近的典范，他的功勋盖世。王室振兴，不至于崩坏，实在是靠了这个人。但是祭祀仅仅限制在私人之中，宗庙也没有建立，使百姓只能在街巷祭奠，戎夷在荒野中烧香，这不是怀念功德，追想先辈的好办法。但若完全顺应民心，又太随便而没有根据。要在京师修建，又逼近了皇室的宗庙。看来，这是皇上心里为什么迟疑的原因。臣下愚昧地以为最好靠着他的墓在沔阳建立庙宇，使得他的亲属能按时去祭扫。凡是他的臣下及过去的官吏要想上供的，都限定到庙中去进行，不让群众进行私人祭祀活动。这样来尊重、提倡正规的礼仪。"这时，后主才答应了。那时，诸葛亮已经死了二十八年了。

诸葛亮作《八务》《七戒》《六恐》《五惧》，都有条文章程，用来教育，勉励臣下和后人。晋著作佐郎陈寿刊定《诸葛亮

文集》一共二十四篇,《开府作牧》《权制》《计算》《南征》《北出》《综核》《训厉》《贵和》《传运》《军今》《法检》《兵要》等都是有名的文章的题目。诸葛亮又作八阵图,那原来是黄帝、太公的邱井法,世人都不懂。

诸葛亮领导各个将领时,深深了解他们复杂的内心。昭烈帝曾经任命黄忠做后将军。诸葛亮说:"黄忠的名望素来就不和关羽、马超等同。现在一下子叫他们排在一起,马超、张飞亲自看见了他的功劳,倒还可以理解您的意图;关羽在远处听见,就会不高兴。"昭烈不听。不久之后,封关羽为前将军时,关羽果然大怒,说:"我是大丈夫,才不和那老兵油子同列呢!"直到费诗劝说才接受任命。

魏延、杨仪都是难对付的小人,而且互不和睦。但是魏延勇敢,善于带兵;杨仪能干,会办事。诸葛亮使杨仪去担任劳累难办的差使,魏延去冒险破敌。接受任命时,都愿意拼命完成任务,不推辞困难。等到诸葛亮一死,他们就举兵互相攻击,以致死去。

诸葛亮的长史曾称赞先生说:"先生给奖赏不漏掉远的,行惩罚不偏袒近的。在他那里,爵位不可以没有功劳就得到;刑罚不可以有势力就豁免。这就是无论贤愚都忘了自己而听从指挥的原因了。"

陈寿评论道:"诸葛亮当相国的时候,安抚百姓,标明榜样,约束官职,掌握权变,敞开诚心,布施公道。对于竭尽忠心,有益国事的,虽是自己的仇人也一定奖赏;对于触犯刑法,消极怠慢的,虽是自己亲人,也一定要惩罚;对于能服罪,真实交代的,虽是重罪一定要开释;对于花言巧语,掩饰过错的虽轻罪一定要杀掉。一样好事,没有因为微小而不奖赏;一样坏事,没有因为纤细就不贬斥。对众多事情都精通熟练,对客观事物也能理顺根本,凭着名称去要求实际内容;对虚伪的事情,说都不屑说,非常轻视。经

过十二年,但年号不改换,战争屡次进行,但大赦却不胡乱颁行。"

袁叹称赞他道:"接受辅佐六尺孤儿,掌管一国的政事,奉平庸的国君专权但不失礼,代行国君的事务,而国人不怀疑。"

樊建称赞说:"听了缺点必定去改而不护短。赏罚有信,足以感动神明。"

诸葛亮儿子诸葛瞻继承他的爵位。

广汉张栻道:"自从三代衰微,五霸兴起,于是功利的理论充斥了天下。考虑国事的人,不再懂得道义的可贵。汉初的三老董先生,只有他才爱好这种伟大的原则而报告了汉高帝,可惜高帝还是不能尽他的才能。武侯出生在汉王朝的末代,却能抓住那关键而执行下去。他的名言是"大汉和叛贼,不能并存","臣鞠躬尽瘁,死而后已。至于说到成功还是失败,顺利还是挫折,那不是我的聪明所能预见的了。"唉!这就是夏代的少康经营天下四十年,而最后要做到德行能配得上天的本心了。像武乡侯为人可以说是正确伟大的体现。他自幼读书只看一看大略;早晚悠闲地抱膝朗诵,他胸中的见识岂是肤浅之辈所能了解的!当他高卧隆中乡下,不想出名当官,看来是要终其一生了。昭烈帝是汉室的后代,却三次到草庐中去拜访他。他的名分既正大,好贤的心又真实。对这种情况,武乡侯哪能不把自己奉献给他呢?昭烈帝和武侯相处的时候,完全是凭着道义而忘记权势地位。当武侯接受遗命的时候,君臣的诚恳坦白,真是肝胆相照,没有一点儿猜疑,何等地好啊!武侯恢复国家,首先从事根本建设。到建兴初年,一直是务农业、训练军队,内部治理国事。国事治好了,然后向北发动讨伐。军队将要出发了,但他忠诚的心却还留在后主身上。再拜上表,进献忠言,反反复复,说来说去,专门提到宫中府中的事,而且陈述亲近贤臣、疏远小人的道

理；推荐郭攸之等，使他们能在后主左右。一篇之中，再三再四的深情叮咛。篇末的感情尤其真切。武侯的思虑，也算既深且远了。

## 乱世豪杰鲁肃

鲁肃的名字，通过罗贯中的《三国演义》和民间平话、戏曲而广为流传，在我国可以说是一个家喻户晓的历史人物。如果说，在《三国演义》中曹操是被歪曲得面目全非的第一号人物，那么，鲁肃就算得上第二号。

历史上的曹操，不仅是一个杰出的政治家、军事家，而且是一个卓有成就的大文学家。鲁迅先生就曾经说过："曹操是个很有本事的人，至少是个英雄。"那么鲁肃呢？也不像罗贯中笔下所描写的那样是一个头脑简单、忠厚无能的老好人，而是三国时期一个具有远见卓识的政治家、军事家和谋士。

鲁肃，字子敬，临淮东城（今安徽定远东南）人。公元172年出生在一个大户人家中，生下来不久，父亲就不幸逝世。鲁肃的祖母和他住在一起，非常喜爱这个聪明灵俐的小孙子，经常给他讲各种各样的故事。鲁肃最喜欢听的，是那些关于古代英雄豪杰的故事。

大概是因为没有父亲的严厉管教，鲁肃从小就养成了一种狂放不羁、轻财好义的性格。到了十七八岁，鲁肃已长成一个英俊潇洒、魁伟不凡的男子汉了。他拜名师，学剑术骑射，招聚了上百名青少年，供给他们衣服和食物，经常去南山打猎，把豺狼虎豹等猛兽当作敌人一样进行围歼，讲武习兵，号令严明，就像军事演习一样。家乡有些安分守己的父老说："鲁氏的家世衰败了，竟生下这样一个狂儿！"鲁肃听了一笑了之。他有自己的志向和抱负，不屑于跟一般人一样见识。为了将来干一番大事业，鲁肃还刻苦读书，广泛地学习政治、军事、经济、历史、文学等方面的知识，尤其喜爱研究

《孙子兵法》。鲁肃后来喜欢使用奇计，大约与早年爱读兵书有关。

这时正值东汉末年，一连几个皇帝都昏庸无能，由宦官和外戚轮流执掌朝政。他们对内争权夺势，互相残杀；对外又残酷压榨百姓，横征暴敛，搜刮民财，把整个国家闹得乌烟瘴气。因为朝纲松弛，政治腐败，各地的军阀、官僚和豪强地主也无视王法，巧取豪夺，霸占了大片良田。加上东汉末年的水灾、旱灾、蝗灾也特别多，很多地区瘟疫流行。老百姓为了躲避各种天灾人祸，四处逃亡，妻离子散，大片田园都长满了荒草，出现了大诗人王粲笔下所描写的"出门无所见，白骨蔽平原"的惨象。这种情况到了汉灵帝时，已发展到不可收拾的地步，连京城洛阳的街头，都横七竖八地堆着饿死、冻死的流民的尸首。

广大农民忍无可忍，终于在公元184年爆发了大规模的农民起义——黄巾起义。大江南北的青、徐、幽、冀、荆、扬、兖、豫八州，36万头裹黄巾的起义军在首领张角、张宝、张梁三兄弟的率领下，攻打郡县，火烧官府，惩处官吏，开仓放粮……各地的农民纷纷起来响应。黄巾起义的浩大声势使整个统治阶级感到十分震惊和恐慌。他们暂时放弃了争权夺势的内部斗争，联合起来共同对付农民起义。汉灵帝急忙抽调皇甫嵩、卢植、朱儁率领三路大军，分头围剿和镇压农民起义。经过多次反复激战，黄巾起义终于被陆续镇压下去了，但各地军阀和豪强纷纷拥兵自重，割据称雄。当时，董卓占据凉州，并曾一度占领和抢劫了洛阳和长安。公孙瓒占幽州，袁绍占冀州，曹操占兖州，刘表占荆州，袁术占南阳，公孙度占辽东，张鲁占汉中，刘焉、刘璋父子占益州，孙策、孙权兄弟占江东。那些占据一郡或几县的小军阀豪强更是数不胜数。这些大大小小的军阀豪强，为了扩大地盘，称王称霸，互相混战厮杀，东汉

王朝已名存实亡,汉献帝刘协先后沦为董卓和曹操的傀儡。

史书上记载鲁肃"家富于财",大约属于当地的豪强地主。鲁肃志向远大,不屑于在家经营祖辈留下的产业做一个守财奴,而是大量散发家财,落价典卖田地,慷慨地救济穷人,广泛地结交朋友,因此得到乡里的欢心和赞誉,在当地享有很高的威望。

周瑜为居巢(今安徽桐城南)县长,听说了鲁肃的名声,带领几百人专程来拜访鲁肃。鲁肃亲自到大门外迎接。两人一见面,看到对方都是英气勃勃,气宇非凡,便互生敬慕之心。寒暄几句后,周瑜说明了来意,因为居巢县闹饥荒,想找鲁肃借点粮食。鲁肃家有两个圆形大谷仓,每个谷仓里各存有 3000 斛(古代以 10 斗为 1 斛)粮食。鲁肃用手指着其中的一个,对周瑜说:"这个送给你了!"周瑜喜出望外,愈加相信鲁肃是个了不起的人物,对他十分敬佩。从此以后,两人就成了好朋友,经常互赠礼物,建立了像春秋时期的公孙侨和季札一样深厚的友谊。这就是"指囷相赠"的故事。

像鲁肃这样的豪杰,虽然有非凡的才能和一定影响,但在社会上并没有很高的地位,还不足以号召天下称雄一方。因此,选择英明的君主,是他们能否实现理想和施展才能的一个关键。

当时势力强盛的军阀袁术一听说鲁肃的名声,就派人请他出来代理东城县长,鲁肃见袁术做事没有一套原则和办法,而且心胸狭窄,目光短浅,认为不值得跟这样的人共事,便毅然加以谢绝。然后,带着全家老小和归附于他的具有侠气武艺的青少年共 300 余人,南来居巢县投靠周瑜。州府知道后,派骑兵来追击。鲁肃让妇女和老弱在前,自己带领强壮者断后,慢慢徐行,等州兵追近,才勒转马头,将部下一字排开,大声说道:"你们这些人也是大丈夫,应当懂得识时务,当今天下兵乱,有功不赏,不追无罚,为什么如此相逼呢?"说完,将盾牌插入土中,张弓搭箭,箭矢都穿盾而过。追兵觉得鲁肃的话有道理,又自认不是鲁肃的对手,便撤回去了。

周瑜东渡长江,投奔"威震江东"的孙策。鲁肃跟他同行,把家小留在曲阿。恰逢祖母去世,鲁肃就护送灵柩,回到东城老家安葬。这时有个叫刘子扬的人,与鲁肃平时很有交情,写信给鲁肃说:"当今天下的英雄豪杰纷纷崛起,像您这样的匡世之才,正好可以大用于今日,望您赶快把堂上的老母接来,不要滞留在东城。近来有个名叫郑宝的人,在巢湖(今安徽中部巢湖、肥西、肥东、庐江等县之间)聚众起兵,手下已有 1 万多人,占据的地方又很肥沃富饶。庐江很多读书和闲散的人都去依附他,何况咱们呢?我看郑宝的发展势头很兴旺,机不可失,您还是赶快去吧!"

鲁肃觉得刘子扬的话很有道理,但究竟投靠谁,他还在犹豫。将祖母安葬完毕,鲁肃回到曲阿,正巧碰上周瑜已把鲁肃的母亲接到东吴去了。于是,鲁肃也到了东吴。他把听到的事情告诉周瑜,征求周瑜的意见。

这时是公元 200 年,孙策被人刺死,孙权还住在吴郡。周瑜对鲁肃说:"以前马援对汉光武帝刘秀说:'当今之世,非但君择臣,臣亦择君。'如今我的主人亲近贤能,尊重国士,接纳和录用出类拔萃的人。我听说以前有高人私下透露,承受天命取代汉朝的人必定兴于东南。推算天象历法,体察当前局势,在这里终将会奠立帝王的基业,以配合天命。这也是有志之士攀附圣哲,建立功业的大好时机,我刚刚弄通这个道理。您千万不要把刘子扬的话放在心上!"于是,鲁肃听从了周瑜的劝告,没有去投奔郑宝,而是留在东吴。过了不久,郑宝果然兵败,被刘晔杀死,这是后话。

周瑜向孙权说:"鲁肃是个难得的匡时佐世之才,您千万不能让他投向别处去啊!"

孙权听了周瑜的推荐,马上举行宴会接见鲁肃。两人一见面就谈得十分投机,孙权心中大喜。宴会结束时,群臣纷纷告退,鲁肃也起身准备告辞。孙权却单独把他留下,合并坐席,面对面地继续饮酒。孙权与鲁肃密议道:"现今汉朝危机四伏,天下大乱,我继承父兄遗业,很想建立像齐桓公和晋文公那样的功业。您既然来到我这里,打算怎样辅佐我呢?"

鲁肃回答说:"过去汉高祖刘邦一心想拥戴义帝,最终不得实现,原因就在于项羽起破坏作用。今天的曹操,犹如往日的项羽,您怎么能建立像齐桓公、晋文公那样拥护天子、号令天下的霸业呢?我私下分析,汉朝皇室不可能再复兴,曹操也不可能立即铲除。替将军您打算,只有立足江东这块地方,观察和等待天下局势的变化。江东的规模虽然不大,但也不要嫌它太小。为什么呢?北方现在是多事之秋,曹操自顾不暇,我们就可以趁机铲除黄祖,进伐刘表,把整个长江流域统统纳入我们的版图,然后打出帝王的旗号以谋取天下,这正是汉高祖的功业啊!"

孙权想了一下,说:"如今我在东南一隅竭尽力量,只是希望辅佐汉室而已,您刚才说的,不是我所要做的。"这时孙权控制的地盘不大,只有会稽、丹阳、吴、豫章、庐江等五郡,而其中比较偏远和险要之地,还没有完全归附。哥哥孙策刚死不久,由他继承遗业,尚未完全站稳脚跟。当时东吴不少士大夫对局势都持观望动摇态度,各自心里打着自己的小算盘。只有周瑜、鲁肃、张昭等人坚决拥护孙权。

鲁肃的一席话,对当时全国的形势做了精辟的分析,提出了一个首先巩固江东,然后夺取荆州,最后统一全国的战略方针。这同诸葛亮《隆中对》中的战略决策,在基本精神上可说是英雄所见略同,只是各为其主,立足点不同罢了。孙权起先只是想"挟天子以令诸侯",在拥护汉室的前提下建立齐桓公、晋文公那样的霸业。鲁肃却指出汉室已不可能再复兴,明确提出要孙权学习汉高祖刘邦,成就统一中国的大业。这就显示出鲁肃的见识和眼光比孙权略高一筹。当时在孙权和文臣武将中,明确提出逐步统一全国的战略方针的,只有鲁肃一人。这时鲁肃年仅29岁,第一次见孙权,就为东吴未来的发展规划了一幅宏伟蓝图。虽然统一全国的愿望最后没能实现,但巩固江东,夺取荆州,孙权在吴国称帝的战略目标毕竟都达到了。这些足以显示鲁肃作为一个谋士的远见卓识,以及运筹帷幄的政治军事才能。

也许孙权当时确实没想到要当皇帝,也许想到了故意不露声色,所以才说出相反的话来。不管怎样,反正从此以后孙权对鲁肃确实格外赏识,另眼相看。当时年长的大臣张昭,认为鲁肃不够谦虚,经常在孙权面前说鲁肃年轻狂妄,志大才疏,不可重用等等。但孙权从来不把这些话放在心上,反而更加器重鲁肃,赏赐给鲁肃的母亲许多衣物帷帐,住处所使用的家具摆设,阔绰气派也同从前一样。鲁肃心里也十分感激,更加尽心竭力地与周瑜等人一起辅佐孙权,治理和巩固江东。

公元208年,东吴经过几年的治理整顿,内部已经得到了巩固。孙权凭着有利的地理位置和较强的军事实力,日夜操练兵马,准备伺机向荆州下手。

曹操这时已击败袁绍,平定了乌桓,基本上统一了北方。他听说孙权要对荆州下手,立即不顾久战的疲劳,亲自率领10多万大军,日夜兼程,浩浩荡荡地向南进发。曹军出发不久,刘表就病死了,由小儿子刘琮接任了荆州之主。

刘表的死讯传到东吴,鲁肃立即向孙权进言说:"荆州与我东吴相邻,水流顺北而去,外面环带长江、汉水,内陆又有崇山峻岭,像金城一样坚固,加上肥田沃土万里,人口众多富裕。如果占据了荆州,就可以作为帝王事业的基础。现在刘表死了,两个儿子又一向不和,军中将军各有所向,加上刘备是天下枭雄,与曹操素有嫌隙,现在寄居刘表那里,刘表忌妒他的才能而不重用他。如果刘备与他们同心协力,上下一致,那就应当采取安抚政策,同他们结成联盟。如果刘备与他们相互猜忌,离心离德,那我们就可以采取别的办法以图谋取,成就我们的大事业!"孙权见鲁肃说得有理,连连点头。

鲁肃接着说:"我现在请求奉命前去抚慰刘表的两个儿子,慰劳军中的主要将领,说服刘备和刘表的部属搞好关系,同心协力,共同对抗曹操,刘备一定十分高兴地听从我的劝告。如果能达到这个目的,天下就可以安定了。现在如果不赶快去,恐怕会被曹操捷足先登啊!"于是,孙权派鲁肃立即启程去荆州探听虚实。

鲁肃走到夏口(今湖北汉口附近),听说曹操正日夜兼程,向荆州进军。鲁肃走到南郡(今湖北江陵),刘表的儿子刘琮已投降了曹操,刘备在当阳长坂(今湖北当阳东北)被曹操的追兵击败,匆忙逃走,准备南渡长江。鲁肃决定走近路去迎他,在当阳与刘备会了面。

鲁肃向刘备转达了孙权的旨意,并介绍了江东的强大与坚固,劝说刘备与孙权联合,共同对付曹操。鲁肃的建议,与刘备、诸葛亮联孙抗曹的方针不谋而合,刘备听了非常高兴。这时诸葛亮正跟在刘备左右,鲁肃对诸葛亮说:"我是子瑜(诸葛亮的哥哥诸葛瑾的字)的好朋友!"于是两人当即建立了友谊,成了知心朋友。刘备退到夏口后,立即派诸葛亮随同鲁肃去见孙权。

两人乘舟到了孙权的驻地柴桑(今江西九江市西南),鲁肃将诸葛亮安顿在驿馆中休息,自己先去向孙权汇报情况。孙权正召集文武大臣在堂上议事,见鲁肃回来,忙说:"你回来得正好!"说着,便拿出曹操下的战书给鲁肃看。

原来曹操占据荆州后,收编了刘琮的七八万军队(其中约有一半是水军),又在当阳长坂击败刘备,缴获了大量粮草物资,便把帅营扎在江陵,日夜练兵;派人向孙权下了战书,说他要亲自率领80万大军东下,与东吴决一雌雄,意欲恐吓孙权,不战而胜。

大臣张昭、秦松认为:"曹操本是豺狼虎豹一样凶狠的人,假托汉朝丞相的名义,挟天子以令诸侯,征讨四方。拒绝他,在名义上等于是抗拒朝廷。东吴以前可以抗拒曹操的,是凭借长江天险,现在曹操得到了荆州,又收编了刘琮的水军,长江天险已为双方共有。曹操兵强马壮,人多势众,水陆俱下,难以抵挡,不如向曹操称臣纳降,还可以保全江东。"其他将领也都劝孙权归降曹操。独有鲁肃一言不发。

孙权离座去更换衣服,鲁肃追到屋檐下。孙权明白他的来意,握着他的手说:"你有什么话要对我说吗?"

鲁肃说:"刚才那些人的议论,专门是想贻误将军,不值得与他们图谋大事。如今像我鲁肃可以迎降于曹操,将军您则不可。为什么这样说呢?今天如我投降曹操,曹操会把我送回乡里,品评名位,仍不失做一个下层官吏,乘坐牛车,后面跟随个小兵,和读书人交个朋友,得到连续提拔时,还可以当上州郡的长官。将军您迎降于曹操,那将是怎样的结果呢?希望您尽早做出决策,不要采用那些人的建议。"

孙权叹了口气,说:"他们所持的议

论，令我很失望，现在你的见解正好与我相同，这是老天把你赐给我的啊！"

鲁肃告诉孙权，刘备已派诸葛亮到东吴来了，大敌当前，只有联合刘备，才能抗拒曹操。于是，孙权马上接见了诸葛亮。诸葛亮详细分析了敌我双方的力量对比和各自优劣，指出曹操并不是不可以击败的，使孙权增强了抗曹的信心。

张昭、秦松等一班主降派听说孙权准备起兵与刘备联手抗敌，又轮番跑来劝说孙权：千万不要中了诸葛亮的计策，借兵给刘备抗击曹操，弄不好连自己和身家性命都难保！孙权一听，又有几分犹豫。因为此事直接关系到东吴的生死存亡，他一时下不了最后的决心。鲁肃对孙权说："您为什么不赶快把周瑜召回来，问问他的意见呢？"孙权一听，如梦初醒，急忙遣人去召周瑜。

这时，周瑜正奉命在鄱阳湖训练水军，闻讯后火速赶回柴桑。鲁肃与周瑜交情最好，先去接着周瑜，把前后情形一五一十地告诉了他。周瑜见到孙权后，十分坚决地说："曹操托名汉朝丞相，其实是汉室的奸贼。将军以神武雄才，并依仗父兄遗业割据江东，拥有土地几万里，军队精锐，粮草充足，英雄豪杰乐意效命，该当横行天下，为汉朝皇室扫除残暴污秽，何况曹操是自己前来送死，怎么可以去迎降他呢！"接着，他又向孙权具体分析了敌我双方的形势，指出曹操内部存在着严重的弱点，并自告奋勇，愿亲自率领 3 万精兵，联合刘备，保证为孙权击破曹操。

孙权一听大喜，这才果断地说："曹操老贼想废弃汉室自立为帝，早就蓄谋已久，只是顾忌袁绍、袁术、吕布、刘表和我而已。现在几路英雄都被灭，只有我孙权依然健在。我和老贼势不两立！"说完，他抽出宝剑用力一挥，把面前的桌案砍去一角，严厉地说："谁要是敢再提投降曹操，就叫他跟这桌案一样！"

孙权正式任命周瑜为左督（相当于前线司令员），程普为右督（相当于前线副司令员）。鲁肃为赞军校尉（相当于总参谋长），率领能征善战的水军 3 万，同诸葛亮一起溯江西，与刘备的军队会合，共同举兵抗击曹操。

公元 208 年冬天，刘孙联军与曹操大军在波滔汹涌的长江上，发生了一次举世闻名的"赤壁之战"，创造了我国军事史上以弱胜强的著名战例。那么，双方力量的对比到底怎么样呢？

（一）曹操号称水际大军 80 万，实际上从北方带来的军队不过十五六万，收编的荆州军队约七八万人，加起来共 20 多万，在数量上占绝对优势。但曹军远道而来，又连续作战，已十分疲惫。荆州降军只是慑于曹军的声威而暂时屈服，并不是真心实意替曹操打仗。联军方面，周瑜带来 3 万水军，加上刘备、刘琦的 2 万人马，共有 5 万精兵，人数虽占劣势，但都是精兵强将，本乡本土，战役的胜负直接关系到身家性命，为保国保家而战，因此士气旺盛，同仇敌忾。

（二）曹军大部分是北方人，长于骑射陆战，而短于游泳水战。甚至曹操本人也缺乏指挥大规模水战的必要经验。联军绝大多数是南方人，长于舟船游泳和水上作战。周瑜大战前夕还在鄱阳湖训练水军，关羽和齐琦的水军也是训练有素，可以说是"以己之长，攻敌之短"。

（三）曹军远道而来，战线过长，粮草运输不便，而且北方人不服南方水土，加上天气寒冷，极易生病。而联军的粮草给养可就地解决，孙权长期在东吴养精蓄锐，屯聚丰足，占"地利"之便。

（四）曹操虽统一了北方，但袁绍的残余势力尚存，还有马超、韩遂拥兵关西（今函谷关和潼关以西地区），有后顾之忧。东吴和刘备则团结一致，共同抵敌。

（五）从作战心理来看，曹军连战连胜，骄傲轻敌，求胜心切，连曹操本人也被一系列胜利冲昏了头脑，犯了兵法上"骄兵必败"之大忌。孙刘联军，则大敌当前，头脑冷静，准备充分，认真对敌，在作战心理上也胜了一筹。

孙刘联军的战船，浩浩荡荡，沿着长江向西挺进。曹操的先头部队，这时已抵达长江南岸的赤壁（今湖北省蒲圻县西北60里）。正如鲁肃、诸葛亮和周瑜所料，北方人不服南方水土，军中许多人生起病来。加上入冬以后江面风大浪急，船只颠簸摇晃，大多数人晕船呕吐，失去了战斗力。因此，两军先头部队刚一交锋，曹军就吃了败仗，仓皇退到北岸乌林（今湖北洪湖县一带）与曹操主力会合。于是，出现了两岸战船列阵，旌旗招展，隔江对峙的局面。

曹操亲临前线，视察部队，抚慰将士。为了减轻船只的颠簸，有利于北方士兵作战，曹操采纳了部下的建议，用铁链把战船锁在一起，船与船之间再铺上木板，在风浪上就四平八稳了。

周瑜的部将黄盖发现了曹操"连环船"的致命弱点，献计说："现在敌众我寡，难以持久。我观察到曹操的战船首尾相连，可用火攻打败他们。"经周瑜、鲁肃、程普、刘备、诸葛亮等人的周密计议和反复论证，认为此计切实可行。为了迷惑敌人，接近曹操水营，黄盖给曹操写了一封诈降信，约定了投降的时间和旗号。曹操自认为在兵力上处于绝对优势，加上荆州不战而降的先例，使他竟然相信了黄盖的诈降，满心欢喜，放松了应有的警惕。

到了约定的那天夜间，黄盖率领10艘大船，装满了干柴、枯草和硫黄，还在柴草上浇上油液，用布幔遮住，插上约定的旗号。又预备好小船，系在各条大船后面，按照约定的次序，扬帆向曹军水寨驶去。曹军将士以为是黄盖来降，一个个都伸长脖子观望。这时，江面上刮起了东南风，黄盖一声令下，10艘大船同时点火，然后跳上小船逃走。着火的大船，借助风势，疾速向曹军水营扑去。转瞬间，曹军的"连环船"燃起冲天大火，一直延续烧到岸上的营寨。曹军大乱，马嘶人叫，烧死、溺死、踩死者不计其数。联军趁势发起猛攻，直打得曹军人仰马翻，大败而逃，20余万大军被全部击溃。曹操带着少数残兵败将，从陆路经华容逃走，留下曹仁等人镇守江陵，自己回北方去了。

曹军败退，周瑜等人乘胜追击。鲁肃先回柴桑告捷。孙权亲自率领文臣武将迎接凯旋归来的鲁肃。鲁肃进入阁门时下拜，孙权起身还礼，对他说："子敬，我手提着鞍辔，下马来欢迎你，是否足以使你感到荣耀？"鲁肃走近几步，答道："没有。"大家听了，无不感到惊愕，鲁肃就坐后，徐徐举起手中的鞭子说："愿主上威名德行覆盖四海，总括九州，完成帝王的业绩，到那时再用软轮安车来请我，那才算得上显赫！"孙权明白鲁肃的用意，禁不住拍掌大笑起来。

赤壁之战后，周瑜领兵攻打江陵（南郡郡治），与曹仁隔江相对。还没有交锋，周瑜就派遣甘宁前去抢占夷陵。曹仁也分出一支兵马，去包围甘宁。甘宁向周瑜告急，请求援救。周瑜采用吕蒙的计策，留下凌统守住后方，自己和吕蒙西上解救甘宁。甘宁解了围，于是渡过长江驻屯的北岸，约定日期和曹军决一死战。周瑜亲自跨马冲击敌阵，恰好被乱箭射中右肋，伤势很重，只好退下阵来。曹仁听说周瑜卧床不起，率兵前来阵前挑战。周瑜忍着伤痛，振作精神，亲自巡视军营，鼓励将士，曹仁只好从江陵退走。这样，孙权取得了江陵及其以东的广大地区，以周瑜为南郡太守，程普为江夏太守，并向岭南地区扩展势力。

与此同时，刘备则乘机占据了荆州南部的武陵、长沙、桂阳、零陵四郡，亲自去拜见孙权，请求做荆州的长官。孙权

第三编　三国两晋南北朝野史

的部下都表示反对,周瑜还上书说:"刘备是一个骁悍的枭雄,身边又有关羽、张飞等猛将,决不会久居他人篱下,受人摆布。我认为最好的办法,是把刘备移徙到吴地,为他修盖富丽堂皇的宫室,多送他一些美女、珠宝和玩物,使他终日开心,消磨意志。并把关、张二人隔开,各置一方,派像我一样的将领和他们周旋,这样大事就稳当了。现在随便割让土地帮他做起家的本钱,让这三人聚在一起,又都在边界上,恐怕有朝一日,蛟龙得到了云雨,终归不是池中之物了。"

吕范也劝孙权把刘备留在东吴。只有鲁肃劝孙权把荆州借给刘备,他说:"将军您虽然英雄盖世,但曹操的威力实在强大。您刚刚到荆州,老百姓对您的恩惠和信义还不太了解,最好是把荆州借给刘备,让他去安抚百姓,给曹操多树一个敌人,为自己多树一个朋友,这才是上策啊!"

孙权也考虑到曹操在北方的势力强大,自己应当广泛地招揽英雄,又恐怕刘备一时难以制服,就没有采纳周瑜的计策,而是听从了鲁肃的劝告,拜刘备为左将军,兼荆州牧,以此共同抗拒曹操。曹操听说孙权把土地借给刘备,正在写字,不觉一怔,笔掉在地上。

周瑜病重,上疏给孙权说:"当今天下,正是多事之秋,这是我白天和黑夜都放不下心的事。希望主上要先考虑可能发生的事,然后再过安逸康乐的日子。现在我们与曹操为敌,刘备又近在公安,边境地区犬牙交错,形势复杂,老百姓又没有完全归附我们,必须派一名得力的将领去管理这些地方。鲁肃的才智谋略足以胜任,请用他来代替我的位置。在我临死之时,所想到的就是这些了。"

于是,孙权即拜鲁肃为奋武校尉,代替周瑜领兵。周瑜的4000多名士兵和奉邑4个县都划归鲁肃。改任程普为南郡太守。鲁肃驻军江陵,后改屯陆口(又名蒲圻口,在今湖北嘉鱼西南,为东吴军事重镇)。由于鲁肃的威名和恩德远扬,很多人前来投奔和依附,兵众很快发展到1万余人。鲁肃被拜为汉昌太守,偏将军。公元214年,鲁肃跟随孙权攻下皖城,转授为横江将军。

原先,益州牧刘璋管辖的地区法纪松懈,政权极不稳定。周瑜、甘宁都劝孙权夺取西蜀,孙权征求刘备的意见。刘备早已想把益州纳入自己的势力范围,于是,假惺惺地说:"我和刘璋都是汉朝的宗室,仰仗列祖列宗的在天之灵以扶助汉朝。现在刘璋得罪了您,我心里感到很不安,实在不敢有所陈述,希望您加以宽宥。如果我的请求得不到获准,那我就只好披头散发,到山林里去当隐士了!"孙权见刘备如此说,也就暂时放弃了攻打益州的念头。

公元214年,刘备、诸葛亮率军攻下成都,占据了益州,留关羽镇守荆州。孙权听到消息后,愤怒地说:"这狡猾的奴才,竟敢玩弄花招!"以后关羽与鲁肃管辖的地方相邻,屡次发生边界纠纷,鲁肃总是以大局为重,怀着搞好关系的愿望来解决争端。

刘备占据益州的第2年,孙权见刘备的实力和地盘都越来越大,对自己构成了威胁,就派使者向刘备索还荆州,刘备又以夺得凉州为借口拒绝归还。孙权大怒,派吕蒙袭取了长沙、零陵、桂阳三郡。刘备听到消息,急忙从益州赶回公安,命令关羽争夺三郡。鲁肃驻扎在益阳(今湖南益阳),和关羽对抗。双方关系十分紧张,一场大战迫在眉睫。即便如此,鲁肃仍抱着和平解决的愿望,约请关羽会晤谈判。

到了约定的那天,双方都把兵马驻扎在百步以外,鲁肃和关羽单刀相会。临行前,鲁肃部下将领担心会有意外,劝鲁肃不要去。鲁肃说:"今日之事只能开诚布公地谈判,刘备对不起国家,最后的是非还没定下来，关羽又怎敢再胡作非为呢！"于是，毅然前去赴会。

见面之后，鲁肃义正辞严地指责关羽说："我们吴国只有区区江东之地，而肯以荆州借给你们，是因为看到你们兵败远来，没有立足之地。如今你们已占领了益州，仍没有归还土地的意思，我们退而只要三郡，你们仍不同意，恐怕于道理上说不过去吧！"

关羽却回答说："乌林之役，左将军（刘备）亲临前线，睡觉也不脱战袍，勠力破魏，怎么能徒劳无益而得不到一块土地来报偿呢？您这次来大约是想收回这块土地吧？"

鲁肃立即反驳道："不对！当初你们在长坂被曹军击败，计穷力竭，一心只想远远地逃窜，哪里还敢企望有一块地盘？我的主人见皇叔（刘备）无处栖身，不吝啬土地人力，使你们有所庇护，解救你们的患难。但皇叔却自私虚伪，损害道义，破坏交情，现在得到益州，又想兼并荆州之地。平常的人都不忍心这样做，何况是领袖人伦的主人呢？我听说贪婪而背信弃义，必将还来祸害。您身负重任，不能阐明道理适当处理，用信义辅佐您的主人，而是自恃武力来强行夺取，这样做的结果，恐怕会被天下的人所耻笑啊！"

关羽理屈，无话可答。这时座位中一个突然嚷道："土地嘛，谁有德行就占有，哪有一定属于谁的！"鲁肃立即大声叱责他，言辞很严厉。关羽握着钢刀站起来，说："这是国家大事，你这个人知道个什么！"使个眼色，让他退下去。

于是，双方约定以湘水为界平分荆州。江夏、长沙、桂阳三郡归孙权，南郡、零陵、武陵归刘备。会谈后双方同时撤军，一场大战就这样平息了。这次谈判成功，虽有曹操出兵袭击汉中，威胁刘备后方作为背景，但与鲁肃的谋略胆识，据理力争有很大关系。

公元 217 年，鲁肃不幸病逝，终年 46岁。孙权为了悼念这位对东吴的巩固和发展做出重要贡献的臣下，十分隆重地为他举哀，还亲自参加了他的葬礼。诸葛亮闻讯后，也为鲁肃举行哀悼之礼，素服哭祭，为期 3 日。鲁肃虽然死得太早，没来得及充分施展他的政治军事才能，但他短短的一生仍在历史上留下了不少功绩。

第一，鲁肃第一个向孙权明确提出了立足江东、建立帝王事业的战略规划，预见了汉朝灭亡，天下三分的必然趋势。后来，孙权在与陆逊论及鲁肃时，还念念不忘鲁肃对他有两大快事，其中之一，就是"便及大略帝王之业"（《三国志·吴书·吕蒙传》）。孙权当了吴国皇帝，登上祭坛时，还对公卿大臣们说："过去鲁肃曾经说过这件事，他是多么清楚地预见到事情发展的趋势啊！"

第二，鲁肃在赤壁之战中起到了重要作用，挽救了东吴和刘备失败的命运。首先，他策划和促进了孙刘联盟的实现。裴松之在《三国志注》中明确指出："刘备与权并力，共拒中国（曹操），皆肃之本谋。"任何片面夸大诸葛亮在孙刘联盟中的历史作用，把鲁肃置于无足轻重地位的说法，是违背历史事实的。其次，鲁肃坚定和促进了孙权抗曹的决心。孙权说鲁肃对他的第二件快事，指曹操率兵东下时，"子布（张昭）、文表（秦松）俱言遣使修檄迎之，子敬即驳言不可，劝孤急呼公瑾（周瑜字），付任以众，逆而击之，此二快也"（《三国志·吕书·吕蒙传》），充分肯定了鲁肃的作用和影响。最后，鲁肃在赤壁之战中也起到了决策作用。《三国志·吴书·鲁肃传》记载："（孙权）任瑜以行事，以肃为赞军校尉，助画方略。""赞军校尉"相当于现在的总参谋长，"助画方略"就是协助周瑜制定作战方案和策略。孙权称赞鲁肃"决计策，意出张（仪）苏（秦）远矣"，也应当包括鲁肃在赤壁之战中的作用。

应当指出的是，罗贯中《三国演义》和民间平话、戏曲中有关诸葛亮"草船借箭""祭东风"等情节，都是虚构出来的，目的是渲染诸葛亮的智慧，而以鲁肃的"忠厚愚笨"作陪衬。这些都是不符合历史真实的。

第三，鲁肃在维护和处理孙刘联盟的关系上，表现出过人的远见和胆略。赤壁之战后，曹操退回北方，孙权、刘备的势力有所扩展，但在总体力量的对比上，曹操仍占有很大优势。加强双方的联盟，仍是孙权和刘备政权生存的关键。因此，鲁肃从大局着想，力排众议，劝孙权把荆州借给刘备以增强抗曹的力量，实在是一个高明的策略。

### 一生是非颇多——桓温

桓温在中国历史上的名声不太好，因他曾说过这样一句话："大丈夫不流芳百世，亦当遗臭万年。"桓温不仅是这样说的，而且在行动上也是这样做的。在东晋那种分裂、混战的局势下，桓温以他的文武奇才、豪迈气魄，立功海内，收复旧疆，观兵河洛，引旆（bèi）秦郊，威震三辅。在这时，桓温也开始问鼎神器，觊觎皇位了。因此，他的一生留下了许多是是非非供后人评说。

桓温，字元子，生于晋怀帝永嘉四年（公元 310）年，死于东晋孝武帝司马曜宁康元年（公元 373 年）。其父桓彝曾任过西晋的宣城太守。相传，桓温刚生下不久，其父好友山西太原令温峤见而奇之，对桓彝说："此儿有奇骨，将来必成伟器，不信，你在他屁股上拧一把，听他啼哭即晓。"于是桓彝就在桓温的小屁股上拧了一下，桓温大哭，声震屋宇外数里。温峤道："此儿真英物也，日后必是宣、文、景之俦。"意思是桓温日后必定是司马懿、司马昭之类的人物。于是，温峤就把自己的姓作为桓温的名，其父调侃道："日后果如所言，那就要改姓了。"

十五岁那一年，其父桓彝为贼韩晃所害。桓温查知泾县县令江播参与了此事，他表面上不动声色，心中立志复仇。十八岁那年，江播死，尸体还停在家中，播子三人居丧。桓温以吊丧为名，杀江播三子于家中，然后扬长而去。

长大后的桓温风流、豪爽，姿貌甚伟，面有七星，即七颗黑痣。沛国人刘惔与桓温友善，对他说："吾阅人多矣，未有如君者，好事为之，后当鹏程万里。"并对别人说："桓温眼如紫石棱，须像猬毛磔，孙仲谋、晋宣王之匹也。"朝廷闻其名，就以南康长公主许配之，官拜驸马都尉，袭爵万宁男。之后又拜琅琊太守，继迁徐州刺史。

为了攫（jué）取更大的权力，桓温开始广交社会名流，并与朝臣友善往来，对皇帝身边的人更是殷勤有加。晋成帝的心腹、侍郎庾翼充当了桓温的说客，经常在皇帝身边推荐桓温。他对成帝说："桓温小有雄略，愿陛下勿以常人对待，宜委以方、召之任，使其弘济时艰，为国家出力。"于是，东晋成帝就委任桓温都督荆梁四州诸军事、安西将军、荆州刺史、领护南蛮校尉、假节，成为镇守一方的封疆大吏。从此，桓温凭手中兵权，乘艰难时世，欲济青云之志。

东晋是一个衰弱的王朝。本来海内一统的西晋王朝，因八王之乱变得四分五裂。它的北方是五胡十六国，即五个小数民族相继建立的政权以及日后分裂成的十六个国家，经常对它进行骚扰。后来，南逃士大夫拥立琅琊王司马睿在建康建立王朝，史称东晋。东晋建立后，其版图实际上只有东南及荆湖一带。因朝政不修，王权下降，悍将猾吏都不把王朝放在眼里，都想取而代之。首先有江东士族首领王敦之乱，然后又有苏峻之乱和陈敏之乱。过了十几年，又来一次。对于这些叛臣乱将，东晋皇帝毫无办法，只有抚慰而已。这样更助长了叛臣的气焰，皇帝的威信一落千丈。

桓温执掌荆梁四州军事后，他的族弟桓冲对他说："时世艰难，将军处荆襄要冲，此英雄用武之秋也。"但桓温不像苏峻、陈敏及王敦，仅满足于做一个叛臣，而是要立功朝廷，有功国家，名垂天下。他要像司马懿一样，要建万世之功，以顺利地移神器。所以做一个乱臣贼子，是他桓温所不耻的。他说："我受国厚恩，应当报效国家，立功边塞，其他的以后再说吧！"

作为大将，桓温的用兵水平和军事指挥能力在当时是名列前茅的。他从不打无把握之仗，要打必是集中兵力攻打敌人薄弱环节。从当时的地理位置和敌我双方的情况看，桓温要对外用兵，只有先从西蜀的成汉政权下手。成汉由李成建国，传至李势，国势已衰。成汉地处长江之上游，是战略要地。它距荆、襄路程又近，溯汉水而上即可到达蜀地。于是，桓温决心先从薄弱处下手，首先进攻成汉。

晋穆帝司马聃（dān）永和二年（公元346年），桓温上书朝廷，要求对蜀用兵，把大西南归入东晋版图，然后再逐一扫荡北方，统一中国。其书辞气干云，慷慨激昂，大有一扫东晋软弱之势。因穆帝弱惰，朝廷由康献太后临朝。她召集大臣就桓温所上之书进行商议。大臣们均以蜀地险远，桓温兵少，没有取胜的把握为由，劝桓温谨慎从事。但桓温不听，率军溯汉水、长江而上，一个月后到达成汉的彭模（现奉节县西北一带）。

到达彭模后，在鱼复沙滩上，有无数堆石头，垒成阵图，众将莫识其究。桓温道："此诸葛孔明之八阵图。"他对诸将讲解八阵图的用法奥妙，以及如何攻蜀的方略。桓温对诸将说："敌众我寡，又深入敌境，唯有同仇敌忾，奋勇向前，方能取胜，功成与否，在此一举。"桓温采取了先保退路，然后急进急战、出其不意、擒贼先擒王的战略。他命参军周楚、孙盟

守辎重，布置阵图，不给敌人以可乘之机。他自己则亲率步军直指成都。

成汉主李势闻晋军入境，就命其叔父李福及族兄李权攻击鼓模。成汉先攻桓温辎重，希翼逼其回顾。桓温早已料到此着，命令参军周楚与孙盟坚守。李福、李权不能胜，只好转而进击桓温。李福以为桓温孤军深入，不难消灭。见李福、李权来攻，桓温就把主力伏于两翼，然后以少量部队置于正面以诱李福李权来攻。李福、李权不知是计，鸣鼓攻之。激战正酣，晋军突从两翼杀来，李福、李权大败。又复战，再败，再复战，成汉军大溃。李福、李权率数十人逃走。

李势知成汉军大败，大恐，只好集中所有军队与桓温在成都城外展开决战。因敌众我寡，桓温初战不利，参军龚护战死，全军退却。这时，桓温振臂大呼："国难如此，又深入敌境，岂望活乎？"就抢过鼓手的槌子猛擂。晋军见是进军鼓声，转而复攻。李势大败，退入成都。桓温派人前去说降。经部将反复劝说，李势只好投降。

至此，分裂近五十年之久的大西南又与东晋合为一体，使东晋的土地扩大近一倍。桓温因功被封为征西大将军、开府仪同三司，进而封临贺郡公。

相传，桓温不仅在战场上雄略过人，而且在生活上也风流成性、滑稽有趣。他攻下成都后，就把李势的一小妾据为己有。可桓温又是有名的"气管炎"，只好把小妾藏在秘密之所，定期约会。不久，桓温的妻子得知此事，醋意大发："必杀此妖，以泄吾恨！"就率家仆三十多人，手持白刃，怒气冲冲地闯进小妾的住所。时值早晨，霞光掩映，小妾在窗前梳头，只见她长发委地，楚楚动人，气度悠闲。小妾见来人气势汹汹，就慢慢转过身，凄楚地对桓温妻子说："国破家亡，本不图活，幸而被杀，实本愿也。"说完，就伸出脖子让人砍。桓温妻子一见，大惊，连忙

弃刀于地,抱住小妾大喊:"阿姊,我如是男人,也会喜欢你的,何况桓温这个老鬼呢?"连忙把她接入家中,以礼待之。此事在士大夫中颇有反响,说桓温不仅在战场上是英雄,在风流场上亦是好手。魏晋人士之风流,确是有意思得很。

西南大捷之后,桓温上疏朝廷,要求北伐中原、关中。当时的朝中宰相是殷浩,他怕桓温功大,入朝为相,就阻北伐之议,由他自己亲自率兵北伐。但殷浩并非将才,结果屡战屡败,器械人马皆尽,朝廷怨之。不得已,东晋朝廷又只好采用桓温之议,支持他北伐。可桓温对朝廷使者说:"有殷浩在,我决不去。"朝廷无奈,只好把殷浩外放。从此,东晋王朝的权力逐渐归于桓温。

晋穆帝永和十年(公元 354 年),桓温开始北伐。他命督护高武据鲁阳,辅国将军戴施屯河上,勒舟师以逼许昌、洛阳。他又命徐州之兵从谯梁水道进入淮泗,以阻北方之敌南下。而后,桓温自己率兵四万自江陵北伐关中。具体部署是,梁州刺史司马勋出子午道,别军攻上洛,击青泥,然后合军灞上以取长安。秦王苻健不敌桓温,只好深沟自固。关中父老一见晋军,都箪食壶浆迎接桓温。父老流涕道:"不图今日又见官军。"不久,关中很快就被桓温占据。

这时,北方后燕政权乘桓温北伐、江东空虚之机,一路南下。东晋王朝急诏桓温击破后燕。见东方报警,桓温只好率军退出关中。前秦王苻健乘虚又占关中。

次年,桓温又率军从蜀地北伐陇右的姚襄,行至金城(今甘肃兰州),见自己十年前种的柳树已成大荫,而自己北伐未就,于是慨然叹道:"树犹如此,人何似堪!遂使神州沉陆,百年丘墟,王夷甫诸人真罪人也。"他以澄清天下自许,与姚襄战于金城之北。桓温杀敌数千,姚襄大败越岭而走。桓温追之不及,遂执降将周成等三千人以归江汉。

正当桓温在金城激战时,司、豫、青、兖又复陷于敌,桓温只好率军退出金城,入青、兖以击燕军,陇右又归于苻健。至此,桓温终于明白:以有限之兵力、国力,要统一北方,已属不可能。唯有巩固南方,积蓄力量,再图后举。

于是,他撤兵南归。因功,朝廷拜桓温为侍中、大司马、都督中外诸军事、假黄钺、宣武侯,掌握朝政。总理朝政后,桓温上书皇帝,要求整理内政,扩大国力。具体可分为七条。

一是禁止朋党比周,抑制私议之论,不使再成态势。二是整理户籍,减少各郡守官员,并官省职,以省财用。三是机务不可停废,经常行文,并限时日,以提高办事效率。四是明长幼长礼,奖忠公之吏,改进社会风气。五是赏罚严明,必须名副其实。六是述遵前典,敦明学业,尊先王之教以治国。七是选吏史官,整理国史,流传于后。

至此,东晋王朝才开始有点儿生机。为此朝廷又加桓温扬州牧、录尚书事,甲仗百人入殿,赐钱五千万,绢两万匹,布十万匹,仿诸葛亮故事。

太和五年(公元 370 年),北方的苻坚、慕容晔率兵攻寿阳(今安徽寿县)。桓温率军二万,领督护竺瑶、矫阳及其弟桓伊与之战于广陵,大破之,斩首数千,生擒秦将朱瑾、朱辅及男女数百人,并把他们统统活埋在京师。经此一战,北方的前秦帝苻坚在淝水大战前都没有在淮、泗方向发动过大的军事攻势,东晋王朝又危而复安。

此时的桓温实际上成了东晋王朝举足轻重的人物,其作用谁也不能取代。见桓温权倾中外,他的参军郗(qiè)超就劝他取东晋而代之。当时的晋废帝司马奕是个傻子,朝廷又无人能与自己抗衡,又有大功于晋,桓温认为取而代之也属在理,加上他雄武专朝,早就有如司马懿之心，因此，当郗超相劝时，他深以为然。

于是，桓温加紧禅代东晋的一切准备工作。首先清除朝中异己。先是诛死殷浩，继而诛废庾倩、殷涓、曹秀，这样朝政尽归于己。桓温的威焰炽盛无比，连当时的名士、侍中、后为宰相的谢安，老远见到桓温，也都要下拜。

见火候差不多了，桓温就废掉晋哀帝而立病入膏肓的简文帝。他知道简文帝活不了几天，希望简文帝死后能禅让帝位于自己，时间是公元 371 年。

对于桓温来说，皇帝宝座距他只有一步之遥了，几乎可说是垂手可得。因此，桓温踌躇满志，准备接位称帝，像司马懿、司马昭一样，让江山改姓了。

东晋王朝不仅多事，而且那些皇帝都是生理上有严重缺陷的人，非哑即聋或傻。奇怪的是，这些智商低能者居然高居君位，除非自然死亡，否则无人可以取代。即使以王敦的残忍，并率军攻下了建康，也不能废晋元帝、晋明帝；以苏峻之恶，陈敏农民军的威势，也不能推翻晋王朝。因此就是桓温，对东晋也莫可奈何。结果桓温临死也没当上皇帝，甚至连个"王"也未捞上。个中缘由，令人深思。

当时有一本名叫《石头符》的谶书，上有两句话：晋祚尽昌明，昌明之后当有二帝。相传孝武帝生时，其母梦神对自己说："送汝子名为昌明。"所以，孝武帝名司马曜，字昌明。

早在晋元帝、晋明帝时，著名预测学家郭璞曾为东晋算命。他留下了几句话："有人姓李，儿专征伐，譬如车轴，脱在一边；赖子之龚，延我国祚；痛子之陨，皇运其暮。"其实，这八句话基本上算定了东晋的命运：儿者，子也，李去子木存，车去轴为亘，合成则"桓"；二子者，元子、道子。元子则桓温，道子则后来的东晋丞相司马道子。其谶算定桓温当不成皇帝："赖子之龚，延我国祚。"司马道子辅

政，东晋复存，但司马道子死，东晋完蛋。"痛子之陨，皇运其暮。"

桓温早年自负才力，以司马懿，司马昭自许，又立有大功，执掌朝政，皇帝好像自己手中的玩具，认为取代东晋应是易如反掌。所以，他常对左右亲信说："即使不可流芳百世，亦可遗臭万年。"左右一听，大惊！因为这是明显的谋篡之言。

有一次，他得知一女道士有法术，就请来为自己预测。女道士说："我先洗个澡再说。"女道士洗澡时，桓温好奇心大起，偷偷窥视。一见，大惊不已。只见女道士先以刀自破其腹，又断自己两足。洗完澡后，桓温问吉凶，女道士说："你都看见了，想做天子，这就是下场。"说完，飘然而去。桓温一听很不舒服，连续几天都不下床。

还有一次，晋废帝司马奕诏桓温入朝。桓温想在见皇帝时谈禅让一事。可一见面，话未出口，桓温就战栗，流汗不已。回家后对家人说："我久战沙场未尝惧过，今见皇帝，不觉自失。"说完，叹道："难道君位真有天命？"

于是，他想通过废帝、立帝来实现代晋的野心。简文帝即位后，桓温又想在见皇帝时谈禅让一事。因为简文帝有病将死，又是桓温所立，纯粹就是桓温手中的玩物。简文帝说："立由汝，废由汝。"说完，只是哭个不停，使桓温一句话也不好说。

简文帝死后，桓温以为简文帝在遗诏里会把皇位禅让给他，可打开遗嘱对大臣一宣读，才知是立司马曜为帝。遗嘱只是令桓温行诸葛武侯、王导故事，辅佐朝政，没有禅让之意，桓温的希望又破灭了。因此，桓温很是气愤，对其弟桓冲说："要我学武侯、王公辅政，令人不平。"于是，他想强夺皇位。

孝武帝即位后不久，按惯例，必须去祭祀祖宗葬地高平陵。作为朝中宰辅的

桓温也跟车前往。在祭拜高平陵时,怪事出现了:只见桓温一边拜,一边好像与谁在说话似的,不停地自言自语:"臣不敢!臣不敢!"登车回城后,他对左右说:"吾已见先帝及殷浩、殷涓诸人。"至于先帝所言之内容,他缄口不谈。回去后他就一病不起。

病中的桓温也许知道自己不久于人世,就暗中指使人要朝廷为自己加九锡,即封王。朝中大臣谢安、王坦诸人得知桓温将死,就密谋拖延,故意久而不决。这样桓温的最后希望又破灭了。一直到373年桓温死时,也没得到王位,带着他永远也弄不明白的原因去世了。

二十年后,桓温之子桓玄承父志,率军东下,推翻了东晋,终于当上了皇帝,国号楚,可桓玄皇位还没坐热,就被东晋军队里一个卖草鞋出身的小小的参军刘裕消灭。从此,晋政归于刘裕。二十年后,刘裕复晋祚,自立为皇帝,史称宋武帝。

史书常言:宝鼎不可以永得,神器不可以力征。干非常之事者,不仅要有非常之才,还要有非常之势。诚哉斯言!至于桓温因功大想篡位,亦不必苛求他,说他是野心家亦大不必。天地有代谢,人间有兴废,势所之然也。所以,桓温仍不失为东晋的一奇男子。

## 王导其人其事

晋元帝司马睿南渡建康建立东晋,是中国历史上的一件大事。然而人们只知有东晋,有元帝,往往忽略了协助司马睿建立东晋王朝的一个关键人物,那就是晋元帝的丞相王导。

王导,字茂弘,生于晋武帝泰始元年(265年),卒于晋成帝咸和五年(330年),临沂人。父王裁,曾任西普的镇军司马。

少年时代的王导,性温和,识高远,不与人争,遇事无可无不可,故众人谓之奇。十四岁那一年,陈留(开封)名士张

公见后,奇之,对其堂兄王敦说:"此儿容貌志气,将相之器也。"司空刘寔闻其名,命为乐阁祭酒、秘书郎、太子舍人。可王导其志并不在此,不就职,只喜每日与名人高士交游。众人均不晓其意,都替他惋惜,可王导丝毫不为所动,后东海王司马越聘他为参军,不久亦即离去。

据传,司马懿废魏帝曹芳,把朝政大权抓在自己手里之后,社会上就流传两句童谣:王与马,共天下。司马懿听到后,大骇,以为是朝中有王姓的人要与司马氏平分天下,就借故把朝中一个叫王金的大臣杀了。实际上,所谓的"王"并不是当时的王金,而是几十年后在江东王姓土族里的王导兄弟。真是天道玄远,人莫能知。

西晋王朝是中国历史上一个极其腐败的朝代。君臣奢侈斗富,暴殄天物,荒淫腐朽已极。据说当时的预测学家郭璞在游洛阳、长安之后,回建康时对与自己友善的王导、王敦兄弟说:"北地鬼气很浓。人以为长安、洛阳乃天子宫阙,吾意乃坟冢耳。"认为天下将乱,劝王导兄弟北上,结交名人士子以为后计。王导听了,深感在理。

到长安后,王导、王敦先去拜访当时的长安首富、侍中石崇。石崇为显示自己的富有,以胡椒刷墙,以蜡烛煮饭,以黄金砌厕所。他久闻王导兄弟之名,请他们赴宴。在酒席上,石崇规定:奴婢须给客人敬酒,如客人不喝,就杀奴婢。当一奴婢向王导敬酒时,王导恭敬从命,而这奴婢向王敦敬酒时,王敦故意不喝,于是,石崇就把奴婢杀了。换一个,王敦又不喝,石崇又把奴婢杀了;再换一个,王敦还是不喝,石崇只好又把奴婢杀了。一连换了十几个奴婢,王敦硬是不喝。王导在旁看不过去了,埋怨王敦太过分。王敦道:"他杀自家人,关你何事?"事后,石崇对人言:"王家兄弟惟王导能做大事,王敦乃豺狼也,可惜我看不到他的下

场了。"

见长安的达官贵人如此腐朽，王导就对王敦说："长安风物太侈，恐非我们希冀之所。"于是二人又转道去洛阳，在洛阳结识了当时的琅玡王司马睿。也许是冥冥之中的安排，司马睿对王家兄弟尤其是王导印象极好，两人一见如故。

在洛阳时，王导与司马睿出则同车，入则同席，似布衣之交。在与司马睿交游期间，王导给司马睿分析形势，指出天下将乱，要司马睿离开洛阳去自己的封地琅玡（在江苏），在江东待时而动，以图大事。王导说："自古以来，未有国奢汰而不亡者，现洛阳、长安风物太侈，主上又信任群小，游宴无度，不复以国事为忧，皇太子非社稷主，宗室擅兵，媾乱已萌。自古能成大事者，都先见于物之未兆，江东殷富，孙权以之立国，大王如能顺天意、从民望，则大业可图。"

司马睿听从了王导的建议，就上书当时的晋惠帝，要求救国。到江东后，司马睿任王导为安东司马，策划军机政谋。曾有一段时间，江东士人埋怨王导管闲事，把司马睿引来，道："江南乃文物盛繁之地，汝为何引一俗物至此，以秽洁地？"

所以，司马睿到建康好长一段时间里门前冷落，士人很瞧不起他。司马睿深以为忧，埋怨王导。于是，王导深入士人之家做工作，说："天下将乱，琅玡王仁德深厚，乃圣明之主，必成大事。"这时，王导堂兄王敦来建康，王导对他说："琅玡王仁德虽厚，而名望较轻，老兄威名已著，何不援臂相助？"

为了提高司马睿的威望，在出游期间，王导要司马睿骑在马上，他和王敦亲自在前面为之牵马、开道。建康市民一见，大惊：以王导兄弟的名望，居然屈尊为琅玡王牵马，足见此人有过人之处。于是，去司马睿那里的人就逐渐多了起来。

此时的西晋王朝虽已陷入八王之乱的混乱局势，但还没有亡国，晋惠帝这个傀偏皇帝还在，然而国家分裂的大局已定：匈奴人刘渊崛起山西，羯族人石勒扫荡河朔，流民李雄建都川蜀。西晋王朝岌岌可危。

见形势已明朗化，王导要司马睿适应大势，顺天应人，做好在江都建立王朝的准备。司马睿道："一切委卿，如事成，当与卿共而有之。"

于是，王导向司马睿献计，要他做好以下几个方面的工作。

一、广交士人，招揽英俊，以为班底。

王导对他说："古之王者，莫不礼贤下士，存问风俗，虚己顺心，以招雄俊。如今九州丧乱，天下分裂，大业草创。当务之急，莫不过于得人。"就向他推荐了江东名士顾荣、贺循。并向司马睿指出：这两个人名望大，但性傲直，不肯屈就人。他要司马睿学刘备三顾茅庐请诸葛亮的做法，亲临其家。

顾荣、贺循见司马睿屈尊招己，礼贤下士，又加上王导在做工作，二人欣然到司马睿处任职。开始时士大夫惊于王导兄弟为司马睿牵马，现见顾荣、贺循又应命而至，从而江东士人名族皆风靡而从，使司马睿身边人才济济，为建立东晋王朝打下了坚实的人才基础，史称"君臣之礼稍定。"

惠帝死后，晋怀帝司马炽即位，当时怀帝所辖之区只是长安附近一带，他下诏要四方勤王。时已至此，皇帝的诏令也不好使，如泥牛入海毫无消息。两年后，怀帝禅让，愍帝司马邺即位。时西晋的形势日趋恶化：刘渊之子刘曜率兵攻长安，派出十几万军队把长安团团包围起来。长安成了一座孤城，粮食供应断绝，黄金与米等价，司马邺也只能喝粥充饥，王公大臣多有饿死。

而在江东的司马睿根本就不把怀帝、愍帝当回事儿。虽然下令要勤王，只是做做样子而已，因为谁也不会为了一个垂死的病人下更大的本钱。只是限于名义，才没有称帝。实际上，建立王朝的一切工作均告就绪，只等西晋一亡，他就续祚，延续司马氏政权。

由于关中、中原战乱，百姓、士大夫纷纷躲避江东。王导劝司马睿把这些流亡士民召集起来，这既可以提高新王朝在士民心中的地位，同时又可以召集各种人才进一步充实朝廷人才的需要。

二则、召集流亡百姓以充户实，发展生产。

三国时期，中原就有许多老百姓举家南迁。到了西晋末，由于中原大乱，为避战火，不仅王公贵人大批南下，就是老百姓也成群结队地来南方定居，使江南出现许多无籍民人。如果把这些人组织起来，发展生产，开垦荒地，整理户籍，对增加国家赋税、扩大财源和东晋王朝的建立都有很大的好处。

王导对司马睿说："汉高祖据汉中五年以成帝业，固有韩信摧敌斩将之功，亦有萧何汉中粮馈之不乏。现士民多有南来，理户籍，正财源，固国本，不可忽也。"于是，王导亲自出马，组织一班人清出了二十多万户，人丁三十五万口，为未来的东晋王朝增加了不少财政收入，为东晋王朝的建立创造了有利的条件。

三、兴学校、序礼乐，正社会风气。

司马睿刚到建康不久，王导就向他上书道："风化之本在于正人伦，人伦之正存乎设庠序。庠序设，五教明，德礼洽通，彝伦攸叙，而耻有格，父子兄弟夫妇长幼之序顺，而君臣之仪固矣。桓文之霸，皆先教而后战，化成定俗，莫尚于斯。"

司马睿阅后，大悦："礼教存则国家兴，未立固先正本，则有序矣。"从三国开始，玄学升起，佛教输入，而处于正统地位的孔子儒学日渐式微，中国思想界一片混乱。加上长期不断的战乱，人们不知诗书为何物，不知仁伦礼教为何物。

所以，王导此举，对东晋王朝有振聋发聩之功；魏晋六朝中国分裂四百多年，而礼教仁义未坠，对此王导是有功的。

正因为有王导的正确举措，使晋王朝顺利南迁，在建康（南京）建都，同时也使从北方来的士大夫贵族看到了希望。有一次，桓温的父亲桓彝初从北方来江东，见百事草创，朝廷微弱，一切纲纪都混乱得很，觉得没有希望和前途，就对同行的周顗说："我们因中原多故，才来此避难，现在朝廷是这个样子，怎么办？"忧惧不乐。后见王导并与之谈话之后，又对周顗说："原来江东有管仲，无忧矣。"就安心在东晋当官。那些避难的北方士人到南方后，每至假日，都聚集在建康市郊的新亭饮宴，有一次宴会，王导也参加了。北方名士周顗一边喝酒一边长叹："风景依旧，但国家已非。"空发感慨。那些士人也许是回忆起往日的繁华和流浪的艰辛，都相视流泪。这时，王导愀然变色，厉声道："国家有难，更应齐心协力，恢复王室，像楚囚一样相视流泪有何用？"众人见王导如此，都改容敬之。

公元316年，西晋愍帝在长安被后赵主刘曜俘虏后杀害。消息传到江东，司马睿除礼节性地流了几滴眼泪外，马上在百官的拥戴下登上皇位，史称晋元帝。

称帝那天，司马睿要王导与自己同坐御床，接受百官朝拜，王导惶恐而坚决地推辞了三次，说："如要太阳下同万物，苍生何以仰照？"司马睿乃止。因佐命创建之功，司马睿拜王导右将军、扬州刺史，监江南诸军事，迁骠骑将军，加散骑常侍，都督中外诸军事，领中书临录尚书事、假节。同时，又拜王敦征南大将军、开府仪同三司、侍中、江州牧，后又加荆州牧，拥兵坐镇荆州，以卫东晋上游。

至此，"王与马，共天下"的童谣终于应验了。

对于王导，人们对他的评论并不高，

因为他为政主清静，不扰民，办事又无可无不可，像个糯米粑粑。在当时，人们就认为他昏愦，王导自己对这种评价也不恼，他说："世言我愦愦，我则愦愦。"意思是你们说我糊涂，我就糊涂。

其实，王导一点也不愦，精明得很。愦只是他的一种做官处世保权之道。哪有糊涂虫能佐命新君创立王朝的？从几件事情就可看出，王导为官很有一套。

第一件事是在处理与他的族兄王敦的关系上。

王敦，字处仲，是王导的堂兄。历史上的王敦有奇目，性刚忍狠戾，野心勃勃，曾在西晋时娶武帝女襄城公主，拜驸马都尉、太子舍人。当时的太子洗马潘滔见了王敦后评价值："处仲蜂目已露，但豺声未振，若不噬人，亦当为人所噬。"王导也劝他："卿处乱世，心怀刚忍，非令终也。"意思是王敦为人太刚狠，如当权，恐不能善终。但王敦不听，反而笑王导："以卿之愦愦果能善终？"意思是像你这样的糯米粑粑就好吗？

司马睿南渡之后，王敦因佐命拥立之功，官拜大将军、荆州牧、扬州牧，坐镇江陵，成为东晋王朝一个举足轻重的人物。

因司马睿为人性温顺，又是他们兄弟所立，王敦在内心很看不起他。现在自己官居高位，手握强兵，民间又有"王与马，共天下"之说，因此他欲专朝政，甚至还有问鼎之心。他的一切要求，皇帝必须满足他，稍不如意，就心怀怨恨。

见王敦如此跋扈，晋元帝很不高兴，继而恶之，于是他与王敦的关系紧张起来。为防万一，晋元帝以刘隗、刁协为心腹来牵制王敦。而王敦认为皇帝此举是针对他来的，心愈不平。湘州刺史甘卓调任梁州刺史后，王敦就向皇帝推荐自己的心腹、从事中郎陈颁来接替甘卓的职务，但皇帝没有同意，反而任命谯王承为湘州刺史，同时又命刘隗为镇北将军、

戴若思为征西将军，在扬州募兵，名义上是讨北方少数民族，实际上是防王敦之变。这样，司马睿与王敦的关系表面化了。

王敦见皇帝怀疑他，就索性举兵反抗，于永昌元年（322年），率自己所辖之兵五万人从武昌顺江而下，以清君侧刘隗的名义直扑南京。

处于这种背景下的王导，关系很不好处，如有不当，立招杀身灭族之祸：一边是自己的堂兄，一边是自己所拥戴的皇帝，而王敦野心勃勃，刚忍狠戾，弄不好，把王敦逼急了，他把刀架到自己脖子上也说不准。

在这种夹缝中求生的情况下，王导采取的办法是：以柔抗刚、保护皇帝、周旋王敦。

王敦兵入南京之后，大肆抢掠、杀戮。建康的皇帝住宅被攻破之后，王导以自己的身体保护皇帝，对叛兵大声斥道："圣驾在此，不得无礼。"叛兵见丞相以身护帝，心亦有所惮畏，就持刀退去。王敦见到王导后，说："不这样干，几乎要灭族。"王导大声说："你这样干才会灭族。"王敦道："司马氏吾兄弟所立，由吾兄弟所废，不亦宜乎？"提出要废司马睿。废立之事，非同儿戏，所以王导怒斥道："此等事亦是人臣所言？"不准。

见自己之弟维护皇帝，王敦没捞到什么，就大肆抢掠一番，加了官之后又率兵回了武昌。王敦回武昌之后，王导又派人送信于王敦，要他尽忠王室，不要存非分之想，并且在信中旗帜鲜明地表明自己的态度。他说："我们王氏全族大小受国厚恩，兄弟显宠，可谓隆矣。我虽愚昧，情在宁国。今日之事，你明日张胆为叛军之首，我宁做忠臣而死，不做无赖而生。但只恨你大将军弃桓，文之勋不为，而为逆节之臣，负先人平素之志。死后，怎能对得起九泉之下的列祖列宗和先帝？"

第三编　三国两晋南北朝野史

但王敦不听，不久，他又想起兵攻建康，说："这一次一定要废了他。"但天不助人，尚未出兵他就死了。王敦死后，晋元帝秋后算账，王敦的亲子孙和嫡系部属，均遭杀戮和流放，王敦也被掘墓抛尸荒野。终于应验了西晋太子洗马潘滔之言："若不噬人，必为人所噬。"这时，与王敦有隙的刘隗乘机向晋元帝进言："为固皇权，应尽杀在朝之王氏，包括王导在内。"

王导知道后，吓坏了，连忙率族子侄二十多人到晋元帝面前请罪。一见皇帝，王导就磕头谢罪："乱臣贼子，每朝都有，没想到出在我王导家里，罪不容赦，请陛下处分。"晋元帝一听，回想王导在建国时的功劳以及王导在王敦作乱时的表现，就拉着王导的手说："茂弘，朕方托百里之命于卿，是何言耶！"意思是我正要对你予以重任，怎么能说这个话呢？于是，晋元帝下诏："导大义灭亲，可以复建国时之爵位。"还加王导为尚书令，一直到王导去世，东晋皇帝都是信任他的。

王导既能避祸，又能获忠君之美名而长保爵位，足见其机谋之深。

第二件事是废立皇太子。司马睿当皇帝后，按周礼，立长子司马绍为太子，但从感情上说，司马睿倾向于琅玡王司马裒，认为司马裒更能承继大统。他找丞相王导商量，想废掉司马绍。

司马绍作为太子确有许多不能承大统的缺点：身体不好，目昏，看奏章很吃力，又喜与群小游。但他与王导的关系好。王导出于对自己与子孙的考虑，决计帮司马绍，而且理由也很堂皇，他对晋元帝说："立子以长乃千年之古训，而且司马绍又贤明，即有小瑕可训导之，不宜废，废则不利社稷。"而且还主动承担起训导太子的任务。见丞相如此庇护司马绍，晋元帝只好作罢。

元帝永昌元年（322年），司马睿死，子司马绍即位，史称明帝。明帝一即位，

为酬王导之功，拜他为兴郡公，食邑三千户，赐绢九千匹，进位太保，领司徒如故，还准带剑上殿，入朝不趋，参拜不名，如西汉萧何故事。三年后，明帝死，子司马衍即位，史称晋成帝。此时的王导已是三朝元老，又受遗诏辅政，在朝中举足轻重。成帝又加王导只有王侯才有的羽葆鼓吹班剑二十人，大司马，假黄钺，并特准王导子孙世代在朝中任职。

第三是为官不贪，不以恶语伤人，淡泊处物。在中国历史上，在位宰相几乎没有一个不爱财的，就是晋孝武帝的宰相谢安也不能免，日食千金。有的因此而丢了脑袋，身败名裂。可王导在相位期间，史称他简素寡欲，仓无储谷，衣不重帛。其家人不理解，他就说："我岂能遗秽物以祸子孙？"

因为他不贪，淡泊处物，所以，朝中政敌要攻击他也找不到理由。王敦乱后，刘隗要晋元帝尽杀王氏家族，除了王敦叛乱这一理由外，再也找不到任何别的借口，足见王导确有先见之明。当皇帝知道王导简朴素俭后，就赐布万匹，黄金千镒，家中所用的车马数十。皇帝所赐的数目如此之大，远胜靠自己贪污所得，既得名，又得利。

是时，皇帝的舅舅庾亮出镇外藩，他对王导素不以礼，瞧不起他。见朝中大臣不睦，有人就乘机挑衅。南蛮校尉陶称秘密地对王导说，庾亮有举兵内向之动静，扬言要赶王导下台。王导听后，淡淡地说："我与元规（庾亮的字）休戚与共，外人岂能间之？果如君言，元规若来，我就卷起铺盖回家当百姓，避席让贤，何足为惧？"谗言很快就得以平息。庾亮拥兵据藩，又是皇帝的舅舅，趋势者多归之，见此，王导心里很不舒服。因庾亮在武昌，属西方，遇西风刮来时，王导就以扇遮鼻，一语双关地说："元规的灰尘又来污人。"如此而已。

咸和五年（330年），王导死，晋成帝

举哀于朝堂三天，以王侯礼葬之。及葬，给九游辊辕车，黄屋左纛，前后羽葆鼓吹，武贲班百人，史称自汉以来，名臣之葬礼无以过此者。

相传，王导佐司马睿南渡之初，为求吉凶，就要自己朋友郭璞卜一卦，卦成后，郭璞说："吉，无不利，淮水绝，王氏灭。"意思是说只有淮水不流了，王氏的子孙才会不当官，才会死光。实际上是说王导的子孙必蕃。结果如郭璞之言，王导子孙历代显宦不绝。史学家也评价他："提挈三世，终始一心，称为仲父，子孙繁蕃，盖其宜矣。"

所以，谚语曰：以才干世者，可逞一时之雄；以德立业者，天长地久。

### 匹勇无谋终零落

刘牢之是东晋劲旅北府军的主要军事将领。在各次战斗中，他都勇猛无比，屡获大捷。尤其是在著名的淝水大战中，刘牢之率军屡挫强敌，擒斩敌将，为东晋王朝在生死存亡的关键时刻立下了汗马功劳。但是，在东晋内部那种复杂的政治权力斗争中，刘牢之屡为人作嫁衣裳，最终成了权力斗争的牺牲品，以自缢身死的结局完成了他人生的最后归宿。

刘牢之，字道坚，彭城人（今江苏徐州）。生年不详，卒于晋安帝元兴元年（402年）。论门第，刘牢之算是江东名门之后。其曾祖父刘羲以善骑射为晋武帝司马炎所赏识，历任北地（今甘肃庆阳）、雁门（山西玉右）太守。晋朝南渡后，其父刘健，以勇武和军事指挥才能为皇帝所赞赏，拜征虏将军。

出身在这样的一个家庭，刘牢之从小就受到了良好的教育和家风的熏陶，好学不倦，沉毅坚定有计谋，尤好军事。他父亲刘健颇为自负，屡对人言："此吾家千里驹也。"长大后的刘牢之以功业自许，而当时的客观形势也为刘牢之提供了一个施展才华的舞台。

魏晋六朝是中国历史上一个特殊的年代：国家分裂，战乱不休。到了四世纪，在北方的五胡十六国，逐渐为占据关中一带的氐族人苻坚所统一。公元357年，苻坚在长安称帝，史称前秦皇帝。由于苻坚宽容大量、善于用人，国势一度强盛，并统一了北方。当时黄河以北、关中、巴蜀地区都归属于前秦的统治范围。

见北方已告统一，苻坚就想立不世之功，统一全国。对偏安江左的东晋王朝，他必欲吞之而后快。于是，经常派兵南侵。江淮地处南北要冲，战争格外频繁。为抵御苻坚的南侵，东晋王朝也在积极备战。其中之一就是在原来军事建制的基础上，另外组建一支军队，这就是历史上有名的北府军产生的时代背景。

当时东晋的宰相是有名的谢安。他见苻坚崛起北方，虎视江南，而东晋原有部队成分复杂，战斗力不强，就命他的堂弟谢玄招募劲勇，组织新军。公元377年，谢玄奉命镇守广陵（今江苏扬州），并悬榜招募劲勇，组建北府军。刘牢之闻讯，欣然前往谢玄军营应募。谢玄见刘牢之乃将门之后，仪表又不俗，就收入帐下，不久即命为参军。因当时谢玄的大营在建康的北面，所以历史上把谢玄组建的这支部队称为北府军。

由于刘牢之精明沉毅，通晓军事，勇猛善战，所以深得谢玄赏识。刘牢之很快被选任将领。从此，刘牢之倚仗自己的军事才能，加上朝中谢安、谢玄等人的支持，手握北府重兵，东征西讨，在中原大地上所向披靡，为东晋王朝屡立大功。刘牢之也因之成为朝中著名战将，为人们倚重瞩目。

公元378年，苻坚派大将俱难、彭超率军南侵。五月，秦军攻陷盱眙。苻坚闻讯后，复以六万之众围攻三河（江苏宝应）。

见强敌入侵，东晋孝武帝命谢玄率兵抗敌。晋军与秦军对峙于三河。

此时，刘牢之向谢玄献计：效曹操破袁绍之计，让主力坚守正面，自己率精锐一部突袭秦军后方。谢玄深表赞同。于是，刘牢之独自率领三千精锐骑兵远程奔袭秦将俱难屯留在盱眙的辎重。接敌后，刘牢之奋勇当先，指挥部队杀散守卒，烧其粮秣，获其运输船队。秦将见粮草被烧，不能久持，只好撤军退去，从而解除了秦军对三河的围攻。因功，刘牢之被拜为鹰扬将军，授广陵相。

公元 383 年，苻坚终于下定南下灭晋的决心。他集马步军八十万，号称百万之师，向东晋王朝发动了全面进攻，想一举荡平东晋。其主攻方向在淮北、寿阳一带。为表示对此次战役的重视，苻坚亲任大军的最高指挥官，随军引动，他的弟弟平阳公苻融任前线指挥官。至此，中国历史上著名的淝水大战终于拉开了序幕。

苻坚南下的消息传到建康，东晋王朝上下进行了紧张的军事调度和备战：以将军谢石、朱序镇守寿阳；以谢玄率北府兵在淮水一线布防，阻断淮河交通以遏止晋军西进。宰相谢安坐镇建康，随时指挥调度。整个建康呈现出一派紧张有序的大战前的气氛。

谢玄领命后，率军进至洛涧二十五里处，扎住阵脚，然后命刘牢之率精兵五千为先锋，直趋洛涧。到达洛涧后，刘牢之立即率参军刘袭、诸葛求等，挥军渡水。晋军冒失前进，拼死冲杀，斩杀秦将梁成及秦弋阳太守王咏。秦军为之崩溃。然后，刘牢之分军截断秦军退路。秦军争越淮河逃命，刘牢之率军乘胜追击，轩杀秦军一万五千之众，并尽获秦军器械军资。是役，使秦军闻之大惧，连苻坚在登上八公山时，都误认为山上的草树灌丛都是晋军。成语"八公山上，草木皆兵"盖源于此。

刘牢之率北府兵在洛润大破秦军之后，秦军士气大伤，就向后溃退。如此一来，退却的秦军带动后面的部队，以为秦军真的败了，加上晋将朱序在后面大喊："秦军败了！"一路上，秦兵如大山崩塌一样，向长安方向狼狈退去。连苻坚也无法收拾这个局面，只好在亲兵的保护下向长安逃奔而去。

据说晋军淝水大捷的消息传到建康时，宰相谢安正与人下围棋。谢安看完战报后就扔在一边，棋友问他前线战局如何，谢安轻描淡写地说了一句："小儿辈已破贼。"可当他下完棋回家时，激动得跌跌撞撞，不知所以，连自己的鞋底都被门槛碰掉了。同时，牙齿也碰掉了几个。可见他当时高兴、激动的样子。

作为大战前线先锋的刘牢之，朝廷提升他为龙骧将军，授彭城内史，赐爵武冈县男，以表彰他在关键时刻立下的功劳。

公元 384 年，苻坚之子苻丕据守邺城（河北临漳）。为燕王慕容垂所逼，苻丕请降于晋。谢玄派刘牢之率军二万救邺。受命之后，刘牢之引军先据枋头（河南浚县），随而进攻黎阳（河南浚县）。解了邺城之围后，接受苻丕投降，随后又大败慕容垂。第二年，刘牢之解救泰山郡，生俘秦将张遇，使东晋王朝的势力在淝水大战之后，达到河南、山东、河北一带，刘牢之又为东晋王朝立下了汗马功劳。

权力这个东西有时真像一条毒蛇。如果耍蛇的技术不过关，反会被蛇咬一口，立成致命伤。在中国历史上，多少名将名相都被这条蛇咬过，被咬者的结局都非常惨，北府名将刘牢之也不例外。

公元 385 年，东晋宰相谢安病死。以此为转折点，东晋王朝内部的权力斗争开始呈现新的形式：接替谢安职务的是司马氏政权的宗室、会稽王司马道子。他执掌朝政后，与宦官王国宝勾结，卖官鬻爵，极力排挤谢氏集团的人。刘牢之被谢安兄弟赏识，理所当然遭到了司马道子的打击，刘牢之为此心不自安。

司马道子其人十分鄙劣、庸浅。他掌政后,政事都在家中处理,出入仪仗,形同皇帝。他经常与他儿子司马元显在后宫涂脂抹粉,听宫伶唱戏。有时,他连吃饭也不想动,靠仆人喂。他的家中装饰得金碧辉煌,豪华奢侈已极。

见司马道子气焰熏天,晋孝武帝司马曜深感不安,担心大权旁落于王室不利。为在权力上实行平衡与牵制,司马曜起用大臣王恭为仆射,与司马道子共掌朝政。他又命殷仲堪为大将军,镇守荆州,以为外藩,牵制司马道子。司马曜如此动作,使司马道子深为不满,就令人把他毒死。

司马曜死后,白痴儿子司马德宗继位,史称晋安帝。见皇帝年幼昏愚,司马道子更加为所欲为。他命王国宝为右仆射,与之分掌朝政。同时,对被司马曜起用的王恭和殷仲堪,必要去之而后快。双方之间的矛盾几乎到了白热化的程度。

作为仆射的王恭觉得要在朝中站稳脚跟,能与司马道子抗衡,仅凭他一个人的力量是不够的,需要有人支持自己。于是,他想到了刘牢之。他是北府名将,有大功于朝廷。主意已定,就与刘牢之热乎起来,并拜刘牢之为辅国将军、兼领晋陵太守。

谢安死后,朝中就无人支持刘牢之。司马道子又极力排挤谢氏集团的人,所以刘牢之倍感孤立无援。现见王恭主动接近自己,非常高兴。他对王恭说:"定为公折此朽。"他家人提醒他:"王恭其人貌恭而内狠,其心不可测。"刘牢之道:"王恭无拳无勇,正求助于我。此正是保富贵之时,何须疑哉?"拒不听受家人之劝。

公元397年,刘牢之率兵在京口镇与殷仲堪联合发难,以讨伐王国宝为名向京师建康发动进攻。见刘牢之发难,朝野震动,司马道子只好派人与刘牢之讲和,以诛杀王国宝为条件求得刘牢之息兵。

王国宝死后,司马道子去了一条臂膀,权力大减。而王恭的权力空前增大,都督兖、青、冀、幽、并、徐、扬诸州军事,并镇戍京口。见自己在朝中的威望日隆,王恭对刘牢之的态度也起了变化。开始,刘牢之每次求见,王恭总是离座相迎,以贵宾待之。王国宝死后,王恭觉得自己的目的达到了,刘牢之也没有什么利用价值了,就高高在上,让刘牢之拜见,颐指气使,把刘牢之当成一个普通的武夫。为此,刘牢之气坏了,对王恭深恨之,想寻找机会报复王恭,以出胸中这口怨气。

后来,司马道子因人心不服而去职,由其子司马元显接替,执掌朝政。朝中大都督王恭原以为司马道子一死,自己可以执政,没想到司马元显又抢在自己前面,于是又想故伎重演,以兵逼司马元显退位。公元398年三月,王恭命刘牢之率军从京口杀向建康,以清君侧为名,讨伐司马元显。

消息传到建康,举朝戒严。司马元显见自己无力抵挡王恭的逼人攻势,就只好派刘牢之的老熟人,原北府将领后领卢江太守的高素去刘牢之军营当说客。高素要刘牢之叛离王恭,许诺事成之后,以王恭之位授刘牢之。

高素说:"你我都是北府军故人,谢玄部将。现谢安、谢玄均已死去,此一时而彼一时,投靠司马元显不失为上策。王恭何许人?你为他立下大功,有何封赏?此种寡恩之人也不值得你再为他卖命。现送你一句话:向王恭,官不过将军,还要受气,向司马元显,加官进爵,是朝中大将军,威震天下。连我这样的庸劣之辈都受重任,何况你呢?何去何从,请将军速断。"

刘牢之见是老熟人当说客,同时对比王恭态度的几次变化,觉得王恭这种人不可信,亦不可交,就听从了高素的劝说,叛离王恭。

正当王恭做着很快就要当宰相的美梦时,传来了刘牢之在中途反叛投向司马元显的消息。王恭惊讶得半天说不出话来,久之,恨恨地说:"道坚误我!"王恭想率亲兵逃跑,但被刘牢之追上。刘牢之大刀一挥,王恭终于做完了他的宰相梦。

王恭死后,司马元显没有失信,把王恭的职位官号让给了刘牢之。从此,刘牢之就以朝中大将军的身份兼领都督兖、青、冀、幽、并、徐、扬等州军事,成了天下响当当的人物。

其实司马元显是在事态紧急的情况下才作出如此决定的,实际上,他不希望刘牢之与自己分享权力。所以,刘牢之掌握朝中兵权之后,司马元显心里十分不舒服,对亲信左右说:"刘牢之自恃功大,跋扈不已,奈何?"因北有外敌,内有孙恩的农民起义军,他又不敢与刘牢之明目张胆撕破脸皮。因此,他处于一种既怕刘牢之又不敢与之闹翻的矛盾心态。两人的关系处于一种十分矛盾而又微妙的状态。

这样的日子过了三年,东晋王朝又内起风波,风源就是镇守荆襄的桓温的幼子桓玄。桓温死后,桓玄袭爵。桓玄长大后,常叹道:"父为九州伯,儿为五湖长。"大有继承父志,立不朽之功的雄心壮志。

东晋孝武帝死后,傻瓜儿子司马德宗继位。掌握朝政的又是十分庸劣的司马道子父子。桓玄见有机可乘,就起荆襄十郡之兵,顺江而下,直扑建康。消息传来,朝廷震惊不已,司马德宗任命司马元显为征讨大都督,刘牢之为前锋都督以讨桓玄。

桓玄仪表威严,素有盛名。他一路顺江而下,势不可当。但在快到建康时,却遭到了刘牢之部队的猛烈抵抗。桓玄滞留江上。桓玄见此,就命人去刘牢之处当说客,要他倒戈,并许诺事成后,以司马元显之位相授。

历史地看,对于刘牢之来说,这可是他人生的关键时刻:如果当时不为桓玄所诱,奋起抵抗,桓玄就进不了南京,而再造社稷之盛誉就非他莫属,并且也轮不到他的老乡刘裕在京口以一百八十人起兵反击他的壮举发生了。

但刘牢之没这么想,他在权臣之间斗争的钢丝上行走。他见自己与司马元显的矛盾日益激烈,怕镇压桓玄之后,自己功高震主,会为司马元显所不容;同时,他也听说了桓玄的盛名,万一打不赢,他就退无所归。于是打定主意,想重演讨王恭一幕。于是他投靠了桓玄,倒戈讨伐司马元显。

这时,作为他的心腹参军的刘裕力劝他不要这样做。刘裕说:"将军原以北府名将一反王恭,现又反司马元显。万一桓玄言而无信,你怎么办?与其受桓玄空言所惑,不如直起抗击桓玄,反能获忠君的美名。"但刘牢之不听。

果然,桓玄人建康之后,杀司马元显,废司马德宗,自己当起皇帝,并立国号楚。至于他对刘牢之许下的诺言,早已飞到九霄云外了。他只授予刘牢之会稽内史这样的小官。就这样,刘牢之的兵权一下子丧失殆尽。

此时,刘牢之如梦方醒,觉得为桓玄所卖,愤怒不已。他想占据江北,纠集部众讨伐桓玄。这时,参军刘袭又劝他不要冲动,说:"天天最不可为的莫过于一个'反'字。将军过去反王恭,近日又反司马元显,今又欲反桓玄,一个人一生有三反,天下谁能容之?"说完,自己就溜之大吉。刘裕也说:"将军事已至此,就安于会稽内史之命吧!想讨桓玄,没人听你的,因为你不是勤王,而是为你自己。"

但刘牢之被愤怒烧昏了头,固执地率部众向京口进发。但到达新州(今镇江市)西部时,部众尽散。刘牢之见大势已去,自己孤身一人已毫无作为,既不会为桓玄所容,更无颜见天下人之面,结果上吊自杀了。

淝水大战的功臣在一棵树上了却了自己的一生,成了权臣之间斗争的牺牲品,令人叹息。但刘牢之自己,也有不可推卸的责任:权欲太强,目光太浅,识人太昏,谋事更差。

第三编　三国两晋南北朝野史

# 第四编　隋唐野史

## 隋代野史

### 宫禁逸闻

#### 杨坚母

　　杨坚小名叫那罗延。父亲杨忠曾在西魏和北周作官，被封为隋公。杨坚世袭了父亲的爵位，后来又进而升为隋王。不久，杨坚篡夺了北周政权，接着又灭掉陈，统一了中国。

　　杨坚初生时，庭院中充满了紫气。有一尼姑从河东来到杨家，对杨坚母亲说道："这个孩子很不一般，不能让他住在世俗之人中间。"于是这位尼姑将杨坚带到别处住下，亲自抚养他。

　　一天，尼姑外出，将杨坚交给他亲生母亲抱。杨母抱着孩子，忽然见杨坚头上竟生出了犄角，全身长出了鳞。杨坚母亲大惊失色，吓得将孩子扔到了地上。尼姑回来见此情形，责怪杨母道：你惊吓了我的孩子，这样一来，他就不能早得天下了。

#### 宝毅女

　　宝毅的女儿听说北周皇帝将帝位禅让给了隋王杨坚后，来到堂下，拍着胸口感叹道："可惜我不是男人，救不了舅舅的灾患啊！"宝毅及襄阳公主赶忙掩住她的嘴说道："你千万不要胡说，那样会毁了我们整个家族的。"从此以后，大家都觉得这个女孩子气质非凡。等到长大后，宝毅将她嫁给了唐国公李渊。

#### 杨勇多内宠

　　太子杨勇有很多宠幸的妃嫔，其中云氏是最受宠爱的。他的另一位妃子元氏一直得不到宠爱，结果害病而死。独孤皇后认为杨勇别有用心，严厉地斥责了他。但云氏从此反而却更加受到杨勇的宠爱，先后生有杨俨、杨裕、杨筠三个儿子。杨勇又先后纳了几名妃子，独孤皇后更加对杨勇不满，便派人调查杨勇的过失。

　　晋王杨广知道这些情况后，更加矫饰自己以博得皇后的喜爱。果然独孤皇后越来越喜欢杨广，多次在皇帝面前夸赞他贤明。一次，皇帝杨坚与皇后独孤氏巡幸杨广的府第，杨广事先将那些美女都藏到了别的房间，住宅中只留下一两个又老又丑的女人。身穿粗布衣服，侍奉左右。皇帝见此情形非常高兴，从此便喜爱上了杨广，对杨广跟对其他儿子大不一样。杨素在皇帝杨坚面前又大肆毁谤杨勇，说他没有才能。这样，隋文帝杨坚便于当年十月下诏宣布废黜太子杨勇，将杨勇及其妃嫔一律废为庶人。十一月宣诏立杨广为皇太子。

### 隋宫奇闻

　　独孤皇后驾崩后，隋文帝封陈高宗的女儿为宣华夫人，从此，宣华夫人备受宠爱。

　　文帝病得卧床不起后，杨素、柳述、元岩等大臣都来到皇宫侍奉皇帝。文帝下诏让太子杨广到皇宫中居住。杨广害怕文帝这样做可能对自己不利，便提前采取了预防措施。他亲笔给杨素写了封信，问文帝召他入宫有无其他用心。杨素收到信后，一条一条详细地为杨广分析了情况，写了一封信报告给他。谁知，送信的人却将杨素的这封信误送到了皇帝处,隋文帝看过信后,非常愤怒。

宣华夫人早起更衣,被太子杨广拦住,要强奸她,宣华夫人拼命反抗才挣脱掉。宣华夫人回到文帝身边后,文帝见她神色慌乱惊恐,便问她为什么如此惊慌。夫人流着眼泪说道:"太子想对我施以非礼。"文帝听后,愈加愤慨,撑着床骂道:"杨广这畜生,怎配继承皇位呀,独孤皇后欺骗了我。"于是派人将柳述、元岩叫来,对他们说:"把我儿子叫来。"柳述等正要去叫太子杨广,皇帝说道:"我是要你们将杨勇叫来。"柳述等人出来为皇帝起草敕书。

杨素听说后,赶紧将此事报告了太子杨广。杨广假传是皇帝的诏令,逮捕了柳述、元岩,将他们关押在监狱中。杨广又让右庶子张衡进到皇宫中侍奉皇帝,将后宫的妃、嫔们从各自的房间全都驱赶出来,让她们到别的房间去。过了一会儿,隋文帝就驾崩了,所以朝廷内外议论纷纷,怀疑文帝是被人害死的。

## 同心结

宣华夫人听说文帝驾崩,杨广继位的消息后,胆战心惊。晚饭时分,杨广派人给宣华夫人送来一个密封的小金盒。夫人以为是毒酒,非常恐惧,等到打开一看,原来却是一只同心结。宣华夫人愤怒地离开座位,不肯致谢,宫女们一起逼迫她,才勉强拜谢了使者。当天夜里,杨广便奸淫了宣华夫人。

## 四品夫人为院主

隋炀帝杨广即位后才五个月,便修建了西苑。西苑四周长二百里,内有一个大湖,周长十几里。湖中有方丈、蓬莱、瀛洲三座假山,高达一百多尺,依山势建造了许多台观宫殿。湖的北面有一条水渠,渠水迂回曲折注入湖中。沿渠建了十六个亭院,院门都临着渠水。每院由一名四品夫人管理。整个西苑,极尽豪华奢丽。树木的叶子凋落了,便剪

彩绫做成花叶的形状缀在树上。湖内的荷花叶败落了,也用彩绫做成荷花、荷叶的形状代替。颜色褪了的话,就再换上新的。十六院争相以精馔佳肴相夸耀,以求得皇帝的恩宠。

## 盛饰帷帐

隋炀帝时,各国首脑齐集洛阳,炀帝下令在都城东门街上上演各种文艺节目。光是演奏音乐的乐手就有一万八千多人。每天从傍晚到第二天的早晨,鼓乐大作。持续了一个多月,耗资上万金。

各国的首脑又向隋炀帝请求到丰都集市上买些物品,皇帝答应了他们的请求。于是预先命所有商店整饰一新,店铺中陈列着珍宝玉器,人们都衣着华丽。外国客人路过酒馆、饭馆时,店主人都热情邀请他们前来就餐,吃饱喝足而去,分文不取。还对外国客人们说:"中国富饶、生活充裕,到饭馆吃饭一律不收钱。"客人们都惊叹不已。客人中也有狡黠的,看出了其中的破绽,见树上都缠着丝帛,便问道:"中国也有穷人,衣不蔽体,为什么不把这些东西送给他们,缠在树上有什么用呢?"集市上的中国人惭愧得不知怎么回答才好。

## 梅酸李甘

明霞院美人杨夫人,一日,高兴地向隋炀帝报告说:"酸枣邑所进献的李子树一晚上忽然长得格外茂盛。"隋炀帝问是什么缘故,杨夫人说:"这天夜里,院中宫女们听到空中好像有成百上千的人说'李子树将茂盛',早晨起来一看,果然如此。"过了一会儿,晨光院周夫人也来报告隋炀帝说:"晨光院中的杨梅树一夜之间也茂盛起来了。"炀帝问:"杨梅树与李子树哪个更茂盛。"有人回答说:"杨梅树不如李树茂盛。"炀帝于是亲自前去观看,果然是李树更加茂盛。

后来李子树和杨梅树都结了果实,院妃们前来进献果实。炀帝又问她们:

"这两种果实哪一种更好?"院妃们答道:"杨梅太酸,不如李子甘甜。"皇帝感叹道:"厌杨喜李,难道是人之常情吗?大概是天意吧?"后来有人来报告说杨梅已经枯死,不久,炀帝果然在扬州被人杀死了。

### 韩俊娥

隋炀帝到了扬州后,终日沉湎于酒肉声色之中,荒淫过度。每晚睡觉时,必须有人在旁轻轻摇动他或奏乐唱歌,方能睡熟。侍女韩俊娥,尤合炀帝心意,每次睡觉时,一定要让她轻摇才能睡得好。因此炀帝给她赐名为"来梦儿"。

萧妃暗中讯问韩俊娥道:"皇帝睡不着觉,你却能使他安睡,难道你有什么媚术吗?"韩俊娥对萧妃说道:"妾随皇帝从都城来,一路上哪有那么平平稳稳的车子呢,车子在高低不平的路上行进,本来就让人摇摇晃晃,我坐在皇帝身边,身子随车摇晃,皇帝靠着我一摇一晃的,他觉得很高兴很快乐。后来妾得以侍奉皇帝寝卧,便又效仿车中的姿态才使皇帝成眠,妾并没有什么别的媚术。"不久,萧妃便在炀帝面前说韩俊娥的坏话,将韩妃调离了炀帝身边。

### 宫女罗罗

一次,隋炀帝喝醉酒后巡幸诸宫,偶然碰上了宫女罗罗,隋炀帝很是喜爱她。罗罗却由于害怕萧妃知道,所以不敢跟皇帝亲近,并且推托自己有病,不能侍奉皇帝。炀帝于是作了一首诗嘲弄她道:"个人无赖是横波,黛染隆颜簇小蛾。幸得留侬伴作梦,不留侬住意如何?"炀帝自从来到杨州,宫中之人学说吴方言很好,所以炀帝这首诗中会有"侬"这个吴语词。

### 缫丝女夜梦

越溪县向皇帝进献了一种绫,名叫"耀光绫"。这种绫的花纹是凸现出来的,很有光彩。传说当地越人一次乘樵风舟,泛舟于石帆山下,采到一种野茧,便带回去缫丝。缫丝女夜里梦见神人告诉她说:"大禹穴三千年一开,你所得的野茧,就是江淹诗文中的壁鱼变成的。用这种茧丝织成的绫所做的衣服,必有非常奇异的花纹。"后来缫丝女织成的绫,果然跟梦中所见一样,所以便将它进献给了皇帝。隋炀帝将这种耀光绫只赐给了袁宝儿和吴绛仙二位妃子,其他人都没享受到这种荣耀。为此,萧妃很是恼怒妒嫉。

### 隋文帝之女

周宣帝杨皇后,名叫杨丽华,是隋文帝杨坚的长女。她性情柔婉,不妒嫉。周宣帝越来越昏庸暴虐,喜怒无常。一次周宣帝无故斥责杨皇后,欲加罪于她。皇后举止安详,面不改色,宣帝大怒,于是赐皇后死,逼她自尽。皇后的母亲独孤氏听说了之后,赶忙来到大殿向宣帝谢罪,请求饶恕杨皇后。在独孤氏的百般求情下,皇后才得以免于一死。

周宣帝患病,下诏让杨皇后的父亲进入皇宫侍奉皇帝的病疾。宣帝病情加重了以后,刘昉防、郑泽等人便趁机篡改诏书,让杨皇后的父亲受遗诏辅佐朝政。杨皇后当初虽然不曾参与谋划,但因自己孩子尚幼,担心大权落入他族,不利于自己,所以听说刘昉防、郑泽等人已经按照篡改了的诏书执行时,心中也还是非常高兴的。后来杨皇后逐渐知道她父亲另有企图时,心中很是不满,并把这种不满显现在言辞和脸色上。父亲杨坚取代皇帝后,杨皇后更加愤慨。杨坚又不能谴责她,内心感到很愧疚。隋文帝开皇六年,文帝杨坚封女儿丽华为乐平公主。

# 帝王野史

## 隋炀帝

隋朝开国皇帝隋文帝杨坚是在北周大象三年二月（公历 581 年 3 月）接受北周静帝禅让即皇帝位的，国号为隋，并以长安旧城为都，两年后迁都大兴（原长安东南）。隋文帝建国后，在不到十年的时间里先后灭掉了后梁和陈，统一了中国，结束了西晋末年以来近三百年的分裂局面和一个半世纪的南北朝分治的历史，他还实行了一系列加强中央集权、巩固国家统一的改革措施，并躬行节俭，奖励良吏，惩治贪污，宽缓刑罚，留意民间疾苦，发展农业生产，使社会开始呈现出繁荣兴旺的景象，隋文帝也因之成为中国封建社会一个比较开明的皇帝。

杨广是杨坚的次子，母为独孤氏。少年杨广姿仪秀美，聪明好学，深得杨坚夫妇喜爱。杨坚称帝后，杨广被封为晋王，杨广之兄杨勇立为太子。隋文帝为了使晋王杨广受到锻炼，任命他为柱国、并州（治今山西太原）总管，镇守北方重镇并州。在开皇八年（588 年）的伐陈战争中，二十岁的杨广任大元帅，率军攻入了建康，灭亡了陈朝，班师后官拜太尉。开皇十年（590 年）又被任命为扬州总管，镇守南方。战功与荣耀使杨广意骄志满起来。他开始对他哥哥杨勇心怀不服，图谋夺取太子的位置，以便将来接替帝位。他先是靠伪装清苦不近声色等假象，使威望高过杨勇，继而又与杨素和独孤皇后勾结，使隋文帝渐渐疏远和疑忌太子杨勇。杨素曾追随杨坚定天下，是杨坚最宠信的重臣，封越国公，贵盛无比；独孤皇后则深得文帝宠爱，政见常与文帝相和，宫中称为"二圣"。这两个人的意见都举足轻重，加之杨素在朝官中的大肆活动，终于使隋文帝决定废掉杨勇，改立杨广为太子。

隋文帝的失误就在于这次废立上。他万万没有想到，他所器重的新太子竟会对他下毒手，并丧送了他所开创的大隋帝业。

杨广弑父夺权是他夺取了太子位置之后的又一步骤，时间是仁寿四年（604 年）七月。这一年，是隋文帝称帝后的第二十四个年头。此时的隋文帝已不像即位之初那样励精图治，他已经逐渐变得苛薄不仁，听信异端邪说。而且，自打仁寿二年（602 年）独孤皇后死后，他开始纵情声色，整日与陈氏、蔡氏两个美人淫乐，并将两人分别封为宣华夫人、容华夫人，宠爱至极。到后来，他干脆将政事交给杨广，在仁寿宫中杜门不出，与二美人厮守在一起。由于淫乐过度，身体虚弱，不久便得了重病。杨广见父亲病将不起，便秘密给在病榻旁侍疾的杨素写去一信，探问父亲病情，并请教对策。杨素即"录出事状以报太子"，但事有不测，杨素的回信被宫人误送到文帝手中。文帝"览而大恚"（《隋书·杨素传》）。正在这时，文帝的宠妃宣华夫人陈氏又来哭诉，说是太子欲对她施暴，文帝听罢，更是火冒三丈，马上让侍疾的兵部尚书柳述、黄门侍郎元岩起草诏书，要废掉杨广，重新立杨勇为太子。

形势的骤变使杨广一下子处于十分危急的境地。杨素将这一消息告诉了杨广，经二人策划，决定一不做，二不休，杀死文帝，夺取君位。

杨广首先伪造文帝的诏命，逮捕了柳述、元岩两人，将他们投入了大理寺监狱，接着，命令东宫卫士加强宿卫，门禁出入都由亲信宇文述、郭衍监察。杨广又挑选了健壮宫奴三十人，怀藏兵器，站立在仁寿宫内门巷各处，不准外人进去。

在文帝身边,还有侍疾的文华、容华两位夫人及一些宫人,杨广都设法将她们支开,这样,在病危的隋文帝身边已经没有了一个亲近的人,他居住的仁寿宫也都换上了杨广的人把守,重病缠身的隋文帝陷入孤苦无援的境地。

杨广对侍疾者及宫人侍卫的大撤换并未就此为止。他把亲信、右庶子张衡派到文帝身边,顶替了柳述、元岩及文华、容华两夫人的位置。就是在张衡入殿"侍疾"的七月丁未日(8月13日),隋文帝一命呜呼。

关于文帝死亡的直接原因,有两种说法:一说是杨素、张衡进毒给文帝;一说是由杨素指挥,张衡将文帝打死。此两说尽管莫衷一是,但文帝之死与张衡"侍疾"有关是毫无疑问的。《隋书·张衡传》还有这样的记载:当杨广称帝后下令处死张衡时,张衡大呼曰:"我为人作何事务,而望久活?"由此可以反证,张衡是受杨广指使杀死文帝的直接凶手,杨广为了掩盖事实真相,杀人灭口,杀死了张衡。

杨广为夺取帝位所采取的这种手段是非常凶险的。首先,他矫诏逮捕了柳述、元岩,便除去了夺权道路上的两个最大的障碍,因为这两个人都是文帝最亲近的人,身为兵部尚书的柳述还掌管着军卫武官选授的大权。其次,他调开了文帝身边的全部人员,改派亲信"侍候",来了个"大换血",这就等于将文帝隔离软禁起来。在此情况下,杨广再派张衡动手,可说是无遮无碍,易如反掌。

杨广杀死了隋文帝,便急不可耐地在仁寿宫登上了皇帝的宝座,改元大业,开始了一个著名暴君的生涯。

炀帝即位后,就以快乐为宗旨。下诏命令杨素营建东都,役使民工多到二百万人;迁徙洛阳城内的居民,还有各州的富商大贾几万户充实东都。炀帝又诏令将作大匠宇文恺与内史舍人封德彝

等,负责营建显仁宫,调发江岭之间的奇材异石,运到洛阳,又寻求四海之内佳木异草、珍禽奇兽,来充实苑囿(帝王种果木草蔬的园圃和养禽兽的地方)龙舟。炀帝下诏说:"古代听采众人的颂歌,考虑到普通百姓,所以能够清楚地知道刑政的得失。如今我将要出巡淮海,考察各地风俗。"于是命令尚书右丞皇甫仪,调发百万壮丁,开凿通济渠。从西苑引到洛水,通到大运河,又从板渚引黄河入汴水,引汴入泗水,直达淮河。又调发民工十万人,开凿邗沟入长江,沟宽四十步,岸边修筑御道,道旁种植柳树。从长安到江都,共设置离宫四十余所。派黄门侍郎王弘等人,前往江南督造龙船,包括各种船只几万艘。由于官吏严加催逼,民工被折磨至死者超过半数。

大业元年的八月间,隋炀帝游幸江都。龙舟共有四层,高达四十五尺,长二百尺。最上面一层是正殿、内殿和朝堂,中间一层有一百二十个房间,都用金玉装饰;下层则是内侍的住处。皇后乘坐的是翔螭舟,规格稍小些。另有浮景三层九艘,全是水上的宫殿。其余数千艘,是后宫、各王、公主、百官、和尚、道士、尼姑和少数民族客人乘坐。这些船只共用拉船的纤夫八万多人,全部穿戴锦袍。卫兵所乘的船,又有数千艘,船头与船尾相接二百多里长。骑兵沿着运河两岸行进,沿途所经过的州县,五百里以内,令他们奉献食物,有的多到上百大马车。所献之物,常常是水里和陆地上的山珍海味,后宫的人吃厌烦了,船将开时,就把这些食物埋掉。

炀帝召见牛弘等人,商讨制定了皇帝的车服仪卫制度,以何稠为大夫少卿,让他主持制作,送往江都。何稠参照古今的制度作了不少改革,皇帝的礼服冠冕上画日月星辰图案,武官的礼服则以轻便的漆纱制成,务必要精致、华美,以满足皇上的心愿。督课各州县送上羽

毛，老百姓就得到处捕鸟，几乎没有幸存的鸟类。曾有一棵大树高达百尺以上，树上有一个鹤巢，百姓想要捕获却够不着，就砍伐树根，鹤恐怕杀它的幼鸟，就拔自己身上的羽毛丢在地上，当时有人以为这是祥瑞之兆。

当时，四境已无强敌，只有北方的突厥不时南下侵扰。隋文帝采取和亲政策，将宗室之女义成公主下嫁突厥首领启明可汗，从此，突厥向隋称臣，岁岁朝贡。大业三年（607年），启明可汗来长安朝贺元旦，炀帝为显示皇威，并向番邦炫耀中原的文化习俗，事先下诏征集全国的乐家子弟，充作乐户，包括庶民百姓中能谱音乐的，也集中到太常，演习各种音乐杂技。到元旦这一天，炀帝大陈文物，内外鼓吹，启明可汗看在眼里，十分艳羡汉室威仪。他向炀帝辞行时，请求炀帝和萧皇后车驾北巡。炀帝高兴地答应下来。

这一年初夏，炀帝借安抚河北为名，先下诏征发黄河以北十多个州郡的丁男，凿穿太研山，修筑一条北通并州（郡名，治所在今山西太原市西南）的驰道。然后，他率皇后以下妃嫔及文武百官，兵甲车马浩浩荡荡向北行来，直趋榆林郡。启明可汗偕义成公主率突厥酋长三千五百人来到炀帝行宫谒见并献马三千匹。炀帝为炫耀自己的富足，命制作监宇文恺特制一个可容纳数千人的大帐篷，布置得富丽堂皇。炀帝高坐帐内，盛宴款待可汗夫妇及数千名酋长。众酋长吃着山珍海味，看着歌舞奇艺，无不惊叹中原的强盛和伟大，争相献上牛羊驼马。炀帝又赏赐彩缎二十万匹。

从大业四年到大业十二年，隋炀帝两次游江都，一次巡长城，发动民丁二十万修长城；在陇西围猎，猎圈至二千里；回洛阳后，又征集天下善养鹰者于洛阳，有万余人应征。在这些都玩腻之后，最后，竟作更大冒险，以高丽王一直不朝贡

为名，三次发兵征伐高丽，不惜损耗大量生命财产，结果，弄得民怨沸腾，民变四起。到大业十二年（616年），全国的局势已经不是隋廷所能控制的了。在太原起兵的李渊已经占领长安；山东有窦建德，晋北有刘武周，各霸一方；中原有李密率领瓦岗军声势浩大，已攻下洛口粮仓，万民归心……而这时的隋炀帝，仍是饮黄汤，偎红颜，过着醉生梦死的生活。

这一年，他住腻了华丽的洛阳宫苑，特征集天下良工巧匠，为他造了一座迷楼，极其精巧幽奇。从外面远望，楼阁参差，珠光玉色；进门后，逐层游览，只见幽房密室，错杂相间，万折千回，重门复户。炀帝置身其间，目眩神迷，犹如进了神仙洞府，故住进迷楼，觉得奇趣无比，有时经月不出。

一天，炀帝正在西苑游乐，忽然火光冲天，人声嘈杂，他以为是盗贼闯进来要杀他，吓得躲进草丛里瑟瑟发抖，等到内侍们把他拉出来，才知是苑中失火。但从此得了一种心悸病，每晚睡觉，梦中都要惊呼"有贼"，身边得有几名妇人陪着摇抚哄劝，方能入睡，就像小儿一般。

大业十四年（618年）初，炀帝与萧后在江都游幸，因纵情酒色过度，精疲力尽，身上各种病都发了。这天夜里，他与萧后一起坐在高台上饮酒，一面观看天上的星象，一面说："外面想谋我这个皇位的人大有人在，假如我失了天下，仍可作长城公（指陈后主），你也仍可作沈皇后（指陈后主的皇后沈婺华），且管眼前及时行乐吧！"萧皇后不敢多说什么，只是随声附和了几句。过了几天，炀帝早晨起来对镜自照，对萧皇后说："好头颅，谁来斫我？"萧皇后吃了一惊，忙问他想到哪里去了。炀帝苦笑着说："贵贱苦乐，循环相替，怕什么？人生总有一死，想到这里，我心中十分坦然。"

不久，江都粮尽，炀帝想迁徙丹阳，因中原已失，无法北还。但随驾士兵多

第四编 隋唐野史

是关中人，不愿去江南久居，人心思变。率领禁卫军的武贲郎将司马德戡与直阁将军裴虔通等，密谋推右屯卫将军宇文化及为首，准备弑炀帝，然后率军西归长安。

谋反的形迹已有显露，有一名宫女听到消息，忙告诉萧皇后："外面已是人心浮动，都想造反。"萧皇后听了，也很担心，又怕自己若去告诉炀帝，炀帝会嫌她杞人忧天，便让宫女直接去禀报皇帝，以使炀帝相信。谁知炀帝听了发怒道："你晓得什么国事？也敢造谣生事！"竟下令左右将这宫女斩首。从此以后，没有人再敢报告任何动静。

三月的一天深夜，炀帝正在萧后宫中，同后妃数人饮酒排遣，忽见东南角上火光冲天，又听见外面人声喧哗，慌忙召入直阁将军裴虔通询问，裴谎称草坊被烧，众人正在救火。炀帝略略安心，酒醉后睡下。凌晨，司马德戡率领兵士杀进宫，直闯萧皇后寝宫来找炀帝。炀帝闻声惊起，萧后催他换件衣服逃出宫去，自己挺身抵挡叛军。见是司马德戡和裴虔通两人提刀进来，萧后感到十分惊诧，便责问："皇上一向待你们不薄，为何带头作乱？"这两人对萧后尚有些敬畏，不便作答，只顾搜寻炀帝。掀开床帐一看，里面空空如也，便退出寝宫，向别处去找。

不一会儿，裴虔通在西阁发现了炀帝。隔着窗户，炀帝见他持刀闯入，大惊，问道："你跟随我多年，怎么也敢背叛我？"裴虔通被炀帝的威严镇住，答道："臣不敢谋反，只是将士们都想回家，望陛下即刻西还长安。"炀帝说："我正因为上江粮船迟迟未到，所以无法西还。"这时，司马德戡赶来，逼炀帝去宫门口向聚集在那里的军士们宣布西还长安的日期，炀帝不愿去，两人持刀挟持炀帝上马，萧皇后及诸妃嫔蓬头散发，跟随在马后。未到宫门，恰被宇文化及撞见，向裴虔通摇手道："何必将这无用的东西带到这里来？"裴虔通和司马德戡两人又挟着炀帝回到殿前。炀帝知道死期已到，叹息道："我何至罪及如此？"另一叛党马文举厉声斥道："你违弃宗庙，巡游不息，外多征讨，内极奢淫，多少壮士死于刀锋之下，多少百姓倒毙沟壑？你拒谏饰非，专任佞小，怎说无罪？"炀帝道："朕确实有负百姓，但并不负你们，朕给了你们高官厚禄，你们为何还要杀朕？"司马德戡大声说道："普天同怨，我等为百姓除去昏君！"

这时，忽有一十来岁的小孩冲了进来，见炀帝被刀锋逼着，上前拉住炀帝衣袍，号啕大哭，一面大骂"反贼"。这是炀帝最疼爱的幼子赵王杨果，年仅十二岁，为炀帝的妃嫔萧氏所生。司马德戡被骂得性起，顺手一刀，将赵王杀死，鲜血溅在炀帝的御袍上。炀帝抱住幼子的尸体，伤心大哭，又对司马德戡说："天子自有天子的死法，我岂能死在你的刀锋下？快去取鸩酒来！"司马德戡不许。炀帝便解下自己腰间的束巾，交给站在司马德戡身边的校尉令狐行达。令狐行达把束巾打一个结，套在炀帝颈脖上，用力一绞，炀帝便被缢杀在御座上。死时年五十，总计在位十三年。

炀帝死后，宇文化及又命人尽杀炀帝子孙，只留下隋文帝的第三子杨俊的儿子秦王杨浩。立秦王为帝，宇文化及自封为丞相，统摄一切。

# 将相野史

## 贺若弼

贺若弼是隋朝最著名的将领。隋文帝杨坚禅周自立为帝后,贺若弼就向他建议:借较强之国力和其他有利条件,挥军南下灭陈,完成统一中国的大业。对于他的建议,隋文帝深然之,就诏令贺若弼负责灭陈战略的制订和具体的组织实施工作;其后,贺若弼又协助晋王杨广发起灭陈战役,并亲自挥刀上阵,指挥部队攻入南京,灭亡陈国,使分裂了近四百年的中国重归统一。

然而,就是这么一个有大功于国的将领,在以后的日子里,受尽种种屈辱,最后被害身死,妻子被没宫为奴。

### 父亲的临终遗嘱

贺若弼,字辅伯,河南洛阳人。生于梁大同十年(544年),死于炀帝大业三年(607年)。其父贺若敦以武烈知名而仕北周,任金州刺史(今陕西安康)。

少年时代的贺若弼慷慨豪迈,风流倜傥,聪颖好学,胸有大志,经史诗文,了觉于心,尤擅军事,其深思奇想常出人意。十五岁就在周围远近知名,周齐王闻其名,任为记室(相当秘书之类)。

贺若弼所处的时代,是分裂了近四百年的中国处于统一的前夜:北方的五胡十六国经过二百多年的岁月洗礼,统一于魏;然后魏又分裂为东魏和西魏,不久,东魏丞相高欢的儿子高洋废东魏建北齐,西魏丞相宇文泰的儿子宇文觉废西魏而建立北周。二十多年以后,北齐为北周所灭,北周统一了中国的北方。

在这几百年的岁月里,南方的政权也像走马灯似的进行交替。开始是晋元帝司马睿南渡建立东晋,一百多年以后,刘裕灭晋建立宋朝,六十多年以后,宋朝被将军萧道成所取代,是为齐;只过了二十多年,齐将萧衍废齐自立,国号梁,四十年后,梁将陈霸先趁侯景之乱,起兵灭梁,建立陈朝。

陈朝建立后,正好与北周南北隔江而治。陈朝的最后一位君主陈叔宝是中国历史上的有名人物。他的有名不是由于他的治国,而是由于他的荒唐胡闹。唐诗人杜牧有名句:"商女不知亡国恨,隔江犹唱后庭花。"指的就是这位只会喝酒、做诗、狎妓但不会治国的亡国之君。到了陈后主时,随着北周的崛起,名为一国的陈朝实际上只有一个郡那么大,而且国势衰弱,所以,中国的再度统一已是大势所趋了。

然而统一中国的重任由谁来担当呢?北周武帝宇文邕曾有此雄心,但宇文邕早死,壮志未遂。他的儿子宇文赟(yūn)和孙子宇文衍更不是那块料。所以,挥军南指的事就暂时被搁置起来。

贺若弼的父亲贺若敦以武烈知名,通晓军事,而且壮志勃勃。他看到天下最终会归于一统的大势,就想在自己的有生之年,由自己统兵统一江南。他多次对贺若弼说:"南方之陈,名为一国,实则一大郡耳,陈叔宝,郡守也,举一杖则可逐之。"

但是,贺若敦亦壮志未遂就死了。究其原因,贺若敦之死不是由于疾病,而是被人逼其自杀:因他得罪了当时北周晋王宇文护。贺若敦很瞧不起宇文护,多次在朝中对人言:"晋王只能配看门护院、端饭钵。"有人把这些话转告了宇文护,使之气得发抖。不久,宇文护就胁迫北周皇帝逼令贺若敦自杀。一州之刺史

第四编　隋唐野史

焉敢与皇帝、亲王较量？贺若敦只好吞下自己种下的苦果，拔剑自杀了。

临死时，他把贺若弼叫到跟前，问："你是吾儿否？"贺若弼点了点头。贺若敦道："既是吾儿，当继吾志。第一，我一生志在灭陈，然中途而亡，遗憾哉！你必继吾志，择机择主，挥军南下，混成一统。"

说着，贺若敦命人拿来一尖锐的铁锥，放在自己的座位上，问贺若弼："汝知为父是怎么死的？"贺若弼道："未知。"贺若敦指指自己的舌头："就是因为这个伤人，遭人逼死。所以，第二，你亦当继吾志，勿以口舌伤人。切记，切记！"说完，命贺若弼跪下，伸出舌头，贺若敦就拿铁锥猛锥之，使之血流满面。

应该说，贺若敦的这份遗嘱是非常有特点的。父死不久，贺若弼被封为当亭县公，官迁小内史，经常出入太子东宫，颇得北周皇帝及太子信任。而在这段时间内，贺若弼也认真恪守父亲的遗嘱，谨言慎行，不以口舌伤人。这样，不仅使他避了祸，还升了官。

当时的北周皇帝是武帝宇文邕。他当皇帝后，就立宇文赟为太子，可宇文赟是个极不成材的废物，好酒贪杯，日与群小狎戏为伍，丑闻达于宫外。宇文邕为使太子以后能接好班，就对宇文赟要求极严，不仅不给宇文赟酒喝，还经常大棒侍候，使宇文赟的腿上伤痕累累，可他的毛病一直改不了。

有一次，宇文邕就太子的有关情况询问上柱国王轨，王轨为人直率，实言相告。几天后，宇文邕复问贺若弼。贺若弼怕引祸于己，就回答道："太子德业日新，未发现有什么过失。"于是，宇文邕就放心了。事后，王轨指责贺若弼欺君，可他振振有词地说："太子乃国之储君，如言之不慎，祸将灭族，公不应直言轻议。"并对人言："吾父死于口祸，吾焉能不戒之慎之？"

宇文赟继位后，立即追查在宇文邕面前说他坏话的人。为此，王轨被杀，而贺若弼却免其祸，后升为寿州刺史、封襄邑县公。

宇文赟没当几天皇帝就得瘴病死了，他七岁的儿子宇文衍继位。因皇帝是幼童，宇文赟妃子的父亲杨坚乘势掌握了政权，晋封上柱国、大丞相、假黄钺、持节都督中外诸军事、隋国公。

因杨坚生有异相，早就有人预言他要做皇帝，所以深遭宇文邕、宇文赟父子的猜忌，有几次险遭杀害。现见皇帝幼小，杨坚又大权在握，所以朝中文武大臣都力劝杨坚代周自立。在这些劝进的人中，最为卖劲的有两人：高颖与贺若弼。有一次，杨坚问贺若弼："代周自立可不是儿戏，弄不好要灭族的。"贺若弼一听，立即磕拜于地，说："臣愿负灭族之祸以从主上。"杨坚一听，大喜，就更坚定了他夺取政权的决心。

公元581年，杨坚逼北周静帝宇文衍退位，自己当皇帝，国号隋。为了酬谢那些劝进、拥戴之人，杨坚大赏功臣，加官进爵，贺若弼也被拜为左仆射，不久又授予吴州（扬州）总管，使之经略一方，并赠他七星宝刀一把，以示殊荣。

此时的贺若弼不仅身居高位，而且深得隋文帝的信赖，更加踌躇满志，准备在新皇帝的领导下，施展自己的才干与抱负，以实现他父亲未竟之事业。这一年，贺若弼二十五岁。

主编 文 林

第三卷

# 中华野史

本书摒弃了传统史学为尊者讳、为贤者讳的观念，采古今野史的精髓，引导读者从细节处发掘历史真相，力图通过简明的体例、精练的文字、新颖的版式等多种要素的有机结合，将帝王将相的性格心理、逸闻趣事、统治阶级的钩心斗角、尔虞我诈，政治斗争的丑恶内幕、血腥手段，历朝历代的民间风情，数千年奇人异士的风流俊逸、洒脱风姿、三教九流、世相百态，立体、全面地呈现在读者面前，展示真实鲜活的历史。

中国华侨出版社

·北京·

# 唐代野史

## 宫禁逸闻

### 李渊娶妻生子

李渊娶了窦毅的女儿为妻,生了四个儿子、一个女儿。这四个儿子是:李建成、李世民、李元霸、李元吉。女儿嫁给了临汾人柴绍。

当初,窦毅曾对妻子说道:"咱们的女儿很有贵相,不能随便许嫁于人。"于是在屏风上画了两只孔雀,请那些前来求婚的人射箭。如谁能射中孔雀的眼睛,就将女儿嫁给他。李渊各射中一只孔雀的眼睛,于是便娶了窦毅的女儿。

### 李渊女

柴绍到太原时,其妻李氏回到了鄠县别墅。李氏在家乡广散家财,招兵买马。

李渊的堂弟李神通,当时也在长安,此时也逃入鄠县山中,和长安大使史万宝等人起兵,以响应李渊。李神通的部队有万余人,任命令狐德棻为记室参军。

左亲卫段纶娶了李渊的另一个女儿,这时也聚众在蓝田发动起义,队伍达万余人。

李神通和段纶各遣使者迎接李渊的部队。李渊派柴绍率数百名骑兵迎接李氏。

这样看来,李渊实际上有两个女儿,一个嫁给了柴绍,另一个嫁给了段纶。

### 梨园子弟

唐玄宗深晓音律,曾选宫廷艺人的子弟三百人在梨园学习音乐。如果有谁演奏有误,唐玄宗必能觉察出来并加以指正。这些人均号称"梨园弟子"。另有宫女数百名,也是梨园弟子,均居于宜春北院。还专为她们配置了三十余人的小乐队。

一次,唐玄宗游幸骊山,这一天正好是杨贵妃的生日。于是玄宗便命小乐队在长生殿演奏乐曲,当时因奏的是新曲,还未命名,正好南方派人进献荔枝来,于是便命名新曲为《荔枝香》。玄宗命乐工黄幡绰撰拍板谱,其他乐工奏乐,呼天子为"崖公"。

### 唐宫医事

唐玄宗元献皇后被玄宗亲幸后,怀孕在身。玄宗担心杨贵妃知道后不高兴,便想让元献皇后服堕胎药去掉身孕。

张说以侍读的身份进到太子宫中,玄宗便与张说谋划此事,张说很赞成玄宗这样做,于是积极为之张罗。

这一天,张说带着三剂打胎药来到皇宫,进献给了唐玄宗。玄宗一见大喜,独自一人在殿中生火煮药。药还未煮熟,玄宗便觉着困倦难耐,竟睡着了。睡梦中,有一位神人,身高丈余,身披金甲,手持长戈,围着药转了三圈。之后,就见锅中煮着的药全都翻倾出来,没有剩下一点儿。玄宗醒后,赶忙起来察看,见状很是诧异。接着便重新生火,又下了一剂药,这次是用鼎煮药。玄宗怕出意外,干脆就坐在榻上睁大眼睛看着。结果,那位神人又出现了,和刚才一样,又将这第二剂药倾覆了。第三次煮时,还是如此。玄宗这才只好作罢。

唐高宗继承皇位后,经常头痛,多次请医生疗治,也不见好。有一位宫人毛遂自荐,说自己家世代为医,愿意为高宗治病。于是高宗便命这位宫人修炼药饵,并命宦官监制。宫人开土坎作药炉,挖地至一二尺深的时候,一只蛤蟆从中跳了出来,色如黄金,后背有朱砂字。高宗命人将蛤蟆放掉了,另外选地址作药炉。这一次,也才只挖了一二尺深,又见一只蛤蟆从坑中跳出。高宗非常厌恶，认为这是不祥之兆，命人杀掉了蛤蟆。到了晚上，那位要为皇上炼药治病的宫人和负责监工的宦官突然无缘无故无疾而亡。真令人不可思议。

### 一夜焚沉香数车

唐太宗贞观初年，天下太平，四方安定。这一年的除夕之夜，太宗命人将宫廷内外好好装饰了一番，张灯结彩，鼓乐齐鸣，一派喜庆热闹的景象。

太宗请肃后一起观赏除夕夜景，肃后边看边对太宗说道："隋炀帝时，皇帝荒淫奢侈。每年除夕之夜，皇宫殿前各院，布置火山数十个，每座火山焚烧数车沉香。如果火光暗淡，就将甲油泼在上面，火焰立时升腾数丈，香气远闻数十里。一夜之间光用掉沉香就达二百余车，甲油则超过二百石。"

### 明皇画眉

一次，唐明皇命画工画出十种眉形的图案。这十种眉形如下：一为"鸳鸯眉"，又名"八字眉"；二为"小山眉"，又名"远山眉"；三为"五岳眉"；四为"山峰眉"；五为"垂珠眉"；六为"月棱眉"，又名"却月眉"；七为"分梢眉"；八为"涵烟眉"；九为"拂云眉"，又名"横烟眉"；十为"倒晕眉"。

### 明皇见墨精

一天，唐明皇见墨上竟有一小道士，只如苍蝇一般大小，徐徐而行，很是惊异。明皇厉声叱之，谁知，那小道士竟一边呼"万岁"，一边说道："臣不是别人，乃是墨精，人称黑松使者。凡世上有文才之人，所作文章，其墨上都有十二龙宾。"

### 金玉化蝶

唐穆宗在宫殿前的空地上，种了一些千叶牡丹。牡丹花开的时候，香气袭人。一朵花下，叶子竟果真多达上千，花朵又大又红。穆宗每次看到牡丹花如此繁盛，常不免感叹道："真是人间少有。"

自从千叶牡丹开花后，宫中每夜都有无数黄白蝴蝶飞集到牡丹花间，一时辉光照耀，花艳蝶香，至晓才纷纷散去。有时，宫女们争相用罗巾扑蝶，却没有人能捉到它们。穆宗便命人从空中张开一张大网，于是才捉到了数百只蝴蝶。穆宗将这些蝴蝶在宫殿中放飞，让宫女们追逐捕取，以此为乐。第二天天亮时再一看，夜里捉到的这些蝴蝶竟然都变成了金玉。形状各异，其巧无比。宫中妃嫔们争相用绛色细丝线系于蝴蝶腿上，作为手饰戴在身上。每至夜晚，这些蝴蝶化成的金玉在奁匣中仍熠熠发光。

后来，打开宫中宝库，看到一些金钱玉犀，有的正在蠕动，好像将化为蝴蝶。人们这才明白，原来那些蝴蝶竟是宝库中的金玉所化。

### 宫人穿靴

唐代宗时，皇帝命侍立左右的宫女们都要穿红棉靴。武德年间，妇女们穿曳履和线靴。唐玄宗开元年间，最初有线靴，后来侍女们则着厚履。

### 女臂上有鳞

唐肃宗将游幸灵武驿。黄昏时分，人们看到一位妇女身材高大，手提两条鲤鱼，出现在皇帝的行宫门前，高声唤道："皇帝何在？"守卫的将士们都认为这个女人太狂妄了，于是赶忙进宫向皇帝汇报，同时派人留下来暗中监视这个女人的举止。

这位妇女说完上面的话后，便在一棵大树下坐了下来。一位士兵走近她身边仔细打量，见这个女人胳臂上竟然有鳞。

不一会儿，天色已黑，那位女人也无影无踪了。

后来唐肃宗即位后，大臣王奇光向皇上奏报说，女娲坟在天宝十三年一个大雨滂沱的黄昏时分突然塌陷。今年本月一日夜间，黄河上有人听到有风暴雷鸣之声，到第二天早晨一看，只见女娲坟从水中涌出，坟上生出了两棵柳树，树下有一块巨石。王奇光还将女娲坟周围的景物绘成了一幅图进献给了肃宗。人们这才知道，原来所见的那位女人就是女娲的化身。

## 女钟馗

一次，唐明皇患疟疾，病得不轻。这天，唐明皇大白天做了一个梦。梦见一个大鬼，头戴一顶破帽，身披一件蓝袍，扎一条角带，脚蹬一双朝靴，正在吃一个小鬼。明皇从梦中醒来后，病竟然奇迹般地好了。于是，明皇马上将大画家吴道子召来，命他画了一幅鬼画，然后赏赐给了大臣。

北魏的时候，就曾有过一位李钟馗，隋朝有位将领名叫乔钟馗，还有一位叫杨钟馗。郑众女为宗懔母，宗懔有位妹妹也叫钟馗，这样看来又有一位女钟馗。

## 重明枕

元和八年，大轸国向唐朝廷进贡了一只枕头，名叫"重明枕"。这枕头长一尺二寸，高六尺，浑体洁白，赛过水晶，枕中有楼台的形状，四角有十位道士，均手持香烛、竹简，沿同一方向循环旋转，永不停歇，称之为"行道真人"。枕中楼台建筑，从瓦木材料到色彩装饰，乃至十位"真人"的衣服、头饰等，无不具备，可谓惟妙惟肖。

另外，虢国夫人还有一夜明枕，置于房间之中，明光焕发，一室皆明，甚至不必点蜡烛照明。

## 唐明皇梦中作曲

有一天，唐明皇在朝廷听政，两只手却不停地用手指上下移动按摩着自己的腹部。退朝后，观察入微的高力士小心翼翼地追问：陛下忽上忽下地用手指抚摸肚子，是否龙体欠安呢？李隆基若无其事地说：那天夜里做了个奇怪的梦：我到月宫去了，众神仙盛情款待，奏的是人间所没有的上清之乐，清越嘹亮，美妙极了。然而当我告辞神仙时，音调突然变了，是那样的凄恻动人，幽渺如在耳际。当我醒来后，立即用玉笛追忆乐谱，居然毫厘不爽地把仙界乐章全部记了下来。刚才，我正在反复练习哩。高力士仍然疑惑不解地问：抚摸肚子如何能练曲呢？李隆基说：在我的怀里藏着一支小玉笛，我是隔着衣服在依曲按着笛孔。高力士恍然大悟，请求皇上吹奏一曲以饱奴才耳福。李隆基欣然同意，当即摸出那支小玉笛吹奏起来，音调寥廓凄清、摄魂动魄。曲终，高力士请问曲名，李隆基信口说道："紫云回。"这就是载之于乐府，并刻石为记的《紫云回曲》的创作经过。相传唐玄宗所创作的《凌波仙曲》，也是他应凌波池龙女的请求而在梦中即兴创作的。他还在游骊山的时候，从一种名叫"河滥堆"的飞鸟的啼鸣声中得到启迪，触发灵感，创作《河滥堆曲》，据说，当时曾风靡京都，成为人人争唱的流行歌曲。有张祐纪事诗为证："红树萧萧阁半开，玉皇曾幸此宫来。至今风俗骊山下，村曲犹吹河滥堆。"

## 文成公主入藏和亲

中国是一个多民族的古老大国。在中国古代历史上，由西汉初年汉高祖刘邦确立下来的"和亲"政策，是行之有效、使汉民族与周边民族和睦相处、共同发展的一项重要国策。汉以后的历代帝王，均延续或者发展了这一正确的政策。在实行这一政策的过程中，不独是王昭君的"出塞"，还有不少汉族女子，深明大义，顾全大局，作出许多牺牲和巨大贡献。因此她们的名字和事迹便广为传播，载入史册，流芳后世。这种荣耀，她们是当之无愧的。盛唐时代，入藏和亲的文成公主，也是这样的汉族优秀女性之一。

唐太宗李世民以马上得天下，"以弧矢定四方"，故十分珍惜和平安宁的生活。文成公主在其身边，更平添了一分宫廷生活的天伦乐趣。太宗每每罢朝回到后宫，文成公主便会十分乖巧地迎了上去撒娇承欢。她拉着太宗讲述当年如何被封为秦王，如何在玄武门发动兵变的故事。而每当回忆起当年的南征北讨的英雄业绩，唐太宗便兴奋异常，神采奕奕，他一天当朝理政的疲劳顿觉消失罄尽。有一次，唐太宗讲他在公元 629 年命李靖和李勣率 10 万精兵攻打东突厥，大败东突厥于阴山之下的故事。太宗讲得神采飞扬，小文成公主也听得津津有味。讲着讲着，太宗突然停住了，脸色也沉了下来。文成公主惊讶地问："下面的故事呢？"太宗长长地叹息了一声，摇了摇头，推说今天太累了，时候也不早了，该休息去了。很会察看别人脸色的文成公主也立刻缄口不再追问。太宗走后，长孙皇后告诉了她故事的结尾。原来在这次战争中，大将军李靖错杀了一位前朝的公主——义成公主，太宗追悔莫及，每当提起便心里难受。

义成公主是隋朝隋文帝的宗室女，后来以"和亲"四嫁突厥可汗，她为汉族与突厥族的和睦共处，经济、文化的交流与共同发展作出了巨大贡献，后来垂名青史。然而，她的死，是被唐太宗部下错杀了的。即，唐太宗派李靖和李勣率兵10 万，大败东突厥，俘获东突厥首领颉利可汗一行到长安后，在众俘虏中，查获了颉利可汗的妻子、汉族的义成公主。李靖认为义成公主四嫁突厥，应该被认为是一件莫大羞耻的事，便冒冒失失地"责其无耻，遂杀之"。心怀广阔，有政治远见的唐太宗知道后，曾责怪李靖错杀了人，却追悔莫及了。这个故事因此也便在文成公主幼小的心灵上留下深深的印记。

再说唐太宗最宠敬的皇后长孙皇后，是中国历史上的一代贤后。她自始至终是"母仪天下"。她很是疼爱文成公

主，却绝不骄惯她，而是严格要求。她常带着文成公主与唐太宗一道出游，或者接待外国使节，使她受到许多政治熏陶，又常让文成公主陪伴自己在后宫秉烛夜读。读经书，也读史书。常谆谆诱导，为她讲解古代贤女、贤妃、贤后的故事，并以古为镜，濡染文成公主的秉性，使得文成公主从小便熟悉了历史上许多的名女、巾帼英雄，她们是民族的荣耀。远的如战国时代的如姬"窃符救赵"，汉代的王嫱"昭君出塞"；近的如北魏时代的冯太后，隋朝的义成公主。长孙皇后的教诲，使文成公主自小便懂得了不少为人的正道，她立志长大了要做一个贤妃、贤后，像她心目中所最崇拜的偶像长孙皇后那样。

唐太宗统一中国之后，采纳长孙皇后的建议，"偃武修文"，严格限制不让宦官或外戚专权，并立即使百姓休养生息。因而，经济迅速恢复和发展，进入了唐王朝的全盛时期。大唐帝国对周边少数民族的"和亲"也进入了一个发展的新时期。在唐太宗看来，"中国平安，四海自服"。果然，由于唐帝国的安定和强大，周边各民族的酋长纷纷来到大唐帝国朝拜觐见，尊称唐太宗为"天可汗"；并且纷纷主动要求与唐王朝请婚联姻。其中，有一位吐蕃国王松赞干布，因倾慕大唐的制度和文化，多次遣派使者到长安请婚。

松赞干布（617—650 年），吐蕃（今西藏）第三十二世赞普，名松赞，干布是他的尊号。"赞普"是敬语，国王的称号。他十三岁时，父亲被人毒死，松赞继位。公元 7 世纪初，松赞依靠一些部族酋长，讨伐叛乱，稳定内部，避免了分裂的危险；又迁都逻些（今西藏拉萨），占据西藏高原中心，先后兼并了四周的一些部族，统一了西藏。松赞是一位贤明、有政治远见、力主改革的年轻的"赞普"。他想与唐王朝联姻，是看到通过联姻通好，可

以以唐王朝为师，借唐王朝的力量，促进吐蕃族的社会改革，促进吐蕃族与汉族经济文化的交流与发展。这位年轻的"赞普"曾雄心勃勃地发誓说，定要使吐蕃族的社会进化和发展赶上汉族的大唐帝国。

公元640年（唐贞观十四年）冬，松赞"遣相禄东赞献金五千两及珍玩数百"向唐请婚。唐太宗见其虔诚恳切，又闻松赞立誓改革，且欲以唐为师，便与长孙皇后略作商议，允"以文成公主妻之"。

文成公主此时才十五岁，美丽多才，又秉性贤淑，唐太宗和长孙皇后俱视若掌上明珠。现在应允将她远嫁吐蕃赞普松赞干布，可见他们对这一桩婚姻非同寻常的重视。松赞干布得知唐王朝应允以文成公主嫁与他为妻，更是喜出望外，也清楚了自己在大唐帝国和唐太宗、长孙皇后心目中的地位，从而更坚定了以唐为师，锐意改革的决心和信心。他深信为太宗所钟爱，长孙皇后亲自教诲成人的文成公主一定会是他的贤内助。对这桩婚姻，他就更看得重要，非同一般了。

文成公主得知将远嫁吐蕃赞普，喜忧参半。内心难免踌躇。她毕竟是娇滴滴的公主，在唐太宗与长孙皇后身边，锦衣玉食十五年，一朝分离，哪里就割舍得下？何况又是远嫁吐蕃，异域他乡，语言习俗都与中原迥异，自己能否适应？这一去，便是一辈子待在那里，又非一朝一夕，哪能不郑重地思考一番呢？还有，也不知道那位未来的夫婿人品相貌如何，择婿配偶，终身大事，哪个女孩子在此时此刻不是心怀惴惴？一时间，文成公主竟失了主张，只顾伫立窗前，遥望西天，默默流泪。

细心和体察入微的长孙皇后早猜透了文成公主的心事。这一日，夜已深沉，文成公主独自在锦床上辗转反侧，久不能寐。忽然从后宫里传来长孙皇后的懿旨，宣文成公主进宫。文成公主忙起床更衣，稍事梳妆，便赶往宫中，她早就想向长孙皇后倾吐自己的心事，只是找不到机会。现在长孙皇后宣自己觐见，定是对自己远嫁的事要有所嘱咐的了。果然，长孙皇后一见文成公主，便格外亲热和热情地将文成公主拥在怀里，对着她的耳朵轻言细语开来。长孙皇后向她介绍说，松赞的人品相貌都好，尤其是他是一个有远大志向的年轻的"赞普"；说文成公主此去，定能辅佐"赞普"成就一番大事业。还与文成公主重温古史，以"昭君出塞""义成公主四嫁突厥"的历史故事，晓以大义，开导文成公主。说到义成公主，长孙皇后还逗趣地说：你小时候不是立志要做义成公主那样的女子吗？你就做义成公主吧！我就做萧皇后！萧皇后是隋炀帝的皇后，与下嫁东突厥可汗为妻的隋文帝宗室女义成公主感情甚好。公元615年，隋炀帝出巡边关，被东突厥始毕可汗围困于晋北雁门。炀帝后萧皇后曾求救于始毕可汗的妻子、隋宗室女义成公主，义成公主立刻报告始毕可汗，说北方有急警。后隋援军也赶到，始毕可汗忙解围而去。618年，隋炀帝被宇文化及等叛党所杀，义成公主闻讯后，又要求始毕可汗发兵协同夏王窦建德，共诛宇文化及。宇文化及的首级送到突厥后，义成公主为炀帝发丧举哀，又派专使接萧皇后到突厥。萧皇后"遂入于虏庭"，与义成公主共度十余春秋。长孙皇后的这一番逗趣，不知不觉使得她与其义母长孙皇后二人的感情更加亲密。这一晚，长孙皇后便拥着文成公主同眠，文成公主也是最后一次在义母怀里撒娇。明天，她就要出嫁，要成为吐蕃赞普的王后了，似乎是过了这一夜，她就要长成大人了。想着这一夜义母皇后的谆谆教诲，也想着明天的远嫁，但她的心情是开朗的。她拥在长孙皇后温暖的怀抱里甜甜地入睡了。

唐太宗为文成公主的远嫁，特意准备了丰厚的嫁妆：珠宝珍玩、绫罗绸缎、衣物服饰、家具器皿，一应俱全。其丰厚程度，远非一般公主出嫁可比。文成公主将这些贵重的婚礼嫁妆一一点过、谢过，又请求皇上准许带上她平日收藏的中国古代历史、诗文、医药、历算及各种生产技术书籍，还要求带上谷种、蚕种等——看来，长孙皇后的谈话使她明白了自己远嫁的使命。唐太宗俱皆欣然应允。在一旁的长孙皇后禁不住夸奖说：我儿真不负我心了！为了给文成公主解除旅途中的孤寂和愁闷，长孙皇后还特赐文成公主一支技艺精湛的乐师队伍，伴随文成公主入藏。

公元641年，文成公主拜别了唐太宗和长孙皇后，在礼部尚书江夏王李道宗护送下，恋恋不舍地离开长安，一行取道青海进藏。吐蕃赞普松赞干布也率部亲自迎至青海。汉、藏两支婚礼队伍在青海河源地方相会，举行了隆重的迎亲仪式。藏历四月十五日，婚礼队伍抵达拉萨。此时的拉萨全城披上了节日的盛装。"慕中国衣服仪卫之美"，新郎松赞干布脱去了胡服，改服纨绮；事前，他还派人仿效唐京都长安的宫殿建筑专门"为公主别筑城廓宫室"，并禁止吐蕃族民在这一天用赭土涂面，以免惊吓了文成公主。一切准备停当，婚礼便在为文成公主新建的宫室举行，其规模之大与隆重的程度，都是吐蕃族有史以来所不曾有过的。至今，拉萨布达拉宫仍有保存完好的松赞干布与文成公主二人结婚的塑像和结婚洞房的遗迹。

文成公主一卸下婚纱礼服，便与松赞干布交谈起他们的"改革"志趣与理想来了。在文成公主的指派下，由唐王朝带来的汉人工匠和汉农便开始向当地族民传授唐代的先进生产技术。诸如耕作、采桑、纺织、刺绣、制陶、造纸、制墨，等等。文成公主带去的历算、医药等也

陆续在吐蕃各地传播开来。天文历算改变了藏历以麦熟为岁的原始方法；医药改变了治病求神的传统。新的技术与工艺的推广，汉民族文化的传播，也改变着吐蕃族民的观念与生活方式。他们很多人开始筑室而居，碾米而食，制陶而用。为了表示对文成公主的尊敬和钟爱，"赞普"松赞干布还带头着唐装示范，使不少上层吐蕃族民也竞相"释毡裘，袭纨绮"。文成公主带去的乐师乐队，不仅将内地的乐曲传入了吐蕃，内地的乐器及其制作技术也传入了吐蕃，至今，在西藏拉萨的大昭寺里还珍藏着50余件汉乐器。文成公主又帮助松赞干布创造了藏文，建立了"遣诸家子弟入国学，习诗、书"的先进教育制度；又"请中国识文之人典其书疏"，建立王室宫廷文书公告档案制度。由于文成公主笃信佛教，并从内地带去用金（铜）铸造的释迦牟尼像，迎奉上供，松赞干布又大力提倡，佛教便在吐蕃盛行开来。松赞干布还专门为文成公主建造了一座佛教寺庙——小昭寺。传说，寺前两株人称"唐柳"的大柳树，便是文成公主和松赞干布在建造小昭寺破土动工奠基时亲手栽种的，故又称"公主柳"。

文成公主进藏，襄助藏王松赞干布改革，密切了汉藏两族的友好关系。据史书记载，唐太宗去世时，松赞干布派特使持厚礼专程往长安拜祭。公元650年，松赞干布去世时，唐高宗也派专使往拉萨祭悼。汉藏两族间政治联合的紧密可见一斑。

公元680年，入藏长达40年之久的文成公主与世长辞了。这位传播汉藏友谊的使者，活着的时候，从赞普松赞干布到普通的藏民，无不尊敬她，爱戴她。她死后，藏族同胞也都怀念她，纪念她。她经过的地方，被视为最圣洁的地方。藏族同胞特地在拉萨建造了小昭寺，而大昭寺里还供奉着她的塑像。他们还把藏

历四月十五定为"沙喝瓦达节"，这一天是文成公主进藏到达拉萨的一天；又把藏历十月十五日，即文成公主的诞辰日，也定为节日。以后每年这两个日子，藏族同胞都要举行庆祝，以纪念架起了汉、藏两族同胞友谊桥梁的这位使者——文成公主。在藏族同胞中，亲切地称文成公主为"阿姐甲莎"，即"汉族阿姐"的意思。

"阿姐甲莎"一直活在藏族同胞心中，也活在汉族同胞心中。文成公主进藏的故事在汉、藏两族同胞中一直流传至今。唐代诗人陈陶曾写下了这样的诗句：

黠虏生禽未有涯，黑山营中识龙蛇。

自从贵主和亲后，一半胡风似汉家。

这个"贵主"便指的是文成公主。

# 帝王野史

## 唐太宗

李氏家族是世代盘踞在陇西的望族。李世民的曾祖父李虎追随宇文泰创立了关中的政权，因辅周代魏有功，成为著名的"八柱国"之一，位极荣贵，死后追封唐国公，李世民的祖父、父亲均世袭封号。"李氏家族昔在陇西，富有龟玉。降及祖祢，姻娅帝王。"李家凭借财富和权势在关中一带盘根错节，争霸一方。其祖祖辈辈为武将，家庭的传统教育是骑射征战。李世民少年就学习骑杀射箭，弄刀舞棒，而读书甚少。这就形成了他豪放、英武、粗犷的气质，是一位强悍骁勇的贵族子弟。他出生时正逢隋末大乱之际，农民起义、军阀割据此起彼伏，战事频仍。李世民就是在这样的政治、军事复杂的形势下成长起来的。

隋朝自大业九年后，农民起义遍及大江南北。隋炀帝坐镇江都，调兵遣将镇压起义，但已不能挽救灭亡的厄运。大部分郡守拥兵自保，静观势态的发展。李渊是山西、河东的抚慰大使，一个重要的职责就是率领河东兵马讨捕群盗，镇压地方农民起义军，李世民在连年随父征战中，看到了隋朝大乱不可挽救的现实，曾私下对父亲说："现今盗贼日盛，遍于天下，大人受命讨伐能诛灭尽吗？一旦不能完成皇上的诏命将获罪矣。"他以敏锐的观察力看到隋朝已无力驾驭天下，必将寿终正寝。这时的李世民已有起兵的念头。

在不断的战事中，李世民有意结交了一批英雄豪杰，为日后的发展打下基础。长孙顺德是李世民的妻叔，为逃避辽东战乱来到太原，李世民经常与之来往，相处亲善。刘弘基是雍州池阳人，因逃避抓丁也到太原安身，他是一个仗义豪爽的武士，看到李世民是一位有宏大气度之人，有意与其结交，李世民也佩服他是一位豪杰，二人成为莫逆之交。当时身为晋阳令的刘文静，善于审时度势，他见李渊握有重兵为一方郡守，地位显赫，同时，也深知李渊父子有"四方之志"，于是特意结交，特别注重与李世民交往。他曾在裴寂面前赞赏李世民："非常人也，大度类于汉高，神武同于魏祖，其年虽少，乃天纵矣。"二人交谈投机，彼此都有相见恨晚之意。

二十多岁的李世民政治上已显得比较成熟了，他预料到隋王朝很快会灭亡，心中先立下了平天下的壮志。于是，他广散钱财，招贤纳士，结交知己。这些文人豪杰，成为他政治上、军事上的帮手。

大业九年六月，隋朝开国功臣杨素之子，礼部尚书杨玄感公开起兵，许多官僚、贵族纷纷响应、归附，一时间，大有群雄蜂起，天下大乱之势。

晋阳一带的官僚、地主、豪商如刘文静、许世绪、唐俭、崔善为等纷纷前来劝李渊起兵，亲并组成了李渊的幕僚集团。他们把李渊看成将来的希望。但是李渊有自己的谋略，他认为时机未到，不仅没有起兵反隋，反而把杨玄感起兵之事告之隋炀帝，并因此晋升为弘化太守。在此后的三年，李渊连续升任右骁大将军、太原道安抚大使。可见隋炀帝对李渊的信任。李渊则借机掌握了太原周围五镇的重兵。太原是军事重镇，兵源充足，粮草丰裕，是一个建立帝业的好基地。不久，杨玄感起兵惨败，李渊更加谨慎，他说："不贪天方动之机，不乘人妄动之气。"他需要等待成熟的时机。

与李渊的镇静相对照，李世民则为起兵争霸积极行动。当众官僚劝李渊起兵时，李世民也在旁边竭力怂恿，提出转祸为福的策略，虽未被李渊采纳，但其善察时变的胆识为人所叹服。大业十三年二月，乘随父征讨刘武周之际，李世民和刘文静、刘弘基、长孙顺德一起，秘密招兵买马，不到15天时间就募集兵士万人。这支人马成为后来晋阳起兵的骨干力量。

为了对天下形势有更明确的认识，为了起兵能有一个更加稳妥的策略，李世民亲自到刘文静家中讨教。刘文静有意流露出悲观情绪，为天下没有真正英主而叹惜道："当今天下大乱，各地枭雄举兵起事，互相残杀。只可惜没有像商汤、周武王、汉高祖、光武帝之类的人站出来，剪除群雄，一统天下啊。"

李世民反问道："先生怎么知道没有这样的人呢？今天我特来拜访就是想请先生赐教，在世道变乱之际共同成就一番宏业。"

刘文静见李世民心情恳切，就为他分析道："当今昏君镇守江都，重兵防守

河北、洛阳一带，黄河、江淮地区盗贼成群，数以万计，但群龙无首，只须真正英雄就能平抚。晋阳一带较安定，山东逃避祸乱的英雄豪杰都聚拢在这里。他们都是豪放侠义之士，一旦号召起来，跟从的将达十几万人。加上你家数万精兵，一声令下谁敢不听。进军关中，占据长安然后号令诸侯，就能成帝王之业啊！"

李世民对刘文静的分析很赞赏，说道："先生的话正合我的心意，希望先生帮助，以成大业。"

大业十三年五月，太原副留守王威和高君雅对李渊起了疑心，密谋在晋祠杀李渊以谢朝廷。不想这一密谋被李渊父子得知。于是，李渊、李世民将计就计，将王、高二人斩杀于晋祠宫，接着起兵晋阳。六月，李渊传檄诸郡，称"义兵"，开始了建立一代新王朝的战争。

晋阳起兵后，李渊父子与其决策机构制定了战略目标和战略步骤：沿汾河南下平定河东，过黄河顺渭河进军长安，建立政权；占据关中这一富饶之地，据关中以平天下。正是依靠这一正确的战略部署，唐王朝只用七年的时间就完成了统一全国的战争。在战争中，李世民是这一战略的坚决执行者，他以自己超群的军事才能和能征善战的勇猛骁悍，先后剪灭了陇右薛举、薛仁杲父子，在塞外边陲依附突厥的刘武周势力，盘踞洛阳割据一方的王世充政权，以及反复无常的刘黑闼叛乱，从而取得了战争的胜利，完成了唐朝的统一大业。李世民在战争中表现了勇猛直前、身先士卒的战斗作风和高人一等、灵活多变、运用娴熟的战略战术。

在平定薛举、薛仁杲的战争中，李世民先坚营壁垒挫敌锐气，后乘胜追杀穷寇，一举击败敌人二十万大军，保住了关中的根据地；在对刘武周的战争中，李世民身先士卒，冲杀在前，率三千轻骑追杀逃兵，两天不吃饭，三夜不解甲；剪灭王

世充、窦建德势力，李世民采用困而猛打，围而不打，或打或停的策略，连续十个月的围困使敌人士气低落，精疲力尽，然后李世民趁机各个击败，逼使这两股军事势力投降。

秦王李世民在军事征讨的同时，还用政治安抚手段争得百姓。他深知得民心者得天下。所到之处秋毫不犯，开仓济贫。正因为如此，他每到一处百姓都夹道欢迎，送粮送饭，自愿入伍者成千上万。

从晋阳起兵到统一战争结束，秦王李世民建立的功绩为世人所瞩目。大批文人武将归附旗下，在朝中和百姓间威望骤增。这就为其夺取皇位继承权成为一代帝王奠定了政治基础。

唐高祖武德初年，秦王李世民与太子李建成、齐王李元吉结下嫌隙。他认为洛阳是形势险要之地，担心一旦发生变故，可离京防守此地，就让行台工部尚书温大雅镇守洛阳，派秦府车骑将军荥阳人张亮带领随从王保等一千多人前往洛阳，暗中结交山东的豪杰壮士，以防时势的变化。

李建成夜间召请李世民，与他饮酒，企图用毒酒害死他。李世民突然心脏痛楚吐了几口血，淮安李神通搀扶着他返回西宫。高祖来到西宫，询问李世民的病情，对李建成下谕说："秦王平素不能饮酒，今后，你不能再与他夜间饮酒。"高祖对李世民说："当年首先谋划大业，平定国内的敌人，这都是你的功劳。我打算将你立为太子，你却坚决推辞掉了。而且，建成年纪最大，作为太子已经很长时间了，我也不忍心削去他的权力啊。我看你们兄弟似乎水火不容，你们都住在京城，肯定要发生争斗，我想派你返回行台，留居洛阳，陕州以东的地区都由你主持。我还要让你设置天子的旌旗，一如汉梁孝王开创的先例。"李世民哭泣着，以不愿意远离高祖膝下为理由表示

推辞。高祖说："天下都是一家。东都和西都两地路程很近。我想你的时候，便可动身前去，你不必烦恼悲伤。"李世民准备出发的时候，李建成和李元吉一起商议说："秦王如果到了洛阳，拥有土地与军队，便再也不能够控制了，不如将他留在长安，他就只是一个独夫而已，对付他也就容易了。"于是，他们暗中让好几个人以密封的奏章上奏皇帝，声称："秦王的侍从们得知前往洛阳的消息以后，无不欢喜雀跃。察看李世民的意向，恐怕他会一去不复返。"他们还指使高祖宠信的官员以秦王去留的得失利弊来劝说高祖，高祖便改变了主意，秦王前往洛阳的事情就被搁置下来。

李元吉暗中奏请杀掉秦王，他说："秦王在刚刚平定东都洛阳的时候，观望形势，不肯返回，散发钱财布帛，以树立个人的威信，又违背陛下的命令，这些行为不是造反又是什么？应该赶紧把他杀掉，何必担心找不到借口。"高祖没有答应。

秦王府的幕僚们都忧虑惊恐，一筹莫展。行台考功郎中房玄龄对部郎中长孙无忌说："现在秦王与太子和齐王的仇怨已经结下，有朝一日祸患引发，岂只是秦王府鲜血涂地，实际上是国家存亡问题。不如劝说秦王采取周公平定管叔与蔡叔的行动，以便安定皇帝与国家。存亡的枢机，已经一触即发，不能再拖延，举事就在今天！"长孙无忌说："我有这一想法已经很长时间了，只是不敢说出口来。现在你的话，正好符合我的心愿。我一定禀告秦王。"于是，长孙无忌告诉了李世民。李世民传召房玄龄计议此事，房玄龄说："大王的功劳遮盖天地，应当继承皇帝的伟大勋业。现在的忧患危机，正是上天在帮助大王啊。希望大王不要疑惑不定了。"随后，房玄龄和秦王府的属官杜如晦共同劝说李世民诛杀李建成与李元吉。

第
四
编

隋
唐
野
史

由于秦王府拥有很多骁勇的将领，李建成与李元吉打算引诱过来以为己所用，便暗中将一车金银器物赠送给左二副护军尉迟敬德，还写了一封书信招引他说："希望得到您的屈驾眷顾，以促成我们之间的布衣之交。"尉迟敬德推辞说："我是编篷为户、破瓮作窗人家的小民，遇到隋末乱世，长期沦落在抗拒朝廷的环境里，罪大恶极，死有余辜。秦王赐给我再生之恩，现在我又在秦王府注册姓名为官，只应当以死报答秦王。我没有为殿下立过尺寸之功，不敢随便领受殿下的重赏。倘若我私自与殿下交往，就是对秦王怀有二心，就是因贪利而忘掉忠义，殿下要我又有什么用呢！"李建成大怒，便与他断绝了往来。

不久，李元吉派人刺杀尉迟敬德，被尉迟敬德获悉躲过。李元吉诬陷程知节，用金银布帛诱惑段志玄，企图将李世民的股肱羽翼一网打尽。时值突厥兵犯境，太子建成推荐李元吉出征，选尉迟敬德、程知节、段志玄为将。他与齐王元吉密议说："出征之日，我约秦王李世民为你饯行，可安排武士在帐中将他杀死，我们上奏时就说他患了疾病，酒后突然死去的，皇上不会不相信。我再让人进奏，使皇上将国家事务交给我。尉迟敬德等人被你掌握，应该将他们悉数活埋，谁敢不服呢！"

长孙无忌等人劝说李世民应该在李建成和李元吉事发以前抢先起事。李世民叹息着说："骨肉相互残杀，是自古以来的大丑恶。我诚然知道祸事即将来临，但我想在祸事发生以后，仗义讨伐他们，不也是可以的吗？"尉迟敬德说："如今大王处理事情，尚有疑虑，这不能叫智；面临危险，不能决断，这不能叫勇。况且，大王平时训练的八百多名勇士，凡在外面的，现在都已经进入宫中，他们穿好衣甲，握着兵器，起事的形势已经促成，大王怎么能够制止呢？"

李世民就此事征求秦王府僚属的意见，大家都说："凭着大王的贤能，捉取这两个人就像拾取地上的草芥一样容易，怎么能够为了信守常人的节操，就忘记了国家大计呢？"李世民仍然没有做出决定。幕僚张公瑾劝他以天下苍生为念，晓以利害，李世民才同意密召房玄龄、杜如晦、长孙无忌从长计议。

安排已毕，李世民奏请唐高祖会于临湖殿辩理，提前于玄武门埋伏下兵将。届时，太子李建成与齐王李元吉来到临湖殿，察觉气氛不对，纵马欲逃。李世民一箭将李建成射死，骑马追赶李元吉，在尉迟敬德协助下将他杀死。尉迟敬德提着李建成和李元吉的首级，向前来救援的兵马示意，太子东宫和齐王府的人马随即四处逃散。

玄武门政变厮杀之际，高祖正在海池划船，李世民让尉迟敬德入宫担任警卫。尉迟敬德身披铠甲，手握长矛，径直来到高祖的住所。高祖极为震惊，便问他说："今天作乱的人是谁呀？你到这里来做什么？"尉迟敬德回答说："由于太子和齐王作乱，秦王起兵诛杀了他们。秦王担心陛下受惊，便派我担任警卫。"高祖对裴寂等人说："不料今天竟然会出现这种事情，你们认为应当怎么办呢？"萧瑀和陈叔达说："李建成与李元吉原来就没有参与举义反隋的谋议，又没有为天下立下什么功劳。他们嫉妒秦王功勋大，威望高，便一起策划邪恶的阴谋。现在，秦王已经声讨并诛杀了他们，秦王的功劳盖世，全国的百姓都诚心归服于他。如果陛下能够决定立他为太子，将国家重任托付给他，天下就会安然无事了。"

眼看大势已去，唐高祖只得说："好，这也正是我的夙愿啊。"尉迟敬德请求高祖颁布亲笔敕令，命令各军一并接受秦王节制，高祖听从了他的建议。天策府司马宇文士及由东上阁门出来宣布敕令，大家便安定下来。高祖又让黄门侍郎裴矩前往东宫明示各个将士，将士们便罢兵散开。于是，高祖传召李世民前来，抚慰他说："近些日子以来，我几乎对你产生了像曾母误听曾参杀人而丢开织具逃走的疑惑。"李世民跪下来，伏在高祖胸前，长时间地放声痛哭。

公元626年，唐高祖李渊立李世民为太子。不久又下诏曰："自今军国庶事，无论大小悉委太子处决，然后闻奏。"

通过"玄武门之变"夺取太子位后，李世民很快做上了皇帝，即历史上著名的唐太宗。

唐太宗在位期间，特别是贞观（627—649年）初年，唐太宗是励精图治的，他驾驭群臣的方法是得当的。

先来说他对臣下的推心置腹。

李世民本人风度严整俊爽，英武果毅，所以群臣觐见时，往往举止失措。李世民知道这一点，每当有臣子进谏，他都注意自己的态度，尽量表现得温和谦虚，希望能听到正确意见。他对大臣们说："人欲自见其形，必资明镜；君欲自知其过，必待忠臣。苟其君愎谏自贤，其臣阿谀顺旨，君既失国，臣岂能独全？如虞世基等谄事炀帝以保富贵，炀帝既弑，世基等亦诛。公辈宜用此为戒，事有得失，毋惜尽言。"

这一段话中，不但表达了他求谏若渴的心情，更主要的是把皇帝本人的命运、国家兴衰和臣子的命运联系起来，听起来很有感情，是俗话所说的"掏心窝子的话"，群臣听了，自然会被大道理说服，从而为君王，为国家，也为自己对朝政的阙失知无不言，出现了魏征等历史上著名的梗骨之臣。

有一次魏征要求唐太宗让他做"良臣"，不要让他做"忠臣"，起初唐太宗不解这话的含义，魏征解释道："稷（传说中夏代的农官）、契（传说中舜帝的司徒）、皋陶（传说中舜的执法官）这些古代臣子，能和君王同心协力，都享受尊崇荣贵，这就是我所说的良臣；龙逢（传说中夏桀的谏臣）、比干（商纣王的谏臣），对君主面折廷争，结果自己被君王杀死，君王也身死国灭，这是所谓的忠臣。"魏征的这些话，正是从臣子角度将君臣利益联系到一起，表示要和君王同心合力治理好国家。

唐太宗驭臣，对直臣鼓励，凡是臣子净谏得有道理，他不但采纳正确意见，立改自己原来的打算，还对净谏之臣口头嘉勉和给予物资奖励。史料上这样的例子多不胜举。

对那些犯了错误的臣子，唐太宗也不是简单地处罚了事，而是"攻心"，使之自愧自省。

有一次右饶卫大将军长孙顺德（太宗长孙皇后的族叔）接受别人赠的绢，这在当时是犯法又丢人的事。事情暴露后，唐太宗近臣说："长孙顺德既是外戚，又是元勋，满可以称得上富贵了，如果能有得于国，国库里的财物都有他的份儿，怎么竟贪心到这种程度呢？"

怎么办？处罚吧，事情不大，而且长孙顺德既是长辈又是功臣，有些小题大做；不处罚，又确实是一件有关吏治风气的事。

唐太宗最后采取了一种特殊的惩罚，攻心的惩罚。

他不提长孙顺德受贿的事，只是在殿廷上公开赐绢数十匹给长孙顺德。

大理少卿胡演不解太宗用意，问道："长孙顺德私受财物犯了法，陛下怎么不但不治罪，反倒赐绢？"

唐太宗答道："人生性灵，得绢甚于刑戮；如不知愧，一禽兽耳，杀之何益？"

长孙顺德能不惭愧知悔吗？经这一次特殊的责罚，加上后来仕途的一次波折，长孙顺德竟一度变成了一个以"明肃"闻名的良吏。

唐太宗还注意以正道引导使用臣下，不弄小智术。

贞观元年(627年),有人上书建议摈弃佞臣,李世民问:"谁是佞臣?"回答说:"我不在朝廷,不能确指谁是佞臣。但陛下可以试一下,和群臣对话时,假作发怒,那些意见正确又敢坚持己见的,就是直臣;那些见您发怒就同意您意见的,就是佞臣。"

不能说这个人的建议不是一种试探群臣的方法。但唐太宗不肯这样做。他说:"君为源,臣为流。浊源而求流清,那是不可能的事。我现在作假,怎么要求臣子不作假呢?我追求的是以至诚待天下人。您的办法虽好,我却不能采纳。"

从广义上来说,君王用什么人,也属于驭臣之道。

李世民在这一点上真不愧为千古明君。他善于招揽人才。从他做王子、秦王到做皇帝,他手下的文官武将,有许多是来自原来为敌对阵营的。秦琼,先为隋将,继降李密,又归王世充,最后才投唐,李世民用为股肱,后图形凌烟阁;尉迟敬德也是如此,著名的直臣魏征,先为瓦岗寨人,后曾降窦建德,复归李唐后成为太子李建成的"红人",李世民杀死李建成后,仍能重用魏征;唐初著名贤相房玄龄、杜如晦,都曾有仕隋的履历,但都被李世民重用,后世称贤相,曾必称房、杜。

任何皇帝都特别重视自己的卫队,特别是近卫军官。贞观元年,有人建议他召集他做秦王时的王府旧兵来充任宫廷卫兵的军官。但他不同意这样做:"朕以天下为家,惟贤是与,岂旧兵之外皆无可信者乎!汝之此意,非所以广朕德于天下也。"可见用人气度之大。

注意延揽人才,还表现在他注意科举考试。据《唐摭言·述进士》载,有一次他微服临驾端门,看到许多新考取的进士联缀而来,高兴地说:"天下英雄入吾彀中矣!"

唐太宗贞观二十三年(649年)暮春

三月,坐落在骊山之巅的唐太宗的行宫翠微宫里,气氛异常肃穆,沉重。太宗李世民在突然染上恶性痢疾之后,这几日病情急转直下,把个英明的天子折磨成神枯骨瘦的样子,不过五十出头一点,看上去却像个七十岁的老人。到了五月,太宗病已垂危,但是他的意识却很清楚,他料想自己再不可能好转,对侍立身边的儿子、皇太子李治说道:

"我自弱冠带兵以来,大小经过几百个战役,才奠定今天这个基业。如今四海升平,国富民足,我这一生心愿已足,故死而无憾。唯一不放心的是你,要知道:创业虽难,守业也不容易啊!"

昼夜不离病榻,尽心侍候父亲的李治,明显地消瘦了许多,头上甚至添了几根白发。他与两个同胞哥哥李承乾、李泰的性格截然不同,过于纤弱仁厚了一点。这是使太宗最不放心的。李世民这一生,纵横捭阖,无往不胜,唯有立嗣这件大事,却不太如意,成为他死前最放心不下的事。

李世民即位之初,立长孙皇后生的长子李承乾为皇太子,承乾小时因幼稚,还看不出什么过失,但是长大以后贪恋声色游乐,不肯好好读书,虽经太子师傅苦苦相劝,仍不思悔改,太宗也渐有所闻。这情景,魏王李泰(长孙皇后生的次子)看在眼里,便生出夺嫡的心思。李泰有才华,充满野心,他抓紧机会,一方面格外亲近文士,撰述各书,且着意搜考古今地理,著成一册《括地志》奉献太宗,得到太宗的称赞;另一方面,他又曲意迎合太宗的意图,父子关系日益亲热。魏王好理论,喜欢夸夸其谈,对政治、军事、经济等治国大略很关心,也能讲出一番道理。随着太子不轨行为越来越多,太宗想改立魏王为太子的心思越来越强烈。

太子也看出了父亲的意思,对魏王的怨恨日益增强,于是他收养职业刺客纥于承基以及一百多名壮士,企图暗杀同胞兄弟李泰。但就在举事的前夕，事机泄露，纥于承基被抓。他为了活命，便将太子的种种逆谋一股脑儿地倒了出来。太宗又惊又怒又悲，立即召集公卿大臣问："如何处置太子？"大臣们面面相觑，不敢说一句话。片刻之后，通事舍人（中书省属官）来济陈述自己的意见道："愿陛下不失为慈父，太子得终享天年，便是情与法兼顾了。"太宗默默点头。不久之前，他刚把带兵造反的第七个儿子齐王李佑处死，父子天性，终究心中有些难受，何况这次他要责罚的是长孙皇后生的长子。于是，下诏废太子承乾为庶人，幽禁在右领军府监护。

废太子后，魏王对太宗格外尽孝，随时侍奉在侧。太宗更加喜爱，当面答应立魏王为太子。魏王扬扬得意之际，怎么也想不到，有一个人却在他的前进路上设下障碍，这人便是他的亲舅舅，赵国公长孙无忌。

长孙无忌认为，在太宗的两个嫡子中，晋王李治比魏王李泰更适合做太子，理由是，魏王为人谲诘，有野心，晋王心地纯良宽仁，做个守成的君主最好。长孙无忌喜欢晋王，还因为晋王对母亲长孙皇后的感情深挚。长孙皇后病故那年，李治才九岁，但几个兄弟中，他的悲哀和思念之情最重，使宫中上下都十分感动。

但是太宗却认为，李治体格纤弱，个性脆弱，多愁善感，而天子需要坚强的体魄和气质，李治未必能胜任天子的重任。长孙无忌退出后，太宗对左右大臣说："昨日青雀（李泰小名）投入朕的怀抱，说：'儿臣今才体会到父皇对儿臣的厚爱！儿臣只有一子，到死时，当将臣子杀死，让位给晋王。'青雀说这话，很使朕感动，所以朕不忍心再立别子。"

这话刚说完，谏议大夫褚遂良说："陛下以为可怜，臣却以为可患。试想陛下千秋万岁之后，魏王登基，怎么可能杀自己的爱子而传位给晋王呢？陛下若欲立魏王为太子，请先将晋王作妥善安排，方保平安无事。"太宗听了一愣，随即流泪道："朕怎忍心杀雉奴（李治的小名）？"说完，默默无言地退入后宫。

魏王安插在太宗左右的党徒立即把这一切都告诉了魏王。魏王担心自己的事要落空，想了一会儿，便亲自赶到晋王府，在李治耳边悄悄地问："你过去同汉王元昌十分亲密，现元昌谋逆赐死，你想，你怎么可能不受到牵累呢？"

李治一听这话，大吃一惊，霎时间，脸色变得十分苍白，心慌意乱，魏王看了他一眼，不再说话，告辞出府。

第二天，太宗见到晋王，见他脸色不好，眼皮浮肿，神不守舍的样子，便问他："你这是怎么了？身子不舒服？"晋王摇摇头，眼泪汪汪的样子。太宗更起疑心，再三追问，晋王才把魏王对他说的话倒了出来。

这对于一贯自以为有"知人之明"的太宗来说，不外是个无情的打击。第二天，他在两仪殿召见长孙无忌、房玄龄、李勣、褚遂良四位重臣，并命晋王也相随在侧，太宗把魏王讲的话告诉了他们，又恨又伤心地说："朕三个儿子及一个弟弟（指汉王元昌）所做的事，你们都很清楚了。朕如此活着，还有什么意思？"说着，竟从腰间拔出佩剑，想要自刎。慌得长孙无忌等人连忙抢上前夺下他手中的剑，交给晋王。等太宗稍稍镇静下来后，长孙无忌奏道："陛下想立何人为太子，不妨就定下来，以免生出其他事来。"

"朕想立晋王。"太宗软弱无力地道出这句话，向晋王李治投去充满希望的一瞥。这决定，既夹杂着痛苦、伤心、遗憾，又有一种新的期待。

长孙无忌立即接口道："臣谨遵诏旨。"他怕太宗再有改变。

太宗对晋王说："你的舅父也承认你是东宫太子了。还不跪下拜谢！"太宗又问四位大臣："卿等与朕的意见相同，不知外廷如何议论？"房玄龄等齐声答道："晋王仁孝，天下归心，请陛下勿多虑。"太宗又说："朕三子中，若立承乾或立泰，余二子均不得生全；若立治，则承乾和泰均可永年。"

第二天，太宗亲自驾临太极宫的正门承天门楼，向天下宣布立晋王李治为太子，大赦天下，并赐群臣宴饮三天庆贺。这一年，是贞观十七年（643年），李治才十六岁。从此，太宗悉心教导李治，满心希望他改掉身上的弱点，学会为君之道。

但是，一个人的本性很难改变，李治不仅过于仁弱，而且表现得对政务不甚感兴趣，有时协助太宗处理政事久了一点，就会疲惫不堪。太宗虽然谅解他身子孱弱，但不免生出疑窦：立这样的人做继承人，会不会铸成大错？

太宗对儿子的估计不失"知人之明"。李治不仅性格柔弱无主见，而且各方面兴趣也很"软性"，不喜欢政治、战争，爱的是吟风弄月、抒怀伤感的诗词文章。他一点儿也没有政治野心，对生活的追求只是安恬地读自己喜欢读的书，同自己热爱的美女一起陶醉于花前月下。因此，他对爱情也具有骚人墨客那样的幻想。当时，李治已有太子妃王氏以及姬妾多人，温和端庄的太子妃虽然容貌不错，但是不能激起他心中火一样的恋情。

太子妃王氏是太宗亲自做主替儿子聘娶的。她出身高贵，为山西名门大族，又是高祖李渊的妹妹同安长公主的侄孙女儿，父亲王仁佑官拜隋州刺史。同安公主见这位侄孙女儿既美又有才智，就对侄儿太宗说了。太宗欣赏王氏的家世以及温淑的脾性，就聘她为晋王妃。婚后，尽管两人相敬如宾，但晋王不太喜欢这位王妃的性情，他喜欢的是活泼大胆的女性。

太宗病笃，对太子放心不下，下令将长孙无忌、褚遂良这两个他最倚重的心腹大臣召进翠微宫的寝殿。一见天子的模样，长孙无忌悲不自胜。太宗用手抚摸长孙无忌的面颊，半天说不出一句话。长孙无忌更是泣不成声。当褚遂良进殿之后，太宗才断断续续嘱道："朕将后事付与二卿。太子仁孝，卿等共知，愿你们善将辅导，勿忘朕言！"他又把太子召到跟前嘱道："无忌遂良二臣，卿之股肱大臣，只要有他们两人在，天下事你可不必担忧！"说完这些，他长叹一声，非常疲倦地闭上眼睛，又昏睡过去。

等他再度苏醒过来时，太子和太子妃都侍立在榻前。他便命褚遂良草就遗诏。一切安排妥当，他伸出枯柴似的手，握住太子的一只手，又指着太子妃，对褚遂良说："朕的一对侍儿佳妇，今托交给卿了！"说完，眼睛盯着太子，似乎还有话要嘱咐，最后还是闭上了眼睛，享年五十三岁。

## 唐中宗

### 第一次短促的皇帝生涯

永隆元年（680年）八月，24岁的英王李哲被立为太子。他作为武则天的第三子，唐高宗李治的第七子，做梦也没想到太子的桂冠会落到他的头上。

永徽五年（654年）三月，武则天从感业寺第二次入宫时，其他后妃已经为高宗生了4个儿子：燕王忠，原悼王孝，泽王上金，许王素节。此后，武则天又生了4个儿子：太子弘；章怀太子贤；三子显，后继武后为中宗，即本文的主人公；四子旦，继位中宗为睿宗。

李哲六位哥哥的命运都很悲惨，本来皇帝的孩子是幸福的，不幸的是他们遇上了武则天皇后。燕王忠受迫害而死，原悼王孝病逝，泽王上金和许王素节被贬居外地，严禁再入皇宫。上元二年（675年），太子弘死，据说是被其母武则天毒死；5年之后，章怀太子贤被废，罪名是莫须有的谋反罪。就这样，太子的桂冠轮到了李哲的头上。

这时，高宗李治的病越来越重。又拖了3年，到永淳二年（683年），高宗病逝。直至第七天，武后在中书令裴炎的坚持下，才让太子哲布告天下，为新君中宗，继承帝位，武后临朝称制。在这之前的六天六夜里，武后都考虑了些什么呢？从后来武后自己做皇帝的结果来看，当时让李哲继承帝位不过是权宜之计，中宗的下台只是时间问题。

不过，这场狂风暴雨来得太早，却有些出乎人们的意料。武后太急切，太不耐烦了。高宗驾崩后还不满两个月，她就废了中宗，将他贬谪出京。这是她第四次废除她的儿子。光宅元年（684年）二月五日，武后逮捕中宗，以空洞薄弱不成理由的借口，把中宗从皇帝宝座上拉了下来。

中宗时已28岁，被废的借口是中书令裴炎引起的。中宗为讨好韦后，把岳父韦玄贞从普州参军升为豫州刺史，没过几天，又要提升岳父为侍中（丞相）。裴炎知道后，入朝谏阻，说韦玄贞没有什么功劳，骤然升为侍中会败坏仕风。中宗不听，君臣争论起来。

中宗说："我乃当今天子，我若把天下让给他坐，也没有什么不可以，何况是一个小小的侍中呢？"

这句话本是一时愤怒脱口而出的，却成了武后废中宗的理由。年轻的皇帝还不知道自己身处险境，如同草原上吃草的小鹿，信步走近了藏有母狮子的丛莽。武后这个母狮子如同闪电一般，一跳而起，扑在自己亲生儿子的身上，凶恶得令人魂惊魄丧。

武后听到裴炎的报告，立即愤怒起来，告诉裴炎她要废掉中宗。裴炎也许已经认清了武后的性格，知道反对她，不仅无用，而且对自己无益，自然遵命行

事。武后密召中书侍郎（副丞相）刘祎之、羽林将军（负责统领北衙禁军）程务挺、张虔勖等领兵入宫。

二月五日早晨，侍卫遍布宫庭，百官照常上朝。出乎百官的意料，武后出现了，身后跟着中宗。中宗正要迈步走上宝座，中书令裴炎突然把他拦住，随即从袍袖里掏出了一道诏书，郑重其事地把武后的这道诏书当众宣读，废中宗为庐陵王，拘禁在皇宫里。羽林将军程务挺过去用手把中宗拉住，带出了大殿。

这时中宗还不知事出何因，叱道："放开手！我犯了什么罪？"

武后斥责他："你要把天下都给了韦玄贞，还说没有罪吗？"

当然，中宗那话是愤怒之下说出口的。愤怒之下的话当然不能认为实有其意，也不足构成被废的理由。可是反抗又有什么用呢？中宗无言以答。

做皇帝刚刚54天，在文武百官众目睽睽之下，中宗皇帝被拉下了宝座。群臣大惊，但无人敢反对。如此专横的做法真是前所未见。中宗暂时被幽禁在皇宫里，第二个月被迁放到均州（今湖北均县），不足一个月又迁往房州（今湖北房县）。中宗从此开始了长达14年的幽禁生活。

二月十一日，武则天的第四子李旦率领全体王公，在武成殿向武后进献皇太后年号。出人意料的是，并没有新君即位。皇子李旦当时已经22岁。3天以后，十四日那一天，武后派她的内侄武承嗣送去一道诏书，封李旦为睿宗，居住在东宫。睿宗再没在公众之前露面。更为奇怪的是，更无任何理由，也无任何借口，更不设法捏造法律依据，这位睿宗"皇帝"便在东宫幽禁起来，禁止与大臣外人通信联系。

武后开始以儿子睿宗李旦的名义独揽大权，历史进入了武则天时代。

## 二次登基

武则天是一个权力欲非常强烈的女人，她并不满足于当皇后或太后，决心尝尝做皇帝的滋味。为此，武则天运用了一系列铁血高压政策和残酷的手段，把李唐宗室、关陇集团以及依附他们的官僚、贵族几乎全部消灭，为她称帝扫清了障碍。

永昌元年（689年）九月，侍御史（掌管纠举百官，审理狱讼）傅游艺盗用关中百姓900多人的名义上表请求把国号改为周，赐皇帝姓武。武则天假惺惺地不予批准，但随后她又给傅游艺升了官。于是百官和皇室宗亲、远近百姓、四夷酋长、僧尼、道士共6万多人也上奏同样内容的章表。睿宗为了免祸，也被迫违心地上表请求赐自己姓武。武则天正中下怀，欣然同意，马上下令改国号为周（历史上叫作武周），改元天授，武则天自称"圣神皇帝"，睿宗降为皇太子，赐姓武。

武则天有两位亲侄子，即武承嗣和武三思，都想谋取皇太子的地位。武承嗣不学无术，人格卑劣，朝廷高级官员对他无不厌恶，连已经守寡的太平公主也不肯嫁给他。

武后觉得武三思比武承嗣更中意，于是征询大臣可否立他为皇嗣。狄仁杰与另一个大臣坚决反对。武后心中很犹豫，一时也拿不定主意。有一次，她问狄仁杰，自己做梦时常常输棋，不知何故。狄仁杰说其中颇有深意，因为棋子暗含"其子"之意。

狄仁杰说："陛下输棋是因为陛下没了棋子，没有棋子，怎能不输？"

若想说服武后不立武姓子侄而立唐宗王子，自然不是件容易的事。这根本违反她的心意，违反她开创这个新朝代的宗旨。不过这位断案如神的狄仁杰也有惊人的口才。

狄仁杰问了一个无法辩解的问题，武后无法回答，因此获胜。武后认为身后无人按时祭祀，是万万不可的事，这种看法和普通老太婆没有什么不同。有一天，武后又提到这个问题，狄仁杰对武后说：

"陛下必须立亲生的儿子为太子，这是当然无疑的。这样做，陛下万岁千秋以后，能常享宗庙祭祀，仍然身为帝王之母。如果武三思立宗庙，哪有侄子祭祀姑母的道理？陛下想一想，侄儿和儿子哪一个亲？即使儿子背叛他的父母，母子终归还是母子。陛下凭什么能保证侄子不忘他的姑母呢？"

这一番话很有效。狄仁杰把朝廷祭祀之礼解释得很明确，武后自己也明白。她不愿身后落个饥饿之鬼，无人祭祀，无人关怀，这一点武后非常重视。在她去世之后，武氏兄弟未尝不会冷落她，甚至辱骂她。这个她也想象得到。她一向佩服狄仁杰的智慧识断，不过她还不想马上听从他的意见。

她回答说："这是我的家事，想想再说吧。"

狄仁杰进逼一步，继续说："全国之大尽属皇室，朝廷上事无巨细，都是皇家之事。继承皇位虽然是皇家应当考虑的，也为全国人民所关心，就拿臣下来说，也同样关怀，因为这件事是国家的根本。"

说到这里，狄仁杰情不可抑，越发雄辩滔滔。他接下去说："太宗皇帝亲冒烟尘，东征西战，南伐北讨，才获得天下。冒险犯难，创立李唐基业，传给子孙，传于先帝。先帝病重时，诏令陛下监国，陛下临朝理政10多年了。皇子哲与皇子旦是先帝之子，也是陛下之子。依理当立皇子哲或皇子旦才是。"

武后也想把这件费心的事处理一下。一天，她又问狄仁杰："立哲呢？还是立旦呢？"

狄仁杰说："当然立皇子哲，哲是兄长。"狄仁杰的话总是明快果决。

武则天有两个男宠张易之和张昌宗，他们和武则天的另一亲信天官侍郎吉顼非常友好，往来密切。一天，吉顼对他们说："你们受武皇帝如此宠爱，天下无不侧目，如果不建树功勋，等皇上万岁后，恐怕难以保全呀！"

两人惶恐地向吉顼问计，吉顼说："人们还没有忘记唐室的恩典，都想迎立庐陵王李哲，皇上春秋日高，皇位总是要给人的。皇上已有意不再立武氏为皇嗣。你们何不劝立庐陵王？既符合大家的心愿，又建立功勋，不但可以免祸，还能长保富贵，何乐而不为呢？"

二张齐声感谢吉顼的赐教。当晚，二张在和武则天喁喁私语时，就把吉顼对他们说的话讲给了武则天听。床头语枕边风容易动人，武后决定召庐陵王李哲回京。

李哲自从被废封为庐陵王之后，已经14年没见到武后了。现在武后召他夫妇入朝，自然非常高兴，但也不无忧虑。他这次回来是秘密返京，并没有公开。李哲已经40多岁了，回来也不许他和大臣相见。一般人认为他是因病回京就医。而李哲经过14年的幽禁生活，已经变成一个胆小如鼠唯唯诺诺的人，对14年前被从皇帝宝座上拉下来的情景记忆犹新。他心中忐忑不安，不知道为何被召回朝廷，更不知道将有什么事情发生。

狄仁杰又入宫催促武后决定大计。最后，武后起了爱子之心，或者说深信身后祭祀的重要。于是把庐陵王从帷幕后唤出，向狄仁杰很亲切地说："我把太子还给你吧！"

狄仁杰与庐陵王立即跪下谢恩。狄仁杰对武后的睿智决定备加颂扬之后，又向武后说："这件事须秘不告人。"

"你说怎么办呢？"

"庐陵王还朝，国人并没有看见。臣以为殿下夫妇可以出城去，陛下可以到龙门驿正式欢迎殿下回朝。这样，全国臣民都知道陛下之子回来了。"

武后听从了狄仁杰的意见，亲自去迎接庐陵王回朝。这时是圣历元年（698年）三月。

九月，皇嗣李旦很明智地要求逊位，被封为相王。庐陵王李哲再次被立为皇太子，恢复原名显，赐姓武氏。

武则天晚年最钟爱的情郎是张易之和张昌宗，政事多半委托给二张处理。二张势倾朝野，就连武承嗣、武三思等权贵都投靠在二张门下，抢着替二张卖力。

长安四年（704年），武后老病缠绵，与宠臣张氏二小连日在房中鬼混。宰相也不能入见。二张心中忧虑，武后驾崩之后，他俩如何是好？武后已经81岁，最好的雄獭补肾丸和其他返老还童剂也阻止不住岁月的流逝，她与张氏兄弟的淫荡生活也增进不了她的健康。张氏兄弟知道自己树敌太多，四面楚歌，便竭力巩固地位，负隅顽抗。东都大街上已出现招贴，说二张正图谋不轨，想篡夺皇位。

新年过后，武后的病情加重。大臣一概不见，连亲儿子也不见，只让二张陪在身边。宰相张柬之决定起事，他和另一位宰相崔玄暐、司刑少卿桓彦范、中台右丞敬晖、相王府司马袁恕己密谋除掉二张。李旦和太平公主也参加了密谋。京城卫戍部队的首领以右羽林大将军（掌统领北衙禁军）李多祚最为重要。张柬之秘密而慎重地向李多祚游说，劝他说："身为唐臣，当报皇帝知遇之恩。"李多祚为人刚正，毅然参与平乱，在张柬之府中对天盟誓，光复大唐。

一切都已安排妥当。政变预定在神龙元年（705年）正月二十二日举行。这天清晨，李多祚和中宗的女婿王同皎先到东宫去见中宗。这场政变必须由中宗出面，因为政变的目的就是让中宗复位。他事前并不知道。李多祚向他说明来

第四编　隋唐野史

意,他在惶惑与几分恐惧之下,竟不知所措。

李多祚按捺不住,说道:"今天是非常的日子。陛下知道臣等要做什么吗?臣等要恢复唐室,要恢复太宗皇帝的天下!臣等为正义不惜抛头颅、洒热血。陛下只须出面领导臣等就行了。"

中宗仍然犹豫,心中有点发抖,说道:"我知道张氏兄弟罪有应得,可是母后重病在身……而且这也太出乎意料了……"

王同皎也请求道:"陛下,此事势在必行,不容犹豫。军队就在门外,立刻就进宫保陛下重登皇位。今日之事如不成功,陛下岂能自保?"

中宗在迟疑不决之下,由王同皎扶上马,向玄武门奔去。他心中还不知道是去重登王位呢,还是去送死。

太子的东宫与玄武门有一花园相连。中宗一露面,张柬之等人才松了一口气。众人欢呼相迎,簇拥着他斩关而入。

二张听到宫外出事,到走廊探听消息,正遇上羽林军进来。张柬之等指挥兵士一拥而上,就把擦胭脂抹粉的两个少年淫夫砍成数段。

来到武则天的寝宫长生殿,张柬之厉声叱退了殿前的侍卫,护卫中宗进入殿内。

武后厉声问道:"何人胆敢作乱?你们怎么这样大胆,敢进殿内来?"声调仍然是命令似的。

张柬之答道:"请陛下恕罪。张易之、张昌宗犯有叛国罪,臣等奉太子令,特来诛除。恐怕机密泄露,未能事先奏闻,深为遗憾。"

武后一眼看见儿子中宗,大声叱道:"也有你!赶快回去。二张既诛,你也该称心了。"

桓彦范迈步上前道:"臣斗胆冒犯陛下,太子不能再返东宫。先帝把太子托

付给陛下,陛下早就应当将皇位传给太子。现在请求陛下退位,让太子登基!"

武后见到人情汹汹,第一次觉得真正被击败了,而且是彻底的失败。她无可奈何地说了两个"罢"字,就躺下了。

次日,正月二十三日,中宗以皇太子监国,二十四日武后正式让位,中宗第二次登基,这时他已经50岁了。

### 姑息养奸　韦武集团干政

中宗上台以后,采取了一系列措施,意欲复兴唐朝,并打出了中兴的旗号:把国号恢复为唐,社稷等都恢复旧法;下令各州仅留寺、观各一所,以便减轻百姓负担;各州百姓免一年租税,房州百姓免3年劳役;释放宫女3000人;赏赐张柬之等功臣;惩办二张党羽;昭雪冤案,惩罚酷吏;鼓励直言、荐贤等等。中宗的这些措施收到了一些成效,使得朝廷里的有识之士和全国百姓都把复兴唐朝的希望寄托在中宗身上。可惜,好景不长。不久,人们便大失所望。由于中宗姑息养奸,大权落入韦武集团手中,朝政弄得一塌糊涂。

神龙元年(705年)二月十四日,正式恢复唐朝国号后10天,太子妃韦氏被册立为皇后,追赠韦后的亡父韦玄贞为上洛郡王,亡母崔氏为郡王妃。

左拾遗(谏官)贾虚已立刻谏奏:"自古以来的原则,就是'异姓者不为王'。现在是唐室光复后刚刚就绪的重要时期,天下百姓正以热切心情盼望陛下亲政。先朝(高宗)追赠武后的亡父武士彟为太原王,依臣看来,这正是大政坏乱的起源。殷鉴不远,为防止这种灾祸,应命皇后恳辞。皇后如果能主动恳辞,也更能发扬谦让美德。"

尽管宰相及所有大臣都支持这一意见,但中宗依然没有听从。

中宗在庐陵王时代,和韦后一起被武则天幽禁在房州(今湖北房县)。长期的囚禁生活,使两人成为患难夫妻,感情

深厚。中宗胆小,每次听说武则天派来使者时,由于过度恐惧,常常吓得想要自杀。每到此时,韦后就劝他:"祸福无常,顶多不过一死罢了,何必吓成这样呢?"共同处在连挣扎也无效的苦境里,夫妻的关系,往往会结合得非常牢固。

"如果今后有重见天日的那一天,我一定让你随心所欲,决不限制你!"

中宗对坚强的妻子非常感谢,也由衷地依赖她的坚强,就像口头禅似的,常常这样对她发誓。

如今,他总算得见天日,成为万人之上的天子了。所以即位后,中宗就觉得此刻正应该报答在长久的痛苦中作为他精神支柱的糟糠之妻了。因此,面对韦后的挑战,他主动采取无条件投降的态度。

韦后原来就十分好胜,加上在漫长的幽禁生活中,成为一家人的精神支柱,以及长期累积下来的经验,把她磨炼得比以前更大胆泼辣。

不断忍耐和祈祷的结果,总算盼来了好运。如今只要她想得到,不论是权力或荣誉,还是豪华的生活,都能随心所欲地得到。韦后过去一直受到抑制的野心,好像是要为过去的痛苦报仇一样,强烈地要求付诸实现。

一旦重新登上皇后宝座,就不必再担心武则天会把她从宝座上突然拉下来,这种自信和自负使韦后更加放肆。

充满野心的韦后,在当上皇后的同时,至少在形式上她开始参与朝政。

当中宗临朝听政时,韦后就坐在皇帝斜后方的浅紫色帷幕后,听取朝政进行的情形,这种景观好似武后垂帘听政的重现。眼看这种情形,张柬之等宰相及大臣们的脸色都暗了下来。

公元705年神龙革命的领导阶层,从一开始就知道,中宗没有当英明天子的器量。第一次从皇帝宝座上摔下来的表现,就足以证明他是没有头脑、感情冲动的人;而中宗一旦到了紧要关头,那种胆小如鼠的模样,更是他们所不愿看到的。

张柬之等人当然知道,中宗是一个懦弱而没有政治头脑的人。可是,他们又乐观地认为:长达20年的痛苦生活和50年的人生经历,多少会使中宗聪明一些,至少中宗对拥戴他登上天子宝座的大恩,应给予相应的回报,温顺地接受宰相们的施政方针。

自古以来,人人都相信"艰难能使人成器"这句古话,但是这句话应限于内藏宝玉般素质的人。古往今来,"艰难"不仅不成为良药,反而变成使人怯懦、顽劣的毒药的情形,也屡见不鲜,这类人物一旦遇上幸运之神的降临,立刻就乐昏了头,好像一下子要把过去的坏运全弥补上似的,开始贪图享受。

张柬之等看到,原本应该成为傀儡的中宗,在即位之后,竟公然忽视他们的话语,起初感到十分愕然,继而是愤怒,在内心里也感到十分狼狈。

不错,中宗确实是傀儡,但操纵他的,却是韦后!

经过无限忍耐、艰苦奋斗,才把女帝推倒,如今竟有新的女主诞生,那他们的政变,他们的一切行动,岂不变得毫无意义?

韦后是个对政治完全外行,不久前还在乡下过幽禁生活的中年女人,如果至高无上的皇权落到她手里,谁知道又将会发生什么严重后果?

朝臣的首脑立刻聚在一起商量对策,却没能马上想出好办法,但是,也不能就这样拱手浪费宝贵的时间呀!不得已之下,只好暂时派纳言(宰相)桓彦范为代表,引用《尚书》的话进谏:"牝鸡司晨,惟家之索",在武后垂帘听政时的这一句流行话,如今又如亡灵复活般被抬了出来。可是,对于急着想成为"武则天第二"的韦后而言,这些话都不过是耳旁风。

为了安抚两位妹妹过去受过的痛苦辛酸，韦后就尽力让她们过着豪华的生活，任命大妹夫陆颂为国子祭酒（相当于大学校长），二妹夫冯太和为太常少卿（掌管宗庙祭祀之事），封堂兄韦温为礼部尚书（掌管天下礼仪祠祭燕飨贡举的长官）鲁国公，韦温的弟弟韦胥为曹国公、左羽林将军。韦胥之子韦捷，变成成安公主（中宗的小女儿）的丈夫，后来，又将玉同皎的妻子安定公主（中宗第三女）下嫁给韦温的堂弟韦灌。外戚韦氏一族的势力，就这样开始膨胀起来。

然而，更为严重的是，随着时间的推移，以韦后为首，逐步形成了一个韦武集团，一个乱政的韦武集团。

武则天统治后期，掌权的是武氏集团。这个集团的首领是武则天，骨干是二张等人。中宗即位以后，二张等人死了，房融等人被惩，武则天病死。可是，武氏集团是不是从此烟消云散了呢？不是。这个集团的余党还大有人在，其中漏网的重要分子就有上官婉儿、武三思等人。

上官婉儿的祖父上官仪和父亲上官庭芝都被武则天杀死。她从小跟着母亲配入宫廷为奴，因为聪明伶俐，能说会写，熟悉吏事，因此得到了武则天的赏识，长期担任武则天的秘书，草拟诏命。圣历元年（698年）以后，百官上奏后的皇帝批示，许多都是出自上官婉儿的裁决。后来，上官婉儿和武则天的情夫张昌宗调情，被武则天发现，她过去受到的种种信任，也随即消失。但她有对事情的敏捷反应和处理百官表奏的能力，仍是武则天不愿丢弃的得力秘书。

显然，这样的人，已经成为武氏集团的死党，不能再用了，不杀也得罚。但是昏庸透顶的中宗却非常信任她，继续让她当自己的秘书，专门负责制作敕命、誊写，以及向中书省下达命令的工作。

没多久，婉儿获得了婕妤（妃子之一）的地位。自入宫以来，婉儿到现在才正式拜受官位，而且还是高官，真是多亏了中宗。

婉儿这时42岁，在当时，若以社会上一般结婚较早的标准而言，已经是含饴弄孙的年龄了。但是，婉儿入宫后虽说一直没有官位，但在女帝宠信之下，她穿着一般郡主也比不上的豪华服饰，过着不知辛苦为何事的生活。对这样一位深宫里的佳人而言，岁月的步伐似乎极为缓慢，她看起来就像是30出头的样子。而且，洗练的袅娜多姿，成熟的风貌和举止，所在之处都能吸引自命风流的男人。

既然成为婕妤，当然可以接受中宗的宠爱，可是伶俐聪明的婉儿早就看出韦后的醋性，深怕惹麻烦，主动疏远龙床。

但她并不情愿就此虚度一生，她有悲愁，有情欲，越是压抑越是强烈。就在这时，武三思找机会巧妙地和她勾搭上了。

神龙元年（705年），张柬之等发动政变，接到二张被杀的消息，武三思认为，他们的刀尖，很快就会指向武氏一族，因而吓得脸色苍白，忐忑不安。

没想到中宗即位以后，丝毫没有露出要打击武氏的意向，然而，武三思仍然不放心。

"既然无法得知他们内心怎样打算，就要在他们采取下一步行动之前，尽快地想好保全之策。"

在下定决心的同时，他的计划也尘埃落定，但是他没有把这种想法告诉任何人。

中宗结束幽禁生活，第二次被立为皇太子以后，武三思经常到东宫亲近中宗夫妇，经武后允准，李显的幼女安乐公主嫁给了武三思的儿子武崇训，彼此关系良好，有着"一家人"的气氛。

不同于东宫的是，如今警卫森严的皇宫，根本无法随便自由出入，更何况武三思还要顾虑到张柬之等人的态度，必须慎重行动。在这种情况下，必须要有人在后宫当向导，才能使事情顺利进行。积极物色的结果，武三思找上了上官婉儿。

一个42岁的女人，遇到对女人有丰富经验的风流才子施展出手段时，很快就被征服了。这是在晚来的人生秋天里，意想不到的突然来临的"春天"，婉儿的心里充满兴奋若狂的惊喜与陶醉。

从此以后，婉儿用尽心思，设法使她心爱的人能自由地出入后宫。也唯有这样，婉儿才有机会和武三思幽会偷情。

得到中宗信任的上官婕妤，和以前无官的秘书时代相比，威严自然不同。侍女、宦官们虽然知道婉儿和武三思的隐密，但都采取视而不见的态度，不敢为此得罪婉儿。

处事谨慎的婉儿，一如武则天的年轻时代，毫不吝惜地把珍贵物品赏赐给宫女和宦官们，取得他们的好感。而武三思又是怀有野心的风流才子，深谙人情世故，自然会直接或者通过婉儿送给他们不少金饰宝玩。不多久，后宫里所有的人都积极地为他们保密，并帮助他们达到幽会的目的。

到了人生的秋天，才真正尝到"春"的滋味，婉儿的眼睛开始发出湿润的光泽，皮肤也不像过去那么干燥了，从全身散发出一种迟来的女性美。

头上的压力突然解除，韦后如今已经完全自由了，不仅在宫内，就是对朝廷的事，她也开始能随心所欲、为所欲为了。

在这种情形下，要说韦后还有什么不满足的话，那就是因为受到过去幽禁生活的影响，而未曾注意的，身为"女人"欲望上的不满足了。

很久以来，韦后对虚弱而感情化的中宗，就不当他是个"男人"。可是直到昨天为止，两人是在被压迫下的困难生活中，像受伤者彼此安慰一样，有一种患难与共的关系维持着他们的感情。

自从中宗即位以来，韦后仗着他过去的誓言，日渐扩大势力，如今的中宗已经变成彻底的"妻管严"了。看到恭顺的在以脂粉打扮的母老虎面前唯命是从的男人，还能从他身上感到"男人"的魅力吗？

以前，武三思常到东宫来的时候，韦后把他看成才气纵横、风流可靠的男人，但也仅是如此而已，并没有其他特别想法。

对上官婉儿的显著变化，年岁相近的韦后很快就觉察到了，当她以自己的嗅觉发现婉儿和武三思有特别关系时，韦后心里乱成了一团；看到婉儿突然漂亮起来，韦后内心产生一种无法抑制的羡慕和嫉妒。另一方面，对武三思的感受，也变得和过去完全不同，如今在她眼里，武三思已成为充满吸引力的"男人"了。

中宗即位以后，上官婉儿很快就和韦后成了无话不谈的知己，就连交媾私情也不隐瞒。发现了武三思和婉儿的秘密，只要有机会，韦后就借着说笑，嘲讽婉儿。婉儿从皇后眼里，看出她奇妙的眼光时，才发觉韦后的真正企图，为之愕然——原来韦后也对武三思有意思！这真是出人意料。

发现这个秘密，婉儿开始仔细地观察。她发现每当武三思来到后宫时，韦后看他的眼光就不寻常；和他谈话时，也常露出不必要的娇笑。

经过几个辗转难眠的夜晚后，原来就很聪明，加上能压抑感情的婉儿，知道现在只有忍受痛苦，放弃这个第一次也必是最后一次的恋情了。既是韦后想要武三思，她就没有获胜的希望。何不在事情严重化之前，现在就自然而主动地

第四编 隋唐野史

把情人让给韦后呢？

在这个决定付诸实施前，婉儿先和武三思商量，虽然她已下定决心，但对有生以来第一次的恋情，难免不产生留恋。

武三思做出非常意外的表情，默默听完婉儿的述说，然后以不愉快的口吻说："即使如你所说，皇后真的有这个意思，我怎么能和皇后发生那种关系？"

在这刹那间，聪明的婉儿立刻发觉，他只不过是表面装出这种庄重态度罢了。

"他心里在高兴！"这样说来，他只是为了接近皇后，才利用我……

婉儿的心里产生火烧般的屈辱感，眼前一片昏黑，她极力克制自己，做出假笑的表情。她知道，自己决不是韦皇后的竞争对手，虽然对武三思的行径不满，也无可奈何。

经由婉儿的安排，秘密和武三思偷情的韦后，有如鱼之得水，全身都充满精力，对政治的干预程度，也更见张狂。

婉儿不仅放弃武三思，还主动地把武三思送给韦后，韦后对婉儿如此善体人意，既感到满足，又表示感谢，同时对她也因感谢而更加宠信。由此可见婉儿的聪明过人。

把武三思让给韦后不久，婉儿就建议韦后，现在要继续向前迈一大步，一切以则天皇帝为标准，积极参与政治。婉儿认为自己既然无法不成为宫里的一分子，想离开屈辱和绝望，另辟一条新的道路，就要趁着将武三思让给韦后这件事，使韦后对自己感到亏欠，借此更接近韦后，这是她目前唯有的一条路。

巧妙地躲开韦后的嫉妒和好胜心，反而比从前得到更多的信赖，婉儿果然不是普通的才女。

韦后近来显得很愉快，始终保持笑容，中宗对这种情形，感到很高兴。像他这样单纯的老好人，对韦后的愉快感到十分满足，本在预料之中。但对韦后和武三思的关系毫不知情，就未免太愚钝了。

韦后和婉儿在中宗面前多次说武三思才能出众，中宗于是封武三思为司空，同中书门下三品（宰相）。婉儿也进封为昭容（妃子之一，正二品）。中宗让她专门负责起草诏书，参预朝政。武三思的儿子崇训、崇训的妻子李裹儿，当然封为驸马、公主。不久，又封散骑常侍武攸暨为定王，兼职司徒。

受到韦后的怂恿，中宗在决定政务时，开始和武三思商量。说商量是好听的话，对有才气而善知人心的武三思而言，控制中宗真是易如反掌。

张柬之等宰相及群臣，如今已变成接受武三思命令的人了。

韦后垂帘听政后，回到后宫，就和武三思盘踞在皇帝的龙床之上，掷双陆棋，这已成为近来的日课了。中宗不仅不追究武三思非礼，而且还在一旁观战，帮他们计算筹码。如今的傀儡皇帝，附带变成扮演戴绿帽子的丑角了，真是令人叹气。

中宗对武三思的信赖，远远超出了其他大臣，这是因为在仅有太子之名的二张全盛时代，武三思频繁地到东宫安慰他，当时的感谢之情，成为现在中宗信赖他的根基。武三思的深谋远虑，总算发生了效果。

在此之前，处于不安立场的武氏一族，从此突然精神百倍、重整阵容。在没有武则天的现在，武氏一族的势力，又开始壮大了。

到现在，张柬之等开始痛恨自己没有先见之明。因为他们知道，中宗的诏命，实际上是根据武三思的裁决而来，他们纷纷后悔当初的失察和大意。

后悔仍然不迟，可惜的是，张柬之、桓彦范等人心慈手软，优柔寡断。就此时的力量对比来看，武氏集团正在死灰复燃，韦氏集团刚刚拼凑起来，因而，韦武集团实力还不够雄厚；而张柬之、桓彦范等人则掌握着将相大权，废武则天易如反掌，而且深得人心，因此，是完全有力量把武氏集团余党一网打尽的。如果除尽他们，只剩下韦后和她的亲属、亲信，就掀不起大浪了。

但是，张柬之、桓彦范等既低估了武氏集团余党的能量，又错误地估计了形势，更主要的是他们不愿利用手中掌握的权力去消灭武三思等人，却想借中宗之手去消灭，以此提高中宗的威望。中宗宠爱上官婉儿、武三思等人，能去消灭他们吗？真是与虎谋皮！

张柬之等人多次秘密晋见中宗，没有任何结果。中宗既不愿杀掉自己最信赖的人，也不想得罪拥戴他登上皇帝宝座的张柬之等。中宗对反复谏奏铲除武氏一族，感到很不愉快，可是心里又有所顾忌，无法发泄，他唯一能做到的抵抗，就是顽固地保持缄默态度。

中宗时常单独微服到武三思宅第去，这也许是对张柬之等人无言抗议的表现。在武三思宅第的别院里，还有他最疼爱的女儿裹儿，他们举家欢迎的热情款待，使中宗得以暂时忘却一切烦恼。

很快，监察御史崔皎就对此事进行规谏：“国家刚刚走上正道，则天皇帝还在西宫，天下人心还没有完全归附，武氏的旧党还在，陛下怎能轻率地微服出游呢？”

在谈天时，中宗无意中把这事泄露给了武三思。武三思听了，对崔皎恨得咬牙切齿；另一方面，对口无遮拦的愚昧天子，更加轻蔑，也对他这种随便说话的情形，加强戒心。虽然武三思在内心轻蔑中宗戴上了绿帽子还一点儿不知道的愚蠢，可是近来武三思对他也产生带有怜悯的同情。然而，这唯一的一点怜悯之情，也因为这次谈话而完全消失了。他认为中宗已经愚昧到不值得同情，也深切感受到愚昧的可怕。可是，对武三思完全赞许的中宗，根本没有发现这种情形。

想通过中宗除掉武氏一族毫无结果，敬晖安排考功员外郎崔湜，让他秘密探听武三思等人的动静。一探听，崔湜大吃一惊，武三思的势力已经远远超过张柬之等人的想象，他深得中宗信任，而且操纵着中宗。不仅是武三思，就连中宗都深深厌恶张柬之和敬晖等人。左思右想，崔湜为了保全自己，决定投靠武三思，就把敬晖等人的言行全部透露给了武三思。武三思经过一番考察，决定利用崔湜做反间，提升他为中书舍人（负责中书省内部事务的官员）。

殿中侍御史（主管殿廷供奉之仪式）郑愔本来在二张手下做事，二张被诛后，他被贬为宣州（今安徽宣城）司士参军，贪污受贿，案发后逃回东都洛阳，立刻秘密拜访武三思，自称有“秘密要事”求见。

郑愔来到武三思面前，默默地低下头，开始不停地哭泣，继而又呵呵大笑。

“你这小子是疯了吗？实在无礼之极。”

武三思气得大骂。但同时又想到，在他这种奇怪行为的背后，必定隐藏着一种玄机，受到好奇心的驱使，他冷静下来听郑愔说话。

郑愔态度镇定地说：“一开始见到大王时，之所以哭泣，是因为大王就要被诛杀，全族将灭亡，所以感到悲哀。接着又大笑，是因为大王得到我郑愔的帮助，深为大王庆幸。也许大王会感到怀疑，请仔细听微臣所言。如今大王虽然得到天子信任，可是张柬之、敬晖、桓彦范、崔玄暐、袁恕己5人都掌握将相之权，而且胆识、智谋都远远超过常人，他们废上皇（武则天）的手段，的确了不得。大王以为你和上皇相比，何人更强？他们5人日夜寻找机会，想吃大王的肉，灭武氏一族。大王如果不把这5人从权力宝座上赶下来，自己的性命就危如朝露啊。”

第四编　隋唐野史

武三思默默听完郑愔的谈话，会心地点点头，随即带着他上了楼，问他有什么妙计，可以自保。

郑愔诡秘地说："现在应表面上给他们以尊崇，暗中削夺他们手中的权力；等他们手中无权时，再慢慢儿摆布，不怕他们不束手就毙。"

武三思大喜，立即免除郑愔的贿赂、逃脱罪，提拔他为中书舍人。

武三思暗中告知韦后和婉儿，要两人双管齐下，日夜向中宗进谗，说张柬之等5人恃功专宠，将不利于社稷。中宗对张柬之和敬晖屡上谏言，早已厌恶到极点，因而由衷相信韦后和婉儿的话。

武三思趁机向中宗建议，以褒奖张柬之等5人复兴唐室的名义，封5人为王，借此使他们脱离实权。这是自古以来，帝王对很难对付的或与之敌对的重臣予以架空的常用手段。中宗十分赞成，宣旨立即执行。

封侍中敬晖为平阳王，桓彦范为扶阳王，中书令张柬之为汉阳王，袁恕己为南阳王，崔玄暐为博陵王，并赐给金帛鞍马，他们因此不得不放弃宰相宝座。

除此之外，又下"朝朔望"特令，使他们不必每天早晨参加早朝，只有初一、十五，也就是每月两次参加早朝就够了。这种特别的制度本来是用来慰劳老臣的殊荣，如今为了架空功臣，在他们5人身上派了用场。宦海沉浮，令人心惊。

在这5名宰相及其同党还在惊慌的时候，圣命又来了，目标是攻击崔玄暐，任命他为益州长史（州刺史的副手）接着又改任梁州（治今陕西汉中东）刺史，他不得不匆匆忙忙地离开京城。

武三思又通过傀儡皇帝中宗，命令文武官员恢复武则天时代的政治形式，排斥反对武氏的人，以前被张柬之流放的人，全部召回。

就这样，唐朝大权完全掌握在武三思手里了。此时距一月二十二日的神龙革命，仅仅数月而已。

### 屠杀功臣　奸佞当道

自古忠奸不两立。张柬之他们对武三思等人心慈手软、优柔寡断，而武三思等人却把他们看作眼中钉、肉中刺，对他们心毒手狠，步步紧逼，必欲置之死地而后快。

从政治权力中心被架空的张柬之等人，在没有精神支柱的情形下，过着茫然无为的生活，同时对自身和家人将来会受到怎样的待遇而忧虑恐惧。

神龙元年（705年）七月，汉阳王张柬之上奏请求回故乡襄阳（今湖北襄樊）养病。本来他精神矍铄，老而弥壮。但自从被明升暗降、剥夺实权以来，过去抑制住的老化，一齐涌上来，使他身心都受到强烈的侵蚀，终至染病在身。

张柬之的请求马上获准，朝廷任命他为襄阳刺史，又一位神龙革命的元勋被逼离开洛阳。神龙二年（706年），另外三位功臣也被贬出京，平阳王敬晖任滑州（治今河南滑县）刺史，扶阳王桓彦范任洺州（治今河北永年）刺史，南阳王袁恕己任豫州（治今河南汝南）刺史，都是要求立即动身。

虽然明知这些都是武三思在搞鬼，由于出自"圣旨"之名，他们也无法抗拒。过去留在洛阳，彼此之间还可以互通信息，可是从此以后，他们被分散到各个偏僻地区，变得完全孤立了。

神龙革命的另一位主角——光禄卿（掌管皇室膳食等事）驸马都尉王同皎，看到原本应该是惊天动地的神龙革命，竟然仅以诛杀二张，使武则天退位即告结束，到头来反而造就了韦后、武三思的势力，对此王同皎非常愤慨。只要见到知心亲友，就向他们暗地里说些发泄内心郁闷的话。

他的妻子安定公主，因为生母身份低微，受到韦后的欺凌，也很恨韦后，因此她也赞成丈夫的意见。

和王同皎有相同想法的人，有张仲之、祖延庆、周憬、冉祖雍等，由于官位都不是很高，若想起事也缺乏足够力量。但他们志气昂然，准备在举行武则天大葬时，趁机埋伏在路上，诛杀武三思，逮捕韦后，然后废掉她。

在诛杀二张时，因连坐被流放到岭南的宋之问和弟弟宋之逊，受不了岭南痛苦的流放生活，潜逃回洛阳，恳求王同皎收留他们。王同皎冒着和逃亡者同罪的风险收留了他们。宋之问看出王同皎对武三思恨之入骨，为讨好王同皎，他表示自己也对武三思非常不满。本来就擅于阿谀的人，做这种事可说是他们的专长，很可能因此使王同皎放松了对他们的戒备，他们得以在王同皎家自由行动。

宋之逊偷听到了王同皎他们的密谈，告诉了宋之问。两兄弟不约而同地想到，将王同皎等人的阴谋揭穿，以此邀功，抵消逃亡之罪，说不定还能因此恢复官职呢？

宋之问兄弟，对冒着生命危险，收容他们的大恩人，做出这种可怕的背叛行为，竟然一点也不感到脸红，反而认为迟一会儿，就会增加自身的危险，立即叫来宋之逊的儿子宋昙和外甥校书郎李悛，要他们去告密。几乎是同时，王同皎视为心腹的冉祖雍，也向武三思告了密。

武三思得到消息后，命宋昙、李悛和冉祖雍三人联名上奏，说王同皎和洛阳人张仲之、祖延庆及武当丞周憬等，偷偷组织了一批壮士，阴谋杀害武三思，称兵中宫，废掉韦后。

中宗命御史大夫（御史台长官，负责邦国的刑宪典章）李承嘉、监察御史姚绍之审问。案子还没有了结，中宗又命杨再思、韦巨源、李峤参加审讯。杨再思本为两京留守，因谄媚武三思，才被召入朝做了侍中，韦巨源是武三思的爪牙，现任刑部尚书。这两人参与审理此案，无罪也变成了有罪。

张仲之认为，既然被发觉，就万事皆休，因此在大堂上毫不畏缩地诉说武三思的罪状："武三思淫污宫掖，何人不知？你们难道不知道吗？"

韦巨源大怒，命人将张仲之反绑双臂送回监狱，张仲之仍然回头不停地大骂。姚绍之就命令押送官吏殴打他，并扭断了他的左臂。张仲之虽然发出凄惨的叫声，但仍然大骂不止："就算杀了我，我也要到天神那里去告你们这些奸贼，看你们能横行到几时！"

神龙二年（706 年）三月十二日，王同皎、张仲之、祖延庆被处斩刑，并抄家灭族。周憬没有被捕，逃到比干庙。听到王同皎等人的死讯，周憬悲愤万分，在神座前大声说："忠臣比干，你应该知道我的心思，武三思与韦后淫乱，危害国家，将来总有一天会枭首都市，只恨我不能亲眼看到了！"遂引颈自杀。

王同皎事件之后，武三思决心要清除张柬之等五王。原先在中宗脑海里，仍存有敬晖等人复兴唐室，使他得到天子地位的想法。可是三人成虎，不断听到韦后、武三思、上官婉儿的谗言，使他的观念也动摇了。历史上不是有许多臣子将不起色的皇子拥立为天子，然后恃功而骄，最后势力壮大，终于威胁天子的情形吗？

这一年五月，武则天大葬完毕后，武三思立即命令心腹郑愔向中宗诬奏："敬晖等五王，曾与王同皎同谋。"中宗毫不迟疑地下令，夺去他们的爵位，把他们贬到更远的地方做司马，还将与五王同时立功的大臣赵承恩、薛思行等也外调出京。

武三思一定要将五王置于死地，他派心腹部下，在洛阳天津桥畔立了一块大木牌，木牌上写着斗大的字："皇后在后宫里，偷偷沉溺在和武三思的淫乐中。"这是十分阴险的一石两鸟之计，既可以用来诬陷五王谋反，又能抑制韦氏一族势力的发展。

顿时，全洛阳骚动起来，满城风雨，官方闻讯，立即撤去木牌。但越是高阶层的丑闻，对民众来说似乎越够刺激，一如过去的情形一样，市场、花街、酒肆、街头巷尾，都在谈论韦后和武三思的通奸事件，这事成了人们茶余饭后的头条花边新闻。

突然受到这么重大的打击，愤怒夹杂着不安，韦后捶胸顿足，大声嚎哭，吼叫着宣称自己的"清白"。同样因受刺激太大，变得六神无主的中宗，在一旁想给她一些安慰，但韦后就像母老虎一般咆哮着，中宗根本无法让她安静下来。

强迫让韦后服下御医调制的镇静药后，她才稍微安静一些。这下轮到中宗了，他一直抑制着的愤怒突然爆发出来，仿佛得了疟疾般全身痉挛，连话都说不出来，服下镇静药，才渐渐恢复正常。中宗命御史大夫李承嘉调查这件事，李承嘉曾和桓彦范一同弹劾过张易之兄弟，但这时已成为武三思的心腹了。

武三思推说"己身不德"，隐居在家中，暗中操纵阴谋的进行。

中宗当然深信韦后的"清白"，对武三思也没有丝毫怀疑。他恨不得立即抓到这次事件的犯人，把他撕裂，处以极刑，以泄心头之恨。

两个月前的四月，中宗已经受到一次同样的刺激。有位尚未做官的处士韦月将上书："武三思在后宫和韦后暗通私情，如果放任不管，将演变成大逆事件。"

狡诈的武三思立即意识到，自己和韦后的秘密迟早会被揭穿，何不自己将秘密抛出去，转祸为福呢？武三思的阴谋或许就是在此时得到启示的。

当时中宗看完奏章，表情十分激动，命黄门侍郎（副宰相）宋璟，立即斩掉不忠不敬的韦月将。宋璟奏请先审问一下，断定有罪再斩不迟。这句话如同火上加油，愤怒的中宗气得说不出话来。

宋璟以为中宗默许了他的意见，就退出朝殿。

中宗见状，突然从御座上跳下来，由侧门跑出去追宋璟，上气不接下气地急奔，头上戴的皇冠摇摆得几乎要掉下来。大臣们看到中宗这种狼狈相，暗中慨叹："简直没有一点儿天子的气度！"

好不容易追到宋璟，他气喘吁吁地叫道："朕命你斩韦月将，你敢违抗圣命吗？"

宋璟以怜悯的平静态度对气昏了头的中宗说："朝臣中也有人传言武三思在后宫私通，俗话说'无风不起浪'，陛下不查问韦月将的上奏，就命臣立即处死他，这样做只能使流言更加猖獗，引起人们猜忌，天下骚动，更加不好收拾。"

这些话对激动中的皇帝丝毫没有作用，看到中宗有失天子尊严的举动，宋璟也气愤地说："如果非要杀韦月将，请先杀臣，不然臣绝对不奉旨。"

面对宋璟这种不畏鬼神的豪壮之气，中宗哑口无言。这时，朝臣也都追了上来，有几位大臣齐声说，如今正值夏天，不是处死刑的时候。当时的习惯，除特殊情况外，死刑通常都在深秋举行。

中宗只得把韦月将处以笞刑，再流放到岭南。韦月将抵达岭南不久，在秋分的前一天拂晓，被广州都督周仁轨处斩。由此可以看出，中宗对韦后和武三思的信赖，几乎到了愚昧的程度。

再说武三思的这次阴谋。御史大夫李承嘉按照武三思的密嘱上奏："从各方面调查的结果判断，立木牌这件事是敬晖、张柬之、袁恕己、崔玄暐、桓彦范等人，为了向武三思报复宿怨，彼此秘密联络，指使他们留在洛阳的同党干的。这样做，表面上是要除掉武三思，废除皇后，实际上是想不利于皇上。请皇上立即诛杀这5人及其同党。"

武三思又唆使媳妇安乐公主，在背后不断向中宗和韦后诬告敬晖等5人，命心腹侍御史郑愔从正面向中宗进谗言。中宗终于下令,把敬晖等 5 人关入大牢。

大理丞(掌分判寺事)李朝隐不忍看到五王蒙冤被杀,遂冒死谏阻说:"不能不经审问就斩。"

大理卿(主管邦国狱刑事宜)裴谈逢迎武三思说:"敬晖等人的罪状已经天下皆知,应该立即处斩,不用再审问了。"

中宗看到裴谈的奏章非常高兴,但因为以前曾赐给五王铁券,除了大逆叛国罪,其他罪都可以免死。这次虽然可以视为大逆阴谋,但表面上不能以这个名义定罪,最后免他们 5 人死罪,而改处终身流放徒刑。

敬晖流放到琼州(今海南),桓彦范到瀼州(今广西境内),张柬之到泷州(今广西境内),袁恕己到环州(今越南境内)。崔玄暐流放到古州(今贵州境内)。他们的子弟,年满 16 岁的都流放到岭南。

御史大夫李承嘉审案有功,赐给金紫光禄大夫之职,又封为襄武公,大理卿裴谈一跃而为刑部尚书。而大理丞李朝隐却突然被贬为闻喜(今山西闻喜)县令。

中书舍人崔湜,摆出一副忠贞面孔,向武三思建议:"万一将来敬晖等人得到赦免,将对您造成威胁。为断绝后患,应该现在派使者前往,诈称圣旨,将他们杀死。"

诈称圣旨,对现在的武三思而言,真是轻而易举的事。只要先杀掉他们,事后再说服中宗承认下过处斩圣旨,不会有什么困难。派谁担任执行伪诏的使者呢?崔湜推荐了大理正(相当于现在的法官)周利用,他是崔湜的外兄,以前曾因得罪敬晖等人,被贬到嘉州(今朝鲜平安南道南)任司马之职。武三思采纳他的建议,先提拔周利用为右台侍御史,再伪称奉圣旨,让他出使岭南。

张柬之、崔玄暐病死在流放途中,对他们来说,倒是不幸中的大幸。

周利用兼程赶往岭南,最先遇上的是桓彦范。在押送他去贵州的途中,伪使周利用命人将桓彦范的衣服脱光,推倒在削尖排列的竹板片上,令人把他在竹槎上拖动,就像是搓萝卜一样,立即肉绽骨露,然后被杖杀,死时正是 54 岁的壮年。

敬晖到了崖州(今属海南),被周利用活活打死。

袁恕己到了环州(今广西环江)后,被周利用捆绑起来,命人撬开他的嘴,灌入野葛汁折磨他。野葛是一种又名"断肠草"的毒草,根部有毒,服下能毒死人。几升野葛汁强行灌进了袁恕己口中,随着毒性的发作,袁恕己体内开始产生剧烈绞痛,痛得用手抓地,指甲都抓掉了,鲜血淋淋,最后被周利用乱棒打死。

神龙革命赫赫有功的 5 位朝廷重臣,就这样全部惨遭灭绝,这是在他们使病中的武则天交出政权,仅仅一年半以后的事。"狡兔死,走狗烹",如此凄惨的下场,实在令人触目惊心!

自从除掉了五王,武三思俨然成了朝廷的主人,他常对心腹说:"我不知道世上什么人是好人,什么人是坏人,凡是对我好的人就是好人,对我坏的人就是坏人。"

从他这句大胆的赤裸裸的话中,充分表露了他强烈的自我意识,也证明武三思的权力已经到了稳如泰山的地位了。

当时的兵部尚书宗楚客、将作大匠(主管邦国修建土木工程)宗晋卿、武三思的连襟太府卿(主管邦国财货)纪处讷、鸿胪卿(主管宾客及丧事葬礼等具体事宜)甘元柬等 4 人,是武三思身边特别重要的心腹人物。御史中丞(监察官)周利用、侍御史(监察官)冉祖雍、太仆丞(主管判寺事)李悛、光禄丞(主管判寺事)宋之逊、监察御史姚绍等 5 人，是武三思的耳目和打手，文武百官称他们是"武三思的五狗"。

### 逼反太子

神龙二年(706 年)七月，中宗在迁都长安之前，接受相王旦和太平公主的建议，册立三皇子重俊为太子。重俊系后宫所生，不是韦后嫡出，所以韦后不喜欢他。重俊勉强被立为太子，不论韦后或武三思，都准备暂时册立他，以后再找机会把他废掉。

太子重俊性情开朗豁达，脑子也很聪明，算得上是年轻有为的青年，可惜的是身边缺乏良师贤臣教导。

每当看到太子重俊得意、快乐的样子，韦后心里就恨。武三思也是这样，因为建储大事中宗没有和他商量，所以他对重俊的厌恶可能更甚于韦后。

韦后和武三思的态度，直接影响到安乐公主与武崇训夫妻对太子的感情。安乐公主和武崇训经常在背后骂李重俊为"奴"，打心眼儿里看不起他。

武三思父子经常唆使安乐公主："废掉那个愚昧的小子，你就可以取代他成为'皇太女'了。"

用不着公公和丈夫的怂恿，安乐公主的心里，早就充满想当皇太女的野心了。打从懂事的时候起，安乐公主就知道自己是父母最疼爱的女儿，加上与生俱来的好强个性，以及对自己美貌的信心，更形成她骄傲狂妄的个性。当父亲成为天子，母亲成为皇后，她就认定天下没有人能妨碍她满足欲望。

韦后自不必说，中宗对于爱女的要求，除了她要当皇太女，其他都尽可能地给予满足，无形中滋长了安乐公主的骄横和狂妄。

太子李重俊发现，和自己刚被册立为太子时相比，和他有姻兄弟关系，也是他要好的朋友——武崇训、杨慎交(异母姐长宁公主的丈夫)对他的态度，近来变得很生疏，而且行为语言上，对他显然也带有轻蔑的意思。

一个偶然的机会，李重俊知道了同父异母的妹妹安乐公主李裹儿，仗着韦后的势力想废掉他，自己当"皇太女"；同时还得知，不仅是裹儿，连武崇训、杨慎交等人，都在背后骂他为"奴"，根本没把他放在眼里。

他现在才恍然大悟，原来他们以前对他好，全是虚情假意。愤怒的血汇聚成一股狂流，在太子重俊的体内发出巨大能量奔涌着。

在彷徨中，李重俊的心中燃起不愿就这样束手待毙的怒火。借助这股怒火的力量，勉强抵抗心中重大的压力，他开始暗中寻找能帮助他而又可以信赖的人。

寻来找去，太子李重俊发现，只有右羽林大将军李多祚能帮他的忙。李多祚不仅是赫赫有名的大将军，还是神龙革命的功臣，并具有武人的爽直和可敬的忠贞。

太子李重俊和李多祚秘密见面了。李多祚在当时纷乱污浊的朝廷中，可以称得上为数不多的具有正义感的人了。李重俊一见到他，就感受到了朴实的温暖，未曾开口说话，便百感交集，流下泪来。看到太子脸上的眼泪，李多祚的眼眶也不禁火热起来，两个人的手，在泪眼中，在感动中，紧紧地握在一起。李重俊擦去眼泪，说出了内心的想法，恳请李多祚帮助。

李多祚向来意气风发，自以为上次讨平二张，反手即定；现在武三思擅权淫恶，与二张一样，天怒人怨，除掉他不过是举手之劳，就答应太子李重俊，拥护他发动武装政变，一举歼灭武三思一族人，然后废去韦后，把她幽禁起来。李多祚向太子发誓，不惜牺牲生命帮助他，完成大唐真正的复兴大业。

李多祚和太子李重俊商量了大致的

行动计划,李重俊的眼里闪烁着光亮,不停地对李多祚点头。

离开东宫,李多祚召集部将李思冲、李承况、独孤祎之、沙吒忠义等人密谈,他们都慷慨激昂地愿为太子效命。

李多祚又把李氏皇族禁军大将军李千里,推荐给太子。李千里眼看唐朝中兴后不久,武三思掌权,实质上君临天下,中宗形同傀儡,心中早就愤慨不已。如今受到太子李重俊的请托,毅然率领儿子天水王李禧,加入了太子李重俊的政变行列。

神龙三年(707年)七月六日,拥护太子李重俊的将士,发动了政变。太子李重俊和李多祚、李思冲、李承况、独孤祎、沙吒忠义等,诈称接到紧急救命,率领300多禁卫军,袭击了武三思的私宅。武三思在家中和一群娇妻美妾团坐在一起饮酒欢乐,武崇训也在座,只有安乐公主入宫没有回来。猛然听到外面人声嘈杂,不免惊疑,正准备叫侍役出门察看,禁卫军已经一拥而入,见一个杀一个。武三思父子来不及逃脱,被李多祚等抓住,推到太子李重俊面前。太子斥责他淫恶万端,拔剑剁死二人。又命令将士将武三思全家,不论男女,一律处死。

太子命左金吾大将军(掌宫中及京城昼夜巡警之事)成王李千里和他儿子天水王李禧,分兵守住宫城门,自己和李多祚等杀入肃章门,直逼禁宫。

中宗和韦后、婉儿、安乐公主等,夜宴刚完。右羽林大将军(统领北衙禁军)刘景仁忽然跟跟跄跄跑了进来,奏称太子谋反,已领兵杀进了肃章门。

中宗慌乱起来,颤抖着说:"这……这还了得!"

还是婉儿有些主见,说:"养兵千日,用兵一时,刘将军管的是什么事,怎能听任叛军犯阙呢?"

刘景仁碰了个钉子,答不上话来。安乐公主接口说:"你快去调兵护驾,守

住玄武门,再报知兵部尚书宗楚客等,速来护卫!"刘景仁领命而去。

上官婉儿又献计说:"玄武门楼可以做坚守的堡垒,请皇上、皇后赶快登楼,一来可以暂避凶锋,二来可以俯视宣布诏令。"

中宗和韦后一行人迅速向玄武门跑去,后边跟着一群惶恐的宫女和宦官。抵达玄武门,正遇上刘景仁带着100多骑兵前来护驾,中宗当即命令他们屯兵楼下,自己和韦后等人上楼。婉儿一声令下,立刻有无数把火炬在玄武门旁燃起,火光直冲天际。

住在宫城内中书、门下两省值夜房里的杨再思、苏瑰、李峤等宰相,以及兵部尚书宗楚客、左卫将军(统领宫廷警卫)纪处讷等人,得知宫中发生了紧急变乱,迅速聚集了2000多禁兵,守卫在宫城正殿——太极殿,封闭了左右前后殿门。

这时,李多祚等也来到玄武门楼下,被警卫飞骑挡住。中宗在楼上向下俯视,看见了李多祚,说:"我待你不薄,你为什么谋反?"

李多祚大声说:"武三思淫乱宫闱,陛下难道没听说吗?我等奉太子令,已诛杀了武三思父子,只是宫闱还没有肃清,请陛下将党同武三思的首恶处死,臣等就立即退兵,自请处分,就是死也无愧无怨了。"

中宗听到武三思父子已被杀死,不由地吃了一惊。韦后、婉儿和安乐公主都忍不住涕泣起来,拉住中宗的衣襟,要报仇雪恨,急得中宗不知如何是好。

宫闱令杨思勖在旁边请命说:"李多祚挟持太子,称兵犯阙,这样的叛臣逆贼,人人可诛。臣虽不才,愿率禁兵击贼。"

中宗听他一说,稍觉胆壮起来,便说:"卿愿效力,还有什么说的,只是要多加小心!"

第四编　隋唐野史

杨思勖领旨下楼，来到太极殿内，传谕宗楚客。宗楚客拨给他1000禁军，开门出战。李多祚这时还在等候中宗的答复，按兵未动。太子李重俊赶来接应李多祚，和他一起赶来的李多祚的女婿野呼利，挺起长矛冲上前去，想夺门登楼，被右羽林将军刘景仁拦住，杀在一起。忽见殿门大开，赶忙驰马要冲进去，迎头碰上杨思勖一刀砍来，匆忙间躲闪不及，被劈落马下。杨思勖杀死了野呼利，麾兵齐出。李多祚手下只有二三百人。看到野呼利被杀，不觉气馁，便纷纷倒退。

婉儿在楼上看见敌军动摇，就在中宗耳边悄悄说了几句话。中宗立刻出现在阁楼前，高声向楼下喊道："叛军听着：你们都是朕的忠实卫士，为什么要跟随李多祚造反呢？如果能马上反正，杀死李多祚，朕不但赦免你们的罪过，还要加赏。"

话音一落，下面一片寂静，但立即又充满不安的动摇和杀气，士气沮丧的叛军，此刻正在担心自己的命运。"哇！"叛军像蝗虫一样，发出野兽般的狂吼，一齐扑向他们的首领，李多祚、李思冲、李承况、独孤祎之、沙吒忠义都战死在乱军之中。攻打太极殿右门的李千里父子也相继伤身。太子李重俊杀开一条血路，往南直向终南山跑去，身后有百余名骑兵跟随。逃到长安与终南山之间的鄠西（今陕西户县）时，侍从只剩寥寥数名。靠在树下休息的李重俊，被一名侍从突然举刀砍死，其他士卒先是一愣，随即便无言地赞同了，在动荡的时期，人的感情竟是如此淡薄！

中宗把太子李重俊的头颅献入太庙，向列祖列宗的神灵报告，大逆事件得以在一天内平定，感谢祖宗的神灵庇佑；然后把头颅供在武三思和武崇训的灵枢前，告诉他们大仇已报，祭奠他们的亡灵，再把李重俊的头颅挂在朝堂上示众。

文武百官对武三思的专权，以及他和韦后通奸的行为，早就十分不齿，如今看到中宗不明真相，还为偷自己的妻子和国家的奸夫之死如此痛苦，心中很不是滋味；更令人丧气的是，虽说太子李重俊发动政变，但究竟也是自己的儿子，而且竟把太子的首级特意供在武三思父子的灵枢前，毫无父子之情。

跟随太子李重俊起兵的许多士卒都被流放，韦后等人逼迫中宗，要求全部处死。中宗认为牵连人数太多，有些犹豫，就命司法官员裁断。大理卿郑惟忠上奏："叛乱刚刚平定，民心还没有安定下来，如果再严惩众人的罪，恐怕会出现更多的麻烦。"中宗才算作罢。

### 任人唯亲

当年（684年）中宗从天子宝座上被拉下来，贬为庐陵王，流放到房州时，当时任豫州刺史的韦玄贞，被剥夺官职，连同妻子崔氏被流放到岭南钦州（治今广西钦州）。韦玄贞不久就病逝了，当地的少数民族首领宁承基兄弟，逼崔氏献出两个女儿，被崔氏断然拒绝。宁承基兄弟杀死了崔氏和她的四个儿子，韦后的两个妹妹历尽千辛万苦逃回长安。

中宗复位以后，派广州都督周仁轨带两万兵去讨伐，取了宁承基兄弟的首级祭崔氏墓，还残酷地把宁承基的部众全部屠杀了。中宗很高兴，加封周仁轨为镇国大将军，赐爵汝南郡公。韦后还把周仁轨看作自己的父亲。

那时，有一位西域僧人叫慧范，本来没有什么真才实学，只凭如簧的巧舌游说于权贵之间，既和二张相好，又被韦后相中。二张被杀以后，他作为余党，本应受到追究；但因为他是韦后相中的人，中宗不仅不惩罚他，反而授给他银青光禄大夫之职（是从三品的文散官），还赐给他上庸县公的爵位。准许他公开进出宫中，表面的理由是他"从内部协助诛杀二张有功"。

中宗受韦后的影响，后来也经常微

服到慧范家中,听他祈祷。桓彦范曾代表大臣进谏:"慧范以国家禁止的邪道,从背后扰乱国政,按照国法应立即诛杀。"中宗根本不理会。

术士郑普思、尚衣奉御(管理皇帝衣服的小官)叶静能巧言令色,善于逢迎,因此得到中宗的宠爱。他俩根本没有什么文化,中宗只好不通过正常任免官吏的中书省、门下省、直接下令任命郑普思做秘书监(相当于文化部长),叶静能做国子祭酒(相当于大学校长)。后来,中宗又加慧范等9人五品官阶,赐爵郡、县公;道士史崇恩等3人五品官阶,拜国子祭酒同正;叶静能加金紫光禄大夫。

中宗任命官吏常常不看德才,几名他的东宫老部下,尽管才能平庸,却统统做了宰相。

当年中宗被幽禁在房州的时候,当地官吏对他管制得很严,只有刺史张知謇、崔敬嗣对他很有礼貌,还经常给他好吃好喝的。因此中宗对他俩非常感激,复位以后立刻把张知謇从贝州(治今河北清河)刺史升做左卫将军,又加云麾将军,赐爵范阳郡公。崔敬嗣已经老了,他的儿子崔汪只爱喝酒,当不了官,中宗也给他五品散官的虚衔,白领国家俸禄。

### 纵情游乐

打球是中宗最喜爱的运动。在天子的倡导下,这项运动风靡一时,王公贵族都花了庞大的经费去建造球场。尤其是武崇训和杨慎交,更是不惜挥金如土,建造华丽的球场。

中宗自神龙元年(705年)复位不久,就开始沉湎于享乐之中,根本不能预测自己黑暗的将来。他追求享乐的动机,纯粹是由于年轻时受苦太多,如今想从晚年才得到的权势与自由中,得到像幼儿般的享受而已。

虽说是享乐,但最重要的享乐部分都被韦后限制住了。所以,中宗不但不能荒淫,就是连宠妾,也受到韦后的限制。在所谓"酒色"的男人享乐中,他几乎和"女色"绝缘,自然就变成了幼儿般稚气的游乐了。

景龙二年(708年)十二月二十九日,中宗下圣旨,要中书、门下二省的官吏、各位王公、驸马、学士,全体在三十日那天到皇宫内殿集合,参加除夕的通宵宴会。

三十日,内殿的庭院里,燃起巨大的火炬,亮如白昼,穿着礼服的王侯公卿,黄昏后就陆陆续续来到了。

不一会儿,中宗和韦后驾临。在奏乐声中,盛大的宴会开始了。宫中过去的除夕宴也是年年举行,但都只限于亲属,像这次君臣聚会一堂,上下共欢,实在是从未有过的创举。

随着夜色的深沉,宴会逐渐进入高潮。中宗见时机已到,环顾了一下四周,对身边的御史大夫窦从一说:"听说爱卿丧妻已经好几年了,今天朕给你作媒,赐给你一位佳人,趁着今晚的宴会,现在就举行婚礼大典,你愿意吗?"

窦从一为这意想不到的圣宠而惊愕,以为一定是位如花似玉的美人,不由得喜出望外,赶快离座叩谢皇恩。

中宗当即命令内侍到后宫迎接新人。工夫不大,内侍提着宫灯,手持步障和金银刺绣的圆扇等,从大厅的西廊闪出,随后是宫女们簇拥着一位新娘子,身穿长裙衣,头蒙红巾,由前后左右的圆扇、方扇遮住,轻迈莲步,款款走到窦从一座前。

中宗当即命令窦从一和新娘交拜,对坐行合卺礼。饮过了交杯酒,窦从一揭去新娘的红盖头,中宗首先大笑起来,众人也都哄堂大笑。原来这位新娘子竟是一位白发苍苍、皱纹满面的老婆子。她是韦后的奶妈,以前是蛮族出身的婢女,现在至少有60岁了。

窦从一变喜为惊,心中非常懊恼,但圣命难违,转念一想,皇后的乳母势力也不小，自己做了她的丈夫，年龄相貌虽然不合适，官却可以保住了，乐得将错就错，惊讶的表情慢慢转为正常，和老乳母一起，向中宗谢恩。中宗封老乳母王氏为莒国夫人，命令左右备车，送新郎、新娘回府。

景龙三年（709年）二月，中宗、韦后、安乐公主三人一起登上由玄武门改称的神武门，参观在门北禁苑举行的宫人拔河。

这种游戏流传已久，到唐朝以后才称为拔河。本来是在一年之初，用来占卜这一年吉凶的仪式；到了唐朝，就解释为祈求丰收的巫术，仪式也逐渐演变得雄壮活泼，终于成为很容易分出胜负的有趣竞赛节目了。

唐朝的拔河和现在稍有不同，在长达四五十丈的大麻绳上，结成数百个环状小绳，每个人挂在肩上拉绳，在大绳索的中央立一面大旗作为界线。据说这种拔绳，后来一直在蒙古地区流行。

中宗下令，在后宫的宫人和婢女中，选出年轻健康的1000多人，分成东西两边拔绳。拔河时，娇声四起，热烈竞争的场面非常热闹好看。

场地周围有宦官、警卫的士卒和其他人众，组成一面人墙，维持秩序，还兼有"啦啦队"的职责，手舞足蹈地为双方加油。

女人群中，有人不小心摔倒了，又奋力爬起来，双脚稳住继续用力拉。大多数的宫人，高高的发髻已经凌乱，满脸的汗水已经将脸上的粉妆洗去。失败的一方，有人懊丧地流泪；胜利的一方，有人兴奋地哭泣。

神武门楼上，也不断传来加油的喊声，中宗就是狂热的观众之一。

拔河还有一种玩法。宫女们把长绳系在大竹子上，把竹子扔到水里，然后拉回来，再掷再拉，速度快的取胜。宫女们都没有什么力气，全凭着人多势众，一起拽拉巨竹，才能拉起。每队数十人，分成若干队，相互比赛，都弄得满身是水，红粉涔涔。

中宗和韦后倚在楼栏杆旁，观看宫女们拔河，以快慢定赏罚。宫女们越想斗胜，越要用力，有失足跌伤的，有挫腰呼痛的，中宗都当作乐事，开怀大笑。

景龙四年（710年）二月的一天，中宗命三品以上的文武官员在梨园球场举行拔河。三品以上的高官里，有许多超过80岁的像唐休璟和韦巨源那样的老人。对他们来说，"君命难违"。但要他们"拔河"，实在令这些老人难受，而中宗的本意，就是想要看看他们的狼狈相，从中得到乐趣。

东队有七位宰相和两位驸马都尉，西队有三位宰相和五位将军，进行拔河比赛。东队人多，西队认为不公平，奏请中宗重新分配，中宗不同意。比赛结果西队败北，西队的老丞相韦巨源和唐休璟年迈体衰，被身上的绳子拉倒，一时爬不起来，手脚乱动，在地上挣扎，脸孔痛苦地扭曲着，眼里流出苦涩的老泪。

中宗、韦后、安乐公主、婉儿等人，看见他们那种可笑的模样，连眼泪都笑了出来。

中宗还有一种行乐的法子，就是在神武门北的宽广禁苑，设立许多模拟商店，让美丽年轻的宫女担任卖主，公卿大夫扮演购物的顾客，演出买卖双方交易的情景。凡是能把货物以高价卖出的宫人，或有办法杀价买到便宜物品的公卿大夫，事后都能得到金帛等奖品。模拟市场开张后，只听到尖细的叫卖声和粗犷的讨价还价声，呈现出一片热闹景象。

平时，宫女们久居深宫，难得与男人们随意攀谈。宫女和公卿们，在有限的场所里，只能装模作样地从远处互相观察。中宗给他们提供了这样好的接近机会，难怪他们对现在能公开接触、交谈说笑，如此重视，如此开心。

公卿们故意装成市场商人和往来顾客，遇上有姿色的宫女，就用淫秽言语交易，或者因价钱无法谈妥而大叫大嚷。也有的打扮成胡人的高官，假装听不懂宫人的汉语，指手画脚，引得四周人大笑。宫女们也乐得放纵自己，和假顾客们互相戏谑，拉拉扯扯。

中宗、韦后、安乐公主和上官昭容等，也带着少数侍从，各自改换服装，在模拟市场中徘徊观望，看见宫人和公卿们的越轨行为也不责备，有时还乐得拍手大笑。

景龙三年（709年）二月，中宗每隔三天，就要召集近臣、学士举行酒宴，命每个人表演节目助兴，在观看节目时，中宗常常会像孩子一样地兴奋。

群臣表演的节目，有弹琴击鼓，有演奏笛子、琵琶，有唱流行歌曲，有时也由一人、或二人、三人一起跳舞，一时纷纷杂杂，各献所长。

国子监祭酒祝钦明，自己请求表演八风舞。只见他卷起长袖，来到殿阶前，舞了起来，时而弯腰屈足，时而舒臂耸肩，时而左摇右摆，时而挤鼻弄眼，丑态百出。中宗和韦后见了，拍掌大笑，内侍宫女们也都掩口笑了起来。

吏部侍郎卢藏用悄悄向同座的人说："祝公身为国子先生，却作出这种丑态，斯文全都扫地了！"

国子监司业郭山晖看见祝钦明的丑态，心中既惭愧又忿怒。不一会儿，轮到他表演节目，便离座向中宗叩头说："微臣生来愚笨，对歌舞以及乐曲等风雅韵事一概不通，请允许我朗读古诗代替。"

得到中宗的许可后，郭山晖朗诵《诗经·鹿鸣》，由鹿呦呦而鸣的共食情形，比喻君主用美酒佳肴诚心宴请群臣；接着又朗诵了《诗经·蟋蟀》一诗，讽刺春秋时的晋僖公因过分节俭而失礼。

郭山晖的朗诵吐字清晰，抑扬顿挫，中宗知道他是借诗劝自己行善，点点头

说："我知道你的意思了。"可惜就是知而不做。

群臣献技完毕，中宗余兴不减，又召来优人，表演回波舞（乐府商调曲，又为舞曲名。六言四句，因开头例有"回波尔"三字，故名）。中宗看得兴起，对群臣说："有回波舞，不能没有回波辞，众卿各作一曲，以助酒兴。"

有一个人首先站起来朗声吟道：

回波尔如佺期，流向岭外生归。

身名幸蒙齿录，袍笏未复牙绯。

这人是沈佺期，原任考功员外郎，因是二张的同党，被流放到驩州（治今越南文安省演州西安城）。上官婉儿招揽文臣学士时，召他回京任起居郎，兼修文馆学士。这时乘机借回波辞自嘲，乞求复官。

中宗听了，微微而笑，对沈佺期说："朕还你官爵就是了。"沈佺期急忙叩头谢恩。

优人臧奉向中宗、韦后叩头说："奴才也有一辞，只是语句近似戏谑，有犯至尊，请陛下和皇后赦臣死罪，臣才敢奏闻。"

中宗和韦后齐声说道："恕你无罪，你就放心说吧。"臧奉曼声吟道：

回波尔如栲栳，怕婆却也大好。

外头只有裴谈，内里无过李老。

韦后听了，禁不住大笑起来。中宗也微微含笑，并不介意。群臣中有很多人知道这个故事，原来当时有个御史大夫裴谈，是个虔诚的佛教徒，特别害怕老婆。曾说妻子有三可怕：妻子年轻漂亮时，像似生菩萨，哪有不怕生菩萨的；到儿女满堂时，妻子就像九子魔母，没有人不怕九子魔母的；及其年龄渐老，薄施脂粉，或青或黑，看着好像鸠盘茶（噉人精气的鬼），哪有人不怕鸠盘茶的呢？这些话传扬出去，人们当作笑谈，都喊他"裴怕婆"。韦后欲步武后之后尘，挟制丈夫，中宗怕她正和裴谈相同。因此，臧奉

敢做这首辞，实际是为韦后张威，不怕中宗怪罪。正是：

> 欺夫婆子怕婆夫，笑骂由人我自如。
> 可笑当年李家老，子如其父媳如姑。

谏议大夫李景伯担心群臣越来越放纵，愤然离座而起，上前奏道："臣也有一辞奏上，请陛下采纳。"歌辞说：

> 回波尔持酒卮，微臣职在箴规。
> 侍宴不过三爵，喧哗或恐非议。

中宗听了这首谏诗，反而不悦，脸上竟露出了怒容。御史中丞萧至忠见中宗的脸色不对，担心李景伯被治罪，于是跪奏道："这真是好谏官呀，请陛下考虑他说的话。"

中宗也不理他，传命罢宴，起驾回宫。第二天，有些大臣想责罚优人臧奉，却听说韦后已经派人赏赐臧奉金帛，只好叹息作罢。

中宗所有的玩乐中最盛大的节目，就是元宵节前正月十四日夜里的"看花灯"。自古以来，看灯就很盛行。它起源于古代道教的祭祀节日。在元宵节点燃灯火、彻夜歌舞玩乐的习惯，是从六朝末期开始的，到隋炀帝时代，正如他的诗"灯树千火照，花焰七枝开"所形容的，已经奠定了唐朝灯节盛大形式的基础。高宗时代，这种风俗逐渐向盛大的趋势发展，经过武则天时代，到中宗时，灯节的豪华热闹更是史无前例。中宗也特别喜爱。

特别值得一提的是景龙四年（710年）的元宵节，不论是灯笼构造的新颖华丽，还是灯节的规模之大，都有划时代的进展。而在刚刚过去的一年里，因为严重的灾害带来的米价暴涨，还没有恢复正常。

"赏灯"不限于长安、洛阳，几乎遍及全国各地。长安的百姓平时作息以古楼的落日钟声为限，夜间禁止市民外出。各处街坊，都用土墙包围，东西南北各有二门，随着钟声的响起，这些门就全部关闭。

可是，在元宵节前后的三五天内，这种宵禁完全解除。人们对这一年中仅有的一次自由，极为珍视，欢乐的程度可想而知。

十五晚上的明月，在夜空中发出皎洁的亮光。满城灯火，几与明月争辉；在这个美丽的夜晚，不分男女老幼，贵贱贫富，一切礼俗全都免除，四面八方响起吟唱歌声，每个巷口，不断涌出浓艳盛装的人群。

景龙四年（710年）正月十四日，也就是元宵节前夜，韦后听说外面灯盛，与众公主和上官婉儿等，邀请中宗一同微服出外观灯。中宗本有此好，非常高兴地答应了。一行人都打扮成普通百姓的模样，带着一班侍臣、宦官，到热闹的市区观灯，同时还特地批准数百名宫女出游，任其所至。

这些宫女平时像笼中鸟一样被关在后宫里，准许她们出游，兴奋劲儿就甭提了。她们纷纷穿上自己最得意的衣服，浓妆艳抹，花钿高髻，满头珠光宝气，高高兴兴地从后宫来到五彩缤纷的长安市区。据说有很多人就此一去不回，因为不便追究，只好假装不知道，糊涂过去。

中宗和韦后一行人，只拣热闹的地方游玩，夹杂在看灯的百姓当中，一点也不避忌。有明理的人看见他们，都窃窃私议："这些看灯的男人和妇女，像是大内出来的，不是公主，定是嫔妃；不是皇子皇孙，定是公侯驸马。皇上放他们出来看灯，难道宫中没有好灯玩赏吗？如此人山人海，男女混杂，贵贱不分，成何体统！"他们怎么也没想到至尊天子也在这群人中间。

中宗在微服享受元宵赏灯的乐趣后，开始比以前更热衷于游乐。但中宗的游乐，纯粹是一种游戏，一种儿童般幼稚的游戏。

无论如何幼稚，对中宗而言，在这种

游乐中,得到忘我的每一刹那,虽然不能说是他唯一的生存意志,但如果缺少这些游乐,他就会感到空虚,无法排遣自己的感情。宫中的大小宴会,也因为他这种情绪,变得越来越频繁,除此之外,他也常常出游。

在夏天将要开始的四月一日,中宗率领中书、门下两省五品以上官员和修文馆学士,骑马到芳林园游玩。

芳林园在禁苑南门和芳林门北面,是出入禁苑的必经之地。长满紫红樱桃的树林,犹如无数的红玉,把芳林园点缀得分外美丽。

中宗命令所有的公卿大臣,骑在马上用嘴摘下樱桃,不准用手,否则,就要受罚。要想用嘴把小小的樱桃从树上摘下来,又不弄破它,并不是一件容易做到的事,尤其对那些坐在马背上腰弯齿缺的老臣而言,更加困难。身穿紫色或绯色官服,头戴幞头的公卿,平时一脸严肃,道貌岸然,此时却丑态毕露,有的在马上左右扭转身躯,有的拨开胡子翘起嘴巴,有的扭曲着脸,有的摇头晃脑,纷纷为摘取樱桃而奋力拼搏。真是一场绝无仅有的超过任何喜剧演出的滑稽表演!

中宗穿行在樱桃林中,尽情地欣赏臣下的怪相,时而鼓掌,时而大声欢笑,有时也说几句笑话,或喊几声加油,快活极了。

有人被树枝划破了脸皮,血流不止,有人不小心跌落马下,摔得爬不起来,中宗仍然不依不饶,命他们继续表演由他导演的这出丑剧,在天子的胡闹里,臣下似乎感受到了某种严厉的嘲讽,有一种说不出的悲哀和恐惧。

四月十二日,中宗在隆庆池举行盛大的游船。隆庆池在长安外东城靠近春明门隆庆坊南边,武则天垂拱(685—688)初年,此处一家百姓的水井,在一场大雨过后,突然大量冒水,形成了一个数十丈方圆的大池塘,朝廷认为是吉祥的征兆,特地赐名为隆庆池。有人说这个水池经常有云气上升,甚至看到黄龙从池中升天,又称它为"龙池"。

后来又从龙首渠引来渠水,水池的面积越来越大,景龙年间已宽有数顷,深达数丈。

在龙池的北面,有相王李旦的5个儿子住在那里,临淄郡王李隆基(后来的唐玄宗)也在其中。

有一位擅长望气的术士对中宗说:"这个龙池苍苍茫茫的,常有帝王之气上升,最近越来越盛。"

中宗听了,以为是自己当天子的德运越来越兴旺的征兆,所以决定到龙池游船。如果中宗有头脑的话,就应该想到相王的五个儿子中,可能藏有"潜龙",将来会成为天子。在深信天命的时代,某个地方有帝王之气上升,通常是意味着那个地方将有新天子出现,这是一般的推论,可是中宗一点儿也没想到。

盛大的游船活动在兴高采烈的气氛中进行。中宗带着韦后和安乐公主及宫女、近侍,坐在有龙头的御船上,举行酒宴。其他官员乘坐的船跟在后面,厨船和奏乐船与御船保持一定距离,厨船四周有送酒菜的几十艘小船随时待命。

酒浓兴起,中宗竟然不听侍臣的劝阻,命人把禁苑内兽园的大象弄来,要大象上御船。大象刚把前脚放到船上,船身就歪了,幸亏被人急忙把大象拉回去,御船才没有翻。中宗的酒意也吓醒了,满船人全都冷汗直冒。

船虽然没有倾覆,但中宗的游乐却不会再有了。中宗做梦也没有想到,使他永远结束游乐的人,竟然是他最钟爱的女儿安乐公主和他的糟糠妻子韦后。

### 溺爱结成的恶果
#### ——穷奢极欲的安乐公主

中宗共有8个女儿,安乐公主李裹儿是他的第7女,韦后的小女儿。中宗当年被贬到房州的时候，韦后在流放途中生下了她，所以中宗和韦后对她特别宠爱。

圣历元年（698年）九月，庐陵王李显被第二次立为皇太子。为了巩固李显的太子地位，在韦后的策划下，李显和武后的侄儿武承嗣、武三思结成了儿女亲家。韦后的长女长宁公主，早年嫁给了杨慎交。次女永泰公主嫁给了武承嗣的儿子武延基，年方18岁的幼女安乐公主做了武三思之子高阳王武崇训的妻子。

李显与韦后的独子李重润，当时封为邵王。他和妹婿武延基十分要好，年龄相似，性情相投。两人年轻气盛，经常议论朝政，对出入宫禁的张易之、张昌宗兄弟极为不满，扬言要杀死二张。张易之得到密报后，哭着奏报武后，武后离不了二张和她淫乐，为了保住这两名情夫，立即命人将李重润、武延基和他的妻子永泰公主捕杀。李显和韦后的三个孩子，一下就死了两个，他们把父母之爱全都灌注在小女儿安乐公主身上。过分的溺爱，使她形成了骄傲狂妄的个性。中宗复位以后，在皇权的滋润下，安乐公主的狂妄和野心急剧地膨胀起来。

神龙二年（706年）七月，中宗在不得已的情况下，立三皇子卫王李重俊为太子。尽管韦后和武三思都非常厌恶李重俊，因为找不出正当的理由反对，只能暗恨在心。中宗的长子李重润，早已被武后处死。次子谯王李重福，由于是庶子，平时就受到韦后的轻视，而他的妻子又是二张的侄女，韦后深信造成他爱子李重润惨死的主要原因，就是企图当太子的李重福及其妻子向二张诬告的结果。所以，中宗复位后，李重福就被贬到均州（今湖北均县西北）任刺史，实际就是永远不准回朝廷的长期流放。三皇子李重俊这才被立为太子。

骄傲狂妄的安乐公主，在母亲韦后和公公武三思的影响下，想当皇太女的野心越来越大，对异母哥哥李重俊的憎恨也越来越深。

为了达到取代太子李重俊的目的，安乐公主和武三思父子商量对策，决定先集合想求取官职和急于向上爬的人，发展自己的势力。

这类人虽说都是小人物，但只要数量不断增加，也是一种不可低估的力量。为了提高声望，网罗党羽，也为了收取再多也不嫌多的金钱，安乐公主利用天子的墨敕，开始卖官。她自己先写好敕文，去找父皇，用衣袖掩盖住敕文的内容，做出撒娇的样子，靠在父皇身上，要求中宗签名盖印。

对爱女裹儿的撒娇和要求，中宗露出苦笑说："真拿你没办法！"不仅答应了裹儿的要求，而且连内容也不看，就签了名盖了印。

这个消息不胫而走，凡是想求官、升官者，都设法找关系，辗转来到安乐公主府第，数量逐日增加。也有人送给安乐公主巨额金钱，求她解决刑事案件，或者释放牢中的囚犯。

安乐公主在"孔方兄"的诱惑下，有求必应，没多久，她的势力至少在暗地里，已变成"权倾朝野"了。

安乐公主认为时机差不多了，就直接向父皇恳求，立自己为"皇太女"，韦后也在一旁帮腔，要求中宗答应裹儿的愿望。

对韦后或裹儿的任何要求，从来没有拒绝过的中宗，唯独对这个要求迟疑不决。他曾征求过大臣魏元忠的意见，对这个棘手的问题，魏元忠没做正面回答，只是说："公主为皇太女，驸马都尉又怎么称呼呢？"

中宗笑了笑，就把这件事搁置起来。中宗的潜意识里，对女皇帝仍然心有余悸，母后武则天的所作所为他永远也不会忘记，14年漫长的幽禁生活的制造者，他怎么能忘呢？另一方面，或许是中宗想到，有朝一日出现新女皇，必然会招来"反女皇"的风暴，闹得天下大乱，他不愿自己心疼的裹儿因此受到摧残。再者，如果自己提出册立"皇太女"，和宰相们的一场争执必然无法避免，说不定会因此引起不必要的骚动，威胁到自己的皇位。想到这里，中宗不再犹豫了，决心不设"皇太女"。

得知父皇坚决不准设立"皇太女"之后，安乐公主向韦后、武三思和武崇训大发牢骚，表达自己的强烈不满："连宫女出身的阿武（对武则天的蔑称）都能当天子，我是真正的公主，为什么不能当皇太女？父皇太不近情理了！"

一个凶狠的想法在她心中油然生起："只要没有父皇在……"

安乐公主深知母后有做"武则天第二"的欲望。如果没有中宗存在，韦后就可以用皇后的名义临朝称制，然后废掉太子李重俊，立自己的爱女裹儿为皇嗣。心灵相通的韦后虽然知道女儿的想法，但她一时还没有开口和女儿商量这件事的勇气。

骄慢、不服输的安乐公主第一次遭受重大的挫折，而且阻止自己实现欲望的障碍，竟然是一向疼爱自己的父皇，内心的愤怒和焦躁，对父皇的诅咒和日益昌炽的野心交织在一起，煎熬得她几乎要发疯了。

但她知道，没有母后的公开支持是不行的，现在除了等待，再没有其他方法了；无论如何也要达到目的的欲望，使她勉强抑制住自己。在等待的时光中，为了排泄心中的焦燥，必须把自己的精力，全部转移到值得自己关注的事情上，才能使被抑制的心灵稍稍得到安慰。想了很久，安乐公主终于在超豪华的奢侈上，发现了值得她用心思去做的事情。

一般的奢侈，如今已经无法满足安乐公主的心灵，必须是特殊或盛大的事，才能引起她的兴趣。

安乐公主对服饰讲究的奢侈情形，几乎到了令人难以置信，或使天下人瞠目结舌的地步。

安乐公主命工匠用百鸟的羽毛，制成特殊的毛裙。这件毛裙从正面看是一种颜色，从侧面看又是一种颜色，在阳光下和阴暗处，又有不同的颜色，在近处仔细审视，据说又有像百鸟飞舞般的花纹，真是变化万千。这件珍品价值百万钱，当时一石米不过几十钱，毛裙的昂贵程度可想而知。她做了两件，一件献给了韦后，一件留给了自己。

安乐公主还用百兽的毛做成鞯，即铺在马鞍下的布，上面织有精巧的百兽图样。

景龙二年（708年），安乐公主和过去就有私情的武延秀正式结婚。为庆贺她的婚礼，蜀地的官吏用搜刮来的民财，进献了一件"碧罗裙"。这是在碧蓝色的绢布上，用细金线绣上花卉鸟兽，细微的地方就像头发一样，鸟图只有一粒米大，但五官俱全，栩栩如生，只有视力较好的人，才能看清楚。据说这件碧罗裙的时价是一亿钱。

安乐公主的七姨崇国夫人，也是一位追求豪华的女性。值得她夸耀的珍品，是被认为具有驱邪除妖作用的豹头枕和白泽枕。"白泽"是类似狮子的神兽，可能就是狮子的别名。此外，还有据说放在卧室里能增强男性精力的伏熊枕。

上行下效，收集珍禽异兽的毛皮，制作奇异华贵的服饰，一时成为社会追求的风气。

不论在长安或洛阳，安乐公主都是住在公公武三思府第的别院里。武三思对安乐公主的住室曾做过大规模的精心装修。可是，如今的安乐公主也不满意了，内心炽烈的欲望，使她想把宅第建造得超过她的姑姑太平公主。

安乐公主向父皇要昆明池，她计划

以昆明池为中心,建造庞大的山庄。昆明池是位于长安西南的人造湖,是汉武帝时,为准备攻打昆明国,特地模仿昆明大湖的形状挖的一个大湖,作为水战训练的场地,周围长达40华里。

听到安乐公主的这个庞大计划,中宗着实吓了一跳,过了一会儿,才慢慢说:"那里是老百姓捕鱼维持生活的地方。"

看到气得满脸通红的爱女,中宗心里有些不忍,用既像道歉,又像哄她的口吻说:"裹儿,你为什么总是提出一些无理的要求,让为父感到为难呢?"

"好吧!我以后不会再求你了!"

裹儿气愤地说完,用大眼睛瞪着父皇。

请求昆明池的事情落空,但安乐公主并没有就此罢休。武三思父子给她出主意,想出了另外的办法。

安乐公主的办法是把长安西郊属于自己的土地作为建筑用地,再强行用廉价收买相连的农田,命司农卿赵履温建造有大水池的山庄。为了表示远胜过昆明池,她把挖好的人造湖命名为"定昆池"。

定昆池的面积大约方圆50里,据说南端抵达终南山麓。在池畔堆积石头,模拟华山的形状,并在山顶设置泉水,泉水流聚成河,经过九转弯折后注入定昆池,把河命名为"天河"。天河左右排列奇石怪岩,在其间用珊瑚等珍贵的贝壳做成怪兽神禽。真是极尽奢华之能事。

宏阔壮丽的定昆池,是安乐公主对父皇拒绝赐给她昆明池的无声反抗。

安乐公主这种令人瞠目的举动,深深地刺激了长宁公主。她同样也是韦后所生,但在父母的宠爱方面,从小至今,一直远逊于裹儿,这使她非常不满。

长宁公主的住宅,虽然赶不上安乐公主府邸的壮观,但也非一般公主所能相比。为了表示不输给裹儿,长宁公主

也在大业坊建造了一座豪华山庄。水池占地达300亩之广,池畔建有华丽的亭阁,整座山庄的壮美程度,丝毫不亚于长安宫城的楼阁亭台。

从神龙到景龙年间,中宗、韦后、安乐公主等人还在长安市内不断地建造佛寺,耗费了大量钱财。

神龙年间,中宗在长安坊为永泰公主建造了永泰寺,后改称万寿寺。景龙元年(707年)九月,中宗派慧范在洛阳建圣善寺,慧范乘机大肆贪污,把仓库都挖空了。但因为他是中宗和韦后的亲信,势倾内外,所以没有人敢出面检举。后来魏传弓揭发他贪污40多万钱,请求将他斩首。中宗不得已重罪轻判,把他罢官放回家了事。景龙三年(709年)正月,中宗又下令扩建圣善寺,几十家居民因此无家可归。

安乐公主也在景龙年间,建造了一座佛寺,以自己的名号命名为安乐寺,建筑设计模仿宫掖的样式,壮丽巧致,花费了数百万钱。她建佛寺,并非是想行善事,而是听说建造佛寺,可以获得功德,并且可以消除任何罪孽。因此,对她来说,建造佛寺是为了获得免罪符,殊不知这实际上是在制造更多的罪过。

中宗、韦后和安乐公主等人建造佛寺,总共耗费了1000多万钱,致使人力劳弊,怨声载道。

神龙三年(707年)七月的太子李重俊政变,杀死了武三思父子,安乐公主成了年轻的寡妇,但她并没有因此而感到空闺的寂寞。武崇训在世时,他的弟弟武延秀就已经和安乐公主有了奸情,如今他无须再躲避武崇训的耳目,可以公开而频繁地来找公主,并安慰她深闺的寂寞。在讨好女人和使女人获得满足方面,武崇训根本不是武延秀的对手。

景龙二年(708年)十一月,正当唐军在安西地区和突厥作战惨遭溃败时,安乐公主和武延秀却在长安举行了豪华盛

大的婚礼,与边境守军的痛苦情形形成了强烈的对比。

安乐公主这时已经怀孕,再也无法掩人耳目,无法继续拖延了。一般来说,和第一次结婚相比,再婚的一切都比较简单,更何况又是处在无法拖延的情形之下呢?

安乐公主则不然,中宗批准她按照皇后大典举行婚礼,这在历史上真是前所未有的奇事。

婚前,安乐公主的府第又重新修饰扩建。她利用权势,将附近百姓的土地,用象征性的价钱强行收买,使得民怨四起,可是她根本不屑一顾。

修整扩建的所有费用都由宫中支付,由于耗资巨大,工程完成时,禁藏已告空虚。

安乐公主和姐姐长宁公主等人,对自己的衣食住行,毫不吝惜地花费巨额金钱,在其他方面,却是极端地吝啬。她们叫苍头任意掠夺贫穷百姓的子女作为奴婢使用,从不愿意花钱雇人,对抢来的人则派人严格监视,防止他们逃亡。那些贫穷受害者不甘受辱,往往用逃亡来表示反抗。他们所发出的悲怨、控诉,有如黑色旋风,流动在长安城中的大街小巷。

为了弥补山庄的建筑费用及其他庞大开支,长宁公主也仿效安乐公主,开始以墨敕卖官。中宗没有拒绝长宁公主的要求,因为长宁公主经常抱怨父母偏爱裹儿,为了体现一视同仁,就顾不上滥授官爵了。

安乐、长宁两位公主大肆挥霍,滥用皇权,自然会强烈地刺激其他公主和后宫的贵夫人,引起连锁反应。于是,她们也纷纷行动起来,谋取权势和金钱。

韦后的两个妹妹,获得了最高的荣誉地位——国夫人。上官婉儿的母亲郑氏,也封为沛国夫人。她们以及深受韦后信任的巫女第五英儿等人,在韦后的帮助下,也获得了利用墨敕卖官的权力。不管是杀猪的、卖酒的,还是奴婢,只要行贿30万钱(铜钱),她们就让中宗下墨敕给他们官做。经由墨敕封官,称为“斜封”。当时人将这种使用贿赂获得墨敕封官的人,称为“斜封官”。这种称呼,显然带有嘲讽和愤怒的含意。

斜封官的数目很快就达到了几千人。这样,滥授官爵,自然会严重影响朝政的正常运行。当吏部员外郎李朝隐提出1400多人不适合做官时,中宗根本不予理睬。

中宗从神龙二年(706年)三月开始,大设员外官(编制外的官),从京城到各州一共有2000多人。宦官中升任七品以上员外官的还有1000多人。

官吏的不断增加,竟然出现了三官在衙门里几乎没地方坐的现象。三官是指宰相、御史、员外郎,尤其是宰相的人数超额最多,大部分是坐陪的宰相,实在是奇怪的现象。

宰相崔湜和郑愔都是中宗的宠臣,许多人向他俩行贿,他俩滥给候选人官做,名额不够,就动用3年内的名额。崔湜的父亲崔挹收了一个候选人的钱,因为崔湜不知道,所以没有授给那个人官做。那个人理直气壮地对崔湜说:“您的一个亲人收了我的钱,您为什么不给我官做?”

崔湜做出清白的样子,故意怒气冲冲地说:“我的那个亲人是谁,你告诉我,我把他抓来乱棍打死!”

那个人却冷笑着说:“您还是不要打死的好,不然您会后悔的!”

看到对方充满嘲讽的冷笑,崔湜下意识地想到:或许是父亲……想到这里,刚才装出来的正义感已荡然无存,难为情地闭上了嘴巴。

另外,只要安乐公主,或上述任何一位女性,行贿3万钱,就能立刻得到平常不容易获得的僧尼度牒,即出家为僧的正式许可证。

在佛教兴盛的唐代，出家为僧尼，可以享受免除纳税服徭役等许多优待；寺院中地位稍高的僧尼，很快就能从信徒捐赠的香火钱中，收回行贿的 3 万钱。

有不少人看到这种情形，实在无法忍耐，就鼓起勇气进行弹劾。左拾遗辛替否说："和先朝相比，陛下行赏百倍，增官十倍，赏赐的金帛供不应求，不得不倚赖富商，给他们封官，造成斜封官泛滥，扰乱了朝政。安乐公主虽然是陛下的爱女，但有很多言行不合道义，长此以往，必然会使天下人心怀怨恨。陛下也将因溺爱子女，招来天下人的不满。以目前的状况而言，朝臣不尽忠，边境将士不尽力，人心涣散，仅仅倚赖爱子娇女又有什么用呢？建造豪华的佛寺，对佛僧的待遇超过限度，一旦国家有难，佛僧也不能杀敌卫国；无论寺院多么壮丽，也不能救济饥馑。"

费尽心思写出来的奏章，没有得到任何反应。

### 遇害身亡

中宗有一个绰号叫"和事天子"，这是当时他的臣子暗地里奉送给他的。

景龙三年（709 年）二月，监察御史崔琬弹劾宰相宗楚客私收北狄的贿赂，导致唐军作战失利，损害国家威望，使西部边境军民蒙受重大灾祸，犯下了不可宽恕的罪行。

身为宰相，受到弹劾时，应该在朝廷上低头弯腰以示自责，等待查清事实，这是自古以来的惯例。但宗楚客不仅不认错，反而怒气冲冲地为自己辩护，反过来说崔琬诬告他。

看到宗楚客的强横态度，中宗不但不敢派人审问，反而赶忙设法使宗楚客与崔琬和解，命他们两人结成拜把兄弟。

这位和事天子实际上只是一个傀儡，但是韦后母女仍然嫌他碍手碍脚，总想把他除掉。

武三思死后，武则天的外甥宗楚客迅速地靠近韦后和安乐公主，利用她们的政治野心，排斥异己，掌握了朝中大权。

有一位叫郎岌的官员请求秘密觐见中宗，奏出惊人的内幕："皇后与宗楚客企图联合夺权。"

中宗听了以后非常愤怒，认为这是毫无根据的诬告。像往常一样，中宗把这件事不经意地告诉了韦后，不管听到什么消息，中宗都会传给韦后。凶狠的韦后，立即命人杖杀郎岌。

可是，事情并没有就此结束，纸终究包不住火。景龙四年（710 年）五月，许州（今河南许昌）的司兵参军燕钦融上奏说：

"皇后淫乱的谣言在民间广泛流传，皇后干涉朝政，造成了许多政治弊病。外戚韦氏的势力日益强大，自古以来，外戚旺盛都是动摇国家根基的重要原因；安乐公主与丈夫武延秀和宗楚客勾结，危及国家社稷。"

对中宗而言，韦后和安乐公主都是他在这个世界上最亲密的人。韦后是和他共过近 20 年患难的结发妻子，虽然好强争胜，使中宗在她面前抬不起头，却是他多年的精神支柱；而安乐公主是他最疼爱的女儿，这两个人怎么可能背叛他呢？

中宗看完奏文，极度愤怒的内心产生了一丝疑惑，为什么臣下接二连三地诬告皇后和公主呢，疑惑给他带来了痛苦，他决定要证实一下，悄悄地召来燕钦融，当面问个详细。

燕钦融上奏的时候，就已经抱定了必死的决心，面对中宗，他鼓起勇气详细陈述。一开始，中宗有些激动，用责备的口吻询问，逐渐平静下来细听，陷入了沉思。最后，中宗只说了一句话："以后朕再召你来。"让燕钦融退下后，中宗回到后宫，神情黯淡。

尽管这一次中宗加了小心，没有把

召见燕钦融的事告诉韦后,但他的近侍中不乏韦后和宗楚客的心腹。宗楚客一得到消息,马上假传圣旨,令飞骑(皇宫卫兵)抓住了燕钦融,把他摔死在宫殿的台阶上。宗楚客大喊道:"真痛快啊!"

事后中宗得知宗楚客假传圣旨的事,连半句责备的话都没说。回想燕钦融答复他的话,心中的疑惑却更深了。从这天开始,中宗连韦后也避开,一个人躲在房子里,独自沉思。

武三思被太子李重俊的乱军杀死后不久,韦后就和经常出入宫廷的散骑常侍(负责侍奉规诫皇帝,备皇帝顾问应对)马秦客、光禄少卿(光禄卿之副手)杨均二人私通上了。看到中宗独自一人懊恼地闷在房里,茶饭不思的样子,韦后、马秦客和杨均3人非常不安,以为中宗知道了他们私通的事,尤其是马秦客和杨均,更是吓得要死,怕遭到杀身之祸,就和韦后秘密研究对策。

安乐公主想当"皇太女"的愿望,虽然一开始就遭到中宗的拒绝,但她并没有死心,压抑的欲望不仅没有因岁月的流逝而淡薄,反而比从前更为强烈。她知道,只要父皇存在,她的欲望就无法实现。欲望和亲情激烈冲突的结果,是欲望战胜了亲情,随时观注母后动向的安乐公主,发觉父皇和母后之间,突然产生了沉闷不安的气氛。她权衡利弊之后,立即投向母后的一边,成为他们秘密会议的一员。

密议的目的彼此心领神会,除掉中宗。为便于下手,首先要设法使中宗的态度缓和下来,燕钦融是在五月十七日被惨杀的,中宗从此就一直闷闷不乐。韦后露出多年不见的温柔表情频频安慰中宗,安乐公主也做出撒娇的样子,用媚笑来缓和父皇心中的苦闷。

中宗一向缺乏抵抗孤独和独自面对苦恼的能力,也没有独立解决这些问题的办法。在妻子和爱女的温情攻势下,

中宗的心灵很快又踏上了乐观的思考轨道,他重新调整看法,对郎岌、燕钦融的上奏,感到可恨;退一步说,他们的上奏即使不完全是诬告,也是他们杞人忧天。想到在房州幽禁的漫长岁月里,妻子对他精神上的支持和鼓励,他觉得对不起韦后,不应该对她产生怀疑。他又想起在流放途中,安乐公主比预产期提前降生,在来不及准备的仓促情况下,他脱下自己的长袍包裹爱女的往事,对裹儿的父爱使她原谅了女儿的任性。

沉闷了12天之后,中宗召来近臣,举行宫中小宴。酒宴上中宗的笑声,表示他心头的阴云已经烟消云散了。韦后这伙人放下不安的心,随即又紧张地准备执行他们的密谋。

宴会的第二天下午,在中宗的起居殿,韦后和安乐公主分坐在中宗左右,在一起吃点心。点心里面有韦后为了治疗中宗近来的食欲不振而特别命杨均加药草做成的饼。药草是马秦客精选出来的,饼是中宗平时就爱吃的点心。

听了韦后解释,中宗想到妻子对自己的体贴,心里充满感激之情,又想到自己对这样贤惠的妻子还产生疑心,羞愧得几乎要掉下眼泪。为了感谢韦后的好意,尽管饼有些苦味,中宗仍然勉强自己大口吞咽。

韦后的脸上浮现出笑容,用得意的口吻说:"请圣上多吃一点,对龙体大有裨益。"

"父皇龙体要早些康复,不然裹儿就放心不下,请张开嘴让裹儿喂您吧!"安乐公主用筷子把饼分成两半,夹起一半放进父皇嘴里。

"看你这样子多没规矩。"韦后嘴里在责备女儿,同时发出来自心底的娇笑。

这幅幸福团圆图很快就变成了悲剧,中宗突然发出野兽般的吼叫,疯狂地猛抓胸部,说不出话来。听到韦后和安乐公主的尖叫声,御医们慌忙赶来,一摸

脉,都直摇头。中宗在呼吸微弱的情况下,痛苦地挣扎了一夜,黎明时才咽下最后一口气,终年55岁。可怜的中宗,就这样死在他最亲近、最信赖的亲人手里,结束了昏庸愚昧的一生。

## 唐明皇

### 焚珠碎玉

唐玄宗李隆基即位后,有鉴于世风奢侈糜烂,已制成了的车驾服饰、金银器物,命令主管人员全部予以销毁,以供军国之用。其中的珠玉锦绣,在殿前焚烧掉。从后妃以下,都不得服用,规定文武百官的服饰和所用的酒器马具:官衔在三品以上的可以用玉装饰,四品用金装饰,五品用银装饰,其他官员均在禁止之列,妇人的装饰随她丈夫和儿子。自今以后,整个天下都不能再采购珠玉锦绣等物品,取消东、西两京制造奢侈品的作坊。但是后来皇上听了胡人的话,命令监察御史杨范臣去海南地区搜寻奇珍异宝。杨范臣上奏说:“陛下在前年曾下令烧掉珠玉锦绣,以示今后不再享用,可今天所寻求的和当时所焚烧的有什么两样呢?臣为御史是天子的耳目喉舌,如果有军国大事一定要用臣,臣就是冒犯海南的炎热和瘴气,也万死不辞。但这不过是胡人迷惑人,向皇上献媚讨好罢了,对修养圣德没有好处。”皇上听了觉得有理,马上引咎自责,并对杨范臣好言慰藉晓谕一番,打消了寻求珍宝的念头。此后,胡人不敢再进言了。

### 信任谗佞

唐玄宗在做藩王的时候,赵丽妃生太子李瑛,皇甫德仪生鄂王李瑶,刘才人生光王李琚。到李隆基即位,临幸武惠妃,又生了寿王李瑁,丽妃等人便色衰爱弛,不再受宠幸。太子李瑛与李琚觉得母亲被冷落,难免有牢骚不满的话。驸马都尉杨洄娶武惠妃所生咸宜公主为妻,常暗中探听以上三王子的过失向惠

妃打小报告。惠妃便转而哭诉于皇上,皇上大怒,想把他们统统废掉。张九龄劝谏说:“陛下享国已很久了,子孙藩衍昌盛,天下人都在为您庆幸。如今三子没听说有什么大错,为什么有一天竟因无根之谈要废掉他们呢?何况太子是天下的根本,不可轻易动摇,如果陛下非这么做不可,臣不敢遵命。”皇上听了,心里不大高兴。惠妃暗地里打发宫奴对张九龄说:“有废就必定有兴,您做我们的帮手,宰相可以当一辈子。”张九龄叱责惠妃,并把她的原话禀告皇上,皇上才为之动容,因此一直到张九龄罢了相位,太子没有变动。但到了今天,杨洄造谣说太子、鄂王、光王暗中图谋不轨,皇上召见宰相商量对策。李林甫回答说:“这是陛下的家务事,不是臣下等人所能干预的。”皇上这才下定决心,派宦官去宫中宣布圣旨,把太子等废为庶人,不久又赐他们自尽。李瑶、李琚都好学习,很有才识,无辜死去,人们都为之惋惜不已。

唐玄宗对宰相说:“朕在宫中设立祭坛,为百姓祈求福祉。”于是亲自起草祭文写在黄白色的丝帛上,放在案子的上面。不一会儿,听见空中的神仙说道:“圣上可益寿延年。”于是又炼药成功,放置在祭坛上,到夜间想要收起来。这时又听见空中的神仙说道:“药不需收起来,这里自然有人守护着。”群臣听了,纷纷上表称贺。皇上尊崇道教羡慕长生不老,于是他所到之处,都争论符瑞之事,太白山人李浑等,进宫看见神人,说:“金星洞中有玉板石记,是圣主有福有寿的符瑞。”于是命令王鉷去寻求,直至找到它才算完事。山人上元翼又说:“见过玄宗皇帝,他说:‘宝仙洞中有妙宝真符。’”于是又责成张均等人去找到它。李林甫等人请倒出自己的房子放置妙宝真符,供大家观赏,以祝贺圣上万寿无疆,皇上很高兴。

江抑之,是兴化县的秀才,家里很富

有，本人意气风发，气宇轩昂，年过三十，尚且膝下无子。夫人廖氏为此忧心忡忡，便到江南的水祠去祈祷，结果生了一个女孩，小字叫阿珍，九岁的时候能诵读《诗经》中《周南》《召南》二篇，追想周文王后妃的美德，对父亲说："儿虽然是个女子，但志在向往古代，有所作为的人大概都是这个样子吧？"她的父亲为此话甚感惊奇，便给她起名叫采苹，采苹生来美丽，脸似芙蓉，鬓如柳丝，能招飞燕来掌上，能踏金莲在步中，虽然是月中的嫦娥，也没有她漂亮。她不但长得漂亮，而且文才广博，学问精通，琴棋书画，都尽善尽美。她生性喜爱梅花，父亲派人去江浙的山中，遍寻古梅，采来种植在自家的庭院中，在她居室的匾额上题写《梅亭》二字。采苹每日起居睡卧其中，早晚观赏把玩，于是便号叫梅芳，写作诗赋文章，以此自得其乐。其中的《萧兰》《梨园》《梅亭》《丛桂》《凤笛》《玻杯》《剪月》《绮窗》八篇辞赋，脍炙人口，名声震动远近。诗人称赞她说："端坐在暗香疏影之中，左右是淡雪微月，展开一张淡黄色的信笺，挥动一支雕花的笔管，就是前汉的婕妤，临邛的卓文君，也要退避三舍。"由此可以想见她这个人如何了。高力士奉唐明皇的御旨，从两湖渡过两广直到两粤，所到之处不乏佳人美女，便拿她们和武惠妃比较，很少有称心如意的。等来到兴化，听说采苹的美名，便以礼下聘，接进宫中。采苹年方一十六岁，花容月貌，天下无双，玄宗一搭眼，便龙颜大悦，赏赐江抑之黄金千两，彩缎百端，让他带回家去快乐一番。并在南殿设宴，与采苹饮酒作乐。采苹自幼生长在深闺中，虽然有刺绣蝴蝶裁剪鸳鸯的灵性，但年龄幼小，尚不知道春色可餐，便不禁满面娇羞，更加显得妩媚动人。采苹像颗明亮的星星，兴致婆娑，绿雨红云，如轻风般地迎合明皇，使得这花心一点，吐蕊放苞。杯中既有同心之结，闺房里能没有

定情之观吗？计时的铜漏流连不忍逝去，轻纱帐如梦般沉稳，留住沉香之比翼，招来巫山之云雨，两情绵绵，只苦春宵之短，怨锦窗之晨影而已。

第二天，明皇在金銮殿上处理政事，退朝回来，到采苹所住的另一处庭院里，读采苹写的《梅亭赋》，惊叹她文才诗情的丰富艳丽，又怜爱她特别喜欢梅花，便命令天下进献江南的良种，赐名叫梅妃。并因此告诉采苹说："朕这几天为朝政所困扰，头风病时常发作，今天看见梅花盛开，清香拂面，宇宙生凉，顿觉胸襟为之一爽。何况你花裳月容，尤令我心生摇荡。瑶台的仙妃、绝代的佳人，怎能不生嫉妒之心呢？"梅妃说："青春难以永驻，却极易被风雨摧折，只怕有梅花凋落月亮残缺的时候。"明皇笑道："朕的这颗痴心，花神可以作证。"话音未落，宫内侍者报告岭南刺史韦应物、苏州刺史刘禹锡，每人选择特殊的梅花五种，趁夜骑马送到京城。明皇见了大喜，立刻命令高力士种在梅花别院，摆设宴席进行观赏。正当这个时候，后宫的东西，前殿的南北，假山泉水之间，无处不是树，无树不是梅，幽深峻峭如孤山之麓，绚丽灿烂如邓尉之林，模糊一色，花光接天，是水晶宫吗？是银的世界吗？让人叫不出名堂来。

瑶殿的外面，长烟当空，微渺的月光笼罩着春日的小溪，潺潺的流水浮动着暗香，一尘不染，落花自下，青青的苔藓，绿色的草薪，踏在上面无声无息，身在其间，疑非人境。明皇与梅妃徘徊在花丛之中，一边走一边说着悄悄话，虽然没有孤山放鹤之情，却有月下联吟之乐。梅妃手弄玉笛，临风而吹，美妙的声音出自八孔，清越的节奏合乎宫商，激越的舞蹈像深壑的潜蛟，缠绵的泣诉如孤舟的寡妇，萧台的仙史，缑台的王孙，何足道哉！明皇龙颜大悦，召来诸王子陪二人饮酒。王子们上奏说："臣子此前隔花听见笛

声，六音清妙，真好像是天上飘来的仙乐。"明皇说："这是朕的梅妃所吹奏的，妃子是个花神啊！歌舞音律都进入美妙的境地，今日为你们诸位兄弟舞蹈一番。"接着便命令梅妃起舞，只见红扇拂动着云彩，衣襟笼罩着霞光，姿态横生，与檀板的节拍相呼应，江燕流连而戏柳絮，蝴蝶翩翩而迷花丛，这样形容梅妃的舞姿一点不为过。明皇笑道："座上能欣赏到如此美妙的舞姿，不可不开怀畅饮。今日有进献嘉州美酒的，风味独特，最适合于入口，请大家品尝。"于是命令侍者拿酒来，倒在金杯里，让梅妃执杯劝酒。当时宁王已经喝醉，见梅妃送酒来，要起身去接，谁知脚下不听使唤，误踩了梅妃的鞋子，梅妃大不高兴，发了一顿嗔，突然回到梅院去了，然后打发人告诉明皇说："臣妾肚子不好受，因此不可以见风。"明皇怏怏不乐，便撤掉宴席，不欢而散。

宁王误踩了梅妃一脚后，深怕得罪皇上，愁得晚上睡不着觉。有个叫杨迥的，是皇上的宠臣，深受明皇的爱幸，他告诉宁王说："我有办法使您逃脱意想不到的罪过。"便密授以妙计。第二天，宁王上朝，光着膀子请求一死。明皇笑道："朕怎么看重倾国之美色而不顾兄弟之情谊呢？何况事情是出于无心，朕只把它当作过眼烟云罢了。"当时杨迥在一旁，密奏说："各宫的嫔妃，加在一起大约有三万多人，何苦到民间去采择佳丽呢？"明皇说："嫔妃实在不少，但绝色的美人不曾见到一个，希望借玉池仙做媒，获得一位倾国倾城的美色，以极尽毕生的欢乐，使朕心欣慰。"杨迥说："蓝桥不远，巫山很近，陛下不知道寿王的妃子杨玉环吗？寿王对她的赞美词说：'三寸横波回漫水，一双纤手语香弦。'由此可以想见，她的温柔可陪玳瑁之宴，宛转可入芙蓉之帐，真叫莺花妙部，时送炉意，风月名班，长失颜色，陛下试试见她一次，

一定知道臣说得不错。"明皇听了大喜，立即派遣高力士到寿王宫中，宣令召见杨妃。杨妃心情凄惨，见寿王说："臣妾侍奉殿下，共订白头偕老之盟，就是石桥被雨水朽蚀，公羊因引诱而怀孕，也发誓永不变心，谁想皇上下诏迎见，臣妾料想，此去一定与殿下永别了。"寿王感情上受不了，握着杨妃的手，忍气吞声说道："花正簇开而疾风吹来，月正圆满而浮云遮蔽。人生多恨事，古今一样。事情既已如此，圣旨不可违抗，有幸不合皇上的心意，必定有重叙旧欢的那一天。"杨妃含泪出宫。可怜那临去时的秋波一转，啼痕满颊，别有一番滋味在心头。人谁能无情，谁能受得了生离死别！佛教《华严经》所谓色戒之风云，是何原因如此般的变化莫测！

杨贵妃随高力士入宫，明皇在灯光、明月的照耀下，一搭眼便觉神情恍惚。这天晚上，应杨妃的请求，赐号叫太真，为女道士，让她居住在太真宫里。天宝四年，另为寿王娶韦昭训的女儿，册封杨妃为贵妃，任命她的父亲杨元琰为兵部尚书、母亲李氏为凉国夫人、叔父杨珪为光禄卿、哥哥杨铦为侍御史，而任命叔伯哥哥杨钊为侍郎。此前，则天武后临朝称制时，有个号张昌宗的，巧言令色，深受武后的宠幸，惑乱后宫，杨钊实际上是他的儿子，后来由杨氏抚养成人，姓杨。明皇因"钊"字拆开是"金""刀"二字，便赐名叫国忠，宠信非常，满朝文武，没有一个人不是看他脸色行事的。从此，杨氏家族的权力，盖过天下的人。贵妃进见明皇的当晚，都必定要演奏《霓裳羽衣曲》，拔掉金钗，散落玉簪，弄得满地都是。第二天早晨，明皇亲自收拾，步行至梳妆楼，亲手给贵妃插在鬓发上，互相取乐。这个时候，梅妃在别个宫院里，听说此事，内心怀恨，对侍女嫣红说："我刚进宫那晚，在梅花之下，与明皇畅叙幽情，已怀疑此好景不长，不意梅花凋落之

时,竟在今日。秋扇之咏,白头之吟,古往今来岂止是班昭和卓文君二人呢?"说着便要去南宫见明皇,独自一人走到梳妆台前,打开镜子梳理鬓发,仰天而长叹道:"天哪! 我江采苹如此才貌双全,为什么面容憔悴到这种地步?"不禁热泪交流,百无聊赖。嫣红在一旁,再三安慰劝谕,这才勉强涂脂抹粉,略微整理一下头饰,慢步走向南宫,绕山过水,在青苔绿竹之间遇上明皇,明皇默然无语,梅妃进言说:"花开鸟啼,春风送暖,不知不觉来到这儿,暂且解解闷儿,是何缘分能在这儿见到陛下! 听说陛下收纳并宠爱杨贵妃,落花流水,感情日深,贱妾本是一般容貌,赶不上别人的一个犄角,幸好明皇不嫌弃,为何不许我们相见认个姐妹呢?"明皇笑道:"这是朕寻求的一时之欢,偶尔拈花惹草罢了,何足挂齿。"这时杨贵妃正在宫墙之外,听见园林中的喃喃之语,不觉妒火中烧,无法抑制,便移步上前,见了梅妃而下拜。拜完了,设宴与梅妃山盟海誓结为姐妹。明皇看着二妃说道:"梅妃有谢女般的才华,杨妃也妙解韵律,万勿吝啬佳句。"话还没说完,锦笺一幅,已摆在梅妃面前。梅妃作一首绝句说:"撒下巫山下楚云,南宫一夜玉楼春。冰肌月貌谁相似,锦绣江天半为君。"杨妃看了梅妃诗以后,心中暗想道:"这词藻倒是很华丽,但其中隐含许多讥讽,如说'撒下巫山下楚云,'不是在笑我是从寿王那儿转手来的吗? 又说'锦绣江天半为君,'不是在笑我身体肥胖吗?"基于此,她也作一道绝句回敬说:"美艳何曾减却春,梅花雪里亦天真。总教借得春风早,不与凡花斗色新。"梅妃也暗想道:"'梅花雪里亦天真',不是笑我身子骨像豆芽菜吗? '不与凡花斗色新',不是笑我事过境迁失了宠吗?"只有明皇不知道诗中的含义,反而称赞二妃都很有诗才,不分上下,可二妃各有不快的脸色,怏怏而别。没几天,梅妃便被杨妃说了坏话,迁到上阳宫去。

## 花容憔悴

一天,明皇无事,在梅园闲坐,睹物思人,访问翠华西阁的念头怎么也抑制不住,便传圣旨给常侍高力士,让梅妃到翠华西阁会面,重温鸳鸯嬉戏之欢。高力士派梨园名马,飞奔上阳东宫,叩见梅妃。梅妃怅然对高力士说:"高常侍,妾自与圣上分别以后,久无音讯,今天是那股风,把你送到此地?"力士说:"圣上今日走到梅园,心中思念娘娘,只怕杨妃知道,特意派小奴来招呼您。"梅妃说:"妾虽然无时无刻不在思念圣上,陛下天下至尊,有生杀予夺之权,随心所欲,为何怕一个腰肥体胖的奴婢呢?"于是就淡扫娥眉,身披霓裳,骑跨骏马,鸣响玉鞭,来到了翠华西阁,拜见明皇,哭道:"贱妾罪该万死,自知永远被抛弃,没想到今日能重见龙颜!"明皇说:"朕也是哪一天不想念你呢? 看你面容消瘦了许多。"梅妃说"浮云遮蔽明月,暴雨惹恼春花,面对如此情景,怎能不消瘦!"明皇说:"妙就妙在身体瘦削。"梅妃笑道:"比那个肥粗老胖的人何如?"明皇也笑道:"各有各的好处。"梅妃娇嗔絮语,喋喋不休,剪短蜡烛,撤掉宴席,这一觉睡得特别香,天亮了都不知道。

这时杨贵妃在后宫,等皇上的车子不到,听说晚上圣上与梅妃睡在翠华阁,便怒气冲冲地赶去,明皇大吃一惊,急忙把梅妃藏在锦帐里,装不知道在那儿假睡。杨贵妃闯进内殿叱责道:"杯盘狼藉,在御榻下面,有妇人的珠鞋,枕边还有女人戴的金银首饰,夜里什么人陪伴陛下睡觉,以至于太阳老高,还不上朝听政,这成何体统? 陛下应当上朝接见群臣,妾一个人留在这儿等您。"明皇缄口不答,拽衣转向屏风,假装要睡觉说:"今日我肚子疼,不能上朝。"杨妃听了这话,妒火中烧,把头上戴的金银首饰扔在地上,猛一转身回本院去了。明皇见杨妃赌气走了，想要和梅妃重叙余欢，不料小黄门见杨妃真的生气了，怕另起风波，已把梅妃送回她的住处去了。明皇大怒，好像失去左右手似的，拔剑斩杀了小黄门，亲自收拾扔在地上的金银首饰，打发一个叫永新的侍从拿一斛珍珠赐给梅妃。梅妃哭着告诉永新说："长信宫的草，抱怨东风无情，孤寂地守着空闺，一直等到头发斑白。此中的滋味，妾与前汉的班婕妤有共同的感受，虽近在咫尺，却远隔万里似的，见不到皇上的面，我还为谁梳妆打扮，难道用这个取悦于春天的花园吗？虽然有珍珠百斛，有什么用？你替我告诉陛下说：'贱妾不敢违抗圣旨，只怕杨妃与陛下胡闹罢了。'"说完，便提笔赋诗一首，交永新带回去。诗说："柳叶蛾眉久不描，残妆和泪显红绡；长门自是无梳洗，何必珍珠慰寂寥。"明皇看过诗，心中闷闷不乐，又很喜欢诗的清妙，叫乐府谱成新曲歌唱，曲名叫《一斛珠》。但话又说回来，天底下哪有一个不嫉妒的妇人呢？偶尔有个，那也是为出风头，不是真的不嫉妒。而嫉妒又有明显不明显之别，梅妃要与新人杨妃拜见，是嫉妒隐藏在心中不说；杨妃把梅妃撵到东宫，把金银首饰扔在地上，是嫉妒表现于外。后来马嵬坡风波，杨妃蛾眉宛转，也没有人可怜她，失败灭亡的祸端，已经萌发于此了。人世间女辈者流，能不时刻谨慎戒惧吗？

## 未免有情

一天，安禄山前往御花园游览，明皇和皇太子都在花丛的树荫下纳凉，老远看见安禄山便挥手招呼他过来。安禄山快步上前拜见明皇，故意不拜太子。明皇说："卿怎不拜太子？"安禄山装傻说："太子是哪一级的官爵，让臣拜他像拜陛下那样？"明皇笑道："朕千秋万岁（指死）之后，代我而做天子的，怎能按官爵论高低呢？"安禄山说："臣是下愚之人，以为臣等应当尽忠报效的除了陛下之外，不

知道再有别的人，因此冒犯了太子的威严。"明皇看顾太子一眼说："这个人如此老实憨厚，实在是可爱极了。"这时候杨妃也趁着风和日暖，乘坐香车徐徐而来，手指安禄山问道："这个人是谁？"明皇告诉她说："他是平卢节度使，姓安名叫禄山，原本是塞外之人，雄壮有力，勇猛无敌，朕爱他忠诚直率，留京师跟在身边。"继而又笑着说："禄山曾经是江守珪的养子，今日侍候朕，也就像是朕的养子。"杨妃说："诚如朕所告谕，这个人可说是个好孩儿。"明皇笑道："妃子以为是个好孩儿，那就把他当儿子抚养吧。"杨贵妃睁睁地看安禄山好半天，笑而不答。禄山听了这话，赶忙起身走到阶前，叩拜杨妃说："臣儿今祝母妃千岁。"明皇听了，笑着说道："禄山你失礼了，要拜母亲，必须先拜父亲才是。"禄山对明皇磕头作揖说："臣本是塞北胡人，胡人的习俗是母在先父在后。"明皇与杨妃都说："从这件事也足见他心直口快，有啥说啥。"这时左右的杯盘已经摆好，三人手执金杯，开怀畅饮，杨妃微醉，更增添了几分妖冶艳丽，倾城倾国之色，流露于杯酒之间。禄山早就听说杨妃的美貌，今日得亲睹芳容，欣喜之情不可言状，这回和妃子认作母子，将来欢聚的日子无尽无休，因此一个坏心眼，就乘着醉意如潮涌起。杨妃本来是一个惯使风流、水性杨花的女人，不管漂亮与否，只爱惜少年，喜欢壮士，今日见禄山膘肥体壮，鼻梁高隆，英雄气概可掬，因此一个不良的念头，也随着春水荡漾而来。二人淫心邪念，一拍即合，宫廷的秽乱，此时已露出端倪，何必要等到日后才知道！

## 唐肃宗

### 五不可留

唐肃宗即帝位后，丞相李泌夜间与皇上饮酒宫中，然后同榻而睡。李泌说："臣今儿个报答了皇上的恩德已足够，此

后重新回到民间，该多快乐呀！"肃宗说："朕与先生很久以来同甘苦共患难，如今正在同享欢乐，为何要骤然离去？"李泌说："臣有五个不可留的理由，希望陛下放我走，免我一死。"皇上说："这是什么意思？"李泌回答说："臣遇见陛下太早，陛下用臣太重，宠臣太深，臣的功劳太高，谋略也太奇，这些就是我不能留下的理由。"皇上说："先睡觉吧，这事改天再说。"李泌说："陛下今日与臣同榻而卧，尚且请示不下来，何况他日在香案（放置香炉烛台的长几案，此指朝中）之前呢？陛下不放我走，就等于杀臣啊！"肃宗说："竟想不到你如此不信我，朕怎能干杀你的勾当呢？"李泌回答说："陛下不杀臣，所以我才要求告老还乡，如果你一定要杀我，我怎敢再说别的呢？若如此，杀臣的不是陛下，是'五不可'呀。陛下从前待臣如此，臣还不敢说这事，何况天下安定后，臣敢惊动陛下吗？"肃宗过了好久才说："你是因为朕不听从北伐的谋划才要走的吧？"李泌回答说："不是，是因为建宁的关系。"肃宗说："建宁为小人教唆，想谋害他哥哥以图得到继承权。朕以国家安危为重，不得已除掉他，你不知道内情。"李泌说："要是真这么想，就应当宽恕广平，广平每当与我诉说他的冤屈，便哭哭啼啼。何况陛下要用建宁做元帅，臣请用广平，建宁如有此存心，应当对我表示遗憾，把我当作忠臣，更加亲善才是，陛下因此可以察知其用心良苦了。"肃宗流泪说："先生之言极是。但既往不究，朕不再想闻知此事。"李泌说："臣不是要究既往，是想要陛下慎重择将罢了。从前武后有四个儿子，老大是太子弘，武后正图谋改制，嫌恶他头脑聪明而用鸩酒毒死了他。然后立次子李贤为太子，李贤内心恐惧，作《黄台瓜辞》，希望以此使武后受感动而觉悟。但武后听不进去，结果李贤也被废而死。其辞写道：'种瓜黄台下，瓜熟子离离。一摘使

瓜好，再接使瓜稀，三摘犹为可，四摘抱蔓归。'如今陛下已经摘掉一瓜了，千万不要再摘。"肃宗吃惊地说："哪有这事呢，朕应当把这话记在衣带上。"李泌说："陛下既然记在心上，何必表现于外呢。"当时广平王立了大功，张良娣因嫉妒而说他的坏话，所以李泌提及此事。

### 易地为宜

太上皇李隆基喜欢兴庆宫，从蜀地回来就住在那儿。肃宗时而从夹城来兴庆宫，太上皇也时常去大明宫，陈元礼、高力士随同护卫。肃宗又让玉真公主（太上皇的妹妹）和仙媛（太上皇的旧宫人）及梨园弟子前去侍候。太上皇经常去长庆楼，有年长者路过，前往参拜并呼喊万岁。太上皇常在楼下摆设酒食赏赐他们，又曾召来郭子仪将军等上楼赐宴。李辅国对肃宗说："太上皇住在兴庆宫，每日与外人接触，陈元礼、高力士给他出谋划策，对陛下很不利。如今六军的将士，都是在灵武护驾的有功之臣，都惴惴不安，臣不敢不让陛下知道。"肃宗哭泣说："圣皇仁慈，怎能容忍他们这么干？"李辅国对答说："上皇本来没这个意思，但架不住群小蛊惑。陛下应当为国家着想，把祸乱消灭在摇篮中，怎能效法平民百姓的孝心呢？更何况兴庆宫太暴露，不是至尊的人所居住的，皇宫戒备森严，接他回来居住，有什么不可以的呢？"又下令六军将士叩头请愿，肃宗哭泣不答。这时恰巧肃宗患病，李辅国假传皇上的话，迎接上皇游西内宫，李辅国率射生手五百骑，亮出刀刃拦道上奏说："皇帝因兴庆宫地势低洼，迎奉上皇迁居西内宫。"上皇听了，惊慌得几乎掉下马来。高力士说："李辅国休要无礼！"喝令他从马上下来。高力士因此而宣谕上皇的话："诸将士好自为之。"将士都收起兵器再拜呼喊万岁。高力士又叱责李辅国，二人一同拽住上皇的马缰绳，护卫着去西内宫，陈元礼、高力士都不许留在上皇

左右。李辅国便与六军大将，穿素色衣服晋见皇帝请罪。肃宗说：“卿等防微杜渐，是为安定社稷，有什么可惧怕的？”刑部尚书颜真卿，领头率百官上表，请问上皇起居的情况。李辅国讨厌他，上奏皇帝把他贬为蓬州长史，高力士流放幽州，陈元礼勒令退休。重选后宫百余人，以备西内宫扫除之事。令万安、威宜二公主（都是上皇的女儿）侍候衣食。上皇心情不快，便不吃荤不进食，逐渐得了病。肃宗开头几天还亲去请安，后来自己也身体欠安，只打发人去问候，肃宗这才有点清醒过来，开始讨厌李辅国，想干掉他，又怕他手握兵权，竟下不了决心。

### 重见太上

上皇李隆基迁居西内宫的头几天，肃宗还每天去请安，后来逐渐减少，十天也不去一次。一日，山里人李唐晋见皇上，皇上正抱着小女儿玩耍，对李唐说：“朕无时无刻不在思念上皇，你不要怪我。”李唐对答说：“太上皇想见陛下，那思念也同陛下对于小公主一样。”肃宗潸然泪下，但因惧怕张后，一直不敢去西内宫看上皇，从此才开始去见。

### 辅国专横

开始时张后与李辅国内外呼应，专擅朝政，后来两人产生裂痕。内射生（唐肃宗至德二年，选拔善于骑射的人，成立衙前射生手千人，也称供奉射生官、殿前射生手）让程元振站在李辅国一边。肃宗病重，张后召见太子对他说：“李辅国久握禁中兵权，与程元振阴谋作乱，非杀掉不可。”太子哭道：“陛下病得很厉害，不告诉他就杀掉李辅国，必定惹皇上大怒，恐怕皇上受不了。”太子走了，张后召来越王李系（肃宗次子），选拔宦官发给兵器，去诛杀李辅国。程元振发现了他们的阴谋，秘密报告李辅国，李辅国拥兵送太子去飞龙殿，搜捕越王李系，迁张后到别殿。当时肃宗在长生殿，使者逼张后下殿，宦官、宫人作鸟兽散。第二天皇上就死了。李辅国等杀死张后和李系，并拉着太子李豫素服与宰相相见，于是即皇帝位。李辅国恃功骄傲，更加飞扬跋扈，对皇帝明说：“大家都老实地待在禁中，外边的事情听我老奴处理。”皇帝心里不服，但因李辅国兵权在握，表面上还得尊敬他，称他为尚父而不叫名字，不论大事小情，都要请示李辅国，群臣出入，也都要谒见李辅国，李辅国也坦然处之，他竟然如此骄横。代宗即位后，夜间派人进入李辅国的卧室，杀了他并偷走他的脑袋和一只胳膊离去。这是因为皇上认为李辅国有杀张后的功劳，所以不想很张扬地杀他。

## 唐德宗

### 父子如初

唐德宗时，郜国大长公主的女儿，是太子李诵的妃子。皇上对她特别厚爱，宗族亲戚都嫉妒得要命。公主女一向不检点，李升等人多次出入她的府第，有人告她淫乱，并且为她驱邪。皇上听说大怒，把她幽禁在宫中，流放李升到岭南，严词责备太子，太子害怕，请求与妃子离婚。皇上便召见李泌告诉他此事，并且说：“舒王近日已长大成人，他为人孝顺、友爱、温和、仁慈。”李泌说：“陛下只有一个儿子，为何要废子立侄？再说陛下亲生的儿子都信不过，更何况是侄子。舒王虽然孝顺，从今陛下应努力，不要寄希望于舒王的孝顺了。”皇上说：“你不爱皇族的人吗？”李泌对答道：“臣只爱家族，因此不敢不有啥说啥。如果怕陛下发怒，违心附和，陛下明天后悔，一定责怪臣说：‘我只用你一人为宰相，有事不极力进谏，以至于此，非杀了你儿子不可。’我老了，余年不足惜，若冤杀臣的儿子，使臣以侄子为后嗣，臣不知道还能享受子孙的祭祀吗？”说着就老泪纵横。皇上也哭泣说：“事已如此，如何是好？”李泌对答说："这是大事，希望陛下三思而后行。自古父子互相怀疑，没有不亡国的。况且陛下不记得建宁事件吗？"皇上说："建宁叔实在冤枉，是肃宗性子急造成的。"李泌说："臣昔日为建宁之事，曾要求辞职回家，发誓不再留在天子身边。不幸今日又成了陛下的宰相，目睹太子的事，况且那时先帝常怀畏惧，臣辞职的那天，诵读《黄台瓜辞》，肃宗因后悔而流了泪。"皇上说："这些我事先都知道了。"停了一会儿，又说："贞观、开元两朝，都曾改换过太子，怎么没亡国？"李泌说："承乾谋反的事被发觉以后，太宗让他舅舅和朝臣几十人审讯他，事情才真相大白。但当时评论的人，还说陛下不失为慈父，使太子得终天年。太宗听了他的话，并废掉魏王李泰。陛下既然知道肃宗性急，而建宁冤枉，那么希望吸取肃宗失误的教训，暂缓几日，理出问题的头绪，必然知道太子没什么不对啦。如果有蛛丝马迹，愿陛下仿效太宗的做法，连舒王一起废掉，而立皇孙，那么百代之后，据有天下的人，还是陛下的子孙。至于武惠妃陷害太子瑛兄弟，并杀死他们，海内的人都为他们喊冤叫屈，永远应当引以为戒鉴，这怎么可以效法呢？况且太子住在少阳院，未曾接触外人，参与外事，怎能与他人合谋？那些陷害人的人，诡计百端，虽有字据，如晋愍战甲穿在里面，如太子瑛，尚不可信，何况因妻子的母亲而受连累呢？幸亏陛下告诉我，我敢以李氏宗族的身份担保太子。如果让杨素、许敬宗、李林甫之流接受此圣旨，早已到舒王那儿去，图谋定位太子的功劳！"皇上说："这是朕的家事，没想到你这么卖力争论。"李泌说："天子以四海为家，臣今任宰相重任，四海之内，有一物不得其所，臣不能辞其咎，何况面对太子的冤屈而不置一辞，臣的罪过就更大了。"皇上说："为了你，这事先放下，明天早晨再考虑吧。"李泌叩头哭泣说："如此

这般，臣知道陛下父子和好如初了。但陛下回宫后，应当好好想想，不要把这个意思透露给外人，若透露出去，那些人都想假手立舒王立功呢，太子就危险了。"皇上说："你的意思我都知道了。"李泌回家，太子派人谢李泌说："若实在没救，我先自己服毒药怎么样？"李泌说："请不必多虑。愿太子孝敬皇上，如果我李泌没了，那事情就麻烦了。"隔了一天，皇上打开延英殿，单独召见李泌，流泪说："不是你言辞恳切，朕今日后悔都来不及了。太子仁爱孝敬，实在没有别的话说。从今日起，军国大事，乃至朕的家事，都应当同你商量。"李泌拜谢后，接下去说："臣报效国家已经尽力了，因太子事，臣吓得魂不附体，不可再用，请允许臣告老还乡。"皇上好言劝慰，没有答应他的请求。

### 借吉成婚

张茂宗答应娶义章公主为妻，义章公主是德宗皇帝的妹妹。还未成婚，张茂宗的母亲就去世了，她留下遗言请求让两人完婚，皇上首肯了。拾遗蒋艾上书说："古来有守丧期间上战场打仗的事，没听说附马穿丧服娶公主的。"皇上说："人间多有借红白喜事成婚的，你为什么坚持己见？"蒋艾对答说："婚丧嫁娶，是人生的大事，吉凶不可亵渎。寻常百姓家，不知道依礼办事，他们的女儿孤苦贫穷，没有依靠，或者有借吉事嫁人的，没听说男子借吉娶媳妇的。"皇上不高兴，命令定下嫁娶的日期，终于使二人成婚。

### 劫夺民物

德宗刚即位时，凡是宫内要购置的东西，必须由官吏做主，一手交钱一手交货。等到了晚年，用宫监管这件事，叫作宫市。设置白望（唐代宦官在民市中采购，往往左右探望，强取民物，给很少的钱，或干脆一个子儿不给，人称白望）几

百人,强买人货物,用红紫色染旧衣,撕一块破丝绸给人家,还要向买主索要跑腿钱,名叫宫市,其实是劫夺人间的财物。曾经有一个农夫,用毛驴驮柴禾路过,宦官声称宫市要买下,又索要小费。农夫说:"我上有父母,下有老婆孩子,就等这买米下锅,眼下把柴禾给你,不要钱就回家你还不答应,我只有死路一条了。"于是便大骂宦官。街头上巡察的小吏抓住农夫,报告给上边,皇帝下诏废黜那个宦官,赐给农夫十匹绢,但宫市中不法行为依然不改,谏官、御史三番五次地进谏也不听。徐州刺史张建封,入朝详奏,皇帝才加以采纳,拿此事去问判度支苏弁,苏弁秉承宦官的旨意,对答说:"京城里游手好闲者数万家,没有谋生手段,所以要仰仗宫市供给。"皇帝竟然听信,因此凡是有告宫市的,一概排斥不听。

# 将相野史

## 魏 征

魏征在东宫担任闲职,自己的前途命运与太子的安危息息相关。他看到太子和二弟秦王李世民之间已到了势不两立的地步,深为太子的前景忧虑。窦建德被平定后,其部下刘黑闼重新起兵,迅速控制了河北一带。这时,魏征和同事王珪对太子说:"殿下仅仅因为是嫡长子,才被确定为太子,谈不上什么功绩和名气。而秦王东征西讨,功劳卓著,威加海内,众心归向,殿下的地位因此受到威胁。现在刘黑闼兵不众,粮不多,大军一到,定能奏捷。希望殿下向朝廷请求带兵出征,一则立功,赢得政治资本,二则网罗山东人才,增加实力,殿下的地位也就牢不可破了。"太子采纳了这一建议,于武德五年的冬季,带兵前往镇压了刘黑闼,平定了山东地区。后来,魏征见李世民功业越来越高,又劝太子及时下手,消除后患。

武德九年六月四日,李世民发动政变,在宫城北门玄武门杀掉太子和四弟齐王李元吉,夺得了太子地位。不久,高祖李渊被迫退位为太上皇,李世民继任皇帝,这就是唐太宗。玄武门之变刚收场,李世民就把魏征召来,劈头就问:"你为什么要离间我们兄弟关系?"魏征回答道:"皇太子要是早点儿听从我的话,也不至于有今天的杀身之祸。"问得厉害,答得也不含糊,表现出魏征特有的耿直。李世民很看重这一点,因此不仅没有将他作为建成的死党杀掉,反而不计前嫌,授给他詹事主簿一职,又将他提升为谏议大夫(谏官),封以巨鹿县男爵位。这时,魏征看到河北地区原曾追随过故太子和齐王的人,心里都很不踏实,而一些善于见风使舵的人则争相告发或捕获他们以邀功,这不利于社会的安定,于是就对当时已执政的太子李世民说:"如不表示出最大的宽容和公正无私,恐怕会不断出乱子。"李世民听了他的话,就让他去安抚山东,允许他自己做主,灵活处理所遇到的问题。魏征到了磁州(今河北磁县),路上碰见前太子的禁卫官李志安和原齐王手下的军官李思行正被押送长安,就说:"前东宫和齐王府的人,殿下都已明令赦免不问了。现在州县仍然押送李志安、李思行去长安治罪,这样,受牵连的人谁不疑虑丛生,就是派使者来宣慰,也没人再相信了。涉及国家利益的大事,哪能怕自己受嫌疑就不去管呢?我们如果把李志安、李思行释放而不加追究,国家的信义恩泽就会远布各地。殿下既然把我当作国士对待,我怎能不以国士行为去报答他呢?"于是将二人释放。李世民知道这事后，非常高兴。这初次成功的合作，便为以后的长期共事奠定了基础。

唐太宗登极后，同魏征等许多大臣不断地总结隋亡的教训，引为借鉴。他们认为，隋炀帝刚愎自用，拒谏饰非，厚敛重赋，滥用民力，奢侈纵欲，穷兵黩武，终于导致灭亡，像这样的皇帝，决不允许再出现了。因此唐太宗励精图治，勤政惠民。他经常将魏征请入居室，询问时政的得失。于是魏征越来越受信用，唐太宗逐步提升他为秘书监（掌管图籍的机构秘书省的正长官）、侍中（最高审议机构门下省的正长官）、宰相，并封他为郑国公。后来唐太宗对于魏征甚至到了不可一日不见的程度。魏征喜遇明主，知无不言，言无不尽，先后陈谏数百余事，决心致君尧舜上，把唐太宗辅佐成为英明天子。

如何在君主专制的情况下，最大限度地集思广益，发挥群体作用，是魏征经常和唐太宗讨论的问题。贞观二年（628年），太宗问起魏征："君主怎样做才能明达睿智，怎样做就要昏庸糊涂？"魏征先列举了尧、舜和秦二世、梁武帝、隋炀帝等帝王的事迹，然后总结道："广泛听取各种意见，才不至于被权臣和坏人蒙蔽，这样就能明达睿智；偏听偏信，就必然昏庸糊涂。"太宗很称赞这个说法。

贞观八年，一个叫皇甫德参的地方官上疏批评了三件事：一是修洛阳宫劳扰百姓；二是收地租过重；三是宫妃好梳高髻，民间竞相仿效，影响到社会风气。唐太宗见疏大怒，说："这人想让国家不役使一个人，不收二斗租，宫人都不留头发，才算满意！"他要以所谓诽谤朝政的罪名对皇甫德参加以惩治。魏征得知此事，对太宗说："汉文帝有道，贾谊尚且为时政担忧，上书说可为痛哭的事有三项，可为长叹的事有五项。可见自古以来，上书若不把话说得激烈些，就不能触动

君主的思想。而说得激烈了，又和诽谤朝政差不多。前人说过，即便是狂夫的言论，圣人也要加以辨别，择善而从。陛下要认真对待！"太宗被说服了，并且说："我如果惩治这个人，以后谁还敢再说话呢！"于是他赐给皇甫德参二十匹绢作为奖赏。贞观十一年，唐太宗又抱怨百官的一些批评时政的封事所列举的事有出入，想要处分这些人。魏征说："先王想知道自己的过失，故意立诽谤木，鼓励人们议论是非，指责过失，将意见写在诽谤木上。现在百官批评时政的封事，就是诽谤木一类的东西。陛下想知道自己的得失，只可放手让人们去陈说。如果说得有理，就会有益于陛下；说得不对，也无损于国家啊。"太宗说："你说得很对。"于是对所有封事批评时政的人都加以表扬，以示鼓励。

用进谏的方式为帝王出谋划策，难免要批评帝王的错误做法，提出针锋相对的主张，往往使帝王感到逆耳、难堪。进谏者如果缺乏胆识，顾忌小利，是不敢这么做的。古代把这叫作"批逆鳞"，说是龙脖子下面长有倒生的鳞片，触摸时疼痛难忍，龙就要发怒，将触摸者干掉。魏征就随时会遇到这种风险。一次，唐太宗退朝后，面带盛怒，扬言："我要杀掉这个乡巴佬！"皇后问他指的是谁，太宗说："魏征经常在朝廷上当众侮辱我，使我不得自在。"然而魏征并不因此而畏怯，仍然不改他那耿直的本色，照旧对一系列问题经常提出批评建议，有些谏言还涉及声色犬马和家庭关系等为人所难言的事。

贞观二年，太宗听说郑仁基的女儿长得漂亮，又有才华，便在皇后的鼓动下，下令册封她为充华，想把她娶进宫中。魏征知道这女子已经许嫁士人陆爽了，就上表说："陛下身居宫廷台榭，就应希望百姓也有房子住；吃着膏粱美食，就应希望百姓不饿肚子；看见自己的嫔妃，

就应希望百姓都有家室。现在郑家女子已经和人定婚，陛下要娶她入宫，这哪像做天下人父母的样子呢？"唐太宗于是非常愧疚，立即下令停止册封。

贞观十年，皇后长孙氏去世，葬在昭陵。太宗念思不已，就在苑中修筑层观，以便登高而望昭陵。一天，太宗带着魏征一同登观而望。魏征看了半晌，说："我眼已昏花，望不见。"太宗指了指。魏征说："我还以为陛下修层观是为了瞭望先帝的献陵呢，原来不是！要是昭陵，我本来就看见了。"太宗不禁潸然泪下，下令拆毁层观。

太宗虽然经常被魏征尖锐的谏言所激怒，但又不得不为之息威，甚至对魏征产生了畏惧感。一次，他得到一只鹞子，十分喜爱，就放在臂上玩赏，忽见魏征走近，便赶紧藏到怀里。魏征佯装不知，一直奏事不已，鹞子竟被捂死在怀里。还有一次，太宗想到终南山游玩，已经安置了车马警卫，但又决定不去了。魏征问起这事，太宗说："怕你再说我，所以取消了。"

在魏征的带动下，贞观时期群臣议政蔚然成风，涌现出马周、张玄素、张行成等一大批敢于进谏的人物，甚至在隋朝时号称谀佞的裴矩，也为风气所染，折节而进谏。唐太宗因此经常处在一种面折廷诤而不举首的状态中。这种封建民主可以说是对于君主专制的一种制约和补充。利用集体智慧，修明政治，是被后人所称颂的"贞观之治"得以出现的一个重要因素。

太宗即位之初，有人建议对周边各族炫耀武力，显示国威，使它们震恐而归服。这时，十多年的战乱刚刚结束不久，社会经济凋敝不堪，人口减少到隋代的三分之一，当务之急是安定社会，恢复和发展经济，除遇外敌入侵等迫不得已的情况，应尽量避免战争，集中精力把国内的事办好。国内的事办好了，威望和地位自然会提高，从而赢得周边各族心悦诚服的拥戴。魏征认准了这一点，因此竭力反对炫耀武力的主张，而为唐太宗制定了"偃革兴文，布德施惠"的方针，强调"中国既安"，则"远人自服"。

唐太宗并非不打折扣地接受这个方针。因此魏征还需要通过不懈的努力，时时注意劝谏太宗，使他不违反这个方针。一次，太宗想征发十六岁至十八岁的中男当兵，这比原来规定的二十一岁的征兵年龄早了好多年，因此魏征坚决反对。他与唐太宗争执了四五个回合，坚持认为："兵不在多而在精。只要治军有术，现有的健壮兵士就可无敌于天下。何必要把未成年的中男扩充到军队中来虚凑人数！"唐太宗终于认识到自己的错误，放弃了征发中男的念头，这为当时恢复生产争取到了劳动力。

岭南蛮族酋长冯盎因内部争斗，多年未到京师朝觐，被人奏称为反叛朝廷。贞观元年，唐太宗派将征调数十州的兵士前往讨伐。魏征对太宗说："国内刚刚安定，冯盎反状未成，不宜兴师动众。"太宗说："告发他反叛的人络绎不绝，怎么还说他反状未成！"魏征说："冯盎如果反叛，必然要据守险要，攻掠州县。现在举报他谋反已经好几年了，却未见他的兵士出境抄掠，这说明他根本没有造反。州县怀疑他反叛，陛下又不派遣使者前往安抚，他怕送死，才没来朝见陛下。如能派出可靠的臣子前去宣示陛下对他的绝对信赖，他必然为免遭祸害而高兴，不动一兵一卒即可安定岭南。"太宗采纳了这个建议，冯盎果然派其子入朝。魏征一言安邦，太宗十分高兴，说："魏征让我发一个使者，就安定了岭南，胜过十万大军！"

贞观四年，唐灭掉大敌东突厥，国威大振，各少数民族政权都尊称唐太宗为天可汗，还专门开辟了一条参见天可汗的道路，前来朝贡，自愿接受唐廷的统辖。唐太宗兴奋地说:"我采用了魏征的方针,才会有这样的结果,这都是魏征的功劳啊!"

但魏征仍然担心唐太宗好大喜功,轻易动武。唐太宗当秦王时,曾多次带兵打仗,平定国内割据势力。乐工将太宗的这个经历编为乐舞,名叫《秦王破阵乐》,后改称《七德舞》。战争年代,军中时常演出,用以鼓舞士气。唐太宗即位后,便将此舞乐作为国宴上的保留节目,用于娱乐。魏征每次陪同太宗出席宴会,只要见演出《七德舞》,就低头不看,如果是文舞《九功舞》,就看得津津有味,以此表示他对于太宗仍然热衷于宣扬武功的不满。在魏征死后,唐太宗曾为收复辽东故土而发动对高丽的战争,结果遭到失败。他对此十分懊悔,说:"魏征如果还活着,是不会让我有辽东此行的。"

魏征在辅佐太宗发展经济的同时,还重视文化教育事业。战乱之后,书籍散佚和损毁较多,他奏请组织儒生校辑图书,从而使国家典籍粲然大备。他见汉朝戴圣汇集的《礼记》一书编次混乱,就花费了好几年的心血,采集前儒的训释,加以分类整理,重编为《类礼》二十卷。唐太宗读后很赞赏,下令抄成数本,除藏于内府外,还赐给太子和诸王。唐太宗想借鉴前代的治国经验,魏征便组织虞世南等人,采集经史百家中的嘉言善语和明君昏主的事迹,编成《群书治要》五十卷。太宗认为这书取事面宽,要言不烦,可使自己稽古鉴今,临事不惑,除自己学习以外,还赐给太子和诸王各一部。唐太宗还命魏征收集古来帝王子弟成败事迹,编成《自古诸侯王善恶录》,作为教材,赐给诸王。当时规定官修史书,由宰相监修,因此魏征又主持了梁、陈、齐、周、隋几朝史书的修撰工作,并亲自动笔,增补删削,还为《隋书》写了序论,为《梁书》《陈书》《齐书》写了总论。

魏征的"兴文"主张,不仅体现在整理、编撰图书典籍方面,还体现在他关注全社会的教化方面。他力劝唐太宗行王道、施仁政,重视对人民的教化工作。太宗执政之初,曾和群臣讨论教化问题,说:"现在大乱刚过,恐怕百姓不易教育。"魏征说:"不然。生长在太平时期的百姓骄横放肆,难以管教。相反,遭遇过动乱的百姓穷困愁苦,却容易感化,正如久饿的人容易喂养,渴极了的人容易饮水一样。"老官僚封德彝非难说:"三代以后,人越来越浮薄诈伪,因此秦朝才专用刑法律令,汉朝才兼用霸道。他们原都是想用王道仁政来感化百姓而不成,哪里是能感化百姓而不想感化呢?魏征是个书呆子,不识时务,如果相信他的荒唐说法,将会危害国家!"魏征回答说:"商汤驱逐无道的夏桀,周武王讨伐残暴的商纣王,百姓依然是原来的百姓,都能加以教化,出现太平,难道不都是大乱之后的事吗?如果说古人淳朴,后来便愈益浮薄诈伪,那么发展到今天,人早已不再是人,都变成鬼怪了,君主哪还能治理他们呢?"封德彝等人被驳得哑口无言,但仍然以为不可,唐太宗却采纳了魏征的意见,并终于在社会教化方面取得了很好的成效。

## 李　靖

唐太宗李世民的大将李靖,是中国军事史上只有韩信、白起、吴起等少数将领可以与之比肩的军事天才。他一生出将入相、位至三公,率百万之军,战必胜、攻必取,罕有败绩。如果追溯他的人生轨迹,就不难发现,李靖事业上的成就决非偶然。

### 刀下余生遇英主

李靖,字药师,陕西三原县人。生于陈宣帝太建三年(571年),死于唐太宗贞观二十三年(649年),是隋朝大将韩擒虎的亲外甥。

第四编　隋唐野史

李靖出生于官宦之家，身材魁梧，容貌端秀，为人忠厚诚实，没有官宦子弟那种浮浅的刁滑气。他读书异常刻苦，年不满二十，经史子集已了然于胸。他对兵法极有研究，尤工孙吴兵法。其父曾要他参加科举考试，他说："大丈夫应当靠功业取富贵，作寻章摘句的儒生何用？"于是离家去投靠在朝中任大将军的舅舅韩擒虎。

韩擒虎素知李靖之贤，想考考这个外甥腹内到底有多少真才实学，就与他讨论历史上的将相得失及用兵之道。李靖口若悬河，见解不凡，既据于史又不泥于史，使韩擒虎叹服不已，对他家人说："当今之世，能与我谈用兵之道和孙、吴兵法的，除李靖外，再无第二人了。"

为了给李靖的仕途发展创造有利的条件，韩擒虎领他去见朝中大员。当时的吏部尚书牛弘一见李靖，就以十分肯定的语气说："此儿为王佐之才。"大将军兼宰相的杨素与李靖谈话之后，拍着自己的座位说："李靖最终会坐到这个位子上来的。"并鼓励李靖好好干，争取早日腾达，同时还推荐李靖为隋朝殿内直长。

李靖见朝中著名人物都在称赞自己，十分踌躇满志，决心好好干一番事业，以实现自己的人生理想。因李靖是军事大家，位高权重成就大，因此，历史上有关他的传说很多。

相传有一次，李靖出差洛阳。想返回长安时，已是傍晚。天色渐黑，奔波了一天的李靖又疲又饿，想找一家客栈好好休息一晚再走。这时，恰好前面有一栋漂亮的房子，一打听原是一客栈。房子的主人是一位装扮得体的中年妇女，家有两个女仆，一个穿青衣，一个穿红衣。

女主人一见李靖，热情有加，连忙让两个女仆摆上酒菜款待李靖。酒至半酣，女主人对李靖说："君容貌非凡，前途不可限量。我的这两个女仆年已及笄，

还未许人，君如有意，可在其中挑一个。"李靖听后，心中甚喜，觉得自己艳福不浅，就借着酒兴说："蒙夫人不弃，两个我都要。"女主人一听，沉下脸来："太贪不行，只能选择一个。是穿青衣的，还是穿红衣的？"李靖见女主人意志已决，就只好顺手把红衣姑娘拉过来，但同时又对青衣姑娘脉脉含情。女主人一见，微笑道："君以将入仕途，大将之才也，可入相，但不久。"

说完，女主人就命红衣姑娘安排李靖就寝，因李靖多喝了几杯，醉意已浓，刚躺下去就打呼噜了。第二天早晨起来一瞧，李靖惊呆了：哪有什么房子和姑娘？自己原来躺在一片青草地上，全身精光，满身露水，狼狈不堪。

一路上，李靖心中大疑，又不好对人言。回长安后，就向杨素汇报公务。在汇报时，李靖高谈阔论，英气逼人。这时，适值杨素有一美姬执着红拂在侧，屡以目光顾盼李靖，脉脉传意，秋波荡漾。李靖也未往心里去，当晚，就住入了旅舍。

时至半夜，酣睡中的李靖忽听有人敲门，打开一瞧，原来是白天在杨素家见到的那个执红拂的美女，现在身穿红衣来找他了。李靖大惊："姑娘深夜至此，杨素知道后决不会干休！"美女道："妾在风尘中阅人多矣，未有能及君者，今能见到你绝伦的仪表，过人的才华，妾愿以丝萝托乔木，是以来奔，不知相公意下如何？"李靖想起在长安途中的奇遇，觉得此事也许是命中注定，心里很愿意。但又担心地问："杨素乃当今宰相，位高权重，姑娘在那里不是很好吗？"美女鄙夷道："杨素尸居余气。何足道哉？"于是，两人在当晚就结为夫妻，为避杨素之害，两人只好奔山西太原而去。

因是私奔，到太原后身无分文，夫妻俩只好在一间草棚中暂时住下，靠李靖在街头卖武艺得几个钱。一天，李靖在

要完武艺后,被一高一矮、长须飘飘的两个东海浪人拉入一家客栈里喝酒。高个子对李靖说:"以君之才,何以在此卖艺?"李靖实言以告:"不卖艺就要饿死。"矮个子对高个子说:"我们那些俗物要它干什么? 李君如不弃,全部送给他得了。"高个子欣然同意,就向李靖提出愿以千金之资相赠。

李靖一听,连忙谢绝道:"你我素昧平生,现以重金相送,无功不受禄,鄙人不敢受。"矮个子道:"天下将大乱,要这些累人的东西何用? 君仪表堂堂,乃大贵之人,现真主已出,你当辅之,贫道何惜俗金? 所以相公不要怀疑。"李靖听后,仍不敢受,就把两个道人引见给自己的妻子。红拂女一见,微笑地点点头,示意李靖收下。两个道人一见红拂女,拍掌大笑道:"我说哩! 太原英才何其多也! 真主在此,将相亦在此,怪哉?"说着,对李靖道:"慧眼识奇才,英雄配美女。君日后出将入相,全在于你夫人。"说完,二人飘然离去。这就是历史上风尘三侠美谈的由来。

李靖到太原后,经人之荐,当上了马邑(今山西朔州)丞,他的妻子红拂女也陪他走完了人生的全过程。

此时,正值隋朝末年,隋炀帝的暴虐和倒行逆施,使天下百姓家破人亡,饿殍遍野,从而引发了隋末农民大起义。到隋炀帝大业十二年(616 年),中原大地上的农民起义已经风起云涌:瓦岗反了李密,河北反了窦建德,河陇反了薛举,江都反了杜伏威,岭南反了肖铣,洛阳反了王世充,到了大业十三年,在山西的李渊也开始扯旗造反了。

此时的李靖在政治观点上,还是忠于隋王朝的,对于各处的农民起义,他认为是盗贼。所以,当他发觉太原留守李渊与他的几个儿子在起兵后有不轨叛逆行为时,就想去江都向隋炀帝告密。此时的李渊已占领了长安,正遣将四出,扩大地盘。

为了不使人怀疑,他让自己的心腹扮作狱卒,自己走入囚车,离开太原向已孤守江都的隋炀帝上书李渊在长安的种种不轨行为。所以,可以这么说,此时的李靖虽怀大将之才,但如何干,心中并不明确,还有点迂腐。

可不幸得很,当他快走近江都时,就被李世民的部队抓住了,并押向长安。一经审问,得知是去向隋炀帝告密的探子。李渊大怒,命人立即斩决李靖。但他毫无惧色,面不改容,大呼:"公起兵为天下除暴乱,如想成大事,哪能以私怨杀壮士? 我去江都是各为其主,何错之有?"

但李渊不听,坚持要杀李靖的头。正在万分危急的时刻,正值李世民从外面回来,当他得知父亲所杀之人乃是隋大将韩擒虎的外甥李靖时,连铠钾都来不及卸下,跌跌撞撞地往刑场跑去,一边跑,一边大呼:"刀下留人!"

刀斧手一听是秦王的声音,就停止行刑。李渊见李世民急速而来,问道:"世民来此何干?"李世民道:"此人不能杀。他去江都向炀帝告密,乃忠义之士,一不能杀;天下未定,正是用人之际,二不能杀;李靖乃韩擒虎的外甥,素有贤名,三不能杀。"说完,在李渊面前不住地磕头,"请父王听孩儿一言。"

李渊见李世民态度坚决,就赦免了李靖,把他归入李世民部下。临走时,李渊还警告李靖:"如有二心,定斩不赦!"

当李靖松了绑走出刑场后,李世民连忙把他接入自己营帐,设酒宴压惊。李靖一见李世民,心中大惊:"东海虬髯客说太原有英主出,原来英主在此!"既谢李世民的相救之恩,同时也为李世民的帝王气度所征服。从此,李靖就在李世民麾下南征北战,为唐王朝的巩固和发展建立了不世之功。

第四编　隋唐野史

## 用兵如神的卫国公

称呼一个人是军事大家、帅才，说明这个人必定在军事领域有许多独到的见解和过人之处。作为初唐著名将领，李靖是得天独厚的幸运者：自己既有胸怀平天下的大将之才，又碰上旧政权崩溃、新政权产生的天翻地覆的时代，同时又遇上李世民这样的千载难逢的君主，使他的军事才能得到了长足的发挥，如大旱之年逢霖雨，青苗勃然而发。

作为军事家的李靖，其用兵指挥之才可以用四个字来概括：料敌如神。而且还能快速迅猛地抓住战机。

唐高祖武德二年（619年），原梁宣帝萧詧（chá）的曾孙萧铣（xǐ）于天下大乱之际，在湖北江陵称帝，国号后梁。同时，大封文武百官，远近州县多降，势披岭南，长沙一带，兵力多达四十万，是唐王朝在南方一个不可小视的劲敌。而且萧铣占据荆州一带后，还扬言要向巴蜀进攻。

李渊见萧铣声威赫赫，就命赵郡王李孝恭为夔州（今四川奉节县）总管。此时，李靖向李渊请缨，要求立功以效国家。李渊一听，大喜，对人言："江南有李靖，吾无忧矣。"就命李靖为行军总管兼李孝恭属下长史（相当于参谋长之职），以抵御萧铣的进犯。

武德四年（621年）秋，突然天降大雨，秋水暴涨，长江两岸，一片汪洋。见此，李靖向李孝恭建议：立即发兵攻萧铣。而诸将及李孝恭均认为此时出兵不适宜，待江水稍退再说。但李靖力主出兵，说："用兵无他法，唯料敌、料我、神速而已。今我军初集，萧铣定会不备，乘江水暴涨，顺流东下，出其不意，攻其不备，定可大胜。"

李孝恭将信将疑，但他素知李靖能用兵，就遵照而行。点起大军趁江水暴涨之际，越荆门宣都，直抵夷陵（今宜昌市）。萧铣部将文士弘拥兵数万在清江，

没想到唐军会趁江水暴涨之际发起进攻。李靖舟师蜂拥进入清江，后梁军损失战舰三百余艘，兵士万余，大败而溃。只有文士弘率少数残军逃脱，后又被唐军追上，又复大败之。唐军长驱直入，直捣江陵。萧铣闻讯，大惧，只好调宿卫精锐部队前来御敌。

按兵法原理，如果趁萧铣保卫江陵的大军并未完全集结之时，发动进攻，唐军亦能大获全胜。所谓卒未集、计未成、谋未就，击之勿失。所以，李孝恭和其他唐军将领均主张立即向后梁军发动进攻。可李靖却极力反对，说："萧铣为挽救他的失败，把宫内精锐都调出来了，此锋不可挡，不如暂泊舟两岸，坚守以待其气衰再击之。"

李孝恭见自己身为亲王，用兵指挥还不如李靖，觉得脸上无光，就说："君言可则未必可，君言非则未必非。"遂不听李靖之言，自率精锐出击。但不出李靖所料，唐军遭到顽强抵抗，大败而归。兵败之后，李孝恭才认为自己不行，对李靖心服口服："君料敌如神，吾勿如也。"

后梁军见唐军大败而退，而且沿途丢弃不少刀枪及作战物资，就大肆掠抢，毫无纪律，军心大乱。李靖见此，建议李孝恭出击。后梁军不意唐军会这么快地反击，顿时大乱，四散逃命，唐军反败为胜，一直追后梁军至江陵，并占领了外城。还缴获了许多舰船。

这时，李靖下令：把缴获的敌舰全部砍断缆绳，任其沿江飘流而下。将领们一见，大为不解，纷纷找到李靖，认为那么好的战船丢了多可惜！李靖一听，笑了笑："各位爱惜财物，当商贾可以，可现在是战争。我军深入敌国腹内，江陵主城又未攻破，后梁属地又宽，一旦敌援军四集，我们就要腹背受敌。现把敌舰弃掷江流，来援的后梁军必以为江陵已破，不敢轻进，必会观望一段时间。这样一来，就为我们攻打江陵赢得了时间。"遂

下令攻城,萧铣见援军不到,内外阻绝,感到非常绝望,只好下令投降,江陵不战而下。

又不出李靖所料:四处来援江陵的大军见自己的战舰顺江而下,以为江陵已破,不敢轻进,以作观望,为李靖毫无顾虑地攻打江陵争取了时间。

见江陵已破,萧铣投降,各州郡纷纷归顺投降。李靖又率军乘势下岭南和广西,一月即平。至此,南方广大地区全部归入唐王朝的辖区,李渊闻讯大喜,对左右说:"李靖用兵,虽韩信、白起复生,亦不过如此。"下诏慰劳,授李靖为岭南抚慰大使兼桂林总管。

公元 626 年六月四日,李世民发动了玄武门之变,夺取了政权,自己当了皇帝,史称太宗,改元贞观。此时在北方的少数民族突厥见唐室内乱,就起兵八万进犯太原。消息传到长安,李世民很是恼火,认为突厥乘人之危。他想亲征,以杀突厥的嚣张气焰。

李靖一听,笑了,对李世民说:"此等小敌,何劳陛下亲征?老臣为陛下了却此事。"李世民大喜:"有老将军出征,足以制突厥。"就问李靖需要带多少部队,李靖道:"三千人足矣!"李世民将信将疑,李靖见皇帝有疑虑,就分析敌情道:"突厥以为唐有内忧,不敢出兵,必轻敌。人数虽多,不足虑也,臣以三千兵足以制突厥。"

李世民素知李靖沉稳的性格和才能,就授李靖刑部尚书兼检校中书令的显职,率领三千兵北上太原反击突厥。临行前,李世民遣酒送行,说:"以少胜多,方略不可不虑。"李靖道:"臣已熟虑之,陛下毋须挂劳。"

李靖受命后,率三千精锐骑兵,撇开沿途少量敌人和气候不顾,昼夜兼程,直扑突厥首领颉利可汗的大帐。他采取"打蛇先打头"的战法使敌全身瘫痪。见唐军突至,颉利可汗大惊,以为神兵天降,说:"唐不发倾国之兵,李靖决不敢孤军至此。"说着,只带少数亲兵逃走,同时,遣使向唐朝谢罪,愿意内附。李世民闻讯,就以李靖为定襄道总管去受降,同时还派遣鸿胪卿唐俭去突厥抚慰颉利可汗。

因突厥只是不知虚实才投降的,主力并未受损,一旦知道内情必后悔,于唐军不利。因此,李靖认为诏使到突厥后,突厥必会松懈,以为不会打仗了,这时向突厥发起突袭,必可彻底打败突厥。而他的部将说:"现唐俭在突厥,将军如进攻,唐俭必死无疑。你这是韩信破齐之策,以郦食其为代价。"李靖道:"千载难逢之战机岂可因一人而失去?唐俭算什么?"就下令向突厥大营进攻。

经此突袭,突厥大部惊溃。唐军斩敌万余,俘获十万,颉利可汗也被生擒。从此,自阴山至大漠的广大地区一起归属了唐王朝。颉利可汗被押送京师后,李世民笑着问他:"你知道李靖这次带了多少部队吗?"当他得知李靖只带了三千人时,颉利可汗先是惊骇,继而拜服:"大国天威,实不可料。"就尊李世民为"天可汗"。

因功,李世民拜李靖为代国公,兼中书门下平章事(宰相)。后因李靖身体不好,不久即罢相,以大将军领代国公之职闲居在家。

太宗贞观八年(634 年),西北少数民族吐谷浑入侵凉州(今甘肃武威县境内)。因地远天寒,吐谷浑计料唐王朝不敢出兵。但李世民认为吐谷浑猖獗,不实施彻底的打击,西北边陲就不会安宁。可是现在气候恶劣,天寒地冻,要打败吐谷浑谈何容易!此时,李世民想到了李靖,就对左右侍从说:"非李靖不能了此事,不知他是否愿意再替我辛苦一趟。"

此时的李靖已是六十四岁的老人了,他得知皇帝的用意后,就亲自走到宰相房玄龄家里,主动请缨,说:"我尽管老了，还可为国家再效一次劳。"李世民知道后，大喜，立即命李靖为西海道行军大总管，统率五个方面的军队以抗吐谷浑。

西北隆冬，天寒地冻，风沙扑面，像利刃一样刺入肌骨。吐谷浑首领闻唐军是李靖挂帅，说："代国公挂帅，吾等避之。"自知非其对手，就尽烧粮草，往腹地退去，说："吾等无恙矣，唐军不怕冻死就来攻。"唐军诸将见气候太恶劣，想待来春再战，李靖一听，大怒："天公是公正的，我们艰难，敌方也不轻松，现吐谷浑向腹地退去，认为我军为天公所阻，必不敢进兵，此正是歼敌的大好时机。我六十多岁了，身为元帅，还不敢言苦，难道你们就不行吗？"众将一听，皆不敢吱声了。

于是，李靖率唐军精锐骑兵，轻装简从，向吐谷浑腹地（今青海西宁一带）疾驰。吐谷浑首领不意李靖竟敢顶风冒雪前来，大惊，匆忙列阵迎战。唐军深入死地，以一当十，吐谷浑大败。激战数十场，直驱两千多里，杀伤敌众近十万。吐谷浑国王伏允可汗见兵尽势穷，逃投无路，只好在一棵树下自缢身死，余众皆降，吐谷浑举国内附，陇右平定。

李靖得胜回朝后，李世民亲自率文武百官出城迎接，并封李靖为卫国公，进而授开府仪同三司。三年后，李世民伐辽东，李靖又要挂帅，李世民摇摇头："你是我们国家的长城，南平吴越，北破突厥，西定吐谷浑，古之名将无以过此。朕想让你多活几年。"

按常规：李靖既不是太原首义的组织者和参加者，又不是玄武门政变的首要功臣，同时还是个待斩的囚犯，应该是不可能出将入相、位极人臣的，但李靖最终还是写下了人生最辉煌的一笔，不仅出将入相，还画像凌烟阁，成为唐王朝二十八个首要开国功臣之一。究其原因，是他遇上了李世民这样的明君。

李靖为人忠厚，立大功不事宣扬，有缺点不加掩饰，因此，尽管朝中有人嫉他的功、揭他的短，但是李世民则录其所长，去其所短。

北破突厥，大获全胜，拓地千里，李世民准备重赏李靖。这时，御史大夫肖瑀上本参奏李靖持军没有纪律，放纵士兵抢掠，应该说这是主将的过失。李世民听后，很恼火，召来李靖询问是否有此事，李靖坦然承认，不找任何客观原因为自己辩护，只是顿首谢罪。李世民见此，思索了一会儿，说："隋朝大将史万岁破头达可汗，不赏而诛。我不能那样处事，要赦公之罪，录公之功。"乃进李靖为光禄大夫、尚书右仆射。几天后，李世民又把李靖找来，说："我现在终于明白为什么总有人揭你的短，是因为你不表功，不诿过，又有大功。做人难啦！"

有一次，李世民要李靖教将军侯君集兵法。很快，侯君集上奏李世民，说李靖想谋反。李世民问其故，侯君集道："李靖教兵法，只教粗略不教细节，留了一手，这不是想谋反吗？"李世民问李靖，李靖道："我倒认为侯君集想谋反。现天下已定，所教之兵法足以制四夷，侯君集想了解那么详细，不是想谋反又为何呢？"不久，侯君集果然拥立太子乾承谋反，李世民对李靖说："果如卿言！"从此，对李靖更加信任了。

太宗贞观二十三年（649年），李靖病危将死，李世民亲自去他府上看望，此时的李世民也将不久于人世了。当他见到李靖衰朽不堪，不成人形，心里十分难过，流着泪说："你是我平生最好的朋友，又有大功于国家，现在你病成这样，我心里很难过。"说着，长叹一声，"岁月流逝，功臣零落，朕将何堪？"此时的李靖已说不出话了，只握着李世民的手，在上面轻轻地拍了几下，意思是：感谢皇帝的知遇之恩，人生之愿已足。几天后，李靖就溘然长逝，终年七十八岁。

作为一代名将，李靖不仅有丰富的

作战经验，还有理论建树。他的用兵方略与心得集中反映在他与李世民的谈话中，那就是宋神宗钦定的《武经七书》之一，即《李卫公问对》。

## 尉迟恭

唐太宗李世民当皇帝后，为了表彰那些曾与自己出生入死的开国元勋的功劳，特在长安城置了一座巨大的纪念塔：凌烟阁。把其中有突出功劳的二十八个人的像画在凌烟阁上。在这些功臣群像中，既有李靖那样的将才，又有魏征那样的相才，同时还有像尉迟敬德那样的猛将；如果说李靖是靠运筹帷幄、决胜千里的指挥才能，以入群像之列，那像尉迟敬德这样的人靠的则是忠贞不二的赤心。

### 从山大王到心腹大将

尉迟敬德，名恭，敬德是他的字，朔州善阳（今山西朔州市朔城区）人，生于隋文帝开皇五年（585 年），死于唐高宗显庆三年（658 年）。

因家贫，尉迟恭没有文化，一字不识，长相却很奇特：身材高大、腰圆膀阔，脸如黑炭，两眼血红如喷火，所以，村里人都怕他，叫他"尉黑塔"。稍大后，为维持家计，他以打铁为生。因为他又穷长相又粗鲁，谁家的姑娘也不愿嫁给他，所以到了二十岁，还是光杆一条。

尉迟恭所处的时代正值隋朝末年，政治黑暗，贪官污吏多如牛毛，百姓嗷嗷待哺，在死亡线上挣扎。尉迟恭恨透了这种不合理的社会，一气之下，就纠集一帮人上山当强盗去了。

一天，他听小喽啰汇报，说山下有一桩好买卖。尉迟恭二话没说，点起一班兄弟，抄起两根各重六十斤的钢鞭，往马背上一跳，用强盗黑话喊："扯风开船。"意即出发。

山下这桩买卖既不是金银也不是粮草，而是一大户人家娶媳妇，吹吹打打沿山而过。尉迟恭一听是娶媳妇，就大喝一声："哎！瞧我的！"飞奔花轿而去。迎亲的人一见强盗来了，吓得四散逃命，尉迟恭揭开花轿门帘一瞧：新媳妇还是美人儿！大喜过望，高声招呼小喽啰："兄弟们，抬上山去，好好庆贺！"这个被抢来的媳妇，就成了尉迟恭的强盗婆娘，以后又成了唐朝大将军的贵夫人。

隋炀帝大业末年，天下大乱，群雄四起，割据一方，称王称帝。在这种形势下，山西庶民刘武周见有机可乘，也纠集一班人马，开仓济贫，斩杀隋朝官史。结果远近响应，旬月之间得兵万人。不久，刘武周为壮声势，送北方的突厥许多金银和马匹，换来了突厥封给他的"可汗"的称号。于是，刘武周北连突厥，立足山西形胜之地，也学起其他人的做法，称王称帝起来，国号汉，改元"定兴"。僭号以后，刘武周久闻尉迟恭的大名，是一名难得的猛将，就拉他入伙，封为将军。

时间一长，尉迟恭对刘武周很失望：刘只知积攒金银和吃喝宴饮，对将士们的利益从不关心过问，尉迟恭觉得这种人成不了气候，就想找机会脱离刘武周。

唐武德二年（619 年），刘武周攻克李渊的龙兴之地太原。在长安已做了皇帝的李渊闻讯大惊，因太原是他的发祥地，一旦失之他人，长安的左翼就不安全。正当他束手无策，甚至准备放弃山西、固守关中时，他的二儿子、十九岁的李世民主动请缨，愿率三万精兵，取回刘武周的人头。

李世民率军渡黄河后，以坚壁固守、后发制人的战略，大败刘武周的部将宋金刚，伏尸二百里。见势穷，尉迟恭和另一将军寻相只好投降了李世民。李世民一见尉迟恭，觉得这个黑大汉是一员战将，而尉迟恭也觉得这个年仅十九岁的英气勃勃的秦王并非等闲人物，因此两人大有相见恨晚之感。于是，李世民封尉迟恭为将军兼右一府统军，继续指挥自己的人马。

不久，与尉迟恭一块投降的寻相借机逃走。唐军诸将担心尉迟恭也会叛逃，就劝李世民把尉迟恭杀掉。李世民道："我方喜得良将，为何要杀呢？"不听。以唐军大将屈突通为首的一部分将领为以防万一，就把尉迟恭抓起来，然后对李世民说："人心不可测，尤其是阵前降将更不可轻信，我们现在把尉迟恭抓起来了，请秦王处置。"

李世民一听，大怒："东汉光武帝能置赤心于人腹中，故能定基河北。以心换心，敌可为友。如敬德想叛变，他决不会走在寻相的后头，现在他还在，说明他是不想叛变的。"说完，李世民亲自走到帐外给尉迟恭松绑，之后，又把尉迟恭请入室内，诚恳地说："大丈夫意气相投，不要以小嫌介意。"说着，又从自己身上拿出一包黄金，对尉迟恭说："人生在世，情义而已。诸将劝我杀了你，我不会那样做，如果你一定要走，这些金子就给你做路费，也不枉你我相识一场。大丈夫嘛！来去明白。"

尉迟恭一听，非常感动，流涕下拜道："大王如此待人，焉敢不效死力？但不敢受赠。"从此，尉迟恭就在李世民麾下出生入死，身经百战。可以这么说，李世民的江山包括李世民的性命，都是尉迟恭救出来的。而李世民就是以这种以诚待人的君子气度使多少好汉投入他的帐下，为大唐江山的创建立下不世之功。

李世民平定山西之后，开始出关或南下扫荡群雄。武德三年（620年），李世民出兵攻打盘踞洛阳的王世充。他采取先扫外围。再攻中心的战术，扫清了王世充占据的山东、河南一部分地方，然后，他把洛阳紧紧围了起来。

有一次，李世民与尉迟恭率五百人察看地形，突遇王世充率领一万余骑兵来袭，李世民被团团围住。王世充的大将单雄信一见李世民，就挥槊大呼朝李世民冲来："李世民，你的死期到了！"李世民见状，只好挥刀与单雄信力战。很快，李世民力不能支，情况十分危险。正在这时，忽听得霹雳一声吼叫："雄信休伤吾主！"只见尉迟恭两眼喷火，手持钢鞭飞驰而来。单雄信久闻尉迟恭之名，今天又见如此虎威，心里很是胆怯，闪了一下眼，结果被尉迟恭一鞭把他的长槊打得飞了起来，又复一鞭，单雄信的天灵盖被打没了。尉迟恭接着掩护李世民冲出了重围。

李世民回营之后，派人请来尉迟恭，问："君何报之速也？"意思是说，你怎么那么快就报答我？并赏尉迟恭黄金一百斤。可尉迟恭却分文未取，全部分赠给自己的部下。李世民知道后，感叹道："危不忘主，财不忘友，敬德真丈夫也。"

在与河北窦建德相持于虎牢的战斗中，双方摆开阵势。窦建德的部将夏军高呼挑战："唐军如有勇士，出来决斗！"这时，夏将王琬骑了一匹千里马在阵上耀武扬威，李世民又爱马如命，一见，冲口而出："真是好马！"在旁的尉迟恭一听，二话没说，飞奔而出，直扑王琬。对方还未反应过来，尉迟恭的钢鞭就到了，王琬连哼都没有哼一声就栽下了马。尉迟恭又翻身下马，牵过王琬的坐骑，飞奔回阵，速度之快、之猛，使敌对双方都看呆了。

李世民见此，就挥军杀向窦建德。尉迟恭又是一马当先，冲入敌阵，追杀十几里，硬是把窦建德活捉过来。李世民称赞道："三国的许褚被人们称为虎痴，你比许褚强十倍，能于百万军中取上将之首。"

在一次征讨刘黑闼的战斗中，李世民的坐骑因中箭而身陷重围，冲杀不出。敌军越围越多，险情千钧一发。尉迟恭得知后，立即率数十名壮士冲入敌阵，拼死砍杀。尉迟恭身中十枪，血流如注，最后把李世民救了出来。从此，尉迟恭就成了李世民最信任、最得力的将领，哪里有险情，哪里就有尉迟恭。

### 首功玄武门

如果说尉迟恭在战场上奋不顾身，对李世民忠心耿耿，那么在和平时期的国内政治权力斗争中，尉迟恭对李世民也是生死不渝，突出的表现就是玄武门之变。

李世民是唐王朝的实际开创者，他又用七年时间扫平了群雄，统一了中国。但他不是李渊的长子，所以，太子一职只能是他哥哥李建成。于是，就引发了以李建成、齐王李元吉为一方，李世民为另一方的激烈的权力斗争与利害冲突。

李建成与李元吉开始是在李渊面前诋毁李世民，想削弱其权力，减少其影响。此计不成，他们就采取挖墙脚的方法，收买秦王府的人，尤其是那些跟随李世民南征北战的将军，其中尉迟恭是他们第一个收买的对象。

有一次，李建成、李元吉派人送了一车子的金银器皿给尉迟恭，并附上太子李建成的一封信，对尉迟恭大加吹捧、奉承。尉迟恭一见，对李建成的使者说："你们想干什么？我尉迟恭之所以能有今天，全是秦王所赐，因此要誓死效忠于他。而我与太子殿下平时没什么交往，更谈不上对太子的功劳，不敢领受这样大的赏赐。如果我要是背着秦王私交太子，就是为人不忠，见利忘义，既是这样的人，对太子又有什么用呢？"见尉迟恭怒气相向，李建成的使者只好命人把金银车子推回去复命。

李建成的使者一走，尉迟恭马上把此事报告李世民。李世民一听，十分感动，说："我知道你心如铁石，就是金银堆成泰山之高也买不动你。所以，你不必拒绝他们的金子，只要知晓其阴谋就行了。现在你已拒绝，他们不会罢休，你要小心。"

果然，使者复命后，李建成大骂："不识抬举的炭黑子，敬酒不吃就让他吃罚酒！"就派刺客去暗杀尉迟恭。因早有准备，尉迟恭就索性大开房门，自己光着膀子在里面睡大觉。鼾声如雷，刺客见了十分害怕，人未进门，两个腿就打抖，李建成的算计失败了。

暗杀不成，李建成就在李渊面前进谗言，说尉迟恭谋反。李渊就把尉迟恭抓入大牢准备处死。李世民连忙去李渊那里求情，并列举尉迟恭多次救出自己性命一事以证明尉迟恭不会谋反。见李世民求情，李渊只好把尉迟恭放了。

这时，李建成、李元吉为了搞掉李世民，无所不用其极。武德九年（626年）五月，边关报警：突厥又兵犯太原。李建成先向李渊推荐李元吉为元帅，统兵御敌，然后借调秦王李世民的文臣武将归于李元吉，把李世民搞成光杆司令，最后再一举解决。尉迟恭也被诏令去齐王李元吉的帐下。

形势已经白热化了。尉迟恭见此，忧心忡忡地对李世民说："先发制人，后发为人所制。如果你不听我们的忠告，也没有办法。我就要去齐王帐下了，最后特来向你辞行。如大王想干大事，应当机立断，为国为家都必须速下决心。临事而疑，非智也，临难不决，非勇也。"至此，李世民才定下最后的决心。

六月四日清晨，李建成、李元吉率人去宫内途经玄武门时，被早已埋伏在此的李世民的兵将包围。李建成、李元吉一见大事不妙，想骑马逃走。李世民一见，大喝一声："哪里跑！"拍马追了上去，并一箭把李建成射落马下。这时，齐王李元吉从后面赶来，想一箭射死李世民。也许太紧张，连发三次不中。李世民见此，拍马而上，但马被树藤绊倒，李世民被掀下马来，李元吉一见李世民落马，就飞驰而来，想以长剑杀死李世民。正在万分危险之时，尉迟恭飞驰而来，喝道："齐王不得无礼！"一鞭把李元吉的剑打得飞出两丈多远，然后又复一鞭，把其脑袋打成浆糊。玄武门政变终以李世民大获全胜而告终。

李世民当了皇帝后，就以尉迟恭为第一功臣，官拜右武侯大将军、吴国公，赐绢万匹，并把齐王府、太子府的金币、玉器全部赐给了他。

玄武门之变后，国家统一，政治清平、天下无事，尉迟恭作为唐王朝的开国元帅基本上闲居在家。因他性直率、粗鲁，又有大功，对人不免有骄猛之气，处处不饶人，所以常遭人诋毁。但因他的赤胆忠心以及李世民的明智，他并没有遭到冤屈，终老一生。

有一次，李世民在宫内大宴群臣，并规定有大功者坐上席。这时，江夏王李道宗坐在尉迟恭的上首，尉迟恭一见，就火了："你算什么东西？洛阳战王世充、擒窦建德，你在哪里？江东战刘黑闼而皇上有难，你又在哪里？玄武门决斗，你在何方？你有屁功？敢来坐我上首！"说完，一拳把李道宗打到桌子底下，半天爬不起来。

按封建社会法规：尉迟恭再有功，也是异姓，是将，是臣，李道宗再无能，也是李唐宗室、亲王，是君，更何况在这种庄严的场合？所以，尉迟恭的行为是大逆不道，当斩。当时就有人上奏李世民，要斩尉迟恭。可李世民并没有说更多过头话，只责备几句就完事了。

还有一次，有人上奏尉迟恭谋反。李世民就召来尉迟恭，说："为什么总有人说你要谋反呢？"尉迟恭一听，十分激动，也不管什么皇帝尊严就当场脱掉衣服，赤条条地露出伤痕累累的疤迹，说："我随陛下征战四方，身经百战，九死一生，现天下已定，我怎么会反呢？"李世民一见，也感动得流下眼泪，连忙说："你快穿上衣服，正因为我相信你，才跟你说这个话。"

李世民一直到晚年，对尉迟恭的信任都是始终不渝。尉迟恭老了，负责具体工作不便，李世民就授他开府仪同三司的散职，平日不朝，五日一参。尉迟恭见此，就谢绝宾客，游乐自娱去了。

在中国封建社会，封建皇帝与将相大臣的关系往往受赤裸裸的利害关系所驱使，以致发生多少人间悲剧。而像李世民与尉迟恭及其他将帅的关系，在中国历史上确是为数不多。这一方面固然是李世民的英明大度所致，另一方面又是因为什么呢？

## 薛仁贵

薛仁贵，绛州龙门人，少年时家庭贫贱，以种田为业。他准备改葬已去世的父母，妻子柳氏说："有超群才能的人，关键是要遇到好的机会才能发展。现在天子亲自出征辽东，选求猛将，这是难得的时机，君何不图求功名使自己显赫？然后富贵还乡，再葬也不晚。"薛仁贵就去见将军张士贵应募。

到了安地，刚好郎将刘君印被贼军所包围，薛仁贵飞速去救他，斩了贼军将领，把他首级系在马鞍上，贼军都畏服了，由此出名。唐王朝军队进攻安市城，高丽莫离支派将领高延寿等率领二十万士兵抵抗，倚山扎营，太宗命各将分别攻击他。薛仁贵自恃勇猛，想立奇功，就穿了白色衣服以显得突出，提了戟，腰挂两张弓，大呼飞驰而出，所向披靡；军队借势追击，贼军奔散溃败。天子望见，派使者立即赶去询问："先锋中穿白衣服的人是谁？"回答说："薛仁贵。"天子召见，很感叹咤异，赐给他黄金绢帛，奴婢马匹等不少东西，授官游击将军、云泉府果毅都尉，令他长值班北门。回军后，天子对他说："朕的旧将都已年老，想提拔勇猛的人在外统兵，没有一个像你那样的，朕不高兴得到辽东，而高兴得到你这位勇将。"升为右领军中郎将。

高宗到万年宫，突然山洪暴发，夜晚水很快冲到玄武门，宿卫战士都已散走，薛仁贵说："当天子危急的时候，怎么可以怕死？"于是登门大声呼喊，以叫醒宫内的人，天子急忙出来登上高处。不一会儿水已进入天子睡处，天子说："有赖于卿我才免于一死，我现在才开始知道有忠臣。"把御马赐给了他。

苏定方讨伐突厥沙钵罗可汗贺鲁，薛仁贵上疏说："臣听说师出无名，事情肯定不成功；证明了他们是盗贼，敌人才可心服。现今泥熟不事奉贺鲁，被他打败，贺鲁像对奴隶那样捆绑其妻子儿女，王师如果有从贺鲁部落转而得到他们家口的，应该都还给他们，并加以优厚赏赐，使百姓知道贺鲁的暴虐而陛下的至高德行。"皇帝采纳这意见，就遣还他们的家属，泥熟请求随军作战，以死效忠。

显庆三年，诏命薛仁贵作为程名振的副职用武力经营辽东，在贵端城打败高丽军，斩首三千级。次年，与梁建方、契苾何力与高丽大将温沙多门遭遇，在横山大战，薛仁贵单身骑马驰入阵中，向敌人射箭，都应弦而倒。在石城又发生战斗，敌人中有个善于射箭的人，射杀官军十多人，薛仁贵大怒，单骑突入阵中击贼，贼军弓矢都被打得不能发挥作用，于是活捉了他。不久与辛文陵一起在黑山大败契丹，俘获他们的王阿卜固献送到东都洛阳。拜官左武卫将军，封河东县男。

诏命薛仁贵作为郑仁泰的副职担任铁勒道行军总管。将要出发，在内殿设宴，天子说："古代善于射箭的人可以射穿铠甲上七层金属叶片，卿试着用五层甲片来射看看。"薛仁贵一射就穿透了，天子大惊，拿出更加紧固的铠甲赐给他。当时九姓铁勒的部落联盟共有十多万人，他们派出骁勇的骑兵几十人来挑战，薛仁贵发三矢，连杀三人，于是铁勒震动害怕，都来投降。薛仁贵怕有后患，把他们都坑杀了。转而讨伐沙漠北部地区的剩余部众，擒获伪叶护兄弟三人归来。军中有歌谣唱道："将军三箭定天山，壮士长歌入汉关。"九姓从此衰落。

铁勒中有思结、多览葛等部，先保天山，等郑仁泰的大军到达后，因惧怕而投降。郑仁泰没有接受，虏掠他们的家属以赏给军队将士，贼军相率逃去。有侦察骑兵来报告："贼虏军用物质和牲畜满山遍野，可以去夺取。"郑仁泰挑选一万四千名骑兵卸掉铠甲飞驰而去，穿过大沙漠，到仙萼河，不见贼虏，粮食吃完，只好回军，由于饥饿，出现人吃人，等到入塞内，剩下的士兵只有二十分之一。薛仁贵也取所降部落中人为妾，并多受贿赂，被有关官吏弹劾上奏，因有功劳而得到原谅。

乾封年间初期，高丽泉男生要求依附唐朝，朝廷派将军庞同善、高偘前往慰问接纳，但他的弟弟泉男建率领国内的人抗拒内附，朝廷派薛仁贵率军队援助护送庞同善。到了新城，夜晚被敌军袭击，薛仁贵击败他们，斩敌数百人。庞同善进驻金山，败北的敌军不敢向前，泉男生乘胜前进，薛仁贵攻击敌军把他们分割成为两部分，敌军随即溃败，斩敌兵五千，攻下南苏、木底、苍岩三城，于是与泉男生军会合。天子亲写诏书慰劳勉励。薛仁贵依仗士气，领兵二千进攻扶余城，其他将领以兵少作为理由来劝阻，薛仁贵说："兵在于运用得好，不在于人多。"他身先士卒，碰到贼军就打败他们，杀万余人，攻下了扶余城，接着沿着海扩张地盘，与李勣军会合。扶余投降后，其他四十个城也相继来降，威震辽海地区，朝廷下诏命薛仁贵率兵两万名与刘仁轨镇守平壤，拜官本卫大将军，封平阳郡公，检校安东都护，移治所到新城。薛仁贵抚慰存活孤寡老人，检查制止盗贼，根据才能任命官职，褒奖推崇有气节讲义气的人，高丽士大夫和民众都高兴得忘记了国家的灭亡。

咸亨元年，吐蕃入侵，命薛仁贵为逻娑道行，军大总管，率将军阿史那道真、郭待封出兵攻击他们，以支援吐谷浑。郭待封曾任都城镇守，与薛仁贵地位相等，这时，耻于在他的领导下，因而常常违背指挥调度。起初，军队驻屯在大非川，将要进军去乌海，薛仁贵说："乌海地势险要而且湿热易病，我们进入死亡地带，可说是危险的道路，而快速则有成功可能，迟缓则要失败。现今大非岭很宽平，可设置二座营垒，把军用物资都放在里面，留一万人守卫它，我用加倍的速度对不整齐的贼军发起突然袭击，就能消灭他们了。"于是轻装，到河口，遇贼军，打败了他们，多所杀戮和掠夺，获得牛羊以万计数。进军到乌海城，以等待后面部队的支援。郭待封起初不服从，率领有军用物资的部队跟在薛仁贵军后前进，吐蕃率领二十万军队围剿追击，粮草都用光了，待封驻守。仁贵退兵到大非川。吐蕃增加兵力共四十万来进攻，唐军大败。薛仁贵与吐蕃将领论钦陵约定讲和，才得回军，而吐谷浑终于亡于吐蕃。薛仁贵叹道："今年是庚午年，岁星运行到降娄范围，位居西方，太岁所在，是为凶方，故不应有事于西方，邓艾死于蜀的原因也在于此，我知道必然会失败。"皇帝有诏书下来，原谅他免去死罪，但除去在官的名字，成为平民。

不久，高丽剩余的部众反叛，薛仁贵又被起用为鸡林道总管。再次因事被贬到象州，碰到大赦才回来。皇帝想起他的功劳，召见他说："过去在万年宫，没有你，我就要成为鱼了。前些日子消灭九姓，破高丽，你的功劳居多。有人说从前在乌海城下你放纵敌人不出去，以致作战失利，这是朕所以怨恨和怀疑你的原因。现今辽西不安宁，瓜州、沙州道路断绝不通，卿怎么能够高枕无忧而不为朕指挥作战呢？"于是拜官瓜州刺史、右领军卫将军、检校代州都督，率兵在云州出去突厥族的元珍。突厥人问："唐将军是谁？"答曰："薛仁贵。"突厥人说："我听说

将军已流放到象州死了，哪里还能再生？"薛仁贵脱下头盔让他们看，突厥人相视失色，下马四面围着下拜，然后悄悄地逃离而去。薛仁贵乘机进攻，大败他们，斩首万级，获得人口三万，牛马也相当此数。

永淳二年死，年龄七十岁。赠官左骁卫大将军、幽州都督，官府给以车护送棺材回家乡。

## 娄师德

武则天时，娄师德当宰相。娄师德为人忠厚宽恕，每办一件事，办成就算了，从不表白自己的功劳。

娄师德保举狄仁杰当宰相，狄仁杰却不知道他是保举的。一次，武则天问狄仁杰："你认为娄师德有知人之明吗？"狄仁杰因为娄师德不大说话，反而轻视他，便回答说："我和他同事好久，没听说他有知人之明，也没见他推荐过谁。"武则天笑道："我任命你当宰相，就是娄师德推荐的，可算得是有知人之明了。"狄仁杰听了，大吃一惊。

狄仁杰退出后感叹地说："娄公大恩大德，我被他包容很久了，却没能了解他的为人。"从此，狄仁杰十分敬重娄师德。

唐武则天时，严厉禁止屠宰。钦差大臣娄师德到陕西巡视，地方官府设宴招待他。

宴会开始，厨师上了几道素菜后，送来了一盘羊肉。

"皇上禁止屠宰，怎么还有肉？"娄师德问道。

"这只羊是豺咬死的。"厨师回答。

娄师德笑道："这只豺真懂事！"

一会儿，厨师又捧来了一盘鱼。娄师德又问：

"这鱼又是哪来的？"

"也是豺咬死的。"厨师回答。

娄师德大笑地说："笨蛋！应当说是水獭咬死的。"

娄师德当纳言兼兵部尚书。纳言是

门下省的最高长官,掌管皇帝进出的命令。一次,他出使到并州(今太原)去视察工作,与并州接界的各县县令也都跟随他一道。

娄师德怕麻烦驿站,太阳还很高就到了驿站。开饭时,娄师德叫大家一道到饭厅吃饭。娄师德一看,自己碗里的饭又白又熟,别人碗里的饭又黑又粗,就把驿站站长叫来责备道:"你怎么弄两种饭待客?"站长很害怕,说:"事先不知道你们要来,浙江白米只有这一点,大家吃不够了。"

娄师德叫将白米饭换粗米饭来一道吃。

一次,娄师德到梁州(今陕西城固以西)去检查屯田情况。娄师德是原武(今河南原阳)人,有个同乡在梁州屯田地当屯官,因为贪污公款,都督许钦明准备将他判处死刑,以警告众人。听说娄师德来了,其他老乡都来求娄师德救救那个屯官。娄师德说:"犯了国法,就是我亲生儿子也没法救他,何况他!"

第二天,许都督宴请娄师德,娄师德对许都督说:"听说有个人犯了国法,说是我同乡。我与他并不认识,但小时候跟他父亲在一道放过牛。都督不要因为是我同乡而不顾国家法律。"许都督命令将那屯官除去枷锁,带来见娄师德。娄师德责备屯官说:"你辞别父母来求官职,不能谨慎廉洁,现在即使知道懊悔了,又有什么办法呢?"说罢,将一盘蒸饼递与屯官说:"吃掉!做个饱死鬼去!"

一天,娄师德又要出差去视察屯田工作,他告诉随从人员早点儿出发。娄师德自己因脚痛,等马没有来,就在光政门外横木上坐着。

一会儿,来了一位县令,他不认识娄师德是宰相,便走过来也和娄师德并排坐着。县令有个仆人认识娄师德,便过来告诉县令:"这人就是娄宰相!"县令大吃一惊,忙站起来说:"死罪!死罪!"娄师德说:"你不认识我,有什么罪?"

县令向娄师德诉说:"有人说我年老眼花,要将我解职;其实我晚上写报告也能写,眼睛一点不花。"娄师德笑道:"你说你夜晚写报告也看得见,那为什么白天宰相都不认得?"县令听了,十分羞惭地说:"请纳言别对人说出去,纳言南无佛不说。"娄师德的仆人们都觉得十分好笑。

娄师德出将入相三十年,享尽荣华富贵。一天,他弟弟被任命为代州(今山西代县)刺史,前来向哥哥辞行。娄师德告诫他说:"我们一家,享尽荣华富贵,你现在又当代州刺史,妒忌我们的人肯定不少。你这次到代州去做官,要注意谦虚谨慎。"

弟弟说:"哥哥你尽管放心,我当官一定竭力克制自己,即使有人吐唾沫吐到我脸上,我也只擦掉就算了。"娄师德说:"不对,你当面擦掉,正好激怒对方,不能擦,要让它自己干。"

## 狄仁杰

武则天是一位手段残忍、狠毒的女皇帝。她为了达到夺取唐政权的最终目的,怀疑一切,打倒一切。功臣元勋,全逐朝廷;李唐宗室,剪杀殆尽;至于那些被冤杀的文武百官,更是累至上万。但是,从不信人的武则天,自始至终却对一个人深信不疑,不仅委以重用,官至宰相,而且还排除别人对他的陷害,多次加以保护,自己临终还与之商量立嗣大事。这个受武则天信赖的人就是狄仁杰。

### 少年苦读,终中头甲

狄仁杰,字怀英,山西太原人。生于隋炀帝大业三年(607年),死于武则天圣历三年(700年)。父亲是一染匠,母亲在家耕织,生活甚是清贫。相传其母生产前,梦一神人持一杆秤给她,说:"以此送郎君,权衡天下。"长到三岁时,因出天花,狄仁杰发烧昏迷三天,滴水未进。开始还哭闹几句,后来就连哭声也没有了。其父用手往胸口一摸:糟了! 胸口一点余热也没有了。按当地风俗,出天花死了人,不吉利,应在未彻底咽气前丢掉。于是,其父连忙把他抱起来,丢到山边的草丛里。

他父亲刚回到家,凳子还没坐热,有一女道士从背后跟了进来,指着怀里的狄仁杰对他说:"你的心也太歹毒了,孩子未咽气就把他丢了。"说完,从口袋里掏出几颗丹丸,说:"速喂之,三日后,可保无恙。"因得过天花,狄仁杰长大后,史传他是满脸麻子,人称"狄麻子"。

狄仁杰长到七岁,家里就要他上山砍柴、割草、放羊。他见人家的孩子七八岁就进私塾念书,就羡慕极了,苦缠着他父亲要读书,但不允。狄仁杰无奈,只好偷偷地躲到别人读书的墙壁下偷听,有时,偷听入了迷就忘了上山砍柴,为此,他没少挨他父亲的痛骂。

但狄仁杰仍痴心不减。白天偷偷听来的文化知识,他晚上回来时能一字不漏地回忆并写出来。他父亲大为惊讶,也感动了那位私塾先生,就收他为"编外弟子",不收他一分钱、一粒粮。书是有得读了,可家里的活也不能少干,他只好利用中午时间加班,有时,一念完书,就揣上块烧饼上山去了。

如此艰难的苦读时光一天天地过去,到了二十岁时,狄仁杰已成为一个满腹经纶、博览群书的英俊之才了。

这时,唐王朝开科取士,以招揽天下英才。这是一项新政策,从太宗初年就开始实施了,通过这种制度一方面可以打破世袭的士族门阀制度,同时,也可以从社会上选取优秀人才以补充各级政府官员。因此,那些没有背景的孤寒之士,纷纷投试,想靠自己的真才实学以改变自己的命运。狄仁杰也不例外,他的老师也力主他入试取士。于是,全家人帮他打点行装,他揣上点盘缠就上京应考

去了。

临走时,年迈的父亲对他说:"你这次不管取没取上,都不要紧,我们庄稼人,饭是有得吃的。如一旦入试中举了,就要做一个好官。如果贪赃捞财,就是家财百万,也要被人骂,人穷不要紧,堂堂正正做个人,不被人指背脊就可以了。"狄仁杰听后,点头道:"孩儿谨记。"在以后的几十年中,狄仁杰确是认真遵守了老父的教诲。

狄仁杰就这样一个包袱、一把伞,离家赴京考试去了。住在客栈里,有钱人家大吃大喝,他只买上几个烧饼,就点咸菜就算一顿了。

出了太原,来到临晋渡口边,这是山西与陕西的交界处。黄河在此拐弯进入平原地段,因此,水深流急,浊浪滔滔,这天又碰上天下大雨,山河濛濛,寒风飕飕。

狄仁杰和一些旅客住在客栈里,他本想待雨停浪小时再过河,但因考期临近,这雨又不知要啥时才能停,他心急如焚,匆忙收拾一下就想过河去。与狄仁杰同住一客栈的还有大相学家袁天罡的儿子袁谏。清早,他就对狄仁杰说:"渡口黑气弥漫,死气重重,今天肯定要出事。我劝你不要坐这船过去,现在船上的人都是死相。"狄仁杰道:"人死生有命,我有要事在身,不能久等。"说完,就拿起雨伞和包袱向渡口走去。待他刚登上船后,只听见袁谏在后面喊:"狄兄,请等等,我与你一块儿走。"狄仁杰道:"你不怕翻船栽到黄河去吗?"袁谏道:"我刚才发现黑气散了,死气不见了,这船上定有大贵人。"

到河岸时,却发现只有一条船在摆渡,因过河的人多,船上挤得满满的。船在河心被巨浪一会儿抛在浪尖,一会儿又甩入浪底,有几次都被巨浪掀得垂立起来,船上的人吓得面如土色,而狄仁杰却神色自若,同船的袁谏道:"足下临难

色不变,真丈夫也。日后定能显贵。你这次去长安参试,必能高中头甲。"

相传,早在狄仁杰参试之前,天文学家李淳风就对唐太宗提出李唐三代之后武氏必兴的谶言,并且非常肯定地说三十年以后这个武氏必会篡唐。唐太宗对李淳风的话半信半疑,就说:"既然你说得那么肯定,现在朝廷正开科取士,秋后发榜,你能算出今年朝廷的头名状元的名字,我就真信了你的话。"李淳风沉思片刻,说:"今年头甲状元的名字为火犬二人之杰。"

秋后发榜,金榜上第一名就是狄仁杰。李世民大吃一惊,就把李淳风找来,说:"你的话应验了,看来这个狄仁杰还有点来历。"李淳风道:"这个狄仁杰也算天上的星宿,尽管武氏三十年后篡唐,最终还是要归政于唐,这主要得力于狄仁杰。武氏篡唐,狄氏保唐,实属可喜。"

中了状元的狄仁杰在以后几十年的官宦生涯中,风雨人生,几经坎坷,终于入相辅主,滴武兴唐。

### 主明臣正,终至相位

狄仁杰之所以能在武则天那样的血腥政治环境中身居显职,几度入相,无论是政敌的陷害,还是酷吏的重刑,他都岿然不倒,靠的是两个秘诀:尊武不非李和正直无私。

武则天作为一个女强人,还在她刚当上昭仪时,就显示了过人的心计和狠毒。她掐死自己的亲生女儿,嫁祸于王皇后,使高宗龙颜震怒,决计废掉王皇后,立武则天为皇后。然后她又设计陷害肖妃,利用自己手中的权力把王皇后、肖妃都贬入冷宫,予以杀害,把皇帝牢牢地控制在自己手里。同时,因唐高宗有目眩症,眼睛不能看东西,对文武大臣的奏章只好请武则天代为批阅,这就进一步为武则天问鼎皇权制造了绝好的机会。皇帝如同玩具,被她玩耍于股掌之中。

因为武则天是女人,能力又极强,所以朝中大臣担心她会篡唐自立,实现李唐三代武氏兴的预言,就劝皇帝废掉武则天。其中以唐太宗的心腹大臣褚遂良、房玄龄、长孙无忌等人最为激烈,他们还与李唐宗室勾结成党,想废黜武则天。

狄仁杰在这场权力之争中,表现得异常冷静和超脱,既不助大臣废武,也不与宗室勾结,自己只是正直地办事,执行皇帝和朝廷的命令。

有一次,唐高宗问狄仁杰:"朝臣均在议论皇后如何,你的看法呢?"狄仁杰答道:"此陛下家事,何预外人?"武则天有一次也试探狄仁杰的口气:"外面大有非议我的言论,你听到了吗?"狄仁杰坦率地回答:"听到了。"武则天进一步逼问:"你怎么看待这个问题?"狄仁杰也回答得巧妙:"陛下乃大唐圣后,臣唯有遵旨而已,至于外面的议论,臣也不会参与,尊武也不非李。"武则天道:"谁在那里诽谤我,你能告诉我吗?"狄仁杰一听,连忙磕头道:"恕臣不能说,既然人家相信臣才说这样的话,现在把这些人说出来,不是出卖朋友吗?陛下要出卖朋友的不义之人何用?"武则天点了点头:"你还算个诚实君子。"从此对狄仁杰宠信有加。

其次是正直无私。狄仁杰中了状元之后,就被朝廷任命为汴州(开封)判佐。到任后,有人劝他给上司送礼,以便以后好提升。狄仁杰道:"我是朝廷任命的官员,要维护朝廷的法律和制度,哪有为了自己的提升,给上司送礼,干昧心事呢?"结果被人参了一本,说他藐视上司,有结党之嫌。

唐高宗就派工部尚书阎立本去调查此事。调查完后,阎立本对狄仁杰说:"我全清楚了。孔子说观过知仁,你真是海曲之明珠,东南之遗宝。"十分赞赏狄仁杰的为人。回去后,向唐高宗推荐,说狄仁杰才堪大用,忠贞可嘉,于是高宗就命狄仁杰为并州(在山西)都督府法曹,不久,又升为大理丞,专门负责审讯案件。

有一次,武卫大将军权善才因误砍了昭陵的一棵树,被唐高宗判为死罪。狄仁杰据理力争道:"罪不当死。"唐高宗道:"他砍昭陵的树,陷我于不孝的境地,难道罪还不大吗?"狄仁杰道:"我听说过,逆龙颜,忤人主,自古以来都认为很难,我却以为不然。如生于桀时就难,生于尧舜时就容易。我今天幸逢尧舜之主,就不怕像比干那样被人杀掉。如果法令失常,那么百姓就无所措手足,陛下如果一定要改变法令,因为昭陵的一棵树就杀一个将军,千百年之后,人们会说你是一个什么样的君主呢?"

唐高宗一听,觉得言之在理,权善才也因此免于一死。见狄仁杰敢于说真话,秉公执法,几天之后,唐高宗就提升他为侍御史。

不久,唐宗室越王李贞怂恿士兵抢掠百姓,被狄仁杰弹劾,然而李贞倚仗自己是宗室亲王,就反说狄仁杰图谋不轨,于是狄仁杰被贬为复州刺史,一干就是八年。最后因武则天看中了狄仁杰,才又把他提上来做侍郎。

武则天为了给自己称帝扫清障碍,就大兴告密之风,恐怖气氛笼罩全国。有一次,武则天的酷吏来俊臣指使人诬陷狄仁杰谋反,把他抓进监狱。在监狱里,遭到了来俊臣的严刑拷打,逼他承认谋反。狄仁杰受不了酷刑,就承认此事。来俊臣大喜,连忙上奏武则天,要求批准处斩狄仁杰。

武则天接到来俊臣的报告后,心下疑惑:狄仁杰怎么会谋反呢?就从牢房里把狄仁杰提出来审问:"你怎么也谋反?"狄仁杰道:"我不承认就活不到今天了,怎么能见到陛下以澄明是非呢?"武则天点了点头,说:"你知道是谁告你谋反的吗?想不想知道这个人?"狄仁杰磕头道:"如果我有过错,我当立即改正,如果我没错,是我的幸运。我不知是谁在背后告我谋反,我们还可以共事,友善相处,所以,我请陛下不要告诉我。"武则天听后,大为叹服,以后武承嗣等人屡次奏请要杀掉狄仁杰,但武则天始终没有答应。

武则天称帝后,自诩是弥勒佛转世,传令在洛阳大造佛像,要天下僧尼和百姓每人每天出一钱。狄仁杰知道后,就上书武则天,指出此举大为不当,有三大弊端:一是耗天下百姓之财,二是尽天下百姓之力,三是陷武则天于荒淫昏暴之地,会被后世骂为昏君。语词激烈。武则天看完,大不高兴,但又不能不承认狄仁杰说得对,叹道:"狄仁杰言辞虽狂悖,却在情理之中,赤心可嘉。"就停止了这项浩大的工程,还赐狄仁杰绢三匹以示奖励。

因狄仁杰忠贞正直,才堪大用,武则天称帝后,先后拜狄仁杰地官侍郎、判尚书、同凤阁鸾台平章事,并于武则天天授二年(691年)九月拜为宰相。

狄仁杰出任宰相后,就向武则天推荐人才。如桓彦范、敬晖、窦怀贞、姚崇等人都是他推荐的,有的后来宫至宰相,如姚崇。有一次,武则天要宰相们各举尚书郎一人,狄仁杰推荐了自己的长子狄光嗣,武则天马上拜狄光嗣为地官员外郎。上任之后,狄光嗣办事很认真,很称职。武则天得知后,十分高兴,对狄仁杰说:"你真是祁奚内举,果得其人。"

武则天称帝时已是六十多岁的老太太了,十多年之后,自感来日无多,在立太子的问题上该有个说法了。她很想立自己的侄子武三思或武承嗣为太子,但又不好说出口,想通过大臣之口说出来,理由更充足些。于是,她把狄仁杰找来,当着其面夸武三思、武承嗣如何仁孝等等,说了一半,武则天不说了,等着狄仁杰表态。

狄仁杰心知肚明，知道武则天的用意是什么，却偏不吭声。武则天忍不住了，说："我要你来，怎么一句话也不说？"狄仁杰道："陛下赦臣死罪，臣方敢说。"武则天道："你是我信任的人，今天找你来，有话就直说，不会怪罪你的。"

狄仁杰道："陛下想立侄子为太子，其实大错。天下者，太宗之天下，陛下只不过是李家媳妇。自古以来，只有儿子为父母、祖父母上至七祖立庙，还没听说过侄子为姑妈立庙，怎么称呼呢？中宗、睿宗都是你亲生的，你不相信他们，却相信自己的侄儿，怎么向天下百姓交代？"

话说得是异常地尖锐和不留情面。还未让狄仁杰把话说完，武则天就脸色铁青地打断他的话："不要说了，你走吧！"

过了不久，武则天又找来狄仁杰，说："昨晚我做了一梦，见一鹦鹉的翅膀断了，主何吉凶？"狄仁杰道："鹦鹉者，陛下之姓氏；翅膀断者，无依靠也。只要中宗复位，翅膀定会复振。"

此次谈话又使武则天不快，但她知道人心向李，自己不能逆天命而行。于是她在死前立下遗嘱：去帝号，称则天大圣皇后，中宗李显复位。表示自己回到李家去做媳妇。

武则天圣历三年（700年）九月，狄仁杰病故。武则天闻讯后恸哭："天下从此没有好人了。"为其举哀，罢朝三日，赠文昌右相，谥文惠。

以武则天的狠毒、多疑和好杀，狄仁杰还能几起几落，大难不死，终至相位，得其善终，这实在不是容易的事。他的经历和所为确能给后人以明鉴和深思。

## 姚 崇

姚崇，本名元崇，曾改名元之。唐高宗永徽元年（650年）生在陕州硖石（今河南陕县）的一个封建官僚家庭里。少年时代的姚崇，聪明好学，才华出众。成年后，通过科举走上仕途，曾先后在武则天、唐睿宗、唐玄宗三朝做过宰相并兼任兵部尚书，是唐朝历史上三百六十九个宰相中屈指可数的贤相之一。他不仅以能革故鼎新、兴利除弊而著称于史册，更以能面折廷争、敢于直言而流芳于后世。

在武则天执政时，曾重用酷吏周兴、来俊臣、索元礼等。他们大兴冤狱，诬告蜂起，弄得满朝文武人人自危，惶惶不可终日。但慑于武则天和她亲近佞臣的淫威，谁都敢怒而不敢言。后来，周兴、来俊臣这些酷吏也因犯了罪而被诛。到了圣历（698—700年）年间，武则天似乎意识到了问题的严重性，便向群臣了解情况。有一天，武则天问侍臣：过去，周兴、来俊臣多次承办诏狱，大臣们互相检举，揭发出许多人犯了谋反罪，这些人也都认了罪。朕怕其中难免有人蒙冤受屈，又派近臣去进行复查。复查结果都说没有冤情，朕也就不再疑虑了。自周兴、来俊臣被治罪之后，再也没有发现企图谋反的人了。难道过去因谋反而被处以死刑的人，就没有一个是冤枉的吗？其实，周兴、来俊臣过去所办的案子，都是顺着武则天的心意去办的。当时，"顺旨成风"，大臣们也都违心地跟着说假话，所以制造了许多冤案。现在武则天说这番话，无非是在寻找借口，为自己开脱罪责罢了。所以大臣们听了，都面面相觑，不敢作声。只有姚崇挺身而出，说出了大家想说而不敢说的话：自从陛下治理天下以来，凡被诬告之人，的确都承认过自己有罪，可那是在什么情况下认罪的呢？当时，凡是诬告别人的人，不但无罪，反而有功，天下人都称之为"罗织"，比汉朝的党锢之祸还厉害。而那些被诬告的人，如果不认罪，就要遭受惨刑，自讨苦吃。所以，尽管陛下派近臣去复查，无奈这些近臣也都自身难保，哪里还敢对周兴、来俊臣定下的案子表示异议呢？多亏皇天有灵，周兴、来俊臣的罪行终于暴露出来了。这些佞臣也受到了应得的惩处，朝廷才又得到安宁。实际上，那些遭受诬告而被处死的人，有很多是很冤枉的。这全是周兴、来俊臣一伙顺从陛下的旨意制造出来的冤假错案。臣敢以一家百口的性命担保，目前朝廷内外的官员是没人谋反的。希望陛下以后收到告密的信，可以不必追究。以后如果发现有人发端谋反，臣宁肯承担知情不举的罪名。

在武则天的淫威面前，姚崇为了国家的安危，把自己的生死置之度外，大胆揭露了一些奸佞之臣罗织罪名，陷害忠良，制造一起起冤狱的罪恶事实，言词是那么激烈，当时在场的人都为他捏一把汗。然而，武则天毕竟是一位杰出的政治家，她赏识忠直之士。因此她听了姚崇的话，不仅没有生气，反倒被他的直言所感动，赏给他白银千两，以资鼓励。

但是，在封建社会里，忠直之臣只有遇到明达之君才能发挥作用，否则，往往只能遭遇不幸。姚崇的忠直在武则天死后就招来了灾祸。那是睿宗李旦在位时，姚崇任中书令（也就是宰相）。当时，李治的女儿太平公主想学母亲武则天的样子，当个女皇，便大肆干预朝政。还有几个宗室（如宋王李成器、岐王李隆范、申王李成义、薛王李隆业等）都身居要职，执掌禁兵大权，成为政局稳定的威胁。大臣们都暗地里忧心忡忡。姚崇不顾个人安危，不避嫌疑，大胆密奏睿宗，请求把太平公主安顿到东都洛阳，同时解除诸王兵权，派到地方做刺史，以削弱他们的势力，消除对王权的威胁。不料此事保密不严，得罪了太平公主等人，昏懦的李旦竟也不辨忠奸，以"离间兄弟"的罪名，把姚崇贬为申州刺史，冤枉了他一片忠心。

公元712年，唐玄宗李隆基即位。他年轻有为，一心振兴祖业，求贤的心情十分急切。在大臣们的推荐下，玄宗于

第二年将姚崇召回朝中，对他说："朕知道你很有才干，而且忠直，所以想任你做宰相。可是姚崇却推辞不受。玄宗问他为什么，他说：臣有十件大事，恐怕陛下未必能同意，所以不敢接受委任。玄宗让他说说哪十件大事，姚崇回答说：第一，除以刑法治天下之外，更要以仁义理天下；第二，不能轻易对外用兵；第三，宦官不得干预政事；第四，皇亲国戚不能任台省官，凡有斜封、侍阙、员外等官，悉请停罢；第五，对违法乱纪的亲近宠臣要依法论罪，不可减免；第六，除田赋征税外，其余的苛捐杂税及贡献全部杜绝，这样既能减轻人民负担，又可防止地方"贡献求媚"；第七，停止建造一切寺观宫殿；第八，对大臣要待之以礼，不得轻侮；第九，鼓励臣下不避忌讳，犯颜直谏；第十，将外戚乱国的历史教训，书之史册，永为殷鉴。唐玄宗听完姚崇所说的这十件大事，非常高兴，说：这十件大事至关重要，朕都同意。这样，姚崇才接任了宰相的职位。他所提出的这十件大事，也就成了他日后的施政纲领。

姚崇整顿朝纲，是从削弱以致解除皇亲国戚所把持的政权和兵权，以消除发生政变的隐患开始的。

解决这个问题的意义是重大的，显示了姚崇的眼光和谋略。因为李隆基是在唐王朝经过九年的政治动乱之后才登上皇位的。虽然政权到手，但威胁政权的诸多隐患并没有消除。外戚们还占据着台省要职，诸王手中还握有禁军兵权。为了篡权，他们随时都有可能和朝中官员相勾结，伺机作乱。这是当时发生政变的主要危险。姚崇看准了这一点，在他任相之后，便辅助玄宗把那些占据要职和掌握兵权的皇亲国戚，一个一个都派往外地去做长史、司马之类的事，只享有爵位，可以享受优厚的生活待遇，但不得任以要职。还规定他们不得擅自入朝，每季只能有二人轮流入朝。这样，不

仅解除了诸王的军政权柄，而且使他们失去了同朝中官吏互相勾结兴兵作乱的便利条件。对于那些敢于倚仗势力、违法乱纪的外戚，一律严加惩处，毫不宽恕。如开元二年正月，薛王李隆业的舅父王仙童强占民田，欺压百姓，受到御史的弹劾。薛王出面为王仙童辩解，玄宗下令复审，示意可以宽免。姚崇知道后，立即上奏玄宗说："王仙童罪状明白，御史所言无所枉，不可纵舍。"姚崇坚持原则，刚正不阿，玄宗只好同意依法制裁王仙童，有力地打击了戚属的气焰。从此以后，"贵戚束手"，再也不敢为所欲为，唐王朝高层领导中再也没有出现内乱，这对社会秩序的稳定和开元盛世的出现创造了极为重要的条件。因而，姚崇被时人誉之谓"救时之相"。

姚崇虽然对犯法的官吏从不宽贷，严格要求官吏，却严而不酷。他一向反对武则天任用酷吏，罗织罪行的做法。在开元初年，武则天重用过的酷吏周利贞等十三人，仍在任职，姚崇将他们一概削职为民，"放归草泽，终身无齿"，再也不许做官。

姚崇在辅佐玄宗"抑制权倖"的同时，还辅佐玄宗努力刷新吏治，整顿官僚队伍。

玄宗即位之初，吏治的主要问题是冗滥腐败。武则天当政时，为了收买人心，不问贤愚，滥置官员，末年更置员外官一千多人。到中宗时，仅斜封官（就是由韦后和公主封的官）就多至数千员。姚崇清楚地知道，官吏队伍若不整顿好，天下就不可能太平。因此他首先抓裁汰冗员，精简机构，把武周以来所置的员外官、试官、检校官、斜校官数千人一律撤消，同时规定今后不得再搞"斜封官"之类的冗官。其次，健全严格的选官制度。规定凡在职的地方官，每年都要进行严格的考核，方法就是"循名责实"。另外，还用出题考试的办法，鉴别官吏是否通晓治国之道。考核成绩优秀者，即被任用；成绩低劣者则罢免。还从京官中选拔有才识者到地方做都督、刺史；从地方官中选拔政绩卓著者任京官。所有官吏的铨选，统归吏部掌管，量材授官，不得任人唯亲。开元二年，申王李成义没有通过吏部，私自奏请玄宗，将他府中的录事（九品官）闫楚珪破格提拔为参军（七品官），得到允诺。姚崇得知此事，立即上奏说："臣窃以量材授官，当归有司；若缘亲故之恩，得以官爵为惠，踵习近事，实紊纲纪。"由于姚崇说得有理，申王提拔亲信的企图最终未能得逞。为了提高官吏的素质，姚崇还采取了一些有效措施：一是加强监督。派巡察史巡视各地，加强中央对地方官吏的监察；二是制定规范。他精心撰写了《五诫》，告诫官吏们要"耸廉勤之节，塞贪竞之门"（《冰壶诫》）；做官要清明，"内涵虚心，外分朗鉴，万物不可以匿诈，众象无得以逃形"（《对镜诫》）；做官还必须公平，"不差毫厘，使锱铢不惑，轻重无疑，智不能矫，愚不能欺，存信去诈，以公灭私"（《持衡诫》）等等。简要地说，就是要求官吏们像冰壶那样皓白，像镜子那样清明，秤那样公平。这些要求，全面地反映了姚崇的吏治思想，也是约束官吏的道德规范。三是依法制裁贪官。对违法乱纪的官吏，无论官职高低、出身如何，一律依法惩处，决不偏袒。

姚崇对官吏的要求很严，对自己的要求则更严。凡是要求别人做到的，他自己首先做到。甚至曾与姚崇不和的张说，后来在给他撰写碑文时也不得不承认他"言为代之规物，行为人之师表"，故每到一处，"必眄庶风偃，桀骜化从，言不厉而教成，政不威而事理"。因此当姚崇离开荆州时，"阖境民吏泣拥马首，遮道不使去，所乘之马、鞭、蹬，民皆截留之，以表瞻恋"。

姚崇辅佐玄宗整顿吏治的结果，使

官吏队伍的面貌大为改观,任人唯贤,吏治清明,这对社会的稳定和社会生产力的发展起到了有力的促进作用。

姚崇之所以被誉为"救时之相",还由于他十分关心人民的疾苦。公元715年,山东、河南、河北一带发生了严重的蝗灾。蝗虫漫天横飞,遮天盖地,所到之处,禾苗被一扫而光。在封建时代,落后和愚昧使人们失去了和灾害作斗争的力量和勇气,往往在迷信思想的支配下束手无策。许多人在地头田边设起祭坛,焚香膜拜,禳祭"神虫",不敢捕杀。满朝文武也只是长吁短叹,一筹莫展。在这种情况下,姚崇不怕天,不信神,毅然上书玄宗,主张扑杀蝗虫。他指出:"古有讨除不胜者,特人不用命耳。"姚崇的意见一提出来,就遭到众多大臣的激烈反对,"皆以驱蝗为不便"。有的说:"杀蝗太多,恐伤和气。"有的说:"蝗是天灾,岂可制以人事?"在一片反对声中,玄宗一时也拿不定主意。这时,姚崇力排众议,毫不退让。他说:"庸儒执文,不识通变。……今山东蝗虫所在流满,仍极繁息,实所稀闻。河北、河南,无多贮积,倘不收获,岂免流离,事系安危,不可胶柱。纵使除之不尽,犹胜养以成灾。"可是玄宗仍不敢相信这些话,反问姚崇:"蝗,天灾也。诚由不听政而致焉?卿请扑蝗,得无违而伤义乎!"在这样严重的时刻,皇帝还沉溺于迷信之中而不悟,姚崇只好用现实的道理来说服他。姚崇说:"《毛诗》云:'秉彼蟊贼,以付炎火。'又汉光武诏曰:'勉顺时政,劝督农桑,去彼螟蜮,以及蟊贼。'此并除蝗之义也。"又说:"臣闻农安非伤义也,农安则物丰,除害则人乐,兴农去害,有国之大事也,幸陛下熟思之。"光讲道理还不够,他又以奋不顾身的精神来打动玄宗,表示:"陛下好生恶杀,此事请不烦出敕,乞容臣出牒处分。若除不得,臣在身官爵,并请削除。"在姚崇的坚决主张下,玄宗终于被说服

了,遂果断地宣布:"朕与贤相讨论已定,扑蝗之事,敢议者死。"

尽管如此,不少大臣仍然对扑蝗怀有疑虑。有个名叫卢怀慎的大臣和姚崇很要好,担心他扑蝗不成,反倒会招致灾祸,就私下劝他及早收场。姚崇却回答:"扑蝗是为救天下百姓,若这样做招致灾祸,吾愿一人承担。"开封有个名叫倪若水的地方官,不但不执行扑蝗的命令,反而上书玄宗说,蝗虫是天上降下来的灾祸,只要皇上多做有德行的事,感动了上天,上天自然会把蝗虫收回去的。当时,下面送上来的奏章,一般都由宰相先过目。姚崇看了倪若水的奏章后,立即提笔给倪若水写了一封信,大意说:要是做了有德行的事,就能灭掉蝗虫,那你所管辖的地区蝗虫最多,难道能说你是个没有德行的人吗?你眼看着大片大片的禾苗让蝗虫吃掉,竟忍心不救,将来闹成灾荒,你怎么能安心?不要耽误时间了,请赶快扑蝗,否则,日后后悔都来不及了。倪若水认识到自己的错误,才开始组织人力认真扑蝗。为了尽快扑灭蝗虫,姚崇还派出许多官员奔赴各地督促检查,取名为"扑蝗使"。根据蝗虫"夜必赴火"的习性,姚崇让各地采用"夜中设火,火边掘坑,且焚且瘗"的办法,大量扑杀蝗虫。此外,还发动人工扑捉,仅开封一地就扑杀蝗虫多达十四万担,投入汴渠内顺流而下的不计其数。其他地区的蝗灾,亦渐止息。由于有效地扑灭了大量蝗虫,使山东一带人民尽管遭受"连岁蝗灾,不致大饥",避免了一场大灾荒的发生。

716年,姚崇已六十七岁,因亲信赵诲受贿受到牵连,辞去相位,同时推荐广州都督宋璟接替自己的职务。宋璟也是唐代一位布施善政的贤良宰相,当时并称为"姚宋"。唐玄宗在姚崇和宋璟的辅佐下,经过几年的治理,达到了天下大治,"河清海晏,物殷俗阜","左右藏库,

财物山积,不可胜校。四方丰稔,百姓殷富",这就是被史学家们称道的"开元之治"。

721年,姚崇这位七十二岁高龄的贤相离开了人世。玄宗深为痛惜,追封他为扬州大都督,谥号"文献"。

对于姚崇,毛泽东同志曾经称赞他是"大政治家,唯物论者"。对于他向唐玄宗提出的十条意见,毛泽东同志的评语是:"如此简单明了的十条政治纲领,古今少见。"

## 郭子仪

郭子仪(697—781年),唐朝华州郑县(今陕西华县)人。父亲郭敬之,曾任刺史。郭子仪长得魁梧,面貌英俊,身高膀宽,目光炯炯有神。为人刚强勇敢,公正无私,不畏权贵,不怕黑暗势力。他在玄宗、肃宗、代宗、德宗四朝做官,可谓唐朝的"四朝元老"。在那时,提起"郭子仪"三字,可谓家喻户晓,妇孺皆知。

### 盛世出英才

郭子仪从小就喜欢读兵书、练武功,对自己要求非常严格。在读书或习武时,精神集中,常常废寝忘食,练得一丝不苟。他非常欣赏孟子的一句话:"天将降大任于斯人也,必先苦其心志,劳其筋骨……"

据说,郭子仪20岁时,在河东(今山西太原)当兵,曾犯有过失,按军律应该斩首。当他被捆着双手押赴刑场时,竟然昂首阔步,大步向前,一点也不惊慌。正巧,在途中遇上当时著名的诗人李白。李白本来和他并不相识,见他年轻英俊,相貌非凡,临刑不惧,又听说他才干出众,意志坚强,便赞叹地说:"这样的人,将来一定能为国家做出一番大事业,杀了多可惜啊!"李白很怜悯郭子仪,便立即到当地官员那里说情,最后以自己的官职做担保,把郭子仪救了出来。这样,李白就成了郭子仪第一位知己朋友。后来,李白参加永王李璘幕府,因受牵连下狱,郭子仪曾经请求替他赎罪,报答他当年的救命恩情。

郭子仪的青年时代是生活在国富民殷、繁荣昌盛的社会里,即所谓"开元之治"。这时期,以唐玄宗李隆基为首的唐朝政府,励精图治,扫除积弊,任用贤能,改善政治,使得社会经济稳步发展,国力也十分强大。伟大的爱国诗人杜甫在他的《忆昔》一诗中写道:

忆昔开元全盛日,小邑犹藏万家室。
稻米流脂粟米白,公私仓廪俱丰实。

意思是:回想当年开元盛世的日子里,就连一个小县城也有万户人家。大米喷香,小米洁白,公私仓库里的粮食物资都装得满满的。

郭子仪就生长在这样的年代里,他年轻时就立志要做一个保家卫国、统兵作战的将帅。

郭子仪最初做左卫长史(皇帝禁军幕府中的幕僚长)。因屡立战功,多次被提升。749年(天宝八年)做到天德军使(驻地在今内蒙古乌拉特前旗西),兼九原(今内蒙古乌拉特前旗北)太守。这时,唐朝廷对外还没有大的战事,几十年间相对太平。在这样的环境里,由于缺乏外界压力,没有危机,久而久之,人们开始安于逸乐,贪图物质享受,整日只知吃喝玩乐,唐朝政府更是有过之而无不及。唐玄宗李隆基整日沉缅于酒色之中,把大权交于奸臣李林甫、杨国忠之手,自己则与宠妃杨玉环夜夜笙歌,醉生梦死,全不见了昔日励精图治,重整山河的雄心。只有郭子仪等少数人尚能居安思危,经常想到会发生战事。他一面操练兵马,一面守卫祖国的疆土。

当时边疆各地居住着我国各族人民。他们辛勤劳动,为祖国的统一和发展做出了巨大的贡献。

在我国北部色楞河一带,居住着维吾尔族的祖先回纥人。744年,回纥首领骨力裴罗统一了回纥各部，就派使臣来唐朝，请求唐朝在回纥所占领的土地上设置都督府。唐朝答应了，便把回纥分为六府七州，并封骨力裴罗为怀仁可汗，接受唐中央的领导。从此，唐朝同回纥在经济和文化上的交往更加频繁。唐朝以金银器皿、锦绸布匹换来回纥的马匹、白毡等物。后来肃宗还把自己的女儿嫁给回纥可汗，表示唐中央政府对回纥的友好。

在青藏高原一带，居住着藏族的祖先吐蕃人。他们有的过着游牧生活，饲养牦牛、马、猪等；有的过着定居的农耕生活，种植青稞、小麦、荞麦等。公元641年，唐太宗派人护送文成公主入吐蕃，同吐蕃的赞普（王的称呼）松赞干布结婚。文成公主入藏时，把蔬菜的种子、手工业品、医药、书籍等带到吐蕃。汉、藏两族的关系，更加密切了。

唐朝同边疆各族虽然也发生过战争，但友好相处和经济文化交流却是主要的。

自高宗以来，唐朝在边疆上一直有重兵驻守。玄宗时，为了加强防御，在重要地区设立了10个军镇，每个军镇都设置一个节度使。节度使起初只管几个州或一个道的军事，后来兼管行政和财政，权力很大，成了独行一方的土皇帝。当时唐中央的禁军不过20万人，而边疆的10个节度使共拥兵49万，形成外重内轻的局面。

那时唐朝重用安禄山，任命他做平卢（今辽宁朝阳）、范阳（今北京）、河东（今太原市西南）三镇节度使。安禄山的父亲是西域人，母亲是突厥旗人。安禄山做了节度使，总揽三镇军政大权，又招募北方很多牧民当兵，势力便逐渐壮大起来了。

安禄山常到长安去，对唐朝内部情况非常熟悉。他见唐政府日益腐败，便萌生了取而代之的念头。他招兵买马，积累钱财，收集朝廷情报，观察朝廷动向，等待时机，准备反唐。可是昏庸无知的玄宗皇帝却闷在葫芦里，对安禄山的所做所为一点不提防，反而听信他的花言巧语，竟然让他认杨贵妃为干妈，对之信任有加。

唐玄宗统治后期，政治日趋腐败，自杨贵妃入宫后，玄宗便过着"春宵苦短日高起，从此君王不早朝"的淫逸生活，终日沉湎于歌舞声色之中。宰相李林甫同杨贵妃的哥哥杨国忠先后把持朝政，飞扬跋扈，任用亲信，干了不少坏事，各种社会矛盾越来越尖锐。

唐朝内地多年来未发生过战争，军事力量薄弱，士无斗志，军备空虚。但统治集团却认为国泰民安，再也用不着军队了。官府里的刀枪盔甲，因长期闲置都生了锈，很多名城要塞，都不加设防。唐政府还不准老百姓私藏武器，凡私藏者，皆判以刑罚。在这种情况下，野心勃勃的安禄山认为篡夺大唐江山的机会到了。755年（天宝十四年）十一月九日，他以"清君侧""讨杨国忠"为名，从范阳发动15万大军，号称20万，长驱南下。由于唐政府毫无准备，致使叛军一路上势如破竹，所向披靡。地方官吏听说叛军来了，有的弃城逃跑，有的开门出降。就这样，安禄山的叛军一路上几乎没有遭到什么抵抗，很快就渡过了黄河，不到三个月，就占领了东都洛阳。安禄山自称大燕皇帝。又过了几个月，叛军击溃了唐朝的潼关守军20万人，继续西进。这消息传到长安，玄宗吓得魂飞天外，满朝文武官员急得像热锅上的蚂蚁。在这生死存亡的紧要关头，唐朝政府临时招募了8万人，由大将哥舒翰率领去抗击叛军。这些人多是城里的无业游民，既没有严明的军事纪律，又缺乏基本的作战技术训练，军事素质很差，在与叛军的大战中，自然不堪一击，就连大将哥舒翰，也战败被俘。

唐政府为了阻击叛军的继续西犯，又从西北边防上抽调大批兵力。但是边防的将领整天喝酒、赌博、克扣军饷，士兵连饭都吃不饱，哪里还有战斗力呢？756年夏天，叛军距离长安只几十里了，长安顿时紧张起来，玄宗带领皇族亲贵和左右臣僚（自然也少不得贵妃玉环），仓皇出逃。长安遂陷入叛军手中。玄宗一行逃到马嵬驿，将士鼓噪不前，愤怒地杀死了祸国殃民的杨国忠，并要求惩办杨贵妃。群情激愤，玄宗无可奈何，只好忍痛割爱，派人缢死了杨贵妃。这时马嵬驿的人民请求皇帝留下来同他们一起抗击叛军，唐玄宗哪肯答应，只把他的儿子李亨留下，他自己则往四川逃命去了。

安禄山从起兵到占领长安，前后只用了几个月的时间。他进兵如此迅速，充分暴露了唐政府的腐败无能和不顾国家人民安危的面目。

### 同心协力共抗叛敌

安禄山每到一处，烧杀抢掠，凌辱妇女，拉夫抽丁，强迫壮年男子服劳役，使得广大劳动人民家破人亡，流离失所，田园荒芜，生产破坏，很多地方都成了"人烟断绝，千里萧条"的荒原。叛军进入长安后，屠杀人民，抢夺财物，烧毁房屋，把一座古老的文化名城糟踏得不像样子。叛军的残暴罪行，激起人民无比愤恨，各地人民奋起反抗。河北一带的人民自动组织起来，坚决打击叛军。有些地方的官员和人民一起，共同抵抗，留下了可歌可泣的动人事迹。如常山（今河北正定）太守颜杲卿，最先在河北起兵，一连收复17个县城，牵制了叛军很大兵力。

安禄山听说颜杲卿反对他，十分恼怒，立即派部将史思明夺取常山。颜杲卿被围困六七天，终因粮饷断绝，援军未到，失败了。史思明抓住颜杲卿，把他押送到洛阳去见安禄山。颜杲卿一见安禄山，就破口大骂："你这个叛贼，我恨不得将你碎尸万段！"残暴的安禄山喝令把他

捆到柱子上，割掉他的舌头，凌迟处死。颜杲卿嘴里喷着鲜血，还是骂不绝口，就这样壮烈地牺牲了。

人民的反对和一些地方官吏的抵御，这就给唐军收复失地创造了有利条件。

玄宗逃往四川以后，肃宗（李亨）在灵武（今宁夏灵武）即位。肃宗为了收复长安，化险为夷，转危为安，决定任郭子仪为朔方（今宁夏一带）节度史，并把朔方军作为反攻的基本队伍。为了加强朔方军的实力，肃宗又指定李光弼协同郭子仪作战。

郭子仪和李光弼原来都在安思顺手下做部将，两人的才能不相上下，职位也相同。当郭子仪受命代替安思顺做朔方节度使时，李光弼不服，决定马上离去。忽然接到皇帝的手谕，要他同郭子仪同心协力平定叛军，李光弼只好遵奉王命，留了下来。郭子仪把朔方的兵马分给李光弼一半。郭、李二人共同表示：一定要同心协力，奋勇杀敌，报效国家。

史思明占领常山后，原来被颜杲卿所收复的州县，又全部陷入叛军手中，河北一带的叛军又强大起来了。为了挫伤叛军的锐气，郭子仪一面派李光弼迅速向常山进军，一面亲率大军从背后袭击叛军。

李光弼一连收复了7个县城，又把常山城包围得水泄不通。史思明陷入重围，他带领两万精锐的轻骑，企图突围逃命。李光弼分兵四路，从四门杀进常山城去。只听战鼓雷鸣，人喊马嘶，打得叛军东逃西窜，互相践踏。史思明惊慌失措，带领败军退守恒阳（今河北灵寿）。李光弼乘胜追击，两军在恒阳相持40昼夜。后来叛军退出恒阳，李光弼的军队进入恒阳城内。叛军就回军把李光弼的兵马困在城中。李光弼被围困后，请郭子仪火速援助。郭子仪便率领轻骑1万多人，星夜赶来。郭李大军内外夹击，史

思明被打得落花流水，损兵折将，元气大伤，只好收拾残兵败将逃往范阳。

安禄山听说史思明吃了败仗，恼羞成怒，扬言不消灭唐军，决不罢休。当即选拔最精锐的骑兵两万人来迎战，又命令部将牛廷玠出兵助威。叛军仗着人多势众，来势汹汹，不可一世。为了打击叛军的气焰，郭子仪召集大小将领商量对策，他指出：叛军作战专靠增加兵力；叛军跋山涉水，远道而来，疲于奔命；叛军轻敌，斗志松懈，两军交战，胜利一定属于唐军。根据以上分析，郭子仪决定采取固守阵地的战术，等到叛军疲惫时，再以优势兵力，一举歼灭它。

两军开始接触，打了十几个回合，不分胜负。唐军杀掉一名怯阵后退的将领，士气大振，个个奋勇，人人争先，打得叛军只有招架之功，没有还手之力。叛军边战边退。郭子仪、李光弼乘胜猛追，一直追到博陵（今河北定县）。博陵不但有高大的寨墙和深广的壕沟，而且地形险要，易于防守。叛军在这里扎营下寨。郭、李屡攻不下，便领兵退驻恒阳。史思明又从范阳赶来。郭子仪一面深沟高垒，据险坚守，积极做好准备，一面采取"敌来则守，敌去则追；昼则耀兵，夜袭其营"的作战方针，不给敌人喘息的机会。几天以后，叛军果然士气沮丧，疲劳不堪。但唐军却得到了充分休息，兵强马壮，斗志高昂。郭子仪认为消灭叛军的时机到了，马上分左右两翼向叛军冲杀。这两翼大军像两把锋利的尖刀，刺向敌人的两肋，叛军弃甲抛戈，四散溃逃。唐军大获全胜，计杀死叛军 4 万人，活捉5000 人，缴获战马 5000 匹。在混战中，史思明左冲右突，仓皇逃命。突然，一支飞箭射中了他，从马上跌了下来，鲜血进流。他散发跣足，狼狈地又逃回博陵，再也不敢出来挑战了。这时，河北几十个州县纷纷杀死叛军守将，迎接唐军。从此，郭子仪的名字也就传遍了四方。

## 连战连捷，收复两京

唐朝称长安为西京，洛阳为东京，首都设在长安。长安是唐朝的政治、经济和文化的中心，是一个非常繁华的都市，工商业发达，交通方便。天宝初年，居民有 30 多万人。长安分东西两市，有很多达官贵人的住宅区，以及万商云集的商业区。洛阳是陪都，在政治和军事上也很重要。安禄山的叛军占领长安和洛阳后，使整个局势急转直下，唐王朝危在旦夕。人民受尽蹂躏和剥削，生活非常困难，洛阳附近竟发生了人吃人的惨剧，人民渴望唐军早日打回来，从当时情况看，收复两京对挽救危局具有重大的政治意义。

肃宗派郭子仪、李光弼收复河北失地的同时，又命房琯去收复长安。房琯不切实际，好高谈阔论，是个"纸上谈兵"的将军。出战前，他向肃宗夸下海口："我这次出兵，定能水到渠成，马到成功。不获全胜，决不来见陛下！"房琯本想在这次战斗中立一大功，但他不分析具体情况，机械地搬用古人的"车战法"。他用两千辆牛车排成长蛇阵，牛车的一边是骑兵，另一边是步兵，列队蜂拥前进。战斗一开始，叛军就顺风擂鼓，摇旗呐喊，又燃起大火。火借风势，风助火威，顿时，只见烟光冲天，红光遍野，牛马惊骇，四处乱窜，片刻之间，军粮、马匹、营寨、树栅全被烧毁。房琯的兵马首尾不能相顾，四处逃散，你推我挤，人马杂踏，踩死的、杀死的、烧死的共 4 万多人，房琯本人也几乎送了命。

叛军获胜，气焰又复嚣张起来。

肃宗深知要消灭叛军，收复两京，非郭子仪不可。757 年九月，便传令召见郭子仪。郭子仪来到灵武拜见肃宗，表示为国尽忠的决心，在国家大难临头的时刻，愉快地接受了收复两京的艰巨使命。郭子仪从房琯的失败教训中得到启发，认为要收复两京，必须先夺取潼关，攻入陕州（今河南陕县），击溃潼、陕之间的叛军，截断叛军的后路，然后才能直取长安。由于郭子仪的分析正确，肃宗十分赞赏，命令唐军按照郭子仪的军事部署进行。郭子仪出战不久，果然夺回潼关，给了叛军当头一棒。唐军士气大振。为了鼓励士兵奋勇作战，早日收复两京，皇帝下令犒赏三军，还恳切地对郭子仪说："京城能不能收复，全靠你这一仗，愿你全力以赴。"郭子仪斩钉截铁地说："这次作战，要破釜沉舟，就是剩下一兵一卒，也要打到底，不消灭叛军，就以死来谢罪！"

肃宗命令郭子仪率领中军，李嗣业率领前军，王思礼率领后军，并指定郭子仪为统兵元帅，共领兵 15 万人。又向回纥借来骑兵 5000。军分三路昼夜兼程急进，军容整肃，号令严明，浩浩荡荡开到长安西香积寺附近，连营为阵，横亘 30 多里。叛军 10 万人在北面，同唐军南北对垒。叛军守将李归仁、安守思据险设防，他们自恃兵多将广，出城挑战。一次，唐军奋勇迎敌，快逼近敌营时，叛军擂动战鼓，一齐冲杀上来，唐军措手不及，败走。叛军乘胜追击。李嗣业扬鞭策马，飞奔阵前，拼命刺杀，他挥动战刀高喊："叛军已将我们包围，若不奋勇厮杀，只有死路一条！"说罢，他光着膀子，举起闪闪发光的大刀，指挥战斗。刀光过处，叛军人头落地。唐军军心稍定，在这危急万分的时刻，郭子仪率领大军及时赶来，同李嗣业合力猛击叛军。擂鼓声，响彻云霄，喊杀声，震天动地。顷刻间，叛军阵营大乱。唐军把叛军紧紧包围着，使他无法突围。激烈的白刃战开始了，两军从中午一直厮杀到傍晚，叛军被杀 6 万多人，余众弃甲曳兵，逃回长安城中。

这一年，叛军内部发生了叛乱，安禄山被他的儿子安庆绪杀死。郭子仪探得这消息后，便调集大军向长安进攻。唐军与叛军一交锋，叛军就像惊弓之鸟，丢盔曳甲，抱头鼠窜。唐军奏起胜利凯歌进入长安城。老百姓听说唐军回来，都喜出望外，夹道欢呼。有的杀鸡宰羊，有的抬出酒来欢迎唐军。

长安收复以后，不久，肃宗便由灵武迁回长安。唐军乘胜向洛阳进军。当时，安庆绪屯兵洛阳，听说郭子仪来打洛阳，便派严庄、张通儒带领 15 万大军迎战。叛军声势浩大，杀气腾腾，在新店（今陕西陕县西）与唐军相遇。叛军依山扎营，准备战斗。新店地势险峻，山高壁陡，峰回路转，叛军据高临下，这对唐军十分不利。郭子仪为了化劣势为优势，变被动为主动，趁叛军还未来得及休息，便选拔英勇善战的骑兵两千人，向敌营冲杀，又派 1000 多名弓箭手埋伏山下，再命回纥军从叛军背后登山偷袭，他自己就率领主力军与敌人展开正面战斗。一切部署妥当，立即擂鼓出战。叛军像饿狼一般从山上猛冲下来。郭子仪假装败退，边战边走。叛军大喜，倾巢出动，奋力追击。战斗到黄昏，暮色苍茫，叛军已被歼灭数万人，余者也筋疲力竭，寸步难行。这时，突然杀声如雷，山鸣谷应，唐军埋伏的弓箭手像神兵一般从地下钻了出来，只见万箭齐发，像雨点似的射向敌兵。唐军的骑兵更是勇猛，往来驰骋，左右冲杀。叛军前后被围，左右遭打，进既不能，退又不得。正在这时，又听到四处高呼："回纥兵来了，赶快放下武器投降吧！"叛军听了，简直是风声鹤唳，草木皆兵。在唐军与回纥兵的合力攻击下，叛军被打得溃不成军，狼狈逃散。严庄拼死命才逃回洛阳，连忙向安庆绪建议："三十六计，走为上计。"安庆绪走投无路，只好收拾残部，放弃洛河，渡过黄河，退守相州（今河北成安、广平、魏县一带）。郭子仪便收复了洛阳。

洛阳收复后，郭子仪返朝，肃宗十分高兴，亲自带领仪仗队到灞上（今陕西西安市东)迎接。皇帝见了郭子仪,激动地说:"我有了你,就像鱼儿有了水,大唐的天下,所以能保住,全靠你的英勇奋战啊!"郭子仪表示不敢承当。

两京收复后,肃宗把玄宗从成都迎回,尊他为太上皇。

在收复两京的战斗中,郭子仪多次立大功,这对安定唐室起了很大的作用,他的战绩很快传遍各地,他的声誉也越来越高了。

### 挥泪还京师

两京虽已收复,但李氏王朝仍然处在风雨飘摇之中。

肃宗回到长安,先后重用宦官(后来宦官称太监)李辅国和鱼朝恩,把派遣军队的权力交给李辅国掌管。李辅国的权势很大,他可处理国家大事,别人不敢有异议。肃宗让鱼朝恩监督神策军(一支军队的名称)驻守陕州,防御潼关。肃宗听信李、鱼的谗言,远离忠君爱国的贤臣。而叛军的势力还相当强大。安庆绪在邺郡(今河南安阳)还霸占7个县,史思明在范阳盘踞17个县,他的党羽高秀岩在河东的兵马也有数万,这对唐朝是很大的威胁。不久,安庆绪、史思明又开始向南进犯,东西两京又面临危机。

758年九月,唐政府命令九个节度使:朔方郭子仪、河东李光弼、关内王思礼、北庭李嗣业、襄邓鲁炅、荆南季广琛、河南崔光远、滑濮许叔冀及平卢董泰等,一起出兵讨伐安庆绪。九个节度使的地位相同,职权相等,互不统属。肃宗怕将帅的权力太大,因此,不设元帅,特派鱼朝恩为观军容使(监督出征将帅的最高官职)监视诸将。鱼朝恩名义上虽不是主帅,实际却操纵九个节度使的兵权。他根本不懂兵法,更不知如何用兵,让这样的人监督作战,怎能不吃败仗呢?

当安庆绪从洛阳逃往相州时,士兵死伤惨重,只剩下步兵1000多人,骑兵300多人。正巧,路上又碰到河东节度使

李光弼的大军。李光弼有1万多人,安庆绪明知众寡悬殊,已被唐军困于死地,但还要作最后的挣扎。他对部下说:"我们的处境万分危急。打,也难于逃生;不打,只能束手待毙。不如杀出重围,万一还能保全生命。"说罢,他把兵分成八路,让他们从四面八方向李光弼的军队冲去,一面呼叫,"我们胜利啦!唐军失败了!"李光弼的军队一听,就乱了手脚,安庆绪就用此计打退了李光弼。几天后,安庆绪又聚集了数万人,死守相州,并把相州改为安成府。

九个节度使的兵马共60万,一齐出动,围攻相州城。安庆绪好似兽困樊笼,鱼儿落网,既不能战,又不能退,处在绝境之中。

郭子仪为了把叛军一网打尽,便下令:高筑堡垒,坚守阵地,引水灌入相州城。全城成了一片汪洋。叛军有的爬上房顶,有的吊在树上,数十日以后,柴尽粮绝,先吃战马,吃完战马,再用马皮充饥。最后,什么都吃光了,为了活命,只好吃老鼠。当时,一只老鼠竟价值4000文。城里的叛军想投降,又因城高水深,不能出来。相州城眼看就要被攻破,正在危急的时刻,史思明率领5万精兵前来援救安庆绪了。

九个节度使的兵力雄厚,本来可以一举消灭叛军,可惜群龙无首,诸将各自为战,谁也不听谁的指挥。可是史思明的军队,养精蓄锐已很久,士气旺盛。史思明是个极其狡猾的家伙,他知道唐军数量超过他十几倍,必须抓住唐军士气低落的弱点,用精兵突击,方能取胜。他来到相州城外,先按兵不动。过了10多天,突然同唐军展开激战。两军正交战时,遇到一阵狂风,顷刻之间,天昏地暗,尘土飞扬,对面不见人。唐军望见城下来往流窜的人马,误认为叛军追来,纷纷逃散。郭子仪见大势不好,只得收集残余部队,领着人马向洛阳退走。

这次战斗，唐军损失严重，战马万匹，只剩 3000，刀枪 10 万，几乎全部扔掉。九个节度使中的八个各回原来驻地，郭子仪留守洛阳。

这次战斗失利，应问罪鱼朝恩，但不明是非的肃宗，不但不斥责鱼朝恩，反而给他封官加爵，更加器重他。鱼朝恩得到皇帝的宠爱，越发盛气凌人。他一向嫉妒郭子仪。怕他功高望重，对自己不利，因此常在肃宗面前诽谤郭子仪。为了陷害郭子仪，鱼朝恩硬把相州一仗失败的责任，完全推到郭子仪一人身上。糊涂的昏君，信以为真，竟然夺了郭子仪的兵权交给李光弼，让他回长安。

郭子仪接到皇帝的命令，连夜起程回京，将士们听说郭子仪要离开他们，都跑来挽留。有的哭哭啼啼，依依不舍；有的要跟他一同去长安。郭子仪也不忍和他们分离，但又不敢违抗皇帝命令，他安慰将士们说："我是去送京城派遣来的使臣，哪里是离开你们，你们要服从命令！"说罢，挥泪跃马离去。

平时，郭子仪对待士兵宽厚、爱护、关心他们的生活，不打骂，不训斥，如同对待亲人一般，因此受到官兵的拥护与爱戴。

郭子仪走后，李光弼来到朔方军队，他怕朔方的将士反对他，因此待到夜里才进入洛阳城。郭子仪的部将张用济屯兵河阳（今河南孟县），果然反对李光弼，他希望郭将军再回来。有人对张用济说："你这样做，不是给朝廷找借口来迫害郭将军吗？"张用济认为很对，只好硬着头皮迎接李光弼。

史思明在相州替安庆绪解了围，打退了唐军，自认为立了大功，要和安庆绪平分兵权，安庆绪不答应，史思明就把他杀了，吞并了他的军队，回到范阳，自称大燕皇帝。

史思明听说郭子仪被免除官职，夺去兵权，心中大喜，认为有机可乘。759

年五月，史思明便带领大军向洛阳进犯。唐政府十分恐惧，不知采取怎样的对策才好。有人向朝廷建议："郭子仪为唐朝立过多次战功，又善于用兵，为什么放着良将不用，让叛军逞凶呢？"肃宗认为很对，决定起用郭子仪为兵马都管使（警备守卫京城的长官），诏令刚传下，就被鱼朝恩拦住了。鱼朝恩把郭子仪看成眼中钉，常想阴谋陷害他。一次，郭子仪立功回朝，鱼朝恩邀请他游章敬寺，有人暗地告诉他说："鱼朝恩想谋害你，千万别上他的当。"郭子仪不听，将士们请求随身护卫，他拒绝了，并且说："我是国家的大臣，没有皇帝的命令，鱼朝恩不敢杀我。"说着，只带着家童数人去见鱼朝恩。鱼朝恩一见，非常惊奇。郭子仪把事情的经过告诉他，鱼朝恩听了，十分惭愧。

史思明打到洛阳，驻守洛阳的李光弼接连吃了败仗，李光弼放弃洛阳，带兵退守河阳。当时，鱼朝恩也带领一支人马，还没看到叛军的影子，就吓得退到了陕州，再也不敢出来了。

史思明占领洛阳不久，就被他的儿子史朝义杀死了。

肃宗虽猜疑郭子仪，但为了维护自己的统治地位，又不能不重用他。762 年二月，河东（治所在太原）一带的驻军，听说洛阳失守，都骚动起来了，朝廷怕他们和叛军连成一气，想出兵镇压，但苦于没有德高望重的统兵将领。想来想去，只得任命颇负盛誉的郭子仪为河北诸州的副元帅，派他出镇绛州（治所在今山西新绛）。郭子仪忠勇爱国，不计较个人得失，他接到作战的诏令，马上就出发。这时，忽然传来肃宗病危的消息。郭子仪去拜见肃宗。肃宗语重心长地说："我死后，河东一切军政大权，完全由你掌握。"郭子仪出兵不几天，肃宗就咽气了。肃宗死后，由代宗即位做皇帝。

代宗时，国库空虚，民穷财尽，人民吃糠咽菜，生活极其困难，可是官府的盐、铁、茶、酒等税,名目竟有200多种,这些苛捐杂税,自然都要落到人民身上。代宗重用宦官程元振,让他参与机密,掌管国家政权。宦官在肃宗时就开始专权,如宦官李辅国曾对肃宗说:"大家(宫中对皇帝的称呼)但居禁中,外事听老奴(指李自己)处分。"专权的宦官根本不把皇帝放在眼中,朝廷的赏罚,宰相的任免,甚至皇帝的废立,都由他们决定。程元振飞扬拔扈,擅作威福,把皇帝束缚得像个木偶。事无大小,只要程元振出口,代宗便百依百顺。程元振痛恨功臣名将,特别憎恨郭子仪。程元振在皇帝面前诋毁他,总想免除他的副元帅职务,让他做肃宗山陵使(皇陵的督工),但未能得逞。郭子仪明知皇帝受程元振控制,误了国家大事,便向皇帝上书道:"我为唐朝的富强,披星戴月,南征北战,请陛下相信我对唐朝的忠心。陛下要亲近贤人,远离奸臣。不然,唐朝的危亡就在眼前!"郭子仪的劝告,并不能打动皇帝的心。朝内宦官专权,朝外藩镇割据,唐朝仍然陷于混乱之中。

安庆绪、史思明虽死,但史朝义还盘踞在洛阳。朝廷任命雍王李适(后来的德宗)为统兵元帅,郭子仪为副元帅,让他们出兵讨伐史朝义。鱼朝恩、程元振坚决反对郭子仪为副元帅,但这一次朝廷并没有接受他俩的意见。雍王和郭子仪认为单靠唐军的力量,无法消灭叛军,便向回纥借来10万大军,唐军和回纥兵一起打进洛阳。史朝义带领败军逃往莫州(今河北任丘北)。763年正月,史朝义的部下田承嗣、李怀仙等,见大势已去,纷纷向唐朝投降。史朝义看到众叛亲离,走投无路,便自杀了。这场战乱,这时才算完全平定,前后延续了7年零3个月,历史上叫作"安史之乱"。

"安史之乱"是统治阶级内部的斗争,但对人民来说,却是一场大灾难。"安史之乱"给人们带来了极大的痛苦,在战乱中,人民流离失所,不仅州县成了废墟;农业生产受到极大破坏。唐朝经过这次战争,由强盛转向衰落,一天一天走下坡路了。

"安史之乱"虽然平定了,但安史的部将仍然在河北一带做节度使。他们既拥有强大的军队,掌握地方财政大权,又不服从朝廷的调动。他们死后,都由他们的子孙继续承做节度使,这样便形成藩镇割据的局面,人民仍然灾难重重,在这种情形下,西南的吐蕃统治集团便乘机向唐朝进扰。

### 声东击西　计退吐蕃

"安史之乱"以后,社会内部矛盾重重,国力虚弱,原驻在西边的军队,大部分被调到北方去讨伐叛军。这时,吐蕃统治集团乘机深入唐朝内地,把凤翔西、邠州(今陕西彬县)北等十几州的土地都占领了。763年十月,又占了奉天(今陕西乾县),朝廷大为震惊,急令郭子仪带兵抵挡。郭子仪带领1万多人,可是吐蕃兵却有10万多人。郭子仪多次请程元振拨兵增援,可他根本不理。吐蕃兵很快打到了长安城下,吓得代宗逃往陕州。郭子仪从咸阳赶来,进了长安,既不见皇帝,又没有兵马,十分焦急。这时守城的将领王献忠怂恿郭子仪说:"皇上早已逃跑,现在国家无主,你身为大元帅,只要下道命令,就可以把皇帝废除,国家大权不就落到你手里了吗?"郭子仪把他痛斥了一番。不几天,吐蕃兵占领了长安。

当代宗逃往陕州时,唐军多往商州(今陕西商县)逃散,郭子仪派部将王延昌赶到商州去招集他们。逃兵听说郭子仪来了,都欢呼不止,愿听吩咐。不过数日,便招集到4000多人。

郭子仪分析了形势,决定采取声东击西的战法。他先派段秀实去劝说邠宁(今陕西彬县和甘肃环江一带)节度使白孝德,请他出兵助战;再派左羽林(皇帝的亲军，侍卫皇宫）大将军长孙全绪带200轻骑，到蓝田（今陕西蓝田县）城北面，白天擂鼓呐喊，夜晚燃起火把，牵制吐蕃兵力。军事部署完毕，郭子仪佯言向蓝田城东进军，却率领主力军奔向蓝田城西。吐蕃兵果然中了郭子仪的计，直向蓝田城东冲杀，扑了个空。郭子仪急速集中兵力，奋勇攻击，打得吐蕃兵措手不及。吐蕃兵发觉已中了计，十分惶恐，忽听四处高呼："郭令公（指郭子仪）率领大军来啦！"喊声震天，吐蕃兵不战败走，唐军顺利地进入长安。

长安收复后，代宗本应早日返回京城，可是程元振见郭子仪多次立了大功，威信越来越高，深怕代宗重用他，所以劝代宗在洛阳建都。为了国家的利益和朝廷的安稳，郭子仪上书给皇帝："长安地势险要，前有终南山作屏障，后有泾、渭二水，右连陇蜀（今甘肃、四川），左接崤函（崤山，函谷关，在今河南灵宝东北），可以雄视四方，进可以攻，退可以守。大有一夫当关，万夫莫开之势。长安经过几朝的建设，宫殿华丽，市场繁荣，工商业发达，土地肥沃，物产丰饶，经济满足。长安是创立帝业的基地。秦汉两朝占领长安而称帝，隋炀帝弃长安而灭亡。再看洛阳，地贫民饥，人烟稀少，野草丛生，一片荒凉，宫殿多被烧毁，残垣断壁，不易防守，请陛下慎重考虑。"代宗看完奏章，很受启发，便对左右官员说："郭子仪所考虑的，都是从国家的安危和利益出发呀！"764 年 11 月，代宗便从陕州回到长安。

### 单枪匹马　巧退回纥

唐朝和回纥的关系，一直是友好的。在平定安史之乱的战斗中，陇右（今甘肃东南）节度使仆固怀恩认为自己立了大功，应受重赏，可是代宗并没给他封官加爵，仆固怀恩很不满意，妄图背叛唐朝。他母亲知道后，非常气愤，严厉责骂道："唐朝哪点亏待你，为什么要叛变

呢？"骂着，举起刀向他砍去，幸亏他跑得快，才没被砍着。

不久，仆固怀恩便带领轻骑 300 多人逃往灵州（今宁夏灵武西南）。他发誓与唐朝势不两立。为了推翻唐朝政权，仆固怀恩便制造谎言，向吐蕃、回纥借来 10 万大军，从灵州向长安进攻。仆固怀恩的大军来到奉天。长安告急，朝内文武百官一筹莫展，又是一场混乱。皇帝惶恐不安，忙向大臣们问计。郭子仪说："仆固怀恩曾做过我的部将，我了解他。他虽是一员猛将，但他寡恩少义，虐待士兵。士兵所以跟着他，都想乘机重返家园。"皇帝立即任命郭子仪为关内河东副元帅，让他率领 10 万大军去讨伐仆固怀恩。

郭子仪率兵来到奉天城外的阵地上，立即下达军令：固守阵地，不准猛冲猛打。有些将领急于要求出战，郭子仪耐心地说服他们，指出：仆固怀恩的军队，远道而来，士气旺盛，利于速战速决。我们要尽量地躲开叛军的锋锐，不要打硬仗，要严加防御。我们要出其不意，攻其不备，集中力量打他个措手不及，求得全胜。如果匆忙出战，万一失利，就有全军覆没的危险。谁再敢提"出战"，立刻推出斩首！

仆固怀恩率领 10 万大军（包括吐蕃、回纥兵），横冲直撞，如入无人之境，这正好中了郭子仪诱敌深入之计。他们刚要摆开阵势，只听战鼓咚咚，杀声四起，奉天城外，唐军摆成一字阵势，非常严整，当中竖着一面帅旗，随风飘扬，旗上写一个"郭"字。仆固怀恩的将士一听说郭令公的大名，都吓得丢盔卸甲，四散逃跑。仆固怀恩只得带领残兵败将，又回到灵州。唐军不战而获得了胜利。

仆固怀恩不甘心失败，765 年，他又勾结吐蕃、回纥、吐谷浑（鲜卑族的一支，唐时居今甘肃、青海间）共 10 万多人，再次犯进长安。他们来势汹汹，杀气腾腾。

为了拦阻叛军各路的进犯,郭子仪传令各地驻军,必须扼守要冲,抵制敌兵,不让敌兵前进一步。当时,淮西(治所在今河南汝南)节度使李忠臣部下的官兵喜欢玩球戏,当接到出战的命令,都埋怨地说:"我们玩球戏正玩得兴高采烈,作战也要挑个好日子!"李忠臣责问他们:"如果你们的父母得了急病,也要找个吉利的日子治病吗?"大家都默不作声,只好待命出发。

仆固怀恩率领大军直奔盩厔(今改名周至),在行军途中,他得了暴病,突然死去。仆固怀恩的部将张韶率领吐蕃、回纥大军,继续进军,包围了长安北面的泾阳(今陕西泾阳县)。镇守泾阳的郭子仪,仅有两万多人,但早有戒备,他命令部将坚守阵地,不准同叛军交锋。就在这时,吐蕃、回纥听到唆使他们入侵的仆固怀恩已暴死,于是,便开始分营扎寨,争权夺势,闹不团结。郭子仪闻知,暗暗自喜。他详细地分析敌我双方的军事力量。唐军守孤城,抗雄兵,将寡兵少。力量薄弱;吐蕃、回纥兵比唐军多五倍,又骁勇善战。回纥王甚至不可一世地自称:"威风凛冽气昂昂,塞外称雄无人言;鼓角声高催战马,诸藩部将我为强。"在这种不利的条件下,郭子仪深知战必失败,退则被歼,只能"智取",不能"力敌"。他一面积极备战,一面争取谈判。

郭子仪召集大小将领共同商讨退敌策略。任命部将白孝德为副元帅,让他死守泾阳,等待援军;派牙将李光瓒去见回纥王,表示愿和回纥王共同打击吐蕃。回纥王听说郭子仪还活着,十分惊奇,半信半疑。他对李光瓒说:"郭令公真在人间,你不是欺骗我吧?如果他还活着,能让我看看他吗?"

李光瓒把这番话告诉郭子仪。郭子仪是个足智多谋的将领,为了劝退回纥兵,他决定一个人去见回纥王。他对将士们说:"回纥兵多,我们兵少,实力相差悬殊,很难用武力战胜。过去唐朝和回纥的关系密切,曾订过互不侵扰盟约。为今之计,我不如亲自去说服他们,不用动刀枪,退走回纥兵。"郭子仪要冒着生命危险,单枪匹马去回纥军营中谈判,将士们担心他的安全,准备选拔 500 名精锐的骑兵随身保护他。郭子仪坚决拒绝,他说:"这样做,不但没有好处,反而会把事情弄糟。"

郭子仪就要动身,他的儿子郭晞跑来拦住马,劝阻说:"回纥兵像虎狼那样凶暴,父亲是国家的元帅,怎能轻易冒着生命危险,去回纥军营谈判呢?"郭子仪果断地说:"如果唐军和回纥兵打起来,不但咱们父子性命难保,就连国家的命运也很危险。如果国家保不住,个人还有存身的地方吗?与其坐着等死,不如去同回纥王谈判,用道理说服他。万一不成功,我就捐躯报国,来实现我平生的大志。"说着扬起鞭子,打了他儿子的手,喝令他:"走开!"便和几个骑兵闯出了军营。

郭子仪出了军营,叫人连声高喊:"郭令公来了,郭令公来了!"回纥兵听了,个个吓得目瞪口呆,情不自禁地都放下了武器。回纥兵的统帅药葛罗(回纥王的弟弟)立即拿起弓箭,站在阵前,准备战斗。郭子仪来到回纥军营门前,不慌不忙地翻身下马,摘掉头盔,脱去铁甲,放下刀枪,勇敢沉着地向回纥营中走去。回纥兵都很吃惊,你瞧瞧我,我看看你,不约而同地说:"果真是郭令公呀!"药葛罗也放下弓箭,忙走来迎接。郭子仪握着药葛罗的手,义正词严地责问:"你们回纥替唐朝立过大功,唐朝报答你们的也不薄,为什么违背盟约,向唐朝进攻?你们丢掉过去的功劳,帮助叛臣仆固怀恩作乱,同唐朝结怨仇,多么不明智啊!仆固怀恩叛唐弃母,被人唾骂,像他这样寡廉鲜耻的人,能替你们做出什么好事呢?今天我独自一人来到这里,早就把生死置之度外，如果你们真有诚意同唐朝和好，应该马上撤兵。不然，我将传令三军，一气杀来，管叫你们片甲不留。如果你们敢把我杀死，唐军一定不会答应。"药葛罗早已吓得手足无措，连连说："我们受了仆固怀恩的欺骗，他说皇帝已死，说你早已在阵前丧命，朝内乱成一团，没有主人，因此我们才敢跟仆固怀恩来进犯。现在皇帝仍然坐镇京城，又亲眼看到你，我们哪里敢同唐军作战呢！"

郭子仪见事已成，喜在心头，乐在眉梢。为了粉碎回纥与吐蕃的联盟，他抓紧机会，又劝药葛罗说："吐蕃王不讲道义，反复无常，趁着唐朝有乱事，便抢占土地，烧毁城市，破坏乡村，还掠去大批财物，假如你们肯帮助唐军打退吐蕃，继续保持同唐朝的友好关系，唐朝就把吐蕃抢去的东西，全部送给你们，千万不要错过良机啊！"药葛罗又感激，又惭愧地说："令公的话，开导了我，我愿帮助唐军打退吐蕃兵，以便立功赎罪。不过，请你不要把仆固怀恩的儿子杀掉，因为他是我们王后的兄弟（仆固怀恩的女儿嫁给回纥王）。"郭子仪答应了他的要求。

这时，在旁边围观的回纥兵，稍稍转向前来，郭子仪的随从人员也紧紧跟上几步，显示加强戒备。郭子仪一点也不惊慌，挥手叫他们退回。药葛罗一面让士兵退出，一面叫人摆出酒席，同郭子仪同饮共欢。药葛罗要试一下郭子仪是否有诚意，请他举起酒杯发誓，郭子仪对着回纥首领和士兵说："大唐天子万岁！回纥可汗万岁！谁若违背誓言，就叫他死在阵前！"药葛罗也照样发了誓。立了盟约后，郭子仪便领着几个轻骑，凯旋了。

吐蕃王听到这个消息，连夜带着队伍逃走了。郭子仪于是派精兵同回纥兵一道追击，在灵台（今甘肃灵台）西大败吐蕃。这样，郭子仪不用一兵一卒，不费一刀一枪，就瓦解了回纥与吐蕃的联盟，

并迫使回纥兵也撤退了。京师之围遂解。

闰十月，郭子仪入朝，然后回镇河中。河中地处两京之间，自广德二年（764年）仆固怀恩叛乱，郭子仪再任朔方节度使，河中就成为朔方军的根据地。为了解决军粮问题，郭子仪组织士卒种地以自给。他说："养兵千日，用兵一时。要打胜仗，必须把兵练好，要练好兵，就要有充足的军粮。"当时，由于连年发生战争，农村经济破产，人民生活困难，筹措军粮确实不易。为了减轻人民对军费开支的负担，郭子仪不顾年迈力衰，亲自耕种了100亩地。将校也各自耕种一定数量的土地。在将帅的带领下，士卒耕种的积极性大为高涨，河中地区的荒地全都得到开发，生产的粮食不仅足供军饷开支之用，还有剩余。

此后两年，每到秋季，吐蕃就率兵进入关中抢掠，但均被郭子仪率军击退。大历三年（768年），宰相元载认为，郭子仪率朔方兵镇守河中，深居腹内无事之地，而吐蕃连年入寇，由于防守兵力太少，无法阻止其进犯关中，建议将郭子仪的朔方兵移镇邠州（今陕西彬县）。代宗皇帝接受了他的建议。次年，郭子仪便奉命率朔方军前往屯驻邠州。此后，吐蕃虽年年秋季入犯，但再也不敢进入关中的纵深地区骚扰了。

大历八年（773年），郭子仪已是77岁高龄。吐蕃10万骑兵入掠邠州等地，郭子仪部将浑瑊抵御失败。郭子仪对诸将说："败军之罪在我，不在诸将。"然后与诸将商讨对敌之策，重新调整部署，终于击败了吐蕃。

郭子仪镇守邠州长达10余年之久，此时的朔方兵人数已不及天宝时的十分之一。全军的将士也不及吐蕃的四分之一，战马不及吐蕃的百分之二。但是，吐蕃每年秋季入寇关中，均被郭子仪击败。关中大多数地区因此免遭蹂躏，京师也

得以安然无恙。

虽然如此,但唐朝廷内忧外患仍很严重。统治集团的腐败,宦官的专权,藩镇的割据,阶级矛盾和民族矛盾的日益加深,使李唐王朝逐渐走向衰亡。

唐代宗死后,由他的儿子德宗继位。德宗为了维护自己的统治地位,减少人民与统治者的矛盾,便下令废除租庸调(唐代与均田制相联系的赋役法。租指田赋,调指依乡土所产而缴纳绢、绵或布、麻,庸指以绢或布代替力役),实行两税制(按土地和财产的多少,每年分夏、秋两季两次收税)。两税制虽比租庸调法适合于当时的情况,但人民仍然啼饥号寒,在死亡线上挣扎。郭子仪虽极力挽救李唐王朝的颓势,但他已无能为力了。

### 长者风范　军人楷模

郭子仪到了晚年,被封为汾阳郡王,并进位太尉(全国军事首脑)。他官高爵显。在朝廷中的威望极高。

郭子仪治军宽厚,深得人心,朔方军将士都以父母事之,愿拼死为之效力。这是郭子仪在历次战争中所以能打赢许多硬仗,屡次转危为安的一个重要原因。郭子仪功勋盖世,威振四方,敌人都很害怕他,吐蕃、回纥称他为神人,一听说他率领大军出战,皆望风而逃。节度使田承嗣对朝廷图谋不轨,专横跋扈,但是见到郭子仪派去的使者,即西向而拜,并指着自己的膝盖说:“我这膝盖不向人下跪已经多年了,现在要为郭公下跪。”李灵曜盘踞在汴州(今河南开封),不管公私财物,只要经过汴州,一律扣留。只有郭子仪的粮饷、武器,不但不敢抢掠,还派人护送过境。郭子仪还为朝廷培养了一大批人才,随他征战的先后有60余名部将,后来都位至将相。

郭子仪功高望重,但他从不居功自傲。安史之乱后,许多节度使手握兵权,为非作歹,对朝廷貌合神离,拒不听命。

郭子仪虽权重势大,深得人心,但他却从不以此为资本,要挟朝廷,谋取私利。相反,他始终忠于朝廷,别无二心,有诏即赴命,绝无半点犹豫。

当时宦官专权,嫉妒功臣。为了避免招来麻烦,郭子仪有时还拒绝接受朝廷的高官厚禄。唐代宗时,曾下令以郭子仪为尚书令。但他认为唐初太宗为秦王时做尚书令,唐太宗即位后,这个职位经常空缺,如果接受这项任命,一会破坏国家的法度;二会招致他人的闲言;再者安史之乱以来,以官赏功臣,已使国家法度遭到破坏,现今安史之乱已被平定,就应按照国家的制度来任免官员。因此,他坚辞不受。

有时,为了顾全大局,减少矛盾,他甚至不惜牺牲个人利益,不计个人荣辱。大历二年(767年),他父亲陵墓被盗,人们怀疑是鱼朝恩指使手下人干的,但官府没有捕获盗贼,口说无凭。祖坟被盗,在封建社会是没有比这更为严重的事情了,因此事情发生后不久,郭子仪自奉天入朝,朝廷内外气氛便十分紧张,担心他不会善罢甘休,甚至可能发动政变。但当唐代宗对他提起此事,他却流着泪说:“我长期带兵,对士卒约束不严,有时就发生部众盗掘坟墓的事。如今我父亲的墓被盗,这是老天的报应,与谁都无关。”盗墓之事才不了了之,朝廷内外惶恐不安的气氛也消除了。因此,尽管鱼朝恩、程元振对郭子仪屡进谗言,横加诽谤,但由于他为人坦荡,居功不傲,忠于朝廷,没有什么把柄可抓,每次都化险为夷,得以常保功名,长寿而终。

史称郭子仪“功盖天下而主不疑,位极人臣而众不嫉”。郭子仪的确堪称是一位封建时代的军人楷模。

郭子仪做了国家的功臣,有权有势,可是他不徇私情,不讲情面。代宗皇帝死了,将要下葬,按照惯例,严禁杀生。郭子仪的本家仗着郭子仪的权势,偷偷地杀了一只羊。左金吾(唐左右金吾掌管官中及京城警卫)将军裴谞把这件事报告给德宗皇帝。有人提醒裴谞说:"郭令公已70多岁,他是国家的大功臣,怎么不看他的情面呢?"裴谞说:"我这样做,正是维护郭令公的声誉,让人们都知道他可敬而又可畏。"郭子仪知道了,当即严办了他的本家,并向裴谞表示感谢。

又一次,郭子仪妻子的奶妈的儿子犯了军法,被郭子仪手下的一个军官按军法杀了。郭子仪的几个儿子都到父亲面前哭诉,说这个军官连他们母亲的面子都不给,根本不把郭家的人放在眼里。父亲打了一辈子仗,为朝廷立了汗马功劳,应该与众不同。郭子仪听了,把儿子们大骂一顿,教训他们说:"你们只知道袒护自己家里的人,却不尊重将士,不维护军队的纪律。如果像你们说的那样,凡有功于国家之人,就可以与众不同,搞特殊化,凌驾于国法之上,那天下岂不大乱?"儿子们听了,觉得父亲言之有理,都不再吭声了。

郭子仪有八子七婿,他们都在朝内做官,家族兴旺,子孙数十人,有时孙子向他请安,他都分辨不出来。郭子仪对家人要求很严格。郭子仪70大寿时,全家上下都来祝贺,只有郭暧的妻子升平公主没有来,郭暧很生气,便动手打了升平公主,气愤地说:"你父亲是皇帝,你依仗皇帝的权势,不来祝贺。我父亲还不愿做皇帝呢!"升平公主挨了打,她不依不饶,哭哭啼啼。事情被郭子仪知道了,他不容儿子郭暧分辩,让人用绳子捆住郭暧,带着儿子向代宗皇帝请罪。代宗对郭子仪说:"不痴不聋,不作姑翁,儿女闺房琐事,何必计较。"郭子仪谢过皇帝,回家后,把儿子痛打一顿,才算了结。

郭子仪的一生,基本上是在戎马征战之中度过的。自天宝十四年(755年)安禄山于范阳起兵,郭子仪即以朔方节度使的身份参与平叛战争,屡立战功。唐肃宗时,收复两京。主要是依靠郭子仪所率朔方军的力量。安史之乱被平定后,郭子仪以朔方节度使先后出镇河中、邠州,防御回纥、吐蕃,捍卫京师,虽兵弱将寡,仍屡败敌兵,使京师得保无虞,关中百姓免遭涂炭。所以,史书上说:"天下以其身为安危殆30年",是一点也不夸大的。

郭子仪是我国历史上一位著名的军事家,他通晓兵书,但不机械地搬用古代兵法。郭子仪多谋善战,根据不同情况,有时声东击西,有时迂回堵截,有时先发制人,猛冲猛打,还有时不用一兵一卒,竟能计退敌兵。兵多将广,固然能打胜仗;即使兵少将寡,在不利的情况下,也能取得胜利。胜利了,不骄傲;失败了,不气馁。正因为如此,他才能成为一代名将。

郭子仪重视团结国内各民族,对吐蕃、回纥、吐谷浑等能做到礼尚往来,平等相待。所以他在吐蕃和回纥等少数民族人心中也很有威望。

大历十四年(779年),唐代宗病死,遗诏命令郭子仪在三天的治丧期间代理朝政,郭子仪奉命入朝。唐德宗即位后,尊郭子仪为尚父,加太尉,兼中书令,余官皆罢。从此,他告别了戎马生涯,在朝廷担任宰相。过了两年,即建中二年(781年),郭子仪病死,享年85岁。死后被追封为太师,陪葬建陵(唐肃宗陵)。按唐代制度,郭子仪坟高当为一丈八尺,葬时破格增加一丈,为二丈八尺,以表彰他的功劳。

## 李林甫

公元705年即武则天长安五年十一月,大唐东都洛阳上阳宫内,一片凄凉,显得格外寒冷。武则天,这个不可一世的女人已经奄奄一息,再也无力叱咤风云了。在张柬之等人的威逼之下,不得不让位于一个40多岁的男人,这个人就是历史上昙花一现的唐中宗李显。

这时,上阳宫外,一片喊杀声,张柬之、崔玄暐等人正率领御林军在捕杀武

第四编 隋唐野史

则天的亲信及帮凶们。在被杀者当中，就有使武则天得到生理满足的张易之、张昌宗兄弟，可怜他们成了宫闱斗争的牺牲品，而与之同榻共枕的武则天这时已无力张开她的保护伞。随着刀光剑影及鲜血的喷溅，生命在无可奈何之中脱离逐渐僵硬的躯壳，荣华富贵也随之烟消云散。

渐渐地，上阳宫外的喊杀声、哀嚎声平息了下来。床榻上的武则天气息也越来越弱，瞳孔逐渐散开，在一片迷茫当中，孤寂地远离了她驾驭了数十年之久的权杖，追随她的先夫唐高宗去了。这个给李唐皇室带来无限血雨腥风的女人，终于死了，李氏子孙们似乎得到了一次微微的喘息机会。

不料，一波未平，一波又起。历经苦难的唐中宗李显，在位不到几年，于公元710年被韦皇后及其女儿安乐公主毒杀。在平息韦后之乱中，身在外地的临淄郡王李隆基亲率死士数百人偷返长安，和他的姑母太平公主齐心协力，立下了汗马功劳，为其后来登上大唐皇位奠定了基础。但太平公主却是个不安分的女人，由于受其母后武则天的影响，玩弄权术于股掌之间，她的权力欲望使她企图效法其母后武则天，与李隆基产生了摩擦，最终被李隆基一笔抹去，永远地退出了历史舞台。

武则天、韦皇后、太平公主，这三个女人，在唐王朝的历史上，用饱蘸鲜血的笔写下了自己的辉煌和悲哀。她们的所作所为被后人称为"三女乱唐"。随着她们美丽的倩影一个接一个地消失，大唐宫闱又恢复了宁静，那象征着至高无上权力的龙位，也重新托起了李氏家族的子孙们。

公元713年，李隆基从其父皇手中接过沉甸甸的大唐江山，开始了他长达44年的皇帝生涯。这个通晓音律、风流潇洒的封建帝王，无情的历史跟他开了个不大不小的玩笑，"开元盛世"使其英名千古，"安史之乱"使其狼狈奔川。我们的主人公，也是在他的朝堂之上，居相位达19年之久，演出了一幕幕滑稽剧。说到这里，言归正传。李林甫，你这个"口有蜜，腹有剑"的小人，该粉墨登场了。

## 宗室之后

李林甫（？—752），小字哥奴，与大唐皇帝血脉相连，是唐高祖李渊的祖父李虎的第五代孙。若论其辈分，李林甫还比唐玄宗李隆基高出一辈。但所有这一切并没有成为李林甫的资本。他本人的发迹靠的是自己的权术，善于排挤异己的伎俩。至于宗室血统带来的辉煌，则随着时间的推移，逐渐成了茶余饭后的谈资，梦中的荣耀。

李林甫的曾祖父李叔良，在唐高祖武德初年被封为长平肃王，镇守泾州，以抵挡薛仁杲。身为守将的李叔良并不爱恤士卒，常常克扣军饷从中渔利，其下属官兵非常怨恨。薛仁杲对李叔良的为人了如指掌，常利用其弱点进行突然袭击，李叔良每每丢盔撩甲，被打得大败。在一次战斗中，薛仁杲让其手下诈降，谎称军中无粮，李叔良信以为真，派其手下骠骑将军刘感率军前往受降，结果中了伏击。刘感被薛仁杲俘虏而去。闻知此事，李叔良两股战栗，唯恐朝廷降罪，不得不拿出所有家产慰劳部下，才得以鼓舞士气，扭转了屡战屡败的不利局面。后来，突厥入侵，朝廷派李叔良前往迎击，结果中了流矢，死在半道。李叔良共生有两个儿子，长子李孝协，次子李孝斌，后者为李林甫的祖父。

李叔良死后，长子李孝协继承了其封号，封地改为范阳。不久，被降封为郇国公，领魏州刺史。李孝协不但继承了其父的封号，而且还把李叔良贪赃枉法的一套本领也承袭了下来。终于被朝廷得知，在唐高宗麟德年间，因贪污赐死。虽经陇西王李博义苦苦哀求，要求赦免死罪,唐高宗还是不原谅,李孝协不得已而自杀。

李林甫的祖父李孝斌官至原州都督府长史,生有两子,长子为李思训,李林甫的伯父;次子李思海,李林甫的父亲。李思训曾经做过江都令,在其为官期间,正是武则天当政之时。对于李唐宗室子孙,武则天动辄予以杀戮,或流放。宗室子孙并没有因皇家血统而享受荣华富贵,闻到的只是同宗同族的血腥味。在血雨腥风之中,李思训考虑到自身的安全,弃官而去。武则天死后,宗室子孙才得以安宁,李思训重新回到官僚的行列,被封为陇西郡公,官至宗正卿,后又任益州都督府长史。唐玄宗开元初年,爵位进封至彭国公,封户四百,官至右武卫大将军。绘画艺术在唐代得到了一次充分发展的机会,在众多画家当中,有姓名可考的达四百多人,李思训便是其中之一。李思训善于画山水,当时人对他的画非常喜爱,以得到他的画为荣耀,并且把他的山水画称为"李将军山水"。李思训生前死后都得到无比的荣耀,在他死后,赠秦州都督,并被恩准陪葬桥陵。

李林甫的父亲李思海远没有李思训那么荣耀,官仅至扬州参军事,其事迹史籍也无多少记载,可见他在当时的地位甚是卑微。李思海娶妻姜氏,生李林甫。其舅父姜皎非常喜爱李林甫,养在自己家中。随着年龄的增长,李林甫不失时机地给其舅父戴了顶绿帽。姜皎很会见风使舵,唐玄宗李隆基为藩王之时,他似乎意识到了发迹的契机,即诚心结交。李隆基即位之后,姜皎被授官殿中少监,从四品上,专门掌管天子服御之事。唐玄宗的恩宠,使得姜皎经常可以出入后宫卧内,陪皇帝宴饮,击球斗鸡,坐则与妃连榻。后宫宫殿之前种有一棵茂盛的果树,唐玄宗经常在其花朵盛开之时,与近臣前去玩赏。在一个春光明媚的季节,玄宗又与近臣来到树前,姜皎上前,拱手说道:

"陛下,真乃嘉树也。"

玄宗听后,面带笑容,说道:"姜爱卿既爱此树,那就植入府中玩赏去吧!"

深得玄宗喜爱的姜皎,权倾一时,接受的赏赐有宫女、马匹、珍玩,前后不计其数。生长在舅父家的李林甫,从小就看到权势的魅力,对权力充满了无限的向往。也从其舅父的官场交易中,受到了一些启蒙教育,为他以后的官场历险奠定了基础。

### 初登仕途

大唐开元初年,年富力强的唐玄宗整顿吏治,任用贤相,社会一片祥和,历史进入了"开元盛世"。大唐都城长安,生机勃勃,商贾云集,人来人往,熙熙攘攘,各色人等,神采飞扬。这时的李林甫已长成一个小伙子,长安城中的热闹场面并没吸引这位青年,每每办完公务,在回家途中,得意之中眉宇间不免露出淡淡的愁意,来往的人们并没有注意到这个不起眼的青年人。他们为之注目的是那些达官贵人,皇室贵胄,每当这些人威风凛凛地招摇过市,路人无不驻足,欣羡之情溢于言表。这种场面长安城中不知上演了多少幕,但人们还是不厌其烦地看着,看着……作为看客的李林甫也常常被人群拥来挤去,好像水中的浮萍在浪花中漂摇。当人们恢复了平定,忘了一切之时,李林甫却没有停止其野心的活动。忽然,他的内心似乎触到了什么。想当初,秦始皇巡游各地,人群山呼海涌,当中的两位观众——刘邦、项羽不也像他现在的境遇吗?前者惊羡之余曰:"大丈夫当如此也!"后者不屑之余曰:"彼当取而代之!"

想到这里,李林甫的眉宇渐渐舒展开来,他绝不是和刘、项一样想到了皇位,他没有那么大的胆量。在其内心里却不止一次地说:以我李林甫之才,难道还不如那些酒囊饭袋?终有一天,我李林甫也会八面威风,为人仰慕。随着飘

第四编　隋唐野史

忽的思绪,李林甫偷偷地笑了,步子也不觉轻快起来,不知不觉中回到家中。

这时的李林甫,已由当初的千牛直长,一个从七品上的小官,被擢升为正五品下的太子中允,在太子府当差。官虽然升了,但极强的权力欲并没有使他满足。李林甫深深明白,要升迁单枪匹马于事无益,还得靠人提携。这次被升迁为太子中允,不就是舅父姜皎的功劳吗?于是,李林甫把眼睛放在了宰相源乾曜身上。

源乾曜,相州临漳人,进士及第,为相之前历经殿中侍御史、谏议大夫、梁州都督等官。唐玄宗开元初年,邠王李守礼府中官吏犯法,玄宗以为是王府中缺少有才干的长史所致,于是为邠王府寻找长史。李林甫的舅父姜皎向玄宗推荐源乾曜。及见玄宗,非常欣赏其才干,被任命为少府少监兼邠王府长史。不久就被拜为宰相,前后为相达十年之久。其人谨慎稳重,所历之官以"清慎恪敏"为人称道。姜皎引荐源乾曜不是平白无故的,他们二人为儿女亲家。正由于这层关系,李林甫又做起升官发财的美梦。但初出茅庐的李林甫万万没有想到,美梦半道而醒。

源乾曜有个儿子叫源絜,因姜皎与源乾曜的关系,自幼和李林甫相识,李林甫考虑好一切之后,信心十足地来到宰相府。他很聪明,没有直接找宰相本人,而去拜访宰相公子。两个年轻人一见面,寒暄了一番,李林甫便道出了来意。

"源公子,在下闻知司门郎中一职时下空缺,求公子给令尊大人说说,能否让在下补缺?"

李林甫说罢,向前推了推提来的礼品。源絜客气地说道:"李公子见外了,咱们一家人不说两家话,定当为李公子效力。"

"源公子,在下感激不尽,日后若用得着在下,定当效犬马之劳。"

"李公子太客气了,区区小事,何足挂齿。"

李林甫见事情已妥,便不失时机地起身告辞。

"源公子,今日多有打扰,容在下日后再来拜谢!告辞,告辞。"

"李公子慢走,恕不远送,公子听候佳音便是。"

"源公子留步!公子留步!"

走出宰相府,李林甫喜不自胜,按捺不住心中的喜悦,哼着小调回到家中,这在李林甫当时的生活中是极少有的事情。

身为宰相的源乾曜,深深地明白自己的职责,绝不能滥用手中的权力,去营私舞弊。对于李林甫,源乾曜深知其人,那是个不学无术的家伙。当他儿子说起李林甫求官之事时,源乾曜勃然大怒。

"郎中之职需才德俱佳者为之,哥奴一无赖尔,岂能担当此任?"

源絜受到父亲的责备,便默不吱声。李林甫在喜滋滋地盼呀盼,眼看着一天天过去了,自己托付给源公子的事如泥牛入海,杳无音讯。当他得知司门郎中一职已经补缺,便彻底失望了。这对于野心勃勃的李林甫来说,无异于当头一棒。从此李林甫又恢复了往日的生活,只有在梦中升官,威风八面,招摇过市了。

李林甫所受的挫折绝不是偶然的,众所周知,唐玄宗的开元时期(713—741年)是唐朝社会经济和国力发展的极盛时期。在开元初期,唐玄宗非常注意整顿吏治,裁减许多冗官,改变了滥封爵位的恶习,并且严禁宫廷中的奢靡风气。对官员的任用注重才识,在开元二年(714年)还规定,选择京官中有才识的,到地方任都督、刺史;在地方任职的都督、刺史如有政绩,则调到京城任京官。改变了过去重京官,轻外任的恶习。公元716年,唐玄宗还在殿廷之上亲自对新任命的县令进行考试,对其中的四十五人当堂斥免,并把主持选官的两个使郎予以贬职。开元时期的宰相当中,有许多是历史上著名的贤相,如姚崇、宋璟、张九龄等。就连李林甫企图借以进身的源乾曜,虽然算不上贤相,但也是恪于职守的清廉之人。在这种历史背景下,李林甫能不遭受挫折吗?他只有等待时机。

李林甫受到打击,但没有停止他的钻营,几年之后,被擢升为国子司业,官品从四品下。后来,在御史中丞宇文融的提携之下,官至刑部侍郎,有了生杀大权。那个郁郁寡欢的青年李林甫在长安城的看客中再也没有了踪影。从此他成了演员,使出了浑身解数,演出了一幕幕世人为之切齿的闹剧。

### 阴结惠妃

武惠妃是恒安王武攸止的女儿,武则天的从侄孙女。她自幼入宫,唐玄宗即位之后,倍受宠爱。中国古代的后宫是一个无声的战场,和其他战场不同的是,那里没有喊杀声,所有参战人员全为花枝招展的女性。这些女性的身上所带的最具杀伤力的唯一武器——妒嫉,战争的起因——君王的性爱。要取得胜利,美貌必不可少,但并不可靠,常常色衰爱弛。最后的胜利往往属于另一种人——貌美与工于心计兼而有之者。武惠妃不但天生丽质,而且继承了武则天的一些血统,终于从容貌艳丽、能歌善舞的赵丽妃、王皇后身边拉走了唐玄宗,取得了专房之宠。她是一个地道的胜利者,需要证据吗?单靠文人墨客的华丽词章是不足为凭的,几个枯燥乏味的数字便可说明一切。武惠妃一生之中,先后六次怀孕,前三个孩子为二男一女,均夭折;后三个孩子分别为寿王瑁、盛王琦、咸宜公主。这个生育纪录,在后宫的嫔妃身上是不多见的,足以说明唐玄宗将所有的爱喷洒到了惠妃身上。正因为如此,武惠妃的权势才炙手可热,朝中哪位大臣如果得到她的青睐,便会自然而然地飞黄腾达。朝堂之上的一些势力小人,无不暗中巴结惠妃,李林甫便是其中之一。

自从得到宇文融的提携,李林甫已官至刑部侍郎,继而升迁至吏部侍郎。吏部侍郎官品为正四品上,专门掌管官吏的任免,颇具实权,是一个肥差。但这些并没有使李林甫的权力野心得到满足,他又有了下一个目标,那就是一人之下万人之上的宰相职位。从吏部侍郎到宰相,虽然只有几步之遥,但李林甫深深明白,这几步的路程要走完它,是艰难的,有时需要用上毕生的精力。要达到目的,没有跳板是白费力气。李林甫想到了武惠妃,他知道这是一个最有弹力的跳板,不费吹灰之力便可跳到自己的目标上去。有了目标,选好了跳板,如何登上去呢?这对于李林甫来说不是一个难题。

武惠妃所生的儿女当中,以寿王瑁最得玄宗的喜爱。由于前三个儿女的不幸夭折,寿王瑁一出生,武惠妃便非常担心,唯恐重蹈覆辙。于是,便将寿王瑁寄养在玄宗的长兄宁王府中。宁王妃元氏用自己的乳汁亲自喂养寿王瑁,视如己出。武惠妃不是一个得到君王专宠便满足的女人,寿王瑁的出生使她产生了另一种野心,企图让玄宗立寿王为太子。但不幸的是,赵丽妃的儿子李瑛已被立为太子,这便成了武惠妃的心病。武惠妃深知,废立太子之事需要朝中大臣的支持,单靠自己的力量是远远不够的,她极力需要培植自己的亲信。

李林甫对于自己选好的跳板,无时不进行琢磨,就像一只纯种的德国警犬,在嗅嗅闻闻当中寻找线索。终于,李林甫捕捉到了武惠妃的心思,他突然觉得自己眼前一片光明,仿佛自己已站在朝堂之上,位列群臣之首,权力向他微笑,荣华富贵向他招手,美女云朵般向他飘来……当他从梦幻中清醒过来,便急不可耐地去寻找机会。深居后宫的武惠

第四编　隋唐野史

妃，李林甫作为一个吏部侍郎是无法与之通话的。要表白自己的心思，只有通过惠妃身边的亲信太监。李林甫最终把话传到了武惠妃那里，说自己愿为寿王瑁成为太子效力，这正中惠妃下怀。历史给了两位野心勃勃者以契机！他们走到了一起。

唐玄宗开元二十一年（733年）三月，作为宰相之一的裴光庭死去，大唐朝廷出现了权力空缺，这个缺口正是李林甫的进身机会。武惠妃便不失时机地向高力士授意："高公公，裴光庭一死，其宰相之职吏部侍郎李林甫可以代之。"老谋深算的高力士在未知玄宗心思之前，绝不轻易地自作主张。但面对惠妃，他又不得不答应下来："娘娘懿旨，老奴去办便是。"

后来，在朝堂之上，唐玄宗问众位大臣："诸位爱卿，光庭之后，谁可为相？"站在玄宗一旁的高力士一言未发。这时，兵部尚书萧嵩走出行列，向玄宗推荐宰相。

"启奏陛下，尚书右丞韩休有宰相之才，可以为相。"

玄宗听后，说道："准奏，以韩休为黄门侍郎，同中书门下平章事。"

韩休被任命为宰相，李林甫的美梦像肥皂泡一样破灭了。但武惠妃并没有善罢甘休，她及时地调整策略。授意李林甫在中书省起草诏书之前，写一道推荐韩休为相的奏折，一来可以取悦韩休本人，以便日后得其提携；二来可以得到朝廷的赞誉，有荐贤之功。真可谓一石双鸟。得到惠妃点拨的李林甫，捞到了一棵救命稻草，在失望中似乎又有了进身的契机。后来的事实说明，这一道计策果然奏效。

韩休为人正直，敢于直言进谏，唐玄宗非常欣赏他的才能。一次，万年县尉李美玉犯了法，玄宗下诏将其流放岭南。韩休闻知之后，上奏玄宗："县尉只是一个小小的官员，而且所犯之罪并非大恶，

陛下也要将其流放岭南，可见陛下圣明。现在，朝廷之上有一个大奸臣，此人便是金吾大将军程献伯，他恃恩贪赃枉法，住宅车马皆僭越法度，陛下是否听说？臣休请陛下先治大奸，后及小恶。"玄宗有意袒护程献伯，没有准奏，韩休据理力争。

"陛下，小罪且不容，大奸却宽宥不惩，此是何故？陛下如果惩治程献伯，臣不敢执行有污陛下的诏令。"

唐玄宗无法，只得依了韩休的奏折。宋璟闻知此事后也连连慨叹不已，夸赞韩休有"仁者之勇"。韩休的正直敢谏，自然得罪了一些朝中大臣，于是有人乘机向唐玄宗进谗言："陛下，自韩休为相以来，陛下无一天欢娱，何不乘机罢免韩休呢？"

英明的唐玄宗并没有被谗言迷惑，颇为感慨地说："自韩休为相以来，朕虽消瘦，但天下却肥矣。朕每次退朝思虑天下事，寝必安，因有韩休啊。朕用韩休是为天下社稷考虑，有此人为相，真乃天下幸事。诸爱卿勿多言。"

韩休的峭鲠，连推荐他的萧嵩也与之产生了矛盾，逐渐疏远起来。但韩休并非忘恩负义的小人，与萧嵩关系的疏远，诚如玄宗所言，"是为天下社稷考虑"，他甚至没有忘记另一位推荐自己的人——李林甫。但这一次，韩休错了，他善良地进入了一个早已设计好的圈套，举起手中洁白的象牙笏板，向玄宗启奏：

"陛下，吏部侍郎李林甫为宗室之后，才德兼备，有宰相之才！"

历史就这样开了一个不大不小的玩笑，使得"口有蜜，腹有剑"的李林甫实现了自己年轻时的梦想。深居后宫的武惠妃笑了，吏部侍郎李林甫也笑了。韩休的推荐，武惠妃的枕边之风，使李林甫不久便被任命为黄门侍郎。黄门侍郎为正三品，主要掌管皇帝的大型祭祀活动，上奏天下出现祥瑞之事。李林甫终于可以跟在皇帝左右，耀武扬威了。

公元 734 年，即大唐开元二十二年五月，唐玄宗下诏，以黄门侍郎李林甫为礼部尚书、同中书门下三品，与侍中裴耀卿、中书令张九龄并列宰相。从此，李林甫开始了他 19 年的宰相生涯。

## 九龄被逐

张九龄，字子寿，韶州曲江人。自小颖悟，7 岁即能为文。张说被谪贬岭南之时，一见如故，非常欣赏九龄之才。后来九龄被擢为进士，步入仕途，成为唐玄宗开元时期有名的贤相之一。他敢于直言进谏，纠正朝廷的过失，玄宗也非常欣赏他的才能。张九龄为人儒雅，风度翩翩，不学无术的李林甫非常妒嫉。每次上朝，张九龄、裴耀卿两位宰相对李林甫稍稍谦让，林甫即恬不知耻地居于中间，眉宇之间露出得意之色，时人看到这种场面，惊呼"一雕挟两兔"，认为他们二人迟早要遭李林甫的陷害。

张九龄的正直，使得初为宰相的李林甫受到牵制，其狼子野心只得严严地裹在华丽的服饰之下。但李林甫无时无刻不在寻找机会，搬掉张九龄这块绊脚石，以解自己的心头之恨。

当时，身为范阳节度使的张守珪，因讨伐突厥斩其可汗立下汗马功劳，捷报奏到朝廷，唐玄宗喜不自胜，对众位大臣说：

"范阳节度使张守珪有功，朕欲以之为侍中，如何？"

张九龄听罢，觉得不妥，立即上奏："陛下，宰相之职乃代天治物，有适当的人选方可授之，万万不可用来赏功。"

唐玄宗见张九龄说得有理，但仍不想收回成命，又发下话来："授其宰相名号，如何？"

张九龄答道："宰相，国之名器，岂可假？ 如果再有边将立下大功，陛下又拿什么去对待他们呢？"

玄宗听罢，为之默然，但心头已泛起不悦。这时，站在朝堂之上的李林甫一言不发，当他看到玄宗不悦的表情时，其内心泛起的是阵阵快意，悄悄地闪出一个歹毒的念头：张老儿，你跳吧，老子迟早一天要收拾你！ 后来，李林甫为牛仙客之事狠狠地捉弄了一次张九龄。

牛仙客当时为凉州都督，因善于节省费用，使得仓库所积军粮巨万，所有兵器修缮得锋利无比。唐玄宗闻知此事，感到非常高兴。便下诏让刑部员外郎张利前往凉州查其真假，张利返回之后报告说："牛仙客之事，千真万确！"于是，唐玄宗便露出欲以牛仙客为尚书的心思，还准备给其封户。

张九龄听说此事之后，与李林甫商议道："封赏乃国之大事，只能给予名臣大功者。牛仙客，一边将尔，怎能委以如此重任并给其封户呢？ 愿与李大人在朝廷争之！"李林甫说："请张大人放心，愿助一臂之力！"

第二天上朝，玄宗便说："凉州都督牛仙客治边有功，朕欲授其尚书之职，如何？"

正直的张九龄又一次走出行列，启奏道："陛下，尚书乃古之纳言，有唐以来，多以旧相居之。牛仙客乃河、湟之上的一个边将，使其班列尚书之位，天下人将怎么说呢？"玄宗听罢，心头不悦，但没有再争执之意，却又提起一件事情：

"不授其尚书之职，给其封户如何？"

张九龄这时侧目看了看一旁的李林甫，但见其目光盯在别处，面目冰冷，似乎对昨夜商谈之事一无所知，没有丝毫助己之意。只得又据理力争："陛下，边将积聚谷帛，修缮兵器，是其分内之事。陛下如要赏赐，予以金帛即可，万万不能裂地以封啊！"

玄宗听罢，勃然大怒："张九龄，你是嫌牛仙客为一寒士吗？ 如果是这样，难道你是天生的高贵之人？"

这一次，李林甫阴险地笑了，他得意地算计着：张老儿啊张老儿，你早就该滚蛋了，今天你可碰到刀刃上了！

张九龄眼见玄宗大怒，赶忙顿首不已，回答道："陛下，臣出身卑贱，蒙陛下恩典，以文学见用。但牛仙客目不知书，如果陛下必用其人，臣实在感到耻辱！"

玄宗在大怒之下，罢朝而去，正直的朝臣无不为张九龄捏着一把汗，而阴险的李林甫与此同时却射出了一支毒箭。翌日上朝，李林甫已猜透了玄宗的心思，上奏说："陛下，仙客有宰相之才，尚书之职乃大才小用，有什么不可以的？九龄乃一文吏，过于拘泥于古义，有失大体；再者，天下者，陛下的天下，陛下用一官吏，有何不可？"玄宗见有大臣支持自己，非常高兴，并且夸赞李林甫为相而不专权，从此玄宗便有意与张九龄疏远了。玄宗的大怒，李林甫的陷害，使得张九龄感到非常失望。这时他拿出玄宗赏赐给他的一把白色羽扇，回忆当初玄宗的从谏如流，更想起玄宗的知遇之恩，面对自己时下的境况，不由得触动了心头的思绪，于是洁白的羽扇之上便有了几句慷慨的诗赋：

纵秋气之移夺，终感恩于箧中。

苟效用之得所，虽杀身而何忌？

玄宗看罢，也不免感慨系之，但二十多年的承平天下，使得他逐渐地怠于政事，再也听不进任何不悦耳的话语。这时候，他需要赞誉之词，但张九龄却对此非常吝啬，加之李林甫的善于迎合，唐玄宗再也不可能重用一位挑刺的大臣了。

李林甫在陷害张九龄的同时，并没有放过另外一位宰相裴耀卿。开元二十四年（736年），玄宗幸东都日久，欲还长安，但恰逢农耕大忙季节，裴耀卿恐扰农耕，延误农时，乃上奏：

"陛下，农者，天下之根本，季节不待人。陛下起驾，恐扰农耕，欲还长安，须待冬闲之时方可。"

退朝之时，李林甫佯装有足疾，走在最后。玄宗见状，问道：

"爱卿身体可有不适？"

李林甫答道："陛下，非也，臣有事要奏陛下，故如此。"

玄宗说："爱卿有何事上奏？"

李林甫见有机可乘，便不失时机地说："陛下，东都洛阳，西京长安，犹如天子的东西两宫，陛下车驾往来，有何不可？如果真的有扰于农，陛下可以减免所过之处的租赋，何须等到冬天呢？"

玄宗听后，点头称是。第二天便起驾而西，回长安去了。从此，玄宗对李林甫更加信任，也愈加疏远张九龄、裴耀卿。回到长安不久，于开元二十四年（736年）十一月，便下诏书："裴耀卿罢为左丞相，张九龄罢为右丞相，不得参与政事。"罢朝之后，李林甫望着远去的二位老相，嘻笑说："左右丞相何在？"在旁的诸位大臣听见李林甫阴阳怪气的声音，不由得两股战栗，冷汗湿衣。接着，李林甫进位至中书令，终于成为群臣之首。这一次，李林甫不用再在梦中寻寻觅觅那个一人之下万人之上的位置了。

### 李瑛之死

李瑛，为唐玄宗与赵丽妃所生。唐玄宗被封为临淄郡王时，担任过潞州别驾，此时的赵丽妃是当地的一个歌妓，因能歌善舞而得到李隆基的宠爱。后来，赵丽妃为李隆基生下李瑛，但由于武惠妃的专宠，赵丽妃逐渐失去了李隆基的宠爱。而李隆基对赵丽妃并没有恩断义绝，于开元三年（715年）将李瑛立为太子。身为太子的李瑛，并没有给其母亲带来转机，他的父皇将所有的宠爱给了赵丽妃的"情敌"——武惠妃。

自从武惠妃生了寿王瑁之后，她本人不但更加得到李隆基的宠爱，她的儿子得到的父爱也远远超过了太子以及他的诸位王兄。为了自己的权力欲望，为了儿子的将来，武惠妃的眼睛盯上了太子，无时无刻不在算计着如何废掉太子。

这时的太子李瑛，由于母亲的失宠，内心非常痛苦，常常露出对武惠妃的不满之言。加之他的父皇对寿王格外宠爱,使太子李瑛的内心充满了恐惧,他时常借酒浇愁,眉宇间露出怏怏之色。武惠妃的专宠,不仅使太子李瑛的母亲失去了君王的宠爱,鄂王瑶的母亲皇甫德仪、光王琚的母亲刘才人也不得不生活在夜夜惆怅之中。三位皇子对于自己母亲的不幸深感不满,这种不满情绪逐渐转化成对武惠妃的铭骨仇恨。相似的遭遇,使得太子李瑛、鄂王李瑶、光王李琚走到了一起,他们三人常在一起游乐,借酒私下议论武惠妃,言语之间无不对武惠妃充满仇恨。酒的力量使得三位皇子的情绪变得激昂。

"太子殿下,登基之日当诛尽武氏,以解我们的心头之恨!"光王琚说道。

"想当初,则天皇后视我们李唐皇室子孙如草芥,想杀便杀,真是惨不忍闻。如今的武惠妃受父皇的宠爱,武氏一族又有发迹的局势,难道故事又要重演?"鄂王瑶说道。

"二位王弟,当今武惠妃备受父皇恩宠,言听计从,万不可言语无遮盖,以防隔墙有耳。万一父皇受奸人挑拨,我们会大祸临头,死无葬身之地。"太子李瑛小心翼翼地提醒二位王弟。经太子这么一说,三位皇子从激昂中回到现实,又默默地喝起闷酒,各自都在担心着不幸事情的发生。

俗话说:没有不透风的墙。三位皇子的不满情绪逐渐传到武惠妃的耳朵,本来就对太子心存杀机的武惠妃,便开始设计陷害太子。武惠妃的女儿咸宜公主,嫁给了驸马杨洄,此人善解妃意,对武惠妃的心思了解得一清二楚。他到处散布太子及二王企图谋反的谣言,武惠妃则在唐玄宗李隆基面前哭诉:

"陛下,太子李瑛及鄂王瑶、光王琚想谋害臣妾,陛下可要为臣妾做主啊!"

武惠妃跪在李隆基面前,哽咽着叙说光王、鄂王的话语,说到伤心之处,不由得泪流满面,本已非常妖媚的武惠妃,几滴咸咸的泪珠挂在面庞,更似带露的

玫瑰。哽咽之间,惠妃胸前那对半袒的尤物,不住地颤动,不由得引起风流皇帝想起那芙蓉帐内的鱼水之欢……一阵伤心的抽泣,把李隆基的思绪又拉回到现实。他听罢武惠妃的哭诉,勃然大怒,大声喝道:

"传中书令张九龄觐见!"

传令太监赶忙奔出宫外,直奔中书令张九龄的府第。张九龄此时正在书房之中品茶读书,听说皇帝有事召见,急忙穿好朝服,随传令太监匆忙上路。

"公公,陛下见我何事?"

"太子将有难!惠妃娘娘在陛下面前哭诉,要陛下废掉太子!"

"啊!"中书令张九龄闻言大惊,不由得加快了脚步。

传令太监走后,李隆基款款地搀扶起武惠妃,惠妃便趁势依偎在大唐皇帝的身上,施展媚人之术的同时,又乘机挑拨:

"陛下,太子与二王勾结,不利臣妾事小,不利于陛下事大!"说罢,惠妃将那对尤物向李隆基紧紧地靠了过去,李隆基不由自主地陷入沉迷之中,为了使惠妃得到安慰,便决心要废掉太子。就在这时,中书令张九龄走了进来。在李隆基面前跪了下去,口中说道:

"吾皇万岁,万万岁!"

"张爱卿平身!"

"谢陛下!"张九龄在起身的同时,明知故问唐玄宗:"陛下何事要见老臣?"

"太子身居东宫之位,与二王勾结,散布不满言论。朕欲废之,爱卿以为如何?"

张九龄立即离座,据理力争:"陛下,太子者,天下储君,人望之所在,动之则动摇人心。自太子居东宫以来,日受圣训,天下共庆,鄂、光二王喜好学问,才华横溢,此乃陛下洪福。陛下享国日久,子孙如云,为什么要一日而弃三子呢?后妃之言,陛下要三思而后行!"

唐玄宗李隆基听到这里问道:"张爱

卿,此话怎讲?"

"陛下,春秋战国之时,晋献公被妖姬的谗言迷惑,太子申生被害,晋国于是大乱;汉武帝听信江充等人的蛊惑之言,祸及太子,京师喋血;晋惠帝有贤子,贾后谮之,乃有'八王之乱',最终至于丧乱;隋文帝雄才太略,但听后言,废太子勇而立杨广,遂失天下。今太子身居东宫,无闻有大过,鄂、光二王又贤,实乃幸事。再者,父子之道,天性也。子有过,为父者当为之掩饰才是,不能废绝父子的天性,这样有碍于陛下的慈父之道啊!臣请陛下圣裁。"

李隆基听了张九龄的谏言,为之默然,太子李瑛及鄂、光二王也保住了自己的地位,武惠妃的计划也随之破产。但自从张九龄被贬出朝廷之后,太子李瑛及鄂、光二王失去了保护伞,完完全全地受制于武惠妃,最终被杀。

贤相张九龄被贬之后,武惠妃亲自导演了一场宫廷政变。她召集来太子李瑛、鄂王瑶、光王琚三位皇子,吩咐他们说:"宫中有贼,请你们披甲入卫!"

太子及二王信以为真,急忙率领数百名带甲武士,手执武器冲入宫中,前去捉拿贼人。他们万万没有想到,这是武惠妃设下的一个圈套。武惠妃见他们已经中计,便急忙派人告诉正在宫中的唐玄宗李隆基。

"陛下,太子与二王谋反,披甲带兵而来!"

玄宗赶忙差左右前去查看,派出去的人回来报告:"陛下,太子与二王确实谋反,正率领数百甲兵手执武器冲进宫来!"

玄宗一听大怒,命令御林军将其缴械,关押起来。太子及二王见状,大喊:"冤枉啊!我们要见父皇,我们要见父皇!"本来,如果他们能见玄宗一面的话,是完全可以揭穿惠妃的阴谋的,但太子及二王的喊声并没有引起玄宗的注意,盛怒之下的玄宗就这样错过了一次机

会,铸下了杀子的大错。这个时候,适值李林甫秉政,他善于揣度惠妃的意思,深得惠妃的信任。为太子及二王之事,玄宗犹豫不决,便召来宰相李林甫商议。

"林甫啊,你以为怎样处置太子及二王?"奸诈的李林甫没有像张九龄那样切谏,只是轻描淡写地说:"此乃陛下家事,臣等不宜介入。"

李林甫的话,促使唐玄宗作出了决断,更帮了武惠妃的大忙。不久,唐玄宗便将太子李瑛、鄂王瑶、光王琚废为庶人,接着便被赐死。天下人为之痛心,号之为"三庶"。这一事件发生不久,武惠妃因数见三庶人的冤魂作祟,忧怖成疾,于当年十二月在惊吓中死去。当时的有识之士都说这是报应!武惠妃的死,使得李林甫失去了靠山,自己在废太子李瑛事件上所立的大功也化为乌有。尽管如此,李林甫并没有停止他的政治野心。

### 华山生金

李适之,为恒山愍王之孙。唐玄宗开元年间,曾任通州刺史,由于为官清廉,深得人心。按察使韩朝宗将此事上奏朝廷,李适之被提升为秦州都督,深得唐玄宗赏识。以后又历任陕州刺史、河南尹以及刑部侍郎。

天宝元年(742年),李适之代牛仙客为左相。这一年,恰逢诗仙李白来到长安。李适之性格豪放,嗜好饮酒,喜结宾客,常常夜饮达旦,白天处理政务不留任何余辞。与李白、贺知章、汝阳王李琎、崔宗之、苏晋、张旭、焦遂等人友善,常在一起饮酒唱和,时人称之为"酒中八仙"。李适之自任宰相以后,在朝堂之上常与李林甫发生争执,引起李林甫的憎恨。但李适之的豪放性格使他没有对李林甫提防,李林甫却像一只等待猎物的狼,不动声色地等待着机会。而唐玄宗李隆基对李适之非常信任,这使李林甫一时无计可施。

相传在李林甫的府第中,有一处别

致的小型庭院式建筑,平时无人居住,只有李林甫一人在那里出出进进,而且其进出也很有规律,每到月明之夜便去那里独坐,于是便取名"月堂"。起初,谁也不知道李林甫在那里干什么,只见他去时皱着眉头,坐上很长时间才皮笑肉不笑地走出来。只要他每次笑着走出来,不出几天,朝中便有大臣或被罢官,或被抄家,或被杀头。日子久了,李林甫的家人便明白了一切。李林甫在"月堂"里不是吃斋念佛,他在用自己肚子里的坏水酿造毒汁,然后向自己的政敌射出一支支毒箭。

李适之的干练,与李林甫的朝堂之争,使李林甫对之恨得咬牙切齿。李林甫的脑际无时不在思索着计策,随时准备拔掉自己的肉中刺、眼中钉。又是一个月明之夜,吃罢晚餐,李林甫又一次皱着眉头走进了"月堂",这一次李林甫是为李适之而去的。最终,他面带微笑地走了出来。

第二天,李林甫向唐玄宗密奏:"陛下,李适之虽办事干练,但此人性格粗疏,嗜好饮酒。身为左相,常常欢饮达旦,京师之人多有议论,这样下去会误朝廷大事。臣请陛下定夺。"

唐玄宗李隆基听罢李林甫的上奏,面露不悦之色,说道:"朕看重他的人才,委之以大任,岂能耽于杯盏,以负朕的本意!"

李林甫察言观色,接着说道:"陛下,依臣看来,李适之实在难称此职,不如……"

还没有等李林甫说完,唐玄宗插言道:"废立宰相之事,等改日上朝再议!"

李林甫赶紧说道:"是,陛下。"便知趣地退了出去。

自此以后,唐玄宗便逐渐地对李适之疏远起来,把一切政务交由李林甫处理,李适之内心感到十分不安。李适之为了彻底将李适之赶出朝廷,又一次准备陷害李适之。趁李适之感到失意之

机,在一次罢朝之后,李林甫笑嘻嘻地走到李适之之面前,对李适之说:

"李相公,我近来闻知一事,想上奏朝廷。"

李适之颇为疑惑,便问道:"何事?"

"近来有人告诉我,华山之下,生有金矿,采之可以富国,朝廷还不知此事。"

李适之听后,见是利国利民的大好事,便急切地说:"此乃利国之大事,李相公何不上奏,更待何时?"

李林甫见李适之上钩,便手捻胡须,不紧不慢地说道:"非也! 此事一旦上奏朝廷,皇上必然高兴,肯定会赏赐为臣,我不愿独享,这是其一;其二,我看皇上近来对大人有所不悦,实想拉大人一把,你就来把此事上奏朝廷,如何?"

李林甫说完自己的想法,便急不可待地观察李适之的表情。李适之一听,先是一愣,继而点头,满怀感激之情地说道:"李相公,承蒙提携,真是感激不尽。"

"不用! 不用! 你我二人乃皇上的左膀右臂,同为朝廷出力,何必言谢!"李林甫听了李适之的话,心花怒放,不觉溢于言表。

"来日上朝,定当上奏,告辞!"

望着李适之远去的背影,李林甫喃喃自语:"李适之,你等着看自己的好戏吧!"

第二天上朝,李适之兴匆匆地走出行列,向唐玄宗把华山之下生有金矿之事,原原本本地奏上去。唐玄宗听后,龙颜大悦,夸赞了李适之几句,便转过头问李林甫:

"林甫啊! 此事你可曾听说?"

李林甫神情漠然地说道:"启奏陛下,华山生金之事,臣早已听说。为臣之所以未敢上奏陛下,是因为华山乃陛下的龙脉,王气之所在,非同小可。一旦采掘,虽可充实国库之用,却断了龙脉,走了王气,所以为臣一直未敢把此事上奏陛下。"

站在一旁的李适之,听到李林甫的

刺耳声音，不觉血气翻腾，脑中霎时一片空白，冷汗渐渐地淌了下来，面如土色。还没有等他回过神来，只听唐玄宗大声喝道：

"大胆李适之，竟敢口出狂言，你可知罪？"

"臣知罪，臣罪该万死。"李适之诚惶诚恐地叩头谢罪。此时的李林甫，也斜着眼睛，看着李适之的狼狈相，不觉为自己导演的这出戏暗自得意。

由于受李林甫的陷害，当了不到四年宰相的李适之终于在公元746年被罢去右相，当了个太子少保完事。但李林甫并没有就此罢手，他接二连三地陷害与李适之友善的韩朝宗、韦坚等人。由于受到牵连，李适之被赶出了朝廷，贬至袁州。不堪屈辱的李适之在走投无路的悲惨境遇下，服药自杀。与适之一同贬出朝廷的还有裴宽，裴宽本与适之无什么瓜葛，只因李林甫一夜做梦，梦见一人想谋害自己，其人之貌颇似裴宽，便借此机会，把裴宽赶了出去。

对于李适之之死，时人无不感到惋惜。每每谈论此事，便不由得吟诵李适之罢相之初所赋的一首诗：

> 避贤初罢相，乐圣且衔杯。
> 为问门前客，今朝几个来？

### 构陷太子

自从太子李瑛被杀之后，大唐的东宫便空置起来，唐玄宗也为另立太子之事大伤脑筋。李林甫在武惠妃生前，与之里外勾结，屡言寿王瑁的才德，以讨玄宗欢心，巩固自己的地位。武惠妃死后，李林甫并没有在另立太子这件事上有所改变。

就在武惠妃及太子瑛死后的第二年（开元二十六年）五月，又一次上奏：

"陛下，自从庶人李瑛死后，东宫没有主人。今陛下诸子当中，寿王最为贤德，当主东宫。"

唐玄宗虽然爱屋及乌，对寿王瑁格

外宠爱，但并没有被李林甫所左右。听了李林甫的上奏，唐玄宗说道："太子者，君之副也。国乱之时贤能者为之；太平之时长者为之，古之制也。"虽然如此，唐玄宗还是拿不定主意。当时，诸位皇子当中，年龄最长者是杨贵嫔所生的忠王玙。他为人仁孝，谨慎好学，自幼深得王皇后的宠爱，各方面都在寿王之上。太子瑛死后，唐玄宗很想立忠王玙为太子，但迟迟犹豫不决，为立太子之事而闷闷不乐。

跟随唐玄宗左右的宦官高力士，对玄宗的心思体察入微，由于李林甫不断进言，高力士未敢贸然言及此事。有一天，闷闷不乐的唐玄宗问高力士：

"力士啊！太子立谁好呢？"

高力士对唐玄宗的心思了如指掌，见皇帝问及此事，便不失时机地进言："陛下，当立年长者。"

唐玄宗听后，非常高兴，连声说道：

"汝言极是，汝言极是！"

高力士的话，说到了唐玄宗的心坎上，促使玄宗下了决心。于开元二十六年（738年）六月，唐玄宗下诏："立忠王玙（后又改名绍、亨）为太子。他就是后来的唐肃宗。李林甫的阴谋遭到了挫折，但他并没有偃旗息鼓，便开始构陷太子。要想危及深居宫内的太子，并不那么容易，李林甫便从太子身边较亲密的人下手。

韦坚，京兆万年县人，其妹为太子玙的妃子，其姊为薛王李隆业妃，薛王李隆业为唐玄宗之弟。由于姊妹的关系，韦坚很早就步入仕途，加上本人也非常有才干，深得唐玄宗的赏识。韦坚在任江淮南租庸、转运、处置等使时，经常向朝廷贡奉一些奇珍异玩，唐玄宗非常高兴，日益得宠，并兼任了御史中丞，封爵韦城县男。韦坚见唐玄宗非常重用自己，也就使出全身本领向权力的顶端爬去。

韦坚的妻子是李林甫舅父姜皎的女儿，在韦坚未被玄宗宠信之前，二人的关系非常亲密,随着韦坚的日益见宠,李林甫害怕危及自己的宰相地位,对其非常厌恶。李林甫准备构陷太子,便拿韦坚开刀,作为实现自己阴谋的第一个步骤。

韦坚与左相李适之非常友善,李林甫在打击李适之的同时,乘机剥夺了韦坚的诸使之职,授之以刑部尚书,使韦坚再也不能以奇珍异玩取悦皇帝。李林甫的所作所为,引起韦坚不满,二人互为仇敌。

这时,皇甫惟明为河西、陇右节度使,太子为忠王时与之非常友善,因太子妃的关系,韦坚与皇甫惟明成为好友。皇甫惟明手握兵权,不畏李林甫,每次回京,都要在唐玄宗面前历数李林甫的劣行,称赞韦坚的才干,此事李林甫素有所闻。在一个正月十五的夜晚,韦坚与回京的皇甫惟明召集宾客,举行宴会,此事被李林甫得知,他非常高兴地说:"真乃天助我也!"便急急忙忙向皇宫走去。

李林甫走进后宫,忙向玄宗进言:"启奏陛下,大事不好,外戚韦坚与边将皇甫惟明私下举行宴会,图谋不轨,准备谋立太子继承皇位。"

唐玄宗听后,勃然大怒,未作任何思考,便下诏将他们二人逮捕入狱。事后,唐玄宗也感到非常疑惑,便将二人贬出朝廷。韦坚的几个弟弟向唐玄宗上奏:

"陛下,兄长遭奸人陷害,实在冤枉,望陛下明察。"

唐玄宗大怒,将他们赶了出去。韦坚被贬,太子非常恐惧,为避免遭李林甫的毒手,不得已上表与太子妃断绝关系,将其幽禁宫中。

在这一回合的争斗中,李林甫虽然铲除了韦坚等人,但太子的不得已之举,挫败了李林甫的狼子野心。李林甫一计不成,又生一计,使大唐太子整日里生活在恐惧之中。

太子良娣杜氏,其父杜有邻与另一个女儿的丈夫柳勣,产生了矛盾,积怨很深。柳勣为人浮浪阴险,他便利用李林甫来陷害岳父一家,这对于李林甫来说,真是天赐良机。在李林甫的授意下,柳勣诬告杜有邻谋反。就这样,杜有邻被自己的女婿送上了断头台。

杜良娣听说父亲遇害,便在太子面前哭诉:"殿下,臣妾之父冤枉,这都是那禽兽不如的柳勣诬陷的啊!"

身为东宫主人,太子玙一筹莫展,他深深地明白,这一次又是冲他而来,是在杀鸡给猴看。苦闷的太子,内心非常痛苦,一个是妻兄韦坚,一个是岳丈杜有邻,先后都因他而遭人暗算。作为太子,连申辩都不敢,还要作出样子幽禁自己的妃子,这是为什么?为什么?太子玙的心头在滴血。这一次,面对泪流满面的良娣还能说些什么呢?自己已是泥菩萨过河——自身难保。苍天啊!天理何在?你睁开眼睛看看,奸人当道,朝廷不幸,何时得了?!

太子玙又面临一次生离死别,眼睁睁地把自己最为亲近的人推向深渊。杜良娣看着夫君痛苦的样子,彻底绝望了,一个无辜的女子,就这样不得不去扮演替罪羊的角色。痛苦之余,太子玙上表朝廷,将杜良娣废为庶人,太子这才转危为安。

李林甫接连两次被挫败,心里很不自在,对太子玙更为憎恨。但他的奸诈狡猾,真是无与伦比,又去"月堂"思谋计策去了。在"月堂"之中,李林甫想到了一个人,他便是济阴别驾魏林,此人有投靠李林甫之意,以他作为马前卒再适合不过了。

河西节度使王忠嗣对李林甫的专权非常不满,李林甫早有所闻。这一次,李林甫找好了枪手,自然也立好了靶子。他也非常聪明,不把直接目标对准太子,走迂回路线来实现目的。想好了计策,李林甫便差自己的心腹之人去见魏林,魏林受宠若惊,自然十分愿意替宰相大人效命,那可是他梦寐以求的事情。

在李林甫的授意之下,魏林写了一

道秘密奏折：启奏陛下，河西节度使王忠嗣拥兵自重，飞扬跋扈，欲佐太子承继大统，罪在不赦，恳请陛下早作打算，以防不测。

唐玄宗看完奏折，将信将疑，一时拿不定主意。但他从自己的江山社稷考虑，最终还是将王忠嗣废黜了事。

李林甫并不满足玄宗的决定，为达到自己的目的，亲自出马，赤膊上阵，向唐玄宗进言："陛下，依臣看来，此事并非那么简单，若无别人背后撑腰，一个节度使绝不会如此大胆。臣以为太子知其谋。"

听了李林甫的话，唐玄宗非常迷惑，感到不可思议，说道："吾儿深居宫内，怎么能与外人相谋，此妄言耳，不可信！"

李林甫默然，不敢再说什么。后来，虽然李林甫继续在唐玄宗面前构太子之短，但玄宗一直不为所动，太子玙在屡经磨难之后，保住了身家性命，"安史之乱"爆发以后最终登上了皇位。

## 专权固宠

自唐玄宗登基以来，天下承平日久，玄宗逐渐怠于政事。李林甫任宰相以后，将朝中贤能者一一挤出朝廷，天下人多有议论，唐玄宗却对李林甫坚信不疑。

天宝五年（746年），已经35岁的杜甫来到长安参加科举考试，结果名落孙山，困顿在长安，饱尝世态炎凉。天宝六载（747年）也即杜甫进京的第二年，唐玄宗下诏："天下之士，凡有一技之长者，可以参加廷事，合格者任以官职。"

李林甫闻诏，心里非常恐惧。自己的所作所为，天下人共知之，唯独深居宫中的唐玄宗未有所闻。如果让天下之士面见皇帝，肯定会暴露无遗。自己的残忍奸险，连儿子李岫也非常担心。李岫任将作监时，见其父权势炙手可热，积下了许多冤家，便规劝道：

"父亲大人，您居相位日久，树立了许多冤家仇人，将来一旦有祸，儿恐子孙们死无葬身之地，还望父亲大人三思！"

"大势所趋，为父亦无可奈何！"

唐玄宗的诏书使李林甫身冒冷汗，为防止万一，李林甫只得硬着头皮向玄宗进言：

"陛下乃万乘之躯，选贤举能是臣子的事，何劳陛下亲自过问呢？再说，天下士人犹如茅草，不识礼度，只会狂言乱语，此等事情委托给尚书省长官就行了。"

唐玄宗李隆基一时未明白李林甫的本意，还以为李林甫在为自己分担国事，心里非常高兴，便答应道：

"林甫啊，选贤之事由你去办，朕也就放心了。"

李林甫话一出口，心里突突直跳，生怕玄宗不答应，这下他长长地舒了口气。退朝之后，李林甫召集来自己的亲信，进行嘱咐："此次选贤之事，诸位尽力去办，但不可录用一人！"

困顿中的杜甫，听说朝廷要选士人中有一技之长者，对他来说无疑是久旱逢甘霖，便参加了这次应试。结果，杜甫和所有的应试者竟无一人考中，满怀希望的杜甫彻底绝望了，气愤之余，将痛恨见之于笔端，写下了"纨绔不饿死，儒冠多误身"的诗句，无情地抨击了当时朝廷的昏暗。

恬不知耻的李林甫竟然把自己的恶作剧看作取悦邀宠的资本，急不可待地上奏：

"启奏陛下，天下之士无一合格者，都是些卑贱错庸之人。自陛下登基以来，天下太平国力强盛，这都是陛下的洪福。此次无一士人合格，真乃可喜可贺。"

众位大臣见李林甫出如此之言，莫名其妙，唐玄宗也颇为迷惑，便问道：

"林甫啊，这事有什么可贺的？"

李林甫见自己卖的关子吊住了众人胃口，暗自得意，便不紧不慢地说："应试者无一合格，说明陛下用人有方，使得野无遗贤,这难道不是可喜可贺之事?"

唐玄宗听罢哈哈大笑,对李林甫的奉承媚谀之词一字不漏地听了进去,竟也感到非常舒服。大臣中有良知者,虽知李林甫别有用心,却慑于他的权势,敢怒不敢言,只能在心里骂道:奸贼啊,奸贼!

为了进一步巩固自己的权势,李林甫真是无所不用其极。有敢于在朝廷言政事者,一律贬斥,有的甚至遭杀身之祸。这样一来,天子耳目不灵,对朝廷以外之事一无所知。其他官员也成了持禄养贤之人,看李林甫的眼色行事。

一次,补阙杜琎不畏李林甫的权势,上书议论朝中大事,结果被李林甫贬为下邽令。李林甫为了防止再出现此类事情,便威胁其他大臣:"今明主在上,你们顺从便是,还有什么可议论的呢?君等难道不见厩中之马乎,终日无声,则有丰美的食物;一鸣,则黜之矣。"自此以后,朝中大臣无敢有谏言者。

遏制朝中大臣的同时,李林甫还施计堵塞外放官员的升迁之路。开元时期,像薛讷、郭元振、张嘉贞、王晙、张说、萧嵩、杜暹、李适之等人,皆因立功边陲,而后入宫相天子,均为难得的人才,这也是唐朝选相的一条重要原则。李林甫对于守边的儒臣,特别是其中功劳卓著者,非常嫉恨,唯恐他们出将入相,与自己共分一勺羹,便向玄宗上奏:

"以陛下之雄才大略,治国有方,国富民强。但夷狄未灭,始终是朝廷大患,而今守边之将皆文臣,这些人贪生怕死,不懂战事,遇敌不能身先士卒,于守边无益,不如用蕃将。蕃将生而勇武有力,自小养于马上,长于战事,这是他们的天性。陛下若欲灭夷狄,威加四海,委蕃将以重任,他们肯定感恩戴德,为陛下卖命,夷狄则不足虑也。"

唐玄宗听了李林甫的上奏,觉得有理,便欣然同意。实际上,这是李林甫专权用事的又一个奸计。在唐代,蕃将是没有资格任宰相的,这样,李林甫便可以安安稳稳地当他的宰相,再也不用害怕立功边陲的文臣了。

任用蕃将,并非李林甫的发明创造,唐太宗贞观年间已有先例,但和李林甫的别有用心,风马牛不相及。贞观时期,像阿史那社尔、契苾何力这样的蕃将,均战功赫赫,但朝廷任用之时非常小心,每每以大臣进行牵制,使得朝廷不致陷于被动。李林甫的建议则是以蕃将为主帅,委任他们一方军政大权,容易养虎成患。唐玄宗李隆基在听了李林甫的上奏之后,便提拔安禄山、高仙芝、哥舒翰等人为大将。在诸蕃将之中,以安禄山最为飞扬跋扈,身兼三处节度使,十余年不迁徙,最终酿成"安史之乱"。

## 禄山流汗

李林甫为人奸险,却藏而不露。若与之初次接触,还觉得可敬可亲,日子一久,便会发觉他深不可测,人称"口有蜜,腹有剑"。李林甫每次上奏时,必先贿赂大臣,连宫中的婢女他也委以重金,作为耳目。这样一来,玄宗的一动一静,李林甫便了如指掌。与此同时,凡不附己的大臣,皆予以贬逐,或夷灭三族,连张九龄这样的贤相也不例外,朝中之臣见之无不股栗。李林甫虽数兴冤狱,却恬不知耻地授意心腹进言惑帝。

大理寺卿徐峤为了逢迎李林甫,按其旨意,向玄宗妄言:"启奏陛下,大理寺以往因杀气太盛,鸟雀不敢栖其上。李相公为相以来,刑部所断死罪者,岁才50多人。而今,大理寺有鸟鹊筑巢,此乃天降祥瑞,陛下洪福。"

唐玄宗非常高兴,论功行赏,封李林甫为晋国公。朝中大臣畏其权势,不敢有任何议论,唯恐有失,为了避免嫌疑,朋友相见也只好装着不认识,不敢有所言语。

李适之为左相时,喜结宾客,其子李霄也继承了父亲的豪放性格。有一次,李雪吩咐家人准备好酒菜搞一次宴会，写了许多请柬，让家人分头去请。请柬送了出去，家人也陆续回家。李雪便兴冲冲地坐在厅堂，等待客人的到来。

眼看日已偏西，还不见客人到来，李雪心里很不是滋味，便唤来家人，问道："请柬可曾有误？"

"少主人放心，为仆的绝不会出半点差错。"

"这就怪了，为何无一人前来？"

"容下人们前去查问。"

家人们分头到各自请的客人那里去查问，一问才知：畏李林甫陷害。当时，左相李适之已与李林甫不和，二者经常发生争执，客人们唯恐李林甫迁怒于他们，所以不敢前去赴宴。

李适之被罢相之后，陈希烈代之为左相，会皇帝不朝之时，朝中大小官员悉奔李府，府前车水马龙，犹如市集，台省为空。左相陈希烈则不然，他整日坐在府中，竟无一人前去谒见。

对于李林甫，不但朝中大臣畏之如虎，连安禄山这样的胡儿也不敢肆无忌惮。当时，唐玄宗非常宠爱安禄山，安禄山本人也飞扬跋扈，把谁也不放在眼里，不过这一切都被他的巧言令色所掩盖了。

有一次，唐玄宗让安禄山拜见太子，安禄山竟不下拜，太子的左右加以训斥："休得无礼！"

安禄山却辩解道："臣乃蕃人，不识朝仪，不知太子是何官？"

唐玄宗说："太子者，储君也。朕百年之后，即传位于太子。"

安禄山说："臣愚，只知有陛下，不知有太子。臣罪该万死。"

太子的左右令其下拜，迫于无奈，安禄山才第一次拜了下去。安禄山真的不知道太子之事吗？不是的，他恃恩跋扈，处处以其杂胡身份进行遮盖。实际上，安禄山根本没有把太子放在眼里。连太子都不放在眼里的人，为何会畏惧李林甫呢？

安禄山初次拜谒宰相李林甫时，他故伎重演，恃恩骄横，没有对李林甫毕恭毕敬。李林甫准备给安禄山一个下马威，他授意王鉷偕安禄山前往府第议事。

一天，王鉷与安禄山来到李林甫的宰相府，此时王鉷已受深爱，身兼二十余职，见了李林甫也不得不卑词趋拜，满脸媚笑。安禄山见状，不觉瞪大了眼睛，暗自吃惊，赶紧随王鉷一同打拱作揖。

李林甫肃然说道："二位大人光临，满屋生辉，请坐！"

这时，李林甫已胸有成竹，对安禄山说道："安将军此次来京，深得皇上欢心，被收为贵妃养子，可喜可贺。将军身为范阳节度使、河北采访使、平卢节度使，要好自为之，效命朝廷。皇上虽春秋已高，但宰相不老。"

安禄山听了李林甫的话，心中大骇。此次拜见以后，李林甫每次见到安禄山，都能猜透其心思，安禄山将李林甫奉若神明。只要李林甫开口说话，虽值盛寒之时，安禄山也不免汗流浃背。

李林甫见安禄山意屈，也不免暗自得意。渐渐地，二人关系亲密起来，安禄山亲切地称呼李林甫为"十郎"。他每逢派人向朝廷奏事，便叮咛问候李林甫，奏事之人返回之后，所问的第一句话不是其他，而是"十郎何如？"

安禄山曾对亲近之人说："我安禄山出生入死，天不怕地不怕，当今天子我也不怕，独畏李相公耳。"

## 李杨之争

天宝四载（745 年）八月，寿王妃杨玉环被唐玄宗据为己有，正式册封为贵妃，杨氏一族也跟着发迹。杨贵妃的亡父杨玄琰被追封为兵部尚书，叔父杨玄珪被任命为光禄卿，从兄杨铦封为鸿胪卿，杨锜为御史大夫，并把武惠妃的爱女太华公主许配给杨锜。杨贵妃的三个姐姐，也美艳动人，唐玄宗称呼她们为"姨"，分别被封为韩国夫人、虢国夫人、秦国夫人。因杨贵妃的关系，杨氏一族宠冠天下，正如《杨太真外传》中所写："生女勿悲酸，生男勿喜欢。""男不封侯女作妃，看女却为门上楣。"

白居易的《长恨歌》中则写道："遂令天下父母心，不重生男重生女。"

随着李氏家族的发迹，作为杨贵妃从祖兄的杨国忠（本名钊，唐玄宗李隆基后将其改名为国忠），也被唐玄宗的恩泽滋润。杨国忠发迹之前嗜赌如命，行为不端，因与贵妃中姊（后来的虢国夫人）私通，为族人所不齿。杨玉环被册封为贵妃时，杨国忠正在赌场豪赌，当时的剑南节度使章仇兼琼闻知此事，急忙差人去召杨国忠，杨国忠不知何事，不免心生疑惧。

章仇兼琼将杨国忠引为上宾，杨国忠受宠若惊，便问："大人召小人何事？"

章仇兼琼见杨国忠容貌英俊，又有口才，大喜过望，说道："传闻杨氏族中，有封为贵妃者，今表你为官，带上百万货资，速去长安，将来还望杨兄提携！"

杨国忠听节度使称自己为"兄"，一时不知所措，慌忙答应："那是！那是！"

杨国忠一到京师长安，即前往拜见诸位亲戚，给他们每人都准备了份非常丰厚的礼物。特别是虢国夫人，杨国忠至长安时适逢其新寡，二人便又勾搭在一起，鸳梦重温。在温柔之中，杨国忠没有忘记章仇兼琼，通过杨氏姐妹在帝前吹风，不久，章仇兼琼被召回朝廷，任命为户部尚书兼御史大夫。杨国忠本人则被授以金吾兵曹参军，闲厩判官。

杨氏一族出入宫掖，如在自己家中一样随便。杨国忠也和杨氏姊妹一起，经常与唐玄宗饮酒作乐。由于杨国忠经常出入赌场，精于算计，常常锱铢不差，令唐玄宗刮目相看，每逢这种场面，唐玄宗便说："真乃度支郎之才也！"三国夫人也从中相助，杨国忠到长安不久，便被升迁为监察御史，并且日渐得到唐玄宗的宠信。

李林甫构陷太子玙时，杨国忠非常卖力，以讨李林甫的欢心。其实，李林甫对杨国忠这样的无赖之徒，是非常厌恶的，因杨贵妃的关系，才对他比较客气。但杨国忠陷害他人的本领，已是炉火纯青。凡是能够对太子构成威胁的事情，李林甫非常满意杨国忠总是先于自己一步，二人狼狈为奸，仅韦坚一案，被他们诬陷诛杀者达百余族，惨不忍睹。当时，与杨国忠一起替李林甫效力的还有王鉷，此人也非等闲之辈，一人身兼户部侍郎、御史大夫等二十余职，令朝中大臣望而生畏。但王鉷对李林甫却是忠心耿耿。李林甫便以之为爪牙，经常在玄宗面前推荐王鉷。朝廷之中，王鉷的权势仅次于李林甫，在杨国忠之上。一心向上爬的杨国忠，内心对王鉷充满了嫉妒。在这种权力格局未形成之前，李林甫、王鉷、杨国忠三人沆瀣一气，惨害大臣，杨慎矜之死便是他们三人的杰作。

杨慎矜，隋代皇室之后，因健而有才，曾为监察御史。天宝二年（742年），杨慎矜被提拔为御史中丞、京畿访使，因李林甫不悦，杨慎矜坚辞不受，唐玄宗于是任用他为谏议大夫，兼侍御史。李林甫见杨慎矜屈己，便向玄宗进言，任命杨慎矜为御史中丞兼诸道铸钱使。在李林甫诬陷韦坚之时，杨慎矜不甚卖力，引起李林甫不满，便有意排斥杨慎矜。正在这个节骨眼上，杨慎矜又被唐玄宗擢升，官至户部侍郎，仍兼御史中丞。这一件事更使李林甫火上烧油，认为杨慎矜得到唐玄宗的宠信，必将危及自己的权势，李林甫便决定陷害杨慎矜。

当初，杨慎矜与王鉷的父辈非常友善，他们二人自小便以兄弟相称，关系非同一般。杨慎矜任侍御史时，向唐玄宗推荐王鉷，王鉷便与杨慎矜同为御史中丞。王鉷为官不久，便很快投入到李林甫的怀抱，与杨慎矜产生了矛盾，成为陷害杨慎矜的帮凶。

宠信。

事也凑巧，不知何故，杨慎矜父亲的坟墓上发生了一件怪异的事情，坟冢上的草木突然皆呈白色。闻知此事，杨慎矜非常恐惧，觉得那是不祥之光，便急忙找自己的好友史敬忠询问。史敬忠是胡人，有异术，善于破解怪异之事。史敬忠听了杨慎矜的话，便说：

"此事可化解。你只需身带桎梏，裸体坐于林之中即可。"

杨慎矜照着史敬忠所言行事，便放下心来。史敬忠又对杨慎矜建议道："冢上草木呈血色，乃你父亲的在天之灵暗示，天下将乱也，你应该广置田地，为以后作打算。"

他们二人所为，实为厌胜之事，这在当时是要杀头的。尽管一切都在悄悄地进行，不料此事却被杨家的奴婢春草偶而发现，杨慎矜恐其泄露出去，想杀人灭口。史敬忠却说：

"不要杀！不要杀！卖掉她可以换十头牛，年耕田十顷。"

杨慎矜听从了史敬忠的建议，这下酿成了后来的灭族之罪。不偏不巧，春草被转卖至杨贵妃的姐姐虢国夫人家中为奴。由于春草能言善辩，深得其主子的喜爱，很快便成为贴身奴婢。后来春草随主子进宫，又被唐玄宗看中，便留在宫中侍候天子。

一天夜里，唐玄宗与春草经过一番云耕雨播之后，玄宗问道："你家原籍何处？"

春草偎依着玄宗，正回味着刚才的龙腾虎跃，欲死欲仙，见玄宗问话，喃喃说道：

"臣妾幼丧父母，在杨侍郎家中为奴婢，后来被卖。"

"是杨慎矜家中缺钱花吗？"唐玄宗戏谑地问。

"不是，妾无意中得知杨慎矜与史敬忠为厌胜之事，被他们察觉。杨慎矜要杀臣妾，史敬忠说臣妾可换十头牛。"

唐玄宗一听杨慎矜暗地里搞厌胜之事，顿时大怒，从此便厌恶杨慎矜。

第二天，春草到虢国夫人家中把昨天晚上与玄宗所言之事，告诉了杨国忠。杨国忠当时与王鉷还算友善，闻知此事，赶紧去找王鉷。两人私下里商量了好长时间，越说越激动，认为为李林甫出力的时机到了，便到李林甫家中密议处置杨慎矜。

"不可鲁莽，你们二人先探探皇上的口风。"李林甫内心非常高兴，表面却镇定自若。

王鉷与杨国忠心领神会，便借上朝奏事之机投石问路。王鉷故意向唐玄宗进言："陛下，自杨慎矜任户部侍郎以来，一切井井有条……"

还没有等王鉷把话讲完，唐玄宗已面露不悦，厌恶地说："王爱卿，毋与之往来！"

王鉷、李林甫闻言窃喜，杨慎矜将大祸临头。此后不久，李林甫与王鉷联名向玄宗上奏："启奏陛下，杨慎矜本隋室之后，蓄养妖人，为厌胜之事，诅咒陛下，企图趁天下大乱之际恢复隋朝天下，罪在不赦。"

唐玄宗接到奏折之时，正在华清宫与杨贵妃沐浴，看完奏折感到震惊，寻欢作乐的心思抛到了九霄云外，立即让刑部拘押杨慎矜。李林甫趁机让自己的心腹萧炅等人与杨国忠负责审讯，同时让自己的另一个心腹吉温在洛阳将杨慎矜的兄弟慎余、慎名捕获拷问。杨慎矜在无可奈何之中，叹息道："我死，命也！"杨慎矜最后被赐死，此案牵涉十余族，达数百人之多。

杨慎矜死后，所任官职暂时出现空缺。杨国忠以为这下可以升官发财了，他觉得自己替李林甫拔除了眼中钉，李林甫肯定感激不尽，定会提拔自己。可是杨国忠万万没有想到，李林甫用过之后，将他踢到一边，在玄宗面前称王鉷之才，杨慎矜的官职全部落到了王鉷身上。杨国忠愤愤不平，感到自己受了李林甫的戏弄，但又无可奈何，便将冤恨一股脑地洒在了王鉷身上，二人由此反目成仇。

王鉷在李林甫的提携之下，飞黄腾达，很快便身兼二十余职，这使李林甫有时也不免心生疑忌，但王鉷始终依附于李林甫，李林甫也就没有对王鉷进行排挤，二人关系比较亲密。

王鉷权震朝廷内外之时，杨国忠在虢国夫人的帮助下，对唐玄宗的动静、喜好了解得一清二楚，每每行事，必合玄宗心意，深得玄宗喜爱。在不到一年的工夫里，已身兼十五余职，成为朝廷之中仅次于李林甫、王鉷的宠臣。杨国忠的崛起，是李林甫没有想到的，等他醒悟过来为时已晚，李林甫便与杨国忠开始了权力之争。

杨国忠身兼兵部侍郎之时，适逢南诏的人质阁罗凤逃出长安，奔南诏而去，玄宗大怒，欲讨南诏，杨国忠乘机向玄宗推荐鲜于仲通为蜀郡长史，率兵前往讨伐。鲜于仲通是蜀中富豪，杨国忠落魄之时曾投靠于他，对其恩情杨国忠一直没齿不忘。鲜于仲通虽然经商有术，却带兵无方，结果在泸川一战中，便全军覆没，鲜于仲通只身逃回。杨国忠为逃避罪责，竟然向朝廷谎称："此次出征南诏，将士奋力，大获全胜。"唐玄宗未作任何核察，便下诏嘉奖三军，鲜于仲通领职如故。

云南之败，杨国忠虽然被遮掩过去，但杨国忠内心却不自安，唯恐李林甫陷害自己。便上表请自领剑南节度使，却留在京师长安。与此同时，杨国忠便与吉温等人准备陷害王鉷。吉温，本与罗希奭同为李林甫的心腹，人称"罗钳吉网"，他见杨国忠日渐受皇上恩宠，奇货可居，便很快背叛李林甫，投到杨国忠的怀抱，为之出谋划策。

王鉷事母至孝，也非常喜爱弟弟王銲，但王銲为人奸险，对王鉷的权势非常嫉妒，发誓有朝一日要超过其兄。王銲与刑縡友善，因王銲的关系，王鉷也与刑縡经常往来，以朋友相待。

天宝十一年（752 年）四月，野心勃勃的王銲与刑縡密谋，准备借助右龙武军万余人发动政变，不料议事不周，走漏了风声，被朝廷察觉，唐玄宗让御史大夫王鉷处理此事。

王鉷得知自己的弟弟被牵扯进去，便故意缓办此案，只令万年、咸宁两县县尉前去捕其余党。这时，刑縡正率其余党与官兵展开厮杀，锐不可挡。关键时刻，王鉷、杨国忠二人一前一后相继赶到。刑縡见王鉷到来，便大声喊道："御使王大夫！"王鉷身兼御史大夫，故呼之为王大夫。渐渐地，官兵处于下风，形势急转直下，危急之时，高力士率四百余名甲骑前来参战，叛党见势不妙，一哄而散。刑縡在混乱之中，被官兵斩杀，余党死伤无数，未死者也被捕获。

第二天上朝，王鉷将捕杀叛贼之事奏明朝廷。王鉷奏事刚刚完毕，杨国忠便进言："陛下，王鉷参与谋反，请陛下圣裁！"

唐玄宗不信其言。李林甫见状，赶忙帮王鉷说话："王銲一向与其兄不睦，此事与王鉷无关！"

唐玄宗虽然不信王鉷参与谋反，但在退朝之后，却让杨国忠讽喻王鉷亲自为其弟王銲请罪。王鉷思量很久，告诉杨国忠说：

"小弟銲自小为母亲喜爱，我不忍心余弟谋自存，这样做会伤母亲的心。"

杨国忠向玄宗回奏之时，添油加醋，唐玄宗勃然大怒，命刑部会同御史台将王鉷拘押审问，杨国忠与侍御史裴冕一同参与此事。

杨国忠问銲："王鉷参与谋反乎？"

侍御史裴冕与王鉷友善，见杨国忠如此审讯，觉得不妥，又不便反驳。乘王銲回答之前的一霎那间，骂道："反贼王銲，忘恩负义！皇上以王大夫之故，封你为五品之官，你为臣不忠，滋生二心；为弟不谊，没有廉耻，禽兽不如！王大夫岂会与你等为此不忠不义之事！"

杨国忠闻言愕然，便换了一种口气问道："王大夫如果参与谋反，你不得隐瞒，否则罪加一等；王大夫如果没有参与谋反，你也不能妄言，听见了没有？"

王銲经裴冕一顿臭骂，似有悔意，又见杨国忠没有再强迫自己，便说："兄长不知此事，全是我自己所为！"

审讯结束以后，王銲画了押，立即被杖杀，其兄王鉷受到牵连，也被赐死。王鉷之死，所任之职全部落在了杨国忠身上，杨国忠一时权倾天下，正如杜甫在一首诗中写道：

杨花雪落覆白苹，青鸟飞去衔红巾。
炙手可热势绝伦，慎莫近前丞相嗔！

王鉷之死，杨国忠并未善罢甘休，他借助机会穷追不舍，多次向玄宗密奏李林甫与王鉷结党营私，唐玄宗便开始疏薄李林甫，李林甫非常怨恨。后来，吉温又对杨国忠说："京兆尹萧炅、御史中丞宋浑，此二人皆为李林甫死党，不宜再在朝中议事，以断其左右臂。"在吉温的策划之下，萧炅、宋浑皆被借故逐出朝廷，李林甫竟无可奈何。

天宝十一载（752 年），南诏侵犯唐王朝边境，当地的老百姓奏请剑南节度使杨国忠前去镇压，李林甫认为这是天赐良机，可以借此机会把杨国忠外遣，使他不得再跟随唐玄宗左右，以解自己的心头之恨。李林甫向唐玄宗上奏说："陛下，南诏扰边，杨国忠身为剑南节度使，当地百姓也意有所属，此次出征非杨国忠莫属。"

这正是杨国忠所担心的事情，他唯恐自己出征之后，留在京师的李林甫进行陷害，使他没有还朝之机。杨国忠在退朝之后，跑到后宫，向玄宗推辞此事，连杨贵妃也亲自出面为杨国忠求情。杨国忠本以为有人求情，便可以推辞掉此事，出乎意料，唐玄宗反倒认为杨国忠出征更好，立下战功后可封其为宰相。杨国忠为之哽咽不已，玄宗动感情切安慰

杨国忠说："卿暂到蜀地处置军事，朕屈指待卿，还当入朝。"玄宗的话，给李林甫当头一棒，震惊之余，非常焦虑不安。

临行，杨国忠向玄宗泣诉："陛下，这是李林甫在中伤为臣，臣心实在不安。"

杨贵妃也在一旁帮腔，唐玄宗见状，觉得过意不去，也不免动了感情。当时，唐玄宗与杨贵妃行幸华清池，杨国忠在万般无奈的情况下，告别玄宗与温泉水滑洗凝脂的贵妃，踏上征战的路途，一路上惴惴不安，郁郁寡欢。

事也凑巧，在杨国忠离开长安不久，愤懑中的李林甫便一病不起。玄宗派御医前去诊治，并赏赐给李林甫许多美味佳肴。李林甫触景生情，不觉凄然泪下，不知道自己今后还能不能再享此殊荣。随着李林甫的病情加剧，有一个巫医迎合李林甫的心理，说："如果相公能见天子，病情可以好转。"李林甫信以为真，便让人代己奏明朝廷，求见天子。

闻知李林甫病重，唐玄宗不免生恻隐之心，欲临幸李林甫宅第视疾，却被身边的大臣阻止，于是，诏李林甫廷中见之。

李林甫挣扎着从卧榻之上爬起，这时，他已浑身乏力，不得不在下人的搀扶下来到降圣阁前，远远地望着，眼巴巴地盼望玄宗出现在自己的面前。这时，唐玄宗登上降圣阁，举红巾向李林甫招手。李林甫眼中充满了泪水，迷茫中看着那摇来摇去的红巾，喃喃自语：

"陛下，臣看见了，恕臣不能再随陛下左右。"

唐玄宗在大臣的簇拥之下离去，那幅红巾也随风飘走，如一片落叶在风中荡了几个来回。落在了地上。李林甫还呆呆地站在那里。犹如一片挂在枝端枯黄的叶子，随时有被风吹去的危险。这时，已是天宝十一载（752 年）的深秋季节，秋风之中一片肃杀。李林甫已弱不禁风，在秋风中瑟瑟发抖。望着离去的玄宗，连下拜叩谢的力气也没有了，只好

请别人代替自己向唐玄宗拜谢。

就在李林甫倍受病情折磨的同时，杨国忠一路颠簸，到达了出征地。由于唐玄宗见李林甫病重，便派快马诏回杨国忠，杨国忠见诏大喜，立即掉转马头奔回长安，一路之上如沐春风，和出征时的心情大不相同。杨国忠回到长安之后，拜见了唐玄宗，闻知李林甫病重，便去李府查看虚实。

李林甫闻知杨国忠前来，企图挣扎坐起，最终没有成功，只好躺在床上接见杨国忠。杨国忠恐李林甫有诈，不敢抬头正眼看他，紧张得浑身冒汗。只见李林甫有气无力地说：

"我是将死之人，我死之后公当入相，请公善待我的儿孙，身后之事就托付你了！"

说罢，李林甫潸然泪下，真是人之将死，其言也善。素知李林甫奸险的杨国忠迟迟不敢答应，唯恐这又是李林甫的圈套，只得违心劝道："相公养病便是，病愈之后，国忠自当为相公效力。"其实，杨国忠巴不得李林甫立即死去，李林甫又何尝不知呢？

天宝十一载（752年）十一月，李林甫在痛苦中死去，在与杨国忠这一回合的争斗中，李林甫失败了，也许他死也不会瞑目吧！

更让李林甫没有想到的是，杨国忠任宰相以后，穷追李林甫的奸事，还暗示安禄山，让其揭露李林甫。安禄山听说李林甫已死，也非常高兴，便让降将阿布思入朝弹劾李林甫。

阿布思上奏玄宗："陛下，李林甫曾与思约为父子，企图谋反。"

李林甫的女婿杨齐宣见杨国忠得势，恐连累自己，急忙也向玄宗妄言："陛下，李林甫曾在府中为厌胜之事，诅咒陛下。"

唐玄宗闻之，勃然大怒，便立即下诏："李林甫淫祀厌胜，结叛虏，图危宗社，悉夺其官，断棺剔取含珠金紫；更以小碑，用庶人礼葬之；诸子司储郎中輳、太常少卿屿及岫等悉徙岭南、黔中，各给奴婢三人，籍其家；诸婿若张博济、郑平、杜位、元挕，属子复道、光，皆贬官。"

李林甫死了，却把苦难留给了子孙们，这一切都是他的政敌杨国忠所为，李林甫倘若九泉之下有知，不知有何感想？悲乎？恨乎？悔乎？

200多年以后，宋朝的文学家欧阳修主撰《新唐书》时，把李林甫列入《奸臣传》之中，并且这样评价道：

"木将坏，虫实生之；国将亡，妖实产之。故三宰啸凶牝夺辰，林甫将蕃黄屋奔，鬼质败谋兴元蘖，崔柳倒持李宗覆。呜呼，有国家者，不可戒哉！"

另一位史学家司马光在《资治通鉴》中这样写道："凡在相位一十九年，养成天下之乱，而上之不寤也。"

唐肃宗时，善于评品人物的房琯一针见血地说道："是子妒贤嫉能，举无比者。"

李林甫，这个口蜜腹剑的历史人物，已经死去1200余年，我们今天又一次提起他，是因为他留给人们太多的思考。

# 第五编　五代十国野史

## 五代十国野史

### 宫禁逸闻

#### 朱温淫张氏妻女

梁太祖朱温返回洛阳，碰巧遇见张全义携家眷在节圆避暑，朱温见张全义的妻子和女儿颇有姿色，顿生邪念，强迫奸淫了她们。

#### 朱温淫子妇

后梁主朱温惧怕妻子张后，张后去世，朱温便纵情于声色之中。他的几个儿子均在外地，朱温便经常把他们的妻子召进宫来陪他。友文的妻子王氏姿色颇美，深得梁主宠爱，梁主就想把他的丈夫友文立为太子，次子友珪得知此事后忿忿不平，梁主因此而对友珪怀恨在心。一天，梁主让王氏召来友文，想把后事托付给友文，友珪的妻子张氏得知此事，偷偷告诉了友珪，友珪便和韩勃勋合谋，深夜斩杀了守门的士兵后，闯进了梁主的卧室。梁主被惊醒后说："我早就怀疑你这个不孝的大胆贼子，真遗憾没有早把你杀了，如今你大逆不道，天地岂能容你？"友珪早已不耐烦，大喝道："狂贼，我恨不得将你碎尸万段！"友珪的仆人冯廷谔上前便刺，一剑刺穿梁主腹背，然后用破被包裹了梁主的尸体，埋在卧室。

#### 子　母

刘仁恭骄奢淫逸，贪婪暴虐，利用大安山（今北京附近）四面悬崖绝壁的险峻地势，在山上建造了一座极其壮观华丽的宾馆，馆内住满了美女和练药的方士。刘仁恭有位爱妾名叫罗氏，刘仁恭的儿子守光与罗氏私通。

#### 梁妃郭氏失节为尼

梁次妃郭氏，父亲叫归厚，是后梁的刺史。妃少年时因为貌美被选入宫中。梁灭亡后，后唐主庄宗入宫，梁朝的嫔妃妻妾哭泣着迎拜庄宗。朱温之子友雍的妃子石氏颇具美色，庄宗首先召见她，石氏不从，并谩骂庄宗，被庄宗杀死，然后庄宗又召见郭氏，郭氏害怕被杀，委曲从命，事后削发为尼，法名"誓正"。

#### 饼家女有美色

淑妃王氏，是邠州（今陕西省邠县）卖饼店家的女儿，人长得非常漂亮，外号叫"花见羞"。王氏少年时被卖给梁朝前将军刘郭做侍女，刘郭死后，王氏无家可归。这时，明宗夏夫人已死，明宗正想再续妻室，听人说王氏生得很美，便将她收为淑妃。

#### 路上行奸

后唐宫中戏子郭从谦造反，混战中庄宗中了流箭，伤势很重。庄宗感到口渴，想饮水，刘后自己并不去查看庄宗的伤势，只是让仆人给庄宗吃了点乳酪。刘后携带许多金银珠宝，和李存渥等人放火烧了嘉庆殿，率百名坐骑，冲出子门，仓惶而逃。路上，刘后与李存渥通奸，到了太原，刘后便削发为尼。后来明宗听说了这件丑事，命令刘后自杀。

#### 蝶绕头上

南唐李后主的宫女中有个叫秋水的，喜欢饰戴奇花异草，发髻芳香缭绕，常常引来蝴蝶在她头上上下飞舞，流连忘返。

## 宠姬闭目

讨伐江南的大将俘获了李后主的宠姬。夜晚，后主宠姬看见灯火便闭上眼睛，说有烟雾，大将赶忙换上蜡烛，后主宠姬还是不睁眼，说烟雾更大了。大将问宠姬，难道你在宫里时不曾点灯吗？宠姬说，在宫中自己的房里，每夜都悬挂一颗硕大的珠宝，珠光明亮无比，照得房间如同白天一样。

## 后主事妻如事母

李后主与皇后都喜爱音乐诗律，常常与皇后沉湎其中，以至荒废了朝政大事。不久皇后卧病在床，后主终日守护在皇后身边，煎好的药都要亲自尝过后才给皇后吃，为服侍皇后，接连几夜和衣而眠。

## 黄保仪容态绝世

南唐后主的保仪黄氏，容颜华美，举止端庄，堪称绝代。黄氏一举手、一投足，顾盼频笑，无一不令人称绝。她的书画、技艺却全部出于自然天成。

## 流珠工琵琶

南唐李后主有位嫔妃，后主御名叫她"流珠"。流珠天性聪慧，弹得一手好琵琶。李后主因怀念昭惠后，想整理出她的旧曲子，环顾左右没有人知道，只有流珠能够毫无疏漏地追忆出来。

## 妓妾染碧

南唐后主李煜的一名妓妾，曾漂染一块浅蓝色衣料，衣料晾晒在外，夜间忘了收回，染上了露水，谁知颜色却更加鲜亮明丽了，李煜非常喜欢。从此宫中的人都争着收集露水用来染制衣物，她们把这样染成的衣料叫作"天水碧"。

## 皇帝扮戏

后唐主庄宗擅长音乐诗律，有时便自施粉墨，同戏子们在宫廷中表演，后来，庄宗被宫中戏子郭从谦杀死。

## 叔母为后

冯后丧夫寡居，颇有资色，晋出帝很喜欢她。晋高祖逝世，灵柩还在停放，出帝在服丧期间便娶了冯后。出帝对近侍大臣们说："我今日做新女婿了，怎么样？"皇后与近侍大臣们都高声大笑，笑声传得很远很远。

## 通婚解仇

杨行密下令田頵攻打钱塘，钱镠感到情况不妙，忙派儿子元琮前去求和。元琮长得美俊清秀，行密相中元琮为婿，把自己的女儿嫁给了元琮。而后下令退兵。想当初，杨钱两家视为仇敌，杨行密常用大绳索穿钱贯，叫作"穿钱眼"。钱镠听说后，每年杨柳发新芽时，便用大斧砍折，叫作"砍杨头"。至到元琮与杨家通婚，这种做法才告结束。据考证，杨行密与一块儿起事的刘威、陶雅等人，号称三十六英雄。

## 淫妇多夫

冯道历事五朝，即后唐、晋、辽、汉、周；效忠于八姓十一君，即后唐四帝、晋二帝、辽一帝、汉周各二帝，从来不曾离开将相公师的官位。他曾著《长乐老序》，自述五个朝代荣华知遇的状况。淫妇多夫，说的就是这种人吧。

## 归郎通于金凤

小吏归守明，年方少年，美皙如玉，深得闽王延钧宠爱，闽王把他唤作"归郎"。闽王患有风疾，归郎就在宫中侍奉闽王，这就使归郎有机会与宫中婢女金凤私通。院使李可殷曾与归郎亲昵，归郎让他在长春宫造一顶缕金五彩九龙帐，帐上织八龙，闽王为一龙，合为九龙。金帐做成后，极其华丽，归郎把金帐进献给了闽王。

## 长老问夫人

文昭王夫人彭氏，曾去报恩寺烧香。寺中长老问夫人："你是谁家的媳妇？"妇人听了大怒，香未烧毕便匆忙返回宫中。文昭王感到惊讶，问她："怎么这么快就回来了？"夫人说："今日好扫兴，被老秃驴问我是谁家的媳妇，媳妇是轻贱称谓，怎么能对我这样的人讲呢？"文昭王笑着说："这是禅机之礼，夫人可以回答，弟子是彭家的女儿，马家的媳妇，长老立刻便明白了。"夫人说："如此说来，是我缺少见识了。"

### 嶰宫

孟蜀高祖晚年作嶰宫，用了七十张画好的屏风，使用五个环钮相接，做成了一个斗的形状，用作睡觉的地方。

### 左宫枕

左宫王夫人用青玉作了一个枕头，形状方平，可睡枕两人。此枕冬暖夏凉，可使醉者醒酒，梦者游仙。王夫人将此枕交给杜光庭，杜光庭又将它进献给蜀王。后来世人称此枕为至宝。

### 以扇酿酒醉宫女

蜀后主有一把扇子，可以盛五升水，过一会儿这些水便酿成了美酒。蜀后主常常用这些酒灌醉宫女。当时有人说，实际上扇子当中有夹层，夹层中装着酒，蜀后主用这种幻术来取悦宫女。

### 教妾骑射

太祖的原配妻子刘氏，曾经随太祖征伐疆场，刘氏聪明伶俐，足智多谋，经常习兵练武，还常常教授其他侍妾骑射之术，让她们辅佐太祖。

### 女秀才

陈氏的父亲陈陛，五代时屡任司徒，陈氏到成年时，已熟通经义，浏览诗赋，过目能诵，尤其善好吟诗，当时被称为女秀才。

### 女学生

卢文进有个女儿，美丽聪慧，写得一手好文章，被人称为女学生。越听说后顿生爱慕之情，便前去拜见文进，文进对越颇有好感，把自己的女儿嫁给了他。

### 七夕延巧

南唐后主李煜，每年七月七日便依据民间风俗摆设宴席，还下令准备红白绸缎百匹，堆砌成月宫天河的样子。

### 嬗妃

李嬗妃奉事中宗刘晟，极得中宗宠爱。南海有个苏子园，幽静美丽，久负盛名。中宗私自携嬗妃行至此处，在绿蕉林中酌酒小憩，还在蕉叶上书写"扇子仙"的字样。后来有人在这里建筑一座亭阁，以这件事为由，起名叫"扇子亭"。

# 帝王野史

## 朱温

朱温（852—912），唐宋州砀山（今江苏砀山县南）人。出身于一个破落的秀才家庭，早年丧父，与母亲一起受佣于人，过着穷苦的生活。黄巢起义时，他投身于起义军，成为军中一员骁勇的战将。黄巢入长安后，朱温投降唐王朝，被唐僖宗赐名为朱全忠，成为唐王朝镇压农民军的一只得力的鹰犬，因战功被任命为宣武军节度使（治所汴州，在今河南开封市）。

拥有汴州后，朱温审度时势，看到唐王朝已经日薄西山，对天下失去了控制力，拥有地盘和军队才具有控制天下的能力，所以他以汴州为中心，四处扩张，战胜了蔡州秦宗权、徐州时溥等强大的藩镇，先后吞并了河南河北大部，成了中原地区最大的藩镇。在他的扩张斗争中，朱温所遇到的最大的对手就是李克用，这个少数民族将领也因为镇压农民起义有功，而被唐僖宗赐名为李克用。李克用占据河东（今山西大部），与朱温相抗衡。朱温采用二面同时进攻的战术，一方面利用朝廷，向李克用施加压力，使李克用在道义上处于被动，另一方面对依附于李克用的小藩镇打拉结合，从军事上孤立李克用，他的这一系列战术，果然生效，李克用在同朱温的争斗中，终于没能牵制朱温，从而使他具备了支配唐朝廷的实力和机会。

朱温战胜李克用之后，一路西行，率军入关，直接干预朝政。他觉得都城长安离自己的老窝汴州太远，不便于控制，便强行将都城迁往洛阳。在洛阳，他杀掉自己不满意的唐昭宗，立了一个才13岁的小皇帝，真正行使了"挟天子以令诸侯"的权力，将天子和朝廷玩于股掌中。后来他对这样的权力也不满足了，在汴州大修宫殿，催促宰相率百官速让哀帝禅位，自己迫不及待地当上了皇帝，建立了梁朝。

不过他当皇帝之后不久，便内外交困，外有李克用之子李存勖的进攻，内有诸子的夺权斗争，加之他晚年荒淫无耻，终于丧命于自己的亲生儿子之手。

### 花脸将军

公元847年，唐宋州砀山县，穷读书人朱诚，守着一屋典籍，满面愁容。妻子王氏默默地坐在他的身边，有意想与他说几句话，但是又不知从何说起，只得摇着头，低声叹息。

朱诚无意理会王氏的叹息，这些年来他听得太多了。每当他科考失意之后，王氏总是用这种态度来表示她的惋惜愁苦。

朱诚是本乡的一个教书先生。他本出身于一个读书人家，世世以读书为业，

大大小小都挣得了一点功名。可是他虽然饱读诗书，被当地人称为"朱五经"，可却总与科举无缘，年年科考，总是名落孙山。今年，是他年近不惑之时，他本来鼓足气力，想再搏一次，为自己创一条新的人生道路，也为那几个日渐长大的孩子创一番富贵。可是没想到还是命运不济，再次落榜。他当时在长安本来都不想回来了，可是想到还有三个孩子，还有那与自己共患此难的夫人，他还是忍着心灵的伤痛，回到家乡。

他回来之后不久，由于心里过于压抑，情绪越来越坏，身体也越来越差，连基本的体力活也不能做了。朱诚自知他既不可能在功名上求得多大的成就，在生命时间表上也没有多少时间了。一天，他心事沉沉地对王氏说："夫人，我朱诚枉读满腹诗书，挣不来一点功名以养活你们母子，好惭愧啊！"王氏安慰他说："你千万不要这样想，只要我们将孩子哺养大，他们将来会有出息的。""可是我可能等不到那一天了……""不，你会好好活下去的，你什么也不要想，我会尽力操持这个家的。"王氏不想听这些不吉利的话，急忙打断了他。

可是事情还是不幸让朱诚料中了，一年后，这位被人称为朱五经的朱夫子，终于在失意和贫穷中去世了。临走时，三个孩子和王氏都在他的身边，王氏流着泪，痛苦地摇着头，一句话也说不出来。朱诚艰难地说："我在萧县（今江苏萧县西北）有一个同乡，与我有同窗之谊，我走后，你带着孩子到他那里，他会收留你们的，到时候过得怎样你们不要计较，只要有个吃饭的地方就行，记住了吗？"王氏含着泪，点头答应。

朱诚所说的那个同窗，名叫刘崇，他与朱诚当年曾在同一师门学习，后来同时进京应考，朱诚数榜不中，可他一举成名，当上了个县官，并凭借着他的精明和钻营，在萧山县置办了一份家产。将全

家老小都迁到那里去了，临走时，当然来向朱诚辞别过，还说了些有事来找他之类的话。

其实刘崇那时只不过说些客套话，他打心眼里有些看不起这个倒霉的同学，也不想真的在生活上帮他多少。因此他来到萧县后，早将他所说过的话忘了。

这天，一个自称姓王的妇女带着三个孩子来到他的庄园门口，向把门人通报道："请转告你家老爷，说我们是他的同乡朱诚的家人。"

"朱诚？"刘崇大惊，在他的记忆中，这个人已经消失很久了，乍听到这个名字，他还有点反应不过来。

还是他的母亲刘老夫人记性好，说："不就是你那个同学吗？快去把他们请进来吧。"

刘崇这才来到门口，见一个女人带着三个孩子，那三个孩子头上还戴着孝，心里明白了几分，他走到王氏面前，还未说话，王氏就拉着三个孩子跪了下来："朱诚未亡人王氏见过刘大人。""刘伯伯！"三个孩子也齐声叫道。

刘崇把他们扶起来，说："都是自家人，不必这样多礼，快进屋去吧。"

进到屋中，他们又见过刘老夫人。王氏哭哭泣泣地将朱诚的死诉说了一番，并表明了请求收留之意。刘崇听后，先让人把他们娘四人带到房中去休息，然后同母亲一起商量王氏母子的事。他说："我给她救济一两天还可以，让他们住下来，我可没有这个能力。"

"是真没有这个能力还是没有这个心思？"刘老夫人知道儿子的想法，讽刺道。

"我与朱诚是有过同窗之谊，但我却没有为他哺育后代的义务，我最多在他们的生活上给一些关照就是了，我不想让他们住在我的庄园里。"

"你这个没有人性的东西，朱诚当年与你的情谊怎样，为娘的不是不知道，他没有挣得功名也不是他的能力不如你。他活着的时候，没有来求你一下，现在他死了，你让王氏这孤儿寡母怎么过？连你这样的同学都不收留他们母子，他们还能到哪里去？"

母亲的话触动了刘崇，有老夫人的保护，他是不敢将王氏母子赶走的。他转念一想，王氏正在壮年，家耕蚕织拿得起来，三个孩子虽然还未成年，但一个个都长得健壮结实，他日长成人后是不错的劳力，于是便决定收留他们。

这样，王氏在刘家为佣，三个孩子也要不停地劳作。

王氏的三个儿子，老大叫朱昱，老二叫朱存，老三叫朱温。随着年月的增加，他们三个也渐渐长大了。不过成人之后，他们却性情各异。老大朱昱老实本份，尽心于刘家种田，老二朱存与老三朱温却不安于劳作，尤其是朱温，尽管长得高大健壮，每天好像都有使不完的劲儿，但他的力气却不想往田里使，一年到头几乎不到田中去，整日游手好闲，欺凌乡邻。乡里人对这个外来的野孩子十分恼火，不时跑到刘崇那里去告状。刘崇当初收留下他们，就是想让他们好好为自己种地，哪还容得下朱温如此放荡撒野呢？于是每当有人来告状，朱温总要被刘崇带着几个家人痛打一通。每次打朱温时，刘崇总要质问："我把你养这么大，难道你就不想做点正事来报答我吗？"朱温也总是不服气地说："大丈夫须挣功名于远方，你若真想等我的报答，就让我出门去，不挣个高官厚禄回来，我甘愿来世再给你当牛作马！"刘崇听罢，怒不可遏："你这个穷小子，连自己都养不活，哪还有什么能耐挣什么功名？分明是用狂言来耍戏于我，给我狠狠地打！"

不过在刘家，有一个人对朱温却特别喜欢。那便是刘老夫人，老夫人见朱温长得高大魁梧，聪明机敏，虽然好动不本分,却有着寻常孩子所没有的高傲气质,所以老夫人从不拿他当仆人对待,而是像慈母一样关心他,从小就亲手为他梳发洗衣,长大后也更是倍加偏爱,刘崇每次打他,都要背着老夫人,如果让她知道,她是决不会答应的。所以每次朱温挨打之后,刘老夫人总是非常气愤,把刘崇狠狠地训斥一通,说:"你们不要这样对待这个孩子,他虽然现在只是个仆人,但你们没有看出来吗,在他的气宇间,哪有一点平庸孩子的习气?你们要善待他,若动不动就打他一通,将来要遭报应的。"老夫人的话,刘崇当然没有听进去,但朱温却牢牢记住了,他暗想,一定要找一个机会,出去闯荡一番,干出点名堂来报答老夫人。

挨打并没有让朱温回到田间,他还是在乡下游荡,无所事事。王氏还想给他再讲些什么,可是朱温也没有心思去听,依然我行我素,在乡下当他的小霸王,当然在刘崇的面前,他还是个时时都可能挨打的仆人。

公元874—879年间,唐王朝的社会矛盾已经发展到了最严重的程度,经济凋敝,民不聊生,生活在水深火热中的百姓们再也忍受不住了。于是河南、山东地区经常有人揭竿而起,反抗唐朝,其中以王仙芝与黄巢最为强盛,他们频频在曹、沂、宋、汝、邓一带活动,他们打富济贫,给绝路中的百姓以希望,许多人前去投奔他们。

黄巢大暴动的消息传到萧县,朱温得知后,非常向往。一天他对母亲说:"我想去投奔黄巢。"

母亲很惊慌,因为不管当时黄巢的声势多大,那毕竟是在造反,造反行吗?母亲一生没有见过世面,一想到要造反,心里哪还有主张呢?好在二哥很赞成,说:"走吧,在这个地方有什么好,还不是给别人卖命,我们出去闯荡,说不定还会有出息的。"

"不行,只要我还活着,我就不让你们走,你们还是好好地在家里待着吧。"母亲眼含热泪,执意劝阻。

"是啊,现在成天打仗的,说不定哪天你们被打死了,叫我和母亲怎么办?"大哥话虽不中听,但也说在情分上,朱温一时也没有找到合适的理由,再说刘老夫人自小就关心着自己,自己即使想走,也得要同她说一声才是啊。

想到这里,朱温也就不再提出去的事。

一天朱温与几个人赌博输了,为还赌债,他回到刘家,悄悄地将刘家一口放在库房里的旧铁锅偷了出来,想拿出去卖掉。不巧被一个家人发现报告了刘崇,刘崇当即带着几个人去追,在半路追上后,将他捆绑起来,推推搡搡押回刘家。刘崇一边走,一边咬牙切齿地说:"我这次非把你的手打断了不可。"

回到家中,刘崇先封锁消息,不让母亲知道,然后将朱温关在一间小屋里,叫来几个身强力壮的仆人,要好好地教训一下这个不听话的家伙。

谁知朱温的母亲王氏得知三儿子又闯祸之后,星急火燎地跑到刘老夫人那里,请老夫人赶快去救朱温。

刘老夫人一听,拖着一根木棍,急忙来到关押朱温的小屋前。只听得里面刘崇还在发誓似的喊着:"你这个吃里扒外的东西,我今天不好好收拾你,我就不是人养的!"

"那你说是谁养的,难道是畜牲养大的不成!"刘老夫人大声说着,狠狠地将门推开。

刘崇见母亲站在门口,知道今天的事准又不成了,但还是故意嘴硬:"今天这事您别管,这个不中用的东西就是被您惯坏了的。"

"你有什么用?你那九泉下的同学要是知道你这样对待他的儿子,说不定他的阴魂会来找你算账的。"母亲毫不留情地斥责道。

"今天这事不一样，他偷家里的东西，这样的人不教训，将来还不翻天？"

"我看你倒是要翻天了，你什么时候把我这个当娘的放在眼里了？今天你实在想教训朱三也好，不过你打他多少下，也就先打我多少下，否则我这条老命也就不要了。"刘老夫人用木棍使劲地顿着地，倔强地说。

"老太太……"朱温听罢，感激得不知说些什么。

刘崇扭不过母亲，只得先将朱温放下，临走时，恶狠狠地说："你记住这件事，哪天我会收拾你的。"

刘崇走后，朱温跪在刘老夫人面前，磕头说："老夫人的大德，朱三终身不忘。"

刘老夫人说："别说这些话了，你快去看看你母亲吧，她这会儿还急得坐立不安哩。"

告别刘老夫人之后，朱温来到母亲的房中，见母亲正在擦眼泪，便安慰说："母亲，你不必担心，我没事，我这不是好好的回来了吗？"

母亲说："孩子，你以后就好好地在家种地，不要再惹祸了，行吗？"

"不，我不能再过这种寄人篱下的日子，我要出去自己闯天下。"

朱温正说着，大哥和二哥都来了，他们得知今天朱温差点挨打，心里也很着急。听到朱温说的这话之后，二哥朱存说："三弟说得太好了，我也想与你一起出去，要不我们这就走吧。"

大哥不同意，说："你们以为一出去就什么都有了，说不定连命也保不住呢。"

"就是死也比在这里受气舒畅。"朱温坚决地说。

母亲见他决心已定，一想到今天的情形，也觉得让他出去或许会好些的，便不再反对了。

此时朱温想起了刘老夫人，心里正盘算着用一种什么方式去向她告辞，就听得门口传来了刘老夫人的声音："你们一家子在一起商量着什么呢？"

朱温等刘老夫人走近后，说："我不想在这里待下去了，我想到外面去闯荡。"

刘老夫人平静地说："是啊，我早就看出你不是一个在家里待得下去的人，更不是一个甘居于人下的人，我之所以喜欢你，就是看中了你这一点。你已经长大了，只要母亲没有意见，你想到哪里去就去吧。"

"多谢老夫人！"朱温又一次跪在她的面前。

当晚，朱温就告别母亲、刘老夫人和兄长，同二哥朱存一起，乘着夜色，走出了刘家大院，向黄巢的军营走去。

朱温与兄长朱存加入起义军时，正是黄巢大量扩军之时，成千上万的贫苦百姓一批批地来到军中，起义军队伍不断壮大。朱温和兄长来时，先编排在一个小队中。朱温此时有一种前所未有的解脱感，他好像换了一个人似的，再也没有在乡下时的那种游手好闲，无所事事，他成天都有使不完的劲，特别是每次行军打仗，他的脑子显得特别灵活，加之他身强体壮，作战中他总是最显眼的一个，别人打不下的硬仗他能打，别人想不到的事情他能有所预料。因此他不久便提升为队长，成了起义军中的一员勇士。

在安徽亳州的一次战斗中，朱温带着他那一队战士去攻城，城高濠深，仗打得十分艰苦。朱温他们几次冲击，都被打退。朱温急红了眼，他带着哥哥朱存和十几个战士，扛着几根云梯，冒着雨点般的箭，冲到城墙边上。两个战士在城墙根上扶着云梯，他和哥哥两人以最快的速度朝城墙上爬去，其他的战士也学着他的样子，拼命地冲击。

守军见来了这些不怕死的人，心里

也不禁紧张起来，他们不停地放箭射击，朱温全然不顾，一鼓作气往上爬。刚来到城垛上，就有两个唐军向他扑过来，他躲过大刀，迅速取出衔在嘴中的钢刀，顺势向唐军砍去。一个人头喷着血浆，朝城下滚落。另一个吓呆了，还没有回过神来，就被朱温砍死了。

朱温登上城墙，二哥朱存也爬了上去，兄弟俩一前一后，在城上猛杀起来。唐军见有人上城，以为城快要保不住了，人心大乱，一个个无心应战，一边打一边退，后来的士兵也一个个地冲了上来，守军终于溃不成军，向城中退去。朱温下令打开城门，后继部队立即潮水般地涌进城中，占领了此城。

战斗结束后，黄巢特意来到朱温所在的队中，表彰他勇猛作战的功绩。朱温倍受鼓舞，以后作战也更加勇敢了。

后来，起义军打到福建，朱温在黄巢的统率下，已经日渐成熟起来了，也从队长提升为小校，成了起义军中最能打硬仗的将领。黄巢也对他格外器重。不幸的是在一次战斗中，与他相依为命数年的二哥中箭身亡了，对此朱温着实伤心了一阵子。不过由于当时战事实在太紧张，他也无暇想得太多，战争使他从失去亲人的痛苦中解脱出来。

黄巢起义军从北到南，由福建打到广州，横扫了中国的东半部，极大地动摇了唐王朝的统治。但黄巢是个很有雄心的领袖，他并没有满足于在南方的胜利，而是挥师北上，扩大战果。起义军从广州出发，进入湖南、湖北，在这些地方与官军打了不少苦仗，不过最终都以起义军的胜利而告终，因此起义军越战声势越大，越打队伍越庞大，朱温也由一员校官，提升为偏将军，成了黄巢军事集团中的得力战将。

公元880年，黄巢起义军转战浙西、河南，突破潼关天险，直逼长安。唐僖宗率领百官匆匆地逃离长安，躲避到汉中。

12月，起义军开进长安，黄巢在长安称帝，建立了大齐政权。

不过唐王朝并不甘心失去长安，他们调集全国各地的兵马，企图一下子将新生的大齐政权消灭。僖宗命令宰相郑畋为京城四面诸军行营都统，率诸道官军进攻黄巢。黄巢急忙命令朱温将部前去迎战。这时朱温审度形势，给黄巢献了一计。他说："如今唐军大举反攻，自在预料之中，但现在唐军江淮的给养线已经控制在我军的手里，他们现在的给养则主要来自荆襄，如果不断其运输之途，我军总会处于被动挨打之中。若要彻底解决问题，还须斩断其根。依臣之见，我军最好不要与唐军在关中相拼，而应主动出击，到关外去，截断唐军的给养线，让他们不战而退。"

黄巢接受了朱温的建议，任命他为东南成行营虞侯，率军攻取荆襄路的要冲邓州（今河南邓县）。朱温率军从长安东进，来到邓州，在这里苦战一月，攻下邓州，活捉唐邓州刺史赵戒。黄巢十分高兴，当即任命朱温以其部镇守邓州。

然而唐王朝荆襄给养线被攻下之后，它在成都的势力依然还是很强大的，唐僖宗逃到成都之后，利用唐王朝旧有的影响，号召天下兵马进攻长安。随着入关同起义军作战的官军日渐增加，起义军被围困于长安一带，粮草都得不到补充，形势十分严峻。

在这危急的时刻，黄巢想到了朱温，他将朱温从邓州召回长安。可是就在朱温镇守邓州的一年多里，大齐政权内部发生了很大变化，朝中大臣嫉妒朱温的功劳，时常在黄巢的面前挑拨，还建议黄巢削弱朱温的权力。大敌当前，黄巢尽管不敢失去这员大将，但他终于还是作出一种不利于大齐的选择。

当时大齐政权的主要威胁主要来自长安的西南部的汉中和东北部的河中，黄巢知道朱温能征善战，便将最艰巨的任务交给他，任命他为同州（今陕西大荔）刺史，不过这个官并不是送到他面前的，而要他自己攻取的。而此时的同州也是唐王朝保护的重点，四面都布有重兵，即使攻取了，如果没有后援，也难以守住。尽管如此，朱温还是领命前往。

经过苦战，朱温攻克同州，原刺史米诚逃奔河中。但同州附近的唐军则像铁桶一样，将朱温团团包围。朱温一面给长安去信求援，一面主动出兵，向河中城区进攻。但由于河中兵力太盛，朱温的进攻没有奏效，只得退保同州，连连请黄巢增派援兵。大齐政权中掌握枢要的知右军事孟楷嫉妒朱温的战功，想借此置他于死地，于是便一直没有发兵相救。

朱温见救兵不到，心中愤愤不平。唐河中招讨使王重荣乘机派人前来诱降，说只要他肯归顺朝廷，朝廷将会给他享不尽的功名富贵。朱温此时正对黄巢怀恨在心，在王重荣的劝诱之下，终于，乡村流氓无产者的本性又暴露出来，9月，朱温杀掉监军严实，投降唐王朝。远在成都的僖宗闻讯大喜，立即下诏授朱温为左金卫大将军，河中行营副招讨使，并赐名朱全忠。朱温为讨好王重荣，自称母亲王氏与重荣同姓，认为他舅父。自此朱温又率官军加入了镇压起义军的行列，所至大行杀掠，毫不手软，成了唐王朝镇压黄巢起义的一只得力的鹰犬。

### 定基汴州

在唐军与叛将朱温的联合攻击之下，黄巢在外围的兵力越来越弱了，长安城处在唐军的层层包围之中，不得不撤离长安，退往陈州（今河南淮阳市）一带，唐僖宗从成都回到长安，唐朝百官也纷纷回到京城，京都好像又显得热闹起来了。

朱温因镇压起义军有功，受到唐王朝的嘉奖，被任命为宣武军节度使（治汴州，今河南开封），负责清剿黄巢在东南的残余力量。

朱温有了汴州，就意味着他有了自己的势力范围。此时的朱温对唐王朝的形势已十分明了，他深知唐僖宗对各地局势已失去控制，各地藩镇纷纷拥兵自立，割据一方，仅唐朝廷授一个节度使的官衔没有多少意义，关键要自己足食强兵，建立稳固的势力范围。因此，在对黄巢军的作战中，他便不肯像过去那样充当先锋了，而是以攻城略地为首要目的。对于其他藩镇，他也是野心勃勃，能吞则吞，不到半年的工夫，他已经将汴州城附近的几个州县都据为己有了。

至中和四年（884年）年初，对黄巢的作战已经到了关键的时候，为了加强与黄巢作战的力量，节省自己的兵力，朱温与徐州节度使时溥、忠武节度使周岌共同请河东节度使李克用率军镇压起义军。李克用本为沙陀人，拥兵据有雁门（今山西代县）一带，后被唐朝召入关中镇压起义军，率先攻入长安，黄巢退出长安后，他被任命为河东节度使。他也时时有进攻中原的野心，想通过镇压黄巢而扩大自己的地盘，所以接到朱温等人的请求后，他立即挥军南下。三月，抵陈州一带，与朱温等人合兵，向黄巢军频频进攻，黄巢寡不敌众，引军北上，想进逼汴州，但在中牟境内被李克用与朱温击败，退往兖州方向。六月，遇害于狼虎谷（今山东莱芜市境）。

黄巢北退时，李克用曾追至冤句（今山东菏泽），因粮尽退还汴州。朱温将克用请至城内，安排在上源驿下榻，并大置酒宴，为克用洗尘。当年李克用只有29岁，一只眼有些小，时人称为"独眼龙"，虽然朱温对他十分周到，恭恭敬敬，但他自恃功高势重，根本没把兵少将微的宣武节度使朱温放在眼里。乘着酒兴，在席间问起朱温当年在黄巢军中的情况，朱温一时竟不知从何说起，他明白了李克用此时正在嘲笑自己当年加入了黄巢军，把自己当作一个反贼来戏弄。当时朱温部将多在席中坐陪,他的脸一下子涨得通红,像猪肝一样,难看极了。

李克用却全无察觉,依然一边饮酒,一边狂言不止。朱温对李克用在大众场合下揭他的短十分恼怒,心中暗暗酿起报复念头。他装作对这些毫不在意,与诸将轮番向李克用及其随从劝酒,傍晚罢宴时,克用及其随从多酩酊大醉。入夜后阴云密布,远处的闪电与雷声渐渐移近,朱温召来部将杨彦洪商讨除掉李克用一事。

杨彦洪转动着眼珠子,想了一会儿说:"下官有一计可以置那独眼龙于死地。"

"什么妙计?"朱温着急地问。

"河东军今天被大人灌得烂醉如泥,他们一到驿站,准会倒床就睡,而且一睡就会像死猪一样,所以大人只需要派人用大车堵住驿站外的大路,然后率精兵攻打驿站,再放一把火,不把那独眼龙烧成个焦龙才怪哩。"

朱温还是不放心,问道:"万一敌人醒过来,夺路逃跑怎么办?"

"这事容易极了,我在暗处,敌人在明处,大人可令士卒搭弓上箭,只要见到敌人骑马想跑,就乱箭射之,不怕他不死。"

"好,果然是妙计。"朱温高兴地叫道。

当晚,朱温依计而行,至午夜时分,亲自率军包围了驿站,与守驿站的李克用的亲兵短兵格杀,又命人放起大火,要烧掉驿站,这时李克用正酒后酣睡,丝毫没有听到外面的厮杀声。侍从郭景铢急忙吹灭蜡烛,扶克用藏到床下,用凉水将他浇醒。克用拿起弓箭冲出室外,听得驿站外喊声震天,自知朱温已将驿站团团包围,也顾不上在门前拼杀的亲兵,带领身边的随从越墙突围。这时,雷电交加,大雨倾泻。克用走出好远,朱温才率人追去,快追到城南门时,朱温见前面隐

隐约约地有一个人骑马飞奔,马上拈箭弯弓,一发命中,走近一看,部将杨彦洪已中箭死于地上,朱温懊丧不已,急令继续追赶。但李克用已由城上缒绳而下,逃往自己军中。

第二天,李克用便率兵撤回河东,临走时派人送来书函一封,谴责朱温。朱温吓破了胆,唯恐李克用发兵报复,忙复函道:"昨夕事变,朱温委实不知,恐是朝廷遣人与杨彦洪合谋而为,今彦洪已伏诛,还请公等谅察。"送出复函,朱温仍忐忑不安,唯恐李克用大军压境,好在李克用此时尚惊魂未定,无心与朱温交兵,径直回到了河东。

得到李克用全军退回河东,朱温这才松了一口气,又把精力放在对地盘的扩充上。此时他的家底并不太厚,除了在黄巢的时候所得到的那些兵马之外,他归顺唐朝后,只得到一些虚衔,朝廷并没有给他一兵一卒,让他来到汴州,也是想让他占据这个有利地势,好与黄巢较量一番。在与黄巢的作战中,他每打一地,就占据一块地盘,将那里作为自己的势力范围,慢慢地,他在汴州的实力越来越强了,周围的藩镇也轻易不敢与他相争。

在汴州,他站稳了脚跟。

来汴州前,朱温就思忖着如何迎取老母,如何衣锦还乡,但来到后,一直战事不断,而且黄巢军还在兖、徐、曹一带活动,使他无法前往徐州萧县。黄巢被镇压之后,他与李克用的冲突也告一段落,朱温又想起了家中的老母,便派人前往萧县。

再说寄居在刘崇家的王氏与大儿子朱昱,在朱温走后,着实提心吊胆地过了一些日子。后来见没有官府来追究,他们转而担心朱温兄弟的生命,见他们一走这么多年,音讯全无,以为他们早战死,所以就没有再去想他们。这天刘家大院突然来了一队车马仪仗,为首的官

员称他们是汴州节度使朱全忠朱大人派来的,要接朱老夫人。

王氏和朱昱得知后,吓得要死,以为朝廷来追查他们来了,两人慌忙从刘家后门逃出去,躲到邻居家中。使者见不着王氏,便找刘崇,刘崇此时也吓得不知该如何是好,暗自后悔当初收留下了王氏母子,惹下这说不清、道不明的祸害,说不定还性命难保。母亲刘老夫人说:"去见见他们吧,没有什么可怕的,朱老三和朱老二是在我家住,朝廷实在要追查,你想躲也躲不掉,凡事看坦然一些,是死是活,由天去定吧。"

刘崇无奈,只得来到前厅与使者相见,使者没有像那些官府的老爷们那样神气活现,他们见刘崇之后,说:"我们要见朱老夫人,我家老爷说要接老夫人到府中去。"

"敢问你家老爷尊姓大名?"

"朱全忠。"

"朱全忠?"刘崇重复着这个名字,摇着头说:"没有听说过。"

"不管怎么样,还是请你赶快去把老夫人请来,老爷说要早些接老夫人去。"

刘崇见官府没有来找麻烦,只是想请王氏,心里就踏实了,他一边往邻居家走,一边想:"这朱全忠是谁呢?莫非是那个朱老二?不对,朱老二恐怕不会干出这样的事来,是朱老三?"刘崇想到这里,心里不禁乱跳起来,他当年的种种情形又浮现在眼前,"他朱老三能当节度使?!我不相信。"他极力安慰自己。

见到王氏,刘崇把使者的来意向她说了一遍,说:"你不必害怕,官府不是来找麻烦的,他们说那汴州节度使是你的儿子,想请你到府中去享福呢。"

王氏摇着头说:"我那两个儿子一个老实得像木头,一个又滑头得没有一点德性,他们恐怕早就不知死在何处了,这个汴帅恐怕是弄错了。"

刘崇安慰她说:"错与不错,等见过使者后再说吧,你快去,人家都等了好长时间了。"

见过使者,王氏还是极力否认,使者再三解释,从朱温投奔黄巢军说起,说到投降朝廷,赐名朱全忠,又说到如何做了节度使。

王氏热泪盈眶,她简直不敢相信当年那个游荡闯祸的朱老三,现在竟成了镇守一方的父母官,她擦擦眼泪,说:"我那,那朱三现在真的在汴州当大帅?这小子,这小子……"

刘崇走到王氏的面前,赔着笑脸,低声说:"恭喜嫂嫂,你和我朱大哥养了个好儿子啊!"

王氏从来没有听见刘崇如此客气地对自己说话,所以这话听起来还很不顺耳,不过她不是那种倚势欺人之辈,对刘崇的这种露骨的巴结讨好,她没想到去讽刺他几句,只是说:"那没有什么值得高兴的,他大难不死,能捡条命回来我就满足了。"

使者见王氏心情平静了,说:"奉大帅之使,除迎朱老夫人外,还要迎刘老夫人一同去汴府。"

王氏听说:"这孩子,还算有点良心。"

刘老夫人知道后,高兴地说:"我早就看出这孩子不一般,没想到他果然有了出头之日。"刘崇在一旁听了,羞红了脸。第二天,王氏与朱昱刘崇母一道前往汴州。

快到汴州时,朱温率部迎到郊外,大张礼乐。城中居民里三层,外三层,前来观看这位大帅迎奉老母的仪式。见到阔别已久的母亲,朱温一下子就跪在老人家的面前,哭着说:"不孝儿拜见母亲!母亲下轿,将他扶起来,说:"快快起来吧,没想到我这条老命还能活到看到你,我太高兴了,太高兴了。"接着对朱温说:"快去见你刘老夫人吧。"朱温又来到刘老夫人的轿前,行大礼道:"朱温拜见恩人刘老夫人!"刘老夫人说:"不必多礼,你现在是一州的父母官,不必对老身如此。"朱温激动地说:"不,在我不幸的时候,是你保护了我,我什么时候也不会忘记您的大德的。"

迎接活动进行了很长时间,汴州城里的百姓也看得入了神,从前他们都觉得朱温是个草寇出身,只知道抢杀,不懂礼仪,见到他对母亲和刘老夫人的那份敬重的神情,他们开始改变了对朱温的印象。

回到府中,朱温为母亲和刘老夫人及兄长举行欢迎宴会,为母亲接风。席间,母亲一改入城时的那种笑容,问朱温:"你二哥呢?怎么不见他来见我?"

朱温脸上的肌肉动了一下,但很快就恢复了平静,说:"他在福建之战中阵亡了。"

"……"母亲沉默着。

许久,母亲才从失子的哀伤中解脱出来,对朱温的态度却没有开始那么热情了。朱温此时志得意满,没有察觉到母亲的不高兴,依然海阔天空地谈着,说到高兴处,还不时地拍着桌子。特别说到他的功名时,他那份得意实在叫王氏忍受不了。朱温对母亲道:

"朱五经辛苦一生,未得半点功名,不过如今有个当节度使的儿子,他也可以无愧于先辈了。"

儿子竟然直呼父亲的外号,还自以为超过了老子,这是极不知礼的。王氏当然不快,她觉得自己该说说这个狂妄的儿子,否则将来还了得?过了许久,她缓缓对儿子说:

"你现在为节度使,固然英雄,但行义未必比你父亲强。"

"母亲怎么这么说?难道儿还有什么做得不好?"

"难道你还没有想到你做错了什么?"母亲愤怒地问道。

"……"朱温还是莫名其妙地望着母亲。

母亲指着他的鼻子说:"你二哥与你一同离家,他战死在异乡,你功成名就,衣锦还乡,当然得意,但你为何没有想到你二哥在异乡的孤魂呢?从我来到汴州起就觉得事情有些不对,没想到直到我问你,你才说出他的死讯,你说得多么轻松,就好像那是个外人一样;而且你回老家接我和你大哥,为何留下二哥那孤男稚女在乡下不管,你叫他们怎么想?让你二哥那异乡的孤魂如何得到安宁?像你这等无情无义的英雄,有何可取之处呢?难道你的先人能做出这样的事情来吗?"

母亲的一番数落,使朱温大感理亏,深觉愧对二哥。他不敢看母亲那严厉的脸色,头一下子低下来,跪在地上,向母亲谢罪:"儿知错,请母亲恕罪,我这就派人去老家接二嫂一家来汴州。"

朱温在汴州与母亲和刘老夫人等亲人团聚后,实现他衣锦还乡的愿望,但他还有更大的野心,他发觉这是一个以强凌弱的时代,只要有地盘,有兵力,就是朝廷也惧怕他七八分,因此他把自己的胃口放得更大了,他要吞下更多的地盘,让自己成为藩镇之王。

### 三战蔡州

汴州,对朱温来说只是一个起点,他的眼光在中原甚至天下。这时汴州附近的一些州县都已为他所有,他的势力也一天天强大起来了。不过朱温的称雄之路还很艰难。首先汴州南北左右遍布着大小十余个藩镇,他们都觊觎着汴州朱温这个突然崛起的力量,他们不会轻易地归服于这个新崛起的军事集团,会用其全部的精力阻止甚至来消灭朱温。而朱温要想打开局面,首先也必须从他们开始。于是,一场兼并群雄的战争开始了。

汴州四境力量最大、最能威胁朱温生存的是蔡州节度使(治所在今河南汝南)秦宗权。当年黄巢退至陈州一带时，曾大败秦宗权，秦宗权被迫向他称臣。不过黄巢并没有动摇他多少的实力，黄巢失败后，秦宗权势力马上大盛，拥兵数万，不断向邻近州县发动进攻。至光启元年（885 年），先后攻下汝、洛、怀、孟、唐、邓、许、郑等州，并曾一度攻下东都洛阳，势力范围迅速扩展，成为中原地区最强大的藩镇。

朱温当然要把主要矛头指向蔡州。但由于势力悬殊，他最初与秦宗权的争战胜负参半，最多只能保全自身，根本不能削弱秦宗权的势力。他觉得这仗很难打，照这样打下去，他不仅不能遏止秦宗权的发展，反而有可能在战斗中被他消灭。

为改变这种局面，他决定采用先联后打的方法，北与天平节度使（治郓州，今山东郓城）朱瑄碹联合，与他约为兄弟，南与陈州刺史赵犨结为姻亲，三方合力，局势大大改观，与蔡州的较量也显得主动多了，他不仅可以在蔡州附近的州县活动，而且还遣部将进逼蔡州，打得秦宗权措手不及。

朱温与秦宗权的关系由被动变为主动，对此秦宗权大为光火，他自认为蔡州兵马是汴州的十倍，却常常被汴州击败，太失他的面子了，于是便在光启三年（887 年）初，决定于初夏麦收时，全力进攻汴州。

朱温闻讯开始积极准备。这年二月，派部将朱珍往淄州（今山东博山）一带募兵，令他麦收前必须返回。朱珍到淄州不久，即募兵万余人，又偷袭青州，获战马千匹，四月返至汴州。这时秦宗权已派大军兵临城下，其部将张晊、秦贤分别率军数万，屯驻汴州北郊、西郊，建起三十六座营寨，准备养精蓄锐，围困汴州。

朱温本来十分着急，见朱珍及时赶回，大喜过望，高兴地说："有你这一员勇将，我的大事何愁不成！"马上召集众将，商议道："蔡贼欺我兵力单弱，临城扎寨，要困死我们；不知朱珍已到，我现在兵强马壮，若出其不意，率先出击，定会叫他阵脚大乱，不堪收拾。"于是亲自率军冲出城门，进攻秦宗权营寨。

蔡州军没有料到汴州军会主动出击，果然毫无准备，汴军一路猛杀，连克四寨，斩俘万余人。又退回城内，蔡军惊愕不已，人心惶惶。朱温又令牙将郭言出城往河阳、陕州、虢州一带募兵，不久，又带回万余人，声势更振。朱温屡屡出击，蔡军放弃城西营寨，汇集到城北张晊营中。五月初，朱温又率军猛攻张晊，连破六寨。

正在郑州的秦宗权急忙率精兵至汴州，朱温也遣使向天平节度使朱瑄求援，朱瑄与据有兖州的从弟朱瑾一道率军至汴州，五月十五日，汴、郓、兖等联军与蔡军在汴州北郊的边孝村展开激战，自清晨至黄昏，鏖战一天，蔡军大败，战死二万余人，秦宗权连夜逃往郑州，接着又退回蔡州。许、汝、怀、郑、东都一带的蔡军也纷纷退去，朱温控制了郑州一带，秦宗权的势力开始衰落。

这一场战斗，使朱温在河南中部地区完全站稳了脚跟，他的实力也更加明显地体现出来了。此时秦宗权退保蔡州，再已无力进攻汴州。而朱温也没有急于与他一决雌雄，他觉得那是一头关在圈里的猪，宰杀只是个迟早的问题，不用太费心，倒是身边的这几个藩镇，最令他垂涎，他时时都想把他们据为己有。

因此朱温在暂时放松了对蔡州的征战后，对与自己相邻的兖、郓、曹等地产生了兴趣，不过这四州正是朱瑄、朱瑾兄弟的辖州，他们对朱温又有救助之恩，这令朱温有些为难："我总得师出有名啊，若无缘无故发兵，叫天下人怎么看我？"朱温苦思冥想，找不到合适的发兵借口，成天愁眉紧锁，有事没事还大发脾气。

这天，朱温的幕府中来了一个谋士，他名叫敬翔。敬翔本是朱温僚属的同乡，曾依王发，想让他向朱温举荐，但过了许久，仍没有着落，敬翔就在汴州各官府、各军营间活动，代那些不通文墨的官佐、将领起草文书信函。他起草的文浅近易懂，又多警句，被不识几个字的朱温所喜爱，召作馆驿巡官，朱温机敏善变，有权谋，部下对他均感高深莫测，唯独敬翔能忖度其心，适时献上计策，渐渐成为朱温的心腹谋士，军机、民政都要向他征询计策。这次，敬翔看出朱温想对朱瑄用兵而苦于没有借口，因此主动向朱温献上计策。

听到敬翔的计谋，朱温又一次笑逐颜开，连连点头："妙，妙，真是妙！"当即找来部将紧急部署。

都指挥使朱珍受命后依计而行，他来到军营中，装模作样地看了一番，说："现在我军军心不稳，人心离乱，连日来朱瑄以重利招诱汴州军卒，致使许多士卒逃往曹、郓等地，如此下去，我军将不堪设想。"回到汴州后，他又一本正经地向朱温报告此事。

朱温立即致书朱瑄，严加责问。朱瑄十分不满，答复态度强硬，坚决否认招诱之事，朱温马上派朱珍及另一部将葛从周攻袭曹州和郓州，大败朱瑄并攻下二州。

10月，朱珍攻下郓州后，直扑天平节度使所在地郓州，朱温率援军也由汴州北上。朱瑄见朱珍来势凶猛，令部将朱裕与朱珍联络，诈称要作朱珍的内应，约朱珍急攻郓州，朱珍信以为真，连夜赶至城下，一看大门洞开，以为是朱裕为他打开城门，命军士径自入城，刚走入大半，城门忽然关上，朱瑄率军在城上出现，朱珍知道中计，急忙退回郓州，入城的几千汴军或死或降，无一逃脱。朱温闻讯，大骂朱珍无能。正在这时，朱珍派人到汴州迎取妻子，事先未报告朱温，朱温立即

派人将朱珍的妻子追回，命人召朱珍回汴，任命排阵斩斫使李唐宾为都指挥使。不过此事被敬翔劝止，朱温又召回派往郓州的使节，放朱珍妻前往郓州，郓州之败，使朱温暂时停止了对朱瑄的进攻。

就在朱温与朱瑄等将较量的时候，蔡州的秦宗权为壮大势力，四处侵掠。唐朝廷对此也深感忧虑，便任命朱温为蔡州四面行营都统，主持对蔡州的征讨。受命之初，朱温还不想全力对付秦宗权，他看到河东节度使李克用的势力不断发展，唯恐他渡河南下，自己先率军北上，控制了黄河岸边的主要渡口。接着又取得东都洛阳，消除了后顾之忧。然后才大举南下攻围蔡州。五月，在蔡州之南大败秦宗权，将蔡州城团团包围。朱温令诸将环州城建起二十八座营寨，准备长期作战。至九月，秦宗权仍固守蔡州。朱温因军粮不继，引军退回。但秦宗权也元气丧尽，众叛亲离，十二月，被部将擒送汴州。朱温得到蔡州，势力更盛。这年三月，唐僖宗病死，昭宗即位。朱温将秦宗权送往长安处斩，昭宗则封朱温东平郡王。

蔡州大捷之后，朱温在中原地区成了最具实力的藩镇之一，对整个天下的局势具备了一定的主宰权。

### 蚕食中原

经过朱温数年的南征北战，他在中原的霸主地位已基本确立了，但在当时唐朝境内还有一个强大的军事集团，那就是盘踞河东（今山西一带）的李克用以及依附于他的其他大小藩镇。

而此时唐昭宗也只是个名义上的天子，他的地盘和影响已经小得微乎其微了，当时除了朱温和李克用之外，另外河南还有淄青（今山东淄博、青州一带）王师范、郓州朱瑄、兖州朱瑾、徐州时溥；河北地区有幽州（今北京）刘仁恭、镇州（今河北正定）王镕，定州（今河北定县）王郜、魏博（魏州、博州一带）罗弘信等割

据者;关中地区则是华州(今陕西华县)韩建与凤翔(今陕西宝鸡东)李茂贞拥兵自重;蜀中被王建占有;江淮、浙闽岭南等地区也分别为杨行密、钱镠、王审知、马殷、赵隐等割据者占有;十国格局已初步形成。唐昭宗为首的唐王朝形同虚设。所以朱温已经不满足于当节度使,也不满足于当藩霸王,他想在群雄相争的时代,干一番连他自己以前都不敢想的事业。他把自己的事业分为两步,一是要消灭李克用,二是要……

而要消灭李克用,就必须先将那些依附于河东的藩镇除掉。所以为完成第一步,朱温开始了吞食群雄的战争。

朱温还未攻下蔡州时,就把锋芒指向徐州的时溥,徐州居汴州之东,是南北交通枢纽,而时溥又常常与朱温争斗,因此,文德元年(888年)十一月,朱温就先后派朱珍、庞师古等人进攻时溥。

第二年正月,朱珍一举攻下萧县,名声大振,徐州城更是一派恐慌,为威慑时溥,朱温声称要亲自出征。

为迎候即将到来的朱温,朱珍令部下整修营垒,清扫马厩。但排阵斩斫使李唐宾的部将严郊却不肯听命,说:"现在军务繁忙,干那些事有何必要?主公来了,我们好好打仗就是,何须在这些枝节上烦扰士卒。"朱珍大为不满,派人将他斥责一通:"这是军中大事,岂能有想做与不想做的选择,赶快动作,否则军法处置。"

消息传到李唐宾那里,这位性情火暴的将军当即大怒,气冲冲地来找朱珍论理。朱珍本来就与李唐宾不和,见唐宾傲慢无礼,几句话不投机,便拔剑将其刺死了。

朱珍与李唐宾职别相近,都是汴州猛将,这次进攻时溥,朱温以朱珍为主帅,唐宾为副将,本是想让他们相互配合,好好打胜这场仗。杀掉唐宾,不等于违背了朱温之命吗?因此朱珍十分后

怕,为遮盖事实,逃避罪责,他马上派人去汴州,声称唐宾谋叛,已被处死。信使到汴州后,先到敬翔那里,敬翔也觉得事情严重,便留住使者。到天黑时才到朱温那里去报告这一情况。

朱温听完报告,大吃一惊,骂道:"好个无用的东西,不思杀敌,倒先害我一大将,我非宰了他不可!"说罢,就要点兵前往。

敬翔见状,慢慢地说:"现在已经是夜晚,行军诸多不便,有事还是等天明再议吧。再说事已至此,主公发怒也于事无补,若草率行事,激反了朱珍,后果将不堪设想。"朱温觉得他所言有理,便冷静下来,问敬翔:"你说该如何是好?"敬翔道:"不如将计就计,先稳住朱珍,再作计较。"朱温依计而行。

第二天,朱温以谋反罪,下令收捕李唐宾的家属。然后派人驰往萧县对朱珍加以慰抚。接着朱温仍按原计划来到萧县,朱珍以为自己的计谋得逞,毫无戒备,远远出城迎接。望着越来越近的朱珍,朱温的脸色一直都很平静,等他走近自己,下拜行礼的时候,朱温大喝一声:"反贼在此,左右勇士给我拿下!"四个武士应声冲上前去,将朱珍按倒在地,像捆猪似的将他结结实实地绑了起来。

朱珍的部下数十人纷纷为朱珍求情,朱温大发雷霆:"大敌当前,不思杀敌,反而自相残杀,害我大将,此等将领留下何益,你们谁都不许求情,再有谁说,一并处死!"众将不敢多言,朱温命令将朱珍就地斩首,任命庞师古为都指挥使,主持对时溥的进攻。

朱温在萧县停留将近一月,进行大战前的各种准备,并亲自指挥诸军攻袭时溥营垒,力图一举攻克。但因连日大雨,泥泞路滑,大军行动不便,他只得同敬翔商量,暂时放弃攻城,撤回汴州。

朱温走后,时溥见朱温攻势强盛,自知难与匹敌,遂向河东李克用以及郓州

朱瑄兖州朱瑾等人求救。大顺元年（890年）二月，李克用率先派部将石君带五百兵驰援徐州，并准备继续增派援兵。朱瑄、朱瑾等人也答应入援。时溥得到援兵，立即主动出击，攻掠朱温所属的砀山一带。朱温派兵击退了时溥等军马的进攻，并杀掉河东将石君，稳定了军心。

仗打到这个程度，朱温越来越感到李克用是他最大的威胁与障碍。为牵制李克用，不让他继续支援时溥，朱温决定利用朝廷。他上奏昭宗，请派兵讨伐李克用。他的奏请得到新任宰相张濬的积极赞同。于是唐朝廷下令罢李克用官爵。以张濬为河东行营都招讨使，朱温为南面招讨使，讨伐河东。但朱温只想借朝廷给他壮威，并不想全力对付李克用。所以他得到牵制李克用的机会后，自己却乘机向四面进攻，扩大地盘。

张濬自长安率军五万前往河东，朱温也象征性地将攻袭河东的泽、潞二州，稍一受挫，即退缩回来。十月，朱温声称要亲自征讨河东，派使者向魏博索取粮草马匹，并要借道往河东，魏博节度使罗弘信不肯答应，朱温率军渡河北上，进攻魏博。

这时张濬已率军进入阴地关北（今陕西霍县北），与河东军发生激战。由于他所率五万兵多是各藩镇纠集而成，他本人又无战阵经验，很快便溃不成军，退至河阳（今河南孟县北）。但朱温对魏博的行动却十分顺利，连战连捷，攻下黎阳（今河南浚县）、卫县（今河南淇县东）。大顺二年（891年）正月，又在内黄大败罗弘信。罗弘信求和，表示服从汴州。朱温达到目的，率军退至黄河沿线，准备进攻河东。

而此时，唐朝廷看到对河东的征讨一无所成，便下诏将张濬罢相，贬为鄂岳观察使，又贬连州（今四川筠连县）刺史，为克用恢复官爵，并加官守中书令。

朝廷的态度则使李克用势力更盛，

他看透了朱温，决定集中兵力对付这个野心勃勃的家伙。他一方面派兵进攻那些出兵河东的藩镇，另一方面又积极联络时溥、朱瑄、朱瑾，支持他们与朱温相争。不过这时时溥已兵弱将寡，力不从心；只有朱瑄、朱瑾还能在李克用的支持下，常常与朱温发生争斗。

景福元年（892年）初，朱温再次发兵攻袭朱瑄，遣其子为先锋将，先进至斗门遭朱瑄袭击，弃营逃去。朱温不知，次日，也引兵赶到斗门，中朱瑄埋伏，败退到州雷泽县（今山东鄄城东南）南的瓠河镇。朱瑄紧追不舍，在瓠河镇又大败汴军。朱温只率左右亲兵逃出。

此次失败，使朱温认识朱瑄势力尚强，难以一举攻克，便把进攻的方向转向已经衰弱的徐州。

十一月，遣长子朱友裕率军十万进攻徐州。次年初，时溥向朱瑾求救。朱温闻讯，派大将霍存率三千骑兵在曹州一带游弋，阻拦援军。二月，朱瑾亲率二万兵马赶到徐州。霍存见寡不敌众，未敢遽然拦截，派人飞报朱友裕，朱瑾行至徐州近郊的石佛山时，朱友裕与霍存两面夹击，朱瑾大败，逃归兖州。

朱友裕在徐州坚壁清野，以逸待劳，准备长期围困。时溥几次出城挑战，友裕均闭壁不应。朱瑾逃跑时，友裕也不发兵追赶。朱温养子都虞侯朱友恭也在军中，对朱友裕的这种作法极为不满，他暗暗向朱温报告，称友裕不肯尽心作战，恐有异心。友恭本名李七郎，先在汴州经商，后依附朱温。因为忠厚勇敢，很受朱温的赏识，被朱温收为义子。

朱温闻讯大怒，马上命都指挥使庞师古代友裕为将，并追查此事。谁知传令人将命令误交到朱友裕手中，友裕深知父亲喜怒无常的脾气，当即率二十余名亲兵逃入山中，后又奔到辉州（今山东单县），藏到伯父辉州刺史朱全昱家中。朱温夫人张氏听说后，马上派人送信，要朱友裕一人来汴州向父亲请罪。朱温见到朱友裕,依然余怒未消,令左右拉下,准备斩首。

夫人张氏急忙上前抱住友裕,向朱温哭诉道:"友裕舍掉兵众,只身返回,不正好证明他没有异志吗?"朱温听罢,思考起来。其实这正是张夫人所要达到的效果。这张夫人可非等闲之辈,她本砀山人,朱温在同州时,张氏也逃难至此,被朱温娶为妻室,张氏深有权谋,备受朱温依赖,军政大事无不与之商计,即使是出兵至中途,张氏认为不可,遣人相告,朱温也马上率军返回。张氏深知这次事件是由于友裕为长子,朱温怕他被将士们拥立,取代自己的位置,才如此恼怒,因此,她要友裕一人前来,表明并无异心。一会儿,朱温果然消了一些怒气,改任友裕权知许州(今河南许昌)。

庞师古接替朱友裕后,连连向徐州发起进攻。至五月,仍未能攻克,通事官张涛上书朱温,认为屡攻徐州不下,是由于进军时未选定吉日,朱温也对攻徐一事有所失望,想撤回大军。敬翔对朱温道:"今累月攻城,徐人已困,旦夕可下,不可轻易解围,尽弃前功。"朱温当即烧掉张涛上书,亲自率军赶往徐州。汴军看到朱温亲来,一鼓作气,攻入徐州城,时溥自焚而死。朱温完全据有了时溥旧地。

攻下徐州,朱温令庞师古挥师北上,进攻兖州朱瑾。乾宁元年(894年)二月,朱温又亲自率军进攻郓州朱瑄。汴州与兖、郓又拉开激战的序幕。

面对强大的汴军,朱瑄朱瑾向河东求救。李克用派精锐骑兵五百前来支援,但还是屡屡受挫,乾宁二年(895年)正月,朱温派朱友恭率军围困兖州,朱瑄与河东援兵一道前去救援,被友恭设伏击溃。四月,李克用又派部将史俨率万余骑兵赶至郓州,友恭解兖州之围,退回汴州。

朱温积极屯储军粮,整治兵甲,准备大战。九月,秋粮登场,汴州一带迎来了多年少见的好收成,朱温遣部将葛从周包围兖州,自己率大军作后援。郓州朱瑄见兖州告急,派部将贺环与河东将薛怀宝一道率军万余人进攻曹州,想以此为兖州解围。朱温率军连夜追赶,在钜野(今山东巨野)南,大败郓军,俘获贺环以下三千余人。当日下午,大风四起,风沙迷漫,一时天昏地暗,悬在半空的太阳也黯淡无光。朱温对左右道:"这是杀人还不够数的迹象。"下令将三千俘虏全部杀掉。又带贺环赶到兖州城下,对朱瑾道:"你兄已败,何不早降!"朱瑾毫不理会,仍固城自守。至年末,连日大雪,兖、郓一带冰天雪地,朱温只得收兵,返回汴州。

朱瑄兄弟继续向河东告急,乾宁三年(896年)正月,李克用派大将蕃汉都指挥使李存信率万余骑兵前来救援,途经魏博所属的莘县(今山东莘县)时,朱温的使节也抵达魏州,使节对魏博节度使罗弘信说:"李克用志在吞并河北,这批援兵回师之时,你们这里必定要遭到他们袭击。"

而这个时候,河东骑兵在莘县停留期间纪律不严,侵掠居民,百姓怨声载道。罗弘信对朱温使节的话也相信了几分,便发兵三万,夜袭河东军,李存信猝不及防,败退至洺州。

就这样,罗弘信断绝了与河东的关系,依附于汴州,以往朱温每次出师兖州、郓州,总担心罗弘信在背后偷袭,而现在,朱温则解除了后顾之忧,可以专心经营对兖、郓的军队了。为笼络罗弘信,朱温常称他为六兄,并言弘信年龄长他一倍,应当以父事之,取得了弘信的信任。

三月,朱温又派庞师古、葛从周率军攻伐郓州,直抵城下。四月,李克用发兵大攻魏博,朱温调葛从周渡河赴援,留庞师古在郓州。六月,大败河东军,活捉克用之子落落。克用十分钟爱此子,遣使到汴州,请与朱温和好以换取落落。朱温执意不肯,要葛从周将落落交付罗弘信斩首,这样一来,罗弘信便彻底断绝了与河东的关系,更要一心依附朱温了。

葛从周击退河东军后又挥师南下,继续与庞师古攻围郓州。此时,郓州城早被汴军占据,朱瑄只剩下郓州一座孤城,李克用援兵也由于魏博的梗阻,无法到达。两军相持一段之后,朱瑄终于难敌汴州军,败退下来。汴军攻入郓州,朱瑄出逃途中被捉。朱温至郓州,派葛从周乘胜进攻兖州。这时,朱瑾正率人马南下掠夺军食,兖州守将康与贞投降,朱瑾遂投奔淮南杨行密。朱温纳朱瑾之妻为妾,率军凯旋汴州。张夫人让朱温送朱瑾妻到佛寺出家。朱温只好照办。

至此,整个河南道几乎都落入朱温之手。王师范据有淄青一带,也向朱温表示依附。

### 决战河北

朱温拥有河南地区后,立即与李克用展开了对河北的争夺,河北地区的四股势力中,依附于汴州的魏博原节度使罗弘信已死,其子绍威即位,继续依附汴州。但幽州的刘仁恭、定州的王郜、镇州的王镕,此时还都没有倒向汴州。

光化二年(899年)初,刘仁恭南下进攻魏博,朱温派兵火速增援,大败刘仁恭。第二年四月,朱温又调集十万兵马,以葛从周为帅,大举进攻刘仁恭。刘仁恭忙向河东李克用求救,六月,河东援军五万相继开出太行山。朱温见敌人来势凶猛,便将葛从周召还,改变方向,先进攻较为弱小的镇州王镕。

九月,朱温亲自率军进攻镇州,一路势如破竹,先锋很快便攻到镇州南门,烧掉了关城。王镕见守城无望,派周式向朱温求和。朱温大怒,对周式说:“我多次给你们主帅写信,让他不要与河东来往,可他总不肯听从,一意与河东往来,现在我兵已至此,一定要攻下此城,以泄心头之恨!”周式回道:“镇州紧邻河东,数次被他们侵凌,不得已才与他们讲和的啊。现在主公如果真能为民除害,天下谁人不从?若穷兵耀武,镇州虽小,城坚食足,主公即使十万之众,恐也难以攻克。”朱温马上换上笑脸,拉着周式入帐中,笑道:“刚才都是戏言,请不要放在心上。”即遣人随周式入镇州与王镕谈判。王镕拿出20万绢帛作为汴军的犒军钱,又把儿子延祚送到汴州做人质。朱温大功告成,率军返回。为拉拢王镕,朱温又将女儿嫁给王延祚。

但王镕也有其难处,因为他紧邻河东,依附了朱温,必然会担心李克用的报复。在幕僚的建议下,他又派周式出使汴州,请朱温再度出兵,吞并幽州与定州,使河北合而为一,共同抗御李克用。这正中朱温下怀,即遣将张存敬联合魏博兵进攻刘仁恭,连克瀛(今河北河间县)、景(今河北东光县)、莫(今河北雄县南)三州,攻下二十余城,又引兵西攻定州。

占据定州的义武节度使王郜,派后院都知兵马使王处直率军迎战,大败。王郜逃奔晋阳(今山西太原),定州军卒推王处直为帅。十月,朱温亲率大军进逼定州城下,大有一举攻破之势,王处直没计可施,只得登上城楼,大声喊道:“本官事奉朝廷甚谨,又未尝进犯主公,不知为何被攻?”朱温大声问:“你为何依附河东?”处直答:“吾兄与克用同时受封,而且疆域相连,又结为婚姻,修好往来是自然常理,请准许自今起与河东绝好。”朱温见定州城高壕深,答应了王处直的求和要求。处直献出十万绢帛犒军,朱温则请朝廷正式任处直为义武节度使。

这样,河北地区大都在朱温的控制之下,他也成为势力最强的一个藩镇。

占有河北大地之后,朱温将战争矛

头直接指向河东李克用。

李克用在河北失利后，河中便成为其南下的主要通道。他可以由河中南下关中，或入河南。因此，朱温决计先取河中，再由此与河北两面夹击，进攻河东。

唐代的河中地区，即今山西西南一带，河中节度使治所蒲州在今山西永济县西，它北接河东的晋州、绛州，西依关中的同州、华州，南邻潼关、陕州、虢州。河中节度使王珂为原节度使王重荣之子，娶李克用之女为妻，一直依附于河东。

天复元年（901 年）正月，朱温对河中用兵，他认为李克用与河中相连，无论是入关中还是入河南，都势如长蛇，难以遏止。拔掉河中，等于将这条长蛇拦腰截断，所以他把这次计划称为"断长蛇之腰"。

为预防李克用援救河中，朱温先派猛将张存敬攻下晋、绛两州，切断了河东与河中的联系，并屯兵二万，准备阻挡河东援军。河中节度使王珂见形势危急，接连派人向克用求救，克用因晋、绛失守，未能出兵，珂妻亲自致书父亲道："女儿随时都会成为敌人的俘虏，父亲大人何忍不救？"克用回信道："如今敌人接连攻下晋、绛，我寡不敌众，如果前来救援，只会与你一起死，你不如与王郎先逃到长安去吧。"王珂无奈，又向凤翔李茂贞求救，但茂贞也不肯发兵。

二月，张存敬进逼蒲州，王珂本想逃往长安，部将劝道："如今长安也是朝夕难保，逃到那里也没有什么益处，不如投降汴州，以图后计。"王珂接受他们的建议，便向存敬请降。存敬要他打开城门，让汴军入城。王珂道："我与朱公有旧，我既然答应归降，决不会反悔的，请你暂时退到城外，等朱公来后，我自会开门纳降。"原来朱温曾作王珂父亲王重荣的副使，又曾认重荣为舅，所以王珂还觉得与朱温的关系不一般。

朱温闻讯，十分欢喜，策马奔向河中。为表示不忘旧恩，还未进城，他便先到重荣墓地，声泪俱下，痛哭一场，然后才到蒲州城下。王珂要以降将之礼出迎，朱温不许，说："今日你我是兄弟，我是永远不会忘记舅舅当年的恩惠的，你以常礼出迎就是了。"

王珂荣幸之至，走出城外，以兄弟之礼与朱温相见。朱温抱着他又是看，又是问，一副亲密的样子，好像久别的朋友一般。相见结束后，朱温又与他马并马，亲热地走入城中，都称朱温是位仁德之人。

朱温进城之后，得意地将城内各处看了看，再对王珂说："兄一家在此，诸多不便。我娘就是你姑，你到现在还未见过她老人家。目前这里恐怕还会有战事，你何不将嫂嫂及侄子们都迁到汴州去，让我娘也高兴高兴。"

王珂明白朱温这是想将他调离河中，断绝他与河东再相联系的机会，但此时受制于人，不去又有何办法呢？可他还没来得及动身，朱温又对他说："兄深明大义，弃暗投明，朝廷定会嘉奖的，我想让兄先进京去，然后再接兄到汴州，不知可否？"

王珂心想，你别这样装腔作势，我敢说不字吗？他苦笑了一声，说："去哪里都可以，我完全听从朱公的安排。"可王珂他们在入京途中，却遇到了一伙强盗的袭击，一家全部被杀。朱温闻讯，还是痛哭，只有敬翔知道杀王珂全家的强盗，就是朱温派去的，所以他听见朱温的哭声，很不以为然地笑了。

李克用见朱温连连取胜，不想与他正面交锋，遣使携带重金向朱温求和，朱温不以为意，仍不断调兵遣将，进攻河东。李克用丢城失地，步步退缩，朱温势力更盛。

### 祸乱朝廷

势力强盛后，朱温便想直接控制朝

廷，甚至还想模仿曹操"挟天子以令诸侯。"唐朝廷此时虽然无地无兵，但内部斗争依然尖锐，尤其是朝官与宦官间的南衙与北司之争更是连绵不断，愈演愈烈。各派力量都向藩镇寻找依托与支持，头号藩镇朱温自然也成为他们的首要目标。宰相崔胤一直与昭宗皇帝计划诛杀宦官一中。崔胤主张尽杀宦官，宫中事务由宫女执掌。但当时京城的禁军由宦官掌握，权阉韩全海洞悉崔胤的密谋后，教唆禁军喧闹，上诉崔克扣冬衣，要求皇帝解除他兼任的三司使一职。崔胤知道事情泄露，马上致书朱温，声称接到密诏，要朱温率军前来迎驾。有了这一借口，朱温由汴州出兵西上。

十一月，韩全海率禁军劫昭宗奔往凤翔。朱温入关，乘势收取华州韩建，继续西去。

到长安后，宰相崔胤率百官迎至城外，朱温派判官李择前往凤翔，奏称"奉密诏并得崔胤书令臣率兵入朝"。韩全海马上自拟了一份诏书，回答朱温："朕至此避灾，非宦官所劫，密诏皆崔胤捏造，卿宜收兵退保汴州。"但朱温毫不理会，很快推进到凤翔城下。凤翔刺史李茂贞坚壁不战，昭宗又在韩全海挟持下屡令朱温回师，朱温暂时离开凤翔，改掠关中其他州县，扩大了势力。

天复二年（902 年），朱温又返回河中。大败要入援凤翔的河东军，并一路进攻，打到河东首府晋阳。李克用大惊，打算逃亡到塞外。河东元气大伤，此后数年间，不敢与汴相争，使朱温以专意措置唐朝廷。

初夏时分，与河东大战结束，朱温正整治兵马，准备入关中。崔胤赶至河中，向朱温哭诉李茂贞将劫天子至蜀，要朱温从快迎驾，不可迟缓。朱温为崔胤设宴接风，席间，崔胤手执拍板，亲自为朱温歌唱助兴。朱温满足地看着这位洋相百出的堂堂宰相，连声喝彩。

五月，朱温率精兵五万前往关中。六月，又到凤翔。李茂贞曾在虢县（今陕西宝鸡县）进行拦截，大败，朱温到凤翔城下，向城中喊道："臣只想迎皇上还京，不与岐王争胜负。"茂贞曾封岐王，故朱温这样称他。朱温在城周围安营扎寨，将凤翔团团围住，李茂贞出战两次，均告失败，一直固守坚城，不肯出战。

转眼到了九月，深秋时分，凤翔一带寒雨连绵，汴州士卒都身穿单衣，病了不少。朱温愁眉不展，想退回河中。亲从指挥高秀昌极尽劝阻，并献诱敌之计。当天朱温厉兵秣马，做好各种准备。次日晨，先派一部军卒大张旗鼓地东去，大部分人马却原地埋伏。预先选好的骑士马景率几名骑兵急匆匆地逃到城下，声称投降。入城后，对李茂贞报告："朱温大军已全部逃去，只余伤员士卒万余人守营，今夕也要离去，请速出击。"茂贞信以为真，打开城门，倾力扑向汴军营寨。朱温先派轻骑堵住城门，然后纵兵大出，凤翔兵死伤殆尽。此时，朱温之侄朱友伦自汴州率军督粮草、棉帛抵达。朱温继续围困凤翔，并乘势攻下坊州（今陕西黄陵县）等地。

入冬后，大雪不断，凤翔城中食尽，冻饿而死者不可胜数。有的人还未咽气，就被他人分割吃掉，市中公开买卖人肉，每斤百钱。昭宗皇帝也只有到市中变卖御衣及小皇子的衣物，换取一些食物，每到夜晚，汴军鼓角齐鸣，惊天动地，斗志旺盛。李茂贞见事已至此，只好投降，遣使到朱温那里，称"这次祸乱全是韩全海惹起的，我们只是在保护陛下，等我们斩杀韩全海之后，即可前来迎候陛下入京。"

天复三年（903 年）正月，李茂贞诛杀韩全海等二十余人，可是朱温仍不肯解围。茂贞怀疑是崔胤鼓动朱温攻取凤翔。遂劝昭宗下诏召崔胤等百官速至凤翔。昭宗四下次下诏，崔胤都称病不到，朱温也给他去信说:"我不识天子,须公来辩其是非。"接到朱温书札,崔胤方启程西来。崔胤到后,朱温命李茂贞将昭宗送出城,李茂贞也不得不照办。

昭宗见到朱温,装出满面悦色,褒奖道:"宗庙社稷,赖卿得以再生。"稍事休息,朱温即引兵拥昭宗去长安。回到长安后,朱温大开杀戒,将宫中宦官几乎杀尽,只留下年幼体弱者三十人。又使崔胤兼判六军十二卫事,统率禁军。昭宗又封朱温为"回天再造竭忠守正功臣"。

正在这时,汴州传来淄青王师范兴兵进犯的消息,朱温率军东还。临行前,留步兵、骑兵入补神策军,以朱友伦为左军宿卫都指挥使,部将张足范为宫苑使,王殷为皇城使,完全控制了长安及周围地区。朱温又上奏昭宗,称"克用于臣,本无大怨,请加官晋爵,遣大臣前往抚慰。"李克用闻知冷笑道:"好个狡猾的朱温,他欲出兵淄青,又害怕我出兵攻其后路,想以此来笼络我。"但由于兵力单薄,李克用此时也无力进攻了。

三月,朱温回到汴州,马上组织对淄青的进攻。这淄青节度使王师范本来依附于汴州,去年朱温率军围凤翔时,韩全海曾向各藩镇求援。师范见朱温久留关中,关东地区十分空虚,就想乘机扩大地盘,他让部将分别率士卒化装成商贩,推起小车,武器藏在车中,分赴汴、徐、兖、郓、齐、沂、洛阳、孟、滑、河中、陕、虢华各州,约定日期,同时行动,但大部分人马都被识破就擒,只有行军司马刘郭攻取了兖州。留守汴州的节度官裴迪来不及报告,立即请马步都指挥使朱龙宁与泰宁节度使葛从周共同进攻王师范。

朱温返回后,令朱友宁进攻青州,葛从周包围兖州,自己则率大军十万,作为后援,至六月,汴军相继攻下淄青所属的博昌(今山东博兴)临淄(今山东临淄),并进抵登州(今山东蓬莱)、青州城下。不过,登州一战,汴军受挫,朱友宁战死。

朱温闻讯,率军昼夜赶赴青州,立誓要一举攻克,活捉王师范。但青州城坚兵强,朱温未能如愿,遂留部将杨师厚主持对青州的进攻,自己回到汴州。九月,王师范见属地多为汴军所占,自己只余一座孤城,遂向杨师厚投降。朱温总是担心关中李茂贞会趁他不在,再度劫持昭宗。因此,接受师范投降,仍命他镇守青州,自己则准备将昭宗迎至洛阳,圈在自己的势力范围内。

再说朱温虽然在离开长安时就预先作了安排,但他留下的军队还不是凤翔李茂贞的敌手,况且,崔胤自朱温走后,也暗自扩大自己的势力,借口长安邻近凤翔,四处招募士卒充当禁军。朱温对此早已识破,便暗暗派汴军将士前去应募。十月,朱温留在长安典掌宿卫的朱友伦在击毬时落马身亡,朱温怀疑是崔胤谋害,派人将与友伦一道击毬的十余人全部杀掉,又派义子朱友谅代替友伦。此事之后,朱温更迫切地要把昭宗迁到洛阳。

天佑元年(904年)正月初,朱温上表昭宗,称宰相崔胤专权乱国,离间君臣,理应诛除。昭宗接到上表,罢崔胤宰相,降为太子少傅。朱温密令朱友谅将崔胤杀死于家中。率大军进屯河中,派牙将寇彦卿向昭宗上表,请迁都洛阳。接着又致书宰相裴枢,要他率百官东行。二十七日,昭宗由长安出发,朱温令原留在长安的部将张廷范为御营使,率都护卫。

二月十日,昭宗及大批随从缓缓到达陕州。次日,朱温至陕州朝见昭宗。因洛阳皇宫尚未修好,要昭宗暂住陕州。三月,朱温声称要亲往洛阳督修宫室,临行置酒与昭宗等宴饮,宴后,昭宗留朱温与前华州刺史韩建畅饮。皇后何氏亲自为朱温斟酒,韩建看到晋国夫人附在昭宗耳边说些什么,就用脚踩了朱温一下。朱温见状,以为昭宗要谋害他,佯称酒醉,夺门而出。

四月，朱温上表称宫室已成，请昭宗尽早入洛阳。昭宗因何后新产皇子，要求十月再往洛阳。朱温认为昭宗是借故拖延，不肯前来，大怒，命牙将寇彦卿："汝速至陕，即日促皇上上路。"昭宗无奈，只好上路。途中，朱温令人杀掉晋国夫人以及宫中所有侍从，全部换上自己选定的人员。不过，即使这样，朱温对昭宗还是放心不下。特别是自朱温将昭宗迁离长安后，李茂贞、李克用、王建、杨行密、刘仁恭等藩镇纷纷加以声讨。朱温唯恐他们内外相联，便计划杀掉昭宗，另立新帝。

闰四月，昭宗至洛阳，朱温以部将朱友恭、氏叔琮分别为左右龙武统军，负责宿卫，其他重要位置也都换上自己的人。五月，昭宗在崇勋殿请朱温及百官，宴罢，又召朱温入便殿，继续宴饮。朱温不敢入内，昭宗道："朱温不来，可令敬翔来。"朱温推了敬翔一把，令他出殿，遣人对昭宗道："敬翔也醉了。"不久，朱温回到汴州，密令朱友恭、氏叔琮等人杀掉昭宗，立13岁的辉王为帝。八月，朱友恭等杀昭宗，假称皇太后令，使辉王即帝位。

朱温听到昭宗遇害的消息，装作大吃一惊，伏地痛哭，十月三日，赶到洛阳，又伏在昭宗灵柩前痛哭不已，并一本正经地朝见新帝。次日，为灭口，朱温借故朱友恭、氏叔琮治军不严，所部士卒扰乱市肆，将友恭贬崖州司户，叔琮贬白州司户。接着，都令其自尽。友恭临死前大骂朱温："这个老贼，让我杀人的是他，杀掉我的也是他，他这是在卖我来塞住天下人的斥责！"

新帝年少，不通政事，政事全由朱温控制。朱温这才放心地返回汴州。为防万一，次年二月，他又令人将昭宗诸子全部杀掉。六月，又将原朝中重臣三十余人押到白马驿（今河南滑县），杀掉后投入黄河。

## 登基称帝

经过朱温几年的经营，唐朝廷可以说已成了朱氏朝廷，只剩下一个名义上的李姓皇帝。即使这样，朱温仍急不可耐地要登基称帝，便命枢密使杨玄晖与宰相柳璨措置此事。杨、柳二人虽然也倾心于朱温登基称帝，但他们总想让朱温按传统习惯一步一步地受禅，符合礼法，名正言顺。因此，准备按魏晋以来受禅的礼仪逐步进行。

天佑二年（905年）十月，先授朱温天下兵马大元帅，下一步准备封为魏国王，然后再加九锡、受禅。十一月，派刑部尚书裴迪为送官告使，向朱温送去天下兵马元帅的官告文书。但朱温根本不理会这一套，怒气冲冲地将裴迪赶回洛阳。宣徽副使王殷等人早就想取代玄晖，乘机向朱温进谗道："玄晖等人欲是想延续唐朝，故逗留大人登基之事，想等待形势的变化。"

玄晖闻讯，亲自来向朱温解释。朱温责问道："你们这些家伙不要巧借闲事来阻挡我登基，即使我不受九锡，难道就不能做天子吗？"玄晖道："外敌尚强，虎视眈眈，大王匆匆受禅，恐他们不服。大王登基之事，不可不遵循礼规啊！"朱温喝斥道："我看你这个奴仆真的想反了。"

玄晖惶惶奔回洛阳，连忙与柳璨计议为朱温加九锡之事，准备加快步伐，但他们还是摆脱不开那一套烦琐的程序。二十四日，以朱温为相国，次日封魏王，加九锡。但朱温还是嫌太慢，拒不受封，并辞掉所加九锡，所谓九锡，是古代皇帝为表示对某位大臣的尊崇所特别赐给的九种物品，主要有车马、衣服、乐则、朱户、弓失、斧钺、纳陛、虎贲等物，自西汉王莽开始，加九锡成为大臣登基称帝前的例行公事。

但朱温却不管这些，对玄晖等人的行动还是十分不满，不断地说："太慢，太慢！"十二月初，玄晖亲自到汴州了解朱温的意思，回来后立即找到柳璨一道向哀帝上奏："人望归梁王，今正是陛下释去重负之时。"这就是要让哀帝退位，禅让给朱温。哀帝当然应允。

当天柳璨赶到汴州向朱温转达哀帝要让位的旨意。他心想，这次朱温该满意了吧，新朝建立后，我这个宰相还可以照做不误，说不定还能封王呢！谁知来到汴州后，朱温不但拒不接受哀帝禅让，反当着众将帅僚佐，把他和玄晖痛骂一番："好两个混帐东西，本王向来忠心耿耿，何曾有过犯上之举，你们这样做，不是想置本王于不忠不仁吗？"柳璨可真有点丈二和尚摸不着头脑。

原来，玄晖自汴州走后，情况发生了一些变化，黄河北岸的魏博发生兵变，幽州刘仁恭也乘机南下，敬翔劝朱温先出兵河北，平定军变击退刘仁恭后再回来登基，这样既可以增加威势，又可以作出谦让的姿态，让天下人心服。朱温接受了这一建议。另外，时时注意着玄晖等人的宣徽副使王殷，也向朱温报告，说何太后派宫女阿虔、阿秋与玄晖等勾结，玄晖、柳璨对太后焚香立誓，要保住李唐王朝，所以才迟迟不肯安排禅让一事。因此，朱温接到柳璨送来的禅位"旨意"，不仅加以拒绝，而且还恼羞成怒。

柳璨到汴州的第二天，朱温就命人收捕玄晖，命王殷权知枢密事。并再次上表推辞封魏王及加九锡的诏令，不过他在汴州的皇宫仍在继续修造。

玄晖被捕的次日被杖杀，朱温令暴尸洛阳城外，王殷等又巫告玄晖与何太后有私，阿秋与阿虔是双方的联络人。朱温密令王殷杀太后与阿秋、阿虔，接着又贬柳璨为登州刺史，柳璨还未来得及赴任，又斩于洛阳城上东门外。

朱温这些举动反而使十几岁的小皇帝以及那些积极办理禅让一事的大臣们迷惑不解，心惊胆战。他们摸不清朱温到底什么时候想做皇帝，进退两难，唯恐什么地方触怒了这位太上皇，惹来杀身之祸。

天佑三年（906年）正月，朱温率军北上，经半年多征战，平定了魏博局势。接着又进攻幽州所属的沧州（今河北沧州市）。十二月，沧州势穷力尽，朱温正准备大举登城，忽然传来潞州失守的消息，使朱温改变了部署。原来河东李克用为援助刘仁恭派兵向潞州发起进攻，驻守潞州的昭义节度使丁会打开城门投降。听到这一消息，朱温急令烧掉粮草，撤回汴州。

潞州居河东之南，太行之北（治所在今山西长治市），是一战略要地，当时号称天下之脊。河东夺取了潞州，等于打开了通往洛阳的北大门，可以由潞州南下太行，直抵洛阳。所以，朱温才匆匆回师，退保老窝。

朱温回到汴州后，御史大夫薛贻矩代表哀帝前来劳问。贻矩见朱温，请行臣礼，朱温不肯，但贻矩还是像参见皇帝那样拜舞一通，朱温也未执意阻止。贻矩回到洛阳后对哀帝及众大臣说："梁王已有受禅之意了。"得到这一消息，大臣们又急忙进行受禅的各种准备，哀帝下了诏书，称二月禅位，但朱温是象征性地加以推辞。

二月，唐大臣共同请哀帝退位，宰相率百官向朱温劝进，朱温所控制的其他藩镇以及湖南马殷、岭南赵隐也遣使劝进。朱温表面上又得推让一番，经过几次往复，到三月二十七日，哀帝正式退位。百官以宰相张文蔚为首，携带玉玺，备起仪仗，浩浩荡荡开赴汴州。次日，朱温便迫不及待地在汴州新修成的金祥殿理事，但因为还未正式称帝，朱温只是自称寡人，各种笺、表都匆匆地去掉唐朝年号，新年号要称帝后才有，都暂时只标月日，不写某年。第三天，张文蔚率百官到汴州。

四月五日，朱温改朱全忠为朱晃，彻

底摆脱了唐王朝，四月七日，张文蔚等人乘着辂车，带着玉玺，诸司诸部门都准备起仪仗来到金祥殿，献上玉玺，为朱温加冕。然后张文蔚宣读哀帝让位文书，百官群臣在殿前舞蹈庆贺，山呼万岁。朱温正式即位，建梁朝，定年号为开平。

仪仗完毕，朱温在玄德殿大宴群臣，举酒对群臣道："朕辅政不久，此次称帝多赖诸公推戴。"群臣多唯唯诺诺，不敢发言，只有薛贻矩等人顺着他的话，颂扬其功德卓著，理当应天顺人，登基称帝，朱温十分满意。

当晚，朱温又与家人宗亲在宫中宴饮游乐。长兄朱全昱喝了几杯酒后，实在按捺不住，斜视着朱温，满嘴酒色，不无得意地说："朱三，你本砀山一草民，随着黄巢为盗，如今已经富贵至极，为何还不知足，要灭唐家社稷，自称皇帝呢？"朱温十分不快，强忍着没有发作，让侍从将他扶下，他也愤愤地离开了宴席。一场欢宴就这样不欢而散。全昱本性纯朴，不善言谈，朱温曾让他做辉州刺史，后来又被任命为岭南节度使，上任不久，他就多次向朱温要求撤回任命，根本不去赴任。朱温无奈，只得收回成命。就在朱温准备称帝期间，全昱也常在他耳边道："朱三，你不好好看看自己，你可以当天子吗？"有这样一位长兄，朱温也无可奈何。

朱温即位，封哀帝为济阴王，安置曹州，居室周围遍布荆棘，并派兵把守，不许外出。次年，即毒死。又改枢密院为崇政院，任敬翔为崇政院使，执掌枢机。薛贻矩为相，唐文武百官也多被留任，除河东、凤翔、淮南、西川外，各地割据者都向朱温称臣纳贡，使用梁朝年号。

## 命丧皇权

梁朝的建立，是朱温势力的顶巅，也是他衰落的开始。从此后他再没有过振作，因为在他称帝之时，河东的势力已经强大起来，并对他构成了严重的威胁。

朱温时时都觉得自己不铲除河东，帝位是很难坐稳的。

朱温即位之前，河东已经取得潞州，因此朱温即位后进行的第一项重大军事行动就是进攻潞州。

朱温令保平节度使康怀贞率兵八万与魏兵一道进攻潞州。八月，又以亳州刺史李思安代康怀贞为帅，次年三月，朱温又亲自到泽州（今山西晋城市），委匡国节度使刘知俊为帅，代替李思安。经过近一年的进攻，梁军终于将潞州团团包围。这年正月，河东节度使、晋王李克用病死。其子李存勖即位，朱温认为潞州指日可下，遂返汴州。不料，四月李存勖亲自率军南下，出奇不意，大败梁军，朱温气急败坏，又调集兵马，准备再攻潞州。

为了便于对河东作战，加强对关中的控制，开平三年（909 年）正月，朱温迁都洛阳，命养子博王友文为东都留守，三子友贞为东都马步军都指挥使，三月，朱温任山南东道节度杨师厚为潞州四面行营招讨使，率军进攻潞州，朱温也由洛阳渡河北上，至河中督阵，但不久就因病返回洛阳。杨师厚在晋州受阻，未能抵达潞州。

潞州之事尚未平息，梁朝北部的河北镇、定一带又掀起反梁风波。

公元 910 年八月，镇州王镕之母何氏病死，朱温遣使祭吊，使者在客馆见到了河东使节，他们也是前去吊唁的。回来后使者向朱温报告此事，并添油加醋地说："王镕不思陛下之恩，暗中与河东通好，河东使节说他们已经来往很久了。"朱温近来一直担心镇、定见到河东势强，会倒向那边，听到报告，决定对镇、定采取行动。

这时，正巧幽州刘守恭发兵要侵定州，朱温发魏博兵进入镇州所属的深州（今河北深县）等地，声称要助镇定抵御幽州，实际上是想以武力作后盾，将王镕与定州王处直移往他处。

王鎔得知内情后，与王处直一道向河东求援。李存勗发兵进驻赵州（今河北赵县），镇、定正式背叛朱温，恢复使用唐朝年号。朱温派大将王景仁率精兵五万人北上，被河东与镇、定联军大败于柏乡。次年二月，河东军进逼魏州，并连克澶州（今河南内黄县东南）、博州（今山东聊城），进军黄河北岸的黎阳渡口。朱温亲自率军驻屯洛城之北的白马坂，防备河东兵渡河南下。这年九月，朱温大病初愈，但他求胜心切，亲自率军渡河北上，但河东与镇、定之北都坚壁不出，他讨战不应，十一月，朱温只得退还洛阳，病情加重。

乾化二年（912年）初，河东兵大举攻讨幽州，刘守恭向梁求救。二月，朱温病情稍缓和了些，决定再次率军北上。但大臣们因朱温近来脾气焦躁，喜怒无常，都不愿随从。朱温由洛阳城出发行至白马村时，众官多未赶到，朱温派骑兵沿途驱赶，左散骑常侍孙骘等人最后赶到，被朱温斩首。

朱温行至魏州，命都招讨使杨师厚围枣强（今河北枣强县东），诏讨应接使贺德伦围景县（今河北景县），师厚攻枣强数日，方攻下，朱温命不论老幼全部杀掉。又与师厚一道赶往景县与贺德伦会合。河东将领史建瑭等人前去救援，抓到的梁兵，即割去一臂，放他回去，并说："替我告诉朱公，晋王大军已经到了。"朱温与贺德伦刚到景县城西，还未来得及安营扎寨，史建瑭与另一将各帅三百骑兵，装扮成梁军来到贺德伦军前。这时已届黄昏，梁军未加防范，史建瑭令军士四处放火，左冲右突，然后趁着夜色离去。梁军惊慌失措，混乱不堪，大呼"河东军来啦！"朱温见状，连夜逃去，途中又迷失道路。次日晨，方至冀州（今河北冀县），派出的侦探回来报告："河东军仍在幽州，昨夜只是几百骑兵骚扰。"

朱温羞愧交加，病情加剧。四月，返回洛阳。朱温病情急剧恶化，梁朝上下都在议论嗣君问题。

朱温长子友裕已死，另有二子友珪三子友贞与养子友文，还有幼子友敬等人。此时友文与友贞均在汴州，友珪在洛阳，为左右控鹤都指挥使。这三个子嗣中，朱温对养子友文更看重些。但最具威胁力的则是二子友珪。

友珪的母亲本是亳州的一个妓女，朱温势力还不算强大的时候，行军到亳州，为她的美貌所动，便召来侍寝。不久，此妓女便有了身孕。但朱温平时对他的原配妻子张氏敬畏三分，所以在班师回汴州时，未敢将她带回，就在亳州为她购置了一套宅院，让她暂时住在那里。后来她生下了男孩，朱温非常高兴，给他取名叫友珪，并说服张氏将他们母子接回汴州。朱温即帝位后，友珪被封为郢王。后来又加官为检校司徒，左右控鹤都指挥使，兼管四蕃将军。自从长子朱友裕死后，友珪始终觉得太子之位非他莫属，可是朱温却偏偏看重他的养子朱友文。对此朱友珪大为不满。

朱温夫人张氏已于904年病死，此后，朱温即放纵淫佚，纵情声色，常常召几位儿子的夫人入宫服侍，视作妃嫔。友文之妻王氏容貌出众，尤为朱温宠爱，这也是他看重友文的重要原因。

五月末，朱温自知自己不久于人世，命王氏去汴州召友文，当时友珪之妻王氏也在旁边，马上出宫将此事报告友珪。得知这个消息后，友珪感到事情紧急，便与左右心腹密谋篡权之事。而在他还没有行动的时候，六月一日，宫中传下诏书，贬友珪为莱州刺史，按当时惯例，凡被贬官员，多于途中赐死。友珪知道这不是个好兆，便加快了篡权的步伐。六月三日，他微服悄悄进入禁军左龙虎营，见到统军韩勍，把实情一一告诉给他，并求发禁军相助。韩勍也因自己周围的功臣宿将多因小过而被诛，常恐不能自保，见友珪来相求，便爽快地答应了。

当晚，韩勍派牙将五百人跟随友珪进入皇宫，突入朱温的寝殿。朱温强撑着起身问道："反者为谁？"友珪答："不是他人，正是你想除掉的儿子。"朱温见是友珪，责骂道："你如此不忠不孝，犯上作乱，天地都不能容你！"友珪反骂道："老贼先叛黄巢，后篡大唐，可曾想过天理。你罪大恶极，该碎尸万段。"命仆夫冯廷谔向前刺杀朱温。朱温惨叫一声，倒在血泊中。

友珪用破旧毯子将朱温裹起，秘不发丧，同时马上派供奉使去汴州，去杀友文。

六月三日，假称朱温旨意，命友珪权主军国之务。六月五日，丁昭溥返回，称友文已死，友珪方宣布朱温病终，自己即帝位。

朱温终因皇权之争，而死在自己骨肉的手上。九泉之下的他，不知灵魂能得安否？

## 李存勖

### 挨打行赏

李存勖，后唐的建立者。出生于885年，卒于926年。李存勖的祖先姓朱邪，居西突厥一支。其祖父朱邪执宜，乘吐蕃内乱逃至唐朝。由于朱邪执宜作战勇敢，号沙陀军。其子朱邪赤心，因平乱有功，拜金吾上将军，赐姓李，更名为李国昌。李克用是李国昌的第3子，13岁能箭射双雁，作战勇敢，得绰号"飞虎"；镇压黄巢起义后，被封晋王。李存勖是李克用的儿子。908年2月，李克用死后，李存勖袭封晋王。李存勖作战勇敢，破幽州，夺魏州。923年于魏州称帝，国号唐，称后唐。同年10月，李存勖灭梁，定都洛阳。

李存勖即位后，虽然治国无方，却热衷演戏，常与伶人同台粉墨登场。

下面叙述的，就是李存勖即位后登场演戏时发生的一个笑话。

且说这一天，李存勖在后万岁殿与诸伶人一起登台演戏。一阵丝竹之声过后，李存勖一身青衣打扮，又唱又舞地登场了。和他同台演出的一个叫敬新磨的伶人迎上前去问道："喂，你这参军，今天演的是什么戏？你扮的是哪一个角色？"李存勖手执笏板，装模作样地答道："你要问今天演的哪台戏，扮演何人，听俺慢慢地道来：今天的戏是唐梁大战，俺扮的便是李天下！李天下！"

李存勖的话音刚落，只听"啪啪"两声，脸上挨了两记耳光。这两记耳光，把他打蒙了，只觉两颊发热。双目冒出火星。没等他弄清是谁打的，怎么回事，手下人便把打他的人推到了他的面前，禀道："启陛下，这小子简直是吃了豹子胆，竟敢打皇上，现已抓到，请陛下发落！"

李存勖一看，打他的人原来是与他同台演戏的伶人敬新磨。这敬新磨趁李存勖用手捂着两颊，仍处于稀里糊涂神态的时候，抢先道："谁打皇上了？这小子刚才连喊两声李天下，不是诚心要我们唐代的大好河山分成两半吗？像他这种人，企图分皇上的江山，你说该不该打嘴巴！"

李存勖的脸上，此时是一阵青，一阵红，不知如何回答。沉思了片刻，这位"李天下"才似懂非懂地连声道："该！该！打得好！打得好！"

众伶人听了，都捂嘴窃笑。而"李天下"不仅没有责备敬新磨，反认为他是忠臣，给以重赏。像他这样的皇帝，又怎能持久呢？

李存勖不仅热衷演戏，不理朝政，且生活糜烂。他经常叫人去抢掠民间女子，塞入后宫，供他享乐。他搜刮民财，贪得无厌。他把天下财务分为内府和外府两部分，外府作为国家的费用，内府供他私人开销和赏赐之用。外府经常空虚，内府财物却堆积如山。结果，在前线打仗的将士啼饥号寒，而庄宗却整日花天酒地，重赏伶人，最后弄得众叛亲离。926年4月，因名将郭崇韬被无故冤杀，激起兵变。就在庄宗决定亲自去城劳军，以激励士气的时候，宫中指挥使马值、伶人郭从谦发动叛乱。在与乱兵交战中庄宗被一箭射死，时年42岁，在位3年。

### 一句话招来亡国之祸

末帝李从珂，后唐明宗养子，出生于885年，卒于936年。他本姓王，镇州人，出身微贱，后为明宗为将时所掠来，收为养子。

李从珂即位前，与明宗女婿石敬瑭同受闵帝李从厚猜忌、排斥，故还能有些共同语言；然李从珂即位后，却对石敬瑭又不放心了。末帝称帝，满朝文武大臣都升了官，唯独未升石敬瑭的官。后在石敬瑭的岳母曹太后的一再劝说下，末帝才勉强同意让石敬瑭还为河东节度使，加封中书令。公元936年1月23日，末帝生日。石敬瑭的妻子长公主为末帝上寿祝贺完毕，告辞回晋阳。此时，末帝已有醉意，便对长公主戏道："为什么不多住些日子？莫非急着回去想帮助石郎造反？"长公主回去对石敬瑭一学，石敬瑭心中很是害怕，知道末帝决不会放过自己。4月，石敬瑭想试探末帝的意图，上表陈诉自己身体虚弱，请求解除他的兵权。末帝一见大喜，当即同意他的请求，并将其移镇郓州。5月6日，末帝派张敬达去接替石敬瑭的职务，并督促其去郓州上任。石敬瑭更加恐慌，便对左右道："我第二次来河东时，主上当面答应我不再派人来接替我，现在又有了这样了命令，说明主上已对我不信任了。我如果不造反，朝廷就要先发制人。我怎么能束手待毙呢？"遂后，决定起兵造反。末帝听说后，便免去石敬瑭的官爵，

派军镇压。石敬瑭担心抵挡不住，便以割让幽云十六州和尊契丹为父、岁纳贡赋为条件，请求契丹出兵相助。契丹主耶律德光满口答应，立即出兵帮助石敬瑭解了晋阳之围。石敬瑭在契丹的扶持下，于11月13日在晋阳即皇帝位。随后，石敬瑭率军南下，直逼洛阳。11月26日，后唐末帝见大势已去，便与曹太后、刘皇后、雍王李重美等携带传国玉玺登上宣武楼自焚。末帝李从珂时年52岁。

至此，后唐历经4帝，立国14年而亡。

## 石敬瑭

### "儿皇帝"来由

一提石敬瑭，人们便知是"儿皇帝"；一提"儿皇帝"，便知是石敬瑭。这"儿皇帝"究竟是怎么回事？

石敬瑭，沙陀部人，出生于892年，卒于942年。他的父亲臬捩鸡，跟随李克用长期征战。石敬瑭为臬捩鸡次子，征战中屡立战功，受到器重，后唐明宗李嗣源招他为婿。李从珂即位后，知道石敬瑭早就怀有野心，故担心其手握兵权造反，于936年改调其为天平节度使，镇守郓州，以分其兵权。石敬瑭本是聪明之人，对李从珂的用心，当然看得十分清楚。石敬瑭接到诏令后，立即召集心腹大将刘知远，掌书记桑维翰商议对策。刘知远道："明公您长期统帅兵将很受拥护，又占地理优势，如果起兵，必能完成统一国家的帝王大业，怎么能只为一道诏令便自投虎口呢？"掌书记桑维翰道："李从珂并不是先帝的亲生儿子，他不配当皇帝；您是先帝的爱婿，可是现在主上已经公开地不信任您，把您当作叛逆对待，就要对您下毒手了，您再不起兵，可就晚了。况且，过去明宗和契丹有兄弟之约，他们的部落近在云州、应州，如果您曲意讨好他们，他们必然相助，您也一

定会成功!"石敬瑭一听,心中大喜,决心起兵叛唐。后唐末帝李从珂听说后,心中大怒,立即派大将张敬达带兵数万,围住晋阳。石敬瑭一面起兵迎战,一面派人投书契丹求救。在书信中,石敬瑭不仅表示对契丹称臣,还主动请求以对待父亲的礼节对待比他小11岁的耶律德光,并约定事成之后,割幽云十六州给契丹。当时,刘知元谏道:"称臣就可以了,称父亲就太过分了;给以丰厚的财宝,就可以促使他们发兵,许诺割地就太过分了。"然石敬瑭却置之不理。契丹主耶律德光接到表章之后,心中很高兴。936年9月,耶律德光亲率骑兵5万,号称30万,直击石唐兵,一举解了晋阳之围。9月15日晚上,石敬瑭亲至契丹营中,拜见耶律德光。耶律德光握住石敬瑭的手道:"实为相见恨晚!"石敬瑭受宠若惊,尽述父子之情。11月12日,契丹主耶律德光对石敬瑭道:"我见你的器宇容貌和见识气量,真是个中原的国主啊!我想扶立你为天子。"石敬瑭心中梦寐以求的就是做皇帝,听了心中自是喜之不禁。然又故谦道:"孩儿只知事奉父皇,焉敢称帝?"13日,契丹耶律德光亲自册封文书,命令石敬瑭为大晋皇帝,并亲自解下衣服冠冕授给石敬瑭,又在柳林搭筑坛坛台。当天就让石敬瑭即位,当了皇帝,是为后晋高祖。石敬瑭也于当天立下文书,永称"儿皇帝",遂割幽、蓟、瀛、莫、涿、檀、顺、新、伪、儒、武、云、应、环、朔、蔚16州给契丹。

### 积忧成疾归天

936年11月13日,石敬瑭当上"儿皇帝"之后,便接着率军南下,直指洛阳。同月,洛阳失守,末帝李从珂自焚而死,石敬瑭成为中原的最高统治者。

石敬瑭虽然建后晋做了皇帝,但日子并不好过。在内部,文武百官和各镇节度使都瞧不起他这个"儿皇帝",从937年4月开始,在不到两个月的时间内,纷纷起兵叛乱。石敬瑭派4路兵马前去镇压,然却有两路相继倒戈。直到938年8月,平乱才告结束。国内把石敬瑭搞得焦头烂额,而在国外呢?日子更不好过。他既然靠契丹主耶律德光当上了"儿皇帝",便对他的"父亲"处处唯命是从,事事逆来顺受。有时石敬瑭稍有不周,耶律德光便大加训斥,石敬瑭只好忍辱赔罪。对此,石敬瑭心中也甚感窝囊,但又从不敢表示不满。时有成都节度使安重荣,公开反对石敬瑭的奴颜媚骨,并处处和契丹对抗。耶德德光恼怒,责令石敬瑭严惩安重荣。石敬瑭奉旨训斥安重荣对契丹的不尊重,安重荣更加生气,上书指责石敬瑭没有民族气节,其中言道:"你是堂堂一国天子,竟如此卑躬屈膝于外族,且甘称儿子,实为我朝万世之耻辱。"接着,安重荣起兵反晋。941年冬,安重荣之乱虽被平定,安重荣也被杀死,而石敬瑭却也从此感到羞愧难当,积忧成疾,一病不起,于942年6月13日,病死邺都,时年51岁。

## 刘知远

### 老谋深算

正当契丹(后改为"辽")攻开封、灭亡后晋的时候,后晋的河东节度使、沙陀人刘知远却乘机在太原称帝,建立了后汉。看看刘知远称帝建汉的过程,便知道他是何等的老谋深算了。

刘知远,后改名刘暠,出生于895年,卒于948年。947年称帝,时年53岁,在位1年。后晋时,他曾为邺都留守,河东节度使,945年,受封北平王。

当初,刘知远见晋出帝对契丹称孙不称臣的时候,便知道后晋从此凶多吉少,不加劝阻。后来契丹便屡次深入进犯,刘知远只顾加紧收拢人马,扩充自己的实力,而对契丹入侵,全然没有拦击的打算。当听说契丹占据大梁后,他一方面派兵守护自己的四方边境,防止契丹侵袭,另一方面则又向契丹主奉上三道表章:一是祝贺契丹进入大梁;二是说明因太原是夷、夏杂居共处之所,守防士卒屯聚,所以不敢离开亲往朝贺;三是说本应献贡品,但因现在贵军已入南川,太原城中人心慌恐,道路不通。待召回贵军,道路畅通后,再送贡品。契丹主见表,心中高兴,对其大加称赞。过了一段时间,契丹主见刘知远派人送来贡品,而不亲至,便让来人回去对刘知远道:"你既不奉南朝(指后晋),又不奉北朝,究竟是何目的?"当契丹攻入都城后,有人劝刘知远乘机起兵攻击契丹,刘知远道:"用兵有缓有急,应当因时采取策略,现在契丹刚刚招降了晋国的10万兵马,像老虎一样雄据都城,形势还没有其他变化,怎么能轻举妄动呢? 我看契丹所图的无非是钱财、物品,等他捞足了,一定会返回北国的。况且现在已冰消雪融,他们难以久留,等他们退去之后,我再占领那里,才可确保万无一失。"当昭义节度使张从恩,因地近怀、洛二州,想向契丹朝觐,派使者先去和刘知远商量的时候,刘知远则道:"我们以一隅之地,怎敢和契丹抗争? 我同意你的打算。你可先行一步,我随后就去。"张从恩信以为真。当刘知远听说晋出帝已被契丹迁徙北上时,认为时机已到,便放出风来,要出兵井陉,迎接晋出帝回晋阳城。947年2月11日,他一方面故意命令武节度指挥使史弘肇集合各军,公布了出兵的日期;另一方面暗中使人鼓动军士公开劝他称帝。军士们便一齐要求道:"现在契丹已攻陷京城,天下已没有主了。今天能做天下之主的,除了我们北平王还有谁呢? 应该先确定皇上名号,然后再行出兵!"接着便群起高呼"万岁",刘知远则又派人制止。13日,行军司马张彦威等人又三次劝他即位称帝,刘知远仍不同意。就在这时,郭威和杨邠入内和刘知远摊牌道:"现在大家不谋而合,这是天意。如

果您不趁这个时候夺取天下再谦让不就,只怕人心就要转移了。"刘知远这才同意即位称帝。当月15日,刘知远于太原登皇帝位后,还自称不忍心改后晋年号,以示他不愿背弃后晋。18日,刘知远又做了个样子:要亲自率兵东去迎接后晋出帝和太后,当听说后晋出帝早已被押过恒州好几天了,才又回军。5月,刘知远命皇弟刘崇留守太原,自率军南下。6月11日,刘知远定都开封,改国号为"汉",史称后汉。

刘知远即位后,由于性情极为阴险残暴,所用大臣也极贪暴凶恶,以致民心背离,再加皇子刘承训死了,刘知远心情过分悲痛,故只在位一年,便于948年1月因病去世了,时年54岁。

## 柴　荣

### 一战定乾坤

柴荣,郭威的侄子,出生于921年,卒于959年。自幼家境破落,寄养在姑丈郭威家中。由于他聪明伶俐,很得郭威庞爱,便收其为养子。郭威建周称帝后,封他为镇守军节度使,守檀州。郭威死后,即位称帝,是为周世宗。

周世宗即位后当年(954年)3月,北汉主刘崇(后汉高祖刘知远的弟弟)认贼作父,走石敬瑭的老路,勾结契丹南侵,企图一举消灭后周。后周在生死存亡的紧要关头,周世宗决定率军亲征。时周世宗年33岁。众臣见世宗年轻,过去从未领兵打仗,也没显示出过什么军事才华,预测贸然出战必败,故多劝他不必亲征,以免败后有失国体。宰相冯道更是瞧不起他,极力劝他不要去冒险。世宗道:"从前唐太宗定天下时,都是亲自率军出战,我为什么不能去?"冯道面有讥色道:"陛下未必能和唐太宗相提并论!"世宗不甘示弱:"刘崇军乃乌合之众,我去之,实如泰山压鸡蛋一般。"冯道冷笑道:"陛下能做泰山吗?"世宗知道冯道之

言代表了一些人的看法,更感到亲征的必要。于是,他力排众议,决定亲征。

3月18日,两军相接于高平(今山西省高平县),周军驻扎在泽州(山西晋城)东北,北汉军驻扎在高平南边。当时,双方都有兵数万,但因后周刘词所率军尚未赶到,故汉众周寡。刘崇见周军不多,马上骄傲起来,契丹大将杨衮劝他不可轻敌。刘崇却笑答道:"将军不必忧虑,就请听捷吧!"说完便令奏乐,在帐中泰而然之地饮起酒来。柴荣毫不畏惧,自有主张。他令李重进、白重赞率军在西,令樊爱能、何徽率军在东,令向川、史彦率精锐骑兵居中,自在远处观看阵情。然两军一交锋,周军见汉军众多,心生惧意,出了险情。大将樊爱能、何徽不战而逃,兵士弃甲投降。柴荣见军情危急,当即亲率身边士卒数十人向刘崇大营中冲去。正在饮酒的刘崇一见着忙,仓促应战,倒乱了阵脚。后周将士见皇帝率军冒矢石身先士卒,登时军威大振。更有大将赵匡胤大呼道:"皇上都不怕死,咱们还不拼命吗?冲啊!"结果,刘崇大败。契丹杨衮见刘崇不听劝告,轻敌失败,心中有气,也不来援,便早早地带兵先溜了。刘崇吃了败仗,也只好带残兵败将,逃回太原去了。

战斗结束,周世宗对有功将士一一赏赐提升,把临阵逃脱的樊爱能、何徽处死。经过这次战斗,世宗表现出卓越的胆略和才能,国内国外,再也没有人小看他了,从而不仅巩固了他的统治地位,也为他以后南征北战,开拓天下,打下了基础,真可谓一战定乾坤。

### 为民除害

周世宗是一代历史明君,还集中地表现在关心民众的疾苦上。有一次,他和文武百官在皇宫里会餐,指着满桌的酒菜对众人道:"这两天很冷,我在宫中吃着这么好的热饭菜,就不感到冷了。这是百姓们劳动换来的,我坐享天禄,心中感到惭愧。既然自己不能亲自种田,自食其力,那就只有亲临战阵,深入民间,为民除害。这样,心里才会感到稍安。"这番话,是说自己,更是有意说给那班文武大臣听的,希望他们能各司其责。

有一年,宫中永福殿坏了,周世宗下令修缮,让宦官孙延希、董延勋等4人具体负责。这天,周世宗到工地视察,看见工匠们用瓦盛着饭食,用木片做汤匙,很是生气,当场便将孙延希叫来严加斥责,并定以死罪;对董延勋等3人也免了官。从此,群臣无不心生惧意,又十分敬服,再没有人敢玩忽职守了。

镇州(今河北正定)有一尊观音像,据说很有灵验;世宗下令灭佛,可唯独这尊观音像无人敢动。世宗为了打破人们对佛的迷信和敬畏之心,亲自执斧来到镇州,举斧将佛像砍了个稀巴烂。开始,围观的人很多,都为皇上捏着一把汗,倒要看佛像会给皇上什么报应。谁知砍完之后,皇帝安然无恙。周世宗坦然地对围观群众道:"佛是最讲舍己利人的,只要有利于别人,就是割下头颅,挖掉眼睛,粉身碎骨,也是甘心情愿的,怎么会舍不得一个空塑像呢?如果佛像怪罪,毁坏我的身体,只要对民众有利,我也会决不吝惜!"在他的带动下,这一年共废掉3万多座寺院,让大批的和尚、道士、尼姑还俗,从而增加了耕地和劳力,也减轻了群众的负担。

周世宗精明强干,即位后有着远大志向。他曾经说过:"如果我再活30年,我当以10年开拓天下,10年养百姓,10年致太平。"然而,壮志未酬,正当周世宗年富力强,致力于"开拓天下"的时候,只在位5年,便于959年6月19日病死,时年39岁,只完成了统一天下大业的一小半。

## 钱镠

### 警枕粉盘

钱镠,五代十国之一吴越国的建立

者。出生于 852 年，卒于 932 年。字具美，杭州临安人。唐昭宗时，任镇海、镇东节度使，封越王，后又封吴王。后梁时，被梁太祖朱温封吴越王，兼淮南节度使，建都钱塘。907 年到 932 年在位，是五代十国中享国最长的君主，终年 81 岁。

吴越国拥 13 州土地，是五代十国时期的一个弱小国家，常受吴国（杨行密所建）威胁。钱镠做了国王之后，在临安城中盖起了豪华的府第，且常带车马随从外出游览。他的父亲见钱镠好摆阔气，心中不满，经常避开，不愿理他。钱镠发现后，也知不对劲，便不坐车，不骑马，不带随从，步行来到父亲住处请罪。

他父亲道："咱家世世代代以打鱼为生，没有出过达官贵人。你现在做了吴越国的国君，可还有三面（北、西有吴国，南有闽国）受敌，都会和你争夺地盘。你不知警惕，只顾享乐，我怕有朝一日，必会招来祸患，故不愿理你。"钱镠听了，恍然大悟，涕泣认错。从此，他便处处谨慎，精心理政。为了提高警惕，他睡觉时枕在用木头做的小圆枕头或大铃铛上，一旦睡觉过死，头一动就会从圆木枕头或铃铛上滚下来，也会因此惊醒。他把这个枕头或铃铛称为"警枕"。他在卧室里还放了个盛着白粉的盘子，晚上想起了什么事，就随时写在粉盘里，免得忘掉；他还让侍从通宵值班，外面有人要来，就让人将他叫醒，随时进见，以免误事。

为了让将士们也提高警惕，他经常悄悄巡查。有一天晚上，打更的兵卒打盹，忽然从墙对面飞来几颗铜弹子，把兵士惊醒。第二天，钱镠让人追问士兵为何夜间值勤打盹，大家方知铜弹子原来是国王打来的。从此，士兵们巡逻值勤，再不敢疏忽大意。

又一天夜里，钱镠穿了便服，要从北门进城。城门已经关了，钱镠高叫不开，他对看门官吏道："我是国王派去办事的，要急着进城向大王禀报。"这看门吏道："请出示令牌！"钱镠道："我出使匆忙，忘了带令牌！"门吏道："哼！没有令牌，别说国王派出去的人，就是国王本人，也休想进城。"钱镠无奈，只好等待，后来设法从南门进了城。第二天，他一上朝，便将看门吏召去，大加赏赐，并对众大臣道："诸卿如都能像我们的看门吏这样认真，事情就没有办不好的！"

### 海龙王

吴越国王钱镠是个有作为的皇帝，但也是个穷奢极欲的暴君。"海龙王"的故事，又是例证。

钱塘江的入海口十分宽阔，江水常常冲上江岸，威胁着杭州城的安全。钱镠即位后，于 910 年下令征召大批役夫、工匠、凿石填江，修筑了一道坚固的石堤，保卫杭州城；把江中的巨石炸平，以利舟楫航行，增进海上交通；造龙门、浙江两大闸，阻止海潮内灌；又在武义县修筑长安堰，灌溉万顷良田；在鄞县修东钱湖，方圆 800 顷，可灌 50 万亩，在绍兴挖鉴湖，按时蓄泄，可灌 9000 余顷。江浙平原的土地本来十分肥沃，气候温和多雨，又有这么多的水利工程，故使农业得到很大发展，稻谷连年丰收，米价便宜，每石只有 50 文钱。为此，江浙群众便送给了钱镠一个外号，叫"海龙王"。这是对他在兴修水利方面所做贡献的赞誉。

另一方面，钱镠在兴修水利的同时，又大兴土木，把杭州扩建成周围 30 里的大城。在杭州城里和海塘中的石基上，又修建了不少亭台水榭；他还把自己的府第修建得富丽堂皇，像海底龙王的宫殿一般。故"海龙王"的称号，也包含了对他生活上穷奢极欲的斥责。由于大兴土木，民怨很深。有人深夜里用白灰在他的门上写道："没了期，清早起，抵暮归。"他见了，也写道："没有期，春衣才罢又冬衣。"就是说，他要不惜民力，一个劲儿干下去。

## 一个神话

吴越国王为消除本国钱塘江的潮汐水患，便在府城东南建造了一条长堤。钱塘江流杭州东，形成了天下奇观的钱塘江水潮。然而，潮水经常冲垮杭州城东边的城墙，影响钱氏首都的安全。901年8月，吴越国王钱镠征集民工数十万，在候潮门外修筑一长堤，以阻止潮水入城，并置有3个钱幢作为标志。修筑石塘，并非易事，怒潮急湍，塘难以成。相传这是江潮成心与吴越作对。吴越国王钱镠大怒，便选拔弓弩手500名，齐射潮头，顷刻间，潮头后退，直到石塘建成。于是，便留下了一个"钱王射潮"的神话故事。

## 将吏消隙

钱元瓘，钱镠第5子，出生于887年，卒于941年。932年2月，钱镠因病去世，传位第5子钱传瓘，后改名钱元瓘。

钱元瓘，自幼比较忠厚孝道，很受朝臣敬重。他即位后，曾下令免除农民荒田的租税，设择能院选拔人材；他较勤于政务，且秉公守法，不私亲戚。"将吏消隙"的故事，便是钱元瓘理政有方的一例。

公元932年3月，内牙指挥使刘仁杞、陆仁章长期当权，陆仁章性情刚直，刘仁杞喜欢贬低别人，这两个人都被人厌恶。有一天，诸将一起来到王府前，请求将陆、刘二人除掉。钱元瓘没有接见他们，而命他的侄子钱仁俊对众人宣告道："这二位将军侍奉先王都很久了，我正要表彰他们的功劳，而你们竟然从私人恩怨出发，要诛杀他们，这怎么可以呢？我现在是你们的王，你们应当听从我的命令，否则，我说了不算，就应当归返临安，以避路让贤！"众将听了，都惶惧而退，不敢再要求诛除陆、刘。遂后，钱

元瓘任用陆仁章为衢州刺史，刘仁杞为湖州刺史。从此，凡再有上书进行私人攻击的人，钱元瓘都搁置不理，从而促使了将吏之间消除嫌隙，增强了和睦。

公元941年7月，吴越王的府署着火，宫室府库几乎荡然无存，吴越王钱元瓘惊惧成疾，患了精神病。8月，钱元瓘眼看不久于人世，便嘱立钱弘佐继位，当月24日去世。终年55岁。

## 惩霸镇将

钱弘佐，字佛，吴越王钱元瓘第六子。出生于928年，卒于947年，时20岁。公元941年，钱弘佐即位的时候，刚14岁。由于年轻，一些文官武将瞧不起他。上军统使阚璠排斥异己，逞强霸道，943年7月，由于内牙上都监使章德安多次与他抗争，右都监使李文庆也不依附，阚璠便硬逼着吴越王钱弘佐将章德安贬官到处州，将李文庆贬到陆州。对此，钱弘佐很是生气但又治不了他。945年11月，钱弘佐利用钱塘富人程昭锐的计策，制造阚璠和胡进思之间的矛盾，诬陷阚璠和其心腹杜昭达叛乱，将其杀死。947年2月，钱弘佐又设计除掉了心地狡猾、企图称霸作乱的程昭锐。钱弘佐连着杀掉了几个权臣，文臣武将便觉得国王人小计多，无不惊恐拜服，从此再也没有人敢轻视他了。

钱弘佐虽然年轻有智，企图以法治国，以达强国富民之目的，然他壮志未酬，于947年6月便因病去世了。

这时，他年仅20岁。

## 志空位丢

钱弘倧，吴越国王钱元瓘第7子，钱弘佐的弟弟。出生于929年，卒于973年，在位7个月。947年6月，钱弘佐死后，钱弘倧即位，是为吴越第四位国王。

钱弘倧生性刚毅。即位前，见他哥哥常常受制于权臣，政令不能出于自己，很是愤愤不平。他即位后，便想重新整

理朝政,改变权臣擅权的局面,但就计谋策略方面,却远远比不上他的哥哥,最后,不但没除掉权臣,反而被权臣一举废去了帝王之位,志成泡影。

947年11月,吴越王钱弘倧大举检阅水军,赏赐比过去多一倍,右统军使胡进思极力劝谏减少赏赐。钱弘倧对胡进思专权朝政本就不满,一听其劝阻,便无名火起,气得把笔投到水里,大怒道:"我的财产和士卒共有,有什么多少的界限!"胡进思不再言语。

胡进思在钱弘佐时期就擅权;钱弘佐死后,由他迎立钱弘倧即位。他自以为新王为他所立,还能不处处都听他的?便常干预政事。谁料吴越新王钱弘倧不买他的账。当他劝吴越王少加赏赐的时候,以为出于公心,利于国家,定会得到新王采纳,没想到吴越王竟当面给顶了回来,心中岂不窝火?有一天钱弘倧派人买来一些牛肉,问胡进思道:"牛大的有多少肉?"胡进思道:"不过300斤。"钱弘倧道:"你怎么知道这么清楚?"胡进思道:"臣过去没从军时,也曾干过这种事。"钱弘倧冷笑道:"哟,你过去原来是宰牛的!"胡进思这才明白过来,吴越王是有意侮辱他,不由心中大怒。后来,吴越王与内牙指挥使何承训谋划驱逐胡进思,又和内都监使水丘昭券商议。水丘昭券认为胡进思党羽众多,生怕招来祸患,便暗把此事透给胡进思,胡进思知道后大惊失色。12月30日夜晚,钱弘倧设宴招待文官武将,胡进思知道后,以为是要谋害自己,便一不做二不休,与他的党羽策划作乱。当晚,他带亲兵100人,身着戎装,手持兵器,闯入宫内,在天策堂见钱弘倧。胡进思道:"老奴没有罪,大王为什么老想谋害我?"钱弘倧喝道:"有罪无罪,你自己知道,何必问我?你今手持武器进宫,便是大罪,还不速速退去?"这一来,胡进思手下兵将忍耐不住了,个个怒视吴越王。这一来钱弘倧心中害怕

了,没敢再说什么,转身向义和院跑去。谁知院门早已被胡进思令人锁上,钱弘倧见进退无路,才低下头来。接着,胡进思便假传王命,宣告朝廷内外:"王因突然中风,特传位给同参相府事钱弘俶。"随后,便率众将去迎接钱弘俶入宫。此时,钱弘俶已知朝中生变,对胡进思道:"如能保住我哥哥钱弘倧的性命,我才敢接此受命;否则,我当避路让贤。"待胡进思答应后,钱弘俶才开始处理国事。就这样,钱弘倧因思诛权臣,而不讲策略,结果只做了不到7个月的国王,便被赶下台来。973年,钱弘倧病死,时年44岁。

### 举族归汴

钱俶,钱元瓘第9子,出生于929年,卒于988年。原名弘俶,字文德。

947年12月,吴越内牙统军使胡进思一举废掉钱弘倧的王位后,迎其弟即王位。钱俶即位后,虽无大的建树,但他性情善良,办事谨慎,注意缓和国内矛盾。特别是胡进思死后,他一方面对中原王朝贡奉不绝,免受侵犯;另一方面,对内奖励开荒,减免赋税。比如在949年10月,他下令招募农民开垦荒地,不收赋税,使得吴越境内无闲田,使生产得到发展,国人都很高兴,因而使吴越国长时间比较太平。

公元978年,吴越为形势所迫,自动献所部13州归宋朝,钱俶举族归于中原汴梁,即宋朝。至此,吴越灭亡,历5主,经国71年。

988年,即北宋端拱元年,钱俶病死,时年60岁。

### 厚与兵民

杨行密,五代十国时期吴国的建立者。出生于852年,卒于905年。初名行愍,字化源,泸州合肥人。

杨行密少年家贫,唐末年曾参加农民起义军,被俘后充当唐朝州兵。883年

3月,被唐禧宗任命为泸州刺史。902年3月,授杨行密为东面行营都统、中书令、吴王,建都广陵,用昭宗年号。杨行密在位期间,厚与兵民比较节省用度,留意人才,选用地方官吏,招徕流亡之民,轻徭薄赋,奖励农桑,并与邻境通商。数年之后,民力恢复,广陵逐渐繁荣起来。

公元892年8月,杨行密刚任淮南节度使、同平章事时,军中费用缺乏,为不给民众增加负担,用军中其他物品和邻国进行贸易的方法,筹集军费,尔后选拔能人志士任地方官吏,鼓励民众耕种纺织,并招抚外地流民在本地从事耕作,减免赋税徭役,使民安居乐业发展了生产。杨行密本人,也注意节俭。他除非因公接待使者摆设宴会之外,自己从不举办歌舞声乐。对军中将士,杨行密与其同甘共苦,推心置腹,毫不猜疑顾忌。有一天早晨,杨行密外出,跟随的人剪断驾辕马臀部的皮带,拿走那上面的金银,被杨行密发现了,当事人心中很害怕。但杨行密却当面装看不见,回营后也不追问,此后照常外出,无事一般。对此,将士位都佩服他的度量。

905年11月26日,吴国武忠王杨行密去世,淮南将士共请任命杨行密的长子杨渥为淮南节度使、弘农郡王。

### 不义丧生

杨渥,杨行密长子,字承天。出生于886年,908年为徐温等人的牙兵所杀。

杨渥原为宣州观察使。当时,他因纵情淫乐,就没有好的名声。杨行密病重后,欲召回杨渥继承王位。节度判官周隐直谏道:"宣州司徒杨渥轻易听信谗言,喜好击球饮酒,不是保国的主人,其余的儿子都幼小,不能控制各州将领。泸州刺史刘威,从小跟随您南征北战,一定不会辜负您。您不如让他暂时代领军府事务,等到诸子长大后再传授给他们。"杨行密当然不同意。左右牙指挥使徐温、张颢乘机对杨行密道:"您一生出

生入死,冒箭石,为子孙建基立业,怎么能把王位交给别人呢?"杨行密听了,十分高兴道:"如果这样,我死也瞑目了。"905年11月26日,杨行密死后,杨渥继位,是为吴王。

杨渥即位后,骄淫奢侈变本加厉,节度判官周隐曾谏杨行密不立杨渥为王,而让刘威代职,杨渥即位后,决定报复。907年1月,他在夺取江西以后,回来对周隐道:"您出卖人家的国家,企图让外姓人继承我们杨家的王位,今日有何面目再和我相见!"随后推出杀死。

杨渥在为父服丧期间,日夜饮酒,点燃粗10围的蜡烛击球,一支烛费钱数万。他有时单独骑马外出游玩,随从步行奔跑,汗流浃背。徐温、张颢因推立有功,便直谏劝阻。杨渥却翻脸大怒道:"你们认为我没有才能吗?竟对我横加指责,与其这样,为什么不将我杀死自立呢?"张颢、徐温听了心中害怕,渐生怨恨,准备制造叛乱。杨渥知道一些人对他已生异心,便挑选壮士,号称"东院军马",广泛安置亲信为将领吏官,监督、欺凌其他功臣旧将。杨行密在世时,有数千名亲军驻扎在牙城之内,杨渥即位后,将他们全部赶出牙城之外,腾出空地作为骑射的场地。这些将士也心生怨恨。907年1月9日,张颢、徐温率牙兵200,手执刀剑直入杨渥庭中。杨渥道:"你们果然要杀我吗?"张颢、徐温道:"不敢,只是想杀掉您左右扰乱政事的人罢了。"随后将其左右数十人杀死,张、徐控制了军政大权。

杨渥对张颢、徐温独揽朝政心中不平,于908年5月5日,杨渥与其心腹暗中设计企图除掉张、徐二人。张、徐闻知后,便共同策划杀死杨渥,瓜分吴国向后梁投降称臣。当月8日,张颢暗中派其党羽纪祥等人,于夜间突入杨渥寝室,一举将杨渥杀死,其时年23岁。后谥景皇帝,庙号烈祖。

## 独立称国

杨隆演,杨行密次子,初名瀛,又名渭,字鸿源。出生于897年,卒于920年。

公元908年5月,张颢、徐温设计杀死淫暴之君杨渥后,推立他的弟弟杨隆演为吴王。

杨隆演继位后,张颢想将徐温调出朝廷,独揽朝政,但由于其刚愎自用很不得人心。徐温与幕僚严可求精心策划,杀死张颢。此后,杨隆演任命徐温为左、右都指挥使,任命严可求为扬州司马。徐温、严可求针对杨渥在位时的弊病,建议吴王制定法律、禁除强暴,吴王杨隆演一一准奏。徐温本人性格沉稳坚毅,生活俭朴。他虽不识字,让人阅读诉讼案件的口供,据此而作判断,仍都符合情理。吴王任用徐温、严可求掌政,又出现了太平局面。

公元919年3月,徐温请求杨隆演称帝,杨隆演没有答应。在诸将再三劝进后,杨隆演同意独立建国称王,仍不称帝。于4月1日,杨隆演登上王位,改年号武义,修建宗庙和社稷坛台,设置朝廷百官,宫殿的礼乐典章全用天子礼制;任命徐温为大丞相,任命徐温的儿子徐知诰为左仆射、参政事兼知内外诸军事。从此,徐氏父子专权。

公元920年5月,吴王杨隆演经常饮酒,很少吃饭,不久病逝,时年24岁。28日,徐温迎杨隆演的弟弟杨溥即位。

## 始称皇帝

杨溥,杨行密幼子,出生于900年,卒于937年。

920年5月,吴王杨隆演死后,丞相徐温拥立吴王的弟弟杨溥继承王位。杨隆演在位时,丞相徐温就曾劝其称皇帝,但杨隆演不肯,只允独立称国,用天子礼,仍沿王制。杨溥继位后,徐温父子虽想专权,但与扬州司马严可求密切配合,治理国家,使得吴国仍能安居乐业,国势日益强盛。927年10月,徐温再次打算率领诸藩镇的官员入朝劝说吴王称帝,然正当他将要出发时,突然生病,于是派他的儿子徐知诰带着奏表去劝吴王称帝,然吴王仍不同意。当月23日晚上,徐温去世,吴王追封其为齐王。

吴王杨隆演、杨溥之所以在徐温生前不愿称帝,实际上是对吴温独掌朝政的不满,担心称帝后徐温必然要封王,权力会更大,故多次劝进不允。然徐温10月23日死后,吴王杨溥于11月3日便宣布即皇帝位,这就更加说明吴王是有意与徐温进行抗争。他即帝位后,立其兄庐江公杨濛漾为常山王,立其弟鄱阳公杨澈为平原王,立其兄的儿子杨琪为建安王。928年1月,又立他的儿子杨琏为江都王,杨璘为江夏王,杨璆为宜春王。他封这么多亲族为王,目的是与徐家分权,但徐温的养子徐知诰不甘示弱,逼吴帝杨溥加封自己都督中外诸军事,仍掌朝中大权;后又逼吴王加封自己为中书令,不久又封齐王。齐王徐知诰随着地位的提高,逐渐产生了篡位称帝的野心。公元936年12月中旬,徐知诰见镇南节度使李德诚、德胜节度使周本地位高、声望大,想让他们二人率领众将吏拥戴自己代吴称帝。周本道:“我受先王大恩,自从徐温父子擅权用事,恨自己不能挽救杨氏的危难,现在又让我干这种事,怎么可能呢?”但他的儿子周弘祚却逼他去干。不得已,周本只好与李德诚率领诸将到江都上表吴主杨溥,陈述徐知诰的功德,请杨溥禅位。吴主杨溥垂头丧气道:“看来吴国杨氏的福禄就要完结了!”李德诚等又到金陵向徐知诰劝进,徐知诰又故做谦让辞谢。937年7月,徐知诰又令人使同平章事王令谋到金陵劝徐知诰接受吴主的禅让,继位当皇帝,徐知诰仍推辞不肯。经过反复几次的禅让和辞谢,于938年8月25日,吴主杨溥下诏,将帝位禅让给徐诰（徐知诰此时已改名为徐诰）。9月17日，吴主杨溥被逼命江夏王杨璘带着皇帝的国玺和绶带去金陵交给齐王徐诰。10月5日，齐王撕下辞谢面具，堂而皇之地在金陵即皇帝位，改年号为元升，改国号为唐。杨溥不久病卒，时年38岁，谥号睿皇帝。

至此，吴国灭亡，历4主，经国36年。

### 结绺为山

王衍，前蜀皇帝王建第11子，字化源，出生于889年，卒于926年。

王衍做太子时便嗜酒好色，喜欢游乐。有一次，前蜀主王建从夹城路过，听到太子和诸王斗鸡击球的喧闹声，叹息道："我身经百战是为了建立发展大业的基础，靠这些人能守得住吗？"从此对太子十分厌恶，但由于他所宠爱的徐贤妃在内为之做主，才没有将太子废掉。待王衍即位后，便大建宫室，起宣华苑、怡神亭等，与狎客、妇人日夜酣饮，游乐其中，而把朝政委于宋光嗣等一批宦官。这里讲的"结绺为山"的故事，便是王衍即位后骄纵奢侈，游乐无度的一个表现。

921年1月，前蜀主王衍令人沿山坡所建宫殿楼观之上，全部结扎绸缎，称之为"绺山"。天长日久，一旦绸缎被风雨损坏，便立即令人用新的绸缎换上。尔后，前蜀主便与太后、太妃在绺山上欢宴游乐，有时竟一住十多天不想下来。他还令人在山前开渠，通往宫中，他有时在夜间乘船回宫，让宫女们手执蜡烛，立于船上，缓缓而行。烛光辉煌，水面如画，亮如白天。他还曾与太后、太妃同游青城山（今四川灌县），令宫女服饰皆绘上云霞，随风飘拂，望之若仙。王衍还自作《甘州曲》，述其情怀。上下山谷时，王衍常独自领唱，让宫女们应和。至于回到宫中，更是酣饮无度，鼓乐齐鸣，通宵达旦，甚至脱冠露髻，褻慢恣肆，丑态百出。像这样的一个昏君，安能长久？

公元924年5月，后唐使者从前蜀回到后唐，对后唐帝道："王衍像小孩子一样痴愚，昏乱放纵，不亲自处理政务，把一些过去的老臣排斥得很远，而亲近小人。他所用的那些掌权大臣王宗弼、宋元嗣等，靠奉承皇帝而专横跋扈，贪得无厌，贤愚颠倒，刑赏混乱，君臣上下相互崇尚奢侈荒淫。依我看来，大兵一来，他们就会土崩瓦解，我们可以在极短的时间内得到蜀国。"

公元925年9月10日，后唐皇帝命魏王李继岌为西川四面行营都统，郭崇韬任东北面行营都招讨使共同率军伐蜀。大军一到，王衍的诸将望风而降。11月20日，前蜀主令人起草降书，正式投降后唐，前蜀至此灭亡，历2帝，经国8年。次年，王衍被杀，终年28岁。

### 酒囊饭袋

马希声，楚王马殷次子，字若纳。出生于898年，卒于932年。他自幼不学无术，且愚蠢无智，但好名利。马殷生前，智谋多出于高郁。荆南人高继兴很是妒嫉，便用反间计，派使者对天生愚蠢的马希声道："听说马氏政事全由高郁做主，这可是马氏子孙的祸患啊！"马希声信以为真，便多次向他的父亲说高郁的坏话。马殷不听，马希声便假传马殷的命令，杀死高郁及其全家。马殷听说后，气得一口气没上来，便一命呜呼。

马殷死后，马希声继位，生活更加奢侈腐化。据史书记载，马殷死后，马希声居丧期间，有人知道他愚，便戏弄他道："梁太祖生前好吃鸡，故体壮身强，久淫不衰。"马希声听了十分羡慕，当即命人每天杀50只鸡做菜吃。在埋葬马殷的那天，殡车将要出发了，他仍在宫中与众嫔妃围盆大吃大喝，没有一点悲哀的表情。事后，礼部侍郎潘起将此作为笑谈道："三国魏时有个阮籍居丧吃蒸小猪，当今却有人居丧吃鸡。看来，哪个朝代都有酒囊饭袋啊！"从此，人们都称马希声为"酒囊饭袋"。

公元932年7月11日，马希声去世，时年34岁。

### 孺子终不可教

马希范，二任楚王马希声的异母弟，字宝规，出生于898年，卒于947年。据说，第一任楚王马殷有几十个儿子，长子马希振，弃官为道士；次子马希声和三子马希范为同父异母同日生。马希声死后，由其弟马希范继承王位。

马希范即位后，和其兄相比，骄奢淫逸有过之而无不及。他一上台，便大兴土木，兴建会春园，嘉宴堂，九龙殿等。这里讲的孺子不可教的故事，便是大臣们指责他骄奢无度的一例。

楚国多产金银，茶叶的利润尤为厚重，因此，财务收入很是丰富。然马希范的奢侈贪欲，却也无尽无休。为了夸大他的富有，制作长枪大槊，竟用黄金作装饰；又从有钱人家子弟中募集了8000多名长得丰满肥胖者，设为"银枪都"，执枪、槊舞弄，金银闪烁，看起来十分威武，实际上根本不能战斗。他又造九龙殿，用沉香木雕刻8条龙，用金宝作饰物，长10多丈，绕柱相间；马希范坐在其中，也似龙打扮，他戴的幞头，中带1丈多长，用来象征龙角。

牙将丁思觐等人见其挥霍得实在不像话，多次联名上书谏阻。但马希范就是不听。气得丁思觐用手指着马希范道："孺子终不可教也！"

### 终生不再见他

马希范奢侈无度，虽国库充实，也经不起挥霍。943年，用度不足，马希范便采用孔目官周陟的建议，下令在正常征收租税之外，大县再纳贡米2000斛，中县1000斛，小县700斛；没有米的改交布帛。民众负担不起如此繁重的租赋，纷纷背井离乡，四处逃散谋生。楚王马希范听到报告，不以为然道："只要田地

在，何愁没有粮食吃。为什么逃散呢？真是愚蠢可笑！"天策学士拓跋恒见楚王对社情如此昏呆，便上书道："殿下生长在深宫之中，继承先王已完成的家业，身体没有经历过种庄稼的辛苦，两耳没有听到过战争鼓角的轰鸣，骑着马驰骋遨游，住的是雕梁画栋，吃的是山珍海味，哪里知道国家财政的困难？现在府库已经空虚，浪费反而越来越严重，民众已贫困得日子都过不下去了，国家却不断加租加赋。我们现在又地处四周敌国的窥伺之中，危在旦夕。这正如俗话所说的：'足寒伤心，民怨伤国'。希望殿下能够停止加贡米谷的命令，杀周陟而谢天下，废除不急之务，裁减土木之役，不要招致一旦之祸被四方所耻笑！"马希范看后大怒，但又无言以对，故只好置之不理。没过几天，天策学士拓跋恒又来求见，马希范却以白天需要睡觉为由，不予接见。拓跋恒知道这是楚王有意将他拒之门外，便对客将区弘练道："大王如此随心所欲地拒绝进谏，我看这离国破家亡的日子已经不远了。"马希范知道后，更加恼怒道："从此我决定终生不再见他！"

947年6月8日夜间，楚王马希范病死，时年50岁，在位15年。

### 众驹争槽

马希萼，第一任楚王马殷的第30子，生年和死年不详。这里讲的众驹争槽的故事，是指马氏诸子争位的故事。如果说马氏兄弟争位从马殷死后就开始了，那只是暗争，而公开相争，则是从马希萼开始的。

第一任楚王马殷有30多个儿子（也有说10余子的），大都骄横不驯，连马殷本人晚年也管不住了。对此，丞相许德勋看得十分清楚，他曾对被俘的吴国将领道："现在楚国虽小，但旧臣宿将还在，等到众驹争槽时，才是你们应该动手的时候。"对"诸子争槽"的苗头，马殷也很清楚，故他临死前，为防诸子争位造成内

乱,就遗命诸子依次继位,并置剑于宗庙道:"谁要是违背我的遗命,就杀了他。"他死后,马希声和马希范同日而生,马殷命马希声先继位,马希范已经不满。由于马希声在位只2年就死了,故乱子没有闹起来。到马希范死后,朝中一部分朝臣主张立35子马希广为王,另一部分则主张拥立马希萼为王。由于刘彦瑫等人假传遗命马希广继承了王位。

公元947年6月11日,马希广继位后,他的异母弟弟马希崇当即悄悄写信给长兄马希萼道:"是刘彦瑫违背先王的遗命,废除长兄而立少弟的,对此,朝中诸将都大为不满,长兄您怎能甘心让人如此摆弄呢?"企图以此激怒马希萼。果然,马希萼闻悉大怒,8月24日,借奔丧为名率军从永州入京。到达跌石后,马希广派将领迎接,以礼相待,命永州将士全部解甲入城。当马希萼住下之后,都指挥使周廷海劝马希广乘机杀掉马希萼,马希广不忍,便没有行动。马希崇原和马希萼相约,作为内应,听到这个消息后,全部告诉了马希萼。马希萼见不是作乱之机,请回郎州,马希广念兄弟之情,当即同意,表示愿意和他分管潭州、郎州,共同统治楚国。临送其回郎州前,马希广还给了许多赏赐。

马希萼回到郎州后,立即征调所有壮丁组成乡兵,创立军号为静江军,造战船700艘,准备攻打潭州;949年8月,率兵赶赴长沙。18日,被马希广军打败,逃回郎州。马希萼的妻子不愿看着他们兄弟争斗,投井自杀。950年9月,马希萼因屡次失败,便派使者向南唐称臣,请求出兵攻打马希广。南唐加封马希萼为同平章事,派楚州刺史何敬洙率军相援。12月11日,马希萼在南唐援助下,从水陆两路夹攻长沙,长沙沦陷。12月,马希崇作为内应迎马希萼进入府第,关闭城门,分头搜捕马希广。最后,马希广和其亲信大臣全部被抓获囚禁。14日,马希萼自立为楚王。15日,马希萼命他的弟弟马希广自杀。

马希萼即楚王位后,杀戮没有节制,日夜纵酒,荒淫无度,把军政事务全部交给马希崇处理。马希崇本来生性阴险,早有争位之心。今见大权在握,又见马希萼陷于酒色,不理政事,以为时机已到,便于951年9月发动叛乱,一举抓住了马希萼,囚禁到衡阳,自立为楚主。然在押送马希萼到衡阳后,负责押送的官员彭师暠却与衡阳指挥使廖偃又共立马希萼为衡阳王。此后,南唐军入楚国,马希崇、马希萼皆向南唐投降。南唐让马希萼居洪州(今江西南昌市),马希崇居扬州。

至此,楚国灭亡,历6主(含马希崇),经国计24年。

## "飞龙在天"称帝

刘䶮,五代时期十国中南汉国的建立者,后梁南海王刘隐的庶弟,初名刘岩,改名为䶮,又改名龚。"䶮"是他自造的一个字,读音"严",取"飞龙在天"之意。出生于899年,卒于942年,在位25年,享年54岁。祖籍上蔡(今河南彭城),后迁闽中,又迁广州。其兄为南阳王时,刘岩掌管军事。911年3月,刘隐死后,刘岩为权知清海军留后,后又为节度使并袭封南海王。

公元915年,后梁末帝朱友贞由于宠信赵岩及妻族张汉杰等人,依权弄势,卖官枉法,排斥旧臣,内部分崩。时为清海、建武节度使兼中书令的刘岩乘机对他的僚属道:"现在中国杂乱纷纷,谁为天子?我们又怎能长途跋涉,历尽艰辛去侍奉那个伪朝廷呢?"于是,便从此和梁断绝了贡奉和使臣,独立称国,917年7月,刘岩在广州称帝,国号大越,定都广州。918年11月,刘岩将大越国号改为汉,史称南汉。

刘岩在位期间,尚能保境安民,广引中原名士到南汉做官;立学校,开科举对南岭经济文化的发展起到了一定的促进作用。他虽然为人能分辨是非，有心计多权术，治理国家有些经验，但他喜欢自我夸大；在生活上荒淫残暴，好施酷刑，如灌鼻、割舌、肢解、剐剔、炮炙、烹蒸等；或者把毒蛇聚养在水中，把犯了罪的人投进去，称之为"水狱"。他大造宫室，穷极华丽，其宫殿全部用黄金、美玉、珍珠、翡翠作装饰。特别是在其统治末年，又好猜忌，认为百官因有家庭妻小，才不能专意事己，故专用阉人。因此，南汉国中甘为宦官之人大为兴隆。

941年12月，南汉主刘龑（改岩为龑）病重不起，有个胡僧对人道："南汉皇帝名龑不吉利。"他听到后，信以为真，认为自己所以有病，是改名为龑引起的，便决定再次改名。于是，他便自己造了个"龑"字作名字，取"飞龙在天"之意，但是改名并没有挽回他的厄运。942年4月24日，"飞龙在天"刘龑一命鸣呼，时年54年。谥号天皇大帝，庙号高祖。

### 作恶被杀

刘玢，天皇大帝刘龑的第三个儿子。出生于920年，卒于943年。由于其作恶多端，即位不满一年就被他的弟弟刘弘熙杀死了。

942年4月13日，南汉天皇大帝刘龑患病不起，因为他见儿子刘弘度、刘弘熙都骄横任性，少子刘弘昌还比较孝顺谨慎，想立其为太子。诏书已写好，正要下发时，正好遇上崇文使萧益进宫问疾，当他得知要下诏书后，进谏道："陛下立太子应当立长子，否则会乱。"刘龑便将此事搁置一边；然到24日，刘龑便死去了。众臣以旧制为依据，推秦王刘弘度即皇帝位。

刘弘度即位后，改名刘玢，更加骄横奢侈。他的父天皇大帝死后还在丧中，他就大放声乐，夜间同娼妓鬼混，让男女裸体加以观赏取乐。左右侍从有不顺他心意的，随时都可以杀死。他的弟弟刘

弘昌和内常侍吴怀恩多次谏阻，他根本不予理睬。他好猜忌，对他的几个弟弟都不放心。每逢举行宴会时，便命宦官把守大门，不管何人，都必须脱去衣服搜查后才放入内，当然更不会放过他所怀疑的弟弟们，他的几个弟弟无不怨恨。

943年3月，晋王刘弘熙想取而代之，便利用他近娼妓的习性，盛装打扮声妓，送给他去作乐，博得刘玢的欢心。刘玢平时爱空手搏斗，刘弘熙又找了一些力士在晋王府练习格斗。刘玢知道后，心中高兴，便于当月8日在长寿宫中举办格斗表演，特召刘弘熙府中的刘思潮、谭令禋、林少强、林少良、何昌5力士参加。刘弘熙见刘玢中计，当然欢喜。格斗开始，刘弘熙陪刘玢喝酒观赏，一直到天黑。刘弘熙见刘玢酩酊大醉，当即命刘思潮等人乘机将刘玢杀死。刘玢时年24岁，谥号殇帝。第二天早晨，百官已知宫中生变，不敢上朝；越王刘弘昌遂带领诸弟，去迎刘弘熙即位，并改名刘晟，是为中宗。

### 瓜颈试剑

刘晟，原名弘熙，天皇大帝刘龑的第四子。943年3月8日，刘弘熙杀兄即位，改名刘晟，年号应龙。

刘晟即位后，怕众人不服生变，便设立了更多的刑罚进行威胁，多诛旧臣，并先后杀害了他的10多个弟弟，将他们的女儿全部纳入宫中做了妃嫔宫娥。他还派兵入海掠夺商人金锦，大造离宫别馆，恣意游乐。这里讲的"瓜颈试剑"的故事就是他昏暴残忍的一事。

947年9月，他下令建造离宫千余间，装饰上珠宝，设置镬汤、铁床、剐剔等刑具，把神话传说中的阴曹地府搬到人间，号称"生地狱"，随意杀人。有一次，夜间喝酒喝醉了，把乐工尚玉楼叫来，要把瓜放在尚玉楼的脖子上，以试剑取乐。尚玉楼惧怕不肯，刘晟大怒，让将尚玉楼按住，将瓜放置颈上，而后拔剑砍去。霎

时,瓜与颈皆一刀两断,血如喷泉,洒满地上,侍从吓得面如土色,刘晟却哈哈大笑道:"好剑,真是好剑!"尔后一歪一斜地走入寝殿,倒头便睡。第二天,酒醒之后,竟还命侍从召尚玉楼陪他饮酒。当侍从告诉他,玉楼已于昨晚被他以瓜试剑杀死时,他却吃惊道:"竟有此事!"众人听了无不叹息。

958年3月,当刘晟听说后周世宗尽取南唐江北之地,南唐主以献地归附为条件要求休战的消息之后,刘晟心中才感到焦躁不安,忧虑成疾,但又不思振作,残暴淫乐仍毫无自制。7月,刘晟病重,8月3日去世,时年39岁。庙号中宗,谥号文武光圣明孝皇帝。

### 玩物丧志

刘𬬮,刘晟的长子,原名继兴,出生于943年,卒于980年,在位13年,卒年38岁。

前已述过,刘晟在五代时期,是一个昏暴残忍之君,而他的儿子刘𬬮,其奢淫残暴,和刘晟相比,则更高一筹。他即位,营建宫室无数,仅装饰一根柱子就用白金3000链,宫中珍宝堆积如山。他刑罚也更加残酷,有烧、煮、剥、剔和刀山剑树之刑,更有甚者,他竟让犯人斗虎抵象取乐,惨绝人寰。

这里先讲一个"玩物丧志"的故事。

刘𬬮有个嗜好——游览名山大川。有一日深夜,他在梦乡中忽见一仙飘然而来。刘𬬮上前躬身问道:"请问仙长,何处风景秀丽,可以建造宫殿?"那仙道:"罗浮山迎祥寺西北方向的山间,有一洞府,景色迷人,可作宫阙之地。"仙人言毕而去。刘𬬮醒来,将梦中仙人之言说与众臣。一些奸佞之臣遂附和道:"臣等亦有所闻,确为一个好所在!"刘𬬮高兴,急令人前去查访,果有一洞,当地人称之为"金沙洞",且流水潺潺,清澈见底,刘𬬮即征调民夫,劈山为路,伐木为樏,并亲自绘图,于洞旁筑起一座行宫。宫成之

后,刘𬬮携美女前往下榻。一个尽兴之夜,刘𬬮说又梦见一条金色的大龙从宫帏升腾而起,众贺大吉。于是,刘𬬮又将此洞改之为"黄龙洞"。

后南汉亡国,刘𬬮被俘,宋太祖赵匡胤曾对左右道:"刘𬬮好工巧,习已成性,玩物丧志;倘若能以其智尽力治理国家,岂至灭国!"

### 迷于女色

别看刘𬬮治国无方,但在玩弄女色上,却入迷乱伦,花样百出。

刘𬬮的父亲有一宫女名叫卢琼仙,声色迷人,深得刘晟宠幸。刘𬬮即位后,见其容色未衰,且能言善辩,便不顾辈数,纳于身边,后进为才人。不久,又让其朝服冠带,参与政事。从此,刘𬬮每批阅奏章,都让卢琼仙坐在怀中指点决断。

宦官李托为谋大权,投刘𬬮之所好,将自己的两个爱女献于刘𬬮。刘𬬮见其二女姿色若仙,当然欢喜,当即封李托长女李素馨为贵妃,封其次女为美人。李素馨爱戴一种白花,刘𬬮竟不惜千金为其购之。故有《南汉美人》诗云:

花田女儿不爱花,萦丝结馈饷他家。

贫者穿花富者戴,明珠十斛似泥沙。

南国山水秀丽,自古不乏风流女子。而刘𬬮却不满足,还要领略各异国女子风情。有一波斯(今伊朗)女子,不仅光艳照人,且精于淫术,深得刘𬬮宠爱,被赐名"媚珠"。从此,这"媚珠"变换技巧,日夜淫乐,弄得个南国皇帝,整日玩必有幸,哪里还有心思去治理朝政?这"媚珠"为讨刘𬬮欢心,便献一计,选恶少男配以宫中女婢,令其裸体交媾,名曰"大双体"。"媚珠"陪刘𬬮逐对巡视,若男胜女,则受赏赐;若女胜男,则男子被鞭挞,引得刘𬬮仰面大笑道:"真乃天下第一趣也!"

如此一个淫乱皇帝,安能长久?终在970年,北宋兵伐南汉,次年攻克广州,刘𬬮被俘。至此,南汉灭亡。从917

年刘䶮称帝,到 971 年刘鋹亡国,共历 4 帝,经国 55 年。刘鋹后来被北宋加封为恩赦侯、彭城君公、卫国公,980 年,终因酒色过度而死。

### 以阉治国

刘鋹以阉治国,也是使其亡国的一个重要原因。

刘鋹的父亲刘晟就宠宦官。到了刘鋹,更加荒唐地确认:"群臣皆自有家室,顾子孙而不能全力尽忠,惟阉者亲近可任。"

刘鋹既宠信宦直,便专设"蚕室",即阉术室,阉工多达百余人。群臣中凡有才华谋略可用者,都必须先阉后用。甚至连新科进士、状元等,也必须先阉而后用。未行阉割的人,皆被称为门外人,均不得参与政事。故一些想做官之人,便主动地自行宫刑而后去求官。一时间,行阉之风大盛,使得南汉这个小小的国家,宦官这个特殊的社会阶层竟如滚雪球一样越滚越大。据史料记载,高祖刘䶮时,就曾专用阉人,然当时只不过 300 余人;到中宗刘晟时,宦官已达千余人;至刘鋹,宦官人数竟接近万人;就其官位而言,加封三公三师者比比皆是。一个南汉朝廷,成了宦官横行的天下。

### 乱中得安

王审知,农民家庭子弟,光州固始(河南固始)人,字信通。唐朝末年,和其哥哥王潮一起随从割据固始的王绪起兵。后来,王潮杀死王绪,占有军队,被众推为主;令王审知带兵攻泉州、福州,占据福建全境。于是,王潮被唐朝廷封为威武军节度使、福建观察使,封其弟王审知为副使。从此,王氏兄弟占有闽岭与广州之地。897 年底,王潮死后,唐朝廷让王审知继任兄职,并封之为琅琊王。907 年,朱温废唐哀帝自立建梁后,王审知归顺后梁;909 年 4 月,被后梁太祖朱温封为中书令、闽王,建都长乐(今福

州)。

王审知是五代时期十国中一个比较开明的国君。他即位后,由于是农民出身,故生活比较节俭,任用良吏,省刑惜费,轻徭薄赋,与民休息。他注意收用流亡福建的唐代士人为辅佐。兴学校,奖通商,发展海上贸易,使福州、泉州从此为东南沿海地区的重要港口,使经济文化一向落后的福建从此发展繁荣起来。

五代时期,是军阀各自为政、割据称雄的时期。各朝之间,各国之间,互动兵戈,弱肉强食,战火不息,特别像闽国这样一个小国,能在这种情况下得以偏安,存在下来,不能不说国君王审知治国有方。925 年 12 月,王审知病死。

### 拒谏杀身

王延翰,王审知长子,生年不详,卒于 926 年 12 月。

闽国的建立者王审知 925 年 12 月死后,由他的儿子王延翰继位为威武留后。926 年 10 月 6 日,王延翰自称大闽国王。修建宫殿,设置百家,礼仪细节以及礼乐曲章制度都仿效天子,令臣下称他为陛下。

王延翰称王后,一扫他父亲节俭治国之风,追求奢侈骄淫。他一上台,便下令广选民女充实后宫。他的夫人崔则与众嫔妃争风吃醋,见到哪个女子受到王延翰的宠爱,便将其杀掉,一年之中被她杀死的女子达 84 人之多。后来,崔则病死,王延翰再也不受约束,更是胡作非为。他的弟弟王延钧屡次上书劝谏,王延翰不但不听,反而将其贬为泉州刺使。对此,王延钧心中不满。王延翰的父亲有个养子叫王延禀,任建州刺使。926 年 11 月,王延翰听说建州女子质丽丰韵,便写信令王延禀替他选几个入宫。因为王延翰在父去世前就和王延禀有矛盾,现在让其帮他选美女入宫,不仅不听,且在回信中极力讽刺挖苦,使得王延翰大怒,欲发兵讨伐。王延钧听说后,便找王延

禀商量先下手为强，王延禀当然同意。同年 12 月，王延钧、王延禀联合发兵袭击福州。王延禀顺流而下，先到福州。在一天的夜间，王延禀率百余名壮卒直奔福州西门，踩着梯子进入城内，一举把守门士兵杀死，打开大门，然后指挥大军入城。此时，王延翰正在宫中与美女淫乐，对宫外变乱毫无所闻。当王延禀带兵杀进宫中，推开他的寝殿门时，王延翰才受惊急起，越窗而逃。王延禀发现，立即与亲卒越窗而追，将其抓住，当众列述其罪状，而且说是王延翰与他的妻子崔氏合谋杀死了先父王审知，并将这些公之于众。此后，才在紫宸门外斩杀了王延翰。至此，王延翰任闽王前后刚好一年，死后谥号嗣王。

### 淫逸被杀

926 年 12 月，王延禀杀死他的哥哥闽王王延翰后，便大开福州城门，将王延钧迎进城中，推为节度使留后（节度使的子弟和亲信使吏代行职务者称为节度使留后），事后再请朝廷正式任命。

王延钧，闽国建立者王审知次子，生年不详，卒于公元 935 年。闽国第二任闽王王延翰的弟弟。他即位后，于 927 年 1 月 16 日，即使王延禀回建州。王延禀帮助王延钧杀兄即位，不但未得封赏，反让自己回建州，心中很不高兴。临行前，王延禀对王延钧不冷不热道："你要好好守住先王创立大业的根基，不要忘乎所以，麻烦我再来。"意思是说，你要对我不地道，我同样会来将你杀掉。王延钧听了，知道其话中有话，吓得脸都变得发白了。王延禀走后，王延钧即上表后唐，5 月，后唐下达命令，任王延钧为本道节度使、琅琊王。

王延禀回建州后，对王延钧对他的不公平待遇耿耿于怀，常思讨伐之机。931 年 4 月，他听说王延钧有病，不理朝政，以为机会到来，便和儿子王建雄率军攻击福州。王延钧派楼船指挥使王仁达

诈降，慰问王健雄。王健雄信以为真，亲去迎接，被王仁达伺机杀死。王延禀听说后，急退建州，也被王仁达抓获带往福州，被王延钧杀死。

王延钧平定了王延禀叛乱，消除了后顾之忧，便觉万事大吉，信任方士，寻求长生不老之术。他听说道士陈守元、巫师徐彦林和盛韬都有通天宫玉帝之术，便为其大兴土木，修建宝皇宫（道观名称），以陈守元为宫主。12 月 23 日这天，陈守元对王延钧道："我奉玉帝之命下界通知您：如果您能避开王位，接受道籍，可以做天子 60 年。"王延钧信以为真，命他的儿子王继鹏暂管军府之事，自己避位接受道家符策，取道名玄锡。932 年 12 月，王延钧问陈守元道："请你为我问问玉帝，我做 60 年天子之后会死吗？"第二天，陈守元便欺骗王延钧道："昨夜我到天庭请示过玉帝，得到旨意，60 年后命你任大罗仙主，就会长生不老。"王延钧听了，十分高兴，从此更自命不凡，谋求称帝。他上书给后唐明宗皇帝道："钱镠死了，请朝廷封我为吴越王；马殷死后，请封我为尚书令。"后唐明宗不予理睬。王延钧一气之下，决定与后唐断交，自行称帝。933 年 1 月，陈守元对王延钧道："你知道吗？国人传说你现在住的真封宅，过去曾经有龙升天而去。"王延钧听了，以为真是做天子的信号，遂将住所改为龙跃宫；第二天，便到宝皇宫谒拜上天，自信已受其册封，设置仪仗军卫，返至王府，当日即位称帝，改名王璘。

王璘称帝之后，还有些自知之明。他知道自己国小地僻，故对四邻诸国谦虚谨慎，和睦相处，由是国内安定。然后在生活上，王璘却奢侈淫逸起来。他 1 月即位，5 月便大兴土木，建造宫殿。他好神仙，将闽国百姓 2 万多人度为僧尼。不久，他又滥杀功臣，像曾为他平定建州之乱的王仁达、枢密使吴勋等军政要臣都陆续被王璘杀死，一切政事皆交长子

王继鹏处理。王璘的皇后陈金凤与乐工李可殷勾搭成奸，这引起王继鹏的不满，便趁王璘患病期间，于935年10月派壮士将李可殷打死。皇后陈金凤见情夫被杀，便到王璘跟前告状，王璘要追究儿子的责任，王继鹏便一不做二不休，率军士入宫，将其父王璘杀死。王璘庙号太宗。尔后，王继鹏假传太后命令，自己登上了皇帝宝座，改名王昶，是为闽康宗。

### 一叶随风落御沟

康宗王昶，闽太宗（也称惠宗）王延钧长子，原名王继鹏。生年不详，939年7月为王继业杀死，庙号康宗。

康宗王昶杀父即位后，迷信鬼神，宠信道士；大兴土木，卖官敛财，淫暴无度，政事昏暗。

内宣徽使叶翘，学识渊博，为人质朴正直。当初，闽太宗王璘选他教导长子王昶。王昶对其用师傅礼遇，多方求教，宫中人尊之为"国翁"。王昶杀父继位后，任用他为内宣徽使、参政事。时间一长，叶翘见王昶变得淫暴无度，很是生气，自己虽屡加劝谏，然王昶根本不听。一天王昶正在办公，叶翘脱去朝服，改穿道服，从殿前经过，向宫外走去。王昶见其要走，便将他召回道："现政事太多，好久没有听取过你的意见，这是我的过错。"叶翘道："老臣辅佐陛下，没有丝毫成绩，致使陛下即位以来没干过一件好事，希望你放我弃官归道。"王昶道："先帝将我托付给您，政令如有不当，你应极力劝谏，怎能弃我而去呢？"随后，王昶赐给他丰厚的金帛，恢复他原来的官职，使其留了下来。不久，叶翘为了王昶夫人之事，又向王昶进谏。原来王昶的原配夫人李氏，是同平章事李敏的女儿。王昶自宠爱李春燕后，便冷淡了李夫人。叶翘进谏道："陛下原配李夫人是先帝的外甥女，是以大礼娶的，您怎么可以因为有了新欢就抛弃她呢？"王昶听了很不高兴，从此又疏远了他。没多久，叶翘又上

书言事，王昶便在其奏章的末尾批道："一叶随风落御沟。"意思是说，那就让叶翘像一片树叶一样随风飘去吧。这里的"叶"，内隐叶翘之意。随后，便将叶放诸归故里去了。

像这样一个皇帝，当然也不会久安。

939年7月，闽康宗北宫失火，王昶命控鹤军使连重遇带领本部士兵扫除余烬，士兵很是辛苦。连重遇平时因屡受闽帝轻侮，心中不满，王昶也有察觉，便怀疑纵火者为连重遇。因此，准备派军捉拿连重遇。连重遇听说后，更加愤怒，索性让本部士兵真的放火烧了长春宫，并攻打闽帝，还派人救出了因被闽帝猜忌而禁锢起来的王延曦，推举为主。事变突起，闽帝急带皇后李春燕逃往宸卫都营中。前汀州刺史、王延曦哥哥的儿子王继业率军追至宸卫都营。王昶又带残兵败将逃出福州。当逃至一个村头上，被王继业追上。王昶自知不能逃脱，索性停下来责问王继业道："你的臣节到哪里去了？"王继业道："君既然没有君德，臣还有什么臣节？"闽帝无言以对，只好跟王继业返回福州。当到达陀庄（去福州的途中）时，王继业用酒将王昶灌醉，便将其勒死了，皇后李春燕及王昶的几个儿子同时被杀。

### 王　曦

#### 剖视酒肠

景宗王曦，原名王延曦，即位后改为王曦。他是闽太祖王审知的小儿子，生年不详，944年为部下朱文进所杀。

939年7月，王曦的侄子王继业杀死康宗王昶后，王曦立即自称闽王（当时因惧中原，未敢立即称帝），向后晋称藩。然天高皇帝远，远在中原的后晋根本管不到南闽，941年7月，王曦又自称大闽帝；9月，即皇帝位。

王曦即位后，骄淫奢侈、酷苛暴虐的程度和闽国前几任皇帝没有什么区别。

"剖视酒肠"的故事,便说明了王曦是如何的荒唐残暴。

942年12月的一天,王曦和臣下一块儿饮酒,吏部侍郎李光准多饮了几杯,说话不逊,违背了王曦的意思,当即命人把李光准绑起来押到市街问斩,但手下人不敢杀他,便又囚禁狱中。第二天,王曦上朝,觉得杀得不妥,便又将他从狱中放了出来。当夜,王曦又与臣下宴饮,翰林学士周维岳多饮了几杯,讲话又不合他的心意,被拘禁下狱。狱中吏卒打扫干净了床位对他道:"昨天李侍郎就是睡的这张床,请不必担心(意思是也会被放的)。"第二天,周维岳也果然被释放了。过了些日子,王曦再次与臣下宴饮,宴饮结束,陪侍大臣都离去了,只有周维岳酩酊大醉未走。闽帝王曦对左右道:"维岳身材短小,为什么能喝那么多的酒?"有个侍臣答道:"凡能喝酒的人,都另有一副盛酒的肠子,不必身材非长得高大不可。"王曦听了感到惊奇,便命人立即将周维岳推到殿下,想要剖腹看看他盛酒的那副肠子到底是个什么样子。但又有一位侍臣道:"陛下不可,如果将他杀死了,那么日后有谁还能陪您开怀畅饮呢?"王曦听了,觉得有理,才又将周维岳放了。之后,"剖视酒肠"便作为讥讽王曦恣意杀戮大臣的故事留传下来。

## 为臣所弑

闽主王曦随意诛杀大臣,弄得诸大臣整日惶恐不安。

944年2月的一天,王曦游览西园,乘着酒醉杀死了控鹤指挥使魏从明。魏从明是朱文进和连重遇的党羽,这二人虽然杀死王昶,拥立王曦,但见王曦乱杀魏从明,觉得必然事出有因,故担心魏从明的下场不知哪一日就会落在自己头上,不由心生余悸。谁知两天之后,王曦又邀朱文进、连重遇宴饮,竟乘着酒兴吟诵白居易的诗道:"惟有人心相对间,咫尺之情不能料。"且边诵边举酒目视朱、连二人。朱、连二人听了汗流满面,忙起身流涕拜道:"臣下侍君如父,岂敢怀有二心!"王曦对此并无反应。朱、连二人更加大为惶恐。

王曦的儿子王亚澄为皇后李氏所生,但王曦宠爱的却不是李皇后,而是另一位姓尚的妃子。对此,李皇后很是不满。李皇后为立她的儿子王亚澄为嗣,恐有他变,便想除掉王曦。她见朱文进和连重遇不受王曦信任,便派人转告这两个人道:"皇上将要杀死你们二位,这如何是好?"他俩听了,感到确有可能,除了先下手为强,起兵造反,别无出路。正巧,在3月13日这天,朱文进、连重遇听说李皇后的父亲李真生了病,闽帝王曦要去问安,便派得力心腹马步使钱达守候在李真府第的门口。不一会儿,王曦果然来了,钱达假装上前侍奉王曦下马,乘其不备,一举将王曦杀死。尔后由连重遇召集百官,郑重宣告:"太祖开创闽国,但其子孙淫乱暴虐,现在上天已废王氏天下,我们应推贤德之人为皇帝。"说罢,便把朱文进推上了皇帝宝座,众臣无敢异议;李皇后想让儿子继位之事不仅落空而且不久全被杀死。朱文进即位后,把王氏宗室的50余人全杀掉了。之后,朱文进埋葬了王曦,谥号睿文广武明圣元德隆道大孝皇帝,庙号景宗,任用连重遇总领六军。

## 家童称王

高季兴,五代时期十国中荆南国,也称南平国的建立者,出生于858年,卒于928年,字始孙,又名季昌,陕州硖石(今河南三门峡南)人。高季昌少年好武,曾为汴梁富人李让家中的一名家童。后来,朱温收李让为养子,并命李让收高季兴为养子,改姓为朱;再后,因军功受封为宋州团练使,颖州防御使,恢复高姓。907年,朱温灭唐建立后梁,高季兴被任为荆南节度使。923年10月,李存勖灭后梁,建立后唐,高季兴于924年3月受封为南平王,定都江陵。926 年 6 月,高季兴上表请求夔、忠、万三州为自己属郡,后唐答应了他的要求。当他得到三州后,927 年 2 月,又上表后唐不要往三州任命刺使,想派自家子弟去充当,后唐没有答应,并派军队从三面向高季兴发起进攻。高季兴坚守不出,并请吴国出兵救援。928 年 6 月,高季兴转向吴国称臣,被吴国封为秦王。

高季兴在位期间,针对国小、民贫、兵弱的特点,对邻国采取友善谦让政策,不仅使其国家安定,且能得到邻国的同情和帮助。荆南地处南北交通要冲,他以征收过境税为由,增加收入,这是他的主要经济来源。928 年 12 月,高季兴病逝,时年 71 岁,在位 4 年,谥号信武王。

## 高从诲

### 赖子国王

荆南王高季兴去世后,由他的儿子高从诲继承王位。高从诲,高季兴长子,字遵圣,出生于 891 年,卒于 948 年。即位前,曾到后梁朝廷为供奉官,归国后任马步军都指挥使,不久又加封为忠义节度使。928 年 12 月,信武王高季兴因病去世后,吴国皇帝杨溥封高从诲为荆南节度使兼任侍中。

高从诲即位后,邻国都瞧不起他,被称之为"高赖子",这是怎么回事呢?

前已述过,荆南地狭、民贫、兵弱,高季兴对邻国采取友善政策,靠征收过往商税和邻国的赏赐过日子。而到了他的儿子高从诲即位后,为了国家的存在,对他父友善邻国的政策不仅发扬,而且"发扬光大",其灵活程度几乎达到了赖皮的程度。他的父亲自后梁灭亡后,对后唐称臣,不久后唐没满足高季兴的要求,又舍唐而对吴国称臣。到高从诲即位后,他曾对其左右臣僚道:"唐近吴远,舍唐臣吴这不是好办法。"于是,便于 929 年 5 月,便通过楚国国王马殷说合,向后唐谢

罪,并又通过山南车道节度使安天信写信,请其上奏后唐,荆南重新对其称臣纳贡,其目的是为了得到后唐在经济上的赏赐,以发展本国经济。为了得到邻国的赏赐,先后又舍着脸皮向吴国、楚国、蜀国、闽国、南汉国称臣。这就是说,"有奶便是娘",谁给他赏赐,谁对他有好处,他便对谁称臣。为此,邻国都瞧不起他,称他为"高赖子"。

"高赖子"对邻国是有些赖,但对国内,却比较开明,他把以"赖"换来的财富用到"省刑薄赋"上,恢复生产,发展经济。此外,他对臣下通情达理,礼贤下士,因而君臣关系密切,国内太平,民众尚无怨言。

### 礼贤从谏

文献王高从诲对外经常掠取过往商人财物,乞求邻国赏赐。有时竟把不交财物的过往商人扣压起来,惹得邻国不是致书责问,便是欲发兵讨伐。每遇这种情况,高从诲又不得不退还其财物,释放被扣压的商人使者,对方如再不满意,他便对其称臣。虽如此,他竟毫无羞愧之色。诸邻将其称为"高赖子"就在于此。但他在国内,却礼贤下士,虚心纳谏。他信任谋士梁震,以兄长相待。梁震常称高从诲为"郎君",以示亲近和称赞。

当时,楚王马希范喜欢奢侈,凡到过楚国的人,都夸其豪华,高从诲听了也有些羡慕,曾对他的臣僚道:"像马希范这样的人,真可称之为大丈夫了!"孙克宪听后却反驳道:"天子与诸侯,只是礼节上有所差别。马希范乳臭未干,却骄奢无度,只求一时痛快,不考虑长治久安,危亡就在旦夕,哪里还值得称道?"高从诲听后,思得许久才大有所悟道:"我反复考虑过,孙克宪说得有理,骄奢生亡。看来,我自己过去享受的也太过分了,这很危险。"从此,他下令撤除各种珍玩之物,攻读经书,推行轻徭薄赋政策,保境

安民。梁震也是直谏之臣，待其告老退休之后，高从诲下令为其修建宅第，并经常亲自前往拜访，按时送去丰厚的礼物，以示敬重之心。

公元 948 年 10 月，高从诲因病去世，谥号文献王。卒年 58 岁，在位 19 年。

## 李昪

### 复姓建唐

前面在叙述五代十国吴国时提到了齐王徐知诰，曾于 937 年 10 月废掉吴睿帝杨溥，自立为帝，国号大齐，谥号烈祖。这大齐国的第一任皇帝徐知诰，便是南唐烈祖李昪，这是怎么回事呢？

徐知诰，徐州人氏，出生于 888 年，本姓李，原名李昪字正伦，为唐室宗族。李昪少时家贫，在战乱中父母双亡，流寓在濠、泗间，后为杨行密收养，杨行密子多，容不得李昪，故又为杨行密部将徐温收养，遂改姓徐，名知诰。杨溥即位时，徐温自称齐王，把持吴国军政大权。徐温死后，由于养子徐知诰继承齐王位，把持朝政大权。齐王徐知诰专权后，便有自立为帝之心。当时，他镇守金陵，为便于控制吴睿帝杨溥，先劝其迁都金陵，由于众大臣的反对，没有迁成。他见杨溥的弟弟、临川王杨濛在杨氏宗族中较有才华，且威信很高，视为自己篡位称帝的障碍，便给他捏造了一个匿藏亡命、擅造兵器的罪名，先将其囚禁起来，尔后又将其杀死。这时，他见朝中没有人再敢与自己抗衡了，便于 937 年 10 月，派人逼吴睿帝杨溥让位，自己在金陵即皇帝位，立国号大齐。

徐知诰称帝后，老觉着自己本为大唐宗室，当初改名改姓是迫不得已。现在，自己当了皇帝，仍姓徐，便觉不是滋味。于是，便举行朝会，宣布恢复李姓，建立唐室宗庙。2 月 18 日，徐知诰正式宣布更名为李昪，改国号为唐，史称南唐。

李昪即位后，坚持其养父徐温在世时奉行的保境安民政策，对外与邻国修好，对内奖励农桑，轻徭薄赋，禁止买平民为奴。他本人生活也较节俭，不爱声色，使得政平民安，国内经济很快得到了恢复和发展。

然李昪在晚年时，信奉道教。943 年 2 月，南唐皇帝因服用金石丹药而患重病。临死，他才醒悟，把儿子齐王李璟叫到跟前告诫道："我服用金石丹药，本想延年益寿，没想到反而伤害了性命，你今后可要引以为戒呵！"当天夜里，李昪去世，时年 56 岁，在位 6 年，庙号烈祖。

### 怒逐宠妃

这是发生在 943 年 1 月的故事。

南唐烈主李昪有妃种氏，因其年轻美貌而受到宠爱。她有个儿子李璟逖，因其是小儿子而未被立为太子，为此耿耿于怀。她常想因自己受宠而乘机进言诽谤太子，但怎奈找不到太子李璟的错处；她也曾想无中生有，但每当刚想开口时，又被烈帝那威严的神态吓了回去，故一直找不到机会。正巧，有这么一天，烈祖李昪到太子李璟的宫中，碰上李璟正一个人在那里拨弄乐器。李昪不好声色，常以此为亡国之举。今见太子如此，大为恼怒，当场便将太子痛斥了一顿。种氏听说后，认为总算抓住了太子的错处，乘机对烈祖李昪进言道："太子常好声色，不过无人敢向陛下报告罢了。璟逖虽然年幼，但明达事理，很有陛下之风，可继承大业！"烈祖李昪一听，便知其用意，没等其继续说下去，便发怒道："你这是什么话？儿子有了过错，作为父亲批评他，训斥他，是很正常的事情。废立之事乃是有关国家举足轻重的大事，你一个妇道人家，怎么能参与过问！"第二天，烈祖李昪便下令将种氏逐出宫门，嫁了出去。

## 最早规定抚恤

南唐烈祖李昪即位后，吸取过去一些皇帝因奢淫无度而亡国的教训，很注意节俭。他穿的鞋子，是用蒲草编织的，洗手洗脸用铁盆，暑天睡在用青葛做的蚊帐里。侍奉在左右的，尽是些又老又丑的宫人。他自己生活虽如此俭朴，但对民众和将士却十分关心。他在修订法律时规定：田地根据肥瘠核定租税，不许买卖平民子女为奴婢，立据要经过官府审查；调兵兴役及其他赋敛，都按税钱多少为标准，以减轻贫穷之家的负担。他还于 942 年 11 月规定，凡因国事而死亡者，家属可领抚恤钱 3 年，并下令将此写入法律之中，颁布全国执行。据考证表明，因公而亡"领取抚恤"的最早见于条文的规定，就是从南唐烈祖李昪时开始的。

# 李　煜

## 不爱江山爱美人

"南朝天子爱风流，尽守江山不到头。"南唐后主李煜是南朝天子中很有代表性的一位。

南唐升元元年（937 年）七月七日，李后主生于吴都金陵（今江苏南京）。十月，吴主杨溥下诏"禅位"于他的祖父李昪，国号大齐。他的父亲李璟被封为吴王。第三年，李昪改国号为唐，史称南唐。

李煜出生时，李璟已有 5 个儿子，他是李璟的第六子。由于他生于七夕，李璟特别高兴，说："今宵为七夕佳节，吾儿恰于此日降生，但愿他终生幸福，万事如意，就为他取名'从嘉'，字重光，让他一切从'嘉'吧！"李煜是他即帝位后改称的名号。

随着从嘉的长大，人们发现从嘉天生一副帝王之相：前额宽阔，两颊丰满，口生骈齿，一目重瞳。在历史上，虞舜、楚霸王项羽都是重瞳。

南唐到升元七年（943 年），也就是从嘉 7 岁时，他的祖父李昪病死，父亲李璟即位，改元保大，从嘉由王子变成了皇子。

和雄才大略的祖父李昪不同的是，从嘉的父亲李璟是一个工书画、通音律、擅长填词的才子皇帝。由于李昪 25 年的辛勤治理，南唐已成为"十国"中的强国，声威远播，四方来朝。在此升平时代，李璟从当太子时就潜心书法，赋诗作词。他用隶书为金陵清凉寺题写的匾额，被时人誉为该寺"三绝"之一。李璟 15 岁在庐山百花亭写下了"苍苔迷古道，红叶乱朝霞"的诗句，被后人刻石称赏。此外，他写的"细雨梦回鸡塞远，小楼吹彻玉笙寒""菡萏香销翠叶残，西风愁起绿波间"等诗句，都是历代名家称赞的意境、炼字两佳的典范。

与父亲迥然不同的是，从嘉的长兄弘冀是一个沉默寡言而工于心计的人。弘冀见从嘉生来相貌非凡，担心他做项羽第二，于是对他处处冷漠和猜忌。为了打消长兄的疑忌，从嘉自号钟山隐士、莲峰居士等，一心到美丽的大自然中寻求快乐。当内供奉卫贤画好《春江钓叟图》请他题签时，他欣然命笔，填了两首表明心迹的《渔父》词：

浪花有意千重雪，桃李无言一队春。
一壶酒，一竿纶，世上如侬有几人。
一棹春风一叶舟，一纶茧缕一轻钩。
花满渚，酒满瓯，万顷波中得自由。

保大十二年（954 年），是从嘉生活史上值得大书特书的一年。这一年他 18 岁，奉父皇之旨与南唐开国老臣周宗的长女，19 岁的娥皇结为秦晋。周宗一生南征北战，东讨西杀，对创立南唐立下赫赫战功，后来出任宰相，为巩固李氏江山兢兢业业。所以，他深得李昪、李璟两代君主的倚重。为了表示对他的格外亲近，李璟与他结为儿女亲家。

虽然是一桩政治婚姻，但无论从哪方面看却都是美满的。首先，娥皇有非常动人的容貌。她有一双清澈如水的丹凤眼，皮肤白如凝脂，气质雍容高贵，细腰丰臀，有少女成熟而动人的曲线。其次，娥皇还是一位博览群书，能歌善舞，擅长弹奏琵琶的才女。所以，这是典型的才子佳人的结合，堪称珠联璧合，相得益彰。虽然是"先结婚，后恋爱"，但他们一结婚，感情一下子就进入了热恋，偶尔分别，便感到"一日不见，如隔三秋"。

婚后不久，娥皇归省双亲。此时恰逢秋雨连绵，秋风萧瑟，佳人离去，独守空帏，从嘉感到前所未有的孤独，"芳瑜散麝，色茂开莲"的娥皇的面容、身影不断闪现在眼前，娥皇的芳泽不断从锦枕上散发出来，他辗转反侧，久久难以入眠，便起身点烛，提笔铺纸，写下了一阕《长相思》：

> 云一缃，玉一梭，澹澹
> 衫儿薄薄罗，轻颦双黛螺。
> 秋风多，两相和，帘外
> 芭蕉三两窠，夜长人奈何！

小别胜新婚。娥皇归来，才使从嘉期盼的心得到抚慰。随着时间的推移，他越发觉得娥皇的可爱。一天，起床后娥皇对镜理晨妆，却从镜中发现从嘉正在痴痴地注视着她的一举一动，那么深情，那么专注，她发现后不由得含羞地一笑，高兴地哼起一首歌曲。为了烘托气氛，从嘉让宫女呈上美酒，夫妻对酒谈情，小饮几杯后，娥皇两颊泛红。"酒不醉人人自醉"，斜倚绣床，脉脉含情地看着从嘉。接着，挥动着沾有酒迹的罗袖，抽出一绣线放在嘴里咀嚼，嚼了一阵儿之后，突然将红绒唾向从嘉，使从嘉不由一惊，而后大笑。从嘉随即把这一幕写成了新词《一斛珠》：

> 晓妆初过，沉檀轻注
> 些个。向人微露丁香颗，
> 一曲清歌，暂引樱桃破。
> 罗袖裹残殷色可，杯
> 深旋被香醪涴。绣床斜凭
> 娇无那，烂嚼红茸，笑向檀

郎唾。

与从嘉结婚后不久，娥皇弹拨琵琶的高超技艺很快显露出来，并得到她的公公、中主李璟的激赏。在中主寿诞之日，娥皇用她的一双玉手演奏了历史上的琵琶名曲，听得李璟、从嘉和其他人如痴如醉，不由得想起白居易《琵琶行》中的名句："大弦嘈嘈如急雨，小弦切切如私语；嘈嘈切切错杂弹，大珠小珠落玉盘。"

演奏结束，李璟高声赞道："白乐天的《琵琶行》，人们都认为是大才子对演奏琵琶的想象，吾儿的演奏才使朕重温了《琵琶行》的意境。'此曲只应天上有，人间哪得几回闻'哪！将宫中收藏的烧槽琵琶赐与吾儿！"

"多谢父皇的恩赐！"娥皇叩头谢恩。文武百官都用羡慕的目光注视着貌如天仙的娥皇，从嘉感到难言的满足。因为内行的人都知道"烧槽琵琶"是稀世之宝。传说，东汉时，琵琶国手蔡邕（蔡文姬之父）一次见人烧饭，以桐树做燃料，桐材遇火炸裂，音色清脆，受到启发，便将未烧完的桐树保存下来，请名家研制成琵琶，一经弹试，琴音格外悦耳。这种工艺一直流传下来，制成的琵琶便称"烧槽琵琶"，又称"焦尾琴"。

最能显示娥皇过人才华的一件事，是她凭借残谱复原了失传 200 余年的《霓裳羽衣曲》。据传说，开元年间的一个中秋之夜，唐玄宗李隆基梦游月宫，见有仙女数百，身披五彩霓裳、羽衣，在仙乐飘飘之中，群起而舞，舞姿及音乐之美妙，连曾经沧海的风流皇帝李隆基都感到妙不可言。经向仙女询问，才知叫作《霓裳羽衣曲》，不由击掌称妙，才知是南柯一梦。梦醒之后，连忙召来教坊艺人，将梦中所记口授与他们，经过记录整理，经过反复排练，终于把《霓裳羽衣曲》移植到人间。闲暇无事，就令宫女演出，看到兴头上，擅长舞蹈的杨贵妃便亲自披上羽衣，上台演出，玄宗便亲自吹笛伴奏,唯我独尊的天子与高不可攀的贵妃都成了歌舞明星。"骊宫高处入青云,仙乐风飘处处闻。缓歌慢舞凝丝竹,尽日君王看不足。"这是白居易对当日盛况的描写。后来,沉湎酒色歌舞的唐明皇疏于朝政,终于导致了胡人军阀安禄山起兵反叛。"渔阳鼙鼓动地来,惊破《霓裳羽衣曲》! 九重城阙烟尘生,千乘万骑西南行。"安史之乱开始,"开元盛世"结束,盛唐的历史从此走上下坡路。安史之乱后,《霓裳羽衣曲》便成了绝响。

一天,娥皇在从嘉的书房里查阅曲谱,偶然得到一册《霓裳羽衣曲》的残谱。她感到分外的惊喜,她要看看这首舞破盛唐江山的"仙曲"的庐山真面目,美中不足的是这只是个残谱。她连忙奔向琴室,操起琵琶试弹。她专心致志,冥思苦索,按图索骥,凭着她深厚的舞乐功底,终于使失传200余年的名曲复成全璧。根据自己的理解,娥皇对结尾进行了改动,原曲的结尾渐缓渐慢,摇曳而去,娥皇改成了倏然而止。

曲谱续完后,从嘉和娥皇开始在宫中排演《霓裳羽衣曲》。宫女身穿羽衣、裙裾,肩披蝉翼一般的纱制霞帔,头摇金花、步摇,在30人伴奏、数十歌女的伴唱下翩翩起舞。全曲为3部分18遍,缓慢时如流云在天,小溪在地;急促时如电闪雷鸣,松涛滚滚,妙曲美女,蔚为大观。《霓裳羽衣曲》演出成功后,君臣上下一致赞叹从嘉夫妇的过人才华,他们夫妇很是兴奋了一阵子。

从嘉结婚4年之后的中兴元年(958年),娥皇生下了他们的第一个儿子仲寓,夫妇感情更加深厚。他们携手听歌观舞,填词谱曲,在爱河中遨游,俨然一对太平年月的才子佳人。

"天教心愿与身违。"正当他们夫妇尽享生活的甜蜜之时,国家形势却日趋恶化。近在咫尺的后周皇帝柴荣一心"荡平天下",统一全国,不断进攻南唐,鲸吞蚕食,步步进逼。更让从嘉难以适

应的是,他的五位哥哥年纪轻轻却相继病死,中兴元年九月,按照次序他被立为太子,由郑王改封吴王,迁居东宫。

本来,从嘉是想做一个风流才子,潇潇洒洒过一生的。上天却让他在毫无准备的情况下做了太子。做太子的时间还不到一年,太子的角色还没有演好,上天又让他做皇帝。第二年(959年)六月,李璟在南昌病死,匆忙之中,他被扶上了皇帝的宝座。即位之初,他很想有所作为,振兴南唐,便取杨雄《太玄·元告》中"日以煜乎昼,月以煜乎夜"之意,更名为煜,仍字重光。

江山易改,本性难移。重整南唐河山的雄心刚刚树立起来,一见到他那如花似玉的娥皇,李煜很快又沉溺到儿女之情中去了。他即位不久,娥皇又为他生下了第二个儿子仲宣。仲寓、仲宣都聪明过人。特别是仲宣,比乃兄更加聪慧,3岁开始读《孝经》、古文、杂文,过目成诵,人人称叹。像父母一样,仲宣还酷爱音乐,听到琴师演奏,驻足倾听,便能凭曲调分辨五音。李煜处理政事之暇,便与娥皇教两个爱子背诵诗词,练习琴棋书画。娇妻爱子,其乐融融,尽享天伦之乐。

但在仲宣4岁这年(994年),年仅29岁的娥皇突然生病,且久治不愈。见爱妻病倒,李煜茶饭无心,日夜陪伴在娥皇的病榻前,盼望她早日痊愈。为了增强娥皇战胜疾病的信心,他将自己写的《后庭花破子》书赠娥皇,祝愿她能和自己青春常在:"玉树后庭前,瑶草妆镜边。去年花不老,今年月又圆。莫教偏,和月和花,天教长少年。"

看到这首词,娥皇高兴地露出了笑容。但祝愿毕竟是祝愿,娥皇的病却一日重似一日,娇艳的面容日渐枯槁,精神也越来越差。就在娥皇病情日重,最需要李煜陪伴的时候,风流成性的李煜却对娥皇的妹妹产生了恋情,并很快发展到频频幽会,这深深地刺痛了娥皇的心。

娥皇病重后,她的妹妹特地从老家扬州前来探视。娥皇之妹因为没有在历史上留下名字,她后来也被后主封为皇后,人们便把她叫作小周后,为了叙述之便,我们也称她为小周后。小周后比娥皇小14岁,李煜与娥皇结婚时,小周后年仅5岁。随着时光流转,当年混沌未开的小女孩已出落成15岁的婀娜少女。小周后天性活泼,美丽可爱,深受李煜母后的喜爱,时常派人接她到宫中小住。小周后酷似当年初入宫的娥皇,只是她比娥皇更活泼、更年轻。随着接触的增多,李煜对她的态度渐渐发生了变化。

小周后这次来探望姐姐,被安排住在瑶光殿的画堂里。这天中午,午睡之后,李煜身着便装去画堂看望小周后。为了给小周后一个意外的惊喜,他不让宫女通报,径直走向画堂。

来到画堂门口,只听室内一片寂静,原来小周后午睡未醒。他悄悄掀起竹帘向里观看:小周后身着睡衣躺在绣榻上,睡衣薄如蝉翼,隐隐约约透出小周后那已经成熟的胴体,那非常醉人的曲线,浓密、乌黑的秀发散铺在锦枕上,睡美人发出均匀的呼吸声,少女特有的体香一缕缕地传来,李煜不由得如痴如醉,更想近前看个真切,嗅个满足,便掀帘而进,却不料碰响了帘上的珠锁,发出了虽然不大而他听来却是震撼心魄的响声……

小周后猛然被惊醒,扭头一看,李煜正尴尬地站在门口。到了这时,李煜只好硬着头皮走向前去,说道:“寡人本想看看小妹,不料惊动了小妹的好梦,真是抱歉之至!”

小周后连忙说道:“不知陛下光临,请恕小妹未曾迎驾之罪。”说到这里,小周后才意识到自己尚穿着睡衣,急忙施了一礼退向屏风后面更衣。

更衣之后,小周后重新施礼坐下,便问起姐姐近日的病情,李煜将情况做了介绍。谈话之中,小周后无意之中向李煜看去,却发现姐夫以一种异样的目光

注视着自己,而且姐夫的一只眼睛有两个瞳子。小周后羞涩地低下了头。为了打破尴尬场面,小周后说道:“到今日才明白,陛下的一只眼睛和大舜一模一样。”

李煜道:“你与寡人本是至亲,后宫之内就不要叫什么‘陛下’‘皇上’了,叫我姐夫好了,这样才像一家人。”

“好,那以后在宫内就叫姐夫。姐夫,听说大舜是上古有名的圣君。”

“是啊,人们将他与唐尧、夏禹并称为三代,那是天下为公的时代。他不但是有名的圣君,还有一个让后世人羡慕的幸福美满的家庭。”

“如何地幸福美满呢?”

“他有恩爱的一后一妃,不但有倾国倾城之貌,而且都对他一往情深。王后叫娥皇,和你姐姐同名,王妃叫作女英,是娥皇的胞妹。她们姐妹俩双双嫁给了舜帝。舜帝南巡时病死于苍梧山,她们姐妹俩哀毁而死。她们姐妹的眼泪洒在竹子上,后来的竹子就出现了斑点,后人叫作‘湘妃竹’。我不想做什么圣君,只想和大舜一样有一双美丽多情的后妃,此生足矣。”李煜说完,眼睛直直地注视着前方。

小周后虽然年龄不大,但异常聪慧,情窦初开,听了李煜的话,已隐约听懂姐夫的弦外之音。但她一点思想准备都没有,一时不知如何应对,惶惑地低头不语。

李煜一言既出,自感过于冲动,便借故告辞。回到澄心堂,回想这次与小周后的会面,一时心潮难平,便填了一首《菩萨蛮》:

蓬莱院闭天台女,画堂昼寝无人语。
抛枕翠云光,绣衣闻异香。
潜来珠锁动,惊觉银屏梦。
脸慢笑盈盈,相看无限情。

写好之后,便派宫女把这首词送给小周后。

看完这首词,小周后完全明白了姐

第五编　五代十国野史

夫的心意。尤其那一句"相看无限情"写得多么含蓄，又多么浓烈，多么引人遐思啊！她不禁想起姐夫说的大舜和娥皇、女英的事来，莫非姐夫就是大舜再生，姐姐和自己就是娥皇、女英？要不，为什么姐夫的眼睛长得和大舜一样，姐姐恰好也叫娥皇？为什么姐夫的五个哥哥都年轻轻的死了呢？看来，这真是天意了……

而在李煜那边，"午睡惊梦"事件之后，小周后充满青春活力的面容，莺莺燕燕的声音，丰满动人的体态，随时随地晃动在眼前，就连睡梦中也常常与小周后相会。他的整个身心都被小周后吸引了，热恋的火焰炙烤着他，他实在不能再坚持下去了。何况，以帝王之尊，"普天之下，莫非王土；率土之滨，莫非王臣"，小周后为什么不能为我所有呢？只是，现在娥皇正在病中，不能不照顾娥皇的情绪。于是，他写下了约小周后夜半到移风殿幽会的密信，派宫女送给小周后。

接到密信，小周后认定自己就是女英第二，决心按期赴约。三更之后，月光蒙眬，万籁俱寂，小周后轻出画堂，慢慢向移风殿走去，只是脚下的金缕鞋发出有规律的响声，让她感到惊心动魄，只好脱下金缕鞋，提在手上，前瞻后顾地向移风殿走去。

来到移风殿，推开殿门，只见李煜正站在花架前望眼欲穿地等着她的到来，她猛地扑向李煜的怀抱。由于初次与男性亲近，浑身上下猛地一阵颤抖，娇喘吁吁地对李煜说："奴家把一切都交给你了，任你尽情地爱吧！但愿日后不要辜负奴家啊！"李煜没有言语，只是紧紧地把她抱在怀里，然后万般柔情地拥着小周后走向绣榻，二人度过了一个永生难忘的不眠之夜……

第二天，李煜回到澄心堂，激动地将昨夜的情景写成了又一首《菩萨蛮》：

花明月黯笼明雾，今宵好向郎边去。
刬袜步香阶，手提金缕鞋。
画堂南畔见，一饷偎人颤。
奴为出来难，教君恣意怜。

这首词一反李煜以往的阴柔、优美，以其大胆、泼辣的风格，成为中国文学史上少有的描写爱情和性爱的名篇，使当时和后世的文人惊愕和折服。

夫妻之间对于彼此的感情的变化是十分敏感的，在女性一边尤其如此。开始娥皇对于李煜近几日很少来看自己感到纳闷。后来，她见到了妹妹，说是已被姐夫接来了多日，几次来看姐姐，都碰上姐姐在昏睡。听到这里，娥皇什么都明白了，便痛苦地闭上了双眼，没有再与妹妹交谈。

俗话说"祸不单行"。李煜和妹妹相恋带来的刺激还没有平复，爱子仲宣的猝死再次给予她毁灭性的打击。一天，聪明过人的仲宣独自跑到佛堂，为母亲的早日痊愈向佛祖祷告。他正在蒲团上诚心叩拜时，突然有一只大猫窜上高吊的琉璃灯。由于那只猫太大，灯和猫一齐落地，猛然炸响，吓得小仲宣魂飞魄散，拼命哭叫，从此一病不起，惊痫夭亡。

为了免得娥皇病上加病，李煜一直封锁着仲宣夭亡的消息。但后宫人多嘴杂，时间一长，娥皇还是听到了爱子已死的凶讯。闻此凶讯，无异于雪上加霜，她的病情急剧恶化。弥留之际，她宽恕了李煜的一时薄情，只留下"请薄葬"一条遗嘱，便溘然而逝，年仅29岁。

娥皇死后，回顾10年来的恩爱生活，李煜痛心疾首，内疚不已。他亲临娥皇灵前哭祭爱妻，丧妻、失子的悲伤，意乱情迷的自责，伊人已去的寂寥，一齐涌上心头。他泪如泉涌，大放悲声。他的真情感动了左右，大家苦苦相劝，方才劝住。大殓之日，李煜为了表达对结发之妻的深情，将当时他与娥皇的定情信物玉环及父皇赐与娥皇的烧槽琵琶亲手放入娥皇的棺材，为她殉葬。接着，他和血茹泪写下了长达2000言的诔文《昭惠皇后诔》。在诔文中,李煜用他横溢的才华,真挚的感情,极力颂扬了娥皇美丽的容貌、超人的才华,重温了他们伉俪情深的恩爱生活。他写娥皇:"采戏传能,弈棋逞妙。媚动占相,歌萦柔调。"感叹本想"执子之手,与子偕老。今也如何,不终往告。"在诔文末尾,他以"木交枸兮风索索,鸟相鸣兮飞翼翼。吊孤影兮敦我哀,私自怜兮痛无极。"表达了自己的孤独、悲伤。最后,不顾自己的身份,署名:"鳏夫煜"。命石工镌刻在娥皇陵园的巨碑上。

埋葬了娥皇之后,在与娥皇共同生活的后宫内,李煜处处触景生情,人去楼空,琴在人亡,在很长一段时间里,李煜郁郁寡欢,写下了许多情真意切、极为感人的悼亡诗。如"层城无复见娇姿,佳节缠哀不自持。空有当年旧烟月,芙蓉城上哭蛾眉。"

娥皇死后,小周后的负担也很重。她除了自己强忍悲痛、劝慰李煜节哀保重之外,还要代替娥皇侍奉李煜的母亲圣尊太后,还要照料仲寓,教养小外甥。她对老人的精心侍奉,对仲寓的循循善诱,赢得了圣尊太后和宫内所有人的一致赞扬。一些大臣便投圣尊太后所好,纷纷上疏奏请太后早降懿旨,册封小周后为皇后,以统六宫。但太后和李煜见娥皇尸骨未寒,便决定先定名分,确定小周后为皇后,待来年再举行大婚典礼。不料当年十月,圣尊太后也逝世了,李煜与小周后的婚礼只好再次延期。

到北宋开宝元年(968年),李煜守孝的限期一满,大臣便张罗起迎娶小周后的典礼来。为了使小周后高兴,李煜暗示臣下要操办得隆重堂皇。虽然臣下明知他与小周后早已同床共枕,但为了皇家的威势,还得假戏真做,大事铺张。

到了大婚典礼这一天,金陵城万人空巷,官吏、百姓都出来观看皇帝的迎亲大典。按李煜的旨意,这一天是用皇家规格最高的仪仗来迎娶小周后的。凤辇前有全副戎装的侍卫开道,威武庄严;后有彩衣宫女护拥,花团锦簇;车水马龙,熙熙攘攘,塞满了整整一条街。72对绛纱宫灯分外耀眼,乐队高奏迎亲鼓乐,丝竹之声震耳欲聋,把迎亲的气氛推向了高潮。

浩浩荡荡的迎亲队伍把小周后从周家府接出来,转过金陵城的主要街道,出尽风头把小周后送到李煜选定的洞房柔光殿。经过烦琐的典礼程序,他们被送进华丽的洞房。大臣、亲友贺喜告退,李煜和小周后才得喘一口气,携手入帏,共度良宵。

这时,北方的后周已被北宋取代,赵匡胤经陈桥兵变,黄袍加身,成了北宋的第一个皇帝。赵匡胤有一句名言:"卧榻之侧,岂容他人酣睡!"他秣马厉兵,时刻都准备着灭亡南唐。但由于南唐在十国之中国力最强,只好暂时等待。

出生于钟鸣鼎食之家、温柔富贵之乡的小周后虽然有倾国倾城之貌,却对治国之道一窍不通。他在为李煜出谋划策方面无能为力,为了减轻李煜的忧烦,只好利用皇家特有的享乐条件来取悦李煜。她亲自设计,在移风殿建造了一座花房。这个花房四壁剔透玲珑,开有无数形状各异的窗棂,安放栽有名贵花卉的陶盆、瓷盆,甚至梁栋、柱栱、台阶等处都摆满了奇花异草。李煜见后,喜出望外,赐名"锦洞天"。小周后还在花丛中设计了多处小亭,仅容二人对坐,内置美酒、名花。李煜一旦心情不佳,便与小周后沉迷于花香与酒乡之中,而把国难家仇置之脑后。在大难将临之时,小周后的温柔和美貌确实给李煜带来快乐和慰藉,但这无异于饮鸩止渴。

像历史上的其他风流帝王一样,李煜除了宠爱娥皇姐妹之外,对其他色艺双全的妃嫔、宫娥也多加宠爱。有一宫娥名叫流珠,年轻貌美,像娥皇一样擅长弹奏琵琶。为了引起李煜的注意,她先设法取得娥皇的好感。她苦心钻研了娥皇创作的《邀醉舞破》《恨来迟破》二曲，颇能表达娥皇的原意，被娥皇引为知音，成为娥皇生前唯一不受妒嫉的漂亮妃嫔。娥皇死后，教坊久不排练，两曲逐渐为人们淡忘。她看到李煜对娥皇感情很深，便反复排练，使自己的技巧达到了炉火纯青之境。李煜听到她的演奏，不禁想起与娥皇共度的难忘岁月，对流珠产生了特殊的好感，便常常背着小周后召见流珠。

另有一少年宫娥秋水，从御花园蝶飞蜂舞的花丛中受到了启示。她除了频繁地更换衣裙、翻新发型之外，每天在鬓角插上一朵或一枝馥郁袭人的鲜花，所到之处，都有蜂蝶围绕她上下飞舞。这一独特现象很快引起了李煜的注意，于是她也有了亲近李煜的机会。

最为引人注目的是李煜对宫娥窅娘的宠爱。窅娘是一个出身江南水乡的采莲女。她具有江南少女的独特风韵：高挑身材，纤腰丰臀，手臂柔软；同时又有劳动妇女特有的健美，举手投足表现出李煜从未见过的矫健气魄。这是宫廷中常见的那些大家闺秀身上没有的。所以给李煜的印象极深。入宫之后，窅娘专门从事歌舞表演。由于她长期的采莲生涯，特别擅长表演根据唐代诗人王昌龄《采莲曲》改编的采莲舞。一次，窅娘的绝妙舞姿使李煜恍如置身江南水乡的荷花、莲叶之间，不由自主地当众朗诵起王昌龄的诗句："荷叶罗裙一色裁，芙蓉向脸两边开，混入池中看不见，闻歌始觉有人来。"由采莲舞李煜想起了南朝齐废帝萧宝卷与其潘妃的故事：崇拜佛教的萧宝卷让工匠把金锭轧成金片，再剪成朵朵莲花，以规则的布局贴在后宫地面上，让能歌善舞的潘妃身穿长裙、足踏金莲翩翩起舞，称为"步步生莲花"，取佛教洁净无尘之意。

为了超过萧宝卷，李煜突发奇想：下旨工部限期铸造一朵6尺高的黄金莲花，让窅娘准备在莲花上表演采莲舞。

为了得到李煜的宠爱，接旨之后，窅娘冥思苦索，设计演出方案。由于舞台的狭小，舞步自然以小为宜。为了尽量使舞步变小，她尝试用足尖着地，但只用足尖却容易倾斜、摇摆。为了使足尖平稳、有力，她决定用素帛紧缠双足，从脚趾、踝骨一直缠到小腿。经过昼夜苦练，由易入难，由简到繁，终于达到了在咫尺之地随意起舞的地步。

到了演出这天，金莲花四周被珠宝、缨络装饰一新，金莲花在其中闪着夺目的金光。文武大臣、妃嫔宫娥、太监环坐四周，李煜与小周后坐在正面，众人翘首以待窅娘的表演。窅娘终于出场了：她穿着最为名贵的长裙，被扶上金光闪闪的莲花，一个"亮相"人们对从未见过的如新月一般的一双纤足便大吃一惊，不由自主"啊"了一声。在人们还没有反应过来时，窅娘便在莲座上大显身手，时而回旋，时而"亮相"，在狭小的莲座上起舞甚至比在舞台上还要轻松自如。那纤细的双足如有千钧之力，承担了无数个新奇舞姿的造型，直看得台下众人瞠目结舌，一时忘记了这个像仙女一样神奇的姑娘竟是他们熟悉的窅娘。直到窅娘的表演结束了好一会儿，人们如梦方醒，才突然欢呼起来。李煜龙心大悦，重重赏赐了窅娘。

上有所好，下必甚焉。也就在窅娘表演以后，后宫妃嫔竞相仿效，纷纷缠足，并从宫内流传到民间，刮起了缠足的旋风，竟形成以小脚为美的陋俗。流风所及，一直延续到20世纪初的五四运动，使后世妇女深受其害，这是单纯的窅娘始料不及的。

对于李煜在强敌当前的形势下，不顾国事疯狂地追求享乐的行为，忧国忧民的大臣们甚为不满。有一首《金莲步诗》讽刺道："金陵佳丽不虚传，浦上荷花水上仙；未会与民同乐意，却于宫里看金莲。"只可惜李煜已经麻木，并未引起他的注意。

以李煜的经历，做太子、皇帝之前一心以诗词、声律为要务，做皇帝本来就"先天不足"；在他做皇帝之后，面对强敌，本来应该发奋图强，苦心钻研御敌之策，而他们一味沉溺声色，把大部分精力用于与大小周后寻欢作乐，在国内煽起一股奢靡享乐之风，掩耳盗铃，置国破家亡的危险于脑后。面对雄才大略的赵匡胤，他做亡国之君的命运自然就不可避免了。

### 不做帝王做才子

作为中国历史上有名的昏君，李煜的昏庸不但表现在即位之后沉湎声色上，还表现在他做了皇帝之后，没有以主要精力研讨如何富国强兵，抵御强敌，却在追求声色之外，对文学艺术表现了少见的浓厚兴趣，耗费了不应有的精力，而对他极为缺乏的治国之道却很少问津。

由于李璟风流儒雅遗传基因的影响，自幼又处于琴棋书画的熏陶中，自早年起，李煜就表现出了对文学艺术异乎常人的兴趣。

在文学艺术的大海里，最先吸引李煜的是书法艺术。对于书法，他最初学的是唐代的柳公权，即书法史上著名的"颜柳欧赵"四大家中的柳。后由柳公权连类而及初唐名家欧阳询、颜真卿、褚遂良、陆彦远。为了弄清书法艺术发展的源流，他又由初唐上溯至书圣王羲之，又由王羲之上溯至魏晋书法大家钟繇、卫铄。在众多的书法家中，他最为推崇的是王羲之的老师卫铄，后世尊称为卫夫人。李煜对卫夫人的书法潜心揣摩，用力最深，常以能体味卫夫人书法的高妙之处而怡然自得。

通过吸取自汉至唐的书法大家的众家之长，李煜创出了具有自己独特风格的"金错刀"体书法。据史书记载，李煜的这种书法笔画"作颤笔樛曲之状，道劲如寒松霜竹"，"落笔瘦硬而风神溢出"，

"大字如截竹木，小字如聚针钉"，被后人誉为"倔强丈夫"。他的书法作品曾在世间广泛流传，受到人们的珍爱。北宋末年，喜爱书法的宋徽宗下诏编撰《宣和书谱》，这时南唐虽已灭亡150多年，内府还收藏有他的行书墨帖《春草赋》等24种。可惜后来由于战乱频仍，时间久远，他的书法真迹已散失殆尽，使我们难以一睹其庐山真面目。

李煜不但是一位书法家，而且还是一位书法理论家。虽然他的书法作品已不可得，但有两篇专论书法的文章流传下来，这就是《书述》和《书评》。在《书述》中，他以人的气质变化来说明"字如其人"的观点。他指出，人在壮年，血气方刚，书法多刚健之气；到了老年，稳健持重，书法用笔娴熟，结字却少风骨。他还根据自己的经验，总结了写好书法的几个秘诀："所谓法者，㧑、压、钩、揭、抵、拒、导、送是也。"

在《书评》中，李煜又以其一代书法大家的丰富经验和高超学识，对王羲之以后的书法名家逐一进行持论公允的分析比较，指出：对于王羲之，虞世南得其美韵，失其俊迈；欧阳询得其力，失其温秀；颜真卿得其筋，失于粗鲁；柳公权得其骨，失于生犷。从这些洞幽烛微的评论中，可见其对书法艺术的深厚功力。

在我国古代，书画同源，书画相通。李煜不但善书，而且善画。据史书记载，他作画题材很广泛，人物、山水、花鸟都有涉猎，而尤以墨竹功力最深。他画竹有自己独特的画法，笔法凌厉，特别能画出竹子的神韵，后人称为"铁钩锁"法。他的绘画作品到北宋末年大内还藏有《自在观音相》《栝竹双禽图》等9幅。现在同样不知去向。

为了饱览历代书画大家的杰作，在即位前后，他大力收藏，甚至不惜重金悬赏，极力搜求。即位之后，下诏让翰林学士徐铉将大内收藏的历代书法名家墨迹分类编次，临摹精拓，命名为《升元法

第五编　五代十国野史

帖》。这是我国历史上最早的法帖。对于绘画作品，他亲自题跋，加盖"内殿图书""内合同印"等印章，并以上等的丝织品装裱，命专人保管。但令人惋惜的是，上述艺术珍品在南唐灭亡时，竟被昏庸的李煜下令付之一炬，等宋军赶到时，尚余6万卷，其实这些不知是被烧掉的多少分之一。

李煜除了对书法艺术投入了极大的精力之外，对于文学表现了更加浓厚的兴趣。由于对文学的热衷，他的周围很少赤胆忠心的治国能臣，却聚集了不少舞文弄墨之徒。如冯延巳，在文学上很有才华，而且能言善辩，善为诙谐，能使听者忘倦。他的诗、词都写得很华美，词作尤以意境深美著称，因此深得中主李璟喜爱，先后任命他为谏议大夫、翰林学士、户部侍郎，直至同平章事，登上相位。他的词句流传下来的很多。如"风乍起，吹皱一池春水""细雨湿流光，芳草年年与恨长"。此人虽文才宏富，但在管理国家方面却是低能儿，除了在作诗填词上下功夫，就是在结党营私上用心思。早在中主在世时，时人就将他与冯延鲁、魏岑、陈觉、查文徽称为"五鬼"。冯延巳因为有文才，常恃才傲物，目中无人。他做李璟的元帅府掌书记时，曾不知天高地厚地当面责问丞郎孙晟说："尔有何能？竟然官居丞郎！"孙晟闻言，当即反击："我不过山东一介安分守己的书生，论文辞华丽，十不及君；论诙谐歌酒，百不及君；论诌佞奸诈，永生永世不及君。但我虽无能，可于国于民无害，尔有能却足以祸国殃民！"听了孙晟的话，本来心高气傲的冯延巳只好悻悻走开。就是在"五鬼"的煽惑下，夜郎自大的李璟做起统一天下的美梦，相继发动进攻闽、楚的战争，结果劳民伤财，李昪生前几十年积累起来的财富被糟践一空，掌管财政的杜昌邻查阅账簿后痛哭："国事去矣！"

李煜幼年，李璟让冯延巳做他的老师，教他作诗填词。从诗词技巧来说，冯延巳对李煜产生了巨大的影响。但正是这种影响使李煜在即位之后，继续倚重冯延巳，冯延巳对他政治上的影响也就可想而知了。

冯延巳之外，李煜还与韩熙载、徐铉、徐锴、郑文宝、刘洞、孟宾于、江为保持着密切关系。

韩熙载是南唐的三朝元老，满腹经纶，熟悉典章制度。但他自青年时代起就不拘小节，收养歌妓，放荡不羁，为文武大臣所诟病。可李煜因为欣赏韩熙载的才华，爱屋及乌，竟然想起用韩熙载出任宰相。韩熙载此时已人到晚年，见李煜把主要精力用于享乐，已无挽狂澜于既倒的雄心，怕出任宰相后为同僚弹劾，为天下人责骂，便故意整天以狎妓纵酒为事，大造自己不堪入相的舆论。他身穿破衣烂衫，装成盲者操琴卖艺，让门生舒雅在一旁执板伴奏，到歌妓住处沿门乞讨。这些情况传到宫内，李煜心生疑虑，为了弄清韩熙载的为人，便派长于写生的翰林待诏顾闳中和周文矩参加韩熙载家的夜宴，回来后将所见所闻绘成画呈上。

从韩府夜宴归来，顾、周二人各画了一幅《韩熙载夜宴图》献给了李煜。但可惜周氏所作已经散佚，今仅存顾氏所作。顾氏所作，乃是一轴绢本设色长卷，分五部分记录了韩熙载夜宴的真实场景：第一部分描写参加夜宴的人物在听琵琶；第二部分是观舞，韩熙载亲自击鼓伴奏；第三部分是夜宴小憩，四个歌妓在侍奉韩盥洗；第四部分是听"清吹"；第五部分，宴会结束，韩熙载心事重重，歌妓却在同客人密谈调情。看了夜宴图，才知人们对韩熙载的抨击所言不虚，只好打消请韩熙载出任宰相的念头，这倒正中韩熙载的下怀。由于此事，韩熙载虽然未能当成宰相，却在中国美术史上留下了一幅人物画的杰作，也为后人研究五代的服饰及统治阶级上层的生活留下了极为珍贵的资料。

徐铉、徐锴，是南唐齐名的兄弟才子，人称"二徐"，常将他们与西晋的陆机、陆云相提并论。据《全五代诗》所收，徐铉存诗286首，有许多佳句为人们传诵，如"千帆日助江陵势，万里风驰下濑声"。徐锴10岁应邀赴宴，一老诗人以"秋声"为题，让他即席赋诗，他略加思索，便成诗篇："井梧纷堕砌，寒雁远横空；雨滴苺苔紫，风归薜荔红。"虽仅20个字，却将"秋声"写得惟妙惟肖。

郑文宝则以律诗著称。他的《长安别友》中的"杜曲花香浓似酒，灞陵春色老于人"，人们称为功力不下王维、杜甫等唐代大家。

刘洞长于五律，章法严谨，自谓无懈可击，自号"五言金城"。他受李煜召见时，曾献诗百篇，首篇《石城怀古》写道："石城古岸头，一望思悠悠。几许六朝事，不禁江水流。"李煜读后触动情怀，不忍再读。

孟宾于出身贫寒，靠奋力苦学夺得功名。他得志后不忘早年经历，作诗多讽刺挖苦纨绔子弟的骄奢淫逸，在民间广为流传。如《公子行》："锦衣红夺彩霞明，侵寒春游向野明。不识农夫心力苦，骄骢驰处麦青青。"

江为乃南朝宋大诗人江淹之后，有许多诗句流传下来。如"竹影横斜水清浅，桂香浮动月黄昏"，此二句被北宋林逋改写成"疏影横斜水清浅，暗香浮动月黄昏"，用来描写梅花，极受后人推崇，后人却多不知林逋沾了江为的光，这是我们应该为江为正名的。

上述诸人虽然各有文才，他们只能与李煜诗词唱和，宴饮享乐，却不能在他忧虑时为他出谋划策，甚至在他昏庸时连批鳞进忠言都做不到，有的还推波助澜。比较起来，潘佑则是李煜文友中少见的忠臣了。

和李煜的其他文友不同的是，潘佑虽然也写诗填词，却把主要精力放在撰写诏令文告上。李煜在位期间的重要诏令文告基本都出自他的手笔。他早在李煜做太子时就开始追随李煜，以才华过人称雄于一时，颇得李煜的器重。潘佑生性刚直，从不逢迎李煜。他对李煜沉溺声色的恶习一有机会便加以劝谏。一年春天，红梅初绽，清香沁人心脾，李煜一见，诗兴大发，便让潘佑填词咏梅。此前不久，南唐刚把淮南全境割让给后周，举国上下郁郁寡欢。见李煜此时还有心作诗填词，潘佑便借题发挥，写下了语含讽刺的《浣溪沙》，末三句为：

> 楼上春寒山四面，桃李不须夸烂漫，
> 已输了春风一半。

到南唐末年，潘佑见李煜仍不思振作，当政大臣文恬武嬉，便在短期内连上七道奏疏，一道比一道用语尖刻，希望能刺激李煜改弦更张，并以告老还乡作为最后通牒。不料李煜接到奏疏，就免去潘佑中书舍人之职，另给了他一个专修国史的闲职。潘佑决心以身殉职，又上了措词更为激烈的第八道奏疏，其中写道：

> 古有桀、纣、孙皓者，破国亡家，自己而作，尚为千古所笑。今陛下取则奸回，败乱国家，不及桀、纣、孙皓远矣！臣终不能与奸臣杂处，事亡国之主。陛下必以臣为罪，则请赐诛戮，以谢中外。

看了奏疏，李煜勃然大怒，立即交由近臣讨论，张洎、徐铉、陈齐等纷纷上奏说潘佑大逆不道，目无君上，攻击大臣，要求杀掉潘佑。潘佑眼看李煜不可救药，南唐亡国之祸不远，沉思良久，无可留恋，便留下一纸遗书，安然悬梁自尽了。

潘佑自杀之后，琼林光庆使、检校太保廖居素又犯颜直谏，希望李煜能悬崖勒马，苦海回头。令他极为失望的是，他的上疏呈进内廷后，竟如泥牛入海，无人理睬。他由失望而绝望，便穿上上朝衣冠,闭门绝食而死。留下绝命词云:"吾之死,不忍见国破主辱也。"

潘佑、廖居素的相继自杀,使忠良之臣看到李煜已病入膏肓,只好与他分道扬镳,李煜已处于众叛亲离、四面楚歌之中。

### 不信人力信佛祖

遨游了气象万千的文学、艺术的大海之后,再看看风雨飘摇的现实,李煜自知大厦将倾,回天无力,便干脆不再研讨富国强兵之道,一方面对北宋逆来顺受,百依百顺;另一方面则荒唐地到佛教中寻求庇护,希望佛祖保佑南唐国祚延长,国泰民安。

赵匡胤是在建隆元年(960年)取代后周,建立北宋的。第二年,也就是李煜即位那一年,他与赵光义、赵普制定了"先南后北"的战略方针,开始了统一天下的宏伟事业。乾德元年(963年),一举攻克长江中游的荆南和楚,将江南的两大国南唐和后蜀分割开来。次年,再次挥师南下,灭掉了后蜀。这时,全国还剩下南唐、吴越和南汉三个割据政权。

乾德四年(966年)秋,不自量力的南汉发兵进攻北宋的道州(今湖南道县)。见南汉先自寻衅,赵匡胤暗自心喜。他让李煜致书与南汉国主刘䤩,劝刘䤩对宋称臣,并交还其父刘晟当年从楚攻取的桂州(今广西桂林)、郴州(今湖南郴州)、贺州(今广西贺县),刘䤩当即拒绝。李煜考虑到两国唇齿相依,知道南汉不是北宋的对手,唇亡则齿寒,便指定才华横溢的知制诰潘佑再写一封劝说刘䤩对宋称臣的书信。潘佑没有让李煜失望,很快写成了洋洋2000余言的书信,文辞并茂,情理交融,从各方面分析了南汉对宋称臣的必要性和必然性。

刘䤩读了来信,火冒三丈,大骂李煜为虎作伥,当即写了一封迎头痛击的绝交信,并愤而将信使龚慎义投入牢狱。李煜无奈,老老实实将来往书信呈送汴梁。赵匡胤阅信正中下怀,师出有名,立即命潘美挂师出征,摧枯拉朽,于次年二月灭掉了南汉。南汉灭亡后,北宋从北、西两面与南唐接壤,对此虎狼之邻,李煜别无良策,只好以更驯顺的态度尊而敬之。

赵匡胤见李煜步步退让,便步步进逼。其中最令李煜感到耻辱的是让他派人把樊知古的母亲、妻子送到汴梁。樊知古,原名樊若水,南唐池州人。屡考进士不第,郁郁不得志,为了得到富贵,他带上金陵附近采石矶一带的长江地形图,叛逃到北宋。赵匡胤召见他时,为他改名知古,让他做舒州(今安徽安庆)军事推官,参与进攻南唐的准备工作。当初樊知古认贼做父,投靠北宋时,南唐群臣纷纷上疏,要求李煜除掉奸细家属。李煜因惧怕得罪赵匡胤,只下令将樊氏婆媳软禁起来。接到赵匡胤的来信,他竟违心地派专人将卖身求荣的樊知古的母亲、妻子送到了汴梁。这使李煜在国内外威信扫地。

眼看北宋国土日广,国势日强,南唐越来越微弱,李煜走投无路,便在国内大崇佛教,希望自己的诚心能感动佛祖,保佑南唐平安无事。开宝二年(969年),李煜下诏普济诸僧,募得道士愿为僧者,赠二金。乘李煜崇佛之机,赵匡胤派出大批内应潜入金陵,化装成僧侣刺探南唐虚实,为进攻南唐搜集情报。在北宋派来的奸细中,危害最大的要算江正了。江正,字元叔,潜入南唐后投奔金陵名刹清凉寺,拜住持法眼禅师为师,假装研习佛法。李煜经常召法眼入宫讲经,他以弟子身份随行,乘机刺探宫中虚实。法眼死后,由于他机敏善辩,继任该寺住持,法号"小长老"。此后,他借讲经之机,运用三寸不烂之舌,向李煜灌输轮回转世、因果报应之说。秉性仁厚的李煜对其所讲深信不疑,还称他是"一佛出世"。因受到皇帝赞扬,小长老踌躇满志,言行便放肆起来。一次,李煜见他身穿极为名贵的红罗绡金法衣，便责备他不该违背戒规，奢靡浪费，小长老却以攻为守地说："陛下未读《华严经》，可知佛祖也爱富贵？"并以此为由，奏请李煜拨出巨款，造塔塑像，提出先在牛头山营建禅房千间，剃度僧徒千人，以表示对佛祖的诚心。小长老此计本意在借大建禅房消耗南唐的财力、物力，使北宋进攻时更加容易。但李煜对小长老之言毫无防范之心，立即下诏大修佛寺，广度僧尼。还特地在宫中修建了静德僧寺，在钟山建造了"报慈道场"僧舍，还亲笔题写了匾额。一时间，南唐境内大兴土木，寺院如雨后春笋般建立起来。寺院跨州连县，广占土地，国家赋税锐减。其他国家的僧徒也慕名来到南唐，众达数千人，甚至日本、朝鲜等国的僧徒也不远千里而至。李煜是来者不拒，均安置于金陵禅院，供养的僧人达万人以上，国库的金银耗费如流水。

李煜还自取法号莲峰居士，偕小周后双双在宫中虔诚礼佛。二人头戴僧伽帽，身披红袈裟，顶礼膜拜，不知疲倦。由于长时间的叩拜，竟使前额淤血，长成赘瘤。他还不顾帝王之尊，亲自为僧尼准备佳肴，削制厕简。所谓"厕简"，是长条形的竹制薄片，以备僧尼如厕时使用，功能类似于现在的手纸。李煜因怕厕简粗糙擦伤僧尼臀部，竟先在自己面颊上试验，反复改进工艺，直到光滑舒适为止。而僧尼伤风败俗，触犯律条后，李煜则想方设法为他们辩护。有的僧尼勾勾搭搭，野合奸宿，有司要将他们治罪，李煜出面解释说："僧尼违犯戒条，本是七情六欲使然。如将他们除籍，正如他们所愿。对于此辈，不必除籍，每人罚他们礼佛百次，就能被佛性感化，改邪归正。"更让人们迷惑不解的是，每到斋日，他都要根据佛意来判决死刑犯人。这一天，李煜不再查阅案卷，了解案情，只在宫中佛像前点燃一盏明灯，称为"命灯"。如果命灯彻夜不灭，罪犯则可减刑免死，如果中途熄灭则要依律处死。了解了这一情况，一些罪犯便用重金贿赂太监，在深夜偷续膏油，使命灯长明，逃避极刑制裁，太监也借机大发横财。

见李煜如此崇佛，文武大臣不再研究如何防备磨刀霍霍的赵匡胤，却在奉佛方面极力表现自己。中书舍人张洎，每次见到李煜时不论国事，却大讲佛经、佛法；韩熙载很有文才，则专门在为僧侣撰写碑铭上下功夫；戎马一生的潭州节度使边镐，在征战途中还以专车载佛，时时参拜，乞求保佑，被人们称为"边和尚""边罗汉"。宫娥乔氏性情沉静，不能以容貌引起李煜注意，便在礼佛方面投其所好。她终日闭门缮写佛经，每抄完一卷，就精心装裱成册，呈送李煜。功夫不负有心人，乔氏不露声色的举动，果然打动了李煜，李煜御笔书写了金字《般若心经》一卷回赠给乔氏，乔氏视为至宝，终生珍藏。二人在奉佛方面有了共同语言，李煜便常常召她谈论禅理，谈到佛家高妙处，二人便共入空幻之境，怡然忘忧，乔氏因此得到李煜的宠爱。后来南唐灭亡，李煜被俘入宋，仍不忘把乔氏带往汴梁。

对于李煜不顾国力、不理朝政、一味崇佛的行径，忠良之臣忧心如焚。大理寺卿萧俨，是德高望重的三朝元老，以性格刚直、铁面无私著称，从皇帝到大臣无不对他敬畏三分。见李煜正在与后妃寻欢作乐，便要找李煜面奏。结果被侍卫挡在宫门之外，他怒气冲天，一把推开手持武器的侍卫，一直闯进后宫。到了宫里，李煜正在与嫔妃在下围棋，因正在紧要关头，无意听他上奏，萧俨火气上来，伸手把棋盘掀翻，李煜大声质问："萧卿如此大胆，难道要做今日魏征不成？"萧俨镇定地答道："老朽固然不敢以魏征自居，可陛下也并非唐太宗转世。"李煜知道自己理屈，又念萧俨一片忠心，便草草收场，礼送萧俨出宫。

歙州进士汪焕，眼看举国上下一片

事佛之风,国力在一天天消耗,为了南唐的大业,他冒死上《谏事佛书》,以梁武帝的故事为例,希望能唤醒李煜:

> 昔梁武事佛,刺血写佛书,舍身为佛奴,屈膝为僧礼,散发俾僧践,及其终也,饿死于台城。今陛下事佛,未见刺血践发,舍身屈膝,臣恐他日犹不如梁武也。

汪焕的上疏,如一盆冷水浇在李煜发热的头上,想起梁武帝国亡身死的前车之鉴,如梦方醒,深感汪焕之言有理,不但没治汪焕的不恭之罪,还将汪焕擢为校书郎,对佛事也稍有收敛。

紧接着,句容县尉张泌,眼看南唐危在旦夕,也慷慨上书,向李煜提出急需改革的十项"急务":一曰举简大以行君道,二曰略繁小以责臣职,三曰明赏罚以彰劝善惩恶,四曰慎名器以杜作威擅权,五早询言行以择忠良,六曰均赋役以恤黎庶,七曰纳谏诤以容正直,八曰究毁誉以远谗佞,九曰节用以行克俭,十曰克己以固旧好。得到上书,李煜龙心大悦,下诏慰答。可这时他已回天无力,张泌提出的改革建议都未能实行。

经过长期的周密准备,北宋开宝七年(974年)农历九月,赵匡胤下诏发动了灭亡南唐的战争。他任命名将、宣徽南院使曹彬为西南面行营马步军都部署,挂帅出征,以颍州团练使曹翰为先锋。北宋首先以少数精锐水军在江陵发起进攻,率先突破,先声夺人,震慑南唐沿江水师。主力部队兵分两路:一路由曹彬亲自指挥,水陆并进,沿江东下;另一路由山南东道节度使潘美指挥,从汴梁水军门出发,同样水陆并进,顺汴水入长江。两路兵马会师采石矶,再顺江而下,直逼金陵。

由于李璟、李煜父子两代奢侈享乐,大崇佛经,致使兵甲不修,武备松弛,官娇兵惰,不堪一击。宋军自攻入南唐以后,如入无人之境。潘美所部到达秦淮河时,无舟无桥,涉水而过,竟把对岸的南唐10万水陆大军打得大败,进而把金陵城团团包围。由于赵匡胤事先定有对金陵围而不攻,逼李煜绝望自降的方略,潘美下令停止了进攻。

在金陵城内,负责守城的是神卫统军都指挥使皇甫继勋。他本是名将皇甫晖之子。皇甫晖在与北宋的滁州(今安徽滁州)大战中负伤落马,为北宋俘虏,后拒绝医治,为国捐躯。可叹的是,皇甫晖虎生犬子,皇甫继勋却是一个贪生怕死的无耻之徒。在金陵城被围之后,他对李煜阳奉阴违,扣压一切战报,借口城防紧急,拖延李煜的召见,使李煜被蒙在鼓里。

而北宋奸细小长老,继续借讲经之机麻痹李煜。他每次入宫,都大讲佛法无边,保佑善人,说宋军之所以围而不攻,就是对李煜诚心拜佛的回报。再待时日,宋军就会师老兵疲,不战自退。到了走投无路之时,他已把汪焕的话忘在了一边,也只能寄希望于佛祖了。兵临城下,他不是思谋退敌之策,却亲临各大寺院频频斋僧,还在宫中专辟净室,宣召高僧德明、云真、义伦、崇节等讲解《楞严经》《圆觉经》。亡国大难临头,张洎还向他推荐了隐居鄱阳湖的处士周惟简。李煜召周入宫,大讲周易六十四卦,所谓天道循环,否极泰来,幻想时来运转,宋军撤回,南唐转危为安。

佛祖的保佑是虚无缥缈的,围城的宋军却是实实在在的。开宝八年(975年)农历五月的一天,李煜策马登城巡视,却发现桅樯林立,旌旗猎猎,宋军军容严整,望之沮气。李煜如梦方醒,勃然大怒,立即召见皇甫继勋,大骂他欺君罔上,贻误军机,下令推出午门斩首。守卫宫门的士兵对皇甫继勋早就恨之入骨,见他被押出宫来,便一拥而上,乱刀齐下,片刻之间便将他分尸净尽。欺君误国的无耻之徒得到了应有的下场。

皇甫继勋被杀的消息传出,金陵城人心振奋,李煜下诏各地将士奋力勤王。还派专使前往洪州(今江西南昌),调镇南军节度使朱令赟率军北上，援救金陵。朱令赟身材魁梧，矫健善射，有江南第一大将之誉。他麾下的15万水陆大军，是南唐实力最强的一支部队。接到李煜的御旨，朱令赟心急如火，日夜兼程，几天之后便赶到了离采石矶10里之遥的虎蹲洲。第二天，他借天刮西风之机，施用火攻之术，准备重演火烧赤壁的壮举，大破宋军。也是上天不助南唐，谁知起火后不久，风向突变，大火向自家烧来，顷刻之间，南唐水师被烧成一片火海。朱令赟自觉无颜再见李煜，纵身投江，以身殉国。

朱令赟所部败亡后，李煜万念俱灰。这时，小长老再次入宫，自称能借佛祖之力使宋军撤走。李煜万般无奈，现在是宁可信其有，不可信其无，便陪小长老登城退敌。小长老登上城墙，双手合十，闭目连诵"阿弥陀佛"，谁知时间不长，宋军果然节节后撤，见佛法如此灵验，李煜下旨全城僧俗专心礼佛诵经，等待佛祖普度众生。一时之间，金陵城内一片诵经之声。李煜许愿宋军撤走之后，多建寺院，回报佛祖。谁知几天之后，宋军去而复来。等李煜再召小长老退敌之时，小长老已完成了赵匡胤的使命，不辞而别，一走了之。

这时，宋军已完成了破城的一切准备。而金陵城内无粮草，外无救兵，士气低落，一片绝望。曹彬终于下达了攻城的命令。宋军摧枯拉朽，3天之后，便攻进了皇宫。李煜只好率近臣亲眷，着青衣小帽，齐聚宫门，肉袒出降。御案上留下了一阕未完成的《临江仙》手稿：

> 樱桃落尽春归去，蝶
> 翻金粉双飞，子规啼月小
> 楼西。画帘珠箔，惆怅卷
> 金泥。
> 　门巷寂寥人去后，望
> 残烟草低迷……

亡国之后，李煜君臣被押解到汴梁，开始了3年的亡国之君的屈辱生涯。3年之后，因他怀念故国的诗句刺激了宋太宗赵光义，在太平兴国三年（978年）农历七月七日，即李煜42岁生日之夜，被心狠手毒的赵光义以剧毒牵机药毒死。不久，小周后也悲伤而亡，与李煜同穴埋葬于洛阳北邙山。

## 刘 旻

### 愤而称帝

刘旻，五代十国时期北汉国的建立者。沙陀部人，后汉高祖刘知远的弟弟。初名刘崇，后改刘旻，出生于895年，卒于954年。刘知远镇守河东时，刘崇担任都指挥使；后汉建立时，刘崇担任太原尹。

且说950年11月，后汉隐帝刘承佑听信宰相苏逢吉的谗言，杀死枢密使杨邠、侍卫指挥使史弘肇、王司使王章之后，又派人去邺都杀害天雄军节度使郭威。郭威被逼无奈，以清君侧的名义造反，南下攻汴。隐帝迎战，被部下杀死。郭威进京后，与太后商议，决定立高祖刘知远的侄儿、河东节度使、太原尹刘崇的儿子刘赟为帝，并派人去徐州接驾。

再说河东节度使刘崇，当听说郭威造反，隐帝被杀的消息后，曾决定起兵南下，讨伐郭威。后又听说郭威和太后决定让他的儿子刘赟继位，也就不再起兵了。他说："现在让我的儿子当了皇帝，我还有什么要求呢！"时有太原少尹李骧曾私下提醒刘崇道："据我观察，郭威野心很大，早晚要自立为帝。您不如火速领兵翻过太行山，占据孟津，待徐州刘赟即了帝位，你再返回镇所，到时郭威也就不能动手了。否则，我认为郭威立刘赟为帝是个阴谋，您听了信以为真，必会上当。"刘崇听了大怒道："你这个腐儒，这不是要离间我父子的关系吗！"遂命人杀死了李骧，并向朝廷奏报。

然而正是在这个时候，郭威发动了澶州兵变，自立为帝，改国号为周；软禁了刘赟，废为湘阴公。刘崇听到这个消息后，方知果然上当，但也无奈。于是，他又派使者入朝，请求郭威让他的儿子返晋阳。

951年1月16日，郭威派人在宋州杀死湘阴公刘赟。刘崇听说后，心中大怒，哭着对左右道："这是因为我没有听忠臣李骧的话，才落到如此的下场！"当天，刘崇愤而在晋阳即位，改名刘旻，国号为汉，仍用后汉年号，史称北汉。接着，为少尹李骧建立了祠堂，规定逢年过节必须祭祀。

### 任皇帝

北汉刘旻称帝后，北方契丹派使者潘津撵带着信件，前去表示祝贺。刘旻自感北汉国小民贫，难以立足，又想为儿子刘旻报仇，便欲乞求契丹的援助，便回信道："原来的汉朝（指刘知远所建后汉）已经灭亡了，我继承帝位，想仿照晋朝（指石敬瑭所建后晋）先例，朝北称侄，以此请求援助。"契丹主见信当然高兴。

954年1月，周太祖郭威去世。北汉世祖刘旻听说后，极为高兴，当即决定请契丹出兵伐周。2月，契丹出兵1万，刘旻出兵3万，联合南下攻潞州。后周世宗派兵迎敌。两军在高平相遇，北汉军惨败，刘旻带百余名残兵败将逃回晋阳。自此一战，刘旻忧愤成疾，于11月去世。时年60岁，庙号世祖。

### 少主之死

刘继恩，本性薛，为睿宗刘钧养子，生年不详，968年为供奉官侯霸荣所杀。侯霸荣为什么要杀死刘继恩？事出有因。

刘继恩，本为刘钧的外甥。因为刘钧的妹妹先嫁给了刘旻身边一个名叫薛钊的亲信，生下继恩，故原姓薛。薛钊由于没什么才能，妻子看不起他。为此，薛钊心中愤恨，拔剑杀妻，妻未死而逃，薛钊自杀。之后，刘钧的妹妹改嫁给一个姓何的，生下继远，即北汉末帝刘继远。刘继远生下之后，父母相继死去。刘旻见刘钧无子，便令其收养继恩、继远为养子，故改姓刘氏。

968年6月，睿宗刘钧死后，由其养子刘继恩继位，宰相郭无为受遗诏辅政。刘继恩即位后，郭无为独揽大权，刘继恩不甘心当傀儡。于是，便在两个月后，刘继恩让郭无为任司空，实际上是夺了郭无为的实权。这年9月的一天晚上，刘继恩设宴以招待群臣及刘氏宗族。刘继恩醉后回阁休息，然刚刚入睡，供奉官侯霸荣率10余人持刀闯入阁中，杀死了刘继恩。侯霸荣刚刚杀死刘继恩，郭无为便派人从梯子上爬过墙去，又将侯霸荣等凶手全部杀死。郭无为兵士为何来得这样及时？因为侯霸荣杀君，实为郭无为所指使。究其原因，是因为刘继恩即位后夺去了他的宰相职务，故怀恨在心，产生了杀君之念。然杀死刘继恩后，郭无为生怕阴谋败露，故又随后派兵及时赶到，杀死侯霸荣等人。这样，他既得到了平定叛乱的美名，又达到了杀人灭口的目的。郭无为设谋天衣无缝，然而史官还是把他作为一个真正的杀君凶手载入了史册。刘继恩死后，谥为少主。

# 第六编　宋元野史

## 宋、辽、夏、金野史

### 宫禁逸闻

#### 御屏后后衣

宋仁宗死时，英宗才四岁，曹后摄政。后来英宗长大成人，曹后仍未还政于英宗。宰相韩琦对此不满，请求辞职。曹后道："相公不能辞职，今后我一定隐居深宫，不再干预朝政。"说罢撩帘进入内室。曹后走后，韩琦厉声命人撤去帘子，却见御屏后面仍闪动着曹后的衣裙，原来曹后仍在屏幕后面。没想到英宗已长大成人，曹后仍不想让他亲自执政。

#### 女能骑射

宋徽宗政和五年四月，燕辅臣在宣和殿校阅，参加校阅的有他的弟子五百余人。众弟子骑射完毕，徽宗赐坐。这时宫女们都整齐地排列在大殿下面。她们剪柳枝、射绣球、技艺超凡，精妙绝伦。在场的卫士看了都面有愧色，徽宗感慨道："剪柳枝、射绣球都不是女子做的事情，但女子做得如此之好，天下还有什么人不可教呢？"大臣蔡京等接着说："男子能奋力拼搏，女子能骑善射，平安时不忘危难，这是天下最大的幸事啊！"

#### 太后放生

淳熙六年三月十五日，宋孝宗派车将太后请到景园相聚，一起饮酒赏花。席间，太后命人将湖中的鱼、龟放生，又让宫中的仆人用彩旗将湖边做买卖的人们召唤来，每人给予一定的赏赐。

#### 吴夫人进鸡汁

宋孝宗为宋高宗服丧，"百日"之后，才吃点素菜素饭，弄得身体十分虚弱。吴夫人看在眼里十分焦急。她便对掌管皇帝饮食的太监说："皇上一直吃素，太清瘦了。你们可以暗中在素菜素饭中加些鸡汤。"皇帝吃了加上鸡汤的素菜之后觉得味道很鲜美，便向太监询问原因。太监惊恐万状，只得以实相告。皇帝听后大怒。欲找吴夫人问罪。亏得皇太后听说后极力为吴夫人开脱，皇帝才放过了吴夫人。

#### 媳与翁争

李皇后要求公公宋孝宗立嘉王为太子，宋孝宗不同意。李皇后便说："我是明媒正娶来的，嘉王为我所亲生，为什么他就不能被立为太子呢？"孝宗听她这样一说更是怒不可遏。李皇后讨了个没趣，只得悻悻回到家中。回家后她拉着嘉王的手来到自己的丈夫宋光宗面前哭泣。光宗听后很不高兴，从此不再朝拜自己的父亲。

#### 宫人放火

宋世宗到中都以后，决定将一批宫女发放还家。这批人中有名叫称心的宫女等几人。然而具体掌管宫女们的宦官玩忽职守，没有及时照办，于是称心等人出不了宫，一时心里很不高兴。大定二年闰二月癸巳夜间，称心等几人放火烧了十六位宫，大火一直蔓延到太和神龙殿。大火过后宋世宗严命手下的大臣查清起火原因。当问起宫女们的时候，住在十六位宫的袁六娘等人以实相告。后来纵火的称心等人被诛杀，而袁六娘等人则得到了世宗的赏赐。

### 淫有夫之妇

金主海陵王荒淫至极。不仅与众多的宫女淫乐，而且凡是已发放出宫嫁人的宫女，海陵王都将她们的丈夫发配到很远的地方，让她们扔搬到宫中居住，不让外出，以供他随时淫乐。

### 行淫奏乐

海陵王每次与宫女行房，都要让乐师奏乐，而且让人撤去幔帐。有时还让人在面前说些淫言秽语。

### 共观淫状

有一次，海陵王玩弄处女未能得手，便让元妃用手将其左右分开。有时，他又让嫔妃们坐成一排，供他随意行乐。并让众人亲自观赏他的淫态。他甚至让人模仿他的动作，以此为乐。

### 淫甥男杀甥女

海陵王的姐姐庆宜公主生了一位女儿，名叫叉察。海陵王想纳她为妾。太后说道："叉察刚生下来时先帝完颜亶将她抱到我家哺养，一直到长大成人。你虽然是她的舅舅，但就像父亲一样。这事不成。"后来叉察嫁给了皇室成员安达海的儿子乙剌补。叉察结婚以后，海陵王多次让人挑拨乙剌补与叉察的关系，后来乙剌补终于休了叉察，海陵王乘机将她娶了过来。叉察曾与完颜守诚通奸。海陵王得知以后，一怒之下将守诚杀掉。太后苦苦为叉察求情，叉察才被释放。后来叉察的家奴向海陵王告状，说叉察不讲道义。海陵王得知以后亲自登临叉察家门逼问道："你胆敢以守诚的事骂我？"问毕，就举刀将叉察刺死。

### 惯淫人妻

大宗正阿虎里的妻子蒲速琬是元妃的妹妹。一次她进宫探视姐姐元妃，被海陵王遇见。海陵王顿起淫心，将她奸淫。从此以后蒲速琬再也不敢进宫了。世宗当时是镇守济南的府尹，海陵王召

他夫人乌林答氏进宫。夫人对世宗说："如果我不去，海陵王一定要杀你，我还是独自担当此事吧，实在不愿连累你。"说罢乌林答氏整好行装上路，走到京城附近的良乡便自杀了。后来世宗即位后在位二十九年，始终都没有再立皇后。

### 黄衣女子

昭圣皇后刘氏是辽阳人。天眷二年九月己亥夜间，刘氏父母的家中好像有位黄衣女子走了进来，消失在刘氏母亲的寝室中。不久，母亲便生下了刘氏。刘氏天性聪慧，不管是什么字，过目便不忘。初读《孝经》时，十天便从头至尾读完。而她最喜欢的则是佛书。世宗做东京留守的时候，看见她击球很是惊讶，于是将她带回府中晋见贞懿皇后。只见刘氏举止文雅言谈得体，丝毫没有乖戾之气，颇得贞懿皇后的好感。大定元年刘氏被选入宫中，时年二十三岁。到生宣宗时，天空突然电闪雷鸣，刘氏受惊重病，不久死去。

### 后喜宾客

景祖昭肃皇后唐括氏既有见识，又有风度，出嫁之前在父母家中喜爱接待宾客。有时父母外出，她便大摆酒席，宴请邻居。景祖食量特大，当时人们给他取了个外号叫"活灵"。活灵是一种很能吃的鸟的名字。昭祖说："贫家的女子吝惜酒食，不能让他们嫁给乌古。"乌古是景祖的名字。后来昭祖听说唐括氏生性大方好客，便让景祖娶她为妻。

### 黝面狼视

圣宗萧皇后字耨斤，儿时面色黝黑，目光凶狠。她的母亲曾梦见一支擎天大柱，几个儿子怎么也爬不上去，唯有萧后和她的仆人爬了上去。不久以后，萧后果然被召入宫。入宫后，一天她打扫承天太后的卧榻，发现一只金鸡，便吞了下去，谁料突然间她的肤色变得又白又亮，光彩照人。太后看后惊叹道："出现这种

情况肯定将来要生一个不寻常的儿子。"后来萧后果然生下了兴宗。

## 萧后冤死

懿德皇后萧氏是枢密使萧惠的小女儿。一天，她的母亲耶律氏做梦，梦见月亮坠到怀中，接着又向东面升起，跃上天空，忽然被天狗吃掉，耶律氏梦惊而醒，这时生下了萧氏。当时是重熙九年五月已未。萧氏的母亲把自己的梦告诉了自己的丈夫，萧惠道："这个女孩命中必大福大贵，但不得善终。五月生女孩子，古人所忌，但命已如此了，又能怎么办呢？"萧氏自幼便能诵诗，又读过经书和历史书籍。长大后面目端庄、美丽。许多人都把她看作小观音，因而萧惠将她的字取为观音。萧氏不仅能诵诗，还善于赋诗，又被人们称为女中才子。后来萧氏被乙辛陷害，诬称她与赵惟一私通。皇帝听信了谗言，十分震怒，萧氏不得不自缢而死。萧氏死后，皇帝让人用苇席裹着萧氏的裸体送还萧家，这年她年方三十六岁。萧氏生前生有一个儿子，这便是皇太子濬。听到母亲的死讯，濬伏地大哭，一边骂道："杀死我母亲的就是耶律乙辛。今后不杀掉此贼，我誓不为人！"乙辛听到后怕留后患，便又将太子谋害。萧氏坏事就坏在喜好音乐能诗善画。当初乙辛谋害萧氏，便让人写了篇十香淫词，然后让一个名叫登的人拿出哄骗萧氏说："此诗是宋国忒里蹇所作，如果您能亲手抄过，可称得上是二绝了。"萧氏读后很喜欢，信以为真，便抄了一遍，并在后面又附上了自己作的一首怀古诗。姓登的这人得到萧氏的手笔之后，将它转给乙辛。乙辛借此编撰谎言，秘密地上报皇帝，指责萧氏淫乱，从而导致了萧氏的悲惨下场。冤枉啊！

## 抱尸哭子

赵德昭，是宋太宗赵光义之子，生前被封为武功郡王。太平兴国四年（979年），赵德昭曾随同其父宋太宗征讨幽州。其间，军队曾在夜间发生一场虚惊，讹传太宗不知去向。这时就有人策划，要想立赵德昭做皇帝。太宗回来听到此事，非常气恼。因为征讨幽州不利，回京之后，宋太宗在很长一段时间里，也不提把太原这块地方赏赐给赵德昭。赵德昭忍耐不住，就当面去问宋太宗。宋太宗一听非常恼怒，就没好气地说："等你自己去把太原弄到手吧，赏赐并不算晚！"赵德昭在父亲面前遭到抢白，一气之下，回家就自刎了。宋太宗听到儿子自杀的消息，又惊讶又后悔，就急忙赶到儿子家，抱住尸首大哭起来，并说："你这个傻小子，为什么想不开，寻了短见呢？"回去以后，就追封赵德昭为魏王，谥号为"懿"。

## 希夷先生

宋太宗赵光义即位以后，就派人去诏请华山的隐士陈抟到京进见，陈抟到京之后受到了厚重的接待，以后他又一次到京拜见太宗。太宗对宰相说："陈抟一心保持个人的节操，不追求功名利禄，看来是一个讲神仙方术的人。"于是派宫中的侍臣把他送到中书省。宰相宋琪等人就恭恭敬敬地向他求教："先生深得修真养性之道，可以把它传授给别人吗？"陈抟坦诚地回答说："我是个山野之人，对现时是毫无用处的，况且也不知道成仙得道、烧炼丹药点化金银一类事情；至于在呼吸吐纳、服食养生方面，也没有什么方术可传。即使我能在白日升天，对人对事也没有任何好处。现在皇上相貌堂堂，一表人才，又博通古今，深究治乱之理，真是个贤明有道的圣主！现在正是君臣同心同德，致力教化以求天下大治之时，如果讲什么勤行修炼的话，那就没有超过这个的了。"宋琪把他这番话上奏给太宗，太宗更加敬重陈抟，并赐给他一个封号："希夷先生"。以后他就怡然自得地回到了隐居地——华山。

# 帝王野史

## 宋太祖

宋代，是中国封建社会历史上较为繁荣的时期。"唐宗宋祖，稍逊风骚。"宋太祖赵匡胤，可称得上是中国几千年封建王朝中屈指可数的杰出帝王之一。

宋太祖赵匡胤生于公元 927 年，卒于公元 976 年。公元 960—976 年在位。他容貌伟岸，心胸豁达。青年时便吟出"逐退群星逐退月"这样气壮山河的诗句。虽生逢于乱世，却不甘沉沦，砥砺奋发，角逐争雄。他仿效后周太祖郭威，策划兵变，黄袍加身。以一介武夫之身，跃登帝王之尊。

宋太祖在位 16 年间，南征西讨，荡平割据，统一天下，顺应了历史发展的潮流，结束了从唐中叶以来二百多年的分裂局面，开创了中华民族历史上的一个新时期。

宋太祖首先是一个杰出的军事家。在他登上帝位之后，便开始了从军事家到政治家的转变。他草创的许多法规制度，为宋王朝的昌盛发展创造了条件。他的一生以武功居多，却扭转了近百年来重武轻文之风。他改革军事、政治、经济制度，强化了封建专制的中央集权，从而奠定了两宋三百余年的基业。然而正当年富力强、大有作为之时却溘然长逝。作为一代开国之君，宋太祖赵匡胤在封建史上写下了不朽的篇章。

### 生逢乱世 谋求前程

公元 907 年，由唐末农民起义和藩镇割据的军阀混战中起家的朱温，废掉已是有名无实的唐哀帝，在开封建立了后梁王朝。自此，数百年来不可一世，称雄于华夏大地的大唐帝国就这样分崩离析了，中国陷入了五代十国军阀长期混战的分裂局面。

然而建立了后梁王朝的朱温似乎并不满足眼前的"战绩"，顺利地篡夺了大唐江山更加膨胀了朱温统一天下的野心。但是，四周割据的军阀并没有把这个实力并不强大的暴发户放在眼里，他们觊觎着朱温统治的中原地区。各种势力一直进行着逐鹿中原的厮杀。"攻城以战，杀人盈城，攻地以战，杀人盈野。"中原大地遂成为杀人的战场："白骨露于野，千里无鸡鸣"，昔日肥沃的田地，竟然沦为狐兔出没的废墟。社会经济遭受严重的破坏，黎民百姓蒙受了极大的苦难。龙德三年（923 年），后梁终于被沙陀人李存勖所灭。在这片废墟上，李存勖建立了后唐。

后唐天成二年（927 年）二月十六日，在中州古都洛阳夹马营的一个军人家中，诞生了一个婴儿。这个新生的婴儿同成千上万的新生儿一样，并没有什么异常特别之处。然而，由于他日后显赫的地位，致使史学家们为他的出生刻意地蒙上了一层神秘色彩，把他描绘成所有圣贤之人出生所应有的异兆："赤光绕室，异香经宿不散，体有金色，三日不变。"

五代乱世，不但各派军阀之间互相争斗，而且各种势力内部也不断地上演着篡杀夺位的闹剧。后唐庄宗李存勖的皇位还没坐上几年，就被他的养子李嗣源发动政变推翻。也许是接受了前朝的教训，新上台的后唐明宗李嗣源暂时停止了对外征战。他的这些做法，在几年内收到了一定的效果。史家记载这一时期"年谷屡丰，兵戈罕用，较于五代，粗于小康。"赵匡胤就诞生在这样一个乱世之中的暂时承平时期。

赵匡胤的家庭,是一个典型的武人家庭。他的曾祖父、祖父都在李唐王朝做过官。父亲赵弘殷曾在后唐禁军任飞捷指挥使(骑兵中级指挥官),这是一个中级禁军头目。也许是因为处于承平时期,也许是因为篡位的明宗李嗣源把赵宏殷视为庄宗的人,总之,赵宏殷的官运不佳,二十多年来一直未得升迁。因此,赵匡胤的家庭,并没有为这位未来的天子安排一条锦绣前程,只是像一般人家那样,送他去读了几年乡校。然而,生长在国擅于将、割据称霸的烽火年代,又出生在耍枪弄棒、宿卫宫廷的将校之家的赵匡胤,无心于科举功名,却立下了依仗武艺建功立业的雄心壮志。他苦练骑术、射箭。有一次,赵匡胤选了一匹无人敢骑的烈马习练骑术。谁知烈马不甘役使,四蹄乱踢,狂嘶一声,朝城门驰去。赵匡胤猝不及防,一头撞在城门上,立刻从马上被甩了出去。在场的人都吓得目瞪口呆,以为这下可完了。但是还没等众人上前,赵匡胤很快地站起身来,几步小跑,又翻身上马。随着年龄的增长,赵匡胤练就了一身好武艺。

时光如箭,岁月如梭,转眼赵匡胤已满二十一岁。在那动荡不安的年代,即使是仕宦世家,对赵匡胤今后的进身发迹无能为力。作为武将的父亲,只能给他娶了一个袍泽的女儿。然而,胸怀大志、勇于冒险的赵匡胤,决心独自闯荡江湖,凭借自己的能力来迎接前途和命运的挑战。于是,在赵匡胤二十一岁这年,他毅然告别了父母、妻子,浪迹于芸芸众生之中。

他背着包袱,沿黄河西行,到关陇(今陕西甘肃)一带这片大唐崛起之地漫游,寻找风云机会,但一无所获。四处漂泊的赵匡胤,走到原州潘原(今甘肃平凉东),已经囊空如洗。关陇无望,赵匡胤就南下到了复州(今湖北沔阳西),去投奔他父亲的旧交防御使王彦超。但王彦

超没有收留赵匡胤,只给了他十贯钱,就打发他上路了。赵匡胤只得又来到随州(今湖北随县),去找父亲的旧友、刺史董宗本。董宗本总算收留了他,赵匡胤以为这次能安定下来了。不料,与赵匡胤年纪相仿的董宗本的儿子董遵诲,却对穷困潦倒的赵匡胤横加凌侮。赵匡胤年轻气盛,不愿苟且偷生,于是,愤然辞别,离开随州,长途跋涉,来到汉水边的重镇襄阳。

到了襄阳,赵匡胤投宿在一个寺庙里。也许是由于寺庙正处于南北交通要道上的缘故,寺里的老和尚对天下大事颇知一二。他对茫然不知所向的赵匡胤说:"我给你一点盘缠作路费,你一直往北走,也许会交上好运的。"

原来,后汉刘知远称帝仅一年就病逝了。年幼的隐帝刘承佑即位,后汉统治集团内部的各种矛盾迅速加剧。军校赵思绾在长安发动兵变,联合凤翔节度使王景崇反叛,护国节度使李守贞也密结辽朝,在潼自称秦王。三镇连叛,汴京震动。枢密使郭威受命前去讨伐。在平定三镇连叛前后,郭威便招兵买马,扩充势力。老和尚指点赵匡胤北去,正是要他去投奔正在邺都(今河北境内)的郭威。

几次投奔他人的坎坷遭遇,使赵匡胤对这次投奔郭威也不报太多希望。途经归德(今河南境内)的高辛庙时,赵匡胤看到占卜的百姓络绎不绝。穷困潦倒的人,更关心自己的前途和命运。赵匡胤也随着人群走进庙中,拿过香案上占卜用的竹筒,一边默默祷告,一边晃动竹筒。漫游了一二年也没交上好运的赵匡胤,并不指望这次投靠郭威能出现什么奇迹。因此,他先问能否当个小校,结果不吉。而后连问几个小官职也都不吉,当问到能否当节度使时,竹签所显示的还是不吉。节度使上面就是天子了,赵匡胤有些急了,难道要我做天子不成?

他又急又恼，果然，像是同他开玩笑似的，竹签呈现出吉兆。虽然，赵匡胤并不全信竹签上的提示，但是这对愁肠百结、慌不择路的赵匡胤来说，无疑是注入了一支兴奋剂。尽管这种占卜的结果目前还是可望而不可即，但它却像是一粒种子，悄悄地埋在赵匡胤的心中。只要遇到合适的土壤，这粒种子就会萌芽。

大凡胸怀大志之人，平素的谈吐总会流露出不同常人之处。史载汉高祖刘邦卑微时，在人群中围观威仪凛凛出巡的秦始皇，感叹道："嗟乎！大丈夫当如此也！"项羽看到这一场面后说："彼可取而代之！"心怀大志的赵匡胤也是如此。一天，他到郊外漫游，看到几个文人正对着初升的朝阳吟诗。他静静地在一旁聆听，但越听心中越不是滋味。他感到这些文人的诗篇尽管文辞华丽，但意味却很浅陋，毫无气概可言。于是，从来不喜欢吟风弄月的赵匡胤不禁随口吟道：

太阳初出光赫赫，
千山万山如火发，
一轮顷刻上天衢，
逐退群星与残月。

这几句果然气象不凡。看得出，只要有了风云机缘，赵匡胤是有扫平群雄，统一天下的雄心大志的。

到了邺都，郭威果然相中了身强力壮、武艺精湛的赵匡胤。在郭威的帅幕下，风华正茂的赵匡胤总算找到了一个施展才能和抱负的地方。

### 戎马生涯，战功显赫

五代是武人的天下。郭威平定三镇叛乱，坐拥重兵，足以左右朝廷。赵匡胤投靠郭威时，郭威正以平叛有功，成为朝中的实权人物。汉隐帝为了巩固统治，先后杀死了权臣杨邠、史宠肇、王章，随即把刀锋转向郭威。汉隐帝表面上信宠郭威，暗地里却派遣密使赴澶州企图杀害郭威。郭威被逼起兵，以"清君侧"的名义，起兵反汉。他带领禁军渡过黄河

向汴京进军，攻入京师开封。汉隐帝无力抵抗，被乱军杀死。郭威请太后临朝听政，准备迎立刘知远之侄武宁节度使刘赟继位。这时，边报辽兵南犯，郭威率禁军北上抵御。行军途中，将士们议论纷纷地说："我们攻陷了京师，每个人都犯有谋反的死罪。如果刘赟继位，天下还是刘家的，那我们不就等于搬起石头砸自己的脚吗！"于是，将士哗变，他们撕裂黄旗裹在郭威身上，在众将士的拥立下，旦夕之间，郭威便代汉立周，坐上了龙庭。郭威回师汴京，受禅即帝位，是为周太祖。赵匡胤作为郭威帐下的一员，由于命运所系，在这次"政变"中表现得身手不凡，深得郭威的赏识，并很快被提升为东西班行首（禁军军官）。这次事件，给赵匡胤留下了深刻的印象。

两年后，即后周广顺三年（935年），郭威又任命赵匡胤为滑州（今河南滑县东）副指挥使。当时正赶上皇子柴荣被封为晋王，担任开封府尹。由于柴荣曾与赵匡胤同在军中共事，对赵匡胤的英武、机灵和超凡的才干非常欣赏，就要求把赵匡胤留在自己身边，并任命为开封府马直军使（府属骑兵指挥官）。赵匡胤因此成为柴荣的潜邸僚属。这次机会对赵匡胤的一生起了决定性的作用。第二年，郭威病死，养子柴荣即位，是为周世宗。周世宗即位后，立即任命赵匡胤参掌禁军。从此，赵匡胤为周世宗柴荣卖力效忠，屡立奇功。他的官位也随着周世宗的宠信而飞快上升。平步青云的前程，正在赵匡胤面前展开。

郭威之死，正如刘知远之死一样，使朝廷内外窥伺已久的投机分子又活跃起来。北汉王刘崇（刘知远的弟弟）认为灭周复汉的时机已到，于是就联合契丹对后周发动了进攻。周世宗率军亲征，赵匡胤与殿前都指挥使张永德各领牙兵（亲兵）一千随行。两军在高平（今山西晋忝东北）遭遇，大战遂在高平展开。后

周骑兵将领樊爱能、步军统帅何徽畏惧汉军声势，不战自溃，望风而逃，见主帅逃跑，步兵也纷纷解甲投降。周世宗身边除赵匡胤一支亲军外，还剩下张永德率领的二千牙兵。形势变得十分危急。为了鼓舞士气，周世宗赫然跃马入阵，率领亲兵督战。在这危急时刻，赵匡胤表现出临危不惧、指挥若定的军事家风度。他指着西南的山坡，对张永德说："敌军士气骄盛，你手下的士兵擅长射箭，赶快占领右翼制高点，我率兵从左翼包抄。两面夹攻，必能取胜。国家安危，就在此一举啦！"说完他振臂大呼："如今主上处境危急，养兵千日，用兵一时，现在，是我们武人报效皇上的时候了！"说完，就与大将张永德分左右两翼，身先士卒，冲入敌阵。在周世宗和将领们的激励下，士兵个个奋勇争先，齐心杀敌。北汉军队根本没有预料到几乎败绩的后周军队能够突然反击，全军大溃。在这次战役中，赵匡胤智勇双全、转危为安的指挥才能，赢得了周世宗的欢心，也博得了张永德等禁军将领的赞许。

高平之战，这场关系到后周生死存亡的大决战中，周世宗认识到，赵匡胤并不只是一介武夫。他不但智勇双全，而且颇具战略眼光。于是就提拔赵匡胤为殿前都虞侯，赵匡胤从而跨入高级将领的行列。在这次战役中，周世宗痛感禁军军纪不严，兵力不振。骄兵悍将，临阵溃逃，使他几陷绝境。他决心彻底整顿军纪，首先他把樊爱能、何徽等七十多名临阵脱逃的将校斩首，继而又授权给他所欣赏的赵匡胤，对禁军裁汰老弱，精选强壮，大大整顿了一番，使后周禁军的战斗力大为增强。通过这次整军，赵匡胤的威望、势力亦在禁军中扎住了根。

高平之战的胜利，大大鼓舞了周世宗统一天下的雄心。他开始致力于统一的事业。而在周世宗所经营的统一战争过程中，赵匡胤逐步成为周世宗不可缺少的干将。使得赵匡胤深为周世宗所倚重。

显德二年（955 年），后周攻打后蜀的秦（今甘肃天水）、凤（今陕西凤县）等州，大将王景、向训久未攻下。周世宗不甘心师出无功，决定派赵匡胤前去审度形势，以决进退。赵匡胤深入前沿认真观察了战势，经过分析、对比双方力量之后，向周世宗报告说可以获胜。周世宗听后，下定了决心，重新调整了部署，果然了不出一个月，就一举攻占了秦、凤、成（今甘肃成县）、阶（今甘肃武都）四州的大片土地。

周世宗在进行内部改革的同时，挥兵开始了统一天下的事业，赵匡胤在统一战争中功勋卓著。显德三年，周世宗亲征南唐。南唐国力颇盛，后周军队在淮北寿州（今安徽凤台）受阻，久攻不下。而淮水下游驻扎着一万多唐军随时都有可能包抄周军。危急时刻，周世宗又派赵匡胤去解除这一威胁。赵匡胤在涡口设下伏兵，然后派一百多个骑兵前去唐军营前挑战，佯装战败，且战且退，把唐军引入包围圈，大败唐军。

解除了寿州的后顾之忧，但唐军随时还有可能从滁州增援。为了切断寿州外围唐军的增援、孤立寿州，必须先夺取淮河南岸重镇滁州（今安徽滁县）。于是在涡口破敌后，周世宗又派赵匡胤远道攻取滁州。滁州是南唐都城金陵（今南京）西北的重要门户，有重兵把守。唐军皇甫晖拒兵于清流关下，赵匡胤初战失利。他感到不能硬碰，必须智取，就密访当地百姓，询问通往滁州的捷径。在当地百姓的指点下，赵匡胤率兵绕过清流关，走山后小径，突然出现在滁州城下。皇甫晖大惊，慌忙率一万五千兵众退守滁州城，赵匡胤率精骑紧逼到城下。皇甫晖说："人各为其主，休想叫我屈服投降，有胆量，就让我整好队伍与你决一死战。"赵匡胤笑着答应了。皇甫晖稍定惊魂,率兵复出,赵匡胤乘皇甫晖放下城门吊桥拥众而出时,只身飞骑,突入敌阵,左冲右突,一个劲儿地高呼:"我单取皇甫晖一人的脑袋,别人都不是我的敌人!"刚刚败下阵来的南唐军,给赵匡胤的杀手铜搞得张惶失措,皇甫晖一愣神,已被赵匡胤一剑砍在头上。一拥而上的周军活捉了受伤的皇甫晖,一举攻克滁州。被俘后的皇甫晖极为赞叹赵匡胤的勇敢,他对周世宗说:"我之所以被俘,并非不尽心尽力,实在是赵将军英勇过人啊!我曾屡次与契丹交战,也从未见有如此勇猛、顽强的将士。"

征伐南唐的战争,前后持续了一年多,最后以南唐臣服,献出江北十四州土地而暂告休战。在征淮战争中,赵匡胤战绩突出。然而,赵匡胤没有因此骄纵起来,相反,处事待人更加小心翼翼。他作为武将勋臣,表现出难以令人置信的克制。滁州大捷后,赵匡胤的老父亲赵弘殷征战回归,半夜时途经滁州城下,传呼守城的儿子开放城门。赵匡胤不但没有开门,还在城墙上打官腔说:"父与子虽然是至亲,守城门却是王事,更为重要。按规定得等天亮才能开门。"赵弘殷这时已抱病在身,但碍于"忠孝难以两全"的臣子之道,未敢发作,只得懊恼地在城外冻到天亮。待第二天一进城,便卧床不起。两个月后竟一命呜呼。按古代丧礼,父母死,得免官守丧三年。为了重用赵匡胤,守丧没多久,周世宗就起复使用。提升赵匡胤为定国军节度使兼殿前都指挥使。节度使,位秩崇高,殊不易得。这一次提升,是赵匡胤威望日隆的一个标志。

在滁州,对于赵匡胤来说更有重要意义的是,他结识了日后辅佐他创立北宋王朝的核心人物——赵普。赵普"少习吏事,以吏道闻",在认识赵匡胤之前,已"托迹诸侯十五年"。他到平定后的滁州任军事判官,就是由于永兴军节度使刘词临死前的举荐和后周宰相范质的提名。赵匡胤与赵普虽然初次相见,但赵普的一番谈话已使赵匡胤感到这是一个不可多得的谋臣。随后,赵普在滁州处理狱事,也使赵匡胤很钦佩。然而,当时赵匡胤的地位还不可能将赵普罗致在身边。而赵普也没有轻视这个地位还不很高的武将。凭着他多年的经验,他认准了这颗正在升起的新星。因此,他对当时病倒在滁州的赵匡胤之父赵弘殷,殷勤服侍,孝顺得像亲生儿子一般。从而使赵普与赵匡胤结下很深的私交。所以当八个月后,赵匡胤一被任命为同州节度使,兼殿前都指挥使,就立即上表把已经做了渭州军事判官的赵普罗致在自己身边,做节度推官。至此,赵匡胤集团已初步形成。

### 陈桥兵变 黄袍加身

五代时期,烽火不熄,政局动荡不定。五十三年间,更八姓十四帝。平均每四年更换一个皇帝。这些皇帝的即位,多数是靠拥重兵夺得。如后梁太祖朱温、后唐庄宗李存勖的皇位是靠多年血战夺得;后晋高祖石敬瑭是借契丹的兵力自立;后汉高祖刘知远是以河东节度使乘乱称帝,而后唐明宗李嗣源、末帝李从珂、后周太祖郭威的皇位,都是靠禁军夺得。所以,在这些人的头脑中,已经没有什么君权神授的概念。燕王刘守光公然说:"我地方二千里,带甲三十万,直作河北天子,谁能禁我!"安重荣说得更直截了当:"天子,兵强马壮者当为之,宁有种乎!"整个五代,都是一种实力的角逐。谁有实力,谁马壮兵强,谁就可以实现野心。生活在这样一个时代里,心怀异志的赵匡胤早已看透了这一点。

显德六年(959年),周世宗亲征契丹,进军途中,得到一块奇怪的木牌,上面写着"点检做"三个字。当时的殿前都点检是周太祖郭威的女婿张永德,与周世宗平辈。周世宗望着木牌上的题字,心中掠进一丝阴影:难道张永德想做天子吗？或者是敌人的离间之计？一种不祥的预感,涌上了周世宗的心头,周世宗不由得对张永德产生了戒备之心。战事正在进行,此事暂时被搁在一边。不料刚刚收复三关(指淤口关、瓦桥关、益津关,都在今河北),周世宗就暴病不起,生命危在旦夕。为此,不得不匆匆撤军。

回到汴京,病中的周世宗想到皇位的继承人皇长子柴宗训年仅七岁,自己死后,张永德辈分居上,手握重兵,就可能会跋扈难制。为了保住周氏王室代代相传,周世宗立即解除了张永德的军职。而赵匡胤在高平之战后一直跟随着周世宗,表现得更加忠心尽职。在周世宗眼里,赵匡胤与张永德完全不同,赵匡胤不但与王室没有关系,而且为人豁达大度,由他统领禁军比较可靠,不必担心他有大的野心。于是,周世宗便提拔赵匡胤任都点检一职。就这样,赵匡胤轻而易举地把禁军最高指挥权握在了手中。

那块蹊跷木牌,显然是一种阴谋,而并非像史家所附会的那样,说成是赵匡胤后来从殿前都点检做了天子的神符。这只不过是早已萌发野心的赵匡胤,为了夺取禁军最高指挥权,用来除掉张永德而耍的一个把戏而已。

不久,周世宗病逝,七岁的柴宗训继位。这时的赵匡胤改封为归德军节度使,同时保留殿前都点检的职务不变。自从任职殿前都虞侯到殿前都点检以来,赵匡胤掌握军事大权已达六年之久。赵匡胤是一个城府很深的人。六年来,他不仅手握军权,还把禁军和藩镇中一些重要将领拉拢到身边,以盟誓结义的古老方式,结拜了义社(一种自愿结拜成把兄弟的讲义气的小圈子)十兄弟:杨光义、石守信、李继勋、王审琦、刘庆义、刘守忠、刘廷让、韩重斌、王政。赵匡胤在自己幕府内,又招罗了赵普、王仁瞻、楚昭辅、李处耘等一伙有深谋远略的心腹

为他出谋划策。他对部下恩威兼施,士卒服帖。赫赫战功,加上巧妙的政治手腕,使得赵匡胤在军队中势力很大,威信日高。而当前后周"主少国疑"的政治局面,自然为赵匡胤取代后周提供了绝好的时机。

还在后周时,南唐主畏惧赵匡胤的声威,曾送密书并馈赠白银三千两给经济拮据的赵匡胤,企图破坏周世宗对他的信任,被赵匡胤所揭穿。现在,赵匡胤实际上掌握着军事大权。在他上面虽有宰相,宰相却由文臣担任,不知武事。在那"武将拥立"成风的时代,一旦出现"主少国疑"的政局,人心思变,争抢富贵,势不可遏。时局如此,位高权重,又颇得军心的赵匡胤,难道会独居寂寞,坐失良机吗?

其实,赵匡胤的野心,并非无人窥破。关心朝政的官吏,已经预感到政变的乌云正在临近。对于赵匡胤的势力壮大,在周世宗时,右拾遗(谏官)郑起给宰相范质上书,指出:"赵匡胤为众望所归,不适合掌禁军。"在周世宗死后,马步军副都指挥使(禁军高级统帅之一)韩通与赵匡胤共掌禁兵,他的儿子韩橐驼也曾向他的父亲提醒过,为防范"有人望"的赵匡胤,须早作图谋,劝韩通寻机把赵匡胤除掉,韩通不听。于是,郭威代汉的一幕,不到十年又重演了。

显德七年(960年)正月初一,后周朝廷正在庆贺新年,突然接到契丹、北汉联合入侵,镇、定二州告急的边报。宰相王溥、范质没有核实军情,就通过小皇帝柴宗训,慌忙派遣赵匡胤统率禁军北征抵御。消息不胫而走。这种伎俩,与九年前郭威代汉如出一辙,拙劣的模仿,使赵匡胤的企图暴露无遗。"司马昭之心,路人皆知"。京城中纷纷传播着"将以出军之日,策点检为天子"的流言。九年前郭威兵变攻入开封后纵兵劫掠都市的情景又重新浮现在百姓眼前。开封城内,人

心惶惶，人们害怕因政局变动而遭受劫掠，纷纷做好了逃亡的准备。显然，这件事只是内庭懵然不知。

正月初二，大军出发。赵匡胤对军队约束很严，军纪肃然，稍稍宽慰了市民的心。走出城门，有一个名叫苗训的军校，号称通晓天文。他宣称看到东方天边日头下面又长出一个日头，黑暗与光明相互搏斗了好久；并煞有介事地指给赵匡胤的心腹楚昭辅说："一日克一日，这是天命。"楚昭辅不懂"天文"，也不可能看到一日克一日的"神秘"天象。但还是随声附和，点头称是。就这样，天命所归的舆论，很快地在军中传开了。

禁军行至开封东北四十里地、紧靠黄河岸的陈桥驿时，因天色已晚，军队就在那里驻扎下来。当晚，赵匡胤的亲信便在将士中制造舆论："现在周帝幼小，不能亲政，我辈冒死为国家抵御外敌，又有谁知道！不如先立点检为天子，然后再北征也不晚。"五代以来，牙兵悍将动辄拥立主帅。这些话果然把一些将士的情绪煽动了起来。将士思变，议论纷纷。军校齐集于驿门叫喊。要求拥立赵匡胤。这时一直在幕后策划的赵普、赵光义走到前台。他们表面上劝将士们不要这样做。名为劝阻，实为激将："改朝换代，虽说是上天有命，实则还在人心。人心背向，是成败的关键，只有万众一心，才能共保富贵。"这一番"劝阻"果然闹得群情激愤。赵普见时机成熟，赶急部署行动方案。为了控制住京师可能出现的反抗，又连夜派军使郭延斌驰返京城，秘密串通赵匡胤的兄弟，宿卫皇宫的殿前都指挥使石守信和殿前都虞侯王审琦，让他们在京城策应。当一切都布署妥当时，已是第二天黎明时分了。

天刚蒙蒙亮，军营中突然响起了军士的狂叫声。紧接着，一部分军士握弓持剑，直叩赵匡胤的寝门。于是，一幕兵变的把戏又上演。一夜未睡的赵光义，连忙叫醒蒙在被里睡大觉的哥哥。赵匡胤满脸惊慌，来不及穿戴，索性披衣走出卧室。将校们个个手握刀剑，环立于庭，高声地说："诸军无主，愿奉太尉（对高级军事长官的尊称）为天子！"全副武装的将士团团围住赵匡胤，未及他开口，就给他裹上了象征皇权的皇袍，高呼万岁。营寨内的军士顿时响应，声闻数里。这一场面、情形与十年前郭威以周代汉，将士"撕裂黄旗以被帝体"的一幕是何其相似啊！不过黄旗还像是仓促所为，而现成的黄袍则表明这次兵变完全是有组织、有计划、有预谋的。

赵匡胤明白，兵变的帷幕已经拉开了，自己不能再躲在幕后，该是登台亮相的时候了。他假意推辞了一番，将士们当然不会答应，作为将士，拥立主帅，对周朝来说是大逆不道的。如果赵匡胤拒绝了，那么这些将士的性命也难以保全。而如果拥立赵匡胤成功，他们就成了开国有功之臣。所以，只要赵匡胤同意拥戴，这些将士对赵匡胤的话自然是无所不从。赵匡胤抓住将士们的这种心理，对他们说道："你们贪图富贵，立我为天子，如果你们肯听我的命令，我就干，否则我不能干。"将士们异口同声地说我们听你的。于是，赵匡胤便"约法三章"："周少帝及太后是我所侍奉的，朝中公卿大臣都是我的同僚，你们不能伤害他们。对于朝中的其他权贵，一律不得凌侮、侵犯。以前改朝换代，初入京城，皆纵兵大掠，今不许你辈劫掠都市和抢劫府库财物。听命者，我会重赏，不听命者，诛灭九族。"赵匡胤与将士约法如此，就勒转马头，回师京城。辽和北汉进犯的消息，顿时化为乌有。

赵匡胤的部队入城，秋毫无犯，市容不惊。早已等候着的石守信、王审琦，大开宫门，迎接兵变之师入宫。军事政变几乎没有遇到什么抵抗，除了韩通想组织反抗，结果被王彦升追杀于家中，连同儿子,那个曾劝说干掉赵匡胤的韩囊驼,一并被杀。正准备上朝的宰相范质、王薄,闻变失色。范质抓住王溥的手说:"匆匆忙忙地派将出兵,是我辈之罪啊!"情急之中,指甲戳入王溥的肤肉,几乎出血。王薄受惊,说不上话来。不一会儿,将校们把范质、王溥等大臣拥逼了过来。赵匡胤一见宰相,突然呜呜地哭了起来,说道:"我为六军所逼,不得不如此,有负天地。"范质鼓起勇气,责备了赵匡胤几句,只是不肯下拜。军校罗彦环持剑上前,厉声喝道:"我辈无主,今日必得天子!"赵匡胤叱责罗彦环无礼,罗并不让步。王溥见势不妙,下阶先拜。范质无可奈何,亦跟着拜,并口称"万岁",大臣降服了。至此,赵匡胤兵不血刃成功地进行了这次政变,登基的障碍业已扫平。

赵匡胤见到此情此景,立即收起眼泪,登上崇元殿,召集文武百官举行禅代礼。极为温和的禅代顺利地进行着,只是还缺周恭帝禅位制书。看上去似乎是仓卒事变,但禅代诏书竟也有人事先准备好了。有一个叫陶谷的翰林学士承旨(皇帝机要秘书)这时不慌不忙地从袖管中取出一份早已准备好的制书。制书一宣读,归德军节度使赵匡胤,就在后周宰相的扶掖下,升殿登上皇位。因为赵匡胤所领归德军就在宋州(今河南商丘),所以定国号为"宋"。至此,大宋王朝在中国历史上诞生了。

赵匡胤和平代周,客观上说,是有进步意义的。这样做既有利于稳定局势、巩固统治,又可以继续进行周世宗所未竟的内政改革和统一事业。在周世宗死后,七岁的周少帝,是不可能使周世宗未竟的事业继续得到发展的。如果四周政权乘后周"主少国疑"进犯,中原又会重新陷入混乱。各种实力与势力相比较的结果表明,后周的"继承人"只能是赵匡胤,而不可能是别人,这也可以说是历史的选择。

### 拨乱致治　独步天下

赵宋初立,政局未稳,朝廷内外矛盾重重。后周旧臣、禁军将领、节镇势力、北汉与契丹的入侵等,都对大宋构成严重的威胁。如何消除这些威胁,使刚刚诞生的大宋王朝长治久安,不至于成为继五代之后的第六个短命王朝呢?

宋太祖登基后,制定了相应的对策,力除弊政,在政务、财务、军务等诸多方面实行了一系列大刀阔斧的"革命"。作为一代开国君主的宋太祖,在错综复杂的矛盾面前,不但表现出一个有作为的封建政治家顺应潮流的远见卓识,而且显示了他在实现统一、革除五代弊政中所施展的策略和极大的成功。当然,也不可避免地暴露出他作为统治者的阶级局限性。

(一)"杯酒释兵权"

从开平元年(907年)到显德六年(959年),在短短的五十三年中,中原的政权像走马灯似的更换着。在后梁、后唐、后晋、后汉、后周这五个朝代中,除了最初建立的后梁是被长期与之对立的军事集团太原李克用、李存勖父子推翻以外,其他各朝都是被统治集团内部的军人所篡夺的。作为一个军人,赵匡胤亲自参加过拥立后周太祖郭威的行动,在不到十年后,又被人拥立,他是深深懂得立由武将,废由武将这一道理的。

宋太祖赵匡胤即位后,为了防止京师内部后周势力相互勾结、联合反抗,采取了一系列大胆而新颖的收服手段,是非常值得一提的。宋太祖面对后周旧部所采取的手段既不足血腥镇压,也不足排除障碍,扫地出门的办法,而是优待郭氏、柴氏等后周宗室,并且全部录用后周旧臣、笼络人心的策略。

宋太祖首先封后周末代皇帝柴宗训为郑王,尊符太后为周太后,迁居西宫。让他们仍然过着锦衣玉食、养尊处优的奢华生活。对于郭氏、柴氏的后代,分别

第六编　宋元野史

封以官爵。而后周的文武百官，仍照旧录用，范质、王溥仍任宰相。这样一来，就使后周的旧臣僚除去了"一朝天子一朝臣"的心病，而死心塌地地效忠于宋太祖。

可是，拥立宋太祖的功臣勋贵，原是贪图富贵的，对宋太祖优待后周旧臣不可能不产生抵触。对此，宋太祖对他们一边封以高官，授以实权；一边又严加防范，决不姑息。京城巡检官王彦升，自恃拥立有功，意气骄横。一次，半夜三更去敲宰相王溥的门，要宰相接风慰劳，想乘机敲诈一笔钱财。不料王溥并不因为自己是后周的旧臣就甘心低头三分，略敬几杯薄酒之后，随即撤饮，分文不给。第二天，王溥还告准了御状。宋太祖毫不留情地罢免了王彦升禁军职务，以示惩戒。这样一来，后周留用的旧臣，感到政治地位有了保障，对新政权由狐疑观望转为拥护，从而大大减少了对赵宋王朝的不满和冲击。

当然，事情并不是一帆风顺的。诏令传布天下，也并不是四方臣服。建隆初，后周开国功臣、镇守在潞州（今山西长治）的昭义节度使李筠，素怀野心，首先起兵反抗。此后又有淮南节度使李重进反抗。但是他们都未得到京师或其他藩镇势力的响应，并迅速地被平定了。起初，李筠还自信地说："我是周朝宿将，与世宗（柴荣）义同兄弟，京师禁卫都是我的同僚或部下，必将倒戈来归。"岂料宋太祖棋高一着，他已通过任用旧臣的策略，达到了笼络人心的目的。宋太祖率兵亲征，各个击破，在不到半年的时间内就将反叛平定了。这正是宋太祖能够在短时期镇住统治阶级内部反抗势力、稳定政局的一个重要原因。

赵匡胤的江山基本上是以军事联盟的形式夺得的。登基之后，他原来结盟的义社十兄弟，为大宋江山立下了汗马功劳，因此，他们或掌节镇方面大权，或典掌禁军兼节度使，个个权势煊赫，灼炎逼人。这些兄弟以及资望高于赵匡胤而又久拥重兵的大将，又成了他的潜在威胁。这些问题使他食不甘味，睡不安寝。节度使李筠与李重进的相继反叛，使他更感到解决这个问题的紧迫性。

因此，在平定了李筠与李重进的反叛之后，赵匡胤就把赵普召来，问道："天下自唐末以来，几十年间，帝王凡易八姓，战火不熄，生民涂地，究竟是何原因？我想要宁息天下战火，为国家长久计，应当怎样做？"

赵普听后高兴地说道："陛下能考虑到这个问题，真是社稷、百姓的福气。改朝换代频繁，争战连年不息，这不是别的原因，而是由于方镇权力太重，君弱臣强而已。如果皇上想改变这种局面，别无其它秘诀，只有逐步削夺节镇之权，控制钱谷，尽收地方精兵于中央，这样天下自然就太平了。"

宋朝立国后的第二年（961年），一天，太祖召义社兄弟进宫。当义社兄弟都到齐了，宋太祖发给他们每人一弓、一剑、一匹御马，撤开侍从，私自率领他们奔出固子门（开封外城西门之一，又称金辉门），来到城郊树林里畅饮。都是结义兄弟，又远离宫庭、政务，自然君臣不分，无拘无束，大家行令猜拳，好不痛快。酒饮得正酣畅，太祖突然起身问道："此处别无外人，你辈中人谁想当官家（皇帝）的，方便得很，动手把我干掉，便做成了。"诸将帅一听，不寒而栗，醉意顿时消散。都一齐跪将下去伏地求饶。太祖于是接着追问："你们真的是要我当皇帝啰。"一听皇上语气有所缓和，把兄弟们舒了口气，赶快拜呼"万岁"。最后，太祖一槌定音："你辈既然真心拥护我为天下主，从今后，必须尽臣子忠君之节，不得无礼犯上。"通过这次"私人聚会"，宋太祖感到自己在禁军中威望未衰，尚能驾驭。

但赵普的一席话让宋太祖不寒而栗。赵普多次为太祖分析其中利害：兵骄则逐帅，帅强则叛上。这是五代以来的恶习。五代皇帝多由节度使夺位而来。这些节度使，又大都是由前朝禁军将帅升迁。节度使与禁军，对皇权构成极大的威胁。周世宗时，曾对禁军加以整顿，节镇力量相对有所减弱。然而，禁军却成了武将拥立的工具。当时宋太祖的十兄弟如石守信、王审琦等，分别掌握禁兵军权，赵普多次劝宋太祖换掉他们。宋太祖都未答应。太祖说："他们绝对不会背叛我，是你过虑了。"赵普又劝道："我并不是忧虑你的结义兄弟会背叛于你，在我看来，他们都没有统御天下之才，但万一他们手下的人要拥立，也由不得他们。"宋太祖联想到亲身经历的一次次兵士迫立的场面，顿觉不寒而栗，从而下定了决心。在赵普得心应手的辅佐下，君臣默契地、有步骤地开始改革五代以来的弊政。

虽说决心已下，但真要对多年来出生入死，情同手足的结义兄弟下手，颇重情义的宋太祖还是有些犹豫不定。但是为了杜绝节镇、禁军拥立闹剧重演，宋太祖果断地采取了两项措施：

1. 分散禁军统帅的权力；

2. 收节镇精兵于中央。

关于宋太祖是如何巧妙地削弱禁军将帅的权力的，历史上流传着"杯酒释兵权"的故事。

一天，宋太祖又召石守信等人来聚饮。酒过三巡，宋太祖发话了："如果不是你们拥戴，我哪能有今天呢？可你们有谁知道当天子的滋味呀！我看似一国之主，一呼百应，过着锦衣玉食、无忧无虑的生活，可自即位到如今我哪里睡过一个安稳觉！还真不如当节度使的自由快活。"石守信等忙问："这是为什么呢？"宋太祖说："这还不明白，我这个位置，有谁不想坐！"石守信等人一听顿时大惊失

色，仓惶离席，忙叩头说："陛下怎么说起这样的话呢？现在天命已定，谁敢再有二心！"宋太祖说："不见得吧。你们虽然没有异心，但你们的手下难保没有贪图富贵的。有那么一天突然也给你来个黄袍加身，那时你们就是不想做，能办得到吗？"这一番话，直吓得石守信等人大哭起来，他们一个个顿首乞求："我们实在愚蠢，没想到这一点，请陛下可怜我们，给我们指示一条生路。"宋太祖一看时机已到，就把底兜了出来，长叹一声说："唉！人生就像白驹过隙，转眼即逝。人这一辈子苦心追求的无非是多积金钱、吃喝玩乐，使子孙后代都能过上好日子。你们现在功成名就，又逢盛世，何不放弃兵权，安安稳稳地当个地方官，置办些好房好地，为子孙立业，多置些歌儿舞女，天天饮酒作乐，以终天年。我再与你们结成儿女亲家，君臣之间也无猜疑，上下相安，这样不是很好吗？"众将帅听罢，连连称谢而退。第二天，好像事先约好似的，石守信等禁军统帅一个个都称病请罢兵权。宋太祖大喜，赏赐他们许多钱财，又叫知制诰（宋代掌草拟皇帝制诏的官，后称中书舍人，别名"外制"）拟好一道道任免诏命。第二天一早就宣布罢去石守信侍卫都指挥使，高怀德殿前都点检，王审琦殿前都指挥使，张令铎侍卫都虞侯等禁军统领职务，分别派他们到外郡去当仅有虚名的节度使。这就是闻名于史的"杯酒释兵权"。

（二）强干弱枝，大权独揽

宋太祖杯酒从容间，解除了禁军将领的兵权，但是宋太祖感到这种禁军军事制度仍然是一块能够滋生实力人物的土壤。只有彻底革新，才能从根本上铲除潜在的威胁。因此，宋太祖在解除禁军将领军职的同时，趁热打铁，撤销了一些重要职务。如在任慕容延钊为节度使时，就撤销了都点检一职；在任高怀德为节度使时，就撤销了副都点检一职。在

解除石守信军职时，又撤销了侍卫马步军都指挥使一职，逐步形成了禁军由官职较低的殿前都指挥使、侍卫马军都指挥使、侍卫军都指挥使分别统领的"三衙分立"制度。这比过去一人统领三军，或兼领马步军那种手握重兵的局面有了很大的改变。而且规定三衙只有带兵权，没有发兵权。发兵权归枢密院，而枢密院虽可发号施令，却不直接统兵。后勤供应归三司（宋朝最高财政机构），"三衙""枢密院""三司"又形成一个三足鼎立，三股力量互相牵制的局面。这样互相牵制的结果，实际上把军权都集中在皇帝手里，这是宋太祖对军事机构的最大改造，这样一来，就基本消除了武人发动兵变的可能性。皇帝则高居其上，利用它们互相之间的矛盾，操纵自如。

此后，五代以来禁军飞扬跋扈的风气，为之一扫。禁军不但乖乖地听从皇帝指挥，而且，禁军将帅见了宰相都得恭恭敬敬地唱诺问候。

但宋太祖并不满足，在解决禁军将帅权力过盛问题的同时，宋太祖又通过收精兵于上的办法来削弱藩镇手中的军事实力。首先，他加强禁军的力量。在宋代，禁军等于正规军，此外还有厢兵、乡兵、士兵等地方军队。宋太祖下令挑选了一批"琵琶腿、车轴身"这样身体健壮的兵卒作为兵样，"令天下长吏择本道兵骁勇者，籍其名送都下，以补禁旅之阙"。京师中的禁军，俸禄从优，宋太祖亲自加以教导、检阅。地方军待遇低，很少训练，往往用于服役、听差，不但兵弱，而且素质差，士气不高，无法与中央禁军相抗衡。这样一来，各地的强兵锐卒便统统转充三衙禁军，剩下的老弱残兵成了专供杂役的厢兵，使地方部队，无法同禁军抗衡。在禁军的驻防上，宋太祖采取了"强干弱枝"的策略，即在京师附近驻有强兵，使各地无以敌京师，同时，禁军还实行更戍法，经常戍边换防。这样

既可以使士兵"习劳苦，均劳役"，又不至于使禁军久驻一地，与地方产生密切的关系。对于禁军各级将领也经常调换，目的是使"兵不识将，将不专兵"，"兵无常帅，帅无常师"，使士兵与将帅之间不可能产生过于密切的关系，不致于产生出五代时那种牙兵悍将。

军队兵员的来源，宋太祖采取募兵法，除了平时补充兵员外，遇有荒年灾岁，更是大量募兵，以便把破产脱离土地的农民招幕到军队中来。宋太祖对这种做法有个很特别的解释。他对赵普说："吾家之事，唯养兵可为百代之利。盖凶年荒岁，有叛民而无叛兵；不幸乐岁变生，有叛兵而无叛民。"

对此，司马光在《涑水纪闻》中曾经评论说："各地方镇，都自知兵力非京师禁军精锐之对手，不敢再生异心。这都是由我太祖能强干弱枝、拨乱致治的结果。"

宋太祖在军事制度方面的各种改革措施，成功地防止了宋王朝没有继五代之后成为第六个短命王朝。但是，他所制定的这些祖宗法，互相钳制的指挥系统，无限制的募兵，守内虚外的方针策略，又给宋王朝日后的积贫积弱埋下了隐患。

（三）制其钱谷，官职分离

唐末五代以来，拥有重兵的藩镇，往往兼领数州，不但操纵地方军事，也操纵着地方的政权、财权。藩镇在财政来源、征收办法方面，自成一个不受中央管束的体制。即藩镇不但控制了国赋主要来源——两税（在农村征收的夏、秋二税），并通过征收过境商税和自营贸易，为它们军事上的专横跋扈提供了雄厚的物质基础。相反，中央财政则因州县上供财物日见减弱而虚竭。这就构成了"君弱臣强"的经济基础。

宋太祖把改革军事机构的原则和经验，应用到改革政治经济制度上来。自

建隆二年(961年)开始,宋太祖陆续采取果断而有成效的收回财权的措施:

1. 由中央直接派京朝官主持地方税收,不许藩镇亲吏插手。路设转运使,州委通判,管领诸州县财政。酒坊、盐场等国家专利单位,增设场务监官。以上官员均由中央直接差遣。

2. 明令地方财赋收入,除本地行政开支经费所需之外,其余全部输送京师,州县"不得占留"。

3. 限制州府官员私自贩卖牟利活动。

从此,地方财权收归中央。为了减少地方节镇的阻力,收回地方财权,宋太祖付出了一定的代价。他没有通过行政强迫的手段,而是采取像收兵权时尽量满足将帅物质需要的办法,即通过朝廷发"公使钱"给节镇大吏,供他们私人挥霍,以缓解矛盾。

在行政方面,为了加强皇权,扭转权力多中心的状况,宋太祖对中央和地方官僚体制采取了一些改革和临时权变的措施。

首先是降低宰相威望,分割和制约宰相权力,使宰相成为皇权的附属物。宋太祖即位的第二天,宰相范质、王溥登殿奏事。按汉、唐以来的习惯,宰相奏事,坐在殿上和皇帝共议朝政,宰相位高望重,皇帝也尊他们几分。这一天,宋太祖却佯称:"我眼睛有点昏花,把你们的奏疏送上前来。"等范、王二相走近太祖御榻跟前,宫廷侍从立即把二位宰相的座椅搬走了。自此以后,宋朝宰相在皇帝面前毕恭毕敬地站着奏事成了定制。从而更加突出了皇帝高高在上的无比特权。宰相的地位下降了。

在中央,宋太祖实行政务、财务、军务分立的制度。宋初宰相的正式官名为"同中书门下平章事"。宋太祖为了分割宰相权力,又增设了"参知政事"一职为宰相之副。这样做既协助了宰相处理政务,又可以防止宰相专权。宋太祖又设立"枢密院"执掌武事,设"三司"主持财政,号称计相。从此,宰相"无所不统"的行政权一分为二。宋太祖还不放心,为了防范宰相越轨行动,打破了唐代宰相操纵谏官任命、进退的制度,规定"台谏必由中旨(皇帝旨意)",即御史台(掌纠察官吏的机构)官员与谏官的人选,须由皇帝亲自选定,宰执大臣不得干预。台谏官就成了独立于政府、顺从皇帝旨意的监督工具。历来以向皇帝进谏为职,具有限制皇权性质的谏官,至宋代起摇身一变,却反过来弹劾宰相、臣僚,成了对皇帝负责,限制相权,督察政府官员的工具。

其次,对中央和地方行政机构的官吏任命,采取了"差遣"的办法,即自中央六部二十四司、寺、监至地方州县长官的实际职务,要由皇帝或中书(宋初最高行政机构,由宰相主持日常政务)差遣的临时职务决定。这样一来,造成了官与职分离,名实混淆,权限不清的紊乱体制。使上下官吏的升迁,时时得依赖皇上临时差遣。差遣的直接后果是,后周旧臣虽全班人马留用,保住了官衔,然而,他们的实际官职还得等候差遣,即另行分配决定,原来所占的要害部门或实权,因而被朝廷新任命的官吏所顶替,实际上是一种巧妙的剥夺后周旧臣实权的策略,只是保持了他们原来所享受的待遇,不使他们感到"震动"而已。差遣,或者三年一任,或者二年一任,具有临时性质。由于名义不正,在位不久,做官的人不安其位,缺乏长远的打算,从而防止了官员所到之处生根盘踞的可能。至于地方州郡长官,统统由文臣担任,不许武臣插手,长官之外另设"通判"(州副长官、有监督长官之权),使其互相牵制。

这样一来,宋初上下相制,机构重叠的官僚体制形成了。条条权力渠道通向皇宫,国家大权集于皇帝一身。从宋太

第六编 宋元野史

祖开始,中国封建皇权走到了绝对化的一端。

（四）雪夜定策,先南后北

在 10 世纪中期,大宋王朝南方存在着南唐、吴越、南平、荆南、南汉、后蜀、漳泉等割据政权,北方有北汉及辽国。这种四分五裂的局面,严重阻碍了南北经济、文化的交流和社会生产力的进一步发展,也威胁着大宋王朝的安全。

在诸多割据政权之中,辽和宋是两个军事力量最强、最具备统一条件的国家。而就辽和宋的力量对比来说,辽的经济、军事实力显然又占据优势。北宋建国时,辽立国已四十余年,幅员比宋广阔,"城郭相望,田野益辟",五谷常常丰收,户口繁殖很快,经济实力远比深受五代战乱之害、元气未复的宋强大。军力方面,辽有军队五十万,以擅长骑射的骑兵为主力;宋初禁军只有十九万三千,以步兵为主力。在燕山以南华北旷野上作战,辽军不仅在数量上而且在兵种上,都处于有利地位。统一天下,可以说是人心所向,大势所趋。然而,究竟谁能完成统一中国的历史任务呢?

内部势力顺利而迅速地得以控制后,新建王朝得到初步巩固,但宋太祖的内心仍不平静。他对赵普说:"吾睡不能着,一榻之外,皆是他人家也。"宋太祖懂得,对宋王朝这个新生政权来说,威胁不仅来自内部,而且还来自外部。后梁被后唐几十年血战攻灭的历史不断提醒宋太祖,而后周世宗南征北伐开拓疆土带来的大好形势也在鼓舞着宋太祖。他决心扫灭群雄,改变分裂局面,统一天下。

然而,面对北有北汉、契丹;西有后蜀;南有南汉、南唐、吴越、荆南等这样的形势,就如同面对满桌菜肴,该如何下箸呢?这也是令宋太祖颇费心思的问题。他还记得素所钦佩的王朴昔日向周世宗的献策:"凡攻取之道,必先其易者。得江南,则岭南巴蜀,可传檄而定;南方既定,则燕地必望风内附。"斯人已逝,这种先南后北的策略是否可行,宋太祖还举棋不定。

一个大雪纷飞的夜晚,赵普的府邸响起了清脆的叩门声。开门一看,宋太祖伫立于风雪之中。赵普异常吃惊,慌忙将太祖迎进相府。不久,赵光义也应宋太祖之约随后而至。原来,宋太祖苦思用兵策略,难以入睡。他约了赵光义一起拜访赵普。这时,堂屋内铺起厚厚的地毯,炉塘里燃起熊熊炭火。这三个赵匡胤集团的核心人物,围炉而坐,在炽热的炭火前,吃着喷香的烤肉。赵普的妻子给他们斟酒,宋太祖也以大嫂相称,君臣亲密无间,仿佛又回到赵匡胤未即位前的岁月。

酒过数巡,颊红耳热,赵普启问太祖:"夜深极寒,陛下为何出来?"太祖道:"我睡不着,一榻之外,都是人家的地盘。因此特来找你商量。"接着,用试探的口吻说:"我打算攻打太原。"赵普说:"北汉当西北二面,太原如被攻下,那么这西北二面,就要我们独当。等削平各国之后,北汉那弹丸之地,还能逃到哪去!"宋太祖笑了:"我也正是这样想的,不过想试探一下你的意思。"

经过两年多的酝酿和反复征求臣僚的意见,宋太祖终于确定了"先南后北"统一中国的策略。这个策略,宋太祖曾对皇弟光义完整地说过:"中国自五代以来,兵连祸结,国库空虚,必先取巴蜀,其次取广南、江南。这样,国家储藏富饶。北汉与辽接境,如果先伐取北汉,那么,辽国之患,由我国独自承担,还不如先放过它,可以作为我们的屏障,等我国富饶后再去攻取未为晚也。"

战略方针确定后,宋太祖准备征伐的第一个目标就是高继冲盘踞的荆南。荆南的军事力量较弱,但战略位置却很重要。这里南通长沙,东距建康,西迫巴蜀,是宋太祖西征南下的要冲。宋太派人出使荆南时，就对使者说："江陵人情去就，山川向背，我尽欲知之。"使者回来说，荆南兵力不强，民困于暴敛，很容易攻取。尽管如此，宋太祖还是想师出有名，恰好，机会来了。割据湖南的武平节度使周行逢病死，十一岁的儿子周保权袭位，大将张文表不服而反叛。周保权一面派兵抵抗，一面向宋朝求援。于是，宋太祖决定借道荆南，名为援助湖南周保权，实为攻占荆南、湖南而一箭双雕，乘机灭掉这两个割据政权。

乾德元年（963年），宋太祖派遣慕容延钊、李处耘率领的大军几乎没有遇到什么大的抵抗，就先后灭掉了荆南、湖南两个小国，使北宋在战略上处于东胁南唐，西制后蜀，南临南汉的有利形势。

接着在乾德二年（964年），宋太祖又以后蜀欲勾结北汉伐宋为由，派大将王全斌、曹彬兵分两路攻伐号称"天府"的后蜀。后蜀虽府库盈溢，并恃剑门与长江天险，但昏庸的蜀主孟昶却没能抵挡宋军的猛烈夹击。经过王全斌、曹彬等人的激战，两个月后，成都失陷，后蜀被灭。

开宝三年（970年）九月，宋太祖派潘美统兵出征岭南。南汉主刘𬬮以荒淫残暴闻名，人民怨声载道。宋军于来年春二月，即攻克广州，南汉亡。南汉灭亡，使南唐处于三面受敌的形势之下。

开宝七年（974年），宋军对已陷于三面包围的南唐发动了进攻。南唐主李煜"一晌贪欢"，当宋军攻打邻国时，只采取观望的态度，而无切实的戒备。虽有水深江阔的长江天险和较强的国力可恃，终因唇亡齿寒，并受吴越的夹击，而被宋军所灭亡了。南唐盘踞的地盘不小，但一直畏惧讨好宋朝。而宋朝在征伐别国时，对南唐也一直是采取"羁縻"政策，使其处于中立立场。现在南方诸国有的被灭，有的臣服（如割据泉、漳的留从效），自然兵锋所指就是南唐了。这时，南唐

已自行削去国号，君主改称江南国主。江南国主李煜只会吟风弄月，而对宋朝的进攻却不知所措，他派大臣徐铉去问宋太祖，为什么要讨伐江南，宋太祖厉声喝道："你不用多讲了，江南有什么罪？只不过天下一家，卧榻之侧，岂容他人鼾睡！"

值得一提的是，宋太祖在贯彻"先南后北"策略的过程中，还采取了分化瓦解、先易后难、恩威并重、逐个击破的具体策略。如对国力较盛的南唐及与之毗邻的吴越、漳泉等国，使用的是"羁縻"手段，且先稳住它们，争取同盟，至少争取中立。然而，当宋军南征西讨，忙于用兵时，南唐主不但不悟唇亡齿寒这个道理，反而替宋朝廷出力，写信劝南汉主刘𬬮降宋，成了宋王朝的同盟。

宋太祖对吴越亦是采取先礼后兵的缓兵之计。建隆初，授吴越王钱俶"天下兵马大元帅"的称号，遣使赐战马、羊、骆驼等，谕意通好。伐南唐前，特地带信给钱俶，要他别听信"皮之不存，毛将焉附"的谣言，助宋共伐江南。当钱俶以太祖所加"昇州东南行营招抚制置使"的名义，亲自率领五万大军攻常州（今江苏常州），配合宋大军平定江南时，丞相沈虎子曾谏阻说："江南（南唐），我国的屏障，如今大王自撤屏障，一旦宋军入侵，如何能保卫国家？"南唐主也发信给吴越王钱俶申明利害："今日我亡，明日难道你还能保得住吗？宋帝召你入朝赏功之日，亦是你沦为开封布衣之时。"可是，钱俶已被宋太祖的手腕所蒙蔽，根本听不进去。当局者迷。想当年宋军讨伐南汉之际，不正是南唐主李煜听信宋太祖的话，写信劝刘𬬮投降吗？曾几何时，兵临自家国门，待李煜清醒时，为时已晚。

灭掉南唐，南方还剩下吴越一国。宋太祖没有急于出兵，而是采取了恩威并重的手段。南唐亡后的第二年春天，宋太祖召吴越王钱俶入朝，并表示一见

第六编 宋元野史

面后即放归，决不食言。钱俶与妻子惶恐地北上了。吴越朝廷一片惊慌，以为此去凶多吉少，为了祈求神明保佑钱王平安归来，臣僚们在西湖边宝石山上建造了"保俶塔"。钱俶进京后，太祖如约将他放归，临走赐他一个黄包袱，途中，钱俶拆开一看，全是宋臣僚要求扣留钱俶的章疏，使钱王对宋太祖既感激又恐惧。此时的吴越，已无异于宋太祖囊中之物，归入北宋版图，只是个形式问题了。

由此可见，宋太祖之运用策略，其势厉，其效也著。自然，宋太祖施展策略的成功。决不是偶然的。他正是利用了南方割据国家的种种社会矛盾。南汉、后蜀、南唐、吴越等国统治者，多暴虐其民，荒淫腐败，人民渴望统一，加之这些国家割据自立，往往以邻为壑，相互冲突，易于各个击破。

宋太祖南征之时，念念不忘恢复汉唐旧疆，平定北汉，收复燕云十六州。故在攻灭西蜀后，曾两次出兵讨伐北汉，但均因契丹增援而未成功。此志未遂，宋太祖把平定江南诸国所得金帛运回汴京，建立了封桩库，准备贮满五百万之后，向契丹赎回燕云十六州，或以此为军费，兵戎相见。至太祖终世，除北汉外，基本上结束了延续几十年的分裂局面，中原和南方广大地区实现了"天下一家"。宋太祖统一南方，前后用了十五年时间，得州一百五十七，县七百四十五，户二百三十多万，北宋的国力、军力大大增强了。在此基础上，宋太宗于太平兴国四年（979 年），一鼓作气，灭亡北汉。

### 重文轻武　擢用英俊

唐末五代，都是武人篡权，因此形成了重武轻文的社会风气。后汉侍卫军都指挥使（禁军统帅）史弘肇曾直言不讳地说："安朝廷，定祸乱，直须长枪大剑，至于毛锥子（毛笔）顶什么用？"干戈扰攘，武人横行，不用说一般士大夫，连担任宰相的文臣也不过是点缀而已。就像这个史弘肇，因为宰相孙逢吉对他的出言不逊回敬了一句，就大动肝火，后来竟闹到要挥剑杀宰相的地步。重武轻文的结果，导致学校不兴，文教日衰，官吏昏暴，朝政紊乱。后周郭威、柴荣开始注意到重武轻文构成了对中央政权的威胁，采取了一些奖用文臣、限制武将的做法。可是，他们在位时间短促，效果并不显著，后周政权最后仍被武将颠覆了。

宋太祖即位后，从根本上着手，彻底扭转了重武轻文的风气，开创了一直延续到明、清两代的重文轻武的时代，使北宋以后不再有武将拥立的现象出现；更重要的是推动了宋代文化、科技、教育的长足发展。中国封建文化在经历了唐末五代的沉闷之后，又掀起了一个光耀世界的高潮。

宋太祖赵匡胤沉默寡言，嗜好读书，即使在行军途中，也抓紧时间，手不释卷。一旦听到哪儿有奇书，不惜一掷千金，也要把它弄到手。跟随周世宗征伐南唐时，有人在周世宗面前毁谤他说："赵某于攻克寿州城后，所掠取宝货甚多，装了好几车。"世宗连忙派人去检查，翻箱倒柜，搜出了数千卷书籍，此外别无他物。世宗倍觉惊讶，疑惑不解地问道："卿正为朕任职将帅，扩张疆土，理当以治戎装磨刀剑为急务，用这些书做什么用？"匡胤叩头回答道："我没有奇谋可以赞助皇上，既受重任，常感到力不能胜。因此，我广购书籍，以广博见识，增加智慧。"宋太祖在那重武轻文的时代，仍能独立其中，重武不轻文，并着意于学文读史，重视接受历史上的经验教训，他的胸怀与抱负已不可等闲视之。事实表明，读书不但有助于他建功立业，也奠定了他称帝后致力于打破重武轻文积习的思想基础。

宋太祖在赵普等大臣的辅助下，制定了一系列重文轻武的政策方针。太祖采取的首要措施是：开避儒馆，延用聂崇义、崔颂、尹拙等儒士，使他们位居清要、学府，以培育人才，劝励教化。他懂得读书人的重要，尊重读书人的人格，连儿时启蒙老师辛文悦也被他请到朝中做官。为了发达文教，针对五代学校大多废止的状况，宋太祖下诏拨款增修国子监（国家最高学府——太学所在地）学舍，派官员管理国子监，招选生徒讲学。太祖还派内侍代表他给太学生赐酒菜，以示劝学崇儒。这一切给人以宋代天子崇尚文治、奖盛儒学的强烈印象。历史记载说：太祖皇帝定天下，儒士学者，渐渐开始自奋，穿白袍的举子（被举具有入京师应科举考试之人），大襟束带的士大夫，进出于骑马披甲的武人之中。老百姓见后纷纷议论说：这真是一幅太平景象呀！

选拔大批文臣担任中央和地方官吏，打破武人擅权的局面，这是扭转重武轻文风气的根本。禁军统帅权力被分散以后，中央政府里，宰相的权力最重，宋太祖统统以文臣任宰相。他不止一次地对臣下讲："作宰相须是读书人。"赵普、卢多逊等，都是以儒学得太祖赏识而获致相位。就连枢密使、三司使，也一律起用文臣担任。

五代以来，地方州县政权，多数为武人所把持。对此宋太祖一概任用文臣担任州、县长官，不许武人掌握地方政治。他说："五代藩镇肆虐，老百姓深受其祸害。朕今用儒臣办事者百余人，分治大州、大县，纵然这些人都贪污昏浊，亦不及武臣十分之一那般成害。"宋太祖重文轻武的举措，被后世帝王奉为祖宗家法，代代相传。

重用文臣，官府机构就需要不断补充大批的儒臣。那么大批儒臣从哪儿来呢？其主要途径是科举取人。为此，宋太祖对科举制度也相应地加以改革。宋太祖规定不论家庭贫富、世族高低，有一定文化程度的人，都可以应举。科举考

试范围的扩大，使有才学的人不至埋没沉沦；其次，确立复试、殿试制度，以杜塞势家权贵私人请托的侥幸之门。

开宝八年（975年）起，宋太祖亲自主持殿试。他说："以前登科及第的人，多为官僚势家所占，使得出身孤寒的读书人不容易获得做官的机会。如今朕亲自临试，以是否符合标准定进、退。"宋太祖以后，殿试即成为定制。经过这番改革，宋代科举，从此不重出身门第，因而得人，使大批有才能的读书人进入政府机构。科举场，代替了战场，成为主要的名利角逐场所。孤寒之士，一旦进士及第，如登龙门，光宗耀祖，衣锦还乡，人人称羡。"天子重英豪，文章教尔曹，万般皆下品，唯有读书高。"宋朝儿童奉为金科玉律诵读的《神童诗》，正是对宋太祖这一历史活动的高度概括。

宋太祖重文轻武，原是针对五代重武轻文而来，具有相对性，虽不无矫枉过正之嫌，但也不是对读书人一概重用，对武人一概歧视。他重视人才，擢拔英俊，不问资历，无论使用文臣武臣从不求全责备。在中下层官吏中，只要有一才可取，一行可观，宋太祖都给予破格提拔。

宋太祖身微位卑时，曾去投靠王彦超、董遵海而被拒之门外。二人都是武艺绝伦、有一材可取的武将，对宋太祖能够以豁达为怀，不计个人私嫌旧怨，照旧录用或重用。如王彦超，在太祖即位后，特别给他加了中书令官衔。一次，太祖与众臣一块儿宴射。酒饮半途，太祖问王彦超："旧在复州，我前往依靠你，为什么不肯收留我？"王彦超吓得连忙退席叩头托辞说："当时臣不过是一个小小的御使，正如一勺之水怎能包容庞大的神龙呢？如果当日臣留住了陛下，陛下您又怎么会有今天的丰功伟业呢？"宋太祖听后一笑了之。

那个曾经侮慢过宋太祖的董遵海，多年来一直跟随太祖的政敌韩通。太祖

黄袍加身后，惶惶不可终日，自以为罪责难逃。一日，太祖召见，遵海伏地请死。这时，遵海的部卒，乘机敲响登闻鼓，揭发遵海十余条不法之事。董遵海认定必死无疑，没想到太祖竟开恩不问，还诚恳地对他说："我正需用人之际，赦过赏功，难道还计较旧恶不成？你不必担心，我将继续录用你。"赵匡胤说到做到，不但仍然委任他当军事指挥官，还把他提拔到罗州史；同时，又设法将他的母亲从辽统治下的幽州（今北京一带）赎了回来。遵海感激不尽，效命太祖，在平叛、捍边中立了赫赫战功。

宋代著名史学家司马光，在《涑水纪闻》中，对太祖擢用英俊、爱惜人才，给予很高的评价。他写道："太祖聪明豁达，知人善任，擢用英俊，不问资格，看到中央、地方官中有一材一行可取的话，暗中记下名字。遇上缺官，就翻查名籍簿册，选择适当人选。因此，天下没有怀才不遇之叹，人人都求报效。"这个评价，虽有夸大的成分，但是，宋太祖的以上这些做法，在当时的历史条件下，的确是难能可贵的。然而，矫枉过正，尽收事于一身，所谓"祖宗家法"，导致君权绝对化，国力日益赢弱，军队不能打仗，留下了宋代外患不断的祸根。

宋太祖赵匡胤一生的大部分时间是戎马生涯。黄袍加身之后，平定叛乱，征伐群雄，所进行的也都是些军事行动，包括"杯酒释兵权"这样的调整军事机构的做法，也是从军事角度来考虑如何巩固政权。然而，从他登上皇位那天起，他就已经开始了从军人向政治家的转化。

最初，宋太祖同五代时期的许多军人一样，瞧不起文人儒生，崇尚的是武力。有一次，宋太祖与赵普路过朱雀门。宋太祖指着门上的牌匾问："为什么不直接叫'朱雀门'，中间加个'之'字有什么用？"赵普回答"之"是语助词，宋太祖轻蔑地笑了笑说："之乎者也，助得甚事！"

宋太祖从武将骤然当了皇帝，仍然保留着许多过去的习气。有一天，他在皇宫后苑用弹弓打麻雀，正玩得起劲，有个臣子声称有急事求见。太祖只好放下弹弓去见，一问只是一般的政务。太祖很生气，就责问那人为什么谎称急事骗他，那人说："这事也比陛下弹雀要急。"宋太祖大怒，随手拿起身边的斧子，用斧柄向那人打去，顿时打落了那人嘴上的两颗门牙。那人慢慢地弯下腰，拾起牙齿放在口袋里。宋太祖问："你把打落的牙齿收起来，难道还想告我吗？"这话的确像个蛮不讲理的武夫所言。也许太祖在盛怒之下忘却了自己的身份。但那人却从容回答说："臣不能讼陛下，自有史官书之。"这句话等于警诫赵匡胤，你做了皇帝也不能为所欲为。宋太祖的自我反省精神还是很强的，听到这句话后，他立刻意识到自己的身份，忙堆下笑脸，事后还赏赐给那人许多金帛。

还有一次，宋太祖到太庙中祭祖，看见里面摆设着许多礼器，武人出身的赵匡胤，不认识这是些什么东西，就问："那是什么东西？"侍臣说是礼器。宋太祖说："我祖宗哪认识这些东西！"就命令撤掉，换上日常碗碟和家常便饭。祭祀结束后，宋太祖醒悟到，这已经不是普通老百姓在祭祖了，于是又令侍臣把那些撤掉的礼器重新摆上。

对宋太祖赵匡胤影响最大的，应当说是辅佐他登上皇位的重要谋士赵普。赵普在赵匡胤登基之后的所为，虽然不像是唐太宗手下的魏征，但也是经常犯颜直谏。有一次，他推荐某人可以为某官，宋太祖不同意。赵普第二天又提起那个人，宋太祖还不同意。第三天赵普还推荐那人，宋太祖大怒，抢过赵普的奏折，撕碎扔到地上。赵普不动声色，跪下拾了起来，第二天把撕碎的奏折贴起来，继续推荐那个人。宋太祖拗不过赵普，终于同意了。还有一次，赵普提出给一个宋太祖很反感的人升官。宋太祖不同意，赵普仍旧坚持。宋太祖大怒，说道："我就不给他迁官，你能怎么着我？"赵普严肃地说："刑赏，天下之刑赏，怎么能以陛下一个人的喜怒来决定呢？"

当了皇帝的赵匡胤，终于认识到天下由马上得之，却不能以马上守之。在承平的岁月中，统治集团的文人儒士显示出越来越大的作用，使得宋太祖不止一次感慨地说："宰相须用读书人！"并结合自己的亲身体验对臣子说："今之武臣，亦当使其读书，欲其知为治之道也。"宋太祖赵匡胤时常反省自己的言行，这使他加速了从军人到政治家的转化，迅速适应了新的地位。

史载宋太祖生活较为俭朴，常常穿着旧衣服，乘坐的车子及穿的衣服多是素色。宫中的帘帷也没有华丽的装饰。有一次，他发现他的三女儿穿着用翠鸟羽毛装饰的衣服，就说："今后你不要再穿这样的衣服了。"公主不以为然地说："这一件衣服才用多少翠羽。"宋太祖说："不是因为这一件衣服，因为你一穿，宫内宫外就会争相仿效，翠羽价格昂贵，有的人就会乘机倒卖害民。你生活在富贵之中，要知惜福。"

一次，公主看到宋太祖的车子很普通，不解地问道："父王，您做了天子，难道还不能用黄金装饰车子吗？"宋太祖严肃地说："我以四海之富，就是把宫殿全用金银装饰起来也办得到。但我是为天下守财。哪能妄用！古语说：以一人治天下，不是以天下侍奉一人。"宋太祖身居帝王之尊，却心胸豁达、不计前嫌、勤俭节约、力戒奢侈，实在是难能可贵。

### 烛影斧声之谜

开宝九年（976 年），宋太祖赵匡胤整整五十岁。作为一国之君，正是年富力强、大有作为之时。宋太祖苦心经营十余年，终于使分裂了几十年的天下重新趋于统一。宋王朝内部各个领域的各项制度也初具规模，对外关系基本稳定，迎来了它欣欣向荣的发展时期。正当这时，宋太祖却病倒了，而且很快就驾崩归天了。

关于宋太祖之死，及与之密切相关的赵光义继位之事，宋人修史讳莫如深。野史笔记偶有记载，也是众说歧异，不是涂饰很厚，就是蒙上天命论的神秘色彩。宋太祖之死，虽说是因病，却也死得有几分蹊跷，不明不白。太祖死后，其弟赵光义即位，是为宋太宗。

宋代有一个叫文莹的山林老僧在《湘山野录》一书中对赵匡胤之死这样写道：

太祖曾问卜于一个"忽隐忽现"的混沌道士："还有几多寿？"道士掐算了半天，说："只要今年十月二十日夜晴，则可延长寿命十二年，如果不是，应当赶快措办后事。"太祖默默在心中记着这个令人不安的日子。十月二十晚上，宋太祖心情紧张地来到太清阁观望天象。开始，星光灿烂，天空晴好，太祖心中很是高兴。可是，好景不长，忽然间阴云四起，雪雹骤降。太祖见势不妙，赶忙撤走仪仗，退归寝宫，召晋王赵光义入寝殿。赵光义入殿后，太祖屏退宦官、侍女，兄弟俩斟酒对饮。从殿外远远望去，只见烛光之下，赵光义有时做出避席的姿态，像是有难忍之事。三更鼓响过，二人方饮罢。此时殿前的落雪已有几寸深了，太祖皇帝步出寝宫，用利斧戳着雪地，"嚓嚓"之声清晰可闻，并传来声声凄厉的喊叫："好做！好做！"太祖回殿后解衣即睡，鼾声如雷。这天夜里赵光义没有出宫，也留宿于禁中。至五更鼓过，宋太祖就毫无声息了，值夜内侍一看，太祖已经归西了。

关于宋太祖之死，宋代官修史书均记载不详。这恐怕与北宋自太宗以后全是太宗子孙继承皇位，避讳此事有关。不过从宋太宗赵光义的即位看，也有许多可疑之处。司马光在《涑水纪闻》中则干脆讳言太祖死因,而关于皇位继承问题,却又自持一见。据记载:"太祖死时已经四更,宋皇后派内侍王继隆召太祖子秦王德芳,王继隆却直接去了开封府找晋王赵光义。时隔不久,宋皇后听到了王继隆的声音,忙问:'德芳来了吗?'王继隆说:'晋王到了。'宋皇后大惊失色,哭着对赵光义说:'我母子的性命,都交给官家了。'"在宋代俗称皇帝为官家,赵光义说了一句:"共保富贵,不要发愁。"

为了说明宋太宗即位的合理性,又有所谓谁也没见过的"金匮之盟"一说。这是指赵匡胤的母亲杜太后鉴于后周亡于幼儿的教训,临死前,当着匡胤、光义、赵普的面立下匡胤死后光义即位的遗嘱。从司马光记载宋皇后急忙召秦王德芳事来看,"金匮之盟"似属子虚乌有。宋太祖临死并没有所谓传位光义的遗诏。光义继位,纯粹出于皇室内部争夺皇位的斗争和阴谋。

宋太宗赵光义即位,在当年就急忙改元。未逾年而改元,这在宋代历史上是绝无仅有的一次。此外,没过几年,其弟廷美贬死房州,太祖子德昭被逼自杀,德芳不明不白死去。种种蛛丝马迹,使后人颇为怀疑赵匡胤死于非命。然而,传闻非一,文献难证,烛影斧声,遂成为千古之谜。

## 宋真宗

### 神人下降

汀州有个人叫王捷,他说他在南康这个地方遇到一个姓赵的道士,传授给他炼丹术,还给了他一把精制的小神剑。原来这个道士是上天的司命真君,也就是宋朝的开国皇帝宋太祖之父。大臣刘承珪把此事奏给真宗皇帝,皇帝一听深信不疑,赐给王捷一个新名字叫王中正,并可到龙图阁上书言事。不久又给他的祖父追加一个封号——司命天尊,又任命王中正为左武卫将军。

真宗对身边的大臣说:"我梦见一位神人传达玉皇大帝的旨命:'我原先命令你的祖父赵元明传授给你一部天书,现在还要让他去见你。'第二天又梦见神人传达我祖父的话:'你要摆设六个座位等候我,我的座位要靠在西边。'于是当天就在延恩殿设立道场。到了五更之初,先是闻到一股奇香,接着黄光射满大殿,祖父驾到。我一再在殿下参拜。不一会儿又来了六个人,向祖父作揖,然后各就座位。祖父让我到他跟前去,他说:'我是人皇九人中的一人,是赵家的始祖,第二次降生就是轩辕皇帝,后唐时又降生于赵家,现已百年。你作为皇帝要好好保护黎民百姓,我就不详嘱咐了。'说完就离开座位驾云而去。"

王旦等大臣听真宗这样一说,莫不跪拜称贺。于是真宗下诏告谕天下,赦免刑犯,加恩于众。又命令丁谓等人撰写《崇本仪注》,记载此事。在这一年的闰月里,真宗给其祖父加封尊号为"圣祖上灵高道九天司命保生天尊大帝",祖母封号为"元天大圣后"。于是又加封太庙六室尊号。群臣为真宗加的尊号为"崇文广武威天尊道感应佑德上圣钦明仁孝皇帝"。不久,又建造景灵宫以供奉圣祖。因为孔子的谥号犯圣祖的名讳,把孔子"元圣先师"的谥号改为"至圣先师"。

### 令兄改名

大中祥符五年(1012年),宋真宗赵恒立德妃刘氏为皇后。皇后父刘通,官拜虎捷都指挥史,攻打太原,半道死去。皇后是刘通的第二个女儿,皇后在婴儿时就失去双亲,被外祖家所抚养,她很会玩拨浪鼓。蜀地有个叫龚美的人,是个银匠,把她领到京城。十五岁那年,她进入襄王府。真宗即位,入宫任为美人,又想要把她封为贵妃,大臣李沆不同意。

不久以"修仪"的身份进封为德妃,在后宫受到皇帝专宠。郭皇后死去,真宗想立德妃为皇后,翰林学士李迪劝阻说:"德妃出身贫寒低下,不可以做天下之母。"参知政事赵安仁也说:"不如让沈才人做皇后,因为她出身于宰相之家。"真宗没有听他们的话。

真宗想让杨亿草拟进封皇后的诏书,就派丁谓去传达旨意,杨亿感到很为难。丁谓对他说:"你勉强草拟成它,不愁不大富大贵!"杨亿回答:"像这样求得富贵,可不是我所希望的!"于是只好让别的学士去草拟诏书。

刘氏当了皇后以后,因为没有家族至亲,所以就把龚美当作哥哥,并改其姓为刘。刘后听说李迪说过她的坏话,非常恼恨。刘后性格聪敏机警,通晓书史,听到朝廷发生什么事,都能原原本本地记住。皇帝退朝之后,要批阅大量奏章,往往要看到半夜,刘后也都参加,提出己见。皇宫中有什么疑难之事需要回答,她总是援引先前的事例、制度来答对,因此,皇帝非常器重她。此后,她逐渐干预朝政,皇帝也情愿同她商量。大臣屡次劝谏皇帝,皇帝始终不听,照旧与皇后商议国事。

### 效唐明皇

宋真宗亲自去参拜奉祀老子的太清官后,就给老子李耳加上封号:太上老君混元上德皇帝。大臣孙奭向皇上进言:"陛下你事事仿效唐明皇的做法,难道你把唐明皇看作一个贤明有道的君主吗?"真宗说:"我东封泰山、西祀汾阴、参谒皇陵、祭享老子这几件事,都不是从唐明皇那里开头的;况且唐朝开元年间以来的礼制,尚被现在所沿用,不能因为发生'天宝之乱',就说先前什么也不对。"于是真宗就写了一篇《解疑论》,示给群臣。至此只好把此文奉做天书,发给京城各色人等,于是尽去拜谒太清宫。大臣丁谓为此奉献一只白鹿,九百五十棵灵

芝草。

### 宫中火灾

荣王赵元俨是宋太宗的第八个儿子。有一天,在他的家里起火,蔓延到皇帝的宫殿、楼阁和内库。主管大臣向皇帝揭发此事,肇事者应当处死并牵连许多。大臣王旦对真宗说:"陛下,您不是发下诏书说责任在您吗?现在竟想杀掉许多有牵连的人。况且,起火的原因虽有踪迹可寻,但是,怎么能知道不是上天在惩罚我们呢!"真宗欣然采纳了他的意见,结果有几百人被免除了死罪。王旦这句话救活了不少人。

### 飞蝗遮天

宋真宗派人到郊外去察看虫灾。这几个人找到几只死蝗虫送给他看,他又把蝗虫交给大臣们看。第二天宰相把死蝗虫放在袖子里进见皇帝,说:"蝗虫都完全死掉了。"又展示给朝廷大臣,并率领百官向皇上祝贺。大臣王旦站出来说:"蝗虫出而为灾,消灭它就是万幸的事,又有什么值得庆贺的?"他坚持不可祝贺。过了几天,二府官员向皇帝启奏:飞来的蝗虫已遮天蔽日。这时,皇帝对王旦说:"我正想让群臣百官为消灭蝗虫庆贺一番,可是蝗虫却如此猖獗,这难道不要被天下耻笑吗?"

### 太子监国

宋真宗天禧四年(1020年)六月,皇帝患风寒症,政事多由皇后决定。大臣寇准、李迪对此颇为担忧。

有一天,宰相寇准请屏除外人,对皇帝说:"皇太子是人们所期待的,希望陛下考虑到后继之事,传位给他,并挑选端方正直的大臣来维护他。丁谓、钱惟演是奸邪之徒,不能让他们辅佐少主。"皇帝认为他说得很对。寇准暗地里让杨亿草拟表章,请太子参政监理国事,并推荐杨亿辅佐太子理政。

事隔不久,寇准醉酒,泄露秘密,被

丁谓听到。他说:"皇上马上就要恢复健康,看你们怎样处理此事?"李迪说:"由太子参政监国,是古来就有的制度,为什么不可以呢?"丁谓于是在暗地里极力活动,要皇帝罢免他的官职。皇帝不记得同寇准有说定的话,竟把寇准免做太子太傅,封为莱国公,让他不得亲近自己。

东宫宦官周怀政,为此事忧惧不安,暗地里商量:奉真宗为太皇,而把皇位传给太子;不许皇后干预朝政;杀掉丁谓而恢复寇准的宰相职位。客省使杨崇勋等人,将怀政的谋划告诉了丁谓。丁谓当即换上便服趁夜坐上牛车,带着杨崇勋到曹利用府上计议此事。第二天,他们把这件事情奏给真宗,真宗下诏让曹玮负责审讯怀政;周怀政满口招认,真宗非常恼怒,想严惩太子,群臣谁也不敢说话。只有李迪从容地上奏:"陛下你有几个儿子?竟想如此处理。"真宗一听才明白过来,便不再追究太子。

## 宋仁宗

### 殿中种麦

天圣三年(1025年)夏季四月,宋仁宗赵祯亲自到皇家庄园观看农夫收割麦子。他听到附近的农户有织布的声音,就派人给织布的女人送去茶叶和布匹。不久,仁宗又在后花园建造一座大殿,名为宝岐殿,准备每年到这里观看收割麦子的情景。他对宰相说:"我建造此殿,不想种植花卉,每年都要在这里种上麦子,这样才能亲自体会到农民春种秋收之不易啊!"

### 厚葬宸妃

宋仁宗实为宸妃李氏所生,生后不久就被章献太后抱去,作为自己的儿子,让杨太妃保育抚养。李氏畏惧太后,只好默不作声。李氏处于先代的宫女嫔妃之中,从不自异于众。宫里的人都害怕太后,没有谁敢说这件事。因此,仁宗虽已长大成人,也不知道自己是李氏所生。

等到李氏病重,才把她进为宸妃。宸妃死去时,太后想用对待普通宫人的礼节在宫外给她治丧。丞相吕夷简奏请丧礼应该厚重。太后一听,急忙拉起仁宗让他先走,太后又独自坐在帘下,招呼吕夷简上前,问他:"一个普通宫人死去了,烦你宰相唠叨什么!"吕夷简回答说:"我是个宰相,事无内外大小,都应该去管。"太后怒气冲冲地说:"你想离间我母子俩吗?"吕夷简回答说:"陛下您不念记刘氏家族(太后姓刘),我不敢说,如果还念记刘氏家族,那么丧礼就应从厚。"

太后一听就明白过来了,于是用一品的丧礼将李宸妃殡于洪福院。吕夷简又对罗崇勋说:"宸妃以后入殓,要用水银灌棺,过后,不要说我吕夷简没提过。"罗崇勋一听很害怕,这不是像皇后的葬法吗?于是急忙向太后报告,可是太后竟然允许这么做。

### 掩饰后过

刘太后垂帘掌政十一年,虽然政事决定出自内宫,但是号令严明,恩威遍于天下。但是,靠近她身边的人,很少有沾光之处。后宫里面的制度,她从不随意改变,内外的赏赐都有所规定,赐给亲族的饭食,一定要换上铜制的盘子,她说:"皇帝的器皿不能给家里人用。"三使司奉献一幅武则天临朝掌政的画,太后把它扔到地上,说:"我不做这样对不起前辈皇帝的事。"有个运粮大臣叫作刘绰的,从京西回来,说他在粮仓里有剩余粮食千余石,请求献给户部等三司。太后问他:"你认识王曾、张知白、吕夷简、鲁宗道四个人吗?这四人难道是因为进贡盈余之物才升为大官的吗?"晚年渐渐有她外祖父母家的人进朝为官,任命宦官罗崇勋、江德明等访查外事。罗崇勋等因此势倾中外,显赫一时。

等到太后去世,仁宗看到身边大臣就边哭边说:"太后病到不能说话的地步,还多次拉着我的衣服,好像有什么要嘱咐的,这是为什么呢?"大臣薛奎说:"太后的意思是说她穿的礼服和礼帽不合规矩,穿戴它怎么可以见先帝于地下呢?"仁宗明白了,于是给她换上皇后的服装入殓。按过去的制度,作为皇后只能有两个谥号,可是给太后加上了四个谥号:"章献明肃"。太后留下诏令,尊奉杨太妃为皇太后,与皇帝共同商议军国大事。满朝文武都为此而祝贺。

御史中丞蔡齐,示意负责上朝退朝的官吏,不要退班。他进去对宰相说:"皇上已长大成人,了解天下的情况,懂得治国的道理。现在应该独自掌管朝政,怎么可以让女后继续掌权呢?"殿中侍御史庞籍,立刻关上大门把垂帘听政那一套摆设给烧掉了。从此只尊奉杨太妃为皇太后,删掉了诏书中同议军国大事的话。

从此仁宗才开始亲政,停止修建寺庙,裁减不正当上来的官吏;召回宋绶、范仲淹,罢免宦官罗崇勋等,朝廷内外非常高兴。刘太后爱护仁宗如同亲生,仁宗也尽心孝顺她,所以母子俩始终没有丝毫的隔阂。等到仁宗亲自管理政务,一些好发议论的人不时诋毁太后掌政时所办的一些事情。范仲淹对仁宗说:"太后受先帝托付调护、协助陛下十年,现在应该掩盖她的微小过失,以保全她的大德。"仁宗说:"这也是我很不愿听到的事情。"于是发下诏书申诫整饬朝廷内外,不得谈论太后垂帘听政时的事情。

### 开棺哭母

一次,身边有人对仁宗说:"陛下是李宸妃所生的,宸妃是死于非命的。"仁宗一听就号啕大哭起来,并下诏自责,追封宸妃为皇太后。亲自到停灵的地方洪福院祭奠,并打开棺木看视。宸妃尸体因为是用水银入殓的,所以颜色如生,冠服如同皇后所穿戴。仁宗叹息说:"人言怎么可信呢?谁说刘太后不好!"从此更加尊重与怀念刘太后。

### 误批帝颈

尚美人、杨美人都被宋仁宗所宠爱,她俩多次跟皇后发生口角。有一次,尚美人在皇帝面前有触犯皇后的语言,皇后愤怒已极,就上前打她的嘴巴。仁宗匆忙站起来护持尚美人,可是皇后来不及躲开手掌,误打了皇帝一个耳光,皇帝非常恼火。

宦官阎文应借此机会与皇帝商量废除皇后,并且劝告皇帝把被打的痕迹给宰相看。于是皇帝把脖子给吕夷简看,并告诉他挨打的原因。吕夷简对皇后曾有不满,于是同意废除皇后。但是,皇帝还在犹豫不决。吕夷简说:"光武皇帝刘秀,是东汉英明的君主,他的皇后郭氏只是因为对他不满发牢骚就被废掉,何况打伤陛下脖子这样的事呢!"于是皇帝决定废除皇后。吕夷简抢先一步,命令主管部门,不得接受谏官的奏章。于是下诏说皇后愿意入道修行,被封为净妃玉京冲妙仙师,住在长宁宫。谏官们的奏章果然未能送进去。

接着御史中丞孔道辅率领谏官范仲淹、孙祖德、宋庠、刘焕,御史蒋堂、郭劝、马绛、段少连十人到垂拱殿伏地奏请:"皇后为天下之母,不应轻易废除,希望皇上能让我们把话说完。"殿门被关得严严的,不给他们传达。孔道辅敲着门环大声呼叫:"皇后被废,为什么不听我们谏官的意见?"事隔不久,皇帝下诏让吕夷简通告皇后应当废除的原因。孔道辅等人到中书省对吕夷简说:"大臣对皇后来说,就像儿子对待父母一样,父母不和,可以劝他们和解,为什么只顺从父亲一方面不要母亲呢?"吕夷简说:"废除皇后有汉朝和唐朝的先例。"孔道辅说:"作为大臣应当引导君王成为尧舜那样的圣主,怎么能援引汉代和唐代失去德行的事情作为标准呢?"吕夷简回答不出。于是他就上奏皇帝,说他们伏地要求质问废后之事,并说这不是太平年间的好事。

于是后帝就把孔道辅贬为泰州知州,范仲淹贬为睦州知州,孙祖德等人被罚以重金。并且下诏,以后不许御史衙门的谏官联合上访,向皇上质问。

第二天,孔道辅等人赶忙奔向朝廷,想把大臣留下,要同宰相在朝廷争论一番。时间已晚,皇帝发话退朝,他们才勉强回去。孔道辅这个人耿直强硬,一遇到贪赃枉法之事,他就毫不容情地去检举揭发,无所回避。因此,天下人都称赞他是一个正直的人。

### 阎罗包老

包拯在朝廷上一向以刚强不屈、正直无私著称,贵戚宦官都被他吓得收敛起来。上朝的大臣也都惧怕他,因为他总是一脸正气,严肃得很,有人打比方说,黄河变清他才能笑一笑。京城的妇女儿童都知道他的名字,称呼他为"包待制"。京城里流行一句话:"关节不到,有阎罗包老。"有一天他对皇上说:"太子空出的位置已经有很长一段时间,天下人都为此担忧。万物都有个根本,而太子就是天下的根本,如果根本不立,祸患就没有比这个再大的了!"仁宗问:"你想立谁为太子?"包拯回答说:"我没什么能力为官,所以乞求立太子,是为了后继有人,世代接替。陛下问我想立谁,这是怀疑我有私心。我年已七十,没有儿子,不是想从这里为后代弄到什么好处。"皇上一听就高兴地说:"过几天一定要好好商议这件事情。"

## 宋徽宗

### 放荡天子

宋徽宗赵佶,是靠伪装骗取了太皇太后的信任才当上了皇帝的。即位前,赵佶便是一个有名的浪荡王子。他沉溺玩乐,好声、色、书画、奇花异石、飞禽走兽,乃至踢球等,无不喜好。为了骗取太皇太后的宠爱,争得帝位,他也的确忍耐了一段时间,然在他即位之后没过一年功夫,便又重操旧业。一些人为骗取宠信,便千方百计地投其所好,尽量满足他玩乐的欲望;而赵佶,对人不管其才能如何,只要满足了他的需要,便不择手段地予以提拔重用,从而导致了"六贼"乱政的局面。这"六贼",是徽宗非常宠信的6个大臣,他们是:蔡京、王黼、童贯、梁师成、李彦、朱勔。老百姓为什么骂他们为"六贼"呢? 就是因为这些家伙怂恿着徽宗误国、误政,把一个好端端的大宋江山推向了亡国之路。蔡京是一个投机政客。王安石变法时,他赞成;保守派一上台,他又立即反对变法。宋徽宗喜欢写字作画,他便派宦官童贯到杭州搜罗书画,并把自己的书画拿给徽宗。徽宗一高兴,第二年便提升他做了宰相。蔡京为了进一步讨得宋徽宗的欢心,一上台便主张皇帝所需费用不受限制,劝徽宗广修宫室,重修礼乐。童贯为了满足徽宗玩乐,到杭州、苏州设局专门为皇帝制造珍奇玩物。朱勔是个大投机商,为讨好皇帝,不但竭力为皇帝制造玩物,且到我国东南各地搜集奇花异石,大凡牙、角、犀、玉、金、银、竹、藤、装画、花石、禽鸟等,无所不征。这些东西搜集到一定的数量,朱勔便组织船队运送。运送时,规定10只船编为纲,故专称"花石纲"。据史载,为了运送一块"广高数丈"的太湖石,朱勔亲自督运:"载以大舟,挽以千夫,数月乃至东京。""六贼"中的其他3个,也和蔡京、童贯一样,千方百计引逗徽宗玩乐,干尽了坏事。徽宗喜欢女色,王黼等人便为他到处寻访美女。徽宗对选来的美女不满足,他们便怂恿徽宗微服私出,在京城金环巷结识了京城第一名妓李师师。后来觉得微服私会不便,就干脆将李师师接入宫中,封为"夫人",从此便整日厮守在一起,把朝政扔给了"六贼"处理。徽宗还是个球迷,小吏高俅因为踢得一脚好球,便被视为心腹,让其去负责禁军。其他人不服气,徽宗竟问他们道："你们有高俅那样踢得一脚好球的本领吗？"其他人被这样一个昏君问得目瞪口呆，哭笑不得。

## 装扮乞丐

放荡成性的徽宗皇帝，并不满足宫内的享乐欢乐生活，还想体会一下市井百姓的乐趣。于是，他令人在皇宫后盖了一些草棚，仿照村镇集市，由宦官、宫女装扮成各种各样的市井人物，住在里边。这些人以前在宫中长期受束缚，此时自由自在，索性也便假戏真做，玩个痛快。故这里整天熙熙攘攘，好不热闹。从此，徽宗经常打扮成各种各样的人，到这里游玩。有时他们打扮成官僚、商人，有时装扮成和尚、乞丐或市井泼皮无赖。"市井"人也知道他是当今皇帝，故尽心侍候。但有时招待好了，和其装扮的身份不适，徽宗不高兴；有时招待不好，又怕皇帝翻脸治罪。而这徽宗也冷热不均，不知什么时候来了不高兴，"市井"人便要吃尽苦头。为此"市井"人也想有意不识，找个机会出出气。有一次，宋徽宗穿一身破烂衣服，戴一顶烂头巾，装成一个疯疯癫癫的乞丐，向一个女店主要酒喝。这店主本为宫女所扮，以前曾无端受过徽宗打骂，今见其装扮成这个样子，假装不识，有意报复一下，操起一把扫帚便往外赶。徽宗道："我是当今皇帝！您敢如此无礼吗？"这宫女索性照其打去，并骂道："这个穷叫花子竟敢冒充皇帝，老娘今天就偏要打你这个假皇帝！"徽宗见不是路，只好落荒而逃。事后，徽宗将其召来要治罪，那宫女却道："我当时真当是乞丐呢！"徽宗立即转怒为喜道："朕装扮得真得像乞丐吗？"宫女道："像极了，一点没看出是陛下！"徽宗听了，不仅没有治罪，还给了赏赐。

## 宠信道教

宋徽宗在位期间，不仅是一个玩得花样百出的浪荡天子，还很迷信。有一天，他忽然想到自己这个皇位就因为哲宗无子才被抢来的，生怕自己无子，将来皇位也被别人抢去，便想多生儿子。于是，他便向茅山道士刘混康求计。刘混康道："京城的东北角有一块地方很低，若垫高了，当有多子之福。"徽宗信以为真，当即下诏征集民工，在那个低的地方筑起了一个高高的土岗。说也凑巧，徽宗竟从此接二连三地生了 30 多个儿子，使得徽宗更加相信鬼神，推崇道家之言，大力扶持道教。他先在皇宫中建起一座金碧辉煌的玉清和阳宫，供奉道家诸仙。他还下令在全国征集各种道教仙经。温州道士林灵素知道徽宗崇道教，便进宫对徽宗道："天有九霄，最高是神霄。神霄玉清王是玉帝长子，号曰长生大帝君，陛下便是长生大帝下凡。神霄府现有玉帝的次子青华帝君代管。陛下降世时，所辖 800 名仙官也随着转世，即现在陛下公卿大臣。如蔡京为左元仙伯转世，王黼为文华使转世等。"徽宗听了很是高兴，要他在文武百官面前当众宣布。蔡京等人一听自己也是上仙转世，乐不可支，便和林灵素结成一伙，为大兴道教推波助澜。宋徽宗高兴，便又自封"教主道君皇帝"，喜欢别人称他为"道君"或"道君皇帝"。为宠信道教，他下令给每个道观千顷田地，道士们可拿到国家的补贴。徽宗本人，则经常把自己打扮得人不像人，仙不像仙，前呼后拥，到处祀天。

## 宋高宗

### 临安小住

宋绍兴八年（1138 年），高宗来到平江，想把它作为都城。大臣李纲认为平江离建康不远，迁到那去，有退避金兵之嫌，不应轻举妄动，于是就给皇帝递上奏折。不久，又商量回到临安（今杭州）去。大臣张守对皇帝说：建康从六朝以来就是帝王的都城，气象雄伟，且处交通要道，借此可以经营中原，凭险可以抵抗强敌。陛下身子尚未沾床，就又巡幸，这必使百官六军有勤劳之苦，国财民力有耗费之忧，希望陛下在此少安，以维持中原民心。丞相赵鼎说不能守在建康，于是要求离开，要到婺州去当知州。议论到这里，终于议决定都临安。到临安之后，有一天，太监把竹子移栽到宫中，被赵鼎看见了，就斥责他说："过去修造艮岳离宫让老百姓献花送石，造成多少麻烦，都是你们这伙人出的主意，现在还想重蹈覆辙吗？"于是把这件事情奏给皇帝，皇帝改变了态度，一再称谢他的善意。又有一个户部官员给宫里送钱，赵鼎把他找到相府，狠狠训斥了一番。第二天，他问皇帝："那个人给宫里献钱啦？"皇帝说："是我求他送的。"赵鼎说："那个人不应当献，陛下不应当求。"于是就把那个人贬到远方做官。

### 半臂遮身

宋高宗时，张邦昌僭取高位住于宫中，华国靖恭夫人李氏，屡次拿着新鲜水果送给张邦昌，张邦昌也用厚礼回报她。有一天晚上，张邦昌喝醉酒，李氏搀扶着他说："我们大家的事情都已到了这个地步，还有什么可说的。"于是用显得发红的一只胳膊搂住张邦昌，把他扶进福宁殿玩了一会儿。到了晚上，她又把养女陈氏打扮一番送给张邦昌。等张邦昌回东府，李氏暗地去送他，因李氏责抬轿的人走得不快，这事才被轿夫泄露出来。上边得知，就把李氏投进监狱，李氏招认。于是皇帝下诏让马仲如到潭州去，揭露张邦昌过去的种种罪行，终于把他杀掉。

### 帝作三宝

金人攻进汴京之后，大宋的九件玉玺（玉玺，皇帝的印信）只有"大宋受命宝"和"定命宝"还在。于是高宗南下之后，又制作了三件玉玺：一件叫作"皇帝钦崇国祀之宝"；第二件叫作"天下合同

之宝"；第三件叫作"书诏之宝"。以后到绍兴元年，又制作了"大宋中兴宝"。

### 遣使迎后

宋高宗赵构有一天对身边的大臣说："我起初不认识皇太后，自从把她迎来南京（商丘，高宗即位地），爱我就像亲生的一样。现在她在几千里之外，受兵荒马乱的惊扰，应当立即把她迎接到这里，以满足我朝思暮想的心愿。"于是就派卢益、辛企宗和潘永思等人，从虔州把她迎接回来。

## 宋孝宗

### 举棋不定

宋孝宗赵眘聪明刚毅，是一个很有抱负的皇帝。如在注重节俭，精心理财，立志抗金等方面，都做了不少工作。但由于太上皇和秦桧余党的干预，使得他在抗金问题上一直处于举棋不定，反复无常的精神状态。

还是当皇子的时候，赵眘便对秦桧一意求和卖国的行径不满，故一即位，便决心抗金，收复失地。为此，他1162年6月即皇帝位，7月便首先为岳飞平反昭雪，追复岳飞、岳云的原官爵，依官礼改葬，并给岳飞的子孙后代授以官位，以表抗金决心和对抗金英雄的敬重。接着，把因力主抗金而被贬职的张俊召来进见，任命为江淮两路宣抚使；1163年2月，他逐贬秦桧党羽，任命张俊为枢密使，都督江淮东西路军马，并安抚道："张公一向忠心报国，赫赫大名。朕现刚刚即位，不明边事，故国家安危，就全靠将军了。"张俊见孝宗抗金心有诚意，便力陈和金之害，抗金大计，孝宗听了大加称赞，并于同年4月，派张俊出师江淮，准备抗金。力主议和的右相兼枢密使史浩，是孝宗的老师，听说孝宗决心抗金，并未和他商量，就派张俊出兵，以为这是看不起他，便怒气冲冲地对孝宗道："我是宰相，出兵之事为何不征求我的意见？

这分明是不把我放在眼里,我还当什么宰相!"他本以辞职相挟,然他万没想到孝宗来了个顺水推舟,同意他的辞呈,免了他的相位。张俊抗金,开始节节胜利,然由于部将邵宏渊和李显忠闹矛盾,导致符离之败。这一来,投降派又抓住了把柄,攻击张俊,加之秦桧余党汤思退被任为右相,接连不断地上书弹劾张俊,使孝宗发生动摇,于是张俊被贬官。

宋金议和中,由于金国提出的条件苛刻,抗战派纷纷上书反对,孝宗又有所悟,便斥责汤思退道:"金朝如此无礼,你还要议和,可见你的廉耻连过去的秦桧都不如!"这年12月,孝宗复任张俊为右相兼枢密使。1164年3月,张俊率军北上抗金,誓师江淮。金军听说孝宗再次任用张俊兴师,知其厉害,便不战而退。就在张俊率军北上之后,投降派汤思退指使右正言尹穑捏造罪名,攻击张俊,诬造其部将侵吞钱粮。孝宗在投降派的围攻下,信以为真,又一次动摇。于4月将其召回罢去相位。之后,孝宗派汤思退去金议和。汤思退为怕孝宗再次为抗战派所动,竟一边对金议和,一边请金派兵南侵,对孝宗施加压力。10月,金军派军渡淮河,于11月攻陷楚州、濠州、滁州。军情传到朝廷,太学生张生等72人联名上书,声讨汤思退通敌误国,请杀汤思退。孝宗大怒,将汤思退罢官。汤思退路经信州,听到国人唾骂,惊吓而死。随后,孝宗又任命主战派陈康伯、虞允文率军抗金。然此时宋军几战几退,已无士气,为金所败。11月底,孝宗又遣使去金议和,12月签订了"兴隆和议"。

宋孝宗毕竟有点血气方刚,"兴隆和议"后,他不甘受辱,仍有伺机抗金,收复失地之意。1172年,孝宗又以虞允文为少保、四川宣抚使,到蜀整军备战;孝宗也多次检阅军队,伺机对金作战。然在1174年2月,虞允文病死,太上皇赵构也反对用兵,致使孝宗北伐抗金的心愿变成了泡影。

公元1187年9月,太上皇去世,孝宗借服丧之由,于1189年2月,禅位于太子赵惇,自称太上皇。

### 悔不听黄洽之言

宋孝宗赵昚,虽然是宋高宗的养子,但对高宗十分孝顺。他有志抗金,但高宗竭力反对。每遇此,他再不愿当着高宗的面提及抗金之事。高宗去世后,孝宗服丧期间,从不吃荤,面容越来越憔悴,皇后嫔妃见了,人人心疼。宫中有位吴夫人,平时庄重贤慧,最讨孝宗喜欢。她见孝宗越来越瘦,很为担心,便在一次为皇帝进膳时,偷偷地在素菜中加了点鸡汤。孝宗一吃,勃然大怒,认真追查。吴夫人不敢隐瞒,痛哭流涕说明原因,孝宗仍将她驱出了宫门。

孝宗虽然如此孝顺,但最后却生了个不孝的儿子。

1189年的一天,孝宗退朝之后,将几位柱国大臣留下,表明禅位之意。因为自1187年高宗去世后,孝宗由于抗金壮志未酬,深以为憾,便多次表示禅位,怎奈诸大臣苦苦相劝,孝宗也就将此事搁下了。今日,众臣见皇帝又说此事,且见圣上年亦60多岁了,心情又不好,不忍再相挽留,便多表赞成,但同知枢密院事黄洽却默不作声。孝宗问道:"卿为何一言不发?"黄洽道:"恕臣直言,如论太子之圣德,诚可当此大任,然只是太子妃李妃却不为天下之母(不配做皇后),望陛下再做慎重考虑。"孝宗听了,愕然变色,猛然醒悟,因为他早就知道李妃性格强悍,多有失礼之处,故常加指责。有一次,孝宗气愤,曾对李妃道:"你应该像皇太后那样温恭,不然,将废你为庶人。"孝宗的指责批评,不仅没有效果,反而从此与儿媳之间结下了怨恨。黄洽又从容地进一步道:"陛下问臣,臣不敢不直言。然我也知道,今天我有此言,恐怕今后也就再见不到陛下了。陛下异日再想见臣时,恐怕也不可能了。"此后,黄洽自己得罪了李妃,生怕报复,遂于退朝后,请求解职归田了。当年 2 月,孝宗仍将帝位禅让给了太子赵惇,是为光宗,自为太上皇。赵惇即位后,李妃对孝宗先前的指责,仍心中愤恨,故她一当上皇后,便千方百计地离间孝宗和光宗之间的父子关系,且态度比当妃子时更加强悍。光宗为其左右,竟在长达一年多的时间内不去孝宗住所问安。为此,孝宗每想起来,很是伤感,常常抚几叹道:"悔当初不听黄洽之言!"

孝宗郁闷不乐,日久成疾。1194 年初,孝宗卧病在床,很想见儿子一面,然直到病危,光宗仍不去探望。当年 6 月,孝宗病死,终年 68 岁。

## 宋宁宗

### 为权臣所制

宋宁宗赵扩,光宗赵惇次子。出生于 1168 年,卒于 1224 年;1194 年 7 月,宋光宗赵惇被逼退位,赵扩即位,是为宋宁宗。

赵扩性格懦弱,资质平平。他由韩侂胄、赵汝愚拥立做了皇帝,故从即位后的第一年开始,便陷入了权臣的摆布之中,完全成了一个傀儡。

且说宁宗即位后,宰相留正原告老还乡,又被召回,与赵汝愚分别担任了左相、右相。韩侂胄是外戚,他的母亲是太皇太后的妹妹,他的侄女又是新皇帝的皇后,且又拥立有功,却由于赵汝愚的阻挠,宁宗只给他加了一个汝州(今河南临汝县)防御使的职务。为此,韩侂胄对赵汝愚恨之入骨,想伺机把赵汝愚赶下宰相之位。1195 年 2 月,韩侂胄指使与赵汝愚有仇的右正言李沐安诬告赵汝愚,说他与皇帝同姓任宰相不合祖法。对国家不吉利。宁宗不辨是非,竟独断专行,罢免了赵汝愚的宰相,后又将其贬为宁远节度副使,放逐永州。随后,韩侂胄又

指使心腹,对赵汝愚进行凌辱,使其暴死衡州。赵汝愚死后,宁宗不以为悲,反认为韩侂胄替他铲除了奸臣,更加信任韩侂胄。

韩侂胄控制了朝政大权,忘乎所以,竟然在皇帝的家事中也插进手来。1202 年 12 月,因韩皇后已死,韩侂胄建议立曹美人为后,而杨美人却利用侍寝之机,把皇后的位子捞到手中,从此,杨后便和韩侂胄结下仇恨。宁宗觉得没听从韩侂胄的建议,立杨美人为后,生怕韩侂胄不满,便加封其为太师。韩侂胄志得意满,又想立盖世之功。他知道,多年来抗金呼声不断,便决心出这个风头,遂劝宁宗北伐抗金,宁宗也想趁此有所建树,当即拍板同意。为大造抗金声势,韩侂胄劝宁宗彻底为岳飞平反昭雪。1206 年 4 月,宁宗下诏追夺了秦桧的王爵,将其谥号改为"缪丑",命吴曦兼任陕西、河东路招讨使,分路出击。但因出了内奸,使这次抗金又归于失败,因为这次抗金发生在宁宗开禧年间,故史称开禧北伐。

北伐失利,导致了金军的报复。1206 年 10 月,金军分 9 路南下,对南宋展开全面攻势。11 月,金军列阵长江北岸,江南大震。12 月,金派人到宋议和。韩侂胄本来就是以抗金作为一笔投机生意来做的,看到连连失败,正在后悔对金用兵,听说金国派人前来议和,立即派人去金和议。使者归来,除带回金主提出的一些议和条件外,还带来一封信,信中要求杀掉对金用兵的主谋韩侂胄,并把首级送到金国。韩侂胄一见大怒,逼宁宗再次对金用兵。就在此时,礼部侍郎史弥远上书宁宗反对对金用兵,请求杀掉韩侂胄。对史弥远的上书,宁宗没有同意,然杨皇后却极力赞成,因为韩侂胄曾反对立她为后,故想乘此报复。于是,她便向宁宗进言道:"韩侂胄专横误国,天下人人皆知;诸大臣只是因怕他的权势,才敢怒而不敢言。"宁宗听后半信半

疑。杨后再次请求免掉韩侂胄，宁宗方才同意。尔后，杨后担心宁宗变卦，便指使其兄杨次山暗中与史弥远密谋，利用韩侂胄上朝的机会，将其拘捕杀掉。宋宗知道后，对史弥远等人未经批准竟擅自诛杀大臣很不满意，但由于内惧皇后，外惧金军，也只好将错就错，列其罪状，抄其家族，逐其余党，从而结束了韩侂胄的专权局面。1208 年 3 月，和议达成，规定：宋与金以"侄伯之国"相称，宋向金交纳岁币银 30 万两，绢 30 万匹，另交纳犒军银 300 万两等。因这次协议是在嘉定元年签订的，故史称"嘉定和议"。

"嘉定和议"之后，史弥远专权，宋宁宗又成了史弥远手中的傀儡，加之年已半百，便索性不问政事，杨后也乘机弄权。从此，史弥远和杨后，内外勾结，狼狈为奸，关系暧昧，专横朝廷，最后导致了后来的史弥远政变。

宁宗一生受制权臣，但还是办了两件得人心的事，一是为岳飞平反，二是支持抗金，虽然抗金失败，但较之光宗，朝政还有所进步。1224 年 9 月，宋光宗病死，享年 57 岁。

### 不安饮酒

宋宁宗赵扩，虽然性格懦弱，国事受权臣所左右，但就其自身来讲，还是比较严谨的，上敬父母，下爱百姓，不好女色，生活俭朴，故高宗、孝宗在位时，都很喜欢他。

当权臣逼着光宗退位，拥他为帝的时候，他因为上有长兄，越次登基，名不正，言不顺，"恐负不孝之名"，坚决不肯；当在太皇太后威逼怒斥下，让韩侂胄给他穿上龙袍的时候，他跪在太皇太后面前，仍然一边哭泣，一边唠叨："臣做不得，做不得。"

这个"不安饮酒"的故事，则从另一个侧面反映了他还是比较关心国事的。

公元 1198 年的元宵节之夜，月明星稀，杭州城内早已灯火遍然，烟花迭起。

宋宁宗在后妃、臣僚的陪同下，微服出去观灯，心中十分高兴。观灯回来，宫廷举欢，开怀畅饮。宁宗在众人的簇拥下入席之后，却忽然满面忧容，两眼望着高燃的蜡烛和满桌的山珍海味一言不发。这时，韩皇后却坐不住了，心情不安地悄声问道："陛下莫不是身体不适？"宁宗似未听见，没有理睬。皇后又道："如不是身体不适，今正值良宵佳节之夜，为何不开怀畅饮？"宁宗闻言收回目光，长长地叹口气道："咳！你可知道，自从隆兴和议以来，金军不断南侵抢掠，民众流亡乞讨。我们在宫内佳肴美酒，外面很多的百姓却吃住无着，朕怎么能安于饮酒呢？"从此，宁宗自行规定不贪酒食；为让臣下知道，他还特制了两个小屏风，一个写着"少吃酒，怕吐"，另一个屏风上写着"少食冷食，怕痛"。每次外出巡幸，他都让内侍举着屏风作为前导，以示臣下早知。这年 1 月，他特下诏有司，宽恤两浙、江淮、荆湖、四川流民；1208 年 8 月，下诏发米 30 万石赈济江淮流民。1210年 1 月，宁宗又以连年旱蝗灾，饥民群起掠食为由，下诏进行安抚。1215 年 6 月，宁宗为使民解除饥馑，下诏两浙江淮路谕民杂种粟麦麻豆，有司勿收其赋，田主勿责其租。

### 辽穆宗

辽穆宗耶律璟小字述律，他是太宗的长子，母亲是靖安皇后萧氏。耶律璟于会同二年九岁时进封为寿安王，到天禄五年群臣奉他即位，时年二十岁，称为天顺皇帝。耶律璟即位以后，虽然尊为天顺，但政局极其不稳，叛乱此起彼伏。先有太尉忽右质谋乱，穆宗一举扑灭，滥杀无数。接着，国舅政事令萧眉古得、宣政殿学士李瀚等谋逆南奔，穆宗将其识破，诏暴其罪。不久，政事令萧眉古得会同林牙敌烈、侍中神都、郎君海里等谋乱，穆宗下令逮捕，杀萧眉古得、娄国等，杖李瀚。

扑灭了几次叛乱，政局稳固，穆宗开始讲求享乐，希望能够长生不死。应历七年四月朔日，穆宗回到上京。女巫肖古曾奏上延年益寿药方，穆宗大为兴奋。药方配制独特，尤其是要用男子的胆和药下服，穆宗觉得惊奇，并深信不疑。于是，接连几年服药，也接连几年杀死了无数的童男子，取其胆用以和药。到这时，穆宗才发觉延年益寿的药方是骗人的，穆宗回到上京以后，便吩咐推出女巫，当场射杀。

穆宗沉溺于美酒，乱杀无辜，日益变得喜怒无常。应历七年十二月，穆宗大猎七鹰山以后，趁着高兴，诏令天下：有罪的，依法论刑。我发怒时，难免祸及无辜，你们要据理劝谏，不要盲从。但此后穆宗并没有什么好转，而是继续沉醉于美酒，终日昏睡。王子敌烈、前宣徽使海思、萧达干等不满于穆宗昏庸，密谋造反。事泄以后，穆宗治其罪，还郑重地敬示天地、祖先，告知贼臣谋反，随后召群臣议事。一年以后，穆宗便彻底地射猎游乐，动辄昏睡，干脆不理朝事。

穆宗在位十八年，从应历十三年以后他开始嗜酒、嗜睡。应历十三年正月他一连酣饮九日，醉得几天不醒，醒来以后就杀死了兽人海里。两个月后，穆宗杀鹿人弥里吉，割下他的脑袋，将脑袋赏赐给掌鹿者。穆宗带近侍游猎，近侍射中了一只獐，穆宗认为近侍伤生，吩咐杖责近侍，结果近侍被活活杖死。接着，穆宗又杀獐人霞马，杀彘人曷主。后来，又支解鹿人没答、海里等七人。

穆宗在最后的几年，除了昏睡、醉酒，便是动不动就杀人。他身边的近侍和仆从被他杀死的即有：近侍小六、近侍东儿、虞人沙剌迭、近侍喜哥妻、近侍随鲁、近侍白海、家仆衫福、押剌葛、枢密使门吏老古、挞马失鲁、狼人马里、冢人阿不札、术里者、涅者括等。穆宗真是杀人如麻，连他身边的近侍也不放过。穆宗

如此沉醉、乱杀，结果召来了杀身之祸：应历十九年正月，大宴宫中，酒醉以后，命殿前都点检夷腊葛代行击土牛礼。酒醒以后，穆宗和群臣玩叶格戏，并诏令太尉化哥：我醉中处事有错，不要执行，酒醒以后复奏。接着，穆宗领群臣、近侍出宫游猎，射大熊，欢饮达旦，君臣大醉。近侍小哥、盥人花哥、庖人辛古等六人平日胆战心惊，不胜其苦，此时即乘机杀死穆宗，时年三十九岁。

从史书的记载来看，穆宗身体卑弱，怕见女人，因而不喜女色。《契丹国志》说，穆宗在藩邸时，述律太后想给他纳妃，他称自己有病，坚决拒绝。即位以后，嫔御美人面前，他连看都不看。朝臣考虑嗣统，上奏说淑房虚位，乞望立后坐镇六宫，穆宗置之不理。结果，他的左右近侍和一应房帏供奉，全都是阉人。也许，穆宗的残暴是源于他的天阉，天阉导致他的失性变态，于是，他终日除了睡觉，便就是游乐和杀人。

穆宗在中国历史上最驰名的不是游乐、杀人，而是终日酣睡。游乐和杀人是中国帝王们的专利，几乎史不绝书，因而没什么新鲜。但睡觉却是不同。除了天阉，享乐不尽的帝王哪里会终日睡觉？他们总觉得时间紧迫，享乐不够。穆宗则不同，美人他享受不了，与其去受罪，吃饱喝足以后倒不如去睡觉。于是，史书便这样记载说：穆宗年少，好游猎，不亲国事，每夜酣饮，达旦乃寝，日中方起，国人谓之睡王。有两首宫词对此也有精采的描述：

沉沉宫禁静无哗，五凤楼开理鬓鸦。
怪底君王眠不醒，春风闲煞拂庭花。

延昌宫外夜冥冥，侍宴宫娥冷倚屏。
四鼓将残齐聒帐，何曾唤得睡王醒。

这就是中国历史上独具睡名的大辽睡王。

## 辽兴宗

### 扇岳父耳光

辽兴宗耶律宗真是中国历史上一位较为独特的皇帝。他崇尚文化,对于与他对峙的汉王朝汉族文明和风物制度由衷敬仰。他统治的时代正是北宋仁宗赵祯在位时期,他和宋仁宗忘却了边境的金戈铁马,互赠书法、绘画,这段史事在艺林中一直被传为佳话。可是,就是这样一位雅好文事的辽兴宗,蛮横不讲理,在一次酒宴上当着汉番百官扇了他岳父一耳光。

辽兴宗耶律宗真字夷不堇,小字只骨,是辽圣宗耶律隆绪的长子,母亲是钦哀皇后萧氏,养母是圣宗仁德皇后。仁德皇后萧氏小字菩萨哥,是景宗睿智皇后的弟弟隗因的女儿,年十二岁时美丽多才,被选入掖庭,统和十九年正式册为圣宗齐天皇后,后来谥为仁德皇后。仁德皇后美丽多情,一直受到圣宗的宠爱。她还别出心裁,以草茎为殿式,密付有司,令造清风、天祥、八方三殿。三殿造成后,圣宗大为奇怪,更是宠爱无比。连她所乘的车,都是龙首鸱尾,装饰黄金,精美绝伦。她还造九龙辂,诸子车,用白金造浮图,无一不是巧夺天工。因此史书说:夏秋从行山谷间,花木如绣,车服相错,人望去以为神仙。

可是,仁德皇后命好却是子嗣不继。她先后生了两个儿子,但都一一夭折。开泰五年,宫人耨斤生下了一个儿子,仁德皇后抱过来收养,他就是后来的辽兴宗耶律宗真。圣宗临终时,宫人耨斤见圣宗奄奄一息,知道自己的儿子马上要继任为大辽皇帝,耨斤无所顾忌,指着仁德皇后,破口大骂:老家伙没有够吗?左右侍儿低着头,默默地扶出痛不欲生悲苦不堪的仁德皇后。圣宗死去。耨斤自立为皇太后,即钦哀皇后。耨斤又授意护卫冯家奴、喜孙等诬告北府宰相萧浞

卜、国舅萧匹敌谋逆,然后下诏穷治,连及仁德皇后。刚即位的兴宗耶律宗真闻讯以后立即阻止:皇后侍先帝四十年,抚育我长大,当尊为太后,如今没尊为太后,反而治罪,行吗?耨斤见儿子袒护,狠狠地说,此人若在,恐为后患。兴宗固执己见:皇后年纪大了,又没有儿子,还会怎么样呢?仁德皇后于是免于冤死,被耨斤迁往上京看管。这一年,兴宗刚即位,年仅十六岁。

史书称兴宗:幼时聪明,长大魁伟,龙颜日角,豁达大度。善骑射,好儒术,通音律。三岁封梁王,太平元年册为皇太子,十年六月判北南院枢密使事。兴宗即位之前即已经受了磨砺,深知血腥的权术内幕。即位以后,他又目睹和默许了他的母亲对于仁德皇后的迫害。他在枢前即位以后即尊其母元妃萧氏为皇太后。大行皇帝的梓宫刚刚殡葬于永安山太平殿,皇太后萧氏耨斤即将驸马萧鈤不里、萧匹敌赐死,将围场都太师女直著骨里、右祗候郎君详稳萧延留等七人弃市,籍没全家。在兴宗的力谏下,又将仁德皇后迁往上京,随后怕兴宗怀鞠育恩,便遣人加害。使者到达后,皇后质问:我实无辜,天下共知。你待我沐浴,而后就死,可以吗?使者退出,回来后皇后便已死去。

即位一个月,先皇尸骨未寒,兴宗即召晋王萧普右等人入宫,陪他宴饮博戏,夜分才散。接着,又与近侍和群臣击鞠。尽兴以后,才禀母后意旨视事,委耶律韩八为左夷离毕,特末里为左祗候郎君详稳,横帐郎君乐右权右祗候郎详稳,耶律郑留为于厥迪烈都详稳,高八为右皮室详稳。政局稳定,与宋修好,宫禁平安无事。

六年后的重熙四年(1035 年),立萧氏为皇后。萧氏小字挞里,是钦哀皇后耨斤的弟弟孝穆的长女。萧氏性情豁达,为人宽厚,容貌端庄秀丽。兴宗即位

时,耨斤即将她召入后宫。兴宗临幸了她,不久生下耶律洪基,即为后来的辽道宗。道宗生下以后,萧氏才被正式立为皇后。

兴宗喜好游猎。重熙五年九月,兴宗带着侍卫,行猎黄花山,在那里猎获了三十六只大熊,十月幸临南京(今北京),临御元和殿,以《日射三十六熊赋》《幸燕诗》试举进士,择优赐冯立、赵徽四十九人进士及第,并委冯立为右补阙,赵徽以下为太子中舍,统统赐赏绯衣、银鱼,大宴庆贺。辽代御试进士就是从这时开始。这件事有宫词云:旬胪高唱榜花开,玉殿千官笑语陪。三十六熊同献赋,夺标争及状元才。

兴宗对于文事兴致极浓。他还书画兼工,尤其长于画鹅,状貌逼真,栩栩如生。关于这一点还要在宫禁文化活动一节中专讲,这里从略。兴宗在文事中除了书画诗赋的爱好,还酷爱音乐和杂剧,他常常夜间醋饮,加入伶人的乐队,自唱自娱,乐在其中。他爱喝酒助兴,一次兴致高涨时,加入伶人的乐队弹奏,并毫不顾及有汉番百官在坐,竟吩咐皇后美妃们换上女道士的衣服,即席上场表演。皇后美妃们只能从命,入内换上女道士的衣服。皇后的父亲萧磨只看不过去,觉得很丢脸面,便恭敬地上前进谏:汉番百官都在,后妃入戏,恐怕不合适。这真是大煞风景。兴宗怒视败兴的岳父,挥手就是一耳光,随着一声脆响,进出一句:我尚入戏,何况你的女儿!岳父萧磨只和随同兴宗入伶人乐队玩乐的王纲、刘四端兄弟以及后妃、百官都目瞪口呆。此事有宫词为证:

竿木逢场一笑看,内家妆束易黄冠。

君臣宴乐团栾坐,始信天朝礼数宽。

兴宗耶律宗真在位二十六年,四十岁时死于行宫。史学家尽管对兴宗的奇特行为大感惊奇,迷惑不解,但还是公正地说:圣宗以下,兴宗还是可谓贤君。

## 金熙宗

金太宗天会十三年正月,六十一岁的太宗完颜晟去世,谙班勃极烈完颜亶即位,是为金熙宗。完颜亶本名合剌,是太祖完颜旻之孙,父亲是景宣皇帝,母亲是富察氏。景宣皇帝即丰王宗浚,熙宗即位以后追尊。谙班勃极烈是太宗即位前的官称,太宗即位以后,将此授给其弟完颜杲,地位相当于太子。天会八年,完颜杲死,太宗久意不决。两年后,左副元帅宗翰、右副元帅宗辅、左监军完颜希君入朝与宗翰合议:谙班勃极烈虚位已久,今不早定,恐授非其人;合剌,先帝嫡孙,当立。四人进奏太宗,陈述再三,太宗才下诏:你为太祖嫡孙,故命你为谙班勃极烈。你不要自谓年幼,狎于童戏,要好生修德。

熙宗是金代的一代明主。他即位以后,推行大规模的改革,推行汉化。他崇尚儒学,对于贞观天子由衷钦佩。他曾召集翰林学士,对他们说:我每阅贞观政要,见其君臣议论,大可效法。翰林学士韩昉回答说,唐自太宗以后,可以称道的皇帝就是唐明皇和唐宪宗。唐明皇有始而无终,初以艰难得位,用姚崇、宋璟,能成开元之治。末年殆于万机,委政李林甫,奸谀当道,以致天宝大乱。熙宗点头称善。可是,金熙宗在位十二年,其为政尚仁就是有始无终,最后竟以妄杀驰名。

汉儒韩昉是金熙宗的启蒙教师。熙宗自幼受学,习汉文,学汉礼仪、制度,由衷地敬慕汉族文化。熙宗是第一个接受汉文化从而鄙薄女真习俗的皇帝,也是大金第一个用汉代的官制和风俗改造女真官制和风俗的皇帝。金熙宗在推行汉化中,受到了来自各个方面的阻力,尤其是皇帝贵戚,达官显贵。熙宗对此泰然自若,针锋相对,并毫不客气。

熙宗以相位易兵权的方法升国谙右勃极烈、都元帅宗翰为太保,封晋国王,实际上剥夺了这位专权和淫刑毒政的权臣的权力。接着，熙宗以贪赃罪，杀尚书左丞高庆裔和转运使刘思。高庆裔被杀，连及同党宗翰，宗翰自尽。除掉了宗翰，熙宗又以相位易储贰的办法，升长子宗磐为尚书省尚书令、太师，地位最高。宗磐和宗翰本来是争夺大位的死敌，宗翰死后，宗磐骄纵跋扈，甚至当着熙宗的面，要杀宗干。不久，宗磐、宗隽谋反，宗干、宗弼和完颜希君联合平叛，杀死宗磐、宗隽，宗干升任太师，晋封梁宋国王。熙宗随后又杀死了谋反的行台左丞相挞懒、翼王鹘懒反活离胡土、挞懒子斡带、乌达补等。最后，臣宗杀掉危害改革和影响皇权的重熙萧庆和完颜希君。阻力一一翦灭，熙宗便大胆地进行改革。

熙宗大胆地废除了勃极烈制度，采用辽宋官制，兼采唐代制度，设尚书、门下、中书三省和太师、太傅、太保之师。他又废齐、燕枢密院，设行台尚书省。天眷元年，颁行新官制和换官格。从这个时候开始，金代开始有内廷之禁，也从这时开始从亲王以下严禁带刀入宫。皇统时期，熙宗又诏令诸臣以本朝旧制，兼采隋唐制度，参酌辽宋大法，编纂成书，颁行中外，为《皇统制》。这是金代统一法制的开始。

皇统元年，熙宗亲祭孔子庙，北面至诚再拜。熙宗对侍臣说：我幼年游侠，不知道求学，年岁大后，深以为悔。孔子虽然无位，但其道可尊，让万世景仰。熙宗和其他的许多帝王一样，只是说得好听，一转身便全盘忘记。就是从这一年开始，熙宗便沉溺于美酒，常常召近臣痛饮，日以继夜，宰相入内进谏。熙宗举杯说：知道了，就饮这一次，明日就戒。这话自然又不能当真，第二天他依旧我行我素，痛饮尽兴。

有一次，熙宗在五云楼，大宴群臣。他不停地吩咐上酒，让群臣豪饮，结果，全部醉倒。当时，金人出使宋朝，求赠白面猢狲、鹦鹉、孔雀、狮子、猫。宋帝悉数赐赠，并对金使说，听说金皇后擅政，三省只承皇后旨意。皇后天性侈靡，用珍珠装被，召集绣妇至数千人，一天绣衣一袭，值数百缗。侈风如此，还能长久吗？

确实，这位干政的皇后便是熙宗悼平皇后裴满氏。宗翰、宗干、宗弼相继被除以后，熙宗日益荒政，沉溺于美酒。皇后便干预政事，渐渐地，裴满氏便左右逢源，无所顾忌，最后竟发展到掣制熙宗。熙宗内不能干政，因为无聊，便纵酒酗怒，亲手杀人。熙宗晚年酗酒妄杀，原来还有这一层。

皇太子济安病重。熙宗和皇后临幸佛寺，焚香泣祷，赦免五百里以内罪徒，但一切无济于事，皇太子还是于皇统三年正月死去。熙宗此后便不临正殿，不再视朝。熙宗这一年二十五岁，当时只有两个儿子，一个是刚死去的济安，另一个是魏王道济。一年以后，醉酒错乱的熙宗斩断了自己的皇统血脉，杀死了唯一的儿子道济。此后，熙宗游乐、醉酒、杀人为乐便一发不可收拾。

熙宗游猎无度，而且游猎时心情极好，也较宽容。有一次，他带着侍从，游猎一阵以后信马闲游。他的坐骑跟着猎禽在荒漠的寒土地上乱走，结果误入了一片大泽之中。熙宗惊醒过来时，坐骑已经陷入沼泽中，不能拔出。熙宗只是笑笑，在侍从的帮助下，走出沼泽，却破天荒地没有降罪导骑，把他杀死。

国师宇文虚中恃才傲物，爱讥讪时政，品评政务。熙宗接受宇文虚中谋反的诬告，吩咐穷治。可是鞫治无状，没有证据。熙宗便以家藏图书作为宇文虚中谋反的罪证，下令将他杀死。临死时，宇文虚中抗议，说：我死没什么说的！只是图籍，南来士大夫家都有，翰林学士高士谈家尤其多，难道都反吗？虚中本意是忠心进谏，希望熙宗醒悟：死是没有什么可说的，可是要以图籍治罪，那就太不应该了；南来的士大夫哪一家没有图籍，朝廷礼重的翰林学士高士谈家里图籍就最多，难道他们都谋反？可惜熙宗没有听进这些，不仅没有赦免虚中无罪，反而杀死了虚中及其全家老幼上百口，并杀死了翰林学士高士谈。可怜高士谈一代才士，竟这样不明不白地冤死。且看高才士的《棣棠诗》：

> 闲庭随分占年芳，袅袅青枝淡淡香。
> 流落孤臣那忍看，十分深似御袍黄。

皇统七年四月，熙宗在便殿设宴，喝得大醉，挥刀杀死户部尚书宗礼。两个月后，又杀横海（沧州）节度使田仔等八人。两年后的皇统九年四月，狂风暴雨，电闪雷鸣。大殿的鸱尾震坏，大火熊熊，窜入了熙宗寝官，烧毁帐幔。熙宗仓惶奔别殿躲避。接着，盛传利州榆林河上有二龙相斗，斗得极为残酷。随即大风铺天盖地，扫平民居官舍，瓦木人畜等在狂风中飘扬十余里，死伤无数。

熙宗以天变大赦天下，并命翰林学士张钧立即草诏。参政萧肄说张钧草诏语涉诽谤，即有所谓：龙潜我宫。熙宗大怒，说：龙奈我何！吩咐杖张钧数百。张钧奄奄一息，还没有死，熙宗用剑厘其口而醢之。张钧惨死。熙宗却在当日颁诏，大赦上京罪囚。这年八月，宰臣议徒徙辽阳、渤海的居民充实燕南。熙宗同意。侍从高寿星家在迁徙之列。高寿星到皇后前哭诉。皇后进言熙宗，激起熙宗愤怒，熙宗吩咐杖责动议迁徙的平章秉德，杀死郎中萨哈。可怜宰臣受屈，侍从高寿星遂意，竟举家没有迁徙。

熙宗有兄弟三人：他、胙王完颜元、安武节度使扎拉，都是景宣皇帝宗浚的亲儿子。皇统九年十月，熙宗杀死了自己的亲兄弟完颜元和扎拉，又杀死了左卫将军塔斯、故低王子阿兰、达林。十一月，杀死皇后裴满氏，召胙王完颜元、王妃萨满入宫。几天后，杀死爱妃：德妃乌吉沦氏、妃夹谷氏、张氏、裴满氏。第二天，完颜亮杀死熙宗，年仅三十一岁。降封东昏王。完颜亮即帝位，为金海陵帝。

## 金废帝

中国历史上最淫荡、最无耻的帝王恐怕要算是金废帝海陵王。

海陵王完颜亮，本名迪右乃，小字元功，是辽王宗干的第二个儿子，母亲是大氏。太祖天辅六年（1122年）完颜亮生。天眷三年完颜亮十八岁，以宗室子授奉国上将军、赴梁王宗弼军前任使，任行军方户，迁骠骑上将军。四年后的加龙虎卫上将军，为中京留守，迁光禄大夫。

史称完颜亮为人僄急，性多猜忌，狠毒残忍。当初金熙宗完颜亶以太祖嫡孙继承大位，完颜亮便心中躁动。他是辽王宗干的儿子，宗干是太祖完颜旻的长子，这样他和完颜亶一样同是太祖的嫡孙，而且他还居长，所以他认为自己应当入主大位。完颜亶被大臣们拥立即位，他就静观事态，虎视眈眈，暗中觊觎神器。

完颜亮喜好读书，看上去人很宽和，但实际上城府深密，莫测高深。他留守中京时便潜心权术，专务立威，使文武臣僚唯命是听。猛安萧裕阴险狠辣，敢作敢为，完颜亮倾心结纳。萧裕劝完颜亮举大事即皇位，两人不谋而合。皇统七年，完颜亮判大宗正事，进平章政事，大权在握，开始揽权植党，引萧裕为兵部侍郎。不久，迁右丞相，兼都元帅。

有一年完颜亮生日。熙宗派大兴国带着司马光画像和玉吐鹘、厩马等赐赏丞相。皇后裴满氏也派人赐赏礼物。熙宗大怒，下令杖责使臣大兴国，并追回一应赐物。丞相完颜亮心中恐惧，于是疑畏愈甚。右丞相秉德、左丞唐古辩被杖，密谋废掉熙宗。乌达告之完颜亮，互相勾结，并派李老僧约寝殿实达尔大兴国、护卫十人长图克坦额勒楚克、布萨呼图等共举大事。

左丞唐古辩曾回答完颜亮，一旦举大事，谁可继位，说胙王常胜。完颜亮摇头。再其次回答是邓王子阿懒。完颜亮又摇头。唐古辩大惊,明白了似的试探说:你有意吗?完颜亮从容地回答:如果不得已,舍我其谁?皇统九年十二月丁巳夜,大兴国取符钥开门放进完颜亮、秉德、唐古辩、乌带、李老僧等人,一行直奔寝殿,杀死熙宗。完颜亮即位,是为海陵王。杀左丞相宗贤、曹国王宗敏,任秉德为左丞相,唐古辩为右丞相,乌达为平章政事。嫡母图克坦氏、母亲大氏并尊为皇太后。

海陵王即位后,大施杀戮,树立权威。杀了政敌以后,他便转而杀拥他即位的重臣。他即位后,杀太傅领三省事的重臣宗本,杀左丞相唐古辩、杀判大宗正事宗美,朝野百官便吓破了胆,一个个噤若寒蝉,唯命是听。接着,他又派人杀了领行台事的秉德和东京留守宗懿,北京留守卞以及太宗子孙七十余人、宗翰子孙三十余人、各宗室五十余人。海陵淫威之下,人人自危,海陵王于是便可以从容不迫,为所欲为。

海陵王极善诈饰。他即位前只有姜媵三人。即位后,他定宠妃十二人,并立惠妃图克坦氏为皇后,正位宫闱。右丞相梁汉臣、兵部侍郎何卜年进奏迁都。海陵王下令营建燕京宫室,仿照汴京制度。天德三年四月,海陵王正式迁都燕京。一个月后,宰臣迎合海陵王,奏请增嫔御,以广继嗣。海陵王当然乐意,美人便源源不断地送入后宫。海陵王还吩咐图克坦贞诏令宰相,将所诛杀的各位逆党的妻、女,悉数纳入后宫。宠妃萧裕认为不可,进谏劝阻,海陵不听。于是,宗本子苏尔图、宗固子呼喇勒、和硕打、秉德弟喜哩妻等一行美人,纳入了海陵后宫。

海陵的嫡母徒单氏是宗干的正室,没有子嗣。次室李氏生长子完颜充,后封郑王。次室大氏生三个儿子,长子就是海陵王。徒单氏和大氏情同姐妹。完颜充嗜酒,徒单氏常责怒,厌恶完颜充。徒单氏却极爱海陵。海陵即位以后,见母亲给徒单氏拜寿,极为恼怒,第二天即将公主、宗妇凡是和徒单氏说话的人等,统统杖责。大氏谏阻,认为这样不好,海陵却大声说:今日的事,难道还能像前天吗!海陵迁都燕京,独留徒单氏于上京。徒单氏终日恐惧,每有使者到来,便更衣待命,等着宣诏赐死。大氏临终时,要海陵迎回徒单氏,敬事如母。大氏死后,徒单氏被迎入燕京后宫。海陵淫徒单氏的侍婢高福娘,并派高福娘侦伺太后的动静,随时奏报。太后因与出征的枢密使仆散师恭多说了几句,海陵怀疑太后有密谋,内结完颜充及其成年的四个儿子,外连领兵的仆散师恭,使召点检大怀忠、翰林待制翰论、尚衣局使虎特末、武库直长习失直奔宁德宫,杀死太后徒单氏。

海陵的皇后徒单氏是太师斜也的女儿,最初为歧国妃,旋迁惠妃,接着立为皇后。即位后的海陵有美妃十二人,还有昭仪到充妦九人、婕好、美人、才人三人,另有殿直以下美女不计其数。皇后以外,第二位娘子大氏封贵妃,第三位萧氏封昭容,第四位耶律氏封修容。海陵后宫美人众多,皇后对他来说过于正统,乐过以后再也激不起情欲,于是,便是史书所谓的“后宫浸多,后宠颇衰。”

皇后被冷落,后宫的美人们便在海陵的荒淫放纵中被百般地蹂躏和淫乐。海陵王在宫禁中淫乐美人时花样百出,别出心裁。史书对此有明确的记载:海陵王常令教坊番直禁中,每幸妇人时,必使奏乐,撤掉帏账,或让人说淫言秽语。有时临幸室女不顺利,便让元妃(第二娘子大氏)以手左右扶送。或者让妃嫔列坐,随意淫乱,使大家共观,或让人效其形状以为娱乐。凡坐中有嫔御时,海陵必自掷一物在地上,让近侍注视,不视的就杀掉。

同宫中美人的淫乐纵欲尽兴以后,

海陵便把淫威指向任何一个他看上的女子。不管是幼女还是有夫之妇，只要他有意，便必须遂愿，有夫之妇的丈夫如果没有因此而被杀，那就算是万幸。美人阿里虎先后嫁过两个男人，海陵闻其名以后立即召入后宫，彻夜淫乐。阿里虎的女儿重节也一同陪伴侍寝。崇义军节度使乌带的妻子唐括定哥，英气勃勃，美艳风流，长于风情。海陵得讯后密令唐括定哥杀死丈夫乌带。乌带被杀后，唐括定哥便进入后宫。入宫后，定哥得宠，昼夜宣淫玩乐。不久，海陵移情，唐括定哥便被冷落。唐括定哥寂寞难熬，想起当初海陵命她杀死乌带，否则夷灭全家，定哥心有余悸，无可奈何，又不能强迫海陵和她行乐。定哥熬持不住，就和仆奴奸通。奸事被海陵发觉，海陵哪里能容忍宠幸的贵妃和家奴私通？于是，定哥和私奴被残酷地处死。定哥的妹妹石哥也因美色被带入后宫，海陵淫过石哥，又召石哥的丈夫入宫，让石哥当着他的面，用秽语戏谑其丈夫，他在一边笑乐。

海陵看上了太祖长公主兀鲁的侍婢忽挞，他无故就杀死了长公主兀鲁，并杖罚其丈夫平章政事徒单恭，封侍婢忽挞为国夫人，百般寻乐。海陵玩乐不够，又下令选天下良家女一百三十人充实后宫。海陵发现叔父曹国王宗敏的妃子阿懒很漂亮，便杀了叔父宗敏，霸占了叔母阿懒。海陵淫过阿懒，就封阿懒为昭妃，常侍后宫。后来，举凡宗室人员被杀，其妻室女儿便归海陵所有。

海陵对姐姐的女儿即他的外甥女叉察他也不放过。他喜欢叉察，毫不隐晦，竟公然告知太后，想把叉察召入后宫，纳为嫔妃。太后坚决反对，对他说：这孩儿出生时，先帝亲自抱到我家收养，直到成人。你是舅舅，如同父亲，不可！海陵见叉察美貌动人，哪里管什么虽舅犹父，他终于将外甥女儿叉察占有。

海陵在即位前只有三位美人：大氏、

萧氏、耶律氏。即位后大氏由贵妃而迁惠妃进而进封妹妃、元妃。萧氏也由昭容而淑妃而宸妃，耶律氏自修容进昭媛、昭仪最后进封丽妃。元妃大氏被宠，对海陵俯首帖耳，甚至于幸宗室的女子不得遂，还要她以手左右扶掖！元妃的妹妹很美，有这样一位淫帝在宫中，元妃不阻止妹妹入宫，结果，妹妹入宫看视元妃，遇上海陵，被海陵逼淫。

海陵淫过的美人们却并不以被淫为耻，反而争风吃醋，甚至于连同时被淫的母女也反目为仇，大打出手。这之中最典型的便是淫妇阿里虎。阿里虎在前面已简单说过，她姓蒲察氏，是驸马都尉没里野的女儿。她初嫁宗艋的儿子阿虎迭，阿虎迭被杀，再嫁于宗室南家。南家亡故，南家的父亲突葛速在南京任元帅都监，海陵也恰在南京。海陵看见了阿里虎，要据为己有。突葛速不同意。当时，海陵还没有即位。即位以后第三日，海陵就诏念念不忘的美人阿里虎回父母家，两个月后便纳入后宫。行乐以后，海陵封阿里虎为贤妃，又迁昭妃。阿里虎恃色贪酒，醉后丑态百出，海陵很厌恶，于是宠衰，将一腔淫欲倾泻给阿里虎的女儿重节。阿里虎获悉女儿和海陵淫通，勃然大怒，痛骂重节下流无耻，和母亲夺爱，并扇重节的耳光。海陵得报以后很不高兴。阿里虎满腔怒气，便派人送衣服给前夫的儿子。海陵大怒，吩咐杀死阿里虎，因幸得徒单后率领诸妃伏地哀求，阿里虎才免于一死。

宫中妃嫔的侍女们都穿男子的衣服，叫作假厮儿。阿里虎难耐长夜寂寞，就和假厮儿胜哥一同起卧，就像一对夫妇。阿里虎的厨婢三娘将此事告知海陵。海陵觉得有趣，并不怪罪阿里虎，只是告诫她，不要笞捶厨婢三娘。阿里虎不听告诫，榜杀三娘。海陵听说昭妃阿里虎宫中有宫人死去，怀疑是三娘，便说：如果是真的，我必杀阿里虎！一问，果然是三娘被榜杀。阿里虎听说海陵要杀她。便素服绝食，每天只是烧香祷祝，希望免死。过了一个月，阿里虎以为无事了，海陵派人缢杀阿里虎，并将给三娘施刑的侍婢一并杀死。

天德二年，礼部侍郎萧拱在汴得美女耶律弥勒。到燕京，萧拱的父亲萧仲恭时为燕京留守，看弥勒的体形，觉得不像处女，仲恭便叹息说：皇上必疑。弥勒入宫，海陵临幸，果然不是处女，第二天便逐出后宫。海陵怀疑萧拱捣鬼，下令杀死萧拱。几个月后，海陵又召弥勒，再度淫乐，封弥勒为充媛，并封她的母亲张氏为莘国夫人，伯母兰陵郡君兼氏为邓国夫人。海陵强夺了定哥和妹妹石哥，此时将萧拱的妻子择特懒赏给石哥的丈夫。不久，海陵放不下择特懒，以其姐姐弥勒的名义召她入宫，海陵遂占有了她。

耶律察八本已许嫁奚人萧堂古带。海陵霸占察八，留在后宫，封为昭媛。海陵以萧堂古带为后宫护卫。察八派侍女习捻带软金鸂鶒袋几枚送给堂古带。海陵发觉，召问堂古带，堂古带如实奏报，海陵没有怪罪。几天后，海陵带美妃们登宝昌门楼，当着众人，海陵击杀察八，察八落下门楼惨死，海陵接着又杀死了察八的侍女习捻。

宋王宗望的女儿寿宁县主什古；梁王宗弼的女儿静乐县主蒲刺、习捻；太傅宗本的女儿混同郡君莎里古真、余都；宗磐的女孙郯国夫人重节；海陵母亲大氏的表兄张定安的妻子奈刺忽；丽妃的妹妹蒲鲁胡只等，除了什古的丈夫已死，其他的都有丈夫。海陵不管这些，派高师姑、内哥、阿古等召她们入宫，一一淫通。史称凡妃主宗妇被私幸的，都分属诸妃，出入位下。于是，奈刺忽出入元妃位，蒲鲁胡只出入丽妃位，莎里古真和余都出入贵妃位，什古、重节出入昭妃位，蒲刺、师姑儿出入淑妃位，后宫简直成了一大淫窟。

在这群有夫之妇中，海陵最宠爱的是习捻和莎里古真，她们二人也因之恃宠而骄，竟恃势笞决其丈夫。海陵召习捻的丈夫稍喝押护卫值宿，召莎里古真的丈夫撒速在近侍局值宿。海陵对撒速说：你妻子年少，遇你值宿，不可让她宿在家里，让她宿在妃处。撒速除非不要命，只有点头。一个丈夫最悲哀和耻辱的莫过于是妻子被辱。可海陵不仅要辱人妻，还要在淫其妻子时让其丈夫在室外值宿望风！

最为可悲可气的是，海陵幸过了习捻和莎里古真，还要在其丈夫的眼皮下，温柔多情。每次召她们来，他总是提前在廊下恭候，显得极其殷勤。有时，恭候得久了，不免腰酸腿痛，海陵就坐在高师姑的膝上，等候两位美人。高师姑调笑说：天子何必劳苦如此？海陵美滋滋地回答：我以为天子易得，这等期待，难能可贵。海陵认为约会难得，很是可贵，实际上，吸引他并令他愿意恭候的是两位美女能满足他的淫行，畅快其淫心，他们在一起常常是室内遍铺地衣，一丝不挂地裸逐为戏。

海陵玩乐的美女太多，自然满足不了莎里古真的旺盛的淫欲。莎里古真便在海陵之外另行淫乐。海陵发现以后，勃然大怒，质问莎里古真：你爱贵官，难道有贵过天子的吗？你爱才，难道有像我这样文武兼备的吗？你爱娱乐，难道有比我丰富伟岸的吗？！说得气塞咽喉，以致说不下去。海陵放不下莎里古真，爱幸不够，哪里忍心下毒手？一会儿以后，海陵怒气全消，又转过来抚慰莎里古真，让她不要惭愧，并让她在宴会时要行立自如，不要让他人猜度，以免贻笑。后来海陵依旧屡屡召她入宫行乐。

余都是牌印松古刺的妻子。海陵喜爱余都，用他自己的话说：余都相貌不扬，但肌肤洁白可爱。在这群美妇中，什古年高色衰，海陵觉得她还有风韵，在乐过以后又常常以其色衰为笑乐。海陵淫过了这些美妇以后，一一封授名号：蒲刺封寿康公主、什古封昭宁公主、莎里古真封寿阳县主、重节封蓬莱县主。

海陵淫乐美女，独占美女，不容他人染指。他严诫宫中，不许给使男子。凡是在妃嫔身边使役的仆从一旦有人举首正视，他便命剜去其双目。在宫中出入时不许独行，最少得四人一同出入，由所司执刀监护，不从规定路径行走立斩。太阳落山以后，下阶砌行走者处死。告密者赏钱二百万。男女仓促间误相接触，先声言的赏三品官，后声言的立即处死，同时声言的一同获释。

女使癖懒本已有夫，海陵喜其色，召入宫中，想封授县君，然后行淫。可是，癖懒已经有了身孕。海陵对孕妇也不放过，他亲自给她堕胎，强迫她喝麝香水，自己用力揉她隆起的腹部。癖懒痛苦不堪，哀求他不要这样做。海陵根本不听，最终还是弄掉了胎儿，肆其淫欲。

## 辽道宗

### 选才"高招"

一朝天子辽道宗在位时间虽然很长，约有 46 年之久，但他对国家大事却了解甚少，他的精力主要集中在打猎、钓鱼、游玩上。可恰恰就在娱乐时，他的言行和爱好，便决定了王朝的走向。

大安六年（1090 年），三年一度的科举取士的殿试来临了。那些昼夜苦读、凿壁借光、囊萤映雪、头悬梁、锥刺股的书生，一个个受尽十年寒窗苦，谁不希望在这次殿试中一步登天?! 具体负责科举取士的礼部、吏部官员，在选官这件大事上，按惯例一起前往辽道宗所住的养心殿，向他请示这次殿试的准备工作及殿试之后的铨选细责。

辽道宗本应对此事拿出自己的具体看法，提出殿试和殿试后铨选的原则。然而，令人可笑的是，作为皇帝的辽道宗对这项工作却漠不关心。当负责殿试的官员前来领受旨意时，正在聚精会神地钓鱼的辽道宗却吃惊地问道："殿试？什么是殿试？"

"启禀万岁，就是请您当面测试那些举人，以便为我大辽铨选得力干练的人才啊！"

谁知，辽道宗听后竟懒洋洋地说："这件小事，你们一手去办不就得了。"

"陛下，殿试岂能由臣子主持？天子主持殿试，这是祖宗传下来的定法。"

"什么祖宗定法！祖宗之法也不是为我而立的。"辽道宗不耐烦地指手画脚道。

"不管怎么说，这次殿试，陛下千万得参加。"那人小心翼翼地坚持说道。

辽道宗听罢，觉得也对，一朝天子么，也该在这样的场合显示显示自己的权威。随后便说："那好吧，既然你们非要我去，那我就去'殿试'那班举子。不过咱们得把话说明白，'殿'我可以去，但'试'什么可得由我来决定。"

礼、吏二官心里一下子轻松了。心想，只要你去，我们便完成了任务，既然连殿试什么心中都没谱，想必也不会试出什么新点子来。于是二人就连声称谢，一并退出了养心殿。

殿试这天到了。一向以懒起为乐的辽道宗却一反常态，五更鼓刚刚打过，他便穿戴整齐，准备殿试举子了。两位宫女看罢也觉得惊奇，便悄悄地说："妹妹，今天皇上怎么起这么早？且那样兴奋，那样激动，莫不是有什么重大喜事？"

"听说是要去前堂殿试各地来的举子。"

"可主子爷对什么早朝、晚朝都不感兴趣，对那殿试更是一窍不通，莫不是今天心血来潮？"

宫女的猜测确实不错，辽道宗对这次殿试之所以如此感兴趣，是因为他心血来潮，想出了有别于古人的新"高招"。

对于传统的殿试,辽道宗并不陌生。中原先进文化对辽朝的影响是很深的,拿殿试来说,自隋、唐以来,都是由皇帝亲自出题、亲自批卷、亲自圈点,最后确定人选。所出的内容大多与国计民生有关,目的是为封建王朝选拔得力的人才。殿试以后,中选者一甲三名,赐进士及第。其中第一名便是常说的状元,第二名通称榜眼,第三名称探花。对这套做法和通例,辽道宗不是不清楚,他执政前期,也曾这样做过。

可现在,辽道宗却把国家的前途和命运当作儿戏,视为赌场。头脑一热,竟想把赌场上的做法,一股脑儿地搬到关系辽朝前途的官场上,去开创他心目中殿试的"新局面"。

那么,辽道宗有何妙计呢?

原来,辽道宗喜爱游戏。在这一点上他和北宋昏君宋徽宗倒有相似之处,那就是热衷于微服出游,到民间去寻求刺激。一次,辽道宗来到一家勾栏瓦舍,屋里人声鼎沸,好不热闹。好奇心极强的辽道宗便走了进去,一看是一群赌徒正在掷骰子赌博。这些社会上的三教九流,个个眼珠子通红,伸着很长的脖子,连喊带叫。不承想这一幕却给辽道宗留下深刻的印象。赌博是以筹码计输赢,以金银论得失。在赌博过程中,总有人要输,也总有人要赢,谁输谁赢,无非全凭个人的运气。

辽道宗从中得到了启示,认为:"我大辽王朝不也是一个大赌场吗?那些一心想当官的士人便是一个个大赌徒,如让他们像赌场上那样,靠掷骰子的方式来求得功名富贵,输赢得失完全付之于命运,那我不就免去了什么出题、策试、圈点、铨选之类的麻烦了吗?这一高招即省事又刺激,何乐而不为呢?"

因此,当礼、吏二部官员坚请他前往的那一刻,他随口应了下来。原来,就在那一瞬间,他的脑海里萌发了这种念头。

这时,天色已大亮,辽道宗断喝一声:"起驾!"说完,太监及礼、吏二部官员陪道宗来到了殿试考场——文华殿。

辽道宗在文华殿坐稳之后,环视了四周一下,见周围举子早已准备好笔墨纸砚,便漫不经心地说道:"你们都是才高八斗、学富五车的才子,因此,考你们文章、诗赋之类,对你们来说根本不在话下。干脆,今天的殿试,文章、诗赋、策问等,朕全都取消了。"

立在辽道宗身后的礼、吏二部的主管官员一听吓了一惊,忙跪下说:"陛下,取消了?"

"对,取消了。"

"那人选如何确定?"

这时的辽道宗心中乐滋滋的,他为大家对他的话感到困惑而得意。他再次环顾了一下四周,装模作样地干咳了两声,然后才说道:"当然要确定人选,决出高低。"

"皇上,那如何确定?"

"今天我要采取一种你们意想不到的新方法来选官。"

"新法子?什么新法子?"

"其实,说新也不新。就是将所有参加殿试的举子每4人一组,围在一张桌子旁,靠掷骰子来取胜负。谁的点数最多,谁就是该组第一,各组第一名,再按4人一组来掷骰子。依此类推,胜了所有人者,朕就御笔亲点他为一甲头名。"

这哪是什么新方法!简直是把国家大事当儿戏。把赌场上的伎俩搬到考场上,实为空前绝后之大滑稽。

端立于两侧的礼、吏二部官员听了都大吃一惊,不由得暗暗叫苦,一种本能的责任感使两位主要负责人忙跪下奏道:"陛下,殿试之法,自唐代则天大圣皇太后垂帘听政之时创始至今,一直为我大辽列祖列宗所沿袭,已成为法度,岂可一改常规,用掷骰子的办法取而代之呢?万请陛下三思而后行。"

话音刚落，辽道宗便有些不耐烦了。他把手一挥："你们不要说了！我早已有言在先，我本不想主持殿试，可你们非请我不可，我答应了下来，已是给你们面子了，再说你们也是同意了的，我可以来，但怎样考由我自己决定，难道你们敢违抗朕的命令？"

辽道宗已把话说到了这个份儿上，谁还敢再发异辞，皇帝的话就是圣旨，要怎样就怎样！

这恰恰就是历史悲剧之所在。

辽道宗见二位大臣已不再多言，便向周围的举子重申了一下比赛的程序和规则。此时，这些举子心里真不知是何滋味：有的摇头，有的叹气，有的愁眉苦脸，有的听了半天也没回过味来。不少人连骰子的模样都从没有见过，怎么个比法，心里一点底儿也没有。

十年寒窗、昼夜苦读的努力，如今全押在了这小小的骰子上，真不知这一甲状元究竟落在哪位举子的头上。

"好了，把骰子盆给我搬上来！"

随后，4人一组便摆开了阵势。

此时的辽道宗，只想快点看到那赌场上刺激的场面，什么国家的前途、举子们个人的命运早已抛到了九霄云外。

"大家注意，比赛马上开始。"辽道宗宣布说。

于是乎，一场紧张而激烈的角逐开始了，整个文华殿变成了大赌场，人声鼎沸，喧哗声、喝彩声、争吵声混杂在一起。运气好的，兴高采烈；点数小的，垂头丧气。有的人心情郁闷，有的人叫苦连天。最后一轮角逐结束了，夺得总分第一名的是析津（今北京）人李若思。他技压群雄，独占鳌头。

辽道宗立即命令呈报上来，一看此人骰子的花色、点数以及搭配的名目，不禁拍案叫绝，连连称道："此上相之征也！上相之征也！"

当场，辽道宗赐李若思以国姓——"耶律"，并为他改名为"俨"。俨者，庄重也。这便是历史上的耶律俨。

就是这位大辽皇上，御笔亲点耶律俨为一甲第一，实封大理寺卿，后累迁景州刺史、御史中丞、山西路都转运史，赐予"经邦佐运功臣"的称号。

耶律俨的高升，仅仅是靠在文华殿掷骰子得来的！

有辽道宗这样的昏君，出现耶律俨这样的"状元"也就不足为奇了。

令人不解的是，这不是杜撰，而是历史事实！

辽道宗耶律洪基在选官任人问题上的所谓独出心裁，竟是靠赌场上的手段——掷骰子。

如此昏君，天下岂有不乱之理？

### 痴迷佛儒　忠奸不分

信佛崇儒，本无可厚非，但作为一国之君，在政治上处处套以佛儒，对佛儒痴迷到登峰造极的地步，就不能不称其为昏君了。

少年时代的辽道宗，有着沉静的性格和严毅的举止。其父兴宗皇帝也像普天下所有的父亲一样，希望自己的儿子能知书达理，将来可以成为一个贤明的君主。

近朱者赤，近墨者黑。由于辽道宗耶律洪基是储君，其周围必然塞满了趋炎附势、阿谀谄媚之徒。原本沉稳的洪基常常与这般人厮混，学问不长，邪道有余，加之其父兴宗对佛教十分迷信，经常命洪基召集僧人讲授佛经。因此，耶律洪基没有学到一点君臣之义，却从父亲身上继承了崇佛思想。

耶律洪基是在耳鼓里经常充满诵经木鱼之声中一天天长大的，自然对佛教的迷信程度远远胜过其父亲兴宗。兴宗好佛只是听听佛经，逛逛寺院，举办佛事而已。而洪基呢？

他的日常工作便是吟诵佛经，举办佛经训练班。参加训练班的学员多是诸京僧徒,还有朝中的大臣。洪基有时还亲自前去讲解经义。

由于他痴迷佛教,不仅能在讲堂上对佛经倒背如流,而且还对佛经进行过研究。比如《华严经》,他不知看了多少遍,看得多了,自然有了自己的想法。为此,他写出了《〈华严经〉赞》和《〈华严经〉五颂》两部著作颁行全国,让天下臣民都来拜读。

对佛教的崇拜,使洪基对佛教的忠实信徒格外重视。若有一信徒说某件事如何如何神奇,洪基便认为该人悟性高,定将该人加以提拔。有个回鹘族的小官员名叫孩里,就是由于在信佛方面得到了洪基的肯定而得以升迁的。一次他随洪基去野外狩猎,不小心失手从马上栽了下去,好长时间不省人事。等他醒来后,便在洪基面前说:"刚才我好像到过另外一个世界。"洪基很是相信,忙说:"快快讲来。"孩里胡诌说:"有两个看不清头脸的人引我到了一座城池,城内宫室宽敞明亮。在大殿上一个人身穿绛紫袍,很威严地坐着,我被引到他面前。旁边有人手拿牒簿交给他,此人看罢冲着我说:'很抱歉,本来要取大胡子的回鹘人,误把你捉来了。'我抬头一看,见牒簿的背面有自己的名字,名字下写有'官至使相,寿七十七'等字样。随后,有人把我送出殿外。在回来的路上,不小心掉进了一个深沟里,一下子就醒了。"

听罢,洪基感叹万分。他深信这是孩里信奉佛教的结果,立即令孩里将这一经历记录下来,作为宣传佛教的活教材。事后果然像孩里说的那样,洪基不仅提升他为节度使(地方行政长官),还对他格外厚爱。

皇帝信佛,下边也随之烧香,全国各地到处兴修寺院;凡有人烟的地方,就回荡着悠扬的钟声;路上遇到的,也尽是些身披袈裟的僧徒。

翻开《辽史·道宗本纪》不难看出,洪基在位长达40年之久,几乎每一年都有佛事活动。他不是把佛经赠给高丽,就是接受西夏等国进献的佛经;要么迎佛骨,要么建浮图。至于朝政如何,百姓饥苦与否,他却很少问津。在耶律洪基的倡导下,辽朝僧众人数剧增,仅大康元年(1075年)七月,全国各地就达36万之众。

僧徒一时走红了,和尚竟成了人们羡慕的职业。他们个个来到朝廷企求官职,有的竟官至司徒,有的还当上了司空。于是,洪基殿前两侧的文武大臣越来越少,取而代之的是那些亲述祸福、求取财物的和尚、尼姑。洪基一时难以应付,只好答应他们的条件,但令他们不要私自前来。这实在是对他佞佛的绝妙讽刺。

由于洪基大肆宣扬佛教,社会上大批青年壮丁借机剃头入佛,不劳而食,妇女则削发为尼。一时间寺院僧侣横行乡里,恣纵不法,占据田产,鱼肉百姓,无恶不作,成为当时大辽王朝的一块毒瘤。

除了信佛,辽道宗耶律洪基还好儒术,重视对儒家经典的收集整理。他这样做完全出于个人的爱好,当然也浸透着维护自己统治的目的。尽管他在崇信儒家文化方面有可取之处,但他并没有真正接受儒家颂扬的仁义道德;他痴迷佛教,也没有吸收佛家倡导的行善思想。相反,他却变得更加凶残,以至忠奸不分,残害无辜,屡兴冤狱,使他周围时时闪现着刀光剑影。

耶律洪基即位之初,朝中便有一位奸诈大臣,名叫萧革。此人早在兴宗时,就已怙宠擅权,官至北院枢密使掌管军事。由于他有奉承拍马的绝招,到洪基时仍然宠信有加。当时与萧革同掌国政的萧阿剌忠直不阿,通晓世务,很有才干,他见萧革狡诈不法,便经常向洪基揭露萧革。可是洪基忠奸不分,对萧阿剌的忠言根本听不进去,反而一气之下将萧阿剌罢官,送回老家。萧革又乘机诬告萧阿剌的堂弟萧术者贪污官粮,洪基信以为真,下令将萧术者免官,处以杖刑。

由于洪基宠信奸臣萧革,将身边忠于自己的头面人物——免官革职,使朝政日益腐朽黑暗。清宁九年(1063 年),统治集团内部终于爆发了一场大搏斗。

这场大搏斗是朝廷内的元老重臣一手挑起的,为首者叫耶律重元。

耶律重元乳名孛吉只,是辽兴宗耶律宗真的弟弟、耶律洪基的叔父。兴宗在世时,耶律重元颇得皇帝的厚爱,在朝内骄纵不法,手段毒辣残忍,是个典型的虐待狂。他常在喝酒时,命人把犯人拉到席前,轻者乱箭射死,重者用刀窝割。被害者那撕心裂肺的哭喊声,那满地的鲜血,令人不寒而栗,惨不忍睹。而耶律重元却一边喝酒,一边欣赏,不时发出狼嚎般的笑声。

兴宗在世时曾答应把皇位传给耶律重元,可兴宗一死,继位的却是长子耶律洪基,因此,耶律重元心中恨恨不平,总想伺机图谋不轨。

清宁四年(1058 年),洪基喜得贵子,重元的妻子入宫庆贺。她打扮得花枝招展,妖冶俗艳,像青楼的娼妓一般,神情也颇为骄矜自负。洪基的皇后萧观音向来端庄,对这位妃子的酸样感到很不舒服,就劝戒她说:"妃子是贵家的夫人,何必妆扮成这样?"重元的妻子泼性大发,便气呼呼地回到家里,和重元发了一顿脾气,并大骂道:"你也算是圣宗的儿子,竟然让人这样污辱我,你若还有点男子汉的志气,非得给我出这口恶气不可!"

重元听了妻子的话,更加愤愤不平。他和儿子涅鲁古到处网罗党羽,加快谋反的步伐。他们先后把萧革手下的走狗萧胡睹、萧迭里得、兴圣宫太保(优待大臣的荣衔)古迭等人收揽过来,时刻等待着时机发难。

清宁九年(1063 年)七月,辽道宗到滦河太子山打猎,除皇太后萧挞里、大臣耶律乙辛等人外,扈从诸官多数是重元的死党。重元见时机来到,决定发动叛乱。可是不幸走漏了风声,叛乱被皇太后萧挞里得知。萧挞里早已看出重元的不轨行为,便假称有病,召洪基前来对他说:"我看局势很危急,这是关系到社稷存亡的大事,应早做准备。"然而洪基仍半信半疑。

此时的重元行帐内已是磨刀霍霍,杀气腾腾。重元的儿子涅鲁古正跑前跑后,紧张地部署着叛乱的准备工作,突然有人来报:皇上有请。涅鲁古一听大吃一惊,知道阴谋已经泄露,慌忙把使者捆了起来,想等叛乱成功后再来杀掉他。不承想,使者用刀割断绳索,逃了出去,疾速回宫报信。洪基听罢后,这才相信大祸即将临头了,吓得心惊肉跳,手忙脚乱,想逃离行宫。朝内德高望重的大臣耶律仁先认为逃走更加危险,便极力劝阻。洪基没法,只好暂住下来,把抵御叛党的大事交给了耶律仁先。

这时,已是半夜时分,外边不知何时已下起了雨。耶律仁先急忙下令在行宫外围用车辆围成一道防线,亲率 30 余人骑马在圈外摆成阵势。刚准备好,涅鲁古便率领 400 多名叛党簇拥着重元向行宫杀将过来。叛党来势很猛,耶律仁先的三十几人被重元打得落花流水,眼看重元就要杀向行宫了。就在这时,一股人马从侧面插了上来,将重元的兵马一下冲乱了,叛党被迫稍退。混战之中,正跃马向前的涅鲁古中箭,从马上一头栽下去,当场毙命。涅鲁古一死,叛党气焰大挫。重元只好率残兵败将撤回。耶律仁先向前一看,前来相助的正是皇太后萧挞里。

重元刚到府上,为叛乱未能成功大动肝火,他身边的死党献计说:"事到如今,我们只有死战,不能就这样了事。我们应再次袭击，大事可望成功，若到了明天，恐怕就来不及了。机不可失。"重元知道行宫方面兵少将微，想想自己的实力，截断行宫与外军的联系，明天不愁不能成功，因此没有采纳那人的建议。当晚，还未成功的重元，就迫不及待地在自己的府上做起了皇帝的美梦，几人商定了位号，随后便大吃大喝，一直热闹到了黎明。

"知己知彼，百战不殆。"重元对这句至理名言似乎并不理解。天刚亮，他便率兵再次杀向了行宫。他万万没有想到，昨夜的美梦只不过是自己的一种向往与渴求。他还没有到达行宫，探子来报，耶律洪基已从边防前线调回了援军，重元一听就吓了一身冷汗。这时，行宫里传出了喊声："重元听着，你背叛皇上，罪该万死，还不放下屠刀。"话音还未落下，重元的叛军便纷纷扔下武器四散而逃，叛党阵脚顿时大乱。重元见势不妙，调头带几个随从向北落荒而逃。耶律仁先挥众追杀，重元一口气跑到了大漠中，四下一看，荒野杳无人烟，但远远望去，追兵的马蹄扬起一股股尘烟。他知道自己大势已去，便长叹一声，拔剑自刎了。

重元的叛乱，给洪基带来了一连串的不安，平定之后，他那紧绷的神经才慢慢松弛下来。他知道，如果不是耶律仁先指挥有方，自己非但皇位难保，恐怕连脑袋也要搬家。因此，当耶律仁先凯旋后，他竟不顾皇帝身份，亲自走上前去大加称赞，并将耶律仁先晋封宋王，官拜北院枢密使（辽官制分南、北面官，此为负责调动军队的官员）。随后下令捕杀重元的党羽，将叛党的余孽一网打尽。

这场叛乱的发生不是偶然的，洪基本应从中吸取教训，改弦易辙。但他并不从根本上革除弊政，以求堵塞乱源，而总是头痛医头，脚痛医脚。因此，当一个弊政消除后，另一个恶迹又萌生了，周而复始，没有止境。

此后，辽道宗又宠信当时头号奸臣耶律乙辛，自己整天无所事事。耶律乙辛则恃宠独断乱权，使辽朝的政治日益腐败，越发不可收拾，不久，又演出了更加混乱的一幕。

### 偏听谗言 杀妻灭子

辽朝也有文字狱，开创者不是别人，正是辽道宗耶律洪基；受刑者也不是他人，恰恰是耶律洪基的夫人萧观音萧皇后，这不能不说是一件千古奇闻。辽道宗残杀皇后，只因一首诗。促成此事者，便是耶律乙辛。

其实，辽道宗和萧观音的爱情生活，开始时还是满幸福的。

萧观音是兴宗时的大臣萧惠的女儿，出身名望贵族，其家世代与皇室联姻。她的姑姑萧耨斤，乃是辽道宗的祖父、圣宗耶律隆绪的皇后。到了耶律洪基任燕赵国王时，她也嫁了过来，与洪基结为伉俪。这样，细说起来，萧观音与洪基还是姑侄亲。

婚后的最初一段生活，两人相亲相爱，互帮互学，萧观音不但姿容冠绝，而且才华出众，她擅长写诗，且精通音乐，能自创歌词。所以洪基登上皇帝宝座后，她自然就被册立为皇后，加之她又为大辽生下了一个皇太子耶律濬，就更为洪基喜爱，差不多独占了皇帝的专房之宠。

一次，萧观音随辽道宗耶律洪基前往秋山（在今吉林洮南）打猎，到了杀虎林，洪基命她赋诗，她望了望杀虎林，又看看皇上，不由得触景生情，随口吟道：

威风万里压南邦，东去能翻鸭绿江。

灵怪大千俱破胆，那教猛虎不投降。

洪基听罢，赞不绝口，并向大臣们炫耀了一番，随后进山围猎，洪基一只箭将只老虎射死，他得意地对群臣们说："力能伏虎，这才没有愧对皇后之诗。"以后，洪基每有诗作，总令萧观音属和，夫妻二人一唱一和，恩爱无比。

第六编 宋元野史

可是,幸福、快乐、平静的生活背后往往潜伏着难以避免的危机。从后来的历史发展看,萧观音的结局,不是喜,而是悲,原因很简单:

因为她有一个昏头昏脑的丈夫。

因为她嫁给的是个并不贤明的君主。

耶律洪基是一朝之主,他的话高于一切,他要处死萧观音,他人是无法阻拦的。

那么,洪基为何要置皇后于死地呢?

原来,在平定了耶律重元叛乱后,辽道宗耶律洪基并未彻底醒悟,反而更加昏庸,依然故我,继续重用奸邪。就这样,便造就了耶律乙辛这个一手遮天的头号大奸臣。

耶律乙辛,字胡睹衮,出身低贱,他的父亲是个方圆几十里有名的穷汉,家中时常是吃了上顿没有下顿,人人都称其"穷迭剌"。迭剌就是他父亲的名字。乙辛出生在这样的家庭,从小就没有受过良好的文化教育,反而学得油嘴滑舌。因为生活所迫,便到山上放羊,以维持生计。一次,天都很晚了,他还没有回家。他父亲很着急,便去山上找他,见他在草丛中睡得正香,那群羊不知跑到哪里去了。他父亲见状,忙把他弄醒,乙辛却大怒道:"干啥呀!我正梦见有人拿日月给我吃,月亮已吞下肚里,太阳刚刚吃了一半就让你给弄醒了,真扫兴。"他父亲一听,吃惊而又兴奋地说:"真的?""当然是真的,都怪你没让我把太阳全部吃下去。"他父亲不但没有责怪他,反而高兴极了,心想,说不定我儿子将来能有大出息呢!

说来也巧,几年过去了,乙辛居然成了一个身材魁梧、模样英俊、外表和蔼、内心诡诈的奸臣。兴宗时,乙辛就以小吏的身份开始接近皇上,刻意地投机钻营,挖空心思揣摩皇帝的意图。他凭着那张甜甜的小嘴,很快就博得了兴宗夫妇的赏识,爬上了护卫太保的职位。耶律洪基继位后,有这种本事的人,自然也受到重用。乙辛很快加官为太子太傅(教导太子的老师)、北院枢密使,进封魏王。咸雍五年(1069 年),又官拜太师。洪基还亲自下诏许他处理四方军旅事务,把军政大权全部交到了乙辛手中。而洪基本人却对朝政不闻不问,只知四处游玩打猎。

有辽道宗作后盾,乙辛在朝中便不可一世,奉行顺我者昌、逆我者亡的信条。凡是巴结他、讨好他的,就立即提拔;而那些刚介正派、不趋炎附势的大臣,则均遭斥逐。如耶律仁先,在平定重元叛乱中,功迹卓著,在朝中德高望重,连皇帝也要敬他三分,而乙辛只略施小计,便让洪基把仁先赶到南京(今北京)担任留守。还有参知政事(副宰相)刘佚,曾一度受到洪基赏识。此人刚正不阿,耿直忠诚。一次,洪基召见刘佚时曾对他说:"你不要害怕宰相。"刘佚回答:"臣连耶律乙辛都不怕,岂能害怕宰相!"不料,这句话传进了乙辛的耳朵。乙辛便怀恨在心,暗中施展伎俩,以莫须有的罪名,在洪基面前诋毁刘佚。洪基二话没说,立即贬刘佚为保静军节度使。在洪基眼里,乙辛总是正确的,因而特别宠信他,以致发展到这种地步:乙辛喜欢什么,洪基也喜欢什么;凡乙辛厌恶的,洪基也必然厌恶。君臣关系完全颠倒了过来。因此,当乙辛对皇后不满,对太子心怀叵测,煞有介事地在洪基面前诬陷皇后、太子时,辽道宗耶律洪基竟也信以为真了。

那么,乙辛为何对皇后不满,又为何敢在太子身上打主意呢?

一句话,就因为在当时的朝中,只有皇后和太子是乙辛擅权的两大障碍。他非常清楚,只有除去这两大障碍,自己才能在朝中独占鳌头,而要达到这个目的,还得依靠洪基手上的上方宝剑。

耶律洪基原本是个喜怒无常、性格乖戾的人，他最爱听顺耳之言，最讨厌听逆耳的话，无论是谁，只要逆着他的心思说话，哪怕是好意，他都会心中不快，以至翻脸发怒，六亲不认。耶律乙辛之所以受到洪基的宠爱，就是他善于迎合溜须，处处顺应洪基的爱好。一句话，他已摸清了洪基的心理特征。就这样，在洪基的极度宠信下，乙辛专权乱政竟达十几年之久。

辽道宗有一最大爱好，就是外出打猎，且喜欢一人独来独往。骑马驰骋千里，风驰电掣，撒开缰绳，他感觉十分刺激。特别是他动不动就只身跑到深山幽谷之中，并且不带随从和卫士，万一有个闪失，后果不堪设想。作为皇后的萧观音，对丈夫的这种随意行动很是担忧。她一向仰慕唐太宗徐贤妃的为人，便在洪基面前劝说："我听说穆王远游，周朝的德政因此而衰败；太康佚豫，夏朝的社稷几乎倾灭。这都是沉湎畋猎的教训，帝王施政的龟鉴呀。妾见陛下临幸秋山，不带随从，单骑逐猎，深入幽远不测之地，这虽然表明陛下威武至极，有神灵保驾，不过万一有什么闪失，岂不成天下不雅之谈。为妾虽愚昧无知，却不能不为社稷而忧虑，希望陛下能以天下为重，采用汉文帝吉行的做法。"其实萧观音的这番话，目的不仅仅在于让他外出打猎带上随从，注意个人安全，主要还是劝谏洪基要以朝政为主。这样的逆耳忠言，洪基还是初次听到，心中立时产生反感。从此，便对皇后开始疏远了。

心怀奸诈、诡计多端的耶律乙辛看到洪基与皇后的关系有了裂痕，便乘机而入，将矛头首先对准了萧观音。

萧观音好音乐，尤善弹琵琶，这与她所处的时代有关。

在我国文学发展的漫长历程中，辽代也占有一之地。在这个时代，词既是一种文学创作的形式，也是一种音乐吟唱的谱本。换言之，词可以吟诵，也可以引吭高歌。就是这种文学表现形式，曾使一位女诗人的经历、创作及其遭遇，分外惹人注目。此人就是辽道宗的皇后萧观音。

萧观音曾作有《回心院》词一组十首，是当时的上乘之作。她的词，文理辞藻纷呈，令人百看不厌，钦佩不已，因此，有许多有特长的文人都愿意和她切磋唱和，其中最密切的是伶官赵惟一。赵惟一能将词演唱得传神且动听，皇后非常满意。因此，时人把皇后萧观音的词和赵惟一的演技并称为"双绝"。

萧观音身边有个婢女叫单登，在弹筝、琵琶方面有些造诣，但技艺远远比不上赵惟一。此人心胸狭窄，不仅不向比自己强的人虚心学艺，反而对赵惟一嫉妒在心。洪基曾经召见单登弹筝，萧观音得知后劝谏说："陛下，此人本是叛臣耶律重元的家奴，召她来弹奏，谁知她是否怀有鬼胎，望陛下还是不和这种人亲近为好！"洪基对皇后的一片好意很不以为然，他心想："我外出打猎游玩你妄加劝阻，今日我令婢女来御前弹唱，你又加阻止，难道天子要听你皇后的话不成？"洪基越想越气，根本不理睬皇后的建议，还是令单登前来弹奏。事后，单登便对皇后怀恨在心。

单登将此事告诉了妹妹。她的妹妹是教坊艺人朱顶鹤的妻子，而朱顶鹤是乙辛的党徒。乙辛考虑来考虑去，最后想出了一条毒计，让单登和朱顶鹤去诬告萧观音，可这时的萧观音还蒙在鼓里。

一天，单登拿着一首《十香词》去见萧观音，见面后就吹捧说："皇后娘娘，这首诗是南朝宋国忒里蹇皇后的佳作。倘能得到您的亲笔书写，那可真称得上世间的珍品了。"

不知底细、毫无戒备的萧观音看罢，适时正闲着无事，便顺手拿起笔来涮涮点点，不一会儿就把《十香词》抄在了一幅宣纸上。写完之后，兴犹未尽，又口占一首《怀古诗》书写于后，诗云：

> 宫中只数赵家妆，败雨残云误汉王。
> 惟有知情一片月，曾窥飞燕入昭阳。

这首诗咏的是我国历史上人人皆知的汉成帝与其皇后赵飞燕的故事，本意无非是说，身为皇后，不能冶容误国。

可是，这首诗到了单登和耶律乙辛手中，却变成了诬陷萧观音的证据。

耶律乙辛手拿抄有这首诗的那张宣纸，前去报告给辽道宗耶律洪基，对辽道宗说："接到密报，宫婢单登和她的妹妹以及教坊艺人朱顶鹤一并状告皇后与伶官赵惟一关系暧昧，经常私混。"

耶律洪基显得有些紧张，忙问："何以见得？"

"有诗作证"。

"什么诗，快读来我听。"

耶律乙辛仔细地、一字一句地将那首《怀古诗》读给洪基。在读的过程中，心术不正的乙辛故意将"赵家妆"和"惟有知情一片月"两句加重语气，以便洪基听得更加分明清晰。最后乙辛又添枝加叶地解释了一番。

洪基听完，怒气冲天，令耶律乙辛与张孝杰审理此案。

乙辛得令，毫不迟疑，立即将赵惟一逮捕入狱，施用了火烧、抽打、钉子钉等种种酷刑。赵惟一忍受不了严刑拷打，最后屈打成招。枢密副使（枢密使的副手）萧惟信听到此事，急忙找到乙辛说："皇后素来贤明端重，养育储君，怎能凭听叛家婢女的一句话就把皇后治罪呢？"乙辛哪里听得进萧惟信的这番话，令张孝杰加紧审理皇后。为达目的，张孝杰捏造了许多细节，奏报洪基。洪基愈加气愤，当下就将赵惟一灭族，勒令萧观音自杀。皇后有冤无处诉，悲愤交加，含泪写下了一首绝命词，随后自缢而死。

当时，耿介刚正的大臣大理卿大公鼎就此事专门上书，替皇后呼冤翻案。

辽道宗耶律洪基训斥道："你不要以为自己平反了一些冤狱就想连这个案也要翻，告诉你，这个案谁也翻不了。"

"陛下，臣不贤，不知皇后犯有何罪？落得个如此下场。"

"你是真的不知道，还是故意跟我装糊涂？告诉你，那个贱女人亲手写下的那首诗中，就有她的供状。"

"何以见得？陛下。"

"那是一首藏头诗。"

"藏头诗？"

"对！你看，'宫中惟有赵家妆'，一句含了'赵'字，'惟有知情一片月'中又含有'惟一'，再与第二句'败雨残云误汉王'，合起来，说的岂不是'赵惟一误汉王'吗？必是那个贱人与赵惟一做下了伤风败俗之事，后又生忏悔之情，才有《怀古诗》之作。"

"陛下，臣不敢苟同。依臣愚见，皇后这首《怀古诗》是见到南朝皇后所做的《十香词》有感而发的。'赵'系指赵宋王朝之'赵'，与赵惟一没有任何关系。这首诗的主旨是告诫自己不要像南朝宋国皇后那样冶容误国，根本不是什么藏头诗。据臣所知，所谓藏头诗，是指藏句中头一字的诗，决不会头上藏一字，中间藏两字。"

"你懂什么？到底你是皇上，还是我是皇上？我说《怀古诗》是藏头诗，就是藏头诗。"说完，辽道宗拂袖而去。

耶律乙辛得逞了，为了继续蒙蔽耶律洪基，便说："皇帝和皇后就像天地一样，有天无地是不行的。"接着，又在洪基面前极力称赞他的党羽、驸马都尉萧霞抹的妹妹萧坦思如何美貌，如何贤能。洪基听后，很感兴趣，令乙辛将萧坦思召进宫中。洪基一见，果然中意，随即纳在宫中册为皇后。

皇后萧观音除掉了，可还有耶律洪基非常喜爱、非常器重的皇太子——耶律濬。

耶律濬作为大辽王朝的法定继承人，在朝中的地位日益提高，尤使乙辛感到不安。

耶律濬，小名耶律斡，是辽道宗耶律洪基的独生子。他自幼聪颖好学，机智勇敢。6岁时被封为梁王，8岁时立为太子。洪基和萧观音都很疼爱他。清宁十年（1064年），耶律濬随洪基在中京（今内蒙古宁城）打猎，连发三箭，箭箭皆中。洪基拍着他的肩膀高兴地说："朕的祖宗，都是骑射绝人，威震四海，我儿虽幼，却不坠祖宗尚武之风。"从此，洪基便把希望寄托在太子身上，对太子倍加钟爱、器重。耶律濬还不到18岁，洪基就让他步入朝政，还亲自选了个秉直好义的师傅来教导他。太子耶律濬的长大和在朝政中的地位的日益重要，无疑对野心勃勃的耶律乙辛来说，构成了致命的威胁。他要寻找时机，挖空心思，把洪基对太子的殷切希望全部转移到自己身上。

其实，耶律濬心中早就明白耶律乙辛的阴谋，他痛恨乙辛，更不满父皇听信谗言。当他得知父皇上当受骗，令母后自尽时，曾痛苦地乞求代母受死。怎奈，耶律濬势单力薄，有心杀贼，却无力回天。母后死后，耶律濬痛不欲生，他和耶律乙辛的矛盾已到了不共戴天、势不两立的地步。

昏聩无知的辽道宗耶律洪基至此还蒙在鼓中，他做梦都没有想到，耶律乙辛的手又伸向了大辽王朝的法定继承人——太子耶律濬的身上。

一天，耶律洪基正在宫中陪皇后萧坦思饮酒作乐。突然，护卫太保耶律查剌急急忙忙来报，说枢密使萧速撒，都部署耶律撒剌企图谋反，拥立太子。辽道宗一听，火冒三丈，气愤地将酒杯摔得粉碎，立即命令耶律查剌立案审查。可查来查去，却查不出一点儿线索。辽道宗觉得很奇怪，随后将萧速撒和耶律撒剌贬出朝廷，可这件事令辽道宗日感不安。

就在这时，耶律乙辛出现在了辽道宗面前，辽道宗一见到他，就像找到了救星。他拉着乙辛的手，将事情一五一十地讲给他听。乙辛听后，急忙说道："陛下，这事非同小可，应继续严查下去。既然线索不好找，不如下道诏令，凡有告谋者，一律给予重奖，事情就能查个水落石出。"辽道宗十分高兴，他觉得乙辛这一招太高了，便按着乙辛的说法，下了诏书。还真灵，乙辛的几个党徒立即前来投案自首，并说查剌告发之事，全是实情，臣等也参与了此事，就是想杀了乙辛，拥立太子，只怕遭连坐，所以才来自首。

这便是耶律乙辛为迫害太子耶律濬而导演的苦肉计。

世间没有自己往自己头上泼脏水的，只有诡计多端的耶律乙辛才做得出来。他的这一着果然奏效了，终于使辽道宗上了钩。

辽道宗下令杖责、关押太子耶律濬。耶律濬知道父皇又中了乙辛的计，百般诉冤而毫无作用。乙辛为得到证据，把耶律濬平时亲近的几个人也逮捕入狱，严刑逼供，迫使他们屈打成招。乙辛仍怕辽道宗下不了狠心，就把这几个人押到辽道宗面前，让他们身戴重枷，脖子被细绳勒住。这几个人不堪其苦，只求快死，一副副挣扎痛苦的模样。乙辛在旁说道："陛下请看，他们都痛心疾首了。"辽道宗心里一沉，完全相信了。既然证据确凿，耶律洪基便下令将耶律濬废为庶人。囚于上京（临潢府，在今内蒙古巴林左旗南），太子宫里所有的官员全部诛杀。牵连被杀者成千上万，尸体多得来不及掩埋，只得暴尸野外。时值盛夏，一时间，到处散发着尸体腐烂的臭气。

大康三年（1077年）十一月，心狠手毒的乙辛在上京将耶律濬杀害，随后谎报皇上，说是耶律濬因病而死。辽道宗闻讯，不由得动了恻隐之心，将儿子葬于龙门山。

心腹之患已除，耶律乙辛得意忘形，大加庆贺，而辽道宗仍未从昏庸中清醒过来。

萧坦思入宫已两年了，至今还未生下个孩子，她就向洪基说自己的妹妹能生孩子，而她的妹妹已嫁给乙辛的儿子，洪基便命他们离婚，把萧坦思的妹妹纳入宫中。乙辛乘机在洪基面前说："皇弟宋魏国王和鲁翰的儿子耶律淳可以立为储君。"朝中有远见的大臣忙进谏说："陛下，万万使不得，不立嫡系，是把国家拱手让给别人呀！"

听了这番话，辽道宗耶律洪基似乎领悟出了一些道理。大康五年（1079年）正月，辽道宗要外出打猎，他决定把孙子耶律延禧带在身边，而乙辛坚决反对，主张把延禧留在中京（今内蒙古宁城）。此时，辽道宗那颗混沌的脑袋多少开了些窍，他开始怀疑乙辛了。

在打猎的路上，辽道宗看到扈从官员大多数跟在乙辛的马后，个个对他点头哈腰，极其恭顺，心里很不是滋味，一股反感情绪油然而生。他一气之下，将乙辛贬出了朝廷。最后乙辛企图逃往宋朝，被辽道宗处死。

乙辛得到了应有的下场，可乙辛的绝大多数党羽依然逍遥法外。辽道宗耶律洪基也未能从中吸取任何教训，而是继续自己的老做法。辽朝的朝政自然没有多大改善，而是沿着腐朽的道路越陷越深。

到了晚年，辽道宗更加昏庸，他既好色又懒惰，靠投骰子而升官的耶律俨的老婆长得颇有姿色，辽道宗便常把她弄到宫中干些见不得人的勾当。作为参知政事的耶律俨深知自己的地位全是皇帝的恩典，因此，对于这件事，也就睁一只眼，闭一只眼，甚至嘱咐妻子好好伺候皇上，不要令皇上失望。

寿昌六年（1100年）腊月，凛冽的寒风吹打着，皇宫内，显得很寂静，只有几个人偶尔进进出出。身体虚弱的辽道宗已重病在身，他感到自己没有多少时间了。他躺在床上，一动也不动。表情很呆板，眼睛直望着屋顶，像在思索什么，是在思考他走过的路，还是……，只有天知道。

寿昌七年（1101年）正月初一，已多时安卧不动的辽道宗不知从哪儿来了一股精神，居然起身来到清风殿，接受了文武百官及诸国使臣的朝拜。面对两侧的文武大臣，他没有说一句话，只是木然地点了点头。仅过了两天，他便在前往混同江的路上归天了，时年70岁。

# 将相野史

## 赵 普

北宋开国丞相赵普是中国历史上一个较有传奇色彩的人物。一个浪迹江湖的流浪汉，因一次偶然的机会，认识了当时任后周都指挥使的赵匡胤，两人一见如故。后来，赵普协助赵匡胤夺取政权，整刷内部，大胆改革，为北宋政权的长治久安竭尽心力，赵普也因此而成为北宋开国第一谋臣。

### 滁州遇明君

赵普，字则平，幽州蓟（今河北保定一带）人，生于后梁龙德元年（921年），死于宋太宗淳化三年（992年）。父亲赵回，系当地的一个族长，为避战乱，举族先迁于常山，后迁于洛阳。

为了使自己的儿子能在乱世中混口

饭吃，在赵普十岁那一年，其父为他请了一私塾先生教他辞章、计数之学。可赵普对这些一点兴趣也没有，屡遭其父的呵斥，然而赵普道："大丈夫处乱世要辞章何为？当辅明主以安天下耳。"其父大奇之，就请人教他先秦纵横之学，可赵普亦不感兴趣，认为纵横之学是天下处士蛊惑人主为取富贵的诡诈之术。他独对孔子的《论语》爱不释手，终日揣摩研思，稍长，精通星历象纬之学。所以，史称赵普以一部《论语》治天下。长大后，赵普沉默寡言，好深思远想，举动常出人意。镇阳豪族魏氏闻赵普之名，求见而大奇之："此儿王佐之才也。"就把自己的女儿嫁给赵普。

五代十国是中国历史上第二个大分裂的时代。朝代的更替、政权的兴亡，像走马灯一样迅速。为了争地盘，各路军阀拼得你死我活，而最终倒霉的还是老百姓。见世道混乱，赵普毅然起澄清天下之志，于是别妻离子，出去闯荡江湖，希望有朝一日能干出一番事业，出人头地。

可赵普一介文人，身处乱世，毫无用武之地。为糊口，他给人家当过家庭教师，替有钱人家管过账，都时间不长，后经人推荐，在一将军幕下当过一小办事员。赵普觉得这些人不是成事的，整日只知花天酒地，毫无作为。所以，他索性辞职不干，去浪迹江湖，这一浪就是十五年。

后周太祖郭威显德元年（954年），后周永兴军节度使刘词认为赵普是个人才，就征他做了自己的从事，算幕僚人员。此时，赵普的生活才算暂时安定下来，就把妻小接来与自己团聚。

可这样的时光并不长，后周显德三年（956年），刘词病死，赵普又失去了依靠。幸好刘词临死时给朝廷写了份推荐书，要求朝廷委用赵普，赵普就拿着这份推荐书去找正在滁州打仗的周世宗柴荣。

此时周世宗正在滁州进行紧张、激烈的战争，哪儿顾得上一个节度使临死时写的推荐书？赵普的希望落空了。赵普虽然没有见到周世宗，却得到了一个意外的收获，就是结识了都指挥使赵匡胤。两人一见如故。历史上把"二赵"的相见，比作刘备见到诸葛亮。赵普的命运从而改变。

相传有一次，赵普一人在滁州的一家客栈里喝酒。都指挥使赵匡胤在战斗之余，领着石守信等一班中下级军官也进来喝酒。赵普一见赵匡胤，心中惊奇不已：此人仪表堂堂，顾盼非常，非人臣也。于是，他想与赵匡胤搭讪。因人多客栈小，一帮人呼啦啦地坐满了，一个小军官没地方坐，就坐在赵匡胤坐的凳子上，两人坐在了一块儿。赵普一见，在旁喝道："你也配坐在他的旁边？下去！"

这一喝不打紧，大家都把目光转向赵普。赵匡胤见了赵普，觉得这个陌生人不俗，就拉他来一块儿喝。这时，石守信没地方坐，也想坐到赵匡胤的旁边，赵普道："他最终可当到节度使，还可勉强坐在这里。"

此时的赵匡胤已是高级军官，雄心勃勃，豪气干云，想干一番事业，正在物色自己事业的班底。今日赵普这个陌生人的言语，不是说明自己可以当皇帝吗？赵匡胤听了赵普的话后，心里很高兴，觉得这个人不简单，就相约另找机会，两人单独交谈。

在交谈时，赵普为赵匡胤分析形势，指出天下分裂已久，百姓盼望统一。他要赵匡胤顺应历史潮流，做统一中国的历史人物。同时，他运用象纬星历之学，说赵匡胤有人君之象，气度不凡，要他好好把握，顺天应人。

一席话，说得赵匡胤心花怒放，热血沸腾，就把赵普比作自己的诸葛亮，说："当年刘备见到孔明之后，才成就大业，

第六編 宋元野史

今天真是天赐先生于我。以先生之见，当如何干？"赵普道："我观天象，世宗不久于人世，那时就是将军建图大业之秋。我游历江湖十五年，还未见有如将军之人者。"并要赵匡胤进一步取得周世宗的信任，把军权抓在手里。

此次谈话不久，赵匡胤接到家信，说父亲赵弘殷病重。赵匡胤忧心忡忡，但此时又不能离开军队，于是他找赵普商量。赵普沉吟半晌道："自古忠孝不能两全，将军应以事业为重。如蒙不弃，我代将军去服侍老太爷，如何？"赵匡胤一听，大喜："先生代我去服侍老父，真是功德无量。"

到了赵家后，赵普见到了赵匡胤的弟弟赵匡义，亦大奇之：龙骧虎步，真人君之象也。于是在赵家认真服侍赵弘殷，热情周到，态度谦谨，尽职尽责，不怕脏、不怕累。三个月下来，赵弘殷对赵普极有好感，并临终遗命赵匡胤，要认赵普为干儿子、本家。这样，赵普与赵匡胤之家又多了一层家族关系，也使赵匡胤对赵普更加信任。

淮南、滁州之战后，赵匡胤荐赵普为渭州军事判官，后又举为推官，继而迁为掌书记。以后赵家人包括杜太后在内，都昵称他为"赵书记"。从此，赵普就成了赵匡胤集团的重要成员。

一天，赵匡胤在与赵普议论平天下之事时，问赵普为何对孔子的《论语》感兴趣并钟爱不已。赵普道："治国平天下就少不了它，释、道及其他学问都不行。"赵匡胤道："那你在我这里，《论语》怎么用？"赵普道："半部为将军打天下，半部为将军治天下。"赵匡胤大笑并赞赏不已。

后周显德五年（958 年）秋天的一个下午，赵普找到赵匡胤，说："长星竞天，彗星扫豫，此乃除旧布新之象。"赵匡胤问："书记有何良策？"赵普神秘地一笑，说："到时便会有分晓，只要将军配合一

下就行了。"

后周显德五年底，地处晋地的后汉出兵南下，后周皇帝周世宗点起十万大军向北进发，想彻底扫除边患。当大军走出汴州（开封）不远时，军中出现了一块神秘的木牌，上面写着三个字"点检做"。点检"做"什么呢？当然是做皇帝。周世宗认为这是不祥之兆，就班师回朝。回去后，便一病不起。他担心当时任殿前都点检的张永德对皇位不利，便将其撤职，改由自己最信任的都指挥使、宋州节度使赵匡胤接任。不久，周世宗病死，他七岁的儿子柴宗训继位，史称周恭帝。

后周显德六年（959 年）正月，边境上又传来警报，说后汉入侵。当时的皇帝是个只有七岁的幼童，见大臣一片惊惶，就命殿前都点检赵匡胤率军出征。出征前，京城里谣言四起，都在传闻"都点检"要做皇帝。

当大军到达离汴京五十里的一个叫陈桥驿的地方时，天已傍晚，赵匡胤下令宿营。此间，赵普与赵匡义在下面部队中不断进行串联，赵普还利用天象来蛊惑人心，说西方出现两个太阳，正在斗得很厉害。一会儿工夫，士兵们就三个一群、五个一伙地议论起来："皇帝年幼，立了功也没人知道，不如先立点检做天子，再上阵杀敌。"很快就在全军上下形成一片要求立点检为天子的呼声。

那天晚上，赵普安排赵匡胤与自己一块儿喝了不少酒，之后，赵普又命人扶赵匡胤去睡觉。第二天早上，赵匡胤醒来一看，全军上下人声鼎沸，荷刀侍立，一片杀气。赵匡胤吃了一惊，喝道："你们干什么？"这时，赵普上前一步，说："全军愿立点检为天子。"说完，就把一件黄衣服披在赵匡胤身上，并推他到椅子上坐定，然后率将士齐刷刷地跪下，三呼万岁！这就是史不绝书的"陈桥兵变"。

因兵变有功，赵匡胤建立宋王朝后，以赵普功劳第一，官拜枢密使、检校太

保,成为北宋王朝的第一任宰相。

## 定计风雪夜

五代时期具有军阀混战、王朝更换迅速的政治特点,在北宋王朝建立之初,人们都认为这个王朝和它的前任一样,也是短命的,很快就会被别人所取代。

可事实并非如此,赵匡胤建立的宋王朝长达三百年,是中国历史上少数几个存在时间较长的朝代之一。这固然是由于开国皇帝赵匡胤的雄才大略,同时也要归功于开国宰相赵普的深谋远虑,君臣配合,共固大厦。

宋太祖乾德二年(964 年)冬天的一个夜晚,寒风凛冽,瑞雪纷飞。时值深夜,家家都已进入梦乡或是一家人围在火炉边取暖,宰相赵普一家也正准备就寝歇息。

突然,门口传来急促的敲门声,赵普打开门一瞧:只见皇帝赵匡胤独自一人站在门外,身上披满了雪花。赵普连忙磕头请进,安排妻子魏氏准备火盆和酒菜。赵匡胤笑道:“嫂子,有何好酒,都拿出来,我要与赵书记痛饮一杯。”赵普道:“陛下深夜至此,必有事故。”赵匡胤道:“我睡不着。”赵普道:“天下已定,陛下有何不安?”赵匡胤道:“当初,你们协助我登上天子之位,但是大宋江山能否长治久安,没把握。前车可鉴,我能睡得着吗?”赵普一听,连忙下跪拜了三拜,贺道:“陛下有此心,天下苍生之福也。”

赵匡胤道:“天下要怎样才能长治久安?”赵普道:“武将不擅权,藩镇不林立,收回兵权,制其钱谷,财天下可安。”然后赵普做了个杀头的手势。赵匡胤摇摇头:“石守信等人都是我的患难兄弟,不会有异心。”赵普一听,大声提醒他道:“他们无此心,一旦他们的部下要图富贵,把黄袍披在他们身上,也没有办法啊!当初,我们不也是这么做的吗?”赵匡胤听了,不住地点头称是。

见火候已到,赵普向赵匡胤提出了一系列巩固政权、维护长治久安的方针、政策。概言之,有以下几个方面。

一、收回节度使的兵权,委以有职无权的闲职,功劳很大者,就多赐良田、美宅,以养天年。

二、改革军事制度,撤掉殿前都点检一职,把原来的马步军由一人率领的情况改为马、步军各由一人率领,同时把天下健壮之士集于禁军,地方的厢兵都只是一些老弱病残者;其次,兵权属于枢密院,可枢密院只有发兵权,没有带兵打仗之权,打仗之权属于将军,一旦战争结束,将军就要把兵权上交。

三、改革政府机关,实行财政、枢密、行政三权分立,以防止宰相权力过大。同时,宰相下面设副宰相(参知政事)以分宰相之权,宰相的任务是上传下达,对问题的最后决定权归于皇帝。

四、在州一级地方政府设立转运史,统管地方的财政收入。除了地方必要的开支外,二律归中央。转运史由中央政府委派。

五、州、县一级主要的行政长官由中央委派,定期调换或罢迁。

六、实行文官制度,政府的各级官吏和军队主要将领均由文官担任。为了保证文官数量的源源不断,朝廷大规模实行科举取士。

这些确是关系到宋王朝长治久安的根本性措施。所以,聪明的宋太祖听后,不住地点头,同时大呼:“好酒! 好酒!”赵普的妻子魏氏不断地给赵匡胤斟酒、夹菜。赵匡胤大汗淋漓,对赵普说:“你说的是内政,要平外必先安内,可安内之后,如何? 怎样统一天下?”

赵普讲出四个字:先南后北。赵匡胤道:“理由呢?”赵普说:“北有契丹和汉。如我们对汉用兵,取北汉之后,我们就要独挡契丹的兵锋,不如先让北汉替我们挡住契丹兵势,待我们取了南方之后,地广兵强粮多,北汉弹丸之地,可一鼓而下。而且南方富庶,各个政权又不强大,兵弱主昏,正是我们用兵的大好时机,以陛下之雄略,必能克日扫平江南。"

赵匡胤一听,连呼:"卿计大妙!"从此着手实施巩固政权的各项工作。

短短几年的时间,天下大治,五代以来那种武将擅权、藩镇林立的局面彻底改变了。赵匡胤在此基础上派大将曹彬下江南,逐一消灭了南方各个割据势力,统一了江南。因功,赵普官拜右仆射、昭阁馆大学士。

第六编　宋元野史

### 固权有术保余生

从历史上看,宰相与皇帝的关系总是微妙的:皇帝担心宰相权力过大有碍皇权,宰相害怕皇帝怀疑自己而丧失权力,有时甚至连脑袋都保不住,这几乎成了中国历史上之通例。以宋太祖之雄略、赵普之忠智,最终也不能使赵普免于失掉相位而成为老百姓的结局。

赵普作为一代名相,除了智深、谋忠外,还有一个特点,就是专。自己认为对的无论如何也要坚持到底,因此,他与赵匡胤的冲突在所难免,有时两人甚至大吵大闹,赵匡胤心里很不舒服。

有一次,赵普向赵匡胤推荐韩当为朝官,认为此人是个人才,可任侍郎之职。但赵匡胤不用,赵普就坚持己见,赵匡胤大怒:"我偏不让他当,你能奈何我?"赵普寸步不让,说:"刑赏乃天下之刑赏,非陛下之刑赏,岂能以自己的喜怒而黜天下之才?"见赵普这么说,赵匡胤怒愈甚,就起而入宫,赵普却紧随其后;赵匡胤关闭官门,赵普便站在外边等。赵匡胤认为赵普站久了会走,就打开宫门,可赵普仍站立在那里,赵匡胤叹了口气,没办法,只好照赵普的意见办。

在当时北宋初建、一切都还比较混乱的情况下,赵普这种举贤任能的作风有利于北宋王朝的稳定和巩固,然而在皇帝的心目中,赵普太专了。

太祖开宝六年(973年)春的一天,赵匡胤去赵普家探问。恰好在这时,江南的钱俶致书并送海产于赵普,来不及收藏,被皇帝发现了。赵匡胤问是何物,赵普实话实说,赵匡胤道:"如是海产则是好东西。"命打开来瞧:里面哪有什么海味,全是用黄金制成的瓜子。赵普一看,傻了,连忙磕头顿首不已:"臣实在不知是黄金。"赵匡胤久不作声,最后,酸溜溜地叹道:"既然是送给你的就收下吧!他认为国家大事都是由你们这些书生决定的。"

从此,赵匡胤对赵普有看法了,见皇帝对自己有了看法,赵普也知趣,就上书辞职,赵匡胤二话不说,大笔一挥:钦准。

可赵普是个官迷,一旦失去权力,心里很不是滋味。他见赵匡胤疏远自己,就把希望寄托在其弟、晋王赵匡义身上,并与之热乎起来。赵普与赵匡义是老熟人,陈桥兵变时,两人又是首谋,因此,两人正常来往,顺理成章。

开宝九年(976年)十月的一个夜晚,赵匡义在与赵匡胤点着蜡烛喝酒时,用斧头把赵匡胤劈死,这就是典故"烛影斧声"的由来。赵匡胤一死,赵匡义就宣布自己当皇帝,史称宋太宗。

但按周礼,赵匡胤是开国皇帝,江山是他打下的,理应传给自己的儿子赵德芳。所以,严格说来,赵匡义继位是不合法的,可算是谋篡。赵匡义于是绞尽脑汁,编造谎言,说自己即位是杜太后的主意,鉴于五代之乱,是因为国无长君,所以,杜太后要赵匡胤在自己百年之后传位给弟弟赵匡义以保宋王朝的长治久安,并把它写成遗诏,藏在金匮中,史称"金匮之盟"。

其实,赵匡义的这个杜撰漏洞太多,其中最明显的是:国要立长君,赵匡胤死时,其子赵德芳已有二十六岁了,能不能算成年人?所以赵匡义必须借助于人来证实自己编造的谎言是杜太后的遗嘱,而这个人必须德高望重,为天下瞩目。

于是，他想到了赵普，唯有赵普最合适。

这时的赵普正在湖北的房州任州刺史，为了立功重返相位，就出来作证，说杜太后确有此遗嘱，并有板有眼地说杜太后作遗嘱时，自己还在场云云。如此一来，赵匡义的篡位就变成了合理合法的继承。因功，赵普出任河阳三城节度使、检校太傅、同平章事，又迁太子少保、太子太保。太平兴国八年（983年），赵匡义拜赵普为武胜军节度使兼检校太尉、侍中。人臣之位已极，而他在赵匡胤当皇帝时，从来没有过这么多、这么高的职位。

赵普的伪证换来了一顶顶耀眼夺目的桂冠。虽然中间有一段时间因吕蒙正所逼而离相位，但不久又官复原职。一直到太宗淳化二年（991年）春，赵普才向赵匡义上书要求辞职。此时退出相位，对于赵普来说已是心甘情愿的事，因为他已经七十岁了。

赵匡义先是不准，但见赵普去意恳切，赵匡义乃钦准同意，以太师、魏国公、给宰相料科等归第休养。

淳化三年（992年），赵普死，宋太宗赵匡义闻讯为之恸哭，并罢朝五日以示哀悼，追赠尚书令、真定王，谥号忠献。赵普死后，他的家人在翻阅他的遗物时，发现他除《论语》二十篇外，一无所有。

作为北宋开国宰相的赵普，虽有微瑕，但仍不失为中国历史上较有作为的政治家，一代名相。为保相位作伪证，也是封建社会官场的通例，无须过于苛求。

## 童 贯

### 藏画家之子

北宋的京都开封，有一市井之家，雅好藏画。当时的骚人墨客、学界名流如易元吉、郭熙、崔白、崔懿等都与这家交情至深。主人童湜，凭着过人的聪敏机智，与官宦文人们应酬往来，对古今书画颇有研究，善于收藏。童家有一子，小字

道夫，大名童贯。生性乖巧，生得一副司人的妩媚相。从小跟在父亲屁股后头，与大人们交接谈笑，时不时还冒出一两句精彩的话来，博得大家赞赏。父亲也经常有意识地教他一些鉴别古画的方法，希望有朝一日能派上大用场。这孩子也真继承了一点儿父亲的灵性，只要交代过一遍，他便能心有灵犀，融会贯通。所以年岁不大，已经掌握了不少鉴别古画的绝招。

元符三年，开封府内突然紧张起来。传说是哲宗皇帝龙体欠安，朝廷正在为选定继承人而争执不下。各家皇妃都想选定自己的儿子，但没有一个中皇上的意。

请占卜家推卦，神秘的仪式完成以后，相书上出现了两个字："吉人。"没有人能够解释这两个字的玄机，宫廷内仍然处于混乱之中。

童家自然也听到了宫内的传闻。童湜想，"吉人"就是"佶"。诸公子中赵佶喜好书画，如果他做了皇上，童贯倒正有条件接近他。这也许是儿子进宫的一个好机会。于是，童家宴请易元吉等人，商量送童贯进宫的办法。按规定，男子进宫除了高官就是太监。童贯要想进入内宫，必在阉割之后。童湜对此并不反对。不久，手术已毕的童贯便投到了李宪门下。一日，宫内传出消息说，哲宗皇帝已经驾崩，由太子赵佶登基，定为徽宗。

宋朝的时候，把五、十三、二十三看成是不吉利的忌讳数。赵佶的生日五月初五由于犯忌被改到了十月初十。后来，有人说李宪门下一个小太监也是五月初五的生日，依皇上的例，改到了十月初十，并说这个小孩很会说话。这一消息被皇帝听到，便想要见见这个和自己生日相同的小太监。

很快，童贯被带到皇帝面前。

"你叫什么？"徽宗问道。

"小的名叫童贯，贱字道夫。"

徽宗听到这个"贱"字，心里一动，觉得这个小孩很会说话，懂得长幼尊卑的规矩。

"走近前来，让朕好好地看一看你。"徽宗非常友好地打量这个小太监，总觉得与自己前世有缘，便决定留他在内宫服侍自己。

童贯从此便不离皇上左右，悉心尽责。

徽宗皇帝不仅嗜好古玩书画之类，更擅长水墨工绘，他的书法人称"瘦金书"。聪明伶俐的童贯把这些记在心上，千方百计地讨好皇上。他使出浑身解数，揣摩主子的心思，事先便逢迎承顺，越来越得到徽宗的好感。

时间荏苒。童贯由一清秀少年长成英俊潇洒的青年。他不像其他太监，软叽叽说话有气无力，而是生得彪形魁梧，双目炯炯，面皮白嫩。不光是皇上喜欢他，后宫的嫔妃人人愿意结交他。童贯从父亲身上学得了一套笼络人心的本事。他在小是小非上从不与人计较，度量颇大。平时，他给别人以小恩小惠，所以，宫人也非常喜欢他。

他时常被差遣为皇帝及嫔妃搜寻书画。不久，便奉召赴江浙钱塘，去访求古代书法图画。

### "巧"演双簧

童贯来到杭州，为西湖美景陶醉。在这富庶的江南城里，他享受着呢喃艳曲，美味佳肴。

这一天，有人来报，说是已遭贬谪的宰相蔡京求见。童贯心里明白，蔡京是因前朝贤臣上疏参奏其"奸"而下野的，现在切盼朝廷复用，以图东山再起。这样的人是可以利用而于己无害的。

童贯延请蔡京坐上座，以贵宾相待。这使蔡京颇为感动。

两个人话语亲密，意气相投，打得火热，成为莫逆之交。

蔡京出身名门世家，除饱读诗书之外，还有一手绘画的功夫。在取悦皇帝这一点上，与童贯心照不宣。他对童贯说："童大人只管玩乐享用，征集书画方面有我蔡京，保您在皇上面前得意过关。"

童贯毫不客气，连声说道："拜托！拜托！日后朝廷复用您大人出山，成败也就系于此画了。"

两个心怀不轨的人相视一笑，拱手告别。

自童贯处回来，蔡京使出自己的看家本事，精心绘画，研求书法。甚至重金购得名人书画，加以篡改，修饰题跋，冒充自己的作品，托童贯进呈皇宫。

童贯在杭州的一段时间，为自己也勒索了足够的财帛，不久便回到了京师。

为了早日使蔡京官复原职，一方面，童贯密表谕扬，称蔡京为国家栋梁之材，不应放置闲地；另一方面，他打通关节，联络太常侍范致虚及左阶道录徐知常等人，为蔡京说情。同时，加紧在后宫嫔妃宦官处活动，重金贿赂。一时间，朝廷上下交口赞誉蔡京有"德"有"才"，像这样德才兼备的人物，实在是朝廷应该重用的贤臣。

徽宗皇帝果然宣下圣旨，起用蔡京为定州知府。不久，迁升大名府知府。

童贯的上下煽动，惹恼了左宰相韩忠彦。韩忠彦在朝多年，深知政治斗争中宦官与大臣勾结而误国的厉害。当他看穿了童贯想借蔡京之事而稳固自己的政治势力的野心时，他便勃然大怒，在朝廷上严厉反对起用蔡京。被童贯串通好的右宰相曾布，一心想排挤韩忠彦而独揽大权。于是在朝廷上与韩忠彦针锋相对，数出起用蔡京的诸般好处。曾布抓住徽宗好虚荣的心理，说道："起用蔡京，是当今皇上重视人才，不计前嫌，为了国家的繁荣昌盛。如此皇恩浩荡，开明之举，怎么能被韩大人说得那么耸人听闻呢？"

满朝大臣没有人站出来支持韩忠彦。

徽宗皇帝急于退朝,也不辨是非,宣旨了事。

童贯暗中得意。不到一年的时间,蔡京从大名府调回朝廷任翰林学士承旨,专门为皇上起草诏书。不久,曾布退职,蔡京为右宰相。第二年正月,韩忠彦被免职,蔡京为左宰相。蔡京一步步地被提升,童贯起了关键性的作用。一日,早朝之后,蔡京对童贯说:"如今天下已把握在咱们手中了。您也不用在外面东奔西跑,访求什么书画,赶快回到朝中,你我共掌天下吧。"

童贯说:"虽然朝中百官无人敢反对你我,可边关的军队我们都不能控制。我看倒不如演一出'双簧'。你掌握朝中大权,我主管军队事务,这样文武兼备,岂不更好吗?"

蔡京非常赞同。

第二天,皇上下旨,封童贯为"节度使",主管边关军队,有权提拔立过战功的人入朝为官。

从此,童贯利用手中权力卖官鬻爵,成为京城首富。老百姓气愤不过,但敢怒而不敢言,就编了民谣来讽刺他:"想做官,买童贯;三千索,值秘阁;五百贯,擢通判。"

政和年间,童贯在京城重建府第,贾明仲作监工。快要落成的时候,贾明仲到童贯住处辞谢。童贯说:"多亏你长期劳心费神,我也没有顾得上款待你。这样吧,明天早朝之后,我不干其他的事情,招待你吃点点心。"

贾明仲叩头称谢。

第二天早朝之后,贾明仲按时来到。童贯并不说一句话。两个人静静地坐在那里。过了一会儿,一个仆人拿来两个像皇宫中华盖一样的东西,边上缀满璎珞。他小心地把这东西打开,放在童贯和贾明仲旁边。贾明仲不知这叫什么。

仔细看看,这上面都是用珍珠做成的。

两个丫环捧着一只小桌子走来,放在贾明仲面前。又有厨师拿来烧碳的银炉,在客厅两侧点火蒸包子。然后捧到客人面前。丫环给斟酒伺候。前后重复三次。每吃完一次换一回小桌。所用的果碟、酒杯之类,第一次是银的,第二次是金的,第三次是玉的。做工非常讲究,精美极了,贾明仲从来没有见过。

吃过点心,贾明仲告辞出来。先到了监工局里,然后才回家,看见有几个人在等他。见他回来,便说:"太师吩咐了,刚才您在客厅享用的一份器皿和两个丫环,都送给您了,请您接受。"

看看这价值几万钱的器皿,贾明仲感激不尽。从此,他成为京中豪富。

### 初做监军

崇宁元年(1102 年)十二月,童贯接受命令讨回前朝败给西夏国的湟州等地。

这是第一次领兵打仗,童贯雄心勃勃,浮肿的白脸皮上泛出几丝红晕。他被任命为西北监军,高永年、王厚为主帅。

北方的冬天,寒风凛冽,天空上飘着几朵惨淡的云。

童贯督帅王厚、高永年,领兵十万,直逼湟州。

这天,朝内太乙宫失火。一向迷信道教的徽宗,恐怕天象告警,不宜用兵,便立即手书敕令,使人乘快马给童贯送信,禁止他向西进军。

温顺逢迎的童贯,这次却违抗圣命。他看了命令以后,立即把它塞到靴筒里。王厚问有什么事,童贯不动声色。

"皇上催促我们赶快进军成功。"他从容不迫地说。

这样,求胜心切的童贯等于擅自出兵。

西夏羌兵早已得到消息。他们集结众多羌兵,据险固守,静静地等待着宋兵的到来。

　　王厚、高永年熟谙兵法。他们商定，一面佯装出兵，一面由高永年率轻骑抄道出击，首战羌兵首将多罗巴的三个儿子。

　　一场激战，天昏地暗。多罗巴的大儿子战死，接着二儿子也战死。小儿子阿蒙见势不妙，中箭后即败逃。

　　首战告捷。王厚部署兵马，准备攻克重镇湟州。

　　童贯求胜心切，命令高永年直接进攻。

　　气急败坏的多罗巴命令小儿子阿蒙沿宗水布下兵马，倚北山设下军阵，要以死来反攻宋军。

　　在这种形势下，王厚、高永年商议：羌兵早有设防，不可轻举妄动。

　　童贯不管这些，找到主帅营帐，对王厚、高永年骂道："你们两个懦夫！我军眼看就要胜利，不进攻还等什么？"

　　二将军无奈，领兵冲杀，结果败下阵来。

　　童贯又气又急，咬牙瞪眼，拳头打着自己的大腿，弯着腰命令军队继续进攻。他嗓门很大，公鸭嗓拖出的尾音在寒冷的空中颤抖。

　　王厚、高永年兵分三路，杀入军阵。敌人负背受敌，不能抵抗，一哄而散。

　　突然，狂风大作，黄沙分扬。羌兵想组织兵马回头再战。弥漫满天的尘沙让人睁不开眼。宋兵顺风追杀，直逼得羌主母——龟兹公主率各部酋长开城投降。

　　王厚、高永年进驻湟州。

　　童贯耀武扬威，搬师回朝。

　　开封。艳阳高照，皇宫肃寂。

　　宋徽宗正举行庆功大典。蔡京表为司空，晋封嘉国公；童贯为景福殿使，兼襄州观察使。王厚、高永年官封原职，未得到任何奖赏。

## "媪相"诞生

　　湟州一战，蔡京在朝中地位大为巩固。

　　满朝文武多为蔡京、童贯死党，此举基本上没有人反对。只有蔡京的弟弟蔡卞挺身而出，反对这一奏议。

　　蔡卞说："用宦官守疆，必误边计，童贯不配做监军。"

　　蔡京气得脸色铁青，手指弟弟骂道："你这奸佞小人！我早就知道你有篡夺军权的野心，只是没有适合你的机会。今天，你侮辱童将军以达到自己的目的，真是痴心妄想。圣君在上，蔡卞心怀不诡，拢乱朝政，宜贬出朝廷。"

　　满朝文武大臣随声附和。徽宗下旨，将蔡卞贬出朝廷。

　　童贯再度领兵西进。

　　党项君臣，闻讯愤怒之至，主动发兵向宋朝边陲进攻。

　　位于宋朝东北边疆的辽国与宋并无战争。可是，这时正值辽国遣使向西夏和亲，于是两家联合起来，对付宋朝。

　　这些都及时地报告了朝廷，可童贯置若罔闻。大军继续西进。

　　西夏军愤怒之下，以大规模扫荡的阵势掠走北宋边疆数万居民。

　　党项族兵、重新组建的羌兵、辽兵三家合力，等待宋兵的到来。

　　到达边城的童贯会见王厚、高永年等将领。童贯说："敌兵虽三军合力，也不抵我大宋之毫毛。我军必胜。"

　　高永年挺身而起，高声说道："如今敌兵人多势众，士气旺盛。我军远道而来，疲惫不堪。对敌作战还是慎重为好。"

　　童贯最不能听见什么"慎重"之类的话，他拍案而起，横眉立目对高永年说："我命令你马上增援宣威城。不打胜仗，别来见我！"

　　高永年谙于战事，知道此去必败无疑，但面对军令他无可奈何。只有前进，不能后退。

　　临近宣威城，天色将晚。高永年下令择地安营。至夜半时分，蓦地胡哨齐鸣，羌兵大至。高永年惊起，正想组织反击，不料羌兵前后杀入，攻破营寨。宋兵大败，纷纷逃窜。高永年也在混乱中被羌兵擒去。

　　不久，羌兵首领多罗巴将高永年杀头，为儿子报仇。接着，羌兵又毁掉大通河桥。淋州、鄯州危在旦夕。

　　暂时的平静潜在着更激烈的战争。在这种形势下，京城却连连得到边关得胜的捷报。童贯也就一次又一次地得到嘉奖，封公晋爵。

　　宣和元年，童贯觉得边关太过于平静。盘算之余，命刘法进攻朔方。在童贯的再三催促下，刘法领兵二万，孤军深入，直奔朔方北部小城统万城。

　　几乎与此同时，西夏王弟察克正引兵前来。察克自领步骑三队，直逼宋军前锋。另遣轻骑登山，绕道至宋军背后，迫使刘法前后失控，溃不成军。

　　刘法远道跋涉，正行进中，忽见敌军战旗招展，喊声阵阵。他知道已陷入包围之中，便命令士卒原地准备迎战。不想，部队后面也有敌兵杀来。前后夹击，军心大乱。

　　双方激战六七个时辰，宋兵人困马乏，伤亡参半。

　　刘法只得弃军逃去。途中，遇着几个商人打扮的西夏人，刘法侥幸求救。谁知这些商人却是军人所扮，当即把刘法杀死。

　　察克并不满足，带兵直捣统万城附近的震武城。进城如入无人之境，杀宋官吏，血洗震武城，最后留下一座空城而去。

　　明明是西夏兵留座空城，以此戏弄童贯，嘲讽宋廷无人。而童贯却再次谎报军情，反称宋兵大胜。

　　童贯又一次因说谎而受到表彰，晋封为"太师""经国公"。宋徽宗赐号"媪相"，人们从此也就这样称呼他。

## 剿杀方腊

　　"打破筒，泼了菜，便是人间好世界。"这是北宋末年广泛流传的一首民谣。筒是童的谐音，指童贯；菜是蔡的谐音，指蔡京。

　　宣和二年（1120 年），席卷中国东南的方腊起义终于爆发了。

　　起义的矛头直指巴结童贯而上台的朱勔。

　　朱勔，本苏杭一富商。当年童贯做为皇上的专使去苏杭搜求古画，他就有意巴结，进奉许多财帛给童贯。等朝廷中蔡京、童贯唱起了"双簧"，独揽朝纲的时候，他就更拼命巴结童贯、蔡京，以奉献奇珍异宝而被列到军功簿中。最初，徽宗在苏杭设"造作局"，童贯做首管。在他管辖时期内，修宫殿、筑园林，每天都要役使几千名工匠，为皇室造作牙角金玉竹藤织绣等各种奢侈品，曲尽其妙。三年后，再设苏杭"应奉局"时，因童贯领兵北去，就由朱勔承管。

　　朱勔是以做花石生意起家的。他上台以后，强迫工匠走山寻湖，掘坟挖墓，寻找奇花异石。不管在什么地方，哪怕是在百米深潭之下发现有所需要的花石，千方百计也要取出来。

　　当地一些富庶人家，有收藏一些珍宝的，只要被发现，一律征收。稍有迟疑，不愿交出者，朱勔便带官兵前来，用带有官印的黄条封上，命令他的主人为皇上好好看管，不能有半点差错。有一点闪失，按欺君之罪处以死刑。十余年的时间，无数的花石被大量船只运送出苏杭。运送"花石纲"成为当地一项特殊职业。有的船只役夫就达数千人。一块石头所需的费用，据说要用掉三十万贯钱。两浙、两广、福建、四川等处官员也仿照苏杭，运送奇花异竹各种果木等进京师，沿途拆屋毁房，凿城廓、毁桥梁，江河中船只不断,陆地上役夫相连,沿途州县稍有积蓄的,也都为此耗费一空。

东南各省的下层百姓,不断有人造反,但都遭到镇压。运送"花石纲"的船只有时消失了,千百名役失一哄而散。朱勔感到威胁,增派大量监工严刑拷打怠工的役夫,企图以武力震慑百姓。

方腊再也不能忍受这严酷的统治。他组织东南方农民举起了"诛朱勔"的义旗。起义军所向披靡,不到三个月,接连攻占了两浙首府杭州及六个州六十个县。义军所到之处清算富豪之家,杀掉有民愤的官吏,痛打巴结拍马屁的读书人。

宣和二年底,起义军声势浩大,直向开封府杀来。

徽宗闻听消息,恐惧万分。朝廷紧急议事,商量对策。蔡京便又提议任用童贯为江浙淮南等路宣抚使,带兵镇压起义。皇上表示同意,马上宣旨任命。

童贯以宣抚使的身份,做大将军,调原驻淮东的东南第一军和原驻荆湖北路的东南第七军、驻京畿的第四军官兵以及本来准备与金联合攻辽的陕西六路精兵共十五万人,前往东南,镇压方腊起义。

宋徽宗亲自率众臣送童贯出征。皇上手执童贯抱紧的拳头,一字一顿地说:"东南方的事,就都交给太傅您了。如果有什么紧急情况,来不及请奏朝廷,您就有权直接处理了。需要以圣旨的形式下达的,您也就大胆地办吧。"童贯听完这番话,激动得泪流满面。扑通跪倒,举拳向皇帝发誓说:"请皇上放心。我童贯一定不负您的厚望,割掉方腊的脑袋。"说完,飞身上马,领兵而去。

宣和三年(1121年)初,童贯到达杭州。他命令黄耘作"手诏",称作"御笔",说原来"花石纲"的事,都是当地地方长官做得不好,与私商勾结,才酿成百姓生活困苦不堪。朱勔父子,私心严重,今查

其所为,十恶不赦,罢黜他们的官职以安民心。

杭州。朱勔府。在正房客厅的太师椅上,坐着一个人。他双眼泡微微肿起,松弛的脸皮有些倦意。旁边一个丫环侍立,为他轻轻垂着臂膀。这个人正是发布官令的童贯。

客厅左边坐着副将蔡攸,一旁站立的是起草"诏书"的黄耘。客厅右边站着一老一少。正是朱勔父子。

整个客厅气氛紧张。几个人正在密谋剿杀方腊的计划。从窗外射进来的几束光线使客厅显得幽暗、神秘。

过了几天,杭州地区被起义军清算过的地主豪绅都集中起来,听童贯训话。大家一起研究对付起义军的办法。有的说:"我知道他们藏粮的地方。"有的说:"他们的首领就在我家附近。"接着,起义军的粮仓被劫,小股部队被官军吃掉。整个起义的战斗力被大大削弱了。

童贯又命令偏将刘镇守金陵,然后进攻镇江。他亲率重兵夹攻方腊主力方七佛部,逼迫义军在弹尽粮绝,失去援兵的情况下,不得不于这年四月十九日放弃青溪,退回帮源洞。

帮源洞,方腊义军的大本营。这里山峦起伏,怪石丛生,地势险峻。义军余部退避洞中,各自凿地为家,摆兵布阵。洞口都用茂密的山间林草遮蔽,使官兵难寻路径。

童贯并不急躁。他采用软硬兼施的办法,一方面广贴绘有方腊头像的布告,上题"御笔",来瓦解民心,切断义军与农民的联系;一方面命令部将王禀等,在帮源洞前后左右布置重兵,然后以火为号,步步紧逼。他亲临战阵,督军作战。

由于义军遮蔽巧妙,官兵始终找不到帮源洞口。童贯气急败坏,他手指前方,高声喊叫,后来下令鸣镝纵火,焚烧山野。尽管如此,官兵仍然久攻不下。

方腊刚刚起义时,曾杀地主方有常

一家,他的儿子方庚越墙逃脱。这时,方庚出来为童贯官兵带路,从小径会攻包围了帮源洞。

20万农民起义军,由于主力受挫,加上长年战争奔波,至此腹背受敌,最后失败。方腊及其妻邵氏、子亳等被俘。

据守帮源洞的义军继续抵抗,7万人壮烈牺牲。

童贯下令,士兵每杀一人赏绢7匹。大批青溪居民甚至来往行人都遭到杀害。

这年八月,方腊被童贯押解到开封凌迟处死。这一仗,宋官兵杀死起义军百余万,屠杀平民不下二百万!

童贯被列为"有功之臣",晋封为"楚国公"。

不久,苏杭"应奉局"又重新开张了。

## 君臣自欺

方腊起义,是一个危险的信号。徽宗、蔡京、童贯并不在意这些。在他们看来,只要武力镇压,再困难的局面也能安抚下来。

宣和四年(1122年)三月,金国来的使臣将一封约会宋朝共同进攻辽朝的信交给徽宗。君臣和议,两派意见针锋相对,不能统一。老将安尧臣大胆地说:"我以为联金抗辽万万不可。如果这样,我国北部边疆战争兴起,辽国灭亡,对我不利。到那时唇亡齿寒,金国就会对我国进行攻击呀!"

蔡京闻听此言,冷笑几声,不紧不慢说道:"辽国之患,从上祖时就是一块心病。辽贼不除,国无宁日。安大人所言是因惧怕而求得苟安吧?我大宋政权稳固强盛,况且又有金国如手足兄弟,联合抗辽,所向必胜。"

宋徽宗认为蔡京所言极是,乃命童贯为河北、河东路节度使宣抚使,蔡京子蔡攸为副使,勒兵15万,号称20万,出巡北边,以应金兵。

童贯慨然受命,领兵前往高阳关。

阳春三月,北方正是乍暖还寒时候。童贯、蔡攸左右相傍,马不停蹄。官兵浩浩荡荡,所到之处,鸡犬不宁。

这日,正行进间,先锋来报,说是有辽国的使者求见。

童贯很不耐烦的样子,设帐迎接。

使者上前报告了辽国君臣愿意与宋修盟和好,请求不要轻易用兵。

童贯以轻蔑的语气回答说:"你们辽邦早该对大宋俯首称臣。仗着宋国的强大,收拾你们只是早晚的事。现在宋朝皇上想开辟北国边疆,以使我国更为强大繁荣,你们的安稳日子没有几天了。"

辽使者并不生气,对童贯依然笑语相问:"童大人就一定有把握打赢辽国吗?安定、和平是我国君民所希望的,如果您非要发动战争的话,我们一定奉陪到底!"

说完,转身而去。

辽国君主看到和议没有希望,就派遣达什统领兵马,迎战宋兵。

童贯继续统兵北进。蔡攸在一旁说:"童大人的话对辽使就是一种威胁。说不定他回去一说,辽人已经害怕了呢?"二人满怀信心,来到边陲。

童贯部署:大军休息。部分士卒要贴出告示,晓谕百姓,官兵师出有名。他这样虚张声势,无外乎想达到两个目的:一是到处张贴"吊民伐罪"的黄榜,以显示自己的威风;二是以高官厚禄为诱饵,拉辽国人投降。

边陲村镇分外平静。没有人前呼后拥来迎奉王师,更没有人箪食壶浆,愿意为王师效力。

童贯有些发怒,他不能允许百姓们也不买他的账。军中有人开始骚扰百姓生活,抢东西,调戏妇女,童贯只做不知,任其发展。

又过了几天,还是没有人理会他。一气之下,童贯愤然命都统制种师道出兵,悍然向辽国发动进攻。

种师道接到命令，冒死对童贯说："现在出兵，末将好有一比，不知当讲不当讲？"

童贯满脸怒气，瞪着眼说："军中无戏言。还有什么话讲，说出来吧。"

种师道说："现在出兵，就好像邻居家有了盗贼，我们不但不帮忙捉贼，反而与贼约好分赃。这样的事可行吗？恳望太师您三思。"

童贯怒叱道："天子有命，何人敢违？你怎么敢瞎说八道，动摇军心。"

种师道争辩说："太师明察，我可是一片忠心，才说出肺腑之言呵！"

童贯喝道："执行命令才是你应该做的。如果违抗军令，就地正法！"

种师道一声长叹，领兵出征。

种师道将部队分兵两路：东路由他亲自统领，进趋白沟（今河北雄安新区北）；西路由辛兴宗率领，进军范村。

这时前方来报，先锋官杨可世已到白沟，与辽兵交锋。

早已等候多时的辽国将领达什见宋兵前来，前后包抄，直逼杨可世部。

杨可世部远道跋涉，兵疲将惫，一开战便节节败退。等种师道赶来，二人仓促应战，不能赢得主动。

两军混战，自早至暮，难解难分……

这时得到消息，西路军辛兴宗已败给辽军。

种师道部军心涣散，无人再战，只得退守雄州。辽军大胜。

第二天，辽国使臣备了厚礼，来到宋军营盘。直奔童贯大帐而来。

辽使说："女真人建立金国是他们背叛了我国而行事的。对于这样的国家，你们宋朝理应鄙弃轻视。把我们辽国作为你们的后继援来看待。为什么会贪图一时小利，放弃我们辽国这样百年友好的国家，与豺狼交朋友，做邻居，为日后种下祸根呢？"

童贯无言以对。

辽使又说："况且帮助邻邦从灾难中解救出来，是古今一样的道理，还是希望大宋朝好好决策一下，不要忘记古训中的礼节，更不要为自己种下什么祸患。"

童贯张口结舌，支吾难以对答。

辽使走后，种师道再次建议与辽和好。

童贯正有气无处发泄，对着种师道大吼起来："你心存不满，故意战败，又来替敌人说服我。我要上报皇上，治你里通辽国的罪。"

童贯果然暗中密奏皇上，种师道暗通辽军，屡次阻止宋军用兵，居心叵测，乃至失败。朝中王黼极力袒护童贯。徽宗最终给种师道降罪，贬他为左卫将军，同普通军官一样的待遇。

童贯因密报有功，不承担战败的责任。回到京师，调养生息。

### 兵败燕京城

宣和四年（1122 年）七月，传来辽国国王耶律淳死去的消息，大权由萧太后执掌。辽国臣民中有对女人专权持怀疑态度的，就投降到宋朝，说了许多萧太后无能的话。

由蔡京推荐的新任宰相王黼认为有机可乘，就串通童贯、蔡攸劝说皇上发兵辽国，夺取燕京宝地。徽宗皇帝见童贯也极力主张北上讨伐辽国，就说："可以发兵。"

这时，朝散郎宋昭上书，反对出兵。他的话直接对准童贯等人。他说："不能向辽国出兵，也不能以金国为邻。当初辽宋'澶渊之盟'里说，毁坏盟约的人应该被诛灭九族。皇上以孝德赢天下，难道您忍心动摇先圣诸君的灵位吗？当今之计，是要诛杀主张攻打辽国的王黼、童贯、蔡攸等人。皇上您以仁德威震天下，难道您忍心将北方的百姓置于长年的战乱之中，使他们生灵涂炭，白白送死吗？"

听了这番话，王黼暴跳如雷，指着宋昭骂道："你这奸贼，简直一派胡言。当初祖上和辽订立盟约，实是敌贼强大，我朝为积蓄力量而采用的缓兵之计。如今我朝有足够的武力征服它。况且，萧太后初掌政权，立足未稳。我们趁其不备，攻克这个女人布置的防线，还不是轻而易举的事吗？你现在竟敢以皇上的声望来威胁，实在是不安好心。像你这样的奸臣，我朝应立即除掉。"

于是，王黼专写一道奏折给皇上，建议除掉宋昭。徽宗马上降诏，把宋昭从朝廷里除了名。

童贯、蔡攸也纷纷上奏皇上，支持王黼，并且言辞恳切地要求马上出兵，尽早消灭大辽国。

自三月战败之后，金国一直伺机再度攻辽。但它不敢轻举妄动，也不好再主动到宋朝请兵，商量夹击辽国的事。现在听到童贯、蔡攸主动出兵的事，不免有些慌乱。大将粘罕在军帐中说："不知道这个太监又玩的什么把戏。他是真的攻打辽国呢，还是对准我国而来？我看还是主动去探个虚实，了解他们北上的真正意图。"于是，金使者求见童贯。

童贯上了几分年纪，行动有些迟缓。公鸭嗓说话带着颤音："我朝有人说打下辽国就会受到你们金国的威胁，我看不会。你们金国地少人稀，与大宋相比，实力太差。你回去告诉你国国王，大宋不会欺负你们这个小国的。你们有什么困难，就到宋朝来说一声，我国会尽力相助。"

金使者没多说什么，转身回去了。

童贯轻蔑地说："他们害怕了，所以前来打听。整顿兵马，我们出发吧。"

宋军人马号称几十万，以凶猛之势向北进发。

辽国人心大乱，无意战斗。

驻守涿州的常胜军统帅郭药师犹豫不决。

郭药师副将站出来说："宋兵进驻白沟，离涿州咫尺之遥，我军还是调遣兵马，出击迎敌吧。如果只是坐在城里等死，结果会更惨。"

另一副将反驳说："如今军心涣散，无人愿意再战下去。白沟已经陷落，说不定士兵已经有开小差逃跑的呢。我看不如乞降宋军，落得个清白好名声。"

郭药师打断他的话，说："看来辽兵惨败，实属天意。我们常胜军不怕打仗，只是天意难违，不如顺水推舟，也免得百姓遭受战乱之苦。我们准备投降吧。"

第二天，郭药师率八千人马，带上涿州、易州的版图，向童贯投降。

十月，童贯派遣刘延庆、郭药师领兵十万，攻夺燕京。

刘延庆部行至良乡，被辽兵截住。

郭药师部偷渡芦沟，袭入燕京边界。按约定刘延庆部为郭部后援，郭药师只好按兵不动，等待后援。

可刘延庆部纪律散漫，他的儿子刘光世贪图逸乐，迟迟不发兵。

这给辽军以缓冲的机会。他们调整人马，对郭药师大举反攻。郭部被辽军打得大败。

刘延庆在良乡整军，凌晨见辽军营中火起，误以为辽军来攻，自行烧营逃跑。辽军乘胜追击，直到涿水。

这一战，宋兵伤亡惨重，大败而还。宋朝自神宗王安石变法以来积存的军需，经此一战，几乎全部折损。

宋兵败退到雄州。童贯大惊。他与蔡攸商议如何推御责任。蔡攸说："回朝不好交代，不如遣密使到金营，约请金兵会攻燕京。"童贯觉得有理，便派人到金国商请援兵。

十二月，金太祖亲自领兵出征，直奔燕京杀来。城内没有防备，金兵进驻燕京。

童贯、蔡攸在雄州等金兵消息。金国使者终于来到，童贯喜出望外。哪想到金太祖已进驻燕京城，这次是来责问宋兵为何不按约定夹击辽军。金太祖还提出，若燕京交给宋，以后每年宋朝需将燕京租税一百万贯献给金朝。

童贯不能决断，把金使陪送到开封。

徽宗、王黼依金使之言，一一照办。

第二年（1123年）四月，金兵退走还朝。按将帅命令，每个士兵可任意挑选奴隶、财物。燕京城内一片混乱。精壮男人被挑为奴隶，女人被唤为奴仆，被金兵肆意糟踏。满城狼藉，不堪入目。

童贯，蔡攸只接收到一座残破空城。

燕人作诗讥讽宋军无能，诗云：

痴心只望复燕云，庸帅何堪领六军？

一败已羞偏再败，寇氛从此溢河汾。

开封府内，却在大庆功勋凯旋。童贯、蔡攸被看作得胜的大功臣，耀武扬威，不可一世。

童贯拟写奏本，大肆鼓吹收复燕京的经过，把一次又一次的败仗说成是胜仗，极力吹嘘。被时人嘲笑为"复燕奏"。

王黼、童贯、蔡攸却再次加官晋爵。

徽宗君臣自欺欺人，终于酿成了辽亡而北宋败国的祸端。

### 保驾南逃

宣和七年（1125年）的春天，北方的冰河刚刚解冻，河畔的小草刚刚冒出嫩绿的新芽，金兵发动了对宋朝的进攻。

金军主将粘罕、斡离不为军队送行。

领兵大将是斜也，副将粘没喝。军队士兵个个精神饱满，神采飞扬。

斜也身穿虎皮战袍，头戴貂皮帽，身背一对铁锤，胯下一匹黑色战马，膘肥体壮、毛尖闪闪发亮。

粘罕拍拍斜也的肩膀，语气坚定地说："两年前，金国的使者被童贯侮辱说我们没有实力进攻宋朝。如今，辽国已灭，宋朝皇上只知道贪图享乐，根本没有防御的准备。此次向南进兵，对付的是有作战经验的宋将，全凭着我军旺盛的士气压倒他们。你一定晓谕士卒，勇猛作战。童贯是纸老虎，没有什么可怕。"

斜也点点头，不再说什么，领兵出

发。与此同时，宋朝君臣也在商议接收燕地。听说斜也、粘没喝领兵南下，满朝感到诧异，纷纷询问童贯缘由。

童贯心里明白，但嘴上却说："我军与金联合攻辽，取得燕京城，他们应如约交出燕地版图，不知为何带兵前来。"

童贯带一帮人马匆匆赶到太原城。马上派马扩、辛兴宗赶赴金营，拦住他们南下，询问他们对宋朝提出什么条件。

马扩、辛兴宗来到金营粘没喝的帐下，小心求见。粘没喝怒目以待，质问道："你等前来，还是妄想索要两州两县的事么？"

马扩上前道："不敢索要。此来一是迎接大将军入中原做客，二来是询问一下如约归还燕地的时间。"

粘没喝突发狂笑，坚定地说："山前山后，都是我们金国的土地，哪有什么归还的事，不必再提这件事了。况且，你们接收我国燕地的叛徒，违背当初我们订下的盟约，应当另外割下几座城池交给我大金国。"

马扩、辛兴宗不能应对，像败下阵来的公鸡，怏怏还报童贯，并提醒童贯我方加紧战备，准备迎战金兵。

童贯听完诉说，"呸"的一声，吐得马扩、辛兴宗满脸唾沫星子，说："你们这两个不中用的东西，何必大惊小怪？金国只是初建小国，不会有许多兵马，对我朝堂堂大国只是窥视而已，不会有什么冒险的举动。"

这时，有人来报，说金使者王价儒、斡离不求见。

童贯整装接见，金使递上国书。

童贯拆阅来书，不禁脸色大变，过了半响才战战兢兢地说："你们说我纳叛渝盟，何不先来告知我呢？"

斡离不说："我们已经发起了进攻，何必再告知你呢？想让我方退兵也不难，快快把河东、河北之地划割给我们金国，以大河为界，这样才能够保住你们宋朝的江山！"

一向威风不已的童贯，见金兵根本没有把他和宋军放在眼里，顿时张口结舌，支支吾吾半天才说："你们不肯交地，反倒要我割地，这不是很荒唐吗？"声音越来越小，小到几乎没有。

宋军将领看了，个个义愤填膺，但没有办法。

此时，童贯已在暗自盘算逃脱之计，打算借回京禀告为名撤离前线。

太原知府张孝纯看透了童贯的心思。他知道，这个时候主帅临阵脱逃，必然动摇军心，两河之地就会轻易地被敌方夺走。他想到这里，挺身而出，劝阻童贯道："金人违背盟约，王爷您理应会集各路兵将，合力抗敌，如果王爷一走，军心必然动摇。万一河东有失，河北还保得住吗？"

童贯默然，没有说话。

张孝纯又说："太原城地势险要，城防设备坚固，将士又善战勇敢，金兵未必能攻克它，诚恳地希望您留下几天，一起杀退敌兵，为国立功。"

一听这话，童贯气极败坏地说："照你的说法，我是临阵脱逃了。我童贯受命宣抚使，并没有守边陲的责任，一定要我留在这里，请问要你们这些边将守臣干什么？"

当天夜里，童贯收拾行装，抄小道仓惶而逃。

张孝纯得到报告后，长叹一声，深有感触地说："平日童太师，在人面前那么威风潇洒。现在畏金兵而退缩，抱头逃窜，有何面目见天子啊！"

童贯一逃，降将郭药师马上投降了金兵，并带兵攻朔州（山西朔州）、克代州（今山西代县）、平州（今河北省卢龙县）、破檀州（今北京市密云县）、蓟州（今天津市蓟县），至大河。北宋京师开封告急。

开封府此时乱作一团。

有大臣建议降童贯的职，参奏他历来谎报战功，如今引狼入室，不积极应战，却逃回京城。宋徽宗这时还袒护童贯，承认自己"任用非人，过听妄议，兴作事端，蠹耗邦财"，下"罪己"诏，晓谕各地军民，换取各地官兵和百姓起兵"勤王"，抵抗南来的金兵。

童贯不战而逃，名声极坏。徽宗任命宇文虚中取代童贯，为河北、河东路宣谕使。同时，召诸军入援京师。

徽宗一面号召各地官民抗金，一面任命皇太子赵桓为开封牧，主持全国政事，以监国的名义来代替自己抵抗金兵，自己仍然保持王位向金陵逃跑。李纲等主战的大臣坚持要求他传位给皇太子，以便更新政局，组织军民抵抗。宋徽宗为了自己能够逃命，只好同意退位。

宣和七年（1125年）十二月二十三日，宋徽宗假装得病，跌倒在地，昏迷不醒，大臣们急忙灌药。后徽宗又装着苏醒了，伸臂索要纸笔，用左手写道："皇太子可即皇帝位。"

此时，金兵在毫无阻挡的情况下，顺利渡过了黄河，进逼汴京城。

消息传来，朝廷上下，惊恐万状。

深夜，开封府通津门打开，一队人马仓促出城。他们先是坐船，延护城河东进。后又见几个人从船上下来，坐上小轿，快跑行进。只听见轿上的人说"太慢""太慢"，于是又改乘运砖瓦的大船，赶到南京（今河南省商丘县），弄了些衣被之类，又改乘骏骑飞奔到符离（今安徽省宿县北），才乘上官船，一直逃到泗州（今江苏省盱眙东北），方敢稍稍休息。

这一队人马就是宋徽宗、蔡攸、童贯和几个内侍。他们原定等天亮借口前往亳州烧香逃出开封，没想到金兵进攻如此之快，只好夜奔。

童贯随皇帝"东行"，找到的借口是带领"胜捷军"护驾。其实，他这时已被宣为东京留守，应该配合李纲的前线作战，做好京城的卫戍、备战等事。他的出逃，无非是贪生怕死，自私奸滑的又一表现。

徽宗在过黄河时，浮桥窄小。朝廷卫士攀桥乞求皇上，留下来与他们共抗金兵。皇帝不理，卫士纷纷放声痛哭，以求皇上动心。童贯见此情景，恐怕耽误了行程，被金兵俘虏，就对"胜捷军"下命令说："用强弩射退那些攀桥的卫士。"

"胜捷军"开始有人不忍心，被童贯痛骂。他亲自拔箭射杀。

朝廷卫士被射入黄河。有的囚水而逃，有的淹死在水中。这一行人向亳州逃去。

### 南雄遭斩

靖康元年四月，给童贯制罪，贬至彬州。

七月，再移吉阳郡（今江西省吉安市）。

在童贯去吉阳郡途中，将至南雄州（今广东省南雄）时，钦宗下诏杀童贯。

童贯为人奸狡，人人熟知。就连钦宗皇帝也深信不疑。为防范童贯闻讯而逃，宋钦宗对宰相唐钦叟说："一定要派熟识童贯面目的人领命前去，以免有什么差错。"

经过一番周密安排，张征领命前往。

但张征恐怕童贯听说而自杀，就派一个送信的官员先去见童贯，以稳住对方。

小官员飞驰而至，拜贺童贯说"皇上有诏，派小使臣给您送来些生活补品，召王爷回京师，听说要派您任河北宣抚使。"

"果真如此？"童贯半信半疑。

"今朝廷将帅都是晚进之辈，不可委任，皇上与大臣商议，没有谁能有王爷之威望而能主边事。"小官信口胡编。

"看来朝廷还是不能没有我童贯啊！"童贯翘一翘下巴，回头看看大家，喜笑颜开。

童贯整好衣装，等张征到来。

第二天，张征及其随行，急驰而来。

童贯出来迎接。

张征示意童贯跪接"圣旨"。接着历数其罪。

随行执刑官从外庭飞奔而入，手起刀落，削掉童贯的脑袋。

一代奸宦，一命呜呼！

张征唯恐回京途中遭童贯"胜捷军"抢劫，便将童贯人头用生油水银浸泡，又用生牛皮裹好，放在竹轿座底，并亲坐于上，回京城交差。

童贯之死，大快人心。有诗为证：

权奸误国祸几深，开国承家戒小人。

六贼尽诛何足道，夺回二圣远蒙尘。

## 秦桧

在杭州西子湖畔的岳武穆墓前，跪着两个双手反背的铁像。这两个铁像就是南宋高宗的宰相、杀害岳飞的直接凶手秦桧和他的妻子王氏。人们之所以千百年来痛恨秦桧，主要是因为他卖国求和、残害忠良。在中国历史上，生前遭人痛恨、死后一直受人唾弃并且家喻户晓的宰相，秦桧是第一人。

### 身在南宋心在金

秦桧，字会之，江宁人。生于宋哲宗元佑四年（1089 年），死于宋高宗绍兴二十五年（1155 年）。宋徽宗政和五年（1115 年）中进士甲科，即状元，后补密州教授，随之迁太学学正，是个从事教育工作的一般官员，如果没有非常之事变，秦桧是不可能有更大的作为的。

宋钦宗靖康二年（1127 年），金国四太子完颜宗弼率兵南下，一举灭亡北宋，把北宋王朝的两位皇帝徽宗、钦宗，皇后，太后以及王公大臣一万多人全部掳到北方。这就是历史巨变"靖康之耻"。在这庞大的俘虏群里，就有当时年轻的状元秦桧。金国不仅灭亡了北宋，还占领了黄河以北的大片土地。

到金国后的秦桧过着耻辱的俘虏生

活。白天干的是只有奴隶下等人干的重活，晚上睡在臭气冲天的窝草棚里，吃的是糠渣霉豆粒。他妻子王氏也由状元夫人成为嗓门粗大、干活麻利的村姑野妇。后来，金宗室挞赖得知秦桧是状元，为朝中管教育的官员，就免除了秦桧的粗活儿，让他去自己家当仆人，专门服侍挞赖及其一家。

秦桧为了讨好挞赖，在挞赖家干活极为卖力，办事较为稳妥，手脚也很灵活，尤其是他的妻子王氏，更是水灵灵的招人喜爱。时间一长，挞赖就觉得这个言语不多的汉人状元是个人才，就免除了秦桧的奴隶身份，作为自己的朋友看待。

金国占领北宋黄河以北的大片土地之后，在如何对待南宋王朝问题上，金国统治集团发生了分歧：以四太子金兀术为首的主张以武力彻底征服宋王朝，占领整个中国，属主战派；以挞赖为首的则主张占领黄河以后，维持现状，巩固已取得的成果，不应急于南进，主张与宋议和。

当时金国国王是金太宗完颜晟，挞赖是完颜晟之弟，完颜晟把政事委于挞赖。挞赖主政后，就开始了与宋议和的国策。但是，在金国占领了宋王朝大片土地之后，突然之间提出议和，维持现状，就等于抢了人家的东西还不许人说话一样，不是一件容易的事。因此，最好的办法是在南宋政权内部有自己的人，促成议和，使议和合法化。

于是，挞赖想到了秦桧，觉得他是合适的人选。

一天，挞赖把秦桧叫到跟前，说："我想送给你一个富贵，也不枉你在这里服侍我一场。"秦桧感到莫名其妙。当他听完挞赖的设想后，摇头道："我不能回去。"挞赖奇怪地问道："为何?"秦桧道："我这样回去，一辈子也当不了尚书，而且在北时间长了，别人也会瞧不起。如

果这样，狼主交给我的任务也完成不了。"挞赖一听，沉思半响，猛然，一拍大腿道："你果然好聪明，我当然不能让你空着手回去。"

于是，挞赖给已在南方建立了政权的赵构写了封信。信的大意是：如承认现有边界，维持现状，同意议和，金兵就不再南下，金国就册封赵构为宋朝皇帝，已在北方的宋钦宗也不再回来。

同时，挞赖还命人让已成为自己奴仆的宋钦宗赵桓给赵构写信。信写好后交给挞赖，挞赖就命秦桧仿照赵桓的笔迹再伪造一封赵桓的假信，大意是：要赵构议和，不要再让江南百姓遭受劫难，维持现状，迎回宋徽宗的灵柩，并接皇太后归国。

当时在南方建立政权的是康王赵构，他是宋太祖的嫡系子孙。自从宋太宗当皇帝后，宋太祖的子孙就一直与皇位无缘。所以，赵构在南方建立政权对于皇位的延续是不合法的；同时，宋钦宗还没有死，谁继承皇位应由他说了算。因此，尽管处于非常时刻，赵构对自己皇位是否稳当却非常忧心。而不管是金国大举南下还是宋钦宗回来，都对自己不利。

秦桧正因为看准了这一点，才揣着两封信及掌握的有关徽宗、钦宗与皇太后的情况，偕妻子王氏从水路坐船到了建康(南京)，对人谎称是自己如何冒着性命、杀死金兵逃出来的。

这两封信不仅对秦桧本人，而且对宋高宗赵构本人都非常重要，意义重大：这等于说宋钦宗承认了高宗的皇帝地位，只要金兵不再南下，赵桓就不会回来，赵构的位子就是稳的。这就奠定了秦桧以后力主议和的基础。秦桧一朝见，赵构就封他为礼部尚书。

对于秦桧编造的经历，当时就有许多人怀疑：与秦桧一块儿被俘的当时还有许多人，为何只有他一人独归? 从金

国首都黄龙府(今吉林龙安)到建康,一千多里水路,哪儿能一帆风顺?如是杀死金兵而逃出的,安得与其妻同归?因当时的宰相范宗尹与同知枢密院李回曾在汴京与秦桧友好,就极力为他辩护。同时,宋高宗得到了宋钦宗认可自己皇位的手书,心里也踏实了,至于秦桧来历如何,则是小问题了。所以,当有人怀疑秦桧的来历时,赵构就说:"秦桧忠诚过人,又得知二帝、母后消息,朕喜而不能寐,真一佳士耳,余不必问。"最后就不了了之。秦桧就成了金国安插在南宋内部的高级特务与内奸。

一旦在南宋朝廷中站稳脚跟,秦桧就开始为掌握南宋朝政而用尽心计。首先是独标议和,耸动人主以取相。他掌握了赵构希望议和的心理及致命弱点,所以,他当上礼部尚书不久,就到处扬言,大倡议和以为标新立异,从而加重在赵构心目中的筹码和印象。他对赵构说:"欲天下无事,南自南,北自北。"此言很得赵构的赏识,就命他起草给挞赖的信,要求议和。

绍兴元年(1131年)二月,宰相范宗尹被罢职,朝中相位空缺。秦桧见了眼馋,就到处扬言:"我有两条妙计,可耸动天下。"有人问他何以不言?他说:"今无相,不可行也。"八月,赵构果拜秦桧为右仆射、中书门下平章事兼枢密院事。秦桧终于当上了宰相。

其次是大树同党、排斥异己以固相权。

秦桧一当上宰相,就对他的同党大肆封官委职,随行人员王安道、冯由仪等人均封侍郎以上高职,就连为他操橹划船的水手孙靖也当上了承信郎。当时与秦桧同掌相权的还有吕颐浩,为了独揽大权,秦桧指使同党上书皇帝,要求与吕颐浩各掌其职,从而把吕颐浩排挤出朝廷,只得去镇江另建一都督府。

因秦桧在朝廷任职时间不长,根基还不稳,行为又过火,太露骨,招致人人侧目,群起而攻之,纷纷指斥秦桧是奸相,要求将其罢免。而宋高宗本人见秦桧任相以来毫无作为,就认为他只会说大话,无行动。他对大臣们说:"秦桧曾说南自南、北自北,朕是北人,怎么能归北?又说为相数月,可耸动天下,今毫无动静,不可信。"对秦桧失去信心,就罢免了秦桧,使之出任观文殿学士、提举江州太平观。秦桧之党羽也悉数被逐出朝廷。

## 卖国议和,残害忠良

宋高宗绍兴五年(1135年),金主挞赖派人来南宋,与宋人正式议和。从绍兴五年至七年,南宋是派右相张浚为代表与金人谈判,可效果不大。张浚是武将,属主战派,他的工作使赵构很不满意。张浚只好离开相位去军队指挥打仗。张浚临走时,赵构问他:"谁可代卿?"张浚不答。赵构道:"秦桧如何?"张浚道:"此人心术不正。"但为议和早日成功,赵构拒听张浚的建议,再度起用秦桧为相。

绍兴八年(1138年)三月,赵构拜秦桧右仆射、同中书门下平章事兼枢密使。秦桧又当上宰相后,吏部侍郎晏敦对人言:"奸臣为相,吾无所措手足矣。"

经过几年的沉浮,秦桧较之以前成熟多了。他为了久居相位,大权独揽,就采取欲擒故纵的手法使赵构对自己坚信不疑。他对赵构说:"大臣们畏首畏尾,多持两端,此不足断大事。若陛下决欲讲和,就请全权委臣,勿许群臣干预。"赵构道:"朕独委卿。"秦桧担心赵构是一时之言,事后再变卦,就说:"陛下熟思三日再说。"三天后,秦桧问赵构,赵构说和意坚决,全权委托秦桧,可秦桧还不放心,说:"陛下再思三日。"三天后,秦桧奏事,知道赵构和意坚决,就大张旗鼓。独揽大权,与金议和。他委任兵部侍郎张焘和王伦为议和代表,与金国代表谈判。

绍兴九年（1139年），金、宋两国和议达成：金归还宋徽宗的灵柩，送皇太后回国，并册封赵构为大宋皇帝；宋对金执臣子之礼，每年向金纳绢三十万匹，白银数百万两，并割让黄河以北的广大地盘给金以为报答；两国以黄河、大散关（在陕西南部）为界。

这是一个不折不扣的卖国条约，赵构却闻之大喜，认为秦桧很能干，赏赐有加，朝廷设宴庆贺三天，大小官员均有封赏。

然而，此消息一传出，天下沸腾。

中书舍人吕本中、礼部侍郎张九成上疏，认为秦桧此举是卖国，秦桧是天下罪人，但他们马上就被秦桧贬出朝廷；枢密院编修胡诠上疏，要斩秦桧以谢天下，被秦桧枷锁贬于昭州；编修官陈刚中、赵雍同日上疏，亦被秦桧械出朝廷。

司勋员外郎朱松，馆职张扩、常明等朝官，联名上疏："自公卿大夫至六军百姓，莫不扼腕愤怒，天下将仗大义，问相公之罪者。"

是时，张浚、韩世忠、岳飞等将领也纷纷上疏，指斥秦桧的卖国行为。尤以岳飞怒不可遏，金、宋议和后第六天，岳飞就上疏赵构，说："金人不可信，和好不可恃，相国谋国不忠，恐贻祸后世。今日之事，可危而不可安，可忧而不可贺，应训兵饬士，谨备不虞，而不应论功行赏，贻笑敌人。"

但秦桧后面有赵构的支持，大片国土被合法地割让于敌，秦桧也稳坐相位。

绍兴九年七月，金国主战派兀术杀死主和派挞赖，撕毁与南宋签订的和约，于绍兴十年（1140年）四月，兵分四路大举南下，河南诸郡相继沦陷。宋高宗赵构闻讯后，大惊道："金人无信，奈何？"只好又起用主战派以解眼前之急。

绍兴十年八月，南宋军队与金兵激战。张浚胜于长安，韩世忠胜于泇镇，岳飞在河南六战六捷，并在河南朱仙镇大破金兀术的精锐部队"拐子马"，兵锋所指，中原震动，就连在太行山专与南宋作对的农民起义军也加入了抗金的行列。岳飞更是豪气干云："攻下黄龙府，与诸君痛饮！"如趁此形势收复失地是完全可能的，连河北的伪政权、金国的贵族都准备卷起细软逃往金国腹地。

面对这种形势，金兀术急了，派人去建康，训斥秦桧："汝无金助何以有今天？要议和，必杀岳飞，否则，议和不可能。"于是，秦桧就以皇帝的名义一日连下十二道金牌，命岳飞限期班师。碍于君命，岳飞只得含泪将部队撤出河南。中原大片土地再次沦入敌手，二百多年以后，才为朱元璋所收复。

岳飞回建康后，被秦桧以明升暗降的手段夺去兵权，委以一枢密副使的闲职。尽管如此，岳飞仍继续抨击秦桧的议和政策，说："别人都是战败求和，我们却战胜求和，怪哉！相公乃天下罪人。"

秦桧见岳飞不断地抨击他，心极恨，又无计可施。一天，他回家后仍忧心忡忡，妻子王氏就问："相公何故不乐？莫非为议和一事？"秦桧点了点头："岳鹏举屡阻议和，狼主又催逼日紧，奈何？"王氏道："此又何难？把岳飞抓起来就是。"秦桧道："岳飞抗金有大名，恐怕不妥吧！"王氏道："要抓就要抓岳鹏举这种人，才能杀一儆百，相公议和才可成。"秦桧一听，点头称是。

绍兴十一年（1141年）十月，秦桧以谋反罪把岳飞抓起来，严刑拷打，要他供出谋反之罪。岳飞二话不说，脱掉衣服，露出他母亲烙下的"精忠报国"四个字让狱卒看。经过两个月的审问，秦桧一无所获，但又不知怎样处置岳飞，这时，他妻子王氏说道："捉虎容易放虎难。"暗示要秦桧把岳飞杀掉，以绝后患。

绍兴十一年十二月，秦桧以"莫须有"的罪名把岳飞父子及女婿张宪绞死于建康郊外的风波亭上。

岳飞一死，秦桧议和的最大障碍被除去，朝中再也没有人敢与他抗争了。于是，他学唐朝李林甫的手段，为固相位，媚上压下，把朝中各个部门全换上自己的人，反对自己的全部被贬被杀。由此，他得以执掌相权达十九年，一直到他六十六岁时死去。

史书上说他为相"十九年，劫制君父，包藏祸心，倡和误国。忠臣良将，斥锄略尽，顽钝无耻，率为桧用"。然天道悠悠，报应不爽。秦桧死后，他儿子被逐，其家被抄。宋孝宗时，为岳飞平反，掘秦桧墓，追夺其王爵，改谥谬丑。后来，人们为岳飞修庙宇，并铸秦桧夫妇铁像跪于岳飞墓前，以示惩罚。

相传，时至今日，有一秦桧之后人去杭州西湖见到秦桧的铁像后，为有这样的祖宗而感到羞耻，遂挥笔写下一对联：

人从宋后少名桧，我到坟前愧姓秦。

## 岳　飞

岳飞（1103—1142年），字鹏举。相州汤阴（今河南汤阴）人。幼年贫穷，曾为人庄户。联金灭辽时应募从军，曾在张所部任统制，并与王彦一起抗金。其后随宗泽留守东京汴梁（今河南开封），任都统。宗泽死后，南下投张浚部，逐渐成为南宋抗金主将。建炎四年（1130年）收复建康（今江苏南京）。绍兴三年（1133年），因平定江西农民起义，被高宗赵构赐予"精忠岳飞"锦旗。绍兴四年，大破伪齐刘豫兵，收复襄阳等六郡，封靖远军节度使。绍兴五年平钟相、杨幺起义。后驻军鄂州（今湖北武昌），晋封武昌开国侯，联络两河义军，部署北伐。绍兴八年底，上表朝廷，提出"金人不可信，和好不可恃"，反对高宗和秦桧的议和政策，为其所忌。绍兴十年郾城一战，大破金兀术精锐，收复颍昌、郑州和洛阳等重镇。由于高宗和秦桧执意求和，于同年秋被强令撤军，回临安后即被解除兵权，并被诬入狱。绍兴十一年十二月二十九日（1142年1月24日）与子岳云，部将张宪被秦桧以"莫须有"之罪杀害，时年39岁。孝宗时追谥"武穆"，宁宗时又追封为鄂王。

岳飞不仅智勇善战，在军事上建立了卓越的功勋，同时又颇富文才，是一个文武双全的儒将，戎马倥偬之余，常挥毫遣兴，赋诗作文。其文章语言质朴，议论正大，诚挚感人。其诗词慷慨激越，夺人心魂，著作有《岳忠武王文集》10卷。其中《满江红》流传千古，众口皆碑。书法也颇有造就，传世作品有《前后出师表》等。

### 少年坎坷

宋徽宗崇宁二年（1103年）的某一天，从西边天空飞来一只天鹅模样的大鸟，降落在永和乡岳家庄一富户的屋顶上。它扇动着有力的翅膀，伸着美丽的脖颈，发出阵阵悦耳的鸣叫。这叫声引起了该室主人的注意。他已40岁有余，正在庭院中烦躁地搓着双手，来回走动。听到鸟的鸣叫，他停住了脚步，抬头看了看，不禁露出一丝惊讶的表情。他还从未见过这种鸟，莫不是传说中的神鸟大鹏？恰在此时，屋里传出一声嘹亮的婴儿啼叫，接着房门打开，里面奔出一位丫环，笑嘻嘻地叫道："岳员外！岳员外！夫人生了，是男孩！男孩！"这位被称作岳员外的中年人闻讯大喜，猛地甩开双手，大踏步跨进屋里。屋里几位帮忙接生的妇女仍在忙碌着照顾产妇和婴儿，见岳员外进来，连道恭喜。夫人姚氏经过生产的痛苦折磨后，已疲惫不堪，正欲睡去，见了丈夫，又兴奋了起来，苍白的脸上泛起红光，说："快看看你的宝贝儿子！"岳员外忙捧起正吮手蹬腿的儿子，左瞧瞧，右看看，乐得直说："岳家可有了烧香火的人了！"旁边的妇女向岳员外不住夸赞道："您看这孩子长得多富贵相啊！大眼大耳，宽额方口的，将来一定会有出息的！"姚氏说："您别只是傻乐了，快给儿子想个名字吧!"这时,屋顶上的大鸟又发出一阵鸣叫,岳员外心里动了一下,脱口说:"名就叫岳飞,字叫鹏举吧,愿他日后能像大鹏一样展翅高飞,建功立业,光宗耀祖!"

岳员外是岳家庄的大户,颇有田产家财,但他生活得却很简朴,为人也很善良,常常节衣缩食,来赈济庄里的贫民。对借钱粮不还的人,他从不逼讨,就是有人公然侵吞他的田地,他也不与之论争,因此很得乡亲们的敬重。对他来说,唯一也是最大的焦虑是年近半百,尚无子嗣。为此,他曾四处访医寻药,甚至烧香拜神。如今,他总是如愿以偿,自然高兴万分,向家堂神庙点烛燃香,忙个不停。他还打算在岳飞满月时大治筵席,款待全庄乡亲。

但这个日子并没有来到,来到的却是一场灭顶的灾祸。一天,一阵怪风嗯啦而起,随即从山后升起一团黑云,飞快地翻滚过来,霎时间弥漫整个天空,将炎炎赤日遮了个严严实实。一道耀眼的闪电过后,便是一声将天地抖动起来的炸雷,紧接着,盆泼似的雨水从空中倾泻而下。岳家庄的人从未见过这么暴烈的雷雨,惴惴不安地待在屋里。忽然,从远处传来一阵阵恐惧的叫喊:"黄河决口了!黄河决口了!"顿时,岳家庄就像炸了锅,人们顾不上头顶上的雷电雨了,扶老携幼,哭着叫着跑出屋子,涌向村外,向地势高处奔去,但这怎能跑得过猛兽般扑过来的洪水呢?

岳员外听到呼喊声,慌忙抱起不满月的岳飞,携着姚氏,跟跄着跑在院子中。这时他已听到洪水的呼啸声和成片的房倒屋塌声,他知道跑是来不及了。情急中,他一眼瞥见了放在墙角的一只大木缸,来不及犹豫,就拉着姚氏跑了过去。他先让姚氏坐了进去,再将岳飞递过,让抱在怀中,颤抖着说道:"夫人,我将儿子托付给你,靠你保全一点岳氏血脉,我就是喂了鱼鳖,也能瞑目了!"话音刚落,一股洪流涌来,岳员外手一松,木缸就随水漂走了。

姚氏坐在木缸内,四周是汹涌起伏的黄流浊水,以及漂浮其上的家具物件,死了的猪羊鸡狗,人的尸体也夹杂其间。姚氏看着这一切,想着曾经很温暖、富足安乐,如今已荡然无存的家,更想起凶多吉少的丈夫,她五内俱焚,痛不欲生。她几次想跃入波涛之中,随丈夫而去,但她看见了安安静静躺在怀中的岳飞,想起了丈夫的叮嘱,她便犹豫了。她不应该寻死,应该活下去,把岳飞抚养成人,这样才能对得起丈夫。想到此,她将岳飞紧紧搂在怀中。

岳飞母子坐在木缸内,随势漂荡,任意东西,虽屡经惊吓,终于安然无恙,最后在河北大名府黄县境内,随一股水流漂向岸边,被人救起,得以侥幸逃生。在这场大洪水中,岳家庄大部分人丧生,岳飞母子竟奇迹般地活了下来。或许这种经历太让人不可思议了,人们竟由此附会出了一个荒诞离奇的传说,说岳飞并不是肉胎凡躯,而是天神下凡。这显然是小说家的无稽之谈,不可据以为史实。

岳飞一家虽然侥幸生还,家道却因此败落。这场灭顶的洪水,夺走了岳家祖辈辛勤积累下来的丰厚的资财,以及建立在这些资财之上的社会地位,富家子弟可享受到的一切岳飞都享受不到了。就像经历了一场革命,岳飞母子转眼间由比较富裕的庄户降为贫雇农。生活骤然变得严酷起来,尤其在天灾人祸比较频繁的北宋末期。传说岳飞母子获救后为一姓王的员外所收养,岳母平日靠为人做针线活来维持家计,抚养岳飞。岳飞六七岁时,迫于生计,就参加了一些力所能及的体力劳动,砍柴放猪,打水送饭。年龄稍长时还曾到大户人家做庄客,打短工。在这种情况下,他自然无法一心一意求学读书了。但小岳飞进取心

第六编 宋元野史

很强,求知欲旺盛,利用一切可能的时间和机会学习。岳母姚氏也很有志气,她不愿就此颓败下去,甘心让岳飞做一个地道的庄稼汉。她自己没有能力改变目前凄凉的处境,就把家道振兴的希望寄托在岳飞身上。她自己原是大户人家出身,受过一定教育,于是就做起了岳飞的启蒙老师,教他认字读书。没有钱,买不起笔砚纸墨,就在木盘中盛满沙子,教岳飞在上面写字,写满,可抚平再写。在这种艰苦的条件下,岳飞竟识了不少字,并且练就一手龙飞凤舞的好书法。

在宋朝,下层学子主要是靠科举考试来挤入上层社会,改变自己的政治地位和经济地位,像汉、唐人那样通过从军远戍来建功立业几乎是不可能的。从赵匡胤陈桥兵变以来,朝廷就一直奉行重文轻武的政策,军人受到轻视,士卒被称作"赤佬",为防止他们逃跑,他们的脸上要被刺上字,就像是受了黥刑的囚犯一样。人们视从军为畏途,逃之唯恐不及。但岳飞从小时候起一直渴望做一名将士来保家卫国。他不是不想金榜题名,而是实在忍受不了异族侵略者的嚣张气焰。那时,北宋边备松弛,委曲忍让,辽金屡屡起衅,并几次侵扰中原,饮马黄河,大肆劫掠。官军每每闻风而逃,老百姓备受兵灾之苦。这一切给年少的岳飞以很大的刺激。他认为,在国家民族处于危难的时候,仍去汲汲于追求自己的科场功名,这是最不光彩的行为,非大丈夫之所为。他毅然决然地决定,长大后一定要从军,为看不起"赤佬"的朝廷效命,抵御外侮,保卫自己的家园。

为了能实现自己的愿望,岳飞小时曾四处拜访名师,练习武艺。他先师从汤阴县名手陈广学习枪法。由于他生得健壮有力,悟性又好,肯下苦功,所以很快得其真传,并加以发扬光大,形成了一套独具特色、让敌人胆寒的枪法,在传说中称作"岳家枪",渲染得神乎其神。在全县的比武中,岳飞大显威风,一杆枪使得蛟龙翻海一般,将对手一个个赶下擂台,夺得第一。其后,他又向一个叫周同的人学习骑马射箭。岳飞在他精心指导下,武艺大进。可以拉开三百斤的硬弓,在奔驰跳跃的马背上左右开射,应声中的。周同还教岳飞研读《孙子兵法》,以及《左传》等古代历史书籍中所记载的战例。他常常告诫岳飞道:"用兵打仗不只是靠勇敢,拼死力,那是匹夫之勇,不值得称道。用兵打仗更重要的是靠智谋策略。如果运用得当,就能以少胜众,以弱胜强!"岳飞连连点头称是,对师傅极为佩服。周同死后,岳飞非常悲痛,每月初一、十五都要到下葬处祭奠,风雨无阻,人们对岳飞不忘故恩旧谊的行为极为赞赏,认为他一旦能为时用,一定会为国效命的。

### 从军抗敌

宋徽宗宣和四年(1122年),真定(今河北正定)宣抚使刘韐募兵,19岁的岳飞应征,当上一名敢死战士,并任小队长。不久,岳飞就参加了一次剿匪的战斗,他主动向刘韐请战,愿领百余名精骑消灭这股劫掠乡里,令官兵十分头痛的土匪。获准后,他让一部分士卒扮作商人,往土匪的营寨去"经商"。匪徒正四处抓丁,扩充队伍,以应付官军的围剿,见了这帮精壮的"商人",自然不会放过,一个个抓将起来,强令入伙。

岳飞又命百名官兵预先潜伏在山下险要处,自己则亲领几十名骑兵至土匪营寨前叫骂挑战。匪众见岳飞人少,大开寨门,鼓噪涌出,希望一举擒获。岳飞稍稍招架了几个回合,佯装不支,唿哨一声,掉转马头就跑。匪众哪知底细,拍马就追。到了山下伏击圈内,只听得一声号令,伏兵四起,紧紧围上,岳飞也返身杀回,一阵猛杀,匪众死伤大半,余下的扔掉器械,跪在地上直喊饶命。潜入匪徒营寨的官兵乘着空虚,四处纵火,捣烂了匪窝。匪首陶俊和贾进和慌慌张张，想骑马逃走，被绊马索绊倒，就地擒获。岳飞大获全胜，押着俘虏，载着战利品，凯旋奏捷。刘韬大喜，对岳飞的智勇大加赞赏。

不久，岳飞参加了宋金联合攻打被辽兵所占领的燕城（今北京）的战斗。其时，辽国在新兴金国的不断打击下，已奄奄一息，燕城守备空虚。宋军有十几万兵马，加上辽常胜将军郭药师率涿、易二州 8000 兵马降附，在兵力占有压倒性的优势，攻取燕京本是唾手可得的事。但北宋王朝长期压制军队所造成的贫血症在这关键时候马上就表露了出来。将帅鲜勇寡谋，士卒军纪松懈，了无斗志，与辽军稍一接触，就溃不成军。郭药师向宋大将刘延庆提议，应在辽援军没有赶来前袭取燕城。畏敌如虎的刘延庆几经犹豫后，同意了这个计划。于是，郭药师率 6000 精兵乘夜渡过芦沟，向燕城突然发起猛攻。岳飞率领自己的敢死队冲在最前面。城上守兵拼命往下放箭、掷石块和掀滚木，岳飞毫不畏惧，硬是靠云梯攀上城墙，将守兵杀死，开了城门，宋军遂攻占了燕京外城，但刘延庆却遥相观望，拒不按计划增派后续部队，致使辽援军赶到，与城内守军夹击宋军入城部队，使之几乎全军覆没，只有岳飞等少数官兵拼命杀开一条血路，缒城逃回。

金人通过这次战斗，看出了宋军的虚弱不足惧，于是在宣和七年（1125 年）灭辽之后，挟战胜之威，兵分两路，向北宋发动了大规模的入侵。西路由宗弼率领，自云中（今山西大同）出发进攻太原。遭到太原军民顽强抵抗，被牵制在那里不能南下与东路军会合。东路军由斡离不率领，在宋降将郭药师的向导下，长驱南下，直扑北宋首都开封。赵宋王朝慌成一团，史称"朝廷震惧，不复议战守，惟日谋避狄之计"，意思是说根本不考虑如何迎敌，一心只想逃跑，以避开金人的猛

攻。该年年底，金人更近汴京，平日贪于声色之娱的宋徽宗竟吓晕了过去，被大臣们用药灌醒。在性命与皇位难得兼顾的情况下，最后狠心舍弃后者，索来笔墨，抖抖索索地写下退位诏书，让位给太子赵桓，即宋钦宗，自己则带着一帮宠臣连夜逃往镇江避难去了。新即位的宋钦宗也几次想溜，均被坚决主张抗金的大臣李纲及汴京军民所阻拦。

此时岳飞在家已居丧四年。靖康元年（1126 年），康王赵构奉朝廷之命，在相州设大元帅府，并派枢密副史刘浩在民间招募义勇兵，岳飞再次入伍。他以前剿匪及攻打燕京时的勇敢善战受到赵构的重视，遂命他去招讨流寇吉倩。吉倩早知岳飞的威名，哪敢抗拒为敌，遂率部众归降。赵构大喜，封岳飞为武训郎。

汴京告警时，赵构命岳飞随刘浩前往勤王，途中遇到金兵阻击，双方相持于滑台城（今河南滑县东）南。一日，岳飞率百余名骑兵在河上操练，只见前方烟尘起处，突然出现了大队来犯的金军，气势汹汹地逼了过来。敌众我寡，力量悬殊太大，宋兵不免大惊失色，策马就想逃跑，被处变不乱的岳飞拦住。他鼓舞士卒道："金寇虽然众多，却不明白我们的情况，不敢贸然进攻。我们要是一逃跑，必然会被他们瞧出破绽，乘势掩杀，我们是很难生还的；不如乘他们立足未稳之际冲杀过去，乱中取胜。言罢，跃马挥枪，大吼一声，率先突入敌群，众士卒紧随其后。有一个面貌凶猛的金将哇哇叫着扑向岳飞，挥刀便砍，岳飞用枪荡开，顺势向前扎去，正中金将心窝。金兵见状，吓得魂飞魄散。岳飞指挥宋兵，左冲右突，手中那杆丈八长矛蛟龙般飞舞，蹭着伤，挨着亡，杀得金兵人仰马翻，拼命逃奔。岳飞也乘胜收兵，归禀刘浩。刘浩大喜，表奏康王赵构。为岳飞请功，康王立即传下委任状，升岳飞为秉义郎。

靖康二年（1127 年），金兵在占领汴

京开封四个月后，俘获了徽、钦二帝后离去，北宋正式灭亡。宋朝旧臣拥立徽宗第九子康王赵构为帝，即高宗，建立南宋王朝。岳飞认为新主即位，当有一番作为，以树立自己的威信，就上了一封千言书，忠心耿耿地向高宗献计献策道："陛下您现在做了皇帝，这是国家社稷的大幸，是百姓子民的洪福。您胸有克敌制胜的谋略，又有各地赶来的勤王之师可供调遣，而金军正处在胜利的陶醉之中，骄惰懈怠，没有防备，这是天赐良机，陛下应当亲率六军，北渡黄河，收复失地。黄潜善、汪伯彦竭力倡议南逃避敌，终于酿成靖康之祸，是当今的卖国贼，陛下不可不提防！"这原出于一片忧国忧民的热忱，却不知正触犯了朝廷大忌，立即被斥责为越职言事，夺职遣回。在封建社会，不在其位而言其事，不管其动机如何纯正无私，都算是狂妄犯上，绝不容许的。至尊无上的皇帝与一个中下级军官之间是不会有通信和对话自由的。岳飞不是不明白这个道理，只是他太忠诚耿直了，容不得他安分守己、世故圆滑。为此他屡遭打击，甚至最后献出了生命。

岳飞罢归不久结识了河北招抚使司的干事赵九龄，很得赏识，遂被引荐给河北招抚使张所。张所是北宋著名的抗战派将领，当时受宰相李纲的委派，在河北一带招募民兵，积极组织抗金力量。他见岳飞身材魁梧，气宇轩昂，很是喜欢，抵掌而谈，非常投机。他问岳飞说："你武艺如何？能搏击多少敌人？"岳飞徐徐答道："我很自信自己的武艺，但并不认为这匹夫之勇是多么了不得的事。用兵之道贵在施谋使计，而不在于逞凶斗狠。栾枝用曳柴诈败之计大胜强楚，莫敖靠采樵诱敌之法击溃绞人之围，这些全靠的是智谋，而不是个人的武艺。"张所一听肃然起敬，赞叹道："原来你并非一介武夫啊！不知你对当今形势有何看法？如何才能守住黄河呢？"岳飞侃侃谈道：

"汴京的安危全看河北诸郡的巩固与否。我们当在所有险隘处建立要塞，互成依仗之势，如果任何一城受到威胁，其他城塞就会赶来相助，并且伺机搔扰敌人的后方，这样的话，敌人就不敢窥视黄河，京师也就安然无恙了。"一席话说得张所心悦诚服，连连点头称是。岳飞见遇到了知己，不禁慨然请求道："张招抚如果能提兵巡境的话，岳飞愿做前驱，供你调遣！"张所大喜，立即授岳飞武经郎职，命他随已归顺的八字军领袖王彦北渡黄河，挺进新乡（今河南新乡）。

新乡有金人重兵驻守，见宋军渡河，就猛扑过来，想一举围歼之。王彦见状，心里害怕，传令停止前进，高筑壁垒，准备死守。岳飞几次请行，都被拒绝，不由气愤道："我们本来就是找金寇打仗的，如今却畏敌不前！如果图安全的话，何不待在后方呢！"王彦也恼了，说："你要找死的话，我可以让你去！"岳飞遂率领千余名士卒，迎着穷凶极恶的金军杀了过去。金军急忙分兵围截，竟被岳飞冲溃。金军又聚拢起来追堵，再次被岳飞突破，如此反复了好几次。岳飞一马当先，所向披靡。宋军士气大振，人人逞勇，个个发狠，竟一鼓作气攻下了新乡。

宋军攻占新乡，这等于孙猴钻进了牛魔王的肚子，金军自然不会善罢甘休。调集人马，蜂蚁般涌了过来，想把立足未稳的岳飞置于死地。两军在候兆川（今河南辉县西北）相遇，展开激战，岳飞身上十余处受伤，仍在马上厮杀，士卒也拼命死战，终于击退数倍于自己的敌人。

当天晚上，宋军官兵未解铠甲，就枕着兵器睡着了，他们实在太累了，自从与王彦分兵以来，他们一直与围追堵截的金军进行着战斗，已经好几天没有休息了，所以，战斗一结束，他们没吃饭，甚至连伤口也来不及包扎，就倒头而睡。他们以为金军新败，一时半会儿不可能再来了。不料，在一个梦还未做完的时候，忽然传来警报,说大批金军来劫营,宋军士卒惊得睡意全消,跃身而起,陷入一片恐慌之中。他们全拥至岳飞帐前,想听他如何处置。岳飞没有出来,帐篷内传来有节奏的鼾声。宋兵们着急,责问帐前军吏:"军情如此紧急,你们怎么不通知首领?"军吏哈哈一笑,道:"首领有令,让大家回去安心睡觉,不必害怕,金寇不会来的!"宋兵疑惑地散开了,但谁也没敢再次睡去,抱着枪,守在备好鞍的战马旁。

其实,岳飞自己并未安然而卧。接到警报时,岳飞心里也很担心。宋军连续作战,已疲惫至极,对有备而来的金军,极难有获胜的希望。逃跑已经来不及,很快会被追杀。一番权衡后,岳飞决定冒险效法诸葛亮的空城计。金军连日来已被岳飞杀怕,见宋营一片寂静,怀疑其中有诈,怕中埋伏,就转身退走了。岳飞长吁了一口气,急忙传令拔营。

连日征战,岳飞粮草很快告罄,就到王彦营中求借。王彦对岳飞的频频告捷不仅不感到高兴,反倒觉得如芒刺在背。当初放岳飞出去,原是让他去送死的,至少让他碰碰壁,受受金人的教训,然后回来老老实实受他的节制和管辖,不再与他的闭垒自守、畏敌如虎的政策作对,但岳飞却坚持了下来,胜仗一个接一个,这岂不等于向世人昭告他王彦的胆怯无能,他能不嫉恨吗?向他借粮草,能答应吗?于是,他冷冷地对岳飞说:"粮草我有一些,但自己要用。你有本事独立行动,就没有本事搞到粮草吗!"岳飞忍住不快,说:"王将军,我们都是为朝廷效命,当互相支持帮助,分什么你我?"王彦冷笑一声,说:"这么说,你的功劳可以记在我的名下了?"竟拂袖而去。岳飞无奈,只好率领所部到了太行山一带,依靠当地民间抗金组织,与金军展开周旋,打了不少胜仗。在一次战斗中,岳飞擒获了强悍凶狠的金军大将拓跋耶乌,在另

一次遭遇中,又刺杀了敌将黑风大王。但由于孤军作战,粮草不济,难以长久坚持下去,最后只得杀出重围。岳飞知道王彦必不容己,就投奔抗金名将宗泽而去。

### 初显威名

岳飞与王彦分道扬镳,独立采取军事行动,按宋朝军律,是要处以死刑的。所以他到宗泽大营不久,就被五花大绑起来。在即将行刑之际,遇见宗泽视察刑场,岳飞朗声叫道:"宗元帅难道不想恢复中原吗?"宗泽将脸一沉,喝道:"胡说!本帅与金寇誓不共生,天下谁人不知?"岳飞道:"宗元帅既要驱逐胡虏,为什么要杀堪做前驱的壮士?"宗泽对岳飞早有所知,今见他相貌英伟,出语俊爽,知道不是一般平庸之辈,就令刀下放人,邀到元帅府叙谈。用兵之道、恢复方略,凡所问及,岳飞总是侃侃而谈,持议精当。很合宗泽的心意。他认为岳飞算得上栋梁之材,堪当恢复大任。他已垂垂暮年,恢复振兴之事尚茫然无绪,朝廷中持和者济济,主战者寥寥,昏庸无能者居多,贤明干练者甚少,这些有时使他陷入绝望。见到岳飞,使他不免对前途又增强了信心。有这样的人在,大宋江山是不会轻易易主的。他拉住岳飞的手,连连赞道:"你有勇有谋,在抗金的事业中会大有作为的!"

当时正值金兵来犯,宗泽命岳飞率领500名骑兵迎敌,借以亲自考察一下他的实际作战能力,看他是否属于纸上谈兵的马谡之流。岳飞果然不负所望,先战昨城(今河南汲县东南)再战黑龙潭,均获胜利。随后开赴汜水关(今河南荥阳西北汜水镇)迎敌。该关地形险要,为东西交通咽喉,也是西路金军南侵的必经关口,战略意义非常重要,因此必须夺下并守住它!岳飞昼夜兼程,赶到关口,察看各处地形后,立即开始筹划分置。宋军兵少,粮草不足,面对数倍于己

的金军，显然宜于速战速决，不宜于长久相持下去。于是，岳飞想出一条迷惑敌人、乱中取胜的计策。他选出300名精悍的骑兵，命每人捆扎两束柴草，潜伏在前山脚下。他亲自率领所余士卒，开赴关口敌军营寨前。

当天夜里，没有月亮，只有星星稀稀疏疏地散布在天空，眨巴着惊异的目光，期待着欣赏由岳飞即兴导演的一幕战斗短剧。金军见宋军人少，不以为意，醉醺醺地进入梦乡，夜半时，岳飞一声号令，埋伏在山下的一起点燃柴两端，每人两束，两手各一，上下左右挥动起来，同时还擂鼓鸣号，吆喝呐喊。一时间，整个天空被火光照得通亮，遍山漫野回荡着喊杀声。金兵从梦中惊醒，以为宋军大部队赶到，一手提着裤子，一手倒拿兵器，慌慌张张就要逃跑。被岳飞迎面拦住，大声令道："放箭！"只听见一阵嗖嗖声，箭矢像雨点一样密密地倾泻过去，金兵顿时倒下一大片。岳飞翻身上马，平举着丈八长矛，大吼道："杀！"率先踏入金兵中，士卒随之拥上，展开肉搏。金兵不敢恋战，掉头就跑，正撞上举着火把赶来的伏兵，被猛杀一气，倒毙无数。

火光中，见一金将哇哇叫着，来回冲突，想要稳住金兵，进行反扑，宋兵被他的鬼头大刀砍翻了好多。岳飞看得真切，恼得性起，将枪挂在得胜钩上，从背上取下弓来，搭上利箭，舒展猿臂，"嗖"的一声扯个满月，略一瞄准，右手一松，只听"嗖"的一响，正中金将咽喉，顿时栽下马来。金兵更惊得失了魂一般，拼命冲开一个口子，逃向山下。岳飞也得胜回营，向宗泽禀报，宗泽大喜，认为岳飞果有大将之才，就破格提拔为统领，不久又升迁为统制。岳飞这下算是遇到了伯乐，政治抱负和军事才能有了全面施展的条件和机会。在此以前，他虽然屡建战功，因身轻位卑，始终得不到重视。

建炎二年（1128年）七月初一，抗金老将宗泽死于开封留守任上。他晚年将全部精力用于抗金复宋的事业上，却受到朝廷的百般阻挠，心力交瘁，憾恨而亡。临终时，他用屡弱但殷切切的声音对岳飞等属将说："你们千万不可忘了自己的天职啊！"岳飞等含泪说："宗元帅，你就放心吧！"宗泽吃力地点点头。忽然，宗泽呼吸急促起来，脸涨得通红，侍从急忙上前抢救。宗泽推开大家，吃力地挺起上身，睁大双眼，放出光来，连呼"过河！过河！"气绝而亡，眼睛仍大睁着。岳飞等人见此情景，无不受到震动，激起对投降派的满腔义愤，发誓要继承宗泽的遗志，打过黄河去，光复北宋河山。

接替宗泽任开封留守的杜充，却是一位刚愎任性、嗜杀残忍的无能之辈，根本无力管束部下。集结在开封周围、原归宗泽节制的各路勤王之师，以及收编的忠义民兵很快陷于内争中，互相攻击。原统制王善、曹成、孔彦周等合兵50万，攻打南薰门，想赶走杜充，占领开封。守门的仅有800名士卒，见叛军来势汹汹，不免心惊肉跳，想弃城逃跑，岳飞挺身拦住，说："叛军是乌合之众，虽然人马多，没有什么害怕的。不信的话，我杀一阵给你们看看！"随即挺枪挟弓，跃马冲入敌阵，叛军知道岳飞的厉害，哪敢上前阻挡，竟被岳飞冲得四散。守兵见状，大为振奋，一起杀上，叛军不支，慌忙退去。岳飞乘胜追击，擒获叛将杜叔五、孙海、孙胜等。岳飞因平乱有功，被授为英州刺史。

杜充见部将分崩离析，城中粮食即将用尽，金兀术又虎视眈眈，时刻有侵吞之心，便决定放弃开封南逃。岳飞听说，急忙劝阻说："开封为中原军事要地，关系重大，万万不可随意放弃。开封若失，中原必然陷于胡虏手中；中原不保，南宋可就危险了。他日若要收复，就远不如放弃容易了！愿杜统帅三思而后行啊！"

杜充辩解说："经此叛乱，开封守军元气大伤，兵少将寡，粮草又接济不上。朝廷逃难不暇，根本顾不上开封的守备，这样怎能长期坚持下去呢？提前撤走总比城破时突围要好吧！"岳飞见杜充执意要走，只好请求道："您一定要走，就让我留下来吧！我向您保证，坚决守住城池，否则的话，提头去见你！"杜充哪会答应，脸色一黑，说："我主意已定，你不要多言了！"言罢，拂袖离去，岳飞只好从命。这样，李纲和宗泽流血保卫过的开封城就被杜充随便抛弃了。

杜充丢失开封，朝廷非但没有治罪，反任命为枢密副使，并兼建康行营留守。建炎三年（1129 年）秋，金军渡过淮河，取道滁州、和州，准备渡江后直趋浙江。杜充畏敌如虎，闭城不出。岳飞认为应当凭借长江天险，进行坚决阻击，决不能让金兵踏上岸来。如果让金军渡过长江，就很难阻挡其凶猛的进攻了。他几次进见杜充，陈述利害。请求赶快出兵，沿江布防，但杜充拒不答应。最后，岳飞竟急得流下泪来，哭谏道："杜留守，赶快发兵吧，再拖延就要危险了！"杜充终不为所动，将岳飞斥退出去，不久即传来警报，说金军已在马家渡（今安徽马鞍山市北）轻松渡江，正势如破竹，向建康杀来。杜充这才慌了，草草派岳飞等人迎敌。这犹如用几筐土石去堵决堤的洪水，如何能起作用？王𤫱尚未接战即闻风窜逃，都统制陈淬还没摆开阵势，就被势焰正炽的金军冲得东倒西歪，混战中，陈淬阵亡。只有岳飞挺枪跃马，奋力冲突，杀得金兵不敢上前，只能任他驰骋。无奈孤军奋战，寡不敌众，只得杀出重围，在险要处安营扎寨。

在岳飞浴血战斗时，胆小如鼠的杜充竟开城迎降，南宋的长江防线彻底崩溃，金军乘胜南下，直趋临安。高宗丧魂落魄，逃到明州附近的海上。面对将帅叛逃，士卒溃散，金军席卷而来，百姓惶惶呼救的局面，岳飞心如刀绞。他将士卒集合起来，歃血盟誓道："朝廷养兵千日，用在一时，我血性男儿在国难当头，当以死报效国家，图个名垂青史，留芳百世。如果向胡虏投降，或者结伙为盗，纵然一时偷生，终会遗臭万年，大丈夫能这样行事吗？"听得将士们热血沸腾，表示愿意随岳飞血战到底。

### 广德整军

不久，岳飞奉命驻军广德（今安徽广德），以牵制南下金军。在战斗的间隙，他抓紧时机进行休整。不断的行军和作战，使将士们极度疲劳，需要恢复体力。受损的建制需要恢复重建。随时入伍、仓猝上阵的士卒需要训练，尤其是减员的部队需要补充。岳飞真希望能有一年半载的时间，来对部队好好整编一番，以便能更好地体现他的军事意图。但这在烽烟四起的南宋时代是根本不可能的。岳飞只能见缝插针地进行他的整训计划。

主要是招募兵丁。岳飞的兵太少了。朝廷出于对武将拥兵专横的忌讳，不让岳飞拥有太多的军队，且常常釜底抽薪，借故抽调。就是后来成为南宋一员独当一面的大将时，岳飞的总兵力也没能超过几万，这使他难以施展他全部的军事才能。他只能在不触犯禁忌的前提下，在力所能及的范围内招募一些兵丁。这是很难的，老百姓讨厌军人如同讨厌土匪。何况在战火连绵的年代，丁壮大多已被迫当了兵或土匪，剩漏的不是东躲便是西藏。岳飞，也包括当时大多数将领主要靠做"误入歧途"的人的工作来补充兵员了，即所谓的招降纳叛。但由此带来的问题也是很严重的，使军队原有的匪气更加变本加厉，这会很快腐蚀掉一支军队的战斗力。岳飞明白这个道理，所以，他不只是招募，而且还进行严格的教育和管理。他绝不容许军纪涣散和侵扰百姓，稍有触犯，严惩不贷。

有一句话在他的军队中非常流行："冻死不拆屋，饿死不打掳！"这不是一句自我标榜、流于形式的口号，而是一条被严格执行着的戒律，岳飞自己也不例外。岳飞有个舅舅姚某，平时仗恃岳飞的声势，胡作非为，侵掠百姓。岳飞知道后，不便亲自责罚，就告诉母亲，让她出面致意。姚某大为恼火，认为岳飞狂妄，冒犯尊亲，就想伺机报复，一次与岳飞同行，至无人处，突然催马向前赶了几步，取下弓来，转身就射岳飞，慌张之下，射在马鞍上。岳飞大怒，飞马上前，将正要放第二箭的舅舅掀下马来，用佩刀一刀砍死。岳飞的这个举动在当时引起巨大反响，认为岳飞罚不避亲，为民除害，从而对岳飞更加敬畏起来。当然也有人认为岳飞过于绝情，就是深明大义，亲手在岳飞背上刺下"精忠保国"四字的岳母也一时想不通，对岳飞大行家法，让跪在祖像前，怒声呵斥。但不久，她就慢慢想通了，原谅了儿子。不如此何以服众人呢？不服众人又怎能报国呢？

有过必罚外，岳飞还有功必赏，善待士卒。一个严冬的日子，岳飞的一个幕僚在军营巡视，发现一个士卒衣着单薄，在寒风中瑟瑟发抖，便上前问道："你的上司是不是克扣了你的军饷？这样寒冷，难道没有怨言？"士卒却答道："其他将领才经常克扣军饷，自从跟随岳宣抚以来，从来没发生过这种事。他从未克扣我们一文钱。我之所以穿得单薄，是由于家累太重，所得军饷大半都接济了家人的缘故，我感激都来不及呢，哪能忘恩负义，抱怨岳宣抚呢？"

杨再兴原是一名流寇悍将，一次在两军对垒时杀死岳飞弟弟岳翻，后来杨再兴战败，自缚请罪。岳飞并不计较前嫌，亲自为他松绑，收为部将，任用不疑。杨再兴大为感动，发誓效忠，后来竟战死在小商桥。岳飞这种不计恩怨，待人以诚的作风，吸引了不少文人武士，纷纷慕名而来。其中有一个叫黄纵，替岳飞掌管机要文件。一次，岳飞分发沉香，待到黄纵时，只剩一小块。岳飞见分得不均，打开一袋再分，到黄纵时又剩下一小块，岳飞一时不知所措。黄纵看在眼里，深为感动，表示大小无所谓。

在岳飞的大力整治下，他的军队变得纪律严明起来，很快赢得了老百姓的衷心拥护。他们亲切地称岳飞的军队为"岳家军"，以示与其他作风恶劣的军队的区别，他们甚至设立祠堂，绘上岳飞画像，经常进行供奉祭祀，祈祷岳家军尽早赶走金寇，恢复老百姓正常的生活。从此，他们不再一味地拒绝参军了，送子送夫者络绎不绝；也不再坚壁清野了，箪食壶浆者随处可见；更不冷眼观战了，带路送情报者主动踊跃。

在紧张的整军、练兵中，岳飞不忘挤时间学习。他深知，若没有诸葛孔明之智谋以及淮阴侯韩信之武才，仅凭匹夫之勇是很难扭转当今危局、救民于水火的。这就需要向古代的圣贤学习，汲取他们的智慧。他喜欢读的仍然是《孙子兵法》，常置于身侧，有空即摩挲研习。与少年时的诵读不同的是，他现在有丰富的军事经验，对书中那精奥的道理有更深的启悟。他经常将这些体会自觉地运用在具体的战斗中。当然，他并不盲目迷信、机械照搬。宗泽曾对此不以为然，批评他作战不依阵法，岳飞却自有他自己的见解，认为古人的阵法并不是万用不爽的灵丹妙药，不可固执迷信，应当根据具体的情况加以灵活运用。用兵的关键在于出其不意，攻其不备，不可能每次都按部就班布好了阵，再与敌人厮杀，那样非吃败仗不可。用兵之道，全在于灵心一点，随机应变！宗泽被他说得心悦诚服，击掌称妙。宋代军队作战，都得按照皇帝事先"御制"的阵图进行。然而战场情况，千变万化，这在千里之外的皇帝怎能全部预知呢？所以宋军几乎是每战必败。岳飞作战，全靠灵活机动，所以每战必胜，攻必克、守必固，一生经历大小126次战斗，无一败绩，是历史上少有的常胜将军。史书称赞他有韩信、彭越、周勃等将之采，并兼有诸葛孔明之风，形成了一套有鲜明特色的战略战术思想。后代的小说家竟据此臆造一部《武穆遗书》，称之为岳飞的兵法著作，像"岳家枪谱"一样，使许多武林高手心驰神往，为这并不存在的、所谓可以称王称霸的法宝拼杀得你死我活。

经过短期的修整后，岳家军的战斗力得到更进一步的提高，于是，他们便四处寻找战机，打击金人。不久，传来情报说，有一大批金军将途经广德南下。岳飞闻讯后，紧急部署，在金军必经的险要处布下口袋，严阵以待。一段难熬的时间过去后，金军终于大摇大摆地走了过来。他们根本没有意识到前面的危险，他们一路就是这么满不在乎地走过来的，很少遇到宋军的全力抵抗，稍一接触，宋军就如鸟兽散了。但这次他们却遇到了一个可怕的对手——岳家军！看到他们已进入了伏击圈，岳飞手中的号令旗一挥，只见伏兵骤起，滚木、山石从两侧山坡上冰雹般倾泻而下，金兵顿时倒下一大片。金军被这突然袭击搞得晕头转向，尚未定下神来又被一阵箭雨击毙无数。剩下的慌忙后撤，被一彪人马迎面拦住，骑马持枪冲在最前面的正是岳飞。他大吼一声，当先突入敌群，挥动丈八长矛，或扫或刺，金兵纷纷倒下。这时，两侧的伏兵已逼了过来，将金兵铁桶一样围在山谷间，轮番冲突，金兵死伤无数，剩下的大多缴械投降，只有少数拼命杀出重围，落荒而逃。

这次伏击战沉重地打击了金军的嚣张气焰，使岳家军声威大振。只要一提及"岳爷爷"（金兵对岳飞敬畏的称呼）或岳家军，金人马上就心惊肉跳。他们再也不敢随意行动了，扎下营来，想等后面的大部队上来后一起围剿岳飞。岳飞探得敌将王权的部下多是签军（被金人强行征集的汉兵，军心涣散，战斗力比较弱），就决定先吃掉他们。一次，有100名签军出来打劫，遭宋兵追杀，擒获40余名，押赴岳飞营帐。这些俘虏估计难逃活命，个个心惊肉跳。岳飞沉着脸道："你们也是汉人，却为虎作伥，帮金虏屠杀同胞，本该斩首，"说到这，岳飞有意停顿了一下。签兵吓得魂飞魄散，跪下磕头说："岳爷爷饶命！岳爷爷饶命！"岳飞说："饶命不难，就看你愿不愿意改邪归正，戴罪立功？"签军们连忙道："愿意为岳爷爷效劳，请岳爷爷吩咐吧！"岳飞说："要你们做的并不难。请你们回去做内应，帮我们攻取王权营寨，怎么样？"签军们连忙答应。岳飞遂与他们约好具体行动的时间和方式，然后就放他们回去了，当天晚上半夜时，这些签军突然放起火，并大声喊："岳爷爷来了！"敌营寨就像炸了锅一样，陷于极端慌乱中，敌人衣服也没有穿好，就倒拿武器跑出营帐。王权竭力想稳住慌乱的士卒，但无济于事。早已埋伏在外的岳家军一拥而上，冲入营寨内，一边乱砍，一边喊降。签军本是被胁迫而来，心里对金人有怨，哪肯为他们卖命？所以几乎未加抵抗就放下了武器。王权见状，就想乘乱逃走，被岳飞赶上，一把掀下马来，被拥上的士卒擒获。

岳飞广德大捷后，本想南下勤王，只因粮草短缺，不便远行，只好移军牛头山，等待金兀术撤退。金兀术因遭南宋军民的英勇抵抗，不得已放弃追袭赵构的计划，声称"搜山检海"已毕，开始率部北撤，遭南宋名将韩世忠截击，金山寺一役，几乎被擒，慌张中逃入死港黄天荡。后掘开老鹳河故道，方得逃出，往牛头山急急奔来，他庆幸自己命不该绝，已摆脱死亡的威胁。正当他得意时，突然鼓角齐鸣，从树丛中和乱石后跃出大队人马，杀奔过来。冲在最前面的那位大将，挺着一杆丈八金枪，盘旋飞舞，如同神出鬼没，无人可挡。金兀术已被韩世忠挫了锐气，又遭这当头一棒，立即晕头转向，无心恋战，忙策马返奔，一口气跑了二三十里，见并无追兵，这才停了下来，问部将道："刚才那位大员是谁？如此厉害。"有一随卒脱口答道："是岳爷爷！"金兀术叹道："原来是岳飞，果然名不虚传！"此时已是傍晚，暮色渐浓，金兀术便传令扎营。他怕岳飞夜来袭营。就留一部分士卒留心巡逻防守，自己也不敢安然入寝，至夜静更阑时，方蒙眬睡去。忽然梦中被一阵震耳欲聋的鼓角声惊醒，紧接着一名小校来报："岳家军来了！"金兀术慌忙操剑冲出帐篷外，只见大营中四处起火，杀声不断。兀术声嘶力竭，挥舞着剑喊道："不要乱，不要乱！给我杀退岳飞！"但被死神惊醒的金兵怎能镇定下来，有效地组织防卫呢？他们已经被接踵而至的灾难搞得神经质了，以为到处都是想置自己于死地的敌人，尤其对面难辨的夜间，他们向自己认定的"敌人"冲杀着，捍卫着自己的性命；对方同样认真严肃地还击着。天色渐渐亮了，金军渐渐地感到了荒唐：怎么对手和自己一样的打扮，一样的身容，一样的语音？他们突然醒悟了，大水冲了龙王庙，自己人和自己人玩了一晚上的命！岳爷爷确实厉害，我们不是他的对手！

金兵自相残杀累了，养足了精神，等得不耐烦了的岳家军又杀了上来。金兀术情知不敌，策马就跑，金兵也跟着奔溃，怎奈岳家军尾追不舍，慢一步的，都做了刀下鬼、马下魂。只有那些脚生得长，腿跑得快的人侥幸脱网，跟着兀术逃到龙湾（今南京城区西北），准备进驻建康。行军到静安镇（今江苏江宁西北静安附近）时，远远看见旌旗招展，中间大写着"岳"字，兀术大惊，连忙退兵。兵还没退位，已听见连珠炮响，岳飞领着大队人马杀了过来。冲进敌群，一阵猛杀。

金兵死伤众多，15里长的路上积满了尸体。余下的马不停蹄地逃往淮西，岳飞乘胜收复了建康。消息传到朝廷，刚从海中爬出的高宗兴奋了起来，当即下旨，任岳飞为通泰镇抚使。

### 招降平叛

自从金军南侵，搔扰中原，兵民困苦流离，啸聚为盗，劫掠乡里，有些甚至投降金人，为虎作伥。因此岳飞在抗金的同时，也参加了一次次剿抚内乱的军事行动。

绍兴元年（1131 年），高宗授张俊为江淮招讨使，岳飞为副，前往讨伐李成。李成原为江东捉杀使，强盗未曾捉拿住几个，自己却于建炎二年落草为寇，叛据宿州。后为刘光世所破，窜迹于江、淮、湖、湘间，横行十数郡。势力滚雪球般膨胀起来。张俊接到任命后，本想与岳飞一起进军。见情势危急，于是提前出发，驰入洪州。李成部将马进领着几倍的兵马，将洪州团团围住。张俊命令高挂免战牌，任马进百般辱骂，就是不出城迎战。这样相持了十几天后，岳飞领兵赶到，杀开重围，到了城内，见到了张俊。张俊大喜，问岳飞如何破敌。岳飞答道："我认为现在可以出战了！"张俊说："我们两军合在一处，也没有马进人多，如何获胜？"岳飞说："马进虽然人多，一心只顾尽早拿下洪州，却没有考虑身后危险。如果我们派一支人马潜出敌营，沿江而上，抢占生米渡（今江西新建县西南），截住退路，再用重兵攻其背后，这样一定能破马进。"张俊连连点头称善。岳飞请求做先锋，张俊大喜，命岳飞率领所部掩击敌人营寨，又派杨沂中领精兵，趁暮色缒出城外，直趋生米渡。

岳飞披甲上马，奔赴西山，逼近敌人营寨。马进自兵围洪州以来，连日骂阵挑战，张俊总是不应，还以为是胆怯，反倒定下心来，纵酒作乐，想让城中粮草断绝，不战自乱。这天，他正在帐中搂着抢来的美人，饮酒听歌，已醉醺醺的了，忽然听兵卒来报，说官兵从背后来劫营，不由得大吃一惊，酒也全醒了，推开美人，操起大刀就往外走，一面命令属将召集喽啰，前往抵挡。还未站稳脚跟，岳家军已到了眼前，迎风猎猎的"岳"字旗帜下，正是岳飞。他用枪指着马进，喝道："反贼，还不赶快下马投降！"马进仰天哈哈一笑，道："都说岳飞厉害，我倒要看看你是不是三只眼的马王爷！"说到这，他猛挥一下大刀，嚎道："弟兄们，给我上！"直奔岳飞。岳飞命令放箭，只听一片嗖嗖声，蝗虫一样的箭头泻向敌群，贼众立时倒下无数。岳飞又令："出击！"言未毕，他自己已跃马趋出几丈，挺枪刺向马进。马进忙用刀招架。几个回合过去，马进已气喘吁吁，手忙脚乱，情知刚才的玩笑开大了，吹出的牛皮挡不住岳飞的掌中枪。于是虚晃一招，拖刀就逃。岳飞麾众掩杀，只见得人仰马翻，血飞尸积，不到一时，就将整个营盘扫荡得干干净净。马进逃到筠州（今江西高安），岳飞一路紧追而来，在城东扎下营寨。他知道马进已吓破了魂儿，不敢开城迎战，就想出一个法儿，让人赶做了一面红色绫罗旗帜，上面大绣着一个"岳"字，让精心挑选出来的200余名骑兵举着巡逻，自己则率主力埋伏在墙角。马进正在城墙上视察，看见这队人马，数目不多，并没有岳飞本人，却打着"岳"字旗号招摇，莫非欺负我马进不成？岳飞本人固然英雄，手下的难道也个个无敌？念及至此，羞辱感涌上心头，叫一声："待我捉住这帮杂种！"就令放下吊桥，引着兵卒，鼓噪而出。骑兵见马进出城，略战几个回合，佯装不支，倒拖着旗帜就跑。马进不知好歹，策马便追。转过城角，突然身后一声炮响，伏兵骤起。马进回头一看，只见岳飞正围了上来。被追的宋兵也返身杀回。马进大惊失色，几乎从马上栽下来。他已领略过岳飞的手段，哪敢再战？又

因退路被阻，只得弃城东逃。岳飞尾追不放，并让士卒大呼："不愿随贼的，请赶快坐下，我不杀你们！"匪众听见，大多半扔掉兵器，抱着头原地坐下。按着名册清点，共有8万多人。岳飞好言劝诫一番后，各随其志愿，或发给路费盘缠，遣返家乡，或整编入伍，效命朝廷。马进残余逃往南康（今江西星子），岳飞继续追赶，到朱家山，赶上马进的后卫部队，展开拼杀，挑死贼目赵万成。李成听到马进兵败的消息后，亲自率领10余万兵马赶来相救，与岳飞相遇楼子庄，岳飞丝毫没有畏惧，舞动着长枪，迎头乱刺，霎时间戳倒了数十名匪兵。匪兵从未遇到过这么凶猛的将领，魂飞魄散，向后退去。却与继续蜂拥而来的匪兵冲撞一起，互相践踏，乱作一团。岳飞乘势杀上，匪众倒毙无数。李成见状，挥刀杀上，正撞着岳飞。几个回合过去，李成已出了一身臭汗，手软眼花，眼看着要败退下来。突然旁边闪出一骑，挥刀而上，与李成双战岳飞。岳飞沉着应战，一支长枪在手，左挑右拨，上撩下劈，三马盘旋片时，就将来骑刺于马下。这人便是马进。李成心惊，虚晃一枪，返身就逃，又遭赶上的张俊和杨沂中的截杀，10万多兵马，或伤或亡或逃，最后只剩下三五千人，逃奔蕲州，投奔刘豫伪齐政权。

李成已破，又有张用自襄、汉东下，被岳飞探悉。张用与岳飞同乡，绰号"张莽荡"，其妻绰号"一丈青"，均武艺高强。岳飞致信张用，晓谕道："我与你有同乡之谊，故在动兵前告知你。你若想战，就速请出兵；如果不愿迎战，就赶快受降！"张用阅信，知岳飞不可敌，表示愿意接受招安。岳飞亲往抚慰，张用等甚感其义。自此，江淮一带归于平安。张俊表奏岳飞战功应属第一，高宗下旨升岳飞为右军都统制，令屯洪州，弹压余盗。

绍兴二年（1132年），流寇曹成拥众10万，自江西向湘、湖侵扰而来，占据了

道州和贺州（两州在今湖南广西二省交界处），朝廷命岳飞剿抚。曹成听说岳飞将至，大惊道："岳家军来了！"连忙分道而逃。岳飞到达茶陵，派使赴曹营招降，被拒绝。岳飞上表朝廷道："对付盗寇朝廷连年多用招安办法，所以强盗势力强盛时就肆虐不从，势力弱小就受降，时降时反。如果继续这样下去，盗贼蜂起，一时就难以蓟除了。"用现在的话来说，就是要加强打击的力度。朝廷同意了岳飞的请求。

岳飞遂起大军，开进贺州境内。一次，士卒捕获一名曹成的奸细，捆在岳飞帐外，听候审讯，岳飞一面算计着军中的粮草，一面踱出帐外，一位军吏走过来请示道："岳都统，军中粮草即将用完，怎么办呢？"岳飞正要回答，一眼瞥见奸细，灵机一动，顺口答道："只好退回茶陵再说了。"言毕，好像突然才发现奸细似的，露出失言后的慌张表情，跺了一下脚，返身进入帐内。随即暗中嘱咐士卒，装作大意，放跑了奸细。奸细跑回曹营，将轻易获得的军事机密情报告诉曹成。曹成喜出望外，认为这是天赐良机，让他报岳飞一箭之仇。当年南薰门之乱时，他曾让岳飞杀得大败，几乎丧了命，至今让他想起来恨恨不平。他传令属下养精蓄锐，准备在岳飞退兵时从后掩杀。

岳飞放跑奸细后，半夜传令，让官兵在被窝草草吃饭，打点轻装，悄悄向箍岭进发。拂晓时已到达太平场（今广西贺县东），曹成尚在浓浓的睡梦中。一点也没有料到即将临头的大祸。他或许正梦见岳飞已被自己追获，磕头如捣蒜，哀求饶命，而他手起刀落，砍下岳飞的头来，发出得意的大笑。突然，他被叫醒，说岳飞杀来了。曹成以为还在梦中，他不能相信！白天还在贺州准备撤兵，晚上怎么可能到了自己跟前！难道他是天兵天降！但他很快明白，岳飞确实来了。整个营寨火光四起，杀声震天。他比较聪

明，知道抵抗是死路一条，三十六计，早早溜走是上策。于是带着残兵败将。逃往北藏岭和上梧关（均为贺县北山区中的要隘），想依险顽抗。岳飞没有让曹成喘息，组成敢死队，乘胜发起攻击。士卒人人争先，个个逞狠，一鼓作气，连克两寨。但狡猾的曹成再度逃脱，纠合所有部众约10万，死守蓬头岭。岳飞当时只有8000人马，但他最善于以少击多，加上连连获胜，将士士气正高。曹成在岳飞痛击下，军气沮丧，了无斗志，人数虽十倍于岳飞，却如同一盘散沙，一击即溃。所以在岳飞的猛攻下，蓬头岭很快被占。曹成如丧家之犬，逃往连州（今广东连县），后向宋军投降。

此次征剿曹成，正值盛夏酷暑，又在岭南瘴疠之地，由于岳飞行措有方，士卒竟无一人死于疾病，算得上军事史上的奇迹。高宗听说，很是叹赏，遂授岳飞武安军承宣使的荣誉军衔。

绍兴三年（1133年）春，高宗召岳飞回临安，以加强京师的保卫工作。江西宣谕刘大中急忙上书说："岳飞的队伍军纪严明，深受人们爱戴，奉为他们的保护者。如果一旦被调离此地，盗寇恐怕又会蔓延开来。"高宗便取消了这个决定。不久，江西、广东一带爆发了陈颙、彭友等领导的农民起义，高宗遂命岳飞往讨。岳飞接到命令后，立即调遣兵将，赶到虔州（今江西赣州市）。彭友率众迎敌，战不几合，被岳飞于马上生擒，其残部逃至固石洞。该洞形势险峻，四周环水，只有一条羊肠小道可至。岳飞一面在山下陈列重兵，严阵以待，一面遣敢死战士疾速上山歼敌。彭友残部因失去首领，军心立即涣散。见岳飞部队来进攻，不战自溃蜂拥下山。被岳飞迎面截住，一阵猛杀。残敌连呼饶命，全部向岳飞投降。不久，岳飞也平定了其他几支农民起义军。因战功卓著，岳飞受到高宗的召见，亲手写了"精忠岳飞"四字，制作了一面

锦旗送给岳飞,并授镇南军宣使,江南西路沿江制置使等职。从此,岳飞成了统御一区的南宋大将了。

## 收复襄阳六郡

襄阳六郡包括唐州(州治在今河南唐河)、邓州(州治在今河南邓县)、随州(今湖北随县)、郢州(州治在今湖北钟祥)、信阳军(军治在今河南信阳)及襄阳府(今湖北襄樊),均地处长江中游地区,军事战略地位十分重要,为历来兵家必争之地,受到岳飞的高度重视,他多次向高宗上书,陈述自己的观点。他认为"襄阳上流,与吴、蜀襟带相连,如果我们得到了它,进可以紧逼金寇,退可保卫东南。"他强调:"襄阳六郡,地势非常险要。要想恢复中原,必须以此为基地,作为朝廷武臣,岳飞早已厉兵秣马,准备着有朝一日挥师北上,报效陛下。恳望陛下圣明早断,下令实施我的计划。这样的话,上游地区不仅可以得到平定,整个大宋王朝也可望逐步得到振兴,这实在是关乎国家兴衰危亡的大事!"岳飞的这些愿望和战略计划,是建立在深思熟虑和精忠报国的基础上的,是切实可行的。襄阳地处长江中游,越过汉水即可深入宛、洛地区袭扰金军后方,如果宋军的守淮部队能从东西加以策应,金军即可陷入首尾不得兼顾的境地,但岳飞的建议始终未被采纳。

绍兴四年(1134 年),被金人扶持的伪齐政权遣李成袭取襄阳六郡,直接威胁到长江上游,并且将随时祸及两浙地区。岳飞见情势危急,再次上书朝廷,说:"襄阳六郡为恢复中原基本,万不可失。为今之计,应当尽早攻取六郡以除朝廷心腹之害!"高宗这才心动,与丞相赵鼎商量。赵鼎推许岳飞说:"岳飞是当今少有的智勇双全的大将,屡建奇功。他对长江中上游的地理形势,以及敌我双方的情况了解得非常详细,收复襄阳六郡,没有比岳飞更合适的了。"高宗于

是命岳飞为荆南(今湖南长沙)、鄂州(今湖北武昌)及岳州(今湖南岳阳)制置使,率军克复襄阳。

岳飞接到诏命后,立即发兵渡江。只见万帆竞发,浩浩荡荡,气势非常雄壮。岳飞迎风站在船首,心潮如脚下的长江水,翻腾激荡,久久不能平定。他终于向收复大业迈出了坚实的一大步。这是他从军以来就一直萦绕在心头的愿望,就是在金军步步紧逼,宋军闻风窜逃,朝野上下笼罩在亡国灭家的绝望中时,他也没有放弃这种信念,他坚信,只要皇帝能卧薪尝胆,文臣只要能不爱钱,武将只要能不惜死,上下一心,坚持抗战,就一定能赶走胡虏,光复大宋河山的!现在,他总算说动了东躲西藏、将全部希望寄托在向金人求和上的皇帝,使自己得以兴师出征,夺取襄阳六郡,以营建北伐基地!他也明白,这仅仅是一场短短的序曲,全面反攻的大幕能否最后被捉摸不透、疲弱无力的皇帝拉开,现在还是很难说的。但激昂的民族义愤使岳飞不可能也不愿意因悲观而懈怠自己的行动。只要自己努力争取,一切都会改观的!想到这,岳飞心潮澎湃,猛地拔出剑来,向船舷击去,向身旁的幕僚慨然说道:"岳飞此次渡江,如果不擒杀金人刘豫,誓不返渡!"众僚属被岳飞的情绪所感染,纷纷表示:愿随岳飞浴血奋战。

渡过长江,岳飞率军赶到郢州城下。郢州已为刘豫占有,派部将京超守卫。京超凶猛有力,被人称作"万人敌"。他见岳飞兵临城下,并不以为意,大大咧咧地登上城墙。一位部属提醒他应加紧防备才是,京超哈哈一笑,骄横地说:"人人都说岳飞厉害,今天京超我倒要看看他是否三头六臂!"说到这,又冲着城下狂喊道:"岳飞小儿,有种的上城来,你京爷爷等着你玩几招!"岳飞闻言大怒,立即命敢死队攻城,说:"谁先登上城墙,有重赏,畏缩退后者定斩不饶!"抱了必死决

心的勇士一声呐喊，抬着云梯，挥着大刀，争先恐后地涌上前去。京超指挥兵士拼命抵抗，放箭、扔滚木、掀梯子，使宋兵的第一次攻击受挫。岳飞稍事调整，增强了兵力，很快又发起了更为猛烈的第二次进攻。他命令弓箭手用密集的箭压制城墙上的敌军，自己亲自带领敢死战士登城。京超由于轻敌，未做充分的防守准备，箭头、滚木和石块很快用光，而宋兵的攻势一次比一次更凶猛，渐渐地，京超支持不住了，宋兵已由好几处攻上城墙，与伪兵展开激烈的肉搏战。不久，城墙即被占领，城门被打开，宋兵如潮水般涌了进来。京超连砍几名逃兵，也没能阻止住溃败的士卒。他觉得大势已去，心里不由恐慌起来，也顾及不到刚才说出的大话了，策马就跑。岳飞派牛皋等将在后面紧迫不舍。京超觉得生逃无望，又不愿投降受辱，便纵马跳下悬崖。郢州遂被收复。

由于饱受频繁的战祸，郢州人起初对岳飞的到来心有疑惧，以为这不过是一场狼狗之争，老百姓只有受害的份儿。岳飞深以为忧。他认为，要长期据有郢州，将它作为北伐的基地，就非得争取当地人民的拥护不可。于是，他严厉地重申军纪，绝不容许有扰民侵民的行为发生。他还四处张贴安民告示，消除人们的疑惧心理，激发人们的抗金热情，并大开粮仓，赈济饥民。这一切措施很快赢得了人们的好感。这一切做好之后，岳飞留下一部分士卒镇守郢州，其余的兵分两路，一路由张宪、徐庆带领，直趋随州。另一路由岳飞自己亲自带领，扑向襄阳。襄阳由李成亲自镇守，闻说岳飞到来，早早摆好阵势等候，希望能报前日之辱。自从投靠金人以来，他觉得腰干硬朗了许多。他现在不再是一个东游西荡的流寇了，而摇身变成了准金人。岳飞能战胜金人的追随者吗？所以，当他看见岳飞，不禁自负狂傲地说："岳飞，你

识得我的阵法吗？"岳飞看了一眼，哈哈大笑，说："李成叛贼，上次败逃后，我以为你能多少长进一点，不料更加混蛋！从古至今，你见谁曾将骑兵安排在险峻的地方，相反却将步兵安排在平旷之地？难道你投降金人后，马变得善于在水中行走，你竟将它们排列在襄江岸边？你的步兵也变得行走如飞，敢在平旷之地和我的战马赛跑？这样最简单的军事常识都不懂，还与我谈什么阵法？"李成恼羞成怒，气急败坏地说："岳飞小儿，休要口出狂言，有能耐就请破我的阵吧！"岳飞道："你这小孩玩的把戏，就是再增加10万人马，也用不着我亲自出马！"言罢，他在马上用鞭指着骁将王贵道："你带长枪队去破敌人的骑兵！"又指着另一叫程咬金式的大将道："你带骑兵去冲击敌人的步兵！"二将接到指令后，立即分头行动，牛皋率先突入李成的步兵队中，马踏刀砍，锐不可挡，风卷残云般，霎时使金兵倒下一大片，剩下的四处奔散，互相践踏，又毙伤无数。平旷地上的步兵阵很快就被击溃。王贵同时也向敌骑兵阵发起进攻，他们专用长枪刺敌人的马，马一中枪立即倒地，背上的骑兵纷纷跌落，不是栽得头破血流，便是被杀或被擒。敌骑几次想组织反扑，因岸边崎岖不平，草树丛生，马无法奔跑，且经常自己绊倒，将背上的骑兵甩出好远，哭爹喊娘，王贵的长枪队大显神威，跳跃腾挪，越战越勇，步步紧逼，敌骑连连败退，慌忙中不少连人带马跌入襄江，被汹涌的水流卷走。李成没有想到自己苦心经营的战阵这么快就被击垮，不由大恸。他彻底服输了，乘着夜色，带着几百名贴身亲随，狼狈逃走了。岳飞追赶不及，就整肃军容，浩浩荡荡地开进了襄阳城。不久，张宪、徐庆也传来消息，报告说随州已被攻占。

刘豫的部将成益驻守新野，收集各路残兵败将，准备负隅顽抗。岳飞在襄

阳略事休整后，即派王贵攻打唐州和邓州，张宪攻信阳军，自己率部将王万，分左右两翼，包抄新野。伪齐兵已知道岳家军的厉害，远远望见"岳"字旗号，就吓得魂飞魄散。稍一接战，即溃不成军，岳飞大获全胜。王贵、张宪等将也传来捷报，说唐州、邓州、信阳等也次第收复。至此，襄阳六郡全部平定。

岳飞按预定计划收复失地，为南宋建立以来第一次，超出朝廷君臣的意料。他们一向听惯了败兵失地的消息，因沮丧而麻木的心不免激活了一下。他们称赞岳飞"机权果达，谋成而动则有功；威信著明，师行而耕者不变。久宣劳于边圉，实捍难于邦家。"升岳飞为靖远节度使、湖北路荆襄潭州节度使。岳飞上书朝廷道："金人所爱惟子女金帛，志已骄惰；刘豫僭伪，人心终不忘宋。如以精兵20万，直捣中原，恢复故疆，诚易为也。襄阳、随、郢地皆膏腴，苟行营田，其利为厚。臣候粮足，即过江北剿戮敌兵。"就是说要加紧襄阳等地的抗金基地的建设，随时准备北伐。

### 洞庭水战

收复襄阳不久，朝廷就紧急调遣岳飞入洞庭湖剿抚杨么。

杨么原名杨太，曾与钟相一起领导了洞庭湖农民大起义。起义发生在建炎四年(1130年)，建立了大楚政权，改元天载，以"等贵贱，均贫富"相号召。起义军攻打城池，屡败官兵，很快蔓延19个县。一次，钟相遭到官兵袭击，被俘后不久遇害，杨么逃过了这次灾难，收集起旧部，占据了龙阳，势力又壮大起来。朝廷派王𤫊去征讨，被打得大败而逃。朝廷只好派岳飞代王𤫊招捕杨么，封他为武昌郡开国侯，兼清远军节度使。岳飞部下多为北方人，不习水战，听说往洞庭征招杨么，众将士多有疑惧之色，岳飞鼓励说："杨么盘踞洞庭湖，出没水中，人们都觉得他厉害，不敢去征讨。其实，用兵打

仗主要看将帅如何谋略与指挥，哪分什么水陆！如果运兵得法，陆战可以胜利，水战同样可以胜利。破杨么我自有良策。大家不用担忧，只需听我命令，齐心协力，看他杨么能钻到水底去！"众将士随岳飞征战多年，知道岳飞不是说大话吹牛皮，便都放下心来，打起了精神。

岳飞虽然给部下打气鼓劲，其实他自己心里非常清楚，如果用自己的步兵去与杨么的水兵硬拼，结果不会与王𤫊两样。以己所短击敌所长，这是兵家最忌讳的事，他还不会狂妄到一切不顾的地步。军情紧急，开展水上军训或临时招募水师显然是不可能的。这是个非常棘手的问题，它可能使那些平庸将领望而却步，但这却难不倒岳飞。敌人并不是铁板一块，熙熙攘攘为名利而聚集的人不会是没有的，只要谕之以利害，肯定会有人弃而投我，甘为前驱的。这样不就克服了我们的弱点吗？于是，岳飞将部队调配停当以后，立即派遣使者分头去招降杨么属党。不久，即传来消息，说杨么的心腹僚属黄佐愿意接受招安。岳飞大喜，说："黄佐深受杨么器重，要是他能来降，破杨么还有什么可说的！"他打算亲自前往招抚，牛皋、张宪等连忙劝阻说："黄即为杨么心腹，为什么会降顺？恐怕其中有诈，不得不防！"岳飞笑着说："不入虎穴，焉得虎子！要是能收得黄佐，破杨么就成功了一半，否则的话，我只能用我的陆军来攻击水寇了，那不是自投湖水吗？"他不由分说，由送信的带路，自己一人，骑着马出了营，去见黄佐。到了黄佐营寨前，让送信的去报知黄佐，说岳飞前来。黄佐问送信的："岳飞带来多少兵马？"送信的说："就岳飞本人。"黄佐召集部将商讨道："岳飞号令如山，威震中外，要是与他为敌，是万万不能生还的。再说杨么专断残暴，在他手下从事随时都有可能被火并，因此，我反复考虑，认为接受招安最是上策。现在岳飞

一人而来,可见他是值得信赖的诚实君子,不是欺诈阴险的小人,要是向他归顺,必会受到他的善待。我看我们还是打开寨门迎他进来吧!"部下大多表示同意,少数几位有异议的也不敢公开反对。于是黄佐率众到寨门,恭迎岳飞。岳飞赶快下马上前用手抚着黄佐的背,宽慰说:"你能深明大义,迷途知返,这是非常明智的抉择,值得嘉赏。今后要是能立功,封爵荫子也是很容易的事!"黄佐深表感谢,并将部众一一介绍给岳飞。岳飞温言劝勉,众人心悦诚服,表示愿听岳飞调遣。岳飞见已打动黄佐等人,进而说道:"你们本是大宋臣民,外敌当前,本当共同御侮才是,怎能随杨幺反叛内乱呢?这不是帮金人灭我中国吗?我此番前来,是要宣明大义,使你们能革面洗心,同卫王室,剿除异族。"黄佐等人连忙说:"我们知罪,愿意戴罪立功!"岳飞点点头,说:"我打算派你们到湖中各水寨,向众人传达我的意思,劝说他们归降,谁如果有才能,一定向朝廷保荐,决不计前嫌。对那些顽固不化,不听劝降的,可设法擒杀。"黄佐等纷纷表示愿意从命,岳飞遂与黄佐握手为约,当即返回军营,加紧水上训练等候黄佐的消息。

这时,张浚赶到潭州视察军情。听到岳飞的情况后,他的幕府参谋席益误以为岳飞有意纵寇为患,怂恿张浚向朝廷反映。张浚深知岳飞,不以为然地说:"岳飞忠孝兼全,天下闻名,哪能做非法之事?如此用兵,自有他的打算,旁人哪能知道呢?"席益自觉惭愧,退了出去。隔了数天,传来消息,说黄佐已攻破杨幺部将周伦水寨,斩杀了周伦本人,并生擒手下头目多人。岳飞立即向朝廷申报黄佐战功,保奏为武功大夫,朝廷准奏,下诏褒奖。岳飞同时去见张浚,通报军情,并请求道:"前统制任士安不服王㙋命令,导致失败,应该申明军律,予以惩罚。"张浚点首示意,说:"就照你说的办

吧!"岳飞又与张浚密语数句,张浚大喜。岳飞起身告别,回到军营,传来任士安,列举其罪状,令鞭打30,并喝道:"限你三天破贼,要是到期无功的话,定斩不饶!"任士安谢过不杀之恩,退出帐外,自率部下开入洞庭湖,扬言岳家军20万随时可至。杨幺自恃险要,并不将官兵放在眼里,曾狂妄地说:"官军从陆地上来,我就入湖;从湖上来,我就登岸。要想破我,除非岳飞亲自来。"他见士安来,并不在意,调拨了几艘战船,出去迎敌。任士安本来畏敌如虎,但想起岳飞森严的军令,知道半步也退不得,只得硬着头皮,拼命向前杀去。正在酣斗间,突然左右两面响起一片喊杀声,岳家军真的杀到,杨幺兵卒大乱。任士安喜出望外,趁势杀出,与援兵会合一起,痛剿一阵,击沉敌舟好几艘,敌兵溺毙者无数。

原来,岳飞并不是狠心将任士安赶往虎口,借刀杀人,而是有意断绝其后路,置之于"死地"之中,让他得以死命缠住敌人,以便大部队分兵包抄敌人。

时值金军可能入侵的秋季,朝廷召张浚回京准备防守事宜。岳飞闻讯,急忙拿着破杨幺草图去见张浚。张浚知道他的来意,没等他开口就说:"来年再议破贼的事吧!"岳飞说:"您此时千万不可离开,否则的话就会前功尽弃,来年又要花费许多精力!"张浚道:"这我知道,可金人入侵也不能不防啊!"岳飞说:"并不妨碍您的大事,只需要您稍留片刻,不出8天时间,我便可破贼!"张浚不信,说:"哪会这样容易?"岳飞扬了一下草图说:"这是黄佐献来的洞庭形势及杨幺守御地图,非常详细,按图行动,不出10天,一定会荡平贼窝。"张浚又以为官兵不习水战,如何能迅速取胜?岳飞胸有成竹地答道:"王㙋用官兵攻水寇,自然难以取胜,但要是用水寇攻水寇,就转难为易了。水战为我军所短,而为敌方所长,以所短攻所长,怎能不难呢?如果我们能

分化瓦解水寇，为我所用，使它们自相离异攻击，然后我军乘机发兵，一鼓作气，一定会全歼敌人。8 天之内，您会听到捷报的！"张浚沉吟半晌，说："既然如此，我就答应你，暂留 8 日，8 日后恕不相陪了。"

岳飞于是发兵到了鼎州（今湖南常德市），正逢黄佐求见，禀报岳飞说："杨么弟杨钦愿归降，特来求见。"岳飞大喜，说："杨钦为杨么一员悍将，现在来降，大事成了，快去宣他进来。"黄佐遂引杨钦进帐。杨钦跪禀道："杨钦久慕元帅大名，希望能为您效劳，只是害怕族兄杨么知道，祸及全家，所以不敢举动。现在武功大夫黄佐，屡次向我盛赞您宽怀大度，不咎既往，所以我冒昧登门谢罪，万望元帅宽恕！"岳飞连忙上前，扶起杨钦，安慰说："你能弃暗投明，理应赦免前嫌，我还要特别向朝廷保举你为武义大夫。你可再回湖中，招降同伙，到时还要按功加赏。"杨钦受宠若惊，欢天喜地地走了。

过了两天，杨钦兴冲冲地领着余端、刘诜等人来降，以为会受到岳飞的嘉赏。不料岳飞面带怒容，将惊堂木猛地一拍，厉声喝道："我叫你招降所有同伙，为何只领这两三人回来？"杨钦愣住了，刚想表白，岳飞又将惊堂木一拍："少说废话！拖下去打 50 军棍！"顿时被几位军吏七手八脚牵了出去，掀翻在地打了 50 军棍。杨钦连声呼冤，帐内又传出号令，令将杨钦赶往湖中，令他再往招抚。杨钦没想到岳飞竟这么混帐，赏罚不明，悔不该听从黄佐的诱惑，前来投降，好处还没有捞到一星半点，却劈头盖脸地受了一顿羞辱，罢了，还是过自己的水寇生涯得了，杨么一人之下，数万喽啰之上，何等威风！于是，他气恨恨地返回，想伺机袭扰岳飞，以解心头之恨。时值傍晚，湖面上烟波浩森，暝色苍茫，又是仲夏天气，湖水为暑热所蒸，更是烟雾迷蒙，难辨东西。岳飞在杨钦走后，立即命牛皋、王贵

等，率兵数千随着杨钦后面前进。杨钦只顾行船，没有注意到身后的跟踪，就这样曲曲折折带入了深巢。这是一个很大的水寨，驻扎有数人，关卡林立，巡逻士卒不断出没。杨钦打了一声口哨，便飞出一只巡船前来迎接，正待随入，忽然身后鼓角齐鸣，近百只战船箭一般驶了过来。杨钦吃了一惊，方知为岳飞所诈，只好把方才胸中的所有盘算，一齐抛到湖中去，招呼牛皋、王贵等人一同入寨。王贵、牛皋已受了岳飞的吩咐，不敢造次，问杨钦道："寨内水寇，不知愿不愿意投诚？否则的话，我们就要杀入了！"杨钦说试试，就大声喊道："全寨兄弟们听着！岳元帅现有数万大军在此，愿意投降的，请快快出来迎接；否则的话，岳元帅就要攻寨了！"黄佐、杨钦已游说过寨内大小头目，不少人心有所动，但还在犹豫，未曾马上随黄、杨归降，今见岳家军压境，仓猝中迎战，万难取胜，只得顺水推舟，答应投降缴械。王贵、牛皋遂占领了水寨，并派人向岳飞通报。

岳飞接到报告，遂率大军赶到。全力合击杨么。杨么组织残余拼命抵抗。他们乘坐的船是特制而成，以水轮驱动，行驶如飞。两旁装有撞竿，所遇辄碎，不及交手就船破沉底，上面的人纷纷落水，不是淹死，便是被擒。岳飞见状，长叹道："怪不得从前围剿的官兵常常败北呢！"遂命军士砍伐山上大木，穿凿成巨筏，放在港汊，又命用朽木乱草，从上游浮下。然后命善骂阵的兵士驾着小船，前行诱敌，杨么部众不胜忿，争着追赶，却被乱草缠住船轮，就像胶粘住一样，任其鼓轮撑篙，一步也挪不动。正在这时，岳飞指挥着宋兵战船。一齐杀到。杨么等惊慌失色，前进不得，退路又被阻，不得已逃进港汊中。刚入港口，连连叫苦，只见里边全是巨筏，筏上载着宋兵，迎面驶了过来，跳上贼船，乱砍乱戮。港外的官兵也杀了过来，将杨么团团围住，轮番

攻打。杨么残众见抵敌不住,纷纷投降。杨么见大势已去,纵身跃入水中,想凭借良好的水性潜水逃跑。牛皋看见,随后跳入,揪住杨么的衣领,提到岳飞船中,被绑缚起来,后被枭首。杨么领导的起义终于被岳飞平定了。

消息传到张浚处,掐指一算,正合8日期限,不禁叹服道:"岳元帅真是神算,无人能及!"

### 北伐中原

岳飞自平定洞庭湖以后,又还军襄阳。不久,朝廷下诏,改授岳飞为武胜定国军节度使,兼宣抚副史。从此,便每日枕戈待旦,准备恢复中原。

绍兴五年(1135年),岳飞遣梁兴等潜伏敌占区,结纳两河民间抗金组织首领,招募乡勇,加固堡垒,以待宋军北伐。李通、胡兴、李兴等举众投奔,将金军的活动情况,以及山川关隘全都详细地告诉了岳飞。在这种人心思战的有利形势下,绍兴六年,岳飞从鄂州移军襄阳,遂即挥师北上,里应外合,很快地收复了伊阳、洛阳、商州、虢州,继而围攻陈、蔡地区。两岸人民,欢呼雀跃,打着"岳"字旗帜,"挽牛牵车,载糗粮以馈义军,顶盆焚香迎候者,充满道路。"以至于自燕京以南的地区,金人号令不行,完全失去了控制。兀术强行征召"签军"以对付岳飞,却没有一人相从。一贯骄横的兀术不禁叹息道:"我从起军以来,从未遇到现在这样挫折!"金大将乌陵思谋素称凶悍狡猾,对部下的恐慌浮动无能为力,毫无办法,只能告诫他们道:"你们不要轻举妄动,等岳飞来时立刻就投降。"金军统制、统领崔庆,将官李觊、崔虎、华旺等率领部众,密制"岳"字旗帜,从北方来降。金将军韩常也打算率5万众归降。岳飞大喜,与部将道:"直抵黄龙府,与诸君痛饮尔!"但是,虽然当时的形势对岳飞极为有利,这次北伐终因"钱粮不继而抽回干事军马未能成功"。岳家军驻扎在襄阳,

距南宋首都临安有数千里之遥,粮饷转运迟滞,平日即有"粮食不周"之忧。这次北伐,岳家军深入河南,朝廷措置粮草不力,以致前线士卒,常受饥饿困扰,甚至饿死,这就严重影响了军队的战斗力。对此困境,岳飞只得忍痛撤军。已经克复的州县再度陷于伪齐的统治下。欢迎和支持岳家军的人民受到了严酷的报复。岳飞愤慨万分,热血沸腾。他感到壮志难酬。虽然他因战功卓著屡获官爵,但这不是他的本愿。收复失地,报仇雪耻才是他矢志以求的志愿。在一场大雨初晴的时刻,他登楼远眺北方,放怀遐想,吟出一首冠绝千古的《满江红》:

怒发冲冠,凭栏处,潇潇雨歇,抬望眼,仰天长啸,壮怀激烈。三十功名尘与土,八千里路云和月。莫等闲,白了少年头,空悲切。靖康耻,犹未雪,臣子恨,何时灭?驾长车,踏破贺兰山缺!壮志饥餐胡虏肉,笑谈渴饮匈奴血。待从头收拾旧山河,朝天阙。

绍兴九年(1139年),金兀术再度南侵。金军分四路南下;以聂黎贝董出山东,直奔江淮;李成犯河南;左监军撒离喝自河中(今山西永济)趋陕西。兀术自己自黎阳(今河南浚县)直插汴京。金军来势凶猛,宋廷一片震动,命岳飞等迎敌。危急之中,高宗也知道放权,对岳飞道:"设施之方,一以委卿,朕不遥度。"岳飞遂誓师襄阳,再次北进,一举攻占蔡州并次第收复淮宁府、西京、赵州等地,举凡岳家军所至,无不获胜。河南民间抗金组织首领李兴,率众响应岳飞,收复伊阳等八县。东部和中部的宋军也连连奏捷。韩世忠收复海州,张俊部将王德收复宿州、亳州,金人大震,消息传到临安,一心求和的高宗和秦桧与金人一样深以为忧,急忙下令各路宋军撤退。岳飞正在逐节进攻,哪会乐意半途而废呢?当下拒绝了收兵的命令,留大军驻守颍昌,自率一队精锐人马直趋偃城。兀术大为

震惧，召集部将商讨对策。众将早已被岳家军吓破了胆，兵临城下的时候，哪里还会想出胜敌的法儿呢，纷纷说岳飞智勇冠天下，难以为敌，还是早早退兵为上策。金兀术却不愿就此善罢甘休。他做梦都想马踏临安，灭掉南宋，建立大金帝国。实际上，他几次快要成功了，都碰上了岳飞，让他大栽跟头，前功尽弃。他很恼火这位丧门星。他领教过多次，知道岳爷爷确实厉害。但他咽不下这口气。他是金国的一根撑天柱子，握有百万大军，曾经灭辽国，破开封，虏宋主，使宋人谈虎色变，难道就甘心败在一位处处受朝廷牵制，拥兵不足几万的南宋将领手中么？这不让世人和后人嗤笑吗？不能，绝对不能，一定要和这个岳蛮子决一雌雄，看谁到底是"爷爷"！于是，金兀术调集各路兵马，决心与岳飞决一死战。

岳飞接到急报后，不禁大喜，说："金寇来得越多越好，我正好乘机一举歼灭他们，免得以后再骚扰中原！"正说着，朝廷钦差赶到宣读旨谕，敦促岳飞速速撤退，以免被金人吃掉。岳飞告诉来使说："金人已经黔驴技穷了，我完全有把握破敌，请您回禀皇上，让他放心，尽候佳音！"钦差见说不动岳飞，只得回朝交差。岳飞遂挑选出嘴皮薄，善羞祖骂娘的士卒，让他们逐日骂阵挑战，兀术大不胜其怒，遂向岳飞下来战书，愿决死战，并令龙虎大王、盖天大王，及将军韩常等，云集郾城，列好阵势。岳飞将岳云传入帐内，命他首先出战迎敌，并下军令状说："如果不胜金寇，就杀你的头！"岳云为岳飞长子，12岁时就随军出征，所使两柄铁锤，重80斤，使起来如车轮飞转，所向披靡，累立战功，被称为赢官人。现在他刚20出头，任防御史，领有几千人马。他受了命令后，即带着自己的队伍，大开城门，旋风一样冲入敌阵。来回冲荡，地上很快堆满了金人尸体。龙虎大王若不是跑得快，脑袋瓜早就被铁锤砸得粉碎。

兀术见岳云这般厉害，便放出"铁甲浮屠"和"拐子马"来。这是兀术恃以为傲的王牌军队，所有的将士全穿著铁甲，三人为一伍，用皮绳串联起来。每进一步，便以马随上，可进不可退，以示必死的决心。这支军队，一向横行中原，屡败官兵，这次又使出故伎，用来对付岳云。岳云并不畏惧，抖擞精神，竭力厮杀，身上连受几处伤，仍然勉力坚持。岳飞见状，立即放出藤牌军，冲到阵前，左手持藤牌蔽体，右手执麻扎刀，蹲着身子，专砍马腿。拐子马互相串连，一马倒地，其他二马便被绊住，不能前进，霎时间，1.5万骑拐子马人仰马翻，七颠八倒。岳云乘势麾众向外杀出，岳飞也纵军奋击，提枪跃马，带头冲锋，一个部下拉住他的马笼头，阻止说："您是国家的重臣，关系到社稷的安危，怎么这么不顾惜自己的生命呢？"岳飞喝斥了几次竟没松手，一气之下，挥起皮鞭，抽着那位部下的手，叫道："你知道什么？给我滚开！"一提马缰，冲了上去。将士们见了，大受鼓舞，勇气倍增。战斗持续到天黑，金军败，向北逃去。

兀术头也不回地逃了一程，见岳飞收兵，才停下来扎营休息。点检人马，损失大半，不由悲从中来，出声恸哭道："我从起兵伐宋以来，全靠这拐子马战胜敌兵，现在被岳飞消灭，今后还有什么指望呢？"韩常等将在旁劝解道："胜败乃兵家常事，不必为此伤心！"兀术转悲为恨，咬牙切齿地说："我要再增加兵马，与岳南蛮拼个你死我活！"于是收集残兵，并从汴京调来生力军，云集颍昌。岳飞只领4000兵马，与金军展开激战，竟大获全胜，兀术简直要发疯了，又会集12万兵马，向岳家军猛扑过来。兀术女婿夏金吾想替自己的岳丈洗刷耻辱，恢复名誉，挥刀冲在最前面，连连砍翻十余名宋兵，气焰十分嚣张。岳云见状，不觉大怒，拍马迎上，挥锤相迎，没有几合，一锤正中

第
六
编

宋
元
野
史

夏金吾的天灵宝盖，金兵见状魂飞魄散，撒腿就跑，狂奔15里才止住。

当时，太行山及两河地区的抗金义勇军，纷纷响应岳家军，攻城夺池，一时金军的道路被阻绝，成为绝援之敌，岳飞于是大起兵马，进逼朱仙镇，在距汴京40里的地方，与金人对垒相拒。岳飞首先派遣背嵬军（北方人呼酒瓶为嵬，大将酒瓶必令亲随兵背之，所以岳飞、韩世忠称自己的亲随兵为背嵬兵）先驱杀入，将兀术的阵脚冲乱，岳飞随之挺枪跃马，驰入阵内，众将领也各个奋勇向前，如猛虎下山，犬羊立靡，神龙搅海，虾蟹当灾，金兵十伤六七，兀术几乎送命，幸亏转身跑得快，一口气跑回汴京。

经过岳家军一系列沉重的打击，金军元气大伤，士气低落，兀术想号召众将再议迎敌，却个个垂头丧气，没有一人吭声。兀术又传檄河北，调集诸路兵马，竟没有一兵一卒赶来。当时中原一带，人们纷纷响应岳家军，悬挂"岳"字旗帜，并箪食壶浆，饷送义军。就是金军骁将马陵葛思谋，及统制王镇，统领崔庆，偏将李凯、崔虎、叶旺等，全都以为金人气数已尽，有意提前降顺。更有龙虎大王以下的将官嗗克察、千户高勇等，竟秘密地接受了岳飞派人送来的飞旗榜，准备岳飞大兵到时悬挂迎降，连兀术极为倚重的韩常也打算率部依附。兀术自知众叛亲离，大势将去，便仰天长叹道："我从领兵以来，还从未到过这种境地！事已至此，还有什么说的！"就想领着亲信，弃城逃跑。仓皇出走间，忽然闪出一位文弱书生，拦住马首说："大王慢走，岳飞马上就要退兵了！"兀术以为书生痴人说梦话，不耐烦地答道："你一个迂腐儒生，懂得什么！岳蛮子只用几千人马，就攻破我的十几万大军，中原百姓，日夜盼望他到来，我难道坐待俘虏，不管生死吗？"书生笑道："大王说错了。自古以来，哪有奸臣在内，而大将能立功在外呢？你虽

不是岳飞的对手，但岳飞何尝又是朝内奸臣的对手呢？大王请稍留，不出几日，岳飞就会撤兵的。"兀术虽常年领兵在外，却风闻金朝与秦桧来往议和的事，经书生一说，马上醒悟过来，便掉转马头，仍留在汴京。

这位飘然来去的神秘书生在历史上没有留下名姓。这或许由于他的行为是为虎作伥，丧失了民族立场，伤了汉人感情的缘故。但就算他是个魔鬼汉奸，这个魔鬼汉奸却是精明的。他精通世故，对历史有着深切的体悟。他与警戒教训张良的黄石公不同，没有一星半点的鬼气与仙气。他的话是实实在在的，实在得让历史家浑身不自在，以至于不愿记下他的姓名和籍贯。后来的发展印证了他可怕的预言。在岳飞积极联络所有抗金力量，积极筹措北进的时候，朝廷使者飞一般地赶到，教促岳飞班师。岳飞惊问道："这是何故？"使者答道："秦丞相与金人议和，已有头绪，所以请岳少保撤兵，以免使和议夭折！"岳飞愤然道："中原之地已恢复大半，燕云之地也将唾手可得，在这时为什么向言而无信的金人求和，请我撤兵！"朝使无言以对，默然而去。岳飞当即向朝廷上疏，请朝廷抓住战机，"速赐指挥，令诸路之兵火速并进！"高宗和秦桧看了奏折，非常恼火，不仅没有命令其他将领起兵，侧应岳飞，反而釜底抽薪，调回了张俊、杨沂中的部队，使岳飞陷于孤立作战的境地。岳飞仍不屈服，高宗、秦桧无奈，采取强硬措施，一天连下12道金牌，催岳速归。金牌是牌上写有金字，是朝廷在情况紧急时使用，一见到金牌，任何将领都得绝对服从命令，否则就视为叛国，在这种情况下，"将在外，君命有所不受"是不起作用的。岳飞一日竟接到金牌12道，不觉悲愤交加。他知道这一去，是很难再回来了。即将成真的宏愿将永远胎死在梦想中了。秦桧卖国求和岳飞还可以想得

通,他本来就姓秦嘛!但高宗赵构为何对自己的社稷江山那么不爱惜,对自己的骨肉那么绝情呢?岳飞百思不得其解。完了,昔日的凌云壮志!完了,沦陷区痛苦呻吟的老百姓!完了,大宋的江山社稷!岳飞仰面悲叹道。马鸣萧萧,黄河呜呜,似在应和着岳飞。

整个军笼罩在悲愤之中。岳云、牛皋、张宪等随岳飞南征北战、出生入死的将领来见岳飞,试图劝岳飞抗旨,岳飞忍痛斥退了他们。他痛下了班师令,将士们缓缓地挪着脚步。老百姓们闻讯赶来,黑压压一大片,跪在岳飞马前,哭诉道:"岳大爷,千万不能走啊!您一走,我们就没活路了!"岳飞流着眼泪,取出金牌,说:"朝廷有令,我不敢擅留啊!"众人道:"难道朝廷不要我们了吗?我们一直盼星盼月亮盼着你们呢!"岳飞知道他们留在这里免不了受金人蹂躏,下令道:"你们不用悲伤了,愿随我南去的赶快回家准备,我等你们五天时间。"老百姓齐声应命,五天后,在岳飞的护送下,扶老携幼,牵羊赶牛,慢慢向南行去。金人惧于岳家军,没有追击。

### 屈死风波亭

岳飞的过分忠诚耿直使他不能像成为一名智勇兼全的军事家那样成为一名圆滑精明的政治家。他甚至连那位飘然而现,倏忽而隐的白衣书生都不如,竟然对高宗忌言收复的行为大惑不解!高宗怎么会乐意收复失地,甚至捣了黄龙府呢?那样的话,就得迎回徽宗和钦宗二位先帝,自己将如何处置他们呢?天无二日,何况三个!当然,如果金人也不谅解他这个苦衷,想用对待徽、钦二帝的办法来对他,那他也会起而抗争的。他只想做偏安皇帝,为此他可以不惜一切地与金人议和。反正,普天之下的所有,都是他自己的。岳飞却不善揣测并迎合主子幽暗隐晦的心意,只是一味地输忠献诚。绍兴九年,宋金议和,岳飞就慨然上

书赵构,表示反对,道:"夷狄不可信,和好不可恃,相臣谋国不臧,恐贻后世讥议。"自然不会被接受,由此却大大得罪了相国秦桧。绍兴和议成后,他又上了一道名为祝贺,实是抗议的《谢讲和赦表》,道:"夷虏不情,而犬羊无信,莫守金石之约,难称尊壑之术",并且他不适时宜地请战:"臣愿定谋于全胜,期收地于两河。唾手燕云,终欲复仇而报国;誓心天地,当令稽颡以称藩。"这怎能使赵构不恼火!愚忠往往比奸诈更令皇帝讨厌,因为这类人常常固执一理,而不顾及皇帝的隐衷,使其难堪又不敢光明正大地发作,久而久之,终于酿成大祸。赵构对岳飞的忠诚渐渐怀怨在心,只要稍有时机,就借题发作,摧折一番,在这种情况下,刚直的岳飞又不善于克己顺从,悲愤之下,屡屡提出辞职。而在金兵压境,和议不成的情况下,赵构又离不开岳飞,只好屈皇帝之尊求其还职,好言抚慰,这更加深了对岳飞的忌恨。要是让他恢复了中原,夺得燕云,捣了黄龙府,岳飞岂不功高危主,成为他的心腹大患?秦桧要加害岳飞,他能不暗自庆幸,假手于他吗?世人只晓秦桧为杀害岳飞之罪魁祸首,这当然不会错,却不知赵构为幕后怂恿者,罪更重一等,这也正是赵构所老谋深算的。

秦桧为主和派的首要人物,本来,和与战一样,本身并无非议之处。在迫不得已的情势下,求和乃至投降不失为一条出路,秦桧却不是这样,他完全为金人吓破了胆,卑躬屈膝,唯和是求,达到了丧心病狂的程度。而岳飞则是坚决的抗战派,公开反对议和,谴责朝廷的投降政策,多次触怒秦桧。岳飞每打一次胜仗,每向北推进一步,他都会心惊肉跳一次,觉得这样离求和就远了一步。他认为,只要岳飞在世一天,他就会无所作为一天,金人明白他这种难堪的心情,乘机要挟他除掉岳飞,这是他们梦寐以求的,在

战场上根本无望做到的事。他们写信给秦桧，说："你每时每刻都想与我们达成和议，而岳飞却积极地谋取河北之地，并连伤我们大将。这仇不能不报！你必须杀掉岳飞，和议才能达成！"秦桧于是更执意要杀岳飞了。

但岳飞的名声太大了，不是想杀便杀得的。必须是一步一步进行。秦桧决定采取分化瓦解的办法，先将岳飞孤立起来。当时，南宋手握重兵，能独挡一面的大将有三位，即岳飞、韩世忠和张俊。张俊怯于公战，勇于私斗，素与岳飞有隙，对岳飞屡立显功，少年得志阴怀猜忌，常借故中伤岳飞。秦桧便将他收买，让他参加陷害岳飞的阴谋。韩世忠与岳飞一样，是抗金派的骨干。秦桧决定先将他除掉，绍兴十一年（1143年），朝廷命岳飞与张俊前往韩世忠军队"视师"，以便寻隙遣散韩家军。在视察时，岳飞见韩家军旌旗鲜明，军马整齐，威武雄壮，心里倍增钦佩之情。当张俊提出与岳飞私下瓜分韩世忠军时，岳飞坚持正义，表示坚决反对，指出南宋真正能领兵打仗的，仅仅有二三人，如果遣散韩家军，将何图恢复大业？但最终张俊还是秉朝廷之意，强行遣散了韩家军。并欲以谋反罪陷韩世忠于死地。岳飞得知消息后，立即向韩世忠报讯；使其得以采取防范措施，免遭迫害。张俊与秦桧大怒，罗织罪名，罢免了岳飞枢密副使的虚衔。岳飞于是脱去战袍，退隐庐山。

庐山为天下名山之一，岳飞在戎马倥偬之余，曾几次休养于此，与东林寺的和尚慧海经常往来，结下深厚友谊。他曾寄诗于慧海：

> 溢浦庐山几度秋，长江万折向东流。
> 男儿立志扶汉室，圣主专师灭虏酋。功
> 业要刊燕石上，归休终伴赤松游。叮咛
> 寄语东林老，莲社从今着力修。

表明自己功成名就后，立即激流勇退，终老林泉的心迹。如今，虏酋未灭，

中原未复，壮志未酬，却上庐山，抚今感昔，无限惆怅。一个秋风萧瑟的晚上，岳飞辗转难眠，揽衣彷徨，顾影形单，信笔填成《小重山》一阙：

> 昨夜寒蛩不住鸣，惊回千里梦，已三
> 更。起来独自绕阶行，人悄悄，窗外月笼
> 明。白首为功名，旧山松竹老，阻归程。
> 欲将心事付瑶琴，弦断有谁听？

岳飞虽被削夺兵权，罢归庐山，秦桧仍不善罢甘休，非欲置岳飞于死地而后快。他们威逼利诱岳飞旧时部下，让他们揭发岳飞的罪状，一部将王俊，绰号叫雕儿，品性奸诈贪婪，常受到张宪的抑制，因而心怀不满。受到张俊的唆使后，竟将张俊自己拟好的状词投诉给枢密院，诬告："副都制张宪，谋据襄阳，还飞兵柄。"张俊不顾枢密院无审讯权的规定，传讯张宪，严刑拷打，逼其承认他自己绞尽脑汁想出来的罪状，张宪连呼冤枉，宁死不肯虚招。张俊等得不耐烦，又自己虚拟了一份"张宪口供"，送给秦桧。秦桧遂派人将正竭力作"赤松游"的岳飞逮捕，送入大理寺讯问。岳飞想不到秦桧这样心狠手辣，激愤之下，撕开上衣，露出脊背，让中丞何铸、大理卿周三畏看："皇天后土，可表我心！"二人望去，只见"精忠报国"四个大字，深入肤理。周三畏不觉肃然起敬，就是与秦桧同党的何铸，也良心发现，命将岳飞送回狱中，自己去向秦桧申辩岳飞无辜。周三畏干脆挂冠而去。

秦桧于是让一直对岳飞怀恨在心的万俟卨接办此案，岳飞任凭酷刑加身，始终不肯承认。万俟卨便效法张俊，自拟岳飞供词。诬陷岳飞曾令于鹏、孙革致书张宪、王贵，让他们向朝廷虚报军情；岳云曾致书张宪，让他设法使岳飞再掌军权等。"供词"送赵构审批，赵构不暇细阅，生怕跑了岳飞似的，急急批道："岳飞特赐死。张宪、岳云并依军法施行，令杨沂中监斩！"于是，岳飞便被赵构恩赐

的御制毒酒鸩杀在临安大理寺所在的风波亭。终年39岁。临刑时，一腔怨愤的岳少保提笔在"供状"上写下"天日昭昭！天日昭昭！"八个大字，写毕，掷笔于地，仰天大笑，端起鸩一饮而尽。一代军事英才就这样含冤而亡！

## 贾似道

### 市井无赖

贾似道（1213—1275年），字台宪，南宋台州（今浙江临海）人，出生在南宋时期的一个官宦之家。其父贾涉官至淮东制置使，为路一级的高级长官。宋太祖时，承袭唐制，将全国分为若干道，道以下设置州府郡军。宋太宗至道三年（997年），将道改为路，正式将全国划分为十五路。宋神宗元丰八年（1085年），增加至二十三路。宋徽宗以后，出于军事需要，临时设某路或数路制置使司，委派制置使一员，主管本路或数路的边防军旅大事。南宋时期，继续设各路制置使，主管本路以内诸州军马屯防捍御，多派安抚大使兼任，有时也派兵马官担任，官资高者加"制置大使"。

贾涉虽权倾一时，但为人轻佻，好美色。一天，贾涉路经钱塘凤口，见一妇人在河边浣衣，美艳动人。贾涉见其秀色可餐，便上前调笑，搭讪道："娘子真乃西施再世也。"

浣衣的妇人听见有人说话，愕然回头，只见身后一位官人正微笑着盯着自己，羞惭得满脸红晕，更是迷人。但她没有斥责这个官人，只是轻声说道："小妇人与官人素不相识，何故出此言语？"

"娘子如此美貌，人见人爱呀！"贾涉嬉皮笑脸地回话。

"官人不可妄言，妾已是有夫之妇。"

"可惜，可惜，谁个忍心让娘子干此等活计？娘子肯从我作逍遥游乎？"贾涉迫不及待地看着妇人的表情。

那浣衣妇人停下手中的活计，思索了一会儿，低头说道："妾姓胡，钱塘凤口里人，嫁与邻村一农夫为妻，不能擅自作主，官人与夫君商量再说。"

贾涉随那浣衣妇人来到她家，刚刚坐定，恰逢那妇人的丈夫从外面砍柴归来，见家中有一位并不相识的官人，颇疑惧。贾涉便上前打拱作揖，以试探的口吻说道："你家娘子愿卖与我为妾，你意下如何？"

夺人之妻，实属万世之仇，但那个农夫惧怕其权势，不敢反驳，只是说："小民娶妻不易，求大人饶恕。"

贾涉死磨硬缠，恩威并加，说道："我可多给你些银两，你再娶一房如何？"

农夫无奈，只得接受条件，看着自己的妻子胡氏被人夺去。这个浣衣妇人胡氏，不是别人，正是贾似道的生母。贾似道发迹之后，她被封为秦、齐两国夫人，备享荣华富贵，死后竟以皇后葬礼埋葬，此乃后话。

贾涉偶得美妾，欢喜不已，从此二人双栖双宿，不久胡氏便有了身孕。自从胡氏有了身孕之后，贾涉的正妻便处处与之为难，动辄打骂不止。面对家中妻妾之争，贾涉伤透了脑筋，便找好友陈履常诉说自己的苦衷，求他给想个法子。

陈履常听了贾涉的诉说，心想：清官难断家务事，我能有什么办法，但念在通家之好的份儿上，还得帮他这个忙。陈履常将自己的想法告诉贾涉，贾涉连声说："好，好！"便欢天喜地地回家告诉胡氏。

第二天，陈履常告诉妻子："麻烦夫人到贾府一趟，借一奴婢回来。"说完，对妻子作了详细交代，让她依计而行。

陈妻来到贾府，贾涉的正妻出来迎接，二人一番问候，便姐姐长妹妹短地闲聊起来。言语之间，陈妻乘机说道：

"我家近日人来人往，忙得不可开交，下人们侍候不过来，想借你家一个奴婢帮一阵忙，不知姐姐愿意否？"

第
六
编
　
宋
元
野
史

贾妻闻言,很大方地说:"妹妹既有此意,派人言语一声便是,还麻烦你亲自来一趟。家中奴婢任妹妹挑选,哪个如意领哪个。"说罢,便将家中婢妾一并呼唤出来。

陈妻从椅子上站立起来,故意看看这个,又瞅瞅那个,似乎是在挑选自己的中意者,实际上她早已心中有数,只是作个样子罢了。陈妻看来看去,最后把自己的目光放在了胡氏身上,指着胡氏说道:"就是她了。"

贾妻先是一愣,继而大喜,笑嘻嘻地说:"妹妹真有眼力,这个骚狐狸不知怎么迷住了我家老爷,给弄到家里来,整日争风吃醋,不得安宁。妹妹看中她,就领去吧!"

陈妻闻言忍住未笑,心想:你这下拔了自己的眼中钉,当然高兴喽。陈妻向贾妻告辞,领着胡氏来到自己家中,替贾涉除了一块心病。到了公元1213年8月8日,胡氏分娩一个男孩,这个呱呱坠地的男孩便是贾似道。

贾似道年少之时,继承了其父贾涉的好色之习,常常夜宿花街柳巷,还染上了赌博恶习,成为一个实足的市井无赖。其母胡氏非常伤心,劝其学好,贾似道把母亲的话当成耳旁风。胡氏无奈,只得找一家姓徐的亲戚,求他们帮忙。徐家有一个叫徐谓礼的人,喜读袁天纲、李淳风的书,对于相人之术颇为精通,安慰胡氏说:"似道虽然现在沾染恶少习气,浪荡不羁,但他天生一副富贵相,日后至少可以做个小郡郡守,夫人放心便是。"

胡氏一听儿子将来仍不失功名,当下非常高兴,便放下心来,告别徐家亲戚回到家中。贾似道从赌场回家之时,胡氏便对贾似道说:"徐家相公说你生了一副富贵相,将来仍不失为一小郡郡守,你可要好自为之!"

贾似道闻言大怒,大骂徐谓礼:"徐家小子,你也太小看贾某人,小小郡守算

得了什么,日后发达定要给你点颜色看看。"说完,带了些银两,又匆匆奔出家门,胡氏拦挡不住,感到非常伤心,嘤嘤啜泣。

贾似道的话虽是一时气话,倒让他说着了。后来,贾似道位居丞相,徐谓礼往贾府求官,过了很久也不见动静。便去求胡氏说情,多亏胡氏对儿子发了话,贾似道才勉强答应,但仍记着年少时的话,愤恨地说:

"徐家相公骨相寒薄,不宜委以重任,只可做一小郡郡守耳。"

说这话时,贾似道的内心充满了报复的快感,那种无赖相一览无余地暴露出来。就这样,徐谓礼被任命为上饶郡(今江西上饶市)守,终身未得到升迁。

贾似道年少之时,由于战乱,曾与母亲胡氏失散,孤苦的胡氏迫于生计,只得下嫁一石匠为妻。后来,贾似道多方寻找,才得以重见自己的母亲。贾似道派人送去许多银两给石匠,让其做些生意谋生,以示自己的谢意。但他并不是善良之徒,竟然在一天夜里,派人秘密将石匠沉于江中,杀人灭口,以解自己的心头之恨,真是残忍无比。

贾似道浪荡不羁时的南宋王朝,已到了它的中后期,日益腐朽没落。由于宋、金的南北对峙,战争连绵不断,民不聊生。这时,生活在蒙古高原上的游牧民族——蒙古族,在其杰出领袖铁木真的带领下,迅速强大起来,南征北战,充满生机。公元1234年,蒙古与南宋联合,攻下金王朝最后一个根据地——蔡州(今河南汝南),金哀宗在绝望中上吊自杀,金朝灭亡。腐朽的南宋统治集团,竟然忘记"唇亡齿寒"之理,愚蠢地认为金朝的灭亡报了他们的百年大仇。殊不知,新生的蒙古政权又是一个巨大的威胁。在金朝灭亡的第二年(1235年)六月,蒙古大汗窝阔台发布分道进兵南宋的兵令,拉开了长达四十余年蒙宋战争

的序幕。在这样一个历史背景之下，南宋小朝廷依旧歌舞升平，醉生梦死，贾似道的浪荡不羁只是当时社会的一个缩影。

### 飞黄腾达

贾似道平生第一次为官，是以父荫被任命为嘉兴（今浙江嘉兴）司仓，一个管理仓库的小吏。后来，贾似道的姐姐入选进宫，被宋理宗宠爱，封为贵妃，贾似道才得以攀龙附凤，飞黄腾达。

一天，宋理宗与贾贵妃游玩，高兴之余，对贾贵妃说："朕闻贵妃有一弟弟，现居何职？"

贵妃答道："臣妾之弟名似道，现为嘉兴司仓。"

"朕准其参加廷对，如有才智，就委以重任，何如？"

"臣妾这里替弟弟谢过陛下！"

贾似道接到圣旨，欢天喜地，准备好行头前往朝廷面试。廷对之日，贾贵妃亲自为贾似道调制羹汤，也给主试官送去一份，主试官心领神会。事后，主试官上奏理宗："当今国舅，才智过人，可堪大任。"

宋理宗闻言大喜，立即任命贾似道为太常丞、军器监。太常与宗正、光禄、卫尉、太仆、大理、鸿胪、司农、太府等共称九寺，九寺当中太常寺还有一些职权，主管礼乐、宗庙社稷祭祀之事，其长官为太常卿、太常少卿，各一人，太常丞为其副手。至于军器监则与国子监、少府监、将作监、都水监、司天监合称六监，军器监主管制造武器。就这样，贾似道步入了朝臣之列。

身为朝廷命官的贾似道，不改年少时的浪荡习气，每夜燕游西湖作乐，混迹于诸妓当中。一天夜里，宋理宗站在宫廷的高楼之上，遥望西湖夜景，见西湖之上灯火通明，对跟随在左右的人说："燕游者必似道也！"第二天一问，果不其然，面露不悦之色，召来临安府尹史岩之，对他说："朕闻似道不务正业，整日在湖上燕游，史爱卿传朕旨意，劝其戒勉，为国出力，不可再胡作非为。"

史岩之领旨出朝，但此人非常圆滑，不愿得罪皇亲国戚。过了些日子，便向理宗回奏："国舅虽有少年的不良习气，然而机警过人，可以让其任一地方官，磨炼一番，以备将来大用。"

史岩之的一席话，使贾似道又有了一次进身机会。宋理宗再没有理会既往之事，过了不久，便委贾似道以重任，让其出知澧州（今湖南澧县）。知州为一州的军政长官，直属朝廷，可直接向朝廷奏事。昏庸的宋理宗不分青红皂白，便把一个州交给贾似道去管理，其后果是可想而知的。

宋理宗淳佑元年（1241 年），贾似道被提升为湖广总领。总领一职始设于南宋初年，主管调拨筹办各军钱粮，并有权预闻军政，是一个肥差。贾似道利用手中职权，贩私盐运至临安牟取暴利，常常一次运送私盐百余船。当时有人写诗讽刺道：

昨夜江头长碧波，满船都载相公艖。

虽然要作调羹用，未必调羹用许多。

但贾似道有贾贵妃作后台，无人敢向理宗上奏此事。淳佑三年（1243 年），贾似道加官至户部侍郎。到了淳佑五年（1245 年），宋理宗又封贾似道为宝章阁直学士，让其任沿江制置副使、知江州（今江西九江市）兼江西路安抚大使。南宋时期，各路设有安抚使司，安抚使为各路的第一长官，掌管一路的兵民之政，镇压盗贼，用兵之时可以便宜行事。安抚使一般由各路最重要的州府长官兼任，如果是二品以上的官员兼任，则称为"安抚大使"。从此，贾似道成为权倾一方的重臣。

贾似道任江西路安抚使不到一年，又被提升为京湖制置使兼知江陵府（今湖北江陵）。淳佑九年（1249 年），贾似道进位至宝文阁学士、京湖安抚制置大使。宋理宗宝佑二年（1254年），贾似道同知枢密院事，进爵位为临海郡开国公，权倾一时。当时，董槐任丞相，此人自幼熟读孙武、曹操兵书，以收复中原为己任，是南宋时期罕见的一个贤相。董槐曾经对宋理宗建议："当今形势，外有蒙古铁骑虎视眈眈，当务之急，应效法越王勾践，以图自强，自强则人畏我，我不畏人。"但随着贾似道威权日盛，董槐已不能左右朝中之事，对贾似道这个新贵也非常惧怕。

一次，董槐推荐一个叫孙子秀的人为淮东总领，但身边的人急忙阻止道："丞相，我闻贾似道已向皇上密奏一人，让其任淮东总领，丞相万万不可惹怒贾似道。"

董槐闻之愕然，急忙去问宋理宗，理宗却说："无此事。"

尽管如此，董槐还是慑于贾似道的淫威，没有任命孙子秀，只得挑选与贾似道友善的陆壑代为总领。陆壑欢天喜地赴淮东上任，并派人向贾似道致谢，而贾似道却很纳闷，自己根本不知道有这件事情。

宋理宗宝佑六年（1258年），蒙古大军在其大汗蒙哥的率领之下大举南侵。在此之前，贾似道任两淮宣抚大使，成为当时手握重兵、举足轻重的一个军事主帅。

## 私自议和

贾似道飞黄腾达之时，蒙古铁骑踏碎了南宋小朝廷的平安梦。蒙哥大汗亲率大军于宝佑六年（1258年）兵分三路，大举南下攻宋。蒙哥大汗亲率蒙军主力进攻四川，忽必烈率部进攻鄂州（今湖北武昌），兀良合台由云南经广西进攻湖南，成功之后，再北上与忽必烈部会师。蒙古的这次大规模攻势，意图非常明显，显然是想先占据长江上游和中游，然后顺江而下，消灭南宋。面对蒙古军队的强大攻势，宋理宗急忙任命贾似道为京西、湖南、湖北、四川宣抚使，兼督江西、两广军马，统率大军全面负责长江防线。不久，右丞相丁大全因隐匿军情不报，被罢去丞相，贾似道便又被任命右丞相兼枢密使，住前线督战。南宋小朝廷的命运便从此握在了贾似道手中。

随着蒙古铁骑的南下，南宋军民不甘受辱，奋起抗击。蒙哥大汗率军进入蜀地，当地军队凭借抗蒙名将余玠生前经营的防御体系，进行了顽强的抵抗。经过一年多的浴血奋战，蒙古军队付出了惨重的代价，才得以占领川西、川北及川东部分州郡。宋理宗开庆元年（1259年）二月，蒙古军队抵达合州，当时的合州守将是余玠的部属王坚，此人勇猛善战，令蒙哥大汗一筹莫展。蒙哥大汗便让降将晋国宝前往招降，诱之以高官厚禄，王坚杀了前来招降的晋国宝，以示自己的抗敌决心。蒙哥大汗无奈，便亲率大军包围合州城所在地钓鱼山。自2月至7月，蒙哥大汗一再督蒙古军队连续发起攻击，均被王坚率部击退。最后，蒙古军队的前锋汪德臣被宋军发射的飞石击毙，蒙哥大汗本人也中了飞矢，死于钓鱼山下。进攻四川的蒙古军队因蒙哥大汗战死，士气受挫，被迫撤退。历时半年之久的钓鱼山保卫战，获得大捷。

进攻广西的蒙古军队，比较顺利，很快突破南宋军队的松散防线，进入湖南境内，但在潭州（今湖南长沙）遭到宋将向士璧的顽强抵抗，被牵制在潭州城下，进退两难。

进攻鄂州的忽必烈，在行军途中闻知蒙哥大汗的死讯，感到自己不能无功而返，于开庆元年（1259年）九月渡过长江，围攻鄂州，鄂州告急。这时，负责长江防线的贾似道急忙屯兵汉阳，以援鄂州。贾似道虽然手握重兵，但早被蒙古军队的攻势吓破了胆，竟私自派人向忽必烈求和，表示愿意向蒙古称臣纳币。

忽必烈起初并不予以理会,后来听说蒙古诸宗王正在漠北拥立阿里不哥为大汗,想赶快抽身争夺汗位,就同意了贾似道的请求,同贾似道约定:宋、蒙划江为界,南宋每年向蒙古奉献银 20 万两,绢 20 万匹。和约一定,忽必烈即撤兵北上。

心惊胆寒的贾似道,见蒙古军队北撤,当下大喜。部将刘整是一员骁将,文武兼备,外号"铁獭狲",他向贾似道建议:"丞相可掩杀其后军,向朝廷邀功!"贾似道依计而行,乘蒙古军队的后军过浮桥时,派大军掩杀过去,结果杀俘蒙军一百七十余人。贾似道手舞足蹈,犒赏刘整,自己则以此为资本向宋理宗写了一道奏折,谎报鄂州之围已解,打得蒙古一败涂地,当然隐瞒了议和的真相。贾似道的奏折恬不知耻地写道:

"臣似道启奏皇帝陛下,自蒙宋开战以来,蒙古军队气焰嚣张,占我大宋河山,辱我民众。臣托陛下洪福,督诸路军马殊死拼杀,蜀有钓鱼山之胜,京湖又鄂州大捷,杀俘蒙军不可胜计。今鄂州之围已解,江汉为之肃清,宗庙社稷危而复安,实乃万世所无之事。"

身在临安的宋理宗被蒙古大军南下吓得六神无主,整日里慌慌不安,茶饭不香。眼前那些飘来飘去的妃子,虽然和往日一样的美丽,但他再也没有心思睹其芳容,更无心思与她们云耕雨播,神游巫山诸峰了。宋理宗关心的是他的半壁江山,他的至高无上的龙位。等他得知钓鱼山一役击毙蒙哥大汗之后,才深深地舒了口气,一切生理功能又得恢复。多日的惊扰使宋理宗似乎要弥补什么似的,如一个饥饿的人突然发现了热气腾腾的烧鸡一般,最得益的当然要数那些寂寞难耐的嫔妃了,她们在宋理宗的狂轰滥炸之下,如杀猪般的嚎叫、呻吟,似乎一时成了神仙。美貌的贾贵妃更是略胜一筹,使出自己的浑身解数,使宋理宗得到无限的满足。但贾贵妃欲死欲仙之

余,心头总不免有一重阴影笼罩,她无时不在牵挂自己的弟弟贾似道,唯恐其有什么闪失。

一天,宋理宗来到贾贵妃的椒房,二人嬉闹之时,忽闻房外传来一阵急促的脚步声,只见一位太监领着左丞相吴潜喜笑颜开地走来,宋理宗赶忙翻身坐起,整理好自己的衣服。只听那位太监在门外大声说道:

"陛下,鄂州大捷,吴丞相有奏折呈上。"

宋理宗闻言激动得站了起来,急忙应道:"丞相请进!"

吴潜双手捧着奏折,低头弯腰走了进来,口中喊着"吾皇万岁,万万岁"便跪了下去。宋理宗急于看到奏折,急忙说道:"爱卿快快平身。"

"谢陛下!"吴潜一边站立起来,一边将奏折呈了上去。宋理宗迫不及待地展开折叠得整整齐齐的奏折,一目十行地看完了奏折,兴奋得抚掌大笑,连呼:"贵妃快来看,似道不辜负朕的重托,忽必烈贼子已退矣!"

此时的贾贵妃,正享受着刚才宋理宗给她带来的万般惬意,五体中散出的逸乐也正在渐渐消退。听到理宗的呼唤,酥弱的身躯立即有了弹力,也顾不得什么身份,蹦下那散发着自己和理宗体温的床榻,来到堂前,欢喜不已,随口说道:"臣妾所料不及,似道他竟用兵如神,总算他一片忠心,没有辜负陛下的厚爱,臣妾也就放心了。"

宋理宗听了贾贵妃的话,自己心里也美滋滋的,感到自己朝中有这样的贤相,天下之事还有什么可担忧的呢?宋理宗对丞相说道:"似道之才,果堪大用,朕一定要重重犒劳于他。吴丞相,你说怎么赏赐呢?"

吴潜见贾贵妃在一旁,不便发表议论,顺水推舟说:"国舅功劳盖世,陛下深爱之,欲何为,请陛下圣裁。"

第六编　宋元野史

宋理宗此时正在兴头上，没有怪罪吴潜的暧昧之词。不知是对贾贵妃，还是对吴潜，宋理宗说道："贾似道此次出征，大获全胜，朕定要对他加官进爵，今夜朕亲自写一道诏书，明日上朝宣旨封赏。"

吴潜见自己的使命已经完成，便向理宗告辞，退出贵妃的椒房。退出房门之后，吴潜转喜为忧，似乎意识到了什么，一直闷闷不乐地回到家中。吴潜一走，贾贵妃一头扎进宋理宗的怀抱，撒娇地说："臣妾就这么个弟弟，不忍心让其在阵前御敌，那样臣妾会担惊受怕的。"

宋理宗经不住贾贵妃一阵热烈的爱抚，不免心中荡漾，血液循环立即加速，便答应贵妃："朕让其回朝，以辅佐朕便是。"说罢，抱起贾贵妃走向床榻。

第二天上朝，满朝文武的喜悦之情，使整个朝堂弥漫着一片春的气息。宋理宗此时似乎不是南宋小朝廷的皇帝，而是带头欣赏美景的公子少爷，忘乎所以地沉浸在花香的氛围之中，已分辨不出美与丑，善与恶，一切都是那么的迷人。宋理宗仿佛自己身处汴京，与大臣共议天下大事，黄河的涛声似乎也不绝于耳。宋理宗陶醉了，众大臣不知不觉中似乎也渡过了长江，向前进发，看到了涛声依旧的黄河，看到了祖宗的坟茔，看到了金戈铁马的中原大地。忽然，宋理宗那逐渐飘远的思绪遇到了蒙古大军的铁骑，那嘚嘚的马蹄声吓得他的思绪逃回临安的朝堂之上。宋理宗醒了，但依旧掩饰不住他的兴奋之情，他大声喝道："众位爱卿，鄂州大捷，朕心不胜欢喜，昨夜手书诏令一道，犒赏有功之臣。"

宋理宗发话完毕，吴潜接过太监递下的诏书，表情坦然地宣读起来，好像那不是令人欢欣的嘉奖令，而是一篇枯燥乏味的学究文章，读来那么的不顺口。尽管诏书中充满赞美之词，但总觉得那些美妙的词汇似乎怒睁双眼，充满了燃烧的火焰，呐喊着"我们不愿意为贼子无赖装修门面"。但面对众位朝臣，面对面带喜悦的宋理宗，吴潜的声音还是传到了大臣的耳中，传遍了朝堂，并且飞出殿堂，飘向南宋小朝廷的山山水水。吴潜又觉得那声音不是自己的喉咙发出的，要不为什么它是那么的刺耳，和他往日那柔和但柔中带刚的声音也全不相同，这是谁的声音呢？吴潜也感到纳闷。但传入大臣们耳中的声音却那么的清晰，凡是耳不聋的人都能听到，那声音明明白白地说：

"朕自登基以来，蒙古狼子野心，屡犯边境，扰我大宋子民，遂使烽烟再起，天佑大宋，合州一役，毙贼酋蒙哥，蒙古为之胆寒。鄂州之围，似道驰援，奋不顾身，大获全胜。似道用兵如神，有如李勣再生，曹彬再世，实乃朕之股肱之臣。朕赖之以使臣民更生，于王室恩同再造。今诏之回朝辅佐，运筹帷幄，实乃本朝幸事。朕为天下之计，封似道少师、卫国公。"

吴潜感到有点口干，咽了咽嘴唇，那个声音消失了，另一个声音又回响起来："吴丞相，即日起程，宣似道回朝。"

"是，陛下。"吴潜机械地答道。

退朝之后，吴潜当即派人至贾似道督战处宣旨。宣旨太监日夜兼程，快马加鞭，一路风尘地赶到黄州（今湖北黄冈）贾似道帅府，宣读了宋理宗的诏书。贾似道领旨之后，掩饰不住内心的喜悦，满面春光，立即命属下收拾出发，开拔回京。此时正是宋理宗景定元年（1260年）四月，江南已是初夏，农夫们听说蒙古大军已北撤，一个个欢天喜地，前些日子担惊受怕的心情已荡然无存。欣喜之余，又开始了往日的劳作。贾似道沿途游山玩水，好不尽兴，他的心儿忽然间飘向了临安，那一明如镜的西湖，犹如西施般美丽，但更让他醉心的是那些美若天仙般的歌妓。想当初，贾似道燕游湖上，彻夜不归，美女相伴，那是何等的逍遥，神仙也不过如此罢了。后来，虽然平步青云，欢喜之余，难免思念临安的逍遥生活。蒙古南下，固然可恨，但是贾似道看来，却也不无好处，不然的话他能有今天如此权势。贾似道想到这里，不由自主地哼起江南民歌来了，他的属下们也一个劲儿地叫好，贾似道更觉得自己踌躇满志。就这样，贾似道一行人乘船走了好几天，距临安的路程已过半，贾似道也感到自己有点困顿，便让船在池州（今安徽贵池）靠岸，歇息一晚。

贾似道住进当地一个最为豪华的旅馆，叫上饭菜，一顿好吃好喝，酒足饭饱之后，贾似道忽然想起一件事情来。自从蒙宋开战，贾似道整日胆颤心惊，惶惶不安，已经好久没有闻到女人的香味了。贾似道想到这里，便浑身不自在，真乃食饱生淫欲，便吩咐一个贴身属下到城中搜寻歌妓。那个属下心领神会地去了，他来到城中一个最大的妓院，让老鸨把她最漂亮的妓女叫了出来，给老鸨付过银两，领那妓女来到贾似道的下榻处。

贾似道在旅馆中早已等得不耐烦了，正在房中踱来踱去，听见有人敲门，当下大喜。那个贴身属下把妓女让了进去，然后带上门悄悄地退了下去。那个妓女不愧为风月场老手，一个媚眼抛去，便让贾似道浑身酥软。此时的贾似道已顾不得美与不美，伸出双手拥住了那个妓女，剥去了她的衣服，二人便双双扑倒在床榻之上，贾似道又将面临一场战争的洗礼。一阵风雨过后，那个妓女瘫弱了，口中不时地呻吟一声，喃喃自语："妾已久无对手了！"

躺在一旁的贾似道，因过于猛烈的动作加上旅途的劳顿，此时有点昏昏欲睡的意思，等他听见那个妓女的话语，便又有了精神，不无骄傲地说："惜已不如从前矣！"

第二天一早，贾似道告别那个与他彻夜颠鸾倒凤的妓女，由陆路进发，渐渐接近临安。

再说宋理宗，当他闻知贾似道快到临安之时，龙颜大悦，下诏命文武百官到郊外迎接，这对于一个臣子来说，那是无限的荣耀，能享受此等殊荣的大臣，北宋时期也不过文彦博一人，南宋可能也就贾似道了。这个实足的市井无赖，恐怕做梦也没有想到自己会成为抗蒙英雄，更不会想到自己会被宋理宗视为"救星"。从此，贾似道控制了南宋的政权，成为南宋历史上继秦桧、史弥远、丁大全之后的又一个奸相，历史将本来已兵弱、民穷、财匮、士大夫无耻的南宋小朝廷，再度推向无底的深渊。但作为皇帝的宋理宗，不识庐山真面目，竟以为自己遇到了贤人而欢喜不已，犹如已遭灭顶之灾的落水者，把稻草当成了救生衣；更如眼睛有疾者，把小猫咪当成了东北虎，把苍蝇当成了 F 系列战斗机，把纸船当成了航空母舰。假如有人要找天底下头号大傻瓜，恐怕宋理宗是第一候选人；假如宋理宗能死而复生，还可以继续当他的"皇帝"，不过是在吉尼斯大全的傻瓜一栏当中。亡国之君，自古至今，大抵如此。

宋理宗眼中的英雄贾似道归来了，他到达临安郊外，看到那些已被太阳晒出汗渍的大臣们，心中感到无限的满足，在属下的搀扶之下，缓缓下马，拱起双手，走向迎接他的大臣们。朗朗乾坤，却让一个阴谋家得志。得意非凡的贾似道瞒天过海，大摇大摆走向权力之巅，同时也把血腥、阴谋带到了朝堂之上。

宋理宗见贾似道归来，自然庆祝一番，召贾似道宫中赴宴，君臣各自都非常高兴。但贾似道却时刻惦记着一件事情，而且非常的不高兴。当初，贾似道驻军汉阳，督师援救鄂州。身在朝中的左丞相吴潜恐蒙古大军从潭州攻入江西，便让贾似道将帅府迁至黄州，黄州位于江北，更接近于前线，是一个军事重镇。

贾似道听从命令,率人马进驻黄州。在开往黄州途中,贾似道碰到一小股蒙古兵,竟吓得不知所措,连呼:"我命休矣!我命休矣!惜死得不光明俊伟。奈何?奈何?吴贼害我!"后来才知那一小股蒙古兵,是一队老弱兵士,负责押送掠来的子女金帛。从此,贾似道便对吴潜恨之入骨,伺机报复,但一时还没有找到机会。左丞相吴潜在宣读圣旨时已经明白,自己将不会有什么好结果,贾似道的为人他非常清楚,只是不敢明言罢了。

再说贾似道,自从他回朝之后,整日里大排宴席,招待前来贺喜的人们。与此同时,贾似道竟然恬不知耻地指示他的门客廖莹中、翁应龙等人,把自己的所谓"鄂州大捷"编成一书,名之曰《福华编》,企图流芳百世。贾似道的第一门客廖莹中还写了一首《木兰花慢》的词,媚事主人,词中非常肉麻地称赞贾似道的"战功"。词中写道:

请诸君着眼,来看我福华编。记江上秋风,鲸鬣槎槎涨雪,雁徵迷烟。一时几多人物,只我公只手护山川。争睹阶符瑞象,又扶红日中天。因怀下走奉橐鞬,磨盾夜无眠。知重开宇宙,活人万万,合寿千千。鬼鬶太平世也,要东还越上是何年?消得清时钟鼓,不妨平地神仙。

就在贾似道为自己贴金之时,忽必烈在漠北夺得了大汗之位,他稳定了自己的汗位之后,便派使节郝经南下,和南宋小朝廷商谈鄂州议和的执行事宜,并把自己即汗位之事通告南宋。郝经一行人马来到宿州(今安徽宿县),先派遣他的两个副使何源、刘人杰询问接见日期,但贾似道此时已控制朝政,没有上告宋理宗。蒙古使者的到来,使贾似道非常恐慌,唯恐自己的阴谋败露,便让自己的心腹之人将蒙古使者拘押在真州(今江苏仪征)的军营之中。派人昼夜看守,以防不测。就这样,贾似道仍不放心,竟让人在军营的墙上布满荆棘,以防他们逃脱。

但世上没有不透风的墙,蒙古见其使者一去不复返,便派人到南宋问讯,这事后来被宋理宗得知,便问贾似道:"蒙古有使来朝,其事当议。"但贾似道拒不让宋理宗接见郝经,信口胡诌道:"蒙古遣使议和,我朝不应轻易答应。假若来叙两国友好关系,可以一见。"就这样,蒙古使者被拘押在真州数年,后来这件事竟成为忽必烈侵灭南宋的一个口实。

### 倒行逆施

贾似道由于黄州受惊,入朝之后,便伺机报复左丞相吴潜,但一时却找不到机会。于是贾似道苦思冥想,竟在吴潜的姓上打主意,利用"吴"与"蜈"谐音,便指示门客作了一首歌谣,歌谣中说:

大蜈蚣,小蜈蚣,尽是人间业毒虫。

夤缘攀附有百足,若使飞天能食龙。

然后将歌谣散播民间,一时间大街小巷纷纷传送。贾似道故意等待了些日子,觉得人们已尽知此歌谣之后,便向理宗上奏:

"启奏陛下,近来民间广传一歌谣,对陛下不利。"

宋理宗听了贾似道的话,又见歌谣中有"若使飞天能食龙",当下不悦,对左相吴潜心生厌恶之情。事也凑巧,宋理宗虽有三宫六院,后宫佳丽上千,无奈却无一个妃子生子。御医们绞尽脑汁,开出无数个方子,也无济于事。皇子未生一个,却使宋理宗更加热衷于云雨之事,荒淫无度。无可奈何之中,宋理宗为使自己的皇位后继有人,欲以荣王赵与芮之子赵孟启为太子,孟启当时为忠王。

一天,宋理宗问左丞相吴潜:"吴爱卿,朕欲以忠王为太子,卿意如何?"

吴潜对忠王颇为了解,那是一个热衷燕游,不务正业的家伙,听说每夜数女陪寝方能入睡,这样的人怎么能为太子呢?为了国家社稷,吴潜如实地说:"臣无史弥远之才,忠王无陛下之福。"这句话触到了宋理宗的痛处，理宗当下大怒。

当初，宋宁宗亦无子，便从绍兴府民间找来宋太祖的后裔赵竑养在宫中，后来立为太子。当时的宰相史弥远专权跋扈，见赵竑难以控制，便决定废掉赵竑，另立太子。宋宁宗嘉定十七年（1224年），宁宗病死，史弥远便借故逼赵竑自缢，另立一个宗室赵昀为皇帝，赵昀便是宋理宗。宋理宗被立为皇帝，真乃喜从天降，对史弥远既感激又敬畏，让史弥远独相九年，一切听任史弥远摆布。宋理宗本人则当了九年的傀儡皇帝，整日里担惊受怕，直到史弥远死后自己才得以亲政，活得像个皇帝。吴潜旧事重提，宋理宗当然大怒。

贾似道闻知此事，灵机一动，向理宗上奏："启奏陛下，忠王乃仁义之人，当立为太子。"理宗闻奏，内心非常高兴，下诏嘉奖贾似道，却将左丞相吴潜赶出朝廷，贬至循州（今广东龙川）。这样，朝政全部落到了贾似道的手中。

吴潜被贬至循州，贾似道仍不解恨，不久便派自己的心腹承节郎刘宗申出知循州，欲将吴潜置之死地而后快。吴潜听说刘宗申出任循州知州，心明如镜，知道自己的死期不远了，悲愤之余，准备了一口棺材，并在棺上亲自刻铭自励。棺铭云：

生于霅鲁州，死于龙水。大布深衣，缁冠素履。藉以纸衾，覆以布被。一物不将，敛形而已。其人伊谁？履斋居士。

吴潜自号履斋居士，他刻完棺铭，反而感到无限的轻松。此事过了不久，刘宗申便开始下毒手了。吴潜贬居之处有一口水井，是当地人的主要饮水之处，刘宗申便派人偷偷地往井中投毒，许多人因饮井水而中毒身亡，吴潜也在所不免。刘宗申见大功告成，急忙派人告知贾似道，贾似道大喜，继而恶毒地说："蜈蚣蜈蚣，百毒之首，以毒攻毒，岂不快哉！"

贾似道害死吴潜的同时，又举起手中的毒刀砍向那些不忠于自己的大臣。

忽必烈围攻鄂州之时，宋军中有一员猛将，他就是高达。此人勇猛无敌，看不起贾似道这个无赖上级，每次见贾似道督战，便戏弄道："贾宣抚，假宣抚，何能为哉！"贾似道心存怯意，不敢吱声。临阵之时，高达故意摆起架子，必须让贾似道亲自来请，才肯披挂上阵，否则就让手下在贾似道帅府门前喧哗，弄得贾似道威风扫地。每逢这种场面，吕文德便出面阻止，并呵斥士兵说："宣抚在此，你们敢怎么样！"贾似道对吕文德心存感激。后来，蒙古兵北撤，鄂州之围遂解，贾似道回朝佐君。论功行赏之时，贾似道向理宗进言："高达心存异志，以下犯上，当斩。"但理宗不忍杀自己的战将，没有同意。贾似道无奈，行赏之时将吕文德功列第一，高达名列最后。

贾似道一计不成，又生一计，别出心裁地实行所谓"打算法"，名义上是核实战时的军费支出情况，实际上是以此为借口，打击那些不依附自己的将官。把他们抗击蒙古兵入侵时支取的钱粮，都说成是贪赃，然后再给他们加上侵盗官钱的罪名，轻者罢官流放，重者下狱迫害致死。

蒙古兵进攻潭州之时，守将曹世雄、向士璧奋勇抗敌，立下了汗马功劳。二人见贾似道指挥无方，便不再向贾似道禀报军情，独自为战，抵挡住了蒙古军队的攻势。贾似道认为他们二人目无上级，瞧不起自己，心生怨恨。推行"打算法"之时，将曹世雄、向士璧罢官下狱，迫害致死。其中以向士璧所受迫害令人发指，贾似道不仅诬其贪污，而且强迫向士璧偿还所用军费。向士璧在狱中大呼："苍天啊！奸贼当道，国家将亡，你睁眼看看吧！"向士璧死后，贾似道没收其家产，并把向士璧的家室拘押起来，作为惩罚，向家最终家破人亡。

贾似道对于朝中大臣，凡是立有战

功的一个也不放过。在合州保卫战中，击毙蒙哥大汗迫使蒙古撤兵的王坚，也没有逃脱贾似道的魔爪。贾似道入朝不久，便免去王坚的兵权，将其调入朝廷，任命为步军马都指挥使，实际上这是一个有职无权的闲职。贾似道又嫌其待在朝中碍眼，借故将王坚赶出朝廷，让其出知和州（今安徽和县）。王坚是一个有志之士，眼看奸人当道，大兵压境，南宋危在旦夕，而自己又不能上阵杀敌，报效朝廷，不久便抑郁而死。

贾似道在打击排挤有为之士的同时，对那些虚伪、迂腐的道学先生却毕恭毕敬，让他们占据朝廷要职。宋末元初的周密对贾似道别有用心的做法，无情地揭露道："贾似道当国，独握权柄，唯恐有人分其权势。他之所以看中虚伪无能的道学先生，把他们放在要职之位，名为尊崇道学，其实是看中他们的迂腐庸懦，不至于掣其肘而已。这样，贾似道便可以独揽朝政，操纵一切，达到其不可告人的目的。"

贾似道的所作所为，使得南宋小朝廷乌烟瘴气。宋理宗更是醉生梦死，不知巢覆卵危。随着蒙古军队的连年入侵，版图日益缩小，财政日益枯竭，加之统治集团的纵情声色挥霍无度，南宋小朝廷的财政面临崩溃的局面。为了解决财政危机，贾似道一方面让朝廷滥发纸币，另一方面建议实行"买公田"的办法，肆无忌惮地榨取民脂民膏。

"买公田"从宋理宗景定二年（1261年）开始实行。最初规定，两浙一带乡村中凡占地二百亩以上者，政府派买三分之一作为"公田"。到了后来，各级官吏以多买"公田"邀功，竟将有很少土地的人家合并起来达到收买"公田"的标准，再强令其出卖，不肯出卖的就施以肉刑，使得人们妻离子散，家破人亡。收买"公田"所付费用，以纸币及官诰、度牒等折价支付，这些东西在当时已贱如粪土，一

文不值，这种做法无异于巧取豪夺，激起了江浙一带大小地主、平民百姓的强烈反对和抵制。

景定五年（1264年）秋天，天上出现彗星，宋理宗以为是不祥之兆，心中大惧，急忙下诏让群臣进言。大臣们纷纷上奏："此乃行买公田之事，引起民间怨恨所致。"面对此种局面，贾似道极力申辩之余，以辞职相要挟。宋理宗没有听信大臣们的奏言，更没有允许贾似道的辞职，反而安慰贾似道说：

"言事易，做事难，自古亦然。假使买公田不可行，在贾爱卿建议之初，朕已阻止了。买公田乃富国利民之道，所以朕决意行之。现在事已成，一年的军饷、朝中费用全靠公田的收入支取。如果因人言而罢之，虽可平息一时的议论，于国无益。贾爱卿既任事，亦当任怨，人言何惧？"

大臣们听宋理宗这么一说，再也没有人敢议论此事。当年的九月，贾似道在实行买公田的同时，又实行所谓"推排之法"。"推排之法"规定：各地重新丈量田亩，以确定田亩、赋税，目的是增加朝廷的财政收入。这样一来，江南之地，尺寸皆有税，引起江南大小地主以及百姓的不满。一时间群情激愤，怨声载道，甚至有人以惟妙惟肖的诗句进行讽刺：

三分天下二分亡，犹把江山寸寸量。
纵使一丘添一亩，也不应似旧封疆。
量尽山田与水田，只留沧海与青天。
如今那有闲洲渚，寄语沙鸥莫浪眠。

贾似道的倒行逆施，不仅激起百姓的反对，连地主阶级也与朝廷离心离德，南宋小朝廷已走向灭亡的边缘。

## 三要度宗

景定五年（1264年），宋理宗病死，贾似道拥立太子赵禥（原名孟启）继位，是为宋度宗。宋度宗即位以后，对贾似道特别尊敬，称其为"师臣"而不名。朝中大臣也随声附和，称其为"周公"。被宋

度宗视为立国靠山的贾似道，日益专横跋扈，为了显示自己的威权，屡屡以辞职要挟度宗，演出了一幕幕丑剧。

宋理宗死后，贾似道负责其丧葬之事，理宗刚入葬不久，贾似道便不辞而别，度宗一时找不到丞相，非常着急。就在度宗着急之时，贾似道授意吕文德诈报蒙古大军南下入侵，吓得宋度宗不知所措，朝中大臣更是胆怯，朝事一片混乱。宋度宗在慌乱中，急忙下诏召见贾似道，贾似道这才得意扬扬地重返朝廷。不久，宋度宗便加封贾似道为太师、魏国公，贾似道仍然扬言辞职。

一次，贾似道又提起辞职之事，宋度宗急得要对贾似道下拜，大臣江万里急忙掖住度宗的衣角，说道："陛下，自古至今无君拜臣之礼，万万不可下拜。"又回头对贾似道说："丞相不可复言去！"

贾似道闻言亦觉茫然。退朝之后，贾似道举起笏板感谢江万里说："似道谢谢大人，如不是大人的话，似道几乎成了千古罪人。"贾似道说这话时言不由衷，后来便借故将江万里驱逐出朝廷完事。

宋度宗咸淳三年（1267年），贾似道又一次上疏度宗，乞求归养。宋度宗闻奏，顿时慌了手脚，急忙派大臣宣旨挽留，一天派出去的宣旨大臣多达四五批，到了夜里便让宦官睡在贾似道的府第之外，不准其辞职离去。宋度宗一边派人挽留贾似道，一边对其加官进爵。经过一番挽留，贾似道觉得火候也差不多了，便答应留了下来。不久，宋度宗便特授贾似道平章军国重事一职，恩准他一月三赴经筵，三日一朝，同时并将西湖边上的葛岭赐给贾似道，让他在那里静养。

宋度宗咸淳六年（1270年）八月，贾似道第三次称疾求去，度宗无法，以至于涕泣挽留，贾似道还是不答应。度宗无奈，下诏准许贾似道六日一朝，一月两赴经筵。不久，又允许贾似道十日一朝，特命其入朝不拜。每一次退朝，宋度宗都要离座目送贾似道远去，方才落座。就在贾似道大肆玩弄其阴谋诡计之时，蒙古大军已大举南下，南宋小朝廷已处于岌岌可危之中。

### 葛岭主人

葛岭乃西湖边上一个风景秀丽的山丘，宋度宗将那里赏赐给贾似道后，贾似道便大兴土木，在那里兴建了许多楼台亭榭，将其中的台亭取名为"半闲堂"，花园取名为"养乐圃"。秀丽的葛岭从此便成为贾似道的藏污纳垢之处，他自小养成的浪荡本性，不但没有丝毫收敛，反而变本加利，恶性膨胀。

贾似道在葛岭的宅第之中，蓄养了数十名姬妾供其淫乐，甚至将美貌的尼姑也养在家中，发泄自己的性欲，其所作所为与禽兽无异。宋度宗登基不久，贾似道便怂恿度宗选民间美女，充实后宫，度宗大喜，便让贾似道负责进献美女之事。宋度宗在当太子时，就淫戏无度，贾似道投其所好，进献了许多民间美女，度宗就更加不理朝政了。

一次，贾似道访得一户姓叶的人家有一女子，正值豆蔻年华，长得非常美貌，苗条的身材，一双丹凤眼，白嫩的瓜子脸上还有一颗美人痣。贾似道让人以选宫女为名，将叶氏抬到葛岭府第之中。贾似道一见，当即垂涎三尺，两只色眯眯的眼睛在叶氏脸上瞟来瞟去，忍不住伸手去摸叶氏的粉面，叶氏羞得躲闪到一旁。

"嘿嘿……想不到叶姑娘还守身如玉哪，见了我贾某人可就由不得你了。"贾似道厚颜无耻地说道。

"丞相，不是说选妾去服侍皇上吗？怎么还不让妾进宫呢？"叶氏疑惑地问道。

贾似道闻言不愠不怒，慢慢地说："叶姑娘，到手的猎物，我岂能轻易放手！你说呢？"

叶氏无言以对。面对这等场面，她

已明白将要发生什么,对于一个弱女子来说,反抗是徒劳的,只能做一只沉默的羔羊,任人宰割罢了。

"叶姑娘,怎么不说话呢?贾某人非常愿意听你的说话声。"贾似道进一步调戏叶氏,如同食肉的大型动物,在逗弄自己的猎物一般。

"丞相府美女如云,妾一个民间女子,不知礼仪,有什么地方蒙丞相喜欢的呢?"叶氏在努力地守卫自己的清白,反问贾似道。

"说得好,说得好!我贾某人吃惯了山珍海味,就想换个口味,吃一碟小菜,那味道肯定不同一般。叶姑娘,你就是我的小菜了。"

贾似道说罢,不由分说,便扑了上去,双手紧紧地搂住叶氏。叶氏没有反抗,听任贾似道摆布,将眼泪悄悄地咽进自己的肚里。就这样,一朵美丽的鲜花遭到无情的摧残,风雨将鲜花一瓣一瓣地被打落在地,混入泥水之中,只留下那在风雨中摇拽的枝干,任凭风雨吹打。

贾似道将叶氏藏在府第之中,过了十几天,才恋恋不舍地将其送入宫中。宋度宗非常高兴,夸奖贾似道说:"师臣所选叶氏,甚称朕意,赐黄金五百两。"

"谢陛下。"贾似道心怀鬼胎,谢时声音也不同往日。但贾似道的大胆妄为由来已久,宋理宗时,有一个宫女名叫张淑芳,是钱塘西山一个靠卖柴为生人家的女儿,有才色,被选入宫中。未及服侍理宗,竟被贾似道藏匿府中,纳为小妾。理宗究竟是未察觉,还是装着不知,那就不得而知了。

叶氏被贾似道送入宫中之后,贾似道日夜想念,茶饭不香。乘一次上朝之机,又将叶氏带回府中,日夜淫乐。当时,襄阳、樊城已被蒙古包围,但贾似道却闭口不谈战事,于是有一个太学生便写诗讽刺道:

山上楼台湖上船,平章醉后懒朝天。

羽书莫报樊城急,新得蛾眉正少年。

贾似道不仅蓄养姬妾,藏匿宫女取乐,对于名妓更是心有所归。潘称心是当时临安名妓,达官贵人、公子少爷趋之若鹜,贾似道也不甘为人之后,是访问潘称心的常客。潘称心是一个风月场中的老手,她看中的是别人的钱财,出卖的是自己的才色,对于来人是什么样的身份从不过问。贾似道每次去潘称心处总要改装一番,唯恐露出蛛丝马迹,惹出不应有的麻烦。

一天傍晚,贾似道一身书生打扮,来到潘称心的闺房。潘称心见是贾似道,便笑吟吟地迎了上去,并说:"噢,今日又成了酸秀才了!"

"酸秀才就不能到这里了吗?"贾似道得意地说道。

"哪里话,妾是一匹马,有钱便能骑,何况相公你呢。"潘称心说着便扑在贾似道的怀中,贾似道刚要动手动脚,潘称心又转脱身子,在一旁戏笑起来。对于贾似道来说,这是求之不得的事情。平日里,家中的姬妾低眉顺眼,任他摆布,没有一点儿野劲。潘称心的戏闹,反而使贾似道非常快乐。潘称心深知这一点,否则贾丞相怎么会经常拜访自己呢?贾似道见潘称心转脱身子,自己便扑了过去,口中不停地喊道:"称心宝贝,真称吾心!"二人戏闹一番,遂云雨不已,直至天色大亮,贾似道才恋恋不舍地告别潘称心。潘称心自从得到贾似道的青睐,私房钱逐渐增加,竟成为众位妓女中的富婆。

贾似道不但贪色无度,对于古玩珍宝也特别嗜好。在他的门客当中,陈振、谭玉、赵与相等人都堪称古玩专家,贾似道所收藏的宝物均由他们几人检验,以辨真伪。自从宋度宗将葛岭赐给贾似道以后,贾似道便将所有宝物移至葛岭的宅第中,并特意修建了一处藏宝的建筑,取名为"多宝阁"。"多宝阁"所藏宝物,琳琅满目，有商周青铜器、历代名画、名家书法、玉器、金银器等，应有尽有。若问这些古玩珍宝的来历，绝大多数是抢骗来的，有的甚至是掘人坟墓而得，每一件古玩珍宝的后面都隐藏着一个血淋淋的故事，诉说原来收藏者的不幸。

余玠是南宋末年一位有远见卓识而且爱国的军事家。在蒙古军队大举入侵南宋之时，他毅然从军，投奔到淮东制置使赵葵的麾下，决心报效国家。在和蒙古军队作战中，表现出了非凡的军事指挥才能，接连立下战功，被提升为淮东制置副使。他在调任四川制置使时，宋理宗曾对他说："你应当从长远打算，建立川蜀防御，不要为一时支吾之计。"寄予余玠很大的希望，并赏赐给他一条玉带。余玠很感激宋理宗的知遇之恩，他一到四川，就在重庆府治所的左侧筑"招贤馆"，提出"集众思，广忠益"的口号，宣布士人有什么谋略，近者可直接到公府面谈，远者由所在州郡以礼护送至重庆。凡是献策之人，他都不厌其烦地以礼相待，只要所献之策有可用之处，就量才录用。余玠守蜀凡十余年，在他的指挥和部署下，四川的防御力量大大加强。余玠每每面对宋理宗赏赐的那条玉带，内心深处总有一股力量，促使他报效国家。

正当余玠经营四川防务获得成效之时，支持他的右丞相兼枢密使赵葵，被罢去丞相赶出了朝廷，谢方叔被任命左丞相兼枢密使，把持了朝政。恰在这时，余玠与姚世安发生冲突，而姚世安与谢方叔的子侄素有交结，姚世安便向谢方叔求援。执掌朝政的谢方叔当即支持姚世安与余玠对抗，而他本人则向宋理宗进谗言说："余玠在川蜀已失将士之心，恐朝夕有变，应当早日召之回朝。"宋理宗听了谢方叔的谗言，就对余玠产生怀疑，于宝佑元年（1253年）五月下诏撤了余玠的四川制置使一职，并召他回朝。余玠知道自己回到朝中不会有什么好结果，

就于当年7月服毒自杀。临死之时，余玠用颤抖的双手抚摸着那条洁白无瑕的玉带，含泪叹惜，叮嘱家人说："我死之后，你们以玉带随葬，只有它知道我是清白的。"说罢便服药而死，玉带之上沾了许多余玠七窍当中流出的血液。家人为了让余玠的灵魂得到安慰，便把那条玉带与余玠一起埋葬了。

贾似道入朝佐君之时，玉带之事已过去了多年，人们已渐渐淡忘了。一天，门客谭玉忽然对贾似道说："主公，闻知余玠守蜀之时，先帝理宗曾赐给他玉带一条，那条玉带很为难得。听说玉带带銙之上有二龙戏珠图案，十余个带銙分别镌刻龙首、龙身、龙尾、龙爪，然后再依次将带銙置于革蜍之上，这样远看是一条玉带，近观则图案俊美、栩栩如生。如果主公能得到它，那真是三生有幸。"

贾似道听谭玉这么一说，那股贪婪劲儿立即表现出来，激动得双手合在一起，在胸前使劲地摇着，好像他的双手之中就拿着那条玉带似的。好一会儿，才想起来对谭玉说："谭相公，那你就将玉带给弄回来，咱们一起玩赏。"

"主公，余玠死后，其家被抄，就不知玉带现在何处？"谭玉提醒贾似道。

"噢，是这样。那就烦劳谭相公走一趟重庆，打听一下余玠家人的下落，及见了余家的人，一问便知晓。"贾似道志在必得，否则不会想出此等办法，让谭玉千里迢迢去重庆查询玉带之事。

"好的，主公，那在下这就动身去一趟。"谭玉说罢便向主人告辞，收拾好行李就踏上了去重庆的路途。经过个把月的时间，谭玉赶到了重庆府。因为有贾似道这块幌子，谭玉一到重庆，便受到当地大小官员的热情接待。一切就绪之后，谭玉说明来意，当地的官员以为这是巴结贾似道的一个大好机会，岂肯轻易放过，一个个立即行动起来，查询余玠的家人。经过一番折腾，在重庆郊外的一

个小山村里,将余玠的家人找到了。这时的余家已经落魄,余玠的子孙艰难地维持着生计,见当地官员寻找他们,不知又发生了什么事,每个人的心中不免有些恐惧。

谭玉一听找到了余玠的后人,当下心中大喜,立即前往那个小山村,寻问玉带的下落。当谭玉知道玉带已随余玠一块埋葬之后,心里不大高兴,但又无法发什么脾气,便怏怏不乐地回到重庆下榻处。当地官员见谭玉不悦,也着急起来,其中有一个人悄悄对谭玉说:"谭相公,我们一不做二不休,掘了余玠的坟冢,将玉带取出,岂不甚好!"

谭玉闻言,转忧为喜,立即给那个出主意的官员取了些银两,让他找些人来,在夜里动手。那个官员见谭玉采纳了他的建议,心中不免乐滋滋的,做起升官发财的美梦来了。他告别谭玉之后,找来一些地痞无赖,给他们每人一点银两,叮咛了一番,事情总算办妥。当天夜里,那个官员带着那帮地痞无赖,随同谭玉来到余玠的坟前。漆黑的夜晚,几声猫头鹰的鸣叫,不免使人心生怯意,谭玉的心中自然也充满恐惧,但他壮着胆子说:"诸位大胆地干,事成之后不但有赏,如果贾丞相喜欢,诸位还可任一官半职,光宗耀祖,岂不两全其美。"真是重赏之下必有勇夫,那些人平时就是些无赖地痞,无所不为,听了谭玉的话,胆气也壮了许多,不由分说,一个个都卖力地挖掘起来。可怜抗蒙英雄余玠生前受冤,死后也不得安宁。在一阵镢头声中,那漆黑的棺材露了出来,那帮人才口中喘息着停下手来。谭玉上前打着灯笼一照,心也突突直跳,不由得默默地在心中对自己说:"老天保佑,老天保佑,余大人不要怪罪小人,小人也是受人之托,不得已而为之。"

那帮人借着灯笼的余光,看了看谭玉,见他表情异样,便没有一个人敢上前

揭棺,你推我操中往后移了好几步。这时,谭玉轻咳一声,先稳定了一下自己的情绪,说道:"诸位,玉带就在棺内,谁先开棺,给他十两黄金作为酒钱,日后还有重赏。"那帮利欲熏心的家伙,听到"十两黄金",便纷纷下到墓中,一阵乱敲,棺盖被掀到了一边,方才停下手来。谭玉也怀着激动而又紧张的心情下到墓坑,用灯笼上前照了照,只见棺中一具枯骨,灯光之下反射出令人胆寒的光,枯骨的腰部,那条玉带像蛇一样横放着。谭玉见状,喜不自胜,也顾不了许多禁忌,把灯笼递给一位无赖,双手颤抖着抓起那条玉带,放在灯笼射出的光中瞧了瞧,脱口而出:"天助我也!果然带中极品。"

就这样,理宗赏赐给余玠的那条玉带,从重庆转到贾似道的"多宝阁"中,成为贾似道手中的一件玩物。像这样的事情,贾似道及其手下之人不知干了多少次。他们甚至连妇女的头饰也不放过,如有中意者,便抢夺而去,吓得临安城中的女人不敢戴金银珠宝首饰,但爱美是女人的天性,她们便以琉璃装饰自己。有些人便借此讽刺贾似道说:"满头都是假,无处不琉璃。"后来有人附会说,琉璃实指流离,贾似道当国人民流离失所之谓也。

附庸风雅也是贾似道的一大喜好,他不仅让门客编写了一部《福华编》,追记鄂州军功,竟然还恬不知耻地以曹操自居,自命为军事家,授意门客恭维他如何用兵如神。《福华编》一书编成之后,贾似道仍不满足,便亲自编了一本《奇奇集》。在《奇奇集》当中,将古代以少胜多的战例搜集汇编在一起,计有官渡之战、赤壁之战、淝水之战等著名战例,对古人的用兵之法乱加评析,让门客们润色之后,刊行于世。在《奇奇集》的序言当中,贾似道无耻写道:"古人用兵,当数曹公阿瞒最神,似道解鄂州之围,系曹公显灵,点拨似道,才得以取胜。鄂州大捷,

救国救民,实乃又一官渡之战也!"

《奇奇集》一经刊行,那些无聊文人纷纷作诗填词,称赞贾似道,呼之为周公再世,中兴大臣。贾似道面对人们的称赞,不觉飘飘然,又激起了他的编书兴趣,他将宋太祖至宋理宗这一时期的历史,用类书的体例,编成一百卷,取名为《悦生堂书抄》,所用之书多常人所不见,以猎奇为主。有一个叫陈惟善的文人,对贾似道的《悦生堂书抄》推崇备至,称之为"太平六典",还专门写了一首名为《宝鼎》的词,词中写道:

神鳌谁断?几千年再乾坤初造。算当日枰棋如许,争一著吾其衽左。谈笑顷,又十年生聚,处处齿风葵枣。江如镜,楚氛余几,猛听甘泉捷报。天衣细意从头补,烂山龙华虫黼藻。官漏水,千门鱼钥,截断红尘飞不到。六街九轨,看千貂避路,庭院五侯深锁。好一部太平六典,一一周公手做。赤舄绣裳,消得道斑斓衣好,尽庞眉鹤发,天上千秋难老。甲子平头才一过,未说汾阳考。看金盘露滴,瑶池龙尾,放班回早。

陈惟善写好这首词之后,乘贾似道8月8日过生日之时,献了上去。贾似道看罢之后,心情非常高兴,召集来门客一道欣赏,一时间在无聊文人之间广为流传,人们纷纷仿效,取悦贾似道,贾似道喜不自胜。每逢8月8日,贾似道还举行一次赛词大会,让所有前来贺寿的文人骚客以自己的寿诞为主题,填词一首,供他评赏,如称其意,便与以厚赏。每年到这个时候,临安城中的纸张生意便非常红火,经营纸张者摸清了这个行情,都眼巴巴地盼望8月8日早点来到。贺寿宴会一结束,贾似道又命人将所有的贺寿之词,汇集成册,在社会上传播,一时间人人传诵,洛阳纸贵。有一年的8月8日,一个叫郭居安的门客填了一首《声声慢》,深得贾似道的欣赏,便得到了高官厚禄。那首词写道:

捷书连昼,甘雨洒通宵,新来喜沁尧眉。许大担当,人间佛力须弥。年年八月八日,长记他三月三时。平生事,想只和天语,不遣人知。一片闲心鹤外,被乾坤击定,虹玉腰围。阊阖云边,西风万籁吹。齐归舟更归何处?是天教家在苏堤。千千岁,比周公多个彩衣。

郭居安吟罢此词时,贾似道连声呼道:"好词!好词!"

奴颜婢膝的郭居安意犹未尽,也喊道:"周公勿急,在下还有一小序在此:彩衣宰辅,古无一品之曾参;衮服湖山,今有半闲之姬旦!"郭居安哼完小序,贾似道更加欢喜,但犹作镇定地说:"郭相公词序俱佳,但失之太俳,安得有身着彩衣的周公乎?"其恬不知耻竟至于此。

贾似道不但喜欢别人填写一些恭维之词,自己也曾写过一些歪诗。有一年寒食节之时,贾似道忽感人生短促,颇为伤感,不由得诗兴大发,便以寒食节为题,把自己及时行乐的思想毫无保留地写了出来。贾似道的这首诗写得还算有味,录于此以助大家更好地了解贾似道这个历史人物。其诗云:

寒食家家插柳枝,留春春亦不多时。
人生有酒须当醉,青冢儿孙几个悲。

贾似道的又一项癖好,便是养蟋蟀、斗蟋蟀。朝中官员为投其所好,常常进献蟋蟀以求美官。平民百姓为养家糊口,不分男女老少纷纷于田野之中捕捉蟋蟀,以此换得几文钱币。贾似道也乐此不疲,日夜与姬妾俯地斗来斗去,甚至还给蟋蟀封有官职,如"将军""大夫""御史",等等。有时一只蟋蟀丢失,奴婢便有性命之忧。一次,贾似道特别钟爱的一只"红头将军"蟋蟀不知怎么给蹦到草丛里去,销声匿迹。贾似道大怒,命人将一个奴婢杖击三百,可怜那个奴婢未受够三百杖徒刑,便一命归西。贾似道命人将其草草埋葬,埋葬之时,贾似道忽然灵机一动,让门客写了一块木牌插在坟前，其上曰"红头将军之墓"。贾似道对自己的杰作颇为得意，但家中的奴婢却一个个吓破了胆，唯恐自己成为什么将军的替身。

斗蟋蟀之时的贾似道，只要他在兴头上，一切全然不顾，犹如一个顽皮小儿，大呼小叫。甚至有一次，贾似道正在与姬妾酣斗之时，一个门客手抚其背说："此乃军国重事也！"贾似道竟不怪其无礼。后来，贾似道根据自己养蟋蟀、斗蟋蟀的经验，写了一本《蟋蟀经》，人们据此戏称其为"蟋蟀宰相"。

贾似道不仅吃喝玩乐，杀人亦不眨眼，残忍至极。一天，贾似道与众姬妾泛舟西湖，饮酒作乐，正当他们尽兴之时，恰好有两个年轻男子乘舟经过，二人道装羽扇，潇洒无比。其中一位姬妾偶顾，望见了那两个青年人，欣羡之余脱口而出："美哉！二少年。"

贾似道闻言，放下手中酒杯，皮笑肉不笑地对那个姬妾说："美人爱少年，若愿从之，本相爷为你纳聘便是。"

当天夜里，贾似道手持匕首来到那个姬妾的闺房，无耻地说："你嫌本相爷老了，是吗？本相爷今夜让你明白个中事体。"说罢，便将那个姬妾剥了个精光，用手中明晃晃的匕首在其身上刺了一道口子，鲜血当即流了下来，染红了姬妾洁白的身躯。那个姬妾吓得不知所措，一个劲儿地叩头求饶："大人饶命！妾再也不敢了。"

站在一旁的贾似道恶狠狠地问："本相爷老吗？"那个姬妾语无伦次地答道："相爷不老！相爷不老！"看着渗着鲜血的刀口，贾似道忽然兽性大发，将其按倒在地，百般凌辱，那姬妾被折磨得面无人色，痛苦地嚎叫着："相爷杀了妾吧！"

贾似道折腾够了，站起身来，望着躺在地上有气无力的姬妾，得意扬扬地说："还敢生异心否？"那个姬妾已生不如死，便痛苦地闭上眼睛，一言不发。贾似道

的眼中这时闪出了凶光，将手伸向那把锋利无比的匕首，对着姬妾的粉颈狠狠地刺了下去，只听"啊"的一声，那个姬妾便鲜血喷溅，魂归西天。柔软洁白的身躯一阵抽搐之后，便安静下来，逐渐僵硬。过了一会儿，贾似道抽出匕首，又一次对着那个姬妾的颈部横切下去，匕首一转，那个美丽的头颅便滚到了一边，身首分离。然后，贾似道取来一个锦盒，将那个姬妾的头颅置于其中，带到大厅郑重其事地放在桌子上。一切就绪之后，贾似道大喊一声："来人！"

一个值夜的家人听见喊声，慌忙跑过来问道："主公何事？"

"传唤所有婢妾，前来大厅。"

"是，主公！"

听说贾似道传唤，家中姬妾不知何事，但又不敢多问，纷纷来到大厅。贾似道见她们都来了，便指着锦盒戏言："此乃聘礼也，本相爷白天所说，不是妄言。可打开一观，内有金银珠宝也。"

诸位姬妾听贾似道这么一说，心情各不相同，有的后悔，有的妒嫉，有的则无动于衷，但都想一观盒中宝物。贾似道话音刚落，她们便蜂拥而上，最先触到锦盒的姬妾刚要揭开盒子，不知又被哪位一拉，锦盒翻落到地上去了，那颗血淋淋的头颅便滚了出来，恰好滚到一位姬妾的脚上。众位姬妾见盒中竟是那个姐妹的头颅，登时吓得大喊大叫，有的竟然当场晕了过去，不省人事。霎那间，大厅内的姬妾乱作一团，犹如屠宰场一般，而贾似道却感到非常惬意，不由自主地点起头来。当他觉得火候已到时，便说道："谁还想言'美哉！二少年'，本相爷也为其纳聘。"

众位姬妾听见贾似道这么说话，都回过神来，一齐跪了下去，不约而同地答道："臣妾不敢复言！"就这样，一场惨不忍睹的闹剧总算收场了。

位于葛岭的贾似道宅第，警戒森严，

时人莫敢窥视。偶而有游骑走过，如果被贾似道得知，有官者即被罢黜，有财者没收财产，一时间人人绕路而行。时过境迁之后，有人路过葛岭，在那里题诗云：

当年谁敢此经过，相国门前卫士多。
诸葛功名犹未满，周公事业竟如何？
雕梁雨霁藏狐鼠，花础云蒸长薜萝。
万死莫辞忘国恨，空留遗迹在山阿。

诗中对贾似道充满揶揄之意，却丝毫没有夸张，敢于窥视其府第者，甚至有性命之忧。就在那个姬妾被惨杀不久，另一个姬妾的兄长来贾似道府第探视自己的妹妹，当他走到门前时。门卫便大声喝斥，让其滚开。他急忙说道："我来探视妹妹，烦大人通报一声。"正说话间，适逢贾似道游玩归来，见门前有个生人，便不分青红皂白，命人将其捆绑起来。那人见情况不妙，急忙大喊："冤枉呀冤枉，我是丞相亲戚！"

贾似道理也不理，对其手下人说："火烤！"下人们接到命令，没有一个人敢言语什么，便将来人投入火中，活生生的一个大活人，转眼间被烤成了焦炭。在被火烤的过程中，那惨烈的哭叫声响彻云霄，如果真的有老天爷的话，他恐怕也会老泪纵横，会顷刻间化作倾盆大雨去浇灭那恶毒的火焰，救出那条性命。那条性命不是蚂蚁，更不是柴草，他也是娘亲十月怀胎一朝分娩而来，但贾似道却将其视若草芥给焚烧了，连一次申辩的机会也没有给。随着一阵炙热的火焰，一个生命便化作一股青烟飘走了。假如人真的能投胎转世的话，那股青烟该投到哪里去呢？是一户人家吗？不，绝对不会，他肯定会转生为草、为花、为流水、为山石，或者为蟋蟀。为草可以再生，为花被人喜爱，为流水供人游览，为山石装扮宅第，为蟋蟀犹可封官。他怎么会投胎为人呢？难道他还没尝够那火烤的滋味，还没有闻够自己的肉体散发出的焦

糊味吗？生命化作的青烟，带着无限的怨恨飘走了，但愿他化作一个巨大的墓穴，去埋尽人间的丑恶与不平。

自从宋度宗将葛岭赐给贾似道之后，昔日的美丽顿时化为丑恶，葛岭一片森杀，那里凝聚着浓浓的血腥味，那里的一草一木都记载着葛岭主人贾似道的荒淫无耻、贪婪成性、草菅人命、祸国误民。正如后来有人路经葛岭时所题诗中说的：

姓名不在功臣传，家庙徒存御赐碑。
误国误民还自误，满庭秋草露垂垂。

## 襄阳之围

宋理宗景定元年（1260年）春天，忽必烈被拥立为蒙古大汗，野心勃勃的忽必烈一即汗位，便筹划南下灭宋。就在此时，贾似道正忙于推行自己的"打算法"，陷害不依附自己的将官。上行则下效，蜀军主帅俞兴与部下潼川（今四川三台）安抚使刘整产生矛盾，俞兴也以"打算法"整治刘整，刘整上诉朝廷，没有音讯，便心生疑惧，于是以泸州（今四川泸州）十五郡降于蒙古。刘整是南宋的一员骁将，他的叛降使得蒙古尽知南宋军政虚实，更加坚定了忽必烈的灭宋决心。蒙古军队之所以迟迟未挥师南下，是由于当时漠北的一部分蒙古贵族起兵反抗忽必烈，其内部陷入了内讧的局面，忽必烈将精力用于平叛，无暇南顾，南宋小朝廷也得以苟延残喘。就在发生内讧的情况之下，忽必烈仍念念不忘南下之事，经常和大臣们进行讨论。刘整向忽必烈建议："宋人所持者，吕文德也。此人虽善战，然贪财，可以派人送去几条上好玉带，诱之以利，请求在襄阳城外建立榷场（贸易之地），为将来南下建立基地。"

忽必烈听了刘整的建议，立即派人至鄂州吕文德的帅府，送了几条上好玉带，吕文德果然答应蒙古人在樊城开设榷场。于是，蒙古人以经商为名，在樊城的鹿门山上筑围墙设营寨，建立军事堡

垒,随时准备充当蒙古灭宋的急先锋。由于他们善于隐蔽,宋军竟然没有丝毫察觉,留下了无穷的隐患。

宋理宗景定五年(1264年),忽必烈终于平定了内乱,便把精力放在了灭宋这件事上。这时,刘整又向忽必烈建议:"自古帝王,非四海一家不为正统。如置宋不问,是自弃正统。"这个建议符合忽必烈的心思,忽必烈对刘整也非常欣赏,就询问南下方略。刘整说:"宜先攻襄阳,襄阳一破,可以自汉江入长江顺流而下,灭宋指日可待。"

宋度宗咸淳三年(1267年)十一月,忽必烈以刘整之计,命令阿术率军进攻襄阳。对南宋来说,襄阳保卫战终于揭开了序幕。次年九月,刘整向阿术建议说:"北军精兵铁骑,利用陆战,水战则不如宋。当务之急,应造战舰、习水军,则事可成。"于是,阿术命人造舰五千艘,日夜操练。面对蒙古大军磨刀霍霍、咄咄逼人的攻势,身为军国平章事的贾似道竟无动于衷,继续过着醉生梦死的生活,甚至不到朝中办理公务,让小吏将公文抱至家中呈署,但朝中事无论大小,均须经过他点头才能付诸实施,其他官员则形同虚设。同时,贾似道燕游不止,每天夜里,西湖之上便传来浪声谑语,时人讽刺说:"朝中无宰相,湖上有平章。"

贾似道不但置前方战事于不顾,而且玩弄阴谋诡计,搞什么"士籍"活动。所谓"士籍"就是把参加科举考试的天下士人,严格审察,写明其乡里、姓名、年龄、三代、妻室等详细情况,并令其乡邻结保,考试之日凡应试者一一核对并进行搜身。有一次,一个名叫李钫孙的举子也去参加应试,但搜身之时监督官员发现其身上有纹身,李钫孙赶忙解释说:"此乃年少时戏雕,无他意。"尽管如此,监督官员仍然诬其作弊,把李钫孙赶出了考场。李钫孙愤怒至极,写诗讽刺道:

戎马掀天动地来,襄阳城下哭声哀。平章束手全无策,却把科场恼秀才。

从宋度宗咸淳三年(1267年)起,由于南宋小朝廷不顾战事,蒙古大军用了两年时间于咸淳五年(1269年)包围了襄阳的外围樊城。南宋将领夏贵、范文虎、张世杰等人虽率兵救援,但均被击败。此时,吕文德非常悔恨自己贪财忘义,允许蒙古建置榷场,经常痛哭流涕地喊道:"误国家者,吕文德也!"不久,便疽发于背而死。

由于襄阳战事一再告急,贾似道才于宋度宗咸淳六年(1270年)任命李庭芝为京湖制置大使,让其督师救援。李庭芝是位正直爱国的将领,贾似道对他颇不放心。当时,范文虎兵败不久,不愿受李庭芝节制,便上书贾似道:"我将兵数万人襄阳,一战可平,但不愿受李庭芝节制。一旦驱走蒙古军队,则功劳归丞相。"贾似道竟信以为真,让范文虎从中牵制李庭芝,以防其抢得头功。李庭芝屡次欲进兵,范文虎便预以阻挠,致使李庭芝无法行动。而范文虎自恃有贾似道撑腰,整日不问战事,与妓妾玩乐宴饮,蒙古军队终于在宋度宗咸淳七年(1271年)包围了襄阳。

贾似道对宋度宗严密封锁消息,凡敢言襄阳战事者一律贬斥,甚至杀头。一天,宋度宗忽然对贾似道说:"朕闻樊城已被围三年矣,怎么办呢?"

贾似道撒谎道:"蒙古兵已败退,陛下何得此言?"

宋度宗说:"适才有宫女言及此事。"

贾似道便借故杀死了那个宫女,朝中大臣吓得个个不敢言语。

就在蒙古军队包围襄阳这一年,忽必烈定国号为元,建立了元朝。忽必烈为了进一步孤立襄阳,下令各路元军全面出击。这样一来,南宋各个战场不能互相支援,频频告急。范文虎率两淮舟师十万,与阿术战于汉江,被打得大败,损失战船不可胜计。樊城于宋度宗咸淳九年（1273 年）正月，终被元军攻陷。在樊城被围的 5 年时间里，守将范天顺（范文虎之子）、牛富利用城中积粟，率军民竭力固守。城破之日，范天顺仰天长叹："生为宋臣，死为宋鬼。"然后自缢身亡，以全气节。牛富则率领死士数百人同元军展开巷战，使元军遭到重大损失，最后自己也身负重伤，以头触柱，投入火中自焚而死。牛富的神将王福见自己的主帅已死，便大声喊道："将军死国事，吾岂宜独生！"也赴火而死。樊城失陷后不久，襄阳守将吕文焕（吕文德之弟）因得不到援军，又慑于元军从西域运来的火炮威力，便出城降元。

襄阳被围期间，贾似道曾虚情假意地上书度宗，要求亲自出征，却暗地里使人上奏留己。樊城失陷后，贾似道又一次上书度宗说："启奏陛下，臣请行边督战。"宋度宗让大臣们议论此事，贾似道的心腹监察御史陈坚却说："丞相顾襄未必能及淮，顾淮未必能及襄，不若居中以运天下。"宋度宗遂让贾似道留在朝中，运筹帷幄。

襄阳失陷之后，朝中一片恐慌，贾似道却把责任推到宋度宗身上。他恬不知耻地对宋度宗说："臣屡请行边，陛下不许，如果早让臣出征，当不至此。"宋度宗也无可奈何，朝中大臣更不敢指责贾似道，但纷纷要求惩罚范文虎。给事中陈宜中上奏说："襄樊之失，皆因范文虎怯懦逃遁，乞斩之谢罪。"贾似道百般包庇范文虎，仅将其降职，让其出知安庆府（今安徽安庆市）。

监察御史陈文龙不满贾似道的做法，便上书说："范文虎失襄阳，犹让其出知安庆，丞相不知是赏还是罚？"贾似道大怒，把陈文龙赶出朝廷，让其出知抚州（今江西抚州市）。不久，又将其罢官了事。

京湖制置使汪立信上书贾似道指出"天下之势，十去八九"，要求他停止"酣歌深宫，啸傲湖山，玩岁愒月"的行径，并提出扭转败局的三个策略。贾似道看后大骂："瞎贼，敢狂言耳！"瞎贼意指汪立信一目失明。随后，另找借口罢了汪立信的官职。

面对朝中大臣的义愤，贾似道不得不上书度宗说："事势如此，非臣上下驱驰，联络气势，恐有大忧。"度宗却说："师相岂可一日离朕左右！"于是，宋度宗便让贾似道建机速房，这样贾似道便自己掌握了军情急报，名义是为革除枢密院漏泄兵事，稽迟边报之弊，实际上是为了更加严密地封锁元兵南侵的消息。

宋度宗咸淳十年（1274 年）七月，度宗病死，年仅 4 岁的赵㬎继位，度宗母谢氏以太皇太后身份临朝听政。就在这一年元朝调兵遣将，以伯颜为统帅，决定给南宋致命一击，水陆并进消灭南宋。在元军的强大攻势面前，南宋丧师失地，各州府非陷即降。特别是伯颜攻陷鄂州之后，朝中君臣大为恐慌，纷纷上书请求贾似道出征。贾似道不得已，乃于临安设都督府，从国库中拨黄金 10 万两、银 25 万两，归都督府使用，但贾似道还没有出兵迎击元军的意思。直至德佑元年（1275 年）正月，贾似道听说投降元朝的刘整死了，才壮着胆子抽各路精兵十三万，用船载着无数金帛辎重，甚至带着妓妾，开抵芜湖（今安徽芜湖）。此时的贾似道还在作议和的美梦，他遣回元军俘虏，并派人给伯颜送去许多荔子、黄柑，要求称臣、纳币。但伯颜却说："未渡江时，议和纳贡还可。今沿江州郡皆已属元，欲和则请贾似道面议。"贾似道吓得不敢答应。于是，伯颜挥师进攻池州（今安徽贵池），池州很快便告失陷。

池州失陷后，贾似道以精锐七万人尽归孙虎臣统帅，屯兵于池州下流的丁家洲。让另一主帅夏贵率战舰 2500 艘布列江中。贾似道自己则屯兵鲁家港

（今安徽芜湖南），准备同元军展开决战。伯颜令元军砍柴放在数十个大木筏上，扬言要用火攻，使南宋军队日夜防备，丧失出战的意志。然后，伯颜水陆并进，攻击孙虎臣军。孙虎臣在两军接战之时，跑至其妾的船上，士兵们见状以为他要逃跑，连呼："步帅遁矣！"军队遂乱，溃不成军，夏贵则不战而逃。屯兵鲁港的贾似道见夏贵逃回，也慌忙鸣锣收兵，这样一来，使本已成惊弓之鸟的宋兵争先恐后地逃走。伯颜乘势追杀，溺死水中的宋兵不计其数，江水为之变赤。贾似道出兵时所带的军资器械，全部成了元军的战利品。六神无主的贾似道说："计将安出？"夏贵说："诸军已胆落，师相惟有入扬州，招集溃兵，迎圣驾于海上。我则以死守淮西耳。"夏贵说罢，乘船离去，不久他就投降了元朝。贾似道则与孙虎臣逃至扬州，沿途溃散宋兵不计其数。贾似道令人以旗招之，竟无一人应者。

鲁港之役的失败，使南宋精锐丧失殆尽。伯颜率领的元军所到之处，守将闻风而逃，很快便攻到建康（今江苏南京市）。对于贾似道的溃逃，有人写诗讽刺道：

丁家洲上一声锣，惊走当年贾八哥。
寄语满朝诔佞者，周公今变作周婆。

进驻建康的伯颜，分兵四路进攻两浙，逐步逼近南宋都城临安，朝中大小官员乱作一团，谢氏急忙下诏，要求各路将官勤王，多数将官都不响应。朝中大臣甚至有人弃官逃出临安，连左丞相王爚也逃跑了。这时，有许多太学生纷纷要求杀贾似道，太皇太后谢后不允。贾似道身在扬州，知大势已去，但还恬不知耻地为自己辩解："老臣无罪，何众议之不容？上帝好生，奈死期之已迫。适值垂弧之旦，预陈易箦之辞。窃臣际遇三朝，始终一节。为国任怨，但知存大体以杜私门；遭时多艰，安敢顾微躯而思末路。属封豕长蛇之犯顺，率骄兵悍将以徂征。

违命不前，致成酷祸。措躬无所，惟冀后图。众口皆诋其非，百喙难明此谤。四十年劳悴，悔不为留侯之保身；三千里流离，犹恐置霍光于赤族。仰惭覆载，俯愧劬劳。伏愿皇天后土之灵鉴，理考、度宗之昭格。三宫怨怒，收瘴骨于江边；九庙阐灵，扫妖氛于境外。"言辞之中，将自己的罪行推脱得干干净净。但谢氏最终迫于压力，将贾似道贬至循州（今广东龙川）。虽然如此，南宋小朝廷的灭亡已在旦夕之间。

### 木棉喋血

德佑元年（1275 年）九月，太皇太后谢氏下诏，将贾似道谪为高州（今广东茂名）团练副使，循州安置，遣使押解贾似道前往贬所。会稽县（今浙江绍兴）尉郑虎臣以其父曾受贾似道迫害，欲报复，欣然请行。

一路之上，郑虎臣对贾似道百般羞辱。一天，他们行至一座古寺前，便进去休息。郑虎臣忽见寺壁之上有吴潜南行时所题之字，便问贾似道："贾团练，吴丞相何以至此？"贾似道惭不能对。当他们行至南剑州（今福建南平）一个名叫黯淡滩的地方时，只见那里一片水域，波光粼粼。郑虎臣便指着黯淡滩说："贾团练，你看这里的水多么清澈，你何不死于此以了残生呢？"贾似道回答说："太皇太后许我不死，如有诏来，我即死。"郑虎臣大笑不已。

受尽羞辱的贾似道，感慨万千，他想起自己曾经做过的一个梦来。当时，贾似道权势炙手可热，一天夜里，忽梦一金紫人领着一个人对他说："此人姓郑，是能制公之死命者也！"后来，对于姓郑之人贾似道便拚命打击，没想到到头来竟落在一个姓郑的小小县尉之手，他只好听天由命了。

贾似道在押解人员的辱骂声中，艰难前行，来到漳州（今福建漳州市）境内。这时，贾似道突然患病，郑虎臣便命令停止前进,歇息在离漳州城约五里的木棉庵中。当贾似道看见庵门之上的三个大字时,心中大惧,不由得想起一件事情来。为相之时,有一个云游道士送给贾似道两句话:"得好休时便好休,开花结籽在绵州。"贾似道当初不知何意,再说南宋亦无绵州这个地方,便没有在意里去。住进木棉庵时,贾似道浮想联翩,把绵州与木棉联系起来,心中明白了那个道士是在劝告自己,但为时已晚矣,他明白得太迟了。想着想着,不由得涕泣起来。

当天夜里,郑虎臣与其他人商量,准备处死贾似道,但一时还拿不定主意。

有一个随行人员说:"令其速死,亦可免去我等许多麻烦。"一句话使已动杀机的郑虎臣坚定了信心,他说:"我为天下人杀似道,虽死何憾!"就在贾似道如厕之时,郑虎臣一刀刺中其胸,结束了贾似道罪恶的一生。

贾似道死后,正直之人纷纷赋诗,讽刺之余又诫后人,这里就录其中一首作为本篇的结束:

> 事到穷时计亦穷,此行难倚鄂州功。
> 木棉庵上千秋恨,秋壑堂中一梦空。
> 石砌苔稠猿步月,松庭叶落鸟呼风。
> 客来未用多惆怅,试向吴山望故宫。

第六编　宋元野史

# 元代野史

## 宫禁逸闻

### 罢元夕张灯禁中

元代,英宗皇帝想在元宵之夜在宫中大办灯会,把灯会布置成一座鳌山的样子。张养浩劝谏英宗说:"世祖在位30多年,每逢元宵佳节,街头里巷都禁止大张灯火,何况是威严深邃的宫廷殿堂之上,尤其应该谨慎从事。如今您构造灯山,您所赏玩得到的很少,而构筑灯山,花销极大,必定劳民伤财,这才至关重大。所以,您得到的乐趣将是微不足道的,而隐藏在其中的疾患将是深重的。"元英宗听后勃然大怒,继而仔细思索,又转怒为喜。并让人赐给张养浩钱物,以奖赏他直言敢谏的精神。

### 伯颜弑皇后伯牙吾氏

唐其势兄弟试图谋反,事情败露后,其势被擒的时候抓着殿堂门槛不肯出来。其势的弟弟塔剌海悄悄溜到皇后的座下,皇后用衣服裙摆将他藏了起来,被宫中侍臣发现,他们把塔剌海从皇后的衣裙下拉出来斩首,血溅到了皇后的衣裙上。伯颜就其势兄弟谋反一事上奏皇帝,并抓着皇后一同前往,皇后惊恐万分,向皇帝高声呼叫:"陛下救我!"皇帝说:"你的两个兄弟都是叛贼,我还怎么救你呢?"于是皇后被遣出宫门,伯颜寻找时机,将皇后伯牙吾氏杀死在开平(内蒙正蓝旗东)一所民房中。

### 男女裸处

宫中有一西番僧人教授元顺帝行房中运气之术,号称"演揲儿法"。后来宫中又来一位僧人,名叫伽璘真,此僧懂得行房中的秘密法。元顺帝学会了两种法术。顺帝为了向两位僧人表示谢意,下诏书封西番僧为司徒,伽璘真为大元国师。各选良家女子三四人侍奉他们两人,把这叫作"供养"。两位僧人曾对顺帝说:"陛下,虽然天下四海皆归您所有,但不过您也只能享用一生一世而已,人生在世,能有几何? 您应当运用所学的秘密法术及时行乐才对呀!"于是,元顺帝广取天下美女,日日从事于秘密法术,只把淫乐、游戏当作乐趣。顺帝的八个弟弟与哈麻妹婿秃鲁帖木儿，及老的沙等十人，号称"倚纳"。他们各自都有所宠爱的人，他们常常当着顺帝的面，互相亲近亵狎，甚至男女裸处，把这种处所叫作"皆即兀该"，就像汉语的"事事无碍"一样。

## 群僧出入禁宫

元顺帝时期，君君臣臣无所顾忌，整日淫乱不止。而群僧则悠然出入于宫中，没有什么地方是他们不能去的。荒淫污秽的丑事传到了宫外，令百姓耻笑。皇太子已长大成人，他对两位僧人的所作所为深恶痛绝，想把他们驱除宫外，但是几经周折，依然没有成功。

## 匼腰立玉女

元顺帝下令让工匠在内苑制作了一只龙舟，龙舟长12丈，宽20丈，由身穿金紫衣的24位水手来驾驭。顺帝让水手们划着龙船从后宫到前宫，再到山下的海子内，往来穿梭，悠然自得，此龙舟行走时头、眼、口、爪、尾都可上下飞动，活灵活现。顺帝还让工匠自制宫漏（古时计时器，用漏壶原理，故称宫漏），宫漏高六七尺，宽三四尺，做一个木质的面柜子，把壶藏在柜子中，上下有水运行。柜子上面设有三圣殿，柜腰，也就是柜的中间立有美丽玉女像。按照时辰刻制筹码，每到一个时辰，则浮水到达筹码之上，柜的左右有两位金甲神人。这两位神人，一位手执悬钟，一位手持悬铃，夜晚神人能够按时按刻自己出来打钟铃，精确度是分毫不差。钟铃鸣响时，有狮凤站立两侧，狮、凤闻钟铃鸣响声翩翩起舞，栩栩如生。柜的东西两侧，做有日月宫，日月宫中有六位飞仙站立宫前，每到子午时分，六位飞仙能够自如迈进渡仙桥，到达三圣殿，然后再退回到原来的位置。这座宫漏构思独特，出人意料，工艺精巧，美妙绝伦，真可谓前世未有。

## 宫女十六人按舞名十六天魔

元帝常常懈怠政事，整日沉湎于游戏欢宴之中，他为宫中的16名宫女，按照她们所跳的舞蹈，起名叫16天魔。还有11位宫女为乐师，分别演奏龙笛、头管、小鼓、筝𥱊、琵琶、胡琴、响板、拍板等乐器。每当宫中念诵佛经歌词时，元帝就让舞女、乐师起舞奏乐，臣官中没有受到秘戒的都不准参与赞佛之事。

## 斗巧宴

至大（元武宗年号）中年，后宫嫔妃中，洪妃很受武宗宠爱。七月七日夜，宫中高坛上用七彩丝结为彩楼。其他的嫔妃都不能够登上高坛，只有洪妃与宫官数人登上高坛，然后剪断彩丝扔到台下，让众宫嫔捡拾，并以拾到彩丝颜色的鲜艳与否定夺胜负。第二天，宫中大摆宴席，叫作"斗巧宴"，失败的一方就要被罚办酒席。

## 元宫饮膳品

元宫的饮膳品中，酒有：翠涛饮、露囊饮、琼华汁、玉团春、石凉春、葡萄春、风子脑、蔷薇露、绿膏浆；酪有：杏花酸、脆枣酸、润肠酸、苦苏浆；盐有：水晶盐、苓霜盐、五色盐；酱有：蚁子酱、鹤顶酱、提苏酱；油有：苏合油、片脑油、腽肭脐油。宫中还用吉州（今江西吉安）的土特产玉板笋和白兔胎做成羹，味道极鲜美。

## 元妃诞日受贺

静懿皇后过生日，六宫妃嫔依次奉献庆贺礼品。当时，南宋宫人中也有被选入元后宫的，她们也一一向元静懿皇后献上珍奇异宝，以示祝贺。其中一人献寒光水玉鱼；一人献青芝双虬如意；一人献柳金简翠腕阑（类似今日的手镯，但较为扁平，是套在手腕以上的臂上）。据说：鱼是杨太真润肺用的物品，如意是六朝宫人的遗物，阑是建业（今江苏江宁）景阳宫胭脂井中的物品，有人怀疑是张丽华掉下去的遗物，皇后知道了很不高兴。

## 五云车

元时，皇宫中曾制作一辆"五云车"。此车共有五个车箱，全车以火树做槛式，以乌棱木做轮辕。车顶悬挂着夜明珠。五个车箱呈十字形排列，前后左右四个，簇拥着中间的一个。左箱张挂翠绿色羽毛，华盖下吊着金铃。又用黑色织锦叠成层云状，覆盖在华盖之上。箱旁树有青龙旗，并排列五支磨锷雕银戟。右箱则张挂着白色鸠毳，华盖下面吊着玉铃，白色锦缎叠做层云状，覆盖在华盖之上。箱旁树有白虎旗，还排列着五支豹绒连珠枪。前箱张挂的是红猴毛颤，华盖下吊的是木铃，华盖上是叠成云状的红色织锦。箱前树的是朱雀旗，还并列着五支线铎火金戈。后箱张挂着黑兔团毫，华盖下吊着竹铃，华盖上覆盖着叠成层云状的黑色织锦。箱前树立玄武旗，并排列五只画干。中箱张挂着雕羽曲柄，华盖下吊着石铃，黄色织锦做成层云状覆盖在华盖上面，箱前立着勾陈旗。中箱是皇帝的座位，外面的四个车箱则坐着嫔妃。每当皇帝夜晚在皇家园林游玩，都要乘坐此车。由于车上挂着夜明珠，所以乘车时用不着灯烛。陈刚中曾作有《云车夜游》一诗，诗曰：

金根云盖辂移玉，露花不坠瑶草绿。
明珠照乘秋月悬，天风吹下箫韶曲。
万年枝上清光满，八鸾导引双龙管。
夜深如昼翠华来，三十六宫碧云暖。

## 元祖建内殿

元世祖曾在皇宫中修建了一座内殿。内殿的修造十分精巧。屋檐处雕刻有螭的形象，用檀香木制成。螭头向外，口中衔着珠子。珠子都是五彩的，用彩色金线穿起来，能顺着柱子滚动。柱子上又有用彩纱做成的猊。这些猊怒目张牙，栩栩如生，就像真的要活动起来一样。内殿的顶上覆盖着蓝色琉璃瓦，看上去瓦天一色，似乎殿顶和天融到了一起。内殿的墙壁由朱砂涂抹，红红的一片，恰似胭脂。殿中的柱、枅、钮、棁或雕龙或画凤，或绘彩描金，总之富贵华丽，穷工极巧。殿上又挂着水晶帘，石阶上刻有龟纹，龟纹四周以曲槛相围。曲槛与石阶都是汉白玉做成。每当太阳东升，阳光射入殿内，殿中便一片灿烂，石阶更是熠熠生辉。古人说天子有金殿玉墀，真是名不虚传呀！世祖又建有紫檀殿。称为紫檀殿，因为此殿系用紫檀木制成。除此而外，还有光天、玉德、七宝、摇光、通云、凝翠、广寒等殿，难以胜数。又有德寿宫、兴圣宫、翠华宫、择胜宫、连天楼，红鸾殿、入霄殿、五花殿。五花殿又名五华殿。殿东设置吐霓瓶，取名"玉华"。殿西设置七星云板，取名"金华"。殿南设置火齐屏风，取名"珠华"，殿北设置百蕊龙脉，取名"木华"。殿中央设置的是木莲花，紫香琪座和千钧案，还有九朵云盖，这些与前四华并称"五华"。内宫中又建有纳凉的场所，取名"清林阁"。清林阁四周种植着高高的松、竹，每当轻风从南面徐徐吹来，松竹之叶交相自鸣，其声音之美妙，甚至胜过琴笛之声。清林阁旁又建有两座小亭，东面的一个名叫"松声"，西面的一个名叫"竹风"。不远处还有一座温室，名曰"春熙堂"。春熙堂的墙壁先是用香椒涂抹，然后再贴上粉色锦缎，柱子是由香桂木制成，堂内又设有乌骨屏风，鸿羽帐。地上铺有毛毡。在皇家园林中还并立着眺远阁、留连馆、万年宫。内宫中又有龙泉井。该井以玛瑙石做石床，以雨花石做井湫，香檀木做井盖，红色锦缎做成井绳，而提桶则是用云母石做的。内宫中还建有集贤台，凡是地方的臣服之国进贡的古代遗物，都贮藏在里面。还有一座夜光亭，亭中放有一枚夜光珠，每到夜晚，这枚夜光珠就发出耀眼的光亮，照得亭内如同白昼，亮光直照射到几十步开外。

## 顺宗后浊乱朝政

元顺宗后发现武宗的儿子、自己的侄子明宗少年时才智出众，而自己的儿子英宗却柔弱怯懦，顺宗后便想拥立侄子明宗。但众多奸佞小人却认为如果立明宗，必然于他们不利，所以极力拥立英宗。英宗即位时，太后，也就是他的母亲顺宗后前来祝贺，但英宗却因母亲曾想立明宗而记恨母后，便脸带怨气，不予理睬，令母后难堪。顺宗后回来以后，悔恨不已，说："想不到我的儿子如此不孝！"随后饮恨成疾，病重去世。死后升至顺宗庙与其合葬，共享配食。早年，顺宗后性情聪明贤慧，曾经辅佐三朝帝王。并亲自教授宫中侍女都学会女工活，连上井台提水，都要亲自操作。然而顺宗后却不拘小节，有失检点，自从被立为皇后以来，淫邪之意日甚一日，在内宫有黑驴母亦烈失八主事，在外有她的宠臣失烈门纽邻及时迭木帖儿相互串通一气，狼狈为奸，以至发生了鞭打污辱高级地方长官张珪等人的事件。凡此种种，扰乱了朝廷政事，顺宗后的恶势力则无所不在。直到英宗即位后，诛杀了顺宗后的大批宠臣，顺宗后的势力才被削弱。

## 月宫仙子

丽妃张阿元，天性聪明伶俐，机智敏锐。有时，元帝退朝便来到后宫，与众妃嫔一起嬉笑游玩。元帝曾说："真是光阴似箭，岁月如梭呀！百年的光阴，也不过如同一道闪电一样，稍纵即逝，人生能有几回呢？日夜游玩作乐不止，也不足十万。况且这其间还会有疾病常常侵扰人的身体，使人的寿数难定。人生也就如同白云一样，存在的时间是有限的，天下的富贵不会永远归我所有。为什么自缚作茧，苦了自己，而虚度这一生呢？"于是，元帝常常长歌漫舞，美女酒宴，通宵达旦，从不停止。元帝把这样做称为"遣光"。众妃嫔则趁此机会各显其能，千方

百计使用浑身解数，百媚丛生，都想以自己的容貌求得元帝欢心。唯有阿元独辟蹊径，不同于众妃嫔。阿元悄悄地制作了一座昆仑中。所谓中，就是古代投壶游戏时装计数筹码的器皿。该中从上到下共有三层，中间有转轴，玉石质地，黄金为枝。用彩线缝制成花朵，围缀在中的四面，又做了许多蜂蝶，夹杂点缀在花朵的中间，昆仑中转动时三层浑然一体，百花自动摇曳，蜂蝶飘飘欲飞，全都扑向花蕊。阿元又制作了一条飞琼流翠袍，穿在身上，趋走向前的时候，飘渺飞动，宛如月宫仙子一般。

## 丽嫔制装履

丽嫔阿元为元帝做了一件丝绣大衣，一双雪白千层底鞋。大衣和鞋子做好以后进献给元帝。元帝身穿丝绣大衣，脚穿白底鞋，头戴春阳一线巾。这块春阳一线巾是一位方士进献给元帝的，据说是东海长生公穿用过的，元帝因此非常珍视它，特意建了宝光楼将它收藏在里面。待到外出时才穿用。元帝曾对宫女们说："当我穿戴起这些服饰，感觉真是飘飘欲仙，不吃饭也不会感到饥饿，就像遨游在蓬莱仙岛之间，与金仙羽客为侣，其乐无穷，忘记了一切忧虑，好像天下也不过如粪土一般。"宦官梁行听说此事后进谏元帝说："陛下您穿戴这些服饰，可说与神仙没什么两样，即使海池琼岛，蓬莱仙阁也不能与咱们宫中的壶岛相媲美（方壶，是蓬莱岛仙境，元帝的宫中也有一池岛，可与蓬莱方壶相比）。苑中池岛就可使陛下逍遥百岁，还有什么不快乐的呢？何必还要去欣慕远方的那个所在呢？"

## 龙瑞娇残忍

淑妃龙瑞娇，生性贪婪忌妒，宫女中如果有谁冒犯了她，她便让人用鞭子将她们打死。有时大发"慈悲"，不想治人死罪，就千方百计使用各种刑法让她们

痛苦。其中,把醋灌进鼻子里,叫作"酸刑"。把污秽的东西填塞进口中,叫"臭刑"。夏天用大火熏烤,叫作"蒸骨"。冬天则横卧冰上,叫"炼肋"。不能喝酒的,强行灌下,多则数十碗,这叫"醉鬼"。还有一种刑法是用削好的木棍,埋在地下二尺,地面上剩三尺,让犯罪的宫人站立在上,用另一根木棍挂着她们的腰,再让其两手各提一重物,不得失手掉下去,这叫作"悬心之刑"。像这样的酷刑,还有很多很多。

### 身妊移居

元宫中,如果皇后、妃嫔身怀有孕,待到十月怀胎,将近临产时,就搬到宫外的毡毛帐房里。如果生下皇子或皇孙,皇上就会下令赐给百官金银钱财及丝绸锦缎,称之谓"撒答海"。等到满月后,后、妃仍搬回内宫。生产时用过的毡房则赐给近侍大臣居住。

### 后妃有疾移居

元时,如果皇后、妃嫔中有人身患疾病,且病情危重,估计已无法救治,就把她们迁出宫外,住在宫外的毡毛帐房里,待后或妃去世,就地殡葬。每天杀羊两只,用羊肉做成饭菜作为祭祀,如此而已,直到49天后才结束。后、妃住过的帐房赐给亲信大臣。

### 后拒临幸

弘吉剌后生性节俭勤奋,性情豁达,不善妒忌,常常以宫中的礼法约束自己。居住在兴圣西宫的第三皇后奇氏,一向被皇帝所宠爱,皇帝经常住在奇氏的处所。左右的大臣近侍把这些告诉了宏吉剌后,剌后毫无妒意和怨言,也没有期盼皇帝的意思。一次,剌后随从元帝去上京(今吉林宁安)巡视。行路途中,元帝派内官传旨,想接见剌后,剌后推辞说:"夜暮来临,已不是皇帝能来这里的时候了。"内官回报皇帝,皇帝说再去,如此几次反复,剌后最终不肯接受。

### 皇后宠幸阉官

宦官朴不花,高丽人氏(朝鲜族),也有人叫他王不花。皇后奇氏入宫以前,与朴不花是同乡,两人情投意合,执爱笃深。后来,奇氏被选入宫中,在宫中奇氏很快赢得皇上的宠爱,升为第二皇后。这时朴不花以阉人身份入宫中,在宫中侍奉皇后奇氏多年,深得皇后宠爱。两人情意绵绵,感情深厚。

### 凝香儿

元顺帝的宫女中,有个叫凝香儿的。凝香儿本是官妓,因为才艺出众被选宫中,后来成为才人。凝香儿擅长鼓瑟,谙熟音律,能跳一种叫"翻冠飞履"的舞蹈,跳舞时,凝香儿腾空跃起,鞋帽也随之飞向空中,待凝香儿空翻一周后,起身的刹那恰好穿戴好鞋帽,分毫无误,百试不差。

### 男女死者相枕籍

至正(元顺帝年号)十八年,元国都闹大饥荒。灾民饥饿难忍,与此同时瘟疫四起,民不聊生。当时河南北山东郡县,都被军队占领,饥民百姓、男女老幼全都躲避出来,聚居在国都城内。成群的饥民无以果腹,饿死街头的人群尸横遍街。宦官朴玉花想缴功奖赏,荣耀一时,便向皇帝请求带人上街收尸,顺帝允准。事情办完后,元帝赐给朴玉花银钱七千锭,中宫及兴圣、隆福两宫的皇太子、皇太子妃也赏赐朴玉花许多金银钱财和各种物品。

### 玉观音、瑟瑟、美珠

淮东宣慰使撒都,向元帝进献玉观音、七宝帽顶,宝带宝鞍等贵重物品,元帝拒绝接受。又有人向元帝进献瑟瑟,元帝说:"只有贤德才是最宝贵的,瑟瑟有什么用呢?再别让我见到有人这样做。"又有一位近侍告诉皇上,说有个商人在卖美珠,元帝说:"我穿着服饰,喜欢素静典雅,不喜欢装饰珠宝美玉。"

## 太子忧惧

元世祖第二子真金早立为太子。真金起初跟姚枢、窦默学习儒家所提倡的忠孝恭俭等品德,因此他对朝廷大臣非常尊重,谦虚有礼。一时跟他结成师友的,不是朝廷中德高望重的大臣,就是平民百姓中有节操的人。他在中书省任职时间较长,善于听取意见,判断准确。他听说各地常发生多征赋税、强行漕运和官家以购买为名掠夺民财的现象。而这些现象都直接关系到百姓的根本利益,于是他多次奏请朝廷减免百姓沉重负担,因此朝廷内外的人都归心于他。江南行省大臣,每年都把赋税盈余47万贯进献给宫中,他对此很不高兴,说:"朝廷只让你们安定百姓,百姓生活安定了,愁什么钱粮不足!百姓生活不安定,即使钱粮再多,你能拿来自己用吗?"于是就让他们拿走,一文不要。行台治书侍御史王恽给太子进上《承华事略》二十篇。太子看此书言:汉成帝巡行时并未戒严中断道路来往;唐肃宗改绛纱服为朱明服,穿衣方便。于是他们非常高兴地说:"我如果有即位那么一天,也要像他们那样改变礼俗。"又读到邢峙给齐太子送上食物野菜"邪蒿"而被处罚一事,就对身边的侍臣说:"这不过是一种菜名,带个'邪'字,怎么能害人呢!"詹事孔九思说:"忠正之臣都注意防微杜渐,道理本应如此。"太子赞成他的说法。太子并让他的几个儿子传看这部书,他的宽厚仁爱之风超出一般,可能他的天性本来就是这样。等到专权弄政的阿哈玛特等人的党事发生,有人诽谤太子阴谋夺位,太子终于忧惧成病而死,死时为至元二十二年十二月。

## 仁厚可风

元世祖忽必烈的皇后翁吉喇特氏,向来聪明敏锐,通达事理。国家初步安定,政事纷繁,她在皇帝左右协助办事,立下很大功劳。有一天,四集赛上奏皇帝,要求割京城外一块近地作为放马的地方,皇帝答应了他。皇后刚想进谏,却看到了大臣刘秉忠,就公开责备他说:"你为什么不去劝阻皇帝?如果是刚刚定都的时候,划一片地牧马还可以。现在军民各有各的土地,军队去夺老百姓的土地怎么可以呢?"经她这么一说,这件事也就拉倒了。

宋朝灭亡以后,宋朝的小皇帝被弄进燕京,生活闷闷不乐。世祖皇帝说:"江南一带已经被平定,从此不再打仗,人人都很高兴,你为什么独自闷闷不乐?"皇后在一旁说:"自古没有千秋万代的国家,别让我们母子见到这一天,就是幸运的了,所以你要追问他。"世祖皇帝把宋朝府库中的财物摆放到宫殿上,召请皇后来看,皇后只看一眼就回去了。皇帝问皇后:"这里的东西,你喜欢什么?"皇后说:"宋朝皇帝贵族积蓄这些财物是用来传给他们子孙后代的,可是他们的子孙没有保守住而归于我们。我为什么要拿他们的财物呢?"宋太后全氏到燕京以后不服水土,全氏屡次奏请皇帝把她放回江南,皇帝都不允许。可是皇后回宫以后,却更加以优厚之礼对待全太后,因为皇后十分理解全太后作为俘虏的心情。

## 和尚就擒

至元十九年(1282年)三月,益都千户王著因人心怨恨阿哈玛特,暗地里铸造一柄大锤,同妖僧高和尚密谋杀他。当时皇太子真金跟随皇帝去了上都,让阿哈玛特在京城留守。王著因为太子向来痛恨阿哈玛特的奸猾弄权,就派两个西域和尚到中书省,谎称太子回京城作佛事,中书省里面的人很怀疑此事。高觿、张九思二人当时正在宫值宿守卫,就追问这两个西域和尚。他俩神色慌张,回答不出,于是就把他俩抓了起来,经过审问,他俩并不招认。到了晌午,王著又假传太子命令，让枢密副使张易派兵，晚上相聚于东宫太子住处。张易没有察觉，迅速派兵前去，高觿问张易：“你想干什么？”张易贴近他的耳边说：“是太子来杀左丞相。”不一会儿，中书省派一些人来迎接太子，全部被假太子王著部下所杀，夺取他们的马匹骑着进入健德门。晚上二更天到了东宫的前面，王著骑在马上大声招呼中书省的官员赶快到前边来，一见阿哈玛特来到，仅斥骂他几句话，就把他的坐骑拉走，随即用所铸的铜锤把他脑袋砸碎，立刻倒毙。接着招呼

他的同党郝镇来，也立即将他杀死。同时也把左丞相张惠抓了起来。正在此时，张九思打开大门大声喊：“这是一帮反贼！”立即命令卫士赶快去抓住他们。留守布敦手持大棒击倒骑在马上的一个人，余下的奔逃溃散，多被捉住，高和尚逃脱，只有王著挺身站出任其拘捕。当时世祖皇帝正在察罕诺尔，听到这一情况，立即派和尔郭斯等人带兵回京，讨伐这些作乱的人，终于抓到高和尚，把他杀掉。梁河、张易和王著也被斩首示众。

# 帝王野史

## 元世祖

### 智斗蒙哥

1251 年 7 月，拖雷的长子蒙哥举行了登基大典，成为新的蒙古大汗。

蒙哥汗即位不久，就发动了对南宋的大规模军事进攻。公元 1252 年，蒙哥命忽必烈率军攻取大理，以便对南宋形成南北夹击之势。

忽必烈的进军路线是取道甘肃，进西藏，然后兵分三路，直取大理。西路军由蒙古老将兀良合台及其子阿术指挥，东路军的统帅是抄合和也只烈，忽必烈自率中路军，途中舍骑徒步，翻越高山峻岭，到达金沙江畔，乘皮囊和木筏强度，很快进入大理国境内。当时的大理国王叫段兴智，此人昏懦无能，一听说蒙古大军压境，吓得满头冒汗，怎么也想不出应付的办法。1253 年农历十二月，忽必烈的大军已到了大理城下，未费一兵一卒，轻而易举地攻下了城池。大理就这样被征服了。

征服大理后，忽必烈将兀良合台父子留在大理驻守，继续灭却尚未降服的州郡，自己统领大军北归，等候蒙哥汗的再次调遣。可是，忽必烈一回到中原，便

发觉情况有些异常，派亲信一探听，才知原来是蒙哥汗对自己起了疑心，已经派一个近臣阿兰答儿为首组成钩考局，专门是调查忽必烈及其文武大臣的。

蒙哥汗即位后，就委任忽必烈总理漠南汉地的军国庶事。忽必烈早在为藩王时，就热心于学习汉文化，他任用汉儒，改革吏治，发展经济，取得了明显的成效，更得到北方汉族地主阶级的拥护。忽必烈的势力和声望的发展，特别是他采用汉法，不免侵犯了习惯于游牧生活，随意勒索的蒙古、色目贵族的利益，引起了这些人的嫉恨。

1256 年，有人便在蒙哥面前告发忽必烈及其幕府人员。告发的人，一类是蒙古宗亲，一类是掌握天下财赋的奸臣。罪名有二：一是忽必烈受到汉族知识分子的信任，都称他为“贤王”，视作“中国之主”，愿意为他效力。这种局面不利于蒙古族的统治。这对蒙哥汗来说，自然是一很大的威胁。二是忽必烈与蒙哥在财权上发生争夺。当时在蒙哥手下的侍臣塞咥滽被忽必烈收买，偷偷将大汗国库里的钱财供应忽必烈。在掌管陕西、河南、邢州三地期间，忽必汗唆使其幕府人员把应归蒙哥大汗的一些税收擅自送

往忽必烈幕府。

蒙哥汗也感到忽必烈有野心，不予以限制不行，于是他采取了各种措施。首先，解除忽必烈的兵权，令他在家"养病"。其次，蒙哥汗派遣其亲信大臣阿兰答儿、刘太平、脱因等到陕西、河南钩考钱谷，并委阿兰答儿为行省丞相，刘太平为参知政事，授以权柄。阿兰答儿等到河南、陕西后，搜罗当地的酷吏，组成了钩考局，召集陕西宣抚司、河南经略使大小官吏，发布142条条例，对他们进行钩校括索，大开告讦之风，罗织罪名，随意处死大臣。阿兰答儿等设钩考局的主要目的是削夺忽必烈控制地区的民政、财赋大权，打击忽必烈的政治力量和实行汉法的计划。

忽必烈一回到关中，便有不少官员向他反映了这一事实，忽必烈十分生气，说道："我现在马上返回和林，向大汗澄清真相。"

谋士姚枢在一旁默不作声，等众人走后，才对忽必烈说道："王爷，少安勿躁！您仔细思想，大汗为何如此呢？"

"我也不解其意，望先生明示。"

姚枢不慌不忙地说道："王爷，您如今声望显赫，为天下人拥戴，必会引起某些人的莫名嫉妒。大汗轻信小人之言，必生戒心。"

忽必烈听罢如梦方醒，连说："先生所言极是，所言极是！"

他又接着问道："依先生之见，我该如何做呢？"

"依臣之愚见，王爷不如立刻赶回和林去见大汗，无须辩解，全当无此事，大汗自然不会怎样！"

"那阿兰答儿的钩考局之事呢？"

"王爷只要将家眷也带至和林，做长久住下去的打算，大汗便会马上下令撤掉钩考局。"

忽必烈听后还有些不大放心，姚枢却从容不迫地说："王爷试想，大汗不放

心的人就是王爷，王爷回去了，就说明没有二心，大汗的钩考局还有何用？"

忽必烈这才彻底消除了疑团，采纳了姚枢的意见，将大部队留在关中，仅带数百名亲兵，携妻儿回到了和林。蒙哥汗见到自己的亲弟弟回来了，似乎意识到自己误听小人的谗言，冤枉了弟弟。于是，君臣大礼行过以后，蒙哥汗特设家宴为忽必烈接风洗尘。兄弟两人寒暄一阵后，蒙哥对忽必烈说道："皇弟远征大理，日久身劳，故而召归休养，别无他意。今日皇弟为何丢下军队，自己回和林来了！"

"大哥！"忽必烈含着眼泪，略带哭腔，说道："我们乃一母所生，亲同手足。如今大哥做了大汗，小弟岂能有二心。军队本是大汗的军队，我只是代大汗暂时统领。我回到和林，实在是因为日夜思念大哥，梦中常梦到与大哥相见畅叙；我的妻儿们在南方生活不惯，常常回忆起大漠的生活，今后我出征时就不带他们了，就让他们留在和林，服侍大哥。小弟归心似箭，所以未得到大汗的允许，便急匆匆地私自回来，望乞恕罪！"

蒙哥仍蒙在鼓里，他完全相信忽必烈所说的一切。听完忽必烈的一番诉苦后，自己竟然也潸然泪下，并走到忽必烈身旁，用言语安慰道："我听信了奸佞之言，以至冤枉了皇弟。望皇弟饶恕！"

"大哥，你折煞小弟了！千错万错，都是小弟我的错，大哥何必自责呢？"

两人对泣了一阵，彼此便不再说什么了。蒙哥汗当即下了一道诏令：撤销设在陕西的钩考局。

第二天，兄弟两人促膝畅谈，商酌今后的作战计划。忽必烈为进一步消除蒙哥对他的怀疑，主动提出为蒙哥在漠南另造一处皇宫，作为扫灭南宋的一个据点，并请蒙哥居住于此，以便于进行总指挥，蒙哥同意了忽必烈的建议。

蒙哥尽管撤销了钩考局，但是对忽

必烈的戒心并未完全消除。自他即位，七年来一直住在漠北，把漠南的军事经营完全交给忽必烈。到1256年，他突然作出了亲征南宋的决定，其目的在于通过战争来提高自己的声望，夺回中原军政权力，削弱忽必烈在漠南汉地已造成的影响。

蒙哥命其幼弟阿里不哥留守和林，诸王塔察儿率师出东路，自率主力军经六盘山、大散关等处入四川。1257年冬，蒙哥渡漠南，次年十月渡嘉陵江至白水江。十一月，攻下长宁（今四川广元西南），顺流东下，至大获山（今四川苍溪东），南宋守将杨大渊率众全部投降。蒙哥汗派人与南、东两路军联系，六个月后，派往两处的人都回来了：南路军畅通无阻，已进军至长沙；东路军却仍阻在大胜关以北，离主攻的目的地襄樊还有很长的距离。因为东路军的塔察儿指挥不力，所以节节败退。蒙哥闻知火冒三丈，立刻下令解除塔察儿的兵权，不得已改命忽必烈统领东路蒙古军。忽必烈在开平接到蒙哥汗的命令，便让妻子和长子驻守开平，自己率领军队，日夜兼程地向前挺进。他军纪严明，行军路上，不准兵士随意抢劫财物，所以颇得民心。他们冲破了南宋的一道道关口，势如破竹，一直打到南宋的鄂州（今湖北武昌）。

这时蒙哥汗率西路军渡鸡爪滩，至石子山，开始猛攻合州（今四川合川县）。宋朝的合州守将名叫王坚，此人骁勇善战，又颇有谋略。蒙哥汗第一次率军攻城，就吃了一个败仗。蒙哥召集文武大臣商议攻城对策，试图劝降王坚，却被王坚将使者斩首，悬挂城门楼上。蒙哥看见劝降失败，便发起强攻。合州军民，齐心协力，坚守城池，多次打败蒙古军的进攻，坚持六个月未被攻破。后来蒙哥又亲自率军攻城，不料被一块飞石击中了头部，落马而逃，撤回钓鱼山（四川合川县东）营中。时值盛夏，酷热难耐，加上

南方的潮湿之气，蒙哥军中皆为蒙古人，不习南方水土，所以军中疫疠流行，兵士病死者甚多。蒙哥亦染疾，卧床不起，很快就死于钓鱼山。

忽必烈刚刚将鄂州城包围，蒙哥汗的死讯便传来了。蒙哥这一死，的确太突然了。而且他在生前也未留下任何遗言，究竟谁来继承蒙古大汗位。忽必烈的几个谋士都建议他立即罢兵北还，争夺大汗之位。忽必烈也感到现在是天赐良机，此时不夺汗位，更待何时？但是，他认为南宋尚未扫平，而眼看就要获胜了，此时北归，岂不前功尽弃！正在犹豫不决时，南宋政府屈膝投降，派右丞相贾似道来见忽必烈，要求媾和，忽必烈接受了这一要求。双方签订了"鄂州之盟"。按照盟约规定：蒙古军撤退北还，两国以长江为界，南宋每年向蒙古进贡白银20万两，绢20万匹。盟约签订后，忽必烈马上撤离鄂州，挥师北上，争夺汗位。

蒙哥的战死，使忽必烈少了一个劲敌，扫除了忽必烈成就王霸之业的障碍。忽必烈在征灭南宋中，又把东路军的军权控制在手里，加强了他的军事实力。然而这时，蒙哥的几个亲信旧臣，如阿兰答儿、刘太平等都站在了阿里不哥一方反对忽必烈，而漠南汉地的封建地主阶级士大夫几乎一致地站在忽必烈一方。从此，另一场蒙古统治阶级内部的斗争开始了。

### 汗位之争

蒙哥汗战死钓鱼山，这使蒙古阵营群龙无首。于是，谁来继承大汗之位，成为急待解决的一件大事。

此时，忽必烈正在围攻南宋的鄂州城，闻知蒙哥汗的死讯后，仍不肯罢兵北还，说："我奉大汗之命攻打宋，如今寸功未立，岂能无功而还？"忽必烈的谋士郝经、廉希宪向他建议道："何不趁此机会北还即汗位！"郝经还建议："现在应立即派军队去迎接蒙哥的灵车，抢先夺去大

汗的宝玺。"忽必烈觉得所言有理,于是采纳了他们的意见,与南宋宰相贾似道签订了密约,免除了后顾之忧,就统领军队北还。

1260年3月,忽必烈在塔察儿、穆相哥、赤因铁木儿等一批蒙古贵族的支持下,在开平登上了大汗的宝座,建元中统。他任用汉地的知识分子,仿效汉人的政治制度,设立中书省、十路宣抚司及负责中原地区政务的燕京行中书省等行政机构,以巩固其在中原的统治地位。

与此同时,忽必烈的幼弟阿里不哥也在漠北的和林召开忽里台(蒙古语,即蒙古和元朝的诸王大会)。自立为汗,占据了漠北的广大地区。最初,蒙哥汗南征灭宋时,令阿里不哥驻守蒙古的大本营开平,并统领漠北的蒙军。蒙哥汗战死的消息传到和林后,皇后忽都台及蒙哥的几个儿子,还有窝阔台的后裔阿速带和察合台的后裔阿鲁忽,以及相当一批蒙古老臣都纷纷表示支持阿里不哥为汗,因为这些人早就对忽必烈的实行汉法措施大为不满,对忽必烈一直存有戒心。此外,驻军六盘山的蒙古军主帅浑都海、主持陕西政务的刘太平及四川的蒙古军的不少将领,也都拥戴阿里不哥继汗位。阿里不哥在谋士阿兰答儿的策画下,更是积极地谋夺汗位。

早在忽必烈征讨大理时,蒙哥汗就对他产生了怀疑,于是派这个阿兰答儿成立了一个钩考局,专门对忽必烈的文臣武将进行审查,审查的结果几乎要全部斩首。后来,由于忽必烈采纳了汉儒姚枢的意见,把妻儿送往和林做人质,并亲自向蒙哥请罪,这样做才使蒙哥消除了怀疑,罢去了钩考局,并将阿兰答儿调回和林。蒙哥汗一死,最有资格继承汗位的当然是拖雷的次子忽必烈,阿兰答儿此时感到,如果忽必烈一旦做了蒙古大汗,必然会将他治罪,所以他大力唆使阿里不哥与忽必烈争夺大汗之位。阿里

不哥看到有如此众多的臣子忠于他,支持他,便毫不顾忌地公然自称大汗,根本不把忽必烈放在眼里。而"天上只有一个日月,地上如何有两个主人",一国岂容二君! 这兄弟二人互不相让,必然会爆发一场汗位争夺战。究竟鹿死谁手呢?

当时,忽必烈的主要势力在中原,阿里不哥的势力在漠北。他们两人都很清楚,若要战胜对方,必须夺得关右地区(函谷关以西、包括今陕甘宁地区),于是双方都挑选最精锐的部队在关右驻扎。阿里不哥这一方派浑都海为关右主帅,主要将领有霍鲁海和刘太平等。忽必烈则委任自己的心腹赵良弼(女真族人,任内颇有政绩),赴关右考察军事地理形势。又命廉希宪任川、陕地区的宣抚使。这个廉希宪是畏兀儿(维吾尔)人,自幼笃好经史,满腹经纶,举止不凡。他深受汉族文化的影响,19岁时入侍忽必烈,常宣讲孟子的性善义利仁暴之说,人称"廉孟子",颇受忽必烈的赏识。他在川陕地区大力推行汉法,加强了在秦、蜀、陇的政治、经济力量,对打败阿里不哥起到了关键性的作用。除了赵良弼、廉希宪外,忽必烈派到关右的主要战将尚有刘黑马、高鹏霄等,大本营设在京兆(位于今天西安市附近)。

浑都海的部队由六盘山大营出发,向京兆奔来;廉希宪的军队则由京兆出发,向六盘山进击。两军在中途相遇,廉希宪军中的老将刘黑马挺身而出,浑都海军中的刘太平拍马迎战。这个刘太平,原本是忽必烈的部将,后投奔阿里不哥。刘黑马一见刘太平,怒火中烧,大声吼道:

"乱臣贼子,尔昔日在我主帐下听令,我主待你恩重如山。如今我主登位,你不弃暗投明,反而兴兵做乱,实乃罪不容诛。还不下马受降,饶儿不死。若敢不从,今日便是你的死期!"

那刘太平气得哇呀哇呀地乱叫,岂能受了刘黑马的一番训斥,顿时火冒三丈,策马挺枪,与刘黑马展开激战。只见刘黑马轻轻一闪,躲过刘太平的一枪,这时刘太平收马不住,直冲过去,刘黑马背后一刀,只听"忽"地一声,刘太平匆忙伏在马上,头盔已被刘黑马一刀削在地上。刘太平见势不妙,急忙逃之夭夭,不料刘黑马如旋风一般,追上刘太平,从他的背后猛力一提,将刘太平生擒活拿。

在一旁观战的霍鲁海,看到刘太平被擒获,一下子也乱了阵脚,一挥令旗,立即撤退。哪知高鹏霄早有所料,眼明手快,拍马舞刀堵住霍鲁海的去路。霍鲁海被逼无奈,只得硬着头皮与高鹏霄应战。几个回合之后,高鹏霄看出对方的破绽,虚晃一枪,霍鲁海侧身一躲,另一边露出空档。高鹏霄一枪扎在霍鲁海的坐骑上,战马受惊,腾空直立,将霍鲁海甩至地上。高鹏霄立刻令几个士卒,将霍鲁海来了个五花大绑。

廉希宪坐帐审问霍鲁海。霍鲁海如实招供,他说浑都海已经与驻守在四川的大将密里火者约定,准备共同起兵反叛。这个密里火者统辖着数十万的军队,过去蒙哥汗调往四川作战的军队,几近一半掌握在他的手中。如果密里火者反叛,从四川杀到关中,廉希宪等就会南北受敌,难以抵挡了。廉希宪暗自思想,考虑再三,最后决定先发制人,赶快除掉密里火者,然而,密里火者乃是控制一方的大将,除掉他决非易事,这样的大事自己岂敢擅自决定,然而若向忽必烈禀报,再取得其诏命,恐怕为时已晚。廉希宪当机立断,假传圣旨,先斩后奏。于是他将刘黑马找来,对之陈述了利害关系,布置了具体做法,刘黑马带上几十名亲兵往四川而去。

密里火者此时尚蒙在鼓里,思想毫无准备。听说刘黑马带来了忽必烈的诏令,急忙整衣齐冠,出营接旨。他万万没有想到,当他跪着去接圣旨时,刘黑马一转身,迅速抽出佩刀,手起刀落,密里火者当即毙命。这时,军中一下混乱不堪。密里火者的儿子和将领,见主帅被杀,纷纷持枪提刀地准备格斗。刘黑马却毫无畏惧地将佩刀入鞘,手拿诏书对众人说:"我主圣明,看出密里火者勾结浑都海,密谋反叛,我奉诏而来清除逆贼。此事与诸位无关,望诸位效忠我主,勿起反叛之心。"

刘黑马说完,立刻上马,向随从大手一挥,回去复命了。密里火者的部将,都不知刘黑马是假传圣旨,都以为诏书是真的,有的大将还暗自埋怨密里火者。只有密里火者的儿子对刚才发生的一幕有点怀疑,心想:忽必烈远在天边,岂能知道我父有篡逆之心!他连忙写了一个奏折,派人星夜送往忽必烈的驻地。

忽必烈看到密里火者儿子的奏折,得知密里火者被刘黑马刀劈斩杀,一时被弄昏了头,不解个中之由。正在疑惑时,廉希宪的奏折也来了,奏折中详细叙述了诛杀密里火者的原因和经过,并且讲明了先斩后奏的道理,最后,请求忽必烈治他"假传圣旨"之罪。忽必烈看过这个奏折,才如梦方醒,明白了一切。他深感廉希宪是一难得的人才,能谋善断,何罪之有!他不仅不降罪于廉希宪,而且还下诏褒奖,对他的做法予以肯定。同时,忽必烈也给密里火者之子下了诏书:"杀汝父乃孤之诏命,皆因你父对孤不忠,起反叛之心,诛之罪有应得。"此事便如此地平息下去。

廉希宪受到褒奖,信心倍增,做事更加果断。他认为现在时机已经成熟,应当向盘踞在六盘山的浑都海部发起总攻。在此之前,浑都海已知自己的两员虎将刘太平和霍鲁海双双被俘,这如同失去了左膀右臂。这且不说,自己蓄谋已久的周密计划,也被廉希宪彻底粉碎,密里火者也被杀死,现已毫无优势可言,于是便带着军队退向六盘山以西。等到廉希宪的军队开拔到六盘山时,浑都海早已撤走了。

阿里不哥在和林听说浑都海在关右战败的消息后,坐卧不宁,急得不知如何是好。为挽救败局,只得派阿兰答儿进军西凉府,与浑都海部会合,并且遣派其子玉木忽儿和哈剌察儿南征。阿兰答儿与浑都海会师后,力量大为充实,军心也大为振作,数次打败廉希宪的军队。廉希宪不得不马上上奏忽必烈,请求增援,忽必烈看了奏折后,决定御驾亲征。

阿里不哥这时已把重兵派往关右,和林的驻军力量十分薄弱,当他听说忽必烈欲亲领军队征战时,感到形势不妙,难以招架,于是慌忙地逃往谦谦州(元属岭北行中书省,位于今天的俄罗斯西伯利亚叶尼塞河上游克穆河与克穆契克河畔),阿兰答儿和浑都海在军营中听到这一消息,乱了手脚,叫苦不迭。自己的主子如此怯懦,我们还在这里拼死拼活地卖命做什么! 而廉希宪的军营中,将士听到阿里不哥逃跑,精神都为之大振,坚定了必胜的信心。

1260 年 9 月间,廉希宪与阿兰答儿等在甘州(今甘肃张掖)东面山丹附近的耀碑谷进行了一次激烈的战斗。这天晚上,廉希宪的部将汪良臣,趁着黑夜,带领几千精兵闯入浑都海和阿兰答儿的中部,"冲啊!""冲啊!"喊杀声震天,在山谷中回荡,他们将浑都海的部队斩做两截,迫使浑都海与阿兰答儿分别向两个方向逃窜。最后双双被围,做了阶下囚,将这两个罪大恶极的元凶斩首示众。从此,阿里不哥的军事力量被彻底打垮,已预示了失败的结局。

在谦谦州的阿里不哥,仍然是寝食不安,他一直担心忽必烈的大军追来将他抓获,便想了一个缓兵之计,遣一使者到和林,向忽必烈屈膝服罪。忽必烈心想:自己的这个小弟毫无主见,其所做的

一切,都是那几个乱臣贼子给他出的鬼点子。现在,他的几员大将皆已兵败身死,我这个可怜的弟弟已到了穷途末路,故而愿归降于我。于是,忽必烈对使者说:"你回去告诉我弟,就说孤念及我们乃一母所生,他年少无知,对以往所干的坏事,孤不再追究。赶快让他来见我。"使者奉旨返归谦谦州。

孰料使者已回谦谦州一月有余,忽必烈仍未见阿里不哥前来领罪,这才知道中了阿里不哥的缓兵之计。不过,他觉得阿里不哥如今已元气大伤,不会再崛起了,所以并不放在心上。

阿里不哥在谦谦州住了一年,招兵买马,训练军队,妄图卷土重来。时机稍一成熟,便挥师南下。他首先突然袭击了和林,和林守将亦孙哥思想毫无准备,结果丢掉了和林。阿里不哥这下便肆无忌惮地攻打开平,军队距开平仅有一百多里了,忽必烈再次被迫御驾亲征,两个兄弟在开平至燕京一带,展开了激烈的争夺战。1261 年 11 月,双方大战于昔木脑儿(今额尔德尼察干附近),阿里不哥遭到挫败,几个大将都被砍落马下,他不得不再次北逃。这次战斗,阿里不哥已陷入绝境,再也无招架之力。第二年春天,追随阿里不哥的阿鲁忽(察合台之孙)也背叛了他,依附于忽必烈。阿里不哥闻讯后异常恼怒,引军西征,击败阿鲁忽,进据阿力麻里(元代西北重镇,曾是察合台汗国的首都,遗址位于今新疆伊犁哈萨克自治州霍城西 13 公里处)。阿里不哥在这里又大肆杀掠,此时正值阿力麻里饥荒,故民怨沸腾,阿里不哥的属下也起离散之心,阿鲁忽乘此机会,整军来攻,阿里不哥已力不能支,又遭惨败。1264 年 7 月,阿里不哥亲赴开平向忽必烈请罪,忽必烈再次原谅了他,对他既往不咎,与阿里不哥的争夺汗位战争终于宣告结束,忽必烈大获全胜。

忽必烈与阿里不哥之间的斗争,实

质上是蒙古统治集团内部新旧两种势力的矛盾的斗争。当时,很多守旧的蒙古贵族、藩王都极力反对忽必烈推行"汉法"的措施,阿里不哥正是这些蒙古保守势力的总代表。忽必烈战胜阿里不哥,意味着蒙古诸王保守势力受到挫折,使忽必烈能较少牵制地推行代表进步势力的"汉法"。

### 平定李璮叛乱

忽必烈一直重用汉人,只要你确有一技之长,他都积极任用。但是,无论谁若反叛他,他必将置你于死地,对汉人更是如此。

在阿里不哥叛乱的后期,山东的汉族军阀李璮举起叛旗,公开反对元朝政权,忽必烈很快采取措施将叛乱平定。

这个李璮,本是金末山东豪族李全之子,小字松寿。李全先投宋,后于1227年降蒙古,被任命为山东淮南楚州行省(又称益都行省)大都督。1231年,李全在攻打南宋属地扬州时,败死军中,李璮便袭父职而任益都行省大都督,拥兵自重。李璮是一个刚愎自用的武夫,并无多大才干,却不把北方的蒙古、南方的宋朝放在眼里,自己妄图称霸天下,可谓野心勃勃。

1259年,蒙哥去世,忽必烈夺得大汗的宝座。李璮的岳父王文统给他出主意,劝他将自己的亲生儿子李彦简送往开平作人质,以取得忽必烈的信任。在当时归降蒙古的汉将中,多有将自己的儿子送到京城做人质,表示自己永远归顺朝廷而决无反叛之心。忽必烈此时也正与阿里不哥展开激烈斗争,急需用人,因此,忽必烈很高兴,当即加封李璮为江淮大都督。

王文统亲自将李彦简送进开平,忽必烈接见了他。这个王文统原本是山东益都的一个书生,后来投靠李璮府中,为他出谋画策,颇受李璮的器重,李璮又娶了文统之女,从此二人成为翁婿关系,十分亲密。王文统能言善辩,忽必烈与他一番交谈后,觉得此人聪明伶俐,是一难得人才。连有"廉孟子"之称的廉希宪以及饱读诗书的名儒刘秉忠也对王文统钦服不已,于是,忽必烈便留他在朝中做了平章政事。从此,翁婿二人,一个在朝,一个在野,里应外合,为后来制造叛乱打下了基础。

李璮企图割据称雄的野心开始暴露出来,他一方面蓄谋反叛蒙古,一方面假装服从忽必烈的调遣,攻取南宋的海州(今江苏连云港市)等四座城池,使忽必烈对他不存任何戒心。他积极加固益都城防,储存粮草,截留盐课。忽必烈多次欲在益都征兵,李璮却横加诡辩,说什么益都是南宋的航海要津,分散军队没有好处,实际上他是担心自己的军队力量受到削弱。时间一长,忽必烈便察觉到李璮有反叛之心。但是为了集中力量击败阿里不哥,所以他佯装不知,不仅不收拾李璮,反而给他加官晋爵,对他提出的要求也予以满足。有一次,李璮谎报军情,向忽必烈进言:"近来我们抓获了一名南宋奸细,经过审问,得知南宋在调集军队,准备攻打我们的涟水、许浦一带。臣立即派人赴敌处探听虚实,回报说那南宋奸细所供属实,如今南宋的战船已开赴射阳湖,直奔我益都,为保我主社稷江山,臣除激励将士严阵以待外,尚望加强城防,请我主诏示。"忽必烈虽明白李璮的险恶用心,却不予戳穿,立刻批准了他的建议。这样一来,李璮骗来了不少城堑建筑费。过了一段时间,他又上一奏折,说由于城池加固,将士们作战勇敢,托我主爷的洪福,我们已将宋军打退。忽必烈立刻下诏,赐李璮金符十、银符五,作为对有功将士的犒劳。从此,李璮愈加猖狂,竟然逾权统领蒙古、汉军在边疆驻扎的军队,而且动辄上奏朝廷,请求增援兵力。

忽必烈这时正在漠北征讨其弟阿里

不哥,无暇应付李璮。王文统认为此乃天赐良机,便让在京城做人质的李彦简回到益都,向李璮通了信,让李璮迅速起兵反忽必烈。

当时益都有一个蒙古的退休老臣王磐,平日闲居,常到李璮营中聊天,两个人谈得很投机。有一次,在谈话时李璮把自己反叛的计划全部和盘托出,王磐不露声色,表面上还赞赏李璮的勇气,但是回家以后,立即骑一匹快马连夜进京向忽必烈汇报去了。一个蒙古族的老臣,岂能不倒向忽必烈!

此时忽必烈讨伐阿里不哥,大获全胜,班师回朝。当他听了王磐的报告后,马上派人将王文统叫来,一见王文统,忽必烈满脸愠色,厉声质问道:

"王文统,你知罪否?"

王文统一听到这声震屋瓦的声音,吓得扑通跪下,"愚臣不知,望陛下明示。"

"孤在征伐阿里不哥期间,你与你的女婿李璮,都干了什么勾当!"

王文统知道事已败露,而仍巧言狡辩道:"李璮那小子,真不是人,他受陛下之恩如此深厚,却忘恩负义,妄图反叛。他派人下书一封,约臣下在京城之内与他配合起事,是我心生一计,给他回了书,说现在时机尚未成熟,暂时将他稳住。陛下刚刚得胜而归,愚臣正欲禀报详情,没想到陛下先问起来了。我对陛下的一片忠心,皇天后土,实所共鉴。李璮那小子若有篡逆之举,臣愿亲领军队,将他生擒活拿,然后千刀万剐。"

忽必烈冷笑一声,说道:"你的这张嘴真够利的。来人,将李璮写的三封信呈上来!"

话音刚落,内侍臣便将三封信呈交忽必烈。忽必烈将信摔至王文统面前,大声喝道:"你看这是什么!"这三封信都是李璮写给王文统的,大致内容是:小婿谨遵岳父大人之嘱,已准备就绪,请速定

日期。王文统看见三封信后再也无言可辩,当时吓得缩成了一团。忽必烈又十分愤怒地说:

"我将你在平民布衣之中选拔出来,并授以权柄,待你不薄,你却忘恩负义,助纣为虐。今不杀你,怎解我心头之恨!"

忽必烈立即下令将王文统斩首,并诏告天下,兴兵讨伐李璮。李璮闻知岳父已死,便正式在山东举兵反叛,忽必烈召集群臣,商议对策。大臣姚枢说道:

"臣以为李璮贼子分三步棋走:第一步,他从水路进军,攻打燕京,然后北据居庸关,以阻止我们的军队前进。第二步,他会与南宋联合,进可攻,退可守。第三步,占据济南,等候他事先联系好的准备共同反叛的地方势力。妄图扰乱天下。"

忽必烈急着问道:"卿以为该如何对付李璮呢?"

姚枢答道:"李璮狂妄自大,他以为与他共同反叛的人,都与他是一条心。殊不知那些人皆是不忠不义之徒,有便宜才占,无利可图就会弃他而去。李璮占据济南,犹如瓮中之鳖。我们马上发兵济南,将城围困,便可瓮中捉鳖。"

忽必烈听罢喜不自胜,立刻下令发兵。

此次平叛的主帅是宗王合必赤和丞相史天泽。果然不出姚枢所料,蒙古大军一到济南城,就将济南城紧紧包围,根本无人来救援李璮。尽管南宋政府封李璮为齐郡王(因为李璮在反叛开始,将涟海三城献于南宋,故而受封),但是在军事行动上根本不给予有力配合。李璮在进攻济南时,还曾传檄河北,希望得到华北地区汉族地方军阀的支持,而响应者却寥寥无几,正因如此,李璮的处境完全孤立。

宗王合必赤见此情状,便要发动强攻。史天泽制止了他:"王爷,不可急躁!

李璮虽困于城中,但他兵多将广,城内又有一定的积蓄,急攻恐为不妥!"

"丞相认为如何是好呢?"合必赤问道。

"依臣之见,先将他困在城中一两个月,截断城内与城外的交通,待他兵乏粮绝之时,发动总攻,定能一战成功!"

合必赤点头允诺。

却说李璮被困济南城中数月,粮秣告罄,军心离散,李璮这下着了慌,急得如热锅上的蚂蚁。他被逼得无奈,多次命令部队向外突围,然而兵士已疲惫不堪,哪里能突得动! 都先后被蒙古军打退。李璮绞尽脑汁,无济于事。

李璮想尽千方百计突围,一次也未成功。看来只有死守待援了。但是,有谁能来拉他一把呢! 时间一长,军粮已无一粒,他只好把士兵分到老百姓家里吃饭,再往后,连战马也被宰杀用来充饥。甚至有人吃人的,其状惨不忍睹。

蒙古军又展开攻心战,每天在城下呐喊:"李璮贼子,赶快投降,负隅顽抗,死路一条。众将士受其蒙蔽,本无罪过,凡归降者,皇上一律开恩赦免。如今兵临城下,指日可破。我主宽仁,不忍涂炭百姓,特一再晓谕,再莫犹豫不决,自取绝路!"

这一招真是有效,不少胆大的士兵不顾危险地跳下城投降,蒙古兵盛情接待,让他们拿着干粮,到城下边吃边向城内的兵士劝降,这样一来,投降蒙古的人越来越多,李璮已成了孤家寡人,陷于四面楚歌之中。他感到大势已去,末日来临,一不做,二不休,先手持宝剑,来到后庭,一剑将自己的爱妾杀死。甚至不顾骨肉之情,将自己的亲生女儿也劈胸刺死。然后独自来到大明湖边,驾一小舟向湖心划去,他想沉身湖底,了却残生。这时,蒙古兵乘船追来,李璮用宝剑将船底劈开,湖水从船底漫了上来,小船开始向湖底沉去。李璮这时狂笑不止,一副

毫不畏惧的样子。只见船沉着沉着,沉不下去了。原来天旱水浅,湖水尚不到一人深。蒙古军的船只已划来,将他活捉。

蒙古军士兵把李璮五花大绑地提到合必赤帐前,史天泽说:"这个乱臣贼子祸国殃民,死有余辜。"他与合必赤发出命令,将李璮斩首示众。李璮叛乱终于被平定。古语说得好:"多行不义,必自毙","善有善报,恶有恶报,不是不报,时候未到"。李璮落得如此下场,正好应证了古语的正确。

李璮、王文统都被斩首了,可是忽必烈总觉得他们的阴魂不散,从这时起,他对推荐过王文统的刘秉忠等人产生了深深的猜疑。忽必烈开始废除地方诸侯世袭制,收归汉人的将兵权。后来又引用色目人作为其统治的帮手,对汉人进行多方面的牵制。这些措施,对元朝中央集权政治的加强,蒙古、色目贵族与汉族官僚之间矛盾的发展,产生了重大影响。

### 扫灭南宋统一全国

阿里不哥和李璮发动的叛乱,先后被忽必烈平定,这标志着统治阶级的内部矛盾斗争暂时告一段落。北方政局开始稳定后,忽必烈决定征服南宋,统一天下,于是发起了对南宋的进攻。

蒙古人对外侵略的传统使他们一直有灭掉南宋的打算,自蒙哥做了大汗之后,决定用迂回包抄的战略来对付南宋,1258 年,派忽必烈进攻鄂州(武昌),元帅兀良合台攻云南,而自己也亲自率军攻打四川,企图与忽必烈会师鄂州,顺江而下,直攻临安,灭亡南宋。

当时蒙军战事进展得并不很顺利,忽必烈攻鄂州由于没有水军协同,加之守将高达指挥有方,后援也逐渐到达,使蒙军处境危险。四川方面,蒙哥开始比较顺利,先后占领了北部大片地方,但在年底攻打战略要地合州(今四川合川)时受到了激烈地抵抗。守将王坚凭着钓鱼

城山寨坚苦奋战,挫败了蒙古军队一次次的进攻,把蒙古军队牵制在钓鱼山下,使之半年没有前进半步。在 7 月的一场战斗中,蒙哥身负重伤,后死在军中。只有兀良合台一路过关掠地打通了道路,招降了大理政权,征服了吐蕃,形成了对宋的战略包围。

当时,忽必烈围攻鄂州,一直未下,宋廷又派出贾似道领着援军,增援鄂州,并且升他为右丞兼枢密使,统管鄂州战事。军队在开往前线时,几十万人马浩浩荡荡,五彩的战旗,在风中猎猎作响,光亮的盔甲照亮了天空,威风凛凛,直向前去。

战士们也是摩拳擦掌,希望有一个报效国家的机会,然而,坐在中军的统领贾似道却哭丧着脸,满肚子的苦水无法倾倒。这是为什么呢?这里,我们先说一说贾似道这个人。贾似道本是不学无术之人,靠着父亲的荫庇做了一个嘉兴县司仓的小官,后来靠着做皇妃的姐姐混了一进士出身之后,便又以此驰骋在官场,很快便扶摇直上。在 37 岁时,做到了两淮宣抚使等职,手握重兵。贾似道做官之后,不但没有收敛反而更变本加厉地贪污腐化。他治国无方,却敛财有术,他自己是一个昏聩专横的典型,却又忌妒有功之将领,只知在花园中斗蟋蟀,从不理军国大事。南宋朝廷的偏安政策本已使国家岌岌可危,而贾似道的掌权更使其雪上加霜。这一次,皇帝让他去鄂州退敌,他怎么能不发愁呢?

但他终于想到了一个绝妙好计。

一到前线,他便派人向忽必烈求和,忽必烈仗着优势兵力,不答应和谈,这可急坏了这位贾大人,如热锅中之蚂蚁,惶惶不可终日。恰在此时,亲王穆哥派人送来了蒙哥在钓鱼山战死的消息,忽必烈心里开始紧张起来,留在家中的爱妃又差人火速送来密报,说阿里不哥得知蒙哥汗死讯,企图夺取汗位。这消息至关重要,他必须立即撤兵回去解决汗位继承这个大问题。

但忽必烈却没有轻率撤军,而是下令猛攻鄂州,因为他已经看透了贾似道的心思,想利用这机会发一次财。

果然,在蒙古军几次猛烈的进攻之后,贾似道又派人来求和了,虽然他也已知道蒙哥死信,但他已被蒙军吓破了胆,不知作抵抗,只希望忽必烈早早撤军,自己好回到临安的安乐窝中,所以还是派人和谈了。

这一次和谈十分顺利,贾似道私作主张:宋向蒙古称臣以江为界,每年宋向蒙古进奉银 20 万两绢 20 万匹,忽必烈一看条件满不错,再加上已无心思在战争上,便答应了。旋即领兵北撤了。

忽必烈撤回大都,在自己一帮谋臣及将领支持下,赶走阿里不哥登上蒙古汗位。蒙哥虽然死了,但并没因此而改变蒙古人灭宋的想法。因此,他一上台,便差使臣郝经到宋去,找贾似道,要求履约,但贾似道怎敢践约呢?他更害怕消息传出对他不利,于是他扣留了郝经,以求保住官位。消息传到大都,忽必烈怒从心头起,遂即下了灭宋的决心。

忽必烈如何攻打南宋呢?他自有自己的想法。他深知宋廷虽已是风雨飘摇,却仍有一定的实力,他也知道自己刚掌权,一切都不稳定,所以不可操之过急,须从长计议,以待天时地利人和。

他首先从地利人和着手,一边选中了襄樊为攻打目标,一边修内政以待时机。襄樊是处于江汉之间的军事重镇,上控四川下扼江汉,是南宋抗蒙最重要的战略地点之一。假如襄樊失守,则南宋危如累卵,因此南宋在此投入了巨大兵力。并且襄阳樊城夹汉水对峙,"植柱中流,联以铁亘"可以互相救助,忽必烈也知道拿下襄樊是件很不容易的事情,因此在攻宋之前做了大量准备,但仍三年攻而不克。

1270 年三月,阿术与刘整上书言道:"围守襄阳,必当以教水军,造舰船为先务。"忽必烈欣然许之,让他们立刻训练水军七万人,造战舰五千艘,同年八月,又筑环城以逼襄阳。此时,宋廷眼看襄阳危急,派大将范文虎率兵船两千来支援襄阳,阿术与刘整引兵与范文虎交战于灌子滩,大败范文虎,并得到了战船三十,迫使范文虎引兵退走。襄阳更加危险了。

1271 年三月,范文虎又领军前来支援襄阳,被打败在湍滩。五月忽必烈命令以东道兵围守襄阳,同时令赛典赤、郑鼎水陆并进赶往嘉定,汪良臣、彭天祥出重庆,札剌不花出泸州,曲立吉思出汝州,以牵制宋兵力,进攻襄阳的战争逐渐进入白热化。南宋看襄阳危在旦夕,立刻又派范文虎率苏刘义、夏松领舟师十万支援襄阳,又被阿术大败,并夺得战船百只,同时会合千户解汝辑攻打范文虎,范文虎被迫撤回。7 月,驻守襄阳的宋军企图击退围攻襄阳的蒙军,以摆脱被动局面,组织了一次大规模的攻击,但也以失败告终,几次冲突反而增强了敌人的力量。

南宋政府看到从襄阳击退敌人似乎可能性不大,因此就在其他地方进行了几次攻击,以图减轻对襄阳的压力,但都没有成功。

襄阳守军在无外援的情况下,一边加强防守,一边积极组织军队,力图打开元军对襄阳的封锁。1272 年,襄阳守将张贵组织了一支船队,夜里顺流突击。元将阿剌海牙举燃烽火,顿时,长江之上犹如白昼,数万元军架船追击,舟师顺江而下,转战五十余里,直到柜门关,宋军大败,张贵及将士 2000 多人被俘,此役壮烈异常,但守军实力大受损失。从此,宋军再无能力从襄阳突击元军的包围了。

1272 年十一月,元军拔柱断絙,切断了襄樊间水上联系。元将刘深等率军攻下了樊城外围,后集中力量围攻樊城,1273 年正月,樊城陷落。进攻襄阳的元军将领刘整本是南宋驻四川的一员骁将,因受陷害而投降了元军,忽必烈派他驻守襄阳,多有战功,南宋欲派人暗杀他,但几次都未成功。又使了一个离间计,欲借蒙古人手杀之,刘整上书辩解,忽必烈很相信他,并命重赏刘整使他更甘心为其效力。恰在这时有人创造了新式巨石炮,用力少而射击范围大,忽必烈很高兴,马上命令在襄阳前线使用。

樊城陷落后,襄阳更加危急,守将吕文焕派人火速到临安求援,但在权臣贾似道的把持下,最终没有派出援军。而忽必烈在此时命令大将阿里海牙大举进攻,守将吕文焕因害怕而请降,二月襄阳失陷。襄阳号称"铁脊梁",军民奋战六年而终因南宋朝廷不救而坐视陷落,从此,长江门户大开。

刘整在取得了攻襄胜利后,又请元朝廷在台、洋二州教练水军六万,在汴梁、襄阳造船三千余艘,准备继续东进。忽必烈很欣赏刘整,又赏给甲仗及水弩手,刘整趁此又攻下了襄阳南边的堡寨。

1274 年,忽必烈招阿术等将领回朝,商讨平灭南宋大计。阿里海牙进言说:"荆襄自古用武之地,汉水之上已为我所有,顺流长驱,宋必可平。"又进一步指出:"宋兵已弱于往昔,今不取之,时不能在。"众人深以为然。忽必烈也认为乘此破竹之势,席卷天下已是时候了,于是下令发兵,大举进攻南宋。

忽必烈派两路元军,东路以博罗欢为统帅,从两淮方面进军,目的是牵制宋兵力。西路主力二十万人,由伯颜统率,从襄阳沿汉水而下,直下鄂州。

鄂州地势险要,夹汉水,城万胜堡又作了许多战备工作,还有将士十余万战舰千余艘,同时又用铁齿横在江中,贯穿了几十艘大船,使元军不能通过。但宋军却疏忽了黄家湾这地方。黄家湾有一条河经鹞子山进唐港而汇入长江中，而宋军虽在这里建立堤坝、筑堡驻军，但人数相对薄弱一些。伯颜得知这一情况后，心中暗自高兴，立刻下令进攻堤坝，占领并摧毁了堤坝，乘船由唐港到大江。在阳罗堡与宋军大战一场，此时宋军已是无心恋战，一经接手便溃不成军，于是鄂州不战而降。元军浩浩荡荡向东开进，更是所向披靡。在这里值得一提的是在元军攻打汉口时，元将史格先率军渡江时，遭到宋将程鹏飞打击后败退，这是几个月中唯一给元军造成重创的战斗。

忽必烈看到宋将已是毫无斗志，下了一道圣谕，招降沿江各城守将，言明礼遇之，于是又有许多城池归了元军。这样，长江几乎已全部掌握在元军手中，南宋所凭借的天险已完全丧失了。

元军自鄂州大举东下，贾似道被迫亲自率军应战，1275年二月，双方军队在丁家洲（安徽铜陵境内）相遇了。

当时南宋集结军队有十余万人、战舰五千余艘，元军东下人马亦十万余，兵力相当，但宋军在物资地理条件、群众条件方面都比元军占有明显优势，但是贾似道一心求和，故伎重施，派计议宋京、承宣使阮思聪，同伯颜谈判，请还已降州郡，并表示愿意称臣，约贡岁帑。伯颜已承了忽必烈灭宋的旨意，那里肯谈判，但他又考虑到一连征战，士兵多已疲劳，这也是一次休整的好机会，于是让襄加带同阮思聪同到宋营报命，扣宋京以为人质。伯颜让使者告诉贾似道："未渡江时，入贡议和即可，今沿江诸郡皆以内属，欲和则当面议也。"贾似道如何敢去，放襄加带回来，伯颜遂放还宋京。这时，蒙古军已休整完毕，并且借机选择了有利地形，而贾似道及宋军将领们只动摇观望，根本没有认真备战。

此时，忽必烈又下了一道旨令，让伯颜暂时按兵不动，同时又派人到沿江宋各州郡招降，说既往不咎，但也威胁道："若执迷不悟，可不要怪我不客气了。"贾似道一看和谈无望才下了孤注一掷的决心，但已来不及了。他令孙虎臣、苏刘义集结兵船于大江南北，自己同夏贵统领后军、战舰二千五百艘，横亘于江中，企图和伯颜对峙。

然而，当第二天元军夹岸而攻、巨炮轰击南宋水军中坚时，宋军就动摇了。待到元军战舰一冲击，宋将夏贵怕死，马上开溜了。贾似道本来留夏贵是给自己壮胆的，见他跑了，吓得嘴张得老大，不知如何处置，鸣锣退兵。宋军于是大溃，元军乘胜追杀，夺的战船、物资数都数不过来，贾似道只带了一班人马逃回扬州。

元军乘此役余威，一路东进，芜湖、海州以及重镇江陵等沿江各郡邑"大小文武将吏，降走恐后"，不战而降。元军气势更盛，很快推进到长江下游。

7月，元军东西两路合军一处，大败宋军于焦山，切断了两淮与浙西的联系。后又三道分兵，形成了对南宋京城临安的包围。

1276年2月，元军进攻临安，宋王赵㬎一看大势已去，招集百官于祥曦殿，商讨如何处置。群臣早已六神无主，纷纷表示愿为人之辅属，并派人将降表送于元军中。于是，宋王和太后率文武百官出城，以各自官职投降。元军进入临安城，清点府库，收百官印符、诰命，撤销宋官府，并且还派人进入宋王宫，将其中珍宝字画等贵重之物全部搜走。宋王让右丞相贾余庆充祈请使。同吴坚、文天祥一起到元之大都诣阙请命。南宋中央政权就此告亡。

然而，此后许多未被元军征服地方的宋朝军民，都做好了迎战准备。文天祥在前往大都中，很想组织力量，以图匡复国家。于是在镇江逃脱，历尽艰险，辗转来到江西赣州，同当地守军共同起兵救亡。同时,张世杰、陆秀夫在福州又拥立了益王赵昰做皇帝,重建宋朝廷,后因赵昰病死,又拥立卫王赵昺,同元军继续斗争。

后,文天祥在潮阳港被元军打败后被俘,元军将领张弘范劝他投降,文天祥决计不从,只求速死,张弘范对他无可奈何,又逼他写信招降正在坚持战斗的张世杰等,遭到了严厉的拒绝,张弘范端来纸笔,更严酷地逼迫文天祥,文天祥抓起笔来,写下了"人生自古谁无死,留取丹心照汗青"的千古绝唱。忽必烈听了此事之后,对文天祥敬佩不已,命人将文天祥押往大都,想亲自劝降文天祥,留为己用。但文天祥誓死不从。忽必烈无奈,却又不敢放了,留大都三年,文天祥依然不改志向,只好将他杀了。

陆秀夫和张世杰,艰难支撑,但在元军围逼之下,于1279年退守到广东新会崖山。元军看到背后已是大海,知道他们已无退路,下令猛攻,宋军又乘船到海上,元军穷追猛打,宋军被围。陆秀夫见大势已去,让家人先跳海自尽,自己又背起6岁的宋王赵昺跳入海中。张世杰也在突围时遭遇风暴,全军覆没,海上漂起宋军尸首近十余万。

至此,宋的抵抗已微不足道,宋政权彻底灭亡,元朝皇帝忽必烈统一中国。

### 穷兵黩武　远征海外

忽必烈在中国历代皇帝中,可算得是一位好大喜功的雄主。他妄图称霸天下,扩大元朝的疆域。因此,在灭南宋后,忽必烈并不满足已据有的地盘,对邻近诸国发动了一系列的战争。

忽必烈首先瞄准的是高丽(今朝鲜)。高丽乃一弱小国家,并无抵挡之力,很快臣服于元朝。征服高丽后,忽必烈又令高丽国王派使者诏谕日本归顺大元。当时日本是镰仓幕府执政时期,根本不听高丽国使者的劝降。这一下可惹怒了忽必烈,心想:一个区区日本,敢对

我大元如此藐视,莫非欺我朝无人乎!至元三年(1266年)秋,命兵部侍郎赫德,充国信使,礼部侍郎殷弘为副,携带国书东渡日本。经过高丽时,高丽国王王诉派使者作向导,一起航海至日本,抵达日本口岸时,并未见有一人前来迎接,只好撤回。忽必烈第二次命起居舍人潘卓等持国书至日本,在日本滞留了六个月,连国王也没有见上,只得铩羽而归。

数次非礼之举,使忽必烈恼羞成怒,决定给日本国一点颜色看,于是派兵进行讨伐。

公元1274年,由唆都为元帅,率军2500人,大小战船数百艘,开始第一次渡海侵日。船行至对马海峡的对马岛,便遭到日本海军的偷袭。由于中日力量悬殊过大,日军守对马岛的只有千人左右,根本不是元军的对手,所以元军取胜。唆都并不甘心,继续率军队追击,直逼日本岛屿。尚未登陆,日军战船一下子全部迎击出来,战船之多,难以计数。双方喊杀声震天,一场激战,双方互有损伤。正在这时,海面上台风刮起,势头凶猛,日船却迅速驶入避风港,元军都是习惯于草原生活的蒙古族,陆战、马战都很精熟,对水战则不大擅长,加之地理不熟,只好任凭台风的袭击。战船在水面上横冲直撞,众多士兵落水而亡,少数幸存者,狼狈地逃回中原。

这次侵日,无功而还,忽必烈却不吸取教训,反而又在1281年6月,对日本发动更大的进攻。这次忽必烈分两路,北边一路由唆都带40000人,从高丽出发,东渡对马海峡,再次从对马岛向日本进攻。这次日军早有准备,元军刚走到九州岛外围的吉贺岛便被日军团团围住,最终被日军彻底击垮。南路则由范文虎率新附军(元朝收编的南宋军队)从庆元(今浙江宁波)浮海北进。这路元军的命运更为悲惨,这个范文虎本为南宋降将,他手下的蒙古将领根本不听他的

调遣。而且船行至日本鹰岛遇到飓风，顿时天昏地黑，四面阴霾，如车轮般的旋风，从海面腾起，只见白浪翻腾，啸声大作。各条战船荡摇不止，早已毁坏大半。再看舟内的将士，东倒西歪，乱作一团，有呕吐的，有眩晕的，溺死水中者不可胜数，又遭到日军掩杀，几乎全军覆没。

两次征日，大败而归，忽必烈十分恼怒，他见日本一时难以征服，便将东征问题搁在一边，而将注意力又转向南部的安南国（今越南北部）。

至元十九年（1282年），又命唆都率战船千艘，道出广州，浮海至占城。占城出兵迎战，号称20万，两军在南海中展开鏖战，双方势均力敌，胜负难分。唆都一气之下，带领百名亲兵，鼓舟前进，各路军队也不敢怠慢，鱼贯而人，一下将安南的船舰冲开，趁势掩杀。占城的兵将力不能挡，死伤及溺于水中者，达五万人之多。唆都乘势直逼占城，安南王被迫撤离都城，带领残兵遁入山谷。至元二十一年至二十二年，忽必烈又令其子脱欢为镇南王，发兵侵安南，命唆都从占城北上助战，形成南北夹攻之势。安南王避其锋芒，率主力藏匿山林之中，避免与元军发生正面冲突；欲待元军疲惫，再出而攻击。脱欢寓居安南城中，粮草已供应不上，加上此时暑雨不止，军士多劳瘁，又不服水土，瘟疫开始流行，每天都有病死的兵士，脱欢被迫无奈，只得下令退兵。刚出安南城，正欲筑桥通渡，不料山林之中，早就埋伏着数万安南军。一声呼啸，伏兵四起，手持兵器，恶狠狠地扑向元军，恨不能将元军全都剁成肉泥。元军一见此情状，早已失魂落魄，根本无心应战。纷纷丢盔卸甲，落荒而逃。脱欢一面督战，一面令军士迅速筑浮桥，等到桥可通人，岸上的元军，已死伤大半。脱欢先自过桥，令李恒断后。安南军见元军以浮桥渡江，索性使用毒箭，顺风四射。元军边战边撤，而桥狭人多，加上毒

箭飞来，左躲右闪，躲过毒箭，不免失足落水。因此，兵士们不是中毒箭而亡，便是溺水而死。李恒右颊中箭，血流满面，即刻毙命。脱欢则幸免于难，而唆都还在拼命与安南军厮杀，杀开一重又一重，等杀出重围，早已力不能支，遍体鳞伤。眼看前面就是江流。但无桥可渡，安南军的追杀声震天撼地，唆都进退无路，投江而死。可怜一代名将，竟惨死于这场不义战争中。

远征海外，必然加重国内劳动人民的负担。尤其是忽必烈的两次征日，受害最深的江南人民怨声载道，各地武装起义此起彼伏，起义达200次之多。而忽必烈却执迷不悟，仍然不断发动数次远征周边邻国的军事战争，皆大败而归。由于连年的穷兵黩武，政府的财政开支过大，忽必烈不得不起用所谓善于"理财"的官吏，如阿合马、卢世荣、桑哥等人，这些人都是口蜜腹剑的祸国奸佞，他们专权横暴，排斥异己，贪赃不法，引起满朝文武和广大人民的愤恨。忽必烈重用他们不仅不能解决政府的财政问题，反而激化了各种矛盾。不过，这些奸贼逆子，最终都被一个个地铲除。

### 阿合马事件

忽必烈自攻打南宋以来，连年战争，加之宫廷廪禄、宗藩岁赐，都需要巨额经费来维持，为解决国用不足、财政危机的问题，忽必烈极力物色善于理财的大臣。只有如此，方能稳定政局，巩固统治。

忽必烈在扫灭南宋的战争中，由于不断向东南出兵，原先充实的府库，很快便空了起来，此时他急需要一位能理财的大臣。

朝中有一位官员刘秉中，推荐了一个名叫王文统的汉族官员，做了中书省副长官平章政事。这位王文统，原是金末进士，很有谋略，而且擅长理财，忽必烈把钱谷方面的事都交由他处理，每件事他都办得很得体。忽必烈很赏识他的

才干，常和他商议军政大事，并有意提拔他做丞相，但无奈，只因王文统是汉人布衣，忽必烈爱莫能助，只有在礼遇上更优待他。

在此时，1262年春，山东发生了惊人的事变，益都行省长官李璮起兵叛乱，虽然很快就被讨平，却给当时政治产生了极大影响。

这个谋反的李璮，正是忽必烈重用的王文统的女婿，两人关系非同一般，据说，两人有书信往来，共谋反叛。

面对这一现实，忽必烈有一种被愚弄的感觉，一种不可名状的痛楚时时萦绕在他的心间。于是叛乱刚刚平灭，他就在中都挥泪斩了王文统。虽然杀了王文统，扫平了李璮叛乱，但忽必烈总觉得心里不踏实，王、李的阴魂不散，使他对汉族的文武大臣都产生了疑心。

一连几日，忽必烈脸上始终是没有笑容，他对身边的汉人官员已经灰心了，看到他这副模样，有一个平日受惯了汉人轻视的回回这次却幸灾乐祸，趁机在忽必烈面前火上浇油，说："回回虽借管理赋税的机会贪污中饱，但绝不会像汉人那样胆敢造反，陛下亲谁疏谁，不是很清楚吗?"此话给了正痛苦的忽必烈一个很大的提示，他嘴上虽没有说话，可心中却已意识到汉人不能完全信赖。而回回人善于经商逐利，可供自己驱使，又是从中亚远道而来，绝不会构成对自己统治的威胁。他在反复权衡之后，他决定重用回回人。

在这种背景下，才做了开平府同知一年的阿合马被招到中央做官，领中书左右部，兼诸路都转运使。此人正是本文主人公。

阿合马本是按陈那颜帐下的一个奴才，后随那颜家察必姑娘一同来到了忽必烈藩邸，做了忽必烈的随从。由于善于讨主人欢心，随着忽必烈登上汗位，他做了开平府同知。这一次他登上了这个

位子，心中扬扬得意，觉得自己出人头地的机会来了。

阿合马知道此时的忽必烈急功近利，正是自己施展理财敛货本领的绝好机会，只要自己能设法使朝廷财政摆脱困境，一定可以得到皇帝的青睐。

阿合马初上任，便在河南整顿铁冶上下功夫，做为他的见面礼献给忽必烈。他首先从当地搜括了3000多民户，集中到铁矿上做工，这样一来，一年便可向官府交铁百万斤以上，实是不小的一笔财政收入。他又在各地推广西域惯用的包税制，使朝廷的收入大幅增加。仅以陕西为例，每年税额从原先的1.9万锭猛增到5.4万锭，差不多是原来的三倍。忽必烈见此，更觉得阿合马是一个不可多得的人才，他太需要他了，于是提拔他做了中书平章政事。

不过二三年光景。一个卑微的奴才便做到了副宰相，也许是升得过快的缘故，这位阿合马似乎已不知还有谁能和自己相比，他唯一清楚的就是加倍盘剥，进一步邀宠，以巩固自己的地位。机会又来了!

随着对宋战争的展开，刚有起色的财政又陷入了困境，阿合马不得不想新招来应付眼前的饥荒，以求继续得到忽必烈的宠信，他想到两招，其一滥发钞币，二增加税收。大家知道，中国是最早使用纸币的国家，元代更是大量发行。几乎每一皇帝都有发行，忽必烈时发行的叫作"中统元宝交钞"，简称"宝钞"。它以银为本，每两贯钞折银一两，开始发行时信誉很好，可以随时持往官库兑换银两，币值也很稳定，民间很看重"宝钞"，甚至于"视钞重于银"。阿合马也重视"宝钞"，因为他已从"宝钞"中看到滚滚而来的财源。

他随心所欲地增加"宝钞"的发行量。从原先每年的十万锭增加到数十乃至最高达到一百九十余万。与此同时，

他又把各地库中的钞本金银悄悄运回京城,借皇室官府挥霍,一时间,宝钞一下子变成了一文不值的废纸,造成物价飞涨,一石宝钞换不了一斗小米,人民怨声载道,憎恶阿合马到了极点。

他的第二个增加收入的方法是增加赋税,这是封建政府敛财的一个常用手段,只不过在阿合马手中玩出了新花样。粮、盐茶等税暂且不说,他还增加了醋税,甚至百姓家死了人,也要交"丧葬税",至于其他由阿合马下令增加的五花八门税种更是多得像牛毛,数也数不过来。

经过阿合马的一番调理,元朝的财政又有了较大恢复,由此,忽必烈更加宠信阿合马,视他为自己最大的功臣,对阿合马的宽容也到了极点,只要没有冒犯自己的尊严,阿合马干什么坏事,他从不过问,实在过不去的,也只是打几板子,但平章政事一职,从未有动过。

由于忽必烈给予他的实在太多了,他希望别人也给予他更多东西,例如尊重,讨好等。然而事情却没有像他想的那么好,许多人都视他为小丑,讥讽从未断过。阿合马对这些人恨之入骨,他要想尽一切办法打击异己。

阿合马首先要排挤的是中书右丞相安童。安童系名门出身,13岁时做了"怯薛"首领,成为最显赫的四"怯薛"长之一。18岁时,他被任命为中书右丞相。他在汉人老师许衡的影响下,成为朝中汉法派代表,经常将些汉儒引入中书省,这些都极大地惹恼了阿合马,他要绕开安童。于是请求在中书省外设尚书省成为理财的最高机构,忽必烈同意了他的请求,并任阿合马为平章尚书省事。自此他就逐步敢与安童抗衡了。

他一心想排走安童,但他又知道安童不是一个普通人,只好利用暗地架空的手法。早在1268年,他就上奏皇帝,请求以安童为三公,说安童这样的名臣不位列三公之高位,实在说不过去。然而三公只是荣誉头衔,却没有任何实权,由于汉人官员的极力反对,阿合马的诡计才没有实现。后来由于忽必烈听信了阿合马的谗言,让安童随北平王南木合出镇和林,将安童挤出朝廷。阿合马更加跋扈了。

朝中有位畏吾儿官员廉希宪,接受了汉族文化,在忽必烈实现其雄心和抱负过程中,给了他很大的帮助,后任中书右丞和平章政事,与阿合马政见截然不同,并且由于廉希宪刚正不阿,在一次阿氏集团内讧中"穷治其事",让一贯骄横的阿合马挨了几十大板,使他成了阿合马不共戴天的仇人。阿合马一直寻找机会剪除廉希宪,怎奈廉希宪十分清廉,又深得忽必烈信任,一时找不到借口,只有把仇恨埋在心里。过了几年,廉希宪由于当面顶撞了忽必烈,被罢了官。阿合马欣喜万分,然而又过了一段时间,忽必烈又想让廉希宪出任宰相,阿合马怎能让他再上台,极力编造理由,说服忽必烈让廉希宪行省荆南,远离京城。自这以后,廉希宪再没有机会掌握实权了。

阿合马在至元十年,请求忽必烈让其子忽辛担任一军事要职,许衡极力反对,说:"国家事权,无非兵、民、财而已。如今阿合马掌握民权与财权,又让儿子领兵,这可万万使不得。"忽必烈问道,"你难道认为他会造反吗?"许衡答道:"即使他不造反,也完全具备了造反的条件。"阿合马由此大恨许衡,时时刁难、甚至陷害。曾下令停止供应许衡主持的国子学粮食,使其粮绝炊断,诸生接连离去,许衡被迫辞职还乡。

更为疯狂的是阿合马还诬杀了曾在朝廷当着皇帝面指斥他的崔斌,以及上书参他一本的秦长卿,而且手段十分残酷。

阿合马在宫里如此胆大妄为,在外面也是十分骄横,他一听说谁家有漂亮的女儿，就派人到她父亲那里，说："你有一个漂亮的女儿，嫁给我们的阿合马吧！他能叫你当三年封疆大吏，或其他高官，你以为怎样？"这些人往往因害怕而答应了，也有一些人利欲熏心献上女儿，于是阿合马便在皇帝面前启奏到："某空缺或将在某日政府有的空缺，某人是这职务适当的人选。"忽必烈往往也说："你认为谁合适就用谁吧！"于是这些人都马上去上任成为主管一方的大官。

出身卑微的阿合马，本是以横征暴敛起家的，从一开始就遭到朝中趋向汉法的蒙古贵族和大多数汉人官僚儒生的强烈反对，随着阿合马权势的增长，阿合马更变本加厉地为非做歹，使这种反对及斗争日趋激烈，甚至走向白热化。但由于忽必烈的宠信，阿合马一直平安无事。

阿合马的倒行逆施，引起了一个人的不满，此人正是当今太子——真金。真金是忽必烈第二个儿子，由于长子朵尔吉夭亡，成了事实上的长子。少年真金一直受到汉儒的影响，接受了汉族的先进文化。1273 年，忽必烈正式册封真金为皇太子，授给真金玉册及皇太子印，并为他设立"宫师府"。挑选了一批儒臣为官属。真金又给自己挑选自己的侍卫军和官员，都是拥护汉法的。特别是那些汉儒们，眼见得忽必烈在采用汉法上逐渐消极，并一味宠信善于钻营的阿合马，只有太子真金仍继续主张学习汉法，因而视真金为后盾，纷纷聚集到太子门下。东宫逐渐成了汉法派中心。

真金对父汗任用阿合马实行盘剥深不以为然，对阿合马更是顶顶厌恶。每见到阿合马，就皱起眉头，从未给过他好脸色，有时甚至想动手揍他。忽必烈虽然很喜欢阿合马，但太子在他身上打几下，也是无所谓的。于是阿合马对太子真金又恨又怕，见了太子就像老鼠见了猫，平日里的威风早丢在九霄云外。但

忽必烈对阿合马毕竟是十分信任的，在敛财上，两人是完全一致的，所以太子真金也不能将阿合马怎样，斗争于是变得更微妙、更复杂了。

1280 年，名臣廉希宪已到了弥留之际。让太子派来探望的侍臣转告太子："臣的病很重，恐怕是没救了。臣病能否痊愈，已无什么要紧，然而臣最担心的，就是如今大奸专柄，群邪蜂附，误国害民，殿下应当开导圣上的意志，赶快除掉奸邪小人，否则，积重难返，就无可救药了。"真金同许多汉法派官员都希望能通过正常途径除掉阿合马，但一切都表明是不可能的。素来"谦守退让"的真金太子也忍无可忍了。

据说，是太子真金派人暗杀阿合马的，但史无明据。这里说一下阿合马之死。1282 年，忽必烈出巡上都，真金同行，大都交给阿合马和张易留守。就在这时，山东人千户长王著和一个苦行僧高和尚潜入大都，决定利用这一机会刺杀阿合马。

阿合马也知平日树敌太众积怨太深，一举一动极为小心谨慎，以防不测。但他却很怕太子，正是由于这一怕，才使自己早早死亡。

三月十七日晚，中书省来了两个僧人，说太子真金今晚要与国师回大都做佛事，让阿合马迎接。但宿卫士高铸恐其有诈，下令将此二僧拷问，没有发现破绽，但心中疑惧，加强了戒备，王著等人见事不宜迟，飞身上马，直见阿合马，说太子要到，令其带中书省官员到宫前迎接，阿合马因惧怕太子，也来不及考虑，便召集其他官员前去迎接。

王著等转往南门，正巧碰上了赶往迎接的阿合马。马上的假太子大发雷霆，呼阿合马上前，历数阿合马桩桩罪恶，未等阿合马明白过来，王著已从袖中取出早准备好的铜锤，奋力击向阿合马，顿时阿合马脑浆迸裂，当场毙命，然而王

著等人却未能逃脱。

忽必烈闻报大怒,派人急回大都查办,十九日,高和尚被捕,二十一日两人就义。

对于此案,忽必烈没有深究,因为他很快就发觉到此案牵扯一大批蒙汉官员,太子可能也在其中。因此,他只是让孛罗负责处理此案。

过了不久,孛罗和真金分别向忽必烈报告了阿合马生前的种种奸恶,最让忽必烈生气的是他竟然把各国商人献给大汗的一颗硕大无比美丽异常的宝石据为己有,犯下了欺君之罪。于是下令追查阿合马一党的罪恶,予以处治。原先依靠阿合马或献妻子姊妹的人全被罢官。阿合马的儿子也捕的捕,放的放。就连阿合马的尸体也被从地里挖了出来,在通玄门外戮尸,然后抛尸荒野,任一群野狗撕咬。一个生前被主子青睐的奴才,最终还是被主子抛弃了。

忽必烈是继"一代天骄"成吉思汗之后的又一位杰出的封建帝王。他顺应历史发展潮流,遵行"汉法",重用汉族地主阶级知识分子,大刀阔斧地改革弊政。统一天下,建立元朝,结束了宋、辽、金、夏、蒙古几个分裂政权长达三百年的割据状态。在他统治时期,版图之辽阔,统治区域之广,在中国历史上堪称空前绝后。他对我国疆域的确立,做出了不可磨灭的成绩。忽必烈所采取的各种措施,维持了一个和平安定的局面,促进中外经济文化交流,加强了各族人民的联系,为我国统一的多民族国家的巩固,作出了杰出的贡献。

## 元英宗

### 剪发毁容

右丞相特们德尔,因为前平章政事萧拜住、多尔济揭发他专横跋扈,排除异己,所以就一心想进行报复。于是特们德尔就以皇太后笞己的旨意,召二人到徽政院,同徽政使锡哩玛勒、御史大夫图尔哈一起审问二人,谴责他俩以前违抗太后旨意所犯下的罪行。多尔济对特们德尔说:"我过去任职期间,恨不得立即杀死你以谢天下。如果我违抗太后的旨意,你还能活到今天吗?正是太后祖护你,你才能活下来。"特们德尔又领来当时同多尔济一起做过御史的人来当证人。多尔济朝着他们的脸吐了一口说:"你们曾经在中书省任过职,竟干出这种猪狗不如的事!"这些人一听都羞惭得低下头去。特们德尔立即将此事奏报皇帝,不久,特们德尔奉旨拘捕多尔济、萧拜住二人,把他俩拉到宫门之外斩首示众。这一天风沙蔽日,京城里的人都惶惶不安,在路上只能用眼瞪着特们德尔一伙。特们德尔又想把多尔济之妻刘氏抢过来送给别人,刘氏听到之后,立即剪掉头发,毁坏了面容,发誓不嫁,这样才免被抢夺。

### 献七宝带

元英宗即位不久,有个人向皇帝奉献七宝带。他打通皇帝身边的侍臣,把七宝带送了上来。皇帝对侍臣说:"我当了皇帝以后,没听说你们给我推荐贤才,却替别人进献宝带,这纯粹是用宝带来诱惑我,现在还不赶快还给他!"献带那个人在外听得战战兢兢,只好携带而去。

### 追远报本

英宗皇帝想在一年四季里都能亲自去祭祀一次太庙,就命令礼官和中书翰林一起商量,制定出礼仪程序。皇帝对他们说:"这是一项缅怀先帝报答祖先的措施,不要因为我成天劳于国事,而就减免祭祀之礼。"于是皇帝就亲自去祭奠太庙。那一天皇帝戴上皇冠穿上皇袍向先帝的神主逐一跪拜行礼。到了仁宗神主所在的庙堂,英宗皇帝禁不住哭泣起来,左右也深为感动。从此,由每年正月开始,一年四季都要去祭祀一次,每年如此。礼毕回宫,一路击鼓吹奏,乐声大作,万民百姓都出来观看这一场面。

## 禁中张灯

英宗皇帝想要在元宵节晚上在宫中张灯结彩，并做一个垒成山形的花灯。当时张养浩以礼部尚书的身份参议中书省事，就写成了一份奏章交给左丞相萧拜住，向皇帝进谏。奏章中说："世祖皇帝在位 30 多年，每次碰到元宵节，都严禁在居民区张灯弄火，何况宫廷内院这样要害之地，更应戒慎。现在皇上想要在宫里制造一座灯山，我想，所玩的东西虽小，但它所牵扯的事情很大；表面上是开心取乐，实际上隐患很深。"皇帝当时很为恼怒，可是过了一会儿又高兴起来，说："除了张希孟（张养浩的号），谁也不敢说。"于是就打消了张灯的念头，还赐给张养浩尚服金织帛各一件，以表彰他的忠直。不久，英宗到了上都，看到察罕诺尔行宫房屋矮小狭窄，就想扩建。萧拜住对皇帝说："塞北苦寒，入夏开始种庄稼。陛下刚登皇位，不关心老百姓的疾苦，却想大兴土木，妨害农民种地，这样恐怕会失去民心。"皇帝一听立即下令停止征召民工。

## 大元通制

英宗时法制尚不统一，各主管部门无所遵守，于是皇帝就命枢密副使完颜纳丹、侍御史曹伯启等人，收集编纂正在执行的各种法律条文。经过增减删补，确定法律条文 2539 条，称作《大元通制》，颁行天下，曹伯启对"五刑"提出了自己的看法，他说："五刑不是五等刑罚中只处罚一种，现在有的犯人受到黥刑（用刀刺刻额颊等处再上墨）、杖刑（用大荆条、大木板或木棍拷打屁股、大腿或背部）、徙刑（放逐外地）、役刑（做劳工）之后又罚到千里之外，使其死于异乡毫无生还希望，这是一人而身受五种刑罚，不是五种刑罚各取其一。因此这种量刑的办法应当改变。丞相认为他说得很有道理，正赶上曹伯启被任命为浙西廉访使，他的提议也就没有什么结果。

# 元顺帝

## 生于忧患　坎坷童年

蒙古族入主中原，从世祖忽必烈定都燕京（今北京），到顺帝妥欢帖睦尔弃大都（今北京）北逃，历时不过百余年（1264—1368 年），共传 11 帝。而在这 11 位皇帝中，元朝开国之主忽必烈和末代皇帝妥欢帖睦尔两位就占去了近 70 年，超过了整个元朝统治中原时间的三分之二。其中，顺帝妥欢帖睦尔先后用了"元统""至元""至正"3 个年号，共统治了 36 年，在位时间又超过了蒙古贵族人主中原的三分之一多，成为元朝 11 帝中，君临天下时间最长的一位。

蒙古族自从出了成吉思汗，历经拖雷、窝阔台、贵由、蒙哥，直到忽必烈，可谓是一代胜过一代。他们不仅摆脱了辽、西夏的统治压迫，统一了蒙古族，而且战败金、宋，扫除了西藏、云贵等地方割据势力，统一了中国，扬威于四边。然而元朝自世祖忽必烈之后，滑坡之势越来越猛，成宗、武宗、仁宗、英宗，乃至文宗，不到 40 年换了 9 位皇帝，结果经济越来越衰竭，政治越来越黑暗，民生越来越凄楚，统治越来越腐朽，可谓一代不如一代。顺帝妥欢帖睦尔说来是在位时间最长的，然而也正是他把祖上传下来的蒙古元朝偌大一个家业玩了个一干二净。因此，妥欢帖睦尔成了中国历史上少有的昏君之一。

昏君不是天生的。由于仁宗爱育黎拔力八达毁约，作为武宗海山的长子，和世㻋(là)不仅不能再做太子，反而为了活命，只得流亡阿尔泰山西北。妥欢帖睦尔就是和世㻋与迈来迪在流亡中结合而生下的。说来也是，妥欢帖睦尔劫难深重，本来出生于流亡朔漠就够苦的了，又加上不久生母辞世，所以从两岁开始，他就过上了失去母爱的孤苦生活。

由于宫廷权变，妥欢帖睦尔在 9 岁时因其父亲突然变成了元明帝，自己也

第六编　宋元野史

就一跃成为尊贵的皇子了。然而好景仅有半年，因图帖睦尔（和世㻋异母弟）与权臣燕帖木儿秘谋，满怀壮志、南下登基的和世㻋在旺忽察都（今河北张北）被毒死。妥欢帖睦尔由尊贵的顶峰一下摔到卑贱的谷底，又变成了一个可怜的孤儿，被流放到了荒陌的高丽国大青岛，当时他只有10岁。过了一年半，妥欢帖睦尔的皇叔、文宗图帖睦尔为了传位给自己的嫡子，便捏造谎言诏告天下，说妥欢帖睦尔不是明宗和世㻋的亲生子，然后又把他从高丽大青岛迁谪到广西静江（今桂林）大圆寺。

年仅11岁的妥欢帖睦尔，忍着罪因的待遇，从东北边陲跋涉数千里，奔赴西南荒陌，这也可算他命大不死。到了大圆寺后，又一直在刑部侍郎哈剌八失的监视下生活。据说这期间多亏了大圆寺秋江长老的巧妙庇护，否则，他早已一命呜呼。有人说，这是元朝气数还未到尽头，天公暗中关照。

总之，在幸运之神没有降临之前，可怜的妥欢帖睦尔在13年的人生路上经历的多是冷落、孤独、骨肉分离、荣辱的大起大落，忍受着宫廷争权的祸害和不停贬谪中的饥寒苦难。尽管他到大圆寺后幸得秋江长老的关怀、庇护，开始写字、习文，读《论语》、念《孝经》，接受文化教育，但冷酷的经历使他那本该纯真无邪的童心，已有扭曲、变形的痕迹。

### 七载傀儡　十年奋为

至顺三年（1332年）八月，病终前的文宗图帖睦尔，不知是良心发现了自己杀兄嫂、谪亲侄的罪孽，还是昏迷中的鬼使神差，他特别嘱咐皇后卜答失里，一定要立妥欢帖睦尔为皇帝。但由于权臣燕帖木儿中间作梗，便发生了宁宗懿璘质班（妥欢帖睦尔异母弟）即位一个月的插曲。

小宁宗被"天位"折寿夭亡后，由皇后力主，13岁的流亡孤儿一觉醒来，突然被当朝中书省右丞相（最高行政长官）阔里吉思礼捧起来，护驾北还。幸运之神终于降临到这个多难的孩子身上。

这时，曾主谋毒死顺帝妥欢帖睦尔之父的权臣燕帖木儿也只得率领"卤薄"仪仗（这是天子郊祀用的大礼）出京都南行50里迎驾。妥欢帖睦尔当时见到燕帖木儿时内心是否是怒火烤胸，我们不得而知，但一路上面对燕帖木儿的殷勤指画，他只是沉默寡言，这一事实则使本来心虚的燕帖木儿顿生疑窦。因此，妥欢帖睦尔虽入皇宫，但登基之事一拖三个月，才成为现实。

从生平经历看，妥欢帖睦尔由迁谪的孤儿，成为一国之主，是天壤之变。从个人感受讲，妥欢帖睦尔身为皇帝，实际不过是卜答失里"皇太后"手中的小傀儡，日子并不好过。比如，由"皇太后"作主，仇人燕帖木儿的女儿伯牙吾氏被立为皇后。作为妥欢帖睦尔的妻子，伯牙吾氏以其父、兄的势力炽手，骄横无忌，擅传懿旨，限制顺帝接近其他任何嫔妃，并径取国家盐税充作私财。顺帝对此，只能是睁而不见，忍气吞声。由此可知，这位内外受制的小皇帝的日子该是多么难熬！

两年后，15岁的顺帝巧妙地利用太师（皇太子的老师）右丞相伯颜，除掉了包括皇后在内的燕帖木儿家族势力，一报杀父之仇。但不久，妥欢帖睦尔又被伯颜及其胞弟马札儿的势力所控制，还是没能摆脱傀儡皇帝的困境。比如伯颜自作主张停废科考、杀戮皇族、削减皇帝侍卫等，妥欢帖睦尔对此虽心中不满，也无可奈何。一直到至元六年（1340年）发生了伯颜勾结"皇太后"图谋废掉顺帝的事，妥欢帖睦尔不得已才与御史大夫（监察、执法长官）兼怯薛近侍的脱脱（他是伯颜的亲侄，本是伯颜派来监视顺帝的）合谋，除掉了伯颜。这时他已20岁，这一次他可大不同于5年前除掉燕帖木儿家庭势力时了。他心里想的不仅仅是报杀父之仇，而是要施展皇帝的权威，要亲政，要独秉朝纲。

所以，妥欢帖睦尔把复仇与亲政结合在一起，既要杀仇人，也要把控制他的势力削除掉。他杀掉了伯颜、马札儿兄弟党羽，接着向"皇太后"卜答失里开刀，先将其赶出宫禁，贬居东安州（今河北安次西），把太子燕帖古思（文宗与卜答失里的儿子）流放到了高丽，不久就将其母子害死。并以谋害兄嫂，诬贬亲侄罪，将文宗在太庙中的神主位撤掉，以此来彻底为父亲、继母报仇雪恨，洗涤自己的被流放、贬诬的耻辱。由此可见，在妥欢帖睦尔的性格中已萌发出阴毒的复仇特征。这一特征固然与他当皇帝前的坎坷经历有关，但更与他7年的宫廷傀儡皇帝生活密切相联。这种阴毒的复仇心理，开始或许对他为父母报仇、为自己雪耻、翦除权臣、独秉朝纲有作用，但更大的不幸也同时从这里开始萌发。

翦除权臣之后，血气方刚的妥欢帖睦尔开始躬理朝政，他真是雄心壮志满怀。在后来的10年间，妥欢帖睦尔勤勉奋为，"思更治化"。他任命重视儒学的脱脱为宰相，"留心孔孟圣学"，重开经筵，以儒士为教师讲授《四书》《五经》；妥欢帖睦尔亲行"藉田礼"，重刊《农桑辑要》，向天下人展示对农业的重视；恢复科举制，重用江南名士，决心整顿吏治。如让贡师泰、周伯琦等汉族文人作监察御史，甚至破例把御史大夫之职让汉人充任，命人把《贞观政要》译成蒙文以便借鉴。他下令削减税粮，带头缩减宫廷开支。他还虚怀善纳，倾听谏言，严明升降，惩治贪枉。

然而由于整个统治集团的腐朽糜烂和社会经济、政治的衰竭、黑暗，元朝已病入膏肓。上述这些举措不可能是一服就生效的灵丹妙药。事实上吏治败坏至极。"奉使来时惊天动地，回时乌天黑

地。官吏每欢天喜地，百姓每啼天哭地。"政府赋税沉重，官吏贪污成风，权贵糜烂腐朽，天下民不聊生。诗人王冕概括道：

课额日以增，官吏日以酷。
不以公所干，惟务私所欲。
田园供给尽，鞭数屡不足。
前夜总催焉，昨日场胥督。
今朝去运米，鞭笞更残毒。
灶下无尺草，瓮中无粒粟。
旦夕不可度，久世亦可福。
夜永声语冷，幽咽向古木。
天明风启门，僵尸挂荒屋。

当时百姓的悲惨生活不堪入目，再加上中原连降暴雨，黄河泛滥，山东十几个州县被淹没，许多盐场被毁坏。为了救灾，元政府征募17万民夫，花了7个多月的工役，虽修成了黄河复道工程，但百姓已被折磨得民不聊生。妥欢帖睦尔想使出回天之力，挽救危局，于是他接受吏部尚书（负责官吏选拔、任免、升降、奖罚的长官）偰哲笃的建议，加印"至正中统交钞"，结果是输血不成反将带病毒的水输入体内，滥印纸币，物价飞涨，国库空亏没有填满，整个社会经济被破坏无余。当时人把黄河泛滥与滥印纸钞这两件事联系起来："丞相造假钞，舍人做强盗；贾鲁要开河，搅得天下闹。"元朝统治已处于不可收拾的地步。

顺帝的那点热情和不健康而又多被扭曲的"雄心"，怎能经得住这样冷酷现实的冲击。当一项项措施落空、碰壁之后，妥欢帖睦尔很快就心灰意冷了，他由初政时的勤勉奋发转向了其反面。

### 厌心国事　宣淫解忧

当亲政10年、勤勉奋发而雄心受挫、宏图难展、四处碰壁、民怨沸腾之后，妥欢帖睦尔失去了"与天下更始"的信心和决心，同时也对儒学的励精图治、刚健进取的"圣君"规范丧失了兴趣。这时，10余年坎坷流亡，7年傀儡皇帝和10年

第六编　宋元野史

奋发碰壁等经历所产生的消极因素，很快在他那饱受挫伤而不健全的心理汇聚生效，再加上周围一片腐朽、堕落，妥欢帖睦尔深藏内心的一切卑劣因素日见萌发壮大，不久就使他变得怠于朝政，而滑入宣淫颓废、恃巧寻乐、阴毒乱政的深渊之中了。妥欢帖睦尔时年30岁，风华正茂，虽心志不振，但精力有余。他既然厌心国事，自然要另寻乐趣，消磨时光。于是，他在消遥自适、自我享受的追求中日益对藏传佛教的气功术和舞蹈艺术产生了兴趣。朝廷大事根本不放在心上，而后宫仙境对他的吸引力越来越强烈。这时，以宣政院使身份担任妥欢帖睦尔怯薛近侍的哈麻猜透了顺帝的心思和兴趣所在，为了取媚皇帝，获得厚宠，便偷偷给顺帝引荐了一位"西天番僧"，时在至正十三年（1353年）。

据说，这位番僧没有别的擅长，只有一种独得秘传的"演揲儿法"，译成汉文就是"大喜乐"。这种大喜乐讲的是"气功房中术"，强调通过男女房事，使男子的精气在汲阴中获得补养，而浊气被消缩。本来沉迷于酒色之中的妥欢帖睦尔日觉身体、气力不如先前，自然对这种既可寻欢作乐，又可补养身体的"演揲儿"运气养术非常感兴趣。所以他对这位番僧如待圣师，当即授职司徒（即司土，本来负责田亩、户籍、税役管理，这里是个虚职），留住后宫讲习此法，并赐给四位宫女，作为演练、讲习"演揲儿法"之用。哈麻也因此宠幸有加，日侍左右。妥欢帖睦尔学得"演揲儿法"之后，觉得今不同昔。据说后宫那些无事的嫔妃们也暗中欢慰，谈论着皇上近来兴趣高昂、气壮力强的话题。这些议论被身为集贤院学士而出入宫禁的哈麻妹夫秃鲁帖木儿听到，于是又生出一件更新鲜、更滑稽的事来。

秃鲁帖木儿听到这些传说后大受启示，他为了和大舅爷争宠，经过认真筹划后便给顺帝上了一份秘奏，宣称"陛下虽贵为天子，富有四海，亦不过保有现世而已。人生能几何？"又说，常人不过百岁，但是历史上"非常"之人也曾有过，如"黄帝以御女修仙，彭祖以采阴致寿"，能采女阴之精，活个千八百岁并不成问题。他接着声称，自己身边现有一位高僧，身怀"多修秘密佛法"，皇上若能修练此法，不仅"温柔乡里，乐趣无穷，并且上可飞升，下足永年"。妥欢帖睦尔看完秘奏，心中大喜，便立刻传诏秃鲁帖木儿晋见，请他当面详述。秃鲁帖木儿心中好大高兴，免不了一顿簧舌巧弹，他讲道："演揲仅属男子，多修法并及妇女。陛下试想，房中行乐，阳威阴不应，上行下不交，还是没甚趣味。"顺帝一听便着了迷，秃鲁帖木儿于是引荐出了又一位"西天番僧"，这就是后来赫赫有名的"大元国师"伽磷真。

伽磷真在秃鲁帖木儿的陪伴下入宫晋见顺帝。妥欢帖睦尔对他敬礼有加。他也不见外，开门见山，给顺帝传授他的"龙凤交修""秘密佛法"。这位"大元国师"的"龙凤交修"，实际上是"一龙"与"多凤"的"交修"。因此，顺帝的荒淫生活不仅打破了元朝宫规的五日移寝之制，而且还跨越宫禁，迈出宫门，广选民间美女入宫，来演习"秘密佛法"。为此，秃鲁帖木儿还受顺帝之命，组建了一个专门性的班子，即"十倚纳"。这"十倚纳"的人选，除了秃鲁帖木儿，还包括顺帝的舅舅老的沙、弟弟八郎以及宠幸佞臣答剌马古的、波迪、哇儿祃、脱欢、纳哈出、速哥帖木儿、薛答里麻等。这"十倚纳"的主要任务，一是负责分头派出高丽宫女作为耳目，寻搜刺探公卿贵族的命妇与市井街坊的姿色女子，引入宫中；二是与顺帝一起，打破君臣等级，共修"秘密佛法"。据说妥欢帖睦尔还在宣父阁旁新建一处宣淫作乐的秘室，名叫"皆郎兀该"，译成汉文是"事事无碍"之意。顺帝和他的一帮无耻佞臣，甚至害怕宰臣以元朝旧例劝谏，就挖掘地道，通过地下随意往来,让外人看不见他们的行踪。他们无论君臣,不分昼夜,放恣宣淫,不如禽兽。至于国家大事,早已全抛到脑后,尽由太师脱脱去料理了。

尽管如此,两位西天妖僧仍觉得还不够劲头,他们又合伙编出了一套"天魔舞",从宫女中选出16位美女,列成一队,首垂发数辫,戴象牙冠,身披缨络大红镶金长短裙袄、云裙合袖天衣,绶带鞋袜,唱《金字经》,舞雁儿舞,名十六天魔舞。又有美女百人,亦皆缨络,各执加巴刺班之器,内一人执铃杵奏乐。又宫女11人,侍槌髻、勒帕、常服,或用唐帽、窄衫;所奏乐器有龙笛、头管、小鼓、筝殖、琵琶、笙、胡琴、响板、柏板;以宦者长安不花统领,每遇宫中赞佛,则按舞奏乐。宦官非受秘密戒者,不得参预。专业的舞队,专门的乐队,所有的参加者都必须先接受"秘密戒",真是荒唐透顶。而妥欢帖睦尔为了不辜负这俩位妖僧的厚望,在"密室多修"、以昼为夜之后,又大兴土木,修筑"穆清阁",数百间房子联为一体。千门万户,广取妇女充实其中,以为"大喜乐"之用。在整个"穆清阁"中君臣宣淫,而群僧出入禁中,无所禁止。久而久之,他们的丑声秽行还是传扬到了外面,连市井小人听了都感到恶心。其淫秽、昏庸令人不忍目睹,不堪言状。

这时,已经懂事而接受儒学教育的皇太子爱猷识理达腊面对宫中妖僧、佞臣和父皇的荒淫无度,深恶痛绝而无可奈何。他尤其对哈麻和秃鲁帖木儿更是恨之入骨。有时只好求太师脱脱出面劝阻。可脱脱只能侍机训斥哈麻、秃鲁帖木儿等佞臣,他对顺帝所进行的那点劝谏,怎能抵得住西天妖僧的肉身说法所产生的魅力呢。结果,脱脱的劝谏、训斥,一则招来了顺帝的冷淡,二则得罪了顺帝周围的宠臣,诸如哈麻、秃鲁帖木儿等。至正十四年(1354年)九月,顺帝和哈麻等为了扫除影响他们在后宫宣淫作乐的干扰,便将脱脱支出京城,派他统领10万大军进攻高邮(今太湖地区)的张士诚去了。

## 鲁班天子　恃巧寻乐

至正十三年(1353年)之后,由于佞臣哈麻及其妹夫秃鲁帖木儿连续给妥欢帖睦尔引荐"西番妖僧",一时间整个元朝后宫除了伯颜忽都皇后(至元三年即1337年,答纳失里皇后被毒死,伯颜忽都继立为后。至正二十五年即1365年,伯颜忽都病死,二皇后高丽人奇氏被改姓肃良合氏,升为正皇后,称完者忽都皇后)略能操守女德外,其余的人渐渐都被"演揲儿法""多修秘密佛法"和"天魔舞"所降服。比如曾经对顺帝君臣淫秽行为深恶痛绝的皇太子爱猷识理达腊最终也接受了"秘密佛法",所以整个后宫可谓禽兽之窟。当然这中间的核心与首脑仍是妥欢帖睦尔。

从元世祖忽必烈之后,在元朝诸帝中,顺帝妥欢帖睦尔说来还算是个经历过一番苦难磨练的皇帝。他从小没有感受到生母的慈爱,懂事后目睹了王忽察都父亲被活活毒死的惨景。权臣从父亲手中抢走了皇帝宝玺,继母八不沙被推杀在烧羊火坑的场面,在他幼小的心灵里烙下了不可磨灭的印记。一个不足10岁的孤儿怀着满腔的苦水开始了漫无边际的贬谪流亡生涯,从高丽的大青岛到广西的静江大圆寺,风霜雨雪、饥渴疲病且不说,还得忍受着身世不明的耻辱和随时被谋杀的恐惧。他的磨难和承受力确非一般。所以当他得到秋江长老的庇护和教诲时进步非凡。念佛法、读儒经且不论,他后来那"鸟啼红树里,人在翠微中"的千古佳句,足见其在文字修养方面也不是愚庸不识点墨之辈。所以妥欢帖睦尔是忽必烈之后的元朝诸帝中仅有的精力充沛、脑子聪明的君主。他13岁登基,由一个荒野孤儿变成一国之主,他用沉默寡言完成了这一艰难的过渡。15岁时,他利用伯颜借刀杀人,把谋杀其父、抢夺宝玺的燕帖木儿除掉。20岁时，再利用脱脱借刀杀人，把伯颜、皇太后及皇太子，一个个除掉，并把文宗神主从太庙中撤掉。这时，无论是父母的仇恨，还是自己的耻辱，都一洗干净，足见其胆略、心计、权谋之非凡。他亲政之后，也曾率先勤政，在脱脱、阿鲁图、朵儿只等大臣的配合扶佐下，实行新政，更始治化。如恢复科制，开马禁，减盐税，蠲负通，置文阁，开经筵，讲儒术，躬籍田，修撰三史（《宋史》《辽史》《金史》）等等。然而这些措施并没能解决元末的社会矛盾、社会危机。妥欢帖睦尔勤勉10余年，并没有看到百姓安乐，天下太平的圣治。相反，贪官污吏的盘剥，自然灾害的侵袭，给社会带来的景象是"屋倒人离散，风生水浪滔。周围千里外，多少尽居巢！""麦禾槁死粟不熟，长铲挂壁犁生衣"。至正十一年（1351年），黄陵岗（在今山东曹县东南）"莫道石人一只眼，挑动黄河天下反"石碑一出土，韩山童、刘福通颖上（今属安徽）首义，红巾军的喊杀声，使妥欢帖睦尔彻底失去了对新政的信心和对国事的兴趣。

一位精力充沛、脑子聪明，而又年当35岁的皇帝，对治理天下失去了信心和兴趣，那只有用寻欢作乐来消磨时光了。妥欢帖睦尔除了利用权术控制皇位、礼遇妖僧、沉迷声色外，还把自己的聪明花费到设计行当上，搞起龙舟和宫室的设计建造来，以此来为他荒淫的后宫生活增添一些技巧性的新乐趣。由于他设计精巧，构造严谨，所以获得了"鲁班天子"的美称，真是亘古仅有，令人啼笑皆非。

由数百间房子联为一体的"穆清阁"，又名"千门万户"，是妥欢帖睦尔接受伽璘真"秘密佛法"后，为了"君臣宣淫"、群僧"行秽"而设计的第一个建筑群。接着，清宁殿、子月宫等相继出现的穷极奢华的殿宇，都是顺帝先自画屋样，又自削木构宫，高尺余，栋梁楹槛，宛转皆具，然后交付匠者按此式样建造而成的。

妥欢帖睦尔除了在地下建秘室、修地道连通殿宇，在地上精修宫殿、园林外，还广开河道，并自制龙舟。他所设计的龙舟"首尾长一百二十尺，广二十尺，前瓦帘棚、穿廊、两暖阁，后吾殿楼子，龙身并殿宇用五彩金装饰，前有两爪。上用水手二十四人，身衣紫衫，金荔枝带，回带头巾，于船两旁下各执篙，一一自后宫至前营山下海子内，往来游戏。行时，其龙首、眼、口、爪、尾皆动"。看着这种场面，再想想至正初年，妥欢帖睦尔传令御膳房，每日进餐要减少一只羊，禁止太府少监阿鲁用三两黄金为他的御靴刺花，而改用铜作刺花，简直判若两人。

据说妥欢帖睦尔还自制了一种"精巧绝出，人谓前代所鲜有"的宫漏。这种宫漏"约高六七尺，广半之，造木为匮，阴藏诸壶其中，运水上下。匮上设西方三圣殿，匮腰立玉女捧时刻筹。时至，则浮水而上。左右列二金甲神人，一悬钟，一悬钲，夜则神人自能按更而击，无分毫差。当钟钲之鸣，狮凤在侧者皆翔舞，匮之西东有日月宫，飞仙六人立宫前，遇子午时，飞仙自能耦进，度仙桥，达三圣殿，已而复退位，立如前。"由这些精巧的设计，可知妥欢帖睦尔在物理学、机械学、数学、建筑工艺学等方面确有一定的基础或天赋。但遗憾的是他作为一国君主，置天下百姓苦难于不顾，置社稷安危于度外，而一心为自己的奢侈荒淫享受设计、谋划。所以它尽管是"精巧绝出，前代鲜有，"然不过是昏君的雕虫小巧，根本不值得称道。

### 阴毒残暴　滥杀良臣

妥欢帖睦尔从15岁开始，便学会借刀杀人。燕帖木儿家族是他借伯颜之刀斩杀的第一批。5年后，他看到伯颜势力日渐强大，又故伎重演，借脱脱之刀将文臣伯颜及其同党一并除掉。平心而论，妥欢帖睦尔这两次借刀杀人主要是为了替父母报仇和扫清自己亲政的障碍，情犹可原，似无可斥。但从脱脱被害开始，以后的重臣被杀，绝大部分属于元顺帝利用阴毒冷酷的手段而滥杀忠良了。

至正十年（1350年）之后，妥欢帖睦尔对朝政之事日渐冷淡灰心，而一味耽嗜酒色，追求后宫安乐，至于一切军国大事，几乎尽由脱脱去处理。脱脱正当中年，精力充沛，干练果断，又轻货财、远声色，礼贤下士，与守侍顺帝身边的"十倚纳"大不相同。他为了维护元朝这个将要倾覆的大厦而竭尽臣节，也算得上一个难得的栋梁之材了。

至正十四年（1354年）九月，已宣布投降元朝而驻守高邮的张士诚再一次揭杆反元，称王建号（称"诚王"，号"大周"）、设官改元（改元"天佑"）。妥欢帖睦尔闻讯大惊，忙命脱脱统帅军马，出师高邮，讨伐张士诚。他在《再命出师诏》中肯定了"前岁大丞相脱脱请自出征，一战平徐"的功劳。不仅如此，顺帝还历述脱脱多年来廉洁公正、勤勉忠恩、为君主纾难解忧的行为，以表明自己对脱脱的信任与感激。脱脱见到皇上如此一份《出师诏》，承蒙知遇之恩，自当死所不辞，于是统率元军于十一月抵达高邮。部队略作休整，脱脱亲自上阵，临敌指挥。元军士气为之大振，很快在城外大败张士诚，迫使张士诚退缩高邮城中。而元军将高邮团团围困，逼其再议投降。

恰在这时，元廷中出任中书平章政事（仅次于丞相的官）的佞臣哈麻，开始了陷害脱脱及其弟弟也先帖木儿（任职御史大夫，时在家中养病）的计划。他首先唆使监察御史（品秩低而权限大的检举官）袁赛因不花具奏弹劾，说脱脱统率大军出征高邮"三月略无寸功，倾国家之财以为己用，半朝廷之官以为自随"。这是目无君主，以自己为朝廷中心。并进而指斥脱脱弟也先帖木儿"庸材鄙器，玷污清台，纲纪之政不修，贪淫之心益著"。妥欢帖睦尔看过奏章有些奇怪，便问近

侍宠臣哈麻和秃鲁帖木儿等，袁赛因不花所奏是诬陷，还是事实。哈麻先出面只是证明袁赛因不花作为监察御史如何秉公守法、恪职尽守等等，而秃鲁帖木儿则接着指斥脱脱一家专权太重，目无君主，肆意妄为等等。妥欢帖睦尔最不能容忍的就是臣僚目无君主，他最敏感的是有人动摇他的权威、尊严。经秃鲁帖木儿这么一说，再想想平日唯有脱脱对他后宫行为一再劝谏，妥欢帖睦尔似如梦初醒，原来脱脱是恃权无君，心中一股无可名状的不快感油然升起。于是也不管前线真实战况如何，便把脱脱昔日的政绩军功抛到九霄云外，一道易帅削职的诏书由京城直到高邮。这时的脱脱一下又变成了"往年徂征徐土，仅复一城，不日而旋失。兹者，荐总大兵，再期扫荡，师老财费，已逾三月。徒怀眷恋之思，曾无尺寸之效。坐视寇顽，日减精锐，虚费国家之钱粮，诳诱朝廷之名爵。"完全成了戴罪立功而无功有过的形象。妥欢帖睦尔真是翻脸不认人，信口雌黄。三个月前，顺帝还诏告天下说，脱脱"一战平徐"，现在一下就变成了"往年徂征徐土，仅复一城，不日而旋失"；三个月前，顺帝还与脱脱共盟"朕与丞相共理天下""朕惟汝赖"，可现在又罪责脱脱"师老财费""徒怀眷恋之思，曾无尺寸之效。坐视寇顽，日减精锐，虚费国家之钱粮，诳诱朝廷之名爵。"脱脱就这样不明不白地被削去兵柄。其弟弟也先帖木儿也被免却御史大夫一职，贬往宁夏。

临阵易将，乃兵家大忌。脱脱被免职后，"大军百万，一时四散"。高邮战役，元军由胜转败，而且一溃千里。元朝中央政府，从此在军事上丧失了对农民军的优势，再无力量纠集如此众多之兵力来镇压起义军了。正如10年后，元廷中为脱脱鸣冤的监察御史们讲的"奸邪搆害大臣，以致临敌易将，我国家兵机不振从此始，钱粮之耗从此始，盗贼纵横从此始，生民之涂炭从此始。设脱脱不死，

第六编 宋元野史

第
六
编
　
宋
元
野
史

安得天下有今日之乱哉！"妥欢帖睦尔只想皇权在握，享受在身，至于国家军政大事，他并不想去多作顾及。

脱脱被免职贬往淮安路不久，又被北移亦集乃路（今内蒙古额济纳旗东南），接着再把他贬到云南大理宣慰司镇西路（今云南腾冲西）。不久哈麻又捏造脱脱曾拖延皇太子册宝礼一事，挑拨了奇皇后、皇太子与脱脱兄弟之间的关系，然后寻机于至正十五年（1355 年）底矫诏遣使用毒酒将脱脱杀害于云南贬所。脱脱家产被籍没，长子、次子都被贬往荒漠的西北边陲。一代忠臣落得个如此悲惨的下场。

妥欢帖睦尔看到哈麻能为自己享受酒色提供如此诸多方便，就对哈麻更加赏识、宠爱。于是在罢免了脱脱弟弟也先帖木儿御史大夫一职后，先把哈麻弟弟雪雪由知枢密院事提升为御史大夫。过了一个月，又将哈麻提升为左丞相，全权总理朝政。本来照元朝旧例，朝政大事应由右丞相主持。但由于哈麻与顺帝的特殊关系，再加上右丞相频频更换，不熟朝政，自然变成了配角。因此，朝政大权落于左丞相哈麻之手。这也可以说是元顺帝对祖上行政体制的一个改革、创新吧。

哈麻担任丞相后，想想自己今天的地位竟是通过引荐西天妖僧、向皇上宣淫而受宠得来的，自己内心也觉得不是味道。如果这事张扬开来，势必为当世和后人所唾骂，自己也会很快完蛋。因为他很清楚此前那些被冤杀的重臣和妥欢帖睦尔的为人。于是，他为了遮盖罪责，便寻找机会把自己所引荐的两个妖僧治了罪，重杖一百七十，打成残废，又遣出大都，流放到甘州（今甘肃张掖）边陲。他这样做，是为了给世人一个似乎他与此妖僧不曾有过亲密关系，并对其宣淫之事深恶痛绝的假象。哈麻是否达到了自己预期的目的了呢？我们今天已无法确知。然而，他这一番折腾，却引来

了妥欢帖睦尔对他的误解。顺帝觉得哈麻就职相位以后，不如从前那样深体圣衷了，甚至还出面限制皇上的乐事。这样，顺帝便对哈麻兄弟开始冷淡了，这倒是哈麻所始料不及的。

哈麻是做了婊子，还想立牌坊。至正十六年（1356 年）二月，他面对顺帝越来越明显的冷淡，感到情况严重。再想想伯颜、脱脱的死，哈麻决定先下手为强，便与其父秃鲁密议："我兄弟位居宰辅，宜导人主以正。今秃鲁帖木儿专媚上以淫亵，天下士大夫必讥笑我，将何面目见人？我将除之。且上日趋于昏暗，何以治天下，今皇太子年长，聪明过人，不若立以为帝，而奉上为太上皇。"哈麻想废掉顺帝以保家身。谁知隔墙有耳，他的这一番话被妹妹偷听去了。妹妹怕丈夫遭殃，竟跑回家把自己所听到的话全部告诉了秃鲁帖木儿。

秃鲁帖木儿本来正沉浸在哈麻兄弟被冷落而自己独得顺帝宠信的美好享受中，猛然听到妻子的这席话，自然大吃一惊。他深知皇太子爱猷识理达腊早对自己的宣淫恶行痛恨人骨，一旦皇太子登基，他肯定是第一个刀下鬼。想到此，秃鲁帖木儿坐不稳、立不安，浑身直冒冷汗，挖空心思也想不出好办法了，他只得赶快去与其父亲商量。他们父子俩合计来、合计去，总算筹划好一招。秃鲁帖木儿随即直入宫禁，找到正在密室修练"秘密佛法"的妥欢帖睦尔，他只字不提哈麻指斥的宣淫之事，而将哈麻父子密谋要拥立皇太子向顺帝逼宫之事则大加渲染。妥欢帖睦尔听了又惊又恨，恶狠狠地吐出几个字："朕头未白，齿未落，遽谓我为老耶！"当即让那些天魔舞女退下，留下秃鲁帖木儿与他密谋迅速除掉哈麻兄弟之计。

第二天凌晨，哈麻与雪雪同时接到谕旨，让他们兄弟当日不必早朝，在家等候圣旨。哈麻虽有些心虚，但也坚信自己与父亲的计划别人绝不会知道，因此

他们兄弟遵旨而行。接着朝堂上演出了一场御史大夫搠思监、左丞相定住、平章政事桑哥失里等交相纠劾哈麻兄弟罪恶的戏。等在那里的妥欢帖睦尔接到奏章便传下谕旨，罢免哈麻和雪雪的一切官职爵位，将哈麻贬谪惠州（今广东惠州），将雪雪贬往肇州（今黑龙江肇县）。作为总导演，秃鲁帖木儿则静坐尼姑庵，观看了自己设计的这出闹剧。哈麻兄弟最终还是与脱脱兄弟一样，在去往贬所的途中被暗杀。

妥欢帖睦尔在除掉哈麻之后，又提拔搠思监为左丞相，主持朝政（右丞相仍是定住，但多病不能躬职）。搠思监救国无方，却"公受贿赂，贪声著闻，物议喧然。"就是这样一个佞臣，只因他能体圣衷，不妨碍顺帝的声色之乐，妥欢帖睦尔仅此就对搠思监喜欢得不得了，让他位居一人之下、万人之上。搠思监进升右丞相后，觉得"公受贿赂"还不够过瘾，便干脆让自己的心腹朵列和自己的妾弟秘密私印伪钞。后来事情败露，搠思监逼死朵列以灭口。至正十八年（1358 年）冬，监察御史燕赤不花具奏此事，弹劾搠思监，昏庸的妥欢帖睦尔觉得搠思监为相没妨碍他寻欢作乐，能为皇上纾难解忧，至于私印伪钞，查无人证，便只是罢职，不予治罪。更有甚者，时不过两年，即至正二十年（1360 年）三月，竟然又恢复了搠思监右丞相之职。皇上宣淫，丞相贪污，上梁不正下梁歪，群臣纷纷仿效。就是曾经对妖僧佞臣荒淫无度深恶痛绝的太子受獯识理达腊也"惑溺于邪道矣"。《庚申外史》讲"帝尝谓倚纳曰：'太子不晓秘密佛法，秘密佛法可以益寿延年'。乃令秃鲁帖木儿教太子秘密佛法"。所谓"母仪天下"的皇后，不仅对皇帝、太子无可奈何，自己为了拉拢权臣，也蓄养高丽美女，大臣有权者，就以此女送之。京师达官贵人，必得高丽女，然后才能成为名家。至此，整个元朝的王公贵族已经完全腐朽，几为禽兽一群，而元

顺帝则是罪魁祸首。

至正十七年（1357 年）五月，妥欢帖睦尔将"公受贿赂"的搠思监由左丞相提升为右丞相，又把太平提为左丞相。太平本名叫贺惟一，是名臣贺仁杰的孙子。他是元世祖以来，出任元朝丞相的唯一一个汉人。在民族等级森严的元朝，汉人是受歧视的。为了当官，他只得改名换姓，被赐姓蒙古氏，名太平。他深知自己的背景，所以对蒙古王公贵族百般奉迎，谨小慎微，然而最终因为不能积极配合奇皇后和皇太子再谋内禅，又得不到顺帝的保护，于至正二十年（1360 年）被逼自杀，成为宫廷斗争的牺牲品。

太平自杀后，搠思监独任丞相 3 年多，这期间冒出个奇皇后和皇太子的同党、宦官朴不花。此人是高丽人，与奇皇后同乡。他与搠思监相为表里，专横弄权，气焰熏灼。至正二十三年（1363）底，一批监察御史实在看不下眼，便具奏弹劾朴不花内恃皇太子，外结丞相搠思监，骄恣不法。国舅老的沙为了排挤政敌，以御史大夫身份也参加了这一活动。这期间，虽然涌现了像陈祖仁、李国凤这样的不怕死的谏臣，但由于顺帝昏庸，再加上这一活动得罪了奇皇后和皇太子，所以弹劾活动失败了。老的沙虽然是妥欢帖睦尔的母舅，并是顺帝"十倚纳"之一，但也不能留在京都，被戴上"雍王"的桂冠而遣送高丽。岂料顺帝这一招，又惹来更大的内乱，最终把元朝葬送掉了。

总之，妥欢帖睦尔貌似优柔而实则阴毒，名为厌政，而实则嗜权如命，寸权不放。别的不说，他在位期间，作为百官之首的右丞相，先后更换了 13 位，这其中除了因老病不能问政、或无能不善理政、或挂名总兵外出虚职的 7 人勉强善终之外，其余 6 位有才干有政绩者都被顺帝用借刀杀人之计，害死在贬谪途中。所以，当时就有人对妥欢帖睦尔作了如下精辟的概括："自至正改元以来，权臣之跋扈有名者，皆死于其手，前后至杀一

品大官者凡500余人,皆出指顾之间,而未尝有悔杀之意,此岂优柔不断者之所为也,然则竟以何者而失天下? 曰:由其阴毒故也。"

## 促成内讧　自毁长城

御史大夫老的沙本来是想利用监察御史也先帖木儿、孟也先不花、傅公让,以及陈祖仁等来搞掉受到顺帝宠信又与皇太子、右丞相勾结的太监朴不花,谁知偷鸡不成反蚀一把米,把奇皇后和爱猷识理达腊太子给得罪了,结果落了个被妥欢帖睦尔遣送回高丽的下场。作为国舅的老的沙怎能咽得下这口气! 于是在途经大同时,他便心生一计,留在了大将孛罗帖木儿军中,而右丞相搠思监、太监朴不花与皇太子则早已同另一个地方军阀扩廓帖木儿勾结在一起,以为外援。孛罗帖木儿与扩廓帖木儿之争,本已旷日持久。这实际上是宫廷内部争权斗争在拥兵自重的地方军阀间的反映。由于妥欢帖睦尔的昏庸堕落、腐朽糜烂,终于使这一争斗白热化,进而扩展成一场自毁长城的内讧。

至正二十四年(1364年)初,皇太子听说老的沙留住大同,心中甚是不安,便一再向孛罗帖木儿索取老的沙,但孛罗帖木儿根本就没把皇太子放在眼里,一直不理他的碴儿。爱猷识理达腊觉得自己受到了侮辱,恼羞成怒之下,授意搠思监、朴不花上奏章诬称孛罗帖木儿与老的沙在大同图谋不轨。由于有这两个受宠佞臣搅舌,妥欢帖睦尔不问青红皂白,即刻颁发诏书,削去孛罗帖木儿的官职,令其交出兵权,离开大同,调往四川。孛罗帖木儿是"将在外,君命有所不受",他既不接诏奉旨,更不交出兵权、离开大同。这样,皇太子与搠思监等可真正有了把柄,他们拿着顺帝的上方宝剑,下令扩廓帖木儿出兵讨伐不轨。这时,统军在外的宗王不颜帖木儿等实在看不下去这场恶作剧,便一面上书替孛罗帖木儿辩解,一面出兵与孛罗帖木儿会师。妥欢帖睦尔一看事态如此发展,心中有些害怕,又重下诏书,一面恢复孛罗帖木儿的官职,继续统领兵权,一面宣布贬斥搠思监和朴不花等。当然,孛罗帖木儿不用复已自复,可搠思监、朴不花贬而不谪,仍留在京城。孛罗帖木儿知道这将意味着什么,便派军攻入京城,迫使妥欢帖睦尔交出搠思监和朴不花,并将他们杀掉,以根绝后患。元顺帝在威逼之下晋封孛罗帖木儿为太保、中书平章政事,兼知枢密院事(最高军事长官),守御大同。另外,晋升秃坚帖木儿(此前因得罪了皇太子而投奔孛罗帖木儿,是本次进攻京城的统帅)为中书平章政事。就这样,才算是把这件事暂时平息下来。

但是,秃坚帖木儿率军退出京师后,出奔在外的皇太子回到京城。眼前发生的一切,是他长这么大咽下的最大一口冤枉气,他怎能善罢甘休呢! 他要报复。于是,他命令扩廓帖木儿调动一切能调动的兵力,分路进攻孛罗帖木儿。至正二十四年(1364年)五月,孛罗帖木儿、秃坚帖木儿和老的沙以"清君侧"为名先行一步,再次挥师东向,进攻京城。皇太子统军到清河迎战,可惜决心虽大胆子太小,一看到刀光剑影、风吼马嘶的阵势,便浑身发软。于是他弃军逃回京城,胁迫东宫官员随他出逃。孛罗帖木儿统率大军紧紧追击,这时侯,如果没有老的沙从中劝阻,皇太子恐怕是难免被追杀于荒郊野外了。孛罗帖木儿等三人拥军入京,控制了朝廷。元顺帝再加封孛罗帖木儿为上柱国、中书右丞相、节制天下兵马等官爵。

孛罗帖木儿控制了朝政之后,也曾多次请皇太子还朝,但都被拒绝。甚至他派去的使差多是一去无归,被太子杀掉或扣押。

至正二十五年(1365年)三月,皇太子以扩廓帖木儿为依托,调集各路可调之军再一次征讨孛罗帖木儿。孛罗帖木儿分头派军迎战，多有不利，甚至有临阵倒戈者，他恼怒之下亲自出战，又遇连日大雨，于是由忧愤转而酗酒杀人，荒淫无度，甚至夜宿幽禁奇皇后的总管府。妥欢帖睦尔愤怒之下，密令心腹谋划刺杀孛罗帖木儿。七月二十九日，有人报上都（今内蒙古多伦）大捷，孛罗帖木儿闻讯便披衣进宫入奏，行至延春阁李树下被早已埋伏在此的 6 名杀手乱斧砍倒，当场死亡。老的沙带伤而逃，拥孛罗帖木儿家小挥军西北。这时妥欢帖睦尔则躲在地下秘室，直到事成的鸽铃声响后，才走出秘室，诏令尽杀孛罗帖木儿余党，并盒装孛罗帖木儿首级赴太原，请太子还朝。而向西北逃命的老的沙在半路中遇上了秃坚帖木儿。二人见面之后难名一阵悲痛，但更严重的问题是今后怎么办？他们经过仔细计议之后，决定率部投奔赵王（王府在今内蒙古达茂联合旗阿伦斯木）。然而他们万万没有想到，现在的赵王已与孛罗帖木儿强大时的赵王不同了，赵王要另寻靠山，于是便把老的沙和秃坚帖木儿缚送朝廷，作为表明心迹的进见之礼。

妥欢帖睦尔派人拿着孛罗帖木儿的首级诏谕皇太子还京。奇皇后也觉得太子该还京了，便密令扩廓帖木儿拥重兵送太子入京，以威逼妥欢帖睦尔让位。谁知扩廓帖木儿更为奸猾，他率军一路送太子至京郊 30 里处，却传令分兵散居，不入京师。皇太子怨恨在心，又无可奈何，只得自率随员入京。妥欢帖睦尔见太子入京，而扩廓帖木儿又如此举措，多日担心的唐肃宗灵武称帝的事总算不会发生了，于是命老臣伯撒里为右丞相。为了表彰扩廓帖木儿对皇帝的忠诚，便拜他为左丞相。不久又封他为河南王、总天下兵马（总管元朝军队），肃清江淮起义军。扩廓帖木儿受命出京，欲借机壮大自己，消灭异己，坐驻彰德（今河南安阳），调度天下。谁知各路军阀根本不服从他的调遣，甚至还爆发了一方为扩廓帖木儿、一方为李思齐的内部对抗争斗，相持达一年多，前后百余战，胜负难分。真是同室操戈，一场方休，一场又起，相煎不已。

妥欢帖睦尔一看扩廓帖木儿总天下兵马，不仅不能统一调兵共剿“叛逆”，反而引起诸路军马互相攻伐，又于至正二十七年（1367年）八月诏令皇太子爱猷识理达腊亲总天下兵马，以替代扩廓帖木儿。结果呢？一方是皇太子不敢亲临兵阵，总领兵马；另一方是扩廓帖木儿斩杀诏使，拒不受命。于是，妥欢帖睦尔又决定对扩廓帖木儿进行问罪和讨伐。至正二十八年（1368 年）初，元顺帝施出了他最后的威风，调集李思齐、张思道以及貊高、关保诸路大军讨伐扩廓帖木儿。当时，元朝已是灭亡在即，昏庸的妥欢帖睦尔竟然在此时还感觉不到明军的锋芒，而把兴趣放在内部争斗中。不久，朱元璋的虎将徐达、常遇春等率部攻入河南，李思齐、张思道等为了自保便先率部西归，而扩廓帖木儿乘机反攻，袭杀了貊高和关保。妥欢帖睦尔一看局势大变，又立即找帖林沙、伯颜帖木儿、李国凤等人作为替罪羊，以误国罪予以诛杀，而后转对扩廓帖木儿深表懊悔，诏告天下给扩廓帖木儿官复原职。他不知此时元朝已是黄土埋到脖子了，还命令扩廓帖木儿领兵准备南讨。这场由皇太子爱猷识理达腊和国舅老的沙引起的扩廓帖木儿与孛罗帖木儿构兵混战长达 8 年之久，中间再加上妥欢帖睦尔的推波助澜，更使双方仇恨不已，结果直杀得朝中无良臣，耗得营内缺精兵，而朱元璋则充分利用了这个机会，从容备战，削平群雄，开始挥师北伐了。

### 弃都北逃　丧命应昌

妥欢帖睦尔生长在西北荒漠时，以及后来的流亡高丽大青岛和广西大圆寺时，怎么也不会想到自己将来会当上皇帝，并且是世祖忽必烈以来元朝诸帝中在位时间最长的一位；他 13 岁即位之后、7 年傀儡之时、20 岁亲政以来、10 年勤勉奋发之际，怎么也不会想到自己将来就是威震亚欧的大元帝国的最后一位断送祖业的亡国之君，他沉迷于后宫"大喜乐""魔天舞"，修练"秘密佛法"，设计精巧密室时，怎么也不会想到这种纸醉金迷、睡色醒乐的糜烂生活竟如此之短。过去的一切是这样的变化莫测，以至于他自己也无法搞清哪一段生活真正体现了他的个性。然而现实却将他推入了黑暗的深渊。

至正二十八年（1368 年）七月，朱元璋手下虎将徐达、常遇春率部进入河南，攻下了汴梁（今河南开封）。李思齐和张思道一看局势危急，便把顺帝的诏令撒到一边，率部入关自保去了。昏庸的妥欢帖睦尔至此对明军的进攻还麻木不仁。七月中旬，妥欢帖睦尔才如梦初醒。为了挽救败局，他首先拿大抚军院开刀，诏谕撤销该院，接着下令部署各路军马火速来京勤王。他诏命扩廓帖木儿仍旧担任河南王、太傅（皇太子的老师）、中书左丞相，统领本部军马，由中道直抵河南；太保（辅导皇太子学习的官）、中书右丞相也迅速统率大军，由东道南下。再加上秃鲁和李思齐的两路军马，共四道进兵，由皇太子爱猷识理达腊统一指挥。然而，这时的各路军马怎能再听妥欢帖睦尔的调遣，他们都持观望态度，勤王之诏不过一纸空文。七月二十三日，徐达统军到达天津直沽。四天后，明军进逼通县，京都一片慌乱。二十八日，妥欢帖睦尔在清宁殿，召集三宫后妃、皇太子、太子妃及朝廷重臣，共议避兵北行之事，左丞相失列门、知枢密院事里厮和宦官赵伯颜不花等坚决反对弃都北逃。如赵伯颜不花跪着哭谏道："天下者，世祖之天下，陛下当以死守，奈何弃之！臣等愿率军民及诸怯薛出城拒战，愿陛下固守京城。"尽管赵伯颜不花、哈剌章（脱脱之子，时知枢密院事）等人坚跪不走，含泪

苦谏，但妥欢帖睦尔丝毫不为所动，下令退朝。当明军已抵达京城的警信传来时，顺帝慌忙下令由淮王帖木儿不花监国，以庆童为左丞相留守京师，自己于当夜三更率三宫后妃、太子、太子妃、左右丞相等百余人扈从由建德门北逃。明军很快拿下大都，改名北平府。

妥欢帖睦尔离开大都，经过 17 天的长途跋涉，才到达上都（今内蒙古多伦）。多年来在后宫花天酒地、歌舞升平的顺帝，看到沿途和上都的荒凉凄楚之景，不禁慨叹道："朕不出京师，安知外事如此。"妥欢帖睦尔在上都安定下来后，首先对中书省（元朝最高行政机构）班子进行调整，由于左丞相失列门先死，便提拔原辽阳行省左丞相也速不花代之，又封扩廓帖木儿为齐王兼中书右丞相，以鼎住为中书平章政事，魏伯颜为中书参知政事（中书省副长官）等，堂而皇之地开始共议恢复大计。当时元朝残余势力仍是一股不可忽视的力量，扩廓帖木儿拥数十万大军雄居山西，陕西还有李思齐、张思道的十几万大军，原辽阳行省也先不花麾下的十余万大军也归妥欢帖睦尔统一调度，坚守云南的梁王把匝剌瓦尔密仍忠于元朝。遗憾的是时至如此，元军内部仍然矛盾重重，不能统一调动，协同作战。结果首先是扩廓帖木儿丢了山西率数十万大军，败走宁夏、甘肃，接着明军主攻陕西，又回师东路，击败谋复大都的元军，并一路北上。至正二十九年（明洪武二年，1369 年）六月十三日，妥欢帖睦尔眼看上都难守，决定留河南王普化、中书平章政事鼎住等驻守上都，自己便逃奔应昌（今内蒙古克什克腾旗西达来诺尔）。

六月二十日，妥欢帖睦尔到达应昌，而上都在离开三天后失守。应昌城市虽然还算完好，但作为惊弓之鸟的他，却觉得应昌离上都太近了，于是召集群臣商议继续北上漠北之计。这时，扩廓帖木儿一再请顺帝移住和林（今蒙古乌兰巴

托西南哈拉和林），而妥欢帖睦尔一直犹豫不决。不久，终因患痢疾而一命呜呼。朱元璋得知妥欢帖睦尔病死，"以帝知顺天命退避而去，特加其号曰顺帝"，真是滑稽之至，后世便以顺帝相称。皇太子爱猷识理达腊继位后，上其父谥号为"惠宗"。

妥欢帖睦尔断送了大元江山，"秘密佛法"并没有使他长寿，不过五十出头，国破身亡，好不凄惨。他在应昌临死时，给那位觊觎皇位多年的皇太子爱猷识理达腊留下了一个残破难收的局面。爱猷识理达腊在新登大宝的兴奋刺激下，取杜甫《北征诗》"周汉获再兴，宣光果明哲"中的"宣光"为自己的年号，还雄心勃勃地准备退居和林，再用这一群残兵败将来收拾这个支离破碎的河山而重振祖业。然而历史再也不会倒转了，重建昔日辽阔强盛的大元帝国只能是一场春梦，一场永远实现不了的春梦。

# 将相野史

## 刘秉忠

元世祖的宰相刘秉忠以一出家人之身份，在南宋末年之际，为辅佐元世祖忽必烈创建元王朝作出了杰出贡献。他以自己卓异的学识，诱导忽必烈遵用"汉法"平治漠南，为其立国中原进一步深根固本；他把军事征略与政治攻心密切配合，使蒙军在平大理、破南宋的战争中节节胜利；他又总结历史上的统治经验，为元朝制订了一代法规，以其清正廉明、沉稳谨慎孚望于朝野，取信于忽必烈，成为元王朝的开国宰相。

### 学究天人的青年和尚

刘秉忠，名侃，字仲晦，法名子聪，赐名秉忠，自号藏春散人。生于宋宁宗嘉定九年（1216 年），死于元世祖至元十一年（1274 年）。

生于官宦世家，先祖为瑞州（江西高安）人，曾仕于辽国。金灭辽后，曾祖父改仕金国，为邢州（河北邢台）节度副使，遂以此地为籍。成吉思汗十五年（1220年），蒙古大将木华黎克邢州，设都元帅府，刘秉忠之父刘润受任为都统，后改为署州录事，又历任巨鹿、内丘两县捉领，颇有政绩。

刘秉忠从小就风骨秀异，英爽不羁，幼有大志又聪明好学，读书能过目不忘。年十三为质于都元帅府（因汉人任蒙古官，必以其子为质），得以目睹蒙古官场风云，熟知蒙古政理。

蒙古窝阔台汗四年（1232 年），十七岁刘秉忠为了养家糊口，充任了邢州节度使的令史，属于执掌文书之小职。这种平庸猥琐的生活使刘秉忠极为厌恶和反感，他愤怒地说："先前我家累居要位，如今怎能甘心沦落，做一介刀笔小吏？大丈夫怀才不遇，即当隐身待时，以待来日再酬壮志。"于是他弃职出走，到武安山当和尚去了，法名子聪。

其师父虚照禅师知他擅长文词，使之职掌寺中书记，从此，人们就称他为"聪书记"。以后，刘秉忠经常漫游云中（山西大同一带），似闲云野鹤，来去无迹，有时则与一些高僧抵掌揣摩学术大道和禅道要旨。

尽管刘秉忠遁迹空门，当了世外人，可他那颗想干事业的心始终未泯。他潜心苦读，立志不虚此生。每日于朝钟暮鼓之暇，精心治学，着意探究尘世变迁。如此数载，博览群书，学业日进，无所不通。尤其对于《易经》和北宋邵雍的《皇极经世书》极有研究，兼娴天文、地理、律书及遁甲、六壬等卜算之书，为他以后辅佐忽必烈打下坚实的学问基础。

公元 1242 年，蒙古窝阔台汗死，六皇后乃马真氏称制，从此，蒙古政权发生了很大变化：术赤长子拔都和拖雷长子蒙哥发难,率兵向贵由汗进攻,大杀窝阔台和察合台两系,政权向拖雷一系转移。此时,身居漠北和林的蒙古藩王忽必烈已雄心勃勃,正到处网罗人才,积蓄力量,准备问鼎汗位。

他听说在当时燕京(北京)的禅学大师海云和尚学问很好,就邀请他北上和林,向他请教治国平天下的大计。海云领命北上,途经云中时,得知南寺堂的青年僧人子聪博学多才,就邀请子聪一同前往和林。刘秉忠欣然从命,与海云禅师向北跋涉。从此,刘秉忠的命运发生了根本性的变化。

### 藩府顾问献奇策

忽必烈在和林见到海云禅师二人之后,他对海云禅师的兴趣远没有对刘秉忠的兴趣大。刘秉忠学识渊博,从容议论天下大事,对时局了如指掌,深受忽必烈的赏识。因此,忽必烈要刘秉忠留下来,辅佐他干大事。忽必烈说:"汝学识如此宏富,日与深山古刹为伴,岂非有误所学? 造福天下苍生,乃通儒之大归也。"刘秉忠见忽必烈这个英气勃勃的蒙古王子如此礼贤下士,便同意留下来,身着僧服参与谋划各种方针大计。从此,刘秉忠就成了忽必烈的僧人幕僚。

在乃马真后、贵由汗和蒙哥汗三朝,刘秉忠多次对忽必烈说,要他效法中国五帝、三王,以西汉文帝、景帝、唐太宗为榜样,敬天道,由人事,取信于蒙、汉官民,并引用西汉陆贾的警句"以马上取天下,不可以马上治之"为座右铭,要忽必烈力修当今文治,帝中国,当行中国事。

贵由汗二年(1247年),忽必烈受封于邢州。时值南北统一的前夕,邢州地处蒙汉交错杂处之要冲,是蒙古控制漠南汉地的枢纽。早在窝阔台汗时,曾将邢州一万五千户赐予两个蒙古贵族,由于辖治无方,征战百出,使得民不堪命,大量逃亡,到忽必烈受封时,邢州仅剩下五六百家。

针对这种状况,刘秉忠献计说:"邢州旧时有万余户,兵兴以来不满数百,百姓凋敝日甚一日,若择良吏治理,此地犹可完复。"忽必烈心领神会,就任刘秉忠推荐的儒生张耕、刘肃为邢州安抚正副使。二人同心协力,扫除积弊,禁止贪暴,招抚流亡,使邢州户口很快就增加十倍。此举是蒙古施政方针上的一次重大转折,具有方向性的意义,为以后忽必烈统治中国提供了样板。而忽必烈也因此而更加重用汉儒,蒙、汉合作,尊儒学、修政教、重农桑成为忽必烈立国的重要政策。

公元 1251 年,忽必烈胞兄蒙哥继承汗位,任命忽必烈为总理漠南庶事,就等于把大漠以南的广大地域交给忽必烈去治理。这对于忽必烈来说,是瞌睡来了给个枕头,于是立即南下,开府于金莲川(今内蒙古正蓝旗闪电河沿岸)。

漠南的广大地区治理得好与坏,直接关系到忽必烈事业的成败。作为忽必烈的参政重要幕僚,刘秉忠对如何治理漠南提出了一系列建设性意见,绘制了一幅政治蓝图。

一、选择开国功臣子孙,分别担任京府州郡监守,督责旧官遵行王法,按察官守,以定其升降。比附汉人古例,定百官爵禄,使之家足身贵,百官有犯于民,则设科定罪,禁其自行威福。随意生杀。

二、纠正差徭甚大,赋税繁重之弊,只取以往赋税之半或三分之二,根据现在之民确定差税。官民所欠债务,以一本一利为限,超出者悉数蠲免,就近输纳税粮,划一度量衡器,盐铁、商贾、货值诸事,悉依耶律楚材所定课税。

三、明定法令,去其繁苛,勿置私狱,严禁鞭背之刑,死刑须要反复奏明才能执行。

四、开设学校,尊奉孔子。兴礼乐,颁历法,修史书。

五、广开言路,选择谏臣,以匡正人主之失。

对于刘秉忠的这些建议，忽必烈深为赞许，并在漠南全面推行汉法，整饬吏治，兴利除害，招抚流民，实施屯垦，兴修水利，劝课农桑。这些措施实施了一段时间之后，收到了意想不到的效果，使忽必烈大得汉民之心，为他以后争夺汗位，统一全国打下了坚实的政治、经济基础。

蒙哥二年（1252 年），忽必烈奉命远征云南大理国，刘秉忠随军谋划。

忽必烈的这次军事行动，是世界军事史上间接战略的杰作。穿越二千里雪山、草原、冰川和峡谷，最后出其不意地出现在大理，收到了突然打击之效。作为随军谋划的幕僚，刘秉忠劝告忽必烈，为了使军队进展神速，必须神武而戒杀。十一月，蒙古军逼近大理，忽必烈遣使入城劝降。当时的大理国主段智兴昏庸无能，政事皆由大臣高祥决断。高祥拒降，并杀死了蒙古使者，忽必烈挥军攻城。十二月，城破，忽必烈命令屠城，以示报复。刘秉忠连忙制止，说："杀使拒命者，唯高祥一人，并非百姓之罪，请宽有大理百姓。"忽必烈听从了刘秉忠的建议，下止杀之令，悬旗街头，使大理百姓赖以活命。因忽必烈神武而不杀，大理别的地方望风归降，大理全境得以迅速平定了。

以后，忽必烈围攻武昌时，刘秉忠亦随军谋划，每次都告诫忽必烈："王者之师，有征无战，当对南北人民一视同仁，不可嗜杀。"忽必烈慨然应允："愿与卿共守此言。"于是分头命诸将切勿妄杀，严禁焚烧民众房舍，所俘人口一律释放，使汉军民对忽必烈的反映极好，为他以后消灭南宋，迅速统一全国打下了人心基础。

1259 年 8 月，蒙哥在武昌被宋军大炮击中身死的消息传到正在湖北黄陂的忽必烈军营后，忽必烈大惊。这时，刘秉忠劝忽必烈暂时把对武昌的进攻放一放，先迅速北返和林，解决汗位问题，如拖延日久，恐有人捷足先登。而忽必烈的妻子也派人来黄陂，说他胞弟阿里不

哥正在蠢蠢欲动，想登汗位。

于是，忽必烈决计北归，于 1260 年 3月，在漠南汉将和部分亲王的支持下，抢先登上汗位，改年号为中统元年，史称元世祖。

### 创立成宪定国规

元世祖忽必烈即位后，立即向刘秉忠询问"治天下之大经，养民之良法"，并询问他要怎样做才能赶上中原那些伟大的皇帝，刘秉忠说："你要像中原皇帝那样，须要有国家，有年号，创制度。"于是，刘秉忠根据当时的形势，斟酌蒙古前代可取之典章，参照中原历朝通行之制度，尤其是唐、宋、金的官制，一一条列奏上，经忽必烈钦准，颁布天下，以为定制。

一、废除祖制。蒙古是由原始部落崛起的，风俗野蛮，文化落后，带有原始社会的某些残存习性。如忽里台大会制度，就是一种原始的民主制残余，历代相传，连成吉思汗也不能废除，因为成吉思汗的大汗尊位就是在忽里台大会上由各个部落选举产生的，以后窝阔台、贵由及蒙哥都必须遵守这种制度，就是忽必烈本人即位时，也须召集蒙、汉两族的贵族大会以寻求支持。很显然，这种制度很不适合于封建中央集权的政治模式。

忽必烈一上台，刘秉忠就在他上的奏章中指出，首要一条就是废除忽里台大会制度，不废除，则皇权不能巩固，并引用《诗经》里的话："溥天之下，莫非王土；率土之滨，莫非王臣。"一切大权归皇帝，蒙古的任何贵族都只是皇帝的臣民，只有绝对服从。忽必烈阅后，大为赞赏。

二、在废除忽里台大会制度的同时，代之而起的是一整套行之有效的加强中央集权的政治改革措施。在中央，设立中书省、枢密院、御史台。中书省总理全国政务，长官为中书令，另设右丞相、左丞相、平章政事、参知政事等官为副，其下辖吏、户、礼、兵、刑、工六部，每部置尚书、侍郎，分掌各部政务。枢密院执掌军

事,长官为枢密使,副长官为枢密副使、同知院事等。御史台掌司法,司黜陟,负责纠察百官,谏言得失。

在地方上,设立十路宣抚使司,后改称为行中书省事,简称"行省",如今我国的各个省制及名称即源于此。省以下,逐级设路、府、州、县,每级官署以蒙古人称正职,汉人领副职。

三、规定各级官吏的官阶、员额、俸禄,使官各有其职,位有定员,食有常俸,并广招人才,录用贤能。

四、营建大都。蒙古的发祥地在漠北,即今蒙古国的和林,随着攻战征伐的深入,国土日益扩大,因此,蒙古人要做全中国的统治者,把首都设在开平或和林都是不行的,因为国都离内地太远,有鞭长莫及之感。

1265年,忽必烈的谋士、国信史郝经向他建议:"幽燕之地,地势雄伟、险要,往南可控制江淮,往北可连接朔漠,陛下要经营天下,非在幽燕建都不可。"忽必烈听后,深以为然,说:"此事非聪书记不能办。"

1266年,他命刘秉忠为总监,开始营建大都(北京),从1266年开始,至1276年结束,历时十年,其规模是当时世界上首屈一指的,周长28.6公里,共有十一座城门,七个大拐角,象征北斗七星;街道宽敞,呈南北走向;内有南海、北海、中南海等人造湖泊;风景秀丽,建筑恢宏。意大利旅行家马可·波罗在他的游记里说:"大都之善、美,未可言宣,世界罕有其匹。"

建都工作刚刚停止,忽必烈就迫不及待地正式赐名为"大都",并把中央政府所在地从和林迁到大都,正式开始了对中国的统治。自元以来,大都(北京)就成了全国政治、文化、经济的中心。

至元八年(1271年)十一月,忽必烈采用刘秉忠的建议,废除蒙古国号,取《易经》里"大哉乾元"一句的语意,定国号为"元",意即大、吉祥的开始,忽必烈成为元朝的开国皇帝。因佐命建兴之功,忽必烈赐刘秉忠白金千斤,他辞谢说:"臣系山野鄙人,幸蒙知遇,服用之物悉出官府,受金何用?"忽必烈不允。刘秉忠便将所赐之金散予他人。尔后,忽必烈拜刘秉忠为太保、参领中书省事,还俗姓刘,赐名"秉忠",史称"大丞相",还以大臣窦默之女为秉忠之妻,赐奉先坊为府第。至此,刘秉忠正式告别了和尚生涯,还俗当了宰相。

当了宰相的刘秉忠,仍"以天下为己任","凡有关于国家大体者,知无不言"。每以推荐人才为急务,使之备位机要。如著名儒生史天泽、张文谦、张德辉、王恂等人均是刘秉忠引荐,以后都成了元王朝的重要良弼辅臣。而他自己每日则素食斋居,心如秋水,终日淡然,惟以读书为务,对朝廷大事谨慎守口,不与人争。

至元五年(1268年),刘秉忠辞去中书省要职,以作仙人之游。至元十一年(1274年)春,刘秉忠陪伴忽必烈回上都升平,准备在升平附近筑一草舍闲居。八月,突然无疾端坐而终,僧语叫坐化,圆寂。终年五十九岁。

忽必烈闻讯,悲悼不已,对左右说:"秉忠事朕三十余年,小心慎密,不避艰险,言无隐情。"追赠刘秉忠为太傅,封赵国公,谥"文贞"。元成宗时,赠官太师,改谥"文正"。元仁宗时,进封为常山王。而刘秉忠所制定的一代成宪,一直为元王朝所遵循,他成为元朝历史上的重要谋臣。

历史条件对于任何人都是公平的,只是看人抓住这个条件、机遇的水平、能力如何。刘秉忠之所以能从一和尚之身位居宰相,在于他善识时务,他察知忽必烈开明有为,能够容纳、重用各族的智士贤臣,便毅然择木而栖。而且他能在权势、名利面前清廉自持,心如秋水,表现出了他的高深的智慧和谋略。由于他对元王朝的杰出贡献,不仅己身显贵,还泽荫后遗。

主编 文 林

# 中华野史

## 第四卷

本书摒弃了传统史学为尊者讳、为贤者讳的观念，采古今野史的精髓，引导读者从细节处发掘历史真相，力图通过简明的体例，精练的文字、新颖的版式等多种要素的有机结合，将帝王将相的性格心理、逸闻趣事，统治阶级的钩心斗角，尔虞我诈，政治斗争的丑恶内幕，血腥手段，历朝历代的民间风情，数千年奇人异士的风流俊逸，酒脱风姿，三教九流、世相百态，立体、全面地呈现在读者面前，展示真实鲜活的历史。

中国华侨出版社
·北京·

# 第七编　明清野史

## 明代野史

### 宫禁逸闻

#### 皇后下厨

天大旱,朝廷祈雨,明太祖朱元璋在宫殿中西头的大屋中斋戒,皇后亲自动手烧火做饭,做的是地道的农家饭,朱元璋和太子以及各番王一起在斋所进食。吃过饭后,朱元璋身穿白色衣服,脚穿草鞋,徒步走上祭坛,坐在草席上,暴晒于炎日之中,夜晚也就地而睡。

#### 妇女发浣衣局

宣德年间,陈祚向世宗请求讲授《大学衍义》,谁知世宗听了大怒,说:"陈祚以为我没有读过《大学》,这不是羞辱我吗?"因而命令抄了陈祚的家,把陈祚及其亲属一同关入锦衣卫狱中,妇女们则全都发送浣衣局服苦役。

#### 乜先弑其主收其妻子

脱脱不花娶乜先的姐姐为妻。其时,乜先想立姐姐的儿子为太子,脱脱不花不同意,乜先便杀了脱脱不花,押着脱脱不花的妻子和儿女来投降明朝。于谦说:"乜先君臣之间互相仇杀,这是老天爷给我们一个复仇的机会。为臣我请求朝廷允许我率兵去讨伐贼敌。"景宗不同意。后来,阿剌杀了乜先,孛来又杀了阿剌,把乜先的母亲和妻儿抢了过去,并从明朝把脱脱不花的儿子麻儿要了回来,立他为君,号称"小王子"。

#### 至老不识牛马

朱文圭是明惠帝的小儿子,明成祖把他幽禁在中都。明景帝可怜他无罪而久被囚拘,便释放了他,并让他定居凤阳,赐给他房屋奴婢,每月供应米面柴火,允许他娶亲成家,自由出入。文圭被关押时才2岁,到现在已经57岁了,所以出门见了牛马也不认识。

#### 宫嫔殉葬

早先之时,明太祖去世,宫女们大多殉葬。明成祖、仁宗、宣宗时,也使宫女殉葬,人数多至数十人。郕王死后,景帝仍按照老规矩,让宫女殉葬。景泰八年,景帝在遗诏中下令废除殉葬制度。

#### 万贵妃擅宠

明宪宗做太子时,万贵妃就开始擅宠了。宪宗继位后,吴皇后非常嫉妒万贵妃,就千方百计地挑她的过错,并用棍杖责打她。宪宗非常生气,便废除了吴皇后,把她打入冷宫。从此,万贵妃宠冠后宫,王皇后淡泊而处,丝毫不与万贵妃相争,这也是她能被立为皇后的原因。

#### 纪氏生孝宗

纪氏是贺县人,本是当地首领的女儿,明军征讨蛮人时被俘,来到后宫,因机敏有才,通晓文字,便被安排看管内库。当时,万贵妃专宠,明宪宗偶尔来到内库,纪氏应对得体,甚得宪宗欢心,便同她交合,有了身孕。万贵妃知道后特别生气,命令婢女用钩子把胎儿取出来,婢女不忍下手,便谎报说纪氏不是怀孕,而是腹中有病,于是便把纪氏幽禁在安乐堂。到了日子,纪氏生下了皇子,她让太监张敏把婴儿溺死,张敏吃惊地说:"皇上没有儿子,好不容易生了这么一个,怎么能抛弃呢?"便把婴儿藏到另一个屋子里,用米粉蜜糖等喂养。万贵妃每天派人探察情况,但一无所得。一天,宪宗召太监张敏给自己梳头,他对着镜子叹息说:"唉,都快老了,还没有儿子。"张敏听到这里,连忙跪在地上说:"万岁爷已经有儿子了。"宪宗惊问道:"在哪里?"张敏磕着头说道:"我说了便没命了,万岁爷一定要为皇子做主。"这时,另一个太监怀恩跪下说:"张敏说的是真的,皇子偷偷地养在西宫中,今年已经6岁了,只是一直不敢说出去。"宪宗听了万分高兴,当天就来到西宫,派人迎接皇子。纪氏抱着皇子边哭边说:"儿啊,你一离开,我就活不成了。儿啊,你看见穿着黄袍,有胡子的人,就是你的父亲。"来人给皇子穿上小红袍,让他坐在小轿上,把他抬到台阶下面。下了轿,皇子边跑边喊父王,投入宪宗怀中。宪宗把他抱起来放在膝上,抚视了许久,认出确是自己的儿子,悲喜交加,哭着说:"是我的儿子呀,完全像我。"给他起名为祐樘,并立为皇太子。这年六月,皇太子的母亲纪氏突然亡故。宪宗死后,皇太子继位,为明孝宗。

### 贵妃治食

孝肃皇太后住在仁寿宫,她对宪宗说:"把皇太子交给我来看护吧。"于是,皇太子便住进了仁寿宫。一天,万贵妃召太子吃饭,皇太后叮嘱他:"孩儿你去了后不要吃任何东西。"太子来到了万贵妃的住处,万贵妃准备了食物让他吃,他说:"已经吃过饭了。"又让他喝汤,他说:"不喝,怀疑有毒。"万贵妃说:"这孩子才几岁,就这样,日后,他一定要把我往死里整的。"于是,气火攻心,很快就病倒了。

### 房中术

孝宗在宫中收到送来的一个小箱子,箱子里装的全是关于房中术的书,后面署着"臣安进献"。宪宗命令太监怀恩把东西拿到朝廷上,对着所有的大臣说:"这是大臣所应该做的吗?"姓安的大臣又惭愧、又害怕,汗流浃背,跪倒在地,一句话也说不出来。

### 夜入人家索妇女

江彬想要独揽朝中大权,因而多次唆使武宗外出远游,以便使那些宠臣们不能接近武宗。为了实现自己的目的,江彬便告诉武宗说宣府的乐工中有许多美貌女子,可以去嬉游,另外也可以顺便看一下外面的情况,何必死气沉沉地住在宫中,受那些大臣的限制呢?武宗认为江彬说的正合自己的心意,因此同意了。于是,武宗经常在夜间外出,来到宣府,寻欢作乐。江彬先为武宗建了一座镇国府第,后又设立了专供武宗淫乐的场所豹房,世间的珍奇宝物以及美艳女子充斥其间。如此淫乐还不足,江彬还随着武宗,好几次在夜间闯入别人家中,掠抢妇女,而武宗觉得江彬很不错,更加宠信他了。

### 男性犹在必须近女

宣德年间,明宣宗赐给太监陈芜两个夫人。天顺初,明英宗赐给已故太监吴诚之妻宅第和土地。《高力士传》记载,唐时,河间男子吕元晤在京城做吏,其女儿吕国姝,被高力士娶为妻。《李国辅传》也记载,皇帝为李国辅娶元擢的女儿为妻。又据《朱子语类》记载,梁师成的妻子死了,苏叔党、范温都前去哀悼。由此可知,太监也有妻子,古今都一样。京城中的人们说这些太监虽然被阉割了,但男子的心理还在,所以必须亲近女人。

### 敬事房太监

敬事房太监,专管皇帝同后妃的房事。皇帝同皇后交合了,房太监便在册子上记上交合的年、月、日和时辰,以便作为受孕的证据。如果皇上要临幸哪位妃子，那么在用晚膳时，凡是可以接待皇上的妃子，她们的名字都写在一块块的绿头牌上面，由房太监把这些牌子放在一个大银盘中。等皇上用完膳，太监举着盘子，跪在皇上面前。皇上如果不愿意临幸，就说一声"去"。如果想临幸哪个妃子，就把写有她的名字的牌子翻过来，太监便把这个牌子交给负责背妃子到皇上卧榻的太监。晚上，皇上先睡，但被子不盖住脚，负责背妃子的太监把妃子的上下衣脱掉，用大氅把她裹住，背她到皇上的床前，去掉大氅，妃子从皇上的脚下钻进被中，同皇上交合。这是明代后宫中的制度。如果皇上住在圆明园，则这一程序不需要，可以随时临幸，如平常人家那样。但是，晚膳时翻牌的程序还照旧。所以，皇上都在圆明园住的时间长，必住到年终，方才回宫，一至二月中，则又来园中住。

## 闻香动心

皇上在便殿中休息，闻到一股异常的香气，不禁怦怦心动，便问身边侍奉的人是怎么回事，回答说："凡是圣驾临幸之处，都要点上这种香。"皇上听了叹息道："我现在才明白了正是点这种香气使皇父、皇兄短寿，以后不许点这种香。"

## 官扮农夫村妇

过去的惯例，秋收时，钟鼓司要举行打稻的仪式。圣贺临幸旋磨台无逸殿，钟鼓司的官吏们都打扮成农夫村妇，以及管理农田、负责收租、审理官司的官吏，做种种表演。十年之后，皇上在各种时令、节日时的各项游幸大多废止了，只有这一项还举行，这是重视农事。

## 于谦之案

明景泰八年正月的一天，景泰帝重病卧床，新春佳节的皇宫里愁云惨淡，全无往年的喜庆气氛。就在这天夜里，移居南宫八年之久的太上皇英宗驾临奉天大殿。这就是明朝轰动一时的"夺门之变"。

英宗复位后，第一件事就是将兵部尚书于谦、大学士王文执付法司。不几日，主审官石亨、都御史萧惟桢等以谋逆罪将于谦、王文二人斩首。

于谦、王文二臣一死，朝野哗然。回首十年来的沧桑之变，人们简直像做了一场恶梦。

那是英宗正统十四年八月中秋过后的第二天夜里，一匹骏马得得疾驰，打破了京城的宁静，马蹄声由西长安门经过，一直奔皇宫内院而去。

一个月前，23岁的大明皇帝英宗不听劝阻，在佞宦王振的唆使下，委命御弟郕王朱祁钰留守京师，自己亲点五十万精兵挥师北上，迎战蒙古瓦喇部的挑衅。

人们只想到瓦喇来犯之敌也先部世代戎马倥偬，此次来犯又蓄谋已久，而英宗自九岁嗣位，十余年来深居皇宫，毫无作战经验，随英宗出征的王振又是一个只识得几个大字的宦臣，所以认定皇帝此番出征必定凶多吉少。正因如此，当听到疾驰的马蹄声时，所有的人都从睡梦中惊醒，他们的心悬了起来。

正应了一句俗话：好事不出门，坏事传千里。皇帝在土木堡被也先所擒的消息不胫而走，很快传遍了京城大街小巷的每一个角落。人们惊呆了，有些人竟傻了似的哇哇大哭起来。

土木堡之变对于留守京师的郕王朱祁钰，却是别有一番滋味。黎明时分，郕王故作镇定，像往常一样来到午门左门接见群臣。郕王万万没想到，他来到左门却是这样一幅景象：

郕王还未坐定，群臣就七嘴八舌地吵得炸开了锅。他们大声叫嚷着，要求立即族灭佞宦王振，以慰受难的英宗和悲愤的百姓。

素无主见的朱祁钰听了,心里非常慌乱:他也早已厌恶王振的为人,但王振好比英宗的耳目、喉舌,甚至心肝,英宗在东宫时,王振教过他读书认字,英宗即位后,王振以英宗的"先生"贵宠日隆。郕王想:我要是把王振灭了族,将来英王回来该如何交代?

想到这里,郕王忙站起来要回宫,并吩咐立刻关闭午门。

群臣一听,也顾不得平日礼仪,愤激之下,一拥而上,拦住了郕王的去路。

郕王朱祁钰哪见过这种阵势,立刻慌了手脚。这时,是兵部侍郎于谦上来为郕王解了围。

于谦见群臣情绪异常,忙急步上前,挡在群臣与郕王之间,诚恳地劝道:"殿下,现在是国家存亡的关键时刻,你若稍有差池,将来以何面目见为国蒙难的英宗皇帝?群臣今天虽说有些失礼,但他们都是为大明江山着想啊。土木堡之难,是王振一手造成的,不抄没其家何以平民愤啊!"

郕王听了于谦的话,定了定神,终于依从了群臣的请求,传下令后便匆匆起驾回宫了。

锦衣卫领令直奔王振家而去。文武百官也各自散了。吏部尚书王直却久久未动,他看着于谦因保护郕王,在众人的拖拽中被撕烂了的袍袖,感慨地说:"今日之事多亏了贤弟。如今挽救国家危难正需要你这样的人呀。"

午门事件增添了北京城的紧张气氛。古语云:天下不可一日无主,而眼下,英宗已成为异邦的阶下囚,皇太子正牙牙学语,也先部落随时都有可能兵临北京城下,这让大臣们怎能不忧心如焚呢?

其年九月,郕王在大臣们的推戴下登上帝位,是为景泰帝。但尽管如此,仍不能使民心稍有安定:英宗所率的五十万精兵全军覆没,京城只剩了不足十万的兵力,且都是英宗筛选后的羸弱之卒。一些贪生怕死、贪图享受的大臣乘机危言耸听,到处煽动王公富族南逃,侍讲徐珵甚至肆无忌惮地散布妖言,说什么天降灾祸,只有南逃才能消灾免祸。

大臣们争吵不休,景泰帝举棋不定。此刻,新任兵部尚书于谦挺身而出,厉声说:"倡议南迁者,立斩不饶!"

满朝哑然。接着,于谦又进一步说服景泰皇帝道:"京都乃天下根本,人心所系,怎么能说弃就弃呢?宋朝南渡之事陛下莫非忘记了吗?为今之计,只有迅速调集军队,安定民心,积极备战,以稳定局势,争取主动。"

于谦镇定自如,句句话掷地有声,终于使景泰帝下定了决心。

形势是十分严峻的:土木堡之败,使明军产生了畏怯情绪,兵力又严重不足,工事、战具年久失修,但这些都吓不倒于谦,他慨然以军国大事为己任,并与皇帝立下了军令状。

就在于谦积极筹划攻守大略的时候,也先已经率领大军、挟持英宗南下了。也先一路上势如破竹,竟用了不到十天时间,就攻破了重重关隘,跨过卢沟桥,直抵北京城下。这是十月十日。

北京保卫战是一场血战,也是一场巧战。于谦否决了京师兵马总帅石亨把主力放在城内,拥城固守的方案,而将主力列阵于九门之外,城中只留少量守卒。结果也先一到,认定明军集中在城内,于是冒然猛攻城门,结果陷入了于谦的伏击圈,也先部主力顷刻间成为瓮中之鳖。

也先屡攻不克,损失惨重,只在北京待了五天便拖着残兵败将逃之夭夭了。由此,于谦不仅解了北京之围,而且由于他的周密部署,以致在后来的七八十年中,也先虽曾大举入寇,但其都城北京却再也没受到敌骑的蹂躏。

第二年，也先战败，向明朝请和。于是，在瓦喇过了整整一年游牧生活的英宗被迎回朝，并被迫接受了"太上皇"的尊号，住进南宫。

转眼已到了景泰八年正月，皇帝突然身染重病，卧床不起。这给节日的宫廷罩上了阴云——景泰帝登基后，废掉了英宗皇储，立自己的儿子为太子，谁知不到一年，他仅有的儿子却死掉了。从此，皇储之位一直悬而未决，如今，这又毫无疑问地成为宫廷阴谋活动极好的温床。

正月十六日夜里，太监曹吉祥、武清侯石亨、都御史徐有贞等乘皇帝卧病、朝野上下人心浮动之机，将做梦都想复辟的太上皇朱祁镇迎回了金銮殿，而景泰帝朱祁钰则在其兄复位的钟鼓声中咽了气。

英宗复位后，石亨、徐有贞等少不得加官进爵。大权在握，他们便开始了下一步的行动：排除异己，陷害忠良。而首当其冲的，便是于谦和他的有力支持者王文了。石亨为将时一直嫉恨景泰帝以于谦为兵部尚书，加之北京保卫战中于谦正确地否决了他拥城固守的方案，对此石亨始终耿耿于怀。而徐有贞就是当年散布谣言，鼓吹南逃的徐珵。二人急于陷害于谦、王文之情可想而知了。

徐有贞、石亨等捏造说于谦、王文"逢迎景泰篡位"，还说他们两人见景泰帝卧病，便阴谋迎立襄王等。英宗对徐、石等人深信不疑，于是令石亨及其党羽都御史萧维桢主持会审。

石亨、萧维桢对于谦、王文严刑拷问，逼迫他们承认所告罪行。王文对他们的无耻行径非常气愤，厉词质问："召迎亲王是须用金牌的，派人也要有马牌，这两样东西现在何处？"

石、萧二人被问得张口结舌，无言以对。于谦冷蔑地一笑，对王文说道："你不必费口舌了，这是石亨之辈的诡计，欲置你我于死地，辩也枉然。"

审了几天，萧维桢还是不能让于、王招供，自己又拿不出证据，只得以二犯阴谋迎立外藩为名，请求凌迟处死他们。

明英宗听了不同意，沉吟着说："于谦保卫北京是立了大功的。"

徐有贞奸险地说道："如果不杀于谦，陛下复位以何为名目呢？"

英宗听了倒吸口冷气，于是一言不发，签发了处死于谦、王文的旨令，不过，他将凌迟改为了处斩。

数日后，于谦、王文慷慨就义。临刑前，于谦还吟诗一首，诗末两句是：

顾我于今归去也，白云堆里笑呵呵。

其凛然之气可以想见。

土木堡之变前后，始终未离开皇宫的英宗皇太后听到于谦、王文被处斩的消息后，哀痛不已，伤悼数日，英宗见此情景才稍有悔意。

于谦死后不久，曹吉祥、石亨、萧维桢等就开始钩心斗角，为了权利争风吃醋了。先是萧维桢被曹、石合谋除掉，然后石亨和曹吉祥继续明争暗斗，其险诈渐渐被英宗觉察，二人见失宠于英宗，便狗急跳墙，先后策动谋反，结果事败，石亨死于狱中，之后曹吉祥也被诛。

平定曹吉祥叛乱之后，再看北京城，像是血洗过一样。明英宗不忍目睹眼前的惨状，仰天而叹。此刻，他似乎真的看到，在那幽幽白云深处，有一个人正冲着他冷蔑地笑着——那就是"忠肃公"于谦。

## 明宫琐事

年终时，在乾清宫守岁，从十二月二十四日起，到第二年正月十七日止。每日白天放炮仗，遇上大风则暂止一日半日。宫眷内臣们都穿葫芦景补子及蟒衣，元宵这天则穿灯景补子和蟒衣。二月初二这天，各宫撒出所制作的彩妆。

三月初四这天，都换穿罗衣。清明这天则称"秋千节"，头发上插柳枝，坤宁宫其他各宫都安一座秋千。各宫的沟渠，也在此日都疏通了，而竹蔑排棚、大木桶、天沟水管等，此时也都油漆一新，铜缸也刷洗干净以便装水。凡是院子大的内宫，都用席箔搭起凉棚，可以用绳子随时收放，遮阳取荫。四月初四这天，宫眷内臣都换穿纱衣。五月初一到初五，宫眷内臣都穿上五毒艾虎补子蟒衣，门两旁安放着菖蒲艾盆，门上悬挂一吊屏，上面画着天师或者仙子仙女执剑降五毒的故事，如同过年时的门神一样，挂一个月方才撤去。七月七日这天，宫眷们都穿鹊桥补子，观赏秋海棠、玉簪花。八月十五，摆上月饼瓜藕，等月亮上来点过香后，便尽情地吃喝，天亮方才散去。九月初四，宫眷内臣换穿罗衣。重阳节穿菊花补子蟒衣。十月初一颁历，初四宫眷内臣换穿纻衣。十一月冬至节，宫眷内臣都穿阳生补子蟒衣，空中悬挂很多绵羊太子画，司礼监印刷《九九消寒诗图》，诗都是鼓词俚语一类，并非宫廷文人应制而作，也不是皇上所作，不知何原因而相传下来，都遵守原样，不敢有所改动。十二月初一，皇上赏给腊八果粥米，初八吃腊八粥；先此一日，泡枣汤，到了初八这天，加上粳米、白果、核桃仁、栗子、菱米来煮粥，煮成后，先给佛圣供上，窗户、园子中的树以及井盖之上，也都涂些粥，然后一起吃腊八粥。

### 田贵妃能事

田贵妃双脚缠得只有三寸长短，而袁贵妃的脚几乎是田贵妃的 2 倍，将近六寸长。皇上曾经在皇后面前嗤笑袁贵妃脚大，赞美田贵妃的三寸金莲，引得皇后非常不高兴。

田贵妃自幼练习钟、王楷书，后来又得到宫中的秘本临摹，因此书艺大长，达到了"能品"之境界。凡是书图卷轴之类，皇上常常让田贵妃题签。田贵妃还擅长画兰，又擅长踢球，还善于骑马，善于梳妆打扮，经常以新式样改变宫中的老样式。宴会时，她除去头上的首饰，另外作了副鬓藏在发间，越发显得动人。她的衣服，在纱縠上饰缀一些剪出的绣花图案，配以不同颜色，看上去如同一幅画。

苏州织造局进贡一些女乐，皇上非常迷恋这些女子，田贵妃上书劝谏："如今内外多事非，皇上却有心燕乐？"皇上在田贵妃的奏书上批道："许久不见你，没想到学问大有长进。但是，朝廷内外的这些麻烦事，前朝就有了，并不是从朕这里才开始出现的，你忧虑什么呢？"

### 周后熟《通鉴》

陈仁锡一次住在皇后家。这时周皇后还是个小孩子，她出来见陈仁锡，仁锡见她的容貌非常不一般，就对她父亲说："您的女儿会成为天下贵人的，让她接《通鉴》，好好地教她吧。"所以，周皇后由于从小就读《通鉴》，对该书最熟悉。周皇后的先祖是苏州人，迁居大兴，父亲周奎是个名医，妻子亡故，续弦丁氏，生下了周皇后。由于家境贫寒，周皇后很能操劳家务。她性格文静，品德端庄，言语很少，笑不露齿。天启年间，选信王邸妃把她献入宫中。明代惯例，宫中选婚，每选中一个，一定还以另外两个女子作为备选，一起送入宫中。如果被选上了，那么皇太后就用青纱帕把她的脸蒙上，又将金玉手镯戴上她的手臂；如果没被选中，那么便把写有她生辰八字的帖子塞入她的袖子中，并给她一些银钱，送她回去。当时，明神宗的刘昭妃代理施行皇太后的职权，而中宫的大事，都得向熹宗懿安后禀报。刘昭妃选中了周皇后，但懿安后认为她长得太弱小，想选排在她后面的那个，刘昭妃极力夸赞周后，说："她现在虽然弱小，今后就不会长大了吗?"于是,周皇后便被册封为王妃。皇上即位后,她被立为皇后。周皇后在家中时节俭惯了,掌管后宫之后,特别节约,削减了不必要的花费,也不为自己的亲属在皇上那里乞讨恩泽。即使逢年过节,大臣命妇们入朝参贺,她所给的赏赐完全按照礼节规定,从不滥加施予。宣懿康昭刘妃,是神宗的妃子。万历六年,立中宫之时,刘妃被册封为昭妃。她在所有的嫔妃中最贤惠,年龄也最大。崇祯皇帝登基后,让刘昭妃住在慈宁宫中,掌管太后印,称为"太妃"。周皇后被选中,是刘昭妃极力促成的。

## 亲迎刘美人

明武宗的刘美人,也称刘夫人,是太原平民刘良的女儿,晋王府乐户杨腾管下的妓女。正德十二年,武宗临幸大同,驻扎在偏头关,在太原遍索女乐。刘美人同众妓女一起被送到武宗的行宫,武宗离得老远就发现了刘美人,特别欣赏她的美貌。等到听了刘美人的歌唱之后,武宗就更加喜欢她了。从榆林返回时,武宗又把刘美人召来,带着她返回京城,从此特别地宠爱她。武宗原先宠幸的那些江浙美人,虽然个个都十分尊贵高傲,但在刘美人面前却不得不俯首贴耳,把她当母亲一样看待,称她"刘郎娘"。武宗将要南征,先把刘美人偷偷送到潞河,说好圣驾先发,另派一只船来迎接她。刘美人从头上取下一支簪子赠给武宗,让他作为信物,说:"我见到簪子,然后才来赴约。"武宗把簪子藏在衣服中,但在过卢沟时,骑马把簪子丢了,许多人寻找了几天也找不到,只好继续前进。到了青州,武宗派中使去迎接刘美人前来,刘美人却拒绝说:"没见到簪子,没有信物,我不敢赴约。"没办法,武宗只好独自乘船昼夜兼行,来到张家湾亲自迎接刘美人,一起乘船去南方。

## 宫中羽衣

懿安后剪五色丝绢,叠成观音形状,宫中称此为"堆纱佛"。又用白绫同黄桑色绫相杂,裁制成如鹤氅式的衣服,给绢观音穿上,宫中称此为"霓裳羽衣"。又在别殿中供佛像,准备在殿前立幡竿,吩咐有关部门估算一下工价,估算的结果是需花费 1500 两银子。

## 截宫人发

万历元年,神宗不喜欢读书,慈圣皇太后把他召来,罚他跪在地上,许久不让起来。皇太后每次来到神宗读书的地方,都让他自己讲一遍,以便检查他是否记住了。每到上朝的日子,五更之时,皇太后便来到神宗的寝所,喊道:"皇上快起来。"命令侍从扶神宗坐起来。打来水给他洗脸,然后拖着他上车出发。八月十一日,神宗在西苑宴乐,两个宫女在旁侍奉。神宗喝醉了,看着两个宫女,让她们唱新歌,她们推辞说不会唱。神宗非常生气,退席取来宝剑,要刺杀两个宫女,左右劝止住了他,但他仍不罢休,最后用剑割下她们的头发才算完事。第二日,慈圣太后知道了这一情况,非常生气,她换上青布袍,去掉簪子耳环,传话给内阁大学士张居正,让他写奏章,对神宗的过失加以严厉的劝谏,并且还让他替神宗起草自责的御扎。慈圣皇太后又把神宗召来,让他跪在面前,斥责他的过错,直到说出:"难道我非用你做皇帝不成吗?"当时,宫中盛传皇太后命令冯保到内阁去取《霍光传》,将要废掉神宗,另立潞王为帝。神宗异常恐惧,跪在地上一个劲儿地哭,怎么也不肯起来,乞求皇太后不要废掉自己。

## 皇后坏股

英宗的皇后姓钱。正统十四年,英宗到北边巡狩,被瓦喇军俘房,钱皇后把中宫所有的钱财都拿出来,作为迎驾费。

每天夜里她都对天祈祷,求老天保佑英宗平安归来。祈祷完毕后,她便睡在地上,时间久了,睡坏了一条大腿,又由于经常哭泣,眼睛也坏了。

### 帝与后偷荤吃素

明太祖朱元璋与马皇后每月吃斋十天,他们嫌素菜没味,御厨便将生鹅退去毛,从后面把肠子等挖出,然后把蔬菜填进去,放在锅中煮,取出来后,再用酒洗净,最后用麻油烹煮成馔,让太祖和皇后吃,他们吃得很香。

### 李太后赐父泥水刀

武清伯李伟,是慈圣李太后的父亲。他原来是一个瓦匠,因女儿做了皇后,一下子富贵,所以欲望无穷,处处要奢侈,不停地向女儿索取,贪得无厌。一天,慈圣太后赐他一个箱子,外面加锁,他猜想里面装的一定是贵重宝物,打开一看,里面装的却是瓦匠所用的泥水刀。原来,慈圣太后的意思是让他稍微收敛一下。

### 花妆

袁贵妃挺会剪绢花。一入冬天,她就剪绢花做妆助之用。十一月,皇上传旨让人在外边寻找桂花,仅仅找到一枝。皇上把桂花拿在手上,把玩多时,然后让才人插在头上。京城那些卖花的人,每到花季,剪下含蕊花枝,用泥把剪的茬口封住,插在地窖盐卤中,历久花开,而且颜色不变,只是缺少香味。

### 猫儿房

宫中有饲养猫的地方,有三四人在此供职,专门饲养御前有名分的猫。凡是圣上喜欢的猫,都有名号,公猫称某小厮,骟了的猫称某老爹,母猫称某丫头。饲养猫的人也有官职,称某管事,或者直呼为“猫管事”。皇子皇孙们长在深宫之中,不知生育继嗣是头等大事,而往往专宠一人,未能为祖宗着想,多多生育。因此,宫中养猫养鸽,并给它们一些诸如螽

斯、百子、千婴等名字,无非借此感触生机,宣扬宗族观念。另外,凡是圣上喜欢骑的马,也各有佳名,逆贤曾经给先帝进献过许多马,其中就有叫“飞元光”的。

### 宫中大烟火

武宗即位之后,每年宫中都要张灯结彩,以此为乐,所需费用约几万两银子。库中贮存的黄蜡不足了,便命令管事部门补买。正德九年,宸濠献来新式样的四时灯数百盏,设计新颖,穷奇极巧。灯献来时,武宗又命令送灯的人进入宫中亲自把灯悬挂起来。这些灯样式不同,大多靠柱子或墙壁挂着,以便能显出新异来。武宗又在庭轩间靠着栏杆设了毡棚,在其中贮存火药,偶尔忘了叮嘱宫人小心,引着了,大火烧着了宫殿。武宗笑着说:“真是一棚大烟火呀。”武宗不关心朝政,每天带着小黄门玩角抵踏鞠的游戏,玩到哪儿吃住在哪儿,不回宫去。

### 高丽贡美女

明代永乐年间,贤妃权氏,顺妃任氏,昭仪李氏,婕妤吕氏,美人崔氏,都是高丽人。权氏尤其浓艳,并善吹玉箫,死后谥号“恭献”。其时还沿袭元代的制度,高丽每年都进贡美女。永乐庚寅年,诏令停止进贡,高丽美女就不再来了,这也是圣上不溺于声色的体现。

### 不为敌国婿

英宗被瓦剌俘获,扣押在北方期间,未尝低声下气过。也先用车把妹妹送来,想许配给英宗。翻译吴官童在英宗身边侍奉,他把也先的意思转告英宗,又说:“哪有万乘之君做敌国的女婿的事呢?史书将如何记载呢?但是,拒绝的话,就会引起他们的不快。”英宗说:“是这么回事。”于是便哄骗也先说:“你的妹妹朕想娶她,但不能就这样野合,需等朕回国以后,按照礼节来聘娶。”也先便作

罢。但是,乜先又选了几个女侍来陪伴英宗睡觉,英宗又拒绝了,说:"留着等待以后,让她们做你妹妹的陪嫁,我把她们全都封为嫔御。"乜先越发敬重英宗的品德了。

## 武宗荒淫

宫中设有尚寝一职,专管皇上晚上寝卧之事,而文书房内官则负责记录皇上幸宿所在,以及所幸宫嫔的年月日期,以待日后查证。武宗把这一套全部取消,于是遍游宫中,随处止宿。他还穿着从市上买来的衣服,头戴瓜皮帽,在宫中嬉戏。他又模仿外边的市场,在宫中开设了宝和、宝延等六个店铺,他自己扮作生意人,手持算盘、账簿,讨价还价,吵吵嚷嚷,相持不下。又专门设立了一名市正,来管理市场,调和买卖。有时,武宗被拥着来到宫中开设的一处酒家,这里吹拉弹唱,吵杂喧闹。宫女扮的酒妇当炉而坐,一些宫女出来牵住武宗的衣服,把他簇拥进去。里面唱戏、耍猴、骗马、斗鸡、逐犬等应有尽有,并且设妓院一座,让宫女扮成妓女,纷纷给武宗劝酒,武宗喝醉后便宿在其处。这样的游戏,武宗一玩就是好几日。有人告诉武宗,擅长阴道秘术的于永的女儿姿色不凡,武宗便召其前来,于永把自己的女儿藏起来,把邻居白回子的女儿充作自己的女儿送入宫中,武宗以为是真的,非常喜欢。于永害怕事情泄露,便假装风瘫了,再三乞求离去了。

## 大幸孕妇

江彬私下里告诉武宗,都督府马昂的姐姐美艳非凡,当时已经嫁给毕指挥,而且有了身孕。武宗命令中使去迎娶马昂的姐姐,迎到豹房,果然天生丽质,楚楚动人。马昂的姐姐不但美艳,而且善长骑马射箭,还懂胡乐,武宗非常喜欢,倍加宠爱。马氏一门,不论大小,都赐穿蟒衣,内廷中的大官都叫马昂舅舅。武宗还特意赐给马昂一座位于太平仓东边的宅第。从此,马家门户显赫,名震京城。谏官上书劝谏,但武宗根本不采纳。武宗经常带着几个人骑马去马昂家饮酒,一天喝到半醉时,召马昂的小妾前来,马昂妾推辞病了,不愿意,武宗大怒,站了起来,马昂害怕了,请求圣上息怒,而从此马昂便失宠了。

## 嘱妃求帝取名

田妃的父亲叫田宏遇,他恃宠骄横,仗势欺人,皇上知道了,责备田妃:"祖宗的家法,难道你不知道吗? 将要治到你了。"田妃害怕了,告诫她的亲属说:"你们在外面犯事,已经传遍了宫中,人所尽知。如果皇上再问及,我便自杀。"田宏遇一听,大为震惊,稍微有所收敛。一天,田宏遇生了一个儿子,便嘱田妃请求皇上给儿子起个名字,皇上不愿给起,田妃说她父亲好不容易才得了一个儿子,想借圣上的洪恩来保佑。皇上便拿来一本《易经》,让田妃顺手翻开,结果是《艮卦》上九,便取名敦艮。田宏遇非常高兴,把皇上给自己儿子起名的事告诉了孙承泽,孙承泽说:"这并不是好兆头。"田妃去世后孙承泽说:"艮,止的意思。'敦艮之吉,以厚终也。'这难道不是田妃亡故之兆吗?"

## 田妃珠履

周宜兴用特大的玉珠 30 颗,交给董心葵做上记号,当作牙来使用。士大人凡进贡千金者,董心葵便给他一颗玉珠,周宜兴便知道心葵贮了千金。三十颗珠子用完了,周宜兴又给董心葵玉珠。就这样周而复始,一个月之中,不知有多少次。周宜兴还特别会献媚,田贵妃穿的用宝珠缀成的鞋上,有"臣周延儒(周宜兴的字)恭进"的字样。

## 房中御女术

声、色、犬、马是皇帝们普遍、共同的

第
七
编
明
清
野
史

追求。具体到每一个皇帝，对于人生的快乐的享有，对君临天下、拥有万方的心理的满足，对寂寞深宫中孤独心灵的畅快和慰藉，首先便是沉鱼落雁的女色。皇帝享有天下，在后宫中就是享有除了太后以外的一切女人。对于皇帝来说，后宫美人充栋，成千上万，皇帝只嫌其少。皇帝恨不能将天下所有的美人都纳入后宫，供他享用，供他观赏，而不能让其他的凡夫俗子染指。

然而，独有天下美女的皇帝纵然心如百川大海，能容纳千万的女人，但皇帝的精力却不能如百川大海似的气势磅礴、源源不竭。尤其是在夜深人静的时候，皇帝无论怎样挣扎和奋斗，终是会败退下来，精力不济。皇帝深感自己力量有限，特别是随着年龄的增长，御幸美人时日益感到力不从心，皇帝便会感到生平所从来没有过的心虚和恐惧，忧烦和苦恼自此就会像毒蛇一样冰凉刺骨地盘绕着皇帝那颗脆弱的心。

皇帝的苦恼逃不脱大臣的眼睛。那些精于房中御女术和专攻此术的道家术士们尤其能体谅该皇帝的苦衷，明白皇帝的心理和需要。于是，几乎每朝每代，都有大臣和道家、术士向皇帝传授房中术，有许多的道家、术士还被养在深宫，面授密法，他们形象地将皇帝临御美女比喻为战场御敌，教授密法如何才能常胜不败，以一当十。他们的所谓御女战术极多，花样百出，还借助各种仙丹和药物。这样，房中术就深深地根植于中国的后宫。要想深入地研究中国帝王的后宫生活，这一领域便是一个深奥而广博的研究课题。

中国的道家、术士讲究养生，追慕仙人延年益寿以至长生不老术，仙人们的驾云乘风、羽化仙去、长生不死对道家术士们极有诱惑力。他们绞尽脑汁，烧炼仙丹，乞求能长寿、成仙。道家、术士们

发现，生命的亏损来自许多方面，但最主要的方面却是不得要领、妄耗心力和精血的频繁房事，这种亏损往往会招致疾病，甚至心虚气竭，枯萎而死亡。为了延年益寿，道家术士们便潜心研究御女房中术。

晋代人葛洪自号抱朴子。他是一位学识渊博的学者。他写了一部极有名的书，名为《抱朴子》，盛传后世。这部书对晋以后的中国文化和社会，尤其是文人学者的士林阶层影响极大。《抱朴子》分内外篇。内篇二十卷谈神仙方药、鬼怪变化、养生延年以及如何祛邪却祸。这是中国现存最完整、最系统的神仙家言，直接影响着后世道家的发展和历代御女房中术。《抱朴子》于是成了中国房中术的一部经典，为无数的道家术士所推重。

《抱朴子》在金丹、黄白、仙药等篇中，详细研究了用矿物炼丹药、炼金银和药物治病。书中还谈到了房中术的鼻祖和集大戒者彭祖。彭祖是圣帝颛顼的玄孙，名叫籛铿。彭祖认为，天地是由阴阳二气构成的，男女寻欢媾合，不能一味地纵欲，要明节制，要善于保养，要顺乎阴阳大法，所谓法象天地，调理阴阳，避伤天寿。彭祖据说因长于养生，竟活了800岁，经历了帝喾、尧、舜，并从夏代一直活到了殷商。殷王曾经封彭祖为大夫，派采女到他那里学习房中术，极为有效。殷王唯我独尊，只想独自享乐，不愿意将这一快乐至极的秘术传与他人，殷王决定杀死彭祖。彭祖发觉了这位独裁武夫的阴谋，就悄悄地逃走了。

彭祖是否真实可信暂不去管他，但他的关乎天地、阴阳、男女的说教却是代代相传，为后世研究房中术的道家术士们奉为至宝。彭祖说：男女相成，如同天地相生，这样可以神气导养，使人不失其和。天地得交接之道，所以天地无限。人失交接之道，便会伤残身体。能够避

开众伤,得阴阳秘术,就能延年益寿。

魏晋以后的房中术如火如荼,炼丹寻药的仙气四野缭绕,自成一系的房中法达十余家。他们或者补救伤损,或者炼丹治病,或者仙药延寿,或者采阴补阳,中心主旨就是一个:固精强体,还精入脑壮阳。道家术士们的房中术是重在养生,帝王需要的房中术则是重在御女。因此,如果讲求养生的道家术士到讲求享乐的帝王跟前宣讲少近女色、保养圣体,那简直是滑稽之谈,不可饶恕的,这类话只能出自那些正直不阿的大臣之口。道家术士们为皇帝所看重,厚养宫中,他们所讲的房中术是如何多御女色、采阴补阳、不伤圣躬的。

历朝历代向皇帝进献房中术的人不过是投皇帝所好,以便仕途通达,家族荣显。房中术虽然五花八门,但没有一家房中术至善至美,真的能够做到既能享乐人生,又采阴补阳,不伤圣躬。不过,中国经过长期摸索,研究和发展的御女房中术,确实在皇帝的淫乐和享受女色方面平添了不少威风,助了不少的火焰。中国历代的皇帝对此就爱不释手,乐此不疲自然可想而知。房中术甚至通过西域僧人还传入了统治北漠的元代后宫,当时称之为演揲八法。《宫词》对此有这样的描述:

秀色宫娥足疗饥,殿廷行乐少人知。
番僧运气多神术,秘戏新传演揲儿。

明清时期传入后宫的房中术更是如狂飙如烈焰,受益其中并享乐无穷的皇帝同时也深受其害,有的甚至狼狈猥琐,苦不堪言。但尽管如此,皇帝们还是沉醉其中,一代又一代继承秘法,发扬光大。房中术蔓延于紫禁城后宫。进献此术的大臣、术士们官运亨通,仕途通达,有时甚至平步青云,一夜而跃为百官之长,成为一人之下的王朝宰相。这是中国官场的一大盛事。

明代的皇帝大多性喜渔色,对于秀色可餐的美女绝不会轻易放过。明太祖勤于政务,钟情和心爱着曾经风雨与共、同甘共苦的皇后马氏,但他入主天下以后,却还是夜夜沉醉在美人堆中。高启的《宫女图》中有这样一首诗,对这位出色的皇帝享乐女色作了生动、别致的描述:

女奴扶醉踏苍苔,明月西园侍宴回;
小犬隔花空吠影,夜深宫禁有谁来?

宫禁夜深还有谁来? 只能是贪色游乐的太祖朱元璋。

朱元璋的后代们在享乐上也是一把好手,玩乐起来也毫不逊色。成祖朱棣玩够了汉地的美女,见到了朝鲜佳人,嘴都合不扰来! 他听了朝鲜佳人的玉箫仙韵,更是不能自制,恨不得将她揉得粉碎。英宗朱祁镇更是一位贪色游乐的高手,他最后游乐过度,终至在土木堡被俘,成为历来被他小觑的夷房的阶下囚。英宗沉溺声色,在后宫中常以银豆、金钱撒在殿中,让宫娥、美女们争抢,以为嬉乐。编修杨守陈为此赋了一首银豆谣,作了生动的描述,一如史诗。《宫词》也记述云:

万颗珠玑洒绮扉,宫娥宫监簇成围。
黄金铸豆犹难给,碎剪银壶作蝶飞

明孝宗朱佑樘是历史上有名的中兴皇帝,他的父亲明宪宗朱见深可是昏匮庸碌至极。这位昏匮的皇帝对房中术非常着迷,以至于朝廷佞臣当道,后宫术士横行。宪宗在位时,进献房中术得宠的著名人物,大臣有万安,术士有李孜省、继晓。万安入阁拜相,参决朝政机务。李孜省任通政使、礼部左侍郎兼掌司事。继晓破格授封通玄翊教广善国师。孝宗即位以后,在后宫中得一箧密疏,疏中所谈的都是御女房中术,每疏后面都写着臣安进。辅臣万安进献房中秘术大白于天下。于是有《宫词》云:宫中谁进房中术？纸尾臣名署万安。

明武宗更是一位放荡不羁、无所不为的皇帝。他所营造的豹房，是他享乐人生的一大淫窟。他在后宫尽兴以后，便出宫四处寻乐。他有时乔装打扮，有时前呼后拥，见高门大户，便径直闯入，占人妻室，逼淫幼女，甚至怀孕的美妇人也不放过。锦衣卫都督同知于永长于阴道秘术，武宗听说以后，将他召入豹房，交谈以后龙颜大悦。于永是色目人，进言说回族女白皙温润、璀璨美丽，远远胜过中土美人，而且善解风情。当时都督吕佐也是色目人，于永矫旨将吕佐家善长西域舞的美艳回女进献武宗，凡 12 人。歌舞通宵达旦，武宗淫乐尽兴，畅快无比。于永便被拜官为锦衣卫都指挥。这件后宫史事有诗为证：

锦衣秘术献君王，初进佳人加鹊装。

妙舞清歌看未足，一时供奉尽殊方。

明世宗朱厚熜在位时期，由于世宗喜好方术，进献房中术的大臣、术士越发增多，而且日益明目张胆。先有梁指甲、段瘸子。梁指甲因宠被封为通妙散人，段瘸子则由秘术而封为宣忠高士。后来，内侍从江西龙虎山引来了道士邵元节，说他能呼风唤雨，役使鬼神，在龙虎山是坐山神仙，便会房中秘术。邵元节见到世宗，大谈形神元气，侃得天花乱坠。世宗当然又醉倒在五里雾中。但有一点世宗很清楚，就是邵氏所说的他的师傅黄太初，说他不禁女色，照样长命百岁，原因何在？是在于他懂得老阴耗精的戒条，而只和童女相交，并有什么采阴补阳妙法。世宗便日日拜邵氏为师，一面在天箓宫中拜神祈福，一面搜罗了大批秀美的童贞女，向她们身上发泄淫欲。邵元节之后，又有陶仲文、朱隆禧，世宗对他们升官进爵，大肆封赏。

春药是宫禁房中术中的重要内容。汉宫有慎卹胶。唐宫盛行助情香。明代的后宫更是奇彩夺目。宪宗时期的首辅大臣万安在进呈房中术的密疏的同时，还进献媚药。万安的媚药是非常有效的，而且出自切身的体验。本来，万安不懂方术，也不知道什么是助春媚药，他的这方面知识是门生、御史倪进贤传授的。万安年纪大了，不能进行房事，心中十分愧疚，觉得在娇妻面前抬不起头来。倪进贤送给他一个秘方，万安照方一洗以后，竟如同壮年，十分灵验，房事也十分理想，畅快无比。此事传出以后，倪进贤便被时人讥讽，称为洗鸟御史。万安以身试法，欢畅无比以后马上想到了虚弱的皇帝，于是忠心进献。

世宗时进献媚药的有名人物是方士陶仲文、进士出身的大臣顾可学、盛端明等。陶仲文是邵元节年迈体弱、法术不灵以后脱颖而出的。陶仲文是黄冈人，长于画符驱鬼，精通秘术媚药，他由邵元节引荐，取邵氏而代之，宠冠近侍，最得世宗的信服和赏识。他先后被封为神霄保国宣教高士、神霄保国弘烈宣教振法通真忠孝秉一真人，历官特进光禄大夫柱国少师少傅少保、礼部尚书、恭诚伯、领大学士俸禄，荫子为官，并赏银十万两。陶仲文可谓位极人臣，因秘术媚药而尊荣显贵无比。

陶仲文确实身怀绝技，他的御女本领让世宗叹为观止。每次见面时，世宗都与他平起平坐，同坐绣墩。每次离开时，世宗总要送到门庭，握手相别。陶仲文的功夫也令学富五车的大臣心悦诚服，以至有许多的大臣竞相拜访、邀请，求他传授房中秘法。功勋卓著的赫武夫兵部尚书谭纶的兴致最高，从陶仲文处讨到媚药以后大见成效，欣喜若狂。谭纶兴奋之余，将此法授给同僚好友即驰名历史的改革家张居正，张居正便沉迷此道，享乐了无数女子。张居正后来出任首辅，世宗朝皇帝和此一将一相都另于此道,这在中国历史上也是空前绝后。谭纶行陶氏房中术达 20 年之久,快乐滋润无比,始终面目红润,精力健旺。但有一天御妓女时此法失败,从此一病不起。谭纶临死以前,想到了好友张居正,嘱咐他行此术要慎重。张居正吊丧时大哭不已,但此后照样行乐,后来日渐枯竭,最后折了寿数,撒手西去。

陶仲文的媚药是用红铅和童女初潮的经血烧炼而成的,名为天丹铅。炼法是取童女的初次月经盛在金银器内,添上乌梅水,煮干再添,连续七次,使其浓缩,然后加入乳粉、辰砂、南蛮松脂、尿粉,一起搅拌均匀,再用温水提炼,炼成固体。这便是天丹铅。世宗用过陶仲文媚药,大为受用。于是,世宗在嘉靖三十一年,命选京师童女 8—14 岁者 300 人入宫。三年后又选 10 岁以下 160 名童女入宫,供他炼药和泄欲之用。与陶氏媚药并行的还有顾可学等术士、大臣的媚药。顾氏媚药是用秋石取童男小遗去头尾,炼之如同鲜盐,服后也很灵验,但陶氏媚药最得世宗的倚重。

世宗每次吃过天丹铅以后,反应异常强烈。这种媚药实际上是一种热剂、强壮剂、兴奋剂。吃药以后的世宗不论白天夜间,立即进入兴奋状态,昂扬亢奋不已,可以长时间随心所欲地临御许多女人,有的甚至被弄死。沉迷此道的世宗从此深居简出,专意于享乐女色,以至二十几年不理朝政。明代宫中规定,凡是皇帝御幸过的女人,宫中要登记造册,第二天自己要报名谢恩,然后由皇帝封赏名号。但世宗临幸的实在太多了,一天有时多达数十人。宫禁御幸的宫规大乱,谢恩、封赏也就顾不上了。

明穆宗盛年即位,正是生命旺盛的年龄。然而,穆宗沉迷媚药,也服这些媚药助兴。穆宗本来体质极好,根本用不着这些春药。服药以后,结果亢奋不能自制,阳具

昼夜勃起,只能临幸美女宣泄,无法视朝理事。明神宗要明智一些,拒绝使用春药,臣下不敢妄进。明末代皇帝崇祯以重振宗社为己任,闻见后宫诱人惑人的异香,立即下旨禁绝。在江山和美人方面崇祯觉得江山要重要一些。

## 深宫疑案

明神宗万历年间,由于郑贵妃的存在,宫中一直没有平静过,大案迭起,异常热闹。继争国本和《忧危竑议》案之后,又相继发生了廷击案、红丸案、移宫案。廷击案发生在万历四十三年。这一年五月,蓟州男子张差持梃闯入太子朱常洛居住的慈庆宫,打伤守门太监李鑑,直到前殿檐下,被内官韩本用执获,交付东华门守卫指挥朱雄。严刑拷问之下,供出是郑贵妃宫监庞保、刘成指使。神宗不愿追究,先杀张差弃市,后杀庞保、刘成于禁中。红丸案发生在万历四十八年。这年七月神宗去世,太子朱常洛即位,为明光宗。不久,光宗染病,得痢疾。郑贵妃内侍崔文升进大黄药,服后病情加剧,一昼夜泻三四十次。鸿胪寺官李可灼进红丸两颗,名称仙丹,结果,光宗服仙丹即死去,在位仅 29 天。移宫案事涉李选侍。这便是驰名历史的明宫三案。

东、西李选侍是光宗时的两位选侍,都姓李。当时,宫中称为东李、西李。东李为人仁慈,寡于言笑,地位在西李之上,但宠幸不及西李。崇祯皇帝朱由检是光宗的第五个儿子,其母刘氏早死,少年的他先由西李抚养,后来西李怀孕生女,便由东李扶养。天启元年,光宗长子朱由校即位,为明熹宗,东李进封庄妃。天启时魏忠贤、客氏专权用事,嫉恨东李刚直持正,裁损许多宫中礼节,东李愤愤不已,忧郁而死。

两位李选侍中,东李以仁、直见长,西李则敢作敢为,以大胆果敢著称,因而

也更有名。移宫案就是因西李而起的。此案紧连红丸案,宫禁为之震动,后宫阴云四布。

光宗即位时已经三十九岁,很宠爱美貌的西李。西李曾抚育过光宗的长子和五子,即后来的熹宗与崇祯帝。光宗泰昌元年八月即位,旋即染病,卧床不起。光宗传谕礼部:选侍李氏(西李)侍奉勤劳,皇长子生母去世后,奉先帝旨意,委托抚育,视如亲子,功劳很大,其封为皇贵妃。

钦天监奉旨,选择九月初六行册立皇贵妃礼。西李不满足于贵妃,对光宗说,请进封皇后,光宗没有答复。光宗病势可危,主事孙朝肃、徐世仪、御史郑宗周上书辅臣方从哲,请求立即册立皇太子,并将太子移居慈庆宫。光宗召阁部九卿重臣,宣到病榻前,对他们说:选侍数产不育,止存一女。说罢,传旨让皇长子朱由校出见。接着,光宗又说:皇五子亦无母,亦是选侍抚育。又令皇五子出来拜见。光宗当着宰辅的面如此这般,意思很明显,是让皇子和大臣知道,西李如同皇子之母,视如皇后。

不久,光宗又召大臣到乾清宫,晓谕大臣要速封选侍。西李前已有旨,封仅次于皇后的皇贵妃,这次速封,是重申前旨,并不是进封皇后。礼部侍郎孙如游试探进奏,说还是宜在钦天监选定的九月初六。光宗默许。

第二天,光宗再次召大臣到乾清宫,依旧晓谕封西李为皇贵妃。光宗话音刚落,西李便披帏而立,大呼皇长子朱由校。皇长子朱由校在西李的咄咄呼声中奔入乾清宫。西李旋奔出。皇长子跪在光宗的病榻前,乞求说,请封西李为皇后。光宗默然不语。几天后,光宗去世。西李仍住在皇帝、皇后寝宫的乾清宫。西李想借年仅十五岁的光宗长子朱由检掌握朝政,坐镇乾清宫,进而统取后宫。

但大臣们不答应。

给事中杨涟对大臣周嘉漠、李汝华进言说:宗社事大,当务之急是见到嗣王,随拥出宫,移住慈庆宫。两人深有同感,走告辅臣方从哲。杨涟率先奔进后宫,太监们执棍拦阻。杨涟怒斥说:皇帝召我等到这里,如今皇上晏驾了,嗣主幼小,你等阻门不容入内,想干什么?太监们不知所措,只得让开,诸臣这才进入。

痛哭一番以后,诸臣请求拜见皇长子。西李将皇长子留在暖阁,不能出。青宫旧侍王安哄骗选侍,抱持而出,众人连忙叩头,山呼万岁。皇长子呆在那里,不知道是怎么回事,嘴里却只是说:不敢当!不敢当!群臣奏请进诣文华殿,王安拥长子而行,阁臣大学士刘一燝掖左,勋臣张维贤掖右,涌入文华殿。内侍李进忠三次奔来,传西李的命令,召皇长子回宫,并喝斥诸臣说:你们要挟天子去哪里?杨涟怒叱李进忠,拥着皇长子登舆。

到了文华殿,皇长子西向坐定,群臣行大礼拜见,并请长子即日登基。皇长子不同意,吩咐初六日即位。接着,大臣们拥皇长子入慈庆宫。大学士刘一燝进奏说:如今乾清宫未净,殿下暂且居此。吏部尚书周嘉漠也说:今日殿下的身体,是社稷神人托重的身体,不可轻易走动,去乾清宫哭临,也须臣等到了才去。皇长子点头同意。

杨涟这时对随行的太监们说,外事缓急有诸位大臣,调护圣躬却在诸内臣,责任重大,当好自为之。王安踊跃称诺,答应一定尽职尽责。众人这才退去。大臣们合议,还是得即日正位,让内官进奏,皇长子不允。众人便一身朝服,一片花花绿绿的在殿中坐等。少卿徐养量、御史左光斗唾骂杨涟不该阻止今日即位,情绪汹汹。杨涟心中恐惧,吩咐锦衣帅骆思恭要严缉骑内外门禁。

吏部尚书周嘉漠联合众臣合疏进

奏,请求西李移出乾清宫,迁往别宫。御史左光斗更是一针见血:内廷有乾清宫,就像外廷有皇极殿。只有皇上御天而居,也只有皇后配天得共居,其余嫔妃虽然以次进御,遇有大故时,即当移置别殿,不但是避嫌,也是以别尊卑。如今大行皇帝殡天,选侍既非嫡母,又非生母,俨然居住正宫,而殿下却住在慈庆宫,不大合适,接着,左光斗明白指出,说殿下今已十六岁,内有忠直老成的内官辅佐,外有公子孤卿贰,哪里乞人,还须乳哺而襁负照顾?因此,伏请即早决断,如果借抚养之名而行专制之实,那武则天之祸就不会太远了!

皇长子觉得有理,发布上谕,说移宫已有圣旨,册封贵妃一事,既云尊卑难称,著礼部再议。给事中暴谦贞却大唱反调说:大宝将登,上有百灵呵护,下有群工拥戴,何用此妇人女子!且闻选侍并非忠诚爱国,万一封典得行,专权用事,恐怕难以抑制。好在宫中忙乱,没人理会,这一番话因而没有引出风波,人们只是关注着乾清宫。

西李接纳心腹李进忠的密谋,邀皇长子和她同宫。王安忿然宣言,并奉旨逮杨涟、左光斗。杨涟在宫门遇见李进忠,询问选侍何日离宫?李进忠摇手说:李娘娘大怒,如今母子一宫,正在追究左御史武氏之说!杨涟怒叱说:你错了!得幸遇见我。皇长子今日不同了,选侍移宫,异日封号还在,而且皇长子长大了,你等不怕吗?李进忠默然无语。

科道官员惠世扬、张泼从东宫门出来,大惊失色,说今日选侍垂帘,下旨逮捕左光斗。杨涟立即驳斥说,没有这事!宫禁一时人心惶惶,谁也弄不清是如何变局,皇上是亲近选侍对付朝臣,还是倾向于朝臣疏远选侍?一个个狐疑满腹。

过了几天,选侍还是住在乾清宫,逍遥自在,根本没有移宫之意。杨涟便直言上奏,说先帝过世,人心惶危,都说选侍假借保护之名,阴图专权之实,伏请殿下暂居慈庆宫,拨别宫先迁出选侍,然后奉驾还宫;祖宗宗社最重,宫帏恩宠为轻;如今登极已在明日,哪有天子偏处东宫之礼!这移宫一事,臣等进言在今日,殿下也当实行在今日。杨涟是上奏疏后,拜见方从哲。方从哲起认为不要操之太急,到初九、十二也为时不晚。杨涟坚持说,天子没有重返东宫之理,选侍今天不移宫,他日也未必移宫,这事不可迟缓。内侍从旁说:难道不念及先帝当年的旧宠?杨涟大怒,说国家事大,岂容姑息,你悲也敢这般放肆!叱声嗡嗡,回荡在宫禁殿阁。

皇长子派人扶出杨涟,吩咐司礼监审查盗藏诸侍,收捕李进忠、刘逊。遣西李出乾清宫移住仁寿殿。西李移宫已成,大臣们又于心不忍,反过来替西李说话。御史贾继春进奏说,天地的大德叫生,圣人的至德称孝,先帝命诸臣辅皇上为尧舜,尧舜之道,孝悌而已,可是,父有爱妾,为子当终身敬养,尊仰不忘;先帝和郑贵妃恩爱三十余年,天下纵然侧目,但笃念皇祖,一切涣然冰释;殿下何不取法先皇,多作谅解?纵云选侍原非淑德,夙有旧恨,这也是妇人女子素有的常态;先帝弥留之际,曾亲向诸臣谈及选侍,称选侍产有幼女,顾念情重,唏嘘落泪,草木都会为之感动,何况我辈臣子?伏请殿下委曲调护,使李选侍得终天年,幼女不至有什么意外。左光斗也温情脉脉,说选侍移宫以后,当存大体,捐其小过,不能株连蔓引,使宫闱不安。

熹宗传谕内阁,讲明个中原委。原来,熹宗小时,西李盛气凌人,气死了他的母亲当时身为侍女的王氏,然后由她抚养。这事令熹宗抱恨终天,因而要追究清楚。先皇病重时,选侍又威挟熹宗,一定要传封皇后,熹宗心里很不愿意。

后暂住慈庆宫。选侍随即差李进忠、刘逊，命将每天的文书章奏，先送选侍，然后选送御览。因此，熹宗质问说，祖宗一直家法甚严，可从来没听说有这等规矩？如今奉养选侍人哕鸾宫，正是仰尊皇孝遗爱，没有什么不可。至于李进忠、刘逊，是盗库首犯，事干宪典，并非出于株连。

原来真相如此，大臣们松了一口气。辅臣方从哲读了上谕，大惊失色，这才明白是这么回事。但方从哲觉得将这些宫闱内幕公之于众，似乎不妥。于是方从哲密揭封进，说：皇上既然仰体先帝遗爱，不应暴其过恶，传于外廷。熹宗不理会这些，照旧中谕颁示中外。此事传扬出去，南京御史王允臣马上指责方从哲，说陛下移宫以后发一道上谕，不过像常人一样表明心迹，你宰相却大胆封还，是何用意？司马昭之心，路人皆知！方从哲不过是想隐密宫闱，没想到受到这等呵斥，身为阁老的他真是哭笑不得。熹宗刚即位时，委任倚重司礼太监王安。后来，魏忠贤当政，西李再见天日。天启四年，西李封康妃。宫禁真是疑案重重。

# 帝王野史

## 明太祖

### 童年困苦　少年为僧

1328 年九月十八日，元文宗天历元年，朱元璋出生于安徽钟离太平乡孤庄村安徽凤阳的一个贫苦农家，父母起名为重八。重八祖籍江苏句容，祖父辈逃生到盱眙垦荒，便安家在那里。父亲一生为佃农，由于地主时常加租，难以支持，东迁西移，不断变换东家。到 60 岁，才在孤庄村定居。重八为家中四子，上有三个哥哥、两个姐姐。

重八幼时体质瘦弱，父母担心养活不了，便给他在附近的庙里舍了身，企望佛祖保佑重八健康成人。这也许就是他后来投身寺院的一个姻缘吧。

当时的佃农，很多为地主垦荒，荒田的租金稍微低一些。而一旦生田变为熟田，地主就提租，否则就赶人。朱家在孤庄村已经住了有些年头，租金一涨再涨，加上儿女多，生计很难维持。重八七岁时，便得帮衬家里，去给地主放牛。

放牛的日子里，重八结交了一些童年玩伴，像汤和、徐达、周德兴，后来都成了他忠实的左右手。重八个性突出，心思多，花样多，又有胆气，敢担当，在玩伴中很有威信。王文录《龙兴慈记》中记载了一个故事，显示了重八从小不同寻常小儿的峥嵘头角。

一天，重八和伙伴们在山上放牛。大伙儿疯玩了一气，不觉都饿了。看看太阳落山还早着呢，谁也不敢这会儿就回村，要不会挨地主的鞭子。大家越饿越想着吃的，七嘴八舌，有人说：不知道肉是什么滋味，富人家成天都吃。更是惹得众人肚空心慌。重八突然提高嗓门，大声说："放着现成的肉，不吃白不吃。"动手去牵过来了一头小牛。几个小伙伴先是一愣，但看到有人做主，又实在馋得难受，便一起上前将牛捆了，宰牛、剥皮、烤肉，不一会儿就都狼吞虎咽起来。吃完了，天也昏黑了，该回家了，大家都发愁，怎么跟地主交代？还是重八出了主意，将小牛皮骨埋了，把牛尾巴插在一个地缝里，回去告诉地主，小牛陷到地里去，只剩尾巴露在地面，怎么拔也拔不出来。这样荒唐天真的故事，自然地主不会相信。重八挨了一顿暴打，被赶回家。而他也因此在伙伴中成了当然的头领。

朱元璋的少年时期，全国各地相继爆发百姓聚众起义。1337年，元璋10岁，广东朱光潜起义，称大金国，很快失败。棒胡于河南汝宁信阳起义，宣扬弥勒佛王降生，也被镇压。另外有合州大足县韩法师，惠州归善聂秀卿、谭景山等起义。十一岁时，袁州彭莹玉、周子旺起义，周子旺称周王，后被捕遇害。彭莹玉逃到淮西，后与徐寿辉再度起事。漳州南胜李志甫起义。这些起义很多借助宗教进行反元宣传，当时，明教、弥勒佛教、白莲教都在民间广为流行，很有影响。

明教起源于西亚，唐时流传到中土。它的主要教义是"二宗三际"，二宗指相信世界的本源是光明和黑暗两种力量。光明也是善，是理；黑暗是恶，是欲。这两种力量的斗争构成了世界的变动。斗争分为三个过程，即三际。初际，天地未辟，只有光明与黑暗两种力量存在，处于抗衡状态；中际，黑暗压倒光明，世间混乱不平，这时便有明王出世，驱除黑暗，明王即明尊、明使；后际，光明与黑暗各归其位，黑暗处隐，光明昭显，世间恢复和平安定。弥勒佛教认为弥勒佛为释迦牟尼的继承者，释迦仙逝后，世界被恶势力侵占，人心也不再纯良，只有等待弥勒佛的降生，才能挽救世界，重创一个美好合理的世界。白莲教主要是劝人向善，死后可升入西方净土白莲池，永享幸福。这三种宗教在漫长的年代里流传民间，互相融合，它们给广大贫苦农民以希望。传教中提倡互助，教中子弟，一人有事，大家相帮，深得民心。明教有经文道："焚我残躯，熊熊圣火。生亦何欢，死亦何苦？为善除恶，惟光明故。喜乐悲愁，皆归尘土。怜我世人，忧患实多！"怜我世人，忧患实多！这样的宗教，鼓舞了人们反抗恶势力，反抗不平的勇气，成为广大贫苦百姓参加起义的主要精神动力。

1344年（元顺帝至正四年），朱元璋17岁了。春天起，淮河流域天灾肆虐。旱灾、蝗灾后紧接着是瘟疫。起先是一家一户，后来是一村一村地死人，活人离乡逃命，整个淮河平原一片荒凉萧条。

瘟疫也侵袭了朱元璋的家乡太平乡孤庄村。在这场横祸中，父母哥嫂相继亡故，家里只剩下元璋和他的二哥。骤然面对亲人的死，元璋第一次感到生的艰辛和不易。当时，家徒四壁，别说钱，连一样值钱的东西都没有了，为亲人买棺下葬的地方都没有。还是邻居刘继祖好心，舍了一块地给他们，破衣旧席草裹了亲人尸身葬了。在后来朱元璋自制的《皇陵碑》里，他追忆："殡无棺椁，被体恶裳，浮掩三尺，奠何殽浆。"穷苦到连人伦之孝都不能尽分，算是让人内心惨痛之至的事了。

天灾使本来艰难为生的农民更加难以维持生计，元统治者手忙脚乱应付各地风潮，丝毫不顾及民生，而且变本加厉地加强对汉人、南人的压制。他们严禁汉人执有军械，一切马匹归公。元人任意殴打汉人，汉人不得还击。甚至有大臣主张杀绝汉人张王刘李赵五大姓，这无异于火上加油，整个中国如一堆巨大的干草，已零星冒烟，只等待一把大火，熊熊燃起，烧毁整个统治集团。

元璋父母俱丧，顿失依靠，亲戚不多，也大都景况不好，要不就是久无联系，无法投靠。生计维艰，晃荡半年，只得投身寺庙，到邻近皇觉寺去当了和尚。在《皇陵碑》中，他写这段经历："众各为计，云水飘扬，我何所为，百无所长。依亲自辱，仰天茫茫。既非可倚，侣影相将。突朝烟而急进，暮投古寺以趋跄，仰穷崖崔嵬而倚壁，听猿啼夜月而凄凉。魂悠悠而觅父母无有，志落魄而央佯。"

元璋在寺内的生活也很辛苦。他剃了头，但没有受戒，是作为小行童被收留的。元朝僧人多有妻室，朱元璋在寺里要做很多杂活，还要伺候长老高彬的家小，从早忙到晚，只是饱了肚子。很多年长师兄也欺负他小，东指西派，时常给脸色，孤身一人，亲友不在，元璋在寺里很不畅快。

有一次，元璋打扫伽蓝殿，不小心叫伽蓝像的石座绊了，又累又气，索性拿起扫帚抽了伽蓝神一顿。

又一次，供在佛殿神案上的红蜡烛叫老鼠啃了，元璋挨了长老的责骂，气极了，心想：你这个伽蓝神连自己屋里的东西都看不好，有什么用？害得我受气。拿笔在神像背后批上："发去三千里"，竟然把神发配充军去了，元璋少时个性之强，可见一斑。

僧侣在中国是个特殊阶层。寺院靠朝廷资助、信徒捐赠维持，另外寺院又有自己的田产，把土地租给佃农，坐享地租。元璋投身为僧的这一年，整个淮河流域灾情严重，田里颗粒无收，皇觉寺也维持不下去了。寺里先后打发众僧出门云游，元璋也最后一个被打发出去行脚为生了。五十天的行童生涯就此结束。元璋第一次走出了自己的故乡，走到广阔世界里。

### 行脚江湖　投奔义军

1344 年，朱元璋离开皇觉寺，开始了三年多的云游生涯。他一路向南，先到合肥，再折向西，到了河南的固始、信阳，又北上汝州、陈州，转向东，经鹿邑回到安徽，到了亳州和颍州。一路上风餐露宿，有人家处便沿门托钵，讨些粮钱，身心都受到了磨炼。真是"天将降大任于斯人也，必先苦其心志，劳其筋骨，饿其体肤，空乏其身，行拂乱其所为，所以动心忍性，增益其所不能"。朱元璋已不再是一个世事不更的莽撞少年了。

在游历中，他了解了世态人情，熟悉了风土人情。他游迹的主要区域在淮西，这是他未来军事生涯起步的地方，对他以后的行军作战大有益处。他看到了贫民流离失所，广大农民艰难困苦，而元朝政府和各级统治者却无情地压迫百姓。他也接触了明教、弥勒佛教在民间传播的情况，感受了大众郁积的不满和愤怒。他开始思考：在动荡的社会中，他将怎样被影响，将成为什么样的角色？他自己和整个社会的前景在哪里？"西风鹤唳，俄淋沥以飞霜，身如蓬逐风而不止，心滚滚乎沸汤。"

1348 年底，元璋回到皇觉寺。他已决定不过"做一天和尚撞一天钟"的日子，他要在将要到来的时代大潮中谋求自己的未来。元璋开始有意识地培养训练自己。童年时，他曾在村里蒙学学过认字，现在他迫切地感到知书识礼才能见高识远，才能使头脑清醒。他想尽办法多读书、多识字；同时下功夫结交有见识、有作为的好汉，互相激发。蒙眬的雄心大志在他心里渐渐萌芽。

至正三年、四年（1343—1344）黄河决口，冲淹大片农田，元政府主要税收渠道之一的盐场也受到危胁，元首相脱脱决定召集民工，重修河堤，将黄河勒回故道。1351 年（至正十一年）四月，脱脱任命贾鲁为工部尚书兼河防使，召集汴梁大名民夫 15 万，庐州等地戍军 2 万，治黄工程开工。

当时河南各地遍布零星义军，明教教主韩山童认为时机已到，准备大举起义。便派人到外散布童谣："石人一只眼，挑动黄河天下反。"暗里派人雕了独眼石像，投进黄河黄陵岗开挖处。同时密遣几百个教徒充当民夫，宣扬天下大乱，明王已经出世，就要拯救万民于水火了。一时间，消息传遍了河南、江淮一带，民间鼎沸。不久，独眼石人果然被挖了出来，群民震动，相信老天终于睁了眼，要反掉元朝天下了。韩山童又听从亲信刘福通意见,打出复宋旗号,争取汉人知识分子和官吏的参与。在河南广平府永年县白鹿庄,韩山童聚集三千人,祭天告地,称自己为宋徽宗八代孙,将要恢复汉人天下,为中国主。他们预定时日,准备各处一同起兵。然而不幸走漏消息,韩山童遭擒被杀。刘福通率领一部分突出重围,眼看事已败露,干脆提前起义,一路攻占了颍州、罗山、上蔡、正阳、霍山。黄陵岗的民夫得知消息,立即起事,并和刘福通会合在一起。这支头裹红巾的义军声势很快壮大,攻克了汝定、光、息等地,占领了米仓朱皋,开仓散米。附近穷苦百姓纷涌投奔,短时间内便发展到几十万人。

1355 年,刘福通立韩山童之子韩林儿为帝,号小明王,国号宋,建都亳州,建元龙凤。同一年内,相继又有几处大规模的红巾起义。芝麻李及彭大、赵均用攻陷徐州。彭莹玉、徐寿辉、邹普胜起于蕲,并以蕲为都城,立徐寿辉为帝,国号天完。湘汉流域,有布王三、孟海马和北琐红巾军。闽浙一带,早在 1334 年,便有方国珍于台州起义,第二年攻陷了温州。

当时,红巾军的檄文中指斥元人"贫极江南,富夸塞北"。在大江南北,流行着这样一首歌谣,唱道:天遣魔军杀不平,不平人杀不平人,不平人杀不平者,杀尽不平方太平。

红巾军士气高涨,所到之处,尽皆披靡,元军久不征战,军纪败坏,连战连败。一些地方官僚与大地主为保护自己,招募游民,组成"义兵""民兵",号称青衣军,顽强反抗红巾军。

1352 年二月,郭子兴、孙德崖的一支红巾军攻占了濠州,朱元璋的家乡也笼罩在红巾风潮中。红巾军的消息不时传来,元璋的故乡好友汤和、徐达等都投奔了义军。但是朱元璋还犹疑不决,他不是那种易被人左右,冲动鲁莽的人。濠州城外元将彻里不花远不敢与红巾军正面冲突,便派人四下到乡里抓人,充作叛匪,邀功领赏,农村里人人自危。一天,汤和从濠州城里送来了信,邀元璋参加红巾军。朱元璋没有很快下定决心,有人将此秘密告官。寺里是待不住了,偏偏这时,元军因庙里供有弥勒佛像,派人来烧了皇觉寺,后路已断,元璋只得投奔濠州城去了。后来,朱元璋在《皇陵碑》中回忆当时情景:住方三载,而有雄者跳梁。初起汝颍,次及凤阳南厢。未几陷城,深高城隍。拒守不去,号令彰彰。友人寄书,言及趋降。既忧且惧,无可筹详。旁有觉者,将欲声扬。当此之际,逼迫而无已,试与知音相商。乃告之曰:果束手以待罪,亦奋臂而相戕。知者为我画计,且默祷以阴阳。如其言往卜,去守之何详?神乃阴阴乎有警,其气郁郁乎洋洋。卜逃卜守则不吉,将就凶而不妨。

与其等着灾祸降临,还不如奋起反抗,死也死得更值。面对凶险,逃避和坐守都没有出路。从朱元璋投奔义军的这种踌躇心境来看,他不是个激情献身的理想主义者,而是个做事有计较的现实主义者。

1352 年闰三月初一,朱元璋投到了濠州红巾军旗下。起初,朱元璋被收为步卒。在军旅生活中,他很快显出了自己的才干,勇敢、有计谋、遇事冷静、沉着。出城哨探或打仗,他总是走在最前面,每次都能顺利安全地完成任务。他敢担当责任,处事公平,对弟兄们也很谦逊,从来有功不独占,不好出风头,很快赢得了大家的信任,也很受队长器重。不久积功升为新兵九夫长,被郭子兴调入元帅府听用。

在元帅府,朱元璋办事尽职尽责,效率很高;人缘好,又粗通文墨,有见识,有主意,成了郭子兴的亲信。郭子兴收养了一个老友的女儿马氏为义女，看朱元璋能干可靠，便许配给他。马氏贤良宽厚，后来成了朱元璋忠实的贤内助。

### 初掌军队　攻占集庆

濠州城当时的形势并不乐观，没有一个统一的首领，五个元帅各为政，分为两帮。以孙德崖为首的四人都是贫苦农民出身，而郭子兴原本是个大地主，两帮人谈不拢，互相倾轧。

1352年九月，元丞相脱脱领兵攻克徐州，芝麻李一支红巾军受到重创，芝麻李被俘牺牲。余部由彭大、赵均用率领投奔了濠州。彭大、赵均用进入濠州后，因势大控制了五元帅。他们二人也有矛盾，分别和郭、孙两帮亲近。一次，赵均用、孙德崖绑架了郭子兴，朱元璋请彭大救回，两帮人嫌隙越来越深，城内斗得乱七八糟。城外元军进逼，从这年冬天至第二年春天，元将贾鲁率兵围城七月，后贾鲁病死，濠州幸得解围。

朱元璋看濠州城里的情势，实在没有什么前途，便请求郭子兴派他出去募粮招兵。他先在怀远设法弄了些粮食，以济军队饥荒。又回故乡钟离招兵，童年时的伙伴和许多乡亲如徐达、周德兴、邵荣、郑遇春等都来投奔，一时募集了七百余人。郭子兴升他为镇抚，他从此有了一批可靠能干的淮西战将，以后这批人成了他军队的骨干、开国的功臣。

有了自己领导的一批人马，朱元璋决定小试锋芒。他了解到定远驴牌寨有一支三千人的民兵处境不好，便派人游说，又使计控制了主帅，将这支队伍收归已有。然后指挥这支队伍，夜袭横涧山元军营地，收降其中两万汉兵。自此，朱元璋有了自己的军队。

有了将领，有了军队，朱元璋有了创业的基础。他看到濠州城内义军散乱无纪，无所事事的败迹，深以为戒。他采取的第一个行动便是规定军纪，重新编制，

训练士卒，他要把军队建成有战斗力的生力军。要成大业，不能只依靠攻城略地的武将，朱元璋也开始留意吸纳文人儒士，帮他出谋划策。冯国用投靠朱元璋后，提出战略目标：攻取集庆，集庆历代为龙蟠虎踞之地，以此为根基，伐南取北，扩充实力。并建议朱元璋争取民心，不要贪图享乐。这些建议，朱元璋都接受了。李善长与朱元璋讨论时局，认为秦末也是天下大乱，汉高祖刘邦知人善用，胸襟远大，不乱杀人，五年就平定了天下；如果能学习这位同乡，迟早会平定天下的。朱元璋重用这些谋士，并尽力协调好文武关系。

朱元璋控制定远后，挥师南下，占领了滁州。这一仗中，战将花云骁勇无敌，后来的演义小说《大明英列传》中，花云被描述为传奇猛将"黑先锋"。朱元璋略取滁州后，濠州彭大已死，郭子兴斗不过赵均用一帮，率部来滁，朱元璋交出兵权。

1354年，元兵围攻六合。六合在滁州东面，是滁州的屏障，六合一失，滁州顿危。主帅郭子兴因与六合守将有嫌，不准备派兵救援，朱元璋以唇亡齿寒的道理苦劝，终于说服了郭子兴。郭子兴手下众将不敢与元军交锋，推诿不去，朱元璋率军赴援。六合这时已坚持不住，起义军正向滁州方向撤逃，元军随后尾追。朱元璋会合六合义军，在中途设伏，击败了元军。又考虑到元军卷土重来的可能性，送回所获马匹，引元军他去，滁州得保，六合解围。这一仗，显露了朱元璋出奇制胜，富有远见的军事才能。

仗虽然打胜了，人马也壮大了，但滁州缺粮，军心不稳，局限于滁州，迟早会闹出乱子的。朱元璋分兵去取和州，以解粮危。1355年，和州攻克，朱元璋升为总兵官，成为统领和州的主将。在和州，朱元璋发现进城官兵随意掳人妻女，弄

得很多家庭妻离子散。于是订了禁令：严禁官兵抢占妇女。和州百姓自此认为朱元璋的军队军纪严明，民心归附。

不久，孙德崖因濠州缺粮，也率部来了和州。郭孙两派纷争又起，郭子兴气病身亡滁州。这年，刘福通率领的红巾军在亳州拥立韩林儿为帝，号称小明王。打出了"虎贲三千，直抵幽燕之地；龙飞九五，重开大宋之天"的旗号。郭子兴死后，小明王封郭子兴之弟郭天叙为都元帅，张天佑为右副元帅，朱元璋为左副元帅。郭、张二人非统领之才，朱元璋成了这支红巾军的实际掌权者。

朱元璋手握实权后，对如何牢牢控制军权，支配将领谋士，有一套自己的思路。他严防文武勾结，不准将领自己选用谋士，所有文臣都由自己选派。他规定：所克城池，令将官守之，勿令儒者在左右议论古今。长袖独舞，杜绝其他将领独立成长的机会。对战将统兵，他也极不放心，派义子监督。另外规定将士家眷必须留驻后方，以为牵制。统治者的威权在此已露端倪。

和州的队伍不断壮大，攻退几次元军的围攻后，部队很快又缺粮了。隔江而望的太平，地冲要津，东北通集庆，南邻芜湖，周围是盛产大米的粮仓。从军需和战略两个角度考虑，都是该争取的地方。只是长江天堑难越，这一计划还只能是纸上谈兵。刚好朱元璋了解到彭莹玉手下有一支巢湖水军，便利用他们与邻近义军仇杀的机会，说服他们到了和州。

朱元璋有了水军，率师渡江，首战常遇春攻下采石，又效仿项羽破釜沉舟之计，将所有船只斩断缆绳，任其顺流而下，鼓励士卒不要满足暂时的饱食，直取太平。朱军势如破竹攻下了太平。朱元璋进入太平，便颁布禁约："不许房掠，违令按军法处置。"军纪整肃。

元军派兵水陆两路合围太平，朱元璋派徐达绕到敌军背后，前后夹击，败走元军，俘虏了陆路的指挥"义兵元帅"陈焚先，劝其归降。

七月，张天佑领军首攻集庆，陈焚先和红巾军貌合神离，暗中牵制，张天佑被元将福寿击退。九月，郭天叙、张天佑、陈焚先再攻集庆，陈焚先与元军事先勾结，出卖了郭、张二人，红巾军大败。陈焚先也在混乱中被忠于元朝的民兵错杀。

第二年（1356年）三月，朱元璋亲率大军进逼集庆。先破了集庆城外的陈兆先军，使其归降，为使降军安心，朱元璋选五百名降军为亲兵，表示信任。几天后，攻破集庆，元守将福寿战死，水军统领康茂才率部投降。

朱元璋占领集庆后，效法刘邦约法三章，召集地方父老官吏宣布："元朝政事不修，全国大乱。我是为民除害而来的。你们可以安下心来。贤人君子有愿意跟我建立功业的，我以礼相待。元朝旧政有不便于民的，我下令废除。当官的不许贪污、暴虐、害我百姓！"这份通告，安定了民心，也笼络了一些士人官吏。集庆是东南大城，朱元璋在这里开始施展政治手腕，建立行政制度。他废止元朝不合理的旧法，而保留其合理的法规，留用一些元朝旧吏，这些措施，很快吸引了杨宪、夏煜、孙炎等一批儒士。

集庆告捷，小明王先后升朱元璋为枢密院同金、江南等处行中书省同章，部将各得升赏。朱元璋改集庆路为应天府，并自建"天兴建康翼大元帅府"。

朱元璋进一步发展势力，首先要解决两个问题：一是巩固应天府这个根据地，廓清周围敌对势力。二是解决军队长久的供粮问题。第一个问题尤其迫在眉睫。集庆所处的形势是：东边有元将定定扼守镇江；东南有张士诚，占据平

第七编 明清野史

江、常州；东北青衣军张明鉴据有扬州；南面元将八思尔不花守徽州、宁国；西面徐寿辉占池州，几面受敌，只有北面有小明王旗下的红巾军是友军。

朱元璋同众人商议，第一步，要确保应天府安全。为此必须占据镇江、宁国两处要地。镇江直通应天，宁国可在背面造成威胁。朱元璋的战略非常合理。1356年，徐达攻下了镇江，其后，常州、长兴、宁国、江阴、常熟、池州、徽州、扬州各地先后被攻克，到1357年，应天府周围的战略要地全部为朱元璋控制。第二步，朱元璋分清强弱，逐步对付敌对势力。在东面，沿太湖构成防线，限制张士诚西进。西面对徐寿辉采取以守为主的策略。南面针对相对孤立的元军，在宁国、徽州屯驻大军，准备进征浙东。

第二个问题的解决，颇费踌躇。攻下集庆后，朱元璋麾下已有十多万大军，兵不可一日无粮，而几年来战乱不休，农村生产大幅度下降。朱元璋的军队也和其他各类军队一样，采取"寨粮"政策，任意向百姓搜刮索取给养，这不是长久之计。朱元璋借鉴曹操当年屯军经验，下令军屯。又任命康茂才为都水营田使，负责水利。一年内这两项措施见效，军队给养有了保证。至1360年，朱元璋明令禁止军队征收"寨粮"。

内外难题都已解决，朱元璋把注意力转移到了浙江，1358年底，朱元璋率军进入浙江，取徽州、建德路，12月攻下婺州，军旗悬挂"奉天都统中华"金牌。婺州不战而降，朱元璋设中书浙东行省，于行省门口悬挂"山河奄有中华地，日月重开大宋天"黄旗。朱元璋此时已有了明确的目标：统治中华大地，恢复汉人天下。

### 消灭陈张

西岳华山的下棋坪，传说为智者朱升与朱元璋对弈之地。朱升给朱元璋提

出了"高筑墙、广积粮、缓称王"的九字真言。这一建议，成为朱元璋长期的战略方针，是他积蓄力量，消平各地武装力量的根本依据。朱元璋在数年征战中，充分认识到读书人的重要作用，最早起用的李善长，出谋划策、协调文武，是他得力的左膀右臂。读书人熟知史地，高瞻远瞩，富有政治经验，又多在地方有威信、有影响，养一批士人，就等于增强了自己决策发展的能力。

江浙一带，自宋以来，是中国思想文化的中心，理学、儒学在这里传统极深。朱元璋进军浙东后，募请了一批名重天下的文人，如叶仪、宋濂、刘基等。这些人都是正统的理学经师，儒家弟子，有顽固的封建君臣思想，视起义军为叛贼。朱元璋在他们的影响下，俨然将自己视为奉天承命，重建新的封建王朝的救世明君。1358年，朱元璋召见徽州儒生唐仲实，问以汉唐宋元各代开国君主平定天下之道，朱元璋的雄心大志已是昭昭不隐。

朱元璋平定浙江元军后，应天外围仍是几面为敌，西有陈友谅，南为张士诚，都构成很大威胁，只有北面为小明王红巾军主力控制，隔断了元军的威胁，刘基到应天后，为朱元璋分析形势，认为陈友谅控制长江上游，占尽地利，兵力雄厚，拥有庞大水军，野心勃勃，时时窥伺应天；而张士诚则踞守南部，胸无大志，为人宽厚无法，将士多有养尊处优之辈，不足为虑。应集中力量先取陈、后定张。然后北图中原。取陈之计，在于创造战机，诱敌而后歼。

陈友谅，沔阳人，世代打渔为生。曾做过县中小吏，和上司不和，投奔了红巾军，积功升为元帅。彭莹玉战死杭州，徐寿辉迁都汉阳，天完王朝为丞相倪文俊控制。徐、倪不和，倪文俊领兵脱离徐寿辉，逃到黄州陈友谅的地盘。陈友谅使

计杀了倪文俊,夺了他的军队,又挟持了徐寿辉。1360年五月,陈友谅攻占太平,朱元璋守将花荣战死。不久,陈友谅弑杀徐寿辉,在采石称帝,国号汉,控制赣、湖广各地。

陈友谅称帝后,即联络张士诚,两线夹击,攻取应天。汉军声势浩大,水陆并进。朱元璋采取了掌握敌机,诱敌深入的策略,使和陈友谅为老相识的康茂才诈降,提供情报,约定内外夹击。陈友谅信以为真,分兵三路,进取江东桥。朱元璋一面在江东桥设置重兵埋伏,一面派胡大海绕道取广信,断其后路。陈友谅主力来袭后,朱元璋伏兵尽出,陈友谅被杀了个措手不及,主力尽歼。水军也因潮落水浅,退逃不得,尽都降了。朱元璋趁势鼓勇而进,一路取了安庆、信州、袁州,收复太平。张士诚见陈友谅兵败,收兵不发。这一次大战,削弱了陈友谅的实力,增强了朱军的士气,朱元璋和陈友谅实力相抗衡,可以一决雌雄了。

1361年正月,小明王封朱元璋为吴国公。

朱元璋击败陈友谅后,小明王朝内部出现纷争,大将毛贵与赵均用因立场不同,互相仇杀。元将察罕帖木儿趁机收复关陇,进占山东。张士诚一军趋势袭击小明王军,小明王都城安丰岌岌可危。安丰一失,应天势必暴露于元军主力之下。朱元璋决定率兵赴援。此时张士诚部将吕珍已包围安丰,刘福通战死,朱元璋及时赶到,击退吕珍。小明王被迎到滁州,置于自己控制之下。

朱元璋率军赴援安丰时,陈友谅乘虚出兵。提兵六十万,巨舰百艘,空国而来。先占了吉安、临江、无为州,又层层围困洪都。洪都守将为朱元璋的侄子朱文正,朱文正坚守洪都八十五天,直到朱元璋回师来救,汉军才撤围洪都。

陈友谅引兵退据鄱阳湖,欲与朱元璋决一死战。汉兵联舟江上,遮断长江十几里,拥有六十万之众;朱元璋水军多为小船,人马二十万,军力上逊于陈。然而天时不如地利,地利不如人和,朱军千里来援,士气高涨,陈军在洪都战役中没有进展,拖困过久,士气萎靡;朱元璋善于用人,将士一心,陈友谅燥怒多疑,内部多有猜惧。另外小船虽不如巨舰有威力,但进退灵活,而汉军战舰铁索相连,移动不便,失去了先机。

战役打响前,朱元璋派兵锁住鄱阳湖通往长江的出口,关门打狗。又切断陈友谅的后方粮道,断其给养。朱军上下怀着必胜的信心,展开了这一场恶战。朱军船为白色,汉军船为红色,战役一开始就进入白热化阶段。朱元璋号令鲜明,全军动作一致,战术上主要用火攻,有一种"没奈何"的火器,一旦扔到敌船,便爆炸起火。又组织了敢死队,冲击敌舰,同焚共灭。战役打得很艰苦,双方将士都很顽强,鄱阳湖里一片血光。朱元璋亲临战场,在炮火中指挥。座舰被毁,还差点被俘,统帅的作为,更激励了将士奋战。一直打了三十多天,还没有分个胜败,这时陈军补给供应不上,军队绝粮了。陈友谅与各将协商,众将意见相左。陈友谅决定烧船登陆,南下湖南。他的左、右金吾将军,看前景渺茫,分别投降了朱军。陈军军力大衰,陈友谅决定率船冲出鄱阳湖,激战中中箭身亡,部将携太子陈理逃回武昌。这场战役,进行了三十六天,朱军死伤近半,而陈系汉军则在这一役中灰飞烟灭,剩余残部逐渐被朱元璋消灭。朱元璋自此控制了汉江流域,成为东南实力最强的军事集团。

1364年,朱元璋在应天自立吴王,建中书省,设百官,以李善长为右相国,徐达为左相国,仍沿用小明王"龙凤年号"。

朱元璋的下一步便是针对张士诚了。平定江南,然后北图中原,以成王业。

张士诚,江苏泰州人,原是私盐贩子,1353年起义,占据泰州、高邮等地。1354年,自立为王,国号大周。1356年,建都平江。张士诚为人宽厚,礼贤下士,建都平江后设立弘文馆,招募了一批文人儒士,这些人尽心为他谋划治国。但他缺乏雄谋远略,又无治人之能,本人贪图享乐,臣僚们也放任贪娱,统治集团内部松散不振,没有战斗力。

张士诚的势力范围是全国最富庶的区域,元人不肯放弃这个重要的粮米之乡,对他多次招降,而张士诚则反复不定,与元朝的关系很复杂。他既利用与元政府建立关系来对抗朱元璋,又不甘心受元人控制。1363年,张士诚拘禁江浙右丞相达识帖木儿,自立吴王,史称东吴,以别于朱元璋的西吴,后达识帖木儿自杀。

张士诚对红巾军反感极深,对朱元璋强烈敌对。与朱元璋接邻十年,征战不断。

1356年,朱元璋制定了消平东吴的军事部署,分三步进行,第一步:从1365年开始,主要攻取东吴北境淮水流域,半年内肃清江北,限制东吴于长江之南;第二步,自1366年8月,兵分两路,进取湖、杭,11月,收降湖、杭两地;第三步,在北、西、南三面已为朱军所控的形势下,围攻平江,平江军民拼死顽抗10个多月,1367年九月城破,张士诚被俘赐死。

1366年,朱元璋曾发布了讨张檄文,文中第一次公然指斥红巾军起义,将自己与义军划清界限,开始为自己建立封建正统王朝做舆论准备。檄文叙述了朱元璋建功立业的经历,文中有六层意思:一、元朝失政,气数已尽,二、起义军妖惑百姓,实为叛逆;三、为地主官吏组织的民兵、义兵正名;四、为自己起兵立名——吊民伐罪,承天治世;五、声讨张士诚叛元的逆行;六、对征服的臣民,顺我者昌,逆我者亡,以严法制之。

朱元璋建立新的皇朝,已是指日可待的事了。

## 南征北伐　统一全国

1366年十二月,朱元璋派大将廖永忠迎小明王于滁州,船行中流,廖密遣人将之凿沉,小明王死。朱元璋销毁一切记载龙凤王朝的史料。1367年,朱元璋改元为吴元年。

灭陈平张以后,朱元璋的势力扩大到两湖、江浙、赣皖和河南东南部,控制了全国经济条件最好、人口最稠密、文化最兴盛的地区。1367年,朱元璋制订了南征北伐大计,南、北两路同时进军。

当时,南方独立的军事势力还有:浙江的方国珍、福建的陈友定、四川的明玉珍,以及被元政府控制的两广、云南。依据叶兑当年的建议,朱元璋南征的策略是先降方国珍,再取福建,然后下两广;云南路途遥远,四川闭国自守,可从容徐图。

1367年九月,朱元璋派水、陆两师攻取方国珍。陆军由朱亮祖率一军攻台州,汤和、吴祯率一军攻庆元(今宁波);水师由廖永忠率领,切断方国珍逃窜海上的路线。方国珍战无可战,逃无可逃,十二月被迫投降。

在进取浙东的同时,同年十二月,朱元璋实行南征第二步:平定福建。陈友定原为"义兵"首领,因与红巾军作战有功,升到福建行省平章。后不断扩大地盘,控制了闽中八郡。陈友定对元朝廷忠心耿耿,历年与西吴为敌。

进军福建的路线分为三路:胡廷瑞、何文辉从江西进兵,廖永忠从明州水路进逼福州,李文忠从浦城取建宁。福州、建宁很快攻克,陈友定据守老巢延平。吴军几路围攻延平,1368年元月,攻陷延平,陈友定被俘不屈,殉身应天。到1368

年九月，福建全境廓清。

第三步是平定两广。在 1367 年十月，杨璟、周德兴已先期领兵由湖南进取广西。1368 年二月，第二路陆仲亨由韶州（今广东曲江）取德庆，第三路廖永忠水师由福州下取广州。二路军进展顺利，很快占据了北江、西江，切断了两广间的联系。三路军主将廖永忠在湖州说降了何真，和平获取了广州。然后率师沿西江进入广西。一路军进展最为艰难，每前进一步，都负出了重大代价。永州、全州都是浴血苦战攻克的。两广战役的最后一战，是靖江（广西桂林）围歼战，一路军、三路军会合后全力攻击，至 1368 年六月，攻下靖江。七月，两广全境平定。中国南部除云南、四川外，尽入朱元璋版图。

1363 年，红巾军主将刘福通战死，小明王被朱元璋迎到滁州后，北方地区起义军的势力大大衰减，元政府重新控制了局面。然而元朝贵族与因抗击红巾军而兴起的地方割据势力的矛盾日益扩大，各割据势力之间也互相争地盘、争兵权。他们互相利用、钩心斗角，局势一派混乱。

当时北方的主要割据势力有：河南的扩廓帖木儿，陕西、甘肃的李思齐、张良弼，河北、山西的孛罗帖木儿。扩廓帖木儿原为元"义兵"首领察罕帖木儿的侄子，察罕在山东围攻红巾军时被降兵刺杀。元政府为控制"义兵"，任命扩廓帖木儿承袭察罕军权、爵位，引起了察罕原部属李思齐的不满。察罕帖木儿原来与孛罗帖木儿多年不和，互相争斗，他们的矛盾也转移到了扩廓帖木儿身上。元宫廷内部政治斗争也极为复杂，元贵族不掌握有战斗力的军队，而对掌握精干军队的割据首领又支配不动，不能聚集军力，对付日益强大的朱元璋。扩廓帖木儿、孛罗帖木儿、李思齐争战不休，整个

元朝廷简直是在坐等朱元璋北伐军的到来。

1367 年十月，朱元璋下达了北伐的命令，出师前，宋濂代拟了《讨元檄文》

檄文在北方汉人中激起了广泛的响应，檄文中提出的恢复汉人统治地位、礼义治国、驱暴安民顺应了当时的民心。另外，对异族，提出都是同生于天地之间的人，当同样对待，这是进步的观念。

出师前，朱元璋再次严申军纪：勿妄杀人、勿夺民财、勿毁民居、勿废农具、勿杀耕牛、勿掠人子女。

对于北伐的具体步骤，将帅中有两种意见：常遇春认为我兵强、元兵弱，应以优势兵力直捣大都，然后分兵扫荡中原，北方可定；而朱元璋则坚持一贯的稳健原则，不打无把握之仗，认为直攻大都危险系数太高。大都城防严密，倘若急切难下，主力困于大都，敌兵援军到来，则里外受敌，必败无疑。主张步步推进，先取山东，再下河南，使大都失去屏翼；然后攻占潼关，堵上元军西退的大门，再引师取大都，就如瓮中捉鳖，稳取大都；然后挥师西进，收回关陇，廓清北方。

1367 年十月二十一日，朱元璋在应天祭告天地，发师北伐。北伐军的主帅是徐达，常遇春为副将，北伐军完全按照朱元璋的计划进军。1367 年十二月，徐达、常遇春首先攻下山东名城济南，三个月内，肃平山东。其后，分兵两路进取河南，邓愈从南进军，徐达、常遇春由东挺进，两军包围汴梁，1368 年四月，汴梁不战而降。接着进击洛阳，在洛阳击败扩廓帖木儿。洛阳既降，河南已平。5 月十三日，另有一军由冯胜率领，攻克潼关，李思齐、张良弼败走。至此，大都已完全失去凭仗，成了一座孤城。

1368 年八月，徐、常大军越过黄河，沿运河水陆并进。元顺帝在明军到达之前，仓皇逃奔上都。九月二十日，徐达率

军顺利进入大都。朱元璋改大都为北平。

稍事休整后，徐达、常遇春领军西进，至1369年秋，占领了晋、陕两地。其后，在关陇一带降了李思齐，杀了张良弼，关陇尽为所有。而与元军主力皇家嫡系军和扩廓帖木儿一军则数次相战，互有胜负。后元军主力退居外蒙，长期成为明王国北疆的威胁，几十年后的土木堡之役，几乎毁了明朝的基业。1370年元顺帝死于北漠，太子爱猷识里达腊继位，元朝皇系又在外蒙维持多年。至此，中国基本统一，华夏易主。

### 中都营殿

太祖朱元璋灭掉元朝，统一天下以后，便以临濠为中都，营建城郭宫殿像京师的规模。这之前，皇帝召见各位元老问建都之地选在哪儿，有的说关中险要稳固，有的说洛阳地处天下之中，汴梁为宋朝的旧京，还有的说北平是过去元朝的宫室，借助它可以节省民力。皇帝说："大家所说都有一定道理，只是时代不同罢了，长安、洛阳、汴京，实是周、秦、汉、魏、唐、宋的旧都，但是天下刚刚平定，百姓还没有从战乱中恢复过来，朕若在那些地方建都，物资和力役的供给都要仰仗江南，就加重了人民的运输之劳。如果借助北平的宫室，也不能不有所改建。临濠有长江做天堑，虎踞龙蟠之地，足可以建国立都，它前面是长江，后面是淮河，有险可以倚恃，有水可以漕运，朕要把它建成中都如何？"群臣都说好，便开工营建了。

### 太祖受欺

太祖本来出身于草莽之间，一跃而登上皇帝宝座。一天，独自一人在殿上散步，四顾无人，回想当初起兵的时候，不禁哑然失笑，便说了几句得意的话："我本沿江抢掠，不料再假成真，今日得此尊严，实在出人意想之外。"正说闻偶然抬头，瞥见一人蹲在房梁上，原来是个工匠，很可能是宫殿刚刚建成，油漆还没有刷完，梁上的人正在工作。皇帝叫那人下来，招呼好几声那人就是不动弹，仍旧做自己的事。皇帝感到奇怪，又唤一声，匠人才下来，在地上下拜说："小人因耳聋听不见，罪该万死。"皇帝一笑，让他继续工作。这大概是匠人已知道皇帝召他，必死无疑，因此假装是聋子，召唤几次也不答应，皇帝既知道他耳朵聋，就赦他无罪，其实已受匠人的欺骗了。

### 侃侃而谈

徐达、李文忠回师到龙江，皇帝出面在长江上慰劳三军将士。过了两天，以武事成功祭告于祖庙，令大都督府兵部上报诸将功绩，皇帝亲自审定他们的排列次序。到颁爵行赏时，任命李善长为韩国公，邓愈为卫国公，常玉春儿子常茂为郑国公，再加上汤和等封侯的，共28人。接着又封汪广洋为忠勤伯，御史中丞刘荃为诚意伯，第三天大宴群臣。宴会的第二天，诸臣入宫致谢，皇帝赐座华盖殿，从容地论起夺取天下的方略说："朕起于民间，本想保存自己，渡江以后，看到群雄所作所为，只危害百姓。张士诚、陈友谅尤为大害。张士诚恃富，陈友谅恃强，朕独无所恃，只是不好杀人，布施信义，实行节俭，与你们上下一心，同舟共济。最初与张、陈二寇相对峙，士诚步步紧逼，有人建议应该先击破他。朕以为友谅志气骄横，士诚器量狭小，志气骄横则好生事，器量狭小则无远图，所以先攻打陈友谅。鄱阳一战，张士诚始终不能出姑苏城一步，去支援陈友谅。当初如果先进攻张士诚，张士诚坚守姑苏，陈友谅必定倾巢出动，我就腹背受敌了！后来北定中原，先攻山东，后攻河、洛，停止潼关之兵。不马上攻取秦、陇的原因，是库库特穆尔、李思齐、张思道，都身经百战，未能一时拿下，急攻则并力于一

第七编　明清野史

隅,不易攻战。所以出其不意,倒旗向北,燕都既拿下,然后西征,张思道、李思齐势单力孤,绝了希望,可不战而胜。但库库特穆尔犹奋力抗争,不肯屈服,从前若不先攻下燕都,突然间和他们硬碰硬,胜败就很难说了。"各位老臣听了,都赞叹不已。

### 行丧议礼

贵妃孙氏死了,命礼官议定丧报制度,礼部尚书牛谅等上奏所议论之礼制,即父宗还在,为母亲服丧一年,庶母则无丧服。皇帝说:"父母之恩是一样的,高低相差这许多,太不合情理了。"下令让儒臣重加审定,宋濂等考证古人论述服母丧者有 42 人,愿意服三年丧的 28 人,服一年丧的 14 人。皇帝说:"三年之丧,是天下通行的丧制,人情能接受的,就是天理所在。"于是定下制度:儿子为父母,庶子为母亲,都服斩衰三年;嫡子、众子为庶母,都服齐衰;用杖五服,丧制都有升降。成文后,皇帝下命令说:"孝慈录,颁行天下。"当初,孙贵妃本来未生儿子,命令吴王朱橚服慈母服,齐衰三年,主持丧事,皇太子及诸王都服齐衰用杖。太子说:"按礼规定,只有士人为庶母服缌服,大夫以上则无服。如今陛下贵为天子,臣辱居嫡长,而为庶母服一年丧,这不能说是尊敬宗庙,重视继体呀,不敢奉昭。"皇帝大怒,群臣震惊,不知说什么好。正字(官名,掌管校雠典籍,刊正文字等事务)桂彦良对太子说:"殿下应当依照君父之情,不可拘执小礼而亏损大孝。"于是按重孝服丧,太子穿孝服拜谢,皇帝才消气。

### 保保真奇

还没灭元的时候,太祖就曾派遣使者与库库特穆尔通好,库库特穆尔扣住使者不让走,前后七次致信皆不予答复。出塞后,又派人去召他,也不回应,太祖心中更加敬重他。一次大会诸将,太祖

问道:"谁称得上是天下奇男子?"都异口同声地回答:"只常遇春一人而已。"太祖笑道:"遇春虽是人中豪杰,我能臣服他,我知道一个人是真正的奇男子,而这个人始终不肯臣服我,那就是王保保,因此我以为王保保的为人,堪称奇男子。"保保是库库特穆尔的小字。太祖又册封库库特穆尔的妹妹为秦王妃,刘基曾对常遇春说过此事,认为库库特穆尔不可小看。到徐达吃了败仗后,大军也很少出塞,库库特穆尔随他的主子远徙金山。不久,死在哈喇诺海的衙庭,他的妻子毛氏也自缢身死,始终不愿为明朝服务。

### 和尚赐坐

太祖一生英雄威武,为群臣所敬重。即位不久,便喜欢上佛教,下诏征调东南的戒律僧,数次在蒋山建立法会。僧人应答合乎旨意的,便召进宫中赐坐,讲论时听取他们的意见。诸僧恃宠而骄,特意为佛家创立职官,于是设置左右善世阐教等,都给他们很高的官阶和俸禄,对道教也是如此。大理寺卿李仕鲁上书说:"陛下正在创建大业,指令所导向的,即告示子孙万代应遵守的程式,为何要舍弃儒学而重视异端呢?"几次上书,皇帝都不予理睬。李仕鲁性格刚烈耿直,以反对佛教为己任,见皇帝不听自己的话,便要弃官回家养老,放笏板在皇帝面前。皇帝大怒,命令武士推出去立刻斩首阶下。唉!皇帝因为一念之差,就杀害无辜的忠良之臣,能够辞其咎吗?

### 治狱通经

朱允炆是太祖的第二个孙子,禀性聪颖,便立他为皇太孙。一次皇帝发怒时,有所诛罚谴责,退朝后怒气未消。太孙从容地进言道:"《论语》说:'你假如能审出罪犯的真情,便应该同情他,可怜他,切不要自鸣得意!'这或许是一种解脱的办法。"皇帝听了,就不再生气了。还有一次,巡逻兵抓住七个盗贼,太孙观

察他们一番后，对皇帝说："六个人是盗贼，另一个不是。"经过审讯，果然如此。皇帝问："你怎么知道那个人不是盗贼？"太孙回答说："《周礼》书上讲，断案要先察言观色，那人眼光明亮，仔细端详，知他一定不是盗贼。"皇帝高兴说："审理案件贵在通晓经书，确实如此。"

### 宫中戒严

洪武三年，皇帝命令工部制造红牌，上边刻有告诫晓谕后妃的词句，悬挂在宫中，严肃后宫的禁令。皇后的尊贵，只能处治宫中的事，宫门外的事，丝毫不得干预。后妃女官，以及宫中的诸项费用，都由宫官的首长上奏，再发往内宫监复奏，才能到户部领取。如果宫官的首长不上奏，而擅自去户部领取的都要论处。死了宫嫔以下的人，或者有病不能进宫，只能凭证取药。命妇只有庆典节日朝见中宫，无事不许入宫，人主也无见命妇之礼。凡是天子及亲王后妃宫人等，一定要选择良家女子，按礼聘娶，不拘泥于处所，不要受大臣送进，又命令儒臣修立女诫。

### 吟诗触怒

太祖在宫中，常与后妃等饮酒取乐。当时的诗人高启，作《宫女诗图》说："女奴扶醉踏苍苔，明月西园侍宴回；小犬隔花空吠影，夜深宫禁有谁来。"高启就因这首诗遭来横祸，因为宫中实有其事，因此触发了太祖的怒气。

### 纳履受灾

太祖宫中有四个姊妹，同做女官，长相都很漂亮，老大叫兰英，老二叫荷英，老三叫菊英，老四叫桂英，整个宫内称她们为四美人。太祖因为四姊妹美丽聪明、多才多艺，给她们以优厚的礼遇。一天，菊英把破鞋扔在地上，被新进宫的内侍王云捡到。王云看好那鞋上所绣的花鸟，栩栩如生，想把它带出宫外，向亲朋邻里夸耀，便将鞋放进袖筒里，珍贵如珠宝。开始时并没有觉察这么做违犯宫中禁令，时值太祖到内花园饮宴游玩，丹桂花盛开，命令王云向最高的枝条上折花，一不小心，袖中藏的鞋掉在地上。皇帝见了大怒，立刻叫人用木杖把王云打死。

## 明光宗

### 明梃击案

万历四十三年夏五月，太子居住在慈庆宫。有个不知名的男子手持棍棒闯入宫中，击伤守门的内侍，到殿前檐下被抓住。

皇帝命令司法部门审理此案。御史刘廷元上奏："罪犯名叫张差，苏州人。这人说话呜啦呜啦，语无伦次。查他的来路，像是个疯子；看他的长相，实在是个滑头。请司法部门严加审讯。"当时太子人选虽然定了下来，皇帝待他很薄。既然认定张差是个疯子，按律条应当处斩。奏章已写定，还未来得及递上，提牢主事王之采私下盘问张差，得到全部供词，揭开他的话，通过侍郎张问达上报朝廷，奏折上去未有示下；郎中陆大受、过庭训相继上疏，也不予上报。过庭训便将文书转移到苏州，跟踪它的走向，知州戚延龄备言张差得癫狂病的来龙去脉，并说了郑贵妃派遣小珰建造佛寺，小珰和泥烧砖，很多居民卖柴薪获利的事。张差卖地买柴，要拿到街上去卖，人们忌恨他，烧了他的柴薪。张差因柴薪被烧而破产，不胜愤恨，便手持棍棒要去告御状。因此，初审的大臣们据此以为他是疯子而定了案。又过了几天，张问达以员外郎陆梦龙的话，责令十三司会审。陆梦龙详细询问张差，具知内监庞保、刘成主使的内情。张差还交代："二人给我金、银壶各一个，豢养我已三年，叫我打上宫门。"于是刑部疏请法司提审庞保、刘成对质。庞保、刘成都是郑贵妃的内侍，朝廷内外说啥的都有，言谈话语涉及到郑国泰,并涉及郑贵妃。

此前,妖人王曰乾上奏言巫蛊(古代巫师使用邪术加害他人)事,词句已经形成,这事又涉及刘成,皇帝动了心,告诉郑贵妃好自为之。郑贵妃困窘,哀求皇太子。皇太子请皇上迅速结案,不要株连别人。皇帝便驾御慈宁宫,太子侍候在皇帝左右,召大学士方从哲、吴道南等文武大臣进宫,责备他们离间父子关系。为此皇帝拉着太子的手,对大臣们说:"此儿极其孝顺,朕特别爱怜他。若是朕另有打算,为何不早点更换?"又看着问太子:"有什么话,当着大臣的面都说出来,不要隐讳。"太子说:"我父皇是何等的爱我,可外廷却议论纷纷,你们这些无君的臣下,使我成为不孝的子孙!"皇帝对大臣们说:"你们能听皇太子的话吗?"一连说了好几遍,大臣们叩了头退出。结果张差在市上被五马分尸,刘成、庞保被活活打死在宫中。

《东皋杂记》记载说:"明梃击案,参加审案的御史劳永嘉,是现在石门地方人。当时,郑国泰拿70万钱贿赂他,在半夜剪断张差的舌头,使案子查无对证才罢手。劳永嘉受贿时曾说:'70万钱,连子孙都买去了。'"

### 红丸疗疾

光宗有病,内侍崔文升进泻药,致使光宗瘫在床上。都城传言说崔文升为贵妃所指使,群情惊骇。给事中杨涟上疏,弹劾崔文升胡乱用药,并责备辅臣方从哲。方从哲这才进言给皇帝用药千万要谨慎,皇帝褒奖了他。

后来,皇帝的病一天比一天重,在乾清宫召见英国公张惟贤、大学士方从哲、刘一璟、韩炉、尚书周嘉谟、李汝华,侍郎孙如游,都御史张问达及给事中杨涟。皇帝问:"有鸿胪官进药的人,现在在哪里?"方从回答说:"鸿胪寺丞李可灼自己说他进的是仙丹妙药,臣等不敢轻

信。"皇帝下令传李可灼来,催他和药进上,这就是所谓的红丸药。皇帝吃了药,再三称李可灼是忠臣。大臣们退下,李可灼又进上一丸药。

第二天,天将亮未亮,皇帝驾崩,朝野上下议论纷纷:李可灼下的是劫药。可方从哲却在起草圣旨,赏李可灼白银,接着又改诏剥夺李可灼一年的俸禄。于是御史郭如楚、冯上元、焦原溥、给事中魏应嘉、太常卿曹珖、光禄寺卿高攀龙、主事吕惟祺等,纷纷上奏章论崔文升、李可灼的罪行。给事中惠世扬并弹劾方从哲目中无君,该杀。《昆仑堂集》咏明代诗史说:"无端香气绕蓬莱,不是金茎承露杯。谁使文成归海岛,却容柳泌入天台?金丹坐致千秋恨,玉殿旋移万国哀。尝药慢将功罪定,君王已去灵集台。红丸聚讼亦呶呶,疑谤平分未可淆。豫向昭阳防祸水,谁将脊恤进神膏?心惊午夜归龙驭,恨逐轻烟入风巢。若使宰臣真爱主,罪人何止窜青芳。"

### 明武宗

武宗,孝宗的正妻所生,母亲是张皇后,因为她在弘治四年(1491年)九月二十四日梦见白龙盘伏在她的腹上而生出武宗,白色是西方色,是战争的象征,所以生下来就好武。

在此前三朝,所立的太子都不是皇后亲生,而唯独武宗是皇后所生。而且他生长的地支是申酉戌亥,四支紧密相连,肤色白而细腻,精神焕发,从小就举止不同一般,两岁时就被册立为皇太子,孝宗很喜欢他。

当初,武成中卫军卒郑旺有个女儿叫王女,从小卖给了高通政,被选进宫中已经有不少年了。由此郑旺偷偷结识了宦官刘山。求刘在宫内给找到女儿。刘山欺骗说:"周太后宫中的郑金莲就是你女儿,皇太子实际是她生的,被皇后夺为己有,你知道这件事吗?"不久这些话渐

渐传出，皇帝听了大怒，立即在街市上处死了刘山，郑旺也定死罪，不久被赦免。后来传闻纷起，京城有个叫王玺的，把郑旺当成奇货藏在家里，制造流言蜚语，竟说皇太子不是张皇后所亲生，不过事情到底不是真的，到刑部审讯，都被处死了。皇太子长大后，各位儒臣又轮番为他讲读，一讲就是一上午，午后还是这样。每当讲课的时候，他神情庄重，眼睛正视若有所悟，不曾有一点的随便。讲官离开的时候，太子一定拱手致敬，作出行礼送别的样子。第二天合上书，背诵讲官所讲授的内容，认真复习。不几天翰林院和春坊中给他讲读的儒臣，太子都能知道他们的姓名，有的人偶尔有什么原因没有来，太子必定向身旁的人打听说："某某先生今天在哪里？"罢朝的时候，学士中有误用束花带来的，太子看见了私下对左右说："若是在上朝的时候，一定要以违反殿廷礼仪被御史纠劾呀！"太子就是这样的聪明懂事。

孝宗皇帝多次到太子学习的春坊打听学习情况，太子率领东宫官属急走迎送，对礼节十分熟悉，每当问安和皇帝吃饭的时候，他站立一旁态度恭顺面带笑容，皇帝巡游他必陪同侍候左右，看到什么，就随时请教。学习之余，有人听说太子很好骑射，以为他能治理军队，也是安不忘危，也就不再禁止他了。太子15岁登基为帝，第二年改元，正式安排了婚姻，宣布选中军都督府都督同知夏儒长的女儿，册立皇后，随即令礼部上册立妃子的礼仪，册立沈氏为贤妃，吴氏为德妃，一切均按礼法进行，册立之后，接受了祝贺，其中的礼仪法规，看见的人都称赞。

旧制，宫中的六局官吏，有尚寝，尚寝管理皇帝就寝地点等事，而文书房的太监，每次都要记载皇帝晚上住在哪里，以及与皇帝同寝宫嫔的年月时间，以备以后考查验证。武宗继位后命令全部废止记录登记，撤去了尚寝局所辖诸司的公务，这样随便在宫中游乐，每天领小太监搞些摔跤、踢球类的游戏，到哪里就喝到哪里，深夜也不返回，他到皇后及东西两宫的时间，一个月也不过四五天。

武宗曾到宝和店游玩，让太监拿出积存的东西摆在门口，穿着出售的旧衣服，头戴瓜拉帽，自宝和到宝延共是六店，都在那里做买卖，看货论价，争吵不已，又派出市正调节双方。武宗等来到廊下的一家，这是太监在永巷开的一家酒店，筝琴琵琶声响乱成一团，卖酒的女主人坐在其中，武宗与太监杂人，像蜜蜂一样进出其间，浸一杯茶的功夫，已经走过了诸家。凡是市场上的耍猴、马戏、斗鸡、赛狗等杂戏都去观看，而且让宫女到戏场装成陪酒的，喝醉了武宗就住在那里，一连几天都是这样。

武宗于是开始大规模地营建，兴建了太素殿以及天鹅房码头等各项工程，还另外构筑了帝王的禁苑，禁苑里建宫殿数层，又在两厢造密室，密室重叠栉比，起名称"豹房"，刚建成时天天到这里，后来就留宿豹房，按照宫内体制，令太监在内侍候，称为"豹房祗候"，被皇帝宠爱的太监，都被召到这里。

有人说锦衣卫都督同知于永善于男女秘术，武宗便召他入豹房，与他谈过后，十分高兴。于永是色目人，进言说回回女子皮肤白嫩而有光泽，远比中国妇女好；当时都督吕佐也是色目人，于永假托帝令，索要吕佐家回回女中善跳西域舞的，得到12人入宫，她们歌舞通宵达旦，还感到不足，就上言请求召集贵族大家中过去属于色目籍人家的妇女入"豹房"，说是练习歌舞，而实际选出美丽的，留在这里不让回去。一天于永陪饮观看跳舞，武宗喝尽兴时叫于永，让他马上回家召他女儿前来，当时有人说于永女儿特别艳丽，所以召入。于永藏起女儿，把邻居长得很白的回回女打扮起来，冒充自己女儿送进豹房，皇上以为是于永的亲生女，十分喜欢她。于永担心事机泄露，假称得了风瘴症，所以请求辞官，以他的儿子承袭了指挥职务。许多色目家对他恨得咬牙切齿，但没有敢公开发作的。

武宗称"豹房"为"新宅"，每天召教坊的乐工到新宅演奏，时间久了，乐工诉说乐户在京师以外各地也有，现在在京的乐户单独承担宫中演奏任务，这是不均等；于是下令礼部下文，选取河间地区的乐户中技术高的，送到教坊承担演奏任务。接着有关衙门派官押送艺人，每天数以百计，都由驿传提供饭食，等到了北京，留下演奏水平高的，给口粮，并让工部找地皮盖房子，大小都有，分给他们住。

孝坊司左司乐藏贤因身体有病请求退职，武宗令他坚持供职，不久就升为奉銮，以此表示对他的恩宠。

武宗对于佛经梵语没有不通晓的，于是把大隆善寺禅师星吉班丹升为国师，左觉义罗竹班卓被任为禅师，喇嘛乩竹升为左觉，义伦竹坚参为都纲，大慈恩寺佛子乳奴领占、舍喇扎俱为法王，喇嘛拾列星吉、佛子也失短竹为禅师，大能仁寺喇嘛领占播为都纲，以后累计升授，像官场的变动那样。

正德七年（1512年），杨一清上疏说："皇帝曾到豹房，晚上住在那里不离去，到后苑训练武装的士兵，鼓炮的声音，震动街市。"

武宗夜间穿平常人的服装出来走一走，到教坊司观看各位乐工使用的乐器。

武宗自称帝后，每年宫中以张挂彩灯为娱乐，每次花费数以万计，库存的黄腊不够用，又命有关衙门购买补足。到正德九年，宁王宸濠献上了新样四时灯

共数百盏，新灯奇巧极了，到献灯时，又令宁王派来的人，亲自到宫中悬挂，新灯形制不一样，大多靠着柱子和墙壁，以显示它的新奇不一般，皇帝又在廷轩间，靠着栏杆设置了毡模，把火药放在里边，偶然不小心，发生了火灾，大火蔓延烧着了宫殿，从二更到天明，乾清宫以内都成了灰烬。当火势旺盛时，皇帝还往豹房去巡视，回头看着火光腾腾，笑着说："真是一棚大烟火。"

西宫的大答应宫人，有愿意削去头发当尼姑的，皇上做剃度师，亲自为她们说法，在厂中设置番经。

皇帝令陕西进贡皇上用的铺花毡帐房162间，让镇守、巡抚等官、太监廖堂、都御史陈寿，按照标准样式制造，凡是重门、堂屋、厨房、马圈、厕所以及窗户、木橛、影壁、围布、地毡等应有尽有，并且有坛内游、幸出哨、赶声息等名号。经一年建成，自此，武宗外出祭祀，都住在帐房，不再到斋宫去住。

保安寺的大德法王绰吉我些儿，本来是乌斯藏的使臣，武宗挽留他不要走，得到宠信，由此打算派他的部下领占绰节儿、绰供杂失为正副使，返回乌斯藏，按照大乘法王入贡的仪式，要为正副使请求国师及由皇帝下令赐给封号，以及到西藏地区推广晒干茶叶的方法。进行茶叶贸易这件事到礼部讨论，尚书刘春坚持不同意，认为这样做破坏了茶叶的专卖制度，骚扰了行路的安全，实行起来是不妥当的，只可以下令让他们回去就可以了。这个时候，武宗正诵习西藏的喇嘛教的教义，对喇嘛教十分虔诚，曾穿着西藏喇嘛的服装，在内厂演法，绰吉我些儿侍立左右，成为他的佛门子弟。这样经驿传回西藏，所带东西丰厚，一路上地方供给，花费很大，路上行人见到他们必须回避，不分贵贱等级，都要称他为国师。

大护国保安寺大觉义班丹伦竹为其师祖大善法星吉班丹乞求按教规祭祀后安葬。礼部奏报说这种事没有先例，武宗特批准许，下令工部拨给葬银2000两。

此前西藏有一位西印度的僧人，能说出每个人的三世事，天下的人称他是活佛，武宗很久就想召见他，没有实现。由此命令司设监太监刘允前往西藏，带去的礼品，用珠琲做成的幡旗，黄金为七供，赐给法王金印袈裟，连同他的徒弟，赐赠达到万计。于是就仿照永乐、宣德年间派邓显出使的旧例，统率锦衣卫军官133人，应支付口粮、马匹、车辆、船只及经过西藏的物资，共给长芦、两淮的税盐7万盐引作为费用，政府的财政收入为之一空。

皇帝下令居庸关太监李嵩等抓捕活虎豹送来。

武宗当初很好武，特地在宫禁中设立东、西两个官厅，按照军队的团营组成，后来江杉、许泰都从边将任上得到皇帝宠信而进入"豹房"，于是设立了内教场，由另外的衙署管辖，东官厅由太监张忠统领，西官厅由许泰统领。有一位神周，曾因为犯罪而被降职，这时因为他投靠了许泰而得以官复原职，并得重用，不久，又增加了刘晖四人，都赐以朱姓，收为义子，叫作"四镇兵"，又称为"外四家兵"，由江杉兼统领。所以江杉称为朱杉，任为总管，武宗也亲自统率太监中善于骑射的编为一营，叫作中军，早晚操练。呼叫及大炮的声音传到九门，披铁甲的骑士与战马组成的队列金光闪闪照耀在宫墙间。武宗亲自检阅，称此为"过锦"，说的是眼中所见像锦绣一样。当时各军都穿着黄色的衣衫，外面罩有铠甲，里外一体，就是金色红色的锦绮，也必定外加铠甲，街上的普通市民，没有不效仿的，号称"时世装"。东、西两厅各军，则

在遮阳帽上插有青蓝色的天鹅翎，这是尊贵的标志，多的插三根，其次为两根。尚书王琼得赏赐，有一根鹅翎的帽子，到教场时戴上十分高傲，表示得到皇帝特殊的待遇。后来武宗巡视各地，所经过地方的官员，虽然是催促粮饷的侍郎、巡视、都御史没有不穿罩甲见武宗的。

当初江杉密告说后军都督府右都督马昂有个妹妹十分美丽，当时已嫁给毕指挥使，并身怀有孕，武宗听说后命令太监将她迎入豹房。马昂妹妹体态姣好，面貌秀媚，还善骑射，通晓少数民族音乐语言等，因此十分受宠。马昂一家，不分大小都得皇帝赐给的蟒衣。宫内的太监都称马昂为舅舅，皇帝将太仓以东的房舍赐给马昂，马昂受到的恩宠在京师很有影响力。谏官纷纷上奏谏止，武宗均不采纳。到正德十一年（1516年）十月，武宗及几名随从常骑马到马昂家喝酒，这一天喝得正高兴，武宗要马昂召妾出来陪酒，马昂以妾有病为由推托，武宗大怒当即起身离去，马昂很害怕，请求献妾，但此后对马家的恩宠开始减少了。

正德十二年，武宗祭祀南郊结束，就到南海子打猎，扈从的文武大臣都不许入。直到黄昏，才传令让诸位大臣先回到承天门等候，夜半时分，武宗才回来，到奉天殿，百官施庆成礼，于是武宗将打猎所获的獐狍野鹿野兔赐给六部、都督府、翰林、都察院六科给事中、各道御史等官，这样又有了巡行的事情。

七月，武宗偷偷去南海子，向西走经畏吾村大佛寺，到达西山。八月初一，武宗便服从得胜门出来，到昌平州，内阁大臣以下诸官都追到沙河，上奏疏请皇上返回宫殿，武宗不听，御史谏官再进言劝阻，也不采纳。九月，武宗在宣府停留。当时，江杉是宣府人，想让皇上到宣府来提高他的威望，于是便诱骗武宗到西北去，即到了宣府，便营建镇国府，皇上住

在那里很高兴，竟忘掉了回京，每天夜间出行，看见高大房舍就撞进去，或要吃喝，或寻找妇女，居民为此十分苦恼，有的无法，偷偷贿赂江杉，请求皇上不要撞入家门，后来军士的柴草供应困难，就拆毁民房来当烧柴，市上买卖顿时萧条，白天各家都关上大门。

原来武宗在阳和时，西北的五万骑兵将要从玉林入掠内地，武宗令诸将分驻各个要地，大同总兵官王勋、副总兵张划、游击将军陈钰、孙镇率军驻大同；辽东参将萧滓驻防聚落堡；宣府游击时春驻扎天城；副总兵陶杰、参将杨玉、延绥、参将杭雄驻扎阳和；副总兵朱峦驻扎平房；游击周政驻扎威远，当时是九月戊戌。到十月，入掠之师分几股南下，驻在孙天堡等处，王勋、张划、陈珏、孙镇各率本部抵抗，武宗命令时春、萧滓前去援助，周政、朱峦及大同右卫参将麻循、平房城参将高时尾随其后，又急调宣府总兵朱振、参将左钦、都勋、庞隆，游击靳英都集中阳和；参将江桓、张升为策应。过了几天，王勋在绣女村遇敌，便率军步战，敌骑向应州而去。第二天，张溏、陈珏、孙镇与王勋又在应州城北五里寨遇到敌兵，大战数十回合，双方杀伤差不多，傍晚敌骑沿着东山而去，不久又分兵包围王勋等人。等到天亮，雾很大，敌撤围，王勋等进入应州城，朱峦及守备左卫城都指挥徐辅率兵赶到。第二天，王勋等出应州，在涧子村遇到敌兵，双方开始大战。当时，萧滓、时春、周政、高时、麻循等也率兵赶到，敌兵又以另外的部队迎战，明军不能会合；武宗便率内外提督监督太监张永、魏杉、张忠，都督朱杉及朱振、陶杰、杨玉、左钦、都勋、靳英、杭雄、庞隆、参将郑骠等兵，自阳和来增援，大家舍死苦战，敌骑稍退，各路明军得以会合。傍晚，就在原地安营，皇帝也住在那里。天亮后，敌骑来攻，武宗又令诸将

抵抗敌兵，自辰时到酉时，大战百余个来回，敌兵最后退走。第二天敌兵又向西进扰，武宗与诸将，一边打仗一边追赶，到平房、朔州等边地，武宗又令进兵，赶上刮大风有黑雾，白天也很暗，加上明军疲劳，于是就返还。王勋和巡抚全部御史胡瓒因为获胜而闻名于朝廷。这一仗，杀少数民族兵16人，而明军战死52人，受重伤的有563人，皇帝差一点被俘。

不久，边境的少数民族又入掠暖泉沟泥河儿，武宗率兵驻扎老王沟，来骑退走，武宗还军，停留在大同左卫城。不久，敌骑再入玉林城西，到答儿庄、三家川、青山等处。皇帝命大同诸将各在本防区防御，命令巡抚胡瓒、镇守太监马锡严密戒备，当时内阁大臣及九卿到居庸关请见皇帝，有禁令不得出关而返回京师。

这一年冬天，立春时武宗到宣府迎春，准备了百戏，又另外装饰大车数十辆，车上杂坐着僧人妇女，每辆有数十人，共有数百人，按照僧的人数，在车盖下悬挂球子，让和尚的光头敲碰到球子，车飞驰起来，和尚头与球碰撞，皇帝见了大笑。以此为乐。

正德十三年正月，皇帝的车驾将要回京，礼部准备了迎接皇帝的仪式。令京官、朝官各自穿上朝的官服迎候，而武宗下令用曳襈大帽鸾带，并赐给文武大臣大红纻丝罗纱每人一件，上边的图案一品是斗牛，二品是飞鱼，三品是蟒，四品是麒麟，五、六、七品是虎彪，翰林科道中不限于品级的都给一件。只是六部属官五品以下不给。凡得到的，一夜之间就要裁制完毕，到天明就要穿上去迎候皇帝。这样一来，都察院的谏官、御史纷纷上奏进谏，皇帝不听。第二天早上，皇帝从宣府回来.，这一天，文武群臣都是曳襈大帽鸾带，在得胜门外迎接车驾。

第七编　明清野史

太监为了迎合皇帝的口味，准备了采幛数十，采联数千，上面都是金字，开头称威武大将军，不敢称尊号，百官列名于下方，也不敢称臣，于是准备了羊酒，白金彩币，手持红色的佛经前来祝贺。武宗穿着军装，骑着红色战马，佩着宝剑，在边防骑兵的簇拥下来到。百官远远地望见在戈矛间有火球升起，烟雾升腾，这才知道皇帝到了眼前，群臣一齐跪在路旁叩头。皇帝下马，坐在御帐里，大学士杨廷和举起酒杯，梁储向杯里倒酒。蒋冕捧着果盘子，毛纪擎着二束金花祝贺。武宗喝过酒，对大家说："我在榆河亲自砍下一个少数民族骑兵的脑袋，你们都知道吗？"杨廷和等人跪下磕头称谢。武宗上马疾驰，由东华门进入，住在"豹房"。当时天下着很大的雨雪，百官前来迎接皇帝，与仆人马匹失散，只好在泥水中步行，夜半时分才得以入城，有的几乎被冻死。

武宗到奉天门，展示在应州等处缴获的少数民族刀枪等武器及军服甲胄等令群臣观看。

这一天武宗又到南海子，不久又回来，在左顺门赐文武群臣银牌，一品银牌重20两，二品、三品10两，并在银牌上铸文"庆功"，饰以五采，并以宝珠组成的图案为衬里，四品、五品以及都给事中的银牌重5两，左右给事中、御史的银牌4两，上面铸文是"赏功"，图案为青色。赠赐结束后，受赐的官员各身披红，头带花按次序走出。此前群臣准备彩幛祝贺的仪式，他们准备拿出的白银以官品的高低为差等，所以皇上所赐的银两多少与交上去的多少相等。翰林院的官吏没有参加祝贺，也就没有得到赠赐。

武宗再次来到宣府，群臣进谏劝阻也不采纳，逢会慈圣康寿太皇太后死去，武宗从宣府返回。

正德十三年四月，武宗到昌平拜各个皇陵，祭告结束后，便临幸密云。当时民间盛传地方官要挑选妇女财物进献给皇上，所以所到之处，妇女纷纷逃走，藏起来，只有永平的知府毛恩义下令认为："丧期未过，皇帝必定不能外出，说皇帝来此，这一定是坏人造谣，借此惑乱人心，百姓要安其业，没有内阁、六部、巡抚、按察官府文书，而乱言皇帝来此扰乱民心的，都要逮捕治罪。"皇帝听说后大怒，毛恩义便被捕关押起来，命令司法机关加重定罪，毛恩义以钱物抵罪，行杖后还职，降职三级，任为云南安宁知州。

皇帝在大喜峰口停留，召来朵颜三卫少数民族的花当把儿孙等人，在关口接受他们的朝贺，设宴犒劳结束后回到北京。

当初，皇上到河西，指挥黄勋假借供应皇帝的名义，巧取豪夺，巡按御史刘士元审察他，黄勋逃到皇帝那里，通过宠臣讨好皇上，说士元的坏话："听说皇上到了，令百姓赶紧把女儿嫁出去，把妇女藏起来。"武宗于是命令将刘士元扒光衣服绑起来，当面审问他，当时在野外没有行刑用的木杖，便拿来柳树棒子打了40杖，差一点打死他，之后囚禁在车上。送回京城，并抓来知县曹俊等十余人，也关在狱中。太皇太后丧礼时，武宗亲自奉侍太皇太后的灵柩，率领百官，穿着丧服徒步送丧，到得胜门外，皇戚、群臣、命妇分别按仪式祭祀，祭祀已开始，武宗着戎服骑马疾驰，在马上看着仪式进行。

皇帝派遣太监萧敬传达命令到辽东、宣府、大同、延绥、陕西、宁夏、甘肃等地，特命总督军务威武大将军，总兵官朱寿统率六军，或进攻或防守都由皇帝写成敕令给他，皇帝自命为威武将军，朱寿就是皇帝本人。这一天，在左顺门，群臣哭着进谏，皇帝仍不采纳，不久又下令加赐朱寿镇国公的爵位，用以报答他的劳苦。

武宗又一次巡视北边，黎明，从东安门出，听到消息的官员 52 人为他送行。皇上过居庸关，经怀来、保安等城堡，便到宣城住下。当初江杉劝皇上在宣府筑行宫，经过一年才修成，花费不计其数。又把京师"豹房"所储藏的各种珍宝以及巡游途中所收得的妇女送到宣府，置于行宫里，武宗十分高兴，每每称赞说："这是家里。"回到北京后，还是念念不忘，江杉想要皇帝专宠他一人，使别的宠臣不能接近皇上，多次诱导皇上外出，等再过居庸关，仍然让守卫不要让从北京来的京官朝官出居庸关，这样武宗厌烦了皇宫，开始是以"豹房"为家，发展到以宣府为家了。

武宗住在大同，立下字据购买总兵叶椿的房舍作为总督府，准备住在那里，并将强夺都指挥杨俊所置办的店铺两所改为酒店，并且为它写出木牌称为"官食"，也立下字据买下，但都没有付钱，叫作"官家房"。

凡是皇帝所经过的地方，皇帝身边的太监就开始抢掠良家妇女，作为皇帝召幸的对象，这样的妇女有几十车，车队随皇帝前行，每天都有死去的，左右的人不敢让皇帝知道，还让有关衙门供给饮食，另外准备妇女的衣饰作为赏赐费用。这样一来，远近受到骚扰，经过地区的人们纷纷逃亡，皇帝不知道这些情况。

皇帝于是封右都督江杉为平虏伯，左都督许泰为安边伯，并各自享受千石的俸禄，并且世世代代继承，江杉、许泰善于察颜观色猜测皇帝的意图，诱使皇上再去北巡边疆，与少数民族骑兵相遇，侥幸没有全军覆没，皇上想借此夸耀武功，于是借助他们二人，亲自为他们定封爵，谕令下到吏部，由吏部封给他们，江、许二人也自以为有功，心安理得地接受了。

皇上到了绥德州，住在总兵官戴钦家里，不久，就召幸了戴钦的女儿。

初，武宗驻在偏头，当时在太原大肆寻找女乐，偶然在众多女妓中，发现一位肤色姣艳而又善于唱歌的美人，便把她叫过来，打听她的原籍，原来是乐户刘良的女儿、太原府乐工杨腾的妻子。武宗让她一起喝酒，试验她的技能，十分高兴。后来从榆林还京，再次把她召来，便把她用车拉回来，从此跟随皇帝，在众多的美女中最受宠爱，称为"美人"，吃饭睡觉都在一起，左右人或触犯皇上，使皇上生气发怒，便暗中求助于"美人"，"美人"一笑皇上就不生气发怒了，江杉周围的人都称她是"刘娘娘"。

皇上从宣府到达西部边陲，往返数千里，骑着马背弓带箭，迎风冒雪历尽艰难，有关衙署备下车、轿跟随，但皇上不用。等到返回宣府，太监等随行人员都累得疲惫不能支持，而皇上不感到疲劳。

正德十四年二月，武宗从宣府回来，文武群众又如过去那样，准备彩幢、银币、羊酒在德胜门外迎接。那一天武宗先在外教场停留，亲自查视所获得的首级、军衣、仪仗等，然后入宫，向太监及五军都督府、六部、都察院、通政司、大理寺、堂上官、各衙门正官、科道官等赠赐银牌，额外报酬各有多少不同。

皇帝参加圆丘祭天活动，骑马从大明门出来，仪仗等都先走了，他由骑兵护从，率领百余人参加，祭祀结束后，皇上去南海子，半夜回宫，到奉天殿，行庆成礼。

武宗很爱喝酒，过去酒具随身携带，左右的人想乘他酒醉能自由活动，便准备大酒坛子，所以到哪里就醉到哪里，酒醒了又喝起来，这已是习以为常的事了。

武宗忽然下了手敕，谕令吏部，镇国公朱寿应加太师。又传旨礼部："总督军务威武大将军、总兵官、太师、镇国公朱寿，受命往南、北两直隶、山东泰安等州

第七编 明清野史

办公，兼尊奉圣像，祈福安民。"又令工部："今年南巡巡守，应赶紧准备驿站的黄色驿马和快船，以备使用。"

修建迎翠、昭和、崇智、光霁等殿，这时乾清宫、坤宁宫尚未完工，工部上奏迎翠等宫应当暂停，武宗不听。

武宗决心要南巡，群臣忧虑惶恐没有想出好办法，翰林院修撰舒芬、武选郎黄懽、车驾员外郎陆震等，都强行上奏，极力劝阻，医生徐鏊用医经养生的道理劝谏，六部等也相继进谏，皇帝不听，就将黄懽、陆震等逮捕入狱，又命令舒芬等107人罚跪宫阙5天，每天自卯时（5—7时）到酉时（下午5—7时）罚跪，设军校巡视，到时由各所属官署的长官领回，5天完了报告皇上。当时有一位金吾卫都指挥金事张英，自己主动跪在端门外，卫兵责问，他说："皇上若是外出，那么京城的百余万人民依赖谁呢？而且我应当随皇帝出行，若遇到变故一定死去，与其死在外面，还不如死在这里。"说着就自刺自己的胸膛，卫士抢下匕首，使他自杀未遂，将他逮捕入狱审问，司法部门仰仗江杉意图，定以妄言罪，准备处斩刑，皇帝下令杖60，执仗刑时被打死，听说的人对他十分哀痛。

大理寺寺正周叙等10人，认为大理寺的职责在于平反冤狱，向皇帝请求停止对因劝留皇帝的大臣的处罚，而且上疏极力挽留皇帝，皇上大怒，将他们下狱拷问。又降旨周叙等10人，连同黄懽、陆震、夏良胜、万潮、陈九川、徐鏊都带桎梏，罚跪宫阙5天，5天后报告皇上。不久，这些人所在的官署的余瓒等20人，工部主事林文辂等3人，再上疏，极力谏止，也都被下狱拷问，也都跪罚5天，和周叙等人一样。一时间朝廷成了监狱，大臣成了囚徒罪犯，看见的人纷纷落泪。又在午门外杖打郎中孙凤等107人，每人杖30下，因为孙凤及陆俸、张

衍、姜龙、舒芬几人是首先上奏劝止的，所以武宗特令调往外地，永远不起用，其余上奏的停俸禄6个月。行杖时，太监为了排斥异己，奋力重杖打下，被杖打的人痛呼不已，声音传入宫禁之中，刑部主事刘校、照磨刘旺死于杖刑。又杖打黄懽、陆震、夏良胜、万潮、周叙、林文辂、徐鏊等50大板并削职为民，徐鏊被发配到南方深山有毒气的地方，其余30人各杖40，降职二级，十几天来，陆震、余瓒、何遵、林公辅等相继死去，前后共有11人死去。

朱宸濠造反，武宗传令说："朱宸濠违背天理，图谋不轨，杀害巡抚等官，有消息说他已到湖口，将要进犯南京。"当即命令总督军务威武大将军、总兵官、后军都督府、太师、镇国公朱寿亲自统率各镇边兵征剿，令侍郎王宪率户、兵二部属官一人随同征剿，以张忠提督军务，朱泰挂威武副将军印，朱晖挂平贼将军印，都作为总兵官，临时持节出巡，平虏伯朱杉，左都督朱周随皇帝南征朱宸濠。

武宗命礼部报告皇上亲征祭告的礼仪，皇上戴皮弁，乘革辂车，准备六军，祭告天地、太庙、大社，并祭献军族之神，于是颁布亲征诏书，从北京出发。

这一天，提督南赣军务都御史王守仁擒获宸濠，捷报传来没有公开。武宗到保定停下，在府衙大堂设宴，巡抚都御史伍符与巡按御史管粮道主事都陪宴敬酒，皇上向伍符说，知道他能喝酒，想和他玩提阄的游戏。伍符偶然获胜，皇上很不高兴，故意将手中阄投在地上，让伍符拾起来，伍符手中有了阄，便被武宗罚酒几瓢，一下子就被灌得迷迷糊糊，皇上又大笑起来。不久到了临清，山东的许多军镇的巡官都前来随行。过了三天皇上传令举行宴会，宴会用的东西准备得很不周全，武宗看了笑着说："太怠慢我了。"这一次竟然没有发怒。都御史王琼

献酒，走得很慢，皇上用眼睛盯着他，神周为王担忧，怕皇上的意向无法猜测。第二天，再一次宴会，都御史龚宏走近皇帝，自己报出姓名，他是怕皇上把他当成王玥。江杉从旁边大声呵斥他，他的意思是同时使两人获罪，皇上不为所动。当时太监黎鉴的家人横征暴敛犯了罪，黎鉴十分害怕，将家里积蓄献了上去，又从有关衙门取得了奖赏。王玥认为不可，黎鉴用头撞王玥，二人互相撕打，黎鉴哭着向皇上告状，皇上说："你一定是有所求而没有得到满足，要不然巡抚怎么敢羞辱你。"黎鉴无话可说而退回去了。武宗巡幸所到的地方，表现出宽容又不被左右所欺骗的情况大致如此。

当初武宗南征，让刘美人搬到通州住，他们相约，皇上先走而后再接刘美人跟随，分手时，刘美人摘下一个簪请皇上带着，等迎她时持簪为证据。皇上过芦沟河时，乘马疾驰丢了簪子，大找了好几天也没找到，只好离去。到临清时，皇上派人去接刘美人，美人说："没有凭证不能同行。"皇上于是乘船，昼夜快行，到张家湾迎接刘美人，并带她南行。当从临清出发时，跟随的太监群臣没有知道的，皇上走了一会儿才发觉，然而已不能追上，等到回来了，遇到了湖广参议林文缵，皇上上了他的船，还夺了林的一个小妾。

九月乙卯是皇帝生日，文武百官在奉天门外遥视在外地的皇上，这一天皇上经过德州没有停泊继续前进，随从的诸臣在船上望皇上而拜，皇上又到临清，几天后开始南行。十一月，过济宁，又过徐州，皇上乘龙舟自济宁顺流而下，到淮安清江浦，去监仓太监张扬家。这次巡游所到之处，将捕捉的鱼、鸟都分别赠赐给周围的人，凡是得到一块肉一根毛的，都要献上金帛作为酬谢，这样在清江浦捕了几天鱼。

南京、山东、河南、淮阳等处的文武官吏，穿着军服徒步迎送皇帝，道路上不分贵贱。江杉不时传出皇帝旨意发号施令，征集紧要财物，旗牌官拷问捆绑地方官吏有如奴隶。通判胡琮因惧怕而自杀。南京守备成国公朱辅看见江杉立即跪下，总兵镇远侯顾仕隆稍不恭顺，江杉大怒，多次使他受窘。江杉又派遣官校四出，闯入民宅，假借圣旨，索要鹰犬、珍宝、古器，民间恐惧不安也不敢责问，或稍有违反，就被揪走，近淮三四百里间，没有得免的。

冬至这天，文武群臣在京行遥贺礼，这一天皇上正在清江浦，扈从官及巡抚、按察等官在太监张杨家中向皇帝称贺。

皇上到达淮安府，屏退侍从护卫，徒步入城，到总兵官顾仕隆家，下令将朱宁看管在临清。

皇上到宝应，在氾光湖打鱼。

十二月初一到扬州，在此以前太监吴经比皇上先期到达扬州，挑选居民中房屋高大华丽的改成提督府，准备皇上住。吴经还假冒皇上的旨意，寻找处女、寡妇，民间惶惶不安，有姑娘的人家，强拉光棍男子婚配，一夜之间出嫁完毕。有的乘着黑夜出城逃出藏匿，守门的人不能禁止。知府蒋瑶向吴经恳请不要索要妇女，吴经大怒说："你一个小官敢这样，你的脑袋不愁离开脖子了。"蒋瑶不为所动，慢慢地说："小官违抗皇上的旨意应该死，但是百姓是朝廷的百姓，倘若激起其他的变故，恐怕将来责任就有归属了，所以告诉你，不是我敢于违抗上命。"吴经的怒气稍稍缓和了一些。吴经便暗中偷看寡妇及娼妓、艺人之家，半夜时派出多名骑兵叫开城门，呼叫皇上已经来到，命令全街点上腊烛，街上亮得像白天一样。吴经于是率领官校直接到白天看好的民宅，拽许多妇女而出，到藏妇女的人家就毁墙扒房也要把妇女找出来，没有一个逃脱的，哭声响遍远近。不久把妇女分别寄住尼寺，有的愤恨不吃饭而饿死，蒋瑶找到死去妇女的家人，让他们去收尸，从此，各个有姑娘的家庭互相联系，多半用金子赎免，只有贫穷的人家，才都被收入进来，送到总督府。

皇上自己率几名骑兵在扬州西侧打猎，中间便到上方寺，从此后，经常狩猎，对地方骚扰很大，多亏刘美人劝谏才停止。只有总兵神周假借圣旨，到泰州搜取鹰犬，城中骚动不安，神周捉来百余名居民充当猎手，向东顺着草场大猎了三天，仅猎得獐兔几只。还想到海滨去打猎，赶上道路泥泞没有去成。皇上打算在南京举行郊祀大礼，以此来延缓回京的期限，大学士梁储、蒋冕不断地上疏劝谏，才停止。凡是经过的地方都禁止民间养猪，数百里之内，把猪杀光了，农村中有产猪崽的，都投入水中，这一年凡是祭祀，有关衙门就用羊代替。

武宗在仪征的新闸打鱼，看着长江，命令江杉代理祭祀。第二天，到百姓黄昌本家，看了太监张雄及守备马昺所选来的女妓，选出一半送到船上，渡江到了南京，按照常仪祭祀了南京太庙。

工部上奏浣衣局所召用妇女太多，每年用柴炭多到 16 万斤，现在还请增加，皇上批准了，这是这次巡游经过诸地所选审的妇女多留在浣衣局的原因。

正德十五年正月立春，皇上在南京迎春。准备了各种戏剧，魏国公徐俌、尚书乔守等再次在皇上临时住地称贺。

武宗带着刘美人游遍了各个佛寺，下令将大幡幰盖及佛幔经幰绣成花边，威武大将军镇国公与其夫人刘氏负责进行。

二月，皇上在牛首山住下，夜间诸军惊慌，左右都不知道皇上在哪里，惊慌了很长时间才安定下来，有的人以为江杉图谋不轨，所以才有这样的事。

当时有一个东西像猪头一样，绿颜色，落在皇帝面前。还有一件怪事，拘留妇人的住处，墙壁上像有人头挂在上面，一个连一个。

八月，江西把俘获的朱宸濠送到了，皇上下令设置广场，穿上军装，树起大旗，四周用军队环卫，去掉囚犯的枷锁，擂起鼓，敲起锣而把他抓起来，再戴上枷锁，接受了俘房，下诏班师。这天晚上，祭龙江，住在仪征，下令都督李琮祭旗敬神。武宗到江上捕鱼。第二天到达瓜州，到民宅避雨，这一夜住在望江楼，便从瓜州过江登上金山，又南渡镇江，到退休的大学士杨一清家。第二天再到他家，进入书房，让杨一清选出书籍献给皇上，于是问他：“《文献通考》是不是好书？”一清回答说：“该书有事实，有议论，就像皇上所说。”又问：“有多少册？”回答说：“60 册。”又问：“这里还有比这本书多的书吗？”回答说：“《册府元龟》较它为多，共 120 册。”皇上都让拿来献上。第三天在一清家中饮宴，乐声响起，皇上要来笔作诗十章赐给一清，让一清和诗，一清呈上，皇上看完后，改了几个字，这一天，一清向皇上献礼物，皇上十分高兴。从镇江回来，再住望江楼，到扬州，派朱杉在蕃厘观祭祀旗神。

巡抚、按察等官举行庆功宴，宴会的仪式用金、银牌各两个，轴一个，旗帐一个，彩联百匹，其他都折成钱财进上。

皇上又到汜光湖捕鱼，镇守太监邱得索要进贡物品没有得到，用铁练子锁着知府蒋瑶，羞辱备至，一连好几天才释放。

过淮安，都御史丛兰、总兵顾仕隆等呈进贺功金牌，还有花红彩幛，皇上穿军装头上插着花，在鼓声中骑马入城，当时有关衙门准备了过去的尚书金濂的房舍，等候皇上来临，皇上于是住在金濂家里。

经山阴县学，到走廊上看挂着的肖像，过了一会儿，又到教师宿舍，拿着《资治通鉴》出来。

回到清江，又到太监张扬家，三天后，武宗自己划着小船，在积水池捕鱼，船翻了武宗被水淹了，左右的人十分害怕，争着跳入水中把皇上救上来，从此武宗便身体不好。

十二月，皇上将要回到京师，先让礼部报告献俘的礼仪，皇上穿着常服到奉天门，钟声停，请皇帝乘轿，乐声起，登午门楼，就座，乐声止，鸣鞭后，文武百官朝贡，于是献俘，献俘完毕退朝。

于是有奏提督参谋策划机密军务，兼提督官校办事，后军都督府平虏伯朱杉等随皇上南下，按照总督军务，威武大将军、总管、后军都督府、太师、镇国公朱寿的指挥方略，将朱宸濠等叛党申宗远等15人，连同家属都逮捕起来，乞明皇上定出他们的罪名，皇上批道："着论功行赏。"结束后，即将申宗远等人在宫阙之下献俘，审问以后报给皇上。

当初，皇上从南方回来，命令宸濠的船与他的船接尾而行，曾打算把他投到湖里然后准备自己亲自活捉他，大臣都反对才没有那样做，这样对宸濠的处理，以处理朱真为例证，命令他自尽再扬他的骨灰。

武宗回到北京，文武百官在正阳桥迎候，这一天，皇上大展军容。俘虏及宸濠家属几千人，都排列在道路两旁，陆完、钱宁等都是赤裸上身，两手反绑，将姓名写在白旗上，白旗插在头后，俘虏的脑袋以白旗作标志悬挂在竿上，长达几里地接连不断，武宗身着军装，骑马立在正阳门下，看了很久才进去。

武宗以胜利凯旋的姿态，到南郊再拜，正在这时吐了血，祭祀的礼仪没有进行完毕，就得了重病。

# 将相野史

## 徐 达

徐达（1332—1385） 明朝初年名将。字天德，濠州（今安徽凤阳）人。世代农家出身。元朝末年参加朱元璋军，与常遇春同称才勇。朱元璋攻灭张士诚，北上灭元，都用他为大将军。明洪武元年（1368年）率军攻克大都（今北京），分兵定北方各地。以后又连年出击扩廓帖木儿。他有谋略，行军持重有纪律。封魏国公，死后追封为中山王。

### 应募投军

元朝顺帝至正十三年（1353年）夏天。淮河流域的濠州（今安徽凤阳）钟离县太平乡。

这是五月的一天，太阳底下有杆红旗插在一座草屋前面。一群年轻的庄稼汉子，正围着几个头裹红巾的士兵高声谈笑，亲热异常。

为首的士兵头儿，是位大个黑脸青年，高额头长下巴，模样古怪中带着威严。他一边亲热地和大家拉手拍肩，一边眉飞色舞地讲道："乡亲们，我这次回来，是奉郭元帅的将令来招兵买马，扩充队伍的。如今兵荒马乱，大家伙守在这穷乡僻地，既要忍饥挨饿，还得担惊受怕，不如干干脆脆出去闯荡一场，兴许日后还能闯出个什么名堂来。蒙古人的气数已经快到尽头了。大家都知道濠州城被围困了7个月，5万多名官兵硬是打不下来。最后，连他们的主将贾鲁也莫名其妙地得病死了。贾鲁这一死，官军便成了一群无头苍蝇，只好退兵回徐州去了。"

"嘿！重八大哥，我们心里想的跟你说的一样。"大个子徐达一拍大腿喊道："大家早就有心想投奔红巾军，杀几个蒙古官军出出几辈子的怨恨。只是没人牵线。现在你回来了，这下好了，大家就跟你走。你还记得咱们小时候放牛肚子饿得难受，杀了田主家的小牛烤肉吃的事吗？只要将来能有个不愁吃穿的好日子，弟兄们愿意跟着你打到天边去。"

听了徐达这么一说，周德兴、郭兴、郭英、费聚、邵荣等人也都异口同声地表示同意。

这位名叫"重八"的士兵头目，就是后来的明朝开国皇帝朱元璋。不过这时，他还未成什么大气候。一年前，他是个穷途无路的游方和尚，出家所居的皇觉寺被元兵一把火烧成了残垣断壁，只好走"逼上梁山"的造反之路。

朱元璋这次带着几个士兵回到家乡，是来招募士兵的。虽说身份才只是个小头目，但毕竟今非昔比了。左邻右舍的乡里乡亲，儿童时代一块长大的伙伴朋友，闻讯后都聚拢来了。其中徐达小时候和朱元璋一块放过牛，感情十分友好。这次见面后，两人又谈得非常投机。

在朱元璋和徐达等人的奔走联络、游说鼓动下，不到10天工夫，便招募到700多人。这些人都是世世代代的乡里亲朋，远近多少都有些宗族关系，沾点婚姻亲戚，一旦有人出头号召，自然就会群起响应。他们后来便成为朱元璋军中的骨干将领。史书上称为"淮西老将"。

当朱元璋带着新招募的队伍回到濠州城里，元帅郭子兴十分高兴。过了不长时间，他便任命朱元璋担任镇抚职务。从此，朱元璋便一跃而成为带兵官员了。

朱元璋从招募的这700人中，挑选出24名淮西老乡，担任军中的大小头目。其中第一个就是他儿时好友徐达。

徐达应募投军的这一年，已是23岁的小伙子。他比朱元璋小3岁，人长得身材高大，强壮有力，高高的颧骨，性情刚毅，临危武勇敢为。他的家庭，是世世代代务农为生的庄稼户。在徐达从小到大的这20多年间，淮河流域的老百姓，备受天灾人祸的煎熬，可真是受尽了艰难，吃够了苦头。

先说蒙元统治者的残暴压迫。在蒙古人统治中国的70多年里，民族压迫尤其野蛮苛刻。蒙古人征服中国后，将天下人口划分为四个阶层：一是蒙古人，地位最高贵；二是色目人（西北地区各族人和来到中国的中亚、东欧人），被蒙古人利用来压迫较后被征服的汉族人；三是汉人（原金朝的汉、女真、契丹、渤海、高丽人，以及四川地区的汉人）；四是南人（原南宋地区的汉族和其他各族人），地位最低贱。蒙古统治者贱称汉人为"汉子"、南人为"蛮子"。并且规定蒙古人欧打汉人时，汉人不得还手。即使蒙古人打死汉人，只不过判处当兵出征和罚交烧埋银；反过来，如果汉人打了或打死蒙古人，就要严行断罪。

南宋灭亡后，蒙古统治者将南人20户编为一甲，作为行政管理的最基层组织，甲主由蒙古人担任。甲主对甲内的居民有绝对的权威；衣服饮食唯其所欲，童男少女唯其所命。甲主糟蹋霸占平民的妻子女儿，人们敢怒而不敢言。甚至夜间禁止平民通行，违反者要笞打27下。这些虽然是南宋灭亡后一段时期的情形，但它留给南人的惨酷印象和屈辱心理，却是世代难忘的。

再说天灾。在徐达十二三岁时，淮河一带旱灾、蝗虫、瘟疫相继而来。老天爷失时不雨，田地干裂开一条条龟缝，禾苗就像秃子头上的稀毛。蝗灾又如同雪上加霜，把那稀毛般的庄稼吃了个精光。

旱蝗之灾过后，又流行起了疫病。吃野菜树皮草根的穷苦百姓，温饱尚且顾不上，哪里有钱买药治病，眼睁睁看着亲人浑身发热，上吐下泻咽了气，大家才明白这是闹上了瘟疫，又慌不择路地拖儿带女，四处逃难了。徐达和家人也曾离乡背井，逃辟瘟疫，过后才又返回老家的。至于朱元璋家中，就是这个时候，接连死了三个亲人，在走投无路的情形下，他只好出家当了和尚。

在蒙元王朝统治的末期，不只是淮河一带灾祸频繁，民生凋残。在中原地区，由于官府不修水利，黄河连年决口，百姓流离失所，田地荒芜，到处是人烟寥落，凄凉黯淡的景象。

1351年（元顺帝至正十一年）五月，反抗蒙元残暴统治的红巾军农民大起义，终于在官府督修河道的工地上爆发了。成千上万的贫苦农民，短衣草鞋，头裹红巾，手持竹竿锄头，长予大刀，捕杀官僚，攻占县城州府，开仓散粮，破牢放囚。起义军传唱着"杀尽不平方太平"的歌谣，敲响了蒙元王朝的丧钟。

红巾军大起义如同燎原烈火，迅速燃遍了中原地区和江淮流域。首举义旗的是颍州（今安徽阜阳）刘福通，随后有徐州芝麻李、赵均用、蕲水（今湖北浠水）徐寿辉，湖北襄县孟海马，濠州郭子兴等人继起响应。此外，还有非红巾军系统的浙江台州方国珍、江苏泰州张士诚等起义军，皆各据一方，自立名号，创建政权，把个蒙元王朝像剖瓜似的拦腰截成了许多碎块。

话说在濠州举事起义的郭子兴，祖上原是山东曹县人，打他父亲这代起来到安徽定远县居住谋生。郭子兴兄弟三人因善于经营盘算，逐渐发迹成为当地有名的大家富户。红巾军大起义爆发后，定远、钟离一带的农民揭竿而起，动辄就会合起数千人马。常言道"乱世英雄起四方，有兵有粮草头王"。1352年二月间，早已加入民间秘密宗教——弥勒教的郭子兴，招集了几千人，趁黑夜偷袭濠州，冲入州府官衙，杀了元朝州官。然后，郭子兴和起事的头目孙德崖等五人都号称"濠州节制元帅"。

濠州城头红旗一举，远近的穷苦百姓纷纷前来投奔，义军的声势越发壮大。朱元璋是在濠州起事后两月投军的。他先当兵卒，不久，就因机敏能干被郭子兴调到帅府担任亲兵九夫长。又过了几个月，朱元璋在军中以勇敢有见识，重义气得人缘而名声四传，郭子兴便把他当作心腹体己看待，还将干女儿马姑娘许配给他为妻。就连"元璋"这个名字，也是郭子兴给他取的。

前面说到濠州被元兵围困，那是1352年冬天到次年春天的事情。元兵因主将病死退走后，城里的红巾义军才长长松了口气。由于围城期间折损了不少兵马，朱元璋征得郭子兴同意后，回到家乡招募队伍补充兵员。

再说濠州城里的五个义军元帅，并不是心有宏图远志的人物，相互之间常为了一些小事钩心斗角，消耗实力。就连带头起事的郭子兴，也是心胸狭窄，贪图财货，遇事缺乏决断。而朱元璋却是个胸有大志，心有盘算的英雄豪杰。他看出总待在濠州城里，早晚会出事，所以，他便想打破僵局，开拓新地盘，发展势力。

朱元璋向岳父郭子兴说明心意后，便带着徐达、费聚等24人，南下定远县，准备掠地招兵。定远是郭子兴的家乡，他的旗号在这里很有号召力。朱元璋利用这个地利人和之便，连续收编了几支地主武装，再加上陆续前来投奔的人数，几个月的工夫，竟发展到两万多人。对这支生力军，朱元璋重新编制，加强训练。他特别重视军纪，严令不许扰民。

军势壮大之后，朱元璋在谋士冯国用、李善长的参谋下，决定南下攻打滁州（今安徽滁县）。滁州的元军力量弱小，被朱元璋军队一个猛冲便攻占了。不久，郭子兴也从濠州来到滁州驻扎。

1355 年正月，由于滁州缺粮，郭子兴派朱元璋去攻打和州（今安徽和县）。攻取和州后，郭子兴提升朱元璋为总兵官，负责镇守。

从南下定远到攻取和州，徐达一直是朱元璋的得力助手。他不仅作战勇敢，而且善于出谋划策，逐渐显示出了统兵作战的军事才能。朱元璋看到徐达的才干谋略出于众人之上，便在郭子兴面前为他请功，并建议提拔重用。郭子兴采纳了朱元璋的建议，任命徐达为镇抚。

三月间，和州城里的红巾军又闹了一场窝里斗。因濠州缺粮而来到和州就食的孙德崖，与郭子兴难以相处，决定率领自己的队伍离去。朱元璋为了不伤和气，亲自送孙德崖的队伍出城。谁知没走多远，后面传来消息，说是郭子兴将殿后的孙德崖抓了起来。孙德崖的将士不由分说，也将朱元璋扣押不放。然后，派人通报郭子兴换人。但是两边谁也不肯先放人，都怕对方不守信用。

双方就这样僵持了两天，朱元璋在孙军中险遭人害。在这个情势危急关口，新任镇抚官徐达挺身而出，向郭子兴请求：他愿先到孙军中做人质，换回朱元璋，与孙德崖交换。

郭子兴正不知如何才好，见徐达这样挺身赴险，急忙同意。最后，当孙德崖被放出城回到军中后，徐达才得以释放，平安无事。这件事，使朱元璋对徐达心怀感激，更加信任和重用了。

### 功拜相国

捉放孙德崖这件事，使郭子兴窝了一肚子闷火，气恼之下便得了重病，不久就去世了。郭子兴一死，他的次子郭天叙继任了元帅职位，郭子兴的妻弟张天佑为右副元帅，朱元璋为左副元帅。朱元璋的地位虽说只是第三把手，但因他身边有徐达、汤和、冯国用、李善长等勇将谋士，再加上他招募收编组织起来的军队占多数。所以，实际上朱元璋才是举足轻重的角色。

1355 年六月一日，朱元璋与徐达、汤和、李善长、冯国用等人率领 3 万大军，乘船渡江，杀向南岸。与和州隔江相望的太平路（今安徽当涂），是富庶的产粮区。朱元璋决定先占领太平路，而后相机进取集庆（今南京）。

长江南岸的要塞采石矶，是太平城的咽喉之地。元将蛮子海牙早已率弓箭手和长矛手严阵以待。朱元璋的红巾军两次冲击都被元军打退，开战不利。勇将常遇春和胡大海身先士卒，发起第三次冲击，终于杀散元军，登上南岸。朱元璋和徐达等人指挥大军乘胜进攻，一鼓作气拿下了太平城。

元军不甘心失败。弃城而走的蛮子海牙从水路以战船封锁采石；陆路由陈埜（yě）先率地主武装"义军"数万人直扑太平城。

朱元璋早已做好准备。他派徐达、邓愈两人各率一支精锐骑兵埋伏于城南山中。陈埜先仗着人马众多，亲自督促"义军"拼命攻城。就在城上城下攻守双方激烈鏖战之际，南山中的两支伏兵奔袭而来，徐达、邓愈二马当先，从背后杀入"义军"阵中。陈埜先前后受敌，惊惧失措，慌忙领军夺路而逃，结果被邓愈活捉。水路元军得知陆路"义军"失利，只好顺流而下奔集庆去了。

太平城转危为安。接着，徐达又受命带数千人马，出太平向东攻占了溧阳、溧水，从南面对集庆形成包抄之势。1536 年（元至正十六年）三月，朱元璋会合水陆诸军，攻取了集庆城。元朝守将福寿战败身死,军民共计50余万人归降于朱元璋。

朱元璋取得集庆后,改名为应天府。这时,他的地盘刚得到扩展,周围是元军或其他起义军,处于四面邻敌的状况。于是,他从长计议,决定以应天为中心,先给自己营建一块根据地,而后再作远图。

应天东面的镇江,由元将定定把守。如果镇江落到割据东吴的张士诚手中,就会对应天构成威胁。因此,朱元璋在应天稍作休整,即命徐达统兵进攻镇江。在出兵时,为了严明军纪,朱元璋与徐达商量演了一场"苦肉计":他故意找徐达的过错,而后大发脾气要从重处治,经李善长等人再三求情,才准予戴罪出征,立功免罪。

徐达被任命为大将军。大军出发时,朱元璋再三告诫道:"我自起兵以来,从不妄杀无辜。你要明白我的心意,严格约束部下。攻取镇江后,不许焚烧杀掠。若有违犯者,定依军法处置。"

徐达顿首领命,率军浮江东下,攻取了军事重地镇江。军中号令严明,百姓宴然。然后又分兵掠取金坛、丹阳等县。朱元璋任命他为统军元帅,驻守镇江。

此时,张士诚已占据常州,派水军来攻镇江。徐达于龙潭击退来犯之敌,急派信使请求朱元璋派兵进围常州,以为牵制。朱元璋派3万大军增援徐达。张士诚也派遣兵将驰援常州。

徐达考虑到敌方援军来势锐盛,不易强取,便在常州城外18里设下两支伏兵,又派大将王均用为奇兵,然后亲自督军迎敌。张士诚的援军遭徐达迎头拦击,又受王均用侧翼横冲,败阵而退。这时,两支伏兵齐发,敌军大溃奔逃而去。徐达擒获敌方两员大将,乘胜挥兵包围常州。

常州被围既久,城内粮草缺乏,军心动摇。徐达与汤和督军加紧攻击,终于在次年三月攻克了常州。朱元璋将常州改路为府,设立长春枢密院,任命徐达金枢密院事,汤和为枢密院同金,共同领兵镇守。

四月,徐达又与常遇春等将在朱元璋亲自指挥下,攻取宁国。七月,徐达派前锋将赵德胜攻常熟,擒获张士诚的弟弟张士德。张士德善战而有谋略,为张士诚攻取了浙西大片地盘。他被俘后绝食而死,使张士诚极为沮丧。

1358年十月,徐达与邵荣等人联兵夺取了宜兴。这样一来,朱元璋相继取得了应天周围的战略要地,在东面挡住了张士诚西犯的门路;在西面对徐寿辉采取以守为攻的战略。

1360年五月,徐寿辉被部下陈友谅杀害。陈友谅自称皇帝,国号汉。他占有江西、湖广大片地盘,是割据群雄中力量最强,野心也最大的人。他派使者与张士诚相约,东西夹攻朱元璋。然后统率大军沿江东下,来攻应天。

朱元璋命诸将分头埋伏于应天城内外各险要地点,而后派陈友谅的熟人康茂才诈降,诱使陈友谅进入埋伏圈中。伏兵四起之后,陈友谅情知中计,但已无退路。此时,徐达伏兵于南门外,看见朱元璋黄旗挥动,即刻带兵杀出。这一战击溃陈友谅的主力,生俘7000余人,缴获几百艘战船。

陈友谅乘船逃脱,奔还江州(今江西九江)。

徐达乘胜统兵收复太平,又与诸军会合,攻克安庆。

正当朱、陈两军在江南连续作战的同时,江北的红巾军接连失利,形势危急。1363年,投降元朝的张士诚围攻安丰(今安徽寿县),刘福通派人向朱元璋求援。如果安丰失陷,应天就将失去一道屏障。朱元璋带领徐达等将渡江北上救援刘福通。

就在这时,陈友谅乘机发兵60万,大举进攻,首先包围洪都(今江西南昌)。朱元璋的侄儿朱文正督军死守城池,等待援兵。

七月,朱元璋亲率大军至鄱阳湖,与陈友谅决战。开战第一天,徐达冲锋在前,率部下击退敌军前锋部队,杀敌1500余人,缴获一艘大船。俞通海等将发起火攻,烧掉敌船20余艘。徐达战船着火,敌军乘势反攻。徐达奋不顾身,带头扑灭大火,拼死搏战,与朱元璋派来的援兵一起杀退敌军。

两军于湖上相持不下。朱元璋担心张士诚乘虚进犯,便命徐达连夜回应天负责守备。徐达在应天修城备粮,整顿士卒,警惕防守,使朱元璋得以无后顾之忧。

鄱阳湖一战长达36天之久。朱元璋依靠火攻终于大胜敌军。陈友谅在激战之中被飞箭射死,全军失去主帅,溃退回武昌。

1364年(元至正二十四年)正月,朱元璋在应天自立为吴王,设置百官,建中书省,以李善长为右相国,徐达为左相国,常遇春、俞通海为平章政事。

朱元璋从起兵以来,部下将帅中最著名者有三人,第一位就是徐达。其余两人是常遇春、邵荣。

## 东征张士诚

朱元璋消灭了兵强地广、雄踞长江上游的陈友谅,解决了西面的强敌,自己的军力地盘也更加壮大。他的下一个进攻目标,便是割据东吴的张士诚。

张士诚是淮南泰州(今江苏泰县)人。泰州靠海,居民多晒盐为生。张士诚兄弟几人从小到大,是靠撑船贩卖私盐混光景。他为人仗义疏财,是当地私盐贩子的头目。地方上的大户和官府常常欺侮勒索盐船,人们早就怨恨在心。

1353年,张士诚趁着天下义军蜂起的形势,带着兄弟朋友共18位壮士,举事造反。贫苦农民、盐民、无业游民群起风从,很快攻下泰州、高邮,占据了36盐场。张士诚自称诚王,国号大周。

经过六七年的扩张经营,张士诚占地两千余里,盛产粮食,又有鱼盐桑麻之利,人口众多,最为富庶。但他生性迟重,待人宽和,遇事缺乏主见,只想守住自己的地盘,无甚大的野心。他手下的武将文臣,大多是当年穷愁潦倒的江湖朋友。如今有了地盘,成了气候,这些人个个贪图享乐,争着修房子建园子,平日里更是伎优声色,歌舞宴乐,已经很快地腐化败落了。

从元至正十六年(1356年)起,朱元璋便与张士诚接境,双方互相攻伐,大小冲突不断,僵持了近10年时间。由于朱元璋以全力对付陈友谅,所以对张士诚基本上取守御之态。

张士诚的地盘以长江为界,分为两部分。江南的浙西地区防守比较坚固,而江北的淮东地区防守则相对薄弱。朱元璋东征张士诚,采取先北后南的策略。元至正二十五年(1365年)秋天,徐达受命为总兵管,统率常遇春、胡美、冯胜等将,带领步、骑、水军,渡江北上进攻淮东地区。

徐达率军很快攻克泰州,活捉守将严再兴等人。然后,分兵命部将刘杰攻取兴化,他自己进兵包围高邮。朱元璋担心徐达深入敌境,无人策应,便命其退回泰州,先攻取淮安、濠州和泗州(今江苏盱眙)。

张士诚为了分散牵制江北的朱元璋军队,出兵攻击江南的宜兴。朱元璋命徐达渡江还击,打退了张士诚的军队,生俘敌士卒3000余人。然后,徐达又还兵江北,攻打高邮。

当徐达南渡驰援宜兴后,朱元璋命

冯国胜统兵围攻高邮。守将俞同金遣人诈降，冯国胜信以为真，夜晚派数百名士卒先行入城，结果被俞同金关闭城门，尽行杀掉。朱元璋闻讯后大怒，召回冯国胜，杖责其过。

徐达从江南回师后，经朱元璋同意，以孙兴祖守海安，常遇春统水军为继援，自己与因为惭愧愤怒而拼死力战的冯国胜一起，很快攻克高邮城，杀死守将俞同金等人。

高邮既克，朱元璋派使者告喻徐达，乘胜取淮安。1366 年四月，徐达兵临淮安，侦知张士诚部将徐义的水军集于马骡港，便于夜晚出奇兵袭破其水寨。徐义乘船海遁而走。

徐达挥兵围城。淮安守将梅思祖等人看到形势严峻，遂开城投降，并献出所辖的四州。随后，徐达又进兵攻取兴化。这样，淮东地区便基本平定了。

朱元璋对张士诚江南地区的攻击，分为两步。第一步是攻取湖州、杭州，切断其两翼力量；而后从北、西、南三面包围平江（今苏州）。

在朱元璋召集文武大臣的议事会上，徐达主张道："张士诚等人骄横而且反复无常，暴敛民众，荒淫奢侈。这是上天要使他们灭亡。他所任用的骁将李伯升、吕珍之徒，都是卑劣小人，依靠手中兵将追求富贵享乐。执掌政务的黄敬天、叶德新、蔡彦文三人，都是迂阔书生，胸无大计。我愿奉主上威德，率精锐之师出师，声讨兵伐，三吴之地可计日平定。"

朱元璋听后大喜道："你的想法与我完全相合。这样的话，大事一定能够成功。"

七月，左相国徐达受命为大将军，平章常遇春为副将军，统领 20 万大军，出太湖直取湖州（今浙江吴兴）。根据朱元璋"先分其势"的策略，同时由李文忠、华云龙带兵攻杭州和嘉兴。

话说徐达等人率军进至湖州三里桥时，敌方守将张天骐兵分三路迎战。徐达亦分三路进攻，自己居中路。交战不久，常遇春擒获敌将黄宝，其余两路敌军急忙退回城中。

张士诚遣李伯升援救湖州，随后又增派朱暹、吕珍等人带兵 6 万来援，屯驻于城东的旧馆，筑起五个营寨。另外，还有张士诚的女婿潘元绍驻兵乌镇，为吕珍等人声援。

此时，朱元璋派汤和自常州增援徐达，诸将于东阡镇南的姑嫂桥一带筑起十座营寨，阻绝旧馆方面敌军入援湖州的通道。徐达又遣精兵夜袭潘元绍。元绍遁逃，徐达下令填塞沟渠水港，绝敌运粮之道。

张士诚看到湖州危急，援兵又被阻隔，便亲自带兵来援。但被除达在皂林（今浙江桐乡北）击败。九月，张士诚又派部将徐志坚以轻舟出东阡镇，欲攻姑嫂桥，不料遇上风雨大作，结果 3000 余人一起被打败活捉。

接连失利使张士诚十分惊慌，他派左丞徐义到旧馆观察形势，反被常遇春扼其归路，无法走脱。徐义只好暗中派人约张士诚之弟张士信从太湖出兵，与旧馆的吕珍等人合军力战，在张士诚又派出自己的赤龙船亲兵支援的情况下，徐义才得脱身逃出重围。

徐义与潘元绍率赤龙船亲兵屯于平望（今江苏吴县东南），再乘小船潜入乌镇，企图援救旧馆。但被常遇春带兵追袭，攻取平望，放火焚烧了赤龙船，兵士四散奔逃。从此，旧馆外援断绝，粮草日益缺乏，跑出营寨投降的兵士一天比一天多。

十月，在徐达派军追击下，徐义、潘元绍战败逃走。随即，徐达又攻击敌军的升山水寨，放火烧毁其战船。朱暹、吕珍等人在援绝粮尽之下，只好献旧馆投降。十一月，徐达将吕珍等人押解到湖州城下示众，劝谕张士诚的司徒李伯升等人投降。李伯升欲拔刀自杀，被部将抱持而不得死。张天骐看到势穷而无援，已开城投降。李伯升不得已，只好顺从。同月，李文忠进兵杭州，守将潘元明惧而出降。绍兴守将李思忠、嘉兴守将宋兴也都不战而降。

攻取湖、杭，朱元璋的第二步便是围攻平江，消灭张士诚。早在围城之前，宁海（今山东牟平）人叶兑曾向朱元璋建议用"销城法"围攻平江。就是在距平江城一箭之地外筑起长围，四面立营，屯田固守，将张士诚困死于城中。

徐达统率大军进逼平江，采用了叶兑的方法。他屯兵于葑门外，其余常遇春、郭兴、华云龙诸将分段屯驻，修筑长围。又架设起三层的大木塔，居高临下监视城中动静，名为"敌楼"，其上设置有弓弩火铳。又用"襄阳炮"，日夜轰击城中。

平江城外无援兵、内乏粮草，张士诚几次试图突围都被堵死。朱元璋几次派人前去劝降，都被张士诚坚决拒绝。他的部将莫天佑驻守无锡，为平江声援。莫天佑派手下善泅水的杨茂潜入平江，传递消息。杨茂在阊门水寨被徐达部卒抓获。徐达释放了杨茂，向他申明形势大义，收为内应。平江虽被围困，但坚城一时难拔。因而徐达让杨茂继续为平江和无锡之间传送情报。这样，他就可以全部了解敌方的虚实动静。

1367年二月，徐达因平江久围不克，遣使向朱元璋请示。朱元璋亲笔书信道："大将军自随我起兵以来，天性忠义，沈毅有谋，勘乱定难，可比古代豪杰。……今后军中缓急事宜，一切由将军自行定夺。"

徐达得朱元璋手书，遂传令所辖48

卫将士加紧攻城。有一天，张士诚之弟张士信正在城楼上吃饭，被城下的"襄阳炮"击中，粉身碎骨而死。

城中张士诚听取部将熊天瑞的建议，也制作飞炮，轰击城下。城中的木石用尽，又毁祠庙民房作为材料。徐达传令军中架起木屋，上承竹笆，士卒伏于其下，以挡城上箭石炮火。

九月，平江城中粮尽，军民以枯草老鼠为食。张士诚身陷绝境但仍不投降。徐达下令全军强攻破城！城下战鼓擂动，火炮齐鸣，20万大军杀声震天，将士人人奋勇争先。徐达督军首先攻破葑门；常遇春攻破阊门水寨，直逼城下。张士诚令枢密唐杰上城督战拒敌。唐杰抵挡不住，交械投降。参政谢节、潘元绍是在城门扎营，此时看到大势已去，也相继投降。

将及黄昏时分，张士诚军全线崩溃。徐达指挥全军从四面八方架起云梯，蚁附登城，冲入城内，与敌军展开激烈的巷战。

张士诚与其副枢密刘毅收拢残兵，尚有两三万人。他亲自督战，在万寿寺东街与徐达军并杀。但很快就因力量悬殊，又复失利，刘毅也投降了。张士诚仓皇退他的王宫，身边只剩下几名亲兵。这时，后宫齐云楼大火冲天，张士诚的妻子刘氏点燃了楼下的柴草，自焚身亡。见此凄惨断肠情状，张士诚长叹几声，转身关起房门……

暮色苍茫。平江城中的喊杀声已经微弱。降将李伯升奉徐达之命，前去劝谕张士诚。他匆匆进入宫来，张士诚已悬梁自缢。李伯升让随从赶忙将其解救下来，幸亏气息未绝，许久才缓过气来，却闭目不语。徐达闻报，命将张士诚押送应天，听候朱元璋处理。最后，张士诚还是在看守之地自缢而亡。

平江既破，城中20万军民向徐达投

诚。徐达与常遇春按事先约定，分平江为两半，各自驻守，安抚民众。并下令全军将士各悬一块小木牌，上书军令："掠民财者死，拆民居者死，离营 20 里者死。"

徐达率诸将从平江凯旋归至应天，朱元璋亲到戟门迎接，颁下敕书表彰诸将，然后按功行赏。徐达进封为信国公，常遇春为鄂国公。

## 北上灭元

攻灭张士诚后，朱元璋派朱亮祖、汤和等人率军征讨浙东的方国珍，只用了三个月的时间，便削平了这个称雄浙东 20 年的割据者。与此同时，朱元璋决定了北伐灭元大计。

这时朱元璋的疆土，大体包括今湖北、湖南、江西、安徽、浙江、河南东南部，包括汉水下游和长江上游，在全国是土地肥沃、物产丰富、人口众多、最为繁荣富庶的地区。

朱元璋召集文武大臣商议北伐部署，他对徐达等人说："中原战乱不休，人民饱受离散之苦。蒙元运祚已尽，现在出师北伐，可令其迅速灭亡，拯救百姓于水火。北伐事关重大，我们如何才能顺利取胜？"

常遇春回答道："现在南方已经平定，兵力有余，以我百战精锐之师直捣元都城，必胜无疑。一旦都城攻克，分兵扫荡各地，其势如同利刃破竹，可不战而下。"

朱元璋道："元朝建都百年，城防守备必然坚固。如果我们孤军深入，不能立即取胜，相持于坚城之下，粮草不继，而元朝的勤王之兵四面赶到，则我军进退两难，岂不坏了大事！我想还是先取山东，撤去大都的屏障；再挥师下河南，剪断其羽翼；然后进入潼关，占领其门户，将天下形势的主动权握于我们手中。这时再进围大都，元朝已是势孤援绝，自

然不战可取了。大都攻克后，我们大军鼓行向西，云中、九原、关陇地区，皆可席卷而得。"

朱元璋制订了稳扎稳打，逐步推进的北伐大计之后，便决定统领大军的人选。朝中名将以徐达、常遇春两人才勇相当。常遇春剽悍勇猛，敢于深入敌境，但却时常不免滥加杀戮。徐达用兵持重，长于谋略而且处事谨慎，每每攻克城邑，军纪严明，不搅扰百姓，俘获敌方壮士，能以恩义相结，收为己用。

1367 年十月，朱元璋任命徐达为征虏大将军，常遇春为副将军，率 25 万大军，北取中原。行前，朱元璋又当面告谕众将："大军出征是奉上天之命，讨平祸乱。因而命将出征，重在选人得当。治军严明，战胜强敌而攻取城池，具有统率才能的，莫如大将军徐达。勇敢无畏，敢当百万之众，冲锋陷阵所向披靡，莫如副将军常遇春。我不担心常遇春打不了硬仗，只担心他会轻敌。身为大将而好与小将争胜，这可不是我所希望于诸位的。这次出师北伐，如果大敌当前，以遇春为先锋，与冯胜分为左、右两翼，各率精锐冲击向前。薛显、傅友德都是勇冠三军，可各领一支人马，独当一面。大将军徐达专门主持中军，责任是运筹决胜，策励诸将，切不可轻易妄动。"

徐达统率北伐大军从淮安出发，先进入山东。配合北伐主力的偏师，由征戍将军邓愈率领，从襄阳北略南阳，以分散元朝兵力。北伐军所过之处，张布"驱逐胡虏，恢复中华"的讨元檄文，告喻官吏和民众。讨元檄文起了巨大的宣传号召作用，许多州县纷纷投降，北伐军进展顺利。

十一月，徐达指挥大军攻克沂州（今山东临沂），然后遵照朱元璋的指示，命部将韩政扼守黄河天险，张兴祖攻东平、济宁，自己亲率大军攻克益都。十二月，

大军兵临济南,元将达多尔济(朵儿只)开城投降。徐达命指挥陈胜镇守济南,自己复还益都,分兵攻取登州(今山东蓬莱)、莱州(今山东掖县)。北伐军从誓师出征起,前后三个月的时间,山东基本被平定。徐达将山东各地的土地甲兵账册图籍等一并上奏朱元璋。

在北伐军连连攻取山东州县的捷报声中,1368年正月初四,朱元璋在应天登基称帝,建立起朱明皇朝,年号洪武。新朝建立,自然要封赏功臣,任命百官。朱元璋任命的左、右丞相,一个是李善长,另一个是徐达。朱元璋立长子朱标为皇太子,李善长兼任太子少师,徐达兼任太子少傅。

二月,明北伐军沿黄河西进直入河南境内,连克永城、归德、许州(今许昌),直逼陈桥。元汴梁(今开封)守将左君弼献城投降。徐达留都督金事陈德守汴梁,统率大军向河南(今洛阳)进发。

四月,明北伐大军自虎牢关进至塔儿湾(今河南偃师境内),元将脱音特木尔统率5万大军列阵于洛水北岸。副将军常遇春单骑先闯敌阵,射杀敌前锋一人,纵马大呼恃勇冲锋,徐达指挥大军继后,以不可阻挡之势全线冲击,元军大溃。脱音特木尔逃往陕州,明军乘胜追击50余里。外围之战取胜,明大军扎营于洛阳北门外。元守将李克彝弃城而逃,梁王阿抡只好出城投降。

明军继续西进,攻克陕州(今河南陕县),直逼天险潼关。元守将李思齐、张思道闻明大军将至,慌忙丢弃辎重奔向凤翔。明军先锋都督同知冯宗异引兵进入潼关,向西直至华州(今陕西华县)。

至此,明北伐大军平定山东、河南,又据潼关堵住关中元军东下出路,对元大都形成了月牙形的包围态势。五月,朱元璋驾幸汴梁,大会诸将,厚加慰劳,同时研究下一步的进军方案。

朱元璋询问新的战略部署,徐达道:"自我大军平定山东、河南,元军统帅扩廓帖木儿在太原观望不进,如今潼关也被我军控制,张思道、李思齐失势西窜,元大都的声势已绝。我军乘胜直捣其城,可不战而得之。"

朱元璋看看地图道:"你讲得很好。不过,北方土地平旷,利于骑兵作战。你应当挑选部将领兵作为先锋,然后督水陆大军继其后,用山东粮食为军饷。大都没有了外援,城内人心自然惊溃不安,必定会被我大军攻克。"

徐达又向朱元璋请示道:"如果大都攻克而元朝君主北走出关,我军是否穷追不舍?"朱元璋回答:"元朝气运衰微,定会自行灭亡,不必烦劳我军穷追。一旦元朝君主逃出塞外,我军宜固守边关疆土,严守其侵犯便是。"

七月,朱元璋返回应天,他临行前一再告谕徐达等人:"中原人民,苦于劫难已经很久了。朕命你们北伐,就是为了解救人民。诸位将军攻克城镇,切勿抢掠,切勿焚烧,一定要让市场照样买卖营业,让百姓各安其生。"

徐达、常遇春率诸将会于河阴(今河南荥阳),然后分遣兵马进入河北。闰七月,徐达于临清召集诸将,部署具体进军方略,命傅友德开辟陆路以通步、骑兵,都督副使顾时负责疏浚河道以通水军。

明北伐军沿运河推进。常遇春首先攻陷德州,接着又克长芦(今河北沧州)、直沽(今天津)。据守天津的元丞相也速从海口望风而逃,大都震动,人心惶惶。

明军进至河西务(今河北武清东北),大败元军,生俘306余人,乘胜推进到通州(今北京通县),又利用大雾天气,伏击元守军,守将布颜特穆力战身死。

通州失守的消息传到大都皇宫之中后,元顺帝大为恐慌,集合后妃、太子说道:"今日岂能重蹈北宋徽宗和钦宗亡国被俘的覆辙!"他不顾臣下的劝谏,以保命为先,于闰七月二十七日深夜,带着后妃、太子从建德门仓皇而出,经居庸关北走至上都开平(今内蒙多伦西北)。

八月二日,徐达率军进至大都齐化门,士兵填平城下的壕沟,进入城中。徐达登上齐化门城楼,兵士将元顺帝留下守城的淮王、左右丞相等人押到。这些人不肯投降,被徐达下令处死。其余的元朝大臣将士都以性命为重,愿意归顺明朝,他们都受到宽大处理,无一人被滥杀。徐达下令查封城中的府库图籍宝物,派指挥张胜带 1000 名兵士守卫皇宫。同时严令所有将士,不得骚扰百姓。由于朱元璋早有告诫,以及徐达严厉约束,北伐军纪律严明。大都城中官吏人民生活安定,一如平时,街市上的店铺买卖营业也未曾停顿。

攻取大都,标志着蒙元王朝统治中国的结束。徐达即刻遣使向应天献捷,又命傅友德、华云龙负责整修城垣,朱元璋接到捷报后,宣布大赦天下;下令改大都为北平府,由孙兴祖、华云龙驻守;诏命徐达、常遇春、汤和、冯宗异等人率大军攻取山西、陕西等地,扫清元朝的残余势力。

### 镇守北疆

大都攻克,元朝灭亡。但元顺帝逃至上都,仍然保持着完整的政府机构,元军的力量仍然不可轻视。西北地区尚在元残余势力的控制之下。

明朝洪武元年(1368 年)九月,徐达指挥的西征大军,以常遇春为先锋,从河北翻越太行山进入山西南部,进取泽州(今山西晋城),元守将贺宗哲弃城逃遁,明军又进克潞州(今山西长治)。

据守太原的扩廓帖木儿(原名王保保)派兵南下来争夺泽州。明将杨璟奉命援救,与元兵中途遭遇,失利败归。扩廓帖木儿又企图乘北平空虚,兵出雁门关去偷袭。徐达闻此情报后,对诸将道:"王保保主力远离,则太原必定守备空虚。北平我军有六卫 3 万兵马,孙兴祖将军统率,足以抗击来犯之敌。现在我军乘其不备,直捣太原,使其进不能战,退无所依。这在兵法上称为'批亢捣虚'之策。如果王保保回军来救太原,必定为我擒获。"

徐达挥兵直指太原。扩廓帖木儿在远袭北平的途中闻报后,急速回军来救。十二月,元军前锋骑兵突然出现于太原城外。傅友德、薛显率领数十名敢死的精锐骑兵,击退来敌。常遇春向徐达建议道:"我军骑兵虽已集结,但步兵未至。骤然与敌交战,必定会多有损失。如果夜晚偷袭敌营,定能奏效。"徐达听后连声称好。

恰逢扩廓帖木儿的部将豁鼻马暗中派人前来请降,并愿为内应。徐达便挑选了数十名精骑乘夜埋伏于城外,约定举火为号,内外相应。半夜时分,明军举火鸣炮,内外兵马一齐冲入敌营。已入睡梦的元军被鼓噪呐喊之声惊醒,不知真相,自相惊扰,乱作一团,不战而溃。扩廓帖木儿正在营帐中读兵书,仓皇之间也不知出了什么事,光着一只脚,骑了一匹抓到手的瘦马,带着 18 名骑兵逃向大同。元军 4 万余人马在豁鼻马带领下向徐达投降。

常遇春率轻骑兵追击扩廓帖木儿直到忻州。扩廓不敢在山西逗留,又逃奔甘肃。明军胜利北进,又收取大同,攻占了其余州县,山西全部被平定。

洪武二年(1369)三月,常遇春、冯胜领军先行渡过黄河,进攻陕西,徐达督军继后。元将李思齐据守凤翔,遣将分守关中要地。明大军入关中,先锋将郭兴领轻骑直捣奉元(今西安),元守将弃城不战而逃。泾渭父老千余人于道旁迎候徐达。徐达先派部将入城宣谕安民,然后整军入城。明军占领奉元路后,改名为西安府。

时值关中饥荒,徐达上奏灾情,朱元璋下令开仓赈济。守将耿炳文负责整修水渠,以利百姓农耕。

徐达统兵攻取凤翔后,召集诸将,商议进兵方向。此时李思齐已逃往临洮,张思道逃往庆阳。众将认为张思道易取,可经由郴州先取庆阳,然后越过陇州取临洮。徐达却说:"庆阳城坚兵精,不易攻取。而临洮北界黄河与湟水,西通羌戎之地,先攻取这块地方,可以有人员补充兵力,有物产以供军用。我军大兵压境,李思齐如果不再向西逃跑,就会束手被擒。一旦临洮攻下,其他州县就可不战而得。"

明军移师西向,连克陇州(今陕西陇县)、秦州(今甘肃天水)、巩昌(今甘肃陇西),副将军冯胜率军进攻临洮,李思齐穷途无路,举城投降。

另一路由顾时所率明军攻克兰州。五月,徐达攻取平凉。张思道闻听明军已克临洮,慌惧奔走宁夏。结果被扩廓帖木儿扣押。张思道之弟张良臣听说其兄被执,心中害怕,遂向徐达乞降。但不久,张良臣又复叛变,偷袭明军营寨,明将张焕被俘,薛显受伤走脱。

得知张良臣复叛,冯胜、傅友德、汤和等人急速领兵前来会合。徐达分遣诸将截断张良臣与其外围党羽的联系,自己率军将庆阳四面包围起来。张良臣恃勇出城挑战,都被徐达挥军击败。围困三个月后,庆阳城内粮草缺乏,军心动摇。张良臣的部将开门出降,徐达领兵自北门入城。张良臣父子投井欲自杀,被明军捞起处死。攻取庆阳,使明军掌握了控制陕甘地区形势的主动权。

明军平定陕西,朱元璋诏命徐达班师,赏赐给他大量的白银和绢帛。正当朱元璋要对北伐将领论功封赏时,西北

第七编　明清野史

地区战事又有急变。扩廓帖木儿闻知明军班师,便率兵围攻兰州,形势一度危急。

洪武三年(1370年)正月,为了肃清西北地区的元兵残余力量,解除边患,徐达再次受命为征北大将军,李文忠代替已经病故的常遇春为副将军。出征前朱元璋召集诸将分析双方形势:扩廓帖木儿屡屡侵犯边疆,是因为其君主还在。如果派兵直取元君主,扩廓帖木儿失势,可不战而胜之。但眼前扩廓帖木儿正在围攻兰州,舍其而远征大漠,是舍近趋远,有失缓急之所宜。于是,朱元璋派定兵分两路,徐达出潼关直捣定西,打击扩廓帖木儿。李文忠出居庸关,深入塞北打击元顺帝。这样,可使他们彼此自顾不及,无暇相互救援。元顺帝远在塞外,不会想到我军来袭击,可以打他个措手不及。如此部署,可一举两得。

四月,徐达西路军经潼关直指定西。扩廓帖木儿自兰州撤围,两军相持于沈儿峪,隔着一道深沟扎营对垒,一天接战几次。扩廓帖木儿派出千余名骑兵,抄小路袭击明军的东南营寨。明将胡德济仓促失措,士卒溃散。徐达急忙率军援救,击退元军,稳住阵脚。徐达下令处斩了几名严重失职的将校,并将胡德济押往京城,交由朱元璋处置。

第二天,两军会合决战。明军冲过河沟杀入敌营,大破元军,俘擒了元朝的宗室亲王、国公、平章等官员1800余人,士卒8万人,战马1.5万匹。这场双方投入数十万兵力的空前大战,使扩廓帖木儿的主力军损失殆尽,带着妻子等几个人狼狈逃命,抓着水上的漂浮木渡过黄河,逃向和林(今蒙古国哈尔和林)。明将郭英追赶扩廓帖木儿直至宁夏。徐达取得定西大胜后,还师返回西安。

东路大军由李文忠指挥,进至应昌(今内蒙达里诺尔西南),其时元顺帝已

死,继位的皇太子爱猷识里达腊逃往和林,明军穷追不舍,俘获了元帝的孙子、后妃、诸王将相等数百余人,经明军东、西两路打击,元朝残余的力量,已无法再组织大规模的进犯了。

十一月,徐达、李文忠凯旋回到京城,朱元璋亲自到龙江迎接。随后大封功臣,徐达改封为魏国公。朱元璋体恤徐达等功臣连年征战,冲锋搏杀,风餐露宿,身体疲劳,特下诏优待可以三日或五日上朝一次。

洪武四年春天,朱元璋派徐达镇守北平。徐达到任后训练士卒,修缮城池,迁移军民充实边防力量,并督促垦田生产。

洪武五年,朱元璋想解除北方边患,又发大军出征。徐达仍为征虏大将军,出雁门关攻击和林为中路;李文忠为左副将军出应昌为东路;冯胜为征西将军进兵甘肃为西路。三路各五万大军,分道并进。

徐达率军入山西,派都督蓝玉为先锋,出雁门关,先于野马川击败元军前哨骑兵,随后又于土敕河打败扩廓帖木儿。五月,徐达指挥明军进至岭北。这时,从土敕河败逃的扩廓帖木儿,与贺宗哲合兵一起,拼死抗拒明军。结果,明军大败,死伤惨重。徐达收抚将士扎营固守,才得以摆脱困境。朱元璋以徐达功勋卓著,对这次兵败未加责问治罪。其余东、西两路明军,只有冯胜进至西凉,一路告捷。

朱元璋的重要谋臣刘基曾提醒说:"不可轻视扩廓帖木儿,这个人是真正的将才。"早在大都被攻破之前,朱元璋曾多次写信派人劝扩廓帖木儿投降。元顺帝逃往塞外后,朱元璋又使人送信劝扩廓帖木儿投降,甚至册封扩廓帖木儿的妹妹为第二子秦王的妃子。最后派降将李思齐去做说客,见面时扩廓帖木儿以礼款待,辞回时还派骑兵送到双方交界地,李思齐正想告别,骑士说道:"奉总兵之命,请留下一件东西作纪念。"李思齐说:"我因公差远道而来,无什么东西回赠。"骑士便直接说道:"我要你一只手臂。"李思齐心知不可避免,只好破下一只手臂,回来后不久便死了。由此之后,朱元璋心中敬佩扩廓帖木儿忠于其主。有一次大会诸将,朱元璋问道:"天下的奇男子数谁?"诸将都说:"常遇春率领万人,就可以横行无敌,是真正的奇男子。"朱元璋笑着说道:"常遇春确实是人中豪杰,但他早就是我的臣子了。我不能收伏王保保为臣,是一件大憾事,他才是真正的奇男子呀!"

洪武六年,扩廓帖木儿率兵南下,攻击雁门关。朱元璋命令守边将领严加防御,不可轻易出击。这一年,徐达留守北平,尽心整顿边备。十一月,元军进犯大同,徐达调兵遣将将其击退。洪武八年(1375年),扩廓帖木儿死后,元朝残余势力对明的进犯虽有所减弱,但边患问题并没有完全解除。洪武十四年,徐达率军出塞,一直进至黄河最北端,大破元兵,擒获平章、太史等官员,得胜而还。

徐达从洪武四年受命镇守北平,此后10多年间,数次率兵出塞,使元朝的残余势力不敢轻易南下,将其扼制在长城以北。10多年中,徐达每年春天奉命赴北平,冬暮又奉命回京,不辞辛劳,对安定北方的军事形势起着重大作用。朱元璋由衷称誉徐达是"万里长城"。

### 开国功臣数第一

洪武二年(1369年)春正月,朱元璋下诏建立功臣庙,并亲自确定功臣的位次,以徐达为第一,其后是常遇春、李文忠、邓愈、汤和、沐英、胡大海、冯国用等人。功臣庙建在应天(今南京)城西七里的鸡鸣山下,凡是被列入名次的功臣,都有塑像立于庙中。

第七编　明清野史

大封功臣是朱元璋巩固朱明王朝的重要措施之一。被封公封侯的功臣，绝大多数都是百战沙场的将军。这些将军都是贫苦农民出身，他们都亲身经历了元朝统治者的残暴压迫和剥削，怀着反抗奴役和建立功名的朴素愿望，投奔到红巾起义军队伍中。徐达是这些农民将领中的杰出人物。但徐达能够成为朱明王朝的第一开国功臣，并不仅仅因为他是朱元璋的老乡、少年时代的好伙伴。

世代农家出身的徐达，小时候与朱元璋一起给地主放过牛，自然没有条件和机会进学堂接受知识教育。史书上称徐达少年时代便怀有大志，成人后性格刚毅，勇敢无畏。自从跟随朱元璋投军后，徐达很快就成为一名带兵的将领，并深得朱元璋信任。他在连年征战的环境中，虚心学习，向人求教，逐渐阅读熟悉了兵书，掌握了一个高级将领必须具备的军事知识。每当临敌作战时，徐达总是与部将一起分析形势，制订作战方案，他的分析预料往往高人一筹，令部将信服。当明王朝建立，生活相对安定后，徐达仍然不耻下问，经常请延请讲儒士给他讲解古书。虚怀若谷，汇纳百川，徐达以这种谦谦进取的态度，在几十年的戎马征战中，养成了长于谋略、料敌如神、指挥若定、所向必胜的军事才能，从一个普通的农家子弟，成长为能统率百万大军、功勋卓著的杰出将领。他所走过的是一条艰苦卓绝、千锤百炼的战斗历程。

治军严明，是古今中外所有著名将帅都具有的基本特征之一。没有严明纪律的军队，做不到令行禁止，也就不会有坚强的战斗力。军纪松弛的队伍必然会发生侵扰民众的不良现象，从而会失去民众的支持。元朝末年，官军极端腐败，毫无纪律可言，所到之处，烧杀抢掠如同盗匪。当年郭子兴在濠州起义后，元将彻里木花奉命镇压，但他慑于起义军的

声势，在离城30里之外扎营，他不敢发兵攻城，便派士兵四出，骚扰乡村，看见成年男子就抓起来，然后给头上包块红布，充作俘获的"红巾军"，向上司报功领赏。

朱元璋为了实现他的宏图大计，特别注重军纪。发兵攻取镇江时，朱元璋为严明军纪而让徐达当众受辱演出"苦肉计"的事，前面已有叙述。徐达自带兵以来，始终号令明肃，所到之处，百姓宴然。每当攻取一个新的城镇，徐达都要重申军令，严厉禁止烧杀抢掠的行为。凡是违反军令的，立即以军法处治，斩首示众。在消灭陈友谅的历次战役中，有一次，徐达与常遇春一同伏击敌军，斩首万人，生俘三千。常遇春要杀掉俘虏，他说："这是我们的死对头，不杀就会留下后患。"徐达一面制止常遇春的野蛮做法，一面急速派人报告朱元璋。但常遇春还是乘夜活埋了一半俘虏。朱元璋知道后大为生气，下令将剩余俘虏全部释放。从此之后，大军出征，朱元璋总是任命徐达担任统帅，约束众将。

徐达率北伐大军攻克元大都后，立即派兵守卫皇宫大门，并让宦官负责看护宫女、妃嫔、公主，严禁将领士卒随便入宫侵犯骚扰。朱元璋曾对文武大臣说过："治军持重纪律严明，攻无不克，战无不胜，深得为将之体者，莫如徐达。"

徐达不仅严于治军，而且严于律己。在元朝的官军将领和一些农民起义军的头目中，不少人都是一旦身居高位，就私欲膨胀，胡作非为，打了胜仗就拼命地抢占金银财宝、美女奴仆，隐匿战利品而不上缴。徐达却总是始终如一地严格约束自己，不贪不暴。徐达为人处事，言语稳重，深思熟虑。带兵出征时，令出不二，部将皆小心谨慎，奉命行事。徐达善于团结部将，体恤士卒，与他们同甘共苦。将士们对徐达既尊敬又感激，都愿意听

从他的指挥,打仗人人奋勇争先,不畏牺牲,因而所向披靡,一路克捷。徐达驰骋沙场几十年,先后攻克都城两座、省会三座,州县城镇数以百计。所经之处,百姓安然而不受兵害。

战功卓著而谦虚谨慎,是徐达的又一优良美德。历朝历代,因居功自傲而被贬官流放,甚至杀头灭门的文武大臣,屡见不鲜。在朱明王朝的创立过程中,徐达开辟江汉流域,扫清淮楚之地,攻取浙西,席卷中原,声势威名直达塞外,先后降伏王公俘获将领,不可胜数。但他功成不骄,在皇帝面前尤其恭敬谨慎。朱元璋经常召见徐达,设宴欢饮,每每以"布衣兄弟"相称,而徐达总是诚惶诚恐,谦恭相对,不越君臣之尊卑秩序。

自从洪武四年徐达奉命镇守北平,常常是春天离京赴任,冬季回朝立即奉还将印。按照朝廷的礼仪制度,徐达封爵国公,官至丞相,外出时备有前呼后拥的威赫仪卫。但他时常乘着普通的车马出门,回到家中也是过着俭朴的生活,从不呼朋唤友歌舞宴欢以夸耀自己的显达高贵。朱元璋曾对徐达说:"大将军征战几十年,功劳最大,从未安宁地休息过。我把过去住过的旧宅院赐给你,你可以安享几年清福。"朱元璋所说的旧宅院,就是他称吴王时的王府。徐达坚决推辞,不肯接受。有一天,朱元璋带徐达来到旧吴王府,与他饮酒并将他灌醉,然后把他抬到床上,蒙上被子,想用这种办法强迫他接受赏赐。徐达酒醒之后,吃惊不小,急忙下床伏地向朱元璋连称:"死罪,死罪!"朱元璋见徐达如此谦恭,心中非常高兴,也不再强迫他接受旧王府。随后,朱元璋下令为徐达另建了一座上等宅院,并在门前立牌,刻了"大功坊"三个字。

徐达一生深得朱元璋的信任和重用,除了上述的优秀品德和才能之外,尤

为重要的一点是忠诚正直,鄙视奸佞,不结党营私。封建时代道德的两大基准是忠、孝。而封建君臣之间的关系,对臣下来说,第一重要的就是忠诚。朱元璋曾在朝堂上称赞徐达:"受命率军出征,取得胜利凯旋归来,一贯不骄不傲,女色无所爱,财宝无所取,公正无私,像日月行天一样光明磊落的,只有大将军一人而已。"

徐达在朝中功高位显,深得皇帝信任,自然便有人想与他结交,希图利用他的声望影响谋取私利。丞相胡惟庸曾想与徐达拉拢关系,结为友好。但徐达鄙视胡惟庸的品行作为,不予理睬。

胡惟庸是定远人,是朱元璋在和州时的属官。他与丞相李善长是亲戚关系,因而得到李善长在朱元璋面前极力推荐,于洪武三年升任中书省参知政事,洪武六年再升右丞相。由于得到皇帝信任,胡惟庸的权势越来越盛。他仗着自己是皇帝的淮西老乡,又有李善长为首的元老重臣在背后支持,擅权专断,飞扬跋扈,朝廷上有关人命生死和官员升降等重大事项,经常自行处置,不向皇帝请示报告。他还私拆臣民奏章,将对自己不利的扣压不报。他广收贿赂,结纳党羽,门下的故旧僚友结成一个盘根错节的小集团。胡惟庸的权势炙手可热,对于敢触犯他的人,千方百计排挤陷害必置其于死地。大臣刘基曾对朱元璋说过胡惟庸不宜担任丞相之职。胡惟庸因此怀恨在心,后来借刘基生病之机,将其毒死。

当胡惟庸希望与徐达结交通好而遭冷遇后,他便企图收买徐达的看门人福寿,想让福寿捏造罪名陷害徐达。但福寿忠于其主,不为所动,向徐达报告了胡惟庸的卑劣行径。此后,徐达多次向朱元璋进言说胡惟庸为人奸恶,品行不端,不适合再担任丞相。由于胡惟庸贪权骄

第七编　明清野史

纵,阴结私党,使朱元璋不仅感到皇权旁落,还感到有谋反的威胁。洪武十三年(1380年),朱元璋以擅权枉法和谋反罪名杀掉了胡惟庸。这时,朱元璋想到了徐达的那些忠告,对徐达的忠耿之心更加器重。

洪武十八年(1385年)二月,徐达病逝于南京,享年54岁。朱元璋为徐达辍朝以表哀悼,并亲临灵堂祭奠,悲伤不已。朱元璋下诏追封徐达为中山王,谥号"武宁",赠其三代皆封王爵,赐葬于钟山之北,亲自为徐达写了碑文,称赞其为"开国功臣第一"。

关于徐达之死,有的史书上说是被朱元璋害死的。朱元璋从起兵到称帝以后,一直是以威猛严厉治军治国的。登上皇帝座位后,朱元璋想的最重要事情就是江山永固,他的子孙后代永远做皇帝。所以,他对当年鞍前马后、出生入死为他打江山的功臣特别猜疑,担心他们哪一天会谋反夺权。另外,太子朱标性情仁善宽和,朱元璋怕他将来驾驭不了功劳卓著的元老重臣,于是铁硬起心肠,大杀功臣,滥加株连。前面说到杀胡惟庸一案和后来杀大将军蓝玉一案,就牵连而杀掉了几万人。史书上称,朱元璋当皇帝后"无几时不变之法,无一日无过之人"。为了他的独裁统治和江山不易,他杀功臣杀红了眼,因而后人翻阅明初史书,可闻一派血腥气味。

有关徐达被害身死的经过是这样的:徐达在北平身患背疽,这是一种恶疮,不易治疗。朱元璋派徐达的长子徐辉祖带着书信前往北平看望,不久又召徐达回南京疗养。有一天,宫中内侍给徐达送来皇帝赏赐的食盒。徐达从病床上挣扎起来磕头谢恩,然后打开食盒,只见里面放着蒸鹅。据说背疽最忌吃蒸鹅。徐达呆愣了半晌,最后流着泪当着内侍的面吃下了蒸鹅,不几日便死去了。

但也有的史书上作了考证,认为"赐食蒸鹅"是野史中歪曲事实真相的牵强附会之说。

徐达有四子三女。长子徐辉祖有才气,徐达死后,继承爵位。三个女儿,长女嫁给朱元璋的儿子燕王朱棣为妃,后来燕王夺权称帝,徐妃被册立为皇后。其余两个女儿,也都嫁给了朱元璋的儿子,一个是代王朱桂的妃子,另一个是安王朱楹的妃子。

## 李善长

李善长是明朝的开国宰相,是明王朝在建立过程中功劳最大的一个。他跟随朱元璋几十年,鞍前马后,数立大功,有"萧何"之称。然而,就在他七十七岁高龄的那一年,却领着全家七十多口走向刑场问斩。在中国历史上,开国宰相惨死于开国皇帝之手的,李善长是第一人。

### 滁州君相会

李善长,字百室,安徽定远人。生于元仁宗延佑元年(1314年),死于明洪武二十三年(1390年)。祖籍在安徽的祁门,父号憩庵,能写一手好字,是个有相当文化素养的知识分子,还出过一本名为《书法论》的理论著作。所以,李善长也算出身于书香门第,加上他从小就聪明,读书很刻苦,他父亲希望他能走读书中举之路,以求飞黄腾达。

但是,残酷的现实很快就把李善长的愿望击得粉碎:元朝统治者实行严重歧视汉民族的政策,把汉民族列为最劣等的民族;同时也看不起知识分子,把读书人列入社会的最后一等,所谓七尼八娼九儒十丐,比要饭的强一点,比尼姑娼妓还不如。因此,李善长想要在这样的社会环境中通过读书而有所作为是完全不可能的,也是不现实的。

于是,他受徽州商人社会的影响,决定弃文经商,另辟蹊径。果然,他的智计

第七编 明清野史

特长在这个领域里得到了充分的发挥，他往来于家乡与凤阳之间，很快就发了财，又娶了定远富室王家的女儿为妻，在定远安了家。财大气粗，加上计谋远略，"策事多中"，他成了定远的知名人物。他的这种经历也为他以后为朱元璋经商、理财、当大管家打下了坚实的基础。

元顺帝至正十一年（1351 年），韩山童、刘福通领导的红巾军大起义爆发了，消息传到定远，李善长高兴极了，因为他从内心是十分仇恨这个王朝的。但他没有马上像别人那样揭竿而起，而是采取客观观望的态度。因为扯旗造反如果成功了固然可喜，败了可是要灭九族的。所以，当他的妻兄王濂劝他及早入伙时，李善长说不能操之过急，他还要看看这些人能不能成气候，是不是干事的人。

至正十二年（1352 年）三月，二十五岁的云游和尚朱元璋投奔了在濠州的郭子兴。由于他的精明强干，很快就得到了郭子兴的赏识，并把养女马氏嫁给朱元璋。后来，郭子兴麾下的各个将领彼此不和，为了财产和地盘争得你死我活。朱元璋认为这些人成不了大器，就率领自己的看牛伙伴徐达、汤和等二十四人离开濠州去定远独立发展。在定远，朱元璋智取驴牌寨，得民兵三千；义召秦把头，获众八百；夜袭横涧山，得元"义兵"大帅缪大亨降卒两万。在很短的时间内，白手起家，收编了近三万人有组织的部队，定远人对这个朱元璋不能不另眼相看了。于是，"喜读书、通兵法"的定远儒生冯国用、冯国胜兄弟等人带着他们结寨自保的子弟，投奔而来，并且向朱元璋提出了奠基金陵，倡仁义、收人心以定天下的建议，使朱元璋很受鼓舞。

朱元璋的一举一动都在李善长的密切注视中。他很佩服朱元璋的胆识和智慧，一个隐约但模糊的"真龙天子"的形象在他眼前浮现。当断则断，绝不可再犹豫迟疑，享大富贵必须共大患难。于是，他把家事稍作安排，就急忙去追赶朱元璋的队伍。至正十四年（1354 年），四十二岁的李善长身穿儒装在朱元璋去滁州途中的歇脚处请求召见。从此，李善长就一直跟随朱元璋，一直到他七十七岁死去。

朱元璋听说是定远的知名人物李善长来投靠他，不禁大喜，说："先生来投，有何赐教？"李善长不吱声，注视朱元璋良久，忽然兴奋地说："总算天有日民有主了！"朱元璋问其故，李善长道："主公家居濠州，跟汉高祖的家乡沛县不远，山川王气，应在主公身上。"朱元璋一听，难以掩饰的喜悦神色溢于言表，问道："以先生之见，这四方的战乱何时可以结束？"李善长道："汉高祖虽出身于布衣百姓，然而豁达大度，知人善任，不贪图眼前的富贵享乐，不烧杀抢掠，五年就成了帝业。今天的时局，与秦末有些相似，只要主公效法高祖，天下很快就会平定。"

李善长的一席长谈，使朱元璋听得入了迷，两人你问我答，整整谈了一天。晚饭后，秉烛对坐，谈兴更浓，蜡烛换了一支又一支，直到东方发白。

谈话结束时，李善长提醒朱元璋，如他以汉高祖为榜样，定会大有作为。而朱元璋认为李善长的到来，可能就是萧何转世，于是任命李善长做记室（秘书官），一切机密谋议都认真听取李善长的意见和建议。

从那以后，李善长就成了朱元璋的臂膀和心腹，担负起军师和大总管的重任。

### 称职的大总管

自滁州道中相见之后，朱元璋就把粮饷军需供给的任务交给了李善长。在饥荒战乱的淮河流域，要让近十万名士兵填饱肚子，不是一件容易的事。同时，部队在扩大，仗越打越多、越打越大，如何建立一套较正常的后方补给制度，就成了朱元璋事业成败的关键。所以，当朱元璋进入南京后，李善长就像当年萧何随刘邦进据咸阳一样，首先封锁府库，把元朝的册籍档案拿到手，为他征兵筹饷、征收租税找到依据。

由于江南遭受战争的破坏较大，李善长向朱元璋建议，在攻下城后，尽快恢复文官治理，担负起整顿秩序、招抚流亡、恢复生产的任务。朱元璋认真采纳了李善长的意见，每平定一个路府，他都广泛地访求当地知名的儒生，询问平定天下治理国家的道理和办法，有的当即被任命为当地的行政长官。这些人办事也较认真，在受任后，把发展生产、安定民生、保证军需供应放在首位，或者放赋贷粮，或者供给耕牛种子，招徕流亡的百姓各回本土从事耕作，对于各地小股农民武装则予以吸收改编，使社会生产秩序渐渐稳定下来。

在建立江南行省以后，李善长还建立了营田司，专门负责水利工程的疏浚整修工作。康茂才、叶琛、章溢等干练人才都被委派主持其事，这对于防止水涝灾害，保证农业的丰产丰收起了很大的作用。

在地方驻军中，普遍推行了军屯制度，使部队且耕且战，争取做到粮食的自给或半自给，以减轻百姓的负担。作为军屯的实际负责人，李善长高度负责。至正二十二年（1362年），李善长对军屯情况进行了一次全面的检查，向朱元璋作了汇报，严厉批评了一些将士敷衍塞责的行为，表扬了康茂才在龙江屯田得谷一万五千余石的事迹，除自给军粮外，尚余粮食七千余石；同时命令各将士按分定地域，及时垦荒种植，使军粮充足，国有所赖。应该说，朱元璋的最后胜利，也得力于这个措施的贯彻执行。

在新归附的地区，还设立了管理军民万户府，从老百娃中选拔武勇壮丁，编为军户，农时耕种，闲时练武，一方面负责地方治安，另一方面配合正规部队作战，既增强了军事实力，又省去了政府的军事供给，把兵与农很好地结合起来。

为了增加政府的财政收入，李善长于至正二十一年（1361年）建议制定盐法、钱法和茶法。盐法规定：严禁私盐，设官盐局实行专卖，令商人贩运，取税二十分之一，后来一度增加到十分之一。

钱法：就是政府设局铸钱。元代交易本是用纸币（钞），后来为了解决财政危机，就大量印钞，所以钞票越来越贬值。元政府转而铸钱，但钱质薄，易于损坏，同样无法流通，民间只好退回到以物易物的原始交易方法。这样，严重阻碍了商品经济的发展，也影响了政府的财政收入。

朱元璋打下南京后，李善长就通过发行铜钱来促进货物流通，增辟财源。在征得朱元璋同意后，在南京设立宝源局，铸"大中通宝"铜钱，以四百文为一贯，四十文为一两，四文为一钱。当年铸钱四百三十一万，与历代钱通用。这个办法，在一定程度上繁荣了经济，政府也得利。

茶法也是为解决财政困难所采取的一种专卖政策。茶法规定：商人到产茶地区买茶，必须向政府缴钱买贩茶凭据——茶引，每引茶一百斤，纳钱二百，不到一引，叫作畸零，给的凭证叫由贴。没有引、贴或茶数与引证不符，就是私茶，准人告发或逮送官府。

除了筹饷理财之外，粮食草秣、军械器仗的供应传输也是一项浩大的工程。历史经验表明：这个问题解决得好与坏，直接关系到战局的成败。在秦末的群雄角逐中，刘邦之所以能够蹶而复起，就多亏了据守关中的萧何源源不断地补给兵源和粮饷。

朱元璋定基南京后，仗越打越多、越打越大，为了保证战争的胜利，几个关键性的战役，朱元璋都亲临前线指挥，南京大后方的一切就交给李善长全权处理。李善长不负君望，工作很出色，做事明肃敏捷，裁决如流，遇到危急情况，他总是镇静自如，使属下的文臣武将都能紧张而有序地工作，避免引起全城士兵和老百姓的惶恐和慌乱。前方的部队打到哪里，他就组织调动各方面的力量把粮草器械及时地供应到哪里。鄱阳湖与陈友谅大战，两军相持四十多天，朱元璋把能拿上的精锐都拿上去了，李善长也把能动员的船只和车辆人夫都动员起来，把各种物资通过水、陆两个渠道源源不绝地运到前线。同时，他还与徐达一起，加强南京城的布防，密切注视张士诚的一举一动，尽可能不给张士诚以可乘之机，保证了鄱阳湖大战的胜利。

李善长工作并不惊心动魄，不为一般人所注目和理解，但朱元璋是心知肚明的。洪武三年（1370年），朱元璋大封功臣，把李善长名列第一。他在诏书中说："朕起自草莽间，提三尺剑，率众数千，在群雄的夹缝中奋斗，此时善长就来谒军门，倾心协谋，一齐渡过大江，定居南京。一二年间，集兵数十万，东征西伐，善长留守国中，转运粮储，供给器仗，从未缺乏。又治理后方，和睦军民，使上下相安，这是上天将此人援朕。他的功劳，朕独知之，其他人未必尽知。当年萧何有馈饷之功，千载之下，人人传颂。与萧何相比，善长未必过也。"

### 满门抄斩的人生结局

公元1368年正月初四，和尚出身的朱元璋正式在南京登基称帝，史称明太祖，改元洪武。

为了顺利登基，朱元璋命李善长为开国大典的大礼使。此时的李善长特别兴奋，各种礼服、卤簿仪仗、宫殿装饰等大小事宜，他都亲自过问。为了表示对皇帝的忠心，他亲自书写"天下太平，皇帝万岁"几个大字作为仪仗的前导旗帜。

正月初四上午，在仪仗护卫的簇拥下，朱元璋来到钟山南面的天坛祭告皇天上帝，李善长率百官及都城士绅拜贺舞蹈，三呼万岁，然后回驾太庙，追封四代祖父母为皇帝皇后，再到社稷坛行祭，最后，朱元璋回奉天殿，正式登上御座，南面称孤。李善长又代表皇帝，捧金册玉玺，封马氏为皇后，长子朱标为皇太子。接下来就是大封功臣，朱元璋封李善长名列第一，封为银青荣禄大夫、上柱国、录军国重事、中书左丞相、宣国公，正式成为明朝开国的第一任宰相。

真是数十年艰辛不寻常，李善长终于如愿以偿。但是，他很快就发觉到自己虽位极人臣，可处于权力斗争的旋涡中，宰相之位摇摇欲坠。

原来，朱元璋打天下基本上是靠了两部分人：一部分是以他的老乡为核心的淮西武士集团，这是主力，是战斗骨干和征战沙场的元勋；另一部分人是江浙文士集团，他们有知识、有计谋，但入伙晚，没实力，而李善长恰恰具有双方面的特长，所以，在打天下时，朱元璋就要他负起协调诸将的责任。但是作为一个文人，江浙文士集团却瞧不起他，使他在政府中有孤立之感，受到江浙派的攻击。

洪武元年（1368年）正月，朱元璋到开封视察，命李善长和御史中丞刘基做京城留守，李善长全面负责，刘基督察奸恶。刘基不经李善长同意，就对一些权贵的不法行为雷厉风行地进行了打击，其中有一个就是李善长的亲信李彬。于是两人翻脸，官司打到朱元璋那里，朱元璋亲自批复处死李彬，使李善长更丢脸。待朱元璋回京后，李善长就在朱元璋面前说刘基的坏话，于是，朱元璋就把刘基打发走了。

如此一来，江浙文士集团的文人联合起来攻击李善长，说他不是做宰相的材料，肚量太小。杨宪、汪广洋这些江浙文人都在想方设法讨朱元璋喜欢，大有取李善长而代之的意思。所有这些，都不能不使李善长感到一种潜在的危机，很想找一个臂膀，恰好这时他的同乡胡惟庸靠了上来，于是两人的过往愈来愈密切。李善长说："杨宪为相，我等淮人不得为大官矣。"

然而朱元璋呢，他对朝中各派政治力量的明争暗斗看得十分清楚。在打天下时，李善长这种人是大有用处的，一旦天下已定，李善长这种身具淮西与江浙文士双方面优势的人就不那么适合了，觉得他是个威胁，尤其是李善长对权力的热衷和对同僚下属的骄横使朱元璋十分生厌，于是，决定把他拉下来。洪武四年（1371年），朱元璋将他安置在凤阳，赐田一千五百亩，佃户一千五百家，仪仗户二十家，守坟户一百五十家，算是对他出力一场的报答。

冒着杀头灭门的危险，辛辛苦苦几十年，功名刚到手就这样被打发了，李善长很不甘心。洪武四年二月，朱元璋回凤阳扫墓，李善长鞍前马后，恭敬伺候，使朱元璋很动情，觉得对这位老朋友好像欠了点什么。这时，朱元璋正在大规模营建中都凤阳，同时，大批的江南富户也陆续迁到这里。工作很多，头绪乱得很，原来的负责人简直无法招架。于是，朱元璋就把这件事交给李善长去处理。李善长为讨欢心，全力经营，工程进展很顺利，移民安置也井井有条，朱元璋果然高兴起来，多次派使者携带礼物前来慰问。

为了酬谢老朋友，洪武七年（1374年），朱元璋提升李善长的弟弟李存义为太仆寺丞，负责全国的马政。洪武九年（1376年），又将大女儿临安公主下嫁给李善长的儿子李祺，并在京师为李善长大治府第。这是朱元璋第一次招驸马，李善长也成了朱元璋的第一亲家，结婚庆典自然是华贵而隆重，满朝文武都羡慕得不得了。为了安慰老亲家，朱元璋给了李善长"总中书省、大都督府、御史台、议军国大事"这样一个极荣誉的头衔，至于实际工作不过是临时管一管土木工程和御史台的事务。李善长的虚荣心得到了满足，而此时他的年龄也大了，知足了，也准备安享晚年了。

但是，宦海风波往往是险恶的，尤其在明初的政坛上。朱元璋为了朱明王朝的万世一系，从洪武九年就开始兴起大狱，斩杀功臣宿将。其中最大的案子是胡惟庸案和大将蓝玉案，牵连而死的有四五万人，功臣宿将死亡殆尽，而李善长就是受胡惟庸案的牵连被杀的。

胡惟庸也是定远人，作为李善长的臂膀，得到了李善长的提拔，两人过往甚密，后胡惟庸又把女儿嫁给了李善长的二儿子李佑，同李善长攀上亲戚关系。胡惟庸这个人，有时为了权力达到丧失理性的地步，刘基早就警告过朱元璋，说胡惟庸是"一条疯牛犊，迟早是要冲辕轭的"。果然，胡惟庸把持中书省当上宰相后，飞扬跋扈，形成强大的势力。对于这样的情况，朱元璋肯定不能容忍，就于洪武十三年（1380年），兴起第二次大狱，以谋反罪诛杀了胡惟庸集团。因李善长是朱元璋的亲家，又有大功，朱元璋才没有追究。

过了十年，到了洪武二十三年（1390年），李善长已经七十七岁了，风烛残年，但他还要大治府第，为子孙置办产业。他从卫卫国公汤和那里借了三百名兵士造房子，汤和怕受牵连，马上报告了朱元璋。朱元璋骂道："真不知好歹！"四月，李善长为自己的亲信、即将被遣送边疆的犯人丁斌求情，这时，有人上告朱元璋，说丁斌原在胡惟庸处办事，是其亲信。于是，朱元璋就火了，命令有司马上逮捕丁斌，并下诏："好生打着问。"于是由丁斌牵出李存义，再由李存义逼出李善长，打出了这样的口供：胡惟庸准备谋反的时候，曾让存义去说服善长，善长很吃惊："你说些什么胡话，这是灭九族的勾当。"后来惟庸又让善长的老部下杨文裕去游说，答应事成后，封他做淮西王，善长虽然仍不同意，但很有些心动。过了些日子，惟庸又派存义去，善长叹了一口气说："我老了，干不成什么事了，等我死了以后，任你们闹去。"

这时，李善长的仆人也去告发，说看见胡惟庸亲自到家来，两人东西对坐，显得很诡秘，说些什么听不清，但见胡惟庸一边说，李善长一连点头。御史们为了抢功，纷纷揭露李善长的过失，奏章像雪片一样飞到朱元璋面前。与此同时，太史令奏：天上有星变，当杀大臣消灾。到了这步田地，李善长也在劫难逃，他就是全身是嘴也分辩不清了。

洪武二十三年五月，朱元璋命人抄了李善长的家，七十七岁的李善长连妻带儿女弟侄七十多口走向刑场。临刑时，他拿出朱元璋赐他不死的诰命铁券，老泪纵横地对天呼喊："不死！不死！这就是我几十年来所追求的吗？"看在父女的情分上，朱元璋赦免了临安公主、驸马李祺和他们的两个孩子，其他人一律砍了头。一直到明宪宗时，李善长的冤案才平反昭雪。

对于李善长的死，朱元璋这个盗贼皇帝为了家天下的需要而借故斩杀功臣，是要负很大的责任的。但李善并非一点过失也没有，他自恃功大，热衷于权力、富贵，到了老年还要尽情享受，没有看清当时的政治行情，不急流勇退，以致遭灭门之祸。

## 刘 基

在军事上，他被称为战略家；在文学史上，他作为诗人载入典册；在政治上，他被誉为思想家。他是元朝的进士、命官，却楚材晋用，成了明朝的开国元勋。他面对成千上万的强敌，镇定自若，筹划自如，但对皇上的怀疑却不敢谏争，虽然激流勇退，隐居全身，最终难逃"飞鸟尽，良弓藏"的可悲下场。

他，刘基，似乎什么都是，什么又都不全是。

### 半百出山

元顺帝至正二十年三月，青田县南田山区，静悄悄的羊肠小道上，几匹快马正往深山腹部飞驰，马蹄得得，惊起那平日里悠哉游哉的山鸟直叫。马上的差人径直来到山脚下，望着层峰叠峦、气势雄伟的括苍山脉，只见山中云雾缭绕，青翠迷蒙。"刘基在哪里？"几位当差的费了九牛二虎之力，才在一块巨石旁找到刘基，他这时正在得意地欣赏自己的书法："永忆江湖归白发，欲回天地入扁舟。录唐代诗人李商隐诗句。"来使当即呈上处州总制官孙炎的请柬和礼金。刘基看后只是淡淡一笑，不肯答应出去。这几位差人只得悻悻而去，到孙炎那里复命去了。

过了不久，孙炎又派人致信刘基，说主君朱元璋执意要请他辅佐幕府，共创立国大业。刘基早已闻知朱元璋下金华、定括苍，自是非常之人；这回两次是坚请，语词恳切，再不出山，一来与情理不合，二来与自己本性不符，于是他心有所动。他向来相信《易》卦。卜看其乾象，好一个吉卦，刘基看后，自言自语地说："这乃是天意，非人力可为。""邦有道，则仕。"孔圣的教诲这时更有了鼓动力。刘基决计随来使去建康。这年，他已是五十岁了。

要说朱元璋为什么要坚请这样一位倨傲的书生出山？说来却话长。刘基（1311—1375 年），字伯温，处州府青田县南田人(今温州市文成县青田区)。从小天资聪颖,受过良好的教育,他的老师很早就料定他将来肯定会成为一个大有出息的人,光宗耀祖。元至顺年间举进士,是元朝的忠实臣僚,颇有政绩,初步显示其卓越的军事、政治才能。曾任江西高安县丞,因为为政严峻,刚正不阿,屡遭豪强倾陷。元至正十二年(1352年),刘基被任命为浙东元帅府都事,与元帅纳邻哈剌共同谋议,修筑庆元城墙,修好武备,使土匪不敢来掠夺。至正十六年(1356年),元朝行省重新复议以都事之职起用刘基,让他招抚安山起义军吴成七等。刘基自己招募兵勇,组成部队,用软硬兼施的方法:投降元朝的,予以宽大处置,甚至委以官职,抗命不服者立即擒捕诛杀,瓦解了这支义军。镇压农民起义,这是刘基的污点,但在当时看来,却显示了他治军平乱的才干。至正十七年(1357年),刘基被改任行枢密院经历,协助行院判石抹宜孙守处州。处州郡山谷连绵,凭据险阻,一旦盗发,不容易平定,宜孙采用刘基的计谋,或派兵捣毁其巢穴,或用计引诱捕杀,没有多久,全伙盗贼都被歼灭,使处州民心安定。

但刘基的才能在元代并没有得到很好的发挥。当政的因为方国珍招降一事,记恨于他,只给他一个总管府判的闲职文官,不给兵事。刘基大失所望,便遵奉孔夫子"邦有道,则仕;邦无道,则可卷而怀之"的古训,弃官归隐于青田山中,日日以读书为事,等待知遇者。凡天文兵法、四书五经、诗词文章,过目就洞识其要,吟诵不忘。并爱作诗撰文,抒发自己的感情,发表对时政的看法。他在《感怀》诗中,认为"昊天厌秦德,瑞气生芒砀",表示要"修身俟天命,万石全其名"。诗中以"秦"喻"元",既有对时局的正确分析,又表达了自己的情怀。他这一时期的诗大多写得超逸豪迈。

他的《郁离子》用寓言形式表现了他渊博的学识和富有创造性的思想,发人深省。《郁离子》既是书名,又是作者自称,内容涉及面很广泛,从个人、家庭到社会、国家;从政治、经济到军事、外交;从思想、伦理到神仙鬼怪。几乎无所不包,既是前一段从政经验的总结,又为以后立国治乱打好了深厚的理论基础。

关于军事战术的秘书《百战奇略》,也是这一时期的力作。可惜此书被朱元璋闭封朝中,未能面世,现在也只有抄本流传。

宋神宗元丰年间,曾将古代重要兵书汇总成《武经》,以《孙子》《吴子》《六韬》《司马法》《三略》《尉缭子》《李卫公问对》七部兵书,作为用兵必读之书。《百战奇略》便是刘基读《武经》的笔记,同时还收集了从先秦到五代1600多年间散见于史籍中的重要军事资料。最值得珍视的是,在书中刘基根据自己的军事实践和体会,提出了一些很有价值的见解。

在《百战奇略》中,刘基继承发展了我国古代兵家的军事辩证法思想的精华。一方面,反对穷兵黩武,从治国的角度谈治军,以政治家的头脑谈军事,认为好战必亡。另一方面,他又十分强调战略战术,主张安不忘危、治不忘乱,"内修文德,外严武备"。刘基在战略上还主张"善战者省敌",认为"省敌者昌,益敌者亡",反对四面树敌,主张分化瓦解敌军,以敌制敌。《百战奇略》中这类辩辩证军事观点屡见不鲜,即使从标题上就可看出来:信战与教战,攻战与守战,进战与退战,缓战与速战,分战与合战,饥战与饱战,处处从相反或对立的角度来阐明用兵原则,提出了有信有教、恩威并施、严明赏罚的治兵之道及一系列区别情况、灵活机动的作战方略。

史学家笔下的刘伯温,还是一位奇人、神人。他深通《易》学、阴阳八卦,能以天象预测人事,甚至能料事均合、呼风唤雨,当时就有青田诸葛孔明之称。

在元朝气数已尽,四方鼎沸,生民涂炭之际,淮西红巾军领袖朱元璋立志尽挫群雄、平定天下。对刘基这样的难得的人材,他求之若渴是很自然的。

刘基随使者一到建康,便不禁记起10年前在西湖的一桩往事。

元至顺初年,刘基与一班士子游览杭州西湖,西子湖秀丽的景色没有使他陶醉,西北天空中的异云却使他产生了兴趣。问同来的士子们,他们都认为是表示吉祥的庆云,要以此分韵赋诗。刘基却独自饮酒,不去做那种歌颂升平的谀诗,并作大言说:"这是天子王气所成,10年后会在金陵(建康)应验,我必定会成为辅佐之臣。"这时的杭州还处在元朝的统治下,士子们一听都吓得变了脸色,认为刘基是大言不惭,是浮夸轻狂,除西蜀赵天泽认为他是奇人外,其他没有一个人理解刘基。

不知是巧合,还是历史的必然。10年后的今天,他真的来到了金陵,成了朱元璋的重要谋士。

到建康不久,就受到了朱元璋的召见。朱元璋用上宾之礼接待了他,又命有司修礼贤馆让他住进去。刘基自认为遇到了明主,当即呈上时务18策,分析内外形势,详陈灭元兴邦、扫除僭乱的大计方针。朱元璋大喜过望,将他留在身边参预机密谋议,尊称他为"老先生""汉之张良"。朱元璋的信任,使刘基为国为民效力的夙愿得到如愿以偿,也使他的政治、军事才干有了用武之地。于是他运筹帷幄,出谋划策,帮助朱元璋征东平西,走南闯北,逐鹿中原,干出了一番轰轰烈烈的事业,成了朱元璋智囊中的核心人物和忠心耿耿的谋士。甚至在他晚年将要告老还乡之前,还不忘朱元璋帝业的巩固。公元1371年,朱元璋雄心勃勃,既定中都,又锐意要灭扩廓军。刘基临归青田前,还上了最后一道奏章说:"凤阳虽帝乡,但不是建都地。王保保不可轻视。"但朱元璋没有认真考虑他的奏文,匆匆发兵西征,失利而归。扩廓最终逃入西北沙漠,成为边疆祸患。事后朱元璋后悔终生。

### 奇策平汉

刘基初到建康,在军事战略上就为朱元璋做了两件大事。这个时期正是朱元璋的政治、军事势力发展壮大的关键时刻。朱元璋起兵后,利用刘福通在北方抗击元军之际,挥兵南进,一路下滁州,取太平,占建康,攻浙江,军事力量有了很大发展。但在政治上,他依然尊奉小明王韩林儿,称为宋后,受他的封爵,用龙凤年号。至正二十一年元旦,朱元璋在南京中书省设御座,遥拜小明王,行正旦庆贺礼,文武百官齐拜,唯独刘基不这样做。朱元璋问其原因,刘基说:"他只不过是个牧竖而已,奉之何为!"刘基认为,在群雄四起之际,要成大业就必须摆脱别人的牵制,完全独立。朱元璋听后大为感动,后来终于废掉了小明王韩林儿。

当时,朱元璋有两支劲敌。一是陈友谅,据湖广,扼长江上游;一是张士诚,称霸苏杭,占富庶之地,对朱元璋形成夹击之势,威胁很大。朱元璋决定主动出击,打破腹背受敌的局面。有人主张先打张士诚,他们认为张士诚力量薄弱,隔得很近,容易取胜,而江南地区物产丰富,攻占后有利军需。朱元璋问刘基的意见,刘基却主张先打陈友谅,他说:"张士诚自守虏,不足为虑。陈友谅劫主胁下,名号不正,地据上流,其亡我之心无日不在,应该先消灭他。陈氏消灭了,张氏势单力孤,一举可定,然后北向中原,王业可成了。"朱元璋听后,觉得还是刘基想得全面,于是摒弃众议,采纳他的计策。这为朱元璋开创帝业制定了抓住主要敌人，各个击破以免多方树敌的战略方针。

刘基不但为朱元璋制定了总的战略目标，而且在平定陈友谅的几次大的军事行动上，为朱元璋统一中国作出了更大的贡献。

至正二十年闰五月，陈友谅夺得朱元璋的太平城后，在采石五通庙行殿称帝，国号汉，改元大义，并得意扬扬，凯旋江州。不久，陈友谅自江州顺长江引兵东下，一路浩浩荡荡，气势益壮。消息传来，建康震动。朱元璋连忙召集群臣商讨对策。有的说陈友谅素有骁鸷之姿，占有江、楚，控扼上游，地险而兵强，才剽势盛，不如就此将建康城献给他，归附在他的旗下；有的认为陈友谅新得太平城，气焰正盛，不如先退出建康，钟山有王气，可以据守在那里；有的说陈友谅不过一沔阳渔家，刀笔小吏，要与他在建康决死一战，万一战不胜，即使逃走也未为晚。朱元璋认为这些主意都不是上策，但自己一时又说不出所以然，他环视一下全场，见刘基双目张开，沉默不言。朱元璋见状，知道这位军事战略家一定又有妙计在胸了，连忙召刘基进入内室，问他为什么一言不发。刘基愤愤地说："先立斩主张投降及逃奔钟山的人，才可以树立正气，消灭陈贼。"朱元璋说："先生有什么具体计策？"刘基答道："陈友谅这次是以骄兵来战，劳师袭远。而我们则有了上次失守太平城的教训，并且是以逸待劳。天道以后举者胜，我们还怕打不赢他吗？现在我们马上要做的是敞开府库，心怀至诚，以固士民之心。待敌兵临城外，我们诱贼深入，以伏兵看准时机打击他们。取威制敌，以成王业，在于此举。"一番话，正合朱元璋的心意。然后他们密谋，先设法巧妙挑起陈友谅急于求战之心，诱敌深入，再在半路埋伏甲兵

对他进行袭击。

朱元璋先请陈友谅的一位老朋友给其写一封密信，假称与陈友谅里应外合，请他速来攻城。陈友谅收到信后，不禁一阵暗喜："这下胜券在握了。"他急于取胜，占领建康这块风水宝地，于是即刻发兵进攻。朱元璋这边却在积极准备：先在石灰山侧埋伏奇兵 3 万人，并拆掉江东木桥，易以铁石，设置水障，只等他来上钩。时日既到，陈友谅果然如约，引着战船径直驶入一条狭窄河道，到达江东桥时，看见桥下都是大石块，没有了原来的木桥，大吃一惊，连忙用暗语接头，并无一个答应。这时，陈友谅方知是计，但想撤退已经晚了。朱元璋的军队见陈友谅已抵江东桥，黄旗一举，伏兵见此信号，跳跃四起，水陆夹攻，不一会儿，陈友谅全军就被杀得大败，他自己只身跳上别舸逃走了。朱元璋指挥全军乘胜追击，太平城失而复得，取得了保卫建康的大捷。

战后，朱元璋犒劳将士，论功行赏，把最高级别的"克胜赏"奖给刘基。刘基认为自己只图怀才有遇、长有所用，不图眼前的名利，坚辞不受。

当年八月，朱元璋想一鼓作气，再次讨伐陈友谅，但心中犹豫不决，只好去征求刘基的意见。刘基分析了目前的形势，认为这时军队行伍士气正旺，如果能做好战前发动，完全可以战胜陈友谅，歼灭其有生力量。有了这位"诸葛孔明"的支持，朱元璋决计再次伐陈。

依照刘基的主意，朱元璋在临行前宣谕众将士道："陈友谅杀主僭号，侵犯我附近疆土，戮杀我著名将领。观其所为，不灭不足以平民愤，不灭不足以慰我国魂。"朱元璋的一席话，众将士听了，情绪激奋，誓死要与陈友谅决战。然后，整装西上。朱元璋与刘基共乘龙骧巨船，率师乘风溯长江而进。一路上，将士们

斗志旺盛，精神抖擞；长江上万舟竞发，旌旗蔽天，蔚为壮观。

朱、刘率部到达安庆后，陈友谅这次吸取上次失败的教训，不敢轻易出城迎战，而固守安庆城。朱元璋的队伍自旦及暮，轮番攻城，但因城墙坚固，无所依托，没有能够把城攻破。

在指挥船上，手捧《百战奇略》的刘基，那清瘦的脸上忽然露出一丝不易觉察的微笑，正在焦急万分的朱元璋见状，连忙追问："老先生有何妙计？"刘基放下书本，不紧不慢地说："目前将士士气高涨，如果持久下去，必衰可竭，那时，陈友谅再乘间进攻，后果不堪设想。《武经》云：我欲战，敌虽深沟高筑，不得与我战者，攻其所必救。安庆弹丸之地，虽城池固若金汤，何足以久劳我师？陈友谅不敢出兵迎战，正由于心虚胆破。我们如果再迅速西上，直逼江州，捣其老巢，陈友谅必定要撤离安庆而救江州。那么，安庆还能跑到哪里去？不是顺手可以攻克吗？这样一举两得，可依计而行。"朱元璋心领神会。

夜悄悄，雾沉沉。朱元璋除留少量兵力在安庆迷惑敌人外，其余均偃旗息鼓，沿江西进，长驱直入，逼近江州。当陈友谅的江州守军还在梦中时，他们已发起攻城战。江州守军以为神兵自天而降，忙于应战。陈友谅仓促发兵，却不能挽救败局。江州全线击溃，陈友谅最后只得携妻子逃出，乘夜幕奔往武昌。江州守军投降，很快就为朱元璋所占。

刘基不但在军事进攻上表现出卓越的谋略，而且在政治上、外交上也很灵活，做到战取与招抚并重，处处从具体情况出发，采取机动灵活的办法。

陈友谅的江西省丞相胡廷瑞守卫南昌，早已听说朱元璋部队的声威，更惧怕刘基的计谋百出。派遣部将郑仁杰到朱元璋的军门前通报，请求和谈。朱元璋

把他请到内室协商，大部分条件已谈妥，只是在"不解散其部下所属部队"这一条上，朱元璋还很犹像，面有难色，怕他们养兵滋事。而刘基认为这正是分化瓦解敌军、恩威并重的极好机会，看到朱元璋不想答应的样子，刘基很着急，忙从后面踢朱元璋坐的太师交椅，听到"咚咚"的踢椅声，朱明白了刘的意图，便答应了他们的要求，并附信慰问胡廷瑞军，称赞他们的明智之举。不久，胡廷瑞公开宣布投降。江西诸郡县全部都接受了朱元璋的号令。

十月，那开始久攻不克的孤城安庆，也很快被朱元璋部攻克。

从下面的事例看来，刘基还确实是一位神仙似的圣人，他"剖符发孔明之喻"，他会以天象预测人事，其实这只不过是神化了他那知己知彼、善于分析思考、作出正确判断的能力。至顺二十三年（1363 年），朱元璋决定亲征，解救被张士诚的将领吕珍包围的安丰城。刘基分析了整个战局，认为这与先取陈友谅后破张士诚的战略相左。如果计较一城一地的得失，就会两面树敌，陈友谅肯定要趁机夹攻我们。朱元璋一急之下，顾不了这么多。也不听刘基的劝说，还是固执己见，出兵安丰。

陈友谅得悉这一消息，急忙乘间发兵强攻洪都，洪都告急。朱元璋闻讯，方知刘基的话是完全正确的，自责说："不听君言，几乎贻误大计。"刘基宽慰他说："现在醒悟还来得及。"朱元璋马上率军解救洪都之围，与陈友谅在鄱阳湖摆开了决战阵势。刘基也随军出征，参预军谋。

朱、陈双方在湖中相持了几天，打了几个回合，伤亡都较大，不分胜负。

一天，朱元璋正坐镇指挥船发号施令。忽然，侍坐在身旁的刘基，一跳而起，大呼道："难星过，急速换乘另船！"平

第
七
编

明
清
野
史

时十分镇定的朱元璋也惊起回顾，只见刘基双手挥舞，坚持说："火速换船！"朱元璋想也没有来得及想清楚，就被刘基和几个贴身卫士拉着换乘另一只船。坐都没有坐稳，只听"轰隆"一声，指挥船被陈友谅的大炮击中，顿时粉碎。这时朱元璋才缓过神来，明白了是怎么回事，不由得称赞刘基的神机妙算。

原来，刘基看到朱元璋急于求胜，顾不得指挥船的隐蔽，穿行兵阵之中，已被陈友谅的军队发现。他想陈友谅必定会设法用大炮首先把朱元璋所乘船只击中，恰好这时天象异常，出现所谓的"难星"，刘基便借机督促朱元璋换船，躲过了这场有关胜负成败的祸事。

这边的陈友谅见朱元璋的坐船已被击沉，认为朱元璋必死无疑。全军欢声一片，举杯庆功。正在狂喜中，不久，又看到朱元璋指挥战船进攻，不免大惊失色，以为有神仙辅佑，顿时，陈友谅军阵势大乱。朱元璋军队的战船乘机旋绕汉军巨船时出时没，势如游龙，弄得陈友谅不知所措。朱元璋军的将士见状，一时勇气百倍，呼声惊天动地。同时，湖面上波涛大起，阴云密布，给朱军进攻创造了良好条件。朱元璋军虽是小船，但运转自如，正好采用火攻，陈友谅的巨船却处处挨打，有的被击沉，有的燃起了熊熊大火。

其后，刘基又秘密面授机宜，移军湖口，借等待金、木两星相犯之日，把部队休整好了，再来一决雌雄。

战机终于来了。朱元璋军利用有利地形，将陈友谅军分割包围，截断其江湖交通，陈军退也难，进更难，只能被动挨打，不久陈友谅阵亡。经过几年的奋战，朱元璋终于彻底消灭了这伙强敌。

在平定陈汉的几个主要战役中，刘基胸有成竹，运筹帐内，每奏奇效，可当百万之兵，尤其是鄱阳湖一战，奠定了平汉兴明的霸业。他的这些战略思想和军事实践，至今还有研究的价值。

### 定吴降方

刘基在战略上为朱元璋制定了先灭陈、后平张的方针，为朱元璋赢得了夺取天下的主动权。当西边平汉战火渐渐平息后，朱元璋立即集中兵力，挥戈东进，进攻张士诚所建的吴国。当时张士诚据有浙西，北连西淮，凭恃武力，数次侵占朱元璋的势力范围。刘基认为这是一股不义之师，他们起事的目的，不是救民于水火之中，而是贪图富贵，劫民掠商，而我们的军队就要与之不同，不要掳掠，不妄杀戮，不毁庐舍，为仁义之师，这样才能赢得民心。刘基首先作为一名著名的政治家，提出了以上的建议，使朱元璋军队在军事纪律上就高于张士诚一筹。作为军事家，刘基在平吴的具体行动上，也实践了他的军事思想。

至正二十三年，张士诚围攻建德城，守军统帅李文忠闻讯大为激愤，要与之决一死战。恰好刘基在建德，他详细向李文忠解释了他在《百战奇略》中提到的"以饱待饥"的战术："大凡远道而来的敌军，粮食都难以接济。敌饥我饱，我们可坚壁不战，断其粮源，断其粮道，与敌持久对峙；敌方必定要发生粮食危机，将士不饱则军易生乱。因此，敌军肯定会主动撤退，我方即密派骑兵半路伏击，后面再纵兵追杀。这样大获全胜就是必然的了。"据此，他认为："三日后张士诚必定会撤走，他逃我追，就可以一举擒获。"李文忠虽然将信将疑，但见他说得在理，就按他的去做了，坚壁清野，依城固守，并乘夜色派出小股伏兵。三日后，刘基不慌不忙，领着李文忠的将士们，一起登上城墙上的望哨，说："张贼已经逃走了。"众将领看到张士诚的军营里、战阵中旗帜猎猎，一如往日，而且传来一阵阵威严洪亮的战鼓声，都大为生疑，不敢轻易发兵；刘基再次催促，李文忠才下令出击。直到张士诚的军营一看，果然如刘基所料，军营里空空荡荡，张士诚的主力已全部撤走，留下摇旗擂鼓的，只是一些老弱士兵。李文忠急忙传令追赶，即时快马奔腾，一齐飞驰，一直到东阳才追上张士诚的部队。经过一阵激战，本来疲惫不堪、空着肚子的张士诚军哪里经得住这番攻击，不一会儿，就被击溃，被李文忠俘获无数。

浙东台州人方国珍，元至正八年起兵抗元，占有沿海庆元、温、台各州县，元兵屡讨不克。刘基与他打交道，可说由来已久。元至正十三年，刘基为浙东行省都事，出于其维护统治阶级利益的本性，他建议："方氏首乱，数降数叛，乖戾多变，不可赦免，应该捕获归案，依法斩之。"但由于方国珍贿赂了一批元朝官僚，朝议不听刘基的话，接受方国珍的投降，而刘基则被扣上"越权言事""擅权"的罪名，弃置不予重用。方国珍被授予元官后，仍然拥兵自固，不受元朝调遣，却利用官军的名义，大肆搜括民财，掠夺国库，壮大自己的力量，扩大自己的地盘。

方国珍虽然与刘基有这一层"姻缘"，但他本是一位见风使舵、倾慕贤能的人，他对刘基仍然很敬重，不记前仇。刘基的母亲死后举行葬礼，方国珍还派人送来吊唁信。这时，刘基认为朱元璋面对的敌人主要是陈友谅、张士诚，而对方国珍这股不小的势力，要暂时利用，不宜采取以前"捕而斩之"的老方法。

因此，刘基写了一封长信，向方国珍说明朱元璋的威德和当前的军事形势，希望他察识时务，以图大业。又致信朱元璋，讲明暂时利用方国珍的意义，请他派人去招谕方国珍。

方国珍收到刘基的信后，与其弟说："现在元运将终，群雄并起。唯独朱元璋的军队号令严明，所向无敌，现在又东下婺州，恐怕难以与他争锋，何况与我为敌的，东有张士诚，南有陈友谅。我们不如按照刘基所劝告的，姑且依附朱氏，借为声援，静观其变。"这时，又恰好遇上朱元璋派来使者刘辰招谕方国珍。方在他们的共同劝说下，决定投降朱元璋，愿意合力攻伐张士诚，并献上黄金50斤，白金100斤，金织文绮百端。

招降方国珍的成功，可以看出刘基军事、政治思想的灵活性、深刻性、实用性。其为朱元璋略定汉、吴，既消除了一股反对势力，又能牵制住陈友谅、张士诚，取得了军事战略上的又一胜利。

## 治国之道

刘基运筹帷幄，每谋必中，同僚叹服；朱元璋也非常信任，每遇军国大事，总要与刘基"屏人密语移时"。刘基也知无不言，悉心辅佐朱元璋平汉灭吴，北伐中原，南略两广。终于在公元1368年春正月建成明朝帝业，朱元璋称帝，号明太祖，上祀天地，幸诣太庙，追尊四代祖考，建元洪武。

经过几十年群雄角逐的战乱，生民涂炭，国家凋蔽，百姓困顿，急需休养生息。为了迅速安抚民众，朱元璋又向刘基询问为政治平之道。刘基说："霜雪之后，必有阳春。现在国威已经树立，宜渐渐济之以宽大。因为生民之道，在于仁爱，在于以仁心行仁政。宋元以来，法制名存实亡，宽纵日久。现今应该首先整顿纪纲，颁示法典，然后仁政才可付诸实施。"刘基用传统的儒家"仁政"思想作为治世的理论基础。他认为治世安民应该德政刑法并用，则以德治为主。首先是反对暴虐凶残，对百姓要有仁爱之心；同时认为德政需有严明的法纪作保证，使用刑法的目的是不用刑法。有法必依，执法务严，使人有所畏惧，以建立必要的封建统治秩序。

理论上他是这样阐明的，实际中，他也是这样做的。

他帮助朱元璋审理开释了一批积年未决的冤案，给这些人平反昭雪。一次，太祖因为晚上做了一个梦而要借梦杀人，刘基问明原因后说："刑，威令也，其法止于杀，而生人之道存焉。皇上晚上的那个梦，是国家将得土得众的象征，应该停刑以待。"刘基借说梦而制止太祖滥杀无辜。但也真凑巧，三日后，海宁宣布归降朱元璋。太祖闻讯后很高兴，认为刘基的招数真灵验。从此以后，太祖将重大囚犯都交由刘基审理，刘基尽量宽大处置，以笼络、安定民心。

另外，他请求振肃法纪，立法定制，既制止纵罪，又严禁乱捕滥杀。朱元璋下令实施他的提议。不久，刘基拟定明律令，成了明朝后来立法的基本依据。洪武三十年所颁布的《大明律》就是在它的基础上修订完善的。

刘基任御史中丞后，要求御史纠劾违法乱纪之事，要无所避忌。不管是平民百姓，还是达官富豪，都一视同仁，上报官府治罪；如果是宿卫将士、帝室侍宦，有犯罪的，也应上报皇太子绳之以法。当时朝野上下人人都知道刘基的严格认真，不敢胡来。左丞相李善长的亲信、中书省都事李彬犯贪纵罪，案发后，李善长多次向刘基说情，请求宽容，刘基不讲情面，秉公执法，将李彬处死，朝野引起了震动。刘基的正直、刚毅，连朱元璋也很钦佩，他说当时满朝都是朋党，只有刘基一个不从，一个也不依附，一世是个好人。

刘基把"卫农"、养兵两件大事当作治国之本，而养兵的目的在于"卫农"。他指出："养兵用来防御暴力，不是用来制造暴力；养兵用来保护百姓，不是用来祸害百姓。"因此，他根据当时"民困必须复苏，用兵不能少"的需要，取前代军屯法和府兵制的长处，创立了军卫法。在全国各地设立卫所，常驻军队，平时屯垦，战时从征，编制、调遣、任官一律归朝廷统一掌管，旨在减轻百姓负担，安定地方、增加兵源、集中兵权。这一制度对朱元璋统一疆域、巩固政权起了积极的作用。

刘基认为为政的关键是任人，任用优秀人才。他主张用人要得当，"量能任之，揣力以劳之"。只要是贤士，就不要管他的身份地位怎样、与自己的关系如何，一概选用。他还认为识别人才，要看本质，不能只看外表，"金玉其外，败絮其中"的人不能任用。他不以一眚掩大德，举贤荐能，既发现了一批优秀人材，又除莠识稗，识别了一些庸才、劣才。

朱元璋因故怪罪丞相李善长，打算罢免他，征求刘基的意见，刘基认为："国有大事，莫大于选拔任用丞相。"尽管知道李善长因李彬之事衔恨于他，数次想与他过不去，刘基仍然公正地为李说话："善长是一位德高望重的老臣，能调和诸将，不应更换。"他说："换相如房子易柱，需要大木料，如果捆缚小树木代换，房子就会立即倒塌。"

后来，李善长罢相，朱元璋想用杨宪代替他。刘基原本与杨宪私交很深，关系很好，谈话也很投机，但他不赞成杨宪为相。朱元璋听后很奇怪，说："杨宪不是你的好友吗？"刘基解释说："杨宪有相才无相器。当丞相的人，应该持心如水，宽宏大量，以条律为准绳，以义礼为权衡，但杨宪不具备这些基本素质。如果让他当丞相，岂不要坏事吗？"明太祖又问汪广洋如何，刘基说："这个人心胸狭窄，才学浅薄，比杨宪还差一些。"又问胡惟庸，刘基认为他只是一头小牛犊，更不堪任，他说："当丞相犹如驾车，胡惟庸非但驾不好车，恐怕连辕木都会被他毁坏；又好比犁田，他非但不能犁好田，反而把犁都会弄破。"朱元璋听他这么一评论，说道："看来丞相一职，只有你才最合适。"刘基连忙答道："我不是没有自知之明的人，我这个人疾恶太甚，又不耐繁文缛节。让我当肯定会辜负你的大恩和期望。天下何愁无才，愿明主仔细选求。但就你前面提到的几位，我确实认为没有很合适的。"朱元璋最终还是认为刘基过于苛刻、求全责备，没有听他的劝告，任用了杨宪、汪广洋、胡惟庸为相，结果诚如刘基所料，都出了问题。刘基品评相材，不以恶己者为恶，不以亲己者为好，唯才是举，深谋远虑，洞察一切，堪称奇才伟识。

刘基的治国理论与实践，以为民为君为出发点，"仁"与"法"相辅相成，重视选拔、识别人才，取得了洪武年间较为清平的政治局面。

### 全身远祸

洪武四年（1371年）的一天，南田山区的一座秀丽翠峰上，树木撑天，孤松傲立，百鸟争鸣，流水淙淙。在野草树枝披拂的小径上走来一位虬髯飘发、身材修长、双目明烁的老人，望着林间飞来飞去、自由自在的小鸟，他高声吟诵着陶渊明的《归去来辞》："云无心以出岫，鸟倦飞而知还；景翳翳以将入，抚孤松而盘桓。归去来兮，请息交以绝游。"他，就是大名鼎鼎的刘基。不久前，他借口妻子新逝，辞别太祖，告老还乡。

他是不是官场失意了？不是。朱元璋对他立下的汗马丰功应该说是没有忘记，自出山以来，他累官至御史中丞兼太史令、太子赞善大夫、弘文馆学士、开国翊运守正文臣、资善大夫、上护军，1370年又封诚意伯，俸禄240石。官位可谓显赫。尤其值得一提的是，明太祖在开国之初定处州税粮，依照宋制每亩加五合，太祖为了叫刘伯温的家乡世世代代将他的事迹传为美谈，特意下令，青田不

加税粮，使刘基的恩惠施及乡邻，应该也很荣耀了吧。

那么，他为什么要归隐山中？其表面上的直接原因有两件事。

刘基因为李彬的事，得罪了李善长，李善长在太祖视察汴梁回朝后，向太祖告发刘基，说他"在祭祀用的坛榼下斩杀犯人，不敬"。其他怨恨刘基的人也交相谮谗，说他不修边幅，居功自傲，不讲情面。而这时恰好又遇上大旱，刘基上奏说："士卒物故者，其妻悉处别营，总共有数万人，阴气郁结。工匠死，尸骨暴露，吴将吏降者皆编军户，足干和气。"太祖听了他的话，尽快采取措施革除上述弊端。但是，过了10日仍不下雨，太祖生气了，认为刘基这次欺骗了他，但没有治他的罪，也未罢他的官，其实，这真是一个天大的冤枉，刘基本想借天象施仁政于民，谁知老天爷不争气，没有像平时一样应验。

然而，刘基归隐的根本原因还在于他对人生真谛、历史真理、人世沧桑的深刻认识。他知道自己的个性和才能只能在一定时期、范围内得到发展。范蠡泛湖全身，文种效忠遭祸，历史上这样的事例还少吗？君不见，为了争夺一官半职，为了得到主子的宠爱，很多士大夫终生都陷在尔虞我诈的角斗场中，或是踩着别人的头爬上去，或是一时失手跌下来。这消耗了多少人的才华，熬白了多少人的青发！慷慨有大节、睿智有哲学头脑的刘基对这些都有清醒的认识。从这个角度看，他的归隐又是必然的。

人们往往在失去一样东西时，才感到它的分量。太祖在刘基归隐的当年冬天，就开始感觉到刘基对自己是多么重要。于是，力排众议，亲笔书写诏文，详细叙述刘基的功勋，召基赴京，并赏赐大批钱财、物资，追赠刘基祖父、父亲为永嘉郡公，还要再给刘基加爵进官。刘基

固辞不受，他完全看破了红尘，坚持归隐。

刘基回到家乡，每天除游山玩水、怡情悦性、吟诗作文、抒发感受外，还喜欢与乡人饮酒弈棋、评品字画，与儿童谈天说地、耍闹嬉戏。游心物外，逍遥出世，当其得意，与道俱成，有一种摒除世间荣辱、绝对超脱的情致。有时他还与樵夫渔父一起聊天，谈论山中的趣事，水中的雅兴；有时他又与野老桑农一同散步，大谈老年人的养生之道。但绝不讲自己以前的功名和战绩。如果哪位不知趣的人想阿谀几句，提起他的往事，肯定要遭到他的白眼冷淡，甚至被拒之门外。因此，认识他的人都亲切地叫他"伯温兄"，不认识他的人还以为他只是一位不闻世事的普通隐士。

青田县令早已仰慕刘基的才学，听说他回乡了，多次求见。刘基或干脆不见他，或婉言谢绝，对县令提供的各种照顾也坚决不受。他的韬晦埋名的事迹在下面这个故事中更显得有些传奇色彩。

一天，一位农民打扮的乡下人，费了很大劲儿，才问到刘基在山里的落脚点，辛辛苦苦找到山中，求见刘基。刘基正在用一个粗糙的木盆洗脚，听说后，以为与往常一样，是位过路的或干活的山里人，欣然应允，忙叫从子把这个乡下人请进茅舍。乡下人说并不认识刘基，只是与他随便说说话。两人谈得很投机。刘基还将他留下，做了一顿黍子饭给他吃。吃完饭后，这位乡下人说："请刘学士恕小臣欺瞒之罪，其实，小臣就是青田知县，久仰先生的学识和为人，特来拜谒。"刘基听他说完，惊讶不已，忙起身称民，说："请乞恕小民不敬之罪。基告辞了。"便自己先离茅舍，飘然而去。丢下这位可怜巴巴的县令，站在那里，望着刘基的背影，愣了半天，惆怅万分。以后，这位县令再也没有能见到刘基。

刘基与朝官贵人断绝往还，行踪不定，举动异常，表现了一种狂介的文人风格。其实，这也是他那"性刚嫉恶，与物多忤"个性的异化表现。他企图用这种不正常的、极端的行动来全身远祸，抵御济世思想的诱惑，以求得个性生命的发展。但他终究是一个饱读诗书、受儒家"兼济"思想影响很深的士子，他越是想超脱尘世，世间的厌烦干扰却越是找上门来。

### 死而后已

刘基因不甘寂寞，放不下对世事的关注而半百出山，赢得了永垂青史的荣誉。说来也巧，他倒霉也就倒在这种情怀上。一件本来芝麻大的事，却招致了杀身之祸。

在鸥、苍之间有一块空隙地叫作淡洋。这里水陆两便，山河湖泊相连，易守难攻。过去它属于一块三不管地带，常有土匪出没，盐盗聚乱。方国珍就是靠这块地方发迹，拥兵自强，对抗朝廷，祸国殃民的。刘基耳闻目睹这些事实，心里很焦虑，在他任官朝中时，就上书请求在这里设立巡检司，镇守节制。那些杀人放火、奸淫盗窃之徒也稍有收敛，不敢放肆。

刘基回家隐居后，恰碰上茗洋逃军叛乱，危及朝廷安全，骚扰百姓，无恶不作。但明官吏企图隐瞒这件事，不让太祖知道。刘基毕竟是位有血性、疾恶如仇的人，虽然不愿自己出面，还是要儿子刘琏不经过中书省，直接向皇帝上奏章，报告这件事。

这时胡惟庸正以左丞主管中书省。俗话说："君子报仇，十年不晚"，看来胡惟庸还是位"君子"。以前刘基在朱元璋面前说了他的坏话，没有让他当丞相的一箭之仇，这下正是报复的时机。于是他指使其党羽刑部尚书吴云弹劾他，诬陷他与百姓争夺淡洋，只因为淡洋位居山海,有王气,刘基想辟之以为墓地,图谋不轨;百姓不肯让给他,他就指派巡检司,俄官军的名义逐赶平民,以致激起民变。吴云的弹劾奏文呈上朝廷后,胡惟庸借公报私仇,请求皇上加以重辟,并要逮捕刘基的儿子。

明太祖知道这件事后,觉得刘基也太过分了,颇有所动。只是想到刘基是开国元勋,功劳太大,不忍心加罪于他,只是象征性地处分一下,取消其俸禄,并移文传达给刘基,使他知道这件事。

刘基接到太祖的移文后,即刻入朝面见太祖。由于心里害怕,不敢辩护,怕进一步惹起太祖的不快,只是引咎自责,请办其罪,也不敢提回家的事。这样一折腾,刘基终于病倒了。

不久,太祖又提升胡惟庸为丞相。病中的刘基,在京师听说这件事后,痛心疾首,悲伤地说:"胡惟庸为相,定会出大祸,国家必然会大乱,生灵又将遭受屠戮。假使我的话不应验,那是因为苍生民众有天大的福分;如果我的话应验了,这些芸芸众生该怎么办呢?"刘基悲愤交加,积忧成疾,卧床不起。洪武八年三月,明太祖看到刘基行将就木,大发恻忍之心,亲自制表文赐给刘基,并特派使者护送刘基回乡。回家后,刘基病得更重了,只过了1个月,他就带着无限的忧怆、满腹的怨气,离开了人世,终年65岁。一代谋士、卓见远识的刘基就这样凄凉地长眠在家乡的山峰上。

刘基的死,首先与胡惟庸的进谗加害有关。史料记载,刘基在京病重时,胡惟庸曾假惺惺地派医生来给他诊治,医生给了他一些药,吃了后,腹中就有小拳头大的石头积物。刘基本是一宽宏大度之人,万万想不到胡惟庸会采取如此卑鄙的手段毒害他,真是以君子之腹度小人之心。

其次与明太祖的多疑本性有关。他对这样一位忠心报国的功臣都不放心,为了自己的帝位,什么手段都使得出来。这证明刘基当初请求隐居是完全有远见的,只是他还隐得不彻底,最终还是逃不脱"走狗烹"的可悲下场。

刘基至死都未忘记对明王朝的效忠。在临终前将自己用心血凝成的著作和预测时势、人事的奏章呈献给明太祖,表现了一位既愤激又疏淡、既充满激情又富有柔情的正直谋士的情致。说明了我们的主人公既有飘逸旷达、澄明无滞的气质,又有一颗放不下的心肠,为人生操思的拳拳忧心。这是典型儒学人格的象征。

病榻上的刘基,已是骨瘦如柴、奄奄一息了,他把大儿子刘琏叫到身边,从枕头下颤颤索索拿出一本发黄的小册子,交给他说:"这是一本关于天象人事的书,它凝结着为父多年军事实践、从政生涯的经验。你要将它交给朝廷,并叫皇上不要让后人学习。"它就是至今也使人觉得神秘莫测的《天文书》。后来,太祖下令此书与《百战奇略》一样,属机密文献,秘而不宣,终致失传,可谓历史上的一大损失。

他又将一份奏章交给次子刘璟,教诲道:"为政之道,宽猛如循环,要有松有紧、有纵有收。澄清天下之时,应该号令严明,有罪必斩,以法治军;坐天下之时,尤其是现在,正处在休养生息的关键时期,必须修明德政,减省严刑,实施仁义,祈天永命。各形胜要害之地,要与京师声势连络。我本想作一份遗表,说明上述观点,只因胡惟庸在位,作了也没有什么作用,反而会贻害于你们。但我坚信,胡惟庸必定要出事,他事发后,皇上必定又会思念我,如果他向你们问起我的情况,你可将这份机密奏章献上去。"

再说,自从杨宪、汪广洋相继因罪罢官后,胡惟庸总揽中书省,独断专行,滥用生杀黜陟的权利，逞淫威，结朋党，营私利。凡是内外各司进奏皇上的封事，胡惟庸先取来阅看，有不利于自己的疏奏，都被他压下，隐匿不予上报。朱元璋渐渐觉察到胡的反常举动。加之想起以前刘基对他说过的药石积腹的事，当时太祖还不在意，认为刘基是多疑，现在回想起来觉得其可能性很大，于是下令追查刘基的死因。胡惟庸知道事情终会败露，自计道："皇上草菅勋旧功臣，怎么会饶恕我？事发是死，起兵反叛也是死，不如先下手为强，不要束手待毙。"因之勾结一帮党羽，并连络倭寇、元兵，密谋重壁藏兵，杀害太祖，推翻明朝。因故事发，被太祖以谋反罪伏诛，牵连的人数以千计。刘基的预言应验了。

胡惟庸死后，刘基的两个儿子遵照父亲的嘱咐，向朝廷献交上《天文书》和密奏。太祖接过这些遗物，就像看到了这位老臣那颗赤诚的心，深深叹服刘基的大义大略。

这时太祖又记起了刘基说过的一句关于胡惟庸的话："小犊耳，将偾辕而破犁"，意思是说胡惟庸终究会搅得天下大乱。看毕刘基的密奏，更见出刘基预言的正确。他悔不该不听刘基的话，铸成大错。

洪武十三年，朱元璋颁布诰命，令刘基子孙世袭诚意伯爵禄。刘基虽然没有正式当过朝廷第一文臣丞相，但他德才兼备、功勋卓著，赢得了后人的怀念和尊敬，明武宗称他"渡江策士无双，开国文臣第一"。

唉，又是一出生前的悲剧，死后的喜剧！

## 严　嵩

明世宗的宰相严嵩，是中国历史上有名的人物。他之所以有名，不是由于他的政绩，而是由于他二十年的宰相生涯中，窃权弄柄，大发国难财，成了当时天下第一贪官。因为他太贪，引来天下公愤，最后全家被抄斩，他本人最终孤零零地死在看守坟墓的窝棚里。

### 六十花甲始人生

严嵩，字惟中，号介溪，又号勉庵，江西分宜人。生于明宪宗成化十六年（1480 年），死于明穆宗隆庆元年（1567 年）。父亲是读书人，死时对严嵩说："别人都买田地以遗子孙，我只为你留下书，好好学习，用世泽物，都在里面。"严嵩从小读书很用功，加上他天资聪颖，十几岁就中乡试头甲。

弘治十七年（1504 年），严嵩中进士，被授予庶吉士，即中央政府一般的工作人员，不久被授予翰林院编修。在明代，非进士不入翰林，非翰林不入阁，这就为严嵩以后入阁当首辅打下了基础。

正德三年（1508 年），严嵩祖父去世，次年其母亦病逝，于是严嵩丁忧回乡，在县学东南修筑堂宇，自己取名为"铃山堂"，并在里面边守孝边学习。还有一种说法，说严嵩离开京城回江南分宜是因为他身体有病，回乡修养。

这一修养就是十年。在这十年中，严嵩读了很多书，用他自己的话来说是"读书为学，纂言文，凡以为仕禄之具而已"。什么经史子集、宋词唐诗，包括魏晋六朝的骈文，他都有研究，其中以在诗文方面下的功夫最大。从现存的《明诗别裁集》看，里面收集的严嵩作品，还是相当见功力的。他不仅书读得好，诗写得不错，散文、骈文更是一流高手。从此，他在文坛上开始崭露头角，有了些名气，同时他又多与天下文人学士交游以提高自己的社会声誉。可以说，严嵩在家修养的十年，对他以后的发展至关重要，没有这十年，就没有以后的严嵩。

正德十三年（1518 年），严嵩结束了在家的修养生活，重返京师。吏部让他官复原职，任翰林院编修。正德十五年

（1520年），任侍讲，专门给皇帝讲课。实践证明，这个职务对严嵩的后半生来说是至关重要的，因为他的诗文功底好，骈文也不错，使新皇帝嘉靖对他青睐有加，格外器重，从此，严嵩官运亨通，平步青云。

嘉靖四年（1525年），严嵩拜为国子监祭酒，即大学校长；嘉靖十四年（1535年），做了礼部尚书兼翰林院学士，算是堂堂正正的朝廷大员了；嘉靖二十一年（1542年），嘉靖帝加他为太子少保、太保衔，几个月后，以尚书兼武英殿大学士入直文渊阁。因明朝不设宰相，大权集中在皇帝一个人的手里，吏、户、礼、兵、刑、工六部尚书加上大学士衔，就有文渊阁值班的资格，可以经常面见皇帝议事了。所以，武英殿大学士入直文渊阁，就等于宰相了。不久，嘉靖帝命他为首辅，即实际上的第一宰相，成了一人之下、万人之上的最具实权的人物。这一年，严嵩六十二岁。从他中进士算起，几近四十年的沉浮，终于登上权力的顶峰。

据传，严嵩在老家修养期间，有一相者对他说："你四十以前苦命一条，过了中年才富贵，六十花甲始人生，吃不完的金山，搬不动的银山。"一般的吏员到了六十已是风烛残年，日薄西山，准备告老退休了，可严嵩却健壮得很。据《明史传》载：严嵩瘦高条的个儿，眉毛稀疏，说话却底气十足，声音洪亮，走路健步如飞，如小伙子似的，毫不见老态。

**"皇家没我富，皇家没我乐"**

也许是仕途的沉浮、生活的艰难，使严嵩认识到：要富贵必须有权，有了权才能保富贵。于是，他一旦大权在握，就绞尽脑汁巩固权力，编织各种关系网，为他以后的贪赃枉法扫清道路，具体有如下措施和手段。

一、媚主固宠，控制皇帝。

明世宗朱厚熜是中国历史上有名的混账皇帝，他在位四十多年，其中就有二十年不住在故宫，而住在西苑，他说故宫有鬼。在他当皇帝时，总共只有三次朝见过大臣，朝政完全失去控制。严嵩是唯一经常能与皇帝见面的宰相，因而理所当然地操纵了政柄。

严嵩控制皇帝、媚主固宠之术有二：一是善写青词。明世宗好道教，自称道教皇帝，每月都要在宫内设水陆道场祭祀道教祖先老子和张道陵。在祭祀时，命大臣写祭神的告文，用朱笔书写在青藤纸上，谓之"青词"，实际上是骈体文。写得好的立即就可得到提升。而在所有大臣中，严嵩文学功底好，写的青词最合世宗心意。严嵩每天在处理朝政之余，更按照皇帝的要求，精心斋醮祈祷，奉玄修道，撰写青词，因此最得皇帝宠幸。二是揣宠有术。严嵩当宰相时已是六十三岁的老人，宦海沉浮几十年，知道如何才能得主子的欢心。他当宰相期间，为了显示自己的忠心，朝夕在西苑值班，节假日也不回家，史称他"朝夕值西苑板房，未尝一归洗沐（指古代官吏的例假）"。而明世宗喜经史，每至夜分，遇上有不了解的问题，写于片纸上，命内侍持以示内阁，立等回话。由于严嵩整天都在西苑当班，往往能即时奏答，使世宗大喜，说他"忠勤敏达"，是个好宰相。

控制了皇帝之后，严嵩进一步的措施是把票拟大权抓在自己手里。何谓票拟，就是皇帝、宰相对朝中大事的处理意见，先是由大臣写下奏章，交给宰相，后由宰相用小纸条写成处理意见，再由皇帝用朱笔批示、下达，这种办法由明成祖朱棣开始，以后近二百年不废。因明世宗爱玩，喜荒唐胡闹，梦想成仙，又不见大臣，使严嵩得以独掌票拟大权。而明世宗对严嵩又宠信不疑，因此，严嵩通过票拟把朝政牢牢控制在自己手里，借以排斥异己，培植亲信。

二、父子俩演双簧。

严嵩有个儿子名世蕃，是个精明练达胜乃父而其貌不扬的人，史称严世蕃人矮、头大、脖子短、小眼睛。他尽管其貌不扬，但对朝廷法规政策十分熟悉，又精通权力、受贿之道，学问也好。有时明世宗交给严嵩的咨询手条，辞旨深奥，连严嵩都"瞠目不能解"，而严世蕃往往能"揣摩曲中，据之奏答，悉当上意"。严嵩年岁大了，又日夜值宿西苑，有些事情照顾不到。他见儿子如此聪明、能干，所以，各部大臣找他有事请求裁决时，严嵩就说："老臣颇忙，可找小儿咨议。"有时干脆把票拟的大事也交儿子去办。时间一长，朝廷上下就说严嵩是大丞相，儿子是小丞相。两人共同控制了朝政。

严嵩当宰相后，就命严世蕃为工部左侍郎，是掌印工作，官不大，但有实权。严世蕃又有大权在握的老子在朝中为相，所以，朝中大臣求见之人络绎不绝，门庭若市，而严世蕃非常熟悉官职大小要价的多少，他向别人索取贿金，"毫发不能匿"。有时大臣有事索性不找严嵩，因为他们知道"未馈其父，先馈其子"。有儿子在前台办事，老子在后台撑腰，一攻一守，相得益彰。如有人揭发严世蕃的贪污行为，严嵩就赶快到皇帝那里主动承担责任，把严世蕃臭骂一顿，这样便得到了嘉靖帝的宽宥。因此，严世蕃更是有恃无恐，他光是遍布在京城及苏、杭、扬州的老婆就有二十七个。

三、培植亲信，组成复杂庞大的权力关系网。

工部主事赵文华原是严嵩当国子监祭酒时的生员，算是师生关系。为了往上爬，他认严嵩为干爹，第一次给严嵩送礼，是送给严世蕃二十七个老婆每人一顶金丝做的蚊帐和一件金簪子，从此，就靠上了严嵩这条粗腿。赵文华官不大，可贪污的臭名却人人皆知，因而遭到弹

劾，被贬到地方任州的判官（副专员）。可是由于他贿赂了严嵩，不但没到地方上任职，反而回到工部做了比主事还高一级的郎官，不久，又升为通政（给皇帝送文件的官），第二年又升为工部侍郎。赵文华不懂军事，为了捞油水，主动申请到浙江前线领兵打倭寇。经过严嵩的批准，赵文华到了浙江，学习他干爹贪污受贿的伎俩，搜刮民财亿万。

兵部侍郎吴嘉会，负责修筑河北北部的长城以抵挡鞑靼入侵，因在施工中偷工减料，贪污公款，致使刚刚竣工的城墙倒塌，鞑靼乘虚而入，兵临城下。吴嘉会因是严嵩死党，只被罢官而未被判刑。

因权力的关系，地方大员与朝中大臣都相继往严嵩这边靠，抱他的粗腿，从而形成从朝廷到地方的庞大的权力关系网。如浙江总督胡宗宪，都御史鄢懋卿，职方郎中方祥，尚书吴鹏、欧阳必进，大将军仇鸾等人，都是严嵩在朝中的死党。

四、排除异己。

严嵩对给他提过意见的人都设法排挤，有的置之于死地，使满朝文武敢怒不敢言，万马齐喑。大学士夏言比严嵩资格老，最后不但被他排挤出朝廷，而且还被他借皇帝之手杀害。一些高级官吏，如吴时来、杨继盛、沈练、王抒等人都因揭发过严嵩而被处死。至于遭流放、罢官者，更是不可胜数。

经过如此这般的动作，一切障碍都基本上被排除，一切关系都基本上被疏通。金银财宝便源源不断地流向严嵩的腰包。

严嵩为相几十年，到底贪污了多少？据《明史》载，嘉靖四十四年（1565年）严嵩被抄家时，搜出黄金三万两，白银二百多万两，其他珍宝价值数万两。其实，严嵩的财产远不止于此。据野史载：严嵩与其妻欧阳氏曾埋金于地，每百万两为一窖，一共有十余窖。嘉靖二十九年

（1550年），北方鞑靼的俺答汗率兵攻到北京，严嵩密运财产回老家，大车数十辆，楼船十余艘。而光是他的管家严年，一年得到的贿赂就有十万两白银。据《明史纪事本末》一书记载：严嵩一家的珍宝比皇宫里的还多，还珍奇。严嵩除了在北京有豪华的居宅外，还在江西老家、南京、扬州等地，建筑了数十处豪华的别墅。在这些深宅大院中，粉黛之女，列屋骈居，衣皆龙凤之纹，饰尽珠玉之宝，用象牙做睡床，用镶金丝的绸缎做帷幔，朝歌夜弦，荒淫无度。严世蕃曾得意地说："皇家没我富，皇家没我乐。"

那么，严嵩又是通过哪些渠道贪污到这么巨大的财产呢？概言之有五个来源：

一、利用科举机会向应试举子索贿。严嵩还在当礼部尚书时，利用掌握考试的大权，在招考译字生（翻译）时，公开索贿。考生听说新上任的礼部尚书索贿，就比赛似的送钱送物，严嵩便择贿额大的录取。

二、向藩王索贿。明太祖朱元璋做皇帝时，封子弟功臣到全国各地为王。到了嘉靖年间，明朝已有二百年历史了，各地藩王也更换了好几代。而每次旧藩王死去，新藩王继位，都必须由皇帝批准才能生效。一个藩王往往有几十个儿子，上百个孙子，在继位时，往往争得你死我活，争斗各方为了取得皇帝的批准，自然要到朝廷走关系。严嵩便瞅准这个机会，视礼物的多寡，向皇帝上进言，如永寿共和王的儿子和长孙争位，用了三千两银子贿赂严嵩才取得继承权。这种由皇帝批准立藩王的事例几乎每年都有，全国有二三十个藩王，严嵩从中得了多少金银，不言而明。

三、封官许愿受贿。在严嵩当宰相二十多年的时间里，人要当官、升官、办事、发财，不经过他那一关是不行的，经过他那一关而不送钱也绝对是不行的。嘉靖二十年（1541年），交城王不服明朝所管，因对其出师征讨可得一大笔军费，可以升官，于是有一个叫袁柚的将军想带兵前去征讨。他担心朝廷不批准，便派了一个下级军官，带了黄金白银各三千两送给严嵩，征讨之事遂得以批准。

四、为有罪者减刑受贿。有个叫王汝孝的地方官犯了死罪，因向严嵩贿五千两银子，死罪改为流放。总兵俞大猷，在浙江前线抗倭有功，只因不善交际，严嵩怒其不附己，就授意总督胡宗宪诬陷俞大猷失职，使其下狱判死罪，后来还是俞大猷家向严嵩行贿三千两黄金，才免于一死，被发配到北方边境戴罪立功。

五、克扣军饷。明朝北方有蒙古鞑靼、东南沿海有倭寇，每年的军费达白银五百万两，少者亦有三百万两。据当时的刑部主事张翀的揭发是军费开支"输边者四，馈嵩者六"。话虽激烈，但严嵩克扣军饷的数额的确不在少数，按百分之五十算，每年亦有近二百万两。

至于其他受贿的方法就更多了，如朝中官员办事要行贿，升官要行贿，交赋税要行贿，更有甚者，文武大臣死后，按古代常例，要由朝廷给一个谥号，谥号有美恶，其家属为了得一美号，也要向严嵩行贿。

### 贪字头上两把刀

金银财宝是个好东西，人见人爱。如是辛勤得之，别人羡慕；如是来路不明而得之，别人就有意见；如是巧取豪夺、损公肥私、靠行贿得来，则会引起公愤。严嵩当宰相二十余年，窃权弄柄，排斥、诛杀异己，富甲王室，威福莫比，最后引起天下公愤，其在劫难逃，就在情理之中了。

严嵩父子及其党羽的胡作非为，激起朝中正直官员的愤慨和反对，纷纷上疏揭露他们的罪行。先后上疏的朝中大

第七编　明清野史

员和地方官有：谢瑜、叶经、童汉臣、赵锦、王宗茂、何维柏、历汝进、沈练、徐学诗、杨继盛、周铁、吴时来等多人。但这些人没有一个有好下场，轻则被贬，重则被杀，其中以沈练和杨继盛的后果最有代表性。

锦衣卫经历沈练，为人刚直，嫉恶如仇，他对严嵩的专权用事，十分痛恨。他于公元1551年上疏，开列了严嵩有纳将帅之贿、揽吏部之权、阴制谏官、妒贤忌能、纵子受财、擅宠害政等十条大罪，要求罢黜以谢天下。结果严嵩以诬陷大臣罪把沈练贬于保安（今陕西志丹县）。到保安后，沈练继续痛骂严嵩，在百姓中历数严嵩的罪行，同时还扎了个草人以代严嵩，让人作为靶子练习射箭。严嵩知道后气得咬牙切齿，发誓报复，就以谋反罪把沈练抓入北京处死，同时还杖杀了沈练的两个儿子。

继沈练之后，兵部员外郎杨继盛也于1553年呈上《早诛奸险巧佞贼臣疏》，也列出严嵩十大罪状，言辞较之沈练更激烈，在社会上引起很大的反响。严嵩向嘉靖帝进言，说杨继盛是变着法儿骂皇帝。嘉靖帝大怒，抓杨继盛下狱，刑杖一百，三年后被处死。

杀了沈、杨二人后，不仅未平息人们对严嵩的攻击，反而谴责之声更高，严嵩父子成了众矢之的，日子不好过了。

同时，随着时光的流逝，嘉靖帝对严嵩的宠信也日益淡薄。此时的严嵩已是八旬老叟，精力衰退，头昏目花，而嘉靖帝又经常写上一些小纸条要他回答，严嵩答不出，只好找严世蕃，严世蕃正在与女人鬼混，顾不上。嘉靖帝立等回音久不见复，因而对严嵩日见不满，于是各种有关严嵩的谗言诋语就接踵而至。1562年五月的一天，嘉靖帝问道士蓝道行："今天下何以不治？"蓝道行立即回答："只因贤未进，不肖未退之故。"嘉靖帝道："谁是不肖？"蓝道行曰："严嵩！"对道士的话，嘉靖帝是深信不疑的，就叹了口气，不做声了。

御史邹应龙从太监那里得到消息后，在大臣徐玠的支持下，参了严嵩一本，说他"溺爱恶子，召赂市权，专利无厌，应斩世蕃首悬之于市，以为人臣凶恶不忠之戒"。嘉靖帝乃传下谕旨：罢严嵩官，严世蕃贬雷州半岛。

可严世蕃没有到雷州，在半路上就逃回分宜老家继续作恶。于是御史林润再参严世蕃"诘不轨状"，说他不老实，态度恶劣。嘉靖帝遂下诏：严世蕃斩首，严嵩削去官籍，家产查抄。时间是嘉靖四十三年（1564年）。

此时的严嵩又成了片瓦全无的穷光蛋，因没有了官籍，成了老百姓，只得回分宜老家，请人在他祖父的坟墓边搭上个草棚子以安身。两年后，严嵩凄凉地死去，死时八十七岁。

真是：生前聚财无限多，聚到多时全没了。

## 张居正

张居正是中国历史上被誉为是继王安石之后的又一个改革家。他执掌相位十六年，以猛治吏，令行禁止，以俭聚财，巩固边防，使明王朝后期那一塌糊涂的黑暗政治里出现了一线光明。

### 东宫严师

张居正，字叔大，湖北江陵人。生于明世宗嘉靖四年（1525年），死于明神宗万历十年（1582年）。相传其母在生他时，梦牵牛星入怀，产后光照内室，久而乃去。是否真有其事，不得而知，民间稗闻，聊供谈资。

张居正长大后，果然异乎常人。面长眉秀，胡须长达胸前，不苟言笑，城府深不可测。举止以英雄自诩，做事勇于负责，不透过于人，敢作敢为，极受人称许。年十五，就以颖敏绝伦之才中诸生，写文章下笔如飞,不事加点,因而名重乡里,闻于官宦。巡抚顾璘起初不信,要张居正当场作文,果如所闻,顾璘大奇之,对人言:"此儿当为国器。"并解下自己珍贵的犀带送给张居正,说:"君异日当玉腰蟒带,犀带会被你视为敝屣。"叮嘱张居正好自为之。

相传荆州刺史端成有次见到张居正后,深以为异,因端成晓《易》,与之卜卦,得之,大惊:"吾数十年后必死于此人之手。"二十年后,张居正拜相,以贪污罪判端成死罪。而当时的张居正还名不见经传。民间野史,不可深究,但也说明张居正在当时也许是非常有特点的人。

嘉靖二十六年(1547年),张居正中进士,授职庶吉士,后改为编修,是朝中整理古籍、文史一类的官。在职期间,张居正认真钻研国史,探求历代存亡得失,夏炎冬寒,毫不间断。当时的宰相徐阶见后,很器重这个好学不倦的年轻人。对权重天下的宰相严嵩,在满朝人都惧怕他的情况下,张居正以一小职员,凛然相向,不卑不亢。也许是邪不压正,严嵩居然对张居正惧怕三分,他对儿子说:"此犊异日必掌相位,吾不能断子孙之路。"从此,严嵩对张居正另眼相看,深为器重,举荐他为右子允,领国子司业事。

嘉靖三十九年(1560年),张居正迁为侍裕邸讲读,后又迁右谕德兼侍读,进侍讲学士,领院事,成为东宫皇太子的专职老师。嘉靖帝叮嘱张居正:"卿可为朕严束之,毋废学业以坠祖宗之业。"加上张居正长得仪表堂堂,威不可犯,使得当时的皇太子即后来的万历皇帝朱翊钧闻声而股栗。张居正为他规定的读书书目及饮食起居的各种规矩,朱翊钧遵若圣旨,丝毫不敢违背。有时,一连坐读几个小时,使朱翊钧苦不堪言,像坐牢一样难受。一旦张居正离去,朱翊钧就如释重负,才敢与宫人玩耍。所以,朱翊钧对张居正是既怕他,在心里又恨他。

有一次,张居正辅导太子读孔子的《论语》,朱翊钧老老实实、认认真真地朗读着。当他念到"子曰:学而时习之,不亦乐乎"时,没有把最后一个"乎"字念出来,张居正在旁一听,大声喝道:"还有'乎'字!"朱翊钧吓了一大跳,连忙说:"对,对! 还有个'乎'字!"说完,已大汗淋漓。

朱翊钧在当太子时,是有名的顽童,就是以后当了皇帝也顽性不改。但他一生怕两个人:一个是他母亲李贵妃,即后来的慈圣皇太后;另一个是他的老师张居正。每当传闻朱翊钧有劣迹时,李贵妃就手持棍杖训斥不已,实在没法了,就把张居正搬出来:"你再不改,我只好请张先生来。"朱翊钧一听,立即老实了:"我听话,母亲不要告诉张先生。"朱翊钧当了皇帝,对张居正不呼其官衔,只呼"元辅张少师先生"以示尊重,可内心却怕死了张居正。因此,明王朝后期,尽管皇帝昏庸,但由于有张居正这擎天玉柱,才致大厦不倾,张居正一死,一切全完了。

皇太后知道自己儿子是几斤几两,就对张居正寄予厚望,要他勤心政事,辅佐皇帝。她对张居正说:"我不能朝夕与皇帝在一起,我担心皇帝不像以前那样勤政、好学,以致荒怠先帝之业。所以,先生有师保之责,与别的大臣不一样,请代我朝夕教之,以辅政事,无负先帝之重托。"并赐张居正蟒带、白金、彩币,以示褒奖。

嘉靖四十五年(1566年),朱厚熜死,朱载垕即位,是为穆宗。因张居正以东宫侍读之职辅导太子有功和勤于入阁办事,被授予礼部右侍郎兼翰林院学士,一个月后,又迁吏部左侍郎兼东阁大学士、兼《世宗实录》总裁,不久,又进迁礼部尚书兼武英殿大学士,加少保兼太子太保,与朝中其他两个宰相共掌相柄。

隆庆六年（1572年），穆宗死，神宗朱翊钧即位，改元万历。神宗即位后，就拜张居正为朝中第一宰相，史称首辅，并赐金币及绣蟒斗牛服，以示尊重。

### 十年勤政只为国

作为一个社会发展形态来说，中国封建社会到了明王朝后期，它的一切顽症、亡症都已具备并显露出来了。

明嘉靖帝时，国势急剧下降。朱厚熜是有名的荒淫、残暴的混账皇帝，他在位四十五年，一共只有三次接见大臣，一辈子稳居深宫只做两件事：第一件事就是以道教皇帝自居，经常设水陆道场祭祀道教先祖老子和张道陵，经月不息；第二件事就是派人炼丹，以求长生不死。有一次，他听方士说处女的阴血可以炼丹，能使人青春永驻，就命太监找来宫内年轻宫女，破其处女膜以取阴血。因此，这些宫女恨死了朱厚熜，宁愿死也不受这种侮辱。嘉靖二十一年（1542年）十月二十一日深夜，以宫女杨金英为首的十几个宫女想趁嘉靖帝睡觉时用绳索勒死他。因宫女一时胆怯，绳子的结头打的是死结，拉不紧，使朱厚熜捡了一条命，这就是明朝历史上有名的"闹宫案"。

皇帝如此，大臣便争相仿效，贪官遍地，卖官鬻爵已成风气，一些奸佞之徒乘机发国难财。小官小贪、大官大贪，著名的宰相严嵩就是利用嘉靖帝的胡闹而掌握国柄、贪污受贿的，光是他家的黄金白银就可以为明王朝的所有官员发三年的薪水。总之，整个社会一切都不正常了，国家机器陷入瘫痪状态。

对于这些触目惊心的社会现象，张居正是心知肚明。所以，他一旦相权在手，就开始以自己的威望大刀阔斧地改革政治、整顿吏治，以使国家机器正常运转，给垂死的明王朝注入新鲜血液。

概言之，张居正的革新有四个大的方面：

一是对内严于皇帝，要求皇帝做天下人的表率。

明神宗刚即位，张居正就告诫他：当了皇帝，就是天下百姓的首脑了，不能再像以前当太子那样嬉闹而不成体统，这样才能守住祖宗之基业。他要明神宗"废游宴而重起居，专精神以广圣嗣，节赏赐以省浮费，却珍玩以端好尚，亲万民以明庶政，勤讲学以资治理"。

明神宗一听，嘟哝道："天子如此难当？"张居正严肃地说："天子者，万民之父母，群生之日月，天子只有兢兢业业，才不负万民之望。"神宗噤若寒蝉，不吱声了，内心却很不舒服，只是迫于太后之严，张居正之威，才不得已而行之。

之后，为了使神宗亲政有章可循，像古代的明帝圣君一样，把天下治理得井井有条，张居正就将明以前古今治乱之得失及明太祖创业史实，编纂成《宝训》《实录》等书，分为四十项，要明神宗认真遵守。

一曰创业艰难，二曰励精图治，三曰勤学，四曰敬天，五曰法祖，六曰保民，七曰谨祭祀，八曰崇孝敬，九曰端好尚，十曰慎起居，十一曰戒游侠，十二曰正宫闱，十三曰教储贰，十四曰睦宗藩，十五曰亲贤臣，十六曰去奸邪，十七曰纳谏，十八曰理财，十九曰守法，二十曰做戒，二十一曰务实，二十二曰正纪纲，二十三曰审官，二十四曰久任，二十五曰重守令，二十六曰驭近习，二十七曰待外戚，二十八曰重农桑，二十九曰兴教化，三十曰明赏罚，三十一曰信诏令，三十二曰谨名分，三十三曰裁贡献，三十四曰慎赏赉，三十五曰敦节俭，三十六曰慎刑狱，三十七曰褒功德，三十八曰屏异端，三十九曰饬武备，四十曰御戎狄。

同时，张居正把这些治国条章公布于朝廷，派专人向神宗定期宣讲，又成

第七编　明清野史

皇帝起居室,命专人记录皇帝每天的动静和朝廷内外大事,并定期让张居正过目,向他汇报。因此,宫中事无巨细,都逃不过张居正的眼睛。内宫有两个小厮名孙海、客用,因为有一次劝神宗多玩一会儿,张居正知道后,命人以大棒逐出,后命有司把二人充军。

如此一来,明神宗即位之初的那段时间,在张居正的严辞督促下,确能用心政事,颇有图治之风;宫内风气肃然,谁也不敢马虎,太监、小厮更不敢劝皇帝胡闹、游玩。所以,史称神宗前期有中兴气象。

二是整肃吏治、尊主权、课吏职、信赏罚,令行禁止。虽万里之外,一声令下,须立即行动的,不得延误。有功者赏,有过者罚,不避贵贱,一视同仁,该罚当罚,该斩当斩。宰相有如此权威,在中国历史上,张居正也许是名列前茅的了。

神宗万历三年(1575 年),黔国公沐朝弼数犯法,按明律当斩。于是张居正命朝中各部大臣讨论此事。沐朝弼的先祖沐英是朱元璋的养子,数随朱元璋立有大功,沐英又与太子朱标友善。明王朝开国后,沐英被封为云南王,并剖铁券,沐英子孙世世代代永镇云南,是明王朝独一无二的异姓王。

所以,当张居正提出此议后,朝廷中就有人反对,认为王侯之家不能施以重刑。张居正一听,火冒三丈,严斥道:"法不施于贵何以为法?何以治天下?"并对沐朝弼的儿子沐庶说:"汝速回昆明,抓汝父来治罪,限期不至者,立斩汝首。"沐庶不敢不从,只好随朝中一官员去云南把沐朝弼抓来,关在南京监狱,不久被处斩。

明朝的都察院是个有油水的部门,其官员外出巡访,都得到大量贿赂。张居正下令,都察院的官员巡访回来后必须如实报告受贿情况,如自动实报,有死

罪的改流放,不报者,流放罪改死罪。有一官员以为自己与朝中一些大臣有旧而抗拒不报,张居正立即指示锦衣卫督办,然后把这位官员流放三千里,最后死在边所。御史刘台去辽东巡视,因受贿回来后谎报军情,张居正得知后,命锦衣卫杖棍一百,流放大西北。

如此一来,众吏肃然。因为数十年来,官吏贪赃枉法惯了,见张居正痛下猛药,觉得很不习惯,就劝张居正宽松一些。张居正道:"吏不治则民慢,吏贪则民苦,要治天下当从吏始,不严,何以治之?"给事中余懋学请张居正不要太猛,张居正大怒:"汝替贪官辩护耶!"就削其职。御史傅应祯劝张居正应宽大些,言辞较余懋学更激烈,被张居正抓起来,杖棍一百,远戍边境。

史载有张居正严执法、省冗官、清庠序的举措。他规定,公卿群吏出巡时短距离内不得乘车子,郎署有官病死,他据实认为不需要再补官,就不补,并规定贵族子弟入仕的名额。因此,朝中多有恨他者。

三是俭以聚财,禁止浪费奢侈。在明代中后期,贪官污吏多如牛毛,国家财政收入严重不足。神宗上台后,连在东南一线抗击倭寇的戚继光、俞大猷所需要的军饷也筹集不齐。因此,张居正执掌相柄后,面临的第三大任务就是聚财以充实国库。

为了敛财,他采取的第一个措施是兴修水利、发展生产。神宗万历四年冬(1576 年),针对黄河、淮河水患泛滥的情况,张居正发民工二十万疏浚河道,修塘筑堤,整修水库,使两河流域的水害基本上得到控制。效果立竿见影,第二年就带来大丰收,几年下来,太仓积蓄的粮食足可吃十年。

第二个措施是发展商业流通,为国家做生意赚钱。万历五年(1577 年),他

下令民间养马易马,既可保证军队之需,又可富百姓。民间如不能缴马就出钱。一年之中,太仆积金四百万。

为了充实国库,张居正规定各级地方官和朝中大员除俸禄外,一切奢豪之需一律禁止,更不得假公济私中饱私囊,一经发现,就由锦衣卫严肃查办。同时,严令江南豪族及大户补赋,输钱于国,并派出大吏精悍者严行督责,以完成其数,拒不交者,严责不宥,或入狱,或流放。因此,那些大户敢怒不敢言,只得乖乖地交钱。

就是对皇帝也是如此。万历六年(1578年)夏,给事中上言河北天灾伤民,请求救济。当时正值张居正为神宗讲解诗文、经术,张居正就劝神宗要爱民如子,除了对那些营私背公、剥民欺上的贪官滑吏予以严惩外,作为皇帝本人也应节俭;宫中的一切用度、服饰都应从简,赏赐布施,皆应禁止。

神宗开始还俭朴了一段时间,不久又恢复如故。张居正知道后,很恼火,对皇帝正色道:"陛下能欺臣,能欺天下百姓乎?能欺祖宗乎?民足则君足,民不足则君何以足?虐居以为己,无异剜肉补疮耳。"神宗一听,脸色大变,只好照张居正的话去做,宫中的一切费用、服饰,一律从简,赏赐、布施,亦告停止。

因此,在张居正为相期间,国库充实,每年太仆积钱上亿。有了钱,边防军事亦可得到巩固和加强。

四是清除外患,巩固国防。

神宗时,中国的外患北有蒙古,东北有辽,东南沿海一带有倭寇。为了平息外患,巩固国防,张居正借日渐充实之国力,大胆起用青年将军安定天下。先后任用李成梁、俞大猷、戚继光等人,分别镇守辽东、蓟门等地。尤其是戚继光,张居正更是倚为长城,放手让他去发挥自己的军事天才。只用了五年时间,戚继

光就平定了东南沿海的倭寇及广东的山匪之乱。之后,又调他北上蓟门,抵御蒙古和辽兵,为保卫国家安全作出了重要贡献,也使明王朝出现中期以后少有的安泰气象。

### 身后奇冤

明万历十年(1582年)五月,张居正因头痛目昏之病而去世。神宗加赠他太傅,进太师,赠上柱国,谥文忠,钦准其子张编修由指挥金事进同知。出葬那一天,神宗命在京的四品卿、锦衣卫上官、司礼太监护丧归葬,葬礼极为隆重。

张居正的死对明王朝是一大损失,可对明神宗来说则意味着解除了紧箍咒。神宗闻张居正死,外表极为悲恸,内心却欣喜不已,还与左右喝酒以示庆贺,说:"我终于可以喘一口气了。"一年后,有人上书言张居正贪污,神宗二话不说,就下诏夺张居正上柱国、太师的官衔和爵位以及文忠的谥号。如此一来,那些平时受张居正削职、流放、判刑的官吏,也纷纷上疏倒张。为了增大上疏的可信度,还指使人做伪证,说张居正贪污了多少云云。于是,神宗命锦衣卫查办张居正的眷属。

张居正是湖北江陵人,荆州太守得知朝廷在调查张居正的贪污行为,为表功,就预先把张居正一家全部禁锢在一间房子里,门上加锁。待锦衣卫启门时,家人已有十多个被饿死了。锦衣卫在抄张居正的家时,发现除了皇帝所赐之外,别无所有。锦衣卫不甘心,就严刑拷打在朝中任礼部主事的张居正的长子张敬修,要他承认有贪污行为。张敬修挨刑不过,只好承认贪污三十万金。锦衣卫大喜。等管束稍懈时,张敬修就上吊自杀了。

随后,神宗宣布张居正为"厉鬼",并下诏:张家只留空宅一所,田十顷以饷口,其余如皇上所赐的玺书、四代诰命全

部剥夺上缴。可能神宗考虑到张居正好歹当过自己的老师,才免于对张居正掘墓抛尸,而其弟张居易、子张编修、张嗣修,俱发往云南、贵州一带烟瘴厉疫之地充军。只有一年多的时间,名重天下、有功于国家的宰相之家顿时烟消云散,天下多以为冤。

终万历之世,无人敢替张居正伸冤,一直到明崇祯皇帝三年(1630年),礼部侍郎罗喻义才提出应为张居正恢复名誉。尚书李日宣对崇祯帝说:"故宰相张居正,受命辅政十几年,任劳任怨,举废饬弛,才有万历初年之治。在他为相时,中外安宁,海内殷富,纲纪法度皆修明。功在社稷,人益追思,不复爵,天下不服。"于是崇祯皇帝恢复了张居正的一切官衔、爵位和谥号,并诏示天下,以谨后世。

张居正又从"厉鬼"变成了功臣,而他的各种富国强兵及便民举措也将永载史册。

## 戚继光

戚继光是明代中后期著名的军事家。他率领的"戚家军",在几十年的时间里,转战浙江、福建、山东、上海、广东一带,平息了几十年来给东南沿海一带带来深重灾难的倭寇之患,为国家的安危作出了重要贡献,是明王朝中后期的长城与柱石。他晚年受到了不公正的待遇,忧愤猝死,所以几百年来,人们一直在怀念这位把自己的一生献给国家的民族英雄。

### 壮志凌云的将门之后

戚继光,字元敬,号南塘,山东蓬莱县人。生于明世宗嘉靖六年(1527年),死于明神宗万历十五年(1587年),父戚景通时任明朝登州的指挥金事,先祖戚祥曾是朱元璋的将军,几十年南征北战,最后死在战场。

常言道:国平思相,国乱思将。戚继光所处的时代,正值明王朝从兴旺转向衰败的时期。明世宗朱厚熜是有名的败家子皇帝,他信任宦官奸佞,全国贿赂公行。为了修筑自己的寝陵,他耗费了数千万两白银,使成千上万的百姓倾家荡产。所以,当时有句谚语:"嘉靖,嘉靖,家家干净。"

内忧,必将带来外患。明王朝的腐败衰落,给当时的外国势力以可乘之机。十五世纪中下叶,远在东洋的日本,有一些专以习武、抢劫、不务正业的浪人,为了搜括钱财,成群结队地渡海来到中国,烧杀抢掠,无恶不作。这些亡命之徒登陆时,少则几百人,多则数千甚至上万人,给浙江、山东、江苏、福建、广东沿海一带的老百姓带来了深重的灾难。明王朝的腐朽军队又不是其对手,朝廷伤透了脑筋,又毫无办法。对于这些日本浪人,人们给起了个名字:"倭寇"。

这样的社会环境,客观上为戚继光提供了施展才能与抱负的时代土壤。

戚继光的先祖戚祥,曾跟随朱元璋南征北战,最后死在战场上。明王朝为了追念他的开国功劳,特准戚祥的子孙世袭登州卫(今山东蓬莱)的指挥金事(正七品)。所以,戚继光以上的几代祖先,都担任这个中下级职务,防守地处沿海,常遭倭寇侵扰的登州达一百四十多年。所以,戚家的祖祖辈辈为明王朝立下了汗马功劳。

由于家风陶冶,戚继光从小就聪颖过人。将门之后以习武为主,可戚继光除习武之外,文学经史也时时研习,其文章得到他的私塾老师的高度称赞。他对戚继光的父亲戚景通说:"此儿必能光大你的门户。"于是,其父就给他取名为"继光",意即继承祖业,发扬光大之意。十三岁那一年,父亲戚景通想检验一下儿子的志向,就问他将来做何种人,戚继光脱口而出:"做霍去病与岳武穆耳。"十四岁时,生母去世,父又多病,家道逐渐衰落,有时甚至到了断炊的地步,但戚继光丝毫没有停止对国家时局的关心和兵法的研究。十六岁就参加山东乡试,并中了武举。

按明政府规定:世袭之职必须每年在规定的时间内去京城办理延期手续,过期不补。嘉靖二十三年(1544年),戚景通病危,就把儿子叫到跟前,拉着儿子的手叮嘱道:"国家多事,你又志在高远,定有前程,但当勿怠勿骄,尽忠报国,努力做人。"并要戚继光立即起程去北京办理世袭手续。戚继光担心年迈多病的父亲,不肯北行。戚景通骂道:"呆子,人之能成大功者,当有原由耳,你是站在高山上看得远,还是在平地上看得远?"意思是要戚继光不要丢了世袭之职,这对他以后的前程与发展大大不利。戚继光只好挥泪去了北京,回来后,老父亲已经长眠多时。

嘉靖二十三年(1544年),十七岁的戚继光做了登州卫指挥金事,开始了他长达四十多年的军旅生涯。在指挥金事位上,他每天除了处理公务外,就闭门读书。他对历代各大军事将领的用兵得失有了深刻的研究,这为他日后成为军事大家打下了坚实的基础,而且他立志要像古代那些军事名将一样,建功立业,名垂千古。

为此,他特写了一首五言绝句,以示己志:

> 云护牙签满,星含宝剑横;
> 封侯非我愿,但愿海波平。

嘉靖三十二年(1553年),明王朝提升戚继光为都指挥金事,管理三营二十五卫所,负责防御山东沿海来袭的倭寇。戚继光到任后,立即着手进行改革。针对山东海防卫所残破、军无训练、纪律荡然无存的情况,大刀阔斧地整顿营所,训练士卒,严肃纪律,很快改变了卫所的面

貌,海防得到了巩固。

嘉靖三十四年(1555年)秋,戚继光到浙江任都司金事,参加了抗倭任务最艰巨的浙江战事。因功因才,得到了总督胡宗宪的赏识,推荐戚继光任参将,镇守倭寇出没频繁的宁波、绍兴、台州三府的广大地区。这一年,戚继光二十九岁。

### 名将东南战未休

戚继光能成为明以后的军事大家,主要有两个方面的因素:一是他几十年的实战生涯。他率军与倭寇血战数十百次,歼敌数十万,使倭寇闻名而惧,再也不敢犯边,彻底平息了东南沿海一带几十年的倭寇之患。二是他在长期的战争实践中,总结出了一整套选兵、练兵打仗的理论。这套理论集中体现在《纪效新书》和《练兵纪实》中,湘军名将曾国藩认为戚继光的这两本书是最有价值的军事著作而爱不释手(注:今上海古籍出版社出版的《四库兵家类丛书》已正式收入了戚继光这两本书)。

嘉靖三十五年(1556年)九月,戚继光刚任参将不久就参加了浙江省慈溪县龙山所的战斗。当时倭寇只有八百人,而明军却有上万人。但是,上万人的明军竟然不能抵挡八百倭寇的三路进攻,并纷纷溃退。戚继光一见,急了,拔剑大呼:"不准后退,后退者斩!"并当场格杀了两个逃跑的士兵,但无奈兵败如山倒,遏制不住,眼见明军就要大败,戚继光急中生智,连忙跳到一块高石上,一连三箭,射倒三个倭寇头目。倭寇见头目已死,顿时停止进攻,戚继光见了,连忙招呼溃退的士兵,重新组织向倭寇发动进攻,好不容易才把倭寇赶跑。

此次战斗给戚继光的印象实在是太深了:明军已经腐败得不能用了。于是,一个大胆的念头在他脑子里形成:另起炉灶,重建新军。否则,兵再多也无济于事。

第七编　明清野史

同年十二月，戚继光就向上级起草了一份《任临观请创立兵营公稿》的报告，正式提出了自己的练兵建议。并说："诚得浙士三千，亲行训练，比及三年，足堪御敌。"报告送到浙江总督胡宗宪那里，石沉大海。

可戚继光并不气馁，再送上一份，胡宗宪只看一眼就把它丢在地上，说："练兵我也曾想过，浙江人要是能练，还轮得到你戚继光？"这时，他的幕僚提醒他："戚继光年轻气盛，既有此心，何不让他一试？他试不好也不能怪你，免得让人怨言。"胡宗宪觉得有道理，就拨三千人给戚继光，让他去训练。

但这三千兵的素质不好，成分很复杂。吸鸦片者有之，逛窑子者有之，偷鸡摸狗强抢民女者亦有之。戚继光面对这种情况，毫不退缩，痛下猛药，严格要求和训练，使这些兵油子苦不堪言，怨声载道，但戚继光丝毫不为所动。一个月后，围剿倭寇在山东最大的巢窝之一的岑港战役打响了。

在总督胡宗宪的指挥下，戚继光率领这三千人从左路出击。倭寇居高临下，据险死守，双方打得十分激烈。经过反复争夺，明军终于攻下了岑港。在这次战役中，戚继光率领的三千人尽管打得很艰苦，败坏军纪、骄情怯战的事时有发生，可战斗力较以前有了很大的提高。而最先冲进岑港内，摧坏倭寇最后据点的就是戚继光的部队。

戚继光大喜，觉得自己这步棋走对了，就向胡宗宪第三次提出练兵建议，而且这次练兵不像上次那样从已有的部队中调拨人员，而是另起炉灶，淘汰所有旧部，全部招募新兵。胡宗宪见戚继光练兵确有一套：一支军纪败坏、素质极差的军队，经他训练一个月，就增色不少。就同意了戚继光的建议，要他去招募三千人，组织训练。

戚继光的练兵，总共分为三部分：一是创立兵营，在军中置备帐篷，准备好行军用的物资和用具，做到进退无虞，行动自由，无后顾之忧。用今天的话来说是后勤保障跟上去。二是选兵。戚继光选兵有自己的一套理论，根据每个应募者的出身、履历、体格、武艺等条件，严格挑选，浮猥的小市民，过去打过败仗的老兵，沾染坏习气的二流子、地痞，一概不要。这三千人都必须是年轻力壮，武艺基础好的农民和矿工。据说戚继光还通过相学来选兵，如果此人打仗不能拼死，或者福气浅薄则一概摈斥在外。三是训练、招募了人，就开始认真组织训练，严格要求，一丝不苟。据说戚继光的严格训练几乎到了不近人情的地步。他有一弟也参加了这支部队。在一次长跑的体格训练中，其弟因身体稍差，中途开了小差。戚继光知道后，当着部队的面打了他弟二十军棍，还罚他再跑一次，戚继光骑马跟在后面，其弟昏厥在地。戚继光一见，二话不说，上去就是几脚。事后他弟埋怨他心狠，戚继光道："慈不掌兵，到时，倭寇可不对你仁慈。"

训练内容有队形、格斗、体力和阵图。在战场上，戚继光十分注重整体的威力、团体的力量，而这种团体力量则通过阵图来体现。相传戚继光的鸳鸯阵曾令倭寇闻风丧胆，他的八卦连环阵在中国古代军事学里也占有相当的地位。

几个月过去了，戚继光把他们练成了一支铁军。经批准，在原来的基础上又增募了三千人，总数近达七千。以后，戚继光就带着这支部队转战东南沿海一带，战必胜，攻必取，倭寇望风而逃，老百姓称之为"戚家军"。哪里的敌情最严重，哪里就有"戚家军"。当时的宰相张居正高兴地对人言："练兵有如戚继光，何虑倭患乎？"并把戚继光的练兵作为自己政治改革中的一项重要内容，戚继光本人也受到张居正的高度信任和倚重。

嘉靖四十年（1561年）四月，倭寇大举进犯浙江的象山、奉化、宁海等数十个地方，兵力达数万人。五月初，倭寇以数千兵力佯攻宁海，以调动明军主力于宁海，然后以大军袭台州。浙江总督胡宗宪命戚继光御敌，戚继光欣然领命，决心好好打一仗以壮军威。

当他识破倭寇的企图后，佯顺敌意，以一部分兵力趋宁海，主力埋伏于台州。倭寇攻宁海不胜，想调明军主力又未成功，只好改变计划，转而攻台州。不料明军早有准备，戚继光又及时从宁海赶来，与倭寇大战于台州城外。此时的明军已是经过严格挑选和训练的"戚家军"，个个奋勇冲杀，无不以一当十。倭寇大吃一惊：没想到明军突然变得如此英勇善战，就不战而溃。见倭寇溃逃，"戚家军"急起追杀四十里，斩敌数千，生擒倭寇头目两人。剩余的残寇见陆上无路可逃，只好跳海，结果全部被淹死。这一仗打得漂亮，"戚家军"仅阵亡三人。

倭寇由于在浙江遭到严重打击，只好把进攻重点移向福建。嘉靖四十二年（1563年）八月，福建的福宁、漳州、泉州均有倭寇入侵。福建巡抚向朝廷告急，嘉靖帝指定戚继光赴闽。入闽后，"戚家军"纪律严明，作战勇敢，戚继光本人也身先士卒，指挥有方，四战四捷，歼敌五千多人。剩余的倭寇乘船从海上逃走。只有一年时间，福建的倭患基本消除，全歼上万人。

嘉靖四十四年（1565年），广东的倭寇与当地土匪吴平相互勾结，兵力达到数万人。广东深以为患，向朝廷告急。明王朝又指派戚继光入粤。入粤之后，戚继光采取以打击倭寇为主、对当地土匪剿抚并施的战略方针。经过两年艰苦的战斗，歼灭倭寇、土匪达三万多人，全部消除了倭寇及山匪之乱，广东又告平静。

随着东南沿海一带倭患的平息，北方又起狼烟。远在大漠深处的元王朝的残余势力趁明朝内忧，纷纷南下骚扰边界，严重的到达了喜峰口和居庸关。北京形势告急，明王朝只好又调戚继光北上镇守边陲。穆宗隆庆二年（1568年），明王朝晋升戚继光为都指挥使、总兵官，总理蓟州、昌平、辽东、保定军务，节制四镇。

戚继光受命之后，先从南方调去以戚家军为骨干的精兵两万人；到北方后，又加紧修筑长城和烽火台，并坚持军事训练，严阵以待。蒙古军见明朝防守严密，只好打消了南下的念头。如今北京及山海关一带的长城，大部分就是戚继光负责修建的，在当时，确是起到了很大的防御作用。

连续多年的南北转战，消除倭患，镇守北方，戚继光及"戚家军"因而名重天下，明王朝对此也刮目相看。因功，明王朝拜戚继光为太子太保、左都督，后又加封太子少保，位极人臣。

### 忧愤猝死

历史学家认为，中国古代的名将群中，戚继光还算是幸运的。其实，戚继光的幸运只不过是他没有像袁崇焕一样被五马分尸，没有像岳飞一样，父子三人同时被绞死在风波亭上而已，如作为有大功于国的一代名将，戚继光的结局应该说也是悲惨的。

万历十年（1582年），明朝著名宰相张居正死后，朝中的守旧势力纷纷复辟，打击、废除张居正进行的一切改革措施，而这些守旧势力的总代表就是万历皇帝朱翊钧。

朱翊钧是张居正的学生，因为张居正为人严厉，朱翊钧最怕他。还在他当太子时，只要是听到张居正的声音，就屏声敛气，规规矩矩。所以，张居正死后，朱翊钧大喜过望。相传他喝了一天酒，睡了两天，以示庆贺。同时，也开始对他的老师大打出手，首先，派人抄了张居正的家，把其家人流放到边疆；其次，废除张居正的一切新法。朱翊钧觉得这还不够，就对与张居正关系密切的文武大臣，贬的贬，降的降，全部逐出朝廷。

理所当然，曾被张居正倚为长城的戚继光是朱翊钧最先打击的对象。

1582年底，万历皇帝下诏免除戚继光的太子少保之职，两个月后，又免去戚继光的节制北力四镇的左都督职务；万历十一年（1583年），戚继光奉命离开北京去镇守已平安无事的广东，任巡抚之职，不久，又被贬为都指挥使。

戚继光见自己一而再、再而三地被贬，就觉得再留恋禄位已是凶多吉少了。万历十三年（1585年），就以自己有病为由，向万历皇帝上疏，请求批准退休。朱翊钧一见疏章，立即朱笔钦准同意。于是，戚继光只好离开生活了几十年的军营去了山东老家当普通老百姓。回家后，靠延师教子、修桥立庙，或整理文稿打发时光，这一年，戚继光还不到六十岁。

但是，即使退休回了老家，戚继光也没有安稳日子过。不久，朱翊钧又唆使其大臣攻击戚继光，说他夸大战功，欺骗国家，沽名钓誉，以干俸禄，说戚家军也并非百战百胜，只是偶尔打了一些胜仗，如此等等。戚继光知道后，半言不发，因为他知道是皇帝的主意，乱说不得。但他作为将军，可杀不可辱，尤其不允许抹杀将壮士们流血取得的战功。所以他每天只好在家喝闷酒，也不与家人谈话，有时也偶尔自言自语地叹气和流泪：“我不要功劳，但也不能中伤我。我转战五省，歼敌数十万，身上负伤数十处，难道这些都成了罪过？”

万历十五年（1587年）十二月的一个深夜，戚继光突然心脏病发作，家人把他扶到床上后，只听见他的嘴里嘟哝一些谁也听不懂的声音，也许是表达皇帝对己不公的愤慨吧！第二天早上待家人前去看望时，他已全身僵硬如石了。

按明王朝的政策，凡有大功于国家的将军，子孙都可世袭其禄，多则十几代，少也有三五代。可戚继光的儿子承袭的还是他的先祖戚祥的爵禄：登州卫指挥金事。

封建王朝是残忍的、寡恩的，但人民永远不会忘记戚继光。

## 袁崇焕

1644年七月，随着明思宗朱由检吊死在北京景山，立国二百七十六年的朱明王朝宣告结束。朱由检上吊前怕城破被辱，拔剑砍死了皇后、妃子及自己的女儿。他一边砍一边喊：“你为什么要生在帝王家！”其实，这场悲剧是朱由检一手造成的，是他刚愎自用、偏听偏信而错杀了一个人，那就是明朝后期的忠诚良将袁崇焕。

### 明朝末期的北方长城

袁崇焕，字元素，广东东莞人。又说他是广西贵县人。他生于明神宗万历十二年（1584年），死于明思宗三年（1630年）。从他万历四十七年（1619年）中进士到被冤死，虽说只有短短十多年的宦海生涯，却留下了值得后人深思的惨痛的一页。

袁崇焕所处的时代是一个风雨飘摇、内忧外患、国将不国的时代。

明王朝到了神宗朱翊钧执政，可说是一个转折点。著名宰相张居正死后，朝中再也没有人谈论改革朝政一事了，国势从此一落千丈。朱翊钧又是中国历史上最荒唐的一个皇帝，一生在位四十七年就有三十多年不上朝接见大臣。一天到晚深居宫内与宫女、太监做生意，或派太监负责开矿，自己分红，或是与宫女

第七编 明清野史

第七编 明清野史

在深宫摆货摊子做生意,自己执秤杆。

朱翊钧一天到晚这样胡闹,国家大事全部交给他最信任的大太监魏忠贤。魏被封为九千岁,人称魏公公。从此,魏党阉竖把持朝政,结党营私、贪赃枉法、卖官鬻爵,把明王朝搞得乌烟瘴气,而老百姓则啼饥号寒,饿殍遍野。万历三十八年(1610年),黄河泛滥,水灾肆虐,千百万百姓无家可归,上万人葬身鱼腹,惨不忍睹。

这种情况,终于激起了农民大起义。当时起义军的主要首领是陕西米脂农民李自成。他因受不了官府的压迫,揭竿而起,投靠了他舅舅高迎祥的队伍。不久,高迎祥战死,李自成接管了他的部队,号称闯王。当时除了李自成外,还有西南的张献忠。两股起义大军攻城略地,镇压贪官污吏,屡败明王朝的军队。天下又群起响应,起义烽火燃遍大江南北,明王朝的统治摇摇欲坠。

就在李自成、张献忠起义的同时,东北大地上的努尔哈赤后金政权则对明朝怀着叵测的居心,虎视眈眈,寻找可乘之机。努尔哈赤在国内创立了一种兵民合一的八旗军事制度,使得后金兵强马壮,声威赫赫。在萨尔浒大战中,后金全歼明朝关外的主力,山海关以北的广大地区几乎为后金所有。努尔哈赤死后,他的第八个儿子皇太极继位,皇太极在巩固了东北的政权之后,开始厉兵秣马,准备出关与明王朝决一雌雄了。

在农民起义和后金政权这两大威胁中,对明王朝威胁最大的是后金政权。因地理位置的关系,后金政权的首都沈阳和明朝首都北京相距甚近,只要经过辽西走廊、山海关,就可直达河北平原。所以,为了消灭后金政权,明王朝不惜血本,把在关中与李自成作战的部队调到关外与努尔哈赤作战,像左良玉、熊廷弼、洪承畴等战将也都被调到关外战场。

但是,这些将领无一是努尔哈赤和他儿子皇太极的对手,不是战死就是被俘。因此,明王朝需要一位得力的将领镇守山海关一线,以阻金兵入关,而袁崇焕就是在这种特殊的历史条件下升起的一颗军事新星。

袁崇焕为人性忠梗,好坦然直诉,不避左右,只要对国家有利的事,不畏馋言,敢说敢干。1619年,袁崇焕中进士,授福建邵武县的知县。他到任后,除留心民情外,还钻研军事,经常与同僚谈论边防上的形势,对于国家积弱,后金猖獗,常常扼腕不已,闭目长叹。

熹宗天启二年(1622年),袁崇焕受"天下兴亡匹夫有责"的思想感召,不顾同僚的反对,只身进京,向刚即位的明熹宗朱由校进言,上疏《平金十策》,系统地讲述自己的防御方略。小小的知县在偌大的北京渺小得微不足道,可御史侯恂觉得他是个人才,有胆气、有见识,就奏请明熹宗破格把袁崇焕从地方调到边关搞军事。明熹宗此时也正需要人才,又很欣赏袁崇焕的胆识,就擢升他为兵部职方主事,负责边防上的军事调动事宜。

袁崇焕一到任,就单枪匹马,便装儒服到山海关一带考察边防情况,有时连他家里人也不知道他到哪里去了。一个月后,他回京述职汇报,把边防的情况调查得清清楚楚,哪里可以驻兵,哪里可以阻敌,哪里可以屯粮和防守,了如指掌。明熹宗一听,大喜:"边关从此得人矣。"当即晋升袁崇焕为兵部佥事,监军关外,并拨给他帑金二十万两,命他招募兵马。袁崇焕也不负君望,在关外亲自指挥,整饬边备,修筑城池,先后修复边镇数十处,开疆二百余里。为酬袁崇焕之功,明熹宗升他为将军,镇守宁远,从此,袁崇焕正式成了明王朝的重要边将。

袁崇焕也十分感激皇帝对他的提拔,决心在保卫边关的对金战争中干出更大的成绩来。有一次，袁崇焕的母亲病故，他接到噩耗后正在前线，就买了些纸钱和酒肉，一边哭一边烧："忠孝不能两全，只能求母亲的在天之灵宽恕！"

当时把持朝政的仍是大宦官魏忠贤，袁崇焕曾受此人排挤而闲置十多年。他最担心此人破坏抗金大业，为防止魏在皇帝面前说自己坏话，袁崇焕就预先提醒明熹宗不要听信谗言。

有一次，袁崇焕回北京向皇帝汇报边关军务时，明熹宗道："只要能守先王之社稷，你有什么要求，只管奏于朕。"袁崇焕直言不讳："臣无其他，只有一点，就是陛下不要听小人之谗。"明熹宗道："卿何出此言？"袁崇焕道："臣拥兵在外，整天在陛下身边的都是您信任的人，如果我勇敢杀敌，敌人就要仇恨我；如果立下大功，其他人就要嫉恨我。这样一来，诽谤中伤的书信，就会装满箱子；诋毁我的言论，您就会天天听到。自古功臣功亏一篑的原因就在这里。只有英明的君主，才不会听这些谗言，君臣才会互相信任，国家才会安稳。"

明熹宗听后，很赞赏袁崇焕的忠直之言，说："只要能固社稷北疆，朕岂能误听人言有误祖宗的基业乎？"于是，他向袁崇焕保证：决不信谗，不让流言干扰军事行动。同时，任命袁崇焕督帅蓟、辽、登、莱、天津军务，让他独当一面，放手去干。

果然，袁崇焕没辜负明熹宗的厚望，像一堵长城一样，矗立在山海边上，使后金不敢越雷池一步，并在关外大败努尔哈赤。

天启六年（1626年），镇守辽东的明将高第畏金如虎，见努尔哈赤咄咄逼人，就认为关外守不住了，主张将驻守边城的将士向关内撤退。这是一项非常错误而又愚蠢的战略决策：能守住山海关，是因为有辽东这块战略缓和地带，如弃辽东不守，就等于把山海关暴露在敌人的炮火下，河北必将震动。所以，撤出关外无异于逃跑、自杀。

袁崇焕听后，坚决反对，气愤地说："锦州三城刚刚收复，岂能轻易让给敌人？这些城市地处前方，如果我们放弃了，后方的城市也要为之震惊，关内也失去保障，这是亡国丧军之言。"但高第不听，坚持要袁崇焕从宁远撤军。袁崇焕怒气冲天："要撤你自己撤好了，我是镇守宁远的主将，定与此城共存亡。"高第真的撤出关外，把守城卫关外的任务交给袁崇焕这支孤军。

在沈阳的努尔哈赤了解到宁远只有袁崇焕一军防守时，大喜，以为是统一关外的时候到了。他就亲率大军，西渡辽河，直扑宁远。袁崇焕见努尔哈赤亲自率军，知道必有一场恶战，就召集诸将商议，决计死守。袁崇焕为激励士气，当场刺臂书写血书，表示血战到底的决心，全军将士见主将勇气如此高昂，个个宣誓效死决战。

在战术上，袁崇焕针对金军野战是其长，攻城、短兵相接是其短的特点，利用宁远坚固的防御工事，充分发挥箭、石和火炮的威力，使善于骑射的八旗兵难以发挥其所长。努尔哈赤多次攻城未下，伤亡惨重，连他本人也被炮火击成重伤，只好下令撤军，回去后就死了。他死前恨恨不已地说："我用兵三十年，还没有如此败过。"

宁远大捷的战报传到北京，明熹宗兴高采烈，手拿战报朝大臣挥舞，当众表扬袁崇焕："为将有如袁崇焕，何虑金狗？"下玺书奖励，提升袁崇焕为右佥都御史、辽东巡抚加兵部右侍郎衔，其他职务不变。

1628年，明熹宗朱由校死，其弟朱由检即位，史称明思宗年号崇祯。朱由检是明王朝的最后一位君主，即位时十七岁。他很想有所作为，重振大明气象。他上台的第一个大动作就是把魏忠贤下狱处死，清除了朝中的一部分魏党，把政权牢牢地控制在自己手里。

在军事上，他倚重袁崇焕。即位后不久，朱由检就把袁崇焕从辽东召来北京，询问军政大计，要怎样才能把北方的防务搞好。袁崇焕还以为朱由检与他哥哥朱由校一样，是个用人不疑的皇帝，就直率地回答："如陛下能给臣方便条件，五年内当为陛下肃清关外后金势力。"朱由检问是哪些条件，袁崇焕道："户部转军饷，工部转器械，吏部用人，兵部调兵遣将，同时，陛下还要给我相应的权力，让我见机行事，方可有济。"

朱由检当面答应了袁崇焕的要求，并把四部大臣召来，严令他们配合袁崇焕，巩固山海关的防务。为表示对袁崇焕的信任，朱由检还赐给他一把尚方宝剑，一切可便宜处置，同时又特加他兵部尚书兼太子太保衔。

按理，袁崇焕可以放心大胆地施展自己的雄才大计了，可事实上并非如此，皇帝赐的尚方宝剑最终砍到了袁崇焕自己的头上。

### 五马分尸的悲惨结局

中国古代那些军事大家之所以能立功疆场，最终拜相封侯，在很大程度上是他们遇上了明君，如果遇上昏君，不要说立功，能保住脑袋已属万幸。而明思宗朱由检却是一个昏君。史书上说他："有志振社稷，又素自用，生性多疑。"不信人，又好自负，喜臣子阿谀奉承他，这样的君主很容易被臣子所骗而上当。因此，像袁崇焕这种性率直又忠梗的大将是很难与朱由检这样的皇帝同在一条船上的，悲剧的发生只是时间问题。

后金首领努尔哈赤中了袁崇焕的大炮而死，死前对儿子皇太极说："袁崇焕乃吾之劲敌，尔当慎之。"也确实如此，自从袁崇焕镇守辽东山海关后，北方相安无事，后金虽发动过几次攻势，也未占到便宜。因此，袁崇焕对于皇太极来说，是一颗卡在喉咙里的硬核。皇太极见攻不下袁崇焕的防线，就想诱降，答应事成之后，许以高官厚禄。

袁崇焕一见后金使者，大怒："尔金狗敢诱降？我生是大明人，死是大明鬼。"要杀后金使者，部下劝他，说两国相争，不斩来使。袁崇焕道："斩使以示威。"说完，把后金使者的人头砍下，悬挂在城墙上。皇太极得知后，大恨之，并死了诱降之心。

皇太极见从山海关的正面攻不破明军的防线，就采取大迂回的战略，避开山海关，绕道千里蒙古大草原，从喜峰口南下，直扑北京，即使不推翻明王朝，也要从心理上给对方以雷霆般的打击。

崇祯二年（1629 年）十一月，皇太极亲率后金军数十万之众，绕道古北口袭入长城内，进占遵化等地，然后越蓟州而西，骚扰通化，进围北京。此时的明王朝已成为一个空壳，主力部队不是被调去打李自成，就是调入辽东防守后金。在后金的强大攻势下，巡抚王元雄、总兵朱国彦战死，形势万分危急。这时，朱由检只好命令在辽东的袁崇焕火速回京护驾。袁崇焕接诏后，星夜率军驰入京城，与皇太极大战十几场。皇太极不支，只好北撤蒙古。走时，沿途放火烧了一些民房，抢掠了一些物资，并掳走了一些明太监及宫女。

皇太极在北京又遇上了劲敌袁崇焕，心里很不舒服："好个袁崇焕，又使我功亏一篑。"这时，他的军师范文程对他说："陛下勿忧，杀袁崇焕只在眼前。"并在皇太极耳边嘀咕半天，要他如此如此，皇太极一听，面露喜色，不住地点头。

于是，皇太极把抓到的两个明朝宦官各押一处，有意放松看管。同时，让手下人故意议论袁崇焕很快就要投降后金的情况。一个叫杨春的宦官听到此事后，不知是计，喜不自禁，以为可以立一大功了。他连夜逃回北京，向崇祯皇帝报告了袁崇焕将要与后金作城下之盟重要的情报。

这本是皇太极的反间计，想借崇祯皇帝之手除掉自己的劲敌，而且实施得也非常整足，稍有头脑的人一眼就可瞧穿。

但就是这么一个圈套却在明王朝内部掀起轩然大波。魏忠贤的余党王永杰、高捷等人乘机向皇帝告了袁崇焕两条大罪：里通外国和目无君上，擅杀大将以立威，别有图谋。并且为了加重告状的说服力和可信程度，还把袁崇焕向皇帝的上疏和工作上的某些失误也拿来作为证据。

事情是这样的：明熹宗时，袁崇焕刚接手辽东防务。针对敌我双方情况，金军没有大举进攻，而明军也需要时间调整战略，加强防务。此时如果后金想议和，明军可以与后金谈判以争取时间，加强防务，为大战做好准备。主意已定，袁崇焕就上书明熹宗。可此奏一出，朝中哗然。尤其是魏忠贤的阉党更是攻击迭起，说袁崇焕里通外国，想与后金作城下之盟，是投敌，要弹劾他。可明熹宗保了他："和与战，是将军分内事，他能与朕坦明心迹，忠殊可佳，何来的投敌？"说明明熹宗的头脑还是清醒的。

其次是关于擅杀大将以立威的罪名。朱由检上台后，为了鼓励袁崇焕，让他放手去干，就特赐尚方宝剑，遇事可先斩后奏。其实，这是一种荣誉，不是权力。可袁崇焕不这么想，他认为既是皇上赐的特权，为了国家就应大胆使用。有一次，袁崇焕获悉据兵镇守渤海东江岛上的总兵毛文龙贪污军饷、广招商贾、贩卖鸦片、强占民女，致使部队战斗力下降，屡败于金兵，民愤很大。袁崇焕为了整肃军纪，提高战斗力，在东江岛视察时，就把毛文龙抓起来，宣布了十二条大罪，然后抽出尚方宝剑，把毛文龙当众砍了。事后，袁崇焕上报朝廷，自请处理，崇祯帝心里想：这小子真敢干，要他先斩后奏，果然有恃无恐。但人已死了，只好表面上安慰袁崇焕几句，但心里已对他很不满意。袁崇焕的这种做法与崇祯帝刚愎自用的个性发生了激烈的冲突，他认为袁崇焕这样做是逆君行为。

果然，朱由检听了宦官的情况汇报，看了魏党的上疏，认为此事不简单，事出必有因。同时，他把袁崇焕前后所作所为连贯起来分析，认为这种可能性并不是没有，而且明朝多难，后金势大，人都想求富贵。因此，不趁早下手，就悔之晚矣。于是，朱由检下诏要袁崇焕进京朝见，然后趁机把他打入大牢。

其实，魏党构陷袁崇焕的这两条罪都不能成立：上疏与后金议和是袁崇焕作为边关大将向皇帝汇报工作和提建议，是正常的组织程序，何来的投敌？另外，袁崇焕斩杀毛文龙从程序上说确是有失误，斩杀将军之事权应由皇帝定决。可毛文龙并不是没有可杀之罪，而且朱由检又给了袁崇焕这个权力，为了军情的需要，将在外，君命有所不受，袁崇焕也无可厚非。但是，袁崇焕是与昏君共事，是为垂死的王朝出力，一切都在不正常的关系下运作，所以，他越忠直，给人抓的把柄就越多，罪恶就越大。

按《大明律》：通敌与逆君是十恶不赦的大罪，到此时，袁崇焕就是浑身是嘴也不能分辩了，结果他终被昏君及奸党送上了断头台。临刑那天，袁崇焕痛呼冤枉。刽子手见他说话，就用刀在他嘴里一剜，顿时鲜血直喷。然后，刽子手根据崇祯帝的命令，对袁崇焕实施磔刑，一代忠于国家的战将就这样悲惨地五马分

第七编　明清野史

尸了。

袁崇焕死后，辽东再也没有人能抵挡皇太极的进攻了。可以这样假设：如果不杀袁崇焕，那么山海关可以固若金汤，明王朝则可集中全力打击李自成。同时也就不会有李自成进北京，崇祯皇帝上吊自杀之举了。所以，《明史·袁崇焕传》里说："自崇焕死，边事益无人，明亡征决矣。"一直到康熙四十一年（1702年），由清王朝内务府公布的皇太极的反间计真相，天下人才知道袁崇焕是冤死的。

## 郑成功

郑成功是中国历史上的知名人物，民族英雄，在明末清初那种天崩地裂的年代里，面对满清政权咄咄逼人的军事攻势，知其不可而为之，一心想光复大明王朝。他数度北伐，惨败而归，充当了壮烈的悲剧角色。在这种退无所退的情况下，他毅然率军渡海进攻台湾，第一次把台湾从荷兰外国殖民者的占领下解放出来。郑成功不仅获得了民族英雄的称誉，而且在军事上也获得了极大的成功。

### 亡明的忠臣

郑成功，字大木，原名郑森，生于明熹宗天启四年（1624年），死于康熙二年（1663年）。其父郑芝龙原是一个从事海上贸易的商人，因为人狡狯，经商有方，在海外发了大财，并在日本的河内浦娶了一个叫田川枝子的女人为妻，生下郑成功，所以，郑成功是个混血儿。但是，郑成功从小的正统、忠君思想很浓，大汉族优越感极强。七岁时，就要求回中国，其母田川枝子问他："汝国内多难，何能为也？"郑成功道："吾乃明人，生为大明人，死为大明鬼。"强烈要求回国，田川枝子无奈，只好把他交给其父郑芝龙带回国内。

回国之后，正值中国国内的多事之秋。由于明朝末年政治黑暗，官僚腐败，

社会危机十分严重，加上水旱灾频繁，所以处于社会底层的农民纷纷举行起义。1627年，即郑成功出生后的第三年，中原、关中爆发了李自成、高迎祥的起义。经过十几年的艰难奋战，以李自成为首的起义军推翻了北京的明王朝。结果崇祯皇帝吊死在景山，李自成当了皇帝，国号大顺。

这时，盘踞山海关外的满清政权见中国内乱，就想伺机入侵，占领北京。此时，恰好镇守山海关的明朝总兵吴三桂为报杀父之仇，就率军投降了满清，并与满清军一道，向北京凶猛扑来。在北京的李自成不敌满清主力，就退出北京。满清进驻北京，正式开始了对中国长达260多年的统治。

满清进驻北京之后，继续挥军南下。这时，明王朝各级官吏有的南逃，有的投降，但明朝政府的爱国人士则纷纷组织抵抗，使满清军队在南下时遭到了猛烈的阻击。其中，扬州总督史可法的抗清斗争是最为可歌可泣的一个例子。

南方的军民除了纷纷组织军队抵抗之外，还把明王朝往南迁移，在南方拥立明皇帝的后代组建政府。南明政权与满清王朝公开分庭抗礼，并领导人们的反清武装斗争。

清世祖顺治二年（1645年），朱元璋的九世孙朱聿键在郑鸿逵、郑芝龙、黄道周、吴春等人的拥戴下，在福建称帝。他们以福州为首都，改元隆武，开始了偏安一隅的政治格局。21岁的郑成功这时正式开始加入抗清斗争的行列。由于他是郑芝龙的儿子，可以经常随父入朝。朱聿键与他谈得十分投机，并封郑成功为忠孝伯，还赐姓"朱"。

郑芝龙是商人出身，狡猾、唯利是图是其本性，他之所以拥立朱聿键是想捞取政治资本，如果朱聿键在南方站稳脚跟，他就是再造社稷的开国元勋，就会像

宋高宗赵构的功臣那样，荣华富贵享受不尽。但是，满清军队并不以占领黄河以北为满足，继续南下，占南京、攻杭州，尤其"杭州十日""嘉定三屠"那种惨无人道的大屠杀，使郑芝龙吓破了胆。他觉得偏安的局面是靠不住了，于是就想投靠满清以保富贵，并与满清招降人员私下频频往来。

这一切，都被郑成功看在眼里，他对其父的这种叛卖行为很是愤恨："大明何负于你？现皇室危难，汝在自保。"郑芝龙见儿子这样说，大骂："犬子何知？明朝覆亡，贤愚皆知，我不能看着我积累的万贯家财毁于一旦。"郑芝龙不仅自己准备投敌，而且动员时任礼部尚书的弟弟郑鸿逵一块走。

有一次，朱聿键问郑成功："芝龙、鸿逵，朕将焉依？"意思是在郑芝龙、郑鸿逵这两个人里，他依靠哪一个。郑成功非常忠诚和坦率地告诉朱聿键："臣父臣叔，皆怀不测，陛下宜自为计。"意思是两个人都靠不住，要皇帝早作准备。朱聿键一听，大哭起来："奈何？"郑成功一听，指着自己的头，说："陛下宽心，此头此血，久已许之陛下矣！"下定了抗清复明的决心。见自己父亲如此，郑成功索性不回家，住在军营里，与水兵、马步军整天生活在一起。

顺治三年（1646年）八月，清兵攻入福建，作为时任明朝兵部尚书的郑芝龙通敌撤防，使清兵长驱直入，郑鸿逵不战而逃。朱聿键只好逃走汀州，被清军所获，送入福州处死。九月，郑芝龙公开投降，郑成功跪在地上对父亲哭诉："自古以来，投降叛变乃人臣之大恶，你要再三思考。"但郑芝龙根本不听，自带五百人到清营投降。

郑芝龙投降，明军无帅，在这种情况下，郑成功自告奋勇，承担此责。他深恨父亲的叛卖行为，拔剑割断自己的头发，表示与郑芝龙断绝父子关系。然后他在鼓浪屿誓师，设高皇帝（朱元璋）神位，自称"罪臣朱成功"，招集逃散旧部，训练士卒，整理船只，并在军中自制一面大旗，上书四个大字："杀父报国"！因之，军威大振。

1647年，朱由榔即位于广东肇庆，年号永历。次年八月，郑成功派人去肇庆朝贺，朱由榔封郑成功为威远侯，后又晋封广平公、漳国公，此后郑成功一直用永历年号。

因郑成功的积极备战，清军在攻下福州后，沿海一带一直久攻不下。从1646年到1653年的七年中，郑成功一直在东南沿海一带组织抗清斗争，并以厦门、金门为根据地，向外扩展到海澄、长太、漳浦、潮州、潮阳、惠来。他占领了一大片土地，发展壮大了队伍，为以后的几次北伐打下了基础。

顺治十二年（1655年），郑成功开始第一次北伐。他采纳了参军冯澄世的"保全实力，诱敌深入"的方针，发扬自己之所长，全师退守厦门。同时他派出两路大军：一路由黄廷统兵二十镇南下，抵抗广东方面清军的进攻；一路由甘辉统兵二十镇北上，向台州进攻。南下部队迅速攻克广东揭扬、海澄、普宁等地；北伐部队与抗清将领洪旭、陈六御等人会师，进入台州港。顺治十三年（1656年）四月，清军调集沿海各湾的船只，从泉州港出发进攻厦门，郑成功立即派出船队迎击。两军在海上展开决战。由于清军缺乏海上作战的经验，又在战斗中间遇上飓风，结果损失惨重。郑成功乘势率大军北攻闽安，进围福州。由于福州城坚守备强，郑成功久攻不下，遭到清军援军的夹击。郑成功腹背受敌，只好下海退走。

顺治十四年（1657年），清军大举进攻逃到云南的明永历帝朱由榔，情况十分紧急。朱由榔派人要郑成功从东面出兵,牵制清军,以减轻云南方面的压力。于是,郑成功组织了第二次北伐。他任命洪旭、陈辉留守厦门基地,自己率大军北上,入浙江海门港,攻占黄岩,进围台州,敌守将投降。台州既下,周围各县纷纷归降,军威大振,浙江全省震动。永历帝得知郑成功胜利的消息后很高兴,就派使臣到厦门晋封郑成功为延平郡王、招讨大将军,允许委任文武官员。郑成功也志气干云,准备大举。这时,传来清军攻陷了闽安镇,并向厦门进军的消息,郑成功恐两处有失,自己退无所归,不得不结束了第二次北伐。

两次北伐失败,郑成功从战略上认真地进行了总结:一是兵力不够强大,二是攻击手段不够迅速猛烈,三是目标不够远大,仅在沿海一带作战,对满清政权不能起到震撼和威慑作用。于是,志在恢复中原的郑成功,于顺治十五年(1658年)五月,很快就组织了第三次北伐。

他通令各提督及各镇各营,除奉命留守者外,悉数出发,总兵力达十七万人。出发前,郑成功重申军令,严禁奸淫、焚烧、掳掠和宰杀耕牛等,违令者斩!一路上,出征大军纪律十分严明,受到了人民群众的热烈欢迎,并连打胜仗。七月,北伐军到达舟山,因遇到飓风,只好暂停北伐,一边补充船只,一边准备粮食。第二年五月,北伐军越过长江,一路上破州夺县,直扑南京,先后攻下了四州22县。七月六日,郑成功率83营近三十万人的大军把南京团团围困,清朝为之震动。

清军驻南京的总督郎廷佐见全城被围,吓得无计可施。这时,他派入郑成功营中的奸细朱衣佐回来了,对郎廷佐献计:"郑成功年轻好胜,计未必全,以好言惑之,拖以时日,则外军云集,我又固守御敌,破郑必矣。"于是,郎廷佐派人到郑

成功营中假意投降,提出给三十六天时间以为清理粮草、部曲卒伍。郑成功见南京已成煮熟了的鸭子,不会飞走,于是就同意了清军的投降方案,对南京城只围不攻,坐等敌人投降。而清军利用这三十六天时间,进行认真准备,乘郑成功生日诸将纵酒庆贺的时机,出奇兵击溃明军两个营。之后,又尽出全城兵力,借得胜之威和明军戒备松懈之际,全面出击,明军溃败,只好全线退回镇江。以后又退出镇江、瓜州等地,回到厦门、金门基地,第三次北伐又失败了。

### 败不离湾

清军见郑成功一再北伐,深以为虑。想趁明军在南京败退的时机,一举歼灭。就率兵猛追,追到福建福州一线时,清军再也不能前进一步,并遭到郑成功率领的明军的拼命阻击。清军见郑成功损失惨重,知道他在短时期内不会有大的作为,就派重兵进驻福州一线,把郑成功逼退到厦门、金门一处弹丸之地。因厦门、金门地窄粮少,时间一长,要支撑大军给养,必难维持。清军想以此逼郑成功投降。

要进行长期艰苦的斗争,必须建立巩固的根据地,厦门、金门二岛地小力单,不易防守,急需寻找一处地大、物丰、易守的根据地才能长期坚持抗清斗争,为此,郑成功忧心忡忡。

关于郑成功横渡台湾海峡,光复台湾历来有两种说法:一种是正史。当时的台湾荷兰总督揆一见郑成功在厦门、金门、马祖一带活动,且兵多将广,是一支不可忽视的力量。揆一担心郑成功骚扰,就派一个叫何廷斌的翻译来见郑成功,商讨双方在台湾海峡友好相处,互不攻击一事。而这个何廷斌是一个有爱国思想的人,他久闻郑成功忠贞为国、胸怀大志,现处境困难,想帮他一把。他向郑成功献计说:"将军久处厦门、金门一带,

地窄粮少，非久处之计。台湾本是中国领土，地方沃野千里，便于同海外通商，进可以从此地出击，退可作为后方基地，是一个很有发展前途的地方。"同时，何廷斌还向郑成功献上了台湾地图，说明台湾与大陆隔海相望，顺风鼓帆，朝发夕至。郑成功听后，十分高兴，对何廷斌说："自古以来成大事者，皆须深根固本以为久计，虽有困挫，终济大业，先生之言，正合吾意。"于是就委任何廷斌为参军，参与进攻台湾事宜的军事谋划。

另一种说法是野史和传说。郑成功败退南京、退据厦门一带时，前有大海，后有清兵，军逢新败，士气低落。以后的发展如何，郑成功心中无数，长吁短叹不已。有一天晚上，当郑成功在海滩上踱步时，一个飘逸神仙的道士来到他的跟前，说："将军独步沙滩，莫非心有所难？"郑成功见是出家人，人也不猥琐，就直言相告。道士道："将军志在兴明，忠义贯日月，贫道钦仰。但水顺则清，势所必然。大明气数已尽，将军无力回天。如要为三军前途和子孙考虑，唯有一法。"说着，对郑成功说出八个字："攻不离门，退不出湾。"要郑成功以厦门、金门为前哨基地，把台湾作为大后方根据地，进可攻，退可守。

郑成功是很有军事头脑的人，立即认识到这是使自己摆脱困境的唯一选择。一旦目标已定下，他立即召开各级官员和将领的会议，大修船只，备办粮食物品。在军事会议上，郑成功分析了敌我双方的形势，说："北伐已成无望，反清复明之志未泯。为当今计，进攻台湾以为根本之地是为上策，可以生聚教养，积蓄力量，再图光复大明之业。同时也可以安顿将士家属，解除后顾之忧。"全军将士听了，欢呼踊跃，士气十分高涨。

明永历十四年（1660年）三月二十三日，郑成功率文武官员及将士两万五千人，大小船只数百艘，从金门岛的料罗湾出发，浩浩荡荡向台湾海峡开去。三月二十四到达澎湖列岛，遇上逆风大浪，无法继续前进，只好停船待风停了再走。这一停就是好几天，原以为路上不过数日就可到达台湾，未多带粮食。眼看粮食将尽，决定向当地百姓借粮，可岛上山多，百姓以捕鱼为业，农作物也只以蕃薯大麦为主。但当地百姓听说大军缺粮，就各家一斗一升地进献，总数不过百余石，还不够全军一餐之用。而用兵宜贵神速，不能耽搁太久。可是现在风大浪急，船在海上航行，十分危险；但退又不能退回金门，否则前功尽弃。

郑成功急得汗毛倒竖，决定不等风停，冒风前进。他传令全军：三十日晚上开船。军中将领听了，纷纷提出意见，认为这样太冒险了。郑成功坚定地对将领们说："我们收复台湾，要下决心克服一切困难，这一点风浪算什么？如果因风不走，还要造成更大的损失。这一行动是冒险，险中求生，在此一举！"

三月三十晚，收复大军拔锚起航。此时风大浪高，洪涛扑船，几百只船在大海上像一片片漂浮不定的树叶，随时有覆灭的危险。郑成功的部队尽管都是与大海久经搏斗的勇士，但这次也坚持不住了。不时有晕倒或被掀到海里的事故发生。郑成功为稳住军心，拔剑在手，站在船头，仰天长啸："大明如不当灭，苍天应须助我，令风停浪平，顺抵台湾。"

说来也奇怪，到了后半夜时，忽然云收雨散，满天星斗，由逆风转为顺风。在船上的将士见了，精神焕发，齐呼万岁！立即扯起篷帆，借顺风之势，向台湾驶去。

第二天清晨就到达台湾的鹿耳门港。守港的荷兰守兵见明军敢于逆风而来，都吓呆了，放不了几枪就弃械而逃，郑成功顺利地占领了鹿耳门港这个滩头阵地和前进基地。之后，郑成功组织将士在禾寮港登陆，手下大将周全斌率领一万多人登上台湾土地，指挥部队奋勇冲杀前来迎战的荷兰军队，斩首上千。荷兰军不敌，只好退守赤嵌楼，然后，郑成功命部队把赤嵌楼团团包围起来。

荷兰殖民者在台湾已统治38年，实行残酷的剥削和血腥的压迫。所以，郑成功在台湾一登陆，受到了台湾各族人民的热烈欢迎，纷纷献粮献物支持登陆大军。登陆后，郑成功还亲自深入内地，访问高山族的头人，高山族同胞也热烈欢迎郑成功的军队。史书上说郑成功登陆之后，"士民男妇，壶浆迎者塞道。"连荷兰人也承认："郑成功之来，深得民心。"

陷于孤立无援的荷兰守军不得不派人请降。四月五日，荷兰总督揆一派人与郑成功谈投降条件：每年向郑成功纳租税银两五万两，进贡各种土特产，并送劳师银十万两，以保留荷兰在台湾的统治。郑成功一听，严词拒绝，命令他们立即投降。四月七日，郑成功指挥大军包围了台湾城，由于城防坚固，直到二十四日还未攻破。郑成功采纳参军肖拱宸的建议：围三阙一。实行长期围困，留几条路口出入，以防敌作困兽之计。同时，随时打击出来抢粮、抢水的荷兰人。两个月后，荷兰人弹尽粮绝，只好派人到爪哇去求援。爪哇的荷兰殖民者派甲板船十余只，水兵数百名来犯，被郑成功的水师打得大败而逃。到了十二月，荷兰统治者实在支持不下去了，揆一又派人请降，同意退出台湾，让其归国。郑成功接受了揆一的投降，让其率手下残兵败将两千人，离开了台湾回到荷兰，从此永远结束了台湾的殖民统治。

郑成功收复台湾，为他继续从事反清事业奠定了基础。他宣布以赤嵌地方为东都明京，设一府二县。他又查报田园册籍，从事生产，征收赋税。他把带去的水陆兵士眷属三万多人，实行屯田。他只留少数兵士担任防务守卫，其余兵士眷属分赴台南、台北开垦。他还亲自颁布了八条谕令：明确规定兵士要自己开垦土地，不准侵战当地人民耕地，除统一收缴的赋税外，不准地方官吏私立名目收税。这样有力地促进了台湾生产的发展。

正当郑成功在台湾大显身手时，天不借年。他于康熙元年（1662年）正月初八在台北因病逝世，终年三十九岁。死前，他抱病起床，在人搀扶下走出室外，遥望大陆，失声痛哭，并对左右说："无颜见先帝于地下。"意思是没有光复大明江山。郑成功死后，他的儿子郑经继承父亲事业，开发台湾，为光复大明江山作准备。他又出兵福建，克复漳州、泉州诸府，后因清朝政府勾结荷兰殖民者夺取了金门、厦门二岛，郑经只好退出沿海各岛，退守潮湖、台湾。康熙二十年（1681年），郑经死，几个儿子争权夺利，人心大乱，见此，康熙皇帝派水师都督施琅率军进攻台湾，郑经次子郑克塽壤（kǎn）投降，台湾与大陆终归统一。

郑成功光复台湾是一历史壮举，在历史上的影响是深远的。同时，在军事上也不失为主动退却的成功战例：在弱军面对强敌压境实施退却时，其退却点的选择是非常关键的一步，只有在进攻者无力进攻其退却点时，退却点的选择才是安全的、明智的。否则，弱军就有被强敌消灭的可能，更谈不上实施战略反攻了。而郑成功选择台湾作为退却的终点是非常高明和有远见的：宽阔的台湾海峡是天然屏障，又有金门、厦门、马祖、澎湖诸岛以为护卫，使台湾半岛更坚如磐石。所以，守台湾必守金门、马祖，无金门、马祖，必无台湾。

因此，后世有经营台湾者，其举措都

无出郑成功之右。所以,郑成功作为一名军事家,是当之无愧的。

## 宦官阉臣

### 郑　和

15 世纪初期,有一支规模庞大、气势恢宏的中国船队,屡次出现在烟波浩森的太平洋西部和印度洋海面上。这支船队从中国东海之滨出发,先后七次往返,远涉重洋 30 年,开辟 42 条航线,抵达过 30 余个国家,行程十万余里,比哥伦布发现"新大陆"(公元 1492 年)早 79 年,比葡萄牙人发现欧、亚、非三海航道(公元 1497 年)早 84 年,为千余年间闭锁海关的中国打开了通向外部世界的海上之路。这支船队的统帅,大明王朝的海上使者,却是永乐年间一位普通的宦官。他的名字叫郑和。

### 好奇少年

郑和本姓马,明洪武四年,诞生在云南昆阳一个虔诚的穆斯林家庭。他的祖父和父亲曾长途跋涉去伊斯兰教圣地麦加朝圣,被当地人尊称为马哈只(意为巡礼人)。他的父亲身材高大,性格耿直豪爽,乐善好施,遇贫困及鳏寡无依者,往往舍己救济。星辰满天的夜晚,父亲常常对围坐四周的儿女们讲述当年飘洋过海到麦加朝圣的故事。少年时代的郑和,好奇地倾听父亲讲述各种各样新奇的趣闻逸事。父、祖辈勇敢、执着的精神,在郑和幼小的心灵里埋下了渴望探险的种子。郑和常常问父亲一个问题:"大海里有朋友吗?"

"大海就是你的朋友。"父亲说。

郑和接着问:"那大海里有海盗吗?"父亲没有正面回答他,眼睛中带着刚毅和微笑说:"大海会帮你克服一切困难!"

神秘莫测的大海从那时起就像磁石一样吸引着郑和。

### 雁乱入京

明朝洪武十四年(1381 年),朱明政权建立不久,太祖朱元璋为统一全国,派大将傅友德、蓝玉、沐英率军平定云南。明军在云南掳掠儿童,强行阉割,令其屈从服役。11 岁的郑和也未能幸免于难。此后,郑和被随军带往北平,送入燕王朱棣的藩邸做了侍童。从此,郑和离开了温暖的家,离开了父母亲人,失去了人身自由,他那幼小的心灵承受着人生巨大的痛苦。

小小年纪的郑和并没有因自己的不幸而沉沦,他很快适应了新的生活。燕王府中,设有藏书丰富的图书室,这对从小渴求知识、曾稍习笔墨的郑和来说,具有巨大的吸引力。每当闲暇之时,他便一头钻进书堆里,博览群书。由于他办事机敏,深受燕王宠爱并被纳为近侍,早晚不离左右,每问,则对答如流。主仆之间,相处甚得,他的气质也和燕王相近。加上天赋聪明,少有大志,勤奋好学,少小离家,独立生活的磨炼,使他在燕王朱棣身边长成一个精明而富有才识的魁梧青年。

正当郑和日趋成熟之时,建文元年(1399 年)8 月,燕王朱棣发动"靖难之役",攻打南京,要从侄儿建文帝手中夺取帝位。这时郑和已年近三旬,他亲随燕王出入战阵,屡建战功,经三年艰苦作战,燕王一举渡过长江,攻克南京,建文帝出逃,下落不明。

建文四年(1402 年),燕王登上皇位,年号永乐。郑和因战功和不同凡响的军事才能受到朱棣的特别嘉奖,被提拔为内官监太监,不久,又擢升为司礼监掌印太监。永乐二年(1404 年)正月初一,朱棣在除旧迎新之际,兴之所至,亲笔写了一个"郑"字赐他为姓,由三宝改名郑和。但人们按照习惯,仍称他为"三宝太监"。时年,郑和 33 岁。

富有雄才大略的明成祖朱棣,在政治稳定、经济繁荣的基础上,开始把眼光着重放在辽阔的海疆上,决意实现他"锐意通四夷"的宏大愿望,与海外诸国建立友好关系的对外政策,以显示其"宣德沐仁"的天子之恩和"天朝上国"的强盛。另外,当时传说建文帝逃往南洋,朱棣内心始终惧怕敌人势力死灰复燃,因此,搜寻建文帝的下落,也被列为下西洋的一项秘密任务。

朱棣在他周围可信的近侍中物色着满意的对象,最后选中了郑和。他了解郑和虽未曾随祖、父们到过遥远的麦加,但对海洋和异国却有一种从小滋长的神秘感和向往,他更信任这位随他东征西战的得力下属所具有的不寻常的学识和组织才能,而且此时的郑和,已是具备了亲往东洋的外交和航海经验,朱棣确认郑和能担负这一重要使命,有能力指挥一支庞大的远航船队。永乐三年(1405年),朱棣任命郑和为钦差总兵太监、正使太监,命其正式组织船队出使西洋。这一年,郑和35岁,正当盛年。

明永乐三年(1405年)冬天,郑和率领着一支规模庞大的船队,从江苏刘家港启程,乘风破浪,驶向茫茫大海。

他的船队由208艘船只组成,分成宝船、马船、粮船、战座船等几大类。最大的宝船长44丈4尺,阔18丈。这大型宝船是郑和座船,如一座小型帅府,一般由使团中的领导人员及各国来访使节乘坐,并装载赐给各国的礼物和各国进贡的物品。

长37丈、阔15丈的中型宝船,称作"马船",是一种运输船。郑和下西洋,每次访问亚非各国,都要携带大量物品。往返一次需达两三年之久,有时连续在海上航行数月,所需物品,从生活用品到修理器材,一点一滴都需自己准备充足,一概由马船运输。船队另外还有15艘

第七编　明清野史

运粮船,20艘大型水船等。

## 首航古里

郑和首次出航的目的地是古印度的古里。它是西洋各国中一个较大的国家,也是古代印度西岸的一个大商港,号称"西洋诸番之会"。早些年,明成祖就曾派使者诏谕古里,以彩币相赠。古里国酋长沙米的也曾派使者带着贡品回访,受到明成祖的热情接待,并封沙米的为古里国王。这次,船队顺利到达古里。郑和向古里国王宣读了明成祖朱棣所颁敕书,并赐给诰命银印,对下面各大臣也都赠送丰厚的礼品,升赏带有封爵性质的"品级冠带",国王和诸大臣深受感动。临别时,古里国王也向郑和回赠了礼品。郑和在古里专为国王举行告别宴会。席间,国王举杯祝酒,对郑和高声说道:"小国距中国十万余里,何幸得元帅赏光?今日之别,足称消魂。"郑和也举杯作答:"到贵国如在家中,不觉离中国十万余里之外。"随行官员见状,热情建议道:"十万里之外,不可不立碑纪念。"郑和欣然接受:"此话颇有道理,速速办理。"

他立即吩咐手下建起碑亭一座,内竖石碑,由随行官员王景弘挥毫题字。国王非常感激,与郑和等洒泪而别。从此,古里成了郑和远航交通要道的一个贸易、交通中转站。

郑和这第一次远航,还曾到了占城、爪哇、苏门答腊、满剌加(马六甲)、锡兰等地,并载回随船来访的各国使节。明初海外关系的大门终于打开了。

永乐四年,第一次远航归途中,船队经过印度尼西亚的巨港——旧港时,郑和打算收降海盗陈祖义。

早在明朝初年,广东、福建一带乡人,为避战乱,有的就拖家带小流落海外。当时广东人梁道明全家背井离乡来到印度尼西亚这个叫三佛齐的地方,与土著居民友好相处,传授农艺,开荒拓

壤,一时成为当地首领人物;另一名叫施进卿的为副手。陈祖义也是广东人氏,因犯死罪国内无法立足,遂逃亡海上,纠集一群海盗,自立为头目,专门在海上抢劫过往商船,与梁道明争夺三佛齐。后三佛齐为爪哇国所兼并,此地华侨和土著居民被迁往一偏僻角落定居,起名旧港(今印尼苏门答腊岛)。梁道明受明成祖之诏回国,施进卿接替为首领。陈祖义则为盗海上,长期在海上称霸,骚扰过往船只,无所不为,给中国与南洋地区的贸易往来带来极大威胁。对于陈祖义的海盗行径,郑和早有所闻。在一个明朗的日子,郑和亲领随从百余人,带着明天子的命令和金帛厚礼,前往陈祖义处。陈祖义见有厚赏可得,喜不自胜,亲率部下出外夹道欢迎,并以待贵客之礼,设宴款待。席间,郑和宣读成祖之诏令,对其进行赏赐,祖义高兴非凡,一一照收无误。但数日后,当郑和劝谕其每年向明天子纳部属之贡时,祖义便甚为不悦。但慑于明成祖之威,表面上仍表示接受诏谕,暗地里即发兵拦劫郑和船只,幸而有施进卿及时报告,郑和早有准备。当陈祖义率海盗船只前来时,郑和船队奋起自卫,组织严密,战术灵活,陈祖义所率的一群乌合之众,哪里是明军的对手,只见一阵厮杀,不多时便败北而逃。郑和船队诛杀海盗几千人,烧了他们的船只。待陈祖义带了亲信30余人,落荒之中欲乘一小船逃窜时,郑和船队将其团团围住,生擒陈祖义等人,后来带回中国,献俘朝廷。

成祖盛赞郑和机智骁勇,为国扬威。他为表彰郑和的功绩,下诏令将陈祖义推到闹市,斩首示众。

从此,旧港一带海路畅通。不久,施进卿派遣女婿来明朝贡,明朝在旧港设立宣慰使司,令施进卿为宣慰使。旧港与明朝的关系,较之海外他国,便更进了一层。

## 锡兰取胜

明永乐五年(1407年)冬,郑和率船队乘着信风,开始了第二次远航。先后经占城、爪哇、暹罗、苏门答腊、南巫里、古里、柯枝,顺利到达了锡兰国。

郑和对美丽的佛教国家——锡兰向往已久。锡兰,即今斯里兰卡,我国古代将其称为"狮子国",亦称僧伽罗国。国中气候极热,不分冬夏,草木繁盛,禽兽众多。其王宫的旁边建有专供佛牙(指释加牟尼圆寂后所遗留的牙齿)的精致建筑。据传,每逢锡兰国内有什么天灾,人们精诚恳祈,必有所报。于是,专程前来祈佛保佑者络绎不绝。

郑和船队远航,也热望得到佛祖的保佑,加上他本人又信仰佛教,这次一到锡兰国,他即亲往佛都寺庙祈求平安。他认为两次远航,"人舟两利,来往无虞",是"深赖佛祖慈佑",便虔诚向立佛寺布施一千钱,银五千钱,各色丝五十匹,古铜香炉五个,馀金座朱红金香炉五个,金莲花等五对,香油二千五百斤和蜡烛、檀香等物,厚礼答谢佛祖的"大恩大德",并在此立碑专记此事。

锡兰国王阿烈苦奈儿强横不羁,在古老的圣地佛国,干尽了坏事。其爱好亦与众不同,异常残忍:这爱好就是蓄养猛兽。只要一有空闲,他就以驯狮为乐,老百姓若有得罪之处,便捉来投入虎豹群中,任其撕裂争夺为食,惨不忍睹,百姓敢怒而不敢言。

郑和到锡兰国后,阿列苦奈儿虽也似热情欢迎,但暗地里欲加害郑和。他邀请郑和参观了他的虎豹狮象等猛兽,并对郑和说:"饲养猛兽是我的爱好,我也崇尚猛禽异兽的性格。若有得罪和招待不周处,请多多包涵。"

郑和闻言,内心惊诧不已。但他表面依然平静地说:"大王不必客气。狮虎虽猛,仍通人性。我看贵国气象不凡,定当日益繁荣。与我大明的友好往来,也将提高大王声望。"

阿烈苦奈儿听后,哈哈大笑。

第二天,他热情邀请郑和来观狮斗,郑和心中仍有一抹疑云,遂暗中派人探查,果然阿烈苦奈儿"兽性"难改且狡猾无比,想乘郑和观看狮斗之机,嗾使猛兽咬死郑和,达到其不可告人的目的。郑和识破了这一阴谋,连夜逃回船上。阿烈苦奈儿见计谋被识破,恼羞成怒,决计孤注一掷,立即纠合数千兵民,追捕郑和,围困宝船。

郑和在此险恶形势下,临危不乱,指挥官兵奋起抵抗保护宝船。这时,有属下来报:"锡兰大部兵力集结海上,王城必定空虚,何不趁此机会捣其老巢?"

郑和刚一点头,身边立即站出一员勇将,高声请命:"下官愿领前往,不胜不归!"

这时,锡兰兵民已从四周逼近宝船,喊杀声阵阵传来。郑和表情严肃地站起身来,说道:"本帅要亲率兵马,立即出发!"郑和点兵三千,从宝船西侧登陆,出其不意地连夜攻入王城。那阿烈苦奈儿纠集的一伙兵民,哪里是训练有素的郑和官兵的对手。一阵厮杀过后,阿烈苦奈儿的兵民已倒下黑压压的一大片,败下阵来,但阿烈苦奈儿还不服输,又使出他最拿手的一招,放出凶狠的虎豹狮象,作为前锋冲击郑和官兵。没想到郑和官兵一阵巨炮轰去,虎豹狮象忍不住剧痛,如脱缰的野马向后猛冲,阿烈苦奈儿的兵民不意遭其践踏,溃不成军。阿烈苦奈儿只恨爹娘少生了两条腿,大败落荒而逃。郑和官军乘胜追击,如入无人之境,直捣王城,生擒阿烈苦奈儿及其所有的妻子,取得此战的胜利。

当士兵押着阿烈苦奈儿来见郑和的时候,郑和微微一笑,对他说道:"狮虎凶猛,难脱野性;人之交往,礼仪为上。"

阿烈苦奈儿两眼茫然,面无表情。

随后,郑和将阿烈苦奈儿等人解送朝廷。明成祖朱棣作了一番权衡后,决定让他暂住中国,给予衣食。同时颁诏锡兰,锡兰民众推举了耶巴乃那为国王。事后成祖降旨将阿烈苦奈儿遣送回国。

明王朝礼部会同兵部开了隆重的庆功大会,表彰郑和在险恶的形势下,奋起反击、指挥有方,对全体官兵团结一致奋勇作战的精神,分别升级给赏。

### 西洋扬名

永乐七年(1409年)十月,郑和船队从福建五虎门出发,开始了第三次远航。此行的第一站是占城,即今越南的中南部。

明朝与占城素有往来。明初,占城受到安南侵略的威胁,危难之际,明王朝曾受请派兵帮助驱逐安南势力,占城人民为此十分感激。此次郑和船队一到占城,举国上下,群情欢腾,以最高礼仪欢迎大明使者。

国王头戴三山金花冠,身披锦花手巾,手佩金镯,脚穿玳瑁鞋,腰束八宝方带,骑一匹高大坐象,大小首领骑马簇拥,五百名士兵列队护卫。士兵有的手执锋刃短枪,有的舞"皮牌",有的打善鼓,有的吹"椰壳筒"。

郑和身穿明朝官服,气宇轩昂地宣读了成祖的诏令,逐一赏赐国王及其部下首领;国王连忙下象,向前跪行,匍匐在地接受诏书赏赐,感激之情难以言表。大明王朝的神威从此更加深入人心。

郑和船队停靠在占城的港口新洲(今越南归仁),这港口远远望去有一石塔,当时只有五十多户人家,由两个头目掌管。港口的西南面百里左右就是占城国的王城。这个国家有着独特的风俗人情。国王在位满三十年,就要退位,出家当和尚,到深山老林里去过斋戒独居的生活,经受野兽出没和疾病的考验,并不过问世事,国家大事则暂时由其兄弟或侄子辈来代管。一年以后,国王若能安全无恙地归来的话,仍然继续当政,而且还会加倍受国人尊敬,将从此被敬称为吉祥大王。普通百姓之家,风俗人情也颇有其独特之处,如青年男女的婚嫁习俗即不同一般。先是男方到女方家上门成亲,住过十天、半个月之后,男方的父母及亲友再用鼓乐吹奏,热热闹闹地将新婚夫妇迎接回家,然后客人们围坐一圈,主人将自制的一种米饭拌上药,将密封在瓮中的酒打开,盛情地招待客人。客人们则用一竹筒插入瓮中轮流饮用,边饮边加水,男女老少,济济一堂,边歌边舞,欢乐无比,直至酒味完全没有时为止。

郑和船队在此作了短暂停留之后,向占城国王告别。国王亲自将郑和一行送到港口,眼含热泪,拱手施礼,激动地说:"大明恩情,永志不忘。"

国王将所备厚礼象牙、犀角、伽蓝香等赠予船队。郑和与国王依依而别。

船行途中,郑和还帮助满剌加摆脱了强邻暹罗的控制,建立起了独立的满剌加王国。

满剌加(今马来半岛马六甲),原名王屿,是一个只有头目掌管,没有国王的弱小民族,一直受暹罗的欺凌。满剌加人热切地盼望独立,摆脱暹罗的控制。郑和船队到来之前,明成祖曾派使者到达满剌加,封其酋长拜里迷苏剌为国王,赐以诰印及"织金文绮",但暹罗国却不予承认,并以武装干涉。这次郑和船队远航到此,奉明成祖朱棣之命,为国王拜里迷苏剌正式举行封王仪式,赐予双台银印,冠带袍服,建立碑石,划定疆界,正式命名为满剌加国。从此,满剌加王国摆脱了暹罗的控制,一直达117年之久。郑和征得国王的同意,在这里建造了仓库,装点下西洋的钱粮货物;回航时,往往在这里聚集,等候南风,开航回国。

满剌加独立以后,其国王率领妻子和大臣及随员等540人的代表团随郑和船队来中国访问并献上满剌加的特产,以表示对天朝的感激之情。这是继渤泥国王麻那惹加那乃之后,西南各国的第二位国王亲率使团的来访,明成祖给予了热情款待,并厚赐礼物。从此,两国之间长期保持友好往来,满剌加王国成了郑和下西洋中又一个中转站。后来,船队在此停船靠岸贸易往来之余,满剌加还允许郑和遣派官兵入山采集香料及各种土特产。在与满剌加接境的九州山,郑和一行曾采到径作九尺、长八九丈、香味清馨黑细花纹的沉香、黄熟香六株,带回国内,明朝廷视为瑰宝。

此后船队官兵在所到之处,贸易往来之余,往往可在当地山林采集各类土特产。有一次,船队停泊在婆罗州北岸,看到当地居民们食用的一种汤,为国内所无,于是,郑和也派人进山采集,仿做成汤,以改善船队的伙食。因其味道鲜美,滋润可口,后就采集一些带回国内,献给永乐皇帝享用。这就是富有营养价值的燕窝。从此,燕窝便传入了中国,成为我国人民席上的佳肴珍品。

郑和船队远航途中,曾经发生过这样一件事情。一名士兵在航海途中患了疟疾,船上没有药品医治,生命垂危,这时,有人害怕了,说:"这病可怕极了,不想个法子,我们大家都性命难保。"也有人说:"总不能把他丢入大海吧,那样,不但我们不忍心,大帅也不会同意的。"人们议论纷纷。这时,他的好朋友"舟师"(火长)站了出来,向大家请求:"我们不如把他搁在一个岛上,给他点粮食和锅碗瓢盆,如果他命大,说不定会活下来呢。"

大家都觉得这个办法可行,就把他

留在了一个没有人烟的荒岛上。这之后的一场滂沱大雨,把他浇得浑身淋漓,从此他竟转危为安。他找一处岩洞做居室,以鸟蛋为食,十多天后,疟疾竟奇迹般地痊愈了。在岩洞中,晚上他时而听见一种声音从海中响起,入夜便在岛中渐渐消失;次日早晨声响又起,后慢慢隐入海中。他感到非常奇怪,经过仔细察看,才知是大蟒蛇出入海中的声响。于是,他砍下竹子削成了许多竹刀,插在蟒蛇经常出入往返的路上。后来蟒蛇经过,腹下被竹刀所刺,死在沟中。他到沟中去看,惊异地发现沟中满是珍珠!他将珍珠一一捡起,积攒起来。一年之后,船队返回时经过此岛,他终于见到了朝思暮想的亲人们。他高兴地将珍珠挑上船,随船回国。

郑和船队这次出使,在永乐八年(1410年),再次来到暹罗(今泰国),奉旨与暹罗交涉,要求暹罗遣返明朝叛民何八观等人。何八观等人是在永乐时期,在国内犯事的罪犯,为逃避罪责,逃往海上,聚集外岛,成为一股反明朝政府的势力。郑和船队出使海外,使他们在海岛上站不住脚,于是,就逃入暹罗。永乐七年(1409年)十月,暹罗国王派遣的来明奉表进贡地方特产的使臣坤文琨等回国之时,明成祖就曾以钞币相赠,并命其转告暹罗国王,将何八观等遣返回国。但时隔一年多,直至郑和的这次出使之际,何八观等还一直未被送还。成祖又极为重视这件事,他认为洪武时期逃亡南海的反明势力,经过郑和的第一次下西洋,多方贯彻自己的招抚政策,已基本肃清。而何八观等作为永乐时期逃亡海外的"南海叛民",又是新出现的一股反明势力,必须穷追不舍,将他缉拿归案。这样,禀承成祖之命,郑和在第三次出使中,经过交涉,暹罗国在永乐八年(1410年),遣返了何八观等人,并进贡了地方

特产。郑和也就完成了明成祖交付的历史使命,进一步肃清了海外的反明势力。

## 横渡印度洋

永乐十年(1412年),郑和第四次启程远航,船队首先到达苏门答剌(今印尼苏门答腊岛)。这里是东西洋海上交通的要道,郑和远航基地之一。船队在这里设有"官厂",作为物品转运站。明成祖一向十分重视与苏门答剌的友好关系,多次派遣使者出访,带去丰厚的礼品,苏门答剌一般每隔两年也遣使来中国朝贡,两国关系密切,往来频繁。这次航行,郑和还助苏门答剌平定了一场内乱。

五年前,苏门答剌国内局势严峻。国王被一个名叫孤儿花面王的用药箭射中而亡,其子年幼,不能为父报仇。在这危难之际,勇敢的王后当众发誓说:"谁能为报杀夫之仇,恢复疆土,我就嫁他为妻,共主国事。"语音刚落,有一本地渔翁,挺身而起,高声应道:"我能为王报仇!"

他果然率领部队,一马当先,杀败花面王,王后也不爽约,按照自己的誓言,与渔翁结为夫妻,称渔翁为老王,从此家室政事,都听渔翁裁决。

永乐七年(1409年),老王曾来中国进贡,受到成祖款待。永乐十年先王之子锁丹罕难阿长大成人,他不甘心王位落入他人之手,便发动政变,杀害老王,夺得了王位。渔翁亲子苏干剌带领家人逃到邻山一寨,经常率众骚扰,发誓为父亲报仇,篡夺王位。郑和使团来到苏门答剌后,苏干剌曾对人说:"大明船队这次到来,必定封赏锁丹罕难阿,对我构成威胁。到时候,我一定得给郑和点颜色看看。"

郑和果然奉明成祖之命,对现国王锁丹罕难阿宣诏、赏赐,并应所请帮助解决苏干剌问题。苏干剌则借口郑和"赐

不给己”，领兵数万攻打郑和官兵，郑和不得已进行还击，并直捣其老巢。当时苏干剌所据营寨，城防坚固，易守难攻，苏干剌又募兵固守。郑和只得四面布兵，把他的营寨围得水泄不通，断了他的粮、水供应。苏干剌军宰杀牲畜当粮，也不足以解决饥渴问题，只得杀开一个缺口，夺门而逃。郑和官兵一直追至南渤利国，俘虏苏干剌及其妻子，抚定岛上居民，巩固了前王子锁丹罕难阿的王位，帮助苏门答剌稳定了政局，并置苏门答剌于明朝的保护之下。

郑和四下西洋，航程远至阿拉伯与东非之交。由于当时人们对世界地理认识的局限性，都以为到了世界的极点。郑和每到一国，必宣读诏令，赐予丰厚的礼品，这些国家也就纷纷随郑和船队来中国进贡，进行回访。其中，位于阿拉伯地区与东非之交的麻林国（今非洲东岸的 Malinde）遣使来中国进贡麒麟，被时人看作明王朝国威远扬至天地尽头的大事。

船队的这次航行，还远至忽鲁谟斯及非洲沿岸。从古里到忽鲁谟斯，航行了整整 21 个昼夜。忽鲁谟斯是个依山傍水的国家，气候温和，风景优美，没有寒暑之分。出产的谷物虽不多，却特别利于瓜果的生长。核桃、把聃、松子、石榴、桃干、花红、万年枣、西瓜、菜瓜、甜瓜等各具风味，尤其是甜瓜，竟有二尺来长的；葡萄干不仅无核，且有莲子那么大；把聃是这里特产，果实如核桃，却比核桃还好吃。船员们怀着好奇的心理，饱尝了这些美味的水果。不仅如此，忽鲁谟斯还以其优越的自然条件而成为东西方之间商业往来的重要枢纽，非洲的米息儿（今埃及）、阿拉伯岛的祖法儿（今佐法尔）、阿丹（今亚丁），印度半岛的古里、柯枝等国都从海上来此贸易，就连中东以至欧洲中海沿岸的国家，也从陆路来这里进行买卖交易。

郑和船队到达后，照例宣读了明成祖的诏谕，然后，购买了这里的金刚石、珍珠、琥珀、珊瑚、玉器及各种特产回国。忽鲁谟斯国王也派遣使臣，以狮子、麒麟、珍珠、宝石及金表文为回礼，驾船随郑和船队来中国朝贡。

这次航行，开辟了横渡印度洋的新航线，在航海史上具有里程碑意义。为纪念这次远航，经明成祖批准，永乐十四年（1416 年）春，在南京仪凤门外狮子山下，兴建了一座富丽堂皇的天妃宫，并立碑纪念，还栽种了郑和从海外带回的婆罗树，以感谢天妃神灵对远航者的庇佑。传说中的天妃女神，原是一位林氏女子，升化之后，传闻她身着红色的衣服，飞翔海上，乡人从此把她敬为海神天妃，并建起天妃庙以供祭祀，祈保出海平安。

### 远航非洲

永乐十五年（1417 年），郑和船队第五次下西洋，除旧地重游外，最远处到了非洲赤道以南东海岸。

这次航行，船队的主要任务有两个：一是由近及远地护送西非各国使臣回国，返航之时，随船载回回访的十七国使臣，其中有王子、王叔、王弟。二是向各国征集珍禽异兽，满足迁都北京后宫廷需要。永乐十四年（1416 年），明成祖就有迁都北京之意，并曾亲往北京巡视，预作筹划。文武群臣也纷纷以北京乃圣上龙兴之地进言，说北京北枕居庸，西峙太行，东依大海，南俯中原，沃野千里，山川形胜，足以控四夷，制天下，实是帝王万世之都。于是成祖乃下令在北京营建新都。新建的宫廷之内需要大量奇珍异宝作为摆设，内苑花园也需征集大批珍禽异兽。于是，郑和这次下西洋，即奉命带回了忽鲁谟斯国的狮子、金钱豹、大西马；阿丹国的麒麟和长角的马哈兽；木骨都束国的花福鹿和狮子；不剌哇的千里

第七编 明清野史

骆驼和鸵鸡（鸵鸟）；爪哇和古里国的麇里羔兽。各国所赠的这些稀珍之物，都是中国闻所未闻的。它们使满朝的文武官员大开眼界。

这次来访使节中，有苏禄东国（今菲律宾）、苏禄西国的酋长和已故苏禄峒酋长之妻等，他们各率亲属及随从官员组成的三百四十余人的使团，奉金镂表来朝贡，并进献珍珠、宝石、玳瑁等珍贵礼品。这是继渤泥、满剌加国王来访以后，最盛大的一次海外友好国家首脑亲率大型使团的访问，因此受到明王朝格外隆重热烈的欢迎和高规格的接待。明成祖给东、西、峒三王正式封以爵位，确定了苏禄国三王的名分，并各给赏赐。

三国国王激动万分。他们流连忘返，在游览赏玩了几个月之后，才动身回国。永乐十五年（1417年）九月十三日，苏禄东国酋长巴都葛巴答剌在回国途经德州时，不幸病逝。明成祖闻讯后，十分悲痛。令以王礼安葬，并亲派礼部郎中陈士启前往主持葬礼，赐谥"恭定"，还亲自为他撰写碑文，赞扬其不远万里，执玉帛、奉金表来朝的精神。明王朝在为之举行隆重葬礼后，还在德州为之建立陵墓，安排苏禄东国的王子、王妃及臣妾仆从十人守墓三年，并命东王长子继承苏禄王位。

### 和平使者

永乐十九年（1421年）春，郑和奉命六下西洋，送十六国使臣回国，并再度出访亚、非两洲的十六个友好国家或地区。船队分兵两路：太监李兴率领一队到苏门答剌后，再分出船只由内官周满率领前往阿丹；郑和则亲率一队到祖法儿。这次远航中，除照例进行宣诏、赏赐外，还在祖法儿等国进行贸易活动。

郑和率队一来到祖法儿国（今佐法尔），便受到热烈欢迎。祖法儿国位于阿拉伯岛南岸，自古便是世界著名的商埠，

各国商贾云集，热闹非凡。永乐十九年时，祖法儿国王曾派使者随同阿丹、剌撒等国来中国朝贡，以表达对中国的向往之情。这次郑和刚一到达，国王便亲自接见，陈述对大明王朝的钦敬，并表示，若有机会一定亲自前往大明朝拜。国王说："从大帅的气质和风度，就可见到皇皇大明的威仪。像我们这样的小国，必要仰赖大明的扶持。"

郑和颔首而笑，对国王说："大明圣上派遣臣下出使西洋的原因，正在于加强与各国之间的交往，增进了解，互相团结，和睦相处。"

国王被郑和的话深深感动，下令设盛宴款待明朝使团。

郑和感谢国王的盛情。他把随船带来明朝宝物赐给祖法儿国王，并施大礼向国王发出了访问明朝的邀请。随后，郑和他们用丝绸和瓷器换取了大量的乳香、血竭、芦荟、没药、安息香、苏合油、木器子之类的香料和药物。交易之间，双方遵照祖法儿民间交易形式，拍手交价，和睦相议，气氛甚为欢洽。

从祖法儿返航回来，公元1424年二月到八月，郑和奉明成祖之命，专程去了一趟旧港（今苏门答腊岛巨港一带），以解决旧港宣慰使继承权问题。

旧港原宣慰使施进卿逝世后，他的儿子济深承袭父职，成为旧港首领。但当地有个习惯——"本人死，位不传子"，加之国王玉玺在一场大火中被烧毁，所以，当地民众对济深之举颇有微词。施进卿之女施二姐在旧港拥有一定势力，便开始与济深争夺王位。济深遂派使节到中国来，说明旧印为火所毁之事，请求承袭宣慰使之职，希望得到明王朝的支持和保护。旧港所处的地理位置，对于中国发展海外交往十分重要，解决宣慰使继承问题，保持旧港局势稳定与中国利益息息相关。明成祖深知这个问题的

困难和复杂，一定要选一位有声望、有经验的外交家去解决才行。于是，这一重大使命，便当然地落在了刚刚回国的郑和身上。

当郑和奉命到达旧港时，施二姐已经掌握了政权。面对这一现实，郑和想，当地既然有"位不传子"的习俗，不如因势利导，接受这一既成的事实，尽快稳定旧港局势。于是，承认了施二姐的合法地位。施二姐在取得了明政府的支持后，如鱼得水，全面控制了旧港。晚年，施二姐移居爪哇东部良港新村，爪哇国王封其为新村蕃舶长，专营贸易。新村居民大多是中国广东及漳州、泉州地区的华侨，经施二姐努力经营和积极开拓，新村逐渐成了国际贸易重要港口和商业中心，施二姐也成了当地华侨领袖。

### 病逝海上

郑和从旧港回来后，明王朝发生了一系列的重大变化：明成祖朱棣去世、仁宗朱高炽即位、宣宗朱瞻基登基，在永乐、洪熙、宣德三朝交替的六七年中，郑和船队的命运浮沉不定。

明成祖朱棣于永乐二十二年（1424年）七月十八日溘然去世，当时郑和正在旧港。成祖的长子朱高炽于同年八月十五日即位。新皇初登宝座的当天，就听从了一贯反对下西洋的户部尚书夏原吉的建议，下诏调郑和船队全体官兵守备南京，停止下西洋。没想到朱高炽是个短命皇帝，在皇帝的宝座上不到一年就死去了，其子朱瞻基于宣德元年（1426年）继位。新旧交替，内政频仍，宣宗虽有雄心，但下西洋的旧业一时还难以恢复。

到了宣德五年（1430年），郑和船队已停航五六年，海外各国同中国的友谊已渐渐断了，同中国的关系也已日益疏远。外番贡使经年不至，明朝在海外的威望和影响大大下降。明宣宗朱瞻基怀念祖父在世时的永乐全盛之日，向往自己临御天下"万国来朝"的"宣德盛世"的出现，决定重振旗鼓，大力发展与海外各国的友好关系，加上，这时户部尚书夏原吉已死，反对下西洋的力量失去了后台，朱瞻基立即下令再派郑和下西洋，此时郑和已年近六旬，但仍然受命不辞，重整船队，于宣德五年闰十二月（1431年1月）扬帆出海，开始了第七次也是明代最后一次的远航。

时隔六七年，郑和旧地重游，沿途各地早先所建天妃庙皆呈破败之形，郑和一一修葺，恢复旧观。船队还在国内海域江苏刘家港北漕口、福建和乐六平山，两度停驻下来，一面做远航准备工作，一面修建天妃庙宇，立下石碑，碑文刻下前六次出使历程，并乞求天妃神灵保佑此次下西洋往返平安，吉祥如意。他们来到海神天妃林氏女的家乡福建湄州岛，修整这里的天妃庙宇，祭祀天妃女神。郑和第七次下西洋，所去目的地比前六次更为遥远，所需访问的国家更多，在海上所要遭遇的风险也将会更多，便隆重祭祀天妃，动员全体人员在今后的航行中，战胜海上险恶的惊涛骇浪，"诚朝廷威福"，"赖天妃之神保佑之德"，祈望顺利完成这一使命。

随后，浩浩荡荡的船队重新扬帆出海。

当初，郑和三下西洋时，曾奉明成祖之命，帮助满剌加摆脱了暹罗的控制，建立了独立的满剌加王国。但自郑和船队停航以后，明朝在海外各国的影响也随之减弱，原来仰赖明廷威望已经解决的一些国家间的矛盾，此时有的又日益尖锐起来。

宣德六年二月，满剌加头目巫宝赤纳等来到北京，向明宣宗陈述："国王本想亲自前来朝贡，但为暹罗国王所阻，暹罗国一向侵害本国，本国想向明王朝上奏,但没有能书写上奏的。现国王派我们三人搭苏门答剌贡船来京,请求朝廷派人诏谕暹罗国王,劝阻其对我国的肆意欺凌。"

宣宗让巫宝赤纳等搭乘郑和此次下西洋的宝船回国,同时令郑和敕谕暹罗国王,以便再一次改善暹罗与满剌加的关系,维持满剌加的独立自主。当时,朝廷中有人认为这次巫宝赤纳没带贡品来献,就该不予赏赐。宣宗以联谊为本,对其不远万里前来陈诉不平,请求保护,认为这体现了该国对天朝的信任和友好,精神可嘉,因而照样给予丝绸袭衣之重赏。

郑和船队到达暹罗后,郑和即向暹罗国王宣读了明宣宗敕书,耐心说服暹罗国王,调解与满剌加之间的关系。在那里停留的一个多月中,郑和出入暹罗国王廷,晓以大义,动以利害,终于使国王表示愿意接受和好,与满剌加和睦相处。郑和完成使命后,又率队前往苏门答剌等国。

宣宗七年十月,船队从苏门答剌开船,路经翠兰屿(今孟加拉湾东南部尼科巴群岛),因风向关系而停留了三天,竟意外观察到岛上不寻常的奇异风俗人情。这岛屿位于热带,岛上男女居民削发无衣,仅用树叶纫连遮身,俗称"裸形国"。他们不事耕种,唯靠捕鱼捞虾,采摘香蕉椰子为食。船员们怀着非常好奇的心理打听观察,原来,据传释迦佛经过此山时,兴之所至,曾下水游泳,结果袈裟被盗,于是佛就发誓:"此后此地有穿衣者,必烂其皮肉。"

船员们在岛上短暂停留后,船队便又继续前行,向锡兰、古里、忽鲁谟斯等国开去。到达古里后,郑和又派洪保率分队随古里国船队到天方国访问。

天方国,是伊斯兰教圣地麦加,当年伊斯兰教始祖穆罕默德最先在此传教,从此成为伊斯兰教的圣地,中国史书又称之为"天方"。

每年世界各地来此朝圣的伊斯兰教徒络绎不绝,朝圣者在一宏伟壮观的"清真寺"里朝拜瞻礼。这座"清真寺",当时称作"礼拜寺",又名"天堂"。建筑格局呈四方形,高大深广,气派非凡。所供真主像为黄金制作,座则以玉石雕饰,沉香为梁,黄金为阁,黄甘玉铺地,以蔷薇露、龙涎香涂四壁,馨香而沁人心脾。共有467根白木柱,前柱99,后柱101,左柱132,右柱135。守堂的两只狮子为黑色。真是金碧辉煌,名不虚传。天堂四周则颇像城堡,以五色斑斓的石块砌成,有城门共466座。"天堂"左边,有用绿撒卜泥宝石建成的长一丈二尺,高三尺,宽五尺的古塔,四周以泔黄玉筑成五尺高的围墙。此外,围城四周,都以雄伟多层的宝塔环绕,参拜者可登高俯视天堂礼拜寺全景。郑和使团的部分成员以虔诚的伊斯兰教徒之心,拜谒了这座闻名世界的"清真寺"之后,还往西行百里,到达默德那国访问,瞻仰伊斯兰教圣祖穆罕默德陵墓。

天方国风景优美,气候温和,四季如春,适宜于各种动植物的繁衍生长,物产格外丰富。西瓜、甜瓜大到需两人方能举起,石榴、花红、梨、桃大的重四五斤,有像中国大桑树的棉花树,高一二丈。居民畜养驼、马、驴、骡、牛、羊、猫、犬,鸡、鸭有重十斤以上者。土产蔷薇露、俺八儿香、麒麟、狮子、驼鸡、,还有珍珠、珊瑚、琥珀等各色宝石。还有一种"押不卢"的药,当地人采集磨碎,以少许渗酒喝下,人便全身麻痹而死,即使刀砍斧斫,毫无知觉,三天之后,另用少药放进,人旋即可活。还有名叫"草上飞",土名"昔雅锅失"的"兽之王",外形像巨狗,浑身玳瑁斑纹,两耳尖黑,驯善如猫,然狮象等猛兽见之,则伏之而不敢稍动。名叫"倘加"的钱币，每钱官寸直径为七分，官秤重一钱，其含金比中国足十二成。中午由于天热罢市，夜市却热闹非常，人群熙攘。郑和船队内宫太监洪宝率七人分队携麝香、瓷器等中国特产上市贸易。他们买到麒麟、狮子、驼鸡等各色奇货异宝之后，还特别将宏伟、壮丽的"天堂清真寺"的图形绘下来带回北京，把这一世界名胜古迹奏报朝廷，介绍给国内。

年逾六旬的郑和，以他对大明王朝的忠诚，凭着他对大海的眷恋，如期完成了七下西洋的使命。宣德八年（1433年），在返航途中，他病逝于海上，终年63岁。他的遗体被船队官兵保护着运载回国。

与那些奸滑狡诈的太监绝然不同，郑和以其特有的智慧和才能搏击海上30

年，写下了非同凡响的人生历史。他历经三朝，先后七次受命出使，促进中国与西洋各国的友好交往，将中国的物产、文化传播海外，也把异域的奇珍异产带回国内，繁荣了明朝的经济、贸易。当年他所游览过的山水，宝船停泊过的港口，军队驻守过的地方，很多都已作为名胜古迹、游览胜地留传后世。南京的龙湾和天妃宫、静海寺，太仓的刘家港，福建泉州的行香碑记，长乐的十里洋街、三宝岩，特别是今日的东南亚诸岛，如马六甲的三宝城、三宝井，爪哇的三宝垅，泰国的三宝庙和三宝塔，斯里兰卡的布施佛寺碑，至今昭示人们一种勇于开拓、不断创新的人生气魄和友谊、和平、正义的精神追求。

# 清代野史

## 宫禁逸闻

### 香妃白刃

回部首领的王妃，身体有一股异常的香味。高宗（乾隆皇帝）命令兆惠向王妃转达自己对她有意思，她不说话，从袖子中取出短刀，说："皇上如果要逼我的话，我就用此刀相拼。"高宗命令人把刀子夺下，王妃笑着说："我的衣袖中，这样的刀还有数十把。"

### 满清王后

清太宗（皇太极）的王后同群姬一起打猎，发现一只鹿，但是没有射中。有一个名叫王皋的人射中了这只鹿，王后便把他带回宫中，让他做自己的护卫。从此，王后每次出外打猎，王皋都随同而去，在前面给她带路，时间久了，两人便通奸，生下了清世祖（顺治皇帝）。事发之后，太宗杀了王皋以灭口。王皋被斩

首，但尸体不倒下，太宗没办法，便让世祖跪在尸体前，喊叫父亲，这样尸体才倒下了。如今，长白山上有王皋石，即王皋死的地方。

### 打发邓胯子

邓胯子同王皋一块儿射鹿，太宗王后同他们二人都通奸。事发之后，太宗让邓胯子回老家去，而暗中派人在路上杀了他。至今，沈阳等地还流传着"打发邓胯子"的话，意思是暗中害命。

### 美人计

明朝的兵部尚书洪承畴不肯投降清国，清太宗非常着急，王后（孝庄后）对太宗说她自有办法使洪承畴投降。于是孝庄后浓妆艳服，去见洪承畴，不住地挑逗他，晚上同他一起作欢。果然奏效，第二天洪承畴便投降了。洪承畴投降之后，为清廷训练军治政，不遗余力。所以，清朝能统一全国，孝庄后的功劳不浅。

## 太宗暴死

清太宗的王后孝庄后肌肤如玉，细软滑嫩，被称为玉妃。孝庄后有一个妹妹也是天姿国色，人称小玉妃，嫁与多尔衮。大玉妃一次把多尔衮留在宫中，小玉妃醋意大发，贿赂了一位王爷，让他向太宗告状，说大玉妃同多尔衮偷情。太宗得知后勃然大怒，返师回朝。然而，没过几天，太宗便死了。

## 侄妻为妃

多尔衮见侄子的妻子特别美艳，便谋杀了侄子豪格（太宗长子），而纳他的妻子为妃，日夜贪欢作乐，以致得病而死。清世祖为此感到耻辱，借口多尔衮密谋叛乱，在多尔衮死后剥夺了其官爵。人称清朝腐败，开始于多尔衮。

## 太后再醮

清太宗刚死后，其后（大玉妃）博尔济氏一人寡居，多尔衮时常去探望。范文程说："皇上（顺治皇帝）视王若父，自古父母不异居，请皇太后同王同住。"当时，皇上年幼，多尔衮为摄政王，所以被称为王。因此，史官便记写道："太后下嫁"。朝野人士都笑这件事，说这是"太后改嫁"。

## 秘密行乐室

太宗之后博尔济氏有御男之术，每晚需要许多男人。她常常用轿把男子载入宫中，寻乐尽欢。又命令人给自己制造淫器，修建了一所秘密行乐室。清世祖得知后前去窥视，非常生气。他知道了这是由一个姓邢的所造，是由博尔济氏拿出重赏，让多尔衮找的人。

## 太后出家

太后博尔济氏因多尔衮死了，便往五台山出家修行。离开了男人，没有欢快，她终日闷闷不乐。

## 欢乐遇险

多尔衮正同太后一起观看龙舟竞赛，正看得高兴，忽然一条舟飞也似的划到跟前来，一个船夫登上岸，拔剑刺向多尔衮，但没有刺中，只刺中了身边的卫士。刺客被捕，经过严刑拷问，才知道原来是皇上（清世祖）指使的。

## 纳姑奇闻

清圣祖（康熙皇帝）把太宗的女儿留在宫中，纳为妃子。大臣们对他说："礼规定不娶同姓，况且公主是皇上的姑姑，是长辈，就更不能娶了。"圣祖却说："凡是同姓不结婚，指的是母亲、姐妹以及自己所生的女儿。至于姑姑，则既不是母亲，又不是女儿，也不是姐妹，完全可以做妻子。"

## 易妻奇闻

张英的二儿子、张廷玉的弟弟娶安徽姚家的女儿为妻。姚氏颇有姿色，皇太后寿诞，大臣的妻子都进宫祝贺，她也去了。"姚氏"从宫中回家后，衣服首饰没变，而面目全非，已是另外一个人了。但张氏却不敢声张，姚氏已经留在宫中了。

## 康熙好色

康熙皇帝宠幸卫某的小妾，生下了世宗（雍正皇帝），其实世宗是卫某的儿子，即卫家的种。康熙病重，在遗嘱中写明传位给十四皇子，卫某改"十"字为"于"字，因此世宗才得以登基。世宗即四皇子。

## 泪唾皆香

卫妃体香、衣香，眼泪和唾液也香，即便洗衣服的水，也有一股芬香气味。唐代人说薛瑶英肌肤生香，不料卫妃也是如此。

## 世宗母先私年羹尧

也有人说，世宗继皇位，改动康熙皇帝遗诏的是年羹尧，而不是卫某。原先，世宗的母亲同年羹尧私通，入宫才八个月，便生下了世宗。所以，雍正时期，人们都把年羹尧比作吕不韦。

## 私生子

高宗(乾隆皇帝)见了军机大臣傅恒的妻子,便强迫奸淫,于是怀孕生子,所生子即福康安。傅恒妻子是孝贤皇后的嫂子。

## 太子戏妃

世宗有一个妃子很美,太子高宗从妃子的身旁经过,见妃子正照镜子,就玩着从身后用两手把她的眼睛遮住,妃子用梳子向后打他的额头,把额头弄破了,皇后发现后问其始末,太子一一说了。皇后猜疑是妃子调戏太子,便赐妃子死。

## 西洋少女

清高宗做寿,福王襄献了一个木匣,匣中有屋子,有屏风,还有桌儿。几上有笔、砚、纸等文房用具,几下有一个西洋少女,缓缓出来倒水研墨。接着,又有一个两腮长满卷曲胡须的人从右边的屏风后出来,拿起笔写下"万寿无疆"几个字,写成后又返回原处去了。制作这一玩器的是院中的一个小吏。

## 奉旨纳妾

纪晓岚一日不亲近女人,便眼睛发赤,两颧潮红。在编辑《四库全书》之时,他住在内廷,经常回不了家。高宗见他颧红眼赤,就问他得了什么病,他便把原因如实地讲了。于是,高宗命令两个宫女陪伴他睡眠。编完《四库全书》,纪晓岚返回家中住时,高宗就把这两个宫女赐给他做妾。回到家后,纪晓岚对妻子讲:"我纳妾,是奉皇上的圣旨而行事。"

## 秘戏图

有一个在朝廷某部做郎官的人,家中藏着一套秘戏图,画的全是男女交合的情形,其中女子的面貌不相同,而男子则始终是一个,貌相一点儿不差,认识的人说是清高宗的面孔。

## 皇帝惧内

道光皇帝的皇后非常悍妒,常常数落道光后帝的过错,动不动就质问他:"你同某女苟且过没有?把某妃叫来过没有?"说到激愤之处,她还气得拍打床几,吓得道光皇帝不敢出声。一天,这种情形正好让一个姓恩的臣子瞧见了,觉得真是不可思议的天下奇事一桩。

## 皇帝养鹿

咸丰十年,英法联军焚烧了圆明园,文宗(咸丰皇帝)命人带着鹿群,一起到热河去避难。之所以如此,是因为鹿血可以补阳虚。咸丰皇帝好色,纵欲过度,以致面皮黄瘦,所以养了好几群鹿,随时取鹿血来喝。

## 慈禧诱赌

慈禧知道杏花春有喜爱钱财的癖好,便引诱她一起赌博,昼夜不停。慈禧赌输了,文宗替她偿还,因此杏花春最后积下了许多钱。有一个侍者杀死了杏花春,夺走了她的钱财,却竟无人查问追获,这也是宫中的一桩奇闻。

## 欢喜佛爱财

文宗唯独喜爱杏花春,有时他发怒了,但只要一看见杏花春,便高兴起来了。因此,宫中称杏花春为"欢喜佛"。"欢喜佛"生来爱钱财,凡是得到赏钱,她都藏在一个扑满中,舍不得花用。平时,她斤斤计较,如果有谁想占她的便宜,她必定会拼命的。

## 孝钦受责

孝贞后列举孝钦(慈禧)的过失,命令下人用棍棒笞挞她。文宗(咸丰皇帝)请求免打,因为她已经怀孕了,但孝贞后不答应,生气地说道:"按照我朝的惯例,不合格的嫔妃,应当用棒杖来教训。"

## 女童直言

咸丰九年,宫中有一个女孩上书说:

"无道之主必定好色，如今皇上选妃挑女，这不是好色而无道吗？"文宗听说之后，便把这女孩驱逐出宫。

### 防淫

咸丰皇帝宠爱孝钦（慈禧），生下儿子载淳（同治皇帝）。后来，他知道孝钦淫乱，便在临终之前写下遗诏交给孝贞皇后，说："孝钦如果有污秽行径，你可以召来大臣，宣读我的遗诏，赐她死。"

### 穆宗小史

穆宗（同治皇帝）不喜欢读书，师傅没办法，便对着他哭了。他把书上"君子不器"句中"器"字下面的两个"口"字遮住，请师傅读，师傅便笑了。选皇后时，他把水洒在地上，令参加选拔的女子走过去。一个女子怕地上的水把裙子弄脏了，提起裙子而过，另一个却没有提，只管走过去了。他认为没有提裙子的那个女子能遵命，不暇顾及衣裳，便选中了她，册封为皇后。

### 皇后绝食

穆宗要孝哲皇后留下来陪自己，但皇后不敢，说："我怕阿妈知道责怪。"便急忙出去。恰在这时，慈禧进来了，揪住皇后的头发，打她的脸，皇后说："不要打我了，姑且念我是从大门明媒正娶进来的。"慈禧更加发怒了。于是，皇后想服毒自杀，但又怕连累了娘家人，便静坐绝食。

### 太后私饭店官

饭馆里有一站柜台的伙计姓史，相貌非常英俊。一次，他随李莲英进宫游玩，让慈禧太后看见了，便把他留下了，昼夜淫乱，生下了光绪，命令醇亲王扶养。同治皇帝死后，慈禧太后不立其子而立其弟，是因为光绪皇帝是自己的儿子。

### 观剧喝彩

醇亲王是穆宗的叔叔。一天，他在宫中观看《翠屏山》一戏，大声叫好，并且笑着说："家法规定宫中不能演戏，如今宫中演这个戏了。"

### 太后与伶人共卧

慈禧太后宠爱唱戏的杨月楼，被慈安太后撞见了，慈禧太后便拿杏酪让杨月楼吃，杨吃后中毒而死。她又派婢女给慈安太后送去粽子，慈安太后吃后也死了。其心毒手辣到了如此之地步。

### 太后做媒

太监李莲英把自己的妹妹献入宫中，其妹很有姿色。内务府某官员刚好死了妻子，慈禧太后便做媒，让李莲英的妹妹嫁给了这个官员。

### 家丁至后寝所

有一个姓施的浙江人，想谋求一道台的官职，为了活动李莲英，便派家丁携带银两随李莲英入宫，一直来西太后的（慈禧）寝所。西太后发现了，令把他抓起来，家丁慌称："奉陈大人命。"西太后（慈禧）怀疑此人是岑春煊派来监视自己的，非常愤恨，便命令岑春煊来审断处理。原来，西太后把"陈"音听成"岑"音了。岑春煊正要判此人死刑，身边的幕僚阻止了他，说："大人难道心虚吗？想杀了他灭口吗？"

### 梳头毕业

李莲英特别会梳头，原来他是游访了许多妓院才学到这一手绝活的。恰好慈禧太后喜欢新式发髻，李莲英便托兰玉向慈禧推荐自己，由此得到慈禧的宠幸，肆无所忌，慈禧与他并坐同枕，毫无羞耻之心。

### 宫中俳优

宫中有专门练习排演滑稽逗乐的地方，称为"南府"。此外，还有外学，李莲英善唱小生，外学的学生们都拜他为师，其中许多人专门供奉于诸太监，给他们逗乐子，每月都发给俸钱。这些人每年

第七编　明清野史

所吃的米,就将近有二百石之多。

## 蛇坠后前

醇亲王的府中有一棵大柏树,高数丈,风水先生说有王气。慈禧太后命令工匠把这棵柏树伐去,突然有数十条蛇,从树上飞出来,其中有一条落在了慈禧太后跟前。奕诉(醇亲王)从此病得非常严重,他问医生:"当今皇上没有儿子,是什么原因呢?"由此可知,德宗(光绪皇帝)没有儿子,是慈禧伐树造成的。

## 人尽夫也

德宗有一天同隆裕孝定皇后吵了架,皇后向慈禧太后哭诉,慈禧太后对她说:"皇上,是我所立的;皇后,是我的亲侄女。侮辱皇后,就是侮辱我。天下的男人多着呢,谁不可以做丈夫?你不要留恋这个病小子,我自有办法处治他。"

## 皇帝做贼

八国联军不让慈禧太后回到宫中听政,慈禧想使外人知道光绪皇帝是个疯子,自己是不得不回宫继续听政。于是,她便密谕光绪行窃,先盗窃缪素筠的化妆匣。光绪皇帝果然按照慈禧的吩咐做了,缪素筠不见了化妆匣,大声喊叫说有了贼,不知做贼的却是皇帝。人们都觉得这事非常奇怪。

## 宫中见鬼

义和团闹事,崔太监用毡子裹住珍妃,扔到井中,这是遵慈禧太后的命令干的。到慈禧避难回宫之后,宫中便经常闹鬼。

## 丧事戴红顶

管劭安是苏州人,他擅长画仕女,由某王府推荐给西太后画小像,画得惟妙惟肖,西太后特别喜欢。管劭安因父亲死了,回乡安葬,西太后赏了他红顶。

## 西后饕餮

西太后赏大臣吃东西,大臣们如果不吃,她便大怒,因为她非常爱吃,也特别能吃,讨厌别人违背自己的旨意。一天,她赐溥伦东西吃,溥伦为了讨慈禧欢心,吃得过量,回家后便大病一场。又一天,她赏光绪皇帝吃汤圆,光绪吃得肚子发胀了,不敢再吃了,但又不敢拒绝,便只好把汤圆藏在衣袖中。

## 内侍笞皇后

李莲英经常奉西太后的命令,笞挞隆裕皇后,以至光绪皇帝病了,她都不敢去看望,害怕挨打。

## 宫中淫乱

小德张同戴沣的妻子私通,让隆裕皇后瞧见了。隆裕皇后本与小德张私通,因此她便醋心大发,于是舍弃了小德张,而同戏子杨小猴私通了。

## 购秘戏图

小德张娶妻纳妾,经常购买秘戏图来传授妻妾。他的同党常常买良家妇女赠他。人们将他比作秦代宫中与秦始皇之母淫乱的嫪毐,说:"秦宫嫪毐,清宫德张",确实是这样的。

## 毅皇后受苦

穆宗病了,孝哲皇后去看望,并向皇上诉苦,慈禧听到了,突然闯进去把皇后拉出来,用大杖责打她。穆宗因此而大受惊吓,身上出的水痘恶化了,慈禧却以不节制房事,致使皇上加重了病情来诬赖皇后。

## 宫中淫像

宫中塑有泥像,有好几丈高,一个男子向北站着,一个女子向南抱住男子的脖子,女子裸体,样子十分猥亵。凡是出征作战,必定先来这里祭祀。

## 皇帝拜堂子

入关之时,多尔衮见了美女,强迫行奸,女子说:"闯贼叛乱时,我的许多姐妹死了,被埋在暗室中,请大王先祭拜她们，然后我才可以从命。"称为"拜堂子"。

### 进御嫔妃

清宫旧例，凡是皇帝进御嫔妃，由太监持着被子，该妃子裸体自己钻入被中，太监把她背着送到皇帝的床上，然后太监退下去。第二天早晨，太监又把妃子背回宫去。

### 西后不老

同治年间，太监李莲英得到了一个何首乌，煮成粥，送给西太后喝，西太后喝了，所以虽然七十岁了，还像美女一样年轻。

### 报　答

吴棠本来没有任何才能，只因把丧礼钱误送到了孝钦（慈禧）的船上，便日后发迹。当时，孝钦的父亲死在任所，姐妹扶灵归丧，由于手头没钱，甚为窘迫，因而得到了吴棠送来的三百两银子，非常感谢。后来，孝钦入宫，生了同治皇帝，她垂帘听政之后，便任命吴棠为四川总督，并赐名勤惠，这都是在报答前情。

### 挟　鼻

孝钦小时候家中贫穷，常常到东城去买东西，店主人总是用手指挟她的鼻子，和她逗乐。她被选进宫后，店主人便投井自杀了，害怕她报仇。

### 赐西洋狗

光绪皇帝命令继禄修饰自己，西太后恨他不听自己的话而遵奉皇上命令，实在是畜类，便赐他一个匣子，里面装的全是小孩玩具，又赐他一只西洋狗。

### 帝索毒药

光绪皇帝过生日，西太后对他说："我看你不是长寿的面相，你今年三十岁了，活到这样也是万幸了。"光绪皇帝知道西太后的意思是让自己快死去，便找毒药要自杀。这天夜里，西太后梦见一对男女站在面前，心想就是奕䜣夫妇，由

此她害怕了，不敢让光绪死了。

### 不令夫妇相会

隆裕皇后对西太后特别恭敬，她对西太后说光绪皇帝非常孝顺、谨慎。西太后听了心中高兴，但是仍然不让他们夫妇相会。

### 宫外戏台

宫外戏台有三处，一在热河，一在颐和园，一在宁寿宫，都布置得极其华丽，设有纸龙喷水机，上演彩戏，热闹非凡。三台同时开演，共需费用一百六十万两银子。另外还有小戏台，别名叫"暖台"，清唱时专用。

### 裕庚女

裕庚是驻法国的大使，他有一个女儿会说西洋语。西太后同各国使节的眷属来往，需要翻译人才，便召裕庚的女儿入宫。后来，裕庚的女儿嫁给了一个美国商人，她写了《清宫记》，刊行于世。

### 缪　氏

四川有一个姓缪的女子，精通文墨，慈禧召她入宫，每月给她二百两俸禄，让她为自己代笔。

### 凤冠霞帔

慈禧六十大寿，她问缪氏什么是大妆。缪氏是汉族人，她告诉慈禧凤冠霞帔是大妆。慈禧便令缪氏身着此服，担任女招待，缪氏不能拒绝，就答应了。到了祝寿那天，缪氏果然凤冠霞帔妆扮，满族人见了都大笑不已。

### 人物皆动

热河行宫中有一种机械，里面装的尽是些男女行乐的秘戏图，用手一按机关，人物都动起来了。另外，墙壁上嵌着一幅《明皇坠马图》，是用玉制成的。还嵌着一株桃树，高一丈多，用宝石制成树枝，翠玉制成树叶，树上有一百多颗桃子，每颗重四五两，是用红虾洗做的。

## 慈禧干儿

管劲安能吹奏淫声，慈禧特别喜欢他，走到哪儿都带在身边，叫他"我儿"，人称慈禧干儿，又有人将他比作张绪、安禄山。

## 大法船

大法船是用纸制成的，长十八丈，宽二丈，船上有楼台亭阁以及各种陈设，设计无不精巧。船上还做有侍从、舵工数十名，另有神佛以及恶鬼，桅干高十丈，用缎子做成帆，红莲环绕于船。宣统元年中元节，纸船焚化，前来观看的人多得不得了。

## 假 父

京师白云观的道士高峒元深得慈禧太后信任，被封为总道教司。于是，贵族妇女都愿称作他的干女儿，拜他为义父。有一个侍郎的妻子托高峒元在慈禧那里为丈夫求官，结果得到了学差一职。

## 神仙会

每年元宵节后，士女们去白云观游玩的很多，人山人海，称为"神仙会"。观中房屋既幽静又宽畅，被褥枕头都很精美，富贵人家的妻女可以留宿，道士得到的钱，无法计算。朝中卖官鬻爵的勾当，也往往借此时此地而进行。

## 太后摄影

西太后回宫时，外国人都携带着照相机，登上城墙观望，等她经过时拍照。由于西太后淫秽著名，所以洋人拍下她的照片，作为日后笑谈之资。

## 摩 鬓

满族人见面行礼，用手摩鬓。西太后回宫时，见了人便摩鬓，但别人都不回礼，并且一块儿笑她。由于没有人欢迎她，西太后羞愧万分。

## 太后开店

慈祷太后在三海（宫中前海、中海、南海）开设铺面，光绪皇帝去买东西时，她命令卖东西的不要卖给他，并且还让人称光绪为"阿哥"或"少爷"。

## 筹 款

慈禧太后要修造游乐场所，苦无经费，李鸿章以办海军为名，命令各省巡抚拨款，颐和园就是用这款子建起来的。

## 宫中秘窟

清朝未灭之前，宫中事事秘密，有时出乎人的意料。比如，皇上晚上住在某宫中，召见某位妃嫔侍寝，值班的内监就令其赤身裸体的，用毯子裹在她身上，背着送到皇上面前，有人说这是明代的制度，还有的说赵匡胤和崇祯是被宫人刺死的，这项制度是到雍正皇帝以后才有的。这种说法或许较为接近事实。但是年代久远，也不能详察了。宫中有条地道和外界相通，有房间，有门窗、有床铺、几案、坐椅、灯镜等物俱全。遇到事变，皇帝就带着父母、皇后、妃子、儿子等人钻入地洞。洞外站着一个最亲信的内监，手里拿着枪枝，口里连连呼喊着"打拿"。打拿，是满语平安的意思。形势危急时，就不再呼喊打拿了，这时皇帝和后妃等人或者在地洞里自尽，或者由地道逃走。吴樾炸弹事件发生后，满人日夜不安，几次惊诧，而宫中尤其害怕。慈禧除了临朝几个小时以外，就同皇帝后妃等人潜入地洞里，一连数日之久。当时，掌管警部的是尚书徐世昌，京津一带的巡逻兵多到把枪扛起来，如同云彩一样遮天蔽日，士兵洒下的汗水，如同下雨一般，有如大敌压境，实在是可笑。

## 南府选优

清朝宫中惯例，每年的正月初一、初二、初三，传令戏曲名角小叫天、王瑶卿等人进宫唱戏。据他们中间人传说，宫中每当选拔一次内侍时，先挑选聪明俊美的献给太后，其次献给皇帝做侍从，再次派做杂务的,然后最下等的让他们学习演戏,称作南府。由外面供府,叫作外学,供奉各监,每年给米一百四十多石,月俸不过数金而已。以后照例以每月的初一、十五进宫当差,逢忌日便依次下推。每演一次,共赏赐大约三千余金。宫中的戏子们,即被称为南府的,技艺都不怎么样,只侍奉各监,有时也有出众的。李莲英唱小生极佳,外学们都称他为师傅。

## 九门八点

京都人有"九门八点一口钟"的民谣,问那些老年人,他们说:"都城中八个城门的开关,都以点为号,只有崇文门以钟为号。"相传崇文门地址是一只海眼,有大鼋覆在上面,此门即在鼋背上建立的。鼋托梦给把门人说:"我负此重任,何时才能离去?"把门人告诉它听到钟打点就可以离开。所以此门独以钟为号。这是荒唐无稽的话,但实际上是有所指而发。听说从前某相揽权受贿,住在崇文门内,老百姓痛恨他,造了这个谣,以鼋比喻某相,以门比喻朝政,以钟打点比喻典型。意思是说此等贪官,非自投法网是不能丢官的,至于鸣钟作为城门的开关,或者是因为清朝初年摄政王常由此出入的关系。

## 宫中女优

某王过生日,某总督的夫人献天津女优演剧三天,福晋格格边看边乐。某王突发奇想,想购买雏妓数十人,在南府设女优传习所,教练成了,进献皇宫,以使皇帝左右的人观赏娱乐。这话一传出,当时竟有去南中采办的,并有人建议让西洋女优跳舞的。幸而未实行,否则玉树后庭之曲(乐府吴声歌曲名,为陈后主所作,内容赞美其嫔妃的姿色),临春结伴之游,又将重现于今世了。

## 顺天府科场舞弊案

咸丰八年九月,秋高气爽,放榜这天,京城朝阳门内的贡院门前,熙熙攘攘,挤满了争看金榜的各处举子。这些举子们的眼神,直勾勾地盯着榜上的名字,从头开始,一个一个往下过滤,搜寻着自己的姓名。

"平龄,第七名?"人群中有人高声念到。

"哪个平龄?"后面的几个人应声而问。

"平龄,钮祜禄氏,满洲镶黄旗……"

"就是那个在广和楼戏园的平龄。"有一人抢着说。

"他是票友,专唱彩旦的。"又有一人补充道。

……

一时间,平龄成为议论的中心,这些举子们越议越愤愤不平。金榜题名者,耻与"戏子"为伍;名落孙山者,以为自己被愚弄。群情激愤、怨声载道:"旗下大爷,不学无术,怎能中的?""戏子中举,斯文丧尽!"人群中说什么话的都有。突然间,挤在榜前的一个瘦高个子把臂一挥,喊道:"诸位在此嚷嚷无济于事,这其中必有舞弊,走啊,找府学老爷评理去!""走啊!走啊!"哗啦啦,一大群人吵吵嚷嚷、乱哄哄朝东四牌楼的顺天府学涌去。有人还用白纸写了副对联贴在府学照壁:

旗下大爷粉墨登场
优伶戏子金榜夺魁

这些举子们在府学慷慨陈词、激昂议论,闹了一阵,听说有人要找人代奏皇上,也就渐次散去。举子们的闹事报到巡城御史孟传金那里,他一面命人带役卒前去弹压,同时认为其中必有弊情,应当查个水落石出。

这顺天府的乡试不比一般省份,因为它除了本府和直隶省外,还包括东三省、承德府、宣化府,另有满洲、蒙古、汉军子弟和各省在国子监的贡监生,可谓人材济济；而主考官员依照惯例也是钦命一品或二品大员。咸丰八年顺天府乡试的主考官即当朝"宰相"，大学士柏葰。正因如此，孟传金觉着事关重大，立即着人调查平龄的身份。不出三日，平龄的身份一清二楚：

平龄，钮祜禄氏，镶黄旗，家族中衰尚未败落，家中靠其祖先的功业及按月关发的钱粮为生，幼时在八旗官学念书，后与同好结成"票班"，戏瘾实在大时，即搭别人的台插班演出，实为"票友"……

票友虽不是戏子，但孟传金亦怀疑他真有第七名的才学。于是，写就奏疏一道，参劾本年顺天府乡试作弊，第七名举人平龄试卷有疑，奏请复查。

咸丰皇帝看过奏章，龙颜大怒，提笔批道：科试乃国家选才途径，不容些许舞弊。钦命怡亲王载垣、郑亲王端华、兵部尚书陈孚恩等查办。三人接到谕旨，立即将平龄拘拿刑部大堂。平龄哪里见过这般阵势？两班差役"嗷"的一声，直把个平龄吓得哆哆嗦嗦，四肢像筛糠一样。审讯之下，平龄结结巴巴，承认自己是票友，常搭人台唱戏。至于其他，这个纨绔子弟吓得直哭，什么也说不出来。

"用刑！"陈孚恩一声长腔。

"啊！啊！啊——"平龄昏倒在地。

几次用刑，几次昏死，平龄还是不着边际，说不出什么来。坐在上面的二位王爷、一位尚书也拿不出什么高招，只好将平龄收押退堂。其实，真正对此案关注和感兴趣的是郑亲王端华的六弟、户部尚书肃顺。肃顺想借此机会扩张自己的势力，而科场一案大有文章可做。因此，当端华从刑部回到郑王府时，肃顺便迎上来问长问短。端华将情况一五一十对他讲了一遍，然后说："六弟，此事如何处置是好？"肃顺答道："平龄小民一个，好唱两口二黄京戏，革除他的举人就得了。不过——"肃顺停顿了一下接着说：

"民愤不平，舆论纷纷，这倒是挺棘手的。"说着，他拿出一些匿名揭帖，端华翻了几页，上面写着："大比（乡试）之日，发财之年"，"条子关节，万无一失，三圈三百，五圈五百，天知地知，你知我知"……端华问道："此话是何意图？""兄长啊，你居官清廉，下面的事有所不知。这条子，是考生自己或托人递给考官的条子，之上写明试卷内某处用某字或某典故，卷面上有何暗记等，请求考官批阅时留意。条子上画三个圈或五个圈，意即事成奉送纹银三百或五百。"肃顺解释道。"竟有这等事？这么说，平龄也递条子了？"端华有些震怒。"不可能没有，这次，咱定要查他个水落石出。"肃顺答道。

端华沉默了片刻，说："可是，主考官是柏葰啊！"

"柏葰又怎样？老朽，此次就拿他开刀。"肃顺凑近端华说："兄长，多少年来，他仗着'鬼子六'（恭亲王奕䜣）撑腰，你我兄弟每在朝廷献上一策，就被他横挑鼻子竖挑眼，这也不是，那也不行。这次，一定要借此机会整治一下这老朽，也给'鬼子六'一点颜色看看。你别担心。咱们如此这般——"

肃顺在幕后精心布置查办此案。复查的结果：有的词不达意，有的疵谬甚多，有的笔墨不一，共有五十名榜上题名的举子试卷发现问题，平龄当然也是其中之一。端华等向咸丰奏上一本，不久，一个震惊朝野的消息传出：军机大臣兼大学士柏葰被革职，听候查办。

肃顺等得悉此讯，差点儿高兴得跳起来。然而，此案审理如何进展，肃顺等人却一筹莫展。说来也巧，正在此时，柏葰府上潜逃的家丁靳祥在陕西潼关被拿获。肃顺命令立即解押京师，在刑部大堂里的重刑之下，靳祥招供：通过柏葰的三姨太说通柏葰，使低级司官罗鸿绎榜上有名。肃顺看完供词，眼睛眯成一条线,口中念念有词:柏葰老朽这条大鱼到底被我钓住了。

正当肃顺、端华准备就此向咸丰皇帝上奏时,载垣带着陈孚恩兴冲冲赶到阜成门内的郑王府。双方还未寒暄几句,载垣就急着说:"来来来,你们快来看,看子鹤(陈孚恩)带来什么礼物。"

陈孚恩随即命小厮呈上一个小匣,亲手打开,说:"二位王爷、六爷,您老请看。"

小匣里面,全是各种形状的条子,上面标有五花八门的暗号。肃顺一看,高兴极了。"子鹤,你真行!从哪儿弄来这么多条子?这可是铁证啊!"

陈孚恩得意地笑了笑,说:"从程庭桂(左副都御史,本年乡试副主考)那老家伙那里'借'来的。"然后又滔滔不绝把如何骗借讲述了一番,并说自己还未来得及看就送来了。

在听陈孚恩讲述的同时,众人随意翻拣着条子。突然,端华两眼死死地盯在一张条子上:"程秀?这不是程庭桂的次子吗!"

"怎么回事?"众人凑上来看。

"程庭桂!你身为副主考,竟串通儿子收授条子!"端华愤愤地说。

而肃顺此时,则将另一张条子悄悄装入袖里。

当日,载垣、端华、陈孚恩即开始起草向咸丰皇帝的题本,参劾严办柏葰、程庭桂,同考官翰林编修浦安、兵部主事李鹤龄及平龄、罗鸿绎、靳祥等人。咸丰在接到题本后并未立即批阅,搁了几日,在圆明园正大光明殿单独召见了肃顺,君臣一番密议,咸丰传谕:柏葰等七人缉拿归狱,严加审讯。

咸丰之所以作出这一决定,是有其良苦用心的。他很清楚,肃顺是想借此案扩大自己的势力,但肃顺等对自己是忠顺的,驾驭臣下,有时不能不惩治一

派、利用一派。柏葰是自己政敌恭亲王奕䜣一派的人,惩治柏葰,不也等于对自己政敌的一个打击吗?!

本系中山狼,得志更猖狂。陈孚恩凭着咸丰的谕旨,对弹劾的案犯严刑拷打,百般诱供。不出几日,平龄、靳祥二人就死于狱中。而程庭桂压根儿没有想到老朋友陈孚恩会出卖自己,身陷囹圄,一字不吐。正当陈孚恩十分卖力审讯程庭桂父子时,肃顺把他叫去,拿出上次藏于袖内的条子让他看。陈孚恩一看条子,脸色煞白,冷汗不时从额头上往外冒。原来,这条子是陈孚恩之子陈景彦所写。陈孚恩扑通跪在肃顺面前,口中连称"孚恩有罪",请求肃顺六爷开恩相救。肃顺给他出主意,先向咸丰帝自劾,然后帮他疏通。

本案审理结果:浦安受贿三百两银子,李鹤龄受贿二百两银子,罗鸿绎行贿。拟处柏葰、浦安、李鹤龄、罗鸿绎、程炳采斩立决,程庭桂发军台效力,陈景彦发新疆效力,其他有兼吏员分别给予处分。

案卷呈上咸丰。咸丰犹豫再三,他明白柏葰、程庭桂等实无受贿,处斩实在太重,但为了政治需要,为了整饬科场和官场的积弊,他还是在卷上慢慢地写下两个朱红大字:"依议"。

咸丰九年二月十三日,当朝"宰相"柏葰在宣武门外菜市口被斩。同时处斩的还有浦安、李鹤龄、罗鸿绎、程炳采。据野史记载,柏葰临刑前大叫:好你个肃顺,老夫死不足惜,他日你肃老六必同我一样,不得好死!

两年之后,咸丰十一年十一月八日,肃顺果真因勾结奕䜣发动政变,而被拉到菜市口行刑处斩。而顺天府乡试舞弊一案也作了重新复议。

# 文字狱

## 庄廷鑨钱之狱

明朝丞相乌程人朱文恪公（朱国祯）曾著《明史》，列举了有关国家的大经大法等主要内容，已经刊印流传在世间，没有刊行的为《列朝诸臣传》。清军入关取代明朝后，朱氏家业衰落，将此书的稿本作抵押交给庄廷鑨换取了千金。庄廷鑨以前是富贵人家。于是他将此书著者改换姓名变成自己所作刊印。补充了崇祯一朝的史事。其中多有指责清代的语句。癸卯年（1663 年）归安知县吴之荣被罢官，谋划以告发庄廷鑨立功作为自己重新被起用的资本，就将此事告诉了将军松魁。松魁用文书转告巡抚朱昌祚，朱昌祚又用文书告知了督学胡尚衡，庄廷鑨都给予优厚的贿赂而得以免罪。庄氏就略加改动指责清朝的语句重新刊行。吴之荣的计谋没能得逞，就专门购得此书的初刊本上告法司。事情传到朝廷，朝廷派刑部侍郎出面议定此案。当时庄廷鑨已死，斩杀了他的尸体，杀死了他的弟弟庄廷钺。原礼部侍郎李令晳曾为此书作序，也被处死正法，并连及他的四个儿子。李令晳的小儿子年龄十六岁，法司让他在供词中减少一岁，按照律例可免死充军。他的小儿子回答说："我看到父亲、哥哥都被处死，我也不忍心独生。"终于没有改变供词而死。书序中所称旧史朱氏，本来指的是朱国祯。因为吴之荣平时与南浔富人朱佑明有怨恨，于是嫁祸于他，并指出他的姓名作为证据，朱佑明连同五个儿子都被处死。松魁和他的幕客程维藩用刑具拘送京师，松魁按着八种特殊身份的规定议定仅免去官职，程维藩在燕市被斩杀。朱昌祚、胡尚衡贿赂议定此案的人把罪过推委到初次审核此案的学官，归安、乌程两位学官获罪都处以斩刑，而朱、胡二人得以幸免。湖州太守谭杀闵上任刚半个月，发生此案，他和推官李焕都以隐瞒之罪处以绞刑。浒墅关榷货主事李尚白，听说阊门书坊有此书，派役人去购买，适逢书商到别处去。役人坐在他邻居一位姓朱的家里稍等，等到书商回来，朱氏为此书定价。当时主事李尚白已经进京，被以购买逆书的罪名立即处以斩刑，书商和役人都在杭州被斩杀，邻居朱氏因年过七十免去死刑，带领他的妻子被发配到极边远的地方。归安人茅元锡刚任朝邑令，他与吴之镛、吴之铭兄弟二人曾参与校勘此书，全部被杀。当时江楚各名士列名在此书中的人都被处死。刻工及卖书的人也在同一天处以死刑。只有海宁人查继佐、仁和人陆圻在案件刚刚发生时，首先出头告发，说庄廷鑨仰慕他们的名声，才把名字列在参校之中，因而得以避免获罪。这个案件，共杀死七十多人，妇女一同发往边地。这是由于浙江的高官及议罪的中侍郎鉴于松魁的处罚，并且害怕吴之荣再上告，所以虽冤枉的人也不敢上奏昭雪。吴之荣终于因此而被重新起用，并把沿收朱佑明的家财给了他，后来官至右金都。

## 戴名世之狱

桐城人方孝标曾以科举而被任官到学士，后来由于同族人方猷在丁酉年（1657 年）主试江南时与他有私交而偏袒，一同被罢免官职，遣往边地从军。遇到大赦后，回到云南，接受了叛逆吴三桂授予的伪翰林承旨之职。叛贼吴三桂失败，由于方孝标首先迎降清军得以赦免死罪。因而著有《钝斋文集》《滇黔纪闻》，其中有很多悖逆不道的语句。戴名世看到后很喜欢。他所著的《南山集》采录了许多方孝标所记的事，尤云锷、方正玉为他捐款刊行。尤云锷、方正玉及其同僚汪灏、朱书、刘严、余生、王源等人都写有序。书板寄藏在方苞家。都谏赵申乔奏报了《南山集》一事，九卿会审完毕，判定戴名世为大逆之罪，根据刑法处以磔之刑。戴氏一族在市上全部被杀死陈尸示众，泛有对手的男女流放到边疆。朱书，王源已经去世，免予议罪。尤云锷、方正玉、汪灏、刘严、余生、方苞以诽谤朝廷定罪处以绞刑。当时方孝标已死，按照和戴名世同样的罪刑治罪，将他的儿子方登峄、方云旅、孙子方世樵一同斩杀。方氏宗族在五服之内都处以死刑，并砍剁方孝标尸体。尚书韩菼、侍郎赵士麟、御史刘灏、淮扬道王英谟、庶吉士汪份等三十二人，都分别议定贬降官职。奏疏进呈后，圣祖（康熙皇帝玄烨）感到忧伤，下令凡议绞刑的人改为编成，汪灏由于曾在书局效力，赦罪出狱，方苞编为八旗之下，尤云锷、方正玉免去死罪，迁移他的全家。方孝标一族亲属只遣送到黑龙江。韩菼以下等人平时与戴名世议论文章受到牵连都免予议罪。这一案件，得到皇上恩旨而活命的有三百多人。这是康熙辛卯年（1651 年）到壬辰年（1652 年）之间的事情。

### 查嗣庭之狱

雍正四年（1726 年），江西正考官为礼部侍郎查嗣庭，试题为"维民所止"。有告发的人认为"维止"二字，是取雍正二字，去掉了二字之头，于是兴起了案狱。现在将当时雍正帝所下诏谕全部抄录，从中可以看出这个案狱的始末。雍正四年九月乙卯日，告谕内阁、九卿、翰林、詹事、科道等：查嗣庭一向追随隆科多，隆科多曾经荐举过他。朕命令他在内庭处理事务，授任为内阁学士。后来看到他语言虚伪多诈，并且有狼顾的奇异之相，料想他心术不正，从来没有予以信任。到礼部侍郎缺少官员需要人时，蔡珽又再次把他荐举。今年各省乡试到期，朕因为江西是大省，需要大官掌管考试之事，所以任用他为正考官。现在观阅江西试录所出的题目，暴露出他心怀

怨恨，讽刺时政的意图。料想到他居心漂浮、背逆不顺。平时一定会有所记载，派人搜查他的住所及行李当中有两本日记，内容不合正理、混乱荒唐，怨恨诽谤、造谣诬蔑的话很多。又对圣祖仁皇帝（玄烨）的用人行政大肆攻击，认为由翰林改任科道之官为可耻、认为裁减冗员是受到迫害、认为钦赐的进士是滥举人材、认为戴名世被治罪是文字之祸、认为赵晋被正法是因为江南流传的对联造成的、认为考场作弊的知县方名被正法是冤屈、认为满文庶常又考汉文是苛刻、认为在庶常散馆任职是危险的仕途、认为多选庶常如同蔓生的杂草是艰难困苦的遭遇、认为殿试没有按时完卷而取消进士资格是惩罚不当。当热河偶尔发水，他就写为淹死官员八百人，其余不计其数，又写在雨中飞舞的蝗虫遮天蔽日。像这样的话一概是荒唐言论，都是没有的事实。而他却公然捏造书写。至于他受人嘱托，代为别人谋求的事情，不可枚举。还有科举考试贿赂请托及科举考场作弊的书信，都极为诡诈隐秘。现在如果仅就科举考试题目给予处分，那么天下的人一定会有人认为查嗣庭是出于无心，偶而因为文字而被治罪，为他鸣冤叫屈。现在各种各样的事实俱在，还有什么理由为他解脱呢？你们汉官，读书考古，历观前代以来得天下没有像我清朝这样合乎正理的。况且世祖（顺治帝福临）、圣祖（康熙帝玄烨）接连升平昌盛，八十多年来，深厚的仁义恩泽感人肺腑，天下亿万臣民，无不坐享天下太平的幸福。我父皇（玄烨）给予臣下的恩泽是一视同仁。到朕即位以来，对人推心置腹，对待满人、汉人从来没有不同的看法。这是因为人的贤明与否不完全一样，各处都有善良的人，各处都有奸恶的人，不可拿一个人来概括众多的人，也不可拿一件事来概括众多的事。朕只有以最为

公正的心来对人处事。你们应当体谅朕的想法，各自抒发坦诚恳切的见解，相互勉励竭尽公正的忠心，不要有负于平时立身立德的志向。如果有一两个心术不正的人，也应该在清静的夜晚自我反省，痛加悔改。朕今天的诏谕，是想端正人心，维持风俗，使普天之下率土之滨的臣民，永远享受太平的幸福。你们接受朕的训令，应当清楚明白，不要存在疑愧避忌的念头，只能恭敬而谨慎地任职办事，除去因恶习而沾染的自私之心，朕一定会知道。朕只以最诚之心对待臣下，臣下有幸负朕的恩德的人，往往会自行败露。普天下的臣民都沐浴着朝廷的恩泽，都应当知道君臣之间的大义，一心一意要感恩戴德。如果稍微萌发别的企图，就是违背天理的人，怎么能逃脱诛杀呢？善恶的报应昭然可见，丝毫不差。各位臣僚要自勉自戒。查嗣庭是位读书人，受到朕的格外提拔的恩德，而他却背逆天理辜负恩德，讥讽咒诅朝廷，严重违犯法纪。命令将查嗣庭撤职捉拿查问，交给三法司严加审讯定罪。

甲戌日，告谕大学士、九卿、翰林、詹事、科道等，你们大多是出身科举考试的人，既然诵习经典效法圣贤，读书通晓事理，就应该知道君臣之间的大义，必须上上下下融为一体，情感相联，才能达到太平的治世，使人们共同沐浴着恩泽。自从唐宋以来，距离古代已经很远，习俗已经浮薄，人心诡诈虚伪。狂妄无所忌惮的人，往往对朝政心怀不满，甚至写在书中，大肆进行诬蔑诽谤。如汪景祺、查嗣庭岂能逃脱上天对他们的谴责？我们国家爱护养育、与民休息、国泰民安，八十多年来百姓安居乐业。就是你们父母妻子谁不沐浴恩泽、安享幸福呢？况且士人处事为人、行为举止，以礼义廉耻为重，却以至黑夜乞求怜悯，投递书信，满篇都是歌功颂德的话，廉耻荡然无存，何

至于到这种无可复加的地步。又有子弟、姻亲、门徒、亲朋故友通过私人书信请托的，不知道为平时所亲爱的人请托会将如何？如这样先有请托，他们心里就以为有权势可以作为依靠，就会放肆狂妄，无所不为，等到实际获罪请求照顾实属无益而有害。这是由于他无所依仗之时，还知道警惕自己奉公守法，勤勉努力做好本职事务。等到真情被发觉，接受请托的人为他包庇，这不是爱护他而实际上是坑害他。另外，你们都是各省州县的百姓，受到有关官吏的约制。如果将请托之风全部除掉，凡是地方官吏都有所畏惧而能廉洁爱民，那么你们的子孙宗族，都能得到幸福，不也是很好吗？如果请托之风不禁绝，那么地方官员各有靠山，将会大肆贪污占取，那么你们的家财是不够填满贪官污吏的胃口的。你们为自身和家乡考虑，也应该坚决地革除历代的陋习。查嗣庭受贿请托的书信不一而足。他的日记所记载的狂妄背离正理的话，可与汪景祺互为表里。而他诽谤圣祖仁皇帝（玄烨）用人行政的大逆不道言论，不胜枚举。他们实为共工、欢兜之类的人。

## 陆生楠之狱

由于议论以前的历史而被治罪的人，是从陆生楠之案开始的。自此以后，不仅不敢议论时事，就是旧有的古代经世致用之书，也不敢读了。这真是历代文字狱中前所未闻的事情。

雍正七年（1729 年）秋七月丙午日，告谕内阁，据顺承郡王锡保所奏，在军前效力的陆生楠用小字写了《通鉴论》七十篇，激昂愤慨不满的话很多。他议论封建制的优越，语言更是狂妄悖逆，显然是指责时政。揭发检举的奏折来到，知陆生楠原来是由广东举人经过各部考选被任为江南吴县知县。朕观看他的履历及奏折，前面只是歌颂圣明的浮夸词句，中

第七编　明清野史

间不过是腐烂的时下流行的八股文,没有一句近于直言劝谏改正的话,也没有一件与国计民生相关的事情。骄傲自大荒诞虚妄的神气流露在字里行间,可知他一定不是一个纯朴谨慎的人。等到他被引见的时候,举止行动失当,朕将他奏折中的话数条进行责问,陆生楠总是默然不能回答,只是听朕对他的教训,反而多有愤恨不满的表情。那时将他补充缺额,让他作为主事来试用。是因为考虑到他或许小有才能,命令他在京办事学习,希望他能改正自己的缺点。后来他被改任为工部主事,引见他时,不仅丝毫也不感到敬畏,而且傲慢不知恭顺。背逆抗上显然流露在言语表情之中。主事的职位列在部曹之中,在外地担任知县,只有任职多年,有优异突出才能的人,由吏部行文调取到京,才能够提升补官。而陆生楠作为边地的举人在刚刚任官不久就被授予此官,还有什么对不起他的呢?而他竟敢怨恨君父!他是广西人,平时一定有与李绂、谢济世结为同党相互援引的事情,因而才敢这样。所以把他革去官职,发往到前方战场与谢济世一同为国效劳。一方面让他观看一下满州人尊敬亲近君上之心是如此般的谨慎敬畏;一方面让他观看一下我朝兵营制度是如此般的整齐严明;一方面让他观看一下各蒙古部落和乐淳朴的风俗是如此般的诚挚朴实,从而希望他们除去邪恶的私心,努力走上改过自新的道路。岂知陆生楠一向怀有叛逆之心,毫无悔悟之意,坚持作恶的念头越陷越深,奸邪的想法更加顽固。

假托古人的事例,乱引古人的言论,来发泄自己的怨恨和不满,他议论纵横,放肆大胆,以至到了如此不可复加的地步。以前当锡保起身出发的时候,朕告诉他对于在战场上效力的汉官们,果真能老老实实遵守法纪,自己认识了自己

的罪过,那么,都可以宽免他们以前的过失,给予悔过自新的机会。即使有私自著述来发泄怨恨不满欺骗君主的人,也不可定罪。现在果然得到陆生楠所著之书,在书中悖谬叛逆的思想暴露无遗。他在议论封建制时说:"封邦建国的制度是古代圣人制定的万代没有弊病的完善法规。废弃了这个制度是有害的,不遵循这个制度也是有害的。至于现在出现的难以述说的深重巨大的祸害都是由于郡县制造成的。"等等。古人有封邦建国的制度,本来不是认为这个制度是完美无缺的,而是专门创立这个制度来统治天下的。

在远古的时代,声威教化不通,君主各管理自己的国家,各统治本国的人民。有圣人出现,这样天下的民众无不尊崇而亲附。而圣人就各以其世代所守之地进行分封,也把所封的亲戚、贤人的诸侯国分布在其间,这是当时社会的形势这样,虽然想要统一也是不可能的。夏禹在涂山会集诸侯、手执玉帛的有一万个国家。周武王伐讨的孟津之役来会集的有八百个侯国,难道不是夏后氏和周王所分封的诸侯国吗?孔子说:"天下政治清明,礼乐的制作出兵作战的权力由天子决定。"孟子说:"天下怎样才能平定、安定于统一。"孔子、孟子深刻地看到春秋战国时期诸侯之间战争的流弊,他们说的话已经开启了统一天下的先兆了。到秦始皇统一六国后,制定郡县制来统治天下,从汉代以来于是成为定制。这是因为夏、商、周三代以前诸侯分别占有土地,天子不能把土地据为私有,所以采用了封建制。秦汉以后,土地属于天子所有,一旦实行封建制便会多有私心,所以采用了郡县制。唐朝柳宗元认为公天下从秦朝开始,宋朝苏轼认为封建制会导致战争的爆发,都是确有所见而发表的议论。况且中国的郡县,也如同各蒙

古中有部落一样。历代以来，蒙古各自各部称霸，也相互进行战争。到元太祖时才完成蒙古的统一。经历了明朝的二百多年，我们太祖高皇帝（努尔哈赤）在辽东创立基业，远近无不服从，而各蒙古部落又再次望风归顺，都接受大清颁布的历法，一直到现在。可以说中国的统一是开始于秦朝，塞外的统一开始于元朝，而到了我们清朝达到极盛。自古以来中原与塞外合为一家，土地幅员极为广阔，没有能比得上我们清朝的。

至于像贾谊、晁错想要削弱诸侯，是考虑到分封诸侯国的弊病而想要统一，不是认为郡县制有弊病而想搞分封。李泌因为藩镇割据而导致兵连祸结，考虑采用封建制作为巩固自己（唐政权）的策略，何尝认为夏、商、周三代的制度一定可以恢复呢？现在整个国家成为大一统的天下，东、西、南、北四面八方凡声威教化所及之处无不对我大清尊崇亲近。而陆生楠说："由于实行郡县制的缘故，以至于现在出现了难以述说的惨重祸患。"试问今天的祸患在哪里？陆生楠能明确地指出来吗？大抵叛逆的人，如吕留良、曾静、陆生楠之流都以应该恢复封建制作为议论的内容。这种悖逆为乱的人，自己知道奸狡邪恶不为本国所容，想要效法谋士游说的做法，认为实行封建制，如果这个国家不用，可到别的国家。竟然不知道狂妄悖逆邪恶如陆生楠之流的人实为天下所不能容忍。

又说什么："在圣人的时代，同僚恭谨事奉君主协同一致处理政事。后代天下极为广大，政事繁忙人员众从，奸邪的人不能全部除掉，诡诈的人不能全部查清，大抵封建制废除而天下归于一统。宰相既劳累而不能深谋远虑，君主也由于政事繁多而不能没有过失。秦始皇一片私心，流毒延及万代。"等等。同僚恭谨事奉君主协调一致共事，固然是治理国家的关键；至于识别人材任用宰相，只在于君主的明智。汉唐以来，只要上面有贤明的君主图谋求治，那么下面就必然会有优良的将领协助治理，怎么万代之久没有一个知人的君主呢？况明同僚恭谨事奉君主协调共事的治道与封建制有何关系？陆生楠肆意胡言乱语，东拉西扯谬误背理，以至到了这种地步。他在议论立太子时，引用汉武帝戾太子之事。发表了"太子不应该预外面事务，而且一定更应该使他明白这种事的危机"等议论。

《尚书》有教训胄子的记载，《礼》有文王世子的篇目。礼仪形式明晰完备，教导训戒周详。所述都是培养道德品性，想使他学习古训，深入细致地了解民风世俗及事物的道理，全面地了解人间疾苦及农业生产的艰难情况，怎可禁止他不问外面的事务呢？至于父子的天然品性，家和国是同样的道理，只有以最诚挚、最崇敬的心情才可以履行事奉亲长的道德，关于"危机"的说法，怎能是作为儿子的可以容许出于口中而存于心里呢？假使江充挖掘巫蛊的木偶的时候，太子能够安然平易地等待上面的命令，不盗用符节拿出武库的兵器，征发长乐官的卫兵，那么决不至于有湖城之难。因此戾太子的祸难正是由于知道"危机"啊！另外陆生楠还说了"有天下的人不可以没有国本的政治体制来治理天下"等话。他的用意是借用钩弋宫尧母门的故事来讥讽本朝不早立太子。

确立太子的事情是和国家存亡的大业相关，与天下黎民百姓的命运相联。如果不加慎重考虑，所立太子不是合适的人选，以后不改换而又不可、想要改换又不可，以至于激发成许多变故，前代的史书可以清楚地考见。孟子说："治理天下得到合适的人才可以称为仁。"又说："治理天下得到合适的人才难。"说明太子之位重要，必须得到合适的人才，足以能够承前启后的，然后可以把天下托付给他。我朝太祖高皇帝（努尔哈赤）自从开创基业以来，未曾预先策立太子，而我太宗文皇帝（皇太极）很好地继承了皇位，弘扬了伟大的功业。世祖章皇帝（福临）承续帝业，安抚了中原，圣祖仁皇帝（玄烨）仁义恩泽深厚，统治天下长久，凡是我朝圣君接连继位，都不是由先立的东宫太子而后登上天子之位的，而却开辟了万世无疆的基业，给予了亿万人民以洪福庇荫。

到了朕登上宝位，已出现了接连几代的太平盛世。七年以来，朝廷内外安定，这是由于我朝国本最为深厚的缘故，愚蠢的人固然是不能知道的。以前宋孝宗时虞允文请早立太子，孝宗说："恐怕东宫太子之位确立后，由于人的习性容易骄傲，就会放纵自己，学习怠惰，逐渐就会出现过失，所以不立太子，只不过希望不后悔而已。"孝宗尚且知道立太子是件不容易的事情，何况我朝的圣哲君主的远见卓识，强于孝宗十倍呢！像陆生楠这样借用汉武帝故事来讥讽朝政的人，实为犯有弥天大罪而不可赦免的人。他在议论兵制时，对唐朝的府兵进行评述说："李泌为唐德宗叙述了历代府兵兴衰的缘由，府兵制度除后，祸乱于是发生，至今为害，使上下失序纲纪废驰。"又说："府兵制度使国家节省了养兵的费用，臣下没有专掌兵权的后患"，等等。唐初的府兵制，源于北周苏绰的建议，以后被弘骑所代替，于是府兵制废驰，不得不由召募来组成军队。

在德宗时代，召募的人多为市民不可用，所以想恢复府兵制度，然而那时也终究没有恢复。孔子说："用没有受过军事训练的人民去作战，这就等于让他们白白去送死。"没有战事从事耕种的农民怎能熟习征战之事，有了战事受到征发

的干扰又怎能兼顾农桑？把这种做法作为制度，不仅是抛弃了士兵，而且是抛弃了农民。古代划分为六乡六遂的制度，由于时间久远已不可考。后代百姓来养士兵，士兵来保卫百姓，彼此相互资助。唐宋以来，法制逐渐详备，军队和农民实际上可以说是双方各得其便，怎么能爱惜养兵的费用，而抛弃不受军事训练的人民呢？本朝设立八旗，京城为国家重地驻扎着许多防卫的军队，还有巡抚三营用来整治坏人防止暴乱。在外省分别设立了驻防的将军以及提督和总兵。内外相互维护，士兵的训练极为全面。没有战争时，士兵各在军事编制之中，士兵不干扰农民，有了战争就整队出发到边防，军队来保卫人民。这是流传成代的完善制度。到现在八十年来太平无事，老人得以尽其天年，小孩孤儿得以正常成长，这不正是士兵防守保卫的力量吗？民间虽然有规定的赋税来资助军粮，但所出仅仅百分之一而已，他们得到养兵的益处却非常多。而陆生楠鼓吹府兵制是由于心怀为逆作乱的企图，心中抑郁没有得逞，所以用国家可减省养兵费用的说法来蛊惑人心，希望或许能改变制度来扰乱军政。

这正是所说的对坚持邪说歪道以乱政，宣传欺人之学以惑众的人王法是不能宽容的。他在议论隋炀帝时说："后来的君臣，倘若不是天生之幸，使他们不成为隋代那样的君臣太少了。"隋文帝以勤学节俭的精神来治国，史书上称他统治时期仓库充实法令通行，到隋炀帝时由于他骄奢淫逸而自取灭亡，不可把责任推诿在天上。后来的君主不像隋炀帝那样骄奢淫逸，怎么会至于有隋炀帝的祸难呢？又为什么希望得到天生之幸呢？陆生楠的意图又是指的什么呢？他在议论君主时说："人越是尊贵，权力越是重大，那么他个人的处境就越危险，造成的

祸难也就越剧烈，这是由于君主可以使人活命，可以将人处死，可以给人奖赏，可以给人惩罚，这样自己的神志必然疏略，而人们对于君主的畏惧必然更加厉害。人们虽然愤怒而不敢发泄，想要报复而不敢轻易行动，所以他积怨必然很深，而他一旦暴发必然狠毒。"等等。君主身为天子，富有四海之地，从唐尧、虞舜、夏禹、商汤以来，一个人办了好事，亿万百姓都得到益处。岂有职位尊贵而就会发生危难的呢？

至于对人的生、死、赏、罚之权，君主都是尊奉天命代表天意进行讨罚。生、死、赏、罚的命运都是人们自己造成的。朕自从统治天下以来，日理万机，都是遵照天道根据不同情况给予处理的，未曾根据自己个人的意图来决定人们的生死，决定给人们赏罚。而陆生楠却炮制了害怕君主、愤恨君主、报复君主的说法。试问在朝廷的各臣，朕从雍正改元以来，曾提拔任用了哪些原藩府的旧人呢？曾因当时的旧怨而被治罪的有哪些人呢？况且朕以前与朝廷的人毫无恩怨，又有什么地方用他畏惧，有什么地方用他愤怒，有什么地方用他报复呢？并且说积怨必然很深，暴发必然狠毒，这是陆生楠指阿其那等人而言，或者是陆生楠自己怀有此心。阿其那等人各案，朝廷内外群臣百官无不知晓，无须等朕再向各位告谕。陆生楠也身居官位，怎么能没有听说而发表此论？他的狂妄悖谬、邪恶逆乱，不也是太过分了吗？又说："虽有愤怒而不敢发泄，想要报复而不敢轻易行动。"很显然，这是陆生楠述说自己个人的想法。他虽然怀有愤怒而不敢公开说出，所以寄托在对《通鉴》的议论之中，来略微发泄自己的愤怒。他又因怨恨而想要报复，想要报复而又不能，只好用身遭惨祸等话进行肆无忌惮的诅咒。他准备谋反的暴露已经公开地

表现在字里行间了。他在议论丞相时说："应当任用首相一人，如首相邪恶谄媚就会使国家遭受祸难，所以要允许凡是想要效忠国家的人都可以密奏。即使有不当之处，也不得使宰相知道。"等等。从来就没有废除密奏，但没有专门命令奏告揭发宰相的道理。况且尊重贤人的方法最重要的是要除去谗言，尊敬大臣的方法在于官多而任其使用，君臣同心同德，这才符合古人所说的君主圣明大臣贤良相互勉励的道理。所以选用宰相的宗旨，只在于得到合适的人才。如果已经得到合适的人才，却又指使别人密奏，并且密奏有时不正确，还想方设法进行掩饰，这就是窥视时机来施展隐藏的奸计，教人恶意伤人，招人来排挤陷害。况且宰相真是奸猾，便应当公开上奏章揭发使其服罪。而众多小人却排斥阻止，有的想要动摇大臣的地位，有的则是从门户之见出发，君主固然应当分明是非，判定善恶正邪，怎可调和折中在其间呢？

陆生楠又说："通过言论固然可以了解人，轻易听信也会失去对人的正确了解。听取议论不厌其广，广开言路才可能防止耳目闭塞。听取议论要尽量审慎，审慎才可能避免错误。"等等。舜曾告诫禹说："没有经过验证的话不要听信，没有征询众人意见的谋略不能采用。"召公奭告诉武王说："对别人的言谈依靠道才能酬应。"朕对于别人的言论一定从情理上进行推测作出判断，未曾拒绝过别人的议论，也未曾轻信别人的议论，这都是朝廷内外群臣百官所都知道的。陆生楠为何而如讥讽议论呢？他又说："作为君臣，最重要的莫过于识别人而建立根本，不仅要注重政迹，而且不可没有权术相互提防"，等等。

君臣之间岂能容忍有丝毫的权术呢？三年考核任职的成绩，一定要以政

事为根据。如果不考察政绩,又怎么能识别人呢?他在议论王安石时说:"将贤明的人才全部排斥,对于可从咨询的政见完全废弃而不用,而自己并不以为是过错,君主也不知道别人的过错,就连圣人的作用气象也不知道",等等。圣人胸怀广阔大公无私,能够顺应事物的发展规律,有什么作用呢?宋神宗一心一意努力使国家太平,而王安石却任意改变典章制度,他的过失正是在于作用气象,这是很清楚的。他又说:"诚实恭敬而天下太平的话,他固然是没有听说,知天知人的话他似乎也没有听到。人不学习圣贤的学说而能写文章,不安于平常的状况,很少没有不成为王安石这种人的"等话。王安石耽误了国家的前程,在于他不引导国君走上正道。

不是说知天知人,只有深居在宫殿里拱手闲适、清静无为,忠诚恭敬地执着于默默无闻的仪表,然后可使天下太平。所以说诚实恭敬而天下太平,正是由于实行了恭敬、守信、勉励威德的治道,而极力说明它的成效如此。而不是说一切事务全都废止,上下背离而后可以治理天下。陆生楠议论的言词险恶荒谬古怪离奇,无理到了极点。他在议论无为的治道时又说:"虽然有忧虑勤恳不离身心,虽然有国家政事,也只能抓住纲领。不能人人查问,只查问选官任人的职责;不能事事都处理,只治理委任的大臣。观察言语行动,谨慎细微的变化,提防谗言离间,考虑有无疏忽大意,在兴盛之时要忧虑到危难的发生,为了防微杜渐而已。至于祭祀之类的事务,由主管官吏处理。"等等。自古以来圣明帝王的治道,没有不以勤劳自励的精神,而以安逸享乐无所作为的态度来治理国家的。所以治理天下没有比用人、理财这两件事更重要的了。管理财政这件事自然应当委命臣下。至于用人的权力不可旁落。

现在试想一下把用人选官的权力交付给大臣,大臣敢于担当这个职责吗?不用说,稍有一点私心,曲从私情的人固然一天也不能担当这个重任,即便是主持公正的人,在选用升降与否之际,不成为众怨所归之所,也成为祸敌的根源了。至于像努力宣明美德,能够勤劳于细小的事务,不轻慢身边的近臣,不遗忘四方的远臣等,这些古训都是众所周知的道理。汉宣帝对一切政务综合考核,审查名实是否一致,使政治为之一新。光武帝勤恳地致力于吏治,唐太宗把地方守令的姓名写在宫廷的屏风上朝夕观看。由此可见,自古以来贤明的君主没有不把勤劳于政务作为国家的根本大事,岂可把用人的关键问题当作祭祀之类的事物置之不理呢?陆生楠又说:"李绛、裴度多次劝谏,但程异、皇甫镈却迎合顺从,所以对于臣下处于依附勾结的状况不知道。凡是有伟大的功业,就必然有王者之道。假使只是明白而不学习,那么就使人的欲望强烈,而天道却衰微,固然不可能建立夏、商、周三代那样的功业。至于力量衰微而志气怠惰,是没有能够有始有终的。"等等。有好的谋略,进入内廷告诉你的君主,这是朕每日对你们文武大小官员的希望。

朕即位以来,经常下诏命令各臣,在朝廷中敢于以忠正的言论冒犯直谏。凡是朝廷内外各臣分条陈述的政务,有合理而可行的,一定命令朝廷详细议论而后实行,并未曾拒绝过直谏而喜欢顺从。至于臣下结党依附,历代都有。有以阿谀奉承谄媚依附结为私党的,又有用心邪僻险恶倔强结为私党的,如汉代的梁冀、窦宪,唐代的牛僧孺、李德裕,宋代的绍述之政,明代的门户之见,就是这样。像唐尧虞舜的时代众多师长充满朝廷,同心同德,说是结为私党可以吗?以上都是陆生楠论断《通鉴》的话,朕在这里指出数条。陆生楠正生活在盛明的时代，熟习诗书，本身考中乡试举人，前往吏部选为朝官。不像曾静处在偏僻的深山旷野，不知天高地厚愚昧无知的人，而且看他这个人未尝不小有才能。认为他应该知道感恩戴德，努力报效国家，但他却怀着没有得到满足的邪恶心，在他当官走上仕途的时候，大肆发表毫无根据的议论，在政教清明的时候，在朝廷奏对，就把强暴凶狠恣意横行的神气流露在言词之中；驱逐到远方的边塞后，任意发表猖狂荒谬的议论。他的意图是要动摇蛊惑人心，扰乱政纲法纪。朕实在不知道他的怨恨从何处引发出来的，愤怒是从何处积聚下来的。这真是叛逆本性早已形成，狡诈邪恶的行径因而纷纷爆发，他真是不知道天命而不感到畏惧，是小人之中尤为肆无忌惮的人。

陆生楠罪大恶极，从情理上说不可饶恕。朕的想法是要把陆生在军阵之前正法，来作为臣下心怀怨恨而诬蔑诽谤朝廷的鉴戒。责令九卿翰林詹事科道秉公拟定罪名，准备文书上奏。

### 曾静、吕留良之狱

曾静、吕留良之狱，是本朝（清朝）各文字狱中第一大案。世宗（雍正帝）以至将此案的始末自己写成一部书，名叫《大义觉迷录》，并将此书颁发到各学宫之中，使秀才人人共读，与《卧碑圣训》《广训》等同等看待。后来到乾隆年间才开始把《大义觉迷录》列为禁书。雍正年间颁发到学宫，有世宗的深刻用意。乾隆年间列为禁书，又有高宗的深刻用心。自然适应不同的历史时期，总的来说，他们都是专制国家很有雄心的君主，现在摘取《大义觉迷录》中的上谕汇辑条列以供观阅。事情的缘起，都按原文照录，不加任何褒贬，读者应当在字里行间中能够有所察觉。

在此之前，湖南靖州人曾静因考试成绩低劣，在家闲居，心中感到愤恨和抑郁，忽然产生谋反的企图，就派遣他的弟子张熙，隐秘姓名写信给川陕总督岳钟琪，劝他共同谋划起兵造反。岳钟琪把他拘留用刑进行审讯，查问指使的人，张熙宁愿被杀死也不招供。岳钟琪就把他安排在一个秘密的房间里，答应迎接并聘请他的老师，假装与他立下誓言，张熙才将曾静供出。岳钟琪写成文书上奏，并将曾静写的谋反书信一同奏报朝廷。然后按照皇上的诏旨派刑部侍郎杭奕禄、正白旗副都统觉罗海兰来到湖南，会同巡抚王国栋将曾静捉拿审讯。根据曾静的招供，自称生长在山野偏僻的地方，平时没有师友，因在州城应试时，得以看到吕留良评选的八股文中，对于夷狄和华夏的界限及井田制、封建制等妄加议论，于是被迷惑，随即派张熙来到浙江吕留良家中，访求书籍。吕留良的儿子吕毅中将他父亲所作的诗文送给了他。诗文中都是愤恨不满激昂慷慨的文词，就更加诚心相信他的议论。又前去访问吕留良的弟子严鸿逵。并与严鸿逵的弟子沈在宽相互往来彼此投合，因而使自己沉溺在吕留良的学说之中，不守本分，产生了非分的企图，等等。随即将曾静、张熙押送到京城，不久又命令浙江总督李卫搜查吕留良、严鸿逵、沈在宽的家藏书籍。所获日记等反动书籍，连同本案的犯人一齐捉拿押送到刑部。命令内阁九卿等，先将曾静反复认真审讯，并查看吕留良日记等书。据曾静招供说："以前因轻信吕留良的邪说，被他迷惑，加上听到一些没有根据的社会传说，更加产生了疑惑，以致犯了弥天大罪。现在承蒙一一审问，并查看吕留良日记等书，内容极为狂妄荒谬，又知道圣明朝廷的深厚恩泽和皇上遍于四海的孝德至高无上的仁政，使我感到心悦诚服，对从前的执迷不悟自己感到后悔，就是被处死一万次也难以赎罪,今天才觉得如梦方醒,"等等。因而低头认罪,甘愿受到重刑的处罚,内阁九卿等详细地记录了供词进呈给皇上览阅。

雍正七年四月乙丑日,告谕内阁九卿等:我朝创立国家,上天给予支持,使人心归附,各位圣明的君主相继登上皇位,朝野上下顺从安定,到了我朝圣祖仁皇帝(康熙帝玄烨)继位登基时,赐与人们幸福,保佑万民,在文治武功、施予恩惠实行德政方面为历代君王所不及。普天之下所有土地上的人民都感到心悦诚服。即使是人迹罕至的深山幽谷,凡夫幼童以及凡是有血气人伦的地方,无不对皇上尊敬亲爱。岂料想叛贼吕留良凶狠强暴,幸灾乐祸,唯恐天下不乱。自己依附明代王府女婿的孙子,怀念明朝,愤恨诋毁讥刺本朝。

明代王府女婿的后代,从亲属的关系上看最为疏远低贱,怎值得一提?况且吕留良在明代末期,当流贼(指李自成领导的起义军)攻陷北京时,正是童年。本朝建国后,他亲受教化的恩泽,才获得读书机会,以至成长自立,在顺治年间参加考试成为生员。而后经过多次岁考,以他浅薄的学识,常位居前列,盗取虚名,在乡里夸耀显荣。这说明吕留良和明朝的关系无关痛痒,他本人何曾有过高尚气节,而在康熙六年(1667 年),因考试成绩低劣,愤恨地抛弃了学业,忽然间思念明朝,非常怨恨本朝。后来以博学鸿词科推荐他,就诈称誓死不从,把他作为山林隐逸来推荐,就剃发当了和尚。按照他的年龄推算,吕留良身为本朝生员已有十余年之多,突然之间改变了想法,号称是明代的遗民,千古以来叛逆反复无常的人,有这样奇怪、荒诞、无耻而又可笑可鄙的吗?自此以后他撰写邪书、炮制谬论,丧心病狂,肆无忌惮,其实不过是卖文卖书,谋求名利,而终于胆敢

向圣祖仁皇帝任意指责,凭空捏造,公然谩骂诅咒。所撰写的书籍文章及日记等各类,有的刻印流传,有的珍藏秘不示人,都是人间耳目所未闻未见、人们所意想不到的内容。朕在翻阅之后,感到无比的惶恐。这是因为他悖谬反动肆意诬陷言论,都是作为臣下不忍心看在眼里,不忍心出于口中,不忍心用笔记述在纸上的。"普天之下,莫非王土,率土之滨,莫非王臣。"

吕留良在我朝享受恩德安居生活有了子孙已经有数十年,却不知道大一统的道理。在他所记的日记中,称我朝或者称"清",或者称"北",或者称"燕",或者称"彼中",至于给反叛的藩王吴三桂的书信中也称"清",称"往讲",好像把本朝和反叛的藩国作为相邻的敌国来看待一样。他荒谬昏乱到了多么严重的地步啊!而且吴三桂、耿精忠是反叛的贼奴,人人可以捉获他将他杀死。吕留良对于他举兵反抗朝廷,却高兴欢喜唯恐他不成功,对本朝恢复国土却茫然若有所失,反而感到叹息。对于忠臣为国捐躯,加以罪名进行污蔑,而且听到他们牺牲而感到快心。不顾伦理纲常的颠倒,只以助纣为虐迎接敌寇为目标;不顾百姓遭遇的困苦和灾难,只以兵连祸结而感到庆幸。

吕留良处心积虑,残忍凶暴简直到了无可复加的地步。又如在流寇之中私自建立伪永历政权的朱由榔,活动在云贵、广西等地,他的部众自己相互攻击、相互抢劫,给百姓带来了祸难,后来兵败逃窜到缅甸。顺治十八年(1661 年)定西将军爱星阿等人领兵追击到缅甸城,先派人传告缅甸首领,让他捉住朱由榔押送给我国,大军随即来到城下,缅甸人感到震惊,于是将朱由榔捉获献到军阵之前,这是伪永历政权的实际情况。哪里有朱由榔被捉获时满汉官兵反而在他军

前都跪下的事呢？吕留良胡言乱语简直荒唐虚妄悖谬到了极点。总之，反贼吕留良对于本朝确有根据的实际事迹，一概隐瞒不写，而专门制造谣言进行诬蔑，来发泄他个人的私愤。另外他在文集中还说："今天的穷困，为伏羲皇帝以来所仅见"等话。明朝末年，朝廷政治腐败，贪污暴虐公开进行，横征暴敛，搞得民不聊生。以至于流寇横行，任意杀掠，明朝在战场上的处境越来越困难，每年军饷需要千百万，全部都出于百姓身上，这是黎民百姓最为穷困的时期。我朝扫清流寇，使人民有了休养生息的机会，于是使明代的穷困百姓都有了再生的幸福。到了我朝圣祖仁皇帝时，爱护养育黎民百姓，天下富裕，从黄发幼童到白发老人，看不见战火硝烟，施行减免租税的德政，史不绝书。由于长期倡导教化取得成功，经过六十多年的休养生息，百姓安宁物资丰富，就是考察伏羲皇帝以来，史书上记载的盛世也是屈指可数，承蒙上天的照顾保佑，可以与我朝相比的盛世不可多得。而却说现在是自伏羲皇帝以来没有的穷困时期，是这样吗？另外日记所记载的怪风、震雷、细星如同彗星，日光磨荡，都毫无根据。其中妄加捏造的怪异荒诞之说很多。这些都是由于他从反动思想出发幸灾乐祸，只以捏造虚假情况混淆视听为事而出现的。因而对于这些事是否失实，是否荒诞不经，都一概不管。灾害和奇怪的自然现象也是从古时就有的，上天显示征兆，本来是警戒君王的，让他修身反省增进品德。如果把捕风捉影的话，说成是灾异，传到后代，就会有人认为从前的太平盛世，还有这样非常奇怪的灾异，倘若遇到日月星辰及水灾旱灾等变化，一定会出现粗心大意漫不经心的状况，这些都是后代君主玩忽职守的原因，其罪过之大怎么用语言来表达呢？其他猖狂悖谬反动的言

论，令人极其痛恨的不胜枚举。

吕留良出生在浙江省有文化的地方，文化水平及学识本来不是曾静这样生长在贫穷偏僻山野而愚昧无知的人可比。况且曾静讥讽所及仅朕本身，而吕留良却向上以至于诬蔑圣祖皇父的盛恩大德；曾静的诽谤是由于误听流言蜚语，而吕留良却是出自内心的妖妄编造。这说明吕留良罪大恶极，比起曾静加倍严重。朕从来认为浙江省民风世俗飘浮，人人心怀怨恨。如汪景祺、查嗣廷之流，都是以诽谤反动的言行，自己承担罪责。他们都是被吕留良遗毒所害。甚至民间百姓也喜欢造谣生事。如在雍正四年中有要将海宁平湖全城屠杀的谣言，当时人们惊慌疑虑相互煽动，有些人逃避流散。这些都是吕留良在以前进行倡导的，所以全乡闻风而从，甚至连地方官吏害怕他们声势盛大嚣张，党羽众多，都必须多加留心照顾，给予优厚的礼遇，作为效法的楷模，来换取尊重儒学的美誉。如最近总督李卫，在大臣之中是刚毅正直的人，也在到任的时候按着以往的惯例，赠送祠堂匾额，何况其他的人呢！这是他们使人心堕落民风世俗混浊，危害之大难以述说。多年以来，朕因为浙江省人心风俗受到毒害，极为令人感到忧念。因此早晚筹划，用仁德道义进行教育端正人心，极尽教化训导的苦心。最近才开始逐渐改变，一天一天地走上正道。假使稍微疏忽，不迅速加以整顿，那么吕留良的邪说对人民的欺骗必然会充满人心根深蒂固而难以消除了。

而天经地义的基本行为准则就会被取消、被抛弃，几乎使人人都成为无君无父的人了。今天天道已经清楚地表明，到了恶贯满盈之时，就会让他的奸诈阴险暴露无遗，就不允许不依法公开地对他治罪，以维持民风世教，表明国法的严正。而且吕留良常常以理学自居，认为

自己可以继承周敦颐、"二程"、张载、朱熹的道统。周敦颐、"二程"、张载、朱熹是人世间的伟大儒学家,哪里把无君无父作为他们的道义,把乱臣贼子作为他们的说教呢?这是他们在侮辱圣明的儒学教义,败坏士人的思想,真是纲常名教中头等罪人。朕即位以来确实不知道吕留良有著作之事。而他由于恶贯满盈,为神灵和百姓所共愤、天地所不容,以至有曾静向总督岳钟琪上书的举动,使他的罪过经过辗转曲折终于被揭发,以向天下显明吕留良的凶恶顽固。而吕留良的儿子如吕葆中,曾参加科举考试而取得功名,蒙受皇恩殿试名列一甲,走上仕途位居显贵。其余的子孙也多在学校读书,却不能立即毁坏书版烧掉他的书,来泯灭他的罪恶踪迹。并且在此之前一念和尚谋反的案件,他的党羽已经牵连到吕葆中,当时反叛的迹象,早已显露,蒙受圣祖仁皇帝天大的仁德,免于对他的查问。而吕葆中终于由于忧虑恐惧而死去。按照常理来说,吕葆中的兄弟子孙,遇到这样惊人危险的祸难,并蒙受圣祖仁皇帝这样的洪恩大德,尤其应当感激知道悔过,共同思虑弥补以前的罪过,来作为幸免诛杀的考虑。哪里想到他们愚昧无知、强悍不驯、习性早已养成,仍然还保存着吕留良遗留的著述。深藏在箱匣之中,这固然是吕留良把叛乱的邪说作为家传,所以罪恶世代相承,不知警惕。实在是由于天道是要显明的,不容许有丝毫掩盖的,终于使叛贼的阴谋在今天彻底暴露,叛贼的遗毒没能逃脱天的诛伐。曾静的叛逆书信,朕已经详细了解,知道在外边叛贼的党羽很多,竟然有人散布谬论,企图制造叛乱。然而他们所诋毁的只是朕一个人,朕可以根据自己的想法自行判定治罪了结,而像吕留良这样罪大恶极的人,触犯了圣祖仁皇帝的在天之灵,最为深切、最为严重,

就是天下所有的凡夫幼子,稍有一点良心的人,也无不感到切齿痛恨,感到怒发冲冠,不想和他共存在天地之间。这也是朕认为作为臣子的从情理上看必然应该如此。已经死去的叛贼吕留良,及现在的子孙、嫡亲兄弟子侄按照什么刑法条例量刑治罪处理,指令九卿、翰林詹事科道会议,直省督抚提督两司从公正的立场出发各抒己见,详细核定议罪,写成文书上奏。

六月乙亥日上谕:朕以前所批示的岳钟琪奏折,偶尔检出几件发给曾静观看。朕与岳钟琪君臣之间,同心同德,察知岳钟琪的忠诚报国、公正无私,实在是自古以来大臣中所罕见。而朕以最诚之心统治天下,恩爱大臣,也极其依赖信任,优待尊崇。实在是上下相互信任,志同道合,君主贤明,臣下忠良,诚为国家盛事。同时朕所批岳钟琪奏折很多,这不过是其中的数十分之一。而奏折中给予岳钟琪的恩典之处,也不过是其中的百分之一而已。但曾静却想上书劝他谋反,岂不是一个醉生梦死、愚昧无知的人吗?这正是天道对他不能容忍,让他自行败露。查阅曾静的反动书信,其中有传闻岳钟琪曾两次要求进京入朝晋见,都没有允许,岳钟琪自己感到深切的惊疑,因而上书等话。曾静平时对夷狄的成见就充满在心中,又听说这种无稽之谈,不知不觉使他反叛的想法更加强烈,于是出现了这种轻率的举动。但这种传闻的说法一定有他的来历,使曾静确实供出。以曾静而言,犯有这么大的罪,现在尚且受到朕的宽恕,那么传说谣言的人如能悔改,也一定会从轻处理予以赦免,何况传播的人未必就是造谣的人。如果由曾静供出的人,转而追究制造流言的由来,这样此事就可以了结,指令杭奕禄、海兰详细全面地向曾静宣示,钦此。

丙戌日告谕内阁：浙江叛贼吕留良凶恶顽固，不听从教化，大肆诬蔑诽谤，不遗余力地散布悖谬反动的邪说，而他的反动弟子严鸿逵，实为吕留良的羽翼，对他的邪说推崇、诵读、遵循，全面地阐述了他的遗言，又进一步发扬弘大有所补充增益。他的语言有比吕留良更为恶毒之处。吕留良作为本朝生员，追随前明王府女婿的后代，无缘无故对我朝反咬一口，发泄怨恨极为猖狂，已属自古以来乱臣贼子中罕见的人。至于像严鸿逵，自从他祖父起就已成为我朝的编户百姓，沐浴着国家的恩德，生存在天地之间。明代对于严鸿逵，哪里有国家君主的故旧之恩呢？而我朝对于他确有使他承受快乐生和的恩泽，哪里用他感到愤怒，哪里用他追念前朝，而也敢效犟呢！这里选择他悖谬反动的言论一同宣布。他在日记中说："索伦地方在正月初三地裂，裂缝宽五里，长三里，开始飞起石块，后来冒出火焰，附近三十里之内的居民全部迁移躲避。"又说："热河发大水，淹死满州人二万多。"又说："十六日夜晚出现月食，当时看到众多星星摇动，好像要坠落的样子。还有的飞起，有的移动，成群向东而去。"又说："去年七月初四，星象变化，钦天监说：'此星出现在天的位置是沛垣，入天的位置在市垣，相应的地域属于吴越，当会有兵乱出现在市井之中。'所有这些荒唐反动的言论，从康熙五十五年到雍正六月在日记中记载很多，不胜枚举。其中只在索伦地方堆积了石头、地下出火确有其事。这是由那里的地脉发生变化造成的。以前已经多次出现，在它旁边远近的山顶也有冒出烈火的，而严鸿逵竟想以此来进行诽谤！至于热河发水事，因为这个地方在曲折的山峦怀抱之中，只有一条河流。每当雨水稍大，许多水汇集在一起，有时就会冲毁堤岸。康熙四十八年六月，大雨昼夜不停，当时行宫附近一带，处在地势较高的地方，只在对岸山脚之下，被水漫淹。本地居住时间长的人，及随从护卫的官兵都知道雨停后水就会减退，安稳地守在原地而不迁移。只有寄居在那里的匠人等惊慌疑惑，偶尔有愚蠢的人编成木筏，认为可以乘木筏渡过流水，于是有的木筏碰撞上石头而离散，致使有数人沉入水中。当时适逢轮班到朕去恭请圣安，有随从官员二三百人驻扎，就在发水的地方，因为管束严厉，行动统一，没有一个人敢轻举妄动，等到水势下降，都平安无事，没有一个人被水淹。而严鸿逵却说淹死二万多满州人，有这个道理吗？严鸿逵生在现在的时代，是当代的百姓，明代已经沦亡很久，而我清朝建国已经有一百多年。他却根据自己的臆想制造谣言，喜欢混乱，幸灾乐祸，在太平安定的时候，希望能发生战火扰乱国家。以圣祖的盛大恩德可以感化神灵，而却公炙进行诬蔑，以今天的民心安定物产丰富，而却天天进行咒骂，这些丧心病狂的种种表现，都是捡拾吕留良的唾余，而更加虚妄，岂不是凶恶反动成性，万死也有余罪的叛贼吗！而且他在表面上故意作出迂腐小心谨慎的样子，浅薄的士人被他虚假的声誉所迷惑，以致有的朝臣在荐举编修《明史》的人选时提到了他，他却自鸣得意，傲气凌人，违背常理，他自己记述说："我自己的想法已定，应该以死来拒绝。"他大言不惭对朝廷藐视到这种地步。又说："衡州人张熙，字敬卿，前来求见，说他的老师曾静是永兴县人，在那里讲学，学者称他为蒲潭先生。以前因为读到吕留良的讲义，才抛弃的仕途。"朕特下诏旨编修《明史》，广求山林隐居的士人，而朝臣举荐提到了他，他却想要以死来极力拒绝，竟然视朝廷如儿戏，把征召看作无用的弁髦。而对于叛贼曾静等反动邪恶之徒，却通过书信往来，一个微小人物的沟通，使数千里之外能够彼此呼吸相应，招纳同类结为私党，在天地之间公然图谋不轨，扰乱纲常法纪，没有凶恶狡诈到如此严重的地步了。像这样悖谬叛乱的人，煽动蛊惑民心，触犯圣祖皇父，与吕留良结党作恶同舟共济，其罪虽死也不能宽容。至于严鸿逵如何处分治罪，指令九卿翰林詹事科道举行会议迅速决定，写成文书上奏。

戊子日告谕内阁：我朝立国奠基建立了安抚四方的功业，远近欣然服从，即使虽天涯海角，对我朝也无不尊重亲爱，而叛贼吕留良、严鸿逵却凶恶叛逆为乱，无父无君，写书公开诽谤，对我朝帝业肆意散布诋毁斥责的言论，对我朝圣祖仁皇帝的深厚恩泽，丰功伟绩，任意以谩骂诅咒的语言进行诬蔑，其猖狂虚妄，肆无忌惮人人感到恨之入骨，不共戴天。朕已发谕旨将他们罪大恶极的行径宣布给朝廷内外各臣公开议论如何治罪。至于严鸿逵的弟子沈在宽，生在我朝建国数十年之后，已在我朝的抚育教化之中，不是仅身受德教的人能比的，对于伦理纲常的大道理，尤其应该知道。但却陷入反动党徒的邪说之中，受其迷惑，沾染了凶恶党徒的恶劣习气，也心怀怨恨，附会他们的邪说对本朝诋毁，羡慕并仿效顽固不化的人，称本朝为清时，竟不知他本身为何代之人，狂妄悖谬到了极点。这些都是沈在宽与吕留良、严鸿逵结为同党进行反叛显而可见的事例。至于他所写的诗集中说："更无地暑避秦人。"又说："陆沈不必由洪水，谁为神州理旧疆？"这是把本朝居于天下中心建立国家，教化治理文明昌盛视为神州沉沦，如同有洪水之患。他的荒谬背理尤为狂妄放肆。况且即使以洪水而言，明代二百多年，黄河、运河这两条河经常堤岸决口，洪水泛滥，百姓天天有沦为水中鱼鳖的忧虑。我朝圣祖仁皇帝对此时常忧

虑，勤加过问，详细指示治理办法，亲自观察测量，以至不厌再三，凡是如何修筑防御的措施，有关河水疏通引导的事宜，全部经过圣上精心细致的考虑，以求完美无缺，才使河流遵循水道，黄河之水平静安稳。数十年来堤岸工程巩固，百姓永无水淹的忧虑，共享地平天成万事无虑的幸福。到了朕继承皇位之时，遵循继承先人的谋略和功业，更加注意修筑堤防。上承老天的关照保佑，七年以来，河流全部归依旧道，海口加深通畅，淮河清澈水流加快，三省的水路运输，飞行无阻。至于北直畿辅地区、南省浙江等地，凡有海塘河渠以及应该经营管理的地方，都逐渐兴修，按时蓄水和放水。旱涝都有所准备，六府三事协调融洽，桑麻布满田野。此时的神州，哪里可以被认为是沉沦呢？又有哪些地方可认为有洪水之灾呢？而且沈在宽说："谁为神州理旧疆？"他的意图想要将神州交付给何人经营管理呢？沈在宽年龄不满四十岁，而也效仿他的老师那样狂妄悖逆，大肆诋毁本朝，而对于叛贼曾静的弟子张熙，相距千里却结为友好，一见如故，写诗相互赠答，情感投合如同水乳交融。这是他处心积虑，以反叛作为自己的事业，其罪恶实在不可赦免。指令交付刑部将沈在宽审讯取其口供，写成文书上奏。

九月癸未日将曾静等人口供及历次所下谕旨刊刻成《大义觉迷录》一书颁布天下，告谕诸王及文武大臣等。自古以来帝王拥有天下，没有不通过关怀保护百姓，使恩德遍于四海，接受上天的顾爱而赋予的使命，协合亿万民众的欢心，才能统一天下，使幸福世代相传。抚育百姓的基本道理，是只有有恩德的人才可为天下君主，这是天下一家，万物合为一体，从古到今，万世不变的永恒法则。不是平常那种物以类聚，人以群分的乡里疆界的私心短见所能乱加议论的。《尚

书》说："上天谁也不亲近，只辅佐有贤德的人。"这是因为有了贤德的人足以作为君主统治天下，天就给予保佑使他成为天下的君主。没听说不以贤德使人感到信服，而只选择其为何地的人而辅佐的道理。又说："抚爱我们的就是君主，虐待我们的就是仇敌。"这是民心向背的真实感情。没听说亿万民众归附，有不论贤德与否而只选择在何地的道理。又说："顺天者昌，逆天者亡。"只有贤德的人才能顺从天，天所给予又岂能因为何地之人而有所区别呢！我们国家在东方创立基业，各位圣明皇上相继登位，治理天下安定四方，得到天意的真诚保佑，德政广布，施恩远方，使百姓有了安身之地，受到了朝野上下的尊敬和亲爱，到现在已经有一百年了。我朝既然上承天命，为中央和四方百姓的君主，那么受到抚爱养育的人，怎么能够有华夷的不同看法呢！而中央和四方的臣民既然共同尊奉我朝为君主，那就应该真诚恭敬从命，效尽臣民礼义，尤其不能有华夷之分而怀有二心。从天道来推测，从人理来考察，天涯海角的乡村，天下各地的民众，没有不知道大一统的存在。都尊从君臣父子的伦理道德，没有敢超越本分的人。而叛贼吕留良，凶狠顽固悖谬邪恶，喜欢混乱幸灾乐祸，开始扰乱世间常道、私自撰写著述。胡说什么德祐（南宋末年号）以后，天地发生了大的变化，为整个古代所未有，现在又再闪现。而反动党徒严鸿逵等人，相互传播随声附和，极为猖狂，余波涉及曾静，相互煽动越发奇异，肆意进行诽谤。以至于说八十多年来天昏地暗，日月无光。在叛贼等人的心目中，只认为本朝以满洲的君主，进入中原而为中国的君主，无端生出彼此存在疆界的私见，于是故意制造诽谤诋毁的说法。不知道本朝有满洲，如同中国有籍贯。舜为东夷之人，周文王是西

夷之人，何曾有损于圣德呢？《诗经》说："痛击北狄和西戎，严惩荆舒使知痛。"这是因为他们超越本分称王扰乱华夏，不知道君臣之间的大义。所以声讨他的罪恶而进行惩治，不是因为他是戎狄而视为外人。如果以戎狄而言，孔子周游列国，不应当接受楚昭王的聘请到楚国。而秦穆公称霸西戎，孔子在删定《尚书》时就不应该把《秦誓》列在《周书》之后。这是因为以前关于华夷的说法是出现在晋宋六朝之时，当时彼此地域相等、德望相平，谁也不能制服对方，所以北人诋毁南朝为岛夷、南人指斥北朝为索虏。在当时的人不致力于修行仁德，而只是口剑唇枪相互讥讽，已经是最为狭隘、最为庸俗的见识。现在这些叛贼们在全国一统、华夷一家的时候，而错误地分为中华和外夷，无端产生忿恨，岂不是违背天理，不把君主父母看在眼里，连蜂蚁都不如的怪种吗！况且从天地的气运而言，明代从嘉靖以后，君臣不修德政，盗贼四起，百姓处境危难受到侵害，边境也不安宁。当时的天地能不说是闭塞吗！本朝夺取天下以来，扫除了所有的贼寇，天下再度安宁，政治修明教化振兴，文明日益兴盛，百姓安居乐业，朝野上下安宁和乐，从黄发幼童到白发老人，一生也看不到战乱发生。今天的世界清明平静，百姓沐浴着恩德，超过了明代，就是三尺儿童也都清楚地知道，还可以说是昏暗吗？天地应该以仁爱为本心，以抚育包容公正无私作为德量。所以恩德在内地近处，那么帝业就在内地近处，恩德遍及外地远处，那么帝业也会扩大到外地远处。孔子说："所以有大德的人，必然承受天命做天子。自有帝王以来，其道理始终是一样的。"

指令将吕留良、严鸿逵、曾静等人悖谬反动的言论，以及朕的谕旨一一刊刻流行，颁布天下，发到各府州县以至穷乡

僻壤，使读书士人及乡里的百姓都知道，并命在学宫之中各贮藏一册，使以后后进的学者和初入仕途的人，都能观看详细了解倘若没有看到此书、没有听到朕的旨意的人，经朕随时察出，定将该省学政及该县教官，从重处罪，特此告谕。

丁未日怡亲王大学士、九卿、翰林、詹事、科道等遵照谕旨，审讯曾静、张熙等人，按照大逆不道的条律，即将正当处死。皇上来到乾清宫召进各臣等入宫，并命令李绂随同入内，告谕说："今天各臣齐声请诛杀曾静、张熙，他们这些人大逆不道，实在是从有古代史籍记载以来所没有。从犯罪情节来看，万万是不能赦免的。但朕不想对他们施行诛杀之罪，确有隐藏在内心的想法。去年曾静的门徒张熙，隐匿姓名写信给岳钟琪。岳钟琪急忙之间由于愤怒惊慌，没有来得及筹划，就请巡抚西琳、臬司硕色坐在密室之中。将张熙审讯严加追究，问指使他这样做的人，张熙不肯供出真实姓名。随即使用刑法进行审讯，而张熙宁肯处死也不招供。岳钟琪无可奈何，过了两三天，想方设法拐弯抹角诱供，并答应一同谋反迎请他的老师，和他订立盟约对神发誓，张熙才将姓名一一供出。当时岳钟琪把具体情况写成奏书送来，朕阅览之时，为之感动，岳钟琪诚心为国家揭露隐蔽的坏人坏事，假如朕曾亲自与别人订立盟约对神发誓，那么今天也不得不委曲以求不背弃誓言。朕洞察岳钟琪的内心，如果不与他视为一体，实在于心不忍。何况曾静等人处在偏僻的乡村，被流言蜚语所迷惑，制造诽谤谣言的人实为阿其那、塞恩黑门下的凶恶之徒及太监等。他们因犯罪发往到广西，心怀怨愤，制造诋毁攻击的谣言在一路上流传，现在已经得到了此事的确凿证据。如果不是由于曾静的事件，那么谣言的流传朕怎么能知道呢！对于此事要清楚

地进行剖析，使家喻户晓人人皆知。而且自古以来的国家刑法，本来是为了惩一警百。曾静等人的悖谬反动，估计在宇宙中决不会再有第二个人，即使是后代也可以断定必然不会有与此相比的人，何必拘守于惩一警百的观念呢！所以宽免他的罪过，并不是博得宽大的名声而取消刑法。一切朕将另有谕旨。

已酉日怡亲王等上奏说："恭敬地阅读了宽免曾静的谕旨，令人敬仰地看到我们皇上博大的气度，包容广阔，如同天一样无所不盖，如同地一样无所不载。虽然是恶兽毒蛇、魑魅魍魉也不忍心用雷霆将他击灭，想要使他洗心革面。自唐尧、虞舜、夏禹、商汤以来直到现在，没有听说过如此宽大的法典。想到我朝创立基业世代流传，各位祖宗个个圣明，相继登位，圣祖仁皇帝统治天下六十多年，丰功伟业光照日月，深厚的仁德遍及宇宙。皇上继承帝位立法治国，孝德遍于四海，最为圣明、最为诚信，宵衣旰食勤于民务，用仁义抚育百姓端正民俗，自己亲身施行节俭。使百姓富有，恩泽广布，为了使广大民众安宁，蠲免和赈济的钱粮常超过亿万，教化抚育遍及荒远的地方。多年以来接连五谷丰登，民风和顺安乐，祥瑞成双而来，民风宽厚安定，凡是有人类的地方无不沐浴着皇风，歌颂皇帝的恩德。就是天涯海角、穷乡僻壤也都愿意归顺而感恩戴德，心悦诚服。而曾静这个人习性与人不同，凶恶狡猾狂妄。受到吕留良的反动书籍谬论的蛊惑，又在路途中听到阿其那、塞思黑门下奸恶匪徒散布所捏造的毫无根据的流言。因而敢编集流言蜚语，撰写诽谤之书，命令他的门徒张熙，从湖南远到陕西奔赴总督岳钟琪衙门投递书信。虽然不能干出反叛之事，平时确实怀有反叛之心。所以恶贯满盈，被神灵所驱使，让他自行败露，受到刑法制裁，以消灭叛贼的

邪说，以端正天下的人心。一年以来，朝野上下臣民听到他的诅骂狂叫，无不感到有不共戴天的愤恨，想吃他的肉扒掉他的皮。现在皇上降下天大的仁德，怜悯他开始由于误听流言，现在已经悔悟，情有可原，特加宽免。敬读皇上谕旨，以改过来期望天下之人，过错大而能够改正，胜于过错小而不改。如确实能够改过就没有不可赦免的罪过。又考虑到强横反叛的人，畏罪投诚，尚且约定在法律上从宽处理。皇上的话太伟大了。宽厚仁义爱惜生命的恩德超越千古。但曾静忘恩负义的兽性已经养成，阴谋从事不法行为，诬蔑诽谤悖谬反动，犯有弥天大罪。查看律例记有十恶之罪，凡是谋反叛逆及大不敬都是不能赦免之罪。曾静之罪正在十恶之中，而不在宽免罪过的三种情况之内。张熙与曾静共同图谋不轨，奔往陕西投逆反动书信，想要挑起叛乱，也是难以赦免的罪恶。敬请皇上给法司下诏，立即将曾静、张熙按着法律处以死刑，捣碎尸体悬首示众，查捕他的亲属贼党，全部斩绝铲除，以宣明朝廷的法典，告慰臣民共同愤恨的心情。得到圣旨宣布：宽免曾静等案犯，对此诸王大臣等官员不能发表任何不同意见。到了后代，天下有的人认为对，有的认为不对，一概由朕本人承担责任，与朝臣百官没有关系。但朕也是再三再四地认真慎重考虑，所颁布的谕旨都已经明确清楚地说明，诸王大臣官员等不必再上奏议论。各省督抚提督有因朕宽免曾静等人罪过而再次奏请治罪的，指令通政司将奏书发还。

雍正八年（1730 年）十二月，刑部等衙门举行会议，认为吕留良身为本朝生员，不守法纪，追随前代王府女婿的后代，思念明朝，诋毁本朝典制，制造诽谤言论，随意撰写记述，猖狂作恶为逆，罪恶滔天。甚至胆敢斥责圣祖仁皇帝，悖谬反动到了极点，我们臣下无不感到咬牙切齿极为痛恨，应该按照法律治罪，把他诛杀以昭示天下，来维护纲常法纪，杜绝祸乱根源。吕留良应当碎尸枭首示众，没收财产归官，他的儿子吕葆吕中曾窃据官职，世代为恶助纣为虐。在此之前，一念和尚谋反一案牵连吕葆中，反叛迹象明显暴露，也应当碎尸枭首示众。吕毅中应当被定为斩杀之刑立即执行，他的子孙和兄弟伯叔的儿女以及妻妾、姊妹的儿子妻妾，应当发文书指令该督抚查明按律治罪了结。同时通知各省府州县将大逆罪犯吕留良所著文集、诗集、日记及其他书已经刊印抄录的，在文告发到之日出示宣布，勒令限期一年全部烧毁。得到圣旨批示：吕留良怀有悖谬反动背叛君王之心，假托先辈儒者散布腐朽的陈词滥调，欺世盗名，以致人心混乱，被他迷惑很久。愚昧无知的人称他为夫子，几乎认为他可以凌驾在"二程"、朱熹之上，甚至在书院对他祭祀而加以尊崇。现在他的反叛阴谋丑恶行径，全部败暴。天下哪里有败坏伦理纲常的人，还能假借名义在理学之林，而他的著作还有可取的呢！现在朝廷内外文武百官们都同声上奏要求严惩。朕考虑到吕留良的罪恶在以前的谕旨中已经极为清楚地表明，从天理国法上看万万不可宽恕。然而天下极为广大，读书的人极为众多。或许在千万人之中还有这样的人，认为吕留良的罪过不至于处以极刑。朕对使用刑罚慎重，诛除奸恶叛贼一定要合乎人心，大公无私。至于他所著的书籍文集，朝臣百官们奏请焚毁，又想到吕留良不过是窃取古人的唾余，肆意发表狂妄荒诞浅薄空虚的议论，有见识的人固然不用说，就是当时被他愚弄迷惑的人，现在也自然会看出他的底细而感到可笑。何况他人品心术如此不正，他的话还有什么可取之处呢！今天如果焚毁他的罪证,假使不能丝毫不遗地毁灭掉,那么就等于说了句空话。倘若能全部焚毁不遗,那么将来没有看到他书的人,反而猜想他的著述确实能阐发圣贤的精深道理,而对于不能再看到他的书感到可惜。即使吕留良书籍中有一些大逆不道的话,退而一想,我朝圣祖仁皇帝功德神圣,充满在天地之间,如同日月一样照耀宇宙,千代万世永放光明,岂是吕留良所能遮蔽万分之一的呢!命令将朝臣所议发布文告到直省学政遍加询问各学生监,是否应当按照朝臣的议论将吕留良、吕葆中碎尸枭首示众,将他儿子吕毅中斩杀处决?他所著的文集、诗集、日记及其他书已经刊刻印行的和抄录的全部烧毁。指令要根据事实公正无私迅速作出决定,各学生监将情况写成奏文进呈给该学政一同备文进奏,不可阻挠隐瞒,等到所奏文书来到后再下谕旨。

雍正十年(1732年)十二月,刑部等衙门议论后奏报,叛贼严鸿逵忘恩负义的兽性已经养成,心怀反叛的企图,与吕留良结党作恶同舟共济,捏造虚妄妖言,实在为天地所难容、王法所不能赦免,应将严鸿逵凌迟处死,但已在阴间受到惩处,应当斩杀尸体悬首示众。他的祖父、父亲、子孙、兄弟,以及伯父叔父兄弟的儿子十六岁以上的人,都处以死刑立即斩杀。十五岁以下的男子,以及严鸿逵的母亲、女儿、妻妾、姊妹儿子的妻妾,都押送到刑部分给功臣之家为奴。财产没收归官。沈在宽传播颂习吕留良、严鸿逵的邪说,猖狂蛊惑作乱,附会邪说对本朝诋毁,应该迅速给予法律制裁、凌迟处死。他的嫡系亲属,都应该按照律例治罪。另外,吕留良案中的黄补庵,自称为吕留良的私淑弟子,所作诗词,荒唐狂妄反动;车鼎丰、车鼎贲刊刻反动书籍,与吕留良往来投合,感情深厚;孙用克暗中与他相互为援进行勾结;周敬舆心甘情

愿追随叛贼,私自收藏禁书。应将黄补庵处以死刑立即斩杀,他的妻妾子女分给功臣之家为奴婢,父母、祖父、兄弟流放到二千里外的地方。车鼎丰等人只叛处斩刑等候处决。还有吕留良案中被迷惑的门徒房明畴、金子尚,应当取消生员的身分,偕同妻子流放三千里。陈祖陶、沈允怀、沈成之、董吕音、李天维、费定原、王立夫、施子由、沈斗山、沈惠侯、沈林友等人应当取消他们的教谕、举人、监生、生员的资格,杖打一百,判处三年徒刑。朱霞山、朱正年跟从严鸿逵就学时年龄还幼小,张圣范、朱羽采只让他们的幼儿跟从沈在宽学习受启蒙教训,经审查没有发现与沈在宽交好之处,应当不予议罪。得到圣旨批示:将严鸿逵尸体斩杀枭首示众,将他的孙子发往宁古塔给八旗兵当奴仆,将沈在宽改为立即斩杀处决。黄补庵已经受到阴间的惩处,他的嫡系亲属按照议定之罪处罚。车鼎丰、车鼎贲、孙用克、周敬舆都按照所定之罪应该判处斩刑,将他们监禁等候秋后处决。房明畴、金子尚都让他们偕同妻子流放三千里。将陈祖陶等十一人给予杖刑处罚了结。将张圣范、朱羽采、朱霞山、朱芷年释放。

### 谢济世之狱

观看谢济世的狱案,当时在监督诽谤所采取的做法令人感叹,真是无所不用其极。摘录一段上谕,可以使我们看到当时威势强大的君主用以操纵臣民的权术了。

雍正七年七月辛丑日,告谕内阁:根据顺承郡王锡保进呈的参奏,指出在前线军营效力的谢济世,注释《大学》来诽谤程朱。朕观看谢济世所注的书,意图不仅仅是诽谤程朱,而是用《大学》中"见贤而不能举"的两段文字讲君主用人之道,借以抒发他内心中的怨恨而进行诽谤。他所作的注有"拒绝纳谏文过饰非,

必然会违背人性,而极为傲慢奢侈"等语,看到这些,谢济世的用心显然可见。朕自从即位以来,在用人之时最为大公无私,不仅可以自信,而且是天下的臣民所共同知晓的。就以田文镜、谢济世二人之事而言,田文镜在圣祖仁皇帝时,为内阁侍读学士,朕从来没有见过他的面,也不知道他的姓名。因在雍正元年他奉命去祭告华山,回京入朝晋见,将山西全省灾荒欠收的情形急切地向朝廷进奏陈述,极为全面周详。朕因为山西遭受灾荒,当时的巡抚德音身在地方任职却隐瞒情况不向朝廷奏报,而田文镜作为奉命出差的成员,经过这里,深切地体念民间的疾苦,直言不讳,他的忠君爱国的赤诚之心,非常值得赞扬,于是命令田文镜前往山西安抚救济。他到了那里之后果然能全心全意办理,于是任命他为山西布政使,让他与诺岷同心协办克服困难,继而因河南各事荒废,就调任为河南布政使,不久,提升为河南巡抚。现在任命为河东总督之职。一二十年来深受信任,还可以说是发现贤人而不能任用,推举却不能及早任用吗?又如李绂、蔡珽与、黄振国、邵言论、汪诚等人结党营私,谋求报复,而谢济世奸恶凶狠,听从他的指使,上奏弹劾田文镜贪赃受贿,肆意进行诬蔑,假借直言敢谏之名,行施其排挤陷害的计谋。朕在谢济世上奏陈述之时,立即察觉了他的奸计,将他提交刑部审问,朕还不忍心将他判处极刑。指令革去他的职务,发往到前线军营让他效劳赎罪。当时在朝廷的各臣无不认为这样处置最为公正,最为合理。像这样还可以说发现不好的人不能斥退,斥退而不能驱逐到远方吗?至于朕的内心,并没有私逢的爱好、私自的厌恶,只以哪个人的善恶作为自己喜好的厌恶,以众人议论的是非作为自己的爱好和厌恶,何曾先有成见存于心中呢?就如引见各官

而言,有的看到他的才能器质似乎优秀,也令该上司试用看看,有的看到他这个人似乎属于平常之人,也令该上司试用看看,并下谕旨命令该上司秉公考核,不必存有迎合顾望的想法。所以各官上任之后,有的人朕的意见曾称赞他优秀,而督抚多有上奏弹劾他的,有的人朕的意见认为他平常,而督抚也有保奏他称职的。朕未曾以自己个人的爱好和厌恶,让天下的督抚阿谀顺从,而各督抚也能体念朕的意图,从来未曾以朕的爱好的厌恶,随便地进行迎合。朕用人,只希望有益于国计民生,可以说喜欢人们所厌恶的,厌恶人们所喜欢的吗?谢济世对于公正办事的田文镜,却肆意进行诬蔑弹劾,对于贪赃枉法的黄振国,以及结党为援保护自己进行钻营的李绂、蔡珽、邵言纶、汪诚等人,却甘心听从他们的指使,替他们报复,真是是非颠倒、黑白混淆,爱好和厌恶违背人的本性的人。他的罪行为天理国法所不能宽容,灾祸已经降临到他的身上,却还不知道畏惧,他的荒谬竟然达到了无可复加的地步。拒绝纳谏,文过饰非的说法,这是朕平时深以为戒的。然而必须是责难君王陈述善政,忠诚正直的言论,而后才可以称之为谏言。而像他这样以个人利益出发排挤陷害他人的言论,奸诈凶恶阴险的邪说,怎么可以直谏自居,而希望朕听从接受呢?试问谢济世多年以来,他为国家陈述了哪些政事?为朕本人进谏了哪些言论?朕所拒绝的有哪些谏言?掩饰了哪些过错?除了处罚谢济世结为同党攻击异己,诬陷忠臣之外,还能指出一两件事吗?谢济世作为应判处重罪的人,对他从宽处理让他效力赎罪,但却仍然心怀怨恨,肆意诽谤,极为可恶。应该如何对他治罪,指令九卿、翰林、詹事、科道秉公议论定罪然后写成文书上奏。

### 胡中藻之狱

康熙年间多次兴起文字狱,虽然文

化禁令严密,但因天下还没有平定,他所对付的人,也有半数属确实有意为难的人,称王称霸的人从自卫考虑还是不得已的。至于如乾隆年间胡中藻一案,观看给他定罪的判词,真可以用"莫须有"三个字概括就足够了。而且在当时何必再采取这样的手段!而终于采取了如此的手段,也使我们从中可见高宗(乾隆帝弘历)与圣祖、世宗才能谋略的高低了。现在摘录各上谕,记录此事的始末如下:

乾隆二十年(1755年)三月,皇上召集大学士、九卿、翰林、詹事、科道等各臣告谕说:"我朝统治中国,到现在已经有一百多年了。列位祖宗的深厚仁德,逐渐广布天下,海内外百姓共享太平。所有臣下自他的祖辈父辈以来,沐浴着我朝的恩泽,他们应当都明白尊敬而亲附的大义。却有出身科举、名列显贵的人,怀有含沙射影的鬼蜮之心,在诗文言语之中大肆散布反动思想,诋毁怨恨我朝,如胡中藻就是这样,实非人类中所应该存在。他所刻印的诗集,题为《坚磨生诗钞》,'坚磨'出自《鲁论》,即孔子所称的'磨涅',是指佛而说的。胡中藻把坚磨作为自己的称号,他究竟出于什么想法呢?以前查嗣庭、汪景祺、吕留良等人的诗文日记对我朝肆意狂妄地进行诽谤、大逆不道,承蒙我皇久申明大义,严加惩治警戒,以正人伦法纪、维护社会秩序,数十年来估计中央和四方的臣民都知道警惕,却没有想到还有如此嚣张狂妄的胡中藻。就是检阅查嗣庭等旧有的案例,他们反动的言论也没有连篇累牍到如此严重地步的。如胡中藻文集中所说:'一世无日月',又说:'又降一世夏秋冬'。夏、商、周三代以来统治国家长久的,没有比得上汉、唐、宋、明四朝的。但都在传位一二世之后就多有变故。本朝建国以来,一直太平和乐,远远超过前代,却说:'又降一世'这还有人心吗?又

说:'一把心肠论浊清',把'浊'字加在国号清字之上,居心何在?至于《谒罗池庙》诗则说:'天匪开清泰',又说:'斯文欲被蛮满洲'。俗称汉人为蛮子,汉人也俗称满洲为鞑子,这不过按照乡里籍贯而言,就是孟子所说的东夷、西夷,如果认为称蛮是对礼教的侮辱,那么汉人称满洲为鞑子,也将有罪吧?再看他'与一世争在丑夷'的诗句,就会看得更清楚了,又说:'相见请看都盎背,谁知生色属裘人?'这不是说服用旗裘的人又是说谁呢?又说:'南斗送我南,北斗送我北,南北斗中间,不能一黍阔。'又说:'再泛潇湘朝北海,细看来历是如何?'又说:'至云揭北斗,怒窍生南风',又说:'暂歇南风竟',两两以南北分提,再三反复陈述,意图究竟指的是什么呢?他在《语溪照景石》诗中,用'周时穆天子,车马走不停'及'武皇为失倾城色'两个典故,这与照景石有何关系?只不过是想借题来寄托他对时政的诽谤讥讽而已。至于像'老佛如今无病病,朝门闻说不开开'的诗句,尤其离奇荒诞。朕每天临朝处理政务、召见文武百官,为什么却说出'朝门不开'这样的话?又说:'人间岂是无中气',这是什么话?他在《和初雪元韵》诗中,又说:'白雪高难和,单辞赞莫加。''单辞'出自《尚书·吕刑》,和咏雪有什么关系?在《进呈南巡诗》中又说:'三才生后生',今天把天地人称为三才,生在三才之后是什么东西呢?他所斥责的意图,岂止是诛杀之罪呢!又说:'天所照临皆日月,地无道理计西东,诸公五狱诸侯渎,一百年来俯首同',这是说五岳和四渎蒙受耻辱,低头是无可奈何,诽谤的意图显而可见。又说:'亦天子亦莱衣',两个'亦'字悖逆傲慢到了极点。又说:'不为游观纵盗骊',八骏是人们所常用的,而一定要用'盗骊',不知所取有何意义?又说:'一川水已快南巡',下面接着

说：'周王淠彼因时迈？'大概是暗用周召王南征的故事，认为朕没有觉察到而已。又说：'如今亦是涂山会，玉帛相方十倍多。'其中'亦是'二字与前边两个'亦'字意义相同。他在颂扬蠲免租税的德政时，说：'那似偏灾今降雨，况如平日佛燃灯。'朕一听说灾荒歉收，立即给予救济抚恤，为什么却说如佛灯那样难得一睹呢？至于如孝贤皇后去世时，却有'并在已觉单无蒂'的诗句。孝贤皇后是朕在藩王府时皇父世宗宪皇帝，以礼聘娶了贤良女子作为朕的配偶，继承皇位后为中宫皇后，成为天下父母的典范，已经十三年。然而朕何曾让她干预朝政，何曾有使外戚骄傲放纵的事呢？这确实可无负于天下后世，至于皇后去世后，受到朕的关心照顾举行了隆重的葬礼，但一切礼仪并没有在会典之外有所增加。而胡中藻与鄂昌写诗往来应酬赠答自称几乎如同晋人，这已经足以为王法所必须诛杀。而他在诗中说：'其父我父属，妻皆母道之，女君君一体，焉得漠然为'，君父是人们所用通称，君应该加在父的前面，称父君倘且不可而这里只不过称'其父'之类而已，可以吗？而对于帝后都直接指斥为'其夫'为'妻'，丧心病狂到了这种地步，这哪里是天地之间所能容忍的呢？其他如《自桂林调回京师》中说：'徐免衣冠是出头'，他由翰林被推荐提拔为京堂高官，到陕西任学后，又调到广西，多次掌管考取文士的权力。他被调取回京并不是贬官到远地，而把弃官当作出头之日，有这个道理吗？诗中又说：'一世璞谁完？吾身甑恐破。'又说：'若能自主张，除是脱缰锁'。又说：'一世眩如鸟在蹻。'又说：'虮官我曾惭。'又说：'天方省雀事应闲我。'又说：'直道恐难行。'又说：'世事于今怕提风'等等。无非都是些怨恨的话。在《述怀》诗中又说：'琐沙偷射蜮，饶舌张箕。'在《贤良祠》诗中又

说：'青蝇投臭肯容辞'，试问此时在朕面前进谗言的人是谁呢？他在鄂尔泰门下，依草附木，而诗中却有'记出西林第一门'的语句，攀援鄂尔泰朋党，恬不知耻。朕初次见到他进呈的诗文，语言多艰涩怪僻，知道他心术不可测。在命令他担任学政时，曾经训导他评定文章选取人才应当注重文风平正，现在看到他的诗中，就有'下眼训平夷'的句子。'下眼'一词并没有出典的根据，认为是垂照的意思也可，认为是识力低下的意思也可，只不过是巧妙地运用了双关语而已。至于他所出的考题中，《孝经》义有乾三爻不象龙说，乾卦的六爻都取象予龙，所以《象传》说六爻'犹如六条龙一样，驾御着天体进行运行'，如果照他所说，岂不是三爻不在六龙之内了吗？乾隆是朕的年号，龙与隆音相同，他诋毁的意图显然可见。又如'鸟兽不可与同群''狗彘食人食''牝鸡无晨'等题目，如果认为出题想要回避熟悉的内容，经书上有不少冷僻的题目，却一定要检出这些语句意图究竟在哪里？他的种种悖谬反动的行为，不可胜数。十多年来，朝廷各臣按韵所和的诗及进呈的诗册，何止千万首，其中在字句之间也偶尔有失检点的，朕都置之而没有加以理会，从来未曾从语言文字上责备他人。像胡中藻的诗，措词用意确实不是语言文字方面的罪过可以相比的。他诽谤朕本人还可原谅，而诽谤本朝就是背叛。朕看到他的诗已经多年，认为一定会有明白大义的人，并等他们上奏揭发，而在朝廷的各臣及谏议之官并无一人上奏揭发，足以看到相互沿袭成为风气，牢不可破。朕更加认为不得不申明我国国法，整顿一下喧嚷只知谋求升官的风气，学习皇父诛杀查嗣庭的做法啦。而且内廷侍从，曾任位居仅次于卿相之官的张泰开，重视师门而不顾大义，为胡中藻出钱刊刻诗集。至

于鄂昌身为满洲世仆，历任巡抚，看到这样悖谬反动的诗作，不但不知道愤恨，而且丧心病狂地与他唱和，把他看作志趣相投的人，其罪恶实在是死有余辜。这与世道人心关系极大，以此使天下后代的人都知道引为警戒。将张泰开削去官职，提交给刑部。胡中藻、鄂昌，已经下诏将他们押解到京。等到押送来时，提交大学士、九卿、翰林、詹事、科道共同逐条审定议罪，写成文书上奏。"

庚子日上谕：满洲风俗素来以尊崇君主亲爱长上、诚朴忠实恭敬为根本，除骑射之外，一切玩物丧志的事都无所沾染，但近来却多学汉人的习气，往往对经书章句稍有理解，就乱作诗歌，常常浮夸相互吹捧，终于导致古朴的风气逐渐丧失，语言荒诞傲慢，逐渐养成恶习。就以鄂昌而言，本身是满洲人，世代受到国家的恩惠，却在担任广西巡抚时，看到胡中藻悖谬反动的诗词，不仅不知道愤恨，而且与他往来写诗唱和，实在是丧心病狂到了极点。现在检查他所作的《塞上吟》，词句鄙陋粗率，难以说是诗，而其中最为荒谬背理的是，以至将蒙古称为胡儿。蒙古从我朝先辈之时，就忠心归附，与满洲本来属于同一整体，却视蒙古为胡儿，这与诋毁自己有什么不同？不是忘本又是什么呢？又如在鄂昌家查出《塞尔赫晓亭诗抄》其中有《作明泰妾杜贞姬》诗一首，初看似乎是明泰身遭不幸，本来并没有罪过。等到查阅原来案卷，才知道明泰身为协领，侵占兵丁钱粮，他的罪过本来就应当处以死刑。我皇父世宗宪皇帝，以天大的仁德将他押往宁夏，永远套上木枷，实属格外宽刑，而塞尔赫所作的诗序，只知道赞扬他的妾为贞姬，于是掩饰成为仇家行刺等话。这真是混淆黑白，自己不知道他假托他名进行诬陷。查究明泰，现在终于因为占田谋杀两条人命被处以死刑。像这样

的坏人，哪里有贞姬做他妾的道理呢？满洲人不通过读书，平时就知道尊崇君主亲爱长上的大义。就是孔门学府以诗书来进行教训，也必须先以事奉君父为重。如果读书只是窃取华而不实的学问来装饰自己，而不知道注重根本，致力于求实的学问，哪里是孔门教训的本意呢？何况借此存心诽谤讥讽本朝，日趋邪恶轻浮，不更是纲常名教的罪人吗？这样恶劣的风气，决不可让它继续发展。指令将此积心传告八旗，让他们致力于提倡纯朴的旧传统，不要失去我们先辈的法规，倘若假借读书的名义，不知规矩胡编乱作，张口随意吟咏，自己陷入浮华不实的恶习之中，朕一定加重惩治他的罪过。

四月丁未日，告谕军机大臣等人，胡中藻自从回到原籍后，所作的诗稿很多，而且他的语言风格与所刻诗集迥然不同，一定是由于事先已经有所察觉，据查问胡中藻有广信府亲戚名叫张绍衡，通过捐资纳粮取得官职后从京城回到南方，来到他家吊唁，看到书架上有刻印本《坚磨生诗集》，因而说到此书皇上已经看到了。胡中藻问："你是从哪里听到这个消息的。"张绍衡回答说是裘日修就曾说过此事，于是派人询问此事。据他的哥哥张绍渠说张绍衡去年三月回家，以后并没有来到京城，也没有到他任职的官府。于是下令传告谕旨给胡宝珠，立即提送张绍衡到省衙，审讯张绍衡是否听说此事、裘日修如何告诉他的、是否是他传告给胡中藻的、他是如何传告的，等等。一一讯问，取得确实的口供。对于张绍衡来说不过是无意的传述，有此事就不必回避，无此事也不可妄加承认，或许他别有来历，总归希望讯问至实际情况，使此事有个清晰的了解。如果张绍衡能将实际情况供出，还不会有什么大的罪责。如果支支吾吾加以掩饰，最终

也必然会水落石出。该巡抚先将所供情况由驿马迅速向朝廷奏报。先将张绍衡押送到京对质，再有胡中藻在原籍曾刻印幅为一尺见方的诗集，诋毁地方官，其中一定有涉及朝廷的地方，为什么检查送来的杂稿诗文中，并没有这个诗稿？该省如果有人收留保存，务必要追查。另外胡中藻家中的书籍内有《预纪略》二本，《复斋录》六本，查明属于哪方面的书，与本案有没有关系，一齐送来。

甲寅日，大学士、九卿、翰林、詹事、科道等上奏，称胡中藻违背天理、离经叛道，为天地所不容，应当按照大逆之罪凌迟处死，该犯的最直系亲属，男十六岁以上的人都立即斩杀处决。张泰开明知该犯诗抄内容反动，却敢给予资助刻版印行，并题名作序，应该按照知情隐瞒的律例立即斩杀处决。与罪犯胡中藻往来赠答的相冒，等到捉拿押送到来时，另外议罪告谕。朕统治天下以来，从来未曾利用语言文字的毛病罪责别人，在朝廷的各臣，和韵及进呈的诗册，何止数千万篇，其中字句荒谬背理的情况也时常出现，朕都没有加以指责，为什么只痛恨胡中藻一个人呢？实在是因为他所刻印的《坚磨生诗集》中连篇累牍都是诽谤诋毁的词句，不仅诽谤到朕本身，而且敢于诋毁国家。本朝安抚并统治中国有一百多年了，凡是天下所有的臣民，从祖父一直到孙子，世世代代蒙受本朝教养的深厚恩德，而胡中藻违背伦常悖谬反动，以至于到了这个地步，他冒犯列祖列宗罪恶最大。以前皇父在处理查嗣庭之案中，将正义大显于天下，认为狂妄怪诞的贼徒一定应该知道有所畏惧，而没有想到还有胡中藻这样的人，自然不得不申明法典，来警告嚣张顽固的人。现在大学士、九卿、翰林、詹事、科道等各臣共同进行了确凿的审问，经多次当面核对，都请求对胡中藻处以极刑，当然属于按刑律

定罪。朕认为将胡中藻斩杀陈尸于市，已足以示众，免去对他凌迟处死，命令立即进行斩杀处决，使天下后世之人引为警戒。胡中藻是鄂尔泰的门徒，文辞艰涩怪诞，人所共知，而唯得鄂尔泰加以赞赏，以至使他肆无忌惮，背逆傲慢狂妄嚣张。而且对他的侄鄂昌，叙谈门户情谊，讲究吃吃喝喝，这样鄂尔泰从前所标榜的私利，正好酿成了他们的恶劣习气。胡中藻依附在老师的门下，甘心做奔跑效劳的鹰犬。在他的诗中所说的"逸舌青蝇"，根据招供实际上指的是张廷玉、张照二人，可见他的门户之见多深，真是牢不可破。即使是张廷玉用人，也未必不认为鄂尔泰、胡中藻之流是行为不端正的人。鄂尔泰、张廷玉也是因为遇到皇父及朕这样的君主而不能大有作为，不然的话，他们什么事干不出来呢！大臣在朝廷处事，应当以公正忠诚体念国家为出发点，如果各自都存有意见，那么，依附的小人就会妄加揣测，结成团伙随声附和，渐渐发展成水火不相容的两派。自古以来朋党的弊病都是由此而产生的。鄂尔泰作为满洲的臣下，更不应当陷入这种恶习之中。现在他的侄子鄂昌就援引世代有交情的人，标榜亲密，积习顽固不明是非。这关系到世道人心极大。假使鄂尔泰现在还活着，必将他革去官职，给他判处重罪，使树立党派的大臣引以为戒。要将鄂尔泰的灵位撤出贤良祠，不准进入祭祀，他作为功臣附祭在太庙是遵奉皇父的遗诏而安排的，和现在准许张廷玉的附祭一样，应该依然如故。张泰开本来是一个平庸懦弱无能的人，他出资刊刻诗集是由于受到勒索，而诗集的序文又都是胡中藻自己写的，因而将张泰开从宽处理，免于治罪，立即将他释放，仍然在上书房为行走，效劳赎罪。胡中藻的母亲年已八十，他的孙子也很幼小，以及他的弟弟胡中藩等人，都

将从宽处理免于连同坐罪，在胡中藻诗集中，一切受到牵连的人，除了鄂昌等押解到京时另行审理了结外，其余的人都给予恩典，一概免于对他们的查究。至于李蕴芳，身为县令，却认为检查验证造成祸患，反复多次哀叹怨恨，实属极为狂妄悖理，该巡抚因其贪婪进行弹劾，将他革职等候审理，准备到定罪之时再下谕旨。其余都依照所议处理。

我曾经读过乾隆年间御史曹一士请求宽免比附谣言之狱兼禁止怀恨诬告诗文来制止恶习的奏折，奏折说："古代大史采集诗歌来观察民风世俗，借此来了解各邦国政治得失、风气的好坏。也就是《虞书》上所说的'考察治乱，听取四面八方的意见'的意思，使下面情况能够传达到上面。到了周朝末年，子产还不禁止乡校的议论，只是对于行动邪恶而顽固，语言虚妄而狡辩的人，显然是有名的人，圣人也必须在宫前两观将他诛杀（指孔子杀少正卯之事），实在是由于痛恨他蛊惑民众的缘故。以前制造流言蜚语，有明显反叛罪状的人，如罪犯戴名世、汪景祺等，圣祖、世宗因为他们自己走上大逆不道之路而将他们诛杀，是不得不这样做的。而像写诗作文，语涉嫌疑，是非难辨，如陈鹏年任苏州府知府时写《游虎邱》诗，有人秘密奏告他大逆不道，圣祖就明白宣示九卿，认为自古以来诬陷忠良大多都是这样。真如同神明贤哲，能够洞察隐蔽细微的事物，足以作为千秋万世遵循的准则。近几年来，小人不懂得两朝之所以诛杀罪恶元凶的原因，往往心怀一点私怨，就借助一些毫无根据的言词，揭发诗书，指责字句，主管官更处理此事也望风扑影，千方百计追究讯问，以致有的连累师生，株连亲戚朋友，搞得家破人亡，极为令人可怜。愚臣认为关于井田、封建的看法，不过是迂腐书生所常议论的，不可以认为是生于现在

要返回古代；记述情怀咏歌历史不过是诗人墨客的习惯常态，不可以认为是借古讽今。即使有的序跋偶尔遗漏了清代的纪年，也或许是由于马虎大意而造成的一时疏忽，未必真怀有反叛之心，而敢于在文章中明确宣布。假使将这一类事情，全部都当作谣言，处以不容赦免的重罪，将会使天下告发之风不息，士大夫们就以写文章为警戒，绝非国家以义作为政治法度，用仁来包容的宗旨。敬读皇上的谕旨，凡是奏疏之中以前所应回避忌讳的事情一概取消，看到圣上贤明，胸怀宽广令人仰慕，这就是古代所谓陈述进奏采诗观风的盛况。臣个人认为朝廷上的奏章尚且取消避讳，那么民间世俗所写的文字又何必吹毛求疵。请下诏令给直省大吏，检查以前是否有这样的案件，现在不准援引律例赦免的，可逐条列举上奏请示，以等待皇上圣旨裁定。以后凡是揭发文字罪案的，如果没有确凿证据，就以所告本人的罪，依照刑律反定在告发人身上，用以对必怀私仇诬告他人者警戒。这样差不多可以避免因文字而被治罪，告发之风也可以制止。"等等发表了这些言论。我们从中可以知道当时文字狱层见迭出不可胜数。就以胡中藻一案而论，如上谕中所列举的各条，若要翻阅任何人的文集之中，这样的语句谁能避免？而因此犯罪被诛灭宗族，牵连同党，凡是有血有肉的人，谁不感到人人自危呢？曹氏所讲的"井田""封建"，抒发情怀咏歌历史，都可以招致大逆不道之罪，天下的学者谁不感到疑惑，除了最没有用的学术外，是不敢研究的事。龚定庵（即龚自珍）曾经说过："用积累了数百年数十年的力量，来冲击摧毁天下的廉耻，廉耻已经灭绝殆尽，但却想凭借先辈的余荫，在一朝一夕之间用气节来要求群臣，岂不是晚了吗？"呜呼！不是一朝一夕的原因，而是由来已久的原因

逐渐造成的。可是世宗(雍正帝)不杀死曾静,不烧毁吕留良的书籍,而且把他们的供词刊行流传,公布天下,作为统治一代的良策运用,实在是有令人感到惊叹的地方。啊!在两千多年历史上像具有这样雄才大略的君主太少了。

## 年羹尧之狱

雍正三年十二月十一日,京城刑部南监的一间空空荡荡的大室里都察院左都御史蔡珽带着一队狱吏轻轻打开室门,几名狱吏上前解去室内囚犯身上的枷锁,另两名狱吏分别捧来鸩酒和上吊用的丝绳。

"老爷,您请,用哪样?"狱吏问。

囚犯呆若木鸡,毫无反应。

"大将军,还发什么呆?我还得回去复命呢。"监刑官蔡珽恶狠狠地说。

囚犯怀着一腔冤情,慢慢抬起头来说:"我,我还有话奏明皇上。"蔡珽一愣,但也不敢阻拦,哼了一声,示意狱吏取来纸笔,囚犯以地代桌,趴在地上,颤颤巍巍写下《临死哀求折》:"臣今日一万分知罪了,若蒙皇上开恩,怜臣悔罪,臣年纪不老,愿效犬马之劳。"两行泪水扑簌簌流下来,浸湿了折子。蔡珽狠狠地瞪了一眼囚犯,一把将折子拿过,差人飞马递进宫中。一个时辰后,皇上谕旨到了。囚犯用颤抖的手接过谕旨,跪下展开:"尔亦系读书之人,历观史书所载,曾有悖逆不法如尔之甚者乎?如尔之公行不法,全无忌惮,古来曾有其人乎?因尔之种种作为,朕不得已执法,以为人臣负恩者戒!尔自尽后,稍有含怨于地下,则佛书所谓永堕地狱者,虽万劫不变!"

"皇上,你好狠心啊!"囚犯仰天长叹一声,谕旨从他颤抖的双手滑落在地,然后他慢慢站起来,从狱吏手中拿过丝绳,痴痴的眼神盯着这要自己命的丝绳,狡黠的狱吏忙从囚犯手中又拿过丝绳,替他在梁上系好环结,然后搀扶这囚犯登

上小桌。囚犯将环结套在自己的脖子上,一脚掀开脚下的小桌……

这被赐自尽的囚犯不是别人,正是康、雍两朝显赫一时的大将军年羹尧。

年羹尧,字亮工,汉军镶黄旗人,康熙三十九年进士,点为翰林,后升为内阁学士。康熙四十八年,年羹尧被提为四川巡抚;五十七年特授四川总督,兼管军政,巡抚事;五十九年又授定西将军印,六十年加授陕西总督,特管两省军政。雍正即位,将绝不轻易授人的"大将军"印信授予年羹尧。

雍正何以如此亲信年羹尧?有人说,他在雍正未做皇帝之前是亲王府中的人,是雍正的亲信随从,常伴雍正放鹰走马、养鸟粘蜻蜓。后来雍正即位后,与年羹尧当年同侍雍正的少年伙伴大都选作皇帝的贴身侍卫,组成尚虞备用处,成为雍正的特别鹰犬,专门侦缉要员大臣的隐私。怪不得有人称这帮人是清朝皇帝的厂卫。所以,像年羹尧这样早中进士,并是封疆大吏的"藩邸旧人",理所当然要受到雍正的重用。更有甚于此情的两种关系:雍正能称帝,是诸皇子争夺的结果,而皇十四子胤禵是他的政敌,所以雍正一即位,就收了胤禵的兵权,把它交给年羹尧。而当时清军的精兵全在西北,雍正想倚重年羹尧的军事力量稳坐皇位,此其一。这其二,则是年羹尧的妹妹已被选作雍正的贵妃。

然而,年羹尧并没有辜负康熙、雍正的厚爱,他在督抚川、陕、西北一带及任大将军期间,转战大西北,精心部署、英勇奋战,为清王朝立下汗马功劳。康熙五十七年秋末,准噶尔势力嚣张,清军额伦特、色楞部在藏北全军覆灭,而在青海的和硕特首领罗卜藏丹津亦蠢蠢欲动,要与清王朝平分天下。西北岌岌可危。在这般情势下,康熙苦苦思索,作出让年羹尧配合胤禵征伐的决定。年羹尧亲率

川军,与胤禵相呼应,分路夹击准噶尔部,充分显示了他的军事才能。随后,他又建议增设驿站,打通粮道,扩充川兵,稳定西北。这都得到康熙的赞许,康熙还夸他是不可多得的将才。雍正即位不久,罗卜藏丹津在塔尔寺大喇嘛察罕诺们汗的挑唆和支持下公开叛乱,他会盟于巴罗海子,把朝廷赐予的印信、大旗、朝服统统付之一炬,扣押了朝廷派去的使者,扯起"达赖混台吉"的旗褾,杀气腾腾,直向西宁扑来。塔尔寺的察罕诺们汗也积极配合,亮出久藏庙宇内的甲仗、刀枪,并胁迫其数万佃户属人作乱,攻占官衙,烧杀掠抢,直把个青海大草原搞得刀光剑影,牛羊不宁。面对凶恶的势力,年大将军镇定自若,分兵设防,经过数月苦战,罗卜藏丹津人马乏食、势穷力蹙。雍正二年二月,年羹尧分兵三路,发起声势浩大的反攻,直打得罗卜藏丹津化装妇人落荒而逃,反叛喇嘛全部被歼。此次大战,俘获了罗卜藏丹津的母亲和众多反叛头目,投降的叛军达二十万之众,这是清廷在西北从未有过的巨大胜利。雍正皇帝高兴得合不拢嘴,在京城举行盛大的献俘大典,加封年羹尧为一等公爵。

献俘大典后,年羹尧向雍正奏上《青海善后事宜十三条》和《禁约青海十二事》,这西北边疆的长治久安之策,又理所当然得到雍正的首肯和赞赏。而这年大将军与雍正皇帝的私人关系也远远甚于亲生兄弟,譬如:雍正在品尝广东进贡的荔枝珍品时,立即想到年大将军,便着人飞马传递给远在西安的年羹尧,他还写道:"昔者唐明皇在长安赐杨贵妃荔枝,博得'一骑红尘妃子笑',今朕赐年大将军,能博尔一笑乎?尔乃朕之柱石大臣,朕真不知如何酬赏尔。"甚至就连年羹尧的父、子在京状况,雍正也要御笔告知。雍正曾对年羹尧讲,古来君臣之遇

合,未能像我二人,我二人要做个千古君臣知遇榜样,令天下后世钦慕流涎就是了。年羹尧也忘乎所以,甚至忘乎到私下替雍正代拟书序然后要其认可的地步。

月满则亏,水满则溢。年大将军丝毫没有察觉自己是处于权势之巅后万丈深渊边沿的境地,也对变幻莫测的君王之心毫无戒意,而满朝文武也根本不会去想炙手可热的年大将军要有厄运突降。

得悉年羹尧将有厄运的第一人是年的挚友、直隶巡抚李维钧。雍正二年十一月十六日,李接到雍正皇帝一封回批的秘密奏折,打开一看,立即傻了眼。

"近日年羹尧陈奏数事,朕甚疑其居心不纯,大有卖弄揽权之意,不知其是否功高志满所致。尔以为年羹尧何许人也?据实奏来。"

李维钧简直不敢相信自己的眼睛,他揉了揉眼睛,一字一句再看,上面的谕批确确实实是这么写的。几乎与此同时,河道总督苏勒、四川巡抚王景灏、安徽巡抚李成龙、湖广总督杨宗仁、云贵总督高倬等人也都收到内容相似的密谕。为何雍正会在对年羹尧的态度上来个一百八十度的大转弯呢?

原来,这君臣二人的裂痕是从一些烦琐礼节开始的。一次,雍正召年羹尧进京商讨军国大事,二人在养心殿西暖阁商谈,谈到兴致所在,年羹尧指手画脚,得意忘形,竟伸开两腿朝向雍正。自尊心极强的雍正对年羹尧这种放肆的"箕坐"行为,心中极为不快,由此对年产生了居功傲上的疑心。雍正密令尚虞备用处的爪牙暗地侦缉年羹尧的问题,一些大臣出于报复和嫉妒,告年羹尧骄奢贪权,专制不仁,结党营私。其中有一人,名为蔡珽,原任四川巡抚,本是年羹尧栽培出来,后因政见不合被年参劾,因

此结冤。此时，身为都察院左都御史的蔡珽摇唇鼓舌，揭发了年羹尧的许多问题。最令雍正恼火的是：胤禩被发落到年羹尧那里后，有一次雍正问年羹尧：胤禩怎么样？年回答有所改悔，雍正认为这是在包庇他的政敌。这种积怨终于在雍正三年二月找到了触发点。

这一月恰逢"五星联珠"，是祥瑞之兆，群臣例行公事，都向皇上进表祝贺，年羹尧也照例进表，赞扬雍正"朝乾夕惕"，结果不留神将"惕"误写作"阳"。雍正看后，立即发难：既然年羹尧说我是"夕阳"，不想把"朝乾夕惕"归于朕，那么他的西北之功，朕亦在许与不许之间了。

官场中没有比失去皇帝宠爱之时更容易遭人落井下石了。一时间，总兵提督、部院臣僚、将军都统、翰林、詹事及各省督抚纷纷上书，口诛笔伐，把个年羹尧说得一无是处，仿佛是千古罪人。

雍正三年四月，雍正下令解去年羹尧抚远大将军之职，改援空有其名的杭州将军；五月，年羹尧才离开西安，为留后手他疏散了自己的财物，这当然没有逃出尚虞备用处人员的眼目；七月，决心置年羹尧于死地的雍正下谕群臣，"各秉公心、各抒己见、平情酌议"如何处置年羹尧？所议的结果是两个字："暗杀"。九月，雍正颁旨将年羹尧革职、逮捕、锁拿进京。先由刑部拟议，尔后三法司、九卿会审，最后拟定"九十二款大罪"上奏皇帝。其罪分别为：危害国家与皇上利益的大逆罪五条，欺君罔上罪九条，超越礼制与权限罪十六条，狂妄骄横罪十三条，专权跋扈罪六条，嫉妒刻薄罪六条，残暴滥杀罪四条，贪赃受贿罪十八条，侵吞亏空公家财物罪十五条。

雍正阅毕奏章，认为这九十二款大罪条条属实，略作思索，挥动御笔，批道：依罪而论，当处极刑，但念其青海之功，从轻处罚，斩年羹尧之子年富，革其父

兄之职，其余子孙发落云贵烟瘴之地充军，籍没妇女奴仆，查抄全部家产，至于年羹尧本人，朕怀恻隐之心，不忍其身首分离，赐其自尽算了。雍正批毕，脸上露出一丝冷冷的笑意，然后扔给太监，传谕刑部……

## 雍正改遗篡位

《红楼梦》第一回中有一副对联，叫作：

假作真时真亦假，

无为有处有还无。

横批是：

太虚幻境

这副对子把"太虚幻境"中那真真假假、虚虚实实、似有若无的幻状准确地描绘出来。这种真假虚实、难分有无的情形不但"太虚幻境"中有，就是脚踏实地、有血有肉的人间也同样存在着这种真假难辨的情况，清朝的雍正登基以及驾崩之谜就属于这种亦真亦假、亦实亦虚的情形。

雍正，是康熙的第四个儿子，叫爱新觉罗·胤禛。雍正是他登基后的年号，有表白他是正大光明地登基的意思，死后，庙号为世宗。

雍正小时候，不务正业，浪迹江湖，酗酒、斗剑等江湖武士的习气十足，而且他也的确从心灵深处喜欢江湖中的剑客高人。因此，他经常仗剑云游，遇见剑术高妙的侠客，必要折节下交，甚至结拜成异姓兄弟，进而向他们学习高深剑术。他在江湖行走的几十年中，曾和当时剑道的十三个绝顶高人义结金兰。在这十三个异姓兄弟中，有一个和尚的剑术达到超凡入圣、炉火纯青的境地。这个和尚不但骁勇绝伦，而且能把剑炼到肉眼难见的尘埃微粒那么大，不用时，能把剑收缩到脑海中，成为意念的一部分，一旦需要，他竟能意贯丹田，吐气成剑，灵敏、矫健，势如长虹，百里之外取人首级，如

探囊取物,令人防不胜防,江湖同道给他起了个绰号,叫万人敌。稍次于万人敌的剑客能把剑炼到芥菜籽那么大,平时藏在指甲缝中,一旦临敌,就凌空弹指,剑去如飞,挡者必死。悟性极高的雍正的剑术就到了这种炼剑成芥的水平。康熙皇帝对自己的四皇子委身江湖的做法极为不满,把他比作无赖子弟,因而,一向不假词色,使雍正很怕和他见面。

然而,雍正醉心剑术和通常说的嗜武成癖的用心截然不同,一般的江湖武士潜心武学的目的不过是要成为武林中的一方霸主,或者要成为一代宗师。雍正却不然,他的好武习武只不过是作为政治斗争的一把出人意料的利剑,是政治斗争的开山斧、敲门砖。一旦时机成熟,这把利剑将会出奇不意地从天外杀来,为他篡位夺权杀出一条血路。表面上看,雍正出入武林、专心练剑,似乎对宫廷中波谲云诡的争斗漠不关心,其实不然,他对大清王朝未来主人的归属问题极为关心,真正是身在江湖,心在朝廷,他结交的许多武林高人被他安插进京师,专伺窥探朝廷争权斗争的发展迹向。一有风吹草动,他就能在最短的时间里赶回北京,从容部署。康熙晚年时,病魔缠身,不能正常地处理朝政。雍正听到这个消息后,昼夜兼程地赶回京师,让他的结义弟兄为他察颜观色。

他清楚地知道,在他的弟兄中,他是最不受父皇欢迎的一个,而十四弟则最受父皇的器重,一旦父皇有传位遗诏,非十四弟莫属。而十四弟目前又手握重兵,为父皇治理西北边疆。要想窃取神器,必须切断父皇同十四弟之间的联系。因此,他进京后的第一件事就是让他的结义弟兄们侦察遗诏的收藏处。其次是双管齐下,一方面派出他带进京城的武林高人们分别把守通往西北的各交通要道,随时阻杀派往西北的使臣;另一方面

他用恩威并施的手段,收买了深受康熙器重的、他的亲舅隆科多,让他尽力拖延康熙传召十四弟的时间,使康熙无法在临终前见到十四弟。当康熙到了弥留状态时,他的弟兄们为他取来了遗诏,他打开一看:"传位十四皇子"六个朱字赫然入目,于是,他请来了隆科多,让掌管御旨朱批的隆科多篡改遗诏,其做法是:在"十"字顶端加一横,在"十"字那一竖的末尾加一钩,这样,"传位十四皇子"就变成了"传位于四皇子"。参与这一阴谋活动的,还有大将军年羹尧。为了确保万无一失,他还让他那些武林剑客们把守宫门,阻止任何人探望康熙。而雍正自己,则衣不解带,昼夜守候在康熙的身边。

有一天,康熙稍微清醒,发现身边只有雍正一人,虽然这只是回光返照的一瞬,但是,天纵英才的康熙立刻明白了,他被隆科多出卖了。怒火填膺的康熙,抓起一串念珠照着雍正就打了过来。不要说垂危如康熙,就是身强力壮的人又怎能轻而易举地打中精通武术的雍正?雍正只是轻轻一闪,念珠就从头上飞了过去。雍正捡起这串念珠,立刻对着康熙跪了下来,高声说道:"谢谢父皇",这一响彻行云的话,被前来探望康熙,却被阻拦在外的众皇子听到了,而康熙呢?由于急火攻心,立刻魂飞魄散了。

到了这时,隆科多进屋一看,康熙已然驾崩,于是,向众皇子宣告:"皇上驾崩",并命人取过遗诏,念道:"传位于四皇子。"雍正也双手捧着康熙平常带在身上、临死前用来打他的一串念珠作为凭证,并同时挤出几滴鳄鱼般的眼泪。对于隆科多的宣布,众皇子既不信,也不服,群情汹汹,提出这样或那样的责问。在康熙的三十多个儿子中,虽然有许多都有入继大统的非分之想,但是,大家心里明白,论才干,论功绩,论在父皇心中

的位置,他们都无法和十四皇子相提并论。十四皇子叫胤禵,是雍正的同胞兄弟。康熙中晚年,对胤禵极为赏识,认为他堪承大统。因此,进行有意识栽培,使他在众皇子中脱颖而出。的确,胤禵聪明、干练、刚毅,处事果断周全,曾多次代表康熙南征北战,每战必胜,屡立战功。朝廷内外,都认为在康熙百年之后,皇位非胤禵莫属。结果却大谬不然,胤禵非但没有继承皇位,而且连康熙的最后一面都没见着,于情于理,都相差甚远。大家认为这是阴谋的结果,纷纷索看遗诏,发现"于"字不但墨迹深重,而且不是习惯上所用的"于",遗诏被篡改是毫无疑问的。然而,死无对证,皇子们也无可奈何,只有接受这一想都没想过的现实。遗诏是可以修改的,可是人心是无法修改的。雍正还没继位,皇宫中就风传着"真太后(雍正与胤禵的母亲)变成假太后,假太子变成了真太子"。

对于纷纷物议,雍正表面上不露声色,内心中愤怒已极,登位后,就迫不及待地开始了诛灭异己的活动,那些对他登基表示怀疑,以及对他登基愤愤不平的人,一一给杀害,三十多位皇子中,只有一人得到他的重用,其他人都罢黜不用,有五人被他暗杀。消灭异己势力后,雍正又开始杀人灭口,隆科多、年羹尧是他的死党,他夺取皇权的一切阴谋都是和这两个人一起策划的,当他感到自己的统治地位稳固后,就把这二人视为心病,觉得有把柄握在别人手里殊为不智,因此,寻找借口杀死了这两个为他当皇帝立下汗马功劳的勋臣。他在给隆科多罗织的许多罪名之中,有一条是:"先帝升天之际,隆科多并不在先帝身边,却声称自己当时带着匕首以防不测。"忘记了隆科多是带着他的心腹武士阻止其他皇子进宫探病一节。给年羹尧下的三十款大罪中,有一款是:"私藏圣旨。"古人说

兔死狗烹,鸟尽弓藏,真是至理名言。

雍正用阴谋手段登上了皇位,又用暗杀等方式杀害了持不同政见者和对自己皇位有威胁的人。表面上看来,他是达到了目的,但是,他自己从没获得过胜利后的轻松,他的心始终是紧张的,时时刻刻都担心别人也会用阴谋的手段来暗杀他,因此,他在自己身边密布侍卫的同时,也在揣摸着何人能对他的生命构成威胁。他知道,被他杀死的诸位皇子,都有一批心腹武士潜伏在暗处,随时都可能给他致命一击。为了防患于未然,他每次出门,都暗藏利剑,以备急需时用。有一次,他到天坛去主持祭祀仪式,他刚到那里,就听到布置在天坛上的帐篷里有不寻常的声响,于是,雍正就在刻不容缓之间做出了反应,只见他右手微弹,一道银光直射声响处,光落见血,一只野狐从帐篷里摔了出来,两眼之间有约一寸长的血槽。雍正见了,得意地对随行武士说:"最近一段时期,一些亡命之徒铤而走险,竟然想谋杀我。今天,我牛刀小试,让一般贼徒知道我剑术的高妙,就算是有刺客图谋不轨,又怎能伤得了我!"大话虽然掷地有声,但终究感到心虚。他认为,天下的剑术高手虽然大都被他收买,只有一个和尚不为所用,这是一个心腹之患,所以,雍正决定要不惜一切代价除掉他。而要这个和尚的命极不容易,他不但剑术已达炉火纯青的程度,而且行踪飘忽,来去无迹。有一天,雍正手下专事盯梢的人发现了老和尚的落脚点,雍正得知后,不但同时派出三个剑术高绝的剑客,而且派出重兵,将一切可能遁迹的道路全都封死。老和尚看到三剑客后,立刻知道在劫难逃,就爽然一笑;说:"你们是奉主子之命前来捉拿我的吧?你们的主子不义之事做得太多,动辄以私愤杀人,这有违天和。我现在虽然无力和他一争短长,但是,天下英雄大

有人在，必有前去索债的人！"说完，自杀而亡。三剑客割下和尚的脑袋，回京向雍正交差。雍正看了老和尚的头，开怀畅笑，笑过后，他问老和尚死前说了一些什么？三剑客说："老和尚诅咒陛下一个月后要遭报应。"这句话在雍正的心中布上了更加浓重的阴影，从此，他是风声鹤唳，草木皆兵，更加寝食难安了。

尽管雍正把他的皇宫内外布置成一座阎罗殿，还是没有逃过劫数，一个月后，他在深宫之中被人砍去了脑袋，应了天网恢恢、疏而不漏那句语。

这个把雍正的头割走的人名叫吕四娘，是明朝遗民吕晚村的孙女。吕晚村有个学生，名叫曾静，他在吕晚村华夷大防思想的影响下，一心想恢复大明河山，有一天，他潜入总兵岳钟琪的中军帐中，以岳钟琪的先人岳飞作说词，企图让岳钟琪举义兵，结果中了岳钟琪的诡计，于是，已死的吕晚村作为主使人而被戮尸，吕家九族除了吕四娘在外学艺而幸存外，其余全部受害。

雍正的这一举动，引起广大人民的强烈不满，一些武林高手开始把刺杀雍正作为己任，吕四娘得到这些高人的援助，终于带着雍正的头回乡祭祖。

对于雍正被杀身亡一事，紫禁城中讳莫如深，只是向外宣布暴病而死。其实，雍正是死于暗算之中。雍正死的那天还临朝处理政事，一点儿不适都没有，到了半夜，突然召鄂尔泰进宫，鄂尔泰在十万火急的催召下，连马鞍都没带就急如星火地赶进宫中，大腿都磨得鲜血淋淋。而且他在宫中住了三天，连一顿饭都没吃上，如果不是非常之变，就绝不会出现这样的情况。

雍正的死和他的登基一样，真假虚实同时并存，让人无法辨析，真应了"假作真时真亦假"这一妙语。

## 乾隆风流韵事

在中国历史上，乾隆皇帝是一个比较特殊的人物，对于他的政绩，一般的是持肯定的态度，认为他精明、干练，是一代中兴之主。对于他的私生活，则是见仁见智，众说纷纭，莫衷一是。

乾隆，是爱新觉罗·弘历的年号，雍正十三年登上皇位（1735 年），第二年（1736 年）开始启用乾隆这一年号。继承皇位后，乾隆皇帝在强化皇权的统治前提下，广泛施恩，不久，便改变了雍正朝严酷的政治统治，赢得朝野一片歌功颂德之声。他在位的六十年里，对边疆用兵十次，每战必胜，因而自称为十全老人。到了乾隆六十年，他将皇位传给太子颙琰，自己做了四年太上皇，可谓善始善终。

但是，对于乾隆的私生活，却不易做出评定，因为他的私生活实在不怎么检点，所以，民间里对他的传说极多，是非曲直也不易判断。

乾隆手下，有一个能臣，名叫傅恒，即乾隆皇帝的正宫——富察皇后的哥哥。傅恒的妻子傅夫人是一个天生尤物，浑身上下，高低大小无不适宜，再加上酒窝两点，真是"任是无情也动人"。有一年春天，乾隆为了让太后高兴，下了一道圣旨，让后妃以下，所有的公主、宗室、命妇以及亲属都到圆明园春游。傅夫人就在这春游的行列中。那一天，傅夫人的鬓边插着一朵红花，越发显出她的娇楚动人。乾隆在那长长的脂粉队中，一眼看到傅夫人那秀色天成的面容，就再也忘不了那淡妆浓抹总相宜的可人面孔。一路上，不住回头相望，傅夫人自然从乾隆那热切的眼神中看出了乾隆的用心，于是，投桃报李，不住地回以甜甜的微笑。回宫后，乾隆千方百计地寻找机会宣傅夫人进宫，有时甚至留宿宫中。后来，傅夫人有了弄璋之喜，一个月后，抱进宫中，请乾隆赐名，乾隆看这孩子肥硕强壮，简直是自己的化身，所以龙颜大喜,欣然赐名叫福康安。福康安八岁后,乾隆就让他留在宫中,和皇子们一起读书,十二岁便封为贝子。世人因此而认为福康安就是乾隆的儿子。是非之间,虽然无从考证,但是,自乾隆与傅夫人勾搭上以后,富察皇后便郁郁寡欢,后来竟死于苦闷之中。

如果说,福康安是乾隆制造的一个历史之谜,那么,另一个历史之谜——香妃,引起的引论就更多了。

香妃原是回民首领霍集占的妻子,她不但娇美绝世,而且天生异香,所以,世人管她叫香妃。乾隆二十三年(1684年),霍集占带领回民造反,乾隆派北惠将军前去平叛,第二年,北惠将军平息了叛乱,并生俘了香妃。乾隆闻讯,笑逐颜开,立刻传令让北惠火速把香妃送进京城。因此,尽管路途遥远,由于有了皇帝的关照,香妃在遥远的回疆被运送进京城,没有受到旅途风尘之苦。

香妃进了北京后,乾隆在日理万机的情况下,立刻召见了香妃,果然是芳气袭人,人见人爱。但是,因为是罪魁的妻子,乾隆不得不故作姿态,将她下入刑部大牢。可是,色不醉人人自醉,乾隆自见香妃后,脑海中日夜回旋着香妃那甜蜜蜜的身影,"剪不断,理还乱",日思夜想的,只是如何才能一亲芳泽。绞尽脑汁,也没有想出既能达到目的,又可杜绝群臣口实的两全其美的办法。看来,鱼和熊掌是不可兼得的。于是,乾隆决定:舍鱼而取熊掌。

有一天,时间已是午夜时分,刑部大牢的看守们已准备休息了,突然,从宫中传出一道圣旨,要看守们立刻交出香妃,让传旨太监们带走。按照千古成例,看守受命于牢头,牢头则听命于刑部的有关人员。由皇帝亲自给看守们下令,这是亘古没有之事,而且看守们虽然生活在天子脚下,却没有亲眼见过圣旨为何

物,况且所要之人是钦定囚犯,一旦出事,干系不小。所以,在大惊失色之余,看守们战战兢兢地说:"我们做看守的,地位低下,从来没有直接奉迎过皇上的圣谕。何况眼下已经更深人静,如果给囚犯开启枷锁的封印,那么,一旦发生不测之变,将怎么办?谁来承担这项罪责?"因此,婉言谢绝了太监们的不情之请。

这是两名太监始料不及的。在他们的记忆里,从来没有人胆敢抗拒圣旨,几名小小的看守人员,竟然敢冒天下之大不韪,拒不执行皇上的旨意,而且又损折了他们的面子。因此,羞刀难收,暴跳如雷,对看守人员极尽谩骂攻击之能事。

正相持不下,牢中的管事人员说:"实在没法,就快请满正堂批示,只要满正堂认可,我们与公公你也就可以推卸责任了。"传令太监也觉得再没有两全其美的办法,就接受了看守们的意见。

于是,一名看守就策马飞奔到满正堂的府中。这时,满正堂已进入梦乡。狱卒声嘶力竭的叫门声使满正堂极为恼火,但是,多年的宦海生涯使他深知,没有十分棘手的事,狱卒就是天大的胆子也不敢在深更半夜叫他的门。因此,尽管极不情愿,也还是迅速地穿戴好,开门接待了狱卒。当他听了狱卒一五一十地汇报了情由后,他感到事态的严重,立即和狱卒一起赶到了刑部大牢。经过核查,认为这道圣旨准确无误,就让狱卒从牢中提出香妃,这时,两名太监已将车马准备好了。

第二天,乾隆照常早朝。满正堂决心当着皇帝的金面,将昨晚的事核对一下。还没开口乾隆就看出了他的心意,所以,强词夺理地说:"霍集占多次地抗拒王师,使我们既损兵折将,又消耗了无数粮饷,实在是罪大恶极,他的妻子,我已经给糟蹋了,这也是对他的一个惩

罚。"说完,得意地哈哈大笑。

乾隆以霸王硬上弓的方式强占了香妃后,就将香妃封为他的妃子,后来,香妃为他生了几个皇子。香妃此时虽已改换门庭,贵为皇妃,但是,怀旧的情绪和思乡之情使她愁眉不展,整天都是郁郁寡欢。为了博取香妃一展眉头,乾隆在宫外仿回乡风俗建了一个村落,方圆有两平方公里,让在京的回民居住,一切衣食住行,都采用回民的风俗习惯,并配有专职官员管理这一回民村庄。同时,乾隆还在宫中为香妃建造一座梳妆楼,这座楼高出皇宫的围墙,在楼上,可以清楚地看到回民村庄。楼上设有九个房间,每个房间的墙壁上都悬挂着硕大无比的铜镜,铜镜中布满了回疆的风景图,达到了可以乱真的程度。尽管这样,还是不能令香妃展颜一笑,最后,香妃在孤寂愁苦中香消玉殒了。

对于香妃入宫以后的事,宫廷中也有另一种说法传出,即香妃入宫后,一连数天,神色坦然,似乎不知道什么国破家亡之恨。可是一当乾隆入宫,她就冷若冰霜,使得乾隆那如火激情不得不化作潺潺流水,鱼水之欢自然是无从做起。这时,乾隆虽然感到扫兴,但是,看到香妃那楚楚动人的样子,也只能徒唤奈何。此时此刻,乾隆往往会情不自禁地想起《西厢记》中张君瑞的《求凰》歌:

> 有美人啊,见之不忘。
> 一日不见啊,思之如狂。
> 凤飞翱翱啊,四海求凰。
> 无奈佳人啊,不在东墙!
> 张琴代语啊,欲诉衷肠。
> 何时见许啊,慰我彷徨?
> 愿言配德啊,携手相将!
> 不得于飞啊,使我沦亡。

可是,不要说于飞,就是乾隆软语问话,香妃也是百不一答。为了征服香妃的心,乾隆没有采取强硬手段,而是退了一步,让后宫中善于游说的人和香妃住在一起,慢慢地劝说香妃。对于口若悬河的宫中人,香妃没有说什么,只是从袖中拿出锋利的匕首,义正词严地说:"国破家亡,我早就想死了,但是,绝不能白白死去,迫不得已,也要有一个能相当于我丈夫身份的殉葬。"游说的人把香妃的言语转告了乾隆和太后。乾隆听了,虽然失望,却不死心,他可以等,认为时间可以洗去旧情,可以平复香妃的内心创伤,总之,对于香妃,他是志在必得。太后就不同了,她听了香妃冷冰冰的话,心中后怕至极,她想,一旦皇儿熬不住,冒犯了香妃,被香妃伤害,就悔之无极了。为了防患于未然,她亲自到香妃处,对香妃说:"皇上对你,已仁至义尽,为了让你开心,特意为你建造回民村落,使你在宫中就可以看到和听见乡俗乡音,这是为了慰藉你的乡关之思。难道你感觉不到吗?现在,你到宫中已达数年之久,即使有恨,也应消除了,但是,你对皇上却从不稍假辞色,我不明白你想怎样!"香妃说:"皇上所思所行,我耳闻目睹,知道他用心良苦。虽然我已不想杀他报仇,但是,恬然相从是绝不能够的,自前夫死后,我的心已随之死去,只是皇上监视严密,我不得其志,现在我想的,只是以死一报前夫故国,如此而已。"太后说:"既然这样,我现在就赐你一死,可以吗?"香妃立刻跪下,一边给太后叩头,一边说:"太后能成全我,恩同再造。"于是,太后把香妃领到侧室,让香妃自尽。

这时,乾隆正在天坛主持祭祀大礼,听了太监们的汇报,扔下祭祀仪式不管,仓皇赶回宫中,但是,宫门紧闭,他不得其门而入。当太后为他开启宫门时,香妃早已投环自杀了。乾隆看了面如生色、心满意足的香妃遗容,痛哭不已。他虽然和香妃无夫妻之实,却用后妃的葬礼埋葬了香妃,并在香妃墓前立了一块高大的石碑，正面刻上豁然醒目的两个大字："香冢"，背面刻着他题写的词：

浩浩愁，茫茫劫；

短歌终，明月缺。

郁郁佳城，中有碧血。

碧亦有时尽，血亦有时灭，

一缕香魂无断绝。

是耶，非耶？化为蝴蝶。

关于香妃的这两个传说，孰真孰假，已无从辨别，但香妃墓和碑文是货真价实的。

## 咸丰天子狎妓

在清朝的帝王中，论及荒唐可笑，风流滑稽，要算文宗为第一人。清文宗的年号是咸丰，名字叫爱新觉罗·奕詝。

奕詝是道光皇帝的四皇子，因为他的母亲全贵妃倍受宠爱，所以，他也深得道光皇帝的欢心。后来，他的母亲病死，年仅十岁的奕詝就由静贵妃抚养。静贵妃也有一个儿子，这就是六皇子。在性格方面，奕詝谦恭温和，奕䜣却争强好胜。从才华上看，排行老六的奕䜣要远胜奕詝。他们同时读书，奕䜣应付自如，而且在读书的间隙还能钻研武功，自创枪法二十八势，刀法十八势。因为机智聪明，很得道光皇帝的赏识。奕詝和奕䜣在道光的心中，是一时瑜亮，难定取舍，所以，道光对二人谁做太子的问题迟迟难做决定。在道光看来，奕詝的生母曾是皇后，属嫡出，按立储以长的传统，奕詝应是太子的最佳人选。但是，奕䜣虽是庶出，可是才华出众，言行举止都极像自己，为社稷考虑，立奕䜣做太子似乎更合适，就这样权衡得失，犹犹豫豫，一直拖到老病缠身谁做太子的问题还是悬而未决。到了晚年，道光感到立太子一事再也不能拖下去了，就决定对二人进行一番考察。有一次，道光传下旨意，要召见两位皇子。这时，奕詝和奕䜣都是快二十岁的人了，知道此番召见对能否

做太子关系极大，因此，格外重视。晋见父皇前，他们分别找自己的授业恩师讨求计策。奕詝的老师叫杜受田是一个理学家，而且极富韬略，他对奕詝说："如果谈论古今，就时政谈看法，你的才识绝不如六爷，那么，在这一方面，你已立于不战自败的地步。假如说还有一线希望的话，那就是如果皇上说他自己年老多病，将不久于人世的话，那么，你就什么也别说，只管趴到地上伤心痛哭，这可以表露出你的赤子之心。"而奕䜣的老师卓秉恬则不同，他深知六皇子的才华，以为皇上召见，必要指陈时政，比较优劣，因此，他对奕䜣说："皇上如有询问，你一定要知无不言，言无不尽，充分展示你的才华。"二人晋见道光后，道光只谈了近来的病情，大有不胜负荷之感，这一举动被杜受田料中，所以，奕詝打了胜仗。

奕詝初登帝位时，是兢兢业业、励精图治，企望自己能有所作为。但是，大厦将倒，独木难支，在太平天国起义的打击下，再加上帝国主义势力的压迫，咸丰皇帝很快就陷入内外交困、疲于奔命的境地中，他的雄心、他的抱负，很快就化为乌有，代之而起的是醉心于声色犬马的享受。

奕詝的身体原来就不强壮，因为放浪形骸、纵情声色，他的精力很快就被女色这一伐性利剑打劫一空。为了弥补自身精力的不足，他在凡是可以尽情风流的地方都准备了春药，以备不时之需。有一天，他传旨召见丁文诚，让他到圆明园中等候。丁文诚接到圣旨，策马赶到圆明园。可是，咸丰皇帝的大驾却迟迟不见，丁文诚久坐无聊，就想到外面散散步。刚站起身，突然发现在书桌上有一碟葡萄，大约有十多粒。这些葡萄紫绿相间，娇艳欲滴，仿佛刚从树上摘下来。可是，五月的季节，是不可能有这样成熟的葡萄的。在好奇心的驱使下，丁文诚

随手拿起一粒放进嘴中，顿感玉液鲜美，味道好极了。过了片刻，丁文诚觉得浑身燥热，下部暴涨，欲透裤而出。农历的五月，北京早已春暖花开，达官贵人们穿的是细纱薄缎，下部坚挺，使单薄的裤子高高隆起，显豁已极。对于这无法遮掩的突发的生理现象，丁文诚知道，他误吃了春药，一时间，又惊又怕，唯恐被咸丰发现。情急生智，他急忙用手按住腹部，倒地呼喊。园内太监们听到他那痛苦的呼喊，迅速赶来询问。丁文诚谎称是中了急痧，疼痛难忍。太监们给他服用了治痧药，不见一点起色，太监们无法，只好叫人扶起他，从便门中出走，直到走出圆明园，他还不敢直立行走。

咸丰皇帝在房中药的支持下，狎妓宿娼，无所不为。

他听说山西地区有一个姓曹的寡妇，天生丽质，风情万种，三寸金莲如新笋初露，穿的鞋中使用香料，头上常戴着光闪闪的明珠，芬芳四溢，光彩照人，就派钦差到山西把曹寡妇请进宫来。按照清朝宫廷旧制，汉族女人是不准进入皇宫的，可是咸丰不但让曹寡妇进宫，而且"三千宠爱在一身"，一时之间，曹寡妇竟成了六宫之首，朝野上下，都知道宫中有一个曹寡妇。而且汉族妇女进住皇宫的，不止是曹寡妇一人。在曹寡妇之前，咸丰还从扬州挑选了四名歌妓进住圆明园，把皇家园林作为藏娇取欢的场所，他把四名歌妓取名为：牡丹、海棠、杏花、武陵。丁文诚误服的春药，和这四名歌妓不无关系。

更叫人啼笑皆非的是，咸丰狎妓，不但无所顾忌，而且竟动用圣旨，这在中国几千年文明史上，可算作前无古人，后无来者。

当时，有一个年轻艺人，名叫朱莲芬，相貌清丽，婀娜多姿，成为一时之冠。朱莲芬不但姿色超群，而且技艺高妙，歌声响遏行云，言谈软语呢喃，闲暇之时，常常以书法自娱，她的蝇头小楷相当漂亮，再加上能诗善赋，颇受一般纨袴之辈青睐，于是，朱莲芬声誉日高，竟凌居于京城名妓之上。后来，咸丰听说京城有个朱莲芬色艺双绝，便动了凡心，极想"金风玉露一相逢"，哪知见面以后，他的眼睛竟似长到了朱莲芬的脸上，似乎连两条腿都不是自己的了。从此，他便把朱莲芬据为己有，不准他人问津，类似于当年宋徽宗宠幸李师师的故事。但是，又和宋徽宗有所不同，徽宗宠幸李师师，还想到帝王之尊，微服潜行，即使后来被群臣知道了，也是"犹抱瑟琶半遮面"，对讥讽他的臣下，恼羞成怒，予以贬官处置。而咸丰毫无羞耻之心，即使和江湖无赖之流相比，也毫不逊色。对于咸丰公然宿妓，朝野哗然，大臣们认为这有辱国体，纷纷上疏，要求咸丰停止宿妓。其中言辞最激烈的，要数陆懋宗写的奏折，洋洋洒洒，长达数千言。他在奏疏中以孔孟之道为根据，以古往今来的明君言行和荒淫误国的皇帝的事例为依托，说明从古至今，作为天下人表率的帝王必须谨言慎行，否则，将会使世风变得靡乱不堪。

咸丰皇帝看了后，不以为然，反哈哈大笑，洋洋自得地说："陆都老爷吃醋了。"接着，就在奏折上批道："此事就像狗啃骨头，兴味正浓，突然被人夺去，狗虽不甘心，但无可奈何，只能乱叫几声，以发泄心中的怨恨，这是极其正常的。钦此。"这样的披阅奏折，在中国古代史上，咸丰是独树一帜的。历史上比咸丰昏庸荒唐的皇帝不少，但是，以圣旨为儿戏，发布这样的旨意，咸丰可算是空前绝后的。

正因为咸丰沉湎于女色之中不能自拔，才给那拉氏——慈禧太后以可乘之机，最终使那拉氏专权误国，葬送了大清朝的一百余年的江山。这一可悲的结局,和咸丰皇帝的荒唐透顶有着直接的关系。咸丰自己,也因为荒唐而过早死去,死时,年仅三十一岁。

## 同治性病索命

古往今来,有多少人患有性病,又有多少人因性病而死,恐怕还没有准确的统计资料,就是在寥若晨星的封建帝王中有多少人得过性病,也没有人做过考证,但是,死于性病的皇帝却不需要统计,因为有充分资料显示是因性病而死的,只有一个,这就是同治皇帝。

同治是大清王朝的第八位皇帝,名字叫爱新觉罗·载淳。载淳出生时,他的父亲已经二十六岁了,但是,在妻妾成群的皇宫中,他却是咸丰皇帝的独生子。他的出现,给阴森的皇宫带来了一线生机,咸丰皇帝对他是怜爱有加,从出生那天起,整个皇宫都开始围着他转。他的满月、百日、周岁等节日,无不为皇宫带来祥和而热烈的气氛,从皇帝到一切皇亲国戚,无不为这个龙子准备丰厚的礼物。这一切,使得载淳自小就享受人间所能得到的一切精神和物质的厚待。

在这样优越的生活环境中,载淳应该是最为幸运的,物质上就不必说了,政治上,他也是无忧无虑的,因为他是咸丰皇帝的独生子,通常皇宫中为夺权而骨肉相残的悲剧对他来讲是不存在的,皇位理所当然地为他所有。

但是,在实际生活中,他却并不那么幸运,继承帝位后,他简直就生活在不幸之中,他的母亲是造成他种种不幸的罪恶渊薮。他的母亲姓叶赫那拉,乳名兰儿。当初,咸丰皇帝选美时把她选进皇宫,被封为贵人,但是,咸丰皇帝对这位贵人并没临幸过,甚至脑海中没有一丝印象。后来,好色的咸丰皇帝偶游圆明园,听到一曲清脆悦耳的南曲从"洞阴深处"传出,歌声如泣如诉,似断似续,不绝如缕。咸丰皇帝听得如痴如醉,他怎么也想不到在圆明园中还能听到如此委婉动听的韵味十足的歌声,他更没想到的是,因为听歌,竟听出个儿子,竟听出个中国历史上罕见的精于权谋的慈禧太后。第二天,咸丰又到"洞阴深处"听歌,这次听完后,他传召了唱歌人——叶赫那拉氏。在叶赫那拉氏的美色和曲意逢迎下,咸丰皇帝龙颜大喜,即时施以阳光雨露,不久,便有了收获——载淳出世。母以子贵,叶赫那拉氏很快就由贵人升为懿嫔,再升为懿妃、懿贵妃,从此,叶赫那拉氏就在等级森严的皇宫中占据了重要位置。步步高升使叶赫那拉氏的野心迅速膨胀,逐渐地,她对权力的兴趣超过了对儿子的兴趣,以致后来导演了儿子惨死的悲剧。

咸丰十一年(1861 年)七月十六日,咸丰皇帝病死于承德,年仅五岁的载淳开始做皇帝,载淳的悲剧就从这时拉开序幕。由于载淳年纪幼小,不能执掌朝政,因此,东宫皇太后和西宫皇太后(同治生母)共同垂帘听政,于是,载淳的年号就叫同治。东宫太后是一个安分守己的人,她对政事没有兴趣,她的垂帘纯属迫不得已,而慈禧太后却相反,权欲极强,为了抓权,对幼小的载淳不管不顾,放任自流,使载淳在失去父爱之后,又失去了母爱,成天和宦官们一起嬉戏,不仅荒废了学业,而且养成了极其不良的习惯,对海淫海盗的图画,爱如至宝,常常和幸臣一起把玩,君臣同趣,乐此不疲。当时,有一个翰林侍读,叫王庆祺,容貌俊美,精通曲律,更擅长谄媚,只要同治喜欢,他就可以放弃做人的尊严。只要他和同治在一起,就或坐或卧,行同男宠。有一天,一个太监看见他和同治像情人似的坐在床上,低头看一本小册子,太监不知看什么,走近一看,原来是精工绣成的男女交媾图,二人一边看,一边喷啧称赞，全神贯注，不知身边有人。太监看到这一情形，立刻退了出去，给予大肆宣扬，从此朝廷众臣，人人以和王庆祺同列为耻。

同治的悲剧，不只是甘于下流，更主要的，是他与生母之间的矛盾。同治皇帝随着年龄的增长，对母亲的专权越来越不满，尤其是对母亲和太监安德海之间的丑行更是看不惯。他做了许多小泥人，做好后，就用刀割成一块一块，别人一问，他就说："杀小安子。"同治八年（1869 年），小安子借给禧慈办贡品为名出宫南下，被山东巡抚丁宝桢逮捕，征得同治同意后，以违犯清廷家法为由就地处死。对此，慈禧太后大吵大闹，同治却满不在乎地说："杀死一个小太监，何必大惊小怪？"从此，母子间的裂痕加大。

直接导致母子反目的是同治大婚。清朝旧制，皇帝大婚后，就要亲自执掌政权。为了长期专权，慈禧太后对同治的大婚事宜一拖再拖，直到同治十七岁那年，才为同治完婚。当时，东宫太后和慈禧太后选择了两个少女，一个是侍郎凤秀的女儿，该女清丽娇艳，容貌超群，但举止不够稳重，深受慈禧的喜欢。另一个是侍郎崇绮的女儿，该女相貌不如凤秀女，但是举止规范，落落大方，东宫太后很中意。于是，在立谁为后的问题上，东、西两宫争执不下，只好让同治自己定。慈禧没有想到，自己的儿子和自己唱对台戏，因此，大动肝火。

婚后，同治皇帝和被立为皇后的崇绮的女儿浓情蜜意，把同时入宫、立为慧妃的凤秀的女儿晾在一边，这使慈禧很不高兴，认为同治故意气她，所以，人前人后，经常散布皇后无知，不懂礼节，并以过多亲近会妨碍政事为名，让同治远离皇后，亲近慧妃。可是同治得皇后，如鱼得水，怎能放弃？不但不听她的话，反而索性住进皇后处不动，二人经常在后宫中以吟诵唐诗为趣。这使慈禧太后忍无可忍。为了破坏同治和皇后间的良好气氛，只要同治不在，她就百般辱骂皇后，说她狐媚惑主，淫荡无度，常使皇后愁眉不展，同治知道后，也只能徒唤奈何。不仅如此，慈禧还派人监视同治的行动，只要同治和皇后在一起，她定要借故将二人分开，使二人尽兴不得，天长日久，使同治不敢轻易地到皇后的住处。为了表示抗议，同治皇帝赌气一人独居乾清宫，虽然不到皇后那里，但也绝不理睬慧妃。

然而，在声色犬马中长大的同治是耐不住寂寞的。为了排遣生理需求，同治皇帝开始了狎妓活动。因为他是天下至尊，公然狎妓毕竟有伤大雅，所以，出于那可怜的、一点点尊严的限制，他只好微服逛妓院。由于上等妓院中常常有文武大臣的踪迹，同治害怕被臣下看见，所以，只好到下等妓院中去唱一曲鹊桥仙，日复一日，纵淫无度。开始时，接待同治的妓女并不知道他就是当今的皇上，因而极尽挑逗狂荡，使同治欲醉欲仙，流连忘返，后来知道了这个青衣小帽就是皇上，也故作不知，乐得自在赚钱。在与众多妓女长期放荡的生活中，同治得了梅毒病。刚开始，并无不适的感觉，当他感到不舒服时，脸上、后背都有了明显的征兆。

在万般无奈的情况下，同治不得不撕下神圣的面纱，让太医院的医生前来诊治。太医们一看，大吃一惊，心想，皇帝怎么能得花柳病呢？

是的，他们确实无法理解。按皇宫旧制，皇帝要和哪个嫔妃同床，首先要通过皇后传旨，命令该嫔妃小心侍候，才能同皇帝发生关系。如果没有皇后的印章，或是没有得到皇后的口谕，即使皇帝到了她的门前，也不准开门接待。这一制度是从明朝沿袭下来的。据说，明世宗时,有一个叫杨金英的女人,在与皇上行房后,趁皇帝熟睡之机,伙同另外几名女人用带子绞杀皇帝,因为力量不够而没能如愿。从那以后,历代皇帝在与嫔妃们行乐前,都要严格执行规矩,所以,没有患梅毒病的可能。太医们胆子再大,也不敢把皇帝和下等妓女连在一起。虽然他们确认同治得了性病,但是,口不敢说,因为慈禧对同治盯得太紧了。为了不得罪老佛爷,太医们先把同治的病情如实地向慈禧做了汇报,让慈禧帮助确定病情。

慈禧对同治这一病情,心知肚明,但是,出于报复和专权方便考虑,就让太医按天花去治。太医们明知这样做不妥,但不敢违背老佛爷的旨意,只好将错就错,按照天花病给同治配药,药不对症,越治越糟,同治的药吃得不计其数,可是病情不但不稍见起色,反而变本加厉,不可救药。

于是,同治追问太医们用的是什么药,当得到太医们的明确回答后,同治勃然大怒,厉声喝道:“我的病并非天花,你们难道看不出?”“让我吃天花病的药,居心何在?!”面对同治那双深陷但冒火的眼睛,太医良心上受到了严厉的谴责,觉得这样做有背医德,但又无可奈何。因此,只好把慈禧的旨意告诉了同治。同治听罢,连声长叹,竟无一言半语说出,空有满腔怨恨但已于事无补。

没过多久,同治的下身开始溃烂,脓血涟涟,臭气熏天。皇后听说皇上得了不治之症,悲痛欲绝,可是,又不敢形之于色,只能在同治病重期间经常探视,并亲手为同治擦去脓血。最后,同治的腰部烂出一个大洞,从洞中可以清楚地看到腰肾。这时,同治也知道不久于人世,因此,立下遗诏说:在我之后,立皇帝要找一个年岁大的人,以免重蹈我的覆辙。就这样,年仅十九岁的同治就撒手人寰

了。这虽然是天灾,但致同治于死地的却是人祸,真是可悲之至。

## 光绪皇帝受虐

李后主李煜在被俘后的囚所中曾写过一首《浪淘沙》词,在词中,他把被囚禁的凄楚和孤寂无援的情绪淋漓尽致地抒发出来,词中写道:

往事只堪哀,对景难排。

秋风庭院藓侵阶。

一行珠帘闲不老,终日谁来?

金锁已沉埋,壮气蒿莱。

晚凉天静月华开。

想得玉楼瑶殿影,空照秦淮。

如果说作为国破家亡、沦为臣虏的李煜产生这样孤苦伶仃、寂寞难耐的情绪是情理之中的话,那么,身为皇帝,在没有失去帝位和国家的情况下产生这种孤立无援的情绪就有些不可理解了。但是,这绝不是危言耸听,而是确有其人其事的。这个年号没被废除却形同囚犯的皇帝名叫爱新觉罗·载湉,继位后,年号为光绪。

按常理,载湉是没有继位可能的。但是,他的前任——同治皇帝没有子女,再加上慈禧太后的一意坚持,年仅四岁的载湉就入主皇宫,成为大清帝国的第九位皇帝,慈禧为什么让载湉当皇帝呢?

原来,慈禧太后自己儿子继位后,就一直垂帘听政,同治皇帝只是她手中的一个傀儡。在她的淫威下,同治皇帝始终郁郁寡欢,最后死于青春,终年仅十九岁。同治临终前,鉴于自身的经验教训,曾给他的老师李鸿藻一道遗诏,说是再立新君时,要选择年岁大的人继位。李鸿藻接了这道遗诏,汗如雨下,他不敢和一手遮天的慈禧太后相抗衡,因此,只好把遗诏交给慈禧太后,慈禧太后看了遗诏,勃然大怒,当时就撕了遗诏。因此,幼小的载湉入主皇宫就有了可能。

为了立载湉,慈禧太后是费尽了心

机。从看了同治皇帝的遗诏后,她就看出弥留之际的儿子对自己已没有母子亲情,甚至可以说是有一种仇恨的心理,而这一切,又全是她一手造成的。她对同治皇帝干涉得太多了,不但使皇帝徒有其名,而且强迫他不能爱其所爱,终于逼迫儿子在下等妓院中寻找失去的世界,以至于因患了性病而丧身。对于这一切,慈禧太后未尝不感到有些过分,但是,由于太过贪权,所以,始终无法弥合同儿子之间的裂痕,以致于儿子在临死之际下了那道旨在收回皇权的遗诏。在慈禧眼中,权,就是一切,为了它,连儿子都舍弃了,它能因为一纸遗诏而放弃自己既得利益?因此,她想,儿子没有后人,按常规,应在溥字辈中寻找皇位继承人,可是,现在的溥字辈中人,都已长大成人,一旦继位,就要执掌朝政,这就等于结束了她的政治生涯,要想继续当权,就必须找一个年岁幼小的人出来当皇帝,这个人就是载湉。载湉既是同治的叔伯兄弟,又是自己妹妹的孩子,立了他,不会立刻亲政,这就决定她仍需垂帘听政,而且小皇帝易于控制,在积习之下,可以把他造成永久性工具。问题是怎样才能使群臣接受她的意见。

为了达到目的,她在儿子去世后,密不发表,立刻在养心殿的西暖阁召开御前会议,到会的都是朝廷要员,他们很关心同治的身体健康情况,对于群臣的询问,她先说:"皇帝无恙",接着又说:"皇上身体虚弱,若有不测,宗室中何人可承大统?"内务府大臣文锡说可以从溥字辈中选一贤者立为皇帝,对此,慈禧怒形于色,她厉声说道:"溥字辈中没人可立为皇帝。奕𫍽的儿子已经四岁,是皇室至亲,应该让他继位。"在群臣惊愕,还没有做出反应的一瞬间,她宣布了同治殡天的消息,使群臣在极度悲痛中没有对她的意见提出异议,于是,慈禧的阴谋得逞

了,载湉就成了大清皇宫中的新主人。按照宫廷惯例,第二年起用新的年号:光绪。

光绪初进皇宫时,慈禧对他是关心备至,亲自照料他的生活起居,想把光绪培养成自己的儿子。同时,还为皇帝请最好的老师讲授四书五经,并特别对皇帝的汉文老师翁同龢下指示,要重点讲《孝经》。她对光绪身边的太监们说:"要告诉皇帝,我就是他的亲生母亲。"企图让光绪永远做她的孝子贤孙。翁同龢是一个不同凡响的人物,他不但学问渊博,而且在政治上也非常干练,经过十年的努力,他使光绪不但精通儒家经典,而且也具有明辨是非以及强烈的参政意识。

光绪十四年(1888年)六月十九日,慈禧太后颁布懿旨,说是要为皇帝举行大婚。大婚意味着亲政,为了继续控制光绪,慈禧像对待同治皇帝一样,在选择后妃的问题上大做文章。表面上,她把决定权交给了光绪,但是,当光绪要把象征着皇后的如意交给自己中意的少女时,慈禧太后马上停止,强行把如意交给她自己的侄女,并把皇帝钟情的两名女郎赶出皇宫,这就等于光绪的后妃都由慈禧裁定。从此,光绪和慈禧之间的矛盾产生并越来越尖锐,光绪的悲剧也就正式上演了。

光绪皇帝大婚后,皇宫中就多了三个女主人,她们是:隆裕(慈禧的侄女)皇后、瑾妃、珍妃。这三个人都不是光绪自己选的,但是,随着时间的推移,光绪的感情逐渐和瑾妃、珍妃融洽起来,特别是珍妃,光绪尤其宠爱,几乎到了不可一日或离的程度。而身为六宫之首的隆裕皇后,却得不到光绪的一点怜爱,有时,光绪即使到了她那里,也多半是虚与委蛇,因此,隆裕皇后的心中自有一股不平之气。其实,隆裕皇后本身虽非天姿国色,但也是一世之选,她的受冷落除了自身

刻板和争强好胜等性格因素外,光绪对慈禧太后的不满情绪转移到她身上发泄也是一个重要因素。皇后得不到应得的欢爱,内心痛楚万分,为了得到夫妻之爱,她在个人无能为力的情况下,就求助于慈禧太后,慈禧听了,自然要给侄女出气,于是,一面训斥光绪,一面打骂珍妃,可是,不管她用什么办法,光绪就是不理睬皇后,这就使二人之间的裂痕加深了,对此,慈禧也无可奈何。

戊戌变法失败后,慈禧太后借机把光绪囚禁起来,光绪自然是心有不甘,越发拿皇后出气。有一天,光绪在盛怒之下,亲手把戴在皇后发髻上的发簪摔碎,这个发簪是乾隆皇帝的遗物,珍贵无比。对此,皇后感到既心痛,又委屈,哭哭啼啼地跑到慈禧那里诉苦。慈禧听了,虽然恼羞成怒,却没有一句话,她知道,侄女的婚姻到现在就算结束了。所以,让隆裕皇后搬到她那里住,自此以后,皇帝和皇后一直到死都是分居的。为了报复,慈禧以令人发指的手段处死了专宠后宫的珍妃,同时,也开始残暴地虐待光绪。

当时,在皇宫外有一个医术高超的牙科医生,经常给皇宫中的达官贵人们治牙。有一天,一个人急如星火地敲开了牙医的家门,手里拿着一枚刚被打落的牙齿让牙医镶配。牙医说:"镶牙必须得掉牙的人来才行,不然是没有办法镶治的。"拿牙齿的人听了这话,就请牙医和他一起走,一直到了皇宫中最偏僻的地方,这才看见一个身穿破旧青布袍、骨瘦如柴的人坐在油漆斑落的长凳上,灰暗的脸上显出疼痛难忍的表情,而且丝丝血水还在沿着嘴角不停地流淌。牙医不忍心再看他那痛苦的样子,就赶忙为患者装配了新牙并实施了止痛、止血的措施,完毕后就离宫而去。在牙医的眼中,患者是一个受欺凌的太监,因为某项

争执而被打掉了牙。第二天,请牙医进宫的人又来到牙医家,对牙医的妙手回春表示感谢,并赠给牙医一个荷包和四两银子。又过了一天,一个和昨天前来送酬金的人长得相似的人慌慌张张地闯进了牙医家,对牙医说:"昨天来的那个人是我的兄长,现在因为请你给皇上治牙而被太后打死,现在露尸在外,无钱掩埋,特来请医生行个方便。"牙医这才知道,被打掉牙齿的人是当今皇上光绪。

还有一天,光绪去慈禧处请安,正赶上慈禧进餐,慈禧阴森森地问道:"吃饭了吗?"深知慈禧脾性的光绪不敢说出实情,只好说:"还没吃。"于是,慈禧不管三七二十一,立刻让光绪陪她吃汤圆。慈禧有一个坏习惯,就是和她一起吃饭的人不准比她先吃完,不然,定斩不饶。而她吃什么都很慢,已经吃过饭的光绪再来陪她吃,本来就是勉为其难。在吃的过程中,慈禧不断地问"吃饱了没有",而光绪尽管吃得腹涨如鼓,仍得说"没吃饱",到慈禧吃完时,光绪虽然趁慈禧不注意时,偷偷地将一些吃剩的东西倒进衣服中,也还是吃得举步维艰,勉强回到住地后,竟然无法站立了。太监看到他的衣服已是狼藉万分,无法再穿了,就给他换洗,可是贵为皇帝的光绪竟然无可换的衣服,没有办法,只好到别的太监那里借了一件衣服给光绪皇帝换上。

慈禧太后不仅在肉体上摧残光绪皇帝,而且要在精神上加以窒息。光绪被囚禁后,她不但让皇后搬了出去,而且禁止一切人前去探望。为了排遣郁闷情绪,光绪只好在南书房设置了一个小铁箱,用锁头锁上,配备了两把钥匙,他和他的弟弟每人一把,遇有想说的话,就笔录下来,放到铁箱中,他弟弟从中取出他写的东西,他则取出他弟弟所写的东西。二人所谈,无非是日常生活上的琐事。慈禧知道后,大光其火,立刻加以禁止,

从此,光绪是除了可以见到监视他的人外,几乎等于与世隔绝,连笔谈的自由也被剥夺了。

光绪在极度的冷清中郁闷成疾,连通常向慈禧请安的日子也无法起床,这时,慈禧也有了重病,连续泄肚许多天,处于奄奄一息的状态中,光绪对此,一无所知。有一天,光绪自觉病情好转,就让太监扶他起来舒展一下筋骨。这一情形被监视他的人看见了,以为光绪听说太后病危而高兴,因此,就告知了慈禧,慈禧虽然已日薄西山了,但是,听后仍大发雌威,恨恨地说:"我不能比他先死。"于是,暗中策划,把光绪皇帝暗杀在禁地,死时,身边没有一个人。光绪死后第二天,慈禧太后也死去了。

在中国历史上,像光绪这样受虐待的皇帝还找不出第二个。

## 行宫宝藏

清帝耽于安逸,建造许多离宫别馆,冬春住在皇宫里,夏季去热河,秋天去奉天,平时在圆明园。圆明园离城远,住在园中供职的阁员,半夜就得起身,到达圆明园时,还没鸡叫呢。阁臣尽量简化事情上奏,得到御旨后,再飞快回城,还不到晌午。后来圆明园被烧,中原多事,便不再北巡,奉天、热河设满员驻守。二宫有许多宝藏,热河特多。某殿的墙壁镶嵌桃树,高过一丈,根干部是宝石,树叶都是翠玉,树枝上有一百多个桃子,累累下垂,都是红霞洗,每个桃重约四五两。又在壁上镶嵌《明皇坠马图》,一色玉制,肉色、须发、袍带、靴骑,大约数尺,精细入微,莫不惟妙惟肖,若自然天成。最精妙的是唐明皇的黄袍红裹坠落的状态:袍角掀起,红裹略露,有云谲波诡。一案中暗藏机械,都是秘戏图,用手一按,人物都动,须发如活的一般。光绪末年,宫中大兴土木,慈禧想迁移热河行宫的物品进府库,共装载一百八十大车,总共二

万千余件入京城。热河藏的奇珍异宝,从此以后,有一半进入内廷。呜呼?中国美术文艺,可与印度、罗马媲美,却单单秘藏它,可悲啊!

## 皇帝校对

御定武英殿本《廿四史》,除《史记》《汉书》《后汉书》《三国志》四种校勘无愧精审外,《晋书》以下,便错字多得不胜枚举。当日特诏颁布国库的金帛,设立书局,将已经刊成的定本,传给后代,而负责校勘的诸臣为何如此疏忽大意?后来才知道另有原因,并非是故意的。这是因为校勘虽属于馆臣,而督工监印,都是内务府官员负责,这些人与宫内宦官的关系至为亲密。按照惯例,一卷刊成,先拿样本进呈皇帝审阅,看过几遍,偶见一两个错字,必用红笔标出,并降旨斥馆臣。但虽然降旨申诉,而皇上内心颇沾沾自喜。这是因为当时馆阁诸臣,都是海内名流,一时的饱学之士,学识有不到家的地方,要靠御笔改正,这说明皇上的学问渊博,实在不是臣工所能企及。所以每次校出书中的错字,那么这一天皇帝的心里就高兴。近侍虽有小过,也不至于被谴责。这些人便授意内府各员,故意多刻错字,以待御笔改正。但是皇上虽然喜欢校书,不过偶尔翻阅,当初并不是逐字校雠,而且时间一长就厌烦了。每次样本进呈,并不打开看,便用朱笔大书"校过无误"四个字,照本发印。管事虽明知道错了,也不敢擅自刊改。君主专制时代,侍候在皇帝身边的人如此献媚,真是不可思议。

## 宣宗勇武

嘉庆二十五年,仁宗皇帝驾崩,宣宗继位,年号道光。推究宣宗之所以能承袭帝位,有两个原因:一、乾隆五十四年,高宗皇帝去木兰打猎,叫孙儿们随行,当时宣宗刚八岁,也在其中。走到张家湾,皇帝亲率诸王比赛射箭,宣宗侍候在一

旁。等诸王射毕，宣宗也用小弓矢发射，射中两箭，皇帝大喜，摸着他的脑顶说："你能连中三箭，就赏你黄马褂。"果然连中三箭。宣宗就放下弓矢，跑在皇帝面前，皇帝笑道："我知道。"于是命侍臣取来黄马褂给他穿上。仓促之间，找不到小的，就拿成人的衣服给他披上，于是宣宗谢恩起身，但长襟拖地，走不了路，便叫侍卫抱他回去。二、嘉庆十八年，林清的党人闯入宫中，宣宗此时在上书房读书，听说出事了，与内监登墙瞭望敌情，叫人快点拿枪来。但内监都和教徒勾结，送上的枪里没有子弹。这时突然看到有人打着白旗攀墙越过养心门进来，宣宗举枪打他，未打中，感到奇怪，打开枪一看，里边没有子弹，便急忙取衣服间的银扣作弹丸，再次射击，敌人应声而倒，教徒不敢跳墙进来。有这两个原因，便奠定了他接班人的基础。

## 政变原因

自从甲午海战一败涂地，日本割去台湾列岛，举国愕然。不久，各国又相继效尤，纷纷割据领土。当此之时，国势日削，大为海内士大夫所耻辱。主事康有为屡次上书谈变法，光绪帝非常赞许他，大学士翁同龢等人又纷纷上书推荐康有为。二十四年春召见康有为，与他谈论国事，更觉得变法不可缓行。四月间，下

的是"国家大计"诏，督责内外诸大臣实行新政。以康有为为总理署章京（总都、副总都以至各衙门办公文的人员，多称为章京），备新政的顾问。谭嗣同、林旭、杨锐、刘光弟等，也分别受到任用。而谭嗣同等参与新政，勇于承担责任。从五月至七月，维新的诏书下了数十道：改革科举、开办学堂、停止武试、裁减冗员、允许士民上书、准许工商专利；废除不承担祀典的寺庙，以便破除迷信；裁减老弱无用多余的兵，以便节省军费。从此四方闻风而动，朝野上书陈述新政的，每日达数十起。但是西太后于光绪十五年时虽已归政，而用人行政的大权仍操在自己手中。至此，见政策全改，大大违背自己的意愿。况且在新政实行的过程中，新党中有汉人而无满人，满人大员刚毅、荣禄、怀塔布等人以此屡进谗言，说变法的举措对汉人有利而对满人有害；汉人大员中仇视新党激进的人，也极力诋毁变法的错误。西太后尤为这些人所打动。八月初六又恢复临朝，称说光绪有病，把他幽禁在瀛台，诬蔑新党图谋包围颐和园，搜捕谭嗣同等六人并杀了他们。康有为又因其徒弟梁启超逃亡国外才得以幸免，与新党有关的人都逃不脱罪名。所行的新政，无论是非，一律恢复旧制。

# 帝王野史

## 努尔哈赤

有明一代，自神宗以降，政治逐渐腐败。神宗朱翊钧，乃著名昏君，在位四十七年中有二十年不见朝臣，且挥金若土。下面官吏竞相贪污。全国老百姓生活在水深火热之中。"官逼民反，民不得不反"的局面，于是全国民怨沸腾，民变四

起。是时辽东总兵李成梁与东矿税监高淮串通一气，狼狈为奸，大肆搜刮民财，更陷辽东人民于水深火热之中。当地民谣说："辽人无脑，皆（高）淮剜之；辽人无髓，皆（高）淮吸之。"

明朝的黑暗统治以及辽东的混乱局面，给努尔哈赤提供了施展宏图、缔造伟业的大好机会。他乘势以"十三副铠甲

起兵"揭开了大清帝国历史的序幕。

努尔哈赤，也称努尔哈齐，姓爱新觉罗，生于明嘉靖三十八年（1559年），是建州左卫酋长孟特穆的第六代孙。他中等身材，体格健壮，长得凤眼大耳，仪态庄重。努尔哈赤十岁丧母，受尽继母虐待，十九岁那年，父亲只给少量家产，让他分家自立。为了生活，他登高山，攀险谷，去深山老林采松子，挖人参，而后到抚顺马市（汉人与女真人进行经济交流的贸易市场）出售。他胸怀大志，勤奋好学，喜欢读《三国演义》《水浒传》等古典书籍，受汉族思想影响较深，有丰富的历史知识。后来他投到明朝辽东大将李成梁的部下，每次打仗总是奋勇冲杀，屡立战功，因而得到李成梁的赏识和殊遇。艰苦的劳动、广泛的阅历和紧张的戎马生活，使努尔哈赤终于成为一个意志坚强、足智多谋、武艺超群的人，成为女真人中出类拔萃的杰出人物。

万历十一年（1583年），努尔哈赤祖父觉昌安和父亲塔克世被明军误杀事件，成了努尔哈赤十三副铠甲起兵的导火线。

建州女真中有一个部落首领叫阿台，他联络了一些部落侵扰明边，深入沈阳城南的浑河沿岸，还大肆掠劫抚顺。辽东局势顿时紧张起来。明朝驻辽东将军李成梁决心向阿台发动一场捣巢之战，任用觉昌安和塔克世做向导。明军从抚顺出发，向阿台的根据地古勒山进逼。阿台依山作寨，坚守不出。李成梁指挥明军用火攻坚，用云梯攀登，经过两昼夜的苦战，终于攻克了古勒山，射杀阿台。这一仗明军获得了重大胜利，斩杀女真人二千二百余人，掠去财物无数。然而，李成梁听信一名叫尼堪外兰的女真小头目的挑拨和唆使，不问青红皂白，在攻打古勒山头中把觉昌安、塔克世也杀了。战争结束以后，发现觉昌安、塔克

世被错杀，明军找到了他们的尸体，让努尔哈赤运回本部，并把攻打阿台时所得敕书三十道和十三匹马送给了他，还允许他承袭建州左卫指挥使的职衔。这时努尔哈赤已是一个二十五岁血气方刚的青年了，他不以承袭祖职为满足，决心报祖、父被杀之仇，于是以祖、父留下的十三副铠甲毅然起兵，迈出创立伟大事业的第一步。

万历十一年五月，努尔哈赤以攻打尼堪外兰为理由，乘机起兵，开始了统一女真各部的军事行动。当时，尼堪外兰既有明军的支持，又有海西女真哈达部的帮助，力量强大。"兵不满百，甲仅十三"的努尔哈赤要想取得胜利，显然是很困难的。于是，努尔哈赤在清除自己队伍中的不坚定分子的同时，想方设法联合一切可以借助的力量，并且极力缓和同明军的矛盾。他对明朝边臣表示，除了为祖、父复仇以外，没有别的野心，借以麻痹明朝，以便自己放手大干。尼堪外兰因有明军作后盾，有恃无恐，态度十分傲慢，威迫努尔哈赤向他投降。努尔哈赤不畏强敌，他对尼堪外兰说："你本来是我父亲的属下，反要我来服从你，岂有此理？没有百年不死的人，我们走着瞧吧！"经过一番筹划，这位足智多谋的年轻统帅，带领一行人马，勇敢地攻打图伦城。尼堪外兰表面上气壮如牛，实际上并无真正作战本领，一遇上勇敢善战、武艺高强的努尔哈赤，就吓得六神无主。只好抛械弃城，带着妻子儿女逃到嘉班避难。努尔哈赤率领兵马，攻克了图伦城，旗开得胜。在图伦城缴获了尼堪外兰丢下的许多武器和物品后返回建州左卫的所在地赫图阿拉。

同年八月，努尔哈赤再次出兵，穷追尼堪外兰。因为有前次的胜利，这次出兵时士卒欢腾雀跃，士气大振，原来动摇的部落首领，也纷纷率众参加。一支浩

浩荡荡的队伍很快开到了嘉班,尼堪外兰见势不妙,再次弃寨逃至鄂勒珲城。努尔哈赤攻下嘉班以后,得知尼堪外兰已经逃跑,又星夜追至鄂勒珲城,并很快将城攻破。但经过搜索却不见尼堪外兰,原来他又投奔明军据点抚顺东南的河口台去了。努尔哈赤马不停蹄出城再追,只见前面有一支四十余人的队伍,他跃马挥鞭,单骑冲入人群,拼命厮杀,虽多处负伤,但一人仍杀死杀伤三十四人,捉住六名中箭的敌人。他把敌人放回去给明军捎信,表示不杀死尼堪外兰决不罢休。守城明军看到尼堪外兰一败再败,狼狈不堪,再没有什么用处,就拒绝让他入城。他的部属见状后便纷纷投奔努尔哈赤。尼堪外兰众叛亲离,到处逃窜,最后被努尔哈赤的部将斋萨杀死。

努尔哈赤十三副铠甲起兵,是他统一女真的开端,也是他生活道路上的转折点。过去他是一个无名小卒,现在一跃而成为建州左卫的都指挥使。原来处于溃散零落的一支部众,在他的带领下,正迈着大步,朝着振兴民族的方向奋进。

努尔哈赤在统一女真族的过程中,创建了八旗制度,建立了后金政权,从而为以后的大清朝奠下了坚实的基础。

明朝女真族的多数部落,随着被努尔哈赤的不断征服和统一,逐渐离开了故乡白山黑水,向南迁徙,居住在辽宁抚顺以东,直到开原以北明朝"边外"的广大地区。他们已经以农业为主要的社会经济部门,进入了奴隶制社会,出现了奴隶和奴隶主两个对立阶级。

奴隶主是统治阶级,叫"贝勒"或"额真"。他们占有生产资料和奴隶。奴隶是被统治者,叫"阿哈"(家内奴隶叫"包衣阿哈"),他们被强迫劳动,没有人身自由,并像牲畜一样,被任意买卖或杀害。奴隶的来源,主要是战俘,或从明朝和朝鲜掠来的边民。努尔哈赤和他的家族都占有大量奴隶,其他大小头目,甚至一般士卒也都可以分得俘虏作为奴隶。

自由民叫"诸申",或叫"伊尔根",他们从事劳动,受奴隶主贵族的统治,要当兵服役,还要承担贵族的摊派和勒索。富有的诸申、伊尔根也占有奴隶。

由于奴隶制的出现和统一女真族军事行动的需要,女真族的社会组织也日益完善起来,在此基础上,努尔哈赤创建了八旗制度。

女真人各部落,按自然村居住,一个村多者二三十户,少者几户,满语叫"嘎山",是女真族的基层单位。女真人早在原始社会氏族制时期,村民生产、行军或同别的部落发生冲突时就存在着一种叫"牛录"的组织。那时,凡参加出猎或行军的成员,每人持一弓箭,以族寨"嘎山"结合,十人为一"牛录",其中有一人为首。"牛录"组织是不稳定的,出行则全,归寨则散。努尔哈赤在统一女真族的军事行动中,把不断合并来的诸申、伊尔根编入"牛录",并把它加以扩大。规定三百人编为一牛录,每一牛录设置一牛录额真,下面配置代子二人作为副手。又置章京四人,分四组率士卒。每一章京所带的队伍叫"塔坦"(窝或铺之意)。五个牛录组成一"甲喇",设一甲喇额真为首;五个甲喇组成一个"固山",设一固山额真(或叫固山贝勒)为首领。每一固山以一旗为标志,所以固山亦称为旗,固山贝勒就是旗主。1601年努尔哈赤正式建旗,初为黄、红、蓝、白四旗。后来战争不断取胜,队伍不断扩大,至1615年又增设镶边的黄、白、蓝、红四旗,这样就形成了正黄、正白、正蓝、正红、镶黄、镶白、镶蓝、镶红八旗。

八旗之间,各树一帜,互不统属。努尔哈赤为八旗的最高统帅,亲领正黄、镶黄两旗。其他六旗均由努尔哈赤的子、弟统领。八旗组织有军事、行政和生产三方面的职能。"以旗统兵,以旗统人",诸申、伊尔根兵农合一,"出则为兵,入则为民,耕战二事,未尝偏废"。士卒出战,自备粮食、兵器,打了胜仗可分得财物和战俘。

八旗组织有严格的纪律。努尔哈赤规定:行军时,其道路广阔,八固山并列;道路狭窄,八固山合成一路。队伍保持整齐,禁止士卒喧哗和行伍杂乱。战时奋勇杀敌,战后不得隐匿所获的财物。因而八旗兵有较强的战斗力。

努尔哈赤创建八旗制度,目的是加强对诸申、伊尔根的政治控制。但从此使原来散漫的女真人组织起来了,因而军事力量得到了加强,社会生产力也得到了提高。八旗组织的出现,推动了初期满族社会的发展,为建立民族政权创造了一个必要的条件。

努尔哈赤在统一女真族过程中,从一开始就十分注意为建立政权创造条件。为了使自己的力量不断增长,营造一个有利的客观环境,他提出了由近及远,"恩威并行,顺者以德报,逆者以兵临"的原则。起兵之时,征讨的范围限于在建州内部,把矛头只指向尼堪外兰,对强大的海西女真则暂避其锋;对蒙古和朝鲜尽量拉拢,表示亲睦;对明朝更是十分恭顺,每年都要派出使臣向朝廷贡献金币以及人参、珍珠、貂皮等。努尔哈赤还多次亲赴北京朝贡,明朝表扬他"忠顺学好,看边效力",封他为"龙虎将军"。

努尔哈赤也很注意建立根据地和保证物资供应。他目光远,志向大,早在万历十五年(1587年)统一战争正紧张进行的时候,他就在呼兰哈达山下东南的二道河子,建筑了费阿拉城。这里地势险要,处在首里河与夹哈河之间的山坡上,周围群山环抱,三面为断崖绝壁,只有北面平坦,易守难攻。就在这个简陋的城堡里,努尔哈赤"定国政",制定了保护私有财产的法律,为建立政权作准备。以后为适应形势日益发展的需要又于万历三十一年(1603年)在离费阿拉城不远的地方,即苏子河与嘉哈河的交汇处东岸,筑了一座新城,名叫赫图阿拉城,俗称老城。周围四里,城墙高六丈,有八道城门。有内外城,内城居住着努尔哈赤家族及其他女真贵族;外城居住着八旗兵。各种工匠都住在城外。全城约有三万多人。赫图阿拉城不仅规模大了,而且有一定的布局,它是努尔哈赤新的政治、军事和文化中心,是后金政权所在地。

为了解决军事物资供给,努尔哈赤还加强了同明朝的贸易,用女真人的土特产,诸如明珠、人参、裘皮、马匹等,在抚顺、清河、瑷阳、宽甸的马市上与汉民交易,换取粮食、布匹、铁器等,保证了女真人生活、生产和军事上的需要。由于广开财源,物资日益增多,在努尔哈赤统治地区,出现了"民殷国富"的经济形势。

努尔哈赤也很注意选拔人才。他从八旗头目中选择不喝酒、不爱钱,办事公正,既能又贤的人,协助他处理政事和司法事务。每隔五日集朝一次,裁决国家大事。

经过一系列的准备,建政立国的条件逐渐趋于成熟。万历四十四年(1616年),新年即将来临时,八旗贝勒,努尔哈赤的弟弟和儿子们聚集在一起,议论说:"过去,我们的国家没有汗,大家都受苦;为了使我们国人安居乐业,天给我们降临了一位英明的汗。我们应该给抚育贫苦人民,恩养贤能,应天命而降生的汗上尊号。"这个意见得到女真族大小贵族的拥护,于是决定农历正月初一,作为给努尔哈赤上尊号的大喜日子。这一年努尔哈赤五十八岁。

这一天,赫图阿拉城气氛十分热烈,努尔哈赤的宫室显得庄重肃穆。八旗贝勒和八旗大臣率领文武官员,在四面分立八处。然后,代表八旗的八位贝勒从众人中走出来,捧着上尊号的文书跪在前面,八旗诸贝勒、诸大臣率众跪在后面。阿侍卫站在右侧,巴克什(满语学者秘书)站在左侧,额尔德尼接了八旗大臣跪呈的文书放在努尔哈赤的案桌书上。过了一会儿,额尔德尼再上前一步,从案桌上捧起上尊号文书大声宣读:上尊号为"奉天覆育列国英明汗"。尊号一呼出,跪着的贝勒、大臣及文武官员都站起来,目视英明汗的尊容,向他表示敬意。这时,努尔哈赤从容地从御座上站起来,健步走出衙门,朝天叩首三次,又回御座。八旗诸贝勒,诸大臣依年岁为序,各向汗叩首三次,表示祝贺新年。这一天是满族有历史意义的纪念日,是满族政权正式诞生的标志。这个政权,名曰金国,史称后金,年号天命。

天命政权是满族奴隶主贵族政权,也是大清王朝的雏形后金国的建立,推动了满族社会的进步,加快了封建化的步伐,为满洲贵族入主中原奠定了基础。

天命三年,即明万历四十六年。努尔哈赤手捧帛书,庄严向全军宣读"七大恨",对天发誓:发军征明,自此与明廷誓不两立!

"七大恨"是明与后金关系发生根本性变化的重大标志。关于其具体内容,《满文老档》与《明神宗实录》中都有记载,可以相互参照。

《明实录》和《满文老档》对"七大恨"的载述,虽然详略不一,用词、语气有所差异,但基本内容是一致的,可以作为评论的依据。首先,对这七恨,需要做些核实工作,看看哪些是真恨,哪些并不能称为恨。

努尔哈赤所说第一恨,杀其父祖,这既是事实,但又不完全准确。觉昌安、塔克世确是死于明兵之手,但一则"误杀",是战乱之中误杀,不是蓄意杀害。二则

是明军为惩掠边"夷首"阿台,因而出边,攻打古勒城,并非"无故生衅于边外",杀其父祖。三则事后明臣即承认是误杀,送还遗尸,给予敕书三十道,使努尔哈赤承袭祖职,为都指挥,后又以其父祖有"殉国忠",晋为都督金事,"长东夷",蒙受"殊恩",这也可算是弥补其过之举。

第二恨为明国违誓出边,"护卫叶赫",这一恨有些强词夺理,难以成立。建州与明辽东守臣立碑刻誓,仅仅是指双方不要越界,以免因采参伐木引起争端,并不是规定明兵不能逾越边境一步,不能出边。须知,努尔哈赤管辖的建州地区,也是"天皇帝"的辖地,普天之下,莫非王土,女真各卫都督、都指挥,皆系明帝臣仆,其地皆为国土,明廷当然可以派兵进入女真地区,调解纠纷,惩治违法之人。而且,明国为什么要出兵边外,援助叶赫? 这一点,努尔哈赤自己是很清楚的。他在万历十九年斥责叶赫纳林布禄贝勒逼其投降献地时说:"昔我父被大明误杀,与我敕书三十道、马三十匹,送还尸首,坐受左都督敕书,续封龙虎将军大敕一道,每年给银八百两,蟒缎十五匹,汝父亦被大明所杀,其尸骸汝得收取否?"

努尔哈赤列举七年前纳林布禄之父兵仰加奴,伯卿家奴被明总兵官李成梁斩杀之事,对比自己父、祖"误杀"后的"厚待",来羞辱叶赫,这些固然是事实,但由此不是更清楚地表明,明朝政府并不是存心偏袒叶赫亏待于己!

第三恨,伐木之争,此事曲在明国,确系欺人太甚,实为大恨。

第四恨,明遣兵出边助叶赫,致使努尔哈赤已聘之女,被叶赫转嫁与蒙古,这就是当时轰动于世的"老女"之争事件。万历二十一年,叶赫布寨、纳林布贝勒等九部联军,为建州大败以后的第五年,叶赫、乌拉、哈达、辉发共同遣使,请求"更

守前好，互相结亲"，愿以布寨之女布扬古贝勒之妹许与努尔哈赤，以纳林布禄之弟金台石之女许与代善，努尔哈赤遂备办鞍马盔甲等物为聘礼，又杀牛设宴，宰白马，盛酒、血，与四国"歃血会誓"，但不久，纳林布禄即背盟违誓，将金台石之女嫁与蒙古喀尔喀部斋赛贝勒，将布扬古之妹另许他人。初许哈达蒙格布禄，万历二十七年哈达亡后，又改许辉发拜音达礼贝勒，万历三十五年辉发灭国以后，又许与乌拉布占泰贝勒。四十一年乌拉亡，布扬古于四十三年将妹改许蒙古喀尔喀部巴哈达汉贝勒之子莽古尔岱台吉。布扬古之妹，艳丽多姿，是当时名传满蒙的美女，然而，佳人命薄，由于政治角逐，年方十五即已许聘，中经多次改聘，直到三十三岁，仍未婚娶，成为"老女"，最后嫁与蒙古，一年而亡，实为可悲。

已聘之女，而且是异常漂亮的美女，不能迎娶到家，反而被悔婚另许，当然是一大恨事。但是，这究竟应该怪谁？是努尔哈赤及诸贝勒大臣责备的援助叶赫的明国？不是，明国在这一问题上，没有什么过错，不该负什么责任。以第一次悔婚改聘来说，这时明国不仅不援助叶赫，反而因叶赫数侵哈达而申斥叶赫。叶赫纳林布禄及其侄布扬古之所以悔婚，原因有二，一为杀父之仇。九部联军失败时，顺布寨贝勒被建州士卒武谈"掩而杀之"。战后叶赫索要遗体，努尔哈赤竟将布尸体剖为两半，仅归还一半与叶赫。既杀其身，又辱其尸，这样的不共戴天之仇焉能不报，布扬古怎能忘此切齿大辱，其妹怎能卖身事敌，何况叶赫从仰加奴、逞家奴起中经布寨、纳林布禄，到稍后的金台石、布扬古，皆骁勇善战、兵精将勇，素怀并南关（哈达）灭建州之志，怎能与努尔哈赤永结丝罗之好，昔日的订亲盟和，不过是一时的策略而已。这

次的改聘，也包含了政治目的，是一种策略，企图以许与蒙格布禄"昔日所欲之女"为手段，来笼络哈达，乘机兼并，因而置婚约不顾，将女改许哈达。此后，叶赫将"老女"改许辉发，再许乌拉，皆大体上出于同一原因。这三次改许，可以肯定与明国没有任何关系。

至于万历四十三年"老女"之许与蒙古，此时明国固然已经定下了扶持叶赫的方针，但这也是努尔哈赤逼出来的。明朝政府在相当长时间里，是保哈达抑叶赫以巩固边境。因此，万历十二年诱斩仰加奴、逞加奴，十六年又兴兵征剿，杀叶赫部众五百余，以后又多次训诫叶赫安分守法，不得轻举妄动。但是，努尔哈赤异军独起，扩展迅速，兼并"诸夷"，尤其是灭哈达、辉发以后，形势剧变，明才认识到建州才是真正的隐患，乃转而采取扶持叶赫，使其免于灭亡，牵制建州。而且此时辽东巡抚张涛也反对叶赫将"老女"许与蒙古。万历四十三年五月，布扬古将妹许与蒙古莽古尔岱时，明辽东边将还专门派人前往"谕止"，叶赫不听，于七月成婚。

由此可见，努尔哈赤所谓悔婚另许之罪，加不到明朝君臣身上，这个第四大恨，根据不足，难以成立。

第五恨为明国不许收割柴河、三岔儿、抚安三路庄稼，此恨与事实出入很大。所谓柴河等地，原来都是哈达王台、蒙格布禄辖区，努尔哈赤灭哈达后，就遣派人丁，大量耕种哈达旧地，但是，明朝政府不承认建州灭哈达的行动，认为这是叛逆不法行为，而且因为这些地方邻近叶赫，易起争端，威胁叶赫安全，威胁明境安全，故一直不允许建州人员住种收割。万历四十二年四月，辽东巡按翟凤翀的奏疏对此讲得很清楚：

（建州五百余人，耕种刘家孤山等地。此地一再谕令撤回）"奴役有不牧种

之甘结，诓意倏忽变幻时来。……南关（哈达）地界，王台存日，自威远堡起，至三岔儿止。后王台故后，猛骨孛罗（蒙格布禄）在时，至抚安堡龙潭冲止，三岔儿一处已为侵占矣。迫猛骨孛罗故后，俱属之建州，旧种之田味斯语也，又侵占抚安堡矣，分遣人牛，临边住种……今不论新垦旧垦，但系南关之地，由不当容建夷住种有五利焉。一不得逼近内地，侦我虚实。二不得附近北关。肆其侵扰……

两疏讲得十分明白，柴河等地，是哈达旧地，明不许建州侵垦（因为明根本不承认建州之并哈达），建州也一再上奏具结，并立碑于石，保证不来耕种，但说归说、做归做，不管是具的甘结，或是立碑为誓，都不管用，仍然年年派人侵垦收获。就此而论，这个不许收谷的第五恨，又是强词夺理，缺乏根据，难以成立了。

第六恨为偏听叶赫之言，遣人侮辱建州，此事乃指万历四十二年四月明使入境而言。《武皇帝实录》和《满文老档》皆载称，万历帝遣守备肖伯芝来，"诈称大臣，乘八抬轿，作威势，强令拜旨，述书中古今兴废之故种种不善之言"。但究竟做何"不善之言"，二书未叙。此事，万历四十三年正月兵部覆辽东巡抚郭光复奏疏时，有所评述。兵部说："今日筹辽，必以救北关为主。惟是奴酋反复无常，顷抚臣提兵出塞，遣羁酋佟修养性为间谍，遣备御肖伯芝为宣谕，谕之退地则退地，谕之罢兵则罢兵……"看来，所谓"不善之言"，可能是肖伯芝宣谕抚臣意旨，责令建州退地退兵，不要垦哈达之地，不要攻打叶赫。照此说来，肖伯芝没有什么大错。因为，明朝政府认为，建州本来就不应该并哈达垦其地，不应该一再用兵叶赫。努尔哈赤把此事列为明国对他欺凌侮辱的切齿大恨，其理由似乎不太充分。

第七恨为明国责令建州退还哈达，恢复其国，偏袒叶赫，此事前已论述谈不上什么恨。

总之，努尔哈赤所谓明帝欺人太甚的"七大恨"，只有第三恨伐木之争，明国全无道理，第一恨杀父祖之仇，明国应负其责，但不是无故蓄意杀害，而是"误杀"，并且明国还承认其过，有所抚恤和封赏，其他五恨，理由都不充分，论据比较苍白，都难成立。

"七大恨"的具体仇恨，固有很多不尽准确之处，但努尔哈赤利用这七件事来说明的主要论点，来表达女真——满族对明朝政府暴政的愤怒，却不是没有根据的。"七大恨"集中反映了女真十分痛恨的两个问题，一是明朝政府欺凌女真，二是明国反对女真各部的统一，这是千真万确的，是为两百多年双方交往的历史反复证实了的。明朝的所有皇帝，哪怕是沉湎酒色二十多年不上朝的昏君万历帝，都自命为承奉天命的真命天子，要女真尊他为"天皇帝"。辽东文武官将，也是高不可攀，贱视"诸夷"，称努尔哈赤为"奴儿哈赤""奴酋"，称建州为"东夷"，称蒙古为"西虏"，一切少数民族，都是"蛮夷"，都是低贱之人，对之任意欺凌，百般盘剥。查收贡品，辽东边将"验其方物，貂皮纯黑马肥大者，始令入贡，否则拒之"。明将还勒令入贡女真献纳珍珠豹皮等土特名产。建州女真进入抚顺马市贸易，"例于日晡时开市，买卖未毕，遽即驱逐胡人，所赍几尽遗失"，实为公开抢夺。至于双方来往，那更是一在天上，一在地下，贵贱悬殊。前面曾经提到，万历二十三年十月，对于一个明朝小小的游击胡大受，努尔哈赤就尊称为"游府老爷"，求他将"老亦可赤忠顺情由奏与朝廷"。就是这个游击，第二年又命差人持书，宣示建州守法，不许攻打朝鲜，其《宣谕文》有下述言语：以尔与朝鲜构怨，"故差官余希元前来宣谕"，"尔达子若不量而妄动，则所欲如缘木求鱼，所为如以肉投虎况皇灵震叠，敌国议后，一举足间，而他日之大祸判矣"，尔"当敬恭承命，体领至意，传谕各众头目，自此以后，务要各守封疆，永遵禁约"，否则，圣天子在上，顺抚逆剿……毋贻后悔。一则大模大样地叫什么"宣谕"二则既贱称为达子，还要加个犬旁，视如禽兽，三则勒令遵守国法，服从命令，否则大军征剿，从内容到形式，自事情到称呼，皆令人难以忍受，辱人太甚了。这只是小小游击的所作为，至于威镇东北的辽东总兵官征虏将军，辽东巡抚，中央兵部尚书，以至"天皇帝"，其贱视女真的恶劣程度，更是不说自明。

对于这种被视如禽兽的极端低贱的恶劣待遇，女真无不痛心疾首，十分愤恨。《满文老档·太宗·天聪》卷一载，皇太极致书辽东巡抚袁崇焕说："我两国之所以构兵者，先因尔驻辽东、广宁各官，尊尔皇帝，如在天上，自视其身，犹如神人，俾天生诸国之君不得自主，不堪凌辱，遂告于天，兴师征讨。"

天聪四年（1630 年），皇太极领兵出关，攻城略地，发布木刻揭榜的七大恨文，告诉汉民说：

金国汗谕官军人等知悉：我祖宗以来，与大明看边，忠顺有年。只因南朝皇帝高拱深宫之中，文武边官，欺诳壅蔽，无怀柔之方略，有势利之机权，势不使尽不休，利不括尽不已，苦害欺凌，千态莫状。

这些材料，深刻地、科学地、有力地谴责了明朝昏君贪官劣将自比天高，贱视凌辱女真的横暴行为，尤其是榜文所说，明国"势不使尽不休，利不括尽不止"，真是十分准确，异常生动，感人肺腑。

明朝君臣之可恶，还在于他们制定的对待女真"分而治之"的方针，"七大

恨"反映了努尔哈赤及整个女真族的另一主要目标，就是反对明朝破坏统一女真的事业。"七大恨"的第二、四、五、六、七恨，虽然不够准确，根据不足，但它所讲的，都是明朝政府干涉女真事务，破坏努尔哈赤统一女真各部的正义事业。明代两百多年的历史证明，女真只有克服涣散分裂状况，联合起来，统一起来，才能强大，不怕他族侵袭，摆脱明朝贪官劣将的盘剥，抵制明朝政府执行的民族压迫政策，生产才能大发展，民族才能迅速发展、进步。而这正是明朝政府所担心的事，它一定要执行"犬牙相制""以夷制夷"的分而治之的政策，为此不惜重金收买，巧言相骗，调兵遣将，武力镇压。从董山到王杲，从仰加奴、逞加奴到纳林布禄和布寨，以及对努尔哈赤的多方刁难甚至准备兴师问罪，都是一个目的，不许女真各部统一起来，分则弱，为明所喜，合则强，为明所惧，双方在这个问题上，针锋相对，不可调和。努尔哈赤就是要用"七大恨"来表达他和全体女真坚决反对明朝政府的欺凌，坚决反对明朝阻碍女真统一目的，他要维护女真的正当权益，他要当统一女真各部的强大的女真国汗，仅此而已，并没有与明为敌，取而代之入主中原的想法。

"七大恨"所要表达的基本思想和主要目标，是正义的，是合情合理的，女真就是应该统一起来，这是时代的潮流、民族的希望，应予以充分肯定、应当支持的，它对激励女真奋发图强、英勇冲杀、艰苦创业、反抗明朝政府的压迫，起了巨大的作用。

## 皇太极

清太宗皇太极是大清朝奠基人，早年随乃父努尔哈赤东征西杀，立下赫赫战功。不仅如此，他还一贯地注意善用人才。且举几例：皇太极从小跟随父兄，佩带弓矢，骑马射箭，不仅练就了高超的

武艺，而且培养了勇敢善战的精神。他力大无穷，膂力过人。沈阳实胜寺藏有他用过的一张弓，矢长四尺余，就是一个大力士也拉不开，而皇太极运用自如。据说，有一次，在征林丹汗时，途中缺粮，他和全军将士一起行猎为生，他发一矢竟贯穿两只黄羊，没用多大工夫，他一人共射死黄羊五十八只，可见他力气之大。皇太极自己英勇超群，对别的勇士也特别喜欢。他继承父位后，非常重视擢拔勇士。

　　公元1628年（天聪二年）十一月中旬，皇太极率领十万大军，绕道内蒙古，从今河北遵化县东北的长城龙井关入口，于十二月十七日包围了明朝的遵化城。天刚蒙蒙亮，他下令攻城。这是一场非常激烈的攻坚战。明军壁垒森严，八旗兵冒着炮火与箭矢、滚石，奋勇攻坚。很多兵士抬着云梯冲到城下，攀梯而上。其中有个叫萨木哈图的士兵，不顾乱石飞箭，第一个登上城头挥舞大刀，一连砍倒许多明朝士兵，后边的清军乘机一路而上，迅速打破了明军的防守，很快占领了全城。

　　战斗结束后，皇太极到前线慰劳八旗军将士，他听到萨木哈图勇猛奋战，第一个登城而入的事迹，十分高兴，立即召见了萨木哈图，与他促膝长谈。过了几天，皇太极去遵化城举行庆功大会，奖励有功将士。凡立功的都被召到跟前，由皇太极亲自授奖。当萨木哈图走到皇太极跟前时，皇太极亲自把酒倒在最名贵的金杯里，为萨木哈图把盏，看着他把酒喝下去，然后，当众宣布拜萨木哈图为"备御"（将中最低一级），授予"巴图鲁"（满语，勇士的意思）的荣誉称号。萨木哈图由原来的一个无名小卒骤然提升为将领，整个会场顿时爆发出一阵阵热烈的欢呼声，人们无不为之欢欣鼓舞。接着皇太极又赐给萨木哈图一批贵重奖品：一峰骆驼，一匹蟒缎，二百匹布，十匹马，十头牛；还规定萨木哈图的子孙世代袭备御爵位，他本人今后如有过失可以一律赦免。

　　以后，萨木哈图经常跟随皇太极出战，凡是生死危机关头，皇太极再也不让萨木哈图身先士卒，他说萨木图是宝贵的人才，再让他冒险冲杀，如果发生意外，就是一个很大的损失，可以让其他没有立功的人争先立功。

　　此后，皇太极把立功授奖、量功拔将作为一种定制，以此来鼓励将士们冲锋陷阵，争当勇士。

　　皇太极十分注意选贤任能。他用人不问满、汉，不管资历长短，身份贵贱，唯才是用。特别是在他率领后金大军占领了全部辽沈地区之后，十分重视使用汉族官员，这与其父努尔哈赤大异。努尔哈赤在位时，大多数汉族官员地位很低，他们不但不能参与重大国事的决策，而且事事要听命于满族大臣，连自己的财产也不能随意支配。因此，汉官与后金政权貌合神离，暗中为明朝通风报信。努尔哈赤当面斥责汉官"坐致国事废驰"，对他们采取了排斥和打击的政策，激化了同汉族官员的矛盾。皇太极继位后，开始重用汉官，并汲取了汉族统治者的一些统治经验，这对他治理国家实现一统全国的愿望起到了积极作用。

　　著名汉官范文程早在抚顺战役时就投降了努尔哈赤，但一直没有得到重用，皇太极对他却敬若神明，凡臣下奏事，他都征求范文程的意见后再做决定。有时，范文程病了，他宁肯等他病好了再办。范文程的职务是负责给皇太极起草各项谕旨。开始，皇太极还过目，后来他不再审阅就批准下发，足见他对范文程的赏识和信赖程度。

　　有个汉族人胡贡明向皇太极进言说："现在八旗旗主权重，好像是十只羊有九人放牧。后金虽然能凭借强悍的骑兵攻进山海关,占领中原,但臣以为大权旁落很难长治久安。"皇太极觉得其言很有道理,便结束了"旗主并立"的局面,汲取汉官统治经验,建立了一套完整的封建典章制度。

汉族人宁完我原是皇太极的侄儿萨哈璘的奴隶,皇太极发现他很有才能,便立即提升他为参将。宁完我果然没有辜负皇太极的期望,他对治国治军提出了很多好的主张、建议,他曾劝谏说:"要学习明朝的典章,按照后金的具体情况,参酌订立一个金典,每天教金官到大汗(皇帝)面前朝拜,随后议事,形成习惯,逐渐成为金国的制度。以后攻入山海关,统一天下,就不会手忙脚乱了。"皇太极采纳了他的建议。

皇太极依靠汉官建立起来的典章制度,加强了中央的权力,他更深切地体会到网罗智勇之士的重要性。他不但用高官厚禄来招降明朝的文臣武将,而且不断把汉族官员充实到中央行政机构中,委以要职,授予实权。

公元1631年(天聪五年)7月,皇太极设立了吏、户、兵、刑、工等部,除各部主管由满族官员提任外,下属的承政、参政等重要官职,按规定都要由一定数量的汉族官员充任。汉官本延庚、吴守进、金玉和、李云、裴国珍等都出任过承政这一要职,皇太极不断赐给汉官大量土地和财物。

1636年(崇德五年),皇太极又仿照明朝内阁,将文馆改为内国史院、内秘书院、内宏文院。每院设大学士一人,下设学士、举人等官。汉官范文程、鲍成先都曾担任内秘书院大学士。

皇太极还果断地任命汉族官员统率军队,正式建立了汉军旗。以后,汉军旗不断扩编,到1642年(崇德七年),完成了汉军八旗的建制,委任汉族官员祖泽润、刘云源、吴守进、石廷柱、李国翰等提任八旗的长官。

皇太极为不断扩充汉族官员的队伍,还采取科举考试,以招纳明朝文武将官。他曾下令,不准满族、蒙古族官员阻止他们家沦为奴仆的汉族人参加考试。还命令:满、汉、蒙古族官员如果发现有"深知灼见之人,悉行荐举",被推举者无论是什么人,一律"量才录用"。

皇太极对明朝的降臣中有真才实学者,也破格提拔,用而不疑。天聪五年,在大凌河战役中,为了解除降将的疑虑,皇太极当众发誓,把这些人待如上宾,"每日款宴不绝",并对他们大加重用。不到一年,这批降官纷纷出任要职。

皇太极重用汉官,引起了许多满族官员的不满。这些人不但没有改变皇太极重用汉官的政策,反而受到了皇太极的斥责。

皇太极始终支持"满汉一体"的方针。他说,"满州、汉人视为一体,"譬诸五味,调剂贵得其宜。若满州庇护满州,汉官庇护汉人,是犹咸苦酸辛不得其和。"皇太极敢于冲破狭隘的民族主义藩篱,大胆使用汉官,使后金政权不断地得到巩固。

## 顺治帝

### 顺治嫁母

满族人入主中原后,皇宫中出了许多稀奇古怪的事,这些事无不令广大汉族人瞠目结舌,百思不得其解,其中影响最大的,要算是顺治嫁母这件事。大诗人张煌言曾专为此事赋诗一首:

上寿称为合卺樽,慈宁宫里烂盈门。

春官昨进新仪注,大礼恭逢太后婚。

这里的太后指的是顺治的母亲——孝庄文皇太后。孝庄文皇太后要嫁的人是多尔衮。

孝庄文皇太后是顺治皇帝的生母,她是皇太极晚年最得意、最受宠爱的妃子。她的容貌冠绝后宫，她的胆识和才华足以和历史上一些著名的政治家相媲美。她用自己的聪明才智辅佐了顺治和康熙两位皇帝，在中国历史上写下了辉煌一页。多尔衮是皇太极的弟弟，皇太极封他做睿亲王。他骁勇善战，多智多谋，是清王朝举足轻重的人物。皇太极死后，多尔衮与皇太极长子豪格为了争皇权弄得剑拔弩张，在这千钧一发的关键时刻，多尔衮审时度势，提出了一个折中方案，即拥立皇太极第九子福临继位，这样一来，既堵住了豪格一派的嘴，又达到掌握实权的目的，因为他在拥立福临继位的同时，提出了和郑亲王济尔哈朗共辅国政的协议，这一举动拢住了镶蓝旗的势力，使豪格的势力顿时孤立起来，收到一石二鸟之效。达到目的不久，他排挤了济尔哈朗，自己做了摄政王，实现了专权的野心。进关后，八旗子弟在多尔衮的指挥下，横扫大江南北，几乎完成了一统江山的大业。当时，宫廷内外，人们只知道有个多尔衮，不知道有顺治皇帝的存在。在这种情况下，多尔衮废顺治而自立只是举手之劳，但是，却迟迟未动，这和孝庄文皇太后不无关系。多尔衮的政治才干和军事才干在当时清廷中是首屈一指的，但是，他有一个致命的弱点，就是好色。皇太极在世时，他就对嫂子——孝庄文皇太后——的国色天香垂涎三尺，皇太极在夜静更深之时无疾而终一事，颇受后人怀疑。孝庄文皇太后对于多尔衮的心思自然是知之极深，于是，色权交易的阴谋一拍即合，二人心照不宣，鹊桥暗渡。

进入北京后，多尔衮随着军功、权力的增加，已不满足于山野村夫式的偷情，而是公然进出后宫，下榻于孝庄文皇太后处。孝庄文皇太后当时正当青春妙龄的虎狼之年，偷偷摸摸的幽会自然也满足不了她的强烈欲望，多尔衮进出后宫

如履平地，把她的寝宫当成自己的家，对此，她不但不感到屈辱，相反却是正中下怀，乐得顺水推舟，借以笼络多尔衮。再加上满族刚入中原，汉文化对他们的影响不大，虽然觉得叔嫂通奸不怎么体面，但是，满族人的传统习惯可以为他们解嘲。因为在满族旧习中，父亲死了，儿子可以娶父妾，哥哥死了，兄弟可以娶嫂子。正因如此，皇宫上下才对他们的私通视若等闲。就是顺治皇帝，也不觉得这是怎样的伤风败俗，所以，听之任之，不闻不问。

当时，清宫中有一个智囊人物，名叫范文程，他为清人入主中原立下极大的功劳，当他知道多尔衮和皇太后的欲望愈演愈烈、不能自禁的时候，就明白了多尔衮和皇太后的用心，为了取悦当权派，范文程采取了推波助澜、火上加油的策略。他对朝臣们说："摄政王德高望重，无与伦比。可是，他自己却谦虚谨慎，从不居功索报。实际上，朝廷也没有什么可以酬劳摄政王的不世之功。我们的皇上即使想报答摄政王，也苦于无从报答。对此，我们做臣子的，应该是食君之禄，忠君之事，千方百计地为皇上分忧。在微臣看来，摄政王虽然视功名富贵如浮云，但是，也还是有法报摄政王天高地厚之恩的。大家知道，摄政王本来就是皇上的叔父，到现在，这种关系更加亲密，摄政王对于皇上来说，无疑是和父亲传位给儿子没有什么两样。摄政王既然能把皇上当作儿子看待，那么，皇上为什么不能像对待父亲那样对待摄政王？"对于范文程的如簧巧舌，众大臣都认为言之成理。因为在当时，身居要位的，都是满族人，他们对汉人视为大防的伦理道德看得很淡，叔嫂通奸之类的事情只不过是寻常的饮食男女，不值得大惊小怪。而在朝廷中的汉人，都是有名无实，没有真正的发言权，为了自保，他们只能是随

波逐流，所以，范文程的一番歪理得到文武大臣的认可。在征服了群臣之后，范文程又开始摇动他那三寸不烂之舌，他直接向顺治下说辞，他对顺治皇帝说："陛下，我最近听说，摄政王正在哀悼亡妇，摄政王对我大清王朝，可称为中流砥柱，可是，在此盛年之际，府上没有聊慰寂寞的人，令人看了不忍。摄政王视皇上犹如父亲视子，那么，皇上待摄政王，也就应该如子待父。再说，现在皇太后寡居后宫，冷清无偶，孤伶伶地独守空房，她的凄惨心境皇上可想而知。皇上立刻请摄政王和皇太后夫妻团圆，这样，既能解除摄政王同皇太后间的相思之苦，也可使皇上能尽人子之孝，这是一举两得的好事，不知陛下以为怎样？"

顺治听了范文程的一番宏论，沉思了很长时间，他想，母后同多尔衮，早已两情相悦，形同夫妇，宫中上下已是人人皆知了，所差的，只是婚嫁形式而已。目前，朝中大权尽集于多尔衮一人身上，他是要风得风，要雨有雨，如果触怒了他，我虽然贵为皇帝，也会被他消灭于无形之中，那时，虽然我不同意他和母后的婚事，但是，世上也没有谁能阻止他二人的结合。与其这样，倒不如玉成其事，这样，既可博取他们的欢心，又能为自己执掌朝政赢得时机。想到这里，顺治喜形于色，点头同意了范文程的意见，他知道，范文程的那一番话，事先已得到了摄政王多尔衮同母后的同意，不然，借给他一个胆，他也不敢下那一番说辞。他的话，虽有讨好多尔衮的嫌疑，但也算说出实情，而且为这桩不体面的婚事找到了冠冕堂皇的借口，使我行事不至于太难堪。

为了让多尔衮同母后二人心满意足，顺治皇帝破天荒地下了一道嫁母诏书。诏书中说："皇太后在正当盛年时就丧偶寡居，一个人在宫中度过了一个又一个春花秋月，太后心中悲苦已极。我贵为一国之主，以养育天下万民为己任，却没有奉养好皇太后，只做到满足皇太后的物质享受，没有满足皇太后的精神需求，以至于皇太后在丧偶以后，整天生活在凄切愁苦郁闷和烦躁之中，连自己的母后都不能达到心满意足，还怎么让天下人克尽孝道？我的皇叔父现在也是一人独处，他的身份和容貌，都堪称我们国家的第一人。对于他，皇太后极其赏识，愿意以太后的尊贵下嫁给摄政王——我的皇叔父。作为人子，我体会到母后的良苦用心和宽广胸怀，因此，尊重皇太后的意愿，同意她下嫁给摄政王。皇太后下嫁时，应该举行什么样的典礼，需要什么样的规模，有关部门要认真拟议办理。"

顺治皇帝这一嫁母诏书发布后，朝廷上下一片混乱，群臣苦于无所适从。因为皇太后是国母，国母再嫁，属于国婚，可是，所嫁的人，如果不是皇帝，那么，皇太后还是不是国母？现在，皇太后封号未除，所嫁的人又是摄政王，就出现了极不好解决的问题：按照惯例，皇室大婚，是要举国同庆，群臣要上贺表和礼品的，这个礼品是按帝王的规格还是按王爷的规格？贺表的称呼又该怎么写？是恭贺摄政王，还是恭贺皇太后，还是恭贺皇上？群臣议论纷纷，莫衷一是。即使敏捷如范文程，也无法确定。最后，只好表请顺治定夺，在经过顺治恩准后，群臣只能恭贺皇父摄政王，这是一个不伦不类的称呼。从此以后，群臣每有奏折，都要写上皇父摄政王和皇帝的称呼。

到了乾隆年代，大学士纪晓岚在检点皇宫文件时，发现太后下嫁诏书及各种贺表奏章，觉得有碍观瞻，因为这时，汉文化已经被满族人所接受，最高当局已摒弃了他们那古老的习俗，接受了儒家的伦理纲常的观念。因此，奏请乾隆批准，消除了这些皇宫案牍。从此以后，人们再也没有看见太后下嫁后的奏章以及当时的诏书贺表。不过，人们从孝庄文皇太后这一红颜女杰死后没有埋进皇陵一事上，仍然看出了蛛丝马迹。(《清宫遗闻》)

### 为爱出家

清世祖爱新觉罗·福临是一个英雄，而且是个了不起的英雄。他六岁登基，十四岁亲政，在他执掌朝政的近十年间，不但真正完成了大一统的任务，而且采取了宽厚的、与民生息的政策，使数以百万的流离失所的明朝遗民复归农桑，为清朝经济的振兴打下了坚实的基础。他做出的暂缓强迫汉人剃发的决定，缓和了满汉间尖锐对立的民族矛盾。他开始了重用汉官的先例，使汉族官员有职有权，这为大清王朝的建设积聚了人才。他采取的礼遇洋人的举措拓宽了中华民族与世界各民族之间的联系渠道，为丰富和发展中华文化做出了贡献。

但是，这位在政治上高瞻远瞩的顺治皇帝在个人生活问题上，却不像处理军国大事那样左右逢源，游刃有余，而是举止失措，进退无据。顺治八年，他举行了大婚礼，将科尔沁卓礼克图亲王吴克善的女儿博尔济吉特氏立为皇后，仅过两年，就把这位聪慧乖巧、天生丽质的皇后废掉了。顺治十一年，他又和科尔沁镇国公绰尔济之女举行了大婚礼，并立为新皇后。一生之中举行两次大婚，清朝历史上也只有顺治一人。到了顺治十五年，又借故把第二个皇后也废掉了。在顺治短暂的一生中，娶了十九个妻妾，几乎一年一个，但是合乎心意的，只有董鄂妃一人。

对于董鄂妃，顺治是爱若至宝，不管他心情如何不好，只要一见到董鄂妃，立刻云开日出，眉展眼笑。每当他和董鄂妃在一起时，那种相亲相爱、相敬如宾的情景，简直和寻常百姓家的恩爱夫妻一般无二。他和董鄂妃间的互敬互爱、互相理解和尊重的感情，和李商隐笔下的"身无彩凤双飞翼，心有灵犀一点通"的至情至爱的理想伴侣毫无二致。董鄂妃是以妾的身份进入皇宫的，这在皇帝看来，和收买一件衣服没有什么两样，但是，顺治却郑重其事，仿佛是娶皇后，竟然诏告天下。董鄂妃一进宫，席不暇暖，就被封为贤妃，一个月后，又晋封皇贵妃。在顺治眼里，董鄂妃就是他的心。虽然二人间没有什么海誓山盟，但是，那种不可须臾或离的情感的确能惊天地、泣鬼神。顺治十七年八月十七日，皇贵妃董鄂氏不幸病故，顺治痛不欲生，为董鄂妃停止朝政五天。过了不久，他又亲自给礼部下了一道圣旨："奉圣母皇太后的懿旨：'皇贵妃协助我处理后宫，有几年之久，她的才德应该给予表彰，让天下人都知道。在她的管理下，皇宫制序走向规范化。可是，天不佑人，让她英年早逝。她的突然西行，我的心痛疼难忍，哀悼不已。应该追加皇后的封号。用来表示我对她的表奖和尊崇。'朕秉承圣母皇太后的旨意，特地采用追封的办法，并加封谥号，谥号是：孝献庄和至德宣仁温惠端敬皇后。至于加封皇后应举行什么样的典礼，你们礼部要认真、详细、从速商议并交给朕审核。"这道圣旨一颁布，立刻引起朝野哗然，人们不约而同地想道："这个董贵妃是什么人，为什么能得到这样天高地厚之恩？"

董鄂氏是什么人？用一句话概括，就是有夫之妇。至于这个"夫"是谁，却颇费思量。

有人说，这个"夫"是顺治的弟弟襄亲王博穆博果尔。有一次顺治在一个极偶然的机会里看到了弟媳董鄂氏，这一相见，使顺治忘了芸芸众生之中还有别的女性存在，一颗心立刻移到了董鄂氏身上。董鄂氏呢？对顺治也是一见倾心，觉得只有顺治才是她的夫君，当时就眉来眼去，两心相许。过后，顺治不是把董鄂氏以种种借口请进宫中，就是借故到襄亲王府中和弟媳幽会。常在河边走，哪能不湿鞋？有一天，他们的轻狂举动被博穆博果尔发现了，当时他忍气吞声，回到王府后，他狠狠地教训了董鄂氏。顺治得知后，痛在心里，恼在脸上，狠狠地打了弟弟一个耳光。从此，他的弟弟就因为有怨发不得、有恨说不出而郁郁死去。弟弟刚死，顺治就把董鄂氏娶进宫中。

也有人说，这个"夫"是江南才子冒辟疆。清人入关后，江南一片混乱，投降清廷的高杰手下在乱中闯入冒辟疆家，劫走了董小宛，为了讨好清朝，他们把董小宛献给洪承畴，洪承畴又献给了顺治，从此，顺治的皇宫中便六宫粉黛无颜色。对于董小宛被劫一事，大诗人吴梅村写了这样的诗句：

> 乱梳云髻不妆楼，尽室仓皇过渡头。
> 钿合金钗浑弃却，高家兵马在扬州。

江南丢失了董小宛不久，皇宫中便多了一个色艺双绝、独占皇恩的董鄂妃，对此，人们认为这个董鄂妃就是董小宛。因为清朝宫廷之中，从来不允许汉族妇女立足，所以，为了既能占有董小宛，又不会引起朝廷内外的议论，顺治就给董小宛赐姓为董鄂氏。这种掩耳盗铃的手法当然无法遮住天下人的耳目，吴梅村写道："王母携双成，绿盖云中来""可怜千里草，萎落无颜色"，这就明确地指出了董鄂氏就是董小宛。对于董小宛被虏进宫一事，冒辟疆也深信不疑，但是出于全身远祸的考虑，他对外诡称董小宛病故。他在《亡姬董小宛哀辞序》中写道："小宛自壬午归副室，与余形影交俪者九年。至辛卯献岁二日长逝。"而在《影梅庵忆语》中冒辟疆追忆董小宛的音容笑貌，毫发毕至，精雕细刻，可是，对董小宛病时的形状却没有一言半语的交代，显然，作者是在用曲笔告诉世人：董小宛的死，只是一个假语村言。

不管皇宫中的董鄂妃是哪一个，有一点可以断定，就是这个董鄂妃极合顺治的心意，顺治对她也用情颇专。董鄂妃死后，顺治的心也随之而去，就如元稹描述的那样，"维将竟夜长开眼，报答平生未展眉"。在董鄂妃死后三个月，顺治皇帝在不满二十四岁的有为之年，心如枯木，对繁华尘世了无牵挂，毅然削发为僧，到五台山出家。尽管皇太后和众大臣再三劝解，"无奈英雄更多情"，虽然没有以死谢知己，但是，从此在青灯古佛下度过余生也足见顺治的痴情了。

顺治的离家出走，置大清江山于不顾，使清宫上下大惊失色，他们为了不引起世人的非议，只得匆匆对外宣布：顺治皇帝驾崩。但是，这种欺骗只能得计于一时，不久，世上就风传堂堂的大清皇帝为了一个女人而削发为僧。大诗人吴梅村以他那如椽巨笔写道：

> 名山初望幸，衔命释道安。
> 预从最高顶，洒扫七佛坛。
> 灵境乃杳绝，扪葛劳跻攀。
> 路尽逢一峰，杰阁围朱栏。
> 中坐一天人，吐气如旃檀。
> 寄语汉皇帝，何苦留人间！
> 烟岚倏灭没，流水空潺湲。
> 回首长安城，缟素惨不欢。
> 房里竟未动，天降白玉棺。
> 惜哉善财洞，未得夸迎銮。

这首诗把顺治因为心灰意冷而出家，以及出家后闷闷不乐的情形逼真地描绘出来。

清圣祖康熙亲政后，曾经以进香为名，多次到五台山探望顺治，希望顺治能回到宫中。但是，顺治不为所动。在董鄂妃生前，他在和董鄂妃两情愉悦之时，曾对董鄂妃说："没有你，我寝不安席食不甘味。"董鄂妃死后，顺治用行动表明对董鄂妃刻骨铭心之爱。作为一国之君能如此用舍弃江山的行为去殉情虽然可贵，但是，他为了一己私情不惜牺牲他人的性命，这就令后人齿冷了。董鄂妃死后，他用了一个帝王所能用的权力，去为爱妃送葬，诸如：寻死觅活，想用自杀去酬谢红颜知己，弄得宫中上下不得不在忙着丧事的同时还得分出一半精力去照料他，以防止他自杀。为了让爱妃在黄泉路上仍能享受皇宫的荣华富贵，把董鄂妃生前住的两座宫殿中的所有珍稀陈设全部烧掉。为了使爱妃在阴曹地府不寂寞，顺治残忍地把平日侍候董鄂氏的太监和宫女十三人全部赐死殉葬。同时，他下令全国服丧，官吏服丧期为一个月，百姓服丧期为三个月，而他自己则用蓝笔批阅奏章长达四十天，超过皇帝和太后死用蓝笔批本二十七天的惯例，且自己还写了《董妃行状》的缅怀文章，洋洋洒洒数千言，把爱妃的音容笑貌以及二人相处时的欢悦融洽的情景惟妙惟肖地描绘出来。即使这样，还是不能使思念之情稍减，以致最后只能出家求以解脱。

## 康熙帝

顺治十八年（1661 年）正月，清世祖福临驾崩，年仅 8 岁的三皇子登极承统，在金銮宝殿上一坐就是 61 年。其享国之久、文治武功之高，历史上的封建帝王罕有与之匹敌者。他把明清鼎革以来危机四伏、疮痍斑驳的大清帝国经营得疆域辽阔，秩序井然，开奠了与历史上任何盛世相比亦毫不逊色的"康乾盛世"。他就是清朝第四代君主，庙号圣祖，年号康熙的爱新觉罗氏玄烨——清沿明制，一个皇帝在位只用一个年号，故世称康熙皇帝。

### 祖母鞠育　幼少承统

玄烨是顺治皇帝的三皇子，出生于顺治十一年（1654 年）三月十八日，生母佟氏。外曾祖佟养真追随清太祖起兵辽东，可谓开国元勋。外祖父佟图赖亦屡建战功。因此，正蓝旗佟氏家族在汉军八旗亦算门第显赫。但是，天生丽质、出身名门的佟氏被选入宫后并未得到顺治皇帝的宠爱——她只是皇帝为缓和民族矛盾、改变在蒙古贵族中选妃旧俗的政治婚姻。所以，她生的儿子自然未被父皇作为皇储爱怜。

可是，玄烨的祖母孝庄文皇太后对这个三皇孙情有独钟。她派身边侍女苏嘛喇姑协助保姆看护玄烨，教他读写满汉文书，而且经常亲自教诲玄烨。孝庄太后既怕玄烨受委屈，对其百般爱护，同时很早就以皇储的标准来多方面地培育玄烨的品质和情操。太后的精心爱护和教养如阳光雨露一样温暖滋润着玄烨幼小的心灵，这不仅在很大程度上弥补了他所渴求的父爱，而且造就了他自强不息的性格。玄烨自幼精于骑射，兼通满汉，完全具备了入承大统的才气。

顺治皇帝曾疯狂地追求弟媳，后来竟封其为董鄂妃。他一心想让爱妃董鄂氏所出皇四子继承皇位，可是这个小生命存活不到三个月就夭折了。董鄂妃从此，再也未能生育，不久也死去。只有到这个时候，玄烨在父皇的眼皮底下才有了重要地位。顺治十六年（1559 年），6 岁的玄烨与哥哥福全、弟弟常宁一同进宫向父皇请安，顺治询问皇儿们日后志向。常宁仅 3 岁，双眼珠一转，反问："什么是志向？"福全虽然年长却是庶妃所出，位卑气谨，回答说："臣儿愿做一个贤王。"玄烨则朗声回答："臣儿愿效法父皇，勤勉尽力！"顺治知道这是太后的刻意安排，开始考虑将玄烨作为皇储人选。顺治十八年（1661 年）正月，因董鄂妃仙逝后一直精神萎靡的顺治皇帝又身染可怕的天花症,自知将一病不起,在征求了洋教士汤若望的看法后,便按照太后的安排,遗诏玄烨继位,随即撒手人寰,魂追董鄂妃去了。正月初九,玄烨在太后主持下举行了登极大典,改明年为康熙元年,加封孝庄文皇太后为太皇太后。

孝庄文太皇太后随丈夫皇太极征战塞内外,扶持幼子福临入主中原,这时又辅佐幼孙玄烨踏上了巩固爱新觉罗氏大清江山的途程。如果按照满清旧制,将由宗室诸王辅佐幼主处理政务。孝庄文太皇太后经历三朝,对宗室诸王辅政带来的弊端记忆犹新,对顺治初年摄政王多尔衮的擅权专断更是心有余悸。所以,在顺治临终前,她与福临反复商讨,决定改变旧制,任命重臣辅佐新主,在体制上将决策大权掌握在自己手中。除此之外,她集中更多的精力训导康熙学习如何执掌政权的本领,如何将祖先的基业发扬光大以造福黎民百姓。康熙没有辜负太皇太后的关怀和期望,对祖母极尽孝道,处理政务也很干练。他少年老成,在他的统治下,大清的江山基业注定要稳固发展。

### 亲政除奸　初试锋芒

康熙在祖母的关照下少龄继位,虽然器宇轩昂,却仍然是个羽毛未满的雏鹰,要担负起管理国务的全部重担则为时尚早。顺治遗诏授命索尼、苏克萨哈、遏必隆和鳌拜四大臣辅政。四大臣跪在先帝灵前信誓旦旦:竭忠尽智、不结党营私,上报先皇知遇顾命之恩责,下副辅佐幼帝政治之切望。四大臣中,索尼(正黄旗)、遏必隆(镶黄旗)、鳌拜(镶黄旗)是跟随太宗南征北战,又拥立顺治登基的元老重臣。多尔衮擅权时期虽对他们实行打击、笼络之能事,但他们坚不屈身依附,先后被革职、削爵和籍没家产,甚至险遭处死。苏克萨哈虽为多尔衮属下正

白旗亲信,但他并非事事遵从多尔衮。多尔衮死后,他检举多尔衮殡殓服色违制与企图谋反篡位的罪状。正是上述经历,四大臣深得顺治和太后信赖重用,能以异姓臣子身份代替宗室诸王贝勒顾命辅佐幼帝康熙。

按照四臣辅政新体制,四大臣应遇事协商共议,奏事则一同进谒太皇太后和皇帝,待太皇太后决策口谕,皇帝上谕认可,再由四大臣拟旨颁布执行。新体制比起以往宗室诸王辅政和摄政王专制来说,虽然杜绝了宗室觊觎争夺君位的弊端,将朝政决策权握在太皇太后手中,但四大臣的职权仍同秦汉宰相;他们可以入直、票拟并代康熙御批奏折,一旦四辅臣内部权力均衡局面打破,就会形成异姓重臣架空皇权、独断专行的空子。鳌拜即借此体制的隐形缺陷擅执朝纲,甚至图谋不轨。

瓜尔佳氏鳌拜,满洲镶黄旗人,清朝开国元勋费英东的侄子,曾随太宗转战满蒙,远征朝鲜,略地山海关内外;顺治时期随大军定鼎北京,南征湖广、四川等地。他门第显赫,战功卓著,从一个小小的护军校青云直上,位至世袭二等公爵,领侍卫内大臣衔,有免死两次的特权。这些政治资本更兼善玩权术,使他野心勃勃,骄横跋扈,人多畏惮。辅臣中的四朝元老索尼年迈多病,对制止鳌拜专横已力不从心。遏必隆与鳌拜同属镶黄旗,利害攸关,加之为人庸懦,胸无主见,对鳌拜言听计从,随声附合。只有苏克萨哈敢于顶撞鳌拜,但他虽然位居鳌拜之上,战功、资历与门弟皆逊于鳌拜,而且又与索尼素有嫌隙;因此在辅政诸臣中常处于孤掌难鸣的境地。这样,鳌拜凭借自己在四大臣中的优势地位,大权独揽,广植亲信,不断地扩充势力,架空康熙,为其专政篡权铺路。如内阁大学士班布尔善、吏部尚书噶诸哈、工部尚书

济世等人就是鳌拜安插在中枢部衙中的死党。每遇政事由九卿会议，他们便从中操纵，以其私议上奏，甚至发展到拦截奏章，阻塞康熙与臣工之间的联系，有时竟咆哮廷堂，威逼康熙按其私意处理政事的地步。

有两件事情对康熙刺激很大，促使他决心除去鳌拜。

一是康熙五年（1666 年）的换地事件。顺治初年，睿亲王多尔衮为了擅权专政，收买扩充自领的正白旗官兵，就把分配给镶黄旗的沃土良田占据，又将他处差等薄地调换给镶黄旗，曾激起镶黄旗官兵的愤怒和反对。月换星移，年岁流逝，多尔衮换地带给两旗的裂痕渐渐弥合，各旗兵丁已在属于自己的领地上生息繁衍，安土重迁，不愿重新调换领地了。但鳌拜却再翻 20 多年以前的旧账，执意更换领地，企图借机扩大镶黄旗地盘，并继续向外圈占民地，以达到收买旗人支持，打击正白旗重臣苏克萨哈的多重目的。索尼与苏克萨哈平素相恶，自然不会支持苏克萨哈，遏必隆更是鳌拜的应声虫。这样，辅政四臣中倒有三人同意调换旗地。不仅如此，鳌拜还唆使八旗大臣纷纷上书户部，叫嚷"土地不堪使用"，要求换地，给太皇太后施加压力。

换地消息不胫而走，风传开来，旗丁等待换地、汉民惧怕土地被再次圈占，京畿一带人心惶惶，无心耕种，田园荒芜。户部尚书苏纳海接到八旗大臣的呈请后上奏康熙："地土分拨已久，且康熙三年，奉有民间地士不许再圈之旨，不便更换，请将八旗移文驳回。"本来，苏纳海是依据法令规定和现实状况对换地提出异议的，可是鳌拜却认为这是有意和他作对，必欲除之而后快，遂票拟上谕："著议政王贝勒大臣九卿科道会议以闻。"在他的操纵导演下，议覆上奏："沙压水淹地十五万四千垧有奇，该（八旗）佐领未经踏勘，难以悬议。应差部臣前往踏勘明白，造册再议。"然后，鳌拜矫旨派贝子温齐前去"查勘"，以各旗领地沙压水淹，不堪耕种，其中"镶黄旗尤不堪耕种"覆奏。康熙对此十分重视，召集辅臣会议，令户部尚书苏纳海，直隶、山东、河南三省总督朱昌祚，巡抚王登联等人会衔调查经理。他们到任后目睹八旗矛盾纷争、田地荒芜、旗民皆不愿圈换的实情，上疏"亟请停止"。利令智昏、目空一切的鳌拜却以"藐视主上、纷更妄奏"的罪名拘禁苏纳海等三人，执意处以死刑。刑部认为律无明文，建议处以鞭刑，籍没家产回奏。康熙召集御前会议征询四辅臣意见，鳌拜极言情罪重大，应置重典：索尼、遏必隆随声附和；主观上反对但势孤力单的苏克萨哈不好表明态度，只能沉默不语。在四辅臣中处死苏纳海等人之议居于上风的情况下，康熙仍以律无明文，不允许将其处死。鳌拜欺康熙年幼，仗着自己在辅臣中三对一的优势和朝中的众多党羽势力，竟矫旨将刚正不阿的苏纳海等三人绞立决，籍没家产；其他反对圈换旗地的大臣，或被革降职爵，或被充军为奴，无一幸免。

二是阻挠康熙亲政。圈换旗地事件中，鳌拜的专擅妄杀对康熙震动很大。为防止被鳌拜架空和再肇大臣无辜流血，康熙决心尽快亲政。但是，他清楚地知道，鳌拜不除，亲政就是一句空话。康熙六年（1667 年）三月，辅政大臣索尼等奏请皇帝亲政，康熙屏心静气，留中未发。七月，索尼去世一个多月后，康熙明发了索尼关于"世祖章皇帝亦于十四岁亲政，今主上年德相符，天下事务总揽裕如，恳切奏请"亲政的奏本，引来辅政大臣和中枢臣工的一片奏请，康熙则以"朕年尚幼冲，天下事务殷繁，未能料理，欲再俟数年"推辞了一番后，率辅政诸臣数诣太皇太后得允，便在七月初七举行了亲政大典。

鳌拜的野心进一步膨胀。他曾拉拢苏克萨哈一起干预朝政。苏克萨哈拒绝了鳌拜的要求，但他自知从此将要置他于死地，而他在辅臣中势单力薄，难以抵敌鳌拜。为了免遭杀身之祸，他激流勇退，于康熙亲政后的第三天奏请守候先帝陵寝。其实，苏克萨哈此举用心良苦，他想以曾奉先皇遗命守候陵寝，迫使鳌拜一同引退，为康熙真正主持朝政提供条件。康熙则另有想法。他一面派人询问原因，一面令议政王大臣会议议处。康熙想借此机会再次试探索尼去世和自己亲政以后辅政诸臣、中枢臣工、宗室王大臣与鳌拜一伙的关系和动向。鳌拜自然清楚苏克萨哈的用意所在。为避免与苏克萨哈一同引退，他果然操纵会议诸王大臣罗织了苏克萨哈"怀抱奸诈""存蓄异心""欺藐幼主""不愿归政"等二十四条罪状，主张坐大逆律，与其长子内大臣查克旦凌迟处死；其六子一孙，侄子二人斩立决；族人前锋统领白尔赫图、侍卫额尔斩立决。康熙早就知道苏克萨哈与鳌拜有积怨，但对会议议处之重仍极感震惊。他认为，苏克萨哈是前朝重臣，辅政勤恳，理应酬劳，何罪之有？当即谕再议，指出前议过当，此次苏克萨哈纵有不是，但判罪量尚不至如此之重，一定另有冤情。康熙是在暗示鳌拜借机谋害苏克萨哈，有着不可告人的目的。鳌拜做贼心虚，强词夺理地说：我同苏克萨哈本无仇怨，只因他欺君罔上才秉公而断，处以重罪，"不然，倘群起效尤，滋蔓难治"。康熙却说："欺君罔上者大有人在，但不是苏克萨哈！鳌拜心中明白：如果此次不能处决苏克萨哈，非但难报旧仇，自己也须仿效交出辅政大权，为先皇守陵；况且康熙明显护着苏克萨哈，一旦他日苏克萨哈被重新起用，自己岂有好下场？因此，鳌拜把心一横，竟瞋目挥臂廷堂，

连日累奏。他身后的狐群狗党一哄而上，终于威迫康熙下旨绞杀苏克萨哈，其余家族人等皆依议处斩。

索尼和苏克萨哈死后，辅政诸臣中唯存鳌拜与遏必隆。遏必隆一向唯鳌拜马首是瞻，不敢立异，故而朝政大权尽归鳌拜之手。玄烨亲政不过是名义罢了，心中不满，尚须深衔韬光。有着丰富弄权经验的鳌拜自知与康熙的矛盾冲突将势不可免，所以也在暗中准备，伺机而动。他常常托病不朝，企图激怒康熙，以便寻找废立借口。一次，康熙带随从亲自到鳌拜府上探病，御前侍卫发觉鳌拜神色有异，抢步上前搜索，竟在鳌拜床席下发现匕首。鳌拜立时惊惶失措，无言对白。康熙却轻描淡写地说："刀不离身，满洲旧俗，不足异也。"康熙的反应极快，他认为此时还不是时候——因为鳌拜党羽众多，鳌拜虽暗藏杀机，罪名却不足以兴大狱除去其余党徒。

康熙七年（1668年）九月，内弘文院侍读学士熊赐履上书奏言："皇上以诚敬为治天下之本，君志定而天下之治成"，但这并不意味着"一人垂拱于上，百官职事承奉于下"就一切和顺，也绝非不需要"启沃开导"；先儒圣贤说得好："天下治乱系宰相，君德成就责经筵"，所以，讲学与勤政不可偏废，请皇上在处理政务之余，"间御便殿接见儒臣"云云。该奏疏明发后，满朝文武都清楚，这是提醒康熙培养自己的治国班底，不要姑息鳌拜，任其胡作非为。对此，康熙内心欢喜，但表面上却大发雷霆，说该员"妄行冒奏，以沽虚名"，警告他以后"慎勿再行妄奏，改干咎戾"！

康熙保护自己的心腹真是无微不至。他知道除去树大根深的鳌拜殊非易事，若不稳住鳌拜这只尖牙利爪的恶虎，不但"熊"会被吃掉，搞不好，自己这条"龙"亦被咬死。所以，康熙外柔内刚，秘

密筹划除去权奸的一切准备工作。由于鳌拜曾任过领侍卫内大臣，宫廷侍卫多受鳌拜影响，而且在鳌拜转任辅臣之后又将其子那噂佛安插在领侍卫内大臣任上，对宫廷侍卫控制甚严，康熙的一举一动都在鳌拜的监视之中。因此，康熙从各王府挑选百名亲王子弟组成"善扑营"，既做他的亲身护侍，又做他摔跤弄棒、玩少年游戏的陪伴，不到一年时间就训练得个个武艺精强。鳌拜却以为皇上年幼贪玩，对此并未放在心上。

康熙的表面文章做得天衣无缝，与鳌算总账的前夕，他不断地赏赐鳌拜，并晋封为一等公爵。当鳌拜的亲信向鳌拜反映皇上近来的态度似乎有些反常，不像往日那样向他们发脾气。鳌拜先吃一惊，紧接着则喜上眉稍。他分析了形势以后认为：他在朝廷上下党羽众多，康熙未动他们半分毫毛；宗室诸王一向看鳌拜的眼色行事，未见他们有异常表现；鳌拜控制着镶黄旗军队，却不见皇上在八旗调兵遣将；内廷侍班底基本未动，那些乳臭未干的毛孩子难道能把他这个武艺精强的疆场老将怎么样？再联系皇上最近对他问候和加封赏赐，他得出结论：康熙慑于他的淫威已经屈服了，今后他将玩康熙于掌上！

鳌拜想错了。康熙以下棋为名，诏索尼之子、自己的叔仗索额图进宫秘密商讨了制服鳌拜的具体方案。为了确保万无一失，康熙事先将鳌的亲信党羽陆续差遣出京，然后即诏集善扑营健儿，郎声发问："你们惧怕皇上还是鳌拜？"他立刻听到一片整齐洪亮的童音："独畏皇上！"少年康熙威严的神色中露出一丝笑意，转瞬间就消失了。代之而来的是两道健儿们从未见过的目光，它似乎要扭转乾坤，射给他们从未有过的信任和鼓舞。

康熙八年（1669 年）五月十三日，康熙召鳌拜单独进宫议事。鳌拜像往常一样昂首进宫，只见康熙端坐御椅，身旁排列着威风凛凛的少年侍卫。鳌拜一看大事不好，便故伎重演，先发制人，高声问道："皇上宣臣进宫，所议何事？"按照他的想法，这个娃娃皇帝一定会慑于他的气势，和往常一样地礼遇三分。不料康熙冷笑一声："鳌拜，你可知罪？"未等分辩就将手中茶杯摔地，大喝一声："侍卫何在，还不拿下这个奸贼！"小侍卫们一拥而上，七手八脚就制服了这个平日骄横跋扈、不可一世的枭雄，紧接着，康熙谕令议政王大臣革拿鳌拜余党。几天以后，康亲王杰书奉命审讯了鳌拜，公布其结党营私、欺君专权、妄杀无辜等 30 多条罪状，依律本当问斩。康熙念其当年救护太宗有功，且效力年久，赦免死罪，革职削爵，籍没家产，囚禁终生。同时，将罪大恶极的鳌拜亲信死党班布尔善、济世等八人处斩绞决，其余则革职、降级、调任者不等。又为被鳌拜集团杀害的苏纳海、朱昌祚、王登联、苏克萨哈等人平反昭雪和追谥。以后，康熙对各级大员进行人事大换班，颁布《圣谕十六条》。所有这一切，都是要在思想上、组织上清除鳌拜的恶劣影响，切实保证康熙亲政后诸项政策法令的贯彻执行。

年仅 16 岁的康熙一举歼除鳌拜集团，又能妥当地处理善后事宜，充分显示出他的睿智超群和勇毅绝伦。然而，倘与日后康熙向世人展现的施政才华和人格魅力相比，亲政除奸尚不过锋芒初试耳。

### 处乱不惊　力平三藩

亲政以后，康熙手书："三藩、河务、漕运"条幅悬挂宫中，以示解决三藩问题是国内目前要政之首。三藩乃前明降将吴三桂、尚可喜、耿仲明，他们为清兵入关和经略江南半壁河山父死子继，力效犬马之劳，分别被封为平西王、平南王和靖南王,镇守云南、广东和福建。他们各有自己的财政、军政和用人行政特权,逐渐成为割据一方、威胁中央集权和国家统一的藩镇势力;尤其是吴三桂,他坐镇云贵,广敛钱财,拥兵自重,时刻准备举旗反叛。难怪康熙亲政伊始就将撤藩作为三大要政之首了。

尚可喜年老多病,将藩务交给儿子尚之信主持,不料之信残忍狂暴、酗酒嗜杀,深更半夜无以解醒,即以佩刀刺杀侍者,虽宠爱亦在所不惜。这个小魔头又喜养狗,每出成群结队,道路为之阻塞,行人有避匿不及者,便令左右割人肉喂狗。他甚至凶残到连老子都不放在眼里。尚可喜派一个大肚子宫监向之信传令,之信指着宫监肚子:“此腹肉必有奇货”!说罢一刀刺去,立时毙命。之信还将乃父派去的堂官在烈日下暴晒,观其百般求饶取乐,直至气息奄奄方罢。尚可喜看到之信太不像话,即训斥杖责,可是之信凶残若素。于是,可喜准备传爵位给次子之孝。正犹豫间,曾为他出此主意的亲信见他迟疑不决,怕谋泄反被残害,转而曲事之信,为虎作伥去了。从此,尚可喜对之信已毫无制伏之法,既害怕儿子早晚出祸,也不甘心忍受逆子挟制,便在康熙十二年(1673 年)三月上书奏请回辽东养老。早有撤藩之意但审慎未决的康熙将奏折交给五大臣会议后,决定将平南王藩下官兵全部撤回辽东安插。

吴三桂和耿精忠(耿仲明孙,已袭靖南王爵位)听到消息后,也于是年七月假意奏请上交藩王印信,请求撤藩,实则试探朝廷动向。康熙对此非常重视,立刻召集议政王大臣会同户、兵、刑三部会议研究撤藩奏折,重点讨论吴三桂的疏奏。廷议有两种意见。一种意见认为,平西王镇守云南以来,地方安定,撤藩以后势必派兵换防,加上原藩官兵迁移往返费

用浩繁,沿途民驿苦累,甚至会因此发生骚乱和不测,所以,主张一仍其旧,不撤藩。另一种意见认为,平西王吴三桂既然疏请交印撤藩,则应将其所属官兵家口迁往山海关外,酌情安插;云南地方暂遣满洲官兵戍守。会议上反对撤藩的意见占上风,只有户部尚书米思翰、兵部尚书明珠和刑部尚书莫洛等少数人力持后说,主张撤藩。年轻的康熙皇帝力排众议,作出最后裁决:“从其所请”,将三藩全部撤往山海关外。康熙认为,三藩手握重兵,财政自成体系,已经尾大难去,特别是吴三桂用兵一生,久怀异志,若不早除,必酿成无穷后患,“撤亦反,不撤亦反”,不若先发制之;况且吴三桂的世子吴应熊及耿精忠诸弟皆宿驻京师,或许撤之无能反叛。廷议既决,康熙派侍郎折尔肯、学士傅达礼赴云南,户部尚书梁清标赴广东,吏部侍郎陈一炳赴福建,分别经办撤藩事宜。

吴三桂接到撤藩谕令,气急败坏。他自负劳苦功高,清廷会对他加以慰留,不料康熙却“近以地方底定,故允王所请,搬移安插”,语气之坚决,连一点回旋的余地都没有,吴三桂像嚼了一口带皮的青核桃,酸涩难以下咽。吴三桂自从引导清兵入关以后,手不释刀,马不停蹄地追击农民起义军,消灭南明小朝廷,出湖广、下川陕、克滇黔,直至坐镇云南。在三藩之中,他的势力最大,野心也最大。他以平西王府的名义任命官员,吏兵二部不能干预;由他推荐的“西选”官员遍布各地,凡要害地方和部门,他都千方百计地安插亲信;世子吴应熊尚公主,为康熙的妹夫,也是吴三桂在京师的耳目。平西王藩绿旗兵 53 佐领,计约12000 余,能够应征入伍的官兵族属亦有数万,朝廷每年为其支付饷银 900 多万两。此外,他还自行征税、开矿铸钱,与藏、缅进行边贸经商,聚积粮秣,招降纳

叛,精练士卒。早在顺治末年就有言官劾其反情已现。顺治驾崩,宣吴三桂进京祭奠,老奸巨猾的吴三桂提兵络绎临京,清廷为防其变,令其在京外打场设祭,事毕即遣返云南。康熙亲政除奸,对吴三桂也是一个震慑。这个老狐狸一藏往日的锋芒,大兴土木,历时三年在平西王府附近营造安福园,披罗美女佳丽40多人充陈其中,每日欢歌饮宴,做出沉湎酒色、胸无大志的姿态。现在康熙居然要撤藩,他自恃地险、财足、兵强,认为满洲宿将凋零殆尽,八旗劲旅远不若从前,清廷现任诸将不足为虑;少年康熙虽于清除鳌拜一事已显过人才智胆识,但于用兵之道却毫无经历,至少在目前尚不是他吴三桂的对手。他之所以按兵不动,只是苦于找不到更好的举事旗号:想拥立前明宗室以号召天下,则自己对南明的穷追不舍和亲自处死桂王朱由榔的行为将无以自解;欲打出"清君侧"旗号公开反对撤藩令,则无异于自我承认为清朝叛贼;想自树国号,则既背明又反清的朝秦暮楚行径将公诸天下,致令儒林耻笑、汉民唾骂、前明子遗仇视、满清朝廷诛杀,根本成不了事。他也考虑过就此罢手,交出藩印,可是几十年苦心经营的一切将付诸流水,无论如何都不会甘心。不,绝不能交印撤藩!几十年来好不容易从一只供人驱使的狗变成意指气使的镇山虎,眼看要变成腾云驾雾的龙了,怎么能犯难而"蜕"呢?

吴三桂表面上接受了折尔肯和傅达礼带来的撤藩令,实则拖延时间。他的如意算盘是,率部以迁移为名行至中原,突然举兵,一举成事。于是,他秘密派人连络尚之信和耿精忠,约期策应;同时封闭所有入滇要道,往来行人只许进,不许出,严防走漏消息,傅达礼和云南巡抚朱国治不时催问搬迁情况,可每次得到的回答都是"缓商"。傅达礼知道这是吴三

桂的拖延待举之计,为防日久生变,便回朝复命,行至中途就被截回。吴三桂也知道计谋败露,于康熙十二年十一月二十一日召集麾下官兵蓄发易服,发动叛乱。他自封"天下都招讨兵马大元帅",以崇祯帝三太子的监护人自居,打着"反清复明"旗号,传檄远近,声扬自己为了宗庙社稷和先君复仇,曾借清兵入关"剿寇","不意狡虏逆天背盟",这才"方知拒虎进狼之非","追悔靡及";他早想"返戈北伐",只因"太子年幼,宗社是赖","姑饮血隐忍""养晦待时";并诬称清朝入关三十年来的统一战争和政治统治造成中原"山惨水愁,妇号子泣,以致彗星流陨,天怒于上;山崩土裂,地怨于下";鼓吹自己兴兵叛乱是"伐暴救民、顺天应人"。这个明朝的乱臣贼子居然伏在他亲手勒杀的南明永历帝陵前痛哭流涕!当时就有好事者写诗讥讽:"李陵心事久风尘,三十年来诳卧薪?复楚未能先覆楚,帝秦何必又亡秦?丹心已为红颜改,青史难宽白发人。永夜角声悲不寐,那堪思子又思亲!"

吴三桂举兵叛乱后,闽、粤两藩也蠢蠢欲动,前明故旧子遗虽不齿于吴三桂的行径,却为他能搅翻清室天下而称快,遍布各地的吴氏党羽纷纷响应,东南沿海一带又见偏安台湾的郑氏官兵,一向与前明相善的朝鲜也激动不安,一股强大的反清潮流波翻浪涌,各地告急文书频频传至北京。内宏文院大学士索额图敢擒鳌拜,却对三藩之乱张皇失措,竟然要求处死主张撤藩的明珠等人,以谢叛逆。好个康熙皇帝,处乱不惊,临危不惧,他严厉痛斥这种论调,说:"三藩势炽,不可不撤,岂可因吴三桂反叛,遂诿过于人邪?"坚决表示:"朕绝不效汉景之诛晁错以平七国之乱!"年轻的康熙皇帝在心理、胆识方面经受住了严峻的考验。康熙认为:吴三桂是叛乱祸首,消灭了吴

三桂,则其余乱党不攻自破。因此,他果断地召回闽粤撤藩使,对耿、尚两藩暂行安抚,拆散他们与吴三桂的三角联盟,而对吴三桂采取重点打击的战略。在军事上,康熙先派都统巴尔布等率3000满洲精骑由荆州驰驻常德,都统珠满率兵3000由武昌进驻岳州,以阻叛军东犯湖广;命西安将军瓦尔喀率骑兵驰赴四川,以绝叛军自滇入蜀之路;命都督尼雅翰、赫叶、席布根特、穆占、修国瑶等率兵分驰西安、汉中、安庆、兖州、郧阳、汝宁、南昌等要地,以保关中和中原后方的安全;诸路兵马均听宁南靖寇大将军勒尔锦节制。次年二月,又以陕西战略位置重要,南通巴蜀,西控番回,东接中原,特遣刑部尚书莫洛进驻西安,会同将军、总督便宜行事,巡抚、提督以下地方文武悉听节制。可以看出,康熙的军事部署一开始就将平叛战争划分为两个主要战场进行的。

战争初期,叛军凶锋正锐,一些清军将领庸懦畏死,常德、长沙、岳州、沣州、衡州等要地先后失陷,吴军直抵湖北、四川,迫使瓦尔喀退守广元,勒尔锦和珠满则困守荆州、武昌,皆畏葸不思进取。吴三桂一面亲自督战,猛攻川楚,一面通过西藏达赖喇嘛致书康熙,要求裂土罢兵,划江而治。战争的暂时失利丝毫未能动摇康熙的平叛决心。他处死吴应熊及其长子吴世霖以乱吴三桂的心志,褫夺其魂魄,并坚决回绝了达赖的斡旋,表示:"朕乃天下人民之主,岂容裂土罢兵?但(其)果悔罪来归,亦当待以不死!"

和议不成,吴军兵分两路:一路由他亲自挂帅,从长沙进窥江西,连续攻克30多座城地;另一路由悍将王屏藩督率,经四川进窥陕西,接应吴三桂养子王辅臣叛军,连陷平凉、兰州、巩昌、泰州、定边、靖边、临洮、庆阳、延安、绥德等地。一时间,吴三桂气焰嚣张,扬言将乘胜夺取

荆,会师西安,进攻北京。

王辅臣的叛变一下子将两个主战场变为六个,形势骤然紧张起来。一方面玄烨派安亲王岳乐为定远平寇大将军出兵江西;派简亲王喇布为扬威大将军统师镇江;贝勒洞鄂为定西大将军策应莫洛由陕西进攻四川;康亲王杰书为奉命大将军、贝子赖塔为宁海大将军,由浙江会攻福建;令尚可喜与两广总督金光祖兵出广东,会攻广西。另一方面康熙对王辅臣部采取了剿抚兼施之策:派王辅臣的儿子王继贞持上谕劝降,从而使王辅臣首鼠两端;同时又令陕西督抚、提、镇坚守驻地,而派大军驰援宁夏、陕北和陇东;先后任命甘肃提督张勇为靖逆将军、大学士图海为定远大将军,节制西北诸路兵马,便宜行事。康熙十五年(1676年)春,图海集中兵力,采取调虎离山之计,攻克平凉,扭转了陕甘战局。到该年六月,王辅臣兵败投降;吴三桂悍将王屏藩部也节节败退。从关中到汉中直至逃回四川,陕甘全境告平。

南线诸战场,清军与吴军在湘、鄂、赣一带进行长期的攻守拉锯战。康熙十七年(1678年),清军平定闽粤,耿精忠、尚之信先后反正,江西也告收复,湘鄂一带吴军已成孤势。吴三桂恐部下解体,赶忙在衡阳草草修建了百余间庐舍,顶上漆以黄色权当宫殿。三月二十八日,吴三桂"郊天即位",改国号为"大周",年号昭武,封妻子张氏为皇后,孙吴世璠为太孙。时值风雨大作,"皇宫"被风刮雨淋,东倒西歪,面目全非,登极仪式即潦草收场。之后,吴三桂为手下叛将加官晋级,又匆匆举行云南"乡试",搜罗了73名"举人"装点门面。但是,吴三桂的登极、改号、"乡试"闹剧只是垂死挣扎。他自知大势已去,末日来临,死前要过一下皇帝瘾。这些丧心病狂之举使他的政治处境更加不利,军事形势加速恶化,前线

清军攻势日益猛烈。是年八月，吴三桂急病交加，暴死衡州。

吴三桂死后，"皇太孙"吴世璠继位，改元洪化。这时的叛军已兵无斗志，一路溃退云贵。为了加快平叛进程，康熙下令：协从叛乱，交械投降者，宽大处理；反正立功者，将功折罪，论功行赏。这项决定从政治上瓦解了叛军士气，除少数死顽分子坚持与清军决战以外，大多数叛军已无心抵抗，一经接战即弃阵投降。于是，短短一年多的时间，湖北、湖南、四川等地很快落入清军之手。吴世璠只能龟守云贵老巢。

康熙十九年（1680 年）十月，康熙命令清军兵分三路会攻云贵：第一路，定远平寇大将军、贝子章泰率领湖南方面军由平越（今贵州福泉）进逼贵阳，经过盘江西坡大战，尽复贵州全境；第二路，征南大将军赖塔率广西方面军自南宁进兵云南，于第二年春与第一路会师曲靖，直指昆明；第三路，勇略将军兼云贵总督赵良栋率领四川方面军镇压了反复不定的蜀地叛军后，于康熙二十年九月与第一、二路军会师昆明，将吴世璠叛军重重围困在城中。赵良栋身先士卒，诸军协同力战，直薄城下。十月，城中食尽，南门叛军投降，吴世璠服毒自杀，手下诸死党或持刀刎颈，或引火焚身。

历时八年，战火燃及大半个中国的三藩之乱终于宣告平定。平叛战争中，康熙运筹帷幄，处乱不惊，指挥若定，显示出超卓的政治远见和军事战略才华。他坚持擒贼先擒王的原则，始终把矛头指向吴三桂，对耿、尚二藩则实行剿抚兼施，促其反正，分化瓦解三藩联盟，以便各个击破。待大局初定，于康熙十九年（1680 年）处死尚之信，次年十月云南平定，依律囚禁耿精忠，并处以肢解极刑。除罪恶昭彰、至死顽抗的叛乱首领骨干以外，其余叛党及其亲属概不诛连。对

于那些临阵脱逃、贻误战机的清军战将则毫不姑息，及时撤换和惩处。康熙要求前线将领尽可能依据战场变化的具体实际相机行事、互相配合、主动出击，而且他也给予主将节制诸军、便宜行事的权力。在财政经济方面，康熙命令各地裁革浮费、核减田赋税额，同时又改折漕贡，增加盐课杂税。这些措施在一定程度上减轻了人民负担，增加了国库的实际收入，保证了平叛战争的物资供应。所以，平叛战争的胜利也是康熙理财有方的结果。总之，平定三藩叛乱的胜利使康熙皇帝无可置疑地载入了中国历史上最杰出的政治家和军事战略家的行列。

### 收复台湾 统一版图

顺治入关以后用兵中原和江南，巩固后方，民族英雄郑成功则驱逐荷兰殖民军，将台湾作为反清复明的基地。康熙元年，郑成功壮志未酬，暴病身亡。到清廷平定三藩时，台湾郑氏集团内争不已，政局动荡，数易其主，势力衰落，不但在福建沿海不能立足，而且在台湾岛内惶惶不可终日。

郑氏集团在台湾的存在一直是清政府安定东南海疆的大障碍。康熙曾对其实行巢抚并用策略。在三藩之乱以前则以抚为主。康熙元年至八年，清廷曾以靖南王耿继茂（耿仲明子，父亲死后袭爵）、闽浙总督李率泰的名义，先后 4 次派人与郑经（郑成功长子）通信会谈。郑经凭恃海峡天险，坚持按朝鲜事例称臣纳贡，但仍自成独立王国，不登岸、不剃发、不易衣冠。这样的条件自然是清廷无法接受的，康熙和平统一台湾的意愿未能实现。平定三藩期间，清廷又派人数次与郑经和谈。康熙十九年，贝子赖塔致书郑经，许诺郑"如朝鲜故事"，是否称臣纳贡，均听自便，只是以后不要再骚扰沿海，荼毒百姓。郑经报书接受，唯请

留海澄为双边贸易公所。清不准，双方和谈再无进展。

康熙二十年，郑经病逝，郑氏嗣位之争复起，经内讧厮杀，由郑次子郑克塽继位。时三藩乱平，康熙接受福建总督姚启圣等人的建议，决定乘台湾郑氏内乱之机，武力收复台湾。姚启圣是浙江会稽人，曾随康亲王杰书帐下平叛，数献奇谋，屡建战功，经康亲王荐举升任福建总督。上任以后，姚启圣与各地清军通力合作，大败郑氏军队，并将郑氏势力逐出东南沿海。在此期间，他切实贯彻康熙关于招抚郑氏所属军民的旨意，招徕海上投诚人员，宣示保护沿海百姓，严禁官兵扰民，完全改变了前任总督不信任沿海土著居民的态度，很快就收到明显效果。原郑成功属下千夫长黄性震在郑成功去世后降清归闽，隐居道观。他受到姚启圣招抚政策感染，毅然出观求见，为姚启圣出谋划策，他建议在漳州修建"修徕馆"以广招抚。"修徕馆"建成后成为招抚政策的象征，姚启圣对投诚人员摒弃前嫌，以诚相待，给予高职厚禄，着意安置。随着郑氏内乱加剧，投奔修徕馆者与日俱增，甚至连台湾使臣傅为霖也被招抚，暗中为姚启圣传递消息。先后大约有 130000 名台湾官兵前来投诚。这对于后院起火的郑氏政权无异于庭中布薪。康熙为此授予姚启圣兵部尚书衔，以示嘉奖，也重赏了黄性震。

武力收复台湾的决策已定，但选择挂帅出征的主将却成为当务之急。姚启圣多次向康熙保举投诚过海的郑氏旧部、现署理福建水师提督施琅。由于施琅子侄正在台湾供任军职，清廷对施琅心存猜忌。姚启圣多方调查了解，将施琅子侄投诚清朝事泄被杀的实情上奏，内阁大学士李光地也大力举荐。于是，康熙力排众议，于康熙二十年七月郑重任命施琅为福建水师提督、加封太子少保，统率征台之师。施琅不仅是员出色的将才，而且很有政治谋略。他深知朝中对征台之举意见不一，对他出任征台主将持怀疑态度者为数不少，这些都极有可能影响他和康熙的关系并最终影响征台军事行动。于是，他在受命伊始就上书奏请派内廷侍卫随军监征。后来的实践证明，施琅的见解和做法是非常明智的。侍卫是皇帝的亲信，他的随军行动对加强前线与首都的联系，对施琅及时获取康熙的指示和理解，对调处施琅和福建地方大员之间的关系起了重要的沟通平衡作用。这种作用是不可替代的。

施琅上任以后立即整顿器械战船，训练水师。为了等待有利时机，出征时间一拖再拖。康熙对此颇为不满，而且在具体军事行动计划问题上，施琅又与总督姚启圣发生意见分歧。在这种情况下，施琅三次上奏康熙，要求授予他专征大权，极言："澎湖不破，台湾无取理"，若得澎湖则台湾不攻自溃；"请以战舰三百，水师二万，（琅）独住讨贼，而留督臣（启圣）于厦门济饷"。由于随军监征的侍卫内大臣吴启爵从中疏通，康熙考虑到海宽浪急，征台难度确实很大，而施琅不但熟悉台情水路，他整训水师的成绩证明，他也是不可多得的水师战将。因此，康熙遂任人不疑，同意了施琅的军事计划，并授以专征大权，可会同监征侍卫便宜行事。

台湾郑氏得知施琅出任福建水师提督后，也加强了戒备。对于台湾的门户——澎湖列岛，台湾当局原未重视，但康熙二十二年（1683 年），春，傅为霖被姚启圣招为内应一事败露，当局从傅的密件中得知其向清军献计先取澎湖，次取台湾的机密，遂派战将刘国轩率领重兵守卫澎湖，且给予副将以下官兵先斩后奏的大权。刘国轩到任后守卫甚严，尽塞港口，所有船只不得停泊，又沿海岸赶修堡垒炮台。但是，刘国轩对岛上百姓横征暴敛，使许多居民为逃避房屋重税，竟将居室拆毁。他又恃威妄杀，使岛上军民人人自危，朝不保夕。所以，貌似戒备森严、守如铜墙铁壁、固若金汤的澎湖，实则军民离心，外强中干。施琅通过情报系统，对这些情况洞若观火，了如指掌。

康熙二十二年六月，施琅率 20000 多名官兵，分乘 230 多艘战舰直捣澎湖列岛。适值台风夜发，舰队前锋漂散，被敌船包围。激战中，提标右营游击蓝理被头炮击中，肠流出肚，稍加包扎即投入战斗。施琅也被弩矢射中眼睛，血流满面，然而，他仍奋不顾身，指挥舰队突围。初战失利，施琅及时吸取教训，分兵三路：第一路 50 艘战舰攻击牛心湾刘国轩水师驻地；第二路 50 艘出击鸡笼屿敌兵屯居地，以分其势；第三路，施琅亲自督率 56 艘战舰攻击澎湖本岛，另以战舰 80 艘后援接应各路。战术上，每路各分三队，不列大阵，唯以 5 舰组成一个小的作战单位，互相配合，攻敌一船，称为"五梅花"战术。战斗从清晨持续到傍晚，矢石如雨，炮火连天，声震百里，是役焚敌舰 190 多艘，刘国轩几乎全军覆没，仅携随从数人乘小艇逃向台湾。

清军攻克澎湖即打开了取台门户，施琅乘胜进军台湾鹿耳门。此处滩浅，清军舰队游弋海面 20 多天不得靠岸，施琅正在焦急之间，突然，大雾弥漫，狂风刮起，浪涌潮涨，施琅不失时机地指挥舰队冲过海滩，开进鹿耳门。困守台湾的郑克塽大惊失色，哀叹道："先王得台湾，鹿耳门（潮）涨，今复然，天也！"遂遣使议降。

康熙接到降表，认为许诺郑氏投降，可招抚郑氏部下，免其流窜他方作乱。因此，他决定对归顺的郑氏大小官员善待安置。康熙的招降谕旨消除了郑克塽的最后疑虑。八月十八日，郑克塽、刘国轩、冯锡范（克塽侍卫大臣）奉前明"延平郡王"和"招讨大将军"金印两颗以及台湾、浙江、福建的地图、户籍、府库军粮册薄向施琅投降，清军在鼓乐声中开上台湾岛。至此，长期分裂海外的台湾宝岛又一次回归祖国。

为了表彰施琅收复台湾之功，康熙赐封他为定海侯，赏三眼花翎顶戴。康熙对出生入死的蓝理进行了特别嘉奖，诏至御前，亲自看视伤口，把盏劝酒、君臣双双动容落泪。康熙转身接过内侍呈递的四宝，奋笔疾书刚劲浑厚的"所向无敌"御字横幅赐给蓝理，凯旋庆功宴达到高潮，在一片万岁声中降下帷幕。

郑氏依照谕旨受降条件投降后，康熙实践诺言，诏封郑克塽为靖海侯，令其移驻京师；籍隶汉军，晋一等公；刘国轩、冯锡范等以下大小属员官兵各分封官爵，划拨官房土地，妥善安置。

消灭了台湾郑氏集团，清廷又围绕台湾的弃守问题出现了意见分歧，廷议结果竟以台湾孤悬海外，藏污纳垢，不若内迁台民，放弃台湾，专守澎湖诸岛。内阁大学士李光地竟认为荷兰人帮助攻击东南沿海郑氏势力有功，主张将台湾赏赐给荷兰，令其世守输贡，以示天朝恩威。李光地是福建人，出于免除福建地方提供台湾防务额饷负担的乡土观念和"徕远人"的传统外交政策才提出上述貌似豁达实则荒谬的馊主意。施琅曾任台湾郑氏水师职官，有过郑氏骚扰东南沿海的经历，任清朝水师提督率军征台，深知台湾取之非易和对东南海疆的重大国防战略价值，为此他又专门在台湾实地考察，结合郑氏所献图籍册簿和留在台湾的档案，上书康熙皇帝，据理驳斥弃台论调："中国东南形势在海而不在陆。陆之为患有形，海之蠹奸莫测！台湾虽一岛,实腹地数省之屏蔽。弃之,则不归番,不归贼,而必归于荷兰。彼恃其戈船火器,又据形胜膏沃为巢穴,是藉寇兵又资盗粮也。且澎湖不毛之地,不及台湾什一,无台湾,则澎湖亦不能守。"他指出,台湾与内地分裂数十年,现在终于收复,"此诚天佑皇上以未辟之方舆资东南之保障"。我们如果迁民弃台,则"红毛"原来侵占过该地,"万一乘隙复踞,后患方长"。他认为,现在海疆平定,正可以在台湾安置内地溢员冗兵,保卫海疆。如果说存在经济问题,则台湾只要开发三年就可不必依靠内地输饷济械,自给自足。因此,他断定:"弃之必贻大患,守则永固边隅。"施琅的奏折有理有据,对形势分析透彻,从政治、经济、军事、外交等各个方面论证了守台治台的必要性和可行性,充分表现出一位大将的远见卓识和海疆国防战略思想。此后,大学士李𫄸、福建总督姚启圣等人也上书力主守台,康熙否决了廷臣前议,决定设立台湾府治诸罗、风山、台湾三县,直隶福建布政使司;以后加设彰化县和淡水、澎湖两厅,及巡台使,旋改为兵备道,派总兵率军 8000 人驻守台湾。这些措施加强了清政府对台湾和东南海疆的防务、治理和开发,促进了台湾社会与经济文化的发展。

康熙皇帝乘势驭时地收复和守治台湾。他虽未御驾亲征,但慧眼识英雄、拔英雄、用英雄,在台湾之役的前前后后,能够始终信赖前方疆臣和征台主将,把握住正确的政治大方向,终于使台湾成为祖国版图上不可分割的疆域。姚启圣和施琅这样文武双全、智勇兼备的贤臣名将,使年轻有为、锐意进取的康熙皇帝如虎添翼,在历史上写下了又一页光辉篇章。

### 北御帝俄

平定三藩之乱以后,康熙皇帝一方面进行收复台湾之役、稳定东南海疆,另一方面则反击沙俄吞食侵略,稳定东北边疆。

山海关外的东北地区是满族的故乡。沙俄殖民主义者趁满族清兵入关争夺中央政权之机,将侵略魔爪伸向了白山黑水。顺治时期和康熙初年,中原多事,无暇顾及东北。康熙亲政以后密切注视沙俄的侵略动向,曾多次派人调查东北的地理交通和风土人情。康熙二十一年(1682 年)春,三藩之乱已平,康熙皇帝率文臣武将回盛京(今沈阳)告祭祖陵,然后巡视乌喇地区(今吉林)。长白山下,他率官兵围猎习武;松花江上,他泛舟检阅水师。"貔貅健甲皆精锐,旌旗映水翻朱英"的御制诗文,再现了当年康熙皇帝巡行东北的壮观情景。半个月的巡视期间,康熙皇帝了解当地军民情况,批阅奏章文书,调整有关政策,减免当年正项地丁钱粮,革除兵丁繁重差役。回京后又于次年六月将隐瞒当地农业生产状况、不恤戍卒困苦的宁古塔(今黑龙江省)将军巴海革职。这些措施体现了康熙皇帝休息军民、建设和巩固反侵略战争大后方的战略思想。

当然,康熙并非穷兵黩武。他虽然在着手反侵略战争的准备工作,但始终没有放弃通过和平外交方式解决中俄边境问题的努力。当时,清廷对俄外交首先是从索还逃入罕帖木尔等人展开的。罕帖木尔是中国东北边疆索伦族的酋长。顺治十年,俄军侵占什尔喀河流域,他知道沙俄志在殖民侵略,索伦部落势单力薄,难以抵敌,故率部众内附,清廷封以四品官职,令其守边。但清朝宁古塔将军属下有司对索伦族人多方需索,罕帖木尔遂于康熙六年涉越额尔古纳河叛逃俄境,伙同沙俄侵略者骚扰边境。因此,清廷强烈要求俄引渡罕帖木尔。康熙九年(1670 年),清政府派遣沙兰出使已被沙俄占据的尼布楚,递交康熙皇帝御笔亲书给俄方尼布楚驻军头目阿尔申斯基,要求俄方停止侵略活动,将其收用的罕帖木尔引渡给清方,并邀请俄方派遣使臣来中国谈判。同年,康熙又派孟额德到尼布楚,向俄方当局要求转达康熙皇帝致沙皇的国书,表达了清廷通过外交途径解决与沙俄边境纠纷和彼此和平相处的愿望,后来,孟额德干脆长期驻节东北,催促俄方回书答复——但是,他没能完成任务。

俄国沙皇贪婪而狡猾。一方面,他派遣使臣赴华,名义上是进行和谈,实际上则肩负着谍报活动的使命。1670年(康熙九年),沙皇派遣米洛诺夫以尼布楚总督使者的身份到达北京,带来一份措辞蛮横的训令,要求清政府向沙俄称臣纳贡。当时由于清政府缺乏俄语翻译,不清楚训令内容,康熙皇帝竟接见了米洛诺夫并回赠了大量礼品。1675年(康熙十四年),沙皇派遣斯帕特里为首的使团来华,于次年四月到达北京。康熙皇帝派礼部侍郎马喇迎接会谈,康熙又亲自在宫中为之赐宴招待。斯帕特里不但拒行跪见礼,而且递交了内含12条无理要求的照会:要求清政府释放俄方入侵人员,派使臣携带金银财宝"报聘"沙俄,每年向沙俄输送白银和宝石,允许俄商在华自由贸易。沙俄立场强硬,态度蛮横,会谈根本无法进行。清政府在向俄方提出三项要求——俄方引渡罕帖木尔、派遣通情达理并遵守中国礼俗的使者来华、保持边境现状与和平——后终止谈判。斯帕特里一行在北京留驻三个多月,刺探了大量的情报。他们诱使钦天监洋教士南怀仁出卖大内机密,甚至搞到一份机密地图。该地图上清楚地绘制着清朝在西北利亚地区的所有城堡要塞和军事部署。另一方面,沙俄趁清政府倾全国之力平定三藩之际,加剧了对我国北方领土的扩张活动。沙俄在雅克萨强行修筑城堡并以此为基地,派兵先后闯入精奇里江、西林穆丹河、额尔古纳河、笃笼遮河、黑龙江流域,修筑保垒,抢掠边民,强征税贡,席卷中国东北边地千余里。沙俄的侵略暴行不断激起边疆人民的反抗,清政府也多次提出外交抗议,然南半中国内战正酣,武力不及北顾,暂时尚无能力阻止沙俄的侵略势头。

康熙二十一年,康熙皇帝在力平三藩之乱以后亲巡东北,又派副都统郎坦、彭春等以行猎为名,渡黑龙江勘察雅克萨一带地形和沙俄兵力部署情况。郎坦回报:沙俄驻兵不多,雅克沙可以用兵。康熙遂定武装征俄之策。次年,康熙先派户部尚书伊桑阿赴宁古塔设厂制造战舰,筑瑷珲、呼玛尔两城以为屯兵聚粮基地,配置驿站以传递信息、运输饷械。康熙二十三年(1684年)又任命萨布素为黑龙江军率兵屯驻瑷珲,以备长期守边。当时有人建议派东北边地达斡尔族士兵携带家眷到此垦荒,朝廷只派少数士兵短期轮流戍守即可。康熙不为所动,坚持派兵永远屯戍。他先期派遣满洲八旗1000人,以后陆续增派,总数达到6000人左右,最多时达到8000人。历史表明,康熙的决定很具战略眼光。可萨布素属下少数官兵贪图安逸,不愿长期戍边,他们杀食耕牛和粮种,毁坏农具,企图逃避屯田戍边苦差,主帅萨布素对此听之任之,不加管束。康熙皇帝严厉斥责萨布素并警告说:"伊若仍如前,定当重罪议处,看伊能当否!"萨布素上书请罪,康熙也给以戴罪立功的机会。他命令理藩院和礼部分别从蒙古、朝鲜购买耕畜农具运送瑷珲,要萨布素带领屯田士卒"小心从事"。康熙还命令车臣汉与沙俄断绝贸易,派兵收割沙俄殖民地的庄稼——康熙皇帝下定决心,以军屯对付殖民,一定要将沙俄"挤"出中国东北。康熙二十二年，沙俄哥萨克自雅克萨出动开到黑龙江下游，一直进至瑷珲附近，萨布素以兵相迎，边地各族部众纷纷配合，痛击侵略者，俘60余名押送齐齐哈尔囚禁。

康熙二十三年（1684年），萨布素率清军开到雅克萨城下，致书哥萨克主将伊万·费伊洛克尼可夫，敦促其弃城回国，勿犯中国边疆。费伊洛克尼可夫据城顽抗，并从叶尼塞斯克城引来大批哥萨克援兵，与清军对峙。康熙二十四年（1685年）正月，康熙命令都统彭春率满洲八旗兵3000人分水陆两军北征。六月二十四日，北征大军对雅克萨形成夹击之势。在攻城之前，彭春遵照康熙旨意，谕令俄军撤出雅克萨，并要求转达康熙皇帝致沙皇及其他雅克萨俄军将领的信件。侵略者出言不逊，恃险固守。第二天，彭春派林兴珠带领500名藤牌兵截击自黑龙江上游顺流而下的哥萨克援兵。这些藤牌兵是林兴珠奉康熙之命特殊训练的，专门用来对付东北江河上的哥萨克。只见他们裸身入水，头顶藤牌，手持利刃，脚踩江流，朝着敌船冲去。船上敌人刀枪无法触及藤牌下的清军官兵，而他们都不时跃出水面，刀砍枪刺，所向披靡。这些"大帽鞑子"杀得沙俄水上援军横尸江上，血染江水，闻风丧胆，弃城窜逃。当天晚上，月黑星稀，彭春指挥清军主力采取声东击西战术，在雅克萨城南实施牵制佯攻，在城北则架起红衣将军炮狂轰滥炸，同时封锁城东南江面，切断守敌退路，激战通宵，摧毁城垣、塔楼，毙敌百余；城堡内仅有小撮敌军负隅顽抗、拒不投降。于是，彭春下令在城下三面积薪，准备焚城。至此，走投无路的雅克萨守敌被迫投降，请求收兵撤回尼布楚。为了在气势上征服侵略者，彭春仍遵照康熙旨令，放还降敌一条生路。其中有45名自愿留在中国，彭春

准许，后来将其编为"俄罗斯营"效力疆场。

那些在中国的土地上杀戮抢掠多年的"罗刹"夹尾鼠窜以后，清军彻底拆毁了雅克萨城即撤回瑷珲，萨布素则率师移驻新筑的墨尔根城总理黑龙江全境军政事务。但是，墨迹未干，沙俄军雅克萨降将亚历克西·托尔布津率残兵败卒和尼布楚援军卷土重来，又在原雅克萨旧址附近修筑城堡工事，增储饷械，企图永远占据这块向中国进行领土扩张的据点。消息传到北京，康熙立刻命令萨布素增修战船，移驻瑷珲，并增调乌拉、宁古塔水陆大军协力并进，同时任命副都统郎坦前往瑷珲参赞军务。他受命郎坦：对守敌要全歼，对降敌要克制；战役结束以后须驻兵守卫雅克萨。看来，为了保卫边疆领土，康熙皇帝决心与沙俄打一场军事外交持久战——直到缔约划界为止。

康熙二十五年（1686年）七月，萨布素督率大军8000，战舰150艘，大炮400门围攻雅克萨。清军在城外挖掘工事，修建堡垒，长围久困，城中守敌多次突围求援均被拦击截回。到年底，雅克萨守敌饥饿病亡甚众，仅存60余人。清军在城南北两面修筑炮台，准备将雅克萨夷为平地。沙俄迫于清军的强大攻势，不得不同意通过外交和谈来解决中俄边界问题。十二月十日，康熙命令萨布素后撤三里以外，允许俄人自由出入雅克萨——但不得带来援军，否则即合围攻城，玉石俱焚！至康熙二十七年（1688年）八月二十日《尼布楚条约》谈判正式开始，清军才完全解围，退回瑷珲和墨尔根两城。雅克萨反侵略战役，清军两次进兵、两次退兵，历时三年方告结束。

俄国历代沙皇穷兵黩武，四处扩张，激起国内众多的民族矛盾和阶级矛盾。西、北强邻波兰、瑞典乘间入侵俄国及其

殖民地,数创俄军。沙俄东进中国黑龙江流域的侵略势头又被清朝大军摧挫。1686年(康熙二十五年),俄国沙皇亚历山大·彼得接到中国康熙皇帝由荷兰人转达的国书,遂回书致意,请求康熙解除清军对雅克萨城的围攻,表示愿意和平谈判。康熙为了试探俄国是否诚意,命令清军对雅克萨围而不攻,看其是否增派援军。俄皇果未向雅克萨派兵增援,康熙皇帝便在二十七年五月派内大臣索额图、一等公佟国纲、护军统领马嘞、礼部尚书阿尔尼、左都御史马齐等人为钦差大臣,与俄国全权公使费奥多·亚历克塞维奇·戈洛文到色楞斯克谈判中俄界约。由于当时蒙古噶尔丹叛乱,清朝谈判使团路途受阻,无法前往色楞斯克。第二年七月,清廷接受俄方建议,钦派使团改赴尼布楚商谈。临行前,康熙皇帝授意索额图:包括尼布楚、雅克萨等地在内,广大的黑龙江流域都是大清帝国的领土,尺寸不可弃人;但时势有变,噶尔丹叛乱是心腹大患,为集中力量平叛,应尽快实现中俄边境和平;为早日缔约,可以考虑俄方要求,初议以尼布楚为界,再议可让至额尔古纳河为界,此后不可再让分毫。

谈判于八月二十二日开始。俄使戈洛文先发制人,诬称中国挑起两国边界冲突,要求清朝赔偿俄方损失,并提议以黑龙江至海为中俄两国界河。索额图义正词严地指出:"黑龙江一带原属中国领土,土民朝贡年年不绝。自俄人东侵,始被吞食";因此,俄国应向中国归还东自雅克萨、西至尼布楚、色楞格斯克一线所侵占的黑龙江流域和贝加尔湖一带的大片中国领土。第一次谈判无任何结果即散。以后八月二十三日、八月三十日的两次谈判,索额图根据康熙旨意,提出将尼布楚让给俄国,两国可以额尔古纳河、格尔必齐河,外兴安岭为界。这个让步

非常大,已经向俄方表明了商界签约的诚意和最后条件。但是,侵略者的欲壑是永远难以填满的。戈洛文一口回绝了索额图的提议,仍坚持第一次谈判中的界线,索额图最后严正声明:中国除出让尼布楚以外,绝不再作半分退让,绝不接受其他任何边界。康熙皇帝没有把希望完全寄托在使臣的舌头上,他知道使臣的话要有力量,就必须有军事实力做后盾。因此,在索额图一行出发时,康熙即令郎坦率兵一万,分水陆自瑗珲并进以支持钦差使臣的谈判。至谈判受挫,界约迟迟难定,清兵即登岸在尼布楚城外列阵,随时准备攻城。索额图一行始终坚持康熙的旨意,既愿作出领土让步以表中方诚意,又断然拒绝俄方无理要求以杜其侵略野心。进入九月,双方开始实质性会谈。康熙二十八年(1689年)九月七日,中俄双方代表经过近一个月的唇枪舌战和斗智斗勇,终于握手言和,签订了中俄东段边界条约——历史上著名的《尼布楚条约》。

该约共6款,以满、汉、蒙、俄和拉丁等五种文字刻成界碑,明确规定:西自格尔必齐河,沿额尔古纳河、大兴安岭向东至海为中俄疆界,确认了黑龙江和乌苏里江流域为中国领土;中国将尼布楚削让给俄国。条约还就两国边境贸易、边民往来及逃人引渡等事宜做了具体规定。

康熙皇帝在内战方平、西部边疆乱起的多事之秋,毅然向东北调兵遣将,屯输粮草饷械,进行了两次雅克萨自卫反击战,坚持主权、和平、互利原则,从休息军民和国内政治安定的全局着眼,适时地派遣使臣谈判,签订了中俄历史上第一个平等的边界条约。他在解决中俄东段边界冲突问题上的每一项战略举措,无不体现出一个伟大的政治家、军事家和外交家的气度。他领导他的军队和臣

民有效地遏制住了 17 世纪沙俄侵略势力的匈匈东犯，维护了国家的领土主权，赢得中国东北边疆地区此后 100 多年的和平稳定，因此，他也作为一个伟大的民族英雄载入史册，活在中华民族的心中。

## 亲征大漠

清朝在东北兴起以后，漠南内蒙古（主要有科尔沁、察哈尔、漠南诸部）和漠北外蒙古（亦称"喀尔喀"，主要有车臣、土谢图、札萨克图诸部）先后臣服内附。漠西厄鲁特蒙古（主要有和硕特、准噶尔、杜尔伯特、土尔扈特等四部，分别游牧于乌鲁木齐、伊犁、额尔齐斯河流域及塔尔巴哈台附近）诸部以荒远未服，但亦向清廷"进九白之贡"，可算藩属。

康熙十二年（1673 年），在西藏当过喇嘛的厄鲁特蒙古准噶尔部噶尔丹除掉异母兄弟及其子侄，夺取准噶尔部汗位。到康熙十六年，噶尔丹武力征战四年，统一了漠西厄鲁特四部蒙古。噶尔丹的心更加膨胀，还想进一步吞并西藏、青海和大漠南北蒙古。长期以来，沙俄在中亚地区大肆扩张，也想伺机将侵略触角深入我国蒙古地区。噶尔丹为统一厄鲁特诸部，早就与沙俄进行勾结，从沙俄获取军用物资和粮食、布匹等生活日用品。这时为实现"大蒙古国"和成吉思汗梦，噶尔丹更加紧投靠和依恃沙俄侵略势力。

康熙二十三年（1684 年）以后，漠北喀尔喀蒙古发生内乱。早有吞并之心的噶尔丹趁机挑起准噶尔与喀尔喀之间的矛盾冲突，扬言"借俄罗斯兵且至"，实际上却按兵不动。喀尔喀土谢图汗数次打探并率众准备迎击，见到噶尔丹没有来犯，就将戒备松弛下来。康熙二十七年（1688 年），噶尔丹率精骑 30000 越过杭爱山，在沙俄侵略军的配合下，一举击溃土谢图汗的蒙军，将库伦城化作一片废墟。在追击喀尔喀蒙古途中，噶尔丹大

肆烧杀抢掠。喀尔喀蒙古丢弃了赖以生存的帐篷器具、驼马牛羊以及世代放牧的草原牧场，昼夜不停地逃向漠南。这时，沙俄乘机胁迫喀尔喀蒙古诸部的政教领袖哲卜遵丹巴胡图克图叛投俄国，但遭到后者的断然拒绝。于是，喀尔喀蒙古三部完全南归清朝。康熙皇帝命令户部尚书阿尔尼等人发归化（今呼和浩特市）、张家口、独石口等地存官仓储以及茶布日用品接济，将三部蒙古暂时安置在科尔沁草原。康熙二十八年，清廷遣阿尔尼敕谕噶尔丹罢兵和返还漠北蒙古侵地，又约请西藏达赖大喇嘛从中斡旋调停。迄无效果。

康熙二十九年（1690 年），噶尔丹不但不听康熙劝谕和达赖喇嘛的调停，反而带领精骑 20000 自呼伦池南下，杀进内蒙古，前锋直抵距北京不到千里的乌珠沁部落。阿尔尼组织的内蒙诸部抵抗失利，被迫南撤，京师为之震动。

康熙皇帝一方面谕令噶尔丹罢兵息战，归还喀尔喀蒙古故地，另一方面加强了口外兵力，准备武装平叛。经派人调查和喀尔喀诸部的反映，他明白噶尔丹的崛起和对蒙诸部的杀戮吞并，严重地威胁着西北边疆各族人民的生存与发展；其投靠沙俄、引狼入室也严重威胁中俄西段边界的稳定和西北边疆的主权。总之，噶尔丹不除，大清的江山社稷就永无宁日。所以，康熙皇帝否决了廷臣中"王者不治夷狄"对噶尔丹所为听之任之的妥协倾向，毅然决定跨马亲征——他正当英年 37 岁。

康熙二十九年七月，清朝大军兵分三路：第一路，抚远大将军裕亲王福全与皇子胤禔率左翼军出古北口；第二路，安北大将军常宁率右翼军出喜峰口迎击叛军；第三路，阿尔尼率部与盛京、吉林满兵及科尔沁蒙兵出击乌尔会河口，是为侧翼。计划三路大军会师乌珠穆沁草

原。康熙自率亲军驻扎博洛河屯地,节制调度诸军。左翼军出师不利,噶尔丹乘胜渡过西拉木伦河,进占乌兰布通(今辽宁省照乌达盟克什克腾旗南境,距北京 700 里)。康熙皇帝当机立断,将右翼军改由康亲王杰书统率,令其驻守归化,截住噶尔丹退路。八月初,常宁会阿尔尼清军将噶尔丹包围在乌兰布通与之决战。噶尔丹依山面水布下"驼城"(将骆驼缚蹄卧地,驼背堆放箱垛,上蒙湿布,叛军士卒可在垛隙向外施放弩矢火铳),满以为"驼城"易守难攻,坚不可摧。清军隔河列阵,火铳齐发,大炮怒吼,自午后至日暮,猛烈的炮火摧毁了"驼城",死伤的骆驼反而成为叛军奔逃的障碍,清军大队精骑掩杀而进,叛军横尸遍野,溃散鼠窜。噶尔丹带领残兵败将,在夜幕掩护下突出重围,第二天一早遣喇嘛向清军阵前求和乞降,但不等回报即爬越大碛山北遁,所过皆烧荒以绝追骑。康熙不许噶尔丹乞和之请,谕令进兵围追堵截残敌,而昏庸懦弱的福全未接到谕令,竟擅自同意叛军之请,撤回军队,放出噶尔丹北逃归路。当他接到康熙进击手令时已是噶尔丹逸窜之后的第 6 天,派出的追兵一路马无草食,脚力不济,无功而返,错过全歼残敌之机。时康熙身染重病,不能继续驻跸风沙怒号的塞外继续指挥战争,只得班师回朝。对此,他痛心疾首,声泪俱下地说:"朕此次亲征,原欲剿灭叛逆,以靖边陲,不料身染沉疴,未能消灭此贼,实在可恨!"但是,玄烨不愧为一国之君,他不是激化矛盾,而是控制自己的感情,理智地处理了善后事宜。当有人奏劾裕亲王福全不乘胜追剿残敌,竟擅自议和,且檄止常宁进兵,致敌逸窜,康熙以福全率大军有乌兰布通之役,功过相抵,仅薄罚其俸,不再追问;又有人举报科尔沁土谢图亲王通敌,玄烨为稳定内外蒙古部落,也不予追查;

他又重赏常宁以下奋勇杀敌的将官兵卒,最终以赏罚分明结束了善后工作。接着,敕谕噶尔丹不得再兴兵犯乱,然后徐徐班师。

为了防备噶尔丹再次进犯,康熙三十年(1691 年),康熙亲率上三旗和八旗前锋、火器、护军各二营清军,身披甲胄,跨马出巡塞外多伦诺尔,会盟大漠南北内外蒙古,接受朝觐。此次出巡会盟对外蒙行政官制进行了改革。除仍保留土谢图汗位,其所属"济农""诺颜"等官号废除,改受贝勒以下官爵;其众分为左、中、右三路共 30 旗,与内蒙古 49 旗同列。又在多伦诺尔附近修建了汇宗寺以安置喀尔喀喇嘛。康熙皇帝亲巡塞外会盟之举加强了清朝中央政府与外蒙地方政权之间的关系,也加强了反击噶尔丹内犯的力量,粉碎了沙俄分裂内外蒙古的阴谋,其意义是非常重大的。此后清朝皇帝巡塞会盟成为一项制度延续了数百年之久。民国时期虽无皇帝,但蒙古部众自动会盟的遗风犹存,可见康熙巡塞会盟影响之深远。

康熙皇帝对噶尔丹没有看错。噶尔丹逃回科布多老巢后,派人向清廷进贡请安,貌似恭顺,暗中则继续向沙俄求援,企图东山再起,卷土重来。康熙三十三年,清廷诏谕噶尔丹到多伦诺尔会盟,还在喘息疗伤的噶尔丹就开始跳梁;他不但拒绝会盟,反而致书清廷讨索土谢图汗和哲卜尊巴丹,甚至在哈密杀害清廷派往伊犁的敕使马迪(理藩院员外郎),并诱使内蒙诸部归他统治。科尔沁土谢图亲王将此事密折上奏。于是,康熙三十四年(1695 年),康熙密谕内蒙科尔沁诸部,要他们姑且伪降噶尔丹,诱其深入,然后清军云集,欲一战歼灭之。是年九月,噶尔丹果然鬼迷心窍,率精兵 30000 沿克鲁伦河东犯,且扬言将借俄罗斯 60000 鸟枪兵大举进攻漠南。康熙皇

第七编　明清野史

第七编 明清野史

帝知道这是噶尔丹在故伎重演，意在试探和麻痹漠南蒙古诸部，实则蹂躏漠北，观察动向，伺机南进。康熙是不会让噶尔丹得逞的，他要千里远征，深入敌后，给噶尔丹一个出其不意、措手不及的打击。

康熙三十五年（1696年）三月，玄烨决定第二次亲征。他命令黑龙江军萨布素率满洲八旗和科尔沁部蒙古为东路，抚远大将军费扬古率陕甘满蒙八旗和绿营兵出宁夏为西路，自率上三旗出独石口为中路；三路大军约期会师瀚海（内蒙呼伦贝尔湖）。由于风沙弥漫，路途遥远，中路军与其他两路大军失去了联系，康熙皇帝与将士们在茫茫的戈壁大沙漠风餐露宿，艰难跋涉了一个多月，人马的饥渴疲乏之苦难以尽述。有一段时间连续几天滴水未见，要是再没有水，中路军将全军覆没。康熙皇帝学习过西洋地理学，他亲自相地寻找水源，祷告上苍保佑将士平安，清室福祚绵延，然后命将士掘土，水，一股清亮的泉水喷涌而出！康熙严令前锋人畜分饮，保护水源清洁，以使后续部队饮用。就这样，中路军渡过了最危难的时期。后来，行军途中又风闻沙俄派兵支援噶尔丹，大学士伊桑阿即坚请康熙回銮，康熙愤怒地斥责这种惧怕困难、遇敌畏退的论调："朕祭告天地宗庙出征，不遇贼而返，何以对天下？且大军退，则贼尽锐注攻西路，西路军不其殆乎？"玄烨心中考虑的是全局，是西路大军的安危，是此次整个军事行动的成败，遂命令加快行军速度，向克鲁伦河急驰而去。到达目的地后，康熙遣人告诉噶尔丹：御驾亲征到此！噶尔丹两耳一竖：什么？皇帝会远涉绝漠，千里亲征？可登高望使他不得不信，只见夕阳之下黄幄龙辀，旌旗猎猎，刀枪林立，盔甲耀日，人啸马嘶，军容雄壮，这种阵势完全不似千里跋涉的疲惫之师！噶尔丹心下暗暗吃惊：康熙果然厉害，治军有方，用兵如神！他未等交锋即连夜遁窜。康熙亲率健锐轻骑猛追三天，直至拖诺山下。噶尔丹心想，你康熙欺人太甚，谅你远途奔袭，至此不过强弩之末，能奈我何？遂准备在拖诺山扎营阻击，给康熙一点颜色。可他的部下官兵已是惊弓之鸟，中箭之兔，狂奔不止，一口气逃到昭莫多（今乌兰巴托市东附近），虽说摆脱了康熙追骑，但老弱辎重均亡逸，只余万人跟随。

噶尔丹逃到昭莫多正要喘口气，却遇上了先期而至的费扬古西路军。英主麾下无庸将。费扬古所率西路军长途行军，士饥马疲，且有很大一部分为绿营步兵，如果与噶尔丹轻骑互相冲锋对杀肯定会吃亏。他避短取长，采用反客为主之法，以绿营步兵占据昭莫多小山，大队骑兵埋伏附近丛林，只派前锋400骑迎战噶尔丹，且战且退，诱敌深入。五月二十三日，被诱入照莫多（蒙语意即"大树林"）的噶尔丹受到西路清军的三面围杀，叛军10000轻骑几乎全军覆没，连噶尔丹那个披铜甲、佩弓矢、骑怪兽、骁勇非常的红颜阿敦（蒙语，可汗的妻子叫阿敦）也当场毙命。噶尔丹仅携帖身随从数十骑突围逃命。此役沉重地打击了噶尔丹势力，他从此便一蹶不振。

噶尔丹逃回阿尔泰山以西老巢准备重整旗鼓，可是准噶尔部蒙古余众已经属于他的侄子策妄阿拉布坦，被他武力征服的其他部族也纷纷叛离，直接追随他的部众不满千人，且多羸弱，赖以为生的牛羊牲畜损失已尽。他本来与西藏的一些喇嘛关系不错，想借助喇嘛势力继续为非作歹，但出去的使者被青海副都统阿南达擒获，又想北窜投靠沙俄，可人家见他穷途末路，没什么利用价值，拒绝接纳。就在呼天喊地均无灵应之时，康熙数次派人致书，劝他归降。噶尔丹也曾考虑过归降之路，并派使者探听康熙皇帝的态度和口气。康熙听述了使者报告噶尔丹困苦颠连的境况后，心生怜悯，许诺将待之如喀尔喀蒙古之例。使者回秉了康熙的允诺后，噶尔丹又改变了主意。他觉得自己以前好歹也是个叱咤风云的可汗，搅得草原上天翻地覆；眼下虽然兵败众散，今非昔比，可仍能指使属下，岂不比投降以后供人驱使，受人约束强得多吗？更何况卧薪尝胆，精心经营，休养生息，一旦有可乘之机，谁又能说不会恢复往日的威风？桀骜不驯的噶尔丹最终还是审扰四处，拒不投降。

为了根绝后患，安定西陲，康熙三十六年（1697 年）二月，康熙皇帝率大军西渡黄河，进驻宁夏，开始了第三次亲征。他派大将军萨布素和费扬古兵分两路，横越戈壁大沙漠，会攻塔米尔河流域。这时，噶尔丹派儿子塞卜滕巴尔珠尔到哈密征粮，被当地伊斯兰部众擒献清军，其余亲信相继做鸟兽散，有些未去的随从则向清军暗通消息，众叛亲离、想妻念子的噶尔丹走投无路，所至之地，"怪风淫雨，一夕数惊"。这种日子他实在过不下去了，于闰三月十三日服毒自杀。康熙皇帝得到噶尔丹的死讯，验明其骨，即安抚了西陲蒙古回回诸部，勒石狼居胥山以记三次亲征事功，五月班师回京。

康熙皇帝三次亲征大漠草原，历时七年终于平定了噶尔丹所属准噶尔叛乱，粉碎了沙俄分裂蒙古诸部，入侵西北边疆的阴谋。后来，康熙五十五年（1716年），噶尔丹的侄子策妄阿拉布坦又在沙俄的唆使支持下，率准噶尔蒙古再次叛乱，骚扰西北边陲，袭据西藏拉萨。康熙五十七—五十九年（1718—1720 年），康熙又派皇十四子胤禵率兵深入青海西藏，平定叛乱。当然，经雍正到乾隆时期，清政府才最终削平准噶尔部蒙古叛乱，但是，康熙皇帝在其英年时期对准噶

尔部叛乱的三次亲征则起了奠基作用。清政府以后在蒙古诸部中实行的主要制度，绝大多数都可以在康熙三次亲征前后找到它们的原形。有些制度是传诸久远的。而康熙皇帝三涉绝漠戈壁所表现的英杰之气和耐苦精神在古代帝王中是十分罕见的。

### 好学不倦　造诣博深

康熙的一生是好学不倦的一生。他从祖母孝庄文皇太后那里受到严厉的学习督促。在性格方面，他似乎是天生的爱好学习，加上他博闻强记、聪明过人，学习效果是十分出色的。他每每谈到自己的学习精神、毅力和效果时也颇为自负。当然，他精心研究的主要是儒家经典、诸子百家、文学词章、舆地历算等传统文化。此外，西方的天文学、地理学、数学、音乐、绘画等，他也有学习涉猎和相当的研究，可谓造诣博深。

亲政以后，康熙皇帝谕令礼部和翰林院词臣专门为他讲习四书五经——"经筵"，开始系统地研讨儒学，除非身体有病，无论是严冬盛夏，还是巡游，行军打仗，他都坚持"经筵"或别的学习项目——总之，学习是不能停息的。他知道，满洲贵族马上得天下，但不可能在马上治理有着深厚儒家文化传统的中华帝国。通晓儒学就是通晓"帝王之学"。正是这种目的激发他学习儒学，与廷臣进行讨论。儒学中他最钟情的是汉儒董仲舒的"三纲五常"与宋儒的"存天理、去人欲"等一套学说。凡是儒学中鼓吹他不喜欢的所谓"邪说"都在他的批驳之列（如夷狄说），对于有些东西又反复琢磨（如民本学说），他对诸子百家、文学艺术都有广泛的研究并有相当造诣。他能诗善文，工于绘画，写一手漂亮的毛笔字。中国古代才子的看家本事琴棋书画他样样都在行，很善于鉴赏，也善于教育臣工，与臣工进行切磋。比方说，有些臣工

奏折上的字很漂亮,他在奏折上的朱批谕旨总能见到很潇洒自如的楷、行、草体毛笔字。若其奏折的字写得不好,而且潦草,则朱批多为楷体以暗示臣工:奏事要认真,写字也要认真。

康熙学习传统思想文化最重要的原则是要用来治国理事。在他的上谕中,经常见到引用的儒家警句和诸子百家名言。有一次,他在批阅一宗刑事案卷,原案判定罪犯诱骗受害人吃半夏和鸡子致其昏迷喉哑,应判绞监候。康熙根据他自己对《本草纲目》所载药性的研究,认为食用半夏和鸡子致人昏迷喉哑纯属谬说,命重新审判。可见,康熙对传统文化的学习研究很广泛,并能学以致用。这些传统文化思想在儒家纲常名教指导下自成体系,为他的帝王实践服务。

康熙对西方的科学知识也进行了认真学习,其中涉足最早的是天文和数学。这缘起于钦天监汤若望与杨光先关于中西历算的优劣和职位之争。汤若望是顺治时期备受礼遇的耶稣会传教士,他知识渊博,精通天文历法和火炮制造技术,被顺治任命为钦天监监正,是第一个获此职位的西洋人。顺治驾崩以后,新登极的康熙皇帝年龄尚幼,还不懂西洋历法,而且朝廷用人行政方面悉决于鳌拜。杨光先攻击汤若望新历推算日食有误,上谕交议政王会审。议政诸王皆不懂历法,乱扣帽子:"若望进二百年历,夫天佑皇上,历祚无数,而若望止进二百年,为大不合"以及其他"俱事犯重大。"汤若望因此险些丧命,钦天监正一职改由杨光先担任,历法复旧。但杨光先对历法并不精通,他推算康熙六年闰月的时间比汤若望的正确推算晚好几个月。康熙这才为汤若望及新历平反。但新旧历之争并未结束。杨光先著书攻击汤若望心怀叵测,传教惑众:"不至破坏人之天下不已";其精于学术器械又不结婚,证明"其

志不在小",是清王朝的"隐患";因此,"宁可使中国无好历法,不可使中国有西洋人!无好历法不过如汉家不知合朔之法,日食多在晦日,而犹享四百年之国祚;有西洋人,吾惧其挥金以收拾我天下之人心,如抱火于积薪,而祸至之无日也"。汤若望去世以后,中西历算之争不时发生,名义上是天象历算之争,实质上还有职权之争。康熙八年,玄烨命令汤若望生前的助手南怀仁与钦天监副吴明烜对测日影位置以判定二人推算的正误,由此决定钦天监副一职的归属问题。结果,第二天正午日晷投影位置完全符合南怀仁的推算,吴明烜则未能算准。平时与吴明烜私交深厚的钦天监正杨光先(汤若望死后再次接替钦天监职位)手足无措,他无法回答康熙的提问——同为事前推算,南怀仁何以正确,吴明烜何以出错的原因。于是,康熙当场宣布:授予南怀仁钦天监副,不久又授以监正。而且康熙还决定,钦天监例用西洋人,以前拆毁的西洋教堂概行修复,传教士可自由传教。

钦天监中西历之争对康熙触动很大,他觉得自己不懂西洋学问不足以明辨是非。此后,由南怀仁为启蒙老师,康熙开始认真系统地学习西洋天文学和数学,以及地图测绘等地理学。南怀仁给康熙编写天文历算教材,并在此基础上补充修撰成《灵台仪象志》十三卷。康熙从中学习天文基础知识,了解天文学最新研究成果,还学会使用天文仪器。他南巡北狩每每携带这些仪器,同南怀仁测量山高、河宽,其使用仪器的熟练程度和计算精度,常受到南怀仁和臣工赞叹。经过系统的学习和研究,康熙甚至能指出钦天监在天象观测和时间推算中的错误,可见其造诣之深了。正是康熙对西洋天文历算的钟情,在他的倡导下,由钦天监负责组织测绘了《皇朝全览图》,费

时三十多年，于康熙五十五年完成。这是有史以来由天文、地理、数学、地图测绘等学科结合绘制的最完整、最精确的中国地形图和行政区划图。不但有全国总图，而且有各省分图，是中西学合璧的结晶。

康熙曾先后师从南怀仁、张诚、白晋等人学习几何、代数和三角等数学课程。他冲破语言障碍，悟性极高，对于一些未听明白的问题反复听讲，反复练习，直至掌握为止。为此，他花费了相当精力和时间，有时做习题到深夜，次日清晨即传旨宣老师进宫为他批改作业，以便加快进度，学习新课。康熙在数学上的成就也是很高的。他可以评论当时著名数学家梅文鼎的数学著作，南巡时期召见梅文鼎畅谈历象算法，能计算"河道闸口流水"的昼夜流量。康熙领导治河水利工程就是运用所学数学知识进行的。他知道数学的价值，所以组织钦天监的传教士翻译西洋数学，从康熙二十九年开始，至康熙六十年，由大数学家梅文鼎之孙梅瑴成等汇编完成《数理精蕴》53卷，成为清代前期介绍西洋数学的百科全书，为传播西方数学作出了重要贡献。

除西洋天文、数学、舆地等学科以外，康熙还研究学习了西洋医药、人体解剖以及音乐、雕刻、绘画等科学艺术。他兴趣广泛，性情高雅，多才多艺。他在科学文化领域的博深造诣在中国古代帝王中实属凤毛麟角，即使后来一味仿效，且颇肖乃祖的乾隆皇帝在这方面也自叹弗如。不过，康熙皇帝学习西洋科学文化并未上升到治国决策层面上，而是主要停留在个人爱好与简单的操作运用阶段。如由传教士翻译并由康熙命名的《钦定各例全像》这部人体解剖学只准存留在内府，严禁外传"有伤风化"。再如，他亲自考察京畿地区以后觉得"民生差胜于前"而"诵读者少"，于是"令穷僻乡壤广没义学，劝令读书"。至于义学教什么书、士子读什么书、读后干什么等问题，康熙并未将其与西方科学文化联系起来。而仍然是"人之初，性本善""修齐治平""内圣外王"等老一套。可见，康熙从西方传教士那里学习西方科学文化只是他学习儒家为中心的传统文化的一个小小扩展而已。至于西方的宗教、哲学、文学和社会政治学说等思想文化是康熙无法接受的，因为这些东西一方面是地缘关系没有条件接受；另一方面也是最重要的，这些东西与中国传统文化、当时的社会需求以及康熙所追求的封建专制主义统治方式是有矛盾的。一旦这些东西涌入中国，则中国社会的动荡变化是康熙不能理解、不愿看到并坚决抵制的。难怪康熙在平定三藩和收复台湾之后将紧紧封闭的国门微微开启，不到30年，发现情况不妙又急忙关闭。这一关闭就是风雨不透的一个多世纪，这固然关来了封建的"康乾盛世"，却窒息了资本主义的"东方巨龙"！

### 立储风波

作为中国历史上享国最久的封建帝王，康熙皇帝嫔妃成群，子孙满堂，如果说处理得当的话，在其中选一个满意的继承人还是不太困难。可是，英明一世的康熙皇帝在这件事情上犯了一个不小的错误，那就是早年立储不当，操之草率，几经反复，搞得他晚年一提起传位就发脾气，有时竟食不甘味，睡不安寝。

康熙诸皇子中最年长的直郡王胤禔，可不是皇后嫡出，故未立他为皇储。孝诚仁皇后赫舍里氏嫡出而长者是理密亲王胤礽，所以，康熙十四年尚不满两岁的胤礽立为皇太子。随着太子年龄渐长，康熙特派大学士张英、翰林院侍读学士熊赐履等人为太子讲读，又派大内高手为太子教习弓马武术；南巡北狩时常将太子携带身边，使其增长见识。总之，

第七编　明清野史

康熙以未来的理想接班人目标来教育胤礽。太子很聪明，亦勤奋好学，文武全能。在这点上似乎很像乃父。可是太子自小娇生惯养，非常任性，既顶撞老师，也顶撞皇父，这使康熙很恼火。由于康熙自小缺乏父爱，所以他对自己选定的太子宠爱有加，不怎么训斥，总希望太子年长以后可能变好。每当师傅向康熙反映太子的任性刁钻时，康熙回护太子的情况比较多。有一次，大学士张英训斥太子，康熙心疼儿子，竟对张英讲：太子即使不学，将来也是一国之君，"朕尚且不呵，尔儒臣何如此？"张英跪奏："桀纣，君也，汤，武君也，请皇上息怒，恕臣冒犯死罪！"康熙知道张英忠直，当时没再说话，过后训斥了太子，并嘉奖张英。但张英得罪了太子，师徒关系紧张，后来不得不自请修致。

康熙二十五年以后，康熙又先后委派了三个太子师傅，结果三人均以失仪罚俸，不久又都自请罢归。从此就无人再愿意教太子读书。

皇太子之所以恣意妄为，一方面是由于娇生惯养，性格乖戾，另一方面也是康熙的宠信权臣、胤礽的舅舅索额图诱导骄纵，"助伊潜谋大事"的结果。康熙四十二年，索额图因结党不法伏诛，但是太子不思收敛，反而变本加厉，动辄侮辱廷臣，鸠聚党羽，图谋不轨。所以，康熙四十七年（1708 年）九月，康熙出猎塞外木兰围场中途驻跸布尔哈苏台，召集王公大臣和文武百官突然宣布废掉太子，将胤礽囚禁在咸安宫。

太子废掉之后，诸皇子争夺储位已经表面化，八皇子胤禩竟最为急切。他指使外戚佟国维、大学士马齐等在大臣中进行活动推举他为太子。康熙早就知道胤禩诡谲奸诈，广结党羽，久怀异志，企图谋害太子。因此，他将马齐、佟国维等人臭骂了一顿还不解气，抽出随身佩剑要杀掉胤禩。五皇子胤祺连忙抱住康熙，为胤禩苦苦求情，这才避免了父子相残悲剧。但是胤禩的贝子爵位废去，降为闲散宗室。

诸皇子对储位的争夺，康熙饱读史书，自然清楚这种争夺的残酷无情，可他们都是自己的亲生骨肉，无论谁为太子都会成为众矢之的，无论谁今后嗣位，都将对先前的竞争对手痛下杀手。一想到可能出现的手足相残的惨烈，康熙不由得心生颤栗，迟迟不能决定皇储人选，为了暂时平息诸皇子日趋激烈的皇储争夺，同时破获了胤禔用"邪魔之术"咒害太子，他怀疑太子行为乖戾是由此引起的精神病；所以，本来就对胤礽花费过很多心血，寄予厚望的康熙觉得太子似乎有了悔改表现，又对先前废太子之举后悔起来；康为太子熙四十八年（1709 年）三月，玄烨复立胤礽为太子。但是，康熙发现太子自复立以后，行为性情依旧，毫无改进，而且诸皇子对皇储的争夺也未停止。康熙五十一年（1712 年）十月，康熙又以"胤礽行事乖戾，断非能改"再次废掉太子，从此就不提立储一事了。

立储在帝政时代是被认为决定"国家根本"的大事。康熙本人不提此事，可宫廷上下朝廷内外，皇子臣僚却为此结党勾斗，忙得不可开交，康熙看到这种状况，觉得诸臣工在忙着投靠新主子，为自己的荣华富贵奔走，和他已无君臣之情；皇子忙着与朝臣勾结，为储位争斗，和他没有父子之情；宫中嫔妃们在为他身后之事寻找依靠，忙着帮助儿子争夺皇位，与他已无夫妻之情。身为一国之君的康熙皇帝英雄一世，老年却倍感孤独，他丰富的内心世界无法向谁打开。臣工中如果有谁向他推荐太子人选，他就怀疑此人与所推荐的皇子结党谋篡，立即火冒三丈，怒气冲天，动不动就处治建言立储之人，甚至声称为此将不惜大开杀戒！

就这样,康熙皇帝从接受中原立储的做法又走回清朝不立储的习惯老路上去了。他驾崩前到底将皇帝的权柄传给谁?后来继位的雍正皇帝声称是父皇传给他的,依据却是口传遗诏。这个依据的可靠性成了历史上众说纷纭的话题。

## 雍正帝

### 设军机处

设立军机处是雍正帝改革前清政治统治机构的一项力举。自此,历经二百余年的军机处,代替了议政五大臣会议,实际上相当于清以前各朝代的宰相,悉数听命于皇上一人,君权至上达到了一个无以复加的高峰……

雍正七年二月,世宗即发出上谕,历数准噶尔罪恶,兴兵讨伐准噶尔,但因路途遥远,军需粮秣,急需专门班子承办,且军报频繁紧急,既须迅速处理,尤应慎密。为使战争顺利进行,世宗于七年六月发出上谕,设立军机房,并命怡亲王允祥、大学士张廷玉、蒋廷锡主持办理军需一应事宜,办公地点即在隆宗门内、乾清门外西偏小平房内。雍正八年,改名为办理军机处。雍正十年春,世宗命大学士等议定军机处印信。三月初三,大学士遵旨议奏用"办理军机处印信"字样,雍正即命交礼部铸造,并将印信保存于军机处,派专员管理,同时将印文通知各省及西北两路军营。从此,军机处正式成为定制。

军机处设立之初,主要办理战事。雍正九年,世宗认为山东登州是滨海重镇,所辖地方辽阔,只有六千兵丁,怕不够用,遂命军机大臣详细讨论,是否酌量增添兵额。雍正十年,西路军大本营要移驻穆垒,雍正择定六月初四启行,于四月十三命军机大臣通知岳钟琪,将一切事宜须先留心备办,但军营切宜慎密,以防漏露。随着时间的推移,军机处的办事范围扩大到所有的机要政事。

雍正每天召见军机大臣。寅时(三~五点)军机大臣、章京进入值房,辰时(七~九点)皇帝召见或有紧急事务,提前召见,每天召一次,有时几次。军机大臣退出后,按皇上旨意,书写事件,基本内容为告诫臣工、指授兵略、查核政事、责问刑罚不当等军国大事。撰批抄写后,密封发出,叫作"寄信上谕",因由内廷直接寄出,故又称"廷寄"。后经张廷玉规划,形成一套制度。凡给经略大将军、钦差大臣、参赞大臣、都统、副都统、办事领队大臣、总督、巡抚、学政的,叫"军机大臣字寄";凡给盐政、关差、布政使、按察使的,叫"军机大臣传谕"。字寄、传谕的封函表面都注明"某处某官开拆",封口处盖有军机处印信,保密程度较高,且传递速度快捷。面奉谕旨,草拟缮发是军机处的主要任务。军机处根据函件内容决定递送速度,函件封后交兵部,由驿站传送。凡标有"马上飞递"字样的,日行三百里;如遇紧急,则另写日行数于函面,或四五百里,甚至有八百里的。它既保证了中央政令的严格贯彻,速度又较其他公文快,从而提高了清朝政府的行政效率。另外,官员所上奏折,皇帝亲自阅览之后,每日寅、卯二时发往军机处录副存档。

军机处设有军机大臣,世宗从大学士、尚书、侍郎等官员中指定充任,正式名称为"军机处大臣上行走",初入者,通常加"学习"二字,如"军机大臣上学习行走",经正式试用一段时间后,不合格者除去,合格者除去学习二字。军机大臣之下的办事官员为军机章京,由内阁、翰林院、六部、理藩院、议政处等衙门官员中选择充任,负责满汉、蒙古诸种文字工作。不论是军机大臣或军机章京,雍正时期均无定员,亦无正式衙门,只设值房,离雍正寝宫养心殿很近。至嘉庆四年(1799 年),军机处章京才定为满汉官员各十六人,满汉各八人为一班,各有"领班"一人,轮流执掌。

军机大臣的任用,主要取决于同皇帝的私人关系,不问出身,唯用亲信。雍正年间,担当过军机大臣的有怡亲王允祥、大学士张廷玉、蒋廷锡、鄂尔泰、马尔赛、平郡王福彭、贵州提督哈元生、领侍卫内大臣马兰泰、兵部尚书性桂、内阁学士双喜、理藩院侍郎班弟、銮仪使讷亲、都统莽鹄立、丰盛额等。他们的官职,由正一品至从四品,地位相差悬殊,但他们都是深得雍正信任的宠臣。军机大臣中,常以品崇、资深者为"领班",而被誉为首席、首揆、揆席,其实并无首长,互不为属;各自办理皇帝交办的事宜并单独向皇帝负责。军机处地处宫禁,近在君侧,为皇帝办理军国政要,地位特殊。为防止对皇帝形成尾大不掉之势,军机处不设正式官员,军机大臣、军机章京均为各衙门官员的临时差遣兼任,他们人虽在军机处,但编制和归属仍旧属于原来衙门。他们之间虽有上下级关系,但后者不是前者的绝对属吏,很难结成死党,况一旦有专擅越权之举,随时都可被皇帝开去军机大臣。因此,他们只能绝对秉命于君主。军机大臣奉旨撰拟机务和用兵大事,削弱了内阁权力,使内阁只能草写寻常事务的文件。因此内阁的职权大大降低。军机处从一开始就是为办理军务而设,雍正在任命满人军机章京时又大多从议政处调来,因此使清初以来专门负责军务的议政处也逐渐名存实亡。可见,军机处的设立,大大加强了君主专制的权力。

雍正死后,乾隆继位。守丧期间,一度改军机处为总理处,至乾隆二年复设军机处。乾隆初年,军机大臣傅恒开创了一人不敢承旨、个人不作书谕,改"独见"皇帝为"同见"的作风,更加强了封建君主的绝对权力。

清代军机处,是清王朝最高统治者在无意之中发现了军机房这一临时机构,并有意识地加强与发展这一机构,使之成为清代特殊的政治机构。它直接秉承皇帝旨意,经办一切重大政务。随着军机处的确立,整个国家的施政渠道做了彻底的改变,官员奏事,原来的制度分题、奏二途,"公事"用"题本","一己之私"用奏本,均由内阁承办。军机处设立后,皇帝亲自下谕或面授谕旨,军机处密寄各处,扩大奏折的使用范围,使题本成为例行公事的赘文。至光绪二十七年(1901年)改题为奏,取消题本,从而把军机处变为中央的主要政府机关之一,实际上是皇帝内廷的办公厅或机要室。

由于军机处地处宫禁,近在君侧,其一切活动均在皇帝的直接授意和严密监视之下进行,因而更便于君权的发挥。因此军机处一经确立,便受到雍正以后各朝皇帝的赏识,沿用不废,并逐渐发展其保密措施,成为即使是王公大臣非奉特旨,也不得擅入的严密之地。皇帝召见军机大臣,太监不得在侧;王公大臣有奉特旨到军机处恭听谕旨、恭读朱笔或阅看各处奏折者,只得在军机处帘堂内拱立,其他官员一律不得擅入,其帘前、窗外、阶下亦不许闲人窥视;军机处章京的值房也是如此,承撰谕旨,必须在军机处而且必须当日写完,其他事务均不许在军机处处理。都察院派出满汉御史各一名,每天在军机处值房处巡察。军机处的印信也特别注意严加防范。钥匙均为领班之军机大臣佩带,如果有事,值日章京即向奏事处请示,并以金牌为验。金牌宽五分,厚一分,长约二寸,镌刻"军机处"字样。在这种严密监视之下,军机大臣只能兢兢业业、小心谨慎地完全听命于皇帝。这种君主极权的局面使封建皇帝甚为满意。嘉庆年间,御史何元粮以"军务经久告藏"为由,请求更改军机处名目,遭到嘉庆皇帝的严厉训斥。即使在清末大改官制的高潮中,军机处亦在不议之例,成为有清一代的制度。

## 整顿吏治

贪污是封建王朝官场上的通病,"康乾盛世"亦不例外,在清圣祖康熙末年,吏治松弛,财政混乱,各级官吏贪污成风,从康熙四十九年(1710 年)到康熙五十八年(1719 年)共发生贪污纳贿案件三十次,平均每年三次,致使各省藩库钱粮亏空共达九百一十三万余两,米谷二百四十二万余石,严重影响了清朝政府的国库收入。清廷中央户部存银,康熙四十八年为五千多万两,到康熙六十一年则降为八百多万两。财政危机严重影响着清政权的巩固。地方官以"耗羡"为名,私征加派,收取陋规。耗羡,亦称"火耗",起自明代。由于田赋由征粮改为征银,各省上缴国库时,需将碎银再加铸造,熔炼成一定数量的银锭,方能起解。因此,销熔时的损耗,即在州县催征田赋时追加出来,取盈以补,追加多少,全由州县自行掌握,成为地方的一项习惯性的主要收入。清军入关之初,为笼络人心,曾宣布禁征耗羡,但事实上办不到,至康熙年间,耗羡又得朝廷默许,征收日益严重,致使税轻耗重,数倍于正额。加上各级官吏恃势加派各种名目的附加税,使民间每年于正项钱粮一两之外有多纳至三两、四两、五六两以至十两者。私征耗羡,加派繁多,致使百姓负担过重,民怨沸腾。康熙中叶以后,黄河上下,大江南北,农民反加派斗争时有发生。而清初官俸微薄,经费不足,又使官吏贪污、收取陋规之风愈演愈烈。清廷一品大员仅岁银一百八十两,禄米九十石;七品官仅岁银四十五两,禄米二十二余石。而清廷各级官员的家庭开支远远超过原俸数十倍,入不敷出;且各级行政机构办公经费又极少。康熙二十年规定:各衙门官员每月公费,左右宗人、大学士、尚书、左都御史、总管銮仪卫事内大臣各五两;侍郎、学士、通政、各正卿、内各府总管、詹事、宗人府府丞、金都、銮仪使各四两;以下各官递次为三两、二两二钱、一两五钱、一两。且外官治理地方,私人支出贯用甚多,许多虽系因公所致,但照例亦不得动用正项报销,如宴请幕宾、置办府邸用器、丁忧回乡盘费等,于是各级官吏只好加征耗羡,从中提取费用。连被康熙誉为本朝不可多得的清官陆陇其,在任嘉定知县时,也不得不于每两田赋中加征四分火耗。尽管如此,其属下胥吏仍去者过半,或"退为耕贩以自活"。因此,清廷禁征耗羡非但不可能,反而愈演愈烈。

上述这些弊端严重威胁着清政权的进一步巩固和发展。而耗羡私征,一使官吏贪污有据,州县借以滥行加派,侵蚀正赋;二使吏治败坏,州县私征以奉上司,上司收受以庇下属。因此,解决耗羡私征实际上是解决财政亏空、整顿吏治的一个关键。因此雍正即位之初,即针对此弊进行改革,提耗羡,设养廉,以解决康熙末年出现的财政与社会危机。

耗羡部分归公建议,始自川陕总督年羹尧。康熙六十一年(1722 年),年羹尧与陕西巡抚噶什图同向朝廷上疏,指出秦省火耗有每两加至二三钱及四五钱者,遂请酌留各官用度,其余捐出,以弥补亏空。康熙皇帝怕担当加赋之名,即批断不可行。雍正元年(1723 年)五月,湖广总督杨宗仁奏请雍正皇帝,提出令州县官在原有耗羡银内节省出二成,交布政司库房,以充一切公事之用,此外丝毫不许派捐,雍正立即加以支持,并鼓励他好好实行。同年,山西巡抚诺岷因该省耗羡问题严重,遂上疏奏请将通省一年的耗银提存布政司库,以二十万两留补无着亏空,其余分给各官养廉,比较完整地向朝廷提出了实行耗羡归公和养廉银制度的建议，雍正即批准其在山西实行。雍正二年正月，河南巡抚石文焯折奏：该省共有耗羡银四十万两，给全省各官养廉银若干，下留十五六万两解存藩库，弥补亏空，将办公费用亦出于耗羡之内。雍正认为此法说得通，行得去，遂批准实行。在雍正支持下，山西、河南首先实行耗羡归公的改革。

雍正二年六月，山西布政使高成龄奏请将耗羡归公之法令各省通行，世宗即命总理事务王大臣、九卿詹事科道官员会议。吏部右侍郎沈近思认为耗羡归使火耗与正赋无异，不是善法，指出今日于正项之外又添正项，他日必于耗羡之外又添耗羡。左都御史、史部尚书朱轼及御史刘灿也都反对提解耗羡。雍正见讨论不得统一，遂于二年七月初六发出上谕，指出：州县火耗，本非应有之项，但由于官俸微薄和经费不足，耗羡一时难以避免；但历来火耗，均由州县掌握，加派横征，侵蚀国帑，又以火耗分送上司，各上司日用之资也取于州县，于是上下徇情，吏治不清。为清除此弊，必须实行耗羡归公，把耗羡银两的控制权由州县转到各省督抚手中，改过去由州县存火耗以养上司为上司拨火耗以养州县，从而达到澄清吏治、消降亏空的目的。于是，雍正决定推行提解耗羡制度，各省督抚纷纷响应。从雍正二年到雍正七年，浙江、甘肃、贵州、四川、陕西、广东、云南、江西、江苏、广西、安徽、福建、奉天等地先后实行。由于耗羡归公，事属草创，办法还不完善，有的州县在起解银两时，擅自多留地方公用的火耗银，因此雍正要求州县官把耗羡银尽数提交藩库，然后再由省里酌情分发，这样就避免了州县官的擅自扣留。耗羡银尽数提解，使州县官意识到多征未必对自己有好处，于是许多地方的耗羡率均有所下降，康

熙末期的狂征滥派现象也有所减轻。

实行耗羡提解后，雍正又大力倡导取缔陋规。清代，地方官中的下属对上司馈送礼金是一种普遍现象，如果上司身兼数职，还要奉送几份礼物，因此地方官为完成规礼，横征加派十分严重。雍正继位之后，即注意革除这一弊病。雍正元年，世宗发出上谕：禁止钦差接受地方官馈赠，督抚也不得以此向州县摊派。雍正二年，河南巡抚石文焯在计议耗羡归公时认为若规礼不除，州县官还会在耗羡外再行加派以奉上司。因此请将巡抚衙门所有司道规例、府州县节礼及通省上下各衙门一切节寿规礼尽行革除。得到雍正的赞许与支持，于是取缔规礼活动在全国展开。有些官员对规礼贪恋不放，雍正即将其严加处理，以示取缔陋规的决心。雍正五年，御史博济到江南，勒索驿站规礼，江南总督范时绎即行参奏，雍正遂将博济革职，并交当地大员严审具奏。雍正六年，山东蒲台知县朱成元馈送规礼事发，雍正命河东总督田文镜等对其进行审查。田文镜认为：欲禁州县加耗加派，必先禁上司，欲禁上司，必先革除陋规，遂请清廷严行整饬。雍正九年，世宗发出上谕，通令全国，严禁收受规礼；倘有再私受规礼者，不仅该员置之重典，其所在省之督抚，亦从重治罪。

耗羡私征本是地方官吏半合法的一项重要额外财源。提解耗羡归公，等于断绝了地方官的一条财路，国家又不增加薪俸，如不另辟财源，官员枵腹办公，必致苛索于百姓，重新导致吏治混乱。于是，清廷决定从耗羡银中提取一部分，发给从总督巡抚到知县巡检等各级官员一定数量的银两，以充养廉之资，名曰养廉银，即给官员生活、办公的补助费，以此不许他们贪污，保持廉洁奉公。各官养廉数目，主要依据官职高低、事务繁

简、地方冲僻和耗羡多少等标准确定。一般说来，雍正年间总督每年的养廉银为两万两左右，巡抚为一万五千两左右，布政使为一万两左右，按察使为八千两左右，道府为五千两左右，州县为一二千两。这样，地方官员的养廉银额超过了他们各自俸银的数倍、数十倍乃至一百多倍，收入有了明显增加。

地方文官养廉问题的解决，使八旗、京官、武职薪俸微薄的现象更加突出。因此，雍正五年，世宗谕令动用两浙、两淮盐课余银四万四千余两，分给旗下大臣及八旗都统以下至参领各官为养廉银两。雍正六年，又下令吏、户、兵、刑、工五部尚书、侍郎俸银、俸米双倍给予。但双俸仍满足不了京官的需求，于是雍正十一年，又谕令将直省应解饭银九万四千余两分给户部各级官员养廉之用。至乾隆初年，又陆续赐于各部官员养廉银，但其数额远少于地方，最多者不超过五千两。

武官养廉，起于吃兵丁空额，顺治年间即准武将各招随身亲丁若干发给名粮，并不问实额，于是武官纷借亲丁粮食之名任意虚冒。康熙四十二年（1703年），议准提督以下，千总、把总以上各定亲丁名粮数目，作为养用家口仆从之需。虽有定额，但各官仍开造虚名上册，于定额之外贪污更多的兵丁名粮。雍正十一年（1733年），世宗始命将亲丁名粮裁去勿庸开造，武职随粮亦改为养廉名粮。至乾隆八年（1743年），正式批准武职俱照文职之例支食养廉名粮，遂为定制。到乾隆四十七年，确定武官养廉数额，提督二千两，总兵一千五百两，副将八百两，参将五百两，游击四百两，都司二百六十两，守备二百两，千总一百二十两，把总九十两，至此，地方各级文武官员均享受了养廉银。

清廷规定，无论是中央官还是地方官，一般都按季支取养廉银，其用途主要是供大小官员养赡家口，对于督抚来说，还要从中抽出一部分作为宴请幕宾、犒劳兵丁和公出盘费之用。

提耗羡、设养廉的财政改革实行后，清廷的一些旧官员仍力图破坏。有的主张将耗羡提解到户部，企图以此纳入正式银粮，再以地方公用无着为由，重开私征。为了进一步控制提至省司库的耗羡使用，雍正十三年（1735年），世宗命户部查明各省公费养廉银两，并未造册咨送及笼统开造者，限期造清册上报，从该省议定公费养廉年份起，将额征公费，完欠杂支、余剩未给数目，按年归款；各官养廉起止日月、应得份数、扣除空缺等，一一注明，以后按年分类造册，随同奏销钱粮咨送户部核销。至此，提耗羡、设养廉的改革大体完成。

耗羡归公和设立养廉银制度，使原先被侵蚀的国赋，用本来为地方官私有的耗羡加以补充，以此保证清朝政府的赋税收入，使国库充盈，财政情况有所好转。清朝的财政经济开始走上正常的发展轨道，出现了国库日渐充裕、国家财用充足的好前景，为乾隆时期的经济繁荣奠定了基础。提解耗羡后，地方官自知多征对自己并无多大好处，还要落下不好的名声，再加上取缔陋规的实行，基本扭转了康熙后期狂征滥派的现象，多少减轻了一些人民的负担；同时用提解耗羡的部分银两作为官员养廉之用，增加了大小官员的薪俸收入和地方的财政经费，从而打掉了他们恣意贪污苛索的种种借口，在雍正帝的威严执政和妥善管理下，清初官吏贪污纳贿之风被缓和下来，吏治状况有所好转。耗羡私征本是州县把持的地方私权，长期以来，中央政府不予过问，致使侵蚀正赋，国库空虚。改革之后将耗羡提至省里掌握，朝廷以年终造册进行监督。至乾隆五年又将耗

第七编 明清野史

羡公开掌于户部湖广司,使耗羡取之有定数、用之有定款,从而加强了中央对地方的财政领导。但耗羡归公和养廉银制度的确立,把附加税变成实质上的正税,对非法的盘剥加以承认,对官员的额外搜求亦给予有限度的认可。它的出现,使加赋、贪污和丑行部分地公开化和合法化,因此,我们在肯定其积极作用的同时,也要看到其改革的不彻底性和弱点所在,以全面认识雍正所实行的提耗羡、设养廉的改革。

第七编 明清野史

### 巧驭臣子

雍正帝在位时,施展心计巧驭臣下可谓游刃有余。他刚即位,特别留意军队情况,每有武官军绩突出,他都几乎让其人到内庭觐见,以不失时机地施加教训,从而起到笼络军心之目的。参将张耀祖受到雍正三次接见,人们都引以为荣。

张耀祖在江南淮安守城参将任上成绩显著,于雍正元年三月考选军政列卓异优等。为此,漕运总督张大有行文兵部,张耀祖因此于五月初二抵京,十二日便到乾清门请求皇上接见,当即得到允许。

雍正接受请安,听完张氏的简历后,对张耀祖说道:"你是陕西人,如今在江南做官,想必是在江南升的官了?"

"奴才在云南做了六年游击,是奉兵部命令调到江南的。"

"你曾出兵打过仗吗?"雍正问。

张耀祖回奏道:"奴才出过兵,曾随原任云南提督桑格进征云南,荡平吴三桂叛军。"

"你既是那时节的人,也可以说是老人了。"雍正高兴地说道。

仅此对话,雍正便降旨准张耀祖列等"卓异"。三日后,张耀祖奉旨官加一级,升任副将。

五月十九日,张耀祖与新任参将闵文绣奉旨来到乾清门。不想接待他们的是奏事官张文彬,等张、闵二人接过谕旨后,却发现这样一段话:"琼州镇总兵、碣石镇总兵是水师,还是陆路?著兵部查奏。张耀祖、闵文绣还没起身到任,告诉他们不可钻营门路,以防被人愚弄诓骗。"

张耀祖、闵文绣连忙叩头"谢恩"教训,还是张耀祖机灵世故,赶忙对奏事官张文彬说:"奴才蒙主子天恩,已赏副将职,有什么不满足,去求别人钻营门路!"显然,张耀祖既是表忠,又是在自我辩白。看来,雍正似乎抓住了张、闵在京的一些把柄,或者借此招以考验一下张、闵。那么,张耀祖的回话到底能起些什么作用呢?

张文彬立即回养心殿复命。很奇怪,张文彬再出乾清门,传令张、闵二人入养心殿,说皇上要见二位。

二人入内跪请圣安后,只见雍正脸色很和悦。

"总漕张大有做官极好,实心办事,所以推荐你们二人,朕看来他举荐不差。"雍正先给他们一颗"定心丸"。随后对着张耀祖说:"昨天授给你副将衔,尚不足朕任用之意。看你的才干,还可大用,今就授你为琼州镇总兵官。"然后,又转向闵文绣:"徐州副将就赏给你补授吧!"

张、闵二人喜出望外,真是做梦也想不到的美事! 所以,他们赶忙叩谢皇恩。

起初,雍正做出不接见的样子,只是叫人传出令张、闵迷惑不解的谕旨,然后很快接见二人,这倒不是张耀祖的那段话完全管用了,而是雍正让二人先惊后喜,与二人捉了一阵迷藏。

"你们二人,是朕破格推用的。到任后,务要谨慎供职,恤兵爱民,义武和衷,不可稍分彼此。总是要做好官,为国家出力。倘若辜负朕的擢用之恩,则国法俱在,断不宽容。你们做武官的,倒没有其他短处,只是小器些。如把小器去了,自然前程远大。"雍正连连训诫道。

张、闵二人齐奏道:"奴才一介庸愚武夫,历任以来,从无半点功劳报效皇恩。幸蒙圣上天恩,训诲谆笃,只有益励冰兢,抚宁地方,整饬营伍,以报皇上厚恩于万一。"

雍正听后自然高兴。随后,命赏赐二人各貂皮两张、龙缎两匹。张、闵一一跪领后谢恩退出。这是张耀祖受雍正第二次不寻常的接见。

张耀祖第三次觐见是在五月二十九日。

"看你是个老练之人,所以,无烦再多降谕旨。你到任后,要时时以做好官为念,你是朕特用之人,如果居官不好,岂不负朕擢用之恩? 更何况国法森严,就是你犯了罪,法律也在所不容。世上多有年老的人,贪得无厌,你当以此为戒!"雍正恩威并用地说道。

张耀祖知道皇帝让自己说什么话,遂道:"奴才受主子深恩,还敢要钱?"

张耀祖回答极为得体。雍正听到了他要听的话,便将话题岔开,说:"你路经江南时,就向总督张大有传我的旨:朕本想将你放在他的标下,只因他标下只有副将之缺,而他既然奏请一人办理粮务,朕自应允其所请。不过,你效力多年,总不能滞留在副将任上。就让他再另推举一人,无论此人合例与否,朕自然会酌量准行。"

且看张耀祖回答道:"总漕张大有因今年漕粮水师似觉来迟,心甚焦急。他除办漕运外,还看兵丁射箭操练。"张耀祖显然替"伯乐"张大有多说几句好话,这也正投雍正的口径,因雍正对张大有既熟悉又宠信。

"他还操兵吗?"雍正很感兴趣地说。

"他还操兵。清晨操练兵卒,早饭后就盘查钱粮,晚间则办明日之事。张大有急欲押船过淮河,以便赶到通州交卸后,赴京给圣主请安。这两日到山东八闸,因河水浅而船受阻,心甚着急。"张耀祖道。

雍正听后嘱咐张耀祖:"你向他传旨,不必着急。上年有水闸缝不清,漕船尚且难行,今年连遭山东干旱,运河水浅,他虽着急,也于事无补。就等有水之时,再紧些赶催上行。朕另有密旨,但只可就你和张大有知道,此外绝不可泄露。将来漕船抵通州误了期限,总漕和催漕文武官员都会有处罚,待参罚到日,朕自然宽恕不纠。这个意思也不可向催漕文武官员泄露,那是因为他们事先预知此事,将来必至懈弛废事。"雍正的心计从此可见一斑。

"奴才知道,只传旨意让张大有钦遵。"张耀祖叩首回答。

雍正又拉开话题:"广东总督杨琳按才智尚可大用,巡抚年希尧,也是朕委用之人。你又蒙朕特拔,自然会用心协力。广东有些小的窃贼,已经拿获归案。如果尽行正法,恐伤上天好生之仁;若曲加宽宥,又为百姓之害。所以加以抽其脚筋之命,以全其性命。你到后,要下朕的旨意给杨琳等,就说:这一桩事甚合朕的心。"

张耀祖顺势向皇上表示忠心道:"奴才到广东一定传旨意给杨琳、年希尧。但奴才此去琼州,离主子膝前万里之遥,不知哪一年才能回来给主子请安,犬马下情,实在依恋啊!"

雍正听后,不禁笑道:"你到任之后,若想来京陛见,不拘一年二年,到时写来折子奏请就是了。"

"奴才还有下情。圣祖、皇太后一连两件大事(指圣祖、皇太后刚去世),主子悲哀太过,天下文武百官和兵民百姓都仰望着圣主一人,恳祈圣主节哀。"张耀祖说。

雍正点头称是，不免客套一番。又说："你们若能仰体朕心，做一个好官，保全地方，大事化小，小事化了，使兵民受福，这较之劝朕不更好吗？"说完，将孔雀翎子、香饼赐一些给张耀祖。并补加一句："香饼是内庭所造之物，广东地方湿热，可将此饼时时携带，就能避瘴气。朕想多加赏赐你一些，因皇太后大事，朕心甚是悲戚，故不暇及此，等他日再说吧。"

张耀祖感恩戴德，第二天就赶赴北方人向来畏惧的广东新任了。

在笼络臣下方面，雍正是个出色的能手，在挑选心腹方面，他亦是毫不逊色，而且一经发现"宝贝"，常常破格提拔。

这又是个极不寻常的君臣对白纪实。

雍正元年（1723 年）八月十三日，新任云南临元镇总兵官杨天纵被传至养心殿陛见。他一进养心殿，就诚惶诚恐地在御榻前跪伏，赶忙向新君请安。

"以前在哪做儿官？"其实雍正对杨天纵很熟悉，却明知故问。

"臣于康熙十五年（1676 年）因吴三桂变乱从戎，曾随原任广西提督孙吉略救援湖广郧襄等地，并攻取四川巫山旱坪铺。后来拔补把总、千总，一度跟随四川提督唐希顺攻取汀箭炉。事后屡蒙圣祖隆恩，特任为都司、游击、参将。又于康熙五十三年（1714 年）特援山东沂州协副将。三任十载，寸功未报，不思今蒙皇恩授臣为临元镇总兵。回想圣祖天恩……"说到这儿，杨天纵不觉鼻子一酸，竟呜咽不语了。

雍正见状，劝道："你不必垂泪，朕也心慕皇父难过。"还是雍正肚里能盛得下"悲痛"，他就此岔转话题："你多大年纪了？"

"臣今年六十七岁。"杨天纵知趣地

抹抹泪痕道。

"看你不过五十多岁。"雍正随便说道。

"臣于康熙十五年从戎时已二十岁，今年确实六十七岁。做武官的只有把年纪说少，不敢多说的。臣是顺治十三年（1656 年）生的，今年实在是六十七岁。"不想杨天纵对皇上随便拈来的话倒认真起来了。

雍正不愿再讨论这个问题，遂言归正转："你在山东做副将时表现很好。今放你到云南临元镇，是极边之地，到任后需要和辑兵民，训练士卒。"

"皇上设兵以为民，民以养兵，兵民都是皇上的，岂敢偏视？"自古道："兵以民为食，民以兵为本。"杨天纵卖弄起学问来了。

雍正听着很高兴，问道："你读过书？"

"臣幼年读过书，只是从戎久了，读书便少了。"杨天纵说道。

雍正听后心喜，随口道："你那里有个鲁魁山，尽是保倮（彝族的旧称），要好生抚绥才是。"

"虽是保倮，也在人教化。尚乞皇上赏臣御书，臣到那里就盖起御书楼，使兵民蛮保瞻仰，臣好教化。"杨天纵倒不含糊。

雍正一听很高兴，说："这两日不得闲，日后或督、抚之人，或称上折时，朕再写上给你带去。"

杨天纵又放大了胆子请道："临元蛮多汉少，还恳乞皇上天恩，有个三等侍卫名叫马成林，昨见其弓箭很好；又有一巡捕千总吴秀，原是巨标下把总，请将此二人赏臣一同带去任上。"

雍正当即应允，马上传旨："着管侍卫大臣将马成林、兵部将巡捕营千总吴秀交与临元总兵，明日带来引见。"并随手把康熙帝用过的素珠、小刀等六种遗物赏给杨天纵,并说:"这是皇父的东西,你带去如同见了皇父一样,就叫子孙世代供奉吧!"

杨天纵得意外赏赐,顿时声泪俱下:"臣何德何能,敢蒙圣上殊恩!今后当竭尽犬马之力,恤兵爱民,以报效皇上于万一。"

至此,雍正几乎将恋眷前朝旧恩的杨天纵完全争取过来了。接着,又赐给他一些诸如金翎子宝刀等物,杨天纵千恩万谢地领赐品退出。第二天,马成林、吴秀被杨天纵领到养心殿陛见,雍正对二人很满意,当即传令两人各升一级,赏给杨天纵带去。

八月十六日,杨天纵来乾清宫面请扈驾送康熙棺椁赴陵,这显然是个费心不讨好的举动,因为雍正对他恋眷先皇的忠心并不感兴趣,他只关心杨天纵这样感恩于老皇帝的人忠于自己!

"你已经拜谒过陵寝,所以不必再送了。到了十八日,你只随九卿们一起送过,拿了官凭就起身上路,也不必等候朕回銮后再起程。"雍正有意无意地扫了杨天纵的兴致。

"臣还有事要奏。"杨天纵似乎已感到有点儿不对劲了。

得到允准后,杨天纵说:"云南现有两个缺位,恳请让马成林、吴秀补上。"

"临元有个游击缺,朕已补放了曹登云。"雍正说。

杨天纵乘机提议:"元江协有个守备缺,恳请让吴秀补上;永顺镇右营有个游击缺,恳请让马成林补上。"

雍正先是一愕,然后问:"你讨的官,为何补到别的部队去?"

杨天纵毕竟老成有谋略,随口说道:"反正都是皇上的地方。"

雍正听后自是高兴,立即传令兵部按杨天纵的提议办理,并对杨天纵表示:你到云南后,就对总督说,如马、吴二人做官好,可各升一级!

雍正对自己特命的官员,都要亲自接见训诫一番。

雍正二年七月二十一日,对翰林院编修曹友夏、刑部陕西司郎中张无咎来说,是值得庆贺的日子。这天,有旨传给二人:曹友夏著补福建邵武府知府;张无咎补授福建泉州府知府!为什么京官放了知府外任,倒高兴呢?殊不知当时小京官清苦,他们都愿望到地方多捞点肥水!

八月初三,曹友夏、张无咎一起遵旨来到乾清门,请求谢恩训示。不久便得旨传见。

于养心殿,二人分别跪请圣安、谢恩、自陈履历。

"臣曹友夏,江南镇江府金坛县人,年五十九岁。康熙五十四年进士,蒙圣祖钦点为翰林院庶吉士,后授职为翰林院编修。今年七月二十一日拣选引见后,蒙皇上特恩补授福建邵武府知府。"曹友夏首先说。

张无咎接着奏道:"臣张无咎,山东人,四十八岁。由贡生捐官典簿并主事,于康熙六十年升授刑部陕西司郎中。今年七月二十一日拣选引见,蒙皇上特恩补授福建泉州府知府。"显然,买官做的人比不上科班进士出身的人,张无咎学着曹友夏的话自陈履历。

"你们都是朕特点的知府,如今出去做官,要存朕的脸面。你们平日窗下读书,自然想要做个好官,切不可忘记了。你们要做好官,为地方造福,就是为你们的子孙造福了。你们出去做了官,外面的总督、巡抚必定说圣主用的人不错,那么,你们就是朕的忠臣了。你们果然实心办事,不沽名钓誉,朕自然会知道。就看张楷吧。他做官好,只用两年朕就连升他到布政使高官。他做官好,朕为什么不升他?你们一定要勉力,朕希望你们将来成为名臣，务必记着朕的训旨。"雍正滔滔不地训示道。

曹、张二人像背好了台词："臣敬记于心，时加策励。"

"张无咎，你在刑部时做事很尽力，也顾惜脸面。如今出去，仍要像在部里所做那样。"雍正开始逐个训示了。

张无咎表决心说："臣凛遵圣训，洁己率属，爱养百姓，竭尽犬马之力，以上报皇恩！"

"曹友夏，你是翰林，更要存朕的脸面。人说翰林只会写写诗文，不懂吏治。朕说不然，哪里有先学养子而后嫁人的道理呢？事在人为嘛。翰林若只会饮酒赋诗，便无用了。"雍正又转向曹友夏，说得极为实在。

"臣蒙皇上授为知府，就把翰林两字放在一边了。要做清官，这才是分内的事。还要实心爱民，实心办事，才可回报皇上的天恩。臣今后不但不敢饮酒，就是赋诗也可能无暇顾及了。"曹友夏很会表白，但虽然想丢下翰林的架子，却也不时露出一点"酸"气来。

雍正听了曹友夏做了地方官都不想饮酒作诗了，不禁连连点头，很赞成他丢掉读书人的脾气，实心做个好官。说："很是，很是！你们都要记着朕的训旨，用心办事去吧。"

后来，曹张二人真的没有给皇帝"丢脸"。

### 喜怒无常

雍正帝与佛教过众甚密，这是众所周知的事，而他和道教亦有瓜葛，则介绍者甚少，这里略述一二。

康熙五十五年（1716年）秋天，当时还是雍亲王的胤禛接到门下人戴铎的书启，信中写他往福建上任路经武夷山时，看见一个道士，"行径甚怪，与之交谈，言语甚奇，俟奴才另行细细启知。"这些在一般人看来并不稀奇的话，却使胤禛像吃了一副兴奋剂，他满有兴趣地在书启批语中追问戴铎："所遇道人所说之话，你可细细写来。"戴铎遵命回禀，说他见到道士的时候，暗中问他主子的前程如何？道士回说："乃是一个'万'字命。"戴铎又说详细情形等将来到京时再行禀告。胤禛见信后异常高兴，在信上批道："你得遇如此等人，你好造化！"他把道士看作异人，能先知先觉，能言人的祸福，能预卜人的未来，得与这种人交往，当然是福大命大有造化之辈了。道人说胤禛是"万"字命，就是说雍正将离开雍亲王府邸，龙飞九五，进入大内，成为至高无上的皇帝。胤禛在欢快之余，也还有点不满足，就是戴铎没有把道士的话详尽写出来。他急于知道究竟，等不得戴铎回京，就命令送信的奴才将道人所说的话"细细写来"。胤禛对武夷山道士的话，如此关心、重视，无非是因为有"万"字命的内容。这可是当时雍正哥儿们都关注的事！胤禛的八弟允禩，请相命人张明德看相，张奉承他是"贵相"，必将"福寿绵长"。胤禛的另一个弟弟大将军允禵让张恺算命，张献媚地说他："元武当权，贵不可言，将来定有九五之尊。"皇子与三教九流结缘，都希望有朝一日应了术士的话登基称孤。他们的父皇康熙因张明德教唆允禩夺嫡，而将张明德处死，允禩也因此落了不是。可见这种算命是犯罪的行为。戴铎对武夷山道士的话总是不敢详述，也正是怕泄露出去获罪。在康熙朝的储位之争中，出世的道士并没有超凡脱俗，也成了皇子们的谋臣策士。

中国第一历史档案馆有一件雍正手书的给地方大吏的密谕："可留心访问有内外科好医生与深达修养性命之人，或道士，或讲道之儒士俗家。倘遇缘访得时，必委曲开导，令其乐从方好，不可迫之以势。厚赠以安其家，一面奏闻，一面着人优待送至京城，朕有用处。竭力代朕访求之，不必预存疑难之怀，便荐送非人，朕亦不怪也，朕自有试用之道。如有闻他省之人，可速将姓名来历密奏以闻，腾再传谕该督抚访查，不可视为具文从事，可留神博问广访，以符朕意。慎密为之！"

这个朱谕没有署年月，然雍正八年（1730 年），他身患重病，这个密谕大约是为此而发；他急需高明的医生。正由于这种需求，道士贾士芳与雍正再结缘法，并因而丧命。贾士芳原是京中白云观的道士，怡亲王允祥认为他"精通医术"，把他荐给皇兄。雍正召见后，感到他虚诈不实，就打发出去了。贾士芳于是浪迹河南，很有名气，浙江总督李卫慕其名声，为执行雍正的密谕，再次把他推荐过来。雍正命河东总督田文镜将贾士芳送到首都。贾士芳开始给雍正治病，大显身手，疗效甚高。雍正十分高兴，寄字给宠臣云、贵、广西总督鄂尔泰，说："朕躬违和，适得异人贾士芳调治有效。"贾道士由被驱逐的妄人，一变为受宠信的异人，身价陡增百倍。哪知九月间雍正突然将他下狱议罪，十月即行处斩，连家属也遭到惩罚。这是怎么回事呢？原来有一天，贾道士给雍正治病，一面用手按摩，一面口诵经咒，只听他念道："天地听我主持，神鬼听我驱使。"雍正听到这里，勃然大怒，心想：我这个至尊的皇帝，不过是老天的骄子，还听命于天地神祇，你一个外方的道士，居然要天地神鬼听你摆布，这不是亵渎神明吗！你不就是大逆不忠的反贼吗！当然要捉拿问斩了。贾道士未卜自家生死，当然算不得什么异人；雍正帝大耍君威，喜怒无常，也绝非厚道之君。贾道士的遭遇，倒是正合了"伴君如伴虎"的俗谚。

阿谀奉承，溜须拍马为官场升迁之常技，有位朝臣歌颂雍正，不料马屁拍得不合圣上口味，竟险些丢了性命。

邹汝鲁，湖北省麻城县人，于康熙三十年（1691 年）中进士，初任知县，历升都察院监察御史、左金都御史。康熙六十一年（1722 年）外任奉天府府尹。雍正三年（1725 年）五月内调太常寺卿。

雍正五年正月，河道总督齐苏勒、漕运总督张大有、河南巡抚田文镜等相继奏报：黄河自河南陕州至江南桃源约计二千里，水色澄清，毫无沙滓，"实亘古以来未有之嘉瑞"。于是，京师中的王公大臣联衔奏请行朝贺礼，雍正帝更是龙心大悦，说这是"上天、皇考之嘉贶"，钦赐文武官员各加一级。邹汝鲁觉得自己身为进士，又秩列卿班，逢此河清之瑞，理当格外表示庆贺，称颂当今的圣德，就兴冲冲地作了一篇《河清颂》，亲笔写成册页，进献给雍正皇帝。可他万万没有想到，就是这篇歌功颂德的《河清颂》，因为用的字眼犯了雍正皇帝的忌讳，差点儿丧了性命。

正月二十九日，雍正帝向内阁、九卿等官员宣示谕旨："太常寺卿邹汝鲁进《河清颂》，内有'旧染维新，风移俗易'之语。朕御极以来，用人行政之事，皆效法皇考，凡朕所行政务，皆皇考已行之旧章，所颁谕旨，皆皇考已颁之宝训，初未尝少有所增损更张也。朕已屡行晓谕中外，大小臣功（工）无不知之。今邹汝鲁所云'旧染维新，风移俗易'，不知其出自何心，亦不知其何所指。所移者何风？所易者何俗？旧染者何事？维新者何政？且《书经》成语'旧染污俗，咸与维新'，此处岂可引用耶？！邹汝鲁前在奉天府尹任内，并不实心供职，诸事怠忽，声名亦甚属平常。来京陛见条奏数事，皆屡（属）荒唐不可行之事，因转用为太常寺卿。朕见伊言动举止，知非端方之人。又因伊弟纵用（容）家人生事，被参革职，伊心怀怨望，形于颜色。今兹河清之瑞，朕并未令臣工进献诗文，邹汝鲁若不善文词，何必陈献？乃于所进册页内出此悖谬之语，显系讥讪，甚属可恶！著交与九卿公同严审定拟具奏。"（雍正朝《起居注册》）

刑部尚书励廷仪筹九卿（吏、户、礼、兵、刑、工六部尚书及都察院左都御史、通政使司通政使、大理寺卿）接奉谕旨，遂将邹汝鲁提到刑部大堂，共同进行审讯。励廷仪等问："我皇上御极以来，凡所行之政，皆圣祖已行之章程，所申之令，皆圣祖已申之宝训，未尝损益更张。屡降明旨，谆谆晓谕内外臣工，无不共知。你身为太常寺卿，岂有不知的吗？"

邹汝鲁供："我圣祖仁皇帝为千古未有之圣主，今皇上用人行政，一一供遵圣祖宝训，并无损益更张，哪一个不知道。汝鲁因幼小时做文，皆以文武成康，重熙累洽，风移俗易，为治化之极盛，故信手写了这一句。伏念圣祖仁皇帝久道化成，皇上率由旧章化行俗美，更有何待移易处？总是汝鲁荒疏久了，不通文理是实。"

励廷仪等又问："今河清之瑞，皇上并未谕令臣工陈献诗文，你借端进呈册页，故用'旧染维新，风移俗易'字样，妄行讥讪。这明明是你因兄弟纵容家人生事，被参革职，心怀怨望，何以你册页中就写出这样悖谬（谬）的话来了！"

邹汝鲁又供："令河清献瑞，皇上并未（命）臣工献诗，但汝鲁叨中进士多年，又身列卿班，以数千年未有之瑞，普天同庆，汝鲁独无一字进呈，脸上带羞，心里过不去，因此虽自知荒疏，勉强也做了《河清颂》进呈的。至于我兄弟邹汝默纵容家人在家生事，被参革职，汝鲁蒙恩宽宥，在奉天具折谢恩。蒙皇上朱批教训详悉。汝鲁跪读之下，感激流涕。皇上天恩，实出格外，汝鲁岂有狗彘不如，反行怨望讥讪之理？且蝼蚁亦知其自爱其

生，汝鲁岂敢萌此念头，自取万死。"

励廷仪等喝道："你今将所移者何风，所易者何俗，旧染者何事，维新者何政，一一据实供来！"

邹汝鲁供道："汝鲁原读得书少，又荒疏日久，伏见皇上明德新民，止于至善。黄河旧系浊流，一旦澄清，因记得幼时所读《大学》'章在新民'注有'去其旧染之污'一语，因是解释新民道理，故信手写了'旧染维新'字样。汝鲁原习《易经》，不曾读过《尚书》。若知道是《书经》成语，汝鲁虽下愚至贱，亦不敢悖廖（谬）到这田地。实非有心引用，实无所指。"

励廷仪等又喝道："若掩饰支吾，不吐实情，就要动刑严审了！"

邹汝鲁供道："大人要刑讯，就夹死我，也是这话。我信手草率，文理不通，是我该死，有何辩处！"

经过再三审问，邹汝鲁坚供自己毫无"怨望讥讪"之意。励廷仪等无奈，做出了如下判决："查邹汝鲁屡受皇恩，身为太常寺卿，不思报效，乃敢故用悖廖（谬）之语，妄行讥讪，情殊可恶，应将邹汝鲁革职，照诽谤朝廷律拟绞立决。"于二月初六奏请雍正帝裁定。

雍正帝看了奏报，于二月初八传下谕旨："邹汝鲁著革职，从宽免死，发往荆州府沿江堤岸工程效力。倘工费一时措办不及，先将库帑动用，手邹汝鲁名下追补。"

### 乾隆帝

清高宗弘历的母亲钮祜禄氏，13岁以秀女的身份选入雍亲王府。因雍亲王患病时，钮祜禄氏奉王妃命令不分朝夕地服侍了五六十日，从而赢得雍亲王的喜爱，成为侧福晋。19岁时（1711年）生弘历。弘历生来就不同于一般小孩，不仅一表人才，"隆准颀身"，而且"天资凝重"，聪明灵巧。六岁开始读书，受教于庶吉士福敏，过目成诵，11岁时，父亲带

他在圆明园镂月云开拜见祖父康熙皇帝，弘历对答流利得体，模样又俊秀，赢得了康熙的喜爱。康熙令弘历祖母德妃把弘历带回宫中精心养育，后又让贝勒胤禧教他骑射，贝勒胤禄教他火器，弘历一学就精，射箭放枪常常中的。显然，弘历比其他皇孙获得了康熙更多的宠爱。有一次，弘历跟随祖父在承德木兰狩猎，康熙用火枪打倒了一头熊。为了锻炼弘历的胆量，也想让自己的爱孙在王公大臣面前露露脸，康熙让弘历上马用箭射死这头熊，哪知弘历一跨上马，这头已经倒下的熊却突然站立起来，作势反扑，弘历面对迎面扑来的大熊，"神情自若"，毫不惊慌，勒鞍躲过。康熙见孙儿遇险，急发一枪，将熊击毙。猎罢返回帐中，康熙指着弘历对皇太妃说："这个孩子的命非常贵重，他的福气一定会超过我。"话里透露出康熙有让这个皇孙将来继承帝位之意。有人甚至认为，雍正之所以能登上皇帝宝座，也是沾了康熙宠爱弘历的光。康熙为了进一步证实自己对弘历的看法，特别召见了弘历的生母钮祜禄氏。康熙一见钮祜禄氏，便连声说："有福之人，有福之人。"史书上没有康熙精通麻衣神相的记载，但他对弘历和钮祜禄氏的断语却准确无误。弘历不管是统治时间还是寿命都超过了康熙，钮祜禄氏后来为皇太后40余年，也的确是个有福之人。

弘历不仅是康熙寄予厚望的爱孙，也是雍正的宠儿，是雍正的希望所在。雍正有鉴于清前几朝皇子为争夺储位而进行激烈残酷斗争的教训，在其继位不到一年的雍正元年（1723年）8月，对皇位的继承作了重大改革，创立秘密立储制度。他召集诸王大臣于乾清宫，宣谕建储之事。他在谕旨中说："康熙朝时，诸王子觊觎储位，争夺纷纭，这是建储之法制不完善而引起的流弊，但如废去建

储之事，又怕国本不立，也不是长久之计。因而折中两者之间，创立储位密建法，在诸王子中选出人品出众、才华过人者为皇位继承人，由皇帝秘密书写其名字，装入锦匣，加以密封，放在乾清宫的最高处——正大光明扁额后面。除皇帝本人外，其他人概不知皇位继承者是谁。这一立储法，后来成为清代皇室的家法。雍正当时书写的嗣君，不是别人，正是那个受到康熙宠爱的、刚满13岁的雍正第四子弘历。

弘历被预定为嗣君后，雍正对他的要求更加严格，特旨命朱轼、张廷玉、徐元梦等名儒文臣为其师，后又特旨名臣郭尔泰、蒋廷锡、邵基等陪侍皇子读书。这期间，弘历遍读了"四书""五经"及宋儒性理诸书和《通鉴纲目》等史书。他将自己的书室命名为"随安"，取随遇而安之意。广读经史书籍，为他以后的统治做了很好的准备。他自称："自幼熟读各种诗书，对于治理之道十分熟悉。"他阅读《贞观政要》一书，对于唐太宗及其臣僚的"嘉言善行"十分赞赏。20岁时，弘历将自己写的诗文汇集成册，取名《乐善堂集》。雍正十一年（1733年）二月，弘历22岁，被封为和硕定亲王，开始参预军国大事。

雍正十三年（1735年）八月，雍正突然死亡，顾命大臣庄亲王胤禄、果亲王胤礼、大学士鄂尔泰和张廷玉等齐集百官于太和殿，向诸王子宣读从正大光明扁额后面取下的锦匣中的立储密诏，弘历即皇帝位，这年弘历25岁。同时，大赦天下，以明年为乾隆元年（1736年），弘历就这样顺利地开始了他长达64年的统治历程。

### 宽猛互济

弘历自诩为文治武功第一人。其实弘历的文治并无什么独创之处。弘历所遵循的不过是传统的中国治国之道，并

借鉴历史经验。乾隆元年（1736 年）二月，他下了一道诏书，阐述了他的治国之道，后来还多次下诏阐述。主要内容有三点，一是回顾了康熙、雍正两朝的历史经验。康熙奉行与民休息的政策，有宽纵之流弊，雍正纠正康熙朝之流弊，又有过分严刻之流弊。二是倡导执中之政策。认为天下之事，有一利必有一害，凡人之情，有所矫必有所偏，所以矫枉不可过正，治道贵得乎中。三是主张宽严并济。认为严不是刻薄，宽也不是放纵。这种宽严互济的政策乃是满族入主中原以来的一贯政策，不过有时偏重宽，有时偏重严罢了。严和宽都是由当时的具体情况决定的。所谓宽严互济，就是恩威兼施，有刚有柔。也就是宽则纠之以猛，猛则济之以宽，一张一弛，文武之道。弘历即位伊始，鉴于雍正之刻薄而采取了一系列措施，"济之以宽"。

体恤皇室。对列祖、列宗钦定的冤案，或予以平反昭雪，或给予宽待。如恢复被雍正残酷处治的两个叔父胤禩（被雍正改名为阿其那，即狗）、胤禟（改名为塞思黑，即猪）的原位，并将其名收入皇室谱谍内，二人子孙也同时收入。对被雍正拘禁的另外两位叔父胤䄉、胤祗，下令释放，并随即封二人为辅国公。

增加官员俸禄。在京官员加添双俸，外省大小官员也都发给一定的"养廉银"。

蠲免租税。如免除江南漕项芦课及学租杂税等银，宽免芜湖杂办江夫河蓬钱粮，免除泰山进香税等。弘历在位 60 年，蠲免租税，史不绝书，因为"爱民之道，以减赋蠲租为急务也"。

革除开荒加赋之弊端。鼓励农民开垦荒地，是康熙以来的一贯政策，但各地官吏往往为了加赋，而谎报开垦荒地。弘历以开荒是为了满足人民生计而不是为了增赋为由，令各省督抚，查明确实的

开垦荒地数，据实上报。

此外，释放被雍正监禁的岳钟琪、陈泰等人，把因文字狱而发往边地为奴的罪人汪景祺、查嗣廷等的家属放回原籍等。都体现了弘历为政宽的一面。上述这些措施，颇得人心，收到了很好的效果。弘历初政的十余年间，社会经济稳步发展，府库充实，兴隆超过汉唐，成为"康乾盛世"的顶峰。

弘历为政也有严的一面。他自己说是"当宽而宽，当严而严"。他认为治贵得中，如果对于玩忽职守的违法之徒，也实行宽大，就是助长农田的害草，危害禾苗。因此必须快速治理，否则，将流弊无穷。他采取了不少严厉措施，以便收惩一儆百之效。

严惩贪官污吏。乾隆三年（1738年），弘历在一道上谕中把贪官污吏比同恶棍奸民，一定要严惩，如果包容，便是好坏不分。乾隆四年（1739 年），庄亲王胤禄等结党营私，弘历下令将胤禄、弘晳、弘昇、弘昌、弘晈等革职或收监，将弘晳的死党安泰处死。五年（1740 年）提督鄂善受贿银一万两，被赐死。山西学政喀尔钦接受考生的贿赂，纵仆营私，寻花问柳，被处死。弘历还下谕告诫各大臣以后各加儆省，毋蹈前辙。

裁汰僧道。雍正帝迷信佛教，自比"和尚""野僧"，晚年又热衷道教，迷恋修炼，一说他的死就是因服了道士进奉的丹药。乾隆初，僧道太多，品类混淆，真正出家修道者，百无一二，而大量市井无赖、游手聚食于其中，甚至有一些犯法逃亡者，也隐藏于寺庙道观，造成佛门之人日众，而佛法日衰。当时僧人中有号为"应付"者，有房，有田宅，饮酒食肉，甚至娶妻生子。道士中的"火居"也是这样。所以弘历认为僧道是不劳而食者，多一僧道，就是多一分利者。于是，下令实行度牒制，裁汰僧道。情愿出家者，必须领

取度牒,才能"披剃"受戒。"应付"僧人,不愿受戒者,勒令还俗。"火居道士"俱令还俗。妇女年过40岁,才准出家。领到度牒之僧人,只准收生徒一人,从而限制了僧道的泛滥。

严禁宦官弄权。弘历对宦官管理十分严厉,不许宦官干预政事。为了堵塞宦官干预政事的道路,他下令废掉教宦官读书识字的内书堂,认为宦官识几个字就行了,有文化是宦官弄权的原因之一。弘历还下令当差奏事的宦官一律都改姓王。这样,外廷官员就难以分辨,而无法相互勾结。对于违禁的宦官,弘历一律严惩,决不姑息。有一个叫高云的贴身太监,向弘历讲了几句外廷的事情,涉及朝廷事务,弘历马上将这个宦官处死。乾隆二十二年(1757年),跟随弘历到热河的一个太监,侵扰百姓,热河巡检张若瀛劝阻无效,反受这个太监欺凌,张若瀛愤而把他捆起来打了一顿。直隶总督方观成认为张捆打太监是目无皇上,犯了大罪,上疏弹劾。弘历看了方观成的奏折,斥责方不识大体。弘历说:"如果不是太监肆意违法,张若瀛怎敢这样做,这是令人高兴的事。"后来,弘历竟破格把张若瀛连提七级。

### 十全武功

弘历最引以自豪的,不是文治,而是武功。弘历晚年亲自撰写了《十全武功记》,并在乾隆五十七年(1792年)十月令人用满、汉、蒙、藏四种文字刻在碑上,放置在专门建造的碑亭里,以便昭示后人,留芳千古。他的所谓"十全"武功,是指两平准噶尔、定回部、两定大小金川、靖台湾、服缅甸、安南、两次降服廓尔喀等十次大的战役。他还自诩为"十全老人",镌刻了"十全老人之宝"印章,对于自己的武功成就,自我陶醉到了忘乎所以的地步!其实,乾隆朝的武功,比较复杂,有巩固发展多民族国家的,有抵抗外国军事入侵的,也有镇压人民起义的,有胜仗,也打了不少败仗。不过,总的来看,乾隆朝的西征南伐,的确是弘历的最大功绩,因为它使我国疆土统一,多民族的国家得到巩固和发展,从而把清朝的国势推到了顶峰。

弘历即位之初,西北有准噶尔之内乱,西南有贵州苗民起义。弘历考虑到雍正朝两路出师西北都劳而无功,准噶尔内部稳定,一时难以取胜,决定对准噶尔暂时采取守势,罢兵议和。集中力量镇压贵州苗民起义。弘历派宿将张广泗为七省经略,统一指挥镇压苗民起义的部队,同时将平苗无功的张照等逮捕下狱。张广泗是治苗老手,对苗民情况熟悉。苗民分生苗和熟苗。张广泗上奏弘历,建议采用暂抚熟苗,集中力量攻打生苗,解决生苗后,再转而惩治叛乱的熟苗的策略。弘历颇为赞赏。张广泗便分兵三路进攻生苗苗寨,所向克捷。乾隆元年(1736年),又增兵分八路,围攻生苗据点牛皮大箐,杀死一万多人,接着又乘胜搜剿熟苗,烧毁了1224寨,杀死7600多人,俘虏2万多人。苗民起义被清军的血腥屠杀彻底摧毁。弘历闻报大喜,命张广泗总督贵州。苗民的诉讼,仍按苗俗习惯审理。云贵边境,从此平靖。这是弘历即位后的第一次用兵,也是十全武功之始。自此之后,弘历多次用兵边疆,成为弘历君主生涯的重要内容。

平定准噶尔叛乱。乾隆十八年(1753年),准噶尔内部因争夺汗位,互相攻杀,分崩离析。杜尔伯特部三车凌率部众6000余人降清。十九年(1754年)辉特部台吉阿睦尔撒纳又率部众万余人降清。弘历在承德亲自接见了阿睦尔撒纳,详细询问了准噶尔内部情况。阿睦尔撒纳向弘历表示:"如果清廷发兵征讨准噶尔,愿为前导。"弘历非常高兴,封阿睦尔撒纳为亲王。弘历认为,施军威于远方,震武功于域外,彻底解决准噶尔割据势力的时机已成熟,国库充实,中原安定,天时、人事皆对我有利。但在朝诸臣中,除大学士傅恒赞同弘历的意见外,多数大臣都反对出兵。弘历力排众议,决定第二年春天两路出兵伊犁,一举荡平准噶尔部。乾隆二十年(1755 年)二月,以班第为定北将军,阿睦尔撒纳为副将,出北路;以永常为定西将军,准噶尔另一降将萨赖尔为副将,出西路。兵分两路,各 25000 人,五月,两路大军,长驱直入,进抵伊犁。准噶尔部首领达瓦齐败奔乌什,被乌什维族首领霍集斯擒献清营。弘历在京城午门接受献俘,论功行赏。不久,因平准噶尔有功而被封为双亲王、并拿双俸的准噶尔降将阿睦尔撒纳,因想当厄鲁特蒙古四部的总首领的野心未能得逞,又聚众叛乱。弘历随即派军征讨。阿睦尔撒纳的叛乱不得人心,在乾隆二十二年(1757 年),被清军打败,阿睦尔撒纳逃入沙俄境内,清廷行文索要,沙俄拒不交出。后阿睦尔撒纳患天花死去,沙俄才将尸体交出。二十三年(1758年)准噶尔叛乱终于被彻底平息。

平定回疆之乱。乾隆二十二年(1757 年)南疆发生大小和卓木之乱。大和卓木(布那敦)和小和卓木(霍集占)兄弟是南疆维族首领玛罕木特的儿子。准噶尔部策妄阿拉布坦征服南疆,俘玛罕木特及大小和卓木兄弟,将他们拘禁于伊犁。乾隆二十年(1755 年),清军攻克伊犁时,玛罕木特已死,大小和卓木被放回,恢复了对南疆的统治。阿睦尔撒纳发动叛乱后,大小和卓木也相继叛清。二十三年(1758 年),清廷在平定准噶尔后,弘历令兆惠等移师南进平叛。大小和卓木率兵抵抗,并在库车大败清军。清军领兵将领靖逆将军雅尔哈善等被弘历处死。十月,兆惠、富德率兵收复库车、阿克苏,进军叶尔羌。小和卓木坚壁

清野,收割田禾,驱民入城,并在近城东北五里掘濠沟,筑土台,欲用持久战困死清军。兆惠率领 3000 余人,被小和卓木率领一万多叛军围困在叶尔羌城南的黑水营,相持达三个月。二十四年(1759年)正月,富德率兵增援。在清军内外夹击下,小和卓木部土崩瓦解。这时,大小和卓木由于在各地横征暴敛,已失去民心。清军乘胜进攻,很快就粉碎了叛乱。大小和卓木兄弟带领妻子儿女和奴仆三四百人逃亡国外,被当地政府杀死,尸体送归了清朝。

在先后平定了准噶尔和大小和卓木的叛乱后,弘历为加强对新疆的管辖,设置伊犁将军一职,统辖全疆军政,建立军府统治。在塔尔巴哈台(今新疆塔城)、喀什噶尔(今喀什)各置一参赞大臣,受命于将军,分统天山南北路。在南疆叶尔羌、和阗、库车、阿克苏等十一个城市置办事大臣或领队大臣,管理一城之事。在北疆移住满洲、锡伯、厄鲁特、绿营等军兵垦荒屯田,为久驻之计,并移民入疆,陆续建置州县以管民事。这块长期处于割据状态的地方,从此牢牢置于中央政府的管辖之下。

加强对西藏的管辖和降服廓尔喀。清初以来,西藏政局一直动荡不安。西藏是黄教宗主所在,厄鲁特蒙古诸部都信奉黄教,而西藏内部不同集团又皆需援引厄鲁特蒙古武力以自重,关系特殊,矛盾错综复杂。乾隆十五年(1750 年)珠尔墨特那木札勒勾结准噶尔发动叛乱,杀害驻藏大臣。弘历派清军入藏,在达赖的协助下,平定了叛乱。弘历在达赖之下设置了处置地方行政的噶厦,以四噶布伦分理政事,俱隶属于驻藏大臣和达赖。达赖的权力增大了,他不仅是宗教首脑,还是政治首脑。驻藏大臣的权力也增大了。

乾隆五十五年(1790 年),廓尔喀(今

尼泊尔)入侵西藏。次年廓尔喀又派兵入侵,进占后藏首府日喀则,大肆烧杀抢掠,六世班禅遗留在扎什布伦寺的金银财物、法器珍宝也被抢掠一空,全藏大震。达赖、班禅飞章向弘历告急。弘历命福康安为将军、海兰察为参赞率军入藏。清军入藏后,六战六克,尽复失地,并越过喜马拉亚山,全线深入廓尔喀,进迫其首都加德满都。廓尔喀统治者被迫求和,表示永不侵犯西藏,归还掠夺的金银珍宝。弘历答应了廓尔喀的求和条件并命福康安率兵返回西藏。

乾隆五十七年(1792 年),弘历颁布"钦定西藏章程",把民政、财政、军政、外交大权都集中于驻藏大臣手中,达赖、班禅的重大决定需经驻藏大臣同意。同时,创立了金奔巴制度。"奔巴"藏语"瓶","金奔巴"制度即金瓶制度,或称金瓶掣签制度。达赖、班禅及其他呼克图(活佛)死了以后,被认为还要转生,他们死时出生的男姓婴儿,如果被认为是他们转生的,就被称为"灵童",要继承他们的职位,这个制度就叫"呼毕勒罕"("转世""化身"),但往往出现数个"灵童"争夺继承权。金瓶掣签制度规定:如果出现数个"灵童",由驻藏大臣把灵童的姓名写在牙签上,投入金瓶之中,然后由喇嘛诵经抽签,中签的"灵童"就成为合法继承人,在驻藏大臣的主持下坐床(就职),大贵族及蒙古贵族都不能参与掣签。大活佛之继承开始处于清政府的监督之下。从此西藏政局稳定,中央对西藏的政令也得以顺利贯彻执行。

平定大小金川。大小金川在四川北部,是藏族定居地区。"万山丛薹,中途汹溪",地形险恶。乾隆十二年(1747年),大金川土司莎罗奔势力强大,兼并小金川并侵掠邻近土司,清巡抚派兵阻止,莎罗奔便起而反叛。弘历派云贵总督张广泗率兵镇压,莎罗奔负险顽抗,清

军毫无办法。十三年(1748 年),弘历又加派大学士纳亲前往督师,并派岳钟琪为提督,赴军效力。张广泗与纳亲各持己见,将帅不和,虽进攻四月,却损兵折将,仍无进展。弘历大怒,将张广泗和纳亲先后撤职处死,改派大学士傅恒为经略,和岳钟琪分兵两路进剿。十四年(1749 年),莎罗奔投降。三十一年(1766年),大金川再次叛乱。弘历命四川总督阿尔泰率军联合九土司进剿。多年无功,阿尔泰被弘历免职赐死。直至四十一年(1776 年),大小金川才被压服。弘历御午门受俘,莎罗奔被凌迟处死。弘历以小金川为美诺厅(四川懋功),以大金川为阿尔古厅(懋功西北),直接由四川省统辖,四川西北部诸土司逐渐改土归流。

弘历通过多次征战讨伐,镇压了叛乱势力,统一了疆土,完成了对新疆、西藏行政体制的改革,加强了对这些地区的管辖,使我国的版图最后确定下来。国土的辽阔和国势的强大,国内各族人民经济文化联系的紧密,都是以往任何朝代所不能比拟的。这是清王朝的最大历史业绩,也是弘历个人的最大政绩。

### 闭关自守

中国统治者向来以上国自居,视周边国家为蛮夷之邦。其中不乏征服和被征服、掠夺与被掠夺的历史,但在大部分时间里与大多数邻国是和平相处的。中华民族是爱好和平的,只要周边国家不侵略中国,中国是很少侵略其国家的。弘历在位时,中国的一些邻邦如印度、锡兰、菲律宾、印度尼西亚已先后沦为殖民地,其他一些邻国也成为西方列强掠夺、殖民的目标。自视天下第一的中国已经感到西方列强的威胁了,北方的沙俄虎视眈眈,西方殖民势力也不断进行试探。处在这样一种环境中,弘历的对外政策,一方面,对一些周边国家的侵略行为进

行坚决的反击,如两次反击廓尔喀之役,对有些邻国也发动维护"上国权威的带有侵略性的战争",如弘历引以为豪的"十全武功"之征缅甸之役和征抚安南之役。另一方面,对西方列强和北方的沙俄,则在坚持维护主权,拒绝它们的无理要求之同时,采取闭关自守,严格限制对外交往的政策,这虽可使中国保全于一时,却也使中国处于封闭状态,远离世界潮流,日渐落后。

征缅甸。乾隆十五年(1750年),缅甸国王通过我佧佤山茂隆银厂厂主吴尚贤的介绍,派使向弘历进贡,并表示愿充任清的属国。清与缅甸才开始了使节往来。乾隆三十年(1765年),缅王孟驳派兵入侵我普洱府境,攻占车里等地,云贵总督刘藻发兵三路抵御,皆败。弘历命大学士杨应琚为云贵总督征缅甸。弘历认为刘藻是个书生,不懂军事,吃败仗是理所当然的,并没有杀他的意思,但刘却因害怕而自杀了。十月清军进占新街,扼缅阿瓦河上游,但杨中了缅王假和谈计策,被缅军杀得大败,反致我腾越永昌等地被围攻。乾隆三十二年(1767年),弘历把杨应琚免职赐死,改派明瑞继任云贵总督兼征缅将军。明瑞率军分两路深入缅境二千余里,因孤军深入,粮草不济,终被缅人所败,明瑞也负伤自杀。缅王向清廷求和,被弘历拒绝。三十四年(1769年),弘历派傅恒为经略,阿桂、阿里衮为副将军,明德为总督,哈国兴为提督,分率水陆军六万三路征缅,大败缅军于江口。但清军不服水土,死者近半。缅王遣使议和。双方罢兵。五十三年(1788年),缅王派遣使者来京通好,请开关市与缅贸易。五十五年缅王派人向弘历祝寿,弘历赐印,封缅王为缅甸国王,定十年一贡之制。

征安南。乾隆五十一年(1786年),阮文岳、阮文惠统一越南,驱逐黎氏王族。弘历以保护黎氏为借口,派兵侵入安南,攻陷东京(今河内),后因清军军纪败坏,奸淫妇女,激起越人反对,阮文惠大举反攻,收复东京,并派人"奉表入贡",要求建立正常邦交。弘历考虑到清军连年征战,国库空虚,同意阮光平(阮文惠)求和。五十五年(1790年)三月,阮光平亲至北京,弘历同意他为"越南国王"。

征缅甸和征安南纯属侵略性战争,消耗了军费银两达二千万两,死伤了数万将士,给中国和缅甸、安南人民都造成了重大损失。除满足了弘历"扬威于域外"的自大心理外,实无一得。弘历把它们记入"十全武功",不是流芳,而是遗臭。这是弘历所未想到的。

闭关自守。弘历对西方各国基本上采取闭关政策,也就是限制对外贸易、限制对外交往的政策。弘历实行这种政策,原因有二。一是中国是自给自足自然经济,不需要对外贸易,弘历在给英王的敕谕中说得很清楚:"天朝物产丰盈,无所不有,原不借外夷货以通有无。"中国所产茶叶、磁器、丝绸是西洋各国所必需的,允许出口,是皇上对西洋各国的照顾、恩典。二是害怕外国商人与沿海人民往来,"滋扰生事"。还有一点就是弘历本人对西洋的情况和科学知识都十分无知,夜郎自大。

18世纪中叶,英人洪仁辉几次带英船到宁波贸易,意图在这里建立长期的商业据点,引起清政府疑虑。乾隆二十二年(1757年),弘历谕令封闭宁波、泉州、松江三海关,只准洋商在广州一口通商。外国商人对此极为不满。洪仁辉于二十四年(1759年)由舟山泛海抵天津,要求清廷开放宁波,并控告粤海关贪污勒索等弊端。弘历派钦差至广东调查,洪所控告的粤海关的情况属实。弘历令将海关监督李永标革职,家产入官,同时以洪仁辉"勾结内地奸民和违制北来"等罪名为由,判处洪在澳门囚禁三年再驱逐回国。

两广总督李侍尧因洪仁辉多次违抗禁令特向弘历奏陈防范外夷规条,即"防夷五事",弘历批准颁布执行。《防夷五事》:第一,禁止外国商人在广州过冬;第二,外国商人在广州必须住在政府指定的行商的商馆中,由行商负责"管束稽查";第三,不准外商向中国人借款或雇佣中国人;第四,不准外商雇中国人打听消息;第五,在外国商船停泊处派兵"弹压稽查"。严格意义上的闭关自守政策,实际上就是从弘历规定一口通商和《防夷五事》开始的。

弘历接见英使马戛尔尼。外国商人对限制贸易极为不满。英国政府一直都想派遣使者到北京交涉,解决对通商的限制。乾隆二十二年(1787年),英政府派遣喀塞卡特为第一个来华使节,但喀塞卡特在来华途中病死。五十七年(1792年)又派遣以马戛尔尼为首的使团前来中国,使团共七百余人,带有价值一万三千余镑的包括天文、地理仪器、乐器、钟表、武器等礼物。弘历以为这个使团是为祝贺他的八十寿辰而来的,令沿海各省派大员迎送犒劳。使团于五十八年(1793年)七月到达大沽,在天津稍事休息,即前往北京。这时弘历在承德避暑山庄。使团主要成员要赴承德觐见皇帝。清朝官员和使团就觐见皇帝的礼节进行了激烈的争吵。使团来到北京时,弘历就在谕旨中指示:"听说那洋人用布包扎腿,跪拜不便,这是他们国家的风俗"。要官员劝说使团"遵守天朝法度,暂时去掉包扎腿的布,待行完了跪拜礼以后,再重新包扎。这也十分方便。"英使团拒绝了这个觐见要行跪拜礼的要求。使团到达热河后,双方仍未就觐见皇帝的礼节达成一致意见。弘历认为使团狂妄自大,很不高兴,下令减免给使团的供给,不再发给格外的赏赐。双方最后商妥了一个折中办法:马戛尔尼以见英皇之礼觐见弘历,以单膝下跪,但免去吻皇帝手的礼节。八月十日,弘历在避暑山庄万树园接见了英国使团。马戛尔尼呈递了国书,弘历赐宴招待使团,并向英王和使团正副使节赠送了礼物,又派大臣陪同使团游览了山庄。使团参加了弘历83岁生日的庆典。

礼仪是文化,觐见皇帝的礼节之争,是两种文化的冲突。当然,弘历要使团行跪拜礼,反映了弘历自视为至高无上的天朝皇帝、文明低下的"蛮夷之邦"的使节理应匍匐在自己脚下的盲目自大的心理,而作为海上霸主的英国的使团,同样是不可一世,马戛尔尼实际上对清政府十分蔑视,怎肯向清朝皇帝磕头俯首,三跪九拜?

英国使团返回北京后,向清政府提出了一系列要求,主要内容有:派人驻京办理商务,开设商馆,买卖货物;在宁波、舟山、广州、天津等地自由贸易;占用舟山附近一小岛,居留商人,存放货物;减免货物税和加征的税;英人自由居住广州等地;西方传教士在各省传教。弘历在给英王的敕书中严词拒绝了英使团的全部要求。敕书中虽也表现出弘历不了解世界形势和妄自尊大,但敕书指出:"所请多与天朝体制不合,断不可行。""天朝尺土,俱归版籍,疆址森然……此事尤不便准行。""尔国船只到彼(浙江天津),该处文武,必不肯令其停留,定当立时驱逐出洋。"显示了弘历维护国家主权的正气。

## 好色风流

皇帝没有不好色的,这是中国皇帝的共性。弘历是个有名的风流皇帝,写弘历,不写他的风流艳事,就不全面。

弘历的女人没有确切的统计数字。

他的正式的妻妾，有封号的后、妃、嫔、贵人就有四十多人，其中 12 位是他 50 岁以后陆续选进的，新选进的女子称秀女，年龄一般在十三四岁左右，最大的也不超过十八九岁。没有封号而被他召幸过的宫女更不会少。

弘历的第一位皇后富察氏出身名门，11 岁时就和仅有 16 岁的定亲王弘历结婚了，成了弘历的嫡福晋，21 岁被弘历册立为皇后。史称富察氏贤淑节俭，孝顺太后。弘历和富察氏少年结合，非常恩爱，后来弘历虽多有拈花摘草的风流事，但对富察氏却似乎仍一往情深。乾隆十三年（1748 年）富察氏陪弘历东游，突染风寒去世。弘历异常悲痛，又是写诗，又是作赋，颂扬妻子的淑德，"圣慈深忆孝，宫壶尽称贤"；抒写自己的悲痛之情，"廿载同心成逝水，两眶血泪洒东风""纵糟糠之未历，实同甘而共辛""念懿后之作配，廿二年而于斯，痛一旦之永诀，隔阴阳而莫知""影与形兮难去一，居忽忽兮如有失""信人生之如梦兮，了万事之皆虚，呜呼，悲莫悲兮生别离，失内佐兮孰予随"。失妻带来的哀伤，似乎到了痛心泣血的地步！

弘历第二个皇后乌喇那拉氏，是在富察氏去世后第三年册立的。弘历册立乌喇那拉氏是遵从太后的意思，自己对这位皇后并没什么爱，而乌喇那拉氏却醋劲不小。乾隆三十年（1765 年），乌喇那拉氏陪弘历南巡至江宁，弘历在秦淮河问柳寻花，饮酒宿娼。乌喇那拉氏虽名为皇后，其实并没得到什么宠爱，心中本就郁闷不满，见弘历行为如此放荡，禁不住就和弘历吵起来了，弘历哪能容皇后干涉，便恶语相责。南巡到杭州后，弘历依然故我，我行我素，乌喇那拉氏气愤不过，撒起泼来，把自己的万缕青丝齐齐剪去。弘历大怒。满人风俗最忌讳剪发。弘历认为乌喇拉那氏的举动，违背

正理，近乎发疯。既然头发都剪了，不配当皇后，就废后为尼。乌喇那拉氏忧愤成疾，勉强延续了一年多，便命归黄泉，弘历命以贵妃的规格埋葬。

在众多的妃嫔中，被弘历爱得如痴如醉的是香妃。但这是弘历的单相思。香妃本是维族反叛首领小和卓木的妃子，不仅美色绝伦，而且身上散发一种出自身体内部的天然奇香，所以人称香妃。香妃的艳名传到弘历耳中，弘历必欲得之而后快。在派兆惠率军征讨大小和卓木时，就嘱咐他调查香妃的事。兆惠平定了回疆，俘虏了香妃，送到京城，弘历一见，神魂颠倒，命人将其送入后宫，全然不顾她是叛臣的妃子的身份，决心纳她为妃。香妃在宫中，神色自若，但一见弘历，便一脸冰霜，凛然不可侵犯。弘历和她说话，也不答一语。弘历令宫中会说话的宫女去劝说她答应做弘历的妃子，宫女话没说完，她便猛地从身上拿出一把寒光闪闪的匕首，对吓呆了的宫女说："国破家亡，我死志已决，但我不能像一般儿女那样白白地死去，我要为我丈夫报仇。"宫女们想过去夺她手中的匕首。香妃冷笑着说："这是没有用的，我衣服中还有十几把匕首，你们还能把它都夺去？如果你们要强夺，我就用匕首自杀，你们又有什么办法？"宫女报告弘历，弘历也没办法。但又割舍不下，只好每天到香妃室中，面对不语的绝色美人，坐着看看，秀色可餐，也可聊解饥渴。弘历为讨香妃欢心，消磨她复仇之志，特招来回教徒服侍她的吃穿，在西苑建造回式经屋和回教礼拜堂，让回族老妇，引导她出入游览。香妃毫不动情，一片贞心，始终不改，任弘历千方劝诱，她只是横眉冷对。太后知道后，劝弘历不要去西苑香妃处。她对弘历说："她既不从，不如杀了，也遂了她的心愿。你不想杀她，就把她放回去好了。"弘历迷恋香妃美色，

不忍杀也不愿放。就这样把香妃幽禁在宫中好几年。一天,弘历出宫祭天,太后趁机把香妃召来,问她有何打算。香妃回答:"既然无法复仇,只有一死。"太后说:"今天就赐你死好不好?"香妃回答:"这是我的心愿,感谢太后恩典。"太后便令人把她引入旁边房间勒死了。弘历回宫知道香妃死了,痛哭一场,令人以妃礼安葬。

近年来,专家考证,香妃就是弘历的容妃,维吾尔族人,和小和卓木无关,进宫后,受到弘力的宠爱,由贵人升为嫔,又升为容妃。她穿维族服装,食用回族饭菜。弘历为她在宫中建造了回部宫式阁楼。清宫还藏有郎世宁画的香妃行乐图。图中香妃着猎装。容妃在宫中生活了28年,曾陪同弘历巡游各地,乾隆五十三年(1793年)55岁时病死,葬于东陵,棺上书有阿拉伯文的《可兰经》。

后宫佳丽如云,弘历仍不满足,一见丽人,就想占有,有夫之妇也不放过。弘历的皇后富察氏的哥哥傅恒是弘历的重臣。傅恒的妻子傅氏是个美人。富察氏常常把嫂子召进宫拉家常。傅氏有一次进宫被弘历碰见了,惊为天人。全然不顾傅氏是大臣之妻和自己妻子的嫂嫂的身份,决心把其勾引到手。皇后生日,傅氏进宫祝贺,弘历便趁机和傅氏调情,傅氏也是个知趣人,在弘历的威逼利诱下,留宿宫中,和弘历倒凤颠鸾,做成一堆。夫妻之情,君臣之义都不见了,性欲成了第一需要。两人这样偷情延续了两年。只可惜对弘历忠心耿耿并屡立大功的傅恒,妻子成了皇帝情妇还蒙在鼓里。傅恒有四个儿子,其中三个都娶了公主,只有最受弘历宠眷的第三子福康安没娶公主,因为这个福康安就是弘历和傅氏的私生子。傅恒去世时,弘历写的悼亡诗中有"平生忠勇家声继,汝子吾儿定教培"之句,"汝子吾儿",耐人寻味。

皇帝虽个个好色,但顾及皇帝的尊严,嫖娼的并不多。北宋亡国之君宋徽宗赵佶是其中有名的一个,他和汴京名妓李师师的故事脍炙人口。弘历效法赵佶,走出紫禁城,寻欢作乐,眠花卧柳。当时京城有一名妓何三姑。声价甚高,接待的嫖客都是贵人,甚至皇宫也有人来往。何三姑手眼通天,竟使那些想钻营门路的达官显宦把她的门坎都踏断了。一般的京官,她是不屑一顾的。有一亲王的公子,花了许多金银,结果连何三姑的芳容都没见着。这惹恼了九门提督,下令在一日之内把何三姑等妓女全部逐出京城,违抗者,逮捕治罪。妓女们纷纷逃出京城,只有何三姑若无其事。提督大怒,亲自带领亲兵来捉拿何三姑。亲兵破门而入,听见何三姑在房内和嫖客调笑,提督令亲兵入房搜查。何三姑闻声穿衣起身,隔着窗子发声问道:"什么事这样吵闹?惊吓了贵人,哪个担当得起?"提督听了更加生气,正欲命人打进去,又听何三姑说:"给你一个凭信,拿去看看,你自己应当懂得轻重。这样鲁莽,将来后悔都来不及了。"只见房里走出一个小丫鬟,把一张纸条递给提督。提督一看,吓了一跳。条子上写着:"你可回去,明天我自有旨给你。钦此。"下面盖着皇帝的宝印。提督赶忙带领亲兵悄悄地退出去,同时派大批亲兵,暗暗在何三姑房子周围保护。

弘历巡游,猎艳也是目的之一。弘历乘船过扬州时,在运河两岸之支港河叉、桥头村口,设卡封锁,禁民舟出入。令男子都从村内退出,但不禁民妇。扬州妇女,素有艳名,龙舟过处,村女民妇,跪伏瞻仰,吴侬轻语,花柳娇态,别有一派风光。一次途经德州时,弘历竟召娼妓数十人,登舟侍宴。这时的皇帝和一般嫖客没什么两样,先是听曲,后是看舞,最后是留宿。要说不同,就是普通嫖

客绝没有一人独嫖名妓数十人这样的
"豪"举。

### 巡游无度

弘历喜欢巡游，山庄之旷逸，江南之
秀美，对于久居宫廷之弘历来说，吸引力
是无限的，因此，车驾时出，记不胜记。
据统计主要的巡游有：西巡五台五次；告
祭曲阜孔庙五次；东巡谒三陵四次；巡游
中州及京城附近：至嵩山开封一次，正定
一次，天津两次；南巡江浙六次。至于秋
天封木兰狩猎，夏天到山庄避暑，则自乾
隆六年(1741年)，开始，隔一年去一次，
而从乾隆十六年以后，以每年夏秋都要
到热河避暑狩猎。

避暑山庄初建于康熙四十二年
(1703年)，完工于乾隆五十七年(1792
年)，大部分建筑完成于乾隆朝，庄外的
八大庙如小布达拉宫、殊象寺、须弥福寿
寺、安达庙(伊犁庙)、普宁寺和普乐寺等
皆建于乾隆时，是弘历为显示武功，接见
少数民族贵族而仿照国内名寺所建的，
耗费了大量的钱财，仅须弥福寿寺和普
陀宗乘之庙的鎏金铜瓦就用去黄金三万
两，但也留下了空前绝后的建筑艺术遗
址。避暑山庄宫墙10公里，背山面湖，
山峦起伏，草木葱郁，宫殿亭榭掩映，湖
沼洲岛错落，风光旖旎，气候凉爽，是避
暑胜地。弘历有一次对大臣奔察说："这
里气候非常清凉温和，比京城好多了，真
不愧叫避暑山庄。"奔察回答说："这是庄
内，庄外城市狭隘，房屋低小，户户衔接，
人民蜗居其中，热得很。所以有民谣说：
'皇帝之庄真避暑，百姓仍是在热河。'"
弘历大怒，差一点要了奔察的脑袋。木
兰在承德府北四百里，林木葱郁，水草茂
盛，野兽出没其中，是狩猎的理想地。弘
历每年都要带一大批人到木兰狩猎，至
山庄避暑，并常在山庄接见或宴请少数
民族王公贵族或外国使臣，美其名为"习
武功于边境，盛王会于远来的藩臣"。弘

历行围避暑，游乐无度，但承德离京城不
远，而所用之物品，也大多数是宫廷内的
东西，对人民还没造成什么大的危害，而
因游乐耗尽民财，败坏风俗，影响达数省
的，则当首推六度之南巡了。

弘历自己写了《南巡记》一文，记南
巡之事，说他南巡的最大的目的是督促
河臣修治河堤。这完全是假话，康熙南
巡，确实为了治黄河，而弘历南巡，则是
另一回事。乾隆朝，黄河缺口达20余
次，弘历没有一次亲临其地视察。督促
河臣修沿河堤，从何说起？弘历至苏杭
观海潮，用数千万库银改筑浙江海宁石
塘，对于人民毫无好处，不过是便于自己
观海潮而已。

弘历南巡之奢靡，达到了惊人的程
度。十六年(1751年)弘历初次南巡就下
诏禁止铺张奢靡，但实际上却奢靡之风
有增无减，愈刮愈猛。弘历每次南巡，动
用巨舟达千余艘，浩浩荡荡，沿河南下，
沿途都有戏台、彩棚、龙舟、彩船点缀，弘
历和后妃等乘坐的御舟的纤夫就有三千
六百人，分成六班，轮流拉纤，还有马匹
六千匹，骡马车四百辆，骆驼六百匹，征
脚夫役近万人，搬运帐篷、衣物、器具。
自北京至杭州，往返近六千里，途中建行
宫三十六处；每隔二三十里设尖堂。沿
途街道都铺上锦毡，露天也要蒙以绸帐，
地方官要进献山珍海味，土产方物，还要
从全国运来所需食品，连所饮之水都是
从北京、济南、镇江等地运来的著名泉
水。沿途购置备用的木炭堆积如山，顷
刻间就使用一空。为供纤夫小便用，沿
河塘放置大盆，口加木盖。每县都安放
上万个，御舟一过，没有完好的。行宫的
陈设更是极尽奢侈之能事。以致痰盂都
是用缕银丝造的。康熙时，每处所费，只
有一二万金，乾隆时，每处行宫的供设，
二三十万金都挡不住。后来八国联军攻
陷北京，慈禧太后西逃至太原，见保存完

好的弘历巡游五台置办的供应物后，也发出感叹："宫中都没有这样好的东西。"巡游除劳民伤财外，还助长了奢侈之风，地方的官吏富绅，为讨弘历的欢心，无不挥金如土，竞相奢靡，务求一切供应设置都尽是精品。为了供弘历小金山一日游，就大兴土木，凿湖叠土，岩山嵌空，楼台曲折，园林栉比。有一些大臣，对如此挥霍，也十分不满。顾栋高年纪大了，弘历叫他回家养老，说："如果我去江南巡游，还可见到你。"顾栋高马上回答说："皇上还要南巡吗？"尹今一视学江苏回京，上奏弘历道："皇上两次南巡，民间大受其害，怨声载道。"弘历十分生气，质问道："你说民间大受其害，你说清楚，哪几个人受害了？你说怨声载道，你说清楚，什么人发怨言了？"真是强词夺理！其实，弘历自己也深知巡游的害处，不过为了一己欲望的满足，对于皇帝来说，劳民伤财又何妨？弘历退位后，才有点儿反省，对人说："我统治天下六十年，没什么失德之事，只有六次南巡，劳民伤财，实在是在作无益，损害有益。"

中国人历来重视寿宴，弘历更是把祝寿活动办得无比奢靡。十六年（1751）十一月二十五日，皇太后六十寿辰，中外臣僚，群集京城，举行大庆，自西华门至西直门之高梁桥，十余里中，张灯结彩，两旁遍设戏台。有人这样描写当时的盛况："锦绣河山，金银宫阙，剪彩为花，铺锦为瓦，九华之灯，七宝之座，丹碧相映，不可名状，每数一步，间一戏台，南腔北调，备四方之乐。……游者如入蓬莱仙岛，在琼楼玉宫中听霓裳曲，观羽衣舞也。"寿礼有以色绢做的山峦，有以锡铂做的波涛，有的蟠桃竟有几间房屋那样大。广东献的翡翠亭，长二三丈，全用孔雀尾做屋瓦。浙江用镜子做台榭，大的镜子直径达二丈，嵌在藻井口，墙是用几万面小镜子砌成的，人进入台榭中，一身

映出百亿个像来。其他各省的礼品，也都竞奇斗巧，无一不是工巧精致的旷世稀珍，皇太后都感到太浪费了。二十六年（1761年）皇太后七十寿辰，祝寿的规模仍然如此。弘历晚年，还举行过两次"千叟宴"。五十年（1785年）弘历70大寿，下令召六十岁以上者3000人，赐宴乾德宫，并准子孙扶持他们来入宴，实际上入宴者共3900余人。六十年（1795年），弘历80大寿，又举行了一次千叟宴，规模更大，入宴者达5900余人。弘历两次千叟大宴，估计每次所花银两不下几百万两乃至上千万两。所耗费财力、人力、物力之巨，使乾隆以后，再也没有哪个皇帝能召开类似的宴会了。

## 《四库全书》

弘历在文化上的最大功绩是组织编纂《四库全书》。乾隆三十七年（1772年），安徽学政朱筠奏请从《永乐大典》中辑录古代亡佚典籍。弘历认为四库书目，以经、史、子、集为纲领，衰辑分储，是古今不变之法，下旨设置四库全书馆，集中力量以十年时间，编纂《四库全书》。三十八年（1773年）《四库全书》馆成立，编纂工作也正式开始。弘历任命了宗室郡王永瑢、大学士刘统勋、于敏中等16人为总裁，任命尚侍等官为副总阅官。实际校纂的是总纂官纪昀、陆锡熊、总校官陆费墀，其中出力最多的是纪昀。参加《四库全书》馆工作的，有六十名官吏和知识分子，集中了当代的大批名流学者。如总目协勘任大椿、李潢、程晋芒、《永乐大典》校勘戴震、邵晋涵、周永年、各省遗书校办姚鼐、朱筠、翁方纲、黄瀐、考证王太岳，天算纂修陈际新，缮书处分校金榜、洪梧、曾燠、吴锡麒、赵怀玉，分校纂隶王念孙等，另有抄写人员3826人。乾隆五十二年（1787年），《四库全书》缮写完毕，历时十五年。以后又反复检查书籍内容，校对错误缺漏，并补充一

批书籍,直至乾隆五十八年(1793年)编纂工作才完全结束。《四库全书》共缮写了七部,另有副本一部,分藏于北京宫中文涵阁、圆明园文源阁、沈阳文溯阁、承德避暑山庄文津阁、扬州文汇阁、镇江文宗阁、杭州文澜阁,副本藏于北京翰林院。文涵、文源、文津、文溯称为"内廷四阁",又称"北四阁",大臣经批准可以查阅。文汇、文宗、文澜称"江浙三阁",又称"南三阁",弘历南巡时谕令读书人可以前往查阅,但不能私自携出阁外。可惜圆明园文源阁本毁于英法联军之役,翰林院副本毁于八国联军之役,扬州文汇阁和镇江文宗阁藏本毁于太平天国战火。只有原藏避暑山庄文津阁本最完整,现藏北京图书馆。《四库全书》分应钞、应刻及存目三项,应刻的部分,由武英殿以木版活字排印,刻印精美,称聚珍版,使许多书籍得以刊布流传。

《四库全书》是我国历史上最大的一部丛书,它把我国历代的重要著作,分编于经、史、子、集四部四十四类之下,共收图书3457种,74070卷,包罗宏大,丰富浩瀚,为我国古代思想文化之总汇,使古代许多有价值的典籍得以保存和流传下来。

《四库全书》著录的书,除小部分御制作品和奉旨撰述的官文外,都是历代典籍,其来源主要有:清廷内府藏书,《永乐大典》辑出的已散佚的古籍,各省奉命采进的书籍和各地官员、藏书家私人进献的书籍。在编纂过程中,纪昀等著作《四库全书总目录提要》,共二百卷,对著录的3457种书籍以及未著录而存其目的6766种书籍都作了介绍和评论,简要地叙述每部书籍的内容、作者生平,评论其优劣得失,探讨其学术渊源和版本异同,是一部重要的目录学著作。弘历对《四库全书》的编纂,自始至终都极其关心重视,经常向四库全书馆臣赏赐食品、

文房四宝、衣物等,对编书过程中出现的差错,也常常进行处分,书成之后,大宴群臣庆功。

弘历编纂《四库全书》的目的,他自己说是崇儒重道的需要,要以文载道,而不仅仅是为博取重文的名声,是要像张载所说的那样,为天地立心,为生民立命,为往圣继绝道,为万世开太平。话说得非常冠冕堂皇。其实弘历的目的只有两个,一是借编纂《四库全书》显示自己重视中国古籍,笼络读书人;二是搜集销毁"悖逆"和"违碍"的书籍。二者皆是出于实行文化专制的需要。修书和焚书是弘历给予四库馆的两项看似矛盾实为一体的任务。四库馆有查办违碍书籍条款九则。弘历要在编纂《四库全书》的同时,对全国书籍作一次全面的大规模的检查,销毁那些被认为不利于其统治的书籍。四库馆开馆征求天下遗书的第二年,即乾隆三十九年(1774年),弘历在上谕中提出:"明季末造,野史甚多,其间毁誉任意,传闻异词,必有诋触本朝之语。正当及此一番查办,尽行销毁,杜遏邪言,以正人心而厚风俗,断不宜置之不办。"以后在各地"刊刷誊黄,遍巾晓谕",劝令藏书之家呈交"违碍"书籍。官府派人四处查访,对各类书籍进行甄别,将查交的禁书送往北京。四库馆则从采进的书籍中查寻禁书。禁书都送交军机处,再由翰林院详细审查,并将"悖谬"之处写成黄签,贴在书眉上,经弘历亲自过目批准后,在武英殿前投炉烧毁。

所谓"悖逆"和"违碍"的禁书,开始只是指明末清初的一些包含不利清代的文字的史书和诗文集,弘历对清人人关前的历史讳莫如深,有提及清人曾向明称臣、受明册封,甚至"建州卫"和"女真"的书,都要烧毁,以后查禁书籍的范围越来越大。从明代上溯到宋、元。凡宋人著作中言及辽、金,元、明人著作中言及

元，其"议论偏谬尤甚者"也在查禁之列。明末清初的黄道周、张煌言、袁继成、钱隶乐、顾炎武、黄宗羲、孙夏峰诸人的著作均触犯例禁。后来稍稍放宽，有些人的著作，只要"改易违碍字句"就可以不用销毁。但也因人而异。有因书而恶人，也有因人而毁书的。乾隆四十一年（1776 年），弘历上谕有"其人实不足齿，其书岂可复存"之语，因人废言；对钱谦益、吕留良、屈大均、金堡及戴名世、王锡侯、尹嘉俭等人的作品查禁得特别严厉。不仅焚书，还要焚版。《四库全书》完成后，仍进行多次抽查，五十二年（1787 年），纪昀把从《四库全书》中最后清查出来的应撤出销毁和语言可疑的书及所开列清单一起进呈弘历。清查之严格挑剔，到了可笑的地步，如朱彝尊《爆书序集》中《谭贞良墓表》一文有"百折不回，卒保其发肤首领，从君父于地下"。这样被认为有语病的文字，也予抽毁。经过这样大规模的反复查禁，弘历共销毁了书籍三千余种，六万卷以上，种数几乎和四库所收的书一样多，这是中国文化无法挽回的重大损失。

### 宠信和珅

弘历即位初期，为纠正雍正过于严刻之弊，政崇宽大，但对贪官污吏决不轻纵。不过贪赃枉法是封建官场不可能治愈的痼疾，弘历虽严惩贪官却没有使吏风好转，晚年吏治更加腐化，贪污公行，整个统治机器都呈现没落的景象。

弘历曾严厉惩办了一批贪污巨款的不法官僚，其中包括诸如总督、巡抚、布政使、按察使这样的大官都被处以极刑。例如，乾隆二十二年（1757 年），云贵总督恒文和云南巡抚郭一裕，为讨好弘历，商量制造金炉进贡，在采买黄金时，压低金价，中饱私己。事情败露，弘历斥责恒文"以进献为名，私饱己囊"，赐恒文自尽，判郭一裕充军。同年，山东巡抚蒋洲，在山西藩司任内，亏空库款二万多金，勒令下属纳银弥补，被告发，蒋供认不讳，被正法；监司杨龙文，因曲意逢迎，也被正法；知府七赉，朋比为奸，皆革职。弘历感叹："山西一省，吏治之坏，至于此极，朕将何以用人？何以信人？"乾隆三十三年（1768 年），发生两淮盐行案。两淮盐政自乾隆十一年（1746 年）便以筹措乾隆南巡费用为名，私自规定每一盐行交银三两，经查明，二十多年来，所提盐行银达 1090 万两，都未上缴，大部分被两淮盐政所侵吞。先后任两淮盐政的高恒、普禄和盐运使均伏法。乾隆四十六年（1781 年）浙江巡抚王亶望因在甘肃藩司任内，贪污捐纳监生所交的赈灾款项，被处决。陕甘总督勒尔锦亦被勒令自尽。牵连此案的，自道府以至各州县，大小凡 60 余人，弘历令将贪污银款二万两以上者斩决。此案被杀者不下三十余人。弘历谕旨称其为"从来未有之奇贪异事"。其实，这样的"奇贪异事"层出不穷。闽浙总督陈祖辉竟在查抄王亶望家产时，以银换金，隐藏珠玉，还抽换朝珠，将赃物窃为己有，事情败露后，又查出闽、浙两省钱粮亏空很多，弘历斥责陈祖辉为一"盗臣"赐其自尽。乾隆四十七年（1782 年），又有山东巡抚国泰、布政使于易简贪污案。国泰等贪黩营私，向下属勒索钱财，以致山东各仓库亏空，被赐令自尽。因贪污被处死的地方大员还有江西巡抚郝硕、闽浙总督伍拉纳、福建巡抚浦霖、浙江巡抚福崧。

乾隆后期，诛戮了一批包括总督、巡抚等大官僚在内的贪官污吏，官场的贪风并未因此而收敛，其根本原因当然是封建制度本身的问题。但弘历长期宠用最大的贪官和珅也是原因之一。乾隆后期，和珅任职最长、权力最大、贪名最著。和珅是满清正红旗人，姓钮祜禄氏，少年家贫，以官学生身份被选为銮仪卫的校卫。因机灵善辩,仪表俊美,声音清亮、悦耳,受弘历宠爱,不断加官进爵,先是被任命总管仪仗,接着升为侍卫,很快又升为副都统,再升为侍郎,在军机大臣上学习行走,专宠用事,不久又升为尚书,授大学士(相当于宰相),赏戴双眼花翎,关怀备至,宠幸有加。乾隆四十三年(1778年)以后,享用益专,其子丰绅殷德和公主定婚,势焰更炽。弘历晚年,对和珅的倚重和信任无与伦比,和珅权势之盛,虽康熙时的鳌拜,也不足与之抗衡。达官贵人都争先恐后奔走其门。鬻爵卖官,招权纳贿。每当和珅去公署时,京官都站立在道路两旁,唯恐落后,当时人称这为"补子胡同"。有人写了首诗讽刺这种奇景:"绣衣成巷接公衙,曲曲弯弯路不差。莫笑此间街道窄,有门能达相公家。"

和珅天性贪婪,任军机大臣二十四年,以聚敛财物为唯一目的。他贪得无厌,征求财富,急不可待。那些任督抚司道的地方大员,害怕受他倾轧陷害,不得不用车运载金银珠宝上门行贿。弘历对于贪官的惩处,不能说不严,国泰、王亶望、陈辉祖等都是和珅的人,贪污罪状败露,和珅也无力解救,相继伏法。但杀的贪官愈多,贪风愈烈。因为贪官害怕陷于法网,便千方百计搜刮,然后贿赂和珅,以求自保。和珅常指使各路统领、将帅私报战功,以邀奖赏,然后以此为由,向他们勒索重贿,致使他们克扣军饷。各省奏折,必须写一个副本,先交到军机处,实际是先给他过目,对这些奏折,和任意挑剔,或随意搁置以至积压数月,不让弘历知道。各省不得不投其所好,搜罗奇珍异宝,密送其府。科举取士,也成了他敛财的一条途径,他可以任意增减录取名额,也可任意颠倒录取名次。和珅受弘历宠眷,经常出入宫禁,看到自己喜欢的东西,就私自拿走,从不向弘历奏

明。四方进贡之物,最好的都被和珅占为己有,差一点的才送进宫去。宫中陈设有一个碧玉盘,直径有一尺,弘历非常喜欢,一天被弘历的第七个儿子打碎了,这个七阿哥非常害怕,便找和珅商量,和珅拿出一盘,色彩光泽大小都在那个被打碎的玉盘之上。甚至和珅的家人差役,也依仗和珅权势,到处招摇,横行无忌。和珅的专权和贪婪,臭名远扬,连当时来中国的外国使者都知道。如朝鲜来华使臣郑东观回国后的报告中说:"阁老和珅用事将二十年,威福由己,贪赇日甚,内而公卿,外而藩阃,皆出其门。纳赂诌附者,多得清要,中立不倚者,如非抵罪,亦必潦倒。上自五分,下至舆儓僮,莫不侧目唾骂。"英国马戛尔尼使团来华后也有如下记载:"这位中堂大人(指和珅)统率百僚,管理庶政,许多中国人私下称之为二皇帝。"和珅的贪婪和权势由此可知达到何种程度。弘历严惩贪官,独不惩和珅,因而"诛极愈重而贪风愈甚""明为惩贪,其实纵贪"。弘历一死,嘉庆帝颙琰立即宣布和珅二十大罪,将他逮捕,并查抄了他的全部财产,不久就责令他自尽。和珅的家产,"楠木房屋,僭侈逾制,仿照宁寿宫制度,园寓点缀与圆明园、蓬岛、琼台无异""蓟州坟茔,设享殿,置隧道,附近居民称之为'和陵'"。"还有田地八十万亩,当铺七十五座,银号四十二座,赤金五百八十万两,生沙金二百余万两,金元宝一千个,银元宝九百四十万两,其他如珍珠、白玉、珊瑚、玛瑙、钟表、宝石、绸缎、瓷器、古鼎、人参、貂皮等不计其数。"查抄的家产共有109号,其中已估价者仅26号,值银二亿二千多万两,尚有83号没有估价,以比例推算,和珅的家产不下八亿两白银。甲午、庚子两次赔款总额,和珅一人的家产就足够了。当时政府岁收入仅七千万两,和珅当了二十年的内阁大臣,其

积累起来的财产比国家二十年收入的一半还多，赃物之多，财产之富，令人不可思议！弘历极为反贪，却纵容和包庇了一个如此大的贪官，而且是弘历晚年贪风大盛的根子，不能不说是个莫大的讽刺。有史学家认为，和珅的专权和贪婪是清朝由盛转衰的最大原因，不无道理。

弘历并不是个无道之君，也不是个糊涂皇帝，为什么会如此倚重和信任，甚至纵容平和珅呢？此中原因，令人费解。弘历清楚地知道，和珅既无功也无德，并没有真的把他当成左右手。海兰察剿回返京，和珅向弘历告状，说海兰察收受皮张等物。弘历斥责他说："海兰察能杀贼，收皮张御寒，何必责难？像你这样的，不能杀贼，难道能拒收别人的礼品吗？内阁军机大臣阿桂去世，弘历在万寿山召见其他内阁军机大臣，对和珅说："阿桂任内阁大臣时间长，功劳大，你和他同列，事情还可以办。现在阿桂死了，只写上你这内阁大臣之名，外省不知情况，一定会认为事情由你做主，甚至可能称你为师相，你自问够格吗？"弘历说这些话，语态脸色都异常严厉。以后公文只写军机大臣，不写姓名。上述事例可见弘历对和珅无才无德、性格贪婪是了解的，但又为什么仍宠眷有加呢？有两种解释。一说是，和珅为人诙谐，虽位极人臣，却没有大臣风度，喜欢讲街市上的一些俗言俚语来取笑。例如，有一次在乾清宫演习礼仪，王公大臣中有不少长相俊美的，和珅便开玩笑说："今天好像是孙武教女子练兵。"又如，安南进贡一金座狮子。和珅见其底部是空的，便说："可惜是空的，要是实的，可以多得多少黄金。"和珅的贪婪粗俗，外国使臣都不禁发笑。弘历正是喜欢和珅的这种诙谐和粗俗，把他作为可在身边排忧取乐的戏子弄臣，而不是辅佐大臣。另一说是，弘历年轻时，曾深爱其父的一位妃子，这

位妃子因和弘历调情而被皇后处死，弘历一直把这位因自己而死的曾经使自己着迷的妃子放在心里。和珅模样非常像这位妃子，弘历便把对这位妃子的爱转移到和珅身上。这是一种常有的心理现象。不管是出于上述哪种原因，和珅得到弘历的怜惜优容，只不过是因为他是弘历的弄臣或情人的化身而已。和珅常常出入宫禁，不是男宠，怎会如此！

## 禅位嘉庆

弘历晚年，阶级矛盾日渐尖锐，人民起义不断。乾隆三十九年（1774年），山东王伦起义掀开了一系列武装起义的序幕。四十六年（1781年），甘肃循化（今属青海）苏四十三领导撒拉族人民起义；四十七年（1782年），田五领导回民起义；五十一年（1786年），台湾林爽文领导汉族、高山族农民起义；五十九年（1794年），湖南、贵州苗民起义。弘历就是在人民起义声中和吏治败坏的情况下迎来了他即位的第六十个年头。但他自己却说："六十年间，景运庞洪，版图式廓，十全纪绩，五代同堂，积庆骈蕃，实为吏册所罕觏。"在这里他完全无视人民的不满和反抗，也闭口不提吏治的败坏和他做的种种"无益害有益"的事。然而，也不能否认，六十年间，他的确颇有作为，这是和他的才能和勤政分不开的。他大权独揽，勤于政事；他有较高的文化素养，他热爱汉文化，并有一定的造诣；他懂得蒙文、藏文、维吾尔文等多种民族文字，召见各少数民族王公贵族可不用翻译；他对喇嘛教经典也有研究；他精于骑射，直到七十八岁时才不骑马射箭。如果撇开他对西洋科学知识的无知，可以说，他是个文武双全的人才。他自己认为，在位六十年，虽已85岁，仍精神康健，不至倦勤。但因他在即位时曾焚香告天：圣祖康熙在位61年，如果自己能在位60年，便传位嗣子，不敢达到祖父在位之数。这样，他

便在乾隆六十年（1795 年）九月在勤政殿召见王子、王孙和王公、大臣，下诏宣布册立皇十五子嘉庆王颙琰为皇太子，以次年为嘉庆元年，传位太子。次日，太子及文武大臣奏请等弘历归天之后，太子再接位。弘历回答自己曾焚香告天，不能更改。但归政后，军国大事，当然不能置之不问，仍要亲自指教。嘉庆元年（1796 年）正月六日，举行授受大典，弘历御太和殿。琰跪着从弘历手上接过宝玺，即位为嘉庆皇帝，弘历退位为太上皇。这时颙琰已经三十七岁了。弘历的权力欲望并没因退居太上皇而消失，仍紧紧抓住军国大事和用人行政大权，并不时御殿受朝，或以主人身份赐宴群臣，颙琰只是徒有皇上的虚名，实际上只是个陪侍的角色。颙琰还常常要去乾清门听弘历教导。每月初一和十五还要去朝拜太上皇。颙琰还要"朝夕敬聆训谕"。中国历史上有好几个皇帝晚年成了太上皇，但像弘历这样自愿退位又拥有不下于皇上的权力的，却是唯一的一个。弘历当了三年太上皇，嘉庆四年（1799 年）正月初三，卒于养心殿，终年 89 岁，谥曰纯皇帝，庙号高宗，葬于河北马兰峪裕陵，有子 17 人、女 10 人。

# 将相野史

## 李永芳

明辽东抚顺所游击李永芳，在清官场中开了一个先河：第一个降清。努尔哈赤对他也委以重用。李永芳的举动，是"贤士择主而侍"呢？还是秦桧式的人物呢？结论不忙早定，且看他的生平事迹——

抚顺所在今抚顺市北郊，是通建州女真的前沿阵地，受辽东都指挥使司管辖。李永芳被明朝任命为抚顺所守将，官职游击的时间不详，但其任职以来，就和努尔哈赤有往来，努尔哈赤到京师（北京）朝贡都必须在抚顺关通关验放。

明万历四十一年（1613 年）正月，努尔哈赤吞并乌拉部、海西女真四部只剩下叶赫部。努尔哈赤向叶赫部追讨乌拉部贝勒布占泰，九月进兵叶赫，连下叶赫部属下的十九个城寨。叶赫急忙向明朝求援。明朝原来依靠哈达部控制女真各部。哈达被努尔哈赤灭亡后，就采取支持叶赫部同努尔哈赤的建州女真抗衡。此次接到叶赫告急求援，便一面派游击马时楠、周大岐各率五百名炮手帮助叶赫部分守东西两叶赫城（吉林梨叶赫乡）；一面派使臣到建州女真诚谕努尔哈赤不准再进攻叶赫。努尔哈赤此时还不敢反抗明朝，就修了一封回书，申诉出兵叶赫的缘由，表明绝不侵犯明朝的意图："吾与大国，有何故，乃侵犯乎？"并且亲自到抚顺所呈递这封书信。九月二十六日努尔哈赤到抚顺所，李永芳出城三里开外，迎接努尔哈赤，这在当时辽东明将中是罕有的。明将对女真各部首领多倨傲，有来见者，多端坐堂上，令少数民族首领参见。而此番李永芳和努尔哈赤面见时，各自骑在马上拱揖见礼。李永芳接受来书，努尔哈赤自叶赫部撤兵。

明万历四十四年，努尔哈赤在赫图阿拉建立了后金政权即汗位。后金天命三年（明万历四十六年，1618 年），努尔哈赤以"七大恨"告天，开始了对明朝的辽东战争。他选中抚顺作为他发动对明朝战争的第一个军事目标。因为抚顺是距离后金最近的一个明朝城堡，它既是建州女真通明的门户、军事重镇，又是明朝与女真互市的重要场所。努尔哈赤青年时期就曾多次到这里贸易,对这里的山川、道里、城垣都了如指掌。

为了打响对明朝战争的第一炮,努尔哈赤作了充分准备。他命令军丁砍伐树木,缮治云梯、楯车;他训练士兵如何攻城,掌握攻城技术;他还一反过去申明军纪。就在这年四月八日,努尔哈赤召开了军事会议,讨论进攻抚顺城的具体计划。第四子皇太极认为:李永芳宣布要在四月十五日大开马市,边备必然松弛,我们应该以精兵伪装成商人,混进城中,然后里外夹攻,则大事必成,努尔哈赤与众贝勒都同意皇太极的意见。会上又进行了具体的分工和部署。首先,努尔哈赤派人立即赴广宁府(今辽宁兴城),探听明统师部的意向和备战情况;其次,他派人鼓动蒙古的宰赛等二十四营到抚顺讨赏以分散李永芳的注意力;最后,他令总兵官麻承塔,挑选精兵千人进行训练和做好伪装商人的准备。

开始李永芳还想抵抗,他一面与后金使节周旋,一面令人准备守城器械。但是后金兵攻势甚猛,不久即攀梯登城,守城明兵与登城的后金兵展开激战。登城的后金兵越来越多,守城的千总王命印等均力战身亡。李永芳见大势已去,只好派人向努尔哈赤请降。努尔哈赤下令暂停攻城。李永芳命人打开城门,自己乘马率部将出城投降。镶黄旗管旗大臣阿敦领李永芳来见努尔哈赤,没有让李永芳下马,双方只是在马上举手致礼,便由李永芳导后金兵进入抚顺城。

努尔哈赤对第一个来降的明将非常重视,企图以他为样板瓦解明军。为此,他给李永芳以优厚的待遇。李永芳在明朝只是一个游击,努尔哈赤则任命他为三等副将,较之游击要高出两三阶。还把自己的孙女即阿巴泰的女儿许配给他为妻,称他为抚西额驸(女真人多称抚顺为抚西)。命他继续管辖抚顺城投降到后金的军民。努尔哈赤还郑重地叮嘱他的子侄和诸大臣:"当尽心供养该抚顺城游击,以使其生活有趣。"

当年七月,李永芳随努尔哈赤出兵取明清河(今辽宁本溪清河城),明参将邹储贤坚守不出。李永芳便到城下喊话,尽恫吓和利诱之能事,可是邹储贤不为所动,痛斥其叛国降敌的无耻。邹储贤最后英勇战死。

第二年,努尔哈赤在萨尔浒(今辽宁抚顺东)取得决战胜利后,进取开原和铁岭,李永芳则随军专门从事收降工作,收降明军一万余人。

李永芳投降努尔哈赤后,主要任务是统治汉民,统率编入八旗的汉军,向明朝派遣奸细,刺探军情、招降纳叛。

努尔哈赤在攻占辽沈地区后论功行赏,擢李永芳为三等总兵官。

李永芳在统治辽东一地时,巧用汉制,休养生息,为后金立下一桩功劳。

天命六年三月,努尔哈赤攻下沈阳、辽阳,辽河以东七十多个大小城堡先后投降后金,这在后金发展的历史上,具有划时代的意义。在这以前,努尔哈赤无论是吞并女真各部,还是攻下抚顺、清河、开原、铁岭等城,都是将降人编入旗下,俘虏分给女真户为奴,带回其老营,将城拆毁。攻占辽沈以后,则一改这种做法,而是从其老营将女真人皆迁徙来辽东地区,安插在广大的汉族村庄,同住同吃,生活在广大汉民之间。民族矛盾尖锐而又复杂,对新占领区的广大汉族人民如何统治,需要制定新的政策,更需要通晓汉语熟悉汉族的人员,这一点是女真官员很难在短期间办到的。所以努尔哈赤对广大汉族的统治主要依靠三个人:一个是西屋里额驸佟养性,此人原是女真人后归化明朝为汉人,商人出身;另一人是刘兴祚,也是明朝降过来的将领,努尔哈赤很重视他,表示"喜爱他",为他起个名字谐音称刘爱塔，但此人汉民族意识比较强，对努尔哈赤的民族高压政策不满，并不实心实意给努尔哈赤办事，后来又反后金投回明朝；只有李永芳是投降最早、明朝官员出身，又死心塌地为努尔哈赤效力的。努尔哈赤在这三人之上还派一名女真都堂阿敦来监督。

首先是将投降的辽东大批汉官，置诸于李永芳和佟养性的监督、管理之下，凡是汉官举贤检恶，均须先同李、佟二人商量以后，才可以具奏举贤或弹劾恶贪。李永芳和佟养性的下面设八名游南（汉官），分别管理分到八旗下的汉户。

李永芳和佟养性两人则在阿敦的监督下管理全部汉民；后金政府凡是对汉民发布的命令均用阿敦、李永芳和佟养性的名义下达。并且由阿敦和李永芳到辽东沿边各地置官教民，设台放哨。

努尔哈赤还命令李永芳和阿敦组织投降的汉官将明朝政府的各种典章规定，缮写明白，供努尔哈赤参酌，"去其不适，取其相宜"。

努尔哈赤还让李永芳组织投降过来的汉官，将辽东各地的兵力数额、城堡分布、户品数额以及各种工匠苦干具册奏报。

从上述的李永芳所承担的工作可以知道，李永芳在努尔哈赤统治辽东汉民地区的重要地位。

努尔哈赤在天命六年三月占据辽东地区，到第二年正月进兵辽西。这十个月间在辽东推行民族高压政策。首先是强迫汉民剃发易服，用是否剃发易服来区分是降顺还是抗拒。其次是将原居住在东边墙以东山地中的女真户迁入广大的汉民居住地区，北起开原、铁岭，西抵辽河沿岸，南尽金州、复州、海城、盖州四卫，按八旗驻防屯住，将汉户分到旗下，女真人迁来后，同汉户同吃同住，实际上是由汉户供养。最后是圈占东宁（今辽

阳）等五卫和辽南金州等四卫土地，重新计丁分配，将汉人土地剥夺分给女真户。李永芳是执行这些逆社会历史发展方向诸措施的急先锋。例如，后金军队南下鞍山东边遇到矿工的顽强反抗，凭险坚守拒不肯降，李永芳便前来围剿，"杀戮甚惨"。镇江（今辽宁丹东东北）汉人拒绝剃发，起义杀死派来的官员，李永芳前来镇压，杀死者无数，俘虏千余男丁带回辽阳，努尔哈赤将这些俘虏分给各级将为奴。在分赏时，竟让李永芳监督分配，以示对其信任。而李永芳对监赏则视为自己的无上光荣。

天命六年七月，努尔哈赤从赫图阿拉等地向辽东迁徙女真户的同时，下令"计丁授田"。李永芳则奉令安置，查勘土地，清查汉户粮食，为军队征集粮草。并在辽东沿边各地村庄，追查逃人，将所收之闲散逃亡者，送往辽阳。

努尔哈赤还差遣李永芳和佟养性以银四五两强行收购黄金一两。

由于这些措施，造成原本农业定居的辽东汉民社会极度的不安和动荡，向辽西逃亡，向朝鲜半岛逃亡，越海向山东半岛逃亡，隐藏粮食衣物，进而用各种方式对女真人反击自卫，投毒、截杀到处发生。李永芳、佟养性等人受努尔哈赤令到处镇压，而反抗起义者此伏彼起，使之疲于奔命。特别是镇江起义被血腥镇压以后，辽东沿海各地逃亡、暴动烽起，努尔哈赤在辽南的兵力又相对单薄，统治辽南的降官刘爱塔对后金民族高压政策不满，对女真人抢劫汉人、虐待汉人事件，时有检举，要求努尔哈赤秉公严处，这又正是努尔哈赤不肯做的事情。这一切促使努尔哈赤采取更加逆历史而动的错误政策，将辽南汉户迁往后方辽东，"计丁授田"造成的社会动荡仍在发展，而刚获授田的汉户又不得不成批地离井背乡在朔风凛冽的严冬中扶老携幼北

移。途中到处可见因冻饿而倒毙的尸体,在这次大迁徙中,以李永芳为首的汉官率领兵士配合女真官员,逐村逐屯、挨家挨户将大批汉民驱赶上这条生死未卜的迁徙途上,侥幸到达开原和萨尔浒等地又食住没有着落,努尔哈赤只有一面宣布忍耐一冬,来年便可改变这种艰辛情况,一面严令李永芳等在押送汉户北迁途中,沿途征粮。于是更激起整个辽东社会的骚动和不安。

明丢失辽东地区以后,退守广宁(今辽宁北镇),旨在保住辽九卫以拱卫京师,决心起用熊廷弼,但又先派王化贞为都察院右佥都御史巡抚广宁。王化贞表面上勇于任事,实际上刚愎狂傲,轻敌急功。到任不久就屡次派人同李永芳联系,许愿升官,劝说他反正归明。开始,李永芳先是回答容他再想想。事后李永芳把王化贞派人策反他归明一事向努尔哈赤奏报。遵照努尔哈赤的旨意,李永芳便假意同意归明,并且表示,自己暂时留间后金,"以辽阳为内应"。可是这次用"以内应"骗哄王化贞却起了很大作用。王化贞轻信李永芳几次派兵过辽河袭击河东后金军队都失利,可是仍不醒悟,加强城防工事,坐待后金内部变化。而后金努尔哈赤却在为进军河西,格取广宁作准备,派李永芳在进军路线旁征集粮草、安排驻兵营房,集中船只到辽河各渡口。李永芳还暗中联络王化贞的心腹部将、中军游击孙得功。

努尔哈赤取广宁后,又进攻义州(今辽宁义县),但他当时还不想占领辽西土地,便班师回辽东。为嘉奖李永芳在进军辽西攻取广宁的特殊功绩,特颁给敕书免死罪三次。

努尔哈赤由于无力守住辽西的土地,便采取尽将辽西的汉民迁来辽东,分插在辽东女真户和汉民之间。努尔哈赤对辽西汉民和对辽东汉民稍有不同。在

努尔哈赤看来,辽东汉民是他征服的俘虏,而辽西汉民则是"打鼓、吹唢呐"投降来的,所以要有所优待。迁徙是从天命七年二月开始的,由李永芳、佟养性、刘爱塔三人负责,他们各率本卫人员还有辽东地方官员、广东新降的官员到各指定的接受地点,勘查田地,备办房屋、粮食,然后再将辽西汉民带到指定地点。李永芳是负责往沈阳附近安置的。从努尔哈赤看这是优厚的对待,但辽西汉户背井离乡仍是苦不堪言。

同时,努尔哈赤又在辽东征集一万辆牛车,交给李永芳和佟养性押运在河西掠劫搜查来的粮食运往辽阳。粮食没有运完,努尔哈赤又下令停止运粮,命令李永芳将人夫和车,尽行押送辽阳。在辽阳城东五里太子河畔赶筑东京城,以供努尔哈赤及其家属居住。

广大汉族人民不堪压迫而不断逃亡和粮食奇缺,是后金统治辽东的最严重的问题。天命七年三月二十五日,努尔哈赤第一次发布缉捕逃人令,结果是越追捕逃跑的越多。这种极端反动的民族政策,强行实施直到他死去。李永芳是这一政策执行中的主要人物。

天命八年四月,李永芳被派到辽南各地缉捕逃人,李永芳对他的部下说:"尔要感念汗的收养之恩,诚心竭力清查逃人,对任何人不得留情面,不得贪财。如果违背我的话,不认真清查、勒索受贿,我将上报汗将尔等处死。"他先到金州(今辽宁金县),清查后留下三百人看管果树、煮盐、捕鱼、捕鸟,其余的人全部押解到复州(今辽宁复县)。随后,努尔哈赤命他赶快到清河去清查田地。他到清河后,因复州、盖州(今辽宁盖州市)不稳定,调他急弛复州驻守。五月初,他刚回到辽阳,便传来复州汉人叛变的消息。努尔哈赤派他即刻赶到复州镇压。李永芳刚从复州回来,知道这个传闻不可靠,

便劝谏努尔哈赤不要急于发兵，派兵镇压反而容易激成反叛。努尔哈赤久已忌恨降臣不忠，对李永芳也有怀疑和不满，早在天命七年正月就为李永芳"治田派丁"不得力，严加斥责，并说："尔等汉人已不可言矣!"天命八年二月二十三日，又因李永芳派人审讯欲逃之汉民，致使暴露追捕意图，而罚银十两。这次李永芳劝谏不必急于镇压，引起努尔哈赤的盛怒，下书严加斥责："尔等以为明帝长久、而我则为一时耳。辽东汉人屡欲谋反，彼等密谋之书不断往来，我每欲查抄之，因尔心向明，竟以欺瞒相谏，叛逃而往，尔心始快。一经发觉而诛之，则尔之心不适矣! ……然而今既养尔为婿，且蒙、汉、朝鲜皆已闻之，倘予治罪，恐他人耻笑与我，亦耻笑与尔，故不予与治罪，默然处之。然我心怨恨，乃示此由衷之言也。"稍后，因刘爱塔归明，大贝勒代善在逮捕刘爱塔族人之同时，也将李永芳之子捆绑。努尔哈赤认为李永芳及其儿子同刘爱塔之逃有无关系尚未询明，擅自先行捆绑，"实属妄为"。令解送辽阳，先行看守。同年七月四日革除李永芳的总兵官职，七月初七，查明无关，释放其子，并恢复了李永芳的总兵官职。此后，李永芳更加死心塌地，又更小心翼翼地为努尔哈赤效力。

天命九年七月，努尔哈赤不堪毛文龙驻守皮岛(朝鲜椴岛)的不断骚扰，派人致书毛文龙议和，同时带去李永芳的劝降信，信中称努尔哈赤对"在辽族属尽行优礼"。但毛文龙并没有接受。

天命十一年正月，努尔哈赤亲率后金军围攻袁崇焕坚守的宁远州城(今辽宁兴城)。李永芳率部攻打东门，他指挥士卒披重铠、推板车，冲到城下，奋力凿城，并派骑兵随后冲击，成为后金军中最卖命的一支，但还是被袁崇焕用炮击退。

努尔哈赤攻宁远失利，退兵后愤怨

了几个月，于天命十一年八月死去。其子皇太极继承汗位，第二年改元天聪。天聪元年(明天启七年，1627 年)正月，派遣大贝勒阿敏率兵三万东征朝鲜。李永芳参加了这次对朝鲜的战争。行前，皇太极对他们说："朝鲜累世得罪我国，理应声讨。然此行非专伐朝鲜，明毛文龙近彼海岛，纳我叛民，故整旅徂征，尔等两图之。"

正月十四日，后金大军渡过鸭绿江攻克了朝鲜边城义州，又分兵直捣铁山，接着又拿下了定州、安州、平壤，不到半个月的时间就攻占了大半个朝鲜，师至中和。朝鲜国王李倧遣使致书询问兴师之故，后金回书，罗列了朝鲜的所谓"七大罪状"。朝鲜回书加以解释，并提出了议和的要求。阿敏回书表示接受议和：如果朝鲜国王引咎自责，愿意修好，可派遣亲信大臣前来谢罪、议和、盟誓。随后，后金军又攻占了黄州。朝鲜国王李倧急忙遣使向后金表示愿意议和、结盟，并通告朝鲜议和大臣已经出发。

在这种情况下，阿敏想吞食前言，主张应乘胜前进，立即进攻朝鲜的都城，其理由是想看看朝鲜京城是什么样子。李永芳认为这样做不对，不是结邻之道，而且违背了皇太极"两图"之旨意，便对阿敏进行劝谏。他说："我们这次奉命到朝鲜，是兴仁义之师，既然我们已经答应可以议和，而朝鲜又派人报知愿意议和结盟，我们就应该等他们议和大臣来后再说。如果他们不答应我们提出的条件，我们再进攻他们的都城也还不晚。但是在他们议和大臣未到达之前，我们就进攻其京城，那我们就背弃了自己的诺言，这是不义之举。"诸贝勒也都同意李永芳的意见。这一下可触犯了阿敏的尊严。他辱骂李永芳："你不过是一个投降过来的蛮奴，你有什么资格在此多言? 难道你以为我就不敢杀你?!"此事对李永芳刺激很深，"自是终无一言"。

后金军进占平山时，朝鲜议和大臣恰好到达平山。诸贝勒纷纷劝阻阿敏进兵，主张应该议和。阿敏无奈，只好同意了大家的意见，派人前往江华岛与朝鲜议和，盟誓班师。

后金天聪三年（1629年），李永芳妻、公主死，皇太极与诸贝勒皆临奠并送葬。

天聪八年五月，皇太极因定都沈阳为"盛京"，颁定诸臣功次，李永芳因降后金最早，授予三等昂邦章京世职。不久，他就病死于盛京。

李永芳共有九子，汉军旗建制时均属汉军正蓝旗。乾隆四十年（1775年），其族改隶镶黄旗汉军。长子李洋阿曾任吏部承政，次子李率泰曾任大学士，三子刚阿泰曾任山西总兵官，四子库什哈曾任提督，五子巴颜因功进一等伯，六子呼图礼曾任提督，七子胡拜曾任提督，八子克腾额曾任副都统，九子克德曾任总兵官。

尽管李永芳的子孙在清朝都很显赫，但清高宗弘历敕修《贰臣传》，还是将他列入叛明降清的贰臣。这是清朝为长治久安需要臣下愚忠不二，原来开国时对叛来之人，誉为"识时务之俊杰"，已经不符合时代要求，所以才将李永芳之流列入贰臣，企图永远将他们钉在耻辱柱上，以警惕清朝臣子。

## 多尔衮

"滚滚长江东逝水，浪花淘尽英雄，是非成败转头空……"清初摄政王多尔衮功乎？罪乎？有待世人评说——

崇祯十六年（1643年）十二月，多尔衮称摄政王。由于多尔衮军功卓著，才智过人，所以很快掌握了实权。清顺治元年（1644年）正月，郑亲王济尔哈朗自知实力不敌、才能不逮，便甘居其次，宣布：今后有什么事都要先去请示睿亲王。从此，睿亲王多尔衮便掌握了清政权的最高决策权，开始了他的摄政生涯。

几个月之后，多尔衮率领八旗军队顺利进入山海关，招降吴三桂，于五月初二进入北京。十月，他拥立福临在北京举行隆重的登基仪式。

多尔衮在摄政期间除了率军入关、定鼎燕京之外，还采取了如下措施：

第一，平定天下。

顺治元年五月二十二日山海关一战，清吴联军大败李自成的农民军，并乘胜追击四十里。随后，多尔衮封吴三桂为平西王，交给他一万军队，命他继续追击农民军。五月二日多尔衮率少数人马入京，大军则由阿济格、多铎、吴三桂等率领，继续向西追击，李自成于四月三十日撤出北京，经河北向山西撤退。他曾在真定（今河北正定）进行抵抗，与吴三桂激战一天，但终难挽回败局。不久，农民军由固关（今河北井陉西）撤入山西。清军追至关下而返，退还燕京。至此，黄河以北、山西以东的大部分地区归入大清版图。五月十二日，阿济格、多铎、吴三桂回到燕京。李自成留刘永福镇守太原，自率大军退往西安。

多尔衮一面派兵镇压、招抚中原的小股义军及地主武装，一面于六月派固山额真叶臣进攻山西。清军从河北、河南进入晋南。十月叶臣打进固关，攻陷太原，占领了山西。

十月，福临下诏定鼎燕京。不久，多尔衮先后命令英亲王阿济格为靖远大将军，统兵攻打农民军；多铎为定国大将军，率军征江南。

李自成也在七月后组织了反攻。十月，大顺（李自成农民政权的国号）农民军两万人进攻河南，多尔衮得知后，忙派多铎先去进攻西安。多铎闻命后率军由山东经河南逼近潼关，顺治二年正月，多铎攻破潼关，李自成被迫弃西安向河南转移。从陕西进攻农民军的阿济格遇到了对方的顽强抵抗，二月中旬才进入西安，而此时多铎已率军东去。五月四日，李自成在率军转移途中不幸牺牲。

多铎于顺治二年二月离开西安，三月接到了多尔衮命他带兵南下的指示。他率兵出虎牢关，抵归德，兵分两路向前推进，一路指徐州，一路指亳州。不久，李成栋以徐州归降，并引清兵南下。四月十八日清军逼近扬州城下，此时弘光政权正打内战呢。二十五日，清军攻破扬州。五月，兵不血刃占领南京，弘光政权灭亡。六月又攻下苏州和杭州。

顺治二年闰六月，多尔衮命洪承畴为江南总督，坐镇江宁（今南京），同时又派大员前主招抚南方各省。由于清廷颁布剃发令，激起了江南、东南各阶层的一致反抗，隆武政权阳鲁王政权相继建立于福州和绍兴。在多尔衮看来，江阴、嘉定等地的抗清斗争由李成栋等降将便足以对付了，而鲁王政权、唐王政权必须劳师征讨。

顺治二年十一月，清军入湖南进攻李自成余部和隆武政权大将何腾蛟部。

在东南战事晴转多云之际，多尔衮并没有忘记四川还有张献忠。顺治三年正月，他命肃亲王豪格进四川。后来豪格打败了张献忠，张的养子孙可望、李定国等退守云南。

顺治三年二月，多尔衮命贝勒博洛平定浙、闽的鲁王和唐王政权。六月，清军渡过钱塘江，直取绍兴，鲁王政权垮台。七月清军攻入福建，郑芝龙迎降，唐王政权覆灭。不久，逃入江西的唐王朱聿键被清兵追上杀死。

顺治三年九月，多尔衮指挥大军分三路继续南进：东路由李成栋率领，进攻江西、广东；中路由孔有德、勒克德浑率领，攻打湖南；西路由豪格、吴三桂率领，继续平定四川。十一月五日，唐王朱聿键之弟朱聿𨮁在广州建立绍武政权，十

八日，桂王朱由榔在肇庆建立永历政权。这两个政权在建立之初便处于清军的夹攻之中。十二月十七日，李成栋攻占广州，杀死朱聿𨮁。桂王朱由榔见广东不能立足便逃往湖南，由于孔有德已经带兵南下，他又逃往广西。不久，孔有德等占领了湖广并进入广西。整个东南几乎全部被清军占领了。

可是好景不长，对于多尔衮来说，可怕的情况出现了，那便是金声桓、李成栋、姜瓖三员降将先后反清。金声桓原是左良玉部下，投降后帮助清廷平定了江西，后被授予副将之职。他对清廷给他的官职非常失望，遂于顺治五年二月起兵反叛。多尔衮派谭泰、何洛会率兵进讨。第二年正月，清军攻破南昌，金声桓败亡。在金起事之后，李成栋于顺治五年闰四月在广州发动叛乱，次年二月被清军打败。姜瓖之叛发生最晚但影响最大。姜原为明大同总兵，他先投降了李自成，后又投降了清廷。在民族矛盾十分尖锐的情况下，积疑成变。顺治五年十二月，姜瓖在大同起兵，山、陕随之响应。多尔衮调兵遣将，费了好大力气才将叛乱平定下去。

在降清三将反叛之际，大顺军配合南明军队进行了反攻，湖广、两广都落入了桂王政权的手中。

此后，形势再度发生变化，孔有德拿下湖南，最后平定了湖广。顺治六年五月，多尔衮改封孔有德为定南王、耿仲明为靖南王、尚可喜为平南王。顺治七年十一月，尚可喜攻破广州，十二月，孔有德攻陷桂林。湖广、两广大部分地区宣告平定。

入关以后，多尔衮在有生之年指挥大军平定了大江南北的大部分地区发生的叛乱，只有云贵、川南、福建沿海等地似处于抗清势力的控制之中。

第二，法明与任用汉官。

打天下自然是为了治天下。

顺治元年五月，多尔衮很快接管了全国政权。但是摆在他面前的无疑是令人棘手的难题，即怎样才能学会管理这一国土广大、人口众多的全国政权。原来的清政权偏居一隅，人口有限，汉人虽比满人多，但毕竟仅限辽东一地。入关以后，有限的满人和汉人相比简直是沧海之一粟。显然原来的大清政权机构是无法胜任管理一个庞大帝国的。

那么该怎么办呢？这位精明强干的摄政王显然没有被难倒，在调兵遣将、平定天下的同时，他还抽出精力为清王朝草创了一整套典章制度和中外机构。他的办法是，效法明朝典制，利用汉人管理汉人。

顺治元年五月初三，进入北京的第二天多尔衮便宣布，故明各衙门官员照旧录用。初六，他又下令在京各衙门官员俱以原官同满官一体行事。六月初二，由于洪承畴、冯铨的建议，多尔衮决定沿袭明朝内阁的票拟之制，由内三院行使内阁职权。但多尔衮时期的内阁地位低于六部，不像明代的内阁高高在上。同月，多尔衮下令，司法机关准依"明律问罪"。九月，多尔衮下令编修清律，后《大清律》成，基本内容是抄袭《大明律》的。

顺治三年，吏科给事中向玉轩抱怨汉人没有任尚书的，多尔衮很不高兴，处分了向玉轩。但到了顺治五年七月，多尔衮为收买人心，决定在六部各设汉人尚书一人。六部满汉复职制自此开始。

地方官制也基本上沿袭明朝。清初的总督、巡抚大多是在东北降清而后随清兵入关的汉人。

当然多尔衮并不是完全照搬明制，他在效法明制的同时没有忘记大清的传统和满洲的利益。议政王大臣会议显然是八大贝勒议政的遗风，这时仍然是高

高在上的权力机构。另外，不管多尔衮如何标榜"满汉一家"，"首崇满洲"仍是他在立国行政中念念不忘的。

不管怎么说，多尔衮成功了，除了许多满族贵族之外，更有无数汉官降将替他出谋划策，效命疆场，从而佐助他为大清王朝的鼎盛奠定了基础。

第三，兴利除弊。

在一些汉军旗人官员及汉官的建议下，多尔衮采取了一系列旨在收买人心的措施，这些措施除了改变抄掠作风、为崇祯帝发丧之外，还有优待明宗室、尊崇孔子、开科取士和革除弊政。

顺治元年五月，多尔衮宣布明诸王来归者，不夺其爵。其后，他又下令对明宗室妥为养赡。这与以往入关之役中对明宗室的态度迥然不同。

顺治二年，汉官李若琳请求复元制，称孔子为"大成至圣文宣王"。多尔衮命礼部复议，最后，定称孔子为"大成至圣先师"。至于孔子后代，多尔衮准依明制，封为衍圣公。

多尔衮在定鼎燕京之初即决定重开科举，经过一个阶段的准备以后，顺治二年八月，在全国大多数省区举行了乡试。按例，会试要三年举行一次，但多尔衮为了消弥士人的反清情绪，在摄政的七年里共进行了三次会试，取士一千一百人，全部任以官职。

加派是明末的一大弊政，辽饷、剿饷、练饷——三饷加派，搞得民不聊生，结果加速了明王朝的灭亡。多尔衮自然不愿失去民心，重蹈明朝的覆辙。入关之初，京师户部只有明万历时的赋税册籍，天启、崇祯时的赋税档案全被李自成农民军烧毁。当时清廷有的官员建议向各省征求明末赋税新册（万历以后的），以便于征收赋税。范文程力排众议，他说："即使以万历时税额为准犹恐扰民，又怎能再求新册增加赋税呢？"后来多尔

衮采纳了范文程的建议,决定按照明万历时赋额、则例征收赋税。顺治元年七月,多尔衮以清摄政王的身份向全国发布命令,宣布免除明末的三饷加派及召买米豆等负担。不仅额外加派永行废除,而且本年额内正赋亦可适当减免,办法是"大军经过地方仍免正粮一半,大军虽未经过,但已归附的州县,免本年三分之一"。

由于战事频繁,取消加派、减免赋税不可能做得多么彻底。不过多尔衮时时不忘明三饷加派的教训倒是真的。

如果说三饷加派只是明末才有的话,那么宦官干政则是有明一代弊政,所以多尔衮对于宦官深加防范。他在入京之初便阻止太监往收明代庄子粒。顺治二年十二月,他又采纳礼部建议,禁止宦官混入文武群臣朝参行列(自明熹宗时始,每逢大朝,宦官穿朝服与百官一齐朝贺)。顺治三年四月,多尔衮下令罢织造太监。

多尔衮不但能痛革明代弊政,对清廷弊政也曾触动一二。顺治三年四月,他下令废除在关外实行过的肉刑,认为耳、鼻是面目最显著的地方,贯穿耳鼻之刑应永行禁止。

第四,四大恶政。

多尔衮毕竟是一位满族贵族,是征服军统帅,所以在他身上既有放眼全国、目光远大的一面,又有狭隘偏执、一意孤行的一面。他为了维护满人的特权、利益,强行推行民族压迫政策,将某些落后的生产方式或习俗强加给汉族人民。这些民族压迫政策主要有剃发、圈地、投充、"逃人法"。

剃发。多尔衮在入关之初由于立足未稳,曾一度宣布停止剃发。顺治二年多铎拿下南京以后他又重颁"剃发令"。这一点反映了他作为征服者的独裁和满人政治家的褊狭,重颁"剃发令"推迟了

统一天下的时间,无数生灵又遭受了十多年的刀兵之苦。

另一项民族政策是圈地。圈地是满族入关之初掠夺土地的政策或做法。大规模圈占土地共有三次,分别发生于顺治元年十二月、二年九月、四年正月。到了顺治四年三月,多尔衮下令停止圈地,此后大规模圈地虽已停止,但零星的圈地、换地事件仍不断发生。所圈占土地名义上是无主之田,但实际上往往是强夺民田。圈地致使许多汉人流离失所,以至走上了反抗道路。

投充。顺治二年三月,多尔衮向户部下令,允许无衣无食的汉人投充满人家中为奴。此令一下,满人强迫汉人为奴也就合法化了。投充,从表面上看,是汉人自愿投到满人门下以求生存,但事实上除了少数地主、无赖是自愿投充以求得庇护外,大多数人是被迫的。投充以后,汉人降为奴仆,不能随便离开主人。

多尔衮也曾下令,不愿投充者,不许强迫,甚至还于顺治四年下令停止投充。但是他并没有停止投充的决心,甚至诚意。相反,他曾于顺治三年十月宣布:凡为剃发、衣冠、圈地、投充、逃人五事上疏者,一律治罪。其政策倾向性是十分明显的。

与投充相关的是逃人和"逃人法"。投充的盛行,使许多人沦为奴仆。由于奴仆(包括投充为奴、战争掠夺为奴和买卖为奴等)地位低下,备受压迫,所以纷纷逃亡。多尔衮为维护满人利益,多次实行"逃人法"。早在顺治元年,多尔衮便宣布要严察逃人,隐匿不报者治罪。顺治元年重新修改"逃人法",规定,逃人鞭一百,归还本主;窝逃之人正法,家产籍没;邻居、乡约、甲长等各鞭一百,流徙边远。"逃人法"的明显特点是严惩窝主,轻惩逃人,目的是维护满族的利益。

"逃人法"搞得社会动荡不安,许多逃人无处投靠,便四处流浪,甚至举行起义。

上述几大恶政多尔衮是有责任的。对于圈地和逃人,他虽然不一定能(也不可能)完全阻止,但至少可以限制其为害程度;甚至对于剃发令他是有能力制止的。但是,他不但没有尽量减轻几大恶政的危害,反而坚定地加以推行,并不许汉官反对。这无疑是他一生中的污点。

第五,加强集权。

崇德八年(1643年)十二月,辅政王多尔衮与济尔哈朗始称摄政王。同月,二位摄政王宣布,除了贝子博洛、公满达海外,诸王、贝勒、贝子等不再兼管部务,政务悉由尚书处理,从而打击了诸王的权势,提高了摄政王的地位。顺治元年正月,与多尔衮平起平坐、身为摄政王之一的济尔哈朗,宣布今后百官如有什么事都要先去请示睿亲王。本来两王同时摄政很难相处,一山容不得二虎。济尔哈朗情知自己论实力、论能力或权术都斗不过多尔衮,不得不甘拜下风。从此,多尔衮作为清最高决策人的身份得到了正式确认。他,才是唯一的、真正的摄政王。

顺治元年十月一日,多尔衮拥立福临定鼎燕京,并且诏告天下。十月九日,他被封为叔父摄政王。十月十三日,济尔哈朗被封为信义辅政叔王,地位根本无法同多尔衮相比。顺治二年五月,以御史赵开心言,多尔衮被晋封为皇叔父摄政王。顺治四年十二月,从满汉大臣之请,免多尔衮对皇上行跪拜礼。顺治五年十二月,再晋多尔衮为皇父摄政王。多尔衮位极人臣甚至超过了人臣,成了无皇帝之名的皇帝。

多尔衮一方面不断提高自己的权势与地位,另一方面又频频打击政敌,排斥异己。

肃亲王豪格一向对多尔衮怀恨在心,但慑于多尔衮翻手为云、覆手为雨的权势,他也是敢怒不敢言。多尔衮并没有看在他入关以后屡建军功的份上将他放过。顺治五年三月,多尔衮找碴儿将豪格囚禁起来。不长时间,豪格便不明不白地死去。不久多尔衮又将漂亮的肃亲王妃娶入自己府中。

多尔衮压制的另一对象是郑亲王济尔哈朗。济尔哈朗虽已拱手让权,但权势日益增长的多尔衮并不满足。多尔衮觉得济尔哈朗面服心不服,很不可靠,因而接二连三地难为这位老资格的王爷。顺治四年,多尔衮罢免了济尔哈朗的辅政之位。顺治五年,济尔哈朗的几个侄子一起告发叔叔的罪状,多尔衮借此机会将济尔哈朗贬为多罗郡王。虽然后来济尔哈朗又被恢复了亲王爵位,但地位已是一落千丈,直到多尔衮死后他才得以翻身。

豪格是反对派领袖,济尔哈朗是中间派的代表,两位亲王的境遇尚且如此,其他人便可想而知了。谁又敢不对多尔衮俯首听命呢?当然了,多尔衮也非常注意从八旗贵族中选拔一批年轻人作为自己的亲信,以加强统治。

就这样,多尔衮牢牢地掌握着朝中大权,小皇帝福临不过是个摆设。

转眼到了顺治七年,十二初九日,多尔衮由于病魔缠身终于咽下了最后一口气,在喀喇城(今河北承德市郊)离开了人世。

毕竟是摄政王余威犹存,在死后第十七天,他被福临尊为义皇帝,庙号成宗,似乎其荣耀和名位已超过了多尔衮生前,但是,这不过是一时的假象。

多尔衮一死,福临便开始亲政。这位小皇帝早就对多尔衮在摄政时大权独揽、摆布自己十分痛恨,因而亲政后急图报复。朝中元老郑亲王济尔哈朗受了七年多的窝囊气,简直到了忍无可忍的程度。反攻倒算看来已无法避免了。顺治八年十二月，福临下诏追夺多尔衮一切封号，将其人口、家产没收入官。

就这样，多尔衮的身后之名在两个月的时间内竟然发生了翻天覆地的变化。多尔衮，这位大清摄政王，清王朝的实际建立者，死后却蒙受了不白之冤，甚至后嗣废绝，坟茔被毁。

大约过了一百多年，已是清高宗乾隆皇帝时期，多尔衮得以平反昭雪。

至此，为大清的建立立下汗马功劳的摄政王多尔衮终于又得到了本朝的承认和肯定。

### 于成龙

被康熙帝称为"清官第一"的于成龙，是山西永宁（今山西离石）人，字北冥，号于山。自顺治十八年起，历任知县、知府、按察使、巡抚、总督等职。他在任上洁己爱民，秉公从政；拒贿赠，行节俭，为百姓兴利除弊，屡施德政。

顺治十八年，于成龙由副榜贡生首任罗城知县。他到任之初，县衙没有门垣，院中长满荒草，中堂仅有三间草房，后面有三间茅屋内宅，破陋不堪。于成龙叠土为案，铺草为床，垒起一副土灶，办公膳宿都在茅屋里面。

于成龙治理罗城，注意恢复地方秩序，复苏农村经济。他不辞辛苦攀山越岭延访父老，实地察看，倾听百姓呼声，着手制止械斗，捕捉盗贼，制定保甲，以安定民生。于成龙鼓励百姓耕稼力田。每年春天，他都亲自到田中察看。见到耕种父老，便上前慰问劳苦；有时应邀在田边树下与农夫一同吃饭，"笑语欢如家人"。

随他来的几个仆人，有的水土不服，染病而死；有的不堪困苦，不告而别。于成龙只得自己动手做饭洗衣。周围的百姓见他如此辛劳清苦，十分过意不去，来到衙中问寒问暖，于成龙总是热情接待。

百姓日富，感激于成龙实心任事。几个小伙子不忍他生活清苦，凑点钱准备送给他，说是供他聊作盐米费用。他辞谢道："我一人在这里，生活耗费不多，又有俸银，快把银两交还你们父母，我心领了。"

几年之后，于成龙的儿子来罗城看望他。百姓闻讯后，纷至沓来，或送钱，或赠物，好让他带回家去。于成龙感激之余，婉言谢绝说："此地离我家乡六千里之遥，单人携带大宗钱货，既行不便，又恐盗贼谋财害命，诸位既是爱我，请将钱货带回吧。"

百姓拜伏在地上，哭着不肯起来，坚持要他收下。他一边让儿子赶快离去，一边再三解释劝阻，始终没有接受一钱一物。

于成龙在罗城当了七年县令，县境面貌大变。他不仅受到百姓的爱戴，还受到上司的器重。康熙六年，他升任四川合州知州。赴任时罗城百姓遮道呼号，追送数百里。

康熙十七年，于成龙被擢任福建按察使，主管一省司法。去福建上任前，他嘱人买了数百斤萝卜放在船上。有人不解地问他，萝卜又不值钱，买这么多为什么。他回答道："沿途供馔，得赖此。"

于成龙在福建按察使任上不久，又被提升为福建布政使，掌管财赋。经他手上的钱何止千万，他却一尘不染，分毫不贪。为了自警和告诫下属，于成龙曾写过一副对联，高悬在堂上：累万盈千，尽是朝廷正赋，倘有侵凌，谁替你披枷戴锁；一丝半粒，无非百姓脂膏，不加珍惜，怎晓得男盗女娼。

康熙十九年，于成龙擢升直隶巡抚，上任伊始，他为摒绝馈赠，当众严申不受一切馈送。大名知县老于世故，以为他故作姿态，于当年中秋节按对待前任惯例，送去一份厚礼。于成龙当场严词峻拒。尔后,向所属各州县颁发了《严禁馈送檄》,通报了大名知县的事例,并直言警告僚属说:"尔今尔后,凡遇重阳、冬至、元宵等节,并过路送礼各衙门,概行禁止,如有私相馈献,查出后并行参革,决不宽容。"

于成龙不仅以他的廉洁,还以他的政绩卓著蜚声朝野。康熙二十年,于成龙依例进京入觐。召见时,康熙帝褒奖他"清官第一"并询问了社会吏治情况。于成龙十分谦恭,对皇上说,他只是宣布皇上威德,并未有他能。当年冬天,于成龙被提升为江南、江西两江总督。

当时,总督属封疆大吏,是地方最高长官,总揽一省或数省军民要政,权位显赫。上任时无不全副仪仗,前有执事喝道,后有兵丁护卫,所过之处,官绅恭候迎送。于成龙与众不同,他自直隶到江宁任两江总督时,和小儿子一起雇了辆驴车,身上带着几十文钱,他们没进专供过往官员吃住的驿馆,膳食和住宿都到路边的旅店,悄无声息地到达江宁住所。

于成龙到任后,适逢江南屡遭暴雨袭击,灾情不断。他将自己的俸禄赈济给孤老病残,自己却"日食粗粝",佐以青菜。春天青黄不接的时候,以屑糠杂米野菜为粥。即使有客人来了,也和他一同吃薄粥。他对客人说:"我这样做,可留些余米赈济灾民,如若上下都和我一样行事,更多的灾民会渡过难关,存活下来。"

江南、江西的百姓因为于成龙自奉简陋,每天只吃青菜佐食,所以给他起了个外号叫"于青菜",以示亲切敬仰。

于成龙喜欢饮茶,考虑到茶价很贵,他不愿多破费,便以槐叶代茶。他让仆人每天从衙门后面的槐树上采几片叶子回来,一年下来,把那棵树都快采秃了。

于成龙对儿女的要求也很严格。一次,他的大儿子从山西千里迢迢来到江宁探望父亲。儿子要回去时,于成龙既没有积蓄,也没有土特产让儿子捎回,正好厨房有一只腌鸭,便割了半只给他。百姓说起这件事,还有首歌谣:于公豆腐量太狭,公子临行割半鸭。

由于于成龙身体力行,使俗好奢侈艳丽的江南民俗大为改变。人们摒弃绸缎,以穿布衣为荣。士大夫家减舆从,毁丹垩,不用音乐,豪猾举家远避他方。各级官吏望风改操,他们知道于成龙好微服察访,一些平日鱼肉百姓的地方官,遇见白发伟躯者便胆战心惊,以为是于成龙私访,不得不有所收敛。

康熙二十三年,于成龙病死在两江总督任上。僚吏来到他的居室,一看这位总督大臣的遗物少得可怜,而且都不值钱。床头上放着个旧箱子,里面只有一袭绨袍和一双靴子。竟忍不住唏嘘流涕。

于成龙去世的消息传出后,江宁城中罢市聚哭,家家绘像祭奠。出殡那一天,江宁数万名百姓,步行二十里,哭声震天,竟淹没了江涛的声音。

## 明 珠

康熙盛世时,明珠乃一擅权肆掠的大贪官,贪赃枉法横行多年,虽遭弹劾,赖天子庇护,跌而不倒,充分暴露了所谓"盛世"的真实面孔。

明珠,字端范,纳喇氏(又译纳兰),满洲正黄旗人,生于明崇祯八年(1635年),卒于清康熙四十七年(1708年)。明珠是海西四部女真之一的叶赫贝勒锦台什之孙。父尼雅哈,于顺治元年(1644年),清王朝定鼎燕京(今北京)时,授骑都尉,明珠为其次子。

明珠最初由侍卫授銮仪卫治仪正,几年时间,即再迁内务府郎中,擢内务府总管,授弘文院学士,充纂修清世祖实录副总裁,不久授为刑部尚书,转都察院左都御史、充经筵讲官,迁兵部尚书。康熙十二年正月，康熙帝到京城南苑晾鹰台检阅八旗甲兵，由于明珠事先探知消息，暗中安排训练。康熙帝在检阅时，八旗甲兵军容整齐，威武雄壮，深得康熙帝称赞，康熙帝指示要把这次阅兵作为以后阅兵的榜样，明珠也从此得到了康熙帝眷顾。

康熙十二年三月，康熙帝认为广东、云南、福建已经平定，三藩拥兵自重，专断地方，意欲撤除三藩，于是召集议政王及诸大臣会议，讨论处置方略。在会上有人认为三藩不可撤，而明珠等人则坚持宜撤。与康熙帝的主张完全一致，于是明珠得到了康熙帝信任。康熙十四年，被调为吏部尚书。十六年，授武英殿大学士，成为内阁首辅之一。康熙二十年，三藩平定以后，明珠又奏请妥善处理了三藩叛乱人员。之后，康熙帝对大臣们说："以前讨论撤藩，只有明珠等人能体会朕的意图。"由于在平定三藩时，明珠极尽赞襄之功，深得康熙信赖，又先后被任为重修太祖、太宗《实录》及编纂《三朝圣训》《政治典训》《平定三逆方略》《大清会典》、大清《一统志》《明史》等总裁官。太祖、太宗《实录》告成之后，明珠又被加封为太子太傅，再晋为太子太师，成为康熙朝重臣。康熙帝曾以御书大轴赐给明珠，以后又多次赐宴，并赏赐马匹。康熙二十三年冬，康熙帝初下江南，又以明珠为扈从，到过苏州的虎丘、镇江的金山、南京的雨花台等许多地方。

明珠得宠后，在朝廷内外大搞营私，朝廷中一派以明珠为首，一派以索额图为首互植私党，互相倾轧。明珠招徕新进及海内名士，不少人为他所笼络，投靠了他，满洲大臣有科尔坤、佛伦、格斯特、富拉塔、锡珠等人；汉官大臣有余国柱、李之芳、熊一潇等人。大学士徐乾学也曾是明珠之党。他为了巴结明珠，曾经自称是明珠相府的扫门人。明珠死党的主要人物是左都御史、户部尚书佛伦，和号称"余秦桧"的内阁大学士余国柱。明珠与他们互相勾结，寄以腹心。凡内阁中文件的起草和批示都由明珠指挥，轻重任意。余国柱秉承明珠旨意，即使发生了错误，同僚们也不敢驳正。内阁大臣会议都由佛伦把持而由余国柱暗中操纵，以贯彻明珠的意图。明珠还示恩立威，凡是皇帝谕旨称赞的人，明珠则对人说，是他极力推荐的结果；如果是皇帝谕称不好的人，他又说，"这是皇上不喜欢，我一定尽力挽救"，以此取宠于众，挟取货贿。明珠每天上朝奏事毕，出中左门时，依附于明珠的满、汉部院诸臣及其心腹人物，皆拱立以待，围在一起窃窃私语多时，朝廷一切机密大事无不泄露。

明珠为人阴险狡诈，表面上对人和颜悦色，甜言蜜语，暗地里却施展各种伎俩迫害那些自己不满意的人。侍读学士德格勒常被康熙帝召见讲论经史，扈从巡行。明珠认为德格勒可能被提拔重用，就派人送千金为德格勒治行装，德格勒固辞不受。这时恰遇久旱不雨，康熙帝命德格勒占卜，德格勒借机向康熙帝奏称，这是明珠等小人执政，贪权纳贿之所致。明珠听到这件事之后，十分痛恨德格勒，后令其党诬蔑德格勒私抹"起居注"，要将他处斩。实际上按照清朝的惯例，"起居注"是数易其稿之后才正式写本的，而德格勒所删者，实际是未定稿，根本谈不上有罪。明珠之党只不过是要借机报复而已。虽然后来德格勒遇赦免死，但终于释归本旗，不再起用。明珠最为忌恨的是言官，唯恐他们揭发他结党营私的罪状。考选科道官员时，明珠往往与他们订立密约，凡是上呈的奏章都必须请他看。明珠见御史李兴谦屡疏称旨，又见吴震方颇善弹劾，怕他们迟早会揭发自己，即令其同党佛伦对他们借事排陷。又如满洲某科给事中图尔泰，与明珠是同一宗族，但是他对明珠的奸诈行为看不惯，曾上书指陈时弊，认为满洲大臣权重，汉官六部九卿奉行文书而已。满人咳嗽一声，没有敢违背者，如此不是立政的根本。这时，明珠及其同党正是大权在握，势焰熏天之时，见到这份上书后，十分痛恨图尔泰，将他贬往黑龙江地区。御史笪重光，屡有谏净，并且曾经弹劾过明珠、余国柱之辈，结果被明珠等人借故罢官。

明珠对于不附己者打击陷害，对于自己的私党则往往一味纵容包庇。湖广巡抚张汧投靠明珠，恃势贪暴，言官不敢揭发。康熙二十六年，陕西道御史陈紫芝上疏弹劾张汧到任未久，凡地方盐运、钱局、船埠无不搜刮，甚至汉口市肆招牌也按数派钱。疏中并请一并议处保举人员。康熙帝曾面谕九卿将张汧及保举人员一并严加处治，然而明珠在起草内阁文件时根本不提此事，掩盖包庇。陈紫芝在弹劾张汧后，得到了康熙帝的赏识，被擢升为大理寺少卿。陈紫芝人耿直，公正断案，受知于康熙帝，朝臣为之侧目。后来不知什么缘故，陈紫芝突然死亡。据说，一日陈紫芝到朝房，明珠殷勤让座进茶，陈喝了茶，回家之后，突然死亡。人们怀疑是被明珠毒死的。

明珠等人结党擅权的目的在于"挟取货贿"。由于朝廷大权由明珠及其死党余国柱、佛伦等所把持，督抚藩臬等地方大员缺出时，明珠、余国柱等人无不辗转贩卖，谁出的钱多，满足了他们的贪欲就卖给谁。这些以贿得官的督抚大员们到了地方以后，就大肆搜刮，使得老百姓愈加困苦不堪。康熙二十三年，朝廷派遣学道（学政，学官名。清中叶后，派往各省考试童生及生员，三年一任，地位与督抚平行）时，应升学道之人，都往明珠处讨价还价。九卿在选任学道时，则公然迎奉明珠等人的旨意，凡是缺额，皆由

明珠等人预定，以致本来号称清水衙门内的学道士在上任后也多端取贿，弄得士风、名教声誉扫地。明珠又极有辩才，口若悬河，精通满汉两种语言文字，再加上深得康熙帝之宠，又多内援，这使得他在朝廷中更显得炙手可热。每到年终之时，百官奔走其门，争相贿赂。朝廷内各部、院、台、省、卿、寺的庶僚，朝廷外各地的总督、巡抚、知府、提镇、监司等，向他送礼者不计其数。有数十日送不进礼物者，只好借寓明珠府第附近胡同的客店里，按照顺序排队送上礼单，然后才能送进礼物。

明珠等人不但接受贿赂，而且公然索贿。朝廷科道官有内升及出差者，明珠、余国柱都认为是自己的功劳，公然向他们索贿。康熙二十三年，康熙帝认为内阁学士汤斌能身体力行，不尚空言，为官清廉，老成端谨，特拔为江宁巡抚（驻南京）。明珠死党余国柱派人暗示汤斌说，汤斌之所以擢任巡抚，是明珠从内出力的结果。另外，江苏连续两年大水，准许酌免租税，余国柱也派人告诉汤斌，说是明珠在朝中暗助，江苏人应有所报答。公然要索取财物。明珠还操纵考核外任官员治绩的大权。当时为此给明珠送钱的地方官络绎不绝。

明珠由于贪贿勒索，生活奢侈腐朽。家中姬妾奴婢成群，衣食器用穷极奢靡，成为可数的豪门贵族。明珠还大兴土木，广治花园亭台，风廊水榭全以白玉雕凿成百花，镶嵌在四壁上。他家的花园中有一个大水湖宽广达十亩，每到冬天，奴婢们就用五彩绸缎剪成荷花、菱角的形状浮于水面，又用杂色羽毛编成野鸭子、木雁的形状放在水面上漂浮。

由于明珠树党擅权，贪赃纳贿，侍讲德格勒、给事中图尔泰、御史笪重光等都曾上奏章弹劾过明珠。但是康熙帝宠信明珠，这些弹劾过明珠的人反而遭到了

明珠的打击报复。康熙二十七年二月，御史郭琇重又上章弹劾明珠贪赃纳贿的罪状。康熙帝终于诏令切责明珠等人，革去明珠大学士之职，明珠之党余国柱、佛伦等人也都被革职。康熙二十九年，明珠随裕亲王出征噶尔丹，因战事失误获罪，被降四级留任。康熙三十五年，明珠又随康熙帝出征噶尔丹，负责督运西路粮饷。第二年，康熙帝再次亲征，明珠奉命拨驼运饷。平定噶尔丹后，明珠被恢复原级。康熙四十七年四月，明珠病死，终年七十四岁。

## 吴三桂

### 少年得志

明万历四十年（1612），吴三桂生于辽东中后所城一个低级军官之家。其生母史料未载，其继母是明代名将祖大寿的妹妹。父亲吴襄给他起名三桂，字长白。他排行老二，哥哥叫吴三凤，弟弟叫吴三辅，还有两个妹妹。其原籍是安徽徽州（一说江苏高邮），大概在他的祖父一代便由于经商的原因，迁徙到了辽东。

由于父亲吴襄出身军旅，且于天启二年（1622）中过武进士，因此吴三桂自幼便受到骑射训练，他手不离箭、身不离鞍，练就了一身过硬的武功，尤其是大刀，由于他臂力过人，更舞得出神入化，成了他一生的随身武器。吴三桂从十多岁起，便喜欢狩猎，经常带着家人，出没于山林之中，多年的狩猎生涯对他后来的军事生活起了很有益的作用。

吴三桂十六七岁时，应试武举，得中武举人，这得益于父亲对他的严格训练和自己的刻苦习武。吴三桂除了武功不凡外，还勇猛过人，这首先表现在一次对后金的战斗中。崇祯二年（1629）十月，皇太极亲率五六万大军，绕道内蒙，直趋北京。崇祯帝误中皇太极的反间计，将大将袁崇焕逮捕入狱。这时，吴三桂父子俱在祖大寿军中。袁崇焕被捕之后，

祖大寿率辽兵奔返宁远，崇祯帝派使者到山海关才追上祖大寿，声明只罪袁崇焕一人，与众将无关。这样，祖大寿才返回建昌（辽宁凌源），准备截击后金兵，这时，已到了崇祯三年（1630年）二月。

一天，三桂父吴襄带领数百人外出侦察敌情，突然与后金上万名兵将相遇。后金兵欺吴襄等人少，欲迫其投降，故围而不攻。祖大寿见后金兵多，不敢派兵出城救援，吴襄等眼看只有死路一条了。吴三桂见父亲被围，急得五内俱焚，慷慨向舅父祖大寿请战。祖大寿不允，吴三桂便带着家丁二十人，出城救父。

吴三桂提刀上马，亲自居中，左右各置家将一人，其余十八骑分作两翼，勇敢地冲入包围圈。后金兵见二十余骑明军冲来，一时不知所措。吴三桂拈弓一箭，射中一后金兵将领，那位将官从马上跌落下来。吴三桂正要去割取后金将官首级，不料那个将官突然跳起，用短刀刺中吴三桂的鼻梁。吴三桂顾不得面部流血，手起刀落，将那个将官的首级砍了下来。接着，他与父亲吴襄合兵一处，一马当先，率众突围。后金兵以为少数明兵是诱敌之计，未认真阻拦，加之吴三桂骁勇异常，竟被这数百名明兵，突破重围，返回城中。

祖大寿亲自出城迎接，并替吴三桂申请擢升。吴三桂孤胆救父之事，一时传为佳话，他也因此功被提升为游击将军。这时，他还不到 20 岁。他十六七岁中武举，不到 20 岁便进入将军行列，在当时可谓出类拔萃。他大眼大耳高鼻，生得一表堂堂，虽然身材不算太高，但力气却超乎常人。虽然在救父一战中，鼻梁上留下了疤痕，但并未严重影响他的相貌，见过他的人都赞赏他奇伟的体魄、雄赳赳的丰姿。

吴三桂不但精武，而且习文。他每天鸡鸣即起，半夜方息，除了练武之外，

手不释卷。他从书中吸取了不少营养，这对于他日后的军旅生涯是很有补益的，他不单是一介武夫。他将《汉记》中的两句话，作为自己终生的座右铭："仕官当作执金吾，娶妻当得阴丽华。"他少年得志，要当皇帝身边的大官，要娶到像汉代阴丽华那样的美人，在封建社会里，这种追求是很自然的。后来，他果然如愿以偿，当了平西王，娶到了陈圆圆这样倾国倾城的美人。但是，得到这一切的代价也是惨重的，我们中华民族的历史倒退了上百年，他本人也落了个灭族的惨痛下场。

### 升任总兵

就在吴三桂春风得意之际，他的家庭却出现了挫折。崇祯四年（1631 年），皇太极发动了攻取大凌河（辽宁锦县）之役，祖大寿率三万兵固守。辽东巡抚丘禾嘉督率总兵官吴襄、宋伟率兵四万先后数次增援大凌河。在第四次增援行动中，由于吴襄部率先逃遁，导致太仆寺卿监军道张春等三十三将被俘，明军大败，并因此再未向大凌河增援，导致祖大寿坐以待毙。

败报传到北京，朝廷震怒，削掉了吴襄的总兵官一职，让他戴罪立功。吴三桂因为是低级军官，没有受到处分。好在当年山东孔有德、李九成兵变，吴襄参与镇压兵变有功，终于官复原职。吴三桂是在役中，随父作战勇敢，这为他的进一步晋升，创造了条件。

崇祯十二年（1639 年）七月，27 岁的吴三桂被任命为宁远团练总兵。总兵官独当一面，吴三桂在六年间，由游击而参将，再副将，再升到总兵官，与他同时代的将领相比，可谓独步青云。在明清长期战争中，宁远与锦州是关外八城中最重要的两城，朝廷派吴三桂驻守宁远，显见对其之倚重。

吴三桂的飞速升迁，一方面是他在同辈人中，确属佼佼者，才能过人。另一方面也是靠他良好的社会关系。除了他舅父祖大寿兄弟的帮衬外，他拜于蓟辽总督洪承畴、辽东巡抚方一藻门下。更重要的是，吴三桂拜监军使宦官高起潜为义父。正是这三人的全力支持，才使得年轻的吴三桂轻而易举地升任总兵。

吴三桂升任总兵之后，首先抓了练兵，他按照洪承畴的部署，用了两年的时间，练成辽兵三万，成为一支很有战斗力的劲旅。此外，吴三桂与其父吴襄一起，经过多年经营，还组织了一支吴家亲兵。这批亲兵有三千多人，由吴氏家丁家将组成，只听命于吴氏父子。他们在经济上得到优厚的待遇，因而也特别能战，是吴氏父子的子弟兵，往往于关键的战斗中敢效死力。

吴三桂升任总兵之后，还积极参加对清军的作战（皇太极于 1636 年在沈阳称帝，将国号由后金改为"大清"）。他曾于崇祯十三年（1640 年），与接应蒙古多罗特部民的清济尔哈朗、多铎等率领的清军激战于杏山（今辽宁锦县杏山）。同年七月，他又率马步兵五百余人自松山夜袭清兵镶蓝旗营地，迫使该股清军移营。同月，又在杏山，击败了善战的清多尔衮、豪格带领的清军。崇祯十四年（1641 年），清军对锦州形成包围，锦州粮草短缺。当时运粮官都惧怕清军，将粮食卸在宁远，不敢送往锦州。吴三桂胆识过人，亲自率兵将 15000 石米安全押送到锦州，坚定了锦州将士守城的决心。

这些事实均表明，吴三桂升任总兵官之后，积极报效朝廷，为保卫大明江山而奋勇战斗。

### 松山败逃

崇祯十四年（1641 年），发生了明清兴亡史上的关键一役——松山决战。松山是距锦州九公里的战略要地，而锦州是通向山海关的辽西走廊之咽喉。清太宗皇太极决心攻下锦州,以扫清通向山海关的障碍,他亲临前线指挥,倾全国之兵,志在必得。

明朝兵部也已洞察清军意图,便派蓟辽总督洪承畴出关督师,并调八镇总兵会师援锦,这八镇总兵官是:宁远总兵吴三桂、前屯卫总兵王廷臣、玉田总兵曹变蛟、蓟镇总兵白广恩、宣府总兵杨国柱、大同总兵王朴、密云总兵唐通、山海关总兵马科。八镇兵马共十三万人,会集于松山与杏山之间,这已是明王朝所能使用的全部重要兵力。在八镇兵中,吴三桂、白广恩、马科是能够独当一面的骁将,尤以吴三桂率领的辽车兵最为强悍。吴三桂训练有精锐骑兵一千,每五十骑为一队,共二十队,每队有一骑领官。作战时,吴三桂将写有二十骑领官的竹签插在靴筒上,他每取出一签,叫出该骑领姓名,该骑领即率领本队骑兵,跟随吴三桂冲锋陷阵。在八镇兵马中,吴三桂统辽兵二万,实力是最强的,洪承畴也特别看重他这个门生。

四月二十五日,明清双方在乳峰山上下激战,明兵出动六万人,清兵只三万余人。双方激战一天,互有伤亡,吴三桂部表现突出。在连续的战斗中,宣明府总兵杨国柱战死,而清军已陆续按清太宗的部署,将明军围困于松山地区。明军统帅洪承畴觉察到被歼的危险,便于八月二十一日晚召开八镇总兵会议,要求大家第二天拼死一战。不料,大同总兵王朴胆小怕死,当夜便率本部兵突围逃命。

王朴带头逃跑,动摇了明军军心,八镇兵均争先拔营。吴三桂见此形势,亦不怠慢,立即带领本部人马,从大路杀出。清兵小路兵力集中,大路反而兵力不多,被吴三桂抓住机会,逃进杏山城,王朴也逃至此城。明军死伤无数,不少人被海潮吞没,决战彻底失败。接着,八

月二十六日,吴三桂与王朴又从杏山逃至宁远,兵士死亡殆尽。

松山一战,明军全军覆没,五万多人马被歼,松山、杏山、塔山、锦州四城失陷,统帅洪承畴于松山城破后被俘,名将祖大寿降清,明朝经营数十年的宁锦防线一旦土崩瓦解,从此,明朝再无力与清兵周旋,只剩苟延残喘了。作为朝廷十分器重,一向以敢战著称的吴三桂,在松山战役中,置其老师洪承畴于不顾,竟然尾随王朴仓皇逃命,做了可耻的逃兵。他甚至连曹变蛟、王廷臣二人都不如,这二镇总兵,后来死守松山,城破后被杀。究其原因,还是为了保存实力。在明清战乱之际,谁都懂得武力的重要。吴氏父子苦心经营多年的吴家军,是不愿为明朝殉葬的。吴三桂要保持这支力量,为他日后的飞黄腾达、封妻荫子服务。

吴三桂逃至宁远后,积极收留败兵,蓟镇总兵白广恩也兵败来归,与吴三桂共同守城。此时宁远孤悬山海关外,已很难守卫,但崇祯帝仍令吴三桂收集残部坚守。因为此时,除了吴三桂,明廷已无将可用。松山战败后,朝廷将王朴斩首,而只将吴三桂降职,让他戴罪立功。同样是逃兵,朝廷却处分不同,就是因为此时关外,离不了吴三桂。吴三桂也不负厚望,半年多,便重新集聚了三万人马,坚守宁远孤城。

此时,清廷对吴三桂发动了强大的政治攻势,劝其投降。吴三桂的舅父祖大寿、祖可法,哥哥吴三凤,姨父裴国珍,表兄胡弘先,挚友张存仁、邓长春等人降清后均写信劝吴三桂降清。崇祯十五年(1642年)四月,清太宗本人直接给吴三桂写了亲笔信。十月份,清太宗又再次写信,劝吴三桂早降。吴三桂面对这种形势,却拒不降清。崇祯十六年(1643年)八月,清太宗去世,年仅6岁的福临即位,即顺治帝。皇帝年龄太小,由郑亲

王济尔哈朗与和硕睿亲王多尔衮摄政。九月,郑亲王济尔哈朗、多罗武英郡王阿济格便除丧服,率大军攻击宁远以西至山海关的中后所、中前所、前屯卫三小城。

九月二十四日,清军用红衣大炮轰开城墙,攻占中后所,斩明将吴良弼等二十余人,歼明军四千五百余人,俘四千余人。九月二十九日至十月一日,又攻破前屯卫,斩明将李辅明、袁尚红等三十余人,歼明军四千余人,俘二千余人。中前所明守将总兵黄色见二城已失,便弃城而逃,清兵不费吹灰之力,又得了中前所,俘明兵一千余人。

这三城的失陷使宁远与山海关200公里间的明军防线彻底瓦解,宁远已成为名副其实的孤城,明军已不堪一击。此时,宁远已完全处于清军的控制与包围之中,守城军民已是人心惶惶。崇祯十六年(1643年)十二月,明守备孙友白便从宁远逃出,投降了清朝。但奇怪的是,吴三桂仍拒不投降,侥幸的是清军也没有再向宁远发动攻击。

吴三桂如此执着拒不降清的原因有两条。一是明代的忠君思想束缚着他,在明代,名节十分重要,儒家的教育尤以忠君为先。在明代高级将吏中除非被俘或走投无路者,极少自动降清者。吴三桂自幼受儒学教育,不乏忠君思想。尤其是作为汉人,投降少数民族的清朝,在当时士大夫官吏中,一般是很难接受的。非万不得已,是不愿失去名节的。二是明帝于吴三桂父子有恩。吴三桂父子先后任职总兵,是明廷特别的恩遇。三桂父亲吴襄在大凌河战役中,临阵脱逃,朝廷仅降职处理,不久又恢复了原职。三桂本人松山一役中败逃,也只降职处分,仍命其负全责守宁远。三桂的不少亲属降清,皇帝也未连累吴三桂。皇恩独厚,是他此时拒不降清的第二个原因。

### 挥师入关

明崇祯十七年(1644年)正月初一,李自成农民军在西安正式建立政权,国号大顺,改元永昌。正月初八,李自成率百万大军东渡黄河,分两路向明朝首都北京进发。农民军摧枯拉朽,明军如强弩之末,明廷已危在旦夕。

这时,崇祯帝已黔驴技穷,国库空虚,无饷可发,众叛亲离,无将可用。万般无奈之际,他又想起了吴三桂父子。崇祯帝于正月初将已闲居在家的吴襄招进京,命他提督御营。这显然是因为吴三桂手握重兵,为了笼络吴三桂,不得不重用吴三桂之父。接着,崇祯帝又想把吴三桂这支生力军调进关来,对付农民军。为此,他亲自招见吴襄。吴襄慷慨陈词,说农民军不是吴三桂的对手。崇祯帝欲调吴三桂,又害怕落丢弃宁远的罪名,一直犹豫不决。众大臣互相推诿,谁也不愿就此事负责。

崇祯十七年(1644年)三月初,农民军已进至宣府城,离北京只有二三百公里了。这时,崇祯帝才做出了弃宁远,招吴三桂、王永吉、唐通、刘泽清四将入京勤王的决定。四将均封伯,吴三桂被封为平西伯。这时,山东总兵刘泽清借口坠马伤脚,拒不奉诏,吴三桂与蓟辽总督王永吉路远,只有蓟镇总兵唐通带了八千人马先到北京。崇祯帝封唐通为定西伯,命他把守居庸关。不料,唐通却投降了农民军,居庸关不攻自破,农民军直趋北京。

时年33岁的吴三桂受封为伯,他的兴奋是可想而知的。受命平西,必然是让他与农民军作战,他只要能脱离宁远这座危城,他也是迫不及待的。此时,吴三桂有精兵四万,加上辽民数十万,他三月六日受命,十日便率军民抛弃宁远,向山海关进发。幸运的是,清兵直到三月十六日才得到吴三桂撤离的消息,而这时，吴三桂已带领兵众到达了山海关。吴部到达山海关时，李自成军已攻至北京郊外，各种消息传到了吴三桂的耳中，他有些犹豫。但君命难违，吴三桂还是率军向北京进发，三月二十日到达丰润。在这里，他打败了投降李自成军的原明降将白广恩、唐通，并收降了八千人。可是北京已于三月十九日被农民军攻破，明王朝覆灭了，崇祯帝吊死于煤山寿皇亭下。

北京陷落，吴三桂进京已无意义，他掉转马头，率军返回山海关。明王朝已经不存在了，吴三桂已走到了人生的十字路口，作为明将，他何去何从？是降清，还是降李自成？吴三桂徘徊不定，他面临的是一个十分困难的选择。

### 一步之差

李自成毕竟是有为的农民领袖，他进驻北京的第三天，就从狱中放出明原职方郎中张若麒，让他任山海关防御使，专门从事劝降吴三桂的工作。张若麒与吴三桂关系密切，他出面劝降，是起一定作用的。这一举措是十分正确的，辽兵及吴三桂是一支重要的武装力量，吴三桂的去向对哪一方能最后掌握中国政权，有着至关重要的作用（后来的历史证明了这一点）。李自成进京后唯一不安的便是吴三桂这支辽军的存在。李自成听取其谋士顾君恩的建议，非常重视山海关的动向。李自成不愿以武力解决山海关的问题，他希望政治解决，希望吴三桂率军来降。

李自成的愿望不是没有根据的，当时明政权已彻底垮台，明大批朝臣向大顺政权投降。李自成为实现吴三桂归降也采取了不少措施。三月底，李自成派人两次赴山海关。赏辽兵白银 4 万两，赏吴三桂白银万两、黄金千两、锦千端，并封吴三桂为侯。吴三桂的父亲吴襄在北京被大顺军俘获，奉李自成命写信劝

吴三桂投降。李自成还派专使巡抚李甲和兵备道陈乙面见吴三桂，许以封侯之位。

对吴三桂来说，李自成封官送饷，无疑雪中送炭，投降还可以解救父亲，何乐而不为？他招集众将，正式宣布，接待李自成来使，向农民军投降。

三月二十八日，吴三桂全军缟素，为崇祯帝及遇难的后妃治丧，然后将山海关交李自成派来的唐通镇守，率本部人马进京，向李自成投降。四月四日，吴三桂军到达永平（今河北卢龙县）西沙河驿。在这里，吴三桂先后见到了逃出京的家人以及父亲派出的亲信傅海山，他们向吴三桂叙说了吴襄以及吴三桂爱妾的情况。当开始听到父亲吴襄被捕时，吴三桂并不在意，认为这是李自成为迫其投降所采取的必要措施，他一投降，父亲必被释放。当听到父亲被拷打将死，交了 5000 两银子还不顶用时，吴三桂的头发便不由自主地竖了起来。及至听到爱妾陈圆圆被李自成手下大将刘宗敏抢走时，吴三桂怒不可遏，他说："大丈夫不能保一女子，何面见人耶？"他当即下令，停止前进，掉头返回山海关，并一反常态，纵兵掠夺，直杀回山海关。清代诗人吴梅村的《圆圆曲》中有两句写到了这一情节："恸哭六军俱缟素，冲冠一怒为红颜。"

说到陈圆圆，还得追叙一段往事。

陈圆圆名沅，字畹芬，是江苏武进县金牛里（今奔牛镇）人。她的父亲是个货郎，走东串西，做小买卖为生。货郎还会唱，陈圆圆自幼便练就了一副好嗓子。18 岁那年，因家贫，流落至苏州，卖身为妓。陈圆圆长得美若天仙，演唱又冠绝一时，人称色艺双绝。苏州人没有不知道她的，她虽色艺甲天下，却是红颜多薄命。崇祯十四年（1641 年）秋，当地窦霍豪家企图将她抢走，她闻讯躲起来，才幸

免于难。

崇祯十五年（1642年），陈圆圆又一次被抢，抢她的人便是大名鼎鼎的田弘遇。田弘遇是山西人，曾在扬州任千总，只因其养女嫁与崇祯为妃，成为皇亲国戚，一时便身价百倍，成为右都督，到处作威作福。这次，他到南海进香路经苏州，听得陈圆圆之名，便指名索要。陈圆圆又躲藏起来。田弘遇以二千金之高价付与圆圆之母，当地人又惧怕其权势，便把圆圆交给了弘遇。

田弘遇把陈圆圆弄到手，本心是想用女色取悦崇祯皇帝，不料崇祯因战局吃紧，竟无心收留陈圆圆，田弘遇倒讨了个没趣。从此，陈圆圆就成为田家的歌伎，供田弘遇玩乐。崇祯十五年（1642）七月，田贵妃病死，田弘遇立感朝中无人，便千方百计想拉拢一位有实力的将军，他想到了吴三桂。恰好吴三桂于崇祯十六年（1643）五月受命勤王，来到了京师，田弘遇便将这位年轻的将军请到家里观乐舞。

吴三桂欣然前往，对他来说，结识一位有势力的朝官，况且还是皇亲，有什么不好？酒足饭饱，田弘遇便唤出家伎来表演歌舞。舞女中为首一人貌若嫦娥，声似啼莺，舞似飞燕，把吴三桂看得如痴如呆，他迷迷糊糊地问道："这就是人们传说的陈圆圆吧？"田弘遇做了肯定的回答，并表示愿以圆圆相赠。吴三桂喜出望外，得一绝代佳人，是他夙愿之一，这次见到陈圆圆，实在是天遂人愿。他将皇帝赏赐的千金交给田弘遇，请田弘遇暂时继续照顾陈圆圆。因他家中此时已娶辽东人张氏为妻，待他安排一下，过些日子再来迎娶。

对陈圆圆来说，虽然嫁给吴三桂，只能做妾，但比起侍候一个年迈的老人来说，还不如嫁给一位年轻有为的将军。况且，吴三桂生得一表堂堂，文武全才，

皇帝此时又十分宠信，亲自赐尚方剑给吴三桂。所以，陈圆圆从心里盼望三桂速来迎娶，让她早日脱离樊笼。她与吴三桂虽只见了一面，但已经以身相许了，她急切地等待着。正如吴梅村《圆圆曲》所叙："许将戚里空侯伎，等取将军油壁车。"

崇祯十七年（1644年）三月二十日，李自成军进京的第二天，便将京中原存明吏登记姓名，拘禁起来，用夹棍严刑追赃银、派饷。仅大将刘宗敏府中，就拘禁了三百余人，吴三桂的父亲也在其中。吴襄只拿出5000两银子，远远不够，每日被拷打不休。除了追赃逼饷之外，李自成本人及众将还大肆搜罗美女。刘宗敏占据了田弘遇宅，也掳走了陈圆圆等歌伎。一个简单的行动，暴露了李自成农民军低下的素质；一个愚蠢的行为，丧失了一统天下的大好时机。

吴三桂一怒之下，杀回山海关，将守关的唐通杀得只剩八骑逃回北京。这时，吴三桂的兵力已达五万，他在演武场阅兵誓师，将李自成的使节李甲斩首、陈乙割两耳后放回。他亲自给父亲吴襄写了回信，宣布与李自成彻底决裂。至此，他有进无退，只要能报仇，他一切都在所不惜。是李自成、刘宗敏的错误行为将已经决心投降的吴三桂重新逼反，是李自成大顺政权种下了覆灭的祸根，是中华民族的历史又出现了一次大倒退，是李自成、刘宗敏等人给清军打开了国门。这一深重的历史教训值得永远记取。

崇祯十七年（1644年）四月六日，李自成得知使节被处死的消息，九日，又看到了吴三桂给父亲吴襄的信。他感到了问题的严重性，他十分震怒，责备刘宗敏误事误国。李自成甚至亲自将吴襄释放出狱，并设宴招待，以示笼络。但一切都太晚了，一失足成千古恨，在历史的转折关头，时机稍纵即逝。李自成只剩下一

条路,出兵讨伐吴三桂。

### 血战雄关

吴三桂既然已与农民军决裂,就不能不考虑后路问题,他虽然到处发檄文,要"乾坤再整,日月重光",但他自己也懂得,凭自己手上的五万人马,绝不是李自成农民军的对手,他只有一个选择,即投靠正在勃兴的清朝。降清,并非他心中所愿;投降他与之交战了数十年的清廷,也与他作为明朝的忠臣之初衷相违;投降异族也与他的思想观念相悖;谁愿背千古骂名?但他不得不这样做,单凭他自己的力量,是无论如何无法对抗农民军的,而如果被农民军歼灭,他自己的荣华富贵、封妻荫子岂不全成了泡影?他前半生辛苦聚集起来的武装岂不是白忙一场?为了他的切身利益,为了解燃眉之急,吴三桂做出了他人生的又一选择,降清,他命书吏起草了一封向清摄政王多尔衮请兵的信,遣副将杨坤、游击郭云龙星夜赴沈阳面呈。

李自成也掂量出吴三桂降而复叛的分量,虽然百官日日劝他登基,他却无心即位。他知道山海关的重要地位,他担心吴三桂与清军的联合,他从大局考虑,决定尽快以军事手段解决吴三桂的问题。他不顾李岩、牛金星、宋献策等重要谋臣的反对,决定亲自率军讨伐吴三桂。四月十三日,李自成率马步兵十万,带领刘宗敏、李过等一班大将,亲领精兵七千,出正阳门,向山海关进发。他将崇祯帝的三个儿子,太子朱慈烺、永王、定王带在军中,希望吴三桂还眷恋故主之情;他将三桂父吴襄也押在军中,希望吴三桂还顾虑父子之念。决战,一场事关大顺政权命运的决战即将在万里雄关前展开。

大明政权寿终正寝,关外经营多年的清朝也急不可待地向北京扑来,志在逐鹿中原,夺取天下。摄政王多尔衮采纳了谋臣范文程的建议,乘明朝刚被推翻,大顺政权未稳之际,挥师入关,夺取全国政权。多尔衮亲率十万精兵,带领多铎、阿济格等一批猛将,倾其举国之力,于四月九日从沈阳誓师出发。留守沈阳的只有少量的老弱残兵,多尔衮已是孤注一掷,成败在此一举,他率军从蓟州、密云方向,按照过去清军屡次进攻明军的老路前进。

四月十五日,清军进至翁后(今辽宁北镇附近),突然停止前进,原来替吴三桂送信的使者郭云龙、杨坤已赶到此地。多尔衮看了吴三桂请兵的信后,未敢轻信,犹豫不决。他觉得这确是千载难逢之良机,吴三桂竟会送上门来;同时,他对多年来拒绝投降、一直与清军作战的吴三桂还抱有戒心,其中是否有诈?多尔衮思虑再三,决定将杨坤留作人质,派其妻弟拜然与郭云龙一起回山海关探看虚实。同时,多尔衮采取了两个措施,一是改变行军路线,直趋山海关;二是调取攻城用的红衣大炮,发往山海关。这两个措施后来都被证明,是十分及时的,对农民军来说,则是致命的。

多尔衮给吴三桂复了信,并从次日开始,加快行军速度,于十九日赶到锦州。二十日中午在连山驿(今辽宁锦西)碰到了吴三桂派来送信的郭云龙与孙文焕,信中恳求多尔衮速速发兵到山海关。多尔衮虽未得到吴三桂归降的明确回答,但他仍以一个战略家的眼光,判断出形势的端倪,做出了正确的决定。清军日夜兼程,以急行军的速度,一日一夜行100公里,于二十一日凌晨赶到了山海关外。多尔衮望着面前这清军数代攻伐、费尽心机而未得到的雄关,感到夙愿即将实现,一统天下已不再是梦想。

与多尔衮神速发兵的行动相反,李自成的大军却行动迟缓。山海关距北京仅350公里,农民军却按常规走了九天李自成一面亲率大军来征讨，一面却仍对吴三桂抱有幻想，希望吴三桂不战而降，他在行军路上多次写信向吴三桂劝降。吴玉桂为了迷惑李自成，派了高选、李友松等六将前往大顺军诈降。李自成虽对六将心存警惕，但由于仍对吴三桂存有希望，所以把这六人留在军中，并且没有急于行军，而是心存侥幸。这就在客观上给吴三桂留出了请清兵与备战的时间，主观上也未做认真打大仗的充分准备，李自成与老谋深算的多尔衮相比，战略眼光、胆识与魄力，孰高孰下，不是一目了然了吗？

四月二十一日，李自成大军到达山海关，不见投降的吴三桂，迎接他的是全副武装的辽兵。李自成当即识破了六将诈降的诡计，将六人杀掉（其中一人跑掉），然后最后一次派使者劝降，遭到吴三桂拒绝后，便布置攻关。双方当天在关外石河西（今山海关燕塞湖一带）展开了一场血战。农民军英勇冲击，数度攻入关内，辽兵凶悍善战，几次击败农民军的进攻，双方都付出了沉重的代价，当晚，吴三桂将队伍撤回关城。

当晚，吴三桂彻夜未眠，他已感到形势的严峻和紧迫，他派余一元等五名士绅再去见多尔衮。多尔衮虽率军到达了离山海关 7.5 公里的欢喜岭，但由于他对吴三桂、李自成都产生了疑虑，故停驻不进。多尔衮安慰了众士绅，并派亲信范文程与五名士绅一同回见吴三桂。吴三桂已顾不得再摆什么架子，他立即飞马去面见多尔衮。多尔衮喜出望外，他这时才相信吴三桂是真心投清，他与洪承畴一起见吴三桂，他哈哈大笑，说："天下在掌中矣！"一句话，反映出他深知吴三桂的重要性，也反映出他夺取天下的远大志向，他不愧为清朝一统中国的中枢人物。

吴三桂与多尔衮相约事成后，以黄河为界，南北分治，并当即与多尔衮歃血订盟、折箭为誓，亲自剃发，以示永不反悔。多尔衮让吴三桂军肩系白布，以防混战中误伤。接着，吴三桂返城，令开城门。清主帅多尔衮、英王阿济格、豫王多铎分三路共五万余骑兵浩浩荡荡开进了山海关。当清军入关之时，吴三桂率本部五万多人马出关杀奔石河西战场。

李自成已经在石河西岸红瓦店一带摆开决战的战场，投入了全部兵力。经过 21 日的战斗，他已经感觉到辽兵是他所遇到的明兵中最强悍的，他原来想的攻下山海关再即位，如今已成了问题，这一战的结果已很难预料。吴三桂亲自出马，手下大将吴国贵等身先陷阵，吴军来势汹汹。农民军也不示弱，前仆后继，李自成亲自指挥。战至中午，吴军已有些支持不住，即将败阵。多尔衮看机会已到，下令出击，数万清军骑兵，以正白旗骑兵为先锋如离弦之箭冲入战阵。这支生力军以逸待劳，锐不可当，尤其清军惯于骑射，所向披靡。李自成发现后，急忙退走，刘宗敏已受了伤，一见满州兵到，顿时败逃，清军、吴军联兵追杀 20 公里，大顺军基本被歼，大将阵亡十五人。

这是一场历史命运的决战。决战的结果改变了中华民族的历史。决战的胜利奠定了清朝的 200 年基业；决战的失败注定了大顺政权的结束；吴三桂也从决战中达到了他个人的目的，封侯称藩、荣华富贵。决战的结果使中华民族前进的脚步停滞了、倒退了，强大的中国在近代史上衰败了、落后了，这是一场民族的悲剧、国家的悲剧。作为这场悲剧的始作俑者，吴三桂难逃其咎，他永远是民族的罪人。

### 万里穷追

战败后，李自成当晚退到永平，并派原明降官张若骐与吴三桂议和，李自成答应交出明太子和两王，吴三桂则保证

第七编　明清野史

让李自成顺利返回北京。但多尔衮是不可能放弃追踪农民军的，他一方面以顺治帝的名义，封吴三桂为平西王，并令吴军将士全部剃发，表示彻底归顺；另一方面命吴三桂为先锋，调马步军一万给吴三桂，让他于四月二十三日（大战后的第二天）领兵出发，追击李自成。李自成恨吴三桂不遵守协议，便在永平城西 10 公里的范家庄，将吴三桂之父吴襄斩首，用竹竿挑着首级示众。吴三桂投降清朝，首先受报复的便是他的父亲。

李自成匆匆逃回北京，即位皇帝，在清、吴联军兵临城下之际，他决定放弃北京，并将宫殿付之一炬。他对吴三桂的叛变恨之入骨，于二十七日，将吴三桂的继母祖氏、弟弟、妹妹及其族人三十四口全部处死。四月三十日，李自成率军撤出了北京城，他来也匆匆、去也匆匆，在这座古老的帝京只做了 41 天的主人，正式当皇帝才 2 天。由于他本人的素质，再加上缺少优秀的参谋人员以及政策的失误，这位曾经推翻大明王朝、叱咤风云的人物很快便失去了昔日的光彩，也失去了大顺政权统一全国的机会。政策失误中很重要的一条便是对吴三桂这支力量失控，这个历史的教训是多么沉重啊！

多尔衮不准先到北京的吴军进城，而是命令吴三桂追击农民军。吴三桂虽然心中不满，但也无可奈何。这时，他焦急地在寻访陈圆圆的下落。李自成军经涿州至保定，再至定州（河北定县），一路丢弃了大量财物、妇女，希望减缓清、吴军追击的速度，但吴三桂毫不为所动，不准兵士拾取，尾随李自成军紧追不舍。定州一战，大顺军重要将领谷大成阵亡，左光先受伤，农民军已成惊弓之鸟，不堪一击。

就在这兵荒马乱之际，吴三桂却得到了意外的惊喜，他在追击中找到了魂牵梦绕的爱妾陈圆圆。陈圆圆趁着兵乱，逃离了刘宗敏，回到了吴三桂身边。这对于失去不少亲人的吴三桂来说，不能不是一种巨大的安慰。吴梅村的《圆圆曲》写道："若非壮士全师胜，争得蛾眉匹马还？"

定州败后，李自成收集残部于真定（今河北正定）与吴军决战，死伤万余人，李自成中箭受伤。接着农民军出固关，退入山西境内。李自成布置兵力固守山西，自己过太原，回到西安，准备东山再起。吴三桂与清军追至固关城下，已人困马乏，无心再战，班师回京。多尔衮虽对吴军厚加赏赐，但对吴三桂想封藩齐鲁一事，却不加理会，他需要吴三桂为其继续消灭农民军冲锋陷阵。

吴三桂回京之时，南明弘光政权派人来与其联络，并带来黄金 1000 两，白银 10 万两。而吴三桂此时，已死心塌地投降清朝，不但不受金银，不受封赠，也不见来使。他已甘心为清朝鹰犬，什么效忠大明，只是他为自己降清寻找的借口。

十月初一，顺治在北京即皇帝位，开辟了清朝的新纪元。接着，多尔衮便命令英王阿济格为靖远大将军，出征陕西，继续追剿李自成农民军；命和硕豫亲王多铎为定国大将军征讨南明弘光政权。两路大军均有降将随征，吴三桂军受命于阿济格麾下效力。但由于大顺军对河南怀庆地区的进攻，改变了多尔衮的初衷，他决心两路大军夹击陕西，会师西安，先消灭农民军再去对付南明政权。

攻打农民军的战斗进行得相当顺利。顺治二年（1645 年）五月十三日，多铎军占领陕西门户潼关，守将马世耀投降。两天后，多铎军便开进了西安，李自成奔向商州。阿济格、吴三桂部首先征服了宣府、大同，接着攻下了榆林、延安，又紧追李自成军至河南、湖北。武昌一战，大顺军再败。四月下旬，李自成军在江西九江被多铎部彻底击败,全军覆没,大将刘宗敏、左光先被俘,李自成的两位叔父及军师宋献策也被俘。李自成只身逃走时,在湖北通山县九宫山下李家铺河滩,被当地源口寨乡勇头目程九百等杀死,时当顺治二年(1645 年)五月二日。一代农民英雄虽然推翻了明朝政权,但由于政策失当,不但未能建立统一的大顺政权,反而倒在清军及吴三桂军的屠刀下,真是千古遗恨。

在阿济格麾下,充当主力军的便是吴三桂的部队。这次追击大顺军,历时八个月,穷追万里,将农民军彻底击败,并导致李自成之死,吴三桂对清朝的贡献可谓大矣。顺治帝特进封吴三桂为亲王,并受到优厚的赏赐。多尔衮觉得大量军队驻扎北京有所不便,便命令吴三桂率本部人马返回锦州驻防。从顺治二年(1645 年)八月到顺治五年(1648 年)这段日子,吴三桂过着悠游生活,无仗可打,无事可做,确实比较清闲,但命运并不让他就此退出历史舞台,他注定要成为一个乱世枭雄,他还要在全国引起波澜。

### 用兵川陕

在吴三桂随阿济格军追剿李自成军之时,多铎已将南明弘光政权消灭,但明宗室仍在积极活动,陆续成立隆武政权、永历政权,各地的反清活动也一直没有停止,特别是张献忠在四川建立的大西政权,对清廷更是一种威胁。因此,多尔衮陆续派满蒙八旗兵与降清的汉军分赴各地征讨或驻防。顺治五年(1648 年)初,吴三桂接到了镇守陕西汉中的命令。四月,他携带家眷及部伍离开了锦州,在北京面见顺治帝后,即赴陕西上任。

吴三桂军一到陕西,便投入了战斗,首先在阶州(今甘肃武都)将明宗室王朱赤紊等击败,歼灭七千余人。接着他率军北上,攻打叛清的原延安参将王永强,

在富平流曲将其击败,恢复宜君、同官(今陕西铜川)二县,杀主永强。又连克蒲城、安塞、清涧数县,消灭了榆林义军,又分兵渡过黄河,包围了保德、府谷,农民军内乱,相继向吴三桂投降。吴三桂部到陕西三年,剿抚农民军约四五万人,陕西基本平定。

顺治七年(1650 年)十二月,多尔衮病逝于内蒙喀喇城,清廷内部起了波澜。多尔衮被告发谋逆,牵连了很多重臣,甚至包括老奸巨猾的范文程在内,但由于还要利用吴三桂等,所以仍对吴三桂表示信任,并于顺治八年(1651 年)九月,调吴三桂部出征四川。早在顺治三年(1646 年)清军便由和硕肃亲王豪格率领推翻了张献忠的大西政权,但两年后,张献忠余部与明宗室又趁清大军撤走之际,重新起兵。至顺治九年(1652 年)二月吴三桂入川时,四川已由南明永历政权派刘文秀略定了四川大部。刘文秀、孙可望原来均是张献忠的部下,现在投靠南明永历政权,他们的军队,是特别能战斗的队伍。

吴军入川后,连克保宁、嘉定(乐山),接着,又由佛图关攻下重庆,杀南明总兵李廷明等,又分兵围成都,南明守将投降,一直深入叙州(宜宾)。吴三桂又分兵招降了漳腊、松潘等地,南明将吏纷纷向吴军投降。这时,南明为对抗吴三桂军,特派遣刘文秀、白文选、王复臣三将率步骑六万,其中包括云贵土司"猓猡"部众,前来迎击吴三桂军。

顺治九年(1652 年)七月,刘文秀军攻克重庆,活捉三桂部将白含贞、白广生。接着,刘文秀又向吴三桂驻守的叙州猛攻,将吴三桂包围于阵中,多亏吴三桂部将杨珅拼死力战,才将吴三桂从重围中救出。刘文秀乘胜追击,吴三桂节节败退,从绵州直退到保宁城内。城外,刘文秀用十三头大象领十三营,列阵四

重,刀枪耀日。吴三桂出兵以来,从未打过这么惨的败仗,从未遇到过如此强劲的对手。

吴三桂面对强敌,心存退意,大将李国翰也建议向陕西回撤,只有杨坤力主决战。吴三桂考虑再三,觉得撤退无法向清廷交代,遂决定拼死一战。他在城上发现刘文秀部下张先壁部是薄弱环节,便决心以张部为突破口。结果,张先壁军不堪一击,其他各部也乱了阵势,大将王复臣自尽,刘文秀带领残兵逃回云南。这一仗,吴三桂亲自冲锋陷阵,身先士卒,结果反败为胜,度过了一生最困难的时刻。此役之后,四川基本平定,吴三桂为清廷又立了一大功。平定四川后,吴三桂率部返回陕西汉中,一直到顺治十五年(1658年)二月,这四五年过着比较平静的日子。

### 转战云贵

就在吴三桂驻兵汉中的时节,云贵高原的永历政权却成了清廷的心腹大患。南明永历政权依赖的支柱,便是原张献忠余部,尤其倚重的是孙可望、李定国、刘文秀等。此数将,皆献忠部下精锐,投入南明后,屡建奇功。如刘文秀曾收服四川,李定国在湖南击毙了清和硕敬谨亲王尼堪,在广西逼得投清的定南王孔有德兵败自尽。但此数人内部也不团结,尤其是孙可望与李定国矛盾更深,这就给清朝最后征服云贵提供了条件。

顺治十四年(1657年)九月,孙可望突然携妻向洪承畴投降,清世祖喜出望外,封孙可望为义王。这是一个难得的契机,清世祖觉得这是一举推翻永历政权的时候到了,决定兵分三路,征讨云贵。顺治十五年(1658年)二月二十五日,三路大军同时出兵,吴三桂与李国翰自南郑出发。

吴军一路进展顺利,四月三日便到达重庆,接着渡过綦江,进入贵州省境。

吴三桂大军所至,桐梓、遵义二城均不战而降,尤其是遵义遗留有三万多石粮食,给吴军提供了给养。五月二十一日,吴三桂军进入贵阳,仅在开州(今开阳)倒流水与守将梁亦英进行了一场不太激烈的战斗,歼梁手下人马二千多。在此期间,重庆曾受到李来亨等农民军的围攻,吴三桂率军回救,击走了农民军,然后返回遵义驻守。

当年十月,由信郡王多尼在贵州平越府杨老堡召集了有吴三桂等参加的军事会议,约定吴三桂、多尼、赵布泰三路出兵,于十二月会师昆明。刘定国、白文选等连战皆败,与永历帝向西奔逃,先至永昌,再至永平。吴三桂率兵紧紧追赶,顺治十六年(1659年)二月,吴军先后占领了大理和永平,永历帝逃至腾越(今腾冲)城。李定国率军殿后,渡过潞江(怒江)后,在磨盘山设三道埋伏,等候吴军的到来。

二月二十一日,吴三桂军大摇大摆地进入了磨盘山,眼见进入埋伏圈的已有一万二千多人。不料这时,永历大理寺卿卢桂生突然跑至三桂军前投降,并泄露了李定国的伏兵之计。吴三桂大惊,急忙撤兵,伏兵冲出,双方激战数小时,直至清赵布泰、多尼援军赶到,李定国才率残部撤退。此一战,南明虽损失精锐四千余人,但击毙固山额真沙里布、祖泽润等十八名将官以及辅国公干图、扎喀纳等。清军此役损失近万人,是其入关后的最大一次败仗。

永历帝不少护从和臣属叛离,他与不多的臣子逃进缅甸。吴三桂等清军占领腾越后,一直追击到中缅边界,然后率部返回昆明,一路上又招降了不少南明官员。经过一年的征战,吴三桂等三路大军彻底摧垮了南明政权,将永历帝逐出境外,消除了清朝统一中国的最后障碍。在三路大军中,冲锋陷阵、一马当先的还是吴三桂的部队。

由于云南山高皇帝远,不易治理,况且李定国等还未收伏,所以由洪承畴提出应留一王率大军在云南镇守。顺治十六年(1659年)三月二十三日,清世祖决定,命吴三桂镇守云南。这是吴三桂军旅生涯的又一个转折点,吴三桂的后半生,便以云南为舞台,演出了又一幕壮观的话剧,在全国引起又一场新的动乱。

### 镇守云南

洪承畴建议留一王镇守云南并力荐吴三桂担此重任,吴三桂是很感激的。顺治十七年(1660年)正月,洪承畴回京时,吴三桂设宴招待,并请教他今后自己的自固之策。洪承畴意味深长地说:"不可使滇一日无事也。"俗话说:"狡兔死,走狗烹。"地方一旦安定,朝廷便会诛杀鹰犬。这个道理吴三桂是明白的,他不仅领会了洪承畴的话,也是那么做的。请兵进缅和计捉永历都是在这种思想指导下进行的。

本来,永历进缅后,一直过着被软禁的生活,李定国、白文选各剩下几千人在边疆一带流窜,也成不了大气候。但朝廷此时正为粮饷发愁,议论撤军、裁军。吴三桂起家靠的是军队,为王靠的是军队,他最明白军队对他的重要性,没了军队,他这只虎就成了羔羊。所以,为了防止裁撤他的军队,他率先提出出兵缅甸、消灭永历的建议。清廷经过反复考虑,同意了吴三桂的建议,于顺治十七年(1660年)八月下令,进军缅甸。

吴三桂在进军缅甸前,却诬水西(贵州黔西)三土司图谋不轨,对三土司进行了进剿,直到顺治十八年(1661年)三月,才剿平了三土司。此时,清廷又发生了一个重大事件,清世祖顺治皇帝于顺治十八年正月突然去世,只活到24岁。清圣祖玄晔只有8岁,由索尼、鳌拜等四大臣辅政。吴三桂为表忠心,亲自到北京祭灵,但朝廷担心出意外,只让他在城外搭厂设祭。祭灵完毕,吴三桂便挥师缅甸。由于瘴气弥漫,大军无功而还。

顺治十八年(1661年)九月,吴三桂出动十万大军,兵分两路,向缅甸进发,志在获永历帝。南明要将顾白文选在三桂穷追之下,无路可退,向吴三桂投降。缅王担心吴三桂攻城,便欺骗永历帝说带他去见李定国将军,从而把永历帝骗至吴三桂军营。吴三桂未用一兵一卒,便将南明永历帝捉获到手,遂于十二月十日下令班师,大军于康熙元年(1662年)三月十三日回到昆明。

康熙元年四月二十五日,吴三桂奉命将永历皇帝及其12岁的太子,还有皇室王维恭之子用弓弦逐个勒死,然后焚尸灭迹,永历之母与妻子及官人李贵芳于押赴北京途中均自杀。南明最后一员大将李定国听到永历的死讯后,绝食七日,于康熙元年六月二十七日去世,其子率部投降了吴三桂。从此,南明政权彻底覆灭,吴三桂也去了心腹之患,云南相对平静了。

为了酬答吴三桂消灭南明永历政权的功劳,清圣祖于康熙元年五月十一日亲自决定,将吴三桂晋封为亲王。这是莫大的殊荣,清朝建国200年,将汉人封为亲王的,只有吴三桂以及后来的降将尚可喜,再无第三个汉人得到过这一礼遇。吴三桂用永历父子的鲜血染红了自己的顶子,他降清以后,确实是忠心耿耿,说大半个中国都是吴三桂替清廷攻下来的,也不为过。

除了进缅俘获永历帝外,吴三桂于康熙三年(1664年)初,与贵州提督李本琛一起会剿水西土司头领安坤。安坤本已降清,被一个名叫常金印的人说动,率数万人反清,曾杀死清永顺总兵刘安邦。到这年十一月,吴三桂大破安坤,将安坤及其叔父安如鼎,以及土司安重圣、安重乾等全部处死。吴三桂奏请朝廷在水西地区设平远府、大定府、黔西府，具体行使管辖权。

就在吴三桂远征水西未归时，康熙四年（1665年）三月，云南省城以东诸土酋联兵反清，声势浩大，连克昆阳、通海、江川数县，志在夺取昆明。吴三桂得知情况后，亲率大军赶回昆明，接着在新兴一战，擒获这次起义的主谋王耀祖，然后分兵进攻，陆续夺回被攻占的城池，将起义首领齐正、王义、赵印选等人俘获，这次抗清活动被吴三桂彻底镇压。

康熙五年（1666年）初至康熙六年（1667年）正月，吴三桂与属下张国柱、卞三元、吴国贵、马宁等，陆续进剿滇南以苗、瑶等少数民族为主的反清武装，并大获全胜，擒获女酋陇氏、斩郎岱、土酋陇安藩及水西土目阿豆等人，并在这些地区设置开化府、永定州、威宁府等。经过这几次大的镇压，云贵局势基本趋于稳定。

康熙六年（1667年）三月，吴三桂又奏报蒙古干部台吉占据丽江，要求亲征。九月，吴三桂率军至大理，并无战事，十一月返回昆明。其实这只是蒙古要求通商，并无入侵之事，吴三桂虚张声势，仍是故意制造事端，防止清廷削其兵权或将其调走。实际上，从康熙六年起，直至康熙十二年（1673年）吴三桂起事，云贵再未发生大的变乱，吴三桂在云贵当起了土皇帝，过着骄奢淫逸的生活。

### 穷奢极欲

吴三桂坐镇云南，朝廷许以大权，他设置四镇兵马，操纵生杀大权，任命一般官员。康熙元年十二月，朝廷又把贵州交给吴三桂管理，可谓信任有加。吴三桂在紧紧掌握兵权的同时，也不忘聚敛财富，他除了大肆圈地外，还定了很高的租税，并垄断金、银、铜、铁、铅的生产，获取高额利税。吴三桂还说服朝廷，批准

云贵与西藏互市茶、马，从中渔利。此外，他在修建宫殿时，又意外地得到原永历政权的窖金200余万两，真是不义之财。

吴三桂除了聚敛财富外，还大兴土木，修建王府。他将王府从原来的南明蜀王刘文秀旧居又迁到永历帝住过的五华山故宫，而且不断扩建增修。王府中的近华浦、安阜园、万卷楼等，都巧夺天工，各具特色。吴三桂有三宝，一是虎皮，二是六尺高的天然大理石屏风，三是帽顶上的大红宝石，他经常向人夸示此三宝。

吴三桂性情风流，他除了有正妻张氏外，最宠爱的要数其妾陈圆圆了。吴三桂本来是想立陈圆圆为其王妃的，陈圆圆固辞不受。吴三贵专门在昆明城外，为这位美人建造了一所"野园"。吴三桂经常来到野园，饮酒作乐，陈圆圆歌舞作陪，吴三桂最爱听的是陈圆圆唱的汉高祖刘邦的《大风歌》。为了博得圆圆的欢心，吴三桂还不远万里、千方百计派人找到了陈圆圆的父、母及兄长，并把他们请到了云南，只是因为他们住不惯，才给了大批金钱，让他们衣锦还乡。

除了陈圆圆外，最受吴三桂宠爱的还有所谓"八面观音"和"四面观音"。此两人原是明礼部侍郎李明睿的家妓，给事高安用计将二人弄到手，献给了吴三桂。吴三桂十分宠爱，将此二人藏于丽宫金屋。吴三桂身边还有一个侍儿名叫莲儿，年方17岁，姿容秀丽，日夜陪伴着吴三桂。这些妻妾仍不能满足吴三桂的情欲，他还四处遣专人购买秀女，其后宫美女不下千人，可谓极人臣之盛。

### 揭竿反清

正当吴三桂踌躇满志、在云贵称王称霸之时，清廷却在积极筹划撤藩事宜。撤藩的导火线源自尚可喜的撤藩申请。康熙十二年（1673年），平南王尚可喜接

受了手下谋士金光的建议,急流引退,请求回辽东养老。康熙皇帝对三藩早有不满,一直准备撤藩,这时尚可喜自请撤藩,真是求之不得,立即表示同意。尚可喜准备自己带部分兵丁和家口回辽东老家,而让长子尚之信继承王爵,继续镇守广东。

尚可喜的撤藩申请给平西王吴三桂和靖南王耿精忠出了个难题。同年七月三日,吴三桂给清圣祖上了自请撤藩的奏疏;七月九日,耿精忠也上了同样内容的奏疏,但吴、耿二人都是被迫的,是言不由衷的。清圣祖撤藩心切,毫不犹豫地提笔同意了吴、耿二人的申请,谁知此举却引起了长达八年的三藩之乱,这是圣祖始料不及的。

吴三桂本希望朝廷拒绝他的撤藩请求,谁料圣祖却批准了他的奏疏,这无疑是对他的当头一棒。历史又一次让他选择,是老老实实按照朝廷安排,到关外做一个空头王爷,还是再次抗拒朝命,重新举起反叛的大旗?这一次的选择甚至比上一次降清还是降李自成更难抉择,这又是一个人生的十字路口。

撤藩虽只二字,却对吴三桂属下数万人的命运起着决定性的作用,吴三桂割舍不下云南的宫殿、财产、美人、权势;吴三桂的部下也难以抛弃他们在云南得到的一切;吴三桂与他属下数万人都不愿离土重迁,他们担心回到辽东生活受到影响,他们更离不开这已经熟悉了的四季如春的云贵高原。利益的驱动与民族情感交织在一起,吴军上下呼出一个声音,用武力反对撤藩,用武力反抗清廷。

此时,吴三桂还有一个顾虑,即他的长子皇驸马吴应熊还在北京,他派心腹李恕、张镳赴京去接吴应熊,吴应熊却不赞成父亲轻举妄动。李恕、张镳无奈,只得悄悄带了吴应熊的庶子吴世璠回云南。吴三桂见孙子来到,更坚定了起兵的决心,他已经要为自己和属下奋力一搏!他不能失去已经得到的一切,谁要夺走这一切,他便会武力相向。他自忖,皇帝年幼,全国没有什么人能挡住他吴三桂的道路。

康熙十二年(1673 年)十一月二十一日,吴三桂召集了四镇十营总兵,正式宣布起兵,他自任天下都招讨兵马大元帅,建国号周。云南巡抚朱国治拒不投降,被三桂部下乱刀砍死。其余几位不肯反清的官员李兴元、高显辰、刘昆等都被看押起来。接着,吴三桂率三军拜谒永历帝陵,去满装、易汉服,重新蓄发,宣布与清朝彻底决裂。第二天,吴三桂以 62 岁的高龄亲自披挂上校场,三箭皆中目标,他在马上雄赳赳、气昂昂,威风不减当年。

康熙十二年(1673 年)十二月一日,吴三桂自云南出兵北伐,兵锋直指贵州。贵州总督甘文焜全家自尽,提督李本琛已密投三桂,这样,吴三桂兵不血刃,便拿下了贵州全境,贵州巡抚曹申吉也投降了吴三桂。吴三桂虽然轻松地拿下了贵州,但同时却犯了一个错误,他从康熙十三年(1674 年)起改称周王,年号称周王元年。这时有人劝他用大明年号,立明崇祯帝后裔,这样可以号召一切反清复明的人都参加这场兵变。吴三桂没有听从,这在后面看来是他失败的原因之一,他失去了大批反清复明人士的支持,这显然是不明智的。

从康熙十二年(1673 年)底,到康熙十三年(1674 年)三月,仅仅三个月的时间,吴军便连克沅州、常德、辰州、长沙、岳州、衡州,据有湖南全境。一江之隔的湖北也发生了响应吴三桂的湖广总兵杨来嘉与郧阳(今郧县)副将洪福的起义。四川提督郑蛟麟与川北总兵官谭弘、四川巡抚罗森、总兵官吴之茂均降吴,全四川都纳入了吴三桂的控制之下。吴三桂起兵三月,便拥有云、贵、川、湖四省,声势震动全国。

康熙十三年(1674年)二月二十七日,广西将军孙延龄投向吴三桂,广西提督马雄素与孙延龄不睦,他决定降吴不降延龄。但事隔不久,孙延龄又准备叛吴投清。吴三桂得知此事,派其孙吴世琮用计除掉了孙延龄,杀掉了拒不降吴的广西巡抚马雄镇全家,从而直接控制了广西。

康熙十三年(1674年)三月十五日,靖南王耿精忠在福建宣布与清朝脱离关系。福建总督范谟漠反对叛清,耿精忠把他拘禁起来。耿精忠与吴三桂约定,他主攻江西、浙江。由于耿精忠的起兵,开辟了第二战场,减轻了吴军的压力,形势对吴军有利。

康熙十三年(1674年)四月二十日,广东潮州总兵官刘进忠将福建军迎入,起兵叛清,靖南王尚可喜这时已将王位传给次子尚之孝,引起长子尚之信的不满。刘进忠又引入台湾郑锦的军队,加之祖泽清于六月叛清,广西马雄军也向广东进攻,广东省会广州已岌岌可危。此时,尚之信在吴三桂的利诱下,于康熙十五年(1676年)二月二十一日发动兵变,接受了吴三桂"招讨大将军"的封号,派兵把守其父尚可喜的府第,炮击清兵大营。尚可喜在乱中病故,广东也进入吴三桂的势力范围。

吴三桂起兵之后一直希望西北能开辟新战场,他把这一希望寄托在自己的老部下陕西提督王辅臣与甘肃提督张勇身上,便派汪士荣为使,去劝说二人起兵。不料王辅臣不念旧情,反将汪士荣交给朝廷,朝廷将汪士荣处死。吴三桂本已死心,谁知陕西经略莫洛却一手逼反了王辅臣,康熙十三年(1674年)十二月,玉辅臣在宁羌击毙莫洛,起兵造反。

王辅臣于康熙十四年(1675年)二月五日攻下西北重镇兰州,西北震动。

在如此大好形势下,吴三桂却犯了战略性的错误,他饮马长江,本当痛饮黄龙,直捣京师,吴三桂却不过长江,在松滋一停就是三个多月,白白失去了大好时机。吴三桂的谋士刘玄初在关键时候写了封信,劝其渡江北上,他却无动于衷,逗留观望,企图与清廷分长江而治。如果这时他挥军北上,清朝的江山就可能变色,而他却顿足不前。缺少进取精神,是吴三桂最后失败的重要原因,历史就是这样毫不留情。

就在吴三桂徘徊观望、犹豫不前之际,年轻的康熙皇帝却抓住了转瞬即逝的机遇,调动全国的军事力量,向吴三桂扑来。康熙首先削去吴三桂的亲王爵,然后处死了吴三桂留在北京的儿子吴应熊父子。到康熙十四年(1675年)四月,康熙帝已组织了十路大军进剿吴三桂军,甚至将蒙古兵也征调到前线,总兵力在二十万以上。双方的主力都摆在湖南,吴军在岳州,清军大本营在隔岸的荆州,一直对峙着。

康熙帝采取各个击破的方针,西北的王辅臣首先被击败。清军首先攻下秦州,总兵陈万策出降。接着便包围了兰州、巩昌。兰州、巩昌相继攻破,清军便围住王辅臣的根据地平凉。康熙特派大学士图海为抚远大将军,亲临平凉,指挥战斗。清军以重大代价夺取了城外的制高点——虎山墩,平凉城失去了屏障,王辅臣于康熙十五年(1676年)六月归降,西北平定。西北战场的胜利使康熙消除了肘腋之患,并终于可以抽调西北劲旅对付吴三桂,吴三桂的失败便注定了。

在福建战场,清军也由守势转为攻势,向耿精忠派往江西、浙江的队伍以及留守福建的部众发动了猛攻。处州、仙居、黄岩等地相继落入清军之手,不少耿军将领向清军投降。康熙十五年（1676年）十月，耿精忠率众向清军投降。他投降前，杀掉了长期关押的范承谟等人。耿精忠投降后，台湾来的郑军也支持不住，退回了台湾。耿藩的降清使康熙帝可以从容包围吴军，湖南战场的战略决战来临了。

广东也传来了对吴三桂不利的消息，尚之信重新降清，并请清军入粤。吴三桂急调大将马宝等攻韶州，结果吴军在韶州大败。接着清军又向广西进攻，吴三桂派其孙吴世琮前往广西救援，广西形成了拉锯状态。而在江西，吴三桂的骁将之一高得捷忧郁而死，清兵攻破吉安，大将韩大任降清，共歼吴军四万余人，吴军损失惨重。

在政治与军事日益恶化的情况下，康熙十七年（1678年）三月一日，吴三桂匆匆在衡州即帝位，宣布国号大周，改元昭武。但即帝位丝毫也改善不了吴三桂政治与军事上的不利处境，清军加紧了对湖南岳州和长沙的进攻，志在必得。吴三桂本人的志气和身体均一天天衰败，他的生命已走到了尽头，这位67岁的老人再也无法显示当年的神勇，他已是风烛残年。

吴三桂振奋精神，于康熙十七年（1678年）上半年在永兴、彬州连胜清军，歼敌万人，毙都统宜理布、统领哈克三等人，但总的形势并未改观。岳州被围数年，粮食难以为继，吴水师重要将领林兴珠降清，岳州已有大批吴军将士向清朝约降。守将吴应期是吴三桂的亲侄，作战十分勇敢，但为人妄自尊大，不少将士是他逼迫下降清的。他还私自盗卖岳州存粮，岳州本有三年存粮，防守力量很强，结果被他卖掉不少，最后还是因缺粮而无法坚守。

烽火连天夜，三桂病故时。天不假年，吴三桂于康熙十七年（1678年）八月忽然中风，八月十八日便病逝了。吴三桂的死给吴军笼罩了一层覆亡的阴影，覆灭的日子不远了。这位一生轰轰烈烈的将军，却凄凄惨惨地死去，他反复无常的个性给社会、给民族都带来了灾难，他在历史转折的关头，把历史拉向后转。但谁也无法否认这个人物的力量，他在一系列事件中举足轻重，若不是他突然中风死亡，清军要取得彻底胜利还不是那么容易的事。这位传奇人物带给人们不少反思，这位历史上来去匆匆的过客像转眼即逝的流星，他留下的苦果只有让他的子孙们去尝了。

## 田文镜

治河、惩贪始终是历代封建统治者必作的文章，雍正朝中的名臣田文镜，在这方面就有不俗的一笔。

雍正四年（1726年）十二月八日，雍正帝对河南巡抚田文镜任职三年以来的工作给予了充分肯定，盛赞道："及为巡抚后，三年以来，整饬河工，堤岸坚固，河汛安澜，年岁丰稔，绅衿畏法，正己率属，地方宁谧，而每事秉公洁己，谢绝私交，实为巡抚中之第一。"从此，田文镜成了朝野闻名的能臣。只要认真研究一下田文镜的经历及其对工作的态度，不难看出，他在河南取得的成就，正是他励精图治、锐意兴革的结果。

田文镜（1662—1732），字抑光，汉军正蓝旗人，雍正五年（1727年）因功抬入正黄旗。祖先原居广宁（今辽宁北镇）。康熙二十二年（1683年），二十二岁的田文镜以监生任福建长乐县县丞，开始了他的政治生涯。自从步入仕途，一直到康熙六十一年（1722年），年过六旬的田文镜历官四十载，不过当到内阁侍读学士，而且政绩平平，史书上只留下了他凭着资历而缓慢升迁的记录，却未记载下一点可以扬名的政绩。直到雍正帝登基后，田文镜才开始显露了他的才干，并很快成为地方督抚之楷模。这当然与他多年在官场磨炼出的精明才干有关，但更重要的是，他遇到了能够识别、提拔他的英明君主。雍正元年（1723年），田文镜受命告祭西岳华山，途经山西时，他得知山西官员匿灾不报，以致百姓遭殃，便如实向雍正帝汇报，雍正帝极为赞赏，嘉其直言无隐，命速往山西赈灾。当田文镜圆满完成救灾任务后，即被任命署理山西布政使，他"清厘积牍，剔除宿弊，吏治为之一新"，因而使雍正帝对他更加器重，遂于雍正二年（1724年）正月调任河南布政使，后又升为河南巡抚。从此，田文镜得以一展宏图。

田文镜受"知遇"之恩，报效心切，用他自己的话说，即"鞠躬尽瘁，亦难报效，惟有矢此血诚，不敢一毫怠惰，一事苟且"。因此，尽管他到河南担任巡抚时已六十三岁，而且身体多病，但他全然不顾，一上任便大刀阔斧对官场长久以来的陋规、科派，以及州县逃赋、隐匿土地等问题进行了整顿。他还特别注意认真执行雍正帝的各项改革措施，使之在河南得以落实。

整顿吏治，清查亏空，是雍正帝登基后进行的第一件大事。田文镜在河南亦以此为先务，他一到任，"即查核豫省亏空"，而且"不遗余力，檄委各府州互相觉察，总期彻底澄清，不容纤毫短少"，对那些有贪污行为者，俱"令其涤虑洗肠，痛改前非"，否则"立即揭参"，毫不留情。由于措施严厉，河南清查亏空事进展较快。此外，田文镜严肃吏治，对属员要求极严，对于贪赃枉法，以及玩忽职守者同样严惩不贷。赴豫仅二年，他就劾罢属员达二十三名之多。

田文镜锐意兴革，必然受到保守势力的攻击，特别是他惩治贪官十分严厉，必然触及某些人的利益，因而保守势力对田文镜恨之入骨，经常向雍正帝密奏

田文镜之"刻薄"。雍正帝对田文镜的干劲十分赞赏，但为了使他不致陷入孤军奋战，曾下谕劝他讲究斗争策略及方式："豫抚之任，汝优为之。但天下事，过犹不及，适中为贵，朕不虑汝不及，反恐报效心切，或失之少过耳。"田文镜十分感激雍正帝的善意提醒，但对各种诽谤及攻击毫不介意，仍旧对河南政务进行不停顿的整顿。他不怕挨骂，不怕孤立，认准的事就要一干到底。在贯彻雍正帝关于"士、民一体当差"政策的过程中，田文镜狠狠打击了保守势力的进攻，迅速解决了一起旨在反对改革的"罢考"事件。

田文镜抵豫之前，河南连年灾歉，人民苦不堪言。上任之后，他通过深入了解情况，发现与河堤工程长年失修有关，以致无雨干旱，遇有大雨又酿洪灾，于是决定由政府拨款兴工修筑，并提出人夫应由各州县分遣，"按照百姓地亩，或半顷或二顷出夫一名"，"绅衿里民，一体当差"。这本是个利国利民的政策，但却触犯了地主阶级的利益，因为有田半顷或二顷者自然是地主，他们一向与绅衿等享有特权，官府也不敢轻易触犯，没想到新上任的布政使却毫不留情面。于是在一些人的挑唆下，开封府封邱县绅衿、武生等赴巡抚衙门控告，反对一体当差，要求维护儒户、官户的特权，最后发起罢考，一时声势浩大。当时，河南的学臣对此竟"无一言严饬"，而负责司法、监察的按察使更"将罢考一事置若罔闻"，声称："我只管人命盗案，余事非我职掌。"形势对田文镜极为不利，他也感到"势甚孤危"。但是，为了把一体当差这项改革措施贯彻到底，田文镜敢犯众怒。就在河南一些大员袖手旁观的情况下，他"捐弃身家，不避嫌怨"，对地主、绅衿进行了坚决的斗争，迅速将为首者捉拿严办，杀一儆百，终于使考试照常进行，地方很快恢复了平静，而各处堤工也按原计划兴办，

无一例外。在这个问题上,雍正帝态度鲜明:"果能任怨任过,真实为国家竭力报效,何危之有?"实际上是全力支持了田文镜。

有雍正帝的支持,田文镜更加勤奋。他曾多次表示,为了把河南工作搞好,他要"益加敬谨,夙夜匪懈,竭尽驽骀,以仰报我皇上知遇之隆恩"。在严厉打击保守势力的同时,田文镜对地方各项工作却是兢兢业业。他忠于职守,且精勤于钱粮、治河、刑名、防盗诸务。雍正帝曾下令在全国实行摊丁入地的赋役改革,田文镜积极贯彻,他在调查了河南各州县的情况后,于雍正四年(1726年)奏请自五年(1727年)始,河南全面推行摊丁入地,"各邑丁粮均派地粮内,绅衿富户不分等则,一例轮将",获得批准,使河南成为在全国实行这项改革比较早的省份之一。

治河、兴修水利,历来是封建政府的大事,对河南来说,尤其突出。田文镜对此更是努力倍至。他在雍正二年修筑堤工的基础上,从雍正三年(1725年)正月起,又对原来负责阿工的堡夫,以及由江南调来协助防护的河兵进行训练和约束,并对管河官员重其职守,力图训练一支干练的护河队伍,似保证豫省河堤的坚固。同年夏季,遇有大雨,黄河"净长水四五尺间至七八尺不等,势亦汹涌",且多有"出槽漫滩"之处。田文镜"晓夜查催,不遗余力",并严格要求各处官员必须"率领兵夫昼夜住宿堤上,多备料物,人夫协力,加紧修防",终于使这次洪水未能成患,而"禾黍畅茂"。雍正帝闻讯,高度赞扬说:"如此在地方忧勤不懈,何事弗克办集耶?"事后,田文镜又安排各地务必在"今冬明春,乘务农闲暇之时"加固堤岸,"庶堤岸巩固,安如磐石"。在田文镜的努力下,河南的治河工作取得了明显效果。

田文镜正是以自己的辛勤汗水换来了地方政务的百废俱兴,并成为全国督抚之楷模。雍正帝曾对田文镜励精图治、锐意兴革的精神给予充分肯定,并对他说:"朕设身处地代尔思维,即原系不肯勉励之人,当此际遇,亦不得不加勉矣。"这句话,正道出了雍正帝树立田文镜这个榜样的主要原因。

## 鄂尔泰

有"当代第一良臣"之称的鄂尔泰,是清朝雍正皇帝最宠幸的人,被树为地方督抚之楷模。

鄂尔泰(1680—1745),字毅庵,满洲镶蓝旗人,西林觉罗氏。康熙三十八年(1699年)举人,五十五年(1716年)始为内务府员外郎,终康熙之世居此职,似无作为。康熙六十年(1721年)元旦,鄂尔泰时届四十二岁,作《咏怀》诗,写道"看来四十犹如此,便到百年已可知"。颇有怀才不遇之感。想不到后来受到雍正帝的赏识、提拔,得以大显身手,不几年便成为一代名臣,朝野敬仰。雍正帝对鄂尔泰的工作曾给予了高度赞扬,这在《朱批谕旨》中比比皆是。如"卿此心此行不但当代督抚闻之可愧,实可为万代封疆大臣之法程""凡卿所办之事,朕实至无一言可谕矣。在延诸臣,皆与观之,人人心悦诚服,贺朕之福,庆国家得人"。而对其他臣工赞扬鄂尔泰更是屡见不鲜,如对云南布政使常德寿说:"尔为鄂尔泰属员,得以亲炙其人,乃尔之大幸,当竭力效法之。其才曷可企及,其心可以勉能者。鄂尔泰乃满汉内外大臣中第一人也。"对广西巡抚韩良辅说:"大抵才具关乎天分,何可勉强?但能效法鄂尔泰之忠勤,则一生用之不尽,诸务亦不难办理。"对贵州巡抚张广泗说:"一切居心行事以鄂尔泰为楷模而效法之,将来亦必为国家栋梁之臣也。"海外学者杨启樵先生曾对《朱批谕旨》中雍正帝对鄂尔泰的赞语做过摘录,当面赞扬者有三十二处,在其他人面前赞扬者有五十八处。由此可见鄂尔泰在雍正帝心目中的地位。雍正帝甚至说:"朕有时自信不如信鄂尔泰之专,事无大小必命鄂尔泰平章以闻。"雍正帝之所以如此信赖鄂尔泰,不仅在于鄂尔泰才能超众,更重要的原因,还在于他居官奉职,尽忠职守,为雍正朝取得成就做出了重大贡献。雍正帝曾对鄂尔泰的工作态度做过评价:"鄂尔泰居官奉职,悉秉忠诚,此专心为国而不知其他者",不像某些人,"只图完成任内之事,而后来贻害所不计也。鄂尔泰则每事筹及远大,接任之人即以中材处之亦可"。

鄂尔泰居官奉职,尽忠职守,是他勤于政务的突出表现,也是他取信于雍正帝及后来得以扬名的重要原因。还在鄂尔泰任内务府员外郎时,作为雍亲王的雍正帝要鄂尔泰为他办事,鄂尔泰以"皇子宜毓德春华,不可交结外臣",拒不承应。雍正帝认为他忠于职守,登极后不计前嫌,立即启用,先任其为云南乡试副主考,不久又超擢为江苏布政使,继而任广西巡抚、云南巡抚、云贵总督。

鄂尔泰受知遇之恩,"亦以身殉国,知无不为,一切嫌疑形迹无所避",为了搞好地方政务,他广咨博询,经常是"门庭洞开,宾客车马麻集,漏尽乃已"。他初到江苏布政使上任,即努力清查亏空,惩治贪官污吏,挑浚江南运道,修筑海塘,解决漕运弊端。雍正帝称他办事,"文大悉备,纤细不遗"。他的态度是,做官不能务虚名,如"不以民事为事,不以民心为心,固未有能奏效者"。雍正二年(1724年)夏,江苏连续数日大雨,海潮泛滥,"冲决海塘,倒坏民居、庐舍,甚至溺死男妇多人",鄂尔泰"夙夜焦思",他积极组织买谷赈灾,抢修房屋,很快便使"屋庐倒塌者修葺,爨烟不继者得赖保全,莫不各理旧业,渐复安堵"。在任期间,他还视察了太湖水利,拟疏下游吴淞、白茆,后役未举而迁广西巡抚。

鄂尔泰居官奉职的一个突出特点,就是时时把国事、民事系于心头,不管分内分外之事,只要利国利民者都要积极建议。这也是他胜于其他人的地方。当时,有些官员还是能把自己职责内的事办好的,而对其他事则不闻不问,这是符合古训,所谓"不在其位,不谋其政"。鄂尔泰则不同,他是不在其位亦谋其政。雍正五年(1727年)九月,鄂尔泰已任云贵总督,离开江苏两年了。当他从邸抄中得知雍正帝发帑金十万办理江苏水利,由于自己在江苏任职时曾对江苏水利"悉心咨访,略知大要",于是立即上疏雍正帝,阐明了自己的看法,并针对各地水利工程的实际情况,提出了详细的维修方案,同时希望该地方官能"倡率有方,调度得宜"。最后,他在奏折中称"臣曾任江南,故不揣愚昧,越职陈奏"。雍正帝认为鄂尔泰"所奏江南水道事宜,甚属周详",十分钦佩。同时对所谓"越职陈奏"阐明了自己的看法:"凡内外大臣,越职办事,固为不可。至非己身职任之事,有关国计民生者,既有见闻,据实入告,方合公忠体国之义,乃尽职,非越职也。"实际上是充分肯定了鄂尔泰的做法。

鄂尔泰居官奉职的最大的功绩,在于他建议并主持了西南几省的改土归流,革除了大批土司,而代之以流官的统治,并于该地实行与内地一样的地方行政制度,从而加强了中央政府对边疆地区的统治,有利于我们多民族国家的进一步巩固,促进了西南地区经济、文化的发展。

云南、贵州、广西以及邻近的四川、湖南、湖北几省,居住了许多少数民族。为了加强对这些地区的统治,自元、明以来,封建政府一直实行土司制度,即由少数民族贵族担任世袭的地方官,中央政府通过他们对这些地区实行间接的统治。由于土司制度带有浓厚的割据性,许多土司无视国家法令,随意欺压、杀戮百姓,危害地方,对抗中央。到康雍之世,其弊病已暴露得十分明显,一是严重阻碍了封建经济的发展,二是不利于多民族国家的统一和巩固。不仅土民反对土司的统治,中央政府也感到来自土司的威胁,因此,改土归流已成为客观需要。

鄂尔泰署云贵总督后,分析了整个形势,适时提出了改土归流的重大决策,他连呈几个奏折,详细阐述了改流的必要性、迫切性,制定了全面的改流方案,并强调,"不改土归流,终非远计""滇黔必以此为第一要务"。雍正帝欣然接受了他的建议。其实,早在鄂尔泰之前已有多人向雍正帝提出改流建议,如广西提督韩良辅、贵州巡抚石礼哈、毛文铨、云贵总督高其倬等,但均遭雍正帝的驳斥。因此,当鄂尔泰敢于违背雍正帝意愿再次提出改流时,"盈廷失色",大家都为他捏了一把汗,没想到雍正帝一反常态,居然批准了。后来雍帝说明了这其中的原因,一是韩良辅等人没能拿出具体方案。所言只是"小知小见,乃攀枝附叶之举,非拔本塞源之策"。二是他们"非能办理此事之人,故未允其请"。所以,当他对比之下看了鄂尔泰的奏折后,立即批准,并委以重任。

鄂尔泰没有辜负雍正帝的信任。他主持改流事以后,一直往返奔波于云、贵、广西之间,经常不辞劳苦,深入各地山寨,就近指挥;他时时注意研究各地动态,常至深夜不眠,煞费苦心,调兵遣将,任用能吏,剿抚兼施;他还根据各地的不同情况,因地制宜,做出相应的处理。从雍正四年至九年,用了五年时间,基本上完成了改流事业。其间,共革除土司上百名,新设府、州、县几十个。在这个过程中,他一方面要与朝廷内部的反对派作斗争,另一方面又要对土司及其族属的反叛进行坚决的镇压,的确不是一帆风顺的。

鄂尔泰办事讲究有头有尾,善始善终。在革除土司之后,他不失时机地抓了善后工作,并且倾注了更多的心血。他曾说,善后之事,"人又颇以为较易,而不知愈应作难事观"。其重视善后,目的是巩固改流成果,使这些地区尽快发展。在善后工作中,鄂尔泰主要抓了这样几件事,一是妥善处理了被革除的土司,使他们不能再危害地方;二是慎重选拔了新上任的流官,以求吏治清明,地方安定;三是及时废除了土司的各种旧制陋规,减轻了人民的负担;四是积极开发边区,如招民垦荒、兴修水利、架桥开路、兴办学校等,大大促进了边疆地区经济、文化的发展。

改土归流是西南少数民族地区地方行政制度的一次重大改革,也是清代边疆政治上的一件大事。由此而论,作为倡议并组织这一改革的鄂尔泰,不愧为一个著名的政治家,也是名副其实的雍正朝的"第一良臣"。

## 年羹尧

年羹尧是清世宗雍正皇帝的心腹大将,也是清朝中叶一个重要的历史人物。由于他的鼎力相助,雍正才得以顺利登上帝位,也由于他的英勇善战,才平定了西藏、青海的外族叛乱,维护了国家的完整与统一。但也由于他功高震主,知情太多,不能见容于雍正帝,只好提前走完自己的人生,成为封建社会末期被冤杀的最后一位军事领袖。

### 拔刀相助四皇子

年羹尧,字亮工,是满清八旗里的汉军镶黄旗人。生年不详,死于雍正三年(1725 年)。父年遐龄,官至河南道御史、刑部郎中、工部侍郎、湖广巡抚等职，康熙四十三年（1704 年），因误劾黄梅知县李锦亏，受夺官处分，并提前退休归田。

所以，年羹尧还算是贵族官宦的后代。因属八旗，比起其他人，他在仕途上就顺利得多。康熙三十九年（1700 年）中进士，被授予庶吉士（算中央政府一般工作人员），后出任四川、广东各地乡试考官，累迁内阁学士。康熙四十八年（1709 年），被擢升为四川巡抚；康熙五十七年（1718 年），任四川总督兼巡抚。应该说，年羹尧的仕途是一帆风顺的。

史传年羹尧办事明敏，性极聪颖，沉毅果断。他虽习文学，却好武事，喜兵法，慷慨有大志，功名心极强，脾气直率又好凌人。所以，有好友颇有预言性地说他："如遇明主，君当横行天下，可与古之名将比肩，拜将封侯如反掌耳。如在季世遇昏主，成败未可知。"终康熙之世，年羹尧还是巡抚、总督一类的地方官。康熙晚年，调到京城任都尉。对这样的职务他并不以为然，他做梦都在找机会往上爬，以求权倾天下，位极人臣。

这样的机会终于来了。

康熙帝玄烨在位六十一年，在他刚即位不久，就立其长子胤礽为太子。也许是康熙在位时间太长，太子有点儿不耐烦了，就口出怨言，希望康熙早死，结果被废。以后康熙就一直未立太子，群臣深以为忧。康熙就诏命大臣：关于立太子一事，他临终前会写好遗诏藏于金匮里，群臣根据金匮里的遗诏来决定谁是皇位继承人。

当时康熙共有十四个皇子。其中四皇子胤禛和十四皇子胤祥最得康熙喜爱，是继承皇位的两个候选人。到底立谁为皇太子，康熙守口如瓶，对谁也没有透露。于是就演出了一幕幕扑朔迷离的皇位争夺战，而最终夺得皇位的是四皇子胤禛，史称清世宗，年号雍正。

关于雍正夺得皇位，历来有两种说法：一种是正史，说雍正是根据"先皇遗诏承继大统"的，是顺利接班。

相传，康熙之所以传位雍正，是因为他看上雍正的儿子弘历。有一次，康熙在宫人的陪同下游后花园，看见一个聪明伶俐、举止得体、灵气秀丽的十来岁的小男孩，一打听，是雍正的儿子弘历。康熙大喜，就拉着小弘历的手，向他提问一些问题，弘历对答如流。从此，小弘历在康熙的头脑中留下了深刻的印象。还有一次，小弘历陪康熙打猎，突然从灌木林里窜出一只野猪，康熙一见，大惊失色，令弘历赶快躲避。但弘历非但不躲，而且对野猪大声斥道："畜生，还不快滚，敢惊圣驾？"说来奇怪，那头野猪居然溜走了。康熙大喜，拉着弘历的手，对人言："此儿福分过于吾。"这个弘历就是以后的乾隆皇帝，在位六十年，当了四年太上皇，八十六岁才死。所以，康熙传位雍正是因为弘历所致，这是一种说法。

另一种说法是野史：说雍正本没有当皇帝的份，是因为他篡改遗诏所致。应该说，野史的可信性大一些。《清史稿·本纪·世宗传》和《清史稿·列传·隆科多传》中都有这样一句话："皇考升遐，大臣承旨者惟隆科多一人。"

这句话大有文章可做：既是康熙的遗诏，为什么只有大臣隆科多一人承旨？这不是明显的抗旨逆君命吗？这可是大逆不道灭九族的勾当，满朝文武谁会干这种傻事？而且不止一个，几乎是所有文武大臣抗旨，这个问题就值得深思了。很显然，雍正的帝位是经过一番苦心经营和谋划而争夺得来的。在大臣的心目中，继承皇位的不应是胤禛，而应是十四皇子胤祥，所以他们才集体抗旨。

胤禛其人，生性狠戾，薄刻寡恩，君临天下的欲望十分强烈。可他在朝中的人缘不太好。而十四皇子胤祥恰好与他成为鲜明的对照。所以在大臣们的心目中，只有胤祥才是理想的君位继承人。康熙六十一年（1722年）十一月，当了半个多世纪的皇帝玄烨突然一病不起。

对于胤禛来说，父亲之死于他没有太大的悲痛，他所关心的是皇位落于谁手的问题。然而朝中拥护他的人不多，他只好去找他的亲舅舅、时任吏部尚书、总理事务的隆科多，请他帮忙。他许诺舅舅，一旦事成，就以朝中太师、太保、一等公爵相授，而且子孙世袭。

见是自己的亲外甥求援，隆科多爽快地答应了雍正的请求。隆科多还告诉他：一个人的力量不够，还要找人帮忙。隆科多向他推荐了时任朝廷都尉的年羹尧，说此人胆大心细，英敏明断，能做大事。于是，就皇位问题，朝中组成了以胤禛为首的三人小集团。

胤禛经人打听，知道年羹尧不满意自己的现状，可在朝中能帮他忙的人几乎没有，于是，他派人找来年羹尧商量。一见面，胤禛就直截了当地说出了自己的打算和意图。许久，年羹尧说道："四皇子，此种事可不是弄着玩的，不知事成之后，你有何酬劳？"胤禛道："你不是喜欢带兵吗？让你总管天下兵马，封一等公爵，朝中太保、太师，子孙世袭如何？"见胤禛如此爽快，年羹尧笑道："难得四皇子如此慷慨，此事我替你了了。"

躺在床上的康熙已经不行了，作为吏部尚书的隆科多以侍候为名，不离左右，并要康熙快写遗诏。康熙就命隆科多退出，自己写好遗嘱后，放在金匮里，上好锁，命几个贴心太监把金匮藏在正殿的顶楼上。同时，一天二十四小时派人轮流看守。

得知皇帝已写好了遗诏，年羹尧就要胤禛找偷盗高手去偷金匮，看里面到底写了谁的名字。于是胤禛就找到当时名儒吕留良的侄女、素有侠客之称的吕四娘去偷金匮。偷到金匮后，打开一看，康熙果然是传位十四皇子胤祥。于是，隆科多大笔一挥，把"十"字改成"于"字，然后又把金匮放回原处。这一切，都是在隆科多、年羹尧和胤禛的策划下进行的。

几天后，康熙皇帝一命归天，众大臣连忙取出金匮看遗诏。只见上面写道："传位于四皇子。"听到是胤禛的名字，众人大哗！于是，年羹尧以京都兵马都尉的身份，指挥军队戒严，以备非常，同时传令京城各处：没有胤禛的手谕，任何人不能随便离开京城。

这时，远征青海的胤祥的部队听说京都有变，连忙火速撤军往回赶，想以武力夺回帝位。当胤祥听到这个消息后，脸色大变，忙找年羹尧商量。年羹尧道："陛下火速下诏，令部队停止前进，就地待命，以造成先声夺人的声势。然后由下臣替陛下去走一遭，去会会这支部队的首领允禵（dī）。"胤禛道："你需要带多少人？"年羹尧道："人多碍事，会使人提防，反而不好，二十个人足矣。"

于是，年羹尧就带领二十多个人，挑着美酒，以新皇帝的名义去慰劳驻扎在北京郊外的胤祥的部队。这支部队的指挥官允禵毫无提防，结果在喝御酒、谈笑时，年羹尧突然拔出宝剑架在禵的脖子上，喝道："如降，高官厚禄可保；不降，我与你同归于尽。现皇上即位已成事实，天下皆知，何去何从，你考虑吧！"

结果，年羹尧几乎以举手之劳就降服了胤祥的部队，使迫在眉睫的内战化解于无形之中，为胤禛皇位的巩固立下了汗马功劳。雍正元年（1723年），新即位的清世宗胤禛为酬年羹尧的功劳，撤换了抚远大将军允禵之职，改由年羹尧继任，后又加二等阿达哈哈番世职，一个月后，又加太保衔。在很短的时间内，年羹尧成了满清王朝举足轻重的人物。

也许年羹尧万万没料到，三年后，他曾提着脑袋为之卖命的患难之友胤禛就要了他的命。

### 赐死狱中

雍正元年夏，青海台吉罗卜藏丹津，纠集阿尔布坦温布、藏巴札布等部落首领反叛清朝，抢掠青海诸郡，并与孛罗木之西的郭罗克部遥相呼应。西北为之震动。这时，年羹尧主动请缨，他对雍正说："陛下勿忧，戎狄小丑，不妨圣虑，臣愿为陛下平定青海。"于是，雍正拜年羹尧为平逆将军，督四川、陕西、云南诸军进讨。两个月后，平郭罗克部，下番寨四十多个，获其首领，余众悉降。因功，年羹尧进公爵三等。

年羹尧初到西宁时，诸军未集。罗卜藏丹津以为清兵少，就来了个先声夺人，向年羹尧发动进攻。罗卜藏丹津攻破傍城诸堡，然后移兵西宁。见敌大军云集，年羹尧丝毫不惧，只率数十人坐在城楼上饮酒，一边指挥部队引炮轰击敌营。年部伤敌甚多。战事正激烈时，提督岳钟琪赶到，与年羹尧夹击敌兵，罗卜藏丹津大败，仅率百余人逃走。

罗卜藏丹津叛乱后，西宁北州、上下北塔蒙、回诸众将均起兵响应罗卜藏丹津。年羹尧率西宁总兵黄喜林等进剿，擒其首领七人，斩敌一千五百，余皆逃走。又获器械、驼马、牛羊数万。

雍正二年（1724 年），胤禛认为罗卜藏丹津素而无信，就命年羹尧追而剿之。受命后，年羹尧率兵二万，越山度岭，剿敌于山谷中，杀贼六千余。青海贝勒罗卜藏丹察罕、济克济札布、台吉滚布色卜腾纳汉等将见大势已去，就率其母、妻到年羹尧军中请降，愿意内附。至此，罗卜藏丹津已成势孤力单之状，只好率兵逃走。

雍正二年二月，为了彻底平定青海，年羹尧率军进驻布哈屯，分兵北防柴旦木，以断罗卜藏丹津往噶斯道的退路。罗卜藏丹津无奈，只好走乌兰穆和儿。见有清兵，他又只好折回柴旦木。见罗卜藏丹津势力将尽，年羹尧就命清军发起进攻，俘虏罗卜之母、亲属及男女上万人，并获牛羊、驼马十万头。得胜后，年羹尧又率兵攻乌兰白克。罗卜藏丹律仅以二百人逃走西藏。青海全省悉平。

青海平定后，年羹尧上书雍正皇帝，提出巩固青海的方略：以青海诸部编入清朝版图，由地方佐领。在陕西、云南、四川三省边外，设卫所抚治、管束。发直隶、山西、河南、山东、陕西五省军队里的罪犯谪入青海屯田。让岳钟琪率四千人进驻西宁镇守，为下一步进军西藏作准备。

雍正一见年羹尧疏章，一如所奏，下诏实行。所以，日后乾隆能遣将入藏，把西藏归入中国版图，年羹尧功不可没。没有他平定青海，作为进攻西藏平叛的基地，是不容易取得岳钟琪的西藏大捷的。可惜天不借年，没等他收复西藏就被冤杀了。

雍正皇帝是个勾践一类的人物，心狠寡恩，可以共患难，不能同安乐。他见自己的皇位已经巩固，像年羹尧这样的人已经没有多大利用价值了。同时，年羹尧又知夺位内幕，宣扬出去，雍正皇帝岂不成了谋篡吗？此种人不除，对他的皇位是个威胁。所以，年羹尧一从青海回到北京，雍正就把他打入了大牢。

要加害于人，总得要有个借口。说起来，雍正找借口的水平也太蹩脚：雍正三年二月（1725 年），年羹尧上疏，把《易经》里一句话："朝乾夕惕"写成了"夕惕朝乾"，意思是要皇帝励精图治，时刻严格要求自己。本来这是笔误，可雍正抓住不放，大做文章，说："年羹尧绝不是粗心，而是有意攻击朕没有文化，胡弄天子。"就把年羹尧打入大牢，命有司仪其罪。

皇帝之令，谁敢不从？于是墙倒众人推，最后陈芝麻、烂豆子的都加上，定了年羹尧九十二条大罪：大逆之罪五，欺罔之罪九，僭越之罪十六，狂悖之罪十三，专擅之罪六，忌刻之罪六，残忍之罪四，贪黩之罪十八，侵蚀之罪十五。有了这些大罪，按清律，当灭九族。可这时，雍正出来说话了，说是看在他出征青海有功，免于车裂之刑，只令其在狱中自杀。然后雍正又杀其子年富，诸子十五岁以上全部流放，亲属没官为奴。

名重天下、功在边塞、又有拥立之功的年羹尧终于充当了为人作嫁的可怜角色，这距雍正皇帝登基只有两年多一点的时间。据传，当他得知雍正要对自己下手时，对其子年富说："皇上如此心狭寡恩，我看错人了。"

明眼人一看年羹尧的罪状，就知道是栽赃陷害，因这些罪状全是一些模棱两可的说不明白的模糊语言。如忌刻罪，何谓忌刻？因此，年羹尧之死，纯粹是雍正皇帝找借口斩杀他篡位的知情人。

《清史》上说年羹尧是死于自己的专横跋扈，不见容于皇帝。作为年羹尧来说，自己的作风确是跋扈，而且又恃才傲物。因平定青海之功，雍正赐年羹尧双眼花翎、四团龙补服、黄带、紫辔、金币，授一等阿思哈哈蕃世职；并令其子年富世袭。同时，还加封已退休在家的年羹尧的父亲年遐龄以太傅闲职。不管他有何请求，皇帝基本上都满足他，能享受这种殊荣的大臣，满清建国以来除年羹尧外，几乎没有。

此时的年羹尧有点儿飘飘然了，以雍正心腹之臣自居，骄纵跋扈，不可一世。按清代官场规矩，一般的公文都只称对方的官衔，不能直呼其名，否则是被认为藐视别人而大为不敬。可年羹尧对自己的下属、各省督抚的行文都直呼其名。出入游玩，前呼后拥，并要朝廷侍卫为自己开路。入京之后，还令总督李维钧、巡抚范时捷跪地迎送。王公大臣欢迎他回京，他不屑一顾，傲然而过，就是蒙古王公大臣见他，亦必跪地以迎。

因此，对于年羹尧的跋扈作风，他的同僚下属都很忌恨，并且早就有人把此告到了雍正那里。而雍正皇帝给年羹尧加官进爵，有请必应，一方面是酬他协助自己登上皇位的大功，另一方面又要看看年羹尧到底是个怎样的人。当他得知年羹尧的专横跋扈之后，下定决心除掉年羹尧，以免去心头之患。

年羹尧的死虽然与他恃才傲物，目空一切有关，但更重要的是他知道得太多，对雍正的皇位不利。不杀知情人，雍正连觉都睡不安。因此，年羹尧即使没有过失，也得死。雍正不仅对年羹尧是如此，就是对自己的亲舅舅隆科多也是这样。

雍正五年（1727年），年羹尧死了两年后，雍正又下隆科多入狱，并定了四十一条大罪：大不敬之罪五，欺罔之罪四，紊乱朝政之罪三，党奸之罪六，不法之罪七，贪婪之罪十六。因他是雍正之舅，所以比年羹尧幸运，多留了一条命。于是，雍正在隆科多居宅畅春园外筑屋三楹，将隆科多永远禁锢其中，以免他到处乱说，对己不利。

雍正八年（1730年），雍正以吕留良诗文中有反清复明诽谤朝廷的意思，大兴文字狱，把吕留良一家悉数抄斩。至此，有关他登基的知情人已全部杀绝。

因此，人们对雍正过河拆桥、卸磨杀驴的卑劣心理和残忍做法深为不平。雍正十三年（1735年）胤禛暴死。听说死时连头都没有了，不知为何人所杀。于是，人们就编出雍正死于吕留良之侄女、侠客吕四娘之手的故事，宣泄愤恨，以此说明恶有恶报、善有善报之道理，但是否真有其事，不得而知。雍正的死因，已成千古之谜。

而一代名将年羹尧的悲惨结局却给后世留下了一个意味深长的话题：慎交友，严审势，寡恩之人不可共事。

第七编　明清野史

## 福康安

福康安出身显贵，父傅恒为清朝大学士。他本人在乾隆时期，被朝廷授命为户部尚书、军机大臣，后从阿桂用兵于金川，而后历任云贵、四川、闽浙、两广总督，官至武英殿大学士，被封为贝子。地位显赫。他曾长期统兵征战，在军中糜费极多，奢侈无度，是清朝中期的一个反面人物。

福康安字瑶林，富察氏，满洲镶黄旗人，大学士傅恒的儿子。福康安最初以云骑尉的世职被授任为三等侍卫。后来被提拔为等侍卫。接着又被朝廷擢升为户部侍郎和镶黄旗的满洲副都统。

清军出征金川时，清廷任命温福为定边将军，以阿桂、丰昇额为副将军。清高宗乾隆皇帝命令福康安携带印信前往军中授给他们，即被任为领队大臣。乾隆三十八年（1773 年）的夏天，福康安抵达军营。当时，阿桂正进攻当噶尔拉山，把福康安留在身边辅助自己。末果木的军队战败，温福也死去，乾隆皇帝又任命阿桂为定西将军，让他分道再举进攻。进攻喇穆喇穆时，福康安指挥清军攻克了其西部的各处工事，同海兰察的军队会师，合力攻打罗博瓦山。接着又向北进攻，占领了得斯东寨。敌人乘着夜间天气下雪，越过山间偷袭清军副将常禄保的营地，福康安听到那边响起枪声后，随即督促清军前去增援常禄保，将敌人打退。敌人屯聚在山脚下，冒着大雨修筑了两座碉堡，福康安在夜间带领八百名清兵越过敌人的碉堡杀入敌阵，激烈的战斗后，清军摧毁了敌人的碉堡工事。

乾隆皇帝亲自写诏书表扬福康安作战英勇。接着清军进攻色溦普山，摧毁了几十座坚固的碉堡工事，歼灭了数百敌人。福康安又和额森特、海兰察的军队会合，攻下了色溦普山南面的敌人的碉堡工事，于是清兵全部攻破了喇穆喇穆周围的碉堡、关卡，并攻取了日则丫口。接着，清军又进攻，占领了嘉德古碉堡，围攻逊克尔宗西北面的山寨。敌人偷偷袭击清军的尾部，福康安将其击退。因为敌人距离勒乌围很近，常常在夜间攻击清军，福康安同他们作战屡屡取胜。

阿桂考虑到敌人扼守关隘不能一时攻下，遂改道由日尔巴当噶路攻入，他传令福康安，让福康安攻下达尔扎克山的碉堡工事。接着清军继续进攻，进击格鲁克古，率兵带着粮食，在夜间越沟攀登山崖，从山间的缝隙中进入当噶海寨，攻占了陡乌当噶大碉堡和桑噶斯玛特木城石卡。在挺进中，清军又攻克了勒吉尔博寨。阿桂让福康安率领千名清军随从海兰察奔向宜喜，从甲索进攻得楞山，焚毁了萨克萨的几百处大大小小的山寨，并渡河攻取了斯年木咱尔和斯聂斯罗市两座山寨。清军继续推进，驻扎在荣噶尔博山。乾隆皇帝提升福康安为内大臣，赐给他号曰"嘉勇巴图鲁"。接着清军进发，到达了章噶一地。福康安协同额森特进攻巴木图，登上直古脑山，拔掉了木构工事、碉堡、营寨 50 座，焚烧了冷角寺庙，这样清军终于攻占了勒乌图。

阿桂命令部将取道达乌围进攻噶拉依，把下辖的清军分为七队，由福康安率领第一队清军夺取达沙布果碉堡、当噶克底、绰尔丹等山寨为木栅，截断科恩果木逃向雅玛朋的通道。清军进而攻取了达噶木的两个碉堡和阿穰曲山峰上的碉堡、木城各 20 座，清军烧毁了奔布鲁木护起营寨，夺取了舍勒图租鲁傍碉堡一座、山寨两座，攻取格仁格章的一座山寨和萨尔歪三座碉寨以及阿结占两座山寨。清军越过科布曲山梁,攻占了科布曲山上的全部山寨。乾隆四十一年春天,清军继续进攻,夺取了舍齐和雍中两座寺庙。又从拉古尔河出发到噶拉依的右面,架设大炮轰击了噶拉依的营寨。噶拉依被攻下后,金川的叛乱被平息下来。论功行赏时,清朝廷封福康安为三等嘉勇男爵。清军凯旋班师时,乾隆皇帝到郊区劳军,赐给福康安御用鞍辔战马一匹。在宴请功臣时,乾隆皇帝又赐给福康安十二端缎子、五百两白金。为福康安画像,悬挂在紫光阁内,还赐给福康安双眼顶戴花翎。接着,朝廷又任命他为正白旗满洲都统一职,出京师担任吉林和盛京将军。

后来,福康安被授命为云贵总督。南掌人向朝廷进贡大象时,向福康安陈述他们的辖境常常遭到交趾国的侵袭,乞求朝廷用剩余的大象去换大炮。福康安听了,向南掌人说明了国家的法律制度,把大象归还给他们,没有给南掌人大炮。奏疏送入朝廷后,乾隆皇帝很埋怨福康安,把他调离云贵改任四川总督,兼理成都将军。四川刁民起来聚众造反,被朝廷称为"啯匪",授命福康安逮捕法办。过了一年,福康安上疏朝廷,说四川反民已慢慢地被制伏,陈述了善后事宜。乾隆皇帝提升福康安为御前大臣,加太子太保的官衔,召还福康安回到京师,代理工部尚书职务。接着又任命福康安为兵部尚书、总管内务府大臣。

乾隆四十九年(1784年),甘肃地区的回族人田五等人创立了新的教派,纠集民众反抗清朝的统治。福康安被任命为参赞大臣,跟随将军阿桂前去镇压回民起义。不久福康安就被朝廷任命为陕甘总督。清军到达隆德时,田五的部将马文熹叛变投降了清朝。清军围攻双岘一地的回民起义军的关卡,起义军进行了激烈的抵抗。阿桂让海兰察设置埋伏,福康安则在军中往来督战,消灭了几

千名回民义军,于是石峰堡被清军攻下,起义军首领被俘虏。因为平定叛乱有功,福康安被晋封为嘉勇侯。转任户部和吏部尚书,被提拔为协办大学士。

乾隆五十二年(1787年),台湾岛上的林爽文反清起义,朝廷任命福康安为将军,而以海兰察为参赞大臣,督军前去镇压。当时诸罗被长期围困,福建清军水师提督柴大纪率兵坚守。乾隆皇帝夸奖了柴大纪,把诸罗的地名改为嘉义以表扬他的功绩。陆路步兵提督蔡攀龙率清兵赶往诸罗增援,也未能解诸罗之围。福康安率大军到达后,取道新埤,支援嘉义守军,同林爽文起义军激战于崙仔顶,攻占俾长等十几个营庄。当日正赶上天黑,下起了倾盆大雨,福康安下令清军驻扎在土山顶上。起义军经过山脚下,天昏地暗什么也看不见,只好用火铳对山上仰射。福康安要求清兵不得妄动。等到了天明,雨也不下了,海兰察已从其他道路上进来,福康安率军与海兰察合兵,终于解了嘉义之围。福康安被进升为一等嘉勇公,赐予给他红宝石帽和四团龙的补服。

柴大纪因为在敌人的围困之中,拜谒福康安时没有行大礼,福康安很恨他,遂上疏说柴大纪犯法、牟利等几条罪状,同时还说蔡攀龙以前所陈述的战况与事实不符合。乾隆皇帝鉴于柴大纪被围困在嘉义城中时间很长,蔡攀龙也有劳苦,心中想赦免他们,乃下诏书说:"二人有时稍稍自傲,在福康安面前没有谨慎地行礼节,被他憎恨,于是让福康安直接揭发了他们的短处",告诫福康安应该存具大臣之间的礼节。然而柴大纪终于还是因为这事被处死。当时的社会舆论都为柴大纪喊冤,同时也批评福康安嫉贤妒能,不像他父亲傅恒那样目光远大。福康安接着又弹劾蔡攀龙,让他贬职。但是福州将军恒瑞指挥的军队逗留不前,但因福康安与他有联系,所以福康安竭

力庇护恒瑞。朝廷也下诏斥责福康安有私心。

福康安已经解了嘉义之围，遂命令海兰察率兵追捕林爽文，押解到北京。后来又抓到了起义军副帅庄大田。台湾被平定后，福康安被赐给了黄腰带、紫韁和金黄辫珊瑚的朝珠。朝廷命令台湾、嘉义等地都建造福康安的塑像，并再次给他画像置于紫光阁。福康安上疏朝廷，请求招募熟番民众补任屯田兵丁，同时还陈述了善后事宜，指出当前台湾等地的关键是练习武事，铲除奸民，清理吏治，整肃邮政，乾隆皇帝都采纳了福康安的意见。不久，福康安被任命为闽浙总督。

乾隆五十四年（1789 年），安南地区的阮惠进攻黎城，孙士毅的军队被迫撤退。乾隆皇帝把福康安调任为两广总督。圣旨还没到闽浙，福康安上奏朝廷，要求到那里去供事。皇帝表扬了福康安对朝廷的忠心，说："大臣把国政看作自己的家一样，两者休戚相关，应当像福康安一样。"后来阮惠改名叫光平，乞求输款求和。福康安为此上书陈述此情，要求停止对阮惠用兵，乾隆皇帝同意了他的建议。御史和琳弹劾湖北按察使李天培为福康安搜罗木材，让湖广地区的粮船运往北京，福康安知道后上书向皇帝请罪。乾隆皇帝亲诏书说阮光平正进朝参见，特许宽免了他；下令割去福康安职务留任，仍然处罚他三年的总督俸禄和十年的公俸。乾隆五十五年（1790 年），福康安带领阮光平到京师参见皇帝，因此被减免处罚总督的俸禄。

乾隆五十六年（1791 年），廓尔喀入侵后藏，皇帝命令福康安为将军，仍旧让海兰察当参赞大臣，一起督军征讨，为此还消去了对福康安公俸的处罚。乾隆五十七年（1792 年）三月，福康安率军从青海出发……行军 40 天到达前藏。……六月，清军从济陇进入廓尔喀境内，进占

并夺取了索勒拉山。跨过热索桥，向东翻越峨绿山，从河水上游偷渡过去……清军转战奔走，深入敌后七百多里地，六次作战全部取胜。乾隆皇帝下诏夸奖福康安，授予他武英殿大学士。福康安自恃取胜，军兵逐渐懈怠。他指挥清兵冒雨前进，结果中了敌人的埋伏，台斐英阿战死。廓尔喀派出使节向清廷请和，福康安答应了他们的请求。廓尔喀归还所掠夺来的后藏金瓦宝器，还让大头人噶木第马达特塔巴等人携带书信及大象、马匹、一部乐工等贡物进献给朝廷，乾隆皇帝同意接受廓尔喀投降的要求。清军凯旋回师时，朝廷加赐福康安一等轻车都统给他的儿子德麟，授给他领侍卫内大臣，视王公亲军校例，置六品顶戴兰翎三缺，官其傔从。朝廷还给福康安绘图画像存放于紫光阁，大学士阿桂礼让福康安，由他居首位。

安南国王阮光平去世，乾隆皇帝担心该国会发生动乱，遂任命福康安到广西去。福康安的母亲在京师病故，朝廷让他在任内守丧制。福康安在路途中生病，乾隆皇帝派御医前去看望他。福康安上书说："安南国平安无事，请求回到京师，期望能为母亲守几日庐墓。"皇帝降诏同意他回来，还加封他嘉勇忠锐公。后福康安被调四川总督，不久又率金川的土司入朝觐见皇帝。恒秀当时任吉林将军，因为采集人参、府库货币亏缺和扰民等被人揭发，乾隆皇帝派福康安到位审叛定罪，结果给恒秀论定了轻刑。乾隆皇帝指责福康安祖护自己的亲戚、朋友。后来福康安又被调任云贵总督。当时气候正严寒，皇帝特赐给他黑狐制作的大褂。

乾隆六十年（1795 年），贵州地区的苗族人石柳邓、湖南地区的苗族人吴半生、石三保等人举行了起义，清政府派福康安率兵前去镇压起义军。石柳邓围攻正大营、溴脑营、松桃厅三个城池。福康

安的大军开到四川后,清军与苗族起义军进行了激战,先后解了正大营、嗅脑营和松桃厅三座城池的围,福康安被赐予三眼花翎的顶戴。……石柳邓进入湖北投奔了石三堡,石三堡正围困永缓厅,福康安指挥部队增援永绥厅清廷守军。军队应当渡河,但苗族起义军们增筑工事关卡拼命抵抗。清军被迫分兵奔向河水上游,绑缚筏子,纵民放牛,同时设置伏兵。等到起义军到外抢夺牛群时,清军伏兵四起,夺取了起义军的战船,清军所制造的筏子也顺流漂下,清军遂全部渡过了河。清兵进攻花寨,越过得拉山与起义军作战,屠杀了不少起义军士兵。福康安又让总兵花连布抄小道增援永绥守军,大队清兵也随之进发,经过三天的激战,清兵终于解除了苗族起义军对永绥的围攻。

乾隆皇帝调任福康安为闽浙总督,进封贝子。后因福康安镇压苗族起义有功,朝廷特意表彰了福康安,还下令追赠他的父亲傅恒为贝子。

福康安染上了瘴病,虽然瘴病发作,但他还是指挥清军作战。乾隆六十年五月(1795年),福康安死在军中。清仁宗写御诗来哀悼他,下令加封给福康安郡王衔,让他从父亲傅恒配祭太庙,还追谥福康安为"文襄"。他的儿子德麟被允许承袭贝勒,递降至未入八分公,世袭罔替。

福康安深受清高宗的殊宠重用,出兵屡建功勋。他在军队习惯了豪华奢移,犒赏士兵的钱币动则巨万,治饷吏善于奉承旨意,浪费很大。清仁宗亲政以后,屡次下诏书告诫各带兵将帅不要滥行赏赐,每次提到时必然要斥责福康安。

## 李侍尧

李侍尧,才干超群,政绩卓著,当官初期曾为民办过不少事,但任官后期,他按捺不住膨胀的私欲,放手贪污。并且纵奴贪赃,回护下级贪迹。就这样一位贪赃总督不仅未加重罪,反而一度又得重用,仕途通达……

李侍尧,字钦齐,汉军镶黄旗人。他出身显赫,是八旗勋旧大臣之后。

李侍尧的才干为大家所公认。他五短身材,精明强干,才智过人。凡他所读过的书、批阅过的文件案宗,都终身不忘。他善于识人,接触他的同僚和下属时,只需谈几句话,立即就能辨别出对方的能力和水平,因此他用人极准。他深谙宦海肥瘠利害,经常拥几高坐,高谈阔论。每每揭露那些官场的阴私丑恶时,用词犀利,描述逼真,就像他在现场一样。因此,心中有鬼的人都怕他那双眼睛和那张嘴。就连乾隆帝都曾夸他为"天下奇才"。

这样一个出身不凡、才干超群,又深得皇帝赏识的能臣,在仕途上当然是一帆风顺的。乾隆初年(1736年),李侍尧从授副都统起,至二十年,转工部侍郎,调户部,署广州将军。二十一年便署两广总督。二十六年被召入京师,授户部尚书,正红旗汉军都统,袭勋旧佐领。二十八年授湖广总督。第二年调两广总督,以丁忧还京师署工部尚书、刑部尚书。三十二年回两广总督任,袭二等昭信伯。三十八年升武英殿大学士,仍留总督任。四十二年调任云贵总督。在二十来年的京内外尚书、总督要职上,李侍尧办了不少事。尤其是在总督任上,他的政绩比较显著,被看作为"老成能事"的督抚中的佼佼者。比如办理暹罗,颇合机宜,缉拿盗案等事,也很认真出力。不少大臣赞扬他:"历任封疆,实心体国,认真办事,为督抚中罕见。"这样一个被朝野鹊誉的军国要臣,揭开他"实心体国"的伪装,却原来是一个赃私狼藉的大贪官!

乾隆四十二年,李侍尧调任云贵总督。云南系边陲之地,物产丰富,但远离京城,是俗话所说"天高皇帝远"的地方。在云南这块土地上,李侍尧说一不二,而皇帝对他的约束力却相对减小。在这样的气候条件下,李侍尧的贪婪之心迅速萌发。不久,他贪赃营私的种种劣迹便一一暴露出来。其贪赃的手段正是利用他的地位和权势及其虚假的声誉作为招牌,卖官受赇,舞智鬻狱,甚至贩肆求利以中饱私囊。

李侍尧沽名钓誉窃居云贵总督,擅自专权,独霸一方。云南贵州的地方官员皆由他拼凑。凡由他提升的官员,他都大肆收受贿赂,官以贿得,事以赂成,云贵政风大颓。一般官员贿赂都达二千两至五千两银子。据他自己后来招供,他曾收受迤南道庄肇奎贿银二千两,通判素尔方阿贿银三千两,按察使汪圻"仰承意旨,争馈多金",一次贿银五千两,临安府知府德起贿银二千两,东川府知府张珑贿银四千两。

云南当时有各类冶铸厂(属于封建性质的手工业工场)。其厂员大多由县官员兼任,每年皆可通过剥削厂民获得很多好处,在当时是趋利之徒眼中的肥缺。有一厂员被解任后,要求李侍尧帮助他"调回本任",李侍尧即向他"勒索银两,至八千余两之多"。仅此即可知李侍尧卖官鬻缺、勒索贿银共计二万四千两。李侍尧一方面卖官纳贿,另一方面又收买朋党。他的心腹家奴刘十八与督标中军吉隆阿副将交结,相互称兄道弟。由此,李侍尧控制了边陲驻军,构筑了自己的独立王国。在李侍尧的淫威之下,云贵地方巡抚官员对李侍尧的所作所为皆"置若罔闻,隐匿不奏"。如云南巡抚孙士毅"目击李侍尧营求受贿,赃迹累累",不但不奏,反而在朝廷查询时,为之辩言饰非,巧为诿卸。充分说明李侍尧把持下的云贵王国,已经腐朽。

云南各州府县的官员为了迎奉上司以求升迁,皆争相贿赂。他们用以贿赂的钱财,皆来自对下面的勒索,或者自侵吞府库县仓的钱粮。乾隆四十三年三月,和珅奏称:"自李侍尧婪索属员,赃私狼藉,云南通省吏治废坏,闻各府州县多有亏空之处。"

李侍尧不仅卖官索贿,其家中凡遇喜庆、寿诞、生死、建造之机,皆大肆收贿。乾隆四十年李侍尧决定在北京增建房屋,扩大住宅,派家人张永受赴京督办。他的部属官员得悉后,即行送礼。通判素尔方阿送银子五千两,临安知府德起送银子五千两,以供李侍尧修建京城私房。这两个人的一万两银子既没有送到京城李府,也没有送到李侍尧云南的官衙中,而是和李侍尧的家人张永受约定,在他赴京督办的途中,于云南府(今昆明市)外板桥驿交接,以免造成影响。李侍尧由此神不知鬼不觉得了一万两。

李侍尧不知从哪儿求得两颗珍珠,要家人张永受为他出售。张永受知道,要想卖出好价钱,只有卖给李侍尧的属员。于是,张永受"卖"一颗给昆明县同知方洛,勒要银二千两。又"卖"一颗给昆明县知县,勒要银三千两。更为无耻的是,勒卖的五千两银子到手之后,李侍尧又划别的名义命张永受将珠子收回。收回的目的,自然是再去卖钱。按这种"卖"法,他的两颗珍珠就成了"母珠",成了取之不尽的摇钱树了。这种恶劣的做法和强盗的明杖执火又有何不同?

此外,李侍尧还采取营私舞弊的手法贪赃敛款。在审办纳楼土司命案时,查出赃物金子六百两,银子一千两。但是李侍尧写折奏上报案情时,私将金数改为六十两,银数改为七千五百两。他私自隐匿的五百四十两金子的价值,远远超过了他所增加的六千五百两银子的价值。其目的自然是私吞这笔隐匿下来的赃款。李侍尧在他的同级官僚中,是以"认真办事"著称的。而一旦遇到这种能贪赃的机会，私心一膨胀，他也会无视纲法，竟然达到将犯人的赃款占为已有的地步。

李侍尧的种种贪财敛富的活动，大多是通过他的家奴或差弁来完成的。为此，他收买了一大批心腹的家奴。为他赴京督办建造房屋、变卖珍珠的张永受是其中之一。此外还有家奴连国雄、三宝及差弁刘凤翼、张曜、尹适等人都是他的一群得力亲信。在京城的李府中，还有一个名叫"八十五"的得力管家。正是这些人如同鹰犬，为他上下串通，四处奔走聚敛。凡李侍尧聚敛来的金银财货，皆由家人为他携运京城，交"八十五"总管。乾隆四十三年，张曜、尹适受李侍尧派遣回京，一次就送回银五千二百余两及各类玉器十件。

李侍尧的家奴除了为主子效劳，各自也逞李侍尧的威风，暗中勒索，渔利自肥。如家奴张永受在板桥驿为李侍尧代收索尔方阿、德起二人的贿银共一万两，但是抵达京城转交管家"八十五"时，只交五千两，余下自吞。除此以外，他们"每籍家主势力，积蓄私财，盈千累万。"一次张曜回京城，家人张永受即托他带回银子七千余两，交于自己家中。张永受在京自置房产六处，田地一处，并且向外借放四千两银子。他的母亲居住州（今河北忻县），另有住房三十余间，田地四五顷。张永受只是李侍尧的一个家奴，竟有这么多的家产。其他如"八十五"等也皆"多拥厚赀"。号称精敏过人的李侍尧对奴才们的发迹，并非毫无觉察。只是由于奴才们忠心耿耿为主子效劳，为他鲸吞搜刮的赃私难计其数，而奴才们私吞自肥的仅仅是其中的不知多少分之一而已。

李侍尧不择手段地贪赃索贿，且纵奴在外渔利自肥，并不是偶然的。揭开他的发迹史，可看到他一贯与贪赃者同恶相济，从而暴露了他贪鄙的本性。

乾隆二十九年（1774年），李侍尧任两广总督时，右江镇（在今广西）总兵李星垣"坐婪贿得罪，命侍尧按鞫"。李侍尧看该总兵是自己的部下又是自己亲手引荐提升的，就报请从轻发落。被乾隆帝察觉，"责侍尧回护"包庇，于是将李侍尧降职为工部尚书。

李侍尧在两广总督任上，除了包庇贪赃官僚以外，又派管理商务的沈冀州向商民敛派公费，用来请客吃喝"馈送"。这件事直到李侍尧离开两广后，被广东盐商谭达元揭发。乾隆帝派尚书福康安调查，查明李侍尧向商民敛派款物属实，报请朝廷处置。但乾隆帝却认为他敛派作为"公费"，没有私吞，因而免罪。但是他托"公费"，"馈送"来往幕僚、上司的这种变相贪赃的嘴脸却暴露无遗。

乾隆五十年（1785年），湖北江陵县灾民揭发知县孔毓檀侵吞赈灾物资。李侍尧受命查处。李侍尧调查后又为之回护，否定江陵县人民的上诉。"奏言毓檀未侵赈，但治赈迟缓"而已。于是，只处以"夺官"革职的处罚。李侍尧由是骗得乾隆帝的信任，官复原位，被任为代理湖广总督。

乾隆五十二年（1787年），李侍尧调任闽浙总督。时台湾府（今台湾省）属于闽浙辖境。台湾总兵柴大纪与台湾知府孙景燧之流"皆贪官污吏，扰害生灵"，"剥民膏脂"。特别是"柴大纪居心狡诈，任意贪黩"，"在任两年之内，已婪金银五六万之多"。李侍尧身为闽浙总督，不但不加追问，而且视若无睹，更不肯上报。这实际上就是纵容。后来，协办大学士福康安受命为将军，督师渡海入台，见到柴大纪所作所为，立即上奏乾隆帝，劾大纪纵驰贪黩，贻误军机。乾隆帝大怒，认为李侍尧身为闽浙总督不能无闻，更不能隐瞒不报，于是下旨"责侍尧徇隐"之过。李侍尧此时不敢再行回护，于是"亦奏大纪贪劣诸状，自请治罪"。乾隆帝见李侍尧伏情认罪,再次"宽之"。

尽管李侍尧狡猾刁钻,其累累贪迹最后仍然全部败露。乾隆四十五年二月,云南粮储道海宁面见乾隆帝,密奏了李侍尧"贪纵营私"的各种罪状。经过各方查处,连同李侍尧的同僚、家奴、差弁等所有赃私均被查验,人证、赃物俱获。李侍尧在事实面前,不得不供认不讳:"自承得道府以下馈赂"的一件件事实。乾隆帝为之震怒,并哀叹:"今李侍尧既有此等败露之案,天下督抚又何能使朕深信乎?"

皇帝虽痛恨李侍尧的贪赃枉法,但念及他世祖对大清的"丰功伟绩",又念及李侍尧一生的"勤干有为",因此特别施恩于李侍尧,判为"斩监候",免于立斩,待秋后处决。所谓斩监候秋后处决,其实是监而不斩。事实上,不久他又被皇上重新起用为陕甘总督,继而又任闽浙总督。

李侍尧从被判为死刑到复又起用为总督,是令人深思的。这只能说明乾隆帝姑息养奸,客观上纵容了李侍尧这样权势显赫的贪官。皇帝内心或许认为,李侍尧这样一个能干的军国要臣,贪污几万两银子,并没什么大不了。处罚他一下,无非是杀一儆百,使其他人不敢效仿。而李侍尧其人,还是要用的。史所共知,乾隆帝惩贪诛墨,整饬官吏,有一定的决心,亲自处理了一个又一个贪官。不只是乾隆帝,整个清王朝惩治贪恶的政策从未间断,但是越惩越贪,贪风依然盛行。这说明封建制度本身就是培养贪官的温床。皇帝为了维护他的统治,最终不得不依赖李侍尧之流。这就鲜明地告诉我们,在封建社会中,皇帝和贪官原是一伙的,而最大的贪官就是皇帝本人!

乾隆五十二年(1787 年),在李侍尧任闽浙总督时,由于他隐护贪黩残忍的台湾总兵柴大纪和台湾知府孙星燨等一批贪官污吏,纵容他们在台湾府"任意贪黩""剥民膏脂",激起了台湾府人民的愤怒。以林爽文为首的农民大众揭竿而起。人民的力量给清朝统治者以沉重的打击,震撼了满清朝廷。

这时,李侍尧深为恐惧,同时也暴露出了一个贪官的凶残狡猾的面目。他一方面奏请乾隆帝,调遣广东、广西的兵力增援,加以镇压;另一方面舍车保帅,向上弹劾台湾府总兵柴大纪的"恶劣"罪状,附合前来督师镇压起义的协办大学士福康安,一同将罪责推到柴大纪身上。狡猾的乾隆皇帝为了迅速安抚台湾人民,立即下谕指责柴大纪在台湾声名狼藉、纵兵激变,并将柴大纪"弃市"处斩,以谢台湾人民,企图平定局势。

乾隆五十三年(1788 年),林爽文领导的台湾人民起义终于在乾隆、李侍尧为代表的统治阶级剿抚两手政策下陷于失败。

令人愤慨的是,当台湾人民的起义被镇压以后,李侍尧却踏着人民的血迹和头颅封官进爵,受赐"袭伯爵",并在台湾建立祠,被列为二十功臣之一,图像挂入统治者的殿堂紫光阁。

## 左宗棠

### 家世寒素　少赋奇才

清朝嘉庆十七年十月初七(1812 年11 月 10 日)的凌晨,在湖南省湘阴县东乡左家塅煨一个贫寒的知识分子家里,年近八旬的老祖母杨老夫人,恍恍惚惚,梦见一位神人从天空降落在她家的院子,自称为"牵牛星",不禁一下醒来,随即听到婴儿的啼哭,原来是媳妇余氏生下了一个男孩。这个在"牵牛降世"神话中诞生的婴儿,就是大器晚成的左宗棠。

湘阴左氏家族,是南宋时期从江西迁到湖南来的,在这个偏僻的山冲里,已经居住了 700 多年,经历宋、元、明、清四代皇朝,虽也出过一些闻人,但大多穷苦平常,以耕读为本。左宗棠出生时,家里没有多少土地，祖父母均已年迈老衰，三个姐姐、两个哥哥，年纪都小，全家十口人的生活要靠父亲终年在外设馆授徒维持，"非修脯无从得食"。如风调雨顺，一家生活还可对付，但遇上灾荒年，就难以度岁，粮食不足，常常是余夫人用糠屑做饼给家人充饥。左宗棠出生后母亲奶水不足，又雇不起奶妈，靠吸吮米汁来喂养。米汁难饱婴儿肚，且缺乏营养，就日夜啼哭，时间一长，肚皮和肚脐都突出来了。以后长大了，仍然是腹大脐浅。后来左宗棠回忆说，"吾家积代寒素，先世苦况，百纸不能详"。他还曾作诗描绘了这一贫苦之状：

研田终岁营儿哺，糠屑经时当夕飧。
乾坤忧痛何时毕，忍属儿孙咬菜根。

左宗棠4岁时，随祖父在家中"梧塘书塾"读书。祖父左人锦，字斐中，号松野，国子监生，毕生以授徒为业。他为人和气，乐善好施，以孝义闻于乡里，因年近八旬，在家带养孙儿，做了宗棠的启蒙教师。左宗棠自幼聪敏，祖父教给的诗句，一读上口，就能背诵。一次，祖父带他上屋后的小山游玩，采摘了一大把毛栗子。祖父叫他带回家，分赠给兄姊。宗棠将毛栗子均分成五份，送给三位姐姐和两位哥哥，却没有给自己留下一颗。祖父知道后，见他从小能知谦让，能像汉代孔融那样四岁让梨，十分高兴，夸奖他说，这孩子从小分物能均，又不自私，将来一定会光大左家门庭。

五岁那年，父亲左观澜到府城长沙设馆授徒，左宗棠和长兄宗棫、仲兄宗植随父来到长沙读书。父亲课子很严，宗棠生性颖悟，记忆过人。一次，父亲教两个哥哥读书，其中一句："昔之勇士亡于二桃，今之廉士生于二李。"父亲问："二桃的典故出自何处？"哥哥们还没有来得及回答，宗棠就在旁应道："古诗《梁父吟》有一朝被谗言，二桃杀三士。"父亲大为惊异。原来，二位哥哥平时朗诵诗文，宗

棠在一旁静听默记，过而不忘。其父笑着对宗棠母亲说："将来老三有封侯的希望。"这一预言，60年后果然实现了。

左宗棠六岁开始攻读"四书""五经"等儒家经典，九岁开始学作八股文。

道光六年（1826年），左宗棠参加湘阴县试，名列第一。次年应长沙府试，取中第二名。然而，就在左宗棠奋发读书、开始走向科举道路之时，家中却发生了一连串的不幸。先是祖父母相继逝世，长兄因病早殇，母亲忧痛成疾，贫病交加，于道光七年去世。年过半百的父亲接连丧子、丧妻，又为了请医生、办丧事，到处奔走，到处借贷，两年多后也一病不起，与世长辞。父亲一生寒素死后只是留下了数十亩薄田和数百两银子的债务。

这时，左宗棠的三个姐姐都已经出嫁，一个10口之家，只剩下他和仲兄宗植两人。而早已中了秀才的宗植，为了谋生，长年在外奔波，十几岁的宗棠，"早岁孤贫"，独立地走上了社会。但是，贫窘的生活并没有将他压倒，反而锻炼了他倔强的性格，培养了吃苦耐劳的精神。他从未为孤陋清贫的处境有过任何烦恼和忧伤，更没有向别人说过一个"穷"字。他把精力都放在学问上。这时，他已在专心致志地追求和研讨治国安邦的"经世致用"之学了。

道光九年（1829年），18岁的左宗棠在书铺买到一部顾祖禹的《读史方舆纪要》，不久，又读了顾炎武的《天下郡国利病书》和齐召南的《水道提纲》。对这些涉及中国历史、地理、军事、经济、水利等内容的名著，左宗棠如获至宝，早晚研读，并作了详细的笔记，对于今后可以借鉴、可以施行的，"另编存录"。这些书使他大大开扩了眼界，对他后来带兵打仗、施政理财、治理国家起了很大的作用。当时，许多沉湎于八股文章的学人士子对此很不理解，"莫不窃笑，以为无所用

之"。左宗棠却毫不理会，仍然坚持走自己的路。

道光十年（1830 年）十月，江苏布政使贺长龄因丁母忧回到长沙。贺长龄是清代中期一位著名的务实派官员和经世致用学者，曾与江苏巡抚陶澍针对时弊，力行改革，政声卓著，并请魏源选辑从清朝开国到道光初年有关社会现实问题和经世致用的论文，编成《皇朝经世文编》120 卷。左宗棠早就十分钦慕贺长龄的学问、功业和为人，便前往请教。贺长龄见左宗棠人品不凡，知他志向远大，极为赏识，"以国士见待"。见他好学，又将家中藏书任其借阅。每次左宗棠上门，贺长龄必定亲自登梯上楼取书，频频登降，不以为烦。每次还书，都要询问有何心得，与左宗棠"互相考订，孜孜龂龂，无稍倦厌"。贺长龄还曾劝告宗棠：目前国家正苦缺乏人才，应志求远大，"幸勿苟且小就，自限其成"。

次年，左宗棠进入长沙城南书院。这是一所历史悠久、声誉颇高的书院，为南宋时抗金名将张浚与其子、著名理学家张栻所创办，大学者朱熹曾在此讲学。此时主持者即丁忧在籍的原湖北学政、贺长龄之弟贺熙龄。他也是一位著名的经世致用学者，他教学的宗旨就是："诱以义理、经世之学，不专重制艺、帖括。"左宗棠在这里读汉宋先儒之书，求经世有用之学，又结识了后来成为湘军名将的罗泽南等，以志行道德相砥砺，以学问义理共研讨。贺熙龄很是喜爱，曾说："左子季高少从余游，观其卓然能自立，叩其学则确然有所得……"

贺氏兄弟以一代名流、显宦，如此地爱重左宗棠这个当时还十分贫穷的青年学子，使左宗棠感动不已，终生难忘。贺氏兄弟也一直没有忘记自己的这位有前途的得意弟子。他们始终保持着密切的往来。

一年后，贺长龄丁忧期满，仍回江苏原任，六年后，就升任为贵州巡抚。他曾几次致信左宗棠，邀请左宗棠去贵州任事。当时，左宗棠因已接受了在陶澍家教其孤子之约，才没有应邀前往。

道光十九年（1839 年）秋，贺熙龄因旨赴京。左宗棠和同学邓显鹤、罗汝怀、邹汉勋等会集城南，与先生钱行。当时，师生依恋不舍，一送行者特地画了一幅《城南钱别图》，左宗棠还赋诗作别，又与罗汝怀一直送到湘江岸边，目送先生乘坐的帆船北去，在远方消失后，两人"横渡而西"，爬上岳麓山顶，到夕阳西下才觅舟归来。两人踞坐舟中，谈论先生的道德文章，无限追念，竟至彻夜不眠。

贺熙龄也很是难舍这些品学皆优的学生，特别是才气纵横的左宗棠。船到九江后，他思情顿起，提笔写下《舟中怀左季高》诗一首：

　　六朝花月毫端扫，万里江山眼底横。
　　开口能谈天下事，读书深抱古人情。

并自注说道："季高近弃词章，为有用之学，谈天下形势，了如指掌。"其评价之高、殷望之深，确是一般人少有的。

一年后，贺熙龄因病告假回籍。道光二十六年（1846 年）在长沙逝世。他去世前不久，左宗棠的长子孝威出生，他听说后，高兴地说："宜婿吾女。"将最小的女儿许与刚出生的孝威。从此，贺熙龄与左宗棠又由师生变成了亲家，在清代史上留下了一段佳话。

### 三试不第　绝意仕进

由于家境贫困，左宗棠在城南书院只待了一年。第二年，即道光十一年（1831 年），他又进入湖南巡抚吴荣光在省城长沙设立的湘水校经堂。这所学校给学生提供膳食，吴荣光还亲自在校教授经学。左宗棠学习刻苦，成绩优异，在这年内的考试中七次名列第一。

道光十二年（1832 年）四月，三年一届的湖南省乡试又将来临。这时，左宗棠已居忧期满,但由于在居忧期间不能参加院试,还没有取得秀才的资格,不能参加乡试。21岁的左宗棠迫不得已,东挪西凑,筹集到108两银子,捐为监生,与哥哥宗植一道参加了这次有5000多人投考的湖南乡试。

乡试在八月举行,共考了三场。考完之后,贺熙龄非常关心,曾去看了左宗棠的试卷,为之叫好,但说可惜格式不太合恐怕考官们"无能辨此"。果然,他的卷子被斥入"遗卷",落选了。但这次乡试恰逢道光皇帝50寿辰,称为"万寿恩科"。因此,道光皇帝下诏命考官搜阅"遗卷",以示"恩宠"。正巧,湖南副考官胡鉴病逝,只得由主考官徐法绩来办。徐法绩独自一人,阅看了5000多份"遗卷",从中又取出六名,其中第一名就是左宗棠。当试卷启封时,巡抚吴荣光正在场监临,一见左宗棠名列"搜遗"之首,连忙起身祝贺徐法绩得了人才。

不久,榜发,左氏兄弟双双中举,哥哥左宗植中第一名,得解元;弟弟左宗棠中第18名。

乡试后,左宗棠与湘潭周诒端结婚。周夫人字筠心,与左宗棠同年生。她出生于湘潭辰山一书香门第,家境富有,父亲周衡在已去世,母亲王太夫人知书能诗、慈祥和蔼。周夫人自幼随母读书,不仅能作诗,而且性情贤淑。这门亲事,早在左宗棠的父亲和长兄在世时就订下了,只因家贫,一直没有举办。时至两人都已21岁,不能再拖,左宗棠只好来湘潭就婚,入赘岳家,后来在这里寄居了九年。

婚后,左宗棠和诒端伉俪情深、夫妻恩爱。岳母也很喜欢这位才华横溢的郎婿。但左宗棠生性高傲,对自己婚后不能自立,颇为苦闷,后来他回忆起这段生活曾说:"余居妇家,耻不能自食",又有诗云:九年寄眷住湘潭,庑下栖迟赘客惭。

这年冬天,左宗棠与宗植启行北上,准备参加来年春季的会试,次年正月,抵达北京。会试在三月举行,兄弟俩住在专门接待湖南来京应试举人的湖南会馆,紧张地温习功课。左宗棠考试完毕,不久发榜,却名落孙山。

回到湖南,左宗棠仍寄居湘潭岳家。这年八月,长女孝瑜出世,左宗棠向岳母家借得西头的几间房子,自立门户。

道光十五年(1835年),左宗棠再次赴京会试。这次考试,他的成绩不错,同考官温葆深极力推荐,会试总裁也很是欣赏,评语为:"立言有体,不蔓不支""二场尤为出色",准备取为第15名。不幸在揭晓时,发现湖南取中的名额已超过一名,而湖北省却少取了一名,于是将左宗棠的试卷撤去,改换为湖北中一人,左宗棠只被录取为"誊录"。誊录是一种抄抄写写的文职人员,积劳议功,可以保举县令。左宗棠不甘心在京城当一名誊录,以待发迹,不久即回家中。

道光十七年(1837年),应巡抚吴荣光的邀请,左宗棠离家到醴陵主讲渌江书院。该书院有住读生童60余人,但收入却很微薄,"几无以给朝夕"。40多年后,左宗棠回忆这段当书院山长时的情景曾说:"每遇岁阑解馆,出纸裹中物,还盐米小债。"生活虽然清苦,但他仍认真执教,从不马虎。他按朱熹所著《小学》,择取书中八条定为学规。对前来就读的学生,每人发给日记本一个,要他们随时将所授功课的心得记在本子上,每月初一、十五这两天要逐一检查。每天日落时分,大门下锁,生童都要在书房读书,左宗棠逐一来每间书房检查,并对所授课业详加解说。学生旷废课业,或虚辞掩饰不守学规,两次以上就要受到处罚,或予以斥退。左宗棠从严执教,注重诱导,不到几个月,学生渐渐能一心向学不以为苦。

不久,时任两江总督的陶澍阅兵江

西，顺道回乡（湖南安化）省墓，途经醴陵。陶澍是当时赫赫有名的封疆大吏，嘉庆、道光年间，连任两江总督10余年。任职期间，他在林则徐、贺长龄、魏源、包世臣等的协助下，大力兴利除弊，整顿漕运，兴修水利，改革盐政，因而政绩卓著，深得时誉。陶澍出身贫寒，"少负经世志"，又是当时倡导经世致用之学的代表人物。他和龚自珍、魏源、林则徐、贺长龄、姚莹、包世臣等一样，敢于正视现实，关心民生，揭露封建衰世的黑暗和腐败，要求改革内政，主张严禁鸦片，加强军备，防御外敌入侵。

陶澍的到来，醴陵县令自然要竭力款待，大事欢迎，为其准备了下榻的馆舍，并请渌江书院山长左宗棠书写楹联，以表欢迎。左宗棠崇尚经世致用之学，对陶澍等也早有了解，十分崇敬，于是挥笔写下一副对联：

春殿语从容，廿载家山印心石在；
大江流日夜，八州子弟翘首公归。

这副对联，表达了故乡人对陶澍的景仰和欢迎之情，又道出了陶澍一生中最为得意的一段经历。一年多前（道光十五年十一月底），道光皇帝在北京皇宫连续14次召见陶澍，并亲笔为其幼年读书的"印心石屋"题写匾额。印心石屋是以屋前潭中有一印心石而得名。这件事，朝野相传，极为羡慕，陶澍也认为是"旷代之荣"。因此当他看到这幅楹联后，极为赏识，询知是左宗棠所作，立即约请相见，"一见目为奇才，纵论古今，为留一宿"。陶澍还特意推迟归期一天，于次日与左宗棠周游醴陵，极为融洽，成为忘年之交。

道光十八年（1838年），左宗棠第三次赴京会试，结果又不中。南归途中，他绕道去南京谒见陶澍。陶澍并不以左宗棠的连连落第为意。他格外热诚，留其在总督节署中住了10多天，"日使幕友、亲故与相谈论"。一天，陶澍主动提议将

他唯一的儿子（时仅五岁）陶桄，与左宗棠五岁的长女孝瑜定婚。当时，陶澍已60岁，左宗棠才27岁。左宗棠为避"攀高门"之嫌，以亲家地位、门第、名位不合而婉言谢绝。陶澍一听，爽朗笑道，"左君不必介意，以君之才，将来名位一定高于吾人之上"，仍然坚持原议。左宗棠又以"年庚不合"相辞，联姻之议遂被搁置。直到几年后，陶澍去世，由于陶夫人一再提及，老师贺熙龄的敦促，这门亲事才定了下来。陶澍以一代名臣之尊，而求婚于一个会试下第的穷举人，表明他对左宗棠才学与人品的器重。

左宗棠在六年中三试不第，对他是个很大的打击。他虽然并不十分热衷于科场，不喜欢也不长于作空洞枯涩的八股文章。但在科举时代，读书人不中科举就难以进身，有志之士也只有通过科举获取地位，才能实践其志。左宗棠后来说过："读书非为科名计，然非科名不能自养。"又说："读书当为经世之学，科名特进身阶耳。"左宗棠自少年时代就志大言大，尤为自负，自尊心也很强，因此三试不第之后，就下决心不再参加会试，从此"绝意仕进"，打算"长为农夫没世"。

## "身无半亩　心忧天下"

科场失意，使左宗棠不能沿着"正途"进入社会上层，进而实现他的志向了。但是，他毕竟不同于那些不问世事，一心追求功名的凡夫俗子。他毕竟是一个有志气、有抱负的读书人。他最关心的还是国家的命运、社会的治乱兴衰，最感兴趣的学问还是那些有关国计民生的经世致用之学。即在那奔求科举仕进的年头，也一直是这样。

他第一次赴京会试，曾去在詹事府任詹事的胡达源家中拜访，结识了后来也成为清朝"中兴"名臣的人物——胡达源之子胡林翼。

左家和胡家原是世交。胡达源，湖

南益阳人,早年曾与左观澜同读书于长沙岳麓书院,交往密切,感情弥笃。而胡林翼与左宗棠是同年、同学,后来又兼了亲戚。他出生于嘉庆十七年六月,比左宗棠大四个月,后来也在贺熙龄门下求学。他自幼聪明异常,8岁时就被陶澍看中,招为女婿。少年时代,他常随岳父住在两江督署,风流倜傥,才华横溢,也深受陶澍、林则徐等人的影响,有匡时济世之志。

左宗棠与胡林翼一见如故,意气相投,从此成为莫逆之交。两人在一起谈古论今,朝政腐败、官吏无能、民生困苦和西方各国的侵逼,无所不及,都预感到天下将要大乱。为此,二人"辄相与欷歔太息,引为深忧"。当时的人们见了,都为之诧异,不知他们忧叹些什么。

但是,在另一方面,左宗棠在京城看到的是,王公贵族的门前车水马龙,官场文恬武嬉,醉生梦死,一片歌舞升平的景象。左宗棠无限感慨,忧虑重重,写下《燕台杂感》诗八首。其中有云:

世事悠悠袖手看,谁将儒术策治安?
国无苛政贫犹赖,民有饥心抚亦难。

表达了他对民生疾苦的同情和对腐败政治、苛捐杂税的愤恨。

左宗棠还看到了近年来西方殖民国家窥视我国边疆的形势,深为国家军备废弛而忧虑:

西域环兵不计年,当时立国重开边。
囊驼万里输官稻,沙碛千秋此石田。
置省尚烦他日策,兴屯宁费度支钱。
将军莫更纾愁眼,生计中原亦可怜。

又:

故园芳草无来信,横海戈船有是非。
报国心惭书剑在,一时乡思入朝饥。

南归途中,左宗棠给座师徐法绩写了一封信,认为当前国家最难办理的事,莫过于垦荒、救灾、盐政、粮运、治河等,并表示今后要多读些有关书籍,切实加以研究,以"不负国家养士之意",报答老师的殷切期望。

第二次会试归来,左宗棠就开始专攻地理学。他认为,由于时代变迁,兴废交替,以往的地图却少有更改,有的甚至错误百出。于是,他计划绘制一幅全国地图,再画出分省、分府图。他依据古今史籍、志书,反复详考出古今地名、方位、里程,凡水道经过的地方、村驿关口的名称、山冈起伏的形势,都一一标记。陵谷的变迁、河渠的决塞、支源的远近、城治的兴废,以及古为重险今为散地、占为边陲今为腹地等沿革,都一一详加说明,再由本朝上溯,历明、元、宋……直到禹贡九州。

就这样,在湘潭周氏桂在堂的西楼,左宗棠孜孜不倦,披览古今图籍,手画其图。周夫人端坐一旁阅读史书,一炉香、一碗茶,十分相得。左宗棠每绘好一张草图,就交周夫人描绘。遇到问题需要查书,周夫人就随手从书架上检出,某函某卷,往往十得八九。历时年余,左宗棠在夫人的协助下,完成了这一项目。后来,他又抄录了《畿辅通志》《西域图志》和各直省通志,"于山川关隘、驿道远近,分门记录,为数十巨册"。

左宗棠横览九洲,纵观古今,意气豪迈。这年,他挥笔写下了一副著名的对联,张挂在居室,以明心志,联云:

身无半亩,心忧天下;
读破万卷,神交古人。

左宗棠也特别重视农学。第三次会试失败后,他以自己"少小从事陇亩",又以"农事为国家之本",展开了对农学的研究。他遍读了南、北农事之书,特别对"区种"感兴趣,认为农事以区种的办法最好,也就是因地所宜种植和区间种植,为此他写了一篇《广区田图说》的文章,专以论述区种的作用。

他钻研农学,几年后,在湘阴购置田地,署名"柳庄",亲自试验"区田法",并栽桑、养蚕、种茶、植竹等。他每自外地归来，即"督工耕作，以平日所讲求者试行之，日巡行陇亩，自号'湘上农人'"。他曾在一信中说："兄东作甚忙，日与佣人缘陇亩，秧苗初苗，田水琤琤，时鸟变声，草新土润，别有一番乐意。"描绘了柳庄春忙耕作的景象，并抒发了自己从事农耕的舒畅心情。道光二十六年（1846年），他还根据多年读书和实践所得，分门别类，编撰了一部《朴存阁农书》。

道光十九年（1839年）六月，陶澍在南京逝世，家眷迁回安化。次年，左宗棠受老师贺熙龄之托，就馆陶家，教其子陶桄读书，达八年之久。

陶家藏书丰富，使左宗棠在教读之余得以博览纵观。一方面，他以《图书集成》中的《康熙舆图》和《乾隆内府舆图》，悉心考索，订正了昔年所绘舆图。一方面，他又在这里钻研了有关荒政、水利、盐政、漕运的学问，特别是钻研了当时已成为突出需要的兵学和洋务之学。

这年，钦差大臣林则徐赴广州查禁鸦片。左宗棠把注意力转向了洋务之学。他在陶家勤奋地阅读各种有关书籍。"自道光十九年海上事起，凡唐宋以来史传、别录、说部及国朝志乘、载记，官私各书有关涉海国故事者，每涉及之，粗悉梗概。"

道光二十年（1840年）五月，英国侵略中国的鸦片战争爆发，朝野为之震动。充满爱国情怀的左宗棠虽然僻处安化，但想方设法打听消息，密切地关注着时局的发展。当他听到英军犯浙江，陷定海，林则徐被撤职的消息时，悲愤万分，几次写信给贺熙龄，谈论自己对时局的看法，并"论战守机宜"。他以"天下兴亡，匹夫有责"之义，积极为反侵略战争出谋划策，撰写了《料敌》《定策》《海屯》《器械》《用间》《善后》等一组文章，提出了"练海屯，设碉堡，简水卒，练亲兵，设水寨，省调发，编泊埠之船，设造船之厂，讲求大筏、软帐之利，更造炮船、火船之式"等一系列作战措施。

然而，战争的进程使左宗棠大为失望。清军节节败退，琦善妥协求和，道光二十一年（1841年），英军占领香港，进逼广州。左宗棠"愤懑已极"，忧心忡忡，写了《感事》诗四首。在诗中，他对外国侵略者表示了强烈的愤慨，"和戎自昔非长算，为尔豺狼不可驯"；赞颂了林则徐、关天培等爱国将领，"英雄驾驭归神武，时事艰辛仗老成""书生岂有封侯想，为播天威佐太平"并为自己满怀壮志，却报国无门而叹惜，"欲效边筹裨庙略，一尊山馆共谁论？"他又写信给贺熙龄，痛斥卖国贼琦善"以奸谋误国，贻祸边疆，遂使西人俱有轻中国之心，将士无自固之志，东南海隅恐不能数十年无烽火之警，其罪不可仅与一时失律者比，应当斩首军前"。他还给湘潭人黎吉云御史写信，建议上书朝廷，提出"非严主和玩寇之诛，诘纵兵失律之罪，则人心不耸，主威不振"。

道光二十二年（1842年），英军先后攻陷吴淞、镇江。七月二十四日（8月6日），清廷在南京与英国侵略者签订了丧权辱国的《江宁条约》。左宗棠闻之，痛心疾首，大声呼啸："时事竟已至此，梦想所不到，古今所未有。虽有善者，亦无从措手矣！"

鸦片战争中，左宗棠只是一介"身无半亩"的寒士，僻处山斋，手无柯斧，但他"心忧天下"，表现了强烈的爱国热情。

### 林左会晤　夜话湘舟

中国在鸦片战争中的失败，使左宗棠受到极大刺激。他为自己虽有爱国热忱和报国之策，但得不到起用，眼睁睁地看着忠良被陷、奸臣误国、战事一败再败，及至被迫议和、丧权丧国，而悲愤、苦闷。因此，在战争结束后，他曾打算"买山隐居"，不再过问世事。

道光二十三年（1843年），左宗棠以

历年教书的积蓄在湘阴东乡柳家冲买下田土 70 亩，并自己设计，建造了一座小庄园。庄园内除了稻田外，还有坡地和池塘，为安全起见，还筑了围墙、挖了壕沟。庄园门上，他亲笔题上"柳庄"二字。次年九月，周夫人带着三个女儿从湘潭迁来。至此，左宗棠正式有了个家，结束了长期寄居岳家的"入赘"生活。这时，他仍在陶府执教，每当散馆回家，就"巡行陇亩""督工耕作"。几年后，他们又生了一个女孩、两个男孩，全家九口，诗书为伴，耕读相从。岳母也常常带着孙儿来探望女儿和外孙。阖家欢聚，尽享天伦之乐。

左宗棠似乎真的要"长以农夫没世"了。但是，以他从小所受的儒家文化的教育，满腹的"经世致用"学问以及他刚正清高的性格，在国家处于内忧外患、危急存亡之际，他是不可能长期退隐深山、不闻世事的。

周夫人最了解左宗棠。她深知宗棠惆怅苦闷之由，经常与他赋诗唱和。周夫人写道："树艺养蚕皆远略，从来王道重农桑。"支持宗棠暂隐溪山、钻研农事的主张。她又安慰说："书生报国心常在，未应渔樵了此生。"贤明的妻子当然知道自己的夫君是一位不甘沉沦的大丈夫，他的志向和才学也绝不仅仅是成为一名农学家。

其实，左宗棠一时也没有将自己置身于"世外桃源"，他的眼睛还在关注着这个急剧变化的世道，忧国忧民的心愿始终没有泯没。在这期间，胡林翼因父忧归里，几次来安化小淹的岳家。胡林翼虽然中举比左宗棠迟了二年，却已于道光十六年考中进士，授翰林院编修，还任过江南副考官。左宗棠在安化陶家又与胡林翼相会，两人风雨连床，纵谈古今大政，以至通宵达旦。

道光二十九年（1849 年），左宗棠离开安化，来到长沙开馆授徒。女婿陶桃仍跟他学习。学生还有长沙名流黄冕的三个儿子黄瑜、黄上达、黄济和益阳名宦周振之之子周开锡。

就在这年，发生了一件左宗棠一生认为"第一荣幸"的事。这年十一月，云贵总督林则徐因病开缺，途经贵州、湖南，回福建原籍养病。林则徐在鸦片战争中革职以后，遣戍新疆，道光二十五年释还，署陕甘总督，次年任陕西巡抚，二十七年升任云贵总督。作为一代名臣，林则徐威望卓著，忠心耿耿，尽管在革职流放中，始终不忘国事。在新疆，他极力讲求防边强边之策，大力倡导屯田，兴修水利。在云南，整顿矿政，努力加强民族团结。由于历尽艰辛，身患重病，乃奏请开缺，回乡调治。

林则徐的官船经洞庭湖沿湘江上行，于十一月二十一日（1850 年 1 月 3 日）到达长沙，停靠在湘江岸边。湖南的文武官员知道后，都纷纷赶来拜会这位名满天下的大臣。林则徐却想起了一位从未见过一面的书生——左宗棠，并立即派人去湘阴柳庄请来一见。

左宗棠接到来信，兴奋不已。林则徐是他素所钦仰的伟人，能得到他的邀请，与他会面，这确实是一件十分荣幸的事。早在青少年时，左宗棠就从贺长龄、贺熙龄兄弟和陶澍、胡林翼等口中听到过林则徐的事迹，后来在小淹陶家读陶、林的往返书信，已经了解到林则徐是一位学识渊博、才力超群、操守清廉的官员。鸦片战争中，林则徐卓越的爱国精神和伟大人格，使左宗棠为之倾倒，崇敬和向往之情到了极点。他在给胡林翼的信中，曾表达了这一心情。他说："天下士粗通道理者，类知宫保（指林则徐），仆久蛰狭乡，颇厌声闻，宫保无从知仆，然自十数年来闻诸师友所称述，暨观宫保陶文毅（指陶澍）往复书疏与文毅私所记载数呈，仆则实有知公之深。"

左宗棠还表达了他向往与追随林则

徐的深情:"海上用兵之苦,行河、出关、入诸役,仆之心如日在公左右也。忽而悲,忽而愤,忽而喜,尝自笑尔!尔来公行踪所至,而东南,而西北,而西南,计程且数万里,海波、沙碛、旌节、弓刀,客之能从公游者,知复几人?乌知心神依倚,惘惘相随者,尚有山林枯槁、未著客籍之一士哉!"

林则徐对左宗棠也并非陌生。他与贺长龄曾经是陶澍的属下,又早与胡林翼有过密切交往。陶、林、贺等志同道合,经常一起谈论天下大事、评品古今人才,自然早就知道陶、贺、胡等人对左宗棠的推重。就在一年前,胡林翼任贵州安顺知府,还一再向林则徐推荐:"湘阴左君有异才,品学为湘中士类第一。"林则徐马上就要胡林翼写信,请左宗棠来云贵总督幕府。当时,因左宗棠已受长嫂之托要为长兄的遗子世延办理婚事,又已接受陶家课读的聘约,不能前往,因而回信婉辞,表示"西望滇池,孤怀怅结",深为遗憾。

左宗棠接信后马上赶到长沙。江岸上轿马纷纷攘攘,林则徐见家人递上一张大红拜帖:"湖南举人左宗棠",赶忙叫快请,同时吩咐对其他来客一概挡驾。左宗棠匆匆忙忙上船,走过跳板时,大概因为心情激动,一脚踏空,落入水中,待进舟舱盥洗更衣后,即与林则徐畅谈起来。天色近晚,林则徐命将官船乘着湘江乱流,驶到岳麓山下一个僻静处停泊。舟中掌起灯,摆上酒,二人一边喝酒,一边纵谈天下古今大事,林则徐的两个儿子随侍在旁。

两人从天下大势到西北塞防与东南海防,从舆地兵法到办理洋务,新疆屯田水利到滇中战乱,无不各抒己见。双方对治理国家的根本大计,特别是西北军政事务,见解不谋而合。两人,一个是年逾花甲、名震中外的封疆大吏,另一个是年方 37 的草野书生,毫无拘束,侃侃而

谈,直到第二天清晨。后来左宗棠回忆这难忘的夜话湘舟,说两人"抗谈今昔,江风吹浪,桅楼竟夕有声,与船窗人语互相应答,曙鼓欲严,始各别去"。

会见中,林则徐将自己在新疆整理的宝贵资料,全部交付给左宗棠,并说:"吾老矣,空有御俄之志,终无成就之日。数年来留心人才,欲将此重任托付。"他还说,将来"东南洋夷,能御之者或有人;西定新疆,舍君莫属。以吾数年心血,献给足下,或许将来治疆用得着"。

临别时,林则徐还写了一副对联赠给左宗棠:

此地有崇山峻岭,茂林修竹;
是能读三坟五典,八索九丘。
表达了他对左宗棠殷切的期望。

后来,林则徐还多次与人谈起这次会见,极口称赞左宗棠是"非凡之才""绝世奇才"。

这次左宗棠与林则徐的会见,是两人神交已久的第一次,也是最后一次会见。这次会见给左宗棠以重大的影响。20 多年后,左宗棠经营西北,收复新疆、建置行省、屯田垦荒、兴修水利;在东南沿海编练渔团、创办船政、加强海防、抗击外侵,就是林则徐影响所致。

林则徐回到福建后,并没能休养多久。第二年,广西爆发天地会起义。清朝廷又起用林则徐为钦差大臣,前往镇压。当他刚到达广东潮州,突然染病去世。在临终前,他还没有忘记左宗棠,命次子聪彝向咸丰皇帝代写遗疏,疏中一再推荐左宗棠为难得人才。

一个月后(十一月二十一日),正是左宗棠与林则徐会见一周年的日子,左宗棠在长沙黄冕寓馆中听到这一噩耗,"且骇且痛,相对失声"。哀恸之时,他写了一封情意深重的唁函给林公子镜帆,又写下一副挽联:

附公者不皆君子,间公者必是小人,忧国如家,二百余年遗直在;

庙堂倚之为长城，草野望之若时雨，出师未捷，八千里路大星颓。

这副著名的挽联，后来书刻在福州西湖林文忠公祠堂（林则徐逝世后，谥文忠）。

林则徐去世以后，左宗棠一直在怀念着他，以他为自己人生的崇高典范，并以林则徐的继承者而自居。30多年后，左宗棠任两江总督，特地在南京为陶澍和林则徐建立"陶徐二公祠"，合祀两位先行者。时年72岁，也与他的前辈一样勋威卓著、名震中外的左宗棠，思意绵绵，豪情满怀，为"二公祠"写了一副对联：

三吴颂遗爱，鲸浪初平，治水行盐，如公皆不朽；

卅载接音尘，鸿泥偶踏，湘间邗上，今我复重来。

义重情深，跃然纸上。

### 出佐湘幕　初露峥嵘

鸦片战争以后，中国社会很快进入一个急剧动荡的时期。战争的失败，暴露了清政府极端的腐朽和无能，沉重的战争赔款和残酷的封建剥削压在广大人民头上。水利失修，旱涝频仍，使人民生活痛苦万状，濒临绝境。广大人民忍无可忍，纷纷揭竿而起，走上了反抗的道路。战后八九年中，在湘、鄂、粤、桂、苏、浙、闽、鲁的广大地区都发生了较大规模的农民暴动。

"山雨欲来风满楼"，十几年前，左宗棠和胡林翼所担忧的"天下大乱"很快就要到来了。目光远大的左宗棠决定避地而居，"买山而隐"。

道光二十六年，左宗棠曾"缘崖涉涧凡三日"，考察了湘阴县东南一带的山地。30年，他的老朋友，同县籍的翰林院庶吉士郭嵩焘（字伯琛，号筠仙）回乡。左宗棠同他一起周游了湘阴东山，"为山居结邻之约"。湘阴与长沙交界一处叫青山的地方，群峰连绵，山谷深邃，他们便选定这里作为今后两家遇乱避难的地方。

但是，形势的迅猛发展很快就打破了左宗棠"买山而隐"的计划。1851年1月11日，洪秀全等领导的太平天国起义爆发。咸丰二年春，太平军进军湖南，势如破竹，于7月直抵长沙城下。湖南全省震动。

这时，湖南巡抚骆秉章奉调赴京，清廷命原云南巡抚张亮基任湖南巡抚。张亮基认为湖南局势严峻，责任非同小可，极需广搜人才协助料理军政事务。时任贵州黎平知府的胡林翼便极力向他推荐左宗棠："此人廉升刚方，秉性良实，忠肝义胆，与时俗迥异。其胸罗古今地图、兵法、本朝国章，切实讲求，精通时务，访问之余，定蒙赏鉴。"

8月，张亮基赶到湖南常德。此时太平军围攻长沙正急。左宗棠已带了全家由柳庄迁移到东山的白水洞，而郭嵩焘全家则迁居梓木洞，两家"诛茅筑屋"，比山结邻，打算在这里躲避战乱。入山才10多天，张亮基派来的专人就带着厚礼，到了白水洞，聘请左宗棠出山。但左没有应聘。

于是，胡林翼又写来一信，再三劝说。他知道左宗棠平生最崇敬林则徐，便反复介绍说，张亮基"肝胆血性，一时无两"，是林文忠荐于道光皇帝，才得以大用的，"固文忠一流人物也"。他又引桑梓之义和个人身家利害劝说："设先生屈己以救楚人，所补尤大，所失尤小……设楚地尽沦入贼，柳家庄、梓木洞其独免乎？"胡林翼情词恳切，终于打动了左宗棠，使他不能再犹豫了。加之同住山中的郭嵩焘兄弟和仲兄宗植也不断劝勉，老朋友、新宁人江忠源带领他编练的楚勇尾追太平军到了长沙，也来信敦劝。左宗棠才改变主意，决定应聘出山。

刚过不惑之年的左宗棠，在清朝封

第
七
编
明
清
野
史

建政权和忠实于封建儒家文化的知识分子们的呼唤下，终于投入镇压农民反抗斗争、保卫大清江山的阵营。不久，他来到长沙，在围城中会见了巡抚张亮基。两人握手言欢，一如故旧。

当时，长沙城外炮火连天，太平军围攻已持续近两个月。城内外清军大集，达五六万人。城内有二巡抚（张亮基与尚未离长沙的骆秉章）、一帮办（帮办军务罗绕典）、二提督（湖南提督鲍起豹、广西提督向荣）。城外有十总兵。张亮基将全部军事委托给左宗棠。左宗棠"昼夜调军食，治文书"，"区画守具"，各种建议都能被采纳，并立即付诸实施。左宗棠"负才气，喜言事"，顿时大显身手，一生功名也就从此开始了。

太平军围攻长沙三月，久攻不下，遂撤围北去。长沙得以保全。第二年初，张亮基升任湖广总督，左宗棠也随张到了武昌。当时，太平军已经放弃武昌，全城官署民房焚毁殆尽。张亮基到任之初，修城郭，筹兵饷，通商贾，恤难民，整吏治，除积弊，其奏折批答，事无巨细都交给左宗棠一力主持。张亮基并以左宗棠防守湖南有功上报，得旨"以知县用，并加同知衔"。两个月后，复任湖南巡抚的骆秉章，又追叙左宗棠在长沙镇压浏阳征义堂之功，奏准朝廷，授之"以同知直隶州选用"。这是左宗棠一生最初所获得的官位，但他却视同草芥，一点也不放在心上。后来，张亮基因性格刚直得罪了满族权贵胜保，调任山东巡抚。左宗棠便辞职返归湘阴。

这时，太平天国已定都南京，改称天京，又举行北伐、西征，声势浩大。咸丰四年二月（1854 年 2 月），西征太平军再次进入湖南，攻克岳州，连下湘阴、宁乡。长沙大震。

正当长沙四面楚歌、形势危急之际，湖南巡抚骆秉章听说左宗棠又回到湘阴，大喜过望，连忙派人入山邀聘。左宗

棠因一年的幕僚生活过于紧张，"心血耗竭"，已有些心灰意懒，又鉴于太平军进展迅猛，前途未卜，决计静观时局发展，"不欲复参戎幕"，便托词回谢。不久，曾国藩统率湘军出师衡州，也来书邀请，他还是推辞未就。

而在这时，太平军也在搜寻左宗棠。太平军占领湘阴时，曾扬言要"入山追索"。不久，即派轻骑 30 余人来到梓木洞搜索捉拿。幸左宗棠早已闻讯，带了100 名湘勇，将家眷接出山洞，送到湘潭辰山岳家，自己则带着女婿陶桃来到长沙。

骆秉章没有得到左宗棠，于心不甘，不久就生出一计。他知道左宗棠对陶桃最疼爱，一天，便发出请柬，请陶桃到巡抚衙门作客，并将他留住后花园，不让出门。同时，又派人在外扬言，巡抚"勒使公于捐资巨万，以助军饷，否则将加侵辱"。左闻讯大骇，急忙赶来抚署请见。骆秉章一听大喜，"倒履迎之"，陪左宗棠来到后花园。左见爱婿无恙，后园"栋宇辉煌，供张极盛，如礼上宾"，才知是骆秉章请他出山的苦心，"感其诚意"，才应允出佐戎幕；骆秉章见左宗棠肯首，便向陶桃道歉，并以仪仗送回陶府。

左宗棠第二次入佐湖南巡抚幕府，长达 6 年之久（咸丰四年三月至十年正月）。6 年中，他深得骆秉章倚重，使其学识才干得到了充分的发挥，从而在清统治集团中获得了很高的声誉。

当时，清王朝在湖南的统治已岌岌可危。全省四周烽火遍野，鄂南、赣西已成太平军天下；西边的贵州，发生了苗民起义，南边两广，会党暴动风起云涌。省内，太平军驰骋湘北，长沙周围城池多被占领；而湘东、湘南、湘西广大贫苦农民，连连举事，此伏彼起。

左宗棠焦思竭虑，日夜筹划，辅佐骆秉章"内清四境""外援五省"，苦力支撑大局。骆秉章对他言听计从，"所行文书

画诺，概不检校”。

首先，左宗棠大力帮助曾国藩巩固和扩大湘军，使之成为一支与太平军拼死作战和残酷镇压各地农民起义的凶恶力量。

左宗棠入署后不久，曾国藩正聚众商议湘军作战计划，诸将领多主张北取靖港，独左宗棠建议南下湘潭。其后，曾国藩亲率战船40只，勇丁800人北进，惨败于靖港。曾国藩沮丧羞愤，投水自尽，被人救起，退回长沙。第二天一早，左宗棠缒城而出，到湘江船上去见他。这时曾国藩仍是极为狼狈，“气息仅属，所着单襦沾染泥沙，痕迹犹在”。左为之收点残余的船只、军械和火药，并劝慰他“事尚可为，速死非义”。曾国藩由于在湖南创办湘军，在官场遭到不少忌恨，靖港之败更加添人口实，因此打算一死了之。在这关头，左宗棠出而安慰，又在骆秉章面前为他说话。这时，湘潭又传来捷报，塔齐布、彭玉麟等率水陆各军大败太平军，攻占县城。湘潭战役后，太平军退到湘北，湖南战局转危为安，曾国藩度过了困境。其后，湘军向北挺进，太平军再败，退出湖南。

湖南解危后，曾国藩回到长沙，与左宗棠筹划出省作战。两人形影不离，“无一日不见，无一事不商”。咸丰四年八月，湘军进援湖北，攻占武昌。咸丰六年，石达开率太平军挥戈猛进，攻克江西大部分府州县，曾国藩被困南昌，左宗棠又建议急援江西，制定三路进兵之策，稳定了江西局势，又一次解救了曾国藩。咸丰七年，骆秉章在左宗棠的策划下，调蒋益澧等援广西，镇压天地会起义军；咸丰八年调田兴恕驰援贵州，围剿苗、汉起义军。咸丰九年，石达开再次入湘，所向披靡，全省震动。左宗棠飞檄各方，一月之内调集4万军队，组织宝庆会战，将石达开逼出了湖南。

左宗棠辅佐骆秉章，不仅调发军队

“内清四境”“外援五省”；同时还要为各军筹设粮饷、军械、船只，他为此更是尽瘁心力。

当时，清政府为筹集镇压农民起义的巨额军费，采取了种种手段，如厘金、捐输、加征赋税、铸造大钱、滥印钞票等，极尽搜刮，竭泽而渔。而左宗棠筹措军饷，则以抽厘、减漕，以革除弊政、开源节流的原则，“为大端”，支撑了军费的浩繁支出。

咸丰五年（1855年），骆秉章委托左宗棠主持开征厘金事务。左宗棠废除衙署关务的一切旧规章，招请廉洁士绅管理关务，不用私人，不用旧官吏，并规定各关卡征收情况按月张榜公告，又派军队卫护商旅，从而简省了征收手续，减少了中饱肥私，使厘金收入增加，充实了军饷。

左宗棠又改革赋税办法。以前湖南征收赋税十分混乱，由于不肖官吏浮收滥取、居中盘剥，加之银价飞涨，以至“地丁正银一两，民间有费至数两者；漕粮一石，民间有费至数石者”。这样不但增加了农民负担和损害了地主阶级利益，也加重了财政困难。骆秉章采取左宗棠的建议，根据各县士民呈请的办法，制定统一的标准。他力排众议，规定：每石纳银一两三钱外，加纳一倍作军费，再加纳四钱充县政费用，以前的其他加派一律废除。这样每石纳银不过三两，全省“岁增银20余万，民乃得减赋数百万”。

左宗棠在骆秉章幕府，前后将近六年之久。开始，骆秉章还没有尽信于他。一年之后，左宗棠初显身手，湖南军事大有转机，骆秉章便全权交付，自己只是画诺签字而已。僚属有事上白，骆总是说：“去问季高先生。”有一次，巡抚衙门外发炮，骆秉章忙问何事，旁边的人回答：“是左师爷在发军报折子。”他也只是点点头说：“拿来看看。”可见左宗棠专权之深。因此，当时就有人议论说：“巡抚专听左宗棠,宗棠以此权重,司、道、州、县承风如不及矣。"

左宗棠治军、理财的才干很快名噪一时,世人有"天下不可无湖南,湖南不可无左宗棠"之语。一些高官显贵也在皇帝面前竞相举荐,希望他为挽救摇摇欲坠的清朝统治发挥更大的作用。

咸丰五年十二月(1856 年 1 月),御史宗稷辰上疏:"所知湖南有左宗棠,通权达变,为疆吏所倚重,若使独当一面,必不下于林翼、泽南。"

咸丰六年七月,署湖北巡抚胡林翼上疏,极力推荐左宗棠:"其才学过人,于兵政机宜、山川险要,尤所究心……湖南抚臣骆秉章、侍郎臣曾国藩招入幕中办事,其才力犹称……"

这些推荐,都引起了咸丰皇帝的重视,当时他就发出了有关"上谕",表示关注。咸丰八年十二月初三(1859 年 1 月 6 日),咸丰皇帝在养心殿召见翰林院编修郭嵩焘。又专门询问了左宗棠的情况。他吩咐郭嵩焘:写信给左宗棠,"可以吾意谕知,当出为我办事",并"劝一劝他"。"何必以科名为重,文章报国与建功立业所得孰多?渠有如许才,也须得一出办事才好。"

左宗棠出佐湘幕,初露峥嵘,已经引起了朝野的关注,进而得到清朝最高统治者的青睐,这为左宗棠后来的"中兴功业"和他的飞黄腾达打下了相当深厚的社会基础。

### 樊燮构陷　祸起萧墙

左宗棠辅佐骆秉章革除弊政、整饬吏治、筹兵办饷,成效大著,得到骆秉章的极大信任,却引起了一些人的忌恨和诽谤。他们嫉妒地说,湖南是"幕友当权,捐班用命";别有用心地称左宗棠为"左都御史",意以身为巡抚的骆秉章,其官衔不过为右副都御史,而左宗棠的权位比骆还要高。甚至有人写了一张传

单:"钦加劣幕衔帮办湖南巡抚左宗棠",偷偷贴到湖南巡抚衙门的外墙上。

咸丰九年(1859)发生的"樊燮构陷事件",险些使左宗棠身败名裂。

樊燮,湖北恩施人,咸丰年间任湖南永州镇总兵。此人绿营出身,骄奢淫逸,在永州任上名声极坏,员弁兵丁莫不怨声载道。咸丰八年,骆秉章进京陛见,参他私自役用兵弁、乘坐肩舆。随后经派员到永州调查,查明他挪用公款银 960 余两、钱 3360 余串,此外还动用不少米折银两。骆秉章奉旨将樊燮革职。但他不服,向上级衙门控诉,攻击左宗棠。

事情的起因是这样,几个月前,永州知府黄文琛因公去岳州,适逢巡抚骆秉章正在岳州巡视,黄文琛便前往拜见,并就永州地方的穷困、兵勇杂乱、政务繁难等情一一禀报。随后这事被樊燮知道了,他自知酗酒狎娼、贪污公款,不可见人,便做贼心虚,认为黄文琛必在巡抚面前告了他的状,就与其幕僚魏龙怀商量办法。魏为他出主意说,巡抚衙门的幕僚左宗棠,只是个举人,骆巡抚对之十分信任,言听计从,何不先去见他,请他帮忙说几句话。樊一听有理,便依计而行,前往长沙。

左宗棠听到永州总兵来了,自得接见。但他为人心直口快,傲才恃物,不喜与人虚交,对这位总兵大人的劣迹早有所闻,不免有些成见。而樊燮是个刚愎自用之人,仗他出身武职,对文人幕客有所不敬,故见面时只是拱手作揖,没有按礼请安。左宗棠即毫无掩饰地说,武官来见,无论官职大小,照例都要先行请安,你不请安,何必来见。樊燮一听,顿时性起,便反唇相讥:朝廷体制,没有武官见师爷要行请安,本镇官至二品,向无此例!为了礼仪细节,两人争吵了起来。左宗棠负气之下,不顾一切地把樊燮骂了出去。樊燮怀恨在心,一直寻找机会图谋报复。

樊燮革职后,找到湖南布政使文格求情。文格是满洲人,这几年,骆秉章、左宗棠雷厉风行,在全省废大钱、减漕粮和整办贪官污吏。他很是不满,暗中忌恨。两人臭味相投,一拍即合,文格唆使樊燮向上告状。

当时,湖广总督官文有一门丁叫李锦棠,正以军功保荐知县。樊燮通过这门丁向官文打点,呈禀总督衙门,以幕僚越权干政为由控告左宗棠,并指控左为"劣幕"。同时,他又在京城都察院状告黄文琛与左宗棠,说黄、左通同勾结陷害他。

湖广总督官文,出自满族贵族,是两湖的最高军政长官。他向来目空一切,专横武断,曾因骆秉章对他不太顺从而记恨于心,并迁怒于骆所器重的左宗棠。同时,作为一位满族贵族大员,近几年来眼见汉人逐渐势大,如胡林翼、曾国藩、骆秉章等逐渐当权,正十分嫉恨。因此,在接到樊燮的禀帖之后,立即上奏朝廷。咸丰皇帝览奏后,发下密旨,将本案交官文和湖北正考官钱宝青审办,并说:"如左宗棠果有不法情事,可即就地正法。"

八月二十五日(9月27日),骆秉章上奏朝廷,进行辩驳,并将查明的账簿、公禀以及樊燮的供词等咨送军机处。而满汉畛域之见极深的官文一意祖护樊燮,在奉旨之后又以骆秉章之奏章出自左宗棠之手,竟不与湘、鄂两省巡抚商量,就要召左宗棠前往武昌,对簿公堂。

由于此案来头太大,两湖官员,除任湖北巡抚的胡林翼为之斡旋外,都不敢贸然表态。二年后,左宗棠在家信中回忆:"官相因樊燮事欲行构陷之计,其时诸公无敢一言诵其冤者。"可知其时事态已十分严重。

这时,此案被咸丰皇帝最为宠信的重臣户部尚书肃顺获悉。肃顺是满族人,但少满汉之见,是最早主张起用汉人的满族大臣,湘军的兴起,胡林翼、曾国

藩的被重用,都得力于他的极力支持。他的幕府中,也都是汉人中有名的文人学者。肃顺看到朝廷密旨后,告其幕客高心夔,高告湖南湘潭人王闿运。王也是肃顺门客,又转告翰林院编修郭嵩焘。郭嵩焘闻之大惊,因自己与左宗棠是同乡、好友,不便率先讲话,乃请王闿运向肃顺求救。肃顺表示:"必俟内外臣工有疏保荐,余方能启齿。"当时,郭嵩焘与侍读学士潘祖荫同值南书房,便请潘出面讲话。

于是潘祖荫连上三疏,"力辨其诬,他说:"楚南一军立功本省,授应江西、湖北、广西、贵州,所向克捷,由骆秉章调度有方,实由左宗棠运筹决胜,此天下所共见,而久在我圣明洞鉴中也……是国家不可一日无湖南,而湖南不可一日无宗棠也。"

"宗棠为人负性刚直,嫉恶如仇。湖南不肖之员不遂其私,思有以中伤之久矣。湖广总督官文惑于浮言,未免有引绳批根之处。宗棠一在籍举人,去留无足轻重,而楚南事势关系尤大,不得不为国家惜此才。"

潘祖荫的披沥上陈,对扭转此案的形势起了关键性的作用。其时,胡林翼也紧密配合,上奏《敬举贤才力图补救》一疏,称左宗棠"精熟方舆,晓畅兵略",但"名满天下,谤亦随之",为左剖白。

咸丰帝见到这些奏折,果然问肃顺:"方今天下多事,左宗棠果长军旅,自当弃瑕录用。"肃顺连忙回答:"闻左宗棠在湖南巡抚骆秉章幕中,赞画军谋,迭著成效,骆秉章之功,皆其功也。人材难得,自当爱惜。请再密寄官文,录中外保荐各疏,令其察酌情形办理。"官文等人见风转舵,"与僚属别商,具奏结案"。一场轩然大波才得以平息。

左宗棠深感官场险恶,忧心忡忡,"早已为世所指目,今更孤踪特立,日与忌我疑我者为伍",便决定"奉身暂退,以

待时机之可转"。于是,他以要去北京会试为由,向骆秉章提出辞职,并推荐其友、湘乡人刘蓉以自代,于咸丰九年十二月二十日(1860年1月12日)离开湖南巡抚衙门,结束了他长达八年的幕府生涯。

咸丰十年正月,左宗棠祭扫了祖墓之后,从长沙启程北上,渡过洞庭湖后,风雪交加,他仍踏雪而前,三月初三日到达襄阳。此时,雪仍未止,泥深没踝,行程十分艰难。驻襄阳的湖北安襄郧荆道毛鸿宾给他送来一封胡林翼的密信。密信中说,官文正在谋划构陷之策,而北京满城的流言蜚语,劝他中止北行,以免自投罗网。另一位老友,原林则徐幕府中的谋士王柏心也来信说,自古功高招忌,不应因微言而隐退,劝他去投奔胡林翼或曾国藩,赞画兵谋。

左宗棠阅信以后,感到进退两难。在一封致友人的信中,他写到含沙者意犹未惬,网罗四布,足为寒心……侧身天地,四顾苍茫,"帝乡既不可到,而悠悠我里仍畏寻踪"。于是,他决定采纳王柏心之见,"栖身军旅"以自效。随后,他即由襄阳乘船顺汉水东下,经汉口再折而东去,进入安徽,闰三月二十七日(5月17日)由英山抵达宿松。这时,胡林翼进驻英山,曾国藩扎营宿松,正准备合力进攻太平军在安徽太湖、潜山的据点。左宗棠会晤了曾国藩,便留其幕中。

不久,曾国藩奉到咸丰帝的寄谕,特询:"左宗棠熟习湖南形势,战胜攻取,调度有方……应否令左宗棠仍在湖南襄办团练事,抑或赴该侍郎军营,俾得尽其所长,以收得人之效。"曾国藩与左宗棠虽然性情、脾气多有不合,但交情颇重,对左宗棠身被诬陷十分同情,只因他熟悉官场习气,为人小心谨慎,一直不敢出面张说。这时,见"天心大转",便立即回奏:左宗棠"刚明耐苦,晓畅兵机,当此需才孔亟之时,无论何项差使,惟求明降谕旨,俾得安心任事,必能感激图报,有裨时局"。由于曾国藩的保荐,不到一月之久,朝廷即发下谕旨,授予左宗棠四品卿衔,襄办曾国藩军务。

于是,刚刚走出巡抚幕府的左宗棠,因祸得福得到破格起用,他一生的飞黄腾达也就开始了。

### 独领一军　征战江南

左宗棠奉到清朝廷要他襄办曾国藩军务的谕旨时,江南正一败涂地、糜烂已极。这年闰三月时,太平军的杰出将领陈玉成、李秀成联合作战,再次击溃清军的江南大营,太平军声势重振。随后,李秀成挥师东进,席卷江苏;陈玉成回军安庆,猛攻湘军。

为挽救危局,清朝廷任命曾国藩为两江总督,于是,他自宿松移军皖南祁门,并命左宗棠在长沙募练5000兵勇,另立一军,进援安徽。

咸丰十年五月,左宗棠在长沙树起了"楚军"旗号。他挑了崔大光、罗近秋、黄少春等一批勇敢朴实的湘军旧将,令其回各县招募,建立了四个营,每营500人;四个总哨,每哨320人;另外增选精锐之士200人,分为八队,作为亲兵;又接收了原湘军骁将王鑫旧部1400人,总共5000多人。

王鑫,湖南湘乡人,是左宗棠老友罗泽南的弟子,彼此早就熟悉。咸丰二年,王鑫和罗泽南在湘乡举办团练,后奉命带赴长沙,协助防守。不久,曾国藩以此为基础,编组操练,创办了后来闻名天下的"湘军"。王鑫谋勇兼资,但很有个性,不太顺从曾国藩的指划,因此不得曾的宠重。咸丰四年,他在岳州战败,自忖必将受处,而当时在巡抚幕府的左宗棠却给予勉励,骆秉章也以国士相待,仍让他带领湘勇去防守边境。从此,王鑫对左宗棠十分信服,作战也更加勇猛,后来他转战江西,被太平军称为"王老虎"。咸丰七年,在江西乐安阵亡。王鑫死后,旧部由其弟王开琳等统带,被称为"老湘军",后来成为左宗棠部队的主力,转战南北,战功显赫。

楚军成立后,全部屯驻长沙城南的金盆岭,由王鑫堂弟王开化总管全军营务、宁乡人刘典和湘乡人杨昌濬为副,进行训练。为严明军纪,左宗棠亲自拟定了《楚军营制》,规定:"行军必禁",凡犯奸淫烧杀者斩示众;"体恤百姓",概不准搬民家门片板材、桌椅、衣服、小菜、桶碗;"买卖公平",必须按市价平买平卖。

正当左宗棠加紧楚军训练时,清朝廷获悉太平军名将石达开将率部由黔入川,打算要他到四川督办军务,以扭转西南形势。曾国藩闻讯后,认为左宗棠必定从命而去,因为在湘军只是襄办,而去四川却是督办。但左宗棠认为自己"资望既浅,事权不属",去也无济,表示"我志在平吴,不在人蜀矣"。曾国藩和胡林翼正合心意,便联名上奏,力主将他留下,仍按原计划让他率领楚军,支援安徽。左宗棠虽有"督办"之位不从,而安居"襄办",但实现了他独领一军亲临前线的愿望。

八月,左宗棠率楚军由长沙出征,经过醴陵,进入江西,原拟去祁门与曾国藩部会合,半路中获知太平军已占领皖南重镇徽州,乃经由南昌、乐平,进驻江西东北门户景德镇。曾国藩目的是以其保卫祁门饷道,并阻遏太平军从皖南进入江西。

楚军到达景德镇后,有太平军别部一支进窥。左宗棠派王开琳率老湘营将之击退,另派王开化、刘典部半途截击,太平军连遭挫折,大败而去,楚军乘胜占领德兴,又昼夜追赶,占领婺源。楚军出师首战告捷,在江西站稳了脚跟。这是左宗棠独起一军后的第一次实战。

十一月,太平军李世贤部包围祁门、黄文金部数万人攻打楚军。左宗棠以黄少春从后绕击,将黄文金击退。其后又与曾国藩派来的猛将鲍超配合,伏击黄文金,攻占建德,祁门解围。楚军先后二捷,曾国藩奏准清廷,左宗棠升以三品京堂后补。他还在奏疏中说:"臣在祁门,三面皆贼⋯⋯赖左宗棠之谋,鲍超之勇,以守则固,以战则胜,乃得大挫凶锋,化险为夷。"

咸丰十一年二月(1861年3月),李世贤部大举来攻,连克婺源、景德镇,楚军被挫,退往乐平。三月,两军大战乐平。太平军三路进攻,楚军坚城不出,掘壕引水,太平军扑壕作战,持续10余日,楚军伤亡累累。最后,左宗棠下令兵分三路出壕反击,自己督率中路,与太平军短兵相接。李世贤部遭此突击,纷纷败退,不久,退入浙江。

咸丰十一年六月,清廷又授予左宗棠太常寺卿,并以浙江紧急,命他率兵援浙,后因曾国藩奏留,移师婺源,以稳定江皖局势。

这时,国内接连发生大事。七月,咸丰帝在热河病亡,不久,西太后发动北京政变,肃顺等顾命八大臣分别被处死、流放、免职,西太后垂帘听政,改元同治。八月,湘军攻克长江重镇安庆,湘军已无后顾之忧。十月,清廷以江、皖大局已定,命曾国藩办理苏、皖、赣、浙四省军务,并命左宗棠督办浙江军务,援救浙江。

李世贤部太平军入浙只有几个月,所向披靡,攻占严州、绍兴、宁波、台州等重镇,十一月又攻克杭州,浙江巡抚王有龄自缢身亡。曾国藩奉旨后,乃密奏清廷,推荐左宗棠为浙江巡抚,又致信左宗棠说:"目下经营浙江,全仗大力,责无旁贷。"十二月,清廷即下诏,授予左宗棠为浙江巡抚。于是,左宗棠开始独当一面,一跃而成为清王朝的封疆大吏。

奉旨以后,左宗棠着手谋划援浙军务。楚军初出湘时仅5000人,后陆续增加到8000余人，这时又奏调广西按察使蒋益澧、总兵刘培元各率部前来，兵力达到14000余人。随后，他提出整顿浙江军事的措施：申明赏罚、汰弱挑强、保证饷需；在作战上，提出"避长围，防后路"，宁可缓进，断不轻退，"得尺则尺，得寸则寸"的方针。

同治元年正月（1862年2月），左宗棠统率楚军进入浙江，首先攻占开化，二月下遂安，由西而东，步步进击。太平军在浙人数众多，李世贤、汪海洋等将领英勇善战，势力仍很强大。两军在浙西反复争夺，长达一二年之久。

北京政变后，西太后、恭亲王奕䜣执掌朝廷大权，为了尽快将太平军镇压下去，采纳了沿海一带部分官僚、买办"借洋兵借剿"的主张。于是他们勾结了在华的外国人组织起"洋枪队"，出面与太平军作战。当时，在浙东沿海就出现了中法"常安军""定胜军""常捷军"等，并于同治元年四月攻陷宁波等地，由浙东向浙西进攻。

对此，左宗棠十分反感，认为"借洋兵助剿"，弊病很多，而且后患无穷。但朝廷一再下旨，要他指挥这些军队，他也只得遵旨。

十一月，楚军攻占严州，然后分路进击，直指杭州。同治二年春，各部先后占领汤溪、金华、武义、绍兴等城，太平军范围日益缩小。四月，清廷命左宗棠任闽浙总督，仍兼浙江巡抚，所统楚军也扩充到3万余人。八月，左宗棠指挥楚军和由法国军官德克碑带领的中法混合军"常捷军"，攻破富阳城，随后进攻杭州。

杭州是浙江省会，关系全局。太平军获悉清军来攻，赶忙在城墙四周加筑堡垒，挖掘长壕，决心死守。八月底，楚军各部已兵临城下，并展开外围作战。十一月，左宗棠由严州进驻富阳，并到余杭视察各军。十二月，各军逼城，将四门包围。

这时，太平军的东南局势已十分紧张。李鸿章率淮军在江苏作战，连连得手，先后攻占苏州、无锡等城。曾国荃率湘军主力对天京的围困更紧，日夜攻城不息。而太平军内部人心动摇，江、浙一带发生多起叛变降清事件，杭州城内也军心已乱。

同治三年二月（1864年3月），左宗棠下令加紧攻城，楚军水陆配合，首先攻破城外保垒，而后分兵攻击五门。太平军经多次激战，已无力再守，乃于半夜从北门突围。楚军立即从其他各门拥进，攻占杭州。同日，踞守余杭的汪海洋也弃城而逃。清廷闻报大喜，立即下诏嘉奖，予左宗棠加太子太保衔，赏穿黄马褂。

杭州一失，太平军失去东南屏障，天京更为孤立，败局已无逆挽。六月，曾国荃军攻陷天京。太平天国农民起义，持续14年、纵横数十省，波及全国，轰轰烈烈，至此宣告失败。

太平天国失败后，长江南北仍有太平军余部数十万人。长江以北为赖文光部，后与北方捻军合一，成为捻军之一部。江南即从杭州、余杭突围而出的李世贤、汪海洋部，合计10余万众。随后，他们进入江西，又南下到达闽西南的汀州、龙岩、漳州一带，一路攻城掠地，各地也连连告警。清廷又急忙命左宗棠前往福州，赴闽浙总督之任，并负责镇压这支进入福建的太平军余部。

十月，左宗棠由杭州起行，率刘典、黄少春、王德榜各部入闽，收拾残局。李世贤、汪海洋等受楚军追击，于同治四年春（1865年）分部退入广东境内，沿途因多次战斗，遭受严重损失。左宗棠率各军紧追不舍，随即追入广东。七月，李世贤被汪海洋残杀，势力更孤。十二月，汪海洋退入嘉应州，组织最后的抵抗。同月左宗棠指挥各军发起总攻，汪海洋部全军覆没，汪海洋自己也中枪阵亡。至此，湘军与太平军长达14年的战争，在　左宗棠手中宣告结束。

# 太平天国野史

## 宫 女

庚申辛酉年间，洪秀全宫中的女子约有数千人，大半都是江浙佳丽，除十三岁以下的还是处女外，其余的已无完璧。洪秀全后宫的体制为设王后一人，王后统辖嫔娘一人，爱娘二人，嬉娘二人，娱娘二人，俱位列上等。各个王府中，各有好女四人，妙女八人，姣女十六人，娇女二十人，妍女二十四人，婟女二十八人，猫女三十二人，娟女三十六人，媚女四十人，也按一至九品分成等级。天王有妃子二十四人，每个妃子又各管辖颊女四人，姹女四人，娃女四人，瞫女四人，始女四人，按一至五品分等级。此外还有元女十人，妖女十人，分别定为六、七品。洪秀全的太子的宫中，设王妃一人，王妃之下又设美人四人，丽人八人，佳人十二人，艳人十六人，位列一至四品。宫中的女司，位列二品掌管全盘的共有六人，各管辖女司二十人。洪秀全的太子荒淫无比，不异于禽兽，刚过十岁的处女被他奸淫死的不计其数。洪秀全在世时，宫中有处女三人，都因年幼而幸免，但洪秀全刚一死，还没有入殓，洪太子便把她们全奸淫了，其中有两个被凌辱而死。洪太子又从其父的妃子中挑选了百余人，日夜行乐。洪秀全的哥哥洪仁达、外甥萧全福以及义子四人也各要了数十名宫女，供己取乐。其余的宫女则都归于女司，由姓袁的王娘管理她们，为她们找配偶。这个姓袁的本是上元人，专管宫中被驱逐的女子，经她手离开宫中的女子在好几千人以上。

## 被掳妇女

侯裕宽这个人善于逢迎上司，专管被掠掳来的妇女。这些被掠妇女，已嫁者充当女司，未婚者充当妖女，尚是处女者充当元女，无不含羞忍辱，每天死去的有数十人之多。侯裕宽又献了一种医治处女的秘方，从此即便八九岁的女孩子，也罕能幸免。洪秀全天王未死之时，责令各军将给他献妇女，谁献得多考评军功时便列为上等。洪秀全曾经给那些被抢掠来的妇女下过一道诏令："你们姐妹休违拗，肯来欢你是要好。受打受骂休烦恼，打是恩情骂是俏。"

## 女刺客

明妃本是苏州大户人家的女儿，自小就是容颜动人而闻名远近。她被乱兵掠劫，兵将们要杀她的父亲，她挺身而出，说道："随你们把我抢走，但不要伤害我父母，可以吗？"乱兵们见她姿色可人，就答应她，于是她父母便幸免于难。乱兵们要奸辱她，她说："你们看我的相貌美吗？"回答说："确实美。"她又说："我从你们的角度考虑，你们不如把我献给主将，这样你们就可以得到上司的奖赏。"乱兵们觉得她说得不错，便把她献给了主将，果然得到了厚赏。主将想要奸污这女子，她又以前面所言劝主将，说不如把自己献给天王洪秀全，主将认为她说得有道理，便把她献给天王。因此，这女子便进了宫，成了天王的嫔妃。这女子生得细皮嫩肉，白净柔滑，天王特别喜欢，封她为"明妃"。明妃得到天王的宠爱后，便派人去寻找父母的下落，找了好几个月，终于找到了。天王要把明妃的父母接入宫中，明妃不愿意，但是要求给她父母许多钱物，并请授以特别通行证，使他们遇上军队时，太平军不得加害。

洪秀全一一答应了明妃的请求,于是明妃便仿效费宫人的做法,用酒把天王灌醉,然后杀死他。谁知洪秀全十分狡狯,当明妃使劲劝酒时,他已经产生了疑心。因为明妃平日滴酒不沾,也从不劝他喝酒,唯有今日这么殷情地劝饮,实在反常,所以便怀疑她有别的用心。于是,洪秀全假装醉了,扶着明妃的肩膀,昏昏欲睡。明妃见状大喜,把天王扶入卧室,喝退左右侍从的人,把门关上,从壁上取下刀来,将要刺杀天王。这时,洪秀全一边装醉,一边暗暗监视着明妃的举动,他看见明妃摘刀,便偷偷起来,蹑手蹑足地来到明妃身后,明妃根本不知道,还掀开帐子找洪秀全呢。明妃见洪秀全已不在床上了,大吃一惊。这时,洪秀全在她身后笑着说道:"你想要干什么呢?"明妃刚一回头,洪秀全手中的刀便砍下来,可怜红颜命薄,一命呜呼了。明妃真可以算得上是侠女了。

## 红妃与美男通

　　红妃的一颦一笑,无不妖媚动人,洪秀全特别宠爱她。但是,红妃生性淫荡且善妒,宫中的嫔妃,凡不为她所容的,必定幽禁而死。当时,宫中有一个宜妃,是广东人,生性狡诈,当她刚刚被红妃妒嫉之时,便知道将来必定要遭到红妃的凌辱摈斥。于是,宜妃先发制人,表面上装出同红妃十分亲近。一天,红妃来到宜妃的住处,见有一个美男子正在那里,红妃见状,大吃一惊。这时,宜妃马上跪在地上乞求一死。然而,红妃见了这美男子,不禁心旌摇动,宜妃便乘机请求把这美男子让给红妃来赎自己的罪,而红妃则因此美男子是从宜妃处得来的,她害怕宜妃泄秘,于是红妃便与此美男私通了。时间久了,宜妃便向洪秀全告密红妃与人私通,洪秀全不相信,一天亲自前往红妃住处查看,果然如宜妃所说的那样,便把红妃及美男子一起杀了。

## 秽布制冠

　　赵碧城初选入绣馆之后,为东王杨秀清精心制作了两顶帽子,暗中以妇女所用的秽布做帽子的衬里,想以此来魇咒东王。帽子做好之后,被绣馆的同事告发,东王起初令人用大棒打她,到取来帽子撕开一看,怒不可遏,便命令于第二天早晨把她点天灯示众。所谓点天灯,就是用布把人的身子裹住,然后浇上油,倒挂在高柱子上,点火焚烧。当时,赵碧城被棍杖打得晕过去了,被扔在桂树下面,半夜时分,她苏醒过来了,便在树上自缢而死,得以免去被焚烧的悲惨下场。赵碧城上吊自杀了,东王特别生气,便杀死了看守者以及绣馆中几十个知情不报的人。

## 公主择婿

　　天王洪秀全有一个女儿,既美丽,又勇武,色艺双全。天王要为女儿挑选女婿,女儿说自己不计较男方的门第出身,只要求能文武双全。于是,她自己出了诗和文章题目各一,公布于众,征人作文,作得好的被录取后又加试刀剑弓箭,俱佳者才便嫁之。当时,诗文作得好的仅选中了十人,但与她比武时前九个都败北了,她非常失望。最后一个名叫刘甲第,长得魁梧奇伟,善于舞刀挥剑,开弓射了三箭,箭无虚发,全射中了靶子。洪公主大喜,便嫁给了刘甲第。洪秀全称帝后,刘甲第做了驸马。洪秀全失败后,刘甲第带着妻子逃跑,隐居在江淮一带。数年之后,妻子死了,刘甲第害怕人们知道他的真实身份,就做了一名私塾教师来掩护自己。他衣服简朴,装出又呆又愚的样子,从外表看去确像一个落魄的私塾先生,见到的人谁也不知道他曾经做过洪秀全的驸马。

## 公主为尼

　　安宁公主知道父亲洪秀全一定要失败,早就要求离开宫中,去投靠清凉山一座尼姑庵的老尼姑,以期免遭杀戮。天王洪秀全起初阻止她,但经不住她的再三请求,最后便答应了她,于是安宁公主便在清凉山落发为尼了。安宁公主又把自己的母亲接到庵中,母女相守在一起,颇能自得其乐。安宁公主的母亲,也是大家闺秀,知书识礼,只因被乱兵掠掳,便做了洪秀全的小妾,生下安宁公主之后,被晋封为妃子。安宁公主从小接受母亲的教育,鄙视富贵,因而才有此削发为尼之举动。亦女中之铮铮者也。

### 徐　妃

徐妃身材苗条,婀娜多姿,如初春新柳,微风吹动其衣裾,飘飘若仙,好不爱煞人也。洪秀全初次见到她时,命令她走近前来,询问了她几句家乡及家中的情况之后,便赐给她一个锦墩,让她坐下,立刻又让身边的人都退出去,而当时便在台子上恩幸了她,事毕传命封她为瑶台第一妃。东王杨秀清闻知此事后,对徐妃也垂涎三尺,洪秀全对此很担忧。徐妃对洪秀全献策说:“东王生性狡诈刻薄而好胜,他宠爱的妃子名叫傅善祥,是一个才艺双全的女子,天王您不如借口女史需要人,召善祥进宫,这样就可以平息东王的妒心。”洪秀全按徐妃所说的做了,杨秀清见洪秀全也艳羡自己身边的人,满足了好胜心,果然不再说起徐妃了。经此事后,洪秀全对徐妃更加宠爱了。洪秀全亡败之后,徐妃也自杀了。

### 人肉馒头

洪秀全被围困,粮食耗尽,便搜括民户,来供养宫中所需。数月之后,再也搜抢不到什么东西了,便掠掳来童男童女几百人,采用阴阳红铅,合药服用,而剩下的残肢断肌,则制成肉酱,同仓中的面粉底子和在一起,分给宫女们食用,差不多够吃十天。一天,做了馒头给宫女们吃,原来里面包的是人肉。十天之后,食物吃尽了,洪秀全忽然产生了一个奇怪的念头,他命令人采集地上的各种草,称此为天上赐来的甘露,把草煮熟捣烂,分给宫女们吃。宫女们有的强咽下肚,有的吃了后立即吐了出来,但都不敢说难吃,否则立即杀头。可怜千百如花似玉女子,都成为流民,沿途乞食。这种惨剧,历代宫闱中也很少有过。

### 如此御医

何潮元本来是一个游医,因洪秀全的军队中昵狎男童之风盛行,病毒流行,更甚于花柳病。每当病疫流行之时,便请来何潮元医治,往往有效。各女馆解散之后,男女杂混,花柳病毒潜滋暗长,侯王中也有不能免者,何潮元便得以成为诸王的座上客。另一个医生李俊良一向专业妇科和儿科,会避孕法,洪宣娇尊他为上宾,推荐到宫中,宫中的妇女都非常欢迎他。东王杨秀清的眼睛得了急症,让何、李二人一起商定药方,但吃了后无效,李俊良便对杨秀清说:“我有一个秘方,不知东王能否允许我试一试?”东王问什么秘方,李俊良说:“选还未成人的童男童女,让他们每天早晨起来不要吃饭,用甘露漱口,然后用舌头舔您的眼睛,舔三十六次便换人,每天换十人,一个月后必定奏效。”东王同意了,于是广征童男童女来担当此任,遇上姿色好的女子便奸污,不如意的便杀害,因此而死的人很多。但是,到底无效,东王非常生气,要逐赶李俊良,多亏裕宽替李俊良求情,东王方才罢休。

### 天王爱天足

天王洪秀全的宫中嫔妃充塞,大多是从民间抢掠来的。洪秀全之好色,有时还真有点儿眼光。他挑选女子,首先要貌美,其次还要脚大。然而,当时妇女都缠脚,尤其是那些大户人家的妇女,无不以小脚为贵,所以,那些被抢来的妇女,大多因脚小而受冷落。而那些小户人家的女子,相貌又不佳,故要选为嫔妃也相当不易。据说女子脚大者，必定身体强壮，房闱之间，远胜于纤弱女子，这是洪秀全所独取之一面。洪秀全选美，不重面孔而重身材，所选中的女子，腰一定要直，肩一定要削，胸一定要平，个子一定要高，这几方面都具备的女子，他才满意。洪秀全最看重女子的是其身高，凡选定一个女子，一定要先量其身高，达到了规定的高度，然后才看她的面孔；如果身材不够高，即便面目再好也不取。据说女子身高而削肩者，必定风骚；腰直而胸平者，身体必定强壮，能兼此二者，相貌虽然中等，自有其可爱之处，否则如木美人，有何可取之处？

## 割势如儿戏

天王洪秀全的宫中经常发生宫女互相押昵之事，而又不是同太监行此勾当，因而名声更坏。东王杨秀清的府上的姬妾也多被仆役引诱，东王非常忧虑，因此有恢复过去设太监的意思。李寿晖、李寿春乘机对东王说："奴才小时候曾经拜过去的太监为师，深知此中隐秘，常常见到阉割手术，这事很容易，曾试着练过。如果选身体强健的童男数十人，供奴才献技，他日对宫中的好处，不胜枚举，大王您难道对此无意吗？"东王听了异常高兴，说道："任你们在男馆中自由挑选，好好干，如果成功了，便给天王的宫中也弄一批太监去。"二李便先选定十多个幼童试验，谁知一刀下去，立即死了四五个，其余的给敷上药，但伤口不能愈合，疼痛而死的又有二三个。过了几天后，这十来个男童全死了。二李唯恐东王知道，便又捉了男童十余人，其中有人知道前头那十多个都惨死了，因此都逃散而不肯就范，于是强把他们绑住而施行阉割手术，如同阉猪一样。二李见上次手术失败，乱了方寸，因而刀技越发差了，手不从心，死去的越多了，而敷药终不管用，即使不死，也难治好。他们便私下里

去向御医李俊良求教，李俊良跃跃欲试地说："为什么不早点来商议呢？我有一种良药，必定能奏效。但是，事成之后怎么报谢我呢？"二李回答："出千金也舍得。"李俊良不满意，说："你们事情成功了，一定能得到万金赏钱；如果不成功，性命也保不住，如此关系重大的事情，但只谢我千金，吝啬不吝啬？"二李只好说："确实如您所说的那样。您如果能使我们成功，我们便按您的开价，给您万金酬谢。"李俊良这才答应了。用李俊良的药一试，果然死得少了，但伤口愈合之后，又涨闷得撒不出尿来，于是照样又死了几十人。就这样前后死了数百人，而那些幸存下来的，也成了废人，不可使用。二李恐慌不已，忽闻某丞相府中有一个在伙房打下手的人，说自己是从河间府来的，其父亲经常阉割人，会这门技术，而河间府又是古来出太监的地方，想必子承父业，也会此术。二李立即以重金把该人请来，恳求他献技，一试，死的人果然少了。二李异常高兴，汇报给东王杨秀清，先后共得到阉童二百人，分别送给天王宫中以及东府和北府中，而被阉死的幼童，实有二千余人之多。二李恐怕这个河间人把事情传播出去，让东王知道了治他们的罪，便以宴席为诱，乘机杀了这个人，以灭其口，其残忍到了如此之地步。

## 廖四妹

廖四妹非常贞洁，西王萧朝贵指派党徒日夜监视她的举动。一天，监视者跑来报告说："得到了确实的证据，四妹一定同天将杨起发有露水缘，杨起发曾经在四妹那里住了几夜，卧室中有许多证据，只要突然把起发捕获，不使四妹把他藏起来，事情不难弄个水落石出。"萧朝贵听了非常高兴，立即派手下去搜捕，果然从廖四妹处搜出了男子的衣服鞋帽，又从箱子中发现大量金银财宝。萧

朝贵令把廖四妹和搜出的东西全解押来,但并没有对四妹用刑,只是强令她给杨起发写一封信,信中让起发迅速回来,有事要与他面议。廖四妹执意不肯写,萧朝贵便让人代写,然后让四妹在上面按了手印。当时,杨起发正带兵攻打扬州,得到四妹的信后,他果然偷偷地回来了。萧朝贵安排人藏在女馆中等候杨起发,起发一到,就把他抓起来了。并报告了萧朝贵。萧朝贵命令把杨起发和廖四妹绑在一起而斩首,一刀下去,两颗人头同时落地,然后又把他们两人的脑袋悬挂在高竿上,让两个人抬着,到处游街示众。游街的来到女馆,才进入大门,馆中的女子刚出来观看,忽然高竿上挂着的廖四妹的脑袋变样了,眼睛和嘴巴都张开了,脑袋开始如辘轳一样地旋转起来,头发飘荡好像要全部往下掉。观看的人吓得大声哗叫,纷纷逃跑了。抬竿的人使劲打四妹的脸颊,这才不动了。众人都认为由于廖四妹是冤曲而死,所以死后冤魂不散,以此厉恶的举动为自己伸冤。其实,廖四妹与杨起发根本就没有什么苟且之事,完全是萧朝贵派去的监视者诬陷她。

## 东王用催眠术

黄启芳这个人,特别善于用花言巧语讨人喜欢,一举一动都能得到别人的怜爱,而实质上却狡诈狠毒。他不但设计陷害了张炳元,又因互相倾轧的缘故而嫉恨侯裕宽,必欲除之而后快。正好侯裕宽乘女馆遣散之际,私自占有了几个姿色出众的女子,对这事东王杨秀清不知道,但洪宣娇知道。洪宣娇对侯裕宽的这种做法十分恼火,当面指斥他的过错。侯裕宽虽然跪在地上承认自己的过失,并乞求宽恕,但言语之间有触犯洪宣娇之处,更加引得洪宣娇不快了。洪宣娇把这件事告诉了杨秀清,杨秀清听了勃然大怒,要杀掉侯裕宽。侯裕宽的

族兄侯谦芳、胞兄侯淑钱,都替侯裕宽求情,并且说裕宽刚娶妻,还没有生子,实在应该怜悯,饶他一死。东王杨秀清的气稍微平缓了一些,便命令把侯裕宽绑进来,他要亲自审问情况。侯裕宽哭着向杨秀清诉说了自己的冤情,他姿色妖艳的妻子也随他一起带来,跪在杨秀清的膝下,表示愿做杨秀清的婢妾,以此替裕宽求情。杨秀清对侯裕宽的妻子产生了念头,便释放了侯裕宽,让他还干原来的事,而把他的妻子弄到身边,侍奉左右。这个风骚的女子则使出浑身解数博得杨秀清的欢心,杨秀清完全让她给迷住了。洪宣娇对此产生了疑心,所以杨秀清一听说宣娇要来,便把侯裕宽藏起来,不让宣娇看见,而对宣娇慌称裕宽已经死了。洪宣娇意有不平,便想乘裕宽正侍奉杨秀清之时,突然闯入,揭露杨秀清的隐私。一天,杨秀清有小病,白天掩门而卧,洪宣娇掀开帘子,推门走进去,看见侯裕宽正在同杨秀清干那种见不得人的勾当,污秽行径不堪言之,而站在床头执拂尘驱赶蝇蚊,以及端茶送水的正是裕宽妖艳的妻子。洪宣娇见状大怒,愤怒地对杨秀清喊道:“老兄,今天我竟白天见鬼了。”杨秀清问她:“天妹看到了什么?为何要这样说话呢?”洪宣娇指着侯裕宽厉声厉色地说道:“他难道不是鬼吗?你不是说他已经死了吗?我能斩鬼,今天我来替你收拾他。”话刚说完,便拔出剑来,要向侯裕宽刺去,吓得裕宽浑身颤抖。紧紧地抱住杨秀清的大腿呼喊救命。杨秀清笑着从床上起来,并护着侯裕宽对洪宣娇说:“我已经赦免了他,让他终身服伺我,不准他出门一步。天妹你也应该可怜他已经悔过了,赦免了他吧。”宣娇持剑不放,也不说话,做出与杨秀清势不两立的样子,执意要杀裕宽。这时,杨秀清突然脸色大变,声音也颤抖了,闭目凝神,做出天王洪秀全附到他身上的样子,频频地打呵欠。同时,侯裕宽

伏在杨秀清的身后,裕宽的妻子则伏在洪宣娇脚下不住地磕头。杨秀清忽然大声说道:"宣娇听圣旨,你兄长我诚心劝世,人能悔过,该赦免就要赦免,是我特意许准东王赦免裕宽的,难道你想反了不成?竟要抗逆我的旨意?快快离开,快快离开,你今天的所作所为,已经背离了圣旨,将来你还有何脸面升天见上帝呢?"说毕,又闭目养神了。洪宣娇听得出了一头冷汗,手中的剑也不知何时掉在地上了。这种以天王附体的手段来愚弄人的做法,是太平军中流行的催眠之术。

## 朱九妹

　　朱九妹能吟诗作文,既聪慧又漂亮。东王杨秀清要选她进宫,当时女馆中有一个女管事的与九妹特别合得来,而且怜惜她身体柔弱,所以屡次把九妹的名字从入选的名单中画去,不让她入选。事情泄秘之后,杨秀清便作出天王附身的模样,点出了九妹,并传众女官带着九妹到他的府上问罪。杨秀清先问九妹:"你识字吗?"九妹回答说:"不识字。"杨秀清又问:"那个管事的是否有意隐藏下你不往上报?"九妹则反问道:"馆中不仅我一个人,什么叫藏呢?"杨秀清非常生气,命令人用木棒打九妹,打断了几根棒子,浑身上下一片血痕,九妹昏过去了。杨秀清又讯问那个女管事的,回答与九妹相同,杨秀清便命令手下的人把她的双目挖去,把双乳割掉,又剖开她的心脏,然后斩首,并且说这是天王洪秀全的旨意,不这样不足以警戒众人。九妹在东王府关押了一月多,身上的伤稍好了些,便秘密联络某位王娘,准备用砒霜毒死东王杨秀清,秘谋泄露,因而被杀害,同馆中的九人也一同被杀。

## 九千岁之淫威

　　洪秀全派鲁恭敬去韦昌辉的军营中,由于是传递秘密消息,谨防泄密,所以不让杨秀清知道。鲁恭敬有一小妾姿色颇佳,由于鲁恭敬经常外出,便与身边的一个童仆私通。一次鲁恭敬外出归来正好碰上两人在一起,于是奸情败露。鲁恭敬勃然大怒,拔出剑来,追杀童仆,童仆逃入天侯的家中。天侯本是杨秀清的爪牙,便把童仆藏起来,而由于这童仆生得面目姣好,天侯便与他狎昵,而童仆则曲意逢迎,因此天侯大受其惑。天侯问童仆鲁恭敬这次出外干什么去了,童仆便把天王派恭敬给韦昌辉送密信的事讲了。天侯报告了杨秀清,杨秀清命令军士前去搜查鲁恭敬的家,果然搜出了许多秘密疏奏,杨秀清把它们一一收藏起来,暂不向外透露,声称鲁恭敬视军机要事如同儿戏,实背叛了天父的意旨,应该处以极刑。于是,不等天王洪秀全发令,便以东府手谕,命令典刑官处鲁恭敬极刑。鲁恭敬喊冤叫屈,请求赎罪,杨秀清置之不理。鲁恭敬被点了天灯,他的衣服被剥光,从头到脚绕缠上棉纸,浇上麻油,外面再涂上松脂白蜡,宛如一支巨大的蜡烛,然后倒竖在地上,用火点燃。刚开始,鲁恭敬还能呼喊,惨叫不绝,如同鬼哭;等到燃到大腿时,喊叫声渐渐微弱了;到小腹时,便再也叫不出来了,但是偶尔还叫一声;到心坎时,便一命呜呼了。鲁恭敬被处极刑三天之后,天王洪秀全才知道了此事,派人去诘问,杨秀清回答说鲁恭敬违背了天条,臣弟已经处理完毕了。洪秀全把杨秀清召来问道:"兄弟你处治鲁恭敬这逆臣,兄长我事先一点也不知道,这样的话,我以后还如何统一天国主权呢?"杨秀清回答:"天父看兄长你太操劳了,担心你得病,偶尔命令臣弟我办事一次,何必大惊小怪呢?"洪秀全听了无可奈何,只好以一笑了之。

## 多宝楼

　　太平天国的军队中有一个叫宾福寿的人,是湖北人,心灵手巧,东王杨秀清便让他为自己建造官邸。宾福寿充分施展才能，把东王的府第修得雄伟壮丽，其中曲廊洞房，宛如迷宫。有一处叫"洞天春"的建筑，以玲珑山石堆成，中间嵌空蔽高，只见天日。里面绵堆绣窟，曲曲折折，较之迷楼，有过之而无不及。洪宣娇经常同东王杨秀清游戏于其中，几乎忘了白天黑夜。其他建筑如紫云坞，即傅善祥所住之处，碧瓦青砖，花木繁盛，鱼戏池中，鸟鸣枝间。最为瑰玮的要算多宝楼，其中所贮存的珠宝玉器价值无法计算。各种陈设互相辉映，五光十色，天王洪秀全的王宫都无法比得上。太平军中的军将都出身草莽，不知道珍贵古董，掠劫而运来之后，大多残破了，只有傅善祥喜好古代玉器以及钟鼎彝器等古董，东王极想博取她的欢心，便命令自己的部将注意搜集这些东西。因傅善祥能附庸风雅，所以东王杨秀清这一派的人都称她为"女学士"。多宝楼中每次举行宴会，或举行什么庆祝活动，光燃剩的蜡烛便有好几石之多，而遗落在地上的金钗玉珥之类的首饰，仆役们捡拾到，往往可以一下子暴富起来，可见东王府奢侈到了何等地步。

### 天王御膳

洪秀全每一顿饭必须备有二十四牲，即六禽、六兽、六鳞、六介。禽是鸽、雀、雉、鹰之类，而鸡鸭则不能算数；兽是牛、羊、獐、兔之类，而猪肉不能入内；鳞是鲂、鲤、鲟、鳇之类；介是虾、蟹、蛤、鳖之类。每日变换，不得重复。每顿饭的费用，不下几千两银子。而且，烹饪的办法，不论什么菜，必须用整的，即便大如牛羊，也一定要整个盛放在大盆中。最可笑的是，这些牲禽烹煮好了，在食用之前，必须把原来的羽毛覆盖在上面，使人望去就还像活着一样，直到临吃时，方才令侍者拿去。还有，洪秀全每天早餐，必须吃珍珠两颗，玉一方。据说人多吃珠玉，能使精神充沛，脸色和皮肤光泽，时间长了，便可以长生不老。烹珠的办法是挑选质量好而又圆的珍珠塞入豆腐之中隔水蒸炖半天时光，去掉豆腐，珍珠比原来涨大三四倍，而变得软而烂，就像豆腐一样。珍珠如果有瘢，其瘢处便怎么煮也不软，所以非上好珍珠不可。煮玉的办法是用榆树根来煮，煮二十四小时，不要让锅里的气外泄，这样玉便可以变得软而烂，可以食用。也一定要选择洁净无瑕的玉，否则便煮不熟。专门为洪秀全煮玉烹珠的是一个珠玉商，也任命他为御厨官。

### 天王事迹

洪秀全以一介匹夫，崛起于金田村，发号施令，居然称帝十余年，占据了三分之二的天下，不可说不是一个人杰。他七岁时就读于村中私塾，天性好学，聪敏过人，十八岁时便以史学、文学而闻名远近。由于家贫，他在乡间开设私塾，以教书养家糊口，父母相继去世后，三年服孝期满后，他去参加秀才考试，途中遇见一个算命先生。这人替人算定吉凶十分灵验，百算百中。洪秀全去找他为自己算命，他说："你不是以读书获取功名的人，然而，有富贵之命，天机不可泄露，愿你多加自爱。"洪秀全笑着答谢了他。第二天，洪秀全又在雄镇街遇上了他，两个人便一起行走，他赠送了洪秀全九册书，书名叫《劝世灵言》。考试完毕之后，洪秀全把书带回了家，起初仅看了一下书的封面，便束之高阁了。一年之后，洪秀全参加院试落榜。次年夏天，洪秀全病了，梦见有人召他去，醒来以为非常不祥，便叫来亲戚朋友，同他们诀别。洪秀全病得非常厉害，奄奄一息，十多天迷昏不醒。病好之后，洪秀全对人说："我病重的时候，梦见一龙、一虎、一鸡进入室内，后面跟了许多人，都穿着华美的衣服，演奏着美妙的音乐，抬我上轿而去。来到了一个地方,看见许多男女,都穿着古代服装,见我来了,他们都给我行礼。来了一个老太太忽然把我推入河中,让我洗浴,然后把我引进去,来到一个大殿,众人用刀把我的胸膛剖开,取出我的心脏,又换了另一颗心,而我一点也不觉疼痛。殿中藏了许多小册子,内容都是劝人行善。我浏览毕后,又进入另一大殿,看见一个年长的人坐在上面,威严如神,头发和胡子全是金黄色的,穿着黑衣服。他见我来了,把我叫到跟前,流着眼泪对我说:'世界和人类,都是我创造的,他们吃着我的饭,穿着我的衣服,但是从他们中间找不出一个真正爱我、敬我的人来,希望你不要像他们那样。'于是,老人赐给一把剑和一枚印,让我用此来降妖服魔,但是又告诫我不可妄加于姐妹兄弟之间。老人又赐我一颗金黄色的果子,吃起来味道特别甘美。我便拜谢老人的赏赐,老人安慰我说:'你好自为之吧。'转眼之间,老人便不见了,而我的病也立即好了。"

## 东王女为父报仇

天王洪秀全一天来到东王杨秀清的府中,杨秀清不但不出来迎接,反而口出大言,怠慢无礼。洪秀全只好低着头,以好言安慰东王,并答应自己要退位,把王位禅让给东王。但是,洪秀全一回到天王府,便立即召集众头目,在一起商议如何诛斩杨秀清,命令韦昌辉带兵在夜间围住东王府,杀戮一空,但唯独不见了杨秀清。第二天,在一个土穴上面发现了两只绣龙黄缎鞋,挖开土穴后,发现了杨秀清的尸体,就把尸体运到闹市中,斩首示众。洪秀全又把杨秀清的女儿收为宫女。后来,清兵攻克南京之后,到处搜寻不到洪秀全的尸体。忽然,有一个姓杨的宫女告诉出埋尸的地方,于是清兵掘出了洪秀全的尸体。洪秀全的尸体不用棺木,只用绣着黄龙的大被子裹着,于是

清兵斩其首尸而焚之。清兵询问这姓杨的宫女,原来她就是杨秀清的女儿。

## 天王诏谕

洪秀全以传教开始号众人,他告诉人们,天父名叫耶和华,生有四子一女,长子名叫耶稣,次子便是他自己,第三子和第四子分别是东王杨秀清和北王韦昌辉。一女即他的妹妹洪宣娇。之所以没有提到南王冯云山和西王萧朝贵,是因为洪秀全创立这种说法时,已经定都南京了,而南王和西王在这时都已经去世了。某年五月间,城中春粮歉收,恰好天又降大雾,洪秀全便颁下诏书说:"现在,承蒙天父耶和华降下甘露。因而从今始,大小文武官员以及军队士兵,一起吃甘露。"迷信可笑到了如此地步。另外,洪秀全在诏书中对自己所亲信的人,都有特别称呼,如称东王杨秀清为"和甥",西王萧朝贵为"福甥",干王洪仁玕为"玕胞",侍王李世贤为"贤胞",辅王杨辅清为"辅胞",翼王石达开为"达胞",忠王李秀成为"秀胞",赞王蒙得恩为"恩胞",章王林绍璋为"璋胞",等等,不一而足。

## 天国王宫

太平天国的制度,称诸王所住的地方为"府",府外有两座辕门,三座大门,都高好几丈,门墙上全画有彩色龙虎。甬道中筑有高台一座,两旁悬挂着几十面金锣,有事便敲锣相告。门内不准男子进入,都用女侍者传递消息。肴馔酒浆,全从门外传进。天王的宫殿,用的是从前制军署的地方,在南京城北,雄伟壮丽更胜于他处。大门的牌匾上写着"荣光门"几个大字,另一大门的匾上的字为"圣天门",两座门内各有东西朝向房屋数十间。大殿前有一座牌坊,上下都雕着龙纹,饰以金彩。殿身尤其高壮阔大,梁栋都涂以赤金,画着龙凤,光耀射目,四壁用彩色画着龙虎狮象。正殿之中,有墙围起,中间凿一水池,池子数十丈见

方,池中用青石砌成一条船,长约十多丈,宽五六尺。池子的北面又有一座亭子,高好几尺。东王府稍逊于天王宫,旧府已经被北王韦昌辉在丙辰年放火烧毁,后来又给新袭位的年幼东王建了府第,名为"正九重天延府"。府后有花园,入门有亭子一座,亭畔有花椒树二株,树冠半亩见方,园中的花木草树繁盛,馨香可人。亭子往北,叠石为山,绵延不断。假山脚下,清泉环绕。各位王爷的府中,都有花园,垒石凿池,穷奢极丽;楼台亭榭,透迤相属,都是役使掠来的工匠们建成的,而各个府上,各种女官仆佣充斥,一片声色犬马。

## 下诏求欢

天王洪秀全生性好色狡猾,在宫中无所不为。虽然身边有数十名宫女,仍不能满足他的贪欲,常常命令手下官员给他提供妇女。如有容貌秀美的女子献给他,就会受到大大赏赐,三个月中不能献上一个美女的,就处以死刑。曾下达诏书,内容是:"即自今四周来朝,万方统一。东方贡大妹,西北献娇娃。太平天一统,天福尽堪夸。"

又有诏书下达,内容是:"你们姊妹休违拗,肯来欢是要好,受打受骂休悔恨,打是恩情骂是俏。"这份诏书是天王府中洪仁玕撰写的,很得天王称赞。用侯裕宽等人专门管束被掠来的妇女。若是已出嫁的,充当女头;未结婚的,充当妖女;是处女的,充当元女。一时之间,妇女中稍有烈性的,没有不悬梁自尽的。

## 特别称呼

天王对于下属各王,都有特别的称呼,用以表示他的亲切和信任。比如称东王杨秀清为和甥,西王萧朝贵为福甥。干王洪仁玕为玕胞,侍王李世贤为贤胞,辅王杨辅清为辅胞,翼王石达开为达胞,忠王李秀成为秀胞,赞王蒙得恩为恩胞,章王林绍璋为璋胞。上述这些仅仅是指一二级王而称呼的,如果再低等的,就不能够得到这样特殊的恩典。

## 开裆裤子

太平天国时期,宫中女官的服制,大致和宫外差不多。凡是穿皇缎子上面绣有龙图案的为上等,黄色次之,红色紫色的次之,青、蓝、黑三色又次之。只有女官才另外有缝裳、钮裳、开裳、散裳的区别,所谓缝裳,是裤裆虽然全缝死,但裤腿却是非常肥大;钮裳,则是裤裆不缝死,而钉上纽扣;开裳就是开裆裤,散裳是裙子,散袍即斗篷。遮腿,分为左、右、后三幅束在腰部,这是乘凉时穿的,这些是宫中女子服制的特色。

## 野蛮食品

天王每顿饭,必须得备有二十四种肉食,上文已经说过了。尤其可笑的是,每个牲体必须是全的,连头和脚也不许除去。牛羊虽然个头大,也必须整个放到一个大盆里,然后送上来。另外,牲畜或者禽鸟等做熟之后,仍然要把羽毛覆盖在上面,让人看上去如同活禽活兽一样,到要吃的时候,才叫侍人把毛皮等揭下去。这也是天王进食的趣谈。

## 瑶台点缀

太平天国的宫殿,虽说是草草造就,但宫中各殿,雕梁画栋,珠帘绣柱,极其考究。天王驾到,后宫的妃嫔们都跪在地上迎接。他乘的车子,前后用十六个人抬举着,红色的车轮,黄色的帘幕,色彩鲜明灿烂。天王经常光顾的地方是瑶台,台子占地面积约数十亩,台中有花草树木池馆,像平地一样。台阶一百二十级,六面都设有台阶,全用白色石头和美丽的矿石铺就,名叫白玉天梯。台上建有一个正殿,四个偏殿,每个殿的四角,各平行摆列着三座院落,共为十二院。掌管正殿的是徐妃,所以天王在瑶台,必定住地正殿,徐妃就受到天王的专宠了。

## 玉散香消

太平天国时，有个叫赵碧城的女子，原本是良家女子，长得丰姿秀美，年龄有十五六岁，在刺绣馆中任教师，享有针神之美名。与傅善祥有文字之交，善祥为她在东王面前周定，因而使之得以保全名节。东王虽然好猎求美色，但是因为他喜欢傅善祥，十分相信她的话，况且碧城端庄高洁，东王知道她不能向自己献媚，所以并不去劝问她，而碧城也没有意外的忧虑事。凡是宫中的刺绣衣缎及各种屏帐坐垫，加上东府的衣裙服饰，没有不出自她手的。天王的妹妹洪宣娇曾经很喜欢赵碧城，想叫她拜为义女，碧城却一再推辞拖延，终究未如洪宣娇的心意，从此宣娇忌恨在心，寻思要报复碧城。一天，碧城承蒙蔽恩宠被召进宫中密室，说是商量天王新制龙衣的事。洪氏惯列：用黄缎子绣上龙做成帝衣。当时正值庆祝天王生日之时，将要预备新式服装以向天王的家眷邀功，所以特意召碧城商议做法，碧城并不疑心。不一会儿，碧城面色愤怒，匆匆走出来，而且得到恩准，请假不来议事了。过了一天，锦衣使者率领捕役来，将刺绣之女尽数捕获投到狱中，说有大逆不道的案件被发现。众绣女都惊恐万分，不知所措。投到狱中后，又不立即传讯审问，这才感到牢狱里所受的苦，比在绣馆里更为严重。碧城以谋反领袖的罪名被单独押在东王府监狱，命令东王审问她，东王就命丞相审问她。碧城满口喊冤叫屈，声称并没有与她们串通的证据。善祥为她们向东王求情，大约碧城可以不定罪，而怀疑是其他绣女犯罪，于是将全部处以绞刑，案子已定下来了。突然中使传达命令告诉东王说："王要保全这个妖女，固然是好生之心，但是按着她的实情，则万万没有丝毫减罪的道理。大王可曾听说过她的所作所为吗？"东王询问情况，中使说："昨天有劳丞相上报实情，并得赃物一大堆，都是些锦绣的冠帔衮衣却有裂缝好让人观看的，天王惊问为什么这样做，一看才知道是一片片吴锦上，全染上血迹，不仅做鞋的衬垫，而且公然用妇女用的月经用物缝入衣里子中，而假装不知道，大概是将靠它驱除噩梦。事情被同馆人发现后，刑官三天之内历数其党羽的罪恶事实，处以极刑的有两个人，绞死罚做苦役的数十人。案子已经审理定罪，不再更改，幸好东王不被她们所蒙敝，叛逆以党徒罪大恶极，不可再让她活着了。"东王听说后，甚表同情，只是因为善祥的缘故，特意为碧城求情免死。中使返回复命，洪宣娇已先入宫得到了天王的恩准，督促执刑官即日将碧城和其余人等一齐处死，碧城仅获得降凌迟罪一等（凌迟是古代一种残酷的刑罚，也叫剐刑，先断四肢，再割喉处死），已身首分家了。东王大为恼怒，从此和天王的抵触日甚一日。

## 祭天祈福

洪秀全起义传教开始，所以好制造一些门邪歪道，只有对祭天最为重视。每个月的初一和十五，宫中都摆设香烛，五更天就起床，洪氏亲自率领群臣对天叩拜祈祷，为万民求福。这一天，吃素而不动荤腥，不亲近女人，众大臣也如此照办。又用天晴或下雨来卜测吉凶，以为晴天则是天老爷高兴；下雨则是天公发怒；阴天是天公忧怒；刮风打雷则是天公大怒，必定要有不平常的灾祸发生。如果初一那天是晴或者是下雨，就是上半月吉凶的兆头；十五的天气好坏则决定后半月的吉凶兆头。本月的最后一天，必定又烧香上供，感谢上天，意思是承蒙上天保佑，这一个月能够平安度过。洪氏如此愚蠢，真叫人发笑。

## 空门匿迹

洪氏起兵后，就抢掠民间女子作为妃妾，不知有多少。有识之士论断：这是帝业不能成就的所在。洪氏的第三个女儿安宁公主,她的母亲本是大家闺秀,熟读诗书,深知礼仪。被洪氏抢来之后,几次寻死,都没死成。不久生下一女,即安宁公主。安宁公主虽然出生在军中,却端庄娴静,非常聪明,洪氏非常喜欢她。定都南京后,洪秀全自称天王,封女儿为安宁公主。当女儿长到十五岁时,平日里总是郁郁寡欢,常常以泪洗面。天王担心她,每月命人把那些娱乐的玩具送到公主面前,而公主面对这些东西,愈加神情暗淡。天王私下里问她因何不乐,公主说:"如今满人还没灭亡,天下没统一,正是皇上枕戈尝胆(卧薪尝胆之意)的时候。皇上日效勤政,没有闲暇之时,然而大臣们却在朝廷内部吃喝玩乐,将军们在外面飞扬跋扈,民心离散,士兵疲软。由此看来,这并不是国家的福分。这是女儿之所以日夜忧虑的原因。小女观察当今的形势,如同抱着火放在柴堆之下,一旦火烧起来,势不可救。又像是小燕的巢穴做在危幕上,却还自以为安全,殊不知顷刻之间巢穴就将倾覆。所以我为皇上考虑,目前应整顿军队,赏罚分明,整顿纲纪,收拢民心,以此来奠定亿万太平的基础。不然的话,白白地依靠半个东南江山,自以为无忧无虑,我是不信的。"天王听了这番话,一时似乎有所触动,但是终归不能改变他的老主意。公主知道他没有悔悟的决心,将来必定不会有好的结果,就屡次对天王说,她要出宫进山去修道。天王开始制止不让她去,到后来因她心诚,就随她的意了,不忍心扫她的兴。公主就带了她母亲同往清凉山的一座庙中修行,晨钟暮鼓,享清福去了。

## 徐妃生计

姑苏台附近,有一个美女,姓徐,生得貌美丰满,体态有如檀香木一般。洪氏既已定都南京,就挑选民间女子作为嫔妃,徐氏也被选中。洪氏见了徐,大喜,侍从引徐氏登上台阶,腰肢婀娜多姿,如初春新发芽的柳枝,微风吹拂她的衣角,飘飘若仙。当时洪氏正在瑶台上赏花,随即屏退左右侍从,就在台上与徐氏做爱,这时天色还没太晚。第二天就传命封徐氏为瑶台第一妃。

东王杨秀清听说后也垂涎三尺,就想一睹丰采。宫廷里有个规定:有座承天堂,每七天召集诸王一次,人讲天道,每当此时,则天父降神显圣,必定附在杨秀清身上,这一天正值讲道的日期,杨坐到座位上,打着哈欠像梦中呓语一样说:"我有一个爱女,本应充当福音第一天使,依辈分来说,应是你洪秀全的妹妹。如今既然留在宫中,应当好好照顾她,并且让杨秀清朝夕教导她,定能为你们造福的。"说完,又命徐妃立即出来相见,使她与秀清证明他们的因缘。洪氏不得已,才叫徐妃出来相见。以后,借口宣布天父福音,常常将徐妃接到东王府。洪氏十分忌讳此事,徐妃就献计说:"东王为人狡猾刻薄而好胜,他最宠信的是傅善祥,是个天才。天王不如借口说女史需要人教诲,经常召善祥入宫,以此来抵制东王,又格外优待善祥,以求解围的办法,那么这个疑团就会不解自破了。"洪氏果然采用了徐妃的计策,不到十天,秀清果然不再借天父的话请徐妃了。自此以后,徐妃益发得宠。宫中自皇后以下,没有不听从徐妃指使的。

## 珠玉宝座

太平军已攻下苏、杭二州,天王十分高兴。一天,将要在宫中接受庆贺,这也是洪氏的常例。到了那天晚上,六宫之中到处悬灯结彩,如宸极宫、坤宁宫、毓祚宫、宜春苑、紫芝观、承天堂、迎禧院、通明院、歌风台、琼楼、玉宇、瑶台等十余处,无不奇形怪状,灯火相接,火树银花,几乎让人疑是不夜城。这十余处,当推瑶台为第一。每处都任命主管妃嫔指挥其事。有个娄妃，本是宜春苑的主任，性情和蔼，颇有才干，所以很得天王宠爱。先前天王觉得第一妃年纪太小，怕她不熟悉宫中礼仪，因而常叫娄妃指点她。娄妃则知无不言，毫不嫉妒。这天瑶台布置得很漂亮，前所未有，这都是娄妃的功劳。到了庆贺的一天，晚间有天王巡幸的活动，宫中上下都盛妆打扮等待着，只见各宫的陈设都雅丽华美，疏密得体，尤其欣赏的是一个多宝的座位。宝座是用珠玉、琼瑶、玛瑙、翡翠、珊瑚等物连缀而成的，座的下面是龙床，上面罩着华盖伞。远处，云蒸霞蔚，珠光宝气与天相接应；近处，但闻氤氲弥漫的香气，龙延沉脑，几乎不可辨别。四周都剪彩为花，中间夹杂着花蕊，不能指出它的真伪。娄妃等人费尽了三日夜的心力，取物赏赐予太监几十万，才能造成这尤物，领受娄妃的赞美。不一会儿，天王驾到，众人都跪伏在台边。天王见了，从远处喊道："很好！"手拉着娄妃进入车中，淑嫔也跟着他们。这时，天王的脸色特别和乐。既到殿中，忽然看见宝座，惊喜万状。接着入座，便四顾狂笑，对娄妃说："你的心眼竟这么巧，这实是老天爷赐给朕的

呀！"于是命人设宴，各种乐器一齐弹奏，畅叙尽欢。天王便乐不思蜀，在此等待大臣来朝，不再到别的宫去了。

### 甜露活人

洪秀全建都天京后，不能听从安宁公主的劝说，致使纲纪废弛，民心离散。不到几年时间，南京城内就渐渐宣告粮食用尽，而且长江上下，都被清军堵截，竟然成了坐等困境的局面。最初还向百姓搜刮，来供给宫中食用。一晃又是几个月过去了，民间也没有可搜刮的了。而清军相持不下，天王日夜忧虑，无计可施。忽然异想天开，向天祈祷，每天必定斋戒沐浴，登到坛上祈祷说："上天赐给甜露，以拯救我天国的百姓！"甜露是什么呢？就是地上长的各种草。因此时的宫中，捕雀掘鼠充饥，食物已尽，不得已，才干这种迷信的勾当。一方面告谕百姓，都去采集甜露，另一方面派宫人分头去拾草，又在宫中央开辟一大块地方，收所采到的草放到几个大盆里，煮熟捣烂，分给宫中人吃，起名叫承露场。宫人虽难以下咽，但不敢说一句话，只有强颜欢笑。否则的话，立即遭到杀头之祸，所以不敢说草难吃。

# 第八编 洪宪野史

## 窃国大盗袁世凯

### 纨绔子弟

公元1857年9月16日,在河南省项城县袁寨村的袁保中家中,随着一声响亮的啼哭,一个男婴呱呱坠地。那清脆而又无比响亮的啼哭声,好似晴天中的一个响雷,使急切中的全家老小先是一惊,继之又雀跃起来,他便是在中国历史上曾经出卖过四万万中国人的卖国贼——袁世凯,其字慰庭,又称袁项城。

袁家是当地的大户,袁世凯曾祖父以上三代都是学富五车的大儒,因而袁家无论从哪方面讲,都是一个殷实而又儒雅的家庭。但是,袁世凯出生时,正值太平天国运动发展之时,从袁世凯的祖父开始,便"备守具,练乡团,以保护乡里",抵御农民起义军。那种儒雅的家风便多少有点儿变化,而这种变化,正好是培养纨绔子弟的极好温床,袁世凯便是在这种环境里长大的。

袁世凯的父亲袁保中是本县著名的地主豪绅,大办团练,与农民起义军为敌。其叔父袁保庆亦是靠办团练起家的,后由于镇压农民起义军有功,便由郎中升为道员。

袁保中先后娶妻两个,均姓刘,第一个夫人生子世敦后便病故。后又娶妾,生子世昌、世廉和世凯,可谓人丁兴旺。而其叔父保庆家则不然,袁保庆一妻两妾均不曾为其生下一子,袁保庆心急如焚却又无可奈何。或许是上苍怜其盼子心切,让袁世凯一生下来便缺奶,而袁保庆妾牛氏奶水却极充足。于是,袁世凯便被牛氏抱去喂养。牛氏与保庆特别喜欢,待之如同亲生儿子。保中见胞弟年近40尚无子嗣,又如此深爱世凯,便将世凯过继给保庆成为养子。

袁世凯过继到叔父家以后,深受宠爱。他聪敏、好强。6岁时,袁保庆便给他请了一位启蒙教师,袁世凯读书写字悟性也很高。但是,优裕的生活条件,使他很早很快就厌倦了这种苦行僧的生活,他学习极不用功。

1867年,袁保庆去山东做道员,袁世凯当时8岁随养父一块到山东,袁保庆又聘请了很有名望的秀才王志清作为袁世凯的教师。

两年后,袁保庆又调到江宁(今南京),袁世凯一直跟随到江宁,这时袁世凯已满10岁。袁保庆殷切希望袁世凯将来能通过科举取第,光宗耀祖,因而特地为其聘请了两位有名望的老师。同时,为了让其安心读书,把他的哥哥世敦、世廉也从家乡叫来,让他们共同学习,互相监督。但是,由于袁世凯自小过的是娇生惯养、寄生安逸的生活,加之保中、保庆兄弟俩对他的溺爱,即便是和两个哥哥一块读书,他也极不用功。时常逃学,不时结交一些少年无赖吃喝玩乐,游山玩水,放荡不羁。两位哥哥时常劝导,他全当作耳旁风,对养父也常常阳奉阴违。袁世凯毕竟不是一位简单的人物,在厌倦学习的同时,在另一方面却得到了极好的锻炼,以至于和他以后走上军旅生涯都有着极大的联系,那就是他热衷拳术,酷爱骑马,而且特爱骑桀骜不驯的烈马，并能自如地控制驰骋。此时的袁世凯尽管只有十三四岁，但是那种花花公子、纨绔子弟的作风已经完全形成。

1873年，袁保庆病死江宁，袁世凯随养母牛氏回原籍项城老家。后来，袁世凯的堂叔袁保恒回家探亲，见其游手好闲，无所事事，又恐其荒废学业，便将其同袁世廉一同送往北京，由另一堂叔袁保龄管教。袁保龄管教很严，为袁世凯聘请了三个老师，一个教写诗，一个教写字，另一人教写八股文。但袁世凯在堂叔和老师在时，尚能装模作样地看书学习，他们一旦离开，便开始打闹嬉笑。就这样，袁世凯学了一年多，文章尚不入门，却对北京八大胡同的秦楼楚馆驾轻就熟。

1876年秋天，又是一次乡试开科。袁世凯从北京赶回河南应试，结果名落孙山，这一年袁世凯16岁。落第之后，其堂叔父袁保恒鼓励袁世凯，要他苦心钻研经史，致力于闱艺策论，以求下次乡试夺魁。但袁世凯通过这次科举考试，已明白自己不是坐冷板凳的料，落第的打击又使他意志颓废，无心再在八股文上猎取功名。袁世凯希望走其他道路，获得飞黄腾达的机会，不愿再受寒窗青灯之苦。不久，与于氏结婚。

1877年，河南遭受了历史上罕见的大旱灾。袁世凯的家乡项城，更是雪上加霜，又发生了蝗灾，一时间饿殍遍野，一片凄惨景象，有的地方甚至发生了食人现象。这时，袁世凯的堂叔父袁保恒被派往河南帮办赈灾。袁保恒上任之时，也把袁世凯带到省府开封，以便让袁世凯学点做官的本领，并帮助自己办点事情。这下可对了袁世凯的胃口，很快便熟悉了官场中的应付本领，且游刃有余，成为袁保恒的得力助手。但好景不长，1878年夏天，袁保恒病死。袁世凯将

其堂叔父葬在陈州，自己也和妻子于氏在陈州袁家的一处房子居住下来。后来，由于家大业大，人口众多，无法共同生活，袁家便分了家。袁世凯在其养父的名义下，获得了一份颇丰的家产。从此，袁世凯过起了游手好闲的生活，整日里骑马试剑，斗鸡走狗，下棋赌博，甚至结交官府，仗势欺人。袁世凯本人虽胸无点墨，却喜欢附庸风雅，沽名钓誉。1879年秋天，袁世凯又参加了一次乡试，到头来仍名落孙山，使得袁世凯彻底丧失了信心。气愤之余，袁世凯慷慨陈词："大丈夫当效命疆场，安内攘外，乌能龌龊久困笔砚间，自误光阴耶!"决定投身军旅，以求发达。

1881年，一个叫吴长庆的人在山东登州主持海防。袁世凯的养父袁保庆是吴长庆父亲的救命恩人，吴长庆与袁保庆也是八拜之交。吴长庆为了报答袁保庆，便写信给袁世凯，要他去山东学习军旅之事。袁世凯接信之后，真是喜从天降，欢喜不已，便起程到了吴长庆军中，开始了他的军旅生涯，结束了浪荡不羁的纨绔子弟生活。

### 青云直上

袁世凯在军队当中，由于与吴长庆的特殊关系，很受重用。吴长庆对袁世凯也非常信任，处处关怀，让其帮办文案之事。

1882年7月，清政府的蕃邦朝鲜发生了"壬午兵变"，朝鲜请求清政府出兵救援。清政府立即派吴长庆率六营士兵，在水师提督丁汝昌率领的三艘军舰护卫之下，东渡朝鲜。袁世凯被吴长庆委派负责军需，并勘探行军路线。袁世凯大喜过望，他觉着自己到朝鲜可以建功立业，大出风头，并且可以看到异国风光，这一切对于年轻的袁世凯来说，无疑具有极强的吸引力。另外，出国征战，对于喜骑马试剑的袁世凯来说，更合其性

格和胃口。这次出征朝鲜,也为袁世凯以后的升官发财创造了良好的契机。

说来事也凑巧,吴长庆率军乘船抵达朝鲜的南洋港后,命令一个营作为先锋,准备次日登陆。但这个营的长官说士兵不习航海,多数晕船,请求稍缓时日。吴长庆大怒,立即撤了那个营的长官之职,让袁世凯代理。袁世凯代理营长官之职后,表现得相当机智果断,在两小时之内把一切布置就绪,吴长庆大加夸奖。后来,清军登陆之后,由于纪律松弛,奸淫妇女、抢掠财物之事,时有发生,袁世凯觉得有损于大清体面,便向吴长庆作了报告。吴长庆大怒,指着袁世凯说:"你为什么不严办?"

袁世凯连忙回答:"我已发出命令,正法七人,现有七个首级在此,请大人验过。"

吴长庆听了非常高兴,夸奖说:"好孩子,好孩子,你真不愧名门之后!"由于袁世凯的聪明机智,令吴长庆刮目相看,便让其总理前敌营务处,专门负责整顿军纪事宜。在吴长庆的支持下,袁世凯执法毫不徇情,雷厉风行地处置了犯法的士兵,查办了一些管兵不严的军官,军队的纪律大为改观。吴长庆对袁世凯更加赏识,袁世凯也因此在军队中树立了自己的威信,就连吴长庆的一些亲近故旧军官,也惧怕袁世凯三分。

一切就绪之后,清军向朝鲜叛军发起攻击。袁世凯也参加了作战行动,并率领清军杀死几十名叛军。由于参加兵变的人员缺乏统一领导,全是乌合之众,所以在清军的攻击之下,纷纷做鸟兽散,兵变很快被平息。朝鲜国王李熙为感谢清军,设宴招待吴长庆等人,袁世凯也受到李熙的接见。对于袁世凯的表现,吴长庆给予了很高评价。他夸奖袁世凯"治军严肃,调度有方,争先攻剿,尤为奋勇",并上报李鸿章为其请功。不久,在李鸿章的奏保之下,清政府赐袁世凯花翎,并被提升为同知。

朝鲜的"壬午兵变"平息之后,清政府出于对朝鲜局势的考虑,让吴长庆驻军朝鲜,袁世凯也留了下来。从此,袁世凯成为吴长庆麾下的一员猛将,年仅24岁。这时,朝鲜国王李熙吸取兵变的教训,准备训练新军,拟请袁世凯为军事顾问。李熙亲自来到吴长庆的军营拜访,求借袁世凯。起初,吴长庆不答应,但在李熙的再三恳求之下,吴长庆只答应袁世凯替朝鲜兼练新军。袁世凯接受了朝鲜国王李熙的要求之后,便按照清军的规格草订制度,编选壮丁,又鉴于朝鲜王室地位的孱弱,他便先建立国王的亲卫军,其次组织镇抚军,以加强政府的地位。李熙对于袁世凯的一切措施感到极为满意,便敦请袁世凯移居朝鲜的三军府居住,以便就近指挥和督练朝鲜军队。

起初,吴长庆对袁世凯关怀备至,特别信任。袁世凯也感恩戴德,经常在家信中说:"吴帅相待日见加优,谏行言听,可感之至。"但随着袁世凯声望鹊起,日益活跃,吴长庆便与其关系日渐疏远,甚至怀疑袁世凯居心叵测,想夺自己的权。吴长庆态度的冷淡,使袁世凯心灰意冷,感到升迁无望,前途渺茫,希望调回国内,摆脱困境。其堂叔袁保龄与李鸿章之婿张佩纶过从甚密。于是,袁世凯便通过这层关系写信给张佩纶,并送了八件罕见的古物,想在李鸿章的北洋署内谋一位置。

1884年5月,清政府令李鸿章加强东北边防。张佩纶便和袁保龄密谋,让李鸿章把吴长庆调回国内,主持东北边防。于是,李鸿章奏请朝廷让吴长庆率三营兵马回国,其余三营仍留驻朝鲜,以记名提督吴兆有统带,袁世凯总理营务处并办理朝鲜防务。这样一来,袁世凯实际上成了驻朝鲜清军的最高统帅,成为一个手握军权的实力人物。一朝大权在握，袁世凯便飞扬跋扈起来，认为自己有李鸿章作为靠山，从此便可青云直上。但朝鲜的局势并不稳定，一批亲日派官员在日本的煽动和诱骗之下，企图摆脱清政府的控制，成为与清政府并驾齐驱的独立自主的国家。终于在 1884 年 12 月 4 日，在日本的支持配合下，朝鲜的亲日派冲入皇宫之中，劫持了国王李熙，并准备废掉李熙，另立国王。这就是朝鲜历史上的"甲申政变"。"甲申政变"发生之后，袁世凯急忙率兵前往弹压，但王宫大门紧闭，袁世凯便上书李熙要求入宫护卫。劫持李熙的亲日派矫诏不允，但朝鲜的亲清派官员纷纷向袁世凯求援。袁世凯一方面向李鸿章请示；另一方面又致书日本驻朝公使竹添，但日本公使不作回答。如果听任亲日派掌权，朝鲜就会摆脱清政府而投靠日本，袁世凯作为驻朝清军主要负责人，将难逃失职之罪。面对事态的进一步扩大，袁世凯身冒冷汗，唯恐自己好不容易取得的功名利禄化为乌有。于是，袁世凯便破釜沉舟，决定一战。当时驻朝日军人数远比清军要少，袁世凯也无顾忌，便率清军疾攻王宫。日军开枪射击，袁世凯命令还击，并包围了日军，亲日派官员逃跑，日本驻朝公使竹添也出走仁川。平息政变之后，李熙重新执政。

袁世凯在"甲申政变"中成为胜利者，心花怒放，欢喜不已，同时也大大助长了其政治野心。袁世凯上书李鸿章，要求清政府往朝鲜"特派大员，设立监国，统率重兵，内治外交，均代为理"，至于其言外之意，监国大员非他莫属。李鸿章恐与日本失和，没有同意袁世凯的建议，这使袁世凯非常失望。但袁世凯并没有就此罢休，他竟自行搬进李熙的王宫，其住处与李熙仅一墙之隔，对李熙进行监视，并让李熙的各个大臣向他报告所奏之事，听他指挥，行监国大员之实。袁世凯扬扬得意之余，忘乎所以，竟私自挪用军饷抚恤被亲日派杀害的官员的家属，并要求李鸿章将这笔款项作为正当开支予以报销，遭到李鸿章的训斥，并让其赔偿这笔军饷。就在袁世凯快快不乐之时，日本政府致函清政府，反咬一口，指控袁世凯在"甲申政变"中肆意挑衅，引起中日冲突。清政府不明真相，便命李鸿章和吴大澂负责处理。经过商议，决定由吴大澂、续昌二人赴朝查办袁世凯。吴大澂、续昌到达朝鲜之后，袁世凯将事变经过书面呈报，并当面辩解。吴、续二人了解真相之后，未责备袁世凯，反夸奖他劳苦功高。但恐袁世凯继续住在王宫引起日本人猜疑，又寻找别的什么借口，便令其撤出，驻回清军大营。前后两件事情对袁世凯的打击，使他心灰意冷。就在袁世凯处境不妙之时，其养母牛氏闻知朝廷派人到朝鲜查办袁世凯，吓得卧床不起。于是，袁世凯以探母为由，向吴大澂告假回国。

吴大澂、续昌回京复命时，对李鸿章说袁世凯乃奇才，可大用。这时，袁世凯还在天津，尚未回老家探母，李鸿章便召见了袁世凯，让他仍回朝鲜任职，但袁世凯坚持回家探母，没有答应。后来，袁世凯又以驻朝鲜总理交涉通商事宜的身份出使朝鲜。在出使朝鲜的九年时间里，袁世凯在政治舞台上崭露头角，成为中外皆知的人物。但由于日本不断增加驻朝兵力，到 1894 年时，已超过驻朝清军人数，日本企图霸占朝鲜的野心已暴露无遗，并把枪口对准清军，战争一触即发。在这种情况下，袁世凯仓皇逃归。袁世凯逃归不久，日本海军在牙山口外海面突然袭击中国军舰和运兵船只，不宣而战，挑起战争。清政府被迫对日宣战，中日甲午战争爆发。

甲午战败之后，1895 年 2 月，清政府派李鸿章前往日本办理投降事宜。这时的李鸿章已成为众矢之的，但袁世凯却对他毕恭毕敬。李鸿章在马关遇刺之时，袁世凯立即拍电报表示慰问。李鸿章与日本签订《马关条约》之后，舆论哗然。正在北京参加应试的举人康有为等人上书朝廷，要求废除和约，进行改良，挽救民族危机，这就是历史上有名的"公车上书"。甚至有的人提出杀李鸿章以谢天下，废约再战。李鸿章回国之后，待在天津的家里不敢出来。袁世凯不避嫌疑，专程赴天津谒拜李鸿章，李鸿章夸奖了袁世凯一番，并答应保举袁世凯进一步升迁。就这样，袁世凯在李鸿章的羽翼之下步步高升，成为一个政治宠儿。

### 小站练兵

甲午战争失败，使清政府看到了洋枪洋炮的厉害，也显示出清政府旧有军队的腐败无能。于是，清政府各方面人士都深切地感到应当迅速改革旧军队，建立新军队。1895 年初，清政府派胡燏棻到小站练兵，这支由胡燏棻训练的新军名为"定武军"，并聘请德国人汉纳根担任教官。小站距离天津 70 里，原名新农镇，是天津到大沽这段铁路中间的一个小站，本来很荒凉，只因铁路修筑后才渐趋热闹，小站这个新地名也逐渐代替了原名——新农镇。

后来，胡燏棻调任芦汉铁路督办，于是李鸿章、荣禄等人向朝廷推荐说："袁世凯，朴实勇敢，晓畅戎机，前驻朝鲜颇有声望……相应请旨饬派袁世凯督练新建陆军，假以事权，俾专责任，现先就定武十营，步队三千人，炮队一千人，马队二百五十人，工程队五百人以为根本，并加步队二千人，马队二百五十人，共足七千人之数。"袁世凯便以浙江温处道头衔在小站接管定武军，并改定武军为新建陆军，在原有四千余人的基础上扩充为七千人。从此，袁世凯利用手中的新建陆军，呼风唤雨，培植自己的势力，成为清廷之中继李鸿章之后的又一个实力派人物。

袁世凯自认为文武全才，但他毕竟缺乏军事知识，而且所选幕僚像徐世昌、唐绍仪等全是文人，因此袁世凯迫切需要一批军事人才。李鸿章曾经在天津创办过武备学堂，而荫昌曾为武备学堂的总办。于是，袁世凯便请荫昌推荐几名军事人才，荫昌向袁世凯推荐了武备学堂毕业的冯国璋、段祺瑞、王士珍和梁华殿。在荫昌推荐的四个人当中，梁华殿到小站不久，在一次夜间操练中，不慎失足跌落水中淹死，其余三人则成了袁世凯的台柱子。

袁世凯在自己的新建陆军中，设有随营军事学校，分别为步兵学堂、炮兵学堂、工兵学堂。他任命冯国璋为步兵学堂监督兼督操营务处总分，段祺瑞为炮兵学堂监督兼炮兵营统带，王士珍为讲武堂总教习兼工程营统带。这三人既要带兵，又兼管训练，很得袁世凯欣赏，人称"北洋三杰"，也称其为龙（王士珍）、虎（段祺瑞）、狗（冯国璋）。同时，袁世凯还成立了新建陆军督练处，自任督练官。

一切布置停当之后，袁世凯又认为清军的编制和组织机构陈旧过时，他便革新军制，参照西方模式，进行训练。清政府批准袁世凯在原有军队基础上，扩充为一万二千人，作为新建陆军的基本力量。其中步队八营，共八千人；炮队两营，共二千人；马队两营，共一千人；工程队一营，一千人；以步队为主，炮队为辅，马队巡护，工程队供临时调遣。

由于小站练兵完全采用新式方法训练，花去大量钱财，引起清政府中一些守旧人物的抨击，甚至有人上书弹劾袁世凯，说他练兵浪费国帑。于是，清政府派荣禄到小站详细检阅，同时考查训练情形。袁世凯也非同小可，他早已买通荣禄,甚至连慈禧的宠爱太监李莲英也被他买通,所以荣禄考查新军之时,袁世凯喜不自胜。荣禄见袁世凯的新军训练有素,成绩斐然,大加赞赏,对袁世凯更是刮目相看。荣禄回朝之后,在光绪皇帝和慈禧面前,说了袁世凯许多好话,两位最高统治者对袁世凯也留下了深刻的印象。

袁世凯通过在官场的跌打滚爬,深知有兵则有权的道理,所以他在训练之时,竭力把军队变为自己的私有武装。袁世凯曾亲口对张之洞说:"练兵的事情看起来似乎很复杂,其实也很简单,主要的是要练成'绝对服从命令'。我们一手拿着钱,一手拿着刀,服从就有官有钱,不服从就吃刀。"为达到让军队"绝对服从命令"的目的,袁世凯对于手下官员不惜金钱、地位和美女,使之效命于自己。袁世凯的属下有一个叫阮忠枢的,此人专管文案之事,在天津某妓院结识一名叫小玉的妓女,二人感情笃好,欲纳为妾。阮忠枢将自己的心思告诉了袁世凯,袁世凯以有碍于军誉为名,没有答应,阮忠枢只好作罢。事过之后,袁世凯却秘密派人将小玉从妓院赎出,并购置了房产和各种设施,然后带阮忠枢奔赴天津。阮忠枢不知何事,以为是什么军机大事,便没有多问。等他随袁世凯进入一个院落之时,见房中铺设异常华丽,堂上红烛高照,摆着丰盛的酒宴。及至进入屋内,只听人喊道:"新郎官到!"阮忠枢更如坠入云雾,正在他发愣之时,众位女宾从屋内搀出一俏丽佳人,阮忠枢定睛一看,方知是自己朝思暮想的小玉,这才恍然大悟。从此,阮忠枢对袁世凯感恩戴德,直至袁世凯死去。

对于士兵,袁世凯经常给他们灌输"事事以本督办为心"的思想,宣传个人迷信,并将自己的训词编成四言白话,令兵丁背诵。同时,袁世凯为让士兵效命

于己,经常给他们宣讲封建伦理、升官发财的腐朽言论,并编成《劝兵歌》让士兵朗诵。歌云:"为子当尽孝,为臣当尽忠。朝廷出利借国债,不惜重金来养兵。……打仗真奋勇,命不该死自然生……你若常记此等话,必然就把头目升;如果全然不经意,轻打重杀不容情。"除了对士兵思想进行束缚之外,袁世凯还常对士兵施以小恩小惠,如发饷银时亲自监督、严禁官员克扣等,换取士兵的好感,士兵头脑中渐渐地只有袁世凯而不知皇帝为谁。

袁世凯训练出来的官兵,唯袁命是从,而且思想上都有对袁报恩的观念。名义上他们属于朝廷,实际上却同袁世凯有更浓烈的人身依附关系。特别是新军中的官员,他们为了追求个人的名利地位,后来都成为袁的亲信、心腹。袁世凯正是利用手中的新军,作为他自己的政治资本,最终成为中国近代史上一个风云人物。

1897年7月,袁世凯因练兵有功,被晋升为直隶按察使,仍专管练兵事宜,从此他的官运亨通,逐渐走向权力之巅。

### 出卖志士

袁世凯在小站练兵之时,清政府内部却发生了一件重大的历史事件——"戊戌变法"。这次变法运动是由康有为、梁启超等人发起的,他们通过上书光绪皇帝,打动了年轻的皇帝的心,使其决心变法图强,不愿做亡国皇帝。1898年6月11日,光绪帝颁布,"明定国是"的诏书,实行变法。诏书中说:"数年以来,中外臣工讲求时务,多主变法自强。迩者诏书数下,如开特科,汰冗兵,改武科制度,立大小学堂,皆经再三审定,筹之至熟,甫议施行。惟是风气尚未大开,论说莫衷一是,或托于老成爱国,以为旧章必应墨守,新法必当摈除,众喙哓哓,空言无补……嗣后中外大小诸臣,自王公以

及士庶,各宜努力向上,发愤为维,以圣贤义理之学植其根本,又须博采西学之切于时务者,实力讲求,以救空疏迂谬之弊。"

光绪皇帝的新政诏书,虽然一道接一道地颁布,但他并没有实权,他上有慈禧,下有军机处,外有手握军权的直隶总督。康有为虽是变法领袖,却只能在总理衙门章京行走,无法进入军机处。光绪皇帝感到行新政没有新人的帮忙,实在无法施展,于是下了一道手谕:"内阁候补侍读杨锐,刑部候补主事刘光第,内阁候补中书林旭,江苏候补知府谭嗣同均着赏加四品卿衔,在军机章京上行走,参与新政事宜。"所有新政奏折都交他们四人审阅,所有新政谕旨都由他们撰拟,人们称之为"四京卿",军机处的实权当时几乎全在他们四人之手。如果照这种形势发展下去,新政必然成功。

新政形势的朗然,使康有为等人产生了错觉,以为只要凭借光绪皇帝一道道诏书就可以成功。但以慈禧为首的顽固派,完全不理会新政诏书。特别是各省的督抚们更是老奸巨猾,他们尽管接到了新政诏书,却并不动手执行,坐观慈禧和光绪的这场政治斗争,到底谁胜谁负,这就使新政的执行效果大打折扣。后来,光绪皇帝为了杀一儆百,也曾罢免过顽固派官员。有一次,礼部主事王照上奏请求光绪游历日本,但礼部尚书怀塔布等人不肯上报,被光绪得知以后,便免去怀塔布等六个人的官职。怀塔布也不肯善罢甘休,便到慈禧面前哭诉,说光绪要把满人赶出朝廷,这下惹怒了本来就心存不满的慈禧。此后,光绪皇帝又撤去李鸿章的总理各国事务衙门大臣的职务。这样一来,清廷内务府的巨子们环跪在慈禧面前,泣诉光绪妄变祖法,欺压满籍旧臣,要求慈禧重新临朝训政,但慈德并没有立刻答应。这件事情过了不久,光绪皇帝在康有为的建议下,准备设立懋勤殿顾问官。当光绪的上谕送至慈禧处时,慈禧非但不同意,而且面色非常难看,并把上谕往御座旁一扔。慈禧和光绪的关系已陷入僵局,光绪皇帝也深感自己已陷入进退维谷的境地。

再说荣禄出任北洋大臣之后,就积极安排在1898年9月间于天津举行一次盛大的阅兵典礼,要恭迎光绪和慈禧驾临阅兵。并扬言要在阅兵之时罢黜光绪皇帝,当光绪皇帝闻知这一消息之后,曾激动地说:"朕誓死不往天津!"光绪皇帝与慈禧闹僵之后,荣禄突然调聂士成的5000军队驻扎天津,命董福祥的军队移驻北京长辛店。面对此种情形,光绪皇帝深感事态严重,便写了一道密谕,让杨锐转给康有为,要康有为等人"妥速密筹,设法相救",并说"朕十分焦灼,不胜企望之至"。

康有为接到光绪皇帝的密谕,急忙与林旭、谭嗣同、刘光第、杨锐等人商议,他们一时也竟手足无措,最后提了四条不切实际的对策。

(一)仿照日本设立参谋本部,使皇帝能直接统御军队,成为事实上的海陆军大元帅。

(二)索性革新得彻底,宣布改元为"维新元年"。

(三)迁都上海,以脱出太后和旧党的迫害。

(四)召见在小站练兵的袁世凯,因为他曾参加过强学会,现在正练新军,应该说是一个新政派的人,请皇帝在召见袁的时候,予以温慰,要他为皇帝效力,保护皇帝。

在四条对策当中,光绪皇帝选中了第四个对策。为什么光绪皇帝和康有为如此看中袁世凯呢?这得从1895年谈起。

1895年,就在康有为、梁启超在京鼓

吹变法时,袁世凯一方面投靠顽固派,另一方面又恐变法派获胜之后,自己没有什么资本,便主动找康有为、梁启超拉关系,并把康有为的一份万言书递送给荣禄。就在这一年的8月,康有为在北京发起创立了爱国团体强学会,袁世凯也加入了这一团体,进行政治投机,并自愿捐款,还游说别人也进行捐款,为建立报馆、图书馆作准备。到了1898年3月,当维新变法的声浪日益高涨的时候,袁世凯也不甘落后,大谈维新变法。但袁世凯却非常狡猾,始终脚踩两只船,维新派人士受其迷惑,视其为同路人。加之这时的袁世凯手握兵权,维新派人士极力想拉住袁世凯,使其为维新变法效力。

光绪皇帝在选择了第四条对策之后,于1898年9月11日召袁世凯进京,并于16日在颐和园召见了袁世凯,对袁世凯温语慰勉,还详细地询问了军事情况。当光绪皇帝问袁世凯:"苟付汝以统领军队之任,能矢忠于朕否?"作为一个臣子,谁敢说不效忠皇上呢?袁世凯赶忙赌咒发誓:"臣当竭力以答皇上之恩,一息尚存,必思效忱。"袁退出后,光绪皇帝误以为袁世凯可以信任,便下诏嘉奖,命以侍郎衔专办练兵事务,并许其专具奏折,使袁世凯不再受荣禄控制。17日早晨,袁世凯入颐和园谢恩,光绪皇帝又一次召见了袁世凯。就在此时,顽固派又一次请求慈禧临朝训政,光绪知大事不好,立即写了一道上谕,要康有为等人逃离京城。康有为等人读罢上谕,感到朝廷将要发生重大变故,便把赌注押在袁世凯身上,以求最后一搏。

袁世凯这时在干什么呢?他自从来京之后,静观局势变化,又通过拜访李鸿章、奕劻等人,基本摸清了局势。袁世凯断定软弱的光绪和维新派必然失败,而以慈禧为首的顽固派势力强大,一定会胜利。于是,袁世凯决定彻底撕下伪装,倒戈一击。但他仍以维新派的面目出现,与维新派进行周旋,等探得他们的真实意图之后进行出卖,在慈禧面前立一大功。1898年9月18日,康有为、梁启超、谭嗣同等人商议勤王事宜,决定让谭嗣同至袁世凯处进行劝说,让其起兵救光绪,杀荣禄,陈旧党。这一天的深夜,谭嗣同来到袁世凯的寓所。袁世凯佯装镇静地迎接谭嗣同,二人坐定之后,谭嗣同便单刀直入地问袁世凯:"当今皇上是何等样人?"

袁世凯说:"当然是旷代圣主。"

谭嗣同又问:"天津阅兵要行废立之事,足下知道吗?"

袁世凯回答说:"也曾风闻。"

说到这里,谭嗣同拿出光绪皇帝的密诏示袁,然后对袁世凯说:"当前能救皇上的人,只有足下,足下忠义著于天下,又受皇上特达之遇。今值皇上有难,足下若能救则救,如果不愿意的话,"说到这里,谭嗣同用手摸摸自己的脑袋,然后接着说,"可往报太后,谭嗣同的头颅可换足下的高位。"

袁世凯闻言,脸色大变,慌忙解释说:"足下把袁某当作何等样人?圣主是我辈共同拥戴的,足下与我同受圣主特达之遇,救护之责也是共同的,足下有何高见,某愿闻其详。"

谭嗣同以严肃的语气对袁世凯说:"传说荣禄奉太后密诏,预备趁天津阅兵之时,胁迫皇上退位,另立新君。荣禄所恃,惟足和董福祥、聂士成三支军队,他要行废立大事势必也赖此三军。董、聂二军如与足下新建陆军对抗,必非敌手,天下健者惟有足下。愚意以为,如果祸变发生,足下以新军压制董、聂二军,护卫皇上,驱逐旧党,整肃宫廷,这乃千秋大业,不朽的功劳。"

袁世凯也同样以严肃的口气回答说:"如果天津阅兵有变,皇上可移驾袁某营中，传谕杀贼，新建陆军必能受诏完功。"

谭嗣同见袁世凯词恳意切，以为袁世凯已动心，但仍追问："荣禄待足下有恩，足下如何对付他呢？"

袁世凯听了谭嗣同的问话，立即表现出忠义之情，回答说："荣禄待足下有恩，但救君父是公，荣禄之情是私，公私岂能两全，惟有奉公而忘私。"

谭嗣同又说："荣禄有曹操、王莽之才，恐不易对付。"

袁世凯慷慨陈词："若皇上在袁某之营，则诛杀荣禄如杀一狗耳。"

袁世凯激昂的言辞，使谭嗣同以为自己的推心置腹、肝胆相照打动了袁世凯，便与袁世凯详详细细地商量种种细节。最后，袁世凯对谭嗣同说："现在袁某营中的枪弹火药都在荣禄手中，事情既然如此急迫，袁某必须先回天津做一番布置。"两人相互叮嘱一番，这时已是午夜，星斗满天，谭嗣同告辞而去。

9月20日，光绪皇帝再次召见了袁世凯，对其嘉勉一番。但袁世凯出朝之后，却又散布说："皇上若责我以练兵之事，我不敢不奉诏，若他事则非我所知也。"这些话已充分暴露了袁世凯准备叛卖维新派和光绪皇帝的狼子野心。就在当天晚上，袁世凯乘火车返回天津。袁世凯一下火车，即奔赴荣禄处，把谭嗣同的计划和盘托出。荣禄听了袁世凯的密报之后，深感事关重大，便立即入京向慈禧汇报了一切。慈禧听了荣禄的汇报，便于9月21日早晨，以迅雷不及掩耳之势发动了宫廷政变。这天早晨，慈禧乘銮舆直入光绪寝宫，把所有文件抢夺而去。光绪皇帝惊慌失措，战战兢兢地跪在太后面前，慈禧指着光绪皇帝恨恨地说："我抚养你廿余年，你竟然听信小人之言要谋害我，你还有良心吗？"光绪皇帝面无人色，嗫嚅地说："儿子怎敢？"慈禧说："呸！痴儿，今日没有了我，明天还会有你吗？"接着，慈禧宣布重新训政，并把光绪皇帝囚禁在瀛台。

因禁了光绪皇帝之后，顽固派便对维新志士大力捕杀。这时，康有为已于政变前逃离京城。梁启超躲进了日本使馆，后来在日本人护送下逃往日本。谭嗣同与侠士王五谋救光绪皇帝，没有成功。日本人劝他逃跑，他没有听从，说："各国变法，无不从流血而成，今中国未闻有因变法而流血者，此国之所以不昌也。有之，请自嗣同始。"9月28日，谭嗣同、林旭、康广仁、杨锐、刘光第、杨深秀六位志士同时被杀害于北京菜市口，史称"戊戌六君子"。其余的维新派人士以及支持、倾向于变法的官员均遭放逐罢黜。变法宣布的各种措施，多被废除。这次变法从1898年6月11日至9月21日，前后共计103天，史称"百日维新"，最终以失败告终。袁世凯在政变的过程中，充当了一个可耻叛徒的角色，当时社会上流传着这样一首歌谣：

六君子，头颅送，袁项城，顶子红，卖同党，邀奇功。康与梁，在梦中，不知他，是枭雄。

一针见血地指出维新志士的鲜血，竟然成了袁世凯的进身阶梯。后来，袁世凯因密报有功，被慈禧赏可在西苑门内骑马，并乘坐船只拖床，官封工部右侍郎兼管钱法堂事。尽管如此，袁世凯的内心颇不自安，为了洗清自己千秋骂名，竟恬不知耻地写了《戊戌日记》和《自书戊戌纪略后》，结果欲盖弥彰，把自己的丑恶面目越描越丑恶。

维新变法失败了，它的失败因素是众多的，但关键时刻袁世凯的叛卖行径，加速了它的失败。这一事件不仅是清末的大事，还是历史上少见的宫廷秘闻。正如林旭的一首诗中所说：

伏蒲泣血知无用，慷慨何曾报主恩。

愿为公歌千里青,本初健者莫轻言。

将袁世凯比作历史上的董卓,真是一针见血。袁世凯的丑恶嘴脸,将永远为正义者所不齿。

### 清廷重臣

"戊戌变法"失败以后,袁世凯因密报之功而飞黄腾达。1899 年 12 月,袁世凯官至署理山东巡抚。在他的巡抚任内,剿杀义和团运动非常卖力,却对洋人奴颜婢膝,一副洋奴丑态。袁世凯的军队前后杀死的团民,可以说不计其数。仅以其先锋队后路左营为例,1900 年 7、8、9 三个月,在海丰县南关一次击毙 100多名;在阳信东门书院击毙 500 多名,生擒 50 余名;在蒲台县双台击毙 500 余名,生擒 200 余名;在滨州小范家击毙 120 余名,生擒 30 余名;在盐山击毙 210余名,生擒 27 名。这仅是有据可查的一部分,据估计,山东全省被杀团民约在数万人。由此看来,袁世凯对义和团民众欠下了累累血债,是一个不折不扣的杀人如麻的刽子手。

广大的义和团民众,对于袁世凯的屠杀义愤之至,恨入骨髓,人人皆欲得而杀之,食其肉,寝其皮。他们到处散发揭帖,骂他为"袁奸雄""卖国贼",甚至有人还编了"杀了袁鼋蛋,我们好吃饭"的歌谣,在民间广为流传。有的团民还在巡抚衙门的墙壁上画了一个头戴红顶花翎的大乌龟,奴气十足地趴在洋人屁股后面,以泄心头之恨。

当慈禧下令对外宣战之后,命令各省督抚招集义民,与官兵一起御敌。但袁世凯拒不执行朝廷命令,继续对义和团进行剿杀。后来,八国联军攻陷天津,清政府命袁世凯速援,袁世凯却授意部下,始终迟滞不前,作壁上观,而且欺骗朝廷说,军队早已北上驰援,未敢有丝毫延缓。当八国联军逼近京城之时,清政府又一次下令各路援军加紧北上,并特命袁世凯接济军火,加派军队,以保卫京城完全。袁世凯仍然无动于衷,并且上奏朝廷说:"自津郡不守,游匪溃勇勾结土匪,多持洋枪,时来窜扰,几于防不胜防。……半月以来,已觉疲于奔命,左支右绌。"借口抽不出兵力拒不出兵,但袁世凯又恐朝廷日后怪罪,又虚情假义地说:"京师天下根本,现值军情紧急,奉诏出兵……中心焚灼,莫知所措。可否仰恳天恩俯准,俟将郑家口及平阴两股土匪办理稍有就绪,再抽拨队饬令迅即北上之处,出自鸿慈逾。"面对列强的入侵,袁世凯置民族大义于不顾,一味安内,其丑恶面目暴露无遗。

1900 年 8 月 14 日,八国联军攻陷北京,慈禧出逃。袁世凯唯恐慈禧追究自己,心中十分害怕。为了消除慈禧的疑忌,对出逃在外的慈禧非常恭顺。这时的慈禧惶惶如丧家之犬,急急如漏网之鱼,由于出逃时非常仓促,什么也没有来得及带,有时不得不忍饥挨饿赶路、路途的颠簸使昔日的太后威严丧尽。但慈禧仍没有忘记袁世凯,急令其筹款接济。这正是袁世凯梦中所求之事,这样可讨慈禧欢心,又可消释缓兵之罪。于是,袁世凯便截获安徽、江苏运往北京的饷银 16.6 万两送给慈禧。后来又派人送去 21 万两白银、200 匹贡缎以及大量食物。得到袁世凯接济的慈禧,心中大悦,并命袁世凯派军保卫,袁世凯也立即照办,没有丝毫怠慢。

《辛丑条约》签订之后,八国联军撤出北京,袁世凯便立即派部下姜桂题前往京城,准备迎接慈禧銮驾回京,并且肃清京城一带的混乱局面。慈禧闻知大喜,夸奖袁世凯忠心耿耿。袁世凯不但对慈禧百依百顺,而且与张之洞、刘坤一合筹 2.5 万两银子,接济留京和随慈禧出逃的官员,以取得他们的好感。袁世凯在错综复杂的局面中,应付自如,得心应手,不但取得慈禧的好感,疑云消散,而且博得了朝中大臣一片赞誉,并且送给袁世凯一个"才堪应变"的美名。

1901年11月,李鸿章病死。同月7日,清政府任命袁世凯署理直隶总督兼北洋大臣,袁世凯终于爬进了封建统治集团的行列,成为一名举足轻重的大臣,一时间声势显赫,炙手可热。袁世凯之所以能够爬得如此之快,除了其他原因之外,其中最重要的一条就是袁世凯手握重兵。清廷的其他军队,如聂士成的军队在与八国联军作战中全军覆没,荣禄的亲军也已解体,董福祥的军队护送慈禧至西安后也已解散。只有袁世凯的军队完整地保存了下来,在此种情况之下,慈禧回京后的京城防务还要依靠袁世凯,李鸿章死后出现的权力空缺,便非袁世凯莫属。

1901年10月,慈禧带领出逃至西安的官员起驾返京,到12月下旬方才进入直隶境内。这时的袁世凯由于天津还在洋人之手,他便至保定任职。当袁世凯得知慈禧返京的消息后,便派人拟就了《直隶大差章程》,做好了迎接慈禧的准备。并且把保定行宫布置得富丽堂皇,光彩夺人。为了表示自己的恭顺,袁世凯亲自到省界迎接慈禧。慈禧便在顺德府、内邱县两次召见袁世凯,夸奖袁世凯的忠心。1902年1月3日,慈禧到达保定,停留了3天,在这3天的时间里,袁世凯极力奉迎慈禧,深得慈禧的赏识。后来,袁世凯随慈禧的大驾亲自护送其回京,慈禧高兴之余,赏赐袁世凯黄马褂、紫禁城骑马。

就在慈禧大驾回京之时,直隶广宗县发生了以景廷宾领导的起义,并与部分义和团民众联合,提出"扫清灭洋"的口号。他们抗击清军,进攻教堂,杀死法国神甫罗泽博,周围20多个县的人民奋起响应,起义队伍迅速壮大。洋人认为这是义和团重起,要求清政府剿灭。刚刚回京的慈禧,早已被洋人吓破了胆,再也不敢惹怒他们,便急令袁世凯从速剿灭。在袁世凯的残酷镇压之下,起义失败,景廷宾被俘。袁世凯为讨洋人欢心,竟然下令将景廷宾押解至法国神甫罗泽博被杀之处,凌迟处死。慈禧见袁世凯极力替朝廷卖命,便于1902年6月将署理直隶总督兼北洋大臣改为实授。

袁世凯这时身为朝廷重臣,深知军队的重要性。便在原来军队的基础上,继续增练新军。到1905年之时,已练成6镇(相当于后来的师)新军,使袁世凯手中的兵力增至8.9万人,成为地方上实力最为强大的军阀。而且袁世凯的军中官长全是袁世凯的嫡系亲信,北洋派军人自成一个体系,犹如一个独立王国,其他势力根本插不进去。

袁世凯虽然手握重兵,却非常小心谨慎,他深知慈禧异常专制,便竭力讨好,以其为靠山。袁世凯搜刮民财,不遗余力,然后把搜刮来的钱物上贡朝廷,供慈禧挥霍。他甚至连同僚也不肯放过,有一次,袁世凯密密派人到天津几大票号(银行)搞清了朝中官员的存款,共计100万两白银。然后,把那些存款的官员召到一起,虚情假义地说:"天津的票号真是可恶,他们竟然用诸位大人的名义招摇撞骗。为了惩戒他们,我已把这些冒名顶替的存款暂时借用了。"那些存款的官员哑巴吃黄连,有口说不出。袁世凯得到这一笔款子之后,隔三岔五地上贡财物,慈禧大喜过望。

袁世凯不仅竭力奉迎慈禧,他还拉拢满族亲贵,特别是对庆亲王奕劻,袁世凯死死拉住不放。一次,袁世凯闻知奕劻要出任首席军机大臣,便立即送去10万两银票,并恬不知耻地说:"区区数目,只供王爷作零花之用。"后来,无论是庆亲王夫人生日,还是小姐出嫁,所需费用，全都被袁世凯预先垫付，不费王府一分一文。庆亲王奕劻也时常向朝廷说袁世凯的好话，二人关系日渐紧密。

袁世凯为了探知内廷消息，他便巴结慈禧最为宠信的太监李莲英，就连地位较低的太监马宾廷也极力奉迎，极尽卑鄙之能事。有一次，袁世凯至颐和园，马宾廷从中出迎，袁世凯急忙上前，向马宾廷跪单腿请安。一个堂堂的封疆大吏，竟然下跪向一名太监请安，实乃亘古未有的奇事，也可以看出袁世凯的无耻用心。即使对那些无名太监，袁世凯也拉拢备至，每次入朝，他身上总带着数张10两、100两银票，审时度势及时送出，使他对朝廷内的消息了如指掌，以便及时调整策略，见风使舵。袁世凯凭借这些手段，每每入朝言事之时，必合慈禧心意。

就在袁世凯宦海顺利之时，朝廷外面的形势发生了巨大的变化，革命党人的排满运动日益扩大，立宪思潮逐渐兴起。在清廷内部，有相当一部分满族亲贵疑忌之心渐重，对汉族官僚也不甚信任，首当其冲的便是袁世凯。于是，一些满族亲贵把袁世凯看作一个危险人物，极力想削去袁世凯的权柄。特别是1906年秋天，清政府在河南彰德举行了一新军秋操大演习，袁世凯和满族亲贵铁良任阅兵大臣。铁良、良弼两个亲贵看了北洋军的训练情况之后，疑惧心理陡增，排袁之心愈切。

袁世凯为人非常机警，他看出满族贵胄对自己极为不满，而他自己这时也不敢与清政府抗衡，便在彰德会操之后主动向清政府奏请调整军事指挥权，建议把自己的第一、三、五、六镇的兵权归兵部大臣直接统辖，只留下驻扎直隶境内的第二、四镇的兵权，以训练为理由，请仍由直隶总督统辖。袁世凯在紧要关头，他自己主动交出大半数以上的兵权，

使得反袁之人无话可说，取得了慈禧的更加信任，庆亲王奕劻也极力支持袁世凯，而且袁世凯手中还握有两镇兵权。清廷为了安慰袁世凯，决定补授袁世凯长子袁克定为农工部参议。尽管袁世凯用尽心思去应付满族亲贵的猜忌，可是排汉的满族亲贵对他仍不放心，尤其是对他仍握有兵权很不放心。为了解除袁世凯所有兵权，便借故解除了他的直隶总督一职，补授他为军机大臣兼外务部尚书。在任命袁世凯为军机大臣的同时，又任命湖南总督张之洞也为军机大臣。军机大臣在清末虽是枢臣地位，但对袁世凯来说，这种调升实是解除他的兵权，是一种削权的举措，袁世凯心明如镜。

袁世凯奉命入朝，对于军机大臣一职坚辞不受，朝廷当然不会批准，他也只好就任。这时的首席军机大臣是庆亲王奕劻，他和袁世凯关系比较亲密，加上慈禧仍对袁世凯宠信不衰，袁世凯在军机处还站得住脚，但他和张之洞之间不是很融洽，二人关系很僵。袁世凯任军机大臣兼外务部尚书大约一年半的时间，这期间是袁世凯一生中最没有成就的时期。

## 归隐洹上

随着立宪呼声的高涨，清政府为了敷衍求变的潮流，乃同意君主立宪，立宪之前先派了五个大臣出国考察，搜集资料。五大臣出国考察分为两途：一是由载沣、李盛铎、尚其享前往日本、英国、法国、比利时等国；二是由戴鸿慈、端方前往美国、德国、意大利、奥地利等国。可是这些大臣并不懂国际知识，也不懂各国宪法，于是随五大臣出访的熊希龄出了个主意，请杨度捉刀代笔起草考察报告，后来梁启超也参与了报告的起草。

1906年8月，五大臣出游归国，并把考察报告呈给清政府，同声奏请实行宪

制。于是,清政府召开御前会议,同意了考察报告,并颁布了预备立宪的诏书。就慈禧本人而言,她宁死也不愿见宪政这两个字,所以她只是勉强同意"预备立宪"。1908年,清政府根据杨度主持编就的宪法大纲,公布预备立宪期为9年。

袁世凯在戊戌政变时和维新派结下了血海深仇,他后来的地位也可以说是戊戌六君子的血换来的。但这时立宪已成为潮流,甚至极端仇视新政的慈禧也不能正面反对,袁世凯面对此种局面,不得不改弦易辙。于是,袁世凯极力拉拢杨度做自己的幕僚,做出热心推进宪政的姿态,俨然成了倡行宪政的领袖人物。

对于实行宪政,满族亲贵是极力反对的,袁世凯便请庆亲王奕劻向慈禧建议:行宪乃清王朝万世一系的可靠保证,同时借此可以缓和革命危机,转移全国视线,因此最好由清政府延请几个精通宪法的专家,在颐和园向满族亲贵讲宪法可以救国的专题,只有让他们懂得这个道理,才不会反对立宪。慈禧接受了这个建议,袁世凯便推荐杨度做讲师,在颐和园开讲立宪可以救国的道理。尽管杨度鼓动自己的如簧巧舌,最终也没有说服满族亲贵。

就在清政府预备行宪之时,已是风烛残年的慈禧病情加重,与慈禧不和的光绪皇帝也正期待着这一天早日到来,希望慈禧寿终正寝之后自己重新掌权执政。袁世凯对于这一点非常恐惧,他死命地抓住北洋军,巩固自己的地位,以防万一。但不幸的是,光绪皇帝也大病不起,清廷为防备万一,准备为光绪皇帝立嗣。在立嗣问题上,袁世凯极力支持立庆亲王奕劻的长孙为嗣,这样自己可以利用与庆亲王的关系,巩固自己的地位,但袁世凯的计划没有得到慈禧的赞同。慈禧虽然不喜欢光绪皇帝,但她和醇亲王奕𫍽一家人的关系非常密切,因为她

的亲妹妹嫁给了奕𫍽。奕𫍽的儿子一个是光绪皇帝,另一个是载沣,载沣继承了醇亲王的王位,所娶的夫人是慈禧的亲信荣禄的女儿。慈禧为了这种私情,便决定立载沣才三岁的儿子溥仪为嗣。1908年11月13日,光绪皇帝病危,慈禧下懿旨,授载沣为摄政王,命其将年仅3岁的溥仪抱到宫内教养,在上书房读书。至14日,朝廷宣布年仅38岁的光绪皇帝驾崩,立溥仪为嗣皇帝,入承大统。不久,慈禧也因痢疾死去。

关于光绪皇帝之死,历史上有种种说法,代表性的说法有两种:一说慈禧在垂危之时叫人先谋害了皇帝;一说是袁世凯害死了光绪,据传光绪吃了袁世凯送去的一剂药之后,才丧命的。但这些仅是传闻,谁也无法证实其真实情况。还有一个传说,当病中的光绪皇帝听到自己的亲兄要成为摄政王,不禁面露笑容,于是便秘密地写了一字条给载沣,上面只有四个字:"杀袁世凯"。

且不论上述传说是否真实,有一点则无可置疑,那就是袁世凯在载沣被任命为摄政王之后,其内心非常不安,唯恐载沣为兄报仇。于是,袁世凯为求得载沣的原谅,竟以国家需立长君为由,建议载沣自己做皇帝。可是,袁世凯的这个建议非但不被载沣接受,反而却招来一顿很严厉的训斥。袁世凯无法,便佯称足疾请假到天津小住。

载沣摄政之后,一方面为避免大权旁落,另一方面为替皇兄报仇,便筹划诛杀袁世凯。这时康有为也上书摄政王,强调光绪之死乃袁世凯所为,请"杀贼臣袁世凯"。于是,载沣召见满汉军机大臣宣示先帝遗诏,准备杀袁世凯。这时,张之洞却跪在地上连连叩头,以"国有大丧,不宜诛戮大臣"为由表示反对,庆亲王奕劻也随声附和。为此,载沣密电征询北洋系的几个军事长官的意见,吴凤

第八编 洪宪野史

岭、赵国贤回电答复说："请勿诛袁，如必诛袁，则先解除臣等职务，以免兵士有变，致辜天恩。"大臣们的反对与可能发生的兵变，使载沣打消了诛袁的念头，袁世凯也得以漏脱被诛杀的命运。诛杀袁世凯的计划流产之后，载沣以嗣皇帝溥仪的名义降旨说："军机大臣外务部尚书袁世凯，凤蒙先朝擢用，朕登极之后，复与殊赏，正以其才可用，使效驰驱，不意袁世凯现患足疾，步履维艰，难胜职任。袁世凯着即开缺，回籍养疴，以示朝廷体恤之意。"

袁世凯在天津接到圣旨之后，急忙与英国驻清公使朱尔典取得联络，他们二人关系极为亲密。朱尔典闻知袁世凯的境况之后，向袁世凯拍胸膛表示愿意担保他的生命安全。于是，袁世凯怀着沉重的心情由天津返回京城，向皇帝谢恩并辞行。权势显赫的袁世凯竟在几天之内变成了丧家之犬，仓皇告别京城。临行之前，袁世凯把他在北京新购置的价值 30 万元的府学胡同私宅，赠送给了段祺瑞。

袁世凯离京之后，回到老家河南项城。1909 年，又隐居彰德府北门外的洹上村。洹上村有一座天津人何氏的别墅，袁世凯将其购买下来，并进行了装修，题名"养寿园"，并自号"洹上钓叟"，表现出一副闲云野鹤的姿态。每日里，袁世凯饮酒赋诗，游山玩水，借以消除清政府之中满族亲贵的疑忌。实际上，袁世凯对朝廷的动静了如指掌。他任北洋大臣时的亲信冯国璋、段祺瑞和其他将领们，经常秘密来到彰德，向袁世凯报告情况，请示办法。袁世凯则以非常亲密的态度接待他们，临别之时还要赠上十分丰厚的路费。另外，袁世凯的老友徐世昌在袁归隐之后，并没有受到影响，反而红极一时，竟升任内阁协理大臣（相当于副内阁总理的地位）；袁世凯一手提拔

的赵秉钧这时出任民政部侍郎，掌管全国警察和特务；袁世凯的长子袁克定也出任邮传部丞参，这些人都与袁世凯保持密切的联系。甚至内阁总理大臣庆亲王奕劻、陆军大臣荫昌这些满族亲贵，也与袁世凯时时联络，再加上各省督抚大员中也有许多是袁世凯的亲戚故旧。这样一来，袁世凯虽然归隐，却拥有极大的政治潜在势力。

袁世凯在等候、盼望、焦急之中，阴郁地度过了两年多的归隐生活。但是，就在袁世凯归隐期间，革命党人起义不断，清王朝摇摇欲坠，为袁世凯日后东山再起，创造了良好的氛围。

### 重新出山

1911 年 10 月 10 日，武昌起义爆发，革命党人迅速占领武汉三镇。当这一消息传至袁世凯隐居的洹上村时，袁世凯正在为自己的寿诞大摆酒宴，他立即叫人撤去宴席，让众位宾客畅谈国家大事。但袁世凯却一言不发，只是紧锁双眉，急急思索，渐渐地他露出了微笑。宾客问袁世凯有何高见？袁世凯未置可否，但他内心却喜悦异常，感到自己梦寐以求的出头之日就要到来了。之后，袁世凯进行了一番布置，向内阁总理大臣奕劻孝敬了一笔数目不小的款子，然后眼望北京，静候佳音。

革命党人一举攻克武汉三镇的消息传至北京之后，清政府上下大骇，人心惶惶，慌忙派陆军大臣率两镇陆军南下征讨，并电令海军提督萨镇冰率军舰会同长江水师往援。荫昌所率军队系袁世凯的北洋军，冯国璋也在南下征讨的行列。就在荫昌率军南下之时，冯国璋秘密来到洹上村，向袁世凯请示策略，袁世凯给冯国璋写了六个字："慢慢走，等等看。"这样一来，征讨军便以极缓慢的速度向前进发，荫昌急得没有办法，只好留在北京。

　　身在洹上的袁世凯这时翻手为云，覆手为雨。一方面宣称自己赞成君主立宪；另一方面又和汪精卫密切往来，暗中表示赞成革命。忽进忽退，扑朔迷离，就连热切盼望袁世凯出山的北洋派，也无法捉摸，只觉得隐居两年多的袁世凯行事不大对头。杨度将这一看法告诉袁世凯，袁世凯竟然仰天大笑，并说："杨度啊，你也是聪明之人，怎么不懂得我的意图呢？你知道拔树的办法吗？专用猛力去拔，是无法把树根拔出来的，过分去扭，树一定会折断。只有一个办法，那就是左右摇撼不已，才能把树根的泥土松动，不必用大力就可以一拔而起。清朝是棵大树，还是棵300多年的老树，想要拔这棵又大又老的树木，不是一件容易的事。闹革命的，都是些年轻人，有力气却不懂如何拔树；闹君主立宪的，懂得拔树却没有气力。我今天的忽进忽退就是在摇撼大树，现在泥土已经松动了，大树不久也就会拔出来的。"

　　清政府面对严峻的形势，加上内阁总理大臣奕劻又受了袁世凯的贿赂，奕劻便与徐世昌、那桐等人向摄政王载沣提议重新起用袁世凯。但载沣对袁世凯充满仇恨，一听说要起用袁世凯，便把奕劻等人申斥了一顿。受到训斥的奕劻不上朝议事，那桐也以辞职相要挟，无奈前方军情急如水火，必须立即处理。载沣无法，只得将他们请来重新计议。奕劻这时进一步阐明起用袁世凯之由："此种非常局面，本人年老，绝对不能承当。袁世凯有气魄，并且北洋军队都是他一手编练，若令其赴鄂剿办，可操胜算，否则畏葸迁延，不堪设想。洋人那边也说此等局面非袁世凯不能收拾。"载沣仍不放心地说："你能担保没有别的问题吗？"奕劻回答："这个不消说的。"素性懦弱，毫无主见的载沣见奕劻坚持甚力，自己只好屈从他的意见。

　　武昌起义爆发的第三天，清廷正式起用罢黜已两年多的袁世凯，任命他为湖广总督，同时命其兼办剿抚事宜。袁世凯想钓到更大的鱼，对这一任命极不满意，便以足疾未痊为由，推辞了湖广总督的任命。内阁总理大臣奕劻接到袁世凯的推辞电之后，急忙派协理大臣徐世昌微服前往洹上村访袁，袁世凯与徐世昌秘密计议一番之后，袁世凯对徐世昌面授机宜，然后徐世昌返回京城。

　　返回京城的徐世昌假装非常生气的样子，苦丧着脸对奕劻和满族亲贵们说："老袁真是不知好歹，他竟然提出条件，说要他干未尝不可，可必须听从他的意见。我看还是叫荫昌赶快赴前线吧，没有袁世凯不见得就不能打仗。"奕劻听了徐世昌的话，便问袁世凯有什么条件，徐世昌这才支支吾吾地说出了袁世凯的六个条件：（一）明年（1912年）召开国会；（二）组织责任内阁；（三）开放党禁；（四）宽容革命党；（五）授以指挥前方军事的全权；（六）保证粮糈的充分供给。袁世凯的这六个条件意图利用革命党对付清王朝，再留着清政府对付革命党，而自己则依靠北洋军，坐收渔人之利。

　　当袁世凯的六个条件一公布，清政府内的要员竭力反对。但随着前方战事的危机，清政府急忙命荫昌南下督战。袁世凯早就算定了清政府不会一口气接受他提出的条件，于是他又一次暗中命令北洋军将领按兵不动，不听荫昌的指挥。荫昌南下后，北洋军全部停留在信阳和孝感之间，兵车阻塞不通，荫昌的号令完全不起作用，只落得在孝感满头大汗，跳着骂人。但革命形势并没有停止发展，武昌起义之后湖南、陕西率先宣布独立，接着便是江西、云南、上海等地纷纷宣布独立。面对革命形势的发展，惊慌失措的清政府不得不向袁世凯做出更大让步，解除了荫昌的职务，派袁世凯为钦差大臣，节制冯国璋、段祺瑞的军队以及水陆各军。

袁世凯被起用之后，依旧待在洹上村，发号施令。袁世凯秘密指示北洋军将领，要给革命军一点颜色看看，于是汉口的革命军便受到前所未有的猛烈进攻。并且由于革命军前敌总指挥张景良叛变通敌，放火烧了弹药辎重库，军心大乱，致使北洋军乘势占领汉口。身在洹上村的袁世凯露了一手，一方面给清政府尝到了一点甜头，另一方面也给革命军看了一点颜色。对袁世凯来说，钦差大臣和前方的军事指挥权仍然不过瘾，他要在这场鹬蚌相争的局面中坐得渔翁之利。因此，袁世凯仍然待在洹上村养他的所谓"足疾"，饮酒赋诗，一副闲情逸致的姿态。但就在这时，山西太原新军起义，巡抚陆钟琦被杀。屯兵滦州的第二十镇统制张绍曾联合其他将领电奏清政府，提出迅速召开国会，改定宪法，组织责任内阁，皇族永远不得充任内阁总理大臣、国务大臣，对于政治犯一律特赦并录用等 12 条要求。并致电武昌革命军，表示不督师南下与民作战，还扣留了清政府运往湖北的一列军火车。这两件事情都发生在 1911 年 10 月 29 日，载沣闻知，惊惧交加，准备偕溥仪逃往热河承德。

面对清政府土崩瓦解的局面，袁世凯唯恐失去手中可玩弄的工具，待在洹上村的袁世凯再也坐不住了，于 1911 年 10 月 30 日离开彰德南下督师，并电阻清政府逃往热河。10 月 31 日袁世凯抵达信阳，荫昌向袁世凯让权；11 月 1 日，袁世凯抵达湖北孝感。这时，清政府见袁世凯重新出山，方才安静下来。内阁总理大臣奕劻见袁已出山，便奏请辞职，其他国务大臣也接着辞职。清政府批准了他们的辞职请求，然后授袁世凯为内阁总理大臣，命其来京，着手组织完全内阁，其原来所领赴湖北各军及长江水师，仍归其节制调遣。袁世凯接到任命诏旨之后，脸上露出狡狯的微笑，但又故意致电奏请辞谢。载沣知其在故意做作，没有允许，再三促其早日进京。这时，袁世凯不再装腔作势，把前方的军事权交给自己的亲信干将冯国璋、段祺瑞，自己则带领大批卫队浩浩荡荡耀武扬威地北上京城。

1911 年 11 月 13 日，袁世凯抵达北京。第二天，隆裕太后和载沣召见了他，叫他不要辜负重托。袁世凯听后，假装忠心地说："世凯拜此大命，愿杀身成仁，以古之圣贤之心为心，誓为清廷保全社稷。"到 11 月 16 日，袁世凯组成责任内阁。在袁世凯的内阁中，有许多君主立宪派人物，如梁启超、张謇都名列榜上，其实很多人都没有往北京就职。袁世凯之所以要任用他们，其意图在于把他们作为内阁的点缀品，以显示自己的内阁已不同于以往的内阁。袁世凯的责任内阁组成之后，载沣解除了摄政王，恢复自己醇亲王封号而退居藩邸。这样一来，清廷几乎成了傀儡。

袁世凯组成责任内阁之后，便着手抓清廷的军事大权。他深深地明白，如果不能控制军队，主持责任内阁也没有任何用处，他要将北方和北京的军事大权完全掌握在自己手上。这时的袁世凯已经取得了北京近畿北洋各镇的节制调遣全权，但北京城内军咨府大臣载涛统率的禁卫军，是袁世凯归隐时组建的。禁卫军全是满族人，他们待遇好，训练有素，装备精良，主要是保护满族亲贵。北京城内有这样一支军队，使袁世凯还不敢肆意妄为，袁世凯为了拔去眼中钉，便打起禁卫军的主意。于是，袁世凯向清廷建议：革命军大敌当前，为了振奋军心，鼓励士气，禁卫军应该起倡导和示范作用，皇族大臣也该为臣民作表率，所以皇族大臣应统率部分禁卫军出征南方。他的要求堂而皇之，但却吓坏了胆小如鼠的载涛，他一听袁世凯要点他为帅，立刻去找庆亲王奕劻，要庆亲王替他说情，免去出征之役。载涛的请求正中袁世凯下怀，他同意不调载涛去前方征战，同时也接受了载涛辞去军咨府大臣的请求，并推荐徐世昌出任军咨府大臣。这样一来，禁卫军的统率权也由皇族转移到了袁世凯的手中，袁世凯终于把清王朝的军事大权悉数握在自己手中，成为一个真正的举足轻重的实力派人物。从此，袁世凯利用手中的权力和军事实力，不仅左右清廷，而且左右着当时的局势。

## 窃居总统

武昌起义成功以后，革命军迫切需要一个统一的临时中央政府，特别是到了1911年11月，随着南方半个中国已基本脱离清政府的统治，临时中央政府的建立已迫在眉睫。鉴于此种情况，11月9日黎元洪便向独立各省提出建议，请他们派代表到武昌开会。黎元洪的电报在路途耽误了8天才到上海，而在此之前苏、浙、沪三地都督已邀请各省代表到上海开会，讨论统一组织机构问题，同时建议在中央机构未组成以前，先行推定伍廷芳、温宗尧为革命军的临时外交代表。等黎元洪的电报到达上海后，各方代表为了尊重黎元洪的意见，决定以武昌为中央政府所在地，并推举鄂军都督代行中央职权。在上海的各省代表决定每省派一位代表到武昌参加各省代表联席会议，留代表一人在上海担任联络工作。

各省代表到达武昌后，于11月30日在汉口英租界顺昌洋行举行革命军各省区代表大会，公推谭人凤为议长。这一次代表大会作出了一个幕后的决定，那就是虚临时总统之席以待袁世凯反正归来。之所以有这样的决定，是由于11月29日袁世凯派朱其瑝来到武昌，并带来一封汪精卫的亲笔函，汪精卫在信中告诉武昌首义的革命同志，希望南北达成协议，联合一致要求清帝逊位，并推举袁世凯为临时大总统。汪精卫的这封信函恰巧在各省代表大会期间送到，于是代表们便集中讨论这一问题。在讨论过程中，部分代表认为清政府已名存实亡，今后和平与战争的问题，不在于革命军与清廷之间，而在于革命军与袁世凯之间，假如要避免更多的流血，最好的办法是将袁世凯拉到革命阵营来。要拉拢袁世凯须给他以高官，但袁世凯在清廷已是一人之下万人之上，所以只要袁世凯愿意推翻清朝，赞成民主共和，就只有给他以临时大总统之位，方才能打动袁世凯。革命军的这种思想意识，更加助长了袁世凯的野心。

1911年12月4日，革命党人陈其美等人趁南京光复，武昌又面临危机的情况之下，又一次把留在上海做联络工作的各省代表召集起来举行会议，推举黄兴为大元帅，黎元洪为副元帅，决定南京为临时政府所在地，由大元帅组织中华民国临时政府。会议决定以汉口为议和地点，公举伍廷芳为议和全权代表，与清政府代表和谈。12月7日，清政府授袁世凯为与革命军和谈的全权大臣，袁世凯即日便委任唐绍仪为总代表。南北双方议定，和谈期间停战15天。后来因伍廷芳有事不能前往汉口，双方谈判地点改在上海。

12月12日，武昌及上海的各省代表会集南京。在代表们选举临时大总统的前夕，袁世凯故意让唐绍仪放出话来，说什么"袁内阁亦主张共和，但须由国民会议议决后，袁世凯据以告清廷，即可实行逊位"。袁世凯醉翁之意不在酒，意在叫代表们推迟选举，将来选举他为大总统。代表们信以为真，15日便决定暂缓选举总统,一时间妥协的气氛弥漫于上海、南京。18 日,南北议和首次会议正式举行。和谈一开始,革命军方面就提出和谈的先决条件,那就是清廷必须承认民主共和,如果不在这个基础上谈,则无和谈的必要。唐绍仪立即把这一条件电告袁世凯,袁世凯接到电报之后,便向隆裕太后请示,最后接受了革命军提出的先决条件。袁世凯这时之所以主张和谈,是他已经深知,只要赞成共和,大总统的位置大有到手的希望,只是还没有得到革命军方面的明确保证。

1911 年 11 月 25 日,孙中山先生从国外回到上海,他的到来既解决了南方各省为推选临时政府领导人而发生的争执,又给革命党人以极大的鼓舞。11 月 29 日,各省代表选举孙中山为临时政府大总统。1912 年 1 月 1 日,孙中山在南京宣誓就任中华民国临时大总统。这一天南北双方和谈代表在上海讨论国民会议的组织问题,这个议题有两点要讨论:一是出席代表的产生,由革命军所占领的 14 省和清廷所统治的 8 省,各派代表 3 人组成,这一点已经由唐绍仪代表清政府表示接受;二是开会地点问题,革命军代表伍廷芳提议在上海召开,唐绍仪则表示要向袁世凯请示后才能答复。于是,唐绍仪的请示电报和孙中山就任大总统的电报同时到达袁世凯的手上。袁世凯得知临时政府已经成立,感觉到自己受了革命军的欺骗,非常生气地说:"既然已经选了总统,那么我坐在什么位子上?算了吧,不必和谈了。"袁世凯在心情极坏的情况之下,认为唐绍仪未经他许可就同意国民会议的代表权分配办法,应视为无效,并且发电报声明他不同意唐绍仪已接受的条件,还谴责了唐绍仪的越权行为。唐绍仪在此种情形之下,进退维谷,只好引咎辞职。袁世凯接受了唐绍仪的辞职请求,同时他还电请

伍廷芳北上直接谈判,伍廷芳则电请袁世凯南下,这样双方的和谈变成了电报往还,不得要领。

这时的袁世凯可谓花招百出,使出各种手段要挟清政府,同时又威胁革命军。他首先让北洋军的姜桂题、冯国璋等将领发表联名通电:"拥护君主立宪,反对共和政体",来威胁革命军;其次让清政府的驻外使节,由出使俄国的陆徵祥领头,电请清帝退位,来要挟清廷;再次命令张勋的辫子军反攻南京,以试探革命军的力量;最后设法取得革命军方面的保证,如果清帝退位即推举他继任大总统。

孙中山先生虽然就任中华民国临时大总统,但当时的革命军中有大批的妥协分子,他们认为利用袁世凯可以事半功倍。孙中山不是不知道袁世凯的奸险,不过他是一位虚怀若谷的领袖,处处尊重多数人的意见,于是孙中山先生通电宣布:"袁世凯若表示赞成共和,当以总统相让,但须南下就职。"后来,又亲自致电袁世凯说:"前日抵沪,诸同志皆以组织临时政府之责相属,问其理由,盖以东南诸省欠统一机关,行动非常困难,故以组织临时政府为生存之必要条件。文既审艰虞,义不容辞,只得暂时担任。公方以旋乾转坤自任,即知亿兆属望,而目前之地位,尚不能不引嫌自避。故文虽暂时承乏,而虚位以待之心,终可大白于将来。望早定大计,以慰四万万人之渴望。"袁世凯对孙中山先生的诚意将信将疑,在其复电中打官腔:"君主共和问题,现方付之国民公决,所决如何?无从预揣。临时政府之说,未敢与闻。谬承奖诱,惭悚至不敢当,惟希谅鉴为幸。"孙中山先生担心袁世凯摇摆不定,便又复一电说:"文不忍南北战争,生灵涂炭,故于议和之举,并不反对。虽民主君主不待再计,而君之苦心,自有人谅之。倘由君

之力,不劳战争,达国民之志愿,保民族之调和,清室亦得安乐,一举数善,推动让能,自有公论。文承各省推举,誓词俱在,区区此心,天日鉴之,若以文为诱致之意,则误会矣。"孙中山先生的这个电报的诚恳,简直是对袁世凯指天发誓,只要袁世凯能把清室推翻,他即以总统一席相让。袁世凯得到了孙中山先生的保证,他便着手逼清帝退位。

就在这时,北方革命党人的活动日趋活跃,并于1912年1月10日,在袁世凯上朝之时谋刺袁世凯,但未成功。北方革命党人的这次刺袁活动,帮了袁世凯的大忙。在此之前,由于革命军中有推举袁世凯为大总统之议,满族亲贵都骂袁世凯是个卖主求荣、私通革命党的奸贼。袁世凯也曾对清廷说革命党已大批潜入京城、满族亲贵们都说这是袁世凯以革命党进行威胁,不予置信。有了这次刺袁案件,隆裕太后于是相信袁世凯是清朝的大忠臣,同时也相信革命党已大批潜入京城。

袁世凯遇刺之后,他便借机向清廷要挟,一方面请病假不上朝,另一方面逼清廷宣布清帝退位,否则他便要辞职。良弼这时挺身而出,主张批准袁世凯的内阁辞职,另组皇族战斗内阁,派铁良南下统率清军,以不受袁世凯的北洋军牵制。良弼是当时满族亲贵中唯一有才识的军事人才,他是日本士官生,任职禁卫军第一协协统兼禁卫军训练总办。虽然袁世凯夺去了禁卫军的指挥权,但实权仍在良弼手中,他不但不买冯国璋的账,而且对袁世凯也极不满意,他自认定清室的保护者,有监督袁世凯阴谋叛逆的责任。良弼虽然有点儿实力,但和袁世凯比较起来那是小巫见大巫,袁世凯要对付良弼实在是轻而易举。但老奸巨猾的袁世凯不愿蒙受谋杀满族亲贵的罪名,于是他采取借刀杀人的策略,暗示由

上海回到北京的汪精卫:清帝退位已无问题,目前的阻力来自良弼,只要除掉良弼,一切便水到渠成。汪精卫得到这个消息后,便派人用炸弹炸死了良弼,扫除了清帝退位的障碍。

就在良弼遇刺的同一天,北洋军由段祺瑞领衔与其他清军将领联名致电清廷内阁、军咨府、陆军部和各王公大臣:请即代奏清廷,明降谕旨,宣示中外,立定共和政体。

两件事情的发生,震惊了清廷,使满族亲贵一方面觉得革命党人已布满京城内外,可以为所欲为;另一方面又感到握有兵权的北洋军将领已向清廷敲响了丧钟,奏响了哀乐。这样一来,清廷的满族亲贵吓得魂飞魄散,有如风声鹤唳、草木皆兵。于是,他们纷纷席卷细软,携带妻妾避难到天津、青岛、大连租界,托庇于洋人,不能走的则纷纷请袁世凯派兵保护。惊慌失措的隆裕太后急忙召集御前会议,王公亲贵到会的竟寥寥可数,只有代表袁世凯的赵秉钧按时到会。隆裕太后哭着对赵秉钧说:"赵秉钧啊,你快点去对袁世凯说说,一切事都好商量,保全我母子的性命要紧。"

召开御前会议的第三天,袁世凯命杨度等在北京发起组织共和促进会,宣言目前主张君主立宪为时已晚,为挽救国家危亡,保全皇室,应速实行共和。同时,袁世凯也上奏朝廷:"近议国体一事,已由皇族王公讨论多日,当有决定办法,请旨定夺。臣职司行政,惟遵朝旨。"借以催促清廷迅速作出抉择,早日退位。这一招很是奏效,隆裕太后在其催逼之下,整日抱着溥仪皇帝痛哭流涕,醇亲王载沣向来缺乏主见,不敢参与决策,皇室贵族乱作一团。隆裕太后所能采取的唯一办法只能是尽量拖延时日。到了2月1日,她又一次召开御前会议,提出采取虚君共和体,即君主不干预国政的办法

把皇帝保留下来。她的建议自然不会得到袁世凯和民国政府的同意。隆裕太后见无路可走，经过反复考虑，觉得保留性命退位后享受优待条件，总比宗族覆灭的结局强得多。万般无奈，隆裕太后做出了皇帝退位，颁布共和的决定。

1912年2月3日，隆裕太后授权袁世凯与革命党人协商清帝退位条件。已因所谓疾病多日不上朝的袁世凯，闻知这一授权，他的病立即不治而愈，当即把他所拟的清帝退位条件电告伍廷芳。经过双方协商，在退位条件的基本问题上达成协议，于是在1912年2月12日，清王朝隆裕太后以皇帝溥仪的名义颁布退位诏书。至此，统治中国长达260余年之久的清王朝覆亡了。当天晚上，袁世凯在外交部大楼里把拖在脑后的辫子剪掉。他一边剪，一边不断哈哈大笑，这在他的一生中是极其罕见的欢乐时刻，并于当天给南京临时政府发了一封电报，表示赞成共和："南京孙大总统、黎副总统、各部总长、参议院同鉴：共和为最良国体，世界所公认，今由帝政一跃而跻及之，实诸公累年心血，亦民国无穷之幸福。大清皇帝既明诏辞位，业经世凯署名，则宣布之日，为帝政之终局，即民国之始基。从此努力进行，务令达到圆满地位，永不使君主政体再行于中国。现在统一组织，至重且繁，世凯亟愿南行，畅聆大教，共谋进行之法；只因北方秩序不易维持，军旅如林，须加部署；而东北人心，未尽一致，稍有动摇，牵涉全国，诸君皆洞鉴时局，必能谅此苦衷。至共和建设重要问题，诸君研究有素，成竹在胸，应如何协商统一组织之法，尚希迅即见教。袁世凯真。"

袁世凯认为他逼迫清帝退位工作已告完成，他已履行了他的诺言，于是他要等革命党人履行他们的诺言——推举他为大总统。袁世凯怕革命党人食言，所以在清帝的退位诏书内加上"由袁世凯以全权组织临时共和政府"一句话，好像民国的大总统不是由国民选出来的，而是由清政府命令的。

孙中山先生在南京得知清帝退位的消息以及袁世凯赞成共和的电报后，立即致电袁世凯，告以推让之意并促其南来。同时，孙中山先生也履行自己的诺言，向参议院提出辞职咨文，并为巩固民国而附加了三项条件：

中国民国临时大总统咨：前后和议情形，并昨日伍代表得北京一电，本处又接北京一电，又接唐绍仪电，均经咨明贵院在案。本总统以为我国民之志，在建设共和，倾覆专制，义师大起，全国景从。清帝鉴于大势，知保全君位，必然无效，遂有退位之议。今既宣布退位，赞成共和，承认中华民国，从此帝制永不留存于中国之内，民国目的，亦已达到。缔造民国之始，本总统被选为公仆，宣言誓书，实以倾覆专制，巩固民国，图谋民生幸福为任。至专制政府既倒，国内无变乱，民国卓立于世界，为列邦公认，本总统即行辞职。现在清帝退位，专制已除，南北一心，更无变乱，民国为各国承认，旦夕可期，本总统当践誓言，辞职引退。为此咨告贵院，应代表国民之公意，速举贤能，来南京接事，以便解职。附办法条件如左：

——临时政府地点设于南京，为各省代表所议定，不能更议。

——辞职后，俟参议院举定新总统亲到南京受任之时，大总统及国务各员乃行解职。

——临时政府《约法》为参议院所制定，新总统必须遵守；颁布之一切法制章程，非经参议院改订，仍继续有效。此咨参议院。

孙中山先生提出辞职咨文的同时，又提出推荐袁世凯候选临时大总统之咨文："今日本总统提出辞职，要求改选贤能。选举之事，原国民公权，本总统实无容喙之地，惟前使伍代表电北京有约，以清帝实行退位，袁世凯君宣布政见，赞成共和，即当推让，提议于贵院，亦表同情。此次清帝逊位，南北统一，袁君之力实多，发表政见，更为绝对赞成，举为公仆，必能尽忠国民。且袁君富于经验，民国统一，赖有建设之才，故敢以私见贡荐于贵院，请为民国前途熟计，无失当选之人大局幸甚。此咨。"

孙中山先生的两件咨文，表现出他伟大的领袖人格，不恋权位，重诺言，视大总统为公仆。不过他了解袁世凯是一个只知实力政治而不尊重法治的人，所以他有所保留，附带了条件，促使袁世凯到南京来继任总统而脱离北京的封建势力，同时把临时参议院所制定的《临时约法》作为一道紧箍咒套在袁的颈项上，借以约束袁的野心，使其走上法治轨道。

1912年2月15日，南京临时政府接受了孙中山先生的辞职咨文和荐袁咨文。临时参议院还召开了临时大总统选举会，到会的17省代表共计17票，投票结果袁世凯得17票，当选为中华民国临时大总统。南京临时政府立即致电袁世凯："昨孙大总统辞职，经本院承诺，业已电知尊处。本日开临时大总统选举会，满场一致，选公为中华民国临时大总统。查世界历史，选举大总统，满场一致者，只华盛顿一人。公为再见。同人深幸公为世界之第二华盛顿，我中华民国之第一之伟业，共和之幸福，实基此日。务请得电后，即日驾莅南京参议院受职。"

袁世凯当选为总统，如愿以偿，欢欣若狂。可是叫他到南京就职，他说什么也不肯，他不肯离开自己的老巢，不肯离开自己的老本——北洋军，去南京当空头的大总统。袁世凯的奸猾在其2月15日的回电中暴露无遗：

"南京孙大总统、黎副总统、各部总长、参议院、各省都督、各军队长鉴：清帝退位自应速谋统一，以定危局，此时间不容发，实为惟一要图，民国存亡胥关于是。顷接孙大总统电闻，提出辞表，推荐鄙人，嘱速来宁，并举人电知临时政府，畀以镇安北方全权各等因。黄陆军总长暨各军队长电招鄙人赴宁等因。世凯德薄能鲜，何敢肩此重任？南行之愿，真电业已声明，然暂时羁绊在此，实为北方危机隐伏，全国半数之生命财产万难恝置，并非因清帝委任组织，极为正确。现北方各省军队暨全蒙代表，皆以函电推举为临时大总统，清帝委任一层无足再论。然总未遽组织者，特虑南北意见因此而生，统一愈难，恐非国家之福。若专为个人职任计，舍南而北实有无穷窒碍：北方军尚多纷歧，隐患实繁；皇族受外人愚弄，根株潜长；北京外交团向以凯离此为虑，屡经言及；奉、江两省时有动摇；外蒙各盟迭来警告；内讧外患遽引互牵……然长此不能统一，外人无可承认……反复思考，与其孙大总统辞职，不如世凯退居。"

袁世凯的电文摆出了一系列不能南下的理由，甚至发出了威胁，其实他之所以敢如此大言不惭，完全是乘当时清帝刚刚退位，人民不愿再看到战争和流血，希望用和平手段达成协议这一历史契机。尽管袁世凯不愿南下就职，但孙中山先生坚持无论如何要他南下，于是在2月18日南京临时政府以教育总长蔡元培为迎袁专使，偕同唐绍仪前往北京迎袁南下，并将欢迎人员名单电告袁世凯。蔡元培一行27日抵京，并晋见了袁世凯，面陈了孙中山先生的手书，劝袁南下就职。袁世凯用隆重的礼节欢迎蔡元培一行抵京，他不再涉及拒绝南下之事，反而用非常诚恳的态度商谈南行的路线，他的这种态度使来迎接他的人员松了一口气,认为袁世凯基本态度已改变。其实袁世凯正在策划一场阴谋,更进一步实现他在北京就职而不南下的目的。

蔡元培等人抵京后,北京市政当局通知各家各户举行三天大会,晚上提灯游行,庆祝中华民国的成立,对迎袁专使表示欢迎。在第三天即2月29日晚上,游行刚刚开始,就从东北方向传来大炮轰鸣的声音,人们还以为是在放礼炮。但就在这时,北洋军第三镇的许多士兵冲上街头,口里嚷着:"袁世凯要走了,我们没人管了!""抢哇!"旋即冲向各家店铺进行抢劫。一刹那间,人们猛然醒悟,大街上顿时乱作一团。叛乱的士兵抢劫之后,又冲向煤渣胡同专使下榻的招待所,蔡元培等人有的未及穿鞋,匆忙逾墙逃入六国饭店避难。发生兵变的第二天早晨,北洋军第三镇统制曹锟前去向袁世凯报告,适值唐绍仪也在袁世凯处,但唐绍仪坐在门的一侧,一身戎装的曹锟没有看见。曹锟一进门便向袁世凯说:"报告大总统,昨夜奉大总统密令,兵变之事已经办到。"袁世凯见曹锟说漏了嘴,立即大骂:"胡说,滚出去!"

就在袁世凯策划兵变的同时,日、德、英、俄等国紧密配合袁的阴谋。先是在京津出动军队来回巡逻,接着又从外地调来几千兵力进京,大有战争即将爆发之势,实则只是在迎袁专使面前制造声势。袁世凯的一套骗吓术,迷惑了蔡元培等人。3月2日,蔡元培等人致电参议院:"北京兵变,外人极为激昂,日本已派多兵入京。设使再有此等事变发生,外人自由行动恐不可免。培等睹此情形,集议以为速建统一政府,为今日最要问题,余尽可迁就,以定大局。"要求参议院在袁南下问题上让步。

袁世凯在兵变之后,通电全国说:"专使到时,决意南下,组织临时政府,统一南北,用慰国民之厚望。今遇此变,实行维艰,公等幸谅。且驻京外交团及吾国驻外各代表等,均云方今欲巩固民国,保全共和,舍速建设统一政府,别无他法。想全国心理,均表同情。因兹事变,南行无期,组织政府,势必从缓,凯实焦灼万状。"诉说自己的所谓苦衷,求得各方面的谅解,达到他留在北京的目的。

3月6日,南京参议院通过了统一政府组织办法六条:(一)由参议院电告袁世凯,允其在北京就职;(二)袁接电后,即电告参议院宣誓;(三)参议院接宣誓电后,即复电认为受职,并通告全国;(四)袁受职后,即将拟派国务总理及国务员姓名,电告参议院,求得同意;(五)国务总理及国务员任定后,即在南京接收交代事宜;(六)孙中山于交代之日始行辞职。3月7日,孙中山先生致电蔡元培让其转告袁世凯,按参议院所议六条办法在北京正式受职,袁世凯闻知如释重负。3月8日,袁世凯即电告参议院,完全承认所列六条办法,并将誓词电达。3月9日,参议院电告袁世凯,承认他受职。3月10日,袁世凯身着大礼服,趾高气扬地宣誓:"民国建设肇端,百凡待治。世凯深愿竭其能力,发扬共和之精神,涤荡专制之瑕秽,谨守宪法,依国民之愿望,蕲达国家于安全强固之域,俾五大民族同臻乐利。凡兹志愿,率履勿渝!俟召集国会,选定第一期,世凯即行解职。谨掬诚恳,誓告同胞。"就这样,袁世凯终于实现了自己的目的,在其老巢北京就任了大总统之职。

袁世凯就任临时大总统以后,即着手组织政府。经袁世凯提议,参议院通过,唐绍仪被任命为内阁总理。在唐绍仪的内阁之中,比较重要的外交、内务、陆军、海军、财政各部总长,全为袁世凯的亲信,而司法、教育、农林、工商各部总长为革命党人,孰轻孰重,一目了然。工于心计的袁世凯,为了敷衍一下革命党人,便任命黄兴为有职无权的参谋长,黄兴拒不接受,便改任其为南京留守。

4月1日,孙中山先生解除临时大总统职务。袁世凯极其虚伪地致电孙中山先生说:"闻公宣布解职,国事代以世凯负荷综览,深虑陨越。公为民国第一华盛顿,功成自退,万众倾心。此后建设事宜,多待雅教,乞即日北上,惠我方针。"4月2日,参议院决定北迁。不久,参议院和临时政府迁移北京。就这样,伟大的辛亥革命的胜利果实,被袁世凯篡夺了。

袁世凯实现了总统之梦,但他是个封建官僚政客,具有极大的政治野心。在袁世凯的心目中,当总统要讲民主,个人不能独断专行,为所欲为,同时别人对自己的所作所为可以评头论足,任意褒贬,他对此难以忍受。袁世凯非常羡慕封建帝王那一套威严,很想登上金銮宝殿过一过皇帝瘾。况且当皇帝终身掌权,万世一系,至高无上,子孙后代皆可锦衣玉食,享尽人间荣华富贵。狂妄的政治野心,促使袁世凯朝着皇帝的目标迈进。

袁世凯首先搞垮了不唯命是从的唐绍仪内阁,接着派人刺杀宋教仁,镇压"二次革命",双手沾满革命党人的鲜血。此后,又胁迫参议院选举他为正式大总统,废除《临时约法》,颁布所谓新《约法》。新《约法》将总统的地位和权力提高到与皇帝等同,以法律形式肯定了袁世凯的专制独裁。

1914年12月29日,袁世凯又颁布了新的《大总统选举法》。新的选举法规定:大总统任期十年,可连选连任;选举之年,参政院参政认为政治上有必要时,以三分之二以上之同意,议决现任大总统留任;选举之前,大总统有权推荐具有资格者3人为候选人。这样一来,袁世凯实际上成了终身总统,不仅如此,还使总统变成了袁氏一族的世袭总统。因为3名候选人由总统提名,选举人只能在3名候选人和现任大总统中挑选一个,袁世凯可以把3个候选人都写成他的儿子,如果儿子当选总统,又可以再找3个孙子,如此一代一代传下去。不过,终身总统也好,世袭总统也好,都不是袁世凯的最终目的。他之所以要搞这一套,主要是把总统打扮得像个皇帝,以便将来总统变为皇帝之时使人们不感到突然,减少阻力。

袁世凯为了实现他复辟帝制的野心,不仅对国民大耍阴谋手段,而且为了取得日本的支持,大肆卖国,无耻地签订《二十一条》。接着,为自己即帝位大造舆论,祭祀天地,尊孔复古。最后于1916年元旦宣布改元洪宪,正式称帝,恢复了已被推翻的帝制。袁世凯恢复帝制不得人心,引起全国上下一片反对。以蔡锷为首的云南志士,宣布云南独立,成立了中华民国护国军,举起了讨袁大旗。在全国的反袁浪涛声中,袁世凯于3月22日宣布撤销帝制,3月23日命令废止洪宪年号。从1916年元旦至3月23日,共83天,袁世凯在这83天里做了一场皇帝梦。

袁世凯虽然撤销了帝制,但他仍自封为大总统。各路护国军为了彻底打倒袁世凯,并未停止军事行动,就连袁世凯的一些亲信心腹也纷纷倒戈。袁世凯在羞愤之中,一病不起,于1916年6月6日一命呜呼,结束了他罪恶的一生。

## 小白菜

袁世凯原娶姓于的女子为妻,因这于氏不但长得丑,而且相当蠢笨,袁世凯瞧不上,夫妻感情不和。因此,袁世凯便偷偷地在外面干起了拈花惹草的风流韵事。在所有的相好中间,袁世凯独钟情于小白菜。小白菜本是开豆腐店的黄甲的女儿,相貌美丽,皮肤白净,非常有韵致,人们为此而编了顺口溜:"白豆腐烧小白菜，人人见了心中爱。"袁世凯住的地方，离小白菜不远。一天，袁世凯同朋友到郊外去踏青游玩，刚出门，就瞧见小白菜坐在门槛里洗衣裳。她那楚楚动人的神态打动了袁世凯，袁世凯站住看得出了神，不忍离去。一个朋友见袁世凯这般样子，便调侃他说："您如果真的喜欢这女子，弄到手又有什么难处呢？"袁世凯笑着承认了。回到家后，袁世凯晚上翻来复去睡不着觉，想怎样把小白菜搞到手，终于想出一个计策。第二天，袁世凯派仆人把小白菜的父亲黄甲叫来，向他慌称每天早晨自己要喝一碗豆浆，或者让他派人送来，或者自己亲自去他那里喝。黄甲知道袁世凯是大家子弟，现在能放下架子和自己打交道，正是求之不得的事情，岂能不从命呢，因此便当即答应下来了。袁世凯给了他几千个钱，黄甲收下，非常高兴地回去了。从此以后，袁世凯每天早晨必定去小白菜家喝豆浆，并且时不时地给小白菜的母亲一些钱，想通过她与小白菜接近。小白菜的母亲知道了袁世凯的用意，也不加以制止，时间久了，袁世凯终于如愿以尝，与小白菜私通上了。袁世凯又同小白菜的母亲商量，想把小白菜买到家中去。小白菜的母亲知道袁世凯醉心于自己的女儿，故意要价很高，索要一千两银子，袁世凯恳求减一些，并且许愿日后多加酬报，小白菜的母亲被后一句话打动了，便答应减一半。袁世凯多方筹措，仅仅得到三百两，还是不够，便把夫人于氏的衣服首饰偷出去卖了，凑足了数目。原来，袁世凯从小便不务正业，向来被家里人瞧不起，所以不能掌管财权，而且纳妾也不是什么正当行为，不便于向父母启齿，即使说了也未必能给自己钱，所以才不得已做出了偷夫人首饰的事情。事情被于夫人打探清楚了，立即告诉了公婆。袁世凯的父亲袁保中向来不为儿子

护短，所以训斥了袁世凯一顿，勒令他改悔。袁世凯便同小白菜商量，姑且暂缓接她到家之事，小白菜勉强同意了。袁世凯后来因他人介绍，想投奔到吴长庆麾下做事，但苦于没有路费盘缠，小白菜便拿出自己所有的钱财，又向别人借了一些，全部交给了袁世凯，袁世凯摸着小白菜的后背说："您是我的女鲍叔牙啊！我如果发迹了，一定不会忘了你的。"于是，袁世凯便上路了，去投靠吴长庆将军。吴长庆因为袁世凯是熟人的堂孙（吴长庆曾是袁世凯的叔祖袁甲三的部下），因而对他特别照顾，委以重任。吴长庆后来驻扎朝鲜，袁世凯也随他去了。几年之后，袁世凯代替了吴长庆的职任，便派得力的仆人去接小白菜。这时，正好朝鲜方面大院君同闵妃争夺政权，出现了一系列秘闻，袁世凯为闵妃出谋划策，闵妃终于取胜。由此，闵妃极其钦慕袁世凯的为人，常常把袁世凯召进宫，同他商量对策。一天，闵妃以盛宴款待袁世凯，席间，闵妃盯着袁世凯，频送秋波，袁世凯心领神会，于是两人便暗中结成秦晋之好，时常幽会。闵妃担心与袁世凯的事被李泳及宫监识破，便去游说李泳："我母亲的养女碧蝉，可以许给袁大使做别室。"李泳同意了，闵妃便为碧蝉做媒，于是碧蝉便嫁给了袁世凯。闵妃以姐妹名义，经常去袁世凯的寓所，同袁世凯幽会，碧蝉知道之后，对袁世凯说："快把于夫人迎回韩国来，以使闵妃不便这么三天两头地来，否则你的名誉一定要受到影响，说不定还有性命危险。"碧蝉催促袁世凯速迎于夫人前来，袁世凯想到同于夫人向来感情不合，不如干脆把小白菜接来，便再次派人去接。小白菜到来时，袁世凯亲自到轮船码头去接，他告诉小白菜自己已纳碧蝉为妾了，又叮嘱小白菜不要暴露身份，而以于夫人自居。小白菜知袁已纳妾，醋意顿发，但

最终还是听从了袁世凯的吩咐。碧蝉把小白菜当正室夫人来对待，后来知道小白菜并不是正夫人，便不再恭敬了，因此两人之间争执日多，仆人们都叫小白菜为中国姨太，叫碧蝉为高丽姨太。闵妃知道了袁世凯接来小白菜是碧蝉出的主意，想借此来阻止自己与袁世凯继续瓜葛下去，便同小白菜搞好了关系，两人合伙起来整碧蝉，报了一箭之仇。

### 红　红

袁世凯的第五个小老婆名叫红红，是戏子出身的一个美人，凡丝竹乐器，样样精通，尤其擅长唱梆子戏。相传，袁世凯在小站练兵时，山东德州兵工厂正在着手创办，清政府任命袁世凯为该厂督办，袁世凯得到命令后来到德州。袁世凯极其好色，一天也离不开女人，所以到德州后，他便只好在青楼妓院中消遣，遂与红红相遇并好上了。袁世凯有一大特点，凡是他所中意的女子，便不容他人染指，所以在他的一生中，每相好一个女子，必要设法弄到手，据为己有，红红便是其中之一。红红被袁世凯纳妾之后，倍受宠爱，袁世凯的心思全在她一人身上，到袁世凯出任山东巡抚时，红红便偷偷地与仆人私通，后来被袁世凯查知。于是，袁世凯设计杀害了红红及那个与她私通的仆人。

### 洪姨太妙计救仆人

袁世凯妻妾成群，洪姨太按次序排在第六。这洪姨太倍受袁世凯的宠爱，其他几位姨太太特别嫉妒，给她送了一个外号"潘六儿"，将她比作潘金莲。袁世凯的第一个小妾被称为大姨太，其他的以此类推，唯独洪姨太例外，被称为"姨太"，以表示对她的尊重。袁世凯担任直隶总督时，患失眠症，多方延医疗治，说需要喝人参汤补养。袁世凯取出两只古董碗，是他在朝鲜时闵妃所赠送

的。袁世凯让用这两只碗来盛参汤，并告诫仆人说："你一定要小心，不要把我的稀世宝物打了。"后来，仆人不小心失手把碗给打碎了，吓得要自杀，同伙看见他很可怜，便告诉他去求洪姨太出个主意，兴许能救他一命。仆人去找洪姨太，洪姨太给他出了一个良策，告诉他以别的碗盛着开水，把打了的碗的碎磁片放在其中，端到袁世凯的卧榻之前，装作失手扔在地上，然后大声惊叫，袁世凯必定由睡梦中被惊醒，询问到底是怎么回事，这时你便说刚才来送参汤，掀开帐子叫主人，看见有一条又长又粗通体赤红的巨蛇缠绕在主人身上，情形特别吓人，于是受惊摔倒在地，便把主人心爱的宝物打碎了。洪姨太告诉仆人只要按她所交代的行事，袁世凯不但不会责备他，而且一定会有厚赏。仆人按洪姨太所说的去做了，袁世凯果然没有责斥仆人，并且告诫补人保守秘密，不要往外传说。袁世凯没有发迹之时，曾经遇见一个相面的告诉他日后必定能做皇帝，因此袁世凯心中暗怀不轨。洪姨太最受宠爱之时，袁世凯曾把相面先生说的话告诉过她，洪姨太教仆人如此行事，只是投袁世凯所好罢了。这件事情之后，袁世凯借故杀害了这个仆人，因为害怕他向外人说出此事，故不得不杀人灭口。

### 侍婢为妾

袁世凯出生之后，他的母亲刘氏没有奶，便雇了一个奶妈。这个奶妈姓范，是一个农妇，后来丈夫去世，没有儿子，只有一个女儿，她便带着女儿来到袁家居住。范氏的女儿名叫凤儿，比袁世凯小十多岁，长得很美，玲珑小巧，既娇且俏，袁世凯的大老婆于氏特别喜欢她，便收她为婢女，专门伺奉自己。凤儿长大之后，出落得更加漂亮，袁世凯暗中同她私通，时间长了便有了身孕。于夫人见凤儿肚子大如鼓，怀疑她同别的男仆人

通奸,便把她叫到密室中来,严厉地盘问她。凤儿以实情相告,于夫人非常愤怒,想袁世凯身为要人,竟然如此不顾及脸面,张狂放纵,恶习不改,连自己身边的丫环也不放过,于是向袁世凯摊牌,大闹不已,经其他姨太太从中调停,方才答应把凤儿列为第七姨太太。数月之后,凤儿生下一个儿子,名为袁克济。当时人们做了一副对联来这样嘲讽袁世凯:"今宵侍婢为姬妾,昔日同知过道班。"颇为有趣。

### 居丧纳妾

叶巽死了之后,他的妻子日子过得特别艰难,邻居的聋老太太替她想了一个解救办法,让她把女儿卖掉,以所得的钱过日子。她的女儿已经到了成人年龄,便卖给了项城县的张镇芳家。张夫人见女子长得俊巧,醋意大发,便与丈夫大闹特闹。张镇芳无奈,便让女子寄住在一个好朋友家中。袁世凯曾经过继给他的叔父袁保庆,从孩提起到长大,都接受叔母牛夫人的教养。袁世凯有了官之时,想带牛夫人一起去赴任,以便尽到奉养的责任。但是,牛夫人不习惯远离外出,没有随袁世凯去。这时,牛夫人在老家病故,袁世凯回乡为她办丧事。张镇芳同袁世凯是表兄弟关系,早就想通过袁世凯而侧身政界,以便光耀门庭。他听说袁世凯回来了,便前去拜见,并愿意把买来的姓叶的女儿给袁世凯。袁世凯因返回故里时没有携带妻妾,孤枕独眠,颇为难熬,因此有此机会,自然不会放过,便占有了这女子。后来,袁世凯查办盛宣怀案件而从家乡返回官署,即推荐张镇芳做了长芦盐运使。张镇芳经常以私人的名义,到袁世凯的官署去见袁,叶氏听说张镇芳来了,便藏在居室中不出来,是羞于同张镇芳见面。张镇芳后来因事而被撤职,要求袁世凯另外给他安排一个好位子。袁世凯因为众人议论太

多,久久没有答复,张镇芳便请求袁世凯把叶氏还给他。于是,袁世凯便给张镇芳颁了委任状。从此,张镇芳以要还叶氏为借口,屡次要挟袁世凯,袁世凯实在舍不得叶氏,不得不一再满足了张镇芳的要求。此事说起来真令人生笑。

### 假桂儿

袁世凯向清廷请假给叔母办葬事,慈禧太后嘱咐他秘密查办盛宣怀的案件。袁世凯抵达上海,来到盛的住宅,假装说抽空来看看,盛宣怀以盛宴款待袁世凯。席间,袁世凯瞧见了盛宣怀的婢女桂儿,便想强迫盛宣怀把她赠给自己,盛宣怀不好公然拒绝,只好换成另一个丫环,慌称是桂儿,送给袁世凯。袁世凯识破了盛宣怀的掉包计,责问其实,被换来的女子只好以实情相告,说自己是桂儿的妹妹。袁世凯颇生气,准备派人把她给盛宣怀送回去,但又着实喜欢她的模样,所以想把她留下来。盛宣怀知道情况后,笑着对家人说:"我说过袁世凯这人好色如饥,就像兼收并蓄的古董收藏家一样,虽然给他一个伪造的假鼎,也乐于收藏,今果然如此。"袁世凯带着假桂儿返天津,给她起名为贵姨,排为第九姨太太,贵姨同袁世凯前不久新纳的小妾叶氏关系最好,原来贵姨也是扬州人,同叶氏是同乡,所以亲善。

### 十姨太、十一姨太

袁世凯共有妻妾十人,生儿子九个,女儿十二个。一天,他盯见了洪姨太的两个婢女,很喜欢她们。从此,袁世凯必定睡在这两个女子处,夜夜不空。到袁世凯五十寿辰,妻妾子女都登堂给袁世凯祝寿之时,这两个婢女也随着他们跪拜在阶下,于夫人感到诧异,问她们是谁,仆人们告诉她说是十姨太和十一姨太,于夫人愤愤地对袁世凯说:"没想到我回老家给儿子克良完婚,来去共两个

月,而你就又弄来了这两个孽障。"

## 手段毒辣

袁世凯自从退居彰德以来,终日或闭门不出,或带着他的哥哥和儿子乘小船往返于洹水之滨,他自己则穿着蓑衣,戴着斗笠,装扮成一个渔翁,坐在船头,一手执钓鱼竿,一手持船桨,荡漾在绿水碧波之间。有时,袁世凯又带上妻妾好几人,让她们都打扮成村妇的模样,驾着小舟,靠着自己的船而行,以此而为乐趣。由于几个姨太太都不会划船,袁世凯便出钱请船夫的女儿教她们。船夫的女儿年龄约十六七岁,不施脂粉,别有一种自然清纯的风韵,袁世凯喜欢上了,便叫来她的父母,给了他们一些金子,让他们把女儿卖给他。不料,这女子已经许嫁人家了,袁世凯便命令她的父亲向男家悔掉婚约,强把聘礼退还回去,男方害怕袁世凯的势力,不敢争斗。但是,男方有个舅舅是专门帮人打官司的远近出名的讼师,听说袁世凯依仗权势,擅夺民妇为妾,便唆使男方父亲向官方上告,慌称船夫把女儿卖为妓女。官府受理了这一案件,发出公文,把船夫拘押到案,还没有开始审理,而袁世凯的秘信以及赠送的银钱便已经来了。因此,官府立刻改变了态度,反而指责男方的父亲凭空捏造,陷害别人。讼师知道官府受袁世凯指使,便让男方的父亲在群众中间散布消息,说将要赴京上告。这时,清政府虽然放袁世凯返回故乡,但仍然瞅着他的空子,欲借故给他判罪,所以讼师便以这个要挟他。袁世凯听到这一传闻之后,便叮嘱亲信某某,把讼师邀请到府上来秘密谈判,愿意给他三千元为酬献,并且每月另给津贴若干,让他不要唆使男方上告。这讼师答应了袁世凯的条件,事情便平息下去了。从此,这个讼师便奔走于袁氏之门,袁世凯挺欣赏他的才干,为他谋了一个职位,并且把来函拿出来

让他看。讼师一看,知道原来是某省的制军聘自己为其幕府的文书,因而异常高兴,再三向袁世凯表示感谢。袁世凯告诉他:"你应该马上动身赴任,路费如不足,我送你五百元。"这讼师如期而行,前去某县上任去了。但是,不久他的妻子却听到消息说自己的丈夫在途中遇上强盗,抢走他所带之钱,然后杀了他。袁世凯立即召来讼师的妻子,装作对他丈夫的遇难非常气愤,说道:"没想到你丈夫的命这么薄,我一定去函给那个地方的长官,让他缉拿强盗归案,重加治罪。我给你几百元钱,你作为生活费去用吧。"讼师的妻子拿着袁世凯给的钱走了。其实,是袁世凯派干练的仆人在路上截杀了讼师,以报复他唆使别人控告自己的宿怨,其手段之毒辣到了如此之地步。

## 女教师为女秘书

袁世凯在彰德隐居的时间久了,静极而思动,想遍游天下名山大川,以及各地方的名胜古迹。袁世凯同徐东海到了浙江,他喜欢西湖的风景,又舍不得妓女忆秦楼,想要为她赎身,给了鸨母许多金钱,方才同意了。从此,袁世凯便携带忆秦楼住在湖心亭,准备等秋凉之后再返回故乡。这是发生在辛亥年七月间的事情。不久,武昌首义爆发,袁世凯带上忆秦楼取道浦口北上,转陇海铁路返回彰德。回家之后,袁世凯对诸位姨太太说:"我带回来了一位女先生,日后你们应当跟她学习读书写字,她将成为你们的良师益友。"几天之后,清政府来了命令,召袁世凯出山,袁世凯认为忆秦楼刚刚跟了自己,朝廷便起用了自己,可见她是个能带来福运的人,其他姨太太无法比得上,因此便对她特别好。袁世凯做了总统之后,凡是秘密文件,全都归忆秦楼收管,其他姨太太嫉妒不已,便给她送了一个外号叫"女秘书",表面上尊称,实际上

是在讽刺。

### 少阴补老阳

民国二年春天，袁世凯因过度劳累，经常觉得眼眩耳鸣心悸。有一个江南名医进京为袁世凯治病，他不用参、苓、芪、术等治疗这种病的常用药，只是告诉袁世凯多蓄养年不足十六岁的处女，每天晚上按次序让二人陪伴而眠，以少阴补老阳，只是不能同她们发生肉体关系。袁世凯觉得医生说的有道理，就听从了他的建议，先从丫环中选了一些，数目不够，又从民间女子中购买，假称是给府中买使女，买了不下几十人，轮流陪伴，不到二十天，袁世凯的病果然好了。这些女子中也有姿色相当不错而又情窦大开的，一旦同袁世凯同床共枕，未免动情。有一个名叫阿香的女子，还不到成人年龄，便早就同无赖小子姘居过了，并且珠胎暗结，她的父母却丝毫不知情，阿香进袁府后，知道袁世凯是一国元首，便殷情倍至，卖弄风骚，袁世凯情不能忍，便同她有了勾当。不过几个月，阿香的肚子鼓起来了，袁世凯便把她纳为妾，列为第十四姨太太，且喜自己到晚年说不定还又能得一个麒麟子。阿香仗着袁世凯宠爱自己，便乘机为自己从前的相好谋出路。她假称那无赖小子是自己的表亲，袁世凯立即命令侍从官把他增补为卫士。袁府中规定，凡采购物品，都由司务人员来具体经办，唯独阿香破了此例，让已成为袁世凯的卫士的自己相好承担其事。洪姨太识破了阿香的秘密，便设计害死了卫士，袁世凯到此时才知道了实情，命令把阿香囚禁在另外的房子里，事情便这样了结了。

### 翠媛

袁世凯的第十五姨太太，是洪姨太的堂侄女。袁世凯到中年以后，最喜欢玩弄年轻的处女。洪姨太的哥哥洪述祖有一个堂兄，他的女儿名叫翠媛，生得玲珑娇小，令人疼爱。到袁世凯做了民国的元首之后，洪姨太把翠媛招入袁府，以叙姑侄久别之情。袁世凯见到了翠媛，见她是一个绝代佳丽，便私下里对洪姨太说："你那侄女，颇可人意，比你容貌还要姣好，我特别艳羡她。"洪姨太想要加强自己的势力，便从中搭桥，让翠媛做了袁世凯的小妾。翠媛所要达到的目的实现之后，转过来又防忌洪姨太。洪姨太知道了之后，指使自己的心腹婢女散布流言蜚语，说翠媛嫌弃袁世凯年老体衰，偷偷地同袁世凯的儿子通奸。这话竟传到了袁世凯耳中，袁世凯由此防范甚严，限制自己的几个儿子不许擅自进入姨太太们住的地方，即使侍从们如不是奉召，也不准迈进门槛一步，其时，翠媛已经有了身子。后来，蔡锷将军和唐继尧在云南起兵反袁，军情传到北京，袁世凯万分愤怒，竟亲手用刀杀死了翠媛和她所生的儿子。这是一怒之下，又想起了此前传说的翠媛同自己的儿子私通的事，在失去控制之下便做出了如此残忍的事情。

### 克定之妻

袁世凯的长子袁克定的妻子听说公公将实行帝制，自己要做皇帝，猜想东宫太子之位，必定属于自己的丈夫，于是夜郎自大，俨然以未来的太子妃的身份自居。平时，她除了对丈夫袁克定还稍稍小心谨慎一些外，其余的凡是袁世凯的那些姨太太以及服役的婢女仆妇之类，无不以矜持的态度对待之，对她们说话非常沉稳老练，认为不这样便不足以为天下母亲做榜样。袁克定有个小妾叫红珠，原来是个戏子，瞧见正室夫人作出种种丑态，便忠告她不要如此，谁知她不但不听，反而喝令婢女用木棒把红珠打了一顿，打得遍体鳞伤，袁克定心痛了，责备夫人说："你还没有居于皇妃之位，便如此作威作福，真是太不应该了。"夫人反唇相讥，两人吵成一锅粥，比唱戏还要热闹。

### 袁克定痛打小灵仙

袁克定平时最喜欢狎妓，一向同某胡同的妓女小灵仙往来密切。到父亲袁世凯实行帝制之后，克定同六君子、十三太保等每天忙于处理各种事情，无暇再去妓院厮混了，小灵仙怀疑克定把他疏远了，便又另找到了新欢。一天，小灵仙正在同一个富家子弟谑浪调笑，下流狎亵，不堪入目。恰恰在这时袁克定来了，看见其情形，不觉妒火中烧，上前抓住小灵仙的头发，使劲打她的耳光，并对她说："我还准备哪天给你一个贵人的位置，谁知你竟没有福气消受。"

### 兄弟相谋

袁世凯共有十六个儿子，而最爱第四子袁克端。袁克定非常嫉妒，私下里罗致了一些文人学士以及有武力敢拼命的勇士，把他们养在门下，衣食优厚，并给他们好多钱，以便他日能效忠于自己。这样的食客，袁克定养了一百多人。